각주 **논어집주** 상

脚注 **論語集注** 上

문기수 역주 『알기 쉽게 풀어 쓴 논어집주』 전면개정판
각주 논어집주 상 脚注 論語集注 上

2022년 7월 30일 처음 펴냄

지은이   문유진
펴낸이   김영호
펴낸곳   도서출판 동연
등록   제1-1383호(1992. 6. 12.)
주소   (03962) 서울시 마포구 월드컵로 163-3
전화   (02)335-2630 전송 (02)335-2640
이메일   yh4321@gmail.com
블로그   https: //blog.naver.com/dong-yeon-press

ⓒ 문유진, 2022

ISBN 978-89-6447-813-4 04150
ISBN 978-89-6447-812-7 (문유진 논어집주)

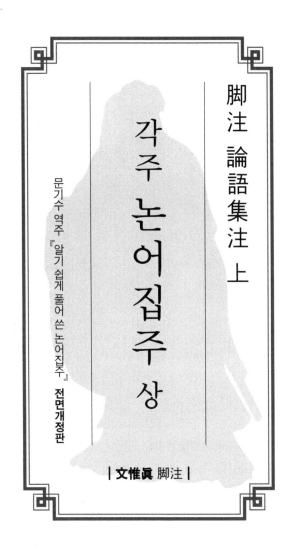

脚注 論語集注 上

각주 논어집주 상

문기수 역주
『알기 쉽게 풀어 쓴 논어집주』 전면개정판

| 文惟眞 脚注 |

동연

서울 연희동 서울漢城華僑中高校 교정에 세워져 있는 공자상

孔子(公元前551年~公元前479年)名丘, 字仲尼, 春秋末期魯國人。
中國古代偉大的思想家, 教育家, 儒學派創始人。'이라 씌어 있다.

《孔子家語·困誓》 공자께서 정나라로 가시다가, 제자들과 서로 길이 어긋나, 동곽문 밖에 혼자 서 있었는데, 어떤 사람이 자공에게 말했다. "동곽문 밖에 혼자 서 있는 사람이 있던데, 키가 9척 6촌이고, 반듯하고 길쭉한 눈매와 툭 튀어나온 이마에, 머리는 요 임금을 목은 고요를 어깨는 자산을 닮았고, 허리 밑으로는 우 임금보다 3촌 정도 짧던데, 풀 죽은 모습이 마치 상갓집 개 같습디다." 자공이 이 말을 고하자, 공자께서 흔쾌히 받아들이시고 감탄하면서, "생김새야 맞지 않지만, 상갓집 개 같다는 것은, 맞는 말이지! 맞는 말이지!"라고 하셨다(孔子適鄭, 與弟子相失, 獨立東郭門外, 或人謂子貢曰: "東門外有一人焉, 其長九尺有六寸, 河目隆顙, 其頭似堯, 其頸似皋繇, 其肩似子產, 然自腰以下, 不及禹者三寸, 纍然如喪家之狗。" 子貢以告, 孔子欣然而歎曰: "形狀未也, 如喪家之狗, 然乎哉! 然乎哉!").

화순군 능주면에 있는 주희상(1130. 10. 18.~1200. 4. 23.)

《朱熹文集·答陳同甫》1,500년간, 요·순·우·탕·문·무·주공·공자가 전한 도가, 천지 간에 완전히 실행된 적은 단 하루도 없었으나, 도의 영원성은 애초부터 사람이 간여할 수 있는 바가 아닙니다. 오직 그것(도)만은 저 스스로 고금을 초월하여 소멸하지 않는 것입니다. 비록 그 도는 1,500년 동안 사람에 의해서 파괴되기는 했어도, 또한 사람이 그 도를 모조리 없애지는 못했습니다. 도는 잠시도 멸식된 적이 없으나, 사람 자신이 멸식시켰을 뿐이니, 이른바 '도는 망한 것이 아니라 유왕·여왕이 도를 따르지 않았을 뿐이다'[漢書·董仲舒傳]라는 말이 바로 그것입니다. 항상 저는 예나 지금이나 오직 하나의 도리만 존재하고, 그것에 순응한 자는 성공했고, 그것에 어긋난 자는 패망했다고 생각합니다. 물론 옛날의 성현만 그랬던 것은 아니고, 후세의 이른바 영웅호걸들도, 그것의 理를 벗어나서 성취할 수 있었던 사람은 없었습니다(千五百年之間…… 堯、舜、三王、周公、孔子所傳之道,未嘗一日得行於天地之間也, 若論道之常存, 却又初非人所能預。只是此箇自是亘古亘今常在不滅之物。雖千五百年被人作壞, 終殄滅他不得耳…… 蓋道未嘗息而人自息之, 所謂非道亡也, 幽、厲不由也, 正謂此耳…… 常竊以爲亘古亘今只是一體[理], 順之者成, 逆之者敗。固非古之聖賢所能獨然, 而後世之所謂英雄豪傑者亦未有能舍此理而得有所建立成就者也。)(馮友蘭/박성규 역, 『중국철학사(하)』[까치, 2009], 562).

머리말

나는 이 책에 2008년에 출간된 부친의 『알기 쉽게 풀어 쓴 論語集注』(2권)의 개정판이라고 부제를 붙였다.

2014년에 부친의 유고 『알기 쉽게 풀어 쓴 四書章句集注』(5권)을 완간하고, 곧바로 개정작업에 착수해서 이제 그 첫 번째 『알기 쉽게 풀어 쓴 論語集注』의 개정을 마쳤다.

2006년 부친의 원고를 십시일반 갹출해서 출간하기로 가족끼리 뜻을 모으고, 오탈자 수정 정도이겠지 하는 무지와 생전에 출간된 책을 손수 펴보시도록 하겠다는 호기로, 냉큼 교정작업을 맡았지만, 아무런 공부가 돼 있지 않은 상태였으니, 오탈자 수정 정도로 교정을 마무리할 수밖에 없었고, 게다가 부친이 돌아가시고 2년이 지나서야 출간하고 보니, 부친의 영전에 참으로 죄송스러운 마음과 공부에 더욱 힘써야겠다는 困學의 마음뿐이었다.

그럭저럭 부친의 사서집주를 완간했으니, 두서없고 자질구레하지만 8년이라는 짧지 않은 시간의 공부였고, 곧바로 공부할 책들을 다시 모으고, 여기저기 도서관을 방문하고, 사전을 찾고, 인터넷을 뒤지고 하면서 6년의 공부를 더 보탰으니, 나름 14년을 공부한 셈이다.

공부에 더욱 정진해서, 앞으로 이어서, 『알기 쉽게 풀어 쓴 孟子集注』, 『알기 쉽게 풀어 쓴 大學·中庸章句集注』의 개정판을 내놓을 예정이다.

이 책의 주요 개정 내용은 다음과 같다.

1. 中華書局에서 1983년 간행한 《四書章句集注》를 원문으로 삼았다.
2. 열람과 색인의 편의를 위해, 각 장·절 머리에, 朱熹의 편·장·절 구분에 따라서, 여섯 자리 숫자를 써서 편·장·절 번호를 표기했다. (예) 010101: 학이편 제1장 제1절.
3. 원문의 한자 위에 달린 독음과 구절마다 붙인 현토를 삭제했다.
4. 원문의 한 구절씩을 괄호로 묶고 구절마다 풀이를 다는 기존 방식을 각 장·절마다 그 아래에 풀이를 다는 방식으로 바꾸었다.
5. 박영호의 『다석 류영모의 유교사상 (상·하)』(문화일보), 윤재근의 『논어 (1·2·3)』(도서출판 둥지) 등에서 인용한 글 등을 삭제했다.

6. 원문의 文言文法·虛辭·讀法·訓解·字義, 원문에 대한 여러 학자의 견해, 원문에 대한 여러 經書·諸子·史書의 고증자료를 찾아 각주했다.

7. 각주마다 출전과 원문을 표기하고, 출전 목록을 '일러두기'에 표시했다.

8. 논어의 성어를 각주에 [성]으로 표기하고 성어 목록을 권말부록에 실었다.

9. 권말부록으로 (1) 공자연보, (2) 공자제자열표, (3) 중국 선진시기 왕 및 제후 재위 연대표, (4) 논어 각 장별 명칭, (5) 논어성어목록, (6) 지명·국명·인명·중요어구 색인, (7) 집주에서 인용한 학자 일람, (8) 춘추열국지도를 실었다.

2022년 2월

문 유 진

차례

상편 上篇

하편下篇

일러두기

1. 이 책은 中華書局에서 1983년 간행한 《四書章句集注》 중의 『論語集注』(이하 '原本')를 번역한 것이다.

2. 原本의 한자 및 구두점은 그대로 표기했고, 인명·지명·서명의 경우, 原本을 따라 해당 어구에 밑줄로 표시하였다.

3. 原本의 각 장·절 머리에, 朱熹의 편·장·절 구분에 따라서, 여섯 자리 숫자를 써서 편·장·절 번호를 표기해 놓았다. (예) 010101: 학이편 제1장 제1절.

4. 原本과 성균관대학교 대동문화연구원에서 1965년 간행한 《經書》[1777년 규장각에서 간행한 內閣本의 영인본]의 어구가 차이가 있는 경우, 각주에 '內閣本'으로 해당 어구를 표기하였다.

5. 論語의 번역은 集注에서 朱熹가 밝힌 뜻을 충실하게 반영하도록 하였다.

6. 論語나 集注의 글에 대한 이해를 돕는 범위 내에서, 다른 문헌이나 朱熹와 다른 학설을 찾아 각주하였다.

7. 原本에서 인용한 어구의 경우, 가능한 대로 출전을 찾고 어구가 속한 단락의 원문 및 번역을 같이 각주하여, 인용한 어구의 뜻이 충분히 드러나도록 하였다. 集注에서 인용한 학자의 경우, '集注에서 인용한 학자 일람'을 부록으로 붙여 참조하도록 하였다.

8. 原本의 어구의 경우, 뜻풀이가 실려 있는 문헌을 가능한 대로 찾아, 그 출전을 밝히고 원문 및 번역을 같이 각주하였으며, 번역에 네이버 국어·한자·중국어 사전(dic.naver.com)의 도움을 받았다.

9. 각주는 출전을 표기하고 원문과 번역을 같이 실었다. 출전이 표기되어 있지 않은 경우는 百度汉语(hanyu.baidu.com)·百度百科(baike.baidu.com)에서 인용한 것이 대부분이다. 원문이 簡體字인 경우 그대로 실었다.

10. 原本 및 각주에 인용된 원문의 입력은 中國哲學書電子化計劃(ctext.org/zh) 및 한국경학자료시스템(koco.skku.edu) 등의 도움을 받았다.

11. 각주에 인용된 주요 서책은 다음과 같다(": "의 왼쪽은 약칭임).

· 論語集解: 何晏 注/皇侃 疏. 『論語集解義疏』. 商務印書館, 1937.

· 論語義疏: 皇侃 撰/高尚榘 校點. 『論語義疏』. 中華書局, 2013.

· 論語注疏: 何晏 注/邢昺 疏. 『論語注疏』. 北京大, 2000.

· 論語正義: 劉寶楠. 『論語正義』(上·下). 中華書局, 1990.

· 古今注: 丁若鏞. 『論語古今注』. 한국경학자료시스템, 2006.

· 論語集釋: 程樹德. 『論語集釋』(I·II·III·IV). 中華書局, 1990.

· 論語疏證: 楊樹達. 『論語疏證』. 上海古籍出版, 1986.

· 論語譯注: 楊伯峻. 『論語譯注』(簡體). 中華書局, 1980.

· 論語新解: 錢穆. 『論語新解』. 三聯書店, 2007.

· 論語今讀: 李澤厚. 『論語今讀』. 三聯書店, 2008.

· 論語大全: 胡廣. 『四書大全』(一·二·三). 山東友誼書社, 1989.

· 集注考證: 金履祥. 『論語集註考證』. 商務印書館, 1937.

· 補正述疏: 簡朝亮. 『論語集注補正述疏』(上·中·下). 華東師範大學出版社, 2013.

· 集註典據考: 大槻信良. 『朱子四書集註典據考』. 台灣學生書局, 1976.

· 洙泗考信錄: 崔述. 『洙泗考信錄』. 商務印書館, 1937.

· 洙泗考信餘錄: 崔述. 『洙泗考信餘錄』. 商務印書館, 1937.

· 孔子傳: 錢穆. 『孔子傳』. 三聯書店, 2002.

· 四書人物: 仇德哉. 『四書人物』. 台灣商務印書館, 1976.

· 詩名多識: 丁學游 著/허경진 外 역. 『詩名多識』. 한길사, 2007.

· 經典釋文: 陸德明. 『經典釋文』. 中華書局, 1983.

· 經傳釋詞: 王引之. 『經傳釋詞』. 丘麓書社, 1982.

· 經義述聞: 王引之. 『經義述聞』. 世界書局, 1991.

· 論語平議: 俞樾. 『群經平議』. 上海古籍出版.

· 疑義舉例: 俞樾. 『古書疑義舉例五種』. 中華書局, 1983.

· 詞詮: 楊樹達. 『詞詮』. 中華書局, 1978.

· 古書虛字: 裴學海. 『古書虛字集釋』. 民國叢書.

· 王力漢語: 王力. 『古代漢語』(1·2·3·4). 中華書局, 1985.

· 王力字典: 王力. 『王力古漢語字典』. 中華書局, 2003.

· 古漢語語法: 楊伯峻. 『古漢語語法及其發展』(上·下). 語文出版社, 2008.

· 論語句法: 許世瑛. 『論語二十篇句法硏究』. 台灣開明書店, 1978.

· 許世瑛(二): 許世瑛. 『許世瑛先生論文集』(二). 弘道文化事業公司, 1974.

· 論語語法: 何永淸. 『論語語法通論』. 台灣商務印書館, 2016.

· 北京虛詞: 王海 外. 『古代漢語虛詞詞典』. 北京大, 1996.

· 論孟虛字: 倪志僩. 『論孟虛字集釋』. 台灣商務印書館, 1993.

· 延世虛詞: 延世大. 『虛詞大辭典』. 성보사, 2001.

각주에 인용한 기타 서책의 경우, 각주에 표기하였다.

12. 原本 및 각주에 인용한 원문을 번역하는데 도움받은 주요 서책은 다음과 같다.

· 문기수 역주. 『알기 쉽게 풀어 쓴 論語集註』(1·2). 동연, 2008.

· 문기수 역주. 『알기 쉽게 풀어 쓴 孟子集註』(1·2). 동연, 2011.

· 문기수 역주. 『알기 쉽게 풀어 쓴 大學·中庸章句』. 동연, 2014.

· 성백효 역주. 『懸吐完譯 論語集註』. 전통문화연구회, 2006.

· 김도련 역주. 『朱註今釋 論語』. 현음사, 2005.

· 김용옥 著. 『논어 한글역주』(1·2·3). 통나무, 2010.

· 동양고전연구회 역. 『논어』. 지식산업사, 2005.

· 김학주 역. 『논어』. 서울대학교 출판문화원, 2007.

· 류종목 著. 『논어의 문법적 이해』. 문학과지성사, 2000.

· 정태현 역주. 『論語注疏』(1·2·3). 전통문화연구회, 2015.

· 정약용 著/이지형 역. 『論語古今註』(1~5). 사암, 2010.

· 楊伯峻 著/이장우 外 역. 『論語譯注』. 중문출판사, 2002.

· 김동인 外 역. 『세주완역 논어집주대전』(1~4). 한울, 2009.

· 王夫之 著/이영호 역주. 『讀四書大全說 I』. 성균관대 출판부, 2013.

· 박헌순 역주. 『論語集註』(1 · 2). 한길사, 2008.

· 박성규 역주. 『대역 논어집주』. 소나무, 2011.

· 李澤厚 著/임옥균 역. 『논어금독』. 북로드, 2006.

· 이수태 著. 『새번역 논어』. 생각의 나무, 1999.

· 이수태 著. 『논어의 발견』. 생각의 나무, 1999.

· 이강재 著. 『《論語》上十篇의 解釋에 대한 研究』. 서울대 대학원, 1998.

· 이강재 · 김효신 역주. 『俞樾의 《論語平議》』. 학고방, 2006.

· 崔述 著/이재하 외 옮김. 『수사고신록』. 한길사, 2009.

· 崔述 著/이재하 외 옮김. 『수사고신여록』. 한길사, 2009.

· 김학주 역저. 『新完譯 書經』. 명문당, 2002.

· 이기동 역해. 『시경강설』. 성균관대 출판부, 2008.

· 지재희 外 해역. 『의례』. 자유문고, 2004.

· 오강원 역. 『의례』(1 · 2 · 3). 청계, 2000.

· 이준영 해역. 『주례』. 자유문고, 2014.

· 송명호 역. 『禮記集說大全』(1 · 2). 높은밭, 2006.

· 권오순 역해. 『新譯 禮記』. 홍신문화사, 2009.

· 지재희 역. 『禮記』(上 · 中 · 下). 자유문고, 2000.

· 박양숙 역. 『大戴禮』. 자유문고, 1996.

· 최형주 역. 『法言』. 자유문고, 1996.

· 김학주 역. 『순자』. 을유문화사, 2012.

· 성기옥 역. 『論衡』. 동아일보사, 2016.

· 허호구 外 역. 『역주 춘추번로의증』. 소명출판, 2016.

· 김만원 역. 『백호통의 역주』. 역락, 2018.

· 이민수 역. 『孔子家語』. 을유문화사, 2015.

· 정범진 역. 『史記 (총 6권)』. 까치, 2000.

· 허호구 역. 『說苑 (1·2)』. 전통문화연구회, 2010.

· 임동석 역. 『한시외전』. 예문서원, 2000.

· 周敦頤 著/주희 解/권정안 外 역. 『通書解』. 청계, 2004.

· 주희 外 著/김학규 역. 『신완역 근사록』. 명문당, 2004.

· 박완식 역. 『중용』. 여강, 2006.

· 박완식 역. 『大學』. 여강, 2010.

· 陳淳 著/김영민 역. 『북계자의』. 예문서원, 2005.

· 戴震 著/임옥균 역. 『맹자자의소증·원선』. 홍익출판사, 1999.

· 章學誠 著/임형석 역. 『문사통의교주 (1)』. 소명출판, 2011.

· 이영섭. "장학성 『문사통의』 體例 및 原道論 연구." 연세대 박사학위논문, 2008.

· 이영섭. "장학성 『문사통의』의 '三敎'와 「經解」 淺釋." 연세대 석사학위논문, 1998.

· 이영섭. "장학성 『문사통의』 「原學」 上篇 析疑." 중국어문학논집 제70호

· 이영섭. "장학성 『문사통의』 「原學」 中下篇 析疑." 중국어문학논집 제71호

· 馮友蘭 著/박성규 역. 『중국철학사 (상·하)』. 까치, 2009.

· 侯外廬 외 著/박완식 역. 『송명이학사 (1·2)』. 이론과실천, 1995.

· 費孝通 著/장영석 역. 『鄕土中國 (중국 사회문화의 원형)』. 비봉출판사, 2011.

· 錢穆 著/이완재 外 역. 『주자학의 세계』(원제: 朱子學提綱). 이문출판사, 1990.

· 余英時 著/이원석 역. 『주희의 역사세계 (상·하)』. 글항아리, 2015.

13. 부록을 작성하는 데 도움받은 서책은 각각의 부록 말미에 표시하였다.

論語¹集注²′³

---

1 《漢書·藝文志》'論語'란 공자께서 제자 및 그 당시 사람들의 물음에 답한 말과 제자들이 서로 주고받은 말, 공자께 직접 들은 말을 수록해 놓은 책이다. 당시 제자들이 각자 기록해 놓은 것이 있었는데, 공자께서 돌아가시고 나서, 문인들이 이 기록들을 함께 모아놓고 논의하여 편찬했기 때문에, '論語'라고 했다(論語者, 孔子應答弟子, 時人及弟子相與言而接聞於夫子之語也。當時弟子各有所記。夫子旣卒, 門人相與輯而論篡, 故謂之論語。);《論語注疏·序解》공자께서 돌아가시면서부터, 심오·은미한 말씀이 끊기게 되고, 제자들이 서로 헤어져 살게 되면서부터, 성인의 말씀에 대해 각각 이견이 생기게 되어, 성인의 말씀이 영원히 끊기고 말 것을 염려했기 때문에, 함께 논의를 거쳐서 가려 뽑아내고, 이에 이어서 당시의 현인 및 옛 明王들의 말을 뽑아내고, 단일 법칙하에 합해서 만들어서, 이를 論語라 불렀다(夫子旣終, 微言已絶, 弟子恐離居已後, 各生異見, 而聖言永滅, 故相與論撰, 因採時賢及古明王之語, 合成一法, 謂之論語也。). 정현이 말하기를, '중궁·자유·자하 등이 편찬하여 정본으로 만들었다. 論은, 綸이라고도, 輪이라고도, 理라고도, 次라고도, 撰이라고도 한다'라고 했는데, 이 책을 써서 온갖 세상사를 경륜할 수 있으니, 綸이라 했고, 수레바퀴처럼 어디든 잘 통하여 막히는 곳이 없으니, 輪이라 했고, 모든 이치를 쌓아두어 포함하고 있으니, 理라 했고, 편장에 차례가 있으니, 次라 했고, 여러 현인들이 모여 찬정했으니, 撰이라 한 것이다. 정현이 《周禮·春官宗伯·大司樂》의 注에 말하기를, '물음에 응답하는 것을 語라 한다'라고 했는데, 이 책에 기록된 내용이 모두 중니가 제자 및 당시 사람들의 물음에 응답한 말씀이기 때문에, '語'라 했다. 그런데 ('語'는 공자께서 살아계실 당시에 답술한 것이지만, '論'은 공자께서 돌아가신 후에야 논의한 것이니, '論'을 '語' 뒤에 붙여, 응당 '語論'이라 해야 맞는데) '語'를 '論' 뒤에 둔 것은, 반드시 제자들의 논찬을 거친 연후에 말씀을 기록했다는 것으로, 마구잡이로 기록한 것이 아님을 보인 것이다(鄭玄云: "仲弓、子游、子夏等撰定。論者, 綸也, 輪也, 理也, 次也, 撰也。" 以此書可以經綸世務, 故曰綸也; 圓轉無窮, 故曰輪也; 蘊含萬理, 故曰理也; 篇章有序, 故曰次也; 羣賢集定, 故曰撰也。鄭玄《周禮》注云 '答述曰語', 以此書所載皆仲尼應答弟子及時人之辭, 故曰語。而在論下者, 必經論撰, 然後載之, 以示非妄謬也。);《文史通義·詩教上》《論語》에는 증자의 죽음을 기록하고 있고[泰伯 제3·4장] 오기[BC 440~BC 381]는 증자를 스승으로 삼은 적이 있다고 했으니[史記·孫子吳起列傳] 그렇다면 증자는 전국시대[BC 480~BC 22] 초기에 죽었고,《論語》는 전국시대에 완성되었음이 분명하다(論語記曾子之沒, 吳起嘗師曾子, 則曾子沒於戰國初年, 而《論語》成於戰國之時明矣。);《論語今釋》조기빈[1905~1982]의《論語新論·導言》에 따르면, '論'은 '정리하다', '편집하다' 등의 뜻이 있고, '語'는 '두 사람이 서로 같이 대화하다'를 말하고, '논란을 벌이다', '답변하다' 등의 뜻이 있으니, 글자 그대로 직역하면, 論語란 정리·편집을 거친 대화, 즉 '대화집'이란 뜻이다(据近人赵纪彬《论语新论、导言》: "'论'字有"整理"'撰次'等义; '语'字谓'二人相等而说', 有'论难'"答述"等义; 就字面直译, 论语就是经过整理、撰次的对话, 也就是'对话集'之义……");《洙泗考信錄》魯論語 안에 기록된 임금이나 대부들, 예컨대 애공[BC 494~BC 498 재위]·계강자[?~BC 468]·맹경자[?~BC 435]·자복경백 등은 모두 시호로 거명되고 있고, 증자·유자는 모두 子로 호칭되고 있고, 게다가 증자[BC 505~BC 435]가 병세가 위급한 지경에서 한 말까지 기록하고 있으니[泰伯 제3·4장], 그렇다면 이는 공자께서 이미 돌아가신 지 수십 년이 지난 후에, 70 제자의 그 문제자들이 그들의 스승들이 술회한 것을 추기하여 완성한 책으로, 후진 학자들이 엮어서 완성한 것이지, 70 제자들이 기록하여 엮은 것이 아니다(余按: 魯論語中所記之君大夫如哀公康子敬子景伯之屬皆以諡舉, 曾子有子皆以子稱, 且記曾子疾革之言, 則是孔子旣沒數十年後, 七十子之門人追記其師所述以成篇, 而後儒輯之以成書者, 非孔子之門人弟子之所記而輯焉者也。).

2 注(주): 훈고학용어. 傳·疏·解·箋·章句 등과 같은 경서 주석의 한 유형. '注'는 뜻을 취해 경서에 주입(注入)하는 것이다. 경서의 경우 글의 뜻이 심오·난해하여, 반드시 해석을 한 후에 그 뜻이 분명해지

는 것이, 마치 물길이 막혀 있으면, 물을 주입한 후에 통하는 것과 같다. 孔穎達[574~648]의 《毛詩正義》에 말하기를, '注란, 著[드러내다]로, 글의 뜻을 해설하여 분명하게 드러낸다는 말이다'라고 했다(注, 训诂学术语. 注释经籍的一种体例. 注, 取义于灌注. 文义艰深, 必解释而后明, 犹水道阻塞, 必灌注而后通. 孔穎达《毛诗正义》说: '注者, 著也, 言为之解说, 使其著明也.'); 許慎[58~147]이 쓴 《說文解字》에는 '註'字가 없는데, 段玉裁[1735~1815]의 《說文解字注》에, '한·당·송나라 학자들이 經에 注를 단 글자에는 '註'字를 쓴 경우가 없었는데, 명나라 학자들이 처음으로 '注'字를 '註'로 고쳐 썼으니, 古義에 크게 어긋난다'라고 했다(按漢唐、宋人經注之字無有作註者. 明人始改注爲註, 大非古義.).

3 《朱子語類19: 61》내가 《논어》《맹자》에 대해, 40여 년을 공부했는데, 그 안의 글자 한 자 한 자마다 뜻을 구하기를 저울로 재서 조금이라도 위나 아래로 높아지거나 낮아지지 않게 했고, 조금이라도 어느 한쪽으로 치우치지 않도록 했다(某於論孟, 四十餘年理會, 中間逐字稱等, 不教偏些子.). 《朱子全書(第23冊)·晦庵先生朱文公文集(卷62)·答王晉輔》학문하는 것의 대강은, 몸과 마음을 가다듬어서 학문하는 바탕으로 삼은 다음에, 성현의 말씀을 첫머리부터 푹 익을 때까지 읽고, 한 글자 한 글자 뜻을 새겨 풀이하고, 한 구절 한 구절 소상하게 알고, 한 단락 한 단락 반복하고, 마음을 비우고 자신의 역량이 미치는 데까지, 문장의 의미를 알아야 하는 것이지, 제멋대로 자기 소견을 펼치고 근거 없는 주장을 함부로 내세워서는 안 됩니다(爲學大概, 且以收拾身心爲本, 更將聖賢之言, 從頭熟讀, 逐字訓釋, 逐句消詳, 逐段反復, 虛心量力, 且要曉得句下文意, 未可便肆己見妄起浮論也.).(李紱 저/조남호 外 역, 『주희의 후기 철학』[소명출판, 2009], 631).

論語序說

史記[1]世家[2]曰:「孔子名[3]丘,[4] 字仲尼.[5] 其先宋人[6] 父叔梁紇[7] 母顏氏[8]。以[9]魯襄公[10]二十

---

1 史記(사기): 서한시대[BC 202~AD 8] 태사령 司馬遷[BC 145~BC 90]이, 아버지 司馬談[BC 165~BC 110]의 유지를 받들어, 황제시대부터 한무제 4년[BC 101]까지 모두 3천여 년간의 역사를 기록한 紀傳體 역사서로, 본래는 고정된 책 이름이 없었고, '太史公書', '太史公記'라고 불렸으며, 本紀(12편)·表(10편)·書(8편)·世家(30편)·列傳(59편)으로 구성되어 있다.

2 世家(세가): 총 30편으로 된 제후국의 흥망성쇠의 역사기록.《孔子世家》는 世家의 제17편 이름으로, 司馬遷은 '천하에 군주·현인은 많았고, 살아서는 영광을 누렸지만, 죽고 나서는 그것으로 그만이었다. 공자는 布衣였지만, 그의 명성과 학설은 10여 세대를 이어 전해 내려왔고, 학자들은 그분을 宗師로 받들고, 천자·왕후로부터 나라 안의 육예를 말하는 자들은 그분의 말씀을 사물을 판단하는 준칙으로 삼고 있으니, 최고의 성인이라 할 수 있다'(孔子布衣, 傳十餘世, 學者宗之, 自天子王侯, 中國言六藝者折中 於夫子, 可謂至聖矣.)라고 하여, 世家에 포함시켰다.

3 《禮記·檀弓上》어려서는 名으로 부르고, 성년이 되어서는 字로 부르고, 오십이 되어서는 伯이나 仲을 써서 부르고, 죽어서는 시호를 쓰는 것이, 주나라의 예법이다(幼名, 冠字, 五十以伯仲, 死諡,周道也.); 태어나서 3개월이 되어서는 名으로 부르고, 20세가 되어서는 字로 부르고, 名을 부르기를 삼간다[禮記·曲禮上] 윗사람이 아랫사람을 부를 때나 아랫사람이 자기를 칭할 때는 名을 쓰지만, 동년배 또는 윗사람을 칭할 때는 名으로 부르지 못하고 字로 부른다[儀禮·士冠禮].

4 《史記·孔子世家》태어나면서부터 머리 위쪽이 움푹 들어가 있었기 때문에, 이름을 丘라 했다(生而首上 圩頂, 故因名曰丘云.);《春秋左傳·桓公 6年》태어난 아이의 이름을 짓는데, 信·義·象·假·類 다섯 가지 방법이 있다. 태어날 때의 정황을 가지고 이름을 짓는 것이 信이고, 德行을 나타내는 글자를 가지고 이름을 짓는 것이 義이고, 생김새가 비슷한 물체의 이름을 가지고 이름을 짓는 것이 象이고, 사물과 관련이 있는 글자를 취해서 이름을 짓는 것이 假이고, 父親과 관련 있는 글자를 취해서 이름을 짓는 것이 類이다. 國名을 쓰지 않고, 官名을 쓰지 않고, 山川의 이름을 쓰지 않고, 隱疾[나면서 신체에 드러나 있는 질병]의 이름을 쓰지 않고, 畜牲의 이름을 쓰지 않고, 器物과 幣帛의 이름을 쓰지 않는다(名有五, 有信, 有義, 有象, 有假, 有類, 以名生爲信, 以德名爲義, 以類命爲象, 取於物爲假, 取於父爲類。不以國, 不以官, 不以山川, 不以隱疾, 不以畜牲, 不以器幣。).

5 《孔子家語·本姓解》(안징재가) 남편 숙량홀의 나이가 많아서, 제때 아이를 갖지 못할까 걱정되어, 몰래 尼丘山[곡부시에 소재하는 340m 정도 높이의 산에 가서 아이를 낳기를 기도했는데, 공자를 낳았기 때문에, 이름을 丘라 하고, 字를 仲尼라 했다(以夫之年大, 懼不時有男, 而私禱尼丘山以祈焉。生孔子, 故名丘字仲尼.);《孝經·開宗明義》[李隆基 注] '仲尼'는 공자의 字이다. [邢昺 疏] 유환[434~489]은 장우[?~BC 5]의 뜻을 전술하기를, "仲'은 '中'이고, '尼'는 '和'라고 했다'고 했다. 공자께서 中和의 덕을 갖추셨기 때문에, 字를 '仲尼'라고 했다는 말이다(注: 仲尼, 子字。; 疏 正義曰: 劉瓛述張禹之義以爲仲者中

也, 尼者和也。言孔子有中和之德, 故曰仲尼。);《禮記·檀弓上》에, 노나라 애공이 공자를 추도하여 말하기를, '하늘이 이 노인을 내 곁에 남겨두지 않으니, 이제 누가 나를 보좌할꼬? 오호 슬프구나, 尼父여!'라고 했는데, 정현의 注에 말하기를, "尼父는 공자의 字를 가지고 시호로 삼은 것이다'라고 했다(魯哀公誄孔丘曰: "天不遺耆老, 莫相予位焉。嗚呼哀哉! 尼父!"; 鄭玄注: 尼父, 因且字以爲之諡。);《王力漢語》주왕조시대 귀족 남자의 字 앞에는 형제 사이의 장유를 표시하는 '伯'·'仲'·'叔'·'季'를, 字 뒤에는 성별을 표시하는 '父'·'甫'를 붙여서, 남자의 字의 완전한 칭호를 구성했는데, '父'·'甫'를 생략하는 경우도 있었다(周代貴族男子字的前面加'伯'仲'叔'季'表示排行, 字的後面加'父'或'甫'字表示性別, 這樣構成男子字的全稱。有時候省去'父'甫'字。); 盧火盛의《論語人物名字研究》'丘'는 조그마한 산이다. '尼'는 이 산의 이름이다. '仲尼'의 '仲'이 표시하는 것은 형제간의 항렬인데, 공자 위에 아버지 숙량흘의 첩의 소생으로, 庶兄인 孟皮가 있었기 때문이다('丘'是小山, '尼'是这座山的名。'仲尼'之'仲', 表示的是排行, 因为孔子上有兄长'孟皮', 系叔梁纥之妻所生。);《王力漢語》옛사람들의 名과 字 사이에는 의미상의 연계성이 있었다(古人名和字有意義上的聯繫。).

6 宋人(송인): 宋國은 주공이 상나라 紂王의 아들 武庚의 반란을 제압한 후, 상나라 옛 도읍 商丘에 殷·商의 遺民들을 모으고, 紂王의 庶兄 微子啓를 봉하여 건립한 나라[BC 1114~286]이고, 宋人은 망국인 殷·商의 유민들로, 周나라 사람들에게 '蠢殷'(준은)[꼼지락거리는 殷]·'頑民'(완민)[복종할 줄 모르는 완고한 족속들]이라는 멸시를 받았다.

7 叔梁紇(숙량흘): 姓 孔, 字 叔梁, 名 紇. BC 617?~BC 549. 송나라 시조 微子啓의 13대손. 키가 10척이나 되었고, 무술에 뛰어났다. 송나라에서 살다가, 조부 孔防叔 때 華氏의 핍박을 피해 노나라로 이주했고, 창평향 추읍에서 대부를 지냈다. 본처 施氏와의 사이에서 아홉을 낳았지만, 아들이 없고, 첩에게서 낳은 아들 孟皮는 足病으로 인해 대를 이을 수 없자, 노나라 안씨의 막내딸 顔徵在[BC 569?~BC 534]를 처로 얻었다. 숙량흘 70세 안징재 18세 때 공자를 낳고, 공자가 세 살 때 죽었다.《春秋左傳·襄公10年》[BC 563] (晉나라 군대가 노나라 군대와 함께 핍양성을 공격했으나 함락하지 못하고 포위하고 있었는데) 핍양인이 성문을 열어 제후의 군대가 공격해 성문으로 들어오게 유인한 후, 현수문을 내려서 닫아 가두려 하자, 추읍 사람 紇이 내려오는 문을 떠받쳐 열어서, 성문에 갇힌 군사들을 탈출시켰다(偪陽人啟門, 諸侯之士門焉, 縣門發, 耶人紇抉之, 以出門者。); 孔子先世: 微子[宋國始祖](14代)~微仲[微子弟]~宋公(13)~丁公(12)~湣公(11)~弗何何[湣公長子; 卿大夫](10)~宋父周(9)~世子勝(8)~正考甫(7)~孔父嘉[大司馬. 字 孔父,名 嘉](6)~子木金父(5)~睪夷(4)~孔防叔[증조부의 字인 孔父를 姓으로 사용. 魯나라로 이주](3)~孔伯夏(2)~孔紇[叔梁紇](1)~孔子.

8《孔子家語·本姓解》숙량흘에게는 딸만 아홉이 있었고 아들이 없자, 첩을 얻어, 아들 孟皮를 낳았는데, 足病이 있었기 때문에, 숙량흘이 顔氏댁에 청혼했다. 顔氏에게는 딸 셋이 있었고, 막내딸이 徵在였다. 顔氏가 세 딸에게, '추읍 대부는 부친과 조부가 선비지만, 선대가 聖王의 후예이고, 숙량흘은 키가 열 자나 되고, 힘을 당할 사람이 없다. 나이는 많지만, 성품이 엄격하여, 달리 의심스러운 게 없다. 너희 셋 중에 누가 이 사람에게 시집을 가겠느냐?'라고 하자, 두 딸은 대답이 없고, 막내딸 안징재가 나서서, '아버님께서 정하신 대로 따를 것인데, 무엇을 물으려 하십니까?'라고 하자, 숙량흘이, '너를 시집보낼 수 있겠구나' 하고는, 이에 안징재를 숙량흘에게 시집보냈다(叔梁紇曰: "雖有九女, 是無子。" 其妾生孟皮, 孟皮一字伯尼, 有足病, 於是乃求婚於顔氏。顔氏有三女, 其小曰徵在。顔父問三女曰: "陬大夫雖父祖爲士,然其先聖王之裔。今其人身長十尺, 武力絕倫, 吾甚貪之, 雖年大性嚴, 不足爲疑。三子孰能爲之妻?"二女莫對。徵在進曰: "從父所制, 將何問焉?" 曰: "即爾能矣。"遂以妻之。);《禮記·檀弓上》공자가 어려서 부친이 세상을 떠나서, 부친의 묘의 위치를 알지 못했는데, 모친이 죽자[史記에는 17세 전에 죽은 것으로 기록되어 있다], 오보 사거리에 빈소를 차려놓고, 부친의 운구 수레를 끌었던 추읍의 曼父[挽父]의 어머니에게 물어, 부친의 묘의 위치를 안 연후에, 防에다 모친을 합장할 수 있었다(孔子少孤,

二年, 庚戌之歲, 十一月庚子,[11] 生孔子於魯昌平鄉陬邑.[12] 爲[13]兒嬉戲,[14] 常陳俎豆,[15] 設禮容.[16] 及[17]長, 爲委吏,[18] 料量[19]平; 爲司職吏,[20] 畜[21]蕃息.[22] 適周, 問禮於老子.[23] 旣[24]反,

---

不知其墓. 殯於五父之衢. 人之見之者, 皆以爲葬也. 其愼也, 蓋殯也. 問於郰曼父之母, 然後得合葬於防.).

9 以(이): ~때에. ~에서. 동작을 시행한 시간·장소를 끌어들인다(介词. 介绍动作施行的时间或处所. 义即'于'、'在'、'从'.).

10 魯襄公(노양공): 노나라 22대 임금으로 BC 572~BC 542 재위; 魯国(노국): 주공[무왕의 동생]이 周나라 天子 成王에게서 분봉받았으나 周天子를 보좌하고 있는 관계로 아들 백금을 부임시켜 건립한 나라로, 지금의 산동성 남부지역에, 태산의 남쪽을 강역으로 하고, 곡부를 도읍으로 했다. 초나라 효열왕에 의해 BC 256年 멸망했다. 周代의 여러 나라 중에 姬씨 성의 종주국이었고, 제후들의 望國이었기 때문에, 주나라의 最親으로서 노나라만 한 나라가 없었고, 노나라가 보좌하고 받들어 모신 나라로 주나라만 한 나라가 없었다. 周禮 전형의 보존자이고 실행자로서, 周禮의 모든 것은 노나라에 다 있다[左傳·昭公2年]고 했다.

11 BC 551년 9월 28일(음 8월 27일):《春秋公羊傳》《春秋穀梁傳》에는 노양공 21년으로 되어 있다.

12 陬邑(추읍): 郰 또는 聊로도 쓴다. 지금의 산동성 곡부시 동남쪽의 니산진 노원촌(陬, 一作郰, 一作聊. 今山東省曲阜市東南的尼山鎮魯源村.); 陬(추): 산의 외딴곳(本义: 山的角落).

13 爲(위): ~할 때. ~에서. 동작 행위의 시간·장소를 표시한다(介词。于, 在. 表示时间或处所.).

14 嬉戲(희희): 놀다. 놀이하다(游戏; 玩乐.).

15 《說文·且部》'俎'(조)는 제례·빙례 등에 쓰이는 그릇이다. 肉의 절반 仌(빙)을 따르고 고기가 且(차) 위에 놓여 있는 것이다; 且(차)는 薦(천)[(음식)올리다. 진설하다]이다. 几(궤)를 따르고, 다리가 횡으로 두 개가 있고, 맨 밑의 一은 궤가 놓여 있는 땅이다(俎, 禮俎也. 從半肉在且上. 且, 薦也. 從几, 足有二橫一, 其下地也.);《說文·豆部》'豆'(두)는 고대의 고기를 담는 그릇이다(豆, 古食肉器也.);《百度漢語》俎豆(조두): 俎와 豆. 제사·연회 때 음식을 담는 두 종류의 그릇. 제사 지내다. '且'(차)는 제사·연회에 쓰는 다리가 네 개 달린 사각형의 청동 또는 옻칠한 목기로 만든 소반으로, 소고기나 양고기를 진설한다(俎和豆. 古代祭祀, 宴飨时盛食物用的两种礼器. 亦泛指各种礼器; 谓祭祀, 奉祀. 且, 祭祀所用的礼器. 本义: 供祭祀或宴会时用的四脚方形青铜盘或木漆盘, 常陈设牛羊肉.).

16 禮容(예용): 예식을 행하는 용모 차림새(礼制仪容).

17 《北京虛詞》及(급): 개사. ~에 이르러서. '전치사+목적어' 형태로, 동작 시행 또는 상황이 출현한 시간을 끌어들인다('及', 介词. 介绍动作施行或情况出现的时间. 义即'等到'、'到'.).

18 朱熹注: '委吏'는 《史記》에는 '季氏史[季氏의 小吏]로 되어 있다. 《史記索隱》에는, '어떤 책에는 '委吏'로 되어 있는데, 《孟子》의 내용과 부합한다'고 했다. 이제 이를 따른다(委吏, 本作季氏史. 索隱云: '一本作委吏與孟子合.' 今從之.);《孟子·萬章下 제5장》공자께서는 식량 저장창고 관리지기로 일하신 적이 있었는데 말씀하시기를, '회계를 맞게 했을 뿐이다'라고 하셨고, 목장 관리지기로 일하신 적이 있었는데 말씀하시기를, '소와 양이 무럭무럭 잘 크게 했을 뿐이다'라고 하셨다(孔子嘗爲委吏矣, 曰'會計當而已矣'. 嘗爲乘田矣, 曰'牛羊苗壯長而已矣'.);《周禮·地官司徒》委人(위인): 野地의 부세를 거둬들이고, 땔감·사료를 거둬들이고, 모든 채소·과실·목재, 비축되어 있는 물자를 관장한다(掌斂野之賦, 斂薪芻, 凡疏材, 木材, 凡畜聚之物.); 委吏(위리): 식량저장창고 관리(古代管理粮仓的小官).

19 料量(요량): 양을 재다. 무게를 달다(称量).

20 朱熹注: '職'(직)은 《周禮·地官司徒·牛人》에 나오는데, '직'(樴)으로 읽고, 뜻은 말뚝[杙]과 같고, 대개 희생으로 쓸 가축을 붙들어 매어 놓는 곳이다. 이 관직은 즉 맹자가 말한 乘田이다(職, 見周禮牛人, 讀爲樴, 義與杙同, 蓋繫養犧牲之所. 此官即孟子所謂乘田.);《周禮·地官司徒》牛人(우인): 나라에서

而弟子益進。[25]

《사기 · 공자세가》(史記 孔子世家)에 말했다. "공자(孔子)는 이름은 구(丘)이고, 자(字)는 중니(仲尼)이다. 그의 선대는 송(宋)나라 사람이다. 아버지는 숙량흘(叔梁紇)이고, 어머니는 안씨(顏氏)이다. 노(魯)나라 양공(襄公) 22년, 경술년(BC 551) 11월 21일 경자(庚子) 일에, 노(魯)나라 창평향(昌平鄕) 추읍(陬邑)에서 공자를 낳았다. 어려서 놀이를 할 때는, 늘 제기를 차려놓고, 예식을 행하는 용모를 갖추었다. 장성해서, 식량 저장창고 관리 지기를 할 때는, 양을 재는 것이 공평했고, 목장 관리 지기를 할 때는, 가축들이

쓸 소를 사육하여, 정령에 따라 제공하는 일을 관장한다. 모든 제사에는 그에 필요한 享牛 · 求牛를 제공하는데, 職人에게 맡겨 사육한다(掌養國之公牛, 以待國之政令。凡祭祀共其享牛, 求牛, 以授職人而芻之。); 司職吏(사직리): 목축담당관리(犹乘田。主管牧物的小官。).

21 畜(축): 집에서 기르는 짐승을 '畜', 야생 짐승을 '獸'라 한다(家畜; 家养谓之畜, 野生谓之兽。).

22 蕃息(번식): 번식하다. 불어나다(滋生; 繁衍。); 蕃(번): 번식하다. 늘어나다(繁殖; 增长).

23 《史記·孔子世家》 노나라 남궁경숙[南容]이 노나라 임금에게, '공자를 모시고 주나라에 가고자 합니다'라고 하자, 임금이 수레 한 채, 말 두 필, 동자 한 명을 갖춰주어, 주나라에 가서 예를 묻게 했는데, 아마도 노자를 만났던 것 같다. 작별 인사를 하고 헤어지는데, 노자가 공자를 떠나보내면서 말했다. "내가 듣기로는, 富貴한 사람은 재물을 줘서 송별하고, 仁한 사람은 말[言]을 줘서 송별한다고 했습니다. 나는 부귀한 사람은 아니고, 부끄럽지만 인한 사람이란 호칭은 쓰니, 말[言]을 줘서 그대와 송별하고자 합니다.' 귀가 밝고 눈이 밝고 자세히 살피는 사람은 죽을 때가 가까운 자로, 다른 사람에 대해 의논하기를 좋아하는 자입니다. 많이 알고 말을 잘하고 식견이 넓은 사람은 자기 자신을 위태롭게 하는 자, 다른 사람의 나쁜 점을 들춰내는 자입니다. 자식된 자는 자기를 내세워서는 안 되고, 신하된 자는 자기를 내세워서는 안 됩니다"(魯南宮敬叔言魯君曰: '請與孔子適周。' 魯君與之一乘車, 兩馬, 一豎子俱, 適周問禮, 蓋見老子云。辭去, 而老子送之曰: "吾聞富貴者送人以財, 仁人者送人以言。吾不能富貴, 竊仁人之號, 送子以言, 曰: '聰明深察而近於死者, 好議人者也。博辯廣大危其身者, 發人之惡者也。爲人子者毋以有己, 爲人臣者毋以有己。'"); 《史記索隱》 莊子가 말하기를, '공자가 51세 때, 남쪽으로 가서 노담을 만났다'(莊子云: 孔子年五十一, 南見老聃。)고 했다; 《莊子·外篇·天運》 공자가 51세 되도록 도를 듣지 못하다가, 이에 남으로 沛(패)에 가서, 노담을 만났다(孔子行年五十有一而不聞道, 乃南之沛, 見老聃。); 《集注考證》 천지에 제사 지내는 곳을 두루 돌아다녔고, 명당에 관한 예법을 고찰했고, 조묘와 관련된 법제를 살폈다(歷郊社之所, 考明堂之則, 察朝廟之度。).

24 《北京虛詞》 既(기): 부사. ~하고 얼마 되지 않아서. ~한 후에. 이윽고. 문장 앞머리나 술어 앞에 쓰여, 진술하는바 일이 앞에 한 동작이나 행위가 끝나고 얼마 되지 않아 발생한 것임을 표시한다('既, 副词。用于句首或谓语前, 表示所述事情是在前一动作行为结束后不久便发生的。又即'不久'、'很快'。).

25 《孔子家語·致思》 공자께서 말씀하셨다. "季孫이 내게 천종의 곡식을 하사했기에, 나의 교제가 더욱 친밀하게 되었고, 南宮敬叔이 내게 수레를 타게 하고서부터, 나의 도가 더욱 행해지게 되었다. 그러니 도가 아무리 귀할지라도, 때를 만난 뒤에 중해지고, 세력을 얻은 뒤에 행해지는 법이다. 저 두 사람이 베푼 재물이 아니었으면, 내 도는 아마도 쓸모없게 되고 말았을 것이다"(孔子曰: "季孫之賜我粟千鍾, 而交益親; 自南宮敬叔之乘我車也, 而道加行。故道雖貴, 必有時而後重, 有勢而後行。微夫二子之賜財, 則丘之道殆將廢矣。"); 益進(익진): 차츰 늘어나다(长进; 增进).

번식했다. 주(周)나라에 가서는 노자(老子)에게 예를 물었고, 노나라로 돌아와서는 제자들이 점차 늘어나기 시작했다.

昭公[26]二十五年甲申, 孔子年三十五, 而昭公奔齊, 魯亂, 於是適齊, 爲高昭子家臣, 以通乎景公。[27, 28] 公欲封以尼谿之田, 晏嬰[29]不可[30], 公惑之。[31, 32] 孔子遂行, 反乎魯。

노(魯)나라 소공(昭公) 25년 갑신년(BC 517), 공자(孔子)의 나이 35세 때에, 소공이 제(齊)나라로 망명하여, 노나라가 혼란스러웠다. 이때 제나라에 가서, 고소자(高昭子)의 가신이 되어, 이로써 경공(景公)과 통하고 지내게 되었다. 경공이 공자를 니계(尼谿) 땅에 봉하려 했지만, 안영(晏嬰)이 안 된다고 하자, 경공이 공자를 의심쩍게 여겼다. 공자는 마침내 제나라를 떠나, 노나라로 돌아왔다.

定公[33]元年壬辰, 孔子年四十三, 而季氏强僭,[34] 其臣陽虎[35]作亂專政。故孔子不仕, 而退

---

26 昭公(소공): 姓 姬, 名 裯(주). 襄公(양공)의 뒤를 이은 노나라 24대 임금. BC 542~BC 510 재위. BC 517년[魯昭公 25년]에 季平子와 郈昭伯(후소백) 간의 닭싸움으로 난이 일어나자, 昭公이 季氏를 쳤지만 패하여, 제·진나라로 망명 다니다가, BC 510년[魯昭公 32년] 51세의 나이로 진나라 乾侯(건후)에서 병으로 죽었다. 소공의 동생을 임금으로 세웠는데, 이 사람이 定公이다.

27 齊景公(제경공): 제나라 제21대 임금. 姓 姜, 呂氏. 名 杵臼(저구)로, 齊靈公[BC 581~BC 554 재위]의 아들이고, 齊莊公[BC 553~BC 548 재위]의 아우. BC 548~BC 490 재위. 재임 초기에는 崔杼(최저. ?~BC 546), 慶封(경봉. ?~ BC 538)의 보좌를 받았고, 후기에는 晏嬰(안영. BC 578~BC 500), 司馬穰苴(사마양저), 梁丘據(양구거)의 보좌를 받았다; 齊國(제국): 문왕의 스승 태공망 여상[姜姓呂氏]이 주무왕에게 봉지를 받아 세운 나라로, 지금의 산동성 북부와 하북성 서남부 지역을 강역으로 하고, 臨淄(임치)를 도읍으로 했다. 桓公은 '尊王攘夷' 정책으로, 제후를 규합하여, 제1대 패주가 되었다. BC 481년 田成子[陳恒]가 簡公을 시해하고, 平公을 내세우고, 相國을 자임하면서, 이때부터 田氏에게로 나라가 넘어갔다. BC 221년 진시황에 의해 멸망당했다. BC 1027~BC 221.

28 朱熹注: 제나라에 계시면서, 순 임금의 韶樂(소악)을 들으신 일[述而 제13장], 제나라 경공이 공자에게 정치에 대해 물은 일[顏淵 제11장]이 있었다(有聞韶、問政二事。).

29 晏嬰(안영): 名 嬰, 字 仲, 시호 平. 安平仲, 晏子로도 불린다. BC 578~BC 500. 제나라 영공·장공·경공 3대에 걸쳐 40여 년을 보좌했다. 그의 언행을 기록한《晏子春秋》가 있고, 《史記》에는《管仲·晏子列傳》이 있다;《公冶長 제17장》참조.

30 《微子 제3장》각주《史記·孔子世家》참조.

31 《顏淵 제11장》《微子 제3장》참조.

32 朱熹注: 제나라 경공이 공자에 대한 대우를 계씨와 맹씨의 중간 정도로 하겠다고 했다가 늙어서 등용하지 못하겠다고 한 말[微子 제3장]이 있었다(有季孟吾老之語。).

33 魯定公(정공): 昭公의 동생으로, 昭公의 뒤를 이은 제25대 임금. BC 509~BC 494 재위.

34 强僭(강참): 권세를 업고 신분을 넘어서는 일을 하다(谓仗势做超越本分的事); 僭(참): 아래 지위에

修詩, 書, 禮, 樂, 弟子彌[36]衆。[37]

정공(定公) 원년 임신년[BC 509], 공자(孔子)의 나이 43세 때에, 계씨(季氏)는 권세를 등에 업고 신분을 넘어서는 일을 하고, (정공定公 5년) 그의 가신 양호(陽虎)는 반란을 일으켜 정사를 제멋대로 했다. 그래서 공자는 벼슬을 하지 않고, 물러나 있으면서 시·서·예·악(詩書禮樂)을 연구하니, 제자들이 더욱 많아졌다.

九年庚子, 孔子年五十一。公山不狃[38]以[39]費畔季氏, 召, 孔子欲往, 而卒不行[40]。定公以孔爲中都宰,[41] 一年, 四方則[42]之, 遂[43]爲司空,[44] 又爲大司寇。[45] 十年辛丑,[46] 相定公會齊侯

있는 자가 신분을 넘어서서 자기보다 높은 지위에 있는 자의 명의·예법·기물 등을 사칭하거나 도용하는 행위(超越本分, 古代指地位在下的冒用在上的名義或礼仪, 器物.).

35 陽貨(양화): =陽虎. 姓 姬, 陽氏, 名 虎 또는 貨. 季孫氏 가신;《子罕 제5장》《陽貨 제1장》참조.

36 彌(미): 더욱더. 한층. 두루 퍼지다. 가득 차다(更加; 越发. 遍; 满).

37《孔子傳》공자께서 37세에 제나라를 떠나 노나라로 돌아와서부터, 벼슬길에 나가시기 전까지를 계산해도, 13년이란 오랜 기간이다. 30세 이후 처음으로 제자들을 모아 가르치기 시작한 것을 계산한다면, 근 20년이 된다. 이 기간이 공자의 제1기 교육 기간이다. 이 기간에 가르친 제자 중에서 이름난 제자로는, 안무요·중유·증점·염백우·민손·염구·중궁·안회·고시·공서적 등이 있다(孔子自齐返鲁, 下至其出仕, 尚历十三四年。若以三十后始授徒设教计之, 前后共近二十年。此为孔子第一期之教育生涯。其前期弟子中著名者, 有颜无繇、仲由、曾点、冉伯牛、闵损、冉求、仲弓、宰我、颜回、高柴、公西赤诸人。).

38 公山不狃(공산불뉴): =公山弗擾(공산불요). 姓 公山, 名 不狃, 字 子泄[子洩]. 陽虎와 같은 시기 사람으로, 계환자의 신임이 두터운 가신이 되어 定公5년[BC 505] 비읍의 읍장을 맡았다;《陽貨 제5장》에는 '公山弗擾'로 되어 있다.

39《北京虛詞》以(이): 개사. ~을 쓰다. ~에 기대다. 기반으로 하다. 동작 시행의 도구·기반·신분·수량 등을 끌어 들인다('以', 介词。介绍动作施行的工具、凭借、身份、数量等。义即'用'、'凭借'.).

40 朱熹注: 공산불뉴가 난을 일으키고 공자를 불렀는데 자로가 못 가게 막자, 나를 쓰는 나라가 있으면 그 나라를 동주로 만들겠다고 답하신 말씀[陽貨 제5장]이 있었다(有答子路東周語.).

41 中都(중도): 지금의 산동성 문상현(今山東汶上縣); 宰(재): 지방 행정장관. 공자의 처음 임지가 中都였다(春秋时期地方行政长官称为宰, 孔子初仕的地方就是汶上古中都.).

42 則(칙): 배우다. 본받다. 따라 하다(仿效, 效法.).

43《北京虛詞》遂(수): 부사. 이에. 이리하여. 곧 승접복문의 뒷절에 쓰여, 후면의 상황이 앞면에 이어서 출현을 표시한다('遂', 副词。用于承接复句的后一分句, 表示后面的情况是承前而出现的。义即'于是'、'就'.).

44 司空(사공): 물관리와 건축일을 관장하는 관직으로 6경[太宰·大司徒·大宗伯·大司馬·大司寇·大司空]의 하나(中国古代官名。西周始置, 位次三公, 与六卿相当, 与司马, 司寇, 司士, 司徒并称五官, 掌水利, 营建之事.).

45 司寇(사구): 형 집행과 감찰을 관장하는 관직으로 6경의 하나(西周始置, 位次三公, 与六卿相当, 与司马, 司空, 司士, 司徒并称五官, 掌管刑狱, 纠察等事.); 大司寇(대사구): 법령 집행을 관장하고 왕의 사법권행사를 보좌하는 관직(负责实践法律法令, 辅佐周王行使司法权, 大司寇下设小司寇, 辅佐大司寇审理具体

于夾谷, 齊人歸魯侵地[47]。十二年癸卯,[48] 使仲由[49]爲季氏宰, 墮三都[50], 收其甲兵[51]。孟氏[52]不肯[53]墮成, 圍之不克。

노(魯)나라 정공(定公) 9년 경자년[BC 501]에, 공자(孔子)의 나이 51세였다. 공산불뉴(公山不狃)가 비읍(費邑)을 근거지로 하여 계씨(季氏)에게 반기를 들고, 공자를 부르자, 공자가 가려고 했지만, 결국에는 가지 않았다. 정공이 공자를 써서 중도(中都)의 책임자로 삼으니, 1년이 되자 사방의 나라가 그를 본받았고, 뒤이어 사공(司空)으로 삼았다가, 다시 대사구(大司寇)로 삼았다. 정공 10년 신축년[BC 500], 정공을 도와 제(齊)나라 경공(景公)과 협곡(夾谷)에서 회합했는데, 이에 제나라 사람이 노나라에서 침탈한 땅을 돌려주었다. 정공 12년 계묘년[BC 498], 중유(仲由)로 하여금 계씨의 가신이 되게 하여, 삼도(三都)를 허물고, 그 병력을 몰수했다. 노나라 맹씨(孟氏)가 성읍(成邑)을 허물지 않으려고 하여, 그를 포위했지만 성공하지 못했다.

十四年乙巳, 孔子年五十六, 攝行相事,[54] 誅少正卯[55] 與聞[56]國政。三月, 魯國大治。齊人

案件。大, 小司寇下设专门的司法属吏。)。

46 BC 500년 공자 52세.

47 侵地(침지): 침탈한 이웃 나라의 토지(侵夺的土地).

48 BC 498년 공자 54세.

49 仲由(중유): 字가 子路 또는 季路. BC 542~BC 480. 공자 제자. 공문십철. 위나라 孔悝(공회)의 난에 죽었다.《先進 제11장》참조.

50 墮三都(휴삼도): 공자가 노나라 대사구로서 재상의 일을 겸하면서, 왕권을 강화하기 위해, 자로를 파견하여 三桓인 季孫氏·叔孫氏·孟孫氏의 私邑을 무너뜨린 사건: 三都(삼도): 계손씨·숙손씨·맹손씨의 私邑인 費邑(비읍)[在今山東省鱼台县西南]·郈邑(후읍)[在今山东省东平县]·成(郕)邑(성읍)[在今山东泰安市区东南]을 말한다; 墮(휴/타): (휴)허물다. 무너뜨리다. 비탈에서 굴러떨어지다. (타)밑으로 떨어지다(表示人从陡坡上掉下。毁坏。落,落下。).

51 甲兵(갑병): 갑옷과 병기. 갑옷 입은 사병. 군대(铠甲和兵械。泛指兵器: 披甲的士兵。亦指军队。).

52 孟懿子(맹의자)[~BC 481]를 말한다. 공자의 제자인 南容[南宮敬叔][公冶長 제1장]의 형으로, 부친 孟僖子(맹희자)가 임종 전에 그의 아들 맹의자와 남용에게 공자를 스승으로 모시라고 했다.

53 肯(긍): =肯(古同"肯"。).

54 攝行(섭행): 대신해서 권한을 행사하다(代理行使职权); 相事(상사): 재상의 직무(宰相的职务).

55《荀子·宥坐》공자께서 노나라 사구로서 재상의 일을 대행하고, 정사를 맡은 지 7일 만에 소정묘를 죽였다. 문인이 공자께 나아가 여쭈었다. "소정묘는 노나라의 명망 있는 사람인데, 선생님께서는 정사를 맡고 맨 먼저 그를 처형하신 것은, 잘못이 아닐는지요?"(孔子爲魯攝相, 朝七日而誅少正卯。門人進問曰: "夫少正卯魯之聞人也, 夫子爲政而始誅之, 得無失乎"). 공자가 말했다. "앉거라. 내가 너에게 그 까닭을 말해 주겠다. 사람 중에 악한 자가 다섯 있는데, 도둑은 거기에 들지 않는다. 첫째 마음이 통달해 있으면

歸女樂⁵⁷以沮之, 季桓子受之. 郊⁵⁸又不致⁵⁹膰俎⁶⁰於大夫, 孔子行. ⁶¹適衛, 主於子路妻兄顏濁鄒家⁶². 適陳, ⁶³過匡, 匡人以爲陽虎而拘之⁶⁴. 既解, 還衛⁶⁵主蘧伯玉家⁶⁶見南子⁶⁷. 去適宋⁶⁸司馬桓魋欲殺之⁶⁹. 又去, 適陳, 主司城貞子家⁷⁰. 居三歲而反于衛, 靈

서 흉험한 자, 둘째 행실이 편벽되고 완고한 자, 셋째 거짓말을 잘하는 자, 넷째 괴이한 일들을 기억하여 널리 퍼뜨리는 자, 다섯째 그릇된 일을 따르고 윤색하는 자이다. 이 다섯 가지 중의 하나를 가지고 있으면 君子之誅를 피할 수 없는데, 소정묘는 이 다섯 가지를 모두 지녔다. 그래서 그의 행동거지는 무리를 모아 패거리를 짓기에 족했고, 그의 말솜씨는 사악을 꾸며 무리를 혹하기에 족했고, 그의 고집은 옳은 것을 그르다 하여 독자적으로 한 분파를 이루기에 족했기에, 이는 소인의 영웅이라, 처형하지 않을 수 없었다. 《詩經·邶風·柏舟》에 '근심으로 애타는 마음 소인배로 인한 괴로움'이라 했는데, 소인배들이 패거리를 지으면, 근심이 되기에 족하다"(孔子曰: "居, 吾語女其故. 人有惡者五, 而盜竊不與焉: 一曰: 心達而險; 二曰: 行辟而堅; 三曰: 言僞而辯; 四曰: 記醜而博; 五曰: 順非而澤. 此五者有一於人, 則不得免於君子之誅, 而少正卯兼有之. 故居處足以聚徒成群, 言談足飾邪營衆, 強足以反是獨立, 此小人之桀雄也, 不可不誅也……《詩》曰: '憂心悄悄、慍於群小.' 小人成群, 斯足憂也."); 少正卯(소정묘): 姓[또는 官名] 少正, 名 卯. 노나라 대부로 공자처럼 사립학교를 열어 학생을 모집했다. 노정공14년[BC 495] 공자가 대사구로 임명되고 재상의 일을 대행한 지 7일 만에 소정묘를 '君子之誅'로 죽였다.

56 與聞(여문): 일에 참여하여 그 내막을 알다(谓参与其事并且得知内情).

57 女樂(여악): 여자 가무단(乐舞奴隶, 她们是继巫而起的真正专业歌舞艺人.).

58 郊(교): 도읍 밖 100里 이내의 땅. 왕이 교외에서 천지에 지내는 교제사(=郊祀. 周时距离国都五十里的地方叫近郊, 百里的地方叫远郊. 古时帝王在郊外祭祀天地.).

59 致(치): 보내주다. 주다(送给, 给予.).

60 膰俎(번조): 삶은 고기를 담는 제사용 그릇. 제사 때 차려놓은 고기(盛膰肉的祭器. 亦借指祭肉.).

61 朱熹注: 《史記·魯周公世家》에는, 이상의 일이 모두 魯定公 12년[BC 498년, 공자 54세]의 일로 되어 있다(魯世家以此以上皆爲十二年事.); 《微子 제4장》《孟子·告子下 제6장》 참조.

62 朱熹注: 《孟子·萬章上제8장》에는 '顏濁鄒'를 '顏讎由'로 썼다(孟子作顏讎由.).

63 陳國(진국): 순 임금의 후손이 세운 나라. BC 1027~BC 478. 지금의 하남성 동부와 안휘성 서북부지역 일부를 강역으로 했다.

64 朱熹注: 공자께서 광 땅의 사람들에게 포위되어 곤경에 처했을 때, 안연이 공자 일행에게서 뒤처져 있다가 따라온 일[先進 제22장]과 문왕은 죽었지만, 그 文이 내게 있으니 광 땅의 사람들이 어찌하지 못할 것이라는 말씀[子罕 제5장]이 있었다(有顏淵後及文王既沒之語.).

65 衛國(위국): 무왕의 동생 康叔이 세운 나라. BC 1024~BC 209. 지금의 황하 이북 쪽의 하남복양, 하북감단, 형태일부, 산동성 서부지역 일대를 강역으로 했다. BC 254년 魏나라에 의해 멸망했다.

66 《憲問 제26장》《衛靈公 제6장》 참조: 主(주): ~에 기거하다. ~집을 주인집으로 하다(寄住在); 主人家(주인가); 주인집(旅馆: 客店).

67 朱熹注: 공자께서 南子를 만난 일을 자로가 못마땅해하자, 떳떳하지 못한 일을 하지 않았다고 자로에게 맹세하신 말씀[雍也 제26장]과, 덕을 좋아하기를 색을 좋아하듯이 좋아하는 자를 보지 못했다는 말씀[子罕 제17장]이 있었다(有矢子路及未見好德之語.).

68 宋國(송국): 주공이 상나라 紂王의 아들 武庚의 반란을 제압한 후, 商나라 옛 도읍 商丘에 殷·商의 遺民들을 모으고, 紂王의 庶兄 微子啟를 봉하여 건립한 나라로, 商의 宗祀와 문화를 계승했다. BC 1027~BC 286. 商業에 능하여, 특별히 상업문화 방면에 큰 공을 세웠다.

公⁷¹不能用。⁷² 晉⁷³趙氏家臣佛肸以中牟畔⁷⁴, 召孔子, 孔子欲往, 亦不果⁷⁵。將西見趙簡子⁷⁶, 至河⁷⁷而反, 又主蘧伯玉家⁷⁸。靈公問陳⁷⁹, 不對而行, 復如⁸⁰陳⁸¹。

정공(定公)14년 을사년[BC 496], 공자(孔子)의 나이 56세에, (제후들과의 회합에서 임금을 도와) 재상의 일을 대행했고, 소정묘(少正卯)를 처형했고, 국정에 참여했다. 3개월이 되니, 노(魯)나라가 훌륭하게 다스려졌다. 제(齊)나라 사람들이 여자 가무단을 선물로 보내서 공자의 치적을 저지해보고자 했는데, 계환자(季桓子)가 이를 받아들였다. 교제(郊祭)를 지내고 제사 지낸 고기를 대부에게 보내주지 않자, 공자는 노나라를 떠났다. 위(衛)나라에 가서는, 자로(子路)의 처형 안탁추(顔濁鄒)의 집을 주인집으로 정해 머물렀다. 진(陳)나라로 가려고 광(匡) 땅을 지나다, 그곳 사람들이 공자를 양호(陽虎)로

---

69 朱熹注: 하늘이 내게 덕을 부여해 주었다는 말씀[述而 제22장]과, 변복을 하고 송나라를 빠져나가신 일[孟子・萬章上 제8장]이 있었다(有天生德語及微服過宋事。).

70 《孟子・萬章上 제8장》 참조.

71 衛靈公(위영공): BC 534~BC 493 재위. 부인 南子. 예쁘게 생긴 남자를 좋아했고 시기심이 많았지만, 사람 보는 안목이 있어, 仲叔圉・祝鮀・王孫賈를 등용하여 나라를 잘 다스렸다.《憲問 제20장》 참조.

72 朱熹注: 만약 나를 쓰는 사람이 있다면 3년이면 성과를 낼 수 있다고 하신 말씀[子路 제10장]이 있었다 (有三年有成之語。).

73 晉国(진국): 무왕의 아들 唐叔虞(당숙우)가 분봉을 받아 세운 나라로, 처음 나라 이름이 唐이었는데, 晉으로 바뀌었다. 춘추 5패 중 진나라가 4명[文公・襄公・景公・悼公]을 차지할 정도로 名君・名臣・名將이 많았다. 대부 趙・韓・魏氏의 세력이 강해져서, 晉氏를 패퇴시키고 제후 책봉을 받아 三家分晉이 되면서, 명맥만 유지하다 멸망했다. BC 1024~BC 349.

74 《陽貨 제7장》 참조.

75 朱熹注: 자로에게 아무리 갈아도 얇게 닳아지지 않을 정도의 단단함[堅]과 검게 물들여도 물들지 않을 정도의 흼[白]에 대해 말씀해 준 일[陽貨 제7장], 공자께서 경쇠를 치고 있을 때 삼태기를 메고 공자가 묵고 있는 집 앞을 지나던 사람과 대화를 나눈 일[憲問 제42장]이 있었다(有答子路堅白語及荷蕢過門事。); 不果(불과); 결국은 실행에 옮기지 못하다(没有成为事实; 终于没有实行。).

76 趙簡子(조간자): ?~BC 476. 이름은 趙鞅 또는 趙孟으로, 晉나라 昭公[BC 531~BC 526 재위] 때, 대부로서 정권을 쥐고, 개혁에 진력했는데, 후세에 李悝・商鞅의 변법 및 趙나라 武靈王의 개혁의 효시가 되었다.《八佾 제22장》 각주《孟子・滕文公下 제1장》 참조.

77 河(하): 황하(本义: 黃河);《說文・水部》 '河'(하)는 물 이름이다. 돈황 변방의 곤륜고원에서 발원하여 발해로 유입된다(水。出燉煌塞外昆侖山, 發原注海。).

78 《史記・孔子世家》 匡 땅을 떠나 蒲 땅을 거쳐 한 달여 만에, 위나라로 돌아와 거백옥의 집을 주인집으로 정해 머물렀다(去即過蒲。月餘, 反乎衛, 主蘧伯玉家。).

79 《衛靈公 제1장》 참조.

80 如(여): 가다(去, 往。).

81 朱熹注: 논어에 따르면 식량이 떨어진 일[衛靈公 제1장]이 이때 있었다(據論語則絕糧當在此時。).

알고 구금했다. 풀려나자, 위(衛)나라로 돌아와 거백옥(蘧伯玉)의 집을 주인집으로 정해 머물렀고, 남자(南子)를 만났다. 위나라를 떠나 송(宋)나라로 갔는데, 사마(司馬)인 환퇴(桓魋)가 공자를 죽이려 했다. 다시 송나라를 떠나, 진(陳)나라로 가서, 사성정자(司城貞子)의 집을 주인집으로 정해 머물렀다. 3년을 머무르다 다시 위나라로 돌아왔는데, 영공(靈公)은 공자를 등용하지 못했다. 진(晉)나라 조씨(趙氏)의 가신 필힐(佛肸)이 중모(中牟)를 근거지로 삼아 반란을 일으키고, 공자를 부르자 공자(孔子)가 가려고 했지만, 또한 결행하지 못했다. 서쪽으로 가서 조간자(趙簡子)를 만나 보려고, 황하(黃河)까지 갔다가 되돌아와서, 다시 거백옥의 집을 주인집으로 정해 머물렀다. 위나라 영공이 군대의 진을 치는 법에 관하여 묻자, 대답하지 않고 떠나 다시 진(陳)나라로 갔다.

季桓子卒, 遺言謂康子必召孔子, 其臣止之, 康子乃召冉求[82]。孔子如蔡及葉[83]。楚昭王

---

82 《史記·孔子世家》그해 가을 계환자가 병이 나, 수레에 올라 노나라 도성을 바라보고, 크게 탄식하면서 말했다. "옛날에 노나라가 흥성할 기회가 있었는데, 내가 공자에게 죄를 얻었기에, 흥하지를 못했구나." 계환자가 그의 후사 계강자를 돌아보며 말했다. "내가 곧 죽고, 네가 필시 노나라 재상이 될 것인데, 그러거든, 반드시 공자를 불러라." 며칠 후 계환자가 죽고, 계강자가 노나라의 재상을 이어받았다(秋, 季桓子病, 輦而見魯城, 喟然嘆曰: "昔此國幾興矣, 以吾獲罪於孔子, 故不興也." 顧謂其嗣康子曰: "我卽死, 若必相魯; 相魯, 必召仲尼." 後數日, 桓子卒, 康子代立). 장례를 마치고, 공자를 부르려고 했다. 공지어가 말했다. "옛날 선군께서 공자를 등용했지만, 결과가 좋지 못해, 제후들의 웃음거리가 되었습니다. 이제 또 그를 등용해서, 결과가 좋지 않으면, 이는 다시 제후들의 웃음거리가 될 것입니다." "그러면 누구를 부르는 것이 옳을까요?" "염구를 부르십시오." 이에 사자를 보내 염구를 불렀다(已葬, 欲召仲尼. 公之魚曰: "昔吾先君用之不終, 終爲諸侯笑. 今又用之, 不能終, 是再爲諸侯笑." 康子曰: "則誰召而可?" 曰: "必召冉求." 於是使使召冉求.). 염구가 떠나려 할 때, 공자가 말했다. "노나라가 너를 부르니, 작게 쓰지 않고, 크게 쓰려는 것이다." 떠나는 날이 되자, 공자가 말했다. "돌아가자꾸나! 돌아가자꾸나! 우리 고을의 제자들은 품은 뜻은 원대하지만, 일 처리는 꼼꼼하지 못해서, 찬란하게 아름다운 베를 짰지만, 어떻게 그것을 재단해야 할지를 모르고 있다"[公冶長 제21장]. 자공은 공자가 노나라 돌아가고 싶어 하는 것을 알고, 염구를 전송하면서, 당부의 말을 했다. "등용되는 즉시 반드시 선생님을 모셔 가십시오"(冉求將行, 孔子曰: "魯人召求, 非小用之, 將大用之也." 是日, 孔子曰: "歸乎歸乎! 吾黨之小子狂簡, 斐然成章, 吾不知所以裁之." 子貢知孔子思歸, 送冉求, 因誡曰 "卽用, 以孔子爲招"云.); 朱熹注: 《史記》에는 《公冶長 제21장》의 '돌아가야겠구나!'라고 하신 탄식의 말씀이 이때 있었다고 했고, 《孟子·盡心下 제37장》에 기록되어 있는 탄식의 말씀을 사성정자의 집에 머무르실 때의 말씀이라고 했는데, 그렇지 않은 듯하다. 논어와 맹자의 기록은 모두가 같은 시기의 말씀인데, 기록한 내용에 차이가 있는 것뿐이다(史記以論語歸與之歎爲在此時, 又以孟子所記歎辭爲主司城貞子時語, 疑不然. 蓋語孟所記, 本皆此一時語, 而所記有異同耳.).

83 朱熹注: 공자에 대한 섭공의 질문에 자로가 대꾸하지 않은 일[述而 제18장], 장저와 걸닉이 함께 무논에서 써레질을 하고 있을 때, 나루터 있는 곳을 물으신 일[微子 제6장], 작대기에 삼태기를 걸어 어깨에 멘 노인을 만난 일[微子 제7장]이 있었다. 《史記》에, '이때 초나라 소왕이 사람을 시켜 공자를 초빙하자,

將以書社地封孔子[84], 令尹子西[85]不可, 乃止。又反乎衛, 時靈公已卒, 衛君輒欲得孔子
爲政[86, 87], 而冉求爲季氏將, 與齊戰有功[88], 康子乃召孔子, 而孔子歸魯, 實哀公之十一
年丁巳[89], 而孔子年六十八矣[90]。然魯終不能用孔子, 孔子亦不求仕, 乃敍[91]書傳[92]禮
記[93]。刪[94]詩正樂[95, 96], 序[97]易象, 繫, 象, 說卦, 文言[98]。弟子蓋三千焉, 身通六藝者七

공자가 가서 예를 갖추려 했는데, 진나라 채나라 대부가 무리를 징발하여 공자 일행을 포위했기 때문에, 공자가 진나라와 채나라 사이에서 식량이 떨어졌다'고 했다. 자로가 화가 나서 공자를 뵙고 군자도 곤궁할 때가 있냐고 물은 일[衛靈公 제1장]과 자공에게 나는 많이 배운 것을 한 꿰미로 꿰었다고 말씀하신 일[衛靈公 제2장]이 이때 있었다. 이 당시에 진나라와 채나라가 초나라에 신하로서 복종하고 있었다는 것을 생각해보면, 만약 초나라 왕이 공자를 초빙했다면, 진나라 채나라 대부들이 어찌 감히 공자일행을 포위했겠는가? 또 논어에 근거해 보면, 식량이 떨어진 것이 마땅히 위나라를 떠나 진나라로 갈 때였을 것이다(有葉公問答子路不對, 沮溺耦耕, 荷蓧丈人等事. 史記云: '於是楚昭王使人聘孔子, 孔子將往拜禮, 而陳蔡大夫發徒圍之, 故孔子絶糧於陳蔡之間.' 有慍見及告子貢一貫之語. 按是時陳蔡臣服於楚, 若楚王來聘孔子, 陳蔡大夫安敢圍之. 且據論語, 絶糧當在去衛如陳之時.).

84 朱熹注:《史記 · 孔子世家》에는, '서사 땅 7백 리'라고 했는데, 이럴 리가 없을 듯한데, 이때에 초나라의 광인 접여가 공자의 덕이 쇠했음을 노래한 일[微子 제5장]이 있었다(史記云'書社地七百里', 恐無此理, 時則有接輿之歌.):《憲問 제10장》 각주 참조.

85《憲問 제10장》 참조.

86《述而 제14장》 참조.

87 朱熹注: 노나라와 위나라의 정치는 형제지간이라고 하신 말씀[子路 제7장], 자공이 백이와 숙제에 대한 물음에 답하신 말씀[憲問 제14장], 자로에게 이름을 바로잡겠다고 하신 말씀[子路 제13장]이 있었다(有魯衛兄弟及答子貢夷齊, 子路正名之語.).

88《雍也 제13장》 각주《春秋左傳 · 哀公11年》 참조.

89 BC 484년 공자 68세.

90 朱熹注: 애공 및 계강자의 물음에 대해 공자께서 답하신 말씀[爲政 제19 · 20장, 雍也 제2 · 6장, 先進 제6장, 顏淵 제17 · 18 · 19장]이 있었다(有對哀公及康子語.).

91 敍(서): 차례대로 배열하다. 기술하다(依次序排列. 记述, 著述.).

92 傳(전): 경서의 뜻을 주석하거나 상세히 밝히는 글로 古注의 한 유형(注释或阐述经义的文字).

93 朱熹注: 기 · 송나라에서 하 · 은의 예를 증명하는 일에 관한 말씀[八佾 제9장], 은 · 주나라의 예에서 하 · 은나라의 예의 손익 부분을 알 수 있다는 말씀[爲政 제23장], 찬란한 주나라의 문화를 따르겠다는 말씀[八佾 제14장]이 있었다(有杞宋, 損益, 從周等語.).

94 刪(산): 죽간을 엮어 글자를 써넣은 간책의 글자가 틀린 경우, 칼로 깎아 내거나 깎아내고 다시 쓰는 것으로, 그래서 '刀'가 붙었다. 삭제하다; 대나무 조각을 한데 엮은 것을 '册'이라 한다(简册的内容有问题, 就用刀除掉, 所以从'刀'. 本义: 删除; 册是简册, 把若干竹简编穿在一起叫'册'.).

95《子罕 제14장》 참조.

96 朱熹注: 노나라 태사에게 음악에 대해 해주신 말씀[八佾 제23장], 위나라에서 노나라로 돌아온 후에 음악이 바르게 되었다는 말씀[子罕 제14장]이 있었다(有語大師及樂正之語.).

97 序(서): 서술하다. 차례대로 기술하다(叙述, 叙说.).

98 朱熹注: 몇 년을 빌려주어 주역 공부를 하면 큰 허물이 없을 것이라는 말씀[述而 제16장]이 있었다(有假

十二人⁹⁹。

계환자(季桓子)가 죽으면서, 계강자(季康子)에게 유언하기를 반드시 공자(孔子)를 부르라 했지만, 그의 신하들이 이를 저지하니 계강자(季康子)는 이에 염구(冉求)를 불러 등용했다. 공자께서 채(蔡)나라로 가서 섭(葉) 땅에 이르렀다. 초(楚)나라 소왕(昭王)은 장차 서사(書社) 땅에 공자를 봉하려고 했는데, 영윤(令尹)인 자서(子西)가 반대하자, 이에 그만두었다. 다시 위(衛)나라로 돌아왔는데, 이때는 영공(靈公)은 이미 죽었고, 위(衛)나라 임금 첩(輒)이 공자를 등용하여 정사를 맡기려고 했다. 그런데 염구(冉求)가 노(魯)나라 계씨(季氏)의 장수가 되어, 제(齊)나라와의 싸움에서 공을 세우자(애공(哀公) 11년), 계강자가 이에 공자를 불렀고, 공자께서 노나라로 돌아왔으니 실로 애공 11년 정사년(BC 484)으로 공자의 나이 68세였다. 그렇지만 노나라는 끝내 공자를 등용하지 못했고, 공자 또한 벼슬을 구하지 않았으니, 이에 《서경》(書經)을 차례대로 배열하고, 《예기》(禮記)를 전술했다. 시(詩)를 산삭했고, 음악을 바로 잡았고, 《주역》(周易)의 단전·계사전·상전·설괘전·문언전을 차례로 기술했다. 제자가 대략 3천 명이었는데, 몸소 육예(六藝)를 통달한 사람이 72명이었다.

十四年庚申¹⁰⁰, 魯西狩¹⁰¹獲麟^{102, 103}, 孔子作春秋^{104, 105}。明年辛酉, 子路死¹⁰⁶於衛。十六

我數年之語。).

99 朱熹注: 제자 중에 안회가 가장 뛰어났지만, 일찍 죽었고, 후에 증삼만이 공자의 도를 전할 수 있었다(弟子顏回最賢, 蚤死, 後惟曾參得傳孔子之道。).

100 BC 481년 공자 71세.

101 狩(수): 겨울사냥. 사냥하다(冬季打猎。打猎。).

102 朱熹注: '나를 알아주는 사람이 아무도 없구나!'라는 탄식의 말씀[憲問 제37장]이 있었다(有莫我知之歎。).

103 獲麟(획린): 노애공 14년[BC 481]에 기린을 사냥해서 잡은 일로, 공자가 춘추를 이 일까지 쓰고 나서 붓을 놓았다(指春秋魯哀公十四年猎获麒麟事。相传孔子作《春秋》至此而辍笔。);《春秋左氏傳集解·序》(杜預[222~285] 著) 중니께서는 '문왕은 이미 돌아가셨지만, 文은 여기 있지 않으냐?'라고 하셨는데[子罕 제5장], 이것이 바로 중니께서 《春秋》를 지으신 본뜻이다. 중니께서는 '봉황은 나타나지 않고, 황하에서 그림은 나오지 않으니, 난 끝났는가 보다!'라고 탄식하셨는데[子罕 제8장], 이는 당시의 정치에 대하여 상심해서 하신 말씀으로, 기린·봉황 등 다섯 영물은 왕자가 나올 상서로운 징조인데, 지금 기린이 나온 것은 제때가 아니어서, 그에 맞는 징조를 헛되이 하고 제 돌아갈 곳을 잃었으니[사람에게 잡혀 죽었으니], 이것이 성인께서 느끼신 바가 있어 《春秋》를 지으신 까닭이다. '獲麟'이라는 一句에서 붓을 놓은 것은, '獲麟'에서 느끼신 바가 있어 《春秋》를 시작하셨으니, 당연히 '獲麟'으로 《春秋》를 끝맺으신 것이었다(仲尼曰, '文王旣沒, 文不在茲乎!' 此制作之本意也。歎曰, '鳳鳥不至, 河不出圖, 吾已矣夫!' 蓋傷時王之政也, 麟鳳五靈, 王者之嘉瑞也, 今麟出非其時, 虛其應而失其歸, 此聖人所以爲感也。絶筆於獲麟

年壬戌, 四月己丑, 孔子卒[107], 年七十三, 葬魯城北泗上[108]。弟子皆服心喪[109]三年而去,

之一句者, 所感而起, 固所以爲終也。);《詩名多識》주자가 말했다. "기린은, 노루의 몸에, 소의 꼬리이고, 말의 발굽으로, 짐승의 우두머리이다." 陸璣[261~303]의《毛詩草木鳥獸蟲魚疏》에 말했다. "기린은 노란색이다. 발굽은 둥글고, 뿔이 하나이고, 뿔 끝에 살이 붙어 있다. 소리는 쇠북의 음률에 맞고, 행동은 법도에 맞다. 노닐 때는 반드시 장소를 가리고, 자세히 살핀 뒤에 머문다. 살아 있는 풀을 밟지 않고, 무리 지어 살지 않고, 짝지어 다니지 않는다. 함정에 빠지지 않고, 그물에 걸리지 않는다. 임금이 지극히 어질면 나타난다"(朱子曰: 麟, 麕身, 牛尾, 馬蹄, 毛虫之長也. 陸氏曰: 黃色, 圓蹄, 一角, 角端有肉. 音中鐘呂, 行中規矩. 游必擇地, 詳而後處. 不履生艸, 不踐生虫, 不羣居, 不侶行. 不入陷阱, 不罹羅網. 王者至仁則出.).

104 春秋(춘추): 노나라 춘추. 隱公 원년[BC 722]부터 哀公 14년[BC 481] '獲麟'으로 끝난다; 朱熹注: 나를 알아주는 것도 춘추뿐이고 나를 죄주는 것도 춘추뿐이라는 말씀[孟子·滕文公下 제9장]이 있었고, 애공에게 제나라 간공을 시해한 진항에 대한 토벌을 청한 일[憲問 제22장]도, 이 해에 있었다(有知我罪我等語, 論語請討陳恆事, 亦在是年.).

105 《春秋繁露·仁義法》《春秋》가 다스린 것은 남[人]과 나[我]이다. 남과 나를 다스리는 방법은 仁과 義이다. 仁을 써서 남을 편안하게 하고, 義를 써서 나를 바르게 하기 때문에, 仁의 말뜻은 人이고, 義의 말뜻은 我로, 이름을 써서 구별한 것이다. 仁은 남을 향하고, 義는 나를 향한다는 것을, 명찰하지 않으면 안 된다. 사람들이 명찰하지 않고, 도리어 仁을 나에게 관대하게 대하는 데 쓰고, 義를 남에게 베푸는 데 써서, 仁義가 쓰여야 할 자리를 바꾸고, 仁義의 이치를 거슬렀으니, 다스림이 혼란을 일으키지 않은 경우가 드물었다. 이런 연고로 사람 중에 혼란을 바라는 사람이 없었지만, 대체로 늘 혼란스러웠던 것은, 대개 남과 나의 구분에 어두웠고, 仁義가 베풀어질 소재처를 분변하지 않았기 때문이다. 이런 연고로《春秋》는 仁義法을 제기했으니, 仁의 법은 남을 사랑하는 데 있지, 나를 사랑하는 데 있지 않고, 義의 법은 나를 바로잡는 데 있지, 남을 바로잡는 데 있지 않다. 내가 나를 바로잡지 않았으면, 남을 바로잡았을지라도, 義를 허여하지 않았고, 남이 나의 사랑을 받지 못했으면, 나를 후하게 사랑했을지라도, 仁을 허여하지 않았다(《春秋》之所治, 人與我也. 所以治人與我者, 仁與義也. 以仁安人, 以義正我, 故仁之爲言人也, 義之爲言我也, 言名以別矣. 仁之於人, 義之與我者, 不可不察也. 衆人不察, 乃反以仁自裕, 而以義設人. 詭其處而逆其理, 鮮不亂矣. 是故人莫欲亂, 而大抵常亂. 凡以暗於人我之分, 而不省仁義之所在也. 是故《春秋》爲仁義法. 仁之法在愛人, 不在愛我. 義之法在正我, 不在正人. 我不自正, 雖能正人, 弗予爲義. 人不被其愛, 雖厚自愛, 不予爲仁.).《春秋》에서는 윗사람의 잘못은 풍자하지만, 아랫사람의 괴로움은 불쌍히 여겼고, 다른 나라의 작은 악은 거론하지 않았지만, 노나라의 작은 악은 기록하여 지적했다. 이것이 仁을 써서는 남을 다스리고, 義를 써서는 나를 다스린다는 것이니, '자기에게 스스로 묻는 책임은 무겁게 하고 남에게 묻는 책임은 가볍게 한다'[衛靈公 제14장]는 것은 이를 말한 것이다. 또《論語》에 이미 보이는데도 사람들이 살피지 못하는데, '군자는 자기의 악한 것은 책망하고, 남의 악한 것은 책망하지 않는다'[顔淵 제21장]라고 했으니, 남의 악한 것을 책망하지 않는 것이, 仁의 너그러움 아니겠는가? 자기의 악한 것을 책망하는 것이, 義의 완전함 아니겠는가? 이것을 일러 仁으로는 남을 만들고, 義로는 나를 만든다는 것이니, 어찌 다르겠는가? 그래서 나의 악을 스스로 말하는 것을 진정[情]이라고 하고, 남의 악을 말하는 것을 적[賊]이라고 하고, 나에게서 구하는 것을 후덕하다[厚]라고, 하고 남에게서 구하는 것을 각박하다[薄]라고 하고, 스스로에게 두루 다 갖추기를 요구하는 것을 밝게 살핀다[明]라고 하고, 남에게 두루 다 갖추기를 요구하는 것을 미혹[惑]이라고 한 것이다(……《春秋》刺上之過, 而矜下之苦, 小惡在外弗擧, 在我書而誹之. 凡此六者, 以仁治人, 義治我, 躬自厚而薄責於外, 此之謂也. 且《論》已見之, 而人不察, 曰君子攻其惡, 不攻人之惡, 不攻人之惡, 非仁之寬與? 自攻其惡, 非義之全與? 此謂之仁造人, 義造我, 何以異乎? 故自稱其惡謂之情, 稱人之惡謂之賊; 求諸己謂之厚, 求諸人謂之薄; 自責以備謂之明, 責人以備謂之惑.). 이런 까닭으로 자기를 다스리는 데 써야 할 것을

惟子貢盧¹¹⁰於冢¹¹¹上, 凡六年¹¹²。 孔子生鯉¹¹³, 字伯魚, 先卒。 伯魚生伋 字子思¹¹⁴, 作中

가지고 남을 다스리는 것, 이것이 '居上不寬'[八佾 제26장]이고, 남을 다스리는 데 써야 할 것을 가지고 자기를 다스리는 것, 이것이 '爲禮不敬'[八佾 제26장]이다. '爲禮不敬'하면, 행실을 해치니 백성들이 존중하지 않고, '居上不寬'하면, 너그러움을 해치니 백성들이 가까이하지 않는다. 가까이하지 않으니 믿지 않고, 존중하지 않으니 공경하지 않는다. 仁과 義를 쓸 곳을 따지지 않을 수 있겠는가?(是故以自治之節治人, 是居上不寬也; 以治人之度自治, 是爲禮不敬也。爲禮不敬, 則傷行而民弗尊; 居上不寬, 則傷厚而民弗親。弗親則弗信, 弗尊則弗敬……義之處可無論乎?).

106 《禮記・曲禮下》천자의 죽음을 '崩'(붕), 제후는 '薨'(훙), 대부는 '卒'(졸), 사는 '不祿'(불록), 庶人은 '死'(사)라고 한다. 장수하고 죽는 것을 卒, 단명으로 요절한 것을 不祿이라 한다(天子死曰崩, 諸侯曰薨, 大夫曰卒, 士曰不祿, 庶人曰死。……壽考曰卒, 短折曰不祿。).

107 《春秋左傳・哀公 16年》[BC 479] 여름 4월 己丑日, 孔丘가 생을 마쳤다. 애공이 추도문을 읽었다. "하늘이 날 가엾게 여기지 않아, 한 노인을 세상에 남겨두어, 임금 자리에 있는 나를 지켜주는 것을 달갑게 여기지 않았으니, 나는 외로워서 병이 날까 걱정입니다. 오호 슬픕니다. 尼父여! 나는 나 자신을 규율할 귀감을 잃었습니다(夏, 四月, 己丑, 孔丘卒。公誄之曰: 旻天不弔, 不憖遺一老, 俾屏余一人以在位, 煢煢余在疚。嗚呼, 哀哉! 尼父, 無自律。).

108 《水經注・卷25・泗水》泗水 남쪽에 공자의 무덤이 있다(今泗水南有夫子冢。); 泗上(사상): 공자께서 泗水 가에서 문도들을 가르쳤는데, 후에 '泗上'이라 하면 학문의 고향을 가리킨다(春秋時孔子在泗上講學授徒, 后常以'泗上'指学术之乡。).

109 《禮記・檀弓上》공자께서 돌아가시자, 제자들이 服喪해야 하는지에 대해 답을 찾지 못했다. 자공이 말했다. "지난번 선생님께서 안연이 죽었을 때, 자식이 죽은 것처럼 슬퍼했지만 服喪하지는 않았습니다. 자로가 죽었을 때 역시 그러셨습니다. 선생님의 상에 아버지상처럼 모시되 服喪은 하지 않는 것으로 합시다"(孔子之喪, 門人疑所服。子貢曰: '昔者夫子之喪顏淵, 若喪子而無服; 喪子路亦然。請喪夫子, 若喪父而無服。');《禮記・檀弓上》선생님을 모실 때는 허물을 무릅쓰면서 솔직하게 간언하지 말되 숨기지도 말라. 곁에 가까이서 세심히 시중을 들어드리되 정해진 방법이 없고, 돌아가실 때까지 힘든 일을 맡아 처리하고, 돌아가시면 服喪 대신 애도의 마음으로 삼년을 지낸다(事師無犯無隱, 左右就養無方, 服勤至死, 心喪三年。); 心喪(심상): 스승이 돌아가시면 제자들이 영전을 지키면서, 몸에는 상복을 입지 않지만, 마음에는 애도의 심정을 간직하는 것(古時谓老师去世, 弟子守丧, 身无丧服而心存哀悼; 郑玄: 心丧, 戚容如父而无服也。).

110 盧(려): 농작물을 지키는 오두막. 무덤 주변에 세운 초막. 기거하다. 몸을 붙이다(本义: 特指田中看守庄稼的小屋。古人为守丧而构筑在墓旁的小屋。寄住。).

111 冢(총): 높고 큰 무덤. 분묘(高而大的坟).

112 《孟子・滕文公上 제4장》옛날에 공자께서 돌아가시자 삼년상을 지낸 다음, 공자의 문도들이 행장을 꾸려 돌아가려고 자공과 작별 인사를 나누는데, 서로 마주하고 소리 내어 울다가 모두 목이 쉬고 나서야 돌아갔다. 자공은 작별하고 되돌아와, 무덤가에 초막을 짓고, 혼자서 삼 년을 더 지내고 나서야 돌아갔다(昔者孔子沒, 三年之外, 門人治任將歸, 入揖於子貢, 相向而哭, 皆失聲, 然後歸。子貢反, 築室於場, 獨居三年, 然後歸。).

113 孔鯉(공리): 공자 69세 때 50세의 나이로 죽었다. 태어났을 때, 노나라 소공이 공자에게 잉어를 하사한 데서, '鯉'라는 이름을 얻었다. 孔鯉는 子思를 낳았는데, 그가 조부 공자의 학설을 계승 발전시켜, 《中庸》을 지었다.

114 朱熹注: 자사[BC 483~BC 402]는 증자에게 배웠고, 맹자[BC 372~BC 289]는 자사의 문인에게 수업했다(子思學於曾子, 而孟子受業子思之門人。);《孟子集注・序說》자사는 공자의 손자로 이름이 伋(급)이

庸[115].

노(魯)나라 애공(哀公)14년 경신년(BC 481), 노나라에서 서쪽으로 사냥을 하러 가서 기린을 잡았고, 공자(孔子)가 《춘추》(春秋)를 지었다. 이듬해인 신유년(BC 480), 자로(子路)가 위(衛)나라에서 죽고, 애공(哀公)16년 임술년(BC 479) 4월 11일 기축(己丑)일에 공자가 죽으니, 향년 73세, 노나라 도성 북쪽 사수(泗水) 가에 장사를 지냈다. 제자들은 모두 애도하는 마음으로 3년을 지내고 떠났는데, 자공(子貢)만은 공자의 무덤가에서 초막에 몸을 붙이고 (3년을) 지냈으니, 모두 6년을 보냈다. 공자는 공리(孔鯉)를 낳았는데, 자는 백어(伯魚)이고, 공자보다 먼저 죽었다. 백어(伯魚)는 공급(孔伋)을 낳았는데, 자는 자사(子思)이고, 《중용》(中庸)을 지었다.

何氏曰[116]:「魯論語二十篇。齊論語別有問王, 知道, 凡二十二篇, 其二十篇中章句, 頗[117]

다. 司馬貞[679~732]의 《史記索隱》에는, '왕소는 子思之門人의 人자를 쓸데없이 들어간 글자로 여겼다'라고 되어 있고, 趙岐[?~201]의 《孟子注》와 孔鮒[BC 264~BC 208]의 《孔叢子》 등의 책에도 모두, 맹자는 자사에게 친히 수업을 받았다고 했는데, 옳은지 여부는 알 수 없다(子思,孔子之孫, 名伋。索隱云: '王劭以人爲衍字.' 而趙氏注及孔叢子等書亦云: '孟子親受業於子思.' 未知是否。); 子思(자사): 공자의 손자. 孔鯉의 아들. 공자의 사상이 증삼을 거쳐 자사에게 전해졌고, 자사의 문인에 의해 맹자에게 전해져서, 자사와 맹자를 병칭하여, '사맹학파'라고 한다.

115 《孔子世家》의 마지막에, 사마천은 다음과 같이 말하고 있다. "태사공이 말한다. 《詩經·小雅·車舝》에, '높은 산은 우러르고, 넓은 길은 따라간다'고 했다. 내 비록 그곳에 다다를 수는 없지만, 마음만은 그곳을 향해 있다. 나는 공자의 책을 읽고, 그의 인품을 헤아려 보았다. 노나라에 가서는, 그를 모신 사당, 그가 탄 수레, 그가 입은 의복, 그가 쓰던 禮器를 살펴보고, 공부하는 학생들이 때에 맞춰 그의 옛집에서 예를 익히는 정경을 보면서, 나는 숭모의 마음을 품은 채 그곳을 배회하면서 차마 떠나지를 못했다. 천하에 군주와 현인은 많았고, 살아서는 영광을 누렸지만, 죽고 나서는 그것으로 그만이었다. 공자는 布衣였지만, 그의 명성과 학설은 10여 세대를 이어 전해 내려왔고, 학자들은 그분을 宗師로 받들고, 천자·왕후로부터 나라 안의 육예를 말하는 자들은 그분의 말씀을 사물을 판단하는 준칙으로 삼고 있으니, 최고의 성인이라 할 수 있다!"(太史公曰: 《詩》有之: 「高山仰止、景行行止。」雖不能至,然心鄕往之。余讀孔氏書, 想見其爲人。適魯, 觀仲尼廟堂車服禮器, 諸生以時習禮其家, 余祗回留之不能去云。天下君王至於賢人衆矣, 當時則榮, 沒則已焉。孔子布衣, 傳十餘世, 學者宗之。自天子王侯, 中國言六藝者折中於夫子, 可謂至聖矣!)。

116 《論語集解·序》서술한다. 한나라 劉向[BC 77~BC 6]의 《七略別錄》에 말했다. "노논어 20편은 모두 공자의 제자들이 공자의 여러 善言을 기록한 것이다. 夏侯勝·蕭望之[BC 114~BC 47]·韋賢[BC 148~BC 67]·韋玄成[?~BC 36]이 노논어를 전했다. 제논어는 22편인데, 그중 20편 안의 章句 수가 노논어보다 좀 더 많다. 王卿·庸生·王吉[?~BC 48] 등이 제논어를 가지고 가르쳤다. 그래서 노논어와 제논어가 있게 되었다. 노나라 共王[BC 154~BC 128 재위] 때에, 공자의 옛집에 궁전을 지으려고 허물다가, 고논어를 얻게 되었다"(敍曰, 漢中壘校尉劉向言: '魯論語二十篇, 皆孔子弟子記諸善言也。太子太傅夏侯勝, 前將軍蕭望之, 丞相韋賢, 及子玄成等傳之。齊論語二十二篇, 其二十篇中章句頗多於魯

多於魯論[118]。古論出孔氏壁中, 分堯曰下章子張問以爲一篇, 有兩子張, 凡二十一篇, 篇次不與齊, 魯論同。」

하씨(何氏·何晏)가 말했다. "노논어(魯論語)는 20편이다. 제논어(齊論語)는 별도로《문왕》(問王)편과《지도》(知道)편이 있어, 모두 22편이고, 그중 20편 안의 장구 수가, 노논어보다 좀 더 많다. 고논어(古論語)는 공자(孔子)의 옛집 벽장 안에서 나왔는데,《요왈》(堯曰) 편의 자장문(子張問) 장을 나누어서 한 편으로 만들어, 자장(子張) 편이 두 개[제19편·제21편]로, 모두 21편인데, 편의 차례가 제논어·노논어와 같지 않다."

程子曰:「論語之書, 成於[119]有子曾子之門人, 故其書獨二子以子稱。」

程子曰:「讀論語: 有讀了全然[120]無事者; 有讀了後其中得一兩句喜者; 有讀了後知好之

論, 琅邪王卿及膠東庸生, 昌邑中尉王吉皆以敎授之, 故有魯論, 有齊論。魯共王時, 嘗欲以孔子宅爲宮, 壞, 得古文論語。'). 제논어에는 問王·知道 편이 있어, 노논어보다 2편이 더 많다. 고논어에는 이 2편이 없고, 堯曰 편의 子張問章을 나누어서 1편으로 만들어, 두 편의 子張편[제19·21편]이 있으니, 모두 21편인데, 편의 차례가 제논어·노논어와 같지 않다. 張禹[?~BC 5]는 본래 노논어를 수학했는데, 제논어도 겸해서 강학하면서, 둘의 좋은 점을 취해 장후논어라 이름을 붙였는데, 세상 사람들에 의해 귀중하게 여긴 바가 되었다. 苞氏[苞咸. BC 7~AD 65]·周氏의 장구가 거기에서 나왔다(齊論有問王, 知道, 多於魯論二篇。古論亦無此二篇, 分堯曰下章子張問以爲一篇, 有兩子張, 凡二十一篇, 篇次不與齊魯論同。安昌侯張禹本受魯論, 兼講齊說, 善者從之, 號曰張侯論, 爲世所貴。苞氏, 周氏章句出焉。). 고논어는 孔安國[BC 156~BC 74]이 유일하게 훈해했지만 세상에 전해지지 않는다. 東漢 順帝[125~144 재위] 때에 이르러 馬融[79~166]도 고논어를 훈해했다. 한나라 말에 鄭玄[127~200]이 노논어의 편장을 따르고, 제논어·고논어를 고찰하여 注釋을 지었다. 최근에 와서는 陳群[?~237]·王肅[195~256]·周生烈[220년 전후 생존]이 모두 義說을 지었다. 前世에는 전수받은 師說에 異同은 있어도 訓解를 짓지 않았는데, 중간에 오자 訓解를 짓게 되었고, 지금에 와서는 訓解가 많아지게 되었는데, 견해가 다르고 서로 장단점이 있었다. 이제 여러 학자들의 좋은 점을 모으고, 성명을 기록하고, 좋지 못한 점이 있는 경우에는 좀 고쳐서,《論語集解》라 이름을 붙였다. 孫邕·鄭沖·曹羲·荀顗·何晏[?~249] 등이 이 책을 올린다(古論唯博士孔安國爲之訓說, 而世不傳。至順帝之時, 南郡太守馬融亦爲之訓說。漢末大司農鄭玄就魯論篇章考之齊, 古, 爲之注。近故司空陳群, 太常王肅, 博士周生烈, 皆爲義說。前世傳授受師說, 雖有異同, 不爲之訓解。中間爲之訓解, 至于今多矣。所見不同, 互有得失。今集諸家之善說, 記其姓名, 有不安者, 頗爲改易, 名曰論語集解。光祿大夫關內侯臣孫邕, 光祿大夫臣鄭沖, 散騎常侍中領軍安鄉亭侯臣曹羲, 侍中臣荀顗, 尙書駙馬都尉關內侯臣何晏等上。).

117 頗(파): 조금. 약간(略微. 稍).

118《古今注》劉向[BC 77~BC 6]의《七略別錄》에서, 제논어의 장구가 노논어보다 좀 더 많다고 한 것은, 장구의 분장의 수가 노논어보다 많다는 것이지, 글자 수가 많다는 것이 아니다(漢書云, 章句多於魯論者, 謂章句分章之數多於魯論, 非文字有多小也。).

119《北京虛詞》於(어): 개사. ~에 의해. 피동문에서 동작이나 행위의 주동자를 이끈다('於', 介詞。在被动句中, 引进动作, 行为的主动者, 相当于'被'。).

者[121]; 有讀了後直有不知手之舞之足之蹈之者[122]。」

程子曰:「今人不會[123]讀書。如讀論語, 未讀時是此[124]等人, 讀了後又只是此等人, 便是[125]不曾讀。」

程子曰:「頤[126]自十七八讀論語, 當時已曉文義。讀之愈久, 但覺意味深長。[127]」

정자(程子·程顥)가 말했다. "《논어》(論語)라는 책은 유자(有子)와 증자(曾子)의 문인들에 의해 완성되었기 때문에, 이 책에서는 유독 두 분만을 자(子)라고 불렀다."

---

120 全然(전연): 완전히. 전혀(주로 부정문에 쓰인다)(完全地[多用于否定式]).

121 《雍也 제18장》 참조.

122 《孟子·離婁上 제27장》仁의 실질은 어버이를 섬기는 것이 바로 이것이고, 義의 실질은 형에게 순종하는 것이 바로 이것이다. 智의 실질은 이 두 가지[孝弟]를 분명히 알고 떠나지 않는 것이 바로 이것이고, 禮의 실질은 이 두 가지를 조리에 맞도록 한 것이 바로 이것이다. 樂의 실질은 이 두 가지를 즐거워하는 것이 바로 이것으로, 즐거워하면 이 두 가지가 저절로 마음에서 우러나온다. 마음에서 우러나오는데 어찌 그만둘 수 있겠느냐? 어쩌면 그만둘 수 없게 되면 무심결에 발이 땅을 구르고 손이 춤을 추게 될 것이다(孟子曰: 仁之實, 事親是也; 義之實, 從兄是也. 智之實, 知斯二者弗去是也; 禮之實, 節文斯二者是也; 樂之實, 樂斯二者, 樂則生矣; 生則惡可已也, 惡可已, 則不知足之蹈之, 手之舞之。);《毛詩·關雎·序》詩란 志가 가 있는 곳이니, 마음속에 있는 것이 志이고 志가 말로 드러난 것이 詩다. 감정이 속에서 동하면 말로 형상화되는데, 말로는 다 표현해내기에 부족해서 장탄식이 나오고, 장탄식으로도 부족해서 길게 읊조리거나 노랫가락으로 내뱉고, 길게 읊조리거나 내뱉는 노랫가락으로도 부족해서 무심결에 손이 춤을 추고 발이 땅을 구르는 것이다. 사람의 감정이 淸濁高下의 소리로 나타나고, 소리가 결을 이루는데, 이것을 일러 음이라고 한다. 태평시대의 음악은 편안하고 즐거운데, 그 정치가 평화롭기 때문이다. 난세의 음악은 원망과 분노를 띠는데, 그 정치가 인심에 어긋나 있기 때문이다. 망국의 음악은 슬프고 애수에 잠겨있는데, 그 백성이 곤고하기 때문이다. 그래서 정치의 득실을 바르게 하고, 천지를 움직이고, 귀신을 감응시키는 것으로는 시보다 가까운 게 없다(詩者, 志之所之也, 在心爲志, 發言爲詩。情動於中而形於言, 言之不足, 故嗟歎之, 嗟歎之不足, 故詠歌之, 詠歌之不足, 不知手之舞之足之蹈之也。情發於聲, 聲成文謂之音。治世之音, 安以樂其政和。亂世之音, 怨以怒, 其政乖。亡國之音, 哀以思, 其民困。故正得失, 動天地, 感鬼神, 莫近於詩。); 手舞足蹈(수무족답): 양손이 춤을 추고 양발도 구르기 시작하다. 기쁨이 절정에 이르다. 손이 어지러이 춤추고 발이 마구 날뛰다(蹈: 頓足踏地。两手舞动, 两只脚也跳了起来。形容高兴到了极点。也手乱舞, 脚乱跳的狂态。).

123 不會(불): ~할 줄 모르다(不领会; 不知道。).

124 此(차): 이러한. 이러이러한(如此, 这般).

125 便是(편시): 곧~이다(即是, 就是。).

126 程頤(정이): 字가 正叔. 1033~1107. 伊川先生이라 하고, 程顥[字 伯淳. 明道先生]의 친동생으로, 형과 함께 二程으로 불렸다. 북송의 이학가 겸 교육가. 周敦頤[1017~1073]에게 배웠고, 洛學을 창시했고, 理學의 기초를 닦았다. 중화서국에서 출간한 《二程集》이 있다.

127 意味深長(의미심장): 의미의 함축이 심원하여, 맛을 보면 볼수록 맛이 난다. 곰곰 음미할 가치가 있다(意味: 情调, 趣味。意思含蓄深远, 耐人寻味。).

정자(程子·程頤)가 말했다. "《논어》를 읽음에 있어, 다 읽었는데 전혀 아무런 일이 없는 자가 있고, 다 읽고 나서 그중 한두 구절을 깨치고 기뻐하는 자가 있고, 다 읽고 나서 《논어》를 아는 자, 좋아하는 자가 있고, 다 읽고 나서 (즐거운 나머지) 곧바로 무심결에 손이 춤을 추고 발이 땅을 구르는 자가 있다."

정자가 말했다. "요즈음 사람들은 책을 읽을 줄 모른다. 《논어》를 읽는다 치면, 읽기 전에는 이런 정도였던 사람이, 다 읽은 후에도 단지 이런 정도의 사람일 뿐이라면, 이는 곧 읽은 적이 없는 사람이다."

정자가 말했다. "나 정이(程頤)는 17, 18세 때부터 《논어》를 읽었는데, 그 당시 이미 글의 의리는 깨우쳤다. 읽기를 더욱 오랫동안 했지만, 다만 그 글에 함축된 의미가 헤아리기 어려울 만큼 깊다는 것을 깨달았을 뿐이다."

讀論語孟子法

程子曰:「學者當以論語孟子爲本。論語孟子既治, 則六經[1]可不治而明矣。讀書者當觀聖人所以作經之意, 與聖人所以用心, 聖人之所以至於聖人, 而吾之所以未至者, 所以未得者。句句而求之, 晝誦而味之, 中夜[2]而思之, 平其心, 易其氣, 闕其疑, 則聖人之意可見矣。」

정자(程子·伊川)가 말했다. "배우는 자라면 마땅히 《논어》(論語)와 《맹자》(孟子)를 배움의 기본으로 삼아야 한다. 《논어》와 《맹자》를 힘써 공부하고 나면, 육경(六經)은 힘써 공부하지 않아도 환히 알 수 있다. 책을 읽는 자라면 마땅히 성인께서 경전을 지으신 뜻, 성인께서 진력으로 마음을 쓰신 곳, 성인께서 성인의 경지에 이르신 방법, 그런데 나는 성인의 경지에 아직 이르지 못하는 까닭, 아직 깨닫지 못하는 까닭을 깊이 살펴보아야 한다. 한 구절 한 구절에서 그것들을 찾아보기를, 낮으로는 한 구절 한 구절 소리

---

1 六經(육경): 공자의 정리를 거쳐 전수한 詩·書·禮·樂·易·春秋를 말함。《莊子·天運》공자가 노담에게 말했다. "제가 詩·書·禮·樂·易·春秋 六經을 공부했는데, 오랫동안 공부했으니, 그 내용을 잘 숙지하고 있다고 스스로 생각해서, 이를 가지고 72명의 임금을 알현해서, 선왕의 도를 설파하고 주공·소공의 행적을 밝혔지만, 한 명도 저를 써준 임금이 없었습니다. 남을 설복시킨다는 것, 도를 밝힌다는 것이 이렇게도 어렵습니다!"(孔子謂老聃曰: 丘治《詩》,《書》,《禮》,《樂》,《易》,《春秋》六經, 自以爲久矣, 孰知其故矣, 以奸者七十二君, 論先王之道而明周, 召之跡, 一君無所鉤用。甚矣夫! 人之難說也, 道之難明邪!);《史記·太史公自序》《易》은 천지·음양·사시·오행을 드러냈기 때문에 변화 방면에 뛰어나고,《禮》는 인륜을 규범화했기 때문에 행사 방면에 뛰어나고,《書》는 선왕의 사적을 기술했기 때문에 정사 방면에 뛰어나고,《詩》는 산천·계곡·금수·초목·남녀·자웅의 일을 기록했기 때문에 풍토·인정 방면에 뛰어나고,《樂》은 음악이 사람을 일으켜 세우는 까닭을 기록했기 때문에 정답고 화목한 방면에 뛰어나고,《春秋》는 시비를 논변했기 때문에 사람을 다스리는 데 뛰어나다. 이 때문에 《禮》로써는 사람을 행동을 절제시키고,《樂》으로써는 화목을 유발시키고,《書》로써는 정사를 말하고,《詩》로써는 정감을 표현하고,《易》으로써는 변화를 말하고,《春秋》로써는 대의를 말한다(易著天地陰陽四時五行, 故長於變; 禮經紀人倫, 故長於行; 書記先王之事, 故長於政; 詩記山川谿谷禽獸草木牝牡雌雄, 故長於風; 樂樂所以立, 故長於和; 春秋辯是非, 故長於治人。是故禮以節人, 樂以發和, 書以道事, 詩以達意, 易以道化, 春秋以道義。)。

2 中夜(중야): 한밤중(半夜)。

내어 읽어 그 맛을 느껴보고, 밤으로는 한 구절 한 구절 사색하기를, 그 마음을 차분히 가라앉히고, 그 기운을 침착하게 하고, 그중에 의심스러운 것은 뒤로 남겨둔다면, 성인의 뜻이 드러나 보일 것이다.”

程子曰:「凡看文字, 須先曉其文義, 然後可以求其意. 未有不曉文義而見意者也。」

정자(程子‧伊川)가 말했다. “대체로 글자를 읽을 때는 반드시 먼저 그 글자마다 의리를 깨쳐야 하고, 그러고 난 후에 그 글자 속의 함축된 의미를 찾아낼 수 있을 것이다. 글자의 의리를 깨치지 못했는데 글자 속의 함축된 의미를 알 자는 없다.”

程子曰:「學者須將論語中諸弟子問處便作自己問, 聖人答處便作今日耳聞, 自然有得。雖孔孟復生, 不過以此教人。若能於語孟中深求玩味, 將來涵養成甚生³氣質!」

정자(程子‧伊川)가 말했다. “배우는 자가 반드시 《논어》(論語) 가운데 여러 제자가 성인께 여쭌 질문을 바로 자기가 직접 성인께 여쭈는 것으로 생각하고, 성인께서 답하신 것을 바로 지금 자기가 직접 성인께 귀로 듣는 것으로 생각한다면, 자연스레 깨쳐 얻는 것이 있을 것이다. 공자(孔子)와 맹자(孟子)께서 다시 태어나실지라도, 이런 문답 방법을 써서 사람을 가르치는 것을 벗어나지 않으실 것이다. 《논어》와 《맹자》(孟子) 속에서 깊이 탐구하고 함축된 의미를 곰곰이 생각할 수 있다면, 장래 대단한 자질을 함양할 것이리라!”

程子曰:「凡看語孟, 且須熟讀玩味。須將聖人言語切己⁴, 不可只作一場話說⁵。人只看得二書切己, 終身儘⁶多也。」

정자(程子‧伊川)가 말했다. “대체로 《논어》와 《맹자》를 읽을 때는 더욱이 반드시 푹 익도록 읽고 함축된 의미를 곰곰이 생각해야 한다. 반드시 성인의 말씀을 자기에게

---

3 甚生(심생): 대단하다. 예사롭지 않다(犹言非常。).
4 切己(절기): 자기와 밀접한 관계가 있다(犹切身。密切联系自身; 和自己有密切关系。).
5 一場(일장): 일회, 한 번, 한바탕(犹一回, 一番。戏剧中的一个段落亦称一场。); 說話(설화): 이야기 대본이나 희극, 章回小說 등에서 이야기를 시작할 때 쓰는 발어사. 이야깃거리(话本, 诸宫调, 章回小说等开头处的常用语。).
6 儘(진): 아주. 힘껏 추구하여 최대한도에 도달하다(极, 最。力求达到最大限度。).

절실한 것으로 여겨야지, 한바탕으로 끝나는 이야깃거리로 여겨서는 안 된다. 사람들이 이 두 책을 읽으면서 자기에게 절실한 책이라는 것을 알아채기만 하면, 종신토록 얻는 것이 아주 많을 것이다."

程子曰:「論孟只剩[7]讀着[8], 便自意足。學者須是[9]玩味。若以語言解着, 意便不足。」
정자(程子·伊川)가 말했다. "《논어》와 《맹자》를 더욱더 읽기만 하면, 저절로 책 속에 함축된 의미가 풍족해질 것이다. 배우는 사람이라면 반드시 함축된 의미를 곰곰이 생각해야 한다. 만약 낱말 풀이나 하고 말 것 같으면, 책 속에 함축된 의미가 부족하게 된다."

或問:「且[10]將論孟緊要處看, 如何?」程子曰:「固是好, 但終是不浹洽[11]耳。」
어떤 사람이 물었다. "《논어》와 《맹자》 중에 꼭 필요한 중요 부분만을 본다면 어떻겠습니까?" 정자(程子·伊川)가 말했다. "물론 좋기는 하지만, 두루두루 적시고, 푹 적실 정도에는 끝끝내 이르지 못할 것이다."

程子曰:「孔子言語句句是自然, 孟子言語句句是事實。」
정자(程子·二程)가 말했다. "공자(孔子)의 말씀은 구절마다 꾸밈없는 그대로이고, 맹자(孟子)의 말씀은 구절마다 사실 그대로이다."

程子曰:「學者先讀論語孟子, 如尺度權衡相似, 以此去量度事物, 自然見得長短輕重[12]。」

---

7 剩(잉): 더욱더. 한층 더(表示程度, 相當于'更'、'更加'。).

8 着(착): 접미사. 동사 뒤에 쓰여 이미 목적을 달성했다거나 결과가 나왔음을 나타낸다(用在动词后, 表示已经达到目的或有了结果。).

9 須是(수시): 반드시. 상황을 강조한다(必须: 定要。强调某种情况。).

10 且(차): 만일~라면. 가정을 표시하는 부사(表示假设关系, 相当于'若'、'假如'。).

11 浹洽(협흡): 무젖다. 몸에 배다. 두루두루 젖지 않은 곳이 없고 깊숙한 곳까지 푹 젖다(普遍沾润).

12 《近思錄·致知類》(伊川先生이 말했다.) 배우는 자는 먼저 반드시 논어와 맹자를 읽어야 한다. 논어와 맹자를 완전히 터득하면, 요긴한 부분이 자연스레 갖춰진다. 이것으로 다른 경서를 공부하면, 공부에 드는 힘을 크게 줄일 수 있다. 논어와 맹자는 길이를 재는 자나 무게를 다는 저울과 같다. 이를 가지고 사물의 길이를 재고 무게를 단다면, 자연스레 그 사물의 장단·경중을 판단할 수 있다. 논어와 맹자는 배우는 자의 심신 수양과 일상생활의 도리에 더욱 절실하다. 그 책의 요령을 터득하면, 다른 경서를

정자(程子·伊川)가 말했다. "배우는 자가 먼저 《논어》와 《맹자》를 읽는 것은 자로 길이를 재고 저울로 무게를 다는 것과 같은데, 이 책을 가지고 사물의 길이를 재고 무게를 단다면 자연스레 그 사물의 장단·경중을 깨칠 수 있다."

程子曰:「讀論語孟子而不知道, 所謂[13]『雖多, 亦奚以爲』。」
정자(程子·二程)가 말했다. "《논어》와 《맹자》를 읽고도 도를 깨치지 못한다면, 공자(孔子)께서 말씀하신 바처럼, 비록 구절구절 많이 외운다 한들 또한 어디에 써먹겠는가?"

미루어 밝히기가 쉽고, 사물의 장단·경중을 판단할 수 있다(學者先須讀論孟。窮得語孟, 自有要約處。以此觀他經, 甚省力。論孟如丈尺權衡相似。以此去量度事物, 自然見得長短輕重。語孟之書, 尤切於學者身心日用之常。得其要領, 則易於推明他經而可以權度事物矣。).

13 《子路 제5장》에 나오는 글이다.

《學而 第一》*

此爲書之首篇¹, 故所記多務本之意, 乃入道之門, 積德之基, 學者之先務也. 凡十六章.²

---

* 《論語注疏》《學而》편부터 《堯曰》편까지는, 《魯論語》20편의 편명과 차례이다(疏: 正義曰: 自此至 《堯曰》, 是《魯論語》二十篇之名及第次也.); 《經典釋文》'學'을 머리 편으로 삼은 것은 사람들은 반드시 배워야 함을 밝힌 것이다(以學爲首者, 明人必須學也.).

1 《論語正義》옛사람들은 옻칠을 써서 대쪽에 글자를 쓰고 한 묶음이 되면, 순서대로 배열해서, 가죽끈으로 이를 묶었다(正義曰: 案: 古人以漆書竹簡約當一篇, 即爲編列, 以韋束之.).

2 《論語大全》이《學而》편은 모든 장이 장마다 각각 한 개의 근본에 대해 앞서서 설명한 것이다(朱子曰: 此一篇, 都是先說一箇根本.); 《論語大全》(朱子는) 제2장의 '君子務本'을 떼어내, 이로써《學而》편의 요체로 삼았는데, 이 설은 游氏의 견해에 그 뿌리를 두고 있다. 朱子는 賢賢易色章[學而 제7장]에 游氏의 설을 이미 수록했고, 여기에 또 그 설을 첫머리에 표시해 두었다. 예컨대 제1장은 時習으로 근본을 삼았고, 제2장은 孝弟로 爲仁의 근본을 삼았고, 제3장은 忠信으로 傳習의 근본을 삼았고, 제4장은 다섯 가지로 治國의 근본을 삼은 것이 모두 이것이다. 나머지 장도 유추할 수 있다(新安陳氏曰: 揭君子務本一 句, 以爲首篇之要領, 此說本於游氏. 朱子已采入賢賢易色章下, 於此又首標之. 如首章, 以時習爲本; 次章, 以孝弟爲仁之本; 三章, 以忠信爲傳習之本; 道千乘章, 以五者爲治國之本皆是. 餘可以類推.); 《論語大 全》'學而'는 편명으로, 이 편 맨 앞의 두 글자를 취해 편의 구별로 삼은 것이니, 애초에 별 의미가 없다. 그렇지만 學의 의의에 대해서는, 이 책을 읽는 자는, 먼저 연구하지 않으면 안 된다. 대체로 學이라 는 것은, 글자의 뜻을 가지고 말한다면, 자기가 아직 알지 못하는 것, 아직 할 줄 모르는 것에 대해, 저 알고 있는 자, 할 수 있는 자를 본받는 것을 말한다. 사리를 가지고 말한다면, 아직 이르지 못해서 이르기를 구하는 것을, 모두 學이라 한다. 농사짓는 일, 채소 가꾸는 일, 활쏘기, 수레 몰기 같은 사소한 일, 역시 모두 學이다. 그 일마다 일과 學 자를 짝을 지어서 이름을 붙인 것이다. 그런데 여기에서는 學 한 글자만 따로 떼어내서 말했으니, 소위 學이란 과연 무엇을 배우는 것일까?(朱子曰: "學而, 篇名也, 取篇首兩字爲別, 初無意義. 但學之爲義, 則讀此書者, 不可以不先講也. 夫學也者, 以字義言之, 則己之未 知未能, 而效夫知之能之之謂也. 以事理言之, 則凡未至而求至者, 皆謂之學. 雖稼圃射御之微, 亦曰學. 配 其事而名之也. 而此獨專之, 則所謂學者, 果何學也?). 대개 처음에는 (배워서) 선비가 되는 것이고, 배워 서 (마지막에는) 성인의 일에 이르려는 것이다. 이천 선생이 말씀하신 '儒者之學'[義理之學]이 바로 이것이다. 이천 선생의 대체적인 말은 이렇다. "오늘날의 學에는 세 가지, 詞章之學·訓詁之學·儒者之學이 있는데, 도를 알고자 하면, 儒者之學을 빼놓고서는 안 된다. 윤시강[윤돈]이, '學이란 배워서 사람이 되는 것이다'라고 했는데, 배워서 성인이 되는 것 역시 사람이 되는 도를 다하는 것에 불과하다." 이는 모두 學의 핵심을 정확히 말한 것이다. 공자께서 품은 뜻[公冶長 제25장], 안자가 배운 것[雍也 제2장], 자사·맹자가 전한 것이 이 책에 모두 있다. 그리고《學而》편에서 밝힌 바는 또 學의 근본이니, 그러므로 배우는 자는 이 편에 마음을 다 쏟지 않으면 안 된다(蓋始乎爲士者, 所以學而至乎聖人之事. 伊川先生所 謂儒者之學是也. 蓋伊川先生之言曰: "今之學者有三: 詞章之學也, 訓詁之學也, 儒者之學也, 欲通道, 則舍

이 편은 이 책의 머리 편으로, 그래서 기록된 글이 대부분 근본에 힘쓴다는 뜻인데, 바로 도에 들어가는 문·덕을 쌓는 기초·배우는 자가 먼저 힘써야 할 일 등이다. 모두 16장이다.

儒者之學不可。尹侍講所謂'學者, 所以學爲人'也。學而至於聖人, 亦不過盡爲人之道而已。" 此皆切要之言也。夫子之所志, 顔子之所學, 子思孟子之所傳, 盡在此書。而此篇所明, 又學之本, 故學者不可以不盡心焉。"); 《論語大全》《學而》편은 모두 自脩를 먼저 말하고, 親師友를 뒤에 말했다. '有朋自遠方來'는 '時習'의 뒤에 있고[제1장], '親仁'은 '入孝出弟'의 뒤에 있고[제6장], '就有道而正焉'은 '食無求飽·居無求安'의 뒤에 있고[14장], '毋友不如己者'는 '不重則不威'의 뒤에 있다[제8장]. 요즘 사람들은 모두 自脩는 하지 않고, 오로지 師友의 말에만 의존하려고 한다(學而篇, 皆是先言自脩, 而後親師友。有朋自遠方來, 在時習之後; 而親仁, 在入孝出弟之後; 就有道而正焉, 在食無求飽, 居無求安之後; 毋友不如己者, 在不重則不威之後。今人都不去自脩, 只是專靠師友說話。).

[學而時習之章]*

010101. 子¹曰²: 「學³而⁴時⁵習⁶之⁷·⁸, 不亦說乎⁹?¹⁰

* 각 장의 명칭으로, 《朱子語類》에 따른 것이다. 《朱子語類》에 명칭이 없는 장은 명칭을 따로 부여하고 (·) 표시하였다.

1 《論語集解》'子'는 남자의 통칭이다(注: 馬融曰: 子者, 男子通稱也。); 《論語義疏》'子'는 덕 있는 자에 대한 칭호로, 옛사람들은 스승을 칭하기를 '子'라 했다(疏: 子是有德之稱, 古者稱師爲子也。); 《論語集釋》 고염무[1613~1682]의 《日知錄》에 말했다. "주나라 제도에는, 공·후·백·자·남 다섯 등급 작위를 두었고, 경·대부는 존귀했지만, 감히 子라고 부르지 않았다. 춘추시대에 노나라 희공[BC 659~BC 627 재위]·문공[BC 626~BC 609 재위] 이후부터, 정권을 맡은 경에 대해 처음으로 子라 불렸고, 그 후 필부 중에 학문의 祖宗에 대해서도 子라 불렸으니, 노자·공자라고 한 것이 바로 이것이다. 공자의 제자 중에는 유자·증자 두 사람만이 子라 불렸고, 민자·염자의 경우 논어에 단 한 차례 보인다"(顧炎武日知錄: 周制, 公, 侯, 伯, 子, 男爲五等之爵, 而大夫雖貴, 不敢稱子。春秋自僖, 文以後, 執政之卿始稱子。其後匹夫爲學者所 宗亦得稱子, 老子, 孔子是也。孔子弟子惟有子, 曾子二人稱子, 閔子, 冉子僅一見。).

2 《論語正義》'曰'에 대해, 황간의 《論語義疏》에서는 허신의 《說文解字》의 '입을 벌려 혀끝을 내미는 것을 曰이라 한다'고 한 부분을 인용했고, 형병의 《論語注疏》에서는 《說文·曰部》의 '曰은 䛃(사)[생각이 안에 있고 말로 밖으로 나오다]이다. 口를 따르고 乙 소리이다. 말이 입에서 나오는 모양을 형상화한 것이다'라고 한 부분을 인용했는데, 《說文解字》의 인용 부분이 각기 다르다(正義曰: '曰'者, 《皇疏》引《說 文》云: "開口吐舌謂之曰。"《邢疏》引《說文》云: "䛃也。從口, 乙聲。亦象口氣出也。" 所引《說文》各異。); 《古書 虛字》'曰'은 '詞'이다. 말하다('曰', '詞'也。言也。); 《詞詮》타동사. 말하다('曰', 外動詞《廣雅·釋詁》云: 曰, 言也。).

3 《說文·敎部》'斅(효)는 覺悟(각오)[깨닫다. 인식하다]이다. 敎를 따르고 冂(경)을 따른다. 冂은 또한 朦(몽)[가리다. 우매하다]이다. 臼 소리이다. '學'은 전서체 '斅'의 줄임체이다(斅, 覺悟也。从敎从冂。 冂, 尚朦也。臼聲。學, 篆文斅省。)[가르쳐서 가려진 것을 벗겨내다]; 《白虎通義·辟雍》'學'이란 말뜻은 '깨닫다[覺]'로, 모르는 것을 깨닫는 것이다. 그래서 배워서 性을 수양하고, 생각해서 情을 변화시킨다. 그래서 옥은 갈지 않으면, 그릇을 만들 수가 없고, 사람은 배우지 않으면, 도를 알 수가 없다[禮記· 學記](學之爲言覺也, 悟所不知也。故學以治性, 慮以變情。故玉不琢, 不成器; 人不學, 不知道。); 《王力漢 語》옛사람들이 말한 '學'이란, 일반적으로 책에서 배운 지식을 가리켰지만, 스승이 말로 전수해준 지식도 있었는데, 이러한 지식 중에 어떤 것은 정치에 관한 것이었고, 어떤 것은 생산에 관한 것이었고, 어떤 것은 자기 수양에 관한 것 등등이었다(古人所謂'學', 一般指書本知識, 但也有師傅口授的知識, 這些知識 有的是關於政治的, 有的是關於生產的, 有的是關於修養的, 等等。); 學(학): 본받다. 모방하다. 지식을 탐 구하다. 공부하다. 학교. 학문. 정통·숙달한 지식(效法, 钻研知识, 获得知识, 读书。传授知识的地方。 掌握的知识。).

4 《論語義疏》'而'는 '因仍'(인잉)[(배운) 그대로 좇다]이다(而者, 因仍也。); 《詞詮》앞엣것을 받아 뒤로 이어주는 승접접속사. 뒤이어서. 뒤따라서('而', 承接連詞。《論語皇疏》云: 而者, 因仍也。); 《論語詞典》 而(이): 접속사. 두 가지 일이 서로 이어짐을 표시한다(連詞。表兩事的相因。).

5 《論語集解》'時'는 배우는 자가 때에 맞춰 소리 내어 읽어 익히는 것이다(注: 王肅曰: 時者, 學者以時誦習也。); 《論語義疏》時(시): 배움의 時에는 세 가지 時가 있다. 첫째는 나이 時, 둘째는 계절 時, 셋째는 하루 時이다. 나이 時란, 대체로 배움의 길은, 시기를 택하는 것이 우선이라는 것으로, 다 커서 배우면 맞서서

대들고 고집스레 뻗대고, 어려서 배우면 흐릿한 상태여서 미혹이 심하다.《禮記·學記》에 말하기를, '사악이 이미 드러난 후에 금하면 맞서서 대들고 고집스레 뻗대서 이겨내지 못하고, 때가 지나서 배우면 힘만 들이고 고생만 할 뿐 성취가 없다'고 한 것이 바로 이것이다. 반드시 배울 시기를 기다려야 하기 때문에,《禮記·內則》에, '6살이 되면 수와 방위를, 7살이 되면 남녀가 자리를 같이하지 않는 예절을, 8살이 되면 겸양을, 9살이 되면 날짜 세는 법을, 10살이 되면 글쓰기와 계산법을, 13살이 되면 음악을 배우고, 시를 읊고, 勺舞(작무)[文舞]를 배우고, 15살이 되면 象舞(상무)[武舞]를 배우고 활쏘기와 말타기를 배운다'라고 했는데, 이것들이 바로 나이 時이다. 계절 時는 배움은 계절을 따르면 배운 것이 머리에 쉽게 들어온다는 것이다. 그래서《禮記·王制》에, '봄과 여름에는 시와 음악을, 가을과 겨울에는 書와 禮를 배운다'고 한 것이 바로 이것이다. 하루 時는 나이 時·계절 時에 앞서는 것으로, 배운 것은 모두 매일 연습하기를 잠시도 폐해서는 안 된다는 것이다. 그래서《禮記·學記》에, '배운 것을 마음속에 늘 간직하고, 늘 익히고, 그 안에서 쉬고, 그 속에 푹 빠져 노닌다'라고 한 것이 바로 이것이다. '學而時習之'에서, '而'는 '因仍[(배운) 그대로 좇아서]'과 같고, '時'는 하루 時이다(疏: 「時」者, 凡學有三時: 一是就人身中爲時, 二就年中爲時, 三就日中爲時也. 一就身中者, 凡受學之道, 擇時爲先, 長則捍格, 幼則迷昏. 故學記云「發然後禁, 則捍格而不勝; 時過然後學, 則勤苦而難成」是也. 既必須時, 故內則云「六年教之數與方名, 七年男女不同席, 八年始教之讓, 九年教之數日, 十年學書計, 十三年學樂, 誦詩舞勺, 十五年成童, 舞象」. 並是就身中爲時也. 二就年中爲時者, 夫學隨時氣則受業易入. 故王制云「春夏學詩樂, 秋冬學書禮」是也……三就日中爲時者, 前身中、年中二時, 而所學並日日修習不暫廢也. 故學記云「藏焉, 修焉, 息焉, 游焉」是也. 今云「學而時習之」者, 「而」猶因仍也, 「時」是日中之時也.);《禮記·學記》나쁜 생각이 생겨나기 전에 금해서 생겨나지 않게 하는 것을 豫(예)라 하고, 받아들일 만할 때에 그에 맞춰 가르치는 것을 時(시)라 하고, 단계를 뛰어넘어 가지 않게 가르침을 베푸는 것을 孫[循](손)이라 하고, 상호 관찰하여 남의 좋은 점을 받아들이게 하는 것을 摩(마)라 한다. 이 네 가지가, 교육이 흥하는 출발점이다(大學之法, 禁於未發之謂豫, 當其可之謂時, 不陵節而施之謂孫, 相觀而善之謂摩. 此四者, 教之所由興也.);《文言虛詞》時(시): '以時', '及時'의 줄임말. 정해진 시간에 맞춰. 제시간에. 때맞춰(時'字作爲副詞,爲'以時''及時'的省略.);《論語譯注》'時'는 주·진시기에 부사로 쓰인 경우,《孟子·梁懷王上·제3장》의 '斧斤以時入山林'[도끼를 가지고 때에 맞춰 산림에 들어가다]의 '以時'와 같이, '일정한 때에', '적당한 때에'의 의미이다. 왕숙의《論語注》는 바로 이렇게 풀이한 것이다. 주희의《論語集注》는 '時常'으로 풀이했는데, 이는 후대의 뜻을 가지고 고서를 풀이한 것이다('時'字在周秦時候若作副詞用, 等於孟子梁惠王上'斧斤以時入山林'的'以時', '在一定的時候'或者'在適當的時候'的意思. 王肅的論語注正是這樣解釋的. 朱熹的論語集注把它解爲'時常', 是用後代的詞義解釋古書.);《王力漢語》時(시): 부사처럼 쓰였다. 제때에 맞춰. 시기적절하게. '時'가 부사처럼 쓰인 경우, 모두 '以時'[제때에 맞춰]로 풀이해야지, '時常'[늘. 자주]으로 풀이해서는 안 된다(用如副詞, 表示按時. 上古'時'字用如副詞時, 一般都當'以時(按時)'講, 不當'時常'講.);《北京虛詞》時(시): 부사. 동작이 제때 시행되거나 상황이 제때 출현하는 것을 표시한다('時', 副词. 表示动作按时施行或情况按时出现. 义即'按时', '及时'.).

6 《古今注》'學'은 아는 방법이고, '習'은 행하는 방법이고, '學而時習'은 知와 行을 병진하는 것이다. 후세의 배움은 배우기만 하고 익히지를 않으니, 그래서 희열을 느끼지 못한다(學所以知也, 習所以行也, 學而時習者, 知行兼進也. 後世之學, 學而不習, 所以無可悅也.);《王力漢語》習(습): 새가 반복해서 날다. 반복해서 연습하다. 파고들다. 깊이 연구하다(鳥反復地飛, 頻繁地非. 引申爲反復練習, 鑽研.);《論語譯注》일반인들은 '習'을 '溫習'[복습하다]으로 풀이하지만, 공자가 말한 과목들은, 일반적으로 모두 당시의 사회·정치생활과 밀접히 결합되어 있었다. 禮·樂·射·御와 같은 이러한 과목들은, 더욱이 연습하거나 실습하거나 하지 않으면 불가능했다. 그래서 이 '習'字는 '실습하다'로 풀이하는 것이 좋다고 생각된다(一般人把'习'解为'温习', 但……孔子所讲的功课, 一般都和当时的社会生活和政治生活密切结合. 像礼(包括各种仪节), 乐(音乐), 射(射箭), 御(驾车)这些, 尤其非演习, 实习不可. 所以这'习'字以讲为实习为好.);《論語疏

證》'學而時習'은 바로 '溫故'[爲政 제11장]이고, '溫故'하면 '知新'할 수 있기 때문에, 희열을 느끼는 것이다(舒達按: 學而時習, 即溫故也; 溫故能知新, 故說也。).

7 《助字辨略》之(지): 지시사로, '배운 그것'을 가리킨다(之: 指示之辭。'之', 謂其所學。);《古書虛字》'之'는 일을 가리키는 단어로, 여기서는 윗글의 '學'을 가리킨다('之', 指事之詞也。此'之'字指上文'學'言。);《詞詮》대명사. 그. =其('之', 代名詞。彼也。與'其'字同。).

8 [성]學而時習之(학이시습지): 배운 내용은 늘상 복습해야 한다(学过的内容要经常复习它。);《論語大全》'學而時習之', 이는 논어의 첫 구절이다. 이 다섯 글자는 각기 輕重·虛實이 다르지만, 글자마다 모두 의미가 있으니, 한 글자라도 빠뜨리면 안 된다. '學'이라는 말뜻은 '본받다'이다. 자기가 아직 알지 못하는 것, 아직 할 줄 모르는 것에 대해, 저 알고 있는 자, 할 수 있는 자를 본받아서, 그가 알고 있는 것, 할 수 있는 것을 구하는 것을 말한다. '而'字는 윗글과 아랫글을 이어주는 어조사이다. '時'字는 어느 때고 그러지 아니할 때가 없다는 것이다. '習'字는, 거듭거듭 해서 복습하는 것이다. '之'字는 그가 알게 된 이치, 그가 할 줄 알게 된 일을 가리키는 말이다. 사람이 배우고 나서, 이어서 또 시시때때로 그가 알게 된 이치, 그가 할 줄 알게 된 일을 복습한다는 말이다(朱子曰: 學而時習之, 此是論語第一句。句中五字, 雖有輕重虛實之不同, 然字字皆有意味, 無一字無下落。學之爲言效也。以己有所未知未能, 而效夫知者能者, 以求其知能之謂也。而字, 承上起下之辭也。時者, 無時而不然也。習者, 重複溫習也。之者, 指其所知之理, 所能之事而言也。言人旣學矣, 而又時時溫習其所知之理, 所能之事也。).

9 《論語義疏》'亦'은 '重'[거듭해서]이다. '悅'은 희열을 품은 것을 말한다. 배워 알게 되어서 이미 이것만으로도 아주 즐거운데, 또 숙달되게 익히기를 폐하지 않으니, 날로는 내게 아직 없는 것을 배워 알고[알아서 희열을 느끼고], 달로는 내가 이미 배워 알고 있는 것을 잊지 않아[子張 제5장], 더욱 거듭해서 희열을 느낄 수 있기 때문에, '不亦說乎'라고 물어보는 것처럼 말한 것이다(疏: 亦, 猶重也。悅者, 懷抱欣暢之謂也。言知學已爲可欣, 又能修習不廢, 是日知其所亡, 月無忘其所能, 彌重爲可悅, 故云不亦悅乎, 如問之然也。);《論語注疏》'亦'이라 한 것은 기뻐할 만한 일, 즐거워할 만한 일이 그 종류가 하나가 아니고, 이 '學而時習', '有朋自遠方來', 역시 기쁜 일, 즐거운 일이기 때문에, '亦'[또한]이라 한 것이다(疏: 正義曰: 言'亦'者, ……可說可樂之事, 其類非一, 此'學而時習'、'有朋自遠方來', 亦說樂之事耳, 故云'亦'。);《助字辨略》'亦'은 어조사로, 뜻이 있는 것이 아니다(亦, 辭也, 不爲義者也。);《經典釋詞》'不亦'이라 말한 경우는, 모두 '亦'을 어조사로 본 것이다. '不亦說乎'는 '不說乎'[기쁘지 않겠느냐]이고, '不亦樂乎'는 '不樂乎'[즐겁지 않겠느냐]이고, '不亦君子乎'는 '不君子乎'[군자가 아니겠느냐]이다.《孟子·滕文公上 제2장》의 '不亦善乎'에 대한 趙岐의 注에, '不亦은 亦[또한]이다' 했는데, 잘못이다(凡言'不亦'者, 皆以'亦'爲語助。'不亦說乎', 不說乎也。'不亦樂乎', 不樂乎也。'不亦君子乎', 不君子乎也。趙岐注《孟子, 滕文公》篇曰: '不亦者, 亦也'失之。);《古書虛字》문장 중간에 쓰인 조사('亦', 爲句中助詞。);《論語譯注》"또한 기쁘지 않겠느냐?"("不也高兴吗?");《論語詞典》亦(역): 35번 출현한다. 부사. '也'[또한, 마찬가지로]의 뜻으로, 서로 똑같이 두 가지 이상의 일이 병행함을 표시한다('亦'(35次), 副詞, 也, 表示同樣和並行。);《論語句法》부정형식의 반어의문문은 '不'字 밑에 반드시 '亦'字를 붙여, '不'字의 어기를 강화시킨다. 반어의문문에 붙이는 '不'字는 긍정을 표시하는 어기이다. 그리고 '不'字 밑에 다시 '亦'字를 붙여, 어기가 더욱 가중되게 보이게 한다. '乎'字는 반문을 표시하는 어기사이다(凡是否定式反詰問句'不'字下必加這個'亦'字, 來加重'不'字的語氣。反詰問句里加了'不'字, 是表肯定的語氣。而'不'字下再加'亦'字, 語氣顯得更重些了。'乎'字, 是反詰的語氣詞。);《論孟虛字》'不'는 '豈不'를 줄인 말로 반문어기를 표시한다. '不'는 고문언에서 '豈不'[어찌~아니겠는가?]의 의미가 들어 있다('不', 爲'豈不'之省文, 表反詰語氣。否定詞'不', 在早期文言裡, 含有'豈不'的意思。);《論孟虛字》'乎'는 반문어기사로, 의심할 만한 게 없지만, 단지 의심·추측어기사를 써서, 그것이 필연적인 이치임을 표명한다. 경전에 나오는 '不亦~乎'는 모두 찬동하는 말이다('乎', 爲表反詰的語氣詞。其事實無可疑, 特用疑擬之語氣, 以表明其必然之理……竹氏會箋: '凡經傳中言不亦~乎者, 皆讚同之詞。');

선생님께서 말씀하셨다. "배우고서 수시로 배운 것을 익히니, 마음속에 희열을 느끼지 않겠느냐?

說, 悅同[11]。○學之爲言[12]效也[13]。人性皆善, 而覺[14]有先後, 後覺者必效先覺之所爲[15, 16],

---

說(열): =悅. 기쁘다. 희열을 느끼다(同"悅"。"说", "悦"古今字。本作"说"。本义: 高兴, 愉快。).

10 《荀子 · 勸學》군자께서 말씀하시기를, '배움은 멈춰서는 아니 된다'고 하셨다. 푸른색 물감은 남색 쪽풀에서 얻어지지만, 남색보다 파랗고, 얼음은 물이 그렇게 되지만, 물보다 차갑다. 나무의 반듯한 모양은 선을 그리는 먹줄로 맞춤이지만, 수레바퀴 테가 나무를 구부려뜨려 수레바퀴로 만들면, 그 둥근 모양은 원을 그리는 規로 맞춤이어서, 햇볕에 바짝 말려도, 다시는 반듯하게 펴지지 않는 것은, 수레바퀴 테가 그것을 구부러뜨렸기 때문이다. 그래서 나무가 먹줄을 튕기면 반듯해지고, 쇠가 숫돌을 가까이하면 예리해지고, 군자가 폭넓게 배우고 날로 자기를 검증하고 성찰하면, 지혜가 밝아져서 행실에 허물이 없게 되는 것이다. 그러므로 높은 산에 올라보지 않고서는, 하늘이 높은 줄 알 길이 없고, 깊은 계곡에 가보지 않고서는, 땅속이 깊은 줄 알 길이 없고, 선왕께서 남긴 말씀을 들어보지 않고서는, 학문의 위대함을 알 길이 없다(君子曰: 學不可以已。青, 取之於藍, 而青於藍; 冰, 水爲之, 而寒於水。木直中繩, 輮以爲輪, 其曲中規, 雖有槁暴, 不復挺者, 輮使之然也。故木受繩則直, 金就礪則利, 君子博學而日參省乎己, 則智明而行無過矣。故不登高山, 不知天之高也; 不臨深谿, 不知地之厚也; 不聞先王之遺言, 不知學問之大也。).

11 《集註典據考》에 따르면, 글자의 音義에 관한 주희의 注는, 陸德明[550~630]의 《經典釋文 · 論語音義》에 典據를 두고 있다.

12 之爲言(지위언): 고서 주해에 쓰이는 術語로, 풀이를 받는 글자는 항상 '之爲言'의 앞에 오고, 풀이하는 글자는 풀이를 받는 글자와 음이 비슷하거나 같은 글자를 쓴다. 일종의 聲訓이다; 爲言(위언): 말뜻(犹为意。犹言在意).

13 《論語集釋》毛奇齡[1623~1716]의 《四書改錯》에 말했다. "學에는 虛字[動詞][~을 배운다]가 있고, 實字[名詞][배움]가 있다. 예를 배운다, 시를 배운다, 활쏘기와 말타기를 배운다고 할 때의 學字는 虛字이다. 배움에 뜻을 둔다, 배움을 함께할 수 있다, 시종을 늘 배움을 염두에 둔다고 할 때의 學字는 實字이다. 이 책을 펼치는 學字는 실로 가리키는 대상이 있어서 말한 것이다. 그런데 集注에서는 '效字라고 했으니, 實字를 虛字로 풀이한 것인데, 잘못된 훈고 방법일 뿐 아니라, 본받는다는 것이 무엇을 본받는다는 것이고, 수시로 익힐 수 있다는 것인가? 선도 본받을 수 있고, 악도 본받을 수 있다. 《春秋左傳 · 定公6年》에, '남이 하는 못된 짓을 본받는다'고 했는데, 만에 하나 남의 못된 짓을 본받고, 또 이를 익히겠는가? 잘못된 풀이이다. 學은, 道 · 術을 총괄하는 명칭이다. 賈誼가 《新書》에서 逸禮를 인용하여, '小學은 小道에 종사하고, 大學은 大道에 종사한다'라고 하여, 學을 道라고 말했으니, 바로 大學의 道로, 격물 · 치지 · 성의 · 정심 · 수신 · 제가 · 치국 · 평천하가 바로 이것이다. 學을 術이라고 말한 경우는 바로 '樂官[學官]의 長이 詩 · 書 · 樂 · 禮, 四術을 숭상하여, 봄 · 가을에는 禮 · 樂을, 여름 · 겨울에는 詩 · 書를 가르쳤다[禮記 · 王制]라고 한 것이 모두 이것이다. 이것이 바로 學이다"(毛奇齡 四書改錯: 學有虛字, 有實字。如學禮、學詩、學射、御, 此虛字也。若志于學、可與共學、念終始典於學, 則實字矣。此開卷一學字, 自實有所指而言。乃注作『效』字, 則訓實作虛, 既失詁字之法, 且效是何物, 可以時習? ……善可效, 惡亦可效。左傳『尤人而效之』, 萬一效人尤, 而亦習之乎? 錯矣! 學者, 道術之總名。賈誼新書引逸禮云:『小學業小道, 大學業大道。』以學道言, 則大學之道, 格致誠正修齊治平是也。以學述言, 則學[樂]正崇四術, 凡春秋禮樂, 冬夏詩書皆是也。此則學也,);《論語集釋》'學'字는 명사로, 集注에서는 동사로 풀이했는데, 모기령이 이를 비판한 것이 옳다. 지금 사람들은 지식을 추구하는 것을 學이라 여기지만,

乃¹⁷可以明善而復其初¹⁸也。習,鳥數飛也¹⁹。學之不已, 如鳥數飛也。說, 喜意也。既²⁰學

옛사람들은 修身을 學이라 여겼다. 애공이 제자 중에 누가 好學하는지를 묻자, 공자께서 안연 한 사람만을 好學한다고 칭했고, 또 분노를 옮기지 않았고, 같은 잘못을 되풀이하지 않은 것을 好學이라고 했으니 [雍也 제2장] 이것이 첫째 증거이고, 공자께서 '군자는 도를 도모하지, 먹을 것을 도모하지 않는다. 배움은 그 가운데 있다'[衛靈公 제31장]고 하셨고, 자장이 녹을 구하는 법을 배우고자 하자, '말에서 남의 책망을 받을 일이 적고, 행실에서 스스로 뉘우칠 일이 적으면, 녹봉을 구하는 길이 그 가운데 있다'[爲政 제18장]고 하셨는데, 이는 공자께서 말에서 남의 책망을 받을 일이 적고, 행실에서 스스로 뉘우칠 일이 적은 것을 學으로 여기셨음을 알 수 있으니 둘째 증거이고, 대학의 도는 '하나같이 修身을 근본으로 삼는다'[禮記·大學]고 했으니 이것이 셋째 증거이다(按『學』字係名辭, 集注解作動辭, 毛氏譏之是也。……今人以求知識爲學, 古人則以修身爲學。觀於哀公問弟子孰爲好學, 孔門身通六藝者七十二人, 而孔子獨稱顏淵, 且以不遷怒, 不貳過爲好學, 其證一也。孔子又曰:『君子謀道不謀食。學也, 祿在其中矣。』其答子張學干祿, 則曰:『言寡尤, 行寡悔, 祿在其中矣。』是可知孔子以言行寡尤悔爲學, 其證二也。大學之道, 『壹是皆以修身爲本』, 其證三也。).

14 《說文·見部》'覺(각)은 寤(오)[(잠에서) 깨다]이다. 見과 學을 따르고, 소리부는 생략되어 있다. 일설에는 發[사람의 생각을 경각시키다]이라고 한다. [단옥재 주] 悟(오)[깨닫다]이다. 悟가 각 책에는 寤로 되어 있는데, 지금 바로잡는다. 《說文·心部》에, '悟는 覺이다'라고 했다(覺, 寤也。從見學, 省聲。一曰發也。; 段玉裁注: 悟也。悟各本作寤, 今正。心部曰: 悟者, 覺也。).

15 《孟子·萬章上 제7장》하늘이 이 백성을 내었으니, 먼저 안 사람을 시켜 뒤늦게 아는 사람을 깨우치게 했고, 먼저 깨달은 사람을 시켜 뒤늦게 깨닫는 사람을 깨우치게 했다(天之生此民也, 使先知覺後知, 使先覺覺後覺也。).

16 《論語大全》'後覺者必效先覺之所爲'의 '所爲'는 知·行 두 가지에 불과한 것으로, 선각자의 致知를 본받아 이 이치를 아는 것이고, 또 선각자의 力行을 본받아 이 이치를 행하는 것으로, 그래야 '明善而復其初' 할 수 있다. '明善'은 본성이 선하다는 것을 분명하게 아는 것으로, 이는 知를 가지고 말한 것이고, '復其初'는 본성의 선한 모습을 온전히 회복하는 것으로, 이는 行을 가지고 말한 것이다. 배움의 길에는 본래 여러 갈래가 있지만, 그 요체는 본성의 선한 모습을 온전히 회복하는 데로 귀결될 뿐이다(新安陳氏曰: 後覺者必效先覺之所爲, 所爲不過知行二者, 效先覺之致知, 以知此理, 又效先覺之力行, 以行此理, 乃可以明善而復其初矣。明善者, 明本性之善, 以知言也, 復其初者, 復全本性之善, 以行言也。學之道固多端, 其要歸在復全本性之善而已。); 《論語大全》'必效先覺之所爲'를 어떤 사람은 '所爲'을 '所行'으로 해석하는데, 심히 잘못 안 것이다. 논어의 '汝爲周南召南'[陽貨 제10장]에 대해, 集注에서 말하기를, '爲는 學과 같다'고 했고, 논어의 '爲之不厭'[述而 제33장]에 대해, 맹자가 공자의 말씀을 기록하기를, '學不厭'[公孫丑上 제2장]이라고 했으니, 이는 '學字로 '爲'字를 대체한 것이고, 集注에서 '十有五而于學'[爲政 제4장] 구절 밑에 말하기를, '念念在此而爲之不厭[한마음 한 뜻으로 여기에 전념하게 되어, 배우는 것이 물리지 않는다]이라고 했으니, 이는 '爲'字로 '學'字를 대체한 것이다. 여기에서 말한 '效先覺之所爲'는, '學先覺之所學[선각자들이 배운 것을 배운다]이라 말한 것과 같다(雲峯胡氏曰: 必效先覺之所爲, 或以所爲爲所行, 殊不知。汝爲周南召南, 集註曰: 爲, 猶學也。論語曰: 爲之不厭, 孟子記夫子之言曰: 學不厭, 是以學字代爲字。集註於十五志學下曰: 念念在此, 而爲之不厭, 是以爲字釋學字。此曰效先覺之所爲, 猶曰學先覺之所學也。).

17 乃(내): 그제서야. 비로소. 일이 늦게 발생하거나 늦게 끝남을 나타낸다((刚刚, 才, 表示事情发生得晚或结束得晚。).

18 《大學章句大全》朱子는 학문을 논할 때, '必以復性初'[반드시 본성의 처음의 모습을 회복한다]를 강령의 요지로 삼았다. 《論語》첫 장의 '學'字에 대한 주석에서는 '人性皆善'[사람의 본성은 모두 선하다]이라

而又時時²¹習之, 則所學者熟, 而中心喜說, 其進自不能已矣。²²

'說'(열)은 '悅'(열)과 같다. ○'學'(학)이라는 말뜻은 '본받다'[效]이다. 사람의 성(性)은 모두 선하지만, 깨닫는 데에는 먼저 깨달은 자와 나중 깨닫는 자가 있으니, 나중 깨닫는 자는 반드시 먼저 깨달은 자가 하는 바를 본받아야, 비로소 성이 선하다는 것을 분명히 알고 자기의 성의 처음의 (선한) 모습을 회복할 수 있다. '習'(습)은 '새가 자꾸 날갯짓하다'[鳥數飛]이다. 배우기를 그만두지 않는 것이, 새가 자꾸 날갯짓하는 것과 같다. '說'(열)은 '희열을 느끼다'[喜]라는 뜻이다. 배우고 나서도 또 수시로 배운 것을 익히면, 배운 것은 몸에 푹 익고, 마음속은 깊은 희열을 느끼게 되니, 그의 배움을 향한 진전은 스스로 그만 멈추지를 못한다.

程子曰「習, 重習也。時復思繹²³, 浹洽²⁴於中, 則說也。」又曰:「學者²⁵, 將以²⁶行之也。

했고, '明善而復其初'[본성이 선하다는 것을 분명히 알고 본성의 처음의 선한 모습을 회복한다]라 했고, 《小學題辭》에서는 '仁義禮智 人性之綱'[仁義禮智는 사람의 본성의 벼리이다]이라 했고, '德崇業廣 乃復其初'[德을 높이고 德의 업을 넓히는 것이, 곧 본성의 처음의 선한 모습을 회복하는 것이다]라 했고, 《大學》 첫 장의 '明明德'에 대한 주석에서는, 또 '遂明之以復其初'[마침내 본성이 선하다는 것을 분명히 밝히고 이로써 본성의 처음의 선한 모습을 회복한다]라 하여, '大學章句序'의 '則天必命之 以爲億兆之君師, 使之治而敎之 以復其性'[하늘은 반드시 그에게 명하여, 억조창생의 군주 겸 스승으로 삼아, 그로 하여금 다스리고 가르치게 하여, 이로써 그들 本性을 회복하도록 했다]과 더불어, 모두 네 번 그 뜻을 강조했다(新安陳氏曰: 朱子論學, 必以復性初爲綱領要歸。論語首註學字, 曰 '人性皆善', 曰 '明善而復其初'; 小學題辭曰 '仁義禮智, 人性之綱', 曰 '德崇業廣, 乃復其初', 此書首釋明明德, 亦曰 '遂明之以復其初'與此序凡四致意焉。); 明(명): 알다. 이해하다(懂得, 了解。)

19 《說文·習部》'習'(습)은 數飛[자꾸 날갯짓하다]이다(習, 數飛也。);《禮記·月令》음력 6월이 되면, 더운 바람이 불기 시작하고, 귀뚜라미는 벽 속으로 거처를 옮기고, 매는 날개짓하는 법을 배우고, 썩은 풀은 변해서 반딧불이가 된다(季夏之月……溫風始至, 蟋蟀居壁, 鷹乃學習, 腐草爲螢。);'數'은 음이 朔(삭)이다. 이하 같다(朱熹注: 數, 音朔。下同。); 數(삭): 누차. 자꾸. 여러 번. 번번이(屢次).

20 旣(기): 且·又·也·还과 짝을 이루어, 旣~且·又·也·还~의 형태로 쓰여 두 가지 상황이 동시에 있는 것을 표시한다(跟'且'、'又'、'也'、'还'等词配合, 表示同时具有两种情况。).

21 時時(시시): 수시로. 늘(常常; 每時每刻。).

22 《論語大全》 배워서 알게 되고 할 줄 알게 된 그것은, 분명 마음으로는 자득한 것이지만, 다른 사람에게 말로는 설명할 수 없는 것이다. 이는 마음속에 뭉게구름처럼 피어오르는 희열의 맛으로, 고기 요리가 입에 주는 희열[孟子·告子上 제7장]일지라도, 배움의 희열의 맛에 비유할 수 없다. 이것이 배움의 시작 단계이다(朱子曰: 凡其所學而知且能者, 必有自得於心, 而不能以語人者。是其中心油然悅懌之味, 雖芻豢之悅於口, 不足以喩其美矣。此學之始也。).

23 時復(시복): 늘상(犹时常。); 思繹(사역): 생각해서 찾아내다. 생각의 실타래를 풀어나가다(思索尋求); 繹(역): 실을 잣다. 실마리를 찾아내다. 사리를 탐구하다(抽丝。引出头绪, 寻求事理。).

24 《論語大全》'浹洽'(협흡) 두 글자에는, 깊은 뜻이 있다. 마치 물건을 물에 담글 경우, 물이 아직 안쪽까지

時習之, 則所學者在我, 故說。」謝氏曰:「時習者, 無時而不習。坐如尸[27], 坐時習也[28];立如齊, 立時習也。」[29]

정자(程子·伊川)가 말했다. "'習'(습)은 '되풀이해서 익히다'[重習]이다. 시시때때로 늘 되풀이해서 생각하여, 속 안에까지 두루두루 적시고, 푹 적실 정도가 되면, 속에서 희열을 느낀다." 또 말했다. "배운다는 것은, 장차 배운 대로 그것을 행하려는 것이다. 배운 것을 수시로 익히다 보면, 배운 것이 떠나지 않고 내 안에 늘 머물러 있기 때문에, 속에서 희열을 느낀다."

사씨(謝氏·謝顯道)가 말했다. "'時習'(시습)이란 한시라도 익히지 않는 때가 없는 것이다. '앉아 있는 자세는 시동(尸童)이 (앉아서) 제사를 받는 자세처럼 단정하게 한다'고 하는 것은 앉아 있는 자세의 시습(時習)이고, '서 있는 자세는 (서서) 재계를 하는 자세처럼 가지런하게 한다'고 하는 것은 서 있는 자세의 시습(時習)이다."

010102、有[30]朋[31]自[32]遠方[33]來[34], 不亦樂乎[35, 36]?[37]

스며들지 않았을 때는 겉만 축축하고 안쪽은 그대로 말짱한데, 물에 담근 지 오래되면, 안쪽까지 모두 축축해지는 것과 같다. 익혀서 익고, 익어서 희열을 느끼는 것은, 맥락이 통한다. 程子가 말한 浹洽은 바로 이 뜻이다(朱子曰: 浹洽二字, 有深意。如浸物於水, 水若未入, 只是外面濕, 內面依然乾; 必浸之久, 則透裏皆濕。習而熟, 熟而說, 脉絡貫通。程子所謂浹洽是也。); 浹洽(협흡): 무젖다. 몸에 배다. 두루두루 젖지 않은 곳이 없고 깊숙한 곳까지 푹 젖다(普遍沾潤。).

25 者(자): 명사 뒤에 쓰여 잠시 멈춤을 표시하면서, 다음 문장을 이끌어 판단을 표시한다(用于名词之后, 标明语音上的停顿, 并引出下文, 常表示判断。).

26 以(이): ~하는 데 목적이 있다(目的在于).

27 尸(시): 제사를 지낼 때 死者를 대신하여 제사를 받는 사람. 관장하다. 주재하다(祭祀时代表死者受祭的人。执掌, 主持。).

28 《禮記·曲禮上》앉아 있는 자세는 시동이 앉아서 제사를 받는 자세처럼 단정하게 하고, 서 있는 자세는 서서 재계를 하는 자세처럼 가지런하게 한다. 예법은 그 일에 맞은 방법을 따르고, 사신은 그 나라의 풍속을 따른다(若夫坐如尸, 立如齊。禮從宜, 使從俗。).

29 《論語大全》정이천의 견해는, 오로지 사색에만 있고, 역행의 공부는 없다. 사상채의 견해는, 오로지 역행에만 있고, 사색의 공부는 빠져 있으니, 모두 知·行 어느 한 편으로 기울어 있는 것 같다(朱子曰: 伊川之說, 則專在思索, 而無力行之功。如上蔡之說, 則專於力行, 而廢講究之義, 似皆偏了。).

30 《經典釋文》'有'가 어떤 책에는 '友'로 쓰여 있는데, 옳지 않다(有, 或作友, 非。);《文言語法》有(유): 존재를 표시하는 동사["벗이 있어"]('有, 表示存在的动词。);《論語句法》'朋自遠方來'는 '有'의 목적어이

다["벗이 먼 곳에서 찾아오는 일이 있으니"]('朋自遠方來',是'有'的止詞.).

31 《論語集解》苞氏[包咸][何晏의 論語集解에는 모두 인명을 기록했는데, 유독 '苞咸'만은 '苞氏'라 한 것은 何晏의 부친의 이름이 '咸'이어서 이를 피휘한 것이다]가 말했다. "같은 스승 문하에서 같이 공부하는 자를 '朋'이라 한다"["같이 공부할 친구가 있어 멀리서 찾아오니 즐겁지 않겠느냐?"](注: 苞氏曰: 同門曰朋也.);《論語義疏》스승의 문하에 함께 있는 자를 '朋'이라 하고, 함께 한 뜻을 지닌 자를 '友'라 한다. '朋'은 '黨'으로, 스승의 문하에서 함께 무리를 이룬 것이다. '友'는 '有'이다. 함께 한 뜻을 지닌 것이다(疏: 同處師門曰朋, 同執一志爲友. 朋猶黨也, 共爲黨類在師門也. 友者有也. 共執一志.);《論語注疏》《周禮・地官司徒》의 '大司徒'에 대한 鄭玄의 注에, '스승이 같은 사람을 朋이라 하고, 지향점이 같은 사람을 友라 한다'고 했는데, 그렇다면 同門은 한 스승 문하에서 수학한 자이다(疏: 正義曰: 鄭玄注《大司徒》云: '同師曰朋, 同志曰友.' 然則同門者, 同在師門以授學者也.);《周易正義》두 개 연못이 서로 이어져 있는 것이 兌(태)[=悅]이니, 군자는 벗과 더불어 토론하고 연구한다. [孔穎達疏] 同門을 朋, 同志를 友라 한다. 朋友끼리 모여 서로 도의를 토론하고 연구하면, 함께 느끼는 희열이 차고 넘치기를, 이보다 더한 게 없다(《易經・兌・象傳》'麗澤兌, 君子以朋友講習'. 孔穎達疏: 正義曰: 君子以朋友講習'者, '同門曰朋, 同志曰友. 朋友聚居, 講習道義, 相說之盛, 莫過於此也.);《論語正義》宋翔鳳[1779~1860]의 《樸學齋劄記》에 말했다. 《史記・孔子世家》에, '정공 5년, 노나라 대부 이하 모두가 분수를 넘어서 정도에서 벗어났으니, 이에 공자는 벼슬을 하지 않고, 물러나 詩・書・禮・樂을 편수했다. 제자들이 더욱 많아졌으니, 먼 곳에서부터 찾아와, 수업받지 않은 자 없었다'고 했는데, 제자들이 먼 곳에서 찾아온 것이, 바로 '有朋自遠方來'이다. '朋'은 바로 제자를 가리킨다." 생각건대, 송상봉의 견해가 맞다(正義曰: 宋翔鳳樸學齋劄記: 史記・孔子世家: '定公五年, 魯自大夫以下皆僭離於正道, 故孔子不仕, 退而修詩, 書, 禮, 樂. 弟子彌衆, 至自遠方, 莫不受業焉.' 弟子至自遠方, 卽'有朋自遠方來'也. '朋'卽指弟子……按: 宋說是也.).

32 《論語正義》《廣雅・釋詁》에, '自는 從(종)[~에서부터]이다'라고 했다(正義曰: 廣雅・釋詁: "自, 從也.").

33 《論語正義》《淮南子・兵略訓》에 '方은 地이다'라고 했고,《禮記・表記》鄭玄의 注에는 '方은 四方이다'라고 했다(正義曰: 淮南・兵略訓: "方者, 地也." 禮・表記注: "方, 四方也.").

34 《論語平議》(俞樾[1821~1907] 著)《經典釋文》에, '有는 어떤 책에는 友라고 쓰여 있다'고 했고, 阮元[1764~1849]의 《十三經注疏校勘記》에, '《白虎通義・辟雍》에는 이 문장을 '朋友自遠方來'로 인용했다'라고 했다. 생각건대,《說文・方部》에, '方은 倂船[나란히 있는 배]이다. 두 舟字가 생략되고 합해서, 머리 부분을 묶은 모양[幷]이다'라고 했다. 그러므로 '方'에는 곧 '竝[나란하다. 다 같이]의 뜻이 있다. '有朋自遠方來'는 '友朋自遠竝來'[벗들이 멀리서 다 같이 온다]라고 말한 것과 같다. '友'라고 말했고 '朋'이라고 말해, 한 사람이 아님을 밝혔으니, '다 같이 온다'라고 한 것이다. 그런즉, '有'는 마땅히 '友'로 써야 맞다는 것은 본문을 살펴보면 바로 알 수 있다. 지금 학자들은, '遠方' 두 글자를 한 단어로 '먼 곳'의 뜻으로 오해하는데, 옳지 않다. 經典에서 '方來'[(멀리서) 다 같이 온다]라고 말한 것은 뜻이 모두 이와 같다(俞樾謹按: 釋文曰有或作友. 阮元校勘記, 據白虎通辟雍篇, 引此文作朋友自遠方來……今按: 說文方部, 方, 倂船也. 象兩舟省, 總頭形, 故方卽有竝義……有朋自遠力米, 猶云友朋自遠竝來, 曰友曰朋, 明非一人, 故曰竝來, 然則有之當作友, 尋繹本文, 卽可見矣. 今學者, 誤以遠方二字連文, 非是. 凡經言方來者……義皆同此.);《論語新解》어떤 사람은, '方來'를 이어 읽어, '幷來'[다 같이 온다]와 비슷한 말로, 혼자 오는 것이 아니라고 설명하는데, '遠'字에 붙여서 읽어야 맞다(或以方来连读, 如言并来, 非仅一人来. 当从上读.);《論語語法》介詞 '自'는 술어 앞에 쓰여, 동작이 시작되는 장소를 표시한다('自'用在謂語之前, 表示動作行爲起始的處所.);《百度漢語》遠方(원방): 먼 곳(远处). 方(방): 지방. 곳(地区; 地方).

35 [성]不亦樂乎(불역낙호): 또한 매우 즐거운 것 아닌가! 마음껏 다 의사를 표시한 경우에 사용한다. 사태가 이미 절정에 이르렀음을 표시하고, 겸해서 남김없이 뜻을 다 드러낸 경우에 사용한다(意谓不也

함께 공부할 학우들이 있어 먼 곳에서 찾아오니, 즐겁지 않겠느냐?

樂[38], 音洛。○朋, 同類也。自遠方來, 則近者可知。程子曰：「以善及人[39], 而信從者衆, 故可樂。」又曰：「說在心, 樂主發散[40]在外。[41][42]」

是很快乐的吗！用来表示极度, 非常, 淋漓尽致地意思。后常用以表示事态发展已达到极度, 兼有淋漓尽致之意。)；《論語義疏》친구를 불러서 이미 스스로 아주 즐거운데, 먼 데서 오니, 더욱더 또 즐거워서, '亦'이라 한 것이다(疏: 招朋已自可爲欣, 遠至, 彌復可樂, 故云亦也。)；《文言虛詞》乎(호): 반어문에 쓰인 어기사('乎'字作語氣詞, 用于反問句。)。

36 《論語正義》《中庸 제25장》에, '誠은 비단 誠 스스로 자기의 性을 온전히 구현해 낼[成己] 뿐만 아니라, 이로써 저 物의 性 또한 온전히 구현해낸다[成物]'고 했다. 이 장의 '時習'은 '成己'이고, '朋來'는 '成物'이다. 그렇지만 '成物'은 그럼에도 '成己'에서 비롯된다. 이미 자기의 공부의 성과의 희열을 체험했는데, 또 (제자들과의) 교학상장의 이익을 얻어, 인재 육성이 늘어났으니, 이것이 즐거운 까닭이다. 맹자가, 천하의 영재를 얻어 그들을 교육하는 것을 세 번째 즐거움이라 했는데[盡心上 제20장], 또한 이 뜻이다(正義曰:《禮·中篇》云: "誠者, 非自成己而已也, 所以成物也。" 此文"時習"是"成己", "朋來"是"成物"。但"成物"亦由"成己", 既已驗己之功修, 又以得教學相長之益, 人才造就之多, 所以樂也。孟子以"得天下英才而教育之"爲樂, 亦此意。)。

37 《禮記·學記》혼자 공부하고 도움받을 친구가 없으면, 고루해지고 과문해진다(獨學而無友, 則孤陋而寡聞。)。

38 樂(락): [lè] 즐거워하다. 유쾌하다(喜悦; 愉快); [yuè] 음악. 노래하다. 연주하다(音乐。唱, 用口发音乐音。奏乐); [yào] 좋아하다. 애호하다(喜好, 欣赏。)。

39 《論語大全》'以善'의 '善'은 앞절의 '人性皆善' '明善'의 '善'이다. 배운 것을 익혀서 희열을 느끼게 되면, 善은 바야흐로 나를 완성하고, 벗이 오게 되면 善은 바야흐로 남에게 미치게 되는 것이다(新安陳氏曰: 以善之善, 即上一節人性皆善, 及明善之善。習說, 則善方成己, 朋來則善方及人矣。)。

40 發散(발산): (빛·소리·냄새가) 사방으로 흩어지다(光线, 声音, 气味等向四周散开。)。

41 《論語注疏》안에 들어 있는 것이 '說', 밖으로 나와 있는 것이 '樂'이다(疏: 一曰: 在內曰說, 在外曰樂。)；《論語大全》程子는 樂을 밖에 있다고 여긴 것이 아니고, 안에 가득 쌓여있어서 밖으로 넘쳐 흘러나오는 것일 뿐이라고 여긴 것이다. 悅의 경우는 이제 막 안에 쌓인 것이 있지만, 아직 밖으로 흘러나올 정도는 아닌 것이다. 悅은 밖에서 감흥을 받아서 안으로 발산하는 것이고, 樂은 안에서 충만하여 밖으로 넘쳐흐르는 것이다(朱子曰: 程子非以樂爲在外也, 以爲積滿乎中, 而發越乎外耳。悅則方得於內, 而未能達於外也；說是感於外而發於中, 樂則充於中而溢於外。)。

42 《論語大全》이제 나의 배움의 수준이 족히 남에게 미칠 정도가 되어, 믿고 따르는 자가 또 많아지게 되면, 장차 그들 모두의 마음에 나와 똑같은 그것을 얻게 될 것이니, 내가 얻은 것이 나 혼자만의 것이 아니다. 내가 아는 것은 저도 알게 되고, 내가 할 수 있는 것은 저도 할 수 있게 되면, 나의 희열의 널리 퍼져나감은, 음이 서로 어울려 화려한 소리를 내고, 가락이 서로 어울려 화음을 이룰지라도, 어찌 그 즐거움에 족히 비교할 수 있겠는가? 이것이 배움의 중간단계이다. 또 말했다. 가까이 있는 자는 이미 왔고, 멀리 있는 자는 반드시 와서, 내가 배운 것을 배우고, 이로써 자기의 처음의 성의 회복을 추구한다. 내가 얻어서 마음에 희열을 느꼈던 것을, 저들도 장차 얻어서 희열을 느끼게 될 것이니, 저 性이란 것은 만물의 똑같은 근원임을 알 수 있다. 틀림없이 서면 저들과 같이 서고, 이루면 혼자만 이루지 않는다(朱子曰: 今吾之學, 足以及人, 而信從者又衆, 則將皆有以得其心之所同然者, 而吾之所得,

'樂'(락)은 음이 '洛'(락)이다. ○'朋'(붕)은 '같은 무리'[同類]이다. (함께 공부할 학우들이) 먼 곳에서 찾아오니, 가까운 곳에 있는 학우들은 당연히 찾아올 것임을 알 수 있다. 정자(程子·伊川)가 말했다. "선으로 남에게 미쳐서, 믿고 따르는 사람이 많아지기 때문에, 즐거울 수 있다." 또 말했다. "'說'(열)은 마음속에 머물러 간직되어 있고, '樂'(락)은 주로 몸 밖으로 드러나서 퍼져나간다."

010103、人⁴³不知⁴⁴而⁴⁵不慍⁴⁶, 不亦君子乎⁴⁷?⁴⁸」⁴⁹

不獨爲一己之私矣. 吾之所知, 彼亦知之, 吾之所能, 彼亦能之, 則其懽欣宣暢, 雖宮商相宜, 律呂諧和, 何足以方其樂哉? 此學之中也. 又曰: 近者旣至, 遠者畢來, 以學於吾之所學, 而求以復其初. 凡吾之所得而悅於心者, 彼亦將有以得而悅之, 則可以見夫性者萬物之一原. 信乎其立必俱立, 成不獨成矣.:《論語大全》"'以善及人 而信從者衆'이란, 그 선이 남에게 미치는 것을 즐거워하는 것인지요? 믿고 따르는 자가 많은 것을 즐거워하는 것인지요?" "믿고 따르는 자가 많은 것을 즐거워하는 것이다. 대체로 사사롭고 속좁은 인간은 혹 아는 것이 있으면, 남에게 말해 주려 하지 않고, 지니고서 이를 과시한다. 군자는 품은 마음이 광대하여, 자기가 얻은 것이 있으면, 남에게 주고, 자기가 할 수 있는 것은, 남에게 가르쳐주고, 남이 하지 못하면, 아주 안타깝게 여긴다. 이제 이미 믿고 따르는 자들이 멀리서 와서, 그 수가 많음이 이와 같으니, 어찌 즐겁지 않을 수 있겠는가? 믿고 따르는 사람이 많다는 것으로, 자기가 얻은 것이 있다는 것을 족히 증험할 수 있다. 그런데 자기가 이미 얻은 것이 있는데, 어찌 남이 믿고 따르게 된 뒤에야, 비로소 즐겁다고 하는가? 자기가 얻은 것이 있다는 것을 알면, 또한 남도 모두 얻기를 바란다. 그런데 믿고 따르는 자가 한둘뿐일 경우에는, 역시 내 마음이 흡족할 수는 없고, 믿고 따르는 사람이 많은 경우에는, 어찌 즐겁지 않겠는가?"(問: 以善及人, 而信從者衆, 是樂其善之可以及人乎? 是樂其信從者衆乎? 曰: 樂其信從者衆也. 大抵私小底人, 或有所見, 則不肯告人, 持以自多. 君子存心廣大, 己有所得, 足以及人, 若己能之, 以教諸人, 而人不能, 是多少可悶. 今旣信從者, 自遠而至, 其衆如是, 安得不樂? 信從者衆, 足以驗己之有得. 然己旣有得, 何待人之信從, 始爲可樂? 須知己之有得, 亦欲他人之皆得. 然信從者但一二, 亦未能愜吾之意, 至於信從者衆, 則豈不可樂?).

43 《論語語法》人(인): 부정인칭대사('人'是不定人稱代詞。).

44 《論語正義》'人不知'는 당시의 君·卿·大夫들이 나의 학문의 성취를 몰라보고 등용하지 않는 것을 말한다(正義曰: "人不知"者, 謂當時君卿大夫不知己學有成舉用之也。);《論語譯注》'人不知'의 '知' 다음에 목적어가 없는데, 사람들이 무엇을 알아주지 않는다는 것일까? 이 말을 할 당시 상황에서는 말하지 않아도 곧 알아들을 수 있었으니, 그래서 말하지 않은 것이다. 이 구절은 '君子病無能焉, 不病人之不己知也'[군자는 자기에게 능력이 없는 것을 한탄하지, 남이 자기를 알아주지 않는 것을 한탄하지 않는다][衛靈公 제18장]와 정신이 서로 통한다('人不知', 這一句, '知'下沒有賓語, 人家不知道什麼呢? 當時因爲有說話的實際環境, 不需要說出便可以了解, 所以未給說出……這一句和衛靈公篇的'君子病無能焉, 不病人之不己知也'的精神相同。); 知(지): 矢·口를 따른다. 아는 것이 민첩해서, 입에서 나오는 것이 화살처럼 빠르다. 알고 있는 것이 생각할 틈도 없이 바로 입 밖으로 나오다. 알다(从口, 矢。段玉裁 "识敏 故出于口者疾如矢也。" 意思是: 认识, 知道的事物, 可以脱口而出. 本义: 知道。).

45 《論語詞典》而(이): 앞 문장과 다른 사실을 나타내는 문장을 이어주는 전환관계를 표시한다. 그래도. 그런데. ~해도. ~는데. ~지만(表轉折, 却。).

남이 알아주지 않아도 노여운 마음을 품지 않으니, 군자답지 않겠느냐?"

46 《論語集解》凡人이 무식하다고[가르친 것을 알아듣지 못한다고], 군자는 그들에게 화내지 않는다(注: 凡人有所不知, 君子不慍之也.)[《論語集解》의 注에서 성명이 없는 것은, 모두 何晏[何平叔]이 단 注이다(凡注無姓名者, 皆是何平叔語也.)];《論語義疏》이 구절에는 두 가지 해석이 있다. ①옛날의 배우는 자는 나를 위해서 배웠으니[憲問 제25장], 스스로 선왕의 도를 배워 얻어, 간직하고 있는 아름다운 덕이 안에서 비치는데, 그런 나를 남이 알아보지 못해도, 나는 화나지 않으니, 이것이 군자의 덕이다. 德을 갖춘다는 것으로 이미 충분히 존귀한 군자인데, 그런 나를 남이 알아보지 못한 것에 대해 또한 화나지 않으니, 그래서 '亦[거듭 군자답지 않느냐]'이라 한 것이다. ②군자는 모시기 쉽고[子路 제25장], 한 사람에게 모두 다 갖추기를 요구하지 않기 때문에[微子 제10장], 남을 가르치는데, 그중에 우둔해서 나의 가르침을 잘 알아듣지 못하는 자가 있어도, 군자는 너그러이 이해하고 그 자에게 화내지 않으니, 군자된 자 역시 그러하다(疏: 此有二釋: 一言, 古之學者爲己, 己學得先王之道, 含章內映, 而他人不見知, 而我不怒, 此是君子之德也. 有德己爲所可貴, 又不怒人之不知, 故曰亦也. 又一通云, 君子易事, 不求備於一人, 故爲教誨之道, 若人有些鈍根不能知解者, 君子恕之而不慍怒之也, 爲君子者亦然也.);《論語義疏》'慍'은 '怒'이다. 군자는 忠恕하여[里仁 제15장], 남을 가르치는 일에 게으름 피지 않는데[述而 제2장], 무슨 노할 게 있겠는가? 學이라는 것은 처음단계는 時習하고, 중간단계는 전문적으로 배우고, 마지막 단계는 제자를 가르치는 것임을 밝힌 것이다(李充云: 慍, 怒也. 君子忠恕, 誨人不倦, 何怒之有乎? 明夫學者, 始於時習, 中於講肄, 終於教授者也.);《論語大全》다른 사람이 좋다·나쁘다는 평이 없이 자기를 대하면 깨닫지 못하다가도, 다른 사람에게 완전하다, 부족하다는 평을 받고 비교를 당하면 마음이 달갑지 않은데, 이것이 '慍'이다. '慍'은 특별한 분노가 아니고, 단지 조금 편치 못한 상태로, 속마음이 흔들린 것이다(朱子曰: 人待己平平, 亦不覺, 但被人做全不足比數看待, 心便不甘, 便是慍. 慍不是大故忿怒, 只心有些不平, 便是慍, 便是裏面動了.);《論語集釋》焦循[1763~1820]의 《論語補疏》에 말했다. "나는 아는 것인데 남이 몰라서 이 때문에 慍하는 것은, 矜[뽐내다]이고, 남은 아는 것인데 나는 몰라서 이로 인해 慍하는 것은, 忌[시기하다]이다. 군자는 뽐내거나 시기하지 않고, 마음이 느긋하다는 것을 알 수 있으니, 이 때문에 군자이다"(論語補疏 我所知而人不知, 因而慍之, 矜也; 人所知而我不知, 又因而慍之, 忌也. 君子不矜則不忌, 可知其心休休, 所以爲君子也.);《古今注》'慍'은 풀리지 않고 속에 쌓여 맺혀 있는 것이다(慍,心有所蘊結也.); 慍(온): '昷'(온)의 의미는 '熱'(열)이고, '心'과 '昷'이 결합해서 '속에서 열불이 나다[속이 끓다]'를 표시한다. 속이 끓다. 애가 타다. 노기를 품다. 성내다("昷"意为"热", "暖". "心"与"昷"联合起来表示"心里燥热". 本义: 心燥. 不冷静. 引申义: 含怒, 生气.);《學而 제16장》《里仁 제14장》《憲問 제32장》《衛靈公 제18장》 참조.

47 《古漢語語法》부정부사 '不'가 명사 앞에 쓰인 경우, '不'는 '不是'[~이 아니다]와 같으며, '非'와 같은 역할을 한다('不, 否定副词, '不'用在名词前, '不'常相当于'不是', '不'作用同'非'.); 논어에서 '君子'는 成德者[學而·제1장], 小人의 대칭[爲政·제14장], 才德出眾者[述而·제25장], 在上之人[泰伯·제2장], 孔子[鄉黨·제6장], 有德位之通稱[季氏·제6장] 등으로 쓰였다;《百度漢語》君子(군자): 왕·대부에 대한 통칭. 지위가 높은 사람. 인격자. 성덕자. 남편(对统治者和贵族男子的通称. 古代指地位高的人, 后来指人格高尚的人. 妻子對丈夫的稱呼.);《白虎通義·三綱六紀》君은 群이다. 아랫사람들이 마음을 귀착시키는 곳이다(君,群也.下之所歸心也.);《百度漢語》'尹'은 다스림[손으로 지팡이를 잡은 모습]을 표시하고, '口'는 명령을 내리는 것을 표시하는데, 합해서 '명령을 내려 나라를 다스린다'는 뜻이다. 왕. 최고 통치자. 상대방에 대한 존칭('尹', 表示治事; 从'口', 表示发布命令. 合起来的意思是: 发号施令, 治理国家. 本义: 君主, 国家的最高统治者; 对方的尊称.).

48 《論語集釋》阮元[1764~1849]의 《揅經室集》에 말했다. "'人不知'는 천자와 제후가 모두 공자를 알아주지 않아서, 도가 행해지지 않는 것이다[公冶長 제6장]. '不慍'은 설 자리가 없는 것을 걱정하지 않는 것이다[里仁 제14장]. 學은 공자가 하기에 달려 있고, 位는 천명에 달려 있으니, 그렇다면 세상 사람들이

慍紆問反[50]。○慍, 含怒[51]意。君子, 成德之名[52]。尹氏曰:「學在己, 知不知在人, 何慍之有[53]?」程子曰:「雖樂於及人, 不見是而無悶[54], 乃所謂君子。」

'慍'(온, yùn)은 紆(우)와 問(문)의 반절이다. ○'慍'(온)은 '노여움을 품다'[含怒]라는 뜻이

꼭히 알아주지 않는 것, 이것이 무슨 노할 것이 있겠는가? 공자께서 말씀하시기를, '쉰 살이 되니 천명을 알았다'[爲政 제4장]라고 한 것이, 이것이다. 이 장 세 개 절은 모두 공자의 일생동안 실재한 일로, 그래서 제자들이 이 책을 논찬할 때에, 이 장을 20편의 머리로 삼은 것이다. 20편의 마지막에 말하기를, '명을 모르고는, 군자가 될 도리가 없다'[堯曰 제3장]라고 했는데, 이 장과 처음과 끝이 서로 호응한다"(挐經室集: '人不知'者, 世之天子諸侯皆不知孔子, 而道不行也. '不慍'者, 不患無位也. 學在孔子, 位在天命. 天命旣無位, 則世人必不知矣, 此何慍之有乎? 孔子曰'五十而知天命'者, 此也. 此章三節皆孔子一生事實, 故弟子論撰之時, 以此冠二十篇之首也. 二十篇之終曰'不知命, 無以爲君子', 與此始終相應也.).

49 《大戴禮記 · 曾子立事》사람들이 나를 알아주는 것은 누구나 바라는 것이지만, 나를 알아주지 않으면 내가 나를 알아주면 그만이니, 군자는 종신토록 이를 지켜 힘쓰고 또 힘쓴다(人知之則願也, 人不知苟吾自知也, 君子終身守此勿勿也.);《中庸 제11장》공자께서 말씀하셨다. "군자는 중용에 의거하기에, 세상을 피해 은둔하여 남이 알아주지 않아도 후회하지 않으니, 聖者만이 그렇게 할 수 있다"(子曰: ……君子依乎中庸, 遯世不見知而不悔, 唯聖者能之.);《荀子 · 非十二子》군자는 수양이 덜 된 것을 부끄러워하지, 멸시와 모욕을 받는 것을 부끄러워하지 않고, 믿음을 주지 못하는 것을 부끄러워하지, 믿음을 받지 못하는 것을 부끄러워하지 않고, 능력이 없는 것을 부끄러워하지, 쓰임을 받지 못하는 것을 부끄러워하지 않는다(君子恥不修, 不恥見汙; 恥不信, 不恥不見信; 恥不能, 不恥不見用.).

50 反切(반절): 고대의 한자발음 표시방법의 일종으로, 反語, 反音이라고도 한다. 두 개 한자를 사용하여 한 개 한자의 독음을 단다. 두 한자 중 앞글자를 反切上字, 뒷글자를 反切下字라 한다. 떼어 받는 자의 聲母와 淸濁은 앞글자의 反切上字와 같고, 떼어 받는 자의 韻母와 聲調는 뒷글자의 反切下字와 같다. 예를 들면, 東은 德과 紅의 反切인데. 德의 성모 'ㄷ'(d)과 紅의 운모 '옹'(ōng)을 취하면 '동'(dōng)이라는 음이 구성된다. 고대의 四聲은 평성 · 상성 · 거성 · 입성에 불과했고, 현대 중국의 四聲과 약간의 차이가 있는데, 옛날과 지금의 聲母도 약간의 변화가 있다.

51 《論語集解》'慍'은 '怒'이다(注: 慍, 怒也.). 含怒(함노): 노기를 마음에 품다(心怀怒气).

52 《易經 · ䷀乾 · 文言》군자는 덕을 쌓는 것으로 행실을 삼으니, 날마다 그러한 행실을 볼 수 있다(君子以成德爲行, 日可見之行也.).

53 '何……之有' 형식은 반문을 표시하고, '有何……'의 도치형식이다. '何……'는 동사 '有'의 목적어이고, '之'는 조사로, 목적어가 전치되었다는 표지이다. 무슨~이 있겠는가?("何……之有"式表示反问, 是"有何"的倒装. "何"是动词"有"的前置宾语, "之"是助词, 宾语前置的标志. "何……之有"可译为"有什么……呢?"或"有什么……的呢?").

54 《易經 · ䷀乾 · 文言》"初九에, '용이 물속에 잠복해있는 象이니, 쓰지 말라'고 한 깃은 무슨 말입니까?" 공자가 말씀하셨다. "용의 덕을 가지고 은둔한 자이다. 세상에 따라 변치 아니하고, 이름을 이루려 하지 아니하고, 세상을 피해 은둔하여 번민이 없고, 옳다고 인정받지 못해도 울적함이 없다. 즐거우면 행하고, 걱정스러우면 떠나가서, 확고히 뿌리박혀 있어 뽑아낼 수 없는 것이 잠룡이다"(初九曰, '潛龍勿用', 何謂也? 子曰: '龍德而隱者也. 不易乎世, 不成乎名, 遯世無悶, 不見是而無悶. 樂則行之, 憂則違之, 確乎其不可拔, 潛龍也.'); 見(견): 당하다(用于动词前, 表示被动. 又即'被'.); 是(시): 찬동하다. 맞다고 인정하다(赞同. 认为正确 肯定.); 悶(민): (통하지 않고 막혀 있어) 답답하다. 울적하다(因气不通暢而引起的不快之感).

다. '君子'(군자)는 '덕을 완성한 자'[成德]의 이름이다. 윤씨(尹氏·尹彦明)가 말했다. "배우는 것은 내가 하기에 달려 있고, 나를 알아주고 알아주지 않는 것은 남이 하기에 달려 있으니, 알아주지 않는 남에게 무슨 품을만한 노여움이랄 게 있겠는가?" 정자(程子·伊川)가 말했다. "남에게 미치는 것을 즐거워할지라도, 남에게 인정받지 못해도 울적한 마음이 없어야, 비로소 공자(孔子)께서 말씀하신 君子(군자)이다."

愚[55]謂及人而樂者順而易, 不知而不慍者逆而難, 故惟成德者能之。然德之所以成, 亦由[56]學之正, 習之熟, 說之深, 而不已焉耳。[57]

내가 생각건대, 남에게 미치니까 즐거운 것은 이치대로 따르는 것이어서 쉽지만, 남이 알아주지 않더라도 노여운 마음을 품지 않는 것은 이치를 거스르는 것이어서 어렵기 때문에, 그러니 오직 덕을 완성한 군자만이 그리할 수 있다. 그렇지만 군자의 덕의 완성은, 역시 배우는 것이 올바르고, 배운 것에 대해 익힘이 푹 익고, 그로 인해 속으로 느끼는 희열이 깊어서, 배움을 그만 멈추지를 못하는 데서 싹이 틀 뿐이다."

○[58]程子曰:「樂由說而後得, 非樂不足以語君子。」[59]

---

55 愚(우): 자기를 칭하는 겸사(自称之谦词).

56 由(유): 새로운 가지가 생겨나다. 싹이 트다. 거치다. 말미암다(树木生新枝。亦泛指萌生。经, 由。).

57 《論語大全》 다른 사람이 알아주지 않아도, 태연하니 지푸라기만큼도 편치 못한 생각을 갖지 않는 것은, 성덕한 군자가 아니고서는, 그 누가 할 수 있겠는가? 이것이 배움의 마지막 단계이다(朱子曰: 人不見知, 處之泰然, 略無纖芥不平之意, 非成德之君子, 其孰能之? 此學之終也。);《論語疏證》 제1절은, 배우는 자가 스스로를 닦는 일이고, 제2절은 문(文)을 써서 벗을 사귀는 일이고, 제3절은 덕성이 확고히 닦인 사람의 모습이다(樹達按: 時習而說, 學者自修之事也; 朋來而樂, 以文會友之事也; 不知而不慍, 則爲德性堅定之人矣。).

58 《論語大全》 한 장의 마지막에 '○'을 사용하여, 여러 학자의 견해를 열거하거나, 혹은 文外의 숨은 뜻이나 아직 더 남아 있는 뜻으로 正文에서 설명한 바가 있는 경우에는 생략하지 않고 드러내 밝히거나 혹은 한 장의 대의를 통론하였다(朱子曰: 章末用圈, 而列諸家之說者, 或文外之意, 而於正文有所發明, 不容略去, 或通論一章之意。);《論語大全》 集注에서는, 대개 그 장의 본래의 뜻 외의 아직 더 남아 있는 뜻을 推說한 경우에는, 그 절에 반드시 '○'를 붙여서, 앞절과의 간격을 띄어 놓았다. 이 구절은 또 제3절 경문에 대해 아래 세 개 注 외의 아직 더 남아 있는 뜻을 드러내 밝힌 것으로, 成己의 희열을 반드시 거쳐야, 비로소 及人의 즐거움의 단계로 나아갈 수 있지만, 즐거움의 단계에 이르지 않으면, 족히 성덕군자라 말할 수 없다는 것이다(新安陳氏曰: 集註凡推說本章正意外之餘意, 必加一圈, 以間隔之。此又以三節下三句發明餘意也, 必由成己之說, 方可進於及人之樂, 然非造於樂之地步, 又不足以言成德君子也。);《朱子學提綱》 注 아래에 '○'를 표시하고, '○' 아래에 다시 注를 단 경우는, 대부분 文外의 뜻으로, 正文에서 설명이 있는 경우이거나 혹은 한 장의 뜻을 통론한 것으로 볼 수 있다. 그 가치는

○정자(程子·伊川)가 말했다. "즐거움은 내면의 희열에서 싹이 트여 그 뒤에 얻어지는 것으로, 즐겁지 아니한 자는 군자를 논하기에 부족하다."

'○' 위의 注가 孔孟의 본지임을 정식으로 천명하여 더욱 중요하게 여긴 것에 비해서 그만 못하게 여긴 것이다. 그런데 인용한 二程의 설은, 대부분 '○' 아래에 배열했는데, 이는 주자가 二程의 설을 孔孟의 本旨와 올바른 뜻을 얻었다고 보지 않은 것이다(于注下用圈, 圈下复有注, 则多认为是文外之意, 只于正文有发明, 或是通论一章意。其价值自不如圈上之注为正式阐明孔孟本旨者之更重要。而所引二程说, 亦多列在圈下, 此是朱子亦不认二程说为尽得孔孟之本旨与正义也。)(錢穆 저/이완재外 역, 『주자학의 세계』(原題: 朱子學提綱) [이문출판사, 1990], 178).

59 《論語大全》주자가 말하기를, '논어의 첫 편 첫 장은, '學而時習之……不亦君子乎'를 말했고, 마지막 편 마지막 장은, '不知命 無以爲君子'를 말했으니, 여기에는 깊은 의미가 있다'[朱子語類50: 8]고 했다. 첫 편 첫 장과 마지막 편 마지막 장이, 모두 배우는 자들에게 군자가 될 것을 간절한 마음으로 바라고 있으니, 의당 주자가 '깊은 의미가 있다'고 한 말은 참으로 맞는 말이다(新安陳氏曰: 朱子云, 論語首云學而時習之至不亦君子乎, 終云不知命, 無以爲君子, 此深有意。蓋首篇首章, 末篇末章, 皆拳拳以君子望學者, 宜乎朱子以爲深有意焉!).

[有子曰其爲人也孝弟章]

010201、有子¹曰²:「其爲人也³孝弟⁴, 而好犯上⁵者, 鮮⁶矣; 不好犯上, 而好作亂者⁷, 未之

---

1 有子(유자): 魯人. 有氏, 名 若, 字 子有[子若]. BC 518~? 공자보다 33[43]살 적은 제자:《史記·仲尼弟子列傳》공자께서 돌아가시고, 제자들이 사모하여, 유약이 공자를 닮았다 하여, 함께 스승으로 세우기로 하고, 선생님이 살아계실 때처럼 그를 스승으로 모셨다(孔子旣沒, 弟子思慕, 有若狀似孔子, 弟子相與共立爲師, 師之如夫子時也.);《孔子家語·七十二弟子解》유약은 기억력이 뛰어났고, 옛 도를 좋아했다(有若, 爲人强識, 好古道.); 學而편 제12·13장에도 有子의 글이 나온다.

2 《論語正義》阮元[1764~1849]의《論語解》에 말했다. "(공자께서 돌아가시고) 제자들이 유자의 말씀이 공자를 닮았다 여겨, 그를 스승으로 모시고자 했는데, 증자만은 억지로 그래서는 안 된다고 했고[孟子·滕文公上 제4장], 다른 제자들이 모두 따랐다. 그래서 논어 둘째 장에, 유자의 말씀을 증자의 말씀 앞에 배열한 것이다"(正義曰: 阮氏元《論語解》: "弟子以有子之言似夫子, 而欲師之, 唯曾子不可强, 其餘皆服矣. 故論語次章, 卽列有子之語在曾子之前.");《補正述疏》네 사람 모두 子라 칭했는데, 민자·염자의 문인도 논어를 기록했지만, 마지막에 논어를 완성한 자는 유자·증자의 문인이었기 때문에, 두 사람만을 學而 제1편 앞쪽에 배열했다. 유자는 子曰學而章 다음에 배열했고, 유자에 연이어서 증자를 배열하지 않은 것은, 증자를 유자 뒤에 배열하는 것을 마땅찮게 여겼기 때문에, 반드시 또 子曰巧言章을 일으키고 증자를 그 뒤에 배열하여, 유자·증자 모두 그들의 차례가 공자 뒤라는 것을 밝힌 것이다(或曰: 四子皆稱子, 閔子·冉子之門人亦記之, 而終成之者, 有子, 曾子之門人也, 以二子獨次乎學而第一篇之前列也. 有子次子曰學而章後, 不連有子而卽次曾子者, 嫌次之於有子後也, 故必又起子曰巧言章而以曾子次其後, 明乎皆次之於孔子後也.).

3 《論語義疏》'其'는 '其孝悌者'이다(疏: 其, 其孝悌者也.);《論語正義》'其'는 (말을 시작할 때 쓰는) 발성사이다(正義曰: 其, 發聲也.);《古書虛字》일반적인 사람이나 사물을 가리킨다('其', '彼'也. 泛指.);《王力漢語》'其'字는 한정어로만 쓰이고, '之'字는 목적어로만 쓰인다. 고한어에서, '其'字는 주어로 쓸 수 없다. 많은 곳에서 '其'字가 주어로 쓰인 것처럼 보이는데, 기실은 주어로 쓰인 것이 아니다('其'字只能用作定語, '之'字只能用作賓語. 在上古漢語裏, "其"字不能用作主語. 在許多地方"其"字很像主語, 其實不是的.);《論語語法》'其'는 대명사로, '其爲人'의 한정어로 쓰였다('其'是代詞, 用作'其爲人'的定語.);《百度漢語》爲人(위인): 처세. 남을 대하는 태도. 사람 됨됨이(做人处世接物);《論語句法》'爲人'은 여기에서 품덕을 표시한다('爲人', 在這裡是表示品德.);《北京虛詞》也(야): 어기사. 주어 뒤에 쓰여 어기를 완만하게 한다('也', 语气词. 用于主语后, 舒缓语气.).

4 《論語義疏》부모를 잘 모시는 것이 '孝', 형이나 웃어른을 잘 모시는 것이 '悌[弟]'이다(疏: 善事父母曰孝, 善事兄曰悌也.);《論語譯注》'孝'는 고대사회에서 인정되었던 부모를 대하는 자녀의 도리였다. '弟'는 '悌'(제)와 음과(tì)과 뜻이 같고, 형·웃어른을 대하는 아우·아랫사람의 도리이다. 봉건시대에는 '孝弟'를 그 사회의 제도나 질서를 유지시키는 일종의 기본적인 도덕 역량으로 간주했다(孝, 奴隶社会时期所认为的子女对待父母的正确态度; 弟, 音读和意义跟'悌'相同, 音替(tì), 弟弟对待兄长的正确态度. 封建时代也把'孝弟'作为维持它那时候的社会制度, 社会秩序的一种基本道德力量.);《王力漢語》弟(제): 나이 어린 사람으로서의 도리를 다하다. 아우로서 형에 대한 공경과 사랑. 뒤에 와서는 '悌'로 쓰였다(盡弟道. 弟對兄的敬愛. 後來寫作'悌'.);《子路 제20장》참조.

5 《論語正義》皇侃의 疏에 '好는 마음속으로 바라는 것을 말한다'고 했고,《爾雅·釋詁》에 '犯은 勝[이기다]이다'라고 했다["남에게 지기 싫어하는 자"](正義曰: "好犯上"者,《皇疏》云: "好, 謂心欲也."《爾雅、釋詁》:

有也^{8, 9}。

유자(有子)가 말했다. "그의 사람 됨됨이가 어버이께 효도하고 형에게 공순(恭順)한데, 윗사람을 거스르기를 좋아하는 자는 드물고, 윗사람을 거스르기를 좋아하지 않는데, (윗사람에게) 난을 일으키기를 좋아한 자는 아직까지 없었다.

弟¹⁰, 好¹¹, 皆去聲¹²。鮮¹³, 上聲¹⁴, 下同。○有子, 孔子弟子, 名若。善事父母爲¹⁵孝, 善事兄長爲弟¹⁶。犯上, 謂¹⁷干犯¹⁸在上之人。鮮, 少也。作亂, 則¹⁹爲悖逆爭鬪之事矣²⁰。此言人

"犯, 勝也。");《論語義疏》'犯'은 간쟁을 말한다. 임금이나 어버이의 싫어하는 표정을 무릅쓰고 간쟁하다(疏: 犯謂諫爭也。犯其君親之顏諫爭。);《論語詞典》犯(범): 윗사람에 대해 저촉되거나 위반되는 것이 있다. 무례를 범하다(對上級的人有所抵觸, 有所違反。).

6 鮮(선): 적다. 드물다. 많지 않다(非常少, 很不多。).

7 [성]犯上作亂(범상작란): 윗사람을 거스르고 윗사람에게 반역을 꾀하다. 반항. 봉기(犯: 干犯。违抗尊长君上, 为悖逆或叛乱之行。封建统治者指人民的反抗, 起义。); 犯上(범상): 윗사람에게 무례를 범하다. 윗사람을 거스르다(冒犯或违抗尊长。); 作(작): 발생하다. 시작하다. 일으키다(产生, 兴起);《王力字典》亂(란): 다스려지지 않다. 반란. 반역하다(不治, 不太平。與'治'相對。引申爲叛亂, 造反。);《論語詞典》者(자): '~것'·'~사람'·'~일'('者', 相當現代漢語的"的""的人""的事"的……).

8 《古書虛字》'未'는 '無[없다]이다. '之'는 어떤 경우에는 도치되어 쓰이는 경우가 있다. '也'는 종결·助句어사이다. 단정을 표시한다('未', '無'也。'之', 或有於句中倒用者。即'未有之也'。'也', 語已及助句之詞也。爲決定詞。);《古漢語語法》'未之有也'는 '未有之也'의 도치 형식이다. 고대 부정문의 구성 방식에서, 목적어가 지시대명사인 경우, 이 지시대명사의 목적어는 일반적으로 동사 앞에 놓는다('未之有也', '未有之也'的倒裝形式。古代句法有一条这样的规律: 否定句, 宾语若是指代词, 这指代词的宾语一般放在动词前。);《論孟虛字》未有(미유): 절대 없다. 여태껏 있어 본 적이 없다('未有'爲'絕無'之詞。是從來不曾有過的意思。).

9 《古今注》춘추시기에 난을 일으키는 자가 많았는데, 당시 임금들이 이를 근심하면서도 처방을 알지 못했기 때문에, 유자가 이 말을 한 것이다(春秋之時, 作亂者多, 時君憂之, 而不知所以救藥之術, 故有子爲此言。).

10 弟(제): [tì] 형·웃어른을 공경하여 잘 섬기다. 형제간에 우애하다. =悌(儒家称敬顺兄长, 友爱兄弟的伦理道德为「弟」。同「悌」。); [dì] 동생(称同胞男子先生者为「兄」, 后生者为「弟」。).

11 好(호): [hào] 사랑하다. 좋아하다(爱, 喜爱。); [hǎo] 예쁘다. 착하다. 이상적이다. 사이가 좋다(美, 善, 理想的。友爱的。).

12 去聲(거성): 고대 중국어의 성조인 平聲·上聲·去聲·入聲 중의 하나.

13 鮮(선): [xiǎn] 적다. 드물다(少。罕。); [xiān] 고기. 활어. 선어. 선명하다(鱼, 活鱼。鮮明。).

14 平聲은 현대 중국어에서 陰平과 陽平으로 분리되어, 陰平은 현대 중국어의 제1성(ā), 陽平은 현대 중국어의 제2성(á)에 해당하고, 上聲은 현대 중국어에서 제3성(ǎ)에 해당하고, 去聲은 현대 중국어의 제4성(à)에 해당하고, 入聲은 현대 중국어에는 없는데, 짧고 촉급한 소리를 낸다.

15 《王力漢語》爲(위): 경서주해에 사용하는 용어로, 풀이 받는 단어는 언제나 '爲'의 뒤에 놓이며, '~이다, ~라고 불리다'로 풀이한다(經書註解述語中的一, 被釋的詞總是放在'爲'的後面, 略等於現代漢語的'叫做'。).

16 《爾雅·釋訓》어버이를 잘 모시는 것이 孝이고, 형이나 어른을 잘 모시는 것이 弟이다(善父母爲孝,

能孝弟, 則其心和順, 少好犯上, 必不好作亂也。

'弟'(제)와 '好'(호)는 모두 거성[dì; hào]이다. '鮮'(선)은 상성[xiǎn]으로, 뒷절에서도 이와 같다. ○'有子'(유자)는 공자(孔子)의 제자로 이름이 若(약)이다. 어버이를 잘 모시는 것이 '孝'(효)이고, 형이나 웃어른을 잘 모시는 것이 '弟'(제)이다. '犯上'(범상)은 '윗사람을 거스른다'라는 뜻이다. '鮮'(선)은 '드물다'[少]이다. '作亂'(작란)은 곧 사람 된 도리에 어긋나고 거스르고 다투고 싸우는 일이다. 이 구절의 말씀인즉, '사람이 효제(孝弟)할 수 있으면, 그 마음이 따스하고 공순(恭順)해서, 윗사람을 거스르기를 좋아하는 자가 드물고, (윗사람에게) 난을 일으키기를 결코 좋아하지 않는다'는 것이다.

010202、君子務本[21], 本立而[22]道生[23, 24]。孝弟也者[25], 其[26]爲仁[27]之本與![28, 29]」

善兄弟爲友。): 爾雅(이아): 중국의 가장 오래된 단어 풀이 전문서적. '爾雅'란 '가까이서 바른 뜻을 취한다'(近而取正)는 뜻으로, '고금의 다른 말을 풀이하고 지방마다 다른 말을 소통시켜 바른말에 접근하기 위해' 편찬한 것으로, 《大戴禮記 · 小辨》에 공자가 '爾雅를 가지고 옛말을 살펴보면, 족히 말을 분별할 수 있다'(爾雅以觀於古, 足以辨言矣。)고 했는데, 周公이 지어 成王을 가르쳤다는 설이 있다. 총 19편으로 앞 3편(釋詁 · 釋言 · 釋訓)은 일반적인 詞語를 풀이했고, 뒤 16편(釋親 · 釋宮 · 釋器 · 釋樂 · 釋天 · 釋地 · 釋丘 · 釋山 · 釋水 · 釋草 · 釋木 · 釋蟲 · 釋魚 · 釋鳥 · 釋獸 · 釋畜)은 각종 사물의 명칭을 풀이했다. 郭璞[276~324]의 《爾雅注 · 序》에, '진실로 九家流(儒 · 道 · 陰陽 · 法 · 名 · 墨 · 縱橫 · 雜 · 農家)로 건너가는 나루터이고, 六經(詩 · 書 · 禮 · 樂 · 易 · 春秋)의 빗장을 푸는 열쇠이고, 광학 박람하는 자의 심오한 곳이고, 글을 짓는 자의 화려한 꽃밭이다'(誠九流之津涉, 六藝之鈐鍵, 學覽者之潭奧, 摛翰者之華苑也。)라고 했다.

17 《王力漢語》謂(위): 경서주해에 사용하는 용어. 풀이 받는 단어는 모두 '謂'의 앞에 놓는다. '謂'는 구체적인 모습으로 추상적인 의미를 가진 글자를 풀이하거나, 일반적인 상황으로 특수한 상황을 풀이할 경우에 자주 쓴다('謂', 經書註解述語中的一, 被釋的詞則都是放在'謂'的前面。'謂'這個述語, 往往是在以具體釋抽象, 或以一般釋特殊的情況下, 才用上它。).

18 干犯(간범): 무례한 짓을 하다. 거스르다. 교란하다(冒犯: 触犯: 干扰。).

19 《北京虛詞》則(즉): 접속사. 이어져 있는 뒷부분이 앞부분에 대한 해석임을 표시한다('則', 连词。所连接的后一部分是对前一部分的解释。又即'就是'、'有'。).

20 《禮記 · 祭義》예가 추구하는 것은 보본반시 · 귀신의 섬김 · 자원의 화목한 이용 · 인륜의 도리 · 겸양이다. 보본반시는 자기가 나온 뿌리를 두텁게 하는 것이고, 귀신의 섬김은 위를 받드는 것이고, 자원의 화목한 이용은 백성의 기강을 세우는 것이고, 인륜의 도리는 상하 간에 패역하지 않는 것이고, 겸양은 다툼을 없애는 것으로, 이 다섯 가지를 합쳐서, 천하를 다스리는 예로 쓰면, 사악이 있더라도 다스려지지 못하는 부분이 미미할 것이다(天下之禮, 致反始也, 致鬼神也, 致和用也, 致義也, 致讓也。致反始, 以厚其本也; 致鬼神, 以尊上也; 致物用, 以立民紀也。致義, 則上下不悖逆矣。致讓, 以去爭也。合此五者, 以治天下之禮也, 雖有奇邪, 而不治者則微矣。): 悖逆(패역): 인륜의 도리를 따르지 않고 어그러지고 거스르다. 거역하다(违逆: 忤逆): 爭鬪(쟁투): 다투고 빼앗다(争夺: 斗殴).

21 《論語集解》'本'은 '基'[토대. 기초]이다(注: 本, 基也。); 《論語義疏》'本'은 '孝悌'를 말한다(疏: 本, 謂孝悌也。); 務(무): 어떤 일에 진력을 다하다. 종사하다(表示要致力于某事. 本义: 致力, 从事。); 本(본): 하변의 '一'은 나무뿌리의 소재를 가리킨다. 초목의 뿌리. 뿌리에 의지해 서 있는 줄기. 사물의 근본 토대. 주체(下面的一横是加上的符号, 指明树根之所在. 本义: 草木的根或靠根的茎干. 事物的根基或主体。).

22 《論語詞典》而(이): 두 일의 발생이 서로 연결되어 있음을 표시한다. ~하면. ~하자마자. 곧(表兩事的相關連, 則, 就。); 《助字辨略》위에서 이어받아 아래로 넘겨주는 어조사('而', 承上轉下, 語助之辭'); 《北京虛詞》접속사. 그런 까닭에. 따라서 ~면. 곧. ~하고서야. 이어지는 전후 두 항이 事理상 서로 이어지는 관계에 있음을 표시한다('而', 连词. 连接的前后两项在事理上有相承关系. 又即'因而'、'便'。).

23 《論語正義》道는 사람이 따라가는 길이다. 사물의 이치로, 모두 사람이 따라가는 것이기 때문에, '道'라 한 것이다. 《說苑·建本篇》에 '孔子曰: 君子務本, 本立而道生.'으로 되어 있고, 阮元[1764~1849]의 《論語論仁論》에는 '本立而道生은 옛날의 逸詩로 생각된다'고 했다. 내 생각에, '務本' 두 글자는 옛날 成語인데, 有子가 이를 인용한 것이다. 《說苑》 및 《後漢書·延篤傳》에는 모두 공자가 한 말로 되어 있다(正義曰: 道者, 人所由行之路. 事物之理, 皆人所由行, 故亦曰"道"……《說苑·建本篇》: "孔子曰: 君子務本, 本立而道生。" ……阮氏元《論仁篇》: 以"本立而道生"爲古逸詩. 愚謂"務本"二句爲古成語, 有子引之.《說苑》及後漢《延篤傳》皆作孔子語者。); 《論語新解》이른바 '道'는 人道로, 그 도의 근본은 마음속에 있다. 人道는 반드시 사람의 마음에 근본을 두는데, 孝弟의 마음이 있으면, 비로소 孝弟의 도가 생기게 되고, 仁의 마음이 있으면, 비로소 仁의 도가 생기게 된다(所谓道, 即人道, 其本则在心. 人道必本于人心, 如有孝弟之心, 始可有孝弟之道. 有仁心, 始可有仁道。); 《論語今讀》"사람의 도리도 바로 생겨 나온다"("人道也就生发出来。").

24 [성]本立道生(본립도생): 근본이 서면 길은 자연히 생긴다. 근본이 확립되고 나면, 치국과 처신의 원칙이 생긴다(根本建立了, 治国做人的原则就有了。); 《百度百科》'本立道生'의 표면적인 뜻은, '근본이 세워졌으면, 도는 바로 생겨난다'이다. '本'은 근본을 가리키고, '道'는 치국과 처신의 원칙이다. 學而 편에서 말하는 '道'는, 공자가 제창한 仁道, 즉 仁을 핵심으로 삼는 도덕 사상체계 및 생활 가운데서 仁의 체현을 가리킨다. 이에 따라, '本立道生'의 뜻은, '근본이 확립되고 나면, 치국과 처신의 원칙이 생긴다'이다(本立道生, 字面意思是'本建立了, 道就有了.'本指根本, 道是治国做人的原则……《学而》里的道指孔子提倡的仁道, 即以仁为核心的道德思想体系及其在生活中的体现. 因此, 本立道生的意思是'根本建立了, 治国做人的原则就有了。').

25 《助字辨略》'也者'는 잠시 멈췄다가 어기를 바꾸는 말이다(也者, 語之頓挫之辭。); 《論語句法》'也者' 두 글자는 모두 어기사로, 어기사를 한 글자만 쓸 경우, 어기가 촉급하게 되는 것을 꺼려 해서, 한 글자를 더 붙인 것이다('也者'二字, 都是語氣詞. 用一個語氣詞, 還嫌語氣太短促, 所以再加上一個語氣詞。); 《論孟虛字》잠시 멈춤과 말의 제시를 겸하는 이중 어기사로, 어기를 강화해주는 역할을 한다('也'和'者'連用, 構成'也者'複式的停頓而提示的語氣詞, 可使語氣加重。); 也者(야자): ~이라 함은. ~이란. 주어 뒤에 쓰여 제시를 나타낸다(语气助词. 表提示。).

26 《論語句法》'其'는 지금의 '恐怕[아마~일 것이다]와 같다('其'字和白話'恐怕'相當。); 《北京虛詞》其(기): 어기사. 아마도. 술어 앞에 쓰여 상황에 대한 추측을 나타낸다. 문장 끝에 어기조사 '乎'·'與' 등이 호응한다('其', 副词. 用于谓语前, 表示对情况的推测. 又即'恐怕'、'大概'。).

27 《集注考證》'爲仁'의 '爲'字는 강세를 주어 읽는다. 주자는 사람들이 '爲仁'이 '行仁'의 뜻임을 알지 못하고, 거꾸로 性情體用으로 볼까 염려해서, 권외로 '○'을 사용해 정자의 주장을 수록해서 지나치게 자세히 설명한 것이다(爲仁: 爲字重讀. 朱子恐人不曉爲仁是行仁之義, 而倒看性情體用, 故圈外收程子辨論之說過詳。); 《論語平議》'爲'字는 술어[謂語]이다. 阮元[1764~1849]의 《十三經注疏校勘記》에는, '足利本에는 爲字가 없는데, 아마도 실제적인 의미가 없기 때문에, 생략했을 것이다'라고 했다. '其爲仁之本與'는

군자는 오로지 근본에 힘쓰니, 근본이 확립되고 나면 도는 생겨난다. 효제(孝弟)

'其仁之本與'[아마도 인의 근본일 것이다]라고 말한 것과 같다. 《子路 제12장》에서 '만일 천명을 받은 王者가 있다면, 반드시 한 세대가 지난 후면 (천하 사람들이) 仁하게 될 것이다'라고 했는데, 《子路 제12장》에서 말한 '仁'이 바로 이 장의 '仁'과 같다. 그 사람됨이 어버이게 효도하고 형에게 공순하다면, 자연히 윗사람을 거스르고 난을 일으키는 지경에 이르지 않을 것이기 때문에, (효제가) 仁의 근본이라 여긴 것이다. 《禮記·經解》에 '윗사람과 아랫사람이 서로 가까운 것을 仁이라 한다'라고 했는데, 바로 이 장의 仁의 뜻이다. 有子의 말은, 본래 평범하고 실질적이었는데, 후세 사람들이 仁을 평범한 일이라 생각하기를 꺼리다 보니, 쓸데없이 心性을 논하게 되었고, 이에 비로소 말들이 많아졌다(爲字乃語詞。阮氏校勘記曰: 足利本無爲字, 蓋語詞無實義, 故省之也。其爲仁之本與, 猶云其仁之本與。子路篇曰: 如有王者, 必世而後仁, 此所謂仁正與彼同……其爲人也孝弟, 則自不至於犯上而作亂, 故以爲仁之本。禮記經解篇曰: 上下相親謂之仁, 即此仁字之義也…… 有子之言, 本自平質, 後人恥事功, 而虛談心性, 於是其說始多矣。);《論語集釋》王恕[1416~1508]의 《石渠意見》에 말했다. "'仁'의 '仁'은 '人'으로 써야 맞다. 앞 구절 '其爲人也孝弟'를 받아서 말한 것이다. 孝弟는 곧 사람 됨됨이의 근본이다." 焦竑[1540~1620]의 《焦氏笔乘》에 말했다. "何比部가 내게 말하기를, '대개 옛날에 人은 ⺈으로 썼는데, 전서체를 예서체로 바꾸면서, 결국에는 이같이 ⺈이 仁으로 와전된 것이다. 井有仁焉[雍也 제30장]의 '仁' 역시 '人字이다'라고 했다"(王恕石渠意見: '爲仁'之'仁'當作'人', 蓋承上文'其爲人也孝弟'而言。孝弟乃是爲人之本。焦氏筆乘: 何比部語予: ……蓋古'人'作⺈因改篆爲隸, 遂譌傳如此。如'井有仁焉'亦是'人'字也。);《論語正義》'爲仁'은 '行仁'이라는 말과 같다. 이른바 利仁[유익해서 인을 행하다], 強仁[마지못해서 인을 행하다][禮記·表記]이다("爲仁"猶言行仁, 所謂利仁, 強仁者也。);《論語句法》'爲'는 연결동사이다["아마도 효제는 인의 근본일 것이다"]('爲'是繫詞。);《論語新解》어떤 책에는 '爲'字가 없다. 或說에 '爲仁'을 붙여 읽어, '行仁'으로 풀이하는데, 따르지 않는다["孝弟는 응당 仁道의 근본이겠지?"](或本无为字。或说以为仁连读, 训为行仁, 今不从。: "孝弟该是仁道的根本吧?").

28 《論語集解》먼저 부형에게 효제하고, 그 후에 仁道가 완성될 수 있다(注: 苞氏曰: 先能事父兄, 然後仁道可成也。);《論語義疏》'孝悌也者 其爲仁之本與'는, '孝悌'로 '本'을 풀이하고, '仁'으로 '道'를 풀이한 것으로, 孝가 '仁之本'이고, 孝로 本을 삼으면 仁이 이에 생긴다는 말이다. 仁은 五德의 처음이고, 仁을 들면 나머지 덕은 당연히 따라온다. 그래서 《孝經·開宗明義》에 '孝는 덕의 근본이고, 교육이 처음 생겨난 곳이다'라고 했다(疏: 此更以孝悌解本, 以仁釋道也, 言孝是仁之本, 若以孝爲本則仁乃生也。仁是五德之初, 舉仁則餘從可知也。故孝經云: 夫孝, 德之本也, 教之所由生也。);《論語義疏》저절로 가까이하게 되고 사랑하게 되는 것이 '孝'이고, 부모에 대한 사랑을 확장시켜서 다른 사람에게까지 미치는 것이 '仁'이다(疏: 王弼曰: 自然親愛爲孝, 推愛及物爲仁也。);《論語注疏》禮는 겸양을 숭상해서, 감히 단정적으로 딱 잘라 말하지 않기 때문에, '……與'라 한 것이다(疏: 正義曰: 禮尚謙退, 不敢質言, 故云'與'也。);《詞詮》與(여): 감탄을 표시하는 어말조사. ='歟'('與', 語末助詞。表感歎, 惑作歟。).

29 《孟子·離婁上 제27장》맹자가 말했다. "仁의 실질은 어버이를 섬기는 것이 바로 이것이고, 義의 실질은 형에게 순종하는 것이 바로 이것이다. 智의 실질은 이 두 가지[孝弟]를 분명히 알고 떠나지 않는 것이 바로 이것이고, 禮의 실질은 이 두 가지를 조리에 맞도록 한 것이 바로 이것이다. 樂의 실질은 이 두 가지를 즐거워하는 것으로, 즐거워하면 이 두 가지가 저절로 마음에서 우러나온다. 마음에서 우러나오는데 어찌 그만둘 수 있겠느냐? 어찌해도 그만둘 수 없게 되면 무심결에 발이 땅을 구르고 손이 춤을 추게 될 것이다(孟子曰: "仁之實, 事親是也; 義之實, 從兄是也。智之實, 知斯二者弗去是也; 禮之實, 節文斯二者是也; 樂之實, 樂斯二者, 樂則生矣; 生則惡可已也, 惡可已, 則不知足之蹈之、手之舞之。");《孟子·盡心上 제15장》맹자가 말했다. "사람이 배우지 않고도 할 수 있는 것 그것이 良能이다. 생각지 않고도 알 수 있는 것 그것이 良知이다. 손잡고 다닐만한 어린아이도, 자기 어버이를 사랑할 줄 모를 리 없고, 그가 커서는, 그 형을 공경할 줄 모를 리 없다. 어버이를 사랑하는 것이 인이고, 어른을 공경하는 것이

라는 것은 아마도 남에게 인(仁)을 행하게 되는 근본일 것이다.”

與,[30] 平聲。○務, 專力[31]也。本, 猶[32]根也。仁者, 愛之理[33], 心之德[34]也。爲仁, 猶曰行仁。

의이다. 이것 외에 다른 것은 온 천하에 두루 통하는 게 없다"(孟子曰: “人之所不學而能者, 其良能也; 所不慮而知者, 其良知也。孩提之童, 無不知愛其親者; 及其長也, 無不知敬其兄也。親親, 仁也; 敬長, 義也。無他, 達之天下也。”);《禮記‧祭義》백성의 근본 교육을 孝라 하고, 효를 행하는 것을 養이라 한다(曾子曰: 民之本教曰孝, 其行之曰養。);《孝經‧開宗明義》효는 덕의 근본이고, 교육이 처음 생겨난 곳이다(子曰: 夫孝, 德之本也, 教之所由生也。);《孝經‧聖治》자기 부모를 사랑하지 않으면서 다른 사람을 사랑하는 자, 그런 자를 패덕자라 한다(不愛其親而愛他人者, 謂之悖德。);《管子‧戒》孝弟는 仁의 근본이고, 忠信은 교제의 기반이다. 안에서는 孝弟를 돌보지 않고, 밖에서는 忠信을 바르게 하지 않고, 이 네 개의 벼리를 버려두고 글만 외우는 자는, 자기 몸가짐을 잃는 자이다(孝弟者, 仁之祖也。忠信者, 交之慶也。內不考孝弟, 外不正忠信, 澤其四經而誦學者, 是亡其身者也。).

30 與(여): [yú] 문장 끝에 쓰여, 감탄‧의문‧반문의 어기를 표시한다. =歟(置于句末, 表示感叹、疑问、反诘的语气。同「歟」。); [yǔ] 찬성하다. 인정하다. 주다. ~와(함께하다)(赞成, 允许。给予。和, 同, 跟。); [yù] 참가하다. 참여하다. 간여하다(参加。参与。干涉, 干预。).

31 專力(전력): 역량이나 정신을 어떤 일에 집중하다(把力量或精神集中于某事).

32《王力漢語》猶(유): 경서주해에 사용하는 용어. 이 용어를 사용한 경우에는, 풀이하는 글자와 풀이 받는 글자 사이에는 같은 뜻이거나 비슷한 뜻인 관계가 있다(經書註解述語中的一, 使用這個述語時, 釋者與被釋者往往就是同義或近義的關係。).

33 理(리): 물질조직의 무늬. 결. 바탕(物质组织的条纹; 纹理);《韓非子‧解老》理는 사물을 이루고 있는 무늿결이다(理者, 成物之文也。); 道와 理는 어떻게 관련되어 있는가. 주희는 이렇게 말한다. “道는 總稱이며 理는 細目이다. 道는 길을 의미한다. 모든 사람이 걸어가는 길이며, 영원히 그것을 걸어가는 인간에게 어디로 가는가를 가르쳐주는 것이다. 理는 條理, 節次를 의미한다. 道를 길이라 한다면, 理는 그것이 자아내는 文理, 文樣이며, 나무의 결(木理) 같은 것, 하나하나의 길은 각각 條, 條理를 가지고 있으므로, 그것을 理라 부르는 것이다. 道라는 개념이 포괄적으로 넓은 데 비해서, 理라는 개념은 정밀한데, 道라는 개념 속에 포함되는 많은 理脈, 조리가 理인 것이다(道是統名, 理是細目; 道訓路, 大槪說人所共由之路 …… 如'道路'之'道', 坦然使千億萬年行之, 人知其歸者也; 理是有條瓣逐一路子。以各有條, 謂之理; 人所共由, 謂之道。問: “道與理如何分?” 曰: “道便是路, 理是那文理。” 問: “如木理相似?” 曰: “是。” 問: “如此卻似一般?” 曰: “'道'字包得大, 理是'道'字裏面許多理脈。” 又曰: “'道'字宏大, '理'字精密。”)[朱子語類6: 2~5]. …… 길이 하나하나의 條理, 코스를 갖는 점을 포착하여 그것을 理라 부른다. 理란 하나하나의 길이 갖는 조리, 도의 이치이며, 또 다양한 길이 평행하거나 혹은 교차하면서 자아내는 문양, 무늬인 것이다. 주희는 곁에 있던 대바구니(竹籃)를 예로 理를 설명한 적이 있다[朱子語類6: 12]. 理에는 條理가 있다. 대나무살대 하나는 이리로 뻗어 있고, 다른 하나는 저리로 뻗어 있다. 가로도 일종의 理, 세로도 일종의 理여서, 많은 理를 갖추고 있다고 한다. 여기서 理를 패턴(pattern)이라는 개념으로 바꾸어 놓을 수 있다는 점은 분명할 것이다. 세로로 뻗어 있는 한 줄도 일종의 패턴을 이루고 있으며, 가로로 뻗어 있는 한 줄도 다른 하나의 패턴을 이루고 있다. 그것들이 다양하게 조합되고, 짜여서 거기에 대바구니라는 사물 혹은 조직의 전체적인 패턴이 생기게 된다. …… 세계는 하나의 유기체, 하나의 조직이다. 그것은 내재력 내지 생명력을 갖춘 氣가 그 저절로 있는 작용에 의해서 끊임없이 다양한 패턴을 자아내는, 커다란 織物인 것이다. …… 인간사회도 역시 하나의 유기체, 하나의 조직이며, 역시 理의 '그물의 코'(細目)에 의해 뒤덮여 있다. 인간사회의 조직 원리인 理는 우주에 뻗어 있는 理의 가장 온전한 발현

형태이며, 이미 인간들의 마음속에 性으로서 갖추어져 있다. 인간은 性에 근거하여 사회를 조직한다. 性이란 무엇인가. 주희는 그것을 가치이념, 즉 仁義禮智라 한다(야마다 케이지 著/김석근 역, 『朱子의 自然學』[통나무, 1992], 384); 理는 자연적 존재의 패턴이며, 바로 그것이야말로 자연적 존재를 인간에게 의미 있게 해주는 것이므로, 인간학의 영역에 들어오게 되면 理는 단순한 의미를 넘어서 가치 그 자체를 나타내는 개념이 된다. 이 가치개념으로서의 理를 핵으로 하여 주희의 인간학은 구성된다. 이때 자연적 존재의 패턴은 인간적 존재의 있어야 할 패턴, 바꾸어 말하자면 도덕적 규범의 보편타당성의 근거, 그 자연주의적 기초를 제공하게 된다(위 책 32, 金容沃의 글).

34 《孟子·告子上 제11장》[朱熹注] 仁은 마음의 본유한 덕으로, 정자가 말한, '마음을 곡식의 씨앗으로 비유하자면, 仁은 곡식의 씨앗의 생장·발육하는 본성이다'라고 했는데, 바로 이것이다(朱熹注: 仁者, 心之德, 程子所謂心如穀種, 仁則其生之性, 是也.); 《朱子全書(第22冊)·晦庵先生朱文公文集(卷50)·答周舜弼》이른바 '心之德'이라는 것은, 바로 정이천 선생이 말한 '穀種[곡식의 씨앗]'입니다. 이른바 '愛之理'라는 것은, 바로 이른바 仁은 아직 밖으로 드러나지 않은 愛이고, 愛는 이미 밖으로 드러난 仁일 뿐입니다(須知所謂心之德者, 即程先生穀種之說. 所謂愛之理者, 則正所謂仁是未發之愛, 愛是已發之仁耳.)(李紱 저/조남호 外 역, 『주희의 후기철학』[소명출판, 2009], 286); 《仁說》천지는 만물을 낳는 것으로써 마음을 삼고, 사람과 만물이 태어나면, 사람과 만물은 또한 각기 천지의 그 마음을 얻어서 이로써 마음을 삼는다. 그래서 마음의 덕에 대해 말하기를, (四德을) 통섭주재하고 융회관통하며, 갖춰져 있지 않은 게 없다고 하지만, 이를 한마디로 개괄하면, 仁이라고 말하면 그만이다. 이를 상세히 살펴보자. 대개 천지의 마음에는, 그 안에 갖춰진 덕이 네 가지가 있고, 네 가지 덕을 元·亨·利·貞이라 하는데, 元의 덕 안에는 통섭하지 않는 덕이 없고, 元의 덕이 운행하면, 봄·여름·가을·겨울의 순서로 되고, 봄의 만물을 낳는 기운은 봄·여름·가을·겨울 어느 계절에든 관통하지 않는 곳이 없다. 그러므로 사람이 마음으로 삼는 그 덕에도 역시 네 가지가 있고, 네 가지 덕을 仁·義·禮·智라 하고, 仁의 덕 안에는 포괄하지 않는 덕이 없고, 仁의 덕이 피어나게 되면, 愛·恭·宜·別의 감정이 되고, 惻隱之心은 愛·恭·宜·別 어느 감정에든 관통하지 않는 곳이 없다. 그러므로 천지의 마음을 논하는 경우에는, 乾元과 坤元을 말하면, 元·亨·利·貞 네 가지 덕의 體와 用이 일일이 다 열거 설명되지 않아도 다 채워져 있게 되고, 사람의 마음의 오묘함을 논하는 경우에는, '仁이 곧 사람의 마음이다'라고 말하면, 仁·義·禮·智 네 가지 덕의 體와 用이 일일이 다 열거되지 않아도 모두 지니고 있게 된다(天地以生物爲心者也, 而人物之生, 又各得夫天地之心以爲心者也. 故語心之德, 雖其總攝貫通無所不備, 然一言以蔽之, 則曰仁而已矣. 請試詳之. 蓋天地之心, 其德有四, 曰元亨利貞, 而元無不統. 其運行焉, 則爲春夏秋冬之序, 而春生之氣無所不通. 故人之爲心, 其德亦有四, 曰仁義禮智, 而仁無不包. 其發用焉, 則爲愛恭宜別之情, 而惻隱之心無所不貫. 故論天地之心者, 則曰乾元, 坤元, 則四德之體用不待悉數而足. 論人心之妙者, 則曰 '仁, 人心也', 則四德之體用亦不待遍舉而該.). 대개 仁이라는 도의 됨됨이는, 바로 천지간의 만물을 낳는 마음으로, 만물마다 존재하고 있어, 정이 아직 피어나지 않았을 때도 이 도의 몸체는 이미 갖춰져 있고, 정이 피어나고 나서는 이 도의 쓰임은 막히는 곳이 없어서, 진실로 仁의 도를 체득해서 보존하고 있으면, 모든 선한 마음의 원천·모든 행실의 근본이, 무엇 하나 여기에 들어 있지 아니한 게 없다. 이것이 孔門의 가르침이 반드시 학자들로 하여금 仁을 추구하는 데 골몰하게 한 까닭이었다. 이 仁의 마음은 어떤 마음인가? 천지에 있어서는 가득하게 만물을 낳는 마음이고, 사람에게 있어서는 따뜻하게 사람을 사랑하고 만물을 이롭게 해주는 마음으로, 四德을 다 포함하고 있고 四端을 다 꿰고 있다(蓋仁之爲道, 乃天地生物之心, 即物而在, 情之未發而此體已具, 情之既發而其用不窮, 誠能體而存之, 則衆善之源, 百行之本, 莫不在是. 此孔門之敎所以必使學者汲汲於求仁也…… 此心何心也? 在天地則块然生物之心, 在人則溫然愛人利物之心, 包四德而貫四端者也……)[朱子全書(第23冊)·晦庵先生朱文公文集(卷67)]; 《論語大全》'仁者 愛之理'의 '仁'은, 네 가지 心德인 仁·義·禮·智 중, 仁에 관해서만 말한 것이니 한 가지 일이다. '心之德'은 네 가지 心德인 仁·義

與者, 疑辭, 謙退³⁵不敢質言³⁶也。言君子凡事專用力於根本, 根本旣立, 則其³⁷道自生³⁸。若上文所謂孝弟, 乃是爲仁之本, 學者務此, 則仁道自此而³⁹生也。⁴⁰

'與'(여)는 평성[yú]이다. ○'務'(무)는 '오로지 한 가지 일에 온 힘을 쏟다'[專力]이다. '本'(본)은 '뿌리'[根]와 같다. '仁'(인)이라는 것은, 사랑의 정이 발로되는 원천[사랑의 정이 발현되는 바인 理]이고, 마음의 본유(本有)한 덕이다. '爲仁'(위인)은 (남에게) '인을 행한다'[남을 사랑한다][行仁]고 말하는 것과 같다. '與'(여)라는 것은 의문어기사로, 겸손히 뒤로 물러서서 감히 단정적으로 딱 잘라 말하지 않는 것이다. 말인즉, '군자는 모든

·禮·智를 포괄해서 말한 것으로 仁·義·禮·智를 합한 것이다. 그러므로 하나로 합해서 말하면, 仁·義·禮·智 넷이 모두 心之德이고, 仁이 그 넷의 主가 된다. 넷으로 나눠서 말하면, 仁은 愛의 理이고, 義는 宜의 理이고, 禮는 恭敬·辭讓의 理이고, 智는 分別·是非의 理이다. '仁者 愛之理'에서, '理'는 뿌리이고, '愛'는 그 싹이다. 仁과 愛의 관계는, 설탕과 단맛의 관계, 식초와 신맛의 관계와 같다. 愛는 그 맛이다. 仁은 愛의 理이고, 愛는 仁의 事이다. 仁은 愛의 體이고, 愛는 仁의 用이다(朱子曰: 仁者愛之理, 是偏言則一事。心之德, 是專言則包四者。故合而言之, 則四者心之德, 而仁爲之主。分而言之, 則仁是愛之理, 義是宜之理, 禮是恭敬, 辭讓之理, 智是分別, 是非之理也。仁者愛之理, 理是根, 愛是苗。仁之愛, 猶糖之甛, 醋之酸。愛是那滋味……仁者愛之理, 愛者仁之事。仁者愛之體, 愛者仁之用。)。'愛之理' 구절은, 이 장 외에, 學而 第3章·雍也 第5章·述而 第29章·顏淵 第1章·衛靈公 第8章·堯曰 第1章 및 孟子 梁惠王上 第1章에도 나오고, '心之德' 구절은 堯曰 第1章 및 孟子 梁惠王上 제1章·告子上 제11장에도 나온다.

35 謙退(겸퇴): 겸손히 사양하고 뒤로 물러나다(谦让).

36 質言(질언): 사실대로 말하다. 단정적으로 딱 잘라 말하다. 곧바른 말을 하다(如实而言: 直言)

37 其(기): 상황이 가리키는·언급한·인식한 바에 근거한 그 사람·사물·의사·시간(根据情况所指的、提到的或认为的那个[人、物、意思或时间]的).

38 《論語大全》'근본에 힘쓰면 도는 생겨난다'는 것은, 일반론적인 말로서 이를 써서 다음 구절의 구체적인 실례를 일으킨다. 그래서 集注에서는 '凡'字를 쓴 것이다. 근본이 서면 도가 일에 따라 그에 맞는 도가 생기는데, 부모를 섬기는데 효성스럽기 때문에, 忠이 임금에게로 옮겨갈 수 있고, 형을 섬기는데 공경하기 때문에, 順從이 윗사람에게로 옮겨갈 수 있는 것이다[孝經·廣揚名](朱子曰: 務本道生, 是泛言以起下句之實。所以集註下一凡字。本立則道隨事而生, 如事親孝, 故忠可移於君, 事兄弟, 故順可移於長)。

39 而(이): 부사어['自此']와 술어['生']를 이어주는 역할을 한다(连接状语与谓语).

40 《論語大全》仁이 곧 근본이니, 仁 위에 다시 근본이 없다. 孝弟가 仁의 근본이라고 하면, 머리[仁] 위에 다시 머리[孝弟]를 얹는 격이다. 伊川이 '爲'字를 '仁'字에 귀속시켜 읽은 까닭이다. 孝弟는 仁에서 발출되어 나오는 것인데, 바로 仁의 도를 널리 행하는 근본으로, (인을 행하는 것은) 孝弟로부터 시작된다. '仁'字의 경우는 모든 것에 유통하고 모든 것을 관통하는 것으로, 孝弟 한 가지 일만을 주관하지 않는다. 仁은 性의 면에서 말했고, 孝弟는 일의 면에서 말했다. 仁은 물의 수원지이고, 孝弟는 수원지에서 흘러나온 물의 제1차 저류지이고, 仁民은 제2차 저류지이고, 愛物은 제3차 저류지이다(朱子曰: 仁便是本, 仁更無本了。若說孝弟是仁之本, 則頭上安頭。伊川所以將爲字屬仁字讀。蓋孝弟是仁裏面發出來底, 乃推行仁道之本, 自此始爾。仁字則流通該貫, 不專主於孝弟之一事也。仁就性上說, 孝弟就事上說。仁如水之源, 孝弟是水流底第一坎, 仁民是第二坎, 愛物是第三坎也。)。

일에서 오로지 근본에 온 힘을 쏟는데, 근본이 확립되고 나면, 그에 맞는 도가 저절로 생겨난다'라는 것이다. 앞에서 말한, '(어버이와 형에게 하는) 효제(孝弟)라는 것은, 바로 (남에게) 인(仁)을 행하게 되는 근본이다'라고 한 경우에, 배우는 자가 (어버이와 형에게 하는) 효제(孝弟)라는 근본에 힘쓰면, (남에게 행하는) 인(仁)의 도는 여기서부터 생겨난다는 것이다.

○程子曰:「孝弟, 順德也, 故不好犯上, 豈復有逆理亂常之事. 德有本, 本立則其道充大. 孝弟行於家, 而後仁愛及於物, 所謂親親而仁民[41]也. 故爲仁以孝弟爲本. 論性, 則以仁爲孝弟之本.」

○정자(程子·伊川)가 말했다. "효제(孝弟)는, (윗사람에 대한) 순종의 덕이기 때문에, 범상(犯上)을 좋아하지 않는데, 어찌 도리를 어기고 상규를 어지럽히는 작란(作亂)이 있겠는가? 덕에는 근본이 있고, 근본이 확립되면 그 도는 넓어지고 커진다. (근본인) 효제(孝弟)가 자기 가족에게 행해지고, 그 후에 인애(仁愛)가 남에게 베풀어지는 것이니, 이른바 '어버이를 가까이하고 나서 백성을 사랑한다'는 것이다. 그래서 남에게 행하는 인(仁)은 가족에게 행하는 효제(孝弟)를 가지고 그 근본으로 삼는다[남에 대한 사랑은 가족에 대한 효제에 그 근본을 두고 있다]. 성(性)을 논하는 경우, 인(仁)을 가지고 효제(孝弟)의 근본으로 삼는다[효제는 인에 그 근본을 두고 있다]."

或問:「孝弟爲仁之本, 此是由孝弟可以至仁否?」曰[42]:「非也. 謂行仁自孝弟始, 孝弟是仁之一事.[43] 謂之行仁之本則可, 謂是仁之本則不可. 蓋仁是性也,[44] 孝弟是用也, 性中

---

41 《孟子·盡心上 제46장》 맹자가 말했다. '군자가 사물을 대함에 있어서는, 아끼기는 하지만 仁하지는 않고, 백성을 대함에 있어서는, 仁하기는 하지만 가까이하지는 않는다. 어버이를 가까이하고 나서야 백성을 사랑하고, 백성을 사랑하고 나서야 사물을 아낀다'(孟子曰: 君子之於物也, 愛之而弗仁; 於民也, 仁之而弗親. 親親而仁民, 仁民而愛物.).

42 《論語精義》에는 程伊川의 말로 나온다.

43 《論語大全》 정명도가 말하기를, '孝弟는, 그가 태어난 데에 뿌리를 두고 있으니, 바로 仁을 행하는 근본이다'라고 했는데, 이 말이 가장 정확한 말이다. 대개 孝弟라는 도리가 생겨나게 된 처음을 추구해 보면, 부모가 태어나게 한 데에 근본을 두고 있으니, (孝弟가) 仁을 행하는 근본이 되는 까닭이다(朱子曰: 伯子曰, '孝弟, 本其所以生, 乃爲仁之本'此語最深切. 蓋推原孝弟之理, 本於父母之所以生, 所以爲行仁之本也.).

44 《古今注》 仁은 두 사람 사이의 일이다. 事親에서는 孝가 仁으로서, 아버지와 아들이 두 사람이고,

只有箇仁、義、禮、智四者而已, 曷[45]嘗有孝弟來[46]? 然仁主於愛, 愛莫大於愛親, 故曰 孝弟也者, 其爲仁之本與!」[47]

어떤 사람이 물었다. "(유자[有子]는) '가족에게 효제(孝弟) 하는 것이 남에게 인(仁)을 행하는 근본이다'라고 했는데, 이 말은 효제(孝弟)로부터 시작해서 인(仁)에 도달할 수 있다는 것인가요? 아닌가요?"

정자(程子·伊川)가 답했다. "아니다. 남에게 인(仁)을 행하는 일은 가족에게 효제(孝弟)

事兄에서는 悌가 仁으로서, 형과 동생이 두 사람이고, 事君에서는 忠이 仁으로서, 임금과 신하가 두 사람이고, 牧民에서는 慈가 仁으로서, 관리와 백성이 두 사람이고, 부부 사이나 붕우 사이에 이르기까지 두 사람 사이에 각각의 도리를 다하는 것이 仁이다. 그렇지만 孝悌가 그 근본이다(仁者, 二人相與也。 事親孝爲仁, 父與子二人也, 事兄悌爲仁兄與弟二人也, 事君忠爲仁君與臣二人也, 牧民慈爲仁, 牧與民二 人也, 以至夫婦朋友凡二人之間盡其道者皆仁也, 然孝弟爲之根。).

45 曷(갈): 어떻게. 왜(怎么; 为什么).

46 《集注考證》이는 낙양지방의 방언으로, '來'字는 '裏'字와 같고, '性 안에는 다만 仁·義·禮·智가 있을 뿐이니, 어찌 孝弟가 性 안에 있던 적이 있었더냐?'라는 말이다. 창고 안에는 알곡이 있을 뿐이지, 어찌 모종이 그 안에 있던 적이 있느냐는 말과 같은데, 인이 발출되면 바야흐로 효제가 되고, 알곡이 발출되면 바야흐로 모종이 된다(此洛中方言, 來字猶……裏字, 謂性中只有仁義禮智, 何嘗有孝弟事行在 裏? 猶言倉中只有穀栗, 何嘗有秧禾在裏, 仁發出方爲孝弟, 穀栗發出方爲秧禾).

47 《古今注》孟子는 '仁·義·禮·智는 마음에 뿌리를 두고 있다'[盡心上 제21장]고 했는데, 仁·義 ·禮·智는 비유하자면 꽃의 열매이고, 다만 그 뿌리는 마음에 있을 뿐이다. 惻隱·羞惡之心이 안에서 발로되니 仁·義가 밖에서 이루어지고, 辭讓·是非之心이 안에서 발로되니 禮·智가 밖에서 이루어지는 것이다. 지금 儒者들은 仁·義·禮·智라는 네 열매가, 五臟과 같은 모습으로 배 속에 있고, 四端이 모두 여기에서 나온다고 생각하는데, 이는 잘못이다. 그런데 孝·弟도 역시 덕을 실천하는 것의 이름으로, 그것은 밖에서 이루어지는데, 그럼에도 어찌 孝弟라는 두 열매가, 폐나 간과 같은 모습으로 배 속에 있겠는가! 程子가 '人性中曷嘗有孝弟來'이라고 한 것은, 그 의미 역시 孝·弟가 밖에서 이루어진다 는 것을 말한 것일 뿐이지, 人性 가운데 孝·弟할 수 있는 도리가 없다고 한 말은 아니다. 孝·弟 역시 仁이고, 仁 역시 孝·弟이다. 다만 仁은 모든 것을 총괄하는 이름으로, 事君·牧民·恤孤哀鰥이 모두 여기에 포함되지 않는 게 없다. 孝·弟는 어느 한 부분에 한정된 이름으로, 오직 事親·敬兄이 곧 그 실제 모습이다. 그러므로 有子가 '모든 仁 중에서 孝·弟가 근본이다'라고 한 말과 程子가 '仁을 행하는 일은 孝·弟로부터 시작된다'고 한 말은 서로 통하지만, 程子가 '孝·弟를 일러 仁을 행하는 근본이라 말하면 옳지만 仁의 근본이라고 말하면 옳지 않다'고 한 말은 有子의 말과는 맞지 않는다. '仁'과 '爲仁'은 엄격히 구분할 필요가 없다(孟子曰仁義禮智根於心, 仁義禮智譬則花實, 惟其根本在心也。 惻隱, 羞惡之心發於內, 而仁義成於外, 辭讓, 是非之心發於內, 而禮智成於外。今之儒者認之爲仁義禮智四 顆, 在人腹中如五臟然, 而四端皆從此出, 此則誤矣。然孝弟亦修德之名, 其成在外, 又豈有孝弟二顆, 在人 腹中如肝肺然哉! 程子云人性中曷嘗有孝弟來, 其意亦謂孝弟成於外而已, 非謂人性之中無可孝可弟之理 也……孝弟亦仁, 仁亦孝弟。但仁是總名, 事君, 牧民, 恤孤哀鰥, 無所不包。孝弟是專稱, 惟事親, 敬兄乃爲 其實。故有子謂諸仁之中孝弟爲之本, 而程子謂行仁自孝弟始, 未嘗不通。但程子曰, 孝弟謂之行仁之本則 可, 謂是仁之本則不可, 此與有子語不合。仁與爲仁不必猛下分別也。).

하는 것으로부터 시작된다는 말이니, 효제(孝弟)는 인(仁)의 한 가지 일이다. 효제(孝弟)를 일러 인(仁)을 행하는 근본이라 말하면 맞지만, 인(仁)의 근본이라고 말하면 맞지 않는다. 대개 인(仁)은 성(性)이고, 효제(孝弟)는 성(性)의 한 가지 작용으로, 성(性)안에는 다만 인·의·예·지(仁義禮智), 네 가지가 있을 뿐이니, 어찌 효제(孝弟)가 성(性)안에 들어 있던 적이 있었더냐? 그렇지만 인(仁)은 사랑이 주가 되고, 사랑은 어버이를 사랑하는 것보다 큰일이 없기 때문에, 유자(有子)께서 말씀하기를 '가족에게 효제(孝弟)하는 것은, 아마도 남에게 인(仁)을 행하는 근본일 것이다!'라고 한 것이다."

[巧言令色鮮矣仁章]

010301. 子曰:「巧言令色[1], 鮮矣仁[2]!」[3]

선생님께서 말씀하셨다. "듣기 좋게 하는 말과 상냥하게 꾸민 얼굴빛에는 인
(仁)이 드물다!"

巧, 好。令, 善也。好其言, 善其色, 致飾於外, 務以悅人, 則人欲肆[4]而本心之德[5]亡矣。

---

1 [성]巧言令色(교언영색): 알랑알랑한 말투와 사근사근한 표정. 듣기 좋게 꾸민 말과 보기 좋게 꾸민
얼굴빛(巧言: 花言巧语; 令色: 讨好的表情。形容花言巧语, 虚伪讨好。);《論語集解》'巧言'은 말을 잘하는
것이고, '令色'은 얼굴빛을 잘 꾸미는 것으로, 모두 남을 즐겁게 하려는 것이다(注: 苞氏曰: 巧言, 好其言語,
令色, 善其顏色, 皆欲令人悅。); 巧言(교언): 감언이설. 달콤한 말(表面上好听而实际上虚伪的话); 巧(교):
능숙하다. 재간이 있다. 교묘하게 하다(擅长; 善于;《論語詞典》令色(영색): 선을 가장한 위선적인 얼굴
(僞善的面貌); 令色(영색): 사근사근한 얼굴. 알랑거리고 사근사근한 얼굴로 남의 환심을 잘 사다(和悅
的面容; 善于用谄媚和悦的颜色取悦人); 令(영): 예쁘고 착하다. 아름답다. 길하다. 덕담. 좋은 말(美善。
吉祥, 吉利。).

2 《論語義疏》本에는 '鮮矣有仁'[仁을 지닌 자가 드물다]으로 되어 있다;《論語新解》'仁鮮矣'라 하지 않고
'鮮矣仁'이라 한 것은 개탄의 뜻을 포함한 것이다(不曰'仁鮮矣', 而曰'鮮矣仁', 语涵慨叹。); 술어를 강조하
기 위해, 술어를 주어 앞에 놓은 주술도치문('仁鮮矣'是主谓倒装。为了强调谓语, 有时谓语置于主语之
前。);《論語詞典》矣(의): 어기사. 긍정을 표시하며, 도치문에 쓰인 경우, 감탄의 뜻을 겸한다(語氣詞。
表肯定, 若用倒裝句法, 便兼有感歎之意。).

3 《書經·虞書·皋陶謨》禹가 말했다. "사람을 아는 것이 곧 明哲이니, 사람을 그 사람에 맞게 쓸 수
있습니다. 명철하다면 어찌 듣기 좋게 하는 말·상냥하게 꾸민 얼굴빛·알랑거리는 행동을 두려워하겠습니
까?"(禹曰: "……知人則哲, 能官人……能哲……何畏乎巧言令色孔壬?");《孟子·滕文公下 제7장》증자는,
'어깨를 굽신거리며 아첨하는 웃음 짓을 하는 것은, 한여름 뙤약볕에 밭두둑을 고르는 일보다 고달프다'라
고 했고, 자로는 '뜻이 맞지 않은데도 억지로 말하는, 그 사람 얼굴빛을 살펴보면 부끄러워 빨개져 있는데,
나 由로서는 이것이 어떤 것인지 모르겠다'고 했다(曾子曰: '脅肩諂笑, 病于夏畦。' 子路曰: '未同而言,
觀其色赧赧然, 非由之所知也。');《禮記·表記》군자는 안색을 매끄럽게 해서 사람에게 친밀한 체하지
않는다. 느끼는 정은 소원한데 외모는 친밀한 체하는 것은, 소인 중에 벽을 뚫거나 담을 타 넘는 도둑[陽貨
제12장]에 해당하지 않을까(子曰: "君子不以色親人; 情疏而貌親, 在小人則穿窬之盗也與?");《公冶長
제24장》《衛靈公 제26장》참조.

4 肆(사): 제멋대로 굴다. 거리낌 없이 날뛰다. 극에 다다르다(恣縱, 放肆。).

5 《論語大全》"선생님께서는, 제2장에서는 仁은 愛之理라고 했는데, 또 이 장에서는 仁을 心之德이라
했습니다. 어째서인지요?" "仁은 五常[仁·義·禮·智·信]의 머리이면서, 또 나머지 넷을 포함한다.
그래서 仁의 뜻은 다섯으로 나눠서 말하면 愛之理로, 제2장에서 말한 류가 바로 이것이다. 다섯을 합쳐서
말하면 心之德으로, 이 장에서 말한 류가 바로 이것이다"(問: 子於有子孝弟之章, 旣以仁爲愛之理矣,
於巧言令色鮮矣仁之章, 又以爲心之德。何哉? (朱子)曰: 仁者五常之首也, 而包四者……故仁之爲義, 偏
言之, 則曰愛之理, 此章所言之類是也。專言之, 則曰心之德, 後章所言之類是也。).

聖人辭不迫切[6], 專[7]言鮮, 則[8]絶無可知, 學者所當深戒也。

'巧(교)는 '좋다'[好]이다. '令'(령)은 '상냥하다'[善]이다. 자기가 하는 말을 듣기 좋게 하고, 자기의 얼굴빛을 상냥하게 꾸미며, 겉모습을 있는 대로 다 치장해서, 애를 써가면서 남을 기쁘게 하려다 보면, 인욕은 거리낄 게 없어지고 마음의 본유한 덕인 인(仁)은 사라져 없어지고 만다. 성인의 말씀이 매몰차지 않아서, 단지 '드물다'[鮮]고만 말씀하셨지만, 알고 보면 '절대 없다'[絶無]는 것을 알 수 있으니, 배우는 자가 마땅히 깊이 경계해야 할 말씀이다.

○程子曰:「知巧言令色之非仁, 則知仁矣。」[9, 10]
○정자(程子·伊川)가 말했다. "듣기 좋게 하는 말과 상냥하게 꾸민 얼굴빛이 인(仁)이 아니라는 것을 안다면, 인(仁)을 안다."

---

6 迫切(박절): 말이 성급하고 매섭다. 매몰차다. 쌀쌀맞다(形容辞语急迫严厉。).

7 專(전): 단지. 다만. 겨우(仅仅, 只。).

8 則(즉): 도리어. ~일지라도. ~지만. 양보를 나타낸다(表示让步, 可译为'倒'、'倒是'。)

9《論語大全》聖門之學은 求仁을 요체로 삼는다. 求仁을 행하는 방법을 말한 것으로는, 孝弟를 가장 먼저 앞세웠고, 求仁을 행하는데 적이 되는 것을 논한 것으로는, 巧言令色을 가장 심한 것으로 삼은 것이다. 말씀을 기록한 자가, 두 말씀을 첫 장의 다음 장에 끌어다가 놓아, 장의 순서를 이같이 배열한 것은, 배우는 자로 하여금 仁이 서둘러야 할 일임을 알게 하고, 孝弟가 힘써야 할 일임과 巧言令色이 참으로 경계해야 할 일임을 알게 하려는 것이다(朱子曰: 聖門之學, 以求仁爲要。語其所以爲之者, 必以孝弟爲先, 論其所以賊之者, 必以巧言令色爲甚。記語者, 所以引二者於首章之次, 而其序如此, 欲學者知仁之急, 而識其所以當務, 與其所可戒也。).

10《集注考證》본문에서는 '鮮'[인이 드물다]이라고 했는데, 정자는 '非'[인이 아니다]라고 했고, 集注는 이를 받아 '絶無'[인이 절대 없다]라고 했으니, 그 마음이 모두 밖으로만 힘쓰다 보면, 안에는 아무것도 없음을 말한 것이다. 이 '仁'字는 '心之德'을 말한다(本文言鮮, 程子言非, 集註因之, 言絶無, 謂其心皆務在外, 則内亡矣。此仁字言心之德)。

[曾子曰吾日三省吾身章]

010401、 曾子[1]曰:「吾[2]日三省吾身[3]: 爲人謀[4]而[5]不忠[6]乎? 與朋友交而不信乎[7]? 傳不習

---

1 曾子(증자): 증삼. 名 參, 字 子輿. BC 505~BC 435. 공자보다 46살이 적은 제자.《孝經》의 저자;《莊子·雜篇·讓王》증자가 위나라에 살 때, 삼실 부스러기로 솜을 놓은 두루마기에 덧옷도 없이 지냈고, 얼굴색은 오래 굶어 부황이 들고, 손발은 고생으로 굳은살이 박여있었다. 사흘을 불을 때서 지은 밥을 먹지 못했고, 십 년을 옷을 지어 입지 못했으니, 갓을 쓰면 갓끈이 끊어지고, 옷고름을 매면 팔꿈치가 드러나고, 신을 신으면 발뒤축이 다 떨어져 있었다. 그런데도 다 떨어진 신발을 끌면서 송나라 노래를 부르면, 그 소리가 천지에 가득 차서, 마치 악기에서 나오는 소리같이 쩌렁쩌렁했다. 천자도 신하로 삼지 못했고, 제후들도 친구로 삼지 못했다. 그러므로 뜻을 기르는 자는 육체를 잊고, 신체를 보양하는 자는 이익을 잊고, 도에 이르려는 자는 마음을 잊는다(曾子居衛, 縕袍無表, 顏色腫噲, 手足胼胝. 三日不舉火, 十年不製衣, 正冠而纓絕, 捉衿而肘見, 納履而踵決. 曳縰而歌商頌, 聲滿天地, 若出金石. 天子不得臣, 諸侯不得友. 故養志者忘形, 養形者忘利, 致道者忘心矣.).

2 《王力漢語》'吾'·'我'·'予'는 모두 1인칭으로, '吾'는 주어·관형어로 쓰이고, 목적어로는 일반적으로 쓰이지 않는다('吾''我''予'都屬於第一人稱. '吾'可以用作主語, 定語, 但一般不用作賓語.);《公冶長 제11장》 각주《論孟虛字》참조.

3 [성]三省吾身(삼성오신): 매일 세 가지 일로 자기를 반성하다. 매일 여러 차례 자발적으로 자기를 뉘우치다(省: 檢查, 反省; 身: 自身。原指每日从三个方面检查自己, 后指多次自觉地检查自己。); [성]一日三省(일일삼성): 매일 여러 차례 반성하다(每天多次地自我反省。);《論語詞典》日(일): 부사. 매일. 날마다(副詞, 每天地。);《論語義疏》'省'은 '視'[살피다]이다(疏: 省, 視也。);《集注考證》三省(삼성): 集注에는 훈고하지 않았는데, 어록에는 '宮省[궁을 사찰하는 관서]의 '省'으로, 少를 따르고 目을 따르는 글자로, 대개 궁정문은 출입을 감시·사찰하여, 아무나 들이지 않기 때문에, 이를 '省'이라 했다고 했다(集註不訓詁, 語錄謂即宮省之省, 按字從少, 從目, 蓋宮庭之門, 視察出入, 不令泛入, 故謂之省。);《論語新解》'三省'에는 두 견해가 있다. ①三次(세 차례), ②三事(세 가지 일)(三省有兩解。一, 三次省察。一, 省察三事。);《論語句法》'三'은 '세 가지 일'이란 뜻이지 '세 차례'란 뜻이 아니다. 목적어인 '三'은 원래 위치가 '省' 다음에 놓여야 하는데, '省' 다음에 처소보어 '吾身'이 있다 보니, 부득이 동사 '省' 앞으로 옮겨간 것이다(這個三是三件事的意思, 而不是三次的意思。止詞'三'的位置, 本應該放在'省'之下, 但是'省'下有了處所補詞'吾身', 止詞'三', 不得已被挪到動詞上去了。);《論語譯注》'三省'의 '三'은 여러 차례라는 의미를 표시한다. 고대에는 동작동사 앞에 수를 붙인 경우, 이 수는 동작의 빈도를 표시했다. 그리고 '三'이나 '九' 등의 글자는 또한 일반적으로 횟수의 많음을 표시하지, 실제 수로 간주해서는 안 된다. 여기에서 반성한 일이 세 가지인 것은, '三省'의 '三'과 우연의 일치일 뿐이다. '三'字가 세 가지를 가리켜 말할 경우,《論語》의 문법을 따라 '吾日省者三'과 같이 말해야,《憲問 제30장》의 '君子道者三'과 같아진다(三省'的'三'表示多次的意思。古代在有動作性的動詞上加數字, 這數字一般表示動作頻率。而'三''九'等字, 又一般表示次數的多, 不要著實地去看待……這裏所反省的是三件事, 和'三省'的'三'只是巧合。如果這'三'字是指以下三件事而言, 依《論語》的句法便應該這樣說: '吾日省者三。'和憲問篇的'君子道者三'一樣。);《北京虛詞》三(삼): 여러 차례 출현했음을 표시한다('三', 副詞。用于謂語前, 表示动作多次施行或情况多次出现。义即'多次'、'再三'。);《百度漢語》身(신): 자기. 자신(身: 自己, 自身。);《王力漢語》身(신): 추상적인 의미로 쓰여, 품행이나 덕행을 표시하기도 한다. 몸가짐(又用於抽象的意義, 表示本人的品節或德行, 如'修身''守身''潔身'。).

4 《助字辨略》'爲'는 '與'[~에게로, 모든 마음이 그 사람을 향해 있는 것을 '爲'라 한다(爲, 猶與也, 凡心嚮其

乎[8]?」[9]

증자(曾子)가 말했다. "나는 날마다 세 가지 일을 가지고 내 몸가짐을 반성한다. 남을 위해 일한다면서 정성을 다하지는 않았는가? 벗들과 교우한다면서 진술하지는 못했는가? 선생님에게서 전해 받은 가르침인데 내 몸에 익히지를 못했는가?"

省, 悉井反。爲,[10] 去聲。傳,[11] 平聲。○曾子, 孔子弟子, 名參, 字子輿, 盡己之謂[12]忠。

人曰爲。);《王力漢語》개사 '爲'는 지금의 '給' '替' '因爲'와 같다(介詞'爲', 略等於現代的'給''替'或'因爲'。); 謀(모): 고려하다. 계획하다. 꾀하다. 대책을 세우다(本義: 考慮; 謀划。側重于商议出办法或盘算出主意。).

5 《論語句法》중간에 '而'字를 붙여, 앞 문장과 다른 사실을 나타내는 문장을 이어주는 전환관계를 구성하여, 어기를 더욱 강화시킨 것으로 본다(筆者以爲……在中間加了個'而'字, 構成轉折關係複句, 使語氣加重得很多。)

6 《論語義疏》'忠'은 '中心'[속마음]이다. 나의 속마음을 다하는 것[충심에서 우러나오다]이다(疏: 忠, 中心也。盡我中心也。);《論語正義》성심을 다해 남을 위해 마음 쓰는 것을 '忠'이라 한다. 그래서 신하가 임금에 대해 성심을 다해 섬기는 것 역시 '忠'이라 한다(正義曰: 誠心以爲人謀謂之忠。故臣之於君, 有誠心事之, 亦謂之忠。);《王力漢語》忠(충): 본분에 속하는 일이나 남이 부탁한 일에 진력하다. 남에 대해 맡은 바 책임을 다하다(盡力做好分內的事, 盡力做好別人付託的事, 對別人負責。注意: 上古'忠'字意義很廣, 不限於忠君。這是階級社會產生的一種倫理觀念, 後來被統治階級利用來專指忠君。).

7 《論語義疏》本에는, '與朋友交, 言而不信乎?'로 되어 있다["벗과 사귀는데, 말에 믿음이 없었는가?"];《王力漢語》交(교): 서로 왕래하다. 서로 사귀다. 교유하다. 친구를 사귀다(交往, 交際, 交遊。引申爲結識朋友。);《王力漢語》信(신): 말이 진실되고 거짓이 없다. 사람을 진실하고 성실하게 대하다(言語真實, 不虛僞。引申爲對人的一種道德, 指對人真誠, 不虛僞。);《論語譯注》진실하다('信', 誠也。).

8 《論語集解》"스승의 가르침을 전하는 일에, 어떻게 미리 익히지도 않고 함부로 (남에게) 전할 수 있겠는가?"(注: 言凡所傳之事, 得無素不 講習而傳之乎?);《論語義疏》어찌 先習을 거치지 않고, 함부로 전할 수 있겠는가?(疏: 豈可不經先習, 而妄傳之乎?);《論語正義》'傳'은 스승이 나에게 전수한 가르침을 말한다(正義曰: 傳, 謂師有所傳於己也。);《論語譯注》'傳'은 동사인데 명사로 쓰였고, '스승의 가르침'을 말한다["스승께서 내게 전수한 학업을 반복해서 익히지는 않았는가?"]('傳', 動詞作名詞用, 老師的傳授: "老師傳授我的學業是否復習了呢?");《論語新解》'傳'字에 두 가지 풀이가 있다. ① 스승이 나에게 전하다. ② 내가 남에게 전하다. 위 문장 '爲人謀' '朋友交'로 추론하건대, '내가 남에게 전하다'라고 풀이하는 게 맞다. 평소 익히지 않고 (남에게) 그것을 전하는 것으로 이 또한 不忠·不信이다["내가 남에게 전수한 것에, 나 스스로 평소 늘 열심히 익히지 않은 것이 있지는 않은가?"](傳字亦有兩解。一, 師傳之于己。一, 己傳之于人。依上文爲人謀与朋友交推之, 当謂己之传于人。素不讲习而传之, 此亦不忠不信: "我所传授于人的, 有不是我自己所日常讲习的吗?");《論語今讀》곽익[1305~1364]의 《雪履齋筆記》에 말했다. "증자의 三省은, 모두 남에게 베푼 일을 가리킨 말이다. '傳'도 역시 내가 남에게 전한 것이다. 남에게 전하는 데 익히지 않았다면, 이는 자기가 직접 시도해 보지 않은 일인 까닭에 후학을 그르칠 수 있다"(郭翼《雪履斋笔记》: 曾子三省, 皆指施于人者言。传亦我传乎人。传而不习, 则是以未尝躬试之事而误后学。).

9 《荀子·勸學》군자가 널리 배우고 매일같이 자기를 검증하고 성찰하면, 지혜는 밝아지고 행실에 허물이 없어진다(君子博學而日參省乎己, 則智明而行無過矣。);《學而 제7장》참조.

10 爲(위): [wèi] ~때문이다. ~를 위해서. ~를 대신해서. 돕다(因, 表示原因。替, 給。帮助。); [wéi] 하다.

以實之謂信¹³。傳, 謂受之於師¹⁴。習, 謂熟之於己。曾子以此三者日省其身, 有則改之, 無則加勉, 其自治誠切¹⁵如此, 可謂得爲學之本矣。而三者之序, 則又以忠信爲傳習之本也。¹⁶

'省'(성, xǐng)은 '悉'(실)과 '井'(정)의 반절이다. '爲'(위)는 거성[wèi]이다. '傳'(전)은 평성

다스리다. 담임하다. ~에 의해. ~와 함께(做事。治理。担任。被。与, 同。).

11 傳(전): [chuán] 전하다. 넘겨주다. 물려주다, 교수하다(传递; 传送。传授。让位; 传代。); [zhuàn] 역참. 경의 뜻을 풀이한 글이나 서적, 전기(驿站° 解释经义的文字, 书籍。记载某人一生事迹的文字。).

12 《孟子字義疏證・天道》옛사람의 말에서, 대개 '之謂'는 앞부분에서 칭한 말을 써서 뒷부분의 말을 풀이하는 것으로, 《中庸》의 '天命之謂性 率性之謂道 修道之謂敎'를 예로 들면 이 글은 性・道・敎를 풀이한 것으로, '性이라는 것은 天命을 말하고, 道라는 것은 率性을 말하고, 敎라는 것은 修道를 말한다'고 말하는 것과 같다. '謂之'는, 아랫부분에서 칭한 말을 써서 윗부분의 실질을 구분하는 것으로, 《中庸》의 '自誠明謂之性 自明誠謂之敎'를 예로 들면, 이 글은 性・敎를 풀이하는 것이 아니라, 性・敎를 써서 '自誠明'과 '自明誠'을 구별한 것일 뿐이다. 《周易・繫辭上》의 '形而上을 일러 道라 하고, 形而下를 일러 器라 한다'는, 본래 道와 器 때문에 말한 것이 아니라, 道와 器를 써서 形而上과 形而下를 구별한 것이다. 形이란 이미 형상이 이루어진 것을 말한 것으로, 形而上은 형상이 이루어지기 전이라는 말과 같고, 形而下는 형상이 이루어진 후라는 말과 같다(古人言辭, 凡曰'之謂', 以上所稱解下, 如《中庸》'天命之謂性, 率性之謂道, 修道之謂敎', 此爲性, 道, 敎言之, 若曰性也者天命之謂也, 道也者率性之謂也, 敎也者修道之謂也; ……凡曰'謂之'者, 以下所稱之名辨上之實, 如《中庸》'自誠明謂之性, 自明誠謂之敎', 此非爲性敎言之, 以性敎區別'自誠明''自明誠'二者耳。《易》'形而上者謂之道, 形而下者謂之器', 本非為道器言之, 以道器區別其形而上形而下耳。形謂已成形質, 形而上猶曰形以前, 形而下猶曰形以後。).

13 《大學章句》[朱熹注] 자기 마음에서 우러나와 스스로 정성을 다하는 것을 '忠'이라 하고, 사물의 이치를 따르고 이에 어긋남이 없는 것을 '信'이라 한다(朱熹注: 發己自盡爲忠, 循物無違謂信);《論語大全》'忠'은 마음[心] 면에 의거해서 말한 것이고, '信'은 일[事] 면에 의거해서 말한 것이다. 忠은 信의 근본이고, 信은 忠의 발현이다[서로 표리관계를 이룬다]. '忠'과 '信'은 단지 한 가지 일로, 서로가 內外・始終・本末이 된다. 자기에게 있는 것이 忠이고, 사물에 나타나 보이는 것이 信이다(朱子曰: 忠是就心上說, 信是就事上說 ……忠是信之本, 信是忠之發。忠信, 只是一事, 而相爲內外始終本末。有於己爲忠, 見於物爲信。).

14 《集注考證》내 생각에, '傳'은 앞에서 뒤로 전한다, 위에서 아래로 전한다는 말인데, 師傳의 경우는 (스승에게) 受業 받는다고 해야 맞지, 전한다고 해서는 안 된다(按, 傳字是前傳後, 上傳下之辭, 若是師傳, 當云受業, 不當云傳也。);《周禮・地官司徒》師氏는 아름다운 일을 왕에게 아뢰는 것과 三德으로 國子를 가르치는 일을 관장한다. 첫째가 至德으로, 道를 근본으로 삼고, 둘째가 敏德으로, 행실을 근본으로 삼고, 셋째가 孝德으로, 패역・패악을 알게 한다. 三行을 가르친다. 첫째가 孝行으로, 父母를 가까이 모시는 것이고, 둘째가 友行으로, 賢良을 존중하는 것이고, 셋째가 順行으로, 師長을 섬기는 것이다(師氏: 掌以媺詔王。以三德敎國子: 一曰至德, 以爲道本; 二曰敏德, 以爲行本; 三曰孝德, 以知逆惡。敎三行: 一曰孝行, 以親父母; 二曰友行, 以尊賢良; 三曰順行, 以事師長。).

15 誠切(성절): 정성되고 간절하다(真诚恳切).

16 《論語大全》일을 처리하는 데 정성을 쏟지 않으면 남을 속이는 것이고, 벗과 사귀는 데 진솔하지 않으면 벗을 속이는 것이고, 스승께 받은 가르침을 익히지 않으면 스승을 속이는 것이다(朱子曰: 謀不忠, 則欺於人, 言不信, 則欺於友, 傳不習, 則欺於師。).

[chuán]이다. ○'曾子'(증자)는 공자(孔子)의 제자로, 이름이 參(삼)이고, 자(字)가 子輿(자여)이다. '자기의 마음을 다하는 것'[盡己]이 '忠'(충)이다. '진실을 쓰는 것'[以實]이 '信'(신)이다. '傳'(전)은 '가르침을 스승에게서 받는다'[受之於師]라는 뜻이다. '習'(습)은 '스승에게서 받은 가르침을 자기 몸에 익힌다'[熟之於己]라는 뜻이다.

증자(曾子)는 이 세 가지 일을 가지고 날마다 자기의 몸가짐을 살펴, 이 세 가지 일이 있으면 고치고, 없으면 더욱 힘써, 그가 스스로를 갈고 닦는 정성과 간절함이 이와 같았으니, 배움의 근본을 터득했다고 할 수 있다. 그런데 이 세 가지 일의 순서는, 또 충(忠)과 신(信)을 가지고 전습(傳習)의 근본을 삼는다.

○尹氏曰:「曾子守約[17], 故動[18]必求諸身。」謝氏曰:「諸子之學[19], 皆出於聖人, 其後愈遠而愈失其眞。獨曾子之學, 專用心於內, 故傳之無弊, 觀於子思孟子可見矣[20]。惜乎! 其嘉

---

17 《論語大全》守約은 어떤 약속을 지킨다는 것이 아니고, 지킬 것이 간략하다는 말이다(朱子曰: 守約不是守那約, 言所守者約爾。);《孟子・公孫丑上 제2장》맹시사가 기른 용기는 스스로 말하기를, '승산이 없어도 이길 것이라 여긴다. 적을 헤아려 본 다음에야 나아가고, 승산을 따져본 다음에야 만나 싸운다면, 이런 자는 삼군을 두려워할 자이다. 나 맹시사라고 어찌 반드시 이기기만 하겠느냐? 두려움을 없앨 수 있었을 뿐이다'라고 했다. 맹시사는 증자를 닮았고, 북궁유는 자하를 닮았다. 대체로 이 두 사람의 용기 중, 누가 더 나은지는 모르겠다. 그렇더라도 맹시사는 지킬 것이 간략했다(孟施舍之所養勇也, 曰: '視不勝猶勝也。量敵而後進, 慮勝而後會, 是畏三軍者也。舍豈能爲必勝哉? 能無懼而已矣。'孟施舍似曾子, 北宮黝似子夏。夫二子之勇, 未知其孰賢, 然而孟施舍守約也。) 예전에 증자께서 제자 자양에게 말하기를, '너는 용기를 좋아하느냐? 내가 전에 선생님께 큰 용기에 대해 들었는데, 스스로 나를 돌아보아 정직하지 못하면, 부랑자라 해도 나는 그를 두려워하지 않겠는가마는, 스스로 나를 돌아보아 정직하다면, 천만 사람이라도 나는 가서 맞서겠다'고 하셨다. 맹시사의 守氣는 또한 증자의 守約만 못하다(昔者曾子謂子襄曰: '子好勇乎? 吾嘗聞大勇於夫子矣: 自反而不縮, 雖褐寬博, 吾不惴焉; 自反而縮, 雖千萬人, 吾往矣。'孟施舍之守氣, 又不如曾子之守約也。).
18 動(동): 걸핏하면. 툭하면. 언제나. 늘(副词。动不动, 常常); '動'은 '동첩'(動輒)의 뜻으로 '어떤 일을 할 때마다'의 뜻이다(성백효, 『현토완역 논어집주』[전통문화연구회, 2006]).
19 《集注考證》韓愈의 《送王秀才序》에 따르면, 자하의 학문은 전자방이 뒤를 이었고, 전자방의 제자로는, 유전해서 장주(莊子)가 되었고, 그리고 상구 및 간비자궁(仲弓(?)]이고, 그 뒤를 순경[荀]이 이은 것으로 되어 있다(按韓文, 子夏之後有田子方, 子方之後, 流而爲莊周, 又商瞿及馯臂子弓, 其後爲荀卿。).
20 《孟子集注・序說》韓愈가 (《送王秀才序》에서) 말했다. "공자의 도는 크고 또 그만큼 넓어서, 문제자들이 두루 볼 수가 없었고 다 알 수도 없었다. 이 때문에 공자에게서 배웠어도 모두 그 타고난 성품에 근사한 것만을 배워 터득했다. 그 후 갈라지고 흩어져 제후들의 나라에 갈라져 살면서, 또 각자 자기가 잘하는 바를 가지고 제자들을 가르쳤기에, 근원은 멀어지고 말단은 더욱 갈라지게 되었다. (자하의 학문은 그 뒤를 이어 田子方이 있었고, 田子方의 뒤로는 흘러 내려와 장주(莊子)가 되었다. 그래서 장주의

言善行[21], 不盡傳於世也。其幸存而未泯[22]者, 學者其[23]可不盡心乎!」

○윤씨(尹氏·尹彦明)가 말했다. "증자(曾子)는 지켜야 할 바가 간략했으니, 그래서 언제나 반드시 지켜야 할 바를 자기의 몸가짐에서 찾았다."

사씨(謝氏·謝顯道)가 말했다. "여러 제자의 배움은, 모두 성인에게서 나왔지만, 성인의 후세가 뒤로 멀어지면 멀어질수록 더욱 성인의 진실을 잃어버렸다. 오직 증자(曾子)의 배움만이 오로지 자기 내면에다 힘을 쏟았기 때문에, 성인의 처음 가르침을 재전(再傳)하는 데 폐단이 없었으니, 자사(子思)와 맹자(孟子)를 살펴보면 알 수 있다. 안타깝구나, 성인의 아름다운 말씀과 훌륭한 행실들이, 세상에 남김없이 다 전해지지 못했으니! 그중에 다행히도 남아 있어 없어지지 아니한 말씀과 행실일랑, 배우는 자가 어찌 마음을 다 쏟지 않을 수 있겠는가!"

책에서 田子方의 사람 됨됨이를 즐겨 말했던 것이다. 순경[荀子]의 책에는, 성인을 말할 때는 반드시 孔子와 子弓을 들어 말했다. 子弓에 대해서는 전해지는 것이 없고, 다만 태사공의 《史記·仲尼弟子列傳》에 馯臂子弓이라는 姓名과 字만 나온다. 子弓은 상구에게서 《易》을 전수받았다.) 홀로 맹자만이 자사를 스승으로 모셨는데, 자사의 학문은 증자에게서 나왔으니 공자가 죽은 후로는 맹자가 전하는 것만이, 공자의 종통을 이어받게 되었다"(又曰: 孔子之道大而能博, 門弟子不能遍觀而盡識也, 故學焉而皆得其性之所近。其後離散, 分處諸侯之國, 又各以其所能授弟子, 源遠而末益分。[蓋子夏之學, 其後有田子方; 子方之後, 流而爲莊周。故周之書, 喜稱子方之爲人。荀卿之書, 語聖人必曰孔子, 子弓。子弓之事業不傳, 惟《太史公書、弟子傳》有姓名字, 曰: 馯臂子弓。子弓受《易》於商瞿。] 惟孟軻師子思, 而子思之學出於曾子。自孔子沒, 獨孟軻氏之傳得其宗……。).

21 嘉言善行(가언선행): =嘉言善狀. 교육적 가치가 있는 훌륭한 말과 선량한 행실(有教育意义的好言语和好行为。); 嘉(가): 훌륭하다. 아름답다(善, 美。).

22 泯(민): 멸실되다. 다 없어지다(灭, 尽。).

23 其(기): 어찌. 설마. 반문을 표시한다(表示诘问。通'岂', 难道。).

[道千乘之國章]

010501、子曰:「道¹千乘²之國: 敬³事而⁴信, 節用而愛人⁵, 使民以時⁶。」⁷

---

1 《論語義疏》本에는 '道'가 '導'로 되어 있다.《論語集解》'導'는 백성들을 위해 정치와 교화를 펼치는 것을 말한다. '導'는 '治'이다(注: 馬融曰: 導者, 謂爲之政教也…… 苞氏曰: 導, 治也。).《古今注》'道'는 '導'[인도하다]이다. 옛 성왕들은 백성을 선으로 인도함으로써 천하를 통솔했기 때문에, 治를 道라 했다(補曰: 道, 導也。古之聖王, 導民爲善, 以率天下, 故爲治爲道。道(도): 이끌다. 인도하다. 안내하다. 소통시키다(引导, 疏导。)).

2 千乘(천승): 4필의 말이 끄는 전투용 수레를 乘이라 했는데, 제후국의 대소는 乘의 많고 적음을 가지고 비교 결정했다(古代用四匹马拉的一辆兵车叫一乘, 诸侯国的大小以兵车的多少来衡量。).

3 《古今注》'敬事'는 그 일의 시종을 고려하고, 그 일의 폐단을 헤아려 보는 것을 말한다(補曰: 敬事, 謂慮其始終, 度其流弊也。).《論語譯注》'敬'字는 일반적으로 일에 임하는 몸가짐을 표시하는 데 쓰이는데, 이 때문에 '事君敬其事而後其食'[衛靈公 제37장]과 같이 항상 '事'와 같이 쓰인다('敬'字一般用于表示工作态度, 因之常和'事'字连用, 如卫灵公篇的'事君敬其事而后其食'。);《論語今讀》'敬'字는 논어에서 자주 보이는 글자로, 논어의 중요한 범주의 하나이다. '敬'은 밖을 향한 태도의 일종이면서 또 내면의 정감의 일종으로, 무속의례에서 상제와 귀신에 대한 존경심과 두려움에 그 기원을 두고 있는데, 이성화된 후에는 생활 태도와 정서의 측면에서 요구되는 것으로 바꾸어, 인성을 묘사하는 일부분이 되었다('敬'字多見于論語, 乃一重要範疇。它既是一種外在態度, 更是一種內在情感, 源起于巫術禮儀中對上帝鬼神的尊敬畏懼, 理性化後轉爲生活態度和情感要求, 成爲人性塑造的一部分。);《秀文苑》敬(경): 좌변은 口, 중간은 양 떼를 모는 사람['敬'의 좌변 '苟'는 '苟'와 다른 자로, '艹'(초)가 아니고, 양의 두 개의 뿔 모양과 비슷한 '卝'(관)이다], 우변은 손에 채찍을 잡고 있는 것으로, 합쳐서 양 떼를 모는 사람이 손에는 채찍을 들고, 입으로는 큰소리를 치면서, 양 떼에게 제멋대로 날뛰지 말라고 하는 것이다(左邊是口, 中間是牧羊人, 右邊是手執鞭, 合起來表示牧羊人手拿鞭子, 口中吆喝, 敬告羊群不要亂跑。)[www.xiuwenyuan.com];《百度漢語》敬(경): 공경하다. '恭'은 외면으로 나타나고, '敬'은 내심에 간직하는 것이다. 조심스레 대하고 태만하거나 적당히 처리하지 않는다. 공손하고 조심스레 대하다(本義: 恭敬; 端肅。恭在外表, 敬存內心。敬, 肅也。慎重地对待, 不怠慢不苟且; 敬謹。尊重, 尊敬。).

4 苞咸의《論語集解》의 注['舉事必敬慎, 與民必誠信; 節用, 不奢侈。國以民爲本, 故愛養之'。]와 邢昺의《論語注疏》의 疏['舉事必敬慎, 與民必誠信, 省節財用, 不奢侈, 而愛養人民, 以爲國本……']는 '而'를 병렬관계 접속사로 본다.《古書虛字》'而'는 '以'와 같다('而', 猶'以'也。).《論語詞典》而(이): 접속사. 두 일이 병렬관계임을 표시한다. ~하고. 더해서. 그리고(連詞。表兩事之並列。).

5 [성]節用愛人(절용애인): 지출을 줄이고 백성을 사랑하다(节约用度, 爱护百姓。).《論語集解》'節用'이란 사치하지 않는 것이다(注: 苞氏曰: 節用者, 不奢侈也。). 節(절): 대나무의 마디. 절약하다. 줄이다. 절제하다. 단속하다(本義: 竹节。减省。节制; 管束。).《論語譯注》옛날에 '人'은 광의로는 일체의 모든 사람을 가리켰고, 협의로는 사대부 이상의 계층을 가리켰다. 여기에서 '人'은 '使民以時'의 '民'의 對句로서, 협의로 쓰였다(古代'人'字有廣狹兩義。廣義的'人'指一切人羣, 狹義的人只指士大夫以上各階層的人。這裏和'民'(使'民'以時)對言, 用的是狹義。).

6 [성]使民以時(사민이시): 위정자는 농사철을 피해 백성을 부려야 한다. 농한기에 백성을 부려, 농사일에 영향을 끼치지 않게 하다(时: 农时。执政者要按照农时使用民力。指在农闲时使用民力, 避免影响农业生产。);《論語義疏》'使民'은 성곽의 축성, 도로의 개설·보수 등에 백성을 부역시키는 것을 말한다(疏 使民, 謂治城

선생님께서 말씀하셨다. "천승의 수레를 가진 나라를 다스리는 데는, 온 마음을 기울여 정사를 처리하고, 백성을 신복(信服)시키고, 씀씀이를 줄이고, 사람을 아끼고, 백성을 부리는 것은 농한기를 써야 한다."

道, ⁸乘⁹, 皆去聲。○道, 治也¹⁰。馬氏云:「八百家出車一乘。」¹¹ 千乘, 諸侯之國¹², 其地可出

及道路也。);《論語詞典》以(이): 개사. ~에 의해. ~에 따라. ~대로(介詞. 依. 按.);《論孟虛字》 '以'는 '依'와 같다. '因依'[의탁하다. 기대다]의 뜻이다('以', 猶'依', 爲'因依'之意.).

7 《荀子·議兵》 심사숙고는 반드시 일에 앞서는 일이니, 거듭 신중을 기하고, 끝까지 신중하기를 처음같이 하고, 처음과 끝이 한결같이 한다. 이것이 大吉이다. 모든 일의 성공은 반드시 일에 신중히 임하는 데 달려 있고, 모든 일의 실패는 반드시 일에 태만히 임하는 데 달려 있다(慮必先事, 而申之以敬, 愼終如始, 終始如一: 夫是之謂大吉. 凡百事之成也, 必在敬之; 其敗也, 必在慢之.);《荀子·富國》 나라를 풍족하게 하는 길은 씀씀이를 줄여 백성들을 풍족하게 하고, 남는 나머지를 잘 보관해 두는 것이다. 씀씀이를 줄이는 데는 禮를 쓰고, 백성들을 풍족하게 하는 데는 政을 쓴다(足國之道 節用裕民, 而善藏其餘. 節用以禮, 裕民以政.);《說苑·政理》 무왕이 태공에게 치국에 대해 묻자, 태공이 대답했다. "치국의 도리는 愛民일 뿐입니다." "어떻게 하는 것이 愛民입니까?" "이롭게 해주지 해롭게 하지 마시고, 성취하게 해주지 실패하게 하지 마시고, 살게 해주지 죽게 하지 마시고, 주지 빼앗지 마시고, 즐겁게 해주지 괴롭히지 마시고, 기쁘게 해주지 화나게 하지 마십시오. 이것이 치국의 길이고, 백성을 부리는 도리이니, 치국의 도리는 愛民일 뿐입니다"(武王問於太公曰: '治國之道若何?' 太公對曰: '治國之道, 愛民而已.' 曰: '愛民若何?' 曰: '利之而勿害, 成之勿敗, 生之勿殺, 與之勿奪, 樂之勿苦, 喜之勿怒, 此治國之道, 使民之誼也, 愛之而已矣.);《中庸 제20장》 농사철을 가려서 부역을 시키고 징세를 가볍게 해주는 것이, 백성들을 권면하는 방법입니다(時使薄斂, 所以勸百姓也.);《禮記·王制》 백성을 부역에 동원하는 것은, 1년에 3일을 넘지 않는다(用民之力, 歲不過三日.);《大戴禮記·曾子制言上》 농사철을 가려서 백성을 부리지 않으면, 나라를 잃는다(使民不時, 失國.).

8 道(도): [dào] 인도하다. 지도하다. 안내하다. =導(引导, 指引. 通「导」.); [dǎo] 말하다. 다스리다(说, 谈. 治.).

9 乘(승): [shèng] 고대 수레의 계산단위(古代計算车辆的单位.); [chéng] 오르다. (수레·말)올라타다(登, 升. 驾驭, 驾骑.).

10 《論語大全》 "道가 '治'의 뜻이 되는 것은 어째서인지요?" "道'는 '治'의 이치이다. 정치하는 마음가짐을 말한 것이다." "어째서 '治'라고 하지 않았습니까?" "治'는 정교·법령 같은 구체적인 정치 행위이다. 공자의 이 말씀은 마음가짐에 관한 말씀이지, 구체적인 일에 관한 말씀이 아니다"(或問: '道之爲治, 何也?' 朱子曰: '道者, 治之理也. 以爲政之心言也.' '曷爲不言治?' 曰: '治者, 政敎法令之爲治之事也. 夫子此言者心也, 非事也.').

11 內閣本에는 '馬氏云: 八百家出車一乘' 구절이 없다;《論語集解》《司馬法》에 '10井[80가구]이 1通이고, 10通이 1城으로, 1城[800가구]에서 전투용 수레 1乘을 낸다'고 했다(注: 馬融曰:《司馬法》……井十爲通, 通十爲城, 城出革車一乘.');《論語注疏》《司馬法》에 '전투용 수레 1乘에는 甲士가 3명, 步卒이 72명이다'라고 했으니, 千乘을 계산하면 75000명으로, 六軍이다(疏: 正義曰:《司馬法》兵車一乘, 甲士三人, 步卒七十二人', 計千乘有七萬五千人, 則是六軍矣.); 8가구가 1井을 경작하고, 1城이면 100井으로, 800가구가 되고, 800가구에서 전투용 수레 1승을 낸다.

12 《論語義疏》 '千乘'은 대국이다. 천자는 만승, 제후는 천승이다. '導'는 '治'와 같다(疏: 千乘, 大國也.

兵車千乘者也。敬者, 主一無適之謂[13, 14]。敬事而信者, 敬其事而信於民也。時, 謂農隙[15]

天子萬乘, 諸侯千乘。導, 猶治也。).

13 《論語大全》"진나라 이래로, 사람 중에 '敬'字를 아는 사람이 없었는데, 정자에 이르러서 비로소 가까이 와 닿게 설명했다. 정자가 말하기를, '한 가지에 집중하는 것을 敬이라 하고, 마음이 딴 데로 가지 않는 것을 一이라 한다'고 했다. 그래서 이 둘을 합해서 主一無適이라 한 것이다. 몸이 여기 이곳에 있으면 그 마음이 여기 이곳에 있기를, 한순간의 벗어남도 없고, 그 일이 여기 이곳에 있으면 그 마음이 여기 이곳에 있기를, 한 가닥의 잡된 생각도 없는 것이다." 물었다. "'敬事而信'의 '敬'은 조심조심하고 신중하다는 말이지, 主一無適이란 말은 아닌 듯합니다." 주자가 대답했다. "일에 맞닥뜨려서, 깊은 연못에 다가서듯 살얼음을 발로 밟듯이, 소홀히 대하지 않고 태만히 하지 않는 것이 바로 主一無適이다"(朱子曰: 自秦以來, 無人識敬字, 至程子方說得親切。曰: '主一之謂敬, 無適之謂一。' 故此合而言之。身在是則其心在是, 而無一息之離, 其事在是則其心在是, 而無一念之雜……問: 敬事而信, 疑此敬是小心畏謹之謂, 非主一無適之謂。朱子曰: 遇事臨深履薄, 而爲之不敢輕, 不敢慢, 乃是主一無適。);《北溪字義・敬》정자가 말하기를, '마음을 한 가지에 집중하는 것을 敬이라 하고, 마음이 다른 데로 빠지지 않는 것을 一이라 한다'고 했는데, 朱子가 둘을 합쳐서 말하기를, '마음이 한 가지에 집중하여 다른 데로 빠지지 않는 것'이라고 하여, 더욱 분명히 밝혔다. 敬이라는 글자는 본래는 虛字로서, 畏・懼 등의 글자와 뜻이 서로 비슷했는데, 지금은 실제 공부로 간주하여, 실재 사물과 마찬가지로 여길 정도로, 그 뜻이 중히 여기게 되었다. 사람의 마음은 미묘해서 헤아릴 수 없으니, 나고 드는 데 일정한 때가 없고, 그 향하는 곳을 알 수 없는 것이 사람의 마음이다[孟子・告子上 제8장]. 敬은 마음을 주관하고 도맡아서 다스리는 데 쓰는 것이다. 만약 敬이 없다면, 마음을 통솔하지 못할 것이다. 오직 敬으로 말미암아, 마음이 여기 이 안에 존재하는 것이다. 敬이란 별다른 것이 아니고, 단지 이 마음이 항상 여기 이 안에 존재하는 것으로, 딴 일을 만들지 않고, 산만하지 않고, 항상 이같이 맑고 또렷하게 깨어 있는 것이 敬이다. 主一이란 단지 마음이 이 일에 집중하여, 다른 일이 끼어들지 못하게 하는 것이다. 일이 없을 때는, 항시 여기 이 안에 있고, 딴 일을 만들지 않는 것이, 主一이다. 無適이란 마음이 항시 여기 이 안에 있어, 동으로 달려 나가지 않고, 서로 달려 나가지 않고, 남으로 가지 않고, 북으로 가지 않는 것이다. 敬은 한마음의 주관자이고, 만사의 근본이다(程子謂'主一之謂敬, 無適之謂一', 文公合而言之, 曰'主一無適之謂敬', 尤分曉……敬字本是個虛字, 與畏懼等字相似, 今把做實工夫, 主意重了, 似個實物事一般。人心妙不可測, 出入無時, 莫知其鄉。敬所以主宰統攝。若無個敬, 便都不見了。惟敬, 便存在這裏。所謂敬者無他, 只是此心常存在這裏, 不走作, 不散慢, 常惺地惺惺, 便是敬。主一者只是心主這個事, 更不別把個事來參插……無事時, 心常在這裏, 不走作, 固是主一……無適者, 心常在這裏, 不走東, 不走西, 不之南, 不之北……敬者, 一心之主宰, 萬事之根本。);《二程集・粹言・論道》어떤 사람이 '敬'에 대해 여쭙자, 정자께서 말씀하셨다. "한 가지에 집중하는 것이 '敬'이다." '一'에 대해 여쭙자, 정자께서 말씀하셨다. "마음이 다른 데로 빠지지 않는 것이 '一'이다"(或問敬。子曰: '主一之謂敬。' 何謂一?' 子曰: '無適之謂一。'); 主一(주일): 한결같다. 마음과 힘을 오직 한곳에만 기울이다(专一; 专心。).

14 《敬齋箴》쓰고 입는 의관 정제하고, 쳐다보는 눈빛 존엄하게. 마음 가라앉히고 居敬하길, 저 멀리 상제 마주하듯. 발걸음 반드시 진중하게, 손가짐 반드시 공경되게. 디디는 땅 골라서 밟고, 개미두둑 피해서 돌아가고. 문 나서서는 손님 맞이하듯, 일 맡아서는 제사 받들 듯. 부들부들 조마조마, 혹시라도 안이함 감히 없어야. 입 다물길 병마개 닫듯, 사심 막길 성곽 방비하듯. 옥 붙잡듯 조심조심, 혹시라도 경솔함 감히 없어야. 동쪽 가다 서쪽 가거나, 남쪽 가다 북쪽 가지 말고. 앞둔 일에 전심 쏟길, 다른 곳에 마음 팔리지 말고. 두 마음 두 갈래, 세 마음 세 갈래로 가르지 말고. 정밀하게 하고 전일하게 하여, 천변만화 잘 살피고. 이 같은 자세로 하는 일 처리, 이를 일러서 持敬이라. 동과 정이 다르지 않게, 표와 리가 서로 올바르게. 잠시라도 마음 틈 생기면, 사욕 만 갈래로 생겨나. 불 없이도 뜨거워지고, 얼음 없이도 차가워지나니. 호리 차의 눈금으로도, 하늘과 땅 자리 쉬이 바뀌고. 삼강이 무너지고,

之時。言治國之要, 在此五者, 亦務本[16]之意也。

'道'(도)와 '乘'(승) 모두 거성[dào; shèng]이다. ○道(도)는 '다스리다[治]'이다. 마씨(馬氏·馬融)는 말하기를, '팔백 가구에서 수레 한 승을 낸다'라고 했다. '千乘'(천승)은 제후국으로, 제후국의 땅 넓이 정도이면 전투용 수레 천 승이 나올 수 있다. '敬'(경)이라는 것은 '마음을 한 가지에 집중하고 다른 데로 마음이 빠지지 않는 것[主一無適]'을 말한다. '敬事而信'(경사이신)이라는 것은 온 마음을 기울여 자기가 맡은 일을 처리하고 백성을 신복(信服)시키는 것이다. '時(시)'는 농한기를 뜻한다. 말씀인즉, 나라를 다스리는 요체가, 이 다섯 가지 일에 있다는 것으로, 이 또한 근본에 힘쓴다는 뜻이다.

○程子曰:「此言至淺, 然當時諸侯果能此, 亦足以治其國矣。聖人言雖至近[17], 上下皆通。此三言者[18], 若推其極[19], 堯舜之治亦不過此。若常人之言近, 則淺近[20]而已矣。」
○정자(程子·伊川)가 말했다. "이 말씀은 어디서나 들을 수 있는 흔하디흔한 말인데, 그렇지만 당시의 제후들이 과연 이 말씀대로만 할 수 있었다면, 역시 자기 나라를 충분

구법 역시 두절되나니. 오호 젊은이들아, 한시도 마음 놓지 말고 敬할지라. 먹으로 쓴 글씨에 경계 맡기고, 心靈에게 고하노라(正其衣冠, 尊其瞻視。潛心以居, 對越上帝。足容必重, 手容必恭。擇地而蹈, 折旋蟻封。出門如賓, 承事如祭。戰戰兢兢, 罔敢或易。守口如瓶, 防意如城。洞洞屬屬, 罔敢或輕。不東以西, 不南以北。當事而存, 靡他其適。弗貳以二, 弗參以三。惟精惟一, 萬變是監。從事扵斯, 是曰持敬。動靜無違, 表裏交正。須臾有間, 私欲萬端。不火而熱, 不冰而寒。毫釐有差, 天壤易處。三綱旣淪, 九法亦斁。於乎小子, 念哉敬哉。墨卿司戒, 敢告靈臺。)[朱子全書(第24冊)·晦庵先生朱文公文集(卷85)].

15 《春秋左傳·隱公5年》 봄에 새끼를 배지 않은 짐승을 사냥하는 것[蒐(수)], 여름에 곡식에 해를 끼치는 짐승을 사냥하는 것[苗(묘)], 가을에 하는 사냥[獮(선)], 겨울에 하는 사냥[狩(수)]은 모두 농한기에 실시하여 이로써 군사를 강습하려는 것이다(春蒐, 夏苗, 秋獮, 冬狩, 皆於農隙以講事也。); 農隙(농극): 농한기(农事闲暇时候).

16 《學而 제2장》 참조.

17 近(근): 간단하고 쉽다. 심오하지 않다. 평이하다. 쉽게 이해하다(浅近。容易理解。容易明白的。).

18 '敬事而信'·'節用而愛人'·'使民以時'를 각각 한 가지 일로 본 것으로, 이 경우 '而'를 병렬관계 접속사로 보지 아니하고, 수단·결과의 관계 또는 수단·목적의 관계 접속사로 본 것이다.

19 極(극): 건물의 대들보. 동량. 용마루. 가장 높은 곳. 최고의 준칙·표준(本義: 房屋的正梁。《說文·木部》棟也。顶点, 最高处; 最高最远的处所。最高准则、标准。); 면재황씨(黄榦)가 말했다. "極이라고 이름 붙이게 된 것은, 집의 용마루가 집에서 가장 높은 곳으로, 모든 재목이 모이는 곳이 되고, 사방에서 받들어, 집의 어떤 재목도 이보다 더 높을 수 없기 때문이다. 그러므로 극의 뜻이 비록 지극함으로 풀이되나, 실제로는 장소와 형상이 있는 것을 가리켜 이름 붙인 것이다"(勉齋黃氏曰: 極之得名, 以屋之脊棟爲一屋之中居高處, 盡爲衆木之總會, 四方之尊仰, 而擧一屋之木莫能加焉。故極之雖訓爲至, 而實則以有方所形狀而指名也。)(朱熹 저/곽신환外 역, 『太極解義』[소명출판, 2009]).

20 淺近(천근): 수준이 얕고 얇고 낮고 상스럽다(浅薄卑俗).

히 잘 다스릴 수 있었을 것이다. 성인께서 하신 말씀은 아주 평이할지라도, 위아래 모두에게 통용된다. 이 세 가지 일은, 그 최고의 경지까지 미루어 나갈 것 같으면, 요순 (堯舜)의 다스림도 역시 이 세 가지 일에서 벗어나지 않는다. 보통 사람이 하는 말은, 평이하다 보면, 수준이 얕고 얇고 낮고 상스러울 뿐이다."

楊氏曰:「上不敬則下慢, 不信則下疑, 下慢而疑, 事不立矣。敬事而信, 以身先之也。易曰:[21]『節以制度, 不傷財, 不害民。』蓋侈用則傷財, 傷財必至於害民, 故愛民必先於節用。然使之不以其時, 則力本[22]者不獲自盡[23], 雖有愛人之心, 而人不被其澤[24]矣。然此特論其所存[25]而已, 未及爲政也。苟無是心, 則雖有政, 不行焉。」

양씨(楊氏·楊中立)가 말했다. "윗사람이 온 마음을 기울이지 않다 보니 아랫사람은 풀어지고, 윗사람이 믿게 하지 못하다 보니 아랫사람은 의심하고, 아랫사람이 풀어지고 의심하다 보니, 일이 올바로 서지 못한다. '敬事而信'(경사이신)은 자기가 몸소 먼저 한다는 것이다. 《주역·절괘》(周易 ䷻節)에, '절약하기를 쓸 한도를 정해놓으면, 재물을 낭비하지 않고, 백성에게 해를 끼치지 않는다'고 했다. 대개 사치하게 쓰면 재물을 낭비하고, 재물을 낭비하면 반드시 백성에게 해를 끼치는 지경에 이르게 되기 때문에, 백성을 아끼는 것은 반드시 재물을 줄여 쓰는 데서부터 먼저 시작해야 한다. 그런데 백성을 부리기를 농한기를 쓰지 않으면, 농사일에 힘써야 할 자들이 농사일에다가 자기 힘을 다 쏟을 수 없을 것이니, 정사를 다스리는 자에게 비록 백성을 아끼는 마음이 있을지라도, 백성이 그 은택을 입지 못할 것이다. 그렇지만 이 장의 말씀은 다만 윗사람으로서

---

21 《易經·䷻節·象傳》천지는 절제하기에 사시 변화가 이루어진다. 절제하기를 쓸 한도를 정해놓으면, 재물을 낭비하지 않고, 백성에게 해를 끼치지 않는다(天地節而四時成, 節以制度, 不傷財, 不害民。); 勞民傷財(노민상재): 백성을 혹사시키고 또 재물을 축내다. 무익한 노동(既使人民勞苦, 又耗費錢財。現也指濫用人力物力。指无益的勞動。).

22 力本(역본): 농사일에 힘을 쏟다(谓致力于农业生产。古代以农为本, 故称。).

23 不獲(불획): ~하지 못하다. ~할 수 없다(不得, 不能。);《書經·商書·咸有一德》(이윤이 말했다.) 일곱 대 조상들 그 공덕 살필 수 있고, 만 사람 수장들 그 정사 살필 수 있습니다. 임금은 백성 없으면 쓸 사람 없고, 백성은 임금 없으면 섬길 사람 없습니다. 자기 잘났다고 거드름 피우고 남 못났다고 무시하시면 안 되니, 필부필부마다 진력하지 않으면, 임금께는 그 공덕을 이루는 데 함께 할 자 아무도 없을 것입니다(七世之廟, 可以觀德。萬夫之長, 可以觀政。后非民罔使; 民非后罔事。無自廣以狹人, 匹夫匹婦, 不獲自盡, 民主罔與成厥功。).

24 澤(택): 은택. 은혜(恩泽, 恩惠。).

25 所存(소존): 심지가 존재하는 곳. 마음이 가 있는 곳(谓心志所在。).

마음가짐만을 논하셨을 뿐이고, 정사를 실제로 펼치는 경우를 언급하신 것은 아니다. 진실로 이러한 마음가짐이 없다면, 비록 정사를 실제로 펼치는 경우일지라도 제대로 행해지지 못할 것이다."

胡氏曰:「凡此數者, 又皆以敬爲主。[26]」愚謂五者反復相因[27], 各有次第, 讀者宜細推之。
호씨(胡氏·胡寅)가 말했다. "대체로 이 몇 가지 일은, 또한 모두 경(敬)으로써 주인을 삼는다."

내가 생각건대, 이 다섯 가지 일은 서로 엎치락뒤치락하면서 서로서로 원인이 되고[아래는 위의 원인이 되고, 또 위는 아래의 원인이 된다], 각기 차례가 있으니, 읽은 자는 마땅히 세심히 헤아려야 한다.

---

26 《論語大全》'敬事而信'은 '節用愛人'·'使民以時'의 근본이고, '敬'은 또 '信'의 근본이다. 요약건대 근본이 모두 '敬'에 있다. '敬'할 수 있다면 아래의 허다한 일들이, 비로소 잘 관리될 수 있게 될 것이다(朱子曰: 敬事而信, 是節用愛人, 使民以時之本, 敬又是信之本。要之本根, 都在敬上。若能敬則下面許多事, 方照管得到。).

27 反復(반복): 여러 차례 되풀이하다. 거듭하다. 엎치락뒤치락하다(=反覆。重復再三: 翻来覆去。); 相因(상인): 이어지다. 의탁하다. 서로서로 원인이 되다(相承。相矣; 相互依托。).

[弟子入則孝章]

010601、子曰:「弟子¹入則²孝, 出則弟³, 謹而信⁴, 汎⁵愛衆, 而親仁⁶. 行有餘力⁷, 則以⁸

---

1 《論語義疏》'弟子'는 '子弟'[집안의 젊은 사람]와 같다(疏: 弟子, 猶子弟也.);《論語正義》'弟子'는 '父兄'의 對稱되는 말로, 어려서 동생이고 자식일 때를 말한다(正義曰: "弟子"者, 對父兄之稱, 謂人幼小時爲弟爲子時也.);《論語譯注》'弟子'는 ①'나이 어린 사람', ②'학생'의 뜻이 있는데, 여기에서는 '나이 어린 사람'이다('弟子', 一般有兩种意义: (甲)年纪幼小的人, (乙)学生。这里用的是第一种意义。);《王力漢語》弟子(제자): 손아랫사람(泛稱年幼者。).

2 《論語詞典》則(즉): 서로 대비관계를 표시한다(表示對比。);《詞詮》則(즉): 승접접속사. 서로 대응되는 관계를 표시한다.《說文·刀部》에 '則은 물건을 등급에 따라 나누는 것이다'라고 했다. '則'字는 본래 '나누어 금을 긋다'의 뜻이기 때문에, 그 말에도 '금을 그어 나누다'의 뜻이 있다(承接連詞。表文中對待之關係。《說文》云: 則, 等畫物也。則字本爲分畫之義, 故其爲詞亦有劃分之義焉。);《王力漢語》則(즉): 의미가 서로 대칭관계인 병렬문의 절에 쓸 수 있으며, 대비 관계를 표시한다(可以用在意思相對待的並列的分句裡, 以表示一種對比。).

3 [성]入孝出弟(입효출제): 집에 들어와서는 부모에게 효순하고, 집을 나가서는 웃어른에게 경애한다(指回家要孝順父母, 出外要敬愛兄長。); 入(입): 들어오다. 들어가다(本义: 进来, 进去。); 出(출): 나가다. 나오다(出去, 出来。).

4 《論語大全》'謹信'은 말과 행실이 모순되지 않고 서로 일치하여 대응하는 것을 말한다(朱子曰: 謹信, 言行相顧之謂。);《論語正義》'謹'은 일로 나타나고, '信'은 말로 나타난다(正義曰: 謹於事見, 信於言見也。);《積微居小學金石論叢·釋謹》[楊樹達 著] 옛 주석가들은 모두《說文·言部》의 '謹, 愼也'에 근거해서, '謹'은 행실에 관한 말이고, '信'은 언사에 관한 말로 보았다. 내 생각에는, '謹'·'信'에는 모두 '言'이 딸려 있어서, 모두 언사에 관한 말이지, 행실에 관한 말이 아니다. 행실은 이미 '入孝出弟' 안에 포함되어 있다. '謹'·'信'이 모두 말과 관계된 일이라는 것은, '愛衆'·'親仁'이 모두 사람을 접할 때의 일인 것과 같다. '謹'은 말을 적게 하는 것으로, 말이 적은 중에도 信·不信이 있어서, 말이 적으면서 말에 믿음이 없으면 失德한 것과 같기 때문에, '謹而信'[말을 신중히 하면서 또한 믿음직하게 한다]이라 한 것이다. 愛衆 중에도 仁·不仁이 있어서, 愛衆하면서 不仁을 가까이하면, 失德한 것과 같기 때문에, '汎愛衆而親仁'[많은 사람들을 두루두루 사랑하고 또한 仁한 사람을 가까이 한다]이라 한 것이다(舊注家皆據說文以愼訓謹, 謂謹屬行言, 信屬言言。愚意: 謹信文皆從言, 皆主言言, 不主行言。入孝出弟, 行已括其中矣。且以文例言之, 謹信皆出言之事, 猶之愛衆親仁皆接人之事也。謹爲寡言, 言寡之中有信不信焉, 寡而不信, 猶之失德, 故曰謹而信。所愛之衆有仁不仁焉, 愛衆而親不仁, 猶之失德, 故曰汎愛衆而親仁。);《論語疏證》쉽게 응낙하고 함부로 떠벌이는 것은 모두 謹이 아니다(輕諾揚言, 皆不謹也。);《論語譯注》"말은 적게 하되, 말할 경우에는 진실되게 믿을 만하게 한다"("寡言少語, 説則誠實可信。"); 謹信(근신): 정중하고 진실하다(恭謹誠信。);《王力字典》謹(근): 말이 많지 않다. 말조심하다(說話不多, 言語小心。).

5 《論語義疏》'汎'(범)은 '廣'[넓다]이다(疏: 汎, 廣也。);《論語新解》'泛'(범)은 '廣泛'[넓다]의 뜻으로, 물건이 물 위에 뜨는 것처럼, 어느 하나에 매여 있지 않은 것이다(泛, 广泛义。如物泛水上, 无所系著。); 泛(범): 汎과 泛은 같은 글자이다. 둥둥 뜨다. 폭넓게. 보편적으로(汎, 泛实同一词。本义: 漂浮。广泛, 普遍。).

6 《論語大全》汎愛하지만 親仁을 말하지 않으면, 兼愛설로 흐르게 된다. 이것[親仁]은 학문의 본령이다. 親仁하지 않으면 본말·시비를 무엇을 좇아 알겠는가?(朱子曰: 汎愛而不說親仁, 又流於兼愛矣……此亦是學文之本領。蓋不親仁則本末是非, 何從而知之?); 親(친): 친애하다. 지친하다. 가깝다.《說文·見部》

學文⁹．」¹⁰

선생님께서 말씀하셨다. "젊은이들은 집안에 들어와서는 어버이께 효도하고, 집 밖을 나가서는 웃어른께 공순(恭順)하고, 행실은 늘 일관되게 하고 말은 진실되게 하고, 많은 사람을 두루두루 사랑하되, 인(仁)한 사람을 가까이하도록 해라. 이렇게 다 행하고도 틈나는 날이 있으면, 그 틈을 타서 문(文)을 배우도록 해라."

弟子之弟¹¹, 上聲. 則弟之弟, 去聲. ○謹者, 行之有常也. 信者, 言之有實也. 汎, 廣也.

親은 至[가깝다]이다("見"与"至"义相通. 本义: 亲爱.《說文》亲, 至也.);《論語譯注》'仁'은 '仁人'[인한 사람]이다.《雍也 제30장》의 '井有仁焉'의 '仁'과 같다. 옛날의 어휘는 늘상 다음과 같은 일종의 규율에 따라 운용되었다. "어떤 구체적인 사람·사물이 지닌 성질·특징이나 심지어 원료를 써서, 그 구체적인 사람·사물을 대표하게 한다"('仁'卽'仁人', 和雍也篇第二十六的'井有仁焉'的'仁'一样. 古代的词汇经常运用这样一种规律: 用某一具体人和事物的性质, 特征甚至原料来代表那一具体的人和事物.).

7 [성]行有餘力(행유여력): 일을 끝마친 후에, 아직 남아도는 힘이나 시간이 있다(做了事情以后, 还有剩余的精力和时间.).

8 《論孟虛字》'以'는 '可以'와 같다. 판단표시부사["(행하고 틈나는 날이 있으면) 이를 써서 선왕들이 남긴 문헌을 배울 수 있다"]('以', 猶'可以'. 是個表判斷的限制詞. 邢昺疏: '則可以學先王之遺文.');《論語語法》개사 '以' 뒤에 개사목적어 '餘力'이 생략되었다["남은 힘을 써서 文을 배운다"](介詞'以'後面省略副賓語'餘力'.).

9 《論語集解》'文'이란 옛사람들이 남긴 문헌이다(注: 馬融曰: 文者, 古之遺文也.);《論語注疏》'옛사람들이 남긴 문헌'이란 六經[詩·書·禮·樂·易經·春秋]이 바로 이것이다(疏: 正義曰: 注言'古之遺文'者, 則詩, 書, 禮, 樂, 易, 春秋六經是也.);《論語義疏》"이 장에서는, '行有餘力 則以學文'이라 했고, 뒷장[述而 제24장]에서는 '子以四教: 文·行·忠·信.'이라 했으니, 이는 文을 배우는 것이, 어떤 경우에는 行보다 先이고, 어떤 경우에는 行보다 後인데, 무엇인지요?" "논어라는 책의 몸체는, 일일이 다 시기에 따라 그에 맞게 응하고 기회에 따라 그에 적절히 대처하도록, 가르침이 여러 방면으로 나뉘어, 수요에 따라 부여하고 있으니, 일률적일 것을 요구해서는 안 된다"(疏: 或問曰: 此云行有餘力則以學文, 後云子以四教文行忠信, 是學文或先或後, 何也? 答曰: 論語之體, 悉是應機適會, 教體多方, 随須而與, 不可一例責也.).

10 《禮記·曲禮上》아이에게는 거짓말해서는 안 된다는 뜻을 늘 보이고, 남의 말에 기웃거리지 말 것을 가르친다(幼子常視毋誑⋯⋯不傾聽.);《大戴禮記·曾子立事》사람을 가까이하는 데는 반드시 기준이 있어야 한다. 많은 사람을 알고 지내지만 가까이하는 사람이 없거나, 박학하지만 일정한 방향이 없거나, 많이 배우기를 좋아하지만 정해진 목표가 없는 사람을, 군자는 가까이하지 않는다. 군자는 많은 사람을 알고 지내면서도 가려서 교제하고, 박학하면서도 가려서 셈에 넣어두고, 많은 말을 하면서도 가려서 조심한다(親人必有方. 多知而無親, 博學而無方, 好多而無定者, 君子弗與也. 君子多知而擇焉, 博學而算焉, 多言而愼焉.);《孟子·盡心上 제46장》知者는 알지 못하는 게 없겠으나, 당장 맡아 하는 일이 서둘러야 할 일이고, 仁者는 사랑하지 않는 게 없겠으나, 서둘러서 현자를 가까이하는 일이 힘써야 할 일이다(知者 無不知也, 當務之爲急, 仁者 無不愛也, 急親賢之爲務.).

11 弟(제): [tì] 형·웃어른을 공경하여 잘 섬기다. 형제간에 우애하다. =悌(儒家称敬顺兄长, 友爱兄弟的伦

衆, 謂衆人。親, 近也。仁, 謂仁者。餘力, 猶言暇日。¹² 以, 用也。¹³ 文, 謂詩書六藝¹⁴之文。
'弟子'(제자)의 '弟'(제)는 상성[dì]이다. '則弟'(즉제)의 '弟'(제)는 거성[dì]이다. ○謹(근)이라는 것은 그의 행실에 늘 변치 않는 똑같은 모습이 있는 것이다. '信'(신)이라는 것은 그의 말에 진실이 있는 것이다. '汎'(범)은 '넓다'[廣]이다. '衆'(중)은 '많은 사람'[衆人]을 뜻한다. '親'(친)은 '가깝다'[近]이다. '仁'(인)은 '인한 사람'[仁者]을 뜻한다. '餘力'(여력)은 '틈나는 날'[暇日]이라는 말과 같다. '以'(이)는 '쓰다'[用]이다. '文'(문)은 시(詩)·서(書)·육예(六藝)의 문(文)을 뜻한다.

○程子曰:「爲弟子之職, 力有餘則學文, 不修其職而先文, 非爲己之學¹⁵也。」尹氏曰:「德行, 本也。文藝, 末也。窮其本末, 知所先後, 可以入德矣。¹⁶」洪氏曰:「未有餘力而學文, 則文滅其質; 有餘力而不學文, 則質勝而野。¹⁷」¹⁸
○정자(程子·伊川)가 말했다. "손아랫사람으로서의 직분[孝·弟·謹·信·愛衆·親仁]을 다하고, 남아도는 힘이 있으면 문(文)을 배운다는 것으로, 손아랫사람으로서의 직분을 닦지 못했는데 그에 앞서 문(文)을 배우는 것은, '자기를 위한 배움'[爲己之學]이 아니다."

理道德为「弟」。同「悌」。); [dì] 동생(称同胞男子先生者为「兄」, 后生者为「弟」).
12 暇日(가일): 한가한 날. 틈나는 날(空闲的日子);《集注考證》《論語或問》에는 '餘暇之力'[남아도는 힘]으로 되어 있는데, 옳다(或問作餘暇之力, 爲是。).
13 《說文·巳部》'㠯'[以]는 用[쓰다]이다(㠯, 用也。).
14 六藝(육예): 예·악·사·어·서·수, 여섯 가지 기예(儒家所谓的礼(礼仪)、乐(音乐)、射(射箭)、御(驾车)、书(识字)、数(计算)等六种才艺。).
15 《憲問 제25장》 참조.
16 《中庸 제33장》 군자의 도는, 담박하면서도 물리지 않고, 간결하면서도 문채가 있고, 온화하면서도 조리가 있으니, 먼 곳은 가까운 곳에서 시작됨을 알고, 바람은 불어오는 곳이 있음을 알고, 은미한 것은 드러나게 됨을 안다면, 성인의 덕의 문에 들어갈 수 있다(君子之道: 淡而不厭, 簡而文, 溫而理, 知遠之近, 知風之自, 知微之顯, 可與入德矣。).
17 《雍也 제16장》 참조.
18 《集注考證》 정자는 學보다 行을 중시했고, 윤씨는 순서를 두었고, 홍씨는 둘 다 중시했고, 주자는 學을 중시했다(程子, 行重, 尹氏, 次第, 洪氏, 雙重, 朱子, 學重);《論語大全》 윤씨는 '文'을 '德行'과 대비시키고, 본말·선후의 구분을 두어서, '文'을 가벼운 것으로 설명했다. 홍씨는 '文'을 '質'과 대비시켜, 어느 한쪽으로 치우쳐서는 안 된다고 말해, '文'을 약간 중한 것으로 설명했다. 주자는 '學文'을 '致知'로 보아, 이를 '力行'과 대비시켜, 아는 것이 분명하지 않으면 행하는 바가 사리에 맞지 않는다고 했으니, '文'이 아주 중요함을 밝혔다(雙峯饒氏曰: 尹氏以文對德行, 有本末先後之分, 說得文字輕。洪氏以文對質, 言不可偏勝, 說得文字差重。朱子以學文爲致知, 與力行爲對, 謂所知不明, 則所行不當理, 發明文字甚重。).

윤씨(尹氏·尹彦明)가 말했다. "덕행(德行)이 근본이다. 문예(文藝)는 말엽이다. 그 근본과 말엽을 속속들이 알고, 먼저 할 것과 나중에 할 것을 알면, 성인의 덕의 문에 들어갈 수 있다."

홍씨(洪氏·洪興祖)가 말했다. "손아랫사람으로서의 직분을 행할 힘이 없는데도 문(文)을 배우면, 문(文)이 그의 본바탕을 없애버리고, 손아랫사람으로서의 직분을 행하고 남아도는 힘이 있는데도 배우지 않으면, 본바탕 쪽에 치우쳐 촌스러워진다."

愚謂力行[19]而不學文, 則無以[20]考聖賢之成法, 識事理之當然, 而所行或出於私意, 非但失之於野而已。
내가 생각건대, 실행에만 힘쓰고 문(文)을 배우지 않으면, 성현이 이루어 놓은 가르침을 고찰할 방법이 없고, 사리의 의당 그러해야 하는 모습을 알 도리가 없어서, 행하는 것들이 혹 주관적이거나 공정하지 못한 생각에서 나올 수도 있으니, 단지 그 잘못이 촌스러워지는 것으로만 그치지 않는다.

19 力行(역행): (아는 것을) 실행으로 옮기는 데 힘쓰다(努力实践).《中庸 제20장》의 '배우길 좋아하는 것은 知에 가깝고, 실천에 힘쓰는 것은 仁에 가깝고, 부끄러움을 아는 것은 勇에 가깝다'(好學近乎知, 力行近乎仁, 知恥近乎勇。)에서 나온 말이다.
20《百度漢語》조사. 조동사 뒤에 붙으며, 접미사와 비슷하다('以, 助詞。加在能愿动词后, 类似词的后缀。如: 可以; 得以; 能以。).

[賢賢易色章]

010701、子夏[1]曰:「賢賢易色[2], 事父母能[3]竭[4]其力, 事君能致[5]其身[6], 與朋友交, 言而[7]有

---

1 子夏(자하): 姓 卜, 名 商, 字 子夏. BC 507~? 공자보다 44살이 적은 제자. 공문십철로 文學에 뛰어났다[先進 제2장]. 노나라 莒父(거보)의 읍장이 되어 다스린 적이 있다[子路 제17장]. 자하는 '시에 익숙하여, 그 뜻에 능통했으니, 文學으로 이름이 났다. 인성이 너그럽지 않고, 정미한 것을 논하기를 좋아했다'고 했고(習於詩, 能通其義, 以文學著名. 爲人性不弘, 好論精微).[孔子家語·七十二弟子解], '학문에 조예가 깊었고, 엄격하고 과단성이 있었고, 빈객을 영접하거나 송별할 때 반드시 공경스러웠고, 상하 간의 교유에 엄격했다'고 했다(學以深, 厲以斷, 送迎必敬, 上友下交, 銀手如斷, 是卜商之行也。)[孔子家語·弟子行]. 《雍也 제11장》 각주 《論語新解》 참조.

2 [성]賢賢易色(현현이색): 아내에 대해 품덕을 중시해야지 용모를 중시하면 안 된다. 현덕한 사람을 존중하고 여색을 중시하지 않는다(本指对妻子要重品德, 不重容貌. 后多指尊重贤德的人, 不看重女色。); 《論語集解》 여인을 좋아하는 그 마음을 써서 賢人을 좋아하면 훌륭하다는 말이다(注: 孔安國曰: 言以好色之心好賢則善也。); 《論語義疏》 보통 사람이라면, 누구나 여색을 좋아하고 현자를 좋아하지 않는데, 지금 어떤 사람이 여색을 좋아하는 마음을 고쳐서, 이로써 현자를 좋아할 수 있다면, 이 사람은 현자를 존중하는 자이기 때문에, '賢賢易色'(현현역색)[현자를 존경하고 여색을 좋아하는 마음을 고친다]이라 한 것이다. 앞의 '賢'은 尊重[존중하다]과 같고, 뒤의 '賢'은 현자를 말한다(疏: 凡人之情, 莫不好色而不好賢, 今若有人能改易好色之心, 以好於賢, 則此人便是賢於賢者, 故云賢賢易色也…… 上'賢'字猶尊重也, 下'賢'字謂賢人也。); 《論語注疏》 '色'은 '女人'이다. 여인에게는 고운 자태가 있어서, 남자들이 좋아하기 때문에, 경전에서는 모두 여인을 '色'이라 했다(疏 正義曰: 色, 女人也. 女有姿色, 男子悅之, 故經傳之文通謂女人爲色。); 《古今注》 '易色'은 단지 현자로써 미색을 바꾼다는 뜻이다(易色, 只是以賢者易美色。); 《論語正義》 '賢賢'은 사람의 어진 품덕을 존중하는 것을 말한다. '親親'·'長長'이라는 말과 같다. 宋翔鳳[1779~1860]의 《樸學齋劄記》에 말했다. "三代의 학문은 모두 人倫을 밝힌 것이고, 賢賢易色은 부부간의 도리를 밝힌 것이다. 《毛詩序》에 '周南·召南 편은 부부·혼인은 인륜의 시작이고 王道의 교화의 기초이다'라고 했는데, 이 장에서 말한 賢賢易色은 부부간의 도리에 딱 들어맞는 말이다." 부부관계는 인륜의 시작이기 때문에, '事父母'·'事君'에 앞서 기술한 것이다. 《漢書·眭兩夏侯京翼李傳》에 '賢賢易色'을 인용했는데, 안사고의 주에 '易色은 색을 가볍고 소홀히 대하고, 존귀하게 여기지 않는 것이다'라고 했다(正義曰: '賢賢'者, 謂於人之賢者賢之, 猶言親親, 長長也. 宋氏翔鳳《樸學齋劄記》: "三代之學, 皆明人倫, 賢賢易色, 明夫婦之倫也. 毛詩序云: '周南召南, 正始之道, 王化之基……,' 此賢賢易色, 指夫婦之切證。" ……今案: 夫婦爲人倫之始, 故此文敘於事父母,事君之前.《漢書,李尋傳》引此文, 顏師古注: "易色, 輕略於色, 不貴之也。"). 또 《廣雅·釋言》에 '易는 如이다'라고 했는데, 왕념손의 《廣雅疏證》에서 이를 인용해서 말하기를, '논어에 賢賢易色이라 했는데, 易는 如이다. 好德如好色[덕을 좋아하길 색을 좋아하듯 좋아한다][子罕 제17장]이란 말과 같다'고 했다. 이 풀이 역시 통한다(又《廣雅釋言》: "易, 如也。" 王氏念孫《疏證》引之云: "《論語》賢賢易色, '易'者, 如也. 猶言好德如好色也。);《古書虛字》 '易'는 '如似'의 뜻이다. 好賢如色[현덕을 좋아하길 예쁜 얼굴 좋아하듯 좋아한다]이라는 말과 같다('易'爲'如似'之義. 猶言好賢如色也。);《王力字典》賢(현): 의동용법. 어질게 여기다. 숭상하다(用作意動, 以爲賢, 崇尚。);《論語譯注》 아내에 대해 品德을 중시하고, 容色을 중시하지 않는다. '事父母'·'事君'·'交朋友'는 각각 일정한 인간관계를 가리킨다. 그렇다면 '賢賢易色'도 어떤 일정한 인간관계를 가리켜서 한 말로 봐야지, 일반적인 말일 수 없다. 고대사회는 부부관계를 아주 중요시해서, 부부관계는 '人倫之始'[인륜의 시작], 혼인 관계는 '王化之基'[王道의

信[8]。雖曰未學,[9] 吾必[10]謂之[11]學矣[12]。」

자하(子夏)가 말했다. "현덕을 숭상하여 (이로써) 용색을 좋아하는 마음을 고치고, 어버이를 모심에는 능히 자기 힘을 다 쏟고, 임금을 섬김에는 능히 자기 몸을 다 내맡기고, 벗들과 교우하는 데는 말에 믿음이 있게 한다. (이런 사람이라면) 비록 누군가가 그에 대해 배운 적이 없는 사람이라 할지라도, 나는 단호히 그를 평하기를 배운 사람이라고 하겠다."

교화의 기초]로 여겼는데, 이 장에서 이를 시작 말로 삼은 것은 이상할 게 없다(對妻子, 重品德, 不重容貌……事父母,事君,交朋友, 各指一定的人事關系; 那麼, '賢賢易色'也應該是指某一種人事關係而言, 不能是一般的泛指。奴隸社會和封建社會把夫妻間關系看得極重, 認爲是'人倫之始'和'王化之基', 這裏開始便談到它, 是不足爲奇的。);《王力字典》易(이): 가볍게 보다. 버릇없이 굴다["현덕을 높이 여기고 용색을 가볍게 여긴다"](輕視, 輕慢。);《論語新解》'易'字에는 두 가지 견해가 있다. ①고치다. 어진 마음을 높여서 호색하는 마음을 고친다. ②쉽다. 어진 마음을 높이고 호색하는 마음을 경시한다. ①설을 따른다. 어떤 견해는 이 賢賢易色을 부부 사이의 윤리를 가리키는 말로 보고, 남편 된 자는 아내의 현덕을 존경하고 용색을 소략하게 대하는 것으로 풀이한다(易字有兩读: 一读改易, 谓以尊贤心改好色心。一读平易, 谓尊贤心平于好色心。今从前读。或说此四字专指夫妇一伦言, 谓为夫者能敬妻之贤德而略其色貌。).

3《論語詞典》能(능): 조동사. ~할 수 있다. '能'은 일반적으로 주관적인 역량에 착안한 것이고, '得'은 객관적인 조건에 주안점을 둔 것이다['吾未嘗不得見也'(八佾 제24장) 참조](助動詞, "能够"(和"得"的用法不同, "能"一般從主觀的力量着眼, "得"則從客觀條件着眼。).

4 竭(갈): 물이 마르다. 고갈되다. 다 없어지다. 가지고 있는 것을 다 쓰다['盈'의 반대](干涸; 枯竭。穷尽。).

5《論語義疏》'致'(치)는 '極[끝까지 하다. 다하다]이다(疏: 致, 極也。);《王力字典》致(치): 주다. 바치다. 내놓다. 맡기다(給予, 獻出。).

6 身(신): 생명. 목숨(生命, 性命。).

7《論語句法》'而'는 '如'와 통한다. 가설을 표시하는 관계사이다["말에 믿음이 있다면"]('而'通'如', 是個表假說的關係詞。).

8 [성]言而有信(언이유신): 말이 믿을 만하다. 말에 신용이 있다(说话靠得住, 有信用。).

9《助字辨略》'雖'는 '兩設[가령~일지라도]이다(雖者, 兩設之辭也。);《論語正義》당시는 대부분 작록이 세습되고, 능력이 있는 자를 뽑는 제도가 폐지되어, 배우지 않아도 벼슬에 나갈 수 있었기 때문에, 배우지 않은 자도 임금을 섬겼다(正義曰: 當時多世卿, 廢選舉之務, 雖不學亦得出仕, 故有未學亦事君也。);《論語新解》그 사람이 스스로를 못 배웠다고 낮출지라도, 나는 그를 이미 배웠다고 말하겠다(其人或自谦未学, 我必谓之既学矣。).

10《古書虛字》반드시. 필히. 단호히('必', 猶'定'也。)

11 '謂+之+賓語' 형식: 謂+之+(曰+賓語)[겸어구]의 생략(任永清, "《論語》'謂'字用法析論", 「臺北市立教育大學學報」2013);《論語句法》'之'字는 '謂'字에 대해서는 목적어이지만, '學'字에 대해서는 주어이고, '之'와 '學' 사이에는, 준연결동사 '曰'字가 생략되었다('之'字, 對上'謂'字是止詞, 可是, 對下而'的'學'字是主語, '之'和'學'之間, 省去了一個準繫詞'曰'字。).

12《古書虛字》矣(의): 어말조사. 이론상 필연적인 결과임을 표시한다('矣', 句末助詞, 或表理論上必然之結果。);《詞詮》어말조사. 말하는 자의 견해가 확고함을 표시한다('矣', 語末助詞。助句, 表言者語意 之堅確。);《論語詞典》어기사. 굳은 결심과 확고한 긍정을 표시한다(語氣詞。表堅强的決定和肯定。).

子夏 孔子弟子, 姓[13]卜, 名商。賢人之賢, 而易其好色之心, 好善有誠也[14]。致, 猶委[15]也。
委致其身, 謂不有其身也[16]。四者皆人倫之大者[17], 而行之必盡其誠[18], 學求如是而已。

---

13 《王力漢語》상고시대에는 姓이 있었고 氏가 있었다. 姓은 씨족의 호칭의 일종이고, 氏는 姓에서 분파된
것이다. 姜·姬·姚·嬴등 적지 않은 姓에 '女'旁이 붙어 있는데, 이는 일찍이 모계사회를 거쳤음을
암시한다. 자손이 번성함에 따라 한 개 종족이 분파되어 여러 지역에 흩어져 살게 되고, 분파마다
특수한 호칭을 가지고 표지로 삼게 되었는데, 이것이 바로 氏다. 주왕조 시대의 성씨 제도는, 귀족은
성씨가 있었고, 일반 평민은 성씨가 없었다. 귀족인 여자는 姓을 불렀고, 남자는 氏를 불렀는데, 이것이
氏는 귀천을 밝히는 데 쓰고, 姓은 혼인을 구분하는 데 쓰게 된 이유였다(上古有姓有氏。姓是一種族號,
氏是姓的分支。不少姓如姜姬姚嬴等都加女旁, 這暗示先民曾經經歷過母權社會。後來由於子孫繁衍, 一
族分爲若干分支散居各地, 每支有一個特殊的稱號作爲標誌, 這就是氏……周代的姓氏制度……貴族有姓
氏, 一般平民沒有姓氏。貴族中女子稱姓, 男子稱氏, 這是因爲氏是用來'明貴賤的, 姓是用來'別婚姻的。).

14 《論語大全》"伊川은 '어진 사람을 보면 안색을 고친다'고 풀이했는데, 集注는 어째서 范氏의 '好色'설을
취했는지요?" "공자께서는 두 번 '未見好德如好色'이라 하셨고[子罕 제17장; 衛靈公 제12장], 《中庸》에
서도 色을 멀리하는 것을 勸賢의 일로 삼았으니[中庸 20: 14], 이미 분명해졌다. 안색을 고치는 것은
거짓으로 그러는 경우가 있으니, 好色하는 마음을 고치니 비로소 선을 좋아하는 마음이 진실하다는
것을 알 수 있다고 풀이하는 것만 못하다. 그러므로 范氏의 설이 낫다"(問: 伊川云見賢而變易顏色,
集註何故取范氏好色之說? 朱子曰: 孔子兩言未見好德如好色, 中庸亦以遠色爲勸賢之事, 已分曉了。變易
顏色, 有僞爲之者, 不若易好色之心, 方見其誠也。故范說爲長。).

15 委(위): 맡기다. 내버려 두고 돌보지 않다. 내던지다. 순종하다(委托。丢弃, 抛弃。随顺, 顺从。).

16 《論語大全》'不有其身'이란 자기를 위한 사사로운 계산을 하지 않는다는 것이다(朱子曰: 不有其身,
是不爲己之私計也。); 不有(불유): 없다. 있지 않다(无有, 没有。).

17 《孟子·滕文公上 제4장》사람 사는 도리는, 배불리 먹고 따뜻하게 입고 편안하게 산다고 해도, 가르침이
없으면 짐승에 가깝습니다. 성인께서는 이를 걱정하시어, 설을 사도로 삼아, 인륜을 가르치도록 했으니,
아버지와 아들 사이에는 친함이 있어야 하고, 임금과 신하 사이에는 의가 있어야 하고, 남편과 아내
사이에는 구별이 있어야 하고, 어른과 젊은이 사이에는 차례가 있어야 하고, 친구들 사이에는 신의가
있어야 한다는 것입니다(人之有道也, 飽食, 煖衣, 逸居而無敎, 則近於禽獸。聖人有憂之, 使契爲司徒,
敎以人倫: 父子有親, 君臣有義, 夫婦有別, 長幼有序, 朋友有信。);《論語大全》인륜에서 임금과 어버이보다
중한 것은 없지만, 이 장에서 '賢賢'을 앞에 둔 것은 好善에 진실함이 있어야 비로소 아래 세 가지
일[事父母·事君·與朋友交]을 능히 행할 수 있기 때문이다(雙峯饒氏曰: 人倫莫重於君親, 此以賢賢居先
者, 以好善有誠, 方能行下三事也。);《集注考證》賢賢·與朋友交는 공히 한 가지 인륜 같은데, 事父母를
인륜의 머리로 삼지 않고 賢賢을 머리로 삼았으니, 아래 세 가지[事父母·事君·與朋友交]에 진력할
수 있게 되는 것은, 오로지 이 賢賢에 달려 있다는 것이다. 賢賢易色은 好善이 진실하다는 것으로,
《大學》誠意章의 소위 '如好好色'[아름다운 여자를 좋아하는 것처럼 좋아하다]이 바로 이것이다. 사람에
게는 오직 好善에 대한 진실되고 간절한 마음이 있기 때문에, 孝悌忠信의 일에 진력하지 않는 경우가
없게 되는 것이니, 賢賢易色을 인륜의 머리에 두는 까닭이다(賢賢·與朋友交, 若共是一倫, 然不以事父
母爲首, 而以賢賢爲首, 蓋下三言所以能致其極者, 專在此一言爾, 賢賢易色, 好善之誠也, 大學誠意章所謂
如好好色是也, 人惟有誠切好善之心, 故於孝悌忠信之事無所不用其極, 所以賢賢易色居首。).

18 《論語大全》'易色'은 현덕을 숭상하는 데 정성을 다하는 모습이고, '竭力'은 어버이를 모시는 데 정성을
다하는 모습이고, '致身'은 임금을 섬기는 데 정성을 다하는 모습이고, '言信'은 친구를 사귀는 데
정성을 다하는 모습이다(新安陳氏曰: 易色, 是誠於好賢; 竭力, 是誠於事親; 致身, 是誠於事君; 言信, 是誠
於交友。).

故子夏言有能如是之人, 苟非生質[19]之美, 必其務學之至。雖或以爲未嘗爲學, 我必謂之已學也。

'子夏'(자하)는 공자(孔子)의 제자로, 성이 복(卜)이고, 이름이 상(商)이다. 사람의 현덕(賢德)을 숭상하여, 내 속의 용색(容色)을 좋아하는 마음을 고치면, 선을 좋아하는 마음에 진심이 담겨 있다. '致'(치)는 '내맡기다'[委]와 같다. 자기 몸을 내맡겨 바친다는 것은, 자기 몸이 없다고 하는 말이다.

이 네 가지는 모두 인륜 중에서 가장 큰 덕목으로, 이것들을 행함에는 반드시 자기의 정성을 다 쏟아야 하고, 배움은 이러함을 추구할 뿐이다. 그래서 자하(子夏)가 말하기를, '능히 이러한 사람이 있으면, 진실로 나면서부터 자질이 뛰어난 자가 아니면, 반드시 배움에 자기의 있는 힘을 다 쏟는 자일 것이다. 비록 누군가가 그를 배운 적이 없는 사람이라 여길지라도, 나는 반드시 그를 이미 배운 사람이라 평하겠다'고 한 것이다.

○游氏曰:「三代之學, 皆所以明人倫也[20]。能是四者, 則於人倫厚矣。學之爲道, 何以加此。子夏以文學名,[21] 而其言如此, 則古人之所謂學者[22]可知矣[23]。故學而一篇, 大抵[24]皆在於務本。」

○유씨(游氏・游定夫)가 말했다. "하(夏)・은(殷)・주(周) 3대의 배움은, 모두 이를 써서 사람과 사람 사이의 도리인 인륜을 밝히려는 것이었다. 이 네 가지에 능한 자라면,

---

19 生質(생질): 천성. 타고나다(犹禀赋).

20 《孟子・滕文公上 제3장》상・서・학・교를 세워서 백성들을 가르쳤습니다. 상에서는 노인을 봉양했고, 교에서는 백성을 가르쳤고, 서에서는 활쏘기를 익혔습니다. 하나라에서는 교라 했고, 은나라에서는 서라 했고, 주나라에서는 상이라 했습니다. 학은 하・은・주 삼대가 이름이 같았는데, 모두 이를 써서 인륜을 밝히려는 것이었습니다. 인륜이 윗사람에게서 밝아지면, 일반 백성들은 밑에서 친밀해질 것입니다(設爲庠序學校以敎之: 庠者, 養也; 校者, 敎也; 序者, 射也。夏曰校, 殷曰序, 周曰庠, 學則三代共之, 皆所以明人倫也。人倫明於上, 小民親於下。); 所以(소이): ~하는 데 쓰다(用以, 用来).

21 《先進 제2장》 참조; 《王力漢語》 文學(문학): 문헌과 경전(指文獻和經典).

22 學者(학자): 학문하는 사람. 배움의 길을 추구하는 사람(做学问的人; 求学的人.);《憲問 제25장》'古之學者……' 참조.

23 《論語大全》 자하의 문학은, 문예라는 말단을 일삼은 것이 아니라, 궁행이라는 근본을 중시했음을 알 수 있다(新安陳氏曰: 可見子夏之文學, 非事文藝之末, 而重躬行之本也.).

24 大抵(대저): 대개. 대체로(大概; 大致.).

인류에 돈독한 자이다. 배움의 길에, 무엇을 가지고 이 네 가지에 더 보태겠는가? 자하(子夏)는 문학(文學)으로 이름이 났는데도, 그의 학자(學者)에 대한 견해가 이와 같았으니, 그렇다면 옛날의 소위 학자(學者)가 어떠했을지 알 수 있다. 그러므로 학이(學而) 한 편의 뜻은 대체로 모두 근본에 힘쓴다는 데에 있다."

吳氏曰: 「子夏之言, 其意善矣。然辭氣[25]之間, 抑揚[26]太過, 其流之弊,[27] 將或至於廢學。[28][29] 必若上章夫子之言, 然後爲無弊也。」[30]

---

25 內閣本에는 '辭氣'가 '詞氣'로 되어 있다; 辭氣(사기): 어투. 어세(语气; 口气); 詞氣(사기): 문장의 기세(言语或文词的气势).

26 抑揚(억양): 아래로 억누르는 것과 위로 치켜세우는 것. 칭찬과 비난(按下与上举。褒贬。).

27 流弊(유폐): 어떤 일로 인해 파생되어 생기는 나쁜 작용. 따르는 폐단(指某事引起的坏作用, 也指相沿下来的弊端。).

28 《論語大全》 자하의 이 말은, 다른 학자들에 의해 논박당했는데, 자로가 말한, '어찌 꼭 서책을 읽어야, 그런 후에만 배웠다 하겠습니까?'[先進 제24장]라는 견해와 같으니, 그에 따라 파생되는 폐단은 모두 배움을 폐하는 지경에 이를 것이다(朱子曰: 子夏此言, 被他說殺了, 與子路何必讀書之說同, 其流弊皆至於廢學。).

29 《禮記·學記》 사악이 이미 드러난 후에 금하면, 맞서서 대들고 고집스레 뻗대서 이겨내지 못하고, 배울 때가 지난 후에 배우면, 힘만 들이고 고생만 할 뿐 성취가 없고, 잡다하게 가르치고 순서를 따라 하지 아니하면, 질서가 무너지고 엉클어져서 수습하지 못하고, 혼자 공부하고 도움받을 친구가 없으면, 고루해지고 과문해지고, 학우를 업신여기면, 스승의 가르침을 거역하고, 스승의 가르침을 업신여기면, 배움을 아예 폐하게 된다. 이 여섯 가지는 교육이 망가지는 원인이다(發然後禁, 則扞格而不勝; 時過然後學, 則勤苦而難成; 雜施而不孫, 則壞亂而不修; 獨學而無友, 則孤陋而寡聞; 燕朋逆其師; 燕辟廢其學。此六者, 教之所由廢也。).

30 《論語大全》 자질의 뛰어남에는 한계가 있지만, 배움의 유익함에는 끝이 없다. 그래서 오씨가 자하의 말의 (배움을) 억누름과 (행실을) 치켜세움의 치우침을 염려한 것이다(胡氏曰: 質之美有限, 而學之益無窮。故吳氏又慮其抑揚之有偏也。); 《讀論語大全說》 이 경문의 본지는 원래 배움이 이룩한 성취에 대한 고찰이지, 인품에 대한 일반론이 아니다. 만약 (자하가) 배움을 억누르고 행실을 치켜세우려 했다면, 마땅히 '비록 그가 배운 적이 없을지라도, 배운 사람과 똑같다'라고 말했어야 맞다. 자하는 끝까지 배움을 중시하여, 일체의 고원한 학설을 깨뜨리고, 경문의 이러한 현덕을 가까이하고 인류에 힘을 다하는 일을 배움이라 했으니, '사람 중에는 그가 배움에 겨를이 없을 것이라고 비판하는 자가 있지만, 나는 반드시 배움에 자기의 있는 힘을 다 쏟는 자가 아니면 이 사람과 같을 수 없다'고 한 것이다. 그런즉 천하에 설마 배우지 않고도 능히 성현이 될 수 있는 경우가 있겠는가? '吾必謂之學矣' 여섯 글자는 聖學과 異端을 가르는 일대 경계로, '(배움의 과정 없이) 곧바로 인심을 직시하여, 참나를 보고 불성을 성취한다'는 석가류의 사악한 학설을 깨뜨려버린 것이다. 여기에서 자하가 독실히 성인을 믿은 부분을 볼 수 있다(蓋本文之旨, 原以考學之成, 而非泛論人品。使其抑學揚行, 則當云雖其未學, 亦與學者均矣。子夏到底重學, 以破一切高遠之說, 謂此親賢盡倫之事, 人有妄謂其無假於學者, 而我必謂非務學之至者不足與此。則天下豈有不學而能之聖賢哉?……"吾必謂之學矣"六字, 是聖學, 異端一大界限, 破盡"直指人心, 見性成佛"一流邪說。於此見子夏篤信聖人處。).

오씨(吳氏·吳械)가 말했다. "자하(子夏)의 말은, 그 뜻은 훌륭하다. 그렇지만 그 말의 기운 중에는, 배움은 억누르고 행실은 치켜세우는 것이 너무 한쪽으로 지나쳐서, 그에 따라 파생되는 폐단은, 장차 어떤 경우에는 배움을 폐하는 지경에 이를 수 있다. 반드시 위 제6장에서 선생님께서 하신 말씀대로 해야, 그런 뒤에야 폐단이 없다."

[君子不重則不威章]

010801、 子曰:「君子不重則[1]不威, 學則[2]不固[3,4]。

　　　　선생님께서 말씀하셨다. "군자는 중후하지 않으면 위엄이 없으니, 배웠다 해도
　　　　견고하지 못하다.

重, 厚重。[5] 威威嚴。固, 堅固也。輕乎外者, 必不能堅乎內, 故不厚重則無威嚴, 而所學亦
不堅固也。

---

1 《論孟虛字》則(즉): 인과관계를 표시한다('則', 表因果關係, '不重'是因, '不威'是果。).

2 《北京虛詞》則(즉): 접속사. 반대로. 도리어. 오히려. ~지만. ~해도. 앞 문장과 다른 사실을 나타내는 문장을 이어주는 전환관계를 표시한다. 도달하고자 하는 목적이 상반되거나 의외의 결과가 나오는 경우에 쓰인다('則', 连词。表示转折关系。所连接的后一部分与前一部分想达到的目的正相反, 或出乎意料之外。义即'反而'、'却'。);《論孟虛字》또한. 마저도('則', 猶且, 爲表進層連接的關係詞。).

3 《論語集解》孔安國: '固'는 '蔽'이다. 一說: 사람이 중후하지 않으면, 위엄이 없고, 배운 것이 견고하지 못해, 그 의리를 알 수 없다(注: 孔安國曰: 固, 蔽也。一曰: 言人不敢重, 既無威, 學不能堅固, 識其義理也。);《論語義疏》공안국은 '固'를 '蔽'로 풀이했는데, '蔽'는 '當'과 같다. 사람이 중후하지 못하면, 설령 배워도 도리를 감당할 수 없다는 말이다. '詩三百一言以蔽[爲政 제2장]의 '蔽'와 같다(疏: 侃案: 孔訓固爲蔽, 蔽猶當也。言人既不能敢重, 縱學亦不能當道理也。猶詩三百一言以蔽之蔽也。);《論語注疏》'君子不重則不威 學則不固'에 대해서는 두 가지 견해가 있다. ①'固'는 '蔽[가리다. 어둡다]이다['군자는 중후해야 한다. 중후하지 않으면 위엄이 없다. 또 군자는 선왕의 도를 배우기를 폭넓게 알고 힘써서 기억하면, 완고해지거나 사리에 어두워지지 않는다']. ②'固'는 '堅固[견고하다]이다['사람이 중후하지 못하면, 위엄이 없을뿐더러, 배운 것 또한 견고하지 못해, 그 도리를 알 수 없다']. 두 설 모두 군자는 중후해야 함을 밝힌 것이다(疏: 正義曰: '君子不重則不威, 學則不固'者, 其說有二: 孔安國曰: '固, 蔽也。言君子當須敦重。若不敦重, 則無威嚴。又當學先王之道, 以致博聞強識, 則不固蔽也。'; 一曰: '固, 謂堅固。言人不能敦重, 既無威嚴, 學又不能堅固識其道理也。' 明須敦重也。);《論語新解》"배움에 뜻을 두면, 고루해지지 않을 수 있다"("能向学, 可不固陋。"); '군자는 중하지 않으면 위엄을 내세우지 않고, 배우면 고정관념에 사로잡히지 않는다'고 풀이하는 견해도 있다.

4 《揚子法言·修身》"어찌하면 사람이라 하겠습니까?" 揚子가 말했다. "四重을 취하고, 四輕을 버리면 사람이라 할 수 있다." "무엇이 四重인지요?" "重言·重行·重貌·重好이다. 말이 무거우면 본받을 것이 있고, 행동이 무거우면 덕이 있고, 용모가 무거우면 위엄이 있고, 좋아하는 것이 무거우면 살필만한 것이 있다." "무엇이 四輕인지요?" "言輕·行輕·貌輕·好輕이다. 말이 가벼우면 걱정을 불러들이고, 행동이 가벼우면 허물을 불러들이고, 용모가 가벼우면 치욕을 불러들이고, 좋아하는 것이 가벼우면 음란을 불러들인다"(或問: '何如斯謂之人?' 曰: '取四重, 去四輕, 則可謂之人。' 曰: '何謂四重?'曰: '重言, 重行, 重貌, 重好。言重則有法, 行重則有德, 貌重則有威, 好重則有觀。' '敢問四輕。' 曰: '言輕則招憂, 行輕則招辜, 貌輕則招辱, 好輕則招淫。');《王力漢語》重(중): 장중하다. 위엄있다. 진중하다. 듬직하다. 경솔하지 않다(莊重, 厚重, 不輕率。).

5 厚重(후중): 듬직하고 묵직하다. 중후하다(又厚又重。).

'重'(중)은 '듬직하고 묵직하다'[厚重]이다. '威'(위)는 '위엄이 있다'[威嚴]이다. '固'(고)는 '단단하여 부서지지 않고 확고하여 흔들림이 없다'[堅固]이다. 외면으로 가벼운 사람은, 결코 내면으로 견고할 수 없기 때문에, 외면이 중후하지 않으면 위엄이 없고, 내면의 배운 것 또한 견고하지 못하다.

010802、主⁶忠信⁷ ⁸。

　　충(忠)과 신(信)으로 주관하게 한다.

人不忠信, 則事皆無實, 爲惡則易, 爲善則難, 故學者必以是爲主焉。⁹

---

6 《論語集解》'主'는 '親'[가까이하다]이다(注: 鄭玄曰: 主, 親也。);《論語大全》모든 일이 그것에 맡겨 주관케 하는 것이다(朱子曰: 凡事靠他做主。);《古今注》'主'는 '지키다' '종주로 삼다'이다(主者, 守也, 宗也。);《論語平議》'主'는 '友'와 對句이다.《大戴禮記·曾子制言上》에, 증자의 어떤 제자가 진나라에 가려는데, 그가 '저는 거기에 아는 사람이 없습니다'라고 하자, 증자가 '어찌 꼭 그렇겠느냐? 가거라! 아는 사람을 友라 하고, 모르는 사람을 主라 한다'고 했는데, 이 글의 '主'의 뜻이 이 장의 '主'와 같다. [이 장은] 主人으로 삼을 자는 반드시 忠信한 사람이어야 하고, 벗으로 삼을 자는 반드시 자기보다 못한 사람이 없어야 함을 말한 것이다. 공자께서 위나라에 가서 안수유를 주인으로 삼은 것, 사성정자를 주인으로 삼은 것[孟子·萬章上 제8장]이 바로 '主忠信'을 말한 것이다(主與友對. 大戴記曾子制言篇曰, 曾子門弟子或將之晉, 曰, 吾無知焉. 曾子曰, 何必然, 往矣. 有知焉, 謂之友, 無知焉, 謂之主. 此文主字義與彼同. 言所主者, 必忠信之人, 所友者, 無不若己之人. 孔子主顔讎由, 主司城貞子, 即是主忠信之謂。);《論語新解》①일을 하는 데 忠信으로 주관하게 한다. ②'主'는 '親'의 뜻이다. 사람이 객이 되는 경우, 그가 투숙할 집을 주인집으로 삼는다. 아래의 '友'[의좋게 지내다] 字와 대조하면, 忠信한 사람을 '親'하다[가깝게 지내다]고 해야 한다. 생각건대 ①설을 따른다. ②설은 우연한 일로, 분량 면에서 다른 네 가지 일과 걸맞지 않는다(此亦有兩解。一, 行事以忠信為主。一, 主, 親義。如人作客, 以其所投遇之家為主。与下文友字对照, 谓当亲忠信之人。今按: 当从前解。后解乃偶然事, 分量与其他四事不相称。).

7 《論語義疏》忠信한 마음가짐은 百行의 주인이다(疏: 忠信爲心, 百行之主也。).

8 《古今注》毛奇齡[1623~1716]이《論語稽求篇》에 말했다. "'君子不重' 이하 11字가 그 자체로 한 장이고, '主忠信' 이하 3개 구가 그 자체로 한 장이다. '主忠信' 이하 이 장은 본래《子罕 제24장》의 글인데, 이 장에서 거듭나온 것이다. 그런데 [朱子는] '거듭 나왔다'는 注를 이 장에 달지 않고, 거꾸로 子罕편에 달아, 이로써 '君子不重' 이하와 '主忠信' 이하가 위아래로 서로 이어지는 것으로 표시했는데, 틀어지고 어긋나서 뜻이 이어지지 않는다"(毛曰: 君子不重十一字自爲一章, 主忠信三句自爲一章. 此本子罕篇文而復簡于此者. 今旣注重出, 乃不注之此, 而反注之子罕篇, 以致威重忠信上下相承處, 齟齬不接。);《子罕 제24장》과《顔淵 제10장》에도 '主忠信' 구절이 나온다.

9 《論語大全》忠은 진실한 마음이고, 信은 진실한 일이다. 사람으로서 忠信이 없으면, 마치 나무가 뿌리가 없고, 물이 근원이 없는 것과 같으니, 이보다 더 심한 것이 있겠는가? 몸 전체가 텅 비어버린 것이다(朱子曰: 忠爲實心, 信爲實事。人若不忠信, 如木之無本, 水之無源, 更有甚底, 一身都空了。);《論語大全》'主'[주인]는 '賓'[객]에 대응하는 말로, 객은 외부인이어서 出入無時이지만, 주인은 항상 집 안에 있다. '主忠信'은 忠信으

사람이 진실(眞實)하지 못하고 신실(信實)하지 못하면, 하는 일마다 모두 실(實)이 들어 있지 않아서, 악한 일을 하기는 쉽고, 선한 일을 하기는 어렵기 때문에, 배우는 자는 반드시 이것을 주관자로 삼아야 한다.

○程子曰:「人道惟在忠信, 不誠則無物[10], 且出入無時, 莫知其鄉[11]者, 人心也。若無忠信, 豈復有物乎?」

○정자(程子·明道)가 말했다. "사람된 도리는 오직 진실함과 신실함에 있으니, 사람이 진실하지 못하면 사람으로서의 실질이 없고, 더욱이 나고 드는 데 일정한 때가 없고, 그 향하는 곳을 알 수 없는 것이, 사람 마음이다. 만일 진실함과 신실함이 없다면, 어찌 다시 사람 된 실질이 있겠는가?"

010803、無[12]友不如[13]己者。[14]

로 늘상 내 마음의 주인을 삼는 것으로, 마음의 주인이 忠信이면, 그 안에 허다한 도리가 모두 충실하지만, 忠信이 없으면, 허다한 도리가 모두 텅 비어 있으니, '主'字에 방점이 있다(陳氏曰: 主與賓對, 賓是外人, 出入不常, 主常在屋裏。主忠信, 是以忠信常爲吾心之主, 心所主者忠信, 則其中許多道理都實, 無忠信, 則道理都虛了, 主字極有力。).

10 《中庸 제25장》誠은 스스로 자기의 본모습을 온전히 구현해내고, 道는 스스로 자기의 길을 이끌어간다. 誠은 物의 처음부터 끝이니, 不誠하면 物은 없다. 이 때문에 군자는 誠하는 것을 귀중히 여긴다(誠者自成也, 而道自道也。誠者物之終始, 不誠無物。是故君子誠之爲貴。);《朱子語類64: 97》이 理가 없으면, 비록 이 物이 있다 할지라도, 이 物이 없는 것이나 마찬가지이다(無是理, 則雖有是物, 若無是物矣。);《論語大全》'不誠無物'의 '不'은 '사람으로서 아니~하다'이다. 사람으로서 아니 성실하면, 이 사물이 없다. 集注에서 말한 '人不忠信則事皆無實'이 바로 '不誠則無物'의 뜻이다(新安陳氏曰: 不誠無物, 不者, 人之也。人不誠實, 則無此事物。集註所謂人不忠信, 則事皆無實, 卽不誠無物之意。).

11 鄉(향): 향하다(用作动词, 通'向'。).

12 《助字辨略》'無'는 '毋'와 통한다. 금지사이다(無字, 與毋通, 禁止辭也。);《古書虛字》금지사('毋(無)', '勿'也。禁止之詞。);《文言語法》'毋'는 명령의 부정 즉 금지를 표시한다. '毋'字는 '無'로 쓴 경우도 있다('毋', 命令的否定, 卽表禁止, 古文常用'毋''勿'字。'毋'字又有時寫作'無'。).

13 《論語正義》《廣雅·釋言》에, '如'는 '均'[균등하다]이라고 했다(正義曰:《廣雅、釋言》'如, 均也。'); 不如(불여): ~만 못하다(比不上。); 如: 마치~와 같다. ~만 하다(动词。好像, 如同。).

14 《論語義疏》어떤 사람이 물었다. "만약 사람들이 모두 자기보다 나은 자를 벗으로 삼기를 동경한다면, 나보다 나은 자는 어찌 나를 벗으로 삼으려 하겠습니까?" ①"벗을 택할 때 반드시 忠信한 자를 주로 벗으로 삼고, 忠信이 자기만 못한 자는 벗으로 삼지 않고, 다른 재능은 문제 삼지 않는다." ②"자기와 필적한 자라면 벗으로 삼고, 자기와 필적하지 못한 자는 벗으로 삼지 않는다." ③"이 장은 뜻이 같은 자를 벗으로 삼으라는 말씀이다. 이 장이 말하는 바는, 그의 뜻을 동경해서 그와 같아질 것을 생각한다는

자기만 못한 자를 벗으로 삼지 말거라.

無, 母[15]通, 禁止辭也。友所以輔仁,[16] 不如己, 則無益而有損[17]。

'無'(무)와 '母'(무)는 서로 통하니, 금지하는 말이다. 벗은 이를 써서 내게 부족한 인(仁)을 보강하는 자인데, 자기만 못하면, 이익은 없고 손해만 있다.

말이다"(疏: 或問曰: 若人皆慕勝己爲友, 則勝己者豈友我耶? 或通云: 擇友必以忠信者爲主, 不取忠信不如己者耳, 不論餘才也。或通云: 敵則爲友, 不取不敵者也。蔡謨云: 本言同志爲友。此章所言, 謂慕其志而思與之同。);《論語大全》"반드시 나보다 나은 자만을 택해 벗으로 삼을 경우, 나보다 나은 자는 반드시 나를 자기보다 못한 자로 여겨 나를 벗으로 삼지 않을 것입니다." "단지 나보다 못한 자만을 벗으로 추구해서는 안 된다는 것이다. 나보다 못한 자가 오면, 또 어찌 그를 물리치겠느냐? 나는 나보다 나은 자를 구해 벗으로 삼고, 나보다 못한 자는 또 와서 나를 벗으로 삼기를 구하는 것이니, 이는 곧 내가 어린아이를 구하는 것이 아니라, 어린아이가 나를 구하는 것이다. 성인의 이 말씀은 반드시 나보다 나은 자만을 구하라는 말이 아니다. 지금 사람들은 벗을 사귈 때, 자기보다 나은 자는 대부분 멀리하고, 자기보다 못한 자는 좋아하고 가까이한다. 이 말씀은 바로 배우는 자의 병폐를 구제하시려는 것이다"(問: 必擇勝己者爲友, 則勝己者, 必以我爲不如己而不吾友矣。朱子曰: '但不可求不如己者。及其來也, 又焉得而却之? 我求勝己者爲友, 不如己者, 又來求我, 卽匪我求童蒙, 童蒙求我也…… 聖人此言, 非謂必求其勝己者。今人取友, 見其勝己者, 則多遠之、而不及己者, 則好親之。此言乃所以救學者之病。');《論語集釋》陳天祥[1230~1316]의《四書辨疑》에 말했다。"소동파가 말하기를, '세상의 속 좁은 자들이 자기보다 못한 자를 벗으로 사귀다 보니, 스스로는 만족해도 날로는 퇴보하기 때문에, 이 말씀을 가지고 경계시킨 것이다. 자기보다 나은 자를 벗으로 사귈 경우, 자기보다 나은 자는 또 자기와 벗이 되지 않을 것이다'라고 했다. '如'字는 '勝'字로 해설해서는 안 된다. '如'는 '似'이다. 자기보다 못한 사람, 자기와 비슷한 사람, 자기보다 나은 사람 세 등급이 있다. 자기와 비슷한 사람은 나와 고르고 가지런한 사람이다. 자기와 비슷한 사람은 덕이 같고 도가 같아서 자연히 서로 벗이 될 수 있다. 자기보다 나은 사람은 스승으로 삼아야지, 어찌 그를 벗으로 삼기를 바라겠는가?"[이 견해에 의하면, '자기와 비슷하지 않은 사람[자기보다 못한 사람과 자기보다 나은 사람]을 벗으로 사귀지 말라'로 풀이한다](四書辨疑: ……東坡云: '世之陋者樂以不若者爲友, 則自足而日損, 故以此戒之。如必勝己而後友, 則勝己者亦不與吾友矣。' ……'如'字不可作'勝'字說。如, 似也…… 不如己, 如己, 勝己凡三等……如己者, 與己相似, 均齊者也……如己者德同道合, 自然相友……勝於己者當師之, 何可望其爲友耶?);《論語今讀》"자기만 못한 친구란 없다。" '無友不如己者'는 '나는 응당 친구의 장점을 보아야 한다'로 해석한다. 즉 남은 예외 없이 나보다 나은 점이 있다("沒有不如自己的朋友。"; (記) "无友不如己者", 作自己应看到朋友的长处解。即别人总有优于自己的地方。); '主忠信'과 '無友不如己者' 사이에 '則'字가 빠진 것으로 보고, 한 문장으로 읽어[이 경우 이 장은 모두 '則'字를 써서 4개의 인과관계 문장이 된다], '제자로서 忠信한 선비를 가까이할 수 있다면, 교제하는 사람 중에는, 자기만 못한 벗이 저절로 없다'로 풀이하는 견해도 있다(主忠信, 無友不如己者"二句間脫"則"字, 全章由四個"因果句"構成, 本句意謂"弟子如能親近忠信之士, 則所交之人, 自無不如己者之友也", 可備一說。).

15 母(무): ~하지 말라. ~해서는 안 된다(本义: 表示禁止的词。相当于莫、勿, 不要。).
16 《顔淵 제24장》 참조.
17 《季氏 제4장》 참조.

010804. 過則勿憚改。[18][19]

　　잘못이 있으면 고치는 것을 꺼리지 말거라.

勿, 亦禁止之辭。憚, 畏難[20]也。自治不勇, 則惡日長,[21] 故有過則當速改,[22] 不可畏難而苟[23]安也。程子曰:「學問[24]之道無他也[25] 知其不善, 則速改以從善而已。」

'勿'(물)도 마찬가지로 금지하는 말이다. '憚'(탄)은 '하기에 힘들까 두려워하다'[畏難]이다. 자기 자신을 다스리는 데 용감하지 못하면, 악은 날로 자라기 때문에, 잘못이 있으면 마땅히 속히 고쳐야지, 고치기 힘들까 두려워하여 적당히 안주해서는 안 된다. 정자(程子·伊川)가 말했다. "학문의 길은 다른 게 없으니, 그것이 선하지 않은 길임을 알았으

---

18 [성]過則勿憚改(과즉물탄개): 잘못한 것이 있으면, 고치는 것을 꺼리지 말아야 한다(过: 过错; 惮: 害怕. 有了错误, 不要怕改正。); [성]知過能改(지과능개): 자기 잘못을 알면 곧바로 고치다(认识到自己错了就能够改正。);《論語義疏》벗은 서로 절차탁마하는 사이인데, 과실이 있는 자는, 마땅히 거듭해서 서로 간쟁하여, 고쳐주기를 어려워해서는 안 된다. 一說: 벗을 사귀는 데 과오가 있어 훌륭한 벗을 얻지 못했으면, 그 벗을 바꾸는 것을 어려워해서는 안 된다. 그래서 李充이 말했다. "벗이 忠信한 사람이 아니면, 그 벗을 바꾸는 것이 중요하다"(疏: 友主切磋, 若有過失者, 當更相諫諍, 莫難改也。一云: '若結友過誤不得善人, 則改易之, 莫難之也。' 故李充云: '若友失其人, 改之爲貴也');《論語注疏》잘못을 저지르지 않는 사람이란 아무도 없지만, 잘못해도 고치지 않는 것, 이것을 '過'라고 한다[衛靈公 제29장](疏: 正義曰: 言人誰無過, 過而不改, 是謂過矣。);《論孟虛字》'勿'은 '無'·'莫'과 같다。'無友不如己者'의 '無'字와 상응하며, 똑같이 금지사이다('勿', 猶'無', 猶'莫'。和'無友不如己者'的'無'字相應, 同爲禁止之詞, 當'不要'或'不可'講。);《論語集解》'憚'은 '難'[어려워하다]이다(注: 鄭玄曰: 憚, 難也。); 憚(탄): 어려울까 두려워하다. 꺼리다. 꺼림칙하다(畏难, 怕麻烦。).

19 《易經·☲益·象傳》바람과 우레는 유익하니, 군자를 이를 살펴서 선을 보면 옮겨가고, 잘못한 것이 있으면 고친다(風雷, 益; 君子以見善則遷, 有過則改。);《大戴禮記·曾子立事》잘못을 하고서도 고치지 못하는 것이 게으름이다(過而不能改, 倦也。);《孔子家語·執轡》잘못은 사람으로서 없는 사람이 없지만, 잘못을 했어도 고치면, 이는 잘못이 없어지는 것이다(過失, 人情莫不有焉; 過而改之, 是謂不過。).

20 畏難(외난): 두려워하고 힘들어하다. 하기 힘들까 꺼리다(畏惧艰难。为难, 不好办。).

21 長(장): 생장하다. 나고 자라다(生長, 成長。).

22 《論語大全》가장 중요한 것은 '速'字에 모든 힘을 다하는 데 있다(朱子曰: 最要在速字上著力。).

23 苟(구): 좋을 대로. 경솔하다. 대충하다. 임시방편으로(随便, 轻率; 姑且; 暂且。).

24 《易經·☰乾·文言》군자는 배움으로 (지식을) 모으고, 질문으로 (의혹을) 분변하고, 너그러움으로 (벼슬에) 자리하고, 인으로 (맡은 일을) 행한다(君子學以聚之, 問以辯之, 寬以居之, 仁以行之。).

25 《孟子·告子上 제11장》맹자가 말했다. "인은 사람의 마음이고 의는 사람의 길이다. 그 길을 버리고 따르지 아니하고 그 마음을 놓아버리고도 찾을 줄 모르니, 슬프구나! 사람이 기르던 닭이나 개를 놓치면 찾을 줄 알면서도, 마음을 놓아버리고서는 찾을 줄을 모른다. 학문의 길은 다른 것이 아니라, 그 놓아버린 마음을 찾는 것일 뿐이다"(孟子曰: 仁, 人心也; 義, 人路也。舍其路而弗由, 放其心而不知求, 哀哉人有雞犬放, 則知求之: 有放心, 而不知求° 學問之道無他, 求其放心而已矣。).

면, 속히 고쳐서 이로써 선한 길을 따르는 것일 뿐이다."

○程子曰:「君子自修之道當如是也。」游氏曰:「君子之道, 以威重爲質, 而學以成之。學之道, 必以忠信爲主, 而以勝己者輔之。然或吝於改過[26], 則終無以入德, 而賢者亦未必樂告以善道[27], 故以過勿憚改終焉。」

○정자(程子·伊川)가 말했다. "군자가 자기 자신을 닦는 길은 마땅히 이와 같아야 한다."

유씨(游氏·游定夫)가 말했다. "군자의 길은, 위엄과 중후로써 바탕을 삼고, 배움으로써 그 길을 완성한다. 배움의 길은, 반드시 진실과 신실로써 나의 주인을 삼고, 나보다 나은 자로써 내게 부족한 점을 보강해야 한다. 그렇지만 혹시라도 잘못을 고치는 데 인색할 경우, 결국에는 성인의 덕의 문에 들어갈 방법이 없고, 현자도 또한 좋은 말로 권유하고 인도하기를 꼭 즐거워하지만은 않을 것이기 때문에, '잘못이 있으면 고치는 것을 꺼리지 말라'는 말씀으로써 이 장을 끝맺으신 것이다."

---

26 《書經·商書·仲虺之誥》탕 임금께서는 잘못을 고치는데 인색하지 않았다(惟王……改過不吝); 吝(인): 아까워하다. 아쉬워하다. 주저하다. 인색하다(本義: 顧惜, 舍不得。).

27 《顏淵 제23장》참조.

[愼終追遠章]

010901、曾子曰:「愼終追遠,¹ 民德歸厚矣。^{2 3}」

1 [성]愼終追遠(신종추원): 부모의 상례를 신중하게 모시고, 먼 조상의 제사를 경건하게 지내다. 일 처리를 신중하게 하고 선현들을 추념하다(終: 人死[父母喪]; 远: 指祖先。旧指愼重地办理父母丧事, 虔诚地祭祀远代祖先。后也指谨慎从事, 追念前贤。);《論語集解》'愼終'이란 喪事에 자기의 슬픈 마음을 다하는 것이고, '追遠'이란 祭祀에 자기의 공경된 마음을 다하는 것이다(注: 孔安國曰: 愼終者, 喪盡其哀也。追遠者, 祭盡其敬也。);《論語注疏》'終'은 부모의 상을 말한다. 죽는 것은 사람의 마지막이기 때문에 이를 '終'이라 한 것이다(疏: 正義曰: 終, 謂父母之喪也。以死者人之終, 故謂之終。);《論語正義》《爾雅·釋詁》에 '愼은 誠이다'라고 했고,《說文·心部》에 '愼은 謹이다'라고 했는데, '誠'과 '謹'은 뜻이 같다.《周禮·天官冢宰·疾醫》의 '死終……'에 대한 정현의 注에 '어려서 죽는 것을 死, 늙어서 죽는 것을 終이라 한다'고 했고,《禮記·檀弓上》에 '군자의 죽음은 終이라 하고, 소인의 죽음은 死라 한다'고 했다. 또《禮記·檀弓上》에 자사가 말하기를, '상은 3일째에 염을 하고 빈소를 차리는데, 죽은 사람의 몸에 붙일 의물들은 반드시 정성을 다하고 예의를 다 갖춰, 훗날 후회 거리를 남기지 않도록 해야 한다. 석 달째에 장사를 지내는데, 관에 넣을 부장품은 반드시 정성을 다하고 예의를 다 갖춰, 훗날 후회 거리를 남기지 않도록 해야 한다'고 했는데, 모두 이는 '愼終'의 사례를 말한 것이다(正義曰:《爾雅, 釋詁》: "愼, 誠也。"《說文》: "愼, 謹也。"誠、謹義同。《周官, 疾醫》: "死終則各書其所以。"鄭注: "少者曰死, 老者曰終。"《禮記, 檀弓》云: "君子曰終, 小人曰死。"……《檀弓》又云: 子思曰: 喪三日而殯, 凡附於身者, 必誠必信, 勿之有悔焉耳矣。三月而葬, 凡附於棺者, 必誠必信, 勿之有悔焉耳矣。);追(추): 돌아보다. 돌이켜 생각하다. 회고하다. 추념하다. 불러서 돌아오게 하다(回溯; 追念; 召回。).

2 《論語正義》춘추 당시에, 禮敎가 쇠미해져, 백성들이 자기 부모를 야박하게 대했기 때문에, 증자가 벼슬자리에 있는 자들을 비판하기를, '愼終追遠'하기만 하면, 백성들이 감동과 격려를 받아, 자기 부모를 후덕하게 대할 것이라고 한 것이다(正義曰: 當春秋時, 禮敎衰微, 民多薄於其親, 故曾子諷在位者, 但能愼終追遠, 民自知感厲, 亦歸於厚也。);《論語正義》'歸'는 원래 있던 자리로 되돌아오는 것이다(正義曰:《穀梁, 僖二十八年傳》歸者, 歸其所也。);歸(귀): 원래 있던 곳으로 되돌아오다(가다). 한 곳으로 모여들다(返回。趨向或集中于一个地方。).

3 《荀子·禮論》禮란 生과 死를 신중히 대하는 것이다. 生은 삶의 시작이고, 死는 삶의 마지막으로, 시작과 마지막에 대해 모두 예에 따라 잘 대응하면, 사람된 도리는 다한 것이다. 그래서 군자는 시작을 공경히 하고 마지막을 신중히 하는데, 시작과 마지막을 똑같이 하는 것이, 군자의 도리이고, 예의의 형식이다. 죽음의 길은 한번 가면 다시는 되돌아올 수 없기에, 자식의 어버이에 대한 지극정성이, 어버이의 죽음에서 최고조에 달하는 까닭이다(禮者, 謹於治生死者也。生, 人之始也, 死, 人之終也, 終始俱善, 人道畢矣。故君子敬始而愼終, 終始如一, 是君子之道, 禮義之文也…… 死之爲道也, 一而不可得再復也…… 子之所以致重其親, 於是盡矣。)。喪禮란 죽은 사람을 산 사람으로 꾸미는 것으로, 살아 있을 때의 모습을 대략 본떠서 죽은 사람을 보내는 의식이다. 그래서 죽은 사람을 모시기를 산 사람 모시듯이 하고, 여기 없는 사람 모시기를 여기 있는 사람 모시듯이 똑같이 하는 것이다. 그러므로 喪禮는 별다른 것이 아니라, 生과 死의 뜻을 밝히고, 슬픔과 공경의 마음으로 보내드리고, 꼼꼼히 잘 묻어드리는 것으로 끝을 맺는 것이다. 살아 있을 때의 모습을 대략 본떠서 죽은 사람을 보내드려, 死·生과 終·始가 어느 하나라도 합당하고 훌륭함에 걸맞지 않음이 없도록 하는 것, 이것이 예의의 법식이고, 儒者의 기본자세이다(……喪禮者, 以生者飾死者也, 大象其生以送其死也。故事死如生, 事亡如存, 終始一也…… 故喪禮者, 無他焉, 明死生之義, 送以哀敬,

증자(曾子)가 말했다. "어버이의 상사(喪事)를 공경을 다해 거행하고 조상의 제사(祭事)를 잊지 않고 추념하면, 백성들이 원래의 모습대로 후덕(厚德)해질 것이다."

慎終者, 喪盡其禮。追遠者, 祭盡其誠。民德歸厚, 謂下民化之, 其德亦歸於厚。蓋終者, 人之所易忽也, 而能謹之[4]; 遠者, 人之所易忘也, 而能追之: 厚之道也。故以此自爲, 則己之德厚, 下民化之, 則其德亦歸於厚也。[5]

'신종'(慎終)은 상사(喪事)에 그에 맞는 예(禮)를 다 갖추는 것이다. '추원'(追遠)은 제사(祭祀)에 그에 맞는 정성을 다 바치는 것이다. '민덕귀후'(民德歸厚)는 아래로 백성들이

而終周藏也⋯⋯ 大象其生以送其死, 使死生終始莫不稱宜而好善, 是禮義之法式也, 儒者是矣。);《荀子・禮論》 제사는 죽은 이에 대한 사모하는 감정의 진솔한 표출이다. 죽은 이에 대한 忠・信・愛・敬의 지극한 모습이고, 죽은 이에 대한 예절과 격식을 빠짐없이 갖춘 의식이다. 군자는 제사를 산 사람으로서의 도리라 여기고, 백성은 귀신 섬기는 일이라 여긴다. 점을 쳐 기일의 길흉을 살피고, 목욕재계하고, 집안과 사당을 청소하고, 궤석을 갖추고, 바칠 제물을 차리고, 축문을 읽기를, 마치 누군가 이를 모두 흠향하시는 듯이 한다. 제물을 하나씩 들어 모두 제를 올리기를, 마치 누군가 이를 맛보시는 듯이 한다. 음식을 돕는 사람이 제사 받는 이에게 술을 따르지 않고, 주인이 손수 술잔을 올리기를, 마치 누군가 술잔을 들어 맛보시는 듯이 한다. 빈객을 보내고 돌아와 옷을 갈아입고, 신위 앞에 나아가 곡하기를, 마치 누군가 떠나가시는 듯이 한다. 얼마나 슬픈가! 얼마나 공경스러운 모습인가! 죽은 사람 모시기를 산 사람 모시는 듯이 하고, 여기 없는 사람 모시기를 여기 있는 사람 모시듯이 하기를, 제사 받는 이가 비록 형체는 없고, 환영일 뿐이나 이렇게 제사의 격식을 마치는 것이다(祭者, 志意思慕之情也。忠信愛敬之至矣, 禮節文貌之盛矣⋯⋯ 其在君子以爲人道也, 其在百姓以爲鬼事也⋯⋯ 卜筮視日, 齋戒, 脩涂, 几筵, 饋薦, 告祝, 如或饗之。物取而皆祭之, 如或嘗之。毋利舉爵, 主人有尊, 如或觴之。賓出, 主人拜送, 反易服, 即位而哭, 如或去之。哀夫! 敬夫! 事死如事生, 事亡如事存, 狀乎無形, 影然而成文。);《荀子・禮論》 천자는 7代를 모시고, 제후는 5代를 모시고, 5乘의 땅을 가진 자는 3代를 모시고, (조상의 은덕이 없어) 자기 손으로 벌어먹는 사람은 종묘를 세우지 못한다(有天下者事七世, 有一國者事五世, 有五乘之地者事三世, 有三乘之地者事二世, 持手而食者不得立宗廟。);《大戴禮記・盛德》 상사와 제사의 예절은, 이를 써서 仁愛를 가르치려는 것이다(喪祭之禮, 所以教仁愛也。).

4 《補正述疏》 송나라 때는 '慎'을 피휘해서 '謹'으로 썼는데, 朱子의 책이 모두 그렇다(述曰: 宋諱'慎'曰'謹', 朱子之書皆然也。).

5 《論語大全》 공안국은 '慎終은 喪事에서 그 슬픔[哀]을 다하는 것이고, 追遠은 祭事에서 그 공경[敬]을 다하는 것이다'라고 注했는데, 集注에서는 이천의 설에 따라, '哀'를 '禮'로, '敬'을 '誠'으로 바꾸었다. 대개 喪事에서 슬퍼하지 않는 자는 드물지만, 반드시 모두가 禮를 다하는 것은 아니고, 祭事에서 공경하지 않는 자는 드물지만, 반드시 모두가 정성을 다하는 것은 아니다(雲峯胡氏曰: 古註云慎終者, 喪盡其哀, 追遠者, 祭盡其敬, 集註依伊川說以禮與誠易之。蓋喪罕有不哀者, 而未必皆盡禮, 祭罕有不敬者, 而未必皆盡誠。);《集注考證》 정이천은 (慎終追遠을) 喪事・祭事에 한정시키지 않고, 천하의 모든 일에까지 확대시켜, 모두 그 마지막을 조심히 하고, 그 먼 것을 잊지 않는 것을 말한다고 했는데, 주자도 그의 어록에서[朱子語類22: 6] 그렇다고 했다(程叔子謂不止爲喪祭, 推而至天下事, 皆能謹其終, 不忘于遠, 朱子語錄然之。).

교화되어, 백성들 또한 원래의 모습대로 후덕(厚德)해질 것이라는 말이다. 대개 마지막 [終]은 사람들이 소홀히 대하기 쉬운 바이지만 능히 이를 공경을 다 해 처리하고, 먼 것[遠]은 사람들이 잊고 지내기 쉬운 바이지만 능히 이를 잊지 않고 추념하는 것이 후덕(厚德)해지는 길이다. 그러므로 이것들을 나 자신이 행하면 내가 후덕(厚德)해지고, (인해서) 아래로 백성들이 교화되면 백성들 또한 원래의 모습대로 후덕(厚德)해질 것이다.

[夫子至於是邦章]

011001、子禽¹問於子貢²曰:「夫子³至於是邦也⁴, 必聞其政⁵, 求之與⁶? 抑與之與⁷?」

---

1 子禽(자금): 姓 陳, 名 亢(강), 字 子禽, 子亢. BC 508?~BC 430;《論語集釋》臧庸[1767~1811]의《拜經日記》에 말했다. "《史記·仲尼弟子列傳》에, 原亢 籍은 있고 陳亢은 없는데, 아마도 原亢이 바로 陳亢일 것이다. 정현이《論語》와《禮記·檀弓下》의 注에서 모두 陳亢을 공자 제자라고 했으니, 이름이 亢이고 字가 籍 또는 子禽이다"(拜經日記: 史記弟子列傳有原亢籍, 無陳亢, 蓋原亢卽陳亢也. 鄭注論語, 檀弓俱以陳亢爲孔子弟子, 當是名亢字籍, 一字子禽.);《季氏 제13장》과《子張 제25장》에도 陳子禽의 말이 나온다.

2 子貢(자공): 端木賜(단목사). 姓 端木, 名 賜, 字 子貢. BC 520~BC 456. 공자보다 31살이 적은 제자. 공문십철;《史記·仲尼弟子列傳》자공은 말솜씨가 뛰어났는데, 공자는 늘 그의 말솜씨를 물리쳤다(子貢利口巧辭, 孔子常黜其辯.);《史記·貨殖列傳》공자의 명성이 천하에 널리 알려지게 된 것은, 자공이 앞뒤로 도왔기 때문이다. 이것이 이른바 세를 얻으면 더욱 뚜렷하게 드러나게 된다는 것일까?(夫使孔子名布揚於天下者, 子貢先後之也. 此所謂得埶而益彰者乎?).

3 《論語義疏》禮에, 大夫를 지낸 사람은 夫子라 부를 수 있다. 공자는 노나라 대부였기 때문에, 제자가 그를 夫子라 호칭한 것이다(疏: 禮, 身經爲大夫者, 則得稱爲夫子. 孔子爲魯大夫, 故弟子呼之爲夫子也.);《論語譯注》고대의 경칭으로, 대개 大夫를 지낸 적이 있는 사람은 모두 이 경칭을 얻었다('夫子', 這是古代的一种敬称, 凡是做过大夫的人, 都可以取得这一敬称.).

4 《論語詞典》於(어): 개사. 도달한 지점·시간을 소개한다(介詞. 介所至之地點或者時間.);《北京虛詞》於(어): 개사. ~에. ~로. 동작이 도달하는 장소를 끌어 들인다('於', 介詞. 引进动作到达的处所. 义即'到'.); '邦'은 '封'과 同源字로 제후가 받은 封地를 의미했는데, 뒤에 '邦'으로 바뀌었고, '國'은 '邦'의 통치 중심인 國都를 의미했는데, 뒤에 국도가 관할하는 영역을 '國'이라 했다.《論語義疏》'是'는 '此'이다. '此邦'은 모든 나라를 말하고, 어느 한 나라가 아니다(疏: 是, 此也. 此邦, 謂每邦, 非一國也.); 是(시): 개괄을 나타낸다. 모든. 무슨(概括之詞. 凡是, 任何.);《論語譯注》"그 어르신은 일단 어떤 나라에 오시게 되면"("他老人家一到哪個國家");《詞詮》也(야): 어말조사. 다음에 오는 문장을 제기하여 일으킬 것을 표시한다('也', 語末助詞. 助兼詞, 表提示以起下文.)

5 《論語正義》당시 임금들이 큰일이 있으면, 모두 공자께 와서 의견을 구한 것이다(正義曰: 時人君有大政事, 皆就夫子咨度之.);《論語集釋》張椿의《四書辨證》에 말했다. "《呂氏春秋·孝行覽》에는 '공자가 천하를 돌아다니면서 군주들에게 벼슬을 구했는데, 만나본 군주가 80여 명이었다'고 했고,《說苑·貴德》에는 '공자께서 72명의 군주를 차례로 만났다'고 되어 있다"(四書辨證: 呂氏春秋: "孔子周流海內, 再干世主, 所見八十餘君." ……說苑貴德篇則曰: "孔子歷七十二君.").

6 《論語義疏》'與'는 말이 확실하지 않을 때 쓰는 어조사이다(疏: 與, 語不定之辭也.);《經傳釋詞》'與'는 의문사로 '哉'와 뜻이 같고, 두 자를 이어 말하면 '與哉'이다(與'爲問詞, 與'哉'同義, 連言之則曰'與哉'.);《詞詮》의문표시 어말조사. '歟'로 쓰기도 한다('與', 語末助詞. 表疑問, 惑作歟.);《王力漢語》與(여): 시비의문문에서 '與'의 의문어기는 그리 강하지 않지만, 의문대사가 있는 문장이나 선택의문문에서는 의문어기가 월등히 강해진다(是非問句中, '與'的疑問語氣不是很强的. 但是在有疑問代詞的句子裡, 或者在選擇問句裡, 與'字的疑問語氣強得多.);《文言虛詞》'與'가 선택의문문에 쓰였으며, '呢'字를 써서 번역한다('與'用於抉擇問句, 口語用'呢'字譯它.).

7 《論語集解》"아니면 임금이 스스로 원해서 공자를 정치에 참여하게 합니까?"(注: 鄭玄曰: 抑人君自願與

자금(子禽)이 자공(子貢)에게 물었다. "선생님께서는 어느 나라든 가시면, 반드시 그 나라의 정사를 청취하시는데, 선생님께서 그 나라의 정사를 청취하기를 구하시는 것인가요? 아니면 그 나라에서 (선생님의 의견을 구하고자) 자기 나라의 정사를 들려주는 것인가요?"

之與之與,8 平聲, 下同。○子禽, 姓陳, 名亢。子貢, 姓端木, 名賜。皆孔子弟子。或曰:「亢, 子貢弟子。」未知孰是。抑, 反語辭。

'之與'(지여)의 '與'(여)는 평성[yú]으로, 뒷절에서도 이와 같다. ○'子禽'(자금)은 성이 진(陳)이고, 이름이 강(亢)이다. '子貢'(자공)은 성이 단목(端木)이고, 이름이 사(賜)이다. 모두 공자(孔子)의 제자이다. 어떤 사람은 '진강(陳亢)은 자공(子貢)의 제자이다'라고 하는데, 누가 옳은지 알 수 없다. '억'(抑)은 반어사이다.

011002、子貢曰:「夫子溫、良、恭、儉、讓⁹以¹⁰得之。夫子之¹¹求之¹²也, 其諸¹³異乎¹⁴

爲治耶?);《經傳釋詞》'抑'은 어기를 전환하는 어기사이다.《春秋左传·昭公8年》注에, '抑'은 의문사라고 했다(抑, 詞之轉也。昭八年《左傳》注曰: '抑, 疑辭。');《文言虛詞》선택접속사로 선택의문을 표시한다. 아니면('抑'可以用作抉擇連詞, 表示抉擇性的疑問, 和現代語的'還是'相當。);《論孟虛字》복문의 뒷절 앞머리에 쓰여, 어기를 전환하는 發端語 역할을 하며, 둘 중 선택을 표시하는 관계사. 还是[아니면]('抑', 是轉換語氣的發端語詞, 用在複句的次句之首。是表示兩者之間選擇其一的關係詞。和白話'還是'相當。);《北京虛詞》抑(억): 접속사. 혹은. 아니면. 선택의문문의 양 절의 중간에 쓰여 선택을 표시한다('抑', 連詞。用于抉择问句的两个分句间, 表示抉择。又即'还是'。);《論語正義》'與之與'의 앞의 '與'는 '告'[고해바치다]라고 말하는 것과 같다(正義曰:"與", 猶言告也。).

8 與(여): [yú] 문장 끝에 쓰여, 감탄·의문·반문의 어기를 표시한다. =歟(置于句末, 表示感叹,疑问,反诘的语气。同「欤」。); [yǔ] 찬성하다. 인정하다. 주다. ~와(함께하다)(赞成, 允许。给予。和, 同, 跟。); [yù] 참가하다. 참여하다. 간여하다(參加。参与。干涉, 干预。).

9 [성]溫良恭儉讓(온량공검양): 온화·선량·공경·검약·겸양. 사람을 대하는 5대 원칙. 태도는 온화하지만 투쟁성이 부족하다(原意为温和、善良、恭敬、节俭、忍让[谦逊]这五种美德。这原是儒家提倡待人接物的准则。现也形容态度温和而缺乏斗争性。);《論語集解》공자께서 溫·良·恭·儉·讓, 다섯 가지 덕을 행해 얻었다는 말이다(注: 鄭玄曰: 言夫子行此五德而得之。);《古今注》'讓'은 아래 구절에 붙여 읽어야 한다. 자금이 선생님께서 요청하셨기 때문에 들은 것이 아닌가 하고 의심했기에, 자공이 겸양하셨기 때문에 들은 것이라고, 바로 자금의 의심을 깬 것으로, '讓'字를 윗 구절에 속한 것으로 해서[다섯 가지 덕으로] 읽어서는 안 된다. '讓以得之'는 겸양했지만 결국 들을 수 있었다는 말이다(讓當屬下句讀……子禽疑夫子求而得之, 故子貢謂夫子讓以得之, 正以破其惑, 不可以讓字屬上句讀……讓以得之, 謂雖退讓, 而終亦得聞也。).

10 개사목적어인 '溫·良·恭·儉·讓'을 강조하기 위해 개사 '以' 앞으로 전치시킨 것이다. "溫·良

人之求之¹⁵與?」¹⁶

자공(子貢)이 말했다. "선생님께서는 (그것을 구하시는 것이 아니라) 따스하시고, 솔직하시고, 정중하시고, 절제하시고, 겸손하셔서 이로써 그것을 (저절로) 얻으시는 것입니다. 선생님께서 그것을 구하시는 방법이야, 아마도 다른 사람이 구하는 방법과는 다르지 않을까요?"

溫, 和厚¹⁷也, 良, 易直¹⁸也, 恭, 莊敬¹⁹也, 儉, 節制²⁰也, 讓謙遜21也, 五者, 夫子之盛德光

‧恭‧儉‧讓하심으로써"(爲了強調'憑藉副賓語', 而將它們提前, 置於介詞'以'的前面).

11 《論語語法》之(지)는 수식관계로 변화된 주어+술어구의 결구조사로, '夫子之求之也'는 주어 역할을 한다('之'是偏正化主謂短語的結構助詞. '夫子之求之也', 用作主語.).

12 《論語大全》자공이 '夫子之求之'라고 했는데, 이 말은 자금의 '求之'란 말을 이어받아, 그 '求'字를 빌려 반복해 말함으로써, 선생님께서는 일찍이 '求之'한 적이 없음을 밝힌 것이다. 맹자가 말한 '伊尹以堯舜之道要湯'과 같다[이윤이 요순의 도로써 탕 임금에게 등용되기를 구했다는 말이 아니라, 이윤이 요순의 도를 갖추고 있으니까 탕 임금의 초빙이 저절로 왔다는 말이다](朱子曰: 子貢謂夫子之求之, 此承子禽之言, 借其求字而反言之, 以明夫子未嘗求. 如孟子言伊尹以堯舜之道要湯也.).

13 《論語義疏》'諸'(저)는 '之'와 같다(疏: 諸, 猶之也.);《經傳釋詞》'其諸'(기저)는 추측하는 단어이다(其諸, 亦擬議之詞也.);《古書虛字》아마도('其諸', 猶'殆'也.);《論語譯注》불확정적임을 표시하는 어기에 쓰인다('其諸'用來表示不肯定的语气. 意为'或者');《論語新解》'其諸'는 어사이다. '諸'는 '許多'[허다하다]의 뜻으로, '一切'[모든 것]의 뜻도 된다. 공자께서 정사에 관해 듣는 것이 다른 사람과 다른 점들이, 한 가지뿐이 아니기 때문에, '其諸'를 연용해서 의문사로 삼은 것이다["여러 면에서 다른 사람이 구하는 방법과 달랐을 것이다"](其諸, 語辭. 諸, 許多乂, 亦一切乂. 孔子闻政之所异于人者, 不只一端, 故连用其诸为问辞: "总该是异乎别人家的求法吧!");《論語語法》'其諸'는 쌍음사인 어기부사이다('其諸'是雙音詞的語氣副詞.).

14 《論語語法》'乎'는 대상을 소개하는 개사이다('乎'是介繫對象的介詞.);《論語句法》'乎'는 지금의 '跟'[~와]字와 같다('乎', 相當於白話的'跟'字.).

15 《論孟虛字》'人之'의 '之'는 후치개사이고, '求之'의 '之'는 구하는 대상인 사물을 가리키는 대사이다('人之'的'之', 爲後置介詞, '求之'的'之', 指代所求的事物.).

16 《論衡‧知實》溫‧良‧恭‧儉‧讓은 상대방을 존경하는 행실이다. 상대방에게 존경하는 행실을 갖추면, 상대방은 그에게로 가까이 모여들게 된다. 그러면 그에게 알려주고 말하게 된다. 그런즉 공자가 정치에 대해 청취한 것은 사람들이 해준 말을 통해서이지, 신통해서 저절로 안 것이 아니다(陳子禽問子貢曰: "夫子至於是邦也, 必聞其政. 求之與? 抑與之與?" 子貢曰: "夫子溫、良、恭、儉、讓以得之." 溫、良、恭、儉、讓, 尊行也. 有尊行於人, 人親附之. 人親附之, 則人告語之矣. 然則孔子聞政以人言, 不神而自知之也.).

17 和厚(화후): 따스하고 정이 두텁다(指性情溫和敦厚).

18 易直(이직): 까다롭지 않고 솔직하다(平易正直; 平易质直).

19 莊敬(장경): 정중하고 공손하다. 정중하다(庄严恭敬).

20 《論語大全》'儉'은 제멋대로 내버려 두지 않고 늘 거둬들여 단속한다는 뜻이다(朱子曰: 儉……不放肆, 常收敛之意.);《論語大全》서산진씨[陳德秀]가 말했다. "'節'은 자연스레 생긴 한계이고, '制'는 힘을

輝²²接於人者也. 其諸, 語辭²³也. 人, 他人也. 言夫子未嘗求之, 但其德容²⁴如是, 故時君
敬信, 自以其政就而問之耳, 非若他人必求之而後得也. 聖人過化存神之妙²⁵, 未易窺
測²⁶, 然即²⁷此而觀, 則其德盛禮恭²⁸而不願乎外²⁹, 亦可見矣. 學者所當潛心而勉學也.
'溫'(온)은 '따스하고 정이 두텁다'[和厚]이다. '良'(양)은 '까다롭지 않고 솔직하다'[易直]이
다. '恭'(공)은 '정중하다'[莊敬]이다. '儉'(검)은 '절제하다'[節制]이다. '讓'(양)은 '겸손하다'
[謙遜]이다.

이 다섯 가지는, 선생님의 안으로 성대하게 꽉 찬 덕에서 밖으로 퍼져나오는 환하고
눈부신 광휘가 사람들과 함께 있을 때 드러난 것들이다. '其諸'(기저)는 어사(語辭)이다.
'人'(인)은 '다른 사람'[他人]이다. 말인즉, 선생님께서는 그 나라의 정사를 듣기를 요청
한 적이 없었는데, 다만 선생님의 성대하게 꽉 찬 덕의 모습이 이와 같았기 때문에,
당시의 임금들이 선생님을 공경하고 믿어서, 임금들이 스스로 자기 나라의 정사를 가

가해 잘라서 만든 것이다"(西山眞氏曰: 節者, 自然之界限: 制者, 用力而裁制.); 節制(절제): 절제하다.
억제하다(节度法制。亦指严整有规律。).

21 《論語大全》'謙'은 자기의 선한 일을 자랑하지 않는 것이고, '遜'은 선한 일을 미루어 남에게 돌리는
것이다(西山眞氏曰: 謙謂不矜己之善: 遜, 謂推善以歸人.).

22 《孟子, 盡心下 제25장》"充實而有光輝之爲大"[안으로 알차게 꽉 차서 밖으로 환하고 눈부신 광휘가
퍼져나오는 것을 大라 한다.].

23 語辭(어사): 고대 문헌의 허사(文言虛字).

24 德容(덕용): 덕스러운 용모. 의용. 용모(敬辞。有道者的仪容。).

25 《孟子·盡心上 제13장》 맹자가 말했다. "霸者의 백성은 기뻐 날뛰는 듯한 모습인데, 王者의 백성은
넓고 크게 자족하는 듯한 모습이다. 죽게 해도 원망하지 않고, 이롭게 해도 공덕으로 생각하지 않는다.
백성들이 날로 선으로 옮겨가면서도 그렇게 한 자를 모른다. 대개 군자가 거쳐 간 곳은 감화되고,
군자가 마음에 두고 있는 것은 신통해져서, 위에서 아래에서 천지와 더불어서 함께 유행하는데, 어찌
하찮은 도움이라 하겠느냐?"(孟子曰: 霸者之民, 驩虞如也; 王者之民, 皞皞如也. 殺之而不怨, 利之而不庸,
民日遷善而不知爲之者. 夫君子所過者化, 所存者神, 上下與天地同流, 豈曰小補之哉?); 過化存神(과화존
신): 성인이 거쳐 간 곳에서는, 감화되지 않는 백성이 없고, 영원히 성인의 정신의 영향을 받는다(过:
经过: 存: 保存, 具有. 圣人所到之处, 人民无不被感化, 而永远受其精神影响.).

26 窺測(규측): 엿보아 추측하다. 엿보다(窺探測度).

27 即(즉): 가까이 가다. ~로 향해 가다. 어떤 사실에 의거하다(基本义是接近, 靠近, 走向.).

28 《周易·繫辭上》공자께서 말씀하셨다. "노고가 있지만 자랑하지 않고, 공로가 있지만 내 덕이라 하지
않으니, 더없이 두텁다. 자기의 공을 남에게 낮추는 것을 말한 것이다. 德으로 말하면 성대하고, 禮로
말하면 공손하니, 謙이란 지극히 공손하여 제자리를 지키는 것이다"(子曰: 勞而不伐, 有功而不德, 厚之至
也, 語以其功下人者也. 德言盛, 禮言恭, 謙也者, 致恭以存其位者也.).

29 《述而 제15장》 각주 《中庸 제14장》 참조.

지고 나아와서 선생님의 의견을 듣고자 여쭌 것일 뿐이지, 다른 사람처럼 반드시 그것을 구하려고 해서 얻는 것은 아니라는 것이다. 성인께서 거쳐 가신 곳은 감화되고 마음에 두고 계신 것은 신통해지는 오묘한 경지를, 엿보아 헤아리기 쉽지는 않지만, 이 구절에 의거해서 살펴본다면, 그분의 덕은 성대하고 예는 공손해서 자리 밖의 것을 원치 않으셨다는 것을, 또한 볼 수 있다. 배우는 자가 마땅히 마음이 푹 빠져서 힘써 배워야 할 부분이다.

○謝氏曰:「學者觀於聖人威儀[30]之間, 亦可以進德[31]矣。若子貢亦可謂善觀聖人矣, 亦可謂善言德行[32]矣。今去聖人千五百年, 以此五者想見[33]其形容, 尚[34]能使人興起, 而況於親炙[35]之者乎?」

---

30 威儀(위의): 고대 제사 등의 전례를 행하는 가운데 보이는 동작·의식·태도. 장중한 차림새·몸가짐·행동거지(古代祭享等典礼中的动作仪节及待人接物的礼仪。庄重的仪容举止。)。《爾雅·釋詁》邢昺疏: '儀는 형상[겉모양새]이 아름다운 것이다(疏: 儀者, 形象之善也。)。《春秋左傳·襄公31年》위엄이 있어 두려워할 만한 것을 '威'라 하고, 예의가 있어 본받을 만한 것을 '儀'라 한다(有威而可畏, 謂之威, 有儀而可象, 謂之儀。)。

31 《易經·█乾·文言》君子는 德을 증진하고 업적을 쌓는다. 忠과 信을 써서 德을 증진하고, 脩辭立其誠[말을 잘 가다듬어서 자기의 진실한 마음을 드러낸다]을 써서 업적을 쌓는다(子曰: 君子進德脩業, 忠信, 所以進德也, 脩辭立其誠, 所以居業也。)。

32 《述而 제33장》각주《孟子·公孫丑上 제2장》참조.

33 《史記·孔子世家》《詩經·小雅·車舝》에, '높은 산은 우러르고, 넓은 길은 따라간다'고 했다. 내 비록 그곳에 다다를 수는 없지만, 마음만은 그곳을 향해 있다. 나는 공자의 책을 읽고, 그의 인품을 헤아려 보았다. 노나라에 가서는, 그를 모신 사당·그가 탄 수레·그가 입은 의복·그가 쓰던 禮器를 살펴보고, 공부하는 학생들이때에 맞춰 그의 옛집에서 예를 익히는 정경을 보면서, 나는 숭모의 마음을 품은 채 그곳을 배회하면서 차마 떠나지 못했다(太史公曰:《詩》有之: '高山仰止、景行行止.' 雖不能至, 然心鄉往之。余讀孔氏書, 想見其爲人。適魯, 觀仲尼廟堂車服禮器, 諸生以時習禮其家, 余祗回留之不能去云……); 想見(상견): 추측해서 알다. 그려보다(推想而知。)。

34 《北京虛詞》尚(상): 복문의 앞절에 쓰여, '더 심한 것조차도 이러한데'라고 제시하고, 뒷절에서는 而況乎·何乃·其況·何況 등으로 '이 정도의 심함에 미치지 못한 경우는 이러하지 않을 수 있겠는가?'라고 반문을 표시한다('尚', 副詞。用于递进复句的前一分句, 提出: 更甚者尚且如此 后一分句由'而况乎、何乃、其况、何况'等表示反诘: 不及此甚者能不如此吗?)。

35 《孟子·盡心下 제15장》성인은 백 대의 스승이시다. 백이와 유하혜가 바로 그런 분이시다. 그러므로 백이의 높은 지조를 들은 자는, 욕심 많은 사내는 염치를 차리고, 나약한 사내는 뜻을 굳게 세우고, 유하혜의 기풍을 들은 자는 야박한 사내는 후덕해지고, 도량이 좁은 자는 관대해진다. 백 대 전에 세상에 이름을 떨쳤는데, 백 대 후에 와서 들은 자 중에 흥에 겨워 떨쳐 일어나지 않는 자가 없었으니, 성인이 아니라면 이와 같겠느냐? 그러니 하물며 성인에게서 직접 배운 자에게 있어서이겠느냐?(孟子曰: 聖人, 百世之師也, 伯夷, 柳下惠是也。故聞伯夷之風者, 頑夫廉, 懦夫有立志; 聞柳下惠之風者, 薄夫敦,

○사씨(謝氏·謝顯道)가 말했다. "배우는 자는 성인의 여러 몸가짐 사이사이를 잘 살피는 것만으로도, 덕을 증진시킬 수 있다. 자공(子貢)의 경우 역시 성인을 잘 살폈다고 할 수 있고, 또한 덕행을 잘 표현했다고 할 수 있다. 지금 성인과 떨어진 거리가 1,500여 년인데도, 이 다섯 가지를 가지고 성인의 모습을 그려보면, 그것만으로도 사람들로 하여금 흥에 겨워 떨쳐 일어나게 하는데, 하물며 성인께 직접 가르침을 받았던 제자들에게 있어서이겠는가?"

張敬夫曰:「夫子至是邦必聞其政, 而未有能委國而授之以政者。蓋見聖人之儀刑[36]而樂告之者, 秉彛好德[37]之良心也, 而私欲害之, 是以終不能用耳。[38]」

장경부(張敬夫·張栻)가 말했다. "선생님께서 어느 나라든 가시면 반드시 그 나라의 정사를 청취하셨지만, 나라를 맡기고 정사를 맡길만한 자는 없었다. 대개 성인의 훌륭한 모습을 보고서 즐거이 정사를 고해바치게 한 것은, '타고난 천성을 굳게 붙잡고 아름다운 덕을 좋아하는'[秉彛好德] 그들의 양심이었지만, 그들의 사욕이 나라를 맡기고 정사를 맡기는 것을 방해했으니, 이 때문에 끝내 등용하지는 못했던 것이다."

鄙夫寬。奮乎百世之上。百世之下, 聞者莫不興起也。非聖人而能若是乎, 而況於親炙之者乎?); 親炙(친자): 직접 가르침을 받아 감화되다(谓亲受教育熏陶).

36 儀刑(의형): 용모. 풍채(仪容, 风范。).

37 《詩經·大雅·烝民》하늘은 뭇 백성 낳았고, 사물은 저마다 법칙 지녔네. 백성들은 타고난 천성 굳게 지키고, 아름다운 덕 좋아하네(天生烝民、有物有則。民之秉彛、好是懿德。); 秉彛(병이): 절대 변치 않는 도를 붙잡다. 타고난 천성을 굳게 지키다(持执常道).

38 《集注考證》나라를 맡겨서 성인에게 정치를 맡길 경우, 자기의 사욕을 실행할 수 없기 때문에, 결국에는 맡기지 못한 것인데, 그렇지만 사욕은 각기 달랐으니, 계환자의 경우는 처음에는 자기의 취약한 상황을 구제하려고 공자에게 정치를 맡겼지만, 마지막에는 또 자기 권력을 잃을까 걱정했고[《微子 제4장》 참조], 초나라 자서의 경우는 또 공자를 등용하면 자서의 신분을 벗어난 행위를 바로잡으려고 하지는 않을까 의심했고[《憲問 제10장》 각주 《史記·孔子世家》 참조], 제경공·위영공의 경우는 구차하게 자기의 사욕을 누리는 데 유유자적했을 뿐이었다(委國而授聖人以政, 則己不得以行其欲, 故終不能也, 然私欲各不同, 如季桓子, 則始欲振其弱, 終又恐失其柄, 如楚子西, 又疑夫子之得國以正其僭, 齊景公, 衛靈公, 則苟且自適其欲而已爾。).

[父在觀其志章]

011101、子曰：「父在¹, 觀其志²; 父沒³, 觀其行⁴; 三年無⁵改於父之道⁶, 可謂孝矣⁷ ⁸ ⁹。」

---

1 在(재): 초목이 갓 태어나 땅 위로 삐져나온 것을 표시한다. 살아 있다. 생존하다. 현존하다(从土, 才声。表示草木初生在土上。本义: 存活着, 生存, 存在。).

2 《論語義疏》이 장은 자식의 행실을 밝힌 것이다. '其'는 자식이다(疏: 此明人子之行也。其, 其於人子也。);《論語譯注》'其'는 아들을 가리키지, 부친을 가리키는 것이 아니다('其', 指儿子, 不是指父親。);《論語義疏》'志'는 마음속에만 있고 아직 실행에 옮기지 않은 것을 말한다. 그래서 《毛詩序》에, '詩란 志가 가 있는 곳이니, 마음속에 있는 것이 志이고, 志가 말로 드러난 것이 詩이다'(詩者, 志之所之也; 在心爲志, 發言爲詩。)라고 한 것이 바로 이것이다(疏: 志, 謂在心未行也。故詩序云在心爲志是也。);《論語大全》'志'는 '行'이 아직 드러나지 않은 것이고, '行'은 '志'가 이미 드러난 것이다(新安陳氏曰: 志者, 行之未形者, 行者, 志之已形者也。).

3 沒(몰): 소유하고 있지 않다. 가지고 있지 않다. 존재하고 있지 않다(不领有, 不具有, 不存在。).

4 《論語集解》아버지께서 살아계실 때는, 자식은 자기 마음대로 할 수 없으니, 자식의 뜻을 살필 수 있을 뿐이고, 아버지께서 돌아가신 뒤에야, 자식의 행실을 살핀다(注: 孔安國曰: 父在, 子不得自專, 故觀其志而已, 父沒, 乃觀其行也。);《論語正義》주자의 《四書或問》에 인용된 범조우의 견해는 다음과 같다. "자식으로서 부친이 살아계시면, 부친의 뜻을 살펴 그 뜻을 받들어 따르고, 부친이 돌아가시면, 부친의 행적을 살펴 그 행적을 계술한다." 錢大昕[1728~1804]은 《潛研堂文集》에서 범조우의 견해를 적극적으로 받아들여 말했다. "공자의 말씀은 孝를 논한 것인가? 사람 보는 법을 논한 것인가? 경문의 '可謂孝矣'가 증거이다. 공자께서는 孝를 논했지, 사람 보는 법[觀人法]을 논한 것이 아니다. 孝를 논했으니, 부친의 志·行을 살핀다고 보는 견해가 맞다. 《禮記·曲禮上》에 '말씀이 없는 중에도 말 없는 분부를 듣고, 안색이 변함없는 중에도 속마음을 살핀다'고 했으니, '觀其志'를 두고 한 말이고, 《中庸》에 '孝라는 것은 사람의 뜻을 잘 본받아 이를 계승하고 사람의 일을 잘 본받아 이를 전승하는 것이다'라고 했으니, '觀其行'을 두고 한 말이다." 내 생각에, 범조우의 견해도 통하지만, 효를 논한 것이 바로 사람 보는 법이다(正義曰: 朱子或問引范祖禹說: "以人子於父在時, 觀父之志而承順之; 父沒, 則觀父之行而繼述之。" …… 錢氏大昕《潛研堂文集》極取範說曰: "孔子之言, 論孝乎? 論觀人乎? 以經文'可謂孝矣'證之。其爲論孝不論觀人 …… 既曰論孝, 則以爲觀父之志行是也 …… 《禮》云: '聽於無聲, 視於無形。' 觀其志之謂也。又曰: '善繼人之志, 善述人之事。' 觀其行之謂也。" 案: 範說亦通。但論孝即是觀人。).

5 《論語語法》'無'·'無以'는 내심에서 부정을 발하는 부사로, '不'에 비해 어기가 비교적 완곡하다. 王熙元의 《論語通釋》에, '勿'은 금지하는 것이 있음을 표시하는 말이고, '無'는 자제하는 것이 있음을 표시하는 말이라고 했다('無'、'無以'是發自內心否定的副詞, 比'不'語氣較爲委婉。王熙元說: 無, 與'勿'稍有不同, '勿'是表示有所禁止之辭, '無'是表示有所自制之辭。);《論孟虛字》'無'가 동사 앞에 쓰일 경우, '不'와 뜻이 같다('無', 猶'不'。用在動詞前, 表否定的限制詞, 和'不'字同義。).

6 《論語大全》'道'는 '事'와 같다. '道'라 한 것은, 아버지를 존중해서 쓴 말이다(朱子曰: 道, 猶事也。言道者, 尊父之辭。);《集注考證》道(도): 아버지가 행한 일을 말하는데, '父'라 했기 때문에 '道'라 한 것이다(謂其行事也, 以父言故曰道。).

7 《論語句法》'可謂孝矣'는 '可謂之曰孝矣'[그런 자식을 평해 효성스럽다고 말할 수 있다]의 축약형식이다('可謂孝矣'是'可謂之曰孝矣'的緊縮式); '可+謂+목적어' 형식: '可謂+목적어'는 겸어구인 '可謂(之)

선생님께서 말씀하셨다. "아버지께서 살아계실 때는 그 자식의 품은 생각을 살펴보고, 아버지께서 돌아가신 뒤에는 그 자식의 하는 행실을 살펴본다. (그러면 그 자식의 선악을 평할 수 있지만) 아버지 돌아가시고 3년 동안은 아버지의 하신 일을 고치지 않는다면, 그런 자식은 효성스럽다고 평할 수 있다."

行[10], 去聲。○父在, 子不得自專, 而志則可知。父沒, 然後其行可見。故觀此足以知其人之善惡, 然又必能三年無改於父之道, 乃見其孝, 不然, 則所行雖善, 亦不得爲孝矣。[11]

'行(행)'은 거성[xing]이다. ○아버지께서 살아계실 때면, 자식이 자기 마음대로 할 수는 없지만, 자식이 속에 품고 있는 생각이라면 알아볼 수 있다. 아버지께서 돌아가시면, 그 후에는 그 자식이 하는 행실을 살펴볼 수 있다. 그래서 이 두 가지를 살펴보면 족히

(曰)＋목적어(○○)'의 겸어인 '之'와 제2술어인 '曰'를 생략한 것으로, '그것을 ○○라고 부를 수 있다'라는 뜻이다(可＋謂＋賓語: 此種用法, '可謂＋賓語'即兼語短語'可＋謂(之)(曰)＋賓語(○○)'省略了兼語'之'及第二個述語曰', 義爲'可以稱它爲○○'。)(任永淸, "《論語》謂字用法析論," 「臺北市立教育大學學報」, 2013).

8 《論語集解》 효자가 喪 중에 있을 때는, 슬퍼하고 사모하는 마음이 부친이 살아계시는 것과 같아서, (자기는 여전히 살아계시는 부친의 자식으로서) 부친의 일을 고치려는 생각이 없다(注: 孔安國曰: 孝子在喪, 哀慕猶若父在, 無所改於父之道也。);《論語義疏》①효자는 애통해하는 마음이 깊을 것이니, 어찌 돌아가신 부친의 정사의 시비를 분별할 턱이 있겠는가? 그래서 임금이 돌아가시면, 세자는 3년 동안 (초막에 거처하며 말을 하지 않았고) 관리들은 총재의 명을 받았던 것이다[憲問 제43장] ②효자는 3년 동안은 애모의 마음이 亡者 섬기길 살아계신 듯 섬길 것이니[中庸 제19장], (알아도) 차마 고치지 못하는 것이다(疏: 是孝者其義有二也: 一則哀毀之深, 豈復識政之是非, 故君薨, 世子聽冢宰三年也。二則三年之內哀慕心, 事亡如存, 則所不忍改也。).

9 《禮記·祭義》 군자의 효성스러운 행실은, 미리 부모의 생각을 알고 그 생각을 받들어 행한다(君子之所爲孝者: 先意承志。);《禮記·坊記》 군자는 부친의 허물은 잊고, 부친의 아름다운 덕은 공경한다. 논어에 '三年無改於父之道 可謂孝矣'라고 했다(子云: '君子弛其親之過, 而敬其美。' 論語曰: '三年無改於父之道, 可謂孝矣。').

10 行(행): [xìng] 행동거지. 행실. 품행(行为举止。); [xíng] 걸어가다. 걷다. 가다. 움직이다. 운행하다(走, 走路。往。移动, 流动).

11 《論語大全》이 장은 아버지가 행한 일에 잘못이 있는데도, 자식이 차마 고치지 못하니, 곧 그 효성을 알 수 있다는 말씀이다(朱子曰: 此章是言父之所行有不善, 而子不忍改, 乃見其孝。);《集注考證》이 장은 사람 보는 법을 위해 발언하신 것으로, '三年無改'는 또 사람의 행실을 보는 법을 위해 발언하신 것이다. 성인의 말씀은 한 조목이 그대로 한 조목의 사리의 범례로, 이 장의 경우, 역시 필시 까닭이 있어서 말씀하신 것이다. 그 뜻은 주로 사람 보는 법에 대한 것이고, 그 일은 대개 고치는 것을 위주로 한 것으로, '三年無改'를 보면 효성스럽다 평할 수 있다고 했는데, 역시 '빠지는 잘못을 살펴보면, 仁한지 不仁한 지를 알 수 있다'[里仁 제7장]는 것이다(此章爲觀人而發, 三年無改又爲觀行而發。聖人之言, 一條自是一條事理凡例, 如此章者, 亦必有爲而言之也。其意主于觀人, 其事蓋主于改, 而觀三年無改可以謂孝, 亦如觀過可以知仁……。).

그 자식이 선한지 악한지를 알 수는 있지만, 또한 반드시 아버지 돌아가시고 3년 동안은 아버지가 하신 일을 고치지 않는다면, 그제야 비로소 그 자식이 효성스럽다는 것을 알 수 있고, 그렇지 못하면, 행실이 선할지라도, 효성스럽다고는 할 수 없다.

○尹氏曰:「如其[12]道, 雖終身無改可也。如其非道, 何待三年? 然則三年無改者, 孝子之心有所不忍故也。[13]」

○윤씨(尹氏·尹彦明)가 말했다. "아버지가 하신 일이 도리에 맞는다면, 종신토록 고치지 않더라도 괜찮다. 도리에 맞지 않는다면, 어찌 3년을 기다리겠는가? 그렇다면 (도리에 맞지 않는데도) 3년 동안은 고치지 않는다는 것은, 효자의 마음으로는 차마 고치지 못하는 것이 있기 때문이다."

游氏曰:「三年無改, 亦謂在所當改而可以未改者耳。」

유씨(游氏·游定夫)가 말했다. "아버지 돌아가시고 3년 동안 고치지 않는다는 것은, 또한 마땅히 고쳐야 할 데가 있지만 (3년 동안은) 아직 고치지 않아도 되는 경우를 말한다."

---

12 如其(여기): 만약. 가령(如果, 假如。).

13 《論語大全》조금이라도 못마땅한 부분이 있다고 해서, 곧바로 마음대로 고쳐버린다면, 효자의 마음은 어디에 있는가? 효자의 마음을 지닌 자라면, 자연히 차마 하지 못하는 마음을 갖고 있다(延平李氏曰: 若稍稍有不惬意處, 卽率意改之, 則孝子之心何在? 有孝子之心者, 自有所不忍耳。).

[禮之用和爲貴章]

011201、有子曰:「禮[1]之用, 和爲貴[2]。先王[3]之道, 斯爲美,[4] 小大由之[5][6]。

---

1 《秀文苑》禮(예): 처음에는 '豊'으로 썼다. 글자 형태가 그릇 안에 두 꿰미의 진귀한 옥이 들어 있는 모습으로, 신에게 제사 지내는 용도로 쓰였다. 후에 와서 '豐'[丰]자와 글자 형체가 서로 비슷해서 혼용되다가, 제사상을 나타내는 '示'를 붙여 '禮'로 되었다. 본뜻은 '신을 공경하다' '신께 예를 올리다'이다(禮: 字原作'豊'。字形像一個禮器里放着串貴重的玉, 用以祭神。後來因與'豐'[丰]字形體相似, 常被混用, 於是加'示'(祭桌)旁作禮。本義是'敬神', 如'禮神'。);《說文·示部》'禮'(예)는 몸소 행하는 것이다. 귀신을 섬겨 이로써 복을 불러들이려는 것이다(禮, 履也。所以事神致福也。);《說文·示部》'示'(시)는 하늘이 상징을 아래로 드리워서 길흉을 보여주어 사람에게 계시하는 것이다. 아래로 늘어뜨린 세 개의 선은 해·달·별을 상징한다. 천문현상을 보고, 때의 변화를 살피는 것이다[周易·䷕賁·象傳]. '示'는 신의 일로, '示'가 들어 있는 글자는 모두 '示'의 의미를 따른다(示, 天垂象, 見吉凶, 所以示人也。從二。三垂, 日月星也。觀乎天文, 以察時變。示, 神事也。凡示之屬皆從示。); 왕국유[1877~1927]의 《觀堂集林》에 말했다. "옥을 가득 담아서 신과 사람에게 바치는 그릇을 '豊'이라 하고, 여기서 나아가 신과 사람에게 바치는 술을 '醴'라 하고, 또 더 나아가서 신과 사람을 받드는 일을 모두 '禮'라 칭하게 되었다"(王國維說: "盛玉以奉神人之器, 謂之若豊, 推之而奉神人之酒醴眾亦謂之醴。又推之而奉神人之事, 通謂 之禮。")(李澤厚 저/정병석 옮김, 『중국고대사상사론』[한길사, 2010], 56).

2 [성]禮之用和爲貴(예지용화위귀): 예에 따라 일을 처리하는 데는 평화·평온으로 근본을 삼아야 한다(和: 和谐, 协调。按礼行事, 当以平和宁静为本。);《說文·口部》'咊'[和]는 서로 호응하는 것이다. 口가 의미부이고 禾가 소리부이다(咊, 相膺也。從口禾聲。);《論語疏證》일이 중도에 맞는 것을 모두 和라고 하지, 喜怒哀樂이 중도에 맞게 드러난 상태 한 가지만을 말하지는 않는다.《說文·龠部》에, '龢, 調也。' '盉, 調味也'라 했다. 음악이 조화로운 것을 '龢'(화)라 하고, 맛이 조화로운 것을 '盉'(화)라 하고, 일이 조화로운 것을 '和'(화)라고 하는데, 그 뜻은 똑같다. '和'는 오늘날 '적합하다', '적당하다', '꼭 들어맞다', '잘 어울린다'는 말이다(樹達按: 事之中節者皆謂之和, 不獨喜怒哀樂之發一事也。說文云: '龢, 調也。' 盉, 調味也。'樂調謂之龢, 味調謂之盉, 事之調適者謂之和, 其義一也。和今言適合, 言恰當, 言恰到好處。);《論語義疏》'禮之用和爲貴' 이하는, 임금이 교화를 행하는 데 반드시 예와 음악이 서로 어울려야 함을 밝힌 것으로, 음악을 써서 백성의 인심을 화목하게 하고, 예를 써서 백성의 행실을 단속하여, 행실의 단속과 인심의 화목으로, 풍속이 아름답기 때문에, '禮之用和爲貴'라 한 것으로, '和'는 곧 음악이다. 음악을 和로 바꿔 말한 것은 음악의 효용을 나타내 보인 것이다(疏: 此以下明人君行化, 必禮樂相須, 用樂和民心, 以禮檢民跡, 跡檢心和, 故風化乃美, 故云禮之用和爲貴。和即樂也。變樂言和, 見樂功也。);《論語注疏》이 장은 예와 음악의 쓰임이 서로 어울려야 아름답다는 말로, '禮之用和爲貴'의 '和'는 음악을 말한다. 음악을 和同을 주로 삼기 때문에, 음악을 일러 和라 한 것이다(疏: 正義曰: 此章言禮樂爲用相須乃美, '禮之用和爲貴'者, 和, 謂樂也。樂主和同, 故謂樂為和。);《論語平議》옛날에 '以' '用' 두 글자는 서로 통했다. 이 장의 '禮之用和爲貴'와《禮記·儒行》의 '禮之以和爲貴'는 뜻이 정확히 같은데, 이 구절은 '用'字를 '以'字로 썼을 뿐이다. 풀이는 여섯 글자를 한 구절로 해야 한다["禮는 조화를 귀중하게 여겼다"]. 근래의 풀이가 대부분 '體用'의 '用'이라 하는데 잘못이다(古以, 用二字通……禮之用和爲貴, 與禮記儒行篇曰, 禮之以和爲貴, 文義正同, 此用字止作以字。解當以六字爲句。近解多以體用爲言失之矣。);《論語譯注》"禮의 역할은, 일을 만나 모두 합당하게 처리하는 것을 귀중하게 여긴다"("禮的作用, 以遇事都做得恰當爲可貴。");《論語語法》'定語+之+中心語' 형식의 결구조사["예의 쓰임"](定中短語的結構助詞'之');《論語句法》'和爲貴'는 '以和爲貴'의 생략이다["예의 쓰임은 조화를 귀하게 여긴다"]('和爲貴'是'以和爲貴'的省略。).

유자(有子)가 말했다. "예(禮)의 집행에 있어서는, 조화를 귀중한 것으로 여긴다. 선왕의 도는 이 조화를 아름다움의 기준으로 여겼으니, 작은 일이든지 큰일이든지 모두 조화를 따랐다.

---

3 《論語集釋》戴望[1837~1873]의《論語注》에 말했다. "先王은 성인이 천자로서 예를 제정한 자를 말한다"(戴望論語注: 先王, 謂聖人爲天子制禮者也.).

4 《論語義疏》'先王之道斯爲美'는 옛 聖王의 교화는 예를 행함에 역시 이 和[음악]를 쓰는 것을 아름답게 여겼다는 말이다('先王之道斯爲美', 言聖天子之化, 行禮亦以此用和爲美也.);《論語平議》이 장의 '斯'字는 오로지 예를 가리키는 말이다. 대개 '(예는 조화를 귀중하게 여긴다.) 선왕의 도는 예가 최고의 아름다움이었으니, 크고 작은 일이 모두 예를 따랐지만, 행하지 않는 경우가 있었으니, 조화롭지 않은 경우였다'고 한 것이다(此斯字專指禮而言. 蓋謂先王之道, 禮爲最美, 小大由之, 而有所不行者, 不和故也.);《論語句法》'斯爲美'는 '以斯爲美'가 생략이다["이것을 아름답게 여겼다"]. '斯'는 '조화를 써서 예를 집행하는 일'을 가리킨다('斯爲美'是'以斯爲美'的省略……'斯'稱代那個'以和行禮之事'.);《論語譯注》"옛 성왕들이 국가를 다스림에 있어, 귀하게 여긴 곳이 바로 여기[和]에 있었다"("過去聖明君王的治理國家, 可寶貴的地方就在這裏.");《論語新解》"선왕의 도는, 그 아름다운 점이 바로 여기[禮·和]에 있었다"("先王之道, 其美処正在此.").

5 [성]小大由之[소대유지]: 작은 일이든 큰일이든 모두 반드시 예절을 그대로 좇아 행하다. 크든 작든 모두 괜찮다(小事, 大事皆須遵循禮節而行. 後用以指或大或小都可以的意思.);《論語義疏》'由'는 '用'이다(疏: 由, 用也.);《論語義疏》는 '先王之道斯爲美'를 한 문장으로 읽고, '小大由之'를 '有所不行' 구절에 붙여 한 문장으로 읽었다["禮는 和를 쓰는 것을 귀하게 여긴다. 선왕의 도는 和를 쓰는 것을 최고의 아름다움으로 여겼다) 작은 일이나 큰일이나, 모두 禮만 쓰고 和를 쓰지 않는 경우, 일에서 행해지지 않는 경우가 있다. (또) 禮는 和를 쓴다는 것을 알고 모든 일에 和를 따를 뿐 더는 禮를 써서 절제하지 않는 경우, 역시 일에서 행해질 수 없다"](若小大之事, 皆用禮而不用和, 則於事有所不行也. 若知禮用和而每事從和, 不復用禮爲節者, 則於事亦不得行也.);《論語平議》는 '先王之道斯爲美'를 한 구절로 끊어 읽고, '小大由之'를 '有所不行'에 붙여 읽고, '有所不行' 뒤에 '不和故'가 생략된 것으로 풀이했다["禮는 和를 귀하게 여긴다. 선왕의 도는, 예가 최고의 아름다움이었으니, 작은 일이나 큰일이나 모두 예를 따랐지만, 행하지 않는 경우가 있었다. (和 하지 않은 경우였다) (또) 和만 알고 和 하려고만 하고, 禮를 써서 和를 절제시키지 않은 경우에도, 역시 행하지 않았다"].

6 《讀論語大全說》'用'은 '行'字로 설명하는 것이 맞다. '用'은 예를 천하에 시행한다는 것이다. (이 글은) 전적으로 예를 사람들에게 시행하고 사람들이 그 예를 쓴다는 면에서 立論한 것이다. 이 '用'字는 '體用'의 '用'字가 아니다. '和'는, 세상인심에 화순함을 말한 것이다. 예를 시행하는 중에 (세상인심에) 화순함이 있는 것으로, 화는 예의 用이 되는 것이 아니다. 有子는 아마 이렇게 말한 것일 것이다. "예가 천하에 시행됨에 사람들에게 예를 써서 모든 일에 대응하도록 했는데, 오로지 세상인심에 화순할 뿐 세상인심을 억지로 교정하고 엄격히 강제하는 것을 귀하게 여기지 않았다. 오로지 세상인심에 화순할 뿐이니, 선왕이 예를 써서 작은 일이든지 큰일이든지 모두 대응하게 한 도는, 순수해서 시행이 가로막히는 폐단이 없었다"("用"只當"行"字說……"用"者, 用之於天下也…… 全在以禮施之於人而人用之上立論. 此"用"字不與"體"字對. …… "和"者, 以和順於人心之謂也. 用之中有和, 而和非用禮者也. 有子蓋曰: 禮之行於天下而使人絲之以應夫事者, 唯和順於夫人之心而無所矯强之爲貴; 唯其然, 斯先王之以禮爲小大共絲之道者, 以純粹而無滯也.).

禮者, 天理之節文,[7] 人事之儀則[8]也[9]。和者, 從容不迫[10]之意。蓋禮之爲體雖嚴, 而皆出

---

7 《論語大全》節은 등급이다. 文은 똑바르거나 끊지 않고 굽어지고 꺾이어 부드러워진 모양으로, 장식을 가해 꾸민 것이다. 예컨대 계단을 오르고 내리고 서로 공손히 절하고 양보하는 행동의 경우, 天理가 있지만, 이 天理는 구체적인 형체도 그림자도 없으니, 이에 節文이라는 禮文을 만들어, 天理를 사람들이 눈으로 보도록 그려내서, 준칙처가 되게 하고, 준거로 삼을 수 있게 했으니, 그래서 이를 '天理之節文'이라 한 것이다(朱子曰: 節者, 等級也. 文者, 不直截而回互之貌, 是裝裹得好. 如升降揖遜, 天下有當然之理, 但此理無形影, 故作此禮文, 畫出一箇天理與人看, 使有規矩, 可以憑據, 故謂之天理之節文.);《論語大全》'克己復禮'[顏淵 제1장]라고 하고 '克己復理'라고 하지 않은 까닭은, 禮는 天理가 드러나 있는 실제 모습이 있기 때문이다. '理'를 말하고 말면 공허해진다. 이 '禮'는 天理가 성문화된 것으로, 사람을 가르치는 데 준칙처가 되는 것이다. 禮를 '天理之節文'이라 한 까닭은, 이 '理'는 형체도 그림자도 없으니, 이에 節文이라는 禮文을 만들어, 天理를 사람들이 눈으로 보도록 그려내서, 가르치는 데 준칙이 되고, 준거로 삼을 수 있기 때문이다(朱子曰: 所以喚做禮, 而不謂之理者, 有著實處. 只說理, 却空去了. 這箇禮, 是那天理節文, 教人有準則處. 所以謂之天理之節文者, 此理無形影, 故作此禮文, 畫出一箇天理與人看, 教有規矩, 可以憑據.); 節文(절문): 예법을 제정하여, 행동에 한도를 정해두다(谓制定礼仪, 使行之有度.);《學而 제15장》각주《禮記 · 坊記》참조.

8 儀則(의칙): 법칙. 사람이 마땅히 지켜야 할 규칙이나 규범. 예의식의 규칙(法則).

9 《北溪字義 · 仁義禮智信》禮라는 것은, 마음의 敬이고, 天理의 節文이다. 마음속에 敬이 있으면, 구름이 뭉게뭉게 피어나듯 저절로 생겨나는 것이 바로 禮로, 사물에 접하면 이에 응해서 저절로 節文이 생겨나는데, 節制를 가하니 지나침이 없게 되고, 文飾을 가하니 미치지 못함이 없게 된다. 예컨대, 일을 하는데 질박하기만 하고 문채가 없으면, 그것은 미치지 못하는 잘못을 범하고, 자질구레하고 번잡한 일이 꽉 차 있으면, 그것은 지나치는 잘못으로 흐른다. 天理之節文이란 바로 그것의 딱 맞는 상태로, 딱 맞는 상태가 바로 理이다. 합당하기가 이와 같으면, 더는 지나침도 없고, 더는 미치지 못함도 없어, 마땅히 그래야 되는 상태가 바로 中이다. 그 때문에 주렴계가 쓴 《태극도설》의 '仁義中正'은 '中字를 써서 '禮'字를 대신했으니, 표현이 더욱 가깝게 와 닿는다(禮者, 心之敬, 而天理之節文也. 心中有箇敬, 油然自生便是禮, 見於應接便自然有箇節文, 節則無太過, 文則無不及. 如做事太質, 無文彩, 是失之不及; 末節繁文太盛, 是流於太過. 天理之節文乃其恰好處, 恰好處便是理. 合當如此, 更無太過, 更無不及, 當然而然, 便即是中. 故濂溪太極圖説"仁義中正", 以中字代禮字, 尤見親切.). 주문공은 '禮者, 天理之節文, 人事之儀則也.'라고 하여, 두 구절을 써서 對句로 말한 것은, 무엇일까? 대개 天理란 다만 人事 속의 理로, 마음에 갖춰져 있는 것일 뿐이다. 天理는 속에 있지만, 밖으로 人事로 드러나고, 人事는 밖으로 드러나지만, 속의 天理에 그 뿌리를 두고 있으니, 天理는 그 體이고 人事는 그 用이다. '儀'는 외관 · 몸가짐을 말하고, 형체를 갖춰 밖으로 드러난 것이, 훌륭해서 본받을 만하다는 뜻으로, '文'字와 對句를 이룬다. '則'은 법칙 · 준칙을 말하고, 뼈대로서 속에 존재하는 것으로, 이는 곧 확고해서 바뀌지 않는다는 뜻으로, '節'字와 對句를 이룬다. '文'이 있고 나서 '儀'가 있고, '節'이 있고 나서 '則'이 있으니, 반드시 天理의 節文이 있고, 이후에 人事의 儀則이 있다. 禮는 반드시 이 두 가지를 겸해서 말해야, 그 뜻이 원만히 갖춰진다(文公曰: 禮者, 天理之節文, 而人事之儀則. 以兩句對言之, 何也? 蓋天理只是人事中之理, 而具於心者也. 天理在中而著見於人事, 人事在外而根於中, 天理其體而人事其用也. "儀"謂容儀而形見於外者, 有粲然可象底意, 與"文"字相應. "則"謂法則, 準則, 是個骨子, 所以存於中者, 乃確然不易之意, 與"節"字相應. 文而後儀, 節而後則, 必有天理之節文, 而後有人事之儀則. 言須盡此二者, 意乃圓備.).

10 《論語大全》"'從容不迫'을 무엇 때문에 '和'라 하시는지요?" "단지 행동이 자연스럽다[저절로 그렇게 된다]는 말로, 무슨 억지로 끌거나 강요하는 의사가 없는 것이 從容不迫이다"(問從容不迫, 如何謂之和? 曰: 只是說行得自然如此, 無那牽强底意思, 便是從容不迫.); 從容不迫(종용부박): 차분하다. 당황하거나

於自然之理, 故其爲用, 必從容而不迫, 乃爲可貴。先王之道, 此¹¹其所以爲美, 而小事大事無不由之也。¹²

'禮(예)라는 것은, 천리(天理)의 절문(節文)이고, 인사(人事)의 의칙(儀則)이다. '和(화)라는 것은, '당황하거나 서두름 없이 느긋하고 조용하고 차분하다'[從容不迫]라는 뜻이다. 대개 예(禮)의 격식[爲體]은 엄격하기는 하지만, 모두 자연의 이치에서 나왔기 때문에, 예(禮)의 집행[爲用]은, 반드시 당황하거나 서두름 없이 느긋하고 조용하고 차분해야, 귀중한 가치가 있는 것으로 여긴다. 선왕의 도는, 조화가 그 도의 아름다움[爲美]의 기준이었으니, 작은 일이든지 큰일이든지 모두 조화를 따르지 않은 게 없었다.

011202、有所不行, 知和而和¹³, 不以¹⁴禮節¹⁵之, 亦不可行也^{16. 17}。」

서두름 없이 느긋하고 차분하고 냉정하다. 태연자약하다(從容: 不慌不忙, 很鎮靜; 不迫: 不急促。不慌不忙, 沉着鎮定。); 迫(박): 급박하다. 촉박하다. 강요하다. 바짝 조이다(緊迫: 急迫。硬逼, 逼迫。).

11 《論語大全》此字는 經文의 '斯'字를 보충하는 글자로, '禮之和'를 가리키는 말이다(新安陳氏曰: 此字貼斯字, 指禮之和而言。).

12 《禮記·樂記》樂은 천지간의 어울림이고, 禮는 천지간의 질서이다(樂者, 天地之和也; 禮者, 天地之序也。); 《通書·禮樂》禮는 도리이고, 樂은 어울림이다. 음양이 각기 도리에 맞은 후에야 서로 어울린다. 임금은 임금으로서의 도리를 다하고, 신하는 신하로서의 도리를 다하고, 아버지는 아버지로서의 도리를 다하고, 자식은 자식으로서의 도리를 다하고, 형은 형으로서의 도리를 다하고, 동생은 동생으로서의 도리를 다하고, 남편은 남편으로서의 도리를 다하고, 부인은 부인으로서의 도리를 다하여[顏淵 제11장], 각기 자기의 도리에 맞은 후에야 서로 어울리기 때문에, 禮가 먼저이고 樂이 다음이다(禮, 理也; 樂, 和也, 陰陽理而後和。君君臣臣, 父父子子, 兄兄弟弟, 夫夫婦婦, 各得其理然後和, 故禮先而樂後。); 《論語大全》임금이나 아버지를 보면 저절로 그렇게 엄숙한 마음과 공경하는 자세를 갖추게 되는데, 이는 인정이 그리하고 싶은 것이지, 억압과 교정으로 인한 것이 아니다. 이는 인심의 고유한 누구나 같은 모습이다. 이리저리 인위적인 안배를 기다릴 필요가 없는 것이 '和'이다. 조금이라도 억지로 시켜서 나오면 이는 곧 '和'가 아니다. '和'는 자기에게 합유되어 있는 것으로, 발현되어 나오는 것이 자연스럽지 아니한 게 없다(朱子曰: 見君父自然用嚴敬, 此是人情願, 非由抑勒矯拂, 是人心固有之同然者。不待安排便是和, 纔出勉强便不是和。和是自家合有底, 發見出來無非自然。).

13 《論孟虛字》'而'는 唯와 같다. '而和'는 '唯和'라는 말과 같다. '오로지 조화 한 가지만 쓴다'는 뜻이다('而, 猶'唯'. '而和', 猶言'唯和', 即一味以和的意思。); 《論語新解》"조화로워야 한다는 것만 알고, 일념으로 조화만을 쓴다"("只知道要和, 一意用和。").

14 《助字辨略》'以'는 옛날에는 '㠯'(이)로 썼다. 《廣韻》에, '以는 用이다'라고 했다(以: 古作㠯。《廣韻》云: 用也。); 《論孟虛字》'以'는 '用'과 같다. 황간의 疏에, '不復用禮爲節'[더는 예를 써서 절제하지 않는다]이라 했는데, '用'은 분명 '以'字를 풀이한 것이다(以, 猶'用'。皇疏: '不復用禮爲節', '用'分明是訓'以'字的。).

15 節(절): 절제하다. 통제하다. 단속하다(节制; 管束。).

16 《論語平議》宋洪适의 《예석》에 실린 《漢石經》에는 '亦不行也'로 쓰여 있어, '可'字가 없는데, 이에 따르는

(그렇지만 조화를 따라) 행하지 않는 경우가 있으니, 조화만 알아 조화하려고만
한 경우로, 예(禮)를 써서 조화를 절제시키지 않고서는 역시 행해서는 안 된다.”

것이 맞다. 앞절에서 '有所不行'이라 하고, 이 절에서 '亦不行也'라고 하면, 두 '不行'의 뜻이, 피차 관통한
다. '亦'字 역시 앞절의 문장에 근거해 말하면, 앞절에 '可'字가 없으니, 이 절에도 '可'字가 없는 것인데,
아마도 마음의 注에 '亦不可行'이라고 한 것에 끌려 '可'字를 부연한 것으로 보인다. 마음이, '不以禮爲節,
亦不可行.'이라 注를 달았는데, 이는 그 스스로가 '可'字를 써서 문장을 보족한 것이지, 경문에 '可'字가
있다는 것에 근거해서 '可'字를 넣은 것이 아니다["……예를 써서 조화를 절제시키지 않은 경우에는,
또한 행하지 않았다"](樹謹按: 隸釋載漢石經, 作'亦不行也', 無'可'字, 當從之.上云'有所不行', 此云'亦不行
也', 兩'不行'之義, 彼此貫通.'亦'者, 亦上文而言, 上無'可'字, 則此亦無'可'字, 蓋涉馬注而衍. 馬注云: '不以
禮爲節, 亦不可行.' 此自用以足句, 非其所據經文有'可'字也. 公羊傳宣公九年何休注引此三句作孔子語.);
《古書虛字》'亦'은 '則'과 같다('亦'猶'則'也.);《北京虛詞》亦(역): 부사. 그러면. 동작 행위가 일정 조건을
갖췄거나 또는 모종의 상황에서는, 자연히 그러하다는 것을 강조한다('亦, 副词. 强调动作行为具备了一
定条件时或在某种情况下, 自然会怎样. 又即'就'、'则'.);《許世瑛(二)》'亦'은 구어 '也'[역시]와 뜻이 같다
('亦'和口語'也'字同義。)[論語孟子中'亦'字用法深究];《經典釋詞》'也'는 위 문장을 완결지을 때 쓴다(玉篇
曰: 也, 所以窮上成文也。)

17 《論語正義》有子의 이 장의 논지는 공자의 中庸의 뜻을 밝힌 것이다. '예를 써서 절제한다'(以禮節之)라
는 것은, 예에서 귀중한 것은 中을 얻는 것이고, 절제할 바를 아는 것이 곧 中을 아는 것임을 말한
것이다.《中庸》에 '(그러므로 군자는) 어울리되 흐르는 대로 내맡기지 않으니, 참으로 强이구나 굽힘이
없구나! 치우치지 않고 가운데 서서 어느 쪽으로도 기울지 않으니, 참으로 强이구나 굽힘이 없구나!'라고
했는데, '어울리되 흐르는 대로 내맡기지 않는 것'(和而不流)이 곧 '예를 써서 절제한다'는 것이고, 곧
예의 中이다. 中庸은 모두 禮를 행하는 데 쓰이기 때문에《禮記》에 실은 것이다.《逸周書·度訓解》에
'和는 中에 맞지 아니하면 서지 못하고, 中은 예에 맞지 아니하면 근신하지 못하고, 예는 악에 맞지
아니하면 이행하지 못한다'고 했는데, '樂'은 '和樂'이고, 바로 이 장의 뜻이다(正義曰: 案: 有子此章之旨,
所以發明夫子中庸之義也…… 其謂'以禮節之'者, 禮貴得中, 知所節, 則知所中. 中庸云: '(故君子)和而不
流, 强哉矯! 中立而不倚, 强哉矯!' 和而不流, 則禮以節之, 則禮中也. 中庸皆所以行禮, 故《禮》篇載之.《逸周
書度訓》云: "和非中不立, 中非禮不慎, 禮非樂不履." 樂謂和樂, 即此義也.);《延平答問》"'예의 작용은 조화
로움을 귀하게 여긴다'라는 장의 의미는 무엇입니까?" "맹자께서는, '仁의 실질은 어버이를 섬기는 것이
바로 이것이고, 義의 실질은 형에게 순종하는 것이 바로 이것이다. 禮의 실질은 이 두 가지[孝弟]를
조리에 맞도록 한 것이 이것이다[離婁上 제27장]라고 하셨습니다. 예의 방법은 비록 조화를 귀하게
여기지만, 반드시 예의 근원이 어디서 유래한 것인지를 체득해서 그것을 절도 있게 꾸민다면 실수하지
않습니다. 만약 작은 일과 큰일에 모두 조화를 따르지만 높이고 낮춤의 구별이 없고, 조화만 알아서
조화를 도모하려고 하지만 절도 있게 꾸미는 것에 밝지 못하다면, 작은 일과 큰일 모두 행할 수 없게
됩니다. 이 경우 예의 본체와 작용을 잃게 됩니다. 세상의 군자들 중에는, 엄격하게 예를 적용해서
얽매이게 되는 사람도 있고, 조화만을 추구해서 그 절도를 잃는 사람도 있는데, 모두 예를 아는 사람들이
아닙니다. 그러므로 有子께서 이렇게 문인들에게 말씀해주셔서 그 절도를 알도록 하셨습니다"(問: 禮之
用和爲貴一章之義. 先生曰: 孟子曰仁之實事親是也, 義之實從兄是也, 禮之實節文斯二者是也. 禮之道雖
以和爲貴, 然必須體其源流之所自來, 而節文之則不失矣. 若小大由之而無隆殺之辨, 知和而和, 於節文不
明, 是皆不可行, 則禮之體用失矣. 世之君子, 有用禮之嚴至拘礙者, 和而失其節者, 皆非知禮者也. 故有子
以是語門人, 使知其節爾.)(강신주 外,『스승 이통과의 만남과 대화 — 연평답문』[이학사, 2006], 182).

承上文而言, 如此而復有所不行者, 以其徒知和之爲貴而一於和, 不復以禮節之, 則亦非復理之本然[18]矣, 所以流蕩忘反[19], 而亦不可行也。

윗글에 이어서 말하기를, 이같이 작은 일이든지 큰일이든지 모두 조화를 따랐어도, 더는 행하지 않는 경우가 있으니, 예(禮)의 집행이 조화를 귀중한 것으로 여긴다는 것만 알고 오로지 조화 한 가지에만 의거하는 경우로, 다시 예(禮)를 써서 조화를 절제시키지 않는다면, 예(禮)는 더 이상 천리의 본연의 모습이 아니고, 이리저리 제멋대로 흐르다가 (천리의 본연의 모습으로) 되돌아가기를 잊어버리게 되는 원인이니, 그렇다면 역시 행해서는 안 된다.

○程子曰:「禮勝則離,[20] 故禮之用和爲貴。先王之道以斯爲美, 而小大由之。樂勝則流, 故有所不行者, 知和而和, 不以禮節之, 亦不可行。」[21]

○정자(程子·伊川)가 말했다. "예(禮)에 치우치다 보면 갈가리 갈라지기 때문에, 예(禮)의 집행은 조화를 귀중한 것으로 여긴다. 선왕의 도는 이 조화를 가지고 아름다움의 기준으로 삼았으니, 작은 일든지 큰일이든지 모두 조화를 따랐다. 악(樂)에 치우치다 보면 이리저리 제멋대로 흐르기 때문에, 행하지 않는 경우가 있는데, 조화만 알고 조화하려고만 하고, 예(禮)를 써서 절제시키지 않고서는, 역시 행해서는 안 된다."

---

18 內閣本에는 '理之本然'이 '禮之本然'[예의 본연의 모습]으로 되어 있다.

19 《孟子·梁惠王下 제4장》 이리저리 흘러가는 대로 배에 몸을 내맡기고 되돌아가기를 잊는 것을 流라 합니다. 흐르는 물살을 거슬러 올라가서 되돌아가기를 잊는 것을 連이라고 합니다. 사냥에 빠져 싫증을 모르는 것을 荒이라 합니다. 술에 취해 빠져나올 줄 모르는 것을 亡이라 합니다(從流下而忘反謂之流, 從流上而忘反謂之連, 從獸無厭謂之荒, 樂酒無厭謂之亡。); 流蕩忘反(유탕망반): 오랫동안 밖으로만 떠돌다가 되돌아가기를 잊어버리다(指长期在外面飘泊而不知返回。); 流蕩: 정처가 없다. 의탁할 곳이 없다. 제멋대로 이리저리 흔들리다. 구속받지 않다. 정처 없이 떠돌다(心思不定, 无所依托。放荡, 不受拘束。漂泊, 流浪。); 忘反(망반): 되돌아가기를 잊어버리다(忘记回去).

20 《禮記·樂記》 樂은 서로의 감정을 동화시키고, 禮는 서로의 차이를 드러나게 한다. 서로의 감정이 동화되면 서로 가까워지고, 서로의 차이가 드러나면 서로 공경하게 된다. 樂에 너무 치우치면 이리저리 제멋대로 흐르고, 禮에 너무 치우치면 갈가리 갈라진다. 사람들의 정을 한군데로 합하고 몸가짐을 점검해서 바르게 고치는 것은 예악의 일이다(樂者爲同, 禮者爲異。同則相親, 異則相敬, 樂勝則流, 禮勝則離。合情飾貌者禮樂之事也。).

21 《論語大全》 이 장은 본디 禮만을 논했고, 樂을 논한 적이 없는데, 程子가 특별히 '樂'字를 빌려서 '和'字를 말했을 뿐이다(新安陳氏曰: 此章本只論禮, 未嘗論樂, 程子特借樂字以言和字耳。).

范氏曰:「凡禮之體主於敬, 而其用則以和爲貴。敬者, 禮之所以立也; 和者, 樂之所由[22]生也。若有子可謂達禮樂之本矣。」

범씨(范氏·范淳夫)가 말했다. "무릇 예(禮)의 격식의 경우에는 경(敬)을 으뜸으로 여기지만, 예(禮)의 집행의 경우에는 조화[和]를 귀중하게 여긴다. 경(敬)은 그것을 써서 예(禮)가 확립되고, 조화[和]는 그것으로 말미암아 악(樂)이 생겨난다. 유자(有子)의 경우에는 예(禮)와 악(樂)의 본질을 완전히 이해했다고 할 수 있다."

愚謂嚴而泰, 和而節, 此理之自然, 禮之全體也。毫釐[23]有差, 則失其中正, 而各倚於一偏, 其不可行均矣。[24]

내가 생각건대, 엄격함과 편안함, 조화미와 절제미, 이것이 천리의 있는 그대로의 모습이고, 예(禮)의 총체이다. 저울 한 눈금만큼이라도 어느 한쪽으로 쏠리는 경우에는, 그 수평 상태를 잃고, 각기 어느 한쪽으로 기울 것이니, 그 어느 쪽이나 행할 수 없다는 점에서는 똑같다.

---

22 所由(소유): 경유하는 길. 따라 나오는 곳(所经历的道路。所自, 所从来。).

23 毫釐(호리): 저울이나 자의 눈금인 호와 리로, 아주 적은 크기나 양을 말한다. 아주 미세하다(毫、釐均是微小的量度单位。比喻极微细。); 毫(호): 천분의 1촌. 천분의 1돈(等于千分之一寸。等于千分之一钱。); 釐(리): 천분의 1척. 천분의 1냥(尺的千分之一。两的千分之一。).

24 《論語大全》'嚴而泰'의 '嚴'은 예의 격식으로서의 嚴[엄격]을 말하고, '泰'는 自然之理 및 從容不迫을 말한다. '嚴而泰'는 경문의 제1절을 가리킨다. '和而節'의 '和'는 경문의 '知和'의 '和'를 말하고, '節'는 '以禮節之'의 '節'를 말한다. '和而節'은 경문의 제2절을 가리킨다. 정자와 범씨는 '樂'字를 빌려서 이로써 '和'字를 형용했다. 주자는 이 장의 본지로 논의를 돌리려고, 禮를 언급했을 뿐 樂을 언급하지 않았다. '嚴而泰 和而節'은 여섯 글자로 잘라 이 장의 대의를 빠짐없이 다 표현한 것이다(新安陳氏曰: 嚴謂禮之體嚴, 泰謂自然之理, 及從容不迫。此指上一節。和謂知和之和, 節謂以禮節之之節。此指下一節。程范借樂字以形容和字, 朱子要歸之論, 只言禮而不及樂之矣。嚴而泰和而節, 六字斷盡一章大意。); 《大學衍義補》有子는 禮之用만을 말했는데, 程子가 처음으로 《禮記·樂記》의 '樂勝則流'·'禮勝則離' 두 마디 말을 써서, 이로써 禮에는 조화가 없으면 안 되고, 조화는 바로 樂의 뜻이라는 것을 보여주었다. 朱子가 말한 '嚴而泰'는 禮 안에는 樂이 있다는 것이고, 和而節은 樂 안에는 禮가 있다는 것으로, 비록 樂이라는 글자를 분명하게 말하지는 않았지만, 樂의 뜻이 자연스레 말 밖으로 드러나 있다(有子此言專言禮之用, 而程氏始用《樂記》二語以見禮之不可無和, 和便是樂之意。朱子謂嚴而泰是禮中有樂, 和而節是樂中有禮, 雖不明言樂字而樂之意自見於言外。); 大學衍義補(대학연의보): 眞德秀[1178~1235]의 《大學衍義》에 邱濬[1421~1495]이 補註한 책.

[信近於義章]

011301、有子曰:「信近於義, 言可復也[1], [2]; 恭近於禮[3], 遠恥辱也[4]; 因不失其親[5], 亦[6]可

---

1 《論語集解》'復'(부)는 '覆'(복)과 같다. 의에 부합해야 약속하는 것이 아니고, 약속이라고 다 의에 부합해야 하는 것은 아니다. 그 약속의 말이 반복할 수 있기 때문에, '近於義'라 했다(注: 復猶覆也. 義不必信, 信不必義也. 以其言可反覆, 故曰近於義也.); 《論語義疏》'信'은 '不欺'[약속한 그대로 곧이곧대로 지키다]이다. '義'는 宜(의)에 부합하다이다. '復'는 '반복해서 실증하다'와 같다. 약속이 반드시 의에 부합할 필요는 없고, 의에 부합해야 약속이 되는 것은 아니다. 그렇지만 약속이 의에 가까우면, 이 약속한 말은 반복해서 실증해보일 수 있지만, 약속이 의에 부합하지 않으면, 곧이곧대로 지키기는 할 수 있을지언정, 그 약속한 말은 다시 실증해 보일 수 없다. 누가 의에 부합하지 않는 약속이 어떤 것인지 묻기에 답했다. "옛날에 미생이라는 자가 있었는데, 한 여자와 다리 밑에서 만나기로 약속하고, 매번 약속할 때마다 매번 만났다. 어느 날 갑자기 폭우가 내려 물이 불어났다. 미생이 먼저 와서 기다리면서, 여자는 오지 않는데도, 미생은 약속을 지켜 다리 밑을 뜨지 않고, 약속을 지키다가 불어난 물에 빠져 죽었다[莊子·雜篇·盜跖]. 이것이 의에 부합하지 않은 약속으로, (이러한 약속은) 반복해 실증해 보일 수 없다"(疏: 信, 不欺也. 義, 合宜也. 復, 猶驗也. 夫信不必合宜, 合宜不必信, 若爲信近於合宜, 此信之言乃可復驗也; 若爲信不合宜, 此雖是不欺, 而其言不足復驗也. 或問曰: 不合宜之信云何? 答曰: 昔有尾生, 與一女子期於梁下, 每期每會. 後一日急暴水漲, 尾生先至, 而女子不來, 而尾生守信不去, 遂守期溺死. 此是信不合宜, 不足可復驗也.); 《論語詞典》復(부): ='復言'[春秋左傳·僖公九年]. 약속한 말을 실행에 옮기다. 한 말을 실천하다["지키기로 한 약속이 의에 부합해야, 그 약속은 실행에 옮길 수 있다"](復言, 實踐諾言也; '所守的約言符合義, 說的話就能兌現.'); 《論孟虛字》'言'은 윗글을 이어주는 역할을 하는 접속사이다. 그런 후에야 비로소["언약이 반드시 의리에 가까워야, 그런 연후에야 언약을 이행할 수 있다"]('言', 爲承接詞, 用作連詞, 猶'乃', 是'然後才'的意思; '信約必須接近義理, 然後才可以履行諾言.')

2 《大戴禮記·曾子立事》군자는 氣가 勝하는 것을 염려해야 한다. 생각한 이후에 움직이고, 이것저것 따져본 이후에 행동하고, 행동할 때는 말한 것을 생각하고, 말한 것은 이행할 것을 생각하고, 이행할 것을 생각해서 하는 말에 후회가 없도록 할 것을 생각하면, 신중하다고 말할 수 있다(君子慮勝氣, 思而後動, 論而後行, 行必思言之, 言之必思復之, 思復之必思無悔言, 亦可謂愼矣.); 《論語正義》《大戴禮記·曾子立事》의 '思無悔言'은 하려는 말을 義에 부합하도록 제재하는 것을 말한다. 그렇지 않은 경우, 단지 한 말은 무턱대고 지켜야 한다는 고집불통의 신념일 뿐, 義에는 부합하지 않아서, 사람들이 장차 내 말을 신임하지 않아, 내가 그 말을 이행하려 해도, 하지 못한다(正義曰: "思無悔言", 亦謂之以義裁之. 否則, 但守硜硜之信, 而未合於義, 人將不直吾言, 吾雖欲復之, 不得也.).

3 《論語大全》'近'은 '부합하다'와 같다. 옛사람들은 글자를 쓰는 데 관대했고, 또 대강으로 말했으니, 예의에 부합하기에는 미진하지만, 그래도 이미 예의에 가까이 다가간 것이다(朱子曰: 近, 猶合也. 古人下字寬, 亦大網說, 雖未盡合禮義, 亦已近禮義了.).

4 《論語正義》《禮記·表記》에 '공손하여 이로써 치욕을 멀리한다'고 했는데, 이 역시 '恭近於禮'하여 이로써 행한다는 말이다. 그렇지 않으면, 공경이 예에 부합하지 않아, 혹 경멸과 모욕을 당하여, 치욕을 면치 못하게 된다. 아래편에 나오는 '恭而無禮則勞'[泰伯 제2장] 역시 이 뜻이다(《表記》云: "恭以遠恥." 亦謂恭近於禮, 以行之也. 否則, 雖恭敬於人, 不能中禮, 或爲人所輕侮, 而不免恥辱. 下篇云"恭而無禮則勞", 亦此意也.).

5 《論語集解》'因'은 '親'이다["친족에 대해 그 친함을 잃지 않는 사람은, 존경할 수 있다"](注: 孔安國曰:

宗也。⁷⁸⁹」

유자(有子)가 말했다. "약속한 말이 의(義)의 기준에 가까이 부합하면 그 말은 실행에 옮길 수 있고, 공손한 행실이 예(禮)의 기준에 가까이 부합하면 치욕을 멀리할 수 있고, 내 몸을 의탁할 사람이 그 사람과 가까운 주변 사람을 소홀히 대하지 않는다면 또한 종주(宗主)로 삼을 수 있다."

因, 親也. 言所親不失其親, 亦可宗敬.);《論語義疏》《儀禮·喪服》의 傳에, '계모와 因母는 같다'고 했는데, 이는 계모와 친모는 같다는 말이다. 그래서 공안국도 이 장에서 '因'은 '親'이라 했는데, 옳다["계모가 그 친함을 잃지 않으면, 친모와 중복해서 조상으로 공경할 수 있다"](疏: 喪服傳云: 繼母與因母同, 是言繼母與親母同. 故孔亦謂此因爲親, 是也.);《論語注釋》'因'(인)은 '의지하다' '기대다'이다. '姻'으로 읽는 사람이 있는데, 그럴 경우 '因不失其親'은 '인척은 모두 친할 만한 사람이다'로 번역해야 하는데, 꼭 그렇다고 할 수는 없을 것이다["관계가 가까운 사람에게 의지하면, 역시 믿을만하다"](因, 依靠, 憑藉. 有人讀爲 "姻"字, 那"因不失其親"便當譯爲"所與婚姻的人都是可親的", 恐未必如此; "依靠關係深的人, 也就可靠了.");《論語詞典》親(친): 동족이나 혼인관계가 있는 사람(同族或有婚姻關係的人.).

6 《古書虛字》'亦'은 '則'과 같다('亦, 猶'則'也.);《論語句法》'亦'字는 부사로, 구어의 '也'字와 같은 뜻이다('亦'字, 是限制詞, 跟口語'也'字同義.).

7 《論語義疏》本에는, '亦可宗敬'로 되어 있다.《論語義疏》'因'은 '親'과 같다. 친애해야 할 것들을 친애할 수 있는 자라면, 이러한 품덕은 존경할 수 있다. '親不失其親'은 가까이는 구족을 가리키는 것으로, 의당 서로 화목해야 하고, 넓게는 '汎愛衆而親仁'[學而 제6장]한 사람으로, 이에 '義之與比'[里仁 제10장]하는 사람이 '親不失其親'이다. 그런데 '亦可宗'의 '亦'은 '重'과 같고, 친애해야 할 것들을 친애할 수 있으면, 또한 존경할 수 있다는 것이다(因猶親也. 人能所親得其親者, 則此德可宗敬也. 親不失其親, 若近而言之, 則指於九族, 宜相和睦; 若廣而言之, 則是汎愛衆而親仁, 乃義之與比, 是親不失其親也. 然云'亦可宗'者, '亦'猶重也, 能親所親, 則是重爲可宗也.);《論語正義》《大戴禮記·曾子立事》에 '어떤 것을 친애하는지를 살피면, 그 사람의 됨됨이를 알 수 있다'고 했다. 그 사람이 친애하고 있는 것의 잘잘못을 살피면, 그 사람이 어진 사람인지 못난 사람인지를 알 수 있다. 그가 친애하는 대상이 틀림없이 친애할 만한 것이면, 그 사람이 어질다는 것을 알 수 있으니, 그래서 존경할 수 있다(正義曰:《曾子立事》云: '觀其所愛親, 可以知其人矣.' 觀其所親愛之是非, 則知其人之賢不肖. 若所親不失其親, 則此人之賢可知, 故亦可宗敬也.).

8 《論語注疏》이 장은 '信'[약속을 지키다]과 '義', '恭'[공손하다]과 '禮'는 서로 같은 것이 아님을 그리고 (信·恭이) 사람의 행실로서는 본받을 만한 것임을 밝힌 것이다(疏: 正義曰: 此章明信與義, 恭與禮不同, 及人行可宗之事.); 이에 따르면, '信이 義는 아니지만, 義에 가까워서 실천할 만한 일이고, 恭이 禮는 아니지만, 禮에 가까워서 치욕을 멀리할 수 있고, 이로 인해 친한 사람에게 친애를 잃지 않고 유지하면 본받을 만한 일이다'로 풀이된다. 茶山도 이 같은 뜻으로 풀이한다.

9 《禮記·表記》공손은 禮에 가깝고, 검약은 仁에 가깝고, 신실은 情에 가까우니, 공경과 겸양을 써서 이것들을 행하면, 허물이 있더라도, 그리 심하지는 않을 것이다. 공손하면 허물이 적고, 정이 있으면 믿을 수 있고, 검약하면 받아들이기 쉬우니, 이것들을 써서 잘못되는 자는 드물지 않겠는가?(子曰: 恭近禮, 儉近仁, 信近情, 敬讓以行此, 雖有過, 其不甚矣. 夫恭寡過, 情可信, 儉易容也; 以此失之者, 不亦鮮乎?);《大戴禮記·曾子立事》말의 지류를 살피면 그 사람의 마음을 알 수 있다. 오래도록 실천하고 있으면 그 사람의 성실함을 알 수 있다. 친애하는 것을 살피면 그 사람의 됨됨이를 알 수 있다(觀說之流, 可以知其術也; 久而復之, 可以知其信矣; 觀其所愛親, 可以知其人矣.).

近¹⁰ 遠¹¹ 皆去聲。○信, 約信也¹²。義者, 事之宜也。復 踐言¹³也。恭, 致敬也。禮 節文也。因, 猶依也。宗, 猶主¹⁴也。言約信而合其宜, 則言必可踐矣¹⁵。致恭而中其節, 則能遠恥辱矣。所依者不失其可親之人, 則亦可以宗而主之矣¹⁶。此言人之言行交際, 皆當謹之於始而慮其所終,¹⁷ 不然, 則因仍苟且¹⁸之間, 將有不勝其自失之悔者矣。¹⁹

---

10 近(근): [jìn] 가까이 가다. 가까이하다. 부근. 비슷하다(靠近, 接近. 相似, 几乎一样。); [jǐn] 가깝다(时间, 地点, 血统, 关系等方面距离不远的. 遠近之近).

11 遠(원): [yuàn] 멀리하다. 가까이 가지 않다(远离、不接近。); [yuǎn] 멀다. 소원하다(时间、空间的距离大。与「近」相对。).

12 《禮記 · 曲禮下》 말로써 약속하는 것을 誓(서)라 하고, 희생을 앞에 놓고 약속하는 것을 盟(맹)이라 한다(約信曰誓, 涖牲曰盟。); 約信(약신): 언약. 말로 약속을 지키기로 믿다. 말로써 서로 약속하여 믿음으로 삼다(谓用言辞订立相互信守之约定: 以言语, 相要约为信也。).

13 《禮記 · 曲禮上》 몸가짐을 다스리고 자기가 한 말을 실행에 옮기는 것, 이를 훌륭한 행실이라 한다. 행실이 다스려지고 말이 도에 맞는 것이, 禮의 본바탕이다(修身踐言, 謂之善行. 行修言道, 禮之質也。); 踐言(천언): 과거에 한 말을 실행에 옮기다(实践过去说过的话).

14 主(주): ~에 기거하다. ~집을 주인집으로 하다(寄住在); 主人家(주인가); 주인집(旅馆; 客店).

15 《論語大全》 이는 처음 시작할 때 신중을 기해야 한다는 뜻을 말한 것이다. 애초 남과 약속하는데, 반드시 다음에 가서 행할 수 있을지를 미리 생각해야 비로소 응낙할 수 있다. 만약 의에 부합한지를 헤아리지 않고, 경솔하게 응낙하고, 다음에 가서 실행에 옮길 수 없게 된다면, 약속에 해를 끼치게 된다. 예컨대, 지금 남과 약속하려 할 때, 마땅히 응낙하기 전에, 먼저 그 일이 의에 부합한지 부합하지 않는지를 헤아려 보고, 의에 맞으면 응낙하고, 의에 맞지 않으면 응낙하지 않아야 한다. 응낙했으면 반드시 실행에 옮길 수 있어야 한다. 지금 그 일을 먼저 헤아려 보지 않고, 게다가 의에 부합한 지 모호한데도 그같이 응낙해놓고, 뒤에 가서는, 이 응낙이 의에 부합하지 않으니 못하겠다고 한다면, 이는 약속의 불이행이고, 말해놓고 실행에 옮기지 않으면, 이는 불신이고, 의에 부합하지 않은데도 실행에 옮기게 되면, 또 이는 불의이니, 이는 먼저 헤아리지 않은 때문이다(朱子曰: 此言謹始之意。始初與人約, 便須思量他日行得, 方可諾之。若不度於義, 輕諾之, 他日言不可復, 便害信也。如今人與人要約, 當於未言之前, 先度其事之合義與不合義, 合義則言, 不合義則不言。言之則其言必可踐而行之矣。今不先度其事, 且鶻突恁地說了, 到明日, 却說這事不義不做, 則是言之不可踐也, 言而不踐, 則是不信, 踐其所言, 又是不義, 是不先度之故。).

16 《論語大全》 금일에 누군가에게 의탁할 경우, 후일에 언젠가 그를 宗主로 삼을 때가 있다. 이 때문에 군자가 의탁할 경우, 반드시 그와 가까운 주변 사람을 소홀히 대우하지 않는 그런 사람을 구하면, 후일에도 그를 宗主로 삼을 수 있다(朱子曰: 今日依之, 則後日有時而宗之。是以君子之有所因也, 必求不失其親焉, 則異日亦可宗主之矣。);《論語大全》 당시 여러 나라를 떠돌면서 벼슬하는 사람은, 나라에 도착하면 또다시 몸을 의탁할 주인을 정했는데, 반드시 그 처음부터 그의 가까운 주변 사람들을 살펴야만, 이에 따라서 그를 주인으로 삼는 일이 제대로 되었다(朱子曰: 當時羈旅之臣, 所至又有主, 須於其初審其可親者, 從而主之可也。).

17 謹始慮終(근시려종): 신중한 사려가 처음 시작에서부터 있고 아울러 사려가 그 마지막에까지 미치다(指慎之于始并慮及其終).

18 《論語大全》 集注의 '因仍苟且'(인잉구차)에 대해 묻자, 朱子가 답했다. "因仍과 苟且는 같은 글자이다. 因仍은 因循[예전 그대로 좇다]과 같고, 苟且는 또다시 그렇게 똑같이 한다는 것과 같다"(問註因仍苟且.

‘近'과 '遠'은 모두 거성[jìn]이다. ○'信'(신)은 '약속한 말'[約信]이다. '義'(의)라는 것은
'일의 마땅한 모습'[事之宜]이다. '復'(복)은 '한 말을 실행에 옮기다'[踐言]이다. '공'(恭)은
'공경을 다하다'[致敬]이다. '禮'(예)는 '예절에 관한 규정'[節文]이다. '인'(因)은 '의탁하
다'[依]와 같다. '종'(宗)은 '주인집으로 하다'[主]와 같다.

말인즉, '말로 약속했는데 약속한 그 일의 마땅한 모습에 부합하면, 그 말은 반드시
실행에 옮길 수 있다. 공경을 다 했는데 그에 관한 예절의 규정에 부합하면, 치욕을
피할 수 있다. 내 몸을 의탁할 사람이 그 사람과 가까운 주변 사람을 소홀히 대하지
않는다면, 그를 종주(宗主)로 삼을 수 있다'는 것이다. 이는 말하자면, 사람의 약속한
말이나 공손한 행실이나 몸을 의탁하는 교제가 모두 처음[약속·행실·의탁]을 신중히
하고 그 마지막[실천·치욕·주인]을 고려해야지, 그렇지 않으면 예전에 하던 그대로
답습하거나 대충대충 하는 사이에, 장차 자기의 잘못한 행실로 인한 후회를 견디지
못하는 그런 경우가 있다는 것이다.

曰: 因仍與苟且一樣字。因仍, 猶因循, 苟且, 是且恁地做一般）; 因仍(인잉): 예전 그대로 좇다. 답습하다
(猶因襲, 沿襲); 苟且(구차): 눈앞만을 고려하여 되는대로 하다. 대충대충 하다(只顧眼前, 得过且过;
马虎).

19 《論語大全》 이 장은 반드시 두 토막으로 나누어 보아야 한다. 위 토막은 信近義·恭近禮·因不失親으로,
교제를 시작할 때로, 이때 사려가 철저해야 한다는 것이다. 아래 토막은 言可復·遠恥辱·亦可宗으로,
오랜 후에도 폐단이 없는 효과로, 처음 교제의 시작 시에 사려가 철저해야 폐단이 없다(朱子曰: 此章須用
兩截看。上一截, 信近義, 恭近禮, 因不失親, 是交際之初, 合下便思慮到底。下一節, 言可復, 遠恥辱, 亦可
宗, 是久後無弊之效, 當初便當思量到無弊處。).

[君子食無求飽章]

011401、子曰:「君子食無求飽, 居無求安,¹ 敏於事而慎於言,² 就有道而正焉,³˒⁴ 可⁵謂
好學也已⁶。」

────────────────

1 [성]食無求飽 居無求安(식무구포 거무구안): 음식은 배부름을 구하지 아니하고, 거처는 안락을 구하지
아니한다. 생활에 대한 요구수준이 높지 않다(饮食不要求饱, 居住不要求安逸舒适。指对生活要求不高。);
《論語義疏》이는 배움을 권면하신 말씀이다. '一簞·一瓢'[雍也 제9장]는 '無求飽'에 해당하고, '曲肱·陋巷'
[述而 제15장]은 '無求安'에 해당한다(此勸人學也。一簞一瓢是無求飽也。曲肱陋巷是無求安也。);《經傳釋
詞》'無'는 '不'이다(無, 不也。);《詞詮》부정부사. 아니. ["배부름을 아니 구한다"](無, 否定副詞。不也。);
《許世瑛(二)》'無'는 부정부사로, '不'字의 용법과 같다(否定限制詞, 和'不'字的作用相同。); 求(구): 간청하
다. 구걸하다. 쫓아가서 구하다. 모색하다. 찾다(请求; 干请; 乞助。追求; 谋求; 寻求。); 飽(포): 배부르다['饑'
의 반대](本义: 吃足。与"饥"相对。); 安(안): (육체나 정신이) 조용하고 편안하다(本义: 安稳。舒服。).
2 [성]敏於事 慎於言(민어사 신어언): 일은 힘써서 하고 말은 신중하게 한다(敏: 奋勉。慎: 小心。办事勤勉,
说话谨慎。);《北京虛詞》於(어): 개사. ~면에서. ~중에서. 동작 시행범위·상황 발생범위를 끌어들인다
('於', 介词。引进动作施行或情况发生的范围。义即'在……方面'、'在……中'。);《王力漢語》접속사 '而'는
형용사·동사·동사구를 이어주는 작용을 한다(連詞'而'字的作用是連接形容詞, 動詞或動詞性的詞組。);
慎(신): 삼가고 조심하다. 매우 조심스럽다. 신중하게 하다(本义; 谨慎。慎重。).
3 [성]就正有道(취정유도): 학문과 도덕을 갖춘 사람에게 지도·편달을 청하다(向有学问和有道德的人请
求指正。);《論語集解》'有道'는 도덕을 갖춘 자를 말한다. '正'은 일의 시시비비를 묻는 것을 말한다(注:
孔安國曰: 有道者, 謂有道德者也。正, 謂問事是非也。);《論語注疏》'학업 중에 아직 깨치지 못한 것이
있으면, 도덕을 갖춘 사람에게 나아가서, 그것의 옳고 그름을 바르게 확정해야 한다'는 말이다。《易經·
▇▇乾·文言》에, '(군자는 배워서 지식을 모으고) 물어서 의심나는 것을 변별한다'고 한 것이 바로 이것이다
(疏: 正義曰: 言學業有所未曉, 當就有道德之人, 正定其是之與非。《易-文言》曰:'(君子學以聚之) 問以辯之'是
也。); 就正(취정): 사람을 향해 나아가 가르침을 청하여, 학식문장의 잘못을 광정하다. 叱正을 바라다.
보통 겸사로 쓰인다(向人求教, 以匡正学识文章的讹误。常用作谦辞。); 就(취): 가까이 가다. 접근하다.
향해가다(靠近; 走近; 趋向。);《論語詞典》正(정): 바로잡아 고치다('正', 纠正, 改正, 匡正。);《論語句法》
'正焉'는 '正之'이고, '之'는 '군자의 몸가짐'을 가리킨다('正焉'是'正之', '之'字稱代自己[君子之身]。).
4《荀子·勸學》배움은 훌륭한 스승을 가까이하는 것보다 더 편한 게 없다. 禮·樂은 대법이어서 자세한
설명을 하지 않고, 詩經·書經은 선왕의 고사를 논하고 있어서 사람들에게 절실히 와 닿지 않고, 春秋는
文義가 은밀하고 간략해서 속히 이해하기 어렵다. 훌륭한 스승을 본받아 군자의 말씀을 익힌다면, 숭고한
덕을 쌓고 넓은 지식을 얻어, 세상일에 두루 통달할 것이다. 그래서 말하기를, 배움은 훌륭한 스승을
가까이하는 것보다 더 편한 게 없다고 하는 것이다(學莫便乎近其人。禮樂, 法而不說, 詩書, 故而不切,
春秋, 約而不速。方其人之習君子之說, 則尊以遍矣, 周於世矣。故曰: 學莫便乎近其人。).
5《北京虛詞》可(가): 조동사. ~할 수 있다. 동사나 기타조동사 앞에 쓰여, 동작 시행이 가능함을 표시한다
('可', 助动词。用于动词或其它助动词前, 表示动作施行的可能。义即'可以'、'能'、'能够'。).
6《論語詞典》也已(야이): 어기사의 연용으로, 긍정을 표시한다(語氣詞的連用, 表肯定。);《文言虛詞》'也'
의 본래의 긍정어기를 강화시키고자 할 경우, '也已'나 심지어 '也已矣'로 연용하는 경우가 있다('也'字本
表肯定, 如果加強這種肯定, 可以連用'也已'兩字, 甚至還有連用'也已矣'三字的。);《論語句法》'也'、'已'는

선생님께서 말씀하셨다. "군자가 (배움에 뜻을 두어) 음식에 대해서는 배부르기를 구하지 아니하고, 거처에 대해서는 안락하기를 구하지 아니하고, 일을 하는 데는 민첩하지만 말을 하는 데는 신중하고, 도를 갖춘 사람 앞에 나아가서 자기의 옳고 그름을 바로잡는다면, 그런 군자는 배우기를 좋아하는 자라고 할 수 있다."

好,[7] 去聲。○不求安飽者, 志有在而不暇及也[8]。敏於事者, 勉其所不足。慎於言者, 不敢盡其所有餘也[9]。然猶不敢自是,[10] 而必就有道之人, 以正其是非, 則可謂好學矣。凡言[11] 道者, 皆謂事物當然之理, 人之所共由者[12]也。

'好'(호)는 거성[hào]이다. ○'배부르기를 구하지 않는다', '안락하기를 구하지 않는다'는 것은, 뜻이 다른 데 가 있어서 거기에는 생각이 미칠 겨를이 없다는 것이다. '일을 하는 데는 민첩하다'는 것은, 자기에게 부족한 것을 힘쓴다는 것이다. '말을 하는 데는 신중하다'는 것은, 자기가 할 말 이상의 말은 감히 다 하려 하지 않는다는 것이다. 그러면서

모두 어기사로, '也'字 뒤에 '已'字를 붙인 까닭은 목적이 단지 찬탄의 의미를 강화하려는 것일 뿐이다('也'已'都是語氣詞, '也'字之下所以要加一個'已'字, 目的只是在加強讚嘆的意味罷了。);《北京虛詞》也已(야이): ~구나! ~하겠다야! 긍정어기와 감탄어기를 동시에 표현한다('也已', 语气词连用。在表肯定语气的同时, 兼表感叹语气。又即'了'、'了啊'。).

7 好(호): [hào] 사랑하다. 좋아하다(爱, 喜爱。); [hǎo] 예쁘다. 착하다. 이상적이다. 사이가 좋다(美、善、理想的。友爱的。).

8《論語大全》배움에 뜻이 가 있으면, 저절로 배부름·안락함을 구하는 데 생각이 미칠 겨를이 없다(新安陳氏曰: 志在學, 自不暇及於求安飽。);《集注考證》'食無求飽 居無求安'은, 내가 예전에 종일토록 먹지도 않고, 밤새도록 자지도 않은 채로, 사념에만 잠겨본 적이 있다[衛靈公 제30장]는 것과 같은 뜻으로, 마음이 勤學에 가 있어, 안락과 배부름을 구한 겨를이 없었다는 것이다. 또 '敏於事 謹於言'은 대단히 好學한다는 것이다(不求安、飽, 與吾嘗終日不食終夜不寢以思同意, 謂心在勤學, 不暇求安飽, 又能敏於事、謹於言, 非不好學也。).

9《中庸 제13장》평상의 덕을 행하고, 평상의 말을 삼가기를, (덕을 행함에) 부족한 것이 있으면 감히 빈둥거리지 않고, (말을 삼감에) 하고 싶은 말이 남아 있어도 감히 다하지 않는다. 말할 때는 앞으로 행할 것을 헤아려 말하고, 행할 때는 앞서 말한 것을 돌이켜 행하니, 군자가 어찌 말과 행실이 독실하지 않을 수 있겠는가!(庸德之行, 庸言之謹, 有所不足, 不敢不勉, 有餘不敢盡。言顧行, 行顧言, 君子胡不慥慥爾!); 有餘(유여): 충분한 정도를 넘어서다. 넉넉하다(有剩馀, 超过足够的程度。).

10 自是(자시): 스스로 옳다고 여기다(自以为是。).

11 言(언): 말하자면. 인용문이나 단어 또는 모종의 현상을 해석하는 발단사 역할을 한다(解释引文、词语或某种现象的发端词, 相当于'就是说'或意思是'。).

12《朱子語類6: 17》道는 사람이면 누구나 빠짐없이 따라야 하는 것이고, 德은 내가 홀로 얻은 것이다(道者, 人之所共由; 德者, 己之所獨得。).

도 아직 스스로를 감히 옳다 여기지 않고, 반드시 도를 갖춘 사람 앞에 나아가, 이를 통해 자기의 옳고 그름을 바로잡는다면, 배우기를 좋아하는 자라고 평할 수 있다. 무릇 도라는 것은, 모두 사물이 당연히 그렇게 되는 이치를 말하는 것으로, 사람이면 누구나 빠짐없이 따라야 하는 것이다.

○尹氏曰:「君子之學, 能是四者, 可謂篤志力行者矣。然不取正於有道, 未免有差, 如楊墨學仁義而差者也, 其流至於無父無君,[13] 謂之好學可乎?」[14]

○윤씨(尹氏·尹彦明)가 말했다. "군자의 배움이, 이 네 가지에 능하면, 뜻을 확고히 하고 실행에 힘쓰는 자라 평할 수 있다. 그렇지만 도를 갖춘 사람에게서 올바른 것을 취하지 않는다면, 빗나감을 피하지 못하는데, 예컨대 양주(楊朱)와 묵적(墨翟)의 경우는 인의(仁義)를 배우다가 빗나간 자들로, 그들의 빗나간 흐름이 '아비도 없고 임금도 없음'[無父無君]의 지경까지 이르렀으니, 배우기를 좋아한 자라고 평하는 것이 가능하겠는가?

---

13 《孟子·滕文公下 제9장》 성왕은 나오지 않고, 제후들은 방자하고, 초야의 선비들은 빗나가는 주장을 멋대로 일삼고, 양주와 묵적의 주장은 천하에 가득 찼다. 천하의 모든 언설이, 양주를 따르지 않으면 묵적을 따랐다. 양씨의 주장은 爲我인데, 이는 임금이 없는 것이다. 묵씨의 주장은 兼愛인데, 이는 어버이가 없는 것이다. 어버이가 없고 임금이 없으니, 이는 짐승이다(聖王不作, 諸侯放恣, 處士橫議, 楊朱, 墨翟之言盈天下。天下之言, 不歸楊, 則歸墨。楊氏爲我, 是無君也; 墨氏兼愛, 是無父也。無父無君, 是禽獸也。).

14 《論語大全》 면재황씨[黃榦]가 말했다. "尹氏가 말한 '篤志'는 '食無求飽 居無求安'을 말한 것이고, '力行'은 '敏於事 愼於言'을 말한 것이다. 이 네 글자에 集注의 '不敢自是'란 말을 이은 연후에, 이 장의 논지를 다 말했다 할 수 있다. 대개 이 장에서 말한 好學이라는 것이, 篤志·力行·不自是 아니면, 또한 어떻게 좋아한다는 것인지 알 도리가 없다"(勉齋黃氏曰: 尹氏所謂篤志, 爲不求安飽而言也, 所謂力行, 爲敏事愼言而言也。以是四字, 而繼之以集註不敢自是之言然後, 足以盡此章之旨。蓋此章謂之好學, 非篤志力行不自是, 亦無以見其所以爲好也。).

[貧而無諂章]

011501、 子貢曰:「貧而無諂,¹ 富而無驕,² 何如³?」 子曰:「可也。⁴ 未若⁵貧而樂,⁶, ⁷ 富而

---

1 《論語詞典》而(이): 앞 문장과 다른 사실을 나타내는 문장을 이어주는 전환관계를 표시한다. 그래도. ~해도. ~는데. ~지만(表轉折, 却。);《論孟虛字》이 장의 '而'은 모두 '能夠'[할 수 있다]의 뜻이다.《經傳釋詞》에, '能과 而는, 옛날 소리가 서로 가까웠기 때문에, 서로 맞닿아 있었다'라고 했다(而皆能夠之意。王氏釋詞: '能與而, 古聲相近, 故亦相連。');《論語新解》"가난한 사람이 아첨 떨지 않을 수 있고, 부유한 사람이 교만 떨지 않을 수 있다면"("貧人能不諂, 富人能不驕……")。

2 [성]貧而無諂 富而無驕(빈이무첨 부이무교): 빈궁함에도 아첨하지 않고, 부유함에도 거만하거나 우쭐대지 않다(諂: 巴结, 讨好。贫穷却不巴结奉承, 富有却不骄傲自大。);《憲問 제11장》에 비슷한 구절이 나온다:《論語義疏》분수에 맞지 않게 무리하게 구하는 것이 '諂'이다(疏: 非分橫求曰諂也。);《論語義疏》윗사람한테 기어오르고 아랫사람을 깔보는 것이 '驕'이다(疏: 陵上慢下曰驕也。);《助字辨略》'無諂' '無驕'는 '不諂'·'不驕'와 같다(無諂無驕, 猶云不諂不驕。);《詞詮》부정부사. 아니(無', 否定副詞。不也。);《王力漢語》부정동사 '無'를 쓴 부정문이다. '無'가 부정하는 대상은 명사나 명사구로, '無'의 목적어이다(用否定動詞'無'的否定句。'無'所否定的是名詞或名詞性詞組。這名詞或名詞性詞組是'無'字的賓語。);《王力漢語》諂(첨): 아부하다. 비위 맞추다. 아첨하여 떠받들다. 諂(첨)은 말로 아부하는 경우에 한하지 않는다. '諛'(유)는 말로 아부하는 것이다(巴結, 奉承。'諂'則不限於言語。'諛'是用言語奉承。);《楚辭·離騷》의 '保厥美以驕傲兮'(자기의 미모를 믿고 교만 떨다)에 대한 王逸의 注에 '거드름을 피우고 대수롭지 않게 대하는 것을 驕(교)라 하고, 업신여기고 불손한 것을 傲(오)라 한다'(倨簡曰骄, 侮慢曰傲[敖]。)고 했다;《王力漢語》驕(교): 스스로에 대해 만족하다. 자기를 치켜세우고 스스로 잘난 체하다. 우쭐대다. '驕'(교)는 자기만족이라는 일종의 심리상태이고, '傲'(오)는 건방진 것으로, 예모를 차리지 않는 일종의 행위로 표현된 것이다(自滿, 自高自大。'驕'是自滿, 一種心理狀態; '傲'是傲慢, 沒禮貌, 一種行爲表現。)。

3 《文言虛詞》何如(하여): 의문술어·한정어·부사 등으로 쓰인다. '어떻습니까?'('何如'常單獨用作疑問謂語, 有時用作定語, 偶爾也用作狀語, 都可以譯爲'怎么样'。);《論語譯注》論語에 나오는 '何如'는 모두 '怎么样'[어떻다. 어떠한가]로 풀이하면 된다(論語中的'何如', 都可以譯爲'怎么样'。); 如(여): 동사. ~에 필적하다. ~에 미치다. ~만하다(動詞。比得上, 及。)。

4 《論語集解》칭찬하기에 아직 부족하다. 아직 칭찬할게 못되다(注: 孔安國曰: 未足多也。);《王力漢語》可也(가야): 그런대로 나쁘지는 않지만, 만족감을 느끼게 할 정도는 아니다(可以[但是不能令人感到滿足]。)。

5 《論語詞典》若(약): 필적하다. 따라잡다('若', 动词, 及, 赶得上。);《王力漢語》若(약): ~에 비할 수 있다. ~에 필적할 수 있다. 부정문이나 반어문에서 자주 쓰인다(動詞, 像。又引申爲及, 比得上, 常用於否定句和反問句。);《論語句法》'若'은 준연결동사이다('若'是準繫詞。);《論孟虛字》'未若'은 '不如'[~만 못하다]와 같다. 상호 비교하는 관계임을 표시하는 연결동사('未若', 猶言'不如'或'不及', 是表比較關係的繫詞。)。

6 [성]貧而樂道(빈이락도): 형편이 어려운데도, 지식을 획득하고 도리를 깨닫는 것을 즐거운 일로 삼다(家境贫穷, 却以获得知识、懂得道理为乐事。);《論語義疏》本에는 '貧而樂道'[가난해도 도를 즐거워한다]로 되어 있다;《論語集解》'樂'은 도에 뜻을 두고[里仁 제9장] 가난을 근심과 괴로움으로 여기지 않는 것을 말한다(注: 鄭玄曰: 樂, 謂志於道, 不以貧爲憂苦也。);《論語疏證》《述而 제15장》은 공자의 '貧而樂'의 모습이고,《雍也 제9장》은 안회의 '貧而樂'의 모습이다(述而篇曰 ……樹達按: 此孔子貧而樂也; 雍也篇曰 ……樹達按: 此顏子貧而樂也。)。

好禮[8, 9]者也[10]」

자공(子貢)이 여쭈었다. "가난해도 아니 아첨을 떨고, 부유해도 아니 건방을 떠는 사람 정도라면, 어떻겠습니까?" 선생님께서 말씀하셨다. "괜찮다만, 가난해도 즐거워하고, 부유해도 예(禮)를 좋아하는 사람만은 못하다."

樂[11], 音洛。好[12], 去聲。○詔, 卑屈[13]也。驕, 矜肆[14]也。常人溺[15]於貧富之中, 而不知所以自守, 故必有二者之病。無詔無驕, 則知自守矣, 而未能超乎貧富之外也。凡曰可者, 僅可而有所未盡之辭也。樂則心廣體胖[16]而忘其貧, 好禮則安處善, 樂循理[17], 亦不自知其富矣[18]。

---

7 《莊子·雜篇·讓王》옛날의 도를 터득한 자는 곤궁해도 즐거워했고 현달해도 즐거워했다. 즐거워한 것은 곤궁이나 현달이 아니었으니, 도가 터득되고 보면, 곤궁·현달은 寒·暑·風·雨와 같은 변화무쌍한 기후변화와 같은 것이었다(古之得道者, 窮亦樂, 通亦樂。所樂非窮通也, 道德於此, 則窮通爲寒暑風雨之序矣。).

8 [성]富而好禮(부이호례): 부유하면서도 禮敎를 중시하다. 매우 부유하면서도 교만·방자하니 무례하지 않다(富庶而有讲礼教。指虽很富有但不骄纵无礼。).

9 《禮記·曲禮上》禮라는 것은 스스로를 낮춰서 남을 높이는 것이다. 비록 짐꾼이나 장사치도, 남을 높이는 태도가 있는데, 하물며 부귀한 자에 있어서야 말해 무엇 하랴? 부귀하면서도 好禮를 알면, 교만해지지 않고 음란에 빠지지 않고, 빈천하면서도 好禮를 알면, 품은 지조가 겁먹어 꺾이지 않는다(夫禮者, 自卑而尊人。雖負販者, 必有尊也, 而況富貴乎? 富貴而知好禮, 則不驕不淫; 貧賤而知好禮, 則志不懾。).

10 《禮記·坊記》공자께서 말씀하셨다. "소인은 가난해지면 궁색을 떨고, 부유해지면 교만을 떤다. 궁색을 떨다 보면 남의 물건을 훔치고, 교만을 떨다 보면 문란해진다. 예라는 것은 인지상정에 따라 드러나는 정을 적절히 조정하고 절제시키는 것으로, 이로써 백성들이 잘못되지 않게 잡도리하는 것이다. 그래서 성인께서는 부귀를 절제시켜, 부가 교만을 떨 정도에 이르지 않게 하고, 빈곤이 궁색을 떨 정도에 이르지 않게 했다. 가난해도 도를 즐거워하기를 좋아하고, 부유해도 예를 좋아하고, 족인이 많아도 본분에 편안한 사람이, 천하에 아마도 드물 것이다"(子云:……小人貧斯約, 富斯驕; 約斯盜, 驕斯亂。禮者, 因人之情而爲之節文, 以爲民坊者也。故聖人之制富貴也, 使民富不足以驕, 貧不至於約……。子云: 貧而好樂, 富而好禮, 眾而以寧者, 天下其幾矣……。).

11 樂(락): [lè] 즐거워하다. 유쾌하다(喜悦; 愉快); [yuè] 음악. 노래하다. 연주하다(音乐。唱, 用口发音乐音。奏乐); [yào] 좋아하다. 애호하다(喜好, 欣赏).

12 好(호): [hào] 사랑하다. 좋아하다(爱,喜爱); [hǎo] 예쁘다. 착하다. 이상적이다. 사이가 좋다(美,善, 理想的。友爱的).

13 卑屈(비굴): 몸을 낮추고 무릎을 꿇다(卑躬屈膝).

14 矜肆(긍사): 잘난 체하며 멋대로 행동하다. 잘난 체하며 주제넘게 굴다(骄矜放纵); 矜(긍): 과시하다. 뽐내다. 자기 능력을 믿다(自夸; 自恃); 肆(사): 제멋대로 굴다. 함부로 하다. 방자하다. 건방지다(恣纵, 放肆).

15 溺(익): 물속에 가라앉다. 빠지다. 탐닉하다(没入水中。沉湎, 无节制).

16 《大學 傳6章》부가 쌓이면 집에서 빛이 나고, 덕이 쌓이면 몸에서 빛이 나고, 마음이 넓어지면 몸이 불어난다. 그러므로 군자는 그 발동되는 뜻을 진실하게 한다(富潤屋, 德潤身, 心廣體胖, 故君子必誠其意。); 心廣體胖(심광체반): 마음이 편하면 몸이 편안하다(心中坦然, 身体舒泰。).

子貢貨殖,[19] 蓋先貧後富, 而嘗用力於自守者, 故以此爲問。而夫子答之如此, 蓋許其所 己能,[20] 而勉其所未至也。

'樂'(락)은 음이 '洛'(락)이다. '好'(호)는 거성[hào]이다. ○'謟'(첨)은 '몸을 낮추고 무릎을 꿇다'[卑屈]이다. '교'(驕)는 '건방 떨다[矜肆]'이다. 보통 사람은 가난한 가운데나 부유한 가운데 푹 빠지면, 스스로를 지킬 줄을 모르기 때문에, 반드시 (아첨을 떨거나 건방을 떠는) 이 두 가지 병폐가 있다. 아첨을 떨지 않고 건방을 떨지 않으면, (가난하거나 부유한 가운데서도) 스스로를 지킬 방법은 알고 있지만, 아직 가난과 부유의 밖으로 초탈하지는 못한 것이다. 대개 '괜찮다'[可]고 말하는 것은, 겨우 괜찮기는 해도 미진한 데가 있다는 말이다. 즐거워하면, '마음이 넓어지고 몸이 편안해져서'[心廣體胖] 자기가 가난하다는 것을 잊고, 예(禮)를 좋아하면, 편안히 선에 머물고 즐거이 이치를 따르니, 그러면서도 자기가 부유하다는 것을 의식하지 못한다.

자공(子貢)은 사업을 했는데, 대체로 처음에는 가난하다 뒤에는 부유해졌지만, 스스로를 지키는 일에 힘을 쏟은 적이 있었기 때문에, 이것을 가지고 질문으로 삼은 것이다. 그런데 선생님께서 그에게 대답해준 말씀이 이와 같았으니, 대개 그가 이미 잘하고 있는 (아첨 떨지 않고 교만 떨지 않는) 것은 인정해주고, 그가 아직 이르지 못한 (가난해도 즐거워하고 부유해도 예를 좋아하는) 것은 힘쓰게 하신 것이다.

---

17 《漢書 · 董仲舒傳》(동중서가 BC 134년 무제에게 올린 '擧賢良對策'에서 말했다.) 공자께서 말씀하시기를, '천지간의 생물 중에 사람이 가장 귀하다'[孝經]고 했습니다. 천성을 밝히 알기에 스스로 다른 생물보다 귀함을 알고, 스스로 다른 생물보다 귀함을 안 연후에 仁誼를 알고, 仁誼를 안 연후에 예절을 중시하고, 예절을 중시한 연후에 편안히 선에 머물고, 편안히 선에 머문 연후에 즐거이 이치를 따르고, 즐거이 이치를 따른 연후에 그를 군자라 할 수 있습니다. 그래서 공자께서 말씀하시기를, '命을 모르고는 군자가 될 수 없다'[堯曰 제3장]고 하셨습니다(孔子曰: '天地之性, 人爲貴。' 明於天性, 知自貴於物, 知自貴於物, 然後知仁誼; 知仁誼, 然後重禮節; 重禮節, 然後安處善; 安處善, 然後樂循理; 樂循理, 然後謂之君子。故孔子曰'不知命, 亡以爲君子。', 此之謂也。).

18 《論語大全》無謟 · 無驕, 이것은 驕 · 謟이 좋지 않다는 것을 알고서 하지 않는 것일 뿐이고, 貧而樂은 그가 스스로 즐거워하여 그가 가난하다는 것을 스스로 의식하지 못하는 것이다. 好禮는 그가 좋아하는 것이 禮뿐이고, 그가 부유하다는 것을 역시 스스로 의식하지 못하는 것이다(朱子曰: 無謟無驕, 是知得驕謟不好而不爲之耳。樂是他自樂了, 不自知其爲貧也。好禮是他所好者禮而已, 亦不自知其爲富也。).

19 貨殖(화식): 사업을 하다. 장사하는 사람(谓经商营利。经商的人。).

20 《論語大全》'可也'는 자공이 이미 자기를 지킬 수 있어 아첨을 떨거나 건방을 떨지 않음을 인정하신 말씀이다(新安陳氏曰: 可也, 是許其已能自守而無謟無驕。).

011502、子貢曰:「詩²¹云²²:『如切如磋, 如琢如磨²³。』其斯之謂與²⁴?」²⁵

---

21 《詩經·衛風·淇奧》기수 물가 바라보니, 푸른 대 무성하다. 아름다우신 우리 님, 잘라 놓은 듯 다듬어 놓은 듯 쪼아 놓은 듯 문질러 놓은 듯. 위엄있고 흠심 넓다, 찬란하고 눈부시다. 아름다우신 우리 님, 끝내 잊지 못하네(瞻彼淇奧、綠竹猗猗。有匪君子、如切如磋、如琢如磨。瑟兮僩兮、赫兮咺兮。有匪君子、終不可諼兮。).

22 [성]子曰詩云(자왈시운): 일반적으로 유가의 전적을 가리키거나, 유생 문인들이 경전의 어구를 인용하는 경우를 형용한다. 세상 물정에 어둡고 진부하고 꽉 막힌 설교나 풍속을 풍자할 때도 쓴다(泛指儒家典籍或形容儒生文人引经据典, 迂腐不通时务。);《王力漢語》고대 한어에서 '詩曰'·'詩云'의 '詩'는 모두 예외 없이 '詩經'을 가리킨다(在古代漢語中凡稱詩曰、詩云, 都是指的詩經, 沒有例外。先秦兩漢如果單說詩, 一般也是指的詩經。); 云(운): 말하다(说);《論孟虛字》'云'은 '曰'과 같다('云, 猶曰'。)

23 [성]切磋琢磨(절차탁마): 뼈·뿔·옥·돌을 다듬어서 기물을 제작하다. 학문과 덕행을 부지런히 갈고닦다. 토의하면서 서로의 장점을 받아들이고 결점을 고치다(将骨, 角, 玉, 石加工制成器物。比喻道德学问方面互相研讨勉励。比喻学习或研究问题时彼此商讨, 互相吸取长处, 改正缺点。);《爾雅·釋訓》'如切如磋'는 배우는 것을 말하고, '如琢如磨'는 스스로 닦는 것이다. [郭璞注] 뼈와 뿔은 반드시 자르고 다듬음으로써 그릇이 되고, 사람은 반드시 배우고 물음으로써 덕을 성취한다. 옥과 돌을 쪼고 문지르는 것이 마치 사람이 스스로 닦고 꾸미는 모습과 같다(如切如磋, 道學也。如琢如磨, 自修也; 注: 骨象須切磋而爲器, 人須學問以成德。玉石之被琢磨, 猶人自修飾。);《爾雅·釋器》쇠에 새기는 것을 鏤(루), 나무에 새기는 것을 刻(각), 뼈를 다듬는 것을 切(절), 상아를 다듬는 것을 瑳(차), 옥을 다듬는 것을 琢(탁), 돌을 다듬는 것을 磨(마)라고 한다(金, 謂之鏤。木, 謂之刻。骨, 謂之切。象, 謂之瑳。玉, 謂之琢。石, 謂之磨。).

24 《論語注疏》자공이 여쭙기를, '貧而樂道 富而好禮, 아마도 이 말씀의 뜻은 (시경의) 절차탁마를 말한다고 할 수 있겠지요?'라고 한 것이다(疏: 正義曰: 子貢言: 貧而樂道, 富而好禮, 其此能切磋琢磨之謂與?);《論孟虛字》'其'는 추측어기사이다. 아마도. 대개 經典·成語를 인용하고, 그 뒤에 '斯之謂'나 '此之謂'를 이어 쓰는데, 모두 앞에서 말한 일이나 이치를 긴밀히 연결시켜 검증하는 뜻을 표시한다. '斯'는 '此'와 같다. 자공이 이해한 시의 뜻을 가리킨다('其'爲推測語氣詞。'其'爲疑而有定之詞, 相當於'該是'大概'之意。凡引經傳或成語, 而接之以'斯之謂'或'此之謂', 皆緊接上文所言之事與理而表驗證之意; '斯', 猶此, 指子貢所領悟的詩教中的道理。《論語詞典》멀리 있는 것을 가리키는 지시대명사["그것은[貧而樂道 富而好禮] 바로 이런 뜻[절차탁마]이겠지요?"]('其', 指示代詞, 遠指, 那, 那個; '那就是這樣的意思吧?');《論語句法》'斯之謂'는 본래 '謂斯'로 말할 수 있는데, 목적어 '斯'를 술어 '謂' 앞으로 당긴 것으로, 그 중간에 어기사 '之'를 붙여야 한다('斯之謂', 本來可以說'謂斯'的, 現在把止詞'斯'提在述詞'謂'之上, 中間一定要加個語氣詞'之'字。); '其+斯+之+謂+與' 형식의 관용어구: '其'는 추측어기를 표시하는 부사, '之'는 목적어를 전치시켰음을 표시하는 조사, '其斯之謂'는 '其謂斯[아마도 이것을 말씀하신 것이겠지요?]'의 뜻으로 고한어의 도치법의 일종이고, '與'는 문장 끝에서 추측을 표시하는 어기사이다('其+斯+之+謂+與'成爲固定短語: 此種用法, '其'是表示推測語氣的副詞, '之'是用來倒序的助詞, '其斯之謂'即'其謂斯'之義, 這是古漢語的一種倒序語法, '與'是句末表示推斷的語氣詞。)(任永清, 《論語》'謂'字用法析論', 「臺北市立教育大學學報」 2013).

25 《論語大全》공자의 뜻은 두 사람을 설정해서 말했으니, 가난해도 아첨 떨지 않고 부유해도 교만 떨지 않는 일군의 사람들이, 가난해도 즐거워하고 부유해도 예를 좋아하는 다른 군의 사람들만 못하다는 것을 말했고, 자공은 (자기) 한 사람을 설정해 말했으니, 가난해도 아첨 떨지 않고 부유해도 교만 떨지 않는 것이, 가난해도 즐거워하고 부유해도 예를 좋아하는 것만 못하다는 것을 말했다(朱子曰: 孔子意做兩人說, 謂一般人無諂無驕, 不若那一般人樂與好禮較勝他; 子貢意做一人說, 謂無諂無驕, 不若更樂與好禮。).

자공(子貢)이 여쭈었다. "《시경》(詩經)에, '잘라 놓은 듯 다듬어 놓은 듯, 쪼아 놓은 듯 문질러 놓은 듯'이라고 했는데, 아마도 선생님께서 하신 말씀의 뜻이겠지요?"

磋, 七多反。與,[26] 平聲。○詩衛風淇澳之篇。言治骨角者, 既切之而復磋之; 治玉石者, 既琢之而復磨之; 治之已精, 而益求其精[27]也。子貢自以無諂無驕爲至矣, 聞夫子之言, 又知義理之無窮, 雖有得焉, 而未可遽[28]自足也, 故引是詩以明之。

'磋'(차, cuō)는 '七'(칠)과 '多'(다)의 반절이다. '與'(여)는 평성[yú]이다.

○'詩'(시)는 《시경·위풍·기욱》(詩經 衛風 淇奧) 편이다. 말인즉, 뼈나 뿔을 다루는 자는 다 자르고 나서도 다시 다듬고, 옥을 다루는 자는 다 쪼고 나서도 다시 문질러서, 다듬은 것이 이미 정교해졌음에도, 더욱 정교하게 다듬고자 한다는 것이다. 자공(子貢)은 아첨을 떨지 않는 것, 교만을 떨지 않는 것을 더 이상의 끝이 없는 경지라고 스스로 여겼는데, 선생님의 말씀을 듣고 보니, 또다시 의리가 끝이 없다는 것을 알았지만, 비록 그 말씀의 뜻을 알아듣기는 했을지라도, 아직은 금방 만족할 정도는 아니었기 때문에, 이 시를 끌어다가 이로써 그 말씀의 뜻을 밝힌 것이다.

011503、子曰:「賜也, 始[29]可與言詩已矣[30]! 告諸[31]往而知來者[32]。」

---

26 與(여): [yú] 문장 끝에 쓰여, 감탄·의문·반문의 어기를 표시한다. =歟(置于句末, 表示感叹, 疑问, 反诘的语气。同「欤」。); [yǔ] 찬성하다. 인정하다. 주다. ~와(함께하다)(赞成、允许。给予。和、同、跟。); [yù] 참가하다. 참여하다. 간여하다(参加。参与。干涉、干预。).

27 精益求精(정익구정): 정밀한데도 더 정밀하길 추구하다. 훌륭하지만 더 완벽하기를 추구하다(精: 完美, 好; 益: 更加。好了还求更好。); 貧而無諂에서 더 나아가 즐거워하고, 富而無驕에서 더 나아가 예를 좋아하게 해야 한다는 뜻이 포함되어 있다.

28 遽(거): 급히. 갑자기. 역말. 금방. 곧바로(急忙, 匆忙; 送信的快车或快马: 立刻; 马上。).

29 《助字辨略》'始'는 '乃'[이제는] '然後'[다음에는]라는 말과 같다(始, 猶云乃也, 然後也。).

30 《八佾 제8장》에도 이 구절이 나온다:《經傳釋詞》'已'는 종결어사이다. '矣'와 같은 뜻으로, 연이어서 말하는 경우에는 '已矣'로 말한다. '乎'와 '哉'가 같은 뜻으로, 연이어서 말하는 경우에는 '乎哉'로 말하는 것과 같다(已, 語終辭也……'已'爲語終之詞, 則與'矣'同義, 連言之曰'已矣', 猶'乎'與'哉'同義, 而連言之則曰'乎哉'也。);《論語詞典》두 개의 어기사를 연용하여, 긍정의 강화를 표시한다('已矣', 語氣詞的連用, 表示肯定的加強。);《北京虛詞》已矣(이의): 서술이나 감탄을 표시하는 어기사('已矣', 语气词。与语气助

선생님께서 말씀하셨다. "사(賜)야, 이제 비로소 (너와) 함께 시를 이야기할 만하게 되었구나! 앞에서 해준 말로 앞으로 해줄 말까지 아는구나."

往者, 其所已言者。來者, 其所未言者。[33]

'往'(왕)은 공자께서 이미 말씀해주신 것이다. '來'(래)는 공자께서 아직 말씀해주시지 않은 것이다.

○愚按: 此章問答, 其淺深高下, 固不待辨說而明矣。然不切則磋無所施, 不琢則磨無所措。故學者雖不可安於小成[34], 而不求造[35]道之極致; 亦不可鶩[36]於虛遠[37], 而不察切己

词'也'、'矣'连用, 构成'也已'、'已矣', 表示叙述语气、感叹语气。又即'了'、'啊'。)《論語句法》'已矣'는 모두 어기사로, 중첩한 까닭은 전적으로 찬탄의 어기를 강조하기 위해서일 뿐이다('已矣'都是語氣詞, 所以要疊用的緣故, 完全爲了加强讚嘆的語氣罷了。

31 《論語集解》'諸'는 '之'이다(注: 孔安國曰: 諸, 之也。);《論語句法》'諸'는 '之於'의 합음이고, '往'은 목적어, '之'는 '賜'를 가리키고, 목적어이다["너에게 앞에 것[貧樂富禮]을 알려 주다"]('諸', '之於'合音。'往'是止詞, '之'稱代那個'賜', 是受詞。);《文言虛詞》'諸'는 대사로, 목적어로만 쓰인다(諸是代詞, 只用作賓語。);《論孟虛字》자공을 가리키는 인칭대명사로, '你[너]이다(諸, 猶'之'。爲指子貢之代稱詞, 當白話你字。);《古漢語語法》"告諸往"의 뜻은 "告之于(以)过去之事"이다("告諸往"意即"告之于(以)过去之事")。

32 [성]告往知來(고왕지래): 이것을 말해 주니 다른 것을 알 수 있다. 사물의 因果 · 同異의 관계를 분명히 알고, 이에 근거해서 저것을 알 수 있음을 비유한다(告诉了这一点, 就可以知道另一点。比喻能明了事物的因果同异的关系, 据此知彼。);《論語集解》'往'은 '貧而樂道 富而好禮'라 말해 준 것이고, '來'는 '切磋琢磨'라 답한 것이다(注: 孔安國曰: 往告之以貧而樂道, 來答以切磋琢磨。);《論語新解》'往'은 이미 말씀하신 것이고, '來'는 아직 말씀하지 않은 것이다. 無諂 · 無驕가 樂道 · 好禮만 못하다는 것은 공자께서 이미 말씀하신 것이지만, 이 시에서 말한 학문의 공력의 경우는 공자께서 아직 말씀하지 않은 것인데, 자공의 깨달음이 이에 미쳤기 때문에, 공자께서 기쁘게 자공이 함께 시를 이야기할 만하다고 인정하신 것이다(往, 所已言。來, 所未言。无谄无骄不如乐道好礼, 孔子所已言。而此诗之言学问之功, 则孔子所未言, 子贡悟及于此, 故孔子嘉许其可与言诗。); 來者(래자): 장래의 일. 장래의 사람. 후배(將來的事。將來的人; 後輩)。

33 《論語大全》이미 말해 준 것이란 빈부에 처하는 도리[貧樂富禮]이고, 아직 말해 주지 않은 것이란 학문의 공[切磋琢磨]이다(朱子曰: 所已言, 謂處貧富之道, 所未言, 謂學問之功。)。

34 《禮記 · 學記》옛날 교육기관은, 家에는 塾(숙)[문 옆 행랑방], 黨(당)[500家]에는 庠(상), 術[12500家]에는 序(서), 國都에는 大學(대학)이 있었다. 해마다 입학했고 격년으로 시험을 시행했다. 1년 차에 경서의 斷句 능력과 성현들의 뜻한 바에 대한 이해 능력을 살폈고, 3년 차에 학업에 전념하는지 학우들과 잘 어울려 지내는지를 살폈고, 5년 차에 다방면으로 학습하는지 스승을 가까이하는지를 살폈고, 7년 차에 학문을 토론하고 교우 관계를 살폈으니, 이를 小成이라 했다. 9년 차에는 한 부류의 지식을 통한 유추 능력과 사물에 대한 확고한 자기 견해의 수립을 살폈는데, 이를 大成이라 했다. 그런 후에 족히 백성을 교화시키고 풍속을 변화시키고, 가까이 있는 자는 기쁘게 해서 순복하게 하고, 멀리 있는 자는 오고 싶은 마음을 갖도록 하는 것, 이것이 大學의 도였다(古之敎者, 家有塾, 黨有庠, 術有序, 國有學。

之實病也。[38]

○내가 생각하건대, 이 장의 질문한 내용[貧而無諂 富而無驕]과 답변한 내용[貧而樂 富而好禮]에서, 그 (어느) 경지가 얕은지 깊은지 높은지 낮은지는 굳이 구분해서 따져보지 않아도 분명하다. 그렇지만 자르지 않으면 다듬는 일이 시행될 곳이 없고, 쪼지 않으면 문지르는 일이 써먹을 데가 없다. 그러므로 배우는 자는 조그만 성과(얕은 것 낮은 것)에 안주해서, 도의 최고의 경지(깊은 것 높은 것)에 나아가기를 추구하지 않는 것도 안 되겠지만, 그렇다고 허황되고 현실과 동떨어진 것(깊은 것 높은 것)에 힘을 쏟으면서, 정작 자신에게 절박한 실제 병폐(얕은 것 낮은 것)는 살피지 못하는 것 역시 안 될 것이다.

比年入學, 中年考校。一年視離經辨志, 三年視敬業樂群, 五年視博習親師, 七年視論學取友, 謂之小成; 九年知類通達, 強立而不反, 謂之大成。夫然後足以化民易俗, 近者說服, 而遠者懷之, 此大學之道也。); 小成(소성): 처음 이루어진 8괘를 소성이라 하고, 64괘를 대성이라 한다. 약간의 성취(初步形成。《易·繫辭上》十有八変而成卦, 八卦而小成。略有成就。).

35 造(조): 도달하다. ~로 향해 가다(到; 往某地去。就。).

36 騖(무): 이리 뛰고 저리 뛰고 하다. 추구하다. 힘쓰다(纵横奔驰。追求; 强求。也作'务'。).

37 虛遠(허원): 잡된 생각이 없이 텅 비고 초탈하여 속세를 벗어나다. 허황되어 현실에 와 닿지 않다(清虚超逸。玄虚而不切实际。).

38 《論語大全》 가난한 자의 병폐는 아첨이고, 부유한 자의 병폐는 교만이다. 반드시 아첨과 교만의 병폐를 제거한 연후에, 즐거워하고 예를 좋아하는 경지로 발을 내디딜 수 있다. 배우는 자의 병폐는 본래 많은데, 반드시 자기에게 절박한 실제 병폐를 제거한 연후에, 도의 최고의 경지로 나아가기를 추구할 수 있다(雲峯胡氏曰: 貧者病諂, 富者病驕。必除諂驕之病, 然後可到樂與好禮地步……學者之病固多, 必先除切己之實病, 然後可求造道之極致也。);《論語大全》 자르는 것은 반드시 그다음의 다듬는 단계로 나아가는 것을 중요하게 생각하고, 쪼는 것은 반드시 그다음의 문지르는 단계로 나아가는 것을 중요하게 생각한다는 것이, 이 장의 본래의 뜻이고, 반드시 잘라야만 비로소 다음의 다듬는 단계로 나아갈 수 있고, 반드시 쪼아야만 비로소 다음의 문지르는 단계로 나아갈 수 있다는 것이, 이 장에 또 다른 뜻이다(新安陳氏曰: 切必貴磋, 琢必貴磨, 此正意也。必切方可加磋, 必琢方可加磨, 此餘意也。).

[不患人之不己知章]

011601、子曰:「不¹患²人之不己知³, 患不知人也⁴,⁵。」

---

1 《北京虛詞》不(불): 부사. 동작·사물·상황에 대한 부정을 표시한다('不, 副词。用于谓语前, 表示对动作、事物、情状的否定。').

2 《春秋繁露·天道無二》옛사람들이 유형의 물체로 문자를 만들었으니, 마음이 한 개의 중심에 가서 멈춰있는 것을 忠이라 했고, 마음이 두 개의 중심을 붙들고 있는 것을 患이라 했다. 患은 사람의 마음의 중심이 하나가 아닌 것이다. 하나가 아니기 때문에, 患이 이로부터 생겨 나온다. 이 때문에 군자는 두 마음을 경시하고 한 마음을 중시한다(古之人物而書文, 心止於一中者, 謂之忠; 持二中者, 謂之患。患, 人之中不一者也。不一者, 故患之所由生也。是故君子賤二而貴一。).

3 《古漢語語法》'人'은 자신이나 自稱과 상대되는 旁稱으로, 자기나 나 이외의 사람을 칭하며, 대명사로 간주되지 않는다(旁称是和自身称或自称相对之称, 即称除自己或我以外的人。一般用'人'字, 这'人'字便不应看作代词。);《古漢語語法》부정문에서 목적어가 대명사['己']인 경우, 항상 동사['知'] 앞에 위치한다(否定句中宾语的位置: 在否定句中[句中必须有表示否定副词或否定代词], 如果宾语是代词, 常有位于动词前面的。);《論語語法》'人之不己知'는 '주어+之+술어' 형태의 주술구이다('人之不己知'是'主語+之+謂語的主語短語。).

4 《文言虛詞》'也'는 단호한 어투를 표시하는 데 쓰인다('也'字也經常用來表示肯定。);《論孟虛字》단호한 태도를 솔직하게 말할 때 쓰이는 어기사('也', 用作堅決的直陳語氣詞。).

5 《論語義疏》本에는 '子曰: 不患人之不己知也, 患己不知人也。'로 되어 있다;《論語集解》다만 자기의 무능 무지를 걱정할 뿐이다[왕숙의 주는 '患己不知人也'의 '人'字가 없는 책에 근거한 주석이다](注: 王肅曰: 但患己之無能知也。);《論語集釋》臧琳[1650~1713]의 《經義雜記》에 말했다. "이 장은 《里仁 제14장》의 '아무도 자기를 알아주는 사람이 없는 것을 걱정하지 말고, 남에게 알려질 만하게 되기를 추구하여라', 《先進 제25장》의 '(너희들은) 평상시라면, '(사람들이) 나를 알아주지 않습니다!'라고 말했을 텐데, 혹여 누군가가 너희들을 알아준다면, 무엇을 쓰겠느냐?'와 의미가 서로 같다. 지금 형병의 《論語注疏》에는 '患不知人'으로 되어 있는데, 식견이 짧은 사람에 의해 '人'字가 첨가된 것이다"(臧琳經義雜記: 蓋與里仁『不患莫己知, 求爲可知也。』, 先進『居則曰: 不吾知也。如或知爾, 則何以哉。』語意相同。今邢疏本作『患不知人。』, '人'字淺人所加。);《經典釋文》'患不知也'[나의 不知[능력부족]를 걱정하거라]가, 어떤 책에는 '患己不知人也'[내가 남을 알아보지 못함을 걱정하거라]으로 되어 있다. 俗本에서 함부로 '人'자를 보탠 것인데, 지금 책에는 '患不知人也'로 되어 있다('患不知也', 本或作'患己不知人也'。俗本妄加字, 今本'患不知人也'。);《論語義疏》보통 사람의 인지상정은, 대체로 남을 알려는 데는 소홀한 반면, 남이 자기를 알아주지 않는 것은 원망하기 때문에, 한쪽은 누르고 한쪽은 늘이는 가르침을 일으킨 것이다(疏 李充云: 凡人之情, 多輕易於知人, 而怨人不知己, 故抑引之教興乎此矣。);《論語正義》남이 나를 알아보지 못한다고 해서, 내가 가진 것을 잃는 것은 없으니 걱정할 게 없지만, 내가 남을 알아보지 못할 경우에는, 남의 현능한 점을 가까이 두고 써먹지 못하고, 남의 현능치 못한 점을 멀리 두고 물리치지 못해, 잃는 것이 심히 크기 때문에, 걱정해야 하는 것이 당연하다(正義曰: 人不己知, 己無所失, 無可患也。己不知人, 則於人之賢者不能親之用之, 人之不賢者不能遠之退之, 所失甚巨, 故當患。);《論語疏證》내가 나의 능치 못함을 걱정하여[憲問 제32장], 알기를 구하는 것, 이것은 공자가 사람들에게 責己를 가르친 것이다. 내가 남을 알지 못함을 걱정하는 것, 이것은 공자가 사람들에게 廣己를 가르친 것이다. 責己는 初學者의 일이고, 廣己는 進德君子의 일이다. 남이 나를 알아보지 못하는 것으로 인해, 돌이켜서 내가 남을 알아보지 못하는 것을 성찰하는 것, 이것은 仁과 恕의 크나큰 공로이다(樹達按: 患其不能, 求爲可知, 此孔子教人

선생님께서 말씀하셨다. "(군자는) 남이 나를 알아보지 못함을 걱정하지 않고, 내가 남을 알아보지 못함을 걱정한다."

尹氏曰:「君子求在我者[6], 故不患人之不己知[7]. 不知人, 則是非邪正或不能辨, 故以爲患也。」[8]

윤씨(尹氏·尹彦明)가 말했다. "군자는 내 안에 있는 것을 구하기 때문에, 남이 나를 알아보지 못할까 걱정하지 않는다. (내가) 남을 알아보지 못할 경우, 옳은지 그른지 바른지 바르지 못한지를 혹시라도 변별하지 못할 수 있으니, 그래서 이것을 가지고 걱정거리로 여기는 것이다."

以責己也。患不知人, 此孔子敎人以廣己也。責己者初學者所有事, 廣己則進德君子之事矣。因人之不知己, 反而自省我之不知人, 此仁恕之極功也。);《論語集釋》王夫之[1619~1692]의 《四書訓義》에 말했다. "자기를 빨리 알아주지 않는다고 애닯아 하다 보면, 배운 것을 왜곡하여 세상에 아부하기 마련이다"(四書訓義: 患己知之不早, 則屈學以阿世。);《里仁 제14장》《憲問 제32장》《衛靈公 제18장》에도 비슷한 글이 나온다.

6 《孟子·盡心上 제3장》맹자가 말했다. "(인의예지같이) 구하면 얻게 되고 내버려 두면 잃는 경우, 이 경우는 구하는 것이 얻는 데 유익하니, 구하려는 것이 내 안에 있기 때문이다. (부귀영달같이) 구하는 데 지켜야 할 도리가 있고, 얻고 못 얻는 것이 명에 달린 경우, 이 경우는 구한다고 해도 얻는 데 전혀 무익하니, 구하려는 것이 내 밖에 있기 때문이다(孟子曰: 求則得之, 舍則失之, 是求有益於得也, 求在我者也。求之有道, 得之有命, 是求無益於得也, 求在外者也。).

7 《論語大全》도리에 대해 깨우침이 분명하면, 저절로 사람을 볼 줄 알게 된다(朱子曰: 見得道理明, 自然知人。);《論語大全》남이 나를 알아보지 못하는 것은 그 병폐가 남에게 있고, 내가 남을 알아보지 못하는 것은 그 병폐가 나에게 있다. 군자의 학문은 나를 위함이니, 남의 병폐를 근심할 겨를이 없고, 나의 병폐를 근심한다(慶源輔氏曰: 人不知己, 其病在人, 己不知人, 其病在己。君子之學爲己, 不暇病人之病, 而病己之病也。).

8 《論語大全》學而 편의 시작을 '人不知而不慍'으로 했고, 學而 편의 끝맺음을 '不患人之不己知, 患不知人也'으로 했으니, 學而 한 편의 처음과 끝이다. 《論語》한 권의 시작을 '不亦君子乎'로 했고, 끝맺음을 '無以爲君子'[堯曰 제3장]로 했고, 시작 편은 '患不知人'[學而 제16장]으로 끝을 맺었고, 마지막 편은 '不知言 無以知人'[堯曰 제3장]으로 끝을 맺었으니, 《論語》한 권의 처음과 끝이다. 문인들의 책의 편찬순서에 어찌 뜻이 없겠는가?(雲峯胡氏曰: 始以不知不慍, 終以此章, 學而一篇終始也。始以不亦君子乎, 終以無以爲君子也, 始則結以患不知人, 終則結以不知言無以知人, 論語一書終始也。門人紀次, 豈無意歟?)

《爲政 第二》

凡二十四章。[*]

모두 24장이다.

---

[*]《論語義疏》《禮記·學記》에, '군자가 化民成俗하고자 하면, 그것은 반드시 배움으로 시작해야 한다'고 했는데, 이는 먼저 배운 후에야 爲政으로 化民할 수 있음을 밝힌 것으로, 그래서 爲政 편을 學而 편 다음에 둔 것이다(疏: 學記云: '君子如欲化民成俗, 其必由學乎.', 是明先學後乃可爲政化民, 故以爲政次於 學而也.);《論語注疏》《春秋左傳·襄公31年》에 '배우고 난 후에 정치에 입문한다'고 했는데, 그래서 學而 편 다음에 爲政 편을 둔 것이다(疏: 正義曰:《左傳》曰'學而後入政', 故次前篇也.);《春秋左傳· 襄公31年》나 僑[鄭子產. ?~BC 522]는 배운 후에 정치에 입문한다는 말은 들었지만, 정치를 통해서 배운다는 말은 듣지 못했습니다(僑聞學而後入政, 未聞以政學者也.);《補正述疏》대개 논어 20편의 편명 차례는 우연히 그리된 것일 뿐, 모두가 차례의 편명에 따라 그 뜻을 구한 것이 아니다. 學而 편의 '道千乘之 國'章[제5장]은 爲政을 말했을 뿐이지 않은가?(述曰: 蓋論語二十篇名相次亦適然爾, 非皆可於相次者求 其義也. 學而篇云'道千乘之國', 不已言爲政乎?).

[爲政以德章]

020101、子曰:「爲政以德^{1, 2}, 譬如³北辰⁴, 居其所⁵而衆星共之⁶.」

1 《集注考證》'以德爲政'이라 하지 않고, '爲政以德'이라 한 것은, 위정자를 말한 것이다(不曰以德爲政, 而曰爲政以德, 此爲爲政者言之也.); '以德'[介詞+賓語][狀語]이 후치된 문장이다["덕을 써서 정치를 하다"](介宾结构后置句[状语后置]).

2 《論語集解》包咸이 말했다. "덕 있는 자는 하는 게 없으니, 마치 북극성은 움직이지 않지만 뭇별들이 그에게로 향하는 것과 같다"(注: 苞氏曰: 德者無爲, 猶北辰之不移, 而衆星共之.); 《論語義疏》곽상[252~312]이 말했다. "만물이 모두 저마다의 본성을 얻는 것을, 德이라 한다. 爲政이란 무슨 일인가? 만물이 저마다의 본성을 얻게 하는 것이다. 그래서 德을 말했을 뿐이다"(疏 郭象云: 萬物皆得性, 謂之德. 夫爲政者, 奚事哉? 得萬物之性, 故云德而已也.); 《論語集釋》毛奇齡[1623~1716]의 《論語稽求篇》에 말했다. "包咸[BC 7~AD 65]의 無爲說은, 한나라 학자들이 黃老說을 섞은 것이다. 何晏[?~249]은 본래는 노자를 강습했는데, 유학을 끌고 (黃老의) 도에 들어간 자이다. 그가 《論語集解》를 지으면서, 오로지 包咸의 說을 따라서, 無爲를 자기 생각대로 풀이한 것이다. '爲政以德'은 말 그대로 有爲이다. 공자께서 이미 '爲'字를 밝히셨는데, 황차 爲政에 대해 또 無爲라고 했겠는가.《禮記·哀公問》에, 애공이 爲政에 대해 묻자 공자가 말씀하시기를, '政은 正입니다. 임금께서 정치를 하시면, 백성들이 정치를 따를 것입니다. 임금께서 하시는 바는, 백성들이 따르는 바입니다. 임금께서 하시지 않는 바인데, 백성들이 어찌 따르겠습니까?'라고 했다. 공자의 이 말은 후세에 無爲를 爲政으로 풀이하는 자들이 반드시 있을 것임을 미리 아시고는, 간곡히 타이르길 거리끼지 않고 중첩해서 똑같은 말을 하셨으니, 이는 실로 논어의 말씀과 표리가 될 수 있는 말씀이다(論語稽求篇: 包氏無爲之說, 此漢儒擾和黃老之言. 何晏本習講老氏, 援儒入道者. 其作集解, 固宜獨據包說, 專主無爲. 夫爲政以德, 正是有爲. 夫子已明下一『爲』字, 況爲政尤以無爲爲戒. 禮記『哀公問爲政. 孔子曰:「政者, 正也. 君爲政, 則百姓從政矣. 君之所爲, 百姓之所從也. 君所不爲, 百姓何從?」』夫子此言若預知後世必有以無爲解爲政者, 故不憚諄諄告誡, 重言疊語, 此實可與論語相表裏者.).

3 譬如(비여): 예컨대. 비유하면(比如.);《說文·言部》'譬'(비)는, 喻[비유하다]이다(譬, 喻也.).

4 《爾雅·釋天》북극을 북신이라 한다(北極謂之北辰.);《論語義疏》北辰은 북극자미성[북극성]이다(疏: 北辰者, 北極紫微星也.); 辰(신): 해·달·별의 총칭(日, 月, 星的统称).

5 《論語義疏》'所'는 '地'[자리]와 같다(疏: 所, 猶地也.).

6 [성]北辰星拱(북신성공): 북극성은 높이 매달려 움직이지 않지만, 뭇별들이 사방에서 주위를 에워싸고 돈다. 많은 사람들이 떠받들다. 국가를 다스리는 데 덕정을 베풀다. 천하가 귀부하다. 많은 사람들의 추대를 받는 사람(北辰: 北极星; 拱: 环绕。北极星高悬不动, 群星四面环绕。旧时比喻治理国家施行德政, 天下便会归附。后也比喻受众人拥戴的人.); [성]衆星拱辰(중성공신): =衆星拱北. 모든 별이 北辰을 에워싸다. 많은 사람들의 추대를 받다. 사방이 한 곳을 향하다(拱: 环绕, 拱卫; 辰: 指北极星。天上众星拱卫北辰。旧指有德的国君在位, 得到天下臣民的拥戴。后也比喻四方归向一处.);《古今注》'北辰'은 北極으로, 하늘의 중심축이다. 별자리가 없기 때문에 '辰'이라 한 것이다. '共'은 '同'이다. 北辰은 제 있을 자리에 있으면서 천추를 선회하고 뭇별들은 뒤따라 회전하여 北辰과 함께 운행하기 때문에 '共之'라고 한 것이다. '居其所'는 바로 자오선이다. 북극은 바로 자오선에 위치해 있어 천축을 회전하고, 하늘에 가득 찬 뭇별들은 북극과 함께 회전하기를 어느 한 개 별도 감히 거스르거나 혹은 뒤처지는 일이 없으니, 이것이 여기서 말하는 '衆星共之'이다. 임금이 제 있을 자리에 바르게 자리하여 덕으로 정치를 하면, 백관 만민이 누구 하나 따르지 않음이 없이 임금과 동화하는 것이, 바로 北辰衆星의 일과 부절을 합하듯 하니, 비유를

선생님께서 말씀하셨다. "위정자가 덕을 지니고 있는 것, (그 감화의 모습을) 북극성에 비유하자면, 북극성은 제자리에 있지만 뭇별들이 북극성의 주위를 에워싸고 돌면서 북극성을 향하고 있는 것과 같다."

共, 音拱, 亦作拱[7]。○政之爲言[8]正也[9], 所以正人之不正也。德之爲言得也, 得於心而不失也[10]。北辰, 北極, 天之樞也[11]。居其所, 不動也。共, 向也, 言衆星四面旋繞[12]而歸向之也。

취한 뜻이 여기에 있지 않겠는가? '에워싸고 돌면서 향하고 있다'는 것이 무슨 말인가?(北辰即北極, 天之樞也。以無星點, 故謂之辰也……共者, 同也。北辰居正斡旋天樞, 而衆星隨轉與北辰同運, 故曰共之也……居其所者, 正子午之線也。北極正子午之線斡旋天樞, 而滿天諸星與之同轉, 無一星之敢逆, 無一星之或後, 此所謂衆星共之也。人君居正爲政以德, 而百官萬民罔不率從與之同和, 正與北辰衆星之事, 如合符契, 取譬之意顧不在是乎? 環拱何謂也?);《論語義疏》'뭇별들이 함께 그를 받들어 주인으로 삼다'(衆星共宗之以爲主也。); 衆(중): (사람) 많다. 무리. 많은 사람(衆多, 与"寡", "少"相対。許多人。);《王力漢語》共(공): =拱。두 손을 모으다. 두 손 모아 인사하다. 에워싸다. 둘레를 돌다. 에워싸고 지키다(通'拱'。拱手。引申爲環繞。環抱, 拱衞。).

7 拱(공): 두 손을 포개다. 두 손을 가슴 앞에서 모아 공경을 표시하다. 에워싸다. 둘레를 돌다(本义: 抱拳, 敛手。两手在胸前相合, 表示恭敬。围绕, 环绕。).

8 《王力漢語》'之言'·'之爲言'은, 경서주해에 사용하는 술어 중의 하나로, 이 술어를 사용한 경우, 반드시 聲訓으로, 뜻을 해석하는 경우를 제외하고는, 풀이하는 글자와 풀이 받는 글자 간에 서로 同音이거나 雙聲疊韻의 관계가 있다('之言', '之爲言', 經書註解述語中的一, 使用這個述語時, 必然是'聲訓'; 除了釋義之外, 釋者與被釋者之間有時是同音的關係, 有時雙聲疊韻的關係。); 聲訓(성훈): =音訓. 훈고학용어. 語音을 통해 말의 뜻을 분석하는 것으로, 소리가 서로 같거나 비슷한 글자를 써서 말의 뜻을 해석하고, 연원을 추구하여, 그 말이 명명된 유래를 설명한다(训诂学术语。是指通过语音分析词义, 用声音相同或相近的字来解释词义, 推求词义的来源, 以说明其命名的原由。).

9 《顔淵 제17장》 참조.

10 內閣本은 '得於心而不失也'가 '行道而有得於心'[도를 행해 마음에 얻은 것이 있다]으로 되어 있다;《集注考證》集注의 초간본에는 志道章[述而 제6장]의 '德'字의 풀이에 따라서, '行道而有得於心'으로 했다가 그 후에 '得於心而不失也'로 고쳤다. 대개, 도는 본래 사람의 마음속에 다 같이 지니고 있는데, 사람 중에는 덕을 지녔다고 할 수 있는 자가 드물고, 어떤 사람은 잠시 깨달았지만 마음속에 간직하고 있지 못하고, 어떤 사람은 알지만 몸으로 체득하지 못한데, 이 또한 모두 덕을 잃은 것으로, 덕이라 일컫기에 부족하기 때문이다(集註初本因第七篇志道章解德字, 曰行道而有得于心, 其後改從此, 蓋道固人心所同有, 而人鮮可謂之有德者, 或暫悟而不能存之于心, 或徒知而不能體之于身, 是又皆失之矣, 所以不足謂之德也。);《論語新解》'德'은 '得'이다. 도를 행해 마음에 얻는 것이 있으면, 그 소득은 그의 고유한 것과 같기 때문에, 德性이라 한다. 위정자는 자기의 덕성으로 본성을 삼으니, 소위 以人治人[中庸 제13장]이다(德, 得也。行道而有得于心, 其所得, 若其所固有, 故谓之德性。为政者当以己之德性为本, 所谓以人治人。).

11 《論語大全》北辰은 하늘의 중심축이다. 한가운데 어디쯤이 움직이지 않는 곳인데, 사람들이 이곳을 극으로 취함에 따라, 이곳을 기억해두어야 했으니, 그래서 그곳 바로 옆에 있는 조그만 별을 취해 그 별을 (北)極星이라 불렀다.《史記·天官書》에는 北辰 주위에는 다섯 개의 별이 있고, 太一이 항상

爲政以德, 則無爲而天下歸之, 其象如此。[13]

'共'(공)은 음이 '拱'(공)으로, '拱'(공)이라고 쓰기도 한다. ○政(정)의 말뜻은 '바로잡는다'[正]로, 정(政)을 써서 사람들의 바르지 못한 것들을 바로잡는 것이다. '德'(덕)의 말뜻은 '얻어 지니다'[得]로, 마음속에 얻어 지니고서 잃지 않는 것이다. '北辰'(북신)은 북극(北極)으로, 하늘의 중심축이다. '居其所'(거기소)는 '움직이지 않는다'[不動]는 것이다. '共'(공)은 '향하다'[向]로, 뭇별들이 사면에서 에워싸고 돌면서 북신(北辰)을 향하고 있는 것을 말한다. 위정자가 덕을 지니고 있으면, 그리하려고 의도하지 않아도 천하가 그에게 돌아오는데, 그 형상이 이와 같다.

○程子曰:「爲政以德, 然後無爲[14]。」范氏曰:「爲政以德, 則不動而化, 不言而信, 無爲而

한가운데 위치한다고 기재되어 있는데, 이것이 (北)極星이다. 辰은 별이 아니고, 다만 한가운데 부분일 뿐이다(朱子曰: 北辰是天之樞紐. 中間些子不動處, 緣人要取此爲極, 不可無箇記認, 所以就其旁取一小星謂之極星……史記載北辰有五星, 太一常居中, 是極星也. 辰非星, 只是中間界分。).

12 旋繞(선요): 에워싸고 돌다(环绕)

13 《論語大全》'德'字의 '心'은 마음에 덕을 얻어 지니고 있다는 것이다. '爲政以德'이란 덕을 손에 쥐고 정치를 한다는 것이 아니라, 자기가 이 덕을 지니고 있으면, 뭇별들이 북극성을 향하고 있는 것처럼, 사람들이 스스로 그에게로 돌아와 우러른다는 것이다. '爲政以德'은 형벌·호령을 쓰지 않는 것이 아니라, 다만 덕을 그보다 앞에 세우는 것이다(朱子曰: 德字, 從心者, 以其得之於心也. 爲政以德者, 不是把德去爲政, 是自家有這德, 人自歸仰, 如衆星共北辰……爲政以德, 非是不用刑罰號令, 但以德先之耳。); 《讀論語大全說》공자께서 '爲政以德'의 다스리는 형상을 北辰에 비유하셨는데, 비슷한 류에서 취했으니 허황된 것이 아니다. '爲政以德'하는데 集注에서 '不動' '無爲'라 운운한 것은, 상을 주거나 권유하거나 형벌이나 위엄에 의지하지 않고도 백성들이 스스로 바르게 되었다는 말이다. 대개 백성에게 베푸는 것을 가지고 말한 것이지, 임금의 덕을 가지고 말한 것이 아니다. 德이 '無爲'가 아니라면, 똑같이 北辰도 '不動'이 아니다. 北辰이 임금의 德과 합치되는 것은 (北辰이나 임금이 德을 쌓는 것이나) 삼가 쉼 없이 움직일 뿐이라는 것이다(夫子將此擬"爲政以德"者之治象, 取類不虛. "爲政以德"而云不動, 云無爲, 言其不恃賞勸刑威而民自正也. 蓋以施於民者言, 而非以君德言也. 若夫德之非無爲, 則與北辰之非不動均也。……北辰之與君德合者, 慎動以不息而已矣。).

14 《論語大全》"혼자 가만히 앉아서 전혀 아무것도 하지 않는다는 것이 아니다. 다만 억지로 일을 만들어 백성들을 어지럽히지 않을 뿐이다. 덕으로 자기를 닦으니 사람들이 저절로 감화되고, 그리하려 하지 않아도 천하가 저절로 그에게 돌아오니, 그가 한 일의 흔적이 보이지 않는 것일 뿐이다." "덕을 가지고 정치한다는 것인지요?" "덕을 가지고 가서 정치한다는 것이 아니다. '以'字에 너무 얽매일 필요가 없다. 단지 '爲政有德[위정자가 덕을 지니고 있다]'이란 말과 비슷할 뿐이다"(朱子曰: '不是塊然全無作爲. 只是不生事擾民. 德脩於己, 而人自感化, 不待作爲而天下自歸之, 不見其有爲之迹耳.' 問是以德爲政否? 曰: '不是欲以德去爲政. 不必泥以字. 只是爲政有德相似.'); 《論語大全》위정자가 덕을 지니고 있으면, 사람들이 저절로 감화된다. 그렇지만 감화는 정사에 달려 있는 것이 아니라 덕에 달려 있다. 대개 政이란 이를 써서 사람들의 바르지 못한 것을 바로잡는 것이니, 어찌 아무 하는 게 없겠는가? 다만 사람들이 돌아오는 까닭은 바로 그 덕 때문일 뿐이다. 그러므로 그리하려고 의도하지 않아도 천하가 돌아오는데,

成¹⁵。所守者至簡而能御煩, 所處者至靜而能制動, 所務者至寡而能服衆。」

○정자(程子·伊川)가 말했다. "위정자가 덕을 지니고 있고, 그런 후에 그리하려는 의도를 가지고 하지 않는 것이다."

범씨(范氏·范淳夫)가 말했다. "위정자가 덕을 지니고 있으면, 움직이지 않아도 변화하고, 말하지 않아도 믿고, 그리하려고 의도하지 않아도 이룬다. 지키는 것은 아주 간략하지만 번잡한 온갖 일들을 제어할 수 있고, 지내는 모습은 움직임이 없이 아주 조용하지만 움직이는 모든 것들을 통제할 수 있고, 힘쓰는 것은 아주 적지만 많은 사람을 복종시킬 수 있다."

뭇별들이 북극을 향하는 것과 같은 것이다(朱子曰: 爲政以德, 人自感化。然感化不在政事上, 却在德上。蓋政者, 所以正人之不正也, 豈無所爲? 但人所以歸往, 乃以其德耳。故不待作爲而天下歸之, 如衆星之共北極也。).

15 《中庸 제26장》 이러한 至誠은, 내보이지 않아도 환히 드러나고, 움직이지 않아도 변화하고, 그리하려고 의도하지 않아도 이룬다(如此者, 不見而章, 不動而變, 無爲而成。);《中庸 제33장》《詩經·大雅·抑》는 노래하길 '이 방에 있는 모습 보니, 남이 보지 않는 屋漏(옥루)에서는 더더욱 부끄러울 게 없겠구나'라고 했으니, 그렇기에 군자는 움직이지 않을 때도 居敬하고, 말하지 않을 때도 信實하다(詩云: '相在爾室、尙不愧于屋漏。' 故君子不動而敬, 不言而信。

[詩三百章]

020201、子曰:「詩三百, 一言以蔽之,[1] 曰[2]『思無邪』[3]。」

　　선생님께서 말씀하셨다. "《시경》(詩經)의 시 3백 편을, (그 효용을) 한마디 말로

---

1 [성]一言以蔽之(일언이폐지): 한 구절의 말을 써서 개괄하다(蔽: 遮, 引伸为概括。用一句话来概括。);《論語義疏》'蔽'는 '當'[해당시키다]과 같다(注: 苞氏曰: 蔽, 猶當也。);《論語集釋》韓愈[768~824]의《論語筆解》에 말했다. "'蔽'는 '斷'[단정하다]과 같다"(筆解: 韓曰:『蔽, 猶斷也。』);《王力漢語》'以＋목적어'구는 두 가지 글자 순서 변화가 있는데, 첫째는 '以＋목적어' 전체가 동사 앞에 놓이거나, 동사 또는 동사 및 그 목적어의 뒤에 놓이는 경우이고, 둘째는 개사 '以'의 목적어를 강조하기 위해, 목적어만 '以' 앞으로 전치시키는 경우이다[여기서는 목적어 '一言'이 '以' 앞으로 전치되었다]('以＋賓'詞組, 在詞序上有兩種變化: 第一, 整個'以＋賓'詞組可以放在動詞前面, 也可以放在動詞(及其賓語)的後面。第二, 爲了強調介詞'以'的賓語, 可以把賓語提到'以'的前面。);《論孟虛字》'以'는 '可以'와 같다["한마디로 詩三百편을 해당시킬 수 있으니, 思無邪이다"]('以, 猶'可以'。是個表判斷的限制詞。邢昺疏: '一句可以當之也'); 蔽(폐): 가리다. 덮다. 차폐하다. 총괄하다. 개괄하다(遮住, 遮掩。總括, 概括。);《王力漢語》之(지): 인칭대사. 목적어로 쓰인다(人稱代詞。他, 她, 它(又指複數)。用作賓語。).

2 《論語句法》'曰思無邪'는 판단문으로, 裴學海[1899~1970]의《古書虛字集釋》에서 '曰은 是[~이다]와 같다'고 한 견해에 따르면, '曰'을 연결동사로 간주한 것이다('曰思無邪', 是一句判斷句, '曰'字從裴學海氏古書虛字集釋卷二頁135, '曰, 猶是也'之說, 把它看做繫詞).

3 《論語注疏》이 장은 (제1장에 이어서) 爲政의 도가 邪를 버리고 正으로 돌아가는 데 있음을 말한 것이다(疏正義曰: 此章言爲政之道在於去邪歸正。);《古今注》思無邪는 시인의 마음속 품은 뜻의 표출된 바가 바르지 못하거나 삐뚤어짐이 없는 것을 말한다(思無邪者, 謂作詩之人, 其心志所發, 無邪僻也。);《論語新解》①詩에는 칭송・풍자와 정풍・변풍이 있어, 이로써 선을 권장하고 악을 징계하는 것이다. 그런즉 시 300편의 시인의 생각은 모두 無邪로 귀결되고, 또 천하・후세의 모든 생각하는 자로 하여금 똑같이 無邪로 귀결되게 한다. ②無邪는 '直'[진솔하다]의 뜻이다. 300편을 지은 시인, 시 속의 孝子・忠臣, 怨男・愁女를 막론하고, 그 시구는 모두 진심에서 우러나오는 정이 넘쳐흘러서, 진실된 감정을 진솔하게 묘사하여, 조금도 거짓에 의탁하거나 허위가 없으니, 이것이 바로 소위 '詩言志'[시로써 속에 품은 생각을 말한다][書經・舜典][毛詩序]로 300편의 모든 시에 동일한 것이다. 그래서 공자께서 이 한마디를 들어서 그 대의를 포괄한 것이다(或曰, 诗有美刺正变, 所以劝善而惩恶。则作者三百篇之思, 皆归无邪, 又能使天下后世之凡有思者同归无邪。又一说, 无邪, 直义。三百篇之作者, 无论其为孝子忠臣, 怨男愁女, 其言皆出于至情流溢, 直写衷曲, 毫无伪托虚假, 此即所谓诗言志, 乃三百篇所同。故孔子举此一言以包盖其大义。);《論語譯注》'思無邪'는 원래《詩經・魯頌・駉》에 나오는 글인데, 공자께서 이 글을 빌려 전체 시편을 평론하신 것이다. '思'字는《駉》에서는 원래 뜻이 없는 접두사인데, 공자께서 인용하면서 오히려 '思想'으로 풀이했으니, 당연히 단장취의다. 俞樾[1821~1907]이《曲園雜纂》에서 이를 설명하면서 어조사라고 했는데, 공자의 원의에는 맞지 않은 것으로 보인다["생각이 순수하게 올바르다"]("思無邪"一語本是詩經魯頌駉篇之文, 孔子借它來評論所有詩篇。思字在駉篇本是無義的語首詞, 孔子引用它却當思想解, 自是斷章取義。俞樾曲園雜纂說項說這也是語辭, 恐不合孔子原意。; "思想純正");《論語今讀》'思'는 어조사이다. '思想'으로 풀이하지 않고, '邪'도 '邪惡'으로 풀이하지 않는다["그것은 바로 '거짓이 없다'이다"]('思'是語助詞, 不作'思想'解, '邪'也不作'邪惡'解。"那就是: 不虛假。");《許世瑛(二)》'思'가 주어, '無邪'는 '不邪'와 같다["생각이 사악하지 않다"]

써 그것을 개괄한다면, '(시를 읽는) 사람들의 생각 속에 바르지 못한 게 없게 하려는 것'[思無邪]이다."

詩三百十一篇,[4] 言三百者, 擧大數[5]也。蔽, 猶蓋[6]也。「思無邪」, 魯頌駉篇[7]之辭。凡詩之言, 善者可以感發[8]人之善心, 惡者可以懲創[9]人之逸志[10], 其用歸於使人得其情性之正[11]而已。然其言微婉, 且或各因一事而發, 求其直指全體[12], 則未有若此之明且盡者。故夫子言詩三百篇, 而惟此一言足以盡蓋其義, 其示人之意亦深切矣。[13]

---

4 《毛詩正義》[孔穎達疏]《書傳》에서 인용한 시들 중에는, 현재 존재하고 있는 시가 많고 없어진 시는 적은데, 그렇다면 공자께서 시를 채록하면서, 열에 아홉은 제거했다는 사마천의 말은 납득하기 어렵다. 사마천은 옛날에는 시가 3천여 편이 있었다고 했는데, 믿을 수 없다. 지금 남아 있는 시 및 없어진 시 6편을 감안하면 모두 311편이 있는데, 《史記》와 《漢書》에서 '305편'이라고 한 것은 그중에 없어진 시를 빼고, 현재 존재하고 있는 시를 계산한 것이다([正義曰: 案《書傳》所引之詩, 見在者多, 亡逸者少, 則孔子所錄, 不容十分去九。司馬遷言古詩三千餘篇, 未可信也。據今者及亡詩六篇, 凡有三百一十一篇……而《史記》《漢書》云"三百五篇"者, 闕其亡者, 以見在爲數也。);《詩經》의 시는 風[각국 민요] 160편, 雅[궁중음악] 105편, 頌[종묘음악] 40편으로, 합계 305편이다. 처음에는 311편이었는데, 온전히 전해지는 것은 305편이고, 小雅篇의 南陔 · 白華 · 華黍 · 由庚 · 崇丘 · 由儀 6편은 시의 제목만 있고 시의 내용은 없는데, 이를 笙詩(생시)라 하고, 《詩經》에 수록되지 않은 시로 先秦의 경전이나 제자백가에 수록된 약 98수는 온전한 한 편이 못 되거나 시구 일부 구절만 전해지는데, 이를 逸詩(일시)라 한다.

5 大數(대수): 대략. 대략의 수(大计; 大略。约计之数。).

6 《論語大全》'蓋'(개)는 한 물건을 써서 모든 물건을 다 덮는 것과 같다(朱子曰: 蓋, 如以一物蓋盡衆物。).

7 《詩經 · 魯頌 · 駉》살찌고 큰 수컷 말들 뛰놀고 있네. 저 멀리 들판에서 뛰놀고 있네. 살찌고 큰 말들 갖가지 말들, 흰 털 섞인 검은 말, 붉고 하얀 얼룩말, 정강이가 하얀 말, 두 눈 주위가 하얀 말, 이 말들로 수레 끄니 꿋꿋하구나. 아 아무런 생각이 없으니, 말들조차 이렇게 잘 달리는구나(駉駉牡馬、在坰之野。薄言駉者、有驈有皇、有驪有魚、以車祛祛。思無邪、思馬斯徂。).

8 感發(감발): 느껴서 열리다. 안에서 느껴져 밖으로 드러나다(感动启发; 情感于中而发之于外。).

9 懲創(징창): 잘못을 깨우치다(惩戒; 警戒).

10 逸志(일지): 욕심대로 하려는 방탕한 생각(纵欲放荡之志).

11 《論語大全》'情性之正'의 '情性'은 '思無邪'의 '思'를 보충하고, '正'은 '無邪'를 보충하는 글자이다(朱子曰: 情性, 是貼思, 正, 是貼無邪。).

12 《朱子語類23: 30》"直指全體는 무슨 뜻인지요?" "단지 思無邪 한마디가 詩敎의 本意를 딱 잘라 보여주고 있다는 말로, 시 전체의 허다하고 세세한 의미가 다 갖춰져 있다는 것이다"(問: '直指全體是如何?' 曰: '只說思無邪一語, 直截見得詩敎之本意, 是全備得許多零碎底意。');《論語大全》'直指'는 '微婉'[은미 완곡하다]하지 않은 것이고, '全體'는 '一事'[한 가지 일]가 아닌 것이다. 直指하니까 분명하고, 全體하니까 미진함이 없다. 이것이 이 한마디 말이 말은 간략하지만, 뜻은 다 갖추고 있는 까닭이다(勉齋黃氏曰: 直指, 則非微婉, 全體, 則非一事。直指故明, 全體故盡。此一言所以辭約而義該也。).

13 《論語大全》"'思無邪'는 지은 시가 시를 지은 자의 성정의 올바른 모습에서 나왔다는 것이 아닐까요?" "關雎 · 鹿鳴 · 文王 · 大明 등의 시는, 진실로 (시인의) 성정이 올바르지만, 桑中 · 溱洧 등의 시는

《시경》(詩經)의 시 삼백십일 편을, 삼백 편이라 말씀한 것은, 대체적인 수를 들어 말한 것이다. '蔽'(폐)는 '덮다'[蓋]와 같다. '思無邪'(사무사)는 《시경·노송·경》(詩經 魯頌 駉) 편의 시구이다.

대개 시어 중에, 선을 말한 것은 (시를 읽는) 사람의 착한 마음을 느껴 일으킬 수 있고, 악을 말한 것은 (시를 읽는) 사람의 방탕한 마음을 깨우칠 수 있으니, 그 효용은 (시를 읽는) 사람들로 하여금 그의 성정의 올바른 모습[思無邪]을 얻게 하는 데로 귀결될 뿐이다. 그런데 그 시어는 은미하고 완곡한 데다가, 또 어떤 것은 각기 한 가지 일에 빗대어 말한 것이어서, 시어 중에 《시경》(詩經)의 시 전체를 직접적으로 표현한 말을 찾는다면, 이 말만큼 분명하면서도 완전무결하게 표현한 말은 없다. 그래서 선생님께서 말씀

(시인의) 성정이 올바르다고 할 수 있겠는가? 다만 시를 읽는 자로 하여금 생각 속에 올바르지 못한 게 없게 하려는 것뿐이다"(問: 思無邪, 莫是作詩者發於情性之正否? 曰: 若關雎鹿鳴文王大明等詩, 固是情性之正, 若桑中溱洧等詩, 謂之情性之正可乎? 只是要讀詩者思無邪耳.);《論語大全》"集注에서는, '대개 시의 말 중에, 선한 것은 (시를 읽는) 사람의 착한 마음을 느껴 일으킬 수 있고, 악한 것은 (시를 읽는) 사람의 방탕한 마음을 깨우칠 수 있다'고 했는데, 학자들은 오로지 시를 지은 사람의 思無邪한 마음에 치중해서 말했습니다. 어째서 다른지요?" "시에는 착한 모습 나쁜 모습이 있지만, 오직 思無邪한 구절만이 시 전체를 포괄할 수 있다. 위로 성인의 일에 관한 시부터 아래로 음탕한 일에 관한 시에 이르기까지, 성인께서 모두 그 시들을 보존하신 것은, 이를 써서 시를 읽는 사람들로 하여금 징계하고 권면하는 바를 알게 하려는 것이다"(問集註以爲凡言善者足以感發人之善心, 言惡者足以懲創人之逸志, 而諸家乃專主作詩者而言, 何也?' [朱子]曰: '詩有善有惡, 頭面最多, 而惟思無邪一句足以該之. 上至於聖人, 下至於淫奔之事, 聖人皆存之者, 所以欲使讀者知所懲勸.');《論語大全》시 300편의 뜻은 대개 (시를 읽는) 사람들의 생각 속에 바르지 못한 게 없게 하려는 것일 뿐이다. 성인의 詩敎는 (시를 읽는) 사람들의 생각에 바르지 못한 게 없게 하려는 것일 뿐이다(三百篇之義, 大槩只要使人思無邪……聖人言詩之敎, 只要得人思無邪.);《朱子語類23: 26》'思無邪'는 시를 지은 시인의 '思無邪'를 말한 것이 아니다. 대개 삼백 편의 시 중에 찬미하는 시는 모두 모범으로 삼을 수 있고, 풍자하는 시는 모두 경계로 삼을 수 있으니, 시를 읽는 독자의 '思無邪'일 뿐이다. 시를 지은 시인이 한 사람이 아닌데, 어찌 시인의 '思無邪'일 수 있겠느냐?(非言作詩之人'思無邪'也. 蓋謂三百篇之詩, 所美者皆可以爲法, 而所刺者皆可以爲戒, 讀之者'思無邪'耳. 作之者非一人, 安能'思無邪'乎?);《朱子語類23: 27》'思無邪'는 바로 시를 읽는 독자로 하여금 '思無邪'하게 하려는 것일 뿐이다. 삼백 편의 시를 읽고, 독자가 착한 것은 모범으로 삼고, 나쁜 것은 경계로 삼을 수 있으니, 시를 읽는 독자의 '思無邪'이다. 시를 지은 시인의 '思無邪'로 여긴다면, 『桑中』『溱洧』 같은 시의 경우, 과연 無邪일까? 『桑中』『溱洧』 같은 시는, 모두 남녀 간에 야합하는 음탕한 사람이 지은 시로, 시인이 이 시를 지어 사람들을 기롱하고 풍자한 것이 아니다. 성인께서 이런 시를 빼지 않고 그대로 보존해 둔 것은, 풍속의 이 같은 나쁜 모습을 보고, 시를 읽는 독자로 하여금 부끄러움을 느끼는 바가 있어 이로써 경계를 삼게 하려는 것일 뿐이다("思無邪", 乃是要使讀詩人"思無邪"耳. 讀三百篇詩, 善爲可法, 惡爲可戒, 故使人"思無邪"也. 若以爲作詩者"思無邪", 則桑中、溱洧之詩, 果無邪耶? ……如桑中溱洧之類, 皆是淫奔之人所作, 非詩人作此以譏刺其人也. 聖人存之, 以見風俗如此不好……使讀者有所愧恥而以爲戒耳.).

하시기를, 《시경》(詩經)의 시 삼백 편 전체 중에서, 오직 이 한마디 말만이 전체 시의 뜻을 다 덮기에 충분하다고 말씀하신 것인데, 성인께서 사람들에게 내보이신 뜻 역시 깊고 절실하다.

○程子曰:「『思無邪』者, 誠[14]也[15]。」范氏曰:「學者必務知要, 知要則能守約, 守約則足以盡博矣[16]。經禮三百, 曲禮三千,[17] 亦可以一言以蔽之, 曰『毋不敬[18]』。」

---

14 《中庸 제20장》誠[眞實無妄]은 하늘의 도입니다. 誠을 향해 나아가는 것은 사람의 도입니다. 誠한 者는 억지로 맞추려고 하지 않아도 이치에 들어맞고, 골똘히 생각하지 않아도 깨닫고, 행동거지는 태연자약하여 도에 들어맞는 聖人입니다. 誠을 향해 나아가는 者는, 善을 택해 그것을 굳게 잡은 者입니다(子曰: ……誠者, 天之道也, 誠之者, 人之道也。誠者, 不勉而中, 不思而得, 從容中道, 聖人也。誠之者, 擇善而固執之者也。).

15 《論語大全》주희가 集注에서 정자의 이 말을 인용한 까닭은, 대개 힘쓰지 않고도 저절로 생각에 邪가 없는 것은 (《中庸 제20장》에서 말한) '誠'으로, 이는 성인의 일이고, 시를 읽는 사람으로 하여금 생각에 邪가 없게 하는 것은 '誠之'로, 배우는 자의 일임을 말한 것이다. 集注에서 정자의 말을 인용한 것은, 바로 정자의 말을 계승하여 이로써 배우는 자로 하여금 반드시 이 경문의 요지를 아는 데 힘쓰게 하려는 것임을, 더욱 알 수 있다(雲峯胡氏曰: 集註所以引此者, 蓋謂所思自然無邪, 誠也, 聖人事也, 讀詩而可使之思無邪, 誠之也, 學者事也。集註引程子之言, 卽繼之以學者必務知要, 益可見也。).

16 《孟子·盡心下 제32장》맹자가 말했다. "말은 알아듣기 쉬우면서 뜻이 깊은 말이 훌륭한 말이다. 지키고 따르기에 간략하면서도 널리 시행할 수 있는 것이 훌륭한 도이다. 군자의 말은 멀리 있는 것을 말하지 않으면서도 도는 거기에 있다"(孟子曰: 言近而指遠者, 善言也; 守約而施博者, 善道也。君子之言也, 不下帶而道存焉。); 守約施博(수약시박): 지키는 것이 간략하고 쉬우면 시행범위가 넓고 크다(指所操者簡易而施与者广大。).

17 《禮記·禮器》禮라는 것은 사람의 사지와 같은 것이다. 사지가 갖춰지지 않고서는, 군자는 그를 된 사람이라고 평하지 않는다. 마땅한 禮가 갖춰지지 않은 것은, 사지가 갖춰지지 않은 것과 같다. 禮에는 큰 것, 작은것, 드러난 것, 은미한 것이 있다. 큰 것은 덜어서는 안 되고, 작은 것은 보태서는 안 되고, 드러난 것은 가려서는 안 되고, 은미한 것은 키워서는 안 된다. 그러므로 經禮三百·曲禮三千은 그 이르는 곳은 하나[誠]이다. 방[禮]에 들어가는데 방문[誠]을 거치지 않는 자는 없다(禮也者, 猶體也。體不備, 君子謂之不成人。設之不當, 猶不備也。禮有大有小, 有顯有微。大者不可損, 小者不可益, 顯者不可掩, 微者不可大也。故《經禮》三百, 《曲禮》三千, 其致一也。未有入室而不由戶者。《禮記正義》[鄭玄 注]'經禮'는 《周禮[周官]》를 말한 것으로, 《周禮》 여섯 편에는, 官職이 360가지가 있다. '曲'은 事로, 事禮는 지금의 『禮[冠·婚·喪·祭·射·鄉·朝禮] 즉 『儀禮』를 말한 것으로, 그 안에는 事儀가 3000가지이다(鄭玄注:《經禮》謂《周禮》也,《周禮》六篇, 其官有三百六十。曲猶事也, 事禮謂今禮也…… 其中事儀三千。《中庸 제27장》[朱熹 注] 禮儀는 經禮이다. 威儀는 曲禮이다(禮儀, 經禮也。威儀, 曲禮也。).

18 《禮記·曲禮上》曲禮는 말한다. "불경하지 말고, 단정하니 앉아서 생각하고, 차분하고 신중하게 말하라." (그리하면) 백성들이 편안해할 것이다. 오만이 자라게 해서는 안 되고, 욕심이 풀어지게 놓아두어서는 안 되고, 지의(志意)가 자만(自滿)하게 해서는 안 되고, 열락이 도를 넘게 해서는 안 된다(曲禮曰: '毋不敬, 儼若思, 安定辭。' 安民哉! 敖不可長, 欲不可從, 志不可滿, 樂不可極。); '毋不敬'은 《禮記》의 첫 편 첫 장의 첫마디 글이다.

○정자(程子·伊川)가 말했다. "'사무사'(思無邪)란 성(誠)이다."

범씨(范氏·范淳夫)가 말했다. "배우는 자는 반드시 요지를 아는 데 힘써야 하니, 요지를 알면 지킬 것을 간략히 할 수 있고, 지킬 것이 간략하면 족히 널리 시행할 수 있다. 경례(經禮) 3백 조목, 곡례(曲禮) 3천 조목도, 마찬가지로 한마디 말을 써서 그 뜻을 개괄할 수 있으니, '불경하지 말라'[毋不敬]이다."

[道之以政章]

020301、子曰:「道之以政,¹ 齊之以刑,² 民免³而無恥;⁴

> 선생님께서 말씀하셨다. "(정치하는 데) 앞세우기를 법령을 쓰고, 질서 잡기를 형벌을 쓰면, 백성들은 형벌을 피하려 할 뿐 부끄러워하는 마음이 없게 된다.

道, 音導, 下同。○道, 猶引導, 謂先之也。政, 謂法制禁令也。齊, 所以一之也。道之而不從者, 有刑以一之也。免而無恥, 謂苟免刑罰, 而無所羞愧,⁵ 蓋雖不敢爲惡, 而爲惡之心未嘗忘⁶也。

'道(도)는 음이 '導(도)로, 뒷절에서도 이와 같다. ○'道(도)는 '이끌다'[引導]와 같으니, '앞세운다'[先之]라고 하는 말이다. '정(政)은 '법제와 금령'을 말한다. '제(齊)는 이를 써서 그들을 가지런하게 만드는 것이다. 이끌어도 따르지 않는 자를, 형벌을 두어 이를 써서 그들을 가지런하게 만드는 것이다. '免而無恥(면이무치)는 '적당히 형벌을 면피하려 할 뿐, 부끄러워하거나 창피스러워하는 마음이 없다'라고 하는 말로, 대개 비록 감히 악한 짓을 하지는 못할지라도, 악한 짓을 하려는 마음은 아직 버리지 못하고 있는 것이다.

---

1 道(도): 인도하다. 이끌어 지도하다. 막힌 물을 소통시키다(引导, 疏导。);《論語集解》'政'은 법제와 교령을 말한다(注: 孔安國曰: 政謂法教也。);《論語句法》'道之以政' '齊之以刑'의 '之'字는 '나라 안의 백성' 을 가리킨다["백성을 법령을 써서 이끌고, 형벌을 써서 질서 잡다"](這兩個'之'字, 是泛指'國中的人民'。); 부사[介詞+賓語] '以政'이 '道之' 뒤로 후치된 문장이다(介宾结构后置句[状语后置]).

2《說文·齊部》'齊(제)는 벼나 보리의 이삭이 패서 끝이 가지런하게 자란 모양이다(齊, 禾麦吐穗上平也。); 《王力字典》齊(제): (끝을) 가지런히 맞추다. 일치시키다(用作使動用發, 使整齐, 一致。).

3《論語譯注》선진시기 문서에서 단독으로 '免'字를 쓴 경우, 일반적으로 모두 '免罪'·'免刑'·'免禍'의 뜻이다(先秦古书若单用一个'免'字, 一般都是'免罪'、'免刑'、'免禍'的意思。).

4《荀子·議兵》모든 사람의 행동이 상을 받기 위해서 하는 것이라면, 상해를 입으면 그만둘 것이다. 그러므로 포상이나 형벌이나 권세나 속임수로는, 있는 힘을 다하게 하고 목숨을 바치게 하기에 부족하다 (凡人之動也, 爲賞慶爲之, 則見害傷焉止矣。故賞慶、刑罰、埶詐, 不足以盡人之力, 致人之死。);《論語義疏》 이 장은 제1장의 '爲政以德'이 우월한 까닭을 증명한 것이다. 그 우월한 까닭을 말하고자, 그 열등한 것을 앞에 열거한 것이다(疏: 此章證爲政以德所以勝也。將言其勝, 故先舉其劣者也。).

5 羞愧(수괴): 부끄럽고 창피스러워 볼 낯이 없다(羞耻和惭愧).

6 內閣本에는 '忘'이 '亡'[없어지다]으로 되어 있다; 忘(망): 잊다. =亡. 잃다. 소멸하다. 내버리다. 없다(本 义: 忘记, 不记得。通'亡'。遺失。灭亡。舍弃。无, 没有。).

020302. 道之以德,[7] 齊之以禮,[8, 9] 有恥且[10]格[11]。」[12]

---

7 《論語集解》德은 도덕을 말한다(注: 苞氏曰: 德謂道德也.); 《論語義疏》德이란 자기의 본성을 얻는
것이다(疏: 郭象云: 德者, 得其性者也.); 《古今注》 '德'이란 인륜을 독실하게 하는 것의 이름으로, 孝
·弟·慈가 이것이다. 선왕의 도는, 孝弟를 몸소 앞장서 행하여 이로써 천하를 이끌었으니, 이것을 일러
'道之以德'이라 한 것이다. 德은 애매모호하거나 흐릿하여 시비·청탁을 분간하지 못하는 것이 아니다(德者,
篤於人倫之名, 孝弟慈是已……先王之道, 身先孝弟以率天下, 此之謂道之以德。德, 非模糊漫漶之物也。).

8 《禮記·經解》禮란 이를 써서 혼란이 초래되는 근원을 미연에 막는 것으로, 제방이 이를 써서 홍수가
유래하는 근원을 미연에 막는 것과 같다. 때문에, 제방이 쓸모없다고 허무는 자는 반드시 홍수의 재앙을
당하고, 禮가 쓸모없다고 폐기하는 자는 반드시 환란을 당한다(夫禮, 禁亂之所由生, 猶坊止水之所自來
也。故以舊坊爲無所用而壞之者, 必有水敗; 以舊禮爲無所用而去之者, 必有亂患。); 《論語義疏》禮란 자기
의 眞情을 몸에 배게 하는 것이다(疏: 郭象云: 禮者, 體其情也.).

9 [성]導德齊禮(도덕제례): 도덕을 써서 권유하여 이끌고 예교를 써서 바로잡아 백성을 귀복하게 하다(指
用道德誘導, 用礼教整頓, 让百姓归服。).

10 《北京虛詞》且(차): 접속사. ~뿐만 아니라. 또한. 아울러. 동시에. 두 개의 형용사 사이에 쓰여 두
가지 상태나 성질을 동시에 구유한 것을 표시한다('且', 连词。连接两个形容词, 表示同时具有两种状态或
性质。义即'又'……'又'、'而且'、'而又'、'并且'。); 《論孟虛字》'且'는 '又'와 같다. 한 단계 더 올라감을 표시한
다. ~하고 또. 게다가('且', '猶'又'。'且'表文義之增進, 爲'而又'之意。).

11 [성]有恥且格(유치차격): 부끄러운 줄 아는 마음이 있으면, 스스로 단속하여 바른길로 돌아선다(指人有
知恥之心, 則能自我检点而归于正道。); 《論語集解》'格'은 '正'이다(注: 格, 正也。); 《經典釋文》이르다(格:
鄭云: 來也。); 《論語義疏》이끌기를 덕으로써 하고 질서 잡기를 예로써 하기 때문에, 백성이 복종하고
부끄러운 줄 알아 모두 바른길로 돌아선다(疏: 旣導德齊禮, 故民服從而知愧心, 皆歸於正也。); 《古今注》
'格'은 모두 '假'(격)으로도 쓰는데, 감화·감통하다의 뜻이다(格通作假謂感化也……感通之意也); 《論語
新解》'恥'는 미치지 못하는 것을 속으로 부끄러워하는 것이다. '格'은 '至'이다. 윗사람이 덕으로써 교화시
키고, 예로써 질서 잡으면, 아래 사람은 거기에 미치지 못하는 것에 스스로 부끄러운 줄 알아서, 윗사람과
함께 미쳐야 할 그곳에 이르게 된다(恥, 心恥有所不及。格, 至义。在上者以德化下, 又能以礼齐之, 在下者
自知恥所不及, 而与上同至其所。); 《論語正義》《禮記·緇衣》의 '夫民教之以德, 齊之以禮, 則民有格心;
教之以政, 齊之以刑, 則民有遯心。' [아래 각주 참조]에 대한 鄭玄의 注에 '格은 來이고, 遯(둔)은 逃(도)이
다'라고 했는데, 《禮記·緇衣》의 '遯'은 이 장의 '民免而無恥'을 '免'을 말하는 것으로, 뜻이 같다(《緇衣》云:
"夫民教之以德, 齊之以禮, 則民有格心; 教之以政, 齊之以刑, 則民有遯心。"《注》云: "格, 來也; 遯, 逃也。"
彼言遯, 此言免, 義同。); 《論語譯注》'格'字의 뜻은 본래 매우 다양한데, 이 장의 '格'에 대해서는, '來'로
풀이하는 견해가 있고, '至'로 풀이하는 견해도 있고, 또 '正'으로 풀이하는 견해도 있고, 더구나 '恪'(각)으
로 쓴 견해도 있고, '敬'으로 풀이하는 견해도 있다. 이런 여러 견해는 모두 공자의 원뜻에 부합하지
않는다. 《禮記·緇衣》에, '夫民 教之以德, 齊之以禮, 則民有格心; 教之以政, 齊之以刑, 則民有遯心。'이라는
글이 공자의 이 장의 말씀의 가장 가까운 주석이라 할 수 있고, 비교적 믿을 만하다. 이 장의 '格心'과
《禮記·緇衣》의 '遯心'(둔심)은 서로 對句를 이루는데, '遯'은 바로 '遁(둔)字로, 逃避(도피)의 의미이다.
도피의 반대는 親近(친근)·歸服(귀복)·嚮往(향왕)[향해 가다. 도달하기를 바라다. 지향하다]으로,
그래서 나는 '格'을 '人心歸服[인심이 귀복한다]으로 풀이했다(這個字的意義本來很多, 在這裏有把它解
爲"來"的, 也有解爲"至"的, 還有解爲"正"的, 更有寫作"恪", 解爲"敬"的。這些不同的講解都未必符合孔子原
意。禮記緇衣篇: "夫民, 教之以德, 齊之以禮, 則民有格心; 教之以政, 齊之以刑, 則民有遯心。"這話可以看作
孔子此言的最早注釋, 較爲可信。此處"格心"和"遯心"相對成文, "遯"卽"遁"字, 逃避的意思。逃避的反面應
該是親近, 歸服, 嚮往, 所以用"人心歸服"來譯它。); 格(격): 바로잡다. 도래하다. 도달하다(纠正, 匡正。

앞세우기를 덕(德)을 쓰고, 질서 잡기를 예(禮)를 쓰면, 부끄러운 줄도 알고
게다가 선한 길로 돌아서게 된다.”

禮, 謂制度品節[13]也。格, 至也。言躬行以率之[14], 則民固有所觀感而興起矣, 而其淺深厚
薄之不一者[15], 又有禮以一之[16], 則民恥於不善, 而又有以[17]至於善也。一說[18], 格, 正也。

来到, 到达。).

12 《禮記 · 緇衣》공자가 말했다. “무릇 백성은 가르치기를 德으로써 하고 질서 잡기를 禮로써 하면, 백성은
　　다가오려는 마음을 갖게 되고, 가르치기를 政으로써 하고 질서 잡기를 刑으로써 하면, 백성은 도망가려
　　는 마음을 갖게 된다. 그러므로 백성의 임금 노릇을 하는 자가 백성을 아들로 사랑하면 백성은 그를
　　가까이하고, 백성과 믿음으로 결합하면 백성은 배반하지 않고, 백성에게 공손함으로 다가가면 백성은
　　순종하는 마음이 생긴다”(子曰: 夫民, 教之以德, 齊之以禮, 則民有格心; 教之以政, 齊之以刑, 則民有遯心。
　　故君民者, 子以愛之, 則民親之; 信以結之, 則民不倍; 恭以蒞之, 則民有孫心。);《荀子 · 君道》잘 다스리는
　　사람이 있을 뿐, 잘 다스리는 법이란 없다(有治人, 無治法。);《史記 · 酷吏列傳》공자가 말했다. “(정치하
　　는 데) 앞세우기를 법령을 쓰고, 질서 잡기를 형벌을 쓰면, 백성들은 형벌을 피하려 할 뿐 부끄러워하는
　　마음이 없게 된다. 앞세우기를 德을 쓰고, 질서 잡기를 禮를 쓰면, 부끄러운 줄도 알고 게다가 선한
　　길로 돌아서게 된다.” 노자가 말했다. “법령이 엄혹할수록, 도적은 많아진다”[제57장](孔子曰: “導之以
　　政, 齊之以刑, 民免而無恥。導之以德, 齊之以禮, 有恥且格。” 老氏稱 “……法令滋章, 盜賊多有。”). 정말이지
　　맞는 말이다. 법령은 다스리는 도구이지만, 청탁을 걸러내는 원천으로서 역할을 하는 것은 아니다.
　　옛날 천하통일 시기의 법망은 치밀했었지만, 간교함과 거짓의 발생은, 극에 달했고, 상하가 서로 속이기
　　를, 구제 불능의 지경에 이르렀다. 이 당시, 관리들의 대처방식은 불을 끄려고 펄펄 끓는 물을 끼얹는
　　격이었으니, 강경하고 엄혹한 수단이 아니고서야, 어찌 그 직임을 감당할 수 있었겠으며 또 수행할
　　수 있었겠는가! 도덕을 말하는 자들도, 그 소임을 다하지 못했다(太史公曰: 信哉是言! 法令者治之具,
　　而非制治淸濁之源也。昔天下之網嘗密矣, 然姦僞萌起, 其極也, 上下相遁, 至於不振。當是之時, 吏治若救
　　火揚沸, 非武健嚴酷, 惡能勝其任而愉快乎! 言道德者, 溺其職矣。). 공자는 ‘송사를 듣고 판결하는 일은,
　　나도 남과 다를 게 없겠지만, 반드시 백성들로 하여금 송사가 없게 할 것이다’[顔淵 제13장]라고 했고,
　　노자는 ‘어리석은 선비는 도를 들으면 크게 웃는다’[道德經 第41章]고 했다. 허튼소리가 아니다. 한나라
　　가 일어나자, 모난 것을 둥글게 만들고, 복잡한 것을 소박하게 만들고, 배를 삼킬만한 고기가 빠져나갈
　　정도로 법망을 엉성하게 짰는데도[莊子 · 雜篇 · 庚桑楚], 관리들의 다스림은 淳厚해져, 간교하지 않았고,
　　백성들은 안녕 · 태평 무사했다. 이로 보건대, 치국의 관건은 德 · 禮에 있지, 政 · 刑에 있지 않은 것이다(故
　　曰 “聽訟, 吾猶人也, 必也使無訟乎。” “下士聞道大笑之。” 非虛言也。漢興, 破觚而爲圜, 斲雕而爲樸, 網漏於
　　吞舟之魚, 而吏治烝烝, 不至於姦, 黎民艾安。由是觀之, 在彼不在此。).

13 制度(제도): 법령 · 예속 등의 규범(谓在一定历史条件下形成的法令、礼俗等规范。); 品節(품절): 품계
　　및 그에 따른 구분(谓按等级, 层次而加以节制。).

14 《論語大全》‘덕을 앞세운다’는 것은 몸소 실제의 일을 행하여 이로써 백성을 위해 앞에 선다는 것이다.
　　반드시 스스로 효를 다하고, 그 후에 백성에게 효를 가르칠 수 있고, 스스로 弟를 다하고, 그 후에
　　백성에게 弟를 가르칠 수 있는 것이다(朱子曰: 道之以德, 是躬行其實以爲民先。必自盡其孝, 而後可以教
　　民孝, 自盡其弟, 而後可以教民弟。).

15 《論語大全》‘淺深厚薄之不一’은 사람들 간에 자질이나 믿음의 수준이 똑같지 않은 것을 말한다. 사람의
　　기질에는, 淺深 · 厚薄의 차이가 있어, 느낀 바가 가지런할 수 없으니, 반드시 예를 써서 가지런하게

書曰[19]: 「格其非心。」

'예'(禮)는 '규범과 품계'를 말한다. '格'(격)은 '이르다'[至]이다. 말씀인즉, 몸소 (덕을) 행하여 이를 써서 백성을 이끌면, 백성들은 진실로 보고 느낀 것이 있으니 흥에 겨워 떨쳐 일어날 것이고, 그중에 (자질이) 얕거나 깊거나 (믿음이) 두텁거나 얇거나 하여 서로 같지 않은 자들은, 또 예(禮)를 두어 이를 써서 그들을 가지런하게 만든다면, 백성들은 (자기의) 불선한 짓을 부끄러워하고, 거기에 더해 선에 이를 수 있다는 것이다.

일설에는 '格(격)은 바로잡다[正]'라고 되어 있다. 《서경》(書經)에 '나의 그릇된 마음을 바로잡는다'[格其非心]는 구절이 있다.

○愚謂政者, 爲治之具。刑者, 輔[20]治之法。德禮則所以出治[21]之本, 而德又禮之本也。此其相爲終始, 雖不可以偏廢[22], 然政刑能使民遠罪而已, 德禮之效, 則有以[23]使民日遷善而不自知[24], 故治民者不可徒恃[25]其末, 又當深探其本也。

해야 한다(淺深厚薄之不一, 謂其間資稟信向之不齊……人之氣質, 有淺深厚薄之不同, 故感者不能齊一, 必有禮以齊之。).

16 《論語大全》'禮'는 吉禮·凶禮·軍禮·賓禮·嘉禮 五禮이다(朱子曰: 禮者, 吉凶軍賓嘉五禮。).

17 有以(유이): ~할 요인을 갖추고 있다. ~할 힘[장래성]이 있다. 적극적인 행위가 있다. ~이 있다. 조건이나 원인의 具有를 표시한다(猶有因。猶有爲。有所作爲。猶有何。表示具有某種條件, 原因等。).

18 《論語集解》'格'은 '正'이다(注: 格, 正也。).

19 《書經·周書·冏命》주나라 穆王[BC 976~BC 923]이 말했다. "伯冏(백경)이여! 나는 현명하지 못하니, 실로 좌우·전후의 벼슬하는 선비들의 도움을 받아, 나의 부족한 점을 바로잡으려 하오. 허물을 잡아매고 오류를 얽어매서, 나의 그릇된 마음을 바로잡아, 선열들의 공업을 계승할 수 있게 하려는 것이오"(王若曰: 伯冏! ……惟予一人無良, 實賴左右前後有位之士, 匡其不及。繩愆糾繆, 格其非心, 俾克紹先烈……。).

20 輔(보): 무거운 짐을 실을 수 있도록, 바퀴에 끼워 바큇살의 힘을 보강하는 데 쓰는 나무(古代夹在车轮外旁的直木, 每轮二木, 用以增加车轮载重支力。车旁横木。輔所以益輻, 使之能重載。佐助, 从旁帮助。).

21 出治(출치): 국가를 다스리다(治理國家).

22 偏廢(편폐): 한쪽만 취하고 한쪽은 버리다. 한쪽을 중시하고 한쪽을 경시하다(举此而遗彼, 重视某人某事某物而忽视其他人和事物。).

23 以(이): 조동사 뒤에 붙어, 접미사와 비슷하다('以', 助詞。加在能愿动词后, 类似词的后缀。如: 可以; 得以; 能以).

24 《禮記·經解》禮는 사람들을 알게 모르게 교화시키니, 그것은 사악함이 아직 그 형체를 드러내기도 전에 막아서, 사람들로 하여금 날로 선으로 옮겨가게 하고 죄를 멀리하게 하는 데도, 사람들 스스로는 이를 알지 못한다(禮之教化也微, 其止邪也於未形, 使人日徙善遠罪而不自知也。).

25 恃(시): 의지하다. 믿다(依賴, 依靠。).

○내가 생각건대, '政'(정)이라는 것은 다스림을 위한 도구이다. '刑'(형)이라는 것은 다스림을 보강하는 법령이다. '德'(덕)과 '禮'(예)는 이를 써서 국가를 다스리는 근본이고, '德'(덕)은 또 '禮'(예)의 근본이다. '德'(덕)과 '禮'(예), '政'(정)과 '刑'(형) 그것은 서로 다스림의 처음과 끝을 이루니, 비록 한쪽을 편들고 한쪽을 버릴 수는 없겠지만, '政'(정)과 '刑'(형)의 경우에는 백성으로 하여금 죄를 멀리하게 할 수 있을 뿐이고, '德'(덕)과 '禮'(예)의 효과의 경우에는, 백성으로 하여금 날로 선으로 옮겨가게 할 수 있으면서도 백성들 스스로는 이를 알지 못한다는 것이다. 그러므로 백성을 다스리는 자는 쓸데없이 다스림의 말단의 도구에만 의지해서는 안 되고, 다스림의 근본을 또한 마땅히 깊이 탐구해야 한다.

[吾十有五而志于學章]

020401、子曰:「吾十有[1]五而[2]志于學[3],

　　　선생님께서 말씀하셨다. "나는 열다섯이 되어서 배움에 뜻을 두었고,

古者十五而入大學[4]。心之所之[5]謂之[6]志。此所謂學, 即大學之道[7]也。志乎此, 則念念在此[8]而

---

1 《論語正義》'有'라는 말은 '又'이다(正義曰: "有"之言"又"也。);《古書虛字》'有'는 '又'와 같다('有', 猶'又'也。);《文言虛詞》有(이): 접속사. 정수와 끝수 사이에 쓰인다('有'字常用於整數和餘數之間。連詞。);《王力漢語》'有'字가 수 사이에 삽입되어, 정수와 끝수의 관계임을 표시한다('有'字嵌入數目字的中間, 表示整數和零數的關係。)

2 《論孟虛字》'而'는 승접사로 쓰였으며, '於是乃'[이에 비로소]와 같다["이에 비로소 배움에 뜻을 두었다"]('而'可用作承接詞, 相當'才'或'於是'。'而志于學', 是說'於是乃志于學也'。);《論語句法》'而'는 시간 선후 관계사로, 지금의 '然後'로 번역한다('而'是個時間先後關係詞, 翻譯成白話是'然後'。)

3 《論語新解》'志'는 마음이 향해 가고자 하는 곳으로, 오로지 마음이 늘 이 목표에 머물러 있고 그것을 향해 달려가는 것을 말한다(志者, 心所欲往, 一心常在此目標上而向之趨赴之謂。);《論語詞典》于(우): 개사. 용법이 '於'와 같다(介詞, 用法同"於"。);《論孟虛字》'于'는 '乎'와 같다。~에('于, 猶'乎'。用作介詞, 相當於'在'或'到'。)

4 《白虎通義·辟雍》옛날에 15세에 대학을 들어간 까닭은 무엇인가? 8세에 치아를 다 갈고, 비로소 견문·지식이라는 것을 알게 되어, 학교에 들어가 글자와 산수를 배운다. 15세까지, 음기와 양기가 다 갖추어져서, 15세 成童이 되면 뜻이 분명해지니, 대학에 들어가, 경술을 배운다(古者所以年十五入太學何? 以爲八歲毀齒, 始有識知, 入學學書計。七八十五, 陰陽備, 故十五成童志明, 入太學, 學經術。);《大戴禮記·保傅》옛날에는 8세가 되면 소학에 나가서, 거기에서 小藝[禮·樂·射·禦·書·數]를 배웠고, 小節을 익혔다. 머리를 묶는 나이[15세]가 되면 대학에 들어가, 大藝[詩·書·藝·樂]를 배우고, 大節[大學之道]을 익혔다(古者年八歲而出就外舍, 學小藝焉, 履小節焉。束髮而就大學, 學大藝焉, 履大節焉。)

5 《毛詩·關雎·序》詩란 志가 가 있는 곳이니, 마음속에 있는 것이 志이고, 志가 말로 드러난 것이 詩다(詩者, 志之所之也, 在心爲志, 發言爲詩。)

6 《王力漢語》謂之(위지): 경서주해 용어. 풀이 받는 글자는 언제나 '謂之'의 뒤에 놓인다。~이다。~라 불리다(經書註解述語中的一, 被釋的詞總是放在'謂之'的後面, 略等於現代漢語的'叫做'。)

7 《大學》대인의 학문의 길은, 하늘에서 받아 간직되어 있는 밝고 맑은 덕성을 환히 밝히는 데에 있고, 백성을 새롭게 하는 데에 있고, 최고의 좋은 경지로 향해 가서 머무는 데에 있다(大學之道, 在明明德, 在親民, 在止於至善。)

8 《書經·虞書·大禹謨》우가 순 임금에게 말했다. "임금님께서는 고요를 잘 살피시옵소서. 그가 늘상 일념으로 생각하는 것은 이 일에 덕을 쌓는 데 있고, 그가 마음을 쓰는 것은 이 일의 성공에 있고, 그가 늘상 입에 달고 하는 말은 이 일에 있고, 그의 참된 내심은 이 일에 있으니, 그의 공을 잘 살피시옵소서(禹曰: 帝念哉!念茲在茲, 釋茲在茲, 名言茲在茲, 允出茲在茲, 惟帝念功。); 念念在茲(념념재자): =念茲在茲. 어떤 일이 자꾸 생각이 나서 잊지 못하다. 마음에 두고 한시도 잊지 않다(念: 思念; 茲: 此, 这个。泛指念念不忘某一件事情。); 念念(념념): 생각에 생각이 꼬리를 물다。생각 생각마다。한마음 한뜻(一个

爲之不厭矣。[9]

옛사람들은 열다섯 살이 되면 대학(大學)에 들어갔다. 마음이 향해 가 있는 곳 그것을 '志(지)라고 한다. 여기서 말하는 '學'(학)이란 바로 대학(大學)의 길이다. 여기에 뜻을 두게 되면, 한마음 한뜻으로 여기에 전념하게 되어, 배우는 것이 물리지 않는다.

020402、三十而立。[10]

서른이 되어서 스스로 섰고,

有以自立, 則守之固而無所事志矣。[11]

스스로 설 수 있게 되면, 지키는 것이 확고해져서, 배움에 뜻을 두려고 굳이 애쓸 필요

心念接一个心念; 每一个心念。引申为一心一意。).

9 《論語大全》공자께서는 겨우 15세 때, 단연코 성인이 되는 것으로 뜻을 삼으신 것이다(朱子曰: 孔子只十五歲時, 便斷然以聖人爲志矣。).

10 [성]三十而立(삼십이립): 삼십 세를 전후로 성취한 것이 있다(指人在三十岁前后有所成就。); [성]而立之年(이립지년): =當立之年. 자립할 나이. 30세(人到三十岁可以自立的年龄。后为三十岁的代称。);《論語集解》확고히 서 있는 곳이 있다(注: 有所成立也。);《論語義疏》'立'은 그동안 배운 바 경전에 대한 학업의 성취가 확립되는 것이다(疏: 立, 謂所學經業成立也。);《論語疏證》'立'은 예를 확립하는 것을 말한다. 대개 20세가 되면 비로소 예를 배우고, 30세가 되면 예에 대한 학업이 대성하게 되기 때문에, 예를 확립할 수 있다(樹達按: 三十而立, 立謂立於禮也。蓋二十始學禮, 至三十而學禮之業大成, 故能立也。);《論語正義》《白虎通·辟雍》에서《論語》의 이 글을 인용하면서 '三十而立'을 '吾十有五而志於學'에 이어 붙였으니, '立'은 '學'을 말한 것이다.《漢書·藝文志》에서, '옛 학자들은 농사를 지으면서 수양하기를, 3년이면 一經을 통달했고, 서른다섯이 되어서는 五經을 통달했다'고 했고, 또《吳志》에서 吳主가 孫皎에게 보내는 편지에, '공자가 三十而立이라 했으니, 비단 五經만을 말한 게 아니다'라고 했는데, '立'이 '學立'을 말한다는 것을 족히 알 수 있다. 漢人의 舊義이기 때문에, 황간이 이에 동조한 것이다. 많은 사람들이 '立'을 '立於道' '立於禮'로 풀이하는데, 모두 '立於學'으로 통괄된다. '學'은 道와 禮를 벗어나지 않는나(《白虎通》引"三十而立", 連上句則"立"謂學也。《漢書藝文志》: "古之學者, 且耕且養, 三年而通一經……三十而五經立。" 又《吳志》吳主與孫皎書: "孔子言'三十而立', 非但謂五經也。" 足知立謂學立, 乃漢人舊義, 故皇疏同之……諸解"立"爲立於道, 立於禮, 皆統於學。學不外道與禮也。);《論語詞典》立(립): 발붙이고 서다. (입장)확립하다(立足。).

11 《論語大全》'立'은 단단히 부여잡고 있는 것을 말한다. 세간의 사물이 모두 나를 흔들지 못하는 것으로, 부귀가 어지럽히지 못하고, 빈천이 움직이지 못하고, 위무가 꺾지 못하는 (대장부의) 경우[孟子·滕文公下 제2장]가 바로 이것이다. '志'는 무언가를 좇아 향해 가서 얻으려 애쓰지만, 아직 얻지 못한 것인데, '立'의 단계에 이르면 얻어서 지키니, '志'를 쓸 데가 없다(朱子曰: 立, 謂把捉得定。世間事物皆動搖我不得, 如富貴貧賤威武, 不能淫移屈是也。志, 方是趨向恁去求討未得, 到此則得而守之, 無所用志矣。).

가 없다.

020403. 四十而不惑[12, 13]

　　마흔이 되니 미혹되지 않았고,

於事物之所當然, 皆無所疑, 則知之明而無所事守矣。

사물의 의당 그렇게 되어야 하는 바[則]에 대해, 의심되는 것이 하나도 없다면, 아는 것이 분명해져서, 지키려고 굳이 애쓸 필요가 없다[지키는 것을 일삼을 게 없다].

020404. 五十而知天命,[14]

　　쉰 살이 되니 천명을 알았고,

---

12 [성]不惑之年(불혹지년): 나이 마흔(不惑: 遇到事情能明辨不疑。以此作为40岁的代称。); [성]年逾不惑
　　(년유불혹): 나이가 마흔을 넘다(不惑: 指四十岁。年纪超过了四十岁。);《論語疏證》공자의 40세 不惑은
　　盡知者의 뛰어난 능력이다. 맹자의 40세 不動心[公孫丑上 제2장]은 盡勇者의 뛰어난 능력이다. 공자와
　　맹자의 才性이 다르니, 成德之功도 다른 것이다(樹達按: 孔子四十不惑, 盡知者之能事。孟子四十不動心,
　　盡勇者之能事也。孔孟才性不同, 故成德之功亦異矣。).
13 《孟子・公孫丑上 제2장》맹자가 말했다. "내 나이 사십이 되자 마음이 흔들리지 않게 되었다"(孟子曰:
　　我四十不動心。).
14 [성]知命之年(지명지년): 자기의 명운을 알 나이. 50세(知道自己命运的年龄。指50岁。);《論語義疏》
　　'天命'은 窮通의 분수를 말한다. 50이 아직 안 됐을 때는, 맞서고 거슬러서 企圖하는 것이 끝을 모르다가
　　도, 50이 되어 비로소 노쇠해지면, 자기의 분수를 스스로 점검해보게 된다. 왕필이 말했다. "천명의
　　흥폐에는 기한이 있으니, 도가 끝내 행해지지 않을 것을 안다"(疏 天命, 謂窮通之分也……人年未五十則
　　猶有橫企無厓, 及至五十始衰則自審已分之可否也。故王弼曰: "天命廢興有期, 知道終不行也。");《論語正
　　義》'天命'은,《說文・口部》에 '命은 使[시키다]이다'라고 했는데, 하늘이 자기에 이렇게 하라고 시켰다는
　　말이다.《書經・周書・召誥》에 '지금 하늘이 그에게 明哲을 명하고, 吉凶을 명하고, 壽命을 명한다'고
　　했는데, '哲'은 '愚'와 對句로, 나면서 부여받은 자질의 차이인데, 모두 닦을 수 있는 것으로, 德命에
　　해당한다. 길흉・수명의 경우는 祿命에 해당한다. 군자는 그의 德命을 닦고, 스스로 祿命에 편안히
　　거처한다(正義曰: '天命'者, 說文云: "命, 使也。"言天使已如此也。《書、召誥》云: "今天其命哲, 命吉凶,
　　命曆年。"哲與愚對, 是生質之異, 而皆可以爲善, 則德命也。吉凶、歷年, 則祿命也。君子修其德命, 自能安處
　　祿命。);《論語疏證》命을 아는 자는 근심하지 않으니[周易・繫辭上], 知天命은 盡仁者의 능력이다(樹達
　　按: 孔子五十知天命, 知命者不憂, 已盡仁者之能事矣。).

天命, 即天道之流行而賦於物者, 乃事物所以當然之故也。知此則知極其精, 而不惑又
不足言[15]矣。[16, 17]

'天命'(천명)은 곧 천도가 유행하여 사물에 부여한 것으로, 바로 사물의 의당 그렇게
되어야 하는 까닭[故]이다. 천명을 알면 아는 것이 아주 정통(精通)해져서, '不惑'(불혹)
정도로는 말할 만한 것도 못 된다.

020405、六十而耳順,[18]

---

15 不足言(부족언): 말할 가치가 없다. 말할 만한 것이 못 된다(不足道).

16 《論語大全》'不惑'은 사물마다 그 도리가 의당 그렇게 되어야 한다는 것을 아는 것이고, '知天命'은
   그 도리가 그렇게 되는 까닭을 아는 것이다. 예컨대 父子之親의 경우, 반드시 그 親한 까닭을 아는
   것이다. 사물마다, 반드시 그 물이 처음 흘러내려 온 곳을 알아야 한다. 개천의 경우, 개천에는 물이
   있다는 것을 먼저 알고, 그 후에 그 물이 어디에서 처음 흘러나오는지 그 근원을 아는 것이다(朱子曰:
   不惑, 是隨事物上, 見這道理合是如此; 知天命, 便是知這道理所以然。如父子之親, 須是知其所以親。凡事
   事物物上, 須知他本源來處。譬如一溪, 先知得溪中有水, 後知得水發源處。).

17 《大學或問》천하 모든 사물의 경우, 반드시 각기 所以然之故[그렇게 되는 까닭]와 所當然之則[의당
   그렇게 되는 법칙]이 있는데, 이것이 이른바 理이다(至於天下之物, 則必各有所以然之故, 與其所當然之
   則, 所謂理也。);《朱子語類18: 93》예컨대 부모를 섬김에는 효성스러워야 하고, 형을 섬김에는 공순해야
   하는 것이, 바로 所當然之則이다. 그런데 부모를 섬기는 데 어째서 반드시 효성스러워야 하고, 형을
   섬기는 데 어째서 공순해야 하는가, 이것이 바로 所以然之故이다(曰: "如事親當孝, 事兄當弟之類, 便是
   當然之則。然事親如何卻須要孝, 從兄如何卻須要弟, 此卽所以然之故。");《朱子全書(第23冊)‧晦庵先生
   朱文公文集(卷64)‧答或人》理를 궁구한다는 것은, 사물의 所以然과 所當然을 알고자 하는 것일 뿐이다.
   所以然을 알면 품고 있는 뜻이 미혹되지 않고, 所當然을 알면 행실이 잘못을 범하지 않는다(窮理者,
   欲知事物之所以然與其所當然者而已。知其所以然, 故志不惑; 知其所當然, 故行不謬。).

18 [성]耳順之年(이순지년): 다른 사람의 말을 들으면 바로 시비‧진위를 판단할 수 있는 나이. 60세(六十岁
   时听别人言语便可判断是非真假。指六十歲。); [성]年逾耳順(년유이순): 나이가 예순을 넘다(年纪超过了
   六十岁。);《論語集解》'耳順'은 귀로 말을 들으면, 그 속뜻을 안다는 것이다(注: 鄭玄曰: 耳聞其言, 而知其
   微旨也。);《論語義疏》60이 되면, 견식과 지혜가 광박하여, 모든 만사에 대해 일일이 다 살펴볼 수는
   없지만, 말을 듣자마자, 바로 그 속뜻을 이해하여, 들은 바가 귀에 거슬리지 않기 때문에, 耳順이라
   한 것이다. 왕필이 말했다. "耳順은 듣기에 앞서 마음이 먼저 아는 것을 말한다"(人年六十, 識智廣博,凡厥
   萬事, 不得悉須觀見, 但聞其言, 即解微旨, 是所聞不逆於耳, 故曰耳順也。故王弼曰: "耳順, 言心識在聞前
   也。");《論語疏證》《說文‧耳部》에 '聖은 通이다. 뜻이 耳이고, 소리가 呈(정)이다'라고 했는데, 耳順은
   바로 이른바 聖通[밝은 지혜가 막힘이 없다]을 말한다. 공자께서 50, 60세 사이에 이미 聖通의 경지에
   들어가신 것으로, 이른바 聲入心通을 말한다(樹達按: 說文云: '聖, 通也。从耳呈聲。' 耳順正所謂聖通也。
   蓋孔子五十至六十之間, 已入聖通之域, 所謂聲入心通也。);《古今注》'耳順'은 말이 귀에 거슬리지 않는
   것을 말한다. 귀에 거슬리면 마음에 거슬리게 된다. 화순함이 마음에 쌓이게 되면, 비록 이치에 맞지
   않는 말일지라도 귀에 거슬릴 게 없게 된다. 비방‧칭찬‧영광‧오욕을 불러오는 말은 대체로 귀에
   거슬리는 말이어서, 마음에 거슬리지 않을 수 없다. 그 마음이 천명을 알아 천명에 온전히 녹아 익어지면,

예순이 되니 귀에 거슬리는 게 없었고,

聲入心通,[19] 無所違逆, 知之[20]之至, 不思而得[21]也。

소리가 들어오면 마음으로 훤히 깨달아져서, (순통하지 못해) 어긋나거나 거슬리거나 하는 게 없으니, 앎[知之]의 지극한 경지로, 골똘히 생각하지 않아도 저절로 깨닫는다.

020406、七十而從心所欲,[22] 不踰矩。」

비방·칭찬·영광·오욕이 그의 마음을 동요시킬 수 없게 된다. 그러면 그의 귀에 거슬릴 게 없게 되니, 이것을 일러 耳順이라고 한 것이다(耳順, 謂言不逆耳。逆于耳則拂于心。和順積中, 雖非理之言, 無所逆耳也……毀譽榮辱之來, 凡逆耳之言, 不能不拂。其心若深知天命渾融純熟, 則毀譽榮辱無可以動其心者, 無可以動其心, 則無可以逆其耳, 此之謂耳順也。); '六十而耳順', 이 구절은 先人들이 뜻을 정확히 파악하지 못한 채 글자만 보고 대강의 뜻을 짐작하다 보니, 정확한 풀이를 얻지 못했다. '耳'는 곧 '而已'로서, '諸'가 곧 '之乎'·'之於'인 것과 같다. 천천히 말하면 '而已'이고, 빨리 말하면 '耳'이다[《里仁 제15장》 '忠恕而已矣'에 대한 각주《文言語法》참조]. 이 구절은 아마도 원작에는 '六十耳順', 즉 '六十而已順[예순에 이르러서는 (천명에) 순해졌다]'이었을 것이다. 後人들은 '耳'가 곧 '而已'임을 알지 못하고, 이 구절의 앞뒤 구절에 모두 '而'字가 있으니까, 이 구절에도 '而'字를 추가해서, 이에 '而耳順'이 되었다. 후세의 해석자들은 모두 '耳'를 '耳目'[귀와 눈]의 '耳'로 여기게 되자, 이에 이 구절은 마침내 풀이할 수 없게 되었다. '六十而已順', 이 구절은 윗 구절을 이어받아 말한 것으로, '順'은 '順天命'[천명에 순종하다]이고, '順天命'인 것은 내가《新原人》에서 말한, '事天'[하늘을 섬긴다]과 유사하다(此句前人皆望文生義, 不得其解。'耳'卽'而已', 猶'諸'卽'之乎'或'之於'。徐言之曰而已, 急言之曰耳。此句或原作'六十耳順', 卽'六十而已順'。后人不知'耳'卽'而已'。見上下諸句中間皆有'而'字, 於此亦加一'而'字, 遂成為'而耳順'。后人解釋者皆以耳為耳目之耳, 於是此句遂弗解。六十而已順, 此句蒙上文而言, 順是順天命, 順天命有似於我們於《新原人》中所謂事天。)(馮友蘭 著/곽신환 역, 『중국철학의 정신(新原道)』[서광사, 1993], 29).

19 《正蒙·三十》나이 육십이 되면 사람으로서의 본성을 온전히 구현해내니, 소리가 들어오면 마음으로 훤히 깨닫게 된다(六十盡人物之性, 聲入心通。); 聲入心通(성입심통): 한 번 성인의 말씀을 들으면 바로 그 속에 들어 있는 뜻을 깨닫는다(谓一闻圣人之言, 即能领悟其微旨。).

20 知之(지지):《爲政 제17장》참조.

21 《中庸 제20장》誠[眞實無妄]은 하늘의 도입니다. 誠을 향해 나아가는 것은 사람의 도입니다. 誠한 者는 억지로 맞추려고 하지 않아도 이치에 들어맞고, 골똘히 생각하지 않아도 깨닫고, 행동거지는 태연자약하여 도에 들어맞는 聖人입니다. 誠을 향해 나아가는 者는 善을 택해 그것을 굳게 잡은 者입니다(子曰:……誠者, 天之道也。誠之者, 人之道也。誠者, 不勉而中, 不思而得, 從容中道, 聖人也。誠之者, 擇善而固執之者也。).

22 [성]從心所欲(종심소욕): 자기 의사에 따라 무언가를 하고 싶으면 그 무언가를 하다. 마음대로 하고 싶은 대로. 70세(按照自己的意思, 想怎样便怎样。随着自己的意思, 想要干什么就干什么。代指七十岁。); [성]從心之年(종심지년): 마음이 하고 싶은 대로 따라 하는 나이. 70세(从心: 随心。随心所欲的年龄。后用为七十岁的称谓。);《論語義疏》'從'은 '放'과 같다. 나이 70이 되자, 오랜 습관으로 성격이 되어[書經·商書·太甲上], 마치 쑥이 삼밭에서 나면 붙잡아 주지 않아도 저절로 반듯이 크는 것과 같이[荀子

일흔이 되니 마음이 하고자 하는 바를 좇아도, 법도를 벗어나지 않았다.”

從,[23] 如字[24]。從, 隨也。矩, 法度[25]之器, 所以爲方者也。隨其心之所欲, 而自不過於法度,
安而行之,[26] 不勉而中[27]也。[28]

'從'(종)은 본래의 음[cóng] 그대로 읽는다. '從'(종)은 '따르다'[隨]이다. '矩'(구)는 도량
형 기구로, 이것을 써서 네모난 형태를 만드는 도구이다. 자기 마음이 하고자 하는
바를 따라도, 저절로 법도를 벗어나지 않으니, 힘들이지 않고 편안히 행하고, 억지로
맞추려고 하지 않아도 이치에 들어맞는다.

○程子曰:「孔子生而知之[29]也, 言亦由學而至, 所以勉進後人也。立, 能自立於斯道[30]也。

· 勸學], 마음 가는 대로 내버려 둬도, (하고자 하는 바가) 법도를 넘어서지 않았다(疏 '從, 猶放也……年
至七十, 習與性成, 猶蓬生麻中, 不扶自直, 故雖復放縱心意, 而不逾越於法度也。);《論語句法》 '心所欲'은
'從'의 목적어이다["마음이 하고자 하는 바를 따르다"](心所欲'是'從'的止詞。);《補正逑疏》 皇侃이 '從'을
'縱'으로 읽은 것은 그가 당시에 老莊을 좋아했기 때문이다(逑曰: 皇讀'從'爲'縱', 其時喜老莊故也。);《論語
平議》이 구절은 마땅히 '心'字에서 끊어 읽어야 한다. '六十而耳順'과 '七十而從心'의 '耳順'과 '從心'이
한데 모여 문장을 이룬 것이, 마치 迅雷風烈[천둥이 갑자기 치고 바람이 사납게 불다][鄕黨 제15장]와
비교된다. '從'과 '順'은 같은 뜻으로, '耳順'은 곧 '耳從'[從耳]이고, '從心'은 곧 '順心'이다. '所欲不逾矩'는
바로 '從心'의 뜻을 스스로 설명한 것으로, 오직 그가 하고자 하는 바가 법도를 벗어나지 않기 때문에,
'從心'할 수 있는 것이다["(예순이 되어서는 귀를 따랐고) 일흔이 되어서는 마음을 따르니, 하고자 하는
바가 법도를 벗어나지 않았다"](此當於心字絶句……六十而耳順, 七十而從心, 耳順從心, 錯綜成文, 亦猶
迅雷風烈之比。從與順同義, 耳順即耳從也, 從心即順心也。所欲不逾矩, 乃自說從心之義, 惟其所欲, 不逾
矩, 故能從心也。).

23 從(종): [cóng] 뒤따르다. 수행하다. 좇다. 순종하다(跟隨。依順。); [zòng] 따르는 사람. 시종. 종형제(隨
侍的人。堂房親屬中比至親稍疏的。).

24 如字(여자): 한 글자에 두 개 이상의 독음이 있는 경우 본래의 음 그대로 독음하는 글자를 如字라
한다(一字有兩个或兩个以上讀音, 依本音讀叫'如字'。).

25 法度(법도): 도량형(特指度量衡制度).

26 《述而 제19장》참조:《中庸 제20장》어떤 자는 태어나면서 이미 그것을 알고 있고, 어떤 자는 배우고
나서 그것을 알게 되고, 어떤 자는 답답해서야 그것을 알게 되지만, 알았다는 그 자체로는 한가지입니다.
어떤 자는 힘들이지 않고 편안히 그것을 행하고, 어떤 자는 이로우니까 그것을 행하게 되고, 어떤
자는 억지로 시켜야 그것을 행하게 되지만, 성취했다는 그 자체로는 한가지입니다(或生而知之, 或學而
知之, 或困而知之, 及其知之一也; 或安而行之, 或利而行之, 或勉強而行之, 及其成功一也。).

27 앞절의 각주《中庸 제20장》참조.

28 《論語大全》성인께서는 표리 · 정조 무엇이든 명철하시니, 그 몸은 비록 사람일지라도, 그 실질은
다만 한 덩어리 천리일 뿐이다(朱子曰: 聖人表裏精粗無不昭徹, 其體雖是人, 其實只是一團天理。).

29 이 절의 각주《中庸 제20장》참조.

不惑, 則無所疑矣。知天命, 窮理盡性[31]也。耳順, 所聞皆通也。從心所欲 不踰矩, 則不勉而中矣。」又曰:「孔子自言其進德之序如此者, 聖人未必然, 但爲學者立法, 使之盈科而後進[32], 成章而後達[33]耳。」

○정자(程子·伊川)가 말했다. "공자(孔子)는 나면서부터 아신 분인데, 그럼에도 배움을 통해서 앎에 이르렀다고 말씀하신 것은, 이를 써서 후세 사람들이 힘써 배움에 매진하게 하고자 해서이다. '立'(입)은 '스스로 사도(斯道)에 설 수 있다'는 것이다. '不惑'(불혹)은 '의심되는 게 없다'는 것이다. '知天命'(지천명)은 '천리를 끝까지 궁구하고 본성을 투철히 깨닫는다'는 것이다. '耳順'(이순)은 '듣는 것이 모두 훤히 깨달아진다'는 것이다. '從心所欲 不踰矩(종심소욕 불유구)는 '억지로 맞추려고 하지 않아도 이치에 들어맞는다'는 것이다."

---

30 《雍也 제15장》 참조.

31 《周易·說卦》도와 덕에 호응하고 순응하고 의를 갈고닦고, 천리를 끝까지 궁구하고 본성을 투철히 깨달아 이로써 천명을 깨친다(和順於道德而理於義, 窮理盡性以至於命。);《中庸 제21장》천하를 통틀어서 오직 至誠만이 능히 그 自身의 性을 온전히 구현해낼 수 있다. 그 自身의 性을 온전히 구현해낼 수 있으니 능히 다른 사람의 性을 온전히 구현해낼 수 있고, 다른 사람의 性을 온전히 구현해낼 수 있으니, 능히 萬物의 性을 온전히 구현해 낼 수 있고, 萬物의 性을 온전히 구현해낼 수 있으니, 능히 천지의 화육을 도울 수 있고, 천지의 화육을 도울 수 있으니, 하늘과 땅과 더불어 셋이 될 수 있다(唯天下至誠爲能盡其性, 能盡其性, 則能盡人之性, 能盡人之性, 則能盡物之性。); 窮理盡性(궁리진성): 천지만물의 理와 性을 전부 궁구하다(原指彻底推究事物的道理, 透彻了解人类的天性。后泛指穷究事理。).

32 《孟子·離婁下 제18장》서자가 물었다. "공자께서는 자주 물을 칭찬하시면서 말씀하시길, '물이여, 물이여!'라고 하셨는데 물에서 무엇을 취하셨습니까?" 맹자가 말했다. "발원지의 샘물은 끊임없이 솟아나길, 밤낮을 가리지 않는다. 웅덩이를 채운 후에 나아가, 바다에 다다른다. 근본이 있는 것은 이와 같다. 이 점을 물에서 취하신 것이다. 만약 근본이 없다면, 칠팔월 중에 내린 빗물이 고여, 작은 도랑 큰 도랑을 온통 채워 넘치다가도, 그 빗물이 금방 말라버리는 것은, 서서 기다리면 볼 수 있다. 그래서 명성이 실제보다 지나친 것을, 군자는 부끄러워하는 것이다"(徐子曰: 仲尼亟稱於水, 曰: '水哉, 水哉!' 何取於水也? 孟子曰: 原泉混混, 不舍晝夜。盈科而後進, 放乎四海, 有本者如是, 是之取爾。苟爲無本, 七八月之閒雨集, 溝澮皆盈; 其涸也, 可立而待也。故聲聞過情, 君子恥之。).

33 《孟子·盡心上 제24장》맹자가 말했다. "공자께서는 동몽산에 올라서는 노나라가 작다고 여기셨고, 태산에 올라서는 천하가 작다고 여기셨다. 그러므로 바다를 본 자는 좀처럼 물이라 여기지 못하고, 성인의 문하에서 배운 자는 좀처럼 말이라 여기지 못한다. 물을 보는 방법이 있으니, 반드시 그 여울목을 보아야 한다. 해와 달은 밝은 빛이 있어서, 빛을 받아들일 만한 틈이면 반드시 비친다. 흐르는 물의 속성은, 웅덩이를 채우지 않고는 나아가지 않는다. 군자가 도에 뜻을 두었으면, 장을 매듭짓지 않고는 통달했다 하지 않는다"(孟子曰: 孔子登東山而小魯, 登太山而小天下。故觀於海者難爲水, 遊於聖人之門者難爲言。觀水有術, 必觀其瀾。日月有明, 容光必照焉。流水之爲物也, 不盈科不行; 君子之志於道也, 不成章不達。); 成章(성장): 음악이 끝나는 것이 한 장이다. 점차 변화하여, 일정한 구조를 갖추는 것을, 모두 成章이라 한다(乐竟为一章。引申之, 凡积渐生变, 自成格局, 皆可称成章。).

또 말했다. "공자(孔子)께서 스스로 당신이 덕을 증진한 순서가 이와 같았다고 말씀하신 것은, (성인은 나면서부터 아신 분으로) 성인께서 반드시 이러한 순서를 거쳤다는 것은 아니고, 다만 배우는 자를 위해 (성인이 되는) 모범이 되는 방법을 세워서, 그들로 하여금 구덩이를 채운 뒤에야 나아가게 하고, 한 단계 한 단계를 다 마친 뒤에야 통달하게 하고자 해서일 뿐이다."

胡氏曰: 「聖人之教亦多術[34], 然其要使人不失其本心[35]而已。欲得此心者, 惟志乎聖人所示之學, 循其序而進焉。至於一疵[36]不存, 萬理明盡之後, 則其日用之間, 本心瑩然[37], 隨所意欲, 莫非至理。蓋心即體, 欲即用, 體即道, 用即義, 聲爲律而身爲度矣[38]。」又曰: 「聖人言此, 一以示學者當優游涵泳[39], 不可躐等[40]而進; 二以示學者當日就月將[41], 不

---

34 《孟子・告子下 제16장》맹자가 말했다. "가르침에도 여러 방법이 있다. 내가 달갑게 여기지 않는 가르침이라는 것 이 또한 그를 가르쳐 주는 것이 된다"(孟子曰: 教亦多術矣。予不屑之教誨也者, 是亦教誨之而已矣。).

35 《孟子・告子上 제10장》원하는 것이 목숨보다 더 원하는 것이 있고, 싫어하는 것이 죽음보다 더 싫어하는 것이 있는 것은, 비단 현자만이 이러한 마음을 지니고 있는 것은 아니고 사람이라면 누구나 지니고 있지만, 현자는 능히 잃지 않을 뿐이다. 만종의 재물이라면 예와 의에 맞는지 분별하지도 않고 받는데, 만종의 재물이 내게 무슨 보탬이 되겠느냐? 집구석을 꾸미고, 처첩들의 시중을 받고, 알고 지내는 궁핍한 자가 나를 고맙게 여기도록 하기 위해서이겠느냐? 전에는 자신을 위한다고 하고는 죽어가도 받지 않다가 지금은 집구석을 꾸미기 위해서 받고, 전에는 자신을 위한다고 하고는 죽어가도 받지 않다가 지금은 처첩들의 시중을 받기 위해서 받고, 전에는 자기 몸을 위한다고 하고는 죽어가도 받지 않다가 지금은 알고 지내는 궁핍한 자가 나를 고맙게 여기게 하려고 받으니, 이것도 받지 않을 수는 없겠는가? 이런 것을 일러 그 본심을 잃었다고 하는 것이다. 학문의 길은 다른 것이 아니라, 그 놓아버린 마음을 찾는 것일 뿐이다"(所欲有甚於生者, 所惡有甚於死者, 非獨賢者有是心也, 人皆有之, 賢者能勿喪耳……萬鍾則不辨禮義而受之, 萬鍾於我何加焉? 爲宮室之美, 妻妾之奉, 所識窮乏者得我與? 鄉爲身死而不受, 今爲妻妾之奉爲之; 鄉爲身死而不受, 今爲所識窮乏者得我而爲之, 是亦不可以已乎? 此之謂失其本心……學問之道無他, 求其放心而已矣。); 本心(본심): 하늘이 부여한 본성. 양심(天性, 天良).

36 疵(자): 흠. 자잘한 흠결. 하자(瑕疵)(本義: 小毛病).

37 瑩然(형연): 환히 빛나는 모양. 투철하다. 막힘없다(形容光洁明亮的样子; 形容通达, 透彻。).

38 《史記・夏本紀》禹의 사람 됨됨이는 민첩했고 고생을 참고 견뎠고, 그의 덕은 어긋남이 없었고, 인자함은 친애할 만했고, 말은 믿음직스러웠고, 소리를 내면 그대로 음률이 되었고, 몸을 움직이면 그대로 법도가 되었고, 저울은 그의 몸가짐에서 나왔고, 부지런했고 게으름을 피우지 않았고, 점잖고 위엄이 있었고, 백관의 모범이 되었다(禹爲人敏給克勤; 其德不違, 其仁可親, 其言可信; 聲爲律, 身爲度, 稱以出; 亹亹穆穆, 爲綱爲紀。);《論語大全》聖人의 목소리는 천지의 중화한 소리이니, 자연히 음률이 될 수 있고, 몸가짐은 천지의 정대한 체이니, 자연히 법도가 될 수 있다. 이 '聲爲律而身爲度'[소리를 내면 그대로 음률이 되고, 몸을 움직이면 그대로 법도가 된다] 구절을 써서 '不踰矩'를 묘사한 것이다(新安陳氏曰: 聲卽天地中和之聲, 自然可以爲律。身卽天地正大之體, 自然可以爲度。以此形容不踰矩也。).

可半途而廢[42]也。」

호씨(胡氏·胡寅)가 말했다. "성인의 가르침에도 여러 방법이 많지만, 그 요체는 사람들로 하여금 자기의 본심을 잃지 않게 하려는 것일 뿐이다. 이 본심을 얻고자 하는 자는 오직 성인께서 제시하신 배움에 뜻을 두고, 성인께서 제시하신 순서를 따라 나아가야 할 것이다. 한 가지 자잘한 흠도 남아 있지 않은 지경에 이르고, 만 가지 모든 이치가 명료하게 깨우쳐지는 지경에 이르고 난 후가 되면, 그가 일상생활을 하는 가운데 본심이 가려지지 않고 옥같이 투명해져서, 하고 싶어 하는 바대로 따라도 무엇 하나 지극한 이치의 드러남 아닌 게 없을 것이다. 대개 '從心所欲(종심소욕)'의 '心(심)은 곧 체(體)이고, '欲'(욕)은 곧 용(用)이고, 체(體)는 곧 도(道)이고, 용(用)은 곧 의(義)이니, 소리를 내면 그대로 음률이 되고 몸을 움직이면 그대로 법도가 된다."

---

39 《詩經·大雅·卷阿》에 '優游爾休矣'[한가하니 그대 쉬는구나]라는 구절이 있다:《朱子語類116: 15》 한 학생이 말했다. "선생님의 '(讀書須當)涵泳說은 바로 杜預[222~285, 字 元凱]의 '優而柔之'의 뜻입니다"(《先進 제25장 제12절》 각주 《春秋左氏經傳集解·序》 참조). 주자가 말했다. "진실로 그렇다. 이른바 '涵泳'이라는 것은 다만 꼼꼼하게 독서하는 것의 다른 이름일 뿐이다"(一士友曰: "先生涵泳之說, 乃杜元凱'優而柔之'之意也。" 曰: "固是如此……所謂涵泳者, 只是子細讀書之異名也。);《王力漢語》優游(우유): 연면어[두 개 음절이 한 개 의미로 쓰인 단어]. 한가하니 자득한 모양(連緜字. 開暇自得的樣子。);《百度漢語》優游(우유): 마음에 여유가 있고 차분하다(悠閑自得。); 涵泳(함영): 잠영하다. 잠기다. 깊숙이 깨닫다(潛游. 浸潤; 沉浸。深入領会。); 優游涵泳(우유함영): 차분히 탐색하고 깊숙이 체득하다. 깊이 헤엄쳐 흠뻑 젖다(谓从容求索, 深入体会。).

40 《禮記·學記》 어린아이는 가르침을 듣되 묻지 말고, 배움은 등급을 뛰어넘어서는 안 된다(幼者聽而弗問, 學不躐等也。). 躐等(엽등): 등급을 뛰어넘다. 차례대로 하지 않다(逾越等级; 不按次序).

41 《詩經·周頌·敬之》 공경하시라 오로지 공경하시라 하늘은 너무나도 밝으시나니 하늘의 명을 받기란 쉽지 않은 법. 위에만 계신다고 하지 마시라 일 있을 때마다 내려오셔서 날마다 여기에서 살피시나니. 여기 이 어리석고 못난이들은 총명하고 공경하지 못했지마는 날로 나아가고 달로 이루어 배워서 밝은 덕 빛내오리다. 그러니 이 일을 함께 도와서 우리의 밝은 덕행 보여줍시다(敬之敬之、天維顯思、命不易哉。無曰高高在上、陟降厥士、日監在茲。維予小子、不聰敬止。日就月將、學有緝熙于光明。佛時仔肩、示我顯德行。); 日就月將(일취월장): 매일 성취가 있고 매달 진보가 있다. 날로 나아가고 달로 행하다. 날마다 조금씩 쌓기를, 부단히 진보하다(就: 成就; 将: 进步。每天有成就, 每月有进步。形容积少成多, 不断进步。).

42 《中庸 제11장》 공자께서 말씀하셨다. "생소한 이치를 추구하고 기이한 행동을 하면, 후세 중에 이를 칭찬하여 기술하는 이가 있겠지만, 나는 하지 않는다. 군자는 도를 좇아 행하다가, 중도에 그만두는 일이 있는데, 나는 중도에 그만둘 수 없다. 군자는 중용에 의거하기에, 세상을 피해 은둔하여 남이 알아주지 않아도 후회하지 않으니, 聖者만이 그렇게 할 수 있다"(子曰: 素隱行怪, 後世有述焉, 吾弗爲之矣。君子遵道而行, 半途而廢, 吾弗能已矣。君子依乎中庸, 遯世不見知而不悔, 唯聖者能之。); 半途而廢(반도이폐): 일을 끝까지 하지 못하고 도중에 그만 두다. 끝맺음이 없다(廢: 停止。指做事不能坚持到底, 中途停顿, 有始无终。).

또 말했다. "성인께서 이것을 말씀하신 것은, 첫째는 배우는 자라면 마땅히 푹 적시도록 하고 깊숙이 잠기도록 해야지, 순서를 뛰어넘어 나아가서는 안 된다는 것을 보이시려는 것이고, 둘째는 배우는 자라면 마땅히 나날이 성취하고 다달이 진보해야지, 나아가다 도중에 그만둬서는 안 된다는 것을 보이시려는 것이다."

愚謂聖人生知安行, 固無積累之漸, 然其心未嘗自謂已至此也。是其日用之間, 必有獨覺其進而人不及知者。故因其近似以自名, 欲學者以是爲則而自勉, 非心實自聖而姑爲是退託[43]也。後凡言謙辭之屬[44], 意皆放[45]此。

내가 생각건대, 성인은 생지안행(生知安行)[나면서부터 알고 힘들이지 않고 편안히 행하다]의 경지에 계신 분으로, (이 장의 말씀처럼) 여러 해에 걸쳐 차근차근 포개고 쌓는 진전과정을 밟으셨을 리 만무한데도, 성인의 속마음은 생지안행(生知安行)의 경지에 이미 이르렀다고 스스로 생각하신 적이 없으셨다. 이 장의 말씀은 성인께서 일상생활 중에, 필시 그러한 진전과정을 거친다는 것을 홀연히 깨달으신 것으로 사람들은 아직 알지 못한 것이었을 것이다. 그래서 그 비슷한 것을 따라 志學(지학)·立(입)·不惑(불혹)·知天命(지천명) 등으로 스스로 이름을 붙이셨으니, 배우는 자가 이것들로 법칙을 삼아 각자 힘쓰도록 하려 하신 것이지, 속마음은 실상 스스로를 (생지안행의 경지의) 성인이라 생각하면서도 짐짓 이렇게 겸양의 태도를 취하신 것은 아니다. 뒤에 대개 겸사로 하신 이런 종류의 말씀들은, 뜻이 모두 이와 같다.

---

43 退託(퇴탁): 뒤로 빼거나 다른 핑계를 대다. 뒤로 물러서다. 겸손하다(退让: 谦逊)
44 《述而 제27장》《述而 제33장》《子罕 제7장》《憲問 제30장》참조
45 放(방): 비슷하다(＝仿。相似。)

[孟懿子問孝章]

020501、孟懿子[1, 2]問孝。子曰:「無違[3]。」

맹의자(孟懿子)가 효(孝)에 대해 물었다. 선생님께서 말씀하셨다. "어기지 않는 것입니다."

孟懿子, 魯大夫仲孫氏, 名何忌。無違, 謂不背於理。

'孟懿子'(맹의자)는 노(魯)나라 대부 중손씨(仲孫氏)로, 이름이 하기(何忌)이다. '無違'(무위)는 '도리[理]를 어기지 않는다'고 하는 말이다.

020502、樊遲[4]御[5], 子告之曰:「孟孫[6]問孝於我[7], 我對曰『無違』。」

---

1 孟懿子(맹의자): 仲孫何忌. ?~BC 481. 名 何忌, 謚號 懿. 공자 제자인 南容[南宮敬叔][公冶長 제1장]의 형. 부친 맹희자가 임종 전에 그의 두 아들 맹의자와 남용으로 하여금 공자를 스승으로 모시라고 했다[左傳·昭公7年];《補正述疏》《史記·仲尼弟子列傳》에서, 仲孫何忌를 제자로 기록하지 않은 것은 무엇인가? 그가 스승을 배반했기 때문이다(述曰:《史記·仲尼弟子列傳》不書何忌, 何也? 叛師也。);《論語新解》 뒤에 가서 공자가 노나라 사구가 되어, 三家의 三都를 허물 것을 주장했는데, 맹의자가 앞장서서 항명했다[左傳·定公12年]. 그래서 후인들이 맹의자를 공문의 제자의 반열에 넣지 않았다(后孔子为鲁司寇, 主堕三家之都, 何忌首抗命。故后人不列何忌为孔门之弟子。).

2 孟氏世系圖: 魯桓公[BC 791~BC 694 재위]의 庶長子 慶父[字仲孫]-孟穆伯-孟文伯-孟獻子(~BC 554)[子張 제18장]-孟莊子[~BC 550][子張 제18장]-孟孝伯[~BC 542]-孟僖子[~BC 518]-孟懿子[~BC 481][爲政 제5장]-孟武伯[~BC 468?][爲政 제6장]-孟敬子[~BC 435][泰伯 제4장]-孟廬墓-孟敏-孟孫激(字公宜)-孟軻(即孟子, 字子輿)[BC 372?~BC 289].

3 《論語義疏》효를 행하는 자는 매사에 반드시 순종하여, 어기고 거스르는 일이 없다는 말이다(疏: 言行孝者每事須從, 無所違逆也。);《古今注》부모를 섬기는 데는 幾諫[里仁 제18장]의 도리가 있는데, 어찌 매사에 모두 無違의 도리만을 따를 수 있겠는가?(駁曰: 非也。事父母有幾諫之義, 安得每事皆從無違之義。); 違(위): 떠나다. 벗어나다. 위배하다(本義: 离开; 背离。违背; 违反。).

4 樊遲(번지): 樊須. 名 須, 字 子遲. BC 515~? 공자보다 36[46]살이 적은 제자.

5 御(어): 수레를 몰다(本义: 驾驶车马。).

6 《論語正義》《白虎通義·姓名》에 '제후의 아들은 公子라 부르고, 公子의 아들은 公孫이라 부르고, 公孫의 아들은 각각 그의 祖父의 字를 가지고 氏를 삼는다'고 했다. 이 장의 孟孫은 본래 公子 慶父에게서 나온 후예로, 당연히 孟公孫으로 불러야 맞는데, '公'字를 말하지 않은 것은 생략한 것이다(正義曰: 白虎通姓名篇: 諸侯之子稱公子, 公子之子稱公孫, 公孫之子各以其王父字爲氏。』此孟孫本出公子慶父之後, 當稱孟公孫。不言公者, 省詞。).

번지(樊遲)가 수레를 모는데, 선생님께서 그에게 말씀하셨다. "맹손(孟孫)이 효(孝)에 대해 나에게 묻기에, 내가 '어기지 않는 것입니다'라고 대답해주었다."

樊遲, 孔子弟子, 名須。御, 爲孔子御車也。孟孫, 卽仲孫也。夫子以懿子未達而不能問, 恐其失指, 而以從親之令爲孝, 故語樊遲以發之[8]。

'樊遲'(번지)는 공자(孔子)의 제자로, 이름이 수(須)이다. '御'(어)는 공자(孔子)를 위해 수레를 모는 것이다. 맹손(孟孫)은 바로 중손(仲孫)이다. 선생님께서는 맹의자(孟懿子)가 (無違(무위)라는 말의 뜻을) 알아듣지 못했는데도 물어보지를 못하자, 그가 그 말의 뜻을 잘못 알아듣고, 어버이의 영을 어기지 않고 순종하는 것을 효(孝)라고 여길까 염려하셨기 때문에, 번지(樊遲)에게 말씀하여 그 뜻을 밝히신 것이다.

020503、樊遲曰:「何謂也?[9]」子曰:「生, 事之以[10]禮; 死, 葬[11]之以禮, 祭[12]之以禮[13]。」[14]

---

7 《說文·我部》자기를 많은 사람 속에 끼어놓고, 자기를 칭할 경우, '我'를 쓴다. 《논어》의 경우 두 구절에서 [公冶長 제11장 참조] '我'와 '吾'가 호용되고 있다(段玉裁注: 謂用己廁於衆中, 而自稱則爲我也。論語二句而我吾互用。)

8 《論語義疏》맹의자가 이해하지 못했을까 염려해서, 다른 날 공자께서 번지로 하여금 맹의자를 위해 맹의자에게 無違의 뜻을 풀이해주기를 바라신 것이다(疏: 恐懿子不解, 而他日……孔子欲使樊遲爲孟孫解無違之旨。); 《論語大全》맹의자가 이 말을 듣기를 기대하신 것이다(新安陳氏曰: 冀懿子得聞之也。).

9 《論語義疏》번지 역시 無違의 뜻을 이해하지 못해서, '何謂也'라고 반문한 것이다(疏: 樊遲亦不曉無違之旨。故反問之何謂也。); '何+謂+也' 형식의 관용구: '何謂'는 고한어의 도치법의 일종으로, '何'는 의문대사가 목적어로 쓰였기 때문에 술어 '謂' 앞으로 도치되었고, '也'는 의문을 표시하는 어기사이다('何+謂+也'成爲固定短語: 此種用法, '何謂'是古漢語的一種倒序語法, '何謂'固定短語裡'何'是疑問代詞作賓語, 所以倒置在述語謂'之前, '也'是表示疑問的語氣詞。)(任永淸, 《論語》'謂'字用法析論", 「臺北市立教育大學學報」 2013); 《論語詞典》也(야): 어기사로, 의문사가 있는 의문문에 쓰인다(語氣詞, 用於疑問句(句中另有表疑問之詞)。).

10 以(이): 의하다. 의지하다. 기대다(凭借; 仗恃。); 《論孟虛字》'以'는 '依'와 같다. '因依'[의탁하다. 기대다]의 뜻이다('以', 猶'依', 爲'因依'之意。).

11 《百度漢語》葬(장): '死'+'一'+'䒑'(망)[무성한 풀, 덤불]로 이루어진 글자로, '一'은 덮는 데 쓰는 것이다. 사람이 죽고 나서 거적으로 죽은 사람을 덮고 덤불 속에 묻혀두는 것을 가리킨다. 뒤에 와서 목관을 써서 땅속에 묻었다('葬, 從'死, 在'䒑'中, '一'其中, 所以荐之。指人死后盖上草席埋藏在丛草中。荐, 草席覆盖。本义: 人死用草覆盖埋葬, 后用棺木埋入土中。).

12 《爾雅·釋詁》[刑昺疏] '祭'는 際[만나다]이다. 사람과 신이 교제하는 것이다. 《說文·示部》에 말했다. "'祭'는 示를 따르고, 又를 따르고, 肉(月)을 따른다. 又는 手이다. 손으로 고기를 붙잡고 있는 것이다. 示는 神은 이를 써서 제사지낸다"(疏 釋曰: 祭, 際也, 人神交際。《說文》云: "從示、從又, 從肉。又, 手也。

번지(樊遲)가 여쭈었다. "(無違가) 무엇을 말씀하신 것인지요?" 선생님께서 말씀하셨다. "살아계시면 어버이 섬기길 예(禮)에 의거해서 하고, 돌아가시면 어버이 장사지내길 예(禮)에 의거해서 하고, 어버이 제사 지내길 예(禮)에 의거해서 하는 것이다."

生事葬祭, 事親之始終具矣。禮, 卽理之節文也。人之事親, 自始至終, 一於禮而不苟, 其尊親也至矣。是時三家[15]僭禮[16], 故夫子以是警之, 然語意渾然[17], 又若不專爲三家發者, 所以爲聖人之言也。[18]

以手持肉。示, 神所以祭也。");《百度漢語》祭(제): 좌변은 희생의 고기이고, 우변은 손이고, 중간은 제탁이다. 손으로 희생의 고기를 붙잡고 신령께 제사하는 형상을 표시한 것이다(甲骨文字形, 左邊是牲肉; 左边是"又"(手); 中间象祭桌。表示以手持肉祭祀神灵。).

13 《論語義疏》三家가 신분에 넘치게 예를 위배했기 때문에, 공자께서 매사에 반드시 예에 의거해야 한다고 답하신 것으로, 이 세 가지 일은 사람으로서 지켜야 할 大禮이기 때문에, 특별히 거명하신 것이다(疏: 孟孫三家, 僭濫違禮, 故孔子以每事須禮爲荅也。此三事爲人子之大禮, 故特舉之也。).

14 《禮記 · 祭統》孝란 畜(휵)[순종]이다. 德教에 순복하고 人倫을 거스르지 않는 것을 畜이라고 한다. 그러므로 효자의 어버이 섬김에는 세 가지 길이 있다. 살아계시면 봉양하고, 돌아가시면 장례 지내고, 장례를 마치면 제사 지내는 것이다. 봉양에서는 그가 순종하는 모습을 살피고, 초상에서는 그가 슬퍼하는 모습을 살피고, 제사에서는 그가 공경하는 모습과 때맞춰서 하는지를 살핀다. 이 세 가지 길을 다하는 것이 효자의 행실이다(孝者畜也。順於道不逆於倫, 是之謂畜。是故, 孝子之事親也, 有三道焉: 生則養, 沒則喪, 喪畢則祭。養則觀其順也, 喪則觀其哀也, 祭則觀其敬而時也。盡此三道者, 孝子之行也。);《孟子 · 滕文公上 제2장》증자께서는 말씀하시기를, '살아계시면, 어버이 섬기길 예에 의거해서 하고, 돌아가시면, 어버이 장사지내길 예에 의거해서 하고, 어버이 제사 지내길 예에 의거해서 한다면, 효라 할 수 있다'라고 했습니다(孟子曰: ……曾子曰: '生 事之以禮, 死 葬之以禮, 祭之以禮, 可謂孝矣。').

15 三家(삼가): 노나라 대부인 맹손씨 · 숙손씨 · 계손씨;《八佾 제2장》각주 참조.

16 僭(참): 아래 지위에 있는 자가 신분을 넘어서서 자기보다 높은 지위에 있는 자의 명의 · 예법 · 기물 · 등을 사칭하거나 도용하는 행위(超越本分, 古代指地位在下的冒用在上的名義或礼仪, 器物。); 僭禮(참례): 예를 벗어나다(越礼).

17 渾然(혼연): 흠이 없는 구슬처럼 완벽해서 갈라서 나눌 수 없는 모습. 잡된 것이 섞여 있거나 모나거나 빠지거나 이지러진 데가 없다. 원만하다. 두리뭉실하다(完整不可分割貌。全然; 完全).

18 《論語大全》공자의 이 말씀은 여러 사람에게 고하신 말씀 같아도, 실은 맹손을 깨우친 말씀이고, 맹손을 깨우치지만, 여전히 여러 사람에게 쓰일 수 있다. 다 드러나지 않은 의미가 심장한데, 그래서 성인다운 말씀이시다(新安陳氏曰: 孔子此言, 雖若告衆人, 實警孟孫, 雖警孟孫, 仍可用於衆人。含蓄深切, 所以爲聖人之言也。);《讀論語大全說》성인의 말씀은 범위가 넓고 크시다. 만일 맹무백이 질문한 바가 효인데, 효를 빌미로 이를 立言의 단서로 삼아 그의 僭禮를 지적한다면, 이는 효가 말엽이 되고 僭禮하지 않는 것이 근본이 되어버려, 이미 천리의 순서를 거역하는 것이다. 게다가 그 사람이 다행히도 근본으로 되돌아가 먼저 어버이를 사랑하려는 일념으로 가르침을 청했는데, 그만 그의 잘못을 들춰내 그를 궁지로 몰아넣고, 게다가 은연중에 그를 비방한다면, 이 어찌 성인의 말씀이겠는가? 集注에서 '三家僭禮, 以是警

'살아계시면 섬기고 돌아가시면 장사 지내고 제사 지낸다'는 말씀에는, 어버이를 섬기는 처음과 끝이 다 갖춰진 것이다. '禮(예)는 곧 도리[理]에 관한 규정이다. 사람이 어버이를 섬기는데, 처음과 끝이, 한결같이 (예를 어기지 않고) 예(禮)에 의거하고 대충대충하지 않는다면, 그 사람의 어버이에 대한 공경은 지극한 것이다. 이 당시에 삼가(三家)에서 신분에 맞지 않게 예(禮)를 어겨 행했기 때문에, 선생님께서 이것으로써 삼가(三家)를 깨우치신 것인데, 그렇지만 말씀의 어감이 모난 데가 없이 원만한 데다, 또 오로지 삼가(三家)만을 위하여 밝힌 말씀같이 하지 않으셨으니, 그래서 성인다운 말씀인 것이다.

○胡氏曰:「人之欲孝其親, 心雖無窮, 而分則有限。得爲而不爲[19], 與不得爲而爲之[20], 均於不孝。所謂以禮者, 爲其所得爲者[21]而已矣。」

○호씨(胡氏·胡寅)가 말했다. "자식이 자기 어버이에게 효도하고자 하는 데 있어, 하고자 하는 욕심에는 비록 끝이 없을지라도, 주어진 분수에는 한계가 있다. 분수에 할 수 있는데도 하지 않는 것과 분수에 할 수 없는데도 하는 것은 불효라는 점에서 똑같다. 선생님이 말씀하신 '예(禮)에 의거한다'는 것은 자기가 분수에 맞게 할 수 있는 바를 하는 것일 뿐이다."

之'라고 했는데, 이는 주자가 자기의 개인적인 생각으로 성인을 엿보았음을 면치 못할 것이다. 또 이 세 마디 말씀은 증자가 서술한 적이 있다고 맹자가 이를 거론했는데[孟子·滕文公上 제2장], 거기 또 어디에 깨우치는 뜻이 들어 있는가?(聖人之言廣矣, 大矣。若其所問者孝也, 乃借孝以爲立言之端而責其僭, 是孝爲末而不僭爲本, 既已拂乎天理之序; 且人幸有返本親始之一念以請教, 乃摘其惡於他以窮之, 而又爲隱語以誹之, 是豈聖人之言哉? ……若集注云"三家僭禮, 以是警之", 是未免以私意窺聖人。且此三言者, 曾子嘗述之, 而孟子稱之矣, 其又何所警哉?)

19 《論語大全》(集注의 '不苟'의 '苟'를 설명한 것으로) 대충대충 하고 소략하게 하고 궁상떨게 하고 초라하게 하는 것을 말한다(謂苟簡儉陋者。).

20 《論語大全》(集注의 '三家僭禮'를 설명한 것으로) 僭禮를 말한다(謂僭禮者。).

21 《論語大全》'爲所得爲'[할 수 있는 바를 한다]는 다만 합당하게 하는 것이다. 대부는 대부의 예에 합당하게 어버이를 섬기고, 제후는 제후의 예에 합당하게 어버이를 섬기는 것이, 바로 이것이다(朱子曰: 爲所得爲, 只是合做底。大夫以大夫之禮事親, 諸侯以諸侯之禮事親便是。).

[孟武伯問孝章]

020601、孟武伯¹問孝。子: 「父母唯其疾²之³憂。⁴」

1 孟武伯(맹무백): 맹의자[~BC 481년]의 아들. 노나라 대부. 名 彘(체), 諡號 武. 左傳에 '孟孺子洩(맹유자설)'로도 불린다. BC 481~BC 468? 동안 대부 자리에 있었다(《公冶長 제7장》 참조:《王力漢語》 상고시대에는 형제의 순서를 표시할 때 숫자를 쓰지 않고, '伯'·'仲'·'叔'·'季'만 썼다. '伯'은 첫째, '仲'은 둘째, '叔'·'季'은 더 아래지만 꼭 셋째, 넷째는 아니었다. '伯'·'叔'은 후세의 '伯父'·'叔父'를 가리키는 것이 아니었다(上古不用數字排行, 只用'伯', '仲', '叔', '季'. 伯是老大, '仲'是老二, '叔'和'季'都指較小的, 不一定是老三, 老四. 上古單稱'伯', '叔'不是指後世的'伯父', '叔父').

2 疾(질): 병이 나다. 병에 걸리다(患病, 生一般的病。);《論語集解》疾이 심한 것이 病이다(苞氏曰: 疾甚曰病。).

3 《助字辨略》'之'는 '是'로 풀이해야 하고 어조사이다["자식 병나는 것이 걱정이다"]('之'字當訓是乃語助也。);《詞詮》'之'는 조사로, 목적어[其疾]가 타동사[憂] 앞으로 전치될 경우에 쓴다["자식이 병나는 것을 걱정한다"]('之', 句中助詞. 無義. 賓語倒置於外動詞之前時用之。);《古漢語語法》목적어가 결구조사 '之'·'是'의 도움을 받아 동사 앞으로 전치되었다["부모는 오직 자식이 병나는 것을 걱정한다"](宾语借助于增添结构助词而位于动词前边: '宾语+之+动词'、'宾语+是+动词'。);《王力漢語》목적어를 강조하기 위해 동사 앞으로 전치시키고, 목적어 뒤에 '是'·'實'·'之'字를 써서 중복지시대명사 역할을 하게 한다. 또 전치된 목적어 앞에 '惟(唯)'를 써서 '惟(唯)……是(之)……'라는 표현법을 구성하기도 하는데, 목적어가 대사인 경우에는 일반적으로 '之'字를 쓴다(爲了強調賓語, 可以把賓語提前, 在賓語後面用'是'字, '實'字, '之'字複指. 有時候還在提前的賓語的前面用'惟(唯)'字, 構成'惟(唯)……是(之)……'的說法. 如果被提前的賓語是代詞, 一般就只用'之'字複指。);《論孟虛字》목적어+'之'[연결동사]+동사: 목적어 '疾'에 무게를 두고 어세를 강화시킨다["오직 제 자식이 병이 나면 어쩌나 하는 것만이 부모의 걱정이다"]('之', 猶'是'. 常用在賓語和動詞之間作繫詞. 在賓語和動詞之間, 加'之'以表示側重賓語'疾'而加強語勢的句式. 言'唯恐其有疾病爲憂'。).

4 《論語譯注》'其'는 제3인칭 소유격 대명사로, '他的'·'他們的'에 해당한다. 그런데 이 장에서 가리키는 대상이 부모인지 아니면 자식인지에 대해서는 두 가지 설이 있다('其', 第三人稱表示領位的代名詞, 相當於'他的'、'他們的'. 但這裏所指代的是父母呢, 還是兒女呢? 便有兩說。);《論衡·問孔》맹무백이 늘 자기 부모 걱정을 했기 때문에, 공자께서 말씀하시길, '부모에 대해서는 질병만이 (자식의) 걱정거리일 뿐입니다'라고 하신 것이다(武伯善憂父母, 故曰'唯其疾之憂'。);《論語集解》효자는 함부로 못된 짓을 저지르지 않으니, 오직 질병이 생긴 연후에만 부모로 하여금 걱정하게 한다["(효자의) 부모는 (자식이 못된 짓을 저지르지는 않을까에 대한 걱정은 없고) 오직 자식이 병날까에 대한 걱정뿐이다"](注: 馬融曰: 言孝子不妄爲非, 唯有疾病, 然後使父母憂耳。);《論語義疏》'其'는 자식이다. 자식은 늘 신중히 처신해서, 법을 어기거나 포학한 짓으로 부모에게 걱정을 끼치지 않는다. 자기 몸이 병나는 것만은, 사람의 능력이 미칠 항목이 아니다(疏: 其, 其於人子也. 言人子欲常敬慎自居, 不爲非法橫使父母憂也. 若己身有疾, 唯此一條當非人所及。);《論語正義》臧琳(1650~1713)의 《經義雜記》에 말했다. "《論衡·問孔》에 '맹무백이 늘 자기 부모 걱정을 했기 때문에, 공자께서 '부모에 대해서는 질병만이 (자식의) 걱정거리일 뿐입니다'라고 하신 것이다'라고 했고, 《淮南子·說林》에 '부모의 질병을 걱정하는 자는 자식이고, 부모의 질병을 고치는 자는 의사이다'라고 했는데, 高誘가 주를 달기를 《論語》에 '父母唯其疾之憂'라 했기 때문에, '부모의 질병을 걱정하는 자는 자식이다'라고 한 것이다'라고 했다. 그렇다면 王充과 高誘는 모두 자식이 부모의 질병을 걱정하는 것을 효로 본 것이다." 생각건대, 《孝經·紀孝行章》에 '공자께서, 효자의 부모 섬김은, 부모가 병이 나면 그 근심을 다 한다'고 했고, 《禮記·曲禮》에 '부모가 병이 나면 관을 쓴 자는

맹무백(孟武伯)이 효(孝)에 대해 물었다. 선생님께서 말씀하셨다. "부모는 오직 제 자식 병날까 하는 걱정뿐입니다."

武伯, 懿子之子, 名彘。言父母愛子之心, 無所不至, 惟恐其有疾病, 常以爲憂也。人子體[5]此, 而以父母之心爲心,[6] 則凡所以守其身者,[7] 自不容於不謹矣, 豈不可以爲孝乎?[8] 舊說,[9] 人子能使父母不以其陷於不義爲憂, 而獨以其疾爲憂, 乃可謂孝。亦通。

'孟武伯'(맹무백)은 맹의자(孟懿子)의 아들로, 이름이 체(彘)이다. 말씀인즉, 부모가 자식

빗질을 하지 않고, 걸을 때 뛰지 않고, 말할 때 느릿느릿하지 않고, 금슬을 타지 않고, 고기를 물리도록 먹지 않고, 술을 얼굴이 빨개지도록 마시지 않고, 웃음을 잇몸이 드러나도록 웃지 않고, 화를 욕이 나오도록 내지 않는다. 병이 나으면 다시 예전대로 한다'고 했는데, 모두 자식이 부모의 질병을 걱정하는 것을 효로 본 것이다(臧氏琳《經義雜記》: "《論衡‧問孔》云: '武伯善憂父母, 故曰 "唯其疾之憂。"' 又《淮南子‧說林》: '憂父之疾者子, 治之者醫。' 高注云: 《論語》曰 "父母唯其疾之憂, 故曰憂之者子。" 則王充‧高誘皆以人子憂父母之疾爲孝。" 案: 《孝經‧紀孝行章》: "子曰: '孝子之事親也, 病則致其憂。'"《禮記‧曲禮》云: "父母有疾, 冠者不櫛, 行不翔, 言不惰, 琴瑟不御, 食肉不至變味, 飲酒不至變貌, 笑不至矧, 怒不至詈。疾止復故。" 皆以人子憂父母疾爲孝。);《論語新解》①부모의 자식사랑은 미치지 않는 곳이 없으니, 이 때문에 늘 자기 자식이 병날까를 걱정한다. 자식은 이러한 부모마음을 체득해서, 일상생활 중에 특별히 근신하는 것이 바로 효도이다. ②자식은 늘 처신에 조심하여, 부모로 하여금 자식이 병날까만을 걱정거리로 삼게 할 뿐 다른 걱정은 없게 한다. 사람의 병은 자기가 주체적으로 생기지 않게 할 수 있는 것이 아니다. ③자식이 성심으로 부모에게 효도하다, 혹 신경 쓰는 것이 지나치면, 도리어 부모를 불편하게 하기 때문에, 자식된 자는 오로지 부모가 병날까만을 걱정거리로 삼고, 나머지는 지나치게 신경 쓰는 것은 좋지 않다. 맹자가 부모자식 사이에는 책선하지 않는다고 한 것 역시 이 뜻이다. ②설을 따른다(此句有三解。一, 父母愛子, 無所不至, 因此常忧其子之或病。子女能体此心, 于日常生活加意謹慎, 是即孝。或说, 子女常以謹慎持身, 使父母唯以其疾病为忧, 言他无可忧。人之疾, 有非己所能自主使必无。第三说, 子女诚心孝其父母, 或用心过甚, 转使父母不安, 故为子女者, 惟当以父母之疾病为忧, 其他不宜过分操心。孟子言父子之间不责善, 亦此义……今从第二说。).

5 體(체): 몸소 경험하다. 세심히 살피다. 다른 사람의 입장에 서서 생각하다. 역지사지하다(亲身经验; 体察。设身处地为人着想。).

6 《里仁 제19장》의 集注 '范氏曰……' 참조.

7 《論語大全》集注의 '凡所以守其身'의 '凡'字를 놓은 것은 대개 오직 질병만을 조심하는 데 그치지 않는다는 것이다. 내 생각에는 集注의 이 말속에 '舊說'의 뜻을 이미 포함하고 있다(雙峯饒氏曰: 凡所以守其身, 下一凡字, 蓋不獨謹疾而已。愚謂已包後說之意在其中矣。).

8 《論語大全》이 다섯 구절[人子體此……豈不可以爲孝乎?]은 주자가 공자께서 하신 말씀의 언외의 뜻을 드러낸 것으로, 자식으로서 효성스러운 모습을 보여준 것이다. '凡所以守其身者'에는 포함되는 것이 아주 넓은데, 병을 조심하는 것은 물론 몸을 지키는 일이지만, 불의에 몸이 빠지지 않는 것은 몸을 지키는 일 중에도 더욱 큰일이다(新安陳氏曰: 此五句, 朱子發孔子言外之意, 方見子之孝。凡所以守其身者, 包涵甚闊, 謹疾固是守身, 不失身於不義, 尤守身之大者。).

9 이 장 각주 《論語集解》 참조.

을 사랑하는 마음은, 어느 곳이든 미치지 않는 곳이 없지만, 오직 자식에게 병이 날까 만을 염려하여, 늘상 이를 걱정거리로 여긴다는 것이다. 자식이 이런 부모의 마음을 세심히 살펴서, 부모의 마음으로 자기의 마음을 삼는다면, 모든 자기 몸을 지키는 데 쓸 것들에 대해, 조심하지 않는 것을 스스로 용납하지 못할 것이니, 어찌 효(孝)가 될 수 없겠는가? 옛 설에 '자식이 부모로 하여금 자식이 불의(不義)에 빠지는 것으로는 걱정하지 않게 하고, 오직 자식이 병에 걸릴까 만으로 걱정하게 하면, 비로소 효(孝)라 고 평할 만하다'고 했는데, 역시 통하는 말이다.

[子遊問孝章]

020701、子游¹問孝。子曰:「今之孝者², 是³謂能養。至於犬馬⁴, 皆能有養; 不敬, 何以⁵
別乎?⁶ ⁷」

---

1 子游(자유): 姓 言, 名 偃. '言游'라고도 불린다. BC 506~? 공자보다 45살이 적은 제자. 공문십철.
禮를 늘 익혀서, 文學으로 이름이 났다(時習於禮, 以文學著名。)[孔子家語·七十二弟子解].

2 《論語譯注》"요즈음의 이른바 효라는 것은"("現在的所謂孝").

3 《經典釋詞》'是'는 '祇'(지)와 같다["그저 잘 먹여드리는 것이라고들 말한다"](是, 猶'祇'也。言祇謂能養
也。);《古書虛字》그저. 한갓, 단지. '祇'字는 어떨 때는 '是'로도 쓴다('祇', 猶'但'也。' 祇'字又或作'是'。);
《助字辨略》'是'는 어조사로, 뜻글자가 아니다(是, 語助, 不爲義也。);《詞詮》지시대명사. 이('是', 指示代
名詞。此也。);《論孟虛字》다케조에 신이치로[竹添进一郎。竹添光鸿, 1842~1917]는 《論語會箋》에서,
'요즘 사람들이 말하는 효라는 것, 이것은 자기 어버이를 잘 먹여드리는 것이라고 할 수 있는데, 효라고
하기에는 부족하다'고 풀이했는데, '此可爲'는 '是謂'를 해석한 것이다. '是'는 '此'로 풀이했다(竹氏會箋,
'今日世人所稱爲孝者, 此可爲能養其親, 而不足爲孝也。' 此可爲'是解釋是謂。'是'訓'此'。).

4 [성]犬馬之養(견마지양): 개나 말의 봉양. 공경심 없이 부모를 공양하다. 음식 공양만 하는 것은 효도가
아니다. 부모 공양에 대한 겸사(供養父母的謙辭。); 至於(지어): 설사~일지라도. 심지어~까지도. 돌출
사례를 제시하여, 모종의 정도에 도달했음을 표시한다(連詞。犹即使是, 即便是。提出突出事例, 表示达到
某种程度。犹竟至于, 甚至于。);《集注考證》'至於' 두 글자는 그에 해당하는 것이 많은데, 골육자제·
노복부터 그 밑으로 개와 말에 이르기까지를 말한 것이다["심지어 개와 말까지도 모두 공양이 있다"](至
於二字, 其上所該亦多, 謂自骨肉子弟奴僕以下至犬馬也。);《論語正義》돌아가신 형님 劉寶樹[1777~183
9]의 《經義說略》에 말했다. "《禮記·坊記》[아래 각주 참조]에서 말한 '小人'이, 바로 이 장의 '犬馬'이다.
《春秋公羊傳·桓公16年》의 '屬負玆舍'에 대한 하휴의 注에 '제후가 병이 났을 때는 (스스로를) 負玆라
칭하고, 대부는 犬馬라 칭하고, 선비는 負薪이라 칭한다'고 했는데, 犬馬·負薪 모두 비천한 것들의
칭호로, 대부·선비가 스스로 낮추어 말한 것이다.《孟子·萬章下 제6장》에는 '자사가 '지금에서야 임금께
서 나 자사를 개나 말로 길렀음을 알겠다'고 했다. 그렇다면 犬馬는 비천한 사람을 말한 것으로, 노비와
같은 류이다"["아래로 소인에 이르기까지, 모두 음식 공양하는 것이 있으니……"]. 이 또한 하나의 견해이
다(正義曰: 先兄五河君《經義略說》謂 "《坊記》'小人', 即此章'犬馬'。《公羊》何休注: "言大夫有疾稱犬馬, 士
稱負薪。皆賤者之稱, 而大夫士謙言之。"《孟子》: "子思曰: '今而後知君之犬馬畜伋也。'"然則'犬馬'謂卑賤之
人, 若臧獲之類。" 此又一說也。).

5 《古漢語語法》의문대사는 개사+목적어로 쓰인 경우, 일반적으로 개사 앞으로 진치되며, '무엇을 써서',
'무엇을 가지고', '무엇 때문에'를 표시한다(疑问代词作介词宾语一般也要前置。'何'位于介词'以'前, 表示
用什么, 拿什么,为什么。);《北京虛詞》개사 '以'의 목적어는 '以' 앞에 놓일 수 있다. 목적어가 의문대사이
거나 지시대명사 '是'인 경우에는 항상 '以' 앞에 위치한다(介詞'以'的宾语可在'以'前: 宾语为疑问代词或指
示代词'是', 常置于'以'前。).

6 《論語集解》개는 밤을 지켜 도둑을 막고, 말은 사람을 대신해 노고를 하니, (개와 말도) 사람을 봉양하는
것이다. (공경하는 마음이 없으면 개와 말이 사람을 봉양하는 것과 무엇으로 구별하겠는가?) 一說:
사람의 봉양은, 개와 말에까지 이르니, (사람이 부모를 공양만 하고) 공경하지 않으면 (사람이 개와
말을 봉양하는 것과) 무엇으로 구별하겠는가?(注: 苞氏曰: 犬以守禦, 馬以代勞, 能養人者也。一曰: 人之所

자유(子游)가 효(孝)에 대해 여쭈었다. 선생님께서 말씀하셨다. "요즈음의 효(孝)라는 것은 그저 음식 공양 잘하는 것이라고들 말한다. 개나 말에게도, 사람들이 모두 음식을 먹여 기르는 것이 있으니, 불경하면 무엇을 가지고 (개나 말에게 음식을 먹여 기르는 사람과 부모에게 음식 공양 잘하는 사람을) 구별하겠느냐?"

養[8], 去聲。別, 彼列反。○子游, 孔子弟子, 姓言, 名偃。養, 謂飮食供奉[9]也。犬馬待人而食,

養, 乃能至於犬馬, 不敬則無以別?);《論語注疏》①사람이 부모를 부양만 하고 공경하지 않는다면, (개는 밤을 지켜 도둑을 막고, 말은 사람을 대신해 노고를 하지만, 주인을 공경하는 마음이 없는) 개나 말과 무엇으로 구별하겠느냐? ②사람의 부양하는 대상은, 개나 말에까지 미쳐, 그들이 배고픈지 목마른지를 살펴, 마실 것을 주고 먹을 것을 주는데, 모두 부양이라 할 수 있다. 하지만, 이는 사람의 필요에 도움을 주도록 하기 위한 것일 뿐, 공경해서가 아니다. 사람이 자기 부모를 부양하면서도 공경하지 않으면, 사람이 개나 말을 기르는 것과 무엇으로 구별하겠느냐?(疏: 正義曰: 其說有二: 一曰 ……若人唯能供養於 父母而不敬, 則何以別於犬馬乎? 一曰, 人之所養, 乃至於犬馬, 伺其饑渴, 飮之食之, 皆能有以養之也。但 人養犬馬, 資其爲人用耳, 而不敬此犬馬也。人若養其父母而不敬, 則何以別於犬馬乎?); 陳天祥[1230~1 316]의《四書辨疑》①설은 犬馬를 가지고 자식을 비유했고, ②설은 犬馬를 가지고 부모를 비유했다. 朱熹의 注는 ②설과 뜻이 같은데, 犬馬의 無知를 가지고 子息의 不敬을 비유한 ①설이 뜻에서 편안하지, 금수를 가지고 부모를 비유한 ②설이 뜻에서 편안하겠는가? '養'字는 본래 去聲으로 아래에서 위를 섬긴 다는 뜻인데, 지금 사람이 개나 말을 부양한다고 말할 경우, 위에서 아래를 먹여 기른다는 뜻이 된다. 이 경우 아래의 '有養'의 '養'字는 上聲으로 고쳐야 한다. 두 '養'字의 음의 뜻이 다르다 보니 경문의 뜻이 혼란스러운데, 舊說 중 ①설을 따른다면 이런 병폐들이 없다"(前說以犬馬喻人子, 後說以犬馬喻父 母。註文與後說意同, 以犬馬之無知喻其爲子之不敬, 於義爲安, 以禽獸況父母於義安乎? ……養字本讀爲 去聲於義下奉上也, 今言人養犬馬却是上之畜下, 下養字當改爲上聲。二字音義既殊本經之義亂矣。惟從 舊註前說則無此數病。);《論語大全》經文의 '是謂能養'과 '皆能有養'의 '能'字를 보면, 이는 각각 '어버이를 봉양하는 사람', '개·말을 먹여 기르는 사람'을 말한 것이다. 어버이를 봉양하는 사람이 어버이를 공경하는 마음이 없으면, 개·말을 먹여 기르는 사람과 차이가 없다고 말한 것이지, 부모가 개·말과 차이가 없다는 말이 아니다(雙峯饒氏曰: 是謂能養, 皆能有養, 看兩箇能字, 便見是說養親之人, 與養犬馬之人。言養親之 人, 能養而不能敬, 則與養犬馬之人, 無所分別, 非謂父母與犬馬無別也。);《集注考證》'能養'의 '養'은 去聲 [아래에서 위를 섬기다], '有養'의 '養'은 上聲[위에서 아래를 먹여 기르다]이다(能養, 去聲。有養, 上聲。).

7 《禮記·祭義》효에는 셋이 있다. 대효는 부모를 받들고, 그다음은 부모를 욕되게 하지 않고, 그다음은 잘 먹여드리는 것이다(曾子曰: 孝有三: 大孝尊親, 其次弗辱, 其下能養。);《禮記·坊記》소인들도 모두 자기 부모를 잘 공양하고 있는데, 군자로서 부모에게 (공양만 하고) 불경하면 무엇으로 구별하겠느냐? (子云: 小人皆能養其親, 君子不敬, 何以辨?);《大戴禮記·曾子立孝》군자의 효는 마음을 다해 사랑하고 공경한다. 힘을 다해 공양하지만 (불경하여) 무례한 것은 소인의 효이다(君子之孝也, 忠愛以敬……盡力 無禮, 則小人也。);《孟子·盡心上 제37장》먹여주면서 사랑하지 않으면, 돼지로 취급하는 것이고, 사랑하 면서 공경하지 않으면, 짐승으로 기르는 것이다(孟子曰: 食而弗愛, 豕交之也。愛而不敬, 獸畜之也。).

8 養(양): [yàng] 봉양하다. (아랫사람이) 윗사람을 섬기다(奉養: 事奉。晩輩供养长辈。); [yǎng] 부양하다. 먹을 것, 필요한 것을 공급해주어 살아가게 하다. 기르다. 양육하다(供給人食物及生活所必需, 使生活下

亦若養然。言人畜[10]犬馬, 皆能有以養之, 若能養其親而敬不至, 則與養犬馬者何異。甚[11]言
不敬之罪, 所以深警之也。[12]

'養'(양)은 거성[yàng]이다. '別'(별, bié)은 '彼'(피)와 '列'(열)의 반절이다. ○'子游'(자유)
는 공자(孔子)의 제자로, 성이 언(言)이고 이름이 언(偃)이다. '養'(양)은 '음식 공양[飲食
供奉]'을 말한다. 개나 말의 경우는 사람이 먹여주길 기다려 먹이를 먹으니, 역시 사람
이 부모에게 음식 공양하는 모습과 그럴듯하게 같다. 말씀인즉, 사람이 개·말을 기르
는 것도, 모두 그것들을 잘 먹여 기르는 모습이 있으니, 만약 자기 어버이를 잘 먹여드
리지만, 공경의 마음이 지극하지 못하면, (그런 자식과) 개·말을 잘 먹여 기르는 사람과
무엇이 다르겠냐는 것이다. 불경죄라고 극언하신 것은, 이를 써서 그를 깊이 깨우치려
는 것이다.

○胡氏曰:「世俗[13]事親, 能養足矣。狎恩恃愛,[14] 而不知其漸流於不敬, 則非小失也。子游
聖門高弟, 未必至此, 聖人直[15]恐其愛踰於敬, 故以是深警發[16]之也。[17]

去。育也, 畜也。).

9 供奉(공봉): (먹을 것을) 대어 주다. 봉양하다(供给: 奉养).

10 畜(축/휵): (축) 가축[(코뚜레를) 잡아끄는 것을 표시[玄]하며, 아래는 숨을 내쉬는 소의 코의 모양을
　형상화한 것이다. 코뚜레로 잡아끄는 것으로, 인류에 의해 이미 길들어 사육되는 가축임을 설명한다]
　(휵) 짐승을 먹여 기르다(表示牵引, 下象出气的牛鼻形。牛鼻被牵着, 说明是已被人类驯服豢养的家畜。
　本义: 家畜。饲养[禽兽]).

11 甚言(심언): 극언하다. 힘주어 말하다. 강조하다(极言, 极力表明。).

12 《論語大全》'敬'은 존경하여 감히 소홀히 대하지 않는 것을 말하지, 단지 공손하고 조심하는 것만이
　아니다. 延平李氏가 말하기를, '이 한 단락은 당시의 사람들이, 습관이 되어 살피지 못하고, 단지 공양
　잘하는 것만을 효로 여기던 세태를 염려하신 말씀으로, 비록 공문의 학자들일지라도, 이 같은 모습을
　피하지 못할 것을 염려하셨기 때문에, 선생님께서 말에 채찍을 가하는 심정으로 말씀하시어, 스스로를
　돌아보게 하신 것이다'라고 했다(朱子曰: 敬者, 尊敬而不敢忽忘之謂, 非特恭謹而已也…… 延平李氏曰:
　'此一段恐當時之人, 習矣而不察, 只以能養爲孝, 雖孔門學者, 亦恐未免如此, 故夫子警切以告之, 使之反諸
　心也。').

13 世俗(세속): 세간의 일반 습속(世间一般的习俗; 指当时社会的风俗习惯).

14 狎恩恃愛(압은시애): 은덕에 버릇없이 굴고, 총애에 기대다. 다른 사람이 베푸는 은택에 기대어 교만하
　고 버릇없이 굴다(轻慢恩德, 仗人之爱。凭借别人所给予的恩泽而骄横妄为。); 狎恩(압은): 총애하고 친밀
　하고 다정스럽다(宠爱亲热。); 恃爱(시애): 상대방의 총애에 기대다(倚仗对方的爱宠).

15 直(직): 다만. 단지. ~일 뿐(只; 仅仅).

16 警發(경발): 각성시키다. 깨우쳐 열다(警醒启发).

17 《論語大全》자유는 簡易한 사람으로, 쇄소응대하는 예절의 경우에는 등한시했고[子張 제14장], 상사의

○호씨(胡氏·胡寅)가 말했다. "세간에서 어버이를 섬기는 일은 잘 먹여드리는 것으로 만족한다. 어버이가 베푸는 은혜에 익숙해져 버릇이 없어지고 어버이의 사랑만 믿고 기대다가, 자기가 점차 불경(不敬)에 축축하게 젖어가고 번져가는 것을 깨닫지 못한다면, 작은 잘못이 아니다. 자유(子游)는 성인 문하의 뛰어난 제자이니, 불경(不敬)에까지 이르지는 않았겠지만, 성인께서는 다만 자유(子游)의 부모 사랑이 공경하는 태도를 벗어나지나 않을까를 염려하여, 그래서 이 말씀을 가지고 그를 깊이 각성시키신 것이다."

경우에는 슬퍼하는 마음을 다하는 것으로 그쳤으니[子張 제12장], 이는 곧 그가 예절 규범 중에 지극정성을 다하지 못한 부분이 있다는 것을 보여준다(朱子曰: 子游是箇簡易人, 如洒掃應對, 便忽略了, 如喪致乎哀而止, 便見他節文有未至處。).

[子夏問孝章]

020801、子夏問孝。子曰:「色難[1]。有事弟子服其勞[2], 有酒食[3]先生[4]饌[5], 曾[6]是以爲孝

1 《論語集解》'色難'은 부모의 안색을 (살펴) 그대로 받드는 것이야말로 어렵다는 것을 말한다(注: 苞氏曰: 色難, 謂承望父母顏色乃爲難也。);《論語義疏》'色'은 부모의 안색을 말한다. 효도는 반드시 부모의 안색을 살펴 받들어 따라야 하는데, 이 일이 어렵기 때문에 '色難'이라 말씀하신 것이다. 顏延之[384~456]가 말했다. "표정이 온화하면 감정이 통하니, 부모의 뜻을 잘 받드는 자식은, 반드시 먼저 자기의 표정을 온화하게 해야 하기 때문에, (자식이 자기의 표정을 온화하게 하는 것이) 어렵다고 말씀하신 것이다"(疏: 色, 謂父母顏色也。言爲孝之道必須承奉父母顏色, 此事爲難, 故曰色難也。故顏延之云: 夫氣色和, 則情志通, 善養親之志者, 必先和其色, 故曰難也。);《論語疏證》色難은 이른바 어버이의 뜻을 보살펴 봉양하는 것[孟子・離婁上 제19장]을 말한다(樹達按: 色難, 所謂養志矣。);《論語正義》鄭玄의 注에, '色難은 (자식으로서) 안색을 온화하고 기쁜 모습으로 하는 것이 어려운 것을 말한다'라고 했는데[色을 자식의 안색으로 보았다], 包咸의 注와 뜻이 다르지만 역시 통한다(正義曰: 鄭注此云: "言和顏說色爲難也。" 以色爲人子之色, 與包異義, 亦通。).

2 《禮記・王制》길을 갈 때, 가벼운 짐은 모아서 어린 사람이 들고, 무거운 짐은 서로 나눠서 들고, 반백노인은 짐을 들지 않는다(道路: 輕任并, 重任分, 斑白者不提挈。);《古今注》'服'은 몸소 짐을 짊어진다는 것으로, 소가 멍에를 짊어진 모습과 같다(服, 躬任也, 如牛服軛然。);《論語新解》'服'은 '操執'[일을 맡아하다]의 뜻이다(服, 操执义。): 服勞(복로): 정성껏 섬기고 온 힘을 쏟아 일하다(服事效劳).

3 酒食(주식): 술과 음식(酒与饭菜。).

4 《論語義疏》마융 注에서, '先生'은 '父兄'이다라고 한 것은 아마 두 가지 뜻이 있을 것이다. ①'問孝'라고 했으니 孝는 事親에 관한 항목이고, ②'先生'을 '父兄'으로 풀이했으니 스승・어버이・임금 세 분 모시는 일에서 동등하다[先進 제22장 각주 《國語・晉語一》 참조]는 뜻을 의탁하려 한 것이다(注必謂先生爲父兄者, 其有二意焉: 一則旣云問孝, 孝是事親之目; 二則旣釋先生爲父兄, 欲寄在三事同師, 親情等也。);《補正述疏》마융의 注에 '先生은 父兄을 말한다'고 했는데, 《爾雅・釋親》을 고찰하건대 '아버지의 형제로서, 먼저 태어난 자는 世父, 뒤에 태어난 자는 叔父이다. 男子로서, 먼저 태어난 자는 兄, 뒤에 태어난 자는 弟이다'라 했으니, 이것이 '先生'을 '兄弟'로 풀이한 근거이다(述曰: 馬注云, '先生, 謂父兄也。' 今攷《爾雅・釋親》云: '父之晜弟, 先生爲世父, 後生爲叔父。男子先生爲兄, 後生爲弟。' 此先生所以爲父兄也。);《古今注》마융은 '先生은 父兄을 말한다'고 했는데, 아니다. 공자의 말씀은, 분명하게 부모를 선생과 구별해 쓰셨고, 친자식을 제자와 구별해 쓰셨으니, 장유 간의 일반적인 예절 이외에, 별도로 자식으로서 부드러운 용모와 유쾌한 낯빛을 요구하신 것이었다. 세상에 친부모인데 선생이라 부르고, 친자식인데 제자라고 부르는 경우가 있는가?(馬曰先生謂父兄。駁曰: 非也。夫子之言, 明明以父母別於先生, 而親子別於弟子, 欲於長幼恒禮之外, 別求其婉容愉色……世有親父而名之曰先生, 親子而名之曰弟子者乎?);《論語譯注》劉台拱[1751~1805]은 《論語駢枝》에서, 논어에는 '弟子'가 일곱 번 나오는데, 두 번은 年少者를, 다섯 번은 門人을 말하고, '先生'은 두 번 나오는데, 모두 年長者를 말한다고 했다. 馬融은 '先生은 父兄을 말한다'고 했는데, 역시 통한다(劉台拱《論語駢枝》云: 《論語》言'弟子'者七, 其二皆年幼者, 其五謂門人。言'先生'者二, 皆謂年長者。馬融說: '先生謂父兄也。' 亦通。).

5 《論語集解》'饌'은 '飮食'[먹고 마시다]이다(注: 馬融曰: 饌, 飮食也。);《說文・食部》'饌'[饌](찬)은 음식을 대어주다[차려주다]이다;《補正述疏》'先生饌'은 '饌先生'과 같고, 도치문이다["先生께 음식을 차려드리다"](述曰: 今曰'先生饌', 猶曰'饌先生', 倒文也。);《論語新解》或說: '饌'(찬)은 '陳列'[상을 차리다]의 뜻이

乎?」[7]

자하(子夏)가 효(孝)에 대해 여쭈었다. 선생님께서 말씀하셨다. "어버이를 섬기는데 (자식으로서) 얼굴 표정을 짓는 것이 어렵다. 일이 있으면 자식(이나 나이 어린 동생)이 그 힘든 일을 떠맡아서 하고, 술과 음식이 있으면 부모님(이나 나이 많은 형님)께 먼저 드시도록 하는 것, 일찍이 이런 일을 두고 효(孝)라고 여긴 적이 있었더냐?"

食[8] 音嗣。○色難, 謂事親之際, 惟色爲難也。食, 飯也。先生, 父兄[9]也。饌, 飮食[10]之也。曾, 猶嘗也。

'食'(사)는 음이 '嗣'(사, sì)이다. ○'色難'(색난)은 어버이를 섬길 제에, 오직 자식으로서 얼굴표정을 짓는 것이 어렵다고 하는 말이다. '食'(사)는 '밥'[飯]이다. '先生'(선생)은 '부형'(父兄)이다. '饌'(찬)은 '~을 마시고 먹다[飮食之]'이다. '曾'(증)은 '일찍이'[嘗]와 같다.

다. 술과 음식이 있으면 먼저 어른 앞에 차려놓는 것이다(或说: 饌, 陈列义。有酒食, 先为长者陈设。).

6 《論語集解》너라면 이것을 효라고 하겠느냐?(注: 馬融曰: 汝[則]謂此爲孝乎?);《論語義疏》'曾'(증)은 '嘗'(상)과 같다["先勞·後食은 자제의 일상사로, 가장 쉬운 것일 뿐, 누가 일찍이 이것을 효라고 한 적이 있었더냐?"](疏: 曾, 猶嘗也。言爲人子弟, 先勞後食, 此乃是人子人弟之常事, 最易處耳, 誰嘗謂此爲孝乎?);《論語注疏》'曾'은 '則'(즉)과 같다["너라면 이것을 효라고 하겠느냐?"](疏: 正義曰: 曾, 猶則也。汝則謂是以爲孝乎?);《經傳釋詞》'曾'은 乃이고, 則이다.《說文·八部》에 '曾은 말을 늘여서 한 것이다'고 했다. '曾是'는 '乃是[곧~이다], '則是'이다.《經典釋文》에 말했다. "曾은 음이 (才能反[céng]이 아니고) 增(증)[zēng]이다. 마융의 주는 '(汝)則(謂此爲孝乎?)'이라고 했고, 황간의 소는 '嘗也'라고 했다." 생각건대, 황간의 견해는 맞지 않다. 지금 마융의 주에는 '則'字가 빠져 있는데,《經典釋文》및 형병의 소에 근거해서 '則'字를 보충해 넣는다(曾, 乃也, 則也。說文曰: "曾, 詞之舒也。" …… 曾是, 乃是也, 則是也。論語爲政曰 "曾是以爲孝乎", 《釋文》: "曾, 音增。馬注: '則'皇侃云: '嘗也'"案: 皇說非是。今本論語馬注脫 '則'字, 據釋文及邢疏補。);《論語譯注》뜻밖에도('曾', 副詞, '竟'也。);《論孟虛字》'曾'은 '乃'와 같다。 어조를 전환시킨다。 '簡直'[솔직히. 정말로], '難道'[설마]에 해당한다('曾', 猶 '乃'。爲轉語詞。當白話簡直或難道之義。).

7 《呂氏春秋·孝行覽·孝行》부모봉양에는 몸[體]·눈[目]·귀[耳]·입[口]·뜻[志]을 봉양하는 다섯 가지가 있다。……얼굴빛을 화기애애하게 하고, 말을 기쁘게 하고, 나아가고 물러나는 행동거지를 조심스레 하는 것이, 뜻을 봉양하는 것이다。이 다섯 가지가, 교대로 후하게 베풀어지면, 봉양을 잘했다고 할 수 있다(養有五道: 修宮室, 安床第, 節飮食, 養體之道也。樹五色, 施五采, 列文章, 養目之道也。正六律, 龢五聲, 雜八音, 養耳之道也。熟五穀, 烹六畜, 龢煎調, 養口之道也。龢顔色, 說言語, 敬進退, 養志之道也。此五者, 代進而厚用之, 可謂善養矣。).

8 食(사/식): [sì] 밥. 식사. 음식. 식량. 사육하다(飯。飯屬。糧。拿东西给人吃。后作'饲'。); [shí] 먹다(吃, 吃饭)。

9 父兄(부형): 부친과 형장(父亲与兄长)。

10 飮食(음식): 먹고 마시다(吃喝)。

蓋孝子之有深愛者[11], 必有和氣; 有和氣者, 必有愉色[12]; 有愉色者, 必有婉容[13]; 故事親之際, 惟色爲難耳, 服勞奉養未足爲孝也. 舊說[14] 承順[15]父母之色爲難, 亦通.

대개 효자로서 어버이에 대한 깊은 사랑을 간직하고 있는 자는 반드시 따스한 기운이 있고, 따스한 기운이 있는 자는 반드시 화기애애한 낯빛이 있고, 화기애애한 낯빛이 있는 자는 반드시 상냥한 용모가 있다. 그러므로 어버이를 섬길 제는 오직 [이러한] 얼굴 표정을 짓는 것이 어려울 뿐이고, 힘든 일을 떠맡아서 하고 음식을 봉양하는 것만으로는 효(孝)를 다했다고 하기에 아직 부족하다. 옛 설에 '부모의 안색을 받들어 따르는 것이 어렵다'고 했는데, 역시 통하는 말이다.

○程子曰:「告懿子, 告衆人[16]者也. 告武伯者, 以其人多可憂之事. 子游能養而或失於敬, 子夏能直義[17]而或少溫潤[18]之色. 各因其材之高下[19], 與其所失而告之, 故不同也.」[20]

---

11 《禮記·祭義》효자로서 어버이에 대한 깊은 사랑을 간직하고 있는 자는 반드시 따스한 기운이 있고, 따스한 기운이 있는 자는 반드시 화기애애한 낯빛이 있고, 화기애애한 낯빛이 있는 자는 반드시 상냥한 얼굴이 있다. 효자는 옥을 붙들고 있는 듯이, 가득 찬 그릇을 받들고 있는 듯이, 정성스럽고 그 일에만 마음을 집중하는 모습으로, 감당하지 못할 듯이 하고, 장차 잃을 듯이 한다. 엄밀하고 위엄있고 점잖고 엄격한 모습은 어버이를 섬기는 어린아이 같은 태도가 아니고, 成人의 태도이다(孝子之有深愛者, 必有和氣; 有和氣者, 必有愉色; 有愉色者, 必有婉容. 孝子如執玉, 如奉盈, 洞洞屬屬然, 如弗勝, 如將失之. 嚴威儼恪, 非所以事親也, 成人之道也.).

12 愉色(유색): 화기애애한 얼굴빛(和悅的神色); 愉(유): 화기애애하다. 즐겁다(和悅, 快乐.).

13 婉容(완용): 상냥한 얼굴과 순종하는 태도(和順的仪容); 婉(완): 유순하다(柔順).

14 《論語集解》부모의 안색을 받들어 따르는 것이, 바로 효이다(注: 馬融曰: ……承順父母顏色, 乃是爲孝耳.); 色難을 부모의 안색을 살펴 받드는 것이 어려운 것으로 보는 견해는 《禮記·曲禮上》의 '聽於無聲視於無形'[(자식 된 자는) 부모가 말씀이 없는 중에도 말 없는 분부를 듣고, 부모의 안색이 변함없는 중에도 속마음을 살핀다]이라는 구절을 근거로 들면서, 無聲·無形 속에서도 부모의 의중을 살펴 받드는 것이 효도라고 본다.

15 承順(승순): 명령을 좇아 떠받들어 순종하다(遵奉順从).

16 衆人(중인): 일반인. 일정 범위 내의 모든 사람(一般人, 群众. 大家. 指一定范围内所有的人.).

17 《論語大全》"자하의 강직하고 의로운 점을 어디에서 볼 수 있는지요?" "그가 '사귈 만한 사람일 것 같으면 그와 사귀고, 그런 사귈 만한 사람이 아닐 것 같으면 그를 거절하라'[子張 제3장]라고 말한 것을 보면 알 수 있다. 맹자도, '북궁유는 자하를 닮았다'[公孫丑上 제2장]라고 했으니, 몸가짐이 조심스럽고, 법도가 엄격한 사람이었다"(問: 如何見子夏直義處? 曰: 觀其言可者與之, 不可者拒之. 孟子亦曰, 北宮黝似子夏, 是箇持身謹, 規矩嚴底人.).

18 溫潤(온윤): (옥·품성이) 따스하고 부드럽다(溫和柔润. 本指玉色, 后用以形容人或事物的品性.).

19 《中庸 제17장》그러므로 하늘이 만물을 낳으면, 반드시 그 재질을 따라 북돋아 준다. 그러므로 서 있는 것은 흙을 북돋아 주고, 쓰러진 것은 갈아 엎어버린다(故天之生物, 必因其材而篤焉, 故栽者培之,

○정자(程子·伊川)가 말했다. "(제5장의) 맹의자(孟懿子)에게 해주신 말씀은 모든 사람에게 말씀해주신 것이다. (제6장의) 맹무백(孟武伯)에게 해주신 말씀은, 맹무백(孟武伯) 그 사람이 부모를 걱정하게 할 만한 일을 많이 했기 때문이다. (제7장의) 자유(子游)는 공양은 잘했지만, 공경의 마음을 빠뜨린 때가 혹 있었을 것이고, (제8장의) 자하(子夏)는 강직하고 의로웠지만 따스하고 촉촉한 낯빛이 부족한 때가 혹 있었을 것이다. 각각 그들 재질의 고하와 그들이 (부모를 모실 때) 놓치고 있는 것을 그대로 따라 그들에게 말씀해주셨기 때문에, (孝에 관해) 해주신 말씀이 똑같지 않은 것이다."

傾者覆之。); 因材施教(인재시교): 배우는 자의 志向·能力 등 구체적인 상황에 따라 그에 맞게 가르치다 (因, 根据; 材, 资质; 施, 施加; 教, 教育。指针对学习的人的志趣, 能力等具体情况进行不同的教育。); 공자의 '因材施教'의 사례로, 이 장과 함께 《先進 제2장, 제21장》을 든다.

20 《論語大全》효에 대해 여쭌 네 장은, 바로 기록한 자가 종류에 따라 순서를 매긴 것으로, 첫째 장은 예를 어기지 않고 어버이를 섬기길 바란 것이고, 둘째 장은 자기 몸을 지켜 어버이가 걱정하지 않게 하길 바란 것이고, 셋째 장은 어버이를 공경하길 바란 것이고, 넷째 장은 어버이를 사랑하길 바란 것으로, 배우는 자가 네 장을 합해서 깊이 체득하면, 어버이를 섬기는 효의 도리를 깨칠 수 있을 것이다. 성인의 말씀은 조화옹이 만물 하나하나마다 그에 맞는 다른 형태를 부여해 만든 것과 같다[蘇軾·自評文] 한 권의 논어 중에, 성인의 가르침이 사람마다 다르고, 똑같은 물음에 답변이 다른 것이 모두 이와 같은데, 비단 이곳 네 장뿐만이 아니다(新安陳氏曰: 問孝四章, 乃記者以類序次之, 一則欲不違禮以事親; 二則欲謹守身以不憂其親; 三則欲其敬親; 四則欲其愛親, 學者合四章而深體之, 事親之孝可得矣. 聖人之言, 如化工, 隨物賦形, 凡一部論語中, 其教人不同, 及問同答異者, 皆如此, 不但此四章也.).

[吾與回言章]

020901、子曰:「吾與回¹言終日², 不違如愚³。退而省其私⁴, 亦⁵足以發⁶。回也⁷不愚。」

---

1 顏回(안회): 공자보다 30살이 적은 제자. 名 回, 字 子淵. BC 521~BC 481. 14세에 제자가 되었지만 41세[《孔子家語》에는 31세, 《史記索隱》에는 32세]에 죽었다. 《孔子家語·七十二弟子解》공자께서 말씀하셨다. "내가 안회를 제자로 얻고부터, 문인들이 더욱 모여들었다"(孔子曰: "自吾有回, 門人日益.); 《集注考證》'回'字는 물의 소용돌이치는 모습을 형상화한 글자로, 그래서 안회의 字가 子淵이다(回字象水之 洄, 故字子淵.).

2 《論語集釋》황간의 소에 '안자는 들으면 곧바로 이해되어, 자문할 게 없었기 때문에, '終日'토록 '不違' 했다'고 했고, 또 '안회를 보니 '終日'토록 默識不問한 게, 매우 우둔해 보였다'고 했으니, 이것이 '終日'을 아래 구절 '不違'에 붙여 읽은 까닭이다(按: 皇疏『顏子聞而卽解, 無所咨問, 故言終日不違。』又云:『觀回 終日默識不問, 殊似愚魯。』是以『終日』屬下讀也。); 《古今注》와 《論語新解》는 '吾與回言, 終日不違, 如愚。' 로 읽었다. 《論語句法》'終日'이 시간보어 역할을 했다('終日'做時間補語。); 《論語詞典》終(종): 처음부터 끝까지 모든 시간. 내내(從開始到末尾的整段時間。).

3 《論語集解》'不違'는 공자 말씀에 대해 의심쩍은 질문이 없이, 묵묵히 기억했다는 것이다(注: 孔安國曰: 不違者, 無所怪問於孔子之言, 默而識之。); 《論語義疏》물어보지 않는 것이 마치 어리석은 사람이 물어보지 못하는 것과 같았다(疏: 不問, 如愚者之不能問也。); 《百度漢語》不違(불위): 순종하다. 따르다(依從); 《論孟虛字》마치 ~같다('如'爲'若似'之義, 猶言'似乎如此', 當白話'好像'。); 《論語譯注》"그가 여태까지 한 번도 반대의견이나 의문을 제기하지 않는 게, 명충이 같았다"("他從不提反對意見和疑問, 像個蠢人。"); 愚(우): '禺'는 원숭이 일종으로, 짐승 중에 어리석고 굼뜨다. 멍청하다. 아둔하다(禺, 猴屬, 兽之愚者。本義: 愚蠢, 愚昧。).

4 《論語義疏》'退'는 수업이 끝나고, 집으로 돌아갔을 때이다. '其私'는 안회가 개인적으로 여러 친구들과 담론하는 것을 말한다(疏: 退, 謂回聽受已竟, 退還其私房時也。其私, 謂顏私與諸朋友談論也。); 《補正述 疏》《禮記·學記》에 '수업에는 반드시 정규과정이 있었고, 수업이 끝나고 집에 가서는 반드시 복습과정이 있었다'고 했으니, 대개 학생은 수업이 끝나면 곧 집에 가서 자습했고 선생은 이를 살폈는데, 이것이 교육의 일상의 모습이었다(《學記》云: '教必有正業, 退息必有居學。' 蓋學者既退, 遂燕居而自學也, 教者於是省焉, 此教學之常也。); 《集注考證》'私'는 사람들이 쉽게 여기거나 소홀히 대하는 곳으로, 그곳에서도 '足以發'한 것이다(私是人所易忽之地, 而亦足以發。); 《論語新解》'退'는 스승의 거처에서 나오는 것이다(退, 退自師處。); 退省(퇴성): 사후에 반성하다. 물러나 반성하다(事后自我反省: 退而自省。犹反 省。); 省(성): 보다. 살피다(視。).

5 《論孟虛字》모두. 모두다. 남김없이["내가 강습한 말을 모두 분명하게 펼쳐 드러내 보이고 있다"]('亦, 猶'皆'。爲'全'盡'之義。是說: '都可以把我所講得話有所發明。'); 《許世瑛(二)》'亦'는 구어 '也'와 뜻이 같다 ('亦'和口語'也'字同義。)[論語孟子中'亦'字用法深究].

6 《論語大全》'行'이라 하지 않고 '發'이라 했는데, 이 '發'字에 가장 주안점이 있다. 공자께서는 '말을 해주었는 데 게으름 피우지 않은 자는 아마도 안회일 것이다!'[子罕 제19장]라고 말씀하신 적이 있었다. 게으르면 發하지 못하고, 發하면 게으르지 않는다. 맹자가 '때맞추어 내리는 비에 싹이 움트는 것과 같은 자가 있다'[盡 心上 제40장]고 했는데, 선배 학자들은 안자가 이에 해당한다고 여겼다. 사물은 때맞추어 내리는 비에 곧바로 싹이 움트고, 안자는 한번 스승의 말씀을 듣기만 하면, 곧바로 발할 수 있었다(雲峯胡氏曰: ……不曰 行而曰發, 此一發字最有力。夫子嘗曰, 語之而不惰者, 其回也歟。惰則不發, 發便不惰。孟子曰, 有如時雨

선생님께서 말씀하셨다. "내가 안회(顏回)와 함께 종일토록 말을 했는데, 내 말을 받아들이기만 하고 묻거나 따지지 않는 것이 어리석은 사람 같아 보였다. (그런) 그가 제자리로 물러가고 나서 하는 평소의 언행을 살펴보니, 내가 말한 바의 이치를 모두 충분히 분명하게 펼쳐 내보이고 있다. 안회(顏回)는 어리석은 사람이 아니다."

回, 孔子弟子, 姓顏. 字子淵. 不違者, 意不相背[8], 有聽受[9]而無問難[10]也. 私, 謂燕居[11]獨處, 非進見[12]請問[13]之時. 發[14], 謂發明[15]所言之理.

'回'는(회) 공자(孔子)의 제자로, 성이 안(顏)이고, 자(字)가 자연(子淵)이다. '不違'(불위)는 의견이 서로 어긋나지 않아, 받은 가르침을 그대로 좇아 받아들이는 것만 있고 묻거나 따지는 게 없는 것이다. '私'(사)는 집에서 평소 혼자 지내는 곳으로, 윗사람을 찾아 뵙거나 가르침을 청하는 때가 아님을 말한다. '發'(발)은 말한 바의 이치를 (행동으로)

化之者, 先儒以顏子當之. 物經時雨便發, 顏子一聞夫子之言, 便足以發.);《補正述疏》맹자가 '때맞추어 내리는 비에 싹이 움트는 것과 같은 자가 있다'[盡心上 제40장]고 했는데, 이 말은 대개 그가 군자의 가르침을 얻어서 분명하게 펼쳐 드러내 보이는 것을 비유한 것이다. 자공이 안회에 대해 '聞一知十'[公冶長 제8장]한 자라고 한 것은 공자의 가르침을 듣고 펼쳐 드러내 보이는 것이 많다는 것이다(孟子云'有如時雨化之'者, 蓋喻其得君子之教而發明也. 若所謂'聞一知十'者, 則發明多矣.);《古今注》'發'은 꽃이 망울져 있다가 꽃잎을 토하는 것 같은 것이다. 공자의 말씀은 간략하고 엄격한 것이 꽃이 망울져 있는 것과 같고, 안자는 공자께서 하신 말씀의 뜻을 펼쳐 보이는 것이 꽃잎을 토하는 것과 같은 것이다(發, 如花之含蘥而吐英也……夫子之言簡嚴如含蘥, 顏子發其旨如吐英.);《論語語法》'足以發'은 뜻이 '足以之發'[그것을 족히 펼쳐 드러내 보이다]이고, '以'는 지금의 '把'[~을]의 기능과 같다('足以發'義爲'足以之發', '以'相當白話介詞'把'的功用.); 發(발): 당긴 화살을 놓다. 닫힌 것을 열어젖히다. 속에 숨어 있는 것을 밖으로 내보이다. 명백히 드러내 밝히다(本义: 放箭. 打开; 开启. 闡發.);《論語今讀》"오히려 내가 계발을 받게 한다"("却使我也受到启发").

7 《助字辨略》'也'는 어조사로 호칭할 때 쓰인다(也, 語助用之稱謂者也.).

8 《說文·韋部》'韋'(위)는 서로 등지는 것이다(韋, 相背也.).

9 聽受(청수): 이르는 대로 듣고 그대로 좇아 받아들이다(听从接受).

10 問難(문난): 의심나는 것을 물어보거나 따져 묻다(质疑问难; 谓心存疑问向人提出以求得解答).

11 燕居(연거): 집에서 조용히 머물다(退朝而处; 闲居).

12 進見(진견): 앞으로 나가 윗사람을 뵙다. 알현하다(上前会见尊长者. 谒见.).

13 請問(청문): 가르침을 청하다(敬辞, 表示请教询问.).

14 《論語大全》'發'은 '發揮'[(능력을) 발휘하다], '發見'[(속에 있는 것이) 밖으로 나타나다]의 '發'이고, 언어를 써서 발명하는 것이 아니다(新安陳氏曰: 發, 如發揮發見之發, 非以言語發明之也.).

15 發明(발명): 설명하다. 분명하게 드러내다. 말하여 밝히다(说明; 证明; 表明. 阐述; 阐发.).

분명하게 펼쳐 내보이는 것을 말한다.

愚聞之師[16]曰[17]:「顏子深潛純粹,[18] 其於聖人體段[19]已具。其聞夫子之言, 默識[20]心融,[21] 觸處[22]洞然,[23] 自有條理。故終日言, 但見其不違如愚人而已。及[24]退省其私, 則見其日用動靜語默之間, 皆足以發明夫子之道, 坦然[25]由之而無疑, 然後知其不愚也。」[26]

내가 나의 스승[李延平]께서 하신 말씀을 들었다. "안자(顏子)는 속이 깊고 티 없이 깨끗하여, 그에게는 성인의 경지로 향해 가는 데에 알맞은 자태가 이미 갖추어져 있었다. 그가 선생님의 말씀을 듣고는, 그 말씀이 말없이 이해되고 하나도 남김없이 녹아 풀어져 마음에 하나로 합해지고, 닥치는 것마다 막힘없이 훤히 뚫려 저절로 조리가 갖추어졌다. 그래서 종일토록 말을 해도, 받아들이기만 하고 묻거나 따지지 않는 그의 모습이 어리석은 사람 같아 보일 뿐이었다. 물러나 있는 틈을 타서 그의 일상생활을 살펴보았는데, 일상생활 중의 움직이거나 가만히 있거나 말하거나 말없이 있거나 하는 그의

16 師(사): 주희의 스승인 李侗(이통/이동)[1093~1163], 호는 延平先生. 程頤[1033~1107]의 二傳弟子이고, 주희의 부친 朱松[1097~1143]과 동창으로, 羅從彦[1072~1135]을 스승으로 모셨다.

17 주희의 《延平答問》에 나오는 글이다.

18 《論語大全》'深潛'은 깊이가 얕거나 밖으로 드러나지 않고 덕성이 깊고 큰 것을 말한다. '純粹'는 조그마한 흠집도 없고 기질이 밝고 맑은 것을 말한다(慶源輔氏曰: 深潛, 謂不淺露而德性淵宏。純粹, 謂無瑕疵而氣質明淨。);《通書・誠上》(朱熹解) '純'은 섞이지 않은 것이고, '粹'는 흠이 없는 것이다(朱熹解: 純, 不雜, 粹, 無疵.).

19 體段(체단): 자태. 모습. 용모. 형상(身段: 体态。指事物的形象。).

20 《述而 제2장》의 '默而識之'(묵이지지)[잠잠히 마음에 새기다(暗中记住)]와는 뜻이 다르다.

21 《論語大全》'融'字는 消融[녹아서 하나로 되다. 풀어져 없어지다]과 비슷한 것으로, 눈이 끓는 물 안에 들어간 것과 같은 것이다(朱子曰: 融字, 如消融相似, 如雪在湯中.).

22 觸處(촉처): 어느 곳이나, 가서 닥치는 것마다(到处, 随处。极言其多。).

23 洞然(통연): 꿰뚫는 모양. 통달한 모양. 분명하게 아는 모양(贯通貌: 穿透貌: 清楚明了貌).

24 及(지): ~를 틈타. 이용해서(趁).

25 坦然(탄연): 평정심으로 아무런 걱정이 없는 상태(平直广阔貌: 形容心里平静无顾虑。).

26 《論語大全》안자는 가르침이 귀로 들어오면 마음에 착 달라붙고, 四肢로 두루 퍼지고, 動靜 가운데 나타났으니[荀子・勸學], 선생님의 말씀을 충분하리만큼 분명하게 드러낼 수 있었다(朱子曰: 顏子所聞, 入乎耳, 著乎心, 布乎四體, 形乎動靜, 則足以發明夫子之言矣。);《論語大全》'默識'(묵식)은 언설을 기다리지 않고 저절로 그 뜻을 이해하는 것이다. '心融'은 사유를 기다리지 않고 저절로 그것과 하나 되는 것이다. '觸處洞然 自有條理'는 자기 집 안을 돌아다니는 것처럼, 길의 굽음과 꺾임, 그릇의 정돈 상태, 조리 순서가 훤하게 내 마음속에 있는 것이다(慶源輔氏曰: 默識, 是不待言說而自喩其意。心融, 是不待思維而自與之爲一。觸處洞然自有條理者, 謂如行自己家庭中, 蹊徑曲折, 器用安頓, 條理次序, 曉然在吾心目之間也。).

행실에서, 모두 선생님의 말씀을 충분히 분명하게 펼쳐 보이고, 마음 편히 선생님의 말씀을 따를 뿐 전혀 의심이 없는 것을 보시고는, 그런 연후에야 그가 어리석은 사람이 아니라는 것을 아신 것이다."

[視其所以章]

021001、子曰:「視¹其²所以³·⁴,

선생님께서 말씀하셨다. "그 사람이 하고 있는 일을 지켜보고,

以, 爲也。爲善者爲君子, 爲惡者爲小人。

'以'(이)는 '하다'[爲]이다. 선한 일을 하는 자가 '君子'(군자)이고, 악한 일을 하는 자가 '小人'(소인)이다.

021002、觀⁵其所由⁶,

---

1 視(시): 보다. 대하다. 다루다(看。引申爲看待。).

2 《論語義疏》'其'는 '그/저 사람'이다(疏: 其, 其彼人也。).

3 《論語集解》'以'는 '用'이다["그가 사용하고 있는 것을 지켜본다"](注: 以, 用也。言視其所行用也。); 《論語譯注》所以(소이): '以'는 '用'으로도 설명할 수 있고, '與'로도 설명할 수 있다. '用'으로 풀이할 경우, 아래 구절의 '所由'의 뜻과 중복되어, 이 때문에 나는 '與'로 풀이했다. 《微子 제6장》'而誰以易之'[그대는 누구와 함께 이러한 흐름을 바꾸겠는가?]의 '以'와 같은 뜻이다["그 사람이 어떤 친구와 사귀는지를 살핀다"](所以: "以"字可以當"用"講, 也可以當"與"講。如果解釋爲"用", 便和下句"所由"的意思重複, 因此我把它解釋爲"與", 和微子篇第十八"而誰以易之"的"以"同義: "考查一個人所結交的朋友。"); 《論語新解》'以'는 '因'의 뜻이다. 무엇 때문에 이 일을 하는가. 그 행위의 동기와 저의를 가리킨 말이다(以, 因义。因何而为此事, 此指其行为之动机与居心言。); 《助字辨略》'所以'‧'所由'‧'所安'은 모두 향하는 방향이 있기 때문에, '所'라 한 것이다(所以, 所由, 所安, 皆有方向, 故云所也。); 《古書虛字》일을 가리킨다('所', 指事之詞也。); 《百度漢語》所以(소이): 하는 일(所作, 所为。); 以(이): 일을 하다. 종사하다. 처리하다(做, 从事。).

4 《補正述疏》《資治通鑑‧周紀》에, 이극이 재상을 선임하는 문제에 대해 위문후에게 말하기를, '평상시에는 그가 가까이 지내는 사람을 살피고, 부귀할 때는 그가 교제하는 사람을 살피고, 권세 막강할 때는 그가 천거하는 사람을 살피고, 곤궁할 때는 그가 지조를 지켜서 하려 하지 않는 바[子路 제21장]를 살피고, 가난할 때는 그가 취하지 않는 것을 살피십시오. 이 다섯 가지만 살피면 족히 재상을 선임하실 수 있습니다'라고 했는데, 이 모두가 '視其所以'의 종류이다(述曰:《通鑑‧周紀》稱李克論相云: '居視其所親, 富視其所與, 達視其所舉, 窮視其所不爲, 貧視其所不取, 五者足以定之矣。' 皆其類也。)

5 《春秋穀梁傳‧隱公5年》예삿일을 보는 것이 '視', 예삿일이 아닌 일을 보는 것이 '觀'이다(常事曰視, 非常曰觀。); 《王力漢語》視(시)는 가까이서 보는 것으로, 그래서 '시찰하다'의 뜻이 파생될 수 있고, '望'(망)은 멀리서 보는 것으로, 그래서 '간절히 바라다'의 뜻이 파생될 수 있고, '觀'(관)은 목적을 가지고 보는 것으로, 그래서 '감상하다'의 뜻이 파생될 수 있다. '見'은 '視'와 '望'의 결과이다('視'是近視, 所以能引申出'視察'的意思。'望'是遠看, 所以可引申出'盼望'的意思。'觀'是有目的地看, 所以能引申出'欣賞'的意思。

그 사람이 그 일을 하게 된 내력을 살펴보고,

觀, 比視爲詳矣。由, 從[7]也。事雖爲善, 而意之所從來[8]者有未善焉, 則亦不得爲君子矣。
或曰:「由, 行也。謂所以行其所爲者也。」

'觀'(관)은 '視'(시)보다 더 상세히 보는 것이다. '由'(유)는 '~로부터 출발하다'[從]이다.
하고 있는 일이 비록 선할지라도, 그 일을 하려는 생각을 갖게 된 처음 출발점에 선하
지 못한 것이 있으면, 군자일 수가 없다.

어떤 사람이 말했다. "'由'(유)는 '행하다'[行]이다. 그가 하고 있는 일을 행하게 된 까닭을
말한다."

021003. 察其所安[9]。

그 사람이 즐거워하는 것을 상세히 들여다본다.

'見'是'視'和'望'的結果。); 觀(관): 목적을 가지고 보다. 관찰하다(有目的地看, 觀察。)

6 《論語集解》'由'는 '經'이다["여태껏 지내온 내력을 본다"](注: 由, 經也。言觀其所經從也。);《論語譯注》
'由'는 '由此行'[이에 따라/이 때문에/이로 말미암아 행하다]의 뜻이다. 《學而》편 '小大由之'[제12장],
《雍也》편 '行不由徑'[제12장], 《泰伯》편 '民可使由之'[제9장]의 '由'가 모두 이렇게 풀이한다. '所由'는
경유하는 도로를 가리킨다. 방식. 방법('由', '由此行'的意思。學而篇第一的'小大由之', 雍也篇第六的'行不
由徑', 泰伯篇第八的'民可使由之'的'由'都如此解。'所由'是指所從由的道路, 因此我用方式方法來譯述。);
《論語新解》'由'는 '經由'의 뜻이다. 똑같은 일이지만 택하는 길은 달라, 어떤 사람은 빠른 길을 좋아하고,
어떤 사람은 험한 길을 무릅쓰고, 어떤 사람은 평탄한 대로로 경유한다. 이는 그 행위의 경향과 심술을
가리키는 말이다(由, 经由义。同一事, 取径不同, 或喜捷径, 或冒险路, 或由平坦大道。此指其行为之趋向与
心术言。);《論孟虛字》일을 하게 된 동기('由'指行事之動機。); 所由(소유): 걸어온 길. 지내온 내력(所经历的
道路。所自, 所从来。); 由(유): 나뭇가지가 새로 나다. 처음 싹이 트다. 새로 생기다. 시작하다. 따르다. ~대로
하다(树木生新枝。亦泛指萌生。遵从; 遵照).

7 從(종): ~로부터. 동작의 기점을 표시한다(自, 由。用作虚词, 表示起点。).

8 所從來(소종래): 어떤 일이 생겨나게 된 내력; 從來(종래): 출처. 유래. 기원(来路; 由来; 来源).

9 [성]察其所安(찰기소안): 어떤 일을 하는데, 마음 편해하는지를 관찰하다(指观察一个人在安心作什么。);
《說文 · 宀部》'察'은 세심하고 확실하게 살피는 것이다(察, 覆[覈]也。);《論語義疏》'察'은 속으로 헤아려
보는 것이다. '安'은 뜻과 기운이 그쪽으로 쏠리는 것이다(疏: 察, 謂心懷忖測之也。安, 謂意氣歸向之也。);
察(찰): 관찰하다. 자세히 보다(本义: 观察; 仔细看。);《論語正義》'安'은 마음이 가서 머무는 곳이다(正義
曰: '安'者, 意之所止也。).

察, 則又加詳矣。安, 所樂也。所由雖善, 而心之所樂者不在於是, 則亦僞[10]耳, 豈能久而不變哉?[11]

'察'(찰)은 더욱더 상세히 들여다보는 것이다. '安'(안)은 '즐거워하는 것'[所樂]이다. 그 일을 하게 된 내력이 비록 선할지라도, 마음속으로 즐거워하는 것이 그 일에 있지 않으면 역시 위선일 뿐이니, 어찌 오래되도록 변하지 않을 수 있겠는가?

021004、人焉廋哉[12]? 人焉廋哉?」[13]

---

10 僞(위): 허위. 거짓(虛假; 不真実).

11 《論語大全》즐거움이 있는 곳에서, 성실히 선을 행하니, 예쁜 여자를 좋아하고 악취를 싫어하듯이 하는 것이지, 억지로 하는 것이 아니다. 이것을 가지고 다른 사람을 살핀다면, 마찬가지로 이것을 가지고 자기를 살펴야 한다. 자기가 선한 일을 하는 것이 과연 자기를 위해서인지, 과연 즐거운지 아닌지를 살펴야 한다(朱子曰: 於樂處, 便是誠實爲善, 如好好色, 如惡惡臭, 不是勉彊做來。若以此觀人, 亦須以此自觀, 看自家爲善果是爲己, 果是樂否。);《論語大全》'所以'는 '所爲'[하는 일]이다. '所由'는 '如此做'[이래서 하다. 동기이다. '所安'는 '所樂'[즐거워하는 일]이다. 비유컨대 독서는 '所爲'에 해당하는 것으로, 어찌 좋은 일이 아니겠는가마는, 그 '如此做'도 아주 여러 가지로, 자기를 위해 독서하는 경우, 이름을 얻기 위해 독서하는 경우, 이익을 꾀하기 위해 독서하는 경우가 있으니, 반드시 그 '所由'가 어떤 동기에서 나왔는지를 살펴야 한다. 그가 자기를 위해 독서했다면 물론 선하지만, 혹 억지로 애써서 나오는 경우가 있으므로, 그 '所樂'을 또한 살펴야 한다(朱子曰: 所以, 是所爲。所由, 是如此做。所安, 是所樂。譬如讀書是所爲, 豈不是好事, 然其去如此做, 又煞多般, 有爲己而讀者, 有爲名而讀者, 有爲利而讀者, 須觀其所由從如何。其爲己而讀者固善矣, 然或有出於勉彊者, 故又觀其所樂。).

12 《論語義疏》'焉'은 '安'[어찌]이다(疏: 焉, 安也。);《詞詮》누구. 무엇. 어디. 사람·일·방위에 쓰이는 의문대명사('焉', 疑問代名詞。人, 事, 方所皆用之。);《論語詞典》焉(언): 의문대명사. 어디. 어느 곳(疑問代詞, 哪裏, 何處。);《論語集解》'廋'는 '匿'(닉)이다["사람의 처음부터 끝을 다 살폈으니, 어찌 자기의 진실한 감정을 숨길 곳이 있겠느냐?"](注: 孔安國曰: 廋, 匿也。言觀人之終始, 安有所匿其情也。);《文言虛詞》哉(재): 의문문에서 반드시 특지의문문에 쓰이는데, 따로 의문사가 있는 경우, 의문어기에 더해서 약간의 감탄의 의미도 띤다('哉'用於疑問句, 一定用於特指疑問句, 另有疑問詞, 而且其中還不免帶有若干感歎意味。).

13 《書經·虞書·皋陶謨》고요가 말했다. "정치는 知人에 달려 있으며, 安民에 달려 있습니다." 禹가 말했다. "모든 것이 잘 될 때도, 요 임금께서는 이를 어려워하셨습니다. 사람을 아는 것이 곧 明哲이니, 사람을 그에 맞게 쓸 수 있습니다. 명철하다면 어찌 듣기 좋게 하는 말, 상냥하게 꾸민 얼굴빛, 알랑거리는 행동을 두려워하겠습니까?"(皋陶曰: "都! 在知人, 在安民。" 禹曰: "吁! 咸若時, 惟帝其難之。知人則哲, 能官人……能哲……何畏乎巧言令色孔壬?");《孟子·離婁上 제15장》맹자가 말했다. "사람 안에 들어 있는 것을 살피는 데는, 눈동자를 살피는 것보다 좋은 게 없다. 눈동자는 그 사람의 악을 가릴 수 없다. 마음속이 바르면, 눈동자가 맑고, 마음속이 바르지 못하면, 눈동자가 맑지 못하다. 그가 하는 말을 들어보고, 그의 눈동자를 살펴본다면, 사람이 무엇을 숨기겠느냐?"(孟子曰: 存乎人者, 莫良於眸子。眸子不能掩其惡。胸中正, 則眸子瞭焉; 胸中不正, 則眸子眊焉。聽其言也, 觀其眸子, 人焉廋哉?);《補正述疏》이 장의 의의는 知人術을 만세에 고하는 것이리라。《大戴禮記·文王官人》에, 文王이 '그 사람이

사람이 무엇을 숨기겠느냐? 사람이 무엇을 숨기겠느냐?"

焉, 於虔反。廋, 所留反。○焉, 何也。廋, 匿也。重言以深明之。

'焉'(언)은 '於'(어)와 '虔'(건)의 반절이다. '廋'(수)'는 '所'(소)와 '留'(류)의 반절이다. ○ '焉'(언)은 '무엇'[何]이다. '廋'(수)는 '숨기다'[匿]이다. 반복해서 말씀하여 이로써 분명하게 밝히신 것이다.

○程子曰:「在己者[14]能知言[15]窮理[16], 則能以此察人如聖人也。」[17]

하는 일을 지켜보고, 그 사람이 그 일을 하게 된 내력을 살펴보고, 그 사람이 즐거워하는 것을 상세히 들여다보는 것, 그 사람이 전에 했던 것을 가지고 후에 취할 행위를 점치고, 보이는 것을 가지고 숨어 있는 것을 점치고, 사소한 것을 가지고 큰 것을 점치는 것, 이것을 일러 視中이라 한다'고 했는데, 대개 그 사람의 외면으로부터 그 사람의 중심을 아는 것으로, 이것이 官人[사람을 선발해 맞는 직책에 앉히다]의 대요인데, 공자께서 이를 말씀하신 것이다(述曰: 謹案: 此章之義, 其告萬世以知人之術乎……《大戴禮記·文王官人》云: '考其所爲, 觀其所由, 察其所安; 以其前占其後, 以其見占其隱, 以其小占其大, 此之謂『視中』也'。蓋自其外面而知其中也, 此爲官人之大要矣, 今孔子述焉。);《朱子語類24: 22》이 장은 다른 사람을 관찰할 수 있을 뿐 아니라, 이로써 스스로를 살필 수도 있다(曰: "此不惟可以觀人, 亦當以此自考。").

14 《荀子·天論》가령 志意[정신. 사상]가 수양이 되는 것, 德行이 두터워지는 것, 智慮[지혜와 사려]가 밝아지는 것, 지금 세상을 살아가면서 옛것에 뜻을 두는 것이, 자기 하기에 달려 있는 것들이다. 그러기에 군자는 자기 하기에 달려 있는 것을 경모하고, 하늘에 달려 있는 것을 경모하지 않는다. 소인은 자기 하기에 달려 있는 것을 제쳐두고, 하늘에 달려 있는 것을 경모한다(若夫志意脩, 德行厚, 知慮明, 生於今而志乎古, 則是其在我者也。故君子敬其在己者, 而不慕其在天者; 小人錯其在己者, 而慕其在天者。).

15 《孟子·公孫丑上 제2장》공손추가 물었다. "무엇을 知言이라 합니까?" 맹자가 말했다. "한쪽으로 치우친 말에서는 다른 한쪽에 접어둔 말이 있으리라는 것을 알고, 허황된 궤변에서는 무엇인가에 마음이 빠져 있는 데가 있으리라는 것을 알고, 부정한 말에서는 도에서 괴리되어 있으리라는 것을 알고, 평계 대는 말에서는 궁지에 빠져 있으리라는 것을 안다. 이 네 가지 말은 마음에서 생겨나, 정사에 해를 끼치고, 정사에서 발현되어, 국사에 해를 끼친다. 성인이 다시 나오신다고 해도, 반드시 내 말에 수긍하실 것이다"(何謂知言? 曰: 詖辭知其所蔽, 淫辭知其所陷, 邪辭知其所離, 遁辭知其所窮。生於其心, 害於其政, 發於其政, 害於其事。聖人復起, 必從吾言矣。);《堯曰 제3장》참조.

16 《爲政 제4장 제6절》각주 《周易·說卦》참조.

17 《莊子·雜篇·列御寇》공자가 말했다. "무릇 사람의 마음이란 산천보다도 험해서, 하늘을 아는 것보다 어렵다. 하늘에는 그래도 봄·가을·겨울·여름, 아침·저녁이라는 주기가 있는데, 사람이란 자는 외모는 후덕해 보이지만 속은 전혀 알 수 없다. 그러므로 어떤 자는 성실해 보이지만 속은 교만하고, 어떤 자는 잘나 보이지만 심술은 바르지 못하고, 어떤 자는 신중해 보이지만 속은 조급하고, 어떤 자는 강인해 보이지만 속은 게을러 풀어져 있고, 어떤 자는 완만해 보이지만 속은 사나운 자가 있다. 그러므로 목말라 샘으로 달려가듯 의를 향해 달려가던 그런 자가, 뜨거운 불길을 피하듯 의에서 떠나간다. 이 때문에 군자는 사람을 먼데다 보내놓고 부리면서 충성을 살피고, 가까이 옆에 놓고 부리면서 공경을 살피고, 얽히고설킨 일을 시켜 능력을 살피고, 갑자기 질문을 던져 지혜를 살피고, 기한이 임박한

○정자(程子·明道)가 말했다. "자기 하기에 달려 있는 것들을 길러 말을 알고 이치를 궁구할 수 있는 정도가 되면, 이것들을 써서 성인처럼 사람을 상세히 살필 수 있다."

일을 주어 신용을 살피고, 재물을 맡겨서 청렴을 살피고, 위기에 처한 상황을 알려주어 절의를 살피고, 술에 취하게 해서 주벽을 살피고, 남녀가 뒤섞인 자리에서 여색을 대하는 태도를 살피는 것이다. 이상의 아홉 가지 시험을 거쳐서, 못난 자는 자연스레 가려진다"(孔子曰: 凡人心險於山川, 難於知天。天猶有春秋冬夏旦暮之期, 人者厚貌深情。故有貌愿而益, 有長若不肖, 有順懁而達, 有堅而縵, 有緩而釬。故其就義若渴者, 其去義若熱。故君子遠使之而觀其忠, 近使之而觀其敬, 煩使之而觀其能, 卒然問焉而觀其知, 急與之期而觀其信, 委之以財而觀其仁, 告之以危而觀其節, 醉之以酒而觀其側, 雜之以處而觀其色。九徵至, 不肖人得矣。).

[溫故而知新章]

021101、子曰:「溫故而知新,¹ 可以²爲師³矣。」⁴

---

1 [성]溫故知新(온고지신): 옛 지식을 다시 덥혀 익혀서, 새로운 이해를 얻다. 과거를 돌이켜보고 현재를 더 잘 이해하다(溫: 溫習。故: 旧的。溫習旧的知识, 得到新的理解和体会。也指回忆过去, 能更好地认识现在。);《論語集解》'溫'은 '尋'이다. 찾다. 탐구하다. 곱씹다. 거듭 익히다["옛것을 거듭 익히는 자, 그에 더해 새것을 아는 자는 남의 스승이 될 수 있다"](注: 溫, 尋也。尋繹故者, 又知新者, 可以爲師也。);《論語義疏》'溫'은 '溫燖'[(식은 것을) 덥히고 익히다]이다. '故'는 배워 이미 얻은 것을 말한다. 배워 이미 얻은 것을 덥히고 익혀서 까먹지 않게 하는 것이다. 이는 '달로 이미 배워 알고 있는 것을 잊지 않는 것(月無忘其所能)'[子張 제5장]이다. '新'은 방금 배워 새로 얻은 것이다. '知新'은 '날로 내게 아직 없는 것을 배워 아는 것(日知其所亡)'[子張 제5장]이다["배움이 날로는 내게 없는 것을 배우고, 달로는 이미 배워 알고 있는 것을 잊지 않으면, 이 사람은 남의 스승이 될 수 있다"](疏: 溫, 溫燖也。故, 謂所學已得之事也。所學已得者, 則溫燖之不使忘失。此是月無忘其所能也。新, 謂即時所學新得者也。知新, 謂日知其所亡也。若學能日知所亡, 月無忘所能, 此乃可爲人師也。);《王力漢語》而(이): 접속사. 두 종류의 성질·행위를 이어준다["溫故해서 知新한다"](連詞。連接兩種性質或兩種行爲。);《論語疏證》'溫故而知新'은 먼저 溫故하고 그 뒤에 知新하는 것이다. 전에 배운 학업을 푹 적시도록 깊숙이 잠기도록 익히는 중에 새로운 지식이 거기에서 홀연히 샘솟아 나오는 것으로, 이는 義가 생각지도 않게 갑자기 닥쳐서 얻어지는 것도 아니고, 벼 이삭을 잡아 뽑아 올려 억지로 자라게 돕는 자의 소행도 아니고[孟子·公孫丑上 제2장], 옛것에서 새롭게 나오기에 신뢰할 수 있는 것이다. 溫故하지 않으면서 知新하려는 자의 병통은 허망함이고, 溫故하면서 知新하지 못하는 자의 병통은 범상함이다. 이 둘 모두 공자께서 인정하지 않은 바였다(樹達按: 所謂溫故而知新者, 先溫故而後知新也。優游涵養於故業之中, 新知忽涌現焉, 此非義襲而取, 揠苗助長者之所爲, 而其新出乎故, 故爲可信也。不溫故而欲知新者, 其病也妄; 溫故而不知新者, 其病庸。皆非孔子所許也。);《論語正義》《中庸 제27장》의 '溫故而知新'에 대한 정현의 주에, "溫'은 '燖溫(심온)의 '溫'으로 읽는다'고 했다. '燖'은 줄여서 '尋'으로 쓰기도 한다. 생각건대, '尋'의 正字는 '燅'(섬)으로 써야 맞다.《說文·炎部》에, '燅은 끓는 물에 고기를 푹 담가 삶는 것이다'라고 했다.《儀禮·有司徹》의 '乃燅尸俎'에 대한 정현의 주에, '燅은 溫이다. 고문에는 燅이 모두 尋으로 쓰여 있는데,《儀禮》에는 간혹 '燖'으로 쓰여 있다'고 했다(正義曰:《禮·中庸》云: "溫故而知新。" 鄭注: "溫讀如燖溫之溫。" "燖"或省作"尋"。案: "尋"正字當作"燅"。《說文》: "燅, 於湯中淪肉也。"《儀禮·有司徹》: "乃燅尸俎。" 鄭注: "燅, 溫也。古文燅皆作'尋',《記》或作'燖'。);《論語新解》'溫'은 溫燖[덥히고 익히다]의 뜻이다. 燖(심)은 불로 음식을 익히는 것이다. 뒤에 와서 센 불로 속히 익히는 것을 煮(자), 약한 불로 천천히 익히는 것을 溫(온)이라 하는데, 溫은 習과 같다. '故'字에는 두 견해가 있다. ①예전에 들은 것, 예전에 안 것이 故이고, 지금 얻은 것, 새롭게 깨달은 것이 新이다. ②故事典故. ["옛 지식을 덥혀 익히는 중에 새로운 지식을 깨달을 수 있다"](溫, 溫燖义。燖者以火熟物。后人称急火曰煮, 慢火曰溫, 溫犹习也。故字有两解。一曰: 旧所闻昔所知为故, 今所得新所悟为新。一曰: 故如故事典故。"能从溫習旧知中开悟出新知, 則……");《論語譯注》"옛 지식을 다시 익히는 중에, 새로운 것을 체득하고 새로운 것을 발견한다"("在溫習舊知識時, 能有新體會, 新發現……");《論語今讀》"과거(역사)를 익혀, 이로써 미래를 안다"("溫习过去, 以知道未来……")。

2 《論語語法》'可以'는 접미사 '以'를 붙여, 조동사 역할을 한 것으로 '可'의 역할과 같다('可以'是帶詞尾詞, 用作能源動詞, 相當於'可'的作用。)。

3 《論語句法》'爲'는 준연결동사, 주어는 '溫故而知新的人', 술어는 '師', '以'는 부사 '可'와 준연결동사

선생님께서 말씀하셨다. "옛것을 익히고 (그러는 가운데) 새것을 알면, 가히 이로써 남의 스승이 될 수 있다."

溫, 尋繹[5]也。故者, 舊所聞。新者, 今所得。言學能時習舊聞, 而每有新得, 則所學在我, 而其應不窮, 故可以爲人師。若夫[6]記問之學[7], 則無得於心, 而所知有限[8], 故學記識其「不足以爲人師」[9], 正與此意互相發也。[10]

─────────────

'爲'를 연계시켜주는 역할을 한다. 지금의 '可以'는 두 글자가 합쳐져서 뜻이 하나로 된 단어이지만, 문언문에서 '可' '以' 여전히 별개의 단어이다["溫故知新한 사람은 그를 써서 스승으로 삼을 수 있다"]('爲是準繫詞, 主語是'溫故而知新的人', 謂語是'師', '以'字是連繫限制詞'可'跟準繫詞'爲'字的。讀者千萬不要誤以爲這裡的'可以', 就是白話的'可以', 要知道: 白話的'可以'是聯合式的合義複詞, 而文言'可''以'還是兩個單詞呢!);《古今注》'可以爲師'는 스승이란 직업이 꽤 할 만하다고 말한 것이다. 옛날에 배운 것이 이미 차가워졌는데, 지금 사람을 가르치는 까닭으로 溫故知新할 수 있으니, 나에게 유익한 일이 아니겠는가? 사람으로서 스승은 할 만한 직업이다. 옛날에 배웠던 것이 이미 차가워졌는데, 매사 남을 가르침으로 해서, 옛것을 따뜻하게 익히고 새것을 알 수 있게 되어, 공자께서 이를 이롭게 여겨 스승은 할 만한 직업이라고 말씀하신 것이다(可以爲師, 謂師之爲職, 頗可爲也。舊學旣冷, 今以敎人之故, 得溫故而知新, 非益我之事乎? 人可以爲師矣……舊學旣冷, 每以誨人之, 故得溫故而知新, 孔子利此而爲言也。); 師(사): 지식·기술을 전수하는 사람. 선생(传授知识, 技术的人。老师。).

4 《中庸 제27장》그러기에 군자는 덕성을 높이 받들되 학문을 통해서 하고, 넓이로는 광대함을 다 하되 깊이로는 정미함을 다 하고, 고명의 경지에 도달하되 중용을 통해서 한다. 옛것을 익히되 새것을 알아가고, 성정을 넉넉하고 후덕하게 하되 禮를 높인다(故君子尊德性而道問學, 致廣大而盡精微, 極高明而道中庸。溫故而知新, 敦厚以崇禮。).

5 尋繹(심역): 되풀이해서 탐색하다. 곱씹다. 곰곰이 되풀어보다. 생각의 실마리를 찾아 계속 이어가다. 누에고치에서 실마리를 찾아 실을 뽑아내다(反復探索, 推求。);《說文·糸部》'繹'(역)은 (누에고치에서) 실을 뽑아내는 것이다(繹, 抽絲也。).

6 若夫(약부): ~에 관해서라면(至于。用于句首或段落的開始, 表示另提一事。).

7 記問之學(기문지학): 다른 사람의 질문에 응하고자 미리 외워두는 것(指为应付他人之问难而预为之记诵之学。谓无真知之学。).

8 《論語大全》記問之學의 경우는 한 가지 일을 알고 다시 두 번째 일로 미루어 나가지 못한다(朱子曰: 如記問之學, 記得一事, 更推第二事不去。).

9 《禮記·學記》질문에 대응하기 위해 미리 외워두는 배움으로는, 남의 스승이 될 수 없다. (강의내용에 대해) 반드시 질문하기를 기다려 설명해주고, 못 알아들어 의심스러운 안색이 있는데 질문하지 못하면, 다시 알아듣게 설명해준다. 그래도 알아듣지 못하면, 잠시 제쳐두는 것도 괜찮다(記問之學, 不足以爲人師。必也聽語乎, 力不能問, 然後語之: 語之而不知, 雖舍之可也。);《論語大全》記問之學은 열 가지를 외우면 열 가지를 알고, 백 가지를 외우면 백 가지를 알 뿐이니, 이것은 융통성이 없다. 知新하면, 옛것을 익히는 중에, 이 도리의 더욱 정밀한 부분을 깨치게 되고, 옛날에 아는 것을 능가한다. 늘리고 펴고, 넓히고 키우고, 항상 살아 있고 융통성이 있다.《中庸 제27장》의 '溫故而知新'은 '溫故'에 중점이 있지만, 이 장은 '知新'에 중점이 있다(朱子曰: 記問之學……記得十件, 只是十件, 記得百件, 只是百件, 這箇便死殺了。知新, 則就溫故中, 見得這道理愈精, 勝似舊時, 引而伸之, 觸類而長之, 則常活不死殺。中庸溫故而知

'溫'(온)은 '되풀이해서 행하다'[尋繹]이다. '故'(고)는 '전에 들은 가르침'이다. '新'(신)은 '지금 얻은 것'이다. 말씀인즉, 배우는 데 있어서 능히 수시로 전에 들은 가르침을 익히면서, 그때마다 매번 (전에 미처 얻지 못했던 것을) 새롭게 얻는 것이 있으면, (전에) 배운 것은 내 안에서 떠나지 않고, 그 응용은 끝이 없으므로, 이로써 남의 스승이 될 수 있다는 것이다. 질문에 대응하기 위해 미리 외워두는 배움[記問之學]의 경우에는, 마음에 새롭게 얻는 게 없고, 아는 것에 한계가 있기 때문에, 《예기·학기》(禮記·學記)에서, 질문에 대응하기 위해 미리 외워두는 배움에 대해 '남의 스승이 될 수 없다'고 비판했는데, 바로 이 장과 뜻을 상호 간에 밝혀 준다.

新, 乃是溫故重, 此却是知新重。).

10 《論語大全》'溫故而知新'은 그 말뜻을 음미해보면, 溫故하지만 知新하지 못하는 자를 위해 하신 말씀이다. 溫故하지 않는 것은 물론 공부의 중단이다. 얻는 게 없다면, 溫故할지라도 남의 스승이 되기에 부족하다. 그래서 溫故하면서 또 知新해야 한다. 이 글의 말뜻은 知新에 중점이 있다. 新[새것]이란 단지 故[옛것] 중에 들어 있는 도리로서, 수시로 익히면, 점점 드러나게 된다(朱子曰: 溫故而知新, 味其語意, 乃爲溫故而不知新者設。不溫故固是間斷了。若果無所得, 雖溫故亦不足以爲人師。所以溫故又要知新⋯⋯這語意在知新上⋯⋯新者, 只是故中底道理, 時習得熟, 漸漸發得出來。).

[君子不器章]

021201、子曰：「君子不器。[1][2]」

　　　　선생님께서 말씀하셨다. "군자는 한 가지 한정된 용도로만 쓰이는 그릇이
　　　　아니다."

器者, 各適其用而不能相通。成德之士, 體無不具, 故用無不周[3], 非特[4]爲一才一藝而已。
'器'(기)라는 것은 각기 그 그릇에 맞는 용도에만 적합할 뿐이어서 그릇 상호 간에는
용도를 서로 바꿔쓰지 못한다. 덕을 이룬 선비인 '君子'(군자)는 그 바탕[體]에 두루두루
갖춰져 있지 않은 게 없고, 그래서 그 쓰임[用]이 두루두루 미치지 않는 데가 없으니,
비단 한 가지 재능이나 한 가지 기예의 쓰임으로 그치는 것이 아니다.

---

1 [성]君子不器[군자불기]: 군자는 기물과 달라서, 어느 한 방면에만 한정되어 역할하지 않는다. 다재다능
  을 찬미할 때 쓰인다(君子不象器具那样, 作用仅仅限于某一方面。用于贊美别人多才多艺。); 不器(불기):
  그릇 같은 것과는 같지 않다. 한 가지 용도로 국한되지 않다(不象器皿一般。意谓用途不局限于一个方面。);
  《王力漢語》 '不'과 '弗'은 명사를 부정하지 못한다. '不'字 뒤에 쓴 명사는 형용사나 동사처럼 쓰인 것이고,
  '弗'字 뒤에 쓴 명사는 타동사처럼 쓰인 것이다["군자는 그릇처럼 한정된 용도로 쓰이지 않는다"]('不'和
  '弗'都不能否定名詞。 用在'不'字後面的名詞用如形容詞或動詞；用在'弗'字後面的名詞用如及物動詞。);
  《文言語法》 소수의 명사는 동사로 쓸 수 있는데, 그 형식 중의 하나는 '조동사 또는 부사(구)+명사'
  형식으로, 연계성 동사 '是'[~이다]나 '像'[~와 같다]이 생략된 것이라 할 수 있다(少數名詞可以用作動詞,
  它的格式中的一, 其上有助動詞或者副詞以及副詞短語, 可以說是省略了聯繫性的動詞'是'字或者'像'字。);
  《論語新解》 "군자는 어떤 특정용도로만 제공되는 그릇과는 다르다"("一个君子不像一件器具(只供某一
  种特定的使用)。"); 《說文・皿部》 器(기): 음식을 담는 그릇. 口는 그릇의 주둥이를 형상화했고, 犬은
  이를 써서 음식이 담긴 그릇을 지키는 것이다(皿也。象器之口, 犬所以守之。).
2 《禮記・學記》 大德은 고정된 관직에 국한되지 않고, 大道는 한정된 용도로 국한되지 않고, 大信은
  성해진 약속에 구속되지 않고, 大時[천시]는 한결같은 춘하추동에 국한되지 않는다(君子曰: 大德不官,
  大道不器, 大信不約, 大時不齊。).
3 《論語大全》 '用無不周'는 군자가 不器임을 밝힌 것이고, '體無不具'는 군자가 不器인 까닭을 밝힌 것이다
  (勉齋黃氏曰: 用無不周, 見君子之不器; 體無不具, 原君子之所以不器也。);《論語大全》 君子는 才와 德이
  출중한 자이다. 德은 體이고, 才는 用이다. '君子不器'는 어느 한 가지에 한정된 용도로 쓰이지 않는다는
  것으로, 소위 '體無不具'[바탕에 두루두루 갖춰져 있지 않은 게 없다]이다(朱子曰: 君子才德出衆。德,
  體也, 才, 用也……君子不器, 是不拘於一, 所謂體無不具。); 周(주): 완전히 구비하다. 전반적이다. 보편적
  이다. 전체에 미치다. 두루두루(完備; 普遍, 全面。).
4 非特(비특): 비단. 단지~만이 아니다(不仅; 不只).

[子貢問君子章]

021301、子貢問君子。子曰:「先行其言而後[1]從之。[2][3]」

　　자공(子貢)이 군자에 대해 여쭈었다. 선생님께서 말씀하셨다. "자기가 하고자 하는 말을 (말하기에) 앞서 행하고, 그 후에 말이 따르게 한다."

周氏曰:「先行其言者, 行之於未言之前; 而後從之者, 言之於既行之後。」[4]

　　주씨(周氏·周孚先)가 말했다. "'선행기언'(先行其言)이라는 것은 행동이 말하기 전에 있는 것이다. '이후종지'(而後從之)라는 것은 말이 행동한 후에 있는 것이다."

---

1 《論語語法》 양백준의 《古漢語虛詞》에 말했다. "'而後'는 연용해서, 전후의 일이 연속관계이거나 조건관계임을 표시하는데, 또한 접속사이다"(楊伯峻說: "'而後'連用, 表示前後兩事的連續關係或條件, 也是連詞。"); 《論語句法》 '而後'는 '然後'와 같고, '如此之後'와 같다. 본래 詞組로, 시간선후관계복문의 제2절의 머리에 관계사로 쓰이는 까닭에, '而後' 두 자는 반드시 이어 써야 하고, 절대 '後'字를 '從'字와 이어 붙여 읽으면 안 된다. 이 '後'字는 '從'를 수식하는 부사['뒤따르다']가 아니라는 것을 알아두어야 한다('而後'等於'然後', 也等於'如此之後', 所以它本是個詞組, 在時間先後關係的複句裡, 放在第二小句頭上, 做關係詞用, 因此, '而後'二字必須連續, 千萬不能把'後'字和'後'字連續起來, 要知道: 這個'後'字不是修飾'從'字的限制詞呀!).

2 《論語義疏》 군자는 먼저 말을 하지만, 후에 반드시 그 말을 실행한다. 실행이 말한 바에 부합하는 것, 이것이 '行從言'이다. 말을 했는데 실행하지 않으면 말을 허비한 것으로, 군자로서 부끄러워할 일이다(疏: 君子先行[有]其言, 而後必行, 行以副所言, 是行從言也。若言而不行, 則爲辭費, 君子所恥也。); 《論語集釋》 郝敬[1558~1639]의 《論語詳解》에 말했다. "'先行'에서 끊어 읽고, 말없이 행하는 것을 말한다. '其言'은 '凡言'을 말한다. '而後'는 행한 후를 말한다"["먼저 행하고, 말은 이후에 따르게 한다"](郝敬論語詳解: 『先行』斷句, 謂不言而行也。其言, 謂凡言。而後, 謂行之後。); 《論語集釋》은 '先行, 其言而後從之'로 읽는다; 《論語句法》 '其言'은 '심중에 하려고 하는 말'이다('其言', 是'其心中所欲言'的意思。); 《論語譯注》 "네가 하려는 말에 대해, 먼저 실행하고, 그리고 나서 말하라"("對於你要説的話, 先實行了, 再説出來。").

3 《禮記·坊記》 군자는 말을 단속하고, 소인은 말을 앞세운다(君子約言, 小人先言。); 《禮記·緇衣》 말하고 뒤이어 행하면, 거짓으로 꾸밀 수 없고, 행하고 뒤이어 말하면, 대강대강 할 수 없다. 그래서 군자는 적게 말하고 행동으로 그의 신뢰를 쌓는다. 이렇게 되면 백성은 장점을 과장하거나 결점을 축소할 수가 없다(子曰: 言從而行之, 則言不可飾也; 行從而言之, 則行不可飾也。故君子寡言, 而行以成其信, 則民不得大其美而小其惡。).

4 《論語大全》 "'先行其言而後從之'를 말 그대로 행할 경우, 어디에 말을 쓰겠습니까?" 朱子가 말했다. "성인께서는 '일에 대해서는 민첩하게 하지만 말에 대해서는 신중하게 한다'[學而 제14장], '말에 대해서는 굼뜨게 하려고 하고, 행동에 대해서는 재빠르게 하려고 한다'[里仁 제24장], '말할 때는 앞으로 행할 것을 헤아려서 말하고, 행할 때는 앞서 말한 것을 돌이켜서 행한다'[中庸 제13장]라고만 하셨지, 말하지 말라고 가르치신 적이 언제 있었더냐?"(問: 先行其言而後從之, 苟能行矣, 何事於言? 朱子曰: ……聖人只說敏於事而謹於言, 敏於行而訥於言, 言顧行行顧言, 何嘗教人不言。).

○范氏曰:「子貢之患, 非言之艱⁵而行之艱, 故告之以此。」⁶

---

5 艱(간): 어렵다. 힘들다(艰难: 困难).

6 《論語集釋》王夫之[1619~1692]의《讀四書大全說》에 말했다. "논어에는, 선유들은 매번 (그 사람의) 병폐를 치료하는 말씀이 들어 있다고 주장하는데, 나는 전혀 그렇지 않다고 생각한다. 성인의 말씀은 그 자체가 원기의 유행과 같아서, 사람들이 그것을 얻으면 사람답게 되고, 사물이 그것을 얻으면 사물답게 되어, 性과 命이 제각각 올바르게 되는데, '서서 자라는 초목은 저절로 배양되고, 쓰러져 넘어진 초목은 저절로 죽어 없어진다'[中庸 제17장]와 같다(讀四書大全說: 論語一書, 先儒每有藥病之說, 愚盡謂不然。聖人之語, 自如元氣流行, 人得之以爲人, 物得之以爲物, 性命各正, 而栽者自培, 傾者自覆). 병폐가 현저한 경우로, 자장이 녹을 구하는 법을 배우고자 한 것[爲政 제18장]과 자공이 사람들을 비교한 것[憲問 제31장]의 경우는, 공자께서 단호하고 급히 그들을 치료하고자 했는데, 그럼에도 말씀은 '녹봉을 구하는 길이 그 가운데 있다', '賜는 남들보다 뛰어난가 보구나?'라고만 하셨지, 그 경우도 역시 종내 '녹봉은 사람을 더럽힌다'거나, '사람은 남을 비교해서는 안 된다'고는 말씀하지 않으셨다. '녹봉은 사람을 더럽힌다'고 말하게 되면, 君臣之義를 폐하는 것이 되고[微子 제7장], '사람으로서 남을 비교해서는 안 된다'고 말하게 되면, 是非之性에 거역하는 것이 되어버린다(……且病之著者, 如子張學干祿, 子貢方人, 夫子固急欲療之矣, 乃曰 "祿在其中", 曰 "賜也賢乎哉", 亦終不謂祿之汙人, 而人之不可方也。言祿汙人, 則廢君臣之義; 言人不可方, 則是非之性拂矣). 또 자로가 '어찌 꼭 서책을 읽어야, 그런 후에만 배웠다 하겠습니까?'라고 말한 경우는[先進 제24장], 병폐가 더욱 심한 경우이지만, 공자께서는 역시 자로가 말재주 부리는 것만을 지적했을 뿐, 그 스스로 병폐를 알게 하신 것으로 그치셨다. 약을 처방해주고자 하셨다면, 반드시 '꼭 서책을 읽은 후에야 배웠다고 한다'고 말씀하셨을 텐데, 이것은 고금의 聖學을 記誦・詞章之學으로 한정시키는 것으로, 병자의 병에 약을 처방한 것이 도리어 더욱 병을 키운 격이다(又如子路曰 "何必讀書, 然後爲學", 病愈深矣。夫子亦但斥其佞, 使自知病而已矣。如欲藥之, 則必將曰必讀書而後爲學, 是限古今之聖學於記誦詞章之中, 病者病而藥者愈病矣). 자공이 군자에 대해 여쭌 것은, 군자가 되기를 추구한 자로서 가깝고 절실하게 힘써야 할 공부를 여쭌 것인데, 기록한 자가 여쭌 것은 다 잘라버리고 이 질문 부분만 이렇게 놔둔 것이다. 질문을 받고 답하시기를, '자기가 하고자 하는 말을 (말하기에) 앞서 행하고, 그 후에 말이 따르게 한다'고 하셨는데, 공자께서 평생 성인의 공부를 한 것에서, 요긴한 부분으로 이 말씀만큼 절실한 곳이 없다. 자공은 남보다 뛰어나게 총명했고, 배움에 종사한 지 이미 오래되어, 말과 행실이 모두 군자의 도를 모두 이미 갖추어졌기 때문에, 이에 특별히 착수해야 할 공부를 제시하여, 일에 종사할 즈음임을 분명하게 보이신 것이다(子貢問君子, 自是問求爲君子者親切用力之功, 記者剺括其問語如此。因問而答之曰, "先行其言而後從之", 夫子生平作聖之功, 吃緊處無如此言之切。亦以子貢穎悟過人, 從學已深, 所言所行, 於君子之道皆已具得, 特示以入手工夫, 使判然於從事之際耳). 말할 것들을 말에 앞서 모두 행하여 행함이 지극하지 않음이 없고, 행한 것이 말로 드러나서 그가 한 말이 모두 검증되면, 덕이 꽉 차고 업적이 두둑하고, 도가 따르고 가르침이 닦일 것이니, 이는 오직 공자 한 분만이 족히 이에 해당할 수 있다. 그리고 심법의 정미함은 곧바로 이 한마디 말씀으로 성인의 공부의 시말을 다 포괄하니, 이 말씀은, 진실로 하늘을 주관하고, 만물이 이에 힘입어서 처음 생겨나는 문장인데[易經・☰乾・象傳], 겨우 자공의 병폐를 치료하는 데만 썼겠는가?(至於所言者皆其已行而行無不至, 所行者著之爲言而言皆有征, 則德盛業隆, 道率而教修, 此唯夫子足以當之。而心法之精微, 直以一語括聖功之始末, 斯言也, 固統天, 資始之文章也, 而僅以藥子貢之病耶?). 범씨가 '자공의 병폐는 말하는 것이 어려운 것이 아니라 행하는 것이 어려운 것이었다'고 했는데, '말하는 것이 어려운 것이 아니고, 행하는 것이 어렵다'는 말은 지금 사람들도 여전히 활발하게 쓰고 있는 살아 있는 말이다. 그렇지만, '말하는 것이 어려운 것이 아니고, 행하는 것이 어렵다'는 것은, 유독 자공만의 병폐는 아니다. 이것은 진실로《書經・說命》에서 말한, '아는 것이 어려운 것이 아니고, 행하는 것이 어렵다'는 뜻으로, 고대 제왕이나 성현들이 똑같이 병폐로 여긴 것이고, 또 사람인 이상 자연히 남거나 부족한 경우가 있게 마련이다. 그렇다면 범씨는 진실로

○범씨(范氏·范淳夫)가 말했다. "자공(子貢)의 병폐는, 아는 것이 어려운 것이 아니라 행하는 것이 어려운 것이었기 때문에, 그에게 이 말씀을 가지고 알려주신 것이다.

일반 사람들의 공통된 병폐를 지적한 것을 가지고 자공에게만 있는 병폐로 삼은 것이다"(范氏曰:『子貢非言 之艱而行之艱。』其語猶自活在。然非言之艱而行之艱, 不獨子貢也…… 此固說命所謂『非知之艱, 行之惟艱』 之旨, 古帝王聖賢之所同病, 亦人道自然有餘不足之數也…… 則范氏固已指夫人之通病以爲子貢病。).

[君子周而不比章]

021401、子曰:「君子周而不比,[1] 小人[2]比而不周[3]。」

　　선생님께서 말씀하셨다. "군자는 두루두루 지내지 끼리끼리 지내지 않고, 소인은 끼리끼리 지내지 두루두루 지내지 않는다."

周, 普遍[4]也。比, 偏黨[5]也。皆與人親厚之意, 但周公而比私耳。[6]

---

1 [성]周而不比(주이불비): 관계가 친밀하지만, 패거리로 결탁하지 않는다. 끼리끼리 결탁하여 못된 짓을 하지 않는다(周: 亲和, 调合; 比: 勾结。关系密切, 但不勾结[拉帮结派]。指与众相合, 但不做坏事。);《古今注》'周'는 '密'이고, '比'는 '並'[떼지어서 모이다]이다. 모두 친밀하다는 글자이다. 그렇지만 '周'와 '密'은 마음으로써 말한 것이고, '比'와 '並'은 세력으로써 말한 것이다. 군자는 덕이 같은 사람이 있으면, 마음으로는 친밀하지만, 세력으로 뭉친 적이 없다. 소인은 권세와 이익을 위한 교제가 있으면, 힘을 규합해 당파를 만들지만, 마음과 의로 뭉친 적이 없으니, 이것이 그 둘의 차이이다(周密也, 比並也。皆親暱之名, 然周密以心言, 比並以力言。君子有同德之人, 未嘗不以心親密, 而不以勢力相結; 小人有勢利之交, 未嘗不並力樹黨, 而不以心義相固, 此其別也。);《論語集釋》王引之[1766~1834]의《經義述聞》에 말했다. "대개 '周'와 '比'는 모두 훈이 '親'·'密'·'合'이기 때문에, '周'와 '比'의 차이를 구별하는 것은 다음과 같다: 義로써 결합한 것이 周이고, 利로써 결합한 것이 比이다"(王引之經義述聞: 蓋周與比皆訓爲親爲密爲合, 故辨別之如是: 以義合者周也, 以利合者比也。);《王力漢語》周(주): 결합하다. 친밀하다. 결탁하다. '周'(주)는 義로써 결합한 것을 가리키고, '比'(비)는 利로써 결합한 것을 가리킨다(結合, 親密, 勾結; '周'指以'義'結合, '比'指以'利'結合。);《論語譯注》'周'는 때에 맞춰 이른바 道義로 결합한 사람들이고, '比'의 경우는 잠시 공동의 이해관계로 결탁한 사람들이다('周'是以當時所謂道義來團結人, '比'則是以暫時共同利害互相勾結。);《論語詞典》比(비): 패거리를 만들다. 결탁하다(朋比, 勾结。).

2《論語大全》논어에서 말한 '小人'에는 여러 종류가 있다. '硜硜然小人哉'[子路 제20장]는, 국량이 얕고 좁아서 소인이라 했고, '小人哉樊須也'[子路 제4장]는, 힘쓰는 일이 하찮은 일이어서 소인이라 했고, '毋爲小人儒'[雍也 제11장]는, 맡은 업은 바르지만, 마음 씀이 사사로워서, 학자 중에 소인이라 했고, '小人比而不周'[爲政 제14장]·'小人驕而不泰'[子路 제26장]·'小人同而不和'[子路 제23장]·'小人窮斯濫'[衛靈公 제1장]·'小人長戚戚'[述而 제36장]은 마음씨가 좋지 않아서 소인이라 했으니, 언제나 '君子'에 대한 반대로 말했다(雙峯饒氏曰: 論語中說小人有數樣。硜硜然小人哉, 是以其氣量淺狹, 故謂之小人; 小人哉樊須也, 是以其所務者小事, 故謂之小人; 毋爲小人儒, 以其所業雖正, 而用心則私, 此是儒者中之小人; 至於小人比而不周, 驕而不泰, 同而不和, 與夫窮斯濫, 長戚戚之類, 是指其心術全然不好底, 故每每把對君子反說。).

3 [성]比而不周(비이부주): 패거리를 만들지만 단결하지 못하다. 작당하여 사리사욕을 꾀하다(搞帮派, 但是不团结。结党营私。).

4 普遍(보편): 전면적이다. 널리 퍼져 있어 공통성을 지니다(犹全面。谓广泛而有共同性。).

5 偏黨(편당): 편향되다. 치우치다. 두둔하다. 패거리 짓다(犹偏向。偏私。).

6《論語大全》'比'와 '周'는 모두 친하고 사이가 두텁다는 뜻이다. '周'는 사랑하지 않는 게 없는 것이다.

'周'(주)는 '두루두루 퍼져 있다'[普遍]이다. '比'(비)는 '한쪽으로 치우쳐 있다'[偏黨]이다. '周'(주)와 '比'(비)는 모두 사람들과 사이가 가깝고 두텁다는 뜻인데, 다만 '周'(주)는 공(公)이고 '比'(비)는 사(私)일 뿐이다.

○君子小人所爲不同, 如陰陽晝夜, 每每相反。然究[7]其所以分, 則在公私之際, 毫釐之差耳。故聖人於周比, 和同[8], 驕泰[9]之屬, 常對擧[10]而互言[11]之, 欲學者察乎兩閒, 而審[12]其取舍之幾[13]也。[14]

○군자와 소인의 소행이 같지 않은 것은, 음과 양, 낮과 밤과 같아서, 매양 상반된다. 그렇지만 군자와 소인이 나뉘는 까닭을 뿌리를 캐 들어가 보면, 공(公)과 사(私)로 나뉘는 즈음에는, 저울 한 눈금만큼의 아주 미세한 차이만 있을 뿐이다. 그래서 성인께서는 두루두루 미치는 것[周]과 한쪽으로 치우치는 것[比], 어울리는 것[和]과 휩쓸리는 것[同], 뽐내는 것[驕]과 느긋한 것[泰] 등속으로, 항상 대구(對句)가 되는 말을 들어서 둘을 서로 번갈아 가면서 말씀하셨으니, 배우는 자로 하여금 이 둘 사이의 틈새를 살펴서, 어느 것을 취하고 어느 것을 버릴지 그 나뉘는 기미처(幾微處)를 확실하게 알게 하려는 것이다.

'比'의 경우에는 다만 가려서 택할 뿐이다. 어떤 경우에는 利를 가지고 어떤 경우에는 勢를 가지고, 하나처럼 합해져서 사이가 가까워진 것인데, '比'의 경우에는 愛와 憎이 그 자체에 들어 있으니, 그래서 두루두루 친하지 못한 면이 있다(朱子曰: 比之與周, 皆親厚之意。周則無所不愛……若比則只是揀擇。或以利或以勢, 一等合親底, 他却自有愛憎, 所以有不周處。).

7 究(구): 끝까지 캐다. 궁구하다(本义: 穷; 尽。).

8 《子路 제23장》 참조.

9 《子路 제26장》 참조.

10 對擧(대거): 짝을 들다. 對句를 사용하다. 상대를 거론하다(犹对偶; 相对举出).

11 互言(호언): 앞글(글자)과 뒷글(글자)이 서로 도와서 서로의 뜻을 명백하게 밝히다. 같은 뜻의 다른 글자를 써서 중복을 피하는 글쓰기 방법(上下文义互相阐发, 互相补足。交错使用同义词以避免字面重复的修辞手法。).

12 審(심): 상세히 캐 들어가다. 깨닫다. 확실히 알다(详究: 考察。知道, 知悉。).

13 幾(지): 싹수. 조짐. 단서. 단초. 실마리. 길(苗头; 预兆).

14 《論語大全》 周敦頤[1017~1073]의 《通書 · 誠幾德》에, '幾善惡'[선악의 갈림은 디테일에 있다]이라 했는데, 幾란 善 · 惡이 갈리기 시작하는 미세한 곳이라는 말이다. 集注의 '公私之際'는, 바로 이른바 '兩閒'이고, '毫釐之差'는 바로 이른바 '幾'이다. 배우는 자는 幾微處를 상세히 살펴, 그 公을 취하고 그 私를 버려야 한다(新安陳氏曰: 通書曰'幾善惡'幾者善惡所由分之微處也。上文公私之際, 卽所謂兩閒; 毫釐之差, 卽所謂幾。學者當審察於幾微處, 而取其公, 舍其私。).

[學而不思章]

021501、子曰:「學而不思則罔[1], 思而不學則殆[2]。」[3]

---

1 [성]學而不思則罔(학이불사즉망): 책을 읽는데 생각하지 않으면 속임에 빠질 수 있다(罔: 蒙蔽. 只读书不思考就会上当受骗。).《論語集解》배우기만 하고 그 뜻을 이리저리 궁리하지 않으면, 망연하니 얻는 게 없다(注: 苞氏曰: 學而不尋思其義, 則罔然無所得也。).《論語義疏》막상 배운 것을 쓰려고 할 때면, 아무 생각이 없이 망연하니 아는 게 없다(疏: 臨用行之時, 罔罔然無所知也。).《論語義疏》'罔'은 '誣罔[속이다]이다. 꼼꼼히 생각하지 않은 데다가, 사리에 어긋나고 편벽되게 사용하는 데 이르게 되는데, 이는 성인의 도를 속이는 것이라는 말이다(疏: 一通云: 罔, 誣罔也。言既不精思, 至於行用乖僻, 是誣罔聖人之道也。).《論語正義》《孟子·告子上 제15장》의 '心之官則思 思則得之 不思則不得也[마음이라는 기관은 생각을 한다. 생각하게 되면 깨닫게 되지만, 생각하지 않으면 깨닫지 못한다](子張 제15장] 각주 참조]의 '不得'이, 바로 包咸이 注한 '無所得'의 뜻이다.《荀子·勸學》의 '小人之學也, 入乎耳, 出乎口。口耳之間, 則四寸耳, 曷足以美七尺之軀哉?[소인의 학문은, 귀로 들어와서 바로 입으로 나간다. 귀와 입 사이의 거리는 겨우 네 치이니, 어찌 일곱 자나 되는 체구를 아름답게 할 수 있겠는가?]'(憲問 제25장] 각주 참조]의 '入耳'·'出口'가, 바로 이 장에서 말한 '學而不思'이다(正義曰:《孟子》曰: "心之官則思, 思則得之, 不思則不得也。" "不得"即此注"無所得"之義。《荀子·勸學篇》: "小人之學也, 入乎耳, 出乎口。口耳之間, 則四寸耳, 曷足以美七尺之軀哉?" "入耳", "出口", 即所謂學而不思也。).《論語新解》'罔'字에는 두 가지 견해가 있다. ①迷惘(미망)[갈피를 잡지 못하다. 어쩔 줄 모르다], ②誣罔(무망)[속이다]('罔'字有兩解。一, 迷惘義。一, 誣罔義。).《論語譯注》'罔'은 '속이다'의 뜻이다["배우기만 하고 생각하지 않으면 속임을 당한다"]('罔', 誣罔的意思。'學而不思'則受欺。).《古今注》'學'은 서책으로 취득하는 것이고, '思'는 마음속으로 궁리해서 얻는 것이다(學謂徵之於載籍, 思謂研之於自心。).

2 [성]思而不學則殆(사이불학즉태): 생각만 하고 배우지 않으면 정신만 피곤할 뿐 소득이 없다(殆: 精神疲倦而无所得; 思: 思考。只是思考而不去学习, 就会使精神疲倦而无所得。).《論語集解》끝내 얻은 것은 없이, 정신만 피폐해진다(注: 終卒不得, 使人精神疲殆也。).《論語疏證》溫故하지만 知新하지 못하는 것이 '學而不思'이고, 溫故하지 않으면서 知新하려는 것이 '思而不學'이다(溫故而不能知新者, 學而不思也, 不溫故而欲知新者, 思而不學也。).《論語新解》'殆'字에는 두 가지 견해가 있다. ①危殆[위태하다] 疑[의심하다], ②疲怠[피곤하다]('殆'字亦有兩解。一, 危殆義, 亦疑義。一, 疲怠義。).《經典釋文》'殆'는 뜻이 '怠'가 되어야 한다(殆: 義當作怠。).《經義述聞·卷30》'思而不學則殆'는, 생각만 하고 배우지 않을 경우, 일에 대해 검증할 곳이 없어, 의심스러워 확정짓지 못하는 것을 말한다. 또 '多聞闕疑 多見闕殆[爲政 제18장]의 '殆'는 '疑'와 같다. 일에 대해 의심스러운 생각이 들면, 떼어놓고 감히 행하지 않는 것을 말한다(思而不學則殆, 謂思而不學, 則事無徵驗, 疑不能定也。又曰多聞闕疑, 多見闕殆, 殆猶疑也。謂所見之事, 若可疑, 則闕而不敢行也。).《論語集釋》王念孫[1744~1832]의《讀書雜誌》에 말했다. "《春秋公羊傳·襄公4[5]年》의 하휴의 주에, '殆는, 疑이다'라고 했다. 思而不學하면 의거할 곳이 없기 때문에, 의혹이 생겨도 해결하지 못한다. 아래 장의 '多聞闕疑 多見闕殆'의 '殆' 역시 '疑'의 뜻이다." 생각건대, 王念孫의 '疑而不決'을 써서 풀이하면, 저절로 순리적으로 풀이가 된다["생각만 하고 배우지 않으면 의혹이 생겨도 해결하지 못한다"](王念孫讀書雜誌: "公羊傳襄公四年註曰: 『殆, 疑也。』思而不學, 則無所依據, 故疑而不決。下云'多聞闕疑, 多見闕殆', 殆亦疑也。" 按: …… 王氏以疑而不決釋之, 自迎刃而解。).《論語譯注》는 '多聞闕殆[爲政 제18장]의 '殆'를 '疑惑'으로 풀이하면서, 이 장의 '殆'도 같은 뜻으로 보고, '믿음이 부족해져서 의혹이 많아진다(缺乏信心)'로 풀이한다.《百度漢語》殆(태): 나태하다. 게으르다(假借为"怠"。懶惰。).

선생님께서 말씀하셨다. "배우기만 하고 생각하지 않으면 어두워지고, 생각만 하고 배우지 않으면 위태해진다."

不求諸心, 故昏而無得. 不習其事, 故危[4]而不安.[5]

(배우기만 하고) 그것을 마음으로 구하지 않기 때문에, 어두워지고 얻는 게 없다. (생각만 하고) 그 일을 배워 익히지 않기 때문에, (딛고 서 있는 곳이 공허하여) 위태해지고 불안해진다.

○程子曰: 「博學, 審問, 愼思, 明辨, 篤行五者[6], 廢其一, 非學也。」[7]

---

3 [성]學而不思則罔 思而不學則殆(학이불사즉망 사이불학즉태): 배우기만 하고 생각하지 않으면 미혹에 빠질 수 있고, 생각만 하고 배우지 않으면 신심이 부족할 수 있다(只学习却不思考, 就会迷惑; 只思考却不读书, 就会缺乏信心。).

4 《說文·危部》危(위): (절벽, 벼랑 끝) 높은 데 있어서 두렵다(在高而懼也。);《百度漢語》危(위): 소전체자 [危]는 위는 사람을, 중간은 절벽을, 밑은 쪼그린 다리 관절을 나타낸다. 사람이 절벽에 쪼그리고 위태롭게 있는 모양으로, 매우 높은 것을 표시한다. 높은 곳에 있어 두렵다(小篆字形上面是人, 中间是山崖, 下面腿骨节形。人站在山崖上, 表示很高。本义: 在高处而畏惧。).

5 《論語大全》 '學'은 그 일을 배우는 것이다. 예컨대 책을 읽는 것이 '學'이면, 반드시 책 안의 의리를 정밀하게 생각해야만 얻는다. 이 일을 하는 것이 '學'이면, 반드시 이 일의 도리가 어떤지를 생각해야 한다. 그냥 머리만 수그린 채 이 도리를 생각하지 않으면, 배운 것이 거친 흔적만 남을 뿐이어서, 어둡고 얻는 게 없게 되고, 공허하게 사색만 하고, 일 곁으로 가까이 가서 몸소 세심하게 살피지 않으면, 근거할 곳이 없어서(공허하여), 결국에는 불안하고 위태로워진다(朱子曰: 學是學其事。如讀書是學, 須精思其中義理方得。如做此事是學, 須思此事道理如何。只恁低頭做, 不思這道理, 則所學者粗迹耳, 故昧而無得; 若只空思索, 不傍事上體察, 則無可據之地, 而終不安穩。).

6 《中庸 제20장》誠은 하늘의 도입니다. 誠을 향해 나아가는 것은 사람의 도입니다. 誠한 者는, 힘들이지 않아도 일은 이치에 들어맞고 골똘히 생각하지 않아도 말은 합당하고 행동거지는 태연자약하여 도에 들어맞는 聖人입니다. 誠을 향해 나아가는 者는 善을 택해 그것을 굳게 잡은 者입니다(誠者, 天之道也; 誠之者, 人之道也。誠者不勉而中, 不思而得, 從容中道, 聖人也。誠之者, 擇善而固執之者也。誠之者, 擇善而固執之者也。). 널리 배우십시오, 자세하게 물으십시오, 신중하게 생각하십시오, 분명하게 변별하십시오, 철두철미하게 행하십시오. 배우지 않겠다면 그만이지만, 배우고자 한다면 능할 때까지 배우지 않고서는 도중에 그만두지 마십시오. 묻지 않겠다면 그만이지만, 묻고자 한다면 알 때까지 묻지 않고서는 도중에 그만두지 마십시오. 생각하지 않겠다면 그만이지만, 생각하고자 한다면 깨달을 때까지 생각하지 않고서는 도중에 그만두지 마십시오. 분변하지 않겠다면 그만이지만, 분변하고자 한다면 분명해질 때까지 분변하지 않고서는 도중에 그만두지 마십시오. 행하지 않겠다면 그만이지만, 행하고자 한다면 철두철미하게 행하지 않고서는 중간에 그만두지 마십시오. 남이 한 번에 해낼 수 있는 일이라면 나는 백 번을 하고, 남이 열 번에 해낼 수 있는 일이라면 나는 천 번을 하십시오. 과연 이렇게 學·問·思·辨·行을 해낼 수 있다고 한다면, 어리석은 사람일지라도 반드시 총명해지고, 유약한 사람일지라도 반드시 강해질 것입니다(博學之, 審問之, 愼思之, 明辨之, 篤行之。有弗學, 學之弗能弗措也; 有弗問, 問之弗知弗措也;

○정자(程子·伊川)가 말했다. "널리 배우는 것, 따져 묻는 것, 신중하게 생각하는 것, 분명하게 변별하는 것, 철두철미 행하는 것, 이 다섯 가지 중에서 그 어느 하나만 빠져도 배움[學]이 아니다."

有弗思, 思之弗得弗措也; 有弗辨, 辨之弗明弗措也; 有弗行, 行之弗篤弗措也; 人一能之己百之, 人十能之 己千之。果能此道矣, 雖愚必明, 雖柔必强。);《衛靈公 제30장》 참조.

7 《論語大全》朱子는,《中庸 제20장》에서는, 學·問·思·辨을 '擇善'에 속한 것으로 知의 일이고, 篤行을 '固執'에 속한 것으로 行의 일로 풀이했다. 여기에서는, 學을 '習其事'로 여겼으니 行의 일로 본 것이고, 思를 '求諸心'으로 여겼으니 知의 일로 본 것이다(雲峯胡氏曰: 朱子釋中庸, 學問思辨屬擇善, 知之事也, 篤行屬固執, 行之事也。此則以學爲習其事, 是行之事, 以思爲求諸心, 是知之事。);《朱子語類24: 81》學 ·行, 이는 學의 처음과 끝이고, 問·思·辨, 이는 思의 처음과 끝이다(學與行, 是學之始終; 問、思、辨, 是思之始終。);《讀四書大全説》集注에서 인용한 程子의 말은, 博學·審問·篤行은 '學'에 포함시키고, 愼思·明辨은 '思'에 포함시킨 것이다. 明辨은 그것의 當然을 思하는 것이고, '愼思'는 그것의 所以然을 思하는 것이다. 當然은 그것의 明을 추구하는 것이니, 그것이 當然한 것이 아니면, 辨을 통해 곧바로 明해진다. 所以然은 근거가 없는 것을 물리치기 때문에, 思하는 데 愼을 가하는 것이다(集注所引程子之 言, 博學、審問、篤行屬學, 愼思、明辨屬思。明辨者, 思其當然; 愼思者, 思其所以然。當然者, 唯求其明; 其非當然者, 辨之即無不明也。所以然者, 卻無憑據在, 故加之以愼。).

[攻乎異端章]

021601、子曰:「攻¹乎²異端³, 斯害也已⁴!」⁵, ⁶

1 《論語義疏》'攻'(공)은 '治'[다루다]이다. 옛사람들은 '學'을 '治'라고 했다. 그래서 글이나 역사에서 사람이 전문적으로 경을 공부하는 경우를 기재할 경우, 모두 '治其書'·'治其經'이라고 말했다(疏: 攻, 治也. 古人謂 學爲治, 故書史載人專經學問者, 皆云治其書治其經也.);《論語正義》焦循[1763~1820]의《論語補疏》에 말했다. "《韓詩外傳·卷6》에 '(변론이란) 다른 종류를 구별하여, 서로 해를 끼치지 않게 하고, 다른 견해를 차례로 열거하여, 서로 엉키지 않게 한다'고 했다. 대개 이단은 각각 한 편으로, 피차 서로 다르다. '攻'의 훈은 '治'[옥을 다듬다]이고, '已'는 '止'[그치다]이다. 양주의 爲我說과 묵적의 兼愛說은 편이 다른 것이다. 양주가 爲我說을 고집하지 않고 묵적이 兼愛說을 고집하지 않고 서로 잘라내고 갈아내서 다듬었 다면, 자연히 無父無君에 이르지 않았을 것이니, 이것이 '攻而害止'[다듬으면 해가 그친다]이다. 맹자가 양주의 爲我說과 묵적의 兼愛說을 말하고 또 특별히 子莫이 중간 부분을 잡은 것을 한 편을 든 것이라 했는데[盡心上 제26장], 그렇다면 한 편을 고집(하여 다른 쪽을 배척)하는 것은 모두 도를 해치는 것으로, 꼭히 양주와 묵적을 말한 것이 아니다"(正義曰: 焦氏循《補疏》: "《韓詩外傳》云: '別殊類, 使不相害; 序異端, 使不相悖.' 蓋異端者, 各爲一端, 彼此互異⋯⋯. 攻之訓治⋯⋯已, 止也⋯⋯楊氏爲我, 墨氏兼愛, 端之異者 也. 楊氏若不執於爲我, 墨子若不執於兼愛, 互相切磋, 自不至無父無君, 是爲攻而害止也⋯⋯孟子言楊子 爲我, 墨子兼愛, 又特舉一子莫執中, 然則凡執一, 皆爲賊道, 不必楊, 墨也.");《論語譯注》논어에서는 네 번 '攻'字를 쓰고 있는데, '小子鳴鼓而攻之'[先進 제16장]와 '攻其惡, 無攻人之惡'[顏淵 제21장]처럼, 세 개의 '攻'字는 모두 '攻擊'[공격하다]으로 풀이하는 것이 맞고, 이 장의 '攻'字도 예외는 아니다. '已'는 응당 동사로, '止'[그치다]의 뜻이다[楊伯峻은, '부정확한 의론을 비판하면, 화근이 소멸된다'(批判那些不 正確的議論, 禍害就可以消滅了.)로 풀이한다]. 만약 '攻'을 '治'[종사하다]로 풀이하면, '斯'는 지시대명사 로 '이'의 뜻이고, '也已'는 어기사로 보아야 한다[이 경우, '이단에 종사하는 것, 이것은 해롭다'고 풀이한 다](論語共用四次'攻'字, 像先進篇的'小子鳴鼓而攻之', 顏淵篇的'攻其惡, 無攻人之惡'的三個'攻'字都當 '攻擊'解, 這裏也不應例外. '已', 應該看爲動詞, 止也. 譯爲'消滅'如果把'攻'字解爲'治', 那麼'斯'字得看作 指代詞, '這'的意思; '也已'得看作語氣詞.);《論語新解》'攻'은 '나무를 다루는 공인'(攻木之工), '쇠를 다루 는 공인'(攻金之工)[周禮·冬官考工記]의 '攻'과 같고, '專攻'의 뜻으로, 오로지 한 가지 일, 한쪽에만 힘을 쏟는 것을 말한다(攻, 如攻金攻木, 乃专攻义, 谓专于一事一端用力.);《論語今讀》"너와 다르다고 이단 학설을 공격하면, 도리어 해로울 뿐이다"("攻击不同于你的异端学说, 那反而是有危害的.");《王力字 典》攻(공): 어떤 일에 마음과 힘을 다하다. 종사하다('攻', 從事某事, 進行某項工作.).

2 《論語詞典》乎(후): 개사. 용법이 '於'와 같지만, 반드시 술어 뒤에 위치한다. 동사와 연용한다(介詞, 用法同"於", 但一定置於述說詞之下. 和動詞連用.).

3 《論語集解》善道는 하나로 모이기 때문에, 가는 길이 달라도 같은 목적지에 도달하지만[周易·繫辭下], 異端은 같은 목적지에 도달하지 못한다(注: 善道有統, 故殊途而同歸, 異端, 不同歸者也.);《論語義疏》 이 장은 사람들이 제자백가의 책을 이것저것 잡되게 배우는 것을 금한 것이다(疏: 此章禁人雜學諸子百家 之書也.);《論語注疏》'異端'은 제자백가서를 말한다(疏: 正義曰: 異端, 謂諸子百家之書也.);《古今注》 '端'은 '緖'이다. '異端'은 선왕의 이어내려온 계통을 이어받지 않는 것을 말한다. 百家衆技는 대체로 性命 의 學과 經傳의 가르침이 들어 있지 않으니, 모두 異端이다. 비록 민생과 일용생활에 보탬이 되는 면이 있더라도, 이것만을 외곬으로 공부한다면 군자의 배움에 해를 끼치게 된다(百家衆技, 凡不在性命之學, 經傳之教者, 皆異端. 雖或有補於民生日用者, 若專治此事斯亦有害於君子之學也. 端者緖也. 異端謂不

纉先王之緒者也.);《論語新解》異端은, 일에는 양쪽 끝이 있는데, 실에 양쪽 끝이 있는 것과 같이, 이쪽 끝에서 시작해서 저쪽 끝에 도달한다. 이쪽 끝을 가지고 말하면 저쪽 끝이 異端이 되고, 저쪽 끝에서 이쪽 끝을 보면 역시 그렇다. 이 장의 異端은 공자께서 사람들을 가르침에 학문의 길을 가리킨 것으로, 오로지 한쪽 끝만을 보아서는 안 되고, 반대되는 양쪽 끝 중에, 한쪽 끝만 붙잡고 있지 말 것을 경계시킨 것이다. 소위 길은 달라도 같은 목적지에 도달하는 것으로[周易·繫辭下], 학문은 그 전체를 탐구해야지, 그렇지 않으면 도술이 장차 천하를 여러 갈래로 갈라놓아[莊子·雜篇·天下], 여러 갈래로 갈라진 길에서 갈 길을 찾지 못해[列子·說符], 해됨이 끝없을 것이다(异端, 一事必有两头, 如一线必有两端, 由此达彼。若专就此端言, 则彼端成为异端, 从彼端视此端亦然。……本章异端, 乃指孔子教人为学, 不当专向一偏, 戒人勿专在对反之两端坚执其一。所谓异途而同归, 学问当求通其全体, 否则道术将为天下裂, 而歧途亡羊, 为害无穷矣。). 공자께서는 평소 學을 말씀하실 때, 늘 兩端을 겸하여 열거했으니, 예컨대 仁을 말하면서 늘 禮를 겸하거나, 혹은 知를 겸하여 말했다[里仁 제1·2장]. 또 예컨대 質과 文, 學과 思를 겸하여 말했다. 이 모두 兩端을 겸하여 열거한 것으로, 중용에서 말한 '執其兩端'이다. '執其兩端'하면, 중도가 있음이 저절로 보인다. 중도는 전체 중에서만 보인다. 일단만 공부하면, 한 편으로 기울어져 중도가 아니다. 그래서《中庸》에 '(순 임금은) 兩端을 다 파악하고 그 中을 백성에게 적용하셨다'[제6장]고 한 것이다(……孔子平日言学, 常兼举两端, 如言仁常兼言礼, 或兼言知。又如言质与文, 学与思, 此皆兼举两端, 即中庸所谓执其两端。执其两端, 则自见有一中道。中道在全体中见。仅治一端, 则偏而不中矣。故中庸曰: "执其两端用其中于民。'). '異端'을 '他技'[별다른 재주][書經·秦誓], '小道'[소소한 기예][子張 제4장]로 풀이하는 견해도 있다: [성]攻乎異端(공호이단): 六經 이외의 잡학을 열심히 공부하다. 정도가 아닌 일에 파고들다(原指攻讀六籍經典以外的雜學。後稱專治於非正道的事, 物.); [성]異端邪說(이단사설): 정통사상과 다른 유해한 학설(指和正统思想不同的有害的学说.).

4 《論語義疏》本에는 '攻乎異端 斯害也已矣'로 되어 있다;《論語義疏》'斯害也已矣'는 '해됨이 심하다'이다 (斯害也已矣者, 爲害之深也.);《論語句法》'斯'는 관계사로, '則'과 용법이 같다('斯是關係詞, 和'則'字的用法相同.);《論語譯注》'斯'는 접속사로 '이렇다면'의 뜻이다. '已'는 응당 동사로, '止'[그치다]의 뜻이다 ("斯', 連詞, "這就"的意思。'已', 應該看爲動詞, 止也.);《論孟虛字》사실상·이론상 필연의 결과를 표시한다('也已', 並猶'也矣', 都是表事實上或理論上必然之結果.);《北京虛詞》也已(야이): 접속사. ~구나! ~하겠다야! 긍정어기와 감탄어기를 동시에 표현하는 어기사('也已', 语气词连用。在表肯定语气的同时, 兼表感叹语气。又即'了', '了啊'.).

5 《中庸 제11장》공자께서 말씀하셨다. "생소한 이치를 추구하고 기이한 것을 행하면, 후세에 이를 칭찬하여 기술할 사람이 있겠지만, 나는 하지 않는다"(子曰: 素隱行怪, 後世有述焉, 吾弗爲之矣.).

6 《文史通義·原學》공자께서 말씀하시기를, '배우기만 하고 생각하지 않으면 어두워지고, 생각만 하고 배우지 않으면 위태해진다'[爲政 제15장]고 하셨고, 또 말씀하시기를, '내가 예전에 종일토록 먹지도 않고, 밤새도록 자지도 않은 채로, 사념에만 잠겨본 적이 있었지만, 무익했고, 배우느니만 못했다'[衛靈公 제30장]고 하셨다. 생각 또한 배우는 자의 일이지만 생각을 배움과 구별하신 것은, 생각은 배움이라할 수 없다는 말과 같은 것으로, 대개 반드시 일 가운데서 배우고 익혀야만 그 이후에 배움을 말할수 있다는 말로, 이는 곧 공자께서 지행합일의 도를 가르치신 것이다. 제자백가의 말들은 헛되이 생각만하고 일 가운데서 배우지 않은 데서 기인한 것이다. 이 때문에 그들의 종지는 모두 위로부터 성현의 전장 법도를 이어받은 것이지만, 폐단을 없앨 수 없었다. 반고의《漢書·藝文志》에서 말한 바, 아무개家는 그 기원이 옛날의 아무개 관직이 관장한 바에서 나왔고[예컨대, 儒家는 司徒, 道家는 史官, 法家는理官, 名家는 禮官에서 나왔다], 그것이 전해져서 아무개 家의 學이 되었고, 그것이 失傳되어 아무개일의 폐단이 되었다는 것이다. 그래서 공자께서는 배움과 생각이 어느 한쪽으로 편중되어 어느 한쪽은 폐지하는 폐단을 말씀하시고, 다음 장에서 곧바로 이어서 말씀하시기를, '異端에 빠져들면, 해가 심하다!'

선생님께서 말씀하셨다. "이단(異端)에 빠져들면, 해가 심하다!"

范氏曰:「攻, 專治也[7], 故治木石金玉之工[8]曰攻. 異端, 非聖人之道, 而別爲一端[9], 如楊墨是也. 其率天下至於無父無君[10], 專治而欲精之, 爲害甚矣!」[11]

범씨(范氏·范淳夫)가 말했다. "'攻'(공)은 '외곬으로 갈고 닦는다'[專治]로, 그래서 나무

고 하셨다. 異端은 모두 생각만 하고 일 가운데서 배우고 익히지 않은 데서 기인한 것이다. 제자백가의 우환은 생각만 하고 배우지 않는 데서 기인한 것이다(夫子曰: '學而不思則罔, 思而不學則殆.' 又曰: '吾嘗終日不食, 終夜不寢, 以思, 無益, 不如學也.' 夫思亦學者之事也, 而別思於學, 若謂思不可以言學者, 蓋謂必習於事, 而後可以言學, 此則夫子誨人知行合一之道也. 諸子百家之言, 起於徒思而不學也. 是以其旨皆有所承稟, 而不能無敝耳. 劉歆所謂某家者流, 其源出於古者某官之掌, 其流而爲某家之學, 其失而爲某事之弊. ……故夫子言學思偏廢之弊, 即繼之曰: '攻乎異端, 斯害也已.' 夫異端之起, 皆思之過, 而不習於事者也. 諸子百家之患, 起於思而不學).

7 《論語大全》어떤 사람이, '攻을 攻擊(공격)의 攻으로 풀이하고, 이단은 배격할 필요가 없는 것이라고 풀이하는 자가 있는데, 어떠한지요?'라고 묻자 주자가 답했다. "정도와 이단은 물과 불이 서로를 이기는 것과 같이, 저쪽이 성행하면 이쪽이 쇠퇴하고, 이쪽이 강해지면 저쪽이 약해진다. 이단의 해를 익히 보았으면서도, 한마디 말로 바로잡지 않는다면, 또 어찌 습속의 폐해를 제거하겠는가?"(或問有以攻爲攻擊之攻, 言異端不必深排者, 如何? 朱子曰: 正道異端, 如水火之相勝, 彼盛則此衰, 此强則彼弱. 熟視異端之害, 而不一言以正之, 亦何以祛習俗之蔽哉?);《論語大全》"集註에, 攻은 외곬으로 갈고 닦는 것이라 했는데, 배움은 외곬으로 갈고 닦아야 하지만, 이단은 그래서는 안 됩니다." 주자가 말했다. "이단의 설은 외곬으로 갈고 닦아서는 안 될 뿐 아니라, 대충 이해하려 해서도 안 된다"(問: 集註云, 攻, 專治之也, 若爲學便當專治之, 異端則不可專治也. 曰: 不惟說不可專治, 便略去理會他也不得.).

8 《周禮·冬官考工記》나무를 다루는 공인이 일곱이고, 쇠를 다루는 공인이 여섯이고, 가죽을 다루는 공인이 다섯이고, 색을 만드는 공인이 다섯이고, 옥이나 돌을 갈아서 윤이 나게 하는 공인이 다섯이고, 흙을 짓이겨서 그릇을 만드는 공인이 둘이다(凡攻木之工七, 攻金之工六, 攻皮之工五, 設色之工五, 刮摩之工五, 搏埴之工二. 攻木之工: 輪, 輿, 弓, 廬, 匠, 車, 梓. 攻金之工: 筑, 冶, 鳧, 栗, 段, 桃. 攻皮之工: 函, 鮑, 韗, 韋, 裘. 設色之工: 畫, 繢, 鐘, 筐, 㡛. 刮摩之工: 玉, 楖, 雕, 矢, 磬. 搏埴之工: 陶, 旊.); 工(공): 장인. 공인. 각종 기예노동에 종사하는 사람(工匠; 工人. 古代对从事各种技艺的劳动者的总称.).

9 《論語大全》'異端'은 하늘이 내서 나온 道가 아니다. 천하는 단지 이 한 가지 道일 뿐이다. 인심이 올바르지 못한 데서 연유하면 邪說로 흐르고, 邪說을 익히면 이 道에 반드시 피해를 입힌다(朱子曰: 異端不是天生出來. 天下只是這一箇道理. 緣人心不正, 則流於邪說, 習於彼必害於此.).

10 《學而 제14장》주희 주 및 각주에 인용한 《孟子·滕文公下 제9장》참조.

11 《論語大全》'異端'이라는 명칭은 이 장에서 처음 나오는데, 공자께서 가리키는 것이 누구인지 알 수 없다. 공자시대는 양주[約 BC 450~約 BC 370 또는 約 BC 395~約 BC 335]가 아직 그 설을 퍼뜨리기 전이기 때문에, 集注에서는 '如'字를 붙였다. 그렇다면 異端은 무엇을 가리키는 것일까? 양웅이 '요·순·문왕이 아닌 것은 다른 도이다'[揚子法言·問道]라고 했으니, 성인의 도가 아닌 것은 모두 이단이다(西山眞氏曰: 異端之名, 始見於此. 孔子所指, 未知爲誰 ……新安陳氏曰: 孔子之時, 楊朱未肆, 故集註下一如字. 然則異端何所指乎? ……揚子雲曰: 非堯舜文王者爲他道, 故凡非聖人之道者, 皆異端云.).

·돌·금·옥을 갈고 닦는 장인을 '攻'(공)이라고 한다. '異端'(이단)은 성인의 도는 아니고, 별도로 일단의 가(家)를 이룬 것으로, 양주(楊朱)와 묵적(墨翟)과 같은 자가 바로 이것이다. 그들은 천하를 어버이가 없고 임금이 없는 지경으로 이끌었으니, 외곬으로 갈고 닦아 그것을 세세한 부분까지 파고들려고 하면, 해됨이 아주 심하다."

○程子曰「佛氏之言, 比之楊墨, 尤爲近理, 所以其害爲尤甚。學者當如淫聲[12]美色以遠之, 不爾,[13]則駸駸然[14]入於其中矣。」[15]

○정자(程子·明道)가 말했다. "불씨(佛氏)의 말은, 양주(楊朱)와 묵적(墨翟)의 말에 비하면, 더욱 이치에 비슷하니 가까워서, 그 해됨이 더욱 심하다. 배우는 자는 음탕한 음악이나 아름다운 여색처럼 여겨 이로써 이를 멀리해야지, 그렇게 하지 않으면, 어느새인지 모르게 그 속으로 빠져들어 가게 될 것이다."

---

12 淫聲(음성): 음란한 음악. 속악(淫邪的乐声。古代以雅乐为正声, 以俗乐为淫声。).

13 爾(이): 이와 같으면. 이와 같다(如此; 这样; 这个; 此).

14 駸駸(침침): 말이 빨리 뛰는 모양. 일이 신속히 진행되다. 속력이 매우 빠르다. 차츰(马跑得很快的样子, 喻事业进行迅速; 逐渐).

15 《朱子學提綱》정명도가 처음으로 노자·석가를 배척하면서, 이를 지목해서 異端이라 불렀고, 또 다방면으로 正學[儒學]과 異端을 대립시켜 비교하는 말을 많이 했다. 호랑이굴에 들어가지 않고, 어찌 호랑이를 잡겠는가? 정명도는 노자·석가의 異端에 대하여, 특히 심혈을 기울였기 때문에, 노자·석가에 비판을 집중하는 한편 공자의 대도와 유학의 정통성을 드높이 드러낼 수 있었는데, 이러한 움직임이 정명도에 이르러서 비로소 현저해졌다(明道始排斥老释, 而目之曰异端。又多两面对勘之辞。不入虎穴, 焉得虎子, 明道盖于老释异端, 用心特深, 故能针对老释而发扬孔子之大道与儒学之正统, 其事端待明道而始著。)(錢穆 저/이완재外 역, 『주자학의 세계』[原題: 朱子學提綱] [이문출판사, 1990], 178).

[由誨女知之章]

021701. 子曰:「由!¹ 誨²女³知之乎!⁴ 知之爲⁵知之, 不知爲不知⁶, 是知也⁷ ⁸ ⁹, ¹⁰。」

---

1 《史記·仲尼弟子列傳》仲由[姓 仲, 名 由. BC 542~BC 480]는 字가 子路[또는 季路]이고, 노나라 卞읍 사람으로, 공자보다 9살 아래다. 성격이 거칠었고, 용맹스러웠고, 강직했다. 모자에 수탉 꽁지깃을 꽂고 다녔고, 허리에 수퇘지 가죽으로 장식한 칼을 패용했고, 공자를 업신여기고 모욕했는데, 공자가 예를 갖춰 점차 권유하자, 儒者의 복장으로 바꿔 입고 예물을 바쳐 충성을 표시했으며, 문인들의 청으로 공자의 제자가 되었다(仲由字子路, 卞人也. 少孔子九歲. 子路性鄙, 好勇力, 志伉直, 冠雄雞, 佩豭豚, 陵暴孔子. 孔子設禮稍誘子路, 子路後儒服委質, 因門人請爲弟子.);《孔子家語·子路初見》자로가 공자를 처음 뵀을 때, 공자께서 말씀하셨다. "그대는 무엇을 좋아하고 즐기는가?" 자로가 답했다. "예리한 장검을 좋아합니다." "내 말은 그걸 묻는 것이 아닐세. 단지 그대가 잘하는 것에다 학문을 보탠다면, 누가 능히 그대를 따라잡을 수 있겠는가 하는 말일세." "학문이 어찌 보탬이 되겠습니까?" "임금이라도 간언하는 신하가 없으면 바른 정치를 잃고, 선비라도 가르쳐주는 친구가 없으면 잘못된 것을 듣게 마련일세. 미처 날뛰는 말을 모는 데 채찍을 놓아서는 안 되고, 뒤틀린 활을 바로잡는 데 도지개를 쓰지 않으면 안 되지. 나무가 먹줄을 튕기면 반듯해지고, 사람이 간언을 들으면 성인이 되고, 배움을 듣고 묻기를 중시하는데, 누구인들 하는 일이 순리롭지 않겠는가? 仁한 사람을 헐뜯고 선비에게 악행을 가한다면, 필시 형벌을 받게 될 것이야. 군자로서 배우지 않으면 안 되지"(子路見孔子, 子曰: "汝何好樂?" 對曰: "好長劍." 孔子曰: "吾非此之問也. 徒謂以子之所能, 而加之以學問, 豈可及乎?" 子路曰: "學豈益也哉?" 孔子曰: "夫人君而無諫臣則失正, 士而無教友則失聽. 御狂馬不釋策, 操弓不反檠. 木受繩則直, 人受諫則聖, 受學重問, 孰不順哉? 毀仁惡士, 必近於刑. 君子不可不學.");"남산에 나는 대나무는 바로잡아주지 않아도 스스로 반듯하게 자라고, 뾰족하게 잘라서 화살대로 쓰면 소가죽이라도 뚫을 수 있지요. 이렇게 보면 배울 게 무엇 있겠습니까?" "화살대에 깃털을 동여매고, 쇠촉을 꽂아 예리하게 갈면, 더 깊이 뚫고 들어가지 않겠는가?" 자로가 재배하고는 말했다. "삼가 가르침을 받겠습니다"(子路曰: "南山有竹, 不揉自直, 斬而用之, 達于犀革. 以此言之, 何學之有?" 孔子曰: "括而羽之, 鏃而礪之, 其入之不亦深乎?" 子路再拜曰: "敬而受教.");《孔子家語·七十二弟子解》공자께서 자로의 죽음을 슬퍼하며 말씀하셨다. "내가 자로를 제자로 얻고부터 악담이 내 귀에 들려오지 않았다"(孔子痛之曰: "自吾有由, 而惡言不入於耳.");《孟子·公孫丑上 제1장》어떤 자가 曾西에게, '그대와 子路 중에 누가 더 훌륭합니까?'라고 묻자, 曾西가 어쩔 줄 모르면서 말했다. "제 할아버지[曾子]께서도 경외하신 분이셨습니다"(或問乎曾西曰: '吾子與子路孰賢?' 曾西蹵然曰: '吾先子之所畏也.').

2 《說文·言部》'誨'(회)는 (모르는 것을) 알려주어 가르치는 것이다. [단옥재 주] 曉教(효교)는 분명하게 알려주어 가르쳐주는 것이다. 《書經·周書·無逸》에 '옛사람들은 서로 훈계하고, 서로 보호해주고 은혜를 베풀고, 서로 가르쳐주고 알려주었다'고 한 것이 바로 이것이다. 알려주어 그의 몽매함을 깨치는 것을 '誨'라 한다(誨, 曉教也. 段玉裁注: 曉教者, 明曉而教之也. 周書無逸胥訓告, 胥保惠, 胥教誨是也. 曉之以破其晦是曰誨.);《王力字典》'教'(교)는 강제성을 띠고, '誨'(회)는 계발·유도에 중점이 있다('教', 帶强制性, '誨' 重在启发, 诱导.).

3 《論語義疏》本에는 '女'가 '汝'로 되어 있다.《古漢語語法》격식을 차리지 않고 친밀하게 상대방을 부르는 칭호(昵稱. 古人对称代词, 还有表示不客气或者亲密的称词.); 女(녀): =汝. 너(假借为'汝'. 你.).

4 《論語平議》이 구절의 '知'字와 아래 구절의 다섯 개 '知'字는 다르다. 아래 구절의 다섯 개 '知'字는 모두 如字이고, 이 구절의 '知'字는 마땅히 '志'[기억하다]로 해석해야 한다. '誨女知之乎'는 '誨女志之乎'

로, '내가 지금 너에게 가르쳐 줄 테니, 너는 그것을 기억하거라'고 하는 말이다(此知字與下五知字, 不同。下五知字, 皆如字, 此知字當讀爲志…… "誨女知之乎"即"誨女志之乎", 言我今誨女, 女其謹志之也。);《古書虛字》'乎'(호)는 구말조사로 뜻이 없다('乎', 語之餘也。無意義之句末助詞也。);《論孟虛字》'乎'는 명령을 표시하는 어기사로 '吧'[~해주마]에 해당한다. "由야! 내가 너에게 어떻게 知를 추구하는지 말해주마!"('乎', 爲表示命令之語氣詞。相當與'吧'。'由呀!我告訴你怎樣求知吧!')。

5 《助字辨略》'爲'는 '是'[~이다]이다(爲, 猶是也。);《文言虛詞》연결동사로, '是'에 해당하며, 실사이다('爲'是連繫性動詞, 相當于口語的'是', 這是實詞。);《古漢語語法》'爲'가 연결동사로 쓰인 판단문('爲'作系词的判斷句);《論語譯注》"안다가 안다이고 모른다가 모른다이다"("知道就是知道, 不知道就是不知道。");《論孟虛字》이 장의 두 개 '爲'字는 '謂'[~라 하다]로 읽어야 한다. '謂'와 '曰'은 옛날에 같은 음이었고, 뜻도 같았다. 劉寶楠의《論語正義》는 (이 장에 대한 正義에서) 荀子의 '故君子知之曰知之 不知曰不知 言之要也'[그런 까닭에 군자가 아는 것은 안다고 말하고, 모르는 것은 모른다고 말하는 것이, 말의 요령이다]를 인용했는데, 義法이 이 장과 같아서, 족히 '爲'가 '謂'와 같고 '曰'와 뜻이 같다는 것을 증명할 수 있다. 이는 '謂之'[그것을 ~라 하다]의 뜻이다. '說'이나 '叫做'[~라 부르다]로 번역할 수 있다. 같은 편 '是亦爲政 奚其爲政'[이것 또한 정치를 하는 것입니다. 어찌 벼슬을 하는 것만이 정치를 하는 것이라 하겠습니까?][爲政 제21장]의 '爲爲政' 앞 '爲'字는 '謂'와 같은 뜻이다. '算是'[~인 셈이다]로 쓸 수도 있다(此兩'爲'字, 應讀如'謂'。'謂'與'曰', 古同音, 義亦相通。劉氏正義引荀子云: '故君子知之曰知之, 不知曰不知, 言之要也。'義法與此相同, 足以證明'爲'猶'謂', 與'曰'同義。是'謂之'之義。可翻成'說'或'叫做'。同篇: '是亦爲政, 奚其爲爲政?' '爲爲政'的上'爲'字, 與'謂'同義。亦可作算是之講。);《論孟虛字》'之'는 훈이 '則'이고, '爲'는 '謂'와 같다["알면 안다고 해라"]. 集注 '但所知者則以爲知'에서, '以爲'는 '謂爲'[~라고 하다]의 뜻이다('之'訓'則', '爲'猶'謂'。是說: '知則謂知。'朱注: '但所知者則以爲知。'按'以爲'即'謂爲'之義。)。

6 [성]知之爲知之 不知爲不知(지지위지지 부지위부지): '안다'가 바로 '안다'이고, '모른다'가 바로 '모른다'이다(懂就是懂, 不懂就是不懂。);《論語義疏》本에는 '不知之爲不知'로 되어 있다.

7 《論語大全》'是知也'는 '이것이 바로 앎의 도이다'라는 말이다(南軒張氏曰: 是知也, 言是乃知之道也。);《論語譯注》"이것이 바로 知·不知에 대한 올바른 태도이다"("這就是對待知或不知的正確態度。");《王力漢語》是(시): 선진시대에는 지시대명사로서 판단문의 주어로 쓰이거나 또는 술어로 쓰였는데, 여기서는 주어로 쓰였다. 진한시대 이전에는 판단문에 연결동사 '是'를 쓰지 않고, 술어 뒤에 어기사 '也'를 써서 판단을 도왔다(在先秦時代, '是'實際上是指示代詞作判斷句的主語或謂語。在這句裡'是'字用作主語; 在秦漢以前, 判斷句一般不用繫詞, 而是在謂語後面用語氣詞'也'字來幫助判斷。);《古漢語語法》'대사+명사 술어+也' 형식의 판단문(判斷句: '代词(是, 此, 被……), +名词谓语+也。');《論語語法》근지 지시대명사 ["이것"]('是'是近指的指示代詞。);《助字辨略》'是'는 '非'의 반대이다["(知之爲知之 不知爲不知가) 知이다"](是, 非之反也。);《詞詮》'是'는 불완전자동사이다('是', 不完全內動詞。爲也。)。

8 《論語大全》이 말씀은 필시 자로가 처음 공자를 뵀을 때 하신 말씀으로, 공자께서 이 말씀을 가지고 그를 경계시키셨으니, 그 후에는, 전에 들은 가르침이 있는데 그 가르침을 미처 다 행하지 못했으면 오직 또 다른 가르침을 들을까 봐 계속해서 걱정했고[公冶長 제13장], 남들이 그에게 잘못이 있다고 말해 주면 좋아했으니[孟子·公孫丑上 제8장], 그렇다면 이러한 (모르는 것을 안다고 우기는) 잘못을 고쳤을 것임에 틀림없다(新安陳氏曰: 此必子路初見孔子時。孔子以此箴之, 後來有聞未之能行, 惟恐有聞, 及人告以有過則喜, 則必改此失矣。)。

9 《荀子·子道》자로가 화려하게 옷을 차려입고 공자를 뵀다. 공자께서 말씀하셨다. "유야, 이 화려한 옷차림은 무엇이냐? 장강의 물은 岷山(민산)에서 발원하는데, 그 물이 처음 흘러나오는 그 발원지의 물의 양은 겨우 표주박 술잔을 띄울 수 있는 정도이지만, 장강 하구 강나루에 이르면 배를 띄우지 않고 바람을 피하지 않으면 강을 건너지 못한다. 이는 하류에 물이 많아져서가 아니겠느냐? 지금 네가 옷은

선생님께서 말씀하셨다. "유(由)야! 너에게 '안다'[知之]에 대해 분명하게 가르쳐주마! 아는 것이면 안다고 하고, 모르는 것이면 모른다고 하는 것, 이것이 앎의 도이다."

女[11], 音汝。○由, 孔子弟子, 姓仲, 字子路。子路好勇, 蓋有强[12]其所不知以爲知者, 故夫子告之曰: 我教女以知之之道乎! 但所知者則以爲知, 所不知者則以爲不知。如此則雖或不能盡知, 而無自欺之蔽, 亦不害其爲知矣。況由此而求之, 又有可知之理乎?[13]

'女'(녀)는 '汝'(녀, rǔ)이다。○'由'(유)는 공자(孔子)의 제자로, 성이 중(仲)이고, 자(字)가 자로(子路)이다。자로(子路)는 용맹을 좋아해서, 아마도 그가 알지 못하는 것을 안다고

화려하게 차려입고, 얼굴은 득의양양한데, 천하에 어느 누가 기껍게 너에게 아니라고 바르게 말해주겠느냐?"(子路盛服而見孔子, 孔子曰: "由, 是裾裾何也? 昔者江出於岷山, 其始出也, 其源可以濫觴, 及其至江之津也, 不放舟, 不避風, 則不可涉也。非維下流水多邪? 今女衣服既盛, 顔色充盈, 天下且孰肯諫女矣!")。 자로가 종종걸음치고 나가, 옷을 갈아입고 다시 들어오니, 예전 차림 모습 그대로였다。공자께서 말씀하셨다。"유야 내 너에게 해주는 말을 잘 기억해두거라! 말을 부풀리는 자는 실속 없이 겉만 번지르르하고, 행실을 부풀리는 자는 잘난 양 우쭐댄다。대개 아는 체하고 유능한 체하는 자는 소인이다。그런 까닭에 군자가 아는 것은 안다고 말하고, 모르는 것은 모른다고 말하는 것이, 말의 요령이고, 군자가 할 수 있는 것은 할 수 있다고 말하고, 할 수 없는 것은 못 한다고 말하는 것이, 행실의 원칙이다。말에 요령이 있으면 지혜롭고, 행실에 준칙이 있으면 仁하다。지혜로운 데다가 仁 하기까지 한데, 어찌 부족한 것이 있겠느냐!"(子路趨而出, 改服而入, 蓋猶若也。孔子曰: '由志之! 吾語汝: 奮於言者華, 奮於行者伐, 色知而有能者, 小人也。故君子知之曰知之, 不知曰不知, 言之要也; 能之曰能之, 不能曰不能, 行之至也。言要則知, 行至則仁: 既知且仁, 夫惡有不足矣哉!'): 《孔子家語‧三恕》《韓詩外傳‧卷三》에 같은 내용의 글이 나온다。

10 《論語集釋》陳櫟[1252~1334]의 《四書發明》에 말했다。"모르는 것을 안다고 억지 부리면, 남들이 나에게 알려주지 않을 뿐만 아니라, 나 역시 다시는 알기를 구하지 않게 된다。모르는 것을 모른다고 솔직해지면, 남들이 나에게 알려줄 뿐만 아니라, 나 역시 스스로 알기를 구하게 되니, 어찌 앎의 도가 아니겠는가?"(陳櫟四書發明(經正錄引): 强不知以爲知, 非惟人不我告, 己亦不復求知, 終身不知而後已。不知者以爲不知, 則人必告我, 己亦必自求知, 豈非知之之道乎?)。

11 女(녀): [rǔ] 너。 =汝(你。同「汝」)。; [nǚ] 여자(女子, 与「男」相对。)。

12 强(강): 억지로。 마지못해。 가까스로(勉强)。

13 《論語大全》아는 것이면 안다고 하고, 모르는 것이면 모른다고 하면, 스스로를 속이는 은폐가 없고, 그 앎이 진정 자명해진다。만약 (集注에서) '所知者則以爲知, 所不知者則以爲不知'만 말하고, '由此而求之'를 말하지 않았다면, 이는 사람들로 하여금 모르는 것은 모르는 대로 그냥 안주하게 했을 것이다。그 때문에, 程子가 이 뜻을 말했으니, 經文의 뜻이 비로소 완비되어, (모른 것을 안다고 하여) 자기를 속이는 잘못에 빠지지 않게 되었을 뿐만 아니라, (모르는 것을 모르는 대로 그냥 안주하여) 자기의 앎에 한계를 짓는 잘못에 빠지지 않게 되었다(朱子曰: 知之爲知之, 不知爲不知, 則無自欺之蔽, 其知固自明矣。若不說出求其知, 是使人安於所不知也。故程子說出此意, 經意方完, 既不失於自欺, 又不失於自畫。)。

억지를 부린 일이 있었기 때문에, 선생님께서 그에게 말씀해주시기를, '내가 너에게 안다[知之]는 것의 도리를 가르쳐주마! 단지 아는 것이면 안다고 하고, 모르는 것이면 모른다고 해라. 이같이 하면 비록 혹 완전히 알지는 못할망정 (모르는 것을 안다고 하여) 스스로를 속이는 은폐가 없을 것이고, 그렇다고 (아는 것을 안다고 한) 그 앎이 하등의 손상을 입지도 않는다. 하물며 이로 (아는 것이면 안다고 하고, 모르는 것이면 모른다고 함으로) 말미암아 (모른다고 한 것) 그것을 추구하면, 또 (모른다고 한 것을) 알 수 있는 방법이 있음이야 말해 무엇 하겠느냐?'고 하신 것이다.

[子張學干祿章]

021801. 子張[1]學干祿.[2]

자장(子張)이 녹을 구하는 법을 배우고자 했다.

子張, 孔子弟子, 姓顓孫, 名師. 干, 求也. 祿, 仕[3]者之奉[4]也.

'子張'(자장)은 공자(孔子)의 제자로, 성이 전손(顓孫)이고, 이름이 사(師)이다. '干'(간)은 '구하다'[求]이다. '祿'(녹)은 벼슬하는 자의 녹봉(祿俸)이다.

---

1 子張(자장): 顓孫師(전손사). 陳國人. 姓 顓孫, 名 師, 字 子張. BC 503~? 공자보다 48살이 적은 제자. 공문십철. 《孔子家語·七十二弟子解》에는 '사람 됨됨이가 용모·자질을 갖추었고, 관대·겸손·온화하여 널리 많은 사람과 교유했고, 조용히 스스로 힘썼는데, 인의를 행함에는 힘쓰지 않았다. 공자 문인들이 그를 벗하면서도 공경하지 않았다'(爲人有容貌資質, 寬沖博接, 從容自務, 居不務立於仁義之行. 孔子門人友之而弗敬.)고 했고, 《孔子家語·弟子行》에는 '훌륭한 공적을 세웠어도 자랑하지 않았고, 귀한 자리에 앉았어도 좋아하지 않았고, 업신여기거나 안일에 빠지지 않았고, 하소연할 데 없는 사람들에게 오만하지 않았다'(美功不伐, 貴位不善, 不侮不佚, 不傲無告, 是顓孫師之行也.)고 했다.

2 《論語大全》본문에는 '問'字가 없는데, 편찬자가 공자께서 자장의 병폐를 구제하려고 하신 말씀이라 생각했기 때문에, '子張學干祿' 다섯 글자를 공자 말씀 앞에 써놓아, 이로써 공자께서 자장이 녹을 구하고자 한 것 때문에 발언하셨다는 것을 드러냈다(雲峯胡氏曰: 本文無問字, 意編次者因夫子救子張之失, 故先之以此五字, 以見夫子爲子張干祿發.); 《論語平議》'子張學干祿'은 '南容三復白圭'[先進 제5장]와 같다. '白圭'는 《詩經·大雅·抑》에 나오는 말이고, '干祿'은 《詩經·大雅·旱麓》에 나오는 구절이다. '學'이라 하고 '三復'이라 한 것은, 모두 시경을 배울 때 그 뜻을 연구하는 것이지, 祿位를 구하는 법을 배우는 것이 아니다["자장이 《시경·대아·한록》편의 '干祿' 구절을 읊조렸다"](子張學干祿, 猶南容三復白圭. 白圭見詩抑篇, 干祿見詩旱麓篇. 曰學曰三復, 皆於學詩時覃求其義, 非學求祿位之法也.); 《論語正義》《史記·仲尼弟子列傳》에는 '問干祿'으로 되어 있는데, 이는 《古論語》에서 나온 것이다. 《大戴禮記·子張問入官》에는 '子張問入官於孔子'로 되어 있는데, 녹을 구하는 법을 배워 본받는다는 말로, 뜻이 모두 통한다(正義曰: 《仲尼弟子列傳》作"問干祿", 此出《古論》. 《大戴記》有"子張問入官", 即問干祿之意. 《魯論》作"學", 謂學效其法也. 於義並通.); 干祿(간녹): 봉록과 작위를 구하다. 벼슬길을 구하다. 복을 구하다(求祿位; 求仕进. 求福.); 干(간): 구하다. 추구하다(求, 求取.); 祿(녹): 복. 복 받을 운수. 봉급. 녹위(本义: 福气, 福运. 官吏的俸给. 禄位.).

3 《論語新解》공자 당시에, 평민 중 우수한 자는 귀족으로 신분이 상승하여 봉록을 받을 수 있었는데, 이런 사람을 '士'라 했고, 士의 일을 담당하는 것을 '仕'라 했다(当孔子时, 平民中优秀者, 亦可进身贵族社会, 而获得俸禄, 此种人称曰士. 当其服务则称曰仕.); 仕(사): 벼슬하다. 관리가 되다. 관리. 관원(做官; 官宦, 官员.).

4 奉(봉): =俸. 봉록(通'俸'. 俸禄.).

021802、子曰:「多聞闕疑[5]、愼[6]言其餘[7]、則寡尤[8];多見闕殆[9]、愼行其餘、則寡悔。言寡尤、行寡悔[10]、祿在其中矣[11]。」[12]

---

5 [성]多聞闕疑(다문궐의): 식견이 많을지라도 이해하지 못한 부분이 있으면 응당 의문을 남겨두어야 한다. 겸허하고 신중한 면학태도(聞: 听。闕疑: 有疑问的地方要保留。虽然见多识广, 有不懂之处, 还应存有疑问。指谦虚谨慎的治学态度。); 闕疑(궐의): 의심스럽고 판단하기 어려운 문제를 잠시 보류해 두고 주관적으로 추론하지 않다. 잠시 결정을 보류하다(把疑难问题留着, 不做主观推论; 存疑); 闕(궐): 제거하다. 떼어 내버리다(去除).

6 《古漢語語法》愼(신): 동작이나 행위가 조심스럽게 진행되는 것을 표시한다('愼'表示动作行为是谨慎地进行的。);《北京虛詞》愼(신): 부사. 조심스럽게. 면밀하고 신중하게('愼', 副词。用于谓语前, 表示动作施行是审慎的。义即'谨慎地'。).

7 《論語集解》의심나는 것은 떼어 놓아두고, 그 (의심나지 않은) 나머지 것도, 신중히 말하면, 허물이 적다(注: 苞氏曰: 疑則闕之, 其餘不疑, 猶愼言之, 則少過也。);《論語義疏》'其餘'는 마음으로 이해되어 의심스럽지 않은 것을 말한다(疏: 其餘, 謂所心解不疑者也。);《論語句法》'其餘'는 '其餘不懷疑者'(그 나머지 의심스럽지 않은 것)의 생략이다('其餘'是'其餘不懷疑者'的省略。).

8 寡尤(과우): 잘못을 적게 범하다(少犯过错);《說文 · 宀部》'寡'는 '少'[적다. 부족하다]이다(寡, 少也。);《論語集解》'尤'는 '過'이다(注: 苞氏曰: 尤, 過也。);《論語新解》'尤'는 죄과로 밖에서 오고, '悔'는 회한으로 마음에서 생긴다(尤, 罪过, 由外来。悔, 悔恨, 由心生。); 尤(우): 乙을 따르고, 소리가 又이다. 乙은 식물이 구부러져 자라는 모양을 형상화한 것으로, 방해를 받아 특출나게 보이다. 탓하다. 원망하다. 잘못. 과실. 죄과(从乙, 又声。乙象植物屈曲生长的样子, 受到阻碍, 则显示出它的优异。本义: 最优异。责备; 怪罪。过失, 罪过。).

9 《論語集解》'殆'는 '危'이다. 위태로워 보이는 것은 빼놓고 행하지 않으면, 후회를 적게 한다(注: 苞氏曰: 殆, 危也。所見危者, 闕而不行, 則少悔也。);《論語譯注》'闕殆'는 '闕疑'와 같은 뜻이다. '疑'와 '殆'는 동의사로, 이른바 '互文'이다('闕殆'和'闕疑'同意。上文作'闕疑', 这裏作'闕殆'。'疑'和'殆'是同義詞, 所謂'互文'見義。); 闕殆(궐태): 위험한 일을 하지 않다(不做危险的事).

10 [성]言寡尤行寡悔(언과우행과회): 말과 행실에서 잘못을 적게 범하다(指说话做事很少犯错误。).

11 《論語集解》언행이 이와 같으면, 녹은 얻지 못해도, 이것이 녹을 얻는 길이다(注: 鄭玄曰: 言行如此, 雖不得祿, 得祿之道也。);《論語義疏》無道한 세상을 만나서, 덕행이 이와 같으면, 녹은 얻지 못해도, 어느 때인가 有道한 임금을 만날 경우, 반드시 쓰임을 받을 것이기 때문에, 정현은 녹을 얻는 길이라고 했다(疏: 言當無道之世, 德行如此, 雖不得祿, 若忽值有道之君, 則必見用, 故云得祿之道也。);《論語正義》옛날 향리의 인재 선발방식은, 모두 선비 중에 어진 행실과 학업을 갖춘 자를 골라 천거해서 등용했기 때문에, 寡尤 · 寡悔가 바로 녹을 얻는 방법이었다. 춘추 당시에는 인재 선발업무가 폐지되고 작위와 녹봉이 세습되어, 현능한 자가 숨어지내서 대부분 벼슬자리에 있지 않았기 때문에, 정현이 언행이 寡尤 · 寡悔하면 녹을 얻지는 못해도 이것이 녹을 얻는 길이라고 했으니, 배우는 자가 녹을 얻으려면 그 길을 잃지 않아야 하고, 얻을지 얻지 못할지는 명에 달려 있다는 것을 밝힌 것이다.《孟子》에 '옛사람들은 그 天爵을 힘써 닦았으니, 人爵이 저절로 따랐다'[告子上 제16장]고 했는데, 또한 옛날의 선발방식을 말한 것이다(正義曰: 蓋古者鄕舉里選之法, 皆擇士之有賢行學業, 而以舉而用之, 故寡尤, 寡悔即是得祿之道。當春秋時, 廢選舉之務, 世卿持祿, 賢者隱處, 多不在位, 故鄭以寡尤, 寡悔有不得祿, 而與古者得祿之道相同, 明學者干祿, 當不失其道, 其得之不得, 則有命矣。《孟子》云: "古之人修其天爵, 而人爵從之。" 亦言古選舉正法。).

12 《大戴禮記 · 曾子立事》군자는 의심이 남아 있으면 말하지 않고, 분명히 알고 있지 않으면 말하지

선생님께서 말씀하셨다. "많이 듣되 의심나는 것은 떼어 놓아두고, 그 (의심나지 않은) 나머지 것을 신중하게 말하면, 남의 책망을 받을 말이 적어지고, 많이 보되 (안심하고 행하기에) 위태로운 것은 떼어 놓아두고, 그 (위태롭지 않은) 나머지 것을 신중하게 행하면, 스스로 뉘우칠 행실이 적어진다. 말에서 남의 책망을 받을 일이 적고, 행실에서 스스로 뉘우칠 일이 적으면, 녹을 구하는 길이 그 가운데 있다."

行寡之行[13], 去聲。○呂氏曰:「疑者所未信, 殆者所未安。」程子曰:「尤, 罪自外至者也。悔, 理自內出者也[14]。」愚謂多聞見者學之博, 闕疑殆者擇之精, 慎言行者守之約[15]。凡言在其中者[16], 皆不求而自至之辭。言此以救[17]子張之失而進之也。[18]

않고, 쉬운 문제와 어려운 문제가 있으면 어려운 문제를 먼저 처리하지 않는다(君子疑則不言, 未問則不言, 兩問則不行其難者。);《春秋穀梁傳·桓公5年》《춘추》의 의리는, 미더운 것은 미더운 대로 전하고, 미심쩍은 것은 미심쩍은 대로 전하는 것이다(春秋之義, 信以傳信, 疑以傳疑。).

13 行(행): [xíng] 행동거지. 행실. 품행(行为举止。); [xíng] 걸어가다. 걷다. 가다. 움직이다. 운행하다(走, 走路。往。移动, 流动。).

14 《論語大全》남이 나를 잘못했다고 생각하기 때문에 '罪自外至'라 말했고, 내가 그것이 도리 아님을 스스로 알고 후회하기 때문에 '理自內出'이라 말했다(新安陳氏曰: 人以我爲尤, 故曰罪自外至; 我自知其非理而悔之, 故曰理自內出。).

15 《論語大全》'約'字와 '博'字는 對句이다. '約'字는 또 '精'字에서 유래한 글자이다. 정밀하지 않으면 그 '約'도 절실히 필요로 하는 '約'이 아니라, 대충대충 간략히 한 '約'일 뿐이다. '學之博'·'擇之精'·'守之約' 아홉 글자는 단연코 이 장의 뜻을 빠짐없이 다 말한 것이다. 이 세 가지 중 하나도 빠져서는 안 된다. 이와 같으면 말은 반드시 마땅해서 남이 나를 허물하지 않고, 행실은 반드시 마땅해서 스스로 후회할 일이 없을 것이다(新安陳氏曰: ……約字與博字對。約字又自精字來。不精則其約也非切要之約。而苟簡之約爾。學之博, 擇之精, 守之約。九字斷盡此一章。三者不可闕一。如此則言必當而人不我尤, 行必當而己無可悔矣。).

16 《論語大全》'祿在其中, 餒在其中'[衛靈公 제31장], '仁在其中'[子張 제6장], '直在其中'[子路 제18장] '樂亦在其中'[述而 제15장]은 그 풀이가 모두 같다(新安陳氏曰: 祿在其中, 餒在其中, 仁在其中, 直在其中, 樂亦在其中, 其訓皆同。);《論語大全》논어의 모든 '在其中'[爲政 제18장, 述而 제15장, 子路 제18장, 衛靈公 제31장, 微子 제6장]이라는 말은, 대체로 그 가운데 반드시 있다는 것은 아니고 반드시는 아니지만, 거기에 있다는 것을 말한다(朱子曰: 凡言在其中, 蓋言不必在其中而在焉者矣。).

17 救(구): 교정하다. 바로잡다(纠正).

18 《論語大全》이 장은 사람들이 녹을 구하는 일을 뜻으로 삼지 말기를 가르치신 것이다. 대개 말과 행실은 마땅히 신중히 하는 것이지, 녹을 구하려고 그러는 것이 아니다(朱子曰: 此章是敎人不以干祿爲意。蓋言行所當謹, 非爲欲干祿而然也。);《論語大全》자장은 외면에 힘쓰고 밖으로 명망을 떨치기를 추구하는 병폐가 있기 때문에[顏淵 제20장], 선생님께서 가르치시길 돌이켜 자기 안에서 찾으라고 하신 것이다(新安陳氏曰: 子張有務外求聞之失, 故夫子敎以反求諸內也。).

'行寡'의(행과) '行'(행)은 거성[xing]이다. ○여씨(呂氏·呂與叔)가 말했다. "'疑'(의)라는 것은 아직 자신하지 못하는 것이고, '殆'(태)라는 것은 아직 안심하지 못하는 것이다." 정자(程子·伊川)가 말했다. "'尤'(우)는 책망이 내 밖에서 오는 것이다. '悔'(회)는 이치가 내 안에서 오는 것이다."

내가 생각건대, '많이 듣는다'[多聞], '많이 본다'[多見]는 것은 배움의 폭이 넓다는 것이고, '의심나는 것을 떼어 낸다'[闕疑], '위태로운 것을 떼어 낸다'[闕殆]는 것은 선택이 정밀하다는 것이고, '신중히 말한다'[愼言], '신중히 행한다'[愼行]는 것은 지킬 것이 간략하다는 것이다. 대체로 '그 가운데 있다'[在其中者]고 하신 말씀들은 모두 구하지 않아도 저절로 이른다는 말씀이다. 이것을 말씀하여 이로써 자장(子張)의 부족한 점을 바로잡고 정진하게 하신 것이다.

○程子曰:「修天爵則人爵至[19], 君子言行能謹, 得祿之道也。子張學干祿, 故告之以此, 使定其心而不爲利祿動, 若顏閔則無此問矣[20]。或疑如此亦有不得祿者, 孔子蓋曰耕也餒在其中[21], 惟理可爲者爲之而已矣。」[22, 23]

---

19 《孟子·告子上 제16장》맹자가 말했다. "天爵이란 게 있고, 人爵이란 게 있다. 仁·義·忠·信하고 善을 즐거워하기를 싫증 내지 않는 것, 이것이 天爵이고, 공·경·대부, 이것이 人爵이다. 지금 사람들은 자기의 天爵을 닦아서 人爵을 구하려 하고, 人爵을 얻고 나면 자기의 天爵을 내팽개쳐버리고 마는데, 그렇다면 심히 홀린 자이니 끝에 가서는 人爵마저 반드시 잃고 만다"(孟子曰: 有天爵者, 有人爵者。仁義忠信, 樂善不倦, 此天爵也; 公卿大夫, 此人爵也。古之人修其天爵, 而人爵從之。今之人修其天爵, 以要人爵; 既得人爵, 而棄其天爵, 則惑之甚者也, 終亦必亡而已矣。).

20 《論語大全》안자는 종신토록 한 그릇의 밥과 한 바가지의 물로 지냈고[雍也 제9장], 민자건은 단호하게 비읍의 읍장을 거절했으니[雍也 제7장], 어찌 이런 질문을 할 리 있겠는가?(新安陳氏曰: 顏子終身簞瓢, 閔子堅辭費宰, 豈有此問?)

21 《衛靈公 제31장》참조: 餒(뇌): 굶주림. 배고픔(饥饿).

22 《論語大全》녹을 구하는 법을 배운다는 것은, 바로 천직을 닦아서 인작을 구하려는 것이다. 부귀는 하늘에 달려 있으니, 구할 도리가 없다. 언행은 나에게 달려 있으니, 자기 안으로 돌이켜 구할 도리가 있다. 배우는 자는 오로지 자기에게 달려 있는 것만을 구해야 할 뿐, 그러면 利祿은 구하지 않아도 저절로 온다. 그래서 '在其中' 세 글자는 바로 '干'字 때문에 나온 말씀이다(雲峯胡氏曰: 學干祿, 即脩天爵, 以要人爵者。富貴在天, 無可求之理。言行在我, 有反求之道。學者惟當求其在我者, 則祿將不求而自至。故在其中三字。正爲干字而發也。).

23 《論語集釋》王夫之[1619~1692]의 《讀四書大全說》에 말했다. "경문에 '자장이 녹을 구하는 법을 배웠다'고 했는데, 당시 실제로 干祿之學이 있었기에, 자장이 이를 익혔을 것이다. 干祿之學은 시대의 변천에 따라 변했는데, 춘추시대에는 어떤 방법으로 선비를 취했는지 알 수 없지만, '말로써 펴서 아뢰고,

○정자(程子·伊川)가 말했다. "'천작(天爵)을 닦으면 인작(人爵)이 저절로 따라온다'고 했으니, 군자의 말과 행실은 능히 신중히 하는 것이 녹을 얻는 길이다. 자장(子張)이 녹을 구하는 법을 배우고자 했기 때문에, 그에게 이 말씀을 가지고 알려주어, 그로 하여금 자기 마음을 가다듬게 해서 이록(利祿) 때문에 마음이 흔들리지 않게 하신 것인데, 만약 안자(顏子)나 민자건(閔子騫)의 경우였다면 이런 질문을 할 리 없었을 것이다. 어떤 사람이 이같이 했는데도 역시 녹을 얻지 못하는 자가 있지 않은지 의심했기에, 공자(孔子)께서 '농사를 지어도 굶주림이 그 가운데 있다'는 말씀을 하신 듯한데, 오로지 도리상 응당 해야 할 일이라면 할 뿐이다."

공으로써 밝게 시험한다'[書經·舜典]고 했으니, 요순시대에 이미 그러했고, 주나라 시대에도 응당 바꾸지 않았을 것이다. 《禮記·王制》에 나오는, 우수한 선비를 선발하는 造士·進士제도 또한 반드시 試論하는 바가 있었을 것이다. 선비로서 干祿之學을 배우는 것, 역시 커다란 해가 되지 않는다. 그래서 주자가 사람들을 가르칠 때, 또한 부득불 때에 맞춰 과거를 보지 않을 수 없지만, 다만 과거시험에 쓸 문자가 立言을 세우려고 해야지, 곡학아세해서는 안 된다고 말했던 것이다(記言"子張學干祿", 是當世 實有一干祿之學, 而子張習之矣. …… 干祿之學, 隨世而改. ……今不知春秋之時其所以取士者何法, 然"敷 奏以言, 明試以功", 唐, 虞已然, 於周亦應未改. 王制大司馬造士, 進士之法, 亦必有所論試矣. 士而學此, 亦不爲大害. 故朱子之敎人, 亦謂不得不隨時以就科擧, 特所爲科擧文字, 當誠於立言, 不爲曲學阿世而 已.). 공자께서 자장에게 말씀해 준 것 또한 대의 역시 이와 같았다. 干祿之學 역시 당연히 言行을 도외시하지 않았는데, 이 말 저 말 주워들은 것을 모아 그대로 답습하는 것을 言이라 여기고 민첩하게 구는 것을 行이라 여겨 주인된 자의 기호에 부합했으니, 고금의 干祿之學의 공통된 병폐로서, 이에 속학과 성학이 처음에는 같았지만 끝에 가서 달라진 것이다. 그 잘못은 속학이 사람을 변질시킨 데 있지, 학자의 마음이 변질된 데 있는 것이 아니다. 그래서 공자께서도 자장의 干祿之學을 잘못으로 지적하지 않고, 다만 배움의 正道가 책망받을 말을 적게 하고 뉘우칠 행실을 적게 하는 것임을 알려주신 것이다. 言行 면에서 배움의 정도를 제시하셨으니, 그의 학술을 바르게 하여 속학에 의해 어지럽혀지지 않게 하신 것이지, 그의 마음을 가다듬게 해서 이록 때문에 마음이 흔들리지 않게 하신 것이 아니다(夫子 之告子張, 大意亦如此. 蓋干祿之學, 當亦不外言行, 而或撫拾爲言, 敏給爲行, 以合主者之好, 則古今仕學 之通病, 於是俗學與聖學始同終異. 其失在俗學之移人, 而不在學之者之心. 故夫子亦不斥其心之非, 而但 告以學之正: "寡尤", "寡悔". 就言行而示以正學, 使端其術而不爲俗學所亂, 非使定其心而不爲利祿動也.). 성인의 가르침은, 하늘은 덮어주지 않는 것이 없고 땅은 실어주지 않는 것이 없듯이, 어느 한쪽으로 편중되는 바가 없으시니, 그래서 '녹봉에 뜻을 두지 않는 사람은 얻기가 쉽지 않다'[泰伯 제12장]고 말씀하셨으면서도, 종내 녹을 사양하는 것을 올바른 자세라고 하지 않으셨다. 배우는 자의 마음가짐은 爵祿을 욕심내는 생각을 가져서는 안 되지만, 또한 天職·天祿을 천시하는 생각을 가져서도 안 된다"(聖 人之敎, 如天覆地載, 無所偏倚, 故雖云 "不志於穀, 不易得也", 而終不以辭祿爲正. 學者之心, 不可有欲祿之 意, 亦不可有賤天職, 天祿之念.).

[哀公問何爲則民服章]

021901、哀公¹問曰:「何爲²則民服?」孔子對曰³:「擧直錯諸枉⁴, 則民服; 擧枉錯諸直⁵,

---

1 魯哀公(노애공): 부친 定公의 뒤를 이은 魯나라 제26대 군주로 BC 494~BC 468년 재위했다. 시국에 대한 통찰력이 없고, 불일치한 언행으로 三桓과의 갈등이 심했으며, 三桓을 치기 위해 越나라의 도움을 청하러 갔다가 三桓의 공격을 받아 달아나다가 이국땅에서 객사했다.《逸周書 · 諡法解》에, 의롭지 못한 죽음을 당하는 것을 哀라 한다(處死非義日哀)고 했다.

2 《論語正義》'何爲'는 '何所爲之'[무엇을 하면]이라는 말이다('何爲'者, 言何所爲之也。);《助字辨略》'何爲'는 '何以'[무엇을 쓰다. 어떻게 하다]와 같다(何爲, 猶云何以。);《論語語法》'何'는 의문대사로, 동사술어인 '爲' 앞에 놓이는데, 고한어의 관습이다. 논어에서 의문대사가 목적어로 쓰인 경우에, 통상 도치법을 활용한다('何'是疑問代詞, 她的位置放置在動詞述語'爲'之前, 這是古漢語的習慣。論語的疑問代詞用作賓語或副賓語時, 通常運用'倒序'的句法。);《詞詮》 타동사. 만들다. 일으키다. '무엇을 하면'('爲', 外動詞。作也。).

3 《論語義疏》'子曰'이라 한 경우는 제자가 기록한 것이고, '孔子'라 한 경우는, 제자가 아닌 당시 다른 사람이 기록한 것으로, 뒤에 제자가 편찬하면서, 고치지 않고 그대로 두었기 때문에, 앞서 '孔子'라 부른 대로 둔 것이다(凡稱子曰, 則是弟子所記, 若稱孔子, 則當時人, 非弟子所記, 後爲弟子所撰, 仍舊不復改易, 故依先呼孔子也。);《論語譯注》 논어의 문례에서, 신하가 임금의 물음에 답할 때는 반드시 '對曰'을 사용했다(论语的行文体例是, 臣下对答君上的询问一定用'对曰'。);《王力漢語》 아랫사람의 질문에 답할 경우에는 '對'字를 쓰지 않는다(對下回答則不用'對'。).

4 [성]擧直錯枉(거직조왕): =擧直措枉. 정직한 사람을 들어 쓰고 간사한 사람을 내치다(舉: 选拔。直: 正直, 指正直之人。错: 通'措', 废弃, 放弃。枉: 弯曲, 比喻邪恶之人。起用正直贤良, 罢黜奸邪佞人。);《論語集解》'錯'는 '廢置'[내치다]이다["바르지 않고 굽은 사람을 내치다"](注: 苞氏曰: 錯, [廢]置也。廢置邪枉之人。);《論語正義》鄭玄의《論語注》에 '措는 投(투)와 같다. 諸는 之이다. 하위직으로 보낸다는 말이다'고 했다. 춘추시기에는, 작위와 녹봉이 세습되어, 재능에 맞는 직책이 많지 않아, 현능한 자는 숨어 지냈고, 맡을 자리가 있어도, 하위직뿐이었기 때문에, 이 장은 애공에게 擧措之道를 말해, 곧은 자는 고위직에 앉히고, 굽은 자는 하위직으로 보내서, 현능한 자에게는 자기 재능을 맘껏 펼칠 수 있게 하고, 못난 자는 다스림을 받게 하고, 그뿐만 아니라 그에게 하위직을 맡도록 함으로써, 심하게 끊어 내치는 것이 아니고, 느껴 분발하는 바가 있어 여전히 고위직으로 올라갈 수 있다는 것을 알게 한 것이다. 그 때문에, 뒤편에서 번지에게, '반듯한 사람을 들어서 여러 굽은 사람들 위에다 놓으면, 굽은 사람들을 반듯하게 할 수 있다'[顔淵 제22장]고 하신 말씀은 바로 이 장의 말씀의 뜻이다(正義曰: 鄭注云: '措, 猶投也。諸, 之也。言投於下位也。' 按: 春秋時, 世卿持祿, 多不稱職, 賢者隱處, 雖有任者, 亦在下位, 故此告哀公以擧措之道, 直者居於上, 枉者置之下位, 使賢者得盡其才, 而不肖者有所受治, 亦且畀之以位, 未甚決絕, 俾知所感奮而猶可以大用。故下篇告樊遲以'擧直錯諸枉, 能使枉者直', 即此義也。);《論語新解》 공자께서는 정치를 논하면서 빈번히 德化를 중요시하셨다. 임금이 정직한 사람을 등용해 굽은 사람 위에 두면, 정직한 자가 복종할 뿐 아니고, 굽은 자 역시 복종한다. 그래서 다른 날 또 말씀하시길 '(반듯한 사람을 들어서 그를 굽은 사람 위에다 놓으면) 굽은 사람을 반듯하게 할 수 있다'고 하신 것이다(此章孔子論政, 仍重德化。人君能舉直而置之枉之上, 不仅直者服, 即枉者亦服。故他日又曰: '能使枉者直'。);《孔子傳》 천하의 형세를 일변시키는 것은 실로 단지 한 번의 擧錯의 사이에 달려 있다. '그런 사람이 존재하면 그런 정치는 일어날 것이고, 바로 그런 사람이 사라지면 그런 정치는 종식될 것이다'[中庸 제20장]라는 말씀도

則民不服。」

노(魯)나라 애공(哀公)이 물었다. "무엇을 하면 백성들이 따를까요?" 공자(孔子)께서 대답하셨다. "반듯한 사람을 들어 쓰고 굽은 사람들을 내치면, 백성들이 따를 것입니다. 굽은 사람을 들어 쓰고 반듯한 사람들을 내치면, 백성들이 따르지 않을 것입니다."

哀公, 魯君, 名蔣。凡君問, 皆稱孔子對曰者, 尊君也。錯, 捨置[6]也。諸, 衆也。程子曰:「擧錯[7]得義, 則人心服。」

'哀公'(애공)은 노(魯)나라 임금으로, 이름이 장(蔣)이다. 대체로 임금의 물음에 모두 '공자(孔子)께서 대답하셨다'[孔子對曰]고 한 것은 임금을 높인 것이다. '錯'(조)는 '내치다'[捨置]이다. '諸'(제)는 '많다'[衆]이다. 정자(程子·伊川)가 말했다. "들어 쓰는 것과 내치는 것이 의(義)에 맞으면, 인심은 따른다."

이런 뜻이다. 요약건대 사람이 도를 넓히는 것이지, 도가 사람을 넓히는 것이 아니다[衛靈公 제28장](旋乾转坤, 实只在一举错之间。人存政举, 人亡政息, 亦此意。总之是人能宏道, 非道宏人也。);《論語句法》'擧'·'錯'[내버리다. 내쫓다]는 술어, '直'·'諸枉'은 '擧'·'錯'의 목적어이고, '諸枉'은 '그런 부정직한 사람'과 같다('擧跟'錯[廢置, 擺黜的意思]'是述詞, '直'跟'諸枉'是他們的止詞, '諸枉'等於'那些不正直的人'。);《論語譯注》'錯'는 '放置'[~(위)에 놓다]의 뜻도 있고, '廢置'[내치다]의 뜻도 있다. 일반인들은 '錯'를 '廢置'로 풀이하여, '그런 악한 사람들을 내친다'로 풀이하는데[이 경우 '諸'를 '衆'[여러 사람]으로 풀이한다], 이러한 풀이방식은 고어의 어법규칙과 맞지 않는다. '枉'·'直'은 추상에서 실체화된 명사인데, 고문에서 '衆'·'諸' 같은 수량형용사는 일반적으로 본래부터의 실체명사 위에만 놓이지, 추상에서 변화된 실체명사 위에는 놓이지 않기 때문이다. 이 장의 두 개의 '諸'字는 '之於'의 합음으로 간주될 수 있을 뿐이고, '錯'는 '放置'로 풀이해야 맞다. '置之於枉'은 '置之於枉人之上'[반듯한 사람을 굽은 사람의 위에 놓다]과 같고, 고대어에서 '於'字 뒤의 방위사는 어떤 때는 생략할 수 있었다('錯'有放置的意思, 也有廢置的意思。一般人把它解爲廢置, 說是'廢置那些邪惡的人'(把'諸'字解爲'衆'), 這種解法和古漢語語法規律不相合。因爲'枉'、'直'是以虛代實的名詞, 古文中的'衆'、'諸'這類數量形容詞, 一般只放在眞正的實體詞之上, 不放在這種以虛代實的詞之上 …… 這二'諸'字只能看做'之於'的合音, '錯'當'放置'解。'置之於枉'等於說'置之於枉人之上', 古代漢語'於'字之後的方位詞有時可以省略。);枉(왕): (나무가) 반듯하지 못하고 굽어 있다. 휘어져 있다(本义: 弯曲; 不正。[木]不直。跟'直'相對。);錯(조): 조치하다. 없애다. 내치다(通'措'。廢弃。).

5 [성]擧枉錯直(거왕조직): 간사한 사람을 들어 쓰고 정직한 사람을 내치다(举: 选拔, 任用; 枉: 弯曲, 比喻邪恶的人; 错: 废置, 罢黜; 直: 笔直, 比喻正直的人。起用奸邪者而罢黜正直者。).

6 捨置(사치): 버리다. 손을 떼다(丢开); 捨(사): 한쪽으로 치워놓다. 버리다. 포기하다(=舍。放在一边; 丢开。放弃; 舍弃。).

7 擧錯(거조): 거동. 조치하다. 임용과 파면(=举措。举动, 行为。措置, 措施。任用与废黜。).

○謝氏曰:「好直而惡枉, 天下之至情也。順之則服, 逆之則去, 必然之理也。然或無道以照之, 則以直爲枉, 以枉爲直者多矣, 是以君子大居敬而貴窮理也[8]。」

○사씨(謝氏·謝顯道)가 말했다. "반듯한 것을 좋아하고 굽은 것을 싫어하는 것은 천하 모든 사람의 지극히 진실한 감정이다. 이에 순응하면 따르고, 이를 거스르면 떠나는 것은 필연의 이치이다. 그렇지만 어떤 경우에는 도를 써서 반듯한지 굽었는지를 비춰보지 않으면, 반듯한 것을 굽었다 여기고, 굽은 것을 반듯하다 여기는 경우가 많을 것이다. 이 때문에 군자는 공경된 몸가짐을 지키는 것을 크게 여기고 이치를 궁구하는 것을 귀하게 여기는 것이다."

---

8 《論語大全》'居敬窮理'는 내 마음의 거울에 枉·直의 근본을 비춰보는 것으로, '居敬'은 또 '窮理'의 근본이 된다(新安陳氏曰: 居敬窮理者, 明吾心以照枉直之本, 而居敬又爲窮理之本。); 《百度百科》居敬窮理(거경궁리): 송나라 학자들이 제창한 인식론과 수양론. '居敬'은 《雍也 제1장》의 '居敬而行簡'[몸가짐은 공경되게 하되 일 처리는 간략하게 한다]에서 나온 말로, 공경되게 스스로의 몸가짐을 유지한다는 뜻이고, '窮理'는 《周易·說卦》의 '窮理盡性以至於命'[천리를 끝까지 궁구하고 본성을 투철히 깨달아, 이로써 천명을 깨친다]에서 나온 말로, 만물의 도리를 궁구한다는 뜻이다. '居敬'은 主一無適의 마음 상태, 스스로가 자기의 주재자가 되는 것으로, 외물에 얽매임을 당하지 않는 마음 상태이고, '窮理'는 사물의 所以然과 所當然을 알고자 하는 것으로, 널리 만물을 궁구하여 도리를 분명하게 깨치는 것이다(宋儒提倡的一种认识方法和道德修养。'居敬'语出《论语–雍也》'居敬而行简', 意为以恭敬自持; '穷理'语见《周易–说卦》'穷理尽性以至于命', 意为穷究万物的道理。程朱理学家认为所谓'居敬', 就是'心'的'主一'、'专一'、'自作主宰', 不为外物所牵累; 所谓'穷理', 就是'欲知事物之所以然与其所当然者而已', 亦即致知明理。); 居敬(거경): 몸가짐을 항시 공경되게 유지하다(持身恭敬).

[季康子問使民敬忠以勸章]

022001、季康子[1]問:「使[2]民敬、忠以[3]勸[4], 如之何?[5]」子曰:「臨[6]之以莊[7]則敬, 孝慈[8]則

---

1 季康子(계강자): ?~BC 468. 季孫肥(계손비). '康'은 시호. '孫'은 존칭. 季平子[?~BC 505]의 손자이고, 季桓子[?~BC 492]의 아들로 애공 3년에 계환자가 죽자 대를 이었다. 三桓 중 가장 막강한 季氏 가문의 종주로 애공[BC 494~BC 468년 在位] 때 권신이었다; 三桓(삼환): 노나라 3대 가문인 孟孫氏 · 叔孫氏 · 季孫氏를 가리킨다. 노나라 桓公의 嫡長子인 莊公[BC 693~BC 662 재위]이 노나라 임금이 되고, 庶長子 慶父[仲孫氏 또는 孟孫氏라 불렸다], 庶次子 叔牙[叔孫氏], 嫡次子 季友[季孫氏]는 모두 莊公에게 작위를 받았는데, 모두 권문세가이고, 三家 모두 桓公의 후손이기 때문에, 이들 三家를 '三桓'이라고 불렀다.

2 《論語句法》'使'는 사역동사로 술어이고, '民'字는 '使'字에 대해는 목적어이고, '敬忠以勸'에 대해서는 주어이다('使'是致使動詞做述詞, '民'字對上'使'字是止詞, 對下'敬忠以勸'是主語。).

3 《論語義疏》계강자가 무도 · 참람했기 때문에, 백성들이 不敬 · 不忠 · 不相勸獎하자, 그래서 백성들에게 敬 · 忠 · 勸 三事를 행하게 하는 방법을 공자께 여쭌 것이다(疏: 其旣無道僭濫, 故民不敬, 不忠, 不相勸獎, 所以問孔子求學使民行敬及忠及勸三事也。);《助字辨略》'敬忠以勸'은 '敬忠與勸'과 같다(猶云敬忠與勸也。);《經傳釋詞》'以'는 '而'와 같다. '敬忠以勸'의 '以'는 '而'와 같은 뜻이다(以, 猶'而'也 …… '以'字並與'而'同義。);《論語譯注》접속사로서 '和'와 같다('以', 连词, 与'和'同。);《北京虛詞》以(이): 그리고. ~와. 두 병렬성분을 이어준다('以', 连接两个并列成分。又即'又'。).

4 勸(권): 고무하다. 격려하다. 타이르다. 설복시키다(本義: 勉励。劝说。拿道理说服人, 使人听从。).

5 《論語詞典》如(여): 동사. '如……何' 형태로 쓰인다. 그[그것]를 어찌[어떻게] 할까[대처할까? 조치를 취할까?](動詞, 跟"何"字用在一起, "如……何", "怎樣對付他"的意思);《北京虛詞》如之何(여지하): ~을 어떻게 할까? ~하는 방법. 술어로서 방법을 물으며, '之'는 앞에 나온 것을 가리킨다('如之何', 作谓语, 询问方法。'之'指代上文出现的人、物或情况。又即'对此怎么办'、'怎么做法');如之何(여지하): 어떻게. 왜. 어떠한가. 어떻게 하다(怎么; 为什么。怎么样; 怎么办).

6 《論語義疏》'臨'은 위에서 아래로 내려다보는 것을 말한다(疏: 臨謂以高視下也。); 臨(임): 사람이 엎드려 기물을 내려다보는 모양[臨]을 형상한다. 높은 곳에서 낮은 곳을 내려다보다. 다스리다. 통치하다(形象人俯視器物的样子。本義: 从高处往低处察看。治理, 管理, 统治。);《論孟虛字》백성을 다스리다('臨, 即臨民'。).

7 《補正述疏》'以莊'의 '以'는 《說文 · 巳部》에서 '以는 用이다'라고 했다(述曰: '以莊'之'以', 《說文》云: '以, 用也'。); 莊(장): 엄숙하다. 단정하다. 위엄이 있다(嚴肅).

8 《禮記 · 祭義》선왕들이 천하를 다스린 다섯 가지 방법은, 덕 있는 사람을 귀하게 여기고, 신분이 높은 사람을 귀하게 여기고, 노인을 귀하게 여기고, 웃어른을 공경하고, 어린아이를 사랑하는 것이었다. 이 다섯 가지는, 선왕이 천하를 안정시킨 방법이었다. 덕 있는 사람을 귀하게 여긴 것은 어째서인가? 그가 도에 가깝기 때문이다. 신분이 높은 사람을 귀하게 여긴 것은 그가 임금과 가깝기 때문이고, 노인을 귀하게 여긴 것은 그가 어버이와 가깝기 때문이고, 웃어른을 공경한 것은 그가 형과 가깝기 때문이고, 어린아이를 사랑한 것은 그가 자식과 가깝기 때문이다(先王之所以治天下者五: 貴有德, 貴貴, 貴老, 敬長, 慈幼。此五者, 先王之所以定天下也。貴有德, 何爲也? 爲其近於道也。貴貴, 爲其近於君也。貴老, 爲其近於親也。敬長, 爲其近於兄也。慈幼, 爲其近於子也。);《禮記 · 表記》즐거운 일을 누리면서도 할 일을 내버려 두지 않고, 예를 갖추면서도 가깝게 대하고, 위엄있고 장중하면서도 편안히 하고, 효순하고 자애하면서도

忠, 擧善[9]而教不能[10]則勸[11].[12]」

계강자(季康子)가 물었다. "백성들로 하여금 공경하게 하고 충성하게 하고 분투노력하게 하려면, 이를 어찌해야 할까요?" 선생님께서 말씀하셨다. "(그대가) 백성들에게 임하기를 위엄이 있으면 (백성들은) 공경하고, (그대가) 웃어른에게 효성스럽고 아랫사람에게 자애로우면 (백성들은) 충성하고, (그대가) 능력이 있는 사람을 들어써서 부족한 사람을 가르치면 (백성들은) 분투노력할 것입니다."

季康子, 魯大夫季孫氏, 名肥. 莊, 謂容貌端嚴[13]也. 臨民以莊, 則民敬於己. 孝於親, 慈於

공경한다. 백성에게 아버지 같은 존엄을 갖추고, 어머니 같은 가까움을 갖춘다. 이같이 한 후에 백성의 부모라 할 수 있으니, 지덕자가 아니면 그 누가 이같이 할 수 있겠는가?(子言之: …… 樂而毋荒, 有禮而親, 威莊而安, 孝慈而敬. 使民有父之尊, 有母之親. 如此而後可以爲民父母矣, 非至德其執能如此乎?);《新書·道術》부모가 자식을 사랑하고 아끼는 것을 慈라 하고, 慈의 반대가 囂(은)[모질다]이고, 자식이 부모를 사랑하고 아끼는 것을 孝라 하고, 孝의 반대가 孼(얼)[불효하다. 어기다]이다(親愛利子謂之慈, 反慈爲囂; 子愛利親謂之孝, 反孝爲孼.).

9 《古今注》'善'은 '賢能'[어질고 능력이 있다]이다(善, 賢能也.).

10 《說文·教部》'教'(교)는 위에서 행하는 것이고, 밑에서 본받는 것이다(教, 上所施, 下所效也.); 教(교): 뜻은 '攴'(복)[회초리]을 따르고, 소리는 '孝'를 따른다. '攴(攵)'은 전서체에서 손으로 막대기나 회초리를 잡고 있는 형상으로, 주인이 회초리를 옆에 두고 노예를 가르치는 것이다(从支, 从孝, 孝亦声. "攴", 篆体象以手持杖或执鞭, 在奴隶社会, 奴隶主要靠鞭杖来施行他们的教育, 教化. 本义: 教育, 指导.);《論語正義》《漢書·高帝紀》에 대한 안사고의 注에 '能은 材를 말한다'고 했다. '擧善而教不能'은 한 구절이다["재능 있는 사람을 들어써서 부족한 사람을 가르치면"]. 생각건대, 이 장은 계강자가 옛날의 인재 선발 등용 방식으로 복구하기를 바라고 하신 말씀이다. 춘추 시기에 대부는 대부분 작록이 세습되어 재능 있는 자들이 임용되지 못했기 때문에, 공자께서 계강자에게 재능 있는 자들을 들어 쓰라고 하신 것이다.《雍也 제12장》子遊爲武城宰章에서, 공자께서 자유에게 '너는 인재를 얻었느냐?'고 물으신 것,《子路 제2장》仲弓爲季氏宰章에서, 중궁이 정치에 대해 여쭙자 공자께서 '덕 있는 자·재능 있는 자를 등용하도록 하라'고 말씀하신 것이 모두 이 장의 '擧善'의 뜻이다(顔師古《漢書高帝紀》: "能, 謂材也." "擧善而教不能"爲一句. ……案: 此欲康子復選擧之舊也. 春秋時, 大夫多世爵, ……善者不見任用, 故夫子令其擧之. 下篇言"子遊爲武城宰", 夫子詢以"得人", "仲弓爲季氏宰", 問政", 夫子告以"擧賢才", 皆此擧善之意也.).

11 《說文·力部》'勸'(권)은 勉[힘쓰다]이다(勸, 勉也.).

12 《論語集解》임금이 백성들에게 임하기를 위엄이 있으면 백성들은 자기 윗사람을 공경하고, 임금이 위로는 부모에게 효도하고 아래로는 백성에게 자애하면 백성들은 충성하고, 능력 있는 사람을 들어써서 부족한 자를 가르치면 백성들은 분투노력한다(注: 苞氏曰: 君臨民以嚴, 則民敬其上也…… 君能上孝於親, 下慈於民, 則民忠矣. 擧用善人而教不能者, 則民勸也.).

13 端嚴(단엄): 단정하고 장중하고 근엄하다. 장엄하다(端庄严谨; 庄严.).

衆, 則民忠於己。善者擧之而不能者教之, 則民有所勸而樂於爲善。[14]

'季康子'(계강자)는 노(魯)나라 대부 계손씨(季孫氏)로, 이름이 비(肥)이다. '莊'(장)은 용모가 단정하고 위엄이 있는 것을 말한다. 백성들에게 임하기를 위엄이 있으면, 백성들이 자기에게 공경한다. 어버이에게 효도하고 백성에게 자애로우면, 백성들이 자기에게 충성한다. 능력 있는 자를 들어 써서 부족한 자를 가르치면, 백성들이 분투노력해야 할 일이 있게 되어 능력을 기르기를 즐거워한다.

○ 張敬夫曰:「此皆在我所當爲, 非爲欲使民敬忠以勸而爲之也。然能如是, 則其應蓋有不期然而然[15]者矣。」

○장경부(張敬夫·張栻)가 말했다. "이것들은 모두 내가 마땅히 해야 할 일에 속하는 것이지, 백성들로 하여금 공경하게 하고 충성하게 하고 분투노력하게 하려는 욕심 때문에 하는 것이 아니다. 그렇지만 이같이 할 수 있다면, 백성들이 그로 인해 느껴 응하는 모습은 대개 그렇게 되기를 기약하지 않았는데도 그렇게 되는 것이 있는 것이다."

---

14 《論語大全》능력 있는 자는 들어 쓰고 능력 없는 자는 내치는 것만으로는 백성들이 곧바로 분투노력하게 하지 못한다. 오직 능력 있는 자를 들어 쓰고 부족한 자를 가르치는 것만이 모두 분투노력하게 하는 방법이다(朱子曰: 善者擧之, 不善者便棄之, 民不能便勸。惟擧其善者而教其不能者, 所以皆勸。);《集注考證》계강자의 질문은 백성이 이렇게 해주기를 바란 것이고, 공자의 답변은 모두 계강자가 자기에게서 그것을 찾기를 바란 것이다(康子之問, 爲欲使民如此, 而夫子之答, 皆欲其于己求之。).

15 不期然而然(부기연이연): =不期而然. 이렇게 되리라고 생각지 못했는데 뜻밖에 이렇게 되다. 예기치 않게 그렇게 되다(没有想到是这样而竟然是这样。形容不希望如此竟然如此。).

[或謂子奚不爲政章]

022101、 或¹謂孔子曰²:「子奚³不爲政?⁴」

　　어떤 사람이 공자(孔子)께 여쭈었다. "그대는 어찌 정치를 하지 않으십니까?"

定公初年,⁵ 孔子不仕, 故或人疑其不爲政也。

---

1 《論語義疏》'或'은 어떤 한 사람으로, 그 사람의 성명을 기록하지 않았다(疏: 或者, 或有一人, 不記其姓名也。);《論語正義》鄭玄의 注에, '或은 어떤 사람으로, 그 이름에 관심을 두지 않아, 약칭으로 或이라한 것이다'라고 했다. 내 생각에, 《廣雅·釋詁》에 '或는 有이다'라고 했는데, 이름에 관심을 둘 만한 사람이 아니어서, 약칭하기를 '이런 사람이 있다'고 말한 것이다(正義曰: 鄭注云'或之言有人, 不顧其名, 而略稱爲或'。 案: ……廣雅釋詁: '或, 有也。' 人無所顧名, 則從略稱之, 言有此人也。);《經傳釋詞》'或'은 '有'와 같다(或, 猶'有'也。);《古漢語語法》'或'는 일부분을 가리키는 대사로, 어떤 범위 내에서 그중 일부분을 가리키며, '(그중) 어떤 사람', '어떤'을 표시한다. 선행사가 없는 경우는 일반적으로 사람을 가리키며, '어떤 사람'으로 번역한다('或是分指, 分指是在某一范围里, 指其中一部分或者事物, 常用的词为'或'和'有', 表示'有人'有的'。 没有先行词('左右'等)的'或'一般指人, 可译为'某人'。);《論語語法》부정인칭대사(不定人稱代詞, 無定代詞。)。

2 '主語＋謂＋賓語①＋曰＋賓語②' 형식의 연동문: 제일 술어 '謂'의 목적어①은 대화의 상대방을 가리키고, 제이 술어 '曰'의 목적어②는 대화의 내용을 가리킨다(第一個述語'謂'的賓語指'說話的對象', 第二個述語'曰'的賓語指'說話的內容'。)(任永淸, 《論語》'謂'字用法析論', 「臺北市立教育大學報」, 2013)。

3 《古漢語語法》공자가 어떤 사람인지 모를 경우, 공자를 "子"로 칭했다(不知何人, 对孔子也称"子");《詞詮》의문부사. 무엇 때문에('奚', 疑問副詞。 '爲何'也。);《文言語法》'奚'가 의문부사로 쓰인 경우, 원인이나 이유를 묻는 것으로, '왜' '무엇 때문에'라는 의미이다('奚', 如用作疑问副词, 一般询问原因和理由, 便是'为什么'的意思。)。

4 《論語義疏》'政'은 벼슬자리에 남면하여 앉아 있는 것을 말한다. 어떤 사람이 공자가 이리저리 바쁘게 돌아다니는 것을 보고, 어찌 정치하기 위해 벼슬자리에 앉지 않는지를 물은 것이다(疏: 政, 謂居官南面也。 或人見孔子栖遑, 故問孔子曰, 何不爲政處官位乎。)。

5 《論語大全》정공 5년에 계평자[?~BC 505]가 죽고, 계환자가 대를 이었고, 가신 양화가 난을 일으키다 보니, 정공5년 이전에 벼슬하지 않은 것은 계평자 때문이었고, 정공5년 이후에 벼슬하지 않은 것은 양화 때문이었다(新安陳氏曰: 定五年, 季平子卒, 桓子嗣立, 家臣陽貨作亂。 則定五年以前, 夫子不仕者以平子, 而定五年以後不仕者, 以陽貨也。);《論語正義》包愼言[淸人]의 《論語溫故錄》에 말했다. 《白虎通義·五經》에 말하기를, '공자께서 오경을 정리하신 까닭은 무엇인가? 공자께서 주나라 말엽을 사시면서, 왕도는 쇠퇴하고, 예의는 폐기되어, 강자는 약자를 능멸하고, 다수는 소수에게 포악질하는 데도, 천자는 감히 주벌하지 못하고, 방백은 감히 책문하지 못하여, 도덕이 행해지지 못하는 것을 근심했기에, 주류사방하면서 그 도가 행해지길 바랐지만, 위나라에서 노나라로 돌아와서는, 도가 행해지지 못하리라는 것을 알고, 오경을 정리하여 이로써 그 도를 행하려고 했다. 그래서 공자께서 말씀하시기를, '書云'孝於惟孝, 友於兄弟, 施於有政。' 是亦爲政也。'라고 하신 것이다'라고 했다. 《백호통의》의 견해에 따르면, 공자께서 '어떤 사람'에게 하신 대답은 대체로 애공11년 후에 있었을 것이다. 오경에는 五常[仁·義·禮·智·信]의

노(魯)나라 정공(定公) 초년에는, 공자(孔子)께서 벼슬을 하지 않으셨기 때문에, 어떤 사람이 공자(孔子)가 정치를 하지 않는 데 대해 의아하게 여긴 것이다.

022102、 子曰:「書云⁶孝乎⁷:『惟⁸孝, 友于兄弟⁹, 施於有政¹⁰。』是¹¹亦爲政, 奚其爲爲

도가 있으니, 사람을 교화시켜 五常의 덕행을 이루게 했기 때문에, 施於有政 是亦爲政이라 말씀하신 것이다"(包氏愼言《論語溫故録》:《白虎通》云: '孔子所以定五經何? 孔子居周末世, 王道陵遲, 禮義廢壞, 強凌弱, 衆暴寡, 天子不敢誅, 方伯不敢問, 閔道德之不行, 故周流冀行其道, 自衛返魯, 知道之不行, 故定《五經》以行其道。 故孔子曰: "書云'孝於惟孝, 友於兄弟, 施於有政。 是亦爲政也。'" 依《白虎通》說, 則孔子之對或人, 蓋在哀公十一年後也。《五經》有五常之道, 教人使成其德行, 故曰'施於有政, 是亦爲政'。)。 생각건대, 包愼言의 견해가 맞다. 공자께서는 사구를 하시다가 노나라를 떠났기 때문에, 노나라로 다시 돌아와서도 여전히 대부의 뒤를 따랐고[先進 제7장], 국정의 내막을 들었지만[子路 제14장], 벼슬에는 나가지 않았기 때문에, 어떤 사람이 공자께 정치를 하지 않는 까닭을 여쭌 것이다. 제자가 이 장을 기록하기를, 애공이 공자께 질문한 장과 계강자가 공자께 질문한 장의 다음에 놓은 것은, 당연히 애공·계강자·어떤 사람의 순서에 따라 배열시킨 것이다(案: 包說是也。 夫子以司寇去魯, 故反魯猶從大夫之後, 且亦與聞國政, 但不出仕居位而爲之, 故或人有不爲政之問。 弟子記此章, 在哀公, 季康子問孔子兩章之後, 當亦以進相次。);《論語新解》①이 장의 일은 정공 초년에 있었다。 정공은 그의 친형인 임금 소공을 축출한 자들에 의해 임금이 되었는데, 정공은 그들의 죄를 묻지 못했으니, 이것이 정공이 형제간에 '友'하지 않은 것이고, 부모에게 '孝'하지 않은 것이다。 공자께서 책을 인용하신 경우, 대개 은미하게 뜻을 내보이고 풍유로 꾸짖어서 노나라 사람들을 깨우치셨지, 뜬구름 잡는 실상이 없는 말로 그치지 않으셨다。 ②이 장은 정공의 친형이 아직 살아 있던 때에 발언하신 것으로, 응당 소공 말년 이전에 있었다。 ②설을 따라야 한다(或逆定此章在定公初年。 定公爲逐其君兄者所立, 而定公不能討其罪, 是定公爲不友, 即不孝。 孔子引書, 蓋亦微示諷切以曉魯人, 非泛然而已。 其後孔子終事定公, 則因逐君者已死, 逐君者非定公, 故孔子無所終愆于其君。 又或說此章必发于定公母兄尙在之時, 应在昭公之末以前。 两说相较, 当从後说。);魯定公(노 정공): 노나라 25대 임금。 BC 509~BC 494 재위。 姓 姬, 名 宋。 昭公의 동생으로, 昭公이 내란을 일으킨 계평자의 군대에 패한 뒤 제·진나라 등으로 떠돌다가 乾侯에서 죽고 나서, 그 뒤를 이어 임금이 되었다。

6 《書經·周書·君陳》임금[성왕]이 이같이 말했다。 "군진, 그대의 아름다운 덕은 효성과 공경이오。 그대의 어버이에 대한 효성과 형제간의 우애는, 능히 정치에서도 펼칠 수 있을 것이오。 그대에게 이 東郊를 맡기니, 공경히 행하시오"(王若曰: 君陳, 惟爾令德孝恭。 惟孝友于兄弟, 克施有政。 命汝尹茲東郊, 敬哉。);《古書虛字》'云'은 '曰'이다('云', '曰'也。)。

7 《論語義疏》本은 '孝乎惟孝 友于兄弟 施於有政'을 서경의 글로 보고 있다。《論語正義》'孝於惟孝 友於兄弟'는 서경에 빠져 있는 글이다。 惠棟[1697~1758]의 《九經古義》에, '후대의 학자가 《書經·君陳》에 근거해서 於를 乎로 고쳤다'고 했는데, 그 견해가 훌륭하다。 내 생각에 '孝於' '友於'가 '於'로 되어 있지만, 뜻은 '乎'로, '孝於惟孝'는 《禮記·仲尼燕居》의 '禮乎禮[예를 갖추시오, 예를!]와 문장형태가 서로 같다。 '施於有政'부터가 공자의 말씀이다(正義曰: '孝於惟孝, 友於兄弟', 皆《逸書》文……惠氏棟《九經古義》謂: "後儒據君陳篇改'於'爲'乎'。" 其說良然……竊謂此文'孝於', '友於'字雖是'於', 義則'乎'也。 '孝於惟孝', 與《記》云'禮乎禮'……相同。 '施於有政'以下, 乃夫子語。)。

8 《古書虛字》'惟'는 '其'와 같다["그대의 어버이에 대한 효성과 형제간의 우애는"]('惟', 猶'其'也。)。

9 友于(우우): 형제가 우애롭다。 형제(兄弟友爱: 借指兄弟); 友于之谊(우우지의): 형제간의 정; 孝友(효

政¹²?¹³?¹⁴」

선생님께서 말씀하셨다. "《서경》(書經)에서 (君陳(군진)의) 효(孝)에 대해 말하

우): 어버이에게 효순하고 형제에게 우애하다(事父母孝順, 对兄弟友爱。指对兄弟友爱。).

10 《論語集解》'施'는 '行'이다. (孝·友를) 행하는 바에 정치의 도리가 들어 있으니, 이는 곧 정치하는 것과 같다(注: 苞氏曰: 施, 行也。所行有政道, 即是與爲政同耳也。). 《論語譯注》~에까지 미치다. 파급되다. 넓혀나가다. 확대하다('施, 這裏應該當'延及'講。). 《古今注》'爲政'은 한 나라의 국정을 전담하는 것을 말하고, '有政'은 여러 관직의 분장된 정사를 말한다. 대체로 '爲政'과 '有政'은 하늘과 연못의 차이만큼이나 다르기 때문에, 공자께서 '有政'이라 자처하여, '爲政'에 필적시키신 것이다(爲政謂專主一國之政, 有政謂庶官分掌之政……蓋以爲政有政天淵不侔, 故孔子自居有政, 以當爲政。). 《經傳釋詞》'有'는 어조사이다. 한 글자로는 단어를 이루지 못할 경우, '有'字를 붙여 한 짝으로 만든 것이다. 虞·夏·殷·周는 모두 나라 이름인데, 有虞·有夏·有殷·有周로 부르는 것이 바로 이것이다. 그래서 司를 有司라 했고, 政을 有政이라 한 것이다(有, 語助也。一字不成詞, 則加'有'字以配之。若虞、夏、殷、周, 皆國名, 而曰有虞、有夏、有殷、有周, 是也故……司曰有司……政曰有政。). 《詞詮》(왕조명·국명 등) 명사 앞에 쓰이는 의미 없는 조사('有', 語首助詞。用在名詞之前, 無義。). 《論語譯注》양우부[楊樹達] 선생의 《增訂積微居小學金石論叢·論語子奚不爲政解》에 말했다. "'政'은 卿相大臣을 말한 것으로, 직책으로 말했지, 일로 말한 것이 아니다"(楊遇夫先生說: '政謂卿相大臣, 以職言, 不以事言。'). 《論語語法》'有政'은 접두사 '有'가 붙은 글자로, '경상대신'의 뜻이다('有政'是帶詞頭詞, 意爲'卿相大臣'。). 《論語句法》'施於有政'은 '자기 집안에 孝友의 도리를 펼치는 것은, 자기 집안에 정치를 행하는 것과 마찬가지이다'를 줄여 말한 것이다. '於'는 '如'의 뜻이고, '有'는 '爲'의 뜻이다('施於有政, 是'施孝友之道於其家, 如爲政於其家'的省說, '於'是'如'字的意思, '有'是'爲'字的意思。).

11 《論語注疏》'是'는 '此'이다(疏: 正義曰: 是, 此也。).

12 《論語義疏》"어찌 벼슬을 해야만 爲政인가?"(疏: 何用爲官位乃是爲政乎?). 《經傳釋詞》'其'와 '乃'[~(해)야. 이에. 비로소]는 같은 뜻이다('其'與'乃'同意。). 《論語詞典》奚其(해기): 의문부사. 왜. 어째서(疑問副詞, 爲什麼。). 《論語詞典》의문문의 중간에 위치하는 어기부사('其', 问句中的语气副词。). 《論語譯注》"이 또한 정치참여인데, 어찌 반드시 벼슬을 해야만 정치참여로 치겠습니까?"("這也就是參與政治了呀, 爲什麼定要做官才算參與政治呢?"). 《論語新解》"어찌해야 정치하는 것이라 치겠는가!"("如何才算是从事政治呀!"). 《論語句法》처음 '爲'字는 술어, 그 아래 '爲政'은 목적어, '其'는 부사 '奚'와 술어 '爲' 사이에 붙는 관계사로, '以'字와 용법이 같다["어찌해야 爲政이라 하겠는가?"](第一個'爲'字是述詞, 其下的'爲政'是止詞, '其'是加在限制詞'奚'字和述詞'爲'之間的關係詞, 作用跟加'以'字一樣。). 《助字辨略》'爲爲政'의 앞의 '爲'字는 뜻이 없는 語聲이다(上爲字, 無義, 乃語聲也。). 《古書虛字》'爲爲政'의 앞의 '爲'字는 훈이 '謂'[~라 하다]이다('爲'猶'謂'也。'爲爲政'之上'爲'字訓'謂'。).

13 《論語正義》정치의 도리는 차례(질서)를 명확히 하는 것을 벗어나지 않기 때문에, 효제의 의리를 밝히기만 하면 곧 정치의 도리가 있으니, 벼슬자리에 앉아서 정치하는 것과 다를 것이 없다. 그래서 '천하가 무도해진 지가 오래되었으니, 하늘이 장차 선생님을 목탁으로 삼으시려는 것입니다'[八佾 제24장]라고 했다(爲政之道, 不外明倫, 故但能明孝弟之義, 即有政道, 與居位爲政無異。故曰: "天下之無道也久矣, 天將以夫子爲木鐸。").

14 《孝經·廣揚名》공자께서 말씀하셨다. "군자는 어버이를 섬김이 효성스럽기 때문에, 충성이 임금에게로 옮겨갈 수 있다. 형을 섬김이 공손하기 때문에, 순종이 윗자리에 있는 사람에게로 옮겨갈 수 있다. 집안을 잘 다스리기 때문에, 다스림이 관직으로 옮겨갈 수 있다. 이 때문에 행실은 집안에서 이루어지는데, 이름은 후세에까지 세워지는 것이다"(子曰: 君子之事親孝, 故忠可移於君。事兄悌, 故順可移於長。居家理, 故治可移於官。是以行成於內, 而名立於後世矣。).

기를 '그대의 부모에 대한 효성과 형제간의 우애는, 능히 정치에서도 펼칠 수 있다'고 했으니, 이것 또한 정치를 하는 것입니다. 어찌 벼슬을 하는 것만이 정치를 하는 것이라 하겠습니까?"

書周書君陳篇[15]。書云孝乎者，言書之言孝如此也。善兄弟曰友。書言君陳能孝於親，友於兄弟，又能推廣[16]此心，以爲一家之政。孔子引之，言如此，則是亦爲政矣，何必居位乃[17]爲爲政乎？蓋孔子之不仕，有難以[18]語或人者，故託此以告之，要之至理亦不外[19]是。[20, 21]

---

15 君陳(군진): 주공의 차남으로, 노나라 제1대 임금인 백금의 아우(周公姬旦之次子，魯公伯禽之弟。)；君陳편은 주공이 죽자 성왕이 군진에게 주공이 다스리던 東郊를 다스리게 하면서 훈계한 말이 기록된 편명이다.

16 推廣(추광): 늘리고 확대하다. 시행범위를 넓히다. 확충하다(推衍扩大。谓扩大施行或作用范围。).

17 乃(내): 단지. 다만. 겨우(只，仅仅。).

18 難以(난이): ~할 수 없다. 쉽지 않다(不能; 不易。).

19 外(외): 떠나다. 벗어나다(背离).

20 《論語大全》이 구절은 전체가 '推'字 위에 있다. 요즘 사람들은 다만 그 소행을 미루어 생각하는 일을 잘하지 못한다(朱子曰：此全在推字上。今人只是不善推其所爲耳。).

21 공자에게 질문한 사람은, 어째서 공자가 出仕하여 "나라를 다스리는 일"에 참여하지 않는지를 묻고 있다. 공자는 《書經·周書·君陳》을 이용하여 간접적으로 대답하면서, '부모에 대한 효성과 형제간의 우애' 등의 '집안을 다스리는 일'(齊家) 역시 일종의 '정치'(爲政)라고 밝힌다. 원문에 있는 '爲政'의 함의를 그는 확대하고 있는 것이다. 만약 현대의 '질서 수립' 개념으로써 공자가 말한 정치를 이해한다면 오히려 더 딱 들어맞을 것이다. 주희는 集注에서 "아마도 공자께서 정치를 하지 않으신 까닭……"을 운운하고 있는데, 이는 당연히 주희의 추측이다. 하지만 자로와 자공에 대한 공자의 대답[憲問 제45장, 雍也 제28장]을 합해서 보자면, 주희의 말은 매우 설득력이 있다. 공자는 이미 "천하에 도가 있는 것(天下有道)"[微子 제6장]을 궁극적 관심으로 삼았기에, 자연스럽게 "자기 몸가짐을 닦아서 이로써 남을 편안하게 하거나(脩己以安人)"[憲問 제45장] "백성에게 은덕을 널리 베풀고 또 많은 사람을 구제할(博施於民而能濟衆)"[雍也 제28장] 수 있는 기회를 가장 중시하여, "만약 나를 쓰는 사람이 있다면, 내가 장차 동방에서 주나라의 도를 일으킬 것이다"[陽貨 제5장]라는 한탄을 하기에 이르렀을 것이다. 하지만 "벼슬자리에 있는 것(居位)"과 "정치를 하는 것(爲政)"은 개인이 일방적으로 통제할 수 있는 일이 아니므로, 공자는 정치개념을 확대해 "자기가 바라는 것으로부터 남의 마음을 유추하는 것(能近取譬)"이 "仁을 추구하는 방법[雍也 제28장]이라고 주장했다. 이는 바로 '내성외왕(內聖外王)'의 통일적 행동이 잠시도 쉬지 않는다는 것을 보증한다.…… 정이가 말하기를, '군자의 도는, 남을 이루어주고 남을 구제해주는 쓰임을 귀하게 여기는데, 남에게 미치지 않는다면 군자의 도는 없는 것이나 마찬가지이다'라고 했다(程頤說過："君子之道，貴乎有成，有濟物之用，而未及於物，猶無有也。")[程氏粹言·人物篇] ……정이가 말한 내용은, 바로 앞에서 인용한 공자의 "자기 몸가짐을 닦아서 이로써 남을 편안하게 한다"와 "백성에게 은덕을 널리 베풀고 또 많은 사람을 구제한다"는 두 조목의 의미를 밝히고 있다는 점이다. 만약 '내성외왕'의 틀에 넣고 생각해본다면, 개인의 수양해야 할 '내성'이 아직 '외왕'화의 과정에 진입하지 않았을 경우, [내성을] "이루었다"고 말할 수 없을뿐더러, 심지어 그것이 "없는 것이나 마찬가지이다"라고까지 칭할 수 있다. '내성'과 '외왕'이 불가분의 연속체임이 바로 위 구절에서 아주 명확하게 표현되었고,

'書'(서)는《서경·주서·군진》(書經 周書 君陳)편이다. '書云孝乎'(서운효호)는 '서경에서 효를 말하기를 이같이 했다'는 말이다. 형제간에 잘하는 것을 '우애롭다'[友]고 말한다.

《서경》(書經)에 말하기를 '군진(君陳)이 어버이에게 효성스럽고 형제간에 우애로우니, 또 이 마음을 미루어 넓혀나가서, 이로써 한 집안의 정치로 삼을 수 있다'고 했다. 공자(孔子)께서 이 구절을 인용하여 말씀하시기를, '이와 같으면 이것도 또한 정치를 하는 것인데, 어찌 꼭 벼슬자리에 있는 것만이 정치를 하는 것이라 하겠는가?'라고 하신 것이다. 아마도 공자께서 정치를 하지 않으신 까닭에 대해, 그 어떤 사람에게는 말씀하시기 어려운 점이 있었기 때문에, 《서경》의 이 글을 핑계 삼아 말씀하신 듯한데, 요컨대 정치의 핵심적인 도리 역시 효(孝)와 우(友)를 벗어나지 않는다.

"남에게 미치지 않는다면, 군자의 도는 없는 것이나 마찬가지이다"라는 구절은 유가의 '내성'의 집단적 경향과 공공적 경향을 실증한다. 따라서 "자기 몸가짐을 닦은" 사람이라 할지라도 자신이 군자의 도를 갖고 있다고 할 수 없는 것이다. '사(士)' 또는 '군자(君子)'의 '자기 몸가짐을 닦음'은 자아의 정신적 자원만을 개척하기 위함이 결코 아니라, '남을 편안하게 함(安人)'[憲問 제45장], '남을 서게 해줌(立人)', '남을 현달하게 해줌(達人)'[雍也 제28장]에서부터 '백성을 편안하게 함(安百姓)', '널리 베풀고 또 많은 사람을 구제해줌(博施濟衆)'[憲問 제45장]에 이르는 초개인적 이상을 어떻게 세울 것이며 또 실천할 것인가 하는 방법을 제시하기 위함이었다(余英時 저/이원석 역, 『주희의 역사세계』(하) [글항아리, 2015], 1340).

[人而無信章]

022201、子曰:「人而¹無信, 不知其可也². 大車無輗, 小車無軏³, 其⁴何以行之哉⁵?」

1 《論語義疏》"사람이 만약 믿음이 없다면 그에게 재능이 있다 한들 끝내 써먹을 수 없다"(疏: 言人若無信, 雖有他才, 終爲不可.);《王力漢語》접속사 '而'가 주어와 술어 사이에 쓰인 경우, 가정의 의미를 가지며, '만약~이면'으로 번역할 수 있다(有時候, 連詞'而'字用在主語和謂語之間, 含有假說的意思, 可以譯爲'如果'.);《論孟虛字》'而'는 '如' '若'과 같다. '而'와 '如'는 옛날에 소리가 같았다. 가설을 표시하는 관계사이다. 주어와 술어 사이에서 결합작용을 하여 假設句를 구성하는데, '若'과 같지 않지만 어투를 전환시키는 작용이 있다('而, 猶如'猶若'. '而'與'如'古同聲. 爲表假設的關係詞. 不過這個'而', 用在主語和謂語之間作連繫, 往往構成假設句, 它並不等於'若', 而是有轉折作用的.);《文言虛詞》而(이): 접속사. 주어와 술어 사이에 놓여, 주어와 술어 사이에 한층 더 전환의 의미를 띠게 한다('而'字作連詞, 還可以放在主語和謂語之間, 使主語和謂語之中含一層轉折之意.);《論語譯注》'而'字는 '如果'로 해석하면 안 된다. '人無信'이라 하지 않고 '人而無信'이라 한 것은, '人'字를 한 번 끊어읽을 것을 요구한 것이다. 고서에서는 이런 구독법이 많이 있는데, 번역에서는 '做爲一個人'으로 풀이하여, 그러한 뜻이 비슷하게 표현되도록 했다["사람이 되어 가지고, 오히려 신용과 명예를 중시하지 않으니, 어떻게 그럴 수 있는지 모르겠다"](這'而'字不能當'如果'講. 不說'人無信', 而說'人而無信'者, 表示'人'字要作一讀. 古書多有這種句法, 譯文('做爲一個人')似能表達其意: "做爲一個人, 却不講信譽, 不知那怎麽可以.").

2 [성]人而無信 不知其可(인이무신 부지기가): 신용을 중시하지 않으니 어찌 써먹을지 모르겠다. 신용을 중시하지 않는 사람은 아무짝에도 쓸모없는 사람이다(信: 信用; 其: 那; 可: 可以, 行. 一个人不讲信用, 真不知道怎么能行. 指人不讲信用是不行的.);《論語譯注》"그런 사람을 어떻게 할지 모르겠다"(不知那怎麽可以);《論孟虛字》감탄어기사. ='乎'('也', 用作感歎語氣詞. '也', 猶'乎'.).

3 [성]大車無輗(대차무예): 사람으로서 믿음이 없으면 사회에 발을 딛고 서기 어렵다(輗: 大车辕端与衡接的部分. 大车无輗, 则难以前进. 比喻人若无信, 则难以立足于社会.);《論語集解》'大車'는 소가 끄는 수레이다. '輗'(예)는 수레의 양옆에 댄 기다란 끌채[轅]의 끝에 연결된 가로목[橫木]에다 둥그런 멍에[扼]를 결박하는 데 쓰는 쐐기못이다. '小車'는 네 필의 말이 끄는 수레이다[안쪽 두 말을 驂馬(참마), 바깥쪽 두 말을 服馬(복마)라 한다]. '軏'(월)은 끌채[轅]의 앞단의 갈고리 모양으로 위로 구부린 것으로 가로목[衡]을 거는 것이다(注: 苞氏曰: 大車, 牛車. 輗者, 轅端橫木以縛扼者也. 小車, 駟馬車也. 軏者, 轅端上曲拘衡者也.); 輗(예): 수레의 끌채와 소 등에 걸치는 가로목을 연결하는 움직이는 핀(古代大车车辕和横木衔接的活销);《王力漢語》말이 끄는 수레가 '小車'로, 귀족이 출타하거나 전투용으로 쓰이고, 소가 끄는 수레가 '大車'로, 짐을 실어 나르는 용도로 쓰인다(馬車古名'小車', 是供贵族出行和作戰用的; 牛車古名'大車', 一般只用來戴運貨物.);《王力漢語》'無'가 부정하는 대상은 명사나 명사구로, 동사 '無'의 목적어이다(用否定動詞'無'的否定句. '無'所否定的是名詞或名詞性詞組. 這名詞或名詞性詞組是'無'字的賓語.); 軏(월): 수레의 끌채[轅]와 가로목을 연결시키는 갈고리(古代車轅與橫木相連接的關鍵.).

4 《經傳釋詞》'其'는 '將'과 같다(其, 猶'將'也.);《論孟虛字》'其'는 '將[장차]'과 같다["장차 무엇으로 움직이겠느냐?"]('其', 猶'將', 言將何以行走呢?);《王力漢語》其(기): 반문의 어기를 강화하는 어기사(語氣詞'其'字, 可加重反問的語氣.);《論語句法》'其'은 '則'의 뜻이다('其', 是'則'字的意思.);《許世瑛(二)》'其'字가 주절의 앞머리에 쓰인 경우, 관계사로서, '則'字의 용법과 서로 같다('其'字用在複句裡的主要字句頭上, 做關係詞, 和'則'字的用法相同.)[『論語中'其'字用法深究』].

5 《論語義疏》수레에 輗·軏이 없으면, 수레가 무엇을 써서 앞으로 움직일 수 있겠는가?(疏: 若車無輗軏,

선생님께서 말씀하셨다. "사람이 되어 가지고 믿음이 없으니, 그런 사람의 쓸모를 모르겠다. 큰 수레에 輗(예)가 없고, 작은 수레에 軏(월)이 없으면, 장차 무엇으로 수레를 앞으로 움직이게 하겠느냐?"

輗, 五兮反. 軏, 音月. ○大車, 謂平地任[6]載之車. 輗, 轅[7]端橫木, 縛軛[8]以駕牛者. 小車, 謂田車[9], 兵車[10], 乘車[11]. 軏, 轅端上曲, 鉤衡[12]以駕馬者. 車無此二者, 則不可以行, 人而無信, 亦猶是也.[13, 14]

則車何以得行哉?);《王力漢語》의문문 안의 의문대사인 목적어는 반드시 동사 앞에 놓이며, 의문대사가 개사의 목적어인 경우에도 이 규율을 따른다(在古漢語裡, 疑問句裡的疑問代詞賓語也必須放在動詞的前面. 疑問代詞用作介詞的賓語時, 也手這個規律的制約, 它們也必須放在介詞的前面.);《王力漢語》'哉'字의 주 용도는 반문과 감탄으로, 언제나 순수의문을 표시하지 않을뿐더러, 의문대사나 '豈'와 호응해야 반문을 표시한다('哉'字的主要用途有二: 一是表示反問, 以是表示感歎. 它永遠不表示純粹的疑問; 而且, 一般地說, 要有疑問代詞或'豈'字跟它呼應, 才能表示反問.).

6 任(임): 짊어지다. 어깨에 메다(挑担; 荷; 肩負); 載(재): 실어 나르다(用车船装运.).

7 《王力漢語》'轅'(원)은 수레를 끄는 데 쓰는 지렛대로, 그 뒷단을 차축에 연결한다. '轅'의 앞단에 연결하는, 말이나 소의 목에 거는 멍에가 '軛'(액)이다. '衡'(형)은 '軛'과 같지만, '軛'은 大車에 쓰이고, '衡'은 小車에 쓰인다. 또는 '軛'은 멍에, '衡'은 멍에 위의 가로목이다('轅是駕車用的車槓, 後端和車軸相連; 車轅前端駕在牲口脖子上的橫木叫做'軛'. '軛'和'衡'是同義詞. 區別開來說, '軛'用於大車, '衡'用於小車.);《衛靈公 제5장》참조.

8 縛(박): 줄로 묶다. 결박하다(捆绑.); 軛(액): 멍에. 가축의 목 위에 씌우는 둥글게 구부린 나무(驾车时套在牲口脖子上的曲木).

9 田車(전차): 사냥용 수레(打猎用的车子).

10 兵車(병차): 전투용 수레(战车).

11 乘車(승차): 승차용 수레(安车).

12 鉤(구): 허리띠의 걸쇠. 물건을 끄집어내거나 매달거나 걸어놓는 갈고리. 갈고리로 걸다(衣带上的钩. 形状弯曲, 用于探取, 悬挂器物的用品. 钩取; 钩住.); 衡(형): 소 뿔 위에 매는 가로목(本义: 绑在牛角上的横木.)

13 《朱子語類24: 126》"선생님(朱子)께서는 다만 '수레에 이 두 가지가 없으면, 앞으로 움직일 수가 없다. 사람이 되어 가지고 믿음이 없는 경우에도, 이와 같다'고만 말씀하셨지, '사람이 되어 가지고 믿음이 없는 경우에도 마찬가지로 앞으로 움직일 수 없다'고는 언급하지 않으셨습니다. 어째서 인지요?" "사람이 되어 가지고 믿음이 없으면, 말에 진실이 없으니, 어디에서인들 행세할 수 있겠느냐? 집에서인들 행세할 수 없고, 향당에서인들 행세할 수 없다." "이 장의 말씀은 '말이 진실되지 못하고 믿음이 없으면, 비록 지방고을에서인들 행세하겠느냐?'[衛靈公 제5장]는 말씀과 뜻이 같다는 말씀이시군요?" "그렇다." (問: "先生但謂'車無此二者則不可以行, 人而無信, 亦猶是也.'而不及無信之所以不可行, 何也?" 曰: "若人無信, 則語言無實, 何處行得. 處家則不可行於家, 處鄉黨則不可行於鄉黨." 曰: "此與'言不忠信, 雖州里行乎哉?'之意同." 曰: "然.").

14 《古今注》수레와 소는 본래가 두 개의 물체로, 이 두 물체는 각기 별개로 서로 연관되어 있지 않은데,

'輗'(예, ní)는 '五'(오, nu)와 '兮'(혜, xī)의 반절이다. '軏'(월)은 음이 '月'(월)이다. ○'大車'(대차)는 평지에서 짐을 실어 나르는 수레를 말한다. '輗'(예)는 수레의 끌채[轅] 앞단에 연결된 (소의 목덜미 위에 걸치는) 가로목에다, 멍에[軶]를 결박하는 데 쓰는 쐐기 못으로, 이를 써서 소를 제어한다. '小車'(소차)는 사냥용·전투용·승차용 수레를 말한다. '軏'(월)은 수레 끌채[轅] 앞단의 갈고리 모양으로 위로 구부러진, (말의 목덜미 위에 걸치는) 가로목을 거는 데 쓰는 갈고리로, 이를 써서 말을 제어한다. 수레에 이 두 가지가 없으면, 앞으로 움직일 수가 없다. 사람이 되어 가지고 믿음이 없는 경우에도, 이와 같다.

오직 輗(예)나 軏(월)을 써서 단단히 묶어서 연결하여 이은 연후에만, 수레와 소는 한 몸뚱이가 되어, 소가 가면 수레도 가게 되는데, 그래서 '信'에 비유한 것이다. 나와 타인은 본래가 두 사람으로, '信'을 써서 단단히 묶지 아니하면, 역시 움직일 방법이 없다(車與牛本是二物, 其體各別不相聯接, 惟以輗軏固結而聯接之然後, 車與牛馬一體, 牛行而車亦行, 所以喩信也。我與人本是二人, 不以信固結之, 則亦無以行。).

[子張問十世可知章]

022301、子張問:「十世¹可知也²?」

　　　　자장(子張)이 여쭈었다. "십 세 뒤의 일을 미리 알 수 있겠습니까?"

陸氏曰³:「也, 一作乎。」○王者⁴易姓⁵受命爲一世⁶。子張問自此以後, 十世之事, 可前知乎?

육씨(陸氏·陸德明)가 말했다. "'也'(야)는 어떤 책에는 '乎'(호)로 되어 있다."

○왕자(王者)의 성씨가 바뀌어 새롭게 천명을 받는 것이 일세(一世)이다. 자장(子張)은 지금부터 십 세 뒤의 일을 미리 알 수 있는지를 여쭌 것이다.

022302、子曰:「殷因⁷於⁸夏禮⁹, 所損益¹⁰, 可知也; 周因於殷禮, 所損益, 可知也; 其或繼

---

1 《說文·卅部》'世'(세)는, 30년이 1世이다. 卅(삽)[삼십]을 따르고 글자를 길게 늘인 것이다. [단옥재 注] 논어의 '如有王者 必世而後仁'[子路 제12장]에 대한 공안국의 注에, '30년이 1世이다'라고 했다. 생각건대, 父와 子가 대를 잇는 것이 世라 하는데, 30에서 파생된 뜻이다(世, 三十年爲一世。从卅而曳長 之。亦取其聲也。段玉裁注: 論語'如有王者, 必世而後仁。' 孔曰, '三十年曰世。' 按父子相繼曰世。其引伸之 義也。);《論語義疏》'十世'는 十代를 말한다(疏: 十世, 謂十代也。);《論語新解》一世는 一代이고, 옛날에는 30년을 一世라 칭했으니, 十世는 300년이 된다. 或說: 왕조의 성씨가 바뀌는 것이 一代이다(一世为一代 古称三十年为一世, 十世当三百年。或说王朝易姓为一代, 十世即十代。); 世(세): 한 왕조의 연대(朝代。).

2 《經傳釋詞》'也'는 '邪'·'歟'·'乎'와 같다(也, 猶'邪'也, '歟'也, '乎'也。);《詞詮》의문을 표시하는 어말조사('也', 語末助詞。助句, 表疑問。);《文言虛詞》문장에 의문사가 없는 경우, 의문의 중점이 '也'에 있으며, '邪'와 용법이 같다(句中沒有別的疑問詞的, 疑問重點便在'也'字。這'也'字的用法等于'邪'字。);《論語詞典》也 (야): 어기사로, '邪'[추측·반문을 나타냄]와 같다. 의문문에는 별도의 의문사가 없다(語氣詞, 同'耶'(疑 問句, 句中無別的疑問詞)。).

3 陸德明[550~630]이 지은 《經典釋文·論語音義》에 나오는 글이다.

4 王者(왕자): 왕도로 천하를 다스리는 군주(谓以王道治天下之君主。).

5 易姓(역성): 고대 제왕은 국가를 한 성씨의 가업으로 보았기 때문에, 왕조가 바뀌는 것을 '易姓'이라 불렀다(古代帝王把国家视为一姓之家业, 故称改朝换代为'易姓'。).

6 一世(일세): 一代. 한 성씨의 왕조가 다스리는 연대(犹一代。一个朝代。).

7 《王力漢語》因(인): 의존하다. 뒤따르다. 연이어지다. 그대로 잇다. 답습하다(依靠, 憑藉。引申爲順着。 又爲接着。又爲因襲。);《論語新解》'因'은 '因襲[그대로 따르다]'이다(因, 因襲義。).

8 《論語語法》介詞 '於'가 술어 뒤에 쓰여, 처음 시작된 장소를 표시했다[夏禮로부터 이어지다]('於'是介詞,

周者[11], 雖百世可知也。」[12]

선생님께서 말씀하셨다. "은(殷)나라는 하(夏)나라의 예(禮)를 그대로 이어받았기에, 은(殷)나라에 의해 덜어지거나 더해진 부분을 알 수 있고, 주(周)나라는 은(殷)나라의 예(禮)를 그대로 이어받았기에, 주(周)나라에 의해 덜어지거나 더해진 부분을 알 수 있으니, 그 누군가 주(殷)나라의 대를 이어 왕 노릇을 하는 자라면, 비록 백 세 뒤의 일일지라도 미리 알 수 있을 것이다."

用在謂語之後, 表示源始處所。).

9 《古今注》'禮'는 한 왕조의 법령·제도이다(禮者, 一王之典章法度。). '殷因於夏'·'周因於殷'에서 끊어 읽고 禮를 '所損益'에 붙여 읽는 견해가 있다["주나라는 은나라를 이어받았으니, (은나라의) 예 중에 덜어지거나 더해진 부분을 알 수 있다"].

10 益(익): =溢(일). 그릇 안에 물이 넘쳐흐르는 모양. 증가하다. 보태다. 늘리다(象器皿中有水漫出。本義: "溢"的本字。水漫出。在某些方面增加。与"損"相对。).

11 《論語義疏》'或'이라 한 것은, 이 말씀 당시 주나라가 존속하고 있어, 감히 代를 직접 호명하지 못해서, '其或'이라 가설하신 것이다(疏: 言或者, 爾時周猶在, 不敢指斥有代, 故云其或也。); 《論語新解》"장차 주나라를 계승해 나라를 일으킨 자가 있다면"("将来有继周而起的……"); 《許世瑛(二)》'或'字는 '有人'의 뜻이지, 부사로서 '혹시' 어쩌면'의 뜻이 아니다('或'字是'有人'的意思, 也不是限制詞, '或許'、'或者'的意思。)[談談論語中'或'字的用法]; 《論語句法》주어는 '其', '或'은 '혹시'의 뜻을 나타내는 부사이다["그가 혹시 주나라를 계승하는 자라면"](起詞是'其', '或'是表不定之意的限制詞。); 其(기): 만약(連詞。如果, 假設。); 《論孟虛字》'其'는 '若'과 같다. 가설을 표시한다('其, 猶若。表假設的關係詞。'其或繼周者', 猶言'要是有人繼周而王者'。).

12 《禮記·大傳》도량형을 제정하고, 예악제도를 고찰하여 바로잡고, 역법을 고치고, 복색을 바꾸고, 徽章旗號를 다르게 하고, 기계를 개량하고, 의복의 등급을 구별하는 것, 이런 것들은 모두 백성들과 함께 변혁할 수 있는 것들이다. 백성들과 함께 변혁할 수 없는 것이 있으니, 친족을 친애하는 것, 윗사람을 높이는 것, 어른을 어른으로 대우하는 것, 남녀를 구별하는 것, 이런 것들은 백성들과 함께 변혁할 수 없는 것들이다(立權度量, 考文章, 改正朔, 易服色, 殊徽號, 異器械, 別衣服, 此其所得與民變革者也。其不得變革者則有矣: 親親也, 尊尊也, 長長也, 男女有別, 此其不可得與民變革者也。); 《漢書·董仲舒傳》제왕이 된 자는 제도의 명칭을 바꾼 일은 있었지만, 도의 실질을 바꾼 일은 없었습니다. 그런데 하나라는 忠을 숭상하고, 상나라는 質을 숭상하고, 주나라는 文을 숭상한 것은, 이어받은 전 왕조의 폐단을 구제하기 위해서는, 응당 이것들을 써야 했던 것입니다. 공자께서는 '殷因於夏禮, 所損益可知也; 周因於殷禮, 所損益可知也; 其或繼周者, 雖百世可知也'라고 하셨으니, 이는 백세의 왕들은 이 세 가지 중 하나를 쓸 것이라는 말입니다. 하나라는 순 임금을 그대로 이어받았는데, 이에 대해서만은 덜어지거나 더해진 부분을 언급하지 않으신 것은, 그 도가 앞선 임금과 같아서입니다(王者有改制之名, 亡變道之實。然夏上忠, 殷上敬, 周上文者, 所繼之捄, 當用此也。孔子曰: "殷因於夏禮, 所損益可知也; 周因於殷禮, 所損益可知也; 其或繼周者, 雖百世可知也。" 此言百王之用, 以此三者矣。夏因於虞, 而獨不言所損益者, 其道如一而所上同也。). 도의 대원칙은 하늘에서 나오고, 하늘은 불변하고, 도 역시 불변하니, 이 때문에 우 임금은 순 임금을, 순 임금은 요 임금을 계승하여, 세 성인이 서로 이어받으면서 한 가지 도를 지켜서, 앞선 임금의 폐단을 구제할 정사가 없었으니, 그래서 덜어지거나 더해진 부분에 대해 언급하지 않으신 것입니다. 이로 말미암아 보건대, 잘 다스려지고 있는 나라를 계승한 임금은 그 도가 같고, 혼란스러운 나라를 계승한 임금은 그 도가 바뀐 것입니다(道之大原出於天, 天不變, 道亦不變, 是以禹繼舜, 舜繼堯, 三聖相受而守一道, 亡救弊之政也, 故不言其所損益也。繇是觀之, 繼治世者其道同, 繼亂世者其道變。).

馬氏曰[13]:「所因, 謂三綱五常[14]。所損益, 謂文質三統[15]。」愚按: 三綱, 謂[16]: 君爲臣綱,

父爲子綱, 夫爲妻綱。五常, 謂[17]: 仁、義、禮、智、信。文質, 謂[18]: 夏尚忠, 商尚質, 周尚文。

三統[19], 謂: 夏正建寅[20]爲人統, 商正建丑爲地統, 周正建子爲天統[21]。

---

13 《論語集解》'因'이란 三綱五常을 말한다. '所損益'이란 文質과 三統을 말한다(注: 馬融曰: 所因, 謂三綱五
常也。所損益, 謂文質三統也。).

14 三綱五常(삼강오상): 三綱은 군위신강·부위자강·부위처강을 말하고, 五常은 인·의·예·지·신을
말하는 것으로, 사람과 사람 간의 도덕규범을 말한다(三綱: 指君爲臣綱, 父爲子綱, 夫爲妻綱; 五常: 指仁、
義、禮、智、信。封建禮教提倡的人與人之間的道德規範。).

15 《論語義疏》文과 質은 2代마다 바뀌고, 正朔[역법]은 3代마다 한 주기로 바뀌는 것이다. 文과 質이
2代마다 바뀐다는 것은, 어느 代의 임금이 質로 교화했으면, 다음 代의 임금은 文으로 교화하는 것으로,
文을 쓴 임금의 뒤를 이은 임금은 質을 회복하고, 質을 쓴 임금의 뒤를 이은 임금은 文을 회복하여,
순환이 무궁하고, 興이 있으면 반드시 廢가 있고, 廢와 興이 다시 바뀌기 때문에, 損益이 있는 것이다(疏
夫文質再而復, 正朔三而改。質文再而復者, 若一代之君以質爲教者, 則次代之君必以文教也。以文之後君
則復質, 質之後君則復文, 循環無窮, 有興必有廢, 廢興更遷, 故有損益也。); 文質(문질): 찬란한 꾸밈과
소박한 바탕(文華與質樸); 三統(삼통): 하·은·주에서 사용한 책력。三正이라고도 한다(指夏、商、
周三代的正朔。夏正建寅為人統, 商正建丑為地統, 周正建子為天統。亦谓之三正。).

16 《白虎通義·三綱六紀》三綱이란 무엇을 말하는가? 군신·부자·부부를 말한다. 임금은 신하의 벼리이고,
아비는 자식의 벼리이고, 남편은 아내의 벼리이다(三綱者何謂也? 謂君臣, 父子, 夫婦也……故君爲臣綱,
父爲子綱, 夫爲妻綱。).

17 《白虎通義·情性》五常이란 무엇인가? 仁·義·禮·智·信을 말한다. 仁이란 차마 하지 못하는 것으로,
만물에 생명을 부여하고 사람을 사랑하는 것이다. 義란 마땅한 것으로, 중도에 맞게 잘라내고 도려내는
것이다. 禮란 실천하는 것으로, 도를 실제로 실천하여 문을 이루는 것이다. 知란 아는 것으로, 들은
것에 대해 자기만의 견해를 가지고, 일에 미혹되지 않고, 기미를 보고 그 드러날 모습을 아는 것이다.
信이란 진실한 것으로, 한결같아서 변치 않는 것이다. 그래서 사람이 태어남에 팔괘[乾·兌·離·震
·巽·坎·艮·坤]의 체[首·腹·足·股·耳·目·手·口]를 받고, 五行[木·金·火·水·土]의
氣를 얻어 이를 五常으로 삼았으니, 仁·義·禮·智·信이 바로 이것이다(五常者何? 謂仁, 義, 禮,
智, 信也。仁者, 不忍也, 施生愛人也; 義者, 宜也, 斷決得中也; 禮者, 履也, 履道成文也; 智者, 知也, 獨見前聞,
不惑於事, 見微者也; 信者, 誠也, 專一不移也。故人生而應八卦之體, 得五氣以爲常, 仁, 義, 禮, 智, 信是也。).

18 앞의 각주《漢書·董仲舒傳》참조.

19 《衛靈公 제10장》集注 참조.

20 建寅(건인): 하나라 역법상 정월을 '建寅'이라 하며, 북두칠성의 손잡이 부분의 한 바퀴 운행을 12로
나'누어, 손잡이가 十二辰 中 寅의 방향을 가리키는 것이 바로 하나라 역법상 정월이다(古代以北斗星斗
柄的运转计算月分, 斗柄指向十二辰中的寅即为夏历正月。); 建(건): 북두칠성의 손잡이 부분이 가리키는
방위를 '건'이라 하며, 하나라 역법 즉 음력 12개월은 12개 방위에 따라 정해진다. 예컨대, 建寅은
음력 정월, 建卯은 2월, 建辰은 3월, 建巳는 4월, 建子는 11월이다(北斗的斗柄所指的方位。古代天文学
称北斗星斗柄所指为建。一年之中, 斗柄旋转而依次指为十二辰, 称为'十二月建'。夏历(农历)的月份即由
此而定。如: 建寅(正月); 建卯(农历二月); 建辰(农历三月); 建巳(农历四月); 建子(指以夏历十一月)).

21 《論語大全》'正'은 '正月'을 말한다. 一月이라 하지 않고 正月이라 한 것은, 왕자는 바른 곳에 거처한다는
뜻을 취한 것이다. 세 나라가 번갈아서 寅月·丑月·子月을 정월을 세웠기 때문에, '夏正'·'商正'·
'周正'이라 한 것이다(新安陳氏曰: 新安陳氏曰: 正, 謂正月也。不曰一月, 而曰正月, 取王者居正之義。迭建

마씨(馬氏 馬融)가 말했다. "'그대로 이어받은 것'[因]이란 삼강오상(三綱五常)을 말한다. '덜어지거나 더해진 부분'[所損益]이란 문질(文質)과 삼통(三統)을 말한다."

내가 생각건대, 마씨(馬氏)가 말한 '삼강'(三綱)은 '임금은 신하의 벼리이고[君爲臣綱] 아비는 자식의 벼리이고[父爲子綱] 남편은 아내의 벼리이다'[夫爲妻綱]를 말한다. '오상'(五常)은 인·의·예·지·신(仁義禮智信)을 말한다. '문질'(文質)은 하(夏)나라는 충(忠)을 숭상하고, 상(商)나라는 질(質)을 숭상하고, 주(周)나라는 문(文)을 숭상한 것을 말한다. '삼통'(三統)은 '하(夏)나라의 정월은 인월(寅月, 음력 정월)이니 인통(人統)이고, 상(商)나라의 정월은 축월(丑月, 음력 섣달)이니 지통(地統)이고, 주(周)나라의 정월은 자월(子月, 음력 동짓달)이니 천통(天統)이다'를 말한다.

三綱五常, 禮之大體, 三代相繼, 皆因之而不能變. 其所損益, 不過文章制度[22]小過不及[23]之間, 而其已然之跡, 今皆可見. 則自今以往,[24] 或有繼周而王者, 雖百世之遠, 所因所革, 亦不過此, 豈但十世而已[25]乎! 聖人所以知來者蓋如此, 非若後世讖緯[26]術數[27]之學也.[28]
삼강오상(三綱五常)은 예(禮)의 대원칙으로, 하·은·주(夏殷周) 3대가 서로 계승하여, 모두 그대로 이어받았기에 고칠 수 없는 것이다. 그중에 덜어지거나 더해진 부분이라면, 예악 제도 중에서 조금 지나친 것은 덜어내고 조금 미치지 못한 것은 더하는 정도에서 벗어나지 않아서, 이미 그러한 그 자취를 지금 모두 다 볼 수 있다. 그렇다면

以爲正月, 故曰夏正、商正、周正.
22 文章(문장): 예악제도(礼乐制度。).
23 小過不及(소과불급): 조금 지나치거나 조금 미치지 못하다.
24 以往(이왕): =以后. 이후(犹言以后),
25 而已(이이): ~일 뿐이다. ~로 그치다(用在陈述句末, 表示限止语气, 相当于'罢了', 常跟'只'、'不过'、'仅仅'等连用, 对句意起冲淡作用; 助词。表示仅止于此。犹罢了。).
26 讖緯(참위): 참서와 위서. '讖'은 무당이나 술사가 만든 길흉화복의 징조나 그에 대한 예언서이고, '緯'는 유가 중에 술사가 된 자가 유가경전에 갖다 붙여 만든 詩緯·易緯·書緯·禮緯 같은 책이다(讖书和纬书的合称。汉代流行的神学迷信。'讖'是巫师或方士制作的一种隐语或预言, 作为吉凶的符验或征兆。'纬'指方士化的儒生编集起来附会儒家经典的各种著作。).
27 術數(술수): 사람의 운세를 점치는 방법이나 기술(谓以种种方术, 观察自然界可注意的现象, 来推测人的气数和命运。)
28 《論語大全》경문에서 '因'字가 가장 중요하다. 소위 '損益'도 三綱五倫이 무너지지 않게 떠받쳐주고 붙잡아주려는 것일 뿐이다(朱子曰: 此章因字最重。所謂損益, 亦只是要扶持箇三綱五常而已。).

지금부터 이후로, 누군가 주(周)나라의 대를 이어 왕 노릇을 하는 자가 있다면, 비록 백 세만큼의 먼 후일지라도, 그대로 이어받는 것과 새롭게 개혁하는 것이, 또한 이런 정도에서 벗어나지 않을 것이니, 어찌 단지 십 세뿐이겠는가! 성인께서 앞으로 다가올 일을 미리 아시는 방법은 대체로 이와 같으니, 후세의 참위(讖緯)나 술수(術數)의 학설 같은 것이 아니다.

○胡氏曰「子張之問, 蓋欲知來, 而聖人言其旣往者以明之也。夫自修身以至[29]於爲天下, 不可一日而無禮。天敍天秩[30], 人所共由[31], 禮之本也。商不能改乎夏, 周不能改乎商, 所謂天地之常經也[32]。若乃[33]制度文爲[34], 或太過則當損, 或不足則當益。益之損之, 與時

---

29 以至(이지): ~에 이르기까지. 시간·정도·범위·수량의 연장을 표시한다(亦作"以至于"。亦作"以至於"。连词。犹言直至, 直到。表示在时间、程度、范围、数量上的延伸。).

30 《書經·虞書·皐陶謨》하늘이 내린 순서는 典이 있으니, 우리에게 五典[父義·母慈·兄友·弟恭·子孝]을 당부하셨으니 이 다섯 가지를 독실하게 지키십시오. 하늘이 내린 등급은 禮가 있으니, 우리에게 五禮[천자·제후·경·대부·사·서인의 다섯 등급]를 따르게 하셨으니 다섯 가지를 항상 유지하십시오. 서로 정중히 대하고 임금을 섬기며, 함께 정사를 도우십시오. 하늘이 명한 덕이 있으니, 五服[천자·제후·경·대부·사·서인의 다섯 복장]을 五章[靑·赤·白·黑·黃의 다섯 색]으로 하십시오. 하늘이 토벌하는 죄가 있으니, 五刑[얼굴에 먹칠 새기는 형벌[墨(묵)], 코 베는 형벌[劓(의)], 발뒤꿈치 자르는 형벌[剕(비)], 거세하는 형벌[宮(궁)], 죽이는 형벌[大辟(대벽)]의 다섯 형벌]을 다섯 죄인에게 쓰십시오. 정사에 힘쓰고 힘쓰십시오. 하늘이 듣고 보는 것은, 우리 백성들이 듣고 보는 것 그대로이고, 하늘이 표창하고 징치하는 것은, 우리 백성들이 표창하고 징치하는 것 그대로입니다. 하늘의 천자와 땅의 백성은 서로 통하니, 공경하십시오. 땅을 다스리는 임금이여!(天敍有典, 勅我五典五惇哉! 天秩有禮, 自我五禮有庸哉! 同寅協恭和衷哉! 天命有德, 五服五章哉! 天討有罪, 五刑五用哉! 政事懋哉懋哉! 天聰明, 自我民聰明, 天明畏自我民明威。達于上下, 敬哉有土。); 《論語大全》《書經·虞書·皐陶謨》에서 '天敍有典', '天秩有禮'를 말했는데, 三綱五常이 곧 '天敍有典', '天秩有禮'이다(新安倪氏曰: 書曰: '天敍有典'、'天秩有禮', 三綱五常, 卽天敍之典、天秩之禮也。); 天敍(천서): 하늘에서 차례대로 정한 순서나 등급(天然的次第, 等級); 天秩(천질): 하늘이 정한 등급으로 예법제도(上天規定的品秩等級。谓礼法制度。).

31 《朱子語類6: 17》道는 사람이면 누구나 빠짐없이 따라야 하는 것이고, 德은 내가 홀로 얻은 것이다(道者, 人之所共由; 德者, 己之所獨得。)[性理三·仁義禮智等名義].

32 《漢書·董仲舒傳》《春秋公羊傳·隱公元年》에서 말한 '大一統[천하의 제후들이 모두 천자(周王) 한 사람에 의해 統治되는 것을 중시하다]'은 천지의 변치 않는 영원한 법칙이고, 고금을 통틀은 공통된 의리입니다. 지금은 스승 된 자마다 달리 말하고, 사람마다 달리 논하고, 백가마다 방안이 다르고, 취지가 모두 다릅니다. 이 때문에 위에서는 一統을 유지하지 못해, 법은 자주 바뀌고, 백성들은 지키고 따를 바를 모릅니다. 신이 생각건대, 모든 것이 육예의 과목과 공자의 학술에 근거를 두지 않기 때문이니, 백가의 도를 모두 단절시켜 공자의 학술과 나란히 서 있지 못 하게 해야 합니다. 간사하고 편벽된 학설이 종식되어야, 그 후에 기강이 하나로 될 수 있고 법도가 밝아질 수 있으니, 백성들이 따를 바를 알게 될 것입니다(春秋大一統者, 天地之常經, 古今之通誼也。今師異道, 人異論, 百家殊方, 指意不同, 是以上亡以持一統; 法制數變, 下不知所守。臣愚以爲諸不在六藝之科, 孔子之術者, 皆絕其道, 勿使並進。

宜之, 而所因者不壞, 是古今之通義也。因往推來, 雖百世之遠, 不過如此而已矣。」

○ 호씨(胡氏·胡寅)가 말했다. "자장(子張)이 여쭌 것은 대체로 앞으로 다가올 일을 알고자 한 것이었는데, 성인께서는 하·은·주 3대의 이미 지나간 일들을 말씀하여 이로써 이를 밝히신 것이다. 무릇 자기 몸가짐을 다스리는 일에서부터 이를 써서 천하를 다스리는 일에 이르기까지, 단 하루라도 예(禮)가 없어서는 안 된다. 하늘이 내린 질서(秩敍)인 삼강오상(三綱五常)은 사람이면 누구나 빠짐없이 따라야 하는 것으로, 예(禮)의 근본이다. 상(商)나라는 하(夏)나라의 예(禮)를 고칠 수 없었고, 주(周)나라는 상(商)나라의 예(禮)를 고칠 수 없었으니, 이른바 천지의 변치 않는 영원한 법칙이다. 제도나 문물의 경우라면, 무언가 너무 지나칠 경우는 의당 덜어내야 하고, 무언가 부족할 경우는 의당 더해야 한다. 더하는 것이나 덜어내는 것은, 시대에 따라 그에 맞게 적절해야 하지만, 그대로 이어받은 것은 무너뜨리지 않는다는 것, 이는 고금을 통틀어 공통된 의리이다. 지나간 일에 의거하여 앞으로 다가올 일을 헤아려 본다면, 비록 백 세만큼의 먼 훗날일지라도, 이런 정도에서 벗어나지 않을 따름이다."

邪辟之說滅息, 然後統紀可一而法度可明, 民知所從矣。).

33 若乃(약내): ~에 관해서는(至于。用于句子开头, 表示另起一事。).

34 文爲(문위): 문명. 문물.

[非其鬼而祭之章]

022401、子曰:「非其鬼[1]而祭之, 諂[2]也。[3]

선생님께서 말씀하셨다. "자기가 제사 지내야 할 귀신이 아닌데도 제사 지내는 것은 아첨하는 짓이다.

非其鬼, 謂非其所當祭之鬼。諂, 求媚[4]也。[5]

'非其鬼'(비기신)은 자기가 제사 지내야 할 대상인 귀신이 아니라고 하는 말이다. '諂' (첨)은 '잘 보이다'[求媚]이다.

---

1 《禮記 · 祭義》살아 있는 모든 것은 반드시 죽고, 죽으면 반드시 흙으로 돌아가는데, 이를 일러 鬼라 한다. 뼈와 살은 땅속에서 썩어, 들판의 흙이 되고, 氣는 위로 떠 올라 눈에 보이고 귀에 들리는 것이 되고, 사람의 마음을 처연하고 애달프게 하는데, 이는 百物의 精氣이고, 神의 드러난 모습이다(子曰: ……衆 生必死, 死必歸土, 此之謂鬼。骨肉斃於下, 陰爲野土; 其氣發揚于上, 爲昭明, 焄蒿, 凄愴, 此百物之精也, 神之著也。);《論語詞典》鬼(귀): 사람이 죽었어도 여전히 영혼은 존재한다고 믿었는데, 이 영혼이 鬼이 다. 여기에서 비롯되어 죽은 조상도 鬼라고 한다(古代以爲人死了還有靈魂存在, 這靈魂便叫鬼, 因之死了 的祖先也叫鬼); 其(기): 자기 자신을 대사로 칭해 사용하는 용법('其'字的己身稱代詞用法。).

2 《論語集解》(죽은) 사람의 神을 '鬼'라 한다. 자기 조상이 아닌데도 그를 제사 지내는 것, 이는 복을 구하려고 아첨하는 짓이다(注: 鄭玄曰: 人神, 曰鬼。非其祖而祭之者, 是諂求福也。);《論語新解》'非其 鬼'에 대해 두 가지 견해가 있다. ①자기 조상이 아닌 것 ②淫祀[자기가 제사 지낼 대상이 아닌 것](或说非 其鬼, 乃指非其祖考。或说: 祭非其鬼, 乃通指淫祀。);《論語義疏》'諂'(첨)은 사리에 맞지 않게 구하는 것이다(疏: 諂, 橫求也。).

3 《禮記 · 曲禮下》자기가 제사 지낼 대상이 아닌데 제사 지내는 것을 淫祀(음사)[예법에 어긋난 제사]라 부른다. 음사에는 복이 없다(非其所祭而祭之, 名曰淫祀。淫祀無福。);《春秋左傳 · 僖公10年》[BC 650] 신 狐突(호돌)[晉나라 대부][?~BC 637]이 들었는데, 귀신은 자기 동족이 아닌 자의 제사를 흠향하지 않고, 백성은 자기 족류가 아닌 자를 제사 지내지 않는다고 했습니다. (임금께서 나라를 秦나라에 넘기고 秦나라 보고 임금의 제사를 지내 달라고 하신다면) 임금의 제사가 어찌 끊어지지 않겠습니까?(臣聞之, 神不歆非類, 民不祀非族, 君祀無乃殄乎?).

4 求媚(구미): 환심을 사기 위해서 비위를 맞추다. 잘 보이다(讨好; 为得到好感或讨人喜欢而去迎合某人。); 媚(미): 잘 보이다. 영합하다. 알랑거리다. 비위를 맞추다(討好, 逢迎, 巴結。).

5 《論語大全》예컨대 천자는 天地를 제사 지내고, 제후는 名山大川을 제사 지내고, 대부는 五祀를 제사 지내고, 庶人은 자기 선조를 제사 지낸다. 위는 아래를 겸할 수 있지만, 아래는 위를 겸하지 못한다. 서인인데 五祀를 제사 지내고, 대부인데 名山大川을 제사 지내고, 제후인데 天地를 제사 지내는 것, 이것이 '非其鬼'이다(朱子曰: 如天子祭天地, 諸侯祭山川, 大夫祭五祀, 庶人祭其先。上得以兼乎下, 下不得 以兼乎上也。庶人而祭五祀, 大夫而祭山川, 諸侯而祭天地, 此所謂非其鬼也。).

022402、見義[6]不爲, 無勇也[7][8]。」

　　의로운 일을 보고도 행동하지 않는 것은 용기가 없는 것이다."

知而不爲, 是無勇也。[9]

알고도 하지 않는 것, 이것이 '용기가 없는 것'이다.

---

6 《論語集解》'義'는 '마땅히 해야 할 바'이다(注: 孔安國曰: 義者, 所宜爲也。).

7 [성]見義勇爲(견의용위): 의로운 일을 보고 용감히 뛰어들다. 불의를 보고 참지 못하다(看到正義的事, 就勇敢地去做。);《論孟虛字》'無勇也' 앞에 연결동사 '是'가 생략되었다. 결정어기사 '也'는 '就是'에 해당한다('無勇也'上面省了繫詞'是', 這個決定語氣詞'也', 相當於'就是'。).

8 《論語正義》이 장에서 지적하신 것은 모두 가리키는 일이 있는 것으로 보인다. 어떤 사람은, 계씨가 태산에서 여제를 지낸 것[八佾 제6장]이 '祭非其鬼'이고, 염유가 계씨 가에서 벼슬하면서 이를 막지 못한 것이 '見義不爲'라 했는데, 견해가 이치에 가깝다(正義曰: 此章所斥, 似皆有所指……或謂季氏旅泰山, 是祭非其鬼……冉有仕季氏, 弗能救, 是見義不爲。說亦近理。).

9 《論語大全》이 구절은 두 가지 면을 함께 보아야 한다. '見義不爲' 면에서 보면, 깨치고도 (용기가 없어서) 그것을 하지 못한 것으로 보인다. 그러한 행동이 발원하는 근원적인 면에서 보면, (그것을 하지 못한 것은) 아는 것이 아직 지극하지 못해서이고, 그래서 그것을 하는 데 힘을 다 쏟아붓지 않은 것이다(朱子曰: 此處要兩下並看。就見義不爲上看, 固見得知之而不能爲。若從源頭看下來, 乃是知之未至, 所以爲之不力。);《論語大全》이 장은 사람들이 鬼神이라는 不可知한 것에 미혹되지 말고, 오직 人道라는 사람으로서 마땅히 해야 할 바에 힘을 쏟기를 바라신 것이다. 다른 날 선생님께서 번지에게, 사람된 도리에 맞는 일에 힘을 쏟고, 귀신은 공경하되 멀리하라고 하셨는데[雍也 제20장], 이 장 역시 귀신을 가지고 義와 對句로 말씀하셨으니, 이 장과 뜻이 서로 부합한다. 대개 예전에 경험해 본 천하의 많은 사람들 중에, 귀신에게 아첨하거나 귀신을 업신여기는 자는 결코 사람된 도리에 맞는 일에 전력으로 힘을 쏟지 못했고, 사람된 도리에 맞는 일에 전력으로 힘을 쏟는 자는 결코 귀신에게 아첨하거나 귀신을 업신여기지 않았으니, 이 두 가지는 늘 서로의 원인이 된다고 하겠다(新安陳氏曰: 此章欲人不惑於鬼神之不可知, 而惟用力於人道之所宜。他日夫子語樊遲曰, 務民之義, 敬鬼神而遠之, 亦以鬼神對義而言, 與此章意合。蓋嘗驗之天下之人, 其諂瀆鬼神者, 必不能專力於民義, 其專力於民義者, 必不諂瀆於鬼神, 二者常相因云。);《論語集釋》黃幹[1152~1221]의《論語注義問答通釋》에 말했다: '非鬼而祭'와 '見義不爲'는 일이 같은 종류가 아님에도 對句로 말했는데, 번지의 知에 대한 질문에, '務民之義 敬鬼神而遠之'[雍也 제20장]라고 말씀하신 뜻과 같다. 하나는 해서는 아니 되는데도 한 것이고, 하나는 해야 하는데도 아니 한 것이다(論語注義問答通釋: 非鬼而祭, 見義不爲, 事非其類而對言之, 亦告樊遲問知之意也。一則不當爲而爲, 一則當爲而不爲。).

《八佾 第三》

凡二十六章。通前篇末二章, 皆論禮樂之事。

모두 26장이다. 앞 편의 마지막 두 장을 합해, 모두 예악의 일을 논했다.

[孔子謂季氏章]

030101、 孔子謂[1] 季氏[2]: 「八佾[3]舞於庭[4], 是[5]可忍也, 孰不可忍也?[6] [7]」

1 《論語義疏》'謂'는 상대방에 대해 평론하는 말이다. 상대방에 대한 평론은 대면해서 말하는 경우가 있고, 떨어져서 (비대면으로) 칭찬·비평하는 경우가 있다. '子謂冉有曰汝不能救與'[제6장]의 경우는 대면해서 말한 경우이다. 이 장에서 한 말은 떨어져서 (비대면으로) 상대방에게 한 평론이다(疏: 謂者, 評論之辭也。 夫相評論有對面而言, 有遙相稱評。 若此後'子謂冉有汝不能救與', 則是對面也。 今此所言, 是遙相評也。);《論語義疏》本은 '孔子謂季氏八佾舞於庭: 是可忍也, 孰不可忍也?'(공자께서 계씨가 팔일무를 자기 조묘의 뜰에서 행한 것을 두고 말씀하셨다: ……)로 읽었다.

2 《論語集解》계환자가 신분에 맞지 않게 자기 집안 묘당에서 팔일무를 춘 것이다(注: 馬融曰: 季桓子僭於其家廟舞之。);《論語注疏》'季氏'는 노나라 卿으로, 이때는 당연히 계환자이다(疏: 正義曰: 季氏, 魯卿, 於時當桓子也。);《論語集釋》이 장의 계씨는 계평자를 가리키는 것이 맞다。《春秋左傳·昭公25年》[BC 517]에 '[소공이] 양공의 사당에서 체제사를 지내려 하는데, 萬舞[고대춤의 일종]를 추는 자는 두 사람뿐이고, 그중 많은 사람은 계씨의 사당에 가서 萬舞를 췄다'고 했다. 임요수의 注에 '계씨가 팔일무를 추었다는 것은 아마도 바로 이 일로 보인다'고 했고,《漢書·劉向傳》에 '계씨가 자기 집 마당에서 팔일무를 추었고……마침내 소공을 축출했다'고 했다. 춘추좌전과 임요수의 주가 합치하니, 계씨는 확실히 계평자를 가리킨다(按: 此季氏當指平子。 左傳昭公二十五年: 「將禘於襄公, 萬者二人, 其眾萬於季氏。」 林堯叟注: 「季氏舞八佾, 恐即此事。」 漢書劉向傳: 「季氏八佾舞於庭云云, 卒逐昭公。」 與左傳, 林注合, 是季氏確指平子。);《論語譯注》여기서 季氏는 아마도 季平子, 즉 季孫意如를 가리키는 것 같다(这季氏可能是指季平子, 即季孙意如。); 공자와 동시대를 산 季孫氏로는 季平子[?~BC 505]·季桓子[?~BC 492]·季康子[?~BC 468]가 있다。《論語大全》옛날에는 姓이 있었고 氏가 있었다. 三家는 桓公의 후예로, 모두 姬姓이고, 또 제각기 仲·叔·季를 써서 仲氏[孟氏]·叔氏[叔孫氏]·季氏로 나누었다(胡氏曰: 古者有姓有氏。 三家爲桓公之後, 皆姬姓, 又自以仲叔季, 分爲三氏也。);《論語正義》'氏'는 許慎[약58~약147]의《五經異義》에 '이를 써서 자손이 누구 소생인지를 구별하려는 것이다'라고 했다. 모든 씨는 관직이나 채읍 또는 祖父의 字를 썼다. 노나라 계손이 氏를 얻은 것은 계문자[BC 601~BC 568] 때부터인데, 계문자는 계우의 손자이다. 이 장의 '季氏'·'季氏旅於泰山'[八佾 제6장]·'季氏富於周公'[先進 제16장]·'季氏將伐顓臾'[季氏 제1장]가 모두 이름을 쓰지 않은 것은 자기 나라의 대부이고, 존귀한 자는 의당 이름을 피휘한다(正義曰: '氏'者,《五經異義》云: "所以別子孫之所出。" 凡氏或以官, 或以邑, 或以王父字。 魯季孫得氏, 自文子始, 以文子爲季友孫也。 此文'季氏'及下章'季氏旅於泰山'、'季氏富於周公'、'季氏將伐顓臾', 俱不名者, 內大夫且尊者宜諱之也。).

3 《春秋左傳·隱公5年》[BC 718] 9월에 仲子의 묘당에 제사를 지내고 나서 萬舞를 제사에 올리려고, 은공이 衆仲에게 깃을 들고 춤출 사람의 수를 물었다. 衆仲이 '천자는 八佾, 제후는 六佾, 대부는 四佾, 士는 二佾로 합니다. 춤은 여덟 가지 악기[金·石·絲·竹·匏·土·革·木]의 소리를 조절하고, 八方의 風을 전하기 때문에, 八佾 이하로 했습니다'라고 대답했다. 은공은 이에 따라, 처음으로 六佾舞를 제사에 올렸고, 六佾을 사용했다(九月, 考仲子之宮將萬焉, 公問羽數於眾仲, 對曰, 天子用八, 諸侯用六, 大夫四, 士二, 夫舞所以節八音, 而行八風, 故自八以下。 公從之, 於是初獻六羽, 始用六佾也。);《論語義疏》'佾'(일)은 행렬과 같다(疏: 佾, 猶行列也。); 佾(일): 춤의 대열(古时乐舞的行列); 佾舞(일무): 열과 행의 춤꾼의 수를 똑같이 한 배열로, 천자 앞에서는 팔일무, 제후 앞에서는 육일무를 춘다(排列成行, 纵横人数相同的古代舞蹈。 按西周奴隶制等级规定, 天子用八佾, 六十四个; 诸侯用六佾, 三十六人。).

4 《論語集解》계환자가 신분에 맞지 않게 자기 祖廟에서 팔일무를 벌였다(注: 馬融曰: 季桓子僭於其家廟舞之……); 庭(정): 당 계단 밑의 마당. 궁중(堂阶前的地坪。《說文》庭, 宮中也。).

5 《論語義疏》'是'는 '此'와 같다. 팔일무를 추는 일(疏: 是, 猶此也。此, 此舞八佾之事也。); 《論語語法》是(시): 근지 지시대명사["뜰에서 팔일무를 추는 이런 일"]('是'是近指的指示代詞, 指'八佾舞於庭'這件事。).

6 [성]是可忍 孰不可忍(시가인 숙불가인): 이것마저 용인한다면 무엇인들 용인 못 할 게 있겠는가? 절대 용인할 수 없다(是: 这个; 孰: 那个。如果这个都可以容忍, 还有什么不可容忍的呢? 意思是绝不能容忍。); 《經傳釋詞》'孰'은 '何[무엇]와 같다. '孰'과 '誰'는 한 가지 소리에서 전이된 것이다. '誰'는 '何'로 풀이하고, 그래서 '孰'도 '何'로 풀이한다(孰, 猶何也。家大人曰: 孰、誰, 一聲之轉。'誰'訓爲'何', 故'孰'亦訓爲'何'。); 《詞詮》사물을 가리키는 의문대명사('孰', 疑問代名詞。用以代事, 與'何'同。); 《文言語法》'孰'(숙)은 일반적으로 代人용으로 쓰이는데, 여기서는 代事용으로 쓰였다('孰', 一般也用以代人, 偶然有用以代事的。); 《論語正義》'孰'은 '誰[누구]이다[爾雅·釋詁](正義曰: '孰, 誰也。); 《論語新解》'忍'字에는 두 개의 견해가 있다. ①容忍[(임금이 계씨의 팔일무를 추는 행위를) 용인하다] ②忍心[(계씨가 팔일무를 추는 행위가) 모질다](此忍字有兩解: 一, 容忍義。一, 忍心義。); 《論語義疏》'忍'은 '容忍[용인하다]와 같다(疏: 忍, 猶容耐也。); 《論語正義》'忍'은 '能'이고[說文·心部], '忍'은 '耐'로[廣雅·釋言], '能'과 '耐'는 같다["(계씨가) 이런 일을 할 수 있다면, 누구인들 할 수 없겠느냐?"](正義曰:《說文》: "忍, 能也。"《廣雅、釋言》: "忍, 耐也。" 能與耐同。); 《論語譯注》'忍'을, 일반적으로 '容忍' '忍耐'로 풀이하는데, 맞지 않다. 공자 당시에는 계씨 가를 토벌할 조건이나 의지가 결코 없었기 때문이고, 게다가 계평자는 노나라 공실을 약화시켜, 노소공이 차마 참지 못하고, 제나라로 달아났고, 또 진나라에 갔다가 결국은 진나라 幹侯에서 죽었다. 이것이 아마도 바로 공자가 말한 '孰不可忍'의 사례였을 것이다. 賈誼[BC 200~BC 168]의 《新書·道術》에, '불쌍한 사람을 측은해하는 마음을 慈라 하고, 慈의 반대가 忍이다'라고 했는데, 이 '忍'字가 바로 이 장의 '忍'[모질다]의 뜻이다["이는 모두 모진 마음에서 한 일이니, 무슨 일인들 모진 마음으로 하지 않을 수 있겠느냐?"]('忍: 一般人把它解爲'容忍'、'忍耐', 不好: 因爲孔子當時並沒有討伐季氏的條件和意志, 而且季平子削弱魯公室, 魯昭公不能忍, 出走到齊, 又到晉, 終於死在晉國之幹侯。這可能就是孔子所'孰不可忍'的事。《賈子-道術篇》: '惻隱憐人謂之慈, 反慈爲忍。'這'忍'字正是此意; "這都可以狠心做出來, 甚麼事不可以狠心做出來呢?").

7 《春秋左傳·昭公25年》[BC 517] (소공이) 양공의 사당에서 체제사를 지내려 하는데, 萬舞를 추는 자는 두 사람뿐이고, 그중 많은 사람은 계씨의 사당에 가서 萬舞를 췄다. 대부들이 이에 계평자에게 원한을 품게 되었다(將禘於襄公, 萬者二人, 其衆萬於季氏……大夫遂怨平子。); 《洙泗考信錄》이 일[앞에 인용한 《春秋左傳·昭公25年》의 일]에 대해 좌전에는 그 일이 일어난 연월을 별도로 기록하지 않고, 특별히 계씨[계환자]가 소공을 축출한 일로 인해서 이 일을 추기했다. 그런데 좌전에는 계씨가 소공을 축축한 일로 인해 추기한 일이 넷인데, 이 일만은 뒤에 기록했으니, 그렇다면 이 일은 계씨가 소공을 축축한 일과 같은 해에 일어난 일일 것이다. 공자께서 '무슨 일인들 차마 하지 못하셨느냐?'라고 하신 것은, 바로 계씨가 소공을 축출한 일조차도 차마 할 수 있다는 것을 말씀한 것으로, 그렇다면 공자께서는 계씨가 장차 소공을 축출할 것을 이미 미리 아신 것으로, 단지 계씨의 참월행위만 미워한 것이 아니다(此事傳不詳其年月, 特因季氏之逐昭公而追記之, 然傳所追記者四事, 而此事獨在後, 則此事疑即在於此年; 所謂'孰不可忍'云者, 正謂逐君之事亦所忍爲, 然則孔子已逆知季氏之將逐君, 非徒惡其僭而已也。); 《孔子傳》이 장에서 가리키는 일은 어쩌면 魯昭公 25년[BC 517]의 일일 것이다. 공자께서 계씨가 역모를 하여, 노나라가 장차 난이 일어날 것을 미루어 아시고, 이 말씀을 하신 것으로, 단지 계씨가 자기 사당의 뜰에서 팔일무를 춘 참월행위 때문만이 아니다(此章所斥, 或即魯昭公二十五年事……是孔子已推知季氏有逆谋, 鲁国将乱, 其发为此言, 固不仅为季氏之僭越而已。).

공자(孔子)께서 (대부인) 계씨(季氏)를 평하여 말씀하셨다. "(천자가 쓰는) 8열로 맞추어 추는 춤을 자기 가(家)의 사당의 뜰에서 벌였으니, 이런 일을 차마 할 수 있다면야, 무슨 일인들 차마 하지 못하겠느냐?"

佾, 音逸。○季氏, 魯大夫季孫氏也。佾, 舞列也, 天子八, 諸侯[8]六, 大夫四, 士二。每佾人數, 如其佾數[9]。或曰[10]:「每佾八人。」未詳[11]孰是。季氏以大夫而僭用天子之樂, 孔子言其此事尚[12]忍爲之, 則何事不可忍爲。或曰[13]:「忍, 容忍也。」蓋深疾[14]之之辭。

'佾'(일)은 음이 '逸'(일)이다. ○季氏'(계씨)는 노(魯)나라 대부 계손씨(季孫氏)이다. '佾'(일)은 춤의 대열이다. 천자의 춤의 대열은 8열, 제후는 6열, 대부는 4열, 선비는 2열이다. 춤의 각 대열의 인원수는 그 춤의 대열 수와 같다. 어떤 사람은 (신분에 관계없이) '춤의 각 대열마다 인원수가 8명이다'라고 하는데, 어느 것이 옳은지는 확실하지 않다.

---

8 諸侯(제후): 왕이 분봉한 각국 군주로, 분봉지역에 대대로 군사·정치 등 통치권을 가지지만, 왕명에 복종하고, 정기적으로 조공·술직·군사·복역 의무를 진다(古代帝王所分封的各国君主。在其统辖区域内, 世代掌握军政大权, 但按礼要服从王命, 定期向帝王朝贡述职, 并有出军赋和服役的义务。).

9 이 경우 천자는 8열×8인=64인, 제후는 6열×6인=36인, 대부는 4열×4인=16인, 사는 2열×2인=4인이 된다.

10 《論語集解》'佾'은 列이다. 8인이 한 열이다(注: 馬融曰: 佾, 列也…… 八人爲列也。); 이 경우 천자는 8열×8인=64인, 제후는 6열×8인=48인, 대부는 4열×8인=32인, 사는 2열×8인=16인이 된다; 茶山과 楊伯峻도 이 견해를 취하고 있다;《春秋左傳·襄公11年》[BC 562] 정나라에서 진나라 임금에게 여자 가무단 16명을 선물로 보냈다[楊伯峻 注: '女樂'은 노래하고 춤출 수 있는 미녀를 말한다. 옛날의 악무는 8인이 1열로, 이를 '佾'이라 했으니, '二八'은 바로 2佾(16인)이다](鄭人賂晉侯以……女樂二八。 [楊伯峻 注: 女樂謂能歌舞之美女。古樂舞八人爲一列, 謂之佾, 二八即二佾。]).

11 未詳(미상): 확실하지 않다. 분명하지 않다(不知道或了解得不清楚).

12 《北京虛詞》尚(상): 부사. ~조차 ~한데, ~까지도. 점층복문의 앞절에 쓰여, '더 심한 것조차도 이와 같은데 이보다 심하지 않은 일은 이와 같지 않을 수 있겠는가?' 하고 반문을 나타낸다('尚', 副詞。用于递进复句的前一分句, 提出: 更甚者尚且如此; 后一分句由'而况乎'、'何乃'、'其况'、'何况'等表示反诘: 不及此甚者能不如此吗?).

13 《論語注疏》신분에 맞지 않게 예를 쓴 사람은 모두 죄를 물어야 하고, 용인해서는 안 된다. 계씨는 陪臣[천자의 신하의 신하]인데도 천자의 예를 썼기 때문에, 더 용인하기 어렵다. 그래서 '이 사람이 용인된다면, 다른 사람은 누구인들 용인되지 못하겠느냐?'고 하신 것이다(疏: 正義曰: 人之僭禮, 皆當罪責, 不可容忍。季氏以陪臣而僭天子, 最難容忍, 故曰: '若是可容忍, 他人更誰不可忍也?');《論語大全》'忍'字에는 '敢忍', '容忍' 두 뜻이 있는데, '敢忍'의 뜻이 낫기 때문에, 集注에서는 '容忍'을 뒤에 두었다(雙峯饒氏曰: 忍字有敢忍, 容忍二義, 而敢忍之義爲長, 故集註以容忍居後。);《集註考證》范氏의 '罪不容誅'는 忍의 後說을 따른 것이고, 謝氏의 '何憚不爲'는 忍의 前說을 따른 것이다(忍: 罪不容誅, 忍從後說, 何憚不爲, 忍從前說。).

14 疾(질): 싫어하다. 미워하다(厌恶; 憎恨).

계씨(季氏)는 노(魯)나라 대부의 신분이었음에도 신분에 맞지 않게 천자가 쓰는 예악을 사용했기 때문에, 공자(孔子)께서 그가 이런 일조차도 차마 했다면야, 무슨 일인들 차마 하지 못하겠느냐고 말씀하신 것이다. 어떤 사람은, '忍'(인)은 '용인하다'[容忍]라고 했는데, 대개 그를 매우 미워하는 언사이다.

○范氏曰:「樂舞之數, 自上而下, 降殺[15]以兩而已, 故兩之間, 不可以毫髮[16]僭差[17]也。孔子爲政, 先正禮樂, 則季氏之罪不容[18]誅矣。」謝氏曰:「君子於其所不當爲不敢須臾[19]處, 不忍故也。而季氏忍此矣, 則雖弒父與君, 亦何所憚而不爲乎?」
○범씨(范氏·范淳夫)가 말했다. "춤의 대열 수는 신분이 위로부터 밑으로 내려오면서 차례대로 2열씩 줄어들 뿐이기 때문에, 두 신분 사이에는 터럭만큼도 신분을 넘어서는 잘못을 저질러서는 안 된다. 공자께서는 정치를 하셨다면 맨 먼저 예악을 바로잡으셨을 것이니, 그렇다면 계씨의 죄는 죽음을 면치 못했을 것이다."

사씨(謝氏·謝顯道)가 말했다. "군자는 그가 마땅히 해서는 안 되는 일에 감히 잠시라도 머물지 아니하니, 차마 하지 못하기 때문이다. 그런데 계씨는 이런 일을 차마 했으니, 그렇다면 비록 부모와 임금을 시해하는 일인들, 역시 무슨 꺼려할 바라고 하지 못하겠는가?"

---

15 降殺(강쇄): 점차 줄다.《春秋左傳·襄公26年》"위에서부터 아래로 내려오면서 둘씩 줄어드는 것이 禮입니다"(遞減.《左传, 襄公二十六年》自上以下, 降殺以兩, 禮也.).
16 毫髮(호발): 머리털. 아주 적다(毛发。犹丝毫。极少: 极细微。).
17 僭差(참차): 신분을 넘어서서 지켜야 할 한도를 넘다(僭越失度).
18 不容(불용): 면치 못하다(不免, 难免。).
19 須臾(수유): 시간을 재는 단위. 잠깐. 잠시(衡量时间的词语, 表示一段很短的时间, 片刻之间。).

[三家者以雍徹章]

030201、三家¹者²以雍³徹⁴。子曰：「『相⁵維⁶辟公⁷，天子穆穆』⁸，奚取於三家之堂⁹, ¹⁰？」¹¹

---

1 《論語集解》'三家'는 仲孫·叔孫·季孫, 三孫을 말한다(注: 馬融曰: 三家者, 謂仲孫、叔孫、季孫也。); 《論語義疏》三孫은 모두 노나라 桓公[BC 711~BC 694 재위]의 후예이다. 환공의 嫡子는 장공[BC 693~ BC 662 재위]으로 임금이고, 庶子로는 公子 慶父·叔牙·季友가 있었다. 仲孫은 慶父의 후손이고, 叔孫은 叔牙의 후손이고, 季孫은 季友의 후손이다. 그들의 후대 자손들이 모두 仲·叔·季를 氏로 삼았기 때문에, 仲孫氏·叔孫氏·季孫氏가 생겨났다. 모두 환공의 자손이기 때문에, 모두 '孫'을 붙여 칭했다. 仲孫氏는 후대에 와서 '仲'을 '孟'으로 고쳤다. '孟'은 庶長子의 호칭이다(疏: 三孫同是魯桓公之後。桓公嫡 子莊公爲君, 而(桓公之)庶子有公子慶父,公子叔牙,公子季友也。仲孫是慶父之後, 叔孫是叔牙之後, 季孫 是季友之後。後子孫皆以其先仲, 叔, 季爲氏, 故有此三氏。並是桓公子孫, 故俱稱孫也, 亦曰三桓子孫也。 仲孫氏後世改仲曰孟。孟者, 庶長之稱也。);《論語注疏》卿大夫를 '家'라 한다(疏: 正義曰: 卿大夫稱家。); 家(가): 경·대부. 경·대부의 영지(卿大夫或卿大夫的采地食邑)。

2 《論孟虛字》명사·형용사·동사의 후치사로 쓰여, 말을 제시하는 작용과 어기를 잠시 멈추는 작용을 겸한다('者', 用作提頓詞, 猶表提示二兼停頓的雙重作用。名詞及形容詞或動詞的後置詞。)。

3 《詩經·周頌·雝[雍]》다가올 땐 온화한 모습 다 와서는 엄숙한 모습. 제사 돕는 자 제후들이니 천자 위용 그윽하시네. 큰 짐승 제물 올리고 이 몸[武王] 도와서 제사 받드네. 거룩하신 황고[文王]께서는 이 효자 편안케 하시네. 밝고 지혜로운 분이셨고 문무 겸비한 왕이셨네. 편안히 황천에 오르시고 후손들 창성케 하셨네. 나를 편안케 장수케 하시고 큰 복을 누리도록 내려주시네. 황고를 높이 받들고 문모 또한 높이 받들게 하셨네(有來雝雝、至止肅肅。相維辟公、天子穆穆。於薦廣牡、相予肆祀。假哉皇考、綏予孝子。 宣哲維人、文武維后。燕及皇天、克昌厥後。綏我眉壽、介以繁祉。既右烈考、亦右文母。); 雝(옹): ='雍' 잘 어울리다(同'雍'。和諧。)。

4 撤床(철상): 음식상을 거두어 치우다; 徹(철): 철거하다. 거두어들이다. 다 먹은 음식상을 치우다(撤除, 撤去。表示吃罷饭用手撤去炊具的意思。)。

5 《論語義疏》'相'은 '助'[돕다]이다(疏 相, 助也。);《王力字典》相(상): 거들어주다. 맹인을 길을 갈 때 거들어 주는 사람. 임금을 보좌하는 대신(輔助, 幫助。引申爲幫助盲人行路的人。引申爲國君的輔佐大臣。);《論語譯 注》'相'은 제사를 돕는 사람이다["(천자의) 제사를 돕는 자가 제후들이다"]('相, 助祭者; "助祭的是諸侯。"）。

6 《論語注疏》'維'는 어기사이다(維, 辭也。);《論語詞典》維(유): 연결동사. ~이다["제사를 돕는 자가 제후 들이다"](連繫性動詞, 是; '助祭的是諸侯。')。

7 《論語義疏》'辟'(벽)은 제후와 같다. '公'은 夏·商 두 왕조의 후예이다(疏: 辟, 猶諸侯也。公, 二王之後也。); 《論語注疏》鄭玄은, '辟'은 卿·士를, '公'은 제후를 말한다고 했다(疏: 正義曰: 鄭玄以辟爲卿士, 公謂諸 侯。); 辟(벽): 군주. 관리(君主。古称官吏)。

8 《論語集解》'穆穆'은 천자의 용모이다(注: 苞氏曰: 穆穆, 天子之容貌也。);《論語義疏》'穆穆'은 '敬'[공경된 모습]이다(疏: 穆穆, 敬也。); 穆穆(목목): 단정하고 공손하다. 아름답다. 조용하다(端庄恭敬。仪容或言语 和美。宁静; 静默。)。

9 《論語正義》《聘禮疏》에 '祭는 室에서, 음악은 堂에서, 춤은 堂 아래 庭에서 한다'고 했다. '雍徹'은 음악이기 때문에 堂을 가지고 말한 것이다(正義曰: 聘禮疏云: "凡祭在室中, 惟樂歌在堂, 舞在堂下也。"雍徹是樂歌, 故以堂言之。);《論語詞典》堂(당): 대청. 정청(殿堂, 正廳);堂(당): 대청. 일반 가옥보다 높고, 신령게

삼가(三家) 것들이 (천자가 쓰는 예악인) 옹(雍)을 노래하면서 진열된 제기를 치웠다. 선생님께서 말씀하셨다. "'제사 돕는 자 제후들이니, 천자 위용 그윽하시네'라는 노래를 어찌 (천자의 사당이 아닌) 삼가(三家)의 사당에서 취하는가?"

徹 直列反. 相[12], 去聲. ○三家, 魯大夫孟孫, 叔孫, 季孫之家也. 雍, 周頌篇名. 徹, 祭畢而收其俎也. 天子宗廟之祭, 則歌雍以徹. 是時三家僭而用之. 相, 助也. 辟公, 諸侯也. 穆穆, 深遠[13]之意, 天子之容也. 此雍詩之辭, 孔子引之, 言三家之堂非有此事, 亦何取於此義而歌之乎? 譏其無知妄作[14], 以取僭竊[15]之罪. [16, 17]

제사를 올리거나 풍년을 기원하는 장소로 쓰인다(本义: 殿堂。高于一般房屋, 用于祭献神灵, 祈求丰年。).

10 《論語義疏》지금 三家의 제사에는, 三家의 가신만 있을 뿐, 무슨 辟公이 있고 천자의 穆穆한 모습이 있는가? 이런 일이 없는데, 어찌 三家의 집에서 이 곡을 헛되이 노래하는가?(今三家之祭, 但有其家臣而已, 有何諸侯, 二王後及天子穆穆乎? 既無此事, 何用空歌此曲於其家之廟堂乎?);《論語句法》'奚'는 의문지칭사로, '何'와 뜻이 같고, 술어 '取'의 목적어여서, 술어 '患' 앞으로 앞당겨진 것이다["삼가의 집에서 (이 노래의) 무슨 뜻을 취하는가?"]('奚'是疑問指稱詞, 和'何'同義, 是述詞'取'的止詞, 而提前了。);《論語譯注》"삼가의 대청에서 이 노래를 쓰는데, 의의 상 그 어떤 점을 취하는가?"("這兩句話, 用在三家祭祖的大廳上在意義上取它哪一點呢?").

11 《論語集釋》毛奇齡[1623~1716]의《四書膢言》에 말했다. "(천자가 쓰는 예악인) 八佾舞를 계씨 가의 사당의 뜰에서 추고, 삼가의 사당에서 (천자가 쓰는 예악인) 雍을 노래하면서 진열된 제기를 치웠다고 했는데, 廟가 堂이고, 堂 앞에 庭이 있다. 노래는 堂에서 부르고, 춤은 堂 아래에서 춘다. 그러나 계씨는 대부인데도, 어찌 예에 맞지 않게 천자의 예악을 행할 수 있었는가? 삼환은 노나라 환공의 아들들인데, 季友가 적자로서 宗卿이 되었으니, 또한 자신이 낳아준 이에게 제사를 지낼 수 있어서, 환공의 묘를 세운 것으로, 이 묘가 바로 삼환을 낳아준 환공의 사당이다. 삼환은 모두 환공의 소출이기 때문에, '三家之堂'이라 말씀하신 것이고, 季氏가 大宗이기 때문에, 三家 중에 季氏만을 일컬으신 것이다. 季氏가 천자의 예악을 쓴 것은 환공 때문이고, 환공에게 천자의 예악을 쓸 수 있었던 것은 (제후국인 노나라가) 문왕의 사당에 제사 지내면서 천자의 예악인 八佾舞와 雍을 사용했기 때문으로, 이것이 群公 이하가 모두 이를 따라서 천자의 예악을 사용한 까닭이지만, 그럼에도 (계씨 가나 노나라 모두) 예에는 맞지 않은 것이었다"(四書膢言: 論語八佾舞於庭, 又曰雍徹於三家之堂, 以廟即是堂, 堂前有庭。歌在堂上, 舞在堂下也。但季氏大夫, 亦何得遂僭及天子禮樂? …… 若三桓爲魯桓公子, 季友以適子而爲宗卿, 亦得祭所自出, 而立桓公一廟……此正三桓所自出之廟。以三桓並桓出, 故稱三家堂。以季氏爲大宗, 故又獨稱季氏。其所以用大子禮樂者以桓公故, 而桓公得用之者, 以文工用之而群公以下皆相沿用之之故, 然而僭矣。);《古今注》성왕이 노나라에 주공을 천자의 예악을 써서 제사 지내도록 했기 때문에, 노나라가 노나라 임금들의 사당에서 주제넘게도 八佾舞를 사용했고, 노나라 임금들의 사당에서 주제넘게도 八佾舞를 사용했기 때문에, 계씨가 환공의 사당에서 역시 八佾舞를 사용하다가, 드디어 季友의 집 뜰에서 八佾舞를 추게 된 것이다(成王令魯祭周公以天子之禮, 故魯人於其羣公之廟, 借用八佾, 羣公之廟借用八佾, 故季氏於桓公之廟, 亦用八佾, 而遂以是舞舞於季友之庭。).

12 相(상): [xiàng] 돕다. 보좌하다. 인도하다. 외모. 재상(辅佐, 扶助。教导。容貌, 外形, 模样。辅佐国君治理国政的人。); [xiāng] 피차. 상호. 서로(彼此, 交互, 两方面都进行的。).

13 深远(심원): 생각이 깊고 멀다(指思虑, 计谋等深刻而长远。).

'徹'(철, chè)은 '直'(직)과 '列'(열)의 반절이다. '相'(상)은 거성[xiàng]이다. ○'三家'(삼가)는 노(魯)나라 대부 맹손(孟孫)·숙손(叔孫)·계손(季孫)의 집안이다. '雍'(옹)은 《시경·주송·옹》(詩經 周頌 雍)편이다. '徹'(철)은 제사가 끝나고 제사에 쓰인 진열된 제기를 치우는 것이다. 천자가 종묘에 제사를 지낼 때는 옹(雍)을 노래하면서 진열된 제기를 치우는데, 이 당시에 삼가(三家)에서도 신분에 맞지 않게 이 노래를 사용한 것이다. '相'(상)은 '(제사를) 돕다'[助]이다. '辟公'(벽공)은 '제후'(諸侯)이다. '穆穆'(목목)은 '그윽하다'[深遠]라는 뜻으로, 천자의 모습이다. 이 구절은 '雍'(옹)이라는 시의 가사인데, 공자(孔子)께서 이를 인용하여 말씀하시기를, '삼가(三家)의 묘당에서는 이런 (제후들이 천자의 제사를 돕는) 일이 있지 아니함에도, 어찌 이런 뜻을 취하여 이 노래를 부르는가?'고 하신 것이다. 그들이 알지도 못하면서 분별없이 행동하여, 이로써 신분에 맞지 않는 노래를 훔친 죄를 스스로 초치한 것을 나무라신 것이다.

○程子曰:「周公之功固大矣, 皆臣子[18]之分所當爲, 魯安得[19]獨用天子禮樂哉? 成王[20]之賜[21], 伯禽[22]之受, 皆非也. 其因襲[23]之弊, 遂使季氏僭八佾, 三家僭雍徹 故仲尼譏之.」

---

14 無知妄作(무지망작): 알지도 못하면서 분별없이 행동하다(缺乏知识, 不明事理而胡为.).

15 僭竊(참절): 신분을 넘어서는 자리를 도적질하다(越分窃取); 竊(절): 훔치다. 찬탈하다. 부정하게 얻다. 벌레[虫]가 구멍[穴]에서 쌀[米]를 훔쳐 먹는 것을 표시한다(偷. 篡夺. 指非其有而取之; 不当受而受之. 意为虫在穴中偷米吃.); 取(취): 초치하다(招致).

16 《論語大全》雍徹은 분명 천자를 노래하는 시이기 때문에, 시를 인용하여 이로써 깨우치기를, '그대가 지내는 제사에도 辟公[諸侯]의 도움이 있는가? 천자의 穆穆한 모습이 있는가? 이미 이런 뜻이 없는데 어찌 雍徹이란 시를 취하는가?'라고 하신 것이다(朱子曰: 雍徹, 則分明歌天子之詩, 故引詩以曉之曰, 汝之祭亦有辟公之相助乎? 亦有天子之穆穆乎? 旣無此義, 焉取此詩?).

17 《論語大全》제1장에서는 그가 신분을 넘어서는 잘못을 저지른 죄를 말씀하셨고, 이 장에서는 그가 무지한 것을 비판하셨으니, 그가 무지했기에, 그래서 경솔한 생각으로 분별없이 행동해서, 신분에 맞지 않은 노래를 훔친 죄를 초치한 것이다. 제1장의 '是可忍也', 이는 그가 不仁함을 말씀하신 것이고, 이 장의 '無知妄作', 이는 그가 不知함을 말씀하신 것으로, 그가 不仁하고 不知했기에 無禮하고 無義한 것이다(雙峯饒氏曰: 上章是罪其僭, 此章是譏其無知, 惟其無知, 所以率意妄作, 以取僭竊之罪. 上章是可忍也, 是言其不仁, 此章無知妄作, 是言其不知, 惟其不仁不知, 是以無禮無義.).

18 臣子(신자): 신하. 신(君主制时代的官吏. 亦为官吏对君主的自称.).

19 安得(안득): 어찌 얻겠는가? 어찌~하겠는가?(如何能得, 怎能得. 含有不可得的意思. 叵可.).

20 周成王(주성왕): 무왕의 아들로 주나라 제2대 왕. 姓 姬, 名 誦. BC 1055~BC 1021 재위. 어려서 즉위하여 주공이 7년을 섭정했다. 아들 康王의 재위 기간까지 합해 40여 년 동안, 형벌을 쓸 필요가 없을 정도로 사회가 안정되어, 成康之治를 이룩했다.

21 《禮記·明堂位》옛날 은나라 紂가 천하를 어지럽히고, 鬼나라 임금을 죽여 포를 떠서 제후에게 먹였다.

○정자가(程子·伊川) 말했다. "주공(周公)이 세운 공이야 진실로 크지만, 세운 공 모두가 신하의 직분으로서 마땅히 해야 할 일들이었는데, 노(魯)나라만이 어찌 천자의 예악(禮樂)을 홀로 채용할 수 있겠는가? 성왕(成王)이 천자가 쓰는 예악을 제후인 노(魯)나라에 하사한 것, 제후인 백금(伯禽)이 천자가 쓰는 예악을 하사받은 것이 모두 잘못이다. 아무 생각 없이 옛날에 하던 그대로 답습하는 그러한 폐단이 마침내 계씨(季氏)로 하여금 신분에 맞지 않게 팔일무(八佾舞)를 추게 했고, 삼가(三家)가 신분에 맞지 않게 옹(雍)을 노래하면서 진열된 제기를 치웠기 때문에, 공자(孔子)께서 이를 나무라신 것이다."

이 때문에 주공이 무왕을 도와서 紂를 정벌했다. 무왕이 죽고 성왕은 어리고 약했으므로, 주공이 천자의 자리에 나아가 천하를 다스렸다. 6년이 돼서, 제후에게 명당에서 조회하게 하고, 예악을 만들고, 도량형을 반포하자, 천하가 크게 복종했다. 7년이 돼서, 성왕에게 왕권을 돌려주었다. 성왕은 주공이 천하에 끼친 공적이 있다고 여겨, 이 때문에 주공을 곡부에 봉했으니, 땅은 사방 칠백 리에, 병거 일천 승이었고, 魯公[주공의 아들 伯禽]에게 명하여 대대로 천자의 예악을 써서 주공을 제사 지내게 했다. 여름 6월에는, 체제사를 써서 태묘에서 주공을 제사 지냈다(昔殷紂亂天下, 脯鬼侯以饗諸侯. 是以周公相武王以伐紂. 武王崩, 成王幼弱, 周公踐天子之位以治天下; 六年, 朝諸侯於明堂, 制禮作樂, 頒度量, 而天下大服; 七年, 致政於成王: 成王以周公爲有勳勞於天下, 是以封周公於曲阜, 地方七百里, 革車千乘, 命魯公世世祀周公以天子之禮樂。……季夏六月, 以禘禮祀周公於大廟。).《禮記·祭統》주공이 죽자 성왕과 강왕은 주공의 공적을 추념하고, 노나라를 존중하고자 노나라에 重祭[성대하게 지내는 제사]를 하사했다. 바깥제사[郊·社·山川에 지내는 제사]로는 郊·社[天·地에 지내는 제사]가 바로 이것이고, 안쪽제사[祖先·宗廟에 지내는 제사]로는 大嘗禘[천자의 예법을 사용하여 종묘에 지내는 제사와 가을에 지내는 제사]가 바로 이것이다(周公既没, 成王, 康王追念周公之所以勳勞者, 而欲尊魯, 故賜之以重祭. 外祭則郊社是也, 内祭則大嘗禘是也。).《禮記·禮運》아, 슬프다! 내가 주나라의 도를 보건대, 幽왕과 厲왕이 주나라의 도를 훼손해 버렸으니, 내가 (주나라의 도가 그대로 다 보존되어 있는) 노나라를 놔두고 어디로 가겠느냐? (그렇지만) 노나라의 郊제사와 禘제사는, 예에 맞지 않으니, 주공이 세운 노나라의 도가 아마도 쇠약해지나 보다! 杞나라의 郊제사는 禹임금 제사이고, 宋나라의 郊제사는 契임금 제사로, 이는 천자가 지켜야 하는 일이다. 그러므로 천자는 천지에 제사 지내고, 제후는 사직에 제사 지낸다(孔子曰: 於呼哀哉我觀周道, 幽, 厲傷之, 吾舍魯何適矣! 魯之郊禘, 非禮也, 周公其衰矣! 杞之郊也禹也, 宋之郊也契也, 是天子之事守也. 故天子祭天地, 諸侯祭社稷。).

22 伯禽(백금): 姓 姬, 名 禽, 伯은 항렬. 존칭으로 禽父라 불린다. 주공의 맏아들로 노나라를 분봉받아, 노나라 제1대 군주가 되었다.

23 因襲(인습): 답습하다. 전례를 그대로 따르다(沿襲: 前后相承).

[人而不仁如禮何章]

030301、子曰:「人而不仁, 如禮何[1]? 人而不仁, 如樂何?[2] [3]

　　　　선생님께서 말씀하셨다. "사람이 되어 가지고 인(仁)하지 않으니, 예(禮) 같은 것이 무엇이겠느냐? 사람이 되어 가지고 인(仁)하지 않으니 악(樂) 같은 것이 무엇이겠느냐?"

游氏曰「人而不仁, 則人心亡矣, 其如禮樂何哉? 言雖欲用之, 而禮樂不爲之用也。」[4]

　　　　유씨(游氏·游定夫)가 말했다. "사람이 되어 가지고 인(仁)하지 않으면, 사람된 마음이 없는 것이니, 장차 예악 같은 것이 무엇이겠는가? 말씀인즉, 비록 예악을 쓰려고 할지

---

1 《論語注疏》'如'는 '奈'[어찌]이다(疏: 正義曰: 如, 奈也。);《詞詮》타동사. ~을 어찌하다. 다루다. 처치하다. 대응하다["예를 어떻게 다루겠느냐?"]('如', 外動詞. 按如字又今言'對付'。);《論語詞典》如(여): 동사. '如~何'의 형태로, '何'字와 함께 쓰인다["어떻게 예를 다루겠는가?"](動詞, 跟"何"字用在一起, "如……何", "怎樣對付他"的意思: '怎樣來對待禮儀制度呢?');《北京虛詞》如……何: ~을 어찌하는가? 어찌겠는가? 술어로 쓸 수 있고, 묻는 데 쓰거나 반문을 표시한다('如……何', 凝固格式. 可作谓语, 或单独成句. 用来询问方法或表示反诘, 义即把……怎么办'; 奈何。);《論語語法》'如'는 처치동사로, 뒤에 의문대사 '何'와 짝을 이루어, 처치형 겸어구 '如~何'를 만든다. 중간에 삽입되는 단어나 구는 처치의 대상을 표시하며, 뜻은 '~에 대해 어떻게 할까?', '~을 어떻게 할까?'이다(論語的處置動詞僅有一個: 如, 它的後面配合疑問代詞 '何', 造成處置型兼語短語如……何. '如……何'表一種處置, 插入中間的詞或短語表處置的對象, 意思爲 '對……怎麼辦'、'把……怎麼辦'。);《論語句法》'如禮'가 주어이다('如禮'是主語。).

2 《論語義疏》이 장 또한 계씨 때문에 하신 말씀이다. 계씨가 신분을 넘어서서 왕자의 예악을 쓰니, 그가 이미 불인한데, 그렇다면 이 예악이 어찌겠는가?(疏: 此章亦爲季氏出也. 季氏僭濫王者禮樂, 其既不仁, 則奈此禮樂何乎?).

3 《孟子·盡心下 제16장》맹자가 말했다. "仁이라는 것은 人이다. 仁과 人을 합쳐 말한 것이 道이다"(孟子曰: 仁也者, 人也. 合而言之, 道也。);《禮記·儒行》예절은 仁의 모습이고, 주고받는 말은 仁의 문채이고, 음악의 가락은 仁의 화음이다(禮節者, 仁之貌也; 言談者, 仁之文也; 歌樂者, 仁之和也。);《論語正義》《禮記·儒行》에, 禮節은 仁의 모습이고 歌樂은 仁의 화음이라고 했으니, 禮樂은 이를 써서 仁을 꾸미는 것이기 때문에, 仁者만이 禮樂을 행할 수 있다(正義曰:《儒行》云: "禮節者, 仁之貌也. 歌樂者, 仁之和也." 禮樂所以飾仁, 故惟仁者能行禮樂。);《論語今讀》이는 한 편의 위대한 문장이다. 말씀인즉 외재형식인 예악은 모두 내재심리인 정감을 진정한 의지로 삼아야 한다는 것이다. 그렇지 않으면 단지 빈껍데기요 겉치레일 뿐이다(这是一篇大文章. 说的是外在形式的礼乐, 都应以内在心理情感为真情的凭依. 否则只是空壳和仪表而已。).

4 《論語大全》사람이 이미 불인하면 자연히 그 예악과는 서로 상관하지 않으니, 예악도 나를 위해 쓰이지 않는다(朱子曰: 人既不仁, 自是與那禮樂不相管攝, 禮樂亦不爲吾用矣。).

라도, 예악이 그를 위해 쓰이지 않는다는 것이다."

○程子曰:「仁者天下之正理。失正理, 則無序而不和。」[5][6]

○정자(程子·伊川)가 말했다. "인(仁)은 천하의 바른 도리이다. 바른 도리를 잃으면, 질서[禮]가 없어지고 조화[和]가 이루어지지 않는다."

李氏曰:「禮樂待人而後行[7], 苟非其人, 則雖玉帛[8]交錯[9], 鐘鼓鏗鏘[10], 亦將如之何[11]哉?」[12]

5 《禮記·樂記》禮는 다른 일을 하는 사람끼리 서로를 공경[인정]하게 하는 것이고, 樂은 다른 형식끼리 서로를 사랑하게 하는 것이다. 禮와 樂의 본질[情]은 같다. 樂은 천지간의 조화이고, 禮는 천지간의 질서이다. 조화하기 때문에 만물이 서로를 변화시키고, 질서가 있기 때문에 갖가지 만물이 서로를 구별시킨다(禮者殊事合敬者也; 樂者異文合愛者也。禮樂之情同⋯⋯樂者, 天地之和也; 禮者, 天地之序也。和故百物皆化; 序故群物皆別。).

6 《論語大全》程子의 설은 물론 좋지만, 다만 약간 엉성한 부분이 있어, 仁에 대한 이해로서 부족하다. 仁은 사람의 본심의 완전무결한 덕이다. 사람이 만약 본연의 양심이 보존되어 있고 잃어버리지 않고 있으면, 행하는 것들이 저절로 질서와 조화가 있을 것이지만, 이 마음이 놓여나 버리면 단지 인욕과 사심만이 나올 것이니, 어찌 질서가 있고 조화가 있을 수 있겠는가? 仁은 다만 정당한 도리일 뿐이지만, 장차 정당한 도리가 사람의 마음속에 주둔해 있어야, 비로소 仁字를 완전무결하게 설명할 수 있는 것이다(朱子曰: 程子說固好, 但少疎, 不見得仁。仁者, 本心之全德。人若本然之良心存而不失, 則所作爲自有序而和, 若此心一放, 只是人欲私心做得出來, 安得有序, 安得有和? 仁只是正當道理, 將正理頓在人心裏面, 方說得箇仁字全。).

7 《中庸 제27장》아! 크시구나, 성인의 도여! 드넓기가 한없어 아득하구나! 만물을 발육시키니, 드높기가 하늘까지 닿는구나! 다 채우고도 남도록 크시구나! 禮儀만도 삼백 조목이고, 威儀는 삼천 항목이나 되는구나! 바로 그분이 오기를 기다려 행해질 것이다. 그러기에 '至德者가 아니면 지극한 道는 응결된 그 모습을 드러내 보이지 않는다'고 했다(大哉, 聖人之道! 洋洋乎!發育萬物, 峻極于天。優優大哉! 禮儀三百, 威儀三千, 待其人然後[而後]行。故曰苟不至德 至道不凝焉。).

8 玉帛(옥백): 옥그릇과 비단. 국가 간에 외교에 쓰이는 예물(玉器和丝织品, 古时用于祭祀, 国与国间交际时用做礼物: 古代诸侯会盟执玉帛, 故又用以表示和好。).

9 交錯(교착): 술잔을 돌리는 순서로 맞은편으로 돌리는 것을 '交', 옆으로 돌리는 것을 '錯'이라 한다. 서로 엇갈려 뒤섞이다. 왕래가 끊이지 않다(指古代祭毕宴饮时互相敬酒的程序。东西正对面敬酒为交, 斜对面敬酒为错; 交叉; 错杂: 形容往来不断。).

10 鐘鼓(종고): 종과 북. 악기. 음악(钟和鼓。古代礼乐器。亦借指音乐。); 鏗鏘(갱장): 악기 등의 소리가 우렁차다[낭랑하다](形容金玉或乐器等声洪亮。); 鏗(갱): 리듬이 있고 울리는 소리(形容有节奏而响亮的声音); 鏘(장): 금속물체를 타격하는 소리[부딪히는 소리](形容撞击金属器物的声音).

11 如之何(여지하): 어떠한가? 어찌~하랴? 어찌하는가?(怎么; 为什么。怎么样; 怎么办).

12 《集注考證》왕문헌[王柏. 1197~1274]이 말했다. "游氏는 仁의 중요성을, 程子는 예악의 중요성을, 程子는 예악의 실질을, 李氏는 예악의 문식을 말했다. 이 네 가지가 합해져야 비로소 모두 갖춰지는데, 집주에서는 용의주도하게 이 네 가지를 부연했으니, 배우는 자는 의당 세심히 살펴야 한다"(王文憲曰: "游氏言仁切, 程子言禮樂切, 程子言禮樂之實, 李氏言禮樂之文, 合此四說方盡, 集註用意精深, 學者宜細

然記者序此於八佾雍徹之後, 疑其爲僭禮樂者發也[13][14]。

이씨(李氏·李郁)가 말했다. "예악은 사람을 기다려서 그 뒤에 행해지는 것이니, 만일 예악에 합당한 그러한 사람이 아니라면, 비록 옥과 비단이 예물로 번갈아 오고 가고, 종소리와 북소리가 땡땡거리고 둥둥거린다고 할지라도, 또한 장차 예악 같은 것이 무엇이겠는가?"

그런데 기록한 자가 이 장을 팔일(八佾) 장과 옹철(雍徹) 장 뒤에 순서를 두었으니, 이 장의 말씀을 신분에 맞지 않게 예악을 취하여 쓴 자 때문에 꺼내신 말씀으로 본 듯하다.

觀。"):《論語大全》游氏는 '心'을 말했고, 程子는 '理'를 말했고, 李氏는 '人'을 말했다. 李氏의 말은 '진정 예악에 합당한 그러한 사람이 아니라면, 도가 헛되이 행해지지 않는다'[周易·繫辭下]는 뜻이다. 대개 마음에는 이 이치가 구비되어 있지만, 이 마음을 보존하는 방법은 사람에게 달려 있기 때문이다(朱子曰: 游氏言心, 程子言理, 李氏言人。此'苟非其人, 道不虛行'之意。蓋心具是理, 所以存是心則在人也。);《論語大全》程子의 '無序不和'는 예악의 근본이 없어진 것에 대한 설명이고, 李氏의 '鍾鼓玉帛'은 예악이 쓸데없이 형식만 남은 것에 대한 설명이다. 이 두 설을 하나로 합해야, 그 후에 '如禮樂何'의 뜻이 비로소 다 갖춰진다. 集注의 의도의 세밀함을 자세히 살펴야 한다(雙峯饒氏曰: 程子無序不和, 是說無禮樂之本。李氏鍾鼓玉帛, 是說徒有禮樂之文。亦必合二說而一之, 然後如禮樂何之義方盡。集註用意精深。要人仔細看。).

13 內閣本은 '然……發也'도 李氏가 한 말로 포함시켰다.

14《論語義疏》이 장 역시 李氏 때문에 내신 말씀이다(疏: 此章亦爲李氏出也。).

[林放問禮之本章]

030401、 林放[1]問禮之本。

임방(林放)이 예(禮)의 근본에 대해 여쭈었다.

林放，魯人。見世之爲禮者，專事繁文[2]，而疑其本之不在是也，故以爲問。[3]
'林放'(임방)은 노(魯)나라 사람이다. 당시의 예(禮)를 행한다는 자들이 오로지 자질구레한 격식만을 일삼는 것을 보고, 예의 근본이 자질구레한 격식에 있지 않으리라고 의심했기에, 그래서 이것을 가지고 질문거리로 삼은 것이다.

030402、 子曰：「大哉問！

선생님께서 말씀하셨다. "훌륭한 질문이다!

孔子以[4]時方逐[5]末，而放獨有志於本，故大其問。蓋得其本，則禮之全體無不在其中矣。
공자(孔子)께서는 당시에는 한창 (예(禮)의) 말단만을 쫓고 있었는데, 임방(林放)만은 혼자서 근본에 뜻을 두고 있었기 때문에, 그가 한 질문을 훌륭하게 여기신 것이다. 대개 예(禮)의 근본을 터득했다면, 예의 (근본과 말단) 전체가 어느 하나 그 가운데 들어 있지 아니한 게 없다.

030403、 禮，與其[6]奢也，寧儉[7]；喪，與其易[8]也，寧戚[9]。」[10]

---

1 林放(임방): 姓 林, 名 放, 字 子丘. 魯나라 사람.

2 繁文(번문): 자질구레하고 복잡한 문사. 자질구레한 의식(繁瑣复杂的文辞。繁瑣的礼仪。).

3 《論語大全》당시에 자질구레한 의식에 습관이 되어, 이것만을 가리켜 예라고 여기고, 예의 실질 부분이 있음을 더 이상 알지 못한 것이다(朱子曰: 當時習於繁文, 人但指此爲禮, 更不知有那實處。).

4 以(이): ~에. 행동의 시간·장소·범위를 표시한다(在，于。表示行动的时间，处所或范围。).

5 逐(축): 뒤쫓다. 쫓아가다. 추구하다(追赶).

6 《北京虛詞》與其……寧……: ~보다는 차라리~. 선택을 표시한다('與其……寧……': 凝固格式。表示选择。'与其……宁其……'义同。);《百度漢語》與其(여기): 두 개를 비교하거나 이해득실을 따져 취할지

예(禮)는 치장을 잘하는 것이기보다는 차라리 검소한 것이고, 상(喪)은 격식을 잘 갖추는 것이기보다는 차라리 슬퍼하는 것이다.”

易[11], 去聲。○易, 治也。孟子曰[12]:「易其田疇。」在喪禮, 則節文習熟[13], 而無哀痛[14]慘怛[15]

버릴지를 결정할 경우, 버리는 쪽에 쓰이는 선택접속사(抉擇连词。在比较两件事或两种情况的利害得失而表示有所取舍时, '与其'用在舍弃的一面。);《文言語法》'寧'(녕)은, 의의 상으로 풀이하면 조동사라 할 수 있지만, 단독으로 쓰는 경우는 극소수이다. 항상 '與其', '將', '無'와 짝을 이루거나, 두 개 '寧'字를 연용하여 선택을 표시한다. '차라리~가 낫다', '~할지언정'('寧', 從意義上講, 可說是助動詞。但極少單獨使用。常和'與其''將''無'諸詞配合, 或者連用兩個'寧'字表示抉擇。);《古今注》'寧'이란 둘 다 그릇된 경우에 그중에서 가벼운 쪽을 택하는 것이다(寧也者, 執兩非而擇其輕。).

7 [성]禮奢寧儉(예사녕검): 예는 번거롭고 까다롭기보다는 약간 검약한 것만 못하다(禮節與其瑣碎繁苛, 不如儉約一些。); 戒奢寧儉(계사녕검): 차라리 근검절약할지언정 사치를 끊어야 한다(宁愿节俭, 也要戒除奢侈。); 奢(사): '大'를 따르고, 소리가 '者'이다. 사치하고, 검소 절약하지 않다(从大, 者声。本义: 奢侈, 不节俭。); 儉(검): 스스로를 단속하다. 방종하지 않다. 아끼다. 절약하다(本义: 自我约束, 不放纵。节俭, 节省。).

8 《論語新解》'易'(이)字에는 두 가지 견해가 있다. ①평탄하다. 예컨대 地勢에는 평탄한 곳과 험준한 곳이 있다. ②처리하다. 땅을 평평하게 고르는 것을 '易'라 하는데, 그래서 '易'에는 처리하다의 뜻이 있다(易字有兩解, 一平易义。如地有易险。另一解, 治地使平亦曰易, 故易有治办义。);《論語集解》'易'는 '和易'[평온하다]이다(注: 苞氏曰: 易, 和易也。);《論語正義》는 '易'를 의례절차가 지나친 것[禮有其餘]으로 본다;《論語譯注》'易'에는 '일을 잘 처리하다'의 뜻이 있다["의례절차가 빈틈없이 치밀하다"]('易'有把事情辦妥的意思, ……因此這裏譯爲'儀文周到'。).

9 《論語義疏》'戚'은 슬픔이 예를 지나친 것이다(疏: 戚, 哀過禮也。); 戚(척): 걱정하다. 우울하다. 몹시 슬퍼하다(忧愁: 悲伤。).

10 《禮記‧檀弓上》자로가 말했다. “내가 선생님께 가르침을 들었는데, '喪禮는 슬픔이 부족하고 격식이 차고 넘치기보다는 격식은 부족해도 슬픔이 차고 넘치는 것이 낫고, 祭禮는 공경이 부족하고 격식이 차고 넘치기보다는 격식은 부족해도 공경이 차고 넘치는 것이 낫다'고 말씀하셨다"(子路曰: 吾聞諸夫子: 喪禮, 與其哀不足而禮有餘也, 不若禮不足而哀有餘也。祭禮, 與其敬不足而禮有餘也, 不若禮不足而敬有餘也。);《禮記‧檀弓上》喪禮는 슬픔과 비탄의 감정이 이루 말할 수 없을 정도이지만, 예를 통해 슬픔을 절제하고, 돌아가신 변고에 점차 순응하게 하며, 군자로서는 부모의 살아 있을 때를 생각하고 추념하는 의식이다(喪禮, 哀戚之至也。節哀, 順變也; 君子念始之者也。);《易經‧☶☶小過‧象傳》군자는 이로써 행실은 공손에 치우치게 하고, 喪은 슬픔에 치우치게 하고, 쓰임은 검약에 치우치게 한다(君子以行過乎恭, 喪過乎哀, 用過乎儉。).

11 易(이/역): [yì, 異] 용이하다. 평이하다. 간략하다. 경시하다. 개의치 않다. 다스리다(容易。简易, 简省。轻视。含有'不以为意'的意思。治, 整治。); [yì, 亦] 주역. 바꾸다. 교환하다(《周易》的简称。改变, 更改。交换。).

12 《孟子‧盡心上 제23장》맹자가 말했다. “백성에게 논밭을 잘 가꾸게 하고, 세금을 적게 거두면, 백성들을 부유하게 할 수 있다. 먹는 것은 때를 따르고, 쓰는 것은 禮를 따르면, 재물이 이루다 쓸 수 없을 것이다. 백성들은 물과 불이 아니면 생활할 수 없지만, 해가 질 무렵 남의 집 문을 두드려 물이나 불을 청하면 주지 않을 사람이 없는 것은, 물과 불이 아주 풍족해서이다. 성인이 천하를 다스리는 데는, 곡식이

之實者也。戚則一於哀, 而文不足耳。禮貴得中, 奢易則過於文, 儉戚則不及而質, 二者皆未合禮。然凡物之理, 必先有質而後有文, 則質乃禮之本也。[16]

'易'(이)는 거성[yì]이다. ○'易'(이)는 '잘 다스리다'[治]이다. 맹자(孟子)가 말하기를 '(백성에게) 자기 논밭을 잘 가꾸게 하다'[易其田疇]고 했는데, 상례(喪禮)의 경우에 '易'(이)는 절차와 격식[節文]은 배운 대로 익숙하게 잘 처리하지만, 슬프고 아프고 괴롭고 쓰라린 실상은 없는 것이다. '戚'(척)은 슬픔에만 잠겨서, 격식[文]이 충분히 갖춰져 있지 않은 것뿐이다. 예(禮)는 중도를 얻는 것을 귀하게 여기는데, 지나치게 치장하는 것[奢], 격식을 잘 갖춰 치르는 것[易]은 격식[文] 쪽으로 지나친 것이고, 검소한 것[儉], 슬퍼하는 것[戚]은 격식[文] 쪽으로 미치지 못해서 꾸밈없이 소박한 것[質]으로, 이 두 가지는 모두 예의 중도에는 부합하지 않는다. 그렇지만 모든 사물의 이치는 반드시 본바탕[質]이 먼저 있고 나서 격식[文]이 있는 법이니, 그렇다면 본바탕[質]이 바로 예의 근본인 것이다.

○范氏曰:「夫祭與其[17]敬不足而禮有餘也, 不若禮不足而敬有餘也, 喪與其哀不足而禮有餘也, 不若禮不足而哀有餘也[18]。禮失[19]之奢, 喪失之易, 皆不能反本, 而隨其末故也。禮奢而備, 不若儉而不備之愈[20]也; 喪易而文, 不若戚而不文之愈也。儉者物之質, 戚者

물이나 불처럼 풍족하게 했다. 곡식이 물이나 불처럼 풍족한데, 백성 중에 어질지 않을 자가 어찌 있겠느냐?'(孟子曰: 易其田疇, 薄其稅斂, 民可使富也。食之以時, 用之以禮, 財不可勝用也。民非水火不生活, 昏暮叩人之門戶, 求水火, 無弗與者, 至足矣。聖人治天下, 使有菽粟如水火。菽粟如水火, 而民焉有不仁者乎?); 田疇(전주): 경작지. 논밭(泛指田地).

13 習熟(습숙): 배워 익혀서 숙달되다. 일 처리가 매끈하고 깔끔하여 막힘이 없다(犹熟悉, 熟知。).

14 哀痛(애통): 몹시 슬프고 가슴 아파하다(哀伤; 悲痛。).

15 慘怛(참달): 괴롭고 쓰라리다(忧伤, 悲痛。).

16 《論語大全》禮는 애초에는 단지 儉(검)이었다. 喪은 애초에는 단지 戚(척)이었다. 그렇지만 처음에는 儉이라는 말조차 없었으니, 儉은 뒤에 와서 侈(치)에 대비시켜 생긴 말로, 대개 뒤에 추가된 말일 뿐이다. 소동파는 忠·質·文을 설명하면서, 애초에는 質이란 말조차 없었는데, 다만 뒤에 와서 文으로 인해, 質이라 이름을 붙인 것이라고 했다(朱子曰: 禮初頭只是儉。喪初頭只是戚。然初亦未有儉之名, 儉是對後來奢而言, 蓋追說耳。東坡說忠質文, 謂初亦未有那質, 只因後來文, 便稱爲質。).

17 與其(여기)……不若(부약)……: ~하는 것이~만 못하다. ~하느니~하겠다.

18 이 장의 각주《禮記·檀弓上》참조.

19 失(실): 지나치다. ~에 빠지다(通'佚'或'泆'。淫泆、放荡、放纵。).

20 愈(유): 비교적 좋다. ~보다 낫다(较好; 胜过).

心之誠, 故爲禮之本。」

○범씨(范氏·范淳夫)가 말했다. "대체로 제사(祭祀)에서는 공경된 마음은 부족하지만 예(禮)가 차고 넘치는 것이, 예는 부족하지만 공경된 마음이 차고 넘치는 것만 못하고, 상사(喪事)에서는 슬픈 마음은 부족하지만 예가 차고 넘치는 것이, 예는 부족하지만 슬픈 마음이 차고 넘치는 것만 못하다. 예가 지나치게 치장하는 데로 빠지고, 상(喪)이 너무 격식을 갖추는 데로 빠지는 것은, 모두 예의 근본으로 돌아가지 못하고, 예의 말단을 따르기 때문이다. 예는 치장을 잘하고 격식을 다 갖춰 처리하는 것이, 검소하지만 격식을 다 갖추지 못한 것만큼 낫지 못하고, 상(喪)은 격식을 갖춰 잘 처리하고 잘 꾸미는 것이, 슬퍼하지만 잘 꾸미지 못한 것만큼 낫지 못하다. 검소는 사물의 본바탕이고, 슬픔은 마음의 참모습이기 때문에, (검소와 슬픔은) 예의 근본이다."

楊氏曰:「禮始諸飲食, 故汙尊而抔飮[21], 爲之籩, 簋, 籩, 豆, 罍, 爵[22]之飾, 所以文之也, 則其本儉而已。喪不可以徑情而直行[23], 爲之衰麻[24]哭踊[25]之數, 所以節之也[26], 則其本

---

21 《禮記·禮運》예의 처음은, 먹고 마시는 일에서 시작되었으니, 좁쌀[서숙]을 돌판 위에 볶고 돼지고기를 찢어 돌판 위에 굽고, 웅덩이를 파서 술독으로 삼고 손으로 움켜 떠서 마시고, 풀과 흙을 이겨서 북채를 만들고 흙으로 북을 만들었는데, 그럼에도 귀신에 대한 그들의 공경된 마음을 극진히 다할 수 있었다(孔子曰: "夫禮之初, 始諸飲食, 其燔黍捭豚, 汚尊而抔飲, 蕢桴而土鼓, 猶若可以致其敬於鬼神。"); 汙尊(와존): 땅을 파서 웅덩이로 술독을 삼다(古代掘地为坑当酒尊); 汙(와): 땅을 파다; 抔(부): 손으로 움켜 뜨다(用手捧).

22 簠(보): 대나무로 만든 네모난 그릇(古代盛食物的竹制方形器具); 簋(궤): 입구가 둥글고 귀가 달린 청동제 그릇(古代青铜或陶制盛食物的容器, 圆口, 两耳或四耳。); 籩(변): 제사·잔치 때 과일·육포를 담는 그릇(古代用竹编成的食器, 形状如豆, 祭祀燕享时用来盛果实、干肉。); 豆(두): 받침대가 높고 채반 형태로 덮개가 있는 그릇(古代一种盛食物的器皿。形似高足盘, 或有盖。); 罍(뢰): 입구가 작고 둥근 테두리 모양의 받침과 덮개가 있는 술을 담는 그릇(古代一种盛酒的容器。小口、广肩、深腹、圈足、有盖, 多用青铜或陶制成。); 爵(작): 다리 받침이 세 개 달린 술잔(古代饮酒的器皿, 三足, 以不同的形状显示使用者的身份。).

23 《禮記·檀弓下》자유가 말했다. "禮에는 감정을 죽이는 경우가 있고, 일부러 감정을 북돋우는 경우가 있다. 감정을 내키는 그대로 다 나타내 행하는 것은 오랑캐의 도이다. 예의 도는 그렇지 않다. 사람이 기쁘면 즐거워하고, 즐거우면 노래를 부르게 되고, 노래를 부르면 몸을 흔들게 되고, 몸을 흔들면 춤을 추게 되고, 춤을 추면 성을 내게 되고, 성을 내면 슬퍼하게 되고, 슬퍼하면 한탄하게 되고, 한탄하면 가슴을 치게 되고, 가슴을 치면 발을 구르게 된다. 이러한 감정을 정도에 맞게 적절히 조절을 가하면, 이것이 바로 예인 것이다"(子游曰: 禮: 有微情者, 有以故興物者; 有直情而徑行者, 戎狄之道也。禮道則不然, 人喜則斯陶, 陶斯詠, 詠斯猶, 猶斯舞, 舞斯慍, 慍斯戚, 戚斯嘆, 嘆斯辟, 辟斯踊矣。品節斯, 斯之謂禮); 徑情直行(경정직행): 법식에 얽매이지 않고 내키는 감정 그대로 행하다(任凭主观意愿径直行事。); 徑情(경정): 솟구치는 감정 그대로(任意、縱情而爲。).

戚而已。周衰, 世方以文滅質, 而林放獨能問禮之本, 故夫子大之, 而告之以此。」[27]

양씨(楊氏 · 楊中立)가 말했다. "예(禮)는 먹고 마시는 일에서 비롯되었기 때문에, 웅덩이를 파서 술독으로 삼고 손으로 움켜 떠서 마시다가, 보궤(簠簋) · 변두(籩豆) · 뇌작(罍爵) 등의 장식한 술잔을 쓴 것은 이런 것들을 써서 먹고 마시는 일을 멋을 내려고 해서였으니, 그렇다면 그 근본은 검소일 뿐이다. 상(喪)은 감정을 내키는 그대로 나타내 행해서는 안 되겠기에, 최마(衰麻)의 복식과 곡용(哭踊)의 횟수를 정한 것은 이런 것들을 써서 감정을 절제토록 하려고 해서였으니, 그렇다면 그 근본은 슬픔일 뿐이다. 주(周)나라가 쇠약해지고, 세상은 한창 꾸밈[文]을 써서 본바탕[質]을 없애버렸는데, 임방(林放)만은 혼자서 예의 근본에 대해 여쭐 수 있었으니, 선생님께서 그의 질문을 훌륭하게 여기시고, 그에게 이 말씀을 가지고 답하신 것이다."

---

24 衰麻(최마): 거친 삼베로 만든 참최옷과 머리와 허리에 두르는 띠. 상복(丧服 衰衣麻绖。古代用麻做的丧带, 在头上为首绖, 在腰为腰绖。); 衰(최): 천의 가장자리를 박음질하지 않고 자른 그대로 입는 상복(＝斩衰。下边缘不缉缝的丧服。).

25 《禮記 · 檀弓上》辟踊(벽용)은 이루 말할 수 없는 슬픔의 표현이지만, 그 횟수를 정해 두는 것은 그것을 절제하기 위해서이다(辟踊, 哀之至也, 有算, 爲之節文也。); 擗踊哭泣(벽용곡읍): 손으로 가슴을 치고 발을 동동 구르면서 통곡하다(擗: 以手拍击胸膛; 踊: 用脚顿地。捶着胸跺着脚大哭。形容极度哀伤地痛哭。); 哭踊(곡용): 발을 동동 구르면서 통곡하다(丧礼仪节。边哭边顿足。).

26 《禮記 · 樂記》이 때문에 선왕이 예를 정하고 악을 만들어, 사람의 무절제한 행위에 대해 절제를 가했으니, 최마의 복식과 곡용의 횟수를 정한 것은, 이런 것들을 써서 감정을 절제토록 하려고 해서였다(先王之制禮樂, 人爲之節: 衰麻哭泣, 所以節喪紀也。).

27 《論語大全》楊氏는 '喪은 감정을 내키는 그대로 나타내 행해서는 안 된다'고만 말했는데, 이 말은 哀戚의 의미를 조금 손상시킨다. 哀戚의 의미는 의당 위 구절의 '먹고 마시는 일에서 비롯되었다'는 말처럼, '喪은 哀戚을 주로 하되, 통곡하면서 손으로 가슴을 치고 발을 동동 구르는 행위에 횟수를 정한 것은, 이를 써서 감정을 절제하려고 해서였으니, 그 근본은 슬픔[戚]일 뿐이다'라고 말해야 한다(朱子曰: 楊說喪不可徑情而直行, 此一語稍傷那哀戚之意。其意當如上面始諸飲食之語, 謂喪主於哀戚, 而爲之哭泣擗踊, 所以節之, 其本則戚而已。).

[夷狄之有君章]

030501、子曰:「夷狄¹之²有君, 不如³諸夏⁴之亡⁵也。⁶」

---

1 《春秋公羊傳‧成公15年》《춘추》에서는 자기 나라를 內라 하고 諸夏를 外라 했고, 諸夏를 內라 하고 夷狄을 外라 했다(《春秋》內其國而外諸夏, 內諸夏而外夷狄。); 《爾雅‧釋地》九夷‧八狄‧七戎‧六蠻, 이들을 四海['海'란 말은 '晦'(회)로, 예의에 어둡고 캄캄한 것이다]라 한다. [郭璞注] 九夷는 동쪽에, 八狄는 북쪽에, 七戎은 서쪽에, 六蠻은 남쪽에 있고, 다음이 四荒이다(九夷‧八狄‧七戎‧六蛮, 谓之四海。[疏: 孫炎云: "海之言晦, 晦暗於禮義也。"]; 郭璞注: 九夷在东, 八狄在北, 七戎在西, 六蛮在南, 次四荒者。); 夷狄(이적): 중원에 있는 제후국을 제외한 변방민족(常用以泛称除华夏族以外的各族)。

2 《論孟虛字》'之'는 '尙且'[~조차도]와 같다('之', 猶'尙且'之義。); 《論語新解》論語의 원문에 즉해서 논하면, 後說[아래 각주 ⑥의 《論語注疏》 및 《論語正義》 참조]에 의할 경우, '夷狄之有君'의 '之'는 일상적인 뜻으로 쓴 것으로 풀이할 수 있고, 前說[아래 각주 ⑥의 《論語義疏》 및 《論語集注》 참조]에 의할 경우, 이 '之'자는 '尙'[=尙且。~조차도。~까지도。그래도]字의 뜻에 가까운데, 이런 종류의 용법은 아주 보기 드문 경우여서, 後說을 채택한다(今就《论语》原文论, 依后说, 上句之字, 可仍作常用义释之。依前说, 则此字, 近尚字义, 此种用法颇少见, 今仍采后说。)。

3 《論語詞典》如(여): 동사. 미치다. 따라잡을 수 있다[부정사와 함께 쓰일 경우에만](動詞, 及, 趕得上(只跟否定詞用在一起)。)。

4 《論語集解》'諸夏'(제하)는 중국이다(注: 苞氏曰: 諸夏, 中國也。); 《論語大全》'諸夏'는 '諸侯'를 칭하는 말이다. '夏'는 '大'이다. 中國을 '夏'라고 하는데, 中國을 크게 여긴 것이다(厚齋馮氏曰: 諸夏, 諸侯之稱。夏, 大也。中國曰夏, 大之也。); 諸夏(제하): 중원의 여러 제후국. 중국(周代分封的中原各个诸侯国。泛指中原地区。古代對中國的泛称)。

5 《論語譯注》'亡'(무)는 '無'와 같다. 論語에서 '亡' 뒤에는 목적어를 쓰지 않지만, '無' 뒤에는 반드시 목적어가 온다('亡', 同'無'。在《論語》中, '亡'下不用賓語, '無'下必有賓語。); 亡(무): 옛날에는 '無'와 같았다(古同'無'。)。

6 《論語義疏》이 장은 아랫사람으로서 윗사람을 참칭하는 자 때문에 하신 말씀이다. 중국이 夷狄보다 존경받는 까닭은, 명분이 정해져 있어 상하 간에 어지럽지 않아서이다. 주왕실은 이미 쇠약해졌고, 제후들은 방자하고, 예악 정벌의 권한이 더 이상 천자로부터 나오지 않으니, 이적의 나라조차도 위를 존경하고 지배‧예속의 관계가 유지되고 있어, 중국의 無君과 같은 상태에 이르지 않았으니, 도리어 이들만 못하다는 말이다(疏: 此章爲下僭上者發也…… 言中國所以尊於夷狄者, 以其名分定而上下不亂也。周室既衰, 諸侯放恣, 禮樂征伐之權不復出自天子, 反不如夷狄之國, 尚有尊長統屬, 不至如我中國之無君也。); 《論語義疏》석혜림이 말했다. "임금이 있어도 예가 없는 것은, 임금이 없어도 예가 있는 것만 못하다. 당시 계씨가 임금이 있어도 예가 없음을 풍자한 것이다"(釋慧琳云: 有君無禮, 不如有禮無君。刺時季氏有君無禮也。); 《論語注疏》이 장은 중국은 禮義가 성하지만, 夷狄은 예의가 없음을 언급한 것이다. 夷狄은 비록 우두머리가 있지만 예의는 갖추지 못하고 있고, 중국은 주공‧소공이 공동으로 집정한 공화시대처럼, 어쩌다 임금이 없는 경우가 있었어도, 예의는 폐하지 않고 보존되어 있었음을 언급한 것으로, 그래서 '이적의 나라에 임금이 있을지라도, 중국에 임금이 없는 것만 못하다'고 하신 것이다(疏: 正義曰: 此章言中國禮義之盛, 而夷狄無也…… 言夷狄雖有君長而無禮義, 中國雖偶無君, 若周, 召共和之年, 而禮義不廢, 故曰「夷狄之有君, 不如諸夏之亡也」。); 《論語正義》包慎言[淸人]의 《論語溫故錄》에 말했다. "夷狄은 초나라와 오나라를 말한다. 《春秋公羊傳‧成公15年》(BC 576)에 '諸夏를

선생님께서 말씀하셨다. "이적(夷狄)조차도 임금이 있으니, 중국의 제후의 나라에 임금이 없는 것과는 같지 않다."

吳氏曰:「亡, 古無字, 通用。」程子曰:「夷狄且[7]有君長[8], 不如諸夏之僭亂[9], 反無上下之分也。」

內라 하고 夷狄을 外라 한다'라고 했다. 성공·양공 이후, 초나라와 진나라가 쟁패하니, 남방의 소국들이 모두 두 나라에 복속되었다. 송나라·노나라도 그 조정으로 달려갔다. 정공·애공 때는, 초나라가 쇠하고 오나라가 제패했으니, (오나라 부차가 주관한) 황지에서의 회합에(BC 482), 魯·晉 제후들이 빠지지 않고 모두 모였기 때문에, '內諸夏 外夷狄'이라는 말로 오나라를 폄하신 것이다. 《春秋公羊傳·襄公7年》[BC 566] (초나라가 진나라를 침공하자 진나라를 구하기 위한) 鄢(위)에서 가진 회합에 '陳나라 임금이 도망가서 돌아갔다'고 했고, 하휴가 注를 달기를 '도망갔다고 쓴 것은 진나라 임금을 폄하한 것이다. 공자께서, '夷狄之有君 不如諸夏之亡也'[(회합에서) 이적은 임금이 자리를 지키고 있었으니, 제하의 임금이 도망한 것과는 같지 않다]라고 했으니, (회합을) 배반해서는 안 됨을 말씀하신 것이다'라고 했다(正義曰: 包氏慎言《溫故錄》: "夷狄謂楚與吳。《春秋》內諸夏, 外夷狄。成·襄以後, 楚與晉爭衡, 南方小國, 皆役屬焉。宋·魯亦奔走其庭。定·哀時, 楚衰而吳橫, 黃池之會, 諸侯畢至, 故言此以抑之。襄七年鄢之合, '陳侯逃歸', 何氏云: '加逃者, 抑陳侯也。孔子曰: "夷狄之有君, 不如諸夏之亡也。" 言不當背也'). 또 《春秋公羊傳·哀公13年》[BC 482]에 "公會晉侯及吳子於黃池[애공이 晉侯 및 吳子와 황지에서 회합했다]라고 했는데, 公羊이 傳을 달기를 '오나라는 어째서 子라 칭하셨는가? 회합을 주관했기 때문이다. 오나라가 회합을 주관했는데, 어째서 晉侯를 먼저 쓰셨는가? 夷狄이 중국을 주관하는 것을 찬성하지 않으신 것이다'라고 했고, 하휴가 注를 달기를 '夷狄이 제후를 강제로 모이게 한 것으로, 예의를 행하지 않았기 때문에, 晉侯를 맨 앞에 쓰셨는데, 주안점은, 제후의 임금이 이적을 섬기는 것을 미워하신 것이다'라고 했다." 생각건대, 包慎言의 견해가 맞다. 이 편은 오로지 예악에 관해서만 말한 것으로, 초나라와 오나라가 비록 번갈아 가며 중원의 맹주 노릇을 했지만, 흉포하고 예법을 뛰어넘어, 한 번도 周禮를 따르지 않았기 때문에, 비록 중원의 나라에 임금이 없지만, 그 정치와 풍속이 여전히 옛 예법에 가까운 것만 못하다는 것을 말한 것이다(又哀十三年, '公會晉侯及吳子於黃池,《傳》: 吳何以稱子? 主會也。吳主會, 曷爲先言晉侯? 不與夷狄之主中國也。何氏云: "明其寔以夷狄之彊會諸侯爾, 不行禮義, 故序晉於上。' 主書者, 惡諸侯之君(事)夷狄。" 案: 包說是也。此篇專言禮樂之事, 楚吳疊主盟中夏, 然暴彊踰制, 未能一秉周禮, 故不如諸夏之亡君, 其政俗猶爲近古也。);《論語譯注》'有君'은 초나라 장왕·오나라 왕 합려 등 현명한 임금이 있음을 가리킨다["이적의 나라조차도 현명한 임금이 있으니, 중원제국에는 현명한 임금이 없는 것과는 같지 않다"](楊遇夫先生論語疏證說, 夷狄有君指楚莊王, 吳王闔廬等, 君是賢明之君。句意是夷狄還有賢明之君, 不像中原諸國却没有。);《古今注》夷狄은 夷狄의 도를 쓰는 것을 말하고, 諸夏는 諸夏의 법을 쓰는 것을 말한다. 소공25년[BC 517], 소공이 계씨를 처단하려 했으나, 일이 실패하여 제나라로 달아났고, 공자께서도 제나라에 가셨다. 노나라가 드디어 임금이 없는 상황이 되자, 사람들이 모두 소공을 탓했는데, 공자께서 그것이 그렇지 않음을 밝혀 말씀하시기를 '나라의 임금이 임금으로서의 도리를 다하지 못하고, 신하가 신하로서의 도리를 다하지 못하고, 이적의 도에 안주한 채, 구차히 임금의 자리를 보전하기보다는 난신적자를 처단 토벌하여, 이로써 제하의 법을 실행하다가 노나라 임금 자리를 잃은 상태만 못하다'고 하신 것인데, 그 말씀은 나라 사람에게는, 이렇게 역적의 무리를 편안히 여기면서 임금이 있는 것보다는, 오히려 이렇게 의를 밝히다가 임금이 없게 된 것만 못하다는 것이었다(夷狄, 謂用夷狄之道也。諸夏, 謂用諸夏之法也……昭公二十五年……昭公欲誅季氏, 事敗公奔齊, 孔子亦適齊。魯遂無君, 國人皆咎昭公, 孔子明其不然曰: '與其君不君臣不臣, 安於夷狄, 而苟保君位, 不若誅亂討賊, 以修諸夏之法, 而失其君位也。' 其在國人, 與其安此賊而有君, 反不若明此義而無君也。).

오씨(吳氏·吳棫)가 말했다. "'亡'(무)는 옛 '無'(무)자로, 서로 바꿔서 사용했다."

정자(程子·伊川)가 말했다. "이적(夷狄)조차도 군주가 있으니, 중국의 제후의 나라에서 아랫사람이 윗사람을 몰아내는 난을 일으켜, 도리어 상하의 분별이 없어진 것과는 같지 않다."

○尹氏曰:「孔子傷時之亂而歎之也。亡, 非實亡也, 雖有之, 不能盡其道爾[10]。」[11]
○윤씨(尹氏·尹彦明)가 말했다. "공자(孔子)께서 당시의 혼란상을 상심하여 탄식하신 것이다. '없다'[亡]는 것은 임금이 실제로 없다는 것이 아니고, 비록 있다 할지라도 임금의 도리를 다하지 못하고 있다는 것뿐이다."

---

7 且(차): ~조차도. 어떤 사물의 극단적·가설적·불가능한 상황이나 사례를 표시하여 어기를 강화하는 역할을 한다(用来加强语气, 表示某事物的极端的, 假设的或不可能有的情况或事例。).

8 君長(군장): 추장. 군주(古代少数民族部落的酋长).

9 《補正述疏》'僭亂'은 신하가 임금을 없애려는 마음을 가지고 있고, 또 임금은 임금으로서의 도리를 잃어 임금이 없는 것과 같은 것이다(蓋僭亂者, 臣有亡君之心, 又君失其道猶亡君也。); 僭亂(참란): 윗사람에게 대들어 난을 일으키다(犯上作乱。).

10 爾(이): 단지~일 뿐이다(通'耳', 表示限止用在句末, 可译为'而己''罢了'。).

11 《論語大全》"程子의 注는 오로지 아래 있는 자가 임금을 무시하는 죄에 빠진 것을 질책한 것 같고, 尹氏의 注는 오로지 위에 있는 자가 임금의 도리를 다하지 못한 것을 질책한 것 같은데, 어떤지요?" "단지 같은 뜻이다. 두 분 모두 위·아래가 참란하여, 임금·신하로서의 도리를 다하지 못한 것이, '無君'같다고 말한 것이다"(問: '程氏註似專責在下者陷無君之罪, 尹氏註似專責在上者不能盡爲君之道, 何如?' 朱子曰: '只是一意。皆是說上下僭亂, 不能盡君臣之道, 如無君也。').

[季氏旅於泰山章]

030601、季氏¹旅²於泰山³。子謂冉有⁴曰:「女弗⁵能救⁶與?」對曰:「不能。」子曰:「嗚呼⁷!
曾⁸謂⁹泰山, 不如林放乎?」

계씨(季氏)가 태산(泰山)에서 여제(旅祭)를 지냈다. 선생님께서 염유(冉有)에게
말씀하셨다. "네가 못하게 막지 못했느냐?" 염유(冉有)가 선생님께 말씀드렸다.

1 《孔子傳》 '季氏'는 季康子이다(此季氏即康子。).

2 《周禮‧春官宗伯》 나라에 큰일이 있으면, 上帝 및 四望[먼 곳에 있는 산천]에 旅祭를 지낸다(國有大故,
則旅上帝及四望。);《論語大全》 산에 지내는 제사를 '旅'라 한다(新安倪氏曰: 祭山曰旅。);《論語譯注》
'旅'는 동사로, '산에 제사 지내다'이다. 당시에는 천자와 제후만이 명산대천에서 제사 지낼 자격이 있었다
(旅, 动词, 祭山。在当时, 只有天子和诸侯才有祭祀'名山大川'的资格。).

3 泰山(태산): 山東省 泰安市에 있는 해발 1545m의 산으로, 岱山‧東岳 등의 이름이 있으며, '五岳[東岳
泰山‧西岳 華山‧南岳 衡山‧北岳 恒山‧中岳 嵩山]之首', '天下第一山'으로 불린다.

4 冉求(염구): 名 求, 字 子有, 통칭 冉有, 존칭 冉子. BC 522~? 공자보다 22살이 적은 제자.

5 《論語詞典》 弗(불): 부정부사. 일반적으로 목적어가 생략된 문장에 쓰인다. '~을 아니 ~하다'의 뜻과
같다["너는 그것을 막지 못했느냐?"](否定副詞, 一般用於賓語被省略的句子中, 便相當於"不……之"的意
義: '女不能救之與?');《王力字典》 弗(불): =不. 일반적으로 동사를 수식할 뿐이고 동사 뒤에 목적어를
달지 않는다(不. '弗'字上古一般只修饰动词, 而且动词后面不带宾语。).

6 《說文‧支部》 '救'(구)는 止[저지하다]이다(救, 止也。);《論語集解》 '救'는 '止'와 같다(注: 馬融曰: 救,
猶止也。).

7 《論語語法》 '嗚呼'는 쌍음사인 감탄사이다('嗚呼'是雙音詞的歎詞。); 嗚乎(오호): 슬픔‧찬미‧개탄을
표시하는 감탄사(亦作"呜呼"。叹词。表示悲伤。表示赞美或慨叹。).

8 《論語義疏》 '曾'(증)의 뜻은 '則'[그렇다면]이다. '乎'는 어조사이다["林放조차도 예의 근본을 물을 수
있고, 더구나 泰山의 신은 총명‧정직한데, 어찌 이렇게 예에 어긋난 제사를 흠향하겠는가? 결국에
이렇게 예에 어긋난 제사를 흠향했다면, 이 神은 도리어 林放만도 못하다"](疏: 曾之言, 則也。乎, 助語也。
孔子曰林放尚能問禮本, 況泰山之神聰明正直, 而合歆此非禮之祀也乎? 若遂歆此非禮之食, 則此神反不
如林放也。);《經傳釋詞》 '曾'은 '乃'‧'則'이다(曾, 乃也, 則也。);《助字辨略》 '曾'은 '寧'으로 풀이한다. '豈'와
도 통한다. 설마. 어찌(曾, 訓作寧, 豈亦通。);《詞詮》 겨우. 고작. 기껏["태산의 신이 고작 임방만도 못하겠
느냐?"]('曾', 副詞。乃也。);《古書虛字》 어찌('曾', '何'也。);《北京虛詞》 曾(증): 부사. 설마. 반문을 표시한
다('曾', 副詞。用于谓语前, 表示反问。义即难道。);《論語新解》 '曾'은 '乃'로, 힐난사이다. '曾謂'는 지금의
'難道[설마~란 말인가?]와 같다(曾, 乃也, 诘问辞。曾谓, 犹今云难道。).

9 《古書虛字》 '謂'는 '爲'와 같다. '於'이다["季氏가 어찌 태산에 대해 임방이 예를 아는 만큼보다 못한가?"]
('謂', 與'爲'同, '於'也。言季氏何於泰山不如林放之知禮耶?);《論語句法》 '泰山不如林放'은 意謂動詞인
'謂'의 목적어이다["(설마) 태산의 신이 임방만 못하다 하겠느냐?"]('泰山不如林放, 做意謂動詞'謂''以爲'
的意思)的止詞。); '謂'는 어떤 일에 대해 힐난하는 동사 술어이다. 앞에 어기부사 '曾'을 붙여 반문의
어기를 강화했다(此種用法的'謂'是詰說某事的動詞述語。前面加上語氣副詞'曾'來加重反詰的語氣。)(任
永清, "《論語》'謂'字用法析論", 「臺北市立教育大學學報」, 2013).

"막지 못했습니다." 선생님께서 말씀하셨다. "어허! 설마 태산(泰山)의 신(神)이 임방(林放)만 못하다 하겠느냐? [태산(泰山)의 신은 계씨가 지내는 여제(旅祭)를 흠향하지 않을 것이다.]"

女, 音汝。與, 平聲。○旅, 祭名。泰山, 山名, 在魯地。禮[10], 諸侯祭封內山川, 季氏祭之, 僭也。冉有, 孔子弟子, 名求, 時爲季氏宰。救, 謂救其陷於僭竊之罪。嗚呼, 歎辭。言神[11] 不享非禮, 欲季氏知其無益而自止, 又進[12]林放以屬[13]冉有也。

'女'(녀)는 음이 '汝'(녀)이다. '與'(여)는 평성[yú]이다. ○'旅'(여)는 제사 이름이다. '泰山'(태산)은 산 이름으로, 노(魯)나라에 있다. 예(禮)에는, 제후는 자기 봉지 안에 있는 명산대천에 제사 지내게 되어 있는데, 대부인 계씨(季氏)가 태산(泰山)에 제사를 지내는 것은 신분을 벗어나는 짓이다. 염유(冉有)는 공자(孔子)의 제자로 이름이 구(求)인데, 당시 계씨의 가신이었다. '救'(구)는 그가 자기 신분에 맞지 않은 제사를 도용한 죄에 빠지는 것을 막는 것을 말한다. '嗚呼'(오호)는 탄식하는 말이다. 말씀인즉, 신(神)은 예에서 벗어난 제사를 흠향하지 않으니, 계씨가 태산에 제사 지내는 것이 무익하다는 것을 알고 스스로 그만두길 바라고, 또 임방(林放)을 추켜세워 이로써 염유(冉有)를 자극해서 분발하게 하신 것이다.

○范氏曰:「冉有從季氏, 夫子豈不知其不可告也, 然而聖人不輕絶人。盡己之心, 安知[14]冉有之不能救, 季氏之不可諫也。既不能正, 則美林放以明泰山之不可誣, 是亦教

---

10 《禮記·王制》천자는 天地에 제사 지내고, 제후는 社稷에 제사 지내고, 대부는 五祀에 제사 지낸다. 천자는 천하의 名山大川에 제사 지내는데, 五岳[泰山·華山·衡山·恒山·嵩山]에 대해서는 三公에 대한 향응에 준해서 제사 지내고, 四瀆[長江·黃河·淮河·濟水]에 대해서는 제후에 대한 향응에 준해서 제사 지낸다. 제후는 자기 봉지 안의 名山大川에 제사 지낸다(天子祭天地, 諸侯祭社稷, 大夫祭五祀。天子祭天下名山大川: 五岳視三公, 四瀆視諸侯。諸侯祭名山大川之在其地者。).

11 《禮記·祭法》산림·천곡·구릉이 구름을 생성하고 바람을 일으키고 비를 내리고, 괴이한 일을 보이는 것을 모두 神이라 한다(山林、川谷、丘陵, 能出雲, 爲風雨, 見怪物, 皆曰神。);《禮記·祭法》제후는 산천이 자기 땅 안에 있으면 그 산천에 제사 지내고, 없으면 제사 지내지 않는다(諸侯在其地則祭之, 亡其地則不祭。).

12 進(진): 떠받들다. 칭찬하다(推崇, 赞扬。).

13 《論語大全》'厲'는 '激厲'[격려하다]이다(厲, 激厲也。); 厲(려): 격려하다. 고무시키다. 자극해서 분발시키다(同'勵'。振奋; 激励, 勉励。).

14 知(지): 판별하다. 가려내다(识别; 区别).

誨[15]之道也。」

○범씨(范氏·范淳夫)가 말했다. "염유(冉有)는 계씨(季氏)에게 딸려 있는 자였으니, 선생님께서 염유(冉有)가 (季氏에게 泰山에 제사 지내지 말도록) 고하지 못하리라는 것을 어찌 모르셨겠는가마는, 그럼에도 성인께서는 사람을 쉽게 끊어 내치지 않으셨다. (그래서 '네가 못하게 막지 못했느냐?'고 물어보셨으니, 이는) 자기의 마음을 다하신 것이지, 어찌 염유(冉有)가 (간언하여) 못하게 막을 능력이 없는 자인지, 아니면 (간언해도) 계씨(季氏)가 간언을 받아들이지 못할 자인지를 가려내려는 말씀이었겠는가? 바로잡을 수 없게 된 이상, 임방(林放)을 추켜세워 이로써 태산(泰山)의 신(神)은 속일 수 없다는 것을 밝히셨으니, 이 또한 가르침의 한 방법이다."

---

15 教誨(교회): 가르치다. 가르쳐 인도하다. 훈계하다(教导, 训诲。).

[君子無所爭章]

030701、子曰:「君子無所爭¹, 必也²射乎!³ 揖讓⁴而升, 下而飮⁵, 其爭也君子。⁶ ⁷」

1 《論語義疏》군자는 항시 겸손히 낮춰 자기를 수양하고[易經 · ䷎謙 · 象傳], 물러나고 사양하여 예를 밝히기 때문에[禮記 · 曲禮上], 앞다툴 일이 없다는 말이다(疏: 言君子恒謙卑自牧, 退讓明禮, 故云無所爭也。); 《古書虛字》 '無'는 '何'와 같다('無', 猶'何'也。); 《論語詞典》 爭(쟁): 서로 양보함이 없이 힘을 다해 승리를 추구하다(不相讓地力求勝利。)。

2 《論孟虛字》也(야): 문장을 시작하는 '必', '今', '鄕' 등의 副詞와 '過', '更' 등의 동사 뒤에 쓰여, 어기를 잠시 멈추는 역할을 하고, 어세 강화와 다음 말을 일으키는 이중의 작용을 한다('也', 用在"必"今"鄕等副詞和'過"更'等動詞作起詞的後面, 使語氣略作停頓, 而強化語勢和引起下文的雙重作用。)。

3 《論語義疏》 활쏘기로 서로 다투게 된 사연은, 옛날에 남자아이가 태어나면, 뽕나무로 만든 활과 쑥대로 만든 화살 여섯 발을 좌측 문에 달아놓고, 3일 밤낮으로, 남자아이를 업고 문을 나가 활을 쏘아, 이 아이에게 천지사방에 일이 있음을 보여주었는데[禮記 · 射義], 그래서 어른이 되면, 활쏘기를 통해 벼슬에 나갔던 것이다(疏: 於射所以有爭者, 古者生男, 必設桑弧蓬矢於門左, 至三日夜, 使人負子出門而射, 示此子方當必有事於天地四方, 故云至年長, 以射進仕。); 《周禮》 등을 보면 射禮에는 네 가지가 있다. ①大射(제사를 위해 士를 선발할 때 거행하는 射禮), ②賓射(제후가 천자를 조견하거나 제후 간의 회맹 또는 천자의 故舊 · 朋友를 위해 거행하는 射禮), ③燕射(신하들과 연회 때 거행하는 射禮), ④鄕射(향리에서 거행하는 射禮); 乎(호): 확신 · 단정의 어기를 표시한다(表示肯定语气)。

4 揖讓(읍양): 손님과 주인 간의 상견례(宾主相见的礼仪); 揖(읍): 양손이 주먹을 감싸 쥐고 위로 올려 예를 표하다(拱手行礼); 《說文 · 手部》 '揖(읍)은 攘[손사래 치며 양보하다]이다. 手를 따르고 咠(집) 소리이다. 또 손을 가슴에 대는 것을 揖이라고 한다(揖, 攘也。从手咠聲。一曰手箸胷曰揖。); 《白虎通義 · 禮樂》 禮에서 읍양하는 까닭은, 이로써 상대를 높이고 자기를 낮추려는 것이다(禮所以有揖讓者, 所以尊人自損也。); 《論語正義》 문에 이르러서 계단에 이르러서, 모두 읍양이 있으니, 문에서는 들어가는 것을 읍양하고, 계단에서는 올라가는 것을 읍양한다. 이 장의 읍양은 계단을 오를 때이다(凡賓主行禮, 至門至階, 皆有讓者, 門則讓入, 階則讓升也。此揖讓在升階時)。

5 《論語集解》 당에서 활쏘기를 할 때, 당에 올라갈 때와 (활쏘기가 끝나고) 당에서 내려갈 때 모두 읍양하고 서로 술을 마신다['揖讓而升下, 而飮'으로 끊어 읽는다](注: 王肅曰: 射於堂, 升及下皆揖讓, 而相飮也。); 《論語義疏》 大射儀에, 활쏘기를 할 경우, 처음에 주인이 손님에게 인사하고 나아가고, 주인과 손님이 서로 사양하면서 당에 오르고, 활쏘기가 끝나 승부가 결정되면, 당을 내려올 때도 서로 인사하고 사양하면서, 예를 갖추는 것을 잊지 않기 때문에, '揖讓而升下'라 한 것이다(疏: 射儀云, 禮初主人揖賓而進, 交讓而升堂, 及射竟勝負已決, 下堂猶揖讓, 不忘禮, 故云揖讓而升下也。); 《經典釋文》 '揖讓而升下'를 끊어 읽고, '而飮'을 붙여서 읽는다(揖讓而升下, 絶句, 而飮, 一句。); 《論語正義》 '升'은 계단으로 堂에 오르는 것이고, '下'은 堂에서 내려오는 것이다(升是由階至堂, 下是降堂。); 《古今注》 '下'는 (싸움에서) 이기지 못한 것을 말한다. 군대가 이긴 것을 '下之'라고 한다. 射禮에서 이기지 못한 자는 술을 마시는데, 이것이 '下而飮'[이기지 못하면 술을 마신다]이다. 射禮에는 올라가서 술을 마시는 법은 있지만, 내려와서 술을 마시는 법은 없으니, 그런즉 '下而飮'은 '내려와서 술을 마신다'는 말이 아니다. '降字를 바꿔 '下'로 말하는 그런 이치 역시 없다(下謂不勝也。凡軍事勝曰下之。射禮不勝者飮酒是下而飮也…… 射禮有升而飮, 無降而飮, 則下而飮非降而飮也。變降言下亦無是理); 《論語新解》 '揖讓而升下'를 끊어 읽고, '而飮'을 붙여 읽는다["읍양하면서 당을 오르내리고, 술을 마신다"]. 대사례는 당에서 행하는데, 두 사람이 한 조가 되어, 계단으로 당에 올라, 먼저 읍양으로

선생님께서 말씀하셨다. "군자가 무슨 앞다툴 일이 있겠는가마는, 반드시 앞다투는 일이라면야 활쏘기이다! 두 손을 모아 인사하고서 서로 양보하면서 당(堂)에 올라가고, (활쏘기가 끝나면) 내려와 있다가 (다시 당에 올라가 이긴 자는 술을 따르고 진 자는) 술을 마시는데, 그러한 다툼이야말로 군자답다."

飮[8], 去聲。○揖讓而升者, 大射之禮[9], 耦[10]進三揖而後升堂也。下而飮, 謂射畢揖降, 以俟[11]衆耦皆降, 勝者乃揖不勝者升, 取觶[12]立飮也。言君子恭遜[13]不與人爭, 惟於射而後

상대방에게 예의를 표시하고, 겨루기가 끝나면, 서로 읍양하면서 당을 내려와 있다가, 모든 조가 다 끝나면 이긴 자가 진 자에게 읍양하고, 다시 당에 올라가 술을 따르면, 진 자는 서서 술을 마시고 예식은 끝난다(下字 當連上升字讀, 不與而飮字連。凡升與下皆必揖比。而飮, 礼之最后也。大射礼行于堂上, 以二人为一耦, 由阶升堂, 必先相互举手揖攘, 表示向对方之敬意。较射毕, 互揖下堂。众耦相比皆毕, 群胜者各揖不胜者, 再登堂, 取酒, 相对立飮, 礼毕。); 《論語詞典》 下(하): 동사. 걸어 내려오다(動詞, 走下來。).

6 《論語集釋》 陸隴其[1630~1692]의 《松陽講義》에 말했다. "세간에는 한 종류의 사람이 있으니, 오로지 隱默自守할 줄만 알고, 남과 다투지 않고, 是非可否 역시 한쪽으로 버려두고 논하지 않는 사람이다. 이런 사람은 주자가 말한 謹厚之士[子路 제21장]이지, 군자가 아니다. 또 한 종류의 사람이 있으니, 오로지 자신을 숨기고 세상에 아부할 줄만 알고[孟子·盡心下 제37장], 是非可否를 고의로 모호하게 만들어버려, 스스로 아무 다툴 일이 없다고 말하는 사람이다. 이런 사람은 공자께서 말씀한 鄕原[陽貨 제13장]이지, 군자가 아니다. 또 한 종류의 사람이 있으니, 고담준론에 휩쓸리고, 萬物一體에 내맡겨, 나와 남이 애당초 다를 게 없으니, 다툴 여지가 없다고 하는 사람이다. 이것은 노장의 이론이지, 역시 군자가 아니다. 이는 모두 분변하지 않으면 안 된다"(松陽講義: ……世間有一等人, 惟知隱默自守, 不與人爭, 而是非可否亦置不論。此朱子所謂謹厚之士, 非君子也。有一等人, 惟知闍然媚世, 將是非可否故意含糊, 自謂無爭。此夫子所謂鄕原, 非君子也。又有一等人, 激爲高論, 托於萬物一體, 謂在己在人, 初無有異, 無所容爭。此是老莊之論, 亦非君子也。是皆不可不辨。).

7 《禮記·射義》 활쏘기는 仁의 도이다. 활쏘기는 바른 자세를 자기에게서 구하여, 자기를 바르게 하고 나서 화살을 쏜다. 쐈는데 가운데 맞지 않았으면, 자기를 이긴 자를 탓하지 않고, 돌이켜서 자기의 자세에서 원인을 구할 뿐이다(射者, 仁之道也。射求正諸己, 己正然後發, 發而不中, 則不怨勝己者, 反求諸己而已矣。孔子曰: "君子無所爭, 必也射乎!揖讓而升, 下而飮, 其爭也君子。"); 《孟子·公孫丑上 제7장》 仁이라는 것은 활쏘기와 같다. 활을 쏘는 자는 몸가짐을 바르게 하고 나서 화살을 쏜다. 쐈는데 과녁을 맞히지 못했으면, 자기를 이긴 자를 원망하지 않고, 돌이켜 자기에게서 찾을 뿐이다(孟子曰: 仁者如射, 射者正己而後發。發而不中, 不怨勝己者, 反求諸己而已矣。).

8 飮(음): [yìn] (물·술을)따르다. 따라주다. 대접하다(将流质的食品给人或动物喝。用酒食款待。); [yǐn] 마시다. 술을 마시다. 마시는 음식물(喝。特指喝酒。可喝的流质食物。).

9 大射之禮(대사지례): 제사에 참가할 선비를 선발하기 위해 천자·제후가 거행하는 활쏘기 예식으로 많이 적중한 자가 제사에 참가할 수 있다(天子, 諸侯祭祀前选择参加祭祀人而举行的礼仪); 《儀禮·大射》와 《禮記·射儀》에 나온다.

10 耦(우): 두 사람이 짝지어 밭을 갈다. 짝을 이루다. 두 사람이 한 조가 되다(两个人在一起耕地; 同'偶'。双数, 成对; 双, 两个一组。).

11 俟(사): 기다리다(等待).

有爭。然其爭也, 雍容[14]揖遜乃如此, 則其爭也君子, 而非若小人之爭矣。[15]

'飮'(음)은 거성[yìn]이다. ○'揖讓而升'(읍양이승)이라는 것은 대사례(大射禮)에서 두 사람이 한 조가 되어 나아가서 세 번 인사한 뒤에 당(堂)을 향해 계단을 올라가는 것이다. '下而飮'(하이음)은 활쏘기가 끝나면 인사하고 당(堂)을 내려와서는, 모든 조가 (활쏘기가 끝나고) 다 내려오기를 기다렸다가, 이긴 자는 이에 진 자에게 인사하고 (같이) 당(堂)에 올라가, (이긴 자는) 술잔에 술을 따르고 (진 자는) 서서 마시는 것을 말한다. 말씀인즉, '군자는 공손하여 남과 앞을 다투지 않지만, 오직 활쏘기를 한 뒤에야 앞을 다툰다. 그렇지만 그 다툼은, 점잖게 서로 인사하고 사양하는 모습이 바로 이와 같으니, 그렇다면 그러한 다툼이야말로 군자다운 다툼이고, 소인의 다툼이 아니다'라는 것이다.

---

12 觶(치): 청동으로 만든 술잔(古代酒器, 靑銅制, 形似尊而小, 或有蓋。).

13 《論語大全》'恭'과 '遜'은 모두 예의 발로인데, '恭'은 용모가 주가 되고, '遜'은 일이 주가 된다(慶源輔氏曰: 恭與遜, 皆禮之發也, 恭主容, 遜主事。).

14 雍容(옹용): 온화하고 점잖다. 느긋하다(形容儀态温文大方; 舒缓; 从容不迫。).

15 《論語大全》소인들처럼 기를 중시하고 힘을 겨루는 다툼이 아니다(非若小人尙氣角力之爭也。).

[巧笑倩兮章]

030801、子夏問曰:「『巧笑倩^{1}兮, 美目盼^{2}兮, 素以爲絢^{3}兮^4。』何謂也?」

자하(子夏)가 여쭈었다. "'방긋 웃는 웃음에 보조개 더욱 귀엽고, 흰자위 하얀 바탕에 까만 눈동자 더욱 빛나고, 티 없이 맑은 얼굴에 그린 듯 고운 화장 더욱 눈부셔라'라고 했는데, 무엇을 말한 것인지요?"

倩, 七練反。盼, 普莧反。絢, 呼縣反。○此逸詩^{5}也。倩, 好口輔^{6}也。盼, 目黑白分也。素, 粉地, 畫之質也。絢, 采色, 畫之飾也。言人有此倩盼^{7}之美質, 而又加以華采^{8}之飾, 如有素地^{9}而加采色也。子夏疑其反謂以素爲飾, 故問之。

'倩'(천, qiàn)은 '七'(칠)과 '練'(련)의 반절이다. '盼'(반, pàn)은 '普'(보)와 '莧'(현)의 반절

---

1 《論語集解》'倩'(천)은 웃음 짓는 모양이다(注: 馬融曰: 倩, 笑貌。); 倩(천): 미소를 머금은 모습. 보조개가 아름다운 모양(含笑的样子。笑靨美好貌。);《論語句法》'兮'(혜)자는 잠시 말을 멈추는 구말어기사이다 ('兮'字, 是句末表停頓的語氣詞。).

2 《論語集解》'盼'(반)은 눈을 깜박이는 모습이다(注: 馬融曰: 盼, 動目貌也。);《毛詩正義》눈동자의 흑백이 분명한 모양('盼', 白黑分。).

3 《王力漢語》素(소): 물들이지 않은 것. 누에고치실[純 絲]로 짠, 물들이지 않은 비단. 하얗다. 깨끗하다. 꾸밈없는 그대로이다(沒有染色的。又指沒染色的生絹帛。引申爲白的。又爲樸素。);《論語集解》'絢'(현) 은 문양이다(注: 馬融曰: 絢, 文貌也。); 絢(현): 예쁜 문양. 눈부시게 아름다운 갖가지 자태(美丽, 漂亮有文 采的样子。含有色彩灿烂多姿的意思);《論語新解》"다시 하얀 분을 써서 더 아름답게 하다"("再用素粉来 增添她的美丽啊。").

4 《論語義疏》이 시는《詩經·衛風·碩人》으로, 제나라 공주로서 위나라 임금의 부인이 된 장강을 걱정한 시이다. 장강은 예쁜 얼굴에 예를 갖추었는데, 위나라 임금이 덕을 좋아하지 않아 응대하지 않았기 때문에, 사람들이 그녀를 걱정한 것이다(此是衛風碩人, 閔莊姜之詩也。莊姜有容有禮, 衛侯不好德而不 答, 故衛人閔之也。).

5 逸詩(일시):《詩經》에 수록되지 않은 시로 선진의 경전이나 제자백가에 수록된 약 98수는 대부분 온전 한 편이 못 되거나 시구 일부 구절만 전해진다(指《诗经》未收的古代诗歌。见于先秦经传诸子中的约有数 十处, 多为零篇残句。);《詩經·衛風·碩人》에도 '巧笑倩兮 美目盼兮' 구절이 나온다。'素以爲絢兮'는 시경에 나오지 않는 시구이다.

6 口輔(구보): 뺨. 보조개(指近口角處。一说即面颊上的酒窝。).

7 倩盼(천반): 용모가 예쁘고 표정이 고운 모양(形容相貌美好, 神态俏丽。).

8 華采(화채): 화려한 색채(华丽的色彩).

9 素地(소지): 순백의 바탕(洁白的质地).

이다. '絢'(현, xuàn)은 '呼'(호)와 '縣'(현)의 반절이다. ○이 시는 《시경》(詩經)에는 빠져 있는 시이다. '倩'(천)은 '예쁜 보조개'[好口輔]이다. '盼'(반)은 눈동자가 흑백의 구분이 선명한 것이다. '素'(소)는 '하얀 밑바닥'[粉地]으로, 그림을 그리는 밑바탕이다. '絢'(현)은 '채색하다'[采色]로, 그림을 그릴 때 하는 색칠이다. 말인즉, 사람이 이렇게 예쁜 보조개와 선명한 눈동자라는 아름다운 밑바탕을 지니고 있는데, 그 위에 또 화려한 색칠을 가하는 것이, 순백의 하얀 밑바탕을 지니고 있는데 그 위에 화려한 색칠을 가하는 것과 같다는 것이다. 자하(子夏)는 '素以爲絢'(소이위현)을 그와 반대로 해석해서 '素粉[하얀 가루]을 써서 꾸민다'[以素爲飾]고 말하는 것으로 의심했기 때문에, 여쭌 것이다.

030802、子曰:「繪事後素。[10]」

　　선생님께서 말씀하셨다. "그림을 그리는 일은 밑바탕보다 뒤이다."

繪, 胡對反。○繪事, 繪畫之事也。後素[11], 後於素也。考工記曰[12]:「繪畫之事後素功。」謂

---

10 [성]繪事後素(회사후소): 그림은 바탕보다 나중이다. 뛰어난 바탕이 있어야 금상첨화의 가공을 할 수 있다(繪畫之事也 後於素也。比喩有良好的质地, 才能进行锦上添花的加工)。《論語集解》그림을 그리는 일은, 먼저 다른 여러 색을 칠하고 나서, 그 후에 흰색을 써서 그 사이사이를 칠하여, 이로써 그림을 완성하는 것으로, 아름다운 여인이 비록 倩·盼의 아름다운 바탕을 지니고 있더라도, 반드시 禮를 써서 아름다움을 완성한다는 것을 비유한 것이다(注: 鄭玄曰: 凡繪畫, 先布衆色, 然後以素分佈其間, 以成其文, 喻美女雖有倩盼美質, 亦須禮以成也。)。《論語義疏》이 세 구절의 시는 미인이 먼저 뛰어난 바탕을 갖추었어도, 뒤에 반드시 예를 써서 스스로를 단속해야 한다는 것으로, 그림 그리는 일이 비록 먼저 여러 가지 채색과 명암을 칠했어도, 그 후에 반드시 흰색으로 분간해야만, 그림이 분명해지기 때문에 '繪事後素'라 한 것이다["그림 그리는 일은 (여러 가지 색을 칠하고) 마지막에 흰색을 칠한다"](言此上三句是明美人先有其質, 後須其禮以自約束, 如畫者先雖布衆采蔭映, 然後必用白色以分間之, 則畫文分明, 故曰繪事後素也。)。《論語譯注》"먼저 백색의 하얀 밑바탕이 있고, 그런 후에 그림을 그린다"("先有白色底子, 然後畫花。")。《論語新解》옛사람들은 그림을 그릴 때, 먼저 오색을 바르고, 다시 흰색 선을 발라서 윤곽을 묘사했다. 或說은 그림 그리는 일은 하얀 밑바탕으로 우선을 삼고, 뒤에 오색을 바른다고 했는데, 따르지 않는다(古人绘画, 先布五采, 再以粉白线条加以钩勒。或说: 绘事以粉素为先, 后施五采, 今不从。)。
11 後素(후소): 朱熹는 '後素'를 '밑바탕[素]보다 뒤'(後於素)라고 풀이하는데, 《論語集解》는 '여러 색을 먼저 칠하고, 그런 후에 흰색[素]으로 그 사이사이를 칠한다'(鄭玄曰: 先布衆色 然後以素分佈其間。)로 풀이한다. 즉, 朱熹는 밑바탕의 존재와 색칠 중에 어느 것이 먼저인가의 문제로 다루지만, 何晏은 바탕이 있고 난 뒤에, 여러 색과 흰색 중에 어느 색을 칠하는 것이 먼저인가의 문제로 다루고 있다. '먼저 밑바탕에 흰색을 바른 후에 다른 여러 가지 색을 칠한다'(先敷白色后施彩色)로 해석하는 견해도 있다.
12 《周禮·多官考工記》그림 그리는 일은 五色을 배합하는 것이다. 동방을 靑, 남방을 赤, 서방을 白, 북방을 黑, 하늘을 玄, 땅을 黃이라 한다. 청과 적을 文(문), 적과 백을 章(장), 백과 흑을 黼(보),

先以粉地¹³爲質, 而後施五采, 猶人有美質, 然後可加文飾。

'繪'(회, hui)는 '胡'(호)와 '對'(대)의 반절이다. ○'繪事'(회사)는 그림을 그리는 일이다. '後素'(후소)는 '素'(소)보다 뒤에 한다는 것이다.《주례·고공기》(周禮 考工記)에 '그림을 그리는 일은 밑바탕이 마련된 뒤에 하는 작업이다'라고 했는데, 먼저 하얀 바탕으로 밑바탕을 삼고, 뒤에 오색의 물감으로 채색을 하는 것을 말하는데, 마치 사람이 아름다운 자질을 지니고 있고, 그런 후에 문식(文飾)을 가할 수 있는 것과 같다.

030803. 曰:「禮後乎?¹⁴」 子曰:「起予¹⁵者商也! 始¹⁶可與言詩已矣¹⁷」。

흑과 청을 黻(불), 五彩가 갖춰진 것을 繡(수)라 한다. 그림 그리는 일은, 깨끗한 밑바탕[素]이 마련된 뒤에 하는 작업이다. 鄭玄[127~200]은《周禮·冬官考工記》의 '凡畫繢之事, 後素功.'에 대해 注를 달기를, '素는 흰색이다. 뒤에 흰색을 칠하는 것은, 그것이 쉽게 더럽혀지기 때문이다'(素, 白采也. 後布之, 爲其易漬汙也)라고 하고, 이를 가지고 논어의 '繢事後素'를 설명했다(畫繢之事: 雜五色. 東方謂之靑, 南方謂之赤, 西方謂之白, 北方謂之黑, 天謂之玄, 地謂之黃……靑與赤謂之文, 赤與白謂之章, 白與黑謂之黼, 黑與靑謂之黻, 五采備謂之繡……凡畫繢之事, 後素功.); 考工記(고공기): 선진시대 저술된 수공업 전문서적으로, 목재·쇠·가죽·염색·옥·도기 등의 가공에 대해 다루고 있다(先秦时期手工艺专著. 作者不详. 记述了木工, 金工, 皮革工, 染色工, 玉工, 陶工等六大类三十个工种. 其中六种内容已失传, 仅存名目, 后又衍生出一种, 实存二十五个工种的内容. 对车舆, 宮室, 兵器及礼乐诸器等的制作有详细记载. 是研究中国古代科学技术的重要文献.).

13 粉(분): 흰색의. 하얀 것(白色的; 带白色的; 粉红色的); 地(지): 밑바닥(底子).

14《論語集解》자하가 공자의 '繪事後素'라는 말씀을 듣고 이해하기를, '素'[마지막에 칠하는 흰색]를 가지고 '禮'를 비유한 것을 알고, '禮後乎'라 한 것이다(注: 孔安國曰: 孔子言繪事後素, 子夏聞而解, 知以素喩禮, 故曰禮後乎?);《論語義疏》사람이 아무리 사랑스러울지라도, 반드시 뒤에 예를 갖춰야 하기 때문에, '禮後乎'라 한 것이다(疏: 人雖可憐, 必後用禮, 故云禮後乎.);《孟子字義疏證·仁義禮智》군자는 예를 행하는데, 그가 충신한 사람이라는 것은 본래부터 말할 필요가 없을지라도, 예를 모르면 행하는 일마다 조리에 어긋나서, 군자라 하기에는 부족하다. 임방이 '禮之本'에 대해 여쭈었고, 자하가 '禮後'를 여쭌 것은 모두 예를 중시한 것이지 예를 경시한 것이 아니다. 인용한 시에 '素以爲絢'을 말했는데, '素'는 그 사람의 단아한 용모를 비유한 것이고, '素以爲絢'의 앞구절 '巧笑倩兮' '美目盼兮'는 용모의 아름다움이 더욱 드러난 것으로, 이것을 일러 '絢'이라 한 것인데, 비유의 의미가 심원해서 자하가 그 의미를 몰라 의문을 가진 것이다. '繪事後素'에 대해 鄭康成[鄭玄]은 '그림을 그리는 일은 먼저 다른 여러 색을 칠하고 나서 그 후에 흰색을 써서 그 사이사이를 칠하여 이로써 그림을 완성한다'고 풀이했다.《周禮·冬官考工記》의 '凡畫繢之事後素功'에 대해 그가 주를 달기를 "소는 흰색이다. 뒤에 흰색을 칠하는 것은 흰색은 쉽게 더럽혀지기 때문이다"라고 했는데, 이는 흰색을 칠하는 일을 나중에 해야 비로소 오색의 문양이 찬란한 모습을 이루어, 용모가 이미 아름다운데 단아한 모습까지 갖추었으니, 참으로 아름답다는 것으로, '素以爲絢'이라는 비유의 의미가 아주 분명해졌다. 자하는 이 말로 촉발되어 비유의 의미에 대해 의문이 사라졌고, 더 나아가 충신이라는 아름다운 바탕을 지닌 사람도 모두 예로 나아가야 하고, 이것이 군자가 귀중하게 여기는 일임을 알게 된 것이다(君子行禮, 其爲忠信之人固不待言; 而不知禮, 則事事爽

자하(子夏)가 말했다. "예(禮)를 갖추는 일이 (충신[忠信]한 바탕을 갖추는 것보다) 뒤라는 말씀이신지요?" 선생님께서 말씀하셨다. "나를 일깨워 주는 사람이 상(商)이구나! 이제 비로소 너와 함께 시를 이야기할 수 있겠구나."

禮必以忠信爲質, 猶繪事必以粉素爲先. 起, 猶發也. 起予, 言能起發[18]我之志意[19]. 謝氏曰:「子貢因[20]論學[21]而知詩[22], 子夏因論詩而知學, 故皆可與言詩.」

예(禮)는 반드시 충(忠)과 신(信)으로 바탕[質]을 삼는데, 마치 그림을 그리는 일이 반드시 하얀 밑바탕을 먼저 갖추는 것과 같다. '起'(기)는 '일깨우다'[發]와 같다. '起予'(기여)는 '내 생각을 일깨워 줄 수 있다'는 말이다.

사씨(謝氏·謝顯道)가 말했다. "자공(子貢)은 학문에 대한 토론을 통해 시를 알았고, 자하

其條理, 不足以爲君子。林放問"禮之本", 子夏言"禮後", 皆重禮而非輕禮也。詩言"素以爲絢", "素"以喻其人之嫺於儀容; 上云"巧笑情", "美目盼"者, 其美乃益彰, 是之謂"絢"; 喻意深遠, 故子夏疑之。"繪事後素"者, 鄭康成云: "凡繪畫, 先布眾色, 然後以素分布其間以成文。" …… 其注《考工記》"凡畫繢之事後素功"云: "素, 白采也; 後布之, 爲其易漬污也。"是素功後施, 五采成章爛然, 貌既美而又嫺於儀容, 乃爲誠美, "素以爲絢"之喻昭然矣。子夏觸於此言, 不特於詩無疑, 而更知凡美質皆宜進之以禮, 斯君子所貴);《論語譯注》'그렇다면, 禮樂은 仁義가 갖춰진 후에 생겨난다는 말씀이시죠?'; ' 禮後'는, '禮는 무엇의 뒤에 있다는 것이죠?'로, 원문에는 무엇이 나와 있지 않은데, 儒家의 몇 가지 문헌에 근거해서, '仁義' 두 글자를 넣어서 번역했다("那麼, 是不是禮樂的產生在[仁義]以後呢?"; 禮後: 禮在什麼之後呢, 原文沒說出。根據儒家的若干文獻, 譯文加了'仁義'兩字.).

15 《論語集解》'予'는 '我'이다(注: 苞氏曰: 予, 我也。). 起予(기여): 자기의 생각을 일깨우다. 다른 사람을 일깨우다(能启发自己的观念和想法; 指启发他人。);《王力字典》起(기): 깨우쳐 열어주다. (영감을) 불러 일으키다(啓發。);《論語譯注》내 친구 孫楷第[1898~1986]는, '대개 사람이 병이 났다가 나은 것을 起라 하고, 뜻이 막혀 통하지 않고 숨어 가려 있다가 통하게 된 경우도 起라고 한다'고 했다('起', 友人孫子书(楷第)先生云: '凡人病困而愈谓之起, 又有滯碍隐蔽, 通达之, 亦谓之起。').

16 《詞詮》始(시): 부사. 이제야. 비로소. 연후에('始', 副詞。乃也, 然後也。);《古漢語語法》'始'는 뒷절에 쓰여, 한 가지 행위가 반드시 발생해야 다른 행위가 그 후에 발생함을 표시한다(副詞始, 多用于后面分句中, 表示时间之晚, 即必须是发生了前一行为, 才能发生后一行为。).

17 《經傳釋詞》'耳矣'는 '已矣'와 같다. '已'와 '矣'는 모두 종결사로, 이어 쓰면 '已矣'라 한다(耳矣, 猶'已矣'也。'已'與'矣', 皆詞之終, 而連言之則曰'已矣'。);《論語句法》'已矣'는 모두 구말 찬탄어기사로, 첩용해서 찬탄의 의미가 더 강해진다('已矣'都是句末讚嘆的語氣詞, 疊用在一起讚嘆的意味更重些。).

18 起發(기발): 계발하다. 일깨우다(犹启发).

19 志意(지의): 생각(思想: 精神。).

20 因(인): 의지하다. 기대다. ~을 통하다(依靠: 凭借).

21 《禮記·學記》에, '七年視論學取友'[7년 차에 학문논술과 교우 관계를 살핀다]라는 구절이 있다.

22 《學而 제15장》 참조.

(子夏)는 시에 대한 토론을 통해 배움을 알았기 때문에, 모두 함께 시를 말할 만했다."

○楊氏曰:「『甘受和, 白受采, 忠信之人, 可以學禮。苟無其質, 禮不虛行』[23]。此『繪事後素』之說也。孔子曰『繪事後素』, 而子夏曰『禮後乎』, 可謂能繼其志矣[24]。非得之言意之表[25]者能之乎? 商賜可與言詩者以此。若夫玩心[26]於章句[27]之末, 則其爲詩也固而已矣[28]。所謂起予, 則亦相長[29]之義也。」[30]

---

23 《禮記・禮器》단맛이어야 조미를 받아들이고, 흰색이어야 채색을 받아들이고, 충신한 사람이어야 예를 배울 수 있다. 충신한 사람이 아니면, 예가 헛되이 행해지지를 않는다. 이 때문에 충신한 사람을 얻는 것이 귀하다(君子曰: 甘受和, 白受采; 忠信之人, 可以學禮。苟無忠信之人, 則禮不虛道。是以得其人之爲貴也。).

24 《禮記・學記》노래를 잘하는 사람은, 사람들에게 그의 소리를 본받아 잇게 하고, 가르치기를 잘하는 사람은, 사람들에게 그의 뜻을 본받아 잇게 한다(善歌者, 使人繼其聲; 善教者, 使人繼其志。).

25 《論語大全》繪事後素는 質[밑바탕]이 우선이고 文[채색]이 뒤에 있다는 말로, 자하가 이 말씀을 듣고 禮文이 뒤라는 것을 알아챘으니, 묵묵히 선생님의 언표를 이해했다고 할 수 있다(南軒張氏曰: 繪事後素者, 謂質爲之先, 而文在後也, 子夏於此知禮文之爲後, 可謂能默會之於語言之外矣。); 言表(언표): 말 중에 드러나는 의사. 언외의 뜻(指言语中流露出来的意思。言外。); 意表(의표): 예상 밖. 뜻밖. 의외(谓意料之外。意外。).

26 玩心(완심): 온 마음을 다 바치다. 몰두하다(犹言专心致志).

27 章句(장구): 시나 문장의 장이나 구절. 장구를 분석하다(诗文的章节和句子。剖章析句。经学家解说经义的一种方式。亦泛指书籍注释。); 章句小儒(장구소유): 대의는 이해하지 못하고 장구 분석에만 얽매여 있는 학자(=章句之徒。指不能通达大义而拘泥于辨析章句的儒生。).

28 《孟子・告子下 제3장》공손추가 물었다. "高子는 '소반'이 소인의 시라고 했습니다." 맹자가 말했다. "무엇 때문에 그렇게 말하더냐?" 공손추가 말했다. "원망해서입니다." 맹자가 말했다. "변변치 못하구나, 高씨 노인장의 시를 보는 눈이! 여기에 어떤 사람이 있는데, 월나라 사람이 활을 당겨 그를 맞히려고 하면, 그 사람이 좋은 말로 말하는 것은, 다름이 아니라, 월나라 사람과 소원하기 때문이고, 자기 형이 활을 당겨 그를 맞히려고 한다면, 그가 눈물을 흘리고 울면서 말하는 것은, 다름이 아니라 형과 가깝기 때문이다. '소반'에서 원망은 어버이에 대한 친애이다. 어버이를 친애하는 것은, 인의 발현인데, 변변치 못하구나, 高씨 노인장의 시를 보는 눈이!"(公孫丑問曰: "高子曰: '小弁, 小人之詩也。'" 孟子曰: "何以言之?" 曰: "怨。" 曰: "固哉, 高叟之爲詩也! 有人於此, 越人關弓而射之, 則己談笑而道之; 無他, 疏之也。其兄關弓而射之, 則己垂涕泣而道之; 無他, 戚之也。小弁之怨, 親親也。親親, 仁也。固矣夫, 高叟之爲詩也!"); 而已矣(이이의): ~일 따름이다. 한정의 어기를 표시한다(语气词连用。用于陈述句末, 表示限止语气。义即罢了'、'就行了'。).

29 《禮記・學記》맛있는 음식이 있어도, 먹어보지 않으면, 그 맛을 알지 못하고, 최고의 도가 있어도, 배우지 않으면, 그 훌륭한 점을 알지 못한다. 그래서 배운 연후에 부족한 줄을 알고, 가르친 연후에 답답한 줄을 안다. 부족한 줄을 안 연후에 스스로를 되돌아볼 수 있고, 답답한 줄을 안 연후에 스스로 힘써 노력할 수 있다. 그래서 말하기를, 가르치는 자와 배우는 자는 서로를 성장시킨다고 한 것이다. 《書經・商書・兌命下》에 '가르치는 것은 그 가운데 배우는 것이 절반이다'라고 했는데, 아마도 이를 두고 한 말일 것이다(雖有嘉肴, 弗食, 不知其旨也; 雖有至道, 弗學, 不知其善也。故學然後知不足, 教然後

○양씨(楊氏·楊中立)가 말했다. "'단맛이어야 조미를 받아들이고, 흰색이어야 채색을 받아들이고, 충신한 사람이어야 예(禮)를 배울 수 있다. 만약 그러한 밑바탕이 없다면 예(禮)는 헛되이 행해지지를 않는다'고 했다. 이것이 '繪事後素'(회사후소)에 대한 설명이다. 공자(孔子)께서 '繪事後素'(회사후소)라고 말씀하시자, 자하(子夏)가 '禮後乎'(예후호)라고 대답했으니, 공자의 말씀의 뜻을 잘 이어받았다고 할 만하다. (성인의) 언표(言表)와 의표(意表)를 이해한 자가 아니면 이렇게 대답할 수 있겠는가? 자하(子夏)와 자공

知困。知不足, 然後能自反也; 知困, 然後能自强也, 故曰: 教學相長也。《兌命》曰: '斆[教]學半。' 其此之謂乎!)(*學[=讲学]學半: 教人是学习的一半。);《書經·商書·兌命下》가르치는 것은 그 가운데 배우는 것이 절반입니다. 시종을 언제나 배움에 힘쓸 것을 생각한다면, 왕의 덕은 자기도 모르는 사이에 쌓일 것입니다(惟斅學半, 念終始典于學, 厥德脩罔覺°); 教学相長(교학상장): 가르치는 자와 배우는 자는 서로를 성장시킨다(指教和学的相互促进).

30 《論語集釋》全祖望[1705~1755]의 《經史問答》에 말했다. "《禮記·禮器》에 '단맛이어야 조미를 받아들이고, 흰색이어야 채색을 받아들인다'고 했는데 이것이 일설이고,《周禮·多官考工記》에 '그림 그리는 일은 흰색을 칠하는 것을 뒤에 한다'고 했는데 이것이 또 일설입니다. 古注는 논어의 '繪事後素'에《考工記》를 인용했지,《禮器》를 인용하지 않았습니다. 정현이《考工記》를 풀이한 것 또한 논어의 '繪事後素'를 인용했습니다. 구산 양시에 와서, 비로소《禮器》를 인용했고, 주자는《考工記》와《禮器》를 합해 인용했는데, 주자가 틀렸다고 하는 학자들이 많습니다." "논어의 설명은《禮器》와 서로 정확히 부합한다. 논어의 '素'는 '素地'[깨끗한 밑바닥]이지,《考工記》의 '素功'[흰색을 칠하는 일]이 아니다. 바탕이 있고 나서 꾸밈이 있음을 말씀한 것이다. 무엇을 가지고 알 수 있는가? 공자께서 繪事後素로 시를 풀이한 데서 알 수 있다. 시에서 말한 巧笑·美目, 이것이 素地이고, 이것이 갖춰진 이후에, 얼굴에 분을 바르고 눈썹을 까맣게 칠하고 비녀를 꼽고 귀고리를 하고 저고리를 입고 치마를 입어 꾸밀 수 있는 것으로, 이것이 繪事이고, 시에서 말한 絢으로, 그래서 繪事는 素보다 뒤라고 하신 것이다.《考工記》에서 말한 바대로라면, 素功은 素地가 아니고, 그림 그리는 일은 오색을 배합하는 것인데, 素功은 바로 그중의 한 가지로, 흰색 분가루를 칠하는 것이다. 흰색 분가루는 쉽게 더럽혀지기 때문에, 반드시 다른 여러 색을 칠하고 이를 기다린 뒤에 칠하는데, 이것을 後라 말한 것이다. 그런즉《考工記》는 논어와는 전혀 관련이 없다. 巧笑·美目이 어찌 또 얼굴에 분을 바르고 눈썹을 까맣게 칠하는 등의 꾸미는 일 중의 하나이겠는가? 아니면 사람의 손을 타야 나오겠는가? 또 巧笑·美目이 얼굴에 분을 바르고 눈썹을 까맣게 칠하는 등의 꾸미는 일의 뒤에 나오겠는가?《考工記》에 근거한 풀이는 전혀 통할 수 없는 설이다. 구산 양가가 그 설이 틀렸음을 알았기 때문에, 별도로《禮器》를 인용해서 해석한 것이다. 주자는 양시의 《禮器》설 뿐만 아니라 겸해서《考工記》까지 인용했으니, 잘못이다"(全祖望史問答: 問:「禮器『甘受和, 白受采』, 是一說。考工『繪畫之事後素功』, 又一說。古注於論語『繪事後素』引考工, 不引禮器。其解考工亦引論語。至楊龜山解論語, 始引禮器, 而朱子合而引之, 近人多非之, 未知作何折衷?」曰:「論語之說正與禮器相合。蓋論語之素乃素地, 非素功也, 謂其有質而後可文也。何以知之? 即孔子藉以解詩而知之。夫巧笑美目, 是素地也。有此而後可加粉黛簪珥衣裳之節, 是猶之繪事也, 所謂絢也, 故曰繪事後於素。而因之以悟禮, 則忠信其素也, 節文度數之節, 是猶之繪事也, 所謂絢也。若考工所云, 則素功非素地也, 謂繪事五采, 而素功乃其中之一, 蓋施粉之采也。粉易於汙, 故必俟諸采既施而加之, 是之謂後。然則與論語絶不相蒙。夫巧笑美目, 豈亦粉黛諸飾中之一乎? 抑亦巧笑美目出於人工乎? 且巧笑美目反出於粉黛諸飾之後乎? 此其說必不可通者也。龜山知其非, 故別引禮器以釋之。朱子既是龜山之說, 而仍兼引考工之文, 則誤矣。」).

(子貢)이 함께 시를 이야기할 수 있겠다고 하신 것은 이 때문이었다. 만약 장구의 지엽에 대해서만 만지작거리고 있었다면, 그들의 시를 보는 눈이 변변치 못한 것일 뿐이다. 공자께서 말씀한 '起予'(기여)라는 것인즉슨, 또한 '教學相長'(교학상장)이라는 의미이다."

[夏禮吾能言之章]

030901、子曰:「夏禮吾能¹言之, 杞²不足徵³也; 殷禮吾能言之, 宋⁴不足徵也。文獻⁵不
足故也, 足則吾能徵之矣⁶·⁷·⁸。」

선생님께서 말씀하셨다. "하(夏)나라의 예(禮)는 내가 그에 대해 말할 수는
있지만, (그 후예인) 기(杞)나라에는 (내 말을) 고증할 자료가 부족하다. 은(殷)나
라의 예는 내가 그에 대해 말할 수는 있지만, (그 후예인) 송(宋)나라에는 (내
말을) 고증할 자료가 부족하다. 문헌이 부족하기 때문인데, 충분하다면 내 말을

---

1 《王力漢語》能(능): 조동사로 쓰였다(又能願動詞。能夠。).

2 杞(기): BC 11세기 주나라가 분봉한 제후국으로 BC 445년 초나라에 의해 멸망했다.

3 [성]杞宋無徵(기송무징): 자료가 부족해 고증할 수 없다. 증거가 부족하다(指資料不足, 不能證明。后称
事情缺乏证据。);《論語集解》'徵'은 '成'[이루다]이다["내가 하·은의 예에 대해 말은 할 수 있지만, (문헌이
부족한) 杞·宋의 임금으로는, 하·은의 예를 복원해내기에 부족하다"](注: 苞氏曰: 徵, 成也。夏殷之禮,
吾能说之, 杞宋之君, 不足以成之也。).

4 宋(송): BC 858~BC 286. 紂王의 庶兄 微子啟가 세운 나라.

5 《論語集解》'獻'은 '賢'과 같다(注: 鄭玄曰: 獻, 猶賢也。);《論語正義》'文'은 전적을 말한다. '獻'은 예법을
관장하는 현명한 사대부를 말한다. 자공이 말한 '賢者識其大者, 不賢者識其小者'[子張 제22장]가 모두
'獻'을 말한다(正義曰: '文', 謂典策; '獻', 謂秉禮之賢士大夫。子貢所謂賢者識大, 不賢者識小, 皆謂獻也。);
獻(헌): 역사적 사실을 잘 아는 사람. 가치 있는 도서나 문물 등(熟知历史掌故的人。有价值的图书,文物
等。); 文獻(문헌): 법령·제도·문물과 관련된 문서와 역사적 사실을 많이 알고 있는 사람. 역사적 가치나
참고할 가치가 있는 도서자료(有关典章制度的文字资料和多闻熟悉掌故的人; 专指有历史价值或参考价
值的图书资料).

6 《論語詞典》矣(의): 어기사. 이론상 혹은 사실상 필연적인 결과임을 표시한다(語氣詞。表理論上或者事
實上必然之結果。).

7 《論語正義》《漢書·藝文志》에 말했다. "옛날의 제왕에게는, 대대로 사관이 있어서, 좌사는 말을 기록했
고, 우사는 일을 기록했으니, 일을 기록한 것이 春秋이고, 말을 기록한 것이 書經으로, 제왕들은 이와
다르게 한 적이 없었다. 주왕실이 쇠미해지면서, 서적들이 빠지거나 유실되자, 공자께서 옛 성왕들의
사업을 보존할 생각을 하게 되었고, 이에 말씀하시기를 '夏禮吾能言之……'라고 하신 것이다."《漢書·
藝文志》에 의하면, 공자의 이 장의 말씀은《春秋》를 편수하면서 하신 말씀이다(正義曰: 漢書藝文志:
"古之王者, 世有史官, 左史記言, 右史記事, 事爲春秋, 言爲書經, 帝王靡不同之。周室既微, 載籍殘缺, 仲尼
思存前聖之業, 乃稱曰'夏禮吾能言之'云云……"據漢志, 是夫子此言, 因修春秋而發……).

8 《中庸 제28장》"내가 夏禮를 설명했는데, 그 후예인 杞나라에는 夏禮를 고증할 자료가 부족하고, 내가
殷禮를 배웠는데, 그 후예인 宋나라에는 殷禮가 보존되어 있다. 그렇지만 나는 周禮를 배웠고, 지금
그것을 쓰고 있으니, 나는 周나라를 따르겠다"(子曰: 吾說夏禮, 杞不足徵也。吾學殷禮, 有宋存焉; 吾學周
禮, 今用之, 吾從周。);《述而 제16장》각주《文史通義·易教》참조.

고증할 수 있다."

杞, 夏之後。宋, 殷之後。[9] 徵, 證也。文, 典籍[10]也。獻, 賢也。言二代之禮, 我能言之, 而二國不足取以爲證, 以其文獻不足故也。文獻若足, 則我能取之, 以證吾言矣。

'杞(기)는 '夏(하)나라의 후예이다. '宋(송)은 '殷(은)나라의 후예이다. '徵(징)은 '고증하다'[證]이다. '文(문)은 '문서'[典籍]이다. '獻(헌)은 '역사적 사실을 잘 알고 있는 사람'[賢]이다. 말씀인즉, '하(夏)·은(殷) 두 시대의 예(禮)는, 내가 그에 대해 말은 할 수 있지만, 杞(기)·宋(송) 두 나라에는 취하여 이로써 (내 말을) 고증할 자료가 부족하니, 그들 나라의 문헌이 부족하기 때문이다. 문헌이 충분하다면, 내가 그것을 취하여, 이로써 내 말을 고증할 수 있다'는 것이다.

---

9 《禮記·樂記》무왕이 은나라를 치고 商으로 돌아와서는, 수레에서 내리기도 전에 황제의 후손을 薊(계) 땅에 봉하고, 요 임금의 후손을 祝(축) 땅에 봉하고, 순 임금의 후손을 陳(진) 땅에 봉했다. 수레에서 내려서는 夏侯氏의 후손을 杞(기) 땅에 봉했고, 殷의 후손을 宋(송) 땅에 봉했다(武王克殷反商。未及下車而封黃帝之後於薊, 封帝堯之後於祝, 封帝舜之後於陳。下車而封夏后氏之後於杞, 投殷之後於宋。).

10 典籍(전적): 법령·제도·지도·호적 등 중요 문헌(指法典圖籍等重要文献。古代重要文献的总称。).

[禘自既灌而往者章]

031001、子曰:「禘¹自既灌²而往³者, 吾不欲觀之矣⁴。」

　　선생님께서 말씀하셨다. "체(禘) 제사의 강신주(降神酒)를 뿌리고 난 이후의
　　절차부터는, 나는 그것을 보고 싶지 않다."

---

1 《爾雅·釋天》禘제사는 大祭이다. [郭璞注] 5년마다 한 번씩 지내는 大祭이다(禘, 大祭也; [注]五年一大
祭。);《禮記·大傳》예에 따르면, 천자가 아니면 체제사를 지내지 못한다. 천자는 그의 조상의 소자출[조상
의 처음 뿌리]에게 체제사를 지내고, 그의 조상들을 함께 배향한다[注: 大祭를 禘라 한다. 왕의 조상의
소자출에게 크게 지내는 제사는, 교제사를 말한다](禮: 不王不禘。王者禘其祖之所自出, 以其祖配之; 注:
凡大祭曰禘。大祭其先祖所由生, 謂郊祀天也。);《說文·示部》禘(체): 諦祭이다. [段玉裁注] '諦'는 '살피다'
이다. 諦祭는 제사의 昭穆의 순서가 맞는지를 살피는 것이다. 禘祭에는 時禘·殷禘·大禘가 있다. 時禘는
《禮記·王制》에 봄·여름·가을·겨울에 지내는 祠·禘·嘗·蒸이 바로 이것으로, 夏·商의 예식이다.
殷禘는 주나라의 봄·여름·가을·겨울에 지내는 祠·禴[礿]·嘗·蒸이다. 殷은 盛이다. 大禘는《禮記
·大傳·小記》에 모두 왕자가 자기 시조의 소자출에 체제사를 지내고 조상들을 함께 배향하는데, 모두
음력 정월에 지내는 교제사이다(禘: 諦祭也; [段玉裁注]諦者, 審也。諦祭者, 祭之審諦者也。禘有三: 有時
禘, 有殷禘, 有大禘。時禘者, 王制春曰礿, 夏曰禘, 秋曰嘗, 冬曰蒸, 是也。夏商之禮也。殷禘者, 周春祠,
夏禴, 卽礿字秋嘗, 冬蒸。殷者, 盛也。大禘者, 大傳, 小記皆曰王者禘其祖之所自出, 以其祖配之, 皆用正歲
之正月郊祭之。).

2 《論語義疏》'灌'(관)은 '獻'(헌)이다. 울창주를 따라 尸(시)에게 술을 올리고, 땅에 뿌려 신의 강림을
구하는 것이다(疏: 灌者, 獻也。酌鬱鬯酒獻尸, 灌地以求神也。);《論語譯注》'灌'(관)은 본래 '祼(나)로
썼는데, 제사의식의 일종으로, 고대 제사에서는 산 사람을 써서 제사 받는 사람을 대신하게 했는데,
이 사람을 尸라 했고, 어린아이를 썼다. 맨 처음 술을 尸에게 따라 주고, 尸로 하여금 鬱鬯酒(울창주:
울금향을 가미한 술)의 향을 맡게 했는데, 이를 祼(나)라 불렀다('灌', 本作'祼', 祭祀中的一个节目。古代
祭祀, 用活人以代受祭者, 这活人便叫'尸'。尸一般用幼小的男女。第一次献酒给尸, 使他(她)闻到'郁鬯'(一
种配合香料煮成的酒)的香气, 叫做祼。); 灌(관): 제사를 시작할 때 술을 잔에 따라 땅에 뿌림으로써,
신의 강림을 구하는 제사의식의 일종(古代祭祀的一种形式。斟酒浇地以求神降临。);《禮記·禮器》灌에
는 울창주를 쓴다(灌用郁鬯); 既灌(기관): 체제사에서 맨 처음 헌주 의식 이후를 말한다(谓禘祭第一次
献酒以后。).

3 《論語義疏》'往'은 '後'와 같다(疏: 往, 猶後也。);《論孟虛字》'而往'은 '以往'[~이후]과 같다. 시간의 방향을
표시한다('而往', 猶言'以往', 是表時間趨向的介系詞。).

4 《論語集解》울창주를 뿌린 뒤에, 높고 낮음을 구분하고 昭穆의 순서를 따라 신주를 배열하는데, 노나라가
신주의 순서를 바꿔, 僖公[BC 659~BC 627 재위]의 신주를 閔公[661~660 재위]의 신주 위로 올려[僖公
은 閔公의 서형이지만 閔公의 뒤를 이었기 때문에 신주를 뒤 순서에 배열해야 하는데 文公[626~609
재위]이 자기 아버지인 僖公의 신주를 閔公 앞 순서에 배열한 것이다], 소목의 순서를 어지럽혔기 때문에,
공자께서 보고 싶어 하지 않으신 것이다(注: 孔安國曰: 既灌之後, 別尊卑序昭穆, 而魯爲逆祀, 躋僖公亂昭
穆, 故不欲觀之矣。).

禘, 大計反。○趙伯循[5]曰:「禘, 王者之大祭也。王者既立始祖[6]之廟[7], 又推[8]始祖所自出[9]之帝[10], 祀之於始祖之廟, 而以始祖配之也。成王以周公有大勳勞[11], 賜魯重祭[12]。故得禘於周公之廟, 以文王[13]爲所出之帝, 而周公配之, 然非禮矣[14]。」

'禘'(체, dì)는 '大'(대)와 '計'(계)의 반절이다. ○조백순(趙伯循·趙匡)이 말했다. "체(禘)제사는 왕 된 자가 지내는 큰 제사이다. 왕 된 자는 시조의 사당을 세울 뿐만 아니라, 또 그 시조의 처음 뿌리인 죽은 임금[帝]을 추숭하여 그를 시조의 사당에서 제사 지내고, 시조로 하여 함께 배향한다. 주(周)나라 성왕(成王)은 주공(周公)이 큰 공훈이 있다고 여겨, 노(魯)나라에 성대한 제사를 하사했다. 그래서 노나라는 시조인 주공의 사당에서 체(禘)제사를 지낼 수 있게 되었고, 주공(周公)의 아버지 문왕(文王)을 시조인 주

---

5 趙伯淳(조백순): 名 匡, 字 伯循. 唐나라 후기의 경학가로 춘추를 주로 연구했다.

6 始祖(시조): 고찰이 가능한 범위 내의 최초의 조상(有世系可考的最初的祖先).

7 廟(묘): 종묘. 조상에게 제사 드리는 장소(宗廟, 供奉祭祀祖先的处所); 廟는 魂[神]에, 墓는 魄[鬼]에 각각 대응한다. ……廟는 강림하는 조상의 영혼을 맞이하는 장소였으며, 墓는 흙으로 돌아가는 죽은 사람을 보내는 장소였다. 제사의식이 원칙적으로 墳墓에서 행해지지 않고 廟堂에서 행해진 것은, 魄은 墳墓에 묻혀 있는 육체와 함께 저세상으로 돌아가므로, 여기에서는 죽은 자와 산 자의 만남이 일어날 수 없다고 생각했기 때문이다. 墳墓는 죽음의 공간이었지만, 廟堂은 오히려 생의 공간이었다. 그렇기 때문에 禮에서도 宗廟의 제사는 吉禮로, 葬送의 의례는 凶禮로 판연히 구별했던 것이다(미우라 구니오 著/이승연 역, 『주자와 기 그리고 몸』 [예문서원, 2003], 77).

8 推(추): 추숭하다. 받들어 우러르다. 받들어 중시하다(推崇: 推重).

9 所自出(소자출): 어떤 사물이 나온 근본이나 출처. 처음 뿌리.

10 帝(제): 三代 때 이미 죽은 임금을 칭함(三代稱已死的君主。).

11 《禮記·明堂位》성왕은 주공이 천하에 끼친 공훈이 있다고 여겨, 이에 주공을 곡부에 봉했으니, 땅은 사방 칠백 리에, 병거 일천 승이었고, 魯公[주공의 아들 伯禽]에게 명하여 대대로 천자의 예악을 써서 주공을 제사 지내게 했다. 여름 6월에는, 체제사를 써서 태묘에서 주공을 제사 지냈다(成王以周公爲有勳勞於天下, 是以封周公於曲阜, 地方七百里, 革車千乘, 命魯公世世祀周公以天子之禮樂。……季夏六月, 以禘禮祀周公於大廟。); 勳勞(훈로): 공로. 공훈(功劳: 功勋).

12 《禮記·祭統》주공 단은 천하에 공훈을 남겼다. 주공이 죽자, 성왕과 강왕은 주공의 공적을 추념하고, 노나라를 존중하고자, 노나라에 重祭[성대하게 지내는 제사]를 하사했다. 바깥제사[郊·社·山川에 지내는 제사]로는 郊·社[天·地에 지내는 제사]가 바로 이것이고, 안쪽제사[祖先·宗廟에 지내는 제사]로는 大嘗禘[천자의 예법을 사용하여 종묘에 지내는 제사와 가을에 지내는 제사가 바로 이것이다(昔者, 周公旦有勳勞於天下。周公既沒, 成王, 康王追念周公之所以勳勞者, 而欲尊魯, 故賜之以重祭。外祭則郊社是也, 內祭則大嘗禘是也。).

13 周文王(주문왕): 西伯昌. BC 1107~BC 1056 재위. 姓 姬, 名 昌. 周太王[古公亶父]의 손자이고, 季曆의 아들. 주나라 왕으로 무왕과 주공의 아버지. 西伯侯의 자리를 계승했기에 西伯昌이라 했다.

14 《論語大全》'천자가 아니면 체제사를 지내지 못한다'[禮記·大傳]라는 예법을 위반하는 잘못을 한 것이다(失之於僭違不王不禘之法矣。).

공(周公)의 처음 뿌리인 죽은 임금으로서 추숭하고 주공의 사당에 함께 배향됐는데, 그렇지만 이는 예(禮)에 맞지 않았다."

灌者, 方祭之始, 用鬱鬯[15]之酒灌地, 以降神也。魯之君臣, 當此之時, 誠意未散, 猶有可觀, 自此以後, 則浸[16]以懈怠[17]而無足觀矣。蓋魯祭非禮, 孔子本不欲觀, 至此而失禮之中又失禮焉, 故發此歎也。

'灌(관)'이라는 것은, 제사를 막 시작할 즈음에 울창(鬱鬯)으로 만든 술을 사용하여 땅에 뿌려, 이를 써서 신을 강림하게 하는 의식이다. 노(魯)나라의 임금과 신하는, 여기까지는 정성을 다하는 마음이 아직 흐트러지지 않아 그래도 봐줄 만했지만, 여기 이후부터는 차츰 느슨해지고 흐트러졌기 때문에 봐줄 만한 게 없었다. 대체로 노나라 제사는 예(禮)에 맞지 않았기에, 공자(孔子)께서는 처음부터 보고 싶은 마음이 없으셨는데, 여기에 이르러서부터는 예를 잃은 가운데서 또다시 거듭해서 예를 잃었기 때문에, 이러한 탄식의 말씀을 하신 것이다.

○謝氏曰:「夫子嘗曰[18]:『我欲觀夏道, 是故之杞, 而不足徵也; 我欲觀殷道, 是故之宋, 而不足徵也。』又曰:[19]『我觀周道, 幽厲[20]傷之, 吾舍魯何適矣。[21]魯之郊禘[22]非禮也, 周

---

15 鬱鬯(울창): 검은 기장으로 만든 술에 울금초 즙을 섞어 빚은 방향주로, 제사 때나 손님 접대 시에 썼다(香酒。用鬯酒调和郁金之汁而成, 古代用于祭祀或待宾。).

16 浸(침): 물속에 담가서 물이 점차 스며들다. 점점(泡在水里, 被水渗入。渐渐。).

17 懈怠(해태): 느슨해지고 흐트러지다. 엉성하고 산만하다(松懈懒散).

18 《禮記·禮運》내가 하나라의 도를 살펴보고 싶어, 이 때문에 기나라에 갔지만, 고증할 자료가 부족했다. 나는 거기에서 《夏時》[夏小正]를 얻었다. 내가 은나라의 도를 살펴보고 싶어, 이 때문에 송나라에 갔지만, 고증할 자료가 부족했다. 나는 거기에서 《坤乾》을 얻었다. 《坤乾》과 《夏時》로, 나는 하나라·은나라의 도를 살피게 되었다(孔子曰: 我欲觀夏道, 是故之杞, 而不足徵也; 吾得夏時焉。我欲觀殷道, 是故之宋, 而不足徵也; 吾得坤乾焉。坤乾之義, 夏時之等, 吾以是觀之。).

19 《禮記·禮運》아, 슬프다! 내가 주나라의 도를 보건대, 유왕과 여왕이 훼손해 버렸으니, 내가 (주나라의 도가 그대로 보존되어 있는) 노나라를 놔두고 어디로 가겠느냐? (그렇지만) 노나라의 교제사와 체제사는 예에 맞지 않으니, 주공이 세운 노나라의 도가 아마도 쇠퇴하려나 보다! 기나라의 교제사는 우 임금 제사이고, 송나라의 교제사는 설임금 제사로, 이는 천자가 지켜야 하는 일이다. 그러므로 천자는 천지에 제사 지내고, 제후는 사직에 제사 지낸다(孔子曰: 於呼哀哉! 我觀周道, 幽, 厲傷之, 吾舍魯何適矣! 魯之郊禘, 非禮也, 周公其衰矣! 杞之郊也禹也, 宋之郊也契也, 是天子之事守也。故天子祭天地, 諸侯祭社稷。).

20 幽厲(유려): 주나라 유왕[BC 782~BC 772 재위]과 여왕[BC 878~BC 841 재위]의 병칭.

公其衰矣[23]!』考之杞宋已如彼, 考之當今又如此, 孔子所以深歎也。」

○사씨(謝氏·謝顯道)가 말했다. "선생님께서 전에 말씀하시기를 '내가 하(夏)나라의 도를 보고 싶어, 이 때문에 기(杞)나라에 갔지만, 고증할 자료가 부족했다. 내가 은(殷)나라의 도를 보고 싶어 이 때문에 송(宋)나라에 갔지만, 고증할 자료가 부족했다'고 하셨다. 또 말씀하시기를, '내가 주(周)나라의 도를 보니, 유(幽)왕과 여(厲)왕이 주나라의 도를 훼손해 버렸으니, 내가 (주나라의 도가 그대로 다 보존되어 있는) 노(魯)나라를 놔두고 어디로 가겠느냐? (그렇지만) 노나라의 교(郊)제사와 체(禘)제사는 예(禮)에 맞지 않으니, 주공(周公)이 세운 노나라의 도가 아마도 쇠약해지려나 보다!'라고 하셨다. 기(杞)나라와 송나라를 살펴보니 이미 저와 같고, 지금의 노나라를 살펴보니 또한 이와 같으니, 공자(孔子)께서 몹시 탄식하신 까닭이다."

---

21 矣(의): 반어문의 끝에 쓰인다(用于反诘问句末, 又即'呢'.).

22 《孔子家語·郊問》정공이 공자에게 물었다. "옛날 제왕은, 반드시 교제사를 지내면서 조상을 하늘[상제]과 함께 제사를 모셨습니다. 무엇 때문인가요?" 공자께서 대답하셨다. "만물은 하늘에 근본을 두고 있고, 사람은 조상에 근본을 두고 있습니다. 교제사는 자기가 나온 근본에 대해 크게 보답하고 나의 처음 근원이 어디인지를 되돌아보는 것으로, 그래서 조상을 하늘과 함께 제사를 모신 것입니다. 하늘은 만상을 드리우고, 성인은 이를 본뜨니, 교제사는 이를 써서 하늘의 도를 밝히려는 것입니다"(定公問於孔子曰: "古之帝王, 必郊祀其祖以配天, 何也?" 孔子對曰: "萬物本於天, 人本乎祖. 郊之祭也, 大報本反始也, 故以配上帝. 天垂象, 聖人則之, 郊所以明天道也."); 郊(교): 여름과 겨울에 교외에서 천지에 지내는 제사 의식(中國古代帝王祭祀天地的制度. 古代帝王每行祭天地, 例于都城之郊, 故稱郊祀. 冬至祀天于南郊, 夏至祀地于北郊, 故謂祀天地爲郊.).

23 矣(의): 추측을 나타내는 어기조사(用于測度句末, 又即'吧'.).

[或問禘之說章*]

031101、或問禘之說¹。子曰:「不知也²。知其說者之³於天下也, 其⁴如示⁵諸斯⁶乎!」指其
掌⁷ ⁸。

---

1 《論語義疏》或人이 체제사를 보고 싶지 않다는 앞장의 공자 말씀을 듣고, 공자께 체제사의 의의에
대한 옛 설명을 듣고자 여쭌 것이다(疏: 或人聞孔子不欲觀禘, 故問孔子以求知禘義之舊說也。).

2 《論語集解》'모른다'고 답하신 것은 노나라 임금 때문에 (예에 맞지 않은 제사[逆祀]의 일을) 말하기
꺼리신 것이다(注: 孔安國曰: 答以不知者, 爲魯君諱也。).

3 《王力漢語》개사 '之'字의 용법의 하나로, 한 개 절의 주어와 술어 사이에 '之'字를 써서, 문장을 구 형태로
변화시켜, 말의 의미가 아직 완결되지 않았고, 청자나 독자로 하여금 다음 글을 기다리게 하는 역할을
한다. 시간이 수식어인 절에서 이런 용법이 가장 흔하게 보인다. 또 이러한 용법의 '之'는 주어나 목적어
역할을 하는 주술구조의 사이에 충당된다. 어떤 경우에는, 주어와 술어 사이에 '之'를 쓰지 않고, 주어와
'於+목적어'구 사이에 '之'字를 쓰는데, 이렇게 형성된 구조는 다시 문장의 주어나 목적어가 된다(介詞'之'字
的用法: 在一個分句的主語謂語之間用'之'字, 使句子在形式上詞組化, 表示語意未完, 讓聽者火毒這等待下文。
在時間修節的分句里, 最容易見到這種'之'字。這種'之'字又常常用在充當主語或賓語的主謂結構之間。有時候,
不是在主語謂語之間用'之'字, 而是在主語和'於'字介賓詞組之間用'之'字, 這樣形成的結構再做句子的主語或
賓語。);《論語譯注》"그 설명을 아는 사람이 천하를 다스리는 일에 대해서는"("知道的人對於治理天下")。

4 《論語句法》추측을 표시하는 어기사 '其'는 지금의 '恐怕[아마] '大概[대개]와 같다(表測度的語氣詞'其'
字, 相當於白話的'恐怕'或'大概'。).

5 《論語集解》손바닥 안의 물건을 가리켜 보이는 것처럼, 그것이 쉽다는 말씀이다(注: 苞氏曰: 如指示以掌中之
物, 言其易了也。);《論語新解》①視[보다]["천하의 일에 대해, 자기의 손바닥을 보는 것과 같아서, 쉽고 분명하
다"], ②置[두다]["천하는 그것을 손바닥에 놓는 것과 같다"](一說: 示, 同視。又一說: 示, 当作寘, 同置。從前解,
……其于天下事, 将如看自己手掌般, 一切易明。從后解, 谓天下如置诸掌。);《論語譯注》'示'는 假借字로 '置'와
같고, 擺·放[놓다]의 뜻이다。或者는 '視'와 같다고 했는데, '瞭如指掌'[제 손바닥을 보듯이 훤히 안다。손금
보듯이 훤하다]이라는 말과 같다["체제사를 아는 사람이 천하를 다스리는 일에 대해서는, 물건을 여기에다
놓는 것처럼 쉬울 것입니다"](示, 假借字, 同置, 擺, 放的意義。或曰'視', 猶言'瞭如指掌'; '知道的人對於治理
天下, 會好像把東西擺在這裏一樣容易罷!');《王力字典》示(시): 하늘이 모종의 현상을 출현시켜 사람에게
드리워 길흉화복을 계시하다《學而 제12장》각주《說文·示部》참조. '視'(시)는 '보다'이고, '示'는 '보여주다'이
다(古人認爲上天出現某種徵象, 向人垂示禍福吉凶。引申爲給人看; '視'是看, '示'是使看, 给看。).

6 《論語義疏》'斯'는 '此'로, 공자의 손바닥 안이다(疏: 斯, 此也, 此, 此孔子掌中也。).

7 [성]如指諸掌(여지제장): =了如指掌。손바닥 위에 놓인 물건을 가리키는 것처럼 훤하다。이해하기 쉽다.
일에 대해 아주 잘 알고 이해하다。매우 쉽게 일을 처리해낼 수 있다(比喻对事情非常熟悉了解。比喻事情
很容易办到。);《論語正義》《爾雅·釋詁》에, '指는 示이다'라고 했는데, 사람의 손가락이 향하는 곳이
있어 이로써 사람에게 알려주는 것을 말한다(《爾雅·釋詁》'指, 示也'謂人指有所向以告人。); 指(지):
손가락。손가락으로 가리키다(手指。指向; 指着。).

8 《中庸 제19장》교제사와 사직제사의 예식은 이로써 上帝와 后土를 섬기려는 것이고, 종묘제사의 예식은
이로써 자기의 선조를 받들려는 것이다。郊제사와 社稷제사의 예식, 禘제사와 嘗제사의 예식을 환히
알면, 나라를 다스리는 일은 아마도 그것을 손바닥 위에서 보는 것처럼 쉬울 것이다!(子曰: ……郊社之禮,

어떤 사람이 체(禘)제사에 대한 설명을 여쭈었다. 선생님께서 말씀하셨다. "모르겠습니다. 체(禘)제사에 대해 설명할 줄 아는 사람에게 천하를 다스리는 일은, 아마도 그것을 여기에서 보는 것과 같을 것입니다." (그러시고는) 당신의 손바닥을 가리키셨다.

先王報本[9]追遠[10]之意, 莫深於禘。非仁孝誠敬之至, 不足以與此, 非或人之所及也。而不王不禘之法[11], 又魯之所當諱[12]者, 故以不知答之。[13]

所以事上帝也; 宗廟之禮, 所以祀乎其先也。明乎郊社之禮, 禘嘗之義, 治國其如示諸掌乎!);《禮記·仲尼燕居》교제사와 사직제사의 예식은 이로써 귀신을 추념하는 것이고, 체제사와 상제사의 예식은 이로써 조상을 차례대로 추념하는 것이다. 교제사와 사직제사의 예식과 체제사와 상제사의 예식을 환히 알면, 나라를 다스리는 일은 아마도 손바닥 위에서 그것을 보는 것과 같을 것이다!(子曰: 郊社之義, 所以仁鬼神也; 嘗禘之禮, 所以仁昭穆也…… 子曰: 明乎郊社之義, 嘗禘之禮, 治國其如指諸掌而已乎!).

9 《禮記·郊特性》社[토지에 대한 제사]는 땅의 도리를 신으로 섬기려는 것이다. 땅은 만물을 싣고, 하늘은 일월성신을 드리운다. 땅에서 재물을 취하고 하늘에서 운행법칙을 취하니, 이 때문에 하늘을 높이고 땅을 가까이하고, 백성을 가르쳐 받은 은혜에 아름다운 제물로 보답하게 하는 것이다. 집안의 제사는 中霤(중류)[집중앙의 빛을 받는 곳]가 주가 되고 나라의 제사는 社가 주가 되는 것은, 근본이 무엇인지를 보여주는 것이다. 오직 社의 일을 위해서만큼은 마을 사람들이 빠짐없이 참여하고, 오직 社祭와 田獵(전렵)을 위해서만큼은 나라 사람들이 반드시 참여한다. 오직 社祭를 위해서만큼은, 모든 마을에서 제사에 쓸 곡식을 제공하는데, 이로써 근본이 되는 땅의 은혜에 보답하고 나의 처음 근원이 어디인지를 되돌아 생각해보도록 하려는 것이다(社所以神地之道也。地載萬物, 天垂象。取財於地, 取法於天, 是以尊天而親地也, 故教民美報焉。家主中溜而國主社, 示本也。唯爲社事, 單出里。唯爲社田, 國人畢作。唯社, 丘乘共粢盛, 所以報本反始也。); 報本反始(보본반시): 은혜를 받으면 은혜에 보답할 것을 생각하여, 그 始原을 잊지 않는다(受恩思报, 不忘本源); 報本(보본): 은혜에 보답하다. 근원에 보답하다(报答恩惠); 反始(반시): 始原에 공을 돌리다. 은혜를 받으면 보답할 것을 생각하고, 공을 얻으면 始原을 생각하다(归功到根源。即受恩思报, 得功思源。).

10 追遠(추원): 제사에서 경건과 정성을 다해서 조상을 추념하다(祭祀尽虔诚, 以追念先人。);《學而 제9장》참조.

11 제11장 각주《禮記·大傳》참조.

12 諱(휘): 기피하다. 어떤 일에 대해 꺼리거나 망설이다. 말하기를 꺼리다. 숨기다. 감추다(避忌。有顾忌而躲开某些事或不说某些话。隐: 隐蔽。).

13 《延平答問》어떤 사람이 체제사에 대한 설명을 물은 장에 대하여, 이천 선생은 이 장은 앞 장과 연결된다고 하시면서, '알지 못한다는 공자의 말은 대개 노나라를 피휘한 것이다. (앞 장의) 공자께서 보고 싶지 않다고 하신 말을 이해한다면, 천하 만물이 각각 그 이름을 바르게 하고, 다스림이 손바닥을 보는 것과 같이 쉬울 것'이라고 하셨습니다. 아마 체제사에 대해 마땅히 질문했어야 할 노나라 임금은 질문하지 않고, 마땅히 질문하지 않았어야 할 어떤 사람이 질문했다고 생각하셨기 때문에, 공자께서 알지 못한다고 말씀하시면서, 은밀히 그것을 풍자하신 것입니다. 귀산 선생은, '체제사와 상제사의 의의는 크고, 나라를 다스리는 근본이니, 반드시 알아야 한다. 그 의리에 밝은 자는 임금이고, 그 일을 잘하는 자는 신하이다. 그 의리에 밝지 못하면, 임금이 온전하지 못하고, 그 일을 잘하지 못하면, 신하가

선왕들이 자기가 나온 뿌리인 조상의 은혜에 보답하고 조상을 추모하는 의미로는 체(禘)제사보다 깊은 것은 없다. 인애·효성·정성·공경이 지극한 자가 아니면, 이 체(禘)제사에 참여할 자격이 못 되었으니, (체(禘)제사는) 질문한 '어떤 사람'이 알려고 할 바가 아니었다. 그리고 왕 된 자가 아니면 체(禘)제사를 지내지 않는다는 법은 또 (왕 된 자가 아니면서 체(禘)제사를 지내는) 노(魯)나라로서도 마땅히 말하기 꺼려할 일이었기에, 이 때문에 '모르겠다'[不知]고 대답하신 것이다.

示, 與視同。指其掌, 弟子記夫子言此而自指其掌, 言其明且易也。蓋知禘之說, 則理無不明, 誠無不格[14], 而治天下不難矣。聖人於此, 豈真有所不知也哉?[15, 16]

온전하지 못하다'는 《禮記·祭統》의 구절을 인용하면서, '공자에게 물어본 어떤 사람이 알 수 있는 것이 아니다. 체제사와 상제사의 의의가 큰데, 어찌 절차만 말할 수 있겠는가! 대개 깊은 이치가 여기에 있기 때문이다. 이것을 알면 천하에 무슨 어려움이 있겠는가?'라고 하셨습니다(問: 或問禘之說一章, 伊川以此章屬之上文, 曰不知者蓋爲魯諱, 知夫子不欲觀之說, 則天下萬物各正其名, 其治如指諸掌也。或以爲此魯君所當問而不問, 或人不當問而問之, 故夫子以爲不知所以, 微諷之也。餘如伊川說, 云龜山引禮記, 禘嘗之義大矣, 治國之本也, 不可不知也。明其義者君也, 能其事者臣也, 不明其義, 君人不全, 不能其事爲臣不全, 非或人可得而知也, 其義大, 豈度數云乎哉。蓋有至賾存焉。知此則於天下乎。)(강신주外, 『스승 이통과의 만남과 대화-연평답문』[이학사, 2006], 192).

14 不格(불격): 미치지 않다(不至); 格(격): 미치다. 도달하다(借'格'爲'佫'。来到, 到达。).

15 《論語大全》체제사는 제사 중에 심대하고 심원한 제사이다. 다른 제사나 合祀 제사는 太祖로 그치는데, 체제사는 또 조상의 처음 뿌리까지 제사 지낸다. 체제사는 그 의의가 가장 심장하다. 할아버지와 자기와는 떨어진 거리가 아직은 요원하지 않으니, 제사 역시 저절로 쉽게 이해가 된다. 하늘에 지내는 교제사나 땅에 지내는 사직제사도, 하늘과 땅의 뚜렷하게 드러나 있는 모습이 있어, 감히 마음을 다하지 않을 수 없다. 자기 시조에 대한 제사의 경우, 이미 대단히 요원해서, 感格의 도를 다하기 어려운데, 거기에 더해 시조의 처음 뿌리를 받들어 그분까지 제사 지내니, 진실로 이치를 살핌이 정미하지 않고, 정성을 다함이 지극하지 않으면, 어찌 이 제사에 참여할 수 있겠는가? 그래서 이를 알면 천하를 다스리는 것이 어렵지 않다고 한 것이다(朱子曰: 禘是祭之甚大甚遠者。若他祭與祫祭, 止於太祖, 禘又祭祖之所自出……禘之意最深長。如祖考與己身未相遼絕, 祭禮亦自易理會。至如郊天祀地, 猶有天地之顯然者, 不敢不盡其心。至祭其始祖, 已自大段闊遠, 難盡感格之道, 今又推始祖所自出而祀之, 苟非察理之精微, 盡誠之極至, 安能與於此? 故知此則治天下不難也。).

16 《論語大全》주자가 말했다. "시조 이래로 수천 수백 년간, 단지 시조의 이 한 氣가 서로 유전해 내려온 것이다. 후덕한 가문은 그 유전이 빛나고, 박덕한 가문은 그 유전이 초라할 뿐이다. 그렇지만 법으로는 한정되어 있으니, 그래서 천자는 다만 7대조의 사당까지이지만, 성인께서 이걸로 마음이 차지 않아서, 또 시조의 처음 뿌리인 죽은 임금을 받들어, 이로써 시조로 함께 모신 것이다. 그렇지만 이미 사당이 없으니, 다만 시조의 사당에 함께 모실 뿐이다"(朱子曰: "自祖宗以來, 千數百年, 只是這一氣相傳。德厚者流光, 德薄者流卑, 但法有止處, 所以天子只是七廟, 然聖人心猶不滿, 故又推始祖所自出之帝, 以始祖配之。然已自無廟, 只是附於始祖之廟。"). 西山眞氏가 말했다. "만물은 하늘에 뿌리를 두고 있고, 사람은 조상에 뿌리를 두고 있다. 내가 가진 이 몸은 부모에게서 나왔고, 부모는 또 할아버지에게서 나왔고, 할아버지는

'示'(시)는 '視'(시)와 같다. '指其掌'(지기장)은, 선생님께서 이 말씀을 하시고 당신의 손바닥을 손수 가리키시던 모습을 제자가 기록한 것으로, 그것이 분명하고도 쉽다는 말이다. 대개 체(禘)제사에 대한 설명을 아는 사람이라면, 이치는 분명히 알지 못하는 게 없고, 정성은 미치지 않는 데가 없을 터이니, 천하를 다스리기란 어렵지가 않다. 성인께서 이 체(禘)제사에 대해 어찌 진정 모르시는 것이 있었겠는가?

또 시조에게서 나왔고, 시조는 또 그 처음 성씨를 받은 조상에게서 나왔다. 비록 연대가 아득히 멀지라도, 뿌리에서 줄기가 나오고, 줄기에서 가지가 나오듯이, 그 뿌리는 하나일 뿐이다. 그래서 시조의 처음 뿌리를 받들어 그를 제사 지내는 것이다. 그렇게 하면 보본반시의 뜻이 다하지 않음이 없게 된다. 인애·효성·정성·공경이 지극한 자가 아니면, 어찌 이 예를 알고 행하겠는가?"(……西山眞氏曰: "萬物本乎天, 人本乎祖。我之有此身, 出於父母也, 父母又出於祖, 祖又出於始祖, 始祖又出於厥初得姓受氏之祖。雖年代悠遠, 如自根而幹, 自幹而枝, 其本則一而已矣。故必推始祖之所自出而祭之, 則報本反始之義, 無不盡矣。若非仁孝誠敬之極至, 豈能知此禮而行之乎?").

[祭如在章]

031201、祭如在[1], 祭神[2]如神在。[3]

　　(선생님께서는) 조상께 지내는 제사는 조상이 바로 앞에 계신 것같이 하셨고, 신에게 지내는 제사는 신이 바로 앞에 계신 것같이 하셨다.

程子曰:「祭, 祭先祖也。祭神, 祭外神[4]也。祭先主於孝, 祭神主於敬。」愚謂此門人記孔子祭祀之誠意。

정자(程子·伊川)가 말했다. "'祭'(제)는 조상께 제사를 지내는 것이다. '祭神'(제신)은 바깥 신에게 제사를 지내는 것이다. 조상께 지내는 제사는 효성으로 주를 삼고, 신에게 지내는 제사는 공경으로 주를 삼는다."

1　[성]祭神如神在(제신여신재): 신령이 정말로 여기 와 계신 것같이 경건하고 정성 되게 제사 지내다(祭: 祭祀; 如: 好像; 在: 存在。祭祀神灵时就象神灵真的存在一样。形容用心虔诚。);《論語義疏》자식이 어버이를 받드는데, 죽은 사람 섬기기를 산 사람 섬기듯이 하는 것이, '如在'이다(疏: 人子奉親, 事死如事生, 是如在也。);《論語大全》아래 구절의 '祭神' 때문에, 위 구절의 한 글자 '祭'가 '祭先祖'임을 알 수 있다(新安陳氏曰: 以下句祭神, 見上單一祭字, 爲祭先祖也。); 如在(여재): 신령·조상께 제사 지낼 때, 제사를 받는 자가 마치 면전에 계시는 듯이 한다는 것으로, 제사에 임하는 정성스럽고 경건한 자세를 '如在'라고 칭하게 되었다(谓祭祀神灵, 祖先时, 好像受祭者就在面前。后称祭祀诚敬为'如在'。).

2　《論語集解》'祭神'은 여러 신에게 제사 지내는 것을 말한다(注: 孔安國曰: 謂祭百神也。);《論語詞典》'神'은 天神으로, 日·月·星·辰·風·雨·雷·電 등 이른바 靈物을 포함한다. 地神은 祇(기)라 하고, 사람이 죽은 것을 鬼(귀)라 한다(神: 天神, 包括日月星辰风雨雷电等古人所谓的灵物。地神叫做祇, 人死叫做鬼。).

3　《論語正義》《春秋繁露·祭義》에 말했다. "'祭'의 말뜻은 '만나다', '살피다'이다. 제사를 지낸 후에 볼 수 없는 대상을 보고, 볼 수 없는 대상을 본 후에, 천명과 귀신을 알고, 천명과 귀신을 알고 난 후에, 제사의 의미를 분명히 알고, 제사의 의미를 분명히 알아야, 제사를 중시할 수 있다. 공자께서, '吾不與祭, 祭神如神在.'라고 하셨으니, 제사를 중시하기를 산 사람 섬기듯이 하셨기 때문에, 성인께서 귀신을 대하시기를, 두려워하면서도 감히 속이지 않으셨고, 믿으면서도 전적으로 맡기지 않으셨고, 섬기면서도 전적으로 기대지는 않으셨다"(《春秋繁露, 祭義》: "祭之爲言際也, 與察也。祭然後能見不見。見不見之見者, 然後知天命鬼神; 知天命鬼神, 然後明祭之意; 明祭之意, 乃能重祭事。孔子曰: '吾不與祭, 祭神如神在.' 重祭事如事生, 故聖人於鬼神也, 畏之而不敢欺也, 信之而不獨任, 事之而不專恃。").

4　《論語大全》제사 지내는 外神은, 산천·사직·오사 등과 산림·계곡의 신으로 비구름을 일으키는 신들이다(朱子曰: 祭外神, 如山川社稷五祀之類, 與山林溪谷之神, 能興雲雨者。); 外神(외신): 교·사·봉선[封: 하늘에 지내는 제사. 禪: 땅에 지내는 제사] 등에서 제사 지내는 신을 外神, 종묘에서 제사 지내는 신을 內神이라 한다(谓郊、社、封禅等所祭之神; 宗廟所祭者, 一家之神, 内神也, 故曰内事。郊、社、山川之屬, 天下一国之神, 皆外神也, 故曰外事。).

내가 생각건대, 이 글은 문인들이 공자(孔子)께서 제사를 지내실 때의 정성을 다하는 마음을 기록한 것이다.

031202、子曰:「吾不與祭[5], 如不祭。[6]」

　　　　선생님께서 말씀하셨다. "내가 몸소 제사에 참여하지 않았으면, 제사를 지내지 않은 것과 마찬가지다."

與[7], 去聲。○又記孔子之言以明之。言己當祭之時, 或有故不得與, 而使他人攝之[8], 則不得致其如在之誠。故雖已祭, 而此心缺然[9], 如未嘗祭也。

'與'(여)는 거성[yù]이다. ○이 글 또한 공자(孔子)께서 하신 말씀을 기록하여 이로써 공자(孔子)께서 제사를 지내실 때의 정성을 다하는 마음을 밝힌 것이다. 말씀인즉, 자기가 몸소 제사를 지내야 할 때인데, 혹 까닭이 있어 참여할 수 없어서, 다른 사람으로 하여금 자기를 대신해서 제사를 지내게 했다면, 제사를 받는 자가 바로 앞에 계신 것 같은 그러한 정성을 다할 수가 없다. 그러므로 비록 제사를 이미 지냈을지라도, 마음이 개운치 못하다면 제사를 지내지 않은 것과 마찬가지라는 것이다.

---

5 《論語集釋》武億[1745~1799]의《經讀考異》에 말했다. "옛날에는 '吾不與祭'을 구로 해서 읽었는데, 나는 '吾不與'에서 끊어서 읽는다. '祭如不祭'로 읽는 것이 뜻이 자연스레 확 뚫리는 모습이다"(經讀考異: 舊讀以「吾不與祭」爲句, 愚謂以「與」字斷。祭如不祭, 義自豁然矣。);《古今注》'與'는 '助'와 같다. '與祭'(여제)는 家廟에서 제사를 돕는 것을 말한다. 공자는 맏아들이 아니어서 제사를 주재한 적이 없었기 때문에 與祭라고 하신 것이다. 공자의 자는 仲尼라고 했으니, 분명히 맏아들이 아니다. 자신이 주관해서 제사를 지내는 것을 '主祭'라 하고, 제사를 돕는 것을 '與祭'라 한다(與猶助也。與祭謂助祭於家廟也。孔子非適子未嘗主祭故曰與祭……孔子字曰仲尼明非伯子……自祭曰主祭助祭曰與祭。).

6 《論語義疏》앞절을 기록한 자가 공자께서 하신 말씀을 끌어다가 자기 말이 옳다는 것을 증명한 것이다 (疏: 記者引孔子語證成己義也。).

7 與(여): [yù] 참가하다. 참여하다. 간여하다(參加。參与。干涉, 干预。); [yú] 문장 끝에 쓰여, 감탄·의문·반문의 어기를 표시한다。=歟(置于句末, 表示感叹, 疑问, 反诘的语气。同「欤」。); [yǔ] 찬성하다. 인정하다. 주다(赞成, 允许。给予。).

8 《禮記·祭統》군자가 지내는 제사는, 반드시 몸소 제사에 임해야 한다. 피치 못할 일이 있으면, 다른 사람을 시킬 수 있다(是故君子之祭也。必身親莅之: 有故, 則使人可也。);《周禮·春官宗伯》왕이 제사에 참여하지 못하면, 大宗伯이 왕의 자리를 대신하여 제사를 지낸다(若王不與祭祀, 則攝位。); 攝(섭): 대리하다. 겸하여 처리하다(假借为'代'。代理, 兼理。).

9 缺然(결연): 갖춰야 할 것을 다 갖추지 못해 서운하거나 불만족스럽다(有所不足).

○范氏曰:「君子之祭, 七日戒, 三日齊,[10] 必見所祭者[11] 誠之至也。是故郊則天神格, 廟則人鬼享, 皆由己以致之也。有其誠則有其神, 無其誠則無其神, 可不謹乎? 吾不與祭如不祭, 誠爲實, 禮爲虛也。」[12]

○범씨(范氏·范淳夫)가 말했다. "군자가 제사를 지내기 전에 7일을 산재(散齋)하고, 3일을 치재(致齋)하여, 제사 받으실 분을 반드시 뵙기를 기약하는 것은, 정성을 다하는 모습이다. 이런 정성 때문에 교(郊)제사에서는 천신이 강림하고, 종묘(宗廟)제사에서는 조상신이 흠향하는데, 이 모두가 자기로 말미암아서 제사 받으실 분들을 강림하게 하는 것이다. 그 제사에 맞는 정성이 있으면 그 신이 있고, 그 제사에 맞는 정성이 없으면 그 신은 없으니, 조심하지 않으면 되겠는가? '내가 몸소 제사에 참여하지 않았으면 제사를 지내지 않은 것과 같다'는 것은, 정성이 속 알맹이고, 예의식(禮儀式)은 속이 빈 껍데기라는 것이다."

---

10 《禮記·坊記》7일을 散齋(산재)[여자·오락·弔喪 등을 멀리하는 것]하고, 3일을 致齋(치재)[돌아가신 분의 살아계실 때의 기거생활·談笑·心意·喜愛·嗜好 등을 생각하는 것]하고, 한 사람을 尸로 받들어, 지나가는 사람들이 尸를 보고 종종걸음하게 하여, 이로써 공경을 가르친다(子云: 七日戒, 三日齊, 承一人焉以爲尸, 過之者趨走, 以敎敬也。);《禮記·祭義》안을 치재하고 밖을 산재한다. 재계[치재]하는 날은, 돌아가신 분의 살아계실 때 생활하시던 모습을 추억하고, 웃으며 하시던 말씀을 추억하고, 인생관이나 추구하시던 가치를 추억하고, 즐거워하시던 것을 추억하고, 좋아하시던 음식이나 즐기시던 취미를 추억한다(致齊於內, 散齊於外。齊之日: 思其居處, 思其笑語, 思其志意, 思其所樂, 思其所嗜。); 戒(계): 위는 戈[창]이고, 아래는 양손을 형상화한 글자. 양손으로 창을 쥐고 있는 형상[𢎘]으로, 경계가 삼엄함을 표시한다. 경비하다. 경계하다. 조심하다. 散齊하다(上面是'戈', 下面象兩只手[即廾]。兩手持戈, 表示戒備森嚴。本义: 警戒, 戒備。散齊。); 齊(제/재): (제) 보리 이삭이 패서 위가 가지런한 모양[𠫔]. 공정치 못하거나 치우침이 없다. 가지런히 하다. (재) 재계하다. 심신을 깨끗이 하다. 致齊(禾麥吐穗上平也。無偏頗也。整齊。齋戒。致齊)。

11 《禮記·玉藻》제사를 지낼 때는, 용모와 얼굴빛이, 마치 제사 받는 분을 눈앞에 뵙고 있는 것같이 한다(凡祭, 容貌顔色, 如見所祭者。)。

12 《論語大全》神明은 볼 수 있는 것이 아니다. 다만 마음이 그 정성과 공경을 다 해, 오로지 한 마음으로 제사 지내는 신에게 집중하면, 제단 주위에 넘실대듯 충만한 모습으로, 마치 바로 위에 계신 듯 바로 옆에 계신 듯해 보일 것이다. 그렇지만 신의 유무는 이 마음의 정성의 문제이지, 신을 황홀 지경에서 반드시 보기를 구할 필요는 없다(朱子曰: 神明不可見。惟心盡其誠敬, 專一在於所祭之神, 便見得洋洋如在其上, 如在其左右。然則神之有無, 在此心之誠不誠, 不必求之恍惚之間也。)。

[與其媚於奧章]

031301、王孫賈¹問曰:「與其²媚³於奧, 寧⁴媚於竈⁵, 何謂也?」

---

1 《論語義疏》周靈王[BC 571~BC 545 재위]의 손자로, 이름이 賈이다. 이때 당시 위나라 대부였다(疏: 王孫賈者, 周靈王之孫, 名賈也。是時任衛爲大夫也。);《論語正義》《白虎通義‧姓名》에, '王者의 아들을 王子라 칭하고, 王者의 손을 王孫이라 칭한다. 그래서 《春秋》에 王子瑕가 있었고[襄公 제13년], 《論語》에 王孫賈가 있었다'고 했다. 논어의 王孫賈는 주나라 왕의 손자이다(案:《白虎通、姓名篇》:"王者之子稱王子, 王者之孫稱王孫, 故《春秋》有王子瑕,《論語》有王孫賈。"是賈爲周王者孫也。); 王孫賈(왕손가): 衛靈公[BC 534~BC 493 재위]의 권신.《左傳‧定公 8年》[BC 502]에 그에 관한 일이 나온다《憲問 제20장》참조.

2 《詞詮》與(여): 접속사. 두 가지 일을 비교할 때 쓰기 때문에, 반드시 '不如'‧'不若'‧'豈若'‧'寧' 등의 단어와 연결해서 쓴다. '與其'로 쓰는 경우에도 뜻은 같다('與', 連詞。比較二事時用之, 故必與'不如'、'不若'、'豈若'、'寧'等詞關聯用之。又或作'與其'義同。); '與其'(A), '豈若'/'寧'/'無寧'(B) 형식의 관용어로 (A)를 취할 바에는 차라리 (B)를 취하는 게 낫다는 뜻을 표시한다.

3 《說文‧女部》'媚'(미)는 說[기쁘게 하다]이다(媚, 說也。);《王力字典》媚(미): 남의 비위를 맞추다. 빌붙다. 아부하다(讨好, 逢迎, 巴结。); 諂媚(첨미): 비굴한 태도로 남의 비위를 맞추다(用卑贱的态度向人讨好).

4 《詞詮》寧(녕): 조동사('寧', 助動詞。《說文,丂部》云, 寧, 顧詞也。顧如此也。).

5 [성]背奧媚竈(배오미조): 임금을 배신하면서 권신에게 아부하다(借喻背着君上而阿附权臣。); 奧(오): 서남쪽 방구석. 제사 때 신주를 모시는 곳 또는 높은 자가 거처하는 곳(古时指房屋的西南角。古时祭祀设神主或尊者居坐之处。泛指室内深处。); 竈(조): 부뚜막으로, 돌 등으로 쌓아서 만든, 음식을 요리하거나 물을 끓이는 설비. 부뚜막신. 조왕신(竈王神(用砖石等砌成, 供烹煮食物, 烧水的设备; 竈神。);《論語集解》'奧'는 '內'로, 임금 가까이 있는 근신을 비유한 것이다. '竈'는 집정자를 비유한 것이다. 왕손가가 집정자이기 때문에, 공자로 하여금 자기를 가까이 따르도록 하려고, 은미하게 세속의 말을 써서 느껴 움직이게 한 것이다(注: 孔安國曰: 奧, 內也。以喻近臣。竈, 以喻執政。賈, 執政者, 欲使孔子求昵之, 微以世俗之言感動之也。);《論語義疏》'竈'는 음식을 만드는 곳이다(疏: 竈, 謂人家爲飮食之處也。);《論語集釋》周柄中[淸人]의 《四書典故辨正》에 말했다. "나정암이 말하기를, '공자께서 南子를 만나자, 자로가 못마땅해했는데[雍也 제26장], (자로는) 공자께서 南子를 통해 벼슬자리를 구하려 한다고 의심했을 것이다. 그렇지만 이 당시 자로만이 그런 의심을 한 것이 아니고, 왕손가도 그런 의심을 한 것이다. 이 장의 '媚奧'의 풍자는 아마 南子를 가리키는 말이고, 공자께서 말씀하신 天厭之[하늘이 나를 버리실 것이다][雍也 제26장]를 살펴보면, 바로 이 장의 獲罪於天이란 의미이다'라고 했다. 이 견해가 좋다. '奧'는 집안의 깊고 은밀한 곳으로, 이로써 南子를 빗댄 것이다(四書典故辨正. 羅整葊云:"子見南子, 子路不悅, 蓋疑夫子欲因南子以求仕也。然當是時不獨子路疑之, 王孫賈亦疑之矣。媚奧之諷, 殆指南子而言也。觀夫子所謂天厭之者, 卽獲罪於天之意。"此說得之。奧者, 室中深隱之處, 以比南子。);《古今注》겉으로는 제사 지내는 두 신의 이름을 빌려, 이로써 먹고 마시는 일의 권한이 부엌에서 밥하는 여자에게 있지, 안방을 차지하고 있는 노부에게 있지 않으니, 차라리 아랫사람에게 잘 보여 음식을 얻어먹는 것이 낫다는 것을 비유한 것이다(外借祭神之名, 以喻飲食之權在於爨女, 而不在主婦, 寧媚下而得食也。);《論語平議》'媚奧'‧'媚竈'는 모두 사람에게 잘 보이는 것이지, 신에게 잘 보이는 것이 아니다. 옛날에는 서남쪽 방구석을 존귀한 자가 거처하는 곳으로 여겼다. 그래서《禮記‧曲禮上》에, '자식된 자는 서남쪽 방구석에 자리하지 않는다'고 했다. 竈는 부엌일을 담당하는 자가 거처하는 곳으로, 이른바 '장작을 패거나 밥을 짓는 병졸'이다. 당시 사람들은, 서남쪽 방구석에 거처하는 자가 비록

왕손가(王孫賈)가 물었다. "'방구석 신에게 잘 보이기보다는 차라리 부뚜막 신에게 잘 보이는 것이 낫다'고 하는데, 무엇을 말한 것인지요?"

王孫賈, 衞大夫. 媚, 親順也. 室西南隅爲奧[6]. 竈者, 五祀[7]之一, 夏所祭也.

'王孫賈'(왕손가)는 위(衞)나라 대부이다. '媚'(미)는 '가까이 따르다'[親順]이다. 서남쪽 방구석을 '奧'(오)라고 한다. '竈'(조)[부뚜막]는 다섯 제사[五祀]의 하나로, 여름에 제사를 지내는 곳이다.

凡祭五祀, 皆先設主[8]而祭於其所, 然後迎尸而祭於奧, 畧如祭宗廟之儀. 如祀竈, 則設主於竈陘[9], 祭畢, 而更設饌於奧以迎尸也. 故時俗之語, 因以奧有常尊, 而非祭之主; 竈

존귀한 자이지만, 아궁이에서 밥하는 일을 담당하는 사람이 실제로 먹고 마시는 일을 주관하고 있는 것만 못하다 여겼기 때문에, '서남쪽 방구석에 잘 보이는 것이 아궁이에 잘 보이는 것보다 못하다'고 한 것인데, 왕손가가 이를 인용한 것은 아마도 서남쪽 방구석으로 임금을 비유하고, 부뚜막으로 자신을 비유한 것이다 (媚奧媚竈, 皆媚人非媚神也. 古以奧爲尊者所居. 故曲禮曰, 爲人子者, 居不主奧……竈則執爨者居之, 所謂廝養卒也. 當時之人, 以爲居竈者雖尊, 不如竈下執爨之人實主飮食之事, 故如媚奧不如媚竈……王孫賈引之, 蓋以奧喩君, 以竈自喩.);《論語譯注》'與其媚於奧, 寧媚如竈'라는 말은 당시의 속담이었을 것이다('與其媚於奧 寧媚如竈', 這兩句疑是當時俗語.).

6 《爾雅·釋宮》방의 서남쪽 구석을 奧(오), 서북쪽 구석을 屋漏(옥루), 동북쪽 구석을 宧(환), 동남쪽 구석을 窔(요)라 한다(西南隅, 謂之奧. 西北隅, 謂之屋漏. 東北隅, 謂之宧. 東南隅, 謂之窔.).

7 《禮記·月令》1월에는 戶(호)에 제사 지내고, 4월에는 竈(조)에 제사 지내고, 중앙에는 中霤(중류)에 제사 지내고, 7월에는 門(문)에 제사 지내고, 10월에는 行(행)에 제사 지낸다(孟春之月……其祀戶; 孟夏之月……其祀竈; 中央……其祀中霤; 孟秋孟秋……其祀門; 孟多孟秋……其祀行.);《禮記·月令》음력 10월에, 천자는 일월성신에게 내년의 풍년을 빌고, 大割祭(대할제)는 公社·城門·里門에 제사하고, 음력 섣달에 지내는 臘祭(납제)는 先祖·五祀에 제사하고, 농부들을 위로하고 쉬게 한다(孟冬之月……天子乃祈來年於天宗, 大割祠于公社及門閭. 臘先祖五祀, 勞農以休息之. 鄭玄注: 五祀, 門、戶、中霤、灶、行也.);《論衡·祭意》社稷은 만물을 낳아준 공로에 보답한다. 社는 만물을 낳아준 공로에, 稷은 오곡을 낳아준 공로에 보답한다. 五祀는 대문·방문·우물·부뚜막·집 중앙의 빛을 받는 곳의 공로에 보답한다. 대문·출입문은 사람이 출입하는 곳이고, 우물·부뚜막은 사람이 음식을 만드는 곳이고, 안방은 기거하는 곳으로, 이 다섯 곳은 그 공로가 같기 때문에, 모두 제사 지낸다(社稷, 報生萬物之功. 社報萬物, 稷報五穀. 五祀, 報門、戶、井、竈、室中霤之功, 門、戶, 人所出入, 井、竈, 人所飮食, 中霤, 人所託處, 五者功鈞, 故俱祭之.);《百度漢語》五祀(오사): 집 안팎에 사람이 출입하거나 음식을 해먹거나 거처하는 곳으로, 門神[대문]·戶神[방문]·中霤神[집중앙의 빛을 받는 곳]·竈神[부뚜막]·行神[행길]에 대한 제사;《禮記·月令》에, '음력 10월에 천자가 하늘을 향해 내년의 풍년을 기원하여, 돼지·양을 잡아 公社 및 성문에서 제사지내고, 말린 고기로 선조와 오사에 지낸다'고 했는데, 정현이 주를 달기를 '五祀는 門·戶·中霤·竈·行이다'라고 했다(祭祀住宅內外的五种神.《礼记、月令》"(孟冬之月)天子乃祈来年于天宗, 大割祀于公社及门閭, 腊先祖五祀." 郑玄注: "五祀, 门、户、中霤、灶、行也.").

8 設主(설주): 위패를 세우다(设立所祭之神、鬼的牌位).

雖卑賤, 而當時用事,[10] 喩自[11]結於君, 不如阿附[12]權臣也。賈, 衛之權臣, 故以此諷[13]孔子。[14]

무릇 오사(五祀)의 신에게 제사를 지낼 때는 모두 먼저 오사(五祀)에 각각 신주를 설치하여 오사(五祀)의 신에게 각각 제사하고, 그런 후에 시동(尸童)을 맞아들여서 방구석 신에게 제사를 지내는데, 대략 종묘제사의 의식과 같다. 예를 들어 오사(五祀)의 신의 하나인 부뚜막 신에게 제사를 지내는 경우라면, 먼저 부뚜막에 신주(神主)를 설치하고, 제사가 끝나고 나면, 다시 방구석에 제수(祭需)를 진설하여 이로써 시동(尸童)을 맞아들인다. 그래서 당시 시속의 말이, 이 때문에 '방구석 신은 항상 높임을 받지만 제사를 받는 주인은 아니고, 부뚜막 신은 비록 낮고 천하지만 당시에 권력을 쥐고 있는 곳이다'라고 한 것으로, 임금에게 직접 결탁하는 것이 권신에게 달라붙는 것만 못한 것을 비유한 것이다. 왕손가(王孫賈)는 위(衛)나라의 권신이었기 때문에, 이것으로 공자(孔子)를 에둘러서 비판한 것이다.

031302、 子曰:「不然[15], 獲罪[16]於天, 無所禱[17]也。」

　　　　선생님께서 말씀하셨다. "그렇지 않습니다. 하늘에서 죄를 얻으면, 빌 곳이

---

9 《論語大全》'陘'(형)은 아궁이 밖의 평평하고 바른 곳으로 땔나무를 놔두는 곳이다. 陘은 제수를 진설할 만한 곳이 아니어서, 奧(오)에 다시 제사 지내 이로써 제사를 완성한다. 五祀가 모두 그렇다(朱子曰: 陘, 是竈門外平正可頓柴處。陘非可做好安排, 故又祭於奧以成禮。五祀皆然。); 竈陘(조형): 아궁이의 앞부분. 부뚜막(灶边突出部分).

10 用事(용사): 권력을 쥐다(执政: 当权).

11 自(자): 친히. 몸소. 직접(亲自).

12 阿附(아부): 아부하다. 의지하여 따르다. 달라붙다(依附).

13 諷(풍): 에둘러서 하는 말. 은근히 돌려서 하는 말. 풍자하다. 질책하다(婉言微辞或指责。).

14 《論語大全》왕손가는 범속한 인물로, 공자께서 위나라에 계실 때에 공자를 뵙고, 장차 벼슬을 구할 마음이 있다고 여기고는 공자에게 자기에게 붙게 하려고, 媚奧(미오)·媚竈(미조)라는 말을 한 것이다(朱子曰: 王孫賈庸俗之人。見孔子在衛, 將謂有求仕之意, 欲孔子附己, 故有媚奧與媚竈之言。).

15 《助字辨略》'不然'은 '否'[아니다]이다. '그렇지 않다'는 말로, 결연한 표현이다(不然者, 否也, 猶云不如此。此辭之決也。); 然(연): 그렇다. 맞다. 긍정을 표시한다(形容词。是, 对。假借为嘫。).

16 獲(획): 손에 새를 잡고 있는 모습. 짐승을 포획하다. 얻다(表示捕鸟在手。本义: 猎得禽兽。得到: 取得。); 獲罪(획죄): 죄를 짓다. 노여움을 사다(得罪; 遭罪。).

17 《說文·示部》'禱'(도)는 사정을 고하고 복을 구하는 것이다(禱: 告事求福也。); 禱(도): 신에게 복을 구하고 재앙을 없애달라고 비는 행위(向神求福的一种迷信行为。祈祷, 祈神求福。).

없습니다.”

天, 即理也; 其尊無對, 非奧竈之可比也. 逆理, 則獲罪於天矣, 豈媚於奧竈所能禱而免乎? 言但當順理, 非特[18]不當媚竈, 亦不可媚於奧也.

하늘[天]은 곧 리(理)이다. 하늘의 높음은 대적할 상대가 없어, 방구석 신이나 부뚜막 신 정도가 견줄 수 있는 것이 아니다. 리(理)를 거스르면, 곧 하늘에서 죄를 얻는 것인데, (하늘에서 얻은 죄가) 어찌 방구석 신이나 부뚜막 신에게 잘 보여 빌어서 면할 수 있는 것이겠는가? 말씀인즉, 다만 마땅히 리(理)를 따라야 할 뿐이지, 부뚜막 신에게 잘 보이려 해서도 안 될 뿐만 아니라, 또 방구석 신에게 잘 보이려 해서도 안 된다는 것이다.

○謝氏曰:「聖人之言, 遜而不迫[19]. 使[20]王孫賈而[21]知此意, 不爲無益; 使其不知, 亦非所以取禍.」[22]

---

18 《北京虛詞》非特(비특): ~뿐만 아니라. 점층복문의 앞절에 쓰여 어떤 범위에 국한되지 않음을 표시한다('非特', 短語. 常用于递进复句的前一分句, 表示不限于某个范围或情况. 义即'不只[是]'、'不单单'、'不仅'. '非徒'、'非独'、'非但'义同.).

19 《論語大全》성인께서는 '방구석과 부뚜막에 아부하는 것이 옳지 않다'고 말씀하지 않고, 다만 '하늘에서 죄를 얻으면 빌 곳이 없다'고 말씀하셨다. 이것이 성인의 말씀인 까닭이다. 보통 사람의 경우 권세가 높고 신분이 귀한 사람을 대할 때, 영합하여 기쁘게 하려고 하거나, 아니면 반드시 거스르는 말로 심기를 건드려 분노하게 한다. 곧바른 말로 심기를 건드리는 것이, 올바름을 잃은 것은 아니지만, 성인의 기상에 비교하면, 그래도 한 편으로 치우쳐 있음을 면하지 못한다(西山眞氏曰: 聖人……不曰媚奧竈之非, 但言獲罪於天無所禱也…… 此所以爲聖人之言也. 常人之於權貴, 非迎逢苟悅, 則必激觸使怒. 雖直言激觸者, 不失其正, 然比之聖人氣象, 猶未免陷於一偏.).

20 《北京虛詞》使(사): 가령. 조건복문의 앞절에 쓰여 가설의 전제조건을 표시한다('使', 連詞. 常用于条件复句的前一分句, 表示假设的前提或条件. 义即'假如'、'假使'、'如果'.).

21 《北京虛詞》而(이): 접속사. ~이~라면. 가정복문의 앞절의 주어와 술어 사이에 쓰여 가정을 표시한다('而', 连词. 用于假设复句前一分句的主、谓语之间, 表示假设. 义即'如果'、'假如'.).

22 《論語大全》천하에는 단지 한 개의 정당한 도리만 있고, 도리를 따라 행하는 것이 곧 하늘이다. 만약 조금이라도 도리를 따르지 않고 위배한다면 이는 곧 하늘에 죄를 짓는 것이니, 빈다고 그 죄를 면할 방법이 더 이상 없다. 이는 '도를 어기고 이로써 벼슬자리를 구하기를 꾀하는 것은 至尊至大者인 하늘에 죄를 짓는 것으로 심히 두려워할 만한데, 어찌 당시의 임금에게 잘 보이는 것이나 권신에게 잘 보이는 것이 죄를 면할 방법이겠는가?'라는 말씀이다. 이는 겸손히 말씀하여 이로써 왕손가의 권유를 거절하신 것이고, 또 그로 하여금 천하에는 정당한 도리가 있다는 것을 알게 하신 것이다(朱子曰: 天下只有一箇正當道理, 循理而行便是天. 若稍違戾於理, 便是得罪於天, 更無所禱告而得免其罪也. 猶言違道以干進, 乃是得罪於至尊至大者, 可畏之甚, 豈媚時君與媚權臣所得而免乎? 此是遜辭以拒王孫賈, 亦使之得聞天下有

○사씨(謝氏·謝顯道)가 말했다. "성인의 말씀은 겸손하고 박절하지가 않다. 가령 왕손가(王孫賈)가 이 말씀의 뜻을 알아들었다면, (왕손가에게) 무익하지 않았을 것이고, 가령 그가 못 알아들었을 경우라도, (공자께) 화를 초래하게 하는 것은 아니다."

正理也°).

[周監於二代章]

031401、子曰:「周監¹於二代², 郁郁³乎⁴文⁵哉!吾從周⁶,⁷,⁸。」

---

1 《論語集解》'監'은 '視'[보다]이다(注: 孔安國曰: 監, 視也。);《論語義疏》주나라를 하·은과 비교해 보니, 주나라의 예악제도가 그중에 가장 뚜렷하게 완비되어 있었다는 말이다(疏: 言以周世比視於夏殷, 則周家文章最著明大備也。);《古今注》'監'은 '鑒'[거울]과 통한다. 비춰보고 美惡를 아는 것이다. '周監於'는 주공이 周禮를 제정할 때, 2대를 비춰본 것을 말한 것으로, 그중에 폐단이 있는 것을 덜어내고, 미비한 것을 보탰기 때문에, 찬연히 완비된 것이다(監與鑒通。照視之知其美惡也……周監於者, 謂周公制禮之時, 鑒照二代, 損其有弊, 益其未備, 故粲然大備也。);《百度漢語》'鑒'(감)이 본래자이다. 거울에 비추다. 지켜보다. 거울삼다. 좌변은 눈을 크게 뜨고 아래를 향해 보는 눈[𡧳]이고, 우변은 그릇이다. 금문에는 가로로 '一'을 그어 그릇 안에 물이 담겨 있음을 표시했다. 옛사람들은 물을 거울로 여겼으니, '監'은 바로 허리를 굽히고, 눈을 크게 뜨고, 그릇에 담긴 물에 비친 자기 모습을 보는 것이다(監: 是'鑒'的本字。借鑒, 鑒戒。左邊是一个人睁大眼睛在往下看(臣, 竪目), 右邊是个器皿。金文又在器皿上加一小橫, 表示器中有水。古人以水为镜, "監"就是一个人弯着腰, 睁大眼睛, 从器皿的水中照看自己的面影)。
2 《說文·人部》'代'(대)는 '更'[바꾸다. 교체하다]이다(代, 更也。);《論語正義》세대가 바뀌어 변하는 것을 말한다(正義曰: 言世相更變);代(대): 왕조. 세대(朝代。父子相継为"代", "世代")。
3 郁郁(욱욱): 화려하고 성대한 모양. 찬란하다. 융성하다(文采盛貌)。
4 《詞詮》형용사나 부사를 도와 접미사 역할을 하는 어말조사('乎', 語末助詞。助形容詞或副詞爲其語尾。);《論孟虛字》'乎'는 '然'과 같다. 형용사나 부사 뒤에 놓여 접미사로 쓰여, 聲容·情態를 묘사한다. '형용사+乎'는 대부분 문장 앞머리에 놓인다('乎', 猶'然'。作形容語氣詞。放在形容詞或副詞後作詞尾, 以描繪聲容情態。形容詞殆'乎'字, 大都放在句首)。
5 文(문): 예악제도. 문화유산(禮樂制度。文化遺産)。
6 《論語疏證》'從周'는 대략 그렇다는 것이고, 공자는 또 은나라의 문화를 훌륭하지 않다고 하신 적이 없었다. 대개 훌륭한 것을 선택해서 따랐다는 것이지, 주나라 문화만을 고집한 것은 없었다(樹達按: 從周其大較, 孔子又未嘗不善殷。蓋擇善而從, 無所固執也)。
7 《論語正義》노나라는 주공의 후예이다. 주공은 문왕·무왕의 덕을 완성하여, 예악을 제정했다. 축타[子魚]가 백금을 노나라에 봉한 것에 대해 말하기를, '나누어 준 기물에 비물과 전책이 있었다'[春秋左傳·定公4年]고 했는데, 전책은 바로 周禮로, 주나라에서 하사받은 것이다. 그래서 한선자가 노나라에 와서 (易象과 魯春秋를 보고는) '周禮가 노나라에 그대로 다 남아 있구나'[春秋左傳·昭公 2年]라고 말한 것이다. 또 공자께서 애공에게 '문왕과 무왕의 도는 方策[전적]에 널려 있습니다'[孔子家語·哀公問政]라고 했는데, 方策은 노나라에 보존되어 있는 주나라의 전적이다.《中庸》에 '내가 周禮를 배웠고 지금 그것을 쓰고 있으니, 나는 周禮를 따르겠다'[제28장]고 했는데, 역시 노나라에 보존된 周禮를 가리킨 것이다. 공자의 이 장의 '吾從周'라는 말씀은 노나라에 보존되어 있는 周禮에 근거해서 하신 말씀이다.《禮記·禮運》에 말했다. "공자께서 말씀하시기를 '내가 주나라의 도를 보건대, 幽王과 厲王이 주나라의 도를 훼손해 버렸으니, 내가 (주나라의 도가 그대로 다 보존되어 있는) 노나라를 놔두고 어디로 가겠느냐?'라고 했다." 이는 노나라가 周禮를 보존할 수 있음을 말씀하신 것이다(正義曰: 魯, 周公之後。周公成文武之德, 制禮作樂。祝鮀言伯禽封魯, 其分器有備物, 典冊, 典冊即周禮, 是爲周所賜也。故韓宣子謂"周禮盡在魯"。又孔子對哀公言"文武之道, 布在方策"。方策者, 魯所藏也。《中庸》云: "吾學周禮, 今用之, 吾從周。"

선생님께서 말씀하셨다. "주(周)나라는 하(夏)·상(商) 2대를 거울삼았으니, 찬란하구나, 주(周)나라 문화여! 나는 주(周)나라를 따르겠다."

郁, 於六反。○監, 視[9]也。二代, 夏商也。言其視二代之禮而損益之[10]。郁郁, 文盛貌[11]。
'郁'(욱, yù)은 '於'(어)와 '六'(육)의 반절이다. ○'監'(감)은 '본받다'[視]이다. '二代'(2대)는 하(夏)나라와 상(商)나라이다. 말씀인즉, 주(周)나라가 2대의 예(禮)를 본받으면서 거기에다 덜거나 더했다는 것이다. '郁郁'(욱욱)은 문화가 번성한 모습이다.

○尹氏曰:「三代之禮至周大備,[12] 夫子美其文而從之。」
○윤씨(尹氏·尹彦明)가 말했다. "3대의 예법은 주(周)나라에 와서 다 갖춰졌는데, 선생님께서 주(周)나라의 번성한 문화를 찬미하고 따르신 것이다."

今亦指魯。夫子此言"吾從周", 是據魯所存之周禮言。《禮運》: "孔子曰: '吾觀周道, 幽厲傷之, 吾舍魯何適矣.'" 是言魯能存周禮也。).

8 《荀子·解蔽》공자는 어질고 슬기로운 데다가 가려지고 막혀 있는 데가 없었기 때문에, 다방면으로 배워 앞선 성왕들에 미칠 만큼 충분했다. 일가를 이루어 주나라의 도를 터득했고, 그 도를 일으키고 운용하는데, 기존의 고정관념에 가려 막히지 않았다. 그랬기에 그의 덕은 주공과 나란했고, 그의 명성은 三王[하·은·주의 개국 군주인 夏禹·商湯·周武王]과 똑같았으니, 이는 그가 가려지고 막혀 있는 데가 없음으로 인한 축복이었다(孔子仁知且不蔽, 故學亂術足以爲先王者也。一家得周道, 舉而用之, 不蔽於成積也。故德與周公齊, 名與三王並, 此不蔽之福也。).

9 視(시): 본받다. 배우다(效法).

10 《爲政 제23장》 참조.

11 《王力漢語》貌(모): 경서주해 용어의 하나로, 형용사나 동사 뒤에 쓰이며, 풀이 받는 글자는 보통 성질이나 상태를 표시하는 형용사이다(經書註解述語中的一, 一般用在動詞或形容詞的後面, 被釋的詞往往表示某種性質或某種狀態的形容詞。).

12 大備(대비): 모두 다 구비하다. 완비하다(一切具備; 完备。).

[子入太廟章]

031501、子入大廟[1], 每[2]事問[3]。 或曰:「孰[4]謂鄹人之子[5]知禮乎? 入大廟, 每事問。」子聞
之曰:「是禮也[6]。」

---

1 《論語集解》'太廟'는 주공의 묘이다(注: 苞氏曰: 太廟, 周公廟也。);《論語譯注》고대에는 개국임금을
  太祖, 개국임금의 묘를 太廟라 했는데, 周公 旦은 노나라를 처음 분봉받은 임금이기 때문에, 여기서
  '太廟'는 바로 주공의 묘이다('太廟', 古代开国之君叫太祖, 太祖之庙便叫做太庙, 周公旦是鲁国最初受封
  之君, 因之这太庙就是周公的庙。); 太廟(태묘): 황제의 조상의 묘. 하나라 때는 世室, 은·상나라 때는
  重屋, 주나라 때는 明堂, 진·한나라 때는 太廟라 했다(中国古代皇帝的宗庙。太庙在夏朝时称为'世室',
  殷商时称为'重屋', 周称为'明堂', 秦汉时起始称为'太庙'。最早太庙只是供奉皇帝先祖的地方。后来皇后和功
  臣的神位在皇帝的批准下也可以被供奉在太庙)。

2 《文言虛詞》每(매): 한정어. 하나씩 가리키는 지시형용사('每'字可以作定語, 是逐指的指示形容詞。);《北
  京虛詞》每(매): 지시대명사. 매. ~마다. 전체 중의 매 하나하나를 가리키는 지시대명사('每', 指示代词。
  用于名词前, 指示全局中的每一个或每一项。可指示人、事物、时间等。);《論語語法》하나씩 가리키는
  지시대명사('每'是逐指代词。)。

3 《論衡·知實》몰라서 묻는 것은 사람으로서 귀감이 되는 일이다. 공자께서는 전에 태묘에 들어가 보신
  적이 없었고, 태묘 안의 예기가 많아서 한둘이 아닌데, 공자께서 아무리 성인이라 해도 어찌 다 알
  수 있었겠는가?(不知故問, 爲人法也。孔子未嘗入廟, 廟中禮器, 衆多非一, 孔子雖聖, 何能知之?);《論語集
  釋》閻若璩[1638~1704]의 《四書釋地續》에 말했다. "제사를 지내는 중에는 임금이 앞에 있고, 경·
  대부들이 옆에서 시중을 들고 있고, 화목하고 엄숙해서, 지위가 낮은 자가 지껄이며 이것저것 물어보는
  것이 어찌 허용될 여지가 있겠는가? 그래서 顧瑞屏[明代人]은, 공자께서 태묘에 들어가신 것은 제사를
  지내기 전날 宿齋할 때, 비로소 일일이 물어본 것이라고 했다. 그렇지 않고 평일에 가서 보신 경우라면,
  《荀子·宥坐》에 기재된 바, 공자께서 노나라 환공의 사당을 보시고 기울어진 그릇이 있자, 사당 관리인에
  게 '이것은 무슨 그릇인가?'라고 물은 것과 같은 류이다"(獨當祭時, 魯君在前, 卿大夫侍從, 雝雝肅肅,
  安得容一少且賤者呶然致辭說哉? 故顧瑞屏以爲子入廟, 當是隔日宿齊, 始可每事問者。是不然作平日往
  觀, 如荀子所載孔子觀於魯桓公廟, 有欹器, 問守廟者曰「此爲何器」之類。);《鄉黨 제13장》에도 같은 구절
  이 나온다.

4 《論孟虛字》孰(숙): 누군지 모르는 사람을 가리킨다. 누구. 어떤 사람('孰', 指代不知誰何的人, 是'哪個'或
  '什麼人'的意思。);《論語語法》사람을 대신하는 용도로 쓰였다('孰'用來代人。誰,哪一個人)。

5 《論語集解》'鄹(추)는 공자 부친 숙량흘이 다스리던 읍이다(注: 孔安國曰: 鄹, 孔子父叔梁紇所治邑也。);
  《說文·邑部》'鄹'는 노나라 소읍으로, 공자의 고향이다(郰, 魯下邑。孔子之鄉。);《論語注疏》옛날에
  대부로서 읍을 지키는 자는, 읍으로 관명을 삼아, ○○人으로 호칭했다(疏: 正義曰: 古謂大夫守邑者,
  以邑冠之, 呼爲某人。);《論語大全》'○○읍의 대부'를 '○○人'이라 부른다. '○○之子'는 어리게 보고
  얕잡아보는 호칭이다(吳氏曰: 邑大夫稱人……之子, 少賤稱。); 鄹(추): 산동성 곡부현 동남쪽에 있는 공자
  의 고향. 산모퉁이 외딴 부락(在今中国山东省曲阜县东南。孔子的家乡; 本义: 山的角落)。

6 《論語集解》알더라도 다시 묻는 것은 조심을 다 하는 태도이다(注: 孔安國曰: 雖知之, 當復問, 愼之至也。);
  《論語大全》'是禮也'는 '바로 이렇게 하는 것이 곧 올바른 예법이다'라는 말이다(朱子曰: 是禮也, 謂卽此便
  是禮也。);《疑義擧例·也邪通用例》옛사람들의 글에서는 '也'字를 의문사로 쓰는 경우가 있었다. 劉德明의

선생님께서 주공(周公)의 사당에 들어가셔서는, 일일이 물으셨다. 어떤 사람이
말했다. "누가 추읍(鄹邑) 대부의 자식을 일러 예(禮)를 안다고 했는가? 태묘(太
廟)에 들어와서는 일일이 묻는구나." 선생님께서 이 말을 들으시고 말씀하셨다.
"이렇게 하는 것이 예(禮)입니다."

大[7], 音泰。鄹, 側留反。○大廟, 魯周公廟[8]。此蓋孔子始仕之時[9], 入而助祭也。鄹, 魯邑名。
孔子父叔梁紇, 嘗爲其邑大夫。孔子自少以知禮聞, 故或人因此而譏之。孔子言是禮者,
敬謹之至, 乃所以爲禮也。

'大'(태)는 음이 '泰'(태)이다. '鄹'(추, zōu)는 '側'(측)과 '留'(류)의 반절이다. ○'太廟'(태
묘)는 노(魯)나라 주공(周公)의 사당이다. 이것은 아마도 공자(孔子)께서 처음 벼슬을
하실 때의 일로, 태묘에 들어가 주공에게 지내는 제사를 도우신 것이다. '鄹'(추)는,
노나라 읍의 이름인데, 공자의 아버지 숙량흘(叔梁紇)이 전에 이 읍의 대부였었다. 공자
는 어려서부터 예(禮)를 잘 안다고 소문이 나 있었기 때문에, 어떤 사람이 이런 소문을
빗대어 공자를 비아냥댄 것이다. 공자께서 '이것이 예입니다'라고 말씀하신 것은 공경
과 조심을 다 하는 것이 바로 예를 행하는 방법이라는 것이다.

《經典釋文》 서문에 '邪[不定之詞]와 也[助句之詞]는 다르지 않다'고 했는데, 맞는 말이다. 이러한 예를
알지 못하고, 의문사인데 결정사로 여기게 되면, 옛사람들의 글 뜻이 크게 어긋나고 만다. 이 장은 바로
공자께서 노나라 제사가 예법에 맞지 않음을 탄식한 것이다. 노나라는 예를 참칭한 나라로서, 태묘에서
희생·복장·기물 등이 예와 맞지 않는 경우가 필시 있었을 것이다. 공자께서 태묘에 들어가서 매사를
물은 것은 질책의 한 방법이었다. 어떤 사람이 이를 깨닫지 못하고, 도리어 '누가 추인의 자식이 예를
안다고 했는가?' 하고 비판했기 때문에, 공자께서 '是禮也?'[이것이 예란 말입니까?]라고 반문한 것이다.
'也'는 독음이 '邪'이고, 반문사로, 바로 그것은 예가 아님을 보인 것이다. 학자들이 '也'와 '邪'가 서로
바꿔쓰는 사례를 알지 못하고, 도리어 反語인데도 正語로 여긴다면, 이 장의 의미를 온전히 잃고 마는
것이다(古人之文則有以'也'字爲疑詞者。陸氏經典釋文序所謂'邪, 也弗殊', 是也。使不達此例, 則以疑詞爲
決詞, 而於古人之意大謬矣。按: 此章乃孔子歎魯祭之非禮也。魯僭禮之國, 太廟中, 犧牲服器之等, 必有不
如禮者。子入太廟, 每事問, 所以諷也。或人不諭, 反有執謂知禮之譏, 故夫子曰: '是禮也?' '也'讀爲'邪', 乃反
詰之詞, 正見其非禮也。學者不達'也'、'邪'通用之例, 以反言爲正言, 而此章之意全失矣。)。

7 大(대/태): [dà] 크다(与「小」相对而言。); [dài] 대부(大夫); [tài] 지고무상하다. =太, 泰(至高无上的。
通「太」,「泰」。).
8 《春秋公羊傳·文公13年》 周公의 사당을 太廟라 하고, 魯公(伯禽)의 사당을 世室이라 하고, 群公의
사당을 宮이라 한다(周公稱太廟, 魯公稱世室, 群公稱宮。).
9 《論語大全》 누군가가 추인의 자식이라 칭한 것을 보면, 그 일이 아직 어리고 지위가 낮을 때였음을
알 수 있다(朱子曰: 觀或稱鄹人之子, 知其爲少賤之時。).

○尹氏曰:「禮者, 敬而已矣[10]。雖知亦問, 謹之至也, 其爲敬莫大於此。謂之不知禮者, 豈足以知孔子哉?」[11, 12]

○윤씨(尹氏·尹彦明)가 말했다. "예(禮)라는 것은 공경[敬]일 뿐이다. 비록 알고 있을지라도 그럼에도 묻는 것은 조심을 다 하는 태도이니, 그 공경됨이 이보다 더 큰 것은 없다. 이를 두고 예를 모른다고 말한 자가 어찌 공자(孔子)를 제대로 알았겠는가?"

---

10 《爲政 제2장》章下注 '范氏曰……' 참조.

11 《論語大全》태묘에 들어가서는 일일이 물으셨으니, 아는 것도 다시 자세히 물으신 것이다. 성인께서 스스로를 옳다고 여기지 않으셨음을 알 수 있다. 일을 집행함에 묻지 않으면 안 되는 것은 응당 그래야 하지만, 성인께서 평소 예에 대해 모르는 게 있을 리 만무함에도, 몸소 일에 임해서는 공경하고 조심하신 것이 또한 이와 같으셨다는 것을 또한 반드시 알아야 한다. 평소 공부하실 때는, 단지 그 명칭은 들었지만, 그 기물을 아직 알지 못하고, 그 일을 아직 실제로 보지 못하셨으니, 몸소 일에 임해서는 묻지 않을 수 없었던 것이다(朱子曰: 入太廟每事問, 知底更審問。方見聖人不自爲是。執事不可不問固然, 然亦須知聖人平日於禮固無有不知, 而臨事敬愼又如此也。又曰: 平日講學, 但聞其名, 而未識其器物, 未見其事實, 故臨事不得不問耳。).

12 《讀四書大全說》주공의 사당에 들어가신 것이 제사를 돕기 위한 것이라면, 당연히 제단 앞에 나아가 신명을 부를 때로 서로들 숙연히 말이 없을 때인데[詩經·商頌·烈祖] 이것저것 물어보고 따지고 한다면, 무슨 예가 되겠는가!《荀子·宥坐》에, 공자께서 欹器(기기)를 관람하신 일, 역시 한가한 때 들어가 보신 것이다. 옛 사당을 고찰해 보면, 神主 상이 없을 뿐 아니라 정침에 보관했으니, 아마도 사람들이 들어가 관람하는 것을 금하지 않았을 것이고, 제후들은 조회하고 국사를 묻고 관례나 혼례를 모두 종묘 안에서 거행했는데, 간혹 집사의 직분을 맡은 사람은 임금이 오기 전에 먼저 이곳에서 임금을 기다렸기 때문에 물을 수 있었을 것이다. 禮에 남이 묻는 것을 허용한 것은, 바로 현자는 자기를 낮춰서 나아가고, 불초자는 발돋움해서 따라가게 해서, 이 예가 천하에 크게 밝혀지게 하려한 것이다(若說 "入太廟"是助祭, 則當 "奏假無言"之時而諄諄詰難, 更成甚禮! 荀子所記孔子觀欹器事, 亦是閑時得入。想古宗廟, 既無像主, 又藏於寢, 蓋不禁人遊觀; 而諸侯觀, 問, 冠, 昏皆行於廟中, 或有執事之職, 君未至而先於此待君, 故得問也°……禮之許人問者, 乃使賢者俯就, 不肖者企及, 以大明此禮於天下也)。일일이 물으셨다는 것은 몰라서가 아니라, 필시 아직 확신하지 못해서였을 것이다. 옛것을 좋아하여, 부지런히 서둘러서 구하여 얻으려 하신 분[述而 제19장]이라면, 손으로 만져보고 눈으로 목격하기 전에는 끝내 그것이 그렇지 않으리라고 의심하셨을 것이다. 성인께서 안다고 했다면, 반드시 확신이 있는 것이라야 안다고 하셨을 것이다. 아직 확신하지 못해 물으셨다면, 그 물음은 진심에서 나온 것으로, 성인의 충신·호학을 남이 따라가지 못하는 까닭은 바로 이 때문이다("每事問", 即非不知, 亦必有所未信。從好古敏求得者, 若未手拊而目擊之, 終只疑其爲未然。…… 聖人之知, 則必以信爲知。未信而問, 問出於誠, 聖人之所以忠信好學不可及者, 正以此耳。).

[射不主皮章]

031601、子曰:「射不主皮,¹ 爲力不同科,² 古之道也。」

---

1 《儀禮·鄕射禮》禮射로서 활쏘기는 가죽 과녁을 꿰뚫는 것을 중시하지 않는다. 과녁을 꿰뚫는 것을 중시하는 활쏘기는, 이긴 자는 계속 활을 쏘고, 이기지 못한 자는 내려온다(禮射不主皮. 主皮之射者, 勝者又射, 不勝者降。);《說文·皮部》짐승의 가죽을 벗겨 떼어 낸 것을 '皮'라 한다[皮에서 털을 제거한 것을 革이라 한다](皮, 剥取獸革者謂之皮。);《論語集解》활쏘기는 가죽과녁을 명중하는 것만을 중시하지 않고, (동작이) 음악의 장단에 맞는지 등도 같이 취한다는 말이다(注: 馬融曰: 言射者不但以中皮爲善, 亦兼取之和容也。);《朱子語類25: 97》'主皮는 무엇을 말하는지요?' 주자가 말했다. '皮字는 보아하니 貫革字가 되어야만 한다. 主는 가죽을 꿰뚫는 것을 중시한다는 말이다'(問: "主皮如何說?" 曰: "皮字, 看來只做箇貫革字; 主, 便是主於貫革。");《論語譯注》'皮'는 화살을 쏘아 맞히는 과녁을 대표하는 말이다. 고대에는 과녁을 '侯'(후)라 불렸는데, 천으로 만든 것도 있었고, 가죽으로 만든 것도 있었다. 과녁 가운데 각종 맹수나 다른 물건을 그려 넣었는데, 한가운데를 '正', '鵠'이라 불렀다. 공자께서 여기에서 말씀하신 射는 예악을 익히는 射지, 군대의 무술인 射가 아니었으니, 이 때문에 과녁에 명중했는가를 중시한 것이고, 가죽 과녁을 꿰뚫었는가를 중시한 것이 아니었다('皮'代表箭靶子。古代箭靶子叫'侯', 有用布做的, 也有用皮做的。當中畫著各種猛獸或者別的東西, 最中心的又叫做'正'或者'鵠'。孔子在這裏所講的射應該是演習禮樂的射, 而不是軍中的武射, 因此以中不中爲主, 不以穿破皮侯與否爲主。); 射不主皮(사부주피): ①활쏘기는 예에 부합한가를 중시하지, 적중했는가를 중시하지 않는다. ②적중을 중시하지, 꿰뚫는 것을 중시하지 않는다(谓射重在合于礼乐, 不以中的为主; 谓重在中与不中, 不以穿破皮侯为主。)。

2 《論語集解》'爲力'은 '力役之事'[노역]로, 여기에도 상중하가 있어, 三科制를 설정했기 때문에, '不同科'라 했다(注: 馬融曰: 爲力, 力役之事, 亦有上中下, 設三科焉, 故曰不同科也。);《論語注疏》주나라가 쇠약하여 실정하자, 노역 제공이 가난한 자와 부유한 자가 동등한 등급으로 되었기 때문에, 공자께서 이를 옳지 않다고 여겨, '옛날의 노역 제공은 지금처럼 동등한 등급이 아니었다'고 하신 것이다(疏: 正義曰: 周衰政失, 力役之事, 貧富兼併, 強弱無別, 而同爲一科, 故孔子非之云: 古之爲力役, 不如今同科也。);《論語義疏》'射不主皮'와 '爲力不同科' 두 가지 일로, 모두 옛 有道한 때의 법이었다["활쏘기 시합에서는 화살이 과녁을 명중하는 것만을 중시하지 않았고 (主皮 뿐만 아니라, 和·容·和容·興舞도 중시했으며[周禮·地官司徒·鄕大夫]), 노역에서는 가난한 자와 부유한 자를 동등한 등급으로 하지 않았으니, 모두 옛날의 道였다"](疏: 射不主皮及爲力不同科二事, 皆是古有道之時法也。);《論語新解》'科'는 등급의 뜻이다. 힘에는 강약이 있어 동등하지 않기 때문에, 활쏘기는 가운데를 맞히는 것을 주로 하지, 가죽을 꿰뚫는 것을 주로 하지 않는다. 한나라 학자들은 《儀禮·鄕射禮》에서는 '主皮'를 말하고, 《禮記·樂記》에서는 '貫革'을 말하는 것을 보고, 논어의 이 장의 '不主皮'의 '主皮'가 '貫革'을 말하는 것이 아니라고 보았고, 이에 이 '爲力不同科' 구절을 별개의 일로 보고, '射不主皮'와 연결시키지 않았다(科, 等级义。人力强弱不同等, 故射主中, 不贵贯。汉儒因见《仪礼》言主皮, 《小戴礼》言贯革, 疑《论语》此章不主皮不言贯革, 遂疑此句为力不同科另属一事, 不连上文。);《論語正義》'爲'는 '效'[바치다]와 같다. '노역을 바친다'는 말로, 바로 맹자가 말한 力役之征[노역으로 바치는 세금][盡心下 제27장]이다. 춘추시기에, 물자나 노역의 징발이 빈발하고 공사는 끝없어서 더 이상 상중하 三科制를 따르지 않았기 때문에, 공자께서 옛 제도를 그리워하신 것이다(正義曰: '爲', 猶效也。言效此力役之事, 即孟子所云, '力役之征'也…… 春秋時, 徵發頻仍, 興築無已, 不復循三科之制, 故孔子思古之制也。);《論語譯注》'爲'는 '因爲'[~때문이다]이다["사람마다 힘이 같지 않기 때문이었다"]('爲', 因为: '因爲各人的氣力大小不一樣。);《論孟虛字》'爲'는 '以'·'因'과 같다('爲',

선생님께서 말씀하셨다. "(향사례[鄕射禮]의) 활쏘기 시합에서 화살이 과녁의 가죽을 (맞히는 것을 중시하고) 꿰뚫는 것을 중시하지 않은 것은 (사람마다) 힘이 동등하지 않기 때문이었으니, 옛 법도였다."

爲,³ 去聲。○射不主皮, 鄕射禮⁴文。爲力不同科, 孔子解禮之意如此也。皮, 革也,⁵ 布侯⁶而棲⁷革於其中以爲的,⁸ 所謂鵠⁹也。科, 等也。古者射以觀德,¹⁰ 但主於中, 而不主於貫革,¹¹ 蓋以人之力有強弱, 不同等也。記曰¹²：「武王克商, 散軍郊射, 而貫革之射息。」正謂此也。周衰, 禮廢, 列國兵爭, 復尙貫革, 故孔子歎之。¹³

猶以, 猶因。); 科(과): 곡식의 등급·종류를 나누다. 분류하다. 등급. 종별(指衡量, 分別谷子的等級品類。本义: 品类, 等级。).

3 爲(위): [wèi] ~때문이다. ~를 위해서. ~를 대신해서. 돕다(因, 表示原因。替, 给。帮助。); [wéi] 하다. 다스리다. 담임하다. ~에 의해. ~와 함께(做事。治理。担任。被。与。同。).

4 鄕射禮(향사례):《儀禮》의 제5편 편명. 선진시대에 성행한, 활쏘기를 하고 음주를 즐기던 의식으로, 각 지방의 향대부가 경·대부·선비·학자들을 초청해 봄과 가을 두 차례 거행했다(古代射箭饮酒的礼仪。乡射礼盛行于先秦时期。每年春秋两季, 各乡的行政长官乡大夫都要以主人的身份邀请当地的卿, 大夫, 士和学子, 在州立学校中举行乡射礼。).

5 《說文·皮部》'皮(피)는 짐승 가죽을 벗겨낸 것을 皮라 한다(剝取獸革者, 謂之皮。);《說文·革部》'革(혁)은 짐승 가죽에서 털을 제거하여, 고친 것이다(獸皮治去其毛, 革更也。).

6 《儀禮·鄕射禮》과녁은, 천자는 하얀 바탕에 곰가죽을 붙인 것을 쓰고, 제후는 붉은 바탕에 사슴 가죽을 붙인 것을, 대부는 호랑이나 표범을 그려 넣은 천을, 선비는 사슴이나 돼지를 그려 넣은 천을 쓴다(凡侯：天子熊侯白質; 諸侯麋侯赤質; 大夫布侯, 畫以虎豹; 士布侯, 畫以鹿豕。); 布侯(포후): 천으로 만든 화살 과녁(布制的箭靶); 布(포): 펼치다(伸开。); 侯(후): 화살의 과녁으로, 짐승 가죽이나 짐승 모양의 그림을 그려서 과녁으로 삼는다(箭靶；以兽皮或画上兽形的为之).

7 棲(서): 맡기다. 걸다(寄托).

8 的(적): 표적. 과녁의 중심목표(箭靶的中心目标).

9 《中庸 제14장》공자께서 말씀하셨다. "활쏘기는 군자와 비슷한 데가 있다. 정곡을 맞추지 못하면, 돌이켜서 자기 자신에게서 찾는다"[鄭玄注: 천에 그려 넣은 것을 '正', 천에 붙인 가죽을 '鵠'이라 한다](子曰：射有似乎君子, 失諸正鵠, 反求諸其身。鄭玄注：畫布曰正, 棲皮曰鵠。); 鵠(곡): 과녁의 한 가운데. 천 한가운데 가죽을 붙인 곳(箭靶的中心).

10 《禮記·射義》활쏘기를 하는 것은, 덕을 쌓은 정도를 살피는 방법이다(射者, 所以觀盛德也。).

11 貫革(관혁): 활을 쏘아 갑옷을 꿰뚫다(射穿甲铠。).

12 《禮記·樂記》무왕이 殷을 치고 商으로 돌아왔다. 천하 사람들은 무왕이 다시는 전쟁하지 않을 것을 알았다. 군대를 해산하고 교외 射宮에서 활쏘기대회를 하면서, 東郊에서는 貍首(이수)[逸詩의 편명]를 노래하고, 西郊에서는 騶虞(추우)[詩經·召南의 마지막 시구로 악장의 이름]를 노래했는데, 이로부터 과녁을 꿰뚫는 활쏘기는 종식되었다(武王克殷反商……天下知武王之不復用兵也。散軍而郊射, 左射貍首, 右射騶虞, 而貫革之射息也。).

13 《論語大全》선생님께서도 과녁의 가죽을 꿰뚫는 활쏘기를 미워하신 것은 아니고, 다만 이 당시 모두들

'爲'(위)는 거성[wèi]이다. ○'射不主皮'(사불주피)는 《의례·향사례》(儀禮 鄕射禮)에 나오는 글이다. '爲力不同科'(위력부동과)는 공자(孔子)께서 향사례(鄕射禮)의 뜻이 이와 같다고 풀이하신 것이다. '皮'(피)는 가죽[革]으로, 과녁을 펼쳐 그 가운데에 가죽을 붙여서 이를 써서 표적으로 삼는데, 이른바 '정곡'(正鵠)이라는 것이다. '科'(과)는 '등급'[等]이다. 옛날에는 활쏘기 시합을 하여 이를 써서 덕을 관찰했으니, 단지 화살이 과녁을 적중시키는 것만을 중시했을 뿐, 과녁의 가죽을 꿰뚫는 것을 중시하지 않았는데, 대개 사람의 힘에는 강약이 있어 동등하지 않기 때문이었다. 《예기·악기》(禮記 樂記)에 '무왕(武王)이 상(商)나라를 이기고, 군대를 해산하고 교외에서 활쏘기 시합을 했는데, 그 후부터 가죽을 꿰뚫는 활쏘기가 종식되었다'고 했으니, 이 경문에서 말한 그대로이다. 주(周)나라가 쇠약하여 예(禮)가 폐지되자, 여러 나라가 무력을 다투면서 다시 과녁의 가죽을 꿰뚫는 것을 숭상했기 때문에, 공자(孔子)께서 이를 탄식해서 하신 말씀이다.

○楊氏曰:「中可以學而能, 力不可以強[14]而至。聖人言古之道, 所以正今之失。」

○양씨(楊氏·楊中立)가 말했다. "과녁을 적중시키는 것은 배워서 할 수 있지만, (과녁을 꿰뚫을 수 있는) 힘은 기른다고 해서 한없이 강해질 수 있는 것이 아니다. 성인께서 '옛 법도'[古之道]라고 말씀하신 것은 이를 써서 지금의 잘못된 법도를 바로잡으려는 것이다."

이에 습관이 되어 있었기 때문에, 고인의 도를 말씀하신 것뿐이다. 옛사람들 역시 다만 禮射의 경우에만 가죽을 꿰뚫는 것을 중시하지 않았을 뿐이고, 武射의 경우에는 옛날에도 가죽을 꿰뚫어야 했으니, 꿰뚫지 못한다면 무슨 이익이겠는가? 어찌 가죽을 꿰뚫는 것을 귀중히 여기지 않고, 단지 대략 가운데 맞히는 것만을 원했겠는가?(朱子曰: 夫子亦非是惡貫革之射, 但是當時皆習於此, 故言古人之道耳。如古人亦只是禮射不主皮, 若武射依舊要貫革, 若不貫革何益⋯⋯豈固以不主皮爲貴, 而但欲略中而已?). 대개 향사례에서는, 예모를 익히는 것이니, 가죽을 꿰뚫는 것을 귀중히 여기면, 예모를 익히는 방법으로서의 향사례의 의의를 놓치는 것이기 때문에, 어떤 사람이 자세를 곧게 하고 마음을 바르게 하고, 활과 화살을 잡는 자세를 안정되고 견고하게 취했는데[禮記·射義], 가죽을 꿰뚫지 못했다면, 그 예모는 취할 만하니, 어찌 꼭 가죽을 꿰뚫는 것을 요구하겠는가? 이것이 '爲力不同科'를 말씀하신 까닭이다. 활쏘기의 본래의 의의는 가죽을 꿰뚫는 것이지만, 대사례의 본의는 덕을 관찰하는 데 있다[禮記·射義](蓋鄕射之時, 是習禮容, 若以貫革爲貴, 則失所以習禮之意, 故謂若有人體直心正, 持弓矢又審固, 若射不貫革, 其禮容自可取, 豈可必責其貫革哉? 此所以謂爲力不同科也。射之本意, 也是要得貫革, 只是大射之禮, 本於觀德。).

14 強(강): 증진시키다. 기르다. 강화하다(使強, 加強).

[子貢欲去告朔之餼羊章]

031701、子貢欲去¹告朔²之餼羊。³

---

1 去(거): 제거하다. 없애버리다(除去: 去掉).

2 《周禮·春官宗伯·大史》태사는 여러 나라에 다음 해 12개월 달력을 반포한다[鄭玄注: 천자는 제후에게 다음 해 12개월 달력을 반포하고, 제후는 朝廟에 보관해두었다가, 매월 초하루 아침이 되면 朝廟에 가서, (餼羊을 써서) 고하고 받는다](大史: 頒告朔於邦國。鄭玄注: 天子頒朔於諸侯, 諸侯藏之祖廟, 至朔朝於廟, 告而受行之。); 告朔(고삭): ①천자가 매년 음력 12월에 다음 해의 12개월 달력을 제후에게 반포하는 것[이 경우 犧羊은 달력을 가지고 온 사자를 접대하기 위한 음식으로, 1년에 한 번 접대한다]. ②제후가 매월 초하루에 조묘에서 정사를 듣는 예식을 행하는 것[이 경우 犧羊은 매 달 초일에 종묘에 고할 때 쓰는 제사의식으로 1년에 12번 행한다](周制, 天子于每年季多把第二年的历书颁发给诸侯, 叫'告朔'。指诸侯于每月朔日(阴历初一)行告庙听政之礼。); 朔(삭): 음력 매월 초하루(本义: 农历每月初一。).

3 [성]告朔餼羊(고삭희양): 조묘에 직접 가서 고삭제를 드리지 않고, 양 한 마리만 잡다. 형식만 남은 의례의식. 관례대로 대충대충 무성의하게 처리하다(原指鲁国自文公起不亲到祖庙告祭, 只杀一只羊应付一下。后比喻照例应付, 敷衍了事。);《論語集解》산 제물을 '餼'라 한다(注: 鄭玄曰: 牲生曰餼也。); 餼(희): 제사나 선물에 쓰이는 가축. 선물로 보내는 곡물(古代祭祀或馈赠用的活牲畜。字本作'氣'。本义: 赠送人的谷物。);《論語正義》돌아가신 숙부님 劉台拱[1751~1805]의《論語駢枝》에 말했다. "'告'는 如字이다. '告朔'은, 위에서 밑으로 문서로 알리는 것이지, 밑에서 위로 고하는 것이 아니다. 천자가 천하에 정치를 행하는 것이지, 제후가 예에 따라 돌아가신 임금에게 행하는 것이 아니다. 餼의 말뜻은 乞(걸)로, 乞與[주다]이다. 대개 손님에게 제공하는 것으로, 가축이나 혹은 곡식 등 살아 있는 것은 모두 餼라 한다.《說文·米部》에 '氣는, 손님에게 꼴과 쌀을 주는 것이다'라고 했는데, 氣는 餼로 쓰기도 한다(正義曰: 先叔丹徒君《駢枝》曰: "告讀如字……然則'告朔'云者, 以上告下爲文, 不以下告上爲義。天子所以爲政於天下, 而非諸侯所以禮於先君也。餼之爲言乞也, 謂乞與也。凡供給賓客, 或以牲牢, 或以禾米, 生致之皆曰餼。《說文》'氣, 饋客芻米也。從米, 氣聲。'或作餼。). 천자가 제후에게 하는 行禮·告事는 모두 常事로, 告朔이 섣달이면 행하는 常事이고 또 한 나라에만 행하는 일이 아니기 때문에, 경·대부를 보내지 않고 미관말직을 보내는데, 수레나 말을 타게 하고 신표를 휴대시킨 연후에야 널리 신속히 할 수 있었다. 제후는 자기의 등급에 따라 그에게 예우했는데, 어린 가축이나 살아 있는 양을 썼다. 幽王 이후로는 제후에게 告朔을 전하지 않았지만, 노나라의 유사는 전례에 따라 살아 있는 양을 제공했으니, 定公·哀公 재위 시에도 여전히 행해지고 있었던 것이다"(……天子之於諸侯, 有行禮, 有告事……皆常事也。以其爲歲終之常事, 又所至非一國, 故不使卿大夫, 而使微者, 行之以傳遽, 達之以旌節, 然後能周且速焉。諸侯以其命數禮之, 或以少牢, 或以特羊而已。幽王以後, 不告朔於諸侯, 而魯之有司循例供羊, 至於定哀之間猶秩之。" 謹案: 此說最確。);《古今注》'告朔'은 천자의 사신인 태사가 (매년) 제후국에 와서 定朔을 알려주는 것이다. 주나라가 쇠퇴하자 태사가 다시는 오지 않았는데, 유사가 여전히 그 양을 사육하고 있으니까, 이를 없애려 한 것이다. 내가 생각건대 犧羊은 빈객을 접대할 때 쓰는 양이다. 태사가 告朔을 반포하려 일일이 여러 나라를 빙문하는데, 어찌 빈례로써 그를 대접하지 않겠는가? 자공 당시에, 주나라가 더욱 쇠퇴해지자, 태사가 더 이상 제후국에 곡삭을 하러 오지 않게 되었지만, 有司는 여전히 태사에게 접대할 犧羊을 관장하여 그 사육을 감독하면서, 양을 먹일 꼴을 낭비하고 있었으니, 이것이 자공이 그 양을 없애려 한 까닭이다(告朔謂天子之使來告正朔也…… 周衰大史不復至, 有司猶畜其羊, 故欲去之…… 余謂餼羊者餼賓之羊也…… 大史頒告朔于邦國, 方其頒之也, 歷聘諸國, 庸不以賓禮餼之乎? 子貢之時, 周道益衰, 王

자공(子貢)이 사당에 매월 초하루를 고하는 예(禮)에서 양(羊)을 희생으로 바치는 의식을 없애고자 했다.

去, 起呂反。告, 古篤反。餼 許氣反。○告朔之禮: 古者天子常以季冬,[4] 頒來歲[5]十二月之朔于諸侯, 諸侯受而藏之祖廟。月朔,[6] 則以特羊[7]告廟, 請而行之。餼 生牲[8]也。魯自文公始不視朔,[9] 而有司猶供此羊, 故子貢欲去之。[10]

'去'(거, qù)는 '起'(기)와 '呂'(려)의 반절이다. '告'(곡, gào)은 '古'(고)와 '篤'(독)의 반절이다. '餼'(희, xì)는 '許'(허)와 '氣'(기)의 반절이다. ○'告朔'(곡삭)의 예(禮)는, 옛날에 천자가 항상 음력 섣달에, 다음 해 12개월분의 달력을 제후에게 반포(頒布)하면, 제후는 그것을 받아 조상의 사당에 보관했다가, 매월 초하룻날이 되면, 수컷 양을 희생으로 써서 사당에 고하고, 달력을 청하여 시행했다. '餼'(희)는 산 채로 바치는 희생이다. 노(魯)나라는 문공(文公, BC 626~BC 609년 재위) 때부터 비로소 시삭(視朔)의 예(禮)를 행하지 않았지만,

─────────

之大史不復頒告朔于列國, 而有司之臣猶掌大史之餼羊, 監其字牧, 費其芻蒙, 此子貢所以欲去其羊也。).

4 季冬(계동): 겨울의 마지막 달(农历十二月。冬季最末一个月。): 사계절의 첫째 달이 孟, 둘째 달이 仲, 셋째 달이 季이다(一年分四季, 春, 夏, 秋, 冬。每三个月为一季, 即孟, 仲, 季。).

5 來歲(래세): 다음 해. 내년(来年).

6 月朔(월삭): 매월 초하루. 1개월(每月的朔日。指旧历初一。旧历每月以朔日为起点, 约三十日一周期为一月。一月一朔, 故用以指一个月。).

7 特羊(특양): 살아 있는 양(一只活羊).

8 《王力漢語》소·양·돼지를 三牲(삼생)으로 여긴다(古人以牛羊豕爲三牲).

9 《春秋左傳·文公16年》[BC 611] 여름 5월에, 문공이 넉 달째 視朔을 행하지 않았다(夏, 五月, 公四不視朔。);《論語集解》노나라 문공 때부터 視朔을 하지 않았는데, 자공이 視朔을 행하는 의식이 없어진 것을 보고, 그 양을 희생으로 바치는 의식을 없애고자 한 것이다(注: 鄭玄曰: 魯自文公始不視朔子貢見其禮廢故欲去其羊。);《論語譯注》매월 초하루가 되면, 살아 있는 양을 희생으로 바쳐 종묘에 제를 지낸 후에, 조정에 돌아와 정사를 들었는데, 종묘에 제를 지내는 것을 '告朔', 조정에 돌아와 정사를 듣는 것을 '視朔'·'聽朔'이라 했다. 자공 때 와서는, 매월 초하루에 노나라 임금이 종묘에 친히 임해 '告朔'의 예를 행하지 않았을 뿐 아니라, 조정에서 '視朔'도 행하지 않았다(每逢初一, 便殺一隻活羊祭於廟, 然後回到朝廷聽政。這祭廟叫做"告朔", 聽政叫做"視朔", 或者"聽朔"。到子貢的時候, 每月初一, 魯君不但不親臨祖廟, 而且也不聽政。); 視朔(시삭): 천자가 음력 매월 초하룻날 제사를 지내 사당에 고하고 태묘에서 이날 정사를 듣는 의식(古代天子, 諸侯每月朔日祭告祖庙后, 在太庙听政, 称'視朔'。).

10 《論語大全》자공은 유사가 희생으로 바치는 양을 쓸데없는 낭비라고 생각했고, 공자께서는 이에 이 점을 지적하신 것이다. 대개 일을 처리함에 있어서, 이해를 따지는 일이 있고, 시비를 따지는 일이 있다. 이해에 중점을 두면, 物을 보고 理를 보지 않고, 시비에 중점을 두면, 理를 보고 物을 보지 않는다(胡氏曰: 子貢以有司所供之羊爲徒費而欲去之, 夫子遂責之也。大抵處事之際, 有利害, 有是非。主於利害, 則見物而不見理, 主於是非, 則見理而不見物。).

유사(有司)는 (매월 초하룻날이 되면) 여전히 이 양을 희생으로 바쳤기 때문에, 자공(子貢)이 이를 없애고자 한 것이다.

031702. 子曰:「賜也, 爾[11]愛其羊, 我愛其禮。[12]」

　　　선생님께서 말씀하셨다. "사(賜)야, 너는 (희생되는) 곡삭(告朔)의 양(羊)을 아까워하는데, 나는 (사라지는) 곡삭(告朔)의 예(禮)를 아까워한다."

愛, 猶惜也。子貢蓋惜其無實而妄費。然禮雖廢, 羊存, 猶得以識[13]之而可復焉。若併[14]去其羊, 則此禮遂亡矣, 孔子所以惜之。[15]

'愛'(애)는 '아까워하다'[惜]와 같다. 자공(子貢)은 대개 그 양이 그에 걸맞는 실상이 없이 부질없이 낭비되는 것을 아까워했다. 그렇지만 예(禮)가 비록 폐지될지라도, 양을 희생으로 바치는 의식이 남아 있으면, 아직은 그 양을 표지로 삼아 곡삭(告朔)의 예(禮)를 다시 살릴 수 있지만, 만약 그 양마저 함께 없애버리면, 이 곡삭(告朔)의 예(禮)는 결국에 가서는 사라지고 말 것이니, 공자(孔子)께서 이를 아까워하신 까닭이다.

○楊氏曰:「告朔, 諸侯所以稟命[16]於君親[17], 禮之大者。魯不視朔矣, 然羊存則告朔之名

---

11 《論語義疏》本에는 '爾'(이)가 '汝'(여)로 되어 있다(《論語義疏》本에는 '爾'(이)가 '汝'(여)로 되어 있다;《詞詮》2인칭대명사. 너. 자네('爾', 人稱代名詞。汝也。音變爲今語'你'字。); '爾'는 2인칭대사로, 동년배나 어린 사람일 때 쓰고, 존칭이나 예의를 갖출 경우에는 쓰지 않는다('爾'作代詞, 表對稱, 對方是平輩或者幼輩時用它, 就是今日的'你'字, 不用於表尊稱和客氣的場合。).

12 [성]愛禮存羊(애례존양): 古禮에 대한 애착으로, 차마 내버리지 못하고, 이 때문에 古禮에 쓸 양을 보존하다. 근본을 유지·보호하기 위해 관련된 예절형식을 보존하다(由于爱惜古礼, 不忍使它废弛, 因而保留古礼所需要的祭羊。比喻为维护根本而保留有关仪节。).

13 《論語集解》양이 있으면, 여전히 이를 써서 그 예를 기억하게 되지만, 양이 없어지면, 예는 드디어 폐지되고 만다(注: 苞氏曰: 羊在, 猶所以識其禮也, 羊亡, 禮遂廢也。);《論語大全》'識'는 음이 '志'로, '記의 뜻이다. 그것이 고삭을 위한 양임을 기억하는 것이다(識, 音志, 記也。記其爲告朔羊也。); 識(지): 표기해 놓다. 標識. 기억하다(加上标记。后作'志'。通'志'。记住。).

14 併(병): 함께. 동시에. 아울러(＝并。一起。一齐。同時。).

15 《論語集解》양이 있으면 이를 써서 고삭의 예식을 기억하고 있는 것과 같지만, 양이 없으면 그 예식은 드디어 없어지고 마는 것이다(注: 苞氏曰: 羊在猶所以識其禮也, 羊亡禮遂廢也。).

16 稟命(품명): 명령을 받들어 행하다. 명령을 받다. 하늘에서 받은 운명이나 성품(奉行命令; 接受命令。指受之于天的命运或体性。).

未泯[18], 而其實因可舉[19]。此夫子所以惜之也。」

○양씨(楊氏·楊中立)가 말했다. "곡삭(告朔)은 제후가 임금과 조상에게 명을 받는 데 쓰는 것으로, 예(禮) 중에서 큰 예(禮)이다. 노(魯)나라는 시삭(視朔)의 예을 행하지 않았지만, 양을 희생으로 바치는 의식이라도 남아 있으면 곡삭(告朔)이라는 이름만큼은 없어지지 않고 남아 있을 것이니, 곡삭의 예의 실상이 이 양을 근거로 해서 다시 거행될 수 있을 것이다. 이것이 선생님께서 그 곡삭의 예를 아까워하신 까닭이다."

---

17 君親(군친): 임금과 어버이. 임금(君王与父母。亦特指君主。).

18 泯(민): 소멸하다. 사라지다. 소멸하여 깨끗이 없어지다(消灭, 丧失: 泯灭: 消灭净尽).

19 舉(거): 다시 일으키다(復興).

[事君盡禮章]

031801、子曰:「事君盡禮, 人以爲[1]諂也。[2, 3]」

> 선생님께서 말씀하셨다. "(내가) 임금을 섬기는데 예(禮)를 다 갖추는 것, 사람들은 이것을 가지고 아첨한다고 여긴다."

黃氏曰:「孔子於事君之禮, 非有所加也, 如是而後盡爾。時人不能, 反以爲諂。故孔子言之, 以明禮之當然也。」

황씨(黃氏·黃祖舜)가 말했다. "공자(孔子)께서 임금을 섬기는 예(禮)는 갖춰야 할 예에 더 보탠 것이 있는 것이 아니라, 이같이 하고 나서야 예(禮)를 다 갖춘 것이다. 당시 사람들은 이같이 하지 못하면서, 도리어 공자가 이같이 한 것을 가지고 아첨한다고 여긴 것이다. 그래서 공자(孔子)께서 이 말씀을 하여, 이로써 (임금을 섬기는) 예(禮)로서 당연히 그러해야 하는 모습을 밝히신 것이다."

○程子曰:「聖人事君盡禮, 當時以爲諂。若他人言之, 必曰我事君盡禮, 小人以爲諂, 而孔子之言止於如此。聖人道大德宏,[4] 此亦可見。[5]

---

1 《論語句法》'以'는 意謂動詞[~라 생각하다]이다. '以'의 목적어는 '事君盡禮'로, 본래 '以'·'爲' 사이에 놓여야 하는데, 중시하기 위해, 글머리로 앞당긴 것이다. '爲'의 주어는 '事君盡禮'이고, '諂'은 '爲'의 술어로, 그래서 '爲'字의 이 문장에서의 격은 연결동사이다["사람들은 事君盡禮가 아첨이라고 생각한다"]('以'是意謂動詞. 它的止詞是'事君盡禮', 本該放在'以'跟'爲'的中間, 爲了重視它, 提在句首的地位. '爲'字的主語, 是那個'事君盡禮', 而'諂'是'爲'的謂語, 所以'爲'字在這句中的身份, 是繫詞。);《論孟虛字》'以'는 '謂'로, '爲'는 '之'로 풀이한다["세상 사람들은 도리어 그가 아첨한다고 말한다"]('以'訓'謂', '爲'訓'之'. '以爲'猶謂之'. 可譯做'說他'二字. 是說: '世人反而說他諂媚'。).

2 《論語義疏》이 당시에 신하들은 모두 아첨으로 한 패가 되어 있었으면서, 어떤 사람이 임금에게 예를 다 갖추고 충성을 다하는 것을 보면은, 도리어 아첨한다고 말했기 때문에, 공자께서 당시를 미워하신다고 밝힌 것이다(疏: 當於爾時臣皆佞諂阿黨, 若見有能盡禮竭忠於君者, 因而翻謂爲諂, 故孔子明言以疾當時也。);《論語正義》당시에 임금은 약하고 신하는 강해서, 임금을 섬기는 예의가 대부분 간략하고 태만하고 무례했으며, 어떤 경우는 거기에 더해 신분을 넘어서는 예악을 사용했으니, 이 때문에 신하가 임금의 권위를 침범했다(正義曰: 當時君弱臣強, 事君者多簡傲無禮, 或更僭用禮樂, 皆是以臣干君。).

3 공자의 '事君盡禮'의 예로는 《子罕 제3장》《鄉黨 제4·13장》참조.

4 宏(굉): 집이 널따랗고 깊숙하다. 광대하다(本义: 屋子寬大而深。大: 宏大。).

5 《論語大全》黃氏는 '盡'字로부터 經文을 깊이 음미했고, 程子는 '人'字로부터 經文을 깊이 음미했다.

○정자(程子 · 伊川)가 말했다. "성인께서 임금을 섬기는 데 예(禮)를 다 갖춘 것을 당시 사람들은 이것을 가지고 아첨한다고 여겼다. 만약 (성인이 아닌) 다른 사람이라면, 반드시 '나는 임금을 섬기는 데 예(禮)를 다 갖추었는데, 소인들은 이것을 가지고 아첨한다고 여긴다'고 말했을 것이지만, 공자(孔子)의 말씀은 '사람들은'이라고 한 정도에서 그치셨다. 성인의 도의 크심과 덕의 넓으심을, 여기에서도 볼 수 있다."

이에 의해 성인의 뜻과 기상을 깨칠 수 있었으니, 성인의 말씀을 음미하는 법이라 할 만하다(新安陳氏曰: 按黃氏就盡字上深味之, 程子就人字上深味之。於此見得聖人意思氣象, 可謂味聖言之法。).

[君使臣以禮章]

031901. 定公問[1]：「君使臣, 臣事君, 如之何[2]？」孔子對曰：「君使臣以[3]禮, 臣事君以忠。[4] [5]」
노(魯)나라 정공(定公)이 물었다. "임금이 신하를 부리는 것, 신하가 임금을
섬기는 것, 그것은 어찌해야 할까요?" 공자(孔子)께서 대답하셨다. "임금이
신하를 부리는 것은 예(禮)를 써서 하고, 신하가 임금을 섬기는 것은 충(忠)을
써서 합니다."

定公, 魯君, 名宋。二者皆理之當然, 各欲自盡而已。
'定公'(정공)은 노(魯)나라 임금으로, 이름이 송(宋)이다. 이 두 가지는 모두 도리상 당연
히 그러해야 하는 모습으로, 임금과 신하는 각자 자기의 도리를 다하려고 하면 된다.

○呂氏曰：「使臣不患其不忠, 患禮之不至; 事君不患其無禮, 患忠之不足。」尹氏曰：「君臣

---

1 魯定公(노정공): BC 509~BC 495 재위. 姬 姓, 名 宋, '定' 시호. 노나라 제25대 임금. 형 소공[BC
   542~BC 510 재위]이 망명하여 진나라 건후에서 죽고 나서, 뒤이어 임금이 되었다. 정공의 뒤를 이은
   임금이 애공이다《古今注》太宰純[1680~1747. 日本人]이 말했다. "계환자가 소공을 축출하고, 소공이
   진나라 건후에서 죽었으니, 신하의 도리를 다하지 못하는 것이 극에 달했다. 정공은 아우로서 소공의
   뒤를 이었으니, 자리가 불안하다고 스스로 여겼기 때문에, 이 질문이 있었던 것이다"(純曰: 季桓子逐昭公
   而昭公死于乾侯, 其不臣極矣。定公以弟繼立, 不自安於其位, 故有是問。).
2 《北京虛詞》如之何(여지하): ~을 어떻게 할까? ~하는 방법. 술어로서 방법을 물으며, '之'는 앞에 나온
   것을 가리킨다('如之何', 作谓语, 询问方法, '之'指代上文出现的人、物或情况。义即对此怎么办、'怎么做法。).
3 《論孟虛字》'以'는 '依'와 같다. '因依'[의탁하다. 기대다]의 뜻이다('以', 猶'依', 爲'因依'之意。).
4 《論語義疏》신하가 임금을 따르는 것은 풀이 바람을 따르는 것과 같아서, 임금이 예를 갖춰 신하를
   부리면, 신하는 반드시 충성을 다해 임금을 섬길 것이고, 임금이 신하를 부리는 데 예를 갖추지 않으면,
   신하 또한 충성하지 않을 것이다(疏: 言臣之從君如草從風, 故君能使臣得禮, 則臣事君必盡忠也, 君若無
   禮, 則臣亦不忠也。).
5 《荀子·臣道》德을 써서 임금을 덮어주고 감화시키는 자가 大忠이다. 德을 써서 임금에게 힘을 합해
   보필하는 자가 次忠이다. 是를 써서 非를 간하여 임금을 화나게 하는 자가 下忠이다. 임금의 영욕을
   걱정하지 않고, 나라의 득실을 걱정하지 않고, 오로지 군주의 비위를 맞추어 구차히 환심을 사서 자리를
   보전하고 권신들과 결탁할 뿐인 자가 國賊[나라의 도적]이다(有大忠者, 有次忠者, 有下忠者, 有國賊者:
   以德覆君而化之, 大忠也; 以德調君而輔之, 次忠也; 以是諫非而怒之, 下忠也; 不卹君之榮辱, 不卹國之臧
   否, 偷合苟容以持祿養交而已耳, 國賊也。);《荀子·子道》도를 따르고 임금을 따르지 않고, 의를 따르고
   아버지를 따르지 않는 것이 사람으로서 가장 큰 덕행이다(從道不從君, 從義不從父, 人之大行也。).

以義合者也。故君使臣以禮, 則臣事君以忠。」[6] [7], [8]

○여씨(呂氏·呂興叔)가 말했다. "신하를 부리는 자는 신하가 불충(不忠)할까를 걱정하지 않고, (자기가) 신하를 부리는 예(禮)를 다 하지 못할까를 걱정하고, 임금을 섬기는 자는 임금이 무례(無禮)할까를 걱정하지 않고, (자기가) 임금을 섬기는 충(忠)이 부족할까를 걱정한다."

윤씨(尹氏·尹彦明)가 말했다. "임금과 신하는 의(義)로써 하나로 합해진 관계이다. 그 때문에, 임금이 신하를 부리기를 예(禮)를 써서 한다면, 신하는 임금을 섬기기를 충(忠)을 써서 할 것이다."

---

6 《論語注疏》'孔子對曰: 君使臣以禮, 臣事君以忠'은, 말인즉 예는 이를 써서 국가와 사직을 안정시킬 수 있는데, 임금이 예를 행하지 않으면 신하는 忠을 다 바치지 않기 때문에, 공자께서 대답하시기를 '임금이 신하를 부리는 데 예를 쓰면, 신하는 반드시 임금을 섬기는데 忠을 쓸 것입니다'라고 하셨다는 것이다(疏: 正義曰: '孔子對曰: 君使臣以禮, 臣事君以忠'者, 言禮可以安國家, 定社稷, 止由君不用禮, 則臣不竭忠, 故對曰: '君之使臣以禮, 則臣必事君以忠也.').

7 《論語大全》呂氏는 임금과 신하가 서로 상대방을 탓하지 않고 자기를 탓하여, 각자 당연히 해야 할 바를 다해야 한다고 말했으니, 그래서 공자 말씀의 본래의 뜻에 족히 부합했다(此交互言之, 不責人而責己, 各盡所當然, 所以足上正意也.); 《論語大全》尹氏는 '則' 한 자를 추가시켜, 이 장이 定公 때문에 한 말로 여겼으니, 임금을 경계시키는 뜻으로 보았다(新安陳氏曰: 尹氏加一則字, 以此章爲定公言, 警君之意也.); 《論語集釋》王應麟[1223~1296]의 《困學紀聞》에 말했다. "徐應龍[1168~1248]의 《東澗集》에, '父慈子孝를 말하는데, '父慈'와 '子孝'의 사이에다가 '則'字를 붙이면, 본의를 잃는다'라고 했다"(困學紀聞: 東澗謂如言父慈子孝, 加一則字, 失本義矣.).

8 《孟子·離婁下 제3장》맹자가 제나라 선왕에게 말했다. "임금이 신하를 자기 수족같이 여기면, 신하는 임금을 자기 배와 가슴같이 여길 것입니다. 임금이 신하를 개나 말같이 여기면, 신하는 임금을 길거리 행인같이 여길 것입니다. 임금이 신하를 흙이나 풀같이 여기면, 신하는 임금을 원수같이 여길 것입니다"(孟子告齊宣王曰: "君之視臣如手足, 則臣視君如腹心; 君之視臣如犬馬, 則臣視君如國人; 君之視臣如土芥, 則臣視君如寇讎.").

[關雎樂而不淫章]

032001、子曰:「關雎[1] 樂而不淫,[2] 哀而不傷[3]。」[4]

　　　선생님께서 말씀하셨다. "'관저'(關雎)라는 시는 즐거워하면서도 음락에까지
　　는 빠지지 않고, 슬퍼하면서도 상심에까지는 빠지지 않는다."

---

1 《詩經·周南·關雎》끼룩끼룩 물수리 한 쌍, 모래톱에서 놀고 있네요. 아리땁고 현숙한 요조숙녀일랑,
　군자에게 참으로 좋은 배필 들쑥날쑥 피어오른 노랑 연꽃을, 요리조리 헤엄쳐가 따오네요. 아리땁고
　현숙한 요조숙녀를, 자나 깨나 그리워하며 간구하네요 이리저리 간구해도 얻을 길 없어, 자나 깨나
　그리워하며 동경하네요. 그리움 아득하고 아득하여, 이리 뒤척 저리 뒤척 잠을 못 이루네요 들쑥날쑥
　피어오른 노랑 연꽃을, 요리저리 헤엄쳐가 따오네요. 아리땁고 현숙한 요조숙녀에게, 금슬을 퉁기면서
　다가오네요 들쑥날쑥 피어오른 노랑 연꽃을, 요리저리 헤엄쳐가 따오네요. 아리땁고 현숙한 요조숙녀를,
　종과 북을 두둥대면서 즐겁게 하네요(關關雎鳩、在河之洲。窈窕淑女、君子好逑。參差荇菜、左右流之。窈
　窕淑女、寤寐求之。求之不得、寤寐思服。悠哉悠哉、輾轉反側。參差荇菜、左右采之。窈窕淑女、琴瑟友
　之。參差荇菜、左右芼之。窈窕淑女、鍾鼓樂之。);《古今注》'關雎'는 關雎(관저)·葛覃(갈담)·卷耳(권이)
　3편을 말한다. '關雎'라고 한 것은, 關雎가 첫 편이고, 葛覃 편과 卷耳 편이 그 안에 포함된 것이다.
　關雎편은 '樂而不淫'이고, 葛覃편은 '勤而不怨'이고, 卷耳편은 '哀而不傷'이다(關雎謂關雎之三也…… 關
　雎云者、關雎爲首、而葛覃、卷耳包在其中。關雎樂而不淫、葛覃勤而不怨、卷耳哀而不傷。);《論語集釋》
　劉台拱[1751~1805]의《論語駢枝》에 말했다. "詩인 關雎가 있고, 音樂인 關雎가 있는데, 이 장의 關雎는
　음악인 關雎를 말한다. 옛날의 음악의 악장은 모두 세 편이 한 장이었다. 樂而不淫은 關雎·葛覃 편을
　말하고, 哀而不傷은 卷耳 편을 말한 것이다. 關雎는 배필을 얻은 것을 즐거워하는 노래이고, 葛覃은
　부인이 배를 짜는 일을 즐거워하는 노래이고, 卷耳는 멀리 있는 사람을 슬퍼하는 노래이다"["'관저'라는
　노래는……"](劉台拱의《論語駢枝》說: "詩有《關雎》、樂亦有《關雎》、此章據樂言之。古之樂章皆三篇爲
　一……樂而不淫者、關雎、葛覃也; 哀而不傷者、卷耳也。關雎樂妃匹也。葛覃、樂得婦職也。卷耳、哀遠人
　也。"); 關雎(관저): 물새끼리 서로 어울려 우는 소리(關關、水鳥和鳴之聲。雎、水鳥。).

2 [성]樂而不淫(낙이불음): 즐거워하되 푹 빠지지 않고 절제할 줄 알다. 즐기되 분에 넘치지 않는다. 감정을
　절제해서 드러내다(快乐而不过分。指表现的情感有节制。);《古漢語語法》而(이): 전환접속사. 앞뒤의
　동사나 형용사 중 한쪽은 부정사가 많다('而'、转折连词、前后两项为动词或形容词。常见的形式是其中一
　项有否定词。);《論語譯注》옛사람들은 대개 분에 넘쳐서 도를 넘는 지경에 이른 것을 '淫'이라 했다.
　예컨대, 淫祀[자기가 제사 지낼 대상이 아닌데 지내는 제사], 淫雨[오랫동안 내리는 비]. 분에 넘쳐
　절제를 잃고 난잡해지다. 푹 빠져 헤어 나오지 못하다. 넘쳐흐르다('淫'、古人凡过分以至于到失当的地步
　叫淫、如言 "淫祀"(不應該祭祀而去祭祀的祭禮)、"淫雨"(過久的雨水)。).

3 [성]哀而不傷(애이불상): 서글프지만 상심에 빠지지 않는다. 감정에 절제가 있다. 우아하고 격조가 있다.
　일이 도에 지나침도 없고 미치지 못함도 없다(哀: 悲哀; 伤: 伤害。忧愁而不悲伤、形容感情有节制; 另形容
　诗歌、音乐优美雅致、感情适度。比喻做事没有过头也无不及。).

4 《論語正義》《八佾》편은 모두 예악을 말했고,《關雎》편의 여러 시는 향악에 사용되어, 공자께서 누차
　들으실 수 있었으니, 이에 그 시의 뜻을 찬미하시고, 또 다른 날에는 그 음악의 아름다운 소리를 '洋洋盈耳'
　[泰伯 제15장]라고 감탄하셨다(正義曰:《八佾》此篇皆言禮樂之事、而《關雎》諸詩列於鄉樂、夫子屢得聞
　之、於此贊美其義、他日又歎其聲之美盛"洋洋盈耳"也。).

樂, 音洛。○關雎, 周南國風詩之首篇也。淫者, 樂之過而失其正者也。傷者, 哀之過而害
於和[5]者也。關雎之詩, 言后妃[6]之德, 宜配君子。求之未得, 則不能無寤寐[7]反側[8]之憂; 求
而得之, 則宜其有琴瑟[9]鐘鼓[10]之樂。蓋其憂雖深而不害於和, 其樂雖盛而不失其正, 故
夫子稱之如此。欲學者玩[11]其辭, 審其音[12]。而有以識其性情之正也。[13, 14]

---

5 和(화): 알맞은 정도. 아주 적당한 수준(适中: 恰到好处).

6 后妃(후비): 황후. 정실과 소실(皇后和妃嬪).

7 寤寐(오매): 깨어 있는 상태와 잠자는 상태. 낮과 밤. 자나 깨나 그리워하다. 갈망하다(醒与睡。常用以指日夜。
引申指日夜思念, 渴望。); 寤寐求之(오매구지): 절실하고 다급하게 바라다(比喻迫切地希望得到某种事物).

8 反側(반측): 엎치락뒤치락 몸을 뒤척이다(翻来复去, 转动身体).

9 琴瑟(금슬): 금과 슬. 금슬을 타다(琴和瑟。弹奏琴瑟。);《說文·珡部》'珡'[琴]은 禁(금)이다. 神農씨가
만들었다. 공명통에 붉은색 비단실로 꼰 다섯 개 줄을 맸는데, 주나라 때 두 줄을 더 매서 칠현금이
되었다. 瑟은 庖犧[伏義]씨가 만든 현악기이다(珡[琴]: 禁也。神農所作。洞越。練朱五弦, 周加二弦……瑟
庖犧所作弦樂也).

10 鐘鼓(종고): 종과 북. 음악(钟和鼓。借指音乐).

11 玩(완): 손으로 가지고 놀다. 만지작거리다. 깊이 연구하다. 반복해서 몸에 익히다(本义: 以手玩弄。
研讨: 反复体会).

12《集注考證》공자 당시의 소위 關雎는, 대개 가사와 가락을 합해서 말한 것이기 때문에, 集注의 끝에
'玩其辭 審其音'이라는 말을 붙인 것인데, 지금은 시의 가사는 여전히 곱씹어 맛을 볼 수 있지만, 음악의
가락은 더 이상 들어볼 수가 없다(夫子時所謂關雎, 蓋合辭意聲音而言之也, 故集註之末有玩辭審音之說,
今則辭尚可玩而音不可復聞矣).

13《毛詩序》《관저》는, 후비의 덕에 대한 노래한 시로, 교화의 시작으로, 이를 써서 천하를 교화하여
부부의 도를 바르게 하려는 것이다.《관저》는, 窈窕淑女를 얻어 배필로 삼은 것을 즐거워하고, 賢才를
찾아 천거하는 것을 근심하되, 즐거움과 근심이 도에 지나치지는 않았다. 窈窕淑女를 애타게 찾고,
賢才를 그리워하되, 傷心의 지경에까지 이르지는 않았으니, 이것이《관저》의 의의이다(《關雎》后妃之德
也, 風之始也, 所以風天下而正夫婦也……《關雎》樂得淑女, 以配君子, 憂在進賢, 不淫其色; 哀窈窕, 思賢
才, 而無傷善之心焉, 是《關雎》之義也。); 처음부터 華夏美學은 각종 지나치게 강렬한 哀傷·憤怒·憂愁
·歡悅과 모든 반이성적인 정욕을 드러냄을 배척했으며, 더욱이 아리스토텔레스와 같은 그러한 종교성을
띤 감정세척 특징의 배설-정화의 카타르시스 이론 같은 것도 없었다. 중국 고대에는 정감이 현실의
심신과 사회집단에 부합되는 조화협동을 추구했고, 이 표준을 이탈하거나 파괴하는 어떠한 정감(쾌락)
과 예술(악곡)도 배척했다. 음악은 내심으로부터 이러한 보편성의 정감형식을 건립하고 빚어내기 위한
것으로, 이는 곧 '음악은 조화를 추구한다(樂從和)'[國語·周語下]는 화하 미학의 근본적인 특징이다(李
澤厚 著/권호 역,『華夏美學』[동문선, 1990], 37).

14《論語大全》금과 슬을 타고 종과 북을 두드리는 정도가 不淫이다. 푹 빠지고 탐닉하고 도에 지나치고
넘치는 정도라면 淫이다. 근심이 전전반측으로 그치는 정도가 不傷이다. 근심하고 우울해하고 통곡하고
흐느낄 정도라면 傷이다. 이것이 성정의 적정한 정도를 얻은 모습이다(朱子曰: 琴瑟鍾鼓, 是不淫也。
若沈湎洭洗則淫矣。憂止於展轉反側, 是不傷也。若憂愁哭泣則傷矣。此是得性情之正。);《論語大全》시를
감상하는 법은 그 성정을 탐색하고, 그 가사를 곱씹어 맛을 보고, 그 노랫가락을 살피면 된다. 지금은
성정은 알기 어렵고, 노랫가락은 전해지지 않으니, 오직 가사만으로 곱씹어 맛을 볼 뿐이다. 그렇지만
그 가사로 인해 그 성정을 알 수 있고, 길게 늘어진 소리로 옮겨보고, 관현악기에 입혀보면, 노랫가락도

'樂'(악)은 음이 '洛'(락)이다. ○'關雎'(관저)는 《시경·국풍·주남》(詩經 國風 周南) 편의 시로, 시경(詩經)의 첫 편으로 나오는 시이다. '淫'(음)은 그것을 즐거워하는 정이 지나쳐서 그에 맞는 적정한 정도를 잃은 것이다. '傷'(상)은 그것을 슬퍼하는 정이 지나쳐서 적정한 정도를 해친 것이다.

'관저'(關雎)라는 시는 '왕비의 덕스러운 모습이 군자의 어울리는 배필감이다. 그녀를 배필로 구하여 얻지 못하면, 자나 깨나 그리워해서 몸을 뒤척이는 근심이 없을 수 없고, 그녀를 배필로 구하여 얻으면, 의당 그에게 금과 슬을 타고 종과 북을 두드리는 즐거움이 있다'고 읊은 시이다. 대개 배필로 얻지 못한 그 근심이 깊을지라도 적정한 정도를 넘어서지 않았고, 배필로 얻게 된 그 즐거움이 꽉 차 있을지라도 그에 맞는 적정한 정도를 잃지 않았기 때문에, 선생님께 이 시를 칭찬하시는 말씀이 이와 같으셨다. 배우는 자로 하여금 그 시의 가사를 곱씹어서 맛을 보고, 그 시의 노랫가락을 세심하게 살피고, 그 시에 나타난 성정의 적정한 모습을 인식할 수 있기를 바라신 것이다.

대략은 알 수 있다(胡氏曰: 觀詩之法, 原其性情, 玩其辭語, 審其聲音而已。今性情難知, 聲音不傳, 惟辭語可玩味爾。然因其辭語, 可以知其性情, 至於播之長言, 被之管絃, 則聲音亦略可見矣。).

[哀公問宰我章]

032101、哀公問社[1]於宰我[2]。宰我對曰:「夏后氏[3]以松, 殷人以柏,[4] 周人以栗, 曰[5]使民戰栗[6][7][8]。」

---

1 《論語義疏》'社'는 사직이다(疏 社, 社稷也。);《經典釋文》社'가 鄭玄本에는 '主'로 되어 있다. 主는 田主[토지神]로, 社를 말한다(社, 如字, 鄭本作主。 云主, 田主, 謂社。);《論語注疏》張禹·包咸·周氏의 책에는 '哀公問主於宰我'라고 했고, 선유 중에 어떤 학자는 '宗廟主'라고 했는데, 지금 취하지 않는다(疏 正義曰: 張, 包, 周本以爲哀公問主於宰我。 先儒或以爲宗廟主者……今所不取。);《論語正義》《魯論語》에는 '問主'로 되어 있고,《古論語》에는 '問社'로 되어 있다.《說文·宀部》에, '宝(주)는 종묘의 神主를 모셔두는 석실이다. 宀(면)은 동서남북을 모두 교차시켜 만든 지붕에 堂과 室을 갖춘 깊숙한 집이다'라고 했는데, 지금은 모두 줄여서 '主'로 쓴다(正義曰: 此有兩本,《魯論》作"問主",《古論》作"問社"……《說文·宀部》"宝, 宗廟主祏也。 從宀, 主聲。 宀者, 交覆深屋。" 廟之象也。 今皆省寫作主。);《王力漢語》社(사): 토지의 주인. 토지신. 封土를 '社'라 하고, 그 토지에 알맞은 수종을 심었는데, 이 때문에 '社'는 토지신을 제사 지내는 곳이기도 하다(社, 土地的主, 土神。 又名后土。 古人封土爲社, 各栽種其土所宜種之樹。 因此社又祭祀土神的地方。);《論語譯注》토지신을 '社'라 불렀는데, 애공이 물어본 '社'는, 재아의 대답으로 미루어 볼 때, '社主'[사직의 신주]를 가리킨 말이다. 고대에 토지신을 제사 지낼 때는 토지신을 대신해서 나무로 만든 위패를 땅에 세웠고, 이 위패를 主라 불렀고, 이 木主를 신령이 깃드는 곳으로 여겼다. 나라에 외국과의 전쟁이 있으면, 반드시 이 木主를 싣고 나갔다. 어떤 학자는 '社'는 社에 심은 나무를 가리킨다고 하는데, 믿을 만한 것이 못된다(土神叫社, 不过哀公所问的社, 从宰我的答话中可以推知是指社主而言。 古代祭祀土神, 要替他立一个木制的牌位, 这牌位叫主, 而认为这一木主, 便是神灵之所凭依。 如果国家有对外战争, 还必需载这一木主而行……有人说社是指立社所栽的树, 未必可信。); 社(사): 토지신. 토지신의 신주. 토지신을 제사 지내는 장소(土地神。 土地之神的神主。 祭祀社神之所。).

2 宰我(재아): 名 予, 字 子我, 宰我. BC 522~BC 458. 공자보다 29살이 적은 제자. 공문십철. 陳恒[憲問 제22장 참조]에게 살해되었다고 한다;《史記·仲尼弟子列傳》재아는 변설에 매우 능했다. 재아는 임치의 대부가 되었는데, 전상과 난을 일으켰다가, 멸족의 화를 당했는데, 공자가 이를 부끄러워했다(宰予字子我。 利口辯辭……宰我爲臨菑大夫, 與田常作亂, 以夷其族, 孔子恥之。);《公冶長 제9장》《雍也 제24장》《先進 제2장》《陽貨 제21장》 참조.

3 夏后氏(하후씨): 우 임금이 세운 하나라를 지칭하며, 국호로써 氏를 삼았기 때문에, 夏后氏라 했다.

4 《子罕 제27장》 각주 '松柏(송백)' 참조.

5 《詞詮》타동사. '그 뜻은 ~이다'('曰', 外動詞。 亦言義。 在今語與'他的意思是說'相同。).

6 戰栗(전율): 겁을 먹거나 추위에 떨거나 심하게 흔들려서 부들부들 떨다(因恐懼, 寒冷或激动而颤抖。); 栗(율): 몹시 두려워하다. 부들부들 떨다. 벌벌 떨다(恐惧。 哆嗦, 发抖。).

7 《論語新解》①이 말은 재아가 애공에게 엄하게 정치하기를 권유하고자 멋대로 견강부회하여 풍간한 것이다. ②옛날에는 사람을 죽이는 일이 보통 社에서 행해졌는데, 이 당시 三家가 정치를 전횡하자, 애공이 그들을 토벌하고자 했기 때문에, '問社'를 구실로 삼은 것으로, 이 말은 바로 隱語로 생각을 내보인 것이고, 재아의 대답은 隱語로 찬성을 표한 것이다. ③애공4년에 亳社(박사)에 불이 났는데, 애공의 질문은 이 해에 있었다. 이 당시 공자께서 아직 진나라에 계셨기 때문에, 아랫글에 '子聞之'라 한 것이다(或说此乃宰我欲劝哀公用严政, 故率意牵搭为讽。 或说古者杀人常在社, 时三家专政, 哀公意

노(魯)나라 애공(哀公)이 재아(宰我)에게 사(社)에 심는 나무에 대해 물었다. 재아(宰我)가 대답했다. "하후씨(夏后氏)는 소나무를 썼고, 은(殷)나라 사람은 측백나무를 썼고, 주(周)나라 사람은 밤나무를 썼는데, 밤나무를 쓴 것은 백성들을 두려워 떨게 하려는 것이었습니다."

宰我, 孔子弟子, 名予。 三代之社不同者, 古者立社, 各樹其土之所宜木以爲主也[9]。 戰栗, 恐懼貌。 宰我又言周所以用栗之意如此。 豈[10]以古者戮人於社[11], 故附會[12]其說與?

'宰我'(재아)는 공자(孔子)의 제자로, 이름이 여(予)이다. 3대의 사(社)에 심은 나무가 똑같지 않은 것은, 옛날에 사(社)를 세울 때, 각기 그 땅의 토질에 알맞은 나무를 심어서 이로써 신주로 쓸 나무로 삼았기 때문이다. '戰慄'(전율)은 두려워하는 모양이다.

欲讨之, 故借题问社, 此乃隐语示意, 宰我所答, 隐表赞成。 或说哀公四年亳社灾, 哀公之问, 或在此年。 时孔子犹在陈, 故下文曰 "子闻之"。).

8 《白虎通義 · 社稷》 王된 자가 사직을 두고 제사를 지내는 까닭은 무엇인가? 천하를 위해 복을 구하고 (땅과 곡식의) 공로에 보답하기 위해서이다. 사람은 땅이 아니면 설 수 없고 곡식이 아니면 살아가지 못한다. 땅은 드넓어 두루 다 공경을 표시할 수 없고, 곡식은 그 종류가 너무 많아 하나하나 다 제사 드릴 수 없다. 그래서 땅을 돋우어 社를 세워서 땅의 존귀함을 표시하고, 稷[기장쌀]은 오곡 중의 으뜸이어서 稷을 돋우어 제사 지내는 것이다(王者所以有社稷何? 爲天下求福報功。 人非土不立, 非穀不食。 土地廣博, 不可遍敬也; 五穀衆多, 不可一一祭也。 故封土立社, 示有土尊。 稷, 五穀之長, 故封稷而祭之也。). 사직에 나무를 심는 까닭은 무엇인가? 높이 눈에 띄게 하여, 백성들이 바라보고 경모하게 하고, 또 이로써 그 공적을 드러내려는 것이다. 그래서 《周官》에는 '司徒는 사직의 제단을 세우고 나무를 심기를, 각각 그 땅에서 자라는 나무를 쓴다'고 했고, 《尙書》에는 '太社에는 소나무를, 東社에는 측백나무를, 南社에는 가래나무를, 西社에는 밤나무를, 北社에는 홰나무를 심는다'고 했다(……社稷所以有樹何? 尊而識之, 使民人望見師敬之, 又所以表功也。 故《周官》曰: '司社而樹之, 各以土地所生。'《書經》亡篇曰: '太社唯松, 東社唯柏, 南社唯梓, 西社唯栗, 北社唯槐。');《補正逃疏》 '樹'는 나무를 심어 이를 표지수로 삼으려는 것이다(朱氏申云: 樹者, 立木以爲表也。).

9 《周禮 · 地官司徒》 대사도는 그 나라의 사직 주위의 담을 설치하고 田主[田神: 땅에 심은 나무로 토지신을 삼았다]를 심는다。 田主는 각기 그 나라의 들판에서 잘 자라는 나무를 쓰고, 이에 이를 써서 토지신과 들판을 명명한다(大司徒之職: 設其社稷之壝而樹之田主。 各以其野之所宜木, 遂以名其社與其野。);《論語大全》 나무를 심어 社의 주인으로 삼고, 神이 이 나무에 깃들이게 한 것으로, 지금 神樹[신령이 깃든 나무]라고 하는 것과 같다(朱子曰: 以樹爲社主, 使神依焉, 如今人說神樹之類。).

10 《北京虛詞》 쁘(기): 부사。 ~인가 아닌가。 술어 앞에 쓰여 추측성 의문문을 표시한다('豈, 副詞。 用于谓语前, 表示測度性询问。 又即'可'、'是不是'。).

11 《書經 · 夏書 · 甘誓》 명을 따르면 조상의 사당에서 상을 내리고, 명을 따르지 않으면 社에서 죽이되, 나는 너와 네 자식까지도 죽이겠다(用命, 賞于祖: 弗用命, 戮于社, 予則孥戮汝。).

12 附會(부회): 모시고 따라다니다。 뒤따르다。 남의 말을 따르다。 서로 관계가 없거나 먼 두 사물을 억지로 끌어다 한데 붙이다(随从, 追随。 勉强地把两件没有关系或关系很远的事物硬拉在一起。).

재아(宰我)는 또 주(周)나라가 사(社)에 심는 나무로 밤나무를 쓰게 된 내력이 이와 같다고 말했다. 어쩌면 옛날에 사(社)에서 사람을 죽였기 때문에, 그래서 그 설을 억지로 끌어다 붙인 것이 아니었을까?

032102、子聞之曰:「成事不說, 遂事不諫¹³, 既往不咎^{14,15}。」

13 [성]成事不說 遂事不諫(성사불설수사불간): 이미 끝난 일은 더 이상 설명할 필요가 없고, 이미 다 된 일은 더 이상 바로잡으라고 할 필요가 없다(已做过的事不必再解释, 已经完成的事不要再劝说了。); 成事(성사): 이미 지나간 과거의 일(已经过去的事情。); 說(설): 설명하다. 밝히다(說明, 解釋。); 遂事(수사): 이미 끝난 일(往事; 已经完成的事); 遂(수): 순조롭게 이루다. 끝마치다(順利地完成; 成功。); 諫(간): 직간하다. 곧바른 말로 타이르다. 간언하다. 바로잡다(本义: 直言规劝。《說文》諫, 证也。).

14 [성]既往不咎(기왕불구): =不咎既往. 이미 다 된 일이나 끝난 일에 대해 더 이상 책망하지 않다. 기왕의 잘못에 대해서는 더 이상 탓하지 않다(咎: 责怪。原指已经做完或做过的事, 就不必再责怪了。现指对以往的过错不再责备。);《王力漢語》往(왕): 향해 떠나다. 과거. 종전. '去'는 '떠나다', '往'은 '~를 향해 가다'이다. '往'은 목적어를 붙이지 못하고, '去'는 늘상 목적어가 붙는다(去, 到某出去。引申爲過去(指時間), 從前; '去'是離開, '往'走向目的地。'往'不能帶賓語, '去'經常帶賓語。); 咎(구): 재난. 재앙. 죄과. 탓하다. 책망하다(本义: 灾祸, 灾殃。过失, 罪过。责备, 追究罪过。).

15 《集注考證》'問社'에 대한 견해는, 학자들은 공자께서 세 가지 말이 번다한 데도 줄여 말하지 않은 것을 보고, 또 《春秋左傳・哀公27年》에 애공이 삼환의 신분에 넘치는 짓을 걱정하여 월나라로 노나라를 치게 해서 삼환을 제거하려다 다른 나라에서 죽었다고 한 내용으로 인해, 이는 필시 애공과 재아가 삼환을 죽이려고 모의한 것으로, 그래서 은어를 써서 서로 대화한 것이고, 그래서 공자께서 成事・遂事・既往이 막을 수 없다고 했는데, 소씨와 호씨 모두 이런 견해를 가지고 있었다(問社之說, 諸儒見夫子三辭繁而不殺, 又因左傳, 哀公患三桓之侈, 欲以越伐魯, 去之, 卒死于外, 故謂此必哀公與宰我謀誅三桓, 故爲廋辭以相語, 所以夫子有成事遂事既往不可諫救之說, 前則蘇氏, 後則胡氏, 皆有是言。);《論語正義》 方觀旭의 《論語偶記》에 말했다: "호안국이 그가 지은 《春秋傳》에서 말했다:「(《韓非子・內儲說上》에 말하기를)"노나라 애공이 공자에게, '《春秋・僖公33年》[BC 627] 기록을 보면, 겨울 12월에 서리가 내렸으나 풀이 시들지 않았고, 자두와 매실이 열렸다고 되어 있는데, 어째서 이를 기록한 것입니까?'라고 묻자, 공자께서 '이는 시들어야 하는데 시들지 않았음을 말한 것입니다. 마땅히 시들어야 하는데 시들지 않다 보니, 자두와 매실이 겨울에 열매를 맺은 것입니다. 하늘이 도를 상실하면 초목까지도 도를 따르지 아니하니, 하물며 임금이야 말해 무엇 하겠습니까?'라고 대답했다"고 했다. 이런 연고로 하늘의 도를 四時라 하는데, 사시가 그 정해진 순서를 상실하면, 각각의 시절이 베푸는 것이 반드시 어그러져, 만상을 통솔할 수 없다. 임금의 도를 五刑이라 하는데, 그에 맞는 용도대로 쓰지 못하면, 그 權은 반드시 상실하여, 만민을 복종시킬 수 없다. 애공은 삼환을 제거하고, 공실의 힘을 신장시키고 싶어서, 재아에게 社에 심는 나무에 대해 물은 것인데, 재아의 대답이 이를 써서 백성들을 두려워 떨게 하려는 것이라 했으니, 대개 그를 처단할 것을 권유한 것이었다. 공자가 말씀한 '成事不說 遂事不諫 既往不咎'는, 애공에게 말한 것으로, 삼환을 죽여야 맞다고 하신 것인데, 무슨 말씀인가? 성인의 경우에는, 變事에 대처해서도 常道를 잃지 않을 수 있지만, 현인의 경우에는, '조금씩 바로잡으면 길하지만, 크게 바로잡으려고 하면 불길하다'[易經・☷屯]는 것을 경계시킨 것이다'(正義曰: 『方氏觀旭《偶記》: 宰我'戰栗'之對, 胡安國作《春秋傳》引之:「用《韓非》書之說曰:"哀公問於仲尼曰:'《春秋》記隕霜不殺草, 李梅實, 何爲記之也?' 曰:

선생님께서 이 말을 들으시고 말씀하셨다. "다 이루어진 일이니 말하지 않겠고, 다 끝난 일이니 바로잡지 않겠고, 다 지난 일이니 탓하지 않겠다."

遂事, 謂事雖未成, 而勢不能已者. 孔子以宰我所對, 非立社之本意, 又啟時君殺伐[16]之心, 而其言已出, 不可復救, 故歷言此以深責之, 欲使謹其後也[17].

'此言可殺也, 夫宜殺而不殺, 則李梅多實. 天失其道, 草木猶干犯之, 而況君乎?'' 是故以天道言四時, 失其序, 則其施必悖, 無以統萬象矣. 以君道言五刑, 失其用, 則其權必喪, 無服萬民矣. 哀公欲去三桓, 張公室, 問社於宰我, 宰我對以使民戰栗, 蓋勸之斷也. 仲尼則曰: '成事不說, 遂事不諫, 既往不咎.' 其自與哀公言, 乃以爲可殺, 何也? 在聖人, 則能處變而不失其常; 在賢者, 必有小貞吉, 大貞凶之戒矣.). 내[方觀旭] 생각에, 이 당시에 애공과 삼환 사이에는 악감정이 있었는데, 《春秋左傳·哀公 27年》에 나오는 애공이 도망가기 전의 기록에 '애공이 능판을 거닐다가 맹무백을 마주치자, 맹무백에게 내가 수명대로 죽을 수 있겠는가?'라고 한 질문과 논어의 재아에게 한 애공의 질문을 살펴보면, 이는 애공이 아주 불안하다는 것이니, 삼환을 제거하고 싶은 마음이 단지 하루만이 아니었을 것이다. 그런다면 이 장의 社에 심는 나무에 대한 애공과 재아 사이의 문답은, 임금과 신하사이에 이루어진 비밀스러운 대화로, 남에게는 말하고 싶지 않은 속마음을 미루어 짐작할 수 있다. 또 社는 음기이고 陰氣는 살륙을 주관하니, 《書經·夏書·甘誓》에 '명을 따르지 않으면 社에서 죽이겠다'고 했고, 《周禮·秋官司寇·大司寇》에 '전쟁 중에는 社에서 죽인다'고 했으니, 이는 재아가 社主의 뜻으로 인해, 애공에게 백성을 위협하는 마음을 일으킨 것으로, 억측이나 견강부회가 아니다"(愚案: 此時哀公與三桓有惡, 觀《左傳》記公出孫之前, '遊於陵阪, 遇武伯, 呼余及死乎?' 至於二問, 是其杌隉不安, 欲去三桓之心, 已非一日. 則此社主之問與宰我之對, 君臣密語, 隱衷可想. 又社陰氣主殺,《甘誓》云: '弗用命, 戮于社.'《大司寇》云: '大軍旅, 涖戮於社.' 是宰我因社主之義, 而起哀公威民之心, 本非臆見附會.'). 생각건대[劉寶楠], '既往'은 계평자의 일을 가리키는 말로, 계평자는 신하로서의 본분을 지키지 않았고, 소공을 축출시켰고, 애공은 당시 계평자가 저지른 과거의 일에 매달려 이를 화근으로 여겨, 죄상을 알리고 토벌하려고 했으니, 이른바 既往咎之'였다. 그렇지만 작록을 내릴 권리는 노나라의 조정을 떠나 있었고, 정권은 노나라 대부의 손에 장악되어 있은 지가[季氏 제3장], 하루아침에 일어난 일이 이미 아니었다. 애공은 신하를 부리는 것은 예를 써서 한다는 것을 알지 못했고, 또 공자를 등용하지 못했는데, 갑자기 위엄을 뽐내고 쌓인 분노를 씻어내고자, 이미 떠나버린 권세를 다시 수거하기를 바랐지만, 결코 불가능했기 때문에, 공자께서 이 말씀을 하시어 그를 저지시킨 것이다(……竊疑既往指平子言, 平子不臣, 致使昭公出亡, 哀公當時必援平子往事以爲禍本, 而欲聲罪致討, 所謂既往咎之者也. 然而祿去公室, 政在大夫, 已非一朝一夕之故. 哀公未知使臣當以禮, 又未能用孔子, 遽欲逞威洩忿, 冀以收已去之權勢, 必不能, 故夫子言此以止之.);《論語新解》세 말은 실제로는 같은 뜻이다. 一說에, '成事不說, 遂事不諫, 既往不咎'는 공자께서 애공에게 은근히 권유한 말이라 했다. 공자께서 애공과 재아의 비밀스러운 모의를 듣고, 애공의 무능함을 알고, 그가 경솔하게 거사하는 것을 바라지 않은 것이다. 三家가 정치를 전횡한지 오래되어 다급하게 바로잡으려고 해서는 안 되었다. 후에 애공은 결국 三家에 의해 쫓겨났고, 재아 역시 제나라 임금을 도와 田氏를 공격하다 살해당했다. 이 설을 택한다. 확실한 증거는 결핍하지만, 당시의 사정에 뚜렷하게 부합한다(此三语实一义……一说乃孔子讽劝哀公. 盖孔子既闻哀公与宰我此番之隐谋, 而心知哀公无能, 不欲其轻举. 三家擅政, 由来已久, 不可急切纠正. 后哀公终为三家逼逐, 宰我亦以助齐君谋攻田氏见杀. 今采后解, 虽乏确据, 而宛符当时之情事.).

16 殺伐(살벌): 살육하다(杀戮).

'遂事(수사)는, 일이 비록 아직 다 이루어지지는 않았을지라도, 형세가 그만 멈출 수 없는 상태를 말한다. 공자(孔子)는 재아(宰我)가 한 대답이, 사(社)를 세운 본뜻이 아니고, 또 당시 임금에게 살육에 관한 생각을 열어주었다고 생각하셨지만, 그 말이 이미 입 밖으로 나와버려서, 되막을 수 없었기 때문에, 차례대로 이같이 말씀하여 이로써 그를 깊이 꾸짖으셨으니, 이후로는 말을 조심하게 하고자 하신 것이다.

○尹氏曰：「古者各以所宜木名其社，非取義於木也。宰我不知而妄對，故夫子責之。」
○윤씨(尹氏・尹彦明)가 말했다. "옛날에는 각기 그 땅의 토질에 알맞은 나무를 써서 그 사(社)에 이름을 붙였지, 나무 이름에서 뜻을 따온 것은 아니었다. 재아(宰我)가 알지 못하고 함부로 대답했기 때문에, 선생님께서 그를 꾸짖으신 것이다."

---

17 《論語集解》 공자께서 재아를 꾸짖었기 때문에, 차례대로 이 세 말씀을 하시어, 이후로는 말을 조심하게 하고자 하신 것이다(注: 苞氏曰: 孔子非宰我, 故歷言三者, 欲使愼其後也。).

[管仲之器小哉章]

032201、子曰:「管仲¹之器小哉²!」³

선생님께서 말씀하셨다. "관중(管仲)의 그릇이 작았구나."

管仲, 齊大夫, 名夷吾, 相桓公霸⁴諸侯。器小, 言其不知聖賢大學之道⁵, 故局量⁶褊淺⁷,

---

1 管仲(관중): BC 723~BC 645. 管氏, 名 夷吾, 字 仲, 謚號 敬. 제나라 환공[BC 685~BC 643 재위]을 도와 霸者가 되도록 한 인물로 '管子', '管夷吾', '管敬仲'으로도 불린다. 제환공 원년, 인재를 찾아 보좌하는 것이 급해, 포숙아에게 재상을 맡으라고 하자, 포숙아가 자기 재능은 관중보다 못하니, 제나라가 패권을 차지하기 위해서는 관중을 반드시 재상으로 등용할 것을 건의했다. 法家의 선구자. 저서로 《管子》86편이 있다.

2 《論語正義》惠棟[1697~1758]의 《九經古義》에 말했다. "《管子·小匡》에, '노나라 대부 시백이 노나라 임금[莊公][BC 693~BC 662 재위]에게, '관중은, 천하의 현인으로, 大器입니다'라고 말했다'는 기록이 있는데, 아마 당시에 관중을 大器라고 여겼기 때문에, 공자께서 비판하신 것이다"(正義曰: 惠氏棟《九經古義》: "《管子》小匡篇: '施伯謂魯侯: "管仲者, 天下之賢人也, 大器也". 蓋當時有以管仲爲大器者, 故夫子辨之");《北京虛詞》之(지): 조사. ~의. 수식어와 중심어 사이에 쓰인다('之', 助词. 用于修饰语与中心词之间. 义即'的');《王力漢語》哉(재): 감탄을 표시한다(表示感歎).

3 《春秋繁露·精華》제환공이 현능한 재상 관중의 능력에 의지해서, 대국의 재물을 주물렀지만, 즉위 5년이 되도록 한 사람의 제후도 모으지 못했다. 柯(가) 땅에서 가진 회맹에서 그의 큰 신의를 드러내자, 1년 만에 이웃 제후들이 모두 모였으니, 견과 유의 회맹이 바로 이 일이다. 그 후 20년이란 긴 세월이 지나도록 제후들을 크게 모으지 못했다. 형나라와 위나라를 구해 멸망한 나라를 일으켜주고 끊어진 후사를 이어주는 의리를 보이자, 다음 해에 먼 나라 제후들이 모두 모였으니, 관택·양곡의 회맹의 일이 바로 이 일이다(齊桓挾賢相之能, 用大國之資, 即位五年, 不能致一諸侯. 於柯之盟, 見其大信, 一年而近國之君畢至, 鄄, 幽之會是也. 其後二十年之間亦久矣, 尚未能大合諸侯也. 至於救邢衛之事, 見存亡繼絕之義, 而明年遠國之君畢至, 貫澤, 陽谷之會是也). 그 뒤로는 공을 자랑하고 교만하여 스스로 만족할 뿐 덕을 닦지 않았기 때문에, 초나라가 현 나라를 멸망시키는데도 걱정하지 않았고, 강·황나라가 진나라를 공격했는데도 가서 구제해주지 않았고, 남의 나라 땅을 뺏고 대부를 사로잡았고, 진나라의 우환을 구제해 주지 않고 진나라가 받아들이지 않는다고 책망했고, 다시 정나라를 안정시켜주지 않고 굳이 군대로 협박하려 했으니, 공업이 아직 완성되지 못했는데도 마음은 이미 만족했다. 그래서 공자께서 '관중은 그릇이 작았다!'라고 하셨으니, 이를 두고 한 말씀이었다. 이때부터 제나라가 날로 쇠퇴하여, 아홉 나라가 배반했다(……其後矜功, 振而自足, 而不修德, 故楚人滅弦, 而志弗憂, 江, 黃伐陳, 而不往救, 損人之國, 而執其大夫, 不救陳之患, 而責陳不納, 不復安鄭, 而必欲迫之以兵, 功未良成, 而志已滿矣. 故曰: '管仲之器小哉!' 此之謂也. 自是日衰, 九國叛矣).

4 霸(패): 권세나 무력에 의지하여 남을 억누르는 자. 세력이 가장 크고 영수의 지위를 가진 제후. 제패하다(指依杖权势或武力欺压他人的人或集团. 春秋时势力最大并取得首领地位的诸侯. 称霸).

5 《爲政 제4장》각주 《大學》참조.

6 局量(국량): 그릇의 크기. 기량(犹器量, 气度).

規模⁸卑狹⁹, 不能正身修德以致主¹⁰於王道¹¹.¹²

'管仲'(관중)은 제(齊)나라 대부로, 이름이 이오(夷吾)이고, 제(齊)나라 환공(桓公)이 제후들을 제패(制霸)하는 것을 도왔다. '器小'(기소)는 그가 성현과 대학의 도를 몰랐기 때문에, 그릇의 크기가 좁고 얕고, 사업의 규모가 작고 협소하여, 몸가짐을 바르게 하고 덕을 닦아 이로써 군주를 도와 왕도(王道)에 이르도록 하지 못했음을 말한 것이다.

032202、或曰:「管仲儉乎¹³?」曰:「管氏有三歸,¹⁴ 官事不攝,¹⁵ 焉¹⁶得儉?」

---

7 褊淺(편천): 마음씨나 식견이 좁고 짧고 얕다(心地, 见识等狭隘短浅。); 褊(편): 허리띠 또는 옷이 좁고 작다(本义: 衣带或衣服狭小).

8 規模(규모): 사람의 자질이나 기개. 본보기. 모범(指人物的才具气概).

9 卑狹(비협): 왜소하다. 좁다(矮小; 狭隘).

10 致主(치주): =致君. 임금을 도와 聖明한 군주가 되게 하다(谓辅佐国君, 使其成为圣明之主。).

11 王道(왕도): 유가가 제창한 仁義로 정치하자는 주장으로 覇道의 對句(儒家提出的一种以仁义治天下的政治主张。与霸道相对。).

12 《論語大全》'局量褊淺'(국량편천)은 그가 수용하지 못했다는 것이다. 수용하지 못하면, 부귀가 그를 무절제하게 하고. 빈천이 그를 동요하게 하고, 위무가 그를 굽히게 한다[孟子・滕文公下 제2장]. '規模'는 그가 계획하고 시행한 사업부분에 대한 설명이다(朱子曰: 局量褊淺, 是他容受不去了。容受不去, 則富貴能淫之, 貧賤能移之, 威武能屈之矣。規模, 是就他設施處說。).

13 《詞詮》乎(호): 의문이 있어 물어보는 어말조사('乎', 語末助詞。助句, 表有疑而詢問者。).

14 《百度漢語》三歸(삼귀): '三歸'에 관한 해석에 여전히 여러 견해가 있다. ①세군데 가정 ②관중의 采邑 지명 ③臺名[재물보관처] ④상례에 따라 국가에 납부하는 현금이나 곡물 등의 세금(按, 关于"三归"的解释尚有数说: ①三处家庭。②地名. 指管仲之采邑。③台名。④指按常例缴纳给公家的市租。);《論語集解》'三歸'는 세 성씨의 여자를 아내로 둔 것이다(注: 苞氏曰: 三歸者, 娶三姓女也。);《論語義疏》제후는 한 번에 (同姓國인) 세 나라에서 아홉 여자를 아내로 맞이하고, 그중 대국의 여자를 정부인으로 삼는다. 정부인의 (사촌) 형제 한 명과 동생 한 명을 姪・娣라 하는데, 정부인의 첩으로 따라온다. 또 두 소국의 여자가 함께 시집오는데, 함께 시집오는 여자 역시 姪・娣가 첩으로 따라온다. 나라마다 세 사람씩으로, 세 나라이기 때문에 아홉 여자가 시집오는 것이다. 대부의 혼인은 국경을 넘지 않고, 나라 안에서 세 여자를 아내로 맞이하는데, 한 여자는 처이고, 처를 따라오는 姪・娣 두 사람은 첩이다. 관중은 제나라 대부인데, 세 나라의 아홉 여자를 아내로 맞이했으니, 三歸를 두었다고 한 것이다(疏 禮: 諸侯一娶三國九女, 以一大國爲正夫人。正夫人之兄弟女一人, 又夫人之妹一人, 謂之侄娣, 隨夫人來爲妾。又二小國之女來爲媵, 媵亦有侄娣自隨。既每國三人。三國故九人也。大夫婚不越境, 但一國娶三女也, 以一爲正妻, 二人侄娣從爲妾也。管仲是齊大夫, 而一娶三國九人, 故云有三歸也。);《補正述疏》《公羊傳・莊公19年》에 '제후가 한 나라에서 본부인을 맞이하면, (同姓國인) 다른 두 나라의 제후가 딸을 함께 시집보내고, (세 나라의 제후가) 조카딸과 여동생을 첩으로 딸려 보내, 본부인을 隨從하게 한다. 제후는 9명의 여자에게 한 번 장가를 들고, 두 번 장가들지 않는다'고 했다.《春秋左傳・成公8年》에, '제후가 딸을 시집보낼 경우, 同姓國의 제후는 딸을 함께 시집보내지만, 異姓國의 제후는 그렇게 하지 않는다'고

어떤 사람이 여쭈었다. "관중(管仲)은 검소했습니까?" 선생님께서 말씀하셨다. "관씨(管氏)는 대부임에도 삼귀(三歸)를 두었고, 가신에게 일을 겸직시키지 않았으니, 어찌 검소했다 할 수 있겠느냐?"

焉, 於虔反。○或人蓋疑器小之爲儉。三歸, 臺名。事見說苑¹⁷。攝, 兼也。家臣不能具官¹⁸,

했다. 딸려오는 여자는 동성의 姪·娣로서 부인과 함께 세 사람이 시집오는 것이다. 이것이 三歸이다(莊十九年《公羊傳》諸侯娶一國, 則二國往媵之, 以姪, 娣從……諸侯壹聘九女, 諸侯不再娶.' 成公8年《左傳》'凡諸侯嫁女, 同姓媵之, 異姓則否.' 蓋媵者, 同姓之女以姪娣與適同歸者也…… 此三者同歸也.);《論語正義》《白虎通義·嫁娶》에 '경이나 대부는 한 명의 처와 두 명의 첩을 두고, 본처의 조카딸과 여동생을 겸비하지 않는다'고 했다. 두 명의 첩이 처와 함께 같은 날 시집오니, (대부에게는) 三歸라는 예가 없다(謹案:《白虎通》謂 "卿, 大夫一妻二妾, 不備姪娣", 言不兼備也. 二妾同妻以嫁曰偕行, 無三歸禮.);《論語平議》《晏子春秋·內篇雜上》에 '예전에 선군이신 환공께서, 관중이 제나라를 위해 근심하고 수고한 공이 있기에, 그가 늙자, 三歸를 상으로 주어, 은택이 자손까지 미치게 하셨다'고 했으니, 이는 三歸가 환공이 관중에게 하사한 것으로 생각되고, 대개 한나라 때 제일 좋은 집 한 채를 하사한 것[漢書·霍光金日磾傳]과 비교되니, 三歸를 상으로 준 것은, 제일 좋은 집 세 채를 상으로 주었다는 말과 같다. 그에게 상을 준 것이 관중이 늙은 후에 있었다면, 세 성씨의 여자를 취했다는 설은 잘못임을 알 수 있을 것이다. 아랫글에서 '官事不攝'이라 말한 것도, 이 말을 이어 말한 것이다. 관중의 집이 세 곳에 있었고, 한 곳마다 그곳의 관리가 있어 겸하지 않았으니, '官事不攝'이라 한 것이다(晏子春秋內雜篇曰, '昔吾先君桓公, 有管仲恤勞齊國, 身老, 賞之以三歸, 澤及子孫'又以三歸爲桓公所賜, 蓋猶漢世賜甲第一區之比, 賞之以三歸, 猶云賞之以甲第三區耳……其賞之在身老之後, 則取三姓女之說, 可知其非矣……下云官事不攝, 亦即承此而言. 管仲家有三處, 一處有一處之官, 不相兼攝, 是謂官事不攝.);《論語譯注》《管子·山至數》篇에 '그러면 백성의 소출의 10의 3이 임금에게 돌아온다'라고 했는데, 三歸라는 명칭은 실제 이 글에 뿌리를 두고 있다. 이 소위 三歸라는 것은 세금 중에 상례에 따라 임금에게 귀속되는 세금이다. 환공은 패자가 되자, 이에 이를 써서 관중에게 상으로 주었다(管子山至数篇曰, '則民之三有歸於上矣.' 三歸之名, 實本於此. 是所謂三歸者, 市租之常例之歸之公者也. 桓公既霸, 遂以賞管仲.);《古今注》《漢書·禮樂志》에 말했다. "천자의 배신인 관중과 계씨의 족속들은 三歸를 두었고, 옹을 부르면서 제기를 치웠고, 팔일무를 뜰에서 추었다"(漢書, 禮樂志云: 陪臣管仲, 季氏之屬, 三歸, 雍徹, 八佾舞庭.).

15 《禮記·禮運》(봉지가 없는) 대부인데, 가신이 다 갖추어져 겸직시키는 일이 없고, 제기가 완비되어 남에게 빌려오는 일이 없고, 음악이 다 갖추어져 있는 것은 예가 아니니, 이는 나라를 어지럽히는 일이라 한다(大夫具官, 祭器不假, 聲樂皆具, 非禮也, 是謂亂國.);《論語集解》'攝'(섭)은 '兼'[겸하다]과 같다. 예에 따르면, 임금은 일이 많아 직책마다 사람을 두지만, 대부는 겸직시킨다(注: 苞氏曰: 攝, 猶兼也. 禮, 國君事大, 官各有人, 大夫兼并.);《古今注》다른 사람을 대신해서 총괄하는 것을 '攝'이라 한다(代人兼總曰攝.); 攝(섭): 대리하다. 겸직해서 처리하다(假借为'代'. 代理, 兼理.).

16 《北京虛詞》焉(언): 의문대사. 어째서. 어떻게. 어찌. 조동사 앞에 쓰여 반문을 표시한다('焉', 疑问代词. 用于助动词'得'、'敢'、'可'、'能'、'足'前, 表示反诘. 又即'怎'、'哪里'.);《論語詞典》焉(언): 의문부사. 어떻게. 어째서(疑問副詞, 同'何', 怎麽.).

17 《說苑·善說》환공이 중부(관중)를 재상으로 세우고, 대부들을 초치하여 말하기를, '내 말에 찬성하는 자는 문을 들어와서 오른쪽에 서고, 내 말에 반대하는 자는 문을 들어와서 왼쪽에 서시오'라고 했는데, 문 가운데 선 자가 있어, 환공이 그에게 물었다. 그가 대답했다. '관자의 지혜는 더불어 천하를 도모할

一人常兼數事. 管仲不然, 皆言其侈.

'焉'(언, yān)은 '於'(어)와 '虔'(건)의 반절이다. ○어떤 사람이 '그릇이 작았다'는 말씀이 '씀씀이가 검소했다는 것인가?' 하고 의심한 것이다. '三歸'(삼귀)는 대(臺)의 이름으로, 이에 대한 일이 《설원》(說苑)에 보인다. '攝'(섭)은 '겸하다'[兼]이다. 직책별로 가신을 다 갖추지 못하고, 한 사람이 늘 몇 가지 일을 겸직했다. 관중(管仲)은 그렇게 하지 않았으니, 이 모두가 그의 씀씀이가 사치스러웠음을 말한 것이다.

032203、「然則¹⁹管仲知禮乎?」曰:「邦君樹塞門²⁰, 管氏亦樹塞門; 邦君爲兩君之好²¹,

수 있고, 그의 결단력은 더불어 천하를 얻을 수 있습니다. 임금께서는 그를 믿어 의지하시겠습니까? 내정은 그에게 맡기시고, 외교는 그에게 결단을 내리게 하십시오. 백성을 몰아 돌아오게 할 것이니 이것 또한 결정할 만합니다.' 환공이 '좋은 생각이오'라고 답하고, 바로 관중에게 '정사는 마침내 그대에게 돌아갈 것이니, 정사가 미치지 못하는 것은 그대가 이를 바로잡으라'고 했다. 관중이 고의로 三歸의 대를 축조하여, 스스로 백성에게 비방을 사게 되었다(桓公立仲父, 致大夫曰: '善吾者入門而右, 不善吾者入門而左.' 有中門而立者, 桓公問焉. 對曰: '管子之知, 可與謀天下, 其强可與取天下. 君恃其信乎? 內政委焉; 外事斷焉. 驅民而歸之, 是亦可奪也.' 桓公曰: '善.' 乃謂管仲: '政則卒歸於子矣, 政之所不及, 唯子是匡.' 管仲故築三歸之臺, 以自傷於民.); 說苑(설원): 《新苑》이라고도 하며, 고대 일화 및 소설집. 劉向[BC 77~BC 6]이 편찬한 책으로, 춘추전국시대부터 한나라 때까지의 정사에 없는 일화 등을 종류별로 수록했고, 종류별로 총설을 앞에 싣고 뒤에 劉向의 평설을 실었는데, 백가제자의 언행에 대한 기술 위주로, 치국안민·국가흥망에 관한 철리나 격언이 많고, 유가의 철학사상·정치이념·윤리 관념을 구현하고자 했다.

18 具官(구관): 있어야 할 관원을 다 갖추다(配备应有的官员).

19 《論語義疏》'然'은 '如此[이와 같다]와 같다(疏: 然, 猶如此也.); 然則(연즉): 접속사. 이렇다면. 그렇다면 (连词。连接句子, 表示连贯关系。犹言 "如此, 那么"或"那么"。); 然(연): 지시대명사. 이와 같다. 이러하다. 그렇다(指代词。如此, 这样, 那样。).

20 《荀子·大略》천자는 문 밖에, 제후는 문 안에 가림벽을 치는 것이 예이다. 문 밖에 가림벽을 치는 것은, 안에서 밖을 보지 않게 하려는 것이고, 문 안에 가림벽을 치는 것은, 밖에서 안을 보지 못하게 하려는 것이다(天子外屏, 諸侯內屏, 禮也. 外屏, 不欲見外也; 內屏, 不欲見內也.); 《論語義疏》'邦君'은 제후를 말한다(疏: 邦君, 謂諸侯也.);《禮記·郊特牲》의 '旅樹'에 대한 정현의 注: '旅'는 길이다. 屛[울타리]을 '樹'라 하는데, 울타리로 길가는 행인들을 가리려는 것이다. 《論語》에 '管氏樹塞門'이라 했는데, '塞'는 '蔽'와 같다. 예에, 천자는 문 밖에 가림벽을 세워 가리고, 제후는 문 안에 가림벽을 세워 가리고, 대부는 발을 쳐서 가리고, 선비는 휘장을 쳐서 가린다(旅樹: 鄭玄注: 旅, 道也. 屛謂之樹, 樹所以蔽行道. 管氏樹塞門, 塞猶蔽也. 禮: 天子外屏, 諸侯內屏, 大夫以簾, 士以帷.);《論語集解》임금은 내와 외를 구별하여, 문에 가림벽을 세워서 가린다(注: 鄭玄曰: 人君有別外內於門, 樹屛以蔽之.); 邦君(방군): 제후국 군주(古代指诸侯国君主.); 塞門(새문): 병풍. 가림벽(屏, 影壁.).

21 《古今注》'好'는 인접국이 서로 만나서 우의를 다지는 것을 말한다(好謂鄰國相會以修好也.).

有反坫[22], 管氏亦有反坫。管氏而[23]知禮, 孰不知禮?」[24]

"그렇다면 관중(管仲)은 예(禮)를 알았습니까?" 선생님께서 말씀하셨다. "나라의 임금이어야 가림벽을 세우는데, 관씨(管氏)는 대부임에도 역시 가림벽을 세웠고, 나라의 임금이어야 두 임금 사이의 우호 증진을 위하여 잔 받침대를 두는데, 관씨(管氏) 역시 잔 받침대를 두었다. 관씨(管氏)가 예(禮)를 알았다면, 어느 누구인들 예(禮)를 몰랐겠느냐?"

好[25], 去聲。坫, 丁念反。○或人又疑不儉爲知禮。屛[26]謂之樹。塞, 猶蔽也。設屛於門, 以蔽內外也。好, 謂好會[27]。坫, 在兩楹[28]之間, 獻酬[29]飮畢, 則反爵於其上。此皆諸侯之禮,

---

22 《論語集解》'反坫'(반점)은 마신 술잔을 되돌려놓는 잔 받침대로, 동과 서 양 기둥 사이에 있다. 우호관계에 있는 임금과 회합하는 경우, 술을 따라 서로에게 권하고, 다 마신 후에 각자 잔을 받침대 위에 되돌려놓는다(注: 鄭玄曰: 反坫, 反爵之坫也, 在兩楹之間……若與鄰國君爲好會, 其獻酢之禮更酌, 酌畢則各反爵於坫上。);《論語義疏》'坫'(점)은 흙을 쌓아 만든 것으로 형태가 흙더미 같은데, 두 기둥 사이에 놓인다(疏: 坫者, 築土爲之, 形如土堆, 在於兩楹之間。);《論語新解》'坫은 흙으로 만들고, 기물을 놓을 수 있고, 움직이거나 치울 수 있었는데, 후세에 와서 목제로 만들고, 붉은색 옻칠을 했는데, 대략 지금의 다리가 짧은 상과 같다(坫, 以土筑之, 可以放器物, 为两君之好有反坫, 则可移而彻之。后世改以木制, 饰以朱漆, 略如今之矮脚几。); 坫(점): 제사나 연회를 위해 禮器나 술잔을 놓는 받침대(古代设于堂中供祭祀, 宴会时放礼器和酒具的土台。).

23 《論語義疏》"관중의 이 일이 예를 안 것이라 한다면 누가 또 예를 모르는 사람이겠느냐?"(疏 言若謂管仲此事爲知禮, 則誰復是不知禮者乎?);《論語譯注》가설접속사('而, 假設連詞, 假如, 假若);《北京虛詞》而(이): 접속사. ~이면. 가설복문의 앞절의 주어와 술어 사이에 쓰여 가설을 표시한다('而, 连词。用于假设复句前一分句的主, 谓语之间, 表示假设。又即'如果'、'假如'。).

24 《禮記·郊特牲》대문에 문루를 설치하고 가림벽을 세우고, 반점을 두고, 속옷에 보불문양의 수를 놓고, 붉은색의 테를 두르는 것은, 대부의 예에 어긋난다(臺門而旅樹, 反坫, 繡黼, 丹朱中衣, 大夫之僭禮也。).

25 好(호): [hào] 사랑하다. 좋아하다(爱, 喜爱。); [hǎo] 예쁘다. 착하다. 이상적이다. 사이가 좋다(美, 善, 理想的。友爱的。).

26 屛(병): 가리다. 가림막(掩蔽: 屛障之物).

27 好會(호회): 제후 간의 우호를 다지는 회맹(指诸侯间友好的会盟).

28 楹(영): 대청 앞의 기둥(厅堂前部的柱子).

29 獻酬(헌수): 주인과 손님이 서로 술을 권하다(谓饮酒时主客互相敬酒。);《詩經·小雅·楚茨》빈객이며 문객이며 술잔 서로 주고받네. 예의범절 틀림없고 담소 모두 때맞추네. [鄭玄箋] 처음에 주인이 손님에게 따라주는 것이 '獻', 손님이 주인에게 따라주고 나면, 주인이 마시고 다시 손님에게 따라주어 답하는 것이 '酬[醻]'이다(爲賓爲客, 獻酬交錯。禮儀卒度, 笑語卒獲。; 鄭玄箋云: 始主人酌賓爲獻, 賓既酌主人, 主人又自飮酌賓曰醻。); 酬酢(수작): 서로 술을 권하다. 주인이 손님에게 술을 따르는 것이 酬[醻], 손님이 술을 따르는 것을 酢[醋]이다(主客相互敬酒, 主敬客称酬, 客还敬称酢。).

而管仲僭之, 不知禮也。

'好'(호)는 거성[hào]이다. '坫'(점, diàn)은 '丁'(정)과 '念'(념)의 반절이다. ○어떤 사람이 또다시 '검소하지 않았다'는 말씀이 '예(禮)를 알았다는 것인가?' 하고 의심한 것이다. 가림벽을 세우는 것을 '樹'(수)라고 한다. '塞'(색)은 '가리다'[蔽]와 같다. 문에 가림벽을 설치해, 이로써 밖에서 안을 못 보게 가린다. '好'(호)는 '우호를 다지는 모임'[好會]을 말한다. '坫'(점)은, 두 기둥 사이에 놓고서, 서로 주고받은 술을 마시기를 마치면, 술잔을 그 위에 되돌려놓는다. 이것들은 모두 제후 신분에 속하는 예(禮)인데, 관중(管仲)이 대부의 신분에 맞지 않게 그것들을 사용했으니, 예(禮)를 몰랐던 것이다.

○愚謂孔子譏管仲之器小, 其旨深矣。或人不知而疑其儉, 故斥[30]其奢, 以明其非儉。或又疑其知禮, 故又斥其僭, 以明其不知禮。蓋雖不復明言小器之所以然, 而其所以小者, 於此亦可見矣。故程子曰「奢而犯禮[31], 其器之小可知。蓋器大, 則自知禮而無此失矣。」此言當深味也。

○내가 생각건대, 공자(孔子)께서 관중(管仲)의 그릇이 작았다고 비판하신 것은 그 논지(論旨)가 깊다. 어떤 사람이 알아듣지 못하고 그가 '검소했다는 것인가?' 하고 의심했기 때문에, 그가 사치했던 일들을 지적하여, 이로써 그가 검소하지 않았다는 것을 밝히셨다. 어떤 사람이 또다시 그가 '예(禮)를 알았다는 것인가?' 하고 의심했기 때문에, 또다시 그가 대부라는 신분에 맞지 않게 사용한 사례들을 지적하여, 이로써 그가 예(禮)를 알지 못했다는 것을 밝히셨다. 대개 비록 그릇이 작다고 한 까닭을 다시 분명하게 말씀하지는 않았지만, 그가 그릇이 작은 까닭은 (검소하지 않았고 예(禮)를 몰랐다는) 이 점만으로도 알 수가 있다. 그래서 정자(程子·伊川)가 말하기를 '사치했고 예(禮)를 범했으니, 그의 그릇이 작았다는 것을 알 수 있다. 대개 그릇이 컸다면, 스스로 예(禮)를 알아 이러한 잘못이 없었을 것이다'라고 했는데, 이 말을 깊이 음미해야 한다.

蘇氏曰:「自修身正家以及於國, 則其本[32]深, 其及者遠, 是謂大器。揚雄所謂[33]『大器猶規

---

30 斥(척): 가리키다. 지적하다(指, 指出。).

31 《論語大全》'사치했다'(奢)는 것은 작아서 가득 찬 것이고, '예를 범했다'(犯禮)는 것은 가득 차서 넘쳐흘렀다는 것이다(胡氏曰: 奢者, 器之小而盈也; 犯禮者, 器之盈而溢也。).

32 《大學》천자로부터 서인에 이르기까지, 하나같이 모두 수신으로써 근본을 삼는다(自天子以至於庶人,

矩³⁴準繩³⁵, 先自治而後治人』者是也。管仲三歸反坫, 桓公內嬖六人³⁶, 而霸天下, 其本固已淺矣。管仲死, 桓公薨³⁷, 天下不復宗齊。」

소씨(蘇氏·蘇軾)가 말했다. "자기 몸가짐을 닦고 자기 집안을 바르게 하는 데서부터 이를 써서 나라를 다스리는 일에까지 미친다면, 그 뿌리는 깊이가 깊고 그 효과는 멀리까지 파급되니, 이것을 큰 그릇이라고 한다. 양웅(揚雄)이 '큰 그릇이란 마치 규구(規矩)와 준승(準繩)과 같으니, 먼저 스스로 자신을 다스리고 그 후에 남을 다스린다'고 말한 것이 바로 이것이다. 관중(管仲)은 삼귀(三歸)와 반점(反坫)을 두었고, 환공(桓公)은 총애받는 여인을 여섯 명씩 두었고, 천하를 패도로 이끌었으니, 그 뿌리의 깊이는 진실로 너무나 얕았다. 관중(管仲)이 죽고, 환공(桓公)도 죽고 나자, 천하는 다시는 제(齊)나라를 맹주로 삼지 않았다."

楊氏曰:「夫子大管仲之功³⁸而小其器。蓋非王佐之才, 雖能合諸侯, 正天下, 其器不足稱也。道學不明³⁹, 而王霸之略混爲一途。故聞管仲之器小, 則疑其爲儉, 以不儉告之, 則又疑其知禮。蓋世方以詭遇⁴⁰爲功, 而不知爲之範, 則不悟其小宜矣。」⁴¹

壹是皆以脩身爲本。).

33 《揚子法言·先知》어떤 사람이 물었다. "제나라는 관중을 얻어서 패자가 되었는데, 중니는 小器라 했습니다. 청컨대 大器에 대해 말씀해주십시오." 揚子가 말했다. "大器는 아마 규구나 준승과 같겠지? 먼저 스스로 자신을 다스리고 그 후에 남을 다스리는 자를 일러 大器라 한다"(或曰: '齊得夷吾而霸, 仲尼曰小器。請問大器。' 曰: '大器其猶規矩準繩乎? 先自治而後治人之謂大器。').

34 規矩(규구): 원형과 방형을 그리는 공구(規和矩。校正圓形和方形的兩种工具。礼法: 法度。).

35 準繩(준승): 물체의 면이 평형한가를 재는 도구를 '準', 물체가 수직인가를 재는 도구를 '繩'이라 한다(測定物體平直的器具。准, 測平面的水准器; 绳, 量直度的墨线。).

36 《春秋左傳·僖公17年》[BC 643] 齊侯[환공]의 부인은 王姬·徐嬴·蔡姬 세 명이었는데, 모두 아들이 없었고, 齊侯는 여자를 좋아해서, 총애하는 여자가 많았는데, 부인같이 총애를 받는 여인이 여섯 명이었다(齊侯之夫人三, 王姬, 徐嬴, 蔡姬, 皆無子, 齊侯好內, 多內寵, 內嬖如夫人者六人。); 內嬖(내폐): 임금이 총애를 받다(谓受君主宠爱); 嬖(폐): 총애를 받는 사람(宠爱; 受宠爱的人).

37 薨(홍): 제후나 작위가 있는 대관이 죽다(古代称诸侯或有爵位的大官死去).

38 《憲問 제17·18장》참조.

39 《補正逑疏》'군자는 배움을 통해서 그가 뜻을 둔 도에 다다른다'[子張 제7장]가 道學를 말한 것으로, 대개 성인의 大學의 道이다(經云: '君子學以致其道'言道學也, 蓋聖賢大學之道也。).

40 《孟子·滕文公下 제1장》옛날에 趙簡子가 王良을 시켜 자기의 총신 奚(해)와 같이 수레를 몰고 사냥하게 했는데, 하루가 다 지나도록 한 마리의 새도 잡지 못했다. 총신 해가 趙簡子에게 복명하기를 '천하에 형편없는 수레꾼입니다'라고 보고했다. 어떤 사람이 王良에게 그대로 일러주었다. 王良이 '청컨대 다시 수레를 몰게 해주십시오'라고 하고 끈질기게 청하고 나서야 승낙을 받고, 하루아침에 열 마리의 새를

양씨(楊氏·楊中立)가 말했다. "선생님께서 관중(管仲)의 공은 크다고 여기셨지만, 그의 그릇은 작다고 여기셨다. 대개 왕 된 자를 보좌할 만한 재질이 아니어서, 비록 제후들을 규합해내고 천하를 바로잡은 공은 세웠을지라도, 그의 그릇은 그에 걸맞지 못했다. (당시의 세상은) 도학에 밝지 못했고, 왕도와 패도의 책략을 혼동하여, 한 가지 길이라고 여겼다. 이 때문에 (어떤 사람이) 관중(管仲)의 그릇이 작다는 말을 듣고는, 그가 검소하다는 것인가 하고 의심했고, 검소하지 않다고 하니까, 또 그가 예를 안다는 것인가 하고 의심한 것이다. 대개 세상은 '법도를 어기고 속임수로 이룬 것'을 공으로 여겼고, '그를 위해 법도대로 한 것'은 알아주지 않았으니, 그렇다면 관중(管仲)의 그릇이 작음을 깨닫지 못한 것은 당연했다."

잡았다. 총신 해가 趙簡子에게 복명하기를 '천하에 뛰어난 수레꾼입니다'라고 보고했다. 趙簡子가 '내가 王良을 너의 수레꾼으로 전담케 하겠다'고 하고는 王良에게 그렇게 하라고 일렀다. 王良이 거절하기를 '제가 그를 위하여 법도대로 수레를 몰았더니, 하루가 다 지나도록 한 마리도 잡지 못했는데 그를 위해서 법도를 어기고 속임수로 수레를 몰았더니, 하루아침에 열 마리를 잡았습니다. 詩經에 '수레 모는 법도를 어기기 않아도 화살 쏘는 대로 새를 떨어뜨렸네'라고 했습니다. 저는 소인의 수레를 모는 데는 익숙하지 않으니, 청컨대 사양하겠습니다'라고 했다(昔者趙簡子使王良與嬖奚乘, 終日而不獲一禽。嬖奚反命曰: '天下之賤工也。' 或以告王良。良曰: '請復之.' 彊而後可, 一朝而獲十禽。嬖奚反命曰: '天下之良工也。' 簡子曰: '我使掌與女乘.' 謂王良。良不可, 曰: '吾爲之範我馳驅, 終日不獲一; 爲之詭遇, 一朝而獲十。《詩》云: 『不失其馳, 舍矢如破。』我不貫與小人乘, 請辭。'); 詭遇(궤우): 예법에 어긋나게 수레를 마구 몰아 짐승을 사냥하다. 정당치 못한 수단을 써서 물건을 추구 취득하다(谓违背礼法, 驱车横射禽兽; 比喻用不正当的手段去追求, 取得某种东西。); 詭(궤): 책임지고 완성하다. 위반하다. 괴이하다. 속이다. ~인 체하다(责成, 要求。违反, 自相矛盾。怪异, 奇异。欺诈; 假冒。).

41 《論語大全》蘇氏의 설에 따르면 대학의 본령을 깨치지 못한 것이 局量이 좁고 얕아진 까닭이고, 楊氏의 설에 따르면 군주를 도와 왕도에 이르도록 하지 못한 것이 規模가 낮고 좁아진 까닭인데, 이 두 설을 겸해야 그 뜻이 비로소 완비된다(朱子曰: 如蘇氏說, 見得不知大學本領, 所以局量褊淺處, 如楊氏說, 見得不能致主王道, 所以卑狹處, 兼二說看, 其義方備。).

[子語魯太師樂章]

032301、子語¹魯大師²樂。曰：「樂其可知也³：始作⁴，翕如⁵也；從之⁶，純如也⁷，皦如⁸也，繹如⁹也，以¹⁰成。¹¹」

---

1 《論語譯注》일러주다. 말해주다('语', 告诉。).

2 《周禮·春官宗伯》태사는 六律과 六同[六呂]을 관장하며, 음의 소리와 양의 소리를 합치시킨다. 시의 여섯 가지 형식인 風·賦·比·興·雅·頌을 가르친다(大師: 掌六律, 六同, 以合陰陽之聲……敎六詩, 曰風, 曰賦, 曰比, 曰興, 曰雅, 曰頌。); 大師(태사): 음악을 관장하는 관리(古代乐官之长).

3 《論語正義》《史記·孔子世家》에는 이 글이 애공 11년 위나라에서 노나라로 돌아온 후에, 바로 '樂正, 雅頌各得其所'[子罕 제14장]의 일 때문에 '樂其可知'를 말씀하신 것으로 되어 있는데, '음악은 바르게 된 후에 알 수 있다'는 말이다(正義曰: 孔子世家述此文在哀公十一年反魯後, 即樂正雅頌, 各得其所'之事, 故云'樂其可知', 言樂正而後可知也。);《論語譯注》"음악, 그것은 이해할 수 있는 것이다"("音樂, 那是可以曉得的。");《論語新解》"음악 연주과정은 알 수 있다"("乐的演奏之全部进程是可知了。");《論語句法》'其'는 연결동사, 지금의 '是'의 뜻이다["음악은 알 수 있다"]('其'字是繫詞, 是白話'是'字的意思。); 其(기): 부사. 논단을 표시한다. 바로~이다(副词, 表示论断, 相当于'乃'。);《論孟虛字》대개('其', 表測度語氣. 當'大概'。).

4 《論語正義》정현의 《論語注》에 말했다. "'始作'은 쇠북종이 울릴 때를 말한다"(正義曰: 鄭注云: "始作, 謂金奏時。"); 作(작): 시작하다. 일어나다(起来: 开始工作).

5 翕(흡): 접속하다. 한데 모으다. 화목하다. 서로 조율하다. 왕성하다(本义: 闭合: 收拢. 聚集. 和好: 一致。盛。);《論語注疏》'語'는 모두 語辭이다(疏: 正義曰: 如, 皆語辭。);《論孟虛字》'如'는 '然'·'似'와 같다. 형용사를 묘사하는 접미사로, '如' 뒤에 대부분 '也'를 써서 어기를 잠시 멈추는 역할을 한다('如, 猶'然', 猶'似'。做描寫句中形容詞的詞尾, 它的後面多用'也'作歇語詞。); 如(여): 형용사 뒤에 쓰여 동작이나 사물의 상태를 표시한다(用在形容词后, 表示动作或事物的状态。用于语末, 相当于'然', 表示'样子'。).

6 《論語義疏》'從'은 '放縱[풀어놓다]'이다(疏: 從, 放縱也。);《史記·孔子世家》에는, '縱之'로 되어 있다; 從(종): 풀어놓다. 전개하다. 펼치다(同'纵', 放纵, 展开。).

7 也(야): 병렬문장의 끝에 쓰여, 잠시 멈춤을 표시한다.

8 皦(교): 밝고 새하얗다. 분명하다. 또렷하다(光亮洁白。清楚明白。).

9 繹如(역여): 끊이지 않고 계속 이어지는 모양(相续不绝的样子); 繹(역): 실을 뽑아내다. 실마리를 끌어내다. 끊이지 않고 계속 이어지다(本义: 抽丝. 引出头绪. 继续, 连续不断。).

10 《論孟虛字》황간·형병 두 사람 모두 '以'를 '而'[樂始作翕如, 而成於三者: 음악의 연주가 翕如로 시작해서 純如·皦如·繹如로 이루어진다]로 풀이했다. '以'를 접속사로 보고, 풀이할 수도 있지만, 실제로는 '以'字는 시간제한을 표시하는 '已經'의 '已'로 풀이해야 한다["음악이 이런 과정을 거쳐 한 곡을 완성한다"](皇, 邢二疏, 皆訓'以'為'而'。'以成'猶言'而成', 把'以'字當做連詞, 當然可以講。其實這個'以'字, 應作表時間限制的'已經'之'已'講。是說'音樂已經完成一套。).

11 《論語新解》或說: 음악은 金奏[쇠북종 등 타악기를 침]로 시작하고, 이어서 升歌[당에 올라 노래를 부름]로, 당에 올라가 노래를 부르는데, 그때 중요한 것은 사람의 노랫소리로, 악기연주가 없이 노랫소리만 들리기 때문에 '純如'라 한 것이고, 升歌에 이어서 생황을 연주하는데, 연주 소리가 맑기 때문에 '皦如'라 한 것이고, 연주 사이사이에 시를 읊어, 목소리와 생황 연주가 서로 이어져서 끊이지 않기

선생님께서 노(魯)나라의 태사(太師)에게 음악에 관하여 말씀해주셨다. "음악,
그것은 알 수 있는 것입니다. 소리를 처음 시작하면서는, 모든 악기가 합하여
소리를 한데 모으고, 소리를 풀어내면서는, 각각의 악기 소리가 서로 어우러져
화음을 이루고 각각의 악기 소리가 분명해지고 끊어지지 않고 이어지고 해서,
이로써 음악 한 악장이 완성됩니다."

語[12], 去聲。大, 音泰。從[13], 音縱。○語, 告也。大師, 樂官名。時音樂廢缺[14], 故孔子敎之。
翕, 合也。從, 放也。純, 和也。皦, 明也。繹, 相續不絶也[15]。成, 樂之一終[16]也。
'語(어)는 거성[yù]이다. '大(태)는 음이 '泰'(태)이다. '從(종)은 음이 '縱'(종, zòng)이다.
○'語(어)는 '말해주다'[告]이다. '大師(태사)는 음악을 관장하는 관직의 명칭이다. 당시
에 음악은 아예 못쓰게 되거나 일부가 빠지고 했기 때문에, 공자(孔子)께서 그에게 가
르쳐 주신 것이다. '翕'(흡)은 '합하다'[合]이다. '從'(종)은 '풀어놓다'[放]이다. '純'(순)은
'조화를 이루다'[和]이다. '皦'(교)는 '밝다'[明]이다. '繹'(역)은 '서로 이어져 끊어지지 않
다'[相續不絶]이다. '成'(성)'은 음악의 (세 악장 중) 한 악장이다.

○謝氏曰:「五音六律[17]不具, 不足以爲[18]樂。翕如, 言其合也。五音合矣, 清濁高下, 如五

때문에 '繹如'라 한 것이고, 이 네 가지 연주가 있고 난 뒤에, 合樂[여러 악기의 합주]으로, 모든 사람이
제창하여, 소위 '洋洋乎盈耳'[泰伯 제15장]로, 이것으로 음악이 끝난다. 옛날에는 升歌 세 번, 생황연주
세 번, 間歌 세 번, 合樂 세 번을 마치면, 음악 한 곡이 완비된다(或说: 乐之开始为金奏, 继之以升歌,
歌者升堂唱诗, 其时所重在人声, 不杂以器声, 其声单纯, 故曰纯如也。升歌之后, 继以笙入, 奏笙有声无辞,
而笙音清别, 故曰皦如也。于是乃有间歌, 歌声与笙奏间代而作, 寻续不绝, 故曰绎如也。有此四奏, 然后合
乐, 众人齐唱, 所谓洋洋乎盈耳也。如是始为乐成。古者升歌三终, 笙奉三终, 间歌三终, 合乐三终, 为一备也。).

12 語(어): [yù] 말해주다. 알리다(告诉。); [yù] 담소하다. 대화하다. 논의하다(说话, 谈论, 议论。).

13 從(종): [cóng] 따라가다. 순종하다(跟随。依顺。); [zòng] =縱。《禮記·曲禮上》에, '욕심이 풀어져 놓여서
   는 안 된다'라고 했다(與縱同。禮, 曲禮: 欲不可從。).

14 廢缺(폐결): 잃어버리다. 일부가 떨어져 나가거나 모자라다(丧失。亏缺。).

15 《古今注》八音이 화음을 이루는 것을 '翕'(흡), 화음을 이루어 혼연히 하나가 되는 것을 '純'(순)[잡소리가
   없는 것이다], 음절이 명백한 것을 '皦'(교), 끊어지지 않고 이어지는 것이 실과 같아서 '繹'(역)이라
   한다(音譜合曰翕, 譜合渾一曰純(無雜也), 音節明白曰皦, 絡續如絲曰繹。).

16 一終(일종): 시 한 편을 연주하는 것이 一終[1악장]으로, 음악은 모두 세 악장을 연주한다(古乐章以奏诗
   一篇为一终。每次奏乐共三终。).

17 《孟子·離婁上 제1장》사광의 밝은 청각으로도, 六律을 쓰지 않고서는 五音을 제대로 바로잡을 수
   없다[朱熹注]. 六律은, 그 제작방식이 대나무를 잘라 통을 만들어, 음양은 각각 여섯 개로 하고 五音[五

味¹⁹之相濟²⁰而後和, 故曰純如。合而和矣, 欲其無相奪倫,²¹ 故曰皦如。然豈宮自宮而商自商乎? 不相反而相連, 如貫珠可也, 故曰繹如也, 以成。」

○사씨(謝氏·謝顯道)가 말했다. 오음(五音)과 육률(六律)이 갖추어지지 않으면, 음악으로서 부족하다. '翕如'(흡여)는 오음이 합해지는 것을 말한다. 오음이 합해지니, 맑은 소리, 탁한 소리, 높은 소리, 낮은 소리가 마치 오미(五味)가 서로 맛을 맞춘 뒤에 맛이 잘 어우러지는 것과 같기 때문에, '어우러져 화음을 이룬다'[純如]고 말씀하신 것이다. 하나로 합해지면서도 어울리고, 소리끼리 서로 차례를 뺏으려 하지 않기 때문에, '소리가 분명해진다'[皦如]고 말씀하신 것이다. 그렇지만 어찌 궁(宮) 음은 궁(宮) 만을 내세우고 상(商) 음은 상(商)만을 내세우겠는가? 소리끼리 서로 어긋나지 않고 서로 연이어져서, 마치 구슬을 꿴 것과 같아야 가능하기 때문에, '끊어지지 않고 이어지고 해서, 이로써 한 곡의 음악을 완성시킨다'[繹如也, 以成]고 말씀하신 것이다."

聲]의 위아래로 마디를 짓는다. 황종·태주·고세·유빈·이칙·무역은 양이 되고, 대려·협종·종려·임종·남려·응종은 음이 된다. 五音이란 궁·상·각·치·우이다(師曠之聰 不以六律, 不能正五音。朱熹注: 六律, 截竹爲籥, 陰陽各六, 以節五音之上下。黃鍾, 太蔟, 姑洗, 蕤賓, 夷則, 無射, 爲陽: 大呂, 夾鍾, 仲呂, 林鍾, 南呂, 應鍾, 爲陰也。五音: 宮, 商, 角, 徵, 羽也。); 五音(오음): 궁·상·각·치·우 5음계(指宮, 商, 角, 徵, 羽五个音阶); 六律(육률): 악기의 음을 정하는 표준(定乐器的标准。指古代音律。后也泛指音乐。).

18 內閣本에는 '爲'가 '言'으로 되어 있다.

19 五味(오미): 신맛, 쓴맛, 매운 맛, 짠맛, 단맛(酸, 苦, 辛, 鹹, 甘)[禮記·內則].

20 相濟(상제): 서로 돕다. 서로 조절하다(互相帮助, 促成。互相调济。).

21 《書經·虞書·舜典》순 임금이 말했다. "夔(기)! 그대를 典樂에 임명하니, 맏아들을 가르쳐서, 정직하면서 온순하고, 관대하면서 두려워 떨게 하고, 굳세면서 포학하지 않고, 간략하면서 오만하지 않게 하시오. 시는 속에 품은 생각을 말하는 것이고, 노래는 말을 길게 늘여서 읊는 것이고, 소리는 노래를 뒤좇아서 나오는 것이고, 음률[가락]은 소리를 조화시킨 것이오. 팔음이 서로 잘 어우러져, 서로 차례를 뺏으려 하지 않으면, 신과 사람이 모두 이로 인해 어우러질 것이오"(帝曰: 夔! 命汝典樂, 教胄子, 直而溫, 寬而栗, 剛而無虐, 簡而無傲。詩言志, 歌永言, 聲依永, 律和聲。八音克諧, 無相奪倫, 神人以和。).

[儀封人請見章]

032401、儀封人[1, 2]請見。[3]曰:「君子之[4]至於斯也, 吾未嘗不得[5]見也。」從者見之[6]。出曰:

1 《周禮·地官司徒》封人은 왕의 社의 제단 및 담장을 설치하고, 경계를 위해 두둑을 만들고 나무를 심는 일을 관장한다(封人: 掌設王之社壝, 爲畿, 封而樹之。);《論語注疏》《春秋左傳·襄公25년》의 鄭玄의 注에 "儀蓋衛邑'(儀는 아마도 위나라 읍인 듯하다)이라고 한 것은《春秋左傳·襄公25년》의 '衛侯入於夷儀[위나라 임금이 夷儀에 들어갔다]의 '夷儀'를 이 장에서 말한 '儀'와 동일한 것으로 보았기 때문에, 그래서 '儀는 아마도 위나라 읍인 듯하다'고 한 것이다(疏: 正義曰: 鄭注云'儀, 蓋衛邑'者, 以《左傳》衛侯入於夷儀, 疑與此是一, 故云'蓋衛邑'也。).

2 《孔子傳》儀는 위나라 읍으로, 위나라 서남쪽 국경에 있다. 또 위나라에는 夷儀가 있는데, 위나라 서북쪽 국경에 있다. 그런데 노나라에서 위나라로 가려면, 응당 위나라 동쪽 국경으로 들어가야 하니, 위나라 서남쪽이나 서북쪽 국경을 지날 이유가 없다. 공자께서 위나라에 10개월 머물다 蒲·匡을 지났는데, 匡·蒲는 모두 진나라와 위나라의 변경에 있고, 夷儀와 가까운 곳이다. 아마도 공자의 이때의 행로가 夷儀를 경유했을 것이고, 儀封人은 바로 夷儀封人일 것이다. 그때는 노나라에서는 벼슬을 잃었고, 또 위나라에서는 불안하여, 계속되는 여행길에 지쳐 있었는데, 그래서 儀封人이 하늘이 장차 선생님을 목탁으로 삼으실 것이라고 한 것이다. 이 역시 공자께서 위나라에 가서 서둘러 벼슬을 하지 않았다는 증거이다. 다만 그 일이 匡·蒲를 지나기 전인지 후인지는 고찰할 수 없다(仪, 卫邑名, 在卫西南境。又卫有夷仪, 在卫西北境……然自鲁适卫, 应自卫东境入, 无缘过卫西南或西北之邑。孔子居卫十月而过蒲过匡, 匡蒲皆在晋卫边境, 与夷仪为近。或孔子此行曾路过夷仪, 仪封人即夷仪之封人也。其时既失位于鲁, 又不安于卫, 仆仆道途, 故仪封人谓天将以夫子为木铎……是亦孔子适卫未遽仕之一证。惟其事在过匡过蒲之前或后, 则不可详考。).

3 《王力漢語》'請'字가 뒤에 동사를 대동하는 경우, '당신이 어떤 일을 하길 청하다'의 뜻과 '내가 어떤 일을 하게 허가해주길 청하다'의 뜻이 있다('请'字后面代动词时, 有两种不同的意义。(一)请你做某事。(二)请你允许我走某事。); 請見(청현): 뵙기를[뵙게 해주기를] 청하다(请求接见).

4 《王力漢語》개사 '之'字의 용법의 하나로, 한 개 절의 주어와 술어 사이에 '之'字를 써서 문장을 구 형태로 변화시켜, 말의 의미가 아직 완결되지 않았고 청자나 독자에게 다음 글을 기다리게 하는 역할을 한다. 시간이 수식어인 절에서 이런 용법이 가장 흔하게 보인다(介詞'之'字的用法: 在一個分句的主語謂語之間 用'之'字, 使句子在形式上詞組化, 表示語意未完, 讓聽者火毒這等待下文。在時間修飾的分句里, 最容易見 到這種'之'字。).

5 《古漢語語法》'未嘗'은 술어 앞에 부사어로 쓰여, 일이 여태껏 발생한 적이 없음을 표시한다. '지금껏 없었다', '~한 적이 없다'로 풀이할 수 있다(未嘗, 用于谓语前作状语, 表示事情从来没有发生过。可译为'从 (来)没有'、'未曾'等。);《論語詞典》得(득): 조동사. 객관적인 조건의 가능을 표시한다(助動詞, 表示客觀條 件的可能。).

6 《論語集釋》何焯(하작)[1661~1722]의《義門讀書記》에 말했다. "옛날에는 접견은 반드시 소개를 통해야 했는데, 여행 중일 때는 인연을 맺을 방법이 없었기 때문에, 평소 현자에게 접견을 거절당한 적이 없었다고 말하고, 의기투합하는 동료임을 나타내, 말로써 소개를 대신했기 때문에, 수행하는 자가 그래서 공자를 만나 뵙게 해주었는데, 공자께서도 그의 청을 거절하지 않으셨으니, 공자께서 유비의 請見을 거절한 것[陽貨 제20장]과는 다르다"(義門讀書記: 古者相見必由紹介, 逆旅之中無可因緣, 故稱平日未嘗見絕於 賢者, 見氣類之同, 致詞以代紹介, 故從者因而通之, 夫子亦不拒其請, 與不見孺悲異也。);《論語譯注》'請見'

「二三子[7], 何患於喪乎[8]? 天下之[9]無道也久矣[10], 天將以夫子爲木鐸[11]。」

위(衛)나라 의(儀)읍의 국경을 지키는 관원이 선생님을 만나 뵙게 해주기를

은 접견을 청한다는 뜻이고, '見之'는 공자께 그를 접견케 했다는 뜻이다('請見'是請求接見的意思, '見之'是使孔子接見了他的意思。)。《論語新解》'之'는 '의봉인'을 가리킨다(之, 指仪封人。)。

7 《論語詞典》공자가 자기 제자들을 부를 때나 다른 고위층이 공자의 제자를 부르는 말('二三子', 孔子称其学生或者别人(年长或爵高的人)称孔子学生之词。): 二三子(이삼자): 여러분. 너희들(诸位, 你们。): 子(자): 사람에 대한 통칭(人的通称)。

8 《論語集解》"어찌 선생님의 聖德[聖道]이 멸실될 것을 걱정하십니까?"(注: 孔安國曰: 言何患於夫子聖德之將喪亡耶?)。《集注考證》많은 학설은 대부분 '天喪斯文[子罕 제5장]'의 '喪'이라고 하는데, 유시독·소씨만큼은 벼슬을 잃고 나라는 떠나는 喪으로 보았고, 集注도 이를 따랐는데, 이는 노나라 사구 벼슬을 잃고 위나라로 떠나실 때일 것이다(諸說多謂天喪斯文之喪, 惟劉侍讀·蘇氏, 作失位去國之喪, 集註從之, 此失魯司寇去魯適衛之時歟。)。《古今注》옛날에 벼슬자리를 잃고 나라를 떠날 때는, 모두 喪禮를 사용했다. 그래서 《禮記·曲禮下》에 '대부·사가 (벼슬자리를 잃고) 나라를 떠날 때는 국경을 넘으면서 제단을 설치해 놓고, 나라 쪽을 향해 곡을 한다. 소복을 입고 소관을 쓴다. 3개월이 지나면 소복을 벗는다'고 했다. 맹자가 '3개월 동안 섬기는 임금이 없으면 조문을 한다[滕文公下 제3장]'고 말한 것은 이 때문이다. '何患乎喪'도 역시 벼슬자리를 잃고 나라를 떠나는 것을 말한 것이다(古者失位去國, 純用喪禮。故曲禮曰: '大夫、士去國, 踰竟爲壇位, 鄕國而哭。素衣、素裳、素冠……三月而復服。' 孟子所謂三月無君則弔以是也…… 何患乎喪亦謂失位而去國也。)。《論語譯注》벼슬자리를 잃다(喪: 失掉官位。)。《論語新解》공자께서 노나라 사구 벼슬을 하시다가 (그만두시고) 노나라를 떠나 위나라로 가셨고, 또 위나라를 떠나 진나라로 가셨다(孔子为鲁司寇, 去之卫, 又去卫适陈。)。《論語句法》'何'는 술어 '患'의 목적어로, 의문지칭사이기 때문에, 그래서 술어 '患' 앞으로 당겨진 것이다["벼슬자리를 잃은 것에 대해 무엇을 걱정하십니까?"]('何'是述詞'患'的止詞, 因爲是疑問指稱詞, 所以提在述詞之上了。)。

9 《北京虛詞》之(지): 조사. 주어와 술어 사이에 쓰여, 문장의 독립성을 없애고, 절이나 구로서 주어나 목적어 역할을 한다('之', 助词。用于小句的主谓语之间, 取消句子的独立性。这个小句可为分句, 也可为句中主语或宾语。)。

10 《古漢語語法》시간에 대한 강조를 표시하기 위해 시간부사 '久'를 술어로 썼고, 이럴 경우 부사 뒤에는 모두 '矣', '乎', '也' 등의 어기사를 붙인다(为了表示对时间的强调, 而将表时间的副词'久'作谓语。副词作谓语的一个特点是其后都有语气词如'矣'、'乎'、'也'等。)。

11 《論語義疏》"이제 도가 흥할 것이기에, 공자를 목탁으로 써서 그 도를 선포하게 할 것이다"(疏: 言今道將興, 故用孔子爲木鐸以宣令之。)。《詞詮》將(장): 조동사. ~하려 하다. ~할 생각이다. 의지작용을 함유한다('將', 助動詞。《廣雅·釋詁》云: 將, 欲也。按即今言之'打算'。這種用法, 含有意志作用。)。《論語句法》'以'는 사역동사로 술어로 쓰였고, '爲'는 준연결동사이다["하늘이 장차 선생님으로 하여금 세상의 목탁이 되도록 하실 것이다"]('以'是致使動詞做述詞, '爲'是準繫詞。)。《論孟虛字》邢昺의 疏는, '以'를 '使'로 풀이했다. 여기 '以……爲……'의 '以'는 '使', '令'과 상당하지만, 마음속에만 존재할 뿐으로, 도리어 意動文에 해당한다(邢昺疏訓'以'爲'使'。這'以……爲……'的'以', 雖和'使''令'相當, 但只存在意念中, 還是意動句。)。《經典釋文》목탁은, 구리로 몸통을 만들고 나무로 방울을 만들어 단 것으로, 정령을 선포하거나 가르침을 베풀 때에 흔드는 것이다(木鐸, 金口木舌, 施政教之所振也。)。《論語義疏》鐸[요령]의 몸통은 청동으로 만드는데, 武教를 행할 경우는 청동 방울을 달고[이를 金鐸이라 한다], 文教를 행할 경우는 나무 방울을 다는데, 이를 木鐸이라 한다(疏 鐸用銅鐵爲之, 若行武教, 則用銅鐵爲舌, 若行文教, 則用木爲舌, 謂之木鐸。)。

청했다. 그가 말했다. "군자가 이곳에 왔을 때는 내가 지금까지 만나 뵙지 못한 적이 없었습니다." 수행하는 자가 그에게 (선생님을) 만나 뵙게 해주었다. 그가 선생님을 만나 뵙고 나와서 말했다. "여러분, 어찌 선생님께서 벼슬 잃은 것을 걱정하십니까? 천하가 무도해진 지가 오래되었으니, 하늘이 장차 선생님을 목탁으로 삼으시려는 것입니다."

請見, 見之之見[12], 賢遍反. 從[13] 喪[14] 皆去聲. ○儀, 衛邑. 封人, 掌封疆[15]之官, 蓋賢而隱於下位者也. 君子, 謂當時賢者. 至此皆得見之, 自言其平日不見絶於賢者, 而求以自通[16]也. 見之, 謂通使得見. 喪, 謂失位去國[17], 禮曰[18]「喪欲速貧」是也. 木鐸, 金口木舌[19], 施政教時所振, 以警衆者也. 言亂極當治, 天必將使夫子得位設教, 不久失位也. 封人一見夫子而遽[20]以是稱之, 其所得於觀感[21]之間者深矣.[22]

---

12 見(견/현): [jiàn] 보다. 보이다. 눈에 띄다(看到, 看见.); [xiàn] 드러나다. 나타나다. 소개하다. 천거하다. =現(显露, 显出. 介绍. 同「现」.).

13 從(종): [cóng] 뒤따르다. 수행하다. 좇다. 순종하다(跟随. 依顺.); [zòng] 따르는 사람. 시종. 종형제(随侍的人. 堂房亲属中比至亲稍疏的.).

14 喪(상): [sàng] 상실하다. 잃어버리다. 내버리다. 없애버리다. 죽다(失去, 丢掉. 死亡.); [sāng] 상을 치르다. 치상하다(有关死者的事宜.);《百度漢語》喪(상): 위는 '哭'字이고, 아래는 '亡'字로, 죽은 사람을 곡하다(上面是'哭', 下面是'亡'. 表示哭已死去的人.).

15 封疆(봉강): 국경. 나라의 경계. 경계 안의 땅. 강토(界域之标记; 疆界. 疆域; 疆土.).

16 通(통): 전갈을 넣다. 전달하다. 통보하다(传递; 传达. 通报; 说.).

17 《論語大全》공자께서 노나라에서 사구 직을 잃고, 노나라를 떠나서, 여러 나라를 돌아다닐 때[55세]를 뜻한다(意夫子, 失魯司寇, 去魯, 歷聘時.).

18 《禮記 · 檀弓上》유자가 '선생님께 벼슬을 잃었을 때의 처신에 대해 들었습니까?'라고 묻자, 증자가 말했다. "들었습니다. 벼슬을 잃으면 속히 가난해지기를 바라고, 죽으면 속히 썩어 없어지기를 바란다고 하셨습니다"(有子問於曾子曰: 問喪於夫子乎? 曰: 聞之矣: 喪欲速貧, 死欲速朽.).

19 《論語大全》木鐸은 金口木舌이고, 金鐸은 金口金舌이다. 봄에는 木鐸을, 가을에는 金鐸을 쓰고, 文事의 경우에는 木鐸을, 武事의 경우에는 金鐸을 쓴다. 때와 일에 따라 쓰는 搖鈴(요령)이 다르다(齊氏曰: 木鐸, 金口木舌; 若金鐸, 則金口金舌. 春用木, 秋用金. 文用木, 武用金. 時與事之不同也.); 舌(설): 풍경 안에 집어넣은 방울. 관악기의 리드(指装在铃铎内的锤. 亦指管乐器的簧.).

20 遽(거): 즉각. 곧바로. 대번에(立刻; 马上.).

21 《易經 · ䷞咸 · 象傳》천지가 교감하여 만물이 생겨나고, 성인이 사람의 마음을 감화시켜 천하가 화평해지니, 그 감응하는 바를 보면, 천지 만물의 정을 알 수 있다(天地感而萬物化生, 聖人感人心而天下和平, 觀其所感, 而天地萬物之情可見矣.); 觀感(관감): 사물을 보고 나서 생기는 인상이나 감상(看到事物以后所产生的印象和感想).

22 《論語大全》선배 학자 包咸은 儀封人을 '作者七人'[憲問 제40장] 중의 한 사람으로 놓았다(朱子曰:

'請見'(청현)과 '見之'(현지)의 '見'(현, xiàn)은 '賢'(현)과 '遍'(편)의 반절이다. '從'(종)과 '喪'(상)은 모두 거성[zòng; sàng]이다. ○'儀'(의)는 위(衛)나라의 읍이다. '封人'(봉인)은 국경을 관장하는 관원이다. 아마 현자이지만 낮은 벼슬자리로 가서 숨어지내는 자일 것이다. '君子'(군자)는 당시의 현자를 말한다. '이곳에 온 군자는 모두 만나봤다'는 것은 그가 평소에 현자를 만나보는 것을 거절당하지 않았다고 직접 소개말을 해, 만나 뵙고 싶다고 (소개를 통하지 않고) 직접 전갈을 넣은 것이다. '見之'(현지)는 사자를 통해서 만나 뵙게 해준 것을 말한다. '喪'(상)은 벼슬을 잃고 나라를 떠나가는 것을 말하는데, 《예기 · 단궁상》(禮記 檀弓上)에 이르기를 '벼슬을 잃으면 속히 가난해지려고 한다'는 것이 바로 이것이다. '木鐸'(목탁)은 쇠로 요령(搖鈴)의 몸통을 만들고 나무로 방울을 만들어 단 것으로, 정령을 선포하거나 가르침을 베풀 때 흔들어, 이로써 무리를 경계시키는 물건이다. 말인즉, 혼란이 극에 달하면 마땅히 다스려지는 법이니, 하늘이 반드시 장차 선생님으로 하여금 (다시) 벼슬을 얻어 가르침을 베풀게 할 것이니, 벼슬을 잃고 지내는 시간이 오래 가지 않으리라는 것이다. 국경을 지키는 관원이 한 번 선생님을 뵙고 나서 대번에 목탁이란 말로써 선생님을 칭송했으니, 그가 선생님을 보고 느끼는 가운데 얻은 것이 깊었던 것이다.

或曰:「木鐸所以狥于道路[23], 言天使夫子失位, 周流四方以行其教, 如木鐸之狥于道路也。」[24]

前輩謂作者七人, 以儀封人處其一。).

23 《書經 · 夏書 · 胤征》 매년 봄이 되면, 교령을 선포하는 관원이 목탁을 흔들면서 도로를 순행하면서 교령을 선포하기를, '관리들은 서로 권고하시오. 工人들은 자기 맡은 일을 가지고 간언하시오. 그 누구라도 받들어 행하지 않으면, 나라에서 정해질 형벌을 내릴 것이오'라고 했다(每歲孟春, 遒人以木鐸徇于路, 官師相規, 工執藝事以諫, 其或不恭, 邦有常刑。);《周禮 · 地官司徒 · 小司徒》 정월초가 되면, 속관들을 거느리고서 정교법령을 걸어놓은 것을 살피고, 목탁을 흔들면서 도로를 순행하면서, '법령을 지키지 않는 자는 정해진 형벌이 있을 것이다'라고 했다(正歲, 則帥其屬而觀教象之法, 徇以木鐸, 曰: '不用法者, 國有常刑。'; 內閣本에는 '狥'이 '徇'으로 되어 있다: 狥(순): =徇; 徇(순): 여기저기 살피며 돌아다니다(巡行).

24 《論語正義》 국경을 지키는 관원은 아마도 공자께서 종내 벼슬을 할 기회를 만나지 못하고, 장차 말로써 후세를 향한 가르침을 내릴 것을 알았기 때문에, '목탁'을 가지고 비유를 삼은 것이다. 《揚子法言 · 學行》에 말했다. "하늘의 도가 중니에게 있지 않느냐? 중니가 전한 도가 여기 儒家에게 있지 않느냐? 장차 그가 전한 도를 다시 전하려 한다면, 儒家를 목탁으로 삼는 것만 못하다"(正義曰: 封人蓋知夫子之終無所遇, 而將以言垂教, 故以"木鐸"爲喻。《法言》云: "天之道不在仲尼乎? 仲尼駕說者也, 不在茲儒乎? 如將復駕其所說, 則莫若使諸儒金口而木舌。").

어떤 사람이 말했다. "목탁은 길을 따라 여기저기 돌아다니는 데 쓰는 것으로, 하늘이 선생님으로 하여금 벼슬을 잃게 하고, 널리 사방을 돌아다니게 하여 이로써 그의 가르침을 베풀게 할 것인데, 마치 목탁이 길을 따라 여기저기 돌아다니는 것과 같다는 말이다."

[子謂韶盡美矣章]

032501、 子謂[1]韶[2], 「盡美矣, 又[3]盡善也[4]。」 謂武[5], 「盡美矣, 未盡善也。」[6]

1 《詞詮》謂(위): 타동사. 평론·비평하다. 그 사람을 대면하지 않고 말할 때도 쓴다('謂', 外動詞。 非對其人爲言時而亦用之, 與今言'評論''批評'義同。).

2 《論語集解》'韶'(소)는 순 임금이 지은 악곡의 이름이다(注: 孔安國曰: 韶, 舜樂名也。).

3 《論語詞典》又(우): 부사. 접속사 역할이 있다. 게다가(副詞, 有連詞作用, 義如"而且"。);《北京虛詞》又(우): 부사. 동시에. 또한. ~이고 또. 병렬관계인 두 구 사이에 쓰여 동시에 존재하는 상태를 표시한다('又', 副詞。 用于并列关系的两个短语之间, 表示两种状态同时存在。 义即'也'。);《論孟虛字》복문의 다음 절의 머리에 쓰여, 전후관계가 한 단계 위로 또는 아래로 진행되어 이어짐을 표시한다('又', 猶'復', 和'更''再'同義。 大都用在複句的次句之首, 表前後關係作進層連接或遞降連接。).

4 [성]盡美盡善(진미진선): =盡善盡美. 내용과 형식이 모두 완전무결하다. 흠 하나 없이 완전하다(内容和形式都完美无缺: 没有缺点。 形容事物完美到没有一点儿缺点。);《王力漢語》盡(진): 절정에 도달하다(副詞。 放在形容詞前面, 表示到了頂點。);《論語平議》《經典釋文》에는 '善은 본래 繕으로 쓰여 있다'고 했고, 《廣雅·釋詁》에는 '繕은 治이다'라고 했다. 그렇다면 '盡美又盡善'은 아름다운데다가 또 그의 닦고 다스린 공이 지극했다는 말이고, '盡美未盡善'은 비록 아름다웠지만, 닦고 다스린 그의 공이 미진했다는 말이다. 무왕은 만년에 가서야 천명을 얻어 임금이 되었으니, 그래서 닦고 다스림이 지극하지 못했다(釋文曰, 善, 本作繕, 廣雅釋詁曰, 繕, 治也。 然則盡美又盡善者, 言既美而又盡其脩治之功也, 盡美未盡善者, 言雖美而未盡其脩治之功也。 武王末受命, 所以未盡修治耳。);《古今注》'美'는 처음부터 일이 아름답고 성대한 것을 말하고, '善'은 끝에 가서 일이 완전무결하고 훌륭한 것을 말한다. 순 임금은 요 임금의 뒤를 잇고 우 임금이 뒤를 이으면서, 처음과 끝이 흠결이 없었기 때문에, 그 음악이 盡美하고 盡善했지만, 무왕은 천하를 얻은 지 7년 만에 죽어, 은나라의 완악한 사람들이 복종하지 않고, 예악이 아직 흥하지 못했기 때문에, 그 음악이 盡美했지만 盡善하지는 못했던 것이다(美謂始事華盛也; 善謂後事完好也。 舜紹堯而接禹, 始終無缺, 故其樂盡美而盡善; 武王得天下七年而崩, 殷頑未服, 禮樂未興, 故其樂盡美而未盡善。);《論語譯注》'美'는 아마도 소리의 아름다움을 가리키는 말이고, '善'은 아마도 내용의 훌륭함을 가리키는 말일 것이다('美'可能指声音言, '善'可能指内容言。).

5 《春秋左傳·宣公12年》武王이 商나라를 이기고 頌을 지었고, 또 武를 지었다(武王克商, 作頌曰……又作武。);《詩經·周頌·武》아 위대하신 무왕, 그 빛나는 공적 비길 데 없네. 문덕 있으신 문왕은, 능히 그 후대를 열었고, 무왕은 이를 이어, 은나라를 이기고 살육을 막아, 마침내 그 공적을 이루었네(於皇武王, 無競維烈。 允文文王, 克開厥後。 嗣武受之, 勝殷遏劉, 耆定爾功。).

6 《春秋左傳·襄公29年》[BC 544] 오나라 공자 계찰이 빙문을 와서, 주나라 舞樂을 보여주기를 청했다. 양공이 그를 위해 악공에게 周南과 召南을 노래하게 하자, 계찰이 '아름답습니다. 왕업이 이제 定礎되었지만, 아직 완성되지 않았는데, 백성들이 수고하면서도 원망하지 않습니다'라고 했다. 문왕의 舞樂인 象箭(상소)·南籥(남약)을 보고 '아름답습니다만, 아직 여한이 남아 있습니다'라고 했고, 무왕의 舞樂인 大武(대무)를 보고는 '아름답습니다. 주나라의 성대함이 아마도 이와 같았을 것입니다'라고 했고, 탕왕의 舞樂인 韶濩(소호)[大濩]를 보고는 '성인같이 위대하신 분도 잘못에 대한 부끄러운 마음이 들어 있으니 성인 되기란 참으로 어렵습니다'라고 했고, 우왕의 舞樂인 大夏(대하)를 보고는 '아름답습니다. 수고하면서도 스스로 덕이 있다 하지 않으니, 우 임금이 아니면 그 누가 이런 덕을 쌓았겠습니까?'라고 했고, 순 임금의 舞樂인 韶箭(소소)[簫韶]를 보고는 '덕이 지극하고 또 커서, 덮지 않는 게 없는 하늘과 같고, 싣지 않는 게 없는 땅과 같습니다. 아무리 성대한 덕일지라도, 여기에 더 보탤 게 없으니, 舞樂을 보는

선생님께서 소(韶) 음악에 대해 평하여 말씀하시기를 '지극히 아름답고, 거기다가 또 지극히 선하기까지 하다'고 하셨고, 무(武) 음악에 대해 평하여 말씀하시기를 '지극히 아름답지만, 지극히 선하기까지는 못하다'고 하셨다.

韶, 舜樂. 武, 武王樂. 美者, 聲容[7]之盛. 善者, 美之實也. 舜紹[8]堯致治[9], 武王伐紂救民, 其功一也, 故其樂皆盡美. 然舜之德, 性之[10]也, 又以揖遜[11]而有天下; 武王之德, 反之也, 又以征誅而得天下, 故其實有不同者.[12]

'韶(소)는 순(舜) 임금의 음악이다. '武'(무)는 무왕(武王)의 음악이다. '美'(미)는 음악과 춤이 성대한 것이다. '善'(선)은 '美'(미)의 실상이다. 순(舜) 임금은 요(堯) 임금의 왕위를 이어받아 훌륭한 치적을 이룩했고, 무왕(武王)은 주(紂)왕을 정벌하여 백성을 구제했으니, 그 공은 한가지이기 때문에, 그 음악은 모두 지극히 아름답다. 그렇지만 순(舜) 임금이 이룩한 덕은, 본성 그대로였고, 또 공손히 절하고 양보함으로써 천하를 물려받았고, 무왕(武王)이 이룩한 덕은 본성으로 되돌아갔지마는, 정벌하고 주살함으로써 천

것은 이것으로 그칠까 합니다. 다른 舞樂이 있더라도, 더 이상 청하지 않겠습니다'라고 했다(吳公子札來聘……請觀於周樂, 使工爲之歌周南召南, 曰, 美哉, 始基之矣, 猶未也, 然勤而不怨矣……見舞象箭南籥者, 曰, 美哉, 猶有憾, 見舞大武者, 曰, 美哉, 周之盛也, 其若此乎, 見舞韶濩者, 曰, 聖人之弘也, 而猶有慚德, 聖人之難也, 見舞大夏者, 曰, 美哉, 勤而不德, 非禹其誰能脩之, 見舞韶箭者, 曰, 德至矣哉, 大矣, 如天之無不幬也, 如地之無不載也, 雖甚盛德, 其蔑以加於此矣, 觀止矣, 若有他樂, 吾不敢請已.);《禮記 · 樂記》왕자는 공업을 이룩하면 음악을 만들고, 다스림이 안정되면 예를 제정한다. 공업이 클수록 음악은 더욱 완선해지고, 다스림이 뚜렷이 구별될수록 예는 더욱 완비된다. 방패와 도끼를 손에 쥐고 춤추는 음악은 완선한 음악이 아니고, 삶아 익힌 고기로 지내는 제사는 완비된 예[至敬之禮]가 아니다. 음악은 이를 써서 덕을 형상화하려는 것이고, 예는 이를 써서 지나침을 꿰매려는 것이다(王者功成作樂, 治定制禮. 其功大者其樂備, 其治辯者其禮具. 干戚之舞, 非備樂也, 孰亨而祀, 非達禮也…… 樂者所以象德也; 禮者所以綴淫也.).

7 《論語大全》'聲容'은 음악의 소리와 춤의 모습이다. '美之實'은 聲容이 아름다운 까닭을 말한다(慶源輔氏曰: 聲容, 樂之聲, 舞之容也. 美之實, 謂其聲容之所以美.); 聲容(성용): 목소리와 용모(声音容貌).

8 紹(소): 계승하다. 긴밀히 이어지다(継承. 紧密连续).

9 致治(치치): 나라를 안정되고 평화롭게 하다. 태평성대를 이루다(使国家在政治上安定清平).

10 《孟子 · 盡心上 제30장》 맹자가 말했다. "요 임금과 순 임금은 仁의 본성 그대로였고, 탕임금과 무왕은 仁을 몸으로 체득했고, 五霸는 仁을 빌렸다. 오래도록 빌렸지만 돌아가지를 않았으니, 실제로는 仁을 지니지 않았음을 어찌 알겠느냐?"(孟子曰: 堯舜, 性之也; 湯武, 身之也; 五霸, 假之也. 久假而不歸, 惡知其非有也.);《孟子 · 盡心下 제33장》 맹자가 말했다. "요 임금과 순 임금은 본성 그대로였고, 탕임금과 무왕은 본성으로 돌아갔다"(孟子曰: 堯舜, 性者也; 湯武, 反之也.).

11 揖遜(읍손): =揖讓. 손님과 주인 간에 상견 시의 예의(犹揖让. 宾主相见的礼仪.).

12 《論語大全》'美'는 功을 말한 것이고, '善'은 德을 말한 것이다(朱子曰: 美是言功, 善是言德.).

하를 획득했기 때문에, 美(미)의 실상인 善(선)에서는 서로 같지 못한 점이 있다.

○程子曰:「成湯[13]放桀, 惟有慚德,[14] 武王亦然, 故未盡善。堯, 舜, 湯, 武, 其揆一也[15]。征伐非其所欲, 所遇之時然爾[16]。」[17]

○정자(程子·伊川)가 말했다. "성탕(成湯)이 걸(桀) 왕을 추방하고는, 부끄러운 마음이 들었는데, 무왕(武王) 또한 주(紂) 왕을 정벌했기 때문에, 지극히 선하기까지는 못했다.

---

13 成湯(성탕): 탕왕. 상나라 개국 임금. 하나라 걸왕을 정벌하고, 이에 천하를 소유하고는 국호를 상이라 하고 박땅으로 도읍을 옮겼는데, 이러한 무공을 이루었기 때문에 호를 '成'이라 했다(亦作成商。商开国之君。契的后代, 子姓, 名履, 又称天乙。夏桀无道, 汤伐之, 遂有天下, 国号商, 都于亳。《書經·仲虺之诰》孔传: '汤伐桀, 武功成, 故以为号。' 陆德明释文: '汤伐桀, 武功成, 故号成汤; 一云: 成, 諡也'。).

14 《書經·商書·仲虺之誥》성탕이 걸을 남소로 추방하고는, 부끄러운 마음이 들어서, 중훼에게 말했다. "나는 후세가 나를 이야깃거리로 삼을까 두렵소이다"(成湯放桀于南巢, 惟有慚德。曰: 予恐來世以台爲口實。); 慚德(참덕): 잘못이 있어 부끄러운 마음이 들다(亦作慙德。因言行有缺失而內愧于心。).

15 《孟子·離婁下 제1장》맹자가 말했다. "순 임금은 제풍에서 태어나 부하로 옮겼다가 명조에서 생을 마쳤으니 東夷 사람이시다. 문왕은 기주에서 태어나 필영에서 생을 마쳤으니 西夷 사람이시다. 순 임금이 사신 곳과 문왕이 사신 곳은 서로 떨어진 거리가 천여 리가 되고 사신 시대는 서로 떨어진 시간이 천여 년이 되는데, 뜻을 이루어 중국에 행하신 법도는 마치 부절을 맞추는 것 같았다. 선대의 성인이나 후대의 성인이나, 두 분이 행하신 법도는 모두 한가지였다"(孟子曰: '舜生於諸馮, 遷於負夏, 卒於鳴條, 東夷之人也。文王生於岐周, 卒於畢郢, 西夷之人也。地之相去也, 千有餘里; 世之相後也, 千有餘歲。得志行乎中國, 若合符節。先聖後聖, 其揆一也。); 揆(규): 방위를 측량하다. 가늠하다. 대략적으로 헤아리다. 준칙. 원칙(測量方位。揆度, 大致估量現實狀況。准則; 原則).

16 《禮記·禮器》禮는 時를 가장 중요시한다. 요는 순에게 물려 주었고, 순은 우에게 물려 주었고, 탕은 걸을 추방했고, 무왕은 주를 정벌했으니, 각기 처했던 시대상황이 달랐다(禮, 時爲大……堯授舜, 舜授禹; 湯放桀, 武王伐紂, 時也。); 《漢書·董仲舒傳》공자께서 춘추를 지으시면서, 먼저 제왕들의 일을 정리하고 만사를 그 아래 연결시켜 놓았으니, 素王으로서의 문장을 드러냈던 것입니다. 이로 말미암아 보건대, 제왕들의 계통은 다 같았지만, 힘들게 다스리고 편안하게 다스린 것은 달랐으니, 처했던 시대상황이 서로 달랐기 때문입니다. 공자께서 '武盡美矣, 未盡善也'라고 하신 것은 이를 말씀하신 것입니다(孔子作春秋, 先正王而繫萬事, 見素王之文焉。緣此觀之, 帝王之條貫同, 然而勞逸異者, 所遇之時異也。孔子曰'武盡美矣, 未盡善也', 此之謂也。)

17 《論語大全》성인께서는 성탕·무왕의 (정복한) 일에 대해, 매번 약간의 불만족스러운 생각을 품고 계셨다. 그렇지만 후세가 이에 성탕·무왕을 잘못했다고 여길까 걱정하시어, '성탕·무왕은 천명을 고쳐, 하늘에 응하고 사람에 응했다'[易經·☲☰革·彖傳] 말씀하셨다。《論語》에서 약간의 불만족스러운 생각을 품으신 것은, 후세에 난신적자들이 성탕·무왕의 이름을 빙자해서 이로써 제왕의 옥쇄를 엿볼까 걱정해서였고, 《周易》에서 혁명의 의의를 발언하신 것은, 후세의 어지러운 군주가 위에서 제멋대로 행동해, 거리낌이 없을까 걱정해서였다. 성인께서 교훈될 말씀을 세우심에, 후세를 위한 걱정이 참으로 심모원려하시다(西山眞氏曰: 聖人於湯武之事, 每微有不足之意……然恐後世遂以湯武爲非, 故曰湯武革命, 順乎天而應乎人。論語微有不滿之意者, 恐後世亂臣賊子, 借湯武之名以窺伺神器也; 易發革命之義者, 恐後世亂君肆行於上, 無所憚也。聖人立言, 爲後世慮, 至深遠矣。).

요·순·탕·무(堯舜湯武)왕의 경우, 그분들이 행한 법도는 모두 한가지였다. 정벌했던 것은 그분들이 하고 싶어서 한 것이 아니고, 처했던 시대 상황이 그러했던 것뿐이다."

[居上不寬章]

032601、子曰:「居上[1]不寬, 爲禮不敬,[2] 臨喪不哀,[3] 吾何以觀之哉?」[4]

　　선생님께서 말씀하셨다. "윗자리에 있는 사람이 너그럽지 않고, 예(禮)를 행하는 사람이 공경되지 않고, 상(喪) 중에 있는 사람이 슬퍼하지 않는다면, 내가 무엇을 가지고 그 사람을 살펴보겠느냐?"

居上主於愛人, 故以寬爲本。爲禮以敬爲本, 臨喪以哀爲本。既無其本, 則以何者而觀其所行之得失哉?[5]

---

1 《論語正義》'居上'은 벼슬자리에 있는 자가 백성의 위에 자리하는 것을 말하는데, 예악이 나오는 곳이다. '爲禮', '臨喪'은 모두 '居上'者를 가리켜 말한 것이다["윗자리에 있는 사람으로서, 백성 위에 군림하면서 너그럽지 않고, 예를 집행하면서 공경되지 않고 상에 임해서 슬퍼하지 않는다면"](正義曰: 案: "居上"者, 言有位者居民上, 禮樂所自出也。"爲禮","臨喪", 並指居上者言之。);《論語新解》或說의 경우, '居上不寬 爲禮不敬 臨喪不哀' 세 구절이 잇달아, 모두 '居上'者를 가리키는 것이고, '臨喪'은 '吊喪'[상가에 조문하다]으로 풀이해야 한다고 하는데, 지금 취하지 않는다(或说: 本章三句连下, 皆指在上位者, 临丧当解作吊丧, 兹不取。).

2 《論語義疏》당시에 예를 행하는 사람이 공경되지 않은 것이다(疏: 當時行禮者不敬也。).

3 《禮記·曲禮上》상중에는 웃지 않는다. 상중에는 슬픈 기색을 한다(臨喪不笑……臨喪則必有哀色。);《論語新解》'臨喪'은 '居喪'이라는 말과 같다(临丧, 犹言居丧。).

4 《大戴禮記·曾子立事》일에 임해서 신중하지 않고, 상중에 슬퍼하지 않고, 제사를 올리면서 두려워하지 않고, 조정에 나가서 공손하지 않는다면, 나는 그를 알 방도가 없다(臨事而不敬, 居喪而不哀, 祭祀而不畏, 朝廷而不恭, 則吾無由知之矣。);《春秋繁露·仁義法》'군자는 자기의 악한 것은 책망하고, 남의 악한 것은 책망하지 않는다'[顔淵 제21장]고 했으니, 남의 악한 것을 책망하지 않는 것이 仁의 너그러움 아니겠는가? 자기의 악한 것을 책망하는 것이 義의 완전무결함 아니겠는가? 이것을 일러 仁으로는 남을 만들고, 義로는 나를 만든다는 것이니, 어찌 다르겠는가? 이런 까닭으로 자기를 다스리는 데 써야 할 것을 가지고 남을 다스리는 것, 이것이 '居上不寬'이고, 남을 다스리는 데 써야 할 것을 가지고 자기를 다스리는 것, 이것이 '爲禮不敬'이다. '爲禮不敬'하면, 행실을 해치니 백성들이 존중하지 않고, '居上不寬'하면, 너그러움을 해치니 백성들이 가까이하지 않는다. 가까이하지 않으니 믿지 않고, 존중하지 않으니 공경하지 않는다(君子攻其惡, 不攻人之惡, 不攻人之惡, 非仁之寬與? 自攻其惡, 非義之全與? 此謂之仁造人, 義造我, 何以異乎? …… 是故以自治之節治人, 是居上不寬也; 以治人之度自治, 是爲禮不敬也。爲禮不敬, 則傷行而民弗尊; 居上不寬, 則傷厚而民弗親。弗親則弗信, 弗尊則弗敬。).

5 《論語大全》'寬'은 政教·法度가 있고 그것을 행함에 있어 '寬'을 쓰는 것이지, 느슨하게 풀어주는 것을 말하는 것이 아니다. 예컨대, '五教를 공경되게 펴되 너그러이 한다'[書經·舜典]와 같이, '寬'은 五教를 시행하는 가운데 있는 것이다(朱子曰: 寬, 有政教法度而行之以寬耳, 非廢弛之謂也。如敬敷五教在寬, 蓋寬行於五教之中也。).

윗자리에 있는 사람은 사람을 사랑하는 것으로 주를 삼기 때문에, 너그러움을 가지고 근본을 삼는다. 예(禮)를 행하는 사람은 공경을 가지고 근본을 삼고, 상(喪) 중에 있는 사람은 슬픔을 가지고 근본을 삼는다. 이미 그 근본이 없어졌는데, 그렇다면 무엇을 가지고 그 사람의 행실의 잘잘못을 살펴보겠는가?

《里仁 第四》

凡二十六章。

모두 26장이다.

[里仁爲美章]

040101、子曰:「里仁爲美¹。擇不處仁², 焉³得知⁴?」⁵

---

1 《論語集解》'里'는 백성들이 사는 마을이다["仁者의 마을에 사는 것, 이것이 좋다"](注: 鄭玄曰: 里者, 民之所居也。居於仁者之里, 是爲美也。);《論語句法》鄭玄의 주에 따르면 '里'는 동사로서 술어이고, '仁'은 처소보어이고["仁에 거처하는 것이 아름답다"], 朱熹의 注에 따르면 '里'는 주어이고 '仁'은 술어이다(根據鄭玄注, '里'字應該看做動詞做述詞, '仁'看做處所補詞, 根據朱注, '里'應該看做主語, '仁'看做謂語。);《經典釋文》'里'는 '鄰'[이웃하다]과 같다。군자는 이웃을 골라서 사는데, '里仁'은 仁者의 이웃에 사는 것을 말한다["仁者의 이웃에 사는 것이 좋다"](里, 猶鄰也。言君子擇鄰而居, 居於仁者之里。);《古今注》'里'은 사람이 거처하는 곳이다。사람이 거처할 곳은 仁이어야 아름답다。맹자가 말한 '仁者人之安宅也'[離婁上 제10장]이다(補曰: 里者, 人所居也。人所居, 惟仁爲美。孟子所謂, 仁者人之安宅也。);《論語譯注》'里'는 동사로 볼 수 있다。거주하다["거주할 곳은, 인덕이 있는 곳이어야 좋다"]('里', 這裏可以看爲动词。居住也。; "住的地方, 要有仁德這才好。");《論語新解》'里'은 '居'의 뜻이다。仁 가운데 거처하는 것이 아름답다는 말로, '仁'은 사람이 살아갈 안락한 집이다[孟子・公孫丑上 제7장]와 같다(里, 卽居义。居仁爲美, 犹孟子云: "仁, 人之安宅也。");《論語句法》'爲'는 연결동사이다('爲'是繫詞)。

2 《論語大全》'擇'字는 위 구절을 이어받아 문장을 만든 것이다(朱子曰: 擇字, 因上句爲文。);《論語正義》《後漢書・張衡傳》에, 張衡[96~179]이 쓴 《思玄賦》의 '匪仁里其焉宅兮'(인정 후한 사람들 사는 동네 아니었으면 내 어디 가서 붙어 살았을꼬) 구절에 대해, 李賢[655~684]이 다음과 같이 注를 달았다。"《論語》의 '里仁爲美, 宅不處仁'의 '里', '宅'은 모두 居[거주하다]이다。" 王應麟[1223~1296]의 《困學紀聞》에 말했다。"《論語》 고문본에는 '宅'으로 쓰여 있다。" 惠棟[1697~1758]의 《九經古義》에 말했다。"《釋名》에, '宅은 擇으로, 길한 곳을 택해 그곳에 담을 쌓고 산다'고 했는데, 이 '宅'에는 '擇'의 뜻이 있다。어떤 古文에는 '宅'으로 쓰여 있고, '擇'으로 훈을 달았는데, 역시 통한다。" 馮登府[1783~1841]의 《論語異文攷證》에는 劉璠[500년대]이 쓴 《梁典》의 '署宅歸仁里'를 인용했는데, 또한 '宅字로 쓰여 있다(正義曰:《說文》: "擇, 柬選也。"《後漢書, 張衡傳》: "衡作《思玄賦》曰: '匪仁里其焉宅兮!' 李賢注:《論語》'里仁爲美, 宅不處仁', 里宅皆居也。" 困學紀聞謂《論語》古文本作'宅'。惠氏棟《九經古義》: "《釋名》曰: '宅, 擇也, 擇吉處而營之。' 是宅有擇義。或古文作'宅', 訓爲'擇', 亦通。" 馮氏登府《異文攷證》引劉璠《梁典》"署宅歸仁里", 亦作'宅'字。);《古今注》'擇'을 '宅'이라 한다면, 맹자가 무엇 때문에 '擇不處仁'을 인용해서 技藝의 선택의 기준으로 삼았겠는가?[公孫丑上 제7장]。옳지 않다(若以擇爲宅, 則孟子何得引之爲擇術之證? 亦非也。);《論語新解》'處仁'은 바로 '居仁', '里仁'의 뜻이다。사람은 仁道를 택해 살아갈 수 있는 것을 귀하게 여기고, 仁者가 사는 마을을 택해 거처한다는 말이 아니다(處仁, 卽居仁里仁义。人貴能擇仁道而處, 非谓擇仁者之里而處。);《論語句法》주어가 '擇', 술어가 '不處仁'이다(主語是'擇', 謂語是'不處仁'。)。

3 《北京虛詞》焉(언): 의문대사。어찌。어디~할 수 있겠느냐? '焉'이 조동사 '得', '敢', '可', '能', '足' 앞에 쓰여, 반문을 표시한다('焉', 疑问代词。用于助动词'得'、'敢'、'可'、'能'、'足'前, 表示反诘。义即'怎'、'哪里'。)。

4 《論語義疏》本에는 '知'가 '智'로 되어 있다。

5 《孟子・公孫丑上 제7장》맹자가 말했다。"화살 만드는 사람이 어찌 갑옷 만드는 사람보다 불인하겠느냐? 화살 만드는 사람은 다만 사람을 상하게 하지 못할까만을 걱정하고, 갑옷 만드는 사람은 다만 사람이 상할까만을 걱정한다。무당이나 관곽을 만드는 목수 또한 그러하다。그러므로 技藝의 선택은 신중하지 않으면 안 된다。공자께서는, '里仁爲美。擇不處仁, 焉得智?'라고 하셨다。仁이란 하늘의 존귀한 벼슬이고, 사람이 살아갈 안락한 집이다。아무도 막지 않는데도 仁에 거처하지 않는다면, 이는 지혜롭지 못하다"(孟

선생님께서 말씀하셨다. "살아갈 마을로는 인후한 곳이 좋다. 살아갈 마을을 고르는 데 인후한 곳을 정처로 삼지 않는다면, 어찌 지혜롭다 할 수 있겠느냐?"

處,[6] 上聲。焉, 於虔反。知[7] 去聲。○里有仁厚之俗爲美。擇里而不居於是焉, 則失其是非之本心,[8] 而不得爲知矣。

'處'(처)는 상성[chǔ]이다. '焉'(언, yān)은 '於'(어)와 '虔'(건)의 반절이다. '知'(지)는 거성[zhì]이다. ○살아갈 마을은 인후한 풍속이 있는 곳이 좋다. 살아갈 마을을 고르는 데 이런 곳을 정처로 삼지 않는다면, 자기의 시비지심(是非之心)을 잃은 것이니, 지혜롭다고 할 수 없다.

子曰:「矢人豈不仁於函人哉? 矢人唯恐不傷人, 函人唯恐傷人。巫匠亦然, 故術不可不慎也。孔子曰:『里仁爲美。擇不處仁, 焉得智?』夫仁, 天之尊爵也, 人之安宅也。莫之禦而不仁, 是不智也。);《孟子·離婁上 제10장》仁은 사람이 살아갈 안락한 집이고, 義는 사람이 따라갈 올바른 길이다. 살아갈 안락한 집을 비워둔 채 살지 않고, 따라갈 올바른 길을 버려둔 채 따르지 않으니, 슬프다!(仁, 人之安宅也; 義, 人之正路也。曠安宅而弗居, 舍正路而不由, 哀哉);《荀子·勸學》군자는, 살아갈 거처로는 반드시 고을을 골라서 택하고, 교유하는 자로는 반드시 선비를 가까이하는데, 이로써 邪辟를 막고 中正을 가까이하려는 것이다(故君子居必擇鄕, 遊必就士, 所以防邪辟而近中正也。);《荀子·大略》仁은 살아갈 마을이 있고, 義는 출입하는 문이 있다. 仁이 살아갈 마을이 아닌데 거기에 살면 仁이 아니고, 義가 출입할 문이 아닌데 거기로 출입하면 義가 아니다(仁有里, 義有門; 仁, 非其里而處之, 非仁也; 義, 非其門而由之, 非義也。);《春秋左傳·昭公3年》속담에 '집을 점치지 않고, 이웃을 점친다'고 했다(諺曰: 非宅是卜, 唯鄰是卜。); '仁을 거처로 삼는 것이 아름답다. 골라서 仁 가운데 거처하지 않는다면, 어찌 지혜롭다 하겠느냐?'로 풀이하는 견해도 있다..

6 處(처): [chǔ] 거주하다. 머물러 쉬다. 거처하다. 은거하다(居住, 止息。置身于。退隱自居。); [chù] 곳. 장소. 사물의 한 부분[용처. 장점](地方, 場所。事物的某一部分: '用處' '長處').

7 知(지): [zhì] 지혜. =智(지혜롭다)(智慧。同「智」。); [zhī] 이해하다. 식별하다(了解。识别。);《荀子·脩身》옳은 것을 옳다 하고 그른 것을 그르다 하는 것을 智라 하고, 옳은 것을 그르다 하고 그른 것을 옳다 하는 것을 愚라 한다(是是非非謂之智, 非是是非謂之愚。).

8 《孟子·公孫丑上 제6장》측은지심은 仁이 발하는 단서이다. 수오지심은 義가 발하는 단서이다. 사양지심은 禮가 발하는 단서이다. 시비지심은 智가 발하는 단서이다. 사람이 이 네 가지 단서를 지니고 있는 것은, 마치 사람에게 사지가 있는 것과 같다(惻隱之心, 仁之端也; 羞惡之心, 義之端也; 辭讓之心, 禮之端也; 是非之心, 智之端也。人之有是四端也, 猶其有四體也。).

[不仁者不可以久處約章]

040201、子曰:「不仁者¹不可以久²處約³, 不可以長⁴處樂⁵. 仁者安仁⁶, 知者利仁⁷。」⁸

---

1 《詞詮》者(자): 지시대명사. (형용사나 동사 뒤에 붙어) ~한 사람·자·것('者', 指示代名詞. 兼代人物. 代人可譯爲'人', 代事物可譯爲'的'。);《古書虛字》사람을 가리키는 대명사('者', '人'之代名詞也。).

2 《北京虛詞》久(구): 부사. 오랫동안 어떤 동작을 시행하거나 어떤 상태에 처해 있는 것을 표시한다('久', 副詞. 用于謂語前, 表示長時間地施行某種動作, 或處于某種狀態. 又即'長久地'、'長時間地'、'久久'義同。).

3 《說文·糸部》'約'(약)은 '칭칭 동여매다'이다(約, 纏束。);《論語義疏》'約'은 '貧困'과 같다(疏: 約, 猶貧困也。);《古今注》'約'은 '칭칭 동여매다'이다. 궁색하니 곤경에 빠져 있는 모습이, 끈으로 칭칭 동여 매인 것과 같아서 '約'이라 한다(約纏束也. 窮居困畏, 若纏束然曰約。);《王力字典》約(약): 풍요와 반대말로 빈궁, 즉 재물의 결핍을 가리킨다(與'富庶'相對指貧窮, 即財物少。); 處約(처약): 곤궁한 가운데 있다. 가난하게 생활하다(生活在穷困之中).

4 《北京虛詞》長(장): 부사. 오랫동안. 영원히. 늘상. 행위나 상태가 장기간 존재하거나, 늘상 출현하는 것을 표시한다('長', 副詞. 用于謂語前, 表示行爲或狀態的長期存在, 或經常出現. 又即長期'、'永远'、'经常'。).

5 《論語義疏》'樂'은 '부귀'이다(疏: 樂, 富貴也。);《論語注疏》不仁者는 곤궁 가운데 오래 머물면 나쁜 짓을 저지르고, 안락 가운데 오래 머물면 교만하고 방탕[질탕]해진다(疏 正義曰: 不仁者……若久困則爲非也…… 若久長處樂, 則必驕佚。).

6 《論語集解》성품이 인한 자만이 자연히 仁이 몸에 배어 있기 때문에, '安仁'이라 한 것이다(注: 苞氏曰: 惟性仁者, 自然體之, 故謂安仁也。).

7 《論語注疏》智謀가 있는 자는, 이익을 탐하여 인을 행하는데, 이익이 있으면 인을 행하고, 이익이 없으면 그만두기 때문에, 본심이 아니다(疏 正義曰: 有知謀者, 貪利而行仁, 有利則行, 無利則止, 非本情也。);《補正述疏》朱子는 '利仁'을 '利於仁'으로 해석했으니, 대개 仁을 이롭게 여기는 것으로,《大學》의 '(나라는) 財利로써 이로움을 삼지 않고, 義로써 이로움을 삼는다'는 말과 같다(述曰: 朱子釋利仁'曰'利於仁', 蓋以仁爲利也, 猶《大學》言不以利爲利, 以義爲利也。);《論語新解》여기에서 '利'字는 그것을 지니고 싶어 한다는 뜻이다["智者는 仁이 그에게 이롭다는 것을 알기에, 仁을 지니고 싶어한다"](此處利字, 乃欲有之之義。; "智人, 知仁道于他有利, 而想欲有之了。"); 利(리): ~에 능숙하다. 이용하다. 처하다. 이익을 꾀하다(善于. 使有利. 占; 謀利。).

8 《禮記·表記》아무런 바람이 없이 인을 좋아하는 자, 아무런 두려움이 없이 불인을 미워하는 자, 천하에 한 사람뿐이다. 仁에는 세 부류[安仁·利仁·強仁]가 있다. 仁을 행해 얻은 효과는 같아도 仁을 행한 속마음은 각기 다르다. 仁을 행해 얻은 효과가 같다고 해서, 그 속마음이 어떤지는 아직 알 수 없다. 仁을 행할 때 빠지는 잘못을 살핀 연후에 그 仁을 행한 속마음을 알 수 있다. 仁者의 속마음은 仁을 편안히 여기고, 知者의 속마음은 仁을 이롭게 여기고, 죄를 두려워하는 자의 속마음은 仁을 마지못해서 한다(子曰: 無欲而好仁者, 無畏而惡不仁者, 天下一人而已矣。……仁有三, 與仁同功而異情. 與仁同功, 其仁未可知也; 與仁同過, 然後其仁可知也.仁者安仁, 知者利仁, 畏罪者強仁。);《大戴禮記·曾子立事》곤궁에 처해 있으면서도, 그가 유혹당하지 않는지를 살핀다. 힘들게 애쓰면서도 그가 흔들리지 않고 편안한지를 살핀다. 최상은 선을 즐거워하는 사람이고, 다음은 선에 편안한 사람이고, 그다음은 스스로 힘써 노력하는 사람이다. 仁者는 도를 즐기고, 智者는 도를 꾀한다(居約, 而觀其不營也; 勤勞之, 而觀其不擾人也。……太上樂善, 其次安之, 其下亦能自強. 仁者樂道, 智者利道。);《中庸 제20장》어떤 자는 힘들이

선생님께서 말씀하셨다. "인(仁)하지 못한 자는 곤궁 가운데 오래도록 머물러 있지 못하고, 안락 가운데 오래도록 머물러 있지 못한다. 인(仁)한 자는 인(仁)을 편안히 여기고, 지혜로운 자는 인(仁)을 이롭게 여겨 꾀한다."

樂, 音洛。知, 去聲。○約, 窮困也。利, 猶貪[9]也, 蓋深知篤好而必欲得之也。不仁之人, 失其本心[10], 久約必濫, 久樂必淫[11]。惟仁者, 則安其仁而無適不然, 知者則利於仁而不 易所守, 蓋雖深淺之不同[12], 然皆非外物所能奪矣[13]。

'樂'(락)은 음이 '洛'(락)이다. '知'(지)는 거성[zhì]이다. ○'約'(약)은 '곤궁하다'[窮困]이다. '利'(이)는 '꾀하다'[貪]와 같은데, 대개 깊이 알고 아주 좋아해서 반드시 그것을 얻고 싶어 하는 것이다. 불인(不仁)한 자의 경우는, 자기의 본심을 잃어서, 곤궁 가운데 오래 도록 머물러 있다 보면 반드시 못견뎌 제멋대로 날뛰고, 안락 가운데 오래도록 머물러 있다 보면 반드시 탐닉하여 헤어 나오지 못하는 지경으로 빠져든다. 오직 인(仁)한 자의 경우만이 그의 인(仁)을 편안히 여겨서 어디를 가든지 그렇지 않은 경우가 없고, 지혜로운 자는 인(仁)을 이롭게 여겨서 지키고 있는 것을 바꾸지 않는다. 대개 비록 (仁者와 知者가 仁을 알고 좋아하는 정도에) 깊고 얕음의 차이는 있을지라도, 그렇지만 모두

지 않고도 편안히 그것을 행하고, 어떤 자는 이로우니까 그것을 행하게 되고, 어떤 자는 억지로 시켜야 그것을 행하게 되지만, 성취했다는 그 자체로는 한가지입니다(或安而行之, 或利而行之, 或勉強而行之, 及其成功, 一也。).

9 貪(탐): 추구하다(求。同'探'。).

10 《孟子·離婁上 제8장》[朱熹注] 불인한 사람은 사욕에 단단히 갇혀서 그 본심을 잃는다(不仁之人, 私欲固 蔽, 失其本心。).

11 《論語大全》'濫'(람)은 물이 범람하는 것과 같고, '淫'(음)은 물이 차츰 배어들어 푹 젖어버리는 것과 같다. '濫'字는 '窮斯濫矣'[소인은 곤궁하면 견디지 못하고 함부로 날뛴다][衛靈公 제1장]의 '濫'이고, '淫'字는 '富貴不能淫'[부귀가 그를 어지럽히지 못한다][孟子·滕文公下 제2장]의 '淫'이다(雙峯饒氏曰: 濫, 如水之泛濫; 淫, 如水之浸淫……濫字, 是窮斯濫矣之濫; 淫字, 是富貴不能淫之淫。); 濫(람): 넘치다. 도에 지나치다. 제멋대로 하다(过度; 超过限度; 漫无准则); 淫(음): 차츰 빠져 들어가다. 스며들다(浸淫。 浸淫者, 以漸而入也。).

12 《論語大全》'深'은 仁者를 말하고, '淺'은 知者를 말한다(朱子曰: 深謂仁者, 淺謂知者。).

13 《論語大全》인을 편안히 여기는 자는 마음과 인이 하나여서, 인이 곧 나이고 내가 곧 인이다. 그래서 '其仁'이라 말했으니, 仁者의 인이다. 인을 이롭게 여기는 자는 마음과 인이 아직 둘이고, 마음이 인과의 사이에 아직 틈이 있다. 그래서 '於仁'이라 말했으니, 아직 인이 아니고, 인을 이롭게 여기는 데 불과하다 (雙峯饒氏曰: 安仁者, 心與仁一, 仁卽我, 我卽仁。故曰其仁。卽仁者之仁也。利仁者, 心與仁猶二。於仁猶有 間。故曰於仁, 猶未是仁, 不過利於仁耳。).

외물에 의해 (仁을 좋아하는 마음을) 빼앗길 정도는 아니다.

○謝氏曰「仁者心無內外遠近精粗之間[14], 非有所存[15]而自不亡, 非有所理[16]而自不亂, 如目視而耳聽, 手持而足行也. 知者謂之有所見則可, 謂之有所得則未可. 有所存斯[17] 不亡, 有所理斯不亂, 未能無意也. 安仁則一, 利仁則二[18]. 安仁者非顏閔以上, 去[19]聖人 爲不遠, 不知此味也. 諸子雖有卓越之才, 謂之見道不惑則可, 然未免於利之也.」
○사씨(謝氏·謝顯道)가 말했다. "인(仁)한 자의 마음은 내(內)와 외(外)·원(遠)과 근(近)· 정(精)과 조(粗) 사이의 틈이 없어서, (의식적으로) 마음에 간직해두지 않아도 저절로 없어지지 않고, 주의를 기울이지 않아도 저절로 어지럽혀지지 않는 것이, 마치 (의식하지 않아도) 눈이 보고 귀가 듣고, 손이 잡고 발이 걷는 것과 같다. 지혜로운 자는 눈으로 본 것이 있다고는 말할 수 있지만, 얻은 것이 있다고는 아직 말할 수 없다. 마음에 간직해두어야 없어지지 않고, 흐트러지지 않게 정리해 두어야 어지럽혀지지 않으니, 의식하고 있지 않으면 아직 안 된다. '인(仁)을 편안하게 여긴다'[安仁]고 하면 (나와 仁이) 하나지만, '인(仁)을 이롭게 여겨 꾀한다'[利仁]고 하면 (나와 仁이) 둘이다. 인(仁) 을 편안히 여긴다는 것은, 안자(顏子)와 민자건(閔子騫) 이상의 성인과의 거리가 그리

---

14 《論語大全》'心無內外遠近精粗之間'은 仁者의 仁의 완숙한 경지를 설명한 말이다. '內'는 보존하고 머무는 때를, '外'는 사물에 응접하는 때를, '遠'은 일용·평상이 아닐 때를, '近'은 일용·평상일 때를, '精'은 詩·書·禮·樂 등을 공부하는 일을, '粗'는 錢穀·甲兵 등을 처리하는 일을 말한다. '存'은 마음의 보존이고, '理'는 일의 처리이다(雙峯饒氏曰: 心無內外遠近精粗之間, 是說他仁熟處……內謂存處時, 外 謂應事接物時, 近謂日用常行處, 遠謂非日用常行處, 精如治詩書禮樂等事, 粗如治錢穀甲兵等事, 存是心 存, 理是事理.).

15 《秀文苑》存(존): 子[어린아이]를 따르고 才[갓 싹이 튼 초목]를 따른다. 갓 싹이 튼 초목이나 갓 태어난 어린아이에 대한 세심한 돌봄이 필요함을 표시한다(从子(婴儿), 从才(草木初生), 表示初生的草木和幼 小婴儿需悉心照顾。)(www.xiuwenyuan.com); 存(존): 돌보다. 보호하다. 생각하다. 관심을 갖다. 배려 하다. 입력해두다. 보존하다(抚育; 保护. 思念. 怀念. 关心; 关怀,储存; 保存; 保全.).

16 理(리): 다스리다. 관리하다. 정리하다. 주의를 기울이다. 관심을 돌리다(治理, 管理. 整理, 使有条理, 有秩序. 理睬, 理会.).

17 斯(사): ~하면(则. 就. 表示承接上文, 得出结论.).

18 《集注考證》仁者는 仁을 행하는 데 순수하기 때문에 편안하게 행하고, 知者는 仁을 알기 때문에 이롭게 여겨 행한다. 편안히 여기는 경우는 이미 나와 합쳐져서 하나가 된 것이고, 이롭게 여기는 경우는 아직 彼此의 구분이 있는 것인데, 그럼에도 仁에 서툰지 익은지의 차이에 있을 뿐이다(仁者純乎仁, 故安而行之, 知者知此仁, 故利而行之. 安則已與合一, 利則尚有彼此, 亦只在生熟之間耳.).

19 去(거): 서로 떨어진 거리. 멀리 떨어지다(相距. 远离.).

멀지 아니한 자가 아니고서는 이 맛을 알지 못한다. 제자들이 비록 탁월한 재질을 갖추고 있었지마는, 도를 보고 믿어 헷갈리지 않았다고는 말할 수 있지만, 인(仁)을 꾀하는 정도를 아직 벗어나지는 못했다."

[惟仁者能好人能惡人章]

040301、子曰:「唯仁者能好人, 能惡人。[1][2]

　　선생님께서 말씀하셨다. "오직 인자(仁者)만이 사람을 좋아할 수 있고, 사람을 미워할 수 있다."

好, 惡[3], 皆去聲。○唯之爲言, 獨也。蓋無私心, 然後好惡當於理, 程子所謂「得其公正」[4]是也。[5]

---

1 《論語集解》仁者만이 남의 좋은 점, 나쁜 점을 살필 수 있다(注: 孔安國曰: 唯仁者能審人之好惡也。); 《古今注》그 마음이 인하기 때문에, 인한 사람을 보면 심히 좋아하게 되고, 불인한 사람을 보면 심히 미워하게 된다. 마음이란 다 그렇다. 자기와 같은 仁한 사람을 보면 그 기쁜 마음이 견딜 수 없는 정도이고, 자기와 다른 불인한 사람을 보면, 그에 대한 미운 마음이 견딜 수 없는 정도이다. 마음이 견딜 수 없는 정도가 되어야 좋아할 수 있고 미워할 수 있다(其心仁, 故見仁者則深好之, 見不仁者則深惡之。凡術皆然。見同德, 則其悅不可堪, 見異類則其憎不可堪, 惟不可堪而後能好惡。); 《論語譯注》'貴仁者所好惡得其中'[인을 귀하게 여기는 자는 사람을 좋아하는 것과 미워하는 것이 그 중도를 얻게 된다]이 바로 이 장을 설명할 수 있다고 생각한다(我認爲'貴仁者所好惡得其中', 正可說明這句。).

2 《大學 傳10장》仁한 사람만이 악한 자를 추방하고 유배시켜, 四夷의 땅으로 뿔뿔이 흐트러뜨려서, 나라 안에 발붙이지 못하게 한다. 이것이 '오직 仁한 사람만이 사람을 사랑할 수 있고, 사람을 미워할 수 있다'라는 말이다(唯仁人放流之, 迸諸四夷, 不與同中國, 此謂唯仁人爲能愛人, 能惡人。).

3 惡(악/오): [è] 범죄행위. 죄악. 나쁘다. 흉악하다. 조악하다. 용모나 모양이 추하다(罪过, 不良的行为。不善的, 坏的。粗劣的。醜陋); [wù] 증오하다. 혐오하다. 싫어하다. 수치스럽다(憎恨, 讨厌。羞耻); [wū] 어찌. 어느(如何, 怎么。何).

4 《論語精義》程伊川은 이 장을 '得其公正也'라고 풀이했다(伊川解曰: 得其公正也。).

5 《論語大全》'公'은 마음이 바른 것이고, '正'은 객관적인 도리에 맞는 것이다. 公正이라는 한 단어 안에 體와 用이 다 구비되어 있다. 公과 正을 요즘 사람들은 連語로 보는 경우가 많은데, 기실은 公은 公이고 正은 正이다. 이 두 글자는 둘 중 한 글자라도 부족해서는 안 된다. 公는 마음속이 사심이 없는 것이고, 正은 좋아하고 미워하는 것이 도리에 맞는 것이다. 公하지만 正하지 못하면 좋아하고 미워하는 것이 모두 다 도리에 맞을 수는 없고, 正하지만 公하지 못하면 절실하게 일 속에서 옳은 것을 추구하려 하겠지만 그 마음은 도리어 公하지 못하다(朱子曰: 公者心之正也, 正者理之得也。一言之中 體用備矣。公正今人多連看, 其實 公自是公 正自是正。這兩个字 相少不得: 公是心裏公, 正是好惡得來當理。苟公而不正則其好惡必不能皆當乎理, 正而不公則切切然於事物之間求其是 而心却不公。). 이 두 글자는 한 글자라도 부족해서는 안 된다. 程子는 다만 '公正' 두 글자를 가지고 이 장을 풀이했다. 나는 사람들이 이해하지 못할까 봐서 '無私心'으로 '公'字를 풀이했고, '好惡當於理'로 '正'字를 풀이했다. 어떤 사람은 '好惡當於理'하지만 '無私心'하지 않을 수 있고, 어떤 사람은 '無私心'하지만, '好惡當於理'하지 않을 수 있는데, 그렇지만 오직 '公'하고 그 후에 '正'할 수 있다. '公'은 광대하니 사심이 없는 것이고, '正'은 편향된 부분이 없는 것이다(此兩字 不可少一。程子只著公正兩字解這處。某怕人理會不得, 故以無私心, 解公字, 好惡當於理, 解正字。有人

'好'(호)와 '惡'(오)는 모두 거성[hào; wù]이다. ○'惟'(유)의 말뜻은 '오직'[獨]이다. 대개 사사로운 마음이 없어야, 그런 후에 좋아하는 것·미워하는 것이 도리에 맞는다. 정자(程子·伊川)가 말한, '좋아하는 것·미워하는 것이 그에 맞는 공정함을 얻었다'라고 한 것이 바로 이것이다.

○游氏曰:「好善而惡惡, 天下之同情, 然人每失其正者, 心有所繫而不能自克也。惟仁者無私心, 所以能好惡也。」[6]

○유씨(游氏·游定夫)가 말했다. "선을 좋아하고 악을 미워하는 것은, 천하 사람들의 공통된 감정이지만, 사람이 선을 좋아하고 악을 미워하는 것이 매양 그에 맞는 공정함을 잃어버리고 마는 것은, 마음이 매여 있는 데가 있는데도 스스로 끊어버리지 못하기 때문이다. 오직 인(仁)한 자만이 사사로운 마음이 없으니, 그래서 사람을 좋아하거나 미워할 수가 있다."

好惡當於理, 而未必無私心; 有人無私心, 而未必好惡當於理, 然惟公而後能正, 公是箇廣大無私意, 正是箇無所偏向處。).

6 《論語大全》옳은 것을 좋아하고, 그른 것을 싫어하는 것은, 사람들의 공통된 감정이다. 그렇지만 터럭한 올만큼의 사사로운 생각이라도 있어 그사이에 섞이면, 미워하기에 그 착한 점이 있는 것을 보지 못하고, 사랑하기에 그 나쁜 점이 있는 것을 보지 못하는 경우가 있다[禮記·曲禮上]. 그래서 호오의 감정이 이치에 합당한 경우는, 인자만이 그리할 수 있다(胡氏曰: 好其所是, 惡其所非, 人之至情也。然有一毫私意, 雜乎其間, 則憎而不知其善, 愛而不知其惡者, 有矣。故好惡當理, 惟仁者能之。):《禮記·曲禮上》현자는, 가까이하고 스스럼없이 대하면서도 공경하고, 두려워하면서도 사랑하고, 사랑하면서도 그의 나쁜 점을 알고, 미워하면서도 그의 좋은 점을 안다. 재물을 쌓다가도 풀어 내놓고, 편안한 처지에 편히 있다가도 환난으로 능히 옮겨갈 수 있다. 재물이 앞에 있어도 구차히 얻으려 하지 않고, 환난이 앞에 닥쳐도 구차히 피하려 하지 않는다. 악착같이 이기려 하지 않고, 나누는 데 많이 받으려 하지 않는다. 잘 모르는 의심스러운 말은 따져서 바로잡으려 하지 않고, 나의 의견을 솔직하게 말하되 옳다고 고집하지 않는다(賢者狎而敬之, 畏而愛之。愛而知其惡, 憎而知其善。積而能散, 安安而能遷。臨財毋苟得, 臨難毋苟免。很毋求勝, 分毋求多。疑事毋質, 直而勿有。).

[苟志於仁章]

040401、子曰:「苟¹志於仁矣², 無惡也。³」

1 《論語集解》'苟'(구)는 '誠'이다(注: 孔安國曰: 苟, 誠也。);《論語大全》'苟日新[진실로 하루면 새롭게 된다][大學·傳文 제2장]의 '苟'와 같다(如苟日新之苟。);《論孟虛字》진실로. 과연. 정말로. ~하기만 하면('苟', 猶'誠'。是果真的意思。當白話'只要'。);《論語句法》'苟'는 가설을 표시하는 관계사이다('苟'是表示假設的關係詞。);《論語詞典》矣(의): 잠시 말을 멈추는 어기사이면서, 겸해서 아래 문장을 일으킨다(語氣詞。表停頓, 兼提起下文。)。

2 《論語新解》'志'는 '存心'[마음먹다. 마음에 품다]이라는 말과 같다. '志於仁'은 存心이 仁에 있는 것이다(志, 猶云存心。志于仁, 即存心在仁。)。

3 《論語集解》"진실로 인에 뜻을 품은 자는 악행이 없다"(注: 孔安國曰: 言誠能志於仁者, 則其餘無惡也。);《論語正義》《經典釋文》에는, '惡은 '악'으로도 읽고, 또 '오'로도 읽는다'고 했는데, 내 생각에는, 앞장과 뒷장 모두 好惡(호오)를 말한 것으로, 이 장의 '惡' 역시 烏(오)와 路(로)의 반절로 읽어야 맞다[이 경우 '無惡'의 '惡'를 '愛人'의 對句로 보고 '無惡'을 '無惡人'으로 보아, '진실로 마음이 인에 가 있으면, 사람을 미워하는 마음이 없다'로 풀이한다](正義曰:《釋文》: "惡如字, 又烏路反。" 案: 前後章皆言好惡, 此亦當讀烏路。);《論語平議》앞장에서 '惟仁者 能好人 能惡人'이라 했고, 뒷장에서 '苟志於仁矣 無惡也'라 했으니, 이 두 장은 앞장의 뜻을 뒷장이 이어받은 것이다. 이 장의 '惡'字는 바로 앞의 '能惡人'의 '惡'(오)자이다. 대개 仁者는 다른 사람에 대해, 좋아할 만한 것을 좋아하고 미워할 만한 것을 미워하니, 이것이 앞장의 '能好人 能惡人'이다. 그렇지만 이는 仁의 구체적인 행위로써 말한 것이고, 仁의 마음가짐으로써 논한다면, 사람을 좋아하는 마음은 물론 (사람을) 좋아해서이지만, 사람을 미워하는 것도 역시 (사람을) 좋아해서이니, 이른바 '반듯한 사람을 들어서 여러 굽은 사람 위에다 놓으면, 굽은 사람을 반듯하게 할 수 있다'[顏淵 제22장]는 것이 바로 이것이다. 그러므로 또 이 장의 말을 언급해, 이로써 앞장의 뜻을 거듭 밝혀, 특별히 '仁者'만 이런 것이 아니고 '진실로 마음이 인에 가 있는 사람'이라면, 또한 사람을 미워하는 마음이 결코 없을 것임을 보인 것이다(上章云, 惟仁者, 能好人, 能惡人, 此章云, 苟志於仁矣, 無惡也。兩章文義相承。此惡字, 卽上能惡人之惡。蓋仁者之於人, 好所當好, 惡所當惡, 所謂能好人能惡人也。然此以其行事言也, 若論其居心, 則好固是好, 惡亦是好, 所謂擧直錯諸枉, 能使枉者直, 是也。故又言此, 以申明上意。見不特仁者如是, 人苟志在於仁, 則亦必無惡人之念矣。);《韓非子·解老》에는 '仁者는 진심으로 흔쾌히 사람을 사랑하는 자를 말한다'고 했고, 賈誼[BC 200~BC 168]의《新序·道術》에는 '마음이 사람을 두루 사랑하는 것을 仁이라 한다'고 했다. 그렇다면 仁은 사랑을 위주로 한다는 것이 옛사람들의 공통된 견해였다. 그 마음속에 조금이라도 남을 미워하는 생각이 있다면, 바로 仁에 뜻을 두고 있다고 할 수 없다. 이 장의 말씀은, 혹은 같은 시기에 앞장에 이어서 하신 말씀이든지, 혹은 같은 시기에 하신 말씀은 아니지만, 기록한 자가 이 장을 끌어다가 앞 장에 이어 기록하여, 이로써 공자의 숨은 생각을 드러내 밝힌 것일 텐데, 孔安國이 注에서 '惡'(오)자를 '惡'(악)으로 잘못 풀이하면서부터 이 장의 뜻이 불분명해졌다.《經典釋文》에서, '惡'는 본래의 음(è)으로 읽거나 또 烏[wù]와 路[lù]의 反切[wù]로 읽는다고 했는데, 뒤의 음으로 읽어야 맞다(韓非子解老篇曰, 仁者謂其中心欣然愛人也, 賈子道術篇曰, 心兼愛人謂之仁。然則仁主於愛, 古之通論。使其中有惡人之一念, 卽不得謂之志於仁矣。此與上章, 或一時之語, 或非一時語, 記者牽連記之, 以發明夫子微言, 自孔注誤解惡字, 而此章之義晦矣。釋文曰, 惡如字又烏路反, 當以后一音爲正。);《補正述疏》仁에 마음이 가 있는 자는, 혹은 지혜가 정밀하지 못해서, 혹은 행동이 미숙해서, 혹 실수할 수는 있지만, 무심코 저지르는 잘못일 뿐이지, 어찌 악한 마음이 있어서이겠는가?(述曰: 志於仁者, 或知之

선생님께서 말씀하셨다. "진실로 마음이 인(仁)에 가 있으면, 악한 짓을 저지르는 일이 없다."

惡, 如字。○苟, 誠也。志者, 心之所之也。其心誠在於仁, 則必無爲惡之事矣。[4]

'惡'(악)은 본래 음[악]대로 읽는다. ○'苟'(구)는 '진실로'[誠]이다. '志'(지)라는 것은 마음이 가 있는 곳이다. 그 마음이 진실로 인(仁)에 가 있으면, 악한 짓을 저지르는 일이 결코 없다.

○楊氏曰:「苟志於仁, 未必無過擧也,[5] 然而爲惡則無矣。[6][7]」

○양씨(楊氏·楊中立)가 말했다. "진실로 마음이 인(仁)에 가 있으면, 잘못을 범하는 경우가 아예 없지는 않겠지마는, 그럼에도 악한 짓을 저지르는 경우라면 없다."

未精, 或行之未熟, 雖或失歟, 亦無心之過爾, 豈有心之惡乎?);《許世瑛(二)》'無惡'은 '악행이 없다'는 의미이다('無惡'是'沒有惡行'的意思。).

4 《論語大全》 논어에서 '志'를 언급한 것이 세 번 있는데, '志于學'[爲政 제4장], '志於道'[里仁 제9장; 述而 제6장], '志於仁'[里仁 제4장]이다. 仁은 본심을 직접 가리키는데, '志於仁'이 더욱 가깝게 와 닿는다(勿軒熊氏曰: 語言志有三, 曰志學, 曰志道, 曰志仁。仁則直指本心, 尤親切矣。).

5 過擧(과거): 잘못된 거동. 실수(错误的行为).

6 《古今注》 過와 惡은 같지 않다. 마음이 인에 가 있는 사람이라도, 아직 인을 이루지 못한 상태에서는, 過를 범하지 않을 수 없다. 그래서 '빠지는 잘못을 살펴보면, 이것으로 인한지, 불인한지를 안다'[里仁 제7장]고 하신 것이다. 그렇지만 인의 마음이 확립되고 나서는, 결코 악행을 저지르는 일은 없다(案: 過與惡, 不同。志於仁者, 未及成仁, 不能無過, 故曰觀過知仁。然其志旣立, 必無惡行。).

7 《論語大全》 주희의 《通書解·愛敬》에 '그럴 마음이 있어서 도리를 거스르는 것이 惡이고, 그럴 마음이 없으면서 도리를 잃는 것이 過이다'라고 했다(通書解曰: 有心悖理爲惡, 無心失理爲過。).

[富與貴章]

040501、子曰:「富¹與貴, 是人之所欲也², 不以其道得之³, 不處也⁴; 貧與賤⁵, 是人之所
惡也, 不以其道得之, 不去也⁶·⁷。

---

1 《百度漢語》'宀'(면)은 집과 관련이 있는 것을 표시하고, '畐'(복)은 사람의 배부른 형상으로, 합해서
사람이 편안히 집에 거처하면서 음식물을 배부르게 먹는 것을 표시한다('富', '宀'表示与房屋宫室有关。
'畐'本像人腹满之形, 合'宀'为之, 以示富人安居宫室, 丰于饮馔之义。本义: 财产多, 富裕。)。

2 《論語詞典》是(시): 연결동사. 이것은~이다(連繫性動詞; '這是……');《論語句法》'是'는 형식상의 주어이
다('是'是形式上的主語。);《古漢語語法》'代詞[是]+名詞謂語[人之所欲]+也' 형식의 판단문(判斷句: 代词
(是/此/被……), +名词谓语+也。);《論語語法》也(야): 판단문의 끝에 쓰여, 판단어기를 강화한다(也, 用在
判斷句末尾, 加強判斷語氣。)。

3 《王力漢語》'其'는 3인칭으로, 여기에서는 '그와 같은'으로 풀이하며, 지시대명사이다('其'和'之'同屬第三
人稱, '其'字略等於現代漢語他的'她的'它的'; 有時候, '其'字不能解作'他的'她的'它的', 只能解作'那'那樣
的'。這種'其'字是指示代詞。);《王力漢語》道(도): 정당한 수단(正當的手段。);《北京虛詞》之(지): 대사.
앞에 나온 대상을 대신 가리킨다('之', 代詞。'之'指代的對象出現在上文。)。

4 《集注考證》'不以其道得之' 두 구절은 앞 구절에는 '苟'를, 뒤 구절에는 '雖'를 붙이면 뜻이 바로 알기
쉬워진다["부유한 것과 지위가 높은 것, 이것은 사람들이 바라는 것이지마는, 그에 맞는 도를 써서 얻은
것이 아니라면, 거기서 머물지 않는다. 가난한 것과 지위가 낮은 것, 이것은 사람들이 싫어하는 것이지마
는, 그에 맞는 도를 쓰지 않고 얻었을지라도, 거기서 벗어나지 않는다"]('不以其道得之', 二句于前句冠一
苟字, 後句加一雖字, 文義即易見。);《論語新解》'得之'를 '不以其道'에 붙여 읽을 경우, 부도덕한 방법을
써서 부귀를 얻었다는 혐의가 있는 것같이 보인다. '不處'에 붙여 읽을 경우, 우연히 부귀를 얻었다는
뜻이 저절로 드러난다[錢穆은 '不以其道, 得之不處也'로 끊어 읽는다](得之二字或連上读, 則疑若有以不
道得之之嫌。連下读, 則偶而得之之意自显。);《論語句法》'不以其道, 得之不處也'는 조건관계복문이고,
전환관계복문인 '得之不處也'가 결과를 나타낸다["부귀를 얻는 도를 쓰지 않았는데 (우연히) 부귀해졌다
면, 부귀를 얻었어도 거기에 머물지 않는다"]('不以其道, 得之不處也'是條件關係構成的複句, 做那轉折關
係複句的後果小句。);《王力字典》處(처): 차지하다. 점거하다. 누리다(佔, 佔有。又爲據有, 享有。)。

5 賤(천): 가격이 싸다. 신분이 낮다. 비천하다(本義: 价格低。地位低下, 人格卑鄙。)。

6 《論語集解》時運에는 불운도 있고 행운도 있기 때문에, 군자가 도를 밟아 살았는데도 빈천하다면,
이 경우가 '不以其道而得之'로, 이는 사람이 싫어하는 것일지라도, 피해서 벗어나서는 안 된다(注: 時有否
泰, 故君子履道而反貧賤, 此則不以其道而得之者也, 雖是人之所惡, 不可違而去之也。);《古今注》아니다.
만약 이럴 경우, 군자는 끝내 빈천의 상태에서 벗어날 날이 없을 것이다. 한 번 빈천의 상태에 빠지면,
그 상태에서 벗어나려 하지 않는 것만을 법으로 삼을 뿐, 그것이 도에 맞는지 아닌지는 머리를 내저으면서
불문에 부친다면, 어찌 군자의 時中의 도리겠는가? 오직 그에 맞는 도로써 빈천의 상태에서 벗어나고자
했지만 벗어날 수 없었다면, 그때는 그대로 있으면 된다(駁曰: 非也。苟如是也, 君子終無去貧賤之日矣。
一得貧賤, 惟以不去爲法, 道與非道, 掉頭不問, 豈君子時中之義乎。唯不以其道得去之, 則不去之而已。);
《論語譯注》'不以其道得之'의 '得之'는 '去之'로 고쳐야 한다["가난한 것과 지위가 낮은 것, 이것은 사람마
다 싫어하는 것이지만, 정당한 방법을 써서 내버릴 수 없다면, 군자는 벗어나지 않는다"]('得之'應該改爲
'去之'; "窮困和下賤, 這是人人所厭惡的; 不用正當的方法去拋掉它, 君子不擺脫。")。

선생님께서 말씀하셨다. "부유한 것과 지위가 높은 것, 이것은 사람들이 바라는 것이지마는, 그에 맞는 도를 쓰지 않고 얻은 것이라면[부귀해서는 안 되는데 부귀하게 되었다면], 머물지 않는다. 가난한 것과 지위가 낮은 것, 이것은 사람들이 싫어하는 것이지마는, 그에 맞는 도를 쓰지 않고 얻은 것이라면[빈천해서는 안 되는데 빈천하게 되었다면], 벗어나지 않는다.

惡, 去聲。○不以其道得之, 謂不當得而得之。然於富貴則不處, 於貧賤則不去, 君子之審富貴而安貧賤也如此。

'惡'(오)는 거성[wù]이다. ○'不以其道得之'(불이기도득지)는 얻어서는 안 되는데 얻은 것을 말한다. 그렇기는 하지만 부유하고 높은 자리에서는 머물지 않고, 가난하고 낮은 자리에서는 벗어나지 않으니, 군자가 부유하고 높은 자리는 (머물지 떠날지) 꼼꼼히 따져보고, 가난하고 낮은 자리는 (그대로 머물러) 편안히 여기는 태도가 이와 같다.

040502、君子去仁, 惡乎[8]成名[9]?[10, 11]

---

7 《孟子·滕文公下 제4장》 맹자가 말했다. "도리에 어긋난다면 한 그릇의 밥도 남에게 받아서는 안 된다"(孟子曰: 非其道, 則一簞食不可受於人。); 《大戴禮記·曾子制言上》 부유하면서 구차한 것은, 가난하면서 떳떳한 것만 못하다(富以苟, 不如貧以譽。).

8 《論語義疏》 '惡乎'는 '於何'와 같다(疏: 惡乎, 猶於何也。); 《經傳釋詞》 '惡'는 '安'·'何'와 같다. '烏'로도 쓴다. '惡乎'는 '何所'[어느 곳]와 같고, 굳이 '於何'[어떻게. 무엇에 대해]로 풀이할 필요는 없다(惡, 猶'安'也, '何'也。字亦作'烏'……惡乎, 猶言'何所', 不必訓爲'於何'也。); 《詞詮》 무엇('惡', 疑問代名詞。何也。); 《王力漢語》 惡(오): 의문대사 '惡'가 개사목적어로서 개사 앞으로 전치된 경우. 어디에서. 목적어로 쓰인 '惡'는 '惡在', '惡乎'로만 쓰인다('惡, 疑問代詞作爲賓語。'惡乎'等於說'於何'。作爲賓語, '惡'字只用於'惡在''惡乎'。); 《古漢語語法》 의문대사 '惡'가 개사 '乎'字 앞으로 도치되었다('惡'作疑问代词一般代事物, 代处所。'惡乎'意即'於何', 不过用'乎'作介词, 疑问代词在'乎'字前。).

9 成名(성명): 명성을 세우다. 세상에 이름을 떨치다. 이름을 날리다(树立名声; 得名于世).

10 《論語義疏》 이 절은 정도를 떠나서 부귀를 추구해서는 안 됨을 다시 밝힌 것이다(疏: 此更明不可去正道以求富貴也。).

11 《論語集釋》 陳天祥[1230~1316]의 《四書辨疑》에 말했다. "제1절은 부귀·빈천의 거취의 도를 논한 것이고, 제2절 '君子去仁'부터 제3절 '顛沛必於是'까지는 군자는 잠시라도 인을 떠나서는 안 된다는 것을 말한 것이다. 제1절은 오로지 義에 대해서만 논했고, 제2절부터는 오로지 仁에 관해서만 설명한 것으로, 전후 양 절이 각기 서로 관련성이 없다. '君子去仁' 이하 27자를 한 장으로 나누는 것이 맞다"(四書辨疑. 前段論富貴貧賤去就之道, 自此以下至「顛沛必於是」止, 是言君子不可須臾去仁。彼專論義, 此專說仁, 前後兩段, 各不相關……「君子」以下二十七字當自爲一章。). 생각건대, 논어 중에 어떤 책에는 한

군자가 인(仁)을 떠나서, 어디에서 이름을 이루겠느냐?

惡,[12] 平聲。○言君子所以爲君子, 以其仁也。若貪富貴而厭貧賤, 則是自離其仁, 而無君子之實矣, 何所成其名乎?[13]

'惡'(오)는 평성[wū]이다. ○말씀인즉, 군자가 군자인 까닭은 그 인(仁) 때문이다. 만일 부유하고 높은 자리를 탐하고 가난하고 낮은 자리를 싫어한다면, 이것은 스스로 그 인(仁)을 떠난 것으로, 군자로서의 실상이 없어진 것이니, 어디에서 군자라는 이름을 이루겠냐는 것이다.

040503、君子無終食之間[14]違仁, 造次[15]必於是[16], 顚沛[17]必於是。」[18]

장이 잘못해서 두 장으로 분장된 경우가 있는데, 예컨대 '宰予晝寢'장[公冶長 제9장], '性相近也'장[陽貨 제2장] 등이다. 학자들은 분장된 장의 '子曰'을, 연문으로 보는데 맞다고 본다. 어떤 책에는 두 장이 잘못해서 한 장으로 합장된 경우가 있는데, 예컨대 이 장 및 '君子篤於親'절[泰伯 제2장 제2절]로, 모두 앞절과 서로 관련성이 없는데, 억지로 합쳐서 한 장으로 하려고 하다 보니, 도리어 성인이 세우신 말씀의 취지를 잃었으니, 陳天祥의 견해가 맞다(按: 論語中有一章誤分爲二章者, 如宰予晝寢及性相近也等章。其次章之「子曰」, 說者以爲衍文是也。有本二章誤合爲一章者, 如此章及「君子篤於親」節, 皆與前節各不相蒙, 必欲牽合爲一, 反失聖人立言之旨, 陳氏之說是也。).

12 惡(오): [wū] 의문사. 어디. 어느. 어찌(疑問代詞。相當於'何''安''怎麼'。).

13 《論語大全》名은 實의 손님이다[莊子·逍遙遊]. 名字로 인해서 그 實을 향해 거슬러 올라간다(新安陳氏曰: 名者實之賓。因名字而遡其實。).

14 [성]終食之間(종식지간): 한 끼 밥 먹을 짧은 시간(終: 完成。吃完一頓飯的時間。形容時間很短。).

15 [성]造次顚沛(조차전패): 의지할 곳 없이 이리저리 떠돌고 뿔뿔이 흩어지다. 생활이 고달프다(流離失所, 生活困頓。);《論語集解》'造次'는 '急遽'(급거)이다(注: 馬融曰: 造次, 急遽也。);《論語注疏》'造次'는 草次[급작스럽다]와 같다. 촉박해서 겨를이 없다. 미처 어쩔 겨를이 없는 급작스러운 사이(疏 正義曰: 造次猶言草次。鄭玄云: '倉卒也。' 皆迫促不暇之意, 故云急遽。);《補正述疏》'造'(조)는 '至'이다。《易經·☷旅》에 '旅次'[여행 중에 잠시 머무는 곳]라고 했고,《禮(?)》에 '賓次'[손님이 머무는 곳]라고 했고,《春秋左傳·莊公8年》에 '師次'[군대가 숙영하는 곳]라고 했는데, '次'에 도착한 사람은 모두 오래 머물지 않는다(述曰: 造, 至也……《易》言旅次《禮》言賓次《傳》言師次, 凡至次者, 皆不久也。);《古今注》'造次'는 '茇舍(발사)'[길을 가다 들판에서 풀을 덮고 숙영하다]이다(造次, 茇舍之名。《王力漢語》造次(조차): 쌍성연면어. 미처 어찌할 틈이 없이 매우 급작스럽다. 총망하다. 몹시 서둘러 급하고 바쁘다(雙聲連緜字。倉猝, 匆忙。急遽。《論語譯注》"급하고 바쁜 중에도 반드시 인덕과 함께하고……"("在倉卒匆忙的時候一定和仁德同在……"); 次(차): 임시로 주둔하거나 유숙하다. 객사(本義: 臨時駐扎和住宿。客舍。).

16 《論語義疏》반드시 마음에 인을 보존하고 있다(疏: 必心存於仁也。);《論語詞典》於(어): 동사. ~에 있다["반드시 인덕과 함께 있다"](動詞。在: '一定和仁德同在。');《論語句法》'於'는 (동사로서) 술어 '在字의 뜻이다["仁에 머물러 있다"]('於'字, 是述詞'在'字的意思。).

군자는 한 끼 밥을 먹는 중에도 인(仁)을 떠나는 일이 없고, 마음이 다급하고 허둥대는 중에도 반드시 인(仁)에 머물러 있고, 자빠지고 엎어지는 중에도 반드시 인(仁)에 머물러 있다."

造, 七到反。沛, 音貝。○終食者, 一飯之頃[19]。造次, 急遽苟且之時。顚沛, 傾覆流離之際[20]。蓋君子之不去乎仁如此, 不但富貴, 貧賤, 取舍之間而已也。

'造'(조, zào)는 '七'(칠)과 '到'(도)의 반절이다. '沛'(패)는 음이 '貝'(패)이다. ○'終食'(종식)이라는 것은 한 끼 밥을 먹을 정도의 짧은 시간이다. '造次'(조차)는 마음이 다급하고 허둥대는 때이다. '顚沛'(전패)는 기울어지고 뒤집히고 떠돌고 흩어지는 즈음이다. 대개 군자가 인(仁)에서 떠나지 않는 태도가 이와 같으니, 단지 부귀할 때·빈천할 때·부귀와 빈천에서 머물지 떠날지 취사의 순간뿐만이 아니다.

○言君子爲仁, 自富貴, 貧賤, 取舍之間, 以至於終食, 造次, 顚沛之頃, 無時無處而不用其力也。然取舍之分明, 然後存養[21]之功密; 存養之功密, 則其取舍之分益明矣。

---

17 《論語集解》'顚沛'(전패)는 '偃仆'(언부)[뒤로 자빠지고 앞으로 엎어지다]이다(注: 馬融曰: 顚沛, 偃仆也。); 《毛詩正義》'顚'은 '仆'[쓰러지다], '沛'는 拔[뽑히다]이다[쓰러지고 뽑혀 뿌리가 드러나다](《詩經·大雅·蕩》顚沛之揭: 顚, 仆。沛, 拔也。); 《論語注疏》《說文·人部》에 '偃은 僵(강)[머리를 하늘로 향한 채 뒤로 자빠지다]이다。仆는 頓(돈)[머리를 앞으로 숙이다]이다'라고 했는데, 偃은 仰倒(앙도)[뒤로 자빠지다]이고, 仆는 踣倒(북도)[앞으로 고꾸라지다]이다(疏 正義曰: 《說文》云: '偃, 僵也。仆, 頓也。' 則偃是仰倒也, 仆是踣倒也。); 顚沛(전패): 뒤로 자빠지고 앞으로 고꾸라지다. 고달프고 기가 꺾이다(偃仆、傾倒。困頓挫折。

18 《荀子·大略》군자는 험난하고 궁박한 가운데서도 뜻을 잃지 않고, 힘들고 고달픈 가운데서도 안일을 찾지 않고, 환난을 만나서도 평상시 한 말을 잊지 않는다. 계절이 추어지지 않으면 늦게 시드는 송백을 알아볼 도리가 없고, 일이 어렵지 않으면 단 하루도 올바른 가운데 있지 않은 때가 없는 군자를 알아볼 도리가 없다(君子隘窮而不失, 勞倦而不苟, 臨患難而不忘細席之言。歲不寒無以知松柏, 事不難無以知君子無日不在是。).

19 一飯之頃(일반지경): 한 끼 밥 먹을 정도의 시간. 잠시. 한 식경(一頓饭的时间。犹片刻。); 食頃(식경): 밥 먹을 동안. 잠깐. 頃(경): 잠깐(少顷, 短时间。).

20 傾覆(경복): 뒤집히다. 뒤집어엎다. 뒤집혀 소멸되다(顚覆: 覆灭。); 流離(유리): 재해·흉년·전란으로 인해 이리저리 떠돌고 뿔뿔이 흩어지다(因灾荒战乱流转离散。).

21 《孟子·盡心上 제1장》자기 마음을 다하는 자는 자기 性을 안다. 자기 性을 아는 자는 하늘을 안다. 자기 마음을 보존하고 자기 性을 (손상을 입지 않도록) 돌보고 지키는 것이 하늘을 섬기는 방법이다. 일찍 죽고 오래 사는 것에 마음이 흔들리지 말고 자신을 수양하여 죽음을 기다리는 것이 천명을 받드는 방법이다(孟子曰: 盡其心者, 知其性也。知其性, 則知天矣。存其心, 養其性, 所以事天也。夭壽不貳, 修身以

○말씀인즉, 군자가 인(仁)을 행함에 있어서는, 부귀한 때·빈천한 때·부귀와 빈천에서 머물지 떠날지 취사의 순간에서부터, 종식·조차·전패의 경각의 순간에 이르기까지, 어느 때 어느 곳이든 자기 힘을 쏟지 않는 때나 곳이 없다는 것이다. 그렇지만 부귀와 빈천에서 머물지 떠날지 취사의 구분이 분명해야, 그런 후에 존심양성(存心養性)의 공부가 치밀해지고, 존심양성(存心養性)의 공부가 치밀해지면, 부귀와 빈천에서 머물지 떠날지 취사의 구분이 더욱 분명해질 것이다.

侯之, 所以立命也。); 存養(존양): '存心養性'으로 《孟子·盡心上 제1장》의 '存其心, 養其性, 所以事天也。'에서 나온 말이다.

[我未見好仁者章]

040601、子曰:「我未見好仁者, 惡不仁者。¹ 好仁者, 無以尚之²; 惡不仁者, 其爲仁矣³,
不使不仁者加⁴乎其身。⁵

　　선생님께서 말씀하셨다. "나는 아직까지 인(仁)을 좋아하는 사람, 불인(不仁)을
미워하는 사람을 만나본 적이 없다. 인(仁)을 좋아하는 사람은 인(仁)보다 더
위에 두는 게 없고, 불인(不仁)을 미워하는 사람은 그가 인(仁)을 행하는 것(방

---

1 《古今注》'好'는 자기의 仁함을 좋아하는 것이지, 仁한 타인을 좋아한다는 말이 아니다. '惡'는 자기의
不仁함을 미워한다는 것이지, 惡한 타인을 미워한다는 말이 아니다(好者自好也, 非謂愛仁人。惡者自惡也,
非謂憎惡人。); '惡不仁者'로는 伯夷·叔齊·原憲과 같이 지조가 굳고 狷介한 사람을 지칭한 것으로 생각된다.

2 《論語集解》더 이상 더하기 어렵다(注: 孔安國曰: 難復加也。);《補正述疏》《孟子·公孫丑上 제7장》에
'仁은 하늘이 내린 존귀한 벼슬이다'라고 했는데, '無以尚之'[이것보다 더 존귀한 것은 없다]를 말한 것이다
(述曰: 孟子云: '夫仁, 天之尊爵也。' 言無以尚之也。);《論語句法》'無以'는 '不能'의 뜻이다. '之'는 '好仁者'를
가리킨다["好仁者는 그를 넘어설 수 없다"]('無以', 是'不能'的意思。'之'稱代'好仁者'。);《論孟虛字》'以'는
'有'로 풀이한다["好仁者 위에 놓일 사람이 없다"]('以', 訓'有', 言'無有加於好仁者之上')；《論語譯注》尚(
상): 넘어서다["인을 좋아하는 사람, 그런 사람은 아무리 봐도 없었다"]('尚', 超過之意。; "愛好仁德的人,
那是再好也没有的了。");《論語新解》'無以尚之'에 두 가지 설이 있다. ①그의 마음이 인을 좋아하는 것이,
더 이상 인보다 우선순위의 사물이 그 마음속에 존재할 수 없다. ②그의 마음이 인을 좋아하는 것이,
최상의 덕을 행하여, 더 이상 그의 행실에 보탤 게 없다(无以尚之有两解。一说: 其心好仁, 更无可以加在仁
道之上之事物存其心中。又一说: 其心好仁, 为德之最上, 更无他行可以加之。); 尚(상): 넘어서다. 그 위에
더하다. 보태다(超过; 高出。加上。往……上补充东西。).

3 《集注考證》'矣'字는 문장을 끊는 단구가 아니고 아래 문장을 끌어들이는 말로, 그래서 주자는 '其爲仁矣'
의 '矣'를 '其所以爲仁者'로 '者'字를 써서 설명한 것이다(此'矣'字不是絶句, 是引下文之辭, 故朱子'作者字
説。);《論語正義》'其爲仁矣'에서 '爲仁'은 바로 '用力於仁'[仁에 힘을 쏟다]이다. '矣'는 아래 문장을 일으키
는 어사이다["그가 인에 힘을 쏟는 것이"](正義曰: '其爲仁矣', 爲仁即用力於仁也。'矣'字, 起下之辭。);《助字
辨略》'其爲仁矣'는 '其爲仁也'라고 말하는 것과 같다. '矣'는 頓挫之辭[잠시 멈췄다가 어기를 바꾸다]이다
["不仁을 미워하는 자는 그가 仁을 행하는 데 있어서, 不仁한 일로 하여금 자기 몸에 달라붙지 못하게
한다. 不仁한 어떤 것이 달라붙지 못하게 하는 것이 곧 인을 행하는 방법이다"](其爲仁矣, 猶云其爲仁也,
是頓挫之辭。言惡不仁者, 其於爲仁也, 不使不仁之事加乎其身。不使不仁之或加是乃所以爲仁也。);《經傳
釋詞》'矣'는 '也'와 같다. '也'·'矣'는 같은 소리에서 전이된 글자로, 그래서 '也'는 '矣'로 풀이할 수 있고,
'矣'는 또 '也'로 풀이할 수 있다(矣, 猶'也'也……。也、矣一聲之轉, 故'也'可訓爲'矣', '矣'亦可訓爲'也'。);
《古書虛字》구말조사 또는 아래 문장에서 제시할 것임을 표시한다('矣', 句末助詞也, 或表提示以起下文。).

4 《王力漢語》加(가): 어떤 물건을 다른 물건 위에 얹다. 붙이다(把一物放在另一物的上面。).

5 《禮記·表記》아무런 바람이 없이 仁을 좋아하는 자, 아무런 두려움 없이 不仁을 미워하는 자는 천하에
한 사람뿐이다. 이 때문에 군자는 治國의 도의 논의는 자기를 기준으로 삼고, 治法의 제정은 백성의
실정을 기준으로 삼는다(子曰: 無欲而好仁者, 無畏而惡不仁者, 天下一人而已矣。是故君子議道自己, 而置
法以民。).

식)이, 불인(不仁)한 것으로 하여금 자기 몸에 달라붙지 못하게 한다.

好, 惡, 皆去聲。○夫子自言未見好仁者, 惡不仁者[6]。蓋好仁者真知仁之可好, 故天下之物無以加[7]之。惡不仁者真知不仁之可惡, 故其所以爲仁者, 必能絕去[8]不仁之事, 而不使少有[9]及於其身。此皆成德之事, 故難得[10]而見之也。

'好'(호)와 '惡'(오)는 모두 거성[hào; wù]이다. ○선생님께서 스스로 말씀하시기를, 인(仁)을 좋아하는 사람, 불인(不仁)을 미워하는 사람을 아직까지 만나본 적이 없다고 하셨다. 대개 인(仁)을 좋아하는 사람은 인(仁)이 진정 좋아할 만한 것임을 알기 때문에, 천하의 어떤 사물도 인(仁)보다 더 위에 둘 수가 없다. 불인(不仁)을 미워하는 사람은 불인(不仁)이 미워할 만한 것임을 진정으로 알기 때문에, 그가 불인(不仁)을 미워함으로써 인(仁)을 행하는 것으로, 불인(不仁)한 일을 아예 끊어내 버려서, 불인(不仁)으로 하여금 조금이라도 자기 몸에 달라붙지 못하게 할 수 있다. (인(仁)을 좋아하고 불인(不仁)을 미워하는) 이런 것들은 모두 덕을 이룬 성덕자(成德者)의 일이어서, 그런 사람을 만나보기가 어렵다.

040602、有[11]能一日用其力於仁矣乎?[12] 我未見力不足者。[13]

---

6 《論語大全》好仁·惡不仁은 다만 利仁[里仁 제2장]의 일일 뿐이다. 그런데 이 두 가지가 있지만, 크게 우열을 가릴 것은 없다. 仁을 좋아하는 자는 성품이 순박하고 인정이 두터워 측은지심의 소유자가 비교적 많고, 不仁을 미워하는 자는 성품이 강하고 굳세어 수오지심의 소유자가 비교적 많다. 顔子와 明道는 仁을 좋아한 사람이고, 孟子와 伊川은 不仁을 미워한 사람이다(朱子曰: 好仁惡不仁, 只是利仁事, 却有此二等, 然亦無大優劣。好仁者, 是資性渾厚底, 惻隱之心較多; 惡不仁者, 是資性剛毅底, 羞惡之心較多⋯⋯顔子明道是好仁, 孟子伊川是惡不仁。)。

7 加(가): 위에 놓다. 위에 더하다(放在上面。加上)。

8 去(거): 제거해 버리다. 없애버리다(除掉; 除去; 去掉。去絶根株: 斬草除根。)。

9 少有(소유): 조금. 약간(稍有; 略有)。

10 難得(난득): 얻기 쉽지 않다. 쉽지 않다(不易得到。不容易。)。

11 《論孟虛字》누군가. 가설을 표시한다('有', 猶'或'。'有'爲設詞, 是或有之義。); 有(유): 불특정인. '某'의 쓰임과 서로 가깝다(表示不定指。跟'某'的作用相近。)。

12 《古漢語語法》'能一日用其力於仁'는 '有'의 목적어이다("能一日用其力於仁"作"有"的宾语。);《文言語法》'矣'字 밑에 '乎'字를 덧붙이면, 원래의 긍정문을 의문문이나 감탄문으로 변화시키는데, '乎'字를 단독으로 쓴 문장과 다를 게 없다(在'矣'之下加'乎', 便是把原来的肯定句变为疑问句或者感叹句了, 这和单独用'乎'

어떤 사람이 있어 단 하루만이라도 인(仁)에 그의 힘을 쏟을 수 있었는가?
나는 아직까지 (인에 쏟을 힘이) 부족한 사람을 만나본 적이 없다.

言好仁惡不仁者, 雖不可見, 然或有人[14]果能一旦[15]奮然[16]用力於仁, 則我又未見其力
有不足者。蓋爲仁在己, 欲之則是[17], 而志之所至, 氣必至焉[18]。故仁雖難能, 而至之亦
易也。

말씀인즉, 인(仁)을 좋아하는 사람, 불인(不仁)을 미워하는 사람을 비록 보지 못했을지
라도, 혹 어떤 사람이 있어 잠시라도 새가 활개를 치면서 힘차게 날아오르듯 인(仁)에
과연 힘을 쏟을 수 있었다면, 나는 그 힘이 부족한 사람 또한 아직까지 만나본 적이
없다는 것이다. 대개 인(仁)을 행하는 것은 자기에게 달려 있으니, 행하고자 하면 행하
고자 하는 그대로 되고, 의지(志)가 가 있는 곳이면 기(氣)는 반드시 거기에 이른다.
그러므로 인(仁)은 능하기는 어려울지라도, 인(仁)에 이르기는 쉽다.

040603、蓋[19]有之矣[20], 我未之見也。[21]」

的没有什么分别。).

13 《論語義疏》本에는 '有能一日用其力於仁者矣乎'로 되어 있다.《論語集解》사람 중에 단 하루만이라도
   그 힘을 인을 행하는 데 쓸 수 있는 자가 없을 뿐이지, 나는 아직까지 인을 행하려 하지만 힘이 부족한
   자를 보지 못했다(注: 孔安國曰: 言人無能一日用其力修仁者耳, 我未見欲爲仁而力不足者也。).

14 有人(유인): 어떤 사람(泛指某人).

15 一旦(일단): 잠시. 하루 사이(不确定的时间; 一天之间, 表示在非常短的时间内。).

16 奮然(분연): 奮激(분격)하여 떨쳐 일어서는 모양. 분발하는 모양(奋发貌);《說文 · 奞部》奮(분): 翬(휘)
   [비상하다] 광활한 들판 위로 새가 활개를 치고 날아오르다(奮: 翬也。从奞在田上。);《百度漢語》奮(분):
   중간은 '隹'(추)[새]이고, 바깥은 '大'로 새가 활개를 치고 날아오르려는 형세를 상징하고, 아래는 '田'으
   로, 광활한 들판을 표시한다. 새가 광활한 들판에서 활개를 치며 날개를 크게 펼치다(金文字形, 中间是
   "隹"(鸟); 外面象鸟振翅欲飞之势; 下面是"田", 表示空旷的田野。本义: 鸟类振羽展翅。).

17 是(시): 앞에 출현한 정황을 대신 가리킨다(作谓语, 指代上文出现的情况。义即'就是这样的'。).

18 《孟子 · 公孫丑上 제2장》무릇 의지는 氣를 이끌고, 기는 몸을 채운다. 무릇 의지가 가는 곳이면, 氣는
   그곳을 따른다(夫志, 氣之帥也; 氣, 體之充也。夫志至焉, 氣次焉。).

19 《古書虛字》蓋(개): 혹. 의문사('蓋'猶'或'也。或是疑辭。);《北京虛詞》蓋(개): 부사. 아마~일 것이다.
   정황이나 사리에 대한 대략의 추측을 표시한다('蓋', 副词。用于谓语前或小句前, 表示对情况或事理的大
   致测估。义即'大概'、'恐怕'。);《論孟虛字》蓋(개), 猶'殆', 爲疑信參半之關係詞。);《論語
   詞典》矣(의): 어기사. 추측 · 짐작을 표시한다. 이 경우 의문을 표시하는 부사가 반드시 있다(語氣詞.

어쩌면 힘을 쏟아봤지만, 힘이 부족한 그런 사람이 있겠지마는, 나는 아직까지는 그런 사람을 만나보질 못했다."

蓋, 疑辭。有之, 謂有用力而力不足者[22]。蓋人之氣質不同, 故疑亦容或有[23]此昏弱之甚, 欲進而不能者, 但我偶未之見耳。蓋不敢終以爲易, 而又歎人之莫肯用力於仁也。

表推测, 估量, 但句中必有傳疑副詞。).

20 《古漢語語法》'蓋有之矣'의 '之'는 '用其力於仁'한 사람을 가리킨다["아마도 단 하루만이라도 인에 그의 힘을 쓰는 사람이 있겠지만"]("蓋有之矣", "之"当指"用其力於仁"的人。).

21 《論語新解》①누군가 기꺼이 인에 힘썼지만, 힘이 부족한 자가 있을 것이다. 공자는 인을 행하기가 쉽다고 경솔히 말하려 하지 않았기 때문에, 완곡하게 말한 것으로, 여전히 사람들이 기꺼이 인에 힘쓰지 않는 것을 깊이 탄식하신 것이다. 여기에서 '未之見'은 앞의 '未見力不足者'를 이어받아 말한 것이다. ②누군가 기꺼이 하루라도 인에 힘쓰는 자가 있겠지만, 아쉽게도 나는 아직까지 그런 사람을 보지 못했다. 여기에서 '有'字는 앞의 '有能一日用其力于仁矣乎'를 이어받아 말한 것이다. 두 견해가 모두 통하지만, 뒤 견해의 경우는 어세가 너무 엄한 것 같아, 앞설 따른다. 대개 공자께서는 사람들에게 능히 인에 힘쓰기를 권면하신 것이리라(此兩句有兩解。一說: 謂或有肯用力而力不足者。孔子不欲輕言仁道易能, 故又婉言之, 仍是深嘆于人之未肯用力。此處"未之見"乃緊承上句"未見力不足者"來。另一說: 謂或有肯一日用力于仁者, 惜己未之見, 此"有"字緊承上文"有能一日用其力于仁矣乎"語來。兩解均可通。然謂未見有肯一日用力于仁者, 辭氣似過峻, 今從前解。蓋孔子深勉人之能用力于仁。);《論語義疏》세상에는 하루라도 인을 행하는 자가 당연히 있겠지만, 내가 아직 보지 못한 것뿐일 것이다(疏: 世中蓋亦當有一日行仁者, 特是自未嘗聞見耳。);《論語正義》'蓋有之'는, 인에 힘쓰는 이런 사람이 필시 있을 테지만, 나는 아직까지는 그런 사람을 만나보지 못했다는 말이다. '蓋'는 어조사이지, 의문사가 아니다(正義曰: '蓋有之'者, 言此用力於仁, 人必有耳, 但我未之得見。'蓋是語辭, 不是疑辭。);《古今注》'有之'는 인을 좋아하는 사람, 인을 싫어하는 사람이 있음을 말한다. 제1절에 대응한 말이다(有之, 謂有好仁者, 惡不仁者。應首句。);《補正述疏》'蓋'는 뜻이 없는 어사이다. 이 절은 앞절을 받아서 말한 것으로, '仁에 힘을 쏟는 사람이 있고 역부족인 사람이 없으니, 그렇다면 어찌 결국에는 好仁者·惡不仁者가 있지 않겠는가?'라는 말씀이다. '蓋有之矣 我未之見也'는, 장차 그런 사람을 볼 수 있을 것임을 밝힌 것으로, 그런 사람을 바라는 말씀이다. 성인의 문인 중에 안연·자로가 있었으니, 그렇다면 결국에는 그런 사람을 보신 것이다["단 하루라도 仁에 힘을 쏟는 사람이 있을 텐데, 내 아직은 보지 못했다"](謹案: 蓋, 語辭也。此承上文而言, 謂有用其力於仁而力無不足, 則豈終不有好仁者惡不仁者哉? 蓋有之矣, 今我未之見也, 明將可得見焉, 此望之之辭也…… 聖門有顏淵, 子路者, 則終見其人矣。);《古今注》[이 장에서] '我未見'이라 말씀하신 것이 세 번으로, 제3절의 '我未見'은 제1절의 '我未見'과 상응하지만, 제2절의 '我未見'과는 상응하지 않는다. '力不足者'는, 공자께서 이를 추리하여, 그런 사람이 결코 없다는 것을 아셨는데, 또 어찌 '力不足者'가 있을까 의심을 품을 수 있겠는가? 그런 사람이 있을까 의심을 품은 것은, 仁을 좋아하는 자가 있을까를 의심하신 것이고, 불인을 미워하는 자가 있을까 의심을 품으신 것이고, 하루만이라도 仁에 자기 힘을 쓸 수 있는 자가 있을까 의심을 품으신 것일 뿐이다(凡言我未見者三, 然末語之我未見, 遙應首句之我未見, 非應中央之我未見也。力不足者, 孔子以理推之, 而知其必無, 又何以疑其有乎? 疑其有者, 疑有好仁者, 疑有惡不仁者, 疑有一日用其力於仁者而已。).

22 《雍也 제10장》참조.

23 《百度漢語》容或有之(용혹유지): 어쩌면 이런 일이 발생할 수도 있겠다(容: 或許。或許发生过这回事。).

'蓋'(개)는 의문사이다. '有之'(유지)는, 힘을 쏟아봤지만 힘이 부족한 사람이 있었을 것이라는 말이다. 대개 사람의 기질은 같지 않기 때문에, 이같이 흐리멍덩하고 나약하기가 아주 심해서, 나아가고 싶어도 나아가지 못하는 사람이, 어쩌면 있을 수 있겠다고 의심하면서도, 나의 경우는 그런 사람을 우연히도 아직까지는 만나보지 못했을 뿐이라고 하신 것이다. 대개 (힘을 쏟아봤지만, 힘이 부족한 사람을 만나보는 것을) 쉽다고 감히 끝끝내 여기지 않으시고 [힘이 부족한 사람은 없다], 그럼에도 [힘이 부족한 사람이 없음에도] 또 사람 중에 어느 누구도 즐거이 인(仁)에 힘을 쏟는 사람이 없음을 탄식하신 것이다.

○此章言仁之成德, 雖難其人, 然學者苟能實用其力, 則亦無不可至之理。但用力而不至者, 今亦未見其人焉, 此夫子所以反覆而歎惜[24]之也。[25]
○이 장의 말씀인즉, 인(仁)의 덕을 이룬 성덕자(成德者), 비록 그런 사람에 이르기는 힘이 들겠지만, 배우는 자가 진실로 그의 힘을 실제로 쏟을 수 있다면, 그럼에도 이르지 못할 리 없다는 것이다. 다만 힘을 쏟았는데도 이르지 못한 자라면, 지금껏 그런 사람을 만나본 적이 없으니, 이것이 선생님께서 반복해서 탄식하시고 안타까워하신 까닭이다.

---

24 歎惜(탄석): 탄식하고 안타까워하다(嗟嘆惋惜).
25 《論語大全》이 장에서 '未見'을 세 번 말씀하셨다. 처음에는 덕을 이룬 好仁・惡不仁者를 만나본 적이 없다고 하셨고, 두 번째로는 힘을 쏟는 자를 만나본 적이 없다고 하셨고, 마지막에는 힘이 부족한 자를 만나본 적이 없다고 하셨다(慶源輔氏曰: 此章三言未見……初言成德者之未見, 次言用力者之未見, 末又言用力而力不足者之未見.).

[人之過也章]

040701、子曰:「人之過也, 各於¹其黨². 觀過, ³斯⁴知仁矣⁵。」⁶

---

1 《論語詞典》於(어): 동사. ~에 있다(動詞。在。);《許世瑛(二)》'於'는 동사로서, '在'[~에 있다. ~에 달려 있다. ~에 의해 결정된다]의 뜻이다('於'是動詞, '在'字的意思。);《論語虛字》'於'는 '由於'이다["사람들이 빠지는 잘못은, 각기 그들 성품이 서로 다른 부류인 데서 말미암는다"]('於'就是'由於'。是說: '人的過失, 由於他們的性類各有不同。)。

2 黨(당): 붕당. 사적인 이해관계에 따라 결성된 소집단. 옛날에는 일반적으로 폄훼의 뜻으로 사용되었다(朋党: 由私人利害关系结成的小集团。在古代一般只用于贬义。)。

3 [성]觀過知仁(관과지인): 한 개인이 빠지는 잘못의 성격을 살펴보면, 그 사람의 됨됨이를 알 수 있다(察看一个人所犯过错的性质, 就可以了解他的为人。);《論語新解》功은 사람들이 탐내는 것이고, 過는 사람들이 피하는 것으로, 그래서 사람들이 저지르는 過에서, 그 사람의 진정을 더욱 쉽게 살필 수 있다. 자로가 누이를 잃고 일 년이 되도록 상복을 벗지 않아서, 공자가 나무라자 자로가 '불행히도 제가 형제가 적어서, 차마 상복을 벗지 못했습니다'라고 했는데[漢書 · 外戚傳上], 옛사람들은 이를 '觀過知仁'의 例로 여겼다(功者人所貪, 过者人所避。故于人之过, 尤易见真情。子路丧姊, 期而不除, 孔子非之。子路曰: "不幸寡兄弟, 不忍除之。" 昔人以此为观过知仁之例)。

4 《集注考證》위 문장에서 '(사람들이 빠지는 잘못은) 각기 그가 속한 부류를 따른다'고 했으니, 그렇다면 '斯知仁'은 (군자나 소인) 어느 한쪽 부류만의 결어가 아니고, 이것으로 또한 仁의 존부를 알 수 있다고 말한 것으로, 그래서 集注는 尹氏의 견해로써 이를 보강한 것이다(斯知仁: 上文各于其黨, 則斯知仁不是偏結之語, 謂于此亦可見仁之存否也, 故集註以尹氏之說補之。);《論語句法》관계사 '斯'는 '則'의 역할과 같고, 지금의 '就'字이다(關係詞'斯'字, 和'則'字的作用相同, 用白話說, 是'就'字。);《北京虛詞》斯(사): 부사. 그러면. 생략문의 가운데나 접속문의 뒷절에 쓰여 이어받음을 표시한다('斯', 副詞。用于緊縮句中, 或用于承接复句的后一分句, 表示承接。又即'就'。)。

5 《論語義疏》本에는 '人之過'가 '民之過'로 되어 있다;《論語集解》'黨'은 같은 무리이다. 소인이 군자의 행실을 못 하는 것은 소인의 허물이 아니니, 용서하고 질책하지 말아야 한다. 허물을 보고, 賢者 · 愚人으로 하여금 각각 그에 맞는 행실을 하게 해야 인이 된다(注: 孔安國曰: 黨, 黨類也。小人不能爲君子之行, 非小人之過也, 當恕而無責之。觀過, 使賢愚各當其所, 則爲仁也。);《論語義疏》사람이 범하는 잘못에는 각기 부류가 있다. 소인이 군자의 행실을 못 하는 경우는 소인의 허물이 아니다. 농부가 농사를 지을 줄 모르는 것과 같은 경우가 바로 여기서 말하는 허물이다. 책을 볼 줄 모르는 경우는 농부의 허물이 아니다(疏: 人之有失, 各有黨類。小人不能爲君子之行則非小人之失也。猶如耕夫不能耕乃是其失。若不能書, 則非耕夫之失也。);《論語義疏》殷仲堪[?~399]은 孔安國과 조금 다르게 풀이했다. "사람들이 빠지는 잘못은, 각기 그들 성품이 서로 다른 부류인 데서 말미암는다. 성품이 올곧은 자는 사악을 고치는 것을 의로운 일로 여겨, 잘못이 용서에 야박한 데 있고, 성품이 인한 자는 측은한 마음을 성의로 여겨, 잘못이 나쁜 짓을 용서하는 데 있다. 이 때문에 仁과 동시에 過를 범하는데 그가 仁함을 알 수 있다. '觀過'의 뜻은 바로 여기에 있다"(疏: 殷仲堪解少異於此。殷曰: 言人之過失, 各由於性類之不同。直者以改邪爲義, 失在於寡恕; 仁者以惻隱爲誠, 過在於容非, 是以與仁同過, 其仁可知。觀過之義, 將在於斯者。);《古今注》'過'는 '愆'(건)[잘못]이다。'黨'은 '偏'[한쪽 편]이다。智者가 잘못에 빠지는 것은 항시 智 때문이고, 勇者가 잘못에 빠지는 것은 항시 勇 때문이다. 이것이 '各於其黨'이다. 仁者가 빠지는 잘못도 마찬가지로 그러하니, 그가 빠지는 잘못을 살펴보면 仁을 안다(補曰: 過愆也。黨猶偏也。智者作過恒以智, 勇者作過恒以勇,

선생님께서 말씀하셨다. "사람들이 빠지는 잘못은, 각기 그 사람이 속한 부류를 따른다. 빠지는 잘못을 살펴보면, 이것으로 인(仁)한지 불인(不仁)한지를 안다."

黨, 類也。程子曰:「人之過也, 各於其類。君子常失[7]於厚, 小人常失於薄; 君子過於愛, 小人過於忍[8]。」尹氏曰:「於此觀之, 則人之仁不仁可知矣。」[9]

'黨'(당)은 '부류'[類]이다. 정자(程子·伊川)가 말했다. "사람들이 빠지는 잘못은 각기 그가 속한 부류를 따른다. 군자는 항상 후덕함이 지나친 잘못에 빠지고, 소인은 항상 야박함이 지나친 잘못에 빠진다. 군자는 사랑한 게 지나쳐서 잘못에 빠지고, 소인은 모진 게 지나쳐서 잘못에 빠진다."

윤씨(尹氏·尹彦明)가 말했다. "이 장에 따라 잘못을 살펴보면, 사람이 인(仁)한지 불인(不仁)한지 알 수 있다."

○吳氏曰:「後漢吳祐謂[10]:『掾[11]以親故: 受汙辱之名, 所謂觀過知仁』是也。」愚按: 此亦

是各於其黨也。仁之過亦然觀過斯知仁矣。);《論語譯注》'仁'은 '人'과 같다["사람들이 빠지는 잘못을 자세히 살펴보면, 그가 어떤 사람인지를 알 수 있다"]('仁', 同'人'; "仔细考察某人所犯的错误, 就可以知道他是什么样式的人了。"); "사람의 잘못이란 각자 자기 집단에 치우쳐 있는 것[각자 자기들 입장에서만 생각하는 것]이다. 이 잘못을 보는 것[자기 견해나 입장이 자기 집단에 치우친 것일 수 있음을 알고 객관적 이해를 찾아 노력하는 것]이 곧 어짊을 아는 것이다"(이수태, 『새번역 논어』[생각의 나무, 1999]).

6 《禮記·表記》공자께서 말씀하셨다. "인의 도의 성취가 어렵게 된 지 오래되었다. 사람마다 그가 좋아하는 인덕으로 인해 잘못에 빠진다. 그래서 인자가 빠지는 잘못은 쉽게 설명할 수 있다(子曰: 仁之難成久矣! 人人失其所好; 故仁者之過易辭也。);《漢書·外戚傳上》연왕이 기뻐서 글을 올리기를, '자로가 누나의 상을 당했는데 기한이 넘었는데도 상복을 벗지 않기에, 공자가 자로를 나무라자 자로가 '저는 불행하게도 형제가 적어서, 차마 상복을 벗지 못하겠습니다'라고 했기 때문에, '觀過知仁'이라 했습니다'라고 했다(燕王大喜, 上書稱「子路喪姊, 期而不除, 孔子非之。子路曰:『由不幸寡兄弟, 不忍除之。』故曰:『觀過知仁』。)。

7 失(시): 놓치다. 억제하지 못하다. 빠지다(错过。不自禁, 忍不住。淫泆, 放荡, 放纵。)。

8 《近思錄·警戒類》에는, '君子過於愛, 小人傷於忍。'[소인은 잔인함으로 탈이 난다]으로 되어 있다.

9 《論語大全》사람들이 빠지는 잘못은 厚·薄·愛·忍, 네 가지로만 그치지 않는다. 程伊川은 단지 한 귀퉁이만 들어 올렸을 뿐이다. 군자가 청렴이 지나친 잘못에 빠지고, 소인이 탐욕이 지나친 잘못에 빠지고, 군자가 절개가 지나친 잘못에 빠지고, 소인이 변통이 지나친 잘못에 빠지는 경우가 모두 이에 해당하지만, 그럼에도 이것으로도 그치지 않는다(朱子曰: 人之過, 不止於厚薄愛忍四者。伊川只是擧一隅耳。若君子過於廉, 小人過於貪, 君子過於介, 小人過於通之類, 皆是, 然亦不止此。)。

10 《後漢書·吳延史盧趙列傳》東漢시대에, 膠東(교동) 지역의 嗇夫[하급관리]인 孫性(손성)이 사사로이 백성의 돈을 거두어 부친에게 옷을 사 드렸는데, 부친이 노하여 돌아가 죄를 자복하라고 재촉하자,

但言人雖有過, 猶可即此而知其厚薄, 非謂必俟其有過, 而後賢否可知也.[12]

○오씨(吳氏·吳械)가 말했다. "후한(後漢) 오우(吳祐)가 (부하 관리에게) 말하기를 '그대가 아버지에게 잘해 드리려다, 더럽고 욕된 이름을 받았으니, 이른바 '觀過知仁[빠지는 잘못을 살펴보면 仁한지를 안다]'이다'라고 했는데, 바로 이것이다."

내가 생각건대, 이 말씀 역시 사람이 비록 빠진 잘못이 있을지라도, 오히려 바로 이것에 의거해서 그가 후덕한지 야박한지 알 수 있다는 말씀이지, 반드시 그가 잘못에 빠지기를 기다려서, 그 뒤에 어진지 아닌지 알 수 있다는 말씀은 아니다.

孫性이 옷을 가지고 관아에 가서 자복했다. 현령인 吳祐(오우)가 이를 듣고 '掾以親故, 受汚穢之名, 所謂觀過斯知人矣.'라고 말하고는 가서 부친에게 사과하게 하고, 옷을 다시 가지고 가서 부친에게 드리게 했다; 楊伯峻은 《後漢書·吳延史盧趙列傳》에서 논어의 이 장을 인용하면서 '觀過斯知仁矣'의 '仁'字를 '人'字로 쓴 것에 근거해서, '仁'을 '人'으로 풀이했다[앞의 각주 참조](仁, 同"人". 後漢書吳祐傳引此文正作"人". 後漢書(후한서): 남북조시대 南宋 范曄(범엽)[398~445]이 편찬한 東漢[25~220]의 역사서.

11 掾(연): 보좌관(古代副官, 佐吏的通称.).

12 《論語大全》사람이 비록 잘못이 있어도, 그 잘못 때문에 그 사람을 홀대해서는 안 된다. 여기에서 그 잘못의 부류를 보아야, 그의 속마음을 알 수 있다. 어떤 사람이 말하기를, '仁을 행해 얻은 효과가 같다고 해서, 그 속마음이 어떤지는 아직 알 수 없다. 仁을 행할 때 빠지는 잘못을 살핀 연후에 그 仁을 행한 속마음을 알 수 있다'(與仁同功, 其仁未可知也; 與仁同過, 然後其仁可知也.)고 한 《禮記》를 기록한 자의 뜻 또한 취할 수 있다고 했는데[《里仁 제2장》각주 《禮記·表記》참조], 이럴 경우 이는 필시 잘못을 하고 그 잘못을 살핀 연후에야, 그가 인한지를 알 수 있다는 것인데, 성인의 생각은 아닌 듯하다(勉齋黃氏曰: 人雖有過, 不可以其過而忽之. 於此而觀其類, 乃可以得其用心之微也. 或謂與仁同功, 其仁未可知也; 與仁同過, 然後其仁可知也', 記禮者之意, 亦可取乎. 曰: 如此則是必欲得其人之過而觀之, 然後知其仁, 恐非聖人之意也.).

[朝聞道章]

040801、子曰:「朝聞道¹, 夕死可矣²,³。」

　　　선생님께서 말씀하셨다. "아침에 도를 들었다면, 저녁에 죽어도 괜찮겠다."

道者, 事物當然之理。苟得聞之, 則生順死安⁴,⁵, 無復遺恨矣。朝夕, 所以甚言其時之近。

---

1 [성]朝聞夕死(조문석사): 아침에 도를 들었다면 저녁에 죽어도 한이 없다. 절박한 심정으로 진리를 추구하다(早晨聞道, 晚上死去。形容对真理或某种信仰追求的迫切。); 朝(조): 아침(本义: 早晨); 夕(석): 황혼. 해질 무렵(本义: 黄昏, 傍晚。太阳落的时候。).

2 《古書虛字》'矣'는 '也'와 같다('矣', 猶'也'也。); 《王力漢語》可矣(가이): 괜찮다. 가하다. 조건이 무르익어서 일을 진행할 수 있게 되었음을 표시한다(表示條件成熟, 事情可以進行了, 略等於現代的'行了'。); 《王力漢語》矣(의): 동작의 상태를 표시하는 어기사. '可也'는 단순한 판단의 어기지만, '可矣'는 (도를 듣기) 이전에는 할 수 없었지만 (도를 들은) 지금에는 할 수 있게 되었다는 뜻이다('矣'表是動態的語氣詞。注意'可也'和'可矣'的分別: '可也'是簡單的判斷, '可矣'則包含'以前未可而現在可以'的意思。).

3 《論語集解》죽을 때가 다 되도록, 세상에 도가 있다는 말을 듣지 못했다는 말씀이다(注: 言將至死, 不聞世之有道也。); 《集注考證》중점이 도를 듣는다는 데 있지, 꼭히 저녁에 죽는다는 것이 아니고, 저녁에 죽더라도 괜찮을 뿐이다(所重在聞道, 非必夕死, 雖夕死亦可耳).

4 《論語大全》공자께서는 다만 '夕死可矣'라고 하셨을 뿐인데, 集注에서는 '生順'을 겸해서 말한 것은, 살아서 도에 순순히 따른 이후에만 죽어서도 마음이 편하다는 것이다. 도에 대해서 들은 바가 있다면, 반드시 몸을 터럭 한 올만큼도 도를 따르지 않는 지경에 두려고 하지 않을 것이다(胡氏曰: 夫子但以夕死爲可, 而今兼生順言之者, 惟其生順而後死安也。果能有所聞, 必不肯置身於一毫不順之地矣。); 《論語大全》'生順死安' 네 글자는, 장자[張載]의 《西銘》에 나오는, '存吾順事 沒吾寧'[살아서는 내 아버지인 하늘과 내 어머니인 땅을 거역함 없이 섬기고, 죽어서는 부끄럼 없이 평안히 쉬리라]에 그 뿌리를 두고 있다(新安陳氏曰: 生順死安四字, 本張子西銘, 存吾順事, 沒吾寧也。).

5 《西銘》하늘은 내 아버지 땅은 내 어머니. 내 작은 이 한 몸에 하늘땅 섞였으니 나 하늘땅 품속에 있네. 하늘땅에 가득한 氣는 내 몸체, 하늘땅을 이끄는 理는 내 본성, 만백성은 한배에서 난 내 형제, 삼라만상은 내 동류. 임금은 내 부모의 맏아들, 신하는 그 맏아들의 가신. 노인공경은 내 집 어른을 모시는 것, 고아 어린아이 사랑은 내 아이를 보살피는 것. 성인은 하늘땅과 덕을 합한 자이고, 현인은 뛰어난 덕 지닌 자일세. 세상 모든 병약자·고아·무사식 노인·홀아비·과부는 고생 중에도 하소연할 곳 없는 내 모든 형제니, 때에 맞춰 보살피니 자식의 공양이고, 즐겁고 또 걱정 안 끼치니 정말이지 효자로다. 자식 도리 어김 일러 패덕이라 부르고, 자식 도리 해침 일러 반역이라 부르네. 악을 행하는 자는 못난 자식이고, 받은 대로 따르는 자는 부모 닮은 자식이라. 조화를 알게 되면 부모 일 잘 계승하고, 신명을 궁구하면 부모 뜻 잘 이어가리. 홀로 있을 때도 부끄럽지 않아 부모에게 욕됨 없고, 마음 보존 본성 함양으로 부모 섬김 태만 없으리. 맛있는 술 싫어하니 우 임금의 봉양이고, 영재를 길러내니 영봉인의 후세 모범이라. 섬기는 도리 소홀히 하지 않아 부모 기쁘게 하니 순 임금의 공업이고, 도망가지 않고 삶아 죽기를 기다리니 신생의 공손이라. 부모에게 받은 몸을 체행하여 온전히 부모에게 돌아간 것은 증삼이고, 부모의 뜻 따름에 용감하고 순종하여 명령에 따른 것은 백기라. 부귀와 복택은 부모가 나의 삶을 윤택하게 하려는 것이고,

'道'(도)라는 것은 사물이 의당 그래야만 하는 이치이다. 진실로 도를 얻어들었다면, 살아서 도에 순순히 따라서 죽어서도 마음 편할 것이니, 다시는 여한이 없다. '朝'(조)와 '夕'(석)은 둘 사이의 시간적인 거리가 가깝다는 것을 강조해서 말씀하려는 것이다.

○程子曰「言人不可以不知道, 苟得聞道, 雖死可也。」[6] 又曰:「皆實理也, 人知而信者爲難[7]。死生亦大矣!非誠有所得, 豈以夕死爲可乎?」
○정자(程子·伊川)가 말했다. "말씀인즉, 사람이 도를 알지 못하면 안 되기에, 진실로 도를 얻어들을 수 있다면, 비록 죽을지라도 괜찮다는 것이다."

정자(程子·明道)가 또 말했다. "모두 실제로 있는 이치인데, 사람이 알면서도 믿는 것은 어렵다. 죽는 것 사는 것 역시 큰 이치이다! 진실로 얻는 게 없을진대, 어찌 저녁에 죽는 것을 괜찮다고 여기겠는가?"

빈천과 근심은 부모가 나를 옥처럼 연마해서 완성시키려는 것이니, 살아서는 내 아버지인 하늘과 내 어머니인 땅을 거역함 없이 섬기고, 죽어서는 부끄럼 없이 평안히 쉬리라(乾稱父, 坤稱母: 予茲藐焉, 乃混然中處。故天地之塞, 吾其體; 天地之帥, 吾其性。民吾同胞, 物吾與也。大君者, 吾父母宗子; 其大臣, 宗子之家相也。尊高年, 所以長其長; 慈孤弱, 所以幼吾幼。聖其合德, 賢其秀也。凡天下疲癃殘疾·惸獨鰥寡, 皆吾兄弟之顚連而無告者也。于時保之, 子之翼也; 樂且不憂, 純乎孝者也。違曰悖德, 害仁曰賊; 濟惡者不才, 其踐形, 唯肖者也。知化則善述其事, 窮神則善繼其志。不愧屋漏爲無忝, 存心養性爲匪懈。惡旨酒, 崇伯子之顧養; 育英才, 穎封人之錫類。不弛勞而底豫, 舜其功也; 無所逃而待烹, 申生其恭也。體其受而歸全者, 參乎! 勇於從而順令者, 伯奇也。富貴福澤, 將厚吾之生也; 貧賤憂戚, 庸玉女於成也。存, 吾順事, 沒, 吾寧也。); 北宋의 橫渠 張載[1020~1077]가 쓴《正蒙·乾称篇》의 글로, 장재가 학당의 벽에《訂頑》(정완)이라는 제목으로 붙여놓는데, 程頤가《西銘》으로 개칭하여 독립된 편명이 됨.

6 《論語大全》'聞道'는 사람 된 까닭을 아는 것이다. '夕死可矣'는 헛되게 산 것이 아니라는 것이다(程子曰: 聞道, 知所以爲人也。夕死可矣, 是不虛生也。);《論語大全》(夕死可矣는) 다만 도를 듣지 않으면 안 된다는 것을 심절하게 말씀하셨을 뿐이다(朱子曰: 但深言道不可不聞耳。).

7 《論語大全》道는 사물의 당연한 도리일 뿐이며, 옳은 곳을 찾는 것일 뿐이다. 道는 진정 日用·常行의 사이를 벗어나지 않는다. 다만 도에 대한 앎이 혹 진실하지 않을까를 염려할 뿐이다. 앎이 진실하다면 반드시 믿음은 독실하고 지킴은 확고할 수 있다(朱子曰: 道, 只是事物當然之理, 只是尋箇是處。……道, 誠不外乎日用常行之間, 第恐知之或未眞耳。若是知得眞實, 必能信之篤, 守之固。).

[士志於道章]

040901. 子曰: 「士¹志於道, 而恥惡衣惡食²者, 未足與議³也。」

선생님께서 말씀하셨다. "선비로서 뜻을 도에 두고서도 허름한 옷차림과 변변 찮은 음식을 부끄러워하는 자는, 함께 도를 의논하기에 부족하다."

心欲求道, 而以口體之奉⁴不若人爲恥, 其識趣⁵之卑陋甚矣, 何足與議於道哉?⁶

마음은 도를 구하고자 하면서도, 입는 것, 먹는 것이 남만 못한 것을 부끄러운 일로 여긴다면, 그 사람의 식견과 취향이 매우 얕고 좁으니, 어찌 족히 함께 도를 의논할 수 있겠는가?

---

1 《白虎通義·爵》士는 事[일하다]이다. 일을 맡아 하는 것을 일컫는다. 그래서 《傳》에 '옛날의 일과 지금의 일을 연결시키고, 옳은 것과 그른 것을 변론하는 자를 士라 한다'고 했다(士者, 事也, 任事之稱也。故 《傳》曰: '[通]古今, 辯然否, 謂之士。').

2 [성]惡衣惡食(악의악식): 허름한 옷차림과 변변찮은 음식. 검소하고 소박한 생활(惡: 粗劣的。指粗劣的衣服和食物。形容生活儉朴。); 惡(악): 조악하다. 허름하다(粗劣。坏: 不好。).

3 《論語正義》《說文·言部》에, '議는 語[말하다]이다'라고 했다. '與'는 공자께서 그에게 (말해) 주는 것으로, 공자께서 도에 대해 가르침을 베풀기 때문에 '與'라 말씀하신 것이다["도를 말해주기에 부족하다"](正義曰: 《說文》: '議, 語也。' …… '與'夫子與之, 夫子以道設教, 故云'與'也。);《說文·言部》議(의): 語[말하다]이다. 言을 따르고 소리가 義이다. [段玉裁注] 위에서 '(直言을 言이라 하고) 論難을 語라 한다'고 했다. 또 '語는 論이다'라고 했다. '論', '議', '語' 세 글자는 사람들과 이야기하는 것을 칭한다(議: 語也。從言義聲。; 段玉裁注: 上文云論難曰語。又云語, 論也。是論、議、語三字爲與人言之稱。).

4 《孟子·離婁上 제19장》증자께서 증석을 봉양할 적에, 반드시 술과 고기를 차렸다. 밥상을 물릴 때는, '남은 음식을 누구에게 줄까요?' 하고 반드시 여쭸다. 남은 음식이 있느냐고 물으면 반드시 '있습니다'라고 답했다. 증석이 죽고 증원이 증자를 봉양할 적에, 반드시 술과 고기를 차렸다. 밥상을 물릴 때는, '남은 음식을 누구에게 줄까요?' 하고 여쭤보지 않았다. 남은 음식이 있느냐고 물으면, '없습니다'라고 답했는데, 다시 차려 올리려고 해서였다. 이것이 이른바 입과 몸만을 봉양한다는 것이다. 증자처럼 한다면, 뜻을 봉양한다고 말할 만하다. 어버이를 섬기는 데 증자처럼 하는 것이 옳다(孟子曰: …… 曾子養曾晳, 必有酒肉。將徹, 必請所與。問有餘, 必曰'有'。曾晳死, 曾元養曾子, 必有酒肉。將徹, 不請所與。問有餘, 曰'亡矣'。將以復進也。此所謂養口體者也。若曾子, 則可謂養志也。事親若曾子者, 可也。); 口體之奉(구체지봉): 먹는 것 입는 것이란 뜻이다(意为吃的穿的); 口体(구체): 입과 배. 입과 몸(口和腹; 口和身体).

5 識趣(식취): 식견과 志向(识见志趣).

6 《論語大全》입을 수 없는 옷이고 먹을 수 없는 음식이기 때문이 아니라, 단지 남의 이목에 훌륭한 차림이 아니기 때문에 스스로 부끄러워하는 것뿐이다(朱子曰: 此則非以其不可衣且食也, 特以其不美於觀聽而自恧焉。).

○程子曰:「志於道而心役乎外,⁷何足與議也?」⁸
○정자(程子·伊川)가 말했다. "뜻은 도에 두고도 마음은 외물에 의해 부림을 당한다면, 어찌 족히 함께 도를 의논할 수 있겠는가?"

---

7 《古漢語語法》'동사+乎+목적어' 형식의 피동문(以'乎'为标志的被动句: '动+乎+宾'). 役(역): 부리다. 혹사하다. 마음이 동하다. 사로잡히다. 골몰하다(役使, 驱使。).

8 《論語大全》도에 뜻을 둔 사람은 마음이 의리에 가 있고, 허름한 옷차림과 변변찮은 음식을 부끄러워하는 사람은 마음이 물욕에 가 있다. 의리는 물욕과 양립할 수 없다. 그래서 성인께서 이 말씀을 가지고 경계시킨 것이다. 배우는 자는 반드시 이 분별을 명백히 밝힐 수 있어야, 그런 후에 도에 나아갈 수 있다. 그렇지 않으면 헛소리일 뿐이다. 안자가 한 그릇 밥과 한 바가지 물로 지내면서도, 그의 본유(本有)한 즐거움을 바꾸지 않은 것[雍也 제9장], 이것이 변변찮은 음식을 부끄러워하지 않는 모습이고, 자로가 다 해진 묵은 솜두루마기를 입고서 여우나 담비의 털옷을 입은 자와 마주 서 있어도, 부끄러워하지 않은 것[子罕 제26장], 이것이 허름한 옷차림을 부끄러워하지 않는 모습이다. 선배 학자 汪革(汪信民. 1071~1110)이 말한, '푸성귀뿌리라도 씹을 수 있는 정신이라면, 무슨 일인들 못하리'[小學·善行實敬身]라는 말, 이 또한 이 뜻이다(西山眞氏曰: 志於道者, 心存於義理也, 恥衣食之惡者, 心存於物欲也. 理之與欲, 不能兩立. 故聖人以此爲戒也. 學者必須於此分別得明白, 然後可以進道. 不然則亦徒說而已。顏子一簞食一瓢飮, 不改其樂, 此是不恥惡食; 子路衣敝縕袍, 與衣狐貉者立, 而不恥者, 此是不恥惡衣. 前輩有云, 咬得荣根, 何事不可爲, 是亦此意。).

[君子之於天下也章]

041001、子曰:「君子之於天下也¹, 無適也, 無莫也², 義之與比³。」

1 《集注考證》'於天下'는 '於天下之事'를 말한다(于天下, 謂于天下之事也。);《論語正義》'於天下'는 '천하의 모든 사람과 일에 대하여'이다(正義曰: 言"天下"者, 謂於天下之人與事也。);《論語新解》'天下'는 '모든 사람'을 가리키는 말일 수도 있고, '모든 일'을 가리키는 말일 수도 있다(天下二字, 可指人言, 亦可指事言。);《詞詮》於(어): 개사. 동작이 가해지는 상대방을 나타낸다('於', 介詞。表動作之對象。);《許世瑛(二)》'於'는 동사로, 그 뜻은 후대의 '對待[대우하다]와 같다('於'字是動詞, 它的意義等於後代的'對待')[論語, 孟子中 '於'字有做動詞用者解]; 之於(지어): ~에게. ~에 대해. 주어와 부사어 역할을 하는 '개사+목적어'구의 사이에 쓰여, 구를 구성하며, 문장의 주어나 목적어 역할을 한다(用于主语和充当状语的介宾短语之间, 构成小句, 充当句子的主语或宾语。);《論語語法》'也'는 주어나 인명 뒤에 쓰여, 말을 질질 끌거나 잠시 멈추는 어기를 표시한다(也, 用在主語或人名之後, 表示延宕或停頓的語氣。).

2 [성]無適無莫(무적무막): 어찌해야 한다는 것도 없고, 어찌해서는 안 된다는 것도 없다. 일정한 목표의 견지 하에, 융통성 있고 權變의 수단을 잘 쓴다. 사람을 대하거나 일 처리 하는 데 있어서 친소·후박을 구별하거나 편향이 없다(适: 厚; 莫: 薄。谓没规定该如何, 也没规定不该如何。多指在坚持一定目标下, 善用灵活权宜手段。待人处事不分厚薄, 没有偏向。);《論語集解》연연해하는 게 없다(注: 無所貪慕也。);《論語義疏》范寧[339~401. 東晉人]이 말했다. "'適', '莫'은 '厚', '薄'과 같다. '比'는 '親'이다. 군자는 사람을 대함에 있어 편파·후박이 없고, 오로지 인의만을 가까이한다"(疏: 范寧曰: 適, 莫, 猶厚, 薄也。比, 親也。君子與人無有偏頗厚薄, 唯仁義是親也。);《論語注疏》"군자는 천하 사람들에 대해, 富厚·窮薄을 가리지 않고, 단지 의를 따르는 사람만을 서로 가까이해서 지낼 뿐이다"(疏: 正義曰: 言君子於天下之人, 無擇於富厚與窮薄者, 但有義者則與相親也。);《論語筆解》[韓愈·李翱 撰] 韓愈[768~824]가 말했다. "'無適'은 '無可'이다. '無莫'은 '無不可'이다. 반드시 해야 한다는 것도 없고 절대 해서는 안 된다는 것도 없고, 오직 의를 지닌 것에만 가까이해 의지하고 따를 뿐이다."(韓曰: "無適, 無可也。無莫, 無不可也。惟有義者與相親比爾。");《論語集釋》惠棟[1697~1758]의 《九經古義》에 말했다. "옛날에 '敵'字는 모두 '適'으로 썼다."(九經古義: 古'敵'字皆作'適'。);《論語正義》《經典釋文》에, '適은 鄭玄의 本에는 敵으로 쓰여 있고, 莫는 慕(모)로 읽고, (無莫는) 연모하는 게 없는 것이다'라고 했다. '원수로 삼는 것도 없고 연모하는 것도 없고, 義에 맞으면 이를 따른다'는 것으로, 好惡가 그 正道를 얻었다는 말이다(正義曰:《釋文》云: '適, 鄭本作敵, 莫, 鄭音慕, 無所貪慕也。' …… '無敵無慕, 義之與比', 是言好惡得其正也。);《論語平議》이 장의 大旨는 鄭玄이 올바로 이해했다. '敵'의 말뜻은 '相當'으로, '相當'에는 '서로 상대방을 거스르다'는 뜻이 있다. 이 장은 군자가 세상의 모든 일을 대함에 있어서는, 거스르는 것도 없고 연모하는 것도 없고, 오직 의만이 가까울 뿐이라는 말이다(此章大旨鄭讀得之。敵之言相當也, 相當則有相觸迕之義…… 言君子之於天下無所適迕, 無所貪慕, 惟義是親而已。); "오로지 주장하지도 않고, (모두 다) 부정하여 반대하지도 않는다"(김도련 역주,『朱註今釋 論語』[현음사, 2005]); "절대적으로 긍정하는 것도 없고, 절대적으로 부정하는 것도 없다"(이수태,『새번역 논어』[생각의 나무, 1999]).

3 《古書虛字》는, '與'는 '是', '之'는 '則', '比'는 '從'의 뜻으로 새겨, '義에 맞으면 이를 따른다'(義則是從)로 풀이한다('與', 猶是也。言義則是從也, '之'訓'則', '比'訓'從'。);《論語詞典》比(비): 의지하여 따르다. 이웃하다(依附, 鄰近。);《論孟虛字》'比'는 '從'과 같다. '與'는 따르는 대상을 표시하는 연결동사이다["오직 의만이 따를 대상이다"]('比', 猶'從'。'與', 爲表所從的介繫詞。'義之與比', 猶言'義之所從', 或唯義是從。);《論語句法》'義之與比'는 본래 三字句인 '與義比'로, '義'는 본래는 개사 '與' 뒤에 놓여야 되지만, '義'를 강조할 목적으로,

선생님께서 말씀하셨다. "군자가 세상의 모든 일을 대함에 있어서는, 오로지 한 가지만을 주장하여 따르는 것도 아니고, 무엇이든 탐탁하지 않게 여겨 따르지 않는 것도 아니다. 의(義)에 맞으면 이를 따른다."

適[4] 丁歷反。比, 必二反。○適, 專主[5]也。春秋傳[6]曰「吾誰適從」是也。莫, 不肯也。比, 從也。 '適'(적, dí)은 '丁'(정)과 '歷'(력)의 반절이다. '比'(비, bǐ)는 '必'(필)과 '二'(이)의 반절이다. ○適'(적)은 '오로지 한 가지만 주장하다'[專主]이다. 《춘추좌전》(春秋左傳)에 '(한 나라에 세 명의 군주가 있으니) 내가 오로지 누구만을 따라야 하겠느냐?'라고 한 것이 바로 이것이다. '莫'(막)은 '탐탁하게 여기지 않다'[不肯]이다. '比'(비)는 '따르다'[從]이다.

謝氏曰:「適, 可[7]也。莫, 不可也。無可無不可[8], 苟無道以主之, 不幾於猖狂[9]自恣[10]乎? 此佛老之學, 所以自謂心無所住而能應變, 而卒得罪於聖人也。聖人之學不然, 於無可無

글머리로 이동시키고, '義'는 의문지칭사가 아니어서, 그 글자를 글머리로 앞당겼지만 '義'와 '與'의 사이에 어기사 '之'를 붙여 四字句로 만든 것이다. '比'는 '따르다' '가까이하다'의 뜻이다[의와 가까이 한다](義之 與比, 本是'與義比'這樣一個三字句, '義'……本來是應該放在關係詞'與'字的下面的, 但是爲了要重視它起 見, 把它挪到句首的位置上, 可惜'義'不是疑問指稱詞, 雖然把它提前了, 却在它之下, '與'字之上, 加了一個 語氣詞'之'字, 就成了四個字的句子了……'比'字是'從'或'親近'的意思。);《論語譯注》"어떤 일이 의에 맞기 만 하면, 그 어떤 일을 한다"("只要怎样干合理恰当, 便怎样干。").

4 適(적): [dí] 전담하다. 주관하다. 주인이 되다. =嫡(专主, 作主。正妻所生的儿子。同「嫡」。); [shì] 가다. 출가하다. 쾌적하다. 적당하다(往, 至。女子出嫁。舒服, 自得。相合, 相当。).

5 專主(전주): 한 가지만 중시하다. 치중하다. 주장하다. 전담하다(专一注重).

6 《春秋左傳·僖公5年》에, '狐裘尨茸, 一國三公, 吾誰適從?'(여우털옷 입은 자가 많아 조정이 난잡하구나. 한 나라에 세 명의 군주가 있으니, 내가 오로지 누구만을 따라야 하겠느냐?)이라는 글이 나온다.

7 可(가): 마땅히~해야 한다(应当, 应该。).

8 《微子 제8장》 참조: 無可無不可(무가무불가): 어떻게 해도 된다는 뜻으로, 반드시 이러해야 한다는 주견이 없는 것을 표시한다(表示怎样办都行, 没有一定的主见。).

9 《莊子·外篇·在宥》(구름의 元氣인 雲將이 가르침을 청하자) 혼돈의 元氣인 鴻蒙(홍몽)이 말했다. "그저 흔들리는 대로 이리저리 떠돌 뿐 구할 바 무엇인지 알 것 없고, 마음 가는 대로 이리저리 다닐 뿐 갈 곳 어디인지 알 것 없네. 여기저기 노니는 자 많아서, 있는 그대로 볼 뿐이니, 내가 무엇을 알겠나?"(鴻 蒙曰: 浮游不知所求, 猖狂不知所往. 遊者鞅掌, 以觀無妄, 朕又何知!); 猖狂(창광): 마음대로 하고 싶은 대로 하여 구속받는 게 없다. 미쳐 날뛰다. 걷잡을 수 없이 함부로 하고 거리낌 없이 제멋대로 하다(谓随心 所欲, 无所束缚。狂妄而放肆。).

10 自恣(자자): 자기를 제멋대로 내버려 두다. 구속받지 않다(放纵自己, 不受约束。);《楚辭·大招》의 '自恣荆 楚'[초나라를 마음껏 노닐다]에서 따온 말이다.

不可之間, 有義存焉。然則君子之心, 果有所倚乎?」

○사씨(謝氏·謝顯道)가 말했다. "'適'(적)은 '해야 한다'[可]이다. '莫'(막)은 '해서는 안 된다'[不可]이다. 무얼 해야 한다는 것도 없고 무얼 해서는 안 된다는 것도 없는데, 만일 도를 써서 그것들을 주관하지 않는다면, 마음 가는 대로 가고, 하고 싶은 대로 하여, 스스로를 아무렇게나 내버려 두는 것에 가깝지 않겠는가? 이것이 부처(佛陀)와 노자(老子)의 학문이 스스로 평하기를 '마음이 한 곳에 (집착하여) 머물러 있지를 않으니 능히 변화에 응할 수 있다'고 했지만, 끝내는 성인에게 죄를 얻게 된 까닭이다. 성인의 학문은 그렇지 않아서, 무얼 해야 한다는 것도 없고 무얼 해서는 안 된다는 것도 없는 사이에 의(義)라는 것이 존재하고 있다. 그런즉 군자의 마음이 어느 한쪽으로 기우는 경우가 과연 있겠는가?"

[君子懷德章]

041101、子曰:「君子懷德[1], 小人懷土[2]; 君子懷刑[3], 小人懷惠。」

1 《論語集解》'懷'는 '安'[편안히 여기다]이다(注: 孔安國曰: 懷, 安也。);《論語注疏》군자는 덕을 붙잡고 다른 곳으로 옮겨가지 않으니, 이는 덕을 편안히 여기는 것이다(疏: 正義曰: 君子執德不移, 是安於德也。);《論語平議》'君子'는 벼슬자리에 있는 자를 말하고, '小人'은 백성을 말한다. '懷'는 '歸'[돌아가다]이다. '君子懷德 小人懷土'는 '군자가 덕으로 돌아가면, 소인은 각기 자기가 살던 향토로 돌아간다'는 말이다. '君子懷刑 小人懷惠'는 '군자가 형벌로 돌아가면, 소인은 타국의 자혜로운 임금에게로 돌아간다'는 말이다. 이 장의 뜻은 '懷德'과 '懷刑'을 對句로 만들어 서로 비교한 것으로, 벼슬자리에 있는 군자가 형벌을 사용하지 말고 덕을 사용하길 바란 것이다(君子, 謂在上者。小人, 謂民也。懷者, 歸也…… 君子懷德 小人懷土者, 言君子歸於德, 則小人各歸其鄉土……君子懷刑, 小人懷惠者, 言君子歸於刑, 則小人歸於他國慈惠之君……此章之義以懷德懷刑對舉相形, 欲在位之君子不任刑而任德也。);《論語正義》'《爾雅·釋詁》에 '懷는 思이다'라고 했고, 《說文·心部》에 '懷는 思念이다'라고 했다. 군자는 자기가 서고 싶어 해서 남을 서게 해주고, 자기가 현달하고 싶어 해서 남을 현달하게 해준다[雍也 제28장]. 자기를 이루어 장차 이로써 남을 이루어주고 싶어 하는 것으로, 思念이 덕에 가 있다(正義曰:《爾雅,釋詁》: "懷, 思也。"《說文》: "懷, 思念也。" 君子己立立人, 己達達人。思成己將以成物, 所思念在德也。);《古今注》'懷'는 마음속에 간직해두는 것이다. 즉 생각을 품고 있어, 잊지 않는다는 뜻이다(補曰: 懷者, 中心藏之也。即思念, 不忘之意。).

2 《論語集解》'懷土'는 지금 살고 있는 곳을 편안히 여기고 쉽사리 떠나려 하지 않는 것이다(注: 孔安國曰: 重遷也。重, 猶難也。);《論語義疏》一說: '君子'는 임금이다. '小人'은 밑에 있는 백성이다. 위에서 아래에 베푸는 德化는 풀이 바람에 눕는 것과 같다[說苑·君道]. 임금이 백성을 교화하기를 덕으로 편안하게 하면, 밑에 백성은 그의 터전을 편안히 여겨, 다른 데로 옮겨가지 않는다. 그래서 李充이 말하기를, '이 장의 말인즉, 임금이 덕으로써 인도하면, 백성은 그가 사는 곳을 편안히 여기고 그가 사는 곳의 풍속을 즐거워한다는 것으로, 이웃 나라가 서로 마주 보고 있어 닭 우는 소리 개 짖는 소리가 서로 들릴 정도로 가까이 있어도, 백성들은 늙어 죽을 때까지 서로 오가지를 않으니[道德經 제80장], 德化의 지극한 모습이 다'라고 했다(疏: 一云: 君子者, 人君也。小人者, 民下也。上之化下, 如風靡草。君若化民安德, 則下民安其土, 所以不遷也。故李充曰: 此言君導之以德, 則民安其居而樂其俗, 鄰國相望而不相與往來, 化之至也。);《論語注疏》소인은 安住를 편안히 여겨 옮기지 못하는 자로, 다른 곳으로 옮겨가기를 어려워하니, 이것이 땅을 편안히 여기는 것이다(疏: 正義曰: 小人安安而不能遷者, 難於遷徙, 是安於土也。);《論語正義》소인은 자신과 집안만이 도모의 대상이고, 굶주림과 추위만이 구휼의 대상이기 때문에, 일정한 생업이 없으면 항심이 없으니, 생각이 늘 땅에 가 있다. 《爾雅·釋言》에 '土는 田[농경지]이다'라고 했고, 《說文·土部》에는 '土는 땅이 만물을 토해 내놓는 것이다. '二'는 땅의 밑과 땅의 가운데를 형상한 것이고, '丨'(곤)은 식물이 땅을 뚫고 나오는 모양이다'라고 했다(正義曰: 小人惟身家之是圖, 飢寒之是恤, 故無恆產, 因無恆心, 所思念在土也。《爾雅, 釋言》土, 田也。《說文》土, 地之吐生萬物者也。二象地之下、地之中, 丨物出形也。);《白虎通義·五行》土는 만물을 토해내고 머금는 것을 주관한다. 土의 말뜻은 吐[토해내다]이다(土……主吐含萬物。土之爲言吐也。);《論語疏證》'懷居'[憲問 제3장]가 바로 '懷土'이다(樹達按: 懷居即懷土也。);《論語譯注》고향. 농사지을 땅(土: 故鄉。田土亦通).

3 《論語集解》법도를 편안히 여기다(注: 孔安國曰: 安於法也。);《論語正義》'懷刑'은 날마다 예법으로 경계시켜, 나쁜 짓을 초치하지 않는 것으로, 이것이 군자가 군자인 까닭이다. 소인은 불쌍하게도 법을 두려워하지 않기 때문에, 형벌로 다스리는 것은, 백성들을 부끄러워하는 마음이 들게 하지 못한다[爲政 제3장].

선생님께서 말씀하셨다. "군자는 덕을 보존할 것을 늘 마음에 품고 있고, 소인은 지금 처해 있는 곳의 안락함을 늘 마음에 품고 있다. 군자는 법도를 지킬 것을 늘 마음에 품고 있고, 소인은 이익을 탐할 것을 늘 마음에 품고 있다."

懷, 思念⁴也。懷德, 謂存其固有之善⁵。懷土, 謂溺其所處之安。懷刑, 謂畏法⁶。懷惠, 謂貪利。君子小人趣向不同, 公私之間而已。

'懷'(회)는 '생각을 품다'[思念]이다. '懷德'(회덕)은 '그가 본래부터 가지고 있는 선을 잃지 않고 보존한다'는 말이다. '懷土'(회토)는 '그가 지금 처해 있는 곳의 안락함을 탐닉한다'는 말이다. '懷刑'(회형)은 '법을 어기는 것을 두려워한다'는 말이다. '懷惠'(회혜)는 '이익을 탐한다'는 말이다. 군자와 소인의 지향처의 차이는, 공(公)이냐 사(私)냐의 차이일 뿐이다.

○尹氏曰「樂善惡不善, 所以爲君子; 苟安務得, 所以爲小人。」⁷

○윤씨(尹氏·尹彦明)가 말했다. "선을 즐거워하는 것[懷德], 불선을 싫어하는 것[懷刑]이 군자가 되는 까닭이고, 구차하게 안락을 탐닉하는 것[懷土], 애써가며 이익을 구하는 것[懷惠]이, 소인이 되는 까닭이다."

《書經·皐陶謨》에, '백성을 편안하게 하는 것이 곧 은혜로운 것이니, 백성들은 은혜받기를 마음에 품고 있다'고 했는데, 소인이 마음에 품고 있는 바가 은혜로움에 있다는 것이다(正義曰: "懷刑"則日徹於禮法, 而不致有匪僻之行, 此君子所以爲君子也。小人愻不畏法, 故以刑齊民, 不能使民恥也。書皐陶謨云: "安民則惠, 黎民懷之。" 是小人所懷在恩惠也。);《論語譯注》 고대의 법률제도로서의 '刑'은 '㓝'으로 썼고, 형벌로서의 '刑'은 '荆'으로 썼는데, 뒤에 와서 모두 '刑'으로 썼다. 이 장의 '刑'字는 '法度'로 풀이해야 한다(古代法律制度的'刑'作'㓝', 刑罰的'刑'作'荆', 從刀井, 後來都寫作'刑'了。這'刑'字應該解釋爲法度。);《論語今讀》 "군자는 형벌이 적절한지를 생각하고, 소인은 이익이 충분한지를 생각한다"("君子矣怀刑罚恰當否, 小人矣怀利益足够否。").

4 思念(사념): 생각하다. 생각을 품다. 그리워하다(想念: 怀念).

5 《孟子·告子上 제6장》 측은지심은 사람이면 누구나 다 지니고 있고, 수오지심은 사람이면 누구나 다 지니고 있고, 공경지심은 사람이면 누구나 다 지니고 있고, 시비지심은 사람이면 누구나 다 지니고 있다. 측은지심은 인이고, 수오지심은 의이고, 공경지심은 예이고, 시비지심은 지이다. 인의예지는 밖에서 연유하여 나에게 녹아들어 온 것이 아니고, 내가 본래부터 지니고 있는 것인데, 생각하지 못할 뿐이다(惻隱之心, 人皆有之: 羞惡之心, 人皆有之: 恭敬之心, 人皆有之: 是非之心, 人皆有之。惻隱之心, 仁也; 羞惡之心, 義也; 恭敬之心, 禮也; 是非之心, 智也。仁義禮智, 非由外鑠我也, 我固有之也, 弗思耳矣。).

6 畏法(외법): 법을 어기는 것을 두려워하다(惧怕犯法。).

7 《論語大全》 懷德者는 선을 편안히 여기고, 懷刑者는 법을 두려워해 불선을 감히 하지 않고, 懷土者는 자기가 가진 것에 집착하고, 懷惠者는 남이 가진 것을 탐한다(新安陳氏曰: 懷德者, 安於善, 懷刑者, 畏法而不敢爲不善: 懷土者, 自戀其所有, 懷惠者, 貪得人之所有。).

[放於利而行章]

041201、子曰:「放^{1}於利^{2}而行, 多怨。$^{3\ 4}$」

　　선생님께서 말씀하셨다. "(자기의) 이익에 따라서 행동하면, (남의) 원망을 많이 산다."

放,^{5} 上聲。○孔氏曰:「放, 依也。多怨, 謂多取怨。^{6}」

---

1 《論語集解》'放'은 '依'[의거하다]이다(注: 孔安國曰: 放, 依也。);《論語正義》《漢書》에 대한 顏師古[581~645]의 注에, '放은 縱[내맡기다]이다'라고 했는데, 마음을 利에 내맡겨버리는 것을 말한다. 일설에 '放은 依이다'라고 했는데, 내 생각에는 '放縱'이란 뜻도 통한다(正義曰: 師古注: '放, 縱也.' 謂縱心於利也。一說, 放, 依也。案: 放縱義亦通。);《論語新解》'放'字에는 두 가지 견해가 있다. ①'放縱'[풀어서 놓아두다] 자기를 이익을 도모하는 데 풀어놓는 것을 말한다. ②'依仿'[좇다. 따르다] 하는 일이 모두 이해타산에 따라하는 것을 말한다. ②설을 따른다(放字有兩解。一、放縱義。谓放纵自己在谋利上。一、依仿义。谓行事皆依照利害计算。今从后解。).

2 《王力字典》利(리): 재리. 재물 방면에서의 뛰어난 능력(財利, 钱财方面的好处。).

3 《論語義疏》利에 따라 행동하는 자의 경우, 모든 사람의 원한의 대상이 된다(疏: 若依利而行者, 則爲怨府。);《論語正義》윗자리에 있는 자가 이익에 따라서 행동할 경우, 재리가 위에 쌓이고, 백성이 아래에서 곤궁하게 되는데, 이른바 《大學》의 '나라를 다스리는 자리에 앉아서 財富에 힘쓰는 것'으로, 필시 '天災·人禍가 한꺼번에 닥치는데', 그래서 백성이 그를 원망하는 소리가 많아지게 되는 것이다(正義曰: 若在上者放利而行, 利壅於上, 民困於下, 所謂'長國家而務財用', 必使'菑害並至', 故民多怨之也。);《論語新解》'怨'字에는 두 가지 견해가 있다. ①'남이 자기를 원망한다'[남의 원망을 산다]. 옛날의 주된 견해는 이것이었다. ②'내가 남을 원망한다' 논어의 가르침은 대부분 자기 내부를 향한 말씀이다. 이해타산에만 의존한다면, 내 마음은 외부에 대해 장차 원망할 일이 많아짐을 피할 수 없다. 공자께서, '仁을 구하여 仁을 얻었는데, 또 무엇을 원망했겠느냐?'[述而 제14장]라고 하셨다. 만약 행하는 일이 인의 도리를 따른다면, 이해득실을 불문하고, 자기 마음은 모두 남을 원망할 일이 없을 것이다. 이 장의 '怨'字는 자기 마음이 외부에 대해 원망하는 것을 가리킨 말이다(此怨字亦可有兩解。一、人之怨己, 旧解都主此。惟《论语》教人, 多从自己一面说。若专在利害上计算, 我心对外将不免多所怨。孔子曰: "求仁而得仁, 又何怨。" 若行事能依仁道, 则不论利害得失, 己心皆可无怨。此怨字, 当指己心对外言。);《文言語法》형용사 '多', '少'가 그 밑에 목적어를 둔 경우, 존재를 표시하는 동사역할을 한다[(더) 많이 있다. 많아지다](形容詞作動詞用。用'多''少'一類的述說詞表示存在的句子, 其下若有賓語, '多''少'便是動詞了。);《論語詞典》多(다): 동사. 많아지다(動詞, 多起來。).

4 《荀子·大略》義가 利를 이기는 것이 치세이고, 利가 義를 이기는 것이 난세이다. 윗사람이 義를 중시하면 義가 利를 이기고, 윗사람이 利를 중시하면 利가 義를 이긴다. 그래서 天子는 多少를 입에 올리지 않고, 諸侯는 利害를 입에 올리지 않고, 大夫는 得失을 입에 올리지 않고, 士는 재화를 유통해 이익을 꾀하지 않는다(義勝利者爲治世, 利克義者爲亂世。上重義則義克利, 上重利則利克義。故天子不言多少, 諸侯不言利害, 大夫不言得喪, 士不通貨財。).

5 放(방): [fǎng] 의거하다. 모방하다. 흉내 내다. 본뜨다. =仿(依据。仿效。); [fàng] 추방하다. 방기하다.

'放'(방)은 상성[fǎng]이다. ○공씨(孔氏: 孔安國)이 말했다. "'放'(방)은 '의거하다'[依]이다. '多怨'(다원)은 '(남의) 원망을 많이 산다'[多取怨]고 하는 말이다."

○程子曰:「欲利於己, 必害於人, 故多怨。」
○정자(程子·伊川)가 말했다. "자기에게 이익이 되도록 하면, 반드시 남에게 손해를 입히기 때문에, 남의 원망을 많이 산다."

방종하다. 마음대로 하다(逐。弃。放纵, 任由。).
6 取怨(취원): 원한을 불러들이다(招致怨恨。).

[能以禮讓爲國章]

041301、子曰:「能以禮讓爲國乎¹? 何有²? 不能以禮讓爲國³, 如禮何⁴?」⁵

　　선생님께서 말씀하셨다. "능히 예(禮)의 양(讓)을 써서 나라를 다스릴 수 있겠느냐? 무슨 어려움이 있겠느냐? 예(禮)의 양(讓)을 써서 나라를 다스리지 못하는데, 예(禮)의 형식 같은 것이 무슨 소용이 있겠느냐?"

---

1 《論語義疏》'爲'는 '治'[다스리다]와 같다(疏: 爲, 猶治也。);《集注考證》'禮讓'은 공경·사양지심을 말하는 것으로, 그래서 예의 실질이다(禮讓, 謂恭敬辭遜之心也, 故謂禮之實。);《論語正義》'讓'은 예의 실질이고, '禮'는 讓의 형식이다. 선왕이 백성들의 다투는 것을 염려해서, 예를 제정해서 다스렸다. 예는 이를 써서 사람의 심지를 가지런히 하나로 하고, 혈기를 억제시켜 모두 중화에 다가가도록 하려는 것이다(正義曰: '讓'者, 禮之實; '禮'者, 讓之文。先王慮民之有爭也, 故制爲禮以治之。禮者, 所以整壹人之心志, 而抑制其血氣, 使之咸就於中和也。); 禮讓(예양): 예의를 갖춰 사양하다(守礼谦让); 讓(양): 양보하다. 뒤로 물러나 길을 터주다. 겸손하게 양보하다(退让; 谦让).

2 《論語義疏》'何有'는 그것이 쉽다는 말이다. 그래서 강희가 '(사양은 예의 주인이다) 범선자가 사양하자, 아래 사람들이 모두 그에게 양보했다[春秋左傳·襄公13年]. 사람들이 사양하는 마음을 품고 있으면, 나라를 다스리는 일이 쉽다'고 한 것이다(疏: 何有, 言其易也。故江熙曰: (讓, 禮之主也。) 范宣子讓, 其下皆讓之, 人懷讓心, 則治國易也。);《論語句法》'能以禮讓爲國'은 주어이고, '乎'는 주어 아래에 붙는 잠시 말을 멈추는 어기사로, 어기를 잠시 멈추는 데 목적이 있을 뿐으로, 그래서 지금의 '呀'와 같고, 의문어기사가 아니다. '何有'는 '何難之有'의 줄임말이다["예양을 써서 나라를 다스릴 수 있다면야, (나라를 다스리는 일에) 무슨 어려운 일이 있겠느냐?"]('能以禮讓爲國'是主語, '乎'是主語下面加的停頓語氣詞, 目的只在使語氣一頓, 所以相當於白話的'呀'字, 不相當於'嗎'或者'呢'字。'何有'是'何難之有'的省文。);《論語新解》"禮讓을 써서 나라를 다스릴 수 있다면, 다스리는 일에 무슨 어려움이 있겠느냐?"(若能以礼让来治国, 那还有什么困难呢?)

3 [성]禮讓爲國(예양위국): 다스리다. 겸양의 정신으로 나라를 다스리다(治理。以礼所提倡的谦让精神治理国家。).

4 《論語集解》'如禮何'는 예를 쓸 수 없다는 말이다(注: 苞氏曰: 如禮何者, 言不能用禮也。);《集注考證》아래의 '禮'字는 바로 예의·문물·제도·품급에 관한 상세한 규정이다(下文禮字乃禮文制度品節之詳。).

5 《荀子·禮論》예는 무엇 때문에 생겨났는가? 사람은 태어나면서 욕망을 가지고 있는데, 바라는데 얻지 못하면 구하지 않을 수 없고, 구하는 데 정해진 한계가 없으면 다투지 않을 수 없다. 다투면 혼란이 생기고 혼란이 생기면 궁핍해진다. 선왕이 그 혼란을 싫어했기에, 예의를 제정해 욕망의 한계를 정했으니, 이를 통해 욕망을 관리하고, 구하는 것을 마련해 주었다. 물자의 부족으로 욕망을 채우지 못하는 경우가 없게 하고, 욕망의 무한정으로 물자가 부족한 경우가 없게 해서, 욕망과 물자 간에 균형을 이루도록 했으니, 이것이 예의 기원이다(禮起於何也? 曰: 人生而有欲, 欲而不得, 則不能無求。求而無度量分界, 則不能不爭; 爭則亂, 亂則窮。先王惡其亂也, 故制禮義以分之, 以養人之欲, 給人之求。使欲必不窮乎物, 物必不屈於欲。兩者相持而長, 是禮之所起也。).

讓者, 禮之實也。何有, 言不難也。言有禮之實以爲國, 則何難之有, 不然, 則其禮文[6]雖具, 亦且[7]無如之何矣[8], 而況[9]於爲國乎?[10]

'讓'(양)은 예(禮)의 실질이다. '何有'(하유)는 '어렵지 않다'[不難]는 말이다. 말씀인즉, 예(禮)의 실질을 갖추고 이로써 나라를 다스리는 경우, (나라를 다스리는 데) 무슨 어려움이 있겠느냐는 것이다. 그렇지 않은 경우, 그 같은 예(禮)의 형식이 비록 갖춰져 있다한들 어쩔 도리가 없으니, 하물며 나라를 다스리는 일에 있어서이겠는가?

---

6 禮文(예문): 예악의 의식과 제도(指礼乐仪制。).

7 且(차): 극단적·가설적·불가능한 상황이나 사례를 표시한다. ~마저도. ~조차도 ~인데 (하물며)(用来加强语气, 表示某事物的极端的, 假设的或不可能有的情况或事例。尚且。).

8 《大學》나라를 다스리는 자리에 앉아서도 財富에 힘쓰게 되는 것은 반드시 소인으로 말미암는다. 저가 財富를 좋게 여겨 소인에게 국사를 처리하게 하면, 天災·人禍가 한꺼번에 닥친다. 현능한 자가 있다할지라도 어찌 구제할 도리가 없을 것이다. 이것을 말하여 '나라는 財利로써 이로움을 삼지 않고, 義로써 이로움을 삼는다'고 한다(長國家而務財用者, 必自小人矣。彼爲善之, 小人之使爲國家, 災害并至。雖有善者, 亦無如之何矣! 此謂國不以利爲利, 以義爲利也。); 無如之何(무여지하): 어쩔 방법이 없다. 아무런 도리가 없다(没有任何办法。).

9 而況(이황): 접속사. 하물며. 더군다나(連詞。何況。).

10 《論語大全》"讓은 禮의 실질입니다. 혹시 辭讓之心이라는 禮의 실마리는 본심에서 발로된 진실한 모습이기 때문에, 讓은 (밖으로 드러난) '禮之實'[예의 실질]이라 말씀하셨는지요?" "맞다. 예의 형식은 모두 거짓으로 꾸밀 수 있지만, 오직 이 辭讓만큼은 예의 실질이니, 이것은 거짓으로 꾸밀 수 없다. 이 실질이 있는 이상, 저절로 사람의 마음을 감동시킬 수 있다"(問: 讓者, 禮之實也。莫是辭讓之端, 發於本心之誠然, 故曰讓是禮之實? 朱子曰: 是……禮之文, 皆可以僞爲, 惟是辭讓, 方是禮之實, 這却僞不得。旣有是實, 自然是感動得人心。);《論語大全》세상 사람들이 사양하는 경우를 보면, 처음에는 혹 빈말로 사양하다가 결국 실제로는 받는데, 이는 사양이 아니다. 반드시 사양하는 진실된 마음으로써, 사양이라는 실제 일을 행해야, 비로소 사양이라 할 수 있다(新安陳氏曰: 世人於辭受之際, 始或虛讓, 而卒也實受, 非讓也。必以辭讓之實心, 行辭讓之實事, 始可以言讓。).

[不患無位章]

041401、子曰:「不患無位[1], 患所以立[2]; 不患莫[3]己知, 求爲可知也。[4][5]」

---

1 位(위): 관리가 조정에서 서 있는 위치(本义: 官吏在朝廷上站立的位置。);《說文·人部》 중정의 좌우에 열을 지어 서 있는 것을 位라 한다(列中庭之左右謂之位。).

2 《論語注疏》"그가 자리에 설 수 있을 만한 재능과 학식을 갖추지 못한 것을 걱정할 뿐이다"(疏: 正義曰: '患所以立'者, 言但憂其無立身之才學耳。);《論語正義》'立'은 그 자리에 서는 것이다. '患所以立'은 '患無所以立[그 자리에 설 수 없는 까닭을 걱정하다]'이라 말하는 것과 같다. 아래편의 '其未得之也, 患得之[陽貨 제15장]'의 '患得之' 역시 '患不得之'라 말하는 것으로, 모두 말을 줄인 것이다(正義曰: '立'者, 立乎其位也。 "患所以"、猶言患無所以。 下篇"其未得之也, 患得之", 亦謂患不得之, 皆語之急爾。);《論語新解》"자기가 무엇을 가지고 그 자리에 설지를 걱정한다"("愁自己拿什么来立在这位上。");《論語譯注》'立'과 '位'는 옛날에는 서로 바꿔썼는데, 여기 '立'字는 '不患無位'의 '位'字이다["자리를 맡는 데 필요한 능력이 없는 것을 걱정할 뿐이다"]('立'和'位'古通用, 这'立'字便是'不患无位'的'位'字。; "只發愁没有任職的本領。");《王力漢語》 '所'(소)字는 자주 '從', '以', '爲', '與' 등의 개사 앞에 쓰여, 개사가 소개하는 대상을 가리킨다. 가리키는 것은 행위발생장소와 행위가 실현되는 데 도움을 준 도구·수단·방식·방법·행위발생원인 및 행위와 유관한 인물 등이다. '所+개사+동사(또는 동사+목적어)'구는 명사구이다('所'字常用在介詞'從'以'爲' '與'等字的前面, 指代介詞所介紹的對象, 它們所表示的是: 行爲發生的處所, 行爲賴以實現的工具手段和 方式方法, 產生某種行爲的原因, 以及與行爲有關的人物等等。 '所'字和介詞以及介詞後面的動詞或動賓詞 組相結合組成的詞組也帶有名詞性。).

3 《論語句法》'莫'(막)은 '沒有人'[아무도 없다]의 뜻이다('莫是'沒有人'的意思。);《北京虛詞》莫(막): 무지대 사. 아무도 없다. 어디에도 없다. 무엇도 없다('莫', 无指代词。 表示无指, 作主语。 义即'沒有人'、 '沒有谁'、 '沒有哪里'、 '沒有什么'。).

4 《論語集解》 선한 길을 추구하여 이를 배우고 행하다 보면, 남이 나를 알아준다(注: 苞氏曰: 求善道而學行之, 則人知己也。);《論語義疏》 재기를 갖추고 있으면 남에게 알려지지 않는 것을 걱정하지 않기 때문에, '不患莫 己知'라 한 것이다. 남에게 알려지고 싶으면, 오로지 마땅히 먼저 재기를 배워 충분히 남이 알만하게 하기 때문에, '求爲可知也'라 한 것이다(疏: 言若有才伎則不患人不見知, 故云不患莫己知也。 若欲得人見知, 唯 當先學才伎使足人知, 故云求爲可知也。);《論語句法》'爲可知'는 술어 '求'의 목적어이고, '可知'는 '可知的人' 의 줄임말이다["알려질 만한 사람이 되기를 구하다"]('爲可知'是述詞'求'的止詞, '可知'是'可知的人'的省略。); 《論孟虛字》'爲'는 '其'와 같다. 이 장의 글은 '不患人之不己知 患其不能也'[남이 자기를 알아주지 않는 것을 걱정하지 말고, 자기가 잘하지 못하는 것을 걱정하도록 해라][憲問 제32장]와 義理가 서로 같으니, '爲'와 '其'가 같은 뜻임을 충분히 증명한다. '爲'와 '其'는 모두 일반적인 '自己'를 가리킨다["자기를 알아줄 만하게 되기를 구하여라"]('爲', 猶'其'。 這句文字, 和憲問篇, '不患人之不己知, 患其不能也。' 義法相同, 足證'爲'與'其' 同義, 都是泛指自己的代稱詞。).

5 《荀子·非十二子》 군자는 수양이 덜 된 것을 부끄러워하지, 멸시와 모욕을 받는 것을 부끄러워하지 않고, 믿음을 주지 못하는 것을 부끄러워하지, 믿음을 받지 못하는 것을 부끄러워하지 않고, 능력이 없는 것을 부끄러워하지, 쓰임을 받지 못하는 것을 부끄러워하지 않는다. 이 때문에 명예에 의해 유혹당하지 않고, 비방 받는 것을 두려워하지 않고, 도에 의거해서 행하고, 단정한 모습으로 자기를 바르게 하고, 외부의 사물에 의해 쏠리지 않는다. 이것을 참된 군자라 한다(君子恥不修, 不恥見汙; 恥不信, 不恥不見信; 恥不能, 不恥不見用。 是以不誘於譽, 不恐於誹, 率道而行, 端然正己, 不爲物傾側: 夫是之謂誠君子。);《淮南

선생님께서 말씀하셨다. "설 자리가 없는 것을 걱정하지 말고, 무엇을 써서 그 자리에 설지를 걱정하고, 아무도 자기를 알아주는 사람이 없는 것을 걱정하지 말고, (남에게) 알려질 만하게 되기를 추구하여라."

所以立, 謂所以立乎其位者。可知, 謂可以見知[6]之實。

'所以立'(소이립)은 그 자리에 서는 데 쓸 것을 말한다. '可知'(가지)는 남에게 알려질 만한 실상을 말한다.

○程子曰:「君子求其在己者[7]而已矣。」[8]

○정자(程子·伊川)가 말했다. "군자는 자기 하기에 달려 있는 것을 구할 따름이다."

子·繆稱訓》자기를 알아주지 않는 것에 급급해하는 사람은 자기 자신을 살필 줄 모르는 사람이다(忯於不己知者, 不自知也。).

6 見知(견지): 다른 사람에 의해 알려진 바가 되다(为人所知。).

7 《爲政 제10장》 각주 《荀子·天論》 참조.

8 《論語大全》 위로는 임금에게 도리를 다하고 아래로는 백성을 윤택하게 하는 자리는 능력이 되면 하는 것이다. 자리 없는 것은 걱정할 것이 아니다. 성인의 말씀은, 남이 알아주기를 구하지 말고, 다만 내 안에 있는 실질에 힘을 다할 것을 가르치신 것뿐이다(朱子曰: 致君澤民之具, 達則行之。無位非所患也。聖人所說, 只是教人不求知, 但盡其在我之實而已。);《論語大全》 인지상정은 오로지 설 자리가 없는 것만 걱정하지만, 군자는 무엇을 써서 그 자리에 설지를 걱정하고, 인지상정은 오로지 아무도 자기를 알아주는 사람이 없는 것만 걱정하지만, 군자는 남에게 알려질 만한 실상이 없는 것을 걱정한다. 이것이 바로 위기지학이다(慶源輔氏曰: 人情惟患無位耳, 君子則以立乎其位者爲患。人情惟患莫己知耳, 君子則以無可知之實爲患。此正爲己之學也。).

里仁 第四 ┃ 367

[子曰參乎章]

041501、 子曰:「參乎[1]! 吾道[2]一以貫之[3, 4]。」曾子曰:「唯。[5 6]」

---

1 乎(호): 사람을 부르는 어기를 표시한다(表示呼唤人的语气。相当于'啊'、'呀'。);《古書虛字》사람을 부를 때 쓰는 글자('乎', 呼召之詞。).

2 《王力漢語》道(도): 사상. 견해. 학설(思想, 學說。).

3 [성]一以貫之(일이관지): 한 개의 事理가 일의 시종 또는 모든 도리를 관통하고 있다(貫: 貫穿。用一个根本性的事理贯通事情的始末或全部的道理。);《論語義疏》 '貫'은 '統'[한데 묶다. 통틀다]과 같다. 새끼로 물건을 한 꿰미로 꿰어 한데 모으는 것을 비유한다["한 개 도를 써서 천하의 모든 도리를 한 꿰미로 꿰어 모은다"](疏: 貫, 猶統也。譬如以繩穿物有貫統也。孔子語曾子曰, 吾教化之道, 唯用一道以貫統天下萬理也。);《說文·毌部》 '貫'(관)은 전패 꿰미이다(貫: 錢貝之貫。); 以(이): '以'의 목적어는 '以' 앞에 올 수 있다. 목적어가 의문대사이거나 또는 지시대명사인 '是'는 항상 '以' 앞에 위치한다["하나로 그것을 꿰었다"]('以'的宾语可在'以'前: 宾语为疑问代词或指示代词是, 常置于'以'前。).

4 《集註典據考》양장거[1775~1849]가 말했다. "전조망[1705~1755]이 《經史問答》에서 말하기를, '一貫'에 대해서는, 注疏를 볼 필요도 없이, 《中庸》을 읽으면 이것이 注疏이다. '一'은 誠이다. 《中庸 제20장》에, 애공의 물음에 공자가 답하기를, '천하 어디에서나 통하는 道가 다섯이고, 그 道를 행하는 방법이 셋입니다. 말하건대 군신이요 부자요 부부요 형제요 붕우의 사귐이라고 하는 이 다섯이, 천하 어디에서나 통하는 道이고, 知·仁·勇이라고 하는 이 셋이, 천하 어디에서나 통하는 德인데, 그 德을 행하는 방법은 다만 한 가지[誠]입니다'라고 했고, 또 '무릇 天下·國·家를 다스리는 데는 九經[아홉 가지 대원칙]이 있습니다. 자신의 몸가짐을 닦는 것이요, 현자를 존대하는 것이요, 가까운 이를 친애하는 것입니다. 대신을 공경하는 것이요, 여러 신하의 처지를 體行하는 것이요, 뭇 백성들을 자식같이 여기는 것입니다. 백공을 모이게 하는 것이요, 먼 지방 사람들을 위무하는 것이요, 제후들을 보듬어 안는 것입니다……무릇 天下·國·家를 다스리는 데는 이렇게 九經이 있지만, 그 九經을 행하는 방법은 다만 한 가지[誠]입니다'라고 했는데, 一以行之가 바로 '一以貫'이다"(梁章鉅云, 全氏祖望曰, 一貫之說, 不須注疏, 但讀中庸便是。一者, 誠也。(哀公問政。子曰:) ……天下之達道五, 所以行之者三, 曰: 君臣也, 父子也, 夫婦也, 昆弟也, 朋友之交也, 五者天下之達道也。知仁勇三者, 天下之達德也, 所以行之者一也。[朱熹注: 一則誠而已矣。] …… (凡爲天下國家有九經, 曰: 修身也, 尊賢也, 親親也, 敬大臣也, 體群臣也, 子庶民也, 來百工也, 柔遠人也, 懷諸侯也。) …… 凡爲天下國家有九經, 所以行之者一也。一以行之, 即一以貫之也。[朱熹注: 一者, 誠也。]);《論語集釋》王念孫[1744~1832]의 《廣雅疏證》에 말했다. "《衛靈公 제23장》에, '자공이, '한 글자이지만 종신토록 그 한 글자를 행할 만한 게 있겠습니까?'라고 여쭈자, 공자께서 '서(恕)라는 글자일 게다!'라고 하셨고, 《里仁》편에 '공자께서 '吾道一以貫之'라고 하셨다'고 했는데, '一以貫之'는 바로 '一以行之'이다"(王念孫廣雅疏證: 衛靈公篇: "子貢問曰: '有一言而可以終身行之者乎?' 子曰: '其恕乎?'" 里仁篇: "子曰: '吾道一以貫之。'" 一以貫之, 即一以行之也。);《論語集釋》阮元[1764~1849]의 《揅經室集》에 말했다. "논어에는 '貫'字가 모두 세 번 보이는데, 증자의 一貫, 자공의 一貫[衛靈公 제2장], 민자의 仍舊貫[先進 제13장]이다. 이 세 '貫'字는 그 풀이를 달리해서는 안 된다. 생각건대, '貫'은 行이고, 事이다. 공자께서 증자를 불러 말씀해 준 '吾道一以貫之'는, 공자의 도는 모두 行事를 통해 보여지는 것이지, 헛되이 문학으로써 가르침을 삼지 않는다는 말씀이다. 一과 壹은 같다. '一以貫之'는 (나의 도는) 하나같이 모두 行事로써 가르침을 삼는다는 말씀이다. 제자들이 행해야 할 것이 무슨 도인지를 몰랐기 때문에, 증자가 '夫子之道, 忠恕而已矣。'라고 말한 것이다"(揅經室集: 論語貫字凡三見, 曾子之一貫也, 子貢之一貫也, 閔子仍舊貫也。此三貫字

선생님께서 말씀하셨다. "삼(參)아! 내 도는 한 꿰미로 꿰어져 있다." 증자(曾子)가 대답했다. "예."

參, 所金反. 唯[7], 上聲. ○參乎者, 呼曾子之名而告之. 貫, 通也. 唯者, 應之速而無疑者也. 聖人之心, 渾然[8]一理, 而泛應曲當[9], 用各不同. 曾子於其用處, 蓋已隨事精察而力行之, 但未知其體之一爾. 夫子知其眞積力久[10], 將有所得, 是以呼而告之. 曾子果能默契[11]其指, 卽應之速而無疑也.[12]

其訓不應有異. 按貫, 行也, 事也. 孔子呼曾子告之曰:「吾道一以貫之.」此言孔子之道皆於行事見之, 非徒以文學爲教也. 一與壹同, 一以貫之, 猶言壹是皆以行事爲教也. 弟子不知所行爲何道, 故曾子曰:「夫子之道, 忠恕而已矣.」).

5 《禮記·曲禮上》아버지가 부르시면 '諾'(낙)이라고 해서는 안 되고, 선생님이 부르시면 '諾'이라고 해서는 안 되고, '唯'(유)라고 응답하고 일어선다(父召無諾, 先生召無諾, 唯而起.); 《禮記·玉藻》아버지가 부르면 唯라 응답하지, 諾이라 응답하지 않고, 손에 쥐고 있는 물건이 있으면 던져놓고, 입에 음식이 들어 있으면 뱉어놓고 뛰어가지, 어슬렁거리며 가지 않는다(父命呼, 唯而不諾, 手執業則投之, 食在口則吐之, 走而不趨.); 《禮記·內則》아이가 밥을 먹을 나이가 되면, 오른손을 쓰도록 가르친다. 말 배울 나이가 되면, 어른의 분부에 남자아이는 '唯'라고 대답하고 여자아이는 '兪'라고 대답하게 가르친다(子能食食, 敎以右手. 能言, 男唯女兪.); 《文言語法》응대부사('唯, 應對副詞.); 《北京虛詞》唯(유): 부사. 재빠른 소리로 상대방의 의견에 동의를 표시하여 응답하는 소리('唯, 副词. 用于应对, 表示同意对方的意见. 义即是的、好'.); 諾(낙): 일반적으로 윗사람이 아랫사람에게 또는 동년배 간에 사용하는 응답(一般用于上对下、尊对卑, 或平辈之间. 卑对尊用'谨诺'.).

6 《衛靈公 제2장》 참조.

7 唯(유): [wěi] 웃어른에게 응답하는 소리. 재빨리 대답하는 소리(对于尊长的应答之词, 表示恭敬的意思. 本义: 急声回答声.); [wéi] 유독. 단지. =惟(独, 只有. 通「惟」.).

8 渾然(혼연): 모든 것이 완전히 갖춰져 있어 나눌 수 없는 모습. 모두 갖추고 있어 잡된 것이 섞여 있거나 빠지거나 이지러진 데가 없다(完整不可分割貌. 全然: 完全.).

9 泛應曲當(범응곡당): 광범한 면에서도 잘 맞게 응하고, 세세한 부분에서도 잘 맞지 않은 데가 없다(谓广泛适应, 无不恰当.).

10 《荀子·勸學》배움은 어디에서 시작하는가? 어디에서 끝을 맺는가? 그 순서로 말하면 經을 암송하는 것으로 시작해서, 禮를 배우는 것으로 끝을 맺는다. 그 의의로 말하면 士가 되는 것으로 시작해서, 성인이 되는 것으로 끝을 맺는다. 참으로 힘을 다 쏟은 지 오래되고 나면 성인의 경지에 든다. 배움은 생을 마친 후에야 멈춘다. 그러므로 배우는 과목으로 말하면 끝이 있지만, 그 의의로 말하면 잠시도 버려둬서는 안 되는 것이다(學惡乎始? 惡乎終? 曰: 其數則始乎誦經, 終乎讀禮; 其義則始乎爲士, 終乎爲聖人. 眞積力久則入. 學至乎沒而後止也. 故學數有終, 若其義則不可須臾舍也.); 積力(적력): 힘을 합치다. 진력하다(合力; 尽力).

11 默契(묵계): 말 없는 가운데 뜻이 서로 통하다. 속뜻이 서로 일치하다(心声情意暗相符合.).

12 《論語大全》'一'은 一心이고, '貫'[꿰어진 것]은 萬事이다. 어떤 일을 보면, 성인께서는 단지 이 一心으로 응하실 뿐이지만, 단지 이 一心의 이치가, 온갖 이치를 빠짐없이 꿰고 있다. 증자는 '唯'라고 대답하기 전에는, 일마다 각각의 이치가 있다고 알았을 뿐이지만, '唯'라고 대답한 후에는, 천만 가지의 이치가

'參'(삼, shēn)은 '所'(소)와 '金'(금)의 반절이다. '唯'(유)는 상성[wěi]이다. ○'參乎'(삼호)라는 것은 증자(曾子)의 이름을 불러 이 말씀을 해주신 것이다. '貫'(관)은 '관통하다'[通]이다. '唯'(유)라는 것은 응답이 신속하여 의문이 없는 것이다. 성인의 마음은, 여럿으로 나뉠 수 없는 한 덩어리 이(理)로서[바탕(體)이 하나이다] 광범한 면에서도 잘 맞게 응하고 세세한 부분에서도 잘 들어맞으니, 쓰임[用]들이 각기 같지 않다. 증자(曾子)는 그 쓰임[用]들에 대해서는 대체로 이미 각각의 일마다 정밀히 살펴 힘을 다 쏟아 행했지만, 다만 그 쓰임들이 나오는 바탕[體]이 한 덩어리인지는 아직 모르고 있었을 뿐이었다. 선생님께서는 증자(曾子)가 참으로 힘을 다 쏟은 지 오래여서, 머지않아 터득할 것이 있으리라는 것을 알고 계셨기에, 이 때문에 이름을 불러 이 말씀을 해주신 것이다. 증자(曾子)는 과연 묵묵히 선생님이 하신 말씀의 뜻을 알아듣고서는, 바로 응답함이 신속했으니 의문이 없었던 것이다.

단지 한 개의 이치라는 것을 깨달았다. '一'은 '萬'의 對句이다. 다만 '一'만 찾아서는 안 된다. 반드시 '萬'을 이해해야 한다(朱子曰: 一是一心, 貫是萬事。看甚事來, 聖人只這心應去, 只此一心之理, 盡貫衆理…… 未唯之前, 見一事是一箇理, 及唯之後, 千萬箇理, 只是一箇……一對萬而言。不可只去一上尋。須去萬上理會。). 만약 선생님께서 '一貫'을 말씀하신 것을 보고, 수만 가지의 해야 할 것들을 빠짐없이 다 해보지 않고, 단지 '一'만을 이해하려 한다면, 오히려 어떤 것들을 꿰미에 꿸지 모른다. '貫'은 흩어져 있는 동전과 같고, '一'은 새끼줄과 같다. 증자는 흩어져 있는 동전들을 빠짐없이 다 얻었지만, 다만 그 동전들을 꿸 새끼줄 한 가닥이 없었다. 선생님께서는 이 새끼줄을 그에게 주신 것이다. 만약 꿸 동전이 한 개도 없는데, 단지 한 가닥 새끼줄만 있다면, 장차 새끼줄에 무엇을 꿰겠는가?(若見夫子語一貫, 便將許多合做底都不做, 只理會一, 不知却貫箇甚底。貫如散錢, 一如索子。曾子盡數得許多散錢, 只無一索子。夫子便把這索子與之。今若沒一錢, 只有一條索子, 亦將何以貫?);《朱子語類》'一'이 한 가닥의 새끼줄이라면, 저 꿰어지는 물건은, 바로 수많은 흩어져 있는 동전과 같다. 반드시 수많은 흩어져 있는 동전을 모아야 하고, 그러고 나서 한 가닥 새끼줄을 가지고 한 꿰미에 꿰는 것, 이것이 바로 '一貫'이다(一便如一條索, 那貫底物事, 便如許多散錢。須是積得這許多散錢了, 却將那一條索來一串穿, 這便是一貫。)[27: 52]. '一'은 '萬'의 對句이다. 지금은 오히려 '一'을 찾으려고 해서는 안 되고, 반드시 '만 가지'를 이해하려고 해야 한다(一者, 對萬而言。今却不可去一上尋, 須是去萬上理會。)[27: 46]. 먼저 만 가지의 일에 나아가서 보고, 그 후에야 비로소 一貫을 말할 수 있다. 배우는 자는 차라리 하나하나의 일에 대해 먼저 이해할망정, '一'字는 이해하지 못해도 무방하다. 단지 터무니없이 '一'字를 말하고, 물고기를 잡는 커다란 가리를 만들었을 뿐, 하나하나 일에 대해서는 전혀 이해하지 못해서, 도리어 일을 처리하지 못하는 것만 못하다(先就多上看, 然後方可說一貫。學者寧事事先了得, 未了得一字却不妨。莫只懸空說個一字, 作大罩了, 逐事都未曾理會, 却不濟事。)[27: 47]. 지금 사람들은 한 푼의 동전은 없으면서, 그럼에도 새끼줄에 꿰는 것부터 배우려고 한다(今人元無一文錢, 却也要學他去穿。)[27: 51](錢穆 저/이완재外 역, 『주자학의 세계』(原題: 朱子學提綱) [이문출판사, 1990], 178).

041502、子出。門人¹³問曰:「何謂也¹⁴?」曾子曰:「夫子之道, 忠恕¹⁵而已矣¹⁶。¹⁷」

---

13 《論語義疏》'子出'은, 공자께서 증자가 있는 집에 가서, 증자가 문답을 마친 후에, 공자께서 집을 나간 것이다. '門人'은 증자의 제자이다(云子出者, 當是孔子往曾子處, 得曾子答竟後, 而孔子出戶去. 門人曾子弟子也.);《論語正義》'門人'은 공자 문하에서 수업한 사람을 말한다. '子路使門人爲臣'[子罕 제11장], '門人不敬子路'[憲問 제14장]은 모두 공자의 제자이다. 증자가 '門弟子에게 말한 경우'만[泰伯 제3장] 증자의 문인이고, 자하의 문인이 자장에게 교우에 대해 물은 경우는[子張 제3장] 자하의 제자이다(正義曰: '門人'者, 謂受學於夫子之門之人也. 下篇'子路使門人爲臣', '門人不敬子路'……皆是夫子弟子. 惟曾子謂門弟子, 則曾子門人. 子夏之門人問交於子張, 則子夏弟子也.).

14 《論語新解》'也'는 '邪'와 통한다. 의문사이다(也, 通邪. 疑问辞.).

15 《論語義疏》'忠'은 속마음을 다하는 것을 말하고, '恕'는 자기를 미루어 생각하여 남의 속마음을 헤아리는 것을 말한다. 王弼[226~249]이 말했다. "忠이란 나의 정을 다 쏟는 것을 말하고, 恕란 돌이켜 남과 정을 같이 하는 것을 말한다"(忠, 謂盡中心也. 恕, 謂忖我以度於人也…… 王弼曰忠者情之盡也恕者反情以同物者也.);《古今注》공자께서 본래 '一以貫之'라고 말씀하셨는데, 증자가 이에 '忠恕' 두 글자로 말했기 때문에, 학자들이 둘이지 하나가 아니라고 의심했다. 그렇지만,《中庸》에, '忠恕는 道와 떨어진 거리가 멀지 않다'[제13장]고 했고, 이 말에 이어지는 뜻풀이가 여전히 '恕' 한 글자뿐이니["忠恕는 道와 떨어진 거리가 멀지 않으니, 자기 자신에게 베풀어 봐서 자기가 원하는 것이 아니라면, 똑같이 남에게도 베풀지 말라는 것이다"(忠恕違道不遠, 施諸己而不願, 亦勿施於人.)]. 그렇다면 '忠恕'는 바로 '恕'일 뿐, 본래 나눠서 둘로 할 필요가 없다. 一以貫之는 '恕'요, '恕'를 행하는 데 쓰는 것[행하는 방법]이 '忠'이다(夫子本云一以貫之, 而曾子乃言忠恕二字, 故學者疑二之非一. 然中庸旣云忠恕違道不遠, 而及其釋義仍是一恕字而已, 則忠恕即恕, 本不必分而二之. 一以貫之者恕也, 所以行恕者忠也.);《論語正義》焦循[1763~1820]의《雕菰樓集》에 말했다. "공자께서 말씀한 '吾道一以貫之'에 대해 증자가 '忠恕而已矣'라 했는데, 그렇다면 '一貫'은 '忠恕'이다. '忠恕'는 무엇인가? 成己하고 成物하는 것이다. '多學而識'[衛靈公 제2장]이 成己이고, 一以貫之가 成己成物이다"(正義曰: 焦氏循《雕菰樓集》曰: "孔子言'吾道一以貫之', 曾子曰'忠恕而已矣', 然則一貫者, 忠恕也. 忠恕者何? 成己以及物也…… 多學而識, 成己也; 一以貫之, 成己及物也.");《論語譯注》'恕'는 공자께서 정의 내리기를, '己所不欲 勿施於人'[顏淵 제2장]이라 했다. '忠'은 '恕'의 적극적인 일면으로, 공자 자신의 말을 빌리면, 응당 '己欲立而立人 己欲達而達人'[雍也 제28장]이다('恕', 孔子自己下了定義: '己所不欲, 勿施於人.' '忠'則是'恕'的積極一面, 用孔子自己的話, 便應該是: '己欲立而立人, 己欲達而達人.').

16 《論語注疏》공자의 도는 오직 忠恕 한 개 이치를 써서, 천하만사의 이치를 한데 묶고, 더 이상 다른 법은 없기 때문에, '而已矣'라 한 것이다(疏: 正義曰: 言夫子之道, 惟以忠恕一理, 以統天下萬事之理, 更無他法, 故云而已矣.);《論語正義》'而已矣'는 '아직 다 못하고 남아 있는 말이 없다'이다(正義曰: '而已矣'者, 無餘之辭.);《文言語法》'而已'와 '耳'는 동일 音素가 변해서 생긴 단어로, 길게 발음하면 '而已', 짧게 발음하면 '耳'이 되며, 한정을 표시하는 어기사로, 지금의 '罷了'[~일 뿐이다]와 똑같다["단지 충서 그뿐입니다"]('耳'用作表限止的语气词正和现代的'罷了'相当. '而已'和'耳'是由同一音素的转变而形成的不同的词. 发音缓慢, 便是'而已'; 发音急切, 便是'耳'; '只是忠和恕罷了.');《論語句法》'已'는 단사, '而'는 양쪽 술어 '忠恕'와 '已' 사이에 붙인 관계사, '矣'는 찬탄을 표시하는 어기사이다. 단지~일 뿐이다('已['罷'字的意思]'是單詞. '而'字是兩個謂語之間加的關係詞. '矣'是句末表讚嘆的語氣詞. '而已矣'我們只要翻譯成'罷了呀', 或'罷了'.).

17 《論語新解》증자는 '선생님의 도는 忠恕일 뿐입니다'라고 했고, 후에 맹자는 '요순의 도는 孝弟일 뿐이다'[告子 下 제2장]라고 했으니, 이것으로 바로 학파[思孟學派]를 알 수 있다. 그렇지만《論語》한 권이 단지 孝弟·忠恕를 말했을 뿐이라고 한다면, 도저히 옳지 않다. 이런 곳들을 배우는 자는 세심히 찾아봐야

선생님께서 밖으로 나가셨다. 문인이 물었다. "무엇을 말씀하신 것인지요?"
증자(曾子)가 말했다. "선생님의 도는 충서(忠恕)일 뿐입니다."

盡己之謂忠, 推己之謂恕。而已矣者, 竭盡而無餘之辭也。
'자기 마음을 다하는 것'[盡己]이 '忠'(충)이고, '자기 마음을 미루어 헤아리는 것'[推己]이
'恕'(서)이다. '而已矣'(이이의)라는 것은 '다 말해서 더 말할 게 없다'이다.

夫子之一理, 渾然而泛應曲當, 譬則天地之至誠無息[18], 而萬物各得其所[19]也。自[20]此之
外, 固無餘法, 而亦無待於推矣。[21]

한다(按: 曾子曰: "夫子之道, 忠恕而已矣。" 此后孟子曰: "尧舜之道, 孝弟而已矣。" 此正可以见学脉。然谓一
部《论语》, 只讲孝弟忠恕, 终有未是。此等处, 学者其细参之。).

18 《中庸 제26장》至誠[誠者, 天之道也。]은 쉼이 없다. 쉬지 않으니 오래도록 지속되고, 오래도록 지속되니
징조가 피어오르고, 징조가 피어오르니 아득히 오래도록 지속되고, 아득히 오래도록 지속되니 드넓어지
고 두터워지고, 드넓어지고 두터워지니 드높아지고 드밝아진다. 드넓고 두터우니, 이로써 만물을 실어
주고, 드높고 드밝으니, 이로써 만물을 덮어주고, 아득히 오래도록 지속되니, 이로써 만물의 性을 온전히
구현시켜준다. 드넓음과 두터움은 땅과 짝을 이루고, 드높음과 드밝음은 하늘과 짝을 이루고, 아득히
오래도록 지속됨은 그 끝 간 데가 없다. 이러한 至誠은, 내보이지 않아도 환히 드러나고, 움직이지
않아도 감응시켜 변화시키고, 작위하지 않아도 이룬다. 天地의 道는 한마디 말로 다 표현할 수 있다.
그 道의 됨됨이는 둘이 아니기에, 그것이 낳는 萬物은 이루 다 헤아릴 수 없다(故至誠無息。不息則久,
久則徵, 徵則悠遠, 悠遠則博厚, 博厚則高明。博厚, 所以載物也; 高明, 所以覆物也; 悠久, 所以成物也。博厚
配地, 高明配天, 悠久無疆。如此者, 不見而章, 不動而變, 無爲而成。天地之道, 可一言而盡也, 其爲物不貳
則其生物不測。).

19 [성]各得其所(각득기소): 사물이나 사람이 모두 적당한 자리를 얻다. 각자 그들에 맞는 필요한 것을
스스로 얻다(谓事物或人都得到适当的安置。谓各自得到其所需要的。);《周易·繫辭下》낮 동안에는 시장
을 열어, 천하의 백성들을 불러 모으고, 천하의 재화를 모여들게 하여, 가지고 온 재화를 서로 교환하고
집으로 돌아감으로써, 각자 그들이 필요로 하는 것을 얻게 했다(日中爲市, 致天下之民, 聚天下之貨,
交易而退, 各得其所。);《補正述疏》'乾道變化 各正性命'[천도가 유행하여 만물이 각기 저마다 바른 성명
을 얻는다]은 《易經·≡乾·象傳》의 글인데, 학자들이 이를 해석하기를 '萬物各得其所'라고 말한 것이다
(述曰: '乾道變化, 各正性命', 《易象傳》文, 《易》家釋之, 以言萬物各得其所也。);《子罕 제14장》참조.

20 自(자): ~에 있어서. ~에(在: 于).

21 《集注考證》이 구절은 天道를 가지고 공자의 一貫을 형용한 것으로, 一은 바로 至誠無息으로, 그래서
忠으로 그것을 이름 붙일 수 있고, 貫은 바로 萬物各得其所로, 그래서 恕로 그것을 이름 붙일 수 있으니,
이것이 一貫이 忠恕가 되는 까닭이다(此以天道形容夫子之一貫, 一即至誠無息, 故忠可以名之, 貫即萬物
各得其所, 故恕可以名之, 此一貫之所以爲忠恕也。);《論語大全》이 구절은 바로 성인의 단계에서 천지의
단계로 한 단계 위로 이동한 것으로, 천지의 도의 體用을 빌려, 이로써 성인의 도의 體用을 형용한
것이다(新安陳氏曰: 此就聖人分上移上一步, 借天地之道之體用, 以形容聖道之體用。).

선생님의 한 덩어리 이(理)는 여럿으로 나눌 수 없는 한 덩어리로서 광범한 면에서도 잘 맞게 응하고 세세한 부분에서도 잘 들어맞으니, 비유하자면 천지의 도는 지성무식(至誠無息)하기에, 만물이 각기 제 있어야 할 자리를 얻는 것과 같다. 이 이외에는, 더는 말할 법이 없고, 또 더는 헤아려 볼 법도 없다.

曾子有見於此而難言之, 故借學者盡己, 推己之目以著明之, 欲人之易曉也。[22, 23]
증자(曾子)는 이에 대한 견식(見識)이 있었지만, 그것을 말로 설명하기가 어려웠기 때문에, 배우는 자의 자기 마음을 다하는 것과 자기 마음을 미루어 헤아리는 것의 두 항목을 빌어서 이로써 그것을 드러내 밝혔으니, 사람들로 하여금 쉽게 깨닫게 하고자 해서였다.

---

22 《論語大全》증자가 선생님의 도를 설명하면서 忠恕를 써서 말한 것은, 단지 임시로 두 글자를 빌어 一貫을 봉합해놓은 것에 불과하다. 一貫은 바로 성인께서 모두에게 공통으로 적용한 道理로서, 盡己[忠]·推己[恕] 만을 가지고 一貫이라 말하기에는 부족하다. 一貫之道는 배우는 자에게 설명하기가 어렵기에, 忠恕를 써서 깨우친 것이다(朱子曰: 曾子說夫子之道, 而以忠恕爲言, 乃是借此二字綻出一貫. 一貫乃聖人公共道理, 盡己推己, 不足以言之. 緣一貫之道, 難說與學者, 故以忠恕曉之.).

23 《延平答問》제[주희] 생각에, 증자의 학문은 誠身을 중심으로 삼았으니, 그가 공자의 일상생활을 살피고 자신을 반성하며 익힌 것이, 아마도 이미 완숙해졌을 것입니다. 다만 일상생활에서 도의 완전무결한 본체의 모습을 아직 깨닫지는 못했기 때문에, (일상생활과 도라는) 다른 두 개가 있다고 의심하는 상태에서 벗어나질 못했습니다. 그러나 오랫동안 노력해왔으므로, 장차 깨달을 수 있었습니다. 그래서 공자께서 '한 꿰미로 꿰어져 있다'는 말씀으로 일러주셨으니, 아마도 그를 인정해줄 만하다고 여기셨기 때문일 것입니다. 증자가 이에 그 뜻을 묵묵히 이해했기 때문에, 문인들이 질문했을 때 忠恕로써 대답해 줄 수 있었던 것입니다(問: 熹謂曾子之學主於誠身, 其於聖人之日用, 觀省而服習之, 盖已熟矣, 惟未能即此以見夫道之全體, 則不免疑其有二. 然用力之久, 而亦將有以自得, 故夫子以一以貫之之語告之, 蓋當其可也. 曾子於是黙会其旨, 故門人有問而以忠恕告之.). 아마도 공자의 도는, 일상생활에서 유리되어 있지 않기 때문에, 盡己의 측면에서 말하면 忠이라고 일컬을 수 있고, 及物의 측면에서 말하면 恕라고 일컬을 수 있으니, 이 모든 것이 큰 도의 완전무결한 모습이 아닌 게 없습니다. 비록 일상의 구체적인 사태와 행위가 만 가지로 변화하더라도, 그것들을 꿰뚫는 것은 일찍이 하나가 아닌 적이 없었습니다. 그러므로 공자께서 증자에게 말씀하신 것과 증자가 문인에게 일러준 것이, 어찌 다른 의미가 있겠습니까?(蓋以夫子之道, 不離乎日用之間, 自其盡己而言則謂之忠, 自其及物而言則謂之恕, 莫非大道之全體. 雖變化萬殊於事為之末, 而所以貫之者未嘗不一也. 然則夫子所以告曾子, 曾子所以告其門人, 豈有異旨哉?). 그런데 어떤 사람은 '충서'로는 '일이관지'의 도를 다하기에 미진하다고 여겨서, 증자가 임시방편으로 (충서가) (일이관지의) 도와의 거리가 멀지 않다는 뜻으로 문인들에게 얘기해 준 것으로, 문인들로 하여금 (충서가) (일이관지의) 도에 들어서는 단서임을 알도록 한 것일 뿐이라고 생각했는데, 아마도 이런 생각은 증자의 생각을 아직 완전하게 이해하지 못한 것 같습니다(而或者以為忠恕未足以盡一貫之道, 曾子姑以違道不遠者告其門人, 使知入道之端, 恐未曾盡曾子之意也.)(강신주 外, 『스승 이통과의 만남과 대화―연평답문』[이학사, 2006], 195).

蓋至誠無息者, 道之體也, 萬殊之所以一本也; 萬物各得其所者, 道之用也, 一本之所以萬殊也。以此觀之, 一以貫之之實可見矣。[24, 25]

대개 지성무식(至誠無息)이라는 것은 도의 바탕[體]으로, 만 가지 다른 것이 한 가지 같은 근본을 갖게 되는 까닭이다. 만물이 각기 제 있어야 할 자리를 얻는다는 것은 도의 쓰임[用]으로, 한 가지 근본에서 만 가지 다른 것이 나오게 되는 까닭이다. 이것을 써서 살펴본다면, '一以貫之'(일이관지)의 실상을 볼 수 있다.

或曰:「中心爲忠, 如心爲恕。」於義亦通。[26]

어떤 사람이 말하기를, '내 마음을 다하는 것[中心]이 '忠'(충)이고, 내 마음으로 견주어 보는 것[如心]이 '恕'(서)이다'라고 했는데, 뜻에서 역시 통하는 말이다.

○程子曰:「以己及物, 仁也; 推己及物[27], 恕也, 達道不遠[28]是也。忠恕一以貫之: 忠者天

---

24 《論語大全》集注의 앞 구절에서 말한 '至誠無息'은, 天地가 至誠無息 한 것을 가지고, 공자의 一理의 '渾然' 함을 밝힌 것이고, '萬物各得其所'는 天地가 만물을 낳아 各得其所 하게 한 것을 가지고, 공자의 '泛應曲當'하심을 밝힌 것이다. 뒷구절에서 말한 '至誠無息者 道之體'는 공자의 마음의 至誠無息 하심이 바로 道之體 임을 말한 것이고, '萬物各得其所'는 공자의 만사에 응하여 各得其所를 이루심이 道之用 임을 말한 것이다(東陽許氏曰: 上言至誠無息, 是以天地之至誠無息, 喩夫子之一理渾然。萬物各得其所, 是以天地之生萬物各得其所, 喩夫子之泛應曲當。下言至誠無息者 道之體, 是言夫子之心, 至誠無息, 乃道之體, 萬物各得其所, 是言夫子之應萬事, 各得其所, 爲道之用。).

25 주희는 '理一分殊'의 논지로 四書를 주해했다……주희는 《論語集注》에서, '蓋至誠無息者, 道之體也, 萬殊之所以一本也; 萬物各得其所者, 道之用也, 一本之所以萬殊也。'라고 하여, 萬殊로써 一理의 근본을 이해하면, 萬殊란 一理의 근본에 의해 파생된 것임을 알 수 있으며, 一理의 근본으로써 萬殊를 이해하면, 一理의 근본이 만물을 각각 다르게 규정지어 준다는 점을 알 수 있다고 인식했다. 이러한 의의에 따라 유추해 보면, 인류·초목·조수 모두가 一本에 의해 파생된 것이다. 바꾸어 말하면, 一本에서 파생된 萬殊로서 피차 모두 같다. 그 모두가 같다는 것은 다같이 一本이고, 다같이 공통의 一理가 있다는 것이다. 그러나 인류·초목·조수는 결국 萬殊의 차이를 가지고 있기에 다른 것이다. 그 다른 점이란 만물이 제각기 다른 분수를 가지고 있으며 제각기 지닌 특수한 바탕이 다르기 때문이다(侯外廬외 著/박완식 역, 『송명이학사(2)』[이론과 실천, 1995], 30).

26 《論語大全》'中心爲忠 如心爲恕'는 《周禮·地官司徒·大司徒》에 대한 賈公彦의 疏에 나오는 말이다. '如'는 '比[견주다]이다. '比'는 자기 마음으로 견주어보고 남에게 미루어보는 것이다. '仁'과 '恕'는 조금 차이가 있는데, 저절로 그러한 것이 '仁'이고, 견주어 남에게 미루어보는 것이 '恕'이다(朱子曰: 中心爲忠, 如心爲恕, 見周禮疏。如, 比也。比, 自家心推將去。仁與恕只爭些子, 自然底是仁, 比而推之便是恕。); 《周禮·地官司徒·大司徒》의 '一曰六德 知仁聖義忠和'에 대한 賈公彦의 疏에, '같은 마음이 恕이고, 如字 밑에 心字가 딸린 글자이다. 속마음이 忠으로, 中字 밑에 心字가 딸린 글자이다. 말이 마음에서 나오고, 모두 忠實함을 갖추고 있음을 말한다'(如心曰恕, 如下從心; 中心曰忠, 中下從心, 谓言出於心, 皆有忠实也。)라고 했다.

道, 恕者人道: 忠者無妄, 恕者所以行乎忠也: 忠者體, 恕者用, 大本達道[29]也。此與違道不遠異者, 動以天[30]爾。」[31]

○정자(程子·明道)가 말했다. "자기가 저절로 물(物)에 미치는 것이 인(仁)이고, 자기를 미루어 물(物)에 미치는 것이 서(恕)인데, 《중용》(中庸)에서 말한 '(忠恕는) 도에서 떨어진 거리가 멀지 않다'[違道不遠]는 것이 바로 이것이다. '충서(忠恕) 한 꿰미로 꿰어져 있다'고 했는데, '忠'(충)이라는 것은 천도(天道)이고, '恕'(서)라는 것은 인도(人道)이고, '忠'(충)이라는 것은 속임이 없는 것이고, '恕'(서)라는 것은 이를 써서 忠(충)을 행하는 것이고, '忠'(충)이라는 것은 바탕[體]이고, '恕'(서)라는 것은 바탕의 쓰임[用]이고, (각각) 대본(大本)이고 달도(達道)이다. 이 장에서 말한 바(선생님의 도로서의) 충서(忠恕)가 《중용》(中庸)에서 말한 바 도에서 떨어진 거리가 멀지 않은 충서(忠恕)와 다른 점은 (이 장에서 말한 선생님의 도로서의 忠恕는) 저절로 움직인다는 것뿐이다."

又曰:「『維天之命, 於穆不已』[32], 忠也; 『乾道變化[33] 各正性命』,[34] 恕也。」[35, 36]

---

27 《論語大全》'以己'는 저절로 흘러나오는 것으로, 인위적인 안배나 배치를 필요로 하지 않는다. '推己'는 힘을 쓰는 것으로, 의식적인 전환이 있다. 둘의 차이는 단지 自然인가 不自然인가일 뿐이다(朱子曰: 以己是自然流出, 不待安排布置。推己是著力, 便有轉折。只是爭箇自然與不自然。); 정이가 말하기를, '도는 반드시 나를 채우고, 그런 후에 남에게 미쳐 베풀어진다'고 했고, '군자의 도는 남을 이루어주고, 남을 구제해주는 쓰임을 귀하게 여기는데, 남에게 미치지 않는다면 군자의 도는 없는 것이나 마찬가지이다'라고 했다. 이 중에, '후에 남에게 미쳐 베풀어진다'와 '남을 이루어주고, 남을 구제하는 쓰임을 귀하게 여긴다'는 말은 바로 '外王'의 문제를 추급한 것이다(程頤說過: "道必充於己, 而後施以及人。"(程氏文集·卷五) "君子之道, 貴乎有成, 有濟物之用, 而未及於物, 猶無有也。"[程氏粹言·人物篇]其中的"後施以及人"和"貴乎有成, 有濟物之用"說的就是推及"外王"的問題。); 推己及物(추기급물): 자기 마음을 써서 다른 사람의 심정을 헤아리다. 다른 사람의 처지에서 생각하다(用自己的心意去推想別人的心意。指設身處地替別人着想。同'推己及人'。).

28 《中庸 제13장》忠恕는 道와 떨어진 거리가 멀지 않으니, 자기에게 베풀어봐서 원하는 것이 아니라면, 똑같이 남에게도 베풀지 말라는 것이다(忠恕違道不遠, 施諸己而不願, 亦勿施於人。).

29 《中庸 제1장》'中'이라는 것은 천하의 모든 것의 바탕이 되는 大本이고, '和'라는 것은 천하의 모든 것에 통하는 達道이다(中也者 天下之大本, 和也者 天下之達道也。).

30 《論語大全》'動以天'의 '天'은 自然[저절로 그러함]일 뿐이다(朱子曰: 動以天之天, 只是自然。).

31 《論語大全》주자의 설명은 一貫에 대한 설명이지만 忠恕가 그 안에 들어 있고, 정자의 설명은 忠恕에 대한 설명이지만, 一貫이 그 안에 들어 있다. 주자는 공자께서 하신 말씀의 뜻을 설명했고, 정자는 증자가 한 말의 뜻을 설명했다(王氏曰: 朱子之說, 是言一貫, 而忠恕在其中。程子之說, 是言忠恕, 而一貫在其中。朱子於夫子之意詳, 程子於曾子之意詳。).

32 《詩經·周頌·維天之命》저 하늘이 세상에 명하신 바여, 얼마나 장엄한지 끝이 없도다. 아아! 크시다 찬란히 드러난다. 문왕의 순일한 품덕 비할 데 없어라. 그 큰 사랑 나를 편안케 하니, 내 받은 은혜

응당 기억하리. 문왕이 세우신 길 이어받아서 자자손손 한마음 한뜻으로 이루어가리(維天之命、於穆不已。於乎不顯、文王之德之純。假以溢我、我其收之。駿惠我文王、曾孫篤之。).

33 《周易本義》'變'은 '化'의 점진적인 것이고, '化'는 '變'의 완성이다(變者, 化之漸。化者, 變之成。).

34 《易經·☰乾·象傳》크도다! 乾의 元이여, 만물은 모두 이에 힘입어서 처음 생겨나고, 이에 하늘을 주관한다. (乾의 亨은) 구름을 만들고 널리 비를 내리니, 만물은 점차 발육하여 다양하게 그 모습을 바꾼다. 밝게 빛나는 태양은 뜨고 지기를 반복하고 운행하면서, 여섯 기운[風·火·署·濕·燥·寒]이 자리를 잡아 각기 철을 이루게 되니, 철을 따라 六龍이 끄는 수레를 타고서 하늘을 운행한다. 천도가 유행하여 만물이 각기 저마다의 바른 성명을 얻고, 철을 따라 순조로운 변화를 보존하고 완성하니, 이것이 바로 잘 어울리는 모습이고 곧바른 모습이다[乾의 利貞이다]. 성인이 임금이 되어 무리 가운데서 나오니, 천하가 모두 안녕하다(大哉乾元, 萬物資始, 乃統天。雲行雨施, 品物流形。大明始終, 六位時成, 時乘六龍以御天。乾道變化, 各正性命, 保合大和, 乃利貞。首出庶物, 萬國咸寧。); 性命(성명): 하늘에서 부여받은 자질(指万物的天賦和稟受).

35 《北溪字義·忠恕》정자가 '維天之命於穆不已, 忠也; 乾道變化各正性命, 恕也.'라고 했는데, 하늘이 어찌 盡己·推己할 수 있을까? 이것은 다만 忠恕를 천지로까지 넓혀서 말한 것일 뿐, 그 理는 모두 매일반일 뿐이다. 게다가 하늘의 명이란, 元[봄]에서 亨[여름]으로, 亨[여름]에서 利[가을]로, 利[가을]에서 貞[겨울]으로, 貞[겨울]에서 다시 元[봄]으로 되어, 만고에 변함없이 순환하기를, 한순간의 멈춤도 없으니, 이것만이 오직 한 가지 眞實無妄한 도리일 뿐이다. 그리고 만물은 각기 이 理를 갖춤으로써 태어나고, 넓고 큰 것이나 가늘고 작은 것, 높은 것이나 낮은 것을 막론하고, 각기 저마다의 부여받은 바 바른 성명을 얻는데, 이것이 하늘의 忠恕이다(程子謂 "維天之命於穆不已, 忠也; 乾道變化各正性命, 恕也。" 天豈能盡己推己, 此只是廣就天地言, 其理都一般耳。且如維天之命, 元而亨, 亨而利, 利而貞, 貞而復元, 萬古循環, 無一息之停, 只是一箇眞實無妄道理。而萬物各具此以生, 洪纖高下, 各正其所賦受之性命, 此是天之忠恕也。).

36 《論語大全》'天命'은 천도가 펴져서 만물에게 부여한 것이다. '不已'는 '無息'이다. 이는 詩의 두 구절을 따와서, 천지의 도가 至誠無息한 것을 말한 것으로, 이것이 곧 천지의 도의 忠이다. '乾道의 변화로 말미암아, 만물을 낳고, 만물은 각기 저마다의 바른 성명을 얻는다.' 이는 易의 두 구절을 따와서, 만물이 각각 제 있을 자리를 얻는 것을 말한 것으로, 이것이 천지의 도의 恕이다. 朱子가 말한 '譬則天地之至誠無息, 而萬物各得其所' 및 '至誠無息者 道之體, 萬物各得其所者 道之用' 등은 모두 정자의 이 구절에 근원을 두고 서술하고 부연한 것으로, 모두 天地之道에 즉해서 聖人之道를 형용한 것이다. 정자에게 근원을 두고 주자에 의해 남김없이 다 밝혀졌으니, 깊고도 미묘하구나!(陳氏曰: 天命, 卽天道之流行而賦於物者。不已, 卽無息也。此摘詩二句, 以言天地之道, 至誠無息, 卽天地之道之忠也。由乾道之變化, 以生萬物, 而萬物各得其性命之正。此摘易二句。以言萬物之各得其所。卽天地之道之恕也。朱子謂譬則天地之至誠無息, 而萬物各得其所, 及至誠無息者, 道之體, 萬物各得其所者, 道之用, 等語, 皆是祖述程子此條而敷演之, 皆是卽天地之道, 以形容聖人之道。根源於程子, 而盡發於朱子, 淵乎微哉!);《論語大全》증자는 忠恕를 빌려 이로써 一貫을 밝혔으니, 一貫을 낮은 수준에서 설명한 것이고, 정자는 天地를 빌려 이로써 忠恕를 밝혔으니, 一貫을 높은 수준에서 설명한 것이다(陳氏曰: 曾子借忠恕以明一貫, 是將一貫放下說; 程子借天地以明忠恕, 是將一貫提起說。); 정이천의 말은 증자의 忠恕를 형이상학적, 우주론적 맥락에서 새롭게 정당화하고 있다. 그는 우선 忠을 우주적인 생명의 이치와 상통하는 天命이 쉼 없이 실현되는 우주론적 상태로 본다. 또한 그러한 이치와 동일한 천도가 변화하면서 모든 개별자를 자신의 性命대로 바로잡아주는 이상적인 경지로 恕를 그리고 있다. 전자가 쉼 없는 우주적 생명력, 곧 세계의 본질적 작용을 자기 마음과 연관 지은 것이라면, 후자는 그러한 마음의 작용이 무한한 개체들에 작용하여 변화를 일으킨 경우라고 할 수 있다. 정이천은 인을 온전히 구현한 인격체로서 공자가 지니고 있는 마음이라고 증자가

정자(程子·伊川)가 또 말했다. "'천명은 그 끝과 그 깊이 헤아릴 길 없네'라고 한 것이 忠(충)이고, '천도가 변화하니 만물이 각기 저마다의 바른 성명(性命)을 얻는다'고 한 것이 恕(서)이다."

又曰:「聖人教人各因其才,[37] 吾道一以貫之, 惟曾子爲[38]能達此, 孔子所以告之也。曾子告門人曰:『夫子之道, 忠恕而已矣』, 亦猶[39]夫子之告曾子也[40]。中庸所謂[41]『忠恕違道不遠』, 斯乃下學上達[42]之義。」[43]

정자(程子·伊川)가 또 말했다. "성인께서는 사람에게 가르침을 베푸시는 데 각기 그 재질에 따라 그에 맞게 하셨으니, '내 도는 한 꿰미로 꿰어져 있다'는 말은 오직 증자(曾子)만이 이를 이해할 수 있었기에, 공자(孔子)께서 이런 까닭으로 증자(曾子)에게 일관

표현한 '忠恕'를 형이상학적 맥락에서 풀이한 것이다(강신주 外, 『스승 이통과의 만남과 대화—연평답문』[이학사, 2006], 57).

37 《爲政 제8장》의 章下注 참조.

38 爲(위): ~만이. 곧. 비로소. '惟·唯……爲……'형식으로 쓰임. 범위를 나타내는 부사 '唯' '惟'등과 같이 쓰여, 동작이나 행위가 어떤 조건을 갖춘 후에야 발생됨을 강조한다.

39 猶(유): ~와 같다(如同。好比。).

40 《論語大全》증자의 재질로는, 一貫을 이해할 수 있었기에 선생님께서 증자에게 一貫을 말해주었고, 문인의 재질로는 一貫을 이해하지 못하고, 다만 忠恕를 말해줄 수 있을 뿐이었기에, 증자는 忠恕를 문인에게 말해주었으니, 이것이 '教人各因其才'이다(新安陳氏曰: 曾子之才, 能達一貫, 故夫子以一貫告之; 門人之才, 未達一貫, 惟可告以忠恕, 故曾子以忠恕告之, 此所謂教人各因其才).

41 《中庸 第13章》공자께서 말씀하셨다. "道는 사람을 떠나 있지 않다. 사람이 道를 행한다고 하면서 사람을 떠나 있다면, 이래가지고는 도를 행할 수 없다. 《詩》는 노래하길, '도낏자루 감 자르네. 도낏자루 감 자르네. 도낏자루 감일랑은 멀리 있는 게 아니' 했는데, 도낏자루를 잡고 도낏자루로 쓸 나무 감을 자르면서, 곁눈질하면 바로 보일 텐데, 오히려 멀리 있다고 여긴다. 그러므로 군자는 사람의 도로써 사람을 가르치고, 고치면 거기에서 그친다. 忠恕는 道와 떨어진 거리가 멀지 않으니, 자기 자신에게 베풀어봐서 자기가 원하는 것이 아니라면, 똑같이 남에게도 베풀지 말라는 것이다"(子曰: '道不遠人。人之爲道而遠人, 不可以爲道。《詩》云: '伐柯伐柯, 其則不遠.' 執柯以伐柯, 睨而視之, 猶以爲遠。故君子以人治人, 改而止。忠恕違道不遠, 施諸己而不愿, 亦勿施於人。).

42 《憲問 제37장》참조.

43 《論語大全》忠恕라는 이름은 '違道不遠'과 합치하지만, 다만 아래로 단계를 낮춰서 사람을 가르치려는 의도로, 배우는 자가 下學의 忠恕를 배워, 위로 도에 도달하길 바란 것이다. 증자는 오히려 위로 한 단계 올라가 聖人의 忠恕를 설명했고, 정자에 이르러서는 또 위로 한 단계 더 올라가 天地의 忠恕를 말했는데, 기실은 단지 모두 하나의 忠恕일 뿐이다. 가르침에는 여러 등급이 있다는 것을 분명히 간파해야 한다(朱子曰: 忠恕名義, 自合依違道不遠, 乃掠下教人之意, 欲學者下學乎忠恕, 而上達乎道也。曾子却是移上一階, 說聖人之忠恕, 到程子又移上一階, 說天地之忠恕, 其實只是一箇忠恕。須自看教有許多等級分明。).

(一貫)을 말씀해주신 것이다. 증자(曾子)는 (또) 문인에게 말해주기를 '선생님의 도는 충서(忠恕)일 뿐입니다'라고 했는데, 이 역시 선생님께서 증자(曾子)에게 말씀해주신 까닭과 같다. 《중용》(中庸)에 '충서(忠恕)는 도에서 떨어진 거리가 멀지 않다'고 했는데, 이것은 바로 '아래로부터 배워 위까지 도달한다'[下學上達]는 뜻이다."

[君子喩於義章]

041601、子曰:「君子¹喩²於義, 小人喩於利³⁴⁵˒⁶。」

1 《羣經平議》옛 책에서 말한 '君子', '小人'은 대부분 地位로써 말한 것으로, 앞 제10장의 '君子之於天下也, 無適也, 無莫也, 義之與比.'이나 《白虎通義·諫諍》의 '君之與臣, 無適無莫, 義之與比.', 漢代의 스승들의 설명도 이와 같다. 후대의 유학자들이 人品으로써 '君子', '小人'을 말하는 것은 옛 뜻이 아니다(樾謹按: 古書言 "君子" "小人" 大都以位而言, 上文 "君子之於天下也, 無適也, 無莫也, 義之與比", 《白虎通-號篇》曰 "君之與臣, 無適無莫, 義之與比", 是漢世師說如此, 後儒專以人品言 "君子" "小人", 非古義矣。).

2 《王力漢語》喩(유): 알다. 깨닫다. 비유하다. 고대에는 '喩'와 '諭'의 쓰임의 차이가 없었는데, 한나라 때까지도 혼용했다. '比喩'의 뜻으로는 '喩'를 썼지 '諭'를 쓰지 않았고, '曉得[알다]이나 '使人知道[알려주다]의 뜻으로는 '諭'를 썼지 '喩'를 쓰지 않았다(曉得, 了解。比喩。注意: '喩'、'諭'古代無分別, 直到漢代還互相混用。於'比喩'的意義用'喩'不用'諭'; 在'曉得', 或'使人知道'的意義上, 用'諭'不用'喩'。);《論孟虛字》이 장의 '於'字는 '是'[~이다]로 번역한다["군자가 훤히 아는 것은 義이고, 소인이 훤히 아는 것은 利이다"](兩'於'字, 翻作'是', 言'君子所瞭解的爲義, 小人所瞭解爲利。'。).

3 《王力字典》利(리): 재물 방면에서의 뛰어난 재능(財利, 錢財方面的好處。).

4 《論語新解》宋儒 陸象山[1139~1193]이 (1181년 주희의 청을 받아 행한)《백록동서원 논어강의》에서, 이 장을 설명하기를 '사람이 밝히 알게 되는 것은 그가 익히는 것에서 비롯되고, 익히는 것은 그가 품고 있는 뜻에서 비롯된다'고 했다(又按: 宋儒陸象山于白鹿洞讲此章, 曰: "人之所喻, 由于所习, 所习由于所志。");《白鹿洞書院論語講義》이 장은 義와 利를 가지고 君子와 小人을 판별한 것으로, 글의 취지가 깨닫는데 명백하지만, 이 글을 읽는 자가 스스로를 절실히 되돌아보고 안으로 성찰하지 않는다면, 어쩌면 별 도움이 되지 않을 수도 있다. 내가 평소 이 글을 읽으면서, 느낀 바가 없지 않았으니, 외람되게 말하지만, 배우는 자는 이 글을 통해, 그가 품고 있는 뜻이 어디에 있는지를 분명하게 가려야 한다. 사람이 밝히 알게 되는 것은 그가 익히는 것에서 비롯되고, 익히게 되는 것은 그가 품고 있는 뜻에서 비롯된다. 義에 뜻을 품고 있으면, 익히게 되는 것이 반드시 義에 있고, 그러면 義를 밝히 알게 되는 것이고, 利에 뜻을 품고 있으면, 익히게 되는 것이 반드시 利에 있고, 그러면 利를 밝히 알게 되는 것이다. 그러므로 배우는 자는 품어야 할 뜻이 어디에 있는지를 가리지 않으면 안 된다(陸九淵(象山先生)《白鹿洞書院論語講義》: 子曰: "君子喩於義, 小人喩於利。" 此章以義利判君子小人, 辭旨曉白, 然讀之者苟不切己觀省, 亦恐未能有益也。某平日讀此, 不無所感, 竊謂學者於此, 當辨其志。人之所喩由其所習, 所習由其所志。志乎義, 則所習者必在於義, 所習在義, 斯喩於義矣。志乎利, 則所習者必在於利, 所習在利, 斯喩於利矣。故學者之志, 不可不辨也……。)(陸九淵 저/이주해 外 역주, 『육구연집(3)』 [학고방, 2018], 222).

5 《孟子·盡心上 제25장》맹자가 말했다. "닭이 울 때부터 일어나, 부지런히 선을 행한 자는, 순 임금의 무리였다. 닭이 울 때부터 일어나 부지런히 이익을 추구한 자는 도척의 무리였다. 순 임금과 도척을 분간하려고 하면, 다른 게 없고, 利(이)과 善(선)의 차이이다"(孟子曰: 雞鳴而起, 孳孳爲善者, 舜之徒也; 雞鳴而起, 孳孳爲利者, 蹠之徒也。欲知舜與蹠之分, 無他, 利與善之間也。);《論語正義》동중서의 對策[漢書·董仲舒傳]에 말했다. "옛날에 녹봉을 준 것은, 힘을 사용하여 밥을 벌어먹지 말고 말업에 종사하지 말라는 것이었으니, 그렇게 했기에 이익이 균등하게 배분될 수 있었고, 백성들이 집집마다 풍족할 수 있었습니다. 노나라 목공 때 재상 공의자는 자기 아내가 베를 짜는 것을 보고 노해서 아내를 내쫓았고, 밥을 먹는데 집에서 기른 아욱을 내놓자 노해서 밭에 있는 아욱을 뽑아 버렸습니다. 그리고 말하기를 '내가 이미 녹을 먹고 있는데, 농부와 길쌈하는 여인의 이익을 빼앗겠는가?'라고 했습니다. 옛날의 벼슬하

선생님께서 말씀하셨다. "군자는 의리[義]에 밝고, 소인은 잇속[利]에 밝다."

喻, 猶曉也。義者, 天理之所宜[7]。利者, 人情之所欲[8]。○程子曰:「君子之於義, 猶小人之

던 현인·군자는 모두 이러했습니다. 주나라가 쇠퇴해지자, 경·대부는 義에는 느리고 利에는 민첩했기 때문에, 시인은 풍자하기를, '깎아지른 듯 저 남산 기암괴석 우뚝우뚝. 위용 뽐내는 태사 윤씨 백성들 모두 당신만 쳐다보네'[詩經·小雅·節南山]라고 했습니다. 그대 군자가 義를 좋아하면, 백성들은 인을 향해 가서 풍속이 선량해질 테지만, 그대 군자가 利를 좋아하면, 백성들은 삿된 것을 좇아서 풍속이 패퇴해질 것이라는 말입니다. 이로 말미암아 보건대, 천자·대부는 가까이 백성이 보고 본받을 대상이고, 멀리 사방에서 받아들이길 바라는 대상입니다. 가까이 있는 자는 가까이서 보고 모방하고, 멀리 있는 자는 멀리서 바라보고 본받는데, 어찌 현인의 자리에 앉아 있으면서 서인이 할 일을 할 수 있겠습니까? 황망히 이익을 추구하고 오로지 궤짝이 빌까만을 두려워하는 것은 서인들의 생각이고, 황망히 義를 추구하고 늘 백성을 교화시키지 못할까를 두려워하는 것은 경·대부의 생각입니다(董子《對策》曰:「古之所予祿者, 不食於力, 不動於末, 故利可均布, 而民可家足。公儀子相魯, 見其家織帛, 怒而出其妻, 食於舍而茹葵, 怒而拔其葵, 曰:'吾已食祿, 又奪園夫女紅利乎?' 古之賢人君子在列位者皆如是。及周之衰, 其卿大夫緩於宜而急於利, 故詩人刺之曰:'節彼南山, 維石巖巖。赫赫師尹, 民其爾瞻。' 爾好義, 則民向仁而俗善, 爾好利, 則民向邪而俗敗。由是觀之, 天子大夫, 下民之所視效, 遠方之所四面而內望也。近者視而放之, 遠者望而效之, 豈可居賢人之位而爲庶人行哉? 夫皇皇求利, 惟恐匱乏者, 庶人之意也; 皇皇求仁義, 常恐不能化民者, 卿大夫之意也。」).

6 《論語集釋》焦循의 《雕菰樓文集》에 말했다. "《荀子·王制》에, '왕·공·경·사대부의 자손이라도, 예의를 따르지 못하면, 서인으로 귀속시켰고, 서인의 자손이라도, 학문을 쌓고 행실을 바르게 하여 예의를 따르게 되면, 경·사대부에 귀속시켰다'고 했다. 생각건대, 경·사대부는 군자이고, 서인은 소인이다. 귀천은 예의로써 분간하기에, 군자·소인은 귀천, 즉 예의를 따를 수 있는지 따를 수 없는지를 가지고 말한 것이다. 예의를 따를 수 있으므로 의에 밝고, 예의를 따를 수 없으므로 잇속에 밝다. 일정한 생업이 없어도 항심을 갖는 자는 오로지 士만 가능하니[孟子·梁惠王上 제7장] 군자는 의에 밝고, 백성은 일정한 생업이 없으면 항심을 갖지 못하니 소인은 잇속에 밝다(雕菰樓文集: 荀子王制篇:「古者, 雖王公卿士大夫之子孫, 不能屬於禮義, 則歸之庶人。雖庶人之子孫, 積文學正身行, 能屬於禮義, 則歸之卿士大夫。」案卿士大夫, 君子也。庶人, 小人也。貴賤以禮義分, 故君子小人以貴賤言, 卽以能禮義不能禮義言。能禮義故喻於義, 不能禮義故喻於利。無恒產而有恒心者, 惟士爲能, 君子喻於義也。若民則無恒產因無恒心, 小人喻於利也。). 소인이 잇속에 밝다면, 소인을 다스리는 자는 백성이 이롭게 여기는 바를 그대로 따라 이롭게 해주기 때문에, 《易經·䷧解》에 군자는 소인을 신복시키는 것으로써 利를 삼는다고 했다. 군자가 소인을 신복시키고 나서야, 소인은 군자에게 교화된다. 이 가르침은 반드시 부유하게 하는 데 근본을 두어, 백성들을 인도해 선한 길로 이끌기 때문에, 반드시 위로는 족히 부모를 섬기게 하고 아래로는 족히 처자식을 먹이게 한다[孟子·梁惠王上 제7장]. 儒者로서 義利之辯을 알아 利를 버려두고 말하지 않는다면, 자기를 지킬 수는 있지만, 천하의 소인들을 다스릴 수는 없다. 소인은 이로운 다음에 의로울 수 있고, 군자는 천하를 이롭게 하는 것으로써 義를 삼는다. 공자의 이 말씀은 바로 군자로서 소인을 다스리는 자는, 소인은 잇속에 밝다는 것을 알게 하려는 것이다(唯小人喻於利, 則治小人者必因民之所利而利之, 故易以君子孚于小人爲利。君子能孚於小人, 而後小人乃化於君子。此敎必本於富, 驅而之善, 必使仰足以事父母, 俯足以畜妻子。儒者知義利之辨而舍利不言, 可以守己而不可以治天下之小人。小人利而後可義, 君子以利天下爲義。孔子此言正欲君子之治小人者知小人喻於利。).

7 《論語大全》'天理所宜'는 다만 마땅히 그래야 해서 그렇게 된 것으로, 작위를 가하지 않고도 그렇게 된 것이다. '人情所欲'은 다만 마땅히 그렇게 되면 안 되는데 그렇게 된 것으로, 작위를 가해서 그렇게

於利也。唯其[9]深喻, 是以篤好。」楊氏曰:「君子有舍生而取義[10]者, 以利言之, 則人之所欲無甚於生, 所惡無甚於死, 孰肯舍生而取義哉? 其所喻者義而已, 不知利之爲利故也。小人反是[11]。」

'喻'(유)는 '밝다'[曉]와 같다. '의'(義)라는 것은 천리의 의당 그러해야 하는 모습이다. '利'(이)라는 것은 사람이면 누구나 욕심내는 것이다.

○정자(程子·伊川)가 말했다. "군자가 의(義)를 대하는 태도는 소인이 이(利)를 대하는 태도와 같다. 훤히 밝기 때문에, 독실하게 좋아하는 것이다."

된 것이다(陳氏曰: 天理所宜者, 只是當然而然, 無所爲而然也。人情所欲者, 只是不當然而然, 有所爲而然也。); 宜(의): 적합하다. 법도. 표준. 합리적인 도리나 행위(适; 适宜。宜, 所安也。法度, 标准。合理的道理, 行为。).

8 《古今注》 '義'는 道心이 향하는 곳이다. '義'는 '善'+'我'로 이루어진 글자로 나를 선하게 한다는 뜻이다. '利'는 人心이 붙좇는 것이다. '利'는 '刀'를 가지고 '禾'를 취하는 것이다(義者, 道心之所嚮。義者, 善我也。利者, 人心之所趨。利者, 刀取禾。);《百度漢語》義(이): '我'는 병장기를 표시하는데, 왕의 행차 시에 위엄을 보이기 위해 들고 다니는 병장기를 표시하기도 한다. '羊'은 제사에 쓸 희생양을 표시한다(从我, 从羊。我是兵器, 又表仪仗: '羊'表祭牲。); 利(리): '刀'를 따르고 '禾'를 따른다. 칼로 벼를 베는 것으로 곡식을 수확한다는 뜻을 표시한다. 도검의 날이 예리하다. 칼날이 잘 들다. 곡물을 수확하여 혜택을 보다(从刀, 从禾。表示以刀断禾, 收获谷物的意思。本义: 刀剑锋利, 刀口快。引申义: 收获谷物, 得到好处。).

9 唯其(유기): ~때문에(犹言正因为。).

10 《孟子·告子上 제10장》 맹자가 말했다. "물고기 요리도 내가 좋아하는 것이고, 곰 발바닥 요리 또한 내가 좋아하는 것이다. 이 둘을 다 얻을 수 없다면, 물고기 요리를 놔두고 곰 발바닥 요리를 취할 것이다. 목숨도 내가 원하는 것이고, 의로움 또한 내가 원하는 것이다. 이 둘을 다 얻을 수 없다면, 목숨을 버리고 의로움을 취할 것이다. 목숨도 내가 원하는 바이지만, 원하는 것이 목숨보다 더 원하는 것이 있기에, 구차하게 목숨을 얻으려 하지 않는다. 죽음 또한 내가 싫어하는 것이지만, 싫어하는 것이 죽음보다 더 싫어하는 것이 있기에, 환난을 피하지 않는 경우가 있는 것이다(孟子曰: 魚, 我所欲也; 熊掌, 亦我所欲也, 二者不可得兼, 舍魚而取熊掌者也。生, 亦我所欲也; 義, 亦我所欲也, 二者不可得兼, 舍生而取義者也。生亦我所欲, 所欲有甚於生者, 故不爲苟得也; 死亦我所惡, 所惡有甚於死者, 故患有所不辟也。). 가령 사람들이 원하는 것으로 목숨보다 더 원하는 게 없다고 한다면, 무릇 목숨을 얻을 수 있는 것이라면 무엇인들 못 하겠느냐? 가령 사람들이 싫어하는 것으로 죽음보다 더 싫어하는 게 없다고 한다면, 무릇 죽음의 환난을 피할 수 있는 것이라면 무엇인들 못하겠느냐? 이렇게 하면 살 수 있는데도 쓰지 않는 경우가 있고, 이렇게 하면 환난을 피할 수 있는데도 하지 않는 경우가 있다. 그래서 원하는 것이 목숨보다 더 한 것이 있고, 싫어하는 것이 죽음보다 더 한 것이 있다는 것이다. 비단 현자만이 이러한 마음을 지니고 있는 것은 아니고, 사람이면 누구나 지니고 있다. 현자는 능히 잃지 않을 뿐이다"(如使人之所欲莫甚於生, 則凡可以得生者, 何不用? 使人之所惡莫甚於死者, 則凡可以辟患者, 何不爲也? 由是則生而有不用也, 由是則可以辟患而有不爲也。是故所欲有甚於生者, 所惡有甚於死者, 非獨賢者有是心也, 人皆有之, 賢者能勿喪耳。).

11 反是(반시): 이와 서로 반대이다(与此相反。).

양씨(楊氏·楊中立)가 말했다. "군자 중에는 생명을 버리고 의(義)를 취하는 자가 있는데, (사람이면 누구나 욕심내는 것인) 이(利)의 관점에서 말한다면, 사람이 욕심내는 것으로는 생명보다 더 욕심내는 게 없고, 싫어하는 것으로는 죽음보다 더 싫어하는 게 없으니, 누군들 기꺼이 생명을 버리고 의(義)를 취하려 하겠는가? 그가 생명을 버리고 義를 취하는 것은 훤히 밝은 것이라고는 의(義)일 뿐, 이(利)가 이익이 된다고는 알고 있지 않기 때문이다. 소인은 이와는 반대이다."

[見賢思齊焉章]

041701、子曰:「見賢思齊[1]焉[2], 見不賢而內自省也[3]。[4]

선생님께서 말씀하셨다. "어진 사람을 보고서는 그 사람과 같아지기를 바라고, 어질지 못한 사람을 보고서는 마음속으로 자기의 몸가짐을 살핀다."

省[5], 悉幷反。○思齊者, 冀[6]己亦有是善; 內自省者, 恐己亦有是惡。

'省'(성, xǐng)은 '悉'(실)과 '幷'(정)의 반절이다. ○'思齊'(사제)라는 것은 자기에게도 그러한 좋은 점이 있기를 바란다는 것이고, '內自省'(내자성)이라는 것은 자기에게도 그러한 나쁜 점이 있을까 조심한다는 것이다.

○胡氏曰:「見人之善惡不同, 而無不反諸身者, 則不徒[7]羨人而甘自棄[8], 不徒責人而忘

---

1 [성]見賢思齊(견현사제): 재능·덕이 있는 자를 보면 그와 같아지길 바라다. 그에게 배워서 그와 같아지려고 하다(见到有才德的人就想着与他齐平: 看到德才兼备的人, 就想向他学习, 和他一样。).

2 《王力漢語》焉(언): 지시대명사 겸 어기사(指示代詞兼語氣詞。);《許世瑛(二)》'焉'은 '之'와 같고, '之'는 '賢人'을 가리킨다('焉'字等於'之', '之'字稱代'賢人'。);《論語詞典》焉(언): 대명사. =之(代詞, 同 "之"。).

3 《百度漢語》內(내): '冂'(경)은 덮어씌우는 덮개를, '入'(입)은 안에 들어가는 물건을 표시한다. 합해서 사물이 덮개에 씌워 안에 있는 것을 표시한다. 밖에서 안으로 들어가다. 안쪽. 내심(冂表示蒙盖, 入表示进入之物, 合而表示事物被蒙盖在里面。本义: 入, 自外面进入里面。里面。内心。);《論孟虛字》自(자): '自己'의 약칭. 동사 앞에만 붙어, 수식작용을 표시한다('自', 猶'己'。爲指代詞。'自'爲'自己'之省稱, 即躬親之詞。它祇能附在動詞前, 以表修飾作用。);《論語義疏》'省'은 '視'[살피다]이다(疏: 省, 視也。);《經傳釋詞》'也' 또한 앞 구절의 '焉'으로, 互文이다(也, 亦'焉'也, 互文耳。).

4 《荀子·脩身》善을 보고는 가다듬는 자세로 이로써 스스로를 살피고, 不善을 보고는 두려워하는 마음으로 이로써 스스로를 성찰한다(見善, 脩然必以自存也; 見不善, 愀然必以自省也。).

5 省(성): [xǐng] 보다. 성찰하다. 자세히 살피다(視。察。審。); [shěng] 절약하다. 생략하다. 줄이다. 지방행정 단위(节约。减少, 去掉。地方行政区域的名称之一。).

6 冀(기): 희망하다. 기대하다. 얻기를 바라다(假借为'觊'。希望, 期望。冀求: 希望得到。).

7 徒(도): 단지. 다만. ~만. 공연히. 쓸데없이. 헛되이(独, 仅仅。徒然, 枉然。).

8 《孟子·離婁上 제10장》맹자가 말했다. "自暴(자포)하는 자는 함께 말할 게 못 된다. 自棄(자기)하는 자는 함께 일할 게 못 된다. 말을 하면 禮와 義를 비방하는데, 이것을 自暴라 한다. 나 자신은 인에 살거나 의를 따를 수 없다 하는데, 이것을 自棄라 한다. 仁은 사람의 안락한 집이고, 義는 사람의 바른길이다. 안락한 집을 비워둔 채 살지 않고, 바른길을 버려두고 따르지 않으니, 슬프구나!"(孟子曰: 自暴者, 不可與有言也; 自棄者, 不可與有爲也。言非禮義, 謂之自暴也; 吾身不能居仁由義, 謂之自棄也。仁, 人之安宅也;

自責矣。」

○호씨(胡氏·胡寅)가 말했다. "다른 사람의 선한 행실이나 악한 행실이 자기와 같지 않은 것을 보고도, 자기의 몸가짐을 돌아볼 줄 모르는 자가 아니라면, 쓸데없이 남의 선한 행실을 부러워하기만 하고 자기는 그리할 능력이 없다고 스스로 포기하는 것을 달가워하지는 않을 것이고, 쓸데없이 남의 악한 행실을 꾸짖기만 하고 자기를 꾸짖는 것을 잊어버리지는 않을 것이다."

義, 人之正路也。曠安宅而弗居, 舍正路而不由, 哀哉!).

[事父母幾諫章]

041801、子曰:「事父母幾諫¹。見志不從², 又³敬不違, 勞而不怨⁴。」⁵

---

1 《論語集解》'幾'(기)는 '微'(미)이다. 은미하게 간언하여 부모께 받아들여지도록 하는 것을 말한다(注: 苞氏曰: 幾, 微也。言當微諫納善言於父母也。);《論語義疏》자식이 부모를 모시는 데는, 義가 주이고 恭이 종으로, 부모께 잘못이 있는 경우, 자식은 지극정성으로 간언하지 않을 수 없지만, 재차 간언할 경우에도 은미하게 해서 善言을 받아들이시도록 해야지, 사납게 해서는 안 된다(子事父母, 義主恭從, 父母若有過失, 則子不獲不致極而諫, 雖復致諫, 猶當微微納進善言, 不使顏頷也。);《論語新解》'幾諫'은 살짝 자기 의견을 드러낼 뿐, 할 말을 다하려 하지 않는 것이다(所谓几谏, 仅微见己志而已, 不务竭言。);《百度漢語》幾諫(기간): 윗사람에게 완곡하고 부드러운 말로 권하다(对长辈委婉而和气的劝告: 微谏, 婉言劝谏。);《王力漢語》幾(기): 은미하다. 일이 막 배태되고 있거나 싹트고 있는 상태(隱微。特指事情的孕育, 萌動。);《王力漢語》말로 임금이나 부친이나 윗사람의 잘못을 직간하여 바로잡는 것을 '諫'(간)이라 한다(用言语纠正君父或尊长的过失叫做谏。).

2 《論語集解》'見志不從'은 부모의 뜻이 자식의 간언을 따르지 않을 기색을 보이는 것이다(注: 苞氏曰: 見志者, 見父母志有不從己諫之色……);《古今注》幾諫'은 감히 '直諫'하지 않고, 뜻을 살짝 드러내 알림으로써 깨닫게 하는 것이다. '見'은 '現'으로 읽으며, '露', '示'의 뜻이다. 자기의 속마음은 부모의 명을 따르지 않을 것을 살짝 드러내 보이면서도, 공경하여 부모의 명을 거스르지 않고, 부모 스스로 깨닫기를 기다리는 것이다. 한편으로는 따르지 않고, 한편으로 거스르지 않는 것, 이것이 지극히 괴롭고 힘들면서 지극히 완곡한 방법이다(幾諫者, 不敢直諫, 但以微意諷之使喩也。見讀作現, 露也, 示也。微示己志之不從親命, 且須恭敬不違親命, 以俟其自悟也…… 一邊不從, 一邊不違, 此是極勞苦處極宛轉也。);《論語譯注》"자식이 부모의 뜻을 따를 생각이 없음을 드러내 보일 경우에도"("看到自己的心意没有被聽從");《論語新解》소위 幾諫은, 살짝 자기의 의견을 드러낼 뿐, 할 말을 다 하려 하지 않는다. 부모가 (자식의 幾諫하는 뜻을) 따르지 않을 경우에도, 여전히 더욱 공경하고 더욱 효도하여, (부모의 뜻을) 거스르지 않는다. 부모의 심기가 즐겁기를 기다려, 다시 기회를 보아 幾諫한다. 舊說은 (見志不從의 뜻이) (자식이 幾諫을 통해) 부모의 뜻을 따르지 않을 것을 드러내 보이는 것을 말한다고 하는데, 그렇다면 다만 '不從' 두 자만으로 족하고, 또 '意不從'이라 말해야지, '志不從'이라 해서는 부당하다. 그래서 '見志'를 자식이 스스로 자기의 뜻을 표현하는 것을 가리키는 것으로 이해할 경우, 자식이 단지 스스로 자기의 뜻을 표현할 뿐, 옳고 그름을 분명하게 따지지 않는 것으로, 이 역시 幾諫의 뜻이다(所谓几谏, 仅微见己志而已, 不务竭言。若父母不从, 仍当起敬起孝, 不违逆。待父母心气悦怿, 再相机进谏。旧解, 谓见父母之志不从, 则只不从二字已足, 且当云意不从, 不当云志不从。故知见志, 指子女自表己志。为子女者仅自表己志, 即是不明争是非, 亦即几谏之义。);《論語句法》'志不從'은 술어 '見'의 목적어이다('志不從'是述詞'見'的止詞。).

3 《古漢語語法》又(우): 앞 문장과 다른 사실을 나타내는 문장을 이어주는 전환표시 접속사('又', 表示转折的连词。).

4 《孟子·萬章上 제1장》만장이 물었다. "부모가 자기를 사랑하면, 기뻐할지언정 소홀히 하지 않고, 부모가 자기를 미워하면, 힘들지언정 원망하지 않는다고 했습니다"(萬章曰: 父母愛之, 喜而不忘; 父母惡之, 勞而不怨……);《禮記·坊記》어버이의 명에 순종하길 화내지 않고, 은미하게 간언하길 게으름 피지 않고, 걱정은 하되 원망하지 않는다면, 효자라 할 수 있다. 《詩經·大雅·既醉》에 말하기를 '효자의 효는 궤가 비지 않는다'고 했다(子云: '從命不忿, 微諫不倦, 勞而不怨, 可謂孝矣。《詩》云: '孝子不匱。');《經義述聞·禮記下六十條》내[王引之]가 생각건대, '微諫不倦 勞而不怨'[禮記·坊記]의 '勞'는 '憂'이다. 《論語》의

선생님께서 말씀하셨다. "부모를 섬기는데 (부모에게 옳지 못한 점이 있거든) 은미하게 간언한다. 부모가 자식의 간언을 따르지 않을 뜻을 내보이더라도, 더욱 공경하되 거스르지 않고, (부모가 따르지 않고 화를 내고 매질을 해서) 힘들어도 원망하지 않는다."

此章與內則之言相表裏[6]。幾, 微也。微諫, 所謂「父母有過, 下氣怡色[7], 柔聲以諫」也。見志

'勞而不怨'은 '見志不從'을 이어받아 한 말로, '걱정은 하되 원망하지 않는다'는 말이다(微諫不倦, 勞而不怨, 引之謹案, 勞, 憂也…… 論語'勞而不怨', 承上'見志不從'而言, 亦謂'憂而不怨'也。); 《論語新解》①勞는 '걱정하다'의 뜻이다. 자식이 부모의 잘못을 보면, 당연히 걱정은 하되 원망하지는 말아야 한다. ②'힘들다' '고생스럽다'라는 설도 있다. 간언을 따르지 않으면, 반복해서 다시 간언하여, 힘들어도 원망하지 않는다('勞', 忧义。子女见父母有过, 当忧不当怨。或说劳, 劳苦义。谏不从, 当反复再谏, 虽劳而不怨); 金容沃의 『논어한글역주』는 '내 생각과 다름에도 불구하고 부모의 생각을 어기지 못하고 따르는 상황이 괴롭더라도 원망치 말아야 한다'로 풀이한다; 勞(로): 지치다. 고생스럽다. 힘들다. 걱정하다. 노심초사하다(劳累, 疲劳。辛苦; 费力。忧。).

5 《禮記·檀弓上》어버이를 모실 때는 허물을 숨겨드리고 싫어하는 안색을 무릅쓰면서까지 간언하지 말라. 임금을 모실 때는 싫어하는 안색을 무릅쓰면서까지 간언하고 (임금의 허물을) 숨기지 말라. 선생님을 모실 때는 싫어하는 안색을 무릅쓰면서까지 간언하지 말되 (허물을) 숨기지도 말라(事親有隱而無犯……事君有犯而無隱……事師無犯無隱。);《禮記·曲禮下》자식의 어버이 섬기는 도리는, 세 번 간언해도 듣지 않으시면, 울부짖으며 따른다(子之事親也: 三諫而不聽, 則號泣而隨之。);《孝經·諫諍》옛날에, 天子에게 간쟁하는 신하 7인이 있으면 무도할지언정 천하를 잃지 않았고, 諸侯에게 간쟁하는 신하 5인이 있으면 무도할지언정 나라를 잃지 않았고, 大夫에게 간쟁하는 신하 3인이 있으면 그 가문을 잃지 않았고, 士에게 간쟁하는 벗이 있으면 아름다운 명성을 잃지 않았고, 父에게 간쟁하는 자식이 있으면 행실이 불의에 빠지지 않았다. 그러니 불의에 당면해서는 자식은 父에게 간쟁하지 않으면 안 되고, 신하는 임금에게 간쟁하지 않으면 안 된다. 불의에 당면했은즉 간쟁한다. 父의 명령에 순종하는 것이, 어찌 孝라 할 수 있겠는가!(曾子曰: ……昔者天子有爭臣七人, 雖無道, 不失其天下; 諸侯有爭臣五人, 雖無道, 不失其國; 大夫有爭臣三人, 雖無道, 不失其家; 士有爭友, 則身不離於令名; 父有爭子, 則身不陷於不義。故當不義, 則子不可以不爭於父, 臣不可以不爭於君; 故當不義, 則爭之。從父之令, 又焉得爲孝乎!);《荀子·子道》집에 들어가서 효도하고 집을 나와서 공경하는 것은 小行이다. 위로 순종하고 아래로 도탑게 대하는 것은 中行이다. 道를 따르지 임금의 명을 따르지 않고, 義를 따르지 부모의 명을 따르지 않는 것은 大行이다. 효자라도 부모의 명을 따르지 않는 경우가 세 가지가 있다. 따르면 부모가 위험하고 따르지 않으면 부모가 안전한 경우, 따르지 않는 것이 곧 衷이다. 따르면 부모에게 치욕이 되고 따르지 않으면 부모에게 영광이 되는 경우, 따르지 않는 것이 곧 義이다. 따르면 금수이고 따르지 않으면 예에 부합한 경우, 따르지 않는 것이 곧 敬이다. 그러므로 따를 수 있는데도 따르지 않으면, 이는 자식이 아니다. 따르면 안 되는데도 따르면, 이것은 不衷(불충)이다. 從·不從의 의리를 명확히 알고, 공경을 다하고 충신을 다하고 정직과 예의를 다해, 이를 신중히 행할 수 있으면, 大孝라 할 수 있다(入孝出弟, 人之小行也。上順下篤, 人之中行也; 從道不從君, 從義不從父, 人之大行也…… 孝子所不從命有三: 從命則親危, 不從命則親安, 孝子不從命乃衷; 從命則親辱, 不從命則親榮, 孝子不從命乃義; 從命則禽獸, 不從命則脩飾, 孝子不從命乃敬。故可以從而不從, 是不子也; 未可以從而從, 是不衷也; 明於從不從之義, 而能致恭敬, 忠信, 端慤, 以慎行之, 則可謂大孝矣。).

不從, 又敬不違, 所謂「諫若不入, 起敬[8]起孝, 悅則復諫」也[9]。勞而不怨, 所謂「與其得罪於鄕, 黨, 州, 閭, 寧孰諫[10]。父母怒不悅, 而撻[11]之流血, 不敢疾怨[12], 起敬起孝」也。[13]

---

6 《禮記·內則》어버이에게 허물이 있으면, 기운을 낮추고 낯빛을 상냥하게 하고, 목소리를 부드럽게 해서 간청을 드린다. 간청이 받아들여지지 않을 것 같으면, 더욱 공경하고 더욱 효도하고, 즐거우실 때 다시 간청을 드린다. 어버이가 즐거워하지 않으시면, 어버이가 향당주려에서 죄를 얻게 하느니보다는, 차라리 끈기 있게 간청을 드리는 게 낫다. 어버이가 화를 내고 즐거워하지 않고, 매질을 해서 피가 흐를지라도, 감히 미워하거나 원망하지 말고, 더욱 공경하고 더욱 효도한다(父母有過, 下氣怡色, 柔聲以諫。諫若不入, 起敬起孝, 說則復諫; 不說, 與其得罪於鄕黨州閭, 寧孰諫。父母怒, 不說, 而撻之流血, 不敢疾怨, 起敬起孝。).

7 下氣怡色(하기이색): 기운을 낮추고 낯빛을 상냥하게 하다. 기색이 온화하고 즐겁고, 태도가 공순하다(形容气色和悦, 态度恭顺。).

8 《禮記正義》'起'는 '更'과 같다(鄭玄注: 起, 猶更也。); 起敬(기경): 더욱 공경하다. 경모의 마음을 가지다(更加恭敬; 产生敬慕之心。).

9 《論語大全》'又敬不違'는, 공경하니 이미 순종하는 것이지만, (그런 다음) 또 자세하게 도리에 맞게 간언해야 한다는 것이다. 위로는 미간의 뜻을 어기지 말아야 하니, 당돌함으로 부모의 노여움을 촉발할까 염려되어서이고, 아래로는 간언하려는 마음을 어기지 말아야 하니, 부모가 잘못을 범하지 않는 지경으로 이르게 하려고 해서이다. 부모가 따르지 않는 것을 보고 노여움을 촉발할까 두려워, 마침내 그만 간언하지 않는 것은 잘못이고, 반드시 간언하려고 힘써, 마침내 부모의 노여움을 촉발하는 것도 잘못이다(朱子曰: 又敬不違, 敬已是順了, 又須委曲作道理以諫。上不違微諫之意, 恐唐突以觸父母之怒; 下不違欲諫之心, 務欲致父母於無過之地。見父母之不從, 恐觸其怒, 遂止而不諫者非也; 務欲必諫, 遂至觸其怒者亦非也。).

10 孰諫(숙간): =熟諫. 힘을 다해 권고하다. 완곡하게 간언하다. 능숙하고 은근하게 간언하다(谓尽力规劝。宛转地劝说. 孔穎達疏: '孰諫謂純熟殷勤而諫, 若物之成孰然。').

11 鞭撻(편달): 매질하다; 撻(달): 회초리나 막대기로 때리다(用鞭子或棍子打; 用鞭棍等打人).

12 疾怨(질원): 원망하다(怨恨).

13 《讀四書大全說》'幾諫'은 은미하게 간하고 진력을 다하지 않는다는 말이 아니고, '見微先諫[(잘못을 범할) 낌새를 살펴 잘못을 범하기 전에 간한다]'는 설이 타당하다. '幾諫'을 體로 한 후에만, '기운을 낮추고, 낯빛을 상냥하게 하고, 목소리를 부드럽게 하는 것'을 用으로 삼을 수 있으니, 두 가지가 서로 이어받아서, 더욱 '見微先諫'의 묘를 알 수 있다("幾諫"者, 非微言不盡之謂, 而"見微先諫"之說爲允當也。…… 唯"幾諫"爲體, 而後"下氣, 怡色, 柔聲"得以爲用, 二者相因, 而益可知"見微先諫"之妙也。). '見志不從'의 '志'字는 분명 잘못을 아직 범하기 전이다. 부모가 자식의 간언을 따르지 않는다면 점차 잘못을 범하는 것이 완성되어가기 때문에, '더욱 공경하여 부모의 뜻을 거스르지 않는' 방법을 계속한다. 부모가 따르지 않고 '(화를 내고 매질을 해서) 힘든' 지경에 이를 경우, 또한 자기의 직언과 진언이 부모의 노여움을 북돋은 것이다. 만약 온미하게 간하고 진력을 다하지 않고, 대략으로 하고 할 말을 하지 않고 속에 담아두고 있다면, 아무리 포악한 부모일지라도, 역시 어찌 매질을 해서 피가 흐르는 일이 있겠는가? 은미하게 간하고 진력을 다하지 않는다고 말하고서, 또 향당주려에서 죄를 얻게 하느니보다는 차라리 끈기 있게 간청을 드리는 게 낫다고 말하면, 한 문장 중에 앞말과 뒷말이 서로 모순이 된다("見志不從"一"志"字, 明是過之未成。不從則漸成矣, 故以"又敬不違"之道繼之。若其必不從而至於"勞", 則亦必己之直詞盡言有以嬰父母之怒。若微言不盡, 約略含吐, 則雖甚暴之父母, 亦何至有撻之流血之事? 既云微言不盡, 又云得罪於父母, 一章之中, 前後自相矛盾矣。). 대개 자식은 부모가, 악의 구렁텅이에 빠지게 차마 할 수 없으니, 부모의 관심이 지극한 곳을 늘 경계하고, 악이 싹틈을 보게 되면, 곧바로 잘못되었음을 알아차리기를, 흡사 자신의 신독 공부처럼 세밀해야 한다(蓋人子於親, 不忍陷之於惡, 關心至處, 時刻

이 장은 《예기·내칙》(禮記 內則) 편의 말과 서로 앞뒤를 이룬다. '幾'(기)는 '은미하다' [隱微]이다. '은미하게 간언한다'는 것은, 《예기·내칙》(禮記 內則) 편에서 말한 '부모에 게 옳지 못한 점이 있거든, 기운을 낮추고 낯빛을 상냥하게 하고, 목소리를 부드럽게 해서 간언한다'라는 것이다. '부모가 간언을 따르지 않을 마음을 내보이더라도, 더욱 공경하여 도리를 거스르지 않는다'는 것은 《예기·내칙》(禮記 內則) 편에서 말한 '간언 이 만약 받아들여지지 않을 것 같으면, 더욱 공경하고 더욱 효도하고, 즐거우실 때 다시 간언한다'는 것이다. '힘들어도 원망하지 않는다'는 것은 《예기·내칙》(禮記 內則) 편에서 말한 '향당주려(鄕黨州閭)에서 죄를 얻게 하는 것보다는, 차라리 구성지고 은근 하게 간언하는 것이 낫다. 부모가 화를 내시고 언짢아하시고 매질을 해서 피가 흐를지 라도, 감히 부모를 미워하거나 원망하지 말고, 더욱 공경하고 더욱 효도한다'는 것이다.

警, 遇有萌芽, 早知差錯, 恰與自家愼獨工夫一樣細密。).

[父母在章]

041901、子曰:「父母在, 不遠遊¹。遊必有方²。」³

　　　선생님께서 말씀하셨다. "부모가 살아 계시거든, (자식은) 먼 길을 나서지 않는
　　　다. 길을 나서게 되거든 반드시 정해진 행선지가 있어야 한다."

遠遊, 則去親遠而爲日久, 定省⁴曠而音問⁵疏: 不惟己之思親不置, 亦恐親之念我不忘
也。遊必有方, 如己告云之東, 即不敢更適西, 欲親必知己之所在而無憂, 召己則必至而
無失也。范氏曰:「子能以父母之心爲心則孝矣。」

---

1 [성]父母在不遠遊(부모재불원유): 부모가 살아계실 동안에는, 자식은 집을 멀리 떠나 있지 않고, 아침저녁
　으로 부모 시중의 책임을 다하다(父母活著時, 子女不能遠離家鄉, 以盡早晚侍奉之責。); 遠遊(원유): 멀리
　여러 곳을 돌아다니다(谓到远方游历。); 遊(유): 헤엄치다. 여행가다. 유람하며 즐기다. 한가롭게 노닐다
　(同"游"。人或动物在水里浮行或潜泳。遨游; 游览; 游玩, 优游逍遥。);《論語義疏》本에는 '子不遠遊'로 되어
　있다.
2 [성]遊必有方(유필유방): 집을 떠나 있을 때는 반드시 행선지를 알려드려야 한다(要是出游, 必须要告知去
　处。);《論語集解》'方'은 '常'[정해진 곳]과 같다(注: 鄭玄曰: 方, 猶常也。);《論語大全》부모가 있는 자식은,
　먼 길을 나서는 것은 본디 안 되는 일이지만, 가까운 길을 나설 경우에도 반드시 정해진 행선지가 있어야
　한다(慶源輔氏曰: 有親者, 遠遊固不可, 近遊亦當有方。);《論語正義》吳氏嘉賓[1803~1864]의 견해: '必有方'
　도 遠遊가 아니다. 가까운 곳일지라도 반드시 정해진 목적지가 있어, 집안사람이 알도록 해야 한다.《禮記
　·曲禮上》의 '所游必有常'이 바로 이것이다(正義曰: 吳氏嘉賓說: "必有方者, 亦非遠遊也。雖近且必有其所
　常至, 使家人知之,《曲禮》曰'所游必有常'是也。");《論語新解》위에서 이미 '不遠遊'를 언급했으니, 아래도
　'遠遊'를 가리킨다는 것을 알 수 있다["부득이 먼 길을 나서게 되거든"](上句已言不远游, 下句亦指远游可
　知。; '若不得已有运行'); 有方(유방): 정해진 방향·장소가 있다(有一定的去向,处所。).
3《禮記·曲禮上》자식 된 자는, 문 밖을 나서게 되면 반드시 말씀드리고, 돌아오게 되면 반드시 얼굴을
　뵙고, 집을 떠나 있을 때는 반드시 정해진 행선지가 있어야 하고, 익히는 것에는 반드시 정해진 과업이
　있어야 한다(夫爲人子者: 出必告, 反必面, 所游必有常, 所習必有業。);《禮記·玉藻》연로한 부모를 모시고
　있으면, 출행할 때는 정해진 행선지를 바꾸지 않고, 돌아올 때는 정해진 시간을 넘기지 않는다(親老,
　出不易方, 復不過時。).
4《禮記·曲禮上》자식 된 자의 예의는, 겨울에는 따뜻하게 해드리고 여름에는 시원하게 해드리고, 저녁에는
　편하게 주무시도록 잠자리를 봐 드리고 아침에는 편안히 주무셨는지를 여쭌다[鄭玄注: '定'은 잠자리를
　고르게 하는 것이고, '省'은 안부를 묻는 것이다](凡爲人子之禮, 冬溫而夏凊, 昏定而晨省。[鄭玄注: 定,
　安其牀衽也; 省, 問其安否何如。]); 定省(정성): 昏定晨省의 준말. 자식이 아침저녁으로 문안드리는 것을
　'定省'이라 한다. 부모나 웃어른에게 안부를 묻거나 살피다(後因稱子女早晚向親長問安爲'定省'; 泛指探望
　問候父母或親長).
5 音問(음문): 서신으로 안부를 묻다. 멀리서 전하는 소식(音讯; 书信).

먼 길을 나서게 되면, 어버이 곁을 멀리 떠나 여러 날이 걸리기 때문에, 아침저녁으로 드리는 문안을 비우게 되고 멀리서 문안드리는 서신이 뜸해져서, 비단 자식은 부모를 그리는 마음을 내버려 두지 못할 뿐 아니라, 또한 어버이는 자식을 생각하는 마음을 잊지 못해 하실까 봐 염려되는 것이다. '遊必有方'(유필유방)은, 가령 동쪽으로 간다고 이미 말씀드렸으면, 감히 바꿔서 서쪽으로 가지 않는 것이다. 부모가 반드시 자식의 소재를 알아서 걱정하시지 않게 하고, 자식을 부르면 반드시 돌아와서 돌아오지 못하는 실수가 없게 하려는 것이다.

범씨(范氏·范淳夫)가 말했다. "자식이 능히 부모의 마음으로 자기 마음을 삼는 것이 효(孝)이다."

[三年無改於父之道章[*]]

042001、子曰:「三年無[1]改於父之道, 可謂孝矣。[2]」

　　　　선생님께서 말씀하셨다. "아버지 돌아가시고 3년 동안은 아버지의 일을 고치지
　　　　않는다면, 그런 자식은 효성스럽다고 평할 수 있다."

胡氏曰:「已見首篇,[3] 此蓋複出而逸其半也。[4]

호씨(胡氏·胡寅)가 말했다. "학이(學而) 편에 이미 나왔다. 이 장은 대체로 거듭 나왔는
데, 앞부분 '父在 觀其志 父沒 觀其行'이 빠졌다."

---

1 《許世瑛(二)》부정부사로, '不'字의 용법과 같다(否定限制詞, 和'不'字的作用相同。).

2 《論語集解》효자는 상중에는 슬퍼하고 사모하여, 부친의 도를 고칠 생각이 없으니, 효자의 마음에 차마
　할 짓이 아니다(注: 鄭玄曰: 孝子在喪, 哀戚思慕, 無所改其父之道, 非心之所忍爲也。).

3 《學而 제11장》참조.

4 《論語正義》논어에 거듭나온 몇 개의 장은, 성인께서 여러 차례 이를 언급한 연유로, 기록한 자가 그대로
　따라 기록한 것이다. 《春秋繁露·祭義》에 말했다. "공자께서 말씀하시기를 '반복해서 나오는 글이나 반복해
　서 하는 말을 잘 살피지 않으면 안 된다. 그 안에 반드시 훌륭한 점이 있다'고 했다"(正義曰: 案《論語》中重
　出數章, 自緣聖人屢言及此, 故記者隨文記之。《春秋繁露、祭義篇》:"孔子曰: '書之重, 辭之復, 嗚乎, 不可不
　察也。其中必有美者焉。'");《論語集釋》王闓運[1832~1916]《論語訓》에 말했다. "이 장은 喪 중의 禮를
　별기해놓은 것으로, 앞에 자식의 생각과 행실을 말한 장[學而 제11장]과는 같은 때 하신 말씀이 아니다"(論
　語訓: 此別記居喪之禮, 與上言觀志行者非一時之言。);《補正述疏》胡氏가 '逸其半'이라 했는데, 아니다.
　말씀을 기록한 자들이 각기 들은 바대로 기록했을 뿐이다(述曰: 胡氏謂'逸其半'者非也。記言者, 各書所聞爾。).

[父母之年章]

042101、子曰:「父母之年, 不可不知也。一則[1]以[2]喜, 一則以懼[3]。」[4]

선생님께서 말씀하셨다. "부모의 연세는, 기억하고 있지 않으면 안 된다. 한편으로는 그 연세 때문에 기쁘고, 한편으로는 그 연세 때문에 두렵다."

知, 猶記憶也。常知父母之年, 則既[5]喜其壽, 又懼其衰, 而於愛日之誠[6], 自有不能已者。[7]

---

1 《經典釋詞》'一'은 '或'[혹은]과 같다('一' 猶'或'也。);《論語詞典》一(일): 부사처럼 쓰인다. 한편으로는~ 또 한편으로는(用如副詞, "一方面"的意思。);《論孟虛字》'一'은 '或'과 같다. 병렬관계사로 쓰이며, '어느새, 돌연'의 뜻을 표시한다. 두 사건이 동시에 발생·진행하여 시간상 밀접불가분하고, 전과 후가 있어도 거리가 많이 떨어져 있지 않다. 문언에서는 '一則'으로 쓰이고, 지금은 '一方面'으로 쓰인다('一, 猶'或'。用作兩設的關係詞, 表不定的忽條之意。是兩件事同時發生, 相並進行, 在時間上密接不分, 即使有前後, 也沒多大距離。表示這種關係的詞, 文言用'一則', 白話用'一方面'。); 一則(일즉): 한 편으로는. ~아니면~이다. 두 개 사건을 병렬하여 서술할 때 쓴다. 원인이나 이유를 열거할 때 쓴다(犹言一方面。多用于并列叙述兩件事时; 与'二則'·'三則'等连用, 列舉原因或理由。).

2 《論語語法》以(이): 원인을 소개하는 개사. 개사목적어가 생략되었다(以: 介繫原因的介詞。).

3 [성]一則以喜 一則以懼(일즉이희 일즉이구): 한편으로는 기쁘고 한편으로는 두렵다(一方面高兴, 一方面又害怕。).

4 《禮記·坊記》부모가 살아계시면, '老'字를 입에 올리지 않고, 자식으로서의 효도를 말하고, 부모로서의 자식 사랑을 말하지 않는다(父母在, 不稱老, 言孝不言慈。);《說苑·建本》자로가 말했다. "무거운 짐을 지고 먼 길을 가는 자는 땅을 가려서 쉬지 않고, 가빈한 집에서 늙으신 부모를 모시는 사람은 녹봉의 대소를 가려서 벼슬하지 않는다. 옛날에 나 由가 부모를 모실 적에는, 늘상 명아주와 콩잎 같은 변변찮은 반찬을 먹었으면서도, 부모를 위해서는 백 리 밖까지 가서 쌀 짐을 지고 왔지만, 부모가 돌아가시고 나서는, 남쪽으로 초나라에서 유세하면서, 수레 백승이 뒤를 따르고, 만종의 곡식을 쌓아놓고, 방석을 몇 개씩 깔고, 진수성찬을 차려놓고 먹었지만, 명아주와 콩잎을 먹고 쌀 짐을 지고 오던 때를 그리워해도, 다시는 그리할 수 없다(子路曰: 負重道遠者, 不擇地而休: 家貧親老者, 不擇祿而仕。昔者由事二親之時, 常食藜藿之實而爲親負米百里之外, 親沒之後, 南遊於楚, 從車百乘, 積粟萬鍾, 累茵而坐, 列鼎而食, 願食藜藿負米之時不可復得也。)。새끼에 매달아 놓은 조기는 얼마나 오래 구더기가 슬지 않을까? 부모의 수명은 홀연하기가 문틈으로 잠깐 비치고 지나가는 햇빛과 같고, 초목은 자라고자 하나 서리와 이슬이 그러지 못하게 막고, 어진 이는 봉양하고자 하나 부모는 기다려 주지 않으니, 그래서 '가빈한 집에서 늙으신 부모를 모시는 사람은 녹봉의 대소를 가려서 벼슬하지 않는다'고 한 것이리라"(枯魚銜索, 幾何不蠹, 二親之壽, 忽如過隙, 草木欲長, 霜露不使, 賢者欲養, 二親不待, 故曰: 家貧親老不擇祿而仕也。)。

5 既……又……(기~우~): ~뿐만 아니라~도. 且·又·也·还과 짝을 이루어, 두 개의 정황이 동시에 갖춰져 있음을 표시한다(跟'且'、'又'、'也'、'还'等词配合, 表示同時具有两种情況。).

6 《揚子法言·孝至》오래도록 하고 싶어도 그리하지 못하는 것을 일러 어버이 섬김이라 하니, 효자는 어버이 섬길 날수를 아낀다(不可得而久者, 事親之謂也。孝子愛日);《韓詩外傳·卷九》나무는 가만히

'知'(지)는 '기억하다'[記憶]와 같다. 부모의 연세를 항시 기억하고 있으면, 부모가 오래 사시는 것을 기뻐할 뿐만 아니라, 또 부모가 점차 노쇠해지실 것을 두려워해서, 부모 섬길 날수를 아끼는 정성에 대해, 저절로 그만두지 못하는 것이 있을 것이다.

있고자 하나 바람이 가만히 놔두질 않고, 자식은 봉양하고자 하나 어버이는 기다려 주시질 않네. 지나가고 나면 다시 돌릴 길 없는 것이 세월이고, 떠나시고 나면 다시 뵈올 길 없는 것이 어버이일세(樹欲靜而風不止, 子欲養而親不待也。往而不可追者, 年也, 去而不可得見者, 親也。); 愛日(애일): 자식이 어버이를 봉양할 날수(指儿子供养父母的时日。).

7 《論語大全》 '愛日'은, 두려웁게도 남은 날은 많지 않고, 안타깝게도 오늘은 쉬 지나가니, 어버이 섬기는 도리를 다하지 못함이 있다는 것이다. 王安石[1021~1086]의 '送喬執中秀才歸高郵'[고우로 귀향하는 수재 교집중을 송별하다]라는 시에 '옛사람들은 어버이 하루 봉양을, 삼공 벼슬과도 바꾸지 않았네'라고 했으니, '愛日'의 뜻을 잘 표현했다(新安陳氏曰: 愛日者, 懼來日之無多, 惜此日之易過, 而於事親之道, 有不及也。王安石詩 '古人一日養, 不以三公換。', 得愛日之意。).

[古者言之不出章]

042201、子曰:「古者¹言之不出², 恥躬之不逮也³․⁴․⁵。」

　　선생님께서 말씀하셨다. "옛사람들은 말이 앞서지 않았으니, (말이 앞서면) 몸이
　　따라잡지 못할 것을 부끄러워해서였다."

言古者, 以見今之不然。逮, 及也。行不及言, 可恥之甚。古者所以不出其言, 爲此故也。
'옛사람들은'이라고 말씀하여, 이로써 지금 사람들은 그렇지 않다는 것을 보이신 것이
다. '逮(체)는 '따라잡다'[及]이다. 실행이 말을 따라잡지 못하는 것은 심히 부끄러워할
만한 일이다. 옛사람들이 자기 말을 앞세우지 않았던 까닭은 이 때문이었다.

---

1 《文言虛詞》'者'는 시간부사 뒤에 붙어, 음절을 구성할 뿐, 무슨 하는 역할이 없다["옛날에는"]('者', 粘附於
　時間副詞之末, 僅僅構成一個音節, 并沒有什麼作用; '古時候')。《論語新解》"옛사람들은"("古人……")。《論
　語句法》'古者'는 '옛사람들'이다('古者'是'古之人')。
2 《古書虛字》'之'는 '若'과 같다["말을 입 밖에 꺼내지 못할 듯이 한 것은"]('之', 猶'若'也。)。《論孟虛字》
　'之'는 '所以'와 같다["말을 (함부로) 입 밖에 꺼내지 않았던 까닭은"]('之', 猶'所以'。)。《論語語法》'之'는
　목적어와 술어의 순서를 도치시키는 결구조사로, '古者言之不出'은 바로 '古者不出言'의 뜻이다('之'是倒
　序助詞, '古者言之不出'即'古者不出言'之意。)。
3 《論語譯注》'恥'(치)는 동사의 의동용법으로 부끄럽게 생각하다의 뜻이다('恥', 动词的意动用法, 以为可恥
　的意思。)。《論語義疏》'躬'(궁)은 '身'[몸]이다(疏: 躬, 身也。)。躬(궁): 몸체. 자기 자신. 친히. 몸소(本义:
　整个身体。自身; 自己。親身。)。逮(체): 따라잡다. 미치다. 필적하다. 도달하다(本义: 赶上; 及; 到。)。《論孟虛
　字》해석어기사. 아래 구가 위의 주어에 대한 설명을 가하는 형태의 문장으로, '恥躬之不逮'를 써서 '言之不
　出'의 뜻을 해석한다('也', 用作解釋語氣詞。這是下句對上面主語加以說明的句子。這是以'恥躬之不逮'來解
　釋'言之不出'的語意。)。
4 《論語義疏》本에는 '古之者言之不妄出也'로 되어 있다。《論語集解》옛사람들의 말이 함부로 입 밖으로
　나오지 않았던 것은 자신의 행실이 장차 그 말에 미치지 못할까 부끄러워해서였다(注: 苞氏曰: 古人之言不
　妄出口者, 爲恥其身行之將不及也。)。
5 《孝經・卿大夫》입에서는 걸러내야 할 말이 나오지 않게 하고, 몸에서는 걸러내야 할 행실이 나오지
　않게 한다(口無擇言, 身無擇行。)。《禮記・緇衣》말을 하고 그대로 행동하면, 말을 가식할 수 없고, 행동하고
　그대로 말을 하면, 행동을 가식할 수 없다。《詩經・大雅・抑》에 말하기를 '백규에 난 흠이야 갈아내면
　되겠지만, 내뱉은 말에 난 흠은 그럴 수도 없다네'라고 했다(子曰: "言從而行之, 則言不可飾也; 行從而言之,
　則行不可飾也……《詩》云: 『自圭之玷、尚可磨也; 斯言之玷、不可爲也。』")。《禮記・雜記下》그가 한 말은
　있는데, 그에 맞는 행실이 없는 것, 군자는 이를 부끄럽게 여긴다(有其言, 無其行, 君子恥之。)。《憲問
　제29장》 참조.

○范氏曰:「君子之於言也, 不得已而後出之, 非言之難, 而行之難也。人惟其[6]不行也, 是以輕言之。言之如其所行, 行之如其所言, 則出諸其口[7]必不易矣。」[8]

○범씨(范氏‧范淳夫)가 말했다. "군자는 말에 대해서는, 부득이한 뒤에야 입 밖으로

---

6 惟其(유기): =唯其. 바로~이기 때문에(表示因果矢系, 和'正因为'近似。).

7 《禮記‧檀弓下》晉나라 대부 趙文子[BC 598~BC 541]는, 그 몸가짐의 겸손한 모습이 마치 옷을 이기지 못하는 듯했고, 그 말이 어눌한 모습이 마치 말을 입 밖에 내놓지 못하는 듯했다. 그런데 그가 나라에 등용한 국고 지기가 70여 명에 이르렀지만, 살아생전 그들과 이익을 주고받지 않았고, 죽어서도 자기 아들을 부탁하지 않았다(文子其中退然如不勝衣, 其言吶吶然如不出諸其口; 所舉於晉國管庫之士七十有餘家, 生不交利, 死不屬其子焉。).

8 《論語大全》후세풍씨가 말했다. "후세의 학자들은 講說만 할 뿐으로, 의리가 고원하지 않은 것은 아닌데, 내 몸은 다른 곳에 가 있으니, 부끄러움을 모르는 것은 무엇인가?"(厚齋馮氏曰: 後之學者, 直講說而已, 義理非不高遠, 而吾躬自在一所, 不知恥之何哉?);《讀四書大全說》후제풍씨가 경문의 '言'을 '講說'로 풀이 했는데, 集注의 간략한 설을 보충할 만하다. 옛사람의 講說이 있었다면 필시 후세에게 유전되어 내려왔을 것이기 때문에, 천 수백 년 후라도, 그가 '言之不出'했는지를 알 수 있을 것이다. 만약 일상생활 중에 주고받은 말이나 조치한 일에서 깨우침이나 계도한 경우라면, 옛사람이 장황하고 쉽게 말을 했는지 부득이한 뒤에야 입 밖에 꺼냈는지를, 공자일지라도 어찌 아시겠는가?(馮氏以'講說'釋'言'字, 可補集注之疏。有講說則必有流傳, 故從千百年後, 而知'其言之不出'。若日用之閒有所酬答, 措施之際有所曉譬, 則古人言之煩簡, 夫子亦何從而知之?). 맹자가 말하기를 '요‧순 임금부터 은나라 탕임금까지 오백여 년인데, 우왕과 고요 같은 분은 눈으로 보고서 알았고, 탕임금 같은 분은 전해 듣고서 알았다. 탕임금부터 주나라 문왕까지 오백여 년인데, 이윤이나 래주 같은 분은 눈으로 보고서 알았고, 문왕 같은 분은 전해 듣고서 알았다. 문왕부터 공자까지 또 오백여 년인데, 태공망이나 산의생 같은 분은 눈으로 보고서 알았고, 공자 같은 분은 전해 듣고서 알았다'[盡心下 제39장]고 했는데, 모두 도를 전수한 고인들을 두고 한 말이다. 태공망이나 산의생은 전한 책이 없을 뿐 아니라, 이윤의 《伊訓》이나 래주의 《仲虺之誥》와 같은 訓誥 또한 모두 사건을 계기로 지은 것이어서, 노자‧장자‧관자‧여불위가 특별히 한 편의 책을 지은 것과는 같지 않다. 숙손표가 立德‧立功 다음에 立言이라고 했는데[春秋左傳‧襄公24年], 춘추시대에 와서는 (立言을) 숭상하는 사회 기풍이 이미 그러했지만, 옛사람들은 그렇지 않았다. '몸이 따라잡지 못할 것을 부끄러워해서였다'는 것은, 그가 저술한 책의 이치에 미치지 못할 것을 부끄러워했다는 것이지, 그가 말한 바의 일을 실천하지 않았다는 것이 아님은, 본문에 자명하다. 주자가 '空言無實이 부끄러워할 만한 일임을 모른다'(不知空言無實之可恥也)[朱子語類 27: 132]고 했는데, '空言'은 공자께서 '나는 공허한 말에 내 뜻을 의탁하고자 한다'[趙岐의 《孟子題辭》]고 하신 말씀에서 따온 것으로, 분명히 저술임을 말한 것이다. 범씨가 '입에서 말을 꺼낸다[出諸口]'고 했는데 '口'字를 쓴 것은 병폐가 있다(孟子說'見知','聞知', 皆傳道之古人也。太公望, 散宜生既無傳書, 伊尹, 萊朱所作訓誥, 亦皆因事而作, 不似老, 莊, 管, 呂, 特地做出一篇文字。叔孫豹曰'其次有立言', 至春秋時習尚已然, 而古人不爾。'恥躬之不逮'者, 不逮其所撰述之理, 非不踐其所告語之事, 本文自明。朱子云'空言無實', '空言'字從夫子'我欲托之空言'來, 明是說著述。范氏'出諸口'一'口'字, 便有病。). 이 장은 맹자가 '사람의 병폐는 남의 스승 노릇 하기를 좋아한다는 데 있다'[離婁上 제23장]고 한 말과 같은 의미이지, '仁者는 그가 하는 말이 차마 하지 못 할 말인 듯이 말한다'[顔淵 제3장]는 말과는 같은 의미가 아니다. 말의 과다‧정조는 存心에 달려 있지만, 저술의 유무는 好名을 추구했는가 務實했는가의 차이이다. 옛사람이라고 存心이 모두 순수한 것은 아니었지만, 다만 務實만큼은 후세 사람과 달랐을 뿐이다(此章與孟子'人之患在好爲人師'一理, 卻與'仁者其言也訒'不同。辭之多寡靜躁, 系於存心; 著述之有無, 則好名, 務實之異。古人非必存心之皆醇, 特其務實之異於後世耳。).

꺼내는데, 말하는 것이 어려워서가 아니라, 실행하는 것이 어려워서이다. 사람들은 바로 그 실행하지 않는 점 때문에, 그래서 말을 쉽게 꺼낸다. 꺼낸 말이 자기가 한 행실과 일치하도록 하고, 행실이 자기 입에서 나온 말과 일치하도록 한다면, 자기 입 밖으로 그 말을 내놓기가 결코 쉽지 않을 것이다."

[以約失之章]

042301、子曰:「以約失之者鮮矣[1]。[2]」

　　　선생님께서 말씀하셨다. "단속 때문에 잘못되는 경우는 드물다."

鮮,[3] 上聲。○謝氏曰:「不侈然[4]以自放[5]之謂約。」尹氏曰:「凡事約則鮮失, 非止[6]謂儉約也。[7]」

'鮮'(선)은 상성[xiǎn]이다. ○사씨(謝氏·謝顯道)가 말했다. "거리낌이 없이 제멋대로 하게 내버려 두지 않는 것이 '約'(약)이다.

윤씨(尹氏)가 말했다. "무릇 일은 단속하면 잘못되는 경우가 드문데, 단지 재물을 낭비하지 않고 아껴 쓰는 것만을 말하는 것이 아니다."

---

1 《論語疏證》 넓히길 애쓰는 자는 무절제하고, 지키길 애쓰는 자는 1촌을 얻으면 1촌을 나아가고, 1척을 얻으면 1척을 나아가니, 실수하는 일이 드물다(樹達按: 務廣者必荒, 守約者得寸進寸, 得尺進尺, 故鮮矣。);《論語譯注》 "스스로에 대해 절제하고 단속함으로 인해 잘못을 범하는 이런 경우는 많지 않다." 논어의 '約'字는 두 가지 뜻 외에는 없다. 하나는 '窮困'[곤궁하다]이고 하나는 '約束'[단속·속박·제약하다]이다("因爲對自己節制,約束而犯過失的, 這種事情總不會多。"; 論語的'約'字不外兩個意義: (甲)窮困, (乙)約束。至於節儉的意義。);《論語語法》'以'는 원인을 소개하는 개사로, 술어 앞에 쓰인다(以: 介繫原因的介詞, 用在謂語之前。); 約(약): 단속하다, 제약하다. 절제하다. 예로써 단속하다(約束。約之以礼。).

2 《論語正義》 趙佑[1727~1800]의 《四書溫故錄》에 말했다. "《禮記·曲禮上》에 '오만이 자라게 해서는 안 되고, 욕심이 풀어지게 놓아두어서는 안 되고, 지의(志意)가 자만(自滿)하게 해서는 안 되고, 열락이 도를 넘게 해서는 안 된다'고 했는데, 모두 約의 도리를 말한 것이다(正義曰: 趙氏佑《溫故錄》: "《曲禮》曰: '敖不可長, 欲不可縱, 志不可滿, 樂不可極。' 皆言約之道也。");《雍也 제25장》 참조.

3 鮮(선): [xiǎn] 적다. 드물다(少。罕。); [xiān] 고기. 활어. 선어. 선명하다(鱼, 活鱼。鮮明。).

4 侈然(치연): 교만 방자하다. 잘난 체하다. 거리낌 없이 제멋대로 행동하다(骄纵貌; 自大貌。侈然自肆未有不差错。).

5 自放(자방): 자기 자신을 단속하지 않고 내버려 두다(自我放纵; 摆脱礼法的约束).

6 止(지): 단지. 제한을 표시한다(副词。用于谓语前, 表示仅限。义即'只'。).

7 《論語集釋》 사치하면 교만하고 넘쳐서 화를 초래하고, 검약하면 우환이 없다(注: 孔安國曰: 奢則驕溢招禍, 儉約無憂患。);《論語大全》'約'에는 거둬들이다·투철하다·착실하다의 뜻이 있으니, 단지 간소한 것만이 아니다(朱子曰: 約有收斂近裏著實之意, 非徒簡而已。).

[君子欲訥於言章]

042401、子曰:「君子欲訥於言而敏於行[1]。」[2]

　　선생님께서 말씀하셨다. "군자는 말에 대해서는 굼뜨게 하려고 하고, 행동에 대해서는 재빠르게 하려고 한다."

行,[3] 去聲。○謝氏曰:「放言易, 故欲訥; 力行難, 故欲敏。」

'行(행)'은 거성[xíng]이다. ○사씨(謝氏·謝顯道)가 말했다. "말하고 싶은 대로 함부로 말하기는 쉽기 때문에, 굼뜨게 하려고 하고, 실행에 힘쓰는 것은 어렵기 때문에, 재빠르게 하려고 한다."

○胡氏曰:「自吾道一貫至此十章, 疑皆曾子門人所記也。」

○호씨(胡氏·胡寅)가 말했다. "제15장의 '내 도는 한 꿰미로 꿰어져 있다'에서부터 여기 제25장까지 10개의 장은 모두 증자(曾子) 문인의 기록인 것으로 보인다."

---

1 [성]訥言敏行(눌언민행): 말은 신중하게 하고, 일은 민첩하게 처리하다(訥言: 说话谨慎; 敏: 敏捷。指说话谨慎, 办事敏捷。);《論語集解》'訥'(눌)은 '遲鈍'(지둔)[굼뜨다]이다(注: 苞氏曰: 訥, 遲鈍也。);《論語義疏》군자는 말에 앞서 행동하고자 하기 때문에, 말은 뒤로 미루고 행동은 앞당긴다(疏: 君子欲行先於言, 故遲言而速行也。);《論語新解》敏·訥은 타고난 자질이지만, 익힘으로도 말미암는다. 경솔한 말은 교정을 통해 어눌하게 하고, 느린 행동은 노력을 통해 민첩하게 하는 것, 이 역시 타고난 기질을 변화시키는 것으로, 군자의 성덕의 방법이다(敏讷虽若天资, 亦由习。轻言矫之以讷, 行缓励之以敏, 此亦变化气质, 君子成德之方。); 訥(눌): 할 말이 속에 있는데, 밖으로 나오기 어려운 것을 표시한다. 어눌하다. 말이 굼뜨다. 언변이 좋지 않다(表示有话在肚里, 难以说出来。本义: 语言迟钝。也作"呐"。).
2 《大戴禮記·曾子立事》군자는 폭넓게 배우고 사소한 것이라도 신경써서 지키고, 작은 소리로 말하고 독실하게 행하고, 행하는 것은 반드시 남보다 재빠르게 하고, 말하는 것은 남보다 굼뜨게 하니, 군자는 평생 이를 지키는데 번민하고 또 번민한다(君子博學而孱守之, 微言而篤行之, 行必先人, 言必後人, 君子終身守此悒悒。).
3 行(행): [xíng] 행동거지. 행실. 품행(行为举止。); [xíng] 걸어가다. 걷다. 가다. 움직이다. 운행하다(走, 走路。往。移动, 流动。).

[德不孤章]

042501、 子曰:「德不孤, 必有鄰。」[1] [2]

선생님께서 말씀하셨다. "덕은 외롭지 않으니, 덕이 있는 사람은 반드시 가까이 하려는 사람이 있기 마련이다."

---

[1] 《論語集解》 비슷한 것끼리는 무리를 지어 모이고[周易·繫辭上], 뜻이 같은 사람끼리는 서로를 찾기 때문에[易經·☰乾·文言], 반드시 이웃이 생긴다. 이 때문에 외롭지 않은 것이다(注: 方以類聚, 同志[氣]相求, 故必有鄰, 是以不孤也。)。《論語義疏》 一說: '鄰'은 '報'이다. 덕행은 외롭지 않으니, 반드시 사람들에 의해 보답을 받는다는 말이다(疏: 一云: 鄰, 報也。言德行不孤矣, 必爲人所報也。)。《論語新解》 '德'字에는 두 가지 견해가 있다. ①修德[덕을 쌓다] 사람은 홀로 덕을 쌓을 수 없으니, 반드시 師友의 부축과 도움을 구해야 한다. ②有德[덕이 있다] 덕이 있는 사람은 쇠퇴한 세상에서도, 홀로 서 있지 않으니, 반드시 같은 소리끼리 서로 응하고, 같은 기운끼리 서로 찾아 짝하는 이웃이 있다(德字有两说。一指修德言。人不能独修成德, 必求师友夹辅。一指有德言。有德之人纵处衰乱之世, 亦不孤立, 必有同声相应, 同气相求之邻。)。

[2] 《周易·繫辭上》 비슷한 것끼리는 무리를 지어서 모이고, 만물은 떼를 지어서 나뉜다(方以類聚, 物以群分)。《易經·☰乾·文言》 같은 소리끼리 서로 응하고, 같은 기운끼리 서로 찾아 짝한다. 물은 습한 곳으로 흐르고, 불은 건조한 곳으로 나가고, 구름은 용을 따르고, 바람은 범을 따른다. 성인께서 나타나니 만물들이 모두 목도한다. 하늘에 근원한 자는 위를 가까이하고, 땅에 근원한 자는 아래를 가까이하니, 각기 자기의 동류를 따른다(子曰: 同聲相應, 同氣相求。水流濕, 火就燥, 雲從龍, 風從虎, 聖人作而萬物覩。本乎天者親上, 本乎地者親下, 則各從其類也。)。《易經·☷坤·文言》 군자는 敬을 써서 안의 마음을 곧게 하고, 義를 써서 밖의 일을 방정하게 한다. 敬과 義가 확립되면 德은 (敬과 義가 함께 해서) 외롭지 않다(君子敬以直內, 義以方外, 敬義立而德不孤。)。《春秋繁露·同類相動》 아름다운 일은 아름다운 일을 부르고, 악한 일을 악한 일을 부르니, 같은 종류끼리 서로 호응해서 일어난다. 사물은 본래 같은 종류끼리 서로 부르니, 용으로 비를 부르고, 부채로 더위를 쫓고, 군대가 머문 곳으로 가시나무가 난다(美事召美類, 惡事召惡類, 類之相應而起也。…… 物故以類相召也, 故以龍致雨, 以扇逐暑, 軍之所處以棘楚。)。《論語正義》《漢書·董仲舒傳》에 말했다. "신이 듣기로, 하늘이 그를 제왕으로 크게 추대하려 할 경우에는, 인력으로는 초치할 수 있는 일이 아닌 저절로 이르는 일이 반드시 있다고 했는데, 이것이 하늘의 명을 받았다는 징표입니다. 천하의 모든 사람이, 한마음으로 그에게 귀복하는 것이, 마치 부모에게 귀복하는 것과 같았기에, 하늘의 상서로운 기운이 지극정성에 감응해 이르게 된 것입니다. 책에 이르기를, '무왕이 (군사를 일으켜) 강을 건너는데 하얀 물고기가 왕이 탄 배로 튀어 들어왔고, (강을 다 건너자) 불덩이가 떨어지더니 왕이 머무는 집의 지붕에 이르러서 까마귀로 변했다'[史記·周本紀]고 했는데, 이것이 하늘의 명을 받았다는 징표입니다. 공자께서는, '덕이 있는 자는 외롭지 않으니, 반드시 가까이하려는 사람이 있기 마련이다'라고 했으니, 모두 선을 쌓고 덕을 쌓은 효과입니다." 이것은 논어의 이 글을 끌어들여 (덕있는 자는) '천하의 모든 사람들이 한마음으로 그에게 귀복한다'는 것의 증표로 삼은 것이다. '선을 쌓고 덕을 쌓는다'는 말은 바로 '不孤'의 뜻을 풀이한 것이다(正義曰:《漢書·董仲舒傳》: "臣聞天之所大奉使之王者, 必有非人力所能致而自至者, 此受命之符也。天下之人同心歸之, 若歸父母, 故天瑞應誠而至。書曰「白魚入于王舟, 有火復于王屋, 流爲烏」, 此蓋受命之符也。孔子曰「德不孤, 必有鄰」, 皆積善累德之效也。"此引《論語》爲"人同心歸之"之證。積善累德, 即釋不孤義也。)。

鄰, 猶親也。德不孤立, 必以類應。故有德者, 必有其類從之, 如居之有鄰也。³

'鄰'(린)은 '親'[가깝다]과 같다. 덕이 있는 자는 외로이 혼자 있지 않고, 반드시 같은 부류
에 의해 호응을 받는다. 그래서 덕이 있는 자에게는, 반드시 그에 맞는 부류가 있어
그를 따르는 것이, 마치 사는 곳에 이웃이 있는 모습과 같다.

---

3 《論語大全》'德不孤'는 도리를 가지고 한 말이고, '必有鄰'은 실제 사실을 가지고 한 말이다(朱子曰: 德不孤
以理言; 必有鄰, 以事言。)。《讀四書大全說》'德不孤'는 근원으로 소급해서 제기한 것으로, 주자가 '도리를
가지고 한 말이다'라고 한 것이 바로 이것이다. 그러한 도리가 있어야만, 그러한 사실이 있다. 그러므로
集注에서 '故有德者, 必有其類。'라고 한 것이다. 集注에서 '德不孤' 아래에 '有德者'를 첨가했으니, 集注에
서 이처럼 정밀하게 보탠 부분을, 세심히 살피지 못하고 그냥 지나가지 말아야, 비로소 '有德者 必有鄰'이라
는 사실 이전에, '덕은 본래 외롭지 않다'라는 도리가 있다는 것을 확신할 수 있게 될 것이다. 지혜로운
자는 그 도리의 소이연을 알지만, 지혜롭지 못한 자는 그것이 필연이라고 알 뿐이다. 아! 설명하기가
참으로 어렵다("德不孤"是從原頭說起, 朱子所謂以理言是也。唯有其理, 斯有其事。…… 所以集注云"故有
德者必有其類"。於"德不孤"之下添個"有德者", 集注之補帖精密如此類者, 自不可粗心看過, 方信得有德者
必有鄰之上, 有德本不孤的道理。…… 知者知其所以然, 不知者可以知其必然而已。嗚呼!難言之矣。)。《論
語大全》이 장의 말씀인즉, 덕이 있는 자는, 같은 소리끼리 서로 응하고, 같은 기운끼리 서로 찾아 짝하여,
반드시 외로이 있지 않다는 것으로, 《易經‧坤‧文言》의 '德不孤'와는 같지 않다. 《易經‧坤‧文言》의
'德不孤'는, 敬과 義가 확립되면, 안[敬]과 밖[義]이 겸비되어, 덕이 꽉 차서 어느 한쪽으로 기울거나
한쪽이 외롭지 않다는 말이다(朱子曰: 此言有德者, 聲應氣求, 必不孤立, 與易中德不孤不同。彼言敬義立,
則內外兼備, 德盛而不偏孤。)。《論語精義》사물 중에는 각기 무리를 지어서 모이지 않는 게 없기 때문에,
덕은 반드시 이웃이 있다. 선을 행하는 자는, 무리를 지어서 이에 응하니, 같이할 벗들이 스스로 멀리서
찾아와서, 채우기를 천지간을 꽉 채우기에 이르니, 모두 외롭지 않다. 덕이 확립되면, 온갖 선이 뒤를
따른다(伊川解曰: 事物莫不各以類聚, 故德必有鄰。又曰: 爲善者, 以類應, 自有朋自遠方來, 充之至於塞乎
天地, 皆不孤也。又曰一德立, 則百善從之。)。

[事君數章]

042601、子游曰:「事君數,[1] 斯[2]辱矣, 朋友數, 斯疏[3]矣。」[4]

---

1 《論語集解》'數'는 '速數'(속삭)의 '數'(삭)이다(注: 孔安國曰: 數, 謂速數之數也。);《論語集釋》毛奇齡[1623~1716]의《論語稽求篇》에 말했다. "舊注의 '速數'은 급하게 재촉하고 말이 장황한 것이다"(論語稽求篇: 舊注數是速數, 所謂逼促煩瑣也。);《論語義疏》'速數'은 급하고 잦은 것으로, 절제하지 않는 것이다(疏: 速而又數, 則是不節也。);《論語義疏》禮는 친밀한 것을 귀하게 여기지 않기 때문에, 진퇴가 법도에 맞아야 한다. 신하가 아무 때나 임금을 알현하면, 이는 필히 치욕을 불러들이고, 친구가 아무 때나 서로 왕래가 잦으면, 이는 필히 소원함을 불러들인다(疏: 禮不貴褻, 故進止有儀。臣非時而見君, 此必致恥辱, 朋友非時而相往數, 必致疏遠也。);《經典釋文》鄭玄의 注에 '數(수)는 世와 主의 반절로, 자기의 공로를 하나하나 열거하는 것을 말한다'고 했다(數, 鄭世主反, 謂數己之功勞也。);《論語平議》이 장의 '數(수)자는《禮記·儒行》의 '其過失可微辨而不可面數也'[그의 잘못은 완곡하게 깨우쳐 줄 것이지, 면전에서 조목조목 따져서는 안 된다]의 '數'로, '數'는 면전에서 그의 잘못을 조목조목 따지는 것이다.《禮記·曲禮下》에 '신하된 도리로는 드러내놓고 간언하지 않는다'고 했다. 그래서 간언에는 다섯 가지가 있는데, 공자께서는 그중의 諷諫(풍간)을 따르셨다고 했다[孔子家語·辯政]. 친구에 대해서는, 자기 마음을 다해 타이르고 또 좋은 말로 권유하고 인도한다고 했다[顏淵 제23장]. 임금을 섬기면서 면전에서 잘못을 조목조목 따지면, 드러내놓고 간언하지 않는다는 의리를 잃는 것이고, 친구 사이에 면전에서 잘못을 조목조목 따지면, 이른바 좋은 말로 권유하고 인도하는 것이 아니다. 임금에게 욕된 일을 당하고 친구 사이가 멀어지는 것은, 이것이 원인으로 생각된다(此數字, 即儒行所謂其過失可微辨而不可面數之數, 數者, 面數其過也…… 禮記曲禮曰, 爲人臣之禮, 不顯諫。故諫有五, 而孔子從其諷。其於朋友, 則曰忠告而善道之。事君而數, 則失不顯諫之義, 朋友而數, 則非所謂善道之矣。取辱取疏, 職此之故。)。唐宋 이래로, 얼굴을 무릅쓰고 간언하는 것을 신하 된 자의 성대한 절개라고 여겨, 어질다는 신하 중에는, 드디어 궁전 앞에 모여 통곡하는 자들까지 생기는 지경에 이르렀으니, 대개 이로부터 옛 뜻이 묻혀버려 군신·붕우 사이의 의가 상하는 일이 많아졌다(唐宋以來, 以犯顏極諫, 爲人臣之盛節, 至有明諸臣, 遂有聚哭於君之門者, 蓋自古義運, 而君臣朋友之間, 所傷多矣。);《論語疏證》數(삭)은 불가한데도 그만두지 않는 것을 말한다. 군신·붕우는 모두 義로써 하나로 합해진 관계여서, 義가 서로 맞으면 서로 교제하지만, 義가 서로 맞지 않는데 굳이 억지로 맞추려고 할 필요는 없다(數者, 不可而不止之謂也…… 君臣朋友皆以義合, 合則相與, 不合則不必強也。);《論語正義》'疏'는 '遠'이다. 邢昺의 疏에 '이 장은 신하가 교분을 맺는 데 있어 예로써 점진적으로 할 것을 밝힌 것이다'라고 했다. 吳嘉賓[1803~1864]의《論語說》에 말했다. "'數'(촉. 촘촘하다)과 '疏'(소)는 對句이다。《禮記·祭義》에 '祭不欲數'[제사의 횟수는 너무 빈번해서는 안 된다]라고 한 것이 바로 이것이다.《禮記·表記》에 '군자의 교제는 물처럼 담백하고, 소인의 교제는 술처럼 달콤하다. 군자는 담백함으로 교제를 이루고, 소인은 달콤함으로 교제를 망친다'고 했다. 임금을 섬기는 일이나 친구 사이의 교제가 모두 이와 같다. '數'은 친밀하다 못해 농밀한 것이다"(正義曰: "疏, 遠也…… 邢疏云: "此章明爲臣結交當以禮漸進也。" 吳氏嘉賓《說》: "'數'與'疏'對,《記》曰: '祭不欲數'是也。君子之交淡如水, 小人之交甘如醴。君子淡以成, 小人甘以壞, 事君與交友皆若是矣。'數者, 昵之至於密焉者也……")。 數(삭/촉): 여러 차례 걸쳐. 잦게. 빠르다. 친근하다. 친밀하다. 세밀하다. 촘촘하다(屢次。通"速"。親密。親近。細密。)。

2 《論語義疏》'斯'는 '此'[이는]이다(疏: 斯, 此也。);《論語句法》'斯'는 조건관계복문의 제2절의 앞머리에 붙는 관계사로, 지금의 '就'[그러면]에 해당한다('斯'字是條件關係複句裡的第二小句頭上加的關係詞, 相當於白話的'就'字。);《北京虛詞》斯(사): 부사. 그러면. 생략문의 가운데나 접속문의 뒷절에 쓰여 이어받음

자유(子游)가 말했다. "임금을 섬김에 간언이 잦으면 욕된 일을 당하고, 친구를 인도함에 충고가 잦으면 사이가 멀어진다."

數, 色角反。○程子曰:「數, 煩數[5]也。」胡氏曰:「事君諫不行, 則當去; 導友善不納, 則當止。至於煩瀆[6], 則言者輕, 聽者厭矣, 是以求榮而反辱, 求親而反疏也。」范氏曰:「君臣朋友, 皆以義合, 故其事同也。」[7]

'數'(삭, shuò)은 '色'(색)과 '角'(각)의 반절이다. ○정자(程子·伊川)가 말했다. "'數'(삭)은 '번거롭게 잦게 하다'[煩數]이다."

호씨(胡氏·胡寅)가 말했다. "임금을 섬김에 간언이 받아들여지지 않으면 마땅히 떠나야 하고, 친구를 인도함에 선한 충고가 받아들여지지 않으면 마땅히 그만두어야 한다. 귀찮게 하고 업신여기는 정도에 이르면, 말하는 자는 가벼워지고 듣는 자는 싫어진다. 이 때문에 영화를 구하려다 도리어 욕된 일을 당하고, 가까워지기를 구하려다 도리어 사이가 멀어진다."

을 표시한다('斯', 副詞。用于緊縮句中, 或用于承接復句的后一分句, 表示承接。义即'就'。).

3 疏(소): 소원하다. 사이가 멀다. 뜸하다. 드문드문하다(疏遠, 不親近。稀疏。).

4 《禮記·曲禮下》신하 된 도리로는 드러내놓고 간언하지 않는다. 세 번 간언했는데 듣지 않으면 그 임금을 떠난다. 자식 된 도리로는 세 번 간언했는데 듣지 않으면 부르짖으면서도 어버이를 뒤따른다(爲人臣之禮: 不顯諫。三諫而不聽, 則逃之。子之事親也: 三諫而不聽, 則號泣而隨之。).

5 韓愈[768~824]가 《論語筆解》에서, '數當謂頻數之數'['數'은 '頻數'의 '數'을 말한다]라고 했다; 煩數(번삭): 빈번하다. 번거롭게 잦다. 번잡하다(頻繁: 繁復).

6 煩瀆(번독): 귀찮게 하고 깔보다. 빈번하고 무시하다(頻繁轻慢).

7 《論語大全》大倫 중에, 사람으로 맺어진 관계는 모두 義를 主로 삼는다. 義는 맞는지 맞지 않는지의 구분이 있어, 義에 맞으면 따르고 맞지 않으면 떠난다. 父子 사이나 兄弟 사이가 하늘로 맺어진 관계여서, 恩惠를 主로 삼는 것과는 비교할 수 없다. 恩惠는 義가 맞지 않는다고 떠날 수 있는 이치가 없다. 그래서 君臣 사이나 朋友 사이는 사람으로 맺어진 관계인 점에서 그 사례가 같다(新安陳氏曰: 大倫中, 以人合者, 皆主義。義有可否之分, 合則從, 不合則去。不比父子兄弟, 以天合者, 皆主恩。恩則無可去之理。故君臣朋友之事同也。);《小學·嘉言》장횡거 선생이 말씀하셨다. "《詩經·小雅·斯干》에 '형제간이여 서로 우애 공경하고, 서로를 닮아서는 안 되리'라고 했으니, 형제는 마땅히 서로 사이좋게 지내야지, 서로 본을 받아서는 안 된다는 말이다. '猶'는 '似'(사)[서로 닮아가다]이다. 인지상정은 대체로 남에게 베풀었는데 그에 대한 보답을 받지 못하면 더 이상 베풀기를 그만 그치고 만다는 데 병폐가 있다. 그러기 때문에 은혜가 오래 가지 못하는 것이다. 서로 본을 받지 말고, 자기 편에서 베푸는 도리만 하면 된다"(橫渠先生曰: 《斯干》詩言: "兄及弟矣、式相好矣、無相猶矣。"言兄弟宜相好, 不要廝[相]學。猶, 似也。人情大抵患在施之不見報, 則輟, 故恩不能終。不要相學, 已施之而已。)(이 글은 《近思錄·家道》편에도 실려 있다).

범씨(范氏·范淳夫)가 말했다. "임금과 신하 사이, 친구와 친구 사이는 모두 의(義)로써 맺어진 관계이기 때문에, 그 사례가 같다."

《公冶長 第五》

此篇皆論古今人物賢否得失, 蓋格物窮理之一端也[*]。凡二十七章。胡氏以爲疑多子貢之徒所記云^{**}。

이 편은 모두 고금의 인물들의 현명함과 어리석음, 잘한 점과 잘못한 점을 논했는데, 대체로 격물·궁리의 한 부분이다. 모두 27장이다. 호씨(胡氏·胡寅)는 이 장이 대부분 자공(子貢)의 문도들이 기록한 것으로 보인다고 했다.

---

* 《憲問 제31장》의 集注에 '比方人物而較其短長……窮理之事'[인물을 비교하고 그들의 장단점을 따져보는 것은 궁리의 한 일이다]라는 구절이 나온다.
** 云(운): 문언조사로 문장의 앞이나 중간 또는 끝에 모두 쓰이며, 실제 뜻은 없다(文言助词, 句首句中句末都用; 无实在意义。).

[子謂公冶長章]

050101、子謂¹公冶長²,「可妻³也。雖在縲絏⁴之中, 非其罪也」。以其子⁵妻之。

---

1 謂(위): 평론하다. 평하다(评论).

2 《孔子家語 · 七十二弟子解》공야장은 노나라 사람으로, 字가 子長이다. 사람 됨됨이가 능히 치욕을 참고 받아들였기 때문에, 공자가 당신의 딸을 그에게 시집보냈다(公冶長, 魯人, 字子長。爲人能忍恥, 孔子以女妻之。);《論語集解》성이 公冶이고 이름이 長이다(注: 孔安國曰: 姓公冶, 名長。);《論語義疏》《論釋》이라는 책에 말했다. "공야장이 위나라에서 노나라로 돌아오는 길에 국경에 이르렀는데, 새들이 서로 부르면서, '청계에 가서 죽은 사람의 고기를 먹자'고 하는 소리를 들었다. 잠시 뒤, 한 노파가 길에 나앉아 울고 있기에, 공야장이 물어보자, 노파가 '우리 아들이 엊그제 출행했는데, 지금까지 돌아오지 않으니, 이미 죽었을 것으로 생각되는데, 어디 있는지 모르겠소'라고 했다. 공야장이 '조금 전에 새들이 서로 부르면서, '청계에 가서 죽은 사람의 고기를 먹자'고 하던데, 노파의 아들이 아닐까 합니다'라고 했다. 노파가 가서 보니, 아들을 찾았는데, 이미 죽어 있었다. 노파가 즉시 촌장에게 고해바쳤다. 촌장이 노파에게 어디서 이 사실을 알았느냐고 묻자, 노파가 '공야장을 만났는데 그가 이같이 말했습니다'라고 했다. 촌장이 '공야장이 살인하지 않았다면, 어떻게 이러한 사실을 알았겠느냐?'라고 하고서는 공야장을 구금하여 옥관에게 넘겼다(疏: 別有一書, 名之爲論釋, 云:「公冶長從衛還魯行至二堺上, 聞鳥相呼, 往清溪食死人肉。須臾, 見一老嫗當道而哭。冶長問之, 嫗曰: '兒前日出行, 于今不反, 當是已死亡, 不知所在.' 冶長曰: '向聞鳥相呼, 往清溪食肉, 恐是嫗兒也.' 嫗住看, 即得其兒也, 已死。即嫗告村司。村司問嫗從何得知之, 嫗曰: '見冶長道如此.' 村官曰: '冶長不殺人, 何緣知之?' 囚錄冶長付獄). 옥관이 '공야장은 어째서 사람을 죽였느냐?'라고 묻자, 공야장이 '새의 말을 알아듣고 말한 것이지, 사람을 죽이지 않았습니다'라고 했다. 옥관이 '시험해 봐서, 새의 말을 알아들으면, 즉시 석방하겠지만, 알아듣지 못하면, 당장 죽이겠다'고 하고, 공야장을 60일 동안 옥에 가두어 두었다. 마지막 60일째 되는 날, 참새가 옥사의 울타리에 올라앉아, 서로 부르면서 짹짹거리니, 공야장이 웃음을 머금자, 옥리가 옥관에게, 공야장이 참새의 말을 듣고 웃는데, 새들의 말을 알아들은 것 같다고 알렸다. 옥관이 옥리를 시켜 공야장에게 참새들이 무슨 말을 했기에 웃었는지를 물어보게 했다. 공야장이 '참새들이 짹짹거리면서, 백연수 물가에, 수레가 전복되어 서숙이 쏟아지고, 황소는 뿔이 부러졌는데, 아직 다 쓸어 담지 못했으니, 가서 쪼아 먹자고 서로 부르고 있습니다'라고 대답했다. 옥관이 믿지 못해, 사람을 보내어 가서 보게 하니, 과연 그의 말 대로였다. 뒤에 또 돼지와 제비의 말을 알아듣기를 여러 차례 증험하자, 이에 공야장을 풀어주었다"(主問: '冶長何以殺人?' 冶長曰: '解鳥語不殺人.' 主曰: '當試之, 若必解鳥語, 便相放也。若不解, 當今償死.' 駐冶長在獄六十日。卒日有雀子緣獄柵上, 相呼嘖嘖, 冶長含笑, 吏啓主冶長笑雀語, 是似解鳥語。主教問冶長, 雀何所道而笑之。冶長曰: '雀鳴嘖嘖, 白蓮水邊, 有車翻覆黍粟, 牡牛折角, 收斂不盡, 相呼往啄.' 獄未信, 遣人往看, 果如其言。後又解猪及燕語屢驗, 於是得放.). 그렇지만 이는 잡서에 나온 글로, 꼭 믿을 만한 글은 아니지만, 그럼에도 고서에는 '공야장은 새의 말을 알아들었다'고 전하고 있기 때문에, 우선 이를 기록해 둔다(然此語乃出雜書, 未必可信, 而亦古舊相傳云, '冶長解鳥語.' 故聊記之也.).

3 《論語注疏》딸을 시집보내는 것을 '妻'라 한다(疏: 正義曰: 納女於人曰妻。); 妻(처): 딸을 다른 사람에게 출가시키다. 시집보내다(以女嫁人);《文言語法》'可妻'(가처)는 '助動詞＋名詞' 형식으로, 명사가 동사로 쓰인 경우이다.

4 縲絏(류설): 범인을 묶는 검정색 포승줄. 감옥. 수감하다(捆绑犯人的黑绳索。借指监狱; 囚禁。); 縲(루/류): 포승줄(捆绑犯人的绳索); 絏(설): 밧줄. 새끼. 포승. 묶다(绳索。系, 拴或捆绑).

선생님께서 공야장(公冶長)을 평하여 말씀하셨다. "내 딸을 시집보낼 만하다. 비록 옥중에 갇혀 있었던 적이 있었지만, 그가 지은 죄가 아니었다." (그러시고 는) 당신의 딸을 그에게 시집보내셨다.

妻[6], 去聲, 下同。縲, 力追反。絏, 息列反。○公冶長, 孔子弟子。妻, 爲[7]之妻也。縲, 黑索也。絏, 攣[8]也。古者獄中以黑索拘攣[9]罪人。長之爲人無所考, 而夫子稱其可妻, 其必有以取之矣。又言其人雖嘗陷於縲絏之中, 而非其罪, 則固無害於可妻也。夫有罪無罪, 在我而已, 豈以自外至者[10]爲榮辱哉?[11]

'妻'(처)는 거성[qì]으로, 뒷절에서도 이와 같다. '縲'(루, léi)는 '力'(력)과 '追'(추)의 반절이다. '絏'(설, xiè)은 '息'(식)과 '列'(열)의 반절이다. ○'公冶長'(공야장)은 공자(孔子)의 제자이다. '妻'(처)는 '그에게 딸을 시집보내다'이다. '縲'(루)는 '검정색 포승줄'[黑索]이다. '絏'(설)은 '결박하여 손발을 펴지 못하게 하다'[攣]이다. 옛날에 옥중에서는 검정색 포승줄로 죄인을 결박했다. 공야장(公冶長)의 사람 됨됨이에 대해서는 고찰할만한 자료가 없지만, 선생님께서 그를 일컬어 '내 딸을 시집보낼 만하다'고 하셨으니, 아마도 그에게 취할 만한 것이 필시 있었을 것이다. 또 말씀하시기를, 그 사람이 비록 전에

---

5 《王力漢語》子(자): 자녀. 남녀를 불문한 아이(兒女。一般指兒子。注意: '子'的最初的意義時孩兒, 不論男性或女性都稱'子'。).

6 妻(처): [qì] 딸을 다른 사람에게 출가시키다. 시집보내다. 남자에게 시집가서 배우자가 되다(以女嫁人。嫁给男子为配偶。); [qī] 처. 아내(男子的正式配偶称为「妻」。).

7 爲(위): ~에게. ~를 위해(替, 给).

8 攣(련): 묶어서 엮다. 손발이 오그라들어 펼 수 없다. 경련이 일다(本义: 维系, 牵系。手脚蜷曲不能伸开。痉挛。).

9 拘攣(구련): 구속하다. 구애되다. 구금하다(拘束: 拘泥: 拘禁).

10 《禮記·祭統》제사는, 누군가가 외부에서 와서 시킨 것이 아니라, 자기 내면에서 나와서 마음속에 저절로 생긴 것이다(夫祭者, 非物自外至者也, 自中出生於心也。).

11 《論語大全》나에게는 죄받을 만한 일이 없는데, 불행히도 죄가 밖에서 초래되는 경우가 있으니, 어찌 치욕으로 여길 수 있겠는가? 나에게 죄받을 만한 일이 있는데, 요행히도 밖으로 죄를 면하는 경우가 있으니, 어찌 영광으로 여길 수 있겠는가? 그러므로 군자는 남이 보지 않는 어두운 방 안에서 은밀한 죄를 지었다면, 그 마음은 부끄러워하고, 만일 저잣거리에서 매를 맞고 불행히도 생각지 못한 재앙을 당했다면, 비록 저잣거리와 조정 앞에서 형을 받고 오랑캐 땅으로 쫓겨날지라도, 모두 받아들이고 부끄러워하지 않는다(慶源輔氏曰: 在我無得罪之道, 而不幸有罪自外至, 何足以爲辱? 在我有得罪之道, 雖或幸免其罪於外, 何足以爲榮? 故君子有隱微之過於暗室屋漏之中, 則其心愧恥, 若撻于市, 不幸而遇無妄之災, 則雖市朝之刑, 裔夷之竄, 皆受之而無恧也。).

옥중에 갇혀 있었던 적이 있었지만, 그가 지은 죄가 아니었다고 하셨으니, 그렇다면 딸을 시집보내는 데에 해될 것이 있을 리 만무했다. 대체로 죄가 있느냐 없느냐 하는 것은 나의 행실의 잘잘못에 달려 있을 뿐이니, 어찌 밖에서 초래된 (상을 받은 것이나 형벌을 받은) 것을 가지고 영광이다 치욕이다 여기겠는가?

050102、子謂[12]南容[13],「邦有道[14], 不廢[15]; 邦無道, 免於刑戮[16]」。以其兄[17]之子妻之。
　　　선생님께서 남용(南容)을 평하여 말씀하셨다. "나라에 도가 있으면 버림을 당하지 않고, 나라에 도가 없으면 형벌이나 처형을 당하는 것을 면할 것이다." (그러시고는) 당신 형님의 딸을 그에게 시집보내셨다.

南容, 孔子弟子, 居南宮。名縚[18], 又名适[19]。字子容, 諡敬叔。孟懿子[20]之兄也。不廢, 言必見用[21]也。以其謹於言行[22], 故能見用於治朝[23], 免禍於亂世也。事又見第十一篇。[24]

---

12 《助字辨略》 '謂'(위)는 그 사람을 거론하여 칭찬하는 것으로, 반드시 그 사람을 대면하거나 그 사람과 말하는 것은 아니다(謂, 稱舉其人, 非必對其人而與之言也。).
13 南容(남용): 남궁괄. 공자제자;《先進 제5장》《憲問 제6장》참조.
14 《王力漢語》道(도): 봉건사회에서 훌륭하다고 인식되는 정치적인 조치나 상황(封建社會所認爲好的政治措施和政治局面。).
15 《論語義疏》 '不廢'(불폐)는 임용된다는 말이다(注: 王肅曰: 不廢, 言見任用也。);《論語句法》 '不廢'(불폐)는 피동문으로 '不被廢'의 뜻이다('不廢'是被動句, '不被廢'的意思。).
16 刑戮(형륙): 형벌을 받거나 처형당하다(受刑罰或被处死);《論語義疏》刑과 戮은 통용하는 말로, 경중을 포함한다(刑戮通語耳, 亦含輕重也。);《王力字典》刑(형): 형벌. 체형. 사형(刑罰。又專指肉刑〔黥‧劓‧刖‧宮刑〕, 死刑。);《王力字典》戮(륙): 죽이다. 시신을 진열하여 여러 사람에게 보이다(殺。引申爲陳尸示衆。);《說文‧戈部》 '戮'(륙)은 '殺[죽이다]'이다(戮, 殺也。).
17 《集注考證》공자의 서형 孟皮. 숙량흘이 앞서 施氏를 아내로 얻어, 아홉 명의 딸을 낳았고, (아들이 없자) 첩을 얻어 孟皮를 낳았는데, 뒤에 字가 伯尼였고, 족병이 있었다. 옛날에는 서장자는 孟, 적장자는 伯이라 했다(孔子庶兄孟皮也, 叔梁紇前娶施氏, 生九女, 其妾生孟皮, 後字伯尼, 有足病, 古者庶長字孟, 嫡長字伯。); 아버지 숙량흘의 첩의 소생으로, 공자의 서형인 孟皮가 있었는데, 그가 이미 죽었기 때문에 조카딸을 위해 혼주가 된 것이다.
18 縚(도): 명주실로 만든 끈(丝绳; 丝带).
19 《憲問 제6장》에 남궁괄에 대해 공자가 평한 글이 나온다.
20 《爲政 제5장》 참조.
21 見(견): 동사 앞에 쓰여 피동을 표시한다(用于动词前, 表示被动。又即'被'。).
22 《論語大全》이 장에는 '謹於言行[언행을 조심했다]의 뜻이 보이지 않는데, 三復白圭章[先進 제5장]을

'南容'(남용)은 공자(孔子)의 제자로, 남궁(南宮)에 거주했다. 이름이 도(縚) 또는 괄(适)이다. 자(字)가 자용(子容)이고, 시호가 경숙(敬叔)이다. 맹의자(孟懿子)의 형이다. '不廢'(불폐)는 (버림을 당하지 않고) 반드시 쓰임을 받을 것이라는 말이다. 그가 언행을 조심했기 때문에, 치세에는 쓰임을 받을 수 있었고, 난세에는 화를 면할 수 있었다. 南容(남용)에 관해서는 《선진》(先進) 편에 또 나온다.

○ 或曰:「公冶長之賢不及南容, 故聖人以其子妻長, 而以兄子妻容, 蓋厚於兄而薄於己也。」程子曰:「此以己之私心窺[25]聖人也。凡人避嫌[26]者, 皆內不足也, 聖人自[27]至公, 何避嫌之有? 況嫁女必量其才而求配, 尤不當有所避也。若孔子之事, 則其年之長幼, 時之先後皆不可知, 惟以爲避嫌則大不可。避嫌之事, 賢者且不爲, 況聖人乎?」[28]

○어떤 사람이 말했다. "공야장(公冶長)의 현명함이 남용(南容)에 미치지 못했기 때문에, 성인께서 당신 딸은 공야장(公冶長)에게 시집보내셨고, 형의 딸은 남용(南容)에게 시집보내셨으니, 대개 형에게는 후하게 하시고 자기에게는 박하게 하신 것이다."

정자(程子·伊川)가 말했다. "어떤 사람의 말은 자기의 사사로운 마음을 가지고 성인을 엿본 것이다. 보통의 사람들이 남의 의심을 받을 일이라고 해서 (하지 않고) 피하는 까닭은, 모두 속으로 의심받을 것이라는 떳떳한 마음의 부족 때문이지만, 성인께서는 본래가 지극히 공정하신 분인데, 무슨 피해야 할 의심받을 일이 있으셨겠는가? 하물며

참조했기 때문에, 그렇게 말한 것이다(新安陳氏曰: 此章本不見謹於言行意, 參以三復白圭章, 故云。).

23 治朝(치조): 정치가 청명한 조대(政治清明的朝代。).

24 《先進 제5장》 참조.

25 窺(규): 조그만 구멍이나 틈으로 또는 안 보이는 데서 몰래 보다(从小孔, 縫隙或隐蔽处偷看。).

26 避嫌(피혐): 의심받을 일을 피하다(避免嫌疑).

27 自(자): 본래. 처음부터. 본래부터(本是; 本来).

28 《論語義疏》옛날에 말하기를, 공야장과 남용에 대한 평가에 우열이 있었기에, 당신의 딸과 형님의 딸을 시집보낸 것에 각기 차이를 둔 것이라 했다. 내가 생각하기에, 두 사람의 우열은 없다. 당신의 딸은 공야장에게, 형님의 딸은 남용에게 시집보낸 것은, 공야장과 남용의 덕의 경중을 저울질해서 한 게 아니고, 단지 두 딸의 나이에 맞게 시집보냈고, 시집보낸 것이 한 날이 아니고 차례대로 한 것으로, 공야장과 남용 두 사람 간의 차이를 생각해보고 한 것이 아니다(昔時講說, 好評公冶, 南容德有優劣, 故妻有己女, 兄女之異。侃謂二人無勝負也…… 以己女妻公冶, 兄女妻南容者, 非謂權其輕重, 政是當其年相稱而嫁, 事非一時在次耳, 則可無意其間也。).

딸을 시집보내는 일은, 반드시 그 딸의 재질을 헤아려서 배필을 구해야 하는 것인데, 피해야 할 의심받을 일이 있었다는 것은 더더욱 당치 않다. 공자(孔子)의 이 일의 경우, 그 두 딸아이의 나이의 많고 적음, 시집간 시기의 선후를 모두 알 수 없는데, 오로지 이 일을 의심받을 일을 피하려는 것으로만 여긴다면, 대단히 옳지 않다. 의심받을 일이라고 해서 (하지 않고) 피하는 일은, 현자조차도 하지 않는 일인데, 하물며 성인에게 있어서이겠는가?"

[子謂子賤章]

050201、子謂子賤[1]、「君子哉[2]若人[3]! 魯無君子者[4], 斯焉取斯[5]?[6] [7]」

---

1 子賤(자천); 宓不齊(복불제) 姓 宓(복), 名 不齊, 字 子賤. BC 521[502?]~BC 445. 공자보다 30살[49살]이 적은 제자. 그가 지은 책으로《宓子》16편이 있다고 했고[漢書・藝文志],《論衡・本性》에는 '복자천・칠조개・공손니자[공자의 재전제자] 등도 사람의 성정에 대해 논했는데, 모두 사람의 성에는 선도 있고 악도 있다고 말했다(宓子賤,漆雕開,公孫尼子之徒, 亦論情性, …… 皆言性有善有惡。)고 했다.《孔子家語・七十二弟子解》복불제는 노나라 사람으로, 字가 子賤이다. 공자보다 나이가 49세 어렸는데, 벼슬은 單父(선보) 땅의 宰를 했고, 재주와 지략을 갖추었고, 백성을 인자하게 대했고 아꼈고, 백성을 속이는 일을 용인하지 않았다. 공자께서 그를 칭찬하셨다(宓不齊, 魯人, 字子賤。少孔子四十九歲, 仕爲單父宰, 有才智, 仁愛, 百姓不忍欺。孔子美之。).

2 《論孟虛字》哉(재): 감탄어기사. 문장 가운데 쓰인 경우 도치형식의 감탄문으로, 그 밑의 문장을 끊어 읽어야 한다('哉', 用作歎美語氣詞, 有句末或句中兩式。用在句中的'哉'要和下文讀斷, 作一停頓, 是感歎句的倒裝句式。); 공자께서 '君子哉若人'이라고 평한 사람은 子賤[公冶長 제2장]・子產[公冶長 제15장]・遽伯玉[憲問 제6장]・南宮括[衛靈公 제6장] 등이다.

3 《論語集解》'若人'은 '若此人'[이런 사람]이다(注: 苞氏曰: 若人者, 若此人也。).《經傳釋詞》'若'은 '此'와 같다. '이 사람'(若, 猶'此'也。謂此人也。).《論語詞典》지시형용사('若', 指示形容詞).

4 《論語正義》공자께서 말씀한 '魯之君子'는 (자천이 單父(선보) 땅을 다스릴 때) '아버지처럼 받든 이가 3명, 형처럼 모신 이가 5명, 친구로 대한 이가 12명, 스승으로 모신 이가 1명이었다'[韓詩外傳・卷8]고 한 것을 가리켜 말한 것이다(正義云: 夫子所云'魯之君子', 即指所父事, 兄事, 所友, 所師者言。);《王力漢語》'無'는 동사로서 명사를 부정한다. '不'는 부사로서 형용사나 동사를 부정한다. 이 때문에 그 뒤에 오는 형용사나 동사는 왕왕 명사성이나 동사성을 띤다('無'是動詞(指其第一義), 它所否定的是名詞; '不'是副詞, 它所否定的是形容詞和動詞。因此, '無'字後面的形容詞和動詞往往帶名詞性, 如'無上', '無窮', '無畏'; '不'字後面的名詞則帶動詞性, 如'不君', '不臣', '不國'。);《詞詮》者(자): 가설을 표시하는 어말조사('者', 語末助詞。表假說。);《古漢語語法》어기사 '也', '者'는 종속절의 끝에 쓰여, 가설어기의 작용을 표시할 수 있다(语气词'也', '者'用在偏句之末, 可表示假说语气的作用。);《論語句法》'者'는 말을 잠시 멈추는 어기사이다('者'是一個停頓語氣詞。).

5 《論語義疏》자천을 칭찬함에 이어서, 또 노나라를 칭찬한 것이다. '焉'(언)은 '安'이다. '斯'(사)는 '此'이다["자천이 (노나라가 아니라면) 어느 곳에서 이 君子之行을 취해 배워 행할 수 있었겠느냐?"](疏: 因美子賤又美魯也。焉, 安也。斯, 此也。子賤安得取此君子之行而學之乎?);《論語句法》주어 '斯'는 '子賤'을, 목적어 '斯'는 '君子之德'을 지칭하고, '焉'은 '어느 곳에서'와 같다["자천은 어느 나라에서 군자의 덕을 얻어 갖추었겠느냐?"](起詞'斯'稱代'子賤', 止詞'斯'指稱'君子之德', '焉'等於'於何處');《文言虛詞》斯(사): 대사. 사람・사물・장소를 대신 가리킨다. '此'와 같다('斯'作代詞, 可以代人, 代事物, 代地方, 和'此'相同。);《論語新解》'取'(취)는 '본받다', '획득하다'의 뜻이다(取, 取法义, 亦获取义。).

6 《論語新解》공자께서는 그 사람의 자질이 훌륭한 것을 칭찬하지 않고, 그 사람이 호학하는 것을 칭찬하셨으니, 안연의 경우가 그것이다. 이 장은 군자가 성덕하는 것은 尊賢取友의 이익에 힘입은 바임을 말씀한 것으로, 역시 자천의 호학을 칭찬하신 것이다(孔子之于人, 每不稱其质美, 而深称其好学, 如颜渊。此章言君子成德, 有赖于尊贤取友之益, 亦称子贱之善学。).

선생님께서 자천(子賤)을 평하여 말씀하셨다. "이 사람은 군자다! 노(魯)나라
에 군자가 없었다고 하면, 이 사람이 어느 나라에서 이러한 군자의 품덕을
얻어 갖추었겠느냐?"

馬, 於虔反。○子賤, 孔子弟子, 姓[8], 名不齊。上斯斯[9]此人, 下斯斯此德。子賤蓋能尊賢
取友以成其德者[10, 11]。故夫子既[12]歎其賢, 而又言若魯無君子, 則此人何所取以成此德

---

7 《說苑‧政理》공자께서 (벼슬하고 있는) 자천에게 가서 물었다. "그대가 벼슬을 하면서, 무엇을 얻었고,
무엇을 잃었느냐?" 자천이 대답했다. "제가 벼슬하면서, 잃는 것은 없고 얻은 것은 세 가지가 있습니다.
전에 외웠던 글을 지금 이행하여, 이 때문에 배움이 더욱 밝아졌으니, 하나입니다. 녹봉이 비록 적지만,
멀건 죽이라도 친척에게까지 미쳐서, 이 때문에 친척과 더욱 친해졌으니, 둘입니다. 공사가 비록 급하지
만, 밤까지 일하고, 죽은 이를 조문하고 병든 이를 문병하여, 이 때문에 벗들과 더욱 가까워졌으니,
셋입니다." 공자께서 자천을 평하여 말씀하셨다. "이 사람은 군자다! 이 사람은 군자다! 노나라에 군자가
없었다고 하면, 이 사람이 어느 나라에서 이러한 군자의 품덕을 얻어 갖추었겠느냐?"(孔子往見子賤曰：
「自子之仕, 何得, 何亡也?」子賤曰：「自吾之仕, 未有所亡而所得者三: 始誦之文, 今履而行之, 是學日益明
也, 所得者一也。奉祿雖少, 鬻, 鬻得及親戚, 是以親戚益親也, 所得者二也。公事雖急, 夜勤, 弔死視病, 是以
朋友益親也, 所得者三也。」孔子謂子賤曰：「君子哉若人! 君子哉若人! 魯無君子也, 斯焉取斯?」).

8 宓(복/밀): (복) 姓; (밀) 안녕하다. 잠잠하다. 비밀의(安宁。静止。静默, 秘密, 不公开。).

9 斯(사): ~이다. ~의 경우는[앞글을 이어받아 결론을 내리는 것을 표시한다](爲, 是。則。就[表示承接上
文, 得出结论]).

10 《孟子‧萬章下 제3장》아랫사람으로서 윗사람을 공경하는 것을 일러 貴貴라 하고, 윗사람으로서 아랫사
람을 공경하는 것을 일러 尊賢이라 한다(用下敬上, 謂之貴貴; 用上敬下, 謂之尊賢。);《禮記‧學記》옛날
교육기관은 家에 塾(숙)[문 옆 행랑방], 黨[500家]에 庠(상), 術[12500家]에 序(서), 國都에 大學(대학)
이 있었다. 해마다 학생이 입학했고 격년으로 시험을 실시했다. 1년 차에 경서의 斷句능력과 성현들의
뜻한 바에 대한 이해능력을 살폈고, 3년 차에 학업에 전념하는지 학우들과 잘 어울려 지내는지를 살폈고,
5년 차에 다방면으로 학습하는지 스승을 가까이하는지를 살폈고, 7년 차에 학문을 토론하고 교우 관계
를 살폈으니, 이를 小成이라 했다(古之教者, 家有塾, 黨有庠, 術有序, 國有學。比年入學, 中年考校。一年視
離經辨志, 三年視敬業樂群, 五年視博習親師, 七年視論學取友, 謂之小成。).

11 《韓詩外傳‧卷8》자천이 선보 땅을 잘 다스려 그곳 백성이 잘 따랐다. 공자께서 물었다. "내게 선보
땅을 어떻게 다스렸는지 말해 보거라." 자천이 대답했다. "아버지처럼 받든 이가 3명, 형처럼 모신
이가 5명, 친구로 대한 이가 12명, 스승으로 모신 이가 1명이었습니다." 공자께서 말씀하셨다. "아버지처
럼 받든 이가 3명이면, 효를 가르칠 수 있고, 형처럼 모신 이가 5명이면, 우애를 가르칠 수 있고, 친구로
대한 이가 12명이면, 차단하고 가려 덮는 일을 없앨 수 있고, 스승으로 모신 이가 1명이면, 계획에
실책이 없고 실행에 실패하는 일이 없을 것이다. 아깝다! 그대가 다스리는 땅이 컸다면, 그 공적이
요‧순 임금과 나란했을 텐데"(子賤治單父其民附。孔子：「告丘之所以治之者。」……對曰："所父事者三
人, 所兄事者五人, 所友者十有二人, 所師者一人。" 孔子曰："所父事者三人,〔足以教孝矣,〕所兄事者五人,
足以教弟矣; 所友者十有二人, 足以祛壅蔽矣; 所師者一人, 足以慮無失策, 舉無敗功矣。惜乎! 不齊爲之大,
功乃與堯舜參矣。").

12 《北京虛詞》既……又……: ~일뿐더러 또~이다. 두 절을 병렬하여 동시 존재함을 표시한다('既……

乎? 因[13]以見魯之多賢也。

'焉'(언, yān)은 '於'(어)와 '虔'(건)의 반절이다. ○'子賤'(자천)은 공자(孔子)의 제자로, 성이 복(宓)이고 이름이 불제(不齊)이다. '斯焉取斯'(사언취사)에서 앞의 '斯'(사)자는 '이 사람'이고, 뒤의 '斯'(사)자는 '이러한 덕'이다. 자천(子賤)은 아마도 어진 사람을 존경하여 스승으로 모시고 교우 관계를 통해 이로써 군자로서의 품덕을 갖출 수 있었던 사람인 듯하다. 그래서 선생님께서 그의 어진 덕을 찬탄하셨을뿐더러, 또 말씀하시길 '노(魯)나라에 군자가 없었다면, 이 사람이 어느 나라에서 얻어, 이로써 이러한 군자의 품덕을 갖추었겠느냐?'라고 하셨으니, 이를 통해 노(魯)나라에 어진 사람이 많다는 것을 드러내 보이신 것이다.

○蘇氏曰: 「稱人之善, 必[14]本其父兄師友[15], 厚之至也。」[16]
○소씨(蘇氏·蘇軾)가 말했다. "어떤 사람의 선함에 대한 칭찬이, 그 사람의 부형이나 모시는 스승이나 사귀는 벗에게 근본을 두는 경우, 아주 후한 칭찬이다."

又……', 凝固格式。連接两个分句, 表示两件事情同时发生或两种情况同时存在。=既……且……。).

13 《北京虛詞》因(인): 개사. ~를 통해. ~를 빌어. ~때문에('因', 介詞。介绍动作的途径、凭借、条件、时机、原因等。又即'通过'、'凭借'、'根据'、'趁'、'因为'等。).

14 《北京虛詞》必(필): 접속사. 가정문의 앞절에 쓰여, 가정을 표시한다('必', 連詞。用于假设复句的前一分句, 表示虚拟或假设。又即'果真'、'假使'。).

15 師友(사우): 스승과 벗. 가르침을 구하거나 서로 절차탁마할 수 있는 사람. 스승으로 섬길만한 벗(老师和朋友, 泛指可以求教或互相切磋的人。).

16 이 장의 集注 '子賤蓋能尊賢取友以成其德者' 및 《先進 제4장》 참조.

[子貢問賜也何如章]

050301、子貢問曰:「賜也何如^1?^{2}」子曰:「女器也。」曰:「何器也?」曰:「瑚璉^{3}也。」^{4}

자공(子貢)이 여쭈었다. "저는 어떻습니까?" 선생님께서 말씀하셨다. "너는 그릇이다." "어떤 그릇입니까?" 선생님께서 대답하셨다(曰). "호련(瑚璉)이다."

女, 音汝。瑚, 音胡。璉, 力展反。○器者, 有用之成材^5。夏曰瑚, 商曰璉, 周曰簠簋^6, 皆宗廟

---

1 《詞詮》何(하): 의문형용사('何', 疑問形容詞。);《北京虛詞》何如(하여): 상황을 묻는 경우에는 '어떠한가?'의 뜻이고, 방법을 묻는 경우에는 '어떻게 하는가?'의 뜻이다('何如', 短语。询问情状, 又即'怎么样'、'什么样的'。作主语或谓语: 询问方法, 又即'怎么办'、'怎么'。作谓语或状语。).

2 《論語義疏》자공이 공자께서 제자들을 한 사람씩 평했지만 자기는 언급하지 않자, 자기는 어떤지 자문을 구한 것이다(疏: 子貢聞孔子曆評諸弟子而不及己, 己獨區區己分, 故因咨問'何如'也。);《論語正義》공자께서 여러 제자를 평가한 것은, 한날한시에 한 것이 아니고, 기록한 자가 순서대로 기록한 것으로, 黃侃의 견해는 맞지 않는다(正義曰: 夫子論諸弟子, 非在一時, 記者以次書之。皇疏謂"子貢聞孔子評諸弟子而不及己, 故有此問", 非也。).

3 [성]瑚璉之器(호련지기): 특별히 재능이 있어 大任을 담당할 수 있다(瑚璉: 古代祭祀时盛黍稷的尊贵器械皿, 夏朝叫'瑚'殷朝叫'璉'。比喻人特别有才能, 可以担当大任。); 瑚璉(호련): 종묘에서 좁쌀[서직]과 기장쌀을 담는 제기. 국가를 다스릴만한 재능. 일반적인 식기가 아니고, 위로는 주왕·제후, 아래로는 경·대부에 이르기까지, 대청·종묘·무덤에 비치하는 아주 존귀하고 화려하고, 아주 중요하게 쓰였으며, 그런 까닭에 鼎(정)과 같이 배치하고 함께 사용되어 잠시도 떨어지지 않고 영원히 후세에 대대로 전해질 보배로운 예기였다(古代宗廟盛放黍稷的祭器。比喻治国的才能。瑚璉, 是宗廟盛黍稷即小米,黄米的。但是它绝非一般的盛食器, 而是上至周王, 诸侯, 下至卿大夫, 置于大堂之上, 宗廟之中, 黄泉之下, 极为尊贵, 超绝华美, 实有大用, 贮能裕养, 因而可以和鼎相配而且同用, 只是尊贵稍次并欲世代享有, 须臾不离并永远留传的大宝礼器。).

4 《論語正義》공자께서, '賜는 세상 물정과 사리에 밝으니, 정치를 맡아 다루는 데 무슨 부족함이 있겠습니까?'[雍也 제6장]라고 하셨기 때문에, 종묘에서 쓰이는 존귀한 그릇으로 그를 비유하신 것이다. 너는 호련이라고 했으니, 그렇다면 귀신에게 음식을 차려 바칠 수 있고, 왕공에게 천거할 수 있는 것이다(正義曰: 夫子言"賜也達, 可使從政", 故以宗廟貴器比之。言女器若瑚璉者, 則可薦鬼神, 羞王公矣。).

5 成材(성재): 재목감. 쓸모있는 인물이 되다(可用的材料。可以做材料。亦以喻成为有用的人。).

6 《禮記 · 明堂位》(제사상에 음식을 담는 그릇으로) 有虞氏는 兩敦(2돈)을 썼고, 夏侯氏는 四連(璉)(4련)을 썼고, 은나라는 六瑚(6호)를 썼고, 주나라는 八簋(8궤)를 썼다(有虞氏之兩敦, 夏后氏之四連, 殷之六瑚, 周之八簋。);《論語集解》'瑚璉'(호련)은 서직을 담는 그릇이다. 하나라에서는 '瑚', 상나라에서는 '璉', 주나라에서는 '簠簋'(보궤)라 했는데, 모두 종묘에서 쓰는 그릇 중에서 귀한 것이다(注: 苞氏曰: 瑚璉者, 黍稷器也。夏曰瑚, 殷曰璉, 周曰簠簋, 宗廟器之貴者也。);《論語義疏》바깥은 방형 안쪽은 원형인 것이 簠(보), 바깥은 원형 안쪽은 방형인 것이 簋(궤)이다. 모두 용량은 1두 2승이다. 簠에는 좁쌀[서직]과 기장쌀을 담고, 簋에는 벼와 수수를 담는다(外方內圓曰簠, 內方外圓曰簋。俱容一斗二升。以簠盛黍稷,

盛黍稷[7]之器而飾以玉, 器之貴重而華美者也[8]。子貢見孔子以君子許子賤, 故以己爲問, 而孔子告之以此。然則子貢雖未至於不器[9], 其亦器之貴者歟?

'女'(녀)는 음이 '汝'(녀)이다. '瑚'(호)는 음이 '胡'(호)이다. '璉'(련, liǎn)은 '力'(력)과 '展' (전)의 반절이다. ○'器'(기)라는 것은 쓸모있는 재능이다. 하(夏)나라에서는 호(瑚)라 했고, 상(商)나라에서는 련(璉)이라 했고, 주(周)나라에서는 보궤(簠簋)라 했는데, 모두 종묘에서 좁쌀[서숙]과 기장쌀을 담는 그릇이고 옥으로 장식했으니, 그릇 중에서 귀하게 쓰이고 화려하게 만든 것이다. 자공(子貢)은 공자(孔子)께서 자천(子賤)을 군자라고 칭찬하시는 것을 보았기 때문에, 자신에 대해 여쭈었고, 공자(孔子)께서 그에게 이 말씀을 가지고 알려주신 것이다. 그렇다면 자공(子貢)은 비록 '불기'(不器)의 수준에는 아직 이르지는 못했을지라도, 아마도 그릇 중에서는 귀하게 쓰이는 그릇이 아니었을까?

以簋盛稻粱。).

7 黍稷(서직): 볏과식물인 좁쌀[서숙]과 기장쌀. 오곡(黍和稷。为古代主要农作物。亦泛指五谷。).

8 《論語大全》종묘에서 쓰였으니 '貴'[존귀하다]라 했고, 좁쌀[서숙]과 기장쌀을 담았으니 '重'[소중하다] 이라 했고, 주옥으로 장식했으니 '華美'[화려하다]라 했다(雙峯饒氏曰: 用之宗廟, 故曰貴; 盛黍稷, 故曰重; 飾以珠玉, 故曰華美。); 華美(화미): 화스럽고 화려하다(豪华富丽).

9 《禮記 · 學記》大道는 한 가지 용도로 국한된 그릇이 아니다(大道不器。); 不器(불기): 한 가지 용도로 국한되지 아니하다(不象器皿一般。意谓用途不局限于一个方面。);《古今注》'君子不器'[爲政 제12장]는, 그 자체로 하나의 뜻으로, 이 장과 억지로 연결시켜 말할 필요가 없을 듯하다(君子不器, 自是一義, 恐不必 與此經牽連言之也。).

[或曰雍也章]

050401、 或曰: 「雍¹也²仁而不佞。」³

어떤 사람이 말했다. "옹(雍)은 인(仁)하지만 말재주가 없습니다."

雍, 孔子弟子, 姓冉⁴, 字仲弓。 佞, 口才⁵也。 仲弓爲人重厚簡默⁶, 而時人以佞爲賢, 故美其優於德, 而病其短於才也。

'雍'(옹)은 공자(孔子)의 제자로, 성이 염(冉)이고 자는 중궁(仲弓)이다. '佞'(녕)은 '말재주'[口才]이다. 중궁(仲弓)은 사람됨이 중후하고 과묵했는데, 당시 사람들은 말재주를 현능한 것으로 여겼기 때문에, 그가 덕행으로는 뛰어난 점을 찬미하면서도, 그가 말재주로는 변변치 못한 점을 흠으로 여겼던 것이다.

050402、 子曰: 「焉用佞? 禦⁷人以口給⁸, 屢⁹憎¹⁰於¹¹人。 不知其仁, 焉用佞?」

---

1 冉雍(염옹): 仲弓. BC 522~? 공자 제자. 冉씨 가문에서 冉雍·冉耕[冉伯牛]·冉求 세 명의 공문십철이 나왔다 하여, 세 사람을 一門三賢이라 한다. 冉伯牛의 아들이라는 견해도 있다[子路 제2장]. 四科十哲로 덕행에 뛰어났다[先進 제2장]. 《論語正義》《論衡·自紀》에서는 중궁을 염백우의 아들로 보았고, 《史記索隱》에서는 《孔子家語·七十二弟子解》를 인용해서 말하기를, '염백우의 宗族이다'라고 했다. 두 견해가 다른데, 《論衡》을 따라야 한다(正義曰:《論衡·自紀篇》以仲弓爲冉伯牛子, 《史記索隱》引《家語》又云: "伯牛之宗族。" 二說各異, 當從《論衡》。); 《孔子家語·弟子行》 빈곤에 처하는 태도가 마치 주인이 손님을 대하는 것처럼 공경스러웠고, 신복을 부리는 태도가 마치 빌려온 물건을 대하는 것처럼 조심스러웠고, 분노를 옮기지 않았고, 원한을 깊이 숨겨두지 않았고, 옛날의 죄행을 기록해두지 않았으니, 이것이 염옹의 행실이었습니다(在貧如客, 使其臣如借, 不遷怒, 不深怨, 不錄舊罪, 是冉雍之行也。).

2 《論孟虛字》말을 잠시 멈추는 어기사. '也'를 써서 잠시 멈추어, 어기를 질질 끌되 끊지는 않으면서, 다음 말을 환기시키는 역할을 한다('也', 用作停頓語氣。在主語或起詞後, 用'也'一頓, 表示語氣之延宕而不間斷, 用以喚起下文, 相當於'啊'的語氣。).

3 《論語大全》'佞'(녕)은 재빠르게 말을 잘하는 것이지, 아첨은 아니다(朱子曰: 佞, 是捷給便口者, 不是諂。); 《古今注》'佞'은 부인네들처럼 말을 재빠르게 하는 것이다(佞, 便捷如婦人也。); 不佞(부녕): 말주변이 없다. 구변이 부족하다. 겸사. 재주가 없다(无口才。謙辞, 犹言不才。); 佞(녕): 감언이설로 남을 기쁘게 하다[남에게 아첨하다](本義: 用花言巧语谄媚。).

4 冉(염): 성씨(姓).

5 口才(구재): 말재주. 구변(說話的才能。).

6 簡默(간묵): 차분하고 과묵하다(简静沉默).

선생님께서 말씀하셨다. "어디에 말재주를 쓰겠습니까? 사람들에게 맞서서 재빠르게 입을 놀리다가는 자주 사람들에 의해 미움을 받습니다. 그가 인(仁)한지는 모르겠지만, 어디에 말재주를 쓰겠습니까?"

焉, 於虔反。○禦, 當也, 猶應答也。給, 辨也。憎, 惡也。言何用佞乎? 佞人所以應答人者, 但以口取辨而無情實[12], 徒多爲[13]人所憎惡爾。我雖未知仲弓之仁, 然其不佞乃所以爲賢, 不足[14]以爲病也。再言焉用佞, 所以深曉之。

'焉'(언, yān)은 '於'(어)와 '虔'(건)의 반절이다. ○'禦'(어)는 '맞서다 · 대들다'[當]로, '대꾸하다'[應答]와 같다. '給'(급)은 '변론하다'[辨]이다. '憎'(증)은 '미워하다'[惡]이다. '어디에 말재주를 쓰겠습니까?'[焉用佞]라고 말씀하신 것은, '말재주가 좋은 사람이 남에게 응답하는 방법은, 단지 구변 좋게 말을 늘어놓지만 그 말에 맞는 참된 실상이 없어서, 쓸데없이 자주 남에게 미움만 받을 뿐이다. 내가 비록 중궁(仲弓)이 인(仁)한지는 모르겠지만, 그가 말재주가 없다는 것이 바로 현능으로 여길 일이지, 흠집으로 여길 만한 것이 아니다'라는 것이다. 두 번씩 '어디에 말재주를 쓰겠습니까?'[焉用佞]라고 말씀하신 것은, 이를 써서 깊이 깨우치려는 것이다.

---

7 《論語義疏》 '禦'(어)는 '對'[맞서다]와 같다(疏: 禦, 猶對也。); 《爾雅 · 釋言》 '禦'는 '禁'[제지하다]이다["재빨리 입을 놀려 남의 말을 제지하다"](禦, 禁也。); 禦(어): 맞서다. 막다. 저항하다(抵御).

8 《論語義疏》 '給'(급)은 '捷'[재빠르다]이다(疏: 給, 捷也。); 《古今注》 '給'은 계속해서 공급하는 것이다. '口給'은 말이 연이어서 분출되어, 쉴 틈이 없는 것을 말한다(給, 繼供也。口給, 謂言語連續溢發, 不致匱乏也。); 口給(구급): 언변이 뛰어나다. 말이 막힘이 없다. 말이 청산유수이다(口才敏捷, 能言善辯。); 給(급): 말솜씨가 날래다(口齒伶利).

9 《論語集解》 '屢'(루)는 '數'(삭)[자주]이다(注: 孔安國曰: 屢, 數也。); 《北京虛詞》 屢(루): 부사. 여러 번. 자주. 연이어서, 빈번하게 발생함을 표시한다('屢', 副詞。用于谓语前, 表示频仍, 义即'多次'、'屢次'、'常常'、'每每'; 多次。接连着, 不止一次。).

10 憎(증): 미워하다. 몹시 싫어하다(憎恨厌恶).

11 《論語集解》 자주 사람들에 의해 미움을 받는다(注: 數爲人所憎也。); 《古漢語語法》 개사 '於'를 표지로 쓴 피동문(以介词'於'标志的被动句。).

12 情實(정실): 진심. 참된 마음. 실제 사정. 진상(真心。实情: 真相。).

13 爲(위)……所(소)……: 피동문. ~에 의해~를 당하다(表示被动, '爲'引进动作的施事者, '所'用于动词前表示被动。).

14 不足(부족): 결핍하다. ~수 없다. ~할 필요가 없다(缺少或没有。不能; 不可以。不值得, 不必。).

○或疑仲弓之賢而夫子不許其仁, 何也? 曰: 仁道至大, 非全體而不息者[15], 不足以當之. 如顏子亞聖[16], 猶[17] 不能無違於三月之後[18]; 況仲弓雖賢, 未及顏子, 聖人固不得而輕許之也.」

○어떤 사람이 '중궁(仲弓)은 현능한데도, 선생님께서 그가 인(仁)하다고 인정하지 않으신 까닭은 무엇인가?' 하고 의아해하기에, 내가 대답했다. "인(仁)의 도는 더없이 큰

---

15 《論語大全》 '全體'는 천리가 이지러지거나 모난 곳이 없이 완전무결하여, 터럭 한 올만큼의 잡티도 없는 것이고, '不息'은 천리가 유행하여 한순간의 쉼도 없는 것이다. '愛之理 心之德'[學而 제2장 集注 참조] 여섯 글자는, 이를 써서 인의 뜻[義]을 풀이한 것으로, 참으로 적절한 표현이다. '全體不息' 네 글자는, 이를 써서 인의 도(道)를 남김없이 다 표현한 말로, 참으로 위대한 표현이다. 단지 이 열 글자로 된 요약이지만, 여러 학자의 수천수백 마디 말 어느 것도 이 열 글자에 다 표현되어 있지 않은 게 없고, 전후 성현들이 논한 仁 자에 대한, 광대·해박·정밀·심오한, 천 줄 만 줄의 글, 어느 것도 이 열 글자 안에 전부 모여 있지 않은 게 없다(蔡氏曰: 全體, 是天理渾然, 無一毫之雜; 不息, 是天理流行, 無一息之間. 愛之理心之德六字, 所以訓仁之義爲甚切. 全體不息四字, 所以盡仁之道爲甚大. 只此十字之約, 不惟諸儒累千百言莫能盡, 而前後聖賢所論仁字, 溥博精深, 千條萬緖, 莫不總會於十字之中矣.); 《論語大全》 仁은 오직 이 마음이 순수하게 천리 그 자체로서, 조금이라도 인욕이라는 사사로움이 없어야, 비로소 仁이란 이름을 감당할 수 있다. '全體'라고 한 것은 仁이라는 완전무결한 體를 가리키는 것이 아니고, 仁을 온전히 체현한다는 뜻이다(陳氏曰: 仁惟此心純是天理, 無一毫人欲之私, 乃可以當其名. 全體云者, 非指仁之全體而言, 乃所以全體之也.); 《論語大全》 仁은 수만 가지 善을 겸유하고 있어서, 갖추지 아니한 게 없는 것으로, 예컨대 사람이 머리·눈·손·발을 온전히 다 갖추고 있고 난 후에 사람이라 부를 수 있는 것과 같다(西山眞氏曰: 仁者兼該萬善, 無所不備, 如人之頭目手足皆具, 然後謂之人也.); 《論語大全》 여기의 '體'字는 움직이는 글자[동사]로 보아야 한다. 즉 君子體仁[군자는 인을 체현한다]의 體이다. 仁의 體는 본래 완전무결한 것이기 때문에, 이 仁을 온전히 체현한 자는, 완전무결하지 않을 수 없다(雙峯饒氏曰: 此體字, 當作活字看. 卽君子體仁之體. 仁之體本全, 故體此仁者, 不可以不全.); 《論語大全》 '全體而不息'에 대해, 眞氏·蔡氏의 설은 仁의 體가 본래 스스로 혼연히 완전무결하다는 말이고, 陳氏·饒氏의 설은 사람을 써서 仁을 온전히 체현해낸다는 말이다. 내가 朱子의 뜻을 곰곰이 생각해보건대, '仁道至大'는 仁을 설명한 말이고, '全體而不息者'는 仁者인 사람을 설명한 말이다. 그래서 '者'字를 붙인 것이다. 대개 仁은 다만 사람의 本心일 뿐으로, 仁者에게 있어 귀중한 것은 이 仁이라는 心의 本體에 터럭 한 올 만큼의 이지러짐이나 모자람도 없고, 또 숨 한 번 쉴 정도의 틈이나 단절도 없다는 데 있다(雲峯胡氏曰: 全體而不息, 如眞蔡之說, 則仁之體本自渾全; 如陳饒之說, 則是以人全體之. 愚玩朱子之意, 仁道至大, 是說仁; 全體而不息者, 是說仁者之人, 故著一者字. 蓋仁只是人之本心, 所貴乎仁者, 於此心本體, 無一毫之虧欠, 又無一息之間斷也.); 《集注考證》 '全體'는, 이 인을 온전히 체현한다는 말로, 어느 한 가지 일도 인하지 아니한 게 없다는 것이고, '不息'은, 잠시의 틈이나 단절도 없다는 말로, 한시도 인하지 아니할 때가 없다는 것으로, '全體'는 횡[공간적]으로 본 것이고, '不息'은 종[시간적]으로 본 것이다(仁道至大, 全體者, 謂全體此仁, 無一事非仁也, 不息, 謂無所間斷, 無一時非仁也, 全體橫說, 不息竪說.).

16 亞(아): 다음 차례. 등급이 아래다(次; 次于. 表示时间或空间的先后. 低于; 低. 表示等级的高低.).

17 《北京虛詞》 猶(유): 부사. ~조차도. 점증복문의 앞절에 쓰여, 더 심한 상황을 제기하고, 뒤 절에서는 이렇게 심한 것도 미치지 못하는데 이보다 더해야 함을 표시한다. 뒤 절에는 '何況' '況于' 등의 반어절을 쓸 수 있다('猶', 副词. 用于递进复句的前一分句, 提出更甚的情况进行铺衬, 后一分句表示: 不及此甚者, 更应如此. 后一分句可以是叙述句, 也可是用'何况'、'况于'等的反诘句. 义即'尚且'、'还'.).

18 《雍也 제5장》 참조.

도여서, 인(仁)을 온전히 체현해내고 잠시의 숨쉴 틈이라도 인(仁)하지 아니할 때가 없는 자가 아니면 인(仁)을 당해내기에 부족하다. 안자(顔子)와 같은 아성(亞聖)조차도, 오히려 3개월 뒤에 가서는 인(仁)에서 떠나지 않을 수 없었는데, 하물며 중궁(仲弓)이 비록 현능할지라도, 안자(顔子)에는 미치지 못했으니, 성인께서 결코 경솔하게 인정할 수 없었던 것이다."

[子使漆雕開仕章]

050501、子使漆雕開[1]仕[2]。對曰:「吾[3]斯之未能信[4, 5, 6]。」子說。

---

1 漆雕開(칠조개): 채나라 사람. 姓 漆雕, 名 启(开), 字 子開[子若]. BC 540~? 공자보다 11살이 적은 제자. 그가 지은《漆雕子》13편이 있다고 했고[漢書·藝文志], 공자 사후에 儒家八派인 漆雕氏之儒가 되었다[韓非子·顯學]. 사람의 성에는 선도 있고 악도 있다고 했다[論衡·本性];《孔子家語·七十二弟子解》칠조개는 채나라 사람으로, 字가 子若이다. 공자보다 11세 적은데, 서경을 익히고, 벼슬을 원하지 않았다. 공자가 말했다. "네 나이가 벼슬할 때가 되었다. 곧 기회가 지나갈 것이다." 칠조개가 회신하기를, '저는 아직 자신이 없습니다'라고 했다. 공자가 기뻐하셨다(漆雕開, 蔡人, 字子若. 少孔子十一歲, 習《書經》, 不樂仕. 孔子曰: '子之齒可以仕矣. 時將過.' 子若報其書曰: '吾斯之未能信.' 孔子悅焉.).

2 《論語正義》阮元[1764~1849]의《十三經注疏校勘記》에 의하면, 漆雕씨는 필시 직업이 옻칠을 바르고 나무 등에 조각하는 일을 관장하여, 관직명을 氏로 삼았을 것이다. 공자께서 칠조개에게 벼슬하라 한 것은, 노나라 사구로 계실 때에 해당한다(正義曰: 案: 依阮說, 漆雕氏必其職掌漆飾琱刻, 以官爲氏者也. 夫子使漆雕開仕, 當在爲魯司冠時.); 仕(사): 관리가 되다. 벼슬하다. 벼슬(本义: 做官.).

3 《論語義疏》스승에게 대답하면서 자기를 '吾'라 칭한 것은, 옛사람들은 모두 그랬다(疏: 苔師稱吾者, 古人皆然也.);《論語集釋》宋翔鳳[1779~1860]의《過庭錄》에 말했다. "《漢書·古今人表》에는 '漆雕啓'로 되어 있는데, 그의 이름이 '啓'가 맞다. 옛날 글자는 '启'로 되어 있다. '吾斯之未能信'의 '吾'字는 '启'字의 와전인 것으로 보인다." 생각건대, 송상봉의 견해가 맞다. 논어에 스승에게 대답하면서 자기를 '吾'라 칭한 경우는 이 장에만 보이는데, 그것은 와전된 글자임에 틀림없다(過庭錄: 漢書人表作'漆雕啓', 當是其名啓. 古文作'启', '吾斯之未能信', '吾'字疑'启'字之訛. 按: 宋說是也. 論語答師稱吾, 僅見此文, 其爲訛字無疑.);《論語新解》或說: 제자는 스승 앞에서는 이름을 써서 자기를 칭하는데, 漆彫開의 이름은 啟로, 옛날에는 '启'로 썼으니, 후세 사람들이 이 '启'字를 '吾'字로 잘못 쓴 것이다(或说: 弟子在师前自称名, 漆雕开名啟, 古写作启, 后人误书为吾.).

4 《古漢語語法》'吾未能信斯'의 도치형식. 목적어[斯]가 결구조사 '之'의 도움을 받아 동사[未能信] 앞으로 전치된, '목적어+之+동사' 형식의 문장으로, 부정사는 전치된 목적어 앞이나 동사 앞으로 전치되며, 결구조사는 일률적으로 '之'를 쓴다(一这句是'吾未能信斯'的倒裝形式. 宾语借助于增添结构助词而位于动词前边. 句式: '宾语+之+动词'、'宾语+是+动词'. 这类句式中否定词有两个位置: 在前置宾语前, 在动词前. 否定词在动词前, 结构助词一律用'之'.);《論語新解》'斯'는 '此'로, 위의 '仕'字를 이어받은 것이다(斯, 此也, 紧承上仕字来.);《論孟虛字》'之'는 '尚'과 같다["이 일을 맡아 하는 데 아직 자신이 없습니다"]('之', 猶'尚', 當白話'還'字. 是說, '我對做官這件事還不能自信.).

5 《論語集解》벼슬의 도리에 아직 자신이 없다는 것으로, 아직 연구하여 익히지 못한 것이다(注: 孔安國曰: 仕進之道未能信者, 未能究習也.);《論語義疏》'학업이 미숙하여 아직 연구하여 익히지 못했으니, 백성들의 신임을 받지 못해, 아직 벼슬을 감당할 수 없다'는 말이다. 范甯이 말하기를, '백성들로 하여금 나를 신임하게 할 수 없다'고 했다(疏: 言己學業未熟, 未能究習, 則不爲民所信, 未堪仕也; 范甯曰: "……不能使民信己.");《論語大全》'斯'는 일용지간에서 보이는 허다한 도리일 뿐으로, 君臣·父子 사이의 仁·義·忠·孝의 도리이다(朱子曰: 斯, 只是這許多道理, 見於日用之間, 君臣父子仁義忠孝之理.).

6 《論語正義》칠조개가 '벼슬을 원하지 않았다'[위 각주《孔子家語·七十二弟子解》참조]는 것은 성인의 가르침이 아니다. 《中庸》에 '誠者는 成己할 뿐만 아니라, 이로써 成物하려는 것이다'[제25장]라고 했고, 공자께서는 '仁者는 자기가 서고 싶어 하다 보니 남을 세게 하고, 자기가 현달하고 싶어 하다 보니

선생님께서 칠조개(漆雕開)로 하여금 벼슬을 하라고 했다. 칠조개(漆雕開)가 대답했다. "저로서는 아직 이 (벼슬의) 도리에 대해 자신할 수 없습니다." 선생님께서 기뻐하셨다.

說, 音悅。○漆雕開, 孔子弟子, 字子若。斯, 指此理而言[7]。信, 謂真知其如此, 而無毫髮[8]之疑也。開自言未能如此, 未可以治人, 故夫子說其篤志。[9]

'說'(열)은 음이 '悅'(열)이다. ○'漆雕開'(칠조개)는 공자(孔子)의 제자로, 자(字)가 자약(子若)이다. '斯'(사)는 이 (벼슬의) 도리를 가리켜서 한 말이다. '信'(신)은 이 (벼슬의) 도리가 이와 같다는 것을 분명하게 알고 있어서, 조금의 의심도 없다고 하는 말이다. 칠조개(漆雕開)가 스스로 말하기를 이같이 아직 자신할 수 없어서, 사람을 다스릴 수 없다고 했기 때문에, 선생님께서 그가 뜻을 확고히 한 것을 기뻐하신 것이다.

남을 현달하게 한다[雍也제28장]고 했고, 자로도 '벼슬하지 않는 것은 義가 없는 것이다. 자기 한 몸 깨끗하게 하려다가, 오히려 큰 인륜을 어지럽힌다'[微子 제7장]고 했다. 칠개조가 '미능신'이라고 말한 것은, 실은 벼슬의 도리가 아직 충분히 연구 학습되지 못했다는 것이지 벼슬을 원하지 않았다는 것이 아니었다(正義曰: 夫不樂仕, 非聖人之教,《中庸》云: "誠者非自成己而已也, 所以成物也。" 夫子謂"仁者, 己欲立而立人, 己欲達而達人。" 子路亦謂"不仕無義, 欲潔其身, 而亂大倫"。是開之言'未能信', 實以仕進之道未能究習, 而非不樂仕矣。);《論語集釋》공자께서 노나라 사구 벼슬을 하실 때, 문인들 다수가 벼슬한 것은, 대개 私室을 약화시켜 이로써 公室을 강화하려는 것으로, 많은 사람들이 함께 대책을 내고 역량을 함께 하는데 공력을 들이지 않은 게 아니었다. '斯'는 필시 자로에게 비읍을 무너뜨리게 한 종류와 같은, 어떤 구체적인 일을 가리켜 말한 것이지, 일반론으로 벼슬하라고 한 것이 아닐 텐데, 지금 그에 대해 고찰할 수는 없다(夫子爲司寇時, 門人多使仕者, 蓋弱私室以强公室, 非羣策羣力不爲功。斯必指一事而言, 如使子路墮費之類, 非泛言仕進也。今不可考矣。).

7 《論語集釋》칠조개는 2천 년 전에 태어났는데, 어찌 이른바 理學이라는 것을 알았겠는가? 이는 古人을 심히 기만하는 것이다. 아마도 주자는 그의 스승 이천의 견해를 잘못 믿어, 理를 궁리하는 것을 가지고 聖으로 들어가는 문으로 인식했으니, 그의 四書集注 도처에 외부에서 '理'字를 끌어들였는데, 그중에서도 가장 상애가 되어 통하기 어려운 부분으로 이 장과 知之章[雍也 제18장]이다. 논어 한 권의 책에는 '理'字가 전혀 나오지 않는데, 어찌 성인께서 말씀하지 않는 것인데도, 후대 학자들은 이를 남들은 모르는 홀로 득도한 비결(秘訣)로 여기는가?(按 ……漆雕開生二千年前, 烏知所謂理學者哉? 是厚誣古人也。蓋朱子誤信其師伊川之說, 以窮理爲入聖之門, 其注四書到處塞入理字, 而最窒礙難通者莫如此章及知之章。一部論語並無一箇理字, 豈古聖人所不言者, 而後儒乃以爲獨得之秘耶?).

8 毫髮(호발): 한 올 머리카락. 극히 조금이다. 아주 자잘하다(毛发。犹丝毫。极少: 极细微。).

9 《論語大全》이 도리를 분명하게 알 수 있어서 조금의 의심도 없는 때가 아직 아니라면, 바로 배워야 할 때이지, 배우면서 남는 힘이 있어 벼슬할 때[子張 제13장]가 아직 아닌 것이다(新安陳氏曰: 未能眞知此理而無毫髮之疑, 則正當學時, 未是學優而仕時。).

○程子曰:「漆雕開已見大意, 故夫子說之。」又曰:「古人見道分明, 故其言如此。」謝氏曰:
「開之學無可考。然聖人使之仕, 必其材可以仕矣。至於心術[10]之微, 則一毫不自得, 不害
其爲未信。此聖人所不能知, 而開自知之。其材可以仕, 而其器不安於小成,[11]他日所就,
其[12]可量乎? 夫子所以說之也[13]。」[14]

○정자(程子·明道)가 말했다. "칠조개가 이미 대의를 보았기 때문에, 선생님께서 기뻐하신
것이다." 또 말했다. "옛사람들은 도에 대한 통찰이 분명했기 때문에, 그 말이 이와 같았다."

사씨(謝氏·謝顯道)가 말했다. "칠조개의 배움의 경지는 고찰할 수 없다. 그렇지만 선생
님께서 그로 하여금 벼슬하라고 했으니, 필시 그의 재질은 벼슬할 만했을 것이다. 마음
씨의 미세한 부분에 대해, 터럭 한 올 만큼이라도 만족스럽지 못하다고 여기는 부분이
있으면, 그에 대해 아직 자신할 수 없다고 말해도 무방하다. 이 부분은 성인께서는
아실 수 없는 부분이고, 칠조개 자신만이 안다. 그의 재질은 벼슬할 만했는데도, 그의
그릇이 작은 크기로 이루어지는 데에 안주하지 않았으니, 후일에 성취할 그릇의 크기
를, 어찌 헤아릴 수 있겠는가? 선생님께서 기뻐하신 까닭이다."

---

10 心術(심술): 생각. 저의. 속마음. 마음씨. 심보(心思。主意。).

11 《學而 제15장》 각주 《禮記·學記》 참조.

12 其(기): 어찌. 설마. 따져 묻는 것을 표시하다(表示诘问。通'岂', 难道。).

13 《論語大全》 集注에서 경문의 '說'(열)자를 해석한 것이 세 가지 있다. 朱子는 '悅其篤志'라고 했고,
程子는 '悅其已見大意'라고 했고, 謝氏는 '悅其不安於小成'이라고 했는데, 기실은 서로 통한다. 대의를
보았기 때문에 소성에 안주하지 않고, 소성에 안주하지 않기 때문에, 확고한 목표를 지향하는 것이다(雙
峯饒氏曰: 集註釋悅字有三。朱子謂悅其篤志, 程子謂悅其已見大意, 謝氏謂悅其不安於小成。其實相貫。
惟其見大意, 故不安於小成, 惟其不安於小成, 故篤志。).

14 《論語大全》 칠조개가 '斯'라고 말한 것은, 그가 이 도리['벼슬의 도리']를 깨우쳤는데, 다만 자신감이
아직 그에 미치지 못했다는 것이고, 그가 눈앞에 넓게 트인 것을 보았는데['見道分明'], 단지 실천이
아직 완전히 익지는 못했다는 것이고, 그가 규모가 큰 것을 깨우쳐서['已見大意'], 이 조그마한 둥지에
들어가 안주하지 않았다는 것이다(朱子曰: 開所謂斯, 是他見得此箇道理了, 只是信未及; 他眼前看得闊,
只是踐履猶未純熟; 他是見得箇規模大, 不入這小底窠坐。);《集注考證》 集注는 알고 있는 바가 자신할
수 없음을 가리켜서 말했는데, 이는 정자가 말한 '已見大意'이다. '大意'는 大綱의 뜻으로, 단지 見得이
아직 철저하지 못한 것일 뿐이다. 謝氏는 마음속에 간직하고 있는 바가 만족스럽지 못함을 가리켜서
말했는데, 이는 정자가 말한 '見道分明'으로, 그래서 謝氏가 말한 뜻은, 見得이 이처럼 마음속에 아직은
철저하지 못하다는 것이다. 정자의 已見大意는 전체 구절을 가리키고, 見道分明은 '斯'字를 가리키고,
集注에서는 '斯'字에 중점을 두었고, 謝氏는 '信'字에 중점을 두었다(集註指所知而言, 此程子所謂已見大
意也, 大意, 謂大綱意思, 只見得未徹底耳。謝氏指所存而言, 此程子所謂見道分明也, 故謝氏之意猶云, 見
得如此只是于心做得未徹底耳, 程子已見大意, 指全句, 見道分明, 指斯字, 集註斯字重, 謝氏信字重。).

[道不行章]

050601、子曰:「道不行, 乘桴浮于海[1]。從我者其由與[2]?」子路聞之喜。子曰:「由也好勇過[3]我, 無所取材。[4][5]」

---

1 [성]乘桴浮海(승부부해): 조그마한 뗏목을 타고 바다 위를 떠돌다. 멀리 떠나다. 세상을 피해 숨어지내다 (桴: 用竹,木编结成的小筏子。乘小筏子浮游海外。比喻远行, 坐在小木排上在海上漂浮。指隐逸。);《論語集解》'桴'(부)는 대나무를 엮은 것으로, 큰 뗏목은 筏(벌), 작은 뗏목은 桴(부)라 한다(注: 馬融曰: 桴, 編竹木也。大者曰筏, 小者曰桴也。);《論語義疏》어떤 사람은 九夷에 가서 살고 싶어서라고 했고, 어떤 사람은 뗏목을 타고 바다를 떠돌고 싶어서라고 했다(疏: 或欲居九夷, 或欲乘桴泛海。); 浮(부): 물 위에 뜨다. 떠다니다. (정처 없이) 떠돌다(本義: 漂流, 漂浮。跟沉相對。);《論語正義》'于'(우)는 皇侃本에 는 '於'로 되어 있다.《爾雅·釋詁》에 '于는 於이다'라고 했으니, 두 글자는 뜻이 같아서, 옛 경전에서는 서로 바꿔썼다(正義曰: '于', 皇本作'於',《爾雅,釋詁》'于, 於也。'二字義同, 故經傳通用。);《論語語法》개사 '於'가 술어 뒤에 쓰여, 동작행위가 도달한 곳을 표시했다["바다로 가서 떠돌다"]('於', 用在謂語之後, 表示動作行爲到達的地方。).

2《論語詞典》其(기): 부사. 문장 끝에 일반적으로 의문어기사 '乎' '與'를 붙여 불확실한 추측 · 예견을 표시한다. 아마도. 어쩌면('其', 副詞, 表不肯定的推測和擬議, 殆, 怕莫, 句尾一般有疑問語氣詞'乎'或'與'。);《論語句法》'其'는 추측을 표시하는 어기사이다('其'表猜測的語氣詞, 相當於白話的'恐怕'或'大槪'。); 與 (여): ~이겠지? ~일까? 추측의문문에 쓰인다(用于測度句末, 又即'吧'。).

3 過(과): 지나가다. 거쳐 가다. ~보다 낫다. 능가하다(本義: 走, 经过。超出, 胜过。).

4《論語集解》자로가 선생님께서 바다로 떠나고 싶어 하신다고 진정으로 믿었기 때문에, '好勇過我'라 하신 것이다. '無所取材'는 뗏목 만들 재목을 구할 곳이 없다는 말로, 자로가 선생님의 속뜻을 이해하지 못했기 때문에 그를 놀린 것일 뿐이다. 一說: 옛 글자 '材'와 '哉'[말을 끝맺음하는 글자]는 같다(注: 鄭玄曰: 子路信夫子欲行, 故言好勇過我也。無所取材者, 言無所取桴材也。以子路不解微言, 故戲之耳; 一曰: …… 古字材, 哉同耳。); '無所取材'(무소취재)에 대하여는, ①'材'를 '哉'로 풀이하여, '자로에게는 무슨 취할 만한 게 없구나'(將'材'解爲'哉', 說子路沒有什麼可取之處。)로 풀이하는 견해, ②'材'를 '裁'와 통한다고 보고, '자로가 사리 분별하지 못한다'[앞뒤 잴 줄 모른다](認爲'材'通裁, 指子路不能剪裁自己。)로 풀이하 는 견해, ③본래의 '材'字를 그대로 써서 해석하여, '(나는) 뗏목 만들 재목을 구할 곳이 없다[공자께서는 단지 무도한 세상을 탄식한 것일 뿐, 실제로는 뗏목을 타고 바다로 떠나려는 것이 아님을 자로가 알게 하신 것이다]'(用本字[材, 桴材也]進行解釋, 認爲是無所取於'桴'材; 疏: 正義曰: 示子路令知己但歎世無 道耳, 非實即欲浮海也。)로 풀이하는 견해가 있다.《古今注》뗏목은 작은 강은 건널 수 있지만, 큰 바다는 건널 수 없다. 무릇 사리를 헤아려 분별하는 자라면, 결코 나를 따르지 않겠지만, 자로만은 용맹스러움이 나를 넘어서고, 또 일을 만나서는 곧장 앞으로 나아가기만 할 뿐, 이리저리 따져보고 재보려고 하지 않기 때문에, 그가 나를 따라올 것이라고 인정한 것이다. 경문의 뒤 구절은 단지 이러한 본뜻을 공자 스스로 풀이하신 것이지, 앞 구절에서는 칭찬하고 뒤 구절로는 그를 억누른 것이 아니다. 공자의 속마음 은, '일엽 뗏목에 몸을 싣고, 수만 리 바다를 건너는 것, 이것은 위험해서 필시 죽으러 가는 땅이지만, 진실로 도를 행하고자 하여, 나 홀로 간다면, 자로는 기필코 나를 따르리라'고 생각하신 것이다. 한편으로 는 자로가 뜨거운 마음으로 도를 행할 것임을 인정하신 것이고, 한편으로는 자로가 목숨을 내놓고 스승을 따를 것임을 아신 것이다(桴可以濟小水不可以涉大海凡裁度事理者必不從我, 獨由也好勇過我, 又遇事直

前, 無所裁度, 故我特許由從行, 非謂門人之中惟由獨賢也. 下節特自解其本意, 非先揚而後抑之也…… 孔子之意, 若曰: 乘一片之桴, 涉萬里之海, 此是危險必死之地, 然苟以行道之故, 吾將獨行, 則由也必從之. 一則許子路之心熱於行道, 一則知子路舍命以從師.). 자로의 마음은 급히 도를 행하고 싶었고, 또 스승에 대해서는, 비록 물속에 들어가고 불 속에 뛰어들고 도탄에 빠져들어 갈지라도, 맹세코 서로 내버려 두지 않을 것이었다. 공자의 한마디 말씀은 자로의 한 조각 간과 쓸개를 도려내서, 여러 사람들에게 환히 내보인 것이다. 이것이 자로가 자기를 알아준 것에 감격하여, 스스로 기쁨을 이기지 못한 까닭이다. 자로의 기뻐하는 모습이, 어찌 기롱의 대상일 수 있겠는가? 경문의 뒤 구절도 역시 자로를 기롱하는 말이 아니라, 앞 구절에 대한 뜻풀이[용맹스러움이 나를 넘어서서 이리저리 헤아려보고 재보려는 게 없다]일 뿐이다(……子路之心, 急欲行道, 又於夫子, 雖水火塗炭, 誓不相捨. 孔子一言, 剔出子路一片肝膽, 昭示衆人. 此子路所以感激知己, 而喜不自勝也. 子路之喜, 何可譏乎? 下節亦非譏子路者, 乃上節之釋義也.);《論語集釋》주자는 '材'를 '裁'로 풀이했는데, 비록 근거하는 책이 있지만, 자로가 어찌 이리저리 사리를 따지고 재는 사람이겠는가? 뜻이 편안하지 못하다. '뗏목을 만들 재목'으로 풀이하는 것이 맞다(按: 朱子訓材爲裁, 雖有所本, 然子路豈是不能裁度事理之人? 終覺於義未安, 仍以作桴材解爲是.);《論語新解》공자께서 화제를 돌려 말씀하시기를, 자로의 용맹스러움은 나를 넘어서지만, 그 어디에도 뗏목 만들 재목을 구할 곳이 없으니, 뗏목을 어떻게 만들까라고 하신 것이다[그 용맹이 세상에 쓰일 곳이 없다]. '材'는 뗏목을 만들 대나무를 말한다. 이는 공자께서 한층 더 심하게 탄식하신 말씀이다. 세상을 도피할 마음은 조금도 없으면서, 그렇지만 그 어디에도 의지해서 도를 행할 곳이 없다는 감정이니, 공자의 복잡다단한 심사가 더욱 드러나 보인다. 단지 '乘桴浮海'는, 본래 가탁의 말씀이지, 어찌 갑자기 말투를 고쳐서 자로를 나무라셨겠는가?(孔子轉其辞鋒, 谓由之好勇, 过于我矣, 其奈无所取材以为桴何? 材, 谓为桴之竹木. 此乃孔子更深一层之慨叹. 既无心于逃世, 而其无所凭借以行道之感, 则曲折而更显矣. 惟乘桴浮海, 本为托辞, 何忽正言以讥子路?);《論語譯注》'材'는 '哉'와 같다. 옛 글자는 한때 서로 바꿔썼다. 어떤 사람은 '木材'로 풀이하는데, 공자께서 자로가 정말로 바다로 떠나려 한다고 생각하자, '뗏목 만들 목재를 얻을 곳이 없다'고 말씀한 것이라는 설이다. 이런 풀이는 공자께서 하신 말씀의 의도에 부합하지 않는다. 또 어떤 사람은 '材'를 '裁'로 보고, '자로는 너무 용감해서 절제할 줄 모른다'고 말씀한 것이라고 풀이하는데, 이런 풀이는 '取'字가 어느 곳에 놓여 있는지를 모르는 것으로, 이 때문에 채용하지 않는다('材', 同'哉', 古字有時通用. 有人解做木材, 說是孔子以爲子路真要到海外去, 便說, "沒地方去取得木材". 這種解釋一定不符合孔子原意. 也有人把'材'看做"夓裁"的'裁', 說是"子路太好勇了, 不知道節制、檢點", 這種解釋不知把"取"字置於何地, 因之也不採用.);《百度漢語》取材(취재): 짐작하고 헤아리다. 재단하다(裁度. 材, 通'裁'.).

5 《漢書 · 地理志下》 현토 · 낙랑은 한무제 때에 설치했는데, 모두 조선 · 예맥 · 고구려의 蠻夷들이다. 은나라의 도가 쇠하자, 箕子가 조선으로 가서, 그 백성들에게 예의를 가르치고, 농사 · 양잠 · 길쌈을 가르쳤다. 낙랑 조선에는 8조 금법이 있으니, 살인한 자는 즉시 사형에 처하고, 다치게 한 자는 곡식으로 배상하고, 도둑질한 자는 남자는 가노로 삼고 여자는 노비로 삼고, 면죄 받으려는 자는 인당 50만을 내야 한다. 비록 죄를 면해 평민이 되더라도 세속에서는 오히려 이를 부끄럽게 여겨, 시집가고 장가가는데 응하는 집안이 없었다. 이 때문에 그 백성들은 마침내 도둑질하지 않고, 문을 걸어 잠그지 않고, 부녀자들은 정조를 지켜 간음하지 않았다. 참으로 귀하구나, 仁人 · 賢人의 교화여! 그렇듯 東夷의 천성의 유순함은, 南蠻 · 北狄 · 西戎과는 달랐기에, 공자께선 도가 행해지지 않음을 슬퍼하면서, 뗏목을 만들어 바다에 띄우고, 九夷 땅에 가서 살고자 하셨으니[子罕편 제13장], 까닭이 있었던 것이다!(玄菟、樂浪, 武帝時置, 皆朝鮮、濊貉、句驪蠻夷. 殷道衰, 箕子去之朝鮮, 教其民以禮義, 田蠶織作. 樂浪朝鮮民犯禁八條: 相殺以當時償殺; 相傷以穀償; 相盜者男沒入爲其家奴, 女子爲婢, 欲自贖者, 人五十萬. 雖免爲民, 俗猶羞之, 嫁取無所讎, 是以其民終不相盜, 無門戶之閉, 婦人貞信不淫辟……可貴哉, 仁賢之化也!然東夷天性柔順, 異於三方之外, 故孔子悼道不行, 設浮於海, 欲居九夷, 有以也夫!);《論語正義》王藚[1786~1843]의《四書地

선생님께서 말씀하셨다. "도가 행해지지 않으니, 뗏목을 타고 바다로 떠나고 싶다. 나를 따라나설 자는 아마도 유(由)이겠지?" 자로(子路)가 이 말씀을 듣고 기뻐했다. 선생님께서 말씀하셨다. "유(由)는 용맹스러움은 나를 넘어서지만, 스스로 이리저리 사리를 따져보고 재보려는 게 없다."

桴, 音孚。從, 好, 並去聲。與, 平聲。材, 與裁同, 古字借用。○桴, 筏6也。程子曰:「浮海之歎, 傷天下之無賢君也。子路勇於義, 故謂其能從己, 皆假設之言耳。子路以爲實然, 而喜夫子之與己, 故夫子美其勇, 而譏其不能裁度事理, 以適於義也。」7

理考》에 말했다. "'浮海'는 '발해'를 가리킨다."《漢書·地理志》에 대한 顔師古[581~645]의 注에 말했다. "뗏목을 타고 東夷로 가고 싶다는 말씀으로, 그 나라에는 仁人·賢人의 교화가 행해지고 있을 테니, 도를 펼칠 수 있을 것으로 여기신 것이다."《漢書·地理志》에 근거해서 말한다면, '浮海'는 '東夷' 즉 '발해'를 가리킨다. 공자께서 말씀하실 당시에 반드시 가리키는 장소가 실제 있었을 것으로, 顔師古의 설명은 틀림이 없기 때문에, 오히려 그 뜻을 알 수 있었지, 일반적인 四海를 말한 것이 아니었다(正義曰: 王氏塾《四書地理考》: "浮海指渤海。" 按:《漢書, 地理志》…… 顔注: "言欲乘桴筏而適東夷, 以其國有仁賢之化, 可以行道也。" 據《志》言, 則浮海指東夷, 即勃海也。夫子當日必實有所指之地, 漢世師說未失, 故尚能知其義, 非泛言四海也。). 공자께서는 본래는 노나라에서 도를 펼치고자 했지만, 노나라가 결국 등용하지 못하자, 떠나서 다른 나라로 갔는데, 마지막에는 초나라로 갔다. 초나라는 비록 蠻夷이지만, 중국과 교류한 지 오래되었고, 그 당시 임금인 昭王 또한 현군이었고, 葉公도 훌륭한 선비였기 때문에, 이에 초나라로 가서 등용되기를 바랐으니, 그렇다면 이는 도를 펼치길 바란 것이다. 초나라에 도착했지만, 또 등용되지 못하자, 비로소 어쩔 수 없이 바다를 건너 九夷로 가려고 했으니,《史記·孔子世家》에는 비록 '浮海' '居九夷'란 말이 빠져 있지만, 천하를 주유한 후이니, 그랬을 것으로 생각하는 것이 의당 옳다(夫子本欲行道於魯, 魯不能竟其用, 乃去而之他國, 最後乃如楚。則以楚雖蠻夷, 而與中國通已久, 其時昭王又賢, 葉公好士, 故遂如楚以冀其用, 則是望道之行也。至楚, 又不見用, 始不得已而欲浮海居九夷,《史記、世家》雖未載'浮海'及"居九夷"二語, 爲在周遊之後, 然以意測之當是也。). 바다를 건너 九夷로 가려고 하신 것은 도를 펼치기 위해서였으니, 顔師古의 注에 따라 풀이하면, 세상을 피해 깊숙이 숨는 것은 아니지만, 속세 너머의 세상에 대한 상념을 알 수 있으니, 비록 그 후 공자께서 바다를 건너 九夷로 가려고 하신 바람은, 모두 결과적으로 실행되지 못했지만, 공자의 도에 대한 절절한 근심이, 단 하루도 마음속에서 잊은 적이 없었음을 볼 수 있다(其欲浮海居九夷, 仍爲行道, 由《漢志注》繹之, 則非遯世幽隱, 但爲世外之想可知, 即其後浮海居九夷, 皆不果行, 然亦見夫子憂道之切, 未嘗一日忘諸懷矣。).

6 筏(벌): 대나무나 복재 등으로 엮어 만든 수상교통 용구(用竹, 木等編扎成的水上交通工具。).

7 《論語大全》대개 의에 용감하다는 것은 대의를 대충 알고 행함에 용감한 것이고, 사리를 재량 하여 이로써 의에 맞도록 하지 못한다는 것은 의의 정밀한 부분을 세심히 살피지 못하고 잘못된 용기로 결행하는 경우가 있다는 것이다. 그래서 그가 위나라 出公 輒(첩) 밑에서 벼슬할 때, 그 사람의 녹을 먹고 있으면 그 사람이 당하고 있는 환난을 피하지 않는 것이 義에 맞는다고 알고 그를 위해 죽은 것은 의에 용감한 것이고, 出公 輒의 녹을 먹는 것이 義에 맞는 것이 아니라는 것을 알지 못한 것은 사리를 재량하여 이로써 의에 맞도록 하지 못한 것이다(新安陳氏曰: 蓋勇於義, 是略見大意, 能勇於行, 不能裁度事理以適於義, 是不能審察精義, 而有誤勇決行之者。故其仕於衛也, 知食焉不避其難之爲義而死之, 是勇於義, 不知食出公之食爲非義, 是不能裁度事理以適於義也。).

桴(부)는 음이 '孚'(부)이다. '從'(종)과 '好'(호)는 둘 다 거성[zòng, hào]이다. '與'(여)는 평성[yú]이다. '材'(재)는 '裁'(재)와 같은데, 옛날에는 이 두 글자가 서로 차용되었다.

○'桴'(부)는 '뗏목'[筏]이다. 정자(程子·伊川)가 말했다. "바다로 떠나고 싶다는 탄식은 천하에 어진 임금이 없는 것을 상심하신 것이다. 자로(子路)가 의(義)에 용감하기 때문에, 그가 능히 자기를 따라나설 것이라 평하신 것인데, 모두 가설로 하신 말씀일 뿐이다. (그런데) 자로(子路)는 실제로 그렇게 하실 거라 여기고, 선생님께서 자기를 함께 데리고 떠나는 것을 기뻐했기 때문에, 선생님께서는 그의 용맹을 찬미하시면서도, 그가 이리저리 사리를 따져보고 재어보고 해서, 이로써 의(義)에 맞도록 하지 못하는 것을 나무라신 것이다."

[孟武伯問子路仁乎章]

050701、孟武伯問:「子路仁乎?」子曰:「不知也。」

　　　맹무백(孟武伯)이 물었다. "자로(子路)는 인(仁)한 자인가요?" 선생님께서 말씀
　　　하셨다. "모르겠습니다."

子路之於仁, 蓋日月至焉[1]者。或在或亡, 不能必其有無, 故以不知告之。

자로(子路)는 인(仁)에 대해서는, 대개 하루에 한 번이나 한 달에 한 번 인(仁)에 이르는
자이다. 어떨 때는 있다가도 어떨 때는 사라지고 해서, 꼭 인(仁)이 있다고도 할 수가
없고 없다고도 할 수가 없기 때문에, 모른다고 말씀하신 것이다.

050702、又問,[2] 子曰:「由也, 千乘之國, 可使治其賦[3]也, 不知其[4]仁也。」

　　　맹무백(孟武伯)이 다시 물었다. 선생님께서 말씀하셨다. "유(由)야, 천승(千乘)
　　　의 수레를 가진 나라 정도는, 그로 하여금 그 나라의 군병을 맡아 다스리게
　　　할 만은 하지마는, 그가 인(仁)한 자인지는 모르겠습니다."

---

1 《雍也 제5장》朱熹注 참조《北京虛詞》焉(언): 대사. 이것. 이것에. 앞에 나온 사람이나 사물을 가리킨다.
　구말에 쓰여 개사 '于'와 대사 '是'・'之'의 기능을 겸유한다('焉', 代詞。指代前文出現的人或事物。作賓語。
　又卽'他'、'它'; 兼词。用于句末, 兼有介词'于'和代词'是'、'之'等的作用。又卽'在这里'、'向他们'、'比这个'等。).

2 《論語義疏》맹무백이 '不知'란 대답을 들었지만, 마음에 차지 않았기 때문에, 자로가 인을 갖추었는지를
　다시 물은 것이다(疏: 武伯得答不知, 而意猶未已, 故更問云子路定有仁不乎。);《古書虛字》'又'는 '復'[다
　시]이다('又', '復'也。).

3 《論語集解》'賦'(부)는 軍役(군역)이다(注: 孔安國曰: 賦, 兵賦也。);《論語正義》鄭玄의 注에, '賦는 軍賦
　[군역]이다'라고 했고,《說文・貝部》에 '賦는 斂[거둬들이다]이다'라고 했고, 顏師古[581~645]의《漢書・地理
　志》에 대한 주에 '賦는 땅에서 난 물건을 거두어, 천자에게 바치는 것이다'라고 했고,《周禮・夏官司馬・大司馬》의
　鄭玄의 注에 '賦는 군용으로 쓸 물건을 내는 것이다'라고 했고,《周禮・夏官司馬・小司馬》의 鄭玄의 注에,
　'賦는 요역을 내는 것이다'라고 했으니, '賦'는 모두 군역을 말한다(正義曰: 鄭注: '賦, 軍賦。' 說文: '賦,
　斂也。' 顏師古漢書地理志注: '賦者, 斂土地所生之物, 以供天子也。' ……周禮大司馬注: '賦, 給軍用者也。'
　小司馬注: '賦謂出軍徒給繇役也。', ……其所謂賦皆, 軍賦也。); 賦(부): 민간이 兵役으로 내는 수레・무기
　・갑옷 등. 군대. 군사(特指民賦, 即征收的兵车、武器、衣甲或银钱。兵役。兵, 军队。).

4 《論語句法》주어 '其'는 '由'[子路]를 가리킨다(主語'其'稱代'由'。).

乘, 去聲。○賦, 兵[5]也。古者以田賦[6]出兵, 故謂兵爲賦, 春秋傳[7]所謂「悉索敝賦」是也。言
子路之才, 可見者如此, 仁則不能知也。

'乘'(승)은 거성[shèng]이다. ○'賦'(부)는 '군병'[兵]이다. 옛날에는 토지에 대한 세금을
군병으로 냈기 때문에, 군병을 부(賦)라고 했는데, 《춘추좌전》(春秋左傳)에서 말한 '저
의 군병을 모두 납부했습니다'라고 한 것이 바로 이것이다. 말씀인즉, 자로(子路)의 재
질에서, 볼 만한 것은 이와 같지만, 인(仁)한 자인지는 모르겠다는 것이다.

050703. 「求也何如?」子曰:「求也, 千室之邑[8], 百乘之家[9], 可使爲之[10]宰[11]也, 不知其仁也。」
"염구(冉求)는 어떻습니까?" 선생님께서 말씀하셨다. "염구(冉求)야, 천 가구의
고을이나 백승(百乘)의 수레를 가진 가(家) 정도는, 그로 하여금 그곳의 책임자
를 맡게 할 만은 하지마는, 그가 인(仁)한 자인지는 모르겠습니다."

---

5 兵(병): 병기. 군사. 군대(兵器, 武器。士兵的群体, 即整个军队。).

6 田賦(전부): 농경지에 따라 징수하는 토지세(指按田亩征收的賦税).

7 《春秋左傳·襄公8年》채나라 사람들이 복종하지 않아, 폐 읍의 사람들이, 감히 편안히 지내지 못하기에,
저희 군사를 다 모아, 채나라를 쳐서, 사마섭을 포획하고, 형구에다 바쳤습니다(蔡人不從, 敝邑之人,不敢
寧處, 悉索敝賦, 以討于蔡, 獲司馬爕, 獻于邢丘。): 悉索敝賦(실삭폐부): 저희의 모든 군사역량을 다 모으
다. 있는 것을 모두 내놓아 제공하다(悉: 全部; 索: 尽; 敝: 谦辞, 谓不精良。指尽全国所有的兵力。也指拿出
所有的一切来供应。).

8 《論語注疏》여기서 말한 '千室之邑, 百乘之家'는, 경·대부의 采邑이 땅은 1同[사방 100里]이고, 民家는
1000호인 家邑을 말한다(疏 正義曰: 此云'千室之邑,百乘之家者, 謂卿大夫采邑,地有一同, 民有千家者也。);
《王力漢語》종묘가 있는 곳을 '都'(도), 없는 곳을 '邑'(읍)이라 했다('邑',政治區域的一種。古代以有宗廟
者爲都, 無宗廟者爲邑。).

9 《論語集解》卿·大夫를 '家'라 칭한다(注: 孔安國曰: 卿大夫稱家。).

10 《詞詮》之(지): 대명사. 그('之', 代名詞。彼也。);《文言虛詞》'其'와 용도가 같고, 안내 역할을 한다.
그의. 그것의. 그곳의. '之+名詞'로 목적어로 역할을 한다('之'字當'其'字用, 用於領位, 作他的"它的"講。
這'之'字和其下的名詞, 只作賓語。);《古漢語語法》"위지재"는 이중목적어이다[그대에게 읍재를 맡길 만
하다]("爲之宰"是双宾式。);《論孟虛字》'之'는 앞절의 '可使治其賦也'의 '其'와 (용법이) 같다('之', '可使
治其賦也'的'其'相同。).

11 《論語正義》옛날의 모든 대소의 관리는 대부분 '宰'라 칭했으니, 예컨대 冢宰·大宰·膳宰·宰夫·
宰胥·宰旅 및 읍장·가신 등으로, 모두 이름이 '宰'였다(正義曰: 古凡大小官多稱宰, 如冢宰、大宰、
膳宰、宰夫、宰胥、宰旅及邑長、家臣, 皆名宰也。); 宰(재): 경·대부가의 총책임자로서, 그 밑에 각
분야의 관리(유사)들이 있는데 이를 합쳐서 가신이라 한다. 고대 관리의 통칭(卿大夫家的总管叫宰,
宰下又有各种官职,总称为家臣。后亦泛指诸侯、王公的私臣。古代官吏的通稱。).

千室, 大邑。百乘, 卿大夫之家。宰, 邑長家臣之通號。

'千室'(천실)은, 큰 읍이다. '百乘'(백승)은 경·대부의 가(家)이다. '宰'(재)는 읍장과 가신의 통칭이다.

050704. 「赤[12]也何如?」子曰:「赤也, 束帶[13]立於朝[14], 可使與賓客[15]言也, 不知其仁也。」

"적(赤)은 어떻습니까?" 선생님께서 말씀하셨다. "적(赤)이야, 조정에서 관복에 관대를 매고 서서, 그로 하여금 빈객들을 맞이하여 응대하는 일을 맡게 할 만은 하지마는, 그가 인(仁)한 자인지는 모르겠습니다."

朝, 音潮。○赤, 孔子弟子, 姓公西, 字子華。

'朝'(조)는 음이 '潮'(조, cháo)이다. ○'赤'(적)은 공자(孔子)의 제자로, 성은 공서(公西)이고, 자는 자화(子華)이다.

---

12 公西赤(공서적): 公西華. 姓 公西, 名 赤, 字 子華. BC 509[519]~? 공자보다 42[32]세가 적은 제자; 《孔子家語·弟子行》 유추능력에 통달했고 예를 좋아해서, 두 임금 사이에서 빈객의 일을 맡아, 돈독하고 올바르게 예의를 갖추었으니, 이것이 공서적의 행실입니다(志通而好禮, 儐相兩君之事, 篤雅有節, 是公西赤之行也。).

13 《論語義疏》'束帶'는 조회복을 제대로 갖춰 입은 것이다(疏 范甯曰: 束帶, 整朝服也。); 束帶(속대): 의복을 정돈하여 꾸미다. 단장하다. '帶'는 허리에 둘러매는 요대로, 옷을 단정하게 묶는 데 쓰는 것이다(整飾衣服。表示端庄。刘宝楠正义: 帶, 繫繚於要, 所以整束其衣, 故曰束帶。).

14 朝(조): 조정. 임금이 조견을 받거나 정무를 처리하는 곳(朝廷, 君王接受朝见和处理政务的地方。).

15 《論語集解》용모와 풍채가 있어 그로 하여금 외교관을 하게 할 만하다(注: 馬融曰: 有容儀, 可使爲行人也。); 賓客(빈객): 타국에 파견된 사신(春秋战国时多用称他国派来的使者。);《王力字典》'賓'(빈)은 귀한 손님을 지칭하고, '客'(객)은 문객이나 식객을 포괄한다. 동사로 쓰일 경우, '賓'은 복종을 표시하고, '客'은 더부살이를 지칭하므로 차이가 더욱 뚜렷하다('賓'本指貴客, 而'客'包括門客-食客。用作動詞時, '賓'表服從, '客'指寄居, 區別更明顯。).

[子謂子貢曰章]

050801、子謂¹子貢曰:「女與回也²孰愈³?」

　　　선생님께서 자공(子貢)에게 말씀하셨다. "너와 안회(顏回) 중에 누가 더 나으냐?"

女, 音汝, 下同。○愈, 勝也。

'女'(녀)는 음이 '汝'(녀)로, 뒷절에서도 이와 같다. ○'愈'(유)는 '낫다'[勝]이다.

050802、對曰:「賜也何敢⁴望⁵回? 回也聞一以知十⁶, 賜也聞一以知二⁷ ⁸。」

---

1 《詞詮》謂(위): 그 사람을 향해 말할 때 쓴다('謂', 外動詞。向其人爲言時用之。); 謂(위): ~에게 말하다. 평론하다. 인물평을 하다. ~라 일컫다(本义: 告诉。评论。称为).

2 《文言虛詞》'也'가 서술구나 묘사구의 주어 다음에 놓일 수 있고, 그 주어는 일반적으로 사람의 이름이다 ('也'字可以置於敘述句或者描寫句的主語之下, 而且那主語一般是人的姓名。);《詞詮》也(야): 명사를 돕는 어말조사('也', 語末助詞。助名詞。);《文言語法》'也'는 제시를 표시하는 어기사이다(语气词'也'字表示提示。);《古漢語語法》대주어와 '주+술' 술어구 사이에 쓰여 말을 잠시 쉼을 표시한다(大主语与主谓谓语之间有语音停顿。).

3 《詞詮》孰(숙): 의문대명사. 사람·일을 대신한다. 사람·일이 여럿이 나열될 때 사용한다('孰', 疑問代名詞。兼代人與事言。數事並列時用之。);《論語集解》'愈'는 '勝[낫다]과 같다(注: 孔安國曰: 愈, 猶勝也。); 愈(유): ~보다 낫다. 능가하다(勝過).

4 敢(감): 겸사. 스스로 주제넘다[외람되다]고 하다. 어찌 감히(副词。谦词, 自言冒昧。岂敢: 哪敢).

5 《論語注疏》'望'은 '比視'[비교하다]를 말한다(疏: 正義曰: 望, 謂比視也。);《論語詞典》도모하다. 따라잡길 바라다('望', 希图, 希望赶得上); 望(망): 기대하다. 비교하다(希望, 期望。通'方'。比较).

6 [성]聞一知十(문일지십): 하나를 들으면 여럿을 이해하다. 대단히 총명하다. 유추능력이 뛰어나다(听到一点就能理解很多。形容善于类推。);《文言虛詞》以(이): 접속사로, 동작의 목적·결과·정도를 표시하는 데 쓰인다. '知十'·'知二'는 '聞一'의 결과이다('以'字作連詞, 用以表示動作的目的或者結果或者程度。'知十'·'知二'是'聞一'的結果。);《論孟虛字》'以'는 '則', '卽'과 같다. 순승접속사('以', 猶'則', 猶'卽', 當白話'就'字。表承接的關係詞。).

7 [성]聞一知二(문일지이): 하나를 들으면 여럿을 이해하다. 유추 능력이 뛰어나다(听到一点就能理解很多。形容善于类推。);《論語疏證》자공은 빈부에 관한 질문으로 절차탁마의 뜻을 깨쳤고[學而 제15장], 공자의 백이·숙제에 대한 칭찬으로 공자께서 위나라 임금을 돕지 않을 것임을 알았으니[述而 제14장], 모두 聞一知二의 사례이다(樹達按: 子貢因貧富之問而悟詩切磋之義, 因孔子贊夷齊而知其不爲衛君, 皆聞一知二之事也。).

자공(子貢)이 대답했다. "저야 어찌 감히 안회(顏回)를 넘보겠습니까? 안회(顏回)는 하나를 들으면 이를 써서 열을 알지만, 저야 하나를 들으면 이를 써서 둘을 아는 정도입니다."

一, 數之始。十, 數之終。[9] 二者, 一之對也。顏子明睿所照[10], 即始而見終; 子貢推測[11]而知, 因此而識彼。「無所不悅[12], 告往知來[13]」, 是其驗[14]矣。

'一'(일)은 수의 처음이다. '十'(십)은 수의 끝이다. '二'(이)는 '一'(일)의 상대이다. 안자(顏子)는 (거울같이) 밝은 지혜의 빛에 비춰보는 것처럼 전체가 환히 보였으니 처음을 비추면 저 뒤쪽 끝까지 다 환히 아는 정도였다. 자공(子貢)은 손으로 더듬어보고서 방향을 알고 손을 넣어보고서 깊이를 알았으니, 이것을 통해서 저것을 아는 정도였다. '(내 말에 대해 어느 하나도) 기뻐하지 않는 게 없다'고 하시고 '지나간 일을 알려주었는데

---

8 《集注考證》'聞一知十'은 글머리를 말해주면 말미의 결과까지 다 아는 것이고, '聞一知二'는 순서를 따라 한 발짝씩 나아가는 것이다(聞一知十, 是道頭知尾, 聞一知二, 是一步進步。);《論語正義》《說文·十部》에 '十은 모든 수가 다 갖춰진 것이다'라고 했다. 數는 一에서 시작해, 十에서 끝난다. 군자의 학문은 사건의 시초를 탐구하여 그 결과를 추단하고[사물의 발전과정의 시말을 탐구한다], 한 꿰미에 꿰는 것으로, 성인의 제자 중에 안자의 학문만이 이러한 경지에 이를 수 있었다. 자공은 한 꿰미에 꿰지 못했기 때문에, 하나를 들으면 다만 둘을 알았을 뿐이다(正義曰:《說文》云: "十, 數之具也。" 數始於一, 終於十。君子之爲學也, 原始要終, 一以貫之, 其在聖門, 惟顏子好學, 能有此詣。夫子與回言"終日不違"及"退省其私, 亦足以發。" 發者, 夫子所未言之義, 即顏子所聞而知之者也。子貢未能一貫, 故聞一但能知二。).

9 《說文·士部》'士'(사)는, 事[일하다]이다. 수는 一에서 시작해, 十에서 끝난다. 공자께서 말씀하셨다. "열 가지를 추론하여 하나로 합일[귀납]시키는 것이 士다"(士, 事也。數始於一, 終於十。从一从十。孔子曰: "推十合一爲士。").

10 《論語大全》'明睿所照'(명예소조)는 밝은 거울이 여기에 있는데 사물이 다가와서는 속속들이 다 비춰보이는 것과 같고, '推測而知'(추측이지)는 조그만 불빛을 들고 좇아가서 비출 물건을 하나하나 비추는 것과 같다(朱子曰: 明睿所照, 如明鏡在此, 物來畢照, 推測而知, 如將些子火, 逐些子照去。); 明睿(명예): 밝은 지혜(천부의 예지). 총명함이 사리를 꿰뚫어보다. 임금에 대한 존칭. 공자를 가리키는 용어(同'明叡'。聰明有远见。古时臣下对君王,后妃等所用的敬词。特指孔子。);《逸周書·謚法解》성인이 될 수 있는 자를 '睿'라 한다. 깊이 생각하고 멀리 내다보는 자를 '睿'라 한다. 성인의 지혜로 미세한 부분까지 통찰하는 자를 '睿'라 한다. 주도면밀하고 사업이 드러난 자를 '睿'라 한다(可以作聖曰睿; 深思遠慮曰睿; 聖知通微曰睿; 慮周事表曰睿。).

11 推測(추측): 자기가 아는 것에 근거해서 모르는 것을 알아맞히다. 손으로 더듬어 찾고 손을 넣어서 수심을 재다(依据已知的测度未知的。).

12 《先進 제3장》참조.

13 《學而 제15장》참조.

14 驗(험): 증거. 증빙. 검사하다. 검증하다(证据; 凭证; 检查; 检验).

다가올 일을 안다'고 하신, 공자의 두 사람에 대한 평가의 말씀이 그 증거다.

050803、子曰:「弗如[15]也! 吾與女弗如也。[16]」

　　선생님께서 말씀하셨다. "안회(顔回)만 못하지! 나는 네가 안회(顔回)만 못하다
　　는 말에 동의한다."

與, 許也。○胡氏曰:「子貢方人, 夫子既語以不暇[17], 又問其與回孰愈, 以觀其自知之如何。

---

15 《論語注疏》'弗'은 '不'의 정도가 심한 것이다(疏: 正義曰: 弗者, 不之深也。);《古書虛字》'弗'은 '不'이다
　('弗', '不也'。);《詞詮》부정부사('弗', 否定副詞。不也。);《文言語法》'弗'은 목적어가 있어야 하는데 생략
　된 문장 안에서만 쓰이며, 그 작용은 '不……之'와 같다('弗'專用於應有賓語而省略了的句子裡, 其作用相
　當'不……之'。);《助字辨略》《廣韻》에 '如'는 '若'이라고 했다(《廣韻》云: 若也。);《論孟虛字》弗如(불여):
　=不如。~에 미치지 못하다。~만 못하다('不如'與'弗如'同義。);《論語句法》주어 '賜'와 술어 '回'가 모두
　생략되었고, 준연결동사 '如'字 위에 부정부사 '弗'字가 붙은 것이다(主語'賜'跟謂語'回'都省略沒說出來,
　準繫詞'如'上加了個否定限制詞'弗'字。).
16 《論衡·問孔》공자가 자공에게 말했다. "너와 안회 중에 누가 더 나으냐?"……공자가 말했다. "안회만
　못하지! 나와 너는 모두 안회만 못하다." 이는 안회를 현명하게 여기고, 시험 삼아 자공에게 물어본
　것이다(子謂子貢曰: "汝與回也孰愈?" 曰: "賜也何敢望回? 回也聞一以知十, 賜也聞一以知二。" 子曰: "弗如
　也, 吾與汝俱不如也。" 是賢顏淵, 試以問子貢也。);《論語集解》이미 자공이 안회만 못하다 하시고 나서,
　다시 '나와 너는 모두 안회만 못하다'고 하신 것은, 대개 자공의 마음을 위로하려 하신 말씀이다(注:
　苞氏曰: 既然子貢弗如, 復云吾與汝俱不如者, 蓋欲以慰子貢心也。);《論語義疏》秦道賓이 말했다. 《爾雅》
　에 '與는 許이다'라고 했다. 공자께서 자공이 안회만 못함을 인정하신 것이다"(疏: 秦道賓曰: 爾雅云,
　'與, 許也。'仲尼許子貢之不如也。);《古今注》《孔子家語·在厄》에, 공자가 안자에게 '가령 너에게 재물이
　많았다면, 나는 너의 가신이 되었을 것이다'라고 했는데, 이 역시 공자께서 스스로 안회만 못하다는
　것을 인정했다는 뜻이다(家語孔子謂顏子曰, 使爾多財, 吾爲爾宰, 亦自以弗如之意也。《論語集釋》'나와
　너는 모두 안회만 못하다'는 풀이는 한나라 이래 구설이 이와 같았다. 혜동의《論語古義》또한 이 견해를
　주장했다。《論語集解》는 포함의 이 견해를 수용해 '俱'字가 있음을 밝혔고, 형병의 소에도 '俱'字가 있다.
　옛날에는 '與'를 '許'로 풀이할 수 없었다. 장문붕이 말했다. "'吾與點也'의 '與'는 相與[서로, 함께하다]를
　말한다. 毛詩의 '不我與'[召南·江有汜][나와 함께하지 않는다], '必有與也'[邶風·旄丘][나와 함께할
　이 반드시 있다]와 같고, 역시 '許'字로 풀이하지 않았다. 集注의 견해는 맞지 않다"(按: '吾與汝俱不如'之
　訓, 漢以來舊說如是。惠棟論語古義亦主之。集解用包咸云云, 明有俱字, 邢疏亦有之……古無以與作許解
　者。張文虤曰: "'吾與點也'之與, 謂相與也。與毛詩'不我與'、'必有與也'同, 亦不作許字解。集注失之"。);《論
　語譯注》與(여): 동사。동의하다。찬동하다。'與'를 접속사로 보면 안 된다["나는 네가 안회만 못하다고
　한 말에 동의한다"]('與', 动词, 同意, 赞同。这里不应这看作连词。我同意你的话, 是赶不上他。);《論語句
　法》'女弗如'는 술어 '與'[찬동하다]의 목적어이다('女弗如'做與'[讚許'的意思]'的止詞。);《論孟虛字》'弗
　如'의 '如'는 '及'[미치다]와 같다。'夠得上'[충분히 미칠 수 있다]의 뜻이다。'不如'는 '夠不上'[미치기에
　부족하다]의 뜻이다。'與'는 '同'과 같다["안회만 못하다。나와 너는 안회만 못하다"]('如', 猶'及'。'如'是'夠
　得上'的意思。'不如', 也就是'夠不上'; '與', 猶'同'。).

聞一知十, 上知[18]之資, 生知[19]之亞也。聞一知二, 中人[20]以上之資, 學而知之[21]之才也。子貢平日以己方回, 見其不可企及[22], 故喩之如此。夫子以其自知之明[23], 而又不難於自屈[24], 故旣然[25]之, 又重許之。此其所以終聞性與天道[26], 不特聞一知二而已也。」

'與'(여)는 '동의하다'[許與]이다. ○호씨(胡氏·胡寅)가 말했다. "자공(子貢)이 사람들을 비교하자, 선생님께서 나는 그럴 겨를이 없다고 이미 말씀하셨는데, 또 자공(子貢)과 안회(顏回) 중에 누가 나으냐고 물으신 것은, 자공(子貢)이 스스로를 어떻다고 알고 있는지를 살펴려고 하신 것이다. '하나를 들으면 열을 아는 자'는 상지(上知)의 자질로, '태어나면서부터 아는 자'의 다음 등급의 자질이다. '하나를 들으면 둘을 아는 자'는 중인(中人) 이상의 자질로, 배워서 아는 자의 재능이다. 자공(子貢)이 평소부터 자기를 안회(顏回)와 비교해 보고는 그를 감히 따라잡을 수 없다는 것을 알아보았기 때문에, 그것을 이같이 비유한 것이다. 선생님께서는 자공(子貢)이 스스로의 수준을 분명하게 알고 있고, 또 스스로를 굽히는 것을 어려워하지 않았기 때문에, 그가 한 말을 옳다고 인정하시고 나서, 또 거듭해서 인정하신 것이다. 이것이 자공(子貢)이 마침내 성(性)과 천도(天道)를 듣게 된 까닭이었으니, 하나를 들으면 둘을 아는 정도일 뿐이 아니었던 것이다."

---

17 《憲問 제31장》 참조.

18 《陽貨 제3장》 참조.

19 《述而 제19장》와 《季氏 제9장》 참조.

20 《雍也 제19장》 참조.

21 《季氏 제9장》 참조.

22 不可企及(불가기급): (발돋움해도) 도달할 가망성이 없다. 아예 비교가 안 된다. 따라잡을 수 없다(企: 希望; 及: 达到。没有希望达到。形容远远赶不上。); 企及(기급): 발돋움해야 닿을 수 있다. 따라잡기를 기구하다(踮起脚来才够着。指希望或企求赶上。); 企(기): 상면은 '인'자이고, 하면은 '지'(각)자로, 사람이 발뒤굼치를 들고 서있는 자세를 표시한다. 발꿈치를 들다. 발돋움하다(上面是一个人, 下面是"止"(脚), 表示这个人在踮起后脚跟。本义: 踮起脚跟。).

23 自知之明(자지지명): 자기를 정확하게 인식하다. 자기의 장단점을 알다(能正确认识自己, 了解自己的长处和短处。);《老子·제33장》남을 아는 것이 智이고, 나를 아는 것이 明이다(知人者智, 自知者明。).

24 自屈(자굴): 자기를 굽혀 남에게 복종하다. 자기 능력을 다 쓰다(委屈自己。谓用尽自己的力量。).

25 然(연): 옳다고 여기다. 인정하다. 동의하다(以为……对; 同意).

26 《公冶長 제12장》 참조.

[宰予晝寢章*]

050901、宰予¹晝寢²。子曰:「朽木不可雕³也⁴, 糞土⁵之牆不可杇⁶也, 於予與⁷, 何誅⁸?」

1 宰予(재여): =재아(宰我);《八佾 제21장》참조.

2 《禮記·檀弓上》대낮인데 내실에 있으면 (병이 난 줄 알고) 다른 사람이 병문안할 수 있고, 야밤인데 집 밖에 있으면 (변고가 난 줄 알고) 다른 사람이 조문을 할 수 있다. 이 때문에 군자는 큰 변고가 있는 경우가 아니면 집 밖에서 야숙하지 않고, 제사를 지내거나 병이 난 경우가 아니면 내실에 있지 않는다(夫晝居於內, 問其疾可也; 夜居於外, 吊之可也。是故君子非有大故, 不宿於外; 非致齊也, 非疾也, 不晝夜居於內。);《論語正義》江聲[1721~1799]의《論語竢質》에 말했다. "《說文·晝部》에, '晝(주)는 해가 떠서 질 때까지로, 밤과 경계가 된다'고 했다. 이는 해가 뜬 후가 晝이다. 사람들은 대개 닭이 울면 잠자리에서 일어나는데, 재아는 해가 뜬 후에도 아직 잠에서 깨어나지 않았기 때문에 그를 책망한 것이다"(正義曰: 江氏聲《論語竢質》: "《說文》: '晝, 日之出入, 與夜爲界。' 是日出後爲晝。凡人雞鳴而起, 宰我日出後尚寢寐未起, 故責之。");《論語新解》① 대낮에 잠을 자다。② 대낮에 침실에 들어가다。③ '晝'(주)는 '畫'(화/획)[그림을 그리다。한계를 긋다]으로 써야 한다。자기 침실을 그려 아름다운 무늬를 내다。④ 스스로 시간·정력의 한계를 그어놓고 휴식을 기도하다(此二字有數說。一謂當晝而眠, 孔子責其志昏惰。一謂寢者寢室, 入夜始居, 宰我晝居寢, 故責之。一謂晝(晝)當作畫(畫), 宰我畫其寢室, 加以藻繪。一謂畫是劃義, 寢是息義。宰我自劃時間精力, 貪圖休息。);《王力漢語》寢(침)은 침대에서 자는 것, '臥'(와)는 안석에 기대어 자는 것, '眠'(면)은 눈을 감고 있는 것, '睡'(수)는 앉아서 조는 것이다('寢指在床上睡覺。'臥'是靠着几睡覺。'眠'是閉上眼睛。'睡'是'坐寐', 即坐著打瞌睡。);晝寢(주침): 백주대낮에 잠을 자다。낮잠(白晝寢寐; 午睡).

3 [성]朽木不雕(후목부조): 썩은 나무로는 조각할 방법이 없다。진보하지 않으면 재목이 될 방법이 없다。양성할 수 없다。형세가 기울어서 구제할 방법이 없다(朽壞的木頭無法雕刻。比喻人不上進, 無法成材。比喻人不可造就或事物和局勢敗壞而不可救藥。); 雕(조): =琱, 彫. 옥을 가공하다。새기다。조각하다(治玉。通"琱"。通"彫"。引申爲雕刻。).

4 《論語語法》也(야): 진술구의 끝에 쓰여서, 진술어기를 강화하는 역할을 한다(在於陳述句句尾, 以加強陳述語氣。).

5 [성]朽木糞土(후목분토): =朽木糞牆. 자질이 부족해 육성할 수 없는, 사회에 쓸모없는 사람。가르쳐도 소용없는 인간(比喻不堪造就, 对社会没有用处的人);《集注考證》何文定[何基, 1188~1268]이 말했다。"糞土朽木에 대해, 학자들은 자질이 뛰어나지 못한 자에 대한 비유로 여겼는데, 주자는 일찍이 이러한 견해를 깨고, 단지 배우는 자가 뜻이 확립되지 않으면, 배움이 근본 뿌리가 없어 가르침이 베풀어질 곳이 없다는 것을 비유한 것으로 본 것이다。대저 사람의 기체에는 본래 강약이 있지만, 근면·태만은 志의 立·不立에 달려 있다。志가 확립되면, 날로 精明으로 나아가, 약해도 반드시 강해지지만, 志가 확립되지 않으면, 날로 昏惰로 들어가, 강해도 약해진다。이런 연고로 군자가 학문을 하려면, 반드시 먼저 뜻을 확립해야 한다。뜻이 확립되고 나면, 나무에 바탕이 있고, 담장에 기초가 있는 것과 같이, 그 후에 조각하고 흑손을 쓰는 공력이 덧붙여질 수 있는 것이다"(何文定曰: 糞土朽木, 諸家以爲質不美之譬, 朱子嘗破其說, 看來只是譬學者志不立, 則學無其本而敎無所施爾。大抵人之氣體固有強弱, 而其勤怠則在于志之立不立。志苟立, 則日進于精明, 雖弱而必強, 志不立, 則日入于昏惰, 雖強而亦弱。是故君子爲學, 必先立志。此志既立, 則如木有質, 如牆有基, 而後彫杇之功可加矣。);《論語正義》胡紹勳[1789~1862]의《四書拾義》에 말했다。"《春秋左傳·昭公3年》에 '小人糞除先人之敝廬[소인이 선인의 쓰러져가는

재여(宰予)가 대낮에 침상에 누워 자고 있었다. 선생님께서 말씀하셨다. "푸석
푸석해진 목재로는 조각을 할 수가 없고, 썩어 부스러지는 흙담에는 흙손을
쓸 수가 없으니, 재여(宰予)에 대해서야 무엇을 꾸짖겠느냐?"

朽, 許久反。杇, 音汙。與, 平聲, 下同。○晝寢, 謂當晝而寐。朽, 腐也。雕, 刻畫也。杇,
鏝[9]也。言其志氣[10]昏惰[11], 教無所施也。與, 語辭。誅, 責也。言不足責, 乃所以深責之。[12]
'朽'(후, xiǔ)는 '許'(허)와 '久'(구)의 반절이다. '杇'(오)는 음이 '汙'(오, wū)이다. '與'(여)는
평성[yú]으로, 뒷절에서도 이와 같다. ○'晝寢'(주침)은 '낮시간에 잠을 잔다'는 말이다.
'朽'(후)는 '썩다'[腐]이다. '雕'(조)는 '그림을 조각하다'[刻畫]이다. '杇'(오)는 '흙손'[鏝]이
다. 말씀인즉, 그가 정신은 흐릿하고 기운은 게을러서, 가르침이 베풀어질 여지가 없다

집을 소제했습니다'라고 했다. 여기에서 불결한 것들을 소제하는 것을 '糞'(분)이라 했는데, 소제한 불결
한 쓰레기도 '糞'이라 했다.《論語》의 '糞土'는 '穢土'(예토)와 같다. 옛사람들은 담을 쌓을 때 (풀에 이긴)
흙을 쌓아서 만들었는데, 오랜 시간이 흐르면 흙담이 푸석푸석 부스러져 먼지처럼 되는 것을 피할 수
없었기 때문에, '不可杇'라고 한 것이다"(正義曰: 胡氏紹勳四書拾義: "左傳云: '小人糞除先人之敝廬。' 是除
穢謂糞, 所除之穢亦謂糞。此經'糞土'猶言'穢土'。古人牆本築土而成, 歷久不免生穢, 故曰'不可杇'。"); 糞土
(분토): 썩어 부스러져 먼지처럼 된 흙(穢土).

6《論語義疏》'圬[杇]'(오)는 반죽한 진흙을 흙손으로 반반하게 바르는 것을 말한다(疏: 圬, 謂圬墁之使之
平泥也。); 杇(오): 흙손(풀을 잘라 넣고 물을 부어 반죽한 흙을 떠서 벽에 바르는 데 쓰는 연장). 벽을
바르다(=圬。泥瓦工用的抹子。抹墙。).

7《論衡·問孔》에는, '於予, 予何誅?'['재여에 대해, 내가 무엇을 꾸짖겠느냐?']로 되어 있다;《論語義疏》
'與'(여)는 어조사이다(疏: 與, 語助也。);《經傳釋詞》'與'는 '也'와 같다["재여에 대해서야 무엇을 꾸짖겠느
냐?"](與, 猶也也。猶言'於予也何誅?');《文言虛詞》'與'는 어기사로 쓰였고, 말을 잠시 멈춤을 표시한다
('與'作語氣詞, 可以表示停頓。); 다음 절의 '於予與 改是'의 '與'도 같다;《論語語法》주어는 '於予'로, '於'는
동사로서 술어로 보아야 하고[대하다], '予'는 동사의 목적어이고, '與'는 주어에 붙은 어기사로, 감탄의
의미를 드러내 보이려고 해서, 감탄어기사 '與'字를 쓴 것으로, 지금의 '呀'에 해당한다(主語'於予'是詞結,
'於'應該把它看作動詞做述詞, '予'是它的止詞, '與'是主語下所加的語氣詞, 因爲要顯示出感歎的意味儿,
所以用表感歎的語氣詞'與'字, 相當於白話的'呀'字。).

8《論語集解》'誅'는 '責'[책망하다]이다(注: 孔安國曰: 誅, 責也。); 誅(주): 꾸짖다. 성토하다. 규탄하다(本
义: 声讨,谴责。).

9 鏝(만): 흙손. 흙을 바르다(抹墙用的工具, 俗称'抹子'。涂饰。).

10 志氣(지기): 결심과 용기. 의지와 정신(积极上进或做成某事的决心和勇气。意志和精神。).

11 昏惰(혼타): 사리에 어둡고 게으르다. 게으르다(昏昧怠惰; 懈怠).

12《論語大全》'志'는 心志를 말하고, '氣'는 血氣를 말한다. 志가 먼저 쇠약해지고, 氣가 뒤따라 흐릿해지면,
가르침이 베풀어질 여지가 없는 것이, 마치 푸석푸석해진 목재나 부스러지는 흙담에 조각이나 흙손질이
베풀어질 여지가 없는 것과 같다(新安陳氏曰: 志, 謂心志, 氣, 謂血氣。志先惰, 氣隨而昏, 則教無施處,
如朽木糞牆, 雕杇之工, 無施力處也。).

는 것이다. '與'(여)는 어조사이다. '誅'(주)는 '꾸짖다'[責]이다. 꾸짖을 감도 못 된다는
말씀으로, 그래서 이 말씀으로 그를 심하게 꾸짖으신 것이다.

050902、 子曰[13]:「始[14]吾於人[15]也, 聽其言而信其行[16]; 今吾於人也, 聽其言而觀其行[17]。 於[18]

---

13 《論語正義》공안국의 注에 '(이 장은) 앞 장의 재아의 주침 때문에 발언하신 것이다'라고 했다[劉寶楠은
이 절은 별도의 장으로 분리했다]. 내 생각에, '人而不仁, 如禮樂何'[八佾 제3장]는 季氏八佾章・三家雍徹
章의 다음 장에 배치했으니 '人'은 '季氏'와 '三家'를 가리키는 말이고, '子所雅言'[述而 제17장]은 學易章
의 다음 장에 배치했으니 '所'字는 '易'을 가리키는 말이고, '民可使由 不可使知'[泰伯 제9장]는 詩・
禮・樂章의 다음 장에 배치했으니 '可使由 不可使知'는 詩・禮・樂을 가리키는 말이고, '吾友張也 爲難能也'
[子張 제15장]는 堂堂乎張章의 다음 장에 배치했으니 '難能'은 '堂堂'을 가리키는 말이다. 이 장들은
모두 앞장과 뒷장이 서로서로 설명하는 예로서, 몇 개의 장을 예로 든 것은, 공안국의 이 注를 증명하려는
것이다(注: "發於宰我之晝寢。" 正義曰: 愚謂前篇 "人而不仁, 如禮樂何", 在季氏舞人佾, 三家雍徹章後, 則
"人"指"季氏""三家"言。下篇 "子所雅言", 在學易章後, 則 "所"字指"易"言。 "民可使由, 不可使知", 在詩禮樂章
後, 則 "可使由, 不可使知", 指詩, 禮, 樂言。 "吾友張也爲難能也", 在堂堂乎張章前, 則 "難能"指"堂堂"言。
此皆前後章相發明之例, 姑舉數則, 爲此注證之。); 《論語集釋》이 절을 별개 장으로 할 경우, 가리키는
바가 무슨 일인지 알 수 없기 때문에, '子曰'을 연문으로 보는 것이 낫다. 앞서 말했는데[《里仁 제5장》
각주 《論語集釋》참조], 논어 중에 '子曰'이 더 들어간 경우로는, 이 장과 唯上知章[陽貨 제3장]이 바로
이것이고, '子曰'이 빠진 경우로는, 君子去仁節[里仁 제5장 제2절] 및 君子篤於親節[泰伯 제2장 제2절]
이 바로 이것이다(按: 然此節如別爲一章, 則不知所指何事, 故仍以衍文說爲長。 余嘗謂一部論語中, 多二
子曰, 此章且唯上知章是也。 少二子曰, 「君子去仁」節及「君子篤於親」節是也。); 《論語譯注》'子曰' 이하의
말은, 비록 '宰予晝寢'을 겨냥해서 하신 말이지만, 공자께서 서로 다른 시기에 하신 말씀으로, 그래서
또다시 '子曰'을 붙여서 구별한 것이다. 옛사람들은 이러한 문장규칙이 있었으니, 俞樾[1821~1907]이
《古書疑義舉例・卷二》의 '一人之辭而加曰字例'[한 사람이 한 말에 '曰'字를 덧붙이는 사례]에서, 상술한
적이 있다(논어의 이 장을 인용하지는 않았다)('子曰'以下的話, 雖然也是針對"宰予晝寢"而發出, 却是孔
子另一個時候的言語, 所以又加"子曰"兩字以示區別。 古人有這種修辭條例, 俞樾古書疑義舉例"一人之辭
而加曰字例"曾有所闡述(但未引證此條), 可參閱。); 《論語新解》或說 이 '子曰' 두 글자는 衍文으로 잘못으
로 중복된 것이다。或說 이 이하는 단을 바꿔 말했기 때문에, 다시 '子曰'를 써서 시작한 것이다(或说此子
曰二字当误复。 或说此下语更端, 故又以子曰起之。); 《陽貨 제1장 제2절》각주 《疑義舉例》참조.

14 《詞詮》始(시): 시간부사. 처음에(始: 時間副詞。初始也。); 《北京虛詞》始(시): 부사. 이전에는. 본래.
처음에는. 처음이나 지금 이전으로 거슬러 올라가는 것을 표시한다('始', 副詞。 表示对初时或往时的追溯,
又即原先、'当初'、'刚开始时'。); 始(시): 첫머리. 일이 생기기 시작한 처음. 처음에는. 전에는(起头, 最初,
与"终"相对。 当初, 在最初的时候。).

15 《詞詮》於(어): 개사. 동작의 상대방을 나타낸다('於', 介詞。 表動作之對象。); 《百度漢語》於(어): 동사.
대하다(於: 動詞。 對。); 《文言語法》'於人'은 여전히 부사어인데, 다만 그것을 강조하고 또 잠시 멈추게
한 데 불과할 따름이다. '之'字를 가운데 첨가하고 문장형식을 바꾸면, 주어의 구성 부분이 된다(於人仍
是副詞語, 不過把它強調而又作一小停頓罷了。 如果當中加一'之'字, 又變爲前式, 而爲主語的組成部分了。).

16 信(신): 언론이 진실되다. 거짓이 없다. 믿다. 신임하다(人的言论应当是诚实的。 本义: 真心诚意。 相信;
信任。); 《王力漢語》'其'와 '之'는 똑같이 제3인칭으로, '其'는 대략 '그(것)의'와 같고, '之'는 '그(것)'과

予與, 改是。」[19]

선생님께서 말씀하셨다. "전에 내가 사람을 대할 때는 그 사람이 한 말을 듣고 나서는 그 사람이 앞으로 할 행동을 믿었는데, 지금 내가 사람을 대할 때는 그 사람이 한 말을 듣고 나서도 그 사람이 뒤에 한 행실까지 살피게 되었다. 재여(宰予)로 말미암아 사람 대하는 태도를 고쳤다."

行, 去聲。○宰予能言而行不逮[20], 故孔子自言於予之事而改此失, 亦以重[21]警之也。胡氏曰:「『子曰』疑衍文, 不然, 則非一日之言也。」

'行(행)은 거성[xíng]이다. ○재여(宰予)는 말은 잘했지만 행실이 말을 따라오지 못했기 때문에, 공자(孔子)께서 재여(宰予)의 일로 말미암아 이러한 잘못을 고쳤다고 스스로 말씀하셨으니, 이로써 그를 엄중하게 경고하신 것이다.

호씨(胡氏·胡寅)가 말했다. "'子曰'(자왈)은 쓸데없이 들어간 글귀로 보이는데, 그렇지 않다면, 같은 날에 하신 말씀이 아닐 것이다."

같다. '其'는 한정어로만, '之'는 목적어로만 쓰인다. 상고 한어에서는 '其'는 주어로 쓰이지 못했는데, 주어처럼 쓰인 곳일지라도, 실제로는 주어로 쓰인 것이 아니다('其'和'之'同屬第三人稱, '其'字略等於現代漢語'他'的"她的"它的'; '之'字略等於現代漢語的'他''她''它。'其'字只能用作定語, '之'字只能用作賓語。在上古漢語裡, '其'字不能用作主語, 在許多地方'其'字很像主語, 其實不是的。); 行(행): 걷다. 여정. 행위(走。路程。行为。).

17 [성]聽其言而觀其行(청기언이관기행): =聽言觀行. 하는 말을 듣고 또 하는 일을 봐야 한다. 하는 말만 듣지 말고 실제 하는 행동을 또 봐야 한다(听他说的, 还要看他做的。指不要只听言论, 还要看实际行动。).

18 《論語義疏》재여에서 비롯되어 이것을 고쳤다(疏: 起於宰予而改爲此。);《論語譯注》"재여의 일 이후부터"("從宰予的事件以後");《北京虛詞》於(어): 개사. ~로부터. ~로 말미암아('於', 介词。引进动作的起始地点或施动之处。义即从'、'由。);《許世瑛(二)》'於'는 관계사로, '由於'[~로 말미암아]의 뜻이다('於'是關係詞, '由於'的意思。).

19 《大戴禮記·五帝德》내가 안색을 보고 사람을 취했다가 담대멸명으로 인해서 이를 고쳤고, 말솜씨를 보고 사람을 취했다가 재여로 인해서 이를 고쳤고, 용모를 보고 사람을 취했다가 자장으로 인해서 이를 고쳤다(孔子曰: 吾欲以顏色取人, 於滅明邪改之; 吾欲以語言取人, 於予邪改之; 吾欲以容貌取人, 於師邪改之。);《韓非子·顯學》담대멸명은 군자의 용모여서, 중니가 그를 제자로 뽑았는데, 오래 지내고 보니 행실이 그의 용모에 미치지 못함을 알았다. 재여의 글은 고상하고 아름답게 꾸며서, 중니가 그를 제자로 뽑았는데, 오래 지내고 보니 지혜가 그의 말솜씨를 충족시키지 못함을 알았다. 공자가 말했다. "용모를 가지고 사람을 취했다가 담대멸명을 잘못 뽑았고, 말솜씨를 가지고 사람을 취했다가 재여를 잘못 뽑았다"(澹臺子羽, 君子之容也, 仲尼幾而取之, 與處久而行不稱其貌。宰予之辭, 雅而文也, 仲尼幾而取之, 與處久而智不充其辯。故孔子曰: 以容取人乎, 失之子羽; 以言取人乎, 失之宰予。).

20 《里仁 제22장》참조.

21 《論語大全》'重'은 거성[zhòng]이다(重, 去聲。); 重(중): 무겁다. 중하다.

○范氏曰:「君子之於學, 惟日孜孜[22], 斃而後已[23], 惟恐其不及[24]也. 宰予晝寢, 自棄孰甚焉, 故夫子責之.」

○범씨(范氏·范淳夫)가 말했다. "군자가 배움을 대함에 있어서는, 오로지 날마다 힘쓰고 또 힘쓸 뿐, 쓰러져 죽은 뒤에야 그치고, 오직 행여 배움이 미치지 못할까만을 염려한다. 재여(宰予)는 대낮에 잠을 잤으니, 스스로 (배움을) 포기함이 무엇이 이보다 심하겠는가? 그래서 선생님께서 그를 꾸짖으신 것이다."

胡氏曰:「宰予不能以志帥氣[25], 居然[26]而倦. 是宴安[27]之氣勝, 儆戒[28]之志惰[29]也. 古之聖賢未嘗不以懈惰荒寧[30]爲懼, 勤勵[31]不息自強[32], 此孔子所以深責宰予也. 聽言觀行, 聖

---

22 《書經·周書·君陳》(成王이 군진에게 말했다.) 내가 주공의 가르침을 들었는데, 주공이 말하기를 '지극한 다스림의 향기는 신명을 감격하게 합니다. 제기에 담긴 좁쌀[서속]과 기장쌀의 향기가 신명을 감격하게 하는 것이 아니라, 밝은 덕의 향기가 신명을 감격하게 합니다'라고 했소. 그대는 부디 이 주공의 가르침을 이행하기를, 오로지 날마다 힘쓰고 또 힘쓰기만 할 뿐, 감히 편히 즐기고 놀 생각일랑 하지 마시오. 사람들은 성인을 보기 전에는 능히 성인은 만나볼 수 없는 사람이라 여기다가, 성인을 만나보고 나서는, 또 성인의 가르침을 따르지 않으니, 그대는 그것을 경계하시오. 그대는 바람이고 백성은 풀이오(我聞曰: '至治馨香, 感于神明. 黍稷非馨, 明德惟馨爾.' 尚式時周公之猷訓, 惟日孜孜, 無敢逸豫. 凡人未見聖, 若不克見; 既見聖, 亦不克由聖, 爾其戒哉! 爾惟風, 下民惟草……); 孜孜(자자): 근면하다. 게으름피우지 않다(勤勉; 不懈怠; 孳, 通'孜'.).

23 《禮記·表記》공자께서 말씀하셨다. "《詩經·小雅·車舝》에, '높은 산은 우러르고, 넓은 길은 뒤따른다'고 했다. 이 시를 쓴 이가 仁을 좋아함이 이와 같다. 도를 향해 나아가기를, 가는 도중에 더 이상 갈 힘이 없어서 고꾸라지고, 몸이 늙어가는 것도 잊고, 남은 날수가 모자라는 것도 모르고, 얼굴 파묻고 날마다 부지런히 힘쓰다가, 쓰러져 죽은 후에야 그치는 것이다"(子曰: ……《小雅》曰: '高山仰止、景行行止.' ……《詩》之好仁如此 鄉道而行, 中道而廢, 忘身之老也, 不知年數之不足, 俛焉日有孳孳, 斃而後已.); 斃而后已(폐이후이): 어떤 일에 평생 몸을 바치다가 죽은 후에야 그치다(指努力工作或为某一目的的奋斗终生, 至死才罢休.); 斃(폐): (앞으로)넘어지다. 고꾸라지다. 쓰러지다. 죽다(仆倒; 倒下去. 引申为死.).

24 《泰伯 제17장》참조.

25 《孟子·公孫丑上 제2장》무릇 의지가 기를 이끌면, 기는 몸에 가득 찬다. 무릇 의지가 가는 곳에는, 기가 그곳을 따른다(夫志氣之帥也, 氣體之充也. 夫志至焉, 氣次焉.).

26 居然(거연): 편안하다. 태평스럽다. 심심하고 무료하다(犹安然。形容平安, 安稳。).

27 宴安(연안): 한가로이 누리다(安逸享受).

28 儆戒(경계): 미리미리 조심하다. 고치도록 깨우치다. 경계하다(告诫人使注意改正缺点错误。警戒; 戒备; 戒惧。).

29 惰(타): 쇠퇴하다. 쇠락하다. 쇠미하다(衰败).

30 懈惰(해타): 행동이 굼뜨고 옴짝달싹하기 싫어하다. 나태하다. 게으름 피우다(懈怠; 懒惰。); 荒寧(황녕): 묵히다. 내버려두다. 게으른 채 안일을 탐하다(荒废。懈怠, 贪图安逸。).

31 勤勵(근려): 열심히 일하고 분투노력하다(勤劳奋勉。).

人不待是而後能, 亦非緣此而盡疑學者。[33] 特因此立教, 以警群弟子, 使謹於言而敏於行[34]耳。」

호씨(胡氏·胡寅)가 말했다. "재여(宰予)는 의지[志]로써 기운[氣]을 통솔하지 못했으니, 일없이 그냥 앉아서 게을리 보냈다. 이는 아무것도 하지 않고 편안하게 지내려는 기운[氣]이 우세하고, 잘못하지 않도록 미리미리 조심하려는 의지[志]가 쇠약한 것이다. 옛 성현들은 느슨해지고 게을러지고 할 일을 내버려 둔 채 편안하고 한가한 생활을 탐하는 것을 두렵게 여겨, 부지런하고 힘을 내고 쉬지 않고 스스로 힘써 노력하기를 아니한 적이 없었으니, 이것이 공자(孔子)께서 재여(宰予)를 깊이 꾸짖으신 까닭이다. 성인께서는 (밝은 지혜의 빛으로서 전체가 환히 다 보이시니), 말을 듣고 행실을 관찰하는 것, 이를 기다려서 그 후에야 사람을 알 수 있는 분이 아니고, 또 이 일을 연고로 해서 배우는 자를 모두 의심하셨다는 것도 아니다. 특별히 이 일을 빌어서 교훈을 세우고, 이로써 제자들을 일깨워서, 그들로 하여금 말에 대해서는 조심하도록 하고 행동에 대해서는 민첩하도록 하려는 것뿐이었다."

---

32 《易經·▆乾·象傳》하늘의 운행은 한결같이 꾸준하니, 군자는 이 같은 하늘을 본받아 스스로 힘써 노력하기를 쉬지 않는다(天行健, 君子以自強不息。): 自強不息(자강불식): =自彊不息. 스스로 힘써 노력하여 향상되기를, 영원히 쉬지 않는다(亦作自彊不息. 自強 自己努力向上; 息: 停止. 自覺地努力向上, 永不松懈).

33 《論語大全》성인께서는 밝은 지혜의 빛으로서 전체가 환히 다 보이시니, 말을 듣고 행실을 관찰하는 것, 이를 기다려서 그 후에야 사람을 알 수 있는 분이 아니다. 지극정성으로 사람들을 대하여, 남이 속인다고 지레짐작하지 않으셨으니, 이 일을 연고로 해서 배우는 자들을 모두 의심하신 것은 아니었다(慶源輔氏曰: ……聽言觀行, 聖人明睿所照, 不待是而後能. 至誠與人, 不逆於詐, 故非緣此而盡疑學者。).

34 《學而 제14장》《里仁 제24장》 참조.

[吾未見剛者章]

051001、子曰:「吾未見剛¹者。」或對曰:「申棖²。」子曰:「棖也慾³, 焉⁴得剛⁵?」⁶

　　　선생님께서 말씀하셨다. "나는 아직까지 의지가 꿋꿋한 사람을 보지 못했다."
　　　어떤 사람이 대답했다. "신장(申棖)이 있습니다." 선생님께서 말씀하셨다. "신
　　　장(申棖)이야 욕심이지, 어찌 의지가 꿋꿋한 것이겠느냐?"

---

1 《子路 제27장》의 '剛毅木訥 近仁' 참조.《論語正義》'剛'은 굳세어서 뜻이 구부러지지 않는 것을 말한다. 뜻이 구부러지지 않으면, '부귀가 그를 어지럽히지 못하고, 빈천이 그를 움직이지 못하고, 위무가 그를 꺾지 못한다'[孟子·滕文公下 제2장]. 無慾할 수 있는 까닭이다(正義曰: 鄭注云: 剛謂彊志不屈撓。志不屈撓, 則'富貴不能淫, 貧賤不能移, 威武不能屈', 所以能無慾也。);《王力漢語》'堅'(견)은 본뜻이 땅이 굳은 것이고, '剛'(강)은 본뜻이 칼이 무르지 않고 단단한 것이고, '強'(강)은 본뜻이 활이 휘어지지 않을 정도로 힘이 센 것이고, '固'(고)는 본뜻이 사방이 봉쇄되어 있어 난공불락으로 지키기 쉬운 것으로, '堅' '剛' '強'의 각각의 반대말은 '脆'(취)[쉽게 부서지다], '柔'(유)[무르다. 잘 휘어지다], '弱'(약)[약하다]이다('堅'的本義是土硬, '剛'的本義是刀硬, '強'的本義是弓有力, '固'的本義是四面閉塞, 難功易守。'堅' '剛' '強'三字的分別又可以從它們的反義詞'脆' '柔' '弱'看出來。); 剛(강): (의지가) 굳고 단단하다. 굳세다(堅硬。剛強。).

2 申棖(신장): 공자의 제자(字周, 春秋时魯国人, 孔子的学生。精通六艺, 孔子七十二贤之一。)

3 《論語正義》옛 글자에는 '慾'은 없고, '欲'이 있었다. 欲은 性에 뿌리를 두고 있고 情으로 피어나는데, 그래서《禮記·樂記》에, (외물에 유혹되어 움직이는 마음은) 性之欲이라 했다. 聖人·凡人·智人·愚人은 똑같이 이 성정이고, 똑같이 이 욕심인데, 다른 점은 聖人·智人은 모두 욕심을 절제할 수 있고, 절제할 수 있기 때문에 줄일 수 있다. 절제할 줄 모르면, 반드시 욕심을 방치시켜, 성정을 해치게 된다. 그래서 맹자가 말하기를 '마음을 기르는 데는 욕심을 적게 하는 것보다 더 좋은 게 없다. 그 사람됨이 욕심이 적으면, 비록 마음에 보존하지 못하는 것이 있기는 하겠지만, 적을 것이다. 그 사람됨이 욕심이 많으면, 비록 마음에 보존하는 것이 있기는 하겠지만, 적을 것이다'[盡心下 제35장]라고 한 것이다(正義曰: 古無'慾', 有'欲'。欲根於性而發於情, 故《樂記》言"性之欲"……聖凡智愚, 同此性情, 即同此欲, 其有異者, 聖智皆能節欲, 能節故寡欲也。若不知節欲, 則必縱欲, 而爲性情之賊。故孟子曰: 養心莫善於寡欲。其爲人也寡欲, 雖有不存焉者, 寡矣; 其爲人也多欲, 雖有存焉者, 寡矣。); 慾(욕): 욕망. 좋아하고 즐기려는 욕심. 기벽(欲望; 嗜欲。).

4 《詞詮》焉(언): 의문부사. 어찌('焉', 疑問副詞。何也。); 焉得(언득): 어찌~할 수 있겠는가?(怎能。).

5 [성]無欲則剛(무욕즉강): 욕망이 없어야, 강직하고 바르고 아첨하지 않는다. 세속적인 욕망이 없어야, 대의에 당당한 경지에 도달할 수 있다(没有欲望, 才会剛正不阿。借喻人只有做到没有世俗的欲望, 才能达到大义凛然的境界。).

6 《孟子·滕文公下 제2장》천하의 넓은 집에 거처를 정하고, 천하의 올바른 자리에 설 자리를 정하고, 천하의 대도를 행합니다. 뜻을 얻었으면 백성들과 함께 좇고, 뜻을 얻지 못했으면 혼자서 그 도를 행합니다. 富貴가 그를 어지럽히지 못하고, 貧賤이 그를 움직이지 못하고, 威武가 그를 꺾지 못합니다. 이런 자를 일러 대장부라 하는 것입니다(孟子曰: 居天下之廣居, 立天下之正位, 行天下之大道。得志與民由之, 不得志獨行其道。富貴不能淫, 貧賤不能移, 威武不能屈。此之謂大丈夫。).

焉, 於虔反。○剛, 堅強不屈[7]之意, 最人所難能者, 故夫子歎其未見。申棖, 弟子姓名。慾, 多嗜慾[8]也。多嗜慾, 則不得爲剛矣。[9]

'焉'(언, yān)은 '於'(어)와 '虔'(건)의 반절이다. ○'剛'(강)은 '꿋꿋해서 구부러지지 않는다'[堅強不屈]는 뜻으로, 사람으로서 잘하기가 매우 어려운 것이기 때문에, 선생님께서 그런 사람을 아직까지 보지 못했다고 탄식하신 것이다. '申棖'(신장)은 제자의 성명이다. '慾'(욕)은 누리고 싶은 욕구들이 많은 것이다. 이것저것 누리고 싶은 욕구가 많다보면, 의지가 꿋꿋할 수가 없다.

○程子曰:「人有慾則無剛, 剛則不屈於慾。」謝氏曰:「剛與慾正相反。能勝物之謂剛, 故常伸於萬物之上; 爲物揜[10]之謂慾, 故常屈於萬物之下。自古有志者少, 無志者多, 宜夫子之未見也。棖之慾不可知, 其爲人得[11]非悻悻自好[12]者乎? 故或者疑以爲剛, 然不知

---

7 《荀子 · 法行》군자는 그 덕을 옥으로 비유했다. 부드럽고 윤기가 흐르면서도 연못처럼 깊이가 있는 모습은 仁이고, 단단하고 치밀하지만 무닛결이 있는 모습은 知이고, 굳고 단단해서 구부러지지 않는 모습은 義이고, 모나지만 살을 베어 상처가 나게 할 정도로 예리하지 않은 모습은 行이고, 부러질지언정 굽어지지 않는 모습은 勇이고, 조그만 티라도 감추지 않고 다 드러내 보이는 모습은 情이고, 두들기면 그 소리가 맑고 높아서 멀리까지 들리고, 여운 없이 탁 그치는 모습은 辭이다(孔子曰: ……夫玉者, 君子比德焉。溫潤而澤, 仁也; 栗而理, 知也; 堅剛而不屈, 義也; 廉而不劌, 行也; 折而不撓, 勇也; 瑕適並見, 情也; 扣之, 其聲淸揚而遠聞, 其止輟然, 辭也。); 堅剛不屈(견강불굴): 강인하여 조금도 굴하지 않다(屈: 屈服。堅韌,剛毅, 毫不屈服。); 堅強(견강): 견고하고 강력하여, 흔들거나 때려 부술 수 없다(强固有力, 不可动摇或摧毁。).

8 嗜慾[欲](기욕): 누리고자 하는 육체적 또는 감각적 욕망이나 욕구(指肉体感官上追求享受的要求).

9 《論語大全》'慾'과 '欲'이 어찌 구별되는지 여쭈자, 주자께서 대답하셨다. "心이 없는 欲은 추상적인 것이고, 心이 있는 慾은 구체적인 것이지만, 서로 바꿔쓴다"(問慾欲何分別, 朱子曰: 無心欲字 虛, 有心慾字 實, 二字亦通用。).

10 揜(엄): 막다. 가리다. 가려 덮다(遮蔽; 掩藏).

11 得(득): 반드시 ~할 것이다. 추측의 필연을 표시한다(表示推测的必然。).

12 《孟子 · 公孫丑下 제12장》간언해서 받아들이지 않으면, 노기가 발끈한 그대로 얼굴에 드러난다(諫於其君而不受, 則怒, 悻悻然見於其面。);《孟子 · 萬章上 제9장》(어떤 이가 말하기를, 백리해가 진나라의 희생을 기르는 자에게 양피 다섯 장에 스스로 몸을 팔아 희생을 먹이는 것으로 진나라 목공에 등용되기를 구했다고 하는데) 스스로를 팔아서 자기 임금의 일을 성취하는 일은 시골의 자기 체면을 소중히 여기는 자도 하지 않는 일인데, 현자가 그런 짓을 하겠느냐?[朱熹注: 自好는, 자기 몸가짐을 소중히 여기는 사람이다](自鬻以成其君, 鄕黨自好者不爲, 而謂賢者爲之乎? 朱熹注: 自好, 自爱其身之人也。); 悻悻自好(행행자호): 자기의 견해를 고집하고, 스스로 자기가 옳다고 여기다(固执己见, 自以为是。); 悻悻(행행): 억울해하고 분노하는 모양. 뜻대로 되지 않아 성내는 모양(怨恨愤怒的样子。恼怒。); 自好(자호): 스스로를 훌륭하다고 여기다. 자중자애하다(自以为美好。自爱; 自重。).

此其所以爲慾爾。」[13]

○정자(程子·伊川)가 말했다. "사람이 욕심이 있으면 의지가 꿋꿋할 수가 없고, 의지가 꿋꿋하면 욕심에 굴하지 않는다."

사씨(謝氏·謝顯道)가 말했다. "'剛'(강)과 '慾'(욕)은 서로 정반대이다. 물(物)을 이길 수 있는 것이 '剛'(강)이기 때문에, 항상 만물의 위로 고개를 꿋꿋하게 쳐들고 있고, 물(物)로 덮여있는 것이 '慾'(욕)이기 때문에, 항상 만물의 밑에 눌리어 고개가 구부러져 있다. 예로부터 의지가 있는 사람은 드물었고, 의지가 없는 사람은 많았으니, 의당 선생님께서 아직까지 보지 못하신 것이다. 신장(申棖)에게 어떤 욕심이 있었는지는 알 수 없지만, 그 사람됨이 분명 노기가 발끈한 그대로 얼굴에 드러나고 체면을 소중히 여긴 자가 아니었을까? 그래서 어떤 사람이 의지가 꿋꿋한 것은 아닐까 하고 생각했는데, 그렇지만 이것이 신장(申棖)의 욕심의 표현인 줄을 알지 못한 것이다."

---

13 《論語大全》 의지가 꿋꿋하면 나는 커지고 사물은 작아진다. 천하의 모든 욕심을 낼 만한 사물이라도, 모두 나를 동요시킬 수 없다. '伸於萬物之上'이 바로 이것이다. 사물에 욕심을 내면 나는 작아지고 사물은 커진다. 그 뜻이 탐내는 대상을 따라, 머리는 굽히고 기는 낮추어서 그것을 추구한다. '屈於萬物之下'가 바로 이것이다. 때문에 서로 對句이고 서로 반대가 되니, 이것이 있으면 저것은 없다(胡氏曰: 剛則己大物小。凡天下之可欲者。皆不足以動之。所謂伸於萬物之上是也。慾則己小物大。隨其意之所貪。俯首下氣以求之。所謂屈於萬物之下是也。所以相對而相反。有此則無彼也。);《論語大全》 소위 '勝物'이란 확립된 뜻이 꿋꿋해서, 외물에 의해 뜻을 빼앗기지 않는다는 것이다. 榮辱·得失·禍福·死生이 모두 그 뜻을 흔들지 못한다. 예컨대 맹자가 말한 富貴가 그를 어지럽히지 못하고, 貧賤이 그를 움직이지 못하고, 威武가 그를 꺾지 못한다[孟子·滕文公下 제2장]는 것, 이것을 '勝物'이라 한다. 억세고 포악하고 뻐기면서 남을 이기려는 것을 말하는 것이 아니다. '爲物掩之謂慾'은 물욕 가운데 빠져서 스스로 이겨내지 못하는 것으로, 예컨대 사물에 의해 가려지고 덮히고 닫히고 막혀서 빠져나오지 못하는 것을 말한다(西山眞氏曰: 所謂勝物者, 謂立志堅强, 不爲外物所奪。凡榮辱得喪, 禍福死生, 皆不足以動之。如孟子所謂富貴不能淫, 貧賤不能移, 威武不能屈, 此之謂勝物。非剛暴恃氣求以勝人之謂也。爲物掩之謂慾, 言陷溺於物欲之中, 不能自克, 如爲物遮覆掩遏而不能出也。).

[子貢曰我不欲人之加諸我章]

051101、子貢曰:「我¹不欲人之加²諸³我也, 吾亦欲無加諸人。」子曰:「賜也, 非⁴爾所及也。⁵ ⁶」

---

1 《論孟虛字》我(아): 自稱代詞로 주도권자 역할을 할 경우는 대부분 '吾'를 쓰고, 주도권자의 동작을 받아들이는 대상은 대부분 '我'를 목적어로 쓴다. 목적어로 '吾'를 쓰는 경우는 도치문 외에는 많이 보이지 않고, 주어로 '我'를 쓰는 경우도 '人'과 '己'가 상대되는 문장이나, 도치문 안에서 항상 쓰인다. (이 장의 경우) '我'가 문장의 맨 앞에 주어로 쓰였는데, 그래도 '人'과 상대되는 문장 안이기 때문에, '我'를 쓸 수 있다(凡自稱代詞作領有者, 多用'吾'作主語, 受事者多用'我'作賓語……賓語用'吾', 除倒裝外就不多見, 主語用'我', 也常用於'人''己'相對的句裏, 或倒裝句裏……用'我'在領位, 在'人''己'相對的句裏, 故得用'我').

2 《論語集解》'加'는 '陵[능욕하다. 업신여기다]이다(注: 馬融曰: 加, 陵也。);《論語義疏》"저는 남이 도리에 어긋나는 일로 저를 능욕하지 않기를 원하고, 저 또한 도리에 어긋나는 일로 남을 능욕하지 않기를 원합니다"(疏: 我匪唯願人不以非理加陵於我而我亦願不以非理加陵於人也。);《論語正義》아래 편에 '己所不欲 勿施於人[顏淵 제2장]이라 했는데, '施[베풀다]와 '加'는 같은 뜻이다(正義曰: 下篇云'己所不欲 勿施於人', '施'、'加'同義。);《論語詞典》加(이): 업신여기고 모욕하다["저는 남이 나를 업신여기길 바라지 않고, 저도 남을 업신여기고 싶지 않습니다"](欺侮: '我不想別人欺侮我, 我也不想欺侮別人'。);《王力字典》加(가): 물건을 다른 물건 위에 놓다. 모종의 행위를 타인의 신상에 가하다(把一物放在另一物的上面。引申爲把某種行爲施於別人身上。);《論孟虛字》加(가): 늘리다. 저곳에서 펴 와서 이곳에다 주입하다. '加'는 '施'와 같고, '諸'는 '於'와 같다. '我不欲人之加諸我也 吾亦欲無加諸人'은 바로 '己所不欲 勿施於人'이라는 뜻이다('加', 爲增益之詞, 表挹彼注此。'加'猶'施', '諸'猶'於'。即'己所不欲, 勿施於人'之意。); 加諸(가제): 헐뜯고 비방하다. 남을 능가하다. 없는 것을 보태 거짓말하다. 근거 없는 말로 비난하다(加諸: 诬谤; 凌驾于; 乱说。); 加人(가인): 남을 업신여기고 짓이기다(凌轹他人。).

3 《論語注疏》'諸'(제)는 '於'이다["나를 능욕하다"](疏: 正義曰: 諸, 於也。);《論語句法》'諸'는 '之於'의 합음이고, '之'는 '加'의 목적어이다["나에게 그것을[도리에 어긋나는 일] 가하다"]('諸'是'之於'的合音, '之'是述詞'加'的止詞。).

4 《論語語法》非(비): 부정 표시 판단동사. ~이 아니다('非'是表示否定的判斷動詞, 義爲'不是'。).

5 《論語集解》남이 非義로 나를 능욕하지 못하게 막을 수 없다는 말이다(注: 孔安國曰: 言不能止人使不加非義於己也。);《論語新解》'及'은 '能'의 뜻과 같다(及, 犹能义。);《王力字典》及(급): 따라잡다. 좇아가다. 미치다. 도달하다(追上, 趕上。引申为及到, 达到。).

6 《大學》아랫사람으로서 윗사람에게 느꼈던 싫어하는 바로써, 아랫사람을 부리지 말라. 윗사람으로서 아랫사람에게 느꼈던 싫어하는 바로써, 윗사람을 섬기지 말라. 나를 앞질러 간 사람에게 느꼈던 싫어하는 바로써, 뒷사람을 앞질러 가지 말라. 나를 뒤좇아 오던 뒷사람에게 느꼈던 싫어하는 바로써, 앞사람을 뒤좇아 가지 말라. 내 오른편에 있던 사람에게 느꼈던 싫어하는 바로써, 내 왼편 사람에게 넘기지 말라. 내 왼편 사람에게 느꼈던 싫어하는 바로써, 내 오른편 사람에게 넘기지 말라. 이것을 絜矩之道(혈구지도)라 한다(所惡於上, 毋以使下; 所惡於下, 毋以事上; 所惡於前, 毋以先後; 所惡於後, 毋以從前; 所惡於右, 毋以交於左; 所惡於左, 毋以交於右。此之謂絜矩之道。);《論語正義》《大學》에서 말한 '혈구지도'가, 바로 자공의 말의 의미이다(正義曰:《大學》言"絜矩之道"……即子貢此言之旨。);《論語正義》戴震[1724~177

자공(子貢)이 말했다. "제가 원하지 않는 바, 남이 저에게 억지로 받아들이게 하는 일을, 저 역시 남에게 억지로 받아들이게 하는 일이 없기를 원합니다." 선생님께서 말씀하셨다. "사(賜)야, 네가 좇아갈 수 있는 일이 아니다."

子貢言我所不欲人加於我之事, 我亦不欲以此加之於人。此仁者之事, 不待勉强, 故夫子以爲非子貢所及。[7]

자공(子貢)의 말인즉, 내가 원하지 않는 바, 남이 나에게 억지로 받아들이게 하는 일을, 나 역시 그런 일을 가지고 남에게 억지로 받아들이게 하기를 원하지 않는다는 것이다. 이것은 인자(仁者) 수준의 일이어서, 억지로 힘쓴다고 해서 될 일이 아니기 때문에,

---

[7]의 《孟子字義疏證·理》에 말했다. "《禮記·樂記》에 말하기를 '사람이 태어나서 (아직 외물에 접촉하지 않아) 잠잠히 고요한 마음은 天之性이고, 외물에 감응하여 움직이는 마음은 性之欲[情]이다. 외물이 다가오면 智가 알아차리고, 그 후에 好惡의 감정이 생긴다. 好惡의 감정이 안에서 절제되지 않으면, 智가 외물에 유혹당해, 자신의 본모습을 돌아보지 못하고, 천리가 소멸되고 만다. 대개 외물이 사람을 유혹하는 것은 끊임없는데, 사람의 好惡의 감정이 절제를 모르면, 이는 다가온 외물에 의해 사람이 物化되는 것이다. 物化된다는 것은 천리를 소멸시키고 인욕에 의해 완전히 지배당한다는 것이다. 이렇게 되면 悖逆·詐僞하는 마음이 생기고, 淫泆·作亂하는 일이 생긴다. 이 때문에 강자는 약자를 위협하고, 다수는 소수를 폭압하고, 똑똑한 자는 우매한 자를 속이고, 드센 자는 겁많은 자를 괴롭히고, 병자는 치료받지 못하고, 노인·아이·고아·홀아비·과부는 각기 응당한 도움을 받지 못하게 되니, 이것이 천하 대란으로 가는 길이다'라고 했다(戴氏震《孟子字義疏證》:"《樂記》曰: '人生而靜, 天之性也; 感於物而動, 性之欲也。物至知知, 然後好惡形焉。好惡無節於內, 知誘於外, 不能反躬, 天理滅矣。夫物之感人無窮, 而人之好惡無節, 則是物至而人化物也。人化物也者, 滅天理而窮人欲者也。於是有悖逆詐僞之心, 有淫泆作亂之事。是故强者脅弱, 衆者暴寡, 知者詐愚, 勇者苦怯, 疾病不養, 老幼孤獨不得其所, 此大亂之道也。'). 진실로 약자·소수·우매한 자·겁많은 자·병자·노인·아이·고아·홀아비·과부들로, 나의 처지를 바꾸어 그들의 처지를 생각해 보면, 그들이 어찌 나와 다르겠는가? '天之性'이 외물에 유혹되어 움직이면, 욕구가 性에서 나온다. 한 사람의 욕구는, 천하 사람들과 똑같은 욕구이다. 그래서 '性之欲'이라 한 것이다. 好惡의 감정이 형성되고, 자기의 好惡의 욕구는 성취하면서, 다른 사람의 好惡의 감정을 소홀히 여기다 보면, 왕왕 다른 사람의 好惡의 감정을 해침으로써 자기의 好惡의 감정의 욕구대로 한다. 자기의 처지를 바꾸어 본다는 것은, 남이 그의 욕구대로 할 경우, 내가 당할 처지를 생각해본다는 것이다. 남과 나의 욕구가 형평을 얻는 것, 이것이 好惡의 욕구의 한계이고, 이것이 천리를 따르는 것이다(誠以弱寡愚怯與夫疾病老幼孤獨, 反躬而思其情, 人豈異於我?("天之性"; 及其感而動, 則欲出於性。)一人之欲, 天下人之同欲也。故曰'性之欲'。好惡既形, 遂己之好惡, 忘人之好惡, 往往賊人以逞欲。反躬者, 以人之逞其欲, 思身受之情也。情得其平, 是爲好惡之節, 是爲依乎天理。").

7 《論語大全》'欲無加諸人', 이 같은 경지는 본체는 밝고 깨끗하고, 발로된 것은 모두 不忍之心'이어서, 힘쓰거나 억지로 할 필요가 없는 경지로, 곧 仁者의 일이다. 자공은 이 경지에 아직 이르지 못했는데, 갑자기 이 말을 했기 때문에 선생님께서 '非爾所及'이라 말씀하셨으니, 단계를 뛰어넘어서는 안 된다는 말씀이다(朱子曰: 欲無加諸人, 此等地位, 是本體明淨, 發處盡是不忍之心, 不待勉强, 乃仁者之事。子貢未到此田地, 而遽作此言, 故夫子謂非爾所及, 言不可以躐等。).

선생님께서 자공(子貢)이 좇아갈 수 있는 일이 아니라고 여기신 것이다.

○程子曰:「我不欲人之加諸我, 吾亦欲無加諸人, 仁也; 施諸己而不願, 亦勿施於人[8], 恕也。恕則子貢或能勉之[9], 仁則非所及矣。」愚謂無者自然而然[10], 勿者禁止之謂, 此所以爲仁恕之別。[11]

○정자(程子·伊川)가 말했다. "내가 원하지 않는 바, 남이 나에게 억지로 받아들이게 하는 일을, 나 역시 남에게 억지로 받아들이게 하는 일이 없는[無加諸人] 것을 원하는 것은 인(仁)이다. 자기에게 어떤 것을 베풀어 보았는데 원하지 않았던 것을, 똑같이 남에게 베풀지 말라[勿施於人]는 것은 서(恕)이다. 서(恕)의 경우에는 자공(子貢)이 혹 힘쓰면 될 수도 있겠지만, 인(仁)의 경우에는 좇아갈 수 있는 일이 아니다."

내가 생각건대, '無加諸人'(무가제인)의 '無'(무)의 경우는 (작위를 가하지 않아도) 저절로 그렇게 되는 것이고, '勿施於人'(물시어인)의 '勿'(물)의 경우는 (작위를 가해서) 하지 못하게 하는 것을 일컫는 말인데, 이것이 인(仁)과 서(恕)를 구별하는 방법이다.

---

8 《顔淵 제2장》 참조.

9 《衛靈公 제23장》 참조.

10 自然而然(자연이연): 자연히. 저절로. 인력이 개입되지 않고도 자연히 그렇게 되다. 저절로 그러해서 그러하다(自由发展, 必然这样。指非人力干预而自然如此。).

11 《論語集釋》《朱熹文集·答馮作肅》에 말했다. "'博施濟衆'에 대한 질문[雍也 제28장]과 이 장의 말의 선후를 알 수 없다. '能近取譬'의 말씀으로 인해, (자공이 恕에) 힘을 쏟아 효과가 있자, 이 장의 '欲無加人'이라는 말이 있었던 것으로 보인다. 내가 전에 말했다. "'己欲立而立人, 己欲達而達人'[雍也 제28장]은 바로 자공이 말한 '欲無加人'으로 '仁之事'이고, '能近取譬 求仁之方'은 바로 공자께서 말씀하신 '勿施於人'으로 '恕之事'이다"(朱子文集(答馮作肅): 博施濟衆之間, 與此語先後不可考。疑因能近取譬之言, 用力有功, 而有欲無加人之說也。熹嘗謂: "欲立人欲達人, 卽子貢所謂欲無加人, 仁之事也; 能近取譬, 求仁之方, 卽孔子所謂勿施於人, 恕之事也。").

[子貢曰夫子之文章章]

051201、 子貢曰:「夫子之文章¹, 可得而²聞也³; 夫子之言性⁴與⁵天道⁶, 不可得而聞也⁷˒⁸。」

1 《論語集解》'章'은 '明'[밝다]이다. ('文章'은) '文彩·形質이 현저하게 드러나 보인다'는 것으로, 그래서 눈과 귀로 보고 듣고 스스로 배울 수 있다는 것이다["선생님의 文은 뚜렷해서"](注: 章, 明也。文彩形質著見, 可得以耳目自修也。);《論語義疏》'文章'은 六籍[六經: 詩·書·禮·易·樂·春秋]이다(疏: 文章者, 六籍也。);《論語正義》《史記·孔子世家》의 여러 글에 따르면 '父子文章'은 시·서·예·악을 말한다. '章'은 '文'이 눈에 보이는 모습으로, 그래서 하안의 注에 '文彩形質著見'이라 한 것으로, '文彩'로 '文'을 풀이했고, '著見'으로 '章'을 풀이한 것이다["선생님의 文은 彰明해서"](正義曰: 據世家諸文, 則夫子文章謂詩書禮樂也…… '章'是'文'之所見, 故云'文彩形質著見', 以'文彩'釋'文', 以'著見'釋'章'也。);《論語譯注》공자는 고대문화의 정리·전파자로서, 여기의 '文章'은 고대문헌과 관련된 학문과 말로, 논어 중에 고찰할 수 있는 詩·書·史·禮 등이 이에 해당한다(孔子是古代文化的整理者和傳播者, 這裏的'文章'該是指有關古代文獻的學問而言。在《論語》中可以考見的有詩, 書, 史, 禮等等。);《論語新解》文章(문장): 공자가 제자들에게 가르친 시·서·예·악(指诗书礼乐, 孔子常举以教人。); 文(문): 갑골문에서 이 글자는 무늬의 결이 종횡으로 섞인 형태를 형상화한 것이다. 한자의 한 부수. 무늬. 무늬결. 甲骨文此字象纹理纵横交错形。"文"是汉字的一个部首。本义: 花纹; 纹理。); 章(장): '音'은 음악을 가리키고, '十'은 숫자의 마지막으로, 합해서 음악이 완성되어 끝나는 것을 표시한다. 완성된 음악 한 곡. 적색과 백색 실이 서로 섞여 짜인 무늬·베 =彰. 환하게 밝다. 뚜렷하다(从音, 十。音指音乐, "十"是个位数已终了的数, 合起来表示音乐完毕。本义: 音乐的一曲。在绘画或刺绣上, 赤与白相间的花纹叫"章"; 红白相间的丝织品。通"彰"。彰明。).

2 《論語句法》'可得'은 부사로, 술어 '聞'을 수식하는 데 쓰인 것이고, 중간에 관계사 '而'을 붙여 연결시켰다('可得'是限制詞, 用來修飾述詞'聞'的, 中間加了個關係詞'而'字來連繫。);《古漢語語法》조동사 '可得'과 동사 사이에는 늘 '而'을 써서 연결한다(助动词'可得'与动词之间常有'而'连接。);《論語詞典》而(이): 조동사 '可得'과 동사 '聞'를 이어주어, 둘 사이가 서로 이어지는 관계임을 표시한다(連絡助動詞與動詞, 表示其相因仍的關係。).

3 《論語義疏》자공의 이 찬탄은 안회가 '구멍을 뚫고 깊이 들어가고 고개를 들고 높이 쳐다본다'는 것과 같은 찬탄이지만[子罕 제10장], 안회는 이미 거의 성인의 도에 이웃해 있었기 때문에, 뚫고 들어가고 높이 쳐다본다고 말했고, 자공은 이미 안회와 수준이 현격히 떨어져 있어서 감히 높다 단단하다는 평가조차 감히 할 수준이 아니었기 때문에, 전적에 대한 견문 수준임을 스스로 설명했을 뿐이다(子貢此歎, 顏氏之鑽仰也, 但顏既庶幾與聖道相鄰, 故云鑽仰之, 子貢既懸絶不敢言其高堅, 故自說聞於典籍而已。).

4 《論語集解》'性'은 사람이 받아서 태어나는 것이다(注: 性者, 人之所受以生者也。);《論語義疏》사람이 천지와 오상의 기를 품부 받아서 태어나는데, 이를 性이라 한다. 性은 生이다(人稟天地五常之氣以生, 曰性。性, 生也。).

5 《詞詮》與(여): 동열의 단어를 연결해주는 접속사. ~및. ~와('與', 連詞。《禮記·檀弓》注云: 與, 及也。與今語'和'字相當。連結平列之詞。).

6 天道(천도): 해·달·별 등 천체의 운행법칙. 자연계의 변화법칙. 자연현상(指日月星辰等天体的运行规律。指自然界变化规律。);《八佾 제9장》각주《文史通義·易教上》참조:《論語譯注》고대에 중시한 天道는 일반적으로 자연현상과 인간사회의 길흉화복 사이의 관계를 가리켰다(古代所講的天道一般是指自然和人類社會吉凶禍福的關系。);《論語今讀》이 장에 대해서는 다른 해석이 아주 많아서, 지금까지 이해하기

자공(子貢)이 말했다. "선생님의 행동거지와 글월·말씀에 대하여는 얻어들을

어려운 장이었다. 그렇지만 기실은 아주 평이하게 풀이할 수 있다. 공자께서는 거대한 주제에 대해서 말하는 데 신중하셨고, 고담준론을 말씀하신 경우가 드물었다는 것이다. 공자께서는 가까운 곳에서부터, 실제적인 것에서부터, 구체적인 언행에서부터 착수할 것을 강조하셨고, 이 때문에 학생들이 이런 찬탄을 발한 것이다. 철학자들은 모두 수준이 높고 심오한 것을 말하기를 좋아하는데, 지금도 그렇다(此章解譯甚 多, 向爲疑難之處. 其實可以很平易地講解: "孔子愼言大題目, 少用大字眼(big words). 孔子强调从近处, 从实际, 从具体言行入手, 因之学生发此赞叹……哲学者都爱谈高深的大题目, 至今如此."); '性與天道'이 한마디 말은 곧 훗날 義理之學[철학]이 연구대상으로 삼은 두 부분을 가리킨다. 그중에 天道를 연구한 부분은 곧 서양철학 중의 우주론과 대체로 같고, 그중에 性命을 연구한 부분은 곧 서양철학 중의 인생론과 대체로 같다(此一語即指出后來义理之学所研究的对象之二部分. 其研究天道之部分, 即约略相当于西洋 哲学中之宇宙论. 其研究性命的部分, 即相当于西洋哲学中之人生论.)(馮友蘭/박성규 역, 『중국철학사 (상)』[까치글방, 2009]).

7 《論語新解》《論語義疏》本에는 '不可得而聞也已矣'로 되어 있는데, 性·天道에 관하여 얻어듣지 못한 것에 대한 자공의 깊은 탄식이다. 공자의 가르침은, 人心을 써서 人道에 도달하는 것을 근본에 두는데, 학자들은 心에서 시작해서 性에 이르고, 人道에서 시작해서 天道에 이르기를 늘 상 바랬지만, 공자께서 는 끝내 이 性·天道에 대해 깊이 있게 언급하지 않으셨다. 그래서 문인들이 숨기는 게 있다는 의심을 품었으니, 자공이 性·天道에 대해 얻어들을 수 없었다고 탄식한 것이다. 공자께서 돌아가시고, 묵적· 장주는 天을 대놓고 말하고, 맹가·순경은 性을 대놓고 말하자, 이에 사상계의 쟁변이 시작되었는데, 백 세를 거쳤지만 끝내 의견이 모아지지 않았다. 성인의 심원한 뜻을 알 수 있다. 뒤의 유학자들은, 또 맹자를 써서 논어를 말하기를 좋아했다. 맹자라는 책은, 진실로 聖學에 공적이 있지만, 학자들은 여전히 논어에 잠심해야 하고, 확실하게 얻은 연후에 맹자를 공부하면, 이에 병폐가 없을 것이다(本章 "不可得而聞也"下, 或本有已矣两字, 是子贡之深叹其不可闻. 孔子之教, 本于人心以达人道, 然学者常 欲由心以及性, 由人以及天, 而孔子终不深言及此. 故其门人怀有隐之疑, 子贡发不可得闻之叹. 及孔子 殁, 墨翟·庄周昌言天, 孟轲·荀卿昌言性, 乃开此下思想界之争辩, 历百世而终不可合. 可知圣人之深远. 后之儒者, 又每好以孟子说《论语》. 孟子之书, 诚为有功圣学, 然学者仍当潜心《论语》, 确乎有得, 然后 治孟子之书, 乃可以无病.).

8 《歐陽修·答李詡第二書》저 구양수는 세상의 배우는 자들이 性에 대해 많이 말하는 것을 걱정해서, 항상 말했습니다. "무릇 性이란 배우는 자들이 급선무로 여겨야 할 바가 아니고, 성인께서도 잘 말씀하지 않으신 바였다. 《易》64괘는, 性을 말하지 않았고, 말한 것은 動靜·得失·吉凶의 常理이고, 《春秋》 242년은 性을 말하지 않았고, 말한 것은 善惡·是非의 實錄이고, 《詩》305편은 性을 말하지 않았고, 말한 것은 政敎·興亡盛衰의 칭찬과 풍자이고, 《書》59편은 性을 말하지 않았고, 말한 것은 堯·舜·三代의 治亂이고, 《禮》《樂》은 완비되지 않고 여러 유가의 기록에서 잡다하게 나왔지만, 그 大要는 治國· 修身의 法이다. 六經에 실린 내용은, 모두 人事 중에 세상에 절실한 것들로, 이 때문에 말한 것들이 매우 상세하다. 性에 관한 언급은, 백에 한두 마디가 안 되고, 간혹 다른 것을 말하다가 그로 인해서 언급했지, 性을 위해서 말한 것이 아니었기 때문에, 말은 했지만 궁구한 것은 아니었다"(修患世之學者多 言性, 故常爲說曰 "夫性, 非學者之所急, 而聖人之所罕言也. 《易》六十四卦不言性, 其言者動靜得失吉凶 之常理也;《春秋》二百四十二年, 不言性, 其言者善惡是非之實錄也;《詩》三百五篇, 不言性, 其言者政教 興衰之美刺也;《書》五十九篇, 不言性, 其言者堯, 舜, 三代之治亂也;《禮》, 《樂》之書雖不完而雜出於諸儒 之記, 然其大要, 治國修身之法也. 六經之所載, 皆人事之切於世者, 是以言之甚詳. 至於性也, 百不一二言 之, 或因言而及焉, 非爲性而言也, 故雖言而不究.)(余英時 著/이원석 옮김, 『주희의 역사세계(상)』[글 항아리, 2015], 418).

수 있었지만, 선생님께서 성(性)과 천도(天道)에 대하여 말씀하시는 것은 얻어
들을 수 없었다."

文章, 德之見乎外者, 威儀[9]文辭皆是也[10]. 性者, 人所受之天理; 天道者, 天理自然之本
體, 其實一理也. 言夫子之文章, 日見乎外, 固學者所共聞; 至於[11]性與天道, 則夫子罕言
之, 而學者有不得聞者. 蓋聖門教不躐等[12], 子貢至是始得聞之, 而歎其美也.

'文章'(문장)은 쌓인 덕이 밖으로 드러나는 것으로, 행동거지와 글월·말씀이 모두 바로
이것이다. '性'(성)이라는 것은 사람이 부여받은 바인 천리[天理]이고, '天道'(천도)라는

---

9 威儀(위의): 격식을 갖춘 차림새와 몸가짐(庄重的仪容举止).

10 《朱子全書(第23册)·晦庵先生朱文公文集(卷70)·讀唐志》 옛 성현들은, 그 文이 성대했다고 말할
수 있지만, 설마 처음부터 일부러 이러한 文을 배웠겠는가? 속에 이러한 실질을 지니고 있다 보니,
반드시 이러한 文이 밖으로 드러나게 되는 것이, 마치 하늘에 이러한 氣가 간직하고 있다 보니, 반드시
일월성신의 빛이 드러나고, 땅에 이러한 形을 지니고 있다 보니, 반드시 산천초목이 배열되어 나오는
것과 같다. 성현의 마음에는, 이미 이러한 정명하고 순수한 실질을 지니고 있어 그 안을 가득 채우고
넘치다 보니, 그것이 밖으로 드러나는 것으로, 역시 반드시 자연히 조리가 분명하고, 광휘가 발산되어
덮거나 가릴 수 없으니, 반드시 언어에 의탁하거나 간책에 적어야만, 그 이후에 文이라 하는 것이
아니라, 다만 성현의 一身이 만사에 접하면서, 나오는 모든 그의 어묵동정으로서, 사람들이 볼 수 있는
것치고, 文 아닌 게 없다(夫古之聖賢, 其文可謂盛矣, 然初豈有意學為如是之文哉? 有是實於中, 則必有是
文於外, 如天有是氣, 則必有日月星辰之光耀, 地有是形, 則必有山川草木之行列. 聖賢之心, 既有是精明純
粹之實以旁薄充塞乎其內, 則其著見於外者, 亦必自然條理分明, 光輝發越而不可搶蓋, 不必託於言語, 著
於簡冊, 而後謂之文, 但自一身接於萬事, 凡其語默動靜, 人所可得而見者, 無所適而非文也.);《論語大全》
'文章' 두 글자의 뜻은 오색이 날실과 씨실로 서로 교차해서 文을 완성하고, 흑색과 백색이 서로 번갈아
합해져서 章을 완성한다. 文이란 찬연히 文이 있는 것이고 章이란 울연히 章이 있는 것이다. '文章可聞'은
선생님께서 평소 몸소 가르치심에, 무릇 풍채·거동·글·말[威儀文辭]이, 저절로 文을 이루고 章을
이룬 것이 모두 이것이다(西山眞氏曰: 文章二字之義, 五色錯而成文, 黑白合而成章. 文者粲然有文, 章者
蔚然有章. 文章可聞, 夫子平日以身教人, 凡威儀文辭, 自然成文有章者皆是.);《論語大全》 요 임금의 '文
章'에 대해서 주자는 '禮樂法度'라고 해석했는데[泰伯 제19장], 이 장과 다르게 해석한 까닭은 요 임금이
현달해서 임금 자리에 있었기에, 그의 '文章'은 천하에 다 드러났지만, 선생님께서는 궁하여 아래 자리에
있었기에, 그 '文章'이 오로지 당신의 몸으로만 드러났기 때문이었다. 천하에 있었기에 '禮樂法度'라
했고, 내 몸에 있었기에 '威儀文辭'라 했다(新安陳氏曰: 堯之文章, 朱子釋以禮樂法度, 與此不同者, 堯達而
在上, 其文章見於治天下, 夫子窮而在下, 其文章惟見於吾身. 在天下, 故以禮樂法度言, 在吾身, 故以威儀
文辭言也.).

11 至於(지어): ~에 관해서는. 하나의 상황에서 다른 상황으로 전환하는 것을 표시한다(连词。表示在叙述
一件事之后, 另提起一事。).

12 《禮記·學記》 어린아이는 가르침을 듣되 묻지 말고, 배움은 등급을 뛰어넘어서는 안 된다(幼者聽而弗問,
學不躐等也.);《集注考證》'躐'(렵)은 '越'이고, 계단의 층계로, 아래 층계를 거치지 않고 위 층계로 갑자기
뛰어오르는 것을 말한다(躐, 越也, 等階之級也, 謂不歷下級而遽越上級也.); 躐等(엽등): 등급을 뛰어넘는
다. 차례대로 하지 않다(逾越等级; 不按次序).

것은 천리[天理]의 저절로 그러한 모습의 본바탕[本體]으로, 그 실상은 똑같은 하나의 리(理)이다. 말인즉, '선생님의 행동거지와 글월·말은 날마다 밖으로 드러나서, 당연히 배우는 자들이 함께 듣는 것이었지만, 성(性)과 천도(天道)의 경우에는, 선생님께서 드물게 말씀하여, 배우는 자 중에는 듣지 못한 자가 있었다'는 것이다. 대개 성인의 문하에서 가르침은 등급을 뛰어넘지 않았는데, 자공(子貢)이 가르침에 맞는 등급에 이르고 나서야 비로소 그것을 듣고는, 그것의 아름다움에 감탄한 것이다.

○程子曰:「此子貢聞夫子之至論而歎美之言也。」[13]
○정자(程子·伊川)가 말했다. "이 장은 자공(子貢)이 선생님의 최고 경지의 논의를 듣고 찬탄한 말이다."

---

13 《文史通義·原道下》 (자공의 말은) 아마 공자의 말씀 중에는, 인간 본성이나 천도 아닌 게 없지만, '이것이 인간 본성이고, 저것이 천도이다'라고 드러내놓고 분명히 말씀한 적은 없다는 말일 것이다. 그래서 자공은 '인간 본성과 천도는 얻어들을 수 없었다'고 말하지 않고, '인간 본성과 천도에 대해 말씀하시는 것을 얻어들을 수 없었다'고 말한 것이다. 공자의 말씀 중에 인간 본성이나 천도 아닌 게 없지만, 이것이 인간 본성이고 저것이 천도라고 명확히 드러내 말씀하지 않은 이유는, 사람들이 (형이하의) 器를 버리고 (형이상의) 道만을 구할까 두려웠기 때문이다. 하나라의 예도 말할 수 있고, 은나라의 예도 말할 수 있지만[八佾 제9장], (기나라 송나라에는 고증할 자료가 부족하니) 모두 '증명할 수 없으면 믿지 않는다'[中庸 제29장]고 하셨다. 그래서 공자의 말씀은, 반드시 현실 속의 사물에서 증거를 찾는 것이지, 사물과 유리된 공허한 말에 의탁해서 도를 밝힌 것이 아니다. 증자는 '참으로 힘을 다 쏟은 지 오래되고 나서야'[荀子·勸學] '내 도는 한 꿰미로 꿰어져 있다'[里仁 제15장]는 공자 말씀을 들을 수 있었고, 자공은 '많이 배우고 배운 것을 다 기억하는 자'[衛靈公 제2장]이다 보니, '하나로써 많이 배운 것을 꿰었다'는 공자 말씀을 들었다. 참으로 힘을 다 쏟은 지 오래되지 않았고, 많이 배우고 배운 것을 다 기억해두지 않았다면, 아예 한 꿰미에 꿸 근거가 없었던 것이다(蓋夫子所言, 無非性與天道, 而未嘗表而著之曰, 此性此天道也。故不曰性與天道, 不可得聞; 而曰言性與天道, 不可得聞也。所言無非性與天道, 而不明著此性與天道者, 恐人舍器而求道也。夏禮能言, 殷禮能言, 皆曰「無徵不信」。則夫子所言, 必取徵於事物, 而非徒託空言, 以爲明道也。曾子眞積力久, 則曰:「一以貫之。」子貢多學而識, 則曰:「一以貫之。」非眞積力久, 與多學而識, 則固無所據爲一之貫也。)。

[子路有聞章]

051301、子路有聞[1]、未之[2]能行[3]、唯恐有聞[4, 5, 6]。

1 《疑義舉例·上下文同字異義例》'子路有聞'의 '有'字는 '無有'의 '有'이고, '唯恐有聞'의 '有'字는 '又'字이다["가르침을 들은 것이 있었는데 아직 행하지 못했으면, 유독 또 다른 가르침을 들을까 봐 걱정했다"](上'有'字乃有無之有, 下'有'字亦'又'字也; 言有聞而未行, 則惟恐又聞也。);《論孟虛字》이미 들었다["자로가 한 가지 가르침을 이미 들었는데"]('有聞', 猶言'已聞', 言子路已經聽到一項善道。).

2 《助字辨略》之(지): 어조사(之: 語助辭。);《論語句法》'之'는 지칭사로, '聞'을 가리키고, 동사 '行'의 목적인데, 부정문이어서, '之'字가 부정부사 '未'와 동사 '行'의 사이로 앞당겨진 것이다["들은 것을 미처 다 행하지 못했으면"]('之'是指稱詞, 稱代上句裡的'聞', 是述詞'行'的止詞, 因爲這句是否定句, 所以'之'字被提在否定限制詞'未'跟述詞'行'之間了。);《論孟虛字》'未之能行'의 어법은, 목적어인 대사 '之'를, 타동사 '行' 앞으로 도치시킨 것으로, 문언 안에 반드시 부정문인 경우에는, 고문에서 자주 보이는 어법이다(按'未之能行'的語法, 是將賓位的代詞'之', 直接倒置在外動詞'行'前, 在文言裡一定是否定句, 這是古語中常見的語法。).

3 《古書虛字》'能'은 '及'과 같다('能'猶'及'也。);《論孟虛字》미치다. 제시간에 대다. 따라잡다('能', 猶'及'。是來得及, 趕得上的意思。).

4 [성]唯恐有聞(유공유문): 혹시나 또 무슨 말을 듣게 될까 봐 겁난다는 뜻으로, 한 가지 착한 일을 들으면 다음에 듣게 될 착한 것과 겹치기 전에 어서 다 배워 익히려는 열심인 태도를 말한다;《論語詞典》唯(유): 부사. 다만. 유독. 단지["다만 또다시 가르침을 들을까 봐 두려워했다"](副詞, 獨, 只, 僅僅; '只怕又有所聞。'); 唯恐(유공): 다만 ~만이 두렵다. 오직 ~만을 걱정하다. 다만 ~할까 걱정하다(只怕);《文言虛詞》有(이): 부사. 또다시. 더해서('有'字作'又'字用, 又可作副詞。);《論語句法》'有聞'은 '又聞'과 같다('有聞'等於'又聞'。);《論孟虛字》唯(유): 여전히. 아직. '唯'는 본래는 범위를 표시하는 부사인데, 여기서는 앞일의 계속과 관련한 용도로 쓰인 것으로, 승접관계사로 역할을 바꿔 쓴 것이다('唯', 爲'尚' '猶'之義。'唯'本是表範圍的限制詞, 用在這裡, 有繼續前事之關聯作用, 當是猶限制詞轉變作承接關係詞用的。).

5 《論語集解》전에 들은 가르침을 미처 다 행하지 못했기 때문에, 뒤에 또 다른 가르침을 듣자 병행할 수 없을까 봐 걱정한 것이다(注: 孔安國曰: "前所聞, 未能及得行, 故恐後有聞不得並行也。");《論語正義》包愼言[淸人]의 《論語溫故錄》에 말했다. "'聞'은 '聲聞'의 '聞'으로 읽는다. 韓愈의 《知名箴》에, '명성 나지 못할까 걱정하지 말고, 명성 부풀려질까 걱정하라. 옛날 자로는 명성 나는 것을 걱정했지만, 그의 명성 천년토록 빛났고, 아름다운 영예 더욱 높아졌다'라고 했다. 그 말에 당연히 근거가 있을 것이다. 자로가 당시 명성을 떨친 일이 있어, 사람들의 칭송을 받았는데, 자로는 미처 다 행하지 못했다고 스스로 생각했기 때문에, 명성이 나는 것을 걱정한 것이다." 이 설 역시 통한다(正義曰: 包氏愼言《溫故錄》: "聞, 讀若聲聞之聞。韓愈《名箴》云: '勿病無聞, 病其曄曄。昔者子路唯恐有聞, 赫然千載, 德譽愈尊。' 其言當有所本。蓋子路當時有聲聞之一事, 爲人所稱道, 子路自度當未能行, 故唯恐復有聞。" 此說與孔注異, 亦通。).

6 《孟子·公孫丑上 제8장》맹자가 말했다. "자로는 남들이 그에게 잘못이 있다고 말해주면 좋아했다. 우 임금은 좋은 말을 들으면 절을 했다. 순 임금은 이들보다 더 위대한 점이 있었다. 선은 남들과 함께 행했고, 자기를 버리고 남을 따랐고, 남에게서 선이라고 여기는 것을 취하기를 좋아했다"(孟子曰: "子路, 人告之以有過則喜。禹聞善言則拜。大舜有大焉。善與人同, 舍己從人, 樂取於人以爲善……");《禮記·雜記下》군자에게 三患이 있다. 아직 가르침을 듣지 못했으면 가르침을 듣지 못할까를 걱정하고, 가르침을

자로(子路)는 전에 들은 가르침이 있는데, 그 가르침을 미처 다 행하지 못했으면, 유독 계속해서 또 다른 가르침을 들을까 봐 걱정했다.

前所聞者旣未及[7]行, 故恐復有所聞而行之不給[8]也。[9]

전에 들은 가르침을 미처 다 행하지 못했기 때문에, 또 다른 가르침을 듣게 되면 전에 들은 가르침에 대한 실행이 충분하지 못할까 봐 걱정한 것이다.

○范氏曰:「子路聞善, 勇於必行, 門人自以爲弗及也, 故著[10]之。若子路, 可謂能用[11]其勇矣。」

○범씨(范氏·范淳夫)가 말했다. "자로(子路)는 좋은 말씀을 듣고는, 반드시 행하는 데 용감했는데, 문인들이 스스로 자로(子路)에 미치지 못한다고 여겼기 때문에, 이것을 기록해 놓은 것이다. 자로(子路)의 경우, 용(勇)을 그 도에 맞게 잘 발휘했다고 평할 만하다."

들었으면 배우지 못할까를 걱정하고, 배웠으면 행하지 못할까를 걱정한다(君子有三患: 未之聞, 患弗得聞也; 旣聞之, 患弗得學也; 旣學之, 患弗能行也。);《韓詩外傳 · 卷一》군자에게 三憂가 있다. 알지 못하는데, 근심이 없을 수 있겠는가! 알지만 배우지 못했는데, 근심이 없을 수 있겠는가! 배웠지만 행하지 못했는데, 근심이 없을 수 있겠는가!(孔子曰: 君子有三憂: 弗知, 可無憂與!知而不學, 可無憂與! 學而不行, 可無憂與!).

7 未及(미급): 미처~하지 못하다. 미치지 못하다(来不及).

8《孟子 · 梁惠王下 제4장》봄에는 밭 갈고 씨 뿌리는 일을 살펴서 부족한 것을 보충해주고, 가을에는 수확량을 살펴서 넉넉하지 못한 것을 도와준다(春省耕而補不足, 秋省斂而助不給。); 不給(불급): 부족하다. 결핍하다(供给不足; 匱乏).

9《論語大全》이 경문은 자로의 '들었으면 곧바로 들을 것을 행하는 용기'[先進 제21장]에 관한 글이다(或曰: 此卽子路聞斯行之之勇。);《論語大全》자로는 배우는 데 급하지 않고 실천하는 데 급했다(朱子曰: 子路不急於聞, 而急於行。).

10 著(저): 기록하다. 적어서 나타내다(登记, 记载。).

11 用(용): 기능을 잘 발휘하게 하다. 사물의 특성에 근거해서 이용하다(使人或物发挥其功能。根据事物的特性加以利用。).

[子貢問曰孔文子章]

051401、子貢問曰:「孔文子[1]何以謂之文也?」子曰:「敏而好學[2], 不恥下問[3], 是以[4]謂之文也。」

자공(子貢)이 여쭈었다. "위(衛)나라 대부 공문자(孔文子)는 어떠했기에 그의 시호를 '문'(文)이라 했습니까?" 선생님께서 말씀하셨다. "그가 영민했으면서도 배우기를 좋아했고, (지위가 높았으면서도) 아랫사람에게 묻는 것을 부끄러워하지 않았으니, 이러했기에 그의 시호를 '문'(文)이라 한 것이다."

好, 去聲。○孔文子, 衛大夫, 名圉[5]。凡人性敏者多不好學, 位高者多恥下問。故謚法[6]有

---

1 孔文子(공문자): ?~BC 480. 姓 孔, 名 圉(어), '文'은 시호, '子'는 존칭. 孔叔圉. 仲叔圉로도 불린다. 위나라 대부로서 靈公[BC 534~BC 493 재위] · 出公[BC 492~BC 481 재위]을 섬겼다. 총명호학하고 겸허했기 때문에, 사후에 '文子'라는 시호를 내렸다. 孔悝(공회)는 그의 아들이다.《憲問 제20장》'仲叔圉 (중숙어)' 참조.

2 [성]敏而好學(민이호학): 타고난 자질이 총명한데 게다가 배우기를 좋아하기까지 하다(天資聰明而又好學);《論語平議》이 장은 마땅히 '敏'字를 한 구로 끊어 읽어야 한다. '而好學不恥下問'은 모두 '敏'字를 이어받아서 말한 것으로, 그가 알고 깨닫는 데 민첩한데, 게다가 배우기까지 좋아해서 아랫사람에게 묻기를 부끄러워하지 않는다고 말한 것이다. '敏'은 하늘이 날 때부터 준 자질이고, 배움은 사람이 들이는 노력이다. 하늘이 준 자질이 아름다운데, 사람의 노력 또한 다했으니, 문자가 '文'이라 시호를 받은 까닭이다(此當以敏字爲句, 而好學不恥下問, 皆承敏字而言, 謂其知識敏疾而又好學不恥下問也。敏者, 天資, 學問者人功。天資美而人功又盡, 文子之所以爲文也。);《論語新解》'敏'은 재빠르다는 뜻이다. 공자께서 옛것을 좋아하여 부지런히 서둘러서 그것을 구한 것[述而 제17장]이 바로 이것이다(敏, 疾速義。孔子好古敏以求之是也。);《論語句法》'下'는 본래 술어인 '問' 아래 놓여야 하는데, 강조하기 위해, '問' 앞으로 당겨진 것이다('下', 本該放在'問'之下, 爲了重視它, 卻提在上面了。).

3 [성]不恥下問(불치하문): 지위가 나보다 낮거나 학식이 자기보다 적은 사람에게 가르침을 청하는 것에 대해, 수치스럽다거나 체면을 잃는다고 여기지 않다. 사람이 배우기를 좋아하다(向地位比自己低,學識比自己少的人請教, 也不感到羞恥。指人好學。);《論語平議》소위 '下問'은, 꼭히 신분이 존귀한 자가 신분이 낮은 자에게 下問하는 것을 말하는 것이 아니고, 능한 자로서 능하지 못한 자에게 묻는 것, 아는 것이 많은 자로서 아는 것이 적은 자에게 묻는 것[泰伯 제5장] 모두 다 下問에 포함된다(所謂下問者, 非必以貴下賤之謂, 凡以能問於不能, 以多問於寡, 皆是。).

4《論語詞典》是以(시이): 접속사. =所以(連詞, 所以。);《古漢語語法》긍정문에서 대사 '是'가 목적어일 경우, 반드시 동사나 개사 앞에 놓는다. '是'는 개사 '以'의 목적어로 개사 앞에 놓인 것이다(肯定句中, 代词'是'用作宾语时, 必定置于动词或介词之前。'是'作介词'以'的宾语而前置。);《論孟虛字》'以'는 '故'와 같다. '何以'는 '何故'[무엇 때문에]와 같고, '是以'는 '是故'[이 때문에]와 같다('以'猶'故'。'何以'猶'何故', '是以'猶'是故'。).

以「勤學好問」爲文者[7], 蓋亦人所難也。孔圉得諡爲文, 以此而已。

'好'(호)는 거성[hào]이다. ○'孔文子'(공문자)는 위(衛)나라 대부로, 이름이 어(圉)이다. 대개 인성이 영민한 자 중에는 배우기를 좋아하지 않는 자가 많고, 지위가 높은 자 중에는 아랫사람에게 묻기를 부끄러워하는 자가 많다. 이 때문에 《시법》(諡法)에 '배우기를 부지런히 하고 묻기를 좋아한 자는 시호를 문(文)으로 한다'는 내용이 있는데, 대개 사람들이 행하기 어려운 일이다. 공어(孔圉)가 문(文)이라는 시호를 받은 것은, 단지 이 때문만이었다.

○蘇氏曰「孔文子使太叔疾出其妻[8]而妻[9]之。疾通於初妻之娣, 文子怒, 將攻之。訪[10]於仲尼, 仲尼不對, 命駕[11]而行。疾奔宋, 文子使疾弟遺室[12]孔姞[13]。其爲人如此而諡曰文,

---

5 圉(어): 말을 기르는 사람. 감옥(养马的人。监狱。).

6 《論語義疏》'諡'는 살아 있을 때의 행적을 밝힌 것이다. 살아 있을 때 행한 수많은 행실이 있는데, 죽은 뒤 묻힐 때에 이르러, 그가 살아 있을 때의 덕행에 따라 명칭을 짓는 것이다(疏: 諡者, 明行之跡也。生時有百行之不同, 死後至葬, 隨其生時德行之跡而爲名稱。);《論語大全》《史記正義 · 諡法解》[唐 張守節 撰] 주공단과 태공망이 왕업을 계승해 목야에서 공을 세우고, 죽어 장례를 앞두고, 처음으로 시호를 제정했으니, 이에 시호를 베푸는 법이 이루어졌다. 諡는 행실의 족적이고, 號는 공의 표상이다. 큰 공이 있으면, 좋은 호를 내려 칭송했다. 행실은 자기에게서 나오고, 이름은 남에 의해 주어지니, 이름을 붙여 諡號라 했다(史記諡法解, 惟周公旦, 太公望, 嗣王業建功于牧野, 終將葬, 乃制諡, 遂叙諡法。諡者, 行之迹。號者, 功之表。有大功則賜之善號, 以爲稱也…… 行出於己, 名出於人, 名, 謂諡號。); 諡法(시법): 시호를 평정하는 기준. 주나라 때 처음 제정했고, 진시황이 폐지했다가[史記 · 秦始皇本紀], 한나라 때 옛날대로 복구해서 역대 왕조가 이를 따랐다(评定谥号的法则。上古有号无谥, 周初始制谥法, 至秦废。汉复其旧, 历代因之, 至清止。); 諡(시): 왕 · 대관이 죽은 후에 생전업적에 대한 평가에 따라 부여하는 칭호. 시호(古代帝王或大官死後評給的稱號。).

7 《逸周書 · 諡法解》천하를 경륜한 자, 도가 넓고 덕이 두터운 자, 배우기를 부지런히 하고 묻기를 좋아한 자, 자혜롭고 백성을 사랑한 자, 백성을 어여삐 여기고 예를 베푼 자, 백성에게 작위를 내린 자'에게, 각각 '文'이라는 시호를 내린다(經緯天地曰文。道德博厚曰文。勤學好問曰文。慈惠愛民曰文。愍民惠禮曰文。錫民爵位曰文……).

8 妻(처): 남자의 정식 배우자(名詞。本义: 男子的正式配偶).

9 妻(처): 딸을 시집보내다. 여자를 배우자로 맞이하다(動詞。以女嫁人。娶女子为配偶。).

10 訪(방): 광범하게 의견을 구하다. 물어보다. 자문을 구하다(广泛地征求意见。向人询问。).

11 命駕(명가): 수레에 멍에를 메라고 사람에게 명하다(命人驾车马。谓立即动身。); 駕(가): 멍에를 메다. 안장을 얹다. 수레(以轭加于马上。把鞍加在马背上。车子, 或帝王车乘的总称。).

12 室(실): 내실[집의 내부로, 앞쪽을 '堂', 堂 뒤에 벽으로 격리된 곳을 '室', 室의 동서 양쪽을 '房'이라 한다] 아내. 아내를 맞아들이다. 장가가서 아내를 얻다(内室。堂后之正室。古人房屋内部, 前叫'堂', 堂后以墙隔开, 后部中央叫'室', 室的东西两侧叫'房'。指妻子。娶妻; 成家。).

13 《春秋左傳 · 哀公11年》[BC 484] 위나라 태숙질이 송나라 자조를 아내로 맞이했는데, 그의 아내의

此子貢之所以疑而問也。孔子不沒[14]其善, 言能如此, 亦足以爲文矣, 非經天緯地[15]之文也。」[16]

○소씨(蘇氏·蘇轍)가 말했다. "공문자(孔文子)는 태숙질(太叔疾)로 하여금 그의 아내를 쫓아내게 하고 자기 딸 공길(孔姞)을 태숙질(太叔疾)에게 시집보냈다. 그 후 태숙질(太叔疾)이 쫓아낸 아내의 여동생과 정을 통하자, 공문자(孔文子)가 노하여, 장차 태숙질(太叔疾)을 치려고 중니(仲尼)에게 의견을 구했지만, 중니(仲尼)께서는 대답하지 않고, 수레에 멍에를 메게 하고 떠나셨다. 태숙질(太叔疾)이 송(宋)나라로 달아나자, 공문자

동생을 총애하자, 자조가 송나라로 달아났다. 공문자는 태숙질에게 그의 아내를 쫓아내게 하고 자기 딸 공길을 그에게 시집보냈는데, 태숙질이 시종을 보내 전처의 동생을 데려와서, 그 여자를 犂(이)에 안치하고 그 여자를 위해 집을 마련해 주었으니, 두 아내를 둔 것과 같았다. 공문자가 노하여, 태숙질을 치고자 하니, 중니가 제지하자, 자기 딸 공길을 도로 빼앗아 왔다. 공문자가 태숙질을 공격하려고 중니에게 자문을 구했다. 중니가, '호궤의 일이라면 배운 적이 있지만, 갑병의 일이라면 들어보지 못했습니다'라고 하고, 물러 나와 수레에 말을 메우라 명하여 떠나면서 말하기를, '새가 나무를 택하지, 나무가 어찌 새를 택하겠는가?'라고 했다. 공문자가 급거 만류하며 말하기를, '제가 어찌 감히 제 사사로운 이익을 꾀하겠습니까? 위나라의 난에 대해 자문을 구하려 했던 것입니다'라고 하자, 중니가 위나라에 머물려고 했는데, 노나라에서 폐백을 갖추어 공자를 부르자, 이에 노나라로 돌아왔다(衛大叔疾……娶于宋子朝, 其娣嬖, 子朝出, 孔文子使疾出其妻而妻之, 疾使侍人誘其初妻之娣, 寘於犂, 而爲之一宮, 如二妻。文子怒, 欲攻之, 仲尼止之, 遂奪其妻……孔文子之將攻大叔也, 訪於仲尼。仲尼曰, 胡簋之事, 則嘗學之矣, 甲兵之事, 未之聞也。退命駕而行, 曰, 鳥則擇木, 木豈能擇鳥, 文子遽止之, 曰, 圉豈敢度其私, 訪衛國之難也, 將止, 魯人以幣召之, 乃歸。);《洙泗考信錄》공자께서 위나라에 계실 때, 공문자가 공자를 그의 집에 유숙시킨 게 확실하다. 그래서 '새가 나무를 택한다'는 비유를 하신 것이다. 공문자의 사람됨이 필시 賢士를 좋아하고 예우하는 사람이었기 때문에, 공자께서 계속 그의 집에 유숙하면서 급거 떠나지 않으신 것이다(孔子在衛, 文子實留之, 故有'擇木'之喻……其爲人必好賢禮士者, 是以孔子爲之留連而不遽去。).

14 沒(몰): 사라지다. 감추다(隐没).

15 《國語·周語下》하늘의 上下左右前後 여섯과 땅의 東南西北中 다섯은, 정해진 수이다. 하늘을 날실로 삼고, 땅을 씨실로 삼으니, 짜임새가 어긋나지 않아, 무늬의 형상이다(天六地五, 數之常也。經之以天, 緯之以地。經緯不爽, 文之象也。); 經天緯地(경천위지): 하늘을 날실[經]로 삼고 땅을 씨실[緯]로 삼다. 하늘과 땅을 법칙으로 삼다. 천하를 짜임새 있게 짜다[경영하다](以天为经, 以地为纬。比喻人的才智极大。本指以天地为法度。后以'经天纬地'、'经纬天地'谓经营天下, 治理国政。).

16 《論語大全》옛 시법은 매우 관대하여, 소위 '節以一惠'라고 했으니, 한 개 善이라도 있으면 그것을 시호로 취했다는 말이다. '節'은 (열 개 불선한 일을) 삭제·생략하고 그 사람의 한 개 善만 취한다는 것이다. 周禮에, 시호로 쓰는 글자는 28자뿐이었다. 대개 사람 중에 선한 행실이 많은 자의 경우는, 그중 가장 두드러진 선행 한 개를 뽑아서 시호로 삼았고, 사람 중에 단 한 개의 선행만 있는 경우는, 그 한 개 선행을 취해 시호로 삼고, 그 악한 행실은 숨겼는데, 공문자가 바로 이 경우이다. 한 개의 칭찬할 만한 선행도 없고, 순전히 다 악하면, 그럴 경우에만 '幽'[어둡다], '厲'[사납다]라는 시호를 붙였다(朱子曰: 古謚法甚寬, 所謂節以一惠, 言只有一善亦取之。節者, 節略而取其一善也……周禮, 謚只有二十八字……蓋人有善多者, 則摘其尤善者一事以爲謚, 亦有只有一善, 則只取其一善以爲謚, 而隱其惡, 如孔文子是也。惟無一善可稱, 而純於惡, 然後名曰幽厲耳。).

(孔文子)는 태숙질(太叔疾)의 동생인 유(遺)로 하여금 자기 딸 공길(孔姞)을 아내로 맞이하게 했다. 공문자(孔文子)의 사람됨이 이와 같은데도 시호(諡號)를 문(文)이라 했으니, 이것이 자공(子貢)이 의심하여 여쭌 까닭이었다. 공자(孔子)께서 공문자(孔文子)의 훌륭한 점을 숨기지 않고, 능히 이 정도면, 역시 시호를 문(文)이라고 하기에 족하다고 말씀하신 것인데, '천하를 경륜한 자'[經天緯地]에게 내리는 시호인 문(文)은 아니다.

[子謂子産章]

051501. 子謂子産[1],「有君子之道四焉[2]：其行己[3]也恭[4], 其事上也敬, 其養民也惠, 其使民也義[5][6][7]。」

선생님께서 정(鄭)나라 대부 자산(子産)을 평하여 말씀하셨다. "(그는) 군자의 도 네 가지를 갖추었으니, 그가 자기 몸가짐을 갖추는 데는 공손스러웠고, 그가 윗사람을 섬기는 데는 공경스러웠고, 그가 백성을 보살피는 데는 은혜로웠고, 그가 백성을 부리는 데는 의로웠다."

子産, 鄭大夫公孫僑。恭, 謙遜也。敬, 謹恪也[8]。惠, 愛利[9]也。使民義, 如都鄙有章, 上下有

---

1 子産(자산): ?~BC 522. 별칭은 鄭子産·公孫僑. 姓 姬, 氏 公孫, 名 僑, 字 子産. 공자와 동시대인으로, 정나라 簡公12년[BC 554]부터 경이 되었고, BC 543년부터 BC 522년 죽을 때까지 정나라 국정을 총괄했다.《憲問 제9·10장》참조.

2 《論語詞典》焉(언): 어기사. 존재문·진술문에 쓰인다(语气词, 存在句或者陈述句用它。).《論孟虛字》 말을 잠시 멈추는 어기사로서 다음 문장을 끌어 일으킨다. 지시작용 겸 밑자락을 깔아서 펼쳐주는 작용이 있다('焉', 用作停頓語氣詞。在複句的領起小句之末, 常用'焉', 略作停頓, 以因起下文。'焉'有指示 兼舖張作用。).

3 行己(행기): 처세. 몸가짐. 행실(谓立身行事).

4 《論語義疏》세상을 향한 그의 몸가짐이 늘 공순해서, 남을 거역하지 않은 것을 말한다(言其行己身于世, 常恭從, 不逆忤人物也。).《王力漢語》'恭'과 '敬'은 동의어인데, 구분해서 말하면, '恭'은 외모 면에 중점을 두고, '敬'은 내심 면에 중점을 둔다. '敬'은 '恭'보다 뜻이 넓고, 왕왕 일종의 내심의 수양으로, 자기를 엄숙하게 대하는 자세를 가리킨다('恭'與'敬'是同義詞。分開來說, '恭'著重在外貌方面, '敬'著重在內心方面。'敬'的意義比'恭'的意義廣泛, 往往指一種內心的修養, 嚴肅對待自己。).

5 《論語義疏》'義'는 '宜'[적절하다]이다. 백성을 부리는 데 농사일을 할 시간을 빼앗지 않았고, 각기 부리는 일의 적절한 바를 얻은 것이다(疏: 義, 宜也。使民不奪農務, 各得所宜也。).

6 《論語正義》자산의 품덕은 능히 벼슬자리에 거할 수 있었으니, 도에 부합한 것이 넷이었기 때문에, 공자께서 이를 드러낸 것이다. '行己恭'은 수신할 수 있고, '事上敬'은 예를 다할 수 있고, '養民惠'는 논밭을 늘릴 수 있고, 자제를 가르칠 수 있으니, 그래서 공자께서 그를 '惠人'이라 칭송하신 것이다[憲問 제10장]. '惠'는 '仁'이다. 仁者는 사람을 사랑하기 때문에[孟子·離婁下 제28장], 또 그를 '古之遺愛'라 고 하신 것이다《憲問 제10장》 각주《春秋左傳·昭公20年》참조. '使民義'는, 集注에서 말한, '如都鄙 有章 上下有服 田有封洫 廬井有伍之類'가 모두 이것이다(正義曰: 子産德能居位, 合於道者四, 故夫子 表之, 行己恭, 則能修身。事上敬, 則能盡禮。養民惠, 則田疇能殖, 子弟能誨, 故夫子稱爲"惠人"; 惠者, 仁也。仁者愛人, 故又言古之遺愛也。使民義, 則《集注》所云"如都鄙有章, 上下有服, 田有封洫, 廬井有 伍之類", 皆是。).

7 《述而 제21장》 각주《春秋左傳·襄公31年》,《憲問 제10장》 각주《春秋左傳·昭公20年》 참조

服, 田有封洫, 廬井有伍之類.[10]

'子産'(자산)은 정(鄭)나라 대부 공손교(公孫僑)이다. '恭'(공)은 '겸손하다'[謙遜]이다. '敬'(경)은 '조심하다'[謹恪](근각)이다. '惠'(혜)는 '은혜를 베풀다'[愛利]이다. '使民義'(사민의)는 예를 들면 정자산(鄭子産)이 도(都)와 비(鄙)에는 각각의 규약을 마련하고, 상하에는 그에 맞는 복장을 마련하고, 밭에는 밭둑과 도랑을 설치하고, 마을에는 오(伍)를 설치한 것 등이다.

○吳氏曰:「數其事而責之者, 其所善者多也, 臧文仲不仁者三, 不知者三是也[11]。數其事而稱之者, 猶有所未至也, 子産有君子之道四焉是也。今或以一言蓋[12]一人, 一事蓋一時, 皆非也。」[13]

---

8 《論語大全》《學而 제10장》에서는 '恭'을 '莊敬'[정중하다]으로 풀이했는데, 이 장에서는 '謙遜[겸손하다]으로 풀이한 것은, '恭敬'과 '謙遜'은 모두 예의 한 부분으로, 이 장의 '其事上也敬'이라는 글이 있기에, '謙遜'으로 '恭'을 풀이했고, '謹恪'(근각)[조심하다]으로 '敬'을 풀이했다. '謙遜'은 곧 恭의 실상으로, 스스로의 행실에 있어 절실한 태도이고, '謹恪'은 곧 敬의 실상으로, 윗사람을 섬김에 있어 마땅한 태도이다(慶源輔氏曰: 首篇釋恭爲莊敬, 此又釋爲謙遜者, 恭敬謙遜, 皆禮之端, 緣此下文有事上也敬, 故以謙遜釋恭, 謹恪釋敬。蓋謙遜乃恭之實, 而於行己爲切, 謹恪乃敬之實, 而於事上爲宜也。);《論語大全》'謙'은 자기의 선한 일을 자랑하지 않는 것이고, '遜'은 선한 일을 미루어 남에게 돌리는 것이다(西山眞氏曰: 謙, 謂不矜己之善; 遜, 謂推善以歸人。); 謹恪(근각): 삼가다. 신중하다. 조심하다(犹謹敬, 敬慎。).

9 愛利(애리): 아끼고 감싸주다. 은혜를 베풀다(谓爱护, 加惠于他人。).

10 《春秋左傳·襄公30年》[BC 543] 자산은 도시와 농촌에는 상규를, 상하 신분 간에는 복장을, 밭에는 밭둑과 도랑을, 마을에는 오가 조직을 두도록 했다. 자산이 정치한 지 3년이 되자, 많은 사람이 그를 칭송하기를, '우리 자제 자산이 가르치고, 우리 논밭 자산이 불어나게 했네. 자산이 죽으면, 누가 그 선정 뒤이을까?'라고 했다(子産使都鄙有章, 上下有服, 田有封洫, 廬井有伍……及三年, 又誦之曰, 我有子弟, 子産誨之, 我有田疇, 子産殖之, 子産而死, 誰其嗣之。);《論語大全》'有章'은 규약과 법조문이 있는 것이고, '有服'은 신분의 귀천에 따라 의관에 각기 제도가 있는 것이다(朱子曰: 有章, 是有章程條法。有服, 是貴賤衣冠, 各有制度。); 封洫(봉혁): 경계. 도랑. 밭둑(区分田界的水沟); 廬井(려정): 정전제에서 1개 井을 공유하는 8가구의 초막(古代井田制, 八家共一井, 因称共一井的八家廬舍为廬井。); 伍(오): 농촌의 경비경계 등을 위한 편제단위로, 다섯 가구를 伍로 하여, 서로 망을 봐주고 정찰했다(古代民户編制单位。五家编为一伍, 相为候望。).

11 《公冶長 제17장》 각주 《春秋左傳·文公2年》 참조.

12 蓋(개): 덮어 가리다. 개괄하다(遮蔽; 掩盖; 引申为概括).

13 《讀四書大全說》공자께서 말씀하시기를 '장문중에게는 不仁한 일 세 가지가 있었고 不知한 일 세 가지가 있었다'고 했는데[春秋左傳·文公2年], 그의 不善한 일들이 쌓여서, 훤히 드러나서 가릴 수 없게 됨으로 말미암아, 다만 이 여섯 가지만을 근거로 든 것으로, 그 사람이 악행에 빠짐이 이미 극심했던 것이다. 이 여섯 가지는 장문중이 노나라 재상으로서 수완이 발휘되고 기량을 드러낸 곳으로, 이 외는 오히려 그의 악행 중에 사소한 것들이다. 그래서 공자께서는 언젠가 그가 벼슬자리를 훔친 자라고 지적하셨고

○오씨(吳氏·吳棫)가 말했다. "잘못한 일을 일일이 수를 세어가면서 꾸짖는 경우는 그 사람의 훌륭한 점이 많다는 것으로, '장문중(臧文仲)에게는 불인(不仁)한 일이 세 가지 있고, 지혜롭지 못한 일이 세 가지 있다'고 한 것이 바로 이 경우이다. 잘한 일을 일일이 수를 세어가면서 칭찬하는 경우는 오히려 미진한 부분이 있다는 것으로, '자산(子產)에 게는 군자의 도 네 가지가 있었다'고 한 것이 바로 이 경우이다. 오늘날 어떤 사람은 한마디 말로 한 사람을 개괄해버리거나, 한 가지 일로 한 시기를 개괄해버리는데, 모두 잘못이다."

[衛靈公 제13장], 그가 양곡을 팔기를 요청한 일[春秋左傳·莊公28年]은 다만 그의 죄목만 언급하셨을 뿐이다. 그러니 吳氏가 말한 '훌륭한 점이 많다'고 말한 것과 같은 것이 어디 있을 수 있는가?(臧文仲不仁 者三, 不知者三, 繇其不善之積成, 著而不可掩, 則但據此六者, 而其人之陷溺於惡已極矣。此六者是文仲相 魯下很手, 顯伎俩處, 此外尚其惡之小者。故夫子他日直斥其竊位, 而春秋於其告糴, 特目言其罪。安得有如 吳氏所雲"善者多"哉?). 자산은 군자의 도 네 가지를 갖추었다는 말씀의 경우, 그 네 가지인즉슨 修己· 治人·敦倫·篤行이라는 큰 덕목이었다. 자산은 군자의 덕목에 합당하지 않은 부분이 대체로 적었다. 吳氏는 악행이 쌓인 장문중은 치켜올리고, 훌륭한 점을 다 갖춘 자산은 억눌렀으니, 나는 그의 견해가 무엇인지 모르겠다(若子產有君子之道四, 其四者則修己, 治人, 敦倫, 篤行之大德也。子產之於君子, 其不 得當者, 蓋亦鮮矣。吳氏揚積惡之臧辰, 抑備美之子產, 吾不知其何見也!).

[晏平仲善與人交章*]

051601、子曰:「晏平仲¹善與人交², 久而敬之³。」

> 선생님께서 말씀하셨다. "제(齊)나라 대부 안평중(晏平仲)은 사람들과 사귀기를 잘했으니, 사람들과 사귄 지 오래되었는데도 (안평중은) 그들을 여전히 공경했다."

晏平仲, 齊大夫, 名嬰。程子曰:「人交久則敬衰, 久而能敬, 所以爲善。」⁴

---

1 晏平仲(안평중): BC 578~BC 500. 晏嬰(안영). 晏子. 名 嬰, 字 仲, 諡號 平. 제나라 영공·장공·경공 3대에 걸쳐 50여 년을 보좌했다. 그의 언행을 기록한《晏子春秋》가 있고,《史記》에는 管仲晏子列傳이 있다.《孔子家語·曲禮子夏問》공자께서 말씀하셨다. "안평중은 남에게 해될 일을 멀리했다고 평할 수 있다. 자기의 옳은 것을 가지고 남의 그른 것을 논박하지 않았고, 겸손한 말로써 허물이 될 만한 일을 피했으니, 의롭구나!"(孔子曰: "晏平仲可謂能遠害矣. 不以己之是駁人之非, 遜辭以避咎, 義也夫!");《論語集注·序說》참조.

2 [성]善與人交(선여인교): 사람들과 교류하기를 잘하다(善于与别人交朋友。).

3 《論語義疏》本에는 '久而人敬之'[사귄 지 오래되었는데도 사람들이 晏平仲을 공경했다]로 되어 있다:《論語義疏》손작[314~371]이 말했다. "친구 중에는 길가는 중에 초면에 수레를 세워놓고 잠시 이야기를 나눴는데도 오래 사귄 친구 같은 경우가 있고[孔子家語·致思], 백발이 되도록 오래 사귀었는데도 초면인 사람 같은 경우가 있다. 성대하게 시작하는 사귐은 쉬워도, 마지막까지 유지하는 것은 어렵다"(疏: 孫綽曰: 交有傾蓋如舊, 亦有白首如新. 隆始者易, 克終者難。);《論語注疏》무릇 사람들은 쉽게 교우하고 쉽게 절교하지만, 안평중은 오래될수록 더욱 공경했으니, 사귀기를 잘했다고 하신 까닭이다(疏: 正義曰: 凡人輕交易絕, 平仲則久而愈敬, 所以爲善。);《論語正義》《周官·天官冢宰·太宰》의 '二曰敬故'에 대한 정현의 注에 '敬故는 오래된 친구를 소홀히 대하지 않는 것이다. 안평중은 오래된 친구인데도 그들을 공경했다'라고 했다. 정현의 견해에 따르면 '久'는 '久故'[오래된 친구]이다. 군자가 오래된 친구를 버리지 않으면, 백성이 야박해지지 않기 때문에[泰伯 제2장], 안평중이 '善交'했다고 칭찬하신 것이다.《論語義疏》本에는 '久而人敬之'로 되어 있는데, 정현이 본 논어에 따라 '人'字를 없애서, 안평중이 그들을 공경했다고 풀이해야 한다(正義曰:《周官, 太宰》"二曰敬故", 鄭注: "敬故, 不慢舊也. 晏平仲久而敬之." 據鄭說, 則久謂久故也. 君子不遺故舊, 則民不偷, 故稱平仲爲'善交'……皇本作"久而人敬之"……當從鄭本無"人"字, 解爲平仲敬人。);《論語句法》'久而敬之'는 주어가 '人'인데 생략되었고, '之'는 지칭사로 '晏平仲'을 가리킨다. '久'는 부사이다["사람들이 사귄 지 오래되었는데도 안평중을 공경했다"](起詞是'人', 概括省略了, '之'是指稱詞, 稱代'晏平仲'. '久'是限制詞。).

4 《論語大全》공자께서 제나라에 계실 적에, 안평중과 같이 지내신 기간이 8년이었는데, 그래서 안평중이 이러했다는 것을 알았다(葉氏少蘊曰: 夫子在齊, 與平仲處者八年, 故知其如此。);《論語大全》친구 사이는 五倫의 하나이니, 공경되지 않을 수 있겠는가? 거들어주기를 威儀로써 하고[詩經·旣醉], 서로 살펴 올바른 길로 이끌기를[禮記·學記], 한 번이라도 공경되지 않으면, 친구 사이의 도리를 잃는 것이다. 사귐이 오래되도록 공경하면 오래될수록 더욱 친해진다. 어깨를 두드리면서 우정을 표시하고 소매를 부여잡고 놓아주지 않으면서 송별을 아쉬워하는 것을, 의기투합으로 여기고[近思錄·克己], 먹고 마시고 놀고 즐기고 서로의 집을 내 집처럼 드나들면서, 생사 불문 서로 배신하지 말자 맹세하는데[韓愈·柳子厚

'晏平仲'(안평중)은 제(齊)나라의 대부로, 이름이 영(嬰)이다. 정자(程子·伊川)가 말했다. "사람들은 사귄 지 오래되면 공경하는 태도가 줄어들기 마련인데, 안평중(晏平仲)은 사귄 지 오래되었는데도 여전히 공경할 수 있었으니, 사귀기를 잘했다고 하신 까닭이다."

墓志銘[子罕 제27장 각주 참조], 이런 자 중에 흠결 없는 완전한 교유를 하는 자는 없다(勉齋黃氏曰: 朋友人倫之一, 可不敬乎?攝以威儀, 相觀以善, 一有不敬, 則失朋友之道矣。惟其久而敬也, 則愈久而愈親。拍肩執袂, 以爲氣合, 酒食遊戲相徵逐, 以爲生死不相背負, 未有能全交者也。).

[臧文仲居蔡章]

051701. 子曰：「臧文仲¹居蔡², 山節藻梲³, 何如其知也⁴?」

1 臧文仲(장문중): ?~BC 617. 臧孫辰. 臧氏, 名 辰, 諡號 文. '孫'은 존칭(주희는 '臧孫'을 氏稱으로 보았다). 臧武仲의 祖父. 魯 장공·민공·희공·문공 등 네 임금을 모신 대부. 司寇;《衛靈公 제13장》 참조.

2 《禮記·禮器》제후는 거북을 나라의 보물로 삼고, 규옥을 나라의 신표로 삼는다. 대부의 家에서는 거북을 보물로 두지 못하고, 규옥을 간수하지 못하고, 門樓를 세우지 못하는데, 각각의 물건이 신분에 맞아야 함을 말한 것이다(諸侯以龜爲寶, 以圭爲瑞. 家不寶龜, 不藏圭, 不臺門, 言有稱也.);《白虎通義·蓍龜》천자부터 士에 이르기까지, 모두 시초점·거북점을 치는 것은 중대사의 의혹을 푸는 데 독단적으로 해서는 안 되기 때문이다.《書經·周書·洪範》에 '그대에게 풀어야 할 크나큰 의혹이 있는 경우, 卿·士와 상의하고, 서인과도 상의하고, 거북점·시초점을 쳐보라'고 했다. 천하의 길흉을 정하고, 천하가 머뭇거리지 않고 앞으로 나아가게 할 것으로, 거북점·시초점보다 좋은 게 없다(天子下至士, 皆有蓍龜者, 重事決疑, 亦不自專.《書經》曰: '女則有大疑, 謀及卿士, 謀及庶人, 謀及卜筮.' 定天下之吉凶, 成天下之亹亹者, 莫善乎蓍龜.);《論語集解》'蔡'는 임금이 점칠 때 쓰는 거북으로, 초나라 蔡에서 나기 때문에, 蔡라는 이름을 갖게 되었다. 길이가 1척 2촌이다. (대부가) 蔡를 집에 두는 것은 신분을 넘어서는 짓이다(注: 苞氏曰: 蔡, 國君之守龜, 出蔡地, 因以爲名焉, 長尺有二寸. 居蔡, 僭也.);《論語義疏》'居'는 '畜'[기르다]이다. '蔡'는 '大龜'[큰 거북]이다. 제후 이상만 큰 거북을 길러서 이로써 나라의 길흉을 점칠 수 있었다(疏: 居, 猶畜也. 蔡, 大龜也. 禮: 唯諸侯以上得畜大龜, 以卜國之吉凶.);《論語新解》'居'은 '藏[간수하다]의 뜻이다(居, 藏义.).

3 山節藻梲(산절조절): 천자의 종묘에 쓰인 장식. 山節은 산 모양을 새겨 넣은 두공이고, 藻梲은 아름다운 수초의 무늬를 그려 넣은 대들보 위의 동자기둥으로, 거처를 호화롭고 사치스럽게 꾸며서, 분수에 너무 넘치는 모습을 형용하는 데 쓰인다(古代天子的庙饰. 山节, 刻成山形的斗拱; 藻梲, 画有藻文的梁上短柱. 后用以形容居处豪华奢侈, 越等僭礼.);《禮記·明堂位》支柱의 머리 위의 두공에는 산 모양을 새겨 넣고, 대들보 위의 동자기둥에는 아름다운 수초의 무늬를 그려 넣고, 사당을 2층으로 세우고 처마를 이중으로 하고, 돌을 다듬어 기둥을 세우고 사방팔방으로 창을 만들고, 술잔 받침대를 두고 술잔을 양 기둥 사이에 두고, 잔 받침대를 높이고, 규를 놓을 대를 높이고, 조각으로 새긴 가림벽을 세우는 것은, 모두 천자의 사당의 장식이다(山節藻梲, 復廟重檐, 刮楹達鄉, 反坫出尊, 崇坫康圭, 疏屏; 天子之廟飾也.);《論語正義》全祖望[1705~1755]의《經史問答》에 말했다. "漢人의 견해에 따르면, '居蔡'는 제후의 예를 참칭한 것이고, '山節藻梲'은 천자의 종묘의 예를 참칭해서, 거북을 넣어 둘 집을 꾸민 것이다[居蔡와 山節藻梲은 각각 다른 일이다]. 이와 같다면 이미 두 개의 '不知'[각주《春秋左傳·文公2年》참조]의 일로, 대개 虛器를 만든 것을 가지고 한 개의 不知의 일로 말해서는 안 된다"(全氏祖望《經史問答》: "據漢人之說, 則居蔡是僭諸侯之禮, 山節藻梲是僭天子宗廟之禮, 以飾其居. 如此則已是二不知, 不應概以作虛器罪之曰一不知也.");《論語句法》'蔡'는 처소보어로, 그 앞에 개사 '於'字가 생략된 것이다. 둘째 구인 '山節藻梲'는 주어가 '臧文仲居蔡的房屋'[蔡 지방에 있는 장문중이 사는 집]으로 생략되어 보이지 않은 것이다["蔡 지방에 있는 장문중이 사는 집을 (천자의 종묘의 예법인) 山節藻梲을 써서 꾸몄다"]('蔡是處所補詞, 其上沒加關係詞'於'字. 第二句, 主語是'臧文仲居蔡的房屋', 省略沒說出來.).

4 《論語集解》사람들이 장문중을 지혜롭다고 여긴 것을 비판하신 것이다(注: 孔安國曰: 非時人謂以爲智也.);《古書虛字》'如'는 '爲'와 같다. '何如'는 곧 '何爲'이다["무엇이 그의 지혜인가?"]('如'猶'爲'也. '何如'即'何爲'.);《論語句法》'何如其知也'는 주어가 '其知', 술어가 '何如'인 판단문인데, 순서를 바꾼 것으로,

선생님께서 말씀하셨다. "노(魯)나라 대부 장문중(臧文仲)은 점치는 큰 거북을 넣어 둘 집에다가, (천자의 사당에 하는 장식을 본떠서) 기둥머리 위의 두공에는 산 모양을 새겨 넣었고, 대들보 위의 동자기둥에는 아름다운 수초의 무늬를 그려 넣었으니, 어떤 것이 그의 지혜인가?"

梲, 章悅反。知, 去聲。○臧文仲, 魯大夫臧孫氏, 名辰。居, 猶藏也。蔡, 大龜也。節, 柱頭斗栱[5]也。藻, 水草名。梲, 梁上短柱也。蓋爲藏龜之室, 而刻山於節, 畫藻於梲也。當時以文仲爲知, 孔子言其不務民義[6], 而諂瀆[7]鬼神如此, 安得爲知? 春秋傳[8]所謂作虛器[9], 即此事也。

'梲'(절, zhuō)은 '章'(장)과 '悅'(열)의 반절이다. '知'(지)는 거성[zhì]이다. ○'臧文仲'(장문중)은 노(魯)나라 대부 장손씨(臧孫氏)로, 이름이 신(辰)이다. '居'(거)는 '넣어두다'[藏]와 같다. '蔡'(채)는 점치는 큰 거북이다. '節'(절)은 기둥머리 위의 두공(斗栱)이다. '藻'(조)

바꾼 목적은 장문중의 不知를 개탄하는 데 있다["그의 지혜가 어떠한가?"]('何如其知也'是判斷句, 主語是 '其知', 述語是'何如', 這裡變了次, 目的在表示慨歎他的不知。);《論語譯注》"이 사람의 지혜가 어찌 이러한가?"("這個人的聰明怎麼這樣呢?").

5 斗栱(두공): =拱抱. 집을 지을 때 외벽에 세로로 세운 지주와 지붕 밑에 가로지른 대들보 사이에다 돌출시켜 처마의 하중을 받치도록[서까래가 꺾이지 않도록] 짜 맞춰 넣은 받침대(中国木构架建筑结构的 关键性部件, 在橫梁和立柱之间挑出以承重, 将屋檐的荷载经斗栱传递到立柱。斗栱又有一定的装饰作用, 是中国古典建筑显著特征之一。).

6 《雍也 제20장》 참조.

7 《周易·繫辭下》군자는 위로 사귐에는 아첨하지 않고, 아래로 사귐에는 업신여기지 않는다(子曰: ……君 子上交不諂, 下交不瀆。); 諂瀆(첨독): 윗사람에게 아첨하고 아랫사람을 업신여기다(阿谀在上的人和轻 侮在下的人).

8 《春秋左傳·文公2年》[BC 625] 중니가 말했다. "장문중에게는 不仁한 일 세 가지가 있었고 不知한 일 세 가지가 있었다. 展禽(전금)을 낮은 자리에 있게 했고, 六關(육관)을 설치했고, 아내에게 부들자리 를 짜게 한 것이, 세 가지 不仁한 일이고, 虛器[점치는 큰 거북을 넣어 둘 집을 만들면서, 천자의 사당에 하는 장식을 본떠서, 기둥머리의 두공에 산 모양을 새겨 넣고, 대들보의 동자기둥에 수초 그림을 그려 넣은 일을 말한다][公冶長 제17장]를 만들었고, 逆祀[神主의 位次를 바꿔 지내는 제사]를 내버려 두었고, 爰居(원거)[바닷새]에게 제사 지내게 한 것이, 세 가지 不知한 일이었다[杜預注: "'作虛器'는 '居蔡 山節 藻梲'를 말한다. 그 器는 있는데 그에 걸맞는 位는 없기 때문에, '虛'라 한 것이다." 杜預가 말한 대로라면, '居蔡'는 집을 지어 거북을 넣어 두었다는 것으로, 이른바 거북을를 넣어두는 궤짝이다(仲尼曰, 臧文仲其 不仁者三, 不知者三, 下展禽, 廢六關, 妾織蒲, 三不仁也, 作虛器, 縱逆祀, 祀爰居, 三不知也。[杜注: "作虛器, 謂居蔡, 山節藻梲也。有其器而無其位, 故曰虛。"如杜所言, 則居蔡謂作室以居之, 所謂龜櫝也。]).

9 虛器(허기): 기물은 있는데 그에 걸맞은 지위가 없는 것. 器는 고대 신분을 표시하는 수레·예복·예의제도 등을 가리킨다(谓有其器而无其位。器, 指古代表示等级的车服, 仪制等).

는 수초의 이름이다. '梲'(절)은 대들보 위의 짧은 동자기둥이다. 대개 거북을 넣어 둘 집을 만들었는데, (그 집의) 기둥머리의 두공에는 산 모양을 새겨 넣고, 대들보 위의 동자기둥에는 아름다운 수초의 무늬를 그려 넣은 것이다.

당시에는 장문중(臧文仲)을 지혜롭다고 여겼는데, 공자(孔子)의 말씀인즉, '그가 사람 된 도리로서 마땅히 해야 할 일에 힘을 쏟지 않고, 귀신에 대한 아첨과 모독이 이와 같았으니, 어떻게 지혜롭다 할 수 있겠는가?'라는 것이다. 《춘추좌전》(春秋左傳)의 공자 께서 말씀하신 바, '허기(虛器)를 만들었다'[作虛器]는 것이 바로 이 일이다.

○張子曰: 「山節藻梲爲藏龜之室, 祀爰居[10]之義[11], 同歸於不知宜矣。」[12]
○장자(張子 · 張橫渠)가 말했다. "기둥머리 위의 두공에는 산 모양을 새겨 넣고, 대들보 위의 동자기둥에는 아름다운 수초의 무늬를 그려 넣어 거북을 넣어 둘 집을 만든 일과, 바닷새에게 제사를 지낸 일을, (孔子께서는) 똑같이 '지혜롭지 못한 일'[不知]로 귀결시키 셨으니, 마땅했다."

---

10 《國語 · 魯語上》爰居(원거)라 불리는 바닷새가 노나라 동문 밖에 날아와 3일을 머물러 있자, 장문중이 國人에게 그 새에게 제사 지내게 했다(海鳥曰爰居, 止于魯東門之外三日, 臧文仲使國人祭之。).

11 《論語集註詳說》'義'는 '事'와 같다(義, 猶事也。)(박헌순 역주, 『논어집주1』에서 인용).

12 《論語大全》공자께서 말씀하신 臧文仲의 세 가지 지혜롭지 못한 일은, 모두 귀신에게 아첨하고 귀신을 모독한 일이다(朱子曰: 三不知, 皆是諂瀆鬼神之事。).

[子張問曰令尹子文章]

051801、子張問曰:「令尹[1]子文[2]三仕爲令尹, 無喜色; 三已[3]之, 無慍色[4]。舊令尹之政, 必以[5]告新令尹。何如?」子曰:「忠矣。[6]」曰:「仁矣乎[7]?」曰:「未知, 焉得仁?[8]」

자장(子張)이 여쭈었다. "초(楚)나라 영윤 자문(子文)은 세 번 영윤 자리에 부임했는데, 기뻐하는 기색이 없었고, 세 번 영윤 자리에서 면직되었는데, 서운해하

---

1 《論語注疏》'令'은 '善'이다. '尹'은 '正'이다. 善人을 등용해서 관원을 바로잡는다는 말이다(疏: 正義曰: 令, 善也, 尹, 正也, 言用善人, 正此官也。); 令尹(영윤): 재상에 해당하는 초나라 관직(楚国 执政官名, 相当于宰相。); 令(영): 무리를 모아 명령을 선포하다. 장관(集聚众人, 发布命令。本义: 发布命令。中国古代政府某部门或机构的长官。).

2 子文(자문): 名 穀於菟(곡어도), 字 子文. 令尹으로서 초나라를 강대하게 하고 북쪽으로 진출해 패권을 쟁취하는 데 걸출한 공헌을 했다. 어려서 호랑이[於菟]가 젖을 먹여 길렀다[穀] 하여, 이름을 穀於菟라 했다《論語譯注》春秋左傳에 따르면, 子文은 楚成王[BC 671~BC 626 재위] 8년[BC 664] 처음 영윤이 되어, 成王35년[BC 637] 子玉에게 영윤 자리를 넘겨주기까지, 그 기간이 28년이었는데, 이 기간에 몇 차례 면직을 당하고 또 임직을 받았다(根據《左傳》, 子文於魯莊公三十年開始做令尹, 到僖公二十三年讓位給子玉, 其中相距二十八年, 在這28年中幾次被罷免又被任命。);《國語·楚語下》전에 자문이 세 번 영윤을 그만두었는데, 하루치 먹을 식량도 쌓아놓지 않았으니, 백성들을 구휼하는 데 다 썼기 때문이었다(昔鬭子文三舍令尹, 無一日之積, 恤民之故也。).

3 《論語義疏》'已'는 자리에서 축출당해 그만둔 것을 말한다(疏: 已, 謂黜止也。).

4 慍色(온색): 원망하고 화난 표정(怨怒的神色).

5 《論語語法》개사 '以'의 목적어 '舊令尹之政'을 위치를 옮겨 앞당긴 것이다(本例將憑藉副賓語'舊令尹之政'移位而提前。).

6 《論語義疏》임명되어서는 기뻐하는 기색이 없었고, 면직되어서는 서운한 기색이 없었으니, 나라에 이익이 되는 일이라면, 알고는 하지 않는 경우가 없는 것으로, 忠이 지극한 신하였다[春秋左傳·僖公9年](疏: 李充曰: "進無喜色, 退無怨色, 公家之事, 知無不爲, 忠臣之至也。").

7 《北京虛詞》矣乎(의호): '矣'는 '이미 그러하다' 또는 '곧 그러할 것이다'를 표시하고, '乎'는 의문을 표시한다('矣乎', 语气词连用。用于疑问句末, '矣'表示已然或将然, '乎'表示疑问。义即'了吗'。).

8 《論衡·問孔》영윤 자문은 전에 초나라 자옥을 천거해 자기 자리를 대신하게 해서 100승을 가지고 송나라를 정벌하게 했지만, 그중 많은 부분을 잃었으니, 지혜가 이런 정도인데, 어찌 仁하다 하겠느냐?(子文曾擧楚子玉代己位而伐宋, 以百乘敗而喪其眾, 不知如此, 安得爲仁?);《論語義疏》자옥은 패배했고, 영윤자문은 그를 천거했다. 나라를 패배시킨 자를 천거했으니, 지혜롭다 할 수 없다['知'를 '智'로 읽었다](疏: 李充曰: 子玉之敗, 子文之擧, 擧以敗國, 不可謂智也……。);《經典釋文》'未知'는 如字로, 정현의 注는 '智'로 읽었고, 아래 절에서도 똑같이 '智'로 읽었다["지혜롭지 않은데, 어찌 仁하겠느냐?"]('未知', 如字, 鄭音智, 注及下同。);《論語集解》다만 그의 忠한 사례를 들었을 뿐, (다른 것은 듣지 못해서 자세히 알지 못하니) 그의 仁에 대해서는 모르겠다(注: 但聞其忠事, 未知其仁也。);《論語義疏》그가 忠한 사례를 들었을 뿐이니, 그 무엇으로 말미암아 仁하다 할지 모르겠다['未知焉得仁'을 한 구절로 붙여 읽었다](疏: 唯聞其忠, 未知其何由得爲仁也。).

는 기색이 없었습니다. 전임자로서 영윤 때의 정사는 반드시 이를 신임 영윤에게 인계해주었습니다. 어떻습니까?" 선생님께서 말씀하셨다. "충성스러웠다." "인(仁)했다 하겠습니까?" "모르겠다만, 어찌 인(仁)했다 하겠느냐?"

知, 如字。焉, 於虔反。○令尹, 官名, 楚上卿[9]執政者也。子文, 姓鬪, 名穀於菟[10]。其爲人也, 喜怒不形[11], 物我無閒, 知有其國而不知有其身, 其忠盛矣, 故子張疑其仁。然其所以三仕三已而告新令尹者, 未知其皆出於天理而無人欲之私也, 是以夫子但許其忠, 而未許其仁也。

'知'(지)는 본래 음[zhī]대로 읽는다. '焉'(언, yān)은 '於'(언)와 '虔'(건)의 반절이다. ○'令尹'(영윤)은 벼슬 이름인데, 초(楚)나라 상경(上卿)의 지위로 정무를 집행하던 벼슬이다. '子文'(자문)은 성이 투(鬪)이고, 이름이 곡어도(穀於菟)이다. 그의 사람됨이 (세 번 영윤을 했고 세 번 영윤에서 면직되었는데) 기쁨이나 분노가 안색으로 드러나지 않았고, (전임자로서 영윤 때의 정사를 신임 영윤에게 인계해주어) 남과 나 사이에 간격이 없었으니, 자기 나라가 있는 줄만 알았지 자기 몸이 있는 줄을 몰랐던 것으로, 그의 충성스러움이 대단했는데, 그래서 자장(子張)이 그가 인(仁)했던 것이 아닐까 하고 생각한 것이다. 그렇지만 그가 세 번 벼슬한 것, 세 번 그만둔 것, 신임 영윤(令尹)에게 인계해준 것이 모두 천리에서 나왔고 인욕이라는 사사로움이 없었는지는 알 수 없었던 까닭에, 이 때문에 선생님께서 다만 그가 충성스럽다는 점은 인정하셨지만, 그가 인(仁)했다고는 인정하지 않으신 것이다.

---

9 上卿(상경): 삼경 중의 제일 위의 지위(周制天子及諸侯皆有卿, 分上中下三等, 最尊貴者谓'上卿'.).

10 《春秋左傳·宣公4年》당초에 若敖(약오)는 邧(운)나라에서 아내를 얻어, 鬪伯比(투백비)를 낳았다. 若敖가 죽자, 鬪伯比는 어머니를 따라 邧나라에서 자랐는데, 邧子의 딸과 관계하여 子文(자문)을 낳았다. 邧子의 부인이 딸이 낳은 아이를 운몽택에 버리게 했는데, 호랑이가 그 아이에게 젖을 먹여 길렀다. 邧子가 사냥을 나갔다가 이를 보고 겁을 먹고 돌아왔는데, 부인이 이 사실을 고하자, 이에 邧子는 그 아이를 거두도록 했다. 초나라 사람들은 젖을 먹여 기르는 것을 '穀'(누)라 하고, 호랑이를 '於菟(오도)라 했기 때문에, 그 아이의 이름을 '鬪穀於菟'라고 짓고, 자기 딸을 鬪伯比에게 시집보냈으니, 이 鬪穀於菟가 바로 令尹子文이다(初, 若敖娶於邧, 生鬪伯比。若敖卒, 從其母畜於邧, 淫於邧子之女, 生子文焉。邧夫人使棄諸夢中, 虎乳之。邧子田, 見之, 懼而歸, 夫人以告, 遂使收之。楚人謂乳穀, 謂虎於菟。故命之曰鬪穀於菟, 以其女妻伯比, 實爲令尹子文。).

11 不形(불형): 드러내지 않다(不顯露).

051802. 「崔子弑齊君[12] 陳文子[13]有馬十乘, 棄[14]而違之。至於他邦, 則曰:『猶吾大夫崔子[15]也。』違之。之[16]一邦, 則又曰:『猶吾大夫崔子也。』違之。何如?[17]」子曰: 「淸矣。」曰:「仁矣乎?」曰:「未知, 焉得仁?」

(자장(子張)이 여쭈었다.) "제(齊)나라 대부 최자(崔子)가 임금을 시해하자, 제(齊)나라 대부 진문자(陳文子)는 말 40마리를 가지고 있었는데, 버리고서 제(齊)나라를 떴습니다. 다른 나라에 도착해서는 '(이 나라 대부도) 우리나라 대부 최자(崔子)와 같다'고 말하고는 그 나라를 떴습니다. 다른 나라에 가서는 또 '(이 나라 대부도) 우리나라 대부 최자(崔子)와 같다'고 말하고는 그 나라를 떴습니다. 어떻습니까?" 선생님께서 말씀하셨다. "청렴했다." "인(仁)했다 하겠습니까?" "모르겠다만, 어찌 인(仁)했다 하겠느냐?"

---

12 《春秋左傳・襄公25年》[BC 548]에 나온다. 제나라 태사가 최자가 자기 임금 齊后莊公을 시해한 일을 史冊에 기록하자, 최자가 그를 죽였는데, 그의 아우가 뒤를 이어 태사가 되어 또 이 사실을 기록하자 그도 죽였고, 그의 동생이 또 태사가 되어 또다시 이 사실을 기록하자, 이에 그를 죽이지 못하고 내버려 두었다는 기록이 나온다; 崔子(최자): 崔杼(최저) ?~BC 546. 崔武子. 제나라 대부. 靈公의 태자 牙와 그의 母를 살해하고, 光을 다시 태자로 세운 후, 靈公이 죽자 태자 光을 왕[齊后莊公]으로 세웠는데, 齊后莊公이 최자의 처와 사통하자 살해하고, 그의 이복동생 杵臼[저구]를 景公으로 세웠다; 齊君(제군): =齊后莊公. BC 553~BC 548 재위. 姜姓, 呂氏, 名 光. 齊나라 靈公의 태자였지만, 靈公이 그를 卽墨으로 내보내고, 총희가 낳은 公子 牙를 태자로 세우고, 그를 제거하려 했다. 靈公이 병들자 대부 崔杼・慶封 등이 光을 卽墨에서 맞아들여 태자로 세우고, 牙 모자를 살해하자, 靈公이 변고를 듣고 피를 토하고 죽었다. 光이 즉위하니, 이 사람이 齊后莊公이다. BC 548년, 齊后莊公이 최자의 처와 사통하다 살해되고, 배다른 동생 杵臼가 景公으로 즉위했다.

13 陳文子(진문자): 齊后莊公 때의 대부. 姓 陳(田), 名 須無. 諡號 文. 陳(田)文子. 증조부 田敬仲完[陳나라 厲公[BC 706~BC 700 재위]의 차남]이 BC 707 陳나라 내란 때, 齊나라로 옮겨와 陳姓에서 田氏로 바꿨다. 晏嬰과 같이 齊后莊公을 모셨다. 최자가 장공을 살해하자 제나라에서 도망쳤다가 몇 해 후에 다시 돌아왔다.

14 《說文・華部》'棄'(기)는 '捐'(연)[헌납하다]이다(棄, 捐也。); 棄(기): 내버리다. 포기하다(甲骨文字形, 上面是个头向上的嬰孩, 三点表示羊水, 头向上表示逆产。中间是只簸箕, 下面是两只手。合起来表示将不吉利的逆产儿倒掉之意。本义: 扔掉; 抛弃).

15 《論語正義》'崔'는 지명으로, 邑이름으로 氏를 삼았다(正義曰: '崔'者, 地名, 以邑爲氏也。).

16 《爾雅・釋詁》如(여)・適(적)・之(지)・嫁(가)・徂(조)・逝(서)는 往[가다]이다。[疏] 모두 저쪽에 이르는 것을 말한다(如、適、之、嫁、徂、逝, 往也。[疏]釋曰: 皆谓造於彼也。); 《論語義疏》'之'는 '往'[~로 향해 가다]이다(疏: 之, 往也。); 《論語詞典》之(지): 동사. 가다. 도치문을 제외하고, '之' 뒤에 반드시 목적지를 나타내는 목적어가 붙는다('之', 动词, 往也, 适也; 除倒裝句法外, 其下一定跟着表目的地的宾语。).

17 《論語集解》文子가 무도한 무리를 피하고, 무도한 나라를 떠나, 유도한 나라를 찾았지만, 당시 춘추시대에는 신하가 자기 임금을 능멸하는 것이 모두 최저와 같아서, 머물만한 나라가 없었던 것이다(注: 孔安國曰: 文子避惡逆, 去無道, 求有道, 當春秋時, 臣陵其君, 皆如崔杼, 無有可止者也。).

乘, 去聲。○崔子, 齊大夫, 名杼, 齊君, 莊公, 名光, 陳文子, 亦齊大夫, 名須無。十乘, 四十匹也。違[18], 去也。文子潔身[19]去亂, 可謂淸矣, 然未知其心果見義理之當然, 而能脫然[20]無所累乎? 抑[21]不得已於利害之私, 而猶未免於怨悔也。故夫子特許其淸, 而不許其仁。

'乘'(승)은 거성[shèng]이다. ○'崔子'(최자)는 제(齊)나라 대부로, 이름이 저(杼)이다. '齊君'(제군)은 장공(莊公)으로, 이름이 광(光)이다. '陳文子'(진문자)도 제(齊)나라 대부로, 이름이 수무(須無)이다. '十乘'(십승)은 말 40필이다. '違'(위)는 '떠나다'[去]이다. 진문자(陳文子)는 몸가짐을 깨끗이 지키고 어지러운 나라를 떴으니, '청렴했다'고 평할 만한데, 그렇지만 그의 마음이 과연 의리상 마땅히 그래야 하는 모습을 알고서 초탈한 모습으로 얽매인 게 없었는지, 아니면 이로울까 해로울까 하는 사사로운 마음에 의해 마지못해 한 것이어서 여전히 원망과 후회를 면치 못했는지는 알 수 없었다. 그래서 선생님께서 다만 그가 청렴했다는 점은 인정하셨지만, 그가 인(仁)했다는 점은 인정하지 않으신 것이다.

○愚聞之師曰[22]:「當理而無私心, 則仁矣。」今以是而觀二子之事, 雖其制行[23]之高若不可及, 然皆未有以見其必當於理, 而眞無私心也。子張未識仁體, 而悅於苟難[24], 遂以小者信其大

---

18 違(위): 떠나다. 떠나가다. 벗어나다. 피하다(离开; 背离。避开。).

19 潔身(결신): 몸가짐을 깨끗하게 유지하다(保持自身淸白).

20 脫然(탈연): 초탈하여 얽매임이 없는 모양. 아랑곳하지 않는 모양(超脱无累: 不经意的样子).

21 《北京虛詞》抑(억): 접속사. 아니면. 또는. 선택의문문의 양 절의 가운데 쓰여, 선택을 표시한다('抑', 連詞。用于抉择问句的两个分句间, 表示抉择。义即'还是'。).

22 주희의 《延平答問》에 나오는 글이다:《論語大全》忠淸章[公冶長 제18장]에서 논한 仁은 사례에 기인해서 그 마음을 탐구한 것이기 때문에, 먼저 '當理'를 말하고 뒤에 '無私心'을 말했고, 能好人能惡人章[里仁 제4장]은 마음에서 비롯되어 사례에 이르는 것이기 때문에, 먼저 '無私心'을 말하고 뒤에 '當於理'를 말했다(雙峯饒氏曰: 忠淸章論仁, 是因事而原其心, 故先言當理, 而後言無私心; 能好惡, 是由心而達於事, 故先言無私心, 而後言當於理。).

23 《禮記·表記》공자께서 말씀하셨다. "인의 도의 성취가 어렵게 된 지 오래이니, 군자만이 할 수 있다. 이 때문에 군자는 자기가 할 수 있는 것을 가지고 남을 질책하지 않고, 남이 할 수 없는 것을 가지고 남을 부끄럽게 만들지 않는다. 이 때문에 성인께서 행위규범을 제정하심에, 자기의 수준에 맞추지 않으시고, 백성들에게 권장하고 힘쓰게 할 정도에 맞추고, 스스로 부끄럽게 여길 정도에 맞춰서, 그의 가르침을 실행하셨다"(子曰: 仁之難成久矣, 惟君子能之。是故君子不以其所能者病人, 不以人之所不能者愧人。是故聖人之制行也, 不制以己, 使民有所勸勉愧恥, 以行其言。); 制行(제행): 도덕규범과 행위준칙(規定道德和行为为准则).

24 《先進 제15장》《子張 제15장》 참조.

者²⁵, 夫子之不許也宜哉。」

○내가 스승[李延平]께서 하신 말씀을 들었다. "도리에 맞고 사심이 없으면, 인(仁)이
다." 지금 이 말씀을 가지고 (영윤 자문과 진문자) 두 사람의 일을 살펴보면, 비록 그들의
행위규범의 고절(高絶)한 수준은 따라가지 못할 것 같지만, 두 사람 모두 반드시 그들
의 행동이 도리에 맞았고, 진정으로 사심이 없었는지는 알 수 없는 노릇이다. 자장(子
張)이 인(仁)의 바탕[體]을 알지 못하면서, 어려운 일을 해낸 것에 희열을 느끼다가,
드디어는 하찮은 행실을 가지고 그들이 인(仁)했을 것이라고 믿었으니, 선생님께서
인정하지 않으신 것은 당연하다.

讀者於此, 更以上章²⁶「不知其仁」, 後篇²⁷「仁則吾不知」之語并與三仁²⁸夷齊²⁹之事觀之,
則彼此交盡, 而仁之爲義可識矣。

독자가 이 장에 대해, 더 나아가서 《공야장(公冶長) 제7장》의 '그가 인(仁)한지는 모르겠
다'고 하신 말씀, 《헌문(憲問) 제2장》의 '인(仁)인지는 내가 모르겠다'고 하신 말씀을 가
지고 그리고 《미자(微子) 제1장》의 삼인(三仁), 《술이(述而) 제14장》의 백이·숙제(伯夷
叔齊)에 관한 일을 가지고 살펴본다면, 피차가 서로 뜻을 다 밝히고 있으니, 인(仁)의
뜻을 알 수 있을 것이다.

今以他書³⁰考之, 子文之相楚, 所謀者無非僭王猾夏³¹之事。文子之仕齊, 旣失正君討賊

---

25 《孟子·盡心上 제34장》 맹자가 말했다. "진중자[전국시대 제나라 楊朱學派의 인물]는 의롭지 않은
것이면 제나라를 준다 해도 받지 않을 것이라고, 사람들이 모두 그를 믿었지만, 이는 밥 한 그릇과
국 한 그릇을 버리는 정도의 義일 뿐이다. 사람에게는 친척·군신·상하를 없애는 것보다 더 큰 죄는
없다. 하찮은 義를 행한 것을 가지고 그가 큰 義를 행할 것이라고 믿는 것이, 어찌 옳겠느냐?"(孟子曰:
仲子, 不義與之齊國而弗受, 人皆信之, 是舍簞食豆羹之義也。人莫大焉亡親戚、君臣、上下。以其小者信其
大者, 奚可哉?).

26 《公冶長 제7장》 참조.

27 《憲問 제2장》 참조.

28 《微子 제1장》 참조.

29 《述而 제14장》 참조.

30 《春秋左傳》을 말한다.

31 초나라는 웅통(熊通)[BC 740~BC 690 재위] 37년[BC 704]에 스스로를 武王이라 자칭함으로써[史記
·楚世家], 제후들이 왕이라 참칭하는 효시가 되었다: 猾夏(활하): 중국을 혼란에 빠뜨리다(扰乱华夏):
猾(활): 어지럽히다. 교란시키다(扰乱; 侵犯).

之義[32], 又不數歲[33]而復反於齊焉, 則其不仁亦可見矣。

지금 다른 책을 가지고 고찰해 보면, 영윤 자문(子文)이 초(楚)나라에서 재상으로 있을 때는 도모한 일이라고는 신분에 맞지 않게 왕이라 참칭하고 중국을 혼란에 빠뜨리는 일이 아닌 게 없었고, 진문자(陳文子)가 제(齊)나라에서 벼슬할 때는 임금을 바로잡고 임금을 시해하고 반역한 역적을 토벌하려는 의(義)를 이미 잃었는데, 또 (제나라에서 도망치고는) 몇 해 못 가서 다시 제(齊)나라로 돌아왔으니, 그의 행실이 불인(不仁)했었다는 것을 또한 알 수 있다.

---

32 《論語大全》위로는 제후장공을 바로잡지 못했고, 다음으로는 최저가 제후장공을 시해하고 반역한 것을 토벌하지 못했다(上不能規正莊公, 次不能討杵弑逆。).

33 數歲: 몇 해(几岁); 數(수): 몇 개. 약간(几个, 若干。).

[季文子三思而後行章]

051901、 季文子¹三思而後行²。 子聞之, 曰:「再³, 斯可矣⁴ ⁵。」

1 季文子(계문자): 魯나라 대부. 姬姓, 季氏, 諡號 文, 名 行父. 노환공의 막내아들인 그의 조부 季友는 제1대로 희공[BC 659~BC 627 재위]을 보좌했고, 季文子는 BC 601~BC 568년까지 33년 동안 선공·성공·양공을 보좌했다. 그 후로, 季武子[BC 568~BC 535]·季悼子[BC 535~BC 530]·季平子[BC 530~BC 505]·季恒子[BC 505~BC 492]·季康子[BC 492~BC 468]가 대를 이어 노나라 정치를 이끌었다.《春秋左傳·襄公5年》[BC 568] 계문자가 죽어 입관할 때, 임금이 동쪽 계단에 서 있었고, 가신들이 집안에 있는 기물을 가지고 장례용구를 갖추는데, 비단옷을 입은 첩이 없었고, 곡식을 먹는 말이 없었고, 간직해 둔 금옥이 없었고, 여벌의 기물이 없었으니, 임금은 이를 보고 계문자가 공실에 충성했음을 알았다. 세 임금을 보좌했는데, 사사로이 쌓아놓은 물건이 없었으니 충신이라 하지 않을 수 있겠는가?(季文子卒, 大夫入斂, 公在位, 宰庀家器爲葬備, 無衣帛之妾, 無食粟之馬, 無藏金玉, 無重器備, 君子是以知季文子之忠於公室也. 相三君矣, 而無私積, 可不謂忠乎?).

2 [성]三思而後行(삼사이후행): =三思而行; 文子三思. 여러 차례 생각을 거치고 그런 다음에야 하다(三: 再三, 表示多次. 指经过反复考虑, 然后再去做。).《論語正義》'三思'는 이것저것 생각하는 것이 많았다는 말로, 신중했다는 것이다(正義曰: '三思'者, 言思之多, 能審慎也。).《論語詞典》三(삼): 부사. 횟수가 많음을 표시하는 데 쓰인다. 여러 번(副詞, 有時只用以表次數之多。): 三思(삼사): 생각에 생각을 거듭하다. 심사숙고하다(再三思考。).

3 《王力漢語》再(재): 부사. 두 번. '兩'은 동작의 쌍방을, '再'는 동작의 양을 가리킨다. '復'는 행위의 중복을, '更'의 부사의 의미는 '고치다', '바꾸다'에서 나왔는데, 그래서 부사로 쓰일 경우, '별도', '다시 새로이'의 뜻이 있다. '又'는 어기를 강화시키고, 감정색채를 띤다('再, 副詞. 兩次, 第二次. 注意: 古人表示動作的量, 於'一次'到'十次', 都用一般數目字, 唯獨'兩次'不用'二', 而用'再'; '兩'指雙方, 指動作的面. '再'指兩次, 動作的量. 說'復'時, 著眼在行爲的重複. '更'的副詞意義時從'改變'、'更換'發展來的, 所以用作副詞時有'另外'、'重新'的意思. '又'則是加強語氣, 帶有感情色彩。).

4 《論語新解》'再斯可矣'에는 두 가지 풀이가 있다(再斯可矣, 此语有两解。).《論語集解》계문자는 임금에게 충성했고 행실이 현덕했고, 거행한 일에 과오가 적었으니, 생각이 세 번까지 갈 필요가 없었다(注: 鄭玄曰: "文子忠而有賢行, 其擧事寡過, 不必及三思。").《論語義疏》공자께서 그를 칭찬하시기를, 계문자의 현능함이라면 三思까지 할 필요 없이, 再思, 이 정도면 충분했다고 하신 것이다(疏: 孔子美之, 言若如文子之賢, 不假三思, 唯再思此則可也。).《論語譯注》三思하면, 일반적으로 이점은 많고 폐단은 적은 법인데, 어째서 공자께서는 계문자가 이렇게 한 것에 동의하지 않으셨을까? 宦懋庸[1842~1892]의 《論語稽》에 말했다. "계문자는 평생 화복·이해의 계산에 지나치게 밝았기 때문에, 그의 선행이 그의 악행을 가리지 못했으니, 모두 三思의 폐단이었다. 그가 생각이 세 번에 이른 것은, 특히 처세술에 너무 깊숙이 빠져 지나치게 조심한 것으로, 그 폐단은 장차 이해관계에 부닥치게 되면 오직 자기의 사사로움에만 얽매이게 된다는 것이다."《春秋左傳》에 기록된 계문자의 선후 행적을 가지고 증명해 보면, 환무용의 견해가 무리한 말이 아니다(凡事三思, 一般總是利多弊少, 爲什麼孔子却不同意季文子這樣做呢? 宦懋庸論語稽說 "文子生平蓋禍福利害之計太明, 故其美惡兩不相掩, 皆三思之病也. 其思之至三者, 特以世故太深, 過爲謹慎; 然其流弊將至利害徇一己之私矣"云云. 若以左傳所載文子先後行事證明, 此話不爲無理。).

5 《論語義疏》'斯'는 '此'이다(疏: 斯, 此也。).《北京虛詞》斯(사): 부사. 곧. 바로. ~면. 생략문이나 승접복문에 쓰여 앞에서 받아 뒤로 이어주는 데 쓰인다('斯, 副詞. 用于緊縮句中, 或用于承接复句的后一分句,

노(魯)나라 대부 계문자(季文子)는 여러 번 생각하고 나서 실행에 옮겼다. 선생님께서 이를 듣고 말씀하셨다. "두 번 생각하면, 충분하다."

三[6], 去聲。○季文子, 魯大夫, 名行父。每事必三思而後行, 若使晉而求遭喪之禮以行[7], 亦其一事也。斯, 語辭。

'三'(삼)은 거성[sàn]이다. ○'季文子'(계문자)는 노(魯)나라 대부로 이름이 행보(行父)이다. 매사를 반드시 여러 번 생각한 뒤에 실행에 옮겼는데, 진(晉)나라에 사신으로 가면서 상을 당했을 경우 갖춰야 할 예(禮)를 미리 찾아 챙겨서 간 것도, 그 한 사례이다. '斯'(사)는 어조사이다.

程子曰:「爲惡之人, 未嘗知有思, 有思則爲善矣。然至於再則已審, 三則私意起而反惑矣, 故夫子譏之。」

정자(程子·伊川)가 말했다. "악행을 저지르는 자는, 생각이 있다는 것을 안 적이 없다. 생각이 있다면 선행을 하기 마련이다. 그렇지만 생각이 두 번에 이르면 이미 다 살폈고, 여러 번 생각하다 보면 사사로운 생각이 일어나 도리어 미혹되기 때문에, 선생님께서 비판하신 것이다."

○愚按: 季文子慮事如此, 可謂詳審, 而宜無過擧[8]矣。而宣公簒立[9], 文子乃[10]不能討, 反

표시承接。又即'就'。);《王力漢語》可矣(가의): 충분함을 표시한다(表示夠了。).

6 三(삼): [sàn] 누차. 재삼재사(屢次, 再三。); [sān] 2와 4 사이의 자연수(介于二和四之间的自然数。).

7 《春秋左傳·文公6年》[BC 621] 가을에, 계문자가 진나라에 聘問을 가려고 하면서, 사신으로서 喪을 당했을 경우 쓸 것들을 찾아 챙겨서 떠났다. 그의 종자가 '어디에 쓰실 건가요?' 하고 묻자, 文子가 말하길, '뜻밖에 생길지도 모를 일에 미리 대비하라는 것이 옛날의 훌륭한 가르침이다. 일을 당해서 챙기려다 챙기지 못하면 참으로 난감하니, 때 이르게 챙긴다고 하여 무엇이 해롭겠느냐?'라고 했다(秋, 季文子將聘於晉, 使求遭喪之禮以行, 其人曰, 將焉用之, 文子曰, 備豫不虞, 古之善敎也, 求而無之, 實難, 過求何害?);《集注考證》8월에 진양공이 죽었으니, 대개 그 당시에 진양공이 병을 앓은 지 오래되었기 때문에, 계문자가 사신으로서 喪을 당했을 경우 쓸 것들을 찾아 챙겨가지고 떠난 것이다(八月, 晉襄公卒, 蓋其時晉侯久疾, 故文子求遭喪之禮以行也。); 遭(조): 우연히 만나다. (불행한 일을) 맞닥뜨리다. 입다. 당하다(遇見, 碰到。受到; 遭受).

8 過擧(과거): 잘못 발탁·임용하다. 잘못된 행위(误加擢用。错误的行为。).

9 노나라 文公[BC 626~BC 609 재위]의 첫째 부인 哀姜(애강)은 제나라 여인으로 惡(악)과 視(시)를 낳았고, 둘째 부인 敬嬴(경영)은 俀(퇴)를 낳았다. 노나라 대부 襄仲(양중)은 敬嬴과 사이가 가까웠는데,

爲之使齊而納賂焉, 豈非程子所謂私意起而反惑之驗歟? 是以君子務窮理而貴果斷[11], 不徒多思之爲尙。

○내가 생각건대, 계문자(季文子)가 일을 생각하는 자세가 이와 같았으니, 꼼꼼하게 자세히 살폈다고 평할 수 있어, 잘못된 일 처리가 의당 없었어야 했을 것이다. 그런데도 선공(宣公, BC 608~BC 591 재위)이 왕위를 찬탈하고 그 자리를 차지하자, 계문자(季文子)는 곧바로 토벌하지 못하고, 도리어 선공(宣公)을 위해 제(齊)나라에 사신으로 가서 뇌물을 바쳤으니, 정자(程子)가 말한 '(여러 번 생각하다 보면) 사사로운 생각이 일어나 도리어 미혹된다'는 증거가 어찌 아니겠는가? 이 때문에 군자는 힘써 궁리하면서도 과단성을 중시하지, 아무런 실속도 없이 생각만 많은 것을 높이 사지 않는다.

이에 倭(퇴)를 태자로 세우고자 했다. 문공이 죽자[BC 609] 襄仲이 惡과 視를 죽이고, 倭를 임금으로 세웠으니, 선공이다. 첫째 부인 哀姜은 시장 거리에서 슬피 울며, 襄仲이 무도하게도 적장자를 죽이고 서자를 임금으로 세웠다고 외치면서, 제나라로 떠났다. 계문자는 제나라에 가서 뇌물을 바치고 선공의 公位를 인정받았다: 簒立(찬립): 임금 자리를 뺏어 자기가 그 자리에 앉다(簒位自立); 簒(찬): 신하가 임금 자리를 탈취하다(封建时代特指臣子夺取君位。泛指夺取。).

10 《北京虛詞》乃(내): 즉시. 곧바로. 이에. 뒤의 상황이 앞의 상황에 이어 출현함을 표시한다('乃', 副词。表示后一情况是承接前一情况出现的。义即'便'、'就'、'于是'。).

11 果斷(과단): 결단성이 있어, 머뭇거리지 않다(有决断, 不犹豫。).

[甯武子邦有道則知章]

052001、子曰:「甯武子¹邦有道²則知, 邦無道則愚³。其知可及也, 其愚不可及也⁴。」

　　　　선생님께서 말씀하셨다. "위(衛)나라 대부 영무자(甯武子)는 나라에 도가 있을
　　　　때면 지혜로웠고, 나라에 도가 없을 때면 우직스러웠다. 그의 지혜로움은 따라
　　　　갈 수가 있겠지만, 그의 우직스러움은 따라갈 수가 없다."

知, 去聲。○甯武子, 衛大夫, 名俞。按春秋傳, 武子仕衛, 當文公, 成公⁵之時。文公有道,
而武子無事可見, 此其知之可及也。成公無道, 至於失國, 而武子周旋⁶其閒, 盡心竭力,
不避艱險。凡其所處, 皆智巧⁷之士所深避而不肯爲者, 而能卒保其身以濟其君, 此其愚
之不可及也。

'知'(지)는 거성[zhì]이다. ○'甯武子'는(영무자) 위(衛)나라 대부로 이름이 유(俞)이다.
《춘추좌전》(春秋左傳)을 살펴보면, 영무자(甯武子)가 위(衛)나라에서 벼슬한 것은 문공

---

1 甯武子(영무자): 성 甯, 이름 俞, 시호 武子. 衛나라 대부.《春秋左傳 · 僖公28年》[BC 632]에 따르면,
　晉文公[BC 636~BC 628 재위]이 과거의 원한으로 위나라를 침공하자, 위나라 成公[BC 634~BC 633,
　BC 631~BC 600 재위]은 초나라로 달아났는데 甯武子가 수행했다. 甯武子의 건의에 따라 成公의 아우
　인 叔武가 임금의 자리를 攝位했고, 叔武는 賢良함으로 晉나라를 감동시켜 진나라와 맹약하고 成公을
　復位시켰지만, 임금을 수행해 보필하지 못하고 국내에 있던 자들은, 成公이 復位하면 죄를 받을까 두려워
　하고 있었다. 甯武子는 成公보다 먼저 귀국해서 국내에 있던 자들과 화합의 맹약을 맺음으로써 그들을
　안심시키고, 成公의 復位에 따른 화란의 발생을 미연에 방지했다[叔武는 귀국하는 형 成公을 영접하러
　나갔다가, 그의 공로를 의심한 成公에게 살해되고 말았다].
2 《論語詞典》有道(유도): 정치가 청명하다. 천하가 태평하다(古代成語, 政治清明, 天下太平。).
3 《論語義疏》智를 말아두고 明을 감춰두어, 昏을 가장한 것이 愚와 똑같다(疏: 昏卷智藏明, 詳[佯]昏同愚
　也。);《古今注》행적을 드러내지 않고 몸가짐을 온전히 한 것이 '知'이고[지혜가 족히 해를 멀리할 수
　있다], 자기 생명의 안위를 고려치 않고 위험을 무릅쓴 것이 '愚'이다[일신을 도모하기를 잘하지 못한다]
　(補曰斂跡全身曰知[智足以遠害], 忘身冒難曰愚[不工於謀身]。).
4 [성]愚不可及(우불가급): 어리석음을 따라갈 수 없다. 어리석기 짝이 없다(愚: 傻, 笨, 及: 比得上。愚蠢得
　別人比不上。形容极其愚笨。).
5 衛文公(위문공): BC 659~BC 634 재위; 衛成公(위성공): BC 634~BC 633, BC 634~BC 599 재위.
6 周旋(주선): 빙 돌다. 돌아서다. 行禮 시에 나아가고 물러서고 읍하고 양보하는 등의 동작. 일이 잘되도록
　이리저리 힘쓰다(回旋: 盘旋: 周回旋轉。古代行礼时进退揖让的动作。交际应酬。照顾。).
7 智巧(지교): 꾀 많고 교활하다(机谋与巧诈).

(文公, BC 659~BC 635 재위)과 성공(成公, BC 634~BC 633, BC 631~BC 600 재위)의 재위 시기에 해당한다. 문공(文公) 때는 도가 있었는데, 영무자(甯武子)는 볼 만한 업적이 없었으니, 이것이 그의 지혜로움은 따라갈 수가 있다는 것이다. 성공(成公)은 무도하여 나라를 잃을 지경이 되었는데, 영무자(甯武子)가 그 가운데서 이리저리 왔다 갔다 하면서, 마음을 다하고 힘을 다하기를, 어렵고 위험한 일을 회피하지 않았다. 대체로 그가 처리한 일들은 모두 꾀가 많고 교활한 선비라면 깊숙이 숨어 피하고 기꺼워하지 않을 것들이었는데도, 끝내는 자기 몸가짐을 보존하고 자기 임금을 구제했으니, 이것이 그의 우직스러움은 따라갈 수가 없다는 것이다.

○程子曰:「邦無道能沈晦[8]以免患, 故曰不可及也。亦有不當愚者, 比干[9]是也。」[10]
○정자(程子·伊川)가 말했다. "나라에 도가 없을 때면, 자취를 숨겨 이로써 환난을 면할 수 있었기 때문에, 따라갈 수가 없다고 말씀하신 것이다. 그래도 우직스럽게 (자취를 숨겨 환란을 피하려고) 해서는 안 되는 경우가 있었으니, 비간(比干)의 경우가 바로 그렇다."

---

8 沈晦(침회): 숨어서 드러나지 않다(隐而不露); 晦(회): 매월 음력 그믐날. 캄캄하다. 가려 숨기다(阴历每月的最后一天。昏暗。掩蔽; 隐秘).

9 比干(비간): 상나라 주왕의 숙부로, 태사를 보좌하는 직책이었는데, 주왕의 음란한 행위에 대해 여러 번 간언하다가, 심장을 도려내는 죽임을 당했다;《微子 제1장》참조.

10《論語大全》주자는 '어렵고 위험한 일을 회피하지 않은 것'을 '愚'라 했고, 정자는 '자취를 숨겨 밖으로 드러내지 않은 것'을 '愚'라 했다. 대개 어렵고 힘든 일을 하는 중에 그러한 자취를 숨겨 밖으로 드러내지 않았다[그래서 환난을 면했다는 것이지, 어렵고 힘든 일을 회피했다는 것이 아니다(新安陳氏曰: 朱子謂其不避艱險, 程子以爲能沈晦者。蓋於艱險中能沈晦, 非避事也。);《論語大全》다른 사람이라면 나라에 도가 없을 때, 나라를 바로잡고 구제하려고 할 경우는, 재앙·환난을 면치 못하고, 재앙·환난을 면하려고 할 경우는, 오히려 안일을 훔치는 격이 된다. 甯武子의 '愚'는 (어렵고 힘든 일을 처리하는데) 재능을 발휘한 자취가 드러나지 않게 숨김으로써 재앙·환난을 면할 수 있었고, 또 스스로의 처신에 있어 그 올바른 모습을 잃지 않았으니, 이것이 따라갈 수가 없는 이유이다(朱子曰: 他人於邦無道時, 要正救者, 不免禍患, 要避患者, 又却偸安。若武子之愚, 旣能韜晦以免患, 又自處不失其正, 此所以不可及。).

[子在陳章]

052101、子在陳¹曰:「歸與²! 歸與! 吾黨之小子³狂簡⁴, 斐然成章⁵, 不知所以裁之⁶。」⁷

1 《史記‧孔子世家》공자가 陳나라에 머문 지 3년, 때마침 晉나라와 楚나라가 패권을 다투며, 번갈아서 陳나라를 침범했고, 이어 吳나라가 陳나라를 침범했으니, 陳나라는 계속해서 외국의 침략을 당하고 있었다(孔子居陳三歲, 會晉楚爭彊, 更伐陳, 及吳侵陳, 陳常被寇。);《集注考證》공자께서는 모두 세 번 陳나라에 가셨는데, 처음 가신 때는 광 땅의 사람들의 난을 겪고, 衛나라로 돌아왔고, 두 번째 가신 때는 宋나라 환퇴의 난을 겪었고, 사성정자의 집에 머물렀고, 후에 또 陳나라에서 蔡나라로 가시다가 진채지간에서 식량이 떨어지는 곤액을 겪었고, 이에 葉나라에 가서 楚나라 소왕이 공자를 등용하려 했지만, 자서가 등용을 막았다. 세 번째는 또 葉나라에서 陳나라로 돌아가셨는데, 陳나라에 머문 지 오래되어, 衛나라로 돌아오셨으니, 다음 해가 바로 衛나라에서 魯나라로 돌아오신 해로, 이 장은 대개 세 번째로 陳나라에 계실 때의 말씀으로, 다음 해에 바로 魯나라로 귀국하셨다(按夫子凡三至陳, 始適陳, 有匡人之難, 反衛, 再適陳, 蓋經宋魋之難, 主司城貞子家, 後又自陳適蔡, 有絕糧之厄, 遂如葉, 楚昭將用孔子, 子西止之, 會卒, 三則又自葉反適陳, 在陳久之, 反衛, 明年即自衛反魯, 此言蓋, 發于三在陳之時也, 明年即歸魯矣。);《論語義疏》공자께서 여러 나라를 주유하셨고, 陳나라에서 가장 오래 계셨는데, 장차 노나라로 돌아가려 하셨기 때문에, 이 말씀을 하신 것이다. 두 번씩 '歸與 歸與'라고 하신 것은, 돌아가고 싶은 마음의 간절한 표현이다(疏: 孔子周流諸國, 在陳最久, 將欲反魯, 故發此辭。再言歸與歸與者, 欲歸之意深也。).

2 《論語句法》'與'는 상의를 표시하는 구말어기사이다. ~하자꾸나('與'是句末表商量語氣的語氣詞, 相當於白話的'吧'字。).

3 《論語義疏》'小子'는 향당의 후학들이다(疏: 小子者, 鄉黨中後生末學之人也。); 小子(소자): 학생. 후배. 선생이 학생에 대해 사용하는 호칭(学生; 晚辈。用为老师对学生的称呼。).

4 《論語集解》'簡'(간)은 '大'이다["우리 고을의 젊은이들 중 狂者는, 大道를 추구하다"](注: 孔安國曰: 簡, 大也。曰吾黨之小子狂者, 進趨於大道, ……);《論語義疏》'狂'(광)은 똑바로 나아가 옆으로 회피하는 게 없는 것이다. '簡'(간)은 '大'로, '大'는 大道를 말한다["후학들이 狂해서 회피하지 않고, 正經大道에 진취적이다"](疏: 狂者, 直進無避者也。簡, 大也。大謂大道也。言……小子, 狂而無避, 進取正經大道。);《論語譯注》"지향점이 대단히 높고 크다"("志向高大得很。");《論語新解》①'狂'은 포부가 큰 것이고, '簡'은 엉성한 것이다. 큰 포부를 가지고 있지만 才學이 아직 엉성한 것이다. ②'簡'은 '大'의 뜻이고, '狂簡'은 진취적으로 큰 포부를 가지고 있는 것을 말한다(或说: 狂, 志大。简, 疏略。有大志, 而才学尚疏。一说: 简, 大义。狂简, 谓进取有大志。);《百度漢語》狂簡(광간): 뜻은 진취적이고 원대한데 일 처리가 꼼꼼하지 못하고 엉성하다. 이상주의자(志向高远而处事疏阔。).

5 [성]斐然成章(비연성장): 무늬를 넣어 짠 베가 화려하여 볼만하다. 문장이 문채가 풍부하여 볼만하다(斐然, 有文采的样子。章, 有条理的花纹。形容文章富有文采, 很值得看。); 斐然(비연): 색이 화려한 모양. 재능이나 명성이 빛나는 모양(有文采的样子。也用以形容才干或声名显耀。); 斐(비): 여러 색이 배합된 모양. 화려하고 아름다운 것(本义: 五色相错的样子。有文采的。);《論語集解》는 '斐然成章'을 '妄穿鑿以成文章'(함부로 천착해서 문장을 이룩하다)로 풀이했다;《經傳釋詞》'然'은 사물의 형상을 묘사하는 말이다. '~한 듯하다'('然', 狀事之詞也。); 然(연): 조사. 형용사나 부사의 접미사로 쓰여, 상태를 표시한다. ~와 같다(助词。用作形容词或副词的词尾, 表示状态, 有"如"的意义。); 章(장): 적색 실과 백색 실이 섞여 짜인 무늬‧베(在绘画或刺绣上, 赤与白相间的花纹叫'章'; 红白相间的丝织品。);《周禮‧東官考工記》畫繢

선생님께서 진(陳)나라에 계실 때에 말씀하셨다. "돌아가자꾸나! 돌아가자꾸

(화궤)[염료를 배합해 베에 무늬를 넣는 일]: 청과 적을 文(문), 적과 백을 章(장), 백과 흑을 黼(보), 흑과 청을 黻(불), 五彩가 갖춰진 것을 繡(수)라 한다(畫績之事: 青與赤謂之文, 赤與白謂之章, 白與黑謂之黼, 黑與青謂之黻, 五采備謂之繡。).

6 《史記‧孔子世家》에는 '不知所以裁之'가 '吾不知所以裁之[나로서는 그들을 재단해야 할 까닭을 모르겠다]로 되어 있다.《論語義疏》"(제자들이 스스로 재단할 줄을 모르니) 내가 돌아가 그들을 바르게 재단해 줘야겠다"(疏: ……我當歸爲裁正之也。);《古今注》공문 제자들의 학문은, 그것을 수놓는 비단에 비유하면, 무늬와 채색은 이미 완성되었지만 단지 비단을 재단해 옷을 만드는 데까지는 미치지 못한 것과 같기 때문에, 공자께서 돌아가 그들을 가르쳐 그 덕을 완성시키고자 하신 것이다(孔門諸子之學, 譬之錦繡, 若章采已成, 特未及裁之爲衣, 故孔子欲歸而卒教之, 以成其德也。);《論語正義》《孔子世家》에는, 양호가 반란을 일으켜 정사를 제멋대로 할 때, 공자께서 벼슬을 하지 않고 물러나 있으면서 시‧서‧예‧악을 편수하니, 제자들이 더욱 많아졌다고 했다. 이때는 공자께서 50세 이내로, 이미 시‧서‧예‧악을 편수했지, 만년에 노나라로 돌아와서 시작한 것이 아니다. 제자가 받은 수업은, 바로 공자께서 시‧서‧예‧악을 편수한 작업에 대해 수업을 받은 것이다. 당시 洙泗之間에는, 필시 수업을 받던 장소가 있었을 것이고, 수업을 받던 제자들이 모두 다 공자를 따라 주유하지는 않았을 것이기 때문에, 이 장의 말씀은 진나라에 계실 때 그곳의 제자들을 그리워한 것이다. '不知所以裁之'는 제자들의 학문은 이미 成章했는데, 공자 자신의 학문은 淺薄한 것을 불만스럽게 여겨, (나로서는) 제자들을 재단해야 할 까닭을 모르겠다고 말한 것이다. 이 말은 바로 겸손과 행복을 표현한 말로, 그 제자들을 재단해야 한다는 말은, 공자 자신이 말씀하신 게 아님을 알 수 있다(正義曰: 案:《孔子世家》言陽虎亂政時, "孔子不仕, 退而修詩書禮樂, 弟子彌衆, 至自遠方, 莫不受業。" 是孔子年五十內, 已修詩書禮樂, 非至晚年歸魯始爲之也。弟子受業, 即受孔子所修之業。當時洙泗之間, 必有講肄之所, 不皆從夫子出遊, 故此在陳思之也…… '不知所以裁之', 謂弟子學已成章, 嫌已淺薄, 不知所以裁之也。此正謙幸之辭, 其弟子之當裁制, 自不言可知也。);《論語譯注》 '不知所以裁之'의 주어는 위 구절 '吾黨之小子'를 이어받아서 생략된 것이 아니고, 자칭대사 '吾'를 생략한 것이다["저기에 있는 나의 제자들은 포부가 매우 높고 크고, 문채도 모두 볼만하니, 나로서는 그들을 어떻게 지도해야 할지 모르겠다"](句的主語不是承上文'吾黨之小子'而省略, 而是省略了自稱代詞: "我們那裏的學生們志向高大得很, 文彩又都斐然可觀, 我不知道怎樣去指導他們。");《論語新解》 '不知'는, ①說은 공자의 제자들이 스스로 재단할 줄을 모른다고 풀이하고, ②說은 나[공자]가 제자들을 재단해야 할 까닭을 모르겠다고 풀이한다. 이 말은 앞 문장을 바로 이어받은 것으로, ①說을 따라야 한다(不知, 或说门人不知自裁, 或说孔子不知所以裁之。此语紧承上文, 当从前解。).

7 《孟子‧盡心下 제37장》만장이 물었다. "공자께서 진나라에 계실 때 말씀하시기를, '어찌 돌아가지 않으랴! 우리 고을의 선비들은 품은 뜻은 원대하지만 일 처리는 꼼꼼하지 못하고, 진취적이고, 그 처음을 잊지 못한다'라고 하셨습니다. 공자께서는 진나라에 계실 때, 무엇 때문에 노나라의 품은 뜻이 원대한 선비들을 그리워하셨습니까?" 맹자가 말했다. "공자께서는 말씀하시기를, '중도를 지켜 행하는 사람을 얻어 함께 할 수 없으면, 반드시 품은 뜻이 원대한 사람이나 고집이 센 사람과 함께 하겠다. 품은 뜻이 원대한 사람은 진취적이고, 고집이 센 사람은 하려 하지 않는 것이 있다'고 하셨다. 공자께서 어찌 중도를 지켜 행하는 사람을 얻으려 하지 않으셨겠느냐? 필시 얻을 수 없었기에 다음 가는 사람을 생각하셨던 것이다"(萬章問曰: '孔子在陳曰: '盍歸乎來! 吾黨之士狂簡, 進取, 不忘其初。孔子在陳, 何思魯之狂士?' 孟子曰: "孔子'不得中道而與之, 必也狂獧乎!狂者進取, 獧者有所不爲也。' 孔子豈不欲中道哉? 不可必得, 故思其次也。");《論語正義》《史記‧孔子世家》에는 공자께서 '歸與歸與'라는 말씀을 두 번 하신 것으로 기술되어 있는데, 앞 구절 '歸與歸與! 吾黨之小子狂簡, 進取不忘其初。'는《孟子》에 나오고, 뒤 구절 '歸乎歸乎!吾黨之小子狂簡, 斐然成章, 吾不知所以裁之。'는《論語》에 나온다. 아마도 공자께서 돌아가고 싶은 생각의 간절함이 누차 말씀으로 드러난 것으로, 그래서《史記》에서는 각각 문언에 나온 대로 기록했을 것이다(正

나! 우리 고을의 제자들은 품은 뜻은 원대하지만 일 처리는 꼼꼼하지 못해서,
찬란하게 아름다운 베를 짰지만, (그들이) 어떻게 그것을 재단해야 할지를 모르
고 있다."

與, 平聲。斐, 音匪。○此孔子周流四方, 道不行而思歸[8]之歎也。吾黨小子, 指門人之在魯
者。狂簡, 志大而略於事也。斐, 文貌。成章, 言其文理[9]成就, 有可觀者。裁, 割正也。
'與'(여)는 평성[yú]이다. '斐'(비)는 음이 '匪'(비)이다. ○이 장은 공자(孔子)께서 여러
나라를 두루 돌아다니시다가, 도가 행해지지 않자 고향으로 돌아가고 싶은 마음에 하
신 탄식이다. '吾黨小子'(오당소자)는 문하 제자 중에 노(魯)나라에 있는 자들을 가리킨
다. '狂簡'(광간)은 품은 뜻은 크지만 일 처리는 꼼꼼하지 못한 것이다. '斐'(비)는 무늬의
모양이다. '成章'(성장)은 그에 걸맞은 무늬가 이루어져서, 볼 만한 것이 있다는 말이다.
'裁'(재)는 '잘라서 바르게 하다'[割正]이다.

夫子初心, 欲行其道於天下, 至是而知其終不用也。於是始欲成就後學, 以傳道於來世。
又[10]不得中行[11]之士而思其次, 以爲狂士志意高遠, 猶或可與進於道也。但恐其過中失
正, 而或陷於異端[12]耳, 故欲歸而裁之也。[13]
선생님의 처음 생각은, 당신의 도를 천하에 펴보려는 것이었는데, 이때 이르러서는

義曰:《世家》……逑夫子再有"歸與"之辭。前文見《孟子》,後文見《論語》。蓋夫子思歸之切, 屢見乎辭, 故
《世家》各隨文記之。).

8 思歸(사귀): 고향으로 돌아가고 싶어 하다(想望回故乡).

9 文理(문리): 학문의 조리. 무늬. 결(指文章內容和行文方面的条理。纹; 纹理。).

10 又(우): 그런데. 하지만. 경미한 전환을 표시한다(表示轻微转折。).

11《子路 제21장》 참조: 中行(중행): 행동거지가 중용의 도에 부합하는 사람(行止合乎中庸之道的人).

12《爲政 제6장》 참조.

13《論語大全》 대체로 배우는 자는 狂簡의 병폐를 얻기 쉬운데, 뜻을 확고히 하여 爲己之學을 하지 않으면
피할 수 없다. 대개 사람 중에 품은 뜻이 높고 원대한 경우, 권세나 이익이 그를 잡아 얽어매지 못한다.
그래서 함께 도에 나아갈 수 있다. 그렇지만 높고 원대한 것을 탐닉할 경우, 세상일에 구속받지 않고
초탈하려는 폐단이 있다. 그래서 중도에서 지나치고 바른 모습을 잃어, 이단에 빠질 수 있다. 이 때문에
그들을 재단해 주어, 중도와 바른 모습으로 돌아올 수 있게 해주지 않으면 안 된다(慶源輔氏曰: 大凡學者,
易得有狂簡之病, 非篤志爲己者, 不能免也…… 大凡人之志意高遠, 則勢利拘絆他不住。故或可與進於道。
然溺於高遠, 又有脫略世故之弊。故過中失正, 而或陷於異端。是以不可不有以裁之, 而使歸於中正也。);
《論語大全》 증점의 狂[先進 제25장 참조]의 경우에는, 노장사상으로 흐르기 쉽다(曾點之狂, 易流於老莊).

당신의 도가 끝내 쓰이지 못하리라는 것을 아셨다. 이에 비로소 후학을 성취시켜, 이로써 도를 다음 세대에 전하고자 하신 것이다. 그런데 중도를 지켜 행하는 선비를 얻지 못하자 다음 가는 선비를 생각하시기를, 광사(狂士)는 품은 뜻이 고상 · 원대하여, 오히려 어쩌면 함께 도에 나아갈 수 있을 것이라 여기셨다. 다만 그들이 중도에서 지나쳐 바른 모습을 잃고, 혹 이단에 빠질까 염려하셨기 때문에, 돌아가 그들을 재단해 주고자 하신 것이다.

[伯夷叔齊章]

052201、子曰:「伯夷, 叔齊¹不念舊惡², 怨是用³希⁴。」⁵

1 伯夷·叔齊(백이·숙제): 商나라 말년의 孤竹國 임금의 두 아들. 부친이 차남 숙제를 다음 임금으로
세울 것을 유언으로 남기고 죽자, 숙제는 장자인 형 백이에게 임금 자리를 넘겨주려 했지만, 백이가
받지 않고, 숙제도 임금 자리에 오르기를 원하지 않아, 차례로 나라를 버리고 周나라로 도망갔다. 周나라
武王[~BC 1043년 재위]이 주왕을 치려 하자, 두 사람이 말고삐를 붙잡고 그만둘 것을 간언했다. 武王이
商나라를 멸한 후[BC 1046], 周나라 곡식을 먹는 것을 수치로 여겨, 고사리를 꺾어 먹고 살다가, 수양산
에서 굶어 죽었다;《述而 제14장》의 朱熹注 참조.

2 [성]不念舊惡(불념구악): 과거의 원한을 마음에 담아두지 않다. 과거의 원한은 마음에 담아두지 않고,
오래된 빚은 갚으라고 따지지 않다(念: 记在心上。不计较过去的怨仇; 不念舊惡, 不算老賬。);《論語義疏》
'念'은 '識錄'[기억해두다. 새겨두다]이다. '舊惡'은 '故憾'[해묵은 감정]이다. '希'는 '少'이다. 해묵은 감정을
기억해두는 경우, 원한이 더욱 큰데, 백이·숙제만은 해묵은 감정을 시원하게 잊었다. 다른 사람이
자기를 범한 경우, 그 일을 원망하여 기억해두지 않았으니, 이 때문에 다른 사람을 원망하는 일이 적었다
(疏: 念, 猶識錄也。舊惡, 故憾也。希, 少也。人若錄於故憾, 則怨恨更多, 唯夷齊豁然忘懷。若人有犯己,
己不怨錄之, 所以與人怨少也。);《論語注疏》옛날의 악감정을 기억해두었다가 보복하려고 하지 않았으
니, 그래서 다른 사람들에게 원한을 살 일이 드물었다(不念舊時之惡而欲報復, 故希爲人所怨恨也。);《古
今注》'不念舊惡'은 부자·형제간의 옛날의 나쁜 감정을 마음에 담아두지 않았다는 말이다.《述而 제14장》
의 일문일답은 분명 부자·형제간에 서로 원망했느냐 안 했느냐에 관한 것이다. 그렇다면 '怨是用希'
역시 어찌 백이·숙제에 대한 다른 사람들의 원한이 적었다는 것이겠는가?(不念舊惡, 謂父子兄弟之間不
念舊惡也…… 此一問一答明是父子兄弟之間怨與不怨。若然怨是用希, 亦豈他人之希怨乎?);《論語新解》
舊惡(구악): ①다른 사람들의 악행은 고칠 수 있으니, 그들의 옛날의 악행을 기억하지 않는 것이다.
②여기에서 '惡'字는 바로 '怨'字로, '舊惡'은 바로 '묵은 원한'이다(旧恶: 一说: 人恶能改, 即不念其旧。
一说: 此恶字即怨字, 旧恶即夙怨。);《論語集釋》宦懋庸[1842~1892]의《論語稽》에 말했다. "'舊惡'은,
모기령이 '夙怨'[묵은 원한]으로 보았는데, 뜻이 뛰어나니 따라야 한다. 백이·숙제의 청렴은, 주나라
무왕조차도 뜻대로 하지 못했으니, 그들과 함께 지낼 수 없었다. 그렇지만 악을 미워함이 비록 엄격했어
도, 마음속에 다른 사람들과 담을 쌓고 관계를 끊겠다는 생각은 전혀 없었으니, 다른 사람들이 그들을
원망하지 않은 까닭이었다"(論語稽: 舊惡, 毛奇齡以爲夙怨, 義長, 當從之。夷齊之清, 雖周武猶不如其意,
似難與之相處矣。然惡惡雖嚴, 而中無城府, 所以人不怨之也。).

3《助字辨略》'是用'은 '是以'이다(是用, 是以之辭。);《詞詮》用(용): 개사. ~로 말미암아. ~로 인해('用',
介詞。由也, 因也。);《論語詞典》是用(시용): 접속사. =所以(連詞, 所以。);《古漢語語法》대사 '是'가 개사
'用'의 목적어로 쓰여 목적어 앞으로 전치되었다(肯定句中, 代词'是'用作宾语時, 必定置于动词或介词之
前。'是'作介词'用'的宾语而前置。).

4《論語新解》'希'(희)는, 예컨대 노인이 소리가 들리지 않는 것을 '希'라 하는데, 두 사람에게서 원망의
흔적을 보지 못했다고 말한 것이다(希, 如老子听之不聞曰希, 谓未见二子有怨之迹。).

5《大戴禮記·衛將軍文子》남을 이기려 하지 않았고 남을 시기하지 않았고, 지난날의 나쁜 감정을 마음에
담아두지 않은 것이 伯夷·叔齊의 행실이었다(孔子曰: 不克不忌, 不念舊惡, 蓋伯夷, 叔齊之行也。);《大戴
禮記·曾子立事》군자는 남이 악하리라 예단하지 않고, 남을 믿지 못하여 의심하지 않는다. 남의 잘못을
말하지 않고, 남의 좋은 점을 이루어준다. 기왕의 잘못은 묻지 않고, 앞으로의 품행을 살피고, 아침에

선생님께서 말씀하셨다. "백이(伯夷)와 숙제(叔齊)는 (남의) 지난날의 행악(行惡)을 마음에 담아두지 않았기에, (남의) 원망 살 일이 이 때문에 드물었다."

伯夷, 叔齊, 孤竹君[6]之二子。孟子稱其[7]「不立於惡人之朝, 不與惡人言。與鄕人立, 其冠不正, 望望然[8]去之, 若將浼[9]焉。」其介[10]如此, 宜若無所容矣, 然其所惡之人, 能改卽止, 故人亦不甚怨之也。

'伯夷(백이)·'叔齊(숙제)는 고죽국(孤竹國) 임금의 두 아들이다. 맹자(孟子)는 이 두 사람을 일컬어서, '악행을 저지른 사람들이 서 있는 조정에는 함께 서지 않았고, 악행을 저지른 사람들과는 함께 말하지 않았다. 시골 사람들과 서 있는데, 그들이 차려입은 의관이 바르지 않으면, 뒤도 돌아보지 않고 가버렸으니, 마치 그들에게서 더러운 것이 옮아오기라도 할 것처럼 여겼다'고 했다. 두 사람의 꼿꼿하고 곧은 몸가짐이 이와 같았으니, 의당 조금도 너그럽게 용납하는 마음이 없었을 것 같았지만, 그들 악행을 저지른 사람들이 악행을 고치면 곧바로 그쳤기 때문에, 악행을 저지른 사람들도 마찬가지로 두 사람을 심하게 원망하지는 않았다.

한 잘못이라도 저녁에 고쳤으면 인정해주고, 저녁에 한 잘못이라도 아침에 고쳤으면 인정해준다(君子不先人以惡, 不疑人以不信; 不說人之過, 成人之美; 存往者, 在來者, 朝有過, 夕改, 則與之; 夕有過, 朝改, 則與之。).

6 孤竹國(고죽국): BC 11세기 말기, 지금의 하북성 려룡현 일대에 세워진 상왕조의 제후국(公元前11世紀末期, 地处今河北省庐龙县一带的孤竹国, 是殷商王朝的一个诸侯国。).

7 《孟子 · 公孫丑上 제9장》 맹자가 말했다. "백이는, 섬길만한 임금이 아니면 섬기지 않았고 사귈만한 벗이 아니면 사귀질 않았다. 악한 임금의 조정에는 서지 않았고, 악한 사람들과는 말하지 않았다. 악한 임금의 조정에 서고, 악한 사람들과 말하는 것을, 조정에서 입는 의복과 의관을 쓰고 진흙탕이나 잿더미에 앉아 있는 것처럼 여겼다. 악을 미워하는 마음으로 밀고 나가다 보니, 시골 사람들과 서기를 생각하다가도, 그 사람의 의관이 바르지 않으면, 뒤돌아보지 않고 가버렸으니, 마치 그 사람에게서 더러운 것이 옮겨오기라도 할 것처럼 여겼다. 이 때문에 제후 중에 정중한 글로 찾아오는 자가 있었지만, 받아들이지 않았다. 받아들이지 않았다는 것은, 이 역시 나아가는 것을 달갑게 여기지 않았다는 것이다"(孟子曰: '伯夷, 非其君不事, 非其友不友。不立於惡人之朝, 不與惡人言。立於惡人之朝, 與惡人言, 如以朝衣朝冠坐於塗炭。推惡惡之心, 思與鄕人立, 其冠不正, 望望然去之, 若將浼焉。是故諸侯雖有善其辭命而至者, 不受也。不受也者, 是亦不屑就已。).

8 望望(망망): 실망하는 모양. 흥이 깨지는 모양. 뒤돌아보지 않고 가는 모양(失望貌; 扫兴貌。朱熹集注: 望望, 去而不顾之貌。).

9 浼(매): 더럽히다(沾污; 玷污).

10 《論語大全》 '介'에는 고고하고 특출나서 (나를) 남과 구별지으려는 뜻이 있다(介, 孤特而有分辨之意。); 介(개): 절조. 독특한 행동. 바르고 꼿꼿하다(节操; 独特之行。耿介。).

○程子曰:「不念舊惡, 此淸者之量。」[11] 又曰:「二子之心, 非夫子孰能知之?」[12]

○정자(程子·伊川)가 말했다. "지난날의 행악(行惡)을 마음에 담아두지 않는 것, 이것은 마음이 맑고 깨끗한 자의 도량이다." 또 말했다. "두 사람의 마음을, 선생님이 아니었다면 그 누가 알아줄 수 있었겠는가?"

---

11 《孟子·萬章下 세1장》 맹자가 말했다. "백이는 성인 중에 청렴한 분이었고, 이윤은 성인 중에 使命을 자임한 분이었고, 유하혜는 성인 중에 온화한 분이었고, 공자는 성인 중에 때를 알아서 맞게 하신 분이었다"(孟子曰: 伯夷, 聖之淸者也; 伊尹, 聖之任者也; 柳下惠, 聖之和者也; 孔子, 聖之時者也。); 《論語大全》 사람에게 악이 있는 경우, 그 사람을 미워하는 것이 아니고, 그 악을 미워할 뿐이다. 그 사람이 그 악을 고쳤으면, 곧 저절로 미워할 것이 사라지고 없다. 백이·숙제의 '不念舊惡'은 안회의 '不遷怒[雍也 제2장]와 같다(朱子曰: 人之有惡。不是惡其人。是惡其惡耳。到他旣改其惡。便自無可惡者……此與不遷怒一般。).

12 《論語大全》 백이는 고고한 습벽이 있어서, 평소에 편협하다는 평판이 있었다. 그래서 특별히 밝힌 것이다(朱子曰: 伯夷介僻……平日以隘聞。故特明之。).

[孰謂微生高直章]

052301、子曰:「孰謂微生高¹直? 或乞²醯³焉⁴, 乞諸其鄰而與之。⁵」

　　선생님께서 말씀하셨다. "누가 미생고(微生高)를 평하기를 곧바르다고 했느냐?
어떤 사람이 그의 집으로 식초를 얻으러 오자, 자기 이웃집에서 식초를 얻어다
가 그에게 주었다."

醯, 呼西反。○微生姓, 高名, 魯人, 素有直名者。醯, 醋也。人來乞時, 其家無有⁶, 故乞諸
鄰家以與之。夫子言此, 譏其曲意⁷殉物⁸, 掠美市恩⁹, 不得爲直也。¹⁰

---

1 《論語集釋》宦懋庸[1842~1892]의《論語稽》에 말했다. "옛날의 설은 대부분 微生高는 바로 尾生으로,
여인과 다리 밑에서 만나기로 약속하고 기다린 자[莊子·雜篇·盜跖]로 생각했다. 그렇지만, 노나라에는
또 微生畝가 있고, 微生은 본래 노나라의 저명한 성씨로, 微·尾자를 서로 바꿔 써서는 안 된다. 게다가
尾生은 (약속을 잘 지키는) 信으로 이름이 났고, 微生高는 直으로 이름이 났는데, 直과 信은 원래가
다른 뜻으로, 억지로 끌어다 붙일 여지가 전혀 없다"(論語稽: 古說多以微生高卽尾生, 與女子期於河梁者。
然魯又有微生畝, 則微生固魯之著姓, 不必以微,尾字通用, 謂卽尾生也。且彼以信聞, 此以直聞, 直與信固
兩義, 未容牽合。);《論語譯注》'微'와 '尾'는 古音이 비슷해서 글자끼리 서로 바꿔썼는데, 이로 인해 많은
사람들이 '微生高'가 바로 '尾生高'라 여겼다('微'、'尾'古音相近, 字通, 因此很多人認爲微生高就是尾生
高。);《莊子·雜篇·盜跖》미생은 여인과 다리 밑에서 만나기로 약속하고 기다리고 있었는데, 약속한
여인이 오지 않는데도, 물이 차오르도록 그 자리를 떠나지 않고 있다가, 다리 기둥을 끌어안고서 죽었다
(尾生與女子期於梁下, 女子不來, 水至不去, 抱梁柱而死。)。
2 乞(걸): 다른 사람에게 구걸하다(本义: 向人求讨。)。
3 《論語義疏》'醯'(혜)는 '酢酒(초주)'[식초]이다(疏: 醯, 酢酒也。); 醯(혜): 채소·과일·생선묵·굴 등의
보존에 쓰는 정제된 식초(用于保存蔬菜, 水果, 鱼蛋, 牡蛎的净醋或加香料的醋。)。
4 《論語句法》'焉'는 '於是'로, '是'는 '微生高'를 가리킨다('焉'是'於是'的合成體。'是'稱代'微生高')。
5 《論語正義》'乞諸其鄰而與之'는 곧바르지 못한 것으로, 이웃집에서 식초를 얻었는데도, 자기 물건으로
속여 얻으러 온 사람에게 주었고, 얻으러 온 사람은 식초를 주는 사람이 미생으로 알았지, 이웃집이라는
것을 알지 못했으니 이 때문에 곧바르다고 할 수 없다. 이웃집에서 얻었으니, 이웃집이 준 것이라고
했으면, 이는 후덕한 것이니, 비판할 하등의 이유가 없다(正義曰: '乞諸其鄰而與之', 不爲直者, 乞諸其鄰,
而冒己之物以與人, 人知與之爲微生, 而不知爲鄰, 所以不得爲直。若乞諸鄰, 而稱鄰以與之, 此亦厚德, 無
所可譏矣。)。
6 無有(무유): 없다(没有)。
7 曲意(곡의): 자기 뜻을 굽혀 남의 비위를 맞추다(=曲意逢迎。委曲己意而奉承別人。)。
8 《莊子·雜篇·讓王》지금 세상의 군자들은, 대부분 자기 몸을 위험에 빠뜨리고 목숨을 내놓으면서까지
물질을 추구하고 있으니, 어찌 슬프지 않은가!(今世俗之君子, 多危身棄生以殉物, 豈不悲哉!); 內閣本에
는 '殉物'이 '徇物'로 되어 있다; 徇物(순물): 몸 밖의 외물을 추구하다. 몸을 굽혀 세속을 따르다(追求身外

'醯(혜, xī)는 呼(호)와 西(서)의 반절이다. ○'微生'(미생)은 성이고, '高(고)는 이름으로, 노(魯)나라 사람인데, 평소에 곧바르다고 평판이 나 있는 자였다. '醯(혜)는 '식초'[醋]이다. 어떤 사람이 얻으러 왔을 때, 자기 집에 없으니까, 이웃집에서 식초를 얻어다가 그에게 준 것이다. 선생님께서 이를 말씀하시어, 그가 뜻을 굽혀 남의 비위를 맞추고 몸을 굽혀 세속을 따르고, 이웃집의 호의를 노략질하여 그 어떤 사람의 환심을 샀으니, 곧바르다고 할 수 없다고 비판하신 것이다.

○程子曰:「微生高所枉雖小, 害直爲大。」范氏曰「是曰是, 非曰非, 有謂有, 無謂無, 曰直。聖人觀人於其一介之取予[11], 而千駟[12]萬鍾[13]從可知焉。故以微事斷之, 所以教

之物。曲从世俗。); 殉物(순물): 물질적 이익을 추구하기 위해 목숨을 잃다(为追求物质利益而丧生。).

9 掠美市恩(약미시은): 남의 호의를 약탈하여 사람들의 칭찬을 얻다(掠夺别人的美意, 博取人家的感激。指用别人的东西做人情。); 掠美(약미): 남의 아름다운 명성이나 공적을 뺏어 자기 것으로 삼다. 남의 물건으로 환심을 사다(夺取别人的美名或功绩以为己有。指用别人的东西来买好。); 市恩(시은): 비위를 맞춰, 환심을 사다(买好, 讨好。).

10 《古今注》이 집 저 집 돌아다녀 얻어다가 얻으러 온 사람의 요구에 부응하는 것은, 그 자체가 또한 일상적으로 흔히 있는 일로서, 여전히 후한 풍속이니, 범한 죄를 공표하고 벌을 주는 것은 본래의 의미가 아닌 듯하다(轉乞以應求, 自亦常事仍是厚風, 聲罪致討恐非本意。).

11 《孟子‧萬章上 제7장》 만장이 물었다. "사람들이 하는 말이, '이윤은 요리 솜씨로써 탕임금에게 등용되기를 구했다'고 하는데, 그런 일이 있었습니까?" 맹자가 말했다. '아니다. 그렇지 않다. 이윤은 유신국의 들판에서 농사를 지으면서, 요순의 도를 즐겼다. 요순의 의가 아니고, 요순의 도가 아니면, 천하를 복록으로 준다 해도 뒤돌아보지 않았고, 말 사천 필을 매어놓아도, 거들떠보지 않았다. 요순의 의가 아니고, 요순의 도가 아니면, 지푸라기 하나라도 남에게 주지 않았고, 지푸라기 하나라도 남에게 받지 않았다"(萬章問曰: "人有言'伊尹以割烹要湯'有諸?" 孟子曰: "否, 不然。伊尹耕於有莘之野, 而樂堯舜之道焉。非其義也, 非其道也, 祿之以天下, 弗顧也; 繫馬千駟, 弗視也。非其義也, 非其道也, 一介不以與人, 一介不以取諸人。"); 一介(일개): 일개. 한 사람. 아주 작고 미천하다는 뜻. 겸사. 지푸라기. 介는 草芥[잡초와 지푸라기]의 芥와 같다(一个。多指一个人。多含有藐小, 卑贱的意思。用于自称为谦词。《孟子》朱熹注: 介與草芥之芥同。); 取予(취여): 받고 주다. 지푸라기도 남에게 주거나 남에게서 받지 않다(亦作'取与'。收受和给予: 一介不取).

12 千駟(천사): 사천 필의 말. 말이 많다(四千匹马, 言马多。); 《季氏 제12장》 참조.

13 《孟子‧告子上 제10장》 맹자가 말했다. "한 그릇 밥과 한 그릇의 국을, 얻으면 살고 얻지 못하면 죽을지라도, 호통을 치면서 준다면, 길가는 사람도 받지 않고, 발로 밀어서 준다면, 걸인도 좋아할 리 없다. 만종의 재물이라면 예와 의에 합당한지 분별하지도 않고 받는데, 만종의 재물이 내게 무슨 보탬이 되겠느냐? 집구석을 꾸미고, 처첩들의 시중을 받고, 알고 지내는 궁핍한 자가 나를 고맙게 여기도록 하기 위해서이겠느냐? 전에는 자신을 위한다고 하고는 죽어가도 받지 않다가, 지금은 집구석을 꾸미기 위해서 받고, 전에는 자신을 위한다 하고는 죽어가도 받지 않다가, 지금은 처첩들의 시중을 받기 위해서 받고, 전에는 자기 몸을 위한다 하고는 죽어가도 받지 않다가, 지금은 알고 지내는 궁핍한 자가 나를 고맙게 여기도록 하기 위해서 받으니, 이것도 받지 않을 수는 없겠는가? 이런 것을 일러 그 본심을

人不可不謹也。」¹⁴

○정자(程子·伊川)가 말했다. "미생고(微生高)의 굽은 정도는 작으나, 곧바름을 해친 정도는 크나크다."

범씨(范氏·范淳夫)가 말했다. "옳은 것을 옳다고 하는 것, 그른 것을 그르다고 하는 것, 있으면 있다고 하는 것, 없으면 없다고 하는 것이 곧바름[直]이다. 성인께서는 어떤 사람이 지푸라기 하나를 주고받는 그의 행위를 살피시면, 천사만종(千駟萬鍾)이라도 그가 어떠할지를 이에 따라 아실 수 있다. 그래서 하찮은 일을 가지고 미생고를 판단하셨으니, 이를 써서 사람들에게 조심하지 않으면 안 된다는 것을 가르치신 것이다."

잃었다고 하는 것이다"(孟子曰: ……一簞食, 一豆羹, 得之則生, 弗得則死。嘑爾而與之, 行道之人弗受: 蹴爾而與之, 乞人不屑也。萬鍾則不辨禮義而受之。萬鍾於我何加焉? 爲宮室之美, 妻妾之奉, 所識窮乏者得我與? 鄕爲身死而不受, 今爲宮室之美爲之; 鄕爲身死而不受, 今爲妻妾之奉爲之; 鄕爲身死而不受, 今爲所識窮乏者得我而爲之, 是亦不可以已乎? 此之謂失其本心。); 萬鍾(만종): 아주 많은 봉록(指优厚的俸禄);《孟子·公孫丑下 제19장》[朱熹注] '萬鍾'의 '鍾'은 양을 재는 도구의 이름으로, 64말[6.4말을 釜라 하는데, 한 달 먹을 양의 쌀이라고 한다]을 담는다(鍾, 量名, 受六斛四斗。).

14 《論語大全》范氏가 심성의 수양을 해치게 되는 것은, 일의 크기와는 무관하다고 했는데, 이 말이 마음에 더욱 절실히 와닿는 말이다(朱子曰: 范氏云, 害其所以養心者, 不在於大, 此語尤痛切。).

[巧言令色足恭章]

052401、子曰:「巧言¹, 令色², 足恭³, 左丘明⁴恥之, 丘⁵亦恥之。匿怨⁶而友其人左丘明

---

1 《詩經·小雅·雨無正》불쌍도 하이 말 못 하는 사람. 잘못 혀 놀리고 몸까지 병들었네. 좋기도 하이 말 잘하는 사람. 교묘한 말솜씨 물 흐르듯 몸까지 편안하네(哀哉不能言、匪舌是出、維躬是瘁。哿矣能言、巧言如流、俾躬処休。); 巧言(교언): 듣기 좋게 교묘히 꾸민 말(表面上好听而实际上虚伪的话).

2 《書經·虞書·皋陶謨》禹가 말했다. "사람을 아는 것이 곧 明哲이니, 사람을 그에 맞게 쓸 수 있습니다. 명철하다면 어찌 듣기 좋게 하는 말·상냥하게 꾸민 얼굴빛·알랑거리는 행동을 두려워하겠습니까?"(禹曰: "……知人則哲, 能官人……能哲……何畏乎巧言令色孔壬?"); 令色(영색): 착한 체하고 비위를 맞추는 얼굴(伪善, 谄媚的脸色)

3 《論語集解》'足恭'(주공)은 발 바꿈을 빨리하는 모양이다(注: 孔安國曰: 足恭, 便僻之貌也。);《論語義疏》'恭'은 '從物'[남을 따르다]이다. 인지상정은 남이 자기를 따르기를 바라지 않는 사람은 없다. '足恭'은 恭을 써서 남의 마음을 흡족하게 하지만 예에는 맞지 않는 것이다. 이는 모두 '다른 사람의 열락을 자기의 열락으로 여기고[莊子·大宗師] 자기를 굽혀 남에게 잘 보이는 것이다(繆協曰: 恭者, 從物。凡人近情莫不欲人之從己。足恭者以恭足於人意而不合於禮度。斯皆適人之適而曲媚於物也。);《論語注疏》孔安國이 '足恭'은 '便僻'한 모양이라 했는데, '便僻'은, 便習[총신]이 발 바꿈을 빨리하는 것을 공손한 행실이라 여긴 것을 말한다(注: 孔安國曰: 足恭, 便僻貌也; 疏: 正義曰: 便僻, 謂便習盤僻其足以爲恭也。);《論語大全》'足'(주)는 본래 이만큼만 하면 되는데도 나는 오히려 아직 부족하다고 생각해 거기에 蛇足을 더하는 것이기 때문에, '足'이라고 한 것이다(朱子曰: 足者, 謂本當如此, 我却以爲未足而添足之, 故謂之足。);《論語新解》①'足'(주)는 '過'의 뜻이다. 아직 부족하다고 생각해, 더 보태 넉넉히 해서, 실제로는 이미 분에 넘치는 것이다. ②'巧言'은 말로 기쁘게 하는 것이고, '令色'은 안색으로 기쁘게 하는 것이고, '足恭'은 두 발로 움직여 기쁘게 하는 것이다.《禮記·表記》에, (공자께서) '군자는 남에게 실족하지 않고, 실색하지 않고, 실언하지 않는다'고 했다(此二字有两解: 一说, 足, 过义。以为未足, 添而足之, 实已过分。一说, 巧言, 以言语悦人。令色, 以颜色容貌悦人。足恭, 从两足行动上悦人。《小戴礼-表记》篇有云: "君子不失足于人, 不失色于人, 不失口于人。"……今从后说。);《百度漢語》足恭(주공): 지나칠 정도로 자기를 낮춘 자세로 애교를 떨다. 아첨을 떨며 알랑거리다(过度谦敬, 以取媚于人。偏僻爲恭。).

4 《述而 제1장》각주《史記·十二諸侯年表》참조;《論語義疏》'左丘明'은 중니에게《春秋》를 받은 자[노나라 태사]이다(疏: 左丘明, 受春秋於仲尼者也。);《論語大全》혹자가 左丘明이 春秋左氏傳의 저자가 아닌가 묻자, 주자가 답했다. "모르겠다. 돌아가신 부친의 친구인 著作佐郎 鄧名世가 지은《古今姓氏書辯正》에서 고찰하기를, '이 장의 사람은 성이 左丘이고 이름이 明이고,《春秋左氏傳》을 쓴 사람은 左씨일 뿐이다'라고 했다. 左丘明은 巧言을 부끄러워했으니,《春秋左氏傳》은 그의 저작이 결코 아니다"(或問左丘明非傳春秋者邪, 朱子曰: 未可知也。先友鄧著作名世, 考之氏姓書曰, 此人蓋左丘姓而名名, 傳春秋者, 乃左氏耳。左丘明所恥巧言, 左傳必非其所作。);《洙泗考信餘錄》《春秋左傳》은 知伯[BC 506~BC 453]의 멸망으로 끝을 맺고 있고, 도공[BC 467~BC 437 재위]이라는 시호를 쓰고 있으니, 공자께서 돌아가신 지 이미 수십 년이 지난 때에 지어진 책이고, 필법이 논어의 의미와 합치되지 않는 곳도 왕왕 있어, 필시 공자께 직접 가르침을 받지 아니한 자가 쓴 책이 매우 분명하니,《論語》에 나오는 左丘明을《春秋左傳》을 쓴 左丘明과 서로 같다고 해서는 안 된다(余按: 左傳終於智伯之亡, 係以悼公之諡, 上距孔子之卒已數十年, 而所稱書法不合經意者, 亦往往有之, 必非親炙於孔子者明甚, 不得以論語之左丘當之也。);《論語譯注》《國語》와《左傳》의 작자는 한 사람이 아니다. 두 책이 모두 공자와 동시대이거나 이른 시기의

恥之, 丘亦恥之。」

선생님께서 말씀하셨다. "듣기 좋게 하는 말, 상냥하게 꾸민 얼굴빛, 지나치게 공손한 자세, 좌구명(左丘明)이 이것들을 부끄럽게 여겼는데, 나 역시 이것들을 부끄럽게 여긴다. 원망을 숨긴 채 그 사람과 사귀는 것, 좌구명(左丘明)이 이것을 부끄럽게 여겼는데, 나 역시 이것을 부끄럽게 여긴다."

足[7], 將樹反。○足, 過也。程子曰:「左丘明, 古之聞人[8]也。」謝氏曰:「二者之可恥, 有甚於穿窬[9]也。左丘明恥之, 其所養可知矣。夫子自言『丘亦恥之』, 蓋竊比老, 彭之意[10]。又以深戒學者, 使察乎此而立心以直也。」[11]

'足'(주, jù)는 '將'(장)과 '樹'(수)의 반절이다. ○'足'(주)는 '지나치다'[過]이다. 정자(程子·

좌구명이 지은 책일 수 없다. 공자는 이 장에서 좌구명을 자기보다 앞에 놓고 말하고 있고, 게다가 좌구명의 말을 인용하여 이로써 자기 말에 무게를 높이고 있기 때문이다(《國語》和《左傳》的作者不是一人。兩書都不可能是和孔子同時甚或較早於孔子(因爲孔子這段言語把左丘明放在自己之前, 而且引以自重)的左丘明所作。).

5 《王力漢語》 옛사람들은 높은 자는 낮은 자에 대해 名을 불렀고, 자기를 낮출 경우도 名을 말했고, 동년배·선배에 대해서는 字를 불렀다(古人尊對卑稱名, 卑自稱也稱名; 對平輩或尊輩則稱字。).

6 匿怨(닉원): 원한을 마음에 품고도 밖으로 나타내 보이지 않다(对人怀恨在心而不表现出来。)

7 足(주/족): [jù] 분에 넘치다. 지나치다. 덧붙이다. 더 늘리다(过分。增添。); [zú] 다리. 충족시키다. 만족하다(人体下肢的总称。今称为「脚」。满足,使满足。够量的,不缺乏的。).

8 聞人(문): 이름난 사람(有名望的人。).

9 《陽貨 제12장》 참조《孟子·盡心下 제31장》 사람이 남에게 해를 끼치지 않으려는 마음으로 충만하다면, 仁은 그 쓸 곳을 이루다 헤아릴 수 없다. 사람이 벽을 뚫거나 담을 타 넘지 않으려는 마음으로 충만하다면 義는 그 쓸 곳을, 이루다 헤아릴 수 없다(孟子曰: ⋯⋯人能充無欲害人之心, 而仁不可勝用也; 人能充無穿踰之心, 而義不可勝用也。); 穿窬(천유): 담에 구멍을 뚫거나 담을 타넘다. 몰래 훔치는 행위(挖墙洞和爬墙头。指偷窃行为。).

10 《論語集解》 老彭(노팽)은 상나라의 현능한 대부이다. 일설에 道家의 비조 老子와 시조 彭祖의 병칭이라는 견해가 있다(注: 苞氏曰: 老彭, 殷賢大夫也; 一說爲老聃, 彭祖之並稱。);《論語正義》 정현은, '老'는 노담이고, '彭'은 팽조라고 했다(鄭玄曰: 老, 老聃; 彭, 彭祖。);《述而 제1장》 참조

11 《論語大全》 원망을 숨기는 것은, 속으로는 그 사람을 원망하면서도 겉으로는 그 사람과 사귀는 것이다. 공자의 문하인들이 이 책을 편집하면서, 이미 비슷한 것끼리 배열했으니, 앞 장과 이 장은 서로 연결된다. 미생고의 곧바르지 못한 마음이, 오래도록 자라게 되면, 이 장과 같은 부끄러워할 만한 일을 하게 된다. '巧言'·'令色'·'足恭'·'匿怨'은 모두 성실하지 못한 것들이다. 사람이 되어 가지고 성실하지 못하면, 무슨 짓인들 못 하겠는가? 이것이 부끄러워할 만한 까닭이다. 앞 장의 '乞醯'(걸혜)의 뜻과 서로 비슷하다(朱子曰: 匿怨, 心怨其人而外與交也。孔門編排此書, 已從其類, 此二事相連。若微生高之心, 久而滋長, 便做得這般可恥事出來。巧言令色足恭, 與匿怨, 皆不誠實者也。人而不誠實, 何所不至? 所以可恥。與上文乞醯之義相似。).

伊川)가 말했다. "좌구명(左丘明)은 옛날의 이름난 사람이다."

사씨(謝氏·謝顯道)가 말했다. "두 가지 행위의 부끄러워해야 할 정도는, 벽을 뚫거나 담을 타 넘는 것보다 심하다. 좌구명(左丘明)은 이 두 가지 행위를 부끄럽게 여겼으니, 그의 수양의 정도를 알만하다. 선생님께서 나 역시 부끄럽게 여긴다고 스스로 말씀하셨는데, 대개 '남몰래 우리 노팽(老彭)에게 비교해 본다'는 뜻과 같다. 또 이로써 배우는 자들을 깊이 깨우쳐서, 그들로 하여금 이것들을 살펴 마음을 곧바르게 세우도록 한 것이다.

[顏淵季路侍章]

052501、顏淵 季路¹侍²。子曰:「盍³各⁴言爾⁵志⁶?」

안연(顏淵)과 계로(季路)가 선생님을 모시고 있었다. 선생님께서 말씀하셨다. "어찌 각자 너희들의 품은 뜻을 말하지 않느냐?"

盍, 音合。○盍, 何不也。

'盍'(합)은 음이 '合'(합, hé)이다. ○'盍'(합)은 '어찌 않는가?'[何不]이다.

052502、子路曰:「願⁷車馬, 衣輕裘⁸, 與朋友共⁹。敝¹⁰之而無憾¹¹˙¹²。」

---

1 《論語義疏》'季路'는 '子路'이다(疏: 季路, 即子路也。);《補正述疏》子路를 季路라 칭한 것은《禮記·檀弓上》에 말한 '오십이 되면 伯이나 仲을 써서 칭한다'는 것이다. 옛사람들은 50이 되면 항렬자인 伯·仲·叔·季를 써서 칭했다(述曰: 稱子路爲季路者,《禮》所謂五十以伯仲也。伯、仲、叔、季, 古人五十以配字稱也。).

2 侍(시): 윗사람의 옆에 배석하다. 섬기다. 시중들다. 모시다(本义: 在尊长旁边陪着。引申为服侍,侍奉。);《論語譯注》논어에서는 어떤 경우에는 '侍' 한 글자를[鄕黨 제13장, 季氏 제6장], 어떤 경우에는 '侍側' 두 글자를[先進 제12장], 어떤 경우에는 '侍坐' 두 글자를[先進 제25장] 쓰고 있다. '侍'는 공자는 앉아 있고 제자들은 서 있는 것이다. '侍坐'는 공자와 제자 모두 앉아 있는 것이다. '侍側'은 앉아 있거나 서 있거나 한 것인데, 확정적으로 말할 수 없다(論語有時用一'侍'字, 有時用'侍側'兩字, 有時用'侍坐'兩字。若單用'侍'字, 便是孔子坐着, 弟子站着。若用'侍坐', 便是孔子和弟子都坐着。至於'侍側', 則或坐或立, 不加肯定。).

3 《古書虛字》盍(합): 어찌~않는가?('盍', '何不也'。);《文言語法》'何不'의 합음자로, '何'는 의문부사, '不'는 부정부사이다('盍'是'何不'的合音, '何', 疑問副詞; '不'否定副詞。);《北京虛詞》盍(합): 부사. 어째서~않느냐? 술어 앞에 쓰여 반문을 표시한다。=闔('盍', 副词。用于谓语前, 表示反诘。义即'为什么不'。也作'闔'。).

4 《詞詮》各(각): 대명부사('各', 代名副詞。).

5 《王力漢語》爾(이): 제2인칭 대사('女[汝]' '爾' '若' '而' '乃'都屬於第二人稱。).

6 《集注考證》이 장과《先進 제25장》은 모두 志에 대해 말했는데,《先進 제25장》에서 말한 志는 쓰일 재능을 물은 것이고, 이 장에서 말한 志는 사람으로서 할 일에 대해 언급한 것으로, 대개 行仁에 관한 일이다(此章與第十一篇之末, 皆爲言志, 十一篇言志, 是問所用之能。此章言志, 是言及人之事, 蓋亦行仁之事也。);《王力漢語》志(지): 마음이 쏠리는 곳. 포부. '志'(지)는 마음이 향하는 곳이고, '意'(의)는 마음이 생각하는 것이다(心的傾向, 志向, 志願。'志'是心之所向, '意'是心之所想。).

7 《論語正義》願(원)은 포부가 있는데 아직은 거기에 이르지 못한 것이다(正義曰: '願'者, 有志而未逮之辭。);《古漢語語法》願(원): 개인적인 희망을 표시는 조동사(助动词'願'表示动作行为是一种主观愿望。);《論孟虛

자로(子路)가 말했다. "원컨대, 수레와 말을 타는 것, 가볍고 따스한 털옷을
입는 것을, 벗들과 함께하겠습니다. 닳아져 해지게 되더라도 섭섭할 게 없습
니다."

衣[13], 去聲。○衣, 服之也。裘, 皮[14]服。敝, 壞[15]也。憾, 恨也。

'衣'(의)는 거성[yì]이다. ○衣'(의)는 '~을 입다'[服之]이다. '裘'(구)는 '털옷'[皮服]이다.

字》 스스로 달게 원하다. 뜻은 있지만 아직은 거기에 이르지 못해서 마음으로 이렇게 되기를 바라다('願,
爲自甘情願之詞, 即有志未逮而心欲如此之意。).

8 《說文·裘部》'裘'(구)는 가죽옷[털옷]이다(裘, 皮衣也。);《論語正義》 모든 가죽옷은 털이 밖으로 나와
있기 때문에, 겉옷을 덧입어 가린다(正義曰: 凡裘服, 毛在外也, 故有加衣以襲之。);《論語譯注》'衣輕裘'의
'輕'字는 빼야 맞다('衣輕裘'的'輕'字當删。);《論語新解》'輕'字가 잘못해서 더 들어갔다. '車馬衣裘'로 해야
맞다(此處误多一轻字, 当作车马衣裘。); '輕'을 빼면, '衣裘'는 '夏衣多裘'[여름옷과 겨울털옷], '專指皮裘
或泛指衣服'[털옷 또는 의복]으로 풀이한다; 輕裘(경구): 가볍고 따뜻한 털옷(轻暖的皮衣);《論語句法》
'車馬衣裘'는 '共'의 목적어인데, 강조하기 위해 앞당겨졌다('車馬衣輕裘'[從阮元校勘記'輕'字是衍文]是
做述詞'共'的止詞, 因爲重視它而把它提前了。).

9 《白虎通義·三綱六紀》朋友란 무엇을 말하는가? 朋은 黨이고, 友는 有이다.《예기(?)》에 '同門이 朋이고,
同志가 友이다'라고 했다. 朋友 간의 사귐은 물건은 서로 쓰면서 따지지 않고, 걱정거리는 같이 나누면서
서로 구제해준다. 그래서 논어에서 자로가 말하기를, '원컨대, 수레와 말, 가볍고 따스한 털옷을, 벗들과
닳도록 함께 쓰겠습니다'라고 했다(朋友者, 何謂也? 朋者, 黨也; 友者, 有也。《禮記》曰: '同門曰朋, 同志曰
友。' 朋友之交……貨則通而不計, 共憂患而相救……故《論語》曰: 子路云: '願車馬衣輕裘, 與朋友共敝之。');
《論語新解》'共敝之'를 한 구로 붙여서 읽을 경우, 뜻이 더 명확하다["원컨대 車馬 衣裘를 벗들과 다
닳아 해지게 될 때까지 함께 쓰고 입겠다"](如作共敝之为句, 语意较显。);《百度漢語》共敝(공폐): 기꺼이
처음부터 끝까지 같이 향유하다. 同居同樂의 전고로 쓰인다(共敝: 谓甘愿始终共享车马衣裘等物。后用为
同甘共苦的典实。); 共(공): 같이 누리다, 소유하다. 함께(共享, 共用或共有。一同, 一起。).

10 敝(폐): 낡다. 오래되어 헐다. 해져서 너덜너덜해지다(破旧, 坏。).

11 《王力漢語》憾(감): 마음에 차지 않다. 한탄하다. 번민하다. 괴로워하다(心中不滿, 懊惱。現代'遺憾'的意
思古人只說單音詞'憾'或'恨'。'憾'和'恨'是同義詞。).

12 《論語義疏》자로는 성격이 결연해서, 벗 사이에 서로 변통해주어, 車馬 衣裘를 같이 타고 입어도 유감이
없다고 한 것이다(子路性決, 言朋友有通財, 車馬衣裘共乘服而無所憾恨也。);《論語注疏》衣와 裘는, 가벼
운 것이 좋은 옷이다. 자기 소유의 車馬·衣裘를 친구들과 같이 타고 같이 입기를 원하고, 그것들이
해지더라도 섭섭한 마음이 없다는 말이다. 義를 중시하고 재물을 경시한다는 뜻이다. 殷仲堪[?~399,
東晉人]이 말했다. "베풀어도 후회하지 않으니, 士의 近親[가까운 항렬]이다"(疏: 正義曰: 衣裘以輕者爲
美, 言願以己之車馬衣裘與朋友共乘服而被敝之而無恨也。此重義輕財之志也。故殷仲堪曰: 施而不恨, 士
之近行也。).

13 衣(의): [yì] 입다. 덮어 가리다. 씌우다. 옷을 입다(穿。覆盖。穿衣。); [yī] 의복. 씌우개(人身上所穿,
用来蔽体御寒的东西。包在物体外的东西。).

14 《王力漢語》털이 붙은 것을 '皮'(피), 제거한 것을 '革'(혁)이라 한다(帶毛的叫'皮', 去了毛的'革'。)

15 壞(괴): 무너지다. 해지다. 닳아지다(倒塌; 指建筑物遭到破坏。东西受了损伤, 被毁。).

'敝'(폐)는 '닳아져서 해지다'[壞]이다. '憾'(감)은 '섭섭하다'[恨]이다.

052503、顏淵曰:「願無伐善[16], 無施勞。[17]」

안연(顏淵)이 말했다. "원컨대, 능력 있음을 자랑하지 않고, 공로 있음을 내세우지 않겠습니다."

伐, 誇也。善, 謂有能。施, 亦張大[18]之意。勞, 謂有功, 易曰[19]「勞而不伐」是也。或曰:「勞, 勞事也。勞事非己所欲, 故亦不欲施之於人。」亦通。[20]

'伐'(벌)은 '자랑하다'[誇]이다. '善'(선)은 '능력 있다'[有能]는 것을 말한다. '施'(시)도 '과장하다'[張大]는 뜻이다. '勞'(로)는 '공로 있다'[有功]는 것을 말한다. 《주역》(周易)에 '공

---

16 《書經 · 虞書 · 大禹謨》[舜임금이 禹에게 말했다.] 그대 능력 자랑하지 않아도, 그대와 능력 다툴 자 천하에 없고, 그대 공적 내세우지 않아도, 그대와 공적 다툴 자 천하에 없소(汝惟不矜, 天下莫與汝爭能。汝惟不伐, 天下莫與汝爭功。);《王力漢語》無(무): 금지를 나타내는 부사인데, 거기서 파생되어, 해서는 안 되는 일을 부정하는 데 쓴다(副詞。放在動詞前面, 表示禁止。引申爲否定副詞, 義近於'不', 用來否定不該做的事。);《論語義疏》능력을 갖추고 있다고 스스로 칭찬하는 것을 '伐善'이라 한다(疏: 有善而自稱曰伐善也。); 伐善(벌선): 과시하다. 뽐내다. 장점을 자랑하다(自夸。夸耀自己的长处); 伐(벌): 자기 혼자 나팔 불고 북치다. 자화자찬하다. 자기가 한 일을 스스로 자랑하다. 자기를 과시하다(自吹自擂, 夸耀自己。).

17 《論語集解》힘든 일을 남에게 떠넘겨 시키지 않는다(注: 孔安國曰: 不以勞事置施於人也。);《論語義疏》천하 사람들이 괴롭고 힘든 노역에 시달림당하지 않게 하고 싶다(疏: 願不施勞役之事於天下也。);《論語新解》'勞'는 '有功'을 말하고, '施' 역시 '張大'[과장하다]의 뜻이다. 《周易 · 繫辭上》에 '勞而不伐'이라 한 것이 바로 이것이다. 善은 자기 안에 간직하고 있는 것이고, 勞는 남에게 베푸는 것으로, 이것이 그 둘의 차이이다. 一說: '勞'는 힘든 일을 수고하는 것을 말하는 것으로, 내가 원하는 것은 아니기 때문에, '無施勞' 역시 '내가 원하지 않는 것을 남에게 베풀려고 하지 않는다'[顏淵 제2장]는 뜻이다. 無伐善으로는 나를 수양하고, 無施勞로는 남을 편안하게 한다(勞謂有功, 施亦张大义。易曰'劳而不伐'是也。善存诸己, 劳施于人, 此其别。一说: 劳谓劳苦事, 非己所欲, 故亦不欲施于人。无伐善以修己, 无施劳以安人。);《論語譯注》施(시): (자기의 공로를) 드러내 보이다(表白的意思。); 施(시): 깃발. 나부끼다. 주검을 진열하여 여러 사람에게 보여주다(本指旗帜。旗飘动。陈尸示众。).

18 張大(장다): 확대하다. 과장하다. 허풍떨다(扩大: 夸大。).

19 《周易 · 繫辭上》공자께서 말씀하셨다. "힘든 노고가 있어도 자랑하지 않고, 이룬 공로가 있어도 덕으로 여기지 않으니, 두터움이 지극한 경지로서, (공로가 있으면서도) 다른 사람에게 낮춘다는 말이다. 덕은 성대하다는 것이고, 예는 공손하다는 것이니, 겸손하다는 것은 공손을 다 바쳐서 자기 자리를 보존하는 것이다"(子曰: 勞而不伐, 有功而不德, 厚之至也, 語以其功下人者也。德言盛, 禮言恭, 謙也者, 致恭以存其位者也。).

20 《論語大全》안자는 '驕'[교만]字를 다스린 것이고, 자로는 '吝'[인색]字를 다스린 것이다. 안자의 뜻은, 자기의 장점을 가지고 남의 단점을 비교하지 않겠다는 것이었고, 자기의 능력 때문에 남의 무능력을 모욕하지 않겠다는 것이었다. (자로의 품은 뜻은 '친구들과 함께하겠다'[與朋友共]라는 것이었고) 안자의 품은 뜻은 '남들과 함께하겠다'(與物共)는 것이었다(朱子曰: 顏子是治箇驕字, 子路是治箇吝字。顏子之志, 不以己之長, 方人之短, 不以己之能, 媿人之不能。是與物共。).

로가 있어도 자랑하지 않는다'고 한 것이 바로 이것이다. 어떤 사람은 말하기를 '勞(로) 는 힘든 일이다. 힘든 일은 자기가 하고 싶어 하지 않는 것이기에, 마찬가지로 그런 일을 남에게 시키려고 하지 않는다'고 했는데, 역시 통하는 말이다.

052504. 子路曰:「願聞子之志。」子曰:「老者安之²¹, 朋友信之, 少者懷²²之。²³ ²⁴

자로(子路)가 말했다. "원컨대, 선생님께서 품고 계신 뜻을 듣고 싶습니다."
선생님께서 말씀하셨다. "늙은이는 그를 편안하게 해주고, 벗은 그를 믿어주고,
젊은이는 그를 감싸주고 싶다."

老者養之以安, 朋友與之以信, 少者懷之以恩。一說²⁵: 安之, 安我也; 信之, 信我也; 懷之,

---

21 《說文 · 老部》老(로): =考. 70을 老라 한다. 人, 毛, 匕를 따른다. 수염과 머리칼이 하얗게 변하는 것을 말한다(考也。七十曰老。从人、毛、匕。言須髮變白也。);《論語正義》'老者'는 나이 오십 세 이상인 사람에 대한 통칭이다(正義曰: '老者', 人年五十以上之通稱。);《王力漢語》'者'(자)는 지시대명사로, 통상 형용사나 동사, 동사구의 후면에 쓰여 명사구를 만들며, '~한 사람' '~한 사물'을 표시한다('者'字是一個 特別的指示代詞, 它通常用在形容詞,動詞或動詞詞組的後面組成一個名詞性詞組, 表示……的人' '~的事 物'。);《助字辨略》'之'는 지시사로 '老者'를 가리킨다(之: 指示之辭。'之', 謂老者也。);《論語新解》이 구절의 세 개의 '之'字에는 두 가지 견해가 있다. ①'人'을 가리킨다["늙은이는 내가 그를 봉양하길 편안으로써 하고, 벗은 내가 그와 교제하길 믿음으로써 하고, 젊은이는 내가 그를 감싸주길 사랑으로써 한다"]. ②'己'를 가리키는 것으로, 공자 자신을 가리킨다(此三之字, 一说指人, 老者我养之以安, 朋友我交之以信, 少者我怀之以恩也。另一说, 三之字指己, 即孔子自指。).
22 《論語集解》'懷'는 '歸'[귀의하다. 와서 기대다]이다(注: 孔安國曰: 懷, 歸也。).
23 [성]安老懷少(안로회소): 노인을 공경하여 편안히 모시고, 젊은이들을 보살피고 감싸줘서 믿고 따르게 하다[安: 편안하다. 懷: 보살피다](安: 安頓。怀: 关怀。尊重老人, 使其安逸; 关怀年轻人, 使其信服。).
24 《韓詩外傳 · 卷6》임금을 만나서는 신하의 도리를 지키고, 고향을 떠나서는 장유의 도리를 지키고, 어른을 만나서는 제자의 도리를 지키고, 같은 연배를 만나서는 친구의 도리를 지키고, 어린 사람을 만나서는 도를 일러주고 관용의 도리를 지킨다. 그래서 사랑하지 않는 사람이 없고, 공경하지 않는 사람이 없고, 다툴 사람이 없으니, 탁 트인 모습이 천지가 만물을 안고 있는 듯하다. 이와 같은 모습이, 늙은이는 편안하게 해주고, 젊은이는 감싸주고, 벗은 믿어주는 것이다(遇君則修臣下之義, 出鄉則脩長 幼之義, 遇長老則修弟子之義, 遇等夷則修朋友之義, 遇少而賤者則修告道寬裕之義。故無不愛也, 無不敬 也, 無與人爭也, 曠然而天地苞萬物也。如是, 則老者安之, 少者懷之, 朋友信之。).
25 《論語義疏》늙은이가 나를 편안해한다면, 내가 반드시 효도하고 공경하기 때문이고, 벗이 나를 믿는다 면, 내가 반드시 속임이 없기 때문이고, 젊은이가 나에게 와서 기댄다면, 내가 반드시 자혜롭게 대하기 때문이다(疏: 若老人安己, 己必是孝敬故也; 朋友信己, 己必是無欺故也; 少者懷己, 己必有慈惠故也。);《論 語注疏》"내가 원하는 것은, 늙은이는 나를 편안히 여기도록 효도와 공경으로써 섬기고, 벗은 나를 믿도록 속임 없이 대하고, 젊은이는 내게 와서 기대도록 은혜를 베푸는 것이다"(疏 正義曰: 言己願老者

懷我也。亦通。[26]

늙은이는 그를 편안하게 모시고, 벗은 그에게 믿음을 주고, 젊은이는 그를 사랑으로 품어주는 것이다. 일설에는, '安之'(안지)는 '나를 편안히 여기게 한다'[安我]이고, '信之'(신지)는 '나를 믿게 한다'[信我]이고, '懷之'(회지)는 '나에게 와서 기대게 한다'[懷我]고 했는데, 역시 통하는 말이다.

○程子曰:「夫子安仁, 顏淵不違仁, 子路求仁。」又曰:「子路, 顏淵, 孔子之志, 皆與物共者也, 但有小大之差爾。」[27]

○정자(程子·伊川)가 말했다. "선생님께서는 인(仁)을 편안해하셨고, 안연(顏淵)은 인(仁)을 어기지 않았고, 자로(子路)는 인(仁)을 추구했다." 또 말했다. "자로(子路)·안연(顏淵)·공자(孔子)가 품은 뜻은, 모두 '남들과 함께하겠다'[與物共]라는 것인데, 다만 품은 뜻의 작고 큼의 차이만 있을 뿐이다."

又曰「子路勇於義者, 觀其志, 豈可以勢利[28]拘之哉? 亞於浴沂者[29]也。[30]

安己, 事之以孝敬也。朋友信己, 待之以不欺也。少者歸己, 施之以恩惠也。);《論語譯注》는 '信', '懷', '安'을 똑같이 동사의 사동용법으로 보고(把'信'和'怀'同'安'一样看做动词的使动用法。), '늙은이로 하여금 (나를) 편안히 여기게 하고, 벗으로 하여금 나를 믿게 하고, 젊은이로 하여금 나를 생각하게 한다'(老者使他安逸, 朋友使他信任我, 年青人使他怀念我。)로 풀이했다.

26 《論語大全》두 가지 설을 합하면, 그 뜻이 비로소 다 갖춰진다. 노인은 내가 편안히 모시면, 그 후에 비로소 노인이 나를 편안히 여긴다(合二說, 其義方備。老者我養之以安, 而後方安於我。);《論語大全》集註의 앞의 설은 작용이고, 뒤의 설은 효험이다. 뒤의 설은 '綏斯來 動斯和'[어루만져 위로하면 모여들고, 고무시키면 화답하여 응한다][子張 제25장]와 뜻이 서로 유사하니, 성인의 경지이다. 그렇지만 앞의 설에는 오히려 仁의 마음이 자연하게 '사물마다 각각 그 사물에 (맞는 理를) 부여한다'[二程集·河南程氏遺書]는 뜻이 있고, 천지간에 태어나는 생명의 기상이 있고, 게다가 안자·자로가 모두 작용면에서 말했기 때문에, 앞의 설이 더 낫다(黃氏曰: 集註前說是作用, 後說是效驗。後說與綏斯來, 動斯和意思相類, 自是聖人地位。但前說却有仁心自然物各付物之意, 有天地發生氣象, 況顏子子路, 皆是就作用上說, 故前說爲勝。)。

27 《論語大全》자로에게는 남을 구제하고 세상을 이롭게 하려는 마음이 있고, 안자에게는 남과 나를 균평하게 하려는 마음이 있고, 선생님께는 만물이 각기 제 있을 자리를 얻게 하려는 마음이 있다(朱子曰: 子路有濟人利物之心, 顏子有平物我之心, 夫子有萬物得其所之心。)。

28 勢利(세리): 권세와 재리(权势和财利。)。

29 《先進 제25장》및 章下注 참조.

30 《論語大全》정자가 말하기를 '자로는 다만 나라를 다스리는 것은 예를 써서 한다는 도리를 이해하지 못했을 뿐이다[先進 제25장]. 이해했다면 곧 이 浴沂의 기상이다'고 했다(朱子曰: 程子曰: '子路只爲不達

또 말했다. "자로(子路)는 의리에 용감한 자이다. 그가 품은 뜻을 살펴보건대, 어찌 권세나 재리를 가지고 그가 품은 뜻을 구속할 수 있겠는가? 기수(沂水)에서 몸을 씻고 싶다고 한 자의 기상에 버금간다.

顏子不自私³¹己, 故無伐善; 知同於人, 故無施勞。其志可謂大矣, 然未免出於有意也。³²
안자(顏子)는 자기를 편애하지 않았기에, 이 때문에 능력 있음을 자랑하지 않았고, 내가 남과 같다는 것을 알았기에, 이 때문에 공로 있음을 내세우지 않았다. 그가 품은 뜻이 크다고 평할 만하지만, 그렇게 하려는 의도에서 나온 행위임을 면치 못했다.

至於夫子, 則如天地之化工³³, 付與萬物而己不勞焉。此聖人之所爲也。今夫羈靮³⁴以御馬而不以制牛, 人皆知羈靮之作在乎人, 而不知羈靮之生由於馬, 聖人之化, 亦猶是也。先觀二子之言, 後觀聖人之言, 分明天地氣象。凡看論語, 非但³⁵欲理會³⁶文字, 須要識

爲國以禮道理。若達便是這氣象也。');《論語大全》기상을 가지고 본다면, 자로는 意氣에서 발로된 것이고, 안자는 자기의 本性을 따른 것이고, 선생님은 혼연히 天理인 기상이다. 자로가 浴沂에 버금가는 까닭은, 그의 마음속이 쇄락해서, 권세나 재리가 구속할 바가 아니었기 때문이다. 막힌 부분이 없었다면, 증석이 도달한 기상이었을 것이다(胡氏曰: 以氣象觀之, 子路發於意氣者也, 顏子循其性分者也, 夫子則渾然天理者也。子路所以亞於浴沂, 以其胸次灑落, 非勢利所得拘。使無所滯礙, 則曾晳之所至矣。);《論語大全》인심은 천리이니, 본래는 저절로 두루 퍼져나간다. 단지 사욕이 중간을 가로막고 있으니, 그래서 남들과 함께 즐기는 즐거움, 남들과 이로움을 함께 나누는 仁을 이루지 못하는 것이다. 자로는 다 해진 묵은 솜두루마기를 달게 입었고[子罕 제26장], 가볍고 따스한 털옷을 벗들과 함께 입었으니, 사욕이 중간을 가로막고 있지 않아, 그 天理가 두루 퍼져나가서, 남들과 이로움을 함께 나누는 仁을 이룰 수 있었다. 어찌 증점의 남들과 함께 즐기는 즐거움에 버금갈 수 없겠는가?(新安陳氏曰: 人心天理, 本自周流。特爲私欲間隔, 故不得遂其與人同適之樂, 與人同利之仁爾……子路自甘敝縕, 而與人共其輕肥, 私欲不間隔, 其天理之周流, 得遂其與人同利之仁。豈不可亞於曾點與人同適之樂乎?).

31 自私(자사): 자기를 위해 계산하다. 자기 이익을 도모하다. 사심이 있다. 이기적이다. 두둔하다. 편애하다(只为自己打算; 只图个人的利益。偏私。).

32 《論語大全》능력[善]은 내가 원래부터 가지고 있는 것이고, 나에 의해 후천적으로 획득되어 가지게 된 것이 아니기 때문에, 능력[善]을 자랑하지 않고, 힘든 일[勞]은 사람들이 꺼리는 것으로, 남도 똑같이 꺼린다는 것을 알기 때문에, 힘든 일[勞] 한 것을 남 앞에 내세우지 않는다(朱子曰: 以善者己之所有, 不自有於己, 故無伐善; 以勞事, 人之所憚, 知同於人, 故無施勞。).

33 化工(화공): 조화옹. 조물주(指自然的造化者).

34 羈靮(기적): 굴레와 고삐. 말을 모는 데 쓰는 물건(马络头和缰绳。泛指驭马之物。).

35 《北京虛詞》非但(비단): ~뿐만이 아니라. 점층복문의 앞절에 쓰여, 모종의 범위·상황에 한정되지 아니함을 표시한다('非但', 短语。='非徒'。常用于递进复句的前一分句, 表示不限于某个范围或情况。又即'不只[是]'、'不单单'、'不仅'。'非特'、'非独'义同。).

得³⁷聖賢氣象。」³⁸

선생님의 경우에는, 마치 천지의 조화옹(造化翁)이 만물에게 (각각의 본래의 특성에 맞는 자리를) 부여하면서도 스스로는 힘들어하지 않는 것과 같으니, 이것이 성인께서 행위하시는 모습이다. 지금 굴레와 고삐는 말을 부리는 데 쓰지, 소를 부리는 데 쓰지 않는데, 사람들은 모두 말에다 굴레와 고삐를 씌운 것이 사람의 생각에서 나왔다는 것으로 알지, 굴레와 고삐가 생겨난 것이 말의 본래의 특성에서 연유되었다는 것을 알지 못하는데, 성인이 행하시는 조화 역시 이와 같다. 먼저 두 사람이 한 말을 살펴보고, 뒤에 성인이 하신 말씀을 살펴보면, 분명 천지의 기상이시다. 무릇 《논어》(論語)를 볼 때는, 비단 글자의 뜻만 이해하려고 할 것이 아니라, 모름지기 성현들의 기상을 깨달으려고 해야 한다."

---

36 理會(이회): 이해하다. 깨닫다(理解; 领会).

37 識得(식득): 깨닫다. 알다(懂得。知道。).

38 《論語大全》조화옹과 말의 굴레·고삐로 선생님의 말씀을 비유한 것에 대해 물었다. 주자가 답했다. "이것은 단지 (선생님의 말씀과 조화옹의 조화와 말의 고삐·굴레 사이에는) 이치가 저절로 부합하는 것이 이와 같다는 것뿐이다. '老者安之'는 노인은 원래부터 '安'의 理를 지니고 있다는 것이고, '友信·少懷'는 벗과 젊은이는 원래부터 '信'·'懷'의 理를 지니고 있다는 것이다. 성인이 하시신 '安'·'信'·'懷'의 행위에는 애초부터 의도를 가지고 만들어낸 흔적이 없으니, 예컨대 소에 코뚜레를 하는 것, 말에 굴레를 씌우는 것과 같이, 행하신 모든 것이 이처럼 천리로서, 흡사 소나 말이 나면서부터 코뚜레를 하고 굴레를 쓸 이치를 지니고 나오는 것과 같다는 것이다"(問夫子如化工, 及羈靮之喻。朱子曰: 這只是理自合如此。老者安之, 是他自帶得安之理來, 友信, 少懷, 是他自帶得信之理懷之理來。聖人爲之, 初無形迹, 如穿牛鼻, 絡馬首, 都是天理如此, 恰似他生下, 便是帶得此理來。);《論語大全》선생님께서 하시신 말씀의 경우에는, (자로·안회의 말과 달리) 뻥 뚫리고 확 트인 것처럼 한 점 私도 다 사라진 지극한 公이고, 조화옹이 사물마다 각각 그 사물에 부여한 理대로 하신다는 기상이 있다(新安陳氏曰: 夫子則廓然大公, 有造化物各付物之氣象。);《集注考證》공자께서 그의 포부를 펼칠 수 있게 된다면, 사람마다 각기 제 있을 자리를 얻고, 어루만져 위로하면 모여들고 고무시키면 화답하여 응하는[子張 제25장] 신묘함은 이상할 게 없다(夫子得行其志, 則人人各得其所, 綏來動和之妙可知也。).

[已矣乎章]

052601、子曰:「已矣乎[1]! 吾未見[2]能見其過而內自訟[3]者也。」

　　　　선생님께서 말씀하셨다. "끝내 못 보고 마는가 보다! 나는 능히 자기 잘못을 깨닫고는 속으로 스스로를 자책하는 자를 아직까지 못 보았다."

已矣乎者, 恐其終不得見而歎之也。內自訟者, 口不言而心自咎[4]也。人有過而能自知者鮮矣, 知過而能內自訟者爲尤鮮。能內自訟, 則其悔悟[5]深切而能改必矣。夫子自恐終不得見而歎之, 其警學者深矣。

'已矣乎'(이이호)라는 것은 장차 끝내 보지 못할까를 염려하여 탄식하신 것이다. '內自訟' (내자송)은 입 밖으로는 말하지 않지만, 마음속으로는 자책하는 것이다. 사람 중에는 저지른 잘못이 있는데 그 잘못을 스스로 깨달을 수 있는 자는 드물고, 저지른 잘못을 깨닫고 마음속으로 스스로를 자책할 수 있는 자는 더욱 드물다. 마음속으로 스스로를 자책할 수 있다면, 그 후회와 깨달음이 깊고 절실해서 바로 고칠 것이 틀림없다. 선생님께서 스스로 끝내 보지 못할까 탄식하셨으니, 배우는 자에 대한 그 깨우치심이 마음 깊다.

---

1 《論語義疏》'已'는 '止'[그치다. 멈추다]이다. '已矣乎'는 이 아래의 일이 오래도록 그치고 없었음을 탄식한 것이다(疏: '已', '止'也。'止矣乎'者, 歎此以下事久已無也。);《古書虛字》'乎'는 감탄어기사로 '哉'와 같다 ('乎', 感歎之詞。'乎'猶'哉'也。);《論語句法》'已'는 술어이고, 그 밑에 두 개 어기사를 붙여서, 상심이 심함을 표시한 것이다('已'是謂語, '已'以下加了兩個語氣詞, 表示感傷之深。);《北京虛詞》矣乎(의호): 감탄문 끝에 쓰이며, '了吧'의 의미이다. '矣'는 완료를, '乎'는 감탄을 표시한다('矣乎', 語氣詞連用。用于感叹句末, '矣'表示已然, '乎'表示感叹。义即'了吧'。).

2 《論語大全》'不見'이라 하지 않으시고 '未見'이라 하셨으니, 천하에 그런 사람이 없다고 감히 단정하지는 않으신 것이다(厚齋馮氏曰: 不曰不見而曰未見, 不敢絶天下於無人也。).

3 [성]計過自訟(계과자송): 자기의 잘못을 자아비판하고 내심으로 자책하다(检讨自己的过错而内心自责。);《論語集解》'訟'은 '責'[책망하다]과 같다(注: 苞氏曰: 訟, 猶責也。); 自訟(자송): 자책하다. 스스로 자기 자신을 꾸짖다(犹自责。自己责备自己。).

4 咎(구): 재앙. 과실. 죄과를 따지다. 꾸짖다(本义: 灾祸, 灾殃。过失, 罪过。责备, 追究罪过。); 自咎(자구): 자책하다. 자기에게 죄를 돌리다(自责。归罪于己).

5 悔悟(회오): 후회함으로써 각성하다. 전에 한 잘못을 후회하고, 잘못을 깨우치고 고치다(指因为后悔而觉悟。追悔前非, 觉悟改过。).

[十室之邑章]

052701、子曰:「十室之邑¹, 必有忠信如丘者焉², ³, 不如⁴丘之好學也。」⁵

　　선생님께서 말씀하셨다. "열 가구쯤 되는 조그마한 시골 마을에도, 나만큼
　　충(忠)하고 신(信)한 사람이야 거기에 반드시 있겠지만, 나만큼 배우기 좋아하
　　는 사람은 없을 것이다."

焉⁶, 如字, 屬上句⁷。好, 去聲。○十室, 小邑也。忠信如聖人, 生質⁸之美者也。夫子生知⁹

---

1 《周禮·地官司徒》아홉 장정이 경작하는 땅이 井[方一里], 4井이 邑, 4邑이 丘, 4丘가 甸, 4甸이 縣,
　4縣이 都이다(九夫爲井, 四井爲邑, 四邑爲丘, 四丘爲甸, 四甸爲縣, 四縣爲都。);《集注考證》邑은 모두
　32家로, 十室之邑은, 아주 작은 읍임을 강조한 말로, 32家가 다 차지 않은 읍이다(邑凡三十二家, 十室之
　邑, 甚言其小, 不滿三十二家也。);《論語正義》淩曙[1775~1829]의 《四書典故覈》에 말했다. "4井이 邑이
　고, 井은 3家로 구성된다. 邑은 모두 12家이다. '十室'이라 한 것은 작은 수는 떼내고 큰 수만을 들어
　말한 것이다"(正義曰: 淩氏曙《典故覈》: "四井爲邑, 井有三家。四井, 凡十二家。云'十室', 擧成數也。")。
2 《北京虛詞》焉(언): 어기조사. ~이겠지. 어기조사로, 추측문 끝에 쓰인다('焉', 语气助词, 在叙述句末,
　义即'了'; 在疑问句末, 义即'呢'; 在测度句末, 义即'吧'。);《論語句法》'焉'은 '於是'와 같고, '是'는 '十室之邑'
　을 가리킨다('焉'等於'於是', '是'稱代'十室之邑'。)。
3 《大戴禮記·曾子制言下》옛날에 우 임금은 밭 가는 사람이 열 사람이 되면 수레에서 고개를 숙여 예를
　차렸고, 열 가구 되는 마을을 지날 때는 수레에서 내려 걸었으니, 아름다운 덕을 갖춘 선비가 거기에
　있기 때문이었다(曾子曰: ……昔者禹見耕者五耦而式, 過十室之邑則下, 爲秉德之士存焉。);《荀子·大略》
　우 임금은 두 사람이 짝이 되어 밭 가는 자를 보면, 수레를 세우고 고개를 숙였고, 열 가구 되는 마을을
　지날 때는 반드시 수레에서 내려 걸었다(禹見耕者耦, 立而式, 過十室之邑, 必下。)。
4 《論語義疏》十室之邑에 반드시 忠信이 나만큼 되는 자가 있을 테지만, 다만 나만큼 호학하는 자는
　없을 뿐이다(疏: 其中必有忠信如丘者焉也, 但無如丘之好學耳。);《古漢語語法》'不'가 명사 앞에 쓰인
　경우, '没有', '無'를 표시한다('不'可表示'没有'无。多用在名词前。);《論語句法》'不如丘之好學'은 준판단
　문으로, '如'는 준연결동사이다["나의 호학만 못하다"]('不如丘之好學'是準判斷句, '如'是準繫詞。)。
5 《論語新解》이 장은 뛰어난 자질을 가진 사람은 얻기 쉽지만, 반드시 배워야 이루어진다는 것을 말한
　것이다. 이른바, '옥은 갈지 않으면 그릇을 만들 수 없고, 사람은 배우지 않으면 도를 알 수 없다'[禮記·學記]는
　것이다. 생각건대, 이 편은 고금의 인물들을 차례로 평론했는데, 공자는 성인으로 人倫之至임에도, 스스
　로 평하길 다른 사람과 다른 점은 배움에 있을 뿐이라고 했다. 논어 편찬자가 이 장을 취해서 이 편의
　맨 뒤에 둔 것은 그 뜻이 의미심장하다(本章言美質易得, 须学而成。所谓'玉不琢, 不成器。人不学, 不知道。"
　…… 按: 本篇历论古今人物, 孔子圣人, 人伦之至, 而自谓所异于人者惟在学。编者取本章为本篇之殿,
　其意深长矣。)。
6 焉(언): [yān] 지시대명사[이. 저. 여기에]. 의문대명사[어찌]. 합의사[이에](指示代名词, 之, 彼, 这里。
　疑问代名词。岂, 如何。合义词。相当于'于是'「于此」'于之'。); [yán] 구말어조사(语气词, 置句末。)。
7 《論語義疏》어떤 학자가 말했다. "열 가구 중 만약 나만큼 충신한 사람이 있다면, 그 나머지 사람은

而未嘗不好學, 故言此以勉人。言美質易得, 至道難聞, 學之至則可以爲聖人, 不學則不免爲鄉人[10]而已。可不勉哉?

'焉(언)'은 본래 음[yān]대로 읽고, 위 구절에 붙여 읽는다. '好'(호)는 거성[hào]이다. ○'十室(십실)'은 조그마한 마을이다. 충(忠)과 신(信)의 정도가 성인만 한 사람이라면, 타고난 자질이 뛰어난 자이다. 선생님께서는 나면서부터 아신 분인데도 배우기를 싫어하신 적이 없었기 때문에, 이 말씀을 하시어 이로써 사람들에게 배우기를 힘쓰라고 하신 것이다. 말씀인즉, (나면서부터) 뛰어난 자질을 가졌다는 자는 들어보기 쉽지만, (배워서) 지극한 도를 갖췄다는 사람은 들어보기 어려우니, 배움이 경지에 이르면 (지극한 도를 갖춘) 성인이 될 수 있지만, 배우지 않으면 (뛰어난 자질을 갖춘 자라도) 시골 사람 처지를 면치 못할 뿐이라는 것이다. 배움에 힘쓰지 않을 수 있겠는가?

(나만큼 충신하지 못한 까닭은) 나만큼 호학하지 않음으로 말미암는다. 호학하지 않으면, 충신하지 않을 뿐이라는 말씀이다." 그래서 衛瓘(위관)[220~291]이 말했다. "忠信이 나만큼 못한 까닭은, 호학이 나만큼 못한 데서 말미암는다. 진실로 호학할 수 있다면, 충신이 나만큼 되게 할 수 있을 것이다"(疏: 一家云: "十室中若有忠信如丘者, 則其餘焉不如丘之好學也。言今不好學, 不忠信耳。" 故衛瓘曰: "所以忠信不如丘者, 由不能好學如丘耳。苟能好學, 則其忠信可使如丘也。");《論語注疏》《經典釋文》에, 衛瓘은 '焉은 爲와 虔의 반절로 읽는다. 아래 구절의 첫 글자이다'라고 했다. '焉'은 '安'이다. '열 가구쯤 되는 조그마한 시골 마을이라도, 나만큼 충신한 사람은 반드시 있는데, 어찌 나만큼 호학하지 않는가?'라는 말이다. 이 또한 나만큼 호학하지는 않는다는 말로, 뜻은 역시 통하기 때문에, 함께 수록했다(疏 正義曰: 衛瓘讀焉, 爲虔切, 爲下句首。焉, 猶安也。言十室之邑雖小, 必有忠信如我者也, 安不如我之好學也? 言亦不如我之好學也, 義並得通, 故具有焉。);《論語大全》주자는 질문에 답하기를《論語義疏》의 (衛瓘의) 구두법은 문리에 맞지 않는다。《論語義疏》에 따르면 '焉'을 '煙'으로 읽고, 아래 구절에 붙여 읽는다'고 했다. 그래서 주자는 '焉'을 본래 음으로 읽고, 위 구절에 붙여서 읽었다(朱子答問云: '註疏之讀, 不成文理。按註疏音焉如煙, 讀屬下文。' 故朱子既音如字, 且云屬上句也。);《論語正義》衛瓘은 '焉'을 '由'로 풀이했는데, 그 뜻이 심히 왜곡되어 있다. 武億[1745~1799]의《經讀考異》에 말했다. "'焉'은 '安'과 같다. '어찌 나만큼 호학하지 않겠는가?'로, 나만큼 호학한다는 말이다." 이 견해 역시 '焉'을 아래 구절에 속한 것으로 본 것인데, 그 뜻이 衛瓘의 풀이보다 문맥이 더 순조로우니, 의당 병기해 두어야 한다(案: 訓焉爲'由', 其義甚曲。武氏億《經讀攷異》: "焉, 猶安也。安不如我之好學, 言亦如我之好學也。" 此亦以焉屬下句, 其義較衛爲順, 當並著之。)。

8 生質(생질): 타고나다. 타고난 재질(犹稟賦)。

9《述而 제9장》참조.

10《孟子·離婁下 제28장》군자에게는 평생의 걱정거리는 있어도, 하루아침의 걱정거리는 없다. 군자의 평생의 걱정거리라면 이런 것이 있다. "순 임금도 사람이고, 나도 사람이다. 순 임금은 천하에 모범이 되어, 후세에 전해질 수 있었는데, 나는 여전히 시골 사람 처지를 면치 못하고 있다." 이런 것이라면 걱정거리가 될 만하다. 걱정은 어떻게 하면 될까? 순 임금처럼 할 뿐이다. 군자의 걱정거리라면 없다. 仁이 아니면 하지 않고 禮가 아니면 하지 않는다. 만약 하루아침의 걱정거리가 생기더라도, 군자는 걱정하지 않는다(君子有終身之憂, 無一朝之患也。乃若所憂則有之: 舜人也, 我亦人也。舜爲法於天下, 可傳於後世, 我由[猶]未免爲鄉人也, 是則可憂也。憂之如何? 如舜而已矣。若夫君子所患則亡矣。非仁無爲也, 非禮無行也。如有一朝之患, 則君子不患矣。); 鄉人(향인): 시골 사람. 속인(乡下人。有时亦指俗人。)。

《雍也 第六》

凡二十八章。篇內第十四章以前, 大意與前篇同。[1]

모두 28장이다. 이 편의 제14장 이전까지는 대의가 앞 편과 같다.

---

1 《論語大全》이 편의 전반부[1~14장]와 앞 편은 대의가 같고, 八佾 편의 예악을 논한 것 역시 爲政 편 마지막 부분과 서로 이어진다. 대체로 성인의 말씀은, 대부분은 말씀의 종류에 맞춰, 권질을 나누어 기록했는데, 다만 한 질 죽간에 기록이 끝났는데 같은 종류의 말씀이 아직 남아 있는 경우는, 임시방편으로 다음 한 질 죽간에 그 남아 있는 말씀의 첫머리 두 글자를 들어서 이를 그 죽간의 편명으로 나누었을 뿐이다(胡氏曰: 此篇前一半與上篇大意同, 而八佾篇論禮樂亦與爲政末相接。大抵記聖人之言多以其類, 而卷帙之分, 特以竹簡之編旣盡而止其篇目, 則聊擧其首二字以爲之別爾。).

[雍也可使南面章]

060101. 子曰:「雍也可使南面[1]。」

　　선생님께서 말씀하셨다. "옹(雍)은 남면하는 자리에 앉게 할 만하다."

南面者, 人君聽治[2]之位。言仲弓寬洪簡重[3], 有人君之度也。

'南面'(남면)이라는 것은, 임금이 소송사건을 판결하고 정무를 처리하는 자리이다. 말씀 인즉, 중궁(仲弓)이 마음이 너그럽고 도량이 크고 간략하고 진중하여, 임금으로서의 도량을 갖추고 있다는 것이다.

060102. 仲弓問子桑伯子[4], 子曰:「可也簡。[5]」

---

1 《論語正義》《荀子·非十二子》에 '성인 중에 勢를 얻은 자는, 순 임금과 우 임금이 바로 이분이고, 성인 중에 勢를 얻지 못한 자는, 중니와 자궁이 바로 이분이다'라고 했는데, 자궁은 바로 중궁이다(正義曰: 荀子謂: 聖人之得執者, 舜禹是也; 聖人之不得執者也, 仲尼子弓是也。子弓即仲弓。);《周易·說卦》임금은 離에서 대면하는데, '離'는 '明'이다. 만물이 모두 보이는 南方의 괘이다. 성인은 남쪽을 보고 앉아 천하의 소리를 듣는데, 만물이 다 보이는 밝은 곳을 향해 앉아서 다스리는 것으로, 대개 이 괘에서 취한 것이다(帝……相見乎離……離也者, 明也, 萬物皆相見, 南方之卦也。聖人南面而聽天下, 嚮明而治, 蓋取諸此也。);《禮記·郊特牲》임금이 남면하는 것은 하늘에 답한다는 뜻이고, 신하가 북면하는 것은 임금에게 답한다는 뜻이다(君之南鄉, 答陽之義也。臣之北面, 答君也。);《論語義疏》'南面'은 제후가 되는 것을 말한다(疏: 南面, 謂爲諸侯也。);《論語集釋》王引之[1766~1834]의《經義述聞·三十·南面》에 말했다. "南面은 천자·제후를 말한 경우가 있고, 경·대부를 말한 경우가 있다. 雍이 남면하는 자리에 앉게 할 만하다는 것은, 경·대부 벼슬을 하게 할 만하다는 것을 말한다"(經義述聞: 南面, 有謂天子及諸侯者, 有謂卿大夫者。雍之可使南面, 謂可使爲卿大夫也。); 南面(남면): 북쪽에 앉아서 남쪽을 보는 것을 존귀한 자리로 여겼기에, 제왕이나 제후가 신하를 접견하거나, 경·대부가 관료들을 접견할 때면, 모두 얼굴을 남쪽을 보고 앉았는데, 이 때문에 제왕이나 제후·경·대부의 자리를 지칭하는 데 쓰인다(古代以坐北朝南为尊位, 故帝王诸侯见群臣, 或卿大夫见僚属, 皆面向南而坐, 因用以指居帝王或诸侯,卿大夫之位); 面(면): ~쪽으로 향하다. 대면하다. 마주 보다(朝向; 面对; 面向。).

2 聽治(청치): 소송사건을 판결하고 정무를 처리하다(断狱治事).

3 《論語大全》오직 너그럽기에 도량이 크고, 오직 간략하기에 행실이 진중하다. 너그러우면 포용력이 있기에 도량이 크고, 간략하면 요점을 지키기에 진중하다. 너그러움과 간략함은 무리를 다스리고 아랫사람에게 임하는 도리[書經·大禹謨]이다(慶源輔氏曰: 惟寬故洪, 惟簡故重。寬則有容故洪。簡則守要故重。寬與簡, 御衆、臨下之道也。); 寬洪(관홍): 생각이 넓게 확 트여있고 도량이 크고 깊어 남을 포용하다(=寬宏。胸怀宽阔, 气量弘深, 能容人。); 簡重(간중): 위엄있고 진중하다(谓庄严持重。).

중궁(仲弓)이 자상백자(子桑伯子)는 어떤지 여쭙자, 선생님께서 말씀하셨다. "간략한 게 (남면하는 자리에 앉게 하기에) 괜찮기는 하다."

子桑伯子, 魯人, 胡氏以爲疑卽莊周所稱子桑戶者是也[6]。仲弓以夫子許己南面, 故問伯子如何。可者, 僅可而有所未盡之辭。簡者, 不煩之謂。[7]

'子桑伯子'(자상백자)는 노(魯)나라 사람으로, 호씨(胡氏·胡寅)는 장주(莊周)가 자상호(子桑戶)라고 칭한 자가 바로 이 사람으로 보인다고 했다. 중궁(仲弓)은 선생님께서 자기를 남면하는 자리에 앉을 만하다고 인정하셨기 때문에, 자상백자(子桑伯子)는 (남면하는 자리에 앉을 만한지) 어떤지를 여쭌 것이다. '可'(가)는 겨우 괜찮지만 미진한 데가 있다는 말이다. '簡'(간)이라는 것은 '번다하지 않다'(不煩)는 것을 말한다.

---

4 《論語正義》《莊子·外篇·山木》에 '孔子問子桑雽……'라고 했고, 또 '異日, 桑雽又曰: 舜之將死……'라고 했는데, 《經典釋文·莊子音義》에 말하기를 '雽(호)는 음이 戶이다. 李氏가 말하기를, '桑은 성이고, 雽는 그의 이름으로, 숨어지내는 사람이다'라고 했다'고 했다. 《莊子·內篇·大宗師》에는 '桑戶與孟子反, 琴張爲友'라고 했고, 《楚辭·涉江》에는 '접여'와 '상호'를 같이 거명했다. '雽'·'戶'·'扈'는 음이 가까워 서로 바꿔썼고, 공자와 동시대인이다. '子桑伯子'에서, 아래 '子'字는 남자의 칭호이고, 위 '子'字는 제자가 자기 스승을 높여 부르는 칭호이다(正義曰: 《莊子山木篇》: "孔子問子桑雽"云云, "異日, 桑雽又曰: '舜之將死'"云云。《釋文》: "雽音戶……李云: '桑姓, 雽其名, 隱人也。'……至《大宗師篇》言"桑戶與孟子反, 琴張爲友", 《楚辭·涉江篇》以接輿, 桑扈並擧。"雽"、"戶"、"扈", 音近通用。與孔子同時……下'子'字, 爲男子之美稱; 上'子'字, 則弟子尊其師者之稱。); 《論語譯注》이 사람은 고찰할 만한 게 없다. 누구는 莊子에 나오는 子桑戶라 하고, 누구는 秦穆公[BC 659~BC 621 재위] 때의 子桑[공손지]이라 하는데, 모두 확실하지 않다(此人已經無可考。有人以爲就是莊子的子桑戶, 又有人以爲就是秦穆公時的子桑(公孫枝), 都未必可靠。); 《論語新解》중궁의 질문은, 자상백자도 남면하는 자리에 앉게 할 만한지를 여쭌 것이지, 자상백자의 일반적인 사람 됨됨이를 여쭌 것이 아니다(仲弓之問, 問伯子亦可使南面否, 非泛問其爲人。).

5 《論語集釋》黃式三[1789~1862]의 《論語後案》에 말했다. "이 장과 윗 장은 같은 종류로 연결한 것으로, 古注에서는 각자 별개 장으로 나누었다"(黃氏後案: 此與上章以類聯, 古注各自爲章。); 楊伯峻도 별개 장으로 나누었다.

6 《莊子·內篇·大宗師》에, 子桑戶·孟子反·子琴張 세 사람이 뜻이 맞아 친구가 되었는데, 子桑戶가 죽자 다른 두 사람이 친구의 상가에 와서 주검을 앞에 두고 瑟을 뜯고 노래를 부르는 것을, 자공이 보고는 의아해서 여쭙자, 공자께서 '저들은 세상 밖을 노니는 자들이고, 나는 세상 안을 노니는 사람이다'(彼遊方之外者也 而丘游方之內者也)라고 답한 글이 나온다; 莊周(장주): 莊子. 약 BC 369~BC 295. 전국시대 道家의 대표 철학자.

7 《論語大全》중궁은 사람 됨됨이가 간략하고 진중했는데, 선생님께서 그를 인정하는 것을 보고, 자상백자 역시 간략한 사람이었기 때문에, 이를 여쭌 것으로, 선생님께서 자상백자 역시 괜찮다고 말씀하신 것은 그가 간략했기 때문이다(朱子曰: 仲弓爲人簡重, 見夫子許之, 以伯子亦是一箇簡底, 故以爲問。夫子言此人亦可者, 以其簡也。).

060103. 仲弓曰：「居敬⁸而行簡⁹, 以臨¹⁰其民, 不亦可乎？ 居簡¹¹而行簡, 無乃¹²大簡
乎？」¹³

　　중궁(仲弓)이 여쭈었다. "자기 몸가짐은 공경되게 하되 일 처리는 간략하게
해서, 이로써 자기 백성을 다스려야, 괜찮은 게 아닐까요? 자기 몸가짐도 간략
한 데다가 일 처리조차도 간략하니, 너무 간략한 것이 아닐는지요?"

---

8 《論語集解》몸가짐을 경건하게 하다(注: 孔安國曰: 居身敬肅。);《古今注》'居'는 자기 몸가짐을 지켜서
처신하는 것을 말한다. '敬'은 향해있는 대상을 조심해서 대하는 것을 말한다(居謂持己以自處也……
敬謂謹於所嚮。);《百度漢語》居敬(거경): 몸가짐을 항시 공경되게 유지하다(谓持身恭敬); 居敬窮理(거
경궁리): 주자학의 수양의 두 가지 방법. 居敬은 내적 수양법으로서, 공경되게 스스로의 몸가짐을 유지하
는 것[恭敬自持]으로, 《雍也 제1장》에서 나온 말이고, 窮理는 외적 수양법으로서, 사물의 이치를 널리
궁구하여 정확한 지식을 얻는 일을 말하는 것으로, 《周易‧說卦》의 '和順於道德而理於義 窮理盡性以至於
命'[도와 덕에 호응하고 순응하고 의를 갈고닦고, 천리를 끝까지 궁구하고 본성을 투철히 깨달아 이로써
천명을 깨친다]에서 나온 말이다.
9 《論語集解》관속을 관대하게 다스리고 가혹하고 까다롭게 굴지 않다(注: 孔安國曰: 臨下寬略。);《古今注》
'行'은 令을 내려 다스리는 것을 말한다. '簡'은 令의 細目을 줄이는 것을 말한다(行謂施令以治人也……
簡謂略於細節。);《百度漢語》行簡(행간): 일 처리가 간결하고 쉽다(行事简易。).
10 臨民(임민): 백성을 다스리다(治民。); 臨(임): 통치하다(統治).
11 居簡(거간): 자기 몸가짐에 느슨하고 대충이다(谓持身宽略。).
12 《論語義疏》간략함이 너무 심하다는 말이다(疏: 不乃大簡乎, 言其簡過甚也。);《助字辨略》'無乃'는 의문
사이다(無乃, 疑辭);《百度漢語》無乃(무내): 설마~아니겠지? 혹시~아닐까? 대개~이겠다. 동작‧행위
에 대한 완곡한 추측을 나타낸다. '無乃'는 '不就是'를 표시하며, 의문어기사 '乎'와 함께 쓰여, 추측성
의문문을 구성하는데, 여기는 비교적 완곡하다(相当于'莫非'、'恐怕是', 表示委婉测度的语气。'無乃'表示
'不就是', 跟疑问语气词'乎'相呼应, 构成一种揣度性的问句, 语气较委婉。'無乃……乎'义是'不就是……吗',
也可理解为'恐怕是……吧', '大概是……吧'。);《文言虛詞》'乃'는 본래 부사인데, 판단문에 쓰일 경우, 똑같
이 '是', '爲'字의 작용을 일으킨다. '乃'에는 '是', '爲'의 뜻이 숨어 있다. 옛사람들은 이로 인해 '無乃',
'毋乃'를 상용했는데, 뜻이 '不是'와 같지만, 반어문에만 쓰였다["너무 간략한 것이 아닐까요?"]('乃'字本
是副詞, 若用于判斷句, 同樣, 兼起'是''爲'諸字的作用。'乃'字便隱有'是''爲'的意義。古人因之常用'無乃''毋
乃'諸詞, 意義等于'不是', 但只用于反詰句。).
13 《書經‧虞書‧大禹謨》皋陶(고요)가 순 임금에게 말했다. "임금님의 덕은 조금의 허물도 없으시니,
백성을 다스리길 간략함으로써 하시고, 백성을 통솔하길 너그러움으로써 하시고, 벌은 자손에까지
미치지 않게 하시고, 상은 세세토록 미치게 하시고, 몰라서 저지른 과실은 아무리 커도 용서하시고,
알고도 저지른 죄는 아무리 작아도 벌하시고, 죄과는 의심스러우면 가벼운 쪽으로 벌하시고, 공로는
의심스러우면 후한 쪽으로 상을 내리시고, 무고한 사람을 죽이기보다는, 차라리 죄가 있을지언정 벌을
내리지 않는 失刑으로 처리하셨습니다. 살아 있는 백성을 사랑하여 함부로 죽이지 않는 덕이, 백성의
마음에 촉촉이 배어들어, 백성들은 이로 인해 관가에서 정한 규율을 함부로 범하지 않을 것입니다"(皋陶
曰: 帝德罔愆, 臨下以簡, 御衆以寬; 罰弗及嗣, 賞延于世; 宥過無大, 刑故無小; 罪疑惟輕, 功疑惟重; 與其殺
不辜, 寧失不經; 好生之德, 洽于民心, 茲用不犯于有司。).

大, 音泰。○言自處以敬, 則中有主而自治嚴, 如是而行簡以臨民, 則事不煩而民不擾,[14] 所以爲可。若先自處以簡, 則中無主而自治疏矣, 而所行又[15]簡, 豈不失之太簡, 而無法度之可守乎?[16]

'大'(태)는 음이 '泰'(태)이다. ○말인즉, '스스로에 대한 몸가짐을 공경되게 지킬 경우는, 속에 주관하는 것이 있어서 스스로에 대해 다스림이 엄격할 것이고, 이같이 하고 일 처리는 간략하게 해서 백성을 다스릴 경우는, 일은 번다하지 않고 백성은 혼란스러워하지 않을 것이어서, 그래서 괜찮다. 만약 먼저 스스로에 대한 몸가짐을 간략하게 할 경우는, 속에 주관하는 게 없어서 스스로에 대해 다스림이 소홀해지는 데다가, 일 처리조차도 간략할 경우는, 너무 간략해지는 잘못에 빠져서, 지킬 만한 법도가 없는 것이 어찌 아니겠는가?'라는 것이다.

家語記[17]伯子不衣冠而處, 夫子譏其欲同人道於牛馬。然則伯子蓋太簡者, 而仲弓疑夫

---

14 擾(요): 방해하다. 어지럽히다. 혼란스럽게 하다(搅扰; 扰乱).

15 《北京虛詞》又(우): 부사. ~조차도. 더. 더욱. 점증을 표시한다('又', 副詞。表示遞進。义即'而且', '还'。).

16 《論語大全》居敬하면 모든 일이 다 엄격해진다. 居敬을 써서 일 처리를 규율하려 하면, 모든 일 처리가 다 이같이 엄격히 하려고만 할 것이다. 이것은 居敬하지만 行簡하지 않는 것이다. 지금 居敬을 고집하는 사람은 居敬을 너무 중시하여, 도리어 일 처리가 너무 번쇄해진다. 아랫사람을 다스리기를 간략하게 하면, 긴요한 것만 가려서 일 처리하려 할 것이다. 居敬과 行簡은 두 가지 공부이다. 居敬은 스스로에 대한 몸가짐을 공경되게 지키는 것이고, 行簡은 일 처리에 있어 그 요체를 파악하는 것이다(朱子曰: 居敬則凡事嚴肅。若要以此去律事, 凡事都要如此。此, 便是居敬而不行簡也。今固有居敬底人, 把得忒重, 却反行得煩碎了。臨下以簡, 只要揀那緊要底來行。居敬行簡, 是兩件工夫……居敬, 是自處以敬, 行簡, 是所行得要。).

17 《集註典據考》《孔子家語》에는 이 글이 없다. '孔子家語'는 '說苑'으로 고쳐야 맞다. 集注의 착오이다. '同人道於牛馬'라는 구절도, 공자께서 비판하신 말씀이 아니고, 劉向이 판단해서 한 말이다(家語無此文。家語當作說苑。集註誤也。同人道於牛馬句, 亦非夫子所譏……劉向之斷詞也。);《說苑·脩文》공자께서 '괜찮다. 간략하다'라고 하셨는데, 간략한 것은 易野[꾸밈이 없고 촌스럽다]이다. 易野는 禮에 맞는 꾸밈이 없는 것이다. 공자께서 자상백자를 만났는데, 그가 의관을 갖추지 않고 집에서 지내자, 제자가 '선생님은 어찌 저런 사람을 만나시는지요?'라고 묻자, '그 사람은 質[바탕]은 뛰어난데 文[꾸밈]이 없으니, 내가 권유하여 文[꾸밈]을 갖추게 하려고 그런다'고 하셨다. 공자가 떠나자, 자상백자의 문인이 불쾌해하면서 '어찌 공자를 만나십니까?'라고 하자, '그 사람은 質[바탕]은 뛰어나지만, 文[꾸밈]이 번다하니, 내가 권유해서 그 文[꾸밈]을 제거해주려고 그런다'고 했다. 그래서 文과 質이 고루 잘 닦은 자는 君子라 하고, 質은 갖춰져 있지만, 文이 없는 자는 易野라 하는데, 자상백자는 易野여서, 사람의 도를 소나 말과 똑같이 하려 했기 때문에, 중궁이 말하기를 '너무 간략하다'고 것이다(孔子曰可也簡, 簡者, 易野也。易野者, 無禮文也。孔子見子桑伯子, 子桑伯子不衣冠而處, 弟子曰: '夫子何爲見此人乎?' 曰: '其質美而無文, 吾欲說而文之。' 孔子去, 子桑伯子門人不說, 曰: '何爲見孔子乎?' 曰: '其質美而文繁,

子之過許與?[18]

《공자가어》(孔子家語)의 기록에, '자상백자(子桑伯子)가 의관을 갖추지 않고 집에서 지내자, 선생님께서 그가 사람의 도를 소나 말과 똑같게 만들려고 한다고 비판하셨다'고 되어 있다. 그렇다면 자상백자(子桑伯子)는 아마도 몸가짐이 너무 간략한 자일 텐데, 중궁(仲弓)이 생각하기에 선생님께서 지나치게 인정하신 것은 아닐까 하고 의심한 것이다.

060104. 子曰:「雍之言然[19]。」

　　　　선생님께서 말씀하셨다. "옹(雍)의 말이 옳다."

仲弓蓋未喻夫子可字之意, 而其所言之理, 有默契焉者, 故夫子然之。[20]

중궁(仲弓)은 대개 선생님께서 말씀하신 '괜찮다'[可]는 글자의 뜻을 아직 이해하지 못

吾欲說而去其文.' 故曰, 文質脩者謂之君子, 有質而無文謂之易野, 子桑伯子易野, 欲同人道於牛馬, 故仲弓曰太簡。);《論語正義》《說苑·脩文》의 내용이, 바로 공자께서 지적한 '簡'의 사례이다. 당시 은자들이 대부분 이와 같았기에, 중궁이 이를 바로잡기를, '居敬而行簡 以臨其民'이라 한 것이다. '居敬'은 예의 격식에 있으니, '불경하지 말라'[禮記·曲禮上]는 것이다. '居敬'은 바로 순 임금의 '恭己'이고, '行簡以臨其民'은 바로 순 임금의 '無爲而治'이다[衛靈公 제4장]. 여기에서 중궁의 成己·成物之學[中庸 제25장]이 은자들과 다르다는 것을 충분히 알 수 있다(正義曰: 此即孔子所指爲簡之事. 當時隱者多是如此, 仲弓正之曰: "居敬而行簡, 以臨其民", 居敬則有禮文, 禮毋不敬也. 居敬, 即大舜之共己; 行簡臨民, 即大舜之無爲而治. 此足見仲弓成己, 成物之學與隱士有異。).

18 《論語大全》簡과 敬은 서로 상반되기 쉽다. 그래서 《書經·舜典》에, '간략히 하되 오만불손하지 않게 한다'(簡而無傲)고 했다. 오만불손함이 없는 자는 敬을 써서 簡의 폐단을 교정하려고 한다. 敬하면서 簡한 경우, 簡은 簡嚴·簡易의 簡이 되지만, 그렇지 않은 경우는 簡忽·簡略의 簡이 된다. 중궁은 대개 居敬行簡할 수 있었던 자이고, 자상백자는 敬하지 않아서 居簡行簡한 자였다(新安陳氏曰: 簡與敬易相反. 故書曰, 簡而無傲. 蓋簡易流於傲. 無傲者, 欲以敬矯簡之流弊也. 敬而簡, 則爲簡嚴簡易之簡, 不然則爲簡忽簡略之簡. 仲弓蓋能居敬行簡者, 伯子乃不敬, 而居簡行簡者也。).

19 《論語注疏》'然'는 '是'[맞다]이다. 선생님께서 중궁의 말에 동의하셨기 때문에 '然'이라 하신 것이다(疏: 正義曰: 然, 猶是也. 夫子許仲弓之言, 是故曰然。);《詞詮》표태형용사. 옳다('然', 表態形容詞. 是也);《古書虛字》'然'은 '是'와 같다. '是非'의 '是'이다('然猶是也. 爲'是非'之'是'。).

20 《論語大全》선생님께서 '居簡'의 잘못된 점을 말씀하지는 않았지만, '可'字에 이미 善에 미진하다는 숨은 뜻이 있었다. 중궁이 '可'가 '僅可'[겨우 괜찮다]임을 깨닫지는 못했지만, 그 숨은 뜻과 묵묵히 합치되게, '居敬'과 '居簡'이 다르다는 것을 분별해냈다. 선생님께서 그의 말을 깊이 인정하신 까닭이다(朱子曰: 夫子雖不言其居簡之失, 而可字已寓未盡善之意. 仲弓雖未喻可爲僅可, 乃能默契其微旨, 分別出居敬居簡之不同. 夫子所以深許之。).

했지만, 그가 한 말의 이치가 (선생님의 뜻과) 묵묵히 합치되는 면이 있었기 때문에, 선생님께서 그의 말을 옳다고 하신 것이다.

○程子曰「子桑伯子之簡, 雖可取而未盡善, 故夫子云可也. 仲弓因言內主於敬而簡, 則 爲要直; 內存乎簡而簡, 則爲疏畧, 可謂得其旨矣.」又曰:「居敬則心中無物, 故所行自 簡; 居簡則先有心於簡, 而多一簡字矣, 故曰太簡.」[21]

○정자(程子·伊川)가 말했다. "자상백자(子桑伯子)의 간략함은, 비록 취할만할지라도 선에는 아직 미치지 못했기 때문에, 선생님께서 '괜찮다'고 말씀하신 것이다. 중궁(仲弓)이 이어 말하기를, '마음속은 공경이 주관하게 하고 (행하는 일은) 간략하게 하면, 중요한 것을 간추리고 세세한 것을 뺀 것이 되지만, 마음속에 간략함을 두고서 또 (행하는 일도) 간략하게 하면, 중요한 것을 생략하여 소략한 것이 된다'고 했는데, 선생님께서 하신 말씀의 논지를 깨달았다고 말할 수 있다."

또 말했다. "경(敬)에 머물러 있는 경우는, 마음속에 다른 외물이 없기 때문에, 행하는 일이 저절로 간략해지지만, 간(簡)에 머물러 있는 경우는, 마음속에 간략함이 먼저 들어가 있고, '간(簡) 자가 많아지기 때문에, 너무 간략하다고 말한 것이다."

---

21 《論語大全》居敬과 居簡의 차이점을 여쭙자, 주자가 말했다. "몸가짐을 공경되게 하면, 마음이 방심하거나 다른 데로 빠지거나 하지 않아서 의리가 분명히 드러나기 때문에, 그것이 일에 나타나는 모습은 자연히 일의 요점을 놓치지 않아, 번잡하거나 어지러워질 염려가 없다. 몸가짐도 간략하게 하려고 하고, 일 처리도 일체 간략하기를 일삼는다면, 백성에 대한 다스림의 준칙이 마음속에 기본적으로 분명하지 않은 데다가, 기강·법도 또한 지켜지는 곳이 없으니, 太簡의 폐단은 이루 말로 다 할 수 없다"(問居敬居簡之不同, 何也? 曰: 持身以敬, 則心不放逸而義理著明, 故其所以見於事者, 自然操得其要, 而無煩擾之患. 若所以處身者, 旣務於簡, 而所以行之者, 又一切以簡爲事, 則是民理準則, 旣不素明於內, 而綱紀法度, 又無所持循於外也, 大簡之弊, 將有不可勝言者矣.).

[哀公問弟子章]

060201、哀公問:「弟子¹孰²爲³好學?」孔子對曰:「有顏回者⁴好學, 不遷怒⁵, 不貳過⁶。不幸⁷短命⁸死矣⁹! 今也¹⁰則亡¹¹, 未¹²聞好學者也。」¹³, ¹⁴

---

1 《論語大全》스승에게는 父兄[아버지·형]으로서 도리가 있으니, 그래서 가르침을 받는 자를 '弟子'[동생·아들]라 불렀다(厚齋馮氏曰: 師有父兄之道, 故稱受教者爲弟子。); 弟子(제자): 남의 동생과 아들인 자. 학생. 문하생(为人弟者与为人子者。泛指年幼的人。学生。).

2 《王力漢語》의문대사 '孰'(숙)은 선택의문문에 많이 쓰이고, 사람이나 사물의 선택을 표시한다. 여럿 중에 어느 사람[것]('孰', 誰, 哪個。'孰'字多用於選擇問。疑問代詞'孰'字經常表示選擇。它可以指人, 也可以指事物。'誰'專指人, '孰'則兼指物。'誰'不用於選擇問。); 《北京虛詞》孰(숙): 의문대사. 누구. 어떤 분. 어느 것. 선택이나 비교를 묻는 의문문에 쓰인다. 주어로 쓰였다('孰', 疑问代词。用于抉择询问或比较询问。又即'谁'、'哪一位'、'什么'、'哪个'。作小句主语。).

3 《論語句法》'爲'는 연결동사이다('爲'是繫詞。).

4 《王力漢語》'者'(자)는 자주 '有'字의 목적어 뒤에 쓰여, '有'字 및 그 목적어와 합해서 명사구를 만들며, 다음에 나오는 문장의 주어가 된다('者'常常用在'有'字的賓語後面, 和'有'字及其賓語組成一個名詞性詞組, 作下文的主語('有'字的賓語只是下文概念上的主語)。).

5 [성]遷怒于人(천노우인): 갑의 노기를 받아 을을 향해 발설하다. 아무 상관 없는 사람에게 화풀이하다(受甲的气向乙发泄或自己不如意时拿别人出气。); 《古今注》(갑이란 자에게 분노한 것을 을이란 자에게 옮긴다는 뜻이 아니고) 군자가 빈천이나 우환에 대하여 순순히 받아들이고, 하늘을 원망하거나 사람을 탓하지 않는데, 이것을 일러 '不遷怒'라고 한 것이다(貧賤憂患, 君子順受, 不怨天不尤人, 此之謂不遷怒也。).

6 [성]行不貳過(행불이과): 범한 적이 있는 잘못을 다시 범하지 않다(指犯过的错误不再犯。); 《論語義疏》인지상정으로는 잘못이 있으면 반드시 둘러대는데[子張 제8장], 이것이 '再過'이다(疏 凡情有過必文, 是爲再過。); 《古今注》'貳'는 '갈림길', '갈라지다'이다. 잘못이 있으면 용기 있게 고치기를 갈림길에서 망설이는 일이 없는 것이 '不貳過'이다. 인심은 위태롭고 도심은 미약하니, 고치려고도 하고 고치지 않고 놔두려고도 하여, 도심과 인심 양쪽으로 나뉘어 속해 있으니, 이것을 일러 '貳過'라 한 것이다(貳, 歧也。攜也。有過則勇改之無所歧攜, 是不貳過也…… 人心惟危道心惟微, 旣欲改過又欲無改, 兩屬之於人心道心, 此之謂貳過也。); 《論語新解》一說: '不貳過'는 오늘 잘못한 것을 다음에 반복하지 않고, 내일 잘못한 것을 다음에 반복하지 않는 것을 말하는 것이 아니다. 한 가지 불선한 일임을 의당 알아차리고, 한 번 고칠 때면, 바로 용맹정진하여, 이런 종류의 잘못을 영원히 근절하는 것이다. 그래서 '不遷怒'는 명경지수와 같고, '不貳過'는 얼음이 녹고 언 것이 풀어지는 것과 같아서, 마음의 수양이 이런 경지에 이르러야, 비로소 공부의 수준을 볼 수 있다(又說: 不貳过, 非谓今日有过, 后不更犯。明日又有过, 后复不犯。当知见一不善, 一番改时, 即猛进一番, 此类之过即永绝。故不迁怒如镜悬水止, 不贰过如冰消冻释, 养心至此, 始见工夫。); 貳過(이과): 똑같은 과실을 두 번 범하다(重犯同一过失。).

7 《說文·夭部》'夭'[행][夭(요)와 屰(역)이 합쳐진 글자로, 夭는 단명을 말하고, 屰은 순리에 반하는 것을 말한다]은, 운 좋게 흉한 일을 면한 것이다. 夭는 死의 일로, 夭死를 不夭(불행)이라 한다(夭[행]: 吉而免凶也。从屰从夭。夭, 死之事。故死謂之不夭。); 《論語義疏》죽어야 하는데 사는 것을 夭이라 하고, 살아야 하는데 죽는 것을 不幸이라 한다(疏 凡應死而生曰幸, 應生而死曰不幸。); 《論語注疏》무슨 일에서

든지 응당 잃어야 하는데도 얻는 것을 '幸'이라 하고, 응당 얻어야 하는데도 잃는 것을 '不幸'이라 한다(疏 正義曰: 凡事應失而得曰幸, 應得而失曰不幸。).

8 《書經·周書·洪範》'六極: 一曰凶短折……'에 대한 공안국의 注에, '短'은 60이 못되어 죽은 것이고, '折'은 30이 못되어 죽은 것이라고 했다(六極, 一曰凶短折, 孔安國曰: "短未六十, 折未三十也。");《古今注》 사람의 장수나 요절은, 하늘에서 명받기 때문에, 산 햇수를 명이라고 한다(人之壽殀, 命於天, 故年壽曰 命。); 命(명): 생명. 목숨(性命, 寿命。).

9 《論語詞典》矣(의): 어기사. 이미 이렇게 되었다는 사실을 표시한다(語氣詞。表已然之事實。).

10 《古書虛字》今(금): 이때. 지금('今', '是時'也。);《經傳釋詞》'也'는 '者'[시간을 표시하는 명사 뒤에 붙어 어기를 잠시 멈추는 역할을 한다]와 같다(也, 猶'者'也。);《詞詮》부사를 돕는 어말조사('也', 語末助詞。助副詞。);《文言虛詞》'也'가 부사 밑에 놓일 수 있는데, '古'·'今' 등의 시간부사 밑에 쓰이고, 표태부사 '必' 밑에 쓰인다('也'字可以放於副詞之下, 它經常用於'古''今'諸時間之下, 也經常用於表態副詞'必'字之下。);《論孟虛字》시간부사 뒤에 붙은 '也'는 모두 말을 잠시 멈추는 어기사로, '者'를 쓰는 것과 같다(時間副詞後的'也', 都是表句中語氣停頓, 與用'者'同, 可以換用'者'。).

11 《論語義疏》'亡'(무)는 '無'이다. 호학하는 자가 더는 없다는 말이다(疏: 亡, 無也。言……無復好學者也。);《古今注》지금은 호학하는 자가 없다고 이미 말해놓고 나서, 또 호학하는 자가 없다고 말한다면, 진실로 중복해서 말한 것이다(按既曰今則無好學者, 又曰未聞好學者, 誠重疊矣。);《論語平議》'亡'字는 연문이다. 이 장과 《先進 제6장》의 글은 상세·간략의 차이가 있으니, 이 장에서는 '今也則未聞好學者也'이라 했고, 《先進 제6장》에는 '今也則亡'라 하여, 이 장이 상세하고 《先進 제6장》은 간략하다. 이 장이 《先進 제6장》의 영향을 받아, '亡'字를 잘못 추가하다 보니, 이미 앞에서는 '亡'라 하고 나서, 또 '未聞好學'이라 했으니, 말이 중복된 것이다. 《經典釋文》에, '책에 따라 간혹 亡字가 없는 경우가 있다'고 했는데, 마땅히 이에 근거해서 바로잡아야 한다["지금인즉슨 호학하는 자가 없다"](亡字, 衍文也。此與先進篇語有詳略, 此云今也則未聞好學者也。彼云今也則亡, 皆此詳而彼略, 因涉彼文而誤衍亡字, 則既云亡, 又云未聞好學, 於辭複矣。釋文曰, 本或無亡字, 當據以訂正。);《論語新解》'亡'은 '無'와 같고, 양 구절의 뜻이 서로 중복되는데, 대개 안연의 죽음을 깊이 애석해하시고, 또 好學者의 얻기 어려움을 탄식하신 것일 것이다(亡同无, 兩句意相重复, 盖深惜颜子之死, 又叹好学之难得。);《論語譯注》"지금은 그런 사람이 더는 없으니, 호학하는 자가 있다는 말을 더는 들어보지 못했습니다"("現在再沒有這樣的人了, 再也沒聽過好學的人了。").

12 《王力漢語》'未'(미)는 아직 미실현 중임을 표시하는 부정부사로, 장래 실현 가능성이나 이미 실현된 일과 대비하는 데 중점이 있다('未', 否定副詞。'未'字表示事情環沒有實現, 等於現代漢語動詞前的'沒有'。'未'著重在和將來實現的可能性對比, 或和已經實現的事情對比。'未嘗'則是簡單地否定過去。).

13 《先進 제6장》참조:《大戴禮記·衛將軍文子》아침 일찍 일어나고 밤늦게 잠자리에 들고, 행함에 같은 잘못을 되풀이하지 않았고, 말을 함에는 구차하지 않았으니, 이것이 안연의 행실입니다(子貢對曰: 夙興 夜寐, 諷誦崇禮, 行不貳過, 稱言不苟, 是顏回之行也。).

14 《論語集釋》宦懋庸[1842~1892]의 《論語稽》에 말했다. "애공이 나라를 다스리는 일에 대해 묻자, 공자 께서, '문왕과 무왕의 정치는 전적에 널려 있습니다'[中庸 제20장]라고 했고, '무엇을 하면 백성들이 따를까요?'라고 묻자, 공자께서, '반듯한 사람을 들어서 쓰고, 굽은 사람들을 내치면, 백성들이 따를 것입니다'[爲政 제19장]라고 했으니, 애공 역시 필시 대업을 이루었을 임금이었을 것이다. 그가 후에 월나라를 써서 노나라를 쳐서 三家를 제거하고자 했으니[春秋左傳·哀公27年], 이 당시 제자 중에 누가 배우기를 좋아했는지를 물은 것은, 아마도 현자를 구해 자기를 보좌하게 할 뜻이 있지 않았을까? 안회가 나라를 다스리는 일에 대해 여쭈자, 공자께서 夏·殷·周·文武 4대를 취하여 본받을 것을 말씀하셨 으니[衛靈公 제10장], 애공이 안회를 얻어 보좌를 받았다면, 단연코 경거망동에 이르지 않아서, 노나라 밖에서 죽지 않았을 것이다. 공자께서 돌아가시자, 애공이 추도하기를, '하늘이 한 노인을 세상에 남겨두

애공(哀公)이 물었다. "제자 중에 누가 배우기를 좋아하는가요?" 선생님께서 말씀하셨다. "안회(顔回)라는 자가 있어 배우기를 좋아했는데, 분노를 옮기지 않았고, 같은 잘못을 되풀이하지 않았습니다. 불행히도 명이 짧아서 죽었습니다! 지금은 그런 사람이 없으니, 배우기를 좋아하는 자가 있다는 말을 아직까지 들어보지 못했습니다.

好, 去聲。亡, 與無同。○遷, 移也。貳, 復也。怒於甲者, 不移於乙; 過於前者, 不復於後。顔子克己之功[15]至於如此, 可謂眞好學矣[16]。短命者, 顔子三十二而卒也[17]。旣云今也則亡, 又言未聞好學者, 蓋深惜之, 又以見眞好學者之難得也。[18]

'好'(호)는 거성[hào]이다. '亡'('무)는 '無'(무)와 같다. ○遷'(천)은 '옮기다'[移]이다. '貳'(이)는 '되풀이하다'[復]이다. 갑이라는 자에게 분노한 것을 을이라는 자에게 옮기지 않고, 전에 잘못한 것을 뒤에 되풀이하지 않는 것이다. 안자(顔子)의 극기 공부의 공효가 이 정도까지 이르렀으니, 참으로 배우기를 좋아한 자였다고 평할 만하다. '명이 짧았다'는 것은 안자(顔子)가 32세에 죽은 것이다. '지금은 없다'고 말씀하시고 나서, 또 '배우기 좋아하는 자가 있다는 말을 아직까지 들어보지 못했다'고 말씀하셨으니, 대개 그가

지 않았으니, 나를 도와줄 사람이 아무도 없습니다'라고 했는데[春秋左傳 · 哀公16年] 바로 '한없는 뜻을 품고 있었지만 펼치지 못한 자'[文選 · 古詩十九首]가 그 안에 있다(論語稽: 哀公問政. 子曰:「文武之政在方策。」問民服. 子曰:「擧直錯枉。」則哀亦必可以有爲之君. 觀其後欲以越伐魯而去三家, 則此時弟子好學一問, 殆有求賢自輔之意乎? 顔子問爲邦, 夫子告以取法四代, 蓋帝王之佐也. 使哀公得之爲輔, 斷不至輕擧妄動, 不没於魯. 觀夫子卒, 公誄之曰:「天不遺一老, 莫相予位焉。」正有無限含意未伸者在。).

15 《顔淵 제1장》 참조.

16 《論語大全》 不遷怒 · 不貳過는, 顔子의 好學의 효험이 이와 같았다는 것이지, 단지 이 두 가지 일을 공부했다는 것이 아니다. 그의 배움은 전부가 '非禮勿視 非禮勿聽 非禮勿言 非禮勿動[顔淵 제1장]에 있었으니, 바로 이것이 그의 공부처였다. 不遷怒 · 不貳過는 (공부를 통해) 성취한 효험처이다. 怒 · 過는 모두 자기에게서 나오는 것이고, 不遷 · 不貳는 모두 이미 자기를 이긴 데서 나온다(朱子曰: 不遷怒貳過, 是顔子好學之符驗如此, 却不是只學此二事. 其學全在非禮勿視聽言動上, 乃是做工夫處. 不遷不貳, 是成效處. 怒與過, 皆自己上來, 不遷不貳, 皆已克己上來。).

17 《孔子家語 · 七十二弟子解》 안회는 공자보다 30세 적었고, 나이 29세에 머리가 하얘졌고, 31세[孔子家語에는 31세, 《史記索隱》에는 32세]에 일찍 죽었다(顔回……少孔子三十歲, 年二十九而髮白, 三十一, 早死);《孔子傳》에는, 안회는 공자보다 30세가 적었고, 노애공14년[BC 481] 공자 71세 때, 41세의 나이로 죽은 것으로 보고 있다.

18 《補正述疏》 '今也則亡'는, 제자 중에 없다는 말이고, '未聞好學者'는 제자 외의 자 중에도 없다는 말로, 이 거듭해서 하신 말씀이 아니다(述曰: 蓋今也則亡, 自弟子言之, 未聞好學者也, 自弟子外言之, 此非複焉。).

죽은 것을 깊이 애석해하면서, 배우기 좋아하는 자를 얻기가 참으로 어렵다는 뜻을 거듭해서 나타내 보이신 것이다.

○程子曰:「顔子之怒, 在[19]物不在己, 故不遷[20]。有不善未嘗不知, 知之未嘗復行[21], 不貳過也。」又曰:「喜怒在事, 則理之當喜怒者也, 不在血氣則不遷。若舜之誅四凶[22]也, 可怒在彼, 己何與焉。如鑑之照物, 妍媸[23]在彼, 隨物應之而已, 何遷之有?[24]」又曰:「如顔子

---

19 在(재): ~에 달려 있다. ~에 의해 정해지다(在于; 決定于。).

20 《論語大全》'不遷怒'에 대해, 朱子는 갑이란 자에게 분노한 것을 을이란 자에게 옮기지 않는 것이라고 했고, 程子는 분노는 외물에 있지, 자기에게 있는 것이 아니라고 했으니, 程子는 분노가 처음 발생했을 때에 즉해서, 한 사람의 내부에서 생각의 순서에 따라 종으로(시간적으로) 말한 것이고, 朱子는 분노가 이미 발생하고 난 후에 즉해서, 두 사람 사이에서 이 사람에서 저 사람으로 횡으로(공간적으로) 말한 것이다(覺軒蔡氏曰: 不遷怒, 朱子謂怒於甲者不移於乙, 程子謂在物不在己……若不同矣。然程子是就怒初發……而直言之也, 朱子是就怒已發……而橫言之也。).

21 《周易·繫辭下》공자께서 말씀하셨다. "안회는 배움의 경지가 아마 도에 거의 가까이 가지 않았을까? 잘못된 생각[不善]이 있으면, 알아차리지 못한 적이 없고, 잘못된 생각[不善]임을 알아차리고는, 행동으로 옮긴 적이 없었다"(子曰: 顔氏之子, 其殆庶幾乎? 有不善未嘗不知, 知之未嘗復行也。);《近思錄·克己類》안자는 밖으로 드러난 잘못한 일이 없어, 공자께서 '안자는 배움의 경지가 아마 도에 거의 가까이 가지 않았을까?'라고 하셨으니, 이는 바로 (잘못한 일이 없어) 뉘우칠 일이 없었다는 것이다. 잘못이 밖으로 행동으로 드러나기 전에 생각 단계에서 이미 고쳤으니, 무슨 뉘우칠 일이 있었겠는가?(顔子無形顯之過, 夫子謂其庶幾乃無祇悔也。過旣未形而改, 何悔之有?)[程氏易傳];《論語新解》一說《周易·繫辭下》에, 공자께서 안자를 칭찬하기를, '有不善未嘗不知, 知之未嘗復行也。'라고 했다. 이는 (행사단계에서가 아니라) 단지 생각단계에서 (한 번) 잘못이 있는 것으로, 마음이 곧바로 잘못된 생각임을 깨닫고 살펴서, 즉시 금절을 가해, 행사단계에서는 행동의 잘못으로 더는 나오지 않게 한 것이다(一說《易传》稱顔子有过未尝不知, 知之未尝复行。是只在念虑间有过, 心即觉察, 立加止绝, 不复见之行事。).

22 《春秋左傳·文公18年》舜이 堯임금의 신하가 된 뒤에, 四門에서 현자들을 손님의 예로써 맞이하고, 네 凶族인 渾敦(혼돈)·窮奇(궁기)·檮杌(도올)·饕餮(도철)을 내쫓아, 사방의 변방으로 보내서, 사람을 해치는 螭魅(리매)를 막게 했습니다(舜臣堯, 賓于四門, 流四凶族, 渾敦, 窮奇, 檮杌, 饕餮, 投諸四裔, 以禦螭魅。); 四凶(사흉): 요순시대 때 악명을 떨친 네 부족의 수령(相传为尧舜时代四个恶名昭彰的部族首领。).

23 妍媸(연치): 아름다움과 추함(美和丑)

24 《論語大全》정자가 말했다. "소인의 분노는 자기에게 있고, 군자의 분노는 남에게 있다. 소인의 분노는 마음에서 나와 혈기로 작용해서 몸으로 나타나서 사물에 미치는데, 이로써 분노하지 않는 곳이 없는 지경까지 이르니, 이것이 '遷'이다. 분노가 이치에 있으면 옮길 곳이 없지만, 혈기에 의해 움직이면 옮기게 된다. 순 임금이 四凶을 정벌한 것은, 대개 四凶에게 분노할 만한 일이 있었기에 그 일을 분노한 것이다. 성인의 마음에는 본래 분노가 없다. 맑은 거울에 비유하면, 좋은 모습의 사물이 오면 좋은 모습을 비춰 보여주고, 나쁜 모습이 사물이 오면 나쁜 모습을 비춰 보여준다. 거울에 좋고 나쁨이 있는 것이 아니다. 세상 사람들은 원래 집안에서 분노하고는 시장에 가서 성을 낸다"(程子曰: 小人之怒在己, 君子之怒在物。小人之怒出於心, 作於氣, 形於身以及於物, 以至於無所不怒, 是所謂遷也。怒在理則無

地位, 豈有不善? 所謂不善, 只是微有差失[25]. 纔[26]差失便能知之, 纔知之便更不萌作.」
張子曰:「慊[27]於己者, 不使萌於再.[28]」

○정자(程子·伊川)가 말했다. "안자(顏子)의 분노는 사물에 있고 자기에게 있지 아니했
으니, 옮겨지지 않았다. (생각단계에서) (한 번) 불선(不善)(한 생각)이 있으면 알아차리지
못한 적이 없었고, 불선(不善)(한 생각)임을 알아차리고는 (행사단계에서는) 더는 불선(不
善)(한 일)이 없었으니, (이것이) 불이과(不貳過)이다.

또 말했다. "기뻐하거나 분노하는 것은, 내 밖의 사물에 있으니, 이치상 마땅히 기뻐하
게 되거나 분노하게 되는 것이고, 내 안의 혈기에 있지 아니하니, 옮겨지지 않는다.
순(舜) 임금이 사흉(四凶)을 정벌한 일의 경우, 순(舜) 임금이 분노한 것은 사흉(四凶)의
악행에 있었지, 순(舜) 임금 자신의 혈기가 정벌에 무슨 관여를 했겠는가? 거울이 사물
을 비추는 것처럼, 아름다움이나 추함이 거울 저쪽 사물에 있어, 사물에 따라 거울이
사물의 그 모습에 응해서 그 모습대로 비추는 것일 뿐이니[분노가 내 안의 혈기에 있지
아니하여, 옮기고 말고 할 게 없으니], 무슨 옮길 것이 있겠는가?"

또 말했다. "안자(顏子) 정도의 경지라면, 어찌 불선(不善)이 있었겠는가? 공자께서 말
씀하신바 불선(不善)이 있었다고 해도, 단지 미미한 정도로 착각이 있었을 뿐이다. 착

所遷, 動乎血氣則遷矣. 舜誅四凶, 蓋因是人有可怒之事而怒之. 聖人之心, 本無怒也. 譬如明鏡, 好物來時,
便見是好, 惡物來時, 便見是惡. 鏡何嘗有好惡也. 世之人, 固有怒於室而色於市.): (정명도가 말했다) 성
인이 기뻐하는 것은, 만나는 대상이 마땅히 기뻐할 만하기 때문이며, 성인이 화내는 것은, 만나는 대상이
마땅히 화낼 만하기 때문입니다. 이야말로 성인이 기뻐하고 화내는 것이 마음에 달려 있지 않고 대상에
달려 있다는 것입니다. 이와 같은데 성인이 어찌 사물에 응대하지 않겠습니까?(明道先生曰: 聖人之喜,
以物之當喜, 聖人之怒, 以物之當怒, 是聖人之喜怒不繫於心, 而繫於物也. 是則聖人豈不應於物哉?)(「答
橫渠張子厚先生書」)(강신주 外, 『스승 이통과의 만남과 대화-연평답문』[이학사, 2006], 113).

25 差失(차실): 착오. 착각. 실수(差错; 过失).
26 《北京虛詞》纔(재): =才. 부사~하자마자. 방금('纔(才)', 副詞。用于动词前, 表示动作施行不久。义即'刚
剛'、'刚'。).
27 慊(혐): 꺼리고 미워하다. 밉살스럽다. 불만스럽다(本义: 嫌疑。恨的, 不满的。).
28 《論語大全》'慊於己'는 단지 마음속에 흡족하지 못한 점이 약간 있다는 것이고, 곧바로 그 점을 알아차려,
곧바로 깨끗이 씻어버리고, 다시는 마음속에 싹트지 않도록 한 것이다(朱子曰: 慊於己, 只是略有些子不
足於心, 便自知之, 即隨手消除, 不復萌作.);《論語大全》안자는 마음[생각]의 허물은 있어도 몸[행실]의
허물은 없었다(許氏曰: 顏子雖有心過。無身過。).

각하자마자 금방 착각했음을 알 수 있었고, 알자마자 다시는 싹트지 않도록 했다."

장자(張子·張橫渠)가 말했다. "자기에게 흡족하지 못한 점이 (있으면) 다시는 싹이 트지 못하게 했다."

或曰:「詩書六藝, 七十子非²⁹不習而通也³⁰, 而夫子獨稱顏子爲好學。顏子之所好, 果何學歟?」程子曰:「學以至乎聖人之道也。」「學之道奈何³¹?」曰:「天地儲精,³²得五行³³之秀³⁴者爲人。其本也眞而靜³⁵。其未發也五性具焉, 曰仁, 義, 禮, 智, 信。形既生矣, 外物觸其形而動於中矣。其中動而七情³⁶出焉, 曰喜, 怒, 哀, 懼, 愛, 惡, 欲。情既熾³⁷而益蕩³⁸, 其性鑿³⁹矣。故學者⁴⁰約其情使合於中, 正其心, 養其性而已。然必先明諸心, 知所往, 然

---

29 非(비): 없다(无: 没有。).

30 《史記·孔子世家》참조.

31 奈何(내하): 어떻게 하다. 어찌하다(怎么样: 怎么办).

32 《朱子語類30: 49》"어떤 것이 儲精(저정)인지요?" "儲는 저축을 말한다. 천지가 음과 양 두 기의 精髓(정수)를 축적하기 때문에, 만물이 태어날 수 있다"(問: "天地儲精, 如何是儲精?" 曰: "儲謂儲蓄。天地儲蓄得二氣之精聚, 故能生出萬物。"); 儲精(저정): 정령의 기를 축적하다(蓄积精灵之气。); 儲(저): 비축하다. 쌓다. 저축하다(积蓄备用。积蓄。储蓄。储备。储金).

33 五行(오행): 금·목·수·화·토[우주 만물을 구성하는 5대 원소]. 인·의·예·지·신[오상](指金, 木, 水, 火, 土, 古代称构成各种物质的五种元素, 古人常以此说明宇宙万物的起源和变化: 五常: 五种德行。即五常: 仁、义、礼、智、信。).

34 秀(수): 곡물이 이삭이 패서 나온 꽃. 품덕이 빼어나다(谷物抽穗扬花: 优秀。多指人品德美好。).

35 《論語大全》'本'은 본체이다. '眞'은 人僞가 섞이지 않은 것이다. '靜'은 그 처음의 아직 사물에 감응하지 않은 때를 말한다. '五性'이 곧 '眞'이고, 五性이 아직 발현되지 않은 상태가 靜이다(朱子曰: 本, 是本體。眞, 是不雜人僞。靜言其初未感物時。五性便是眞, 未發便是靜。).

36 七情(칠정): 희·노·애·구·애·오·욕(人的七种感情或情绪。指喜、怒、哀、惧、爱、恶、欲。).

37 熾(치): 불기운이 왕성하다. 뜨겁고 왕성하다(热烈旺盛。火旺。).

38 蕩(탕): 요동치다. 일렁거리다(摇动: 摆动).

39 《朱子語類30: 54》"정자가 '情既熾而益蕩, 其性鑿矣。'라 했는데, 性이 어떻게 된 것을 '鑿'(착)이라 하는지요?" "性은 본디 파내버릴 수 없다. 다만 사람이 이 이치를 따르지 않고, 자기 하고 싶은 대로 함부로 하면, 性에 손상을 줄 수는 있을 뿐이다. 정자가 말한 '鑿'은 맹자가 말한 '鑿'[천착하다. 견강부회하다]의 뜻과 마찬가지인데[離婁下 제26장], 그래서 맹자는 다만 '養其性'[盡心上 제1장]이라 말했을 뿐이다. '養'은 性에 순종해서 손상 입지 않는 것을 말한다"(問: "程子云: '情既熾而益蕩, 其性鑿矣。' 性上如何說鑿?" 曰: "性固不可鑿。但人不循此理, 任意妄作, 去傷了他耳。鑿, 與孟子所謂鑿一般, 故孟子只說'養其性'。養, 謂順之而不害。"); 鑿(착): 물건을 뚫어 통하게 하다. 뚫다. 파내다(凡穿物使通都称凿。).

40 內閣本에는 '學者'가 '覺者'[깨달은 자]로 되어 있다.

後力行以求至焉[41]。若顏子之非禮勿視, 聽, 言, 動[42], 不遷怒貳過者, 則其好之篤而學之得其道也。然其未至於聖人者, 守之也, 非化之也。假之以年, 則不日[43]而化矣。今人乃謂聖本生知, 非學可至, 而所以爲學者, 不過記誦文辭之間, 其亦異乎顏子之學矣。」[44]

어떤 사람이 물었다. "시·서·예는 70명의 제자 모두가 익혀 통달하지 않는 자가 없었지마는, 공자(孔子)께서는 유독 안자(顏子)를 칭하여 배우기를 좋아한 자라고 했습니다. 안자(顏子)가 좋아한 배움이란, 과연 어떤 배움이었을까요?" 정자(程子·伊川)가 말했다.

---

41 줄여서 '明心知往 力行求至'로 많이 쓴다;《論語大全》'明諸心' '知所往'은 궁리의 일이고, '力行求至'는 실천·이행의 일이다. '知所往'은 가야 할 길을 아는 것이고, '力行求至'는 가야 할 길로 가는 것이다(朱子曰: 明諸心、知所往, 窮理之事, 力行求至, 踐履之事。知所往, 如識路, 力行求至, 如行路);《大學》대인의 학문의 길은 하늘에서 받아 간직되어 있는 밝고 맑은 덕성을 환히 밝히는 데에 있고, 백성을 새롭게 하는 데에 있고, 최고의 좋은 경지로 향해 가서 머무는 데에 있다(大學之道, 在明明德, 在親民, 在止於至善).

42 《顏淵 제1장》참조.

43 不日(불일): 오래지 않아서(不久).

44 이 글은 정이천의《顏子所好何學論》을 발췌한 것으로, 全文은《二程文集·卷九·伊川文集》및《近思錄·爲學類》에 실려 있다. 정이천은 이 글을 18세에 지었다고 한다;《論語大全》정이천의 이 단락의 논의는 周子[《雍也 제9장》각주 '周茂叔(주무숙)' 참조]의《太極圖說》에서 유래된 것이다(雲峯胡氏曰: 程子此段議論, 皆自周子太極圖說來);《太極圖說》무극인 태극이다. 태극이 움직여서 양을 낳고, 양의 움직임이 극에 달하면 움직임이 멈춰 잠잠해지고, 움직임이 멈춰 잠잠해져서 음을 낳는다. 음의 잠잠함이 극에 달하면 다시 움직인다. 한 번의 움직임과 한 번의 잠잠함이 서로의 뿌리가 되고, 음으로 나뉘고 양으로 나뉘어서, 兩儀[天地]가 선다. 양이 변화하고 음이 양과 짝이 되어 함께해서, 차례대로 五行[水·火·木·金·土]을 낳는다. 오행의 기운이 순차대로 퍼져서, 四時[春·夏·秋·冬]가 운행하게 된다. 오행은 하나의 음양이고, 음양은 하나의 태극이고, 태극은 본래 無極이다(無極而太極。太極動而生陽, 動極而靜, 靜而生陰。靜極復動。一動一靜, 互爲其根; 分陰分陽, 兩儀立焉。陽變陰合, 而生水, 火, 木, 金, 土。五氣順布, 四時行焉。五行一陰陽也, 陰陽一太極也, 太極本無極也). 오행이 생겨나면서, 각각 한 개씩의 성[仁·義·禮·智·信]을 갖춘다. 무극의 眞[理]과 음양오행의 精[氣]이 묘합되어 응결된다. '건도는 男[수컷]을 만들고, 곤도는 女[암컷]를 만들어'[周易·繫辭上], 두 기가 서로 감응하여 만물을 화생하고, 만물은 낳고 또 낳으니, 변화가 무궁하게 된다(五行之生也, 各一其性。無極之眞, 二五之精, 妙合而凝。乾道成男, 坤道成女。二氣交感, 化生萬物。萬物生生, 而變化無窮焉). 오직 사람만이, 오행의 빼어난 기를 얻어 가장 영물스럽다. 사람의 형체가 생기자, 정신은 지혜를 드러내고, 五性은 (物에 접해) 느껴 움직여서, 선과 악이 나뉘고, 만사가 나온다. 성인께서는 中[禮]·正[智]·仁·義로써 이를 안정시키시고 主靜[無欲而靜]으로써 人極[사람의 최고의 표준]을 세우셨다. 그러므로 성인은 '그 덕이 천지의 덕과 부합하고, 그 밝음이 일월의 밝음과 부합하고, 그 순차를 따름이 사시와 부합하고, 그 길함을 따르고 흉함을 피함이 귀신과 부합하고'[易經·█乾·文言], 군자는 이것들을 닦으니 길하고, 소인을 이것들을 거스르니 흉해지는 것이다(惟人也, 得其秀而最靈。形旣生矣, 神發知矣, 五性感動, 而善惡分, 萬事出矣。聖人定之以中正仁義, 而主靜, 立人極焉。故聖人與天地合其德, 日月合其明, 四時合其序, 鬼神合其吉凶, 君子修之吉, 小人悖之凶). 그러므로 '天道를 세워 陰과 陽이라 하고, 地道를 세워 柔와 剛이라 하고, 仁道를 세워 仁과 義라 한다'[周易·說卦]라고 했고, 또 '태어난 처음과 죽는 마지막을 탐구하니, 死生의 이치를 안다'[周易·繫辭上]고 했으니, 참으로 크구나, 易이여, 지극하구나!(故曰: "立天之道, 曰陰與陽。立地之道, 曰柔與剛。立人之道, 曰仁與義。" 又曰: "原始反終, 故知死生之說。" 大哉, 易也, 斯其至矣!).

"배워서 이로써 성인의 경지에 이르는 방법이었다."

"(성인의 경지에 이르는) 배움의 방법은 어떠합니까?" 정자(程子·伊川)가 말했다. "천지가 음과 양 두 정기(精氣)를 뭉쳐서 (만물을 낳는데), 오행(五行)의 빼어난 것을 얻은 것이 사람이다. 그 본바탕은 잡된 것이 없이 참되고 움직임이 없이 잠잠하다. 그 발현되기 전에는, 오성(五性)이 그 안에 갖춰져 있는데, 인·의·예·지·신(仁義禮智信)이라고 한다. 형체가 생기고 나서는, 외물이 그 형체에 닿으면 중심에서 움직임이 일어난다. 그 중심에서 움직임이 일어나면 거기에서 칠정(七情)이 나오는데, 희·노·애·구·애·오·욕(喜怒哀懼愛惡欲)이라고 한다. 칠정(七情)의 불길이 활활 타오르고 물결이 더욱 요동치면, 오성(五性)이 손상을 입게 된다. 그러므로 배우는 자는, 자기의 그러한 칠정(七情)을 단속하여 중도에 맞게 합치시켜, 자기의 마음을 바르게 하고, 자기의 오성(五性)을 (손상을 입지 않도록) 돌보고 지킬 뿐이다. 그렇지만 반드시 먼저 자기의 마음을 밝혀야 하고, 가야 할 곳을 알아야 하고, 그런 뒤에 실행에 힘써 거기에 이르기를 추구해야 한다.

안자(顏子)가 예(禮)가 아니면 보지도 듣지도 말하지도 움직이지도 않은 것, 분노를 옮기지 않고 같은 잘못을 되풀이하지 않은 것은 그 '好'(호)가 독실한 것이고 그 '學'(학)이 성인의 경지에 이르는 방법을 터득한 것이다. 그렇지만 그가 성인의 경지에 이르지 못한 것은 그것을 힘들여 지키는 단계에 머물렀지, 저절로 그리 바뀌는 경지에 이르지는 않았기 때문이다. 몇 년만 더 살았으면, 얼마 가지 않아서 저절로 그리 바뀌었을 것이다. 지금 사람들은 (이를 터득하지 못하고) 도리어 성인의 경지는 본래 태어나면서부터 아는 자의 경지여서, 배워서 도달할 수 있는 경지가 아니라고 말하고는, 배움이라고 하는 것이, 문장을 기억하거나 암송하는 지경을 벗어나지 못하고 있으니, 그 또한 안자(顏子)가 좋아한 배움과는 다르다."

[子華使於齊章]

060301、子華使於齊¹, 冉子爲其母請粟². 子曰:「與之³釜.」請益⁴. 曰:「與之庾.」冉子與之粟五秉.

자화(子華)가 제(齊)나라에 선생님의 심부름을 하러 갔다. 염자(冉子)가 자화(子華) 모친을 위하여 곡식을 내줄 것을 청했다. 선생님께서 말씀하셨다. "모친에게 한 부(釜: 6.4말)를 내주거라." 염자(冉子)가 좀 더 청했다. 선생님께서 말씀하셨다. "모친에게 한 유(庾: 16말)를 내주거라." 염자(冉子)가 자화(子華) 모친에게 곡식 다섯 병(5秉: 800말)을 내주었다.

---

1 《論語大全》이는 필시 아직 대부가 되기 전의 일이다(慶源輔氏曰: 此必未爲大夫時事.); 毛奇齡[1623~1716]의 《四書賸言》 생각건대, 형병이 《論語注疏》에서, 자화가 노나라에서 벼슬을 하여, 노나라 사신으로 제나라에 갔다고 했는데, 그렇다면 바로 공자께서 사구 벼슬을 맡은 때로, 원사가 공자의 가신을 맡을 때와 동일한 시기의 일로, 그래서 기록한 자가 두 일을 한 장에 합해서 병기한 것이다(按邢氏正義謂子華仕魯, 爲魯使而適於齊, 則正夫子爲司寇時, 與原思爲宰同一時事, 故記者合兩事而並記之.); 《先秦諸子繫年考辨 · 孔子弟子通考》 金鶚(김악)[1771~1819]이 말했다. "이 장은 아마도 공자께서 司寇가 되셨을 때의 일로, 그래서 녹봉이 이렇게 많았다. 또 原思가 공자의 가신이 되었을 때와 같은 시기로, 그래서 같은 종류끼리 기록한 것이다. 공자보다 나이가 四十二세가 작다고 하면[史記 · 仲尼弟子列傳], 공서적은 이때 고작 12, 3세인데, 어찌 심부름하러 갈 수 있었겠는가. '四'字는 '三'字의 와전이다. 《先進 제25장》 '子路,曾晳,冉有,公西華侍坐'는 나이에 따라 순서대로 적은 것이다. 염유는 공자보다 29세 작고, 공서화는 공자보다 32세 작아서, 염유 다음에 적은 것으로, 역시 자연스럽게 맞아떨어진다." 생각건대 金鶚의 견해가 맞다(金鶚云: 《论语》子华使于齐, 冉子与其母粟五秉 即夫子之粟. 此盖夫子为司寇时, 故有粟如此之多. 又与原思为宰同时, 故类记之也. 若少孔四十二岁, 则时方十二三岁, 安能出使乎? 四字或为三字之讹. 子路,曾晳,冉有,公西华侍坐, 此以齿序. 冉有少二十九, 子华少三十二, 序于冉有之下, 亦自合也." 今按: 金说甚是.).

2 《論語譯注》 일반적으로, '粟(속)'은 껍질을 벗기지 않은 곡식을 가리키고, 껍질을 벗긴 곡식은 '米'라 부른다. 그렇지만 고서 중에는 '米'를 '粟'으로 부른 경우가 있다(一般的说法, 粟是指未去壳的谷粒, 去了壳就叫做米. 但在古书中也有把米唤做粟的.); 《論語新解》 '粟'과 '米'는 對句로, '粟'은 껍질을 벗기지 않은 것이고, '米'는 껍질을 벗긴 것이다. '粟'만 쓸 경우는 '粟'이 곧 '米'이다(粟米对文, 粟有壳, 米无壳. 若单用粟字, 则粟即为米.); 粟(속): 열매가 밑으로 드리운 모양. 곡식, 낱알 갱이. 양식. 봉록(象草木果实下垂的样子. 后隶变为'西'. 本义: 粟子, 谷子. 粮食的统称. 俸禄); 《王力漢語》 請(청): ~을 주기를 청하다. 뒤에는 명사가 붙는다(请求给予, 后面跟着的是名词.).

3 《論語句法》 '之'는 '其母'를 가리킨다('之'稱代'其母'.).

4 《論孟虛字》 더 늘리다. 증가하다('益', 猶'增'. 爲'增加'之意.); 請益(청익): 더 줄 것을 청하다. 가르침을 청하다(请求增加: 向人请教).

使⁵, 爲, 並去聲。○子華, 公西赤也。使 爲孔子使也。釜, 六斗四升⁶。庾, 十六斗。秉, 十六斛。⁷
'使'(사)와 '爲'(위)는 둘 다 거성[shì; wèi]이다. ○'子華'(자화)는 공서적(公西赤)이다. '使'(사)는 공자(孔子)를 위하여 심부름하러 간 것이다. '釜'(부)는 여섯 말 넉 되이다. '庾'(유)는 열여섯 말이다. '秉'(병)은 열여섯 섬[160말]이다.

060302、 曰:「赤之適⁸齊也⁹, 乘肥馬, 衣輕裘¹⁰。吾聞之也¹¹, 君子周急¹²不繼富¹³。」
　　　선생님께서 말씀하셨다. "공서적(公西赤)이 제(齊)나라에 갈 때는, 살찐 말이 끄는 수레를 타고, 가벼운 털옷을 갖춰 입었다. 내가 듣기로는, 군자는 궁박한

---

5 使(사): [shì] 사신으로 외국에 가다. 사신. 심부름꾼(出使。奉命到外国执行任务或留驻的外交长官。使者。); [shǐ] 시키다. 부리다(令。役用,役使。).

6 《論語集釋》《周禮·地官司徒·廩人》의 '凡萬民之食食者, 人四鬴[釜], 上也…… '에 대한 鄭玄의 注에, '六斗四升을 鬴(부)[釜의 고금자]라 한다. 한 달 먹을 양의 쌀을 말한다'고 했다(按: 周禮廩人職: '人四鬴(鬴卽釜, 古今字)者, 上也.' 鄭康成曰: '六斗四升曰鬴. 此皆謂一月所食之米也.'); 斗(두): 1말. 10되. 1/10섬(十升为一斗, 十斗为一石。); 升: 1되. 10홉. 1/10말(十合为一升, 十升为一斗。).

7 斛(곡): 10말(斗). 1섬(=石. 中国旧量器名, 亦是容量单位, 一斛本为十斗, 后来改为五斗。);《儀禮·聘禮》10斗가 斛(곡)이고, 16斗가 籔(수)이고, 10籔[160斗]가 秉(병)이다(十斗曰斛, 十六斗曰籔, 十籔曰秉。).

8 《說文·辵部》'適'(적)은 '之'이다. '往'(왕)은 출발지를 기준[~에서부터 가다]으로, '適'(적)은 도착지를 기준[~로 향해 가다]으로 말한다(適, 之也; 段玉裁: 往, 自發動言之, 適, 自所到言之。); 適(적): ~로 가다.

9 《論語語法》'赤之適齊也'는 수식관계로 변화된 주술구로, 시간을 표시하는 부사어 역할로 쓰였다["공서적이 제나라에 갈 때는"]('赤之適齊也'是偏正化的主謂短語, 用作表示時間的狀語。);《助字辨略》'也'는 잠시 멈췄다가 어기를 바꾸는 말이다(也, 頓挫之辭也。);《古書虛字》'也'는 아랫글을 일으키는 단어이다('也'爲起下文之詞。).

10 [성]肥馬輕裘(비마경구): 살찐 준마를 타고 가벼운 털옷을 입다. 생활이 호사스럽다. 사치스러움을 형용하는 말(裘: 皮衣。骑肥壮的马, 穿轻暖的皮衣。谓骑着肥壮的骏马, 穿着轻暖的皮袍。后以形容生活豪华。形容阔绰。); 肥(비): 지방이 많다. 살찌다. 토실토실하다. 기름지다. 비옥하다(本义: 脂肪多。引申为肥沃。).

11 《文言虛詞》'也'가 부사어나 절의 잠시 멈춤을 표시한다('也'字可以表示副詞語和分句的停頓。).

12 [성]周急繼乏(주급계핍): 긴급한 물자를 원조하고 결핍한 자를 구제하다(周: 接济。继: 帮助。救济帮助有急难和贫乏的人。); 周急(주급): 생계가 곤란하고 위급한 상황을 구제하다(周济困急);《論語譯注》'周'는 후세 사람들은 '賙'로 썼다. 구제하다('周', 後人寫作'賙', 救濟。); 周(주): =週. 구제하다. (부족한 것을) 주다(通'週'。周济, 救济。); 急(급): 위급한 재난. 긴급한 일(急难, 危急的事。);《王力漢語》急(급): 절박하게 필요한 생활용품. 생활이 곤란하다(指迫切需要的生活資料, 生活困難。); 繼(계): 불리다. 늘리다. 원조하다(增益: 接濟。).

13 《論語譯注》"내가 듣기로는, 군자는 다만 눈 속에 묻힌 집에는 땔감을 보내줄 뿐, 금상첨화를 보내주지는 않는다고 했다"("我聽說過: 君子只是雪裏送炭, 不去錦上添花。").

데에다가 구제해주지, 부유한 데에다가 더 보태주지 않는다고 들었다."

衣, 去聲。○乘肥馬, 衣輕裘, 言其富也。急, 窮迫[14]也。周者, 補不足。繼者, 續有餘。
'衣'(의)는 거성[yì]이다。○살찐 말이 끄는 수레를 타고 가벼운 털옷을 입었다는 것은
공서적(公西赤)이 부유했음을 말한다。'急'(급)은 '궁박하다'[窮迫]이다。'周'(주)라는 것은
부족한 것을 채워주는 것이다。'繼'(계)라는 것은 계속 넉넉하게 해주는 것이다。

060303、原思[15]爲之宰[16], 與之粟九百[17], 辭[18]。[19]

---

14 窮迫(궁박): 몹시 곤궁하다。곤궁함이 절박하다(窮困窘迫。)。

15 原思(원사): 原憲。공자보다 36세가 적은 제자[孔子家語] BC 515~BC 475?; 공자가 벼슬하신 것이
52세 이후인데, 《孔子家語》에 의하면 공자께서 벼슬하실 때의 原思의 나이가 16세~20세인데, 이때는
벼슬한 나이가 아니기 때문에, 《孔子家語》의 36세가 26세의 잘못이라는 견해가 있다(《孔子家語·七十二
弟子解》 자공[BC 520~BC 456]이 네 필 말이 끄는 수레를 타고 원헌을 찾아갔다。원헌은 쑥대로
엮은 움막에 살고 있었는데, 자공에게 선왕의 도의에 대해 말했다。원헌은 다 떨어진 의관을 하고
날마다 나물밥을 먹으면서도 즐거운 모습으로 자기의 도를 지키고 있었다。자공이 말했다。"너무하십니
다。어찌 이리 病者 같은 행색으로 사시는지요?" 원헌이 말했다。"내 듣기로는, 재물이 없는 자를 貧者라
하고, 배운 도를 실행하지 못하는 자를 病者라 한다 들었습니다。나는 貧者일지언정 病者는 아니지요。"
자공이 이 말을 듣고 너무 부끄러워, 평생 자기의 실언을 수치스럽게 여겼다(子貢……結駟連騎, 以造原
憲。憲居蒿廬蓬戶之中, 與之言先王之義。原憲衣弊衣冠, 幷日蔬食, 衎然有自得之志。子貢曰: "甚矣!子如何
之病也。" 原憲曰: "吾聞無財者謂之貧, 學道不能行者謂之病。吾貧也, 非病也。" 子貢慚。終身恥其言之過。);
《莊子·雜篇·讓王》 자공이 이 말을 듣고 대답하지 못하고 우물쭈물하면서 부끄러운 기색이 되었다。
원헌이 웃으면서 말했다。"세속의 명성을 희망해서 행동하고, 끼리끼리 한 패가 되어 결탁하고, 남에게
내보이기 위해 배우고, 자기를 드러내기 위해 가르치고, 인의를 앞세워 사악을 숨기고, 수레를 화려하게
꾸미는 짓은, 나는 차마 하지 못합니다"(……子貢逡巡而有愧色。原憲笑曰: 夫希世而行, 比周而友, 學以爲
人, 敎以爲己, 仁義之慝, 輿馬之飾, 憲不忍爲也。);《史記·游俠列傳》 원헌의 경우에는, 일반평민으로서,
독서에 힘쓰면서 홀로 고상한 군자의 덕성을 마음에 품고, 도의를 굳게 지키고, 당시의 세속에 영합하지
않았으니, 당시 세상은 그를 비웃었다。그래서 원헌은 쑥대로 엮은 문을 단 횡한 집에서 갈포로 지은
옷을 입고 거친 잡곡밥도 배불리 먹지 못하면서 일생을 지냈다。그가 죽어 이미 400여 년이 지났는데,
제자들은 그에 대해 추념하기를 싫증 내지 않고 있다(及若原憲, 閭巷人也, 讀書懷獨行君子之德, 義不苟
合當世, 當世亦笑之。故原憲終身空室蓬戶, 褐衣疏食不厭。死而已四百餘年, 而弟子志之不倦。)。

16 《論語集解》 공자가 노나라 사구가 되어, 원헌을 공자의 가읍의 읍장으로 삼은 것이다(注: 苞氏曰: 孔子爲
魯司寇, 以原憲爲家邑宰也。);《論語正義》 여러 책에서 공자가 노나라에서 벼슬을 한 것을 언급했지만,
부세를 거둘 수 있는 채읍을 받으신 것에 대해서는 언급한 곳이 없는데, 그렇다면 집안의 집사가 있었을
뿐, 가읍의 읍장은 있을 수 없었다(諸書言孔子仕魯, 不言采地, 則止有家相, 不得有邑宰。);《論語譯注》
'之'는 용법이 '其'와 같다。공자를 가리킨 말이다('之', 用法同'其', 他的, 指孔子而言。)。

17 《論語集解》 900斗(注: 孔安國曰: 九百, 九百斗也。)。

원사(原思)가 공자(孔子)의 가읍(家邑)의 읍장이 되어서, 그에게 곡식 9백을 녹봉으로 주자, 사양했다.

原思, 孔子弟子, 名憲。孔子爲魯司寇時[20], 以思爲宰。粟, 宰之祿也。九百不言其量, 不可考。

'原思'(원사)는 공자(孔子)의 제자로 이름이 헌(憲)이다. 공자(孔子)께서 노(魯)나라 사구(司寇)였을 때에, 원사(原思)를 가읍(家邑)의 읍장으로 삼았다. '粟'(속)은 읍장의 녹봉이다. '九百'(9백)은 용량의 단위를 말하지 않아, 얼마나 되는 양인지 고찰할 방법이 없다.

060304、子曰：「毋[21]！以[22]與爾鄰里鄉黨[23]乎[24]！」

---

18 辭(사): 사양하다. 물리다. 받지 않다. 사절하다(推辭; 辭謝。).

19 《論語義疏》와 《論語注疏》本 등에서는, '原思爲之宰……'를 '子華使於齊, 冉子爲其母請粟……'과 별도로 한 장으로 나누었는데, 劉寶楠은 이 두 일은 같은 시기에 일어난 일이 아니고, 앞의 일은 冉有를 冉子라 칭한 것을 근거로 冉有의 문인이 쓴 것이라고 하여, 별도로 한 장으로 구분하는 근거로 삼았다.

20 《論語正義》공자께서 52세에 처음 노나라에서 中都宰를 하셨고, 53세에 司空・司寇로 올라가셨고, 56세에 벼슬에서 물러나셨다. 그렇다면 原思가 宰가 된 것은 대개 공자께서 司空・司寇였을 때일 것이다(正義曰: 案: 孔子五十二歲始仕魯, 爲中都宰, 五十三歲進位司空, 司寇, 五十六歲去位。則此原思爲宰, 蓋孔子爲司空・司寇時也。).

21 《論語集解》祿은 法에 따라 당연히 받는 것으로, 사양할 도리가 없다(注: 孔安國曰: 祿, 法所當受, 無以讓也。);《經傳釋詞》'毋'는 '無'와 같다. '곡식 구백을, 너는 받고 싶지 않더라도, 마을 사람들에게는 나누어 줄 수 있는데, 너는 그것을 써서 그들에게 줄 수 있지 않느냐?'는 말씀이다. 孔安國은, '毋'에서 끊어 읽어, '녹은 법에 따라 당연히 받는 것으로, 사양할 도리가 없다'고 풀이했는데, 잘못 풀이했다['毋以與……乎'로 붙여서 읽어야 한다](毋, 與'無'同。言九百之粟, 爾雖不欲, 然可分於鄰里鄉黨, 爾不以與之乎?……孔注讀'毋'字絕句, 云: '祿, 法所當受, 無以讓也。' 失之。);《論語正義》武億[1745~1799]의 《經讀考異》에 말했다. "'毋'는 '無'와 통하고, '以'는 '已'와 통하고, '毋以'로 아래 구절에 붙여 읽어, 《孟子・梁惠王上 제7장》의 '無以則王乎'[마다하지 않으신다면 왕도에 대해 말씀드릴까요?]와 같이 해도 통한다."["마다하지 말고 네 이웃에게 주거라"](正義曰: 武氏億《經讀攷異》謂'毋'通作'無', '以'通作'已', '毋以'亦連下讀, 如《孟子》'無以則王乎'句, 亦通。);《詞詮》금지부사. ~하지 마라(毋, 禁戒副詞。莫也。);《文言語法》'毋'는, 명령의 부정 즉 금지를 표시한다(命令的否定, 即表禁止, 古文常用'毋''勿'字。'毋'字又有時寫作'無'。).

22 《古書虛字》'以'는 '可'와 같다('以', 猶'可'也。);《論孟虛字》'以'는 '可'・'可以'와 같다["(당연히 받아야 하는 녹인데 사양하지 말고) 네가 사는 마을 사람들에게 나누어 주면 된다"]('以', 猶'可''可以'。意思是說: '當受之祿無讓, 可以分與爾鄰里鄉黨之人'。);《論語語法》개사 '以' 뒤에 개사목적어 '粟九百'이 생략되었다["粟九百을 가지고 네가 사는 마을 사람들에게 나누어 주어라"](介詞'以'後面省略'粟九百'這個副賓語。).

23 《王力漢語》다섯 가구를 鄰(린), 25가구를 里(리)라 한다(鄰, 五家爲鄰, 二十五家爲里。); 鄰里鄉黨(인리향당): 한마을 사람. 西周 때의 지방조직(泛称一乡的人。鄉遂制度: 西周時期的地方基層社会组织。).

24 《論語語法》'乎'는 바람 또는 흥정의 어기를 표시한다(乎, 表示祈求或商量的語氣。).

선생님께서 말씀하셨다. "사양하지 말거라! 녹봉으로 받은 곡식으로 네가 사는 마을 사람들에게 나누어 주도록 해라!"

毋, 禁止辭。五家爲鄰, 二十五家爲里, 萬二千五百家爲鄕, 五百家爲黨。言常祿不當辭, 有餘自可推之以周貧乏[25], 蓋鄰, 里, 鄕, 黨有相周之義[26]。

'毋'(무)는, 금지하는 말이다. 다섯 가구가 '鄰'(린)이고, 스물다섯 가구가 '里'(리)이고, 1만2천5백 가구가 '鄕'(향)이고, 5백 가구가 '黨'(당)이다. 말씀인즉, 일에 따라 정해져서 녹봉으로 받는 곡식은 사양해서는 안 되고, 다 쓰고 남은 곡식은 알아서 헤아려 가난한 사람을 구제해줄 수 있다는 것인데, 대개 린·리·향·당에는 서로 구제해주는 도리가 있다.

○程子曰:「夫子之使子華, 子華之爲夫子使, 義也。而冉子乃爲之請, 聖人寬容, 不欲直拒人。故與之少, 所以示不當與也。請益而與之亦少, 所以示不當益也。求未達而自與之多, 則已過矣, 故夫子非之。蓋赤苟至乏, 則夫子必自周之, 不待請矣。原思爲宰, 則有常祿。思辭其多, 故又敎以分諸鄰里之貧者, 蓋亦莫非義也[27]。」張子曰:「於斯二者, 可見聖人之用財矣。」

○정자(程子·伊川)가 말했다. "선생님께서 자화(子華)를 심부름 보낸 것과 자화(子華)가 선생님을 위해 심부름 간 것은 당연한 도리이다. 그런데 염자(冉子)가 뜻밖에도 자화(子華)를 위해 곡식을 내줄 것을 청하자, 성인께서는 그 청을 너그럽게 수용하시고,

---

25 貧乏(빈핍): 빈곤하다. 빈민(窮困, 貧困。貧民。).

26 《周禮·地官司徒·大司徒》다섯 家를 比로 해서 서로 보위해주도록 하고, 다섯 比를 閭로 해서 서로 의탁하게 하고, 넷 閭를 族으로 해서 서로 장례를 돕도록 하고, 다섯 族을 黨으로 해서 서로 구제해주도록 하고, 다섯 黨을 州로 해서 서로 구휼해 주도록 하고, 다섯 주를 鄕으로 해서 현자에 대해 서로 빈객의 예로써 접대하도록 한다(令五家爲比, 使之相保; 五比爲閭, 使之相受; 四閭爲族, 使之相葬; 五族爲黨, 使之相救; 五黨爲州, 使之相賙; 五州爲鄕, 使之相賓。).

27 《論語大全》사양할 것인지 받을 것인지, 취할 것인지 줄 것인지는, 오직 의리에 부합하는지 아닌지만을 살필 뿐이다. 염구가 (스승을 위해 심부름 가는 것이고, 또 부유한데도) 자화에게 곡식을 내주기를 청한 것이나 스스로 알아서 많이 내주는 것을 은혜를 베푸는 것으로 생각한 것, 원헌이 가난을 감수하면서까지 정해 받는 녹봉을 사양하는 것을 청렴으로 생각한 것, 이는 모두 의리를 살핌이 아직 정밀하지 못했던 까닭이다(新安陳氏曰: 辭受取予, 惟視義之當否爾。冉求爲請, 自多與以爲惠, 原憲甘貧, 辭常祿以爲廉, 皆察義未精故也。).

남의 말을 대놓고 거절하려 하지 않으셨다. 그래서 조금만 내주라고 하신 것인데, 이로써 내주는 것이 도리에 맞지 않는다는 속뜻을 내보이신 것이다. 더 내줄 것을 청하자 또다시 조금만 내주라고 하셨는데, 이로써 더 내주는 것이 도리에 맞지 않는다는 속뜻을 내보이신 것이다. 염구(冉求)가 깨닫지 못하고 저가 알아서 많이 내주었는데, 너무 지나쳤기 때문에, 선생님께서 그를 잘못했다고 하신 것이다. 아마도 공서적(孔西赤)이 정말 아주 궁핍했다면, 선생님께서 반드시 스스로 알아서 그를 도와주셨지, 다른 사람의 청이 있기를 기다리지 않으셨을 것이다.

원사(原思)는 읍장이 되었으니, 당연히 정해 받는 녹봉이 있었다. 원사(原思)가 녹봉이 많다고 사양했기 때문에, 원사(原思)에게는 또 그것을 이웃과 마을의 가난한 이들에게 나누어 주라고 가르치셨으니, 대개 또한 무엇 하나 의(義)에 맞지 않은 게 없다."

장자(張子·張橫渠)가 말했다. "이 두 가지 일에서 성인께서 재물을 쓰시는 법을 알 수가 있다."

[子謂仲弓章]

060401、子謂¹仲弓, 曰²:「犁牛之子騂且角³, 雖欲勿用⁴, 山川⁵其舍諸⁶?」⁷

---

1 《論語義疏》 '謂'는 반드시 대면해서 말하는 것이 아니다(疏: 范甯曰: 謂, 非必對言也。);《詞詮》謂(위): 타동사. 평론 · 비평하다. 그 사람을 대면하지 않고 말할 때도 쓴다('謂', 外動詞。非對其人爲言時而亦用之, 與今言'評論'批評'義同。).

2 《論語大全》 "'子謂仲弓曰: 犁牛之子, 騂且角'에 대해, 정이천은 '曰'字 한 글자가 더 있다고 하면서, '중궁 너는 犁牛之子이다'라는 뜻이라고 했고,《孔子家語 · 七十二弟子解》를 보면, '중궁은 못난 아버지에게서 태어났다'고 되어 있는데, 그 설명을 믿을 수 있는지요?" (주자가) 말했다. "성인께서는 결코 자식을 대면해서 그 아비의 못난 점을 말씀하려 하지 않으셨다." 어떤 자가 물었다. "('犁牛之子'라고 하신 것은) 중궁의 아버지의 못남으로 인해 은미하게 하신 말씀이 아닌지요?" (주자가) 말했다. "성인께서 이미 이렇게 말씀하셨는데, 이것이 무슨 문제이겠는가? 어찌 꼭 빙빙 돌려서 은미하게 말할 필요가 있겠는가? 그리고 또 '曰'字를 없애려고 하지만, '曰'字를 그냥 놔둔들 무슨 문제이겠는가? '子謂顔淵, 曰: 吾見其進也'[子罕 제20장]의 경우는, 안연에게 직접 하신 말씀이라고 해서는 안 된다. 하물며 이 한 편은 대체로 다른 사람들을 논한 것으로, 꼭히 중궁에게 하신 직접 말씀이 아니다. 蘇氏만이 '이 장은 중궁의 덕을 평론한 것이지, 중궁과 나눈 말씀이 아니다'라고 설명했다"(問: "'子謂仲弓曰, 犁牛之子, 騂且角'伊川謂多一曰字, 意以仲弓爲犁牛子。考之家語'仲弓生於不肖之父'其說可信否? 朱子曰: "聖人必不肯對人子說人父不善。"……或曰: "恐是因仲弓之父不肖而微其辭?" 曰: "聖人已是說了, 此亦何害? …… 何必要回互? 然又要除却曰字, 此曰字留亦何害? 如'子謂顔淵曰, 吾見其進也'不成是與顔淵說。況此一篇, 大率是論他人, 不必是與仲弓說也。只蘇氏却說此乃是論仲弓之德, 非是與仲弓言也。");《集注考證》'子謂仲弓'과 '子謂顔淵'[子罕 제20장]은 동일한 형식의 구로 같다. 정자는 '曰'字를 없애려고 했지만, 네 글자를 구로 보고 끊어 읽으면, 이는 두 제자를 평론한 것일 뿐, '曰'字에는 의문스러운 게 없는 것 같다(子謂仲弓'句與第九篇'子謂顔淵'句同。程子欲去曰字, 然以四字爲句, 則是論二子云爾, 曰字似無嫌。);《論語集釋》宦懋庸[1842~1892]의《論語稽》에 말했다. "논어 편중에는 '子謂……曰……'이라고 쓴 경우가 많은데, 예컨대, 안연[述而 제10장, 子罕 제20장] · 자공[公冶長 제8장] · 염유[八佾 제6장] · 백어[陽貨 제10장] · 자하[雍也 제11장]의 경우로, 대체로 모두 '……에게 말한다'는 말이다. '……를 논평한다'는 말의 경우로, '子謂子賤'장[公冶長 제2장]에는 '曰'字가 없으니, 이 예가 아니다. 오직 '惜乎吾見其進未見其止'장[子罕 제20장]의 '子謂顔淵曰……'에만 한 번 보일 뿐이다. '犁牛之子'는 바로 일반적인 고금의 인물을 논한 것으로, 중궁에게 犁牛之子에 대해 말씀한 것으로, ('犁牛之子'가) 꼭히 중궁을 가리킨 것은 아니다. 공자께서 '중궁은 남면하는 자리에 앉게 할 만하다'[雍也 제1장]고 하셨는데, 중궁이 계씨의 채읍의 읍장을 맡게 되어, '어떻게 덕이 있는 자인지, 재능이 있는 자인지를 알아보고 등용하겠습니까?'라고 여쭈자[子路 제2장], 중궁의 사람 됨됨이가 백성을 다스릴 도량이 있지만, 현재를 뽑아 등용하는 데 취택의 잣대가 너무 엄격하다고 생각하셨기 때문에, 공자께서 이 말씀으로 그를 깨우친 것이 아니었을까?"(論語稽: 論語篇中記'子謂'者多矣, 如顔淵, 子貢, 冉有, 伯魚, 子夏, 大抵皆與之言之辭。若論之之辭, 則子謂子賤章無曰字, 非此例。惟於惜乎吾見其進未見其止章一見之……犁牛之子乃泛論古今之人, 而與仲弓言之, 不必卽指仲弓也。子謂仲弓可使南面, 仲弓爲季氏宰, 問'焉知賢才而舉之', 意仲弓之爲人, 有臨民之度, 而於選賢舉才, 取擇太嚴, 故夫子以此曉之歟?).

3 [성]犁牛之子(리우지자): 아비의 못난 것이 자식의 현명을 덜어내지 못한다. 비천한 부모에게서 태어난 훌륭한 자식(比喻父虽不善却无损于其子的贤明); [성]犁牛騂角(리우성각): 얼룩소가 붉은색 털이 나고

뿔이 곧은 새끼를 낳다. 못난 아버지한테서 현명한 자식이 나오다(=犁生騂角。谓杂色牛生纯赤色,角周正的小牛。比喻劣父生贤明的儿女。);《論語集解》'犁'는 소의 얼룩무늬이다. '騂'은 붉은색이다. '角'은 둥글고 반듯한 것으로, 희생용으로 적합하다(注: 犁, 雜文也。騂, 赤色也。角者, 角周正, 中犧牲也。);《論語義疏》'犁'는 소의 무늬로, 얼룩무늬를 '犁'라 한다. '狸'로 읽는 경우, '狸'는 '雜文'[얼룩무늬]이고, '梨'로 읽는 경우, '梨'는 '耕犁'[쟁기질하다]를 말한다(疏: 犁, 牛文也。雜文曰犁。或音狸, 狸, 雜文也。或音梨, 犁謂耕犁也。);《經典釋文》'犂牛'는 쟁기로 밭을 가는 소이다(犂牛, 耕犂之牛。);《經義述聞 · 三十》'犁'와 '騂'은 對句로 쓰였다. 犁는 누런색과 검정색의 털이 섞여 있는 소의 명칭이다(謹案: 犁與騂對舉……其犁者, 黃黑相雜之名也。);《古今注》犁는 犣와 통한다. 犣는 검은 소이다. 黎(려)는 黑[검다]이다(犁與犣通。犣者, 黎牛也。黎者, 黑也。);《論語集釋》毛奇齡[1623~1716]의《四書賸言》에 말했다. "'犂牛'는 염백우를 가리키고, 仲弓은 염백우의 아들이다. 돌아가신 내 둘째 형님이 말했다. "염백우는 이름이 耕이고, 耕과 犂[犁]는 통용되는 글자로, 그렇다면 염백우의 본명이 犁이고, '犁牛之子'는, 단지 '쟁기질하는 소'라는 말로 이로써 그의 이름과 성씨를 은연중에 풍자하신 말씀일 뿐이다"(四書賸言: 犂牛指伯牛, 仲弓者, 伯牛之子…… 先仲氏曰:「伯牛名耕。耕與犂[犁]通…… 則伯牛本名犁, 其曰犁牛之子者, 但言耕牛以暗刺其名與氏。);《論語譯注》'犂牛'는 쟁기질하는 소이다. 옛날에는 제사에 쓸 희생은 쟁기질하는 소를 쓰지 않았고, 또 그 소가 낳은 새끼도 희생으로 어울리지 않는다고 여겼다('犂牛', 耕牛。古代供祭祀的犧牲不用耕牛, 而且認爲耕牛之子也不配作犧牲。); 犁(리): 쟁기. 소에 쟁기를 매어 밭을 갈다. 얼룩무늬. 흑색(用犁耕田; 耕田。耕地的农具。用牛拉犁耕田。雜色。黑。); 騂(성): 붉은 털이 난 말이나 소. 붉은 색(赤色的马和牛, 亦泛指赤色。);《論語詞典》角(각): 뿔이 반듯하게 자라다(角長得周正。).

4 《論語義疏》'勿'은 '不'과 같다(疏: 勿, 猶不也。);《論孟虛字》'勿用'은 '不用'과 같다. '不要用'[써서는 안 된다]의 뜻이다('勿用', 猶'不用', 意思就是'不要用'。);《論語譯注》'用'은《左傳 · 莊公25年》의 '用牲于社'[토지신에게 제사 지내는 데 희생을 썼다]의 '用'과 같다('用', 又同《左传》'用牲于社'之'用'。);《論語詞典》勿(물): 의지를 표시하는 부정부사["비록 그것을 희생으로 써서 제사 지내고 싶지 않을지라도"](表示意志的否定副詞: '雖然不想用它作犧牲來祭祀……');《百度漢語》勿(물): ~하지 마라. ~해서는 안 된다(不要, 別。)

5 山川(산천): 명산대천. 명산대천의 신(指名山大川。指名山大川之神。).

6 《論語集解》명산대천의 신이 어찌 그 새끼를 내버려 두겠느냐!(注: ……山川寧有舍之乎!);《論語義疏》'舍'(사)는 '棄'[버려두다]와 같다(疏: 舍, 猶棄也。);《論語正義》돌아가신 숙부님 劉台拱[1751~1805]의《論語駢枝》에 말했다. "민간의 쟁기질하는 소는, 제사용으로 대우하지 않은 까닭에, 제사용으로 쓰지 않으려고 했지만, 제사용 소가 부족할 때는 쟁기질하는 소의 새끼라도 제사용으로 취한 경우가 있었다.《周禮 · 地官司徒 · 牧人》에 보면, 붉은색 소를 희생으로 쓰는 경우가 셋이 있다. ①南郊에서 하늘에 지내는 제사. ②종묘제사. ③남쪽 명산대천에 지내는 제사. 南郊와 宗廟의 제사는 大祀이고, 名山大川의 제사는 次祀이다. 쟁기질하는 소의 새끼인데 騂 · 角을 갖추고 있는 경우에는, 비록 南郊와 宗廟에 지내는 大祀에는 쓰지 않을지언정, 名山大川에 지내는 次祀에서까지 설마 쓰지 않겠느냐?"(正義曰: 先從叔丹徒君《駢枝》云: ……民間耕牛, 非所以待祭祀, 故欲勿用。然有時公牛不足, 則犁牛之犢, 亦在所取……周禮用騂牲者三: 祭天南郊, 一也; 宗廟, 二也; 望祀南方山川, 三也。郊廟, 大祀也; 山川, 次祀也。耕牛之犢, 而有騂角之材, 縱不用諸上帝, 山川次祀亦豈得舍之? 不得已而思次之辭也。);《詞詮》其(기): 반어부사. 어찌. 설마. '其'와 '豈'는 음이 가깝기 때문에 서로 통용했다('其', 反詰副詞。豈也。'其"豈'音近, 故二字互通。);《論語詞典》반문을 표시하는 부사. 어찌. 설마["명산대천의 신이, 설마 그를 내버려 둘 리 있겠느냐?"]('其', 副詞, 表反問, 豈, 難道: '山川之神難道會捨棄它嗎?');《論語語法》'其'는 어기부사로, 겸사인 '諸'와 함께 쓰여, 반문어기를 표현한다('其'是語氣副詞, 跟兼詞'諸'(之乎)合用, 表現反詰語氣。);《經傳釋詞》'諸'는 '之乎'의 합성이다. 급하게 말할 때는 '諸'라 말하고, 천천히 말할 때는 '之乎'라 말한다(諸, '之乎'二字之合聲也。急言之曰'諸', 徐言之曰'之乎'。);《古漢語語法》'諸'가 반어문에 쓰였다('諸', '之乎'的合音合義詞。'之'表

선생님께서 중궁(仲弓)을 평하여 말씀하셨다. "얼룩소가 낳은 새끼라도, 털이 붉고 게다가 뿔이 둥글고 반듯하게 나 있다면, 비록 (천신·종묘에 지내는) 제사에는 쓰려고 하지 않을지라도, 명산대천의 신에게 지내는 제사에까지 설마 그 새끼를 쓰지 않고 내버려 두기야 하겠느냐?"

犁, 利之反. 騂, 息營反. 舍[8], 上聲. ○犁, 雜文. 騂, 赤色. 周人尚赤[9], 牲用騂. 角, 角周正[10] 中犧牲[11]也. 用, 用以祭也. 山川, 山川之神也. 言人雖不用, 神必不舍也. 仲弓父賤而行惡, 故夫子以此譬之. 言父之惡, 不能廢其子之善, 如仲弓之賢, 自當見用於世也. 然此論仲弓云爾, 非與仲弓言也.[12]

示賓語的代詞, '乎'表語氣詞. '諸'用於反問句。).

7 《淮南子·說山訓》 못생기고, 얼룩소인데다, 뿔도 없고 꼬리도 없는 소는, 코를 뚫고 멍에를 씌우지만, 송아지를 낳아 희생으로 쓰고자, 제관이 목욕재계하고 그 송아지를 강에 집어넣으면, 하백의 신이 어찌 그 송아지의 못난 어미를 부끄럽게 여겨, 제사를 거부하고 희생을 흠향하지 않겠는가?(髡屯犁牛, 既科以犕, 決鼻而羈, 生子而犧, 尸祝齋戒以沉諸河, 河伯豈羞其所從出, 辭而不享哉!).

8 舍(사): [shě] 한쪽에 놓아두다. 방치하다. 내버리다. 머물러 쉬다. 정지하다(放弃, 放下. 止息, 停止。); [shè] 가옥. 가축우리. 주둔지. 유숙하다(房屋. 饲养牲畜的地方. 军营. 住宿, 居住。).

9 《禮記·檀弓上》 夏后氏는 흑색을 숭상해서, 喪事에서 殮(염)은 어둑해진 때를 이용했고, 軍事에서는 검은 말을 탔고, 犧牲으로는 검은 소[玄牡]를 썼다. 殷나라는 백색을 숭상해서, 喪事에서 殮(염)은 한낮을 이용했고, 軍事에서는 백색 말을 탔고, 犧牲으로는 백색 소를 썼다. 周나라는 적색을 숭상해서, 喪事에서 殮(염)은 해가 뜰 때를 이용했고, 軍事에서는 붉은 색 말을 탔고, 犧牲으로는 붉은 소를 썼다(夏后氏尚黑; 大事斂用昏, 戎事乘驪, 牲用玄. 殷人尚白; 大事斂用日中, 戎事乘翰, 牲用白. 周人尚赤; 大事斂用日出, 戎事乘騵, 牲用騂。).

10 《論語大全》 완전하고 똑바르다(周正: 完全端正。); 《論語平議》 뿔이 둥글고 반듯한 것만을 '角'이라 한다면 말이 안 된다. 단지 '角'이라는 말만으로는, 그 뿔이 둥글고 바른지 여부를 알 방법이 없다. 그렇다면 여기서 '角'은 무엇을 말하는가? '角'은 (뿔이 아직 나오지 않은) 송아지와 구별해서 뿔이 난 (어린) 소를 말한 것이다. 《禮記·王制》에, '천지 신에 제사 지낼 때 희생으로 쓰는 소는 뿔이 누에고치 크기이거나 밤톨 크기이고, 종묘에 제사 지낼 때 쓰는 소는 뿔이 손아귀 한 줌 크기이다'라고 했는데, 여기에서 말한 '角'은, 작은 것을 귀하게 여겨, 이에 어린 소를 희생으로 쓰는 것이, 귀하고 정성스럽다는 뜻이다. 그런데 송아지는 뿔이 없으면 아직 희생으로 쓸 수 없다. 이 장에서 말한 '얼룩소의 새끼'를, 뿔이 아직 나지 않은 송아지로 생각할까 봐, 그래서 일부러 '角'이라는 말을 해서 희생으로 쓸 수 있다는 것을 밝힌 것이다. 털이 붉다고 했으니 희생으로서의 재질은 갖추었다는 것이고, 뿔이 났다고 했으니 희생으로 쓸 크기가 되었다는 것이니, 그래서 '雖欲勿用 山川其舍諸'라고 한 것이다(角周正而但謂之角則不詞矣. 但謂之角, 無以知其周正與否……然則角者, 何曰? 角者別於童牛而言之也. 禮記王制曰祭天地之牛, 角繭栗; 宗廟之牛, 角握, 是角, 以小爲貴, 乃用犢, 貴誠之義也. 然童牛無角, 猶未可用. 此云犁牛之子, 疑若童牛, 然故必言角以明可用. 曰騂則有其材矣, 曰且角則及其時矣, 故曰雖欲勿用, 山川其舍諸。).

11 犧牲(희생): 제사용으로 바치는 한 가지 색을 지닌 가축. 맹약·주연·제물용으로 바치는 희생(供祭祀用的純色全体牲畜; 供盟誓, 宴享用的牲畜。).

'犂'(리, lí)는 '利'(리)와 '之'(지)의 반절이다. '騂'(성, xīng)은 '息'(식)과 '營'(영)의 반절이다. '舍'(사)는 상성[shě]이다. ○'犂'(리)는 '얼룩무늬'[雜文]이다. '騂'(성)은 '붉은색'[赤色]이다. 주(周)나라 사람들은 붉은색을 숭상하여, 희생은 붉은 소를 썼다. '角'(각)은 뿔이 둥글고 반듯한 것으로, 희생으로 쓰기에 적합하다. '用'(용)은 '제사용으로 쓰다'[用以祭]이다. '山川'(산천)은 '명산대천의 신'[山川之神]이다. 말씀인즉, 사람들이 비록 (천신·종묘에 지내는) 제사에는 써서는 안 된다고 할지라도, 명산대천의 신에게 지내는 제사에는 결코 쓰지 않은 채 내버려 두지는 않으리라는 것이다. 중궁(仲弓)의 아버지가 신분이 미천하고 행실이 악했기 때문에, 선생님께서 이것으로 그를 비유하신 것이다. 말씀인즉, 아버지의 악한 행실이, 그 자식의 뛰어난 자질을 폐할 수는 없으니, 중궁(仲弓) 같은 어진 인물은, 자연히 응당 세상에 쓰임을 받는다는 것이다. 그렇지만 이것은 중궁(仲弓)을 논평하여서 하신 말씀일 뿐, 중궁(仲弓)을 대면해서 그에게 하신 말씀은 아니다.

○范氏曰「以瞽瞍爲父而有舜, 以鯀爲父而有禹。古之聖賢, 不係於世類[13], 尚[14]矣。子能改父之過, 變惡以爲美, 則可謂孝矣。」[15]
○범씨(范氏·范淳夫)가 말했다. "고수(瞽瞍)를 아버지로 두었는데도 순(舜) 임금이 있었고, 곤(鯀)을 아버지로 두었는데도 우(禹) 임금이 있었으니, 옛날의 성현은 가문이나 신분에 매이지 않은 지 오래되었다. 자식이 아버지의 잘못을 고칠 수 있고, 악한 행실을 변화시켜 아버지를 아름답게 할 수 있다면, 효라고 할 수 있다."

---

12 《述而 제10장》《子罕 제20장》 참조.

13 世類(세류): 출신 가문이나 사회적 지위(家世品类, 犹言出身。);《漢書·樊酈滕灌傅靳周傳》에, '仲尼稱'犂牛之子騂且角, 雖欲勿用, 山川其舍諸?' 言士不繫於世類也。'라는 구절이 나온다.

14 尚(상): 매우 오래되다. 멀고 오래다(久远; 古远).

15 《論衡·自紀》어미 소의 털이 검더라도 새끼의 털이 붉으면, 희생으로 쓰는 데 아무 지장이 없고, 조상이 혼탁해도 후손이 청렴하면, 걸출한 인재가 되는 데 아무 지장이 없다. 곤은 악인이었지만 우는 성인이었고, 고수는 완악했지만, 순은 신성했고, 백우는 나병을 앓았지만, 중궁은 몸이 깨끗하고 온전했고, 안로는 용렬하고 완고했지만, 안회는 걸출하여 무리에서 뛰어났고, 공구와 묵적의 조상은 우매했지만, 공구와 묵적은 성현이었다(母驪犢騂, 無害犧牲; 祖濁裔清, 不妨奇人。鯀惡禹聖, 叟頑舜神。伯牛寢疾, 仲弓潔全。顏路庸固, 回傑超倫。孔,墨祖愚, 丘, 翟聖賢。).

[子曰回也章]

060501、子曰:「回也, 其心三月不違仁[1], 其餘[2]則日月至焉[3]而已矣。[4]」

선생님께서 말씀하셨다. "안회(顏回)의 경우에는, 그 마음이 석 달 동안을 인(仁)에서 떠나지 않았지만, 그 나머지 사람들의 경우에는, 하루에 한 번이나

---

1 《論語大全》 '三月'은 단지 그 기간이 길다는 말일 뿐, 3개월 후에는 반드시 仁에서 떠날 것이라는 말이 아니다(朱子曰: 三月, 只是言其久爾, 非謂三月後必違也.).

2 '其餘'를 '안회 이외의 제자'로 보는 설[皇疏: 其餘, 謂他弟子也.]과 '3개월이 지나서'로 보는 설이 있다. '3개월이 지나서'로 보는 설을 취하는 金容沃은 '3개월이 지나서는, 날이면 날마다 달이면 달마다 힘을 안 들이고도 인한 채로 굴러간다'고 풀이한다.

3 《論語正義》 '日月至'는, 매번 하루 동안은 내내 인에 이른다는 것이다. 하루 동안은 인에 이른다는 것은, 하루에 한 번 이른다는 것이 아니다. 하루하루가 쌓여 한 달을 이루기 때문에, '日月至'[(인에 이른 기간이) 하루나 한 달에 이르렀다]라 한 것이다(正義曰: '日月至'者, 謂每一日皆至仁也. 一日至仁, 非謂日一至也. 積日成月, 故曰'日月至'.); 《古今注》 '日月至'은, 仁에서 떠나지 않은 기간이 어떤 사람은 한 달에 이르렀고, 어떤 사람은 며칠에 이르렀음을 말한다(日月至, 謂不違仁, 或引至一月, 或引至數日也.); 《論語詞典》日月(일월): 하루나 한 달(一天, 一個月.); 《論語新解》 '至'는 곧 '不違'이다. '違'는 살고 있는 집에서 떠나는 것을 말하고, '至'는 (살 집을 떠나 있다가) 살 집으로 이르는[오는] 것을 말한다. 사람이 집에 있는 경우, 잠깐 집을 떠나는 경우가 '違'이고, 집 밖에 있는 사람의 경우, 가끔 한 번씩 집에 오는 경우가 '至'이다. '不違'는 仁의 집에 살고 있는 것이고, '至焉'는 仁하고자 하는 것이다. 안연은 이미 仁을 안택[孟子・公孫丑上 제7장]으로 삼을 수 있었지만, 다른 사람은 仁하고자 하여 자주 仁에 이르는 것이다. '日月至'는 하루 동안 이르거나, 한 달 동안 이르는 것을 말한다. 안연과 다른 점은 (仁을) 아직 편안해하지 못하는 데에 있다(至, 即不違. 違言其由此他去, 至言其由彼來至. 如人在屋, 間有出時, 是違. 如屋外人, 間一來人, 是至. 不違, 是居仁也. 至焉, 是欲仁也. 顏淵已能以仁为安宅, 余人則欲仁而屢至. 日月至, 谓一日来至, 一月来至. 所异在尚不能安.); 《論語句法》 '焉'은 '於是'와 같고, '是'는 지칭사로 '不違仁'을 가리킨다["하루나 한 달 不違仁에 이르렀을 뿐이다"]('焉', 等於'於是', '是'字是指稱詞, 稱代'不違仁'.); 《論語新解》 '而已矣'는 이런 정도에서 그쳤다는 말로, 그들이 더욱 정진하기를 바라신 것이다(而已矣: 如此而止, 望其再进也.); 《論孟虛字》 '焉而已矣'는 모두 어기사로, 이를 써서 미진함이 있다는 뜻을 표시한다('焉', 猶'爾'. 通常和'爾'或'耳'及'而已矣'合用, 連成三合或四合的語氣詞, 以表不同的語氣. '焉而已矣', 乃是表意有未盡之語助詞.).

4 《論語集解》 다른 사람들은 잠시[하루 또는 한 달] 인에 이르는 때가 있었는데, 안회만은 철이 바뀌도록 바뀌지 않았다는 말이다(注: 言餘人暫有至仁時, 唯回移時而不變.); 《論語義疏》 인에서 떠나지 않은 이상, 응당 죽어서야 끝난다. 석 달을 든 것은, 석 달이 한 계절로, 석 달이 지나면 계절이 바뀌는데, 계절이 바뀌어도 여전히 不違를 행할 수 있다면, 바뀐 계절에도 행할 수 있을 것임을 알 수 있다. 다만 이끌어주고 부축해주고자 해서, 多時[오랜 시간 동안]라고 하지 않으신 것이다. 그래서 包咸이 말했다. "안자가 仁에서 떠나지 않은 게, 어찌 한 계절뿐이겠는가? 장차 이로써 다른 사람들의 뜻을 고무시키려고 했기 때문에, 그 오르는 계단을 끊지 않은 것뿐이다"(疏: 既不違, 則應終身而止. 舉三月者, 三月一時, 爲天氣一變, 一變尚能行之, 則他時能可知也. 亦欲引汲, 故不言多時也. 故苞述云: '顏子不違仁, 豈但一時? 將以勗群子之志, 故不絕其階耳.').

한 달에 한 번 인(仁)에 이를 뿐이었다.”

三月, 言其久。仁者, 心之德。心不違仁者, 無私欲而有其德也。日月至焉者, 或日一至焉, 或月一至焉, 能造⁵其域而不能久也。⁶

'三月'(삼월)은 그 기간이 길다는 말이다. '仁'(인)이라는 것은 마음의 본유한 덕이다. '마음이 인(仁)에서 떠나지 않았다'는 것은 사욕이 없이 인(仁)의 덕을 지니고 있었다는 것이다. '日月至焉'(일월지언)이라는 것은, 어떤 사람은 하루에 한 번 인(仁)에 이르렀고 어떤 사람은 한 달에 한 번 인(仁)에 이르렀다는 것으로, 인(仁)의 영역에 도달할 수는 있었지만 오래 머물지는 못했다는 것이다.

○程子曰:「三月, 天道小變之節, 言其久也, 過此則聖人矣。不違仁, 只是無纖毫⁷私欲。少有私欲, 便是⁸不仁⁹。」尹氏曰:「此顏子於聖人, 未達一閒¹⁰者也, 若聖人則渾然無閒斷¹¹矣。」

○정자(程子·伊川)가 말했다. “석 달은 천도 변화의 작은 한 단락으로, 그 기간이 길다

---

5 造(조): 성취하다. 깊은 경지에 도달하다. 조예가 깊다. 제작하다(成就。造詣。到。去。制作。).

6 《論語大全》仁과 心은 본래 하나인 물건이다. 사욕에 의해 한 번 서로 떨어져 끊어지게 되면, 心은 仁에서 떠나, 두 개의 물건이 된다. 사욕이 없어지고 나면, 心과 仁은 서로 떠나 있지 않고, 합쳐져서 하나의 물건을 이룬다. 心은 거울과 같고, 仁은 거울의 밝음과 같다. 거울은 본래는 밝은데, 먼지와 때에 의해 한 번 가려지면, 이에 밝음을 잃고 만다. 먼지와 때가 한 번 제거되면, 거울은 밝아진다. 안자는 3개월이라는 오랜 시간 동안 먼지와 때가 없었다(朱子曰: 仁與心本是一物。被私欲一隔, 心便違仁去, 却爲二物。若私欲旣無, 則心與仁便不相違, 合成一物。心猶鏡, 仁猶鏡之明。鏡本來明, 被塵垢一蔽, 遂不明。若塵垢一去, 則鏡明矣。顏子三箇月之久無塵垢。).

7 纖毫(섬호): 아주 미세하다. 아주 가는 털(极其细微); 纖(섬): 아주 가늘고 작다. 가녀리다(细小).

8 便是(편시): 바로. 곧~이다(即是, 就是。).

9 《論語大全》안자는 한 계절이 바뀌는 오랜 시간 동안에도, 仁을 행함이 이와 같았으니, 오랜 시간 동안 仁에 머물러 있을 수 있었다. 이 단계를 지나면, '마음이 하고자 하는 바를 좇아도, 법도를 벗어나지 않는'[爲政 제4장] 성인의 경지이다(程子曰: 顏子經天道之變, 而爲仁如此, 其能久於仁也。過此則從心不踰矩, 聖人也。).

10 《揚子法言·問神》안연은 중니에게 마음이 푹 빠져 있었으니, 중니보다 한 칸이 미달했다. 神은 潛心에 달려 있을 뿐이다(顏淵亦潛心於仲尼矣, 未達一閒耳。神在所潛而已矣。); 未達一閒(미달일간): 피차간에 단지 한 점의 차이일 뿐으로, 거리가 서로 멀지 않다. 통달의 경지에 한 단계 미달하다(指彼此只差一点, 相去不远。指未能通达, 只差一点。)

11 閒斷(간단): 이어지는 일의 단절. 끊김(连续的事情中断).

는 말인데, 이 기간을 넘어서면 성인이다. '인(仁)에서 떠나지 않았다'는 것은, 단지 아주 가는 털만큼의 사욕도 없었다는 것이다. 조금이라도 사욕이 있었다면, 곧 인(仁)이 아니다."

윤씨(尹氏·尹彦明)가 말했다. "이것이 안자(顔子)가 성인에 비해, 한 칸이 미달되는 점으로, 성인의 경우에는 다른 것이 섞이지 않은 한 덩어리 인(仁)이어서 잠깐 사이라도 인(仁)과의 단절이 없다."

張子曰:「始學之要, 當知『三月不違』與『日月至焉』內外賓主之辨[12]。使心意[13]勉勉循循而不能已[14], 過此幾非在我者。[15]」

장자(張子·張橫渠)가 말했다. "처음 시작 단계에서 배움의 요체는, 마땅히 '三月不違(삼

---

12 《論語大全》'三月不違'의 경우는 仁이 안에 있고 내가 주인이고, '日月至焉'의 경우는 仁이 밖에 있고 내가 손님이다. 진실로 이것을 구별할 줄 알면, 손님으로서 밖에 머물러 있지 않고, 안에 들어와 주인이 되기를 추구하는 것은 필연적이다[論語或問]. '三月不違'의 경우는 仁이 주인이고, 사욕이 손님이다. '日月至焉'의 경우는 사욕이 주인이고, 仁이 손님인데, 그 손님 역시 주인이지만, 밖에 있는 때가 많기 때문에, 손님이라 한 것이다[朱子語類31: 23]. '日月至焉'은 내가 저 사욕에 의해 밖으로 떠밀려 나간 것으로, 내가 저 사욕을 이겨내지 못한 것이다(朱子曰: 三月不違者, 仁在內而我爲主也; 日月至焉者, 仁在外而我爲客也。誠知辨此, 則不安於客, 而求爲主於內必矣: 三月不違底, 是仁爲主, 私欲爲客。日月至焉者, 是私欲爲主, 仁却爲客, 然那客亦是主人, 只是以其多在外, 故謂之客……日月至焉底, 便是我被那私欲挨出在外, 是我勝那私欲不得。).

13 心意(심의): 생각. 심정. 속마음. 의향. 마음과 뜻(意思: 心情).

14 《子罕 제10장》참조: 勉勉(면면): 힘쓰기를 게을리하지 않는 모양. 부지런히. 끊임없이(力行不倦貌); 循循(순순): 순서가 있는 모양. 차근차근(有順序貌).

15 《論語大全》'過此幾非在我者'에 대해 묻자, 주자가 답했다. "이것은 다만 순서에 따라 차근차근히 힘쓰고 힘쓰다 보면 저절로 그만 멈출 수 없다는 말로, 곧 저절로 자기로 말미암지 않는다는 것이다. 다만 이 관문은 넘기가 어려운데, 넘기만 하면, 저절로 멈추려 해도 멈출 수 없으니, 이른바 '그만두려 해도 그만둘 수 없다'[子罕 제10장]는 것으로, 마치 물이 차면 배가 떠가는 것과 같이, 더는 힘쓸 데가 없는 것이다. '幾非在我'는 나무를 심는 것과 같다. 처음에는 나무를 심고 흙을 북돋우고 물을 주어, 크게 자라고 나면, 저절로 가지를 뻗고 입이 자라나니, 인력이 무슨 소용이 있겠는가?"(問過此幾非在我者, 曰: "這只說循循勉勉便自住不得, 便自不由己。只是這箇關難過, 纔過得, 自要住不得, 所謂欲罷不能, 如水漲船行, 更無著力處。幾非在我, 如種樹一般。初間栽培灌漑, 及旣成樹了, 自然抽枝長葉, 何用人力?"). 이 단계를 지나면 성인의 경지인지를 묻자, 주자가 답했다. "그렇지 않다. 대개 공부가 이 단계에 도달하면, 내가 힘쓸 수 있는 바가 아니고, 자연히 그만 멈출 수 없다는 말이다. 수레가 이미 밀어 움직이게 되면 그 기세로 저절로 굴러가는 것과 같고, 배가 이미 출발하면 저절로 떠가는 것과 같다"(問莫是過此則聖人之意否, 曰: "不然。蓋謂工夫到此, 則非我所能用其力, 而自然不能已。如車已推而勢自去, 如船已發而纜自行。").

월불위)와 '日月至焉(일월지언) 중에, 어느 것이 안이고 어느 것이 밖이고 어느 것이 손님이고 어느 것이 주인인지의 구별을 아는 것이다. 마음과 뜻이 (배우기를) 부지런히 힘쓰고 순서대로 차근차근히 따라가서 (그만 멈추고 싶어도) 그만 멈출 수 없게 되면, 이 단계를 지난 다음 단계의 배움은 거의 나의 노력 여하에 달려 있는 것이 아니다."

[季康子問仲由章]

060601、季康子問:「仲由可使從政¹也與²?」子曰:「由也果³, 於⁴從政乎⁵何有?⁶」曰:「賜也, 可使從政也與?」曰:「賜也達⁷, 於從政乎何有?」曰:「求也, 可使從政也與?」曰:「求也藝⁸, 於從政乎何有?」

---

1 《論語集釋》張自烈[1597~1673]의《四書大全辨》에 말했다. "爲政者는 임금이고, 執政者는 卿이고, 從政者는 大夫이다"(四書大全辨: 爲政者君, 執政者卿, 從政者大夫也。);《論語正義》'從政'은 정치에 종사하는 것을 말한다. 어떤 사람은 '從政'을 '執政'이라고 하는데, 아니다. 노나라에서 사람을 보내 염구를 초치하여, 염구가 먼저 귀국했는데[史記・孔子世家], 이때 계강자가 비로소 세 사람이 정치를 맡길 만한지를 물어본 것이다. 그런즉, 중유와 염구가 계씨 가의 벼슬을 맡게 된 것은 모두 선생님께서 노나라에 귀국한 후의 일이다(正義曰: '從政'謂從事於政。或……以'從政'爲'執政', 非也。魯人使使召冉求, 冉求先歸, 至此, 康子始問三子從政。則由,求之仕季氏, 並在夫子歸魯後矣。).

2 《文言虛詞》의문문 중에는, '也'가 '乎'・'耶'・'與'・'歟'와 같은 여러 의문어기사와 연용하는 경우가 있다(在有些疑問句中, '也'字常和表疑問的語氣詞, 如'乎'、'耶'、'與'、'歟'諸字連用。);《文言語法》'也'字 밑에 '與'字를 덧붙이면 원래의 긍정문을 의문문이나 감탄문으로 변화시키는데, '與'字를 단독으로 쓴 문장과 다르게 없다(在'也'之下加'與', 便是把原來的肯定句变为疑问句或者感叹句了, 这和单独用'與'的没有什么分别。);《論語句法》'也與'는 두 개 어기사로, 의문어기사 '與'字만 쓸 경우, 어기가 약간 촉급한 느낌이어서, 그래서 앞에 '也'字를 붙인 것이다('也與'是兩個語氣詞, 單用一個句末疑問語氣詞'與'字, 語氣嫌急促些, 所以在'與'上加個'也'字這個語氣詞。);《北京虛詞》也與(야여): 시비의문문이나 선택의문문의 끝에 쓰인다('也與', 用于是非问句或选择问句末。义即'吗'、'呢'。).

3 《論語集解》'果'는 '果敢決斷[과감하게 결단을 내리다. 과단성이 있다. 딱 잘라 결단하다]을 말한다(注: 苞氏曰: 果, 謂果敢決斷也。);《論語詞典》果(과): 끝까지 관철시키다. 끝장을 보다(對一件事情堅持到底, 貫徹到底。).

4 《詞詮》於(어): 개사. 동작의 상대방을 나타낸다('於', 介詞。表動作之對象。);《許世瑛(二)》'於'는 동사가 술어로 쓰인 것으로, 그 뜻은 후대의 '對待[다루다. 취급하다]와 같다('於'字是動詞作述詞用, 它的意義等於後代的'對待'。)[論語、孟子中'於'字有做動詞用者解].

5 《古書虛字》'乎'는 어조사이다('乎', 助語之詞。);《論語詞典》乎(호): 어기사로 잠시 말을 멈춤을 표시한다(語氣詞。表停頓。);《論孟虛字》'乎'는 어말어기조사로, 이를 써서 잠시 멈추고 어기의 바꿈을 표시하며, 별다른 의미는 없이 다만 근거 없는 짐작・단정의 어기를 약간 띠고 있다('乎', 爲語氣助詞, 放在句中或句末, 以表示語氣頓挫, 別無意義可訓, 只是略帶推度和懸斷語氣。).

6 《論語義疏》'何有'는 부족함이 있겠느냐는 말로, 그래서 衛瓘[220~291]은 '何有'는 '다 하고도 남는다'라는 말이라고 했다(疏: 何有, 言不足有也。故衛瓘曰: 何有者, 有餘力也。);《論語注疏》'何有'는 '어렵지 않다'라는 말이다(疏: 正義曰: 何有, 言不難也。);《論語譯注》"무슨 어려움이 있겠습니까?"("有什麽困難呢?");《論語句法》何難之有'의 줄임말('何有', 是'何難之有'的省說。).

7 《論語集解》'達'은 사리에 통달한 것을 말한다(注: 孔安國曰: 達, 謂通於物理也。); 達(달): 통달하여 환히 알다. 환히 꿰뚫다. 사리에 밝다. 총명하다(通曉. 明白。);《論語譯注》"세상 물정과 사리에 밝다"("通情達理。").

8 《論語集解》'藝'는 재능이 많은 것을 말한다(注: 孔安國曰: 藝謂多才能也。);《論語正義》옛날에는 禮・樂・射・禦・書・數를 六藝라고 했다. 사람의 재능은 六藝에서 나오기 때문에, 蓺[藝]는 곧 재능으로 풀이했다.

계강자(季康子)가 물었다. "중유(仲由)는 정치를 맡길 만하겠지요?" 선생님께서 말씀하셨다. "중유(仲由)야 과단성이 있으니, 정치를 맡기는 데 무슨 부족함이 있겠습니까?" 계강자(季康子)가 물었다. "사(賜)는 정치를 맡길 만하겠지요?" 선생님께서 말씀하셨다. "사(賜)야 세상 물정과 사리에 밝으니, 정치를 맡기는 데 무슨 부족함이 있겠습니까?" 계강자(季康子)가 물었다. "구(求)는 정치를 맡길 만하겠지요?" 선생님께서 말씀하셨다. "구(求)야 재능이 많으니, 정치를 맡기는 데 무슨 부족함이 있겠습니까?"

與, 平聲。○從政, 謂爲大夫[9]。果, 有決斷[10]。達, 通事理。藝, 多才能。

'與'(여)는 평성[yú]이다. ○'從政'(종정)은 대부가 되는 것을 말한다. '果'(과)는 '결단력이 있다'이다. '達'(달)은 '사리에 밝다'이다. '藝'(예)는 '재능이 많다'이다.

○程子曰:「季康子問三子之才可以從政乎? 夫子答以各有所長[11]。非惟三子, 人各有所長。能取其長, 皆可用也。」

○정자(程子·伊川)가 말했다. "계강자(季康子)가 세 사람의 재질이 정치를 맡길 만한지를 묻자, 선생님께서 세 사람이 각기 지니고 있는 장점을 가지고 답변하셨다. 비단 세 사람만이 아니고, 사람은 각기 저마다의 장점이 있다. 그 장점을 취할 능력이 있으면, 어떤 사람이라도 다 쓸 수 있다."

염구는 소국을 다스려 3년쯤 되면, 그 백성들 살림살이를 넉넉히 할 수 있다고 자임했으니[先進 제25장], 그의 재능의 크기를 알 수 있다(正義曰: 古以禮、樂、射、禦、書、數爲六藝。人之才能, 由六藝出。故藝即訓才能。冉求自任, 以爲小國三年, 可以使足民, 其藝可知。).

9 《論語大全》 중유와 염구는 계씨의 宰로 일한 지 오래되었으니, 이 장에서 물은 '從政'은 大夫를 시킬 만한지 여부를 물은 것이다. 宰의 업무는 大夫의 家事에 한정되어 있을 뿐이지만, 大夫의 업무는 국정에 참여해서 듣는다(胡氏曰: 由求爲季氏宰久矣, 此問從政, 謂可使爲大夫否也。蓋宰有家事而已, 大夫則與聞國政。).

10 決斷(결단): 결정을 내리다. 과단성이 있다(做決定。果斷。); 決(결): 막힌 물길을 터서 물이 흐르게 하다. 끊어내고 찢어내다. 절단하다(本義: 疏通水道, 使水流出去。斷裂, 折斷。).

11 《管子·形勢解》 현명한 임금이 직책을 부여하고 일을 맡기는 경우는, 그 사람이 잘하는 일을 맡기고, 그 사람이 못하는 일을 맡기지 않기 때문에, 일이 성공하지 못하는 경우가 없고 공을 세우지 못하는 경우가 없다. 사리에 어두운 임금의 경우는, 각각의 장점·단점을 알지 못하고, 각자가 다 모든 것을 갖추기를 요구한다(明主之官物也, 任其所長, 不任其所短, 故事無不成, 而功無不立。亂主不知物之各有所長所短也, 而責必備。); 各有所長(각유소장): 각기 지니고 있는 장점. 각자의 재질(長: 长处, 优点。各有各的长处, 优点。一般多指人才而言。).

[季氏使閔子騫爲費宰章]

060701、季氏使閔子騫[1]爲費宰[2]。閔子騫曰:「善爲我辭焉[3]。如有復我者[4], 則吾必在汶
上[5]矣。」

계씨(季氏)가 민자건(閔子騫)에게 비(費)읍의 읍장 일을 맡아 하게 하려고 했다.

---

1 閔子騫(민자건): 姓 閔, 名 損, 字 子騫[閔子]. BC 536~BC 487. 공자 제자.《史記·仲尼弟子列傳》
閔損은 字가 子騫이다. 공자보다 15세 적다. 대부 가에서 벼슬을 하지 않았고, 더러운 임금의 녹을
먹지 않았다(閔損字子騫. 少孔子十五歲……不仕大夫, 不食汙君之祿.).《先進 제4장》참조.

2 《論語義疏》이 당시 계씨의 비읍의 읍장인 공산불요가 반란을 일으키자, 민자건이 현능하다는 소리를
듣고, 사자를 보내 비읍의 읍장으로 그를 부른 것이다(疏: 時季氏邑宰叛, 聞閔子騫賢, 故遣使召之爲費宰
也.).《論語集釋》張自烈[1597~1673]의 《四書大全辨》에 말했다. "《孔子家語·執轡》에, '민자건이 비읍
의 읍장이 되어, 공자께 정치에 대해 여쭈었다'라고 했다. (이때는) 공자께서 노나라 사구일 때로, 계환자
가 비읍을 허물기 전이었다. 공자께서 노나라를 떠나, 14년 뒤에 노나라로 돌아와서는, 노나라는 공자를
등용하지 못했다. 이때 계강자가 민자건을 비읍의 읍장을 시키자, 민자건이 사양하고 나아가지 않았으니,
공자의 도를 즐기고, 공자의 진퇴·행장을 살핀 것이다. 비읍의 읍장으로 나간 때와 사양한 때의, 시간상
거리가 15, 6년이다. 그런즉 '復我……'라고 말한 것은, 앞서서는 비읍의 읍장을 했지만, 지금은 비읍의
읍장을 또다시 하지 않을 것임을 밝힌 것이다"["나에게 또다시 비읍의 읍장을 시킨다면……"](四書大全
辨: 家語閔子騫爲費宰, 問政於孔子。在孔子爲魯司寇之時, 桓子未墮費前宰也。孔子去魯, 十有四年而反
乎魯, 魯不能用孔子。於時季康子使閔子騫爲費宰, 閔子辭而不就者, 樂夫子之道, 視夫子進退爲行藏。蓋辭
就兩費宰, 相越且十五六年矣。然則復我云者, 明乎前爲費宰, 今殆不可復也。).《論語正義》《史記·仲尼弟子
列傳》에, 민손이 '대부 가에서 벼슬을 하지 않았고, 더러운 임금의 녹을 먹지 않았'고 했는데, '不仕大夫'는
바로 이 장의 대부 계씨의 비읍의 읍장을 사양한 것을 가리켜 한 말이다.《孔子家語·執轡》에는, '민자건이
비읍의 읍장이 되어, 공자께 정치에 대해 여쭈었다'고 했는데, 논어와 현저히 배치되어, 거짓임을 알
수 있다(正義曰:《史記、弟子列傳》閔損"不仕大夫, 不食汙君之祿"。不仕大夫即指此辭費宰言。《家語、執
轡篇》載"閔子爲費宰, 問政於夫子", 與《論語》顯背, 此可知其僞矣。).

3 善爲我辭(선위아사): 나를 대신해서 잘 거절해버리다. 남에게 자기를 대신해서 잘 말해줄 것을 청하다
(好好地替我辭謝掉。后多用于请人代为说辞。).《北京虛詞》善(선): 부사. 친절하게. 매우 잘. 나무랄 데
없이. 우호적이고 진솔한 태도나 나무랄 데 없는 방식으로 모종의 동작을 시행하다('善', 副詞。表示以友
善、認真的態度, 或妥善的方式施行某种动作。义即'很好地'、'好好'、'妥善地'。).《詞詮》爲(위): ~을 도와
서('爲', 介詞。助也。).《文言語法》爲(위): ~를 대신하여('爲', 介詞。譯口語爲'替'。).《許世瑛(二)》'焉'은
'之'와 같고, '之'는 '爲費宰之事'를 가리킨다('焉'字等於'之', '之'字稱代'爲費宰之事').

4 《論語集解》'復我者'는 다시 와서 나를 부르는 것이다(注: 孔安國曰: 復我者, 重來召我也。).《北京虛詞》
如有(여유): 접속사. 만약~하면. 절을 이어서, 가설을 표시한다('如有', 連詞。連接分句, 表示假設。).《論
語詞典》如(여): 가설접속사. 만약(假設連詞, 假若).《論孟虛字》'如……則……' 형식의 가정문('如……
則……'句式, 構成假設性的因果相承關係, 在早期文言裡, 是常見的句式。).

5 《論語譯注》桂馥[1736~1805]의 《札樸(찰박)》에, '강은 陽으로써 북쪽을 삼는데, 某水上이란 말은
모두 강의 북쪽을 말한다'고 했다(桂馥札樸云: "水以陽爲北, 凡言某水上者, 皆謂水北。").

민자건(閔子騫)이 (그를 부르러 온 사자에게) 말했다. "나를 대신해서 그분에게 잘 전해주십시오. 만약 또다시 나를 부르러 오는 자가 있는 경우에는, 나는 반드시 문수(汶水) 북쪽에 있는 나라에 가 있을 것입니다."

費, 音祕。爲, 去聲。汶, 音問。○閔子騫 孔子弟子, 名損。費 季氏邑[6]。汶[7], 水名, 在齊南魯北竟[8]上。閔子不欲臣[9]季氏, 令[10]使者善爲己辭。言若再來召我, 則當去之齊。

'費'(비)는 음이 '祕'(비)이다. '爲'(위)는 거성[wèi]이다. '汶'(문)은 음이 '問'(문)이다. ○ '閔子騫'(민자건)은 공자(孔子)의 제자로, 이름이 손(損)이다. '費'(비)는 계씨(季氏)의 사읍(私邑)이다. '汶'(문)은 강 이름으로, 제(齊)나라 남쪽과 노(魯)나라 북쪽의 국경에 있다. 민자건(閔子騫)이 계씨(季氏)에게 신복(臣服)하고 싶지 않아서, 그를 부르러 온 사자에게 자기를 대신해서 잘 거절해달라고 시킨 것이다. 말인즉, 만약 또다시 자기를 부르러 오면, 마땅히 노(魯)나라를 떠나 제(齊)나라로 가겠다는 것이다.

○程子曰:「仲尼之門, 能不仕大夫之家者, 閔子 曾子數人而已[11]。」謝氏曰:「學者能少知內外之分[12], 皆可以樂道而忘人之勢[13]。況閔子得聖人爲之依歸, 彼其[14]視季氏不義之

---

6 《春秋左傳・僖公1年》[BC 659] 희공이 계우에게 汶水 남쪽의 田땅과 費땅을 하사했다(公賜季友汶陽之田, 及費。).

7 汶水(문수): 지금의 산동성의 大汶河로 북쪽으로 泰山에서 발원한다.

8 竟(경): 국경('竟假借为'境', 边境, 国境。).

9 臣(신): 사역하다. 신하로서 받들어 모시다(役使。臣服。).

10 令(령): 아랫사람에게 지시하다. ~하게 하다. 시키다(上对下有所指示。使, 让。).

11 《論語大全》 대부의 가에서 벼슬하는 것은 대부의 하인이 되는 것이다. 家人은 大夫와 同列이 아니어서, 上等人은 대부의 가에서 벼슬하려 하지 않는다(朱子曰: 仕於大夫家爲僕。家人不與大夫齒, 那上等人自是不肯做。); 子夏가 莒父의 읍장을[子路 제17장], 子游가 武城의 읍장을[陽貨 제4장], 子賤이 單父의 읍장을[公冶長 제2장] 한 적이 있고, 仲弓은 계씨의 사읍인 費邑의 읍장을 맡은 일이 있다[子路 제2장].

12 《里仁 제2장》의 集注 '謝氏曰: 仁者心無內外遠近精粗之間……' 참조;《莊子・逍遙遊》세상 모든 사람이 그를 칭찬해도 더 애쓰지 않고, 세상 모든 사람이 그를 비방해도 기가 꺾이지 않고, 자기와 외물에 대한 분별을 뚜렷이 하고, 영예와 치욕의 경계를 분명히 하는 것, 이뿐이다(且擧世而譽之而不加勸, 擧世而非之而不加沮, 定乎內外之分, 辯乎榮辱之竟, 斯已矣。)

13 《孟子・盡心上 제8장》 맹자가 말했다. "옛날의 어진 왕들은 선을 좋아하여 권세의 행사를 잊고 지냈다. 옛날의 어진 선비들이라고 어찌 유독 그러하지 않았겠느냐? 그 도를 즐기면서 남의 권세 따위는 염두에 두지 않았다. 그러므로 왕공이라도 경의를 다하지 않고 극진히 예를 다하지 않으면, 그들을 자주 만나볼 수 없었다. 만나보는 것마저도 자주 할 수 없었는데, 하물며 그들을 얻어서 신하로 삼을 수 있었겠느냐?"

富貴, 不啻[15]犬彘[16]。又從而[17]臣之, 豈其心哉? 在聖人則有不然者, 蓋居亂邦[18], 見惡人[19], 在聖人則可; 自聖人以下, 剛則必取禍, 柔則必取辱。閔子豈不能早見而豫待之乎? 如由也不得其死[20], 求也爲季氏附益[21], 夫豈其本心哉? 蓋既無先見之知, 又無克亂之才故也。然則閔子其[22]賢乎?」

○정자(程子·伊川)가 말했다. "공자(孔子)의 문인 중에 대부의 가(家)에서 벼슬하지 않을 자는 민자(閔子)와 증자(曾子) 등 몇 사람뿐이었다."

사씨(謝氏·謝顯道)가 말했다. "배우는 자가 조금이라도 내외의 구분을 분간할 줄 안다면, 모두 도를 즐기고 남의 권세를 잊고 지낼 수 있다. 더군다나 민자(閔子)는 성인을 만나 성인에게 의탁했으니, 그가 계씨(季氏)의 의롭지 못한 부귀를 보기를, 개돼지만도 못하게 보았다. 그럴진대 더 나아가서 그에게 신복하는 것이, 어찌 그의 마음이었겠는가? 성인의 경우에는 (閔子騫의 경우와는) 그렇지 않은 점이 있으니, 대개 어지러운 나라에 사는 것이나 악인을 만나는 것이, 성인의 경우에는 괜찮지만, 성인이 아닌 자의 경우에는, 강직하면 반드시 화를 불러들이고, 유약하면 반드시 치욕을 불러들이게 된다. 민자(閔子)가 어찌 일찍감치 이를 내다보고 미리 이에 대비하지 못했겠는가? 중유(仲由)가 제명대로 살지 못했고, 염구(冉求)가 계씨(季氏)를 위해 재산을 불려준 경우야,

---

(孟子曰: "古之賢王好善而忘勢, 古之賢士何獨不然? 樂其道而忘人之勢。故王公不致敬盡禮, 則不得亟見之。見且猶不得亟, 而況得而臣之乎?").

14 彼其(피기): 저것. 그것. 그(代词。那。那个: 他。).

15 《北京虛詞》不啻(불시): 부사. 단지~뿐이 아니다. ~로 그치지 않다('不啻', 副詞。用于动词、名词性短语、数词前, 表示不限于某个范围。义即'不仅'、'不只'。'不翅'义同。); 啻(시): 단지. 의문이나 부정을 표시하는 글자의 뒤에, '不啻', '匪啻', '奚啻' 형태로 쓰여, 이어주거나 비교하는 작용을 한다(仅仅, 只有。常用在表示疑问或否定的字后, 组成'不啻', '匪啻', '奚啻'等词, 在句中起连接或比况作用。如: 不啻如此).

16 犬彘(견체): 개와 돼지. 비열한 사람(狗和猪。喻卑劣或卑劣之人).

17 《北京虛詞》從而(종이): 더욱 나아가. 진일보하여. 단문을 연결시켜 점층관계를 표시한다('從而', 短語。用于递进复句的后一分句, 表示递进关系, 后项是前项的进一步深化。义即'进而'。).

18 《泰伯 제13장》참조.

19 《雍也 제26장》참조.

20 《先進 제12장》참조.

21 《先進 제16장》참조: 附益(부익): 늘리다(增加。增益。).

22 《北京虛詞》其(기): 부사. 아마. ~이지 않을까? ~일 것이다. 술어 앞에 쓰여, 상황에 대한 추측을 표시한다('其', 副詞。用于谓语前, 表示对情况的推测。义即'恐怕'、'大概'。).

어찌 그들의 본심이었겠는가? 대체로 미리 내다보는 지혜가 없었던 데다가, 또 화란(禍亂)을 극복할 재능도 없었기 때문이었으리라. 그렇다면 민자(閔子)는 아마도 현명한 게 아니었을까?"

[伯牛有疾章]

060801、伯牛¹有疾, 子問之, 自牖²執其手³, 曰:「亡之⁴, 命矣夫⁵! 斯人也而有斯疾也⁶!

---

1 冉伯牛(염백우): 名 耕, 字 伯牛. 세칭 冉伯牛 또는 冉子. BC 544~? 공자의 제자:《孟子·公孫丑上 제2장》자하·자유·자장은 모두 성인의 일부만 지녔고, 염우·민자·안연은 두루 성인의 전부를 갖췄지만 희미했다(子夏、子游、子張皆有聖人之一體, 冉牛、閔子、顔淵則具體而微.).

2 《論語義疏》'牖'(유)는 남쪽 창이다(疏: 牖, 南窗也.);《說文·片部》'牖'(유)는 벽을 뚫어서 나무를 교차시켜 만들고, 이를 통해서 해를 본다(牖, 穿壁以木爲交窗也. 牖, 所以見日.);《說文·囱部》벽에 있는 것을 '牖', 천장에 있는 것을 '囱'[窗의 本來字]이라 한다. [단옥재 주] 옛날 방에는 戶[외짝 문]가 있고 牖가 있었으니, 牖는 동쪽에 戶는 서쪽에 있었는데 모두 남향이었다(囱: 在牆曰牖, 在屋曰囱[段玉裁注: 古者室必有戶有牖. 牖東戶西. 皆南鄉.].);《王力漢語》'牖'(유)는 지금의 '窗'(창)이다. '窗'字의 본뜻은 천장에 있는 창, 즉 天窗[지붕창]이다('牖', 窗. 在牆上的叫'牖', '牖'正是今天所謂窗. '窗'字的本義是在屋頂上的窗, 即天窗.);《論語新解》或說에 제·노나라에서는 흙으로 만든 침상이 남쪽 창 아래 놓여 있어서, 군신의 예를 끌어다가 설명할 필요가 없다고 했는데[集注의 '禮: 病者居北牖下'…… 참조], 이 설이 맞다(或说: 齐、鲁间土床皆筑于南牖下, 不必引君臣之礼说之, 是也.).

3 《論語集解》백우가 악질에 걸려, 사람들을 만나보려 하지 않자, 공자께서 (방에 들지 않고) 창을 통해 그의 손을 잡은 것이다(注: 苞氏曰: 牛有惡疾, 不欲見人, 故孔子從牖執其手也.).

4 《論語集解》'亡'은 '喪'[죽다]이다(注: 孔安國曰: 亡, 喪也.);《論語正義》'亡'은 '無'로 해석한다. 吳英의 《經句說》은 '亡'을 '無'로 읽으면서,《春秋左傳·僖公23年》에서 公子가 '無之'라 말한 것은, '그런 일이 없다'는 말로, '無之'는 '이럴 리가 없다'는 말이다'라고 했다(正義曰: '亡'訓'無'……吳氏英《經句說》讀'亡'爲 '無', 云《春秋傳》公子曰無之, 謂無其事也, 此'無之'謂無其理也.); 亡(망): 죽다(死);《論語譯注》"살기 어렵겠구나"('難得活了.');《文言語法》'之'는 소품사로, 용법이 아주 많은데, 그중 하나는 자구 수를 조정 하는 작용이고, 하나는 어기를 느리게 하는 작용이다. 고문언의 문장구성의 원칙의 하나로, 합친 글자 수의 가장 바람직한 모습은 짝수가 되게 하는 것이다. 이것이 '之'字의 자구 수 조정 작용이다('之'字作为 小品词, 用法甚多. 其一是调整字数, 其一是和缓语气. 文言句法有一个这样的原则: 合起来的字数最好是 偶数. 这是'之'字调整字数的作用.);《論語詞典》之(지): 뜻이 없고, 음절조절작용을 한다(無義, 只起音節 調節作用.).

5 《文言虛詞》'矣'字의 긍정작용 외에, '夫'字가 또 추측·짐작을 겸해서 표시한다('矣夫', 除'矣'字起肯定作用 外, '夫'又兼表推測、估量.);《論語詞典》'矣夫'는 '夫'를 덧붙여 추측·짐작을 표시하며, '吧'와 같다('矣夫', 再加'夫'字, 兼表推測、估量, '夫'相当'吧'.);《北京虛詞》矣夫(의부): ~겠구나! 감탄과 추측의 의미를 모두 표시한다('矣夫', 语气词连用. '矣'表示肯定语气, '夫'表示感叹语气. 连用后, 主要表示感叹语气, 同时兼有 测度的意味. 又即'吧'、'了吧'.).

6 [성]斯人斯疾(사인사질): 이런 착한 사람이 이런 나쁜 병에 걸리다. 착한 사람이 불치병에 걸려 죽는 것을 탄식하다(这么好的人得了这么恶的病. 嗟叹好人因不治之症而死.);《論語義疏》'斯'는 '此'이다(斯, 此也.);《詞詮》지시형용사('斯, 指示形容词. 此也.);《文言語法》병렬접속사 '而'는 주어와 술어 사이에 놓여, 이어주는 작용을 표시한다(並列連詞'而'字的一種用法是放在主語和謂語之間, 也只是表示一種衔接 作用.);《古書虛字》'而'는 '當'과 같다('而, 猶'當'也.);《論語句法》'而'는 응당 '乃'字로 풀이해야 하고, '居然'·'竟'의 뜻으로, 백우가 뜻밖에도 이런 병에 걸렸음을 표시한다('而'字應該解作'乃'字, 是'居然'或'竟'的 意思, 表示出人意外, 伯牛會生這樣的病.);《經傳釋詞》'也'는 (의문어기사로) '邪'·'歟'·'乎'와 같다(也,

斯人也而有斯疾也[7]！」

백우(伯牛)가 병에 걸리자, 선생님께서 문병을 가서는, 창문 너머로 그의 손을 건네 잡고 말씀하셨다. "이런 병에 걸릴 리가 없는데, 어쩌지 못할 천명인가 보다! 이런 사람인데 이런 병이라니! 이런 사람인데 이런 병이라니!"

夫[8], 音扶. ○伯牛, 孔子弟子, 姓冉, 名耕. 有疾, 先儒以爲癩也[9]. 牖, 南牖也. 禮[10]: 病者居北牖下[11], 君視之, 則遷於南牖下, 使君得以南面視己. 時伯牛家以此禮尊孔子, 孔子不敢當, 故不入其室, 而自牖執其手, 蓋與之永訣[12]也. 命[13], 謂天命. 言此人不應有此疾,

---

猶'邪'也, '歟'也, '乎'也).

7 《白虎通義·壽命》명에는 세 가지 종류가 있으니 기록으로 검증할 수 있다. 받은 한도대로 사는 壽命(수명)이 있고, 억울한 죽음을 당하는 遭命(조명)이 있고, 행실에 따라 상응해서 받는 隨命(수명)이 있다. 遭命은 무자비하게 죽이는 시대를 만나기를, 위로는 혼매한 군주를 만나고, 아래로는 재앙과 사변이 마구 닥쳐, 사람의 생명을 요절시키고, 사록산이 무너져 내려 읍을 덮치는 경우[春秋左傳·僖公14年]가 바로 이것이다. 염백우는 바르게 말하고 바르게 행동했는데도 악질에 걸렸으니, 공자께서 '命矣夫!斯人也而有斯疾也!'라 하셨다(命有三科以記驗: 有壽命以保度, 有遭命以遇暴, 有隨命以應行……遭命者逢世殘賊, 若上逢亂君, 下必災變暴至, 夭絶人命, 沙鹿崩于受[襄]邑是也. 冉伯牛危言正行而遭惡疾, 孔子曰: '命矣夫! 斯人也而有斯疾也!').

8 夫(부): [fú, 扶] 발단사. 발어사. 지시대명사. 지시형용사. 語已辭. 감탄·의문어기사(語端辭. 发语词, 表提示作用. 指示代名词, 形容词. 語已辭. 用于句末, 表示感叹或疑问.); [fū] 성년남자. 남편. 노동에 종사하는 사람(古代称成年男子. 夫婿. 从事某种劳动的人.).

9 《淮南子·精神訓》안연은 요절했고, 계로는 위나라에서 젓갈로 담겨졌고, 자하는 실명했고, 염백우는 나병에 걸렸다(顔淵夭死, 季路菹于衛, 子夏失明, 冉伯牛爲厲冉伯牛爲厲);《論語集釋》毛奇齡[1623~1716]의 《四書賸言》에 말했다. "'伯牛有疾'에 대한 包咸의 注에, '염백우는 惡疾에 걸렸다'고 했는데, 생각건대 옛날에는 惡疾을 나병이라 했다"(四書賸言: 論語'伯牛有疾'. 包注:「牛有惡疾.」按古以惡疾爲癩.); 癩(나): 나병. 한센병(麻风病).

10 《禮記·喪大記》병이 위독해지면, 안과 밖을 청소하고, 임금과 대부는 매달아 놓은 악기를 떼어내고, 선비는 금슬을 없애, 소리가 나지 않게 한다. 동쪽으로 머리를 두르고 북쪽 창 아래에 눕는다. 침상을 없애고, 입던 옷을 벗기고 새 옷으로 갈아입히고, 사지를 한 사람씩 붙잡는다. 남녀 모두 옷을 갈아입힌다. 솜을 뜯어 코에 대보고 숨이 끊어진 지를 살핀다. 남자는 부인의 품에서 죽음을 맞이하지 않고, 여자는 남자의 품에서 죽음을 맞이하지 않는다(疾病, 外內皆掃. 君大夫徹縣, 士去琴瑟. 寢東首於北牖[牆]下. 廢床. 徹褻衣, 加新衣, 體一人. 男女改服. 屬纊以俟絶氣. 男子不死於婦人之手, 婦人不死於男子之手.).

11 《論語正義》《士喪禮》의 "寢東首於牆下"가 《喪大記》에는 '北牖下'로 되어 있고, 지금 책에는 '牖'이 모두 '牖'로 와전되어 있으니, 잘못이다(正義曰:《士喪禮》"寢東首於牆下",《喪大記》作"北牖下", 今本"牆"皆僞"牖", 非也.);《古今注》북쪽 벽에는 본래 창문이 없으니, '北牖(북유)는 '北牆(북용)[북쪽 벽]으로 써야 맞다(案: 北本無牖, 但當曰北牖當作北牆而已.).

12 永訣(영결): 영이별하다(永別. 指死別).

13 《論語大全》'命'이 무엇인지를 묻자, 주자가 답했다. "맹자가 말한, '아무도 그것을 초치하지 않았는데

而今乃[14]有之, 是乃天之所命也。然則非其不能謹疾[15]而有以致之, 亦可見矣。[16, 17]

'夫'(부)는 음이 '扶'(부, fú)이다. ○'伯牛'(백우)는 공자(孔子)의 제자로, 성이 염(冉)이고 이름이 경(耕)이다. 걸린 병이, 선유들은 문둥병이라고 했다. '牖'(유)는 남쪽 벽에 낸 창이다. 《예기》(禮記)에, '병자는 북쪽 벽 아래에 있다가, 임금이 문병하면 남쪽 벽에 낸 창 아래로 옮겨, 임금이 남면하여 자신을 볼 수 있게 한다'고 했다. 당시 백우(伯牛)의 집에서 이 예(禮)를 써서 공자(孔子)를 존대하자, 공자(孔子)께서 감당하시지 못했기 때문에, 그의 방에 들어가시지 않고, 창문 너머로 그의 손을 건네 잡고, 아마 그와 영이별하신 듯하다. '命'(명)은 천명을 말한다. 말씀인즉, 이 사람이 응당 이런 병에 걸릴 리가 없는데, 지금 뜻밖에도 이런 병에 걸렸으니, 이는 곧 하늘이 명한 일일 것이라는 것이다. 그렇다면 그가 병을 조심하지 못한 데에 이런 병을 불러들인 원인이 있는 것이 아니라는 것을, 또한 알 수 있다.

오는 것이, 命이다'[萬章上 제6장]라고 했을 때의 '命'이다"(問命者何也, 朱子曰: 孟子所謂莫之致而至者[命也]也。).

14 《北京虛詞》乃(내): 부사. 뜻밖에도('乃', 副詞。表示情況出乎意料。又卽'竟'、'居然'。).

15 《述而 제12장》 참조.

16 《論語大全》안회와 염백우의 죽음이라야 命이라 할 수 있다. 안회에 대해서는 '短命'이라 하셨고, 염백우에 대해서는 '命矣夫'라 하셨다. 대개 修身盡道하고 謹疾하고 회한이 없는데도, 이에 그쳤다면, 命이라 할 뿐이다. 죽음이나 병을 초치한 일이 있었다면, 이는 그것을 초치한 원인이 있는 것으로, 제명에 죽은 것이 아니다(南軒張氏曰: 如顏冉之死, 乃可謂命。於顏曰短命, 於冉曰命矣夫。蓋其修身盡道, 謹疾又無憾, 而止於是, 則曰命而已。若有取死召疾之道, 則是有以致之而至, 非天命之正矣。).

17 《讀四書大全說》성인께서 말씀하신 命은, 모두 하늘의 氣의 운행변화가 무심히 사물에 미치는 면에서 말씀하신 것이다. 하늘은 단 하루도 그 명을 내는데 쉼이 없고, 사람은 단 하루도 하늘에서 명을 받는데 쉼이 없으니, 그래서 '凝命'(응명)[명을 완수한다][易經‧☶☲鼎‧象傳]이라 하고, '受命'(수명)[명을 받는다]이라 한 것이다. 만약 태어난 처음에 받은 명이라고 한다면, 지식이 열리지 않았고 인사가 일어나지 않았는데, 누가 그 명을 완수하겠으며, 또 어찌 '大德이라면 반드시 천명을 받는다'[中庸 제17장]고 하겠는가?(聖人說命, 皆就在天之氣化無心而及物者言之。天無一日而息其命, 人無一日而不承命於天, 故曰"凝命", 曰"受命"。若在有生之初, 則亦知識未開, 人事未起, 誰爲凝之, 而又何大德之必受哉?). 천명은 무심하고 쉼이 없는데, 어찌 이것이 사람이 태어나는 처음을 알고는, 인생을 다스리는 도구를 한꺼번에 다 베풀었다가, 이것이 사람이 태어난 후가 되어서는, 드디어 그 일을 그치고 그 사람을 따르기만 하겠는가? 또 어찌 태어난 순간에만 명을 받아들이는 자질이 있고 태어난 후에는 죽을 때까지 하나같이 명을 받을 수 없겠는가? 한결같이 태어나는 처음에다 명을 귀속시키니, 음양‧복서와 같은 小道가 이로 말미암아 흥하는 것이다(……天命無心而不息, 豈知此爲人生之初, 而盡施以一生之具; 此爲人生之後, 遂已其事而聽之乎? 又豈初生之頃, 有可迓命之資; 而有生之後, 一同於死而不能受耶? 一歸之於初生, 而術數之小道緣此興矣。).

○侯氏曰:「伯牛以德行稱[18], 亞於顏, 閔。故其將死也, 孔子尤痛惜之。」

○후씨(侯氏·侯師聖)가 말했다. "백우(伯牛)는 덕행으로 이름이 났는데, 안자(顏子)와 민자(閔子) 다음이었다. 그래서 그가 죽게 되자, 공자(孔子)께서 더욱 가슴 아파하시고 애처롭게 여기신 것이다."

___

18 《先進 제2장》 참조.

[賢哉回也章]

060901、子曰:「賢哉¹, 回也! 一簞食, 一瓢飲², 在陋巷³。人不堪其憂⁴, 回也⁵不改其樂。⁶

---

1 賢(현): 덕을 갖추다. 재능이 많다(有德行; 多才能。);《王力漢語》'哉'(재)字와 그 앞의 형용사가 문장 앞으로 나와, 도치문을 구성하여, 강렬한 감탄어기를 표시할 수 있다('哉字和它前面的形容詞也可以提到 句首, 構成倒裝句, 表示強烈的感歎語氣。);《古漢語語法》감탄문과 의문문에서, 강조를 위해, 술어를 주어 앞으로 끌어 올린다(在感叹句和疑问句中, 为了强调, 把谓语提到主语前。).

2 [성]簞食瓢飲(단사표음): 한 그릇 밥과 한 바가지 물. 학자가 청빈한 생활에 편안해하다. 생활이 빈궁하다 (一簞食物, 一瓢饮料。形容读书人安于贫穷的清高生活。生活貧窮。); [성]一簞一瓢(일단일표): 빈궁을 편 안히 여기는 학자의 청렴하고 고결한 생활(一簞食物, 一瓢饮料。形容读书人安于贫穷的清高生活。);《論 語集解》'簞'(단)은 '笥'(사)[대광주리], '瓢'(표)는 '瓠'(호)[표주박]이다(注: 孔安國曰: 簞, 笥也。瓢, 瓠 也。); 食(사): 밥(吃的食物; 飯。); 飲(음): 마시는 물(喝的東西。饮料。); 瓢(표): 조롱박을 반으로 잘라 껍데기로 만든 국자. 표주박(用葫芦干壳做成的勺。).

3 [성]簞瓢陋巷(단표누항): 살림살이가 간출하게 안빈낙도의 생활을 하다. 청빈한 삶의 전범(簞: 古代盛饭 的圆形竹器; 瓢: 古代装水的小容器。一簞食物, 一瓢汤水。形容生活简朴, 安贫乐道。后以'簞瓢陋巷'为生活 清贫的典故。); [성]簞瓢屢空(단표누공): 먹을 것 입을 것이 부족하다. 몹시 빈곤하다(簞: 盛饭竹器; 瓢: 舀水器。吃的喝的匮乏。形容生活非常贫困。);《論語正義》樂史[930~1007]의《太平寰宇記》에는, '陋巷 은 곡부현 서남쪽으로 2里 떨어진 곳에 있고, 공자 사당은 북쪽에 200보 거리에 있다'라고 했다(正義曰: 《寰宇記》: 陋巷在曲阜西南二里, 孔子廟北二百步。);《經義述聞》부친[王念孫]께서 말씀하셨다. "옛날에는, 마을의 안길을 巷이라 했고, 사는 집 역시 巷이라 했다. 그래서《廣雅》에, '衖(항)은 凥(=居)이다'라고 했는데, 衖과 巷의 옛 글자는 서로 통했다.《論語·雍也》에, '在陋巷'은 비좁은 집을 말한 것으로, 바로 《禮記·儒行》에서 말한, '한 돼기 땅에 한 키 높이 담장을 두른 집'이다"(家大人曰: 古謂里中道爲巷, 亦謂所 居之宅爲巷。故廣雅曰衖, 凥也, 衖巷古字通。論語雍也篇, 在陋巷, 陋巷謂陰狹之居, 即儒行所云, 一畝之 宮, 環堵之室也。);《百度漢語》陋巷(누항): 좁은 골목. 비좁은 집(简陋的巷子。一说, 狭小简陋的居室。); 《百度漢語》巷(항): 주택. 똑바르고 넓은 길이 '街'(가), 굽고 좁은 길이 '巷'(항)이다(住宅。直为街, 曲为 巷: 大者为街, 小者为巷。).

4 [성]不堪其憂(불감기우): 그와 같은 시름과 고뇌를 참고 받아들이지 못하다(不堪: 忍受不了。堪: 忍受。 忧: 愁苦。不能忍受那样的愁苦。);《論語注疏》안회의 거처가 또 비좁고 더러운 골목에 있었으니, 다른 사람이 이런 형편을 보고, 근심을 감당하지 못한다는 말이다(疏: 正義曰: 言回居處又在陰陋之巷, 他人見 之, 不任其憂。);《古今注》邢昺은, 옆에 사는 사람이 와서 보고는 안회의 처지를 대신 근심하는 말이라고 했고, 南軒 張栻은, 남들이 안회의 처지로 바뀌어서 산다면 그런 처지를 감당하지 못할 것이라는 말이라고 했다(案: 邢疏之意, 謂旁人來見而代憂也; 南軒之意, 謂他人易地則不堪也。); 堪(감): (곤란·고통·불행한 일의 조우를) 참고 받아들이다. 감내하다. 버텨내다. 견디다(勉强承受[困难、痛苦或遭遇]).

5《北京虛詞》也(야): 주어 뒤에 쓰여 어기를 완만하게 한다('也', 语气词。用于主语后, 舒缓语气。).

6 [성]不改其樂(불개기락): 원래부터 지니고 있던 즐거움을 바꾸지 않다. 곤고한 처지에서도 변함없이 즐거워하다(不改变自有的快乐。指处于困苦的境况仍然很快乐。);《論語集解》자기의 所樂을 바꾸지 않 는다(注: 孔安國曰: 不改其所樂也。);《論語義疏》'所樂'은 道를 말한다(疏: 所樂, 則謂道也。);《論語譯注》 "그의 본유한 즐거움"("他自有的快樂").

賢哉, 回也!」[7]

선생님께서 말씀하셨다. "어질구나, 안회(顏回)는! 한 그릇의 밥과 한 바가지의 물로, 비좁은 집에서 지내는구나. 다른 사람이라면 그 같은 시름을 견뎌내지 못할 텐데, 안회(顏回)의 경우에는 그의 본유(本有)한 즐거움을 바꾸지 않는다. 어질구나, 안회(顏回)는!"

食, 音嗣。樂, 音洛。○簞, 竹器。食, 飯也。瓢, 瓠[8]也。顏子之貧如此, 而處之泰然, 不以害其樂, 故夫子再言「賢哉回也」以深歎美之。

'食'(사)는 음이 '嗣'(사)이다. '樂'(락)은 음이 '洛'(락)이다. ○'簞'(단)은 '대나무 그릇'[竹器]이다. '食'(사)는 '밥'[飯(반)]이다. '瓢'(표)는 '바가지'[瓠(호)]이다. 안자(顏子)가 처한 가난이 이와 같았지만, 가난에 처하는 모습이 태연하여, 가난으로 인해 그의 본유(本有)한 즐거움을 해치지 않았기 때문에, 선생님께서 두 번씩 '어질구나, 안회(顏回)는!'이라고 말씀하시어, 이로써 그에 대해 깊이 감탄하여 칭찬하신 것이다.

○程子曰:「顏子之樂, 非樂簞瓢陋巷也, 不以貧窶[9]累其心而改其所樂也, 故夫子稱其

---

7 《孟子·離婁下 제29장》안자는 난세를 당하여, 누추한 집에서 밥 한 그릇과 물 한 바가지로 살았다. 다른 사람이라면 그 같은 시름을 견뎌내지 못했을 텐데, 안자는 그의 즐거움을 바꾸지 않았다. 공자께서는 그를 어질다 하셨다(顏子當難世, 居於陋巷, 一簞食一瓢飲。人不堪其憂, 顏子不改其樂, 孔子賢之。);《莊子·雜篇·讓王》공자가 안회에게 말했다. "안회야, 이리 오너라. 집안이 가난하고 사는 집이 초라한데 어찌 벼슬을 하지 않느냐?" 안회가 대답했다. "벼슬을 원치 않습니다. 저에게는 성 밖에 50무의 밭이 있어서 죽을 써먹을 만큼 되고, 성 안에는 10무의 밭이 있어서 옷을 지어 입을 만큼 됩니다. 슬을 타면서 스스로 유쾌할 만큼 되고, 선생님의 도를 배운 것이 스스로 즐거울 만큼 됩니다. 저는 벼슬을 원치 않습니다." 공자가 정색한 모습이 되어 말했다. "안회의 생각이 참으로 훌륭하구나! 내가 듣기로는, '自足을 아는 자는 利를 가지고 자기를 피로하게 하지 않고, 自得을 아는 자는 잃어도 두려워하지 않고, 행실이 안으로 닦아진 자는 벼슬자리가 없어도 부끄러워하지 않는다'고 했는데, 내가 그 말을 암송한 지 오래되었으나, 지금에야 너에게서 그 모습을 보았으니, 이것이 내가 터득한 것이다"(孔子謂顏回曰: "回來! 家貧居卑, 胡不仕乎?" 顏回對曰: "不願仕。回有郭外之田五十畝, 足以給饘粥; 郭內之田十畝, 足以爲絲麻; 鼓琴足以自娛; 所學夫子之道者足以自樂也。回不願仕。" 孔子愀然變容曰: "善哉回之意! 丘聞之: '知足者不以利自累也, 審自得者失之而不懼, 行修於內者無位而不怍。' 丘誦之久矣, 今於回而後見之, 是丘之得也。").

8 瓠(호): 박. 조롱박. 덩굴식물로, 여릴 때 먹을 수 있다(一年生草本植物, 爬蔓, 夏开白花, 果实长圆形, 嫩时可吃。).

9 貧窶(빈구): 궁핍하다(貧乏, 贫穷。); 窶(구): 살고 있는 토굴 안에 가진 게 없이 텅 비어 있다. 빈궁하여 예물을 준비할 방법이 없다(从穴, 婁声。"穴"与"宀"相通, 都表示与房屋有关。婁, 空也。本义: 贫穷得无法备

賢。」又曰:「簞瓢陋巷非可樂, 蓋自有其樂爾[10]. 其字當玩味, 自有深意。」又曰「昔受學於
周茂叔[11], 每令尋仲尼顔子樂處, 所樂何事[12]?」[13]

礼物。亦泛指贫穷).

10 《論語大全》 '自有其樂'에서 '自'字는 '簞瓢陋巷'의 對句이다. '其字'는 마땅히 곰곰이 음미해야 하니, '元有
此樂[원래부터 이 즐거움이 있었다]이다(朱子曰: 自有其樂, 自字對簞瓢陋巷言。其字當玩味, 是元有此樂。).

11 周茂叔(주무숙): 이름이 敦實[돈실]인데 避諱하여 敦頤[돈이]로 고쳤으며, 자는 茂叔[무숙]이다. 1017~
1073. 연화봉 아래에다 염계서원을 개설해 강학했기 때문에 염계선생이라 했다. 정호·정이의 부친
程向이 그가 학문의 도를 알고 있음을 알고 친구가 되었고, 두 아들을 그의 밑으로 보내 가르침을
받도록 했다. 《太極圖說》·《通書》·《愛蓮說》 등의 글을 남겼으며, 전집으로 《周子全書》가 있다. 《近思錄·
觀聖賢類》黃庭堅(1045~1105)의 《濂溪詞》에서 말하기를, '周茂叔은 흉중이 쇄락하기가, 마치 비가
갠 뒤에 부는 맑은 바람과 밝은 달과 같았다'(周茂叔胸中灑落, 如光風霽月。)고 했다. 《愛蓮說》 물이나
뭍에서 피는 초목의 꽃 중에는, 사랑스러운 꽃들이 아주 많다. 진나라의 도연명은 유독 국화를 사랑했고,
당나라 이래로, 세상 사람들 사이에서는 목단에 대한 사랑이 성행하고 있는데, 나만큼은 연꽃이 뻘흙에
서 피어 나오지만 더럽혀지지 않고, 맑은 물에 씻기지만 요염하지 않고, 속은 막힌 곳이 없고 겉은
꼿꼿하고, 넝쿨 져서 뻗치거나 이리저리 가지 치지 않고, 향기는 멀리 있을수록 맑고, 반듯하게 높다랗
게 정결하게 서 있고, 멀리서 바라볼 수는 있어도 함부로 가까이 대하거나 노리개로 가지고 놀 수는
없음을 사랑한다. 내 생각에, 국화는 꽃 중의 隱者이고, 목단은 꽃 중의 富貴者이고, 연꽃은 꽃 중의
君子이다. 그렇구나, 국화를 사랑하는 사람은, 도연명 이후로는 들어보기 힘들어졌고, 연꽃을 사랑하는
사람은, 나 같은 자 몇 사람이나 되겠는가마는, 목단을 사랑하는 사람은, 당연한 것이겠지마는 참 많구
나!(水陸草木之花, 可愛者甚蕃。晉陶淵明獨愛菊; 自李唐來, 世人盛愛牡丹; 予獨愛蓮之出淤泥而不染, 濯
清漣而不妖, 中通外直, 不蔓不枝, 香遠益清, 亭亭淨植, 可遠觀而不可褻玩焉。予謂: 菊, 花之隱逸者也; 牡
丹, 花之富貴者也; 蓮, 花之君子者也。噫!菊之愛, 陶後鮮有聞; 蓮之愛, 同予者何人; 牡丹之愛, 宜乎衆矣!).

12 《法言義疏》[汪榮寶(1878~1933) 注疏] 어떤 사람이 屢空之內에 대해 여쭈자, 揚子가 말하기를, '안자는
공자가 아니면, 비록 천하를 얻었다 해도 즐거움으로 여기기에 부족했다'[學行篇]고 했는데, 이 말은
안자의 즐거움은 빈한한 생활에 있는 것이 아니고, 공자를 얻어 선생님으로 모시고, 공자의 도를 至樂으
로 여기는 데 있었음을 밝힌 것이다(或曰: '請問屢空之內。' 曰: '顔不孔, 雖得天下, 不足以爲樂'者, 此明顔子
所樂非他, 乃在得孔子而師事之, 以孔子之道爲至樂。).

13 《通書·顔子》안자는 밥 한 그릇과 물 한 바가지로, 비좁은 집에서 지냈다. 다른 사람들이라면 그
같은 시름을 견뎌내지 못했을 텐데, 안자는 그의 본유한 즐거움을 바꾸지 않았다. 저 부유하고 존귀한
것은 사람들이 좋아하는 것인데, 안자는 좋아하지도 않았고 추구하지도 않았고, 가난을 좋아했다니,
유독 어떤 마음이었을까? 천지간에는, 지극히 존귀하고 지극히 부유하고 좋아할 만하고 추구할만한
것들이 있지만, 저 다른 사람들과 달랐던 것은, 그 큰 것을 보고 나서 그 작은 것을 잊은 것이다. 그
큰 것을 보고 나니 마음이 태연해지고, 마음이 태연해지니 부족한 게 없어지고, 부족한 게 없어지니
부귀한 곳이나 비천한 곳이나 똑같았고, 똑같았으니 크게 변화시키는 성인의 경지로 성인과 나란하게
된 것이다. 그래서 안자는 성인에 버금간 것이다(顔子, 一簞食一瓢飲, 在陋巷。人不堪其憂, 而不改其樂。
夫富貴人所愛也, 顔子不愛不求, 而樂乎貧者, 獨何心哉? 天地間, 有至貴至富可愛可求, 而異乎彼者, 見其
大而忘其小焉爾。見其大則心泰, 心泰則無不足, 無不足則富貴貧賤處之一也, 處之一則能化而齊。故顔子
亞聖。); 《論語大全》안자가 도를 즐거움의 대상으로 삼아서 도를 즐겼다면, 안자가 아니다. 도를 즐거움
의 대상으로 삼았다는 말이 아니다. 대개 道와 我는 두 개의 사물이 아니고, 다만 익은 후에 곧 自樂하게
된다(伊川曰: 使顔子以道爲樂而樂之, 則非顔子矣……朱子曰: 謂非以道爲樂……蓋非道與我爲二物, 但
熟後便自樂也。).

○정자(程子·伊川)가 말했다. "안자(顏子)가 즐거워한 것이 단표누항(簞瓢陋巷)을 즐거워한 것이 아니었고, 가난으로 인해 그의 마음을 얽어매어 그의 본유(本有)한 즐거움을 바꾸지 않았기 때문에, 선생님께서 그의 어짊을 칭찬하신 것이다."

정자(程子·明道)가 말했다. "단표누항(簞瓢陋巷)이 즐거워할 만한 것이 아니고, 아마 그의 즐거움이 본유(本有)해 있었을 것이다. '不改其樂'(불개기락)의 '其'(기)자를 마땅히 곰곰이 음미해야 한다. 거기에 깊은 뜻이 있다."

정자(程子·明道)가 말했다. "옛날 주무숙(周茂叔)에게 가르침을 받을 때, 매번 공자(孔子)와 안자(顏子)가 즐거워한 것을 찾아보라고 하시면서, '두 분이 즐거워한 바가 무슨 일이었을까?'를 물어보시곤 하셨다."

愚按: 程子之言, 引而不發[14], 蓋欲學者深思而自得之。今亦不敢妄爲之說。學者但當從事於博文約禮[15]之誨, 以至於欲罷不能而竭其才[16], 則庶乎有以得之矣。[17]

14《孟子·盡心上 제41장》뛰어난 목수는 서툰 목수 때문에 먹줄 쓰는 법을 고치거나 없애지 않고, 뛰어난 사수였던 羿(예)는 서툰 사수 때문에 활 당기는 법을 바꾸지 않았다. 군자는 활시위는 당겼지만, 화살은 발사하지 않아, 화살이 금방이라도 튀어 나갈 듯한 모습이다. 그러한 바른 도를 가지고 서 있으면, 능한 자는 따라온다(孟子曰: 大匠不爲拙工改廢繩墨, 羿不爲拙射變其彀率。君子引而不發, 躍如也。中道而立, 能者從之。); 引而不發(인이불발): 당기되 발사하지 않다. 방법만 가르치고 스스로 핵심을 터득하게 하다. 깨우쳐 잘 이끌다. 잘 준비해 놓고 행동으로 옮기기를 잠시 멈추고 시기를 기다리다(拉开弓却不把箭射出去。比喻善于启发引导。也比喻做好准备暂不行动, 以待时机); 引(인): 화살. 화살이 시위에서 발사하려고 하다. 활을 당기다(表示箭。箭在弦上, 即将射发。本义: 拉开弓。).

15《雍也 제25장》참조.

16《子罕 제10장》참조.

17《論語大全》정자·주자 두 분이 숨기고서 말해주지 않는 것이 있는 것 같지만, 기실은 숨긴 게 없고 말해준 것이 심오했다. 어떤 사람이 안자의 所樂은 道라고 하자, 정자가 아니라고 했는데, 지금 살펴보건대, 안자의 所樂은 道라는 말이, 어찌 이치에 맞지 않는 말이겠는가? 그렇지만 정자가 아니라고 했으니, 어째서인가? 대개 道란 단지 當然之理일 뿐, 어떤 사물이 있어 장난감처럼 가지고 놀고 즐길 수 있는 것이 아니다. 안자의 所樂이 道라고 한다면, 내 몸과 도가 각기 다른 한 개의 사물로서, 혼연히 하나로 녹아 틈새가 없게 된 경지에 이른 것은 아직 아니니, 어찌 족히 성현의 所樂이라 할 수 있겠는가?(西山眞氏曰: "程朱二先生若有所隱而不以告人者, 其實無所隱而告人之深也。有人謂顏子所樂者道, 程先生以爲非, 由今觀之, 所樂者道之言, 豈不有理, 而程先生乃非之, 何也? 蓋道只是當然之理而已, 非有一物可以玩弄而娛悅也。若云所樂者道, 則吾身與道各爲一物, 未到渾融無間之地, 豈足以語聖賢之樂哉?). 안자의 공부는 바로 博文約禮에 힘을 쏟는 것이었다. 博文은, 천하의 모든 理에 대해 어느 하나 궁구하지 않는

내가 생각건대, 정자(程子)의 '두 분이 즐거워한 바가 무슨 일이었을까?'라는 물음은, 활시위를 당기기만 하고 화살을 발사하지는 않은 것이니, 대개 배우는 자로 하여금 깊이 생각하여 그 물음에 대한 답을 스스로 찾게 하기 위해서이다. 지금 나 역시도 그 물음에 대해 감히 함부로 답하지 않겠다. 배우는 자는 다만 마땅히 '박문약례'(博文約禮)하라는 가르침에 종사하여, 이로써 '그만 멈추고 싶어도 멈출 수 없을 만큼 배움에 깊은 희열을 느껴 자기의 재능을 다 써버린' 지경에까지 이르게 되면, 그 물음에 대한 답을 거의 얻을 수 있을 것이다.

게 없는 것으로, 힘쓰는 공부의 범위가 광대한 것이다[文은 모든 사물에 깃들어 있는 자연의 條理이다. 博은 廣이다. 정이천이 格物을 논한 바처럼, 일신상의 性情之理부터 초목 하나하나에 깃든 理에 이르기까지, 어느 하나 강구하지 않는 게 없다고 한 것이, 바로 이것이다]. 約禮는, 이 理를 써서 자기 몸가짐을 검속한다는 말로, 힘을 쏟는 공부의 요체이다[보고 듣고 말하고 움직이는 것이 예로 말미암게 하는 것, 자기 몸가짐을 準繩 規矩 가운데 항상 놓아두고, 터럭만큼의 放逸·恣縱의 생각을 없게 하는 것이, 바로 이것이다]. 博文은 格物致知의 일이고, 約禮는 克己復禮의 일이다. 內와 外, 精과 粗 둘이 병행하면, 이 마음 이 몸은 모두 理와 하나가 된다. 天理 가운데 從容游泳하니, 簞瓢陋巷일지라도 그것이 가난임을 모르고, 萬鍾九鼎일지라도 그것이 부귀임을 모른다. 이것이 안자의 所樂이다(顔子工夫乃是博文約禮上用力. 博文者, 言於天下之理無不窮究, 而用功之廣也.[文者, 言凡物皆有自然之條理也. 博者, 廣也. 如伊川之論格物, 自一身性情之理, 與一草一木之理, 無不講究是也.] 約禮者, 言以理檢束其身, 而用功之要也.[如視聽言動必由乎禮, 常置此身於準繩規矩之中, 而無一毫放逸恣縱之意, 是也.] 博文者, 格物致知之事也, 約禮者, 克己復禮之事也. 內外精粗, 二者並進, 則此心此身皆與理爲一. 從容游泳於天理之中, 雖簞瓢陋巷不知其爲貧. 萬鍾九鼎不知其爲富. 此乃顔子之樂也.").

[冉求曰非不說子之道章]

061001、冉求曰:「非¹不說子之道, 力不足也.」子曰:「力不足者², 中道而廢³. 今女⁴畫⁵.」⁶

1 《王力漢語》'非'를 사용한 판단문. 술어와 주어의 관계를 부정한다. 또 행위나 성질을 부정하는 데 쓰여, 어떤 사실에 대한 부인을 표시한다. 또 복문의 종속절에 쓰여, 제쳐놓는 것을 표시한다('非, 否定副詞. 用'非'的判斷句. 否定謂語和主語的關係. 又用來否定行爲或性質, 表示對某一事實的否認. 又用於複合句的從屬子句, 表示撇開.).《古漢語語法》'非'는 명사인 술어 또는 기타 술어 앞에 놓여, '不是'의 뜻으로 쓰인다('非'常用在名词谓语或其他谓语前, 表示否定判断, 相当于'不是'.).

2 《王力漢語》'者'字는 지시대명사로, 통상 형용사나 동사, 동사구의 뒤에 쓰여 명사구를 만들며, '~한 사람' '~한 사물'을 표시한다. 주술구의 뒤에 쓰여 명사구를 만들기도 한다('者'字是一個特別的指示代詞, 它通常用在形容詞, 動詞或動詞詞組的後面組成一個名詞性詞組, 表示'……的人' '……的事物'. 有時候, '者'字用在主謂結構的後面組成一個名詞性詞組.);《論語詞典》者(자): 가설을 표시하는 어기사(語氣詞, 表假設.);《文言語法》제시와 잠시 멈춤을 표시하는 '者'·'也' 등의 어기사는 종속절의 끝에서, 가정을 표시하는 작용을 일으킬 수 있다(表示提示与停顿的'者''也'两个语气词, 在偏句之末, 也可以起表示假定的作用.).

3 [성]中道而廢(중도이폐): 길가는 도중에 그만 멈추다(中道: 中途. 半路就停止了.);《論語正義》'中道而廢'는 《禮記 · 表記》의 '斃而後已'[죽은 후에 그치다]의 '斃(폐)'로[《公冶長 제9장》 각주 《禮記 · 表記》 참조] 다만 죽어서 부득불 그치지 않을 수 없다는 것으로, '廢'는 '止'[그치다]는 말과 같다(正義曰: '中道而廢'即是斃, 惟斃不得不廢, '廢'猶言止也.);《古今注》'廢'는 '넘어져 쓰러지다'이다.《說文·广部》에, '집이 무너지는 것을 廢라 한다'고 했다. '中道而廢'는 힘이 소진되어 몸이 고꾸라지는 것이다.《禮記·表記》의 '中道而廢'와 《中庸 제11장》의 '半途而廢'[《爲政 제4장》 각주 《中庸 제11장》 참조]는 모두 '中道而廢'를 가지고 사람이 도를 향해 가는 도중에 죽는 것을 비유했고[정현은 廢를 罷止[그만두다]와 같다고 했다],《論語》의 이 장은 '中道而廢'를 가지고 힘이 허약한 자가 무너져 고꾸라지는 것을 비유했으니, 그 말에는 대소의 차이가 있을 뿐이다(廢, 傾頹也. 說文云屋傾曰廢……中道而廢者……謂力盡而身頹也. 表記, 中庸皆以中道而廢喩人之嚮道而死[鄭云: 廢, 猶罷止也.], 論語以中道而廢喩力弱者之頹仆, 其言有大小也.);《論語譯注》"가다가 도중에 (힘이 달리면) 더 이상 갈 수 없게 된다"("走到半道會再走不動了");《論語新解》'廢'는 '置'의 뜻이다. 길 가는 사람이 힘이 떨어지면, 물건을 내려놓았다가, 힘이 생기기를 기다려 다시 길을 가는 것이다. '굼뜬 말이 열흘을 간다'[荀子 · 勸學]고 했고, '한 번 쉴 숨이 아직 남아 있는 순간까지 한다'[泰伯 제7장 朱熹注]고 했는데, 이 장의 뜻은 해이해지지 않는다는 것이다(廢, 置義. 如行人力不足, 置物中途, 俟有力再前進. 駑馬十駕, 一息尚存, 此志不懈.);《古漢語語法》'中+목적어' 형식은 항상 동사 앞에 쓰여, 동작이 어디에서 발생·진행 중인지를 표시한다('中+宾'常用在动词前面表示施动者的动作行为在何处发生或进行, 意谓'在……中部'.).

4 《王力漢語》女(여): 제2인칭 대사('女(汝)' '爾' '若' '而' '乃'都屬於第二人稱.).

5 《論語集解》'畫'(획)은 '止'[그만 멈추다]이다(注: 孔安國曰: 畫, 止也.);《論語正義》《說文·畫部》에, '畫은 界[금을 긋다]이다. 밭의 사방경계를 본뜬 것이다. 聿(율)[붓]은 이를 써서 금을 긋는 것이다'라고 했는데, 여기에서 파생되어 한계를 긋고 나아가지 못하는 모든 것을 '畫'이라 했기 때문에, 孔安國의 注에서 '畫'을 '止'라 풀이한 것이다(正義曰:《說文》: "畫, 界也. 象田四界, 聿所以畫之." 引申之, 凡有所界限而不能前進者, 亦爲畫, 故此注訓"止".).

6 《揚子法言 · 學行》수많은 시냇물은 바다를 배우고자 해서 (끊임없이 흘러가서) 바다에 도달하지만,

염구(冉求)가 말했다. "선생님의 도를 좋아하지 않는 것은 아닙니다만, 힘이 부족합니다." 선생님께서 말씀하셨다. "힘이 부족한 자는, 길을 가는 중에 더 이상 갈 힘이 없어서 그만 쓰러진다. (그런데) 지금 너는 가보지도 않고 미리 금을 그어놓고 있다."

說, 音悅. 女, 音汝. ○力不足者, 欲進而不能. 畫者, 能進而不欲. 謂之畫者, 如畫地以自限也.

'說'(열)은 음이 '悅'(열)이다. '女'(녀)는 음이 '汝'(녀)이다. ○'힘이 부족하다'[力不足]는 것은 앞으로 나아가고자 해도 (힘이 없어) 더 이상 나아갈 수 없는 것이다. '금을 긋는다'[畫]는 것은 앞으로 나아갈 수 있는 데도 앞으로 나아가고 싶어 하지 않는 것이다. '畫'(획)이라고 말한 것은 땅에 금을 그어놓고 이로써 스스로의 한계를 긋는 것과 같기 때문이다.

○胡氏曰:「夫子稱顏回不改其樂, 冉求聞之, 故有是言. 然使求說夫子之道, 誠如口之說芻豢[7], 則必將盡力以求之, 何患力之不足哉? 畫而不進, 則日退而已矣, 此冉求之所以局於藝[8]也.」

○호씨(胡氏 · 胡寅)가 말했다. "(앞 장에서) 선생님께서 안회(顏回)가 '(단표누항 가운데서도) 그의 본유(本有)한 즐거움을 바꾸지 않는다'고 칭찬하셨는데, 염구(冉求)가 그 말씀을 들었기 때문에, 이 말을 한 것이다. 그렇지만 가령 염구(冉求)가 선생님의 도를 좋아하

언덕은 산을 배우고자 해도 (제자리에 가만히 있으니) 산에 도달하지 못한다. 이 때문에 (도달하지 못할 거라고) 한계를 그어놓는 것을 미워한다(百川學海而至于海, 丘陵學山而不至于山. 是故惡夫畫也.).

7 《孟子 · 告子上 제7장》 그래서 말하기를, '입이 맛을 느낌에는, 사람마다 느끼는 맛이 똑같고, 귀가 소리를 들음에 있어서는, 들리는 소리가 똑같고, 눈이 색을 구별함에 있어서는, 보이는 아름다운 모습이 똑같다'라고 한 것이다. 그런데 마음에 관해서는, 유독 사람마다 똑같은 게 없겠느냐? 사람들의 마음이 똑같은 것이 무엇이겠느냐? 理이고 義이다. 성인은 우리 마음이 똑같은 것을 먼저 깨달았을 뿐이다. 그러므로 理나 義가 우리 마음에 주는 즐거움은, 마치 가축의 고기 요리가 우리 입에 주는 즐거움과 똑같은 것이다(故曰: 口之於味也, 有同耆焉; 耳之於聲也, 有同聽焉; 目之於色也, 有同美焉. 至於心, 獨無所同然乎? 心之所同然者何也? 謂理也, 義也. 聖人先得我心之所同然耳. 故理義之悅我心, 猶芻豢之悅我口.); 芻豢(추환): 가축. 고기. 풀을 먹는 가축[소나 양]을 芻, 곡식을 먹는 가축[개나 돼지]을 豢이라 한다(牛羊犬豕之类的家畜. 泛指肉类食品; 朱熹集注: 草食曰芻, 牛羊是也; 穀食曰豢, 犬豕是也.).

8 《雍也 제6장》 참조.

기를, 진실로 입이 가축의 고기를 좋아하듯이 했다면, 반드시 장차 있는 힘을 다해서 그것을 추구했을 터이지, 어찌 힘의 부족을 탓했겠는가? 금을 그어놓고 나아가지 않으면, 날로 퇴보할 따름이니, 이것이 염구(冉求)의 재능이 예(藝)에 국한된 까닭이다."

[子謂子夏曰章]

061101、子謂¹子夏曰:「女爲君子儒², 無³爲小人儒。⁴」

---

1 《詞詮》그 사람을 향해 말할 때 쓴다('謂', 外動詞. 向其人爲言時用之。).

2 《論語集解》'儒'(유)는 '濡'(유)[젖다]이다. 일을 익힌 지 오래되면, 몸에 푹 젖어 들기 때문에, 오래 익힌 자를 평하기를 '儒'라 한다(注: 儒者, 濡也。夫習學事久, 則濡潤身中, 故謂久習者爲儒也。);《說文·人部》'儒'는 '濡'(유)이다. 선왕의 도를 자기 몸에 푹 젖게 하는 것이다(段玉哉注: 又儒者, 濡也。以先王之道能濡其身。);《論語正義》《周禮·天官冢宰·太宰》에, '넷째는 儒를 세워 도로써 백성의 마음을 얻는다'고 했고, 鄭玄의 注에, '儒는 제후의 保氏[왕의 나쁜 점을 간하고 國子를 道로써 양성하여 六藝를 가르치는 일을 관장하는 직책] 중에 六藝를 갖추고 백성을 가르치는 자이다'라고 했고,《周禮·地官司徒·大司徒》에, '넷째는 師儒[師는 덕행을 가르치는 사람, 儒는 육예를 가르치는 사람]를 이어준다'고 했고, 鄭玄의 注에 '師儒는 향리에서 道와 禮를 가르치는 자이다'라고 했다. 이에 근거해 보면, '儒'는 백성을 가르치는 자를 칭한다. 子夏가 이때 학교를 개설해 가르치는 문인들이 있었기 때문에[子張 제12장 참조], 공자께서 학자로서 도리를 말씀하신 것이다. '君子儒'는 大體를 알아 큰일을 받을 수 있고[衛靈公 제33장], '小人儒'는 비근한 것을 알 뿐이다. 君子儒와 小人儒는 廣·狹에서 차이가 있는 것이지, 正·邪로 구별되는 것이 아니다(正義曰: 周官, 太宰: '四曰儒以道得民。' 注: '儒, 諸侯保氏有六藝以敎民者。' 大司徒: '四曰聯師儒注: '師儒, 鄕里敎以道藝者。' 據此, 則儒爲敎民者之稱。子夏於時設敎, 有門人, 故夫子告以爲儒之道。君子儒, 能識大而可大受, 小人儒, 則但務卑近而已。君子小人, 以廣狹異, 不以正邪分。);《論語集釋》梁章鉅[1775~1849]의《論語集注旁證》에 말했다. "《周禮·天官冢宰·太宰》에, '儒를 세워 도로써 백성의 마음을 얻는다'고 했고,《揚子法言·君子》에, '하늘·땅·사람에 통달한 것을 儒라 한다'고 했고,《韓非子·顯學》에, '공자가 죽은 후, 儒가 有子張之儒·有子思之儒·有顏氏之儒·有孟氏之儒·有漆雕氏之儒·有仲良氏之儒·有孫氏之儒·有樂正氏之儒로 분파되었다'고 했다." 劉逢祿[1776~1829]의《論語述何》에 말했다. "'君子儒'는 소위 '賢者識其大'[子張 제22장]한 자이고, '小人儒'는 소위 '不賢者識其小'한 자이다. 큰 것을 기억하는 자라야 도를 밝힐 수 있고, 작은 것을 기억하는 자는 이름을 내는 것을 숭상하기 쉽다. 子游가 子夏의 제자를 비판한 것[子張 제12장]이 바로 이것이다. 孫卿 또한 子夏가 식견이 좁은 학자[荀子·勸學]라고 했다." 焦循[1763~1820]의《論語補疏》에 말했다. "儒는 士이다. '꺼낸 말은 반드시 그대로 지킬 것을 기약하고, 시작한 일은 반드시 끝장을 보고야 마는, 고집불통인 소인이지![子路 제20장]. 小人儒는 바로 이런 소인을 가리킨다"(論語集注旁證: 周禮太宰: 「儒以道得民。」揚子法言: 「通天地人曰儒。」韓非子: 「孔子之後, 儒分爲八, 有子張氏, 子思氏, 顏氏, 孟氏, 漆雕氏, 仲良氏, 公孫氏, 樂正氏之儒。」論語述何: 君子儒, 所謂「賢者識其大」者。小人儒, 所謂「不賢者識其小」者。識大者方能明道, 識小者易於矜名。子游譏子夏之門人小子是也。孫卿亦以爲子夏氏之陋儒矣。論語補疏: 儒, 猶士也。「言必信, 行必果, 硜硜然小人哉,」小人儒正指此爾。);《百度漢語》儒(유): 학자. 지식인. 나약하다(旧时对学者或读书人的称呼。通"懦"。懦弱。); 유가는 그 명칭에서부터 인간[人]에게 필수[需=須]적인 것을 가르치는 교의[儒敎]이자 인간이 되기 위해 필수적인 것을 배우는 학문[儒學]임을 분명히 하고 있다(임현규 역,『주희 인설』[책세상, 2006], 69).

3 無(무): '毋'와 통하고, 하지 말라는 권유나 금지를 표시한다(通"毋", 表示劝阻或禁止, 可译为"不要", "別"。).

4 《論語集解》군자가 학자가 되면 장차 세상의 도를 밝히고, 소인이 학자가 되면 자기의 이름을 과시한다(注: 馬融曰: 君子爲儒, 將以明其道, 小人爲儒, 則矜其名也。).

공자(孔子)께서 자하(子夏)에게 말씀하셨다. "너는 군자다운 학자가 되고, 소인 같은 학자가 되지 말거라."

儒, 學者之稱。程子曰:「君子儒爲己[5], 小人儒爲人。」

'儒(유)는 학자를 일컫는 말이다. 정자(程子·伊川)가 말했다. "군자다운 학자는 자기를 위해서 공부하고, 소인 같은 학자는 남을 위해서 공부한다."

○謝氏曰:「君子小人之分, 義與利之閒而已。然所謂利者, 豈必殖貨財之謂? 以私滅公[6], 適己自便[7], 凡可以害天理者皆利也[8]。子夏文學[9]雖有餘, 然意其遠者大者或昧焉[10], 故夫子語之以此。」[11, 12]

---

5 《憲問 제25장》 참조.

6 《書經·周書·周官》 公으로 私를 멸하면, 백성이 진심으로 귀의한다(以公滅私, 民其允懷。).

7 蘇軾의 《劉愷丁鴻孰賢論》이라는 글에, '君子之爲善, 非特以適己自便而已, 其取於人也, 必度其人之可以與我也。其予人也, 必度其人之可以受於我也。'(君子가 善을 행함에 있어서는 다만 자기 방편대로만 하지 않으니, 남에게 善을 취함에 있어서는 반드시 그 사람이 나에게 줄 만한지를 헤아리고, 남에게 善을 줌에 있어서는, 반드시 그 사람이 나에게 받을만한지를 헤아려 본다)라는 문구가 나온다; 適己自便(적기자편): 자기의 安適을 위하고 자기 방편대로 하다; 自便(자편): 자기 방편대로 하다(按自己的方便行事; 按自己的意思行动; 自由行动。).

8 《論語大全》 성인께서는 만세를 위해 교훈 될 말씀을 세우셨지, 어찌 오로지 자하 한 사람만을 위해 말씀했겠는가? 이 장에서는 義와 利를 똑바로 깨우쳐 명확하게 구분해야 한다. 사람들은 義와 利의 구분에 대해 모호하게 얼버무리고, 한계를 구분하지 않는 경향이 있다(朱子曰: 聖人爲萬世立言, 豈專爲子夏說? 此處正要見得義利分明。人多於此含糊去了, 不分界限。).

9 《先進 제2장》 참조.

10 《春秋左傳·襄公 31年》[BC 542] (정나라 대부 子皮가 子産에게 말했다) 제가 듣기에, 군자는 큰일·먼 앞일을 알기를 힘쓰고, 소인은 작은 일·눈앞의 일을 알기를 힘쓴다 했는데, 저야말로 소인입니다(吾聞君子務知大者遠者, 小人務知小者近者, 我小人也。); 《子路 제17장》[集注] 자하의 병폐는 항상 가까운 것, 작은 것에 있었다(子夏之病常在近小。).

11 《論語大全》 자하는 자세하고 꼼꼼하고 신중하고 엄격한 사람이었다. 중간에 지나치게 자세하고 꼼꼼해서, 아주 사소한 일에 대해서도 그대로 지나치는 것을 내켜 하지 않았으니, 자상한 부분까지 인정에 맞추려고 이리저리 힘쓰고, 시대적 풍조에 투합하려는 폐단이 있었다(朱子曰: 子夏是箇細密謹嚴底人。中間忒細密, 於小小事上不肯放過, 便有委曲周旋人情, 投時好之弊。).

12 《論語新解》 儒(유)는 본래 이를 써서 벼슬을 구하려는 것이었는데, 뒤에 가서 儒는 교육을 담당하는 방향으로 바뀌었다. 대개 한 직업이 있으면, 필시 그 직업을 전수해주는 사람이 있게 마련이다. 이에 儒는 師로 바뀌었고, 묶어서 師儒라 칭하게 되어[周禮·地官司徒], 결국 향리에서 도·예를 가르치는 사람이 되었다. 그래서 공자는 중국 儒家의 창시자이면서, 또한 師道의 창시자인 것이다. 공자의 문하에서 배운 제자 중에서 선배 제자들은 대개 세상에 쓰이는 것에 뜻을 두었고, 후배 제자들은 스승의

○사씨(謝氏·謝顯道)가 말했다. "군자와 소인이 나뉘는 것은 의(義)와 이(利)의 사이에
서일 따름이다. 그런데 이른바 이(利)라는 것이 어찌 꼭 재화를 불리는 것만을 일컫는
말이겠는가? 사(私)를 써서 공(公)을 멸하는 것, 자기의 안적(安適)을 위하고 자기 방편
(方便)대로 하는 것 등, 무릇 천리를 해칠 수 있는 것은 모두 이(利)이다. 자하(子夏)는
문학(文學)에 대해서는 다 차고도 남음이 있었지만, 그 (《春秋左傳》에서 말한) 먼 앞일
큰일을 생각하는 데는 혹 어두웠을 것이기 때문에, 선생님께서 이 말로 그에게 말씀하
신 것이다."

도를 전하는 것으로 중점이 바뀌었다. 자유와 자하는 공문의 四科 중에, 다 같이 문학 계열로, 당연히
스승의 도를 전하는 데 더욱 우월했다. 다만 두 사람의 자질과 학문의 규모는, 그럼에도 차이가 있었으니,
《子張 제12장》의 자유와 자하의 교육관의 차이를 보면 알 수 있다(又按: 儒本以求仕, 稍后, 儒转向任教。
盖有此一行业, 则必有此一行业之传授人。于是儒转为师, 师儒联称, 遂为在乡里教道艺之人。故孔子为中
国儒家之创始人, 亦中国师道之创始人。惟来从学于孔子之门者, 其前辈弟子, 大率有志用世, 后辈弟子, 则
转重为师传道。子游, 子夏在孔门四科中, 同列文学之科, 当尤胜于为师传道之任。惟两人之天姿与其学问
规模, 亦有不同, 观子张篇子游, 子夏辨教弟子一章可知。). 혹자는 자하가 학문의 규모 면에서 협애하다고
보지만, 그는 西河에서 교육을 베풀면서, 西河의 사람들이 그를 공자가 아닌가 하고 의심할 정도였다[禮
記·檀弓上]. 그의 학문을 이어받은 문도로 田子方·段干木·李克의 행동거지를 보면, 저절로 드러날
수 있다[史記·儒林列傳]. 한나라 학자들은 경전을 전했는데, 그 근원은 모두 자하로 거슬러 올라간다.
역시 스승의 가르침을 욕되게 하지 않았다고 평할 수 있다. 공자가 자하에게 훈계한 것은, 대개 그의
장점을 미리 알고, 그의 단점을 미리 방지하라는 것이다. 공자가 말한 小人儒를 추론해 보면, 두 가지
뜻을 벗어나지 않는다. 典籍을 탐닉한 나머지 세상 형편을 잊고 지내는 것과 오로지 章句와 訓詁에만
힘쓴 나머지 義理에는 소홀히 하는 것이 그것이다. 자하의 학문은, 謹密한 면에서는 남음이 있고, 廣大한
면에서는 부족함이 있지만, 결국에는 小人儒라는 비판에서 벗어날 수 있었다. 그래서 공자의 훌륭한
점은 교육으로, 또한 이 장에서도 볼 수 있다(或疑子夏规模狭隘, 然其设教西河, 而西河之人拟之于孔子。
其从学之徒如田子方, 段干木, 李克, 进退有以自见。汉儒传经, 皆溯源于子夏。亦可谓不辱师门矣。孔子之
诫子夏, 盖逆知其所长, 而预防其所短。推孔子之所谓小人儒者, 不出两义: 一则溺情典籍, 而心忘世道。一
则专务章句训诂, 而忽于义理。子夏之学, 或谨密有余, 而宏大不足, 然终可免于小人儒之讥。而孔子之善为
教育, 亦即此可见。);《孔子傳》공자에게서 나온 모든 학문은, 처음에는 녹을 구하고자 해서였는데, 공자
께서는 도를 추구하도록 가르쳤다. 도의 추구에 뜻을 두는 경우가 君子儒이고, 녹에 뜻을 두는 경우가
小人儒이다(凡来学于孔子者, 初为求食来, 而孔子教之以求道。志于道则为君子儒, 志于食则为小人儒。).

[子遊爲武城宰章]

061201、子游爲¹武城²宰。子曰:「女得人³焉爾乎⁴?」曰:「有澹臺滅明⁵者⁶, 行不由徑⁷。

1 《詞詮》爲(위): 타동사. 담임하다. 맡다. 종사하다. 하다('爲', 外動詞。作也。今言'做'。);《古漢語語法》 '爲'가 연결동사로 쓰인 판단문('爲'作系词的判断句。).

2 武城邑(무성읍): 지금의 산동성 평읍현 무성촌(所在今山东省临沂市魏庄乡武城村。).

3 《詞詮》得(득): 타동사. 획득하다('得', 外動詞。獲也。);《論語詞典》인재('人', 人才。); 得人(득인): 적재적소의 사람을 채용하다(用人得当).

4 《論語義疏》本에는 '……焉耳乎哉'로 되어 있다;《論語集解》'焉' '耳[爾]' '乎' '哉'는, 모두 語辭이다(注: 孔安國曰: 焉耳乎哉, 皆辭也。);《論語大全》'焉爾乎' 세 글자는 어조사이다. 성인의 어투는 단단하게 매조지지 않고 느슨하여 다그치지 않는다(朱子曰: 焉爾乎三字, 是語助。聖人之言, 寬緩不急迫。);《經傳釋詞》아버님[王念孫]은 '耳[爾]'는 '矣'와 같다고 하셨다["너는 인재를 얻었느냐?"](家大人曰: 耳, 猶'矣'也。言汝得人焉矣乎。);《詞詮》耳(爾)(이): 판단·확정을 표시하는 어말조사('耳[爾]', 語末助詞。表決定。);《論孟虛字》대개 연합조사의 경우, 중점은 마지막 조사에 있다. 다케조에 신이치로(竹添进一郎, 竹添光鸿, 1842~1917)는 '焉爾乎는 矣乎와 같다. 둘 다 그럴 것으로는 생각하지만, 확정적으로 말하지 않는 어투이다. 矣乎가 焉爾乎보다 어기가 덜 강하다는 차이가 있다'고 했다('焉爾乎', 皆語助詞。'焉爾', 語已詞, '乎', 疑詞。凡連合助詞, 重點在末字。竹氏會箋曰: 焉爾乎, 猶言矣乎, 皆意以然而未決之辭。矣乎差重於焉爾乎, 此其別也。);《說文·耳部》段玉裁注: '汝得人焉爾乎'는 '너는 이곳 무성에서 사람을 얻었느냐?'는 말이다(段玉裁注: 言汝得人焉爾乎, 言得人於此否也。);《論語句法》'焉'은 '於是'와 같고, '是'는 '武城'을 가리키는 처소보어이다('焉'等於'於是', '是'[稱代'武城']是處所補詞。).

5 澹臺滅明(담대멸명): 姓 澹台, 名 滅明, 字 子羽. BC 512[또는BC 502]~? 공자보다 29[39]살이 적은 제자;《史記·仲尼弟子列傳》얼굴이 심하게 못생겼다. 공자를 모시고자 했는데, 공자께서 재능이 모자라는 사람으로 여겼다. 수업을 받고 물러 나와 수행하는데, 길을 갈 때는 좁은 길로 가지 않고, 공무에 관한 일이 아니면 경·대부를 만나는 일이 없었다. 양자강 남쪽으로 내려가서는, 따르는 제자가 300명이었고, 取予·去就를 가르쳐 이름이 제후들에게 알려졌다. 공자께서 이를 들으시고 말씀하셨다. "말솜씨를 가지고 사람을 취했다가, 재여에게 실수했고, 용모를 가지고 사람을 취했다가, 담대멸명에게 실수했다"(狀貌甚惡。欲事孔子, 孔子以爲材薄。既已受業, 退而修行, 行不由徑, 非公事不見卿大夫。南游至江, 從弟子三百人, 設取予去就, 名施乎諸侯。孔子聞之, 曰: '吾以言取人, 失之宰予; 以貌取人, 失之子羽。');《孔子家語·弟子行》귀하게 되는 것을 기뻐하지 않았고, 천하게 되는 것을 화내지 않았고, 백성에 이로운 일에 정성스러웠고, 자기 몸가짐을 모나게 했고, 윗사람을 섬기고, 아랫사람을 도와준 것, 이것이 담내멸명의 행실입니다(貴之不喜, 賤之不怒, 苟利於民矣, 廉於行己, 其事上也, 以佑其下, 是澹臺滅明之行也。).

6 《論語集釋》武億[1745~1799]의 《經讀考異》에 말했다. "최근의 끊어 읽기는 '有'字를 아래에 붙여 구로 읽는 경우가 많은데, 이는 당연히 '有'字를 끊어 읽어야 할 것으로 생각된다. 대개 스승의 질문에 대한 응답으로 '有!'라고 한 것으로, 《孟子》에서, '공손추가 '부동심을 얻는 데 방법이 있습니까?'라고 묻자, 맹자가 '있다. 북궁유가 기른 용기는……'[公孫丑上 제2장]에 대해, '有'字를 끊어 읽고, '北宮黝'는 아래 구절에 붙여 읽었는데, 어세가 아주 똑같다. '澹臺滅明者'를 아래에 붙여 읽는 것이 뜻도 잘 통한다"(經讀考異: 案近讀多以'有'字連下爲句, 考此宜以'有'字爲讀, 蓋對師問而應曰有也, 與孟子"不動心有道乎? 曰有, 北宮黝之養勇也", 亦以'有'字句絶, '北宮黝'屬下, 語势正同。是'澹臺滅明者'連下讀, 義亦得通。);《論語譯

非公事[8], 未嘗至於偃之室也。」

자유(子游)가 무성(武城) 읍의 읍장 일을 맡아 하고 있었다. 선생님께서 말씀하셨다. "너는 인재를 얻었느냐?" 자유(子游)가 대답했다. "담대멸명(澹臺滅明)이라는 자가 있는데, 길을 갈 때는 좁은 길로 가지 않습니다. 공무에 관한 일이 아니면, 지금까지 저의 집무실에 찾아온 적이 없습니다."

女, 音汝。澹, 徒甘反。○武城, 魯下邑。[9] 澹臺姓, 滅明名, 字子羽。徑, 路之小而捷者。公事, 如飲射[10]讀法[11]之類。不由徑, 則動必以正, 而無見小欲速[12]之意可知。非公事不見邑宰, 則其有以自守, 而無枉己殉人[13]之私可見矣。

'女'(녀)는, 음이 '汝'(녀)이다. '澹'(담, tán)은, '徒'(도)와 '甘'(감)의 반절이다. ○武城(무성)은, 노(魯)나라 도성 밖에 있는 읍이다. '澹臺'(담대)가 성이고, 멸명(滅明)이 이름이고, 자는 자우(子羽)이다. '徑'(경)은 좁지만 빨리 가는 길이다. '公事'(공사)는 향음주(鄕

注》이 장에서 자유의 대답하는 어투로 볼 때, 이 말을 할 당시에는 담대멸명이 아직 공자에게서 수업을 받지 않은 것 같다. '有……者'라는 표현법은 이 사람은 聽者[공자]가 전에 알지 못한 어떤 사람이라는 것을 표시하는 표현법이기 때문이다(从这里子游的答话语气来看, 说这话时还没有向孔子受业。因为'有……者'的提法, 是表示这人是听者以前所不知道的。).

7 [성]行不由徑(행불유경): 좁은 길로 가지 않고 큰길로 가다. 그릇된 길로 가지 않다. 행동이 공명정대하다(径: 小路, 引伸为邪路。从来不走邪路。比喻行动正大光明。);《道德經》대도는 매우 평탄한 길인데, 사람들은 좁은 길을 좋아한다(大道甚夷, 而民好徑。); 由徑(유경): 좁은 길로 가다(从小路走。);《說文·彳部》'徑'은 사람이 다니는 길이다(徑, 步道也。); 徑(경): 차가 다닐 수 없는 좁은 길(本义: 步行小路。); 捷徑(첩경): 가깝고 편한 길. 옳은 길을 따르지 않고, 편리하고 빠른 방법을 따르다(近便的小路; 喻不循正轨, 贪便图快的做法; 喻速成的方法或手段。).

8 公事(공사): 조정의 일. 국가사무. 공무(朝廷之事; 公家之事).

9 下邑(하읍): 도성 밖의 읍. 소읍(国都以外的城邑。小地方; 小县).

10 飲射(음사): 향음주·향사례와 같은 행사(饮酒射箭。古代的典礼, 如乡饮酒, 乡射, 大射等。).

11 《周禮·地官司徒》州長은 州의 교육을 관장하고 정령의 법을 다스린다. 정월 길일에 州의 백성에게 법을 독회시키셔서, 덕행과 도예의 정도를 평가하여 힘쓰도록 하고, 과실·악행을 규찰하여 경계토록 한다(州長: 各掌其州之教 治政令之法。正月之吉, 各屬其州之民而讀法, 以考其德行道藝而勸之, 以糾其過惡而戒之。); 讀法(독법): 법령을 선포하여 讀會하다(亦作 读灋。宣读法令。).

12 《子路 제17장》참조.

13 內閣本에는 '殉人'이 '徇人'으로 되어 있다:《孟子·滕文公下 제1장》자기를 굽히는 자로서 다른 사람을 곧게 펴준 자는 아직까지 없었다(枉己者, 未有能直人者也。);《孟子·盡心上 제42장》천하에 도가 있으면, 도의 실현을 위해 몸을 바치고, 천하에 도가 없으면, 몸으로 도를 지킨다[殺身成仁한다]. 도를 희생시켜 사람을 따르는 경우는 아직까지 들어보지 못했다(天下有道, 以道殉身, 天下無道, 以身殉道。未聞以道殉乎人者也。).

飮酒)·향사례(鄕射禮)·독법(讀法) 등의 부류와 같은 업무이다. 좁은 길로 가지 않는다고 했으니, 행동은 반드시 공정한 것을 따르고, 작은 이익을 넘보거나 서둘러 이루려는 뜻이 없다는 것을 알 수 있다. 공무에 관한 일이 아니면 읍장을 만나러 찾아온 적이 없다고 했으니, 그가 스스로를 지키는 도리를 갖추고 있어서, 자기를 굽혀 남을 따르는 사사로움이 없다는 것을 알 수 있다.

○楊氏曰:「爲政以人才爲先, 故孔子以得人爲問。如滅明者, 觀其二事之小, 而其正大之情可見矣。後世有不由徑者, 人必以爲迂; 不至其室, 人必以爲簡[14]。非孔氏之徒, 其孰能知而取之?」

○양씨(楊氏·楊中立) 말했다. "정치는 인재를 얻는 것을 우선으로 삼기 때문에, 공자(孔子)께서 인재를 얻었는지를 물음으로 삼으신 것이다. 담대멸명(澹臺滅明) 같은 자는, 그의 두 가지 사소한 일을 보면, 그의 공명정대한 성정(性情)을 볼 수 있다. 후세에는 좁은 길로 가지 않는 자가 있으면, 사람들은 필시 그를 세상 물정에 어둡다고 여기고, 자기 집무실에 찾아오지 않으면, 사람들은 필시 그를 건방지다고 여길 것이다. 공씨(孔氏) 문도가 아니었으면, 그 누가 그를 알아보고 골라 쓸 수 있겠는가?"

愚謂持身以滅明爲法, 則無苟賤[15]之羞; 取人以子游爲法, 則無邪媚之惑。[16]

내가 생각건대, 몸가짐을 지키는 데 담대멸명(澹臺滅明)으로 모범을 삼는다면, 떳떳지 못하거나 비천한 몸가짐으로 인한 수치스러운 일이 없을 것이고, 인재를 취하는 데 자유(子游)로 모범을 삼는다면, 간사한 자 아첨하는 자에 미혹 당하는 일이 없을 것이다.

---

14 簡(간): 태만하다. 냉대하다. 푸대접하다. 오만불손하다. 건방지다(怠慢: 倨傲).

15 苟賤(구천): 비열하고 비천하다(卑鄙下賤).

16 《集注考證》由徑'이 '苟'에 해당하고, '私[非公事]見'이 '賤'에 해당하고, '由徑'이 '邪'에 해당하고, '私[非公事]見'이 '媚'에 해당한다(由徑, 苟也, 私見, 賤也, 由徑, 邪也, 私見, 媚也。).

[孟之反不伐章]

061301、子曰:「孟之反¹不伐², 奔而殿. 將³入門⁴, 策⁵其馬, 曰:『非敢後也, 馬不進⁶也』」

선생님께서 말씀하셨다. "맹지반(孟之反)은 자기 공을 자랑하지 않았으니, 전투에 져서 달아나면서도 군대의 대열의 후미를 지켰다. 노나라 성문을 들어서려 할 때, (대열의 후미에 서지 않으려고) 자기 말에 채찍질하면서 말하기를, '내가 감히 후미에 서려고 해서 선 것이 아니라, 말이 앞으로 빨리 뛰쳐나가지 않아서였다'고 했다."

殿⁷, 去聲。○孟之反, 魯大夫, 名側。胡氏曰「反即莊周所稱孟子反者是也⁸」伐, 誇功也。

---

1 《論語集釋》주희의 《四書或問》에 말했다. "孟之反은 바로 《莊子・內篇・大宗師》의 '孟子反'[《雍也 제1장》 각주 참조]으로, 아마도 노자의 儒[懦]弱謙下 풍의 가르침을 듣고 기뻐한 자일 것이다"(四書或問: 孟之反 卽莊子所謂孟子反, 蓋聞老氏儒弱謙下之風而悦之者也。);《論語正義》옛사람들의 이름에 많이 쓰인 '之'는 어조사이다. (예) 庚公之斯・尹公之他[孟子・離婁下 제24장], 宮之奇[孟子・萬章上 제9장].《春秋左傳・哀公11年》의 '孟之側後入 以爲殿'에 대한 두예의 注는 '之側은 孟孫氏의 族人으로, 字가 反이다'라고 했다(案: 古人名多用'之'爲語助, 若舟之僑, 宮之奇, 介之推, 公罔之裘, 庚公之斯, 尹公之他, 與此孟之反皆是. 杜預《左傳》注: "之側, 孟氏族也, 字反。")。

2 《論語集解》자기의 공적을 스스로 자랑하지 않았다(注: 孔安國曰: 不伐者, 不自伐其功也。);《論語大全》이것은 克・伐・怨・慾[憲問 제2장]을 하지 않았다는 것으로, 안자의 無伐善[公冶長 제25장]의 뜻과 서로 비슷하다(朱子曰: 這便是克伐怨欲不行, 與顔子無伐善底意思相似。)。

3 奔(분): 빨리 달리다. (전투에 져서) 도주하다(本義: 快跑。敗逃; 逃亡。);《論語集解》'殿'(전)은 군대의 후미에 서는 것이다. 앞에 서는 것을 '啟', 뒤에 서는 것을 '殿'이라 한다(注: 馬融曰: 殿在軍後者也。前曰啟, 後曰殿。);殿(전): 맨 끝. 맨 아래. 군대의 후미(最后, 最下。集解引馬注: 殿在軍后。前曰启, 后曰殿。先軍行之前者, 所謂選鋒也。)。

4 《論語義疏》'門'은 노나라 성문이다(疏: 門, 魯國門也。);將(장): 머지않아. 곧~하려 하다(副詞。就要: 將要。)。

5 《論語義疏》'策'은 '杖'[곤장을 치다]이다(疏: 策, 杖也。);策(책): 대나무로 만든 말채찍. 채찍질이나 회초리질을 해서 노새나 말, 역축 등을 다그치다. 몰다(本義: 竹制的馬鞭。用鞭棒驱赶骡马役畜等。引申为驾驭。)。

6 進(진): 위는 '隹'(추)로 작은 새의 형상을 본뜬 것이고, 밑받침은 '止(趾)'(지)[발가락]이다. 새는 걸을 때 앞으로만 걸을 뿐 뒤로는 걷지 못하기 때문에, '前進'을 표시하는 데 쓴 것이다. 앞으로 나가다(甲骨文字形, 上面是'隹', 象小鸟形, 下面是'止(趾)'。鸟脚只能前进不能后退, 故用以表示前进。本义: 前进, 与'退'相对。)。

7 殿(전): [diàn] 높고 웅장한 대청. 궁전. 어전(高大的厅堂。); [diàn] 군대의 후미. 맨 끝(本为行军中的后尾部队, 引申为位居最后的。)。

奔, 敗走也。軍後曰殿。策, 鞭也。戰敗而還, 以後爲功。反奔而殿, 故以此言自揜[9]其功也。
事在哀公十一年。[10]

'殿'(전)은 거성[diàn]이다. ○'孟之反'(맹지반)은 노(魯)나라 대부로, 이름이 측(側)이다.
호씨(胡氏·胡寅)가 말했다. "맹지반(孟之反)은 장주(莊周)가 일컬은 맹자반(孟子反)이라
는 자가 바로 이 사람이다. '伐'(벌)은 '공을 자랑하다'[誇功]이다. '奔'(분)은 '패주하다'[敗
走]이다. 군대의 후미를 '殿'(전)이라 한다. '策'(책)은 '채찍질하다'[鞭]이다. 싸움에 패하
여 돌아올 때는, 후미에 서는 것을 공으로 친다. 맹지반(孟之反)은 패주하면서도 후미에
섰기 때문에, 이렇게 말함으로써 스스로 자기의 공을 감춘 것이다. 이 사건은 애공(哀
公) 11년[BC 484]에 있었다.

○謝氏曰:「人能操[11]無欲上人之心, 則人欲日消, 天理日明, 而凡可以矜己誇人者, 皆無
足[12]道矣。然不知學者欲上人之心無時而忘也, 若孟之反 可以爲法矣。」

○사씨(謝氏·謝顯道)가 말했다. "사람이 남의 위에 서려고 하는 마음을 억제하여 없앨
수 있다면, 인욕은 날로 줄어들고 천리는 날로 밝아져서, 무릇 자기를 뽐내면서 남에게
과시할 만한 일 정도는, 모두 말할 만한 것이 못 된다. 그렇지만 배움을 모르는 자는,
남의 위에 서려고 하는 마음을 한시도 잊은 적이 없는데, 맹지반(孟之反)의 경우는,
이를 모범으로 삼을 만하다.

---

8 《雍也 제1장》 각주 《莊子·內篇·大宗師》 참조.

9 揜(엄): 가려 덮다. 감추다(遮蔽: 掩藏).

10 《春秋左傳·哀公11年》[BC 484] 제나라 군대가 노나라를 침공하자 季孫이 家宰 염구를 左軍의 수장으
로, 번지를 車右로 삼고, 孟孺子를 右軍의 수장으로 삼아, 교외에서 제나라 군대와 교전했다. 좌군의
염구는 낫이 달린 긴 창을 휘두르면서, 제나라 군대 속으로 쳐들어가, 제나라 병사 80인의 머리를
베고, 도망가는 제나라 군대를 계속 추격하려 했지만 계손의 제지로 그만두었다. 우군은 싸우지도
않고 도주하니 제나라 군대가 추격하여 泗水를 건너오자, 孟之側이 後軍이 되어 뒤에 들어왔는데,
화살을 뽑아 그 말에 채찍질하면서 '말이 앞으로 빨리 뛰쳐나가지 않아서였다'고 했다. (위나라에 있던
공자는) 노나라에서 폐백을 갖춰 그를 부르자, 노나라로 돌아왔다(孟之側後入, 以爲殿, 抽矢策其馬曰,
馬不進也…… 魯人以幣召之[仲尼], 乃歸。).

11 操(조): 손에 쥐다. 억제하다. 장악하다. 부리다(本义: 拿着, 握在手里。控制, 掌握: ~舟。~纵。).

12 無足(무족): ~할 가치가 없다. ~할 만한 것이 못되다(不值得).

[不有祝鮀之佞章]

061401、子曰:「不有¹祝鮀之佞²而有宋朝之美³, 難乎免於今之世矣!⁴」

---

1 《補正述疏》'不有祝鮀之佞而有宋朝之美'는 한 구절로 읽고, '不'字는 두 개의 '有'字를 한데 묶어서 말한 것이다["축관 鮀가 가진 말재주와 송공자 朝가 가진 미모가 없다면"]('不有祝鮀之佞而有宋朝之美', 以一句讀也, '不'字貫兩'有'字而言).《古今注》'而有'는 '或有'라 한 것과 같다. 한 개의 '不'字가 두 개의 '有'字 위에 덧붙여진 것이다["축관 鮀가 가진 말재주 혹은 宋公子 朝가 가진 미모가 아니면"](補曰: 而有猶言或有也. 一不字冠兩有字);《論語譯注》'不有'는 여기에서는 가설의 어기로 쓰여, '~이 없다면'의 의미이다["축관 鮀같은 언변은 없이, 다만 宋公子 朝같은 미모만 있다면"]('不有', 這里用以表示假设语气, '假若没有'的意思; 假使没有祝鮀的口才, 而仅有宋朝的美丽). 不有(불유): 없다(无有, 没有).

2 祝鮀(축타): 위나라 대부. 字 子魚. 大祝[천신에게 지내는 제사의 주관자]으로 위영공[BC 534~BC 493 재위]에게 중용되었다《春秋左傳 · 定公 4年》[BC 506] 참조:《憲問 제20장》참조: [성]祝鮀之佞(축타지녕): 언변에 능한 사람. 입발림 말을 잘하는 사람(祝鮀, 春秋卫人, 能言善辩, 或指其善以巧言媚人, 后因以为佞人的典型.);《說文 · 示部》'祝'은 祭主로서 축문을 읽는 사람이다.《周易 · 說卦》에, '兌'는 무당이 입으로 말하는 것이라고 했다(祝, 祭主贊詞者.《易》曰: "兌爲口爲巫.");《說文 · 示部》'示'(시)는 하늘이 상징을 아래로 드리워서, 이로써 길흉을 보여주는 것이다. 아래로 늘어뜨린 세 개의 선은 해 · 달 · 별을 상징한다. 천문현상을 보고, 때의 변화를 살피는 것이다[易經 · ䷝賁 · 象傳]. '示'는 신의 일로, '示'가 들어 있는 글자는 모두 '示'의 의미를 따른다(示, 天垂象, 見吉凶, 所以示人也. 从二. 三垂, 日月星也. 觀乎天文, 以察時變. 示, 神事也. 凡示之屬皆从示.): 祝(축): 신 앞에 꿇어앉아 경배하고 기도하는 형상. 남자 무당으로 제사에서 축문을 읽는 사람 즉 廟祝. 축문(甲骨文字形, 象一个人跪在神前拜神, 开口祈祷. '儿'是古文'人'字. 本義: 男巫, 祭祀时主持祝告的人, 即庙祝. 祭神的祈祷词.): 佞(녕): 감언이설로 알랑거리다(从女, 信省. 本義: 用花言巧语谄媚.).

3 宋朝(송조): 宋子 朝. 송나라 공자로, 잘생긴 얼굴로 이름이 났다. 위영공의 총신으로, 영공의 부인 南子[?~BC 481. 송나라 공주]와 사통했지만, 영공은 오히려 둘 사이의 관계를 방임했다. 宋朝가 또 양공의 부인 宣姜과 정을 통하고, 겁이 나서 변란을 일으키다 실패하여 송나라로 달아났다. 정공 14년[BC 496] 南子가 宋朝를 못 잊자, 영공이 南子를 위해 宋朝를 불러들여 南子와 쌓였던 정을 풀게 했는데, 그때 송나라 시골 들판을 지나던 蒯聵(괴외)가, '너희 위나라 발정 난 암퇘지는 이미 몸을 풀었거늘, 우리 송나라 늙은 수퇘지는 어찌 돌려보내지 않느냐?'(既定爾婁豬 盍歸吾艾豭)라는 송나라 시골 사람들의 소리를 듣고, 南子의 사통 사실을 알게 되었다. 귀국해 南子에게 인사하는 자리에서 가신을 시켜 南子를 죽이려 했지만, 가신이 변심해 실패하자, 송나라로 망명했다. 영공이 죽고 南子가 公子 郢[蒯聵의 동생]을 세웠지만 사양하자, 蒯聵의 아들 輒(첩)이 즉위하여 出公이 되었다. BC 481년, 蒯聵가 망명에서 돌아와 임금 자리를 탈취하여, 莊公이 된 후, 南子를 죽였다.

4 《論語集解》축관 鮀는 위나라 대부 子魚로, 당시 사람들이 그를 귀하게 여겼다. 宋公子 朝는 송나라의 잘생긴 남자로, 음탕했다. 축관 鮀와 같은 말재주가 있어야 하는데, 도리어 宋公子 朝와 같은 잘생긴 용모만 가졌다면, 지금 세상의 해를 피하기 어렵다는 말씀이다(注: 孔安國曰: 祝鮀, 衛大夫名子魚也. 時世貴之. 宋朝, 宋國之美人也, 而善淫. 言當如祝鮀之佞, 而及[反]如宋朝之美, 難乎免於今之世害也.);《論語義疏》사람이 축관 鮀의 말재주가 없으면, 반대로 宋公子 朝의 미모가 있어야 하는데, 만약 두 가지 다 없다면, 지금 세상의 환난을 피하기 어렵다는 말이다. 그래서 范甯[약 339~약 401]이 말하기를, '축관 鮀는 말재주로 아첨하여 靈公의 총애를 받았고, 宋公子 朝는 잘생긴 용모로 南子의 사랑을 받았으

선생님께서 말씀하셨다. "축관 타(鮀)가 가진 말재주와 송공자(宋公子) 조(朝)

니, 무도한 세상에서는 모두 이를 써서 남의 환심을 산다'고 한 것이다(疏: 言人若不有祝鮀佞, 反宜有宋朝美, 若二者並無, 則難免今世之患難也。故範甯曰, 祝鮀以佞諂, 被寵於靈公, 宋朝以美色, 見愛於南子, 無道之世並以取容。);《論語大全》'而'字를 '不'字라고 생각한 謝[侯?]氏의 설에 대해 묻자, 주자가 답했다. "마땅히 伊川의 설[伊川解曰: 無鮀之巧言與朝之令色……]을 따라야 한다. 축관 鮀의 말재주와 宋 公子 朝의 잘생긴 용모를 다 갖추고 있지 않으면, 지금 세상의 화를 피하기 어렵고, 반드시 미움을 당하게 될 것이라고 한 것이다"(問謝氏疑而字爲不字, 朱子曰: 當從伊川說。謂無鮀之巧言與朝之美色, 難免於今, 必見憎疾也。);《集注考證》'而'字는 '與'字와 같다. 옛 책에서 두 일이 서로 합쳐질 경우, '而'字를 가운데 써서 두 일의 순서를 정했다(而字猶與字, 古書兩事相兼者, 以而字中遞之。);《經傳釋詞》'而'는 '與'·'及'과 같다["祝官 鮀가 가진 말재주와 宋公子 朝가 가진 미모를 다 갖추고 있지 않으면"]('而', 猶'與'也, '及'也。言有祝鮀之佞, 與有宋朝之美也。);《詞詮》而(이): 전환접속사. 그런데. 하지만["祝鮀의 말재주는 없이, 宋朝의 미모만 갖추고 있으면"]('而', 轉接連詞。可譯爲'然'及今語之'卻', 惟意較輕耳。);《論語正義》돌아가신 형님 劉寶樹[1777~1839]의《經義說略》에 말했다. "잘생긴 용모는 반드시 말재주를 겸비해야 비로소 용납될 수 있다. 잘생겼는데 말재주가 없으면 쇠퇴한 세상에서는 오히려 미움을 받는다. 잘생겼어도 말재주가 없으면 어찌 쇠퇴한 세상에서 용납되겠는가? 그래서 공자께서 말재주가 없으면 잘생긴 용모를 지녔어도 세상의 화를 피하기 어렵다고 탄식하셨으니, 공자께서 宋公子 朝를 미워하지 않은 것이 아니고, 이로써 당시의 말재주를 좋아하는 세태를 강조해서 말씀하신 것뿐이다." 劉寶樹의 견해는 바로《論語集解》의 注의 뜻이다. 왕인지의《經傳釋詞》에는, '而'를 '與'로 풀이했는데,《論語集解》의 注와 견해가 다르지만, 또한 통한다. 어떤 학자는 '而'를 '不'를 잘못 쓴 것이라고 하고, 어떤 학자는 '而'과 '如'는 서로 바꿔쓰는 글자로, '如或'이라고 하는데, 모두 옳지 않다(正義曰: 先兄五河君《經義說略》: "美必兼佞, 方可見容。美而不佞, 衰世猶嫉之……美而不佞, 豈容於衰世乎? …… 故夫子歎時世不佞之人, 雖美難免, 夫子非不惡宋朝也, 所以甚言時之好佞耳。"先兄此說, 即注義是也。王氏引之《經傳釋詞》訓'而'爲'與'…… 說與注異, 亦通。他家疑'而'爲'不'誤, 或謂而, 如通用, 如或也。皆未是。);《論語句法》'而有宋朝之美'도, 부정문인데, 부정부사인 '不'가 표시되지 않고, 앞 문장을 이어받아 생략되었다. '而'는 여기에서 '並且[그리고]'의 뜻이다('而有宋朝之美', 也是一句否定的有無簡句, 但是表否定限制詞的'不'字, 卻承上省略了。'而'字在這裡是'並且'的意思。);《論語新解》①'而'는 '與'字와 같다. 祝鮀之佞이 없고, 또 宋朝之美가 없다는 말이다. 쇠퇴한 세상은 아첨을 좋아하고 미모를 즐거워하니, 이것들이 아니면 면하기 어렵다는 말로, '不'字가 아래 두 자를 통할해야 한다. 그렇지만 문법에 따르면, 아래 구절에 '有'字가 더 많아서 순리롭지 못한 듯하다. ②이 장은 오직 위영공 때문에 하신 말씀으로, 영공이 만약 祝鮀之佞을 얻지 못하고 宋朝之美만 있었다면, 지금 세상을 면할 수 없었을 것이라는 말이다. 그렇지만 영공을 생략해서는 안 되고, 또 '難乎免於今之世'라는 말도 부당하니, 이 견해 역시 따를 수 없다. ③祝鮀之佞은 없고 宋朝之美만 있다면, 지금 세상을 면할 수 없다. 이 풀이는 문리 면에서 가장 순리롭다. 대개 이 장이 강조하는 것은 '祝鮀'와 '宋朝'에 있지 않고, '佞'과 '美'에 있다. 미인은 사람을 기쁘게 하지만, 질투의 대상이어서, 미인이지만 말을 잘하지 못하면, 여전히 쇠퇴한 세상에서 면할 수 없다. 공자께서는 대개 말재주를 좋아하는 당시의 풍조를 심하게 한탄하셨을 뿐이다. 축타 역시 현능한 자였기 때문에[憲問 제20장], 이 장은 축타와 송조의 사람됨을 논하는 데 있지 않다는 것을 알아야 한다(或说: 而, 犹与字。言不有祝鮀之佞, 与不有宋朝之美。衰世好谀悦色, 非此难免, 不字当统下两字。然依文法, 下句终是多一有字, 似不顺。或说: 此章专为卫灵公发, 言灵公若不得祝鮀之佞, 而专有宋朝之美, 将不得免。然不当省去灵公字, 又不当言难乎免于今之世, 此亦不可从。一说: 苟无祝鮀之佞, 而仅有宋朝之美, 将不得免于今之世。此解于文理最顺适。盖本章所重, 不在鮀与朝, 而在佞与美。美色人之所喜, 然娥眉见嫉, 美而不佞, 仍不免于衰世。孔了盖甚叹时风之好佞耳。祝鮀亦贤者, 故知本章不在论鮀, 朝之为人。)。

가 가진 잘생긴 용모를 갖추고 있지 않으면, 지금 세상에서는 화를 피하기가
어렵겠구나!"

鮀, 徒河反。○祝, 宗廟之官。鮀, 衛大夫, 字子魚, 有口才。朝, 宋公子[5], 有美色。言衰世好
諛[6]悅色, 非此難免, 蓋傷之也。

'鮀'(타, tuó)는 '徒'(도)와 '河'(하)의 반절이다. ○'祝'(축)은 종묘에서 축문을 읽는 일을
맡은 관원이다. '鮀'(타)는 위(衛)나라 대부로, 자(字)가 자어(子魚)인데, 말재주가 있었
다. '朝'(조)는 송(宋)나라 공자(公子)로, 잘생긴 용모를 지니고 있었다. 말씀인즉, 쇠퇴
한 세상에서는 아첨으로 남에게 빌붙기를 좋아하고 잘생긴 용모를 즐거워하니, 이런
것들이 아니면 화를 피하기 어렵다는 것으로, 대개 이러한 세태를 상심하신 것이다.

---

5 公子(공자): 제후의 庶子를 칭하여, 世子와 구별해 썼는데, 제후의 자를 총칭하기도 한다(古代称诸侯之
  庶子, 以别于世子, 亦泛称诸侯之子。).
6 諛(유): 아첨하다. 알랑거리다. 빌붙다(奉承, 谄媚。).

[誰能出不由戶章]

061501、子曰:「誰能出不由戶¹? 何莫由斯道也²?」³

---

1 《論語正義》집의 바깥쪽 반이 堂이고, 안쪽 반이 室이다. 室에는 남쪽 벽이 있고, 동쪽으로 戶를 열어 堂으로 나간다. 《說文·戶部》에, '戶는 護[보호하다]이다. 반달문을 戶라 한다'고 했다(正義曰: 宮室之制, 外半爲堂, 內半爲室。室有南壁, 東開戶以至堂。《說文》: "戶, 護也。半門曰戶, 象形。");《古今注》옛날의 방 구조는 서북쪽 벽은 모두 막았고[모두 흙담이었다], 남쪽은 창을 내어 빛을 받아들였고[벽을 뚫어 창을 만들었지만 출입하지 못했다], 오직 동쪽에만 출입문이 있어서[동쪽 벽의 남측에 해당한다], 이를 통해 출입했으니, 방에서 나오는 것은 오직 이 한 길 뿐이었다(古者室制, 西北全塞(皆土墉)。南牖以納明(穿壁而安牕, 不可出入), 惟東有戶(當東壁之南), 以通出入, 自室而出者, 惟此一路而已。).

2 《論語義疏》'莫'은 '無'이다. 范甯이 말하길, '사람들은 누구나 문을 통해 나가는 것은 아는데, 배움을 통해 이룬다는 것은 아는 사람이 없다'고 했다(疏: 莫, 無也。范甯云, 人咸知由戶而行, 莫知由學而成也。);《論語正義》《說文·言部》에, '誰는 何이다'라 했다. '어느 누가 할 수 있는가?'라는 말이다. 앞 구절에서는 '誰'라 하고, 뒤 구절에서는 '何'라 한 것은 互訓이다. '出'은 방을 나가는 것이다. '何莫由斯道'의 '莫'은 '非'와 같다["어느 누가 방을 나가는데 방문을 경유하지 않을 수 있는가? 어느 누가 이 도를 경유하지 않는가?"].《說文·辵部》에, '道는, 지나다니는 길이다'라고 했다. 사람의 일상의 행동·습관 중에, 도 아닌 게 없는데, 다만 종신토록 도를 따르고 있는데도 이를 알지 못할 뿐이라는[孟子·盡心上 제5장] 말이다(正義曰:《說文》: "誰, 何也。" 言何人能? 若有以問之也。上句言誰, 下句言何, 互相訓。'出'謂出室……'何莫由斯道'者, 莫猶非也。《說文》: "道, 所行道也。" 人日用行習, 無非是道, 特人或終身由之而不知耳。);《論語新解》'莫'字에는 두 견해가 있다. ①'無'[없다] 사람들이 방을 나가는데 방문을 경유하지 않을 수 없는데, 무엇 때문에 도를 따르는 사람이 아무도 없는가라는 말이다. ②'非'[아니다] 그 무엇이 이 도를 경유하지 않는가라는 말로, 사람이 사는 동안 일상의 행동·습관 중에 도 아닌 게 없는데, 다만 종신토록 도를 따르고 있는데도 이를 알지 못할 뿐이라는 말이다. 앞의 견해를 따른다(莫字有兩解: 一, 无义。言人不能出不由户, 何故无人由道而行。另一解, 莫, 非义。谓何非由此道, 即谓人生日用行习无非道, 特终身由之而不知。今从前解。);《論語句法》'莫'은 '不'과 같고, 부정부사로 술어 '由'를 수식하고, '何'는 원인보어로, 그 밑에 관계사 '爲'가 붙지 않은 것이다["무엇 때문에 이 도를 따르지 않는가?"]('莫等於不', 是否定限制詞, 修飾述詞'由', '何'是原因補詞, 它底下沒加關係詞'爲'字。).

3 《孟子·告子下 제2장》맹자가 말했다. "도란, 큰길의 모습과 같습니다. 어찌 알기 어려운 것이겠습니까? 사람들의 병폐가 구하지 않을 뿐입니다. 그대가 돌아가서 도를 구하고자 한다면 많은 스승이 있을 것입니다"(曰: 夫道, 若大路然, 豈難知哉? 人病不求耳。子歸而求之, 有餘師。);《禮記·禮器》예에는 큰 것, 작은 것, 드러난 것, 은미한 것이 있다. 큰 것은 덜어서는 안 되고, 작은 것은 보태서는 안 되고, 드러난 것은 가려서는 안 되고, 은미한 것은 키워서는 안 된다. 그러므로 경례 삼백 조문, 곡례 삼천 조문은 그 이르는 곳은 하나[誠]이다. 방[禮]에 들어가는 데 방문[誠]을 경유하지 않는 자는 없다(禮有大有小, 有顯有微。大者不可損, 小者不可益, 顯者不可掩, 微者不可大也。故經禮三百, 曲禮三千, 其致一也。未有入室而不由戶者。);《韓愈·原道》"斯道란 어떤 도인가?" "요 임금은 이 도를 순 임금에게 전했고, 순 임금은 이 도를 우 임금에게 전했고, 우 임금은 이 도를 탕임금에게 전했고, 탕임금은 이 도를 문왕·무왕·주공에게 전했고, 이분들은 이 도를 공자에게 전했고, 공자는 이 도를 맹자에게 전했는데, 맹자가 죽고 나서는, 전해지질 못했다. 순자와 양자는, 이 도를 택했지만 그 정수를 택하지 못했고, 이 도를 말했지만 상세하게 말하지 못했다"(曰: "斯道也, 何道也?" 曰: "……堯以是傳之舜, 舜以是傳之禹, 禹以是

선생님께서 말씀하셨다. "어느 누가 방을 나가는 데 방문을 경유하지 않을 수 있겠는가? (그런데) 어찌하여 아무도 이 도를 경유하지 않는가?"

言人不能出不由戶, 何故乃不由此道邪[4]? 怪而歎之之辭。

말씀인즉, '사람이 방을 나가면서 방문을 경유하지 않을 수 없는데, 무슨 까닭으로 그럼에도 이러한 도를 경유하지 않는 것인가?'라는 것으로, 이를 괴이하게 여기고 탄식하신 말씀이다.

○洪氏曰:「人知出必由戶, 而不知行必由道。非道遠人[5], 人自遠爾。」

○홍씨(洪氏·洪興祖)가 말했다. "사람들은 나가는 데는 반드시 방문을 경유해야만 한다는 것을 알면서, 행하는 데는 반드시 도를 경유해야만 한다는 것을 알지 못하니, 도가 사람을 멀리하는 것이 아니라, 사람이 스스로 도를 멀리하는 것이다."

傳之湯, 湯以是傳之文, 武, 周公, 文, 武, 周公傳之孔子, 孔子傳之孟軻, 軻之死, 不得其傳焉。苟與揚也, 擇焉而不精, 語焉而不詳。).

4《北京虛詞》邪(야): (왜)~것이지? '誰'·'何'·'何爲' 등이 있는 특지의문문에 쓰인다('邪', 語氣詞。用于有'誰'、'何'、'何为'等疑问词语的特指问句末。义即'呢'。).

5《中庸 제13장》도는 사람을 멀리하지 않는다. 사람이 도를 행한다 하면서 사람을 멀리하면, 도를 행할 수 없다(子曰: 道不遠人。人之爲道而遠人, 不可以爲道。).

[質勝文則野章]

061601、子曰:「質勝文則野¹, 文²勝質則史³。文質彬彬⁴, 然後君子。⁵ ⁶」

선생님께서 말씀하셨다. "실질(實質)이 문식(文飾)을 누르면 촌스러운 사람이고, 문식(文飾)이 실질(實質)을 누르면 실속은 없이 말만 번드르한 서리(書吏)이다. 문식(文飾)과 실질(實質)이 알맞게 잘 조화를 이룬 뒤에야 비로소 군자이다.

野, 野人, 言鄙畧也⁷。史, 掌文書, 多聞習事⁸, 而誠或不足也。彬彬⁹, 猶班班¹⁰, 物相杂而

---

1 《論語集解》'野'는 '野人'과 같고, 촌스럽고 간략하다는 말이다(注: 苞氏曰: 野, 如野人, 言鄙略也。);《論語義疏》'勝'은 '多'이다["실질이 많고 문식이 적으면"](疏: 勝, 多也。若實多而文飾少則……); 野(야): 거칠고 막되다. 상스럽다. 예의 없다. 꾸미지 않다(粗野, 不文雅。跟'文'相對。).

2 《王力字典》文(문): 여러 색이 섞이다. 화려한 색채(彩色交錯。引申爲文采).

3 《說文·史部》'史'(사)는 일을 기록하는 자이다. 오른손[又]으로 '中'을 잡고 있는 모양이다. 中은 正이다(記事者也。从又持中。中, 正也。);《論語義疏》'史'(사)는 글을 기록하는 史[관리]이다. 史의 글은 겉만 화려하고 알맹이는 없는 글이 많으니, 사람이 일을 하는 데 꾸밈이 많고 알맹이가 적으면, 書史같다고 말한다(疏: 史, 記書史也。史書, 多虛華無實, 妄語欺詐, 言人若爲事, 多飾少實, 則如書史也。);《周禮》에는 각 직분 밑에 서류관리인으로 史가 있다:《衛靈公 제40장》 각주《儀禮·聘禮》의 '辭多則史' 참조.

4 [성]文質彬彬(문질빈빈): 화려함과 질박함이 골고루 잘 배합되어 있다. 품위가 있는 데다가 또 소박하다. 고상하고 예의가 바르다(文: 文采; 质: 实质; 彬彬: 形容配合适当。文华质朴配合得宜, 既有文彩, 又很朴实。原形容人既文雅又朴实, 后形容人文雅有礼貌。);《論語譯注》'文質彬彬'은, 이 장에서는 文雅[점잖고 기품 있다]하면서도 꾸밈없이 소박한 모습을 형용하고 있는데, 후에 와서는 文雅하면서도 예모를 갖춘 모습을 가리키는 말로 쓰였다('文質彬彬, 此處形容人既文雅又樸實, 後來多用來指人文雅有禮貌。); 質(질): 소박하다. 꾸밈없는 그대로이다(朴实, 朴素。): '文'은 겉으로 드러나는 아름다운 장식으로 태도나 학식을 가리키고, '質'은 내면의 인격이나 실질을 말하고, '彬彬'은 잘 조화를 이루어 균형이 잡힌 상태를 나타낸다.

5 《論語正義》劉逢祿[1776~1829]의 《論語述何》에 말했다. "文과 質은 서로 반복하는 것이, 寒暑와 같다. 은나라는 하나라를 개혁하면서, 文을 구제하고자 質을 썼는데, 그 폐단이 野였고, 그래서 주나라는 은나라를 개혁하면서 野를 구제하고자 文을 썼는데, 그 폐단이 史였다. 은나라·주나라의 초기에는 모두 文質彬彬했다. 춘추시기는 주나라의 폐단을 구제하고자, 당연히 은나라의 質을 반복하여, 군자의 도를 순치시켰다. 그래서 공자께서 또 말씀하시기를, '만일 예악을 쓴다면, 나는 선배들의 예악을 따르겠다'[先進 제1장]고 했으니, 야인이 먼저이고, 군자가 뒤이다"(論語述何: 文質相復, 猶寒暑也。殷革夏, 救文以質, 其敝也野。周革殷, 救野以文, 其敝也史。殷周之始, 皆文質彬彬者也。春秋救周之敝, 當復反殷之質, 而馴致乎君子之道。故夫子又曰:「如用之, 則吾從先進。」先野人, 而後君子也。).

6 《禮記·表記》순 임금 때와 하나라 때의 質과 은나라와 주나라 때의 文은 참으로 지극했다. 순 임금 때와 하나라 때의 文은 그 質을 이기지 못했고, 은나라와 주나라 때의 質은 그 文을 이기지 못했다(子曰:「虞夏之質, 殷周之文, 至矣。虞夏之文不勝其質; 殷周之質不勝其文。」).

7 鄙略(비략): (~을) 경시하고 소홀히 대하다. 개의치 않다. 꾸민데없이 촌스럽고 단출하다(轻视忽略).

適均之貌。言學者當損有餘, 補不足, 至於成德, 則不期然而然[11]矣。

'野'(야)는 '촌사람'[野人]으로, 꾸민 데 없이 소박하고 단출한 사람을 말한다. '史'(사)는 '문서를 관장하는 서리'(書吏)로, 견문이 많고 일 처리에는 익숙하지만, 정성이 혹 부족할 수 있다. '彬彬'(빈빈)은 '班班'(반반)과 같은데, 물질이 서로 섞여 알맞게 균형이 잡힌 모양이다. 말씀인즉, 배우는 자의 경우에는 마땅히 남는 것은 덜어내고, 부족한 것은 보태야 하지만, 성덕의 경지에 이른 군자의 경우에는, 그렇게 되기를 기약하지 않아도 그렇게 된다는 것이다.

○楊氏曰:「文質不可以相勝。然質之勝文, 猶之[12]甘可以受和, 白可以受釆也[13]。文勝而至於滅質, 則其本亡矣。雖有文, 將安[14]施乎? 然則與其史也, 寧野。」

○양씨(楊氏·楊中立)가 말했다. "문식과 실질 간에는 어느 것도 서로를 눌러서는 안 된다. 그렇지만 실질이 문식을 누르고 있는 것은, 단맛이어야 조미를 받아들일 수 있고, 흰색이어야 채색을 받아들일 수 있는 것과 같다. 문식이 실질을 눌러 없애는 지경까지 이르면, 그 근본이 없어지고 만다. 비록 문식이 있을지라도, 장차 어디에다 쓰겠는가? 그렇다면 그런 실속은 없이 말만 번드르르한 서리(書吏)보다는, 차라리 촌스러운 사람이 더 낫다."

---

8 習事(습사): 사리에 밝다. 사리를 분명하게 이해하다. 숙지하다(谓熟谙事理。).

9 《論語集解》'彬彬'은 文과 質이 반씩 섞인 모양이다(注: 苞氏曰: 彬彬, 文質相半之貌也。); 《論語詞典》彬彬(빈빈): 서로 다른 여러 가지 물건들이 잘 어울려 있는 모양(各種不同事物配合得適當的樣子。); 《百度漢語》彬彬(빈빈): 문과 질을 겸비하다. 행실이 점잖고 예의 바르다(形容文质兼备, 后往往用以形容人的行为文雅有礼。).

10 班班(반반): =彬彬. 斌斌. 문과 질이 다 갖춰진 모습. 반점이 많은 모습(犹彬彬。文质兼备貌。斑点众多貌。班, 通'斑'。).

11 不期然而然(불기연이연): 이같이 되기를 바라지 않았는데 뜻밖에도 이같이 되다(不希望如此而竟然如此。).

12 猶之(유지): ~와 같다. 여전히(犹言均之, 等之。仍旧。).

13 《八佾 제8장》 각주 《禮記·禮器》 참조.

14 《北京虛詞》安(안): 의문대사. 어떻게~하겠나? 어디에. 뭘요. 천만에요('安', 疑問代詞。表示反诘。多用于助动词前。义即'怎么'、'怎'、'哪里'。).

[人之生也直章]

061701、子曰:「人之生也直¹, 罔²之生也幸而³免。⁴, ⁵ ⁶, ⁷」

1 《論語集解》사람이 세상에 태어나서 제명대로 사는[不橫夭殤] 까닭은, 그가 정직한 길을 걸었기 때문이라는 말이다(注: 馬融曰: 言人之所以生於世而自終者, 以其正直之道也。);《論語義疏》사람이 살아가는 도리는 오직 자기 몸가짐을 곧게 하는 것뿐이다(疏: 李充曰: 人生之道, 唯其身直乎!);《朱子語類32: 33》하늘이 만물을 낳는 이치는 단지 直일 뿐이다. 예컨대 나무가 태어나면서부터, 꺾여서 태어난다면, 이것은 不直이다(天地生生之理, 只是直……如木方生, 須被折了, 便不直。).

2 《論語譯注》'罔'은 속이는 사람, 정직하지 못한 사람이다('罔', 誣罔的人, 不直的人。);《論孟虛字》'罔'은 '無'와 같다. '罔之'는 '直이 없다' '不直'을 말한다. 윗글을 되돌아보고 한 말일 뿐이다(竹氏會箋, '罔, 猶無也, 罔之, 謂無是直也。罔之謂不直, 是顧上文爲言耳。'); 罔(망): 부정직하다. 무지하다. (남을) 홀리다. 속이다. 감추다(不正直。无知的。迷惑。欺骗; 蒙蔽。).

3 《論語義疏》죽어야 하는데 살아 있는 것을 '幸'이라 한다(疏: 應死而生曰幸。);《王力漢語》幸(행): 재앙이 복이 되다. 재앙을 면하다. 나태한데도 행복하게 보낸다거나 일을 망쳤는데도 형벌을 피하는 것과 같이, 분에 맞지 않게 물건을 얻거나 소원을 실현하다(逢凶化吉。免於灾禍。引申爲非分地取得某種東西或實現某種願望, 如懶惰而能過好日子, 做壞事而能免於刑罰。); 幸而(행이): 요행히도. 요행으로. 운 좋게도(侥幸; 幸亏。).

4 《論語或問》'人之生'의 '生'은 '始生'의 '生'이고, '罔之生'의 '生'은 '生存'의 '生'이다. 대개 하늘이 이 사람을 낳는 것은, 진실된 이치의 자연스러운 모습으로, 애당초 도리에 맞지 않은 게 없는데, 저가 살아가면서 이를 따르지 못했음에도 (죽지 않고) 생의 끝을 보전할 수 있었다면, 죽음을 면한 것은 다만 요행일 뿐이라는 것이다(蓋上生字爲始生之生, 下生字爲生存之生……蓋曰天之生是人也, 實理自然, 初無委曲, 彼乃不能順是而猶能保其終焉, 是其免特幸而已矣。).

5 《讀四書大全說》'人之生也'의 '生'字와 '罔之生也'의 '生'字는 뜻이 서로 다를 리 없다. 경문의 앞뒤 두 구절은 비슷한 류의 글자를 이어서 서로 대비될 뿐 아니라, 공자의 뜻은 원래 '直道而行'[衛靈公 제24장]할 것을 사람들에게 경계시킨 것으로, 그렇다면 앞 구절은 진실로 그 자체로서 완성된 뜻을 가지고 있지, (앞 구절은) 단지 정직하지 않으면 안 되는 까닭의 근원을 推究한 것일 뿐이고, 뜻은 전적으로 뒷 구절에 귀속시킨 것이 아니다("人之生也"一"生"字, 與"罔之生也""生"字, 義無不同。……不但本文兩句, 連類相形, 且夫子之意, 原以警人直道而行; 則上句固自有責成意, 非但推原所以不可罔之故, 而意全歸下句也。). 경문을 세밀히 완상해보면, 그 뜻이 앞 구절에 깃들어 있는데, '사람이 살아가는 도리는 정직이다'라고 했으니, 정직하지 않으면 살아갈 수 없다는 뜻은 진실로 앞 구절에 있다. 뒷구절에서는 또 '정직하지 못한 사람이 목숨을 부지해 살아가는 것은 요행히도 면한 것이다'라고 했으니, 천하의 정직하지 못한 자들 역시 정직하지 못함에도 살아갈 수 있다는 것인데, 이치를 가지고 판단하신 것으로, 세상 사람들의 의혹을 풀어주신 것일 뿐이다(……細玩本文, 此意寓於上句之中, 而云"人之生也直", 而不直則不生, 義固繫之矣。其又云"罔之生也幸而免", 則以天下之罔者亦且得生, 而斷之以理, 用解天下之疑耳。). 만약 앞 구절이 단지 태어난 처음에 대해서만 말한 것으로 이해된다면, 뒷구절에서는 태어난 이후에 대해서도 정직하게 살아야 함을 더 언급해야 하는데, (그런 언급이 없이) 불쑥 정직하지 못한 요행스런 삶에 대해 말한 것으로, 글에 조리가 없고, 사람들을 경계시키는 중요한 부분에서, 도리어 입에 머금고 말하지 않는 격이다. 이 장은 공자께서 간곡하게 세상 사람들이게 (정직하게 살아갈 것을) 경계시킨 말씀인데, 이같이 조리가 없다면 당치 않다(使上句但明有生之初, 則下文不更言既生以後之當直, 而遽云罔之幸生,

선생님께서 말씀하셨다. "사람이 세상에 태어나는 생(生)은 자연 그대로의 숨길 것 없는 정직한 모습인데, 숨기고 속이면서 정직하지 못한 모습으로 살아가는 생(生)은 요행으로 (죽음을) 모면한 목숨일 뿐이다."

程子曰:「生理本直。罔, 不直也, 而亦生者, 幸而免爾。」[8]

於文字爲無條理, 而吃緊警人處, 反含而不吐矣。此章是夫子苦口戒世語, 不當如是。).

6 《春秋左傳·宣公16年》善人이 윗자리에 있으면, 요행을 바라는 백성이 없어진다. 속담에, '백성 중에 요행을 바라는 사람이 많다는 것은, 나라의 불행이다'라고 했는데, 이 말은 나라에 선인이 없다는 말이다 (善人在上, 則國無幸民。諺曰: 民之多幸, 國之不幸也, 是無善人之謂也。).

7 《前漢紀·高后紀》질병에 비유하자면, 치료하지 않아도 저절로 낫는 병이 있고, 치료하면 낫는 병이 있고, 치료하지 않으면 낫지 않는 병이 있고, 치료할지라도 종신토록 낫지 못하는 병이 있다. 옛날에 虢(곽) 국의 태자가 죽어 가는데, 扁鵲(편작)이 치료해서 살렸다. 편작이 말하기를, '나는 죽을 사람을 치료해서 살릴 수 있는 것이 아니고, 살 사람을 살린 것뿐이다'라고 했다. 그렇지만 태자는 편작을 만나지 못했으면 살아나지 못했을 것이다. 불치병은 醫和[춘추 秦나라 名醫]라도 치료할 수 없다. 그래서 공자께서는, '죽고 사는 것에는 명이 있다'[顏淵 제5장]라고도 하셨고, '제명에 죽지 못할 것이다'[先進 제12장]라고도 하셨고, 또 '요행으로 (죽음을) 모면한 목숨일 뿐이다'[雍也 제17장]라고도 하셨다. 주고 사는 것에는 명이 있다는 것이 생사의 올바른 도리이고, 제명에 죽지 못하는 것은 죽어서는 안 되는데 죽는 것이고, 요행으로 죽음을 모면한 것은 죽어야 하는데 죽지 않은 것이다. 이는 모두 성명의 세 가지 도리이다. 이를 미루어 교화의 경우에는, 또 어떤가? 사람 중에는 가르치지 않아도 저절로 성취하는 자가 있고, 가르쳐서 성취하는 자도 있고, 가르치지 않으면 성취하지 못하는 자도 있고, 가르쳐도 종신토록 성취하지 못하는 자도 있다. 그래서 '오직 아주 지혜로운 사람과 아주 어리석은 사람만이 바뀌지 않는다'[陽貨 제7장]고 하신 것이다. 中人의 경우에는 위로도 될 수 있고 아래로도 될 수 있다(譬之疾病, 有不治而自瘳者, 有治之則瘳者, 有不治則不瘳者, 有雖治而終身不可愈者。豈非類乎? 昔虢太子死, 扁鵲治而生之。鵲曰: 我非能治死爲生也, 能使可生者生耳。然太子不遇鵲, 亦不生矣。若夫膏肓之疾, 雖醫和亦不能治矣。故孔子曰: 死生有節; 又曰: 不得其死; 然又曰幸而免。死生有節, 其正理也; 不得其死, 未可以死而死; 幸而免者, 可以死而不死。凡此皆性命三勢之理。推此以及教化, 則亦如之何哉? 人有不教而自成者, 待教而成者, 無教化則不成者, 有加教化而終身不可成者。故上智下愚不移。至於中人, 可上下者也。).

8 《論語大全》'罔'은 단지 속임수를 써서 거짓을 행하는 것이다. 사람 됨됨이가 진실되지 못해서, 그른 것을 옳다 하고, 검은 것을 희다 하는 것이다. 살아가는 도리는 본래가 정직함에 뿌리를 두고 있다. 귀가 소리를 듣는 것, 눈이 사물을 보는 것, 코가 냄새를 맡는 것, 마음이 생각하는 것처럼, 정직함의 자연스러운 작용이 이와 같다. 惡을 싫어하기를 악취를 싫어하듯이 싫어하지 않고, 善을 좋아하기를 아름다운 여색을 좋아하듯이 좋아하지 않는 것 또한 정직하지 않은 것이다. 어린아이가 우물에 빠지려는 것을 보고 측은지심을 느끼는 것, 부끄러워할 만한 일을 보고 수오지심을 느끼는 것, 이는 모두 본심의 자연스러운 발출로, 이를 따라 행하면 정직한 것이지만, 우물에 빠지려는 것을 보고도 측은해하지 않고, 부끄러워할 만한데도 부끄러움을 느끼지 않는 것, 이것이 '罔'이다(朱子曰: 罔, 只是脫空作僞。做人不誠實, 以非爲是, 以黑爲白…… 生理本直。如耳之聽, 目之視, 鼻之齅, 口之言, 心之思, 是自然用如此…… 惡惡不如惡惡臭, 好善不如好好色, 也是不直…… 如見孺子將入井, 便有箇惻隱之心, 見一件可羞惡底事, 便有箇羞惡之心, 這都是本心自然發出來, 若順這箇行, 便是直; 若是見入井而不惻隱, 見可羞惡而不羞惡, 這便是罔。); 《古今注》당시 어떤 사람이 송사에 연루되었다가, 속임수를 써서 살아났는데, 사람들은

정자(程子·明道)가 말했다. "살아가는 도리는 본래 정직함에 뿌리를 두고 있다. '罔'(망)은 '정직하지 못하다'[不直]인데, 그런데도 살아남아 있다는 것은 요행으로 (죽음을) 피했을 뿐이다."

모두 그의 그런 행동을 칭찬했지만, 공자께서는 그것이 그렇지 않다는 것을 밝히신 것이다(時有人坐獄訟, 以誣罔得生者, 人皆與之, 孔子明其不然。).

[知之者不如好之者章]

061801、子曰:「知之¹者不如好之者, 好之者不如樂²之者。³」

　　선생님께서 말씀하셨다. "무엇인가를 안다는 것은 그 무엇인가를 좋아한다는 것만 못하고, 무엇인가를 좋아한다는 것은 그 무엇인가를 즐거워한다는 것만 못하다."

好, 去聲。樂, 音洛。○尹氏曰:「知之者, 知有此道也。好之者, 好而未得也。樂之者, 有所得而樂之也。⁴ ⁵」

---

1 《古漢語語法》'之'는 범지대사이다('之'是泛指代词。);《論語新解》이 장에서 '之'字는 學을 가리키기도 하고 道를 가리키기도 한다(本章之字指学, 亦指道。).

2 《論語詞典》樂(요): 옛날에는 五와 教의 반절로 읽어, ào로 발음했다. 타동사. 애호하다. 특히 좋아하다. 道樂으로 삼다(樂: 舊或讀五教切, ào, 及物動詞, 嗜好。).

3 《論語義疏》학문의 深·淺의 단계를 말한 것이다. '知之'는 '학문이 유익하다는 것을 안다'이다. '好之'는, 배우고자 하는 것을 좋아하는 것이다. 배움이 유익하다는 것을 알고 배운다면, 배우고자 하는 것을 좋아하는 것만 못하다. '樂之'는 배우기를 즐거워하는 것이다. 좋아하는 것은 꽉 차면 물리는 것이 있기 때문에, 안자가 즐거움이 그 안에 있다고 한 것[述而 제15장]과 같이, 천성으로 배움을 즐기는 것만 못하다(謂學者深淺也。知之, 謂知學問有益者也, 好之, 謂欲好學之以爲好者也。夫知有益而學之, 則不如欲學之以爲好者也…… 樂謂歡樂之也。好有盈厭, 故不如性歡而樂之, 如顏淵樂在其中也。).

4 《論語大全》배움은 즐거워하는 단계에 이르면 완성된다. 즐거워하는 단계에 이르면 자기 것이 된다(程子曰: 學至於樂則成矣……至於樂之, 則爲己之所有。).

5 《近思錄·爲學類》알면 반드시 좋아하게 될 것이고, 좋아하면 반드시 구하려고 할 것이고, 구하려고 하면 반드시 얻게 될 것이다. 옛사람들에게 이 학문이란, 종신의 일이었다. 과연 다급하고 허둥대는 중에도 자빠지고 엎어지는 중에도 반드시 이에 머물러 있다면, 어찌 도리를 터득하지 못할 리 있겠는가? (伊川先生曰: 知之必好之, 好之必求之, 求之必得之。古人此個學, 是終身事。果能顛沛造次必於是, 豈有不得道理?);《讀四書大全說》尹氏가 말한 '此道'는 황당무계한 말에 가깝다. 성인의 이 세 말씀은, 분명하고 실제에 적실한 말씀으로, 한 가지 사물을 빗대어 암시한 게 아니고, 광범위하게 두루 포괄하여, 네모진 것을 만나면 네모난 규가 되고, 둥근 것을 만나면 둥그런 옥이 되니, 애초부터 한 가지 일만을 가리킨 것이 아니다. 무릇 《論語》중에 자주 나오는 '之'字는 모두 이와 같다. 결론적으로 이는 학자가 성취한 공부의 경지를 말씀한 것이지, 도를 드러내어 말씀한 것이 아니다. 성인께서는 지금까지 한마디 말씀이라도, 사람들을 황당무계한 망상으로 이끄는 말씀은 하지 않으셨다. 만약 도를 드러내려고 했다면, 응당 분명하게 사람들에게 말씀하셨을 것이다. 그런데 분명하게 가리켜 말씀하지 않고, '知之'·'好之'·'樂之'라고만 하셨으니, 학자들 역시 다만 여하히 알 것인지, 여하히 좋아할 것인지, 여하히 즐거워할 것인지를 구하면 된다. '之'字가 가리키는 것이 무슨 일인지 그 근거를 구하겠는가? 공자께서는 이 세 '之'字를 써서, 고금의 모든 학자들의 모든 일을 한데 묶었으니, 성학의 경지는 모두 이 세 단계를 가지고 구분하신

'好'(호)는 거성[hào]이다. '樂'(락)은 음이 '洛'(락)이다. ○윤씨(尹氏·尹彦明)가 말했다. "무엇인가를 안다는 것은, 이 도가 있다는 것을 아는 것이다. 무엇인가를 좋아한다는 것은, (이 도를) 좋아하기는 하지만 아직 내 것으로 만들지는 못한 것이다. 무엇인가를 즐거워한다는 것은, (이 도를) 내 것으로 만들어서 이를 즐거워하는 것이다."

○張敬夫曰:「譬之五穀, 知者知其可食者也, 好者食而嗜之者也, 樂者嗜之而飽者也。知而不能好, 則是知之未至也; 好之而未及於樂, 則是好之未至也。此古之學者, 所以自強而不息[6]者歟[7]?[8]

○장경부(張敬夫·張栻)가 말했다. "오곡에 비유하자면, 안다는 것은 오곡이 먹을 만한 것임을 아는 것이고, 좋아한다는 것은 오곡을 먹어보고 좋아하는 것이고, 즐거워한다

것이다(尹氏說個"此道", 早已近誕。…… 聖人於此三語, 明白顯切, 既非隱射一物; 而其廣大該括, 則又遇方成圭, 遇圓成璧, 初不專指一事。凡論語中泛泛下一"之"字者, 類皆如此。總之是說爲學者之功用境界, 而非以顯道。聖人從不作半句話, 引人妄想。若欲顯道, 則直須分明向人說出。今既不質言, 而但曰 "知之", "好之", "樂之", 則學者亦但求如何爲知, 如何爲好, 如何爲樂而已。何事向"之"字求巴鼻耶? …… 夫子以此三"之"字, 統古今學者之全事, 凡聖學之極至, 皆以此三級處之。);《論語集釋》이 장은 學問을 가리켜 말한 것이지, 道와는 관계가 없다.《朱子語類 32: 41》에는, '사람이 태어나면 곧 이 理가 갖춰져 있는데, 物欲에 의해 가려지기 때문에, 이 理를 아는 사람이 적다. 좋아한다는 것은 앎이 이미 경지에 이른 것으로, 분명하게 이 理가 사랑할 만하고 추구할만하다는 것을 분명하게 見得했기 때문에, 마음이 진실로 그것을 좋아한다. 즐거워한다는 것은 좋아함이 이미 경지에 이른 것으로, 이 理가 이미 내 것이 된 것이다. 모든 천지 만물의 理는, 모두 내 몸에 具足되어 있으니, 즐거움이 이보다 더 클 수가 없다'고 말했다. 이 말에 근거하면, 이 장에서 말한 道라는 것은, 理일 뿐이다. 주자는 四書에 注를 달면서, '之'·'斯' 등의 글자를 만나면 그 글자를 모두 '理'字로 채워 넣었다(按: 此章指學問而言, 與道無涉。朱子語類:「人之生便有此理, 被物欲昏蔽, 故知此理者少。好之者是知之已至, 分明見此理可愛可求, 故心誠好之。樂之者是好之已至, 此理已得之於己。凡天地萬物之理, 皆具足於吾身, 則樂莫大焉。」據此, 其所謂道者, 則理而已。朱子注四書, 遇有之, 斯, 此等字皆以理字填實之。).

6 《公冶長 제9장》 각주 《易經·䷀乾·象傳》 참조.

7 《北京虛詞》 歟(여): 어기사. 의문문·반어문·추측문의 끝에 쓰인다('歟, 語氣詞。用于疑问句或反诘句末, 义即"吗"、"呢"。用于測度句末, 义即"吧"。也作"与"。).

8 《論語大全》 '안다'[知之]는 것은 '좋아한다'[好之]는 것만 못하다. 사람이 태어나면 곧 이 理가 갖춰져 있는데, 物欲에 의해 가려지기 때문에, 이 理를 아는 자가 매우 적다. '(理를) 좋아한다'[好之]는 것은 '(理를) 안다'[知之]가 이미 경지에 이른 것으로, 이 理가 사랑할 만하고 추구할 만하다는 것을 분명하게 見得했기 때문에, 마음이 진실로 그곳을 좋아한다. '(理를) 즐거워한다'[樂之]는 것은, '(理를) 좋아한다'[好之]가 이미 경지에 이르러서, 이 理가 이미 내 것이 된 것이다. 무릇 천지 만물의 理가, 모두 내 몸에 다 갖춰져 있으니, 즐거움이 이보다 더 클 수가 없다[孟子·盡心上 제4장](朱子曰: 知之者, 不如好之者。人之生便有此理, 然被物欲昏蔽, 故知此理者已少。好之者, 是知之已至, 分明見得此理可愛可求, 故心誠好之。樂之者, 是好之已至, 而此理已得之於己。凡天地萬物之理, 皆具足於吾身, 則樂莫大焉。).

는 것은 오곡을 좋아해서 배불리 먹는 것이다. 알기는 하지만 좋아하지 못하면, 이는 아는 정도가 아직 경지에 이르지 못한 상태이고, 좋아하기는 하지만 즐거워하는 정도까지 이르지 못하면, 이는 좋아하는 정도가 아직 경지에 이르지 못한 상태이다. 이것이 옛날의 배우는 자가, 스스로 힘써 노력하기를 쉬지 않았던 까닭이 아니었을까?"

[中人以上章]

061901、子曰:「中人以上[1], 可以語上[2]也; 中人以下, 不可[3]以語上也。」

　　　　선생님께서 말씀하셨다. "중등 이상의 사람에게는, 높은 수준의 도를 말해줄 수 있지만, 중등 이하의 사람에게는, 높은 수준의 도를 말해주기가 어렵다."

以上之上[4], 上聲。語, 去聲。○語, 告也。言教人者, 當隨其高下而告語[5]之, 則其言易入而無躐等之弊也。[6]

---

1 中(중): 중등. 중급(中等。)。《北京虛詞》以(이): 접속사. '上'·'下'·'来'·'往' 등의 앞에 쓰여 범위나 시간을 표시한다('以', 连词。用在'上'、'下'、'来'、'往'等词前, 表示范围或时间。).

2 《論語集解》 '上'은 上知 수준의 사람이 알 수 있는 것을 말한다(注: 王肅曰: 上, 謂上智之人所知也。); 《論語正義》《經典釋文》에는 '上'이 '上知[上智]'로 되어 있다.《漢書·古今人表》에는, 고금의 인물들을 上上聖人·上中仁人·上下智人·中上·中中·中下·下上·下中·下下愚人 9品으로 구분하면서, 이 장의 '中人以上 可以語上也'를 인용했다.《穀梁傳·僖公 2年》에는, '中知以上'·'中知以下'라는 구절이 있다. 그렇다면 이 장에서 말한 '中人'은 '中知'이다. '中人'이 '中知'라면, '上'은 '上知'이고, '下'는 '愚'이다. 공자께서는 利·命·仁·性·天道와 같은 높은 지식에 대해 드물게 말씀하여 제자들이 들을 수 없었던 경우[子罕 제1장, 公冶長 제12장]가 '不可語上'에 해당한다. 제자나 당시 여러 사람들에게 답하신 말씀을 살펴보면, 각기 다른데, 바로 그 사람이 갖춘 才知量에 따라 말씀해주신 것으로, 공자의 循循善誘之法[子罕 제10장]을 알 수 있다. 성질이 愚한데, 게다가 스스로 학문에 힘쓰지 못하는 사람은, 이는 공자께서 말씀하신 '下愚'로[陽貨 제3장], 비단 '不可語上'할 뿐 아니라, 아예 학문을 말해줄 수 없다(正義曰:《釋文》:"上知, 音智。"《漢書、古今人表》列'知'、'仁'之目, 亦引此文說之。《穀梁傳、僖二年傳》有'中知以上', '中知以下'之文。然則此兩言中人, 謂中知矣。中人爲中知, 則上謂上知, 下謂愚也。孔子罕言利、命、仁、性與天道, 弟子不可得聞, 則是不可語上。觀所答弟子、諸時人語, 各有不同, 正是因人才知量爲語之, 可知夫子循循善誘之法。若夫性質既愚, 又不能自勉於學問, 是夫子所謂"下愚", 非惟"不可語上", 且並不可語之矣。);《古漢語語法》 수준이 높고 깊은 학문이나 지식('上'指高深的学问或知识。).

3 《論語新解》이 장에서 '不可'는 금한다는 뜻이 아니고, 어렵다는 뜻이다(又按: 本章不可二字非禁止意, 乃难为意。).

4 上(상): [shǎng] (아래에서부터 위로) 오르다. 상성(登、升。自下而上。上聲。); [shàng] 표면이나 높은 곳. 윗사람. 지위가 높은(物体的表面、高处或边侧。尊长或在上位的人。地位高。).

5 告語(고어): 말해주다. 설명하다(告诉; 逑说).

6 《論語大全》어떤 자가 '中人以上'·'中人以下'가 자질을 말하는 것인지를 묻자, 주자가 답했다. "그렇게 고정된 것이 아니다. 어떤 경우에는 그의 공부가 이렇다는 것일 수 있고, 어떤 경우에는 그의 자질이 이렇다는 것일 수 있다. 성인께서는 단지 '中人以上'·'中人以下'라고만 하셨으니, 자질과 공부가 모두 안에 포함될 수 있다"(或問中人上下是資質否, 朱子曰: 且不裝定恁地。或是他工夫如此。或是他資質如此。聖人只說中人以上中人以下時。便都包得在裏面了。);《讀四書大全說》그 사람의 자질을 가지고 말씀하셨을 뿐 아니라, 필시 그 사람의 공부 수준을 가지고 말씀하신 것으로, 그래서 공자께서는 一貫說을 증자에

'以上'(이상)의 '上'(상)은 상성[shǎng]이다. '語'(어)는 거성[yù]이다. ○'語'(어)는 '말해주다'[告]이다. 말씀인즉, 사람을 가르치는 자는 마땅히 그 사람의 재질의 높고 낮음에 따라 말해주어야 하는데, 그러면 그가 베푸는 가르침이 쉽게 받아들여져서, 등급을 뛰어넘는 폐단이 없다는 것이다.

○張敬夫曰:「聖人之道, 精粗雖無二致[7], 但其施教[8], 則必因其材而篤焉[9]. 蓋中人以下之質, 驟而語之太高, 非惟不能以入, 且將妄意[10]躐等, 而有不切於身之弊, 亦終於下而已矣. 故就[11]其所及而語之, 是乃所以使之切問近思[12], 而漸進於高遠也。」

○장경부(張敬夫·張栻)가 말했다. "성인의 말씀에, 정밀한 것과 조야한 것 두 가지 다른 모양이 있는 것은 아니지만, 다만 그가 베푼 가르침은 반드시 그 사람의 재질을 따라 그를 북돋아 주셨다. 대개 중등 이하의 재질을 가진 사람은 갑자기 그에게 너무 높은 수준을 말해주면, 받아들이지 못할 뿐만 아니라, 게다가 억측을 하려고 하고 등급을 뛰어넘으려고 하여, 자기 몸에 당장 절실하지 않은 폐단이 생겨, 역시 끝내는 낮은 단계에 머무르고 만다. 그래서 그가 따라올 수 있는 것부터 말해주신 것이니, 이는 바로 이로써 그로 하여금 당장 절실한 것부터 묻고 가까운 데서부터 생각하게 하고 나서, 점차 높고 먼 데로 나아가게 하려는 것이다."

게는 말해주었지만, 증석에게는 말해주지 않으신 것이다(不但以資質, 而必以工夫, 故孔子一貫之說, 以語曾子, 而不以語曾晳。).

7 致(치): 모양(样子).

8 施教(시교): 가르치다. 가르침을 베풀다(进行教育);《管子·弟子職》스승은 가르치고, 제자는 이를 본받는다(先生施教, 弟子是則。).

9 《中庸 제17장》그러므로 하늘이 만물을 낳으면, 반드시 그 재질을 따라 그를 북돋아 준다. 그러므로 서서 자라는 것은 흙을 북돋아 주고, 쓰러져 넘어진 것은 갈아엎어 버린다(故天之生物, 必因其材而篤焉, 故栽者培之, 傾者覆之。).

10 妄意(망의): 억측하다. 망상하다(臆測。妄想。).

11 就(취): 현존하는 상황에 의거하다. 당장 눈앞에 상황이나 편리를 좇다. ~하는 김에 하다. ~부터(依照现有情况或趁着当前的便利, 顺便。从。).

12 《集注考證》이 구절[所以使之切問近思]은 경문의 뜻을 보강한 것으로, 경문의 '不可以語上'은 끝끝내 '上'을 말해주지 않는다는 것이 아니고, 그로 하여금 차츰차츰 '上'으로 나아가게끔 하려는 것일 뿐이다(此補文意也, 不可以語上, 非終不語也, 使之以漸進爾。);《子張 제6장》참조.

[樊遲問知章]

062001、樊遲問知。子曰：「務民之義[1]，敬鬼神而遠之[2, 3]，可謂知矣[4]。」問仁。曰：「仁者

---

1 《論語集解》백성의 義를 敎化開導하기를 힘쓰다(注: 王肅曰: 務所以化導民之義也。)；《論語正義》'民之義'는《禮記·禮運》에, '무엇을 人義라 하는가? 父慈·子孝·兄良·弟弟·夫義·婦聽·長惠·幼順·君仁·臣忠 열 가지를 人義라 한다'고 한 것이 바로 이것이다 "父慈·子孝……등 人義를 힘쓰다"(正義曰: '人之義'者, 禮運曰: 何謂人義? 父慈、子孝、兄良、弟弟、夫義、婦聽、長惠、幼順、君仁、臣忠十者, 謂之人義。是也。)；《論語疏證》'務民之義'는 荀悅[148~209]이《東觀漢記》에서 말한, '先成民[聖王先成民而後致力於神(聖王은 먼저 백성이 바라는 일을 성취시켜주고, 그 후에 귀신을 섬기는 일에 힘을 바친다)의 '先成民']으로, 요즘 말로 人事에 진력하는 것이다(樹達按: 務民之義, 所謂先成民也, 今言盡力於人事。)；《論語譯注》는 '務民之義'의 '之'를 '去'의 뜻의 동사로 보아, '마음과 힘을 한결같이 백성들로 하여금 義를 향해 가게 하는 데에 힘을 쏟다'(把心力專一地放在使人民走向'義'上)로 풀이하고 있다；《論語句法》'民之義'는 술어 '務'의 목적어이다('民之義', 做述詞'務'的止詞。).

2 [성]敬而遠之(경이원지): 공경하되 가까이하지 않다. 겉으로는 공경하는 체하면서 실제로는 꺼리어 멀리하다. 가까이 가고 싶지 않은 사람. 경원시하다(表面上表示尊敬, 實際上不願接近。也用作不願接近某人的諷刺話。)；《論語譯注》'遠'은 타동사로 쓰였다. 거리를 두고 멀리하다, 가까이 가지 않는다는 뜻이다["엄숙하게는 귀신을 대하지만 결코 가까이하려고 하지는 않는다"](遠作及物動詞。疏遠, 不去接近的意思。; "嚴肅地對待鬼神, 但並不打算接近他。").

3 《論語正義》'敬鬼神而遠之'는 예를 써서 귀신을 조심해서 섬기는 것을 말한다.《禮記·表記》에 말했다. "공자께서 말씀하시기를, '하나라의 도는 政令을 존중해서, 귀신을 섬기고 공경하면서도 政教로부터 멀리 두었고, 사람을 가까이하고 사람에게 진심을 다했다. 은나라는 神을 존중해서, 백성을 이끌고 神을 섬겼고, 鬼를 앞에 두고 禮를 뒤에 두었다. 주나라는 예를 존중하고 베푸는 것을 숭상해서, 귀신을 섬기고 공경하면서도 멀리했고, 사람을 가까이하고 사람에게 진심을 다했다'고 했다." 정현의 주에, '귀신을 멀리 두고 사람을 가까이한 것은, 종묘를 밖에 두고 조정을 안에 둔 것을 말한다'고 했다(正義曰: '敬鬼神而遠之'者, 謂以禮敬事鬼神也。《表記》: "子曰: '夏道尊命, 事鬼敬神而遠之, 近人而忠焉。殷人尊神, 率民以事神, 先鬼而後禮。周人尊禮尚施, 事鬼敬神而遠之, 近人而忠焉。'" 鄭注: "遠鬼神近人, 謂外宗廟, 內朝廷。"). 생각건대, 政令을 존중한 것, 예를 존중한 것, 베푸는 것을 숭상한 것이, 모두 사람을 가까이한 일이다. 주나라의 도와 하나라의 도는 대략 서로 비슷했다. '사람을 가까이하고 충성했다'는 것이 바로 '務民之義'이다. '鬼'에 대해서는 '섬긴다'고 하고, '神'에 대해서는 '공경한다'고 한 것은, 예가 빈번하기 때문에 '섬긴다'고 한 것이고, 예가 드물기 때문에 '공경한다'고 한 것이다. 다만 섬기는 것 또한 공경하는 것이기 때문에, 논어의 이 장에서는 통일해서 '귀신을 공경한다'고 한 것이다. 공자께서 번지에게 말해준 것은, 바로 주나라의 도를 따를 것을 가르치신 것이다.《春秋左傳·桓公 6年》에, '계량이 말하기를, '백성은 神의 주인입니다. 그러므로 聖王은 먼저 백성이 바라는 일을 성취시켜주고, 그 후에 귀신을 섬기는 일에 힘을 바쳤습니다'라고 했는데, 이 역시 하나라·주나라의 도를 들어 말한 것이다(案: 尊命, 尊禮, 尚施, 皆近人之事。周道與夏道, 略相似也。"近人而忠", 即是務民之義。於鬼稱"事", 神稱"敬"者, 禮數故言事, 禮疏故言遠也。但事亦是敬, 故《論語》此文, 統言"敬鬼神"。夫子所以告樊遲者, 正是教之從周道。《左氏傳》: "季梁曰: '民, 神之主也。是以聖王先成民, 而後致力於神。'", 亦是舉夏周道言之矣。)；《論語新解》귀신이 내리는 화복은 민의에 따르느냐 거스르느냐에 달려 있다. 그러므로 진실로 사람 된 도리로서 마땅히 해야 할 일에 힘을 쏟을 수 있게 되면, 저절로 귀신을 공경할 수 있게 되고, 또한 저절로 귀신을 멀리 둘 수 있게 된다. '務民之義'와 '敬鬼神而遠之'

先難而後獲[5], 可謂仁矣。[6]」

번지(樊遲)가 지(知)에 대해 여쭈었다. 선생님께서 말씀하셨다. "오로지 사람된 도리로서 마땅히 해야 할 일에만 힘을 쏟고, 귀신은 공경하되 멀리 두면, 지(知)라 할 수 있다." 번지(樊遲)가 인(仁)에 대해 여쭈었다. 선생님께서 말씀하셨다. "인자(仁者)는 어렵고 힘든 일을 앞서서 하고 녹을 얻는 것을 뒤로 미뤄두는데, 이러면 인(仁)이라 할 수 있다."

知[7], 達[8]皆去聲。○民, 亦人也。獲, 謂得也。專用力於人道之所宜, 而不惑於鬼神之不可知,

두 구절은 이어서 단숨에 읽어야 한다(鬼神之禍福, 依于民意之从违。故苟能务民之义, 自能敬鬼神, 亦自能远鬼神, 两语当连贯一气读。).

4 《論語句法》'可謂之矣'는 '可謂之曰知矣'[그것을 칭해서 知라 말할 수 있다]에서 변해 이루어진 것이다('可謂知矣', 可以說是從致使繁句'可謂之曰知矣'轉變而成的。).

5 [성]先難後獲(선난후획): 먼저 고생하고 그 후에 소득을 취하다. 가만히 앉아서 남이 고생해서 이룩한 성과를 누리지 않다(難: 艱難, 勞苦; 獲: 收獲。先付出勞動然後再取得收獲。比喻不坐享其成。);《論語集解》먼저 수고하고, 뒤에 얻는다(注: 孔安國曰: 先勞苦, 乃後得功。);《論語義疏》'獲'은 '得'이다(疏: 獲, 得也。);《古今注》어렵고 힘든 일은 남보다 앞에 서고, 득이 되고 이로운 일은 남보다 뒤에 서는 것이, 恕이다. '힘써 恕를 행하면, 仁을 구하는데 이보다 가까운 게 없다'[孟子·盡心上 제4장](艱苦之事先於人, 得利之事後於人, 則恕也。强恕而行, 求仁莫近焉。);《論語疏證》'先事後得'[顏淵 제21장]이 바로 이 장의 '先難後獲'이다(樹達按: 先事後得, 即此先難後獲也。);《論語新解》송나라 范仲淹[989~1052]이 《岳陽樓記》에서 말한, '천하가 걱정하기에 앞서 걱정하고, 천하가 즐거워한 후에 즐거워한다'라는 말, 역시 인자의 마음이다(宋范仲淹, 先天下之忧而忧, 后天下之乐而乐, 亦仁者之心。).

6 《論語正義》'難'은 '事難'을 말한다. '獲'은 '得'으로, '得祿'을 말한다.《春秋繁露·仁義法》에 말했다. "공자께서 염자에게는, '백성을 다스리는 자는, 그들을 부유하게 한 뒤에 가르쳐야 한다'고 하셨고[子路 제9장], 번지에게는, '자기 몸가짐을 다스리는 자는 어렵고 힘든 일을 앞서서 하고 녹을 얻는 것을 뒤로 미뤄둔다'고 하셨으니, 이를 써서 자기 몸가짐을 다스리는 일과 백성을 다스리는 일은 선·후가 다르다는 것을 말씀하신 것이다.《詩經·小雅·綿蠻》에, '마시게 하고 먹게 하고, 가르쳐주고 일깨워주고'라고 했으니, 먼저 마시게 하고 먹게 하고 나서, 가르쳐주고 일깨워주는 것은 백성을 다스리는 일을 말한 것이고,《詩經·魏風·伐檀》에, '쾅쾅쾅쾅 수레 만들 박달나무 베어왔는데……저 군자는 하는 일 없이 놀고먹지를 않네'라고 했으니, 자기 할 일을 먼저 하고, 음식 먹는 것을 뒤로한 것으로, 자기 몸가짐을 다스리는 일을 말한 것이다." 동중서는 이 장의 뜻을 아주 분명하게 설명했다. 아래편에 나오는, '임금을 섬김에, 그가 맡은 일은 온 마음을 기울여 처리하고 그가 받을 녹은 뒤로한다'[衛靈公 제37장]고 한 것도, 뜻이 같다. 생각건대, 공자께서 이 장에서 논한 仁·知는 모두 벼슬자리에 앉아 백성을 다스리는 일로, 번지가 이때 혹 出仕했기 때문에 이 말씀을 하신 것으로 생각된다("難謂事難也。獲, 得也。謂得祿也。《春秋繁露、仁義法篇》"孔子謂冉子曰: '治民者, 先富之, 而後加教。'語樊遲曰: '治身者, 先難後獲。' 以此之謂治身之與治民, 所先後者不同焉矣。《詩》云: '飲之食之、教之誨之。'先飲食而後教誨, 謂治人也。又曰: '坎坎伐檀兮、彼君子兮、不素餐兮。'先其事, 後其食, 謂治身也。"董子說此義至明。下篇言"事君, 敬其事而後其食", 義同。竊以夫子此文論仁知, 皆居位臨民之事, 意樊遲時或出仕故也。).

7 知(지): =智. 지혜. 슬기('智'的古字。智慧: 才智。).

知者之事也[9]. 先其事之所難, 而後其效之所得, 仁者之心也. 此必因樊遲之失而告之.[10, 11]

'知'(지)와 '遠'(원)은 모두 거성[zhì; yuàn]이다. ○'民'(민)도 역시 '사람'[人]이다. '獲'(획)

---

8 遠(원): [yuàn] 멀리하다. 가까이 가지 않다(远离, 不接近。); [yuǎn] 멀다. 소원하다(时间, 空间的距离大。与「近」相对。).

9 《論語大全》보통 사람들이 말하는 지혜는, 남이 알지 못하는 것을 추구하는 것을 지혜로 여기는 경우가 많다. 성인께서 말씀하신 지혜는, 단지 마땅히 해야 할 바를 아는 것일 뿐이다. 보통 사람의 관점에서는, 이 장의 두 가지 일은 지혜로 여기기에 부족한 듯하지만, 오로지 사람 된 도리로서 마땅히 해야 할 일에 과연 힘을 쏟을 수 있고, 귀신이라는 不可知한 것에 과연 홀리지 않을 수 있다면, 바로 진정한 지혜이다(朱子曰: 常人之所謂智, 多求人所不知。聖人之所謂智, 只知其所當知而已。自常人觀之, 此兩事若不足以爲智, 然果能專用力於人道之宜, 而不惑於鬼神之不可知, 却眞箇是知。);《論語大全》'務民之義'와 '敬鬼神而遠之' 두 구절은 하나로 합쳐서 보아야 한다. 예컨대 병이 나기 전에는 병을 조심하고, 병이 나고 나서는 치료하는 것이, 사람의 일로서 마땅히 해야 할 일인데, 이에 힘쓰지 않고, 오로지 귀신에게 낫게 해달라고 기도하는 것은, 知者의 모습이 아니다. 선을 위하고 악을 제거하는 것은, 사람 된 도리로서 마땅히 해야 할 일인데, 선을 위해서는 힘쓰지 않고, 오로지 신에게만 잘 보여 복을 구하려 하고, 악을 제거하는 데는 힘쓰지 않고, 오로지 신에게만 잘 보여 화를 면하려고 하는 것은, 모두 知者의 모습이 아니다(雙峯饒氏曰: 務民義、敬鬼神而遠之, 兩句當合看。如未病謹疾, 旣病醫藥, 人事所宜也, 不務此而專禱鬼神, 不知也。爲善去惡, 人道所宜也, 不務爲善, 而專媚神以求福, 不務去惡, 而專媚神以免禍, 皆不知也。);《論語大全》'民'은 사람이고, '義'는 宜이다. 예컨대《詩經·大雅·烝民》에서 말한 '民之秉彝'[백성들이 변치 않는 도를 지키다]가 곧 '人之義'이다. 이것은 곧 사람이 마땅히 해야 할 일로서, 힘쓰지 않으면 안 된다. 이것에 힘쓰지 않고, 도리어 깊숙하고 컴컴해서 추측해볼 수도 없는 것에다 기구하여, 화를 면하고 복을 구하려는 자라면, 이 어찌 智者라 하겠는가?(民者, 人也。義者, 宜也。如詩所謂民之秉彝, 卽人之義也。此則人之所宜爲者, 不可不務也。此而不務, 而反求之幽冥不可測識之間, 而欲避禍以求福, 此豈謂之智者哉?).

10 《論語大全》董仲舒[BC 179~BC 104]가 말한, '仁人은 그 義를 바르게 할 뿐, 그 利를 도모하지 아니하고, 그 道를 밝힐 뿐, 그 功을 따지지 않는다'[漢書·董仲舒傳]라는 것이, 바로 이것이다(朱子曰: 董子所謂仁人者正其義不謀其利, 明其道不計其功, 正謂此也。);《漢書·董仲舒傳》대저 仁人은, 그 義를 바르게 할 뿐, 그 利를 도모하지 아니하고, 그 道를 밝힐 뿐, 그 功을 따지지 않습니다. 이 때문에 공자의 문도들은, 오척동자일지라도 五霸를 입에 올리는 것을 부끄러워했으니[荀子·仲尼], 그들이 사술과 무력을 앞세우고 인과 도리를 뒤에 두었기 때문이었습니다. 구차히 사술만을 썼을 뿐이어서, 대군자인 공자의 문도들의 입에 올리기에 부족했던 것입니다(夫仁人者, 正其誼不謀其利, 明其道不計其功, 是以仲尼之門, 五尺之童羞稱五伯, 爲其先詐力而後仁誼也。苟爲詐而已, 故不足稱於大君子之門也。).

11 《讀四書大全說》번지는 전력을 다해 공부에 힘을 쏟은 사람으로, 또다시 쓸데없이 知·仁의 도리가 무엇인지를 질문하지 않고, 곧바로 致知·求仁의 방법을 가지고 질문으로 삼았다. 그래서 공자께서는 그가 질문한 바에 맞게, 從事·居心의 방법으로 그에게 말씀해주신 것이니, 번지가 품은 뜻이 돈독하고, 질문이 절실해서, 그에게 말해줄 수 있었다. 말씀 중의 '仁者' 두 글자는, '求仁者'라고 말한 것과 같은데, 특별히 인을 바라면 인이 이르기 때문에[述而 제29장] '仁者'라는 이름을 그에게 부여한 것이다. 朱子는 '번지의 부족한 점에 근거해서 해주신 말씀이다'라고 했는데, 내가 아는 바는 그렇지 않다(樊遲是下力做工夫的人, 更不虛問道理是如何, 直以致知, 求仁之方爲問。故夫子如其所問, 以從事居心之法告之, 則因其志之篤, 問之切, 而可與語也。就中"仁者"二字, 猶言求仁者, 特以欲仁則仁至, 故即以仁者之名與之。……朱子云"因樊遲之失而告之", 非愚所知。).

은 '얻는다'[得]는 말이다. 오로지 사람 된 도리로서 마땅히 해야 할 일에만 힘을 쏟고, 귀신이라는 불가지(不可知)한 것에 홀리지 않는 것이, 지혜로운 자가 할 일이다. 그 일의 어렵고 힘든 것을 앞서서 하고, 그 일에 진력한 결과로서 얻는 것을 뒤로 미뤄두는 것이, 인자(仁者)가 가질 마음가짐이다. 이것은 필시 번지(樊遲)의 부족한 점에 근거해서 해주신 말씀일 것이다.

○程子曰：「人多信鬼神, 惑也。而不信者又不能敬, 能敬能遠, 可謂知矣。」又曰[12]：「先難, 克己也。以所難爲先, 而不計所獲, 仁也。」呂氏曰：「當務爲急[13], 不求所難知；力行所知, 不憚所難爲。」

○정자(程子·伊川)가 말했다. "사람으로서 지나치게 귀신을 믿는 것은 홀린 것이다. 그렇다고 귀신을 믿지 않는 것은 또 공경하지 않는 것이다. 공경할 수 있고 멀리 둘 수 있으면, 지혜롭다고 할 수 있다."

정자(程子)가 말했다. "어렵고 힘든 것을 앞서서 하는 것은, 극기(克己)이다. 어렵고 힘든 것을 앞서서 하고, 얻을 것을 헤아리지 않는 것은 인(仁)이다."

여씨(呂氏·呂與叔)가 말했다. "힘써 해야 할 것을 급선무로 여기고, 알기 어려운 것을 추구하지 않고, 아는 것을 실행하는 데 힘쓰고, 어렵고 힘든 것을 꺼리지 말아야 한다."

---

12 《集註典據考》'先難克己也'는 明道의 말이고, '以所難爲先' 以下는 또 伊川의 말이다('先難克己也'是明道說, '以所難爲先'以下又伊川說。).

13 《孟子·盡心上 제46장》맹자가 말했다. "知者는 알지 못하는 게 없겠으나, 당장 맡아 하는 일이 서둘러야 할 일이고, 仁者는 사랑하지 않는 게 없겠으나, 서둘러서 현자를 가까이하는 일이 힘써야 할 일이다. 요·순의 지혜로도 모든 일을 빠짐없이 알지 못해서, 먼저 해야 할 일을 서둘렀고, 요·순의 인함으로도 모든 사람을 빠짐없이 사랑할 수 없어서, 현자를 가까이하는 일을 서둘렀다(孟子曰: 知者, 無不知也, 當務之爲急; 仁者, 無不愛也, 急親賢之爲務。堯舜之知而不偏物, 急先務也; 堯舜之仁不偏愛人, 急親賢也。)."

[知者樂水章]

062101、子曰：「知者¹樂水²，仁者樂山³；知者動⁴，仁者靜⁵；知者樂⁶，仁者壽⁷ ⁸ ⁹。」

---

1 《論語義疏》本에는 '知者'가 '智者'로 되어 있다.

2 《論語集解》智者는 물이 그칠 줄 모르고 흐르듯이, 끊임없이 자기의 재능과 지혜를 운용하여 세상을 다스리길 좋아한다(注: 苞氏曰: 智者, 樂運其才智以治世, 如水流而不知已也。).

3 [성]樂善樂水(요산요수): 어떤 사람은 산을 좋아하고 어떤 사람은 물을 좋아한다. 사람마다 좋아하는 것이 똑같지 않다(乐: 喜爱, 爱好。有人喜爱山, 有人喜爱水。比喻各人的爱好不同。);《論語集解》仁者는, 산이 安固하니 제 스스로는 움직임이 없어도 모든 만물이 거기서 생겨나오는 모습을 좋아한다(注: 仁者, 樂如山之安固, 自然不動而萬物生焉。).

4 《論語集解》智者는 스스로 진보해가기 때문에, '動'이라 했다(注: 苞氏曰: 自進, 故動也。).

5 《論語集解》人欲이 없기 때문에, '靜'이라 했다(注: 孔安國曰: 無欲, 故静也。);《論語大全》어떤 자는 적막할 정도로 고요하니 움직임이 없는 것을 '靜'이라고 하는데[周易‧繫辭上], 아니다. 여기에서 '靜'은 仁者는 비록 움직이면서도 정적임을 말한 것이다. '靜'은 人欲의 어수선하고 소란스러운 모습이 없이, 천리의 자연스러움에 편안해하는 것을 말할 뿐이다(朱子曰: 或謂寂然不動爲靜, 非也。此言仁者之人, 雖動亦靜⋯⋯靜, 謂無人欲之紛擾, 而安於天理之自然耳。); 静(정): 정지한. 움직이지 않는['動'의 반대](静止, 物体不运动(跟"动"相反))。

6 《論語集解》智者는 스스로 힘들여서 자기의 뜻한 바를 얻어내기 때문에, '樂'이라 했다(注: 鄭玄曰: 智者, 自役, 得其志, 故樂也。).

7 《論語集解》성정이 차분하기 때문에, 장수한다(注: 苞氏曰: 性静, 故壽考也。); 壽(수): 오래 살다(本义: 长寿。)

8 《論語義疏》陸特進이 말했다. "水‧山은 智‧仁의 특성을, 動‧靜은 智‧仁의 운용을, 樂‧壽는 智‧仁의 효과를 밝힌 것이다"(疏: 陸特進曰: 智者樂水, 仁者樂山, 明智仁之性; 智者動, 仁者静, 明智仁之用, 智者樂, 仁者壽, 明智仁之功。).

9 《韓詩外傳‧卷三》"智者는 어찌 물을 좋아하는지요?" "물이라는 것은, 땅의 결을 따라 흐르고 작은 틈새도 빠짐없이 적시니 지혜를 갖춘 자 같고, 움직여서 자기를 아래에 두니 예를 갖춘 자 같고, 깊은 곳으로 뛰어들기를 머뭇거리지 않으니 용기를 지닌 자 같고, 둑에 막혀 갇히면 맑아지니 명을 아는 자 같고, 험한 곳을 거쳐 멀리까지 흘러 끝내 이루고 허물어지지 않으니 덕을 가진 자 같다. 천지가 이루고, 만물이 살아가고, 나라가 편안하고, 만사가 평안하고, 만물이 바르게 되는 것은 이것을 통해서이다. 이것이 智者가 물을 좋아하는 까닭이다"(問者曰: '夫智者何以樂於水也?' 曰: '夫水者, 緣理而行, 不遺小間, 似有智者; 動而下之, 似有禮者; 蹈深不疑, 似有勇者; 障防而清, 似知命者; 歷險致遠, 卒成不毀, 似有德者。天地以成, 群物以生, 國家以寧, 萬事以平, 品物以正。此智者所以樂於水也。');《韓詩外傳‧卷三》"仁者는 어찌 산을 좋아하는지요?" "산이라는 것은, 만민이 높이 우러르는 대상이다. 초목은 거기에서 나고, 만물은 거기에서 번식하고, 나는 새들은 거기로 모여들고, 달리는 짐승들은 거기에서 휴식을 취하고, 사방 사람들은 모두 거기에서 채취하고, 구름을 내고 바람을 인도하고, 천지간에 홀로 우뚝하다. 천지는 이를 통해 이루고, 국가는 이를 통해 안녕을 꾀한다. 이것이 仁者가 산을 좋아하는 까닭이다"(問者曰: '夫仁者何以樂於山也?' 曰: '夫山者, 萬民之所瞻仰也。草木生焉, 萬物植焉, 飛鳥集焉, 走獸休焉, 四方益[並]取與焉, 出雲道風, 嵷乎天地之間。天地以成, 國家以寧。此仁者所以樂於山也。').

선생님께서 말씀하셨다. "지자(知者)는 물을 좋아하고, 인자(仁者)는 산을 좋아한다. 지자(知者)는 동적이고, 인자(仁者)는 정적이다. 지자(知者)는 즐겁게 살고, 인자(仁者)는 오래 산다."

知, 去聲。樂[10], 上二字並五教反, 下一字音洛。○樂, 喜好[11]也。知者達於事理而周流[12]無滯, 有似於水, 故樂水; 仁者安於義理而厚重不遷, 有似於山, 故樂山。動靜以體言, 樂壽以效言也。動而不括[13]故樂, 靜而有常故壽。

'知'(지)는 거성[zhì]이다. '樂'(요: yào; 락: lè)은 위의 두 자는 둘 다 '五'(오)와 '教'(교)의 반절이고, 밑의 한 자는 음이 '洛'(락)이다. ○'樂'(요)는 '좋아하다'이[喜好]다. '知者'(지자)는 사리에 통달하여 두루 유창하고 막힘이 없는 것이, 물과 비슷한 점이 있기 때문에, 물을 좋아한다. '仁者'(인자)는 의리에 편안하고 중후하여 옮기지 않는 것이, 산과 비슷한 점이 있기 때문에, 산을 좋아한다. '動'(동)과 '靜'(정)은 바탕[體]을 가지고 말한 것이고, '樂'(락)과 '壽'(수)는 효험[效]을 가지고 말한 것이다. 동적이어서 한 곳에 매여 있지 않기 때문에 즐겁게 살고, 정적이어서 늘 변함이 없기 때문에 오래 산다.

○程子曰:「非體仁知之深者, 不能如此形容之。[14]」
○정자(程子·伊川)가 말했다. "인(仁)과 지(知)가 몸에 깊숙이 밴 분이 아니라면, 이같이 형용해 낼 수가 없다."

---

10 樂(락): [lè] 즐거워하다. 유쾌하다(喜悦; 愉快); [yuè] 음악. 노래하다. 연주하다(音乐。唱, 用口发音乐音。奏乐); [yào] 마음에 들어하다. 애호하다(喜好, 欣赏。).

11 喜好(희호): 좋아하다. 즐거워하다. 애호하다(喜欢; 爱好).

12 流(류): 유창하다. 막힘이 없다(流畅).

13 《周易·繫辭下》 공자께서 말씀하셨다. "매는 새이고, 활과 화살은 기구이고, 쏘는 것은 사람이다. 군자는 몸에 기구를 간직하고 있다가, 때를 기다려 움직이는데, 어찌 이롭지 않은 것이 있겠는가. 움직이고 한군데 매여 있지 않으니, 이 때문에 나가면 얻는 것이 있으니, 기구를 완성했으면 움직인다는 말이다"(子曰: 隼者禽也, 弓矢者器也。射之者人也。君子藏器於身, 待時而動, 何不利之有? 動而不括, 是以出而有獲, 語成器而動者也。); 括(괄): 새끼나 끈으로 묶다. 얽매다(用绳或带子结扎, 捆束。约束。).

14 《論語大全》'體仁'은 仁을 몸으로 체득하는 것으로, '君子體仁'[易經·☰乾·文言]의 '體'와 같다. 공자께서는 仁과 知를 몸으로 깊이 체득하신 분이다(雙峯饒氏曰: 體仁, 是以身體之, 如君子體仁之體。夫子體仁知之深者。).

[齊一變至於魯章]

062201、子曰:「齊一變, 至於魯; 魯一變, 至於道¹。」²

　　선생님께서 말씀하셨다. "제(齊)나라가 한 번 변화하면, 노(魯)나라에 이를 수 있고, 노(魯)나라가 한 번 변화하면, 선왕의 도에 이를 수 있다."

孔子之時, 齊俗急功利³, 喜夸詐⁴, 乃霸政之餘習。魯則重禮教⁵, 崇信義, 猶有先王之遺風焉, 但人亡政息⁶, 不能無廢墜⁷爾。道, 則先王之道也。言二國之政俗有美惡, 故其變而

---

1 《論語集解》노나라는 '대도가 행해지던 시대'[禮記·禮運]만큼 되게 할 수 있다(注: 苞氏曰: 言……魯可使如大道行之時也).

2 《說苑·政理》백금과 태공이 모두 봉지를 받아, 각자의 나라를 다스렸다. 3년이 지나서, 태공이 주나라를 방문했다. 주공이 물었다. "어찌 다스림이 빨리 완성되었습니까?" 태공이 대답했다. "현능한 자를 높이고, 가까이 있는 자는 멀리 대하고 멀리 있는 자는 가까이 대했고, 의를 인 보다 앞세웠습니다." 이것은 패도의 족적이다. 주공이 말했다. "태공의 은택은 5세까지 미칠 것이다." 5년이 지나서 백금이 주나라를 방문했다. 주공이 물었다. "어찌 다스림이 지체되었습니까?" 백금이 대답했다. "친한 자를 가까이하고, 안을 먼저 다스리고 밖을 뒤에 다스렸고, 인을 의보다 앞세웠습니다." 이것은 왕도의 족적이다. 주공이 말했다. "노나라의 은택은 10세까지 미칠 것이다." 그러므로 노나라에 남아 있는 왕도의 족적은 仁厚였고, 제나라에는 남아 있는 패도의 족적은 武政이었다. 제나라가 노나라만 못한 까닭이, 태공의 현명함이 백금만 못해서였다(伯禽與太公俱受封, 而各之國三年, 太公來朝, 周公問曰: "何治之疾也?" 對曰: "尊賢, 先疏後親, 先義後仁也。" 此霸者之跡。周公曰: "太公之澤及五世。" 五年伯禽來朝, 周公問曰: "何治之難?" 對曰: "親親者, 先內後外, 先仁後義也。" 此王者之跡也。周公曰: "魯之澤及十世。" 故魯有王跡者, 仁厚也; 齊有霸跡者, 武政也; 齊之所以不如魯也, 太公之賢不如伯禽也。); 《論語義疏》末代의 두 나라는, 제나라에는 경공[BC 547~BC 490 재위] 같은 어리석은 임금이 있었고, 노나라에는 정공[BC 509~BC 493 재위] 같은 과덕한 임금이 있었지만, 여전히 태공망·주공단의 유풍이 남아 있었다. 지금 공자가 이 두 임금의 악한 행실을 탄식하다 보니, 이 말씀을 하게 된 것이다(末代二國, 齊有景公之昏闇, 魯有定公之寡德, 然其國猶有望, 且之遺風…… 今孔子歎其君之並惡, 故有此言也。).

3 《春秋繁露·對膠西王越大夫不得爲仁》仁人은 道를 올바르게 하지 利를 도모하지 않고, 理를 닦지 功을 이루는 데 급하지 않고, 無爲를 이루어 습속을 크게 변화시키는데, 仁聖이라 평할 수 있다(仁人者, 正其道不謀其利, 修其理不急其功, 致無爲而習俗大化, 可謂仁聖矣。); 急功近利(급공진리): 눈앞의 성공과 이익을 이룩하고 탐하는 데 급급하다(功: 成功; 近: 眼前的。急于求成, 貪图眼前的成效和利益。); 功利(공리): 공적과 명성과 재물과 벼슬. 폄훼의 뜻이 있다(功名利祿。多含貶义。).

4 夸詐(과사): 거짓과 속임수. 허풍과 잔꾀(虛伪欺诈。虛夸狡诈).

5 禮教(예교): 예의와 교화(礼仪教化).

6 《中庸 제20장》애공이 정치에 대해 물었다. 공자께서 말씀하셨다. "문왕과 무왕의 정치는, 전적에 널려 있으니, 바로 그런 사람이 존재하면, 그런 정치는 일어날 것이고, 바로 그런 사람이 사라지면, 그런 정치는 종식될 것입니다"(哀公問政。子曰: '文, 武之政, 布在方策, 其人存, 則其政舉; 其人亡, 則其政息。).

之道有難易。

공자(孔子)께서 살아계신 당시에, 제(齊)나라의 풍속은 공명과 이록을 숭상하고 탐하는 데 급급했고, 거짓과 속임수를 좋아했으니, 바로 패도정치로 인해 없어지지 않고 남아 있는 습속이었다. 노(魯)나라의 풍속은 예의와 교화를 중시하고, 믿음과 도의를 숭상했으니, 여전히 선왕의 유풍이 남아 있었지만, 다만 어진 사람은 죽고 훌륭한 정치는 종식되어, 버려지거나 무너져 내림이 없을 수가 없었다. '道(도)는 곧 선왕의 도이다. 말씀인즉, 두 나라의 정치·풍속에는 좋은 점과 나쁜 점이 있기 때문에, 그 두 나라가 변화해서 선왕의 도를 향해 가는 데는 어려운 점과 쉬운 점이 있다는 것이다.

○程子曰:「夫子之時, 齊強魯弱, 孰不以爲齊勝魯也, 然魯猶存周公之法制。齊由桓公之霸, 爲從簡尚功之治, 太公⁸之遺法變易⁹盡矣, 故一變乃能至魯。魯則修擧¹⁰廢墜而已, 一變則至於先王之道也。」

○정자(程子·伊川)가 말했다. "선생님께서 살아계신 당시에는, 제(齊)나라는 강하고 노(魯)나라는 약했으니, 누구인들 제(齊)나라가 노(魯)나라보다 낫다고 여기지 않았겠는가마는, 그렇지만 노(魯)나라에는 여전히 주공(周公)의 법제가 보존되어 있었다. 제(齊)나라는 환공(桓公)의 패도정치로 말미암아, 간소함을 좇고 공적을 숭상하는 정치를 하여, 태공(太公)의 유법(遺法)이 다 바뀌었기 때문에, 한 번 변화해야 비로소 노(魯)나라에 이를 수 있는 것이다. 노(魯)나라의 경우는 버려지고 무너져 내린 것을 보수하여 일으키기만 하면 되니까, 한 번 변화하면 선왕의 도에 이를 수 있는 것이다."

愚謂二國之俗, 惟夫子爲能變之而不得試。然因其言以考之, 則其施爲¹¹緩急之序, 亦畧可見矣。¹²

---

7 廢墜(폐추): 쇠망하다. 멸절하다(衰亡: 灭绝).

8 太公(태공): 姓 姜, 呂氏, 名 尙으로, 一名 望. 呂尙. 太公望. 約BC 1156~約BC 1017. 제나라 개국 군주. 문왕·무왕을 도운 주나라 개국공신.

9 變易(변역): 바뀌다. 변화하다(变换, 变化).

10 修擧(수거): 부흥하다. 회복하다(兴复, 恢复).

11 施爲(시위): 실행. 행위. 베풀어 이루다(作为. 处置: 实行. 指所进行的行动. 进行某种行动).

12《論語大全》"시행의 완급의 순서는 어떻습니까?" 주자가 답했다. "제나라의 功利를 숭상하는 풍속이, 마땅히 고쳐야 할 대상이고, 노나라의 기강이, 마땅히 진작시켜야 할 대상으로, 바로 급한 곳이다.

내가 생각건대, 두 나라의 풍속은 오직 선생님만이 변화시킬 수 있었지만 시도해볼 기회를 얻지 못하셨다. 그렇지만 그분의 말씀에 근거해서 고찰해 본다면, 그 시행의 완급의 순서는 또한 대략 알 수가 있겠다.

제나라가 변해 노나라에 이르는 것이 급히 해야 할 일에 해당하고, 도에 이르는 것이 천천히 해도 될 일에 해당한다"(問: 施爲緩急之序, 如何? 曰: 如齊功利之習, 所當變, 魯紀綱, 所當振, 便是急處。變齊則 至魯在所急, 而至道在所緩。).

[觚不觚章]

062301、子曰:「觚不觚¹, 觚哉! 觚哉!²」

---

1 《論語大全》앞의 '觚'字는 觚라는 이름의 그릇을 가리키고, 뒤의 '觚'字는 그 그릇의 觚한 양식을 말한다(朱子曰: 上觚, 指其器; 下觚, 語其制。);《百度漢語》觚(고): 청동제 술그릇. 입구는 나팔 모양이고 허리는 가늘고 받침대는 높고, 배와 다리 부분은 네 개의 모난 귀퉁이가 있다. 용량은 석[두] 되들이이다(中国古代盛行于商代和西周的一种酒器, 用青铜制成, 口作喇叭形, 细腰, 高足, 腹部和足部各有四条棱角, 容量3升, 一说是2升); 觚不觚(고불고): 고가 고답게 만들어져 있지 않다. 닮은 듯하면서도 닮지 않았음을 형용한다. 사물의 名과 實이 부합하지 않다(觚不成其爲觚。形容似像而又不像的意思。比喻事物名实不符。).

2 《論語集解》'觚'는 禮器이다. 한 되들이를 爵, 석 되들이[或二升]를 觚라 한다. 이로써 정치가 그에 맞는 도를 얻지 않으면 정치가 이루어지지 못함을 비유한 것이다(注: 馬融曰: 觚, 禮器也。一升曰爵, 三升曰觚也…… 以喻爲政不得其道則不成也。);《論語義疏》《禮記·樂器》에, "(돼지를 기르고 술을 담그는 것이, 이로써 화를 초래케 하려고 하는 것은 아니지마는, 소송이 더욱 많아지는 것은, 술의 폐단이 화를 일으키는 것이다. 이런 까닭에, 선왕이 이로 인해서 음주에 대한 예법을 마련한 것이다.) 觚에다 술을 따르게 하고, 술을 한잔 마실 때마다, 주인과 빈객이 모두 여러 차례 예를 행하도록 했다. (그래서 종일 술을 마셔도 취하지 않게 했으니, 이것이 술에 취해 화가 초래하는 것을 방지하려는 선왕의 의도였다)"고 했다. 이 당시에, 觚를 써서 술을 따랐는데, 술에 취해 빠져 절제가 없었다. 그래서 王肅[195~256]이 말하기를, "당시 사람들이 술에 취해 빠져 헤어나지 못했기 때문에 공자께서 '觚不觚'라 하신 것이니, 예를 모른다는 말씀이다"라고 했다. 蔡謨[281~356]가 말했다. "술이 덕을 어지럽힘이, 옛날부터 걱정거리였기 때문에, 《禮記·玉藻》에는, 三爵[석 잔 술]을 하고서는 물러난다는 규정이 있고, 《書經·周書》에는, 酒誥 편을 두어 분명하게 밝혔고, 《易經·䷿未濟·象傳》에는, 정신을 잃을 지경에 이르도록 술에 빠지는 것을 경계하는 글이 있고, 《詩經·小雅·賓之初筵》에는, 賓筵[빈객에게 베푸는 주연]에 대한 질책이 나열되어 있으니, 모두 술에 빠지는 것을 방지하려는 것으로, 왕숙의 견해가 맞다. 觚가 그에 맞는 예를 상실했기 때문에, 觚不觚라 한 것으로, '君不君 臣不臣'[顔淵 제11장]이라는 말씀과 같다(疏: 禮云: (夫豢豕爲酒, 非以爲禍也, 而獄訟益繁, 則酒之流生禍也。是故先王因爲酒禮。)觚酌酒, 一獻之禮, 賓主百拜。(終日飲酒, 而不得醉焉, 此先王之所以備酒禍也。) 當于爾時, 用觚酌酒, 而沈湎無度…… 故王肅曰: 當時沈湎于酒, 故曰觚不觚, 言不知禮也。蔡謨曰: 酒之亂德, 自古所患, 故禮說三爵之制, 書經著明酒誥之篇, 易有濡首之戒, 詩列賓筵之刺, 皆所以防沈湎, 王氏之說是也。觚失其禮, 故曰觚不觚, 猶言君臣不君臣臣耳。);《論語正義》毛奇齡[1623~1716]의《四書改錯》에 말했다. "(觚는 禮器 이름이다.) 옛날에는 禮器를 만들어 이름을 붙일 때, 각각에 맞는 뜻을 취했다. (禮器는 대부분 술을 담는 데 제공되었는데, 爵[한 되들이]·散[다섯 되들이]·觸[석 되들이]·角[넉 되들이] 등의 이름이 있었다.) 《禮記·禮器》의 鄭玄의 注에, '觚는 두 되들이이다'라고 하여, '寡'[적은 양]를 취해 뜻으로 삼았다. 詩說에, '술을 마실 때 항상 적은 양을 마시는 것을 觚라 한다'고 했는데, 이것이 觚에 붙여진 이름이었다. 원래 군자를 '孤'·'寡'라 칭한 것과 같은 뜻이다. 지금은 마시는 양이 항상 '寡'가 아닌데도 여전히 '觚'라고 칭하니, 이름과 실질이 괴리되어서, '觚哉'라고 하신 것이다"["觚에 술을 따라 적은 양을 마시는 것이 觚인데, 마시는 양이 적은 양이 아니니 어찌 觚이겠는가?"](毛氏奇齡《改錯》: [觚, 禮器名。]古制器命名, 各有取義。[……禮器頗多供盛酒者, 有爵, 散, 觸, 角, 諸名, 而以觚爲常用之器。] 禮注云, '觚容二升', 取寡爲義。詩說所云'飲常寡少曰觚', 則此觚命名。原與君子之稱孤, 寡, 有同義也。今飲常不寡而仍稱曰觚, 名實乖矣, 猶曰觚哉。);《古今注》'觚'는 팔각으로 모가 난 것이다. 술그릇인 觚가 觚란 이름을 얻은 것은, 그것이 팔각의 모가 나

선생님께서 말씀하셨다. "모나서 고(觚)인데, 모나지를 않으니, 고(觚)이겠는가! 고(觚)이겠는가!"

觚, 音孤。○觚, 棱[3]也, 或曰酒器, 或曰木簡[4], 皆器之有棱者也。不觚者, 蓋當時失其制[5]而不爲棱也。觚哉觚哉, 言不得爲觚也。

'觚'(고)는 음이 '孤'(고)이다. ○'觚'(고)는 '모난 물건'[棱]인데, 어떤 사람은 '술잔'[酒器]이라고 하고, 어떤 사람은 '목간'[木簡]이라고 하는데, 모두 기물에 모난 부분이 있다. '不觚'(불고)라는 것은 아마 당시에 그러한 모난 양식을 잃어서 모나지 않게 된 것일 것이다. '觚哉觚哉'(고재고재)는 고(觚)라고 할 수 없다는 말씀이다.

○程子曰:「觚而失其形制[6], 則非觚也。舉一器, 而天下之物莫不皆然。故君而失其君之道, 則爲不君; 臣而失其臣之職, 則爲虛位[7]。」范氏曰:「人而不仁則非人, 國而不治則不國矣。」

○정자(程子·伊川)가 말했다. "(모나서) 고(觚)인데 그러한 모난 양식을 잃었다면, 고

있어서이다. 모가 난 부분을 깎아서 둥글게 해 놓고, 이름을 觚라 하면, 이름과 실질이 부합하지 않게 된다. 공자께서는 사람들과 이름과 실질에 대해 논하면서, 마침 술그릇인 觚가 앞에 있기에, 그것을 가리켜 이로써 비유를 삼으신 것이다(觚, 八棱也。酒觚之得觚名, 以其有八棱也。若削棱爲圓, 猶名爲觚, 則名實不相副矣。孔子與人論名實, 適有酒觚在前, 指之以爲喻。).

3 棱(릉): 네 모서리가 있는 나무. 모서리(有四角的木。同一物体的面与面的交接处, 即棱角。).

4 《論語正義》옛날 注에 말했다. "공자께서 말씀하시길, '觚를 깎는데, 생각이 다른 데 가 있어서, 觚가 제때 완성되지 못했다'고 하셨는데, 그래서 '觚哉觚哉'라 하신 것이다. 觚는 조그만 기물인데도, 마음이 전일하지 않아, 제때 완성되지 못했는데, 하물며 大事에 있어서랴?" 이 견해에서는 觚가 木簡으로, 마음이 禮器라고 한 견해와는 다르다. 顏師古가 말했다. "觚는, 글을 배우는 木簡으로, 일을 기록하기도 하는데, 나무를 깎아 만들고, 대개 木簡에 속한다. 공자께서 탄식하신 觚는 바로 이것을 말한다. 그 형태가 6면 또는 8면으로, 모두 글을 기록할 수 있다. 觚는 棱이다. 모서리가 있기 때문에 觚라 했다"(舊有注云: "孔子曰: '削觚而志有所念, 觚不時成。'故曰'觚哉觚哉'。觚小器耳。心不專一, 尚不時成, 況於大事也?" 此說觚'木簡, 與馬異…… 顏師古注: "觚者, 學書之牘, 或以記事, 削木爲之, 蓋簡屬也。孔子歎觚, 即此之謂。其形或六面, 或八面, 皆可書。觚者, 棱也。以有棱角, 故謂之觚。"); 木簡(목간): =牘(독)[나뭇조각] 나무로 만들어 그 위에 글자를 쓰는 용도의, 좁고 긴 나뭇조각(即牘。古代用以书写文字的狭长木片。); 《春秋左傳·序》한쪽을 簡이라 하고, 여러 쪽을 이어서 한 데 엮은 것을 策이라 이름을 붙인다(疏: 單執一札謂之簡, 連編諸簡乃名爲策。).

5 制(제): 스타일. 양식. 모양(式样).

6 形制(형제): 기물이나 건축물의 형상과 구조(器物或建筑物的形状和构造).

7 虛位(허위): 비어 있는 직위. 유명무실한 직위(空着的职位; 有名无实的职位).

(觚)가 아니다. 한 개 그릇을 예로 들었지만, 천하 만물이 어느 하나 다 그렇지 않은
게 없다. 그러므로 임금인데 임금으로서의 그에 맞는 도리를 잃으면, 임금 아닌 것이
되고, 신하인데 신하로서의 그에 맞는 직분을 잃으면, 있으나 마나 한 자리가 된다."

범씨(范氏·范淳夫)가 말했다. "사람인데 인(仁)하지 못하면 사람이 아니고, 나라인데
다스려지지 못하면 나라가 아니다."

[井有仁焉章]

062401、宰我問曰:「仁者, 雖¹告之曰:『井有仁焉²。』其從之也³?」子曰:「何爲其然⁴也?

---

1 《助字辨略》'雖告之曰'은 '若告之曰'[가령 그에게 말해주기를]과 같고, 假令을 나타낸다(雖告之曰, 猶云若告之曰, 亦假令之辭也。);《古書虛字》'雖'는 '若'과 같다('雖', 猶'若'也。);《論孟虛字》'가령 그에게 말하기를'('雖告之', 猶言'若或告之'。假設相連之繫詞。).

2 《論語義疏》本에는 '井有仁者焉'으로 되어 있다;《論語集解》仁人이 우물에 빠졌다면 직접 몸을 던져, 따라 들어가 그를 구출할지를 물은 것이다. 仁者의 근심과 기쁨이 미치는 곳을 살피고자 심한 경우를 가정해서 물은 것이다(注: 孔安國曰: 問有仁人墮井, 將自投下從而出之否乎? 欲極觀仁人憂樂之所至也。);《論語平議》재아의 말뜻은, 아마도 仁者는 仁을 행하는 데 용감하니, 우물 안을 가설해서 그 안에 仁이 있다면, 仁者 역시 그 仁을 좇을 것인가를 물은 것이다. 孔安國의 注에, '仁人이 물에 빠졌다'는 견해는 별로 타당하지 않다. 孔安國의 注에 '出'[구출하다]字는 경문에는 없는 글자이고, 게다가 몸을 던져 따라 들어갔는데, 또 어찌 그를 구출할 수 있겠는가?(宰我之意, 蓋謂仁者勇於爲仁, 設也於井之中而有仁焉, 其亦從之否乎? 孔注仁人墮井之說, 殊有未安, 出字, 經文所無, 且投下從之, 又安能出之?);《論語譯注》'仁'은 '仁人'이다["우물 안에 仁人이 빠져 있다'고 하면, 그를 따라 밑으로 내려갈까요? 내려가지 않을까요?"]('仁', 卽'仁人'的意思, 和'學而篇第一'泛愛衆而親仁'的'仁'用法相同; "井裏掉下一位仁人啦.' 他是不是會跟着下去呢?");《論語集釋》鄭浩[1863~1947]의《論語集注述要》에 말했다. "仁者는 사람을 구제하는 데 뜻을 둔 사람으로, 지금 사람을 구제할 기회가 우물 안에 있으니, 이것이 바로 '井有仁'이다." 이 견해가 가장 이 장의 뜻에 맞다. 사람이 우물에 빠지는 일은 일상다반사이다. 仁人과 惡人을 굳이 분별할 경우, 뜻이 현실에 맞지 않고 편벽되기 때문에, 集注가 취하지 않은 것이다(按: 論語述要言:「仁者志在救人, 今有一救人機會在井中, 卽井有仁也。」此說最爲得之。有人墮井, 常事也。若必分別仁人惡人, 則義太迂僻, 故集注不從。);《論語新解》어떤 책에는 '仁' 다음에 '者'字가 있다. ①이 장의 '仁'字는 '人'으로 써야 맞다. ②仁者는 사람을 구제하는 데 뜻을 두는 사람으로, 지금 사람을 구제할 기회가 우물 안에 있으니, 이것이 바로 '井有仁'이다(或本仁下有者字. 或说: 此仁字当作人. 又一说: 仁者志在救人, 今有一救人机会在井中, 即井有仁也。);《論語句法》'焉'은 구말어기사로 간주할 수 있다('焉'字可以算做句末語氣詞了。);《論孟虛字》'焉'은 '於是'[그 안에]와 같다. 어기사 겸 지시대명사["어떤 사람이 우물 안에 빠져 있다"]('焉', 猶於是, 或於之。是表示語氣兼指代用的詞。當白話'在這裡' '在那裡'. '有人掉在井裡').

3 [성]從井救人(종정구인): 우물에 뛰어들어 사람을 구하다. 위험을 무릅쓰고 사람을 구하다. 쓸데없이 자기만 위험에 빠뜨릴 뿐 남에게 도움이 전혀 없다(从: 跟从. 跳到井里去救人. 原比喻徒然危害自己而对别人没有好处的行为. 现多比喻冒险救人。);《論語譯注》"그가 뒤따라 내려갈까요?"("他是不是會跟着下去呢?");《論語句法》'其'['則'字의 역할과 같다]는 관계사로, 지금의 '就'와 같다('其'[跟'則'字的作用相同]字做關係詞, 這個'其'字相當於白話的'就'字。);《論孟虛字》'其'는 '將'[장차~할 것이다]과 같다["그가 장차 우물 속에 빠진 사람을 따라 내려가 구하기를 꾀할까요?"]('其', 猶'將'. '他是否將要跟著他下去營求呢?');《經傳釋詞》'也'는 '邪'·'歟'·'乎'와 같다('也', 猶'邪'也, '歟'也, '乎'也。).

4 《詞詮》其(기): 시간부사. 장차~할 것이다('其', 時間副詞。將也。);《論語句法》'何'는 술어 '爲'의 목적어인데 '爲'字 앞으로 당겨졌고, '其'는 연결동사로 지금의 '是'字와 같고, '然'은 '如此'의 뜻으로 술어이다["무엇을 위해 그러겠느냐?"]('何', 做述詞'爲'的止詞, 而提在'爲'字之上; '其'是繫詞, 相當於白話的'是'字, '然'是'如此'的意思, 做謂語。);《論孟虛字》'何爲其然也'는 '何以如此'와 같다["무엇 때문에 그러겠느냐?"]('何爲其然也', 猶言'何以'[因何意]如此, 是說'爲什麼要這樣做呀'[呢]!').

君子可逝[5]也, 不可陷[6]也; 可欺也, 不可罔也。[7] [8]」

재아(宰我)가 여쭈었다. "인자(仁者)는, 가령 그에게 말해주기를, '우물 속에

---

5 《論語集解》'逝'(서)는 '往'[향해 가다]이다(注: 苞氏曰: 逝, 往也。)。《論語平議》'逝'는 '折'(절)로 읽어야 맞다. 군자는 살신성인하는 경우가 있기 때문에 부러뜨리고 꺾을 수는 있지만, 이치에 맞지 아니한 것으로 해에 빠뜨릴 수는 없다. 그래서 '꺾을 수는 있지만 빠뜨릴 수는 없다'[逝不可陷]고 한 것이다(逝當讀爲折……君子殺身成仁則有之矣, 故可得而摧折, 然不可以非理陷害之, 故可折不可陷。)。《王力漢語》逝(서): 가다. (목적지가 없이) 한번 가면 다시 돌아오지 못한다는 감상적인 의미를 가진다(去。'逝'是沒有目的地的(上下文都不提到目的地), '逝'字常帶感情色彩, 又一去不復返的意思。)。《論語譯注》'逝'字와 '往'字의 뜻은 같지 않은 부분이 있었다. '往' 하지만 다시는 돌아오지 않을 경우에야, '逝'字를 썼다["군자는 멀리 보내 못 돌아오게 할 수는 있지만, 모함할 수는 없다. 기만할 수는 있어도 우롱할 수는 없다"](古代'逝'字的意義和'往'字有所不同, '往'而不復返才用'逝'字。: "君子可以叫他遠遠走開不再回來, 却不可以陷害他; 可以欺騙他, 却不可以愚弄他。")。

6 《論語義疏》'陷'(함)은 '沒'[물에 잠기다]이다(疏: 陷, 沒也。)。陷(함): (~속으로) 떨어지다. 빠지다. 빠뜨리다. 함몰하다(墜入, 掉进。)。《論語詞典》陷(함): 함정이나 올가미를 만들어 사람을 꼬드겨 해하다(做成陷穽, 圈套來謀害人。)。

7 《古今注》'逝'는 害를 멀리하여 떠나는 것이다. '陷'은 利를 보고 좇다가 함정에 빠지는 것이다. 군자에게는 殺身成仁하는 도리가 있는데, 재아가 그러한 도리에 대해 의문이 들어 여쭙기를 '반드시 죽는 死地가 있어, 함정과 다를 바 없는데, 거기로 달려가 殺身成仁했다는 명예를 얻을 수 있다면, 仁者는 그래도 그 명예를 탐하여 좇겠습니까?'라고 하자, 공자께서 '그렇지 않다. 군자는 그를 害를 멀리하여 떠나게 할 수는 있지만, 名利를 보고 좇다가 떨어지게 할 수는 없다. 이치상 있을 법한 일을 써서 그를 속일 수는 있지만, 도라고 속여 걸려들게 할 수는 없다. 어찌 仁이란 이름을 탐하여, 몸을 死地로 빠뜨리겠느냐?'라고 하신 것이다(逝者遠害而去也。陷者見利而墮也…… 君子有殺身成仁之義, 宰我疑而問之曰: '今有必死之地, 無異陷阱, 而赴之可以殺身而成仁, 則仁者亦貪其名而從之乎?' 子曰: '不然。君子可使之遠害而去, 不可使之見利而墮也。可誑之以理之所有, 不可罔之以道之所迷。豈有貪仁之名, 而陷身於必死之地者乎?')。欺罔(기망): 속이고 덮어 가리다(欺骗蒙蔽。)。

8 《孟子·萬章上 제2장》옛날에 정나라 자산에게 살아 있는 물고기를 선물한 사람이 있었는데, 자산이 연못 지기를 시켜 그 물고기를 연못에서 기르게 했다. 연못 지기가 그 물고기를 삶아 먹고는 돌아와서 자산에게 복명하기를, '처음 물고기를 풀어놓자 비실비실하더니, 조금 있다가 느릿느릿 꼬리를 흔들며, 유유히 사라졌습니다'고 했다. 자산이 말하기를, '제 살 곳으로 갔구나! 제 살 곳으로 갔어!'라고 하자 연못 지기가 밖으로 나와서 말하기를, '누가 자산을 지혜롭다 했을까? 내가 물고기를 삶아 먹어버렸는데도, '제 살 곳을 찾아갔구나! 제 살 곳을 찾아갔어!'라고 하는데'라고 했다. 그러므로 군자는 도리에 맞는 방법으로는 속일 수 있으나, 도리에 어긋난 방법으로는 속이기 어렵다. 저[象]가 형[舜]을 사랑하는 도리로써 찾아왔기 때문에, 정말로 믿고 기뻐한 것이지, 어찌 거짓으로 그랬겠느냐?(孟子曰: ……昔者有饋生魚於鄭子產, 子產使校人畜之池。校人烹之, 反命曰: '始舍之圉圉焉, 少則洋洋焉, 攸然而逝。' 子產曰'得其所哉!得其所哉!' 校人出, 曰: '孰謂子產智? 予既烹而食之, 曰: 得其所哉? 得其所哉。' 故君子可欺以其方, 難罔以非其道。彼以愛兄之道來, 故誠信而喜之, 奚僞焉?)。《論語詞典》欺(기)와 罔(망): 《孟子·萬章上 제2장》에 이런 종류의 글이 있는데, 이 글과 결합하면, '欺'와 '罔'의 차이에 대해 정확히 설명할 수 있다. 이 글은 다음과 같다. "……" 그렇다면, 연못지기가 자산을 속인 것은 '欺以其方'이고, 재아가 가설해서 말한 것은 '罔以非其道'이다(孟子萬章上有這樣一段話, 和這一段結合, 正好說明"欺"和"罔"的區別。那段的原文是: "……"那麽, 校人的欺騙子產, 是"欺以其方", 而宰我的假設便是"罔以非其道"了。)。

사람이 빠져 있다'라고 해도, 우물에 빠진 그 사람을 따라 우물 속으로 구하러 들어갈까요?" 선생님께서 말씀하셨다. "어찌 그러겠느냐? 군자는 (우물에 빠진 사람이 있다고 속여) 우물가로 구하러 가게 할 수는 있겠지만, (우물에 들어가면 사람을 구할 수 있다고 속여) 우물 속으로 빠지게 할 수는 없다. 이치상 있을 법한 일로 속게 할 수는 있겠지만, 이치상 있을 수 없는 일로 속게 할 수는 없다."

劉聘君[9]曰,「有仁之仁當作人」, 今從之[10]。 從, 謂隨之於井而救之也。宰我信道不篤[11], 而憂爲仁之陷害[12], 故有此問。逝, 謂使之往救。陷, 謂陷之於井。欺, 謂誑[13]之以理之所有。罔, 謂昧[14]之以理之所無。蓋身在井上, 乃可以救井中之人; 若從之於井, 則不復能救之矣。此理甚明, 人所易曉, 仁者雖切於救人而不私[15]其身, 然不應[16]如此之愚也。[17]

유빙군(劉聘君・劉勉之)이 말하기를, '有仁'(유인)의 '仁'(인)은 마땅히 '人'(인)자가 되어야 한다고 했는데, 지금 그의 견해를 따른다. '從'(종)은 우물에 빠진 그 사람을 따라 우물 속으로 들어가 그 사람을 구제하는 것을 말한다. 재아(宰我)는 도에 대한 믿음이 확고하지 못해, 인(仁)을 행하다 재앙에 빠질까 근심했기 때문에, 이런 물음이 있었던 것이다. '逝'(서)는 그로 하여금 구하러 가게 하는 것을 말한다. '陷'(함)은 그를 우물 속으로 빠지게 하는 것을 말한다. '欺'(기)는 이치상 있을 법한 일로 그를 속이는 것을 말한다.

---

9 劉聘君(유빙군): 名 勉之, 字 致中. 白水先生. 1091~1149. 주희의 장인. 주희의 부친 朱松과 친구로 교유했는데, 주송이 죽으면서 후사 주희를 친구에게 부탁하고, 주희에게 유면지에게 수학하라고 유언했다. 유면지의 처가가 후사가 없자, 처가에서 재산을 딸에게 물려주고, 제사를 지내도록 했다. 평생을 벼슬하지 않고 白水 가에 살면서 강학에만 힘썼다. 제자로 주희 여조겸이 있다. '주희의 학문의 성취는, 유면지로부터 비롯되었다'(熹之得道, 自勉之始。)는 평가가 있다; 聘君(빙군): 조정에서 예를 갖춰 초빙했지만 응하지 않고 숨어지내는 선비(犹徵君。指不应朝廷以礼征聘的隐士。).

10 《集注考證》주자는 우물로 달려가서 우물에 빠진 사람을 구제하는 것을 仁으로 여긴 것이다(朱子謂以赴井救人爲仁。).

11 《子張 제2장》참조.

12 陷害(함해): 계책을 꾸며 사람을 해치다(设计害人).

13 誑(광): 속이다. 기만하다. 사실을 숨겨 미혹시키다(欺骗, 迷惑: 隐瞒事实真相迷惑人).

14 昧(매): 감추다. 어리석게 만들다. 속이다(昏暗不明: 掩蔽; 欺骗).

15 私(사): 편애하다. 연연해하다. 미련을 두다(偏爱。贪爱。).

16 應(응): 응당~해야 한다. ~하는 것이 마땅하다. ~라 생각하다. ~이다(应当, 应该。认为是: 是。).

17 《論語大全》'欺'(기)는 그 사람이 알지 못하는 것에 편승하여 그를 속이는 것이고, '罔'(망)은 그 사람이 알 수 있는 것을 숨겨 그를 어리석게 행동하게 하는 것이다(朱子曰: 欺者, 乘人之所不知而詐之也; 罔者, 掩人之所能知而愚之也。).

'罔'(망)은 이치상 있을 수 없는 일로 그에게 우매한 짓을 하게 하는 것을 말한다. 대개 내 몸이 우물 바깥에 있어야, 우물 속에 빠진 사람을 구할 수 있다. 만약 우물에 빠진 사람을 따라 우물 속으로 들어간다면, 다시는 그를 구제할 수 없다. 이 이치는 아주 명백하여, 사람이면 쉽게 알 수 있는 것으로, 인자(仁者)가 비록 사람을 구제하는 것을 절박하게 여겨 자기 몸을 편애하지 않을망정 이 같은 어리석은 자는 아니다.

[君子博學於文章]

062501、子曰：「君子博學於文¹, 約²之³以⁴禮⁵, 亦⁶可以弗畔⁷矣夫⁸!」⁹

---

1 《說苑·建本》맹자가 말했다. "사람들은 자기 밭에는 거름을 줄 줄을 알면서, 자기 마음에는 거름을 줄 줄을 모른다. 밭에 거름을 주는 것은 어린싹을 이롭게 해서 곡식을 얻는데 이보다 나은 게 없고, 마음에 거름을 주는 것[糞心]은 수행을 쉽게 하여[易行], 바라는 바를 얻는다. 무엇이 糞心(분심)인가? 博學多聞이 糞心이다. 무엇이 易行(이행)인가? 한결같은 성품으로 淫佚(음일)을 막는 것이다"(孟子曰: 人知糞其田, 莫知糞其心; 糞田莫過利苗得粟, 糞心易行而得其所欲. 何謂糞心? 博學多聞; 何謂易行? 一性止淫也.);《論語義疏》 널리 六籍[詩經·書經·禮記·易經·樂經·春秋]의 글을 배운다는 말이다(疏: 言廣學六籍之文.);《北京虛詞》博(박): 부사. 광범하게. 널리. 보편적으로. 두루. 동작·행위가 광범위성·보편성을 갖추고 있음을 표시한다('博, 副词。用于动词或谓语前, 表示某种动作行为具有广泛性或周遍性。义即'广泛地'、'普遍地'、'遍'、'广'。).

2 《論語正義》'約'은 '約束'[동여매다]이지, '省約'[줄여서 간략하게 하다]이 아니다. 위 '博'字와 반대이다. '之'는 '此'로 '此身'[이 몸가짐]을 말한다["자기 몸가짐을 禮를 써서 동여맨다"]. '博文'은 바로 《大學》의 '致知格物'이고, '約禮'는 바로 《大學》의 '誠意·正心·修身'이다(正義曰: '約'者, 約束, 非謂省約, 與上'博'字爲反對也. '之'者, 此也, 謂此身也…… '博文'即大學之致知格物, '約禮'即大學之誠意, 正心, 修身.);《古今注》 '約'은 동여매 작게 하는 것이다(約, 束而小之也.); 約(약): 칭칭 감다. 동여매다. 속박하다. 줄이다. 간략하게 하다(纏束: 环束。束缚, 约束。省减: 简约。).

3 '之'에 대해, ①앞에 나온 '君子'[군자의 몸가짐]를 가리킨다는 견해와 ②'文'을 가리킨다는 견해가 있다;《論語義疏》 예를 써서 (군자) 스스로를 동여매다(疏: 用禮自約束.);《讀四書大全說》 '約之'의 '之'字는 군자의 몸가짐을 가리키는 말로, '約我以禮[子罕 제10장]의 '我'字와 정확히 부합한다. '約'이란 몸과 마음을 수렴해서 방종하지 않는 것을 말한다. 방종으로 인해 非禮로 가지 않게 하는 것이지, 어찌 방종으로 인해 博으로 흐르지 않게 하는 것이겠는가? 학문이란 넓어지면 넓어질수록, 이치를 택함이 더욱 정밀해지고 스스로에 대한 지킴이 더욱 엄격해져서, 바로 서로 이루어주지, 서로 어긋나는 것이 아니다. 博文과 約禮는 동시에 이루어지는 일이지, 원래가 지금의 일과 과거의 일로 나눌 수가 없다. 예컨대 지금 책을 읽을 때, 옷깃을 바로 하고 꼿꼿한 자세로 앉아서, 산만하지 않은 것, 바로 이것이 博文이요, 바로 이것이 約禮이다. 전에는 博하고 나서 지금에 와서 비로소 約하는 것이 아니다. 博學은 요점을 알려는 것이라는 견해[孟子·離婁下 제15장]의 경우, 또한 이는 배우는 가운데 있는 공부로, 約禮와는 관계없다("約之"一"之"字, 指君子之身而言也, 與"約我以禮""我"字正合。…… 約者, 收斂身心不放縱之謂。不使放而之非禮, 豈不使放而流乎博哉? 學文愈博, 則擇理益精而自守益嚴, 正相成, 非相矯也。博文約礼是一齐事, 原不可分今昔。如當讀書時, 正襟危坐, 不散不亂, 即此博文, 即此便是約禮。…… 原不待前已博而今始約也。…… 若云博學欲知要, 則亦是學中工夫, 與約禮無與。);《論語譯注》 이 장의 '博學於文 約之以禮'와 《子罕 제10장》의 '博我以文 約我以禮'는 완전히 같은가? 아닌가? 완전히 같다면, '約之以禮'의 '之'는 '君子'를 가리키는 말이다. 이것이 일반적인 견해다. 그런데 毛奇齡[1623~1716]의 《論語稽求篇》에는 말했다. "'博'·'約'은 두 가지 일이고, '文'·'禮'는 두 가지 사물인데, 《子罕 제10장》의 '博我以文 約我以禮'와는 다르다. 어째서인가? 《子罕 제10장》의 '博'·'約'은 '文'·'禮'를 써서 안회를 '博'·'約'한 것이고, 이 장의 '博'·'約'은 '禮'를 써서 '文'을 '約'하고, '約'을 써서 '博'을 '約'한 것이다. '博'은 '文'에 있고, '約文'은 또 '禮'에 있다." 모기령은 '約之以禮'의 '之'는 '文'을 가리키는 것으로 인식했는데, 바로 이것이 우리들이 평소 말하는 '由博返約'[박학에서 시작해서 요약으로 돌아온다][孟子·離婁下 제15장]

선생님께서 말씀하셨다. "군자가 폭넓게 문(文)을 배우고, 자기 몸가짐을 예(禮)를 써서 단속하면, 도에 위배되지 않을 수 있을 게다!"

夫, 音扶。○約, 要[10]也。畔, 背也。君子學欲其博, 故於文無不考; 守欲其要, 故其動必以禮。如此, 則可以不背於道矣。[11]

의 의미이다(這裏的"博學於文, 約之以禮"和子罕篇的"博我以文, 約我以禮"是不是完全相同呢? 如果完全相同, 則"約之以禮"的"之"是指代"君子"而言。這是一般人的説法。但毛奇齡的論語稽求篇却説: "博約是兩事, 文禮是兩物, 然與'博我以文, 約我以禮'不同。何也? 彼之博約是以文禮博約回; 此之博約是以禮約文, 以約約博也。博在文, 約文又在禮也。"毛氏認爲"約之以禮"的"之"是指代"文", 正是我們平常所説的"由博返約"的意思。).

4 《論孟虛字》'約之以禮'의 '以'와 '博學於文'의 '於'는 같은 뜻으로, 모두 소재를 표시하는 관계사이다["널리 배우는 것은 문을 익히는 데 달려 있고, 몸가짐을 동여매는 것은 예를 익히는 데 달려 있다"]('以'與'於'爲互文同義, 都是表所在的關係詞。言博學在於習文, 束身在於習禮。).

5 [성]博文約禮(박문약례): 널리 학문을 연구하여 사리를 규명하고, 예로써 실행하여 정도에서 벗어나지 않게 단속하다. 학문을 널리 탐구하고, 예법을 엄수하다(博: 金我, 广; 约: 约束。广求学问, 恪守礼法。).

6 《北京虛詞》亦(역): 부사. ~하면. 곧. 즉. 동작이나 행위가 일정 조건을 구비했을 때나 모종의 상황하에서는, 자연스레 어떻게 됨을 강조한다('亦, 副詞。强调动作行为具备了一定条件时, 或在某种情況下, 自然会怎样。义即'就'、'则'。);《論語句法》'亦'과 '則'은 서로 바꿔쓰며, 관계사이다('亦'和'則'字通用, 是關係詞。);《論語語法》'亦'의 어법의 역할은 '則'과 같다('亦'的語法作用同'則'。).

7 《論語集解》'弗畔'(불반)은 도를 위배하지 않다이다(注: 鄭玄曰: 弗畔, 不違道也。);《疑義舉例·語急例》'畔'은 '畔嗟'[고집 세고 사납고 거칠고 경솔하다]이다. '畔'과 '嗟'은 본래 첩운자로[억세서 순치되지 않다], 급하게 말하면, 혹은 '嗟'이라 했는데, '由也嗟'[先進 제17장]이 바로 이 경우이고, 혹은 '畔'이라 했는데, '亦可以弗畔矣夫'[雍也 제25장]가 바로 이 경우이다. 鄭玄은 '弗畔, 不違道。'라고 했는데, 단편적이고 고립적인 주석임을 면치 못했다('畔, 亦即'畔嗟'也。'畔'、'嗟'本疊韻字, 急言之, 則或曰'嗟', '由也嗟'是也; 或曰'畔', '亦可以弗畔矣夫'是也。鄭注曰: '弗畔, 不違道。'殆未免乎知二五而不知十矣。);《論語正義》'畔'은 '叛'[배반하다]이다. 經典에서는 대부분 '畔'을 빌려서 '叛'을 표현하고 있다(正義曰: '畔'即'叛'字……經典多段'畔'爲'叛'。); 畔(반): 배반하다. 위배하다(通'叛'。背叛; 叛变。违背; 背离).

8 《北京虛詞》矣夫(의부): ~이겠구나! 감탄과 추측의 의미를 겸한다('矣夫', 語氣詞連用。'矣'表示肯定语气, '夫'表示感叹语气。连用后, 主要表示感叹语气, 同时兼有測度的意味。义即'吧'、'了吧'。).

9 《孟子·離婁下 제15장》 맹자가 말했다. "폭넓게 배우고 자세하게 설명하는 것은, 이로써 돌이켜서 복잡한 것을 간단하게 서술하려는 것이다"(孟子曰: 博學而詳說之, 將以反說約也。);《論語大全》어떤 자가 물었다. "이 장의 '君子博學於文 約之以禮'와 맹자의 '博學而詳說之 將以反說約也'는 뜻이 서로 비슷한가요?" 潛室陳氏[陳器之]가 답했다. "(이 장에서) 博學은 반드시 禮로써 요약해야 한다는 것은 約禮에 중점이 있고, (맹자가 말한) 博學은 바로 장차 간단하게 서술하려는 것이라는 것은 博學에 중점이 있다"(或問君子博學於文約之以禮, 與孟子博學而詳說之將以反說約也, 意相似否。潛室陳氏曰: 博學必約之以禮, 是重在約禮, 博學正將以反說約, 是重在博學。);《子罕 제10장》《顔淵 제15장》 참조.

10 要(요): 요점. 대요. 줄거리. 요점을 잡아 지키다. 요로를 지키다. 파수하다(要点, 纲要。扼守).

11 《論語大全》성인의 가르침이든 배우는 자의 배움이든, 博文과 約禮 두 일을 벗어나지 않는다. 博文은 道問學[학문을 통해서 한다][中庸 제27장]의 일로, 천하의 모든 사물의 이치에 대해, 모두 알고자 하는

'夫'(부)는 음이 '扶'(부, fú)이다. ○'約'(약)은 '요점을 잡아 지키다'[要]이다. '畔'(반)은 '위배하다'[背]이다. 군자는 배움에 대해서는 그 폭을 넓히고자 하기 때문에, 문(文)에 대해서 고찰하지 않는 게 없고, 지킴에 대해서는 그 요점을 잡고자 하기 때문에, 군자의 행동은 반드시 예(禮)를 써서 한다. 이같이 하면, 도에 위배되지 않을 수 있다.

○程子曰:「博學於文而不約之以禮, 必至於汗漫[12]。博學矣, 又能守禮而由於規矩, 則亦可以不畔道矣。」[13]

○정자(程子·明道)가 말했다. "폭넓게 문(文)을 배웠지만, 그것을 예(禮)를 써서 요약하지 않으면, 반드시 방만한 지경에 빠진다. 폭넓게 배우고, 또 예(禮)를 지키고 법도에 의할 수 있다면, 도에 위배되지 않을 수 있다."

것이다. 約禮는 尊德性[덕성을 높이 받들다][中庸 제27장]의 일로, 내 마음의 고유한 이치에 대해, 한순간도 놓아 버려두는 때가 없는 것이다(朱子曰: 聖人之敎, 學者之學, 不越博文約禮兩事。博文, 是道問學之事, 於天下事物之理, 皆欲其知之。約禮, 是尊德性之事, 於吾心固有之理, 無一息而不存。).

12 汗漫(한만): 광대무변하다. 한없이 넓기만 하다. 아무렇게나 길게 늘어놓다. 되는대로 내버려두다. 매조지가 없다. 막연해서 알 수가 없다(广大, 漫无边际。渺茫不可知。).

13 《論語大全》폭넓게 문을 배우고 고찰·연구할 때는 당연히 항목이 많지만, 행할 때는 단지 한 개의 도리일 뿐이기에, 그래서 요약이라 한 것이다. 博學하지만 約禮하지 못하면, 도에 위배되지 않은지를 어찌 알겠는가? 단지 요약된 것만 알 뿐 박학하지 않으면, 소위 요약된 것이 옳은지 그른지 알 수 없고, 또 어떤 경우에는 도에 위배되지 않을 수 없는 것이다(朱子曰: 博學於文, 考究時自是頭項多, 到得行時, 却只是一理, 所以爲約。若博學而不約之以禮, 安知不畔於道? 徒知要約而不博學, 則所謂約者, 未知是與不是, 亦或不能不畔於道也。).

[子見南子章]

062601、子見南子, 子路不說¹. 夫子矢²之曰:「予所³否⁴者, 天厭⁵之! 天厭之!⁶ ⁷」

1 《古今注》노나라 애공 2년[공자 59세]에, 위영공이 죽자, 南子가 公子 영을 세우려고 했지만, 고사하자, 첩을 세우려고 했다. 공자께서는 이때 위나라에 계셨는데, 윤리와 기강이 끊어져, 위나라가 장차 혼란에 빠질 것을 예견하고, 들어가 南子를 만난 것으로, 공자의 의도는 송나라로 망명한 태자 괴외를 불러들여 후환을 없애려고 한 것이었다. 공자께서 처음 위나라에 가신 것은 정공 13년[공자 55세]이었는데, 이듬해 가을에 괴외가 南子를 죽이려다 일이 실패하여 송나라로 도망갔고, 南子의 음란한 죄질이 이때 비로소 드러났는데, 무슨 면목이 있어 공자를 만나기를 원했겠는가?(魯哀公二年, 衛靈公卒, 南子欲立公子郢, 郢固辭, 立亡人之子輒, 孔子時在衛, 見倫紀斁絕, 衛國將亂, 入見南子, 意欲召蒯絕後患也…… 孔子之始適衛在定十三年, 厥明年秋, 蒯聵謀殺南子, 事敗奔宋, 南子之淫罪始彰, 何面目願見孔子?). 노나라 애공 2년에, 공자께서는 다시 위나라에 가셨는데, 이 해에 위영공이 죽자, 공자께서는 예의상 당연히 들어가 조문했을 것이고, 南子를 만났고, 임금을 세우는 논의에 참여하여 그 내막을 들었을 것이다. 《史記》에도 역시 이때 南子를 만났고 자로에게 맹세하는 말이 있었다 했으니, 조문 때문에 만난 것이 분명하다. '子路不說'은, 괴외가 자기 어머니를 죽이려 하다, 아버지에게 쫓겨났으니, 의리상 위나라 임금이 되기에는 부당하다고 여겼기 때문에, 공자가 괴외를 임금으로 세우려고 하는 일을 자로가 못마땅해했다는 것이다(魯哀公二年, 孔子再適衛, 是年靈公卒, 孔子禮當入弔, 因見南子, 必其立君之議有所與聞也.史記亦以爲是時見南子有矢語, 則因弔以見又明矣……子路不說者, 以蒯聵謀殺其母爲父所逐, 義不當復主衛國, 故不悅孔子之所爲也).

2 《論語集解》'矢'(시)는 '誓'이다(注: 孔安國曰: 矢, 誓也.);《論語義疏》자로가 못마땅해하자, 공자께서 그에게 이 맹세를 하신 것이다(疏: 子路既不悅, 而孔子與之咒誓也.);《論語義疏》'矢'는 '陳'[진술하다]이다. 선생님께서 자로를 위해 천명을 솔직하게 진술한 것이지, 맹세한 것이 아니다(蔡謨曰: 矢, 陳也……夫子爲子路矢陳天命, 非誓也).

3 《經傳釋詞》'所'은 '若' 或'과 같다(所, 猶'若'也, '或'也. 言予若否也.);《古漢語語法》'所'는 가설을 표시하는 접속사로, 맹세하는 말의 종속절 끝에 어기사 '者'와 짝을 이루어, 맹세의 어기를 강화시킨다('所'作爲表假設的連詞, 有'如果'意, 都用于誓詞中, 且在偏句末大多有语气词'者'与之配合, 加强发誓的语气, 有'如果……'的话'一类意思.);《論語新解》옛사람들은 맹세하는 말에는 모두 앞에는 '所'字를, 뒤에는 '者'를 썼다(古人誓言皆上用所字, 下用者字.);《論孟虛字》'矢'는 '誓'(서)자의 고어이고, '否'(부)는 '不'이다. 옛사람들의 맹세하는 말에 '所不……者' 형식의 문장이 많이 보이는데, 사리에 결코 위배하지 않았음을 표명할 때 쓴다. '所'는 '若'[만약] '或'[혹여]와 같다('矢'爲'誓'字古文, '否'爲'不'之借字. 凡古人誓詞, 多用'所不'二字, 並'者'字, 構成'所不……者'的句式. 這在古代誓詞中, 是常見的語法. '所不'一詞, 用在古代誓詞中, 以表明事理之不可違背. '所', 猶'若'、'或').

4 《論語義疏》내가 南子를 만난 일에 불선한 일이 있었다면(疏: 我見南子若有不善之事……);《古今注》'否'(부)는 (南子를) 만나보지 않는 것을 말한다. '否' 한 글자가, 朱子가 集注한 '不合於禮 不由其道' 여덟 글자의 의미를 포함할 수 없다. 자로가 못마땅해한 것은, 본래 공자가 南子를 만났다는 '見' 한 글자에 대한 것에 불과했으니, 그렇다면 공자의 해명 역시 '見' 한 글자에 대한 것에 불과했다. '否'는 '不見'[만나지 않았다]이다["내가 南子를 만나지 않았다면"](否謂不見也…… 否一字, 無以含此八字意思. 子路之所不說, 本不過一見字, 則夫子之所自解, 亦不過一見字. 否者, 不見也.);《百度漢語》否(비): 속되다. 천박하다(通'鄙'. 鄙陋也).

5 《論語義疏》'厭'(염)은 '塞'[막다]이다. '하늘이 싫어해서 나의 길을 막을 것이다'(疏: 厭, 塞也. 天當厭塞我

선생님께서 남자(南子)를 만나보셨는데, 자로(子路)가 못마땅해했다. 선생님께서 그에게 맹세해 말씀하셨다. "맹세컨대 내가 예에 어긋나게 행동했다면,

道也。);《論語注疏》'厭'은 '棄'[버리다]이다. 내가 南子를 만난 것이, 治道를 구하기 위한 것이 아니었다면, 하늘이 싫어해서 나를 버리기를 원한다는 말이다(疏: 正義曰: 厭, 棄也. 言我見南子, 所不爲求行治道者, 願天厭棄我。);《古今注》'厭'은 '惡'[싫어하다]와 같다. 공자께서 南子를 만나보신 것은, 분명 그 골육간의 은혜를 온전히 회복하고 사직을 이롭게 하는 데 있었기 때문에, '내가 만나보지 않았다면 하늘이 반드시 싫어했을 것이다'라고 하신 것이다(厭猶惡也. 孔子之見南子, 必有以全其骨肉之恩而利其社稷者, 故曰予若不見, 天必厭之矣。); 厭(염): 미워하다. 내버리다. 차버리다(憎恶: 嫌弃).

6 《論語正義》南子는 비록 음란했지만, 사람을 알아보는 총명함이 있었기 때문에, 거백옥과 공자에 대해 모두 특별히 공경의 뜻을 표시했다. 그가 공자를 뵙기를 청한 것은, 공자를 쓰려는 뜻이 없지 않아서인데, 자로는 그럼에도 공자가 南子를 만나보는 것을 몸을 굽혀 도를 행하는 것으로 의심하여 못마땅해했으니, 바로 공산불요와 필힐이 불러 공자께서 가려 하자 자로가 모두 못마땅해한 것과 같았다[陽貨 제5·7장]. 南子의 음란함 때문에 의심한 것은 아니었다(正義曰: 竊謂南子雖淫亂, 然有知人之明, 故於蘧伯玉, 孔子皆特致敬. 其請見孔子, 非無欲用孔子之意, 子路亦疑夫子此見, 爲將詘身行道, 而於心不說, 正猶公山弗擾,佛肸召, 子欲往, 子路皆不說之比, 非因南子淫亂而有此疑也。). 공자께서는 자로가 못마땅해하는 것을 아시고, '내가 만나지 않겠다고 고집을 부렸다면, 반드시 南子의 분노를 촉발시켜 나를 미워했을 것이다'라고 하신 것이다. '天'은 바로 '南子'를 가리킨다. 공자께서는 '사람이 불인하다고 너무 미워하면 난을 일으킨다'[泰伯 제10장]고 하셨고, 맹자도 '공자께서는 너무 심하게는 하지 않으셨다'[離婁下 제10장]고 했으니, 성인께서는 너무 틀에 얽매이지 않고 절의에 부합되게 하신 것으로, 세속의 생각으로는 헤아릴 수 있는 바가 아니었다. 毛奇齡[1623~1716]의 《論語稽求篇》에 말했다. "《釋名·釋兵》에, '矢는 指이다'라고 했고, 《說文·不部》에, '否는 不이다'라고 했다. '夫子矢之'는 '공자께서 손으로 하늘을 가리키셨다'이고, '내가 감히 만나보지 않을 수 있었겠는가? 만나보지 않았다면, 하늘이 날 버리셨을 것이다'라고 하신 것이고, 南子는 하늘에 비유해 말한 것이다"(夫子知子路不說, 故告以予固執不見, 則必觸南子之怒而厭我矣. 天即指南子. 夫子言'人而不仁, 疾之已甚爲亂', 孟子亦言'仲尼不爲已甚', 可知聖人達節, 非俗情所能測矣. 毛氏奇齡《稽求篇》: 夫子矢之, 案: 釋名云: 矢, 指也. 設文云'否'者, 不也. 夫子以手指天, 而曰吾敢不見哉? 不則天將厭我矣, 言南子方得天也。).

7 《史記·孔子世家》공자가 광 땅을 떠나 포 땅을 지났다. 한 달여 만에 위나라에 돌아와서, 거백옥의 집에 머물렀다[공자 56세] 위영공의 부인 南子라는 여인이 있었는데, 사람을 시켜 공자에게 전하기를, '사방의 군자 중에 우리 임금과 형제 하기를 욕되게 여기지 않는 자는 반드시 저를 만납니다. 제가 뵙기를 청합니다'라고 했지만, 공자가 핑계를 대고 거절하다, 마지못해 부인을 만나보았다(去即過蒲. 月餘, 反乎衛, 主蘧伯玉家. 靈公夫人有南子者, 使人謂孔子曰: '四方之君子不辱欲與寡君爲兄弟者, 必見寡小君. 寡小君願見.' 孔子辭謝, 不得已而見之。). 부인이 갈포로 만든 휘장 안에 자리하고 있었다. 공자가 들어가서, 북쪽을 향해 고개를 숙였다. 부인도 휘장 안에서 두 번 절하는데, 허리에 찬 옥구슬이 부딪치는 소리가 났다. (물러 나와서) 공자가 말했다. "내가 가서 상견의 예를 갖춰서 만난 것이 아니고, 그를 보았기에 답례한 것이다." 자로가 못마땅해했다. 선생님께서 맹세해 말씀하셨다. "내가 맹세코 떳떳지 못하다면, 하늘이 날 버리실 것이다! 하늘이 날 버리실 것이다"(夫人在絺帷中. 孔子入門, 北面稽首. 夫人自帷中再拜, 環珮玉聲璆然. 孔子曰: '吾鄉爲弗見, 見之禮答焉.' 子路不說. 孔子矢之曰: '予所不者, 天厭之!天厭之!'); 南子(남자): ?~BC 481. 宋國 공주. 위영공의 부인. 宋 公子 朝와 사통했다. 영공이 죽은 후, 송나라로 망명했던 태자 괴외가 돌아와 그녀의 아들인 출공 첩을 축출하고 왕위에 오르고 나서, 그에 의해 죽임을 당했다.

하늘이 나를 버리실 것이다! 하늘이 나를 버리실 것이다."

說, 音悅。否[8], 方九反。○南子, 衛靈公之夫人, 有淫行。孔子至衛, 南子請見, 孔子辭謝[9], 不得已而見之。蓋古者仕於其國, 有見其小君[10]之禮[11]。而子路以夫子見此淫亂之人爲辱, 故不悅。矢, 誓也。所, 誓辭也, 如云[12]「所不與崔[13], 慶者」之類。否, 謂不合於禮, 不由其道也。厭, 棄絕[14]也。

'說'(열)은 음이 '悅'(열)이다. '否'(비, pǐ)는 '方'(방)과 '九'(구)의 반절이다. ○'南子'(남자)는 위(衛)나라 영공(靈公)의 부인인데, 음란한 행실이 있었다. 공자(孔子)께서 위(衛)나라에 이르렀는데, 남자(南子)가 만나기를 청하자, 공자(孔子)께서 핑계를 대고 거절하다가, 마지못해 그 부인을 만나보신 것이다. 대개 옛날에는, 그 나라에서 벼슬을 하려면, 그 나라 임금의 부인을 만나보는 예(禮)가 있었는데, 자로(子路)는 선생님께서 이 음란한 부인을 만나보는 것을 욕되게 여겼기 때문에, 못마땅해한 것이다. '矢'(시)는 '맹세하다'[誓]이다. '所'(소)는 '맹세하는 말'[誓辭]이다. 예컨대 '맹세코 최저(崔杼)와 경봉(慶封)과 함께하지 않는다면'이라고 말하는 것과 같다. '否'(부)는 예(禮)에 어긋나고, 그에 맞는 도리를 따르지 않는 것을 말한다. '厭'(염)은 '버리고 끊다'[棄絕]이다.

---

8 否(비/부): [pǐ] 나쁘다. 악하다(不好、恶劣的。); [fǒu] 부정하다. 그렇지 않다(不同意。相当于口语中的「不」字。).

9 辭謝(사사): 핑계를 대서 정중하게 거절하다. 깍듯이 예의를 갖춰 핑계를 대고 사절하다. 자리에서 물러나다(推辞谢绝。彬彬有礼地托辞拒收。).

10 小君(소군): 제후의 부인. 윗사람의 부인에 대한 존칭(周代称诸侯之妻: 对无亲族关系的长辈或所尊敬者之妻妾的尊称);《季氏 제14장》참조.

11 《論語大全》대부가 임금의 부인을 만나 뵙는 예가 오랫동안 행해지지 않고 있었는데, 영공과 南子가 특별히 이 예를 일으켜낸 것으로 보인다. 선생님 당시에는, 이 예를 행한 사람이 아무도 없어서, 그래서 자로가 의아해한 것 같은데, 누군가 행한 때였다면, 자로도 의아해하지 않았을 것이다. 당시에는 그럼에도 반드시 만나야 한다는 법은 없었던 것 같은데, 南子에 대해서만큼은 반드시 만나려 하셨고, 자로가 못마땅해하자, 또 허다한 말을 소비하시고, 또 이처럼 하늘을 가리켜 맹세까지 하셨는지 모르겠다(朱子曰: 大夫見夫人之禮, 疑亦久矣不行, 而靈公南子特擧之耳……當夫子時, 想是無人行, 所以子路疑之, 若有人行時, 子路也不疑……想當時亦無必皆見之理……不知於南子須欲見之, 到子路不說, 又費許多說話, 又如此指誓。).

12 《春秋左傳 · 襄公25年》에 나오는 글이다.

13 《公冶長 제18장》 '崔子' 참조.

14 棄絕(기절): 끊다. 버리다(断絕: 抛弃).

聖人道大德全, 無可不可[15]. 其見惡人, 固謂在我有可見之禮, 則彼之不善, 我何與[16]焉. 然此豈子路所能測哉? 故重言以誓之, 欲其姑信此而深思以得之也.

성인의 도는 크고 덕은 완전무결하여, 반드시 해야 한다는 것도 없고 결코 해서는 안된다는 것도 없다. 성인께서 악인을 만나보는 일에 대해서, '나에게 만날 만한 합당한 예(禮)가 있는 경우라면, 저 악인의 불선한 행실이, 나에게 무슨 상관이 있겠는가?'라고 확고하게 말씀하신 것이다. 그렇지만 이것이 어찌 자로(子路)가 헤아릴 수 있는 일이었겠는가? 그래서 맹세하는 말씀을 거듭해서 하신 것이니, 그가 우선은 이 말을 믿고 깊이 생각하여 이로써 깨닫기를 바라신 것이다.

---

15 《微子 제8장》 참조.
16 何與(하여): 무슨 상관인가?(犹言何干).

[中庸之爲德章]

062701、 子曰:「中庸之爲德也¹, 其至矣乎²! 民鮮久矣³,⁴。」

　　선생님께서 말씀하셨다. "중용(中庸)의 덕 됨됨이는, 아마도 지극하리라! 백성 중에 이 덕을 지닌 자가 드물어진 지가 오래되었다."

---

1 《論語集解》'庸'(용)은 '常'이다. 和는 늘상 행할 수 있는 덕이다(注: 庸, 常也。中和, 可常行之德也。); 《論語正義》《說文·用部》에, '庸은 用이다'라고 했다. 모든 일에 늘상 쓸 수 있는 것이기 때문에, '庸'은 또 '常'이다(正義曰: 說文: 庸, 用也。凡事所可常用, 故'庸'又爲常); 《論語新解》中庸之人은 보통의 평범한 사람이다. 中庸之道는 中庸之人이 쉽게 행할 수 있는 것이다. 中庸之德은 中庸之人이 쉽게 갖출 수 있는 것이다. 그러니 中庸之德은 바로 民德이다(中庸之人, 平人常人也。中庸之道, 为中庸之人所易行。中庸之德, 为中庸之人所易具。故中庸之德, 乃民德。); [성]中庸之道(중용지도): 어느 한쪽으로 치우치거나 기울지 않고, 절충·조화하는 처세태도(指不偏不倚, 折中调和的处世态度。).

2 《論語詞典》其(기): 부사. 문장 끝에 일반적으로 의문어기사 '乎'·'與'를 붙여 불확실한 추측·예견을 표시한다. 아마도. 어쩌면["중용이란 덕은, 아마도 최고의 덕이리라"]('其', 副詞, 表不肯定的推測和擬議, 殆, 怕莫, 句尾一般有疑問語氣詞"乎"或"與": '中庸這種道德, 該是最高的了。); 《論語句法》'其'는 연결동사로, '是'와 같고, '至'는 술어이다. '乎'는 지금의 '呀'에 해당하고, 상찬의 깊음을 표시한다('其'是繫詞, 相當於白話的'是'字, 謂語是一個單詞'至'。'乎'字相當於白話的'呀'字, 爲了讚賞之深。); 《北京虛詞》矣乎(이후): 감탄문의 끝에 쓰여, '矣'는 '이미 그러하다'를 표시하고, '乎'는 감탄을 표시한다('矣乎', 语气词连用。用于感叹句末, '矣'表示已然, '乎'表示感叹。乂即'了吧'。).

3 《論語句法》'民鮮'이 주어, '久'가 술어이다('民鮮'是主語, 謂語是單詞'久'。).

4 《中庸 제3장》에는, '子曰: 中庸其至矣乎!民鮮能久矣!'[중용은 지극한 것이로구나! 사람 중에 중용을 이룰 수 있는 사람이 드물어진 지가 오래되었다]로 되어 있다;《中庸 제7장》공자께서 말씀하셨다. "사람들은 모두들 나보고 지혜롭다고 하는데, 그물이나 덫이나 함정 안으로 몰아넣어도 피할 줄을 모르고, 사람들은 나보고 지혜롭다고 하는데, 중용을 택해도 한 달을 지키지 못한다"(子曰: 人皆曰『予知』, 驅而納諸罟擭陷阱之中, 而莫之知辟也。人皆曰『予知』, 擇乎中庸, 而不能期月守也。);《論語大全》이 장과《中庸》의 글은 대동소이하다. 이 장에는 '之爲德也' 네 글자가 있으니, 중용의 德을 가지고 말했다.《中庸》에는 '之爲德也' 네 글자가 없으니, 중용의 道를 가지고 말했다. 德을 가지고 말할 경우, '能'을 말할 필요가 없으니, '能'이 德 가운데 있기 때문이다. 그래서 이 장의 아래 구절에는 '能'字가 없다. 道를 가지고 말할 경우, 알 수 있음과 알 수 없음·할 수 있음과 할 수 없음이 있기 때문에,《中庸》의 아래 구절에는 '能'字가 없으면 안 된다(雙峯饒氏曰: 此章與中庸之文, 大同小異。此章有之爲德也四字, 以中庸之德言也。中庸無之爲德也四字, 以中庸之道言也。以德言, 則不消言能, 而能在其中。故此章下句無能字。以道言, 則有能知與不能知, 能行與不能行, 故中庸下句不可無能字。);《古今注》'民鮮久矣'는 한 달을 지키지 못한다는 것이다.《中庸》에 보인다。《中庸》에는 '民鮮能久矣'로 되어 있는데, 논어의 경우 '能'字가 누락된 것으로 보인다(補曰: 民鮮久矣, 爲不能朞月守也。見中庸。中庸作鮮能久矣, 恐此經落一字。);《論語今讀》왜 사람 중에 오래도록 지니고 있는 사람이 없다[人們很久沒擁有了]는 것인가? 아마도 이는 당시 사람들이 고원한 도리를 좋아하고 힘썼지, 도란 일용 일상생활 중에 있다는 이러한 근본 이치를 중요시하지 않고 있음을 지적하는 말씀일 것이다(爲何'民鮮久矣'? 可能是指當時人多好高騖遠, 而不重'道在倫常日用中'這一根本道理。).

鮮, 上聲。○中者, 無過無不及之名也。庸, 平常也。至, 極也。鮮, 少也。言民少此德, 今已久矣。[5]

'鮮'(선)은 상성이다. ○'中'(중)이라는 것은 '지나침도 없고 미치지 못함도 없는 것'[無過無不及]의 명칭이다. '庸'(용)은 '평상'(平常)이다. '至'(지)는 '지극하다'[極]이다. '鮮'(선)은 '드물다'[少]이다. 말씀인즉, 백성 중에 이 덕을 지닌 자가 드물어진 지, 지금 이미 오래되었다는 것이다.

○程子曰:「不偏之謂中, 不易之謂庸。中者天下之正道, 庸者天下之定理。自世教衰, 民不興於行, 少有[6]此德久矣。」[7]

○정자(程子·伊川)가 말했다. "어느 한쪽으로 치우치지 않는 것이 '중(中)'이고, 바뀌지

---

5 《論語大全》이 장의 공자의 가르침은 다만 일에 즉해서 도리를 밝혔기 때문에, (《中庸章句》에서는, '中者,不偏不倚、無過不及之名。'이라고 했는데) 集注에서는 곧바로 '無過不及'을 가지고 '中'이라 말했다 (慶源輔氏曰: 若孔子之教, 只是卽事以明理, 故集註直以無過不及言中。);《論語大全》'不偏'은 道體의 스스로 그러한 모습을 밝힌 것으로, 이는 곧 어느 한쪽으로 치우쳐진 데가 없다는 뜻이다. 중용의 덕됨됨이란, 이 장에서는 '無過不及'의 뜻이 많다. '庸'은 본분에 따르고 괴이한 일을 하지 않는 것이다. 요·순과 공자가 하신 일은 단지 庸일 뿐이지만, 백이·숙제가 한 일은 모두 庸이 아니다(朱子曰。 不偏者, 明道體之自然, 卽無所倚著之意……中庸之爲德, 此處無過不及之意多。 庸是依本分不爲怪異之事。 堯舜孔子, 只是庸, 夷齊所爲, 都不是庸了。).

6 少有(소유): 드물게 있다. 약간 있다. 보기 드물다(稍有: 略有。 罕見。).

7 《中庸或問》"'庸'字의 의의에 대하여, 정자께서는 '不易'이라 했는데, 선생님께서는 '平常'이라 하셨습니다. 무엇 때문이신지요?" 주자가 말했다. "오직 '平常'하기 때문에 장구히 지속될 수 있고 변할 수 없는 것이다. 만약 온 세상을 깜짝 놀라게 하는 일이라면, 잠시 놀라게 할 수는 있어도 영원히 그럴 수는 없다. 두 개의 견해가 다르지만, 그 귀결점은 하나이다. 단 '不易'이라고 하면, 반드시 오랜 기간에 걸쳐 지속된 후에야 그 결과가 나타나는 경우만을 들어 말하므로, '平常'이라고 하여, 현재도 괴이한 게 없는 常을 지금 바로 검증하는 경우와 오랜 후에도 그 常의 상태가 변함이 없는 경우를 아울러서 들어서 말하는 것만 못하다"(曰: '庸字之義, 程子以不易言之, 而子以爲平常, 何也?' 曰: '惟其平常, 故可常而不可易, 若驚世駭俗之事, 則可暫而不得爲常矣。 二說雖殊, 其致一也。 但謂之不易, 則必要於久而後見, 不若謂之平常, 則直驗於今之無所詭異, 而其常久而不可易者可兼舉也。'). "'平常'이라고 하면 혹 너무 평이하고 격이 떨어지는 말이라고 여겨지지는 않겠습니까?" 주자가 말했다. "그렇지 않다. 이른바 '平常'이란 또한 事理로서 당연한 모습을 표현한 말이고, 그래서 괴이한 게 없다는 것일 뿐이다. 이것은 결코 어떤 심히 고원하여 행하기 어려운 일도 아니지만, 또 어찌 풍속에 동조하고 세상에 영합하는 것[孟子·盡心下 제37장]을 말하는 것이겠느냐! 당연한 모습을 표현한 말인 이상, 임금과 신하·어버이와 자식 등 일상생활 속의 평범한 도리로부터 시작해서, 미루어 나가다 보면 요 임금과 순 임금이 임금 자리를 주고받은 것, 탕왕과 무왕이 하나라와 은나라를 정벌한 것에 이르기까지, 그 변용이 무궁하니 아무리 봐도 어딜 가든 '平常' 아닌 것이란 없다"(曰: '然則所謂平常, 將不爲淺近苟且之云乎?' 曰: '不然也。 所謂平常, 亦曰事理之當然, 而無所詭異云爾, 是固非有甚高難行之事, 而亦豈同流合汙之謂哉! 旣曰當然, 則自君臣、父子日用之常, 推而至於堯、舜之禪授, 湯、武之放伐, 其變無窮, 亦無適而非平常矣。').

않는 것이 '용'(庸)이다. 중(中)은 천하의 올바른 도이고, 용(庸)은 천하의 바뀌지 않는 이치이다. 세상에 교화가 쇠퇴해지고부터, 백성에게 중용의 도를 행하고자 하는 기운이 일어나지 않아, 이 덕을 지닌 자가 보기 드물어진 지가 오래되었다."

[子貢曰如有博施於民章]

062801. 子貢曰:「如有¹博施於民而²能濟衆³, 何如? 可謂仁乎?」子曰:「何事於仁⁴, 必也聖⁵乎! 堯舜⁶其⁷猶⁸病諸⁹, ¹⁰!」

---

1 《論語義疏》本에는 '如有'가 '如能'으로 되어 있고, '濟衆' 밑에 '者'字가 붙어 있다["백성에게 널리 베풀수 있고, 또 많은 사람을 구제할 수 있는 자라면"]; 《論孟虛字》'如有'는 '如或' '若或'[혹 누군가 ~있다면]과같다. 모두 가설구의 앞머리에 놓여, 가설관계를 표시한다('如有', 猶'如或' '若或', 都是放在假設小句之首, 以表假設關係.); 《論語譯注》"가령 이런 博施濟衆하는 사람이 있다면"("假若有這麼一個人").

2 《論語義疏》"만약 어떤 사람이 백성에게 널리 은혜를 베풀고 또 많은 백성의 환난을 구제할 수 있는자라면"(疏: 若有人所能廣施恩惠於民, 又能救濟衆民之患難, ……); 《論語大全》글의 뜻을 자세히 보면, 당연히 백성에게 널리 베풀고, 그리고 또 구제한 백성이 많다는 뜻이다. 대개 '博施'는 본래 내가 은택을베푼다는 말이고, '濟衆'은 본래 많은 사람이 나의 은택을 입는다는 말로, '濟衆'은 '博施'보다 어렵고, 한 걸음 더 나간 말이다. 비록 널리 베풀지라도 많은 사람이 다 그 은택을 입는 것은 아니다(新安陳氏曰: 玩文意, 當是博施於民, 而又能所濟者衆. 蓋博施, 自我之施恩澤而言, 濟衆, 自衆人之被吾恩澤者而言, 濟衆難於博施, 是進步說. 有雖博施而衆不皆被其澤者.).

3 [성]博施濟衆(박시제중): 널리 은혜를 베풀어서 많은 백성을 구제하다(博: 广泛. 济: 救济. 给予群众以恩惠和接济. 广施恩惠, 拯救众民.); 博(박): 범위가 넓다. 두루 널리 미치다[퍼지다](宽广; 广搏. 广泛: 普遍.); 施(시): 시혜하다. 은혜를 베풀다(给, 给予. 引申为施舍.); 濟(제): 구해내다. 구제하다(拯救; 救济.).

4 《論語注疏》말씀인즉, '임금이 널리 은혜를 베풀어 많은 백성을 구제할 수 있다면, 어찌 仁者에 그치겠느냐!'인 것이다. 단지 仁者에 그칠 뿐이 아니라 반드시 聖人일 것이라는 말이다(疏: 正義曰: 言君能博施濟衆, 何止事於仁! 謂不啻止仁, 必也爲聖人乎!); 《論語正義》'何事於仁'의 '事'는 '爲'와 같다. '博施濟衆을어찌 仁으로 말하겠느냐?'는 말로, 仁者가 할 수 있는 일이 아님을 분명히 밝힌 것이다(正義曰: '何事於仁', '事'猶'爲'也. 言博施濟衆, 何爲於仁言之, 明非仁者所能矣.); 《論語詞典》事(사): 그치다["어찌 仁道일뿐이겠느냐?"](止: '哪里僅是仁道'); 《論語新解》그 일이 비단 인에 해당할 뿐만이 아니라고 말씀한 것이다(谓其事非仅于仁.); 《論語句法》'事'를 '止'의 뜻으로 보는 견해와 '做'의 뜻으로 보는 견해가 있다('何事於仁', 可以兩種解釋: 第一種解釋是'事'作'止'字的意思, …… 第二種解釋'事'字是'做'字的意思.).

5 聖(성): '耳'을 따르고, '呈'은 소리이다. 좌변은 귀, 우변은 입으로, 귀와 입을 잘 쓰다. 사리에 통달하다(从耳, 呈声. 左边是耳朵, 右边是口字. 即善用耳, 又会用口. 本义: 通达事理.); 《秀文苑》聖(성): 원래는'총명한 사람'을 가리켰지만, 후에는 '최고의 지혜와 덕을 겸비한 사람'을 가리키게 되었다. 글자의 형태가人·耳·口로 조합되어, 귀가 밝고 입이 명민한 사람임을 표시한나. 고문에서 聖과 聽은 같은 글자였다(原來指"聰明的人"; 後來指"具有最高智慧和道德的人". 字形由"人""耳""口"組成, 表示這是一個耳聰口敏的人, 古文"聖""聽"是同一個字.).

6 堯(요): 이름이 放勛(방훈). 五帝[黃帝·顓頊·帝嚳·堯·舜] 중의 1인. 처음에 陶에서 다스리다 뒤에唐으로 옮겼는데, 그가 다스린 지역 이름을 따서 陶唐氏(도당씨)라고 한다. 아버지 帝嚳(제곡)의 제위를계승했는데, 순 임금에게 제위를 선양했다; 舜(순): 이름이 重華. 有虞氏(유우씨) 부락의 시조의 후예라고하여 有虞氏 또는 虞舜(우순)이라고도 한다. 舜은 시호. 부친은 瞽叟(고수)이고 계모와 이복동생 象이있었다. 요 임금이 딸 娥皇(아황)과 女英(여영)을 舜에게 시집보내고, 수년간 그를 관찰한 후 제위를

자공(子貢)이 말했다. "만약 혹 누군가 있어 백성에게 은덕을 널리 베풀고 또 많은 사람을 구제할 수 있다면, 어떻겠습니까? 인(仁)이라 할 수 있겠습니까?" 선생님께서 말씀하셨다. "어찌 인(仁)에 그칠 뿐이겠느냐? 필시 성(聖)의 경지이리라! (그런즉) 요(堯) 임금이나 순(舜) 임금 같은 성인(聖人)조차도 아마 여전

그에게 선양했다.

7 《論語詞典》其(기): 부사. 문장 끝에 일반적으로 의문어기사 '乎' '與'를 붙여 불확실한 추측·예견을 표시한다. 아마도. 어쩌면('其', 副詞, 表不肯定的推測和擬議, 殆, 怕莫, 句尾一般有疑問語氣詞'乎'或'與'). 《論語句法》'其'는 연결동사로 지금의 '是'에 해당한다. '諸'는 '之'[박시제중]의 뜻으로, '病諸'는 '以之爲病' [박시제중을 부족한 점으로 여기다]의 뜻이다. '猶'는 '病諸'를 수식하는 부사이다('其'是繫詞, 相當於白話的'是'字. 諸字是'之'字的意思. '病諸'是'以之爲病'. '猶'字是限制詞修飾'病諸'的). 《論孟虛字》其(기) ……諸 (저): '其'·'諸' 두 글자는 사이를 떼어 쓴다. '其'는 추측을 나타내고, '諸'는 어조사이다. 아마~일 것이다('其 諸'二字間隔運用, '其'字是猜度詞, '諸'字是語助詞).

8 《論語詞典》그럼에도. ~조차도. 여전히('猶', 副詞, 尚且, 還).

9 《論語義疏》'病'은 '患'[근심하다]이다. '諸'는 '之'이다["성인조차도 그 일의 실행의 어려움을 근심하셨다"](疏: 病, 猶患也. 諸, 之也; '聖人猶患其事之難行也'). 《憲問 제45장》에도 '堯舜其猶病諸' 구절이 나온다.

10 《讀四書大全說》자공은 博施濟衆을 지나치게 가볍고 쉬운 것으로 여겼으니, 공자께서는 그가 말한 博施濟衆의 實이 名에 걸맞지 않음을 꿰뚫어 보셨다. 이른바 博·衆이란 그 양이 한정되어 있는가? 아니면 무한정의 양인가? 자공이 대강 한정된 양으로 博·衆을 말했다면, 程子가 말한 바, 50세가 되지 않은 사람도 비단옷을 입게 하고, 70세가 되지 않은 사람도 고기를 먹게 하고, 九州·四海 이외의 지역까지도 함께 구제하고 싶어 했던 博·衆만큼은 참으로 아니다(子貢說'博施濟衆', 忒煞輕易, 夫子看透 他此四字實不稱名. 不知所謂博者, 衆者, 有量耶? 無量耶? 子貢大端以有量言博衆, 亦非果如程子所謂不 五十而帛, 不七十而肉, 九州四海之外皆兼濟之.). 그렇지만 그가 다만 博이다 衆이다 했으니, 그렇다면 본래 한정된 양이 없는 것이다. 가령 만 명을 구제할 수 있다면, 衆이라고 할 수 있다. 그렇지만 만 명에 해당하지 않은 사람은, 설마 구제받는 만 명의 사람들과는 분명 다른 사람으로 치부해버릴 것인가? 그렇다면 자공이 말한 博은 博이 아니고, 衆은 衆이 아니니, 다만 그 名을 과장했을 뿐 實은 없다(但既云 博云衆, 則自是無有涯量. 浸令能濟萬人, 可謂衆矣. 而萬人之外, 豈便見得不如此萬人者之當濟? 則子貢 所謂博者非博, 衆者非衆, 徒侈其名而無實矣.). 그래서 공자께서 博·衆의 名과 實을 바로잡아, 자공의 허점을 채워주시고, 博·衆의 양이 지극한 경지를 말씀하시기를, '필시 聖의 경지이리라! (그런즉) 요 임금이나 순 임금 같은 聖人조차도 아마 여전히 그 일을 자기의 부족한 점으로 여기셨을 것이다!'라고 했으니, 이른바 '博施濟衆'이라는 것은, 반드시 성인이라야 혹 가능하고, 요 임금이나 순 임금처럼 부족한 점으로 여길 정도가 되어야, 그 후에 족히 이 경지에 해당할 수 있다. 만인 요 임금 순 임금이 부족한 점으로 여길 정도가 아니라면, 역시 '博施濟衆'이라 여길 수 없다(故夫子正其名實, 以實子之所虛, 而極其量曰: "必也聖乎! 堯, 舜其猶病諸!" 則所謂'博施濟衆'者, 必聖人之或能. 與堯, 舜之猶病, 而後足以當 此. 倘非堯, 舜之所猶病, 則亦不足以爲'博施濟衆'矣.). '博施濟衆'은 반드시 실제로 행하는 한 건 한 건의 일을 고찰해봐야 하고, 반드시 자기가 서고 싶어 하고 현달하고 싶어 하는 바를 남에게 베푼 후에 '施'를 말할 수 있고, 자기가 서고 싶고 현달하고 싶은 바로써 남을 세우고 현달시킨 후에 '濟'를 말할 수 있다. 그래서 오직 仁의 공용이 이미 지극한 경지에 이르러야 聖이 된다(蓋'博施濟衆', 須於實事上一 件件考核出來: 而抑必須以己所欲立欲達者施之於人, 而後可云施; 以己之欲立欲達者立人達人, 而後可云 能濟. 故唯仁者之功用已至其極而爲聖.).

히 그 일을 자기의 부족한 점으로 여기셨을 것이다!"

施[11], 去聲。○博, 廣也。仁以理言, 通乎上下。聖以地言, 則造其極之名也[12]。乎者, 疑而未定之辭。病, 心有所不足也。言此何止於仁, 必也聖人能之乎! 則雖堯舜之聖, 其心猶有所不足於此也。以是求仁, 愈難而愈遠矣。

'施'(시)는 거성[shì]이다。○'博'(박)은 '넓다'[廣]이다。'仁'(인)은 리(理)로써 말한 것으로, 성인에게나 보통 사람에게나 모두 통한다。'聖'(성)은 경지로써 말한 것으로, 인(仁)의 최고의 경지에 도달한 것의 이름이다。'乎'(호)라는 것은 의심하여 확정을 짓지 못하는 말이다。'病'(병)은 마음에 부족한 부분이 있다고 느끼는 것이다。말씀인즉, '이것[博施濟衆]이 어찌 인(仁)에 그칠 뿐이겠느냐? 반드시 성인이라야 해낼 수 있는 일이다! 그런즉 비록 요(堯) 임금이나 순(舜) 임금 같은 성인도, 그 마음에 여전히 이 일에 대해 부족한 부분이 있다고 느끼셨을 것이다'라는 것이다。(그러니 성인의 경지에서도 부족한 부분이 있다고 느꼈을) 이 일[博施濟衆]을 통해 인(仁)을 구하려고 한다면, 더욱 힘들고 더욱 요원하다。

062802、夫仁者[13], 己[14]欲立而立人, 己欲達而達人[15]。

---

11 施(시): [shì] 주다。은혜를 베풀다(給予。惠。); [shī] 실행하다。널리 보급하다。보태다(实行, 推行。加。).

12 《論語大全》仁은 상하를 통틀어서 한 말이다。성인의 인이 있고, 현인의 인이 있고, 보통 사람의 인이 있고, 한 가지 사례로서의 인이 있고, 전체로서의 인이 있다。仁은 수직적이고, 聖은 수평적이다。仁은 도리를 가지고 말한 것으로, 처음 수준부터 최고의 경지까지를 아우르는 말이다。聖은 경지를 가지고 말한 것이지만, 仁을 떠나서 聖이 되는 것은 결코 아니다。聖은 단지 仁을 행하여 仁의 최고의 경지에 도달한 것이다(朱子曰: 仁是通上下而言。有聖人之仁, 有賢人之仁, 有衆人之仁。一事之仁也是仁, 全體之仁也是仁。仁字直, 聖字橫。仁以道理言, 是箇徹頭徹尾物事。聖以地位言, 也不是離了仁而爲聖。聖只是行仁到那極處。)。仁은 곧 이치이고, 聖은 곧 이 이치를 꽉 차도록 쌓아서 최고의 경지에 도달한 것이지, 仁의 윗 단계로 또다시 聖의 단계가 있는 것이 아니다。仁은 마음의 측면에서 나아가서 말한 것이고, 聖은 仁이 누적되어서 이 경지에 도달한 것으로, 단도직입적으로 말하면 仁이다(仁便是這理。聖便是充這理到極處, 不是仁上面更有箇聖。仁就心上說, 聖却是積累得到這田地索性仁了。)。

13 《古漢語語法》夫(부): 일반적으로 모두 문장 앞에 놓으며, 견해를 밝히는 문장이나 서술문 또는 동사술어의 앞머리에 쓰이며, 앞으로 의론을 명백히 밝힐 것이라는 또는 일을 서술할 것이라는 어기를 나타내는 표지이다('夫', 语助词。一般都在句首, 常用于议论句或叙述句的开端或在动词谓语的开头, 标志着将要阐发议论或叙述事情的语气。);《論語譯注》'夫'는 문언문에서 말을 이끄는 어사이다["인이란 무엇인가?"](夫, 文言中的提挈詞: "仁是甚麽呢?");《論語句法》'夫'字는 범지지칭사로, 지금의 '那個'[저]와 같다('夫'字是泛指的指稱詞, 相當於白話的'那個'。); 者(자): 주어 뒤에 놓여, 잠시 멈춤을 표시한다('者', 放置在主

저 인(仁)한 자는 자기가 서고 싶어 하다 보니 남을 서게 하고, 자기가 현달하고 싶어 하다 보니 남을 현달하게 한다.

夫, 音扶。○以己及人, 仁者之心也。於此觀之, 可以見天理之周流而無閒矣。狀[16]仁之體, 莫切於此。

'夫'(부)는 음이 '扶'(부, fú)이다. ○자기로써 남에게 미치는 것이 인자(仁者)의 마음이다. 이것으로 살펴보면, (仁이라는) 천리가 두루두루 유행하여 자기와 남과의 사이에 틈이 없게 한다는 것을 알 수 있다. 인(仁)의 바탕[體]을 형용한 말씀 중에, 이보다 더 적절한 말씀이 없다.

062803、能近取譬[17], 可謂仁之方[18]也已[19]。[20]」

語之末尾, 表示停頓的語氣)。

14 《古漢語語法》'余'·'吾'·'我' 등 자기가 자기를 칭하는 것은 모두 말하는 자를 가리키지만, 자기가 자기를 칭하는 '己'는 말하는 자를 가리키지 않는다(己身稱和自稱有所不同, 自稱无论用'余'或'吾'、'我'任何字都指说话者, '己'則不是这样。);《論語語法》 재귀대명사(反身代詞)。

15 [성]立人達人(입인달인) : =達人立人. 남을 도와서 공훈과 업적을 이루게 하고 출세하게 하다(达: 引进; 立: 培植. 指帮人建立功业, 提高地位。);《王力字典》達(달): 사동용법으로 쓰였다. 현달하게 하다(用作使動用法, 使顯達。).

16 狀(상): 진술하다. 그려내다. 묘사하다(陈述, 描绘, 描摹。).

17 [성]能近取譬(능근취비): 가까이서 비유를 취할 수 있다. 가까이 자신으로 빗댈 수 있다. 입장을 바꿔 자기를 남의 처지에 두고 생각할 수 있다. 자기 주위의 사실로 미루어 남의 입장을 잘 고려하다. 자기 마음에 비추어 남의 마음을 헤아리다. 남을 염두에 두다(能就自身打比方。比喻能推己及人, 替别人着想。);《論語句法》'譬'字는 술어 '取'의 목적어, '近'은 '取'를 수식하는 부사, 그 위에 또 부사 '能'이 있다["능히 가까이에서 비유를 취하다"]('譬'字是述詞'取'的止詞, '近'是修飾'取'的限制詞, 其上還有個限制詞'能'字。); 能近取譬란, 남이 이렇게 나를 대하는 것을 내가 원치 않으면, 나도 이렇게 남을 대하지 말라는 것이다. 나 자신이 무엇인가 욕구가 있다면, 남도 그러한 욕구가 있다는 것을 반드시 염두에 두어야 하고, 자신의 욕구를 채우려 할 때는, 남도 그러한 욕구를 채울 수 있기를 반드시 염두에 두어야 한다. 이것을 일러 能近取譬라 한다(能近取譬, 意思就是说, 我自己不愿意别人这样对待我, 我也不要这样对待别人。我自己有个什么欲求, 总要想着别人也有这样的欲求, 在满足自己的欲求的时候, 总要想着是别人也能满足这样的欲求。这就叫'能近取譬'。)(馮友蘭 저/박성규 역, 『중국철학사(상)』 [까치글방, 2009], 120);《論語正義》'譬'(비)는 '喻'(유)이다. 가까운 자기를 빗대기 때문에, '近'이라 했다(正義曰: '譬'者, 喻也。以己为喻, 故曰'近'。); 譬(비): 예를 들다. 빗대다(本义: 譬如, 比喻。).

18 《論語義疏》'方'은 '道'[방도]이다(注: 孔安國曰: 方, 道也。).

19 《北京虛詞》也已(야이): 이다. ~이구나. 긍정과 감탄의 어기를 겸한다('也已', 語氣詞連用。在表肯定语气

능히 가까이 자기에게서 빗댈 것을 취하는 것이, 인(仁)을 추구하는 방법이라 말할 수 있다.”

譬, 喻也。方, 術也。近取諸身, 以己所欲譬之他人, 知其所欲亦猶是也。然後推其所欲以及於人, 則恕之事而仁之術也[21]。於此勉焉, 則有以勝其人欲之私, 而全其天理之公[22]矣。[23]

的同时, 兼表感叹语气。又即‘了’、‘了啊’。).

20 《論語大全》 선생님께서 ‘夫仁者’를 설명하신 경우는, 분명 仁의 도는 이와 같다는 것을 말씀하신 것이고, ‘可謂仁之方’의 경우는, 분명 仁을 추구하는 방도는 마땅히 이같이 해야 한다는 것을 말씀하신 것이다. ‘夫仁者’와 ‘可謂仁之方’은 분명 서로 대비시켜 말씀하신 것이다. 이 장은 세 절로 되어 있다. 앞절은 仁의 효과를 설명하신 것이고, 가운데 절은 仁의 본체를 설명하신 것이고, 마지막 절은 仁의 방도를 설명하신 것이다(朱子曰: 夫子分明說夫仁者, 則是言仁之道如此, 可謂仁之方, 則是言求仁當如此. 夫仁者 與可謂仁之方, 正相對說. 此章是三節: 前面說仁之功用, 中間說仁之體, 後面說仁之方.);《論語大全》 ‘博施 濟衆’은 성인에게도 어려운 일이다. ‘立人達人’은 仁으로, 이 仁을 편안히 행하는 것은 배우는 자가 쉽게 할 수 있는 단계가 아니다. ‘能近取譬’는 恕로, 恕에 힘써 이로써 仁을 추구하는 것은, 배우는 자가 할 수 있는 것이다. 자공은 성인에게도 어려운 일을 仁이라 여겼으니, (仁을 추구하기가) 더욱 어렵고 더욱 멀었다. 선생님께서는 배우는 자가 능히 해낼 수 있는 것을 써서 仁을 추구하기를 가르치신 것이니, 자기에게 아주 가까워서 나아갈 수 있다(新安陳氏曰: 博施濟衆, 聖人所難能也. 立人達人仁也, 安行此仁, 學者未易能也. 能近取譬恕也, 强恕求仁, 學者所可能也. 子貢以聖人所難能者爲仁, 愈難而愈 遠. 夫子敎其以學者所可能者求仁, 切近而可進.);《論語大全》 能近取譬하는 자의 경우는, 자기가 서고 싶다는 것으로 인해, 남도 역시 서고 싶어 한다는 것을 알고, 자기가 현달하고 싶다는 것으로 인해, 남도 역시 현달하고 싶어 한다는 것을 아는 단계이다. 이 단계는 단지 인을 추구하는 방도라고 말할 수 있을 뿐이다. 이것이 仁을 행한다는 점에서는 같지만, ‘己欲立而立人 己欲達而達人’은 이미 인의 단계에 도달한 것이고, ‘能近取譬’는 아직 도달하지 못한 것으로, 그 순서가 이와 같다(朱子曰: 若能近取 譬者, 以我之欲立, 而知人之亦欲立, 以己之欲達, 而知人之亦欲達. 如此則止謂之仁之方而已. 此爲仁則 同, 但己欲立而立人,欲達而達人, 是已到底, 能近取譬是未到底, 其次第如此.).

21 《孟子 · 梁惠王上 제7장》 제나라 선왕이 물었다. “과인 같은 자도 백성을 보살필 만하겠습니까?” 맹자가 말했다. “가능하십니다.” 왕이 물었다. “무슨 연유로 내가 가능하다 여기십니까?”(曰: “若寡人者, 可以保 民乎哉?” 曰: “可.” 曰: “何由知吾可也?”). 맹자가 말했다. “제가 왕의 신하 호홀이 하는 다음 얘기를 들었습니다. “왕께서 당에 앉아 계시는데, 소를 끌고 당 아래를 지나는 자가 있었습니다. 왕께서 보시고 는, ‘소가 어디로 가느냐?’라고 물으셨습니다. 제가 ‘흔종[새로 만든 종에 희생의 피를 바르는 의식]에 쓰려고 합니다’라고 말씀드리자, 왕께서는 ‘소를 놓아주어라! 내가 차마 소가 부들부들 떨면서 죄 없이 사지로 끌려가는 모습을 보지 못하겠다’라고 하셨습니다. 제가 ‘그리시면 흔종을 폐지할까요?’라고 여쭈 자, 왕께서 ‘흔종을 어찌 폐지하겠느냐? 소를 양으로 바꾸어라!’라고 말씀하셨습니다.’” “그런 일이 있었는 지 기억하시는지요?” 왕이 말했다. “그런 일이 있었습니다”(曰: “臣聞之胡齕曰, 王坐於堂上, 有牽牛而過 堂下者, 王見之, 曰: ‘牛何之?’ 對曰: ‘將以釁鐘.’ 王曰: ‘舍之!吾不忍其觳觫, 若無罪而就死地.’ 對曰: ‘然則廢 釁鐘與?’ 曰: ‘何可廢也? 以羊易之!’ 不識有諸?” 曰: “有之.”). 맹자가 말했다. “그런 마음이라면 왕 노릇하 시기에 족합니다. 백성들은 모두 왕이 아까워한다고 여기겠지만, 저는 정말로 왕께서 차마 볼 수 없어하 셨음을 압니다.” 왕이 말했다. “그렇습니다. 정말로 그렇게 생각하는 백성이 있습니다. 제나라가 작은 나라이기는 하지만, 내 어찌 한 마리 소를 아끼겠습니까? 다름 아닌, 소가 부들부들 떨면서, 죄 없이

'譬(비)'는 '빗대다'[喩]이다. '方(방)은 '방법[術]이다. 가까이 자신에게서 취해, 이로써 자기가 하고 싶어 하는 것을 다른 사람에게 빗댄다면, 그 다른 사람이 하고 싶어 하는 것 역시 자기가 하고 싶어 하는 것과 같다는 것을 안다. 그런 후에 자기가 하고 싶어 하는 것을 밀고 나가 이로써 다른 사람에게까지 미치면, 곧 서(恕)의 일이고 인(仁)을 추구하는 방법이다. 이것[能近取譬]에 힘쓰면, 자기의 인욕이라는 사사로움[私]을 이겨내고, 자기의 천리의 공(公)인 인(仁)을 온전히 이뤄낼 수 있다.

○程子曰:「醫書[24]以手足痿痺[25]爲不仁, 此言最善名狀[26]。仁者以天地萬物爲一體, 莫非己也。認得爲己, 何所不至[27]; 若不屬己, 自與己不相干[28]。如手足之不仁, 氣已不貫, 皆

사지로 끌려가는 모습을 차마 볼 수 없어서, 소를 양으로 바꾼 것입니다"(曰: "是心足以王矣。百姓皆以王爲愛也, 臣固知王之不忍也。" 王曰: "然。誠有百姓者。齊國雖褊小, 吾何愛一牛? 卽不忍其觳觫, 若無罪而就死地, 故以羊易之也。"). 맹자가 말했다. "왕께서는 백성들이 왕더러 인색하다 여기는 것을 이상하게 생각지 마십시오. 큰 것을 작은 것으로 바꿨으니, 저들이 어찌 달리 알겠습니까? 왕께서 만약 죄 없이 사지로 끌려가는 것을 측은해하셨다면, 소와 양은 무엇으로 가려내셨습니까?" 왕이 웃으며 말했다. "그거 참 무슨 마음이었을까요? 내가 그 재물을 아까워한 것은 아니지만, 소를 양으로 바꿨으니, 백성들이 나더러 인색하다 하는 것도 당연하겠지요"(曰: "王無異於百姓之以王爲愛也。以小易大, 彼惡知之? 王若隱其無罪而就死地, 則牛羊何擇焉?" 王笑曰: "是誠何心哉? 我非愛其財。而易之以羊也, 宜乎百姓之謂我愛也。"). 맹자가 말했다. "마음 쓰지 마십시오. 이것이 바로 인을 추구하는 방법입니다. 사지로 끌려가는 소는 보셨지만 양은 못 보셨습니다. 군자가 금수를 대함에는, 살아 있는 모습을 보고 나서는, 죽어가는 모습을 차마 보지 못하며, 죽어가며 지르는 비명소리를 듣고 나서는, 그 고기를 차마 먹지 못합니다. 이 때문에 군자는 푸줏간을 멀리 하는 것입니다"(曰: "無傷也, 是乃仁術也, 見牛未見羊也。君子之於禽獸也, 見其生, 不忍見其死; 聞其聲, 不忍食其肉。是以君子遠庖廚也。").

22 《顏淵 제1장》 각주 《禮記·樂記》 참조; 《孟子·梁惠王上 제1장》[朱熹注] 仁義는 사람의 마음이 본래부터 지니고 있는 것에 뿌리를 두고 있는 것으로, 天理의 公이다. 利心은 남과 내가 서로 형체를 드러내고서부터 생긴 것으로, 人欲의 私이다(仁義根於人心之固有, 天理之公也。利心生於物我之相形, 人欲之私也。).

23 《論語大全》 '欲立欲達'은 仁者의 마음이 이와 같다는 것이고, '能近取譬'는 배우는 자가 仁을 행하는 방도가 이와 같다는 것이다. 깊고 얕음은 같지 않지만, 자기의 私를 이기고 제거해서 天理를 회복하면, 곧 仁이다. 어찌 꼭 '博施'하고 나서 그 후가 仁이겠는가? 만약 반드시 '博施'한 이후를 가지고 仁이라 여긴다면, 종신토록 해도 仁을 얻을 수 없는 자가 있을 것이다(朱子曰: 欲立欲達, 是仁者之心如此。能近取譬, 是學做仁底如此。深淺不同, 但克去己私, 復得天理, 便是仁。何必博施而後爲仁? 若必待如此, 則有終身不得仁者矣。).

24 《黃帝內經·素問·本病論》에, '民病卒中偏痺, 手足不仁。'(사람들이 뇌졸중으로 한쪽이 마비되면 손발이 통증이나 가려움이나 뜨겁거나 차가운 것을 느끼지 못한다)라는 구절이 나온다.

25 痿痺(위비): 지체가 마비되어 움직이지 못하거나 통증 등의 감각을 상실하다(肢體不能动作或丧失感觉); 《論語大全》 냉하고 습한 병(痿痺, 冷濕病也。).

26 名狀(명상): 형용하다. 묘사하다(形容, 描述).

27 何所不至(하소부지): 어디든 이르지 못할 곳이 있겠는가? 무슨 못 할 짓이 있겠는가?(用反问的语气表示

不屬己。故博施濟眾，乃²⁹聖人之功用³⁰。仁至難言，故止³¹曰：『己欲立而立人，己欲達而達人，能近取譬，可謂仁之方也已。』欲令如是觀仁，可以得仁之體。」

○정자(程子・明道)가 말했다. "의서(醫書)에서는 손발이 마비되어 감각이 없는 것을 불인(不仁)이라 했는데, 이 말이 인(仁)을 가장 잘 묘사한 말이다. 인자(仁者)는 천지 만물을 나와 한 몸뚱이로 여기니, 천지 만물 중에 아무것도 자기 몸뚱이 아닌 게 없다. 자기 몸뚱이라고 여긴다면, 무엇에게나 (자기가) 미치지 않는 게 없게 되지만, 만약 자기 몸뚱이에 속하지 않는다고 여긴다면, 자연히 자기와는 서로 아무런 관계가 없게 된다. 마치 손발이 마비되면, 기(氣)가 이미 관통하지 않아, 모두 자기 몸뚱이에 속하지 않는 것과 같다. 그러므로 '널리 베풀고 또 많은 사람을 구제하는 것'[博施濟眾]은 바로 성인의 역할이다. 인(仁)은 말로 설명하기가 몹시 어렵기 때문에, 다만 말씀하기를, '자기가 서고 싶어 하다 보니 남을 서게 하고, 자기가 현달하고 싶어 하다 보니 남을 현달하게 한다. 능히 가까이 자기에게서 빗댈 것을 취하는 것이, 인(仁)을 추구하는 방법이라 할 수 있다'라고 하셨을 뿐이다. 이같이 인(仁)을 살피도록 해서, 인(仁)의 본체를 몸소 체득할 수 있기를 바라신 것이다."

又曰「論語言『堯舜其猶病諸』者二³²。夫博施者，豈非聖人之所欲? 然必五十乃衣帛，七十乃食肉³³。聖人之心，非不欲少者亦衣帛食肉也，顧³⁴其養有所不贍³⁵爾³⁶，此病其施

无所不至。指没有达不到的地方。指什么坏事都干。).

28 相干(상간): 서로 관계가 있다. 부정문이나 의문문에 많이 쓰인다(相互间有联系, 有关系, 有牵涉, 多用于否定句或疑问句。).

29 乃(내): 바로~이다(动词。是, 就是。).

30 功用(공용): 공로. 성과. 공적. 역할(功效, 效用).

31 《北京虛詞》止(지): 부사. 단지('止', 副詞。用于谓语前, 表示仅限。义即'只'。).

32 《憲問 제45장》참조.

33 《孟子・梁惠王上 제3장》다섯 묘 넓이의 택지에, 뽕나무를 심으면, 오십 먹은 자가 비단옷을 입을 수 있습니다. 닭이나 돼지・개・암퇘지를 사육하여, 그 새끼 칠 때를 놓치지 않으면, 칠십 먹은 자가 고기를 먹을 수 있습니다. 백 묘 넓이의 밭을 일궈, 그 농사철을 빼앗지 않으면, 여러 식구의 가정이 굶주리는 일을 없앨 수 있습니다. 학교 교육을 엄격하게 시행해, 효제의 도리를 되풀이해 가르치면, 머리가 희어진 노인들이 짐을 이고 지고 길거리로 나가지 않을 것입니다. 칠십 먹은 자가 비단옷을 입고 고기를 먹고, 일반 백성이 굶주리거나 추위에 떨지 않는데, 그럼에도 왕 노릇 못한 자는, 아직까지 없었습니다(孟子曰: ……五畝之宅, 樹之以桑, 五十者可以衣帛矣; 雞豚狗彘之畜, 無失其時, 七十者可以食肉矣; 百畝之田, 勿奪其時, 數口之家可以無飢矣; 謹庠序之教, 申之以孝悌之養, 頒白者不負戴於道路矣.

之不博也。濟衆者, 豈非聖人之所欲? 然治不過九州³⁷。聖人非不欲四海之外³⁸亦兼濟也, 顧其治有所不及爾, 此病其濟之不衆也。推此以求³⁹, 修己以安百姓⁴⁰, 則爲病可知。苟以吾治已足, 則便不是聖人。」

정자(程子‧伊川)가 말했다. "《논어》(論語)에 '요(堯) 임금이나 순(舜) 임금 같은 성인(聖人)도 그 일을 자기의 부족한 점으로 여기셨을 것이다'라고 말씀한 것이 두 번이다. 널리 베푸는 것이, 어찌 성인께서 하고 싶어 하신 일이 아니었겠는가? 그렇지만 반드시 50세가 되어야 비단옷을 입게 하고, 70세가 되어야 고기를 먹게 했다. 성인의 마음에, 젊은이에게도 비단옷을 입히고 고기를 먹이고 싶어 하지 않아서가 아니라, 다만 그의 봉양할 재물에 넉넉하지 못한 부분이 있었을 뿐이었으니, 이는 그의 베풂이 넓지 못한 것을 자기의 부족한 점이라고 여기신 것이다. 많은 사람을 구제하는 것이, 어찌 성인께서 하고 싶어 하신 일이 아니었겠는가? 그렇지만 다스리는 지역이 9주(九州)에 불과했다. 성인께서 사해(四海) 밖까지 함께 구제하고 싶어 하지 않아서가 아니라, 다만 그의 통치가 거기까지 미치지 못한 부분이 있었을 뿐이었으니, 이는 그의 구제가 많은 사람에게 미치지 못한 것을 자기의 부족한 점이라고 여기신 것이다. 이것을 미루어 헤아려 보건대, 자기 몸가짐을 닦아서 이로써 백성을 편안하게 하는 것을, 자기의 부족한 점으로 여겼다는 것을 알 수 있다. 만일 나의 다스림에 대해 이미 마음에 만족스럽게 여겼

七十者衣帛食肉, 黎民不飢不寒, 然而不王者, 未之有也。).

34 顧(고): 단지. 다만. 복문의 뒷절 첫머리에 쓰여, 경미한 전환을 표시한다(用于转折复句的后一分句之首, 表示轻微转折。义即'只是'、'可是'。有时句末用语气助词'耳', 整个分句的意思是'只是……罢了'、'只不过……而已'。).

35 贍(섬): 넉넉하다. 충분하다. 재물을 공급하다(足: 充足; 足够; 才情丰富: 满足。供给人财物。); 瞻養(섬양): 자식이 어버이에게 재물 상의 도움을 주다(特指子女对父母在物质上和生活上进行资助).

36 爾(이): ~뿐이다(而已, 罢了。).

37 九州(구주): 우 임금이 나눈 중국의 아홉 지역[書經‧禹貢] 기주‧곤주‧청주‧서주‧양주‧형주‧예주‧양주‧옹주(中国上古地理区域。冀州、兗州、青州、徐州、揚州、荊州、豫州、梁州、雍州).

38 《爾雅‧釋地》九夷‧八狄‧七戎‧六蠻, 이들을 四海[海라는 말은 '晦'로, 예의에 어둡고 캄캄한 것이다라고 한다. [郭璞注] 九夷는 동쪽, 八狄는 북쪽에, 七戎은 서쪽에, 六蠻은 남쪽에 있고, 다음이 四荒이다(九夷、八狄、七戎、六蠻, 謂之四海。[疏: 孫炎云: "海之言晦, 晦暗於禮義也"]; 郭璞注: 九夷在東, 八狄在北, 七戎在西, 六蠻在南, 次四荒者。); 중국을 '四海之內', 줄여서 '海內'라고 하고, 외국을 '四海之外', 줄여서 '海外'라 한다.

39 推求(추구): 아는 것에 근거해서, 모르는 것을 헤아리다(以知道的条件为据, 推究, 探索未知。).

40 《憲問 제45장》 참조.

다면, 곧바로 성인이 아니다."

呂氏曰：「子貢有志於仁, 徒事高遠, 未知其方。孔子敎以於己取之, 庶[41]近而可入。是乃爲仁之方, 雖博施濟衆, 亦由此進。」

여씨(呂氏·呂與叔)가 말했다. "자공(子貢)은 인(仁)을 추구하는 데 뜻을 두었지만, 쓸데없이 (博施濟衆과 같은) 너무 고상·원대한 일을 인(仁)의 일로 삼았으니, 인(仁)을 추구하는 방법을 알지 못했다. 공자(孔子)께서는 가까이 자기에게서 취할 것을 가르치시고, 가까이 있으니 들어갈 수 있기만을 바라신 것이다. 이것이 바로 인(仁)을 추구하는 방법이니, 비록 널리 베풀고 많은 사람을 구제하는 일일지라도, 여기서부터 시작해서 나아가는 것이다."

---

41 《北京虛詞》庶(서): 부사. 바라건대. 오로지~바랄 뿐이다('庶', 副詞。用于谓语前, 表示希望施行某种动作或出现某种情况。义即'希望'、'但愿'。).

《述而 第七》

此篇多[1]記聖人謙己誨人之辭及其容貌行事之實。凡三十七章。

이 편은 대부분이 성인께서 자신을 겸손히 낮추신 말씀과 남을 깨우치신 말씀 및 성인의 용모와 행사의 실제 모습을 기록한 것들이다. 모두 37장이다.

---

1 多(다): 대부분. 대다수. 거의 다(副词。大多。)

[述而不作章]

070101、子曰:「述而不作[1], 信而好古[2], 竊比[3]於我[4]老彭[5]。」

---

1 [성]述而不作(술이부작): 옛사람들의 지혜·깨달음을 서술할 뿐, 결코 자기의 생각을 더하지 않다. 타인의 학설을 기술할 뿐, 새로운 의견을 보태지 않다(述: 阐述前人学说; 作: 创作。将古人的智慧心得加以陈述并没有加入自己的思想。指只叙述和阐明前人的学说, 自己不创作。);《論語義疏》'述'은 옛 법령·제도를 전술하는 것이고, '作'은 禮樂을 새로 제정하는 것이다(疏: 述者, 傳於舊章也。作者, 新制禮樂也。);《論語正義》《說文·辵部》에, '述은 循[뒤따르다]이다'라고 했고,《說文·人部》에, '作은 起[일으키다]이다'라고 했다. '述'은 옛것을 뒤따르는 것이고, '作'는 처음으로 시작하는 것이다.《禮記·中庸》에, '천자가 아니면, 禮制를 의론하지 못하고, 法規를 제정하지 못하고, 文字를 바로잡지 못한다'고 했다. 議禮·制度·攷文은 모두 作者의 일로, 반드시 천자라야 할 수 있다. 그래서《中庸》에, '지금은 천하 어디를 가나 수레는 그 차폭이 같고, 쓰는 글은 그 문자가 같고, 법규는 그 체제가 같다. 비록 그에 걸맞는 지위가 있다 할지라도 만일 그에 걸맞는 덕이 없으면, 감히 예악을 제정하지 못하고, 비록 그에 걸맞는 덕이 있다 할지라도 만일 그에 걸맞는 지위가 없으면, 마찬가지로 감히 예악을 제정하지 못한다'라고 한 것이다. 鄭玄의 注에 말했다. "지금 공자께서 말씀하시기를, 그 당시에는, 공자가 지위를 갖고 있지 못해, 감히 예악을 짓지 못하고, 다만 예악을 전술할 수 있었을 뿐임을 밝힌 것이다"(正義曰: 說文云: '述, 循也。作, 起也。'述是循舊, 作是創始。《禮·中庸》云: "非天子不議禮不制度, 不攷文。"議禮·制度·攷文皆作者之事, 然必天子乃得爲之。故《中庸》又云: "今天下車同軌, 書同文, 行同倫。雖有其位, 苟無其德, 不敢作禮樂焉。雖有其德, 苟無其位, 亦不敢作禮樂焉。"鄭注: "今孔子謂其時, 明孔子無位, 不敢作禮樂, 而但可述之也。");《論語譯注》《述而 제27장》에, '대개 알지도 못하면서 지어내는 자가 있는데, 나는 이런 일이 없다'고 말씀하셨는데, 이 장의 '作'는 대개 '不知而作'이라는 말이지, 공자의 학설에 창조성이 없다는 말로 보는 것은 곤란하다(下文第二十八章說: "蓋有不知而作之者, 我無是也。"這個'作', 大概也是"不知而作"的涵義, 很難說孔子的學說中沒有創造性。);《王力字典》述(술): 기술하다. 진술하다. '述'(술)은 앞에 있었던 일, 했던 말을 서술하는 것으로, 지나간 옛 자취를 따르는 데 중점이 있고, '說'(설)은 사물이나 도리를 풀이하는 것으로, 설명하여 사람이 믿게 하는 데 중점이 있고, '敍'(서)는 일의 自初至終을 설명하는 것으로, 차례에 중점이 있고, '陳'(진)은 사실을 진술하는 것으로, 일일이 나열하는 데 중점이 있다('述, 記述, 陳述。'述'是述說有過的事, 說過的話, 重在遵循陳迹; '说'是解說事物或道理, 重在解释, 使人相信。'敍'是叙说事情的原委, 重在次第。'陈'是陈述事实, 重在一一罗列。)。

2 [성]信而好古(신이호고): 옛것을 믿고 아울러 좋아하다(信: 相信; 好: 爱好。相信并爱好古代的东西。);《中庸 제30장》중니께서는, 堯·舜의 행적을 모범으로 삼아 서술하셨고, 文·武를 법칙으로 삼으셨고, 위로는 하늘의 운행질서를 따르셨고, 아래로는 산천의 자연함을 그대로 좇으셨다(仲尼祖述堯舜, 憲章文武, 上律天時, 下襲水土。);《論語大全》옛것을 신봉할 뿐 아니라 또 옛것을 좋아하는 것이다. 요즘 사람들은 믿지만 좋아하지 않거나, 좋아하지만 믿지 않는다(問信而好古, [朱子]曰: 旣信古, 又好古。今人多信而不好, 或好而不信。);《論語大全》많은 학자가 이 장을 설명하면서, '述'·'作' 두 가지 일에 대해서만 신경을 쓰고, '信而好古'에 대해서는, 소홀히 하는 경우가 많다. '信而好古'는 바로 '述而不作'의 근본이다. 공자께서는, 스스로를 '옛것을 좋아하여 부지런히 서둘러서 구하는 자'라고 하셨고[述而 제19장], 또 '아무도 나만큼 배우기 좋아하는 사람은 없을 것이다'[公冶長 제27장]라고 하셨다(新安陳氏曰: 諸家說此章, 多於述作二事著意, 信而好古一句, 則忽略之。夫信而好古, 乃述而不作之本。夫子嘗自謂好古敏以求之, 又謂不如某之好學。)。 보통 사람들이 옛것을 좋아할 줄 모르고 배우길 좋아하지 못하는 까닭은, 모두

선생님께서 말씀하셨다. "나는 이미 있는 것을 기술했을 뿐 새것을 지어내지 않았고, 옛것을 신봉하고 좋아했으니, 남몰래 우리 노팽(老彭)에게 비교해본다."

好, 去聲。○述, 傳舊而已。作, 則創始[6]也。故作非聖人不能[7], 而述則賢者可及。竊比, 尊之之辭。我, 親之之辭。老彭, 商賢大夫, 見大戴禮, [8]蓋信古而傳述[9]者也。

도에 대한 믿음이 독실하지 못한 때문이다. 오직 도에 대한 믿음이 독실해야만, 옛 도를 깊이 좋아하게 되고, 옛것을 독실하게 믿고 좋아해야만, 옛것을 서술할 뿐 옛사람이 지은 것에 의거하지 않고 자기 스스로 감히 새것을 지어내려 하지 않는다. 이것이 주자가 말한 '요즘 사람들은 대부분 믿지만 좋아하지 않거나, 좋아하지만 믿지 않는다'[朱子語類34:2]는 구절이 없어서는 안 되는 까닭이다(常人之所以不知好古, 不能好學, 皆信道不篤故爾。惟能篤於信道, 所以深好古道, 惟篤信好古, 所以惟述古而不敢自我作古焉。此朱子今人多信而不好, 或好而不信一條, 所以不可無也。);《論語正義》'信'은 앎이 분명한 것으로, 앎이 분명하지 못하면 결코 좋아하지 못한다. 그래서 '篤信好學'[泰伯 제13장]이라 말씀하신 것이다(正義曰: '信'者, 知之明; 不信, 必不能好。故言'篤信好學'也。).

3 《古漢語語法》'竊'은 동사 앞에 쓰여, 말하는 자 본인이 감히 멋대로 행동하지 못한다는 뜻을 표시하여 겸손을 나타낸다(谦敬副词。'竊'用于动词前, 表示说话者本人不敢径直行动之义以表谦逊。); 竊比(절비): 겸사. 개인적으로, 제멋대로, 몰래 자기를 비교하다(谦词。私自比拟。).

4 《論孟虛字》'於'는 '如'와 같다. '比於'는 '比如'[~와 비교하다]의 의미이다. 도치화법으로 쓰였다["나는 몰래 노팽과 비교한다"]('於', 猶'如'。'比於'就是'比如'的意思。這是倒裝語法, 順說是, '我竊比如老彭。');《論語正義》노팽은 은나라 대부이고, 공자도 은나라 후예이기 때문에, '我'字를 붙여 친근하게 대한 것이다(正義曰: 老彭, 殷大夫。夫子亦殷人, 故加'我'以親之。);《百度漢語》我(아): 친밀감을 표시한다(表示亲密的。);《論語譯注》나는 몰래 우리 노팽과 비교한다(我私自和我那老彭相比。);《論語新解》"나를 몰래 노팽에게 비교해본다"(把我私比老彭吧。).

5 老彭(노팽): 상나라의 어진 대부라는 견해[苞咸·朱熹]와 老聃(노담)과 彭祖(팽조) 두 사람이라는 견해[鄭玄·王弼]가 있다。《論語集解》'老彭'은 은나라 어진 대부[彭祖]이다. 옛일을 전술하기를 좋아했는데, 나는 노팽처럼 옛일을 모범으로 삼아 전술할 뿐이다(注: 苞氏曰: 老彭, 殷賢大夫也。好述古事, 我若老彭祖述之耳。);《論語注疏》'老'는 老聃이고, '彭'는 彭祖이다. 老聃은 주나라 藏書室을 지키는 관리였다(疏: 正義曰: ……王弼云: 老是老聃, 彭是彭祖。老子者……周守藏室之史也。);《論語正義》'老'는 老聃이고, '彭'는 彭祖이다. 老聃은 주나라 태사이다(正義曰: 鄭注云: 老, 老聃, 彭, 彭祖。老聃, 周之太史。);《百度百科》老子(노자): 대략 BC 571~BC 471. 姓 李, 名 耳, 字 伯陽, 諡號 聃. 옛날에는 '老'와 '李'는 同音이고, '聃'과 '耳'는 同義이어서, 老聃이라 했다. 주나라 장서실 관리였다(约BC 571~BC 471年。姓李名耳, 字伯阳, 谥号聃, 又称李耳[古时'老'和'李'同音; '聃'和'耳'同义]……曾做过周朝'守藏室之官'。).

6 創始(창시): 모방 없이 새로운 것을 처음 시작하다. 처음 세우다(开创; 创建); 創(창): 처음 만들다. 시작하다(始造。始。).

7 《禮記·樂記》예악의 본질[情]을 아는 자만이 창작할 수 있고, 예악의 형식[文]을 아는 자만이 서술할 수 있다. 창작하는 자를 聖人이라 하고, (성인의 창작물에 대해) 서술하는 자를 明人이라 한다(知禮樂之情者能作, 識禮樂之文者能述。作者之謂聖, 述者之謂明。).

8 《大戴禮記·虞戴德》(공자가 말했다.) 옛날 상나라의 老彭(노팽)과 仲傀(중괴)는, 정사는 大夫에게 가르쳤고, 관직은 士에게 가르쳤고, 기예는 서인에게 가르쳤다(昔商老彭及仲傀, 政之教大夫, 官之教士, 技之教庶人。).

'好(호)'는 거성[hào]이다. ○'術(술)'은 앞에 있던 것을 뒤로 전하는 것으로 그친다. '作(작)'의 경우는, 없는 것을 처음 만들어내는 것이다. 그러므로 '作(작)'은 성인(聖人)이 아니면 할 수 없지만, '術(술)'의 경우는 현자(賢者) 정도이면 할 수 있다. '竊比(절비)'는 상대방을 높이는 말이다. '我(아)'는 상대방을 친근하게 여기는 말이다. '老彭(노팽)'은 상(商)나라의 현능한 대부로, 《대대례》(大戴禮)에 보이는데, 아마도 옛것을 신봉해서 전수해준 자일 것이다.

孔子刪[10]詩書, 定[11]禮樂, 贊[12]周易[13], 修[14]春秋[15, 16], 皆, 傳先王之舊, 而未嘗有所作也,

---

9 傳述(전술): 전달하다. 전수하다. 전해주다. 가르치다(转述; 传授。); 傳(전): 전달하다. 전수하다. 經의 뜻을 주석·설명하는 문자(传递; 传送。传授。注释或阐述经义的文字).

10 刪(삭): 내용에 문제 있거나 필요 없는 간책을 칼로 삭제하다(册是简册, 把若干竹简编穿在一起叫'册'。简册的内容有问题, 就用刀除掉, 所以从'刀'。本义: 削除).

11 定(정): 확정하다. 규정하다(确定。规定).

12 贊(찬): 찬술하다. 타인의 훌륭한 작품을 감상하고 칭송하는 글을 붙이다(赞述(欣赏他人的美善而加以称扬)).

13 周易은 易經과 易傳을 포괄하는 말이다. 《史記·孔子世家》공자는 만년에 易[易經]을 좋아하여 彖·繫·象·說卦·文言을 정리했다. 《史記正義》에 말했다. "공자는 十翼[易傳]을 썼는데 上象·下象·上象·下象·上繫·下繫·文言·序卦·說卦·雜卦를 말한다"(孔子晚而喜易, 序彖、繫、象、說卦、文言。正義曰: 夫子作十翼, 謂上彖、下彖、上象、下象、上繫、下繫、文言、序卦、說卦、雜卦也).

14 修(수): 여러 자료를 모으고 정리하여 책을 만들다. 편찬하다 편수하다(編纂; 撰寫; 寫).

15 《史記·十二諸侯年表》공자는 왕도를 밝히고자, 70여 임금들에게 干求했지만, 어떤 임금도 쓰지 못했기 때문에, 서쪽으로 가서 주나라 왕실의 문헌을 살피고, 사관의 기록들과 이전에 들은 것들을 토론하고, 노나라에서 돌아와서 춘추를 편찬했으니, 위로는 노나라 은공 원년[BC 722]부터 기록하여, 아래로 애공 때 기린을 잡은 일[BC 481]까지 이르렀다. 그 문자를 간략히 하고 어구를 잘 가다듬어서, 번거롭거나 중복된 것을 제거하여, 이로써 역사기록으로서의 의법을 제정했으니, 왕도가 모두 갖춰지고, 인사가 두루 흡족해졌다. 70명의 제자들이 춘추의 취지를 구술로 전수받았으니, 풍자·비판·칭찬·피휘·폄하·억제하는 뜻의 문사의 경우, 글로 써서 나타내 보일 수가 없었다. 노나라 군자 좌구명은 공자의 제자들이 (春秋를 전수함에 있어) 각기 이해하는 바가 다르고, 각기 자기 의견에 안주하여, 춘추의 참뜻을 잃어버릴까 염려하여, 이에 공자가 쓴 《春秋》의 역사기록을 그대로 따라서 그 언어를 빠짐없이 논찬하여 《좌씨춘추》를 완성했다(孔子明王道, 干七十餘君, 莫能用, 故西觀周室, 論史記舊聞, 興於魯而次春秋, 上記隱, 下至哀之獲麟, 約其辭文, 去其煩重, 以制義法, 王道備, 人事浹。七十子之徒口受其傳指, 為有所刺譏褒諱抑損之文辭不可以書見也。魯君子左丘明懼弟子人人異端, 各安其意, 失其真, 故因孔子史記具論其語, 成左氏春秋。).

16 《孟子·滕文公下》세상이 쇠퇴해지고 도가 희미해지자, 괴이한 학설과 포악한 행동들이 다시 일어나고, 신하로서 자기 임금을 죽이는 자가 있었고, 자식으로서 자기 아버지를 죽이는 자가 있었다. 공자께서 염려하시어, 《春秋》를 지으셨다(世衰道微, 邪說暴行有作, 臣弑其君者有之, 子弑其父者有之。孔子懼, 作春秋。); 《論語大全》 맹자는 '孔子作春秋'라고 했다. 《春秋》는 공자께서 지으신 것이다. 그렇지만 그 일은

故其自言如此。蓋不惟不敢當[17]作者之聖, 而亦不敢顯然自附[18]於古之賢人; 蓋其德愈盛而心愈下[19], 不自知其辭之謙也。然當是時, 作者略備, 夫子蓋集羣聖之大成而折衷[20]之。其事雖述, 而功則倍於作矣, 此又不可不知也。[21, 22, 23]

환공과 문공이 한 일이고, 그 글은 사관이 쓴 글이고, 그 의의는 공자 스스로 내가 몰래 취한 것이라고 평하셨으니,《春秋》도 마찬가지로 서술일 뿐이다(楊氏曰: 孟子言孔子作春秋。春秋雖孔子作。然其事則桓文, 其文則史, 孔子自謂其義, 則某竊取之, 是亦述而已。).

17 當(당): ~에 상당하다. 맞먹다. 필적할 수 있다. 견줄 수 있다(抵得上).

18 附(부): 억지로 끌어다 붙이다. 견강부회하다(附会).

19 下(하): 남보다 밑에 있다. 겸양하다(居人之下; 谦让).

20 折衷(절충): 올바른 것을 취하다. 지나친 것과 못 미친 것을 조절하여 이치에 맞도록 하다. 올바른 것을 취하여 사물을 판단하는 준칙으로 사용하다(=折中. 取正; 调节, 使之适中, 现多指协调不同意见, 使各方都能接受。取正, 用为判断事物的准则。).

21 《論語大全》 여러 성인이 지은 것은, 그때 그때 그에 맞게 그에 맞는 것을 만들어, 한 시대의 제도를 완성한 것이고, 선생님께서는 이들을 절충하고, 상호검증 정정하여, 만세의 법을 후대에 전했으니, 선생님께서는 요·순 임금보다도 훌륭하시다[孟子·公孫丑上 제2장]는 점이 여기에 있다(慶源輔氏曰: 羣聖所作, 因時制宜, 以成一代之制, 夫子折衷, 參互訂正, 以垂萬世之法, 夫子賢於堯舜者在是。).

22 《文史通義·原道上》 어떤 사람이 물었다. "어떤 한마디 말로 공자를 규정할 수 있는지요?" "공자는 주공을 배웠을 뿐이다." "주공 말고 따로 배운 것은 없는지요?" "주공은 자신 이전의 모든 성인이 완성한 것을 이미 모았으니, 주공을 제외한다면, 더 이상 學이라고 부를 만한 게 없다. '주공은 자신 이전의 모든 성인을 집대성했고, 공자는 주공을 배워서 주공의 도를 규정했'라는 이 말 한마디면, 공자의 전체를 포괄할 수 있다. '(중니는) 요·순을 종지로 삼아 계술했다'[中庸 제30장]는 말은, 주공의 뜻을 가리키고, '문왕과 무왕을 법칙으로 삼아 표장했다'[中庸 제30장]는 말은 주공의 사업을 가리킨다. 첫째로 '문왕은 이미 돌아가시고 없지만, 문왕이 남긴 문(文)은 여기 내게 있지 않느냐?'[子罕 제5장]라거나, 둘째로 '몹시도 내가 노쇠해졌구나! 오래도록 내가 주공을 더는 꿈에서 뵙지 못했으니'[述而 제5장]라거나, 셋째로 '나는 주례를 배웠고 이제 그것을 쓰겠다'[中庸 제30장]라거나, 넷째로 '찬란하구나, 주나라 문화여! 나는 주나라를 따르겠다'[八佾 제14장]는 말씀도 있다. 그리고 노나라 애공이 묻자 '문왕과 무왕의 정치는 전적에 널려 있습니다'[中庸 제20장]라고 말한 적도 있다. 어떤 사람이 '중니는 누구에게서 배웠습니까?'라고 묻자, 자공이 '문왕과 무왕이 이룩해 놓은 도가, 아직 땅에 떨어져 폐기되지 않고, 사람들의 기억 속에 남아 있습니다'[子張 제22장]라고 말한 적도 있다. '나는 이미 있는 것을 기술했을 뿐 새것을 지어내지 않았다'[述而 제1장]는 것은, 주공의 오래된 전범이고, '옛것을 좋아하여, 부지런히 서둘러서 구했다'[述而 제19장]는 것은 주공이 남긴 문헌이다. 주공은 자신 이전의 모든 성인이 완성한 것을 모아 성인의 도를 실제로 행했고, 공자는 주공이 모은 성인의 도를 규정하여 성인의 가르침을 밝혔다. 둘로 갈라진 부절의 아귀가 딱 맞는 것이 마치 한 사람에게서 나온 것 같으니 주공과 공자에게 더욱 터럭 끝만큼도 차이가 나지 않는다"(或問何以一言盡之, 則曰: 學周公而已矣。周公之外, 別無所學乎? 曰: ……周公既集群聖之成, 則周公之外, 更無所謂學也。周公集群聖之大成, 孔子學而盡周公之道, 斯一言也, 足以蔽孔子之全體矣。'祖述堯, 舜', 周公之志也。'憲章文, 武', 周公之業也。一則曰: '文王既沒, 文不在茲。'再則曰: '甚矣吾衰, 不復夢見周公。'又曰: '吾學周禮, 今用之。'又曰: '郁郁乎文哉吾從周。'哀公問政, 則曰: '文, 武之政, 布在方策。'或問'仲尼焉學?' 子貢以謂'文, 武之道, 未墜於地。''述而不作', 周公之舊典也。'好古敏求', 周公之遺籍也。……周公集其成以行其道, 孔子盡其道以明其教, 符節吻合, 如出於一人, 不復更有毫末異同之致也。然則欲尊孔子者, 安在援天與神, 而爲恍惚難憑之說哉?).

공자(孔子)는 《시경》(詩經)과 《서경》(書經)의 필요 없는 글들을 깎아내셨고, 예악의 범위를 확정하셨고, 《주역》(周易)을 찬술(贊述)하셨고, 《춘추》(春秋)를 편수(編修)하셨는데, 모두가 선왕이 옛날에 만든 것들을 전하신 것이지, 처음 만들어내신 게 없었기 때문에, 그분 스스로 말씀하시기를 이같이 하신 것이다. 대개 처음 만들어낸 자인 성인에게 감히 필적하려 하지 않았을 뿐 아니라, 또한 옛 현인에게도 감히 드러내놓고 스스로를 억지로 가져다 붙여보려 하지 않았으니, 대개 그 덕이 가득 차면 찰수록 마음은 더욱 겸손해져서, 당신의 말씀이 겸손하다는 것조차 스스로 알지 못하신 것이다. 그렇지만 이 당시에, 창작은 대략 다 갖추어져서, 선생님께서는 대개 여러 성인의 큰 업적을 한데 모으고 절충하신 것이다. 그분이 하신 일이 비록 서술이었을지언정, 이루신 공적으로 보자면 창작보다 곱절이나 되니, 이 또한 몰라서는 안 된다.

---

23 《朱子學提綱》集注의 이 말은 주자 자신에 관한 말이기도 하다. 공자가 옛 성인들의 사상을 집대성했다면, 주자는 공자 이래의 여러 현인들의 사상을 집대성하였다. 그 주된 요점은 다만 잘 기술하는 데 있었고, 감히 스스로 창작하는 데 있지 않았다. 그러나 참으로 잘 기술할 수만 있다면, 그 공은 창작하는 것의 배가 된다. 이 말 가운데 숨은 깊은 뜻은, 수천 년 중국 학술의 대전통을 진실로 알지 못하고는 쉽게 이해할 수 없다(此一段话, 不啻是朱子之自道。孔子集古圣之大成, 而朱子则集孔子以下诸贤之大成。其主要点只在求能述, 而不敢自居于作。但真能述, 则其功自倍于作。此中有深意, 非真能明白到千古学术之大传统者不易知。)(錢穆 저/이완재 外 역, 『주자학의 세계』(原題: 朱子學提綱) [이문출판사, 1990], 186).

[默而識之章]

070201. 子曰:「默而識之¹, 學而不厭², 誨人不倦³, 何有於我哉⁴?⁵ ⁶」

1 [성]默而識之(묵이지지): 본 것, 들은 것을 말없이 마음속에 새겨두다(默: 不语, 不说话. 识: 记. 把所见所闻默默记在心里.);《論語義疏》본 일은 반드시 기억해두고 입으로는 말하지 않는 것, 이를 默識(묵지)라 한 것이다(疏: 見事必識而口不言. 謂之默識者也.);《論語大全》'默識'는 말을 듣고 나서 기억하는 것이 아니고, 마음으로 얻어서 절로 잊히지 않는 것으로, 늘 가슴속 깊이 간직해두고 잃지 않는 것이다. '默識'와 '道聽塗說'[陽貨 제14장]은 상반된다. '道聽塗說'은 더 이상 심신에 수용되어 있지 않는 것이고, '默識'는 얻은 것이 깊고, 보존되어 있는 것이 확고한 것이다(朱子曰: 非是聽人說後記得, 是得於心自不能忘, 拳拳服膺而勿失也…… 雙峯饒氏曰: 默識與道聽塗說者相反. 道聽塗說, 更不復留爲身心受用, 默識則其所得者深, 而所存者固矣.);《論語正義》'默'은 '寂'[조용하다]이다. '識'은 '記'[기억하다]이다. 아래 '多見而識之'[述而 제27장]도 '默識'를 말한 것이다(正義曰: '默'者, ……寂也. '識'者, 記也…… 下篇'多見而識之', 亦謂默識也.);《古今注》'默'은 안에 간직해두고 밖으로 내놓지 않는 것이다. '識'는 '記'이다.《易經·☰大畜·象傳》에, '군자는 앞선 성현들의 언행을 많이 기억함으로써, 자기 덕을 축적해 나간다'고 했다. '默'은 이를 써서 축적하려는 것이다(補曰: 默, 謂內而不出也. 識, 記也. 易曰: 多識前言往行, 以畜其德. 默所以畜也.);《論語今讀》유학은 결코 사변철학이 아니고, 개념을 분석하는 인식론이 아니기 때문에, 이러한 말과 뜻을 다 드러내지 못하는 '默'이 있다. '默'은 체험으로, 말은 끊기고 뜻은 분명히 밝히지 못하지만, 이 마음은 존재하는 것이다(只因儒学并非思辨之学, 非分析概念的认识论, 才有此意言未尽之'默'. 默者, 体验也, 虽言断意绝, 而此心却存.);《王力漢語》識(지): 기억해두다. '知'는 일반적인 지식을, '識'은 비교적 깊은 인식을 말하고, '記'는 '識'의 결과이다(记住. '知'是一般的知道, '識'常常是比較深的認識. '記'是識的結果.);《論語新解》'識'는 '志'(지)로 읽는다. '기억해두다'의 뜻이다(識, 音志, zhì, 記住.).

2 [성]學而不厭(학이불염): 배움에 물리지 않는다. 배움에 만족을 모른다(厌: 满足. 学习总感到不满足. 形容好学.);《王力漢語》'學'字가 자동사로 쓰인 경우는, 일반적으로 '學習'을 가리킨다. 옛사람들이 말한 '學'은 보통 책에서 배우는 지식을 가리키지만, 스승이 구두로 전해주는 지식도 있는데, 이런 지식은 정치에 관한 것이거나, 생산에 관한 것이거나, 수양에 관한 것 등등이다. '學'字가 타동사로 쓰인 경우는, '學稼' '學詩'와 같이, 어느 특정 방면에 관한 지식을 학습하는 것만을 가리킨다('學', 學習. '學'字用作不及物動詞時, 泛指'學習'. 古人所謂'學', 一般指書本知識, 但也有師傳口授的知識, 這些知識有的是關於政治的, 有的是關於生產的, 有的是關於修養的, 等等. '學'字用作及物動詞時, 則專指學習某一方面的知識, 如'學稼', '學詩'等.);《論孟虛字》'而'는 '之'와 같고, 모두 지시대명사이다. 학과과정을 가리킨다('而', '猶'之', 並爲指事詞, 指所學課程.);《王力漢語》厭(염): 배부르다. 만족하다. 물리도록 먹다. 먹어서 배가 부르다는 뜻으로 쓰일 때는 '饜'(염)자를 쓴다(飽. '厭'字用於'吃飽'的意義時, 一般寫作'饜'. 引申爲滿足.).

3 [성]誨人不倦(회인불권): 가르치는 데 대단한 인내심으로 권태를 느끼지 않는다(诲: 教导. 教导人特别耐心, 从不厌倦.);倦(권): 게으름피우다. 권태를 느끼다. 싫증내다(懈怠, 厭煩.).

4《論語集解》다른 사람에겐 이런 행실이 없다. 나에게만 이것이 있다(注: 鄭玄曰: 人無有是行. 於我獨有之也.);《論語大全》'何有於我哉'에 대해 묻자, 주자가 답했다. "성인께서는 스스로에 대해 겸손하셨다. 말씀인즉, 나는 아직 이것들을 가진 적이 없다는 것이다. 성인께서는 늘 (다른 사람의 칭찬에) 겸연쩍어하시면서 스스로 부족하다는 생각을 지니고 계셨다. 이 장은 필시 다른 사람이 성인께서 이것들을 가지고 있다고 칭찬하는 말을 받아서 하신 말씀으로, 성인께서 겸사를 써서 그 말을 받으신 것이다"(問何有於我哉, [朱子]曰: 聖人是自謙. 言我不曾有此數者. 聖人常有慊然不足之意…… 此必因人稱聖人有此. 聖人以

선생님께서 말씀하셨다. "보고 들은 것을 묵묵히 마음속에 새겨두고 잊지 않는 것, 배움에 싫증 내지 않는 것, 남을 가르치는 일에 게으름 피지 않는 것, 이것들 중에 어느 것이 나에게 있겠느냐?"

識[7], 音志, 又如字。○識, 記也。默識, 謂不言而存諸心也。一說, 識, 知也, 不言而心解也。前說近是[8]。何有於我, 言何者能有於我也。三者已非聖人之極至, 而猶不敢當, 則謙而又謙之辭也。[9]

謙辭承之。):《論語正義》'何有於我'는 두 가지 외에는 나는 가지고 있는 게 없다는 말이다. '學不厭, 教不倦' 이 두 가지는 공자께서 자임하신 것이었고([述而 제33장] [孟子·公孫丑上 제2장]), '何有於我'는 바로 聖·仁을 사양하여 이를 감히 자임하지 못한다는 것이다. 《子罕 제15장》의 '何有於我'와 같은 뜻이다. 앞 편의 '爲國乎何有[里仁 제13장], '於從政乎何有[雍也 제6장]의 '何有'와 이 장의 '何有'는 모두 '不難'의 뜻이다(正義曰: '何有於我', 言二者之外, 我無所有也…… '學不厭, 教不倦', 乃夫子所自任, '何有於我', 乃辭聖仁不敢居之也。下篇《出則事公卿章》"何有於我" 義同……與上篇"爲國乎何有", "於從政乎何有", "何有" 皆爲不難也。);《古今注》'何有於我哉'는 '나는 이것을 조략하게 할 수 있을 뿐이니, 어찌 나에게 충분히 있다·없다 하겠느냐?'는 말이다(何有於我, 言我粗能爲此, 何足有無於我哉?);《論語新解》'何有'는 '무슨 어려움이 있겠느냐?'는 말과 같다. 감당할 수 있다는 말이다(何有, 猶言有何難, 乃承當之辭。);《北京虛詞》何有(하유): 술어로 쓰여 반문을 표시한다. '무슨 어려움이 있겠느냐?' '무슨 관계가 있겠느냐?'('何有', 用作句子謂語, 表示反诘。义即'有什么困难'、'有什么关系'。);《王力漢語》'哉'字의 주용도는 반문과 감탄으로, 언제나 순수의문을 표시하지 않을뿐더러, 의문대사나 '豈'와 호응해야 반문을 표시할 수 있다('哉'字的主要用途有二: 一是表示反問, 以是表示感歎。它永遠不表示純粹的疑問; 而且, 一般地說, 要有疑問代詞或'豈'字跟它呼應, 才能表示反問)。

5 《朱子語類35: 10》이 장은 필시 사람들이 성인에 대해 이런 것들을 지니고 있다고 칭찬하자, 성인께서 겸사로써 그들에게 대답하신 말씀인데, 뒤에 와서 기록한 자가 이 장의 앞에 있는 글을 잃어버리고는, 다만 성인께서 스스로 하신 말씀으로 기록했을 뿐이다. '默而識之'는 그것을 내 마음에 얻는 것이고, '學不厭'은 더욱더 깊이 연구하는 것이고, '誨不倦'은 남에게 가르치는 것이다(曰: 此必因人稱聖人有此, 聖人以謙辭答之, 後來記者卻失上面一節, 只做聖人自話記了。'默而識之', 便是得之於心; '學不厭', 便是更加講貫; '誨不倦', 便是施於人也。)。

6 《呂氏春秋·尊師》자공이 공자께 여쭈었다. "후세 사람들은 뭐라고 선생님을 부를까요?" 공자가 말했다. "내게 무슨 불릴 만한 게 있겠느냐? 마지못해 말한다면, 배우기를 좋아하여 물려 하지 않았고, 가르치길 좋아하여 게으름 피지 않았다, 아마도 이뿐일 것이다"(子貢問孔子曰: "後世將何以稱夫子?" 孔子曰: "吾何足以稱哉? 勿已者, 則好學而不厭, 好教而不倦, 其惟此邪。")。

7 識(식/지): [shi] 알다. 이해하다(知道, 了解); [zhi] =志. 기억하다. 기억해두다(记忆, 记住。通'志'。)。

8 《論語大全》'말없이 마음에 간직해둔다'는 설은 그 효과가 실질적이고, '말없이 마음으로 이해한다'는 설은 그 의미가 현학적이다(新安陳氏曰: 不言而存諸心者, 其功實; 不言而心解者, 其意玄。); 近是(근시): 진실에 접근하는 판단을 하다(对某种情况、某种事物作接近肯定的判断。); 近(근): 거의~에 가깝다. 대체로(将近; 差不多)。

9 《論語大全》'默而知之'·'學而不厭'·'誨人不倦' 이 세 가지는 성인에게는 지극히 높은 경지의 일이 아니지만, 배우는 자에게는 역시 어렵다. 평상시에 강습해야 비로소 기억할 수 있고, 다른 사람의 지도편달을

'識'(지)는 음이 '志'(zhì, 지)이면서, 또 본래 음대로 '識'(shí, 식)으로도 읽는다. ○ '識'(지)는 '기억해두다'[記]이다. '黙識'(묵지)는 '말없이 그것을 마음에 새겨둔다'고 하는 말이다. 일설에, '識(식)은 알다[知]이다. 말없이 마음으로 이해하는 것이다'라고 하는데, 앞의 설이 대체로 옳다. '何有於我'(하유어아)는 '세 가지 중에 어느 것이 나에게 있을 수 있겠는가?'라고 하는 말이다. 세 가지는 이미 성인의 지극히 높은 경지의 일이 아닌데도, 오히려 감당하지 못한다고 했으니, 겸손하시고 또 겸손하신 말씀이다.

받아야 비로소 보존할 수 있다. '黙而知之'는 곧 말없이 (도리를) 마음에 간직해두고 있는 것이니, 마음과 도리가 하나로 합해져 있지 아니하면, 어찌 이와 같을 수 있겠는가? '學而不厭'은 배우기를 오래 하면 역시 싫증이 나기 쉽다. 다른 사람을 나와 아무런 관계가 없는 사람으로 대한다면, 가르치는 데 어찌 게으름을 피우지 않을 수 있겠는가?(朱子曰: 黙而識之, 至誨人不倦, 是三者雖非聖人之極至, 在學者亦難. 如平時講貫, 方能記得, 或因人提撕, 方能存得. 若黙而識之, 乃不言而存諸心, 非心與理契, 安能如此? 學不厭, 在學者久亦易厭. 視人與己, 若無干涉, 誨之安能不倦?). 이 세 가지는 역시 반드시 마음 씀에 조금의 틈이나 단절도 없어야, 비로소 모두 이같이 할 수 있다. 지금 배우는 자들은 반드시 이 세 구절을, 수시로 성찰하여, 나는 변함없이 黙識하는가? 배우는 데 변함없이 不厭하는가? 가르치는 데 변함없이 不倦하는가? 이렇게 하는 것이 좋다(此三者, 亦須是心無間斷, 方皆如此. 又曰: 今學者須是將此三句, 時時省察, 我還能黙識否, 我學還不厭否, 我教還不倦否, 如此乃好.).

[德之不脩章]

070301、 子曰:「德之不脩¹, 學之不講², 聞義不能徙³, 不善不能改⁴, 是吾憂也⁵。」⁶

선생님께서 말씀하셨다. "덕이 닦이지 못하는 것, 배움이 연마되지 못하는
것, 의(義)를 듣고도 그리 옮겨가지 못하는 것, 선하지 못한 행실임에도 고치지
못하는 것, 이것들이 나의 걱정거리이다."

尹氏曰:「德必脩而後成, 學必講而後明, 見善能徙, 改過不吝, 此四者日新⁷之要也。 苟未

---

1 《論語正義》仁·義·禮·智·信, 다섯 가지 덕은, 사람에게 고유한 것으로, 제때 이것을 갈고 닦아야,
덕이 날로 새로워진다. 《大學》에서 말한 '明明德'이 바로 이것이다(正義曰: 五常之德, 人所固有, 當時修治
之, 則德日新。《大學》記所云"明明德"是也。).

2 《古今注》무너져서 다시 고쳐 세우는 것이 '修', 어두워져서 다시 밝히는 것이 '講'이다(補曰: 時廢而復治
之曰修, 時晦而復明之曰講。);《王力字典》講(강): 연구하다. 파고들다. 궁리하다. 토의하다. 토론하고
연구하다. 연습하다(研究, 商討。引申爲講習, 演習。);《論語新解》'講'은 '習'의 뜻이다. 책을 읽고 예를
익히는 것이 모두 '講'이다. 벗들이 서로 의논하고 토론하고 익히고 행하는 것 역시 '講'이다(或说: 讲,
习义。如读书习礼皆是讲。朋友讲习, 讨论习行亦是讲。).

3 《論語義疏》인의의 일을 들으면, 생각을 바꿔 따르는데, 세상 사람들은 따르지 않는다(疏: 聞有仁義之事,
徙意從之, 而世人不從也。); 聞義(문의): 의리에 합당한 일을 듣다(谓听到合乎义理的事); 徙義(사의):
의를 보면 곧바로 생각을 바꿔 따르다(谓见义即改变意念而从之); 徙(사): 이전하다. 옮겨가다. 바꾸다.
변화하다(本義: 迁移。改变, 变化。);《顏淵 제10장》 참조.

4 《集注考證》'聞義不能徙 不善不能改'는 '(군자는) 선을 보면 옮겨가고, 잘못이 있으면 고친다'(君子以見
善則遷, 有過則改。)[易經·䷩益·象傳]는 말과 같다(下二句猶言遷善改過。).

5 《論語集解》공자께서는 늘 이 네 가지를 근심으로 여겼다(注: 孔安國曰: 夫子常以此四者爲憂也。);《古今
注》아니다. 배우는 자들이 모여 있는데, 어떤 자는 세상을 근심하고 어떤 자는 백성을 근심하고, 지극한
다스림이 다시 일어나지 않을 것을 걱정하고, 윤리가 멸절되어가는 것을 근심하고, 아래 있는 자들은
가난·천대·굶주림·추위를 근심하고 있는데, 공자께서 이를 듣고 말씀하시기를, '너희들의 근심은 모두
한가한 근심이다. 참다운 근심을 듣고 싶으냐? 德之不修·學之不講·善之不徙·過之不改, 이것이 나의
근심이다'라고 하신 것이다(駁曰: 非也。學者羣居, 或憂世或憂民, 憂至治之不復, 憂倫義之斁滅, 下焉者
憂貧憂賤憂飢憂寒。孔子聞之曰: 君輩之憂, 皆閒愁也。其欲聞眞憂乎? 德之不修, 學之不講, 善之不徙, 過
之不改, 是吾憂也。);《論語正義》이 네 가지는 공자께서 사람들에게 가르치신 말로, '吾憂'라 하신 것은
교육방법이 혹 부족해서 (가르침을 받는 사람들이) 이러한 네 가지 잘못을 할까 걱정하여 스스로를
질책하신 것이다(正義曰: 四者是夫子誨人之語, 而云"吾憂"者, 正恐敎術或疎, 致有斯失, 故引爲己責也。);
《王力漢語》是(시): 근칭지시대명사(指示代詞有'是''此''斯''茲''彼'等。'是''此''斯''茲'是近稱;'彼'是遠稱。).

6 《荀子·大略》군자의 학문은 마치 매미나 뱀이 허물을 벗는 것과 같아서, 깨끗한 모습으로 허물을
벗고 다음으로 변화해간다(君子之學如蛻, 幡然遷之。).

7 《書經·商書·咸有一德》이제 왕위를 이어받아 천명을 새롭게 받으셨으니, 왕의 덕을 늘 새롭게 하십시오.

能之, 聖人猶憂, 況學者乎?」[8]

윤씨(尹氏·尹彥明)가 말했다. "덕은 반드시 갈고 닦아야 그 후에 완성에 이르고, 배움은 반드시 연마해야 그 후에 분명한 앎에 이르고, 선을 보고는 옮겨갈 수 있고, 잘못을 고치는 데 인색하지 않은 것, 이 네 가지는 날로 새롭게 되기 위한 요체이다. 이것들을 잘하지 못하면, 성인조차도 걱정거리로 여기셨는데, 하물며 배우는 자들이야 말해 무엇 하겠는가?"

처음부터 끝까지 한결같이 하는 것, 이렇게 하는 것이 곧 날로 더욱 새로워지는 것입니다(今嗣王新服厥命, 惟新厥德。終始惟一, 時乃日新。);《大學》 탕왕의 세숫대야에 새긴 글에 이르기를, '진실로 하루면 새롭거든, 나날이 새롭게 하고, 또 날로 새롭게 하라'고 했다(湯之盤銘曰: 苟日新, 日日新, 又日新。);《周易·繫辭上》 날로 새로워지는 것을 盛德이라 한다(日新之謂盛德。).

8 《論語集釋》《朱子語類34:14》에 말했다. "修德이 근본으로, 요강이 修德이기 때문에, 講學·徙義·改過는 곧 修德의 항목이다." 또 《朱子語類34:16》에 말했다. "반드시 먼저 孝弟忠信의 일을 이해하고 나서, 그 후에 講學으로 나아간다"(朱子語類: 修德是本, 爲要修德, 故講學, 徙義, 改過卽修德之目。又云: 須先理會孝弟忠信等事, 然後就此講學。);《論語大全》 脩德이 근본이다. 남에게 해를 가하려는 마음이 있으면, 仁의 德이 닦이지 않은 것이고, 훔치려는 마음이 있으면, 義의 德이 닦이지 않은 것이다. 德은 理가 내 마음에 들어와 보존되어 있는 것으로, 이미 내가 가지고 있는 것인데, 다시 매일매일 갈고 도야하기를, 잠시의 틈이나 단절도 없게 해야 한다. '徙義'는 '改不善'과 구분해야 한다. 義는 일의 올바른 모습으로, 내가 이 일을 하는데, 심히 의에 부합하지 못하다는 것을 자각하고는, 반드시 의에 부합한 데로 옮겨가야 한다. 여기에는 그래도 不善은 없다. 不善이란 곧 허물이고 악행으로, 반드시 속히 완전히 고쳐야 한다(朱子曰: 脩德是本。如有害人之心, 便是仁不脩, 有穿窬之心, 便是義不脩。德是理之得於吾心者, 已是我有底物事了, 更日日磨礱, 勿令間斷。徙義, 改不善, 須與分別。義是事之宜, 我做這事, 覺未甚合宜, 須徙令合宜。此却未有不善處。不善便是過惡, 須速全體改之。).

[子之燕居章]

070401、子之燕居¹, 申申如²也, 夭夭如³也。

　　선생님께서 집에 한가로이 계실 때는, 몸가짐은 느긋해 보이셨고, 얼굴빛은
　　환히 밝아 보이셨다.

燕居, 閒暇無事之時。楊氏曰:「申申, 其容舒⁴也。夭夭, 其色愉也。」⁵

---

1 《論語義疏》'燕居'(연거)는 퇴조하여 집에 있는 것이다(疏: 燕居者, 退朝而居也。).

2 《論語義疏》'申申'은 마음이 온화한 것이다. '夭夭'는 얼굴이 편안해 보이는 것이다(疏: 申申者, 心和也。夭夭者, 貌舒也。);《論語正義》胡紹勳(호소훈)[1789~1862]의 《四書拾義》에 말했다. "《漢書·萬石衛直周張傳》에, '만석군은 관을 쓴 성년 자녀들이 옆에 있으면, 집에서 편안히 쉴 때도 반드시 의관을 정제하여, 단정한 모습이었다'라고 했는데, 안사고의 주에, '申申은 단정한 모습이다'라고 했다. 논어를 기록한 자가 앞에 '申申'을 말하고 뒤에 '夭夭'를 말한 것은, 《鄕黨 제2장》에서, 앞에 '踧踖'을 말하고, 뒤에 '與與'를 말한 것과 같다. '申申'은 삼가는 모습을 말하고, '夭夭'는 온화한 모습을 말한다." 생각건대, 호소훈의 말이 맞다. '申'에는 '約束'[동여매다]의 뜻이 있다. '申申如'는 《子張 제19장》에서 말한 '望之儼然'[멀리서 보면 위엄있는 모습이셨다]이고, '夭夭如'는 '卽之也溫'[가까이서 보면 온화한 모습이셨다]이다(正義曰: 胡氏紹勳《拾義》: "《漢書,萬石君傳》: '子孫勝冠者在側, 雖燕必冠, 申申如也。' 師古注云: '申申, 整勅之貌。' 此經記者先言'申申'後言'夭夭', 猶《鄕黨》先言'踧踖', 後方'與與'也。'申申'言其敬, '夭夭'言其和。" 案: 胡說是也…… 申有約束之義。"申申如"者, 所謂"望之儼然", "夭夭如"者, 所謂"卽之也溫"也。);《論語集釋》劉逢祿[1776~1829]의 《論語述何》에 말했다. "'燕居'는 공자께서 벼슬하지 않고 있을 때를 말한다. '申申如'는 공자께서 제자들을 가르치는 모습을 말한다. '夭夭如'는 제자들이 모르는 것을 환하게 깨치는 모습이[禮記·仲尼燕居], 마치 때맞추어 내리는 단비에 씨가 싹트는 모습과 같은 것[孟子·盡心上 제40장]을 말한다. 《禮記·仲尼燕居》편의 일단의 모습이다"(論語述何: 燕居, 謂不仕之時。申申, 謂施敎也。夭夭如, 謂弟子昭若發矇, 有如時雨化之也。禮仲尼燕居篇其一端矣。);《古今注》'申申'은 말씀이 자상한 것이다. '夭夭'는 안색이 온화하고 편안해 보이는 것이다. '申申'은 거듭 되풀이해서 말씀하는 것으로, 공자께서 향리에 계실 때는 신실하니 마치 말씀을 잘하지 못하는 듯이 보이셨고, 종묘나 조정에 계실 때는 분명하고 조리가 있게 말씀하시되, 오직 조심해서 말씀하시고 함부로 말씀하지 않을 뿐이었는데[鄕黨 제1장], 유독 집에서 제자들과 대화하고 가르칠 때만은 거듭 되풀이해서 말씀하여 자상하고 빠짐이 없으셨다는 것이다(申申, 言語之慈詳也。夭夭, 顏色之和舒也…… 申申者, 言語之重複也。孔子在鄕黨恂恂似不能言, 在朝廷便便言惟謹, 獨於燕居與門弟子談誨之時, 其言辭申申然詳悉。).

3 夭(요): 초목이 무성한 모양. 여리고 연하다. 막 태어난 초목이나 금수(形容草木茂盛。幼嫩。剛出生的兽或禽。初生的草木。);《論語注疏》'如'는 '如此'의 뜻이다. '~듯하다'(疏: 正義曰: 如者, 如此義也, 如似……也。);《詞詮》형용사·부사에 붙는 접미사('如', 語末助詞。爲形容詞, 副詞之語尾, 無義。);《北京虛詞》如(여): ~스럽다. 형용사나 부사의 접미사로 쓰여, 상태를 표시한다('如', 词缀。用作形容词或副词词尾, 表示状态。)

4 舒(서): 펼치다. 펴다. 느리다. 완만하다(本義: 伸展, 舒展。徐; 迟缓; 舒缓。).

5 《論語大全》'申申'은 촉급하지 않는 것을 말한다. 心廣體胖(마음이 넓어지고 몸이 느긋해지다) 한 후에

'燕居'(연거)는 한가하니 일이 없는 때이다. 양씨(楊氏·楊中立)가 말했다. "'申申'(신신)은 선생님의 몸가짐이 느긋해 보이는 것이다. '夭夭'(요요)는 선생님의 얼굴빛이 환히 밝아 보이는 것이다."

○程子曰:「此弟子善形容聖人處也, 爲申申字說不盡, 故更著⁶夭夭字。今人燕居之時, 不怠惰⁷放肆⁸, 必太嚴厲⁹。嚴厲時著此四字不得¹⁰, 怠惰放肆時亦著此四字不得, 惟聖人便自有中和¹¹之氣。」

○정자(程子·伊川)가 말했다. "이것은 제자가 잘 형용한 성인의 집에 계실 때의 모습이다. '申申'(신신)이라는 글자만으로는 설명이 미진했기 때문에, '夭夭'(요요)라는 글자를 더 붙인 것이다. 요즘 사람들이 집에서 한가로이 지낼 때는, 늘어지거나 흐트러진 모습이 아니면, 반드시 너무 지나치게 엄숙하거나 엄격한 모습이다. 엄숙하거나 엄격한 모습일 때는 '申申夭夭'(신신요요) 네 글자를 붙일 수 없고, 늘어지거나 흐트러진 모습일 때도 역시 이 네 글자를 붙일 수 없고, 오직 성인이라야 자연스레 중화(中和)의 기운을 간직하고 계신다."

이와 같은 것이다. '色愉'(색유)는 화기애애하다는 뜻이다(朱子曰: 申申, 是言其不局促, 是心廣體胖後恁地。所謂色愉, 只是和悅底意思。); 愉(유): 화기애애하다. 환하다(和悅, 快乐。愉快; 愉, 乐也。).

6 著(착): 실 등을 써서 물체에 붙이다. 부착하다(附着, 穿着。同'着'。).

7 怠惰(태타): 게으르고 느려터지다(亦作'怠墮' '怠憜': 懈怠, 懶惰。).

8 放肆(방사): 멋대로이고 거리낌이 전혀 없다(放纵, 不加约束; [言行]轻率任意, 毫无顾忌。).

9 嚴厲(엄려): 엄격하고 매섭다. 엄격하다. 준엄하다. 호되다(严肃厉害, 不宽容。).

10 不得(부득): 동사 뒤에 붙여서, 불가능을 표시한다(用在动词后面, 表示不可以或不能够。).

11 《中庸 제1장》기뻐하고 성내고 슬퍼하고 즐거워하는 감정이 아직 발동되지 않은 상태를, 中이라 하고, 발동되었으되 모두 예의나 법도에 잘 합치된 상태를, 和라고 한다. 中이라는 것은, 천하의 모든 것의 바탕이 되는 大本이고, 和라는 것은, 천하의 모든 것에 통하는 達道이다. 中和의 상태에 이르면, 하늘과 땅은 제 있어야 할 자리에 자리를 잡고, 만물은 제 있어야 할 모습대로 삶을 성취하게 된다(喜怒哀樂之未發, 謂之中; 發而皆中節, 謂之和: 中也者, 天下之大本也; 和也者, 天下之達道也。致中和, 天地位焉, 萬物育焉。); 中和(중화): 천지만물이 모두 각기 제자리를 찾아, 조화경계에 도달하다(天地万物均能各得其所, 达于和谐境界。).

[甚矣吾衰章]

070501、子曰：「甚矣[1]吾衰[2]也! 久矣吾不復[3]夢見周公[4, 5, 6, 7]。」

---

1 《王力漢語》묘사구의 술어 부분이 앞으로 도치되고, 후면에 다시 '也'字 마침구를 쓰는 경우가 있는데, 이 경우는 과장의 어기를 증가시킨다[《論語義疏》本에는 뒤 구절 '周公'의 다음에도 '也'字가 붙어 있다](有時候, 描寫句的謂語部分被提到前面去, 後面再用'也'字煞句, 這樣就增加了誇張的語氣)；《北京虛詞》矣(의)：어기사. ~이구나! 명령문이나 감탄문의 끝에 쓰이는 어기사('矣', 语气词。用于祈使句和感叹句末。义即'了'、'吧'、'了啊'、'啊')。

2 衰(쇠)：힘이 줄어들다. 쇠락하다. 몰락하다. 노쇠하다(力量減退, 衰落, 没落。与"盛"相对。衰老。)。

3 《北京虛詞》復(부)：부사. 재차. 거듭. 다시. 동작이나 상황의 재차 시행이나 연속출현을 표시한다('復', 副词。用于动词前, 表示动作或状况的再度施行, 或连续出现。义即'再'。)。

4 周公(주공)：姓 姬, 名 旦. 周文王 姬昌의 넷째 아들이고 周武王 姬發의 동생이다. 武王을 도와 商나라 紂王을 정벌하여 周나라 건국을 도왔다. 그의 采邑이 周에 있고 작위가 上公이어서 周公이라 불렸다. 武王이 즉위 2년 만에 죽고 成王[BC 1124~BC 1083 在位]이 어렸기 때문에, 叔父인 周公이 7년간 섭정하여 洛邑[洛陽]으로 도읍을 옮기고, 典章制度·宗法制度·分封制·嫡長子繼承法·井田制 등 주나라의 기초를 완비했다. 노나라를 분봉 받았지만, 주나라에서 성왕을 섭정했기 때문에, 맏아들 伯禽을 보내 노나라를 대신 다스리게 했으며, 伯禽이 제1대 왕 魯公이 되었다.

5 《論語集釋》武億[1745~1799]의 《經讀考異》에서는 '甚矣, 吾衰也久矣, 吾不復夢見周公.'(심하다! 내가 노쇠해진 지 오래되다 보니, 내가 더는 주공을 꿈에서 뵙지 못하는구나)로 끊어 읽었고, 장재의 《正蒙·三十》에서도 '吾衰也久矣'로 끊어 읽었다(經讀考異: 考此「甚矣」作一讀, 「吾衰也久矣」作一讀, 「吾不復夢見周公」作一讀……張子正蒙亦引語「吾衰也久矣」)；《論語集釋》《朱子語類34: 28》에 말했다. "文勢 대로 하면, '甚矣吾衰也'가 한 구절이고, '久矣吾不復夢見周公'이 한 구절이다"["심해졌구나! 나의 노쇠함이. 오래되었구나! 더는 주공을 꿈에서 뵙지 못한 지가"](朱子語類: 據文勢, 「甚矣吾衰也」是一句, 「久矣吾不復夢見周公」是一句。)。

6 《論語今讀》두 가지 해석이 있다. ①뜻이 쇠약해져 꿈을 꾸지 않았다는 것으로, 東周를 부흥하고, 舊禮를 회복하는 것이 이미 불가능하다는 것을 알았고, 이 때문에 꿈을 꾸지 않았다. ②뜻은 있지만 몸이 쇠약해져, 연로해서 마음에 여력이 부족해, 이 때문에 꿈을 꾸지 않았다. 뒤의 해석이 좀 더 낫다. '맹렬한 뜻은 여전하지만'[陶淵明·讀山海經], '시절이 불리하니'[史記·項羽本紀] 어찌하리오. 공자께서 탄식하여 마지않았으니, 또한 상심하셨을 만하다(有兩解, 一是志衰不梦, 已知复兴东周, 恢复旧礼不可能了, 所以不梦。一是志在身衰, 因年老心余力不足了, 所以不梦! 后说差胜, 因"猛志固常在", 奈"时不利兮"何。孔子感叹不已, 亦可伤也。)。

7 《禮記·禮運》예전에 중니께서 빈객으로 蜡祭(사제)[음력 12월에 지내는 제사]에 참여하여, 제례를 마치고 나와 문루 위를 거니시면서, 크게 탄식하셨다. 중니의 탄식은 노나라에 대한 탄식이었다. 言偃[子游]이 옆에서 모시다가 여쭈었다, "군자께서는 무엇 때문에 탄식하시는지요?" 공자께서 말씀하셨다. "大道가 행해지던 세상과 三代의 성현에는 내가 미치지 못하겠지만, 그때의 세상을 향한 뜻을 가지고 있다"(昔者仲尼與於蜡賓, 事畢, 出游於觀之上, 喟然而嘆。仲尼之嘆, 蓋嘆魯也。言偃在側曰："君子何嘆?" 孔子曰："大道之行也, 與三代之英, 丘未之逮也, 而有志焉。")。 옛날 大道가 행해지던 세상에서는, 천하는 公共의 것이었다. 덕 있는 자·재능 있는 자를 선발하여, 신의를 강구하고 화목을 닦았기 때문에,

선생님께서 말씀하셨다. "몹시도 내가 노쇠해졌구나! 오래도록 내가 주공(周公)을 더는 꿈에서 뵙지 못했으니."

復[8], 扶又反。○孔子盛時, 志欲行周公之道, 故夢寐之間[9], 如或見之[10]。至其老而不能行

사람들은 자기 어버이만을 가까이하지 않았고, 자기 자식만을 사랑하지 않았고, 노인들은 수명을 다 마칠 수 있게 했고, 장년들은 힘을 다 쓸 수 있게 했고, 어린아이들은 잘 자랄 수 있게 했고, 늙어서 아내 없는 사람, 늙어서 남편 없는 사람, 어려서 부모 없는 사람, 늙어서 자식 없는 사람, 불치병자도 모두 먹고 살아갈 수 있게 했다. 남자는 직분이 있었고, 여자는 시집갈 곳이 있었다. 재화는 땅에 내버리는 것을 싫어했지만, 자기 집에만 쌓아두지는 않았고, 힘은 내지 못하는 것을 싫어했지만, 자기만을 위해 힘을 내지는 않았다. 이 때문에 간사한 마음은 끊겨 나오지 않았고, 盜竊亂賊은 일어나지 않아서, 대문이 있어도 잠그지를 않았으니, 이런 세상을 大同世上이라 한다(大道之行也, 天下爲公。選賢與能, 講信修睦, 故人不獨親其親, 不獨子其子, 使老有所終, 壯有所用, 幼有所長, 矜寡孤獨廢疾者, 皆有所養。男有分, 女有歸。貨惡其棄於地也, 不必藏於己; 力惡其不出於身也, 不必爲己。是故謀閉而不興, 盜竊亂賊而不作, 故外戶而不閉, 是謂大同。). 지금 세상에서는 大道가 이미 숨어버려서, 천하는 한 집안[家]의 것이 되었다. 사람마다 자기 어버이만을 가까이했고, 자기 자식만을 사랑했고, 재화와 힘을 자기만을 위해 썼고, 대인들은 대를 이어 자기 자리를 전하는 것으로 예법을 삼았다. 성곽을 쌓고 연못을 파서 견고히 하고, 예의로 기강을 삼았으니, 군신 간에는 바른 관계를, 부자간에는 돈독한 관계를, 형제간에는 화목한 관계를, 부부간에는 화합의 관계를 갖게 하고, 제도를 만들고, 봉지와 주택을 세우고, 용맹과 지혜를 받들고, 자기만을 위해서 공업을 이룩했다. 그래서 간사한 마음이 이로 인해 일어났고, 전쟁이 이로 말미암아 일어났다. 이로 말미암아 우왕·탕왕·문왕·무왕·성왕·주공을 선택했다. 이 여섯 군자 중에는 예를 삼가 지키지 않은 분이 없었다. 그 의를 드러내고, 그 믿음을 살피고, 있는 허물을 드러내고, 인을 본받고, 겸양을 중시하여, 이로써 백성에게 예의 모범을 제시했다. 이를 따르지 않는 자가 있으면, 해당 관리는 자리에서 내쫓고, 백성들은 그를 재앙으로 여겼으니, 이런 세상을 小康世上이라 한다(今大道既隱, 天下爲家, 各親其親, 各子其子, 貨力爲己, 大人世及以爲禮。城郭溝池以爲固, 禮義以爲紀; 以正君臣, 以篤父子, 以睦兄弟, 以和夫婦, 以設制度, 以立田里, 以賢勇知, 以功爲己。故謀用是作, 而兵由此起。禹、湯、文、武、成王、周公, 由此其選也。此六君子者, 未有不謹於禮者也。以著其義, 以考其信, 著有過, 刑仁講讓, 示民有常。如有不由此者, 在勢者去, 衆以爲殃, 是謂小康。); 《呂氏春秋·不苟論·博志》공자와 묵적은 낮에는 읊고 외우고 연마했고, 밤에는 친히 문왕과 주공단을 꿈에서 만나 가르침을 청했다고 한다. 심혈을 기울임이 이같이 치밀했으니, 무슨 일인들 통달하지 못했겠으며, 무슨 일인들 이루지 못했겠는가? 치밀하게 알고 푹 익도록 익히면, 귀신이 알려준다고 했다. 사실은 귀신이 알려주는 것이 아니고, 정밀하게 알고 푹 익도록 익힌 때문이다(蓋聞孔子,墨翟晝日諷誦習業, 夜親見文王,周公旦而問焉。有志如此其精也, 何事而不達? 何爲而不成? 故曰精而熟之, 鬼將告之。非鬼告之也, 精而熟之也。).

8 復(복/부): [fù] 되돌아오다. 환원하다. 원래대로 돌아오다. 회복하다. 되갚다. 보복하다(返, 还。还原, 再回到原来的样子。回报。); [fòu] 다시. 또. 같은 일을 되풀이하다(再, 又。反覆。).

9 夢寐之間(몽매지간): 잠을 자고 꿈을 꾸는 동안. 좀처럼 잊지 못하거나 이룰 수 없는 일에 너무 지나치게 몰두함을 이르는 말; 夢寐(몽매): 꿈을 꾸다(谓睡梦); 寐(매): 잠자다(睡着; 寐, 卧也).

10 《論語大全》 "공자께서는 주공에 대한 일면식이 없었는데 어찌 꿈에 그가 주공인지 알아보았다고 할 수 있습니까?"[주공이 어떻게 생겼는지도 모르실 텐데, 꿈에 본 사람이 주공인지 아닌지 어찌 알 수 있습니까?] "어떤 사람이 평생 일면식이 없는 사람을 꿈에 보고는, '누구누구다'라고 말하는 경우가 대개 있다"(問: 夫子未嘗識周公, 烏得而夢之? 曰: 今有人夢見平生所不識之人, 云是某人者, 蓋有之。).

也, 則無復是心, 而亦無復是夢矣, 故因此而自歎其衰之甚也。

‘復’(부, fòu)는 ‘扶’(부)와 ‘又’(우)의 반절이다. ○공자(孔子)께서 한창나이이실 때는, 품으신 뜻이 주공(周公)의 도를 행하고자 했기 때문에, 주무시는 중에 꿈을 꾸시다가, 가끔 주공(周公)을 만나 뵙던 것 같다. 당신께서 노년이 되어서 주공(周公)의 도를 행할 수 없게 되고 보니, 이러한 (주공(周公)의 도를 행할) 마음을 더는 갖지 않으셨고, 또한 이러한 (주공(周公)을 뵙는) 꿈도 더는 꾸지 않으셨기 때문에, 이를 계기로 당신이 몹시 노쇠해졌음을 (알고) 자탄하신 것이다.

○程子曰:「孔子盛時, 寤寐[11]常存行周公之道: 及其老也, 則志慮[12]衰而不可以有爲矣[13]。蓋存道者心, 無老少之異; 而行道者身, 老則衰也。」[14]

○정자(程子·伊川)가 말했다. “공자(孔子)께서 한창나이이실 때는, 자나 깨나 늘 주공(周公)의 도를 행하려는 마음을 지니고 계셨는데, 당신이 노년이 되어서는, 정신이 쇠약해져서 어찌해볼 수가 없었다. 대개 (행하려는) 도를 간직하고 있는 것은 마음이어서, 젊을 때나 늙을 때나 차이가 없지만, 도를 행하는 것은 몸이어서, 늙으면 쇠약해진다.”

---

11 寤寐(오매): 깨어 있을 때나 잠잘 때나. 자나 깨나. 밤낮으로(寤: 醒时。寐: 睡时。常用以指日夜。).
12 志慮(지려): 정신. 생각. 머리를 써서 사물을 헤아리고 판단하는 작용(精神: 思想。).
13 《憲問 제1장》 각주 《孟子·離婁下 제8장》 참조.
14 《論語大全》 “정자는 꿈에 주공을 보았다고 하지 않고, 자나 깨나 늘 주공의 도를 행하려는 마음을 지니고 계셨다고 했을 뿐인데, 集註에서는 주무시는 중에 꿈을 꾸시다가 가끔 주공을 만나 뵈었다고 했으니, 과연 어느 것이 옳은지 모르겠습니다.” “가끔 만나 뵌 적이 있었을 것이다. 분명 ‘夢見周公’이라고 하셨으니, 전혀 만나 뵙지 않았다고 말하는 것도, 편안한 설명은 아닐 듯하다. 정자의 생각은 아마도 생각한 것이 그대로 꿈에 나타난다는 견해를 받아들이고 싶지 않아서 이런 설명을 한 것인데, 그 뜻은 정미하지만 선생님의 본뜻은 아닐 것이다”(問: 伊川以爲不是夢見人, 只是夢寐常存行周公之道耳, 集註則以爲如或見之, 不知果是如何? 曰: 想是有時而夢見。旣分明說夢見周公, 全道不見, 恐亦未安。程子之意, 蓋嫌於因思而夢者, 故爲此說, 其義則精矣, 然恐非夫子所言之本意也。).

[志於道章]

070601、子曰：「志¹於道², ³

　　선생님께서 말씀하셨다. "도를 향해 가는 데에 뜻을 두고,

志者, 心之所之之謂。道, 則人倫日用之間所當行者是也。⁴ 知此⁵而心必之焉, 則所適者正, 而無他歧⁶之惑矣。

'志(지)'라는 것은 '마음이 향해 가는 곳'[心之所之]을 일컫는 말이다. '道(도)'는 곧 인간관계나 일상생활 가운데 마땅히 행해야 하는 것 바로 이것이다. 도를 알고 마음이 반드시 도를 향해 가면, 가는 곳이 바르기에, (바른길에서 벗어나) 다른 잘못된 길로 빠질까 하는 헷갈림이 없다.

070602、據於德⁷, ⁸

---

1 《論語集解》'志'는 '慕'[지향하다. 동경하다. 경모해 우러르다]이다(注: 志, 慕也。).

2 《論語義疏》'道'는 어디든 통하지 않는 곳이 없어서 막힘이 없는 것이다(疏: 道者, 通而不壅者也。); 《論語正義》'道'는, 明明德・親民으로, 대학의 길이다(正義曰: 道者, 明明德親民, 大學之道也。); 《古今注》여기에서 저기에 이르는 것을 '道'라 한다(補曰: 自此至彼曰道。).

3 《論語正義》이 장은 공자께서 제자들에게 進德修業[易經・▓乾・文言]의 방법을 가르치신 것이다(正義曰: 此夫子誨弟子進德修業之法。).

4 《論語大全》도에 뜻을 둔다는 것은, 예컨대 도의 강학과 역행이 모두 바로 이것이다(朱子曰: 志道, 如講學力行皆是。).

5 《論語大全》'知此'는, 주자가 '志道' 즉 도를 향해 가는 데에 뜻을 두기 이전의 일을 설명한 것이다. (도를 향해 가는 데에 뜻을 두기 이전에) 반드시 도를 알아야, 그 후에 '志'가 향하는 곳이 '道'에 있게 된다(新安陳氏曰: 知此二字, 是朱子說志道以前事。必知道而後志向在道。).

6 歧(기): 불필요한 여분의 발가락. 갈림길. 바른길에서 벗어난 샛길(或作'岐'。多余的脚趾。岔道, 偏离正道的小路。); 歧途(기도): 갈림길. 잘못된 길(岔道, 喻错误的道路。).

7 《論語集解》'據(거)는 '杖'[(지팡이를) 손에 쥐다. 지팡이 삼다]이다(注: 據, 杖也。);《說文・手部》'據'(거)는 '지팡이를 손에 쥐고 의지하다'이다(據, 杖持也。);《論語義疏》'德'은 행하는 일이 도리에 맞는 것을 말한다. 행하는 일이 실체가 있고, 실체가 있으니까 지팡이로 삼아 의지할 수 있다(疏: 德, 謂行事得理者也。行事有形, 有形故可據杖也。);《論語正義》'據'는 '守'와 같다.《中庸 제8장》에 안자에 대해 말씀하시기를, '중용을 택해 한 가지라도 善을 얻으면, 늘 가슴속 깊이 간직해두고 잃지 않았다'고 했는데, 이것이

얻은 도를 꼭 붙잡아 지키고,

據者, 執守之意。德者, 得也[9]。得其道於心而不失之謂也[10]。得之於心而守之不失, 則終始惟一[11], 而有日新之功矣。

'據'(거)라는 것은 '붙잡아 지킨다'[執守]라는 뜻이다. '德'(덕)이라는 것은 '얻다'[得]로, 마음에 그 도를 얻어서 간직해두고 잘 지켜 잃지 않는 것을 일컫는 말이다. 마음에 그 도를 얻어서 그것을 잘 지켜 잃지 않으면, 처음과 끝이 한결같고, 날로 새롭게 되는 효과가 있다.

070603. 依於仁[12],

　　인(仁)을 가까이하여 인(仁)에서 떨어지지 아니하고,

依者, 不違之謂。仁, 則私欲盡去而心德之全也。功夫[13]至此而無終食之違[14], 則存養[15]之

　　바로 '據德'이다(正義曰: 言"據"者, 據猶守也。《中庸》言顔子: "擇乎中庸, 得一善, 則拳拳服膺, 而弗失之。" 即據德矣。);《古今注》마음이 정직한 것을 '德'이라 한다. 붙잡고 지켜 움직이지 않게 하는 것을 '據'라 한다. '據於德'은 스스로 수양하는 방법이다(心之正直曰德; 持守勿動曰據……據於德所以自修也。).

8 《禮記·少儀》선비는 덕에 의지하고, 예에 노닌다(士依於德, 游於藝。).

9 《禮記·樂記》예와 악을 모두 터득한 것을 일러 덕이 있다고 한다. 덕이란 터득했다는 것이다(禮樂皆得, 謂之有德。德者得也。).

10 內閣本에는, '德者, 得也, 得其道於心而不失之謂也。'가 '德則行道而有得於心者也。'[덕은 도를 행하게 되면 마음에 얻어지는 것이다]로 되어 있다;《集注考證》옛날 책에는, '行道而有得於心'[도를 행해 마음에 얻은 것이 있다]으로 쓰여 있는데, 뒤에 이렇게 개정한 것이다(舊本作行道而有得于心, 後改定從此。);《爲政 제1장》에는, '德之爲言, 得也, 得於心而不失也。'로 되어 있다.

11 《述而 제3장》각주《書經·商書·咸有一德》참조.

12 《論語集解》'依'(의)는 '倚'[기대다]이다(注: 依, 倚也。);《論語正義》'依仁'은 '親仁'[學而 제6장]과 같다. 仁에 의지해야 한다는 말이다(正義曰: "依仁"猶言親仁, 謂於仁當依倚之也。);《古今注》옷이 몸에 착 달라붙는 것과 같은 것을 '依'라 한다. '仁'은 사람을 향한 사랑이다(如衣帖身曰依。仁者, 嚮人之愛也。); 依(의): 사람이 옷 안에 있다. 옷을 입고 있다. 달라붙다. 의존하다. 기대다(人在衣中。本義: 靠着。倚。).

13 內閣本에는 '功夫'가 '工夫'로 되어 있다; 功夫(공부): 일에 들인 정력과 시간(=工夫). 본령. 기량. 경지. 쿵푸(谓作事所费的精力和时间(同"工夫"。)。本领: 造诣。特指武术。); 工夫(공부): 일에 들인 정력과 시간. 노력. 작업. 일하다. 존심양성에 공력을 쌓고 함양하는 행위(作事所费的精力和时间。犹工作。理学家称积功累行、涵蓄存养心性为工夫。).

14 《里人 제5장》참조.

熟, 無適而非天理之流行矣。[16]

'依(의)'는 '떨어지지 않는다'[不違]를 일컫는 말이다. 인(仁)은 사사로운 욕심이 모두 없어져서 마음의 덕이 완전무결한 것이다. 공부가 이 단계에 이르러서 한 끼 밥을 먹는 잠시 동안 일지라도 인(仁)에서 떨어지지 않으면, 마음을 보존하고 본성을 기르는 공부가 잘 익어서, 어디를 가든 천리의 유행 아닌 게 없다.

070604、游[17]於藝。[18] [19]

---

15 《孟子·盡心上 제1장》 맹자가 말했다. "자신의 마음을 다하는 자는 자신의 성을 안다. 자신의 성을 아는 자는 하늘을 안다. 자신의 마음을 보존하고 자신의 성을 (손상을 입지 않도록) 돌보고 지키는 것이 하늘을 섬기는 방법이다."(孟子曰: 盡其心者, 知其性也。知其性, 則知天矣。存其心, 養其性, 所以事天也。); 存養(존양): 자기의 본마음을 보존하고 자기의 본성을 돌본다(存心養性).

16 《論語大全》 '뜻을 둔다'(志之), '붙잡아 지킨다'(據之)에 대해 묻자, 주자가 답했다. "마음이 이것에 푹 빠져 있어서 기어코 반드시 다다르겠다는 것이 '志'이고, 이렇게 해서 이것을 얻고 나서는 조심히 지켜 잃지 않는 것이 '據'이다"(其志之據之何也, [朱子曰] 潛心在是, 而期於必至者, 志也; 旣以得之, 而謹守不失者, 據也。); 《論語大全》 '德'은 각각의 구체적인 일 하나하나마다 이해되는 것이다. '仁'은 全體 · 大用으로서 이해되는 것으로, 항상 의거해야 하는 곳이다. '據德'은 구체적인 일을 계기로 발현되는 것으로, 부모를 섬기는 일을 계기로 효라는 덕을 지니고, 임금을 섬기는 일을 계기로 忠의 덕을 지니는 것과 같다. '依仁'은 본체여서 잠시도 떨어져 있으면 안 되는 것이고, 또 '據於德'의 뼈대이다(朱子曰: 德, 是逐件上理會底……仁, 是全體大用, 常依靠處……據德, 是因事發見, 如因事父有孝, 因事君有忠。依仁, 是本體不可須臾離底, 又是據於德底骨子。); 《論語大全》 '依仁'은 '據德'의 공부가 익어서 천리와 마음이 일체가 된 것이다. '據'는 손에 지팡이를 잡고 있는 것과 같고, '依'는 몸에 옷을 입고 있는 것과 같다. 지팡이는 어떤 때는 손에서 놓을 수 있지만, 옷은 잠시도 몸에서 벗는 것이 용납되지 않는다(陳氏曰: 依仁, 則據德工夫熟, 天理與心爲一矣。據如手執杖, 依如身著衣。杖容有時而離手, 衣則不容須臾離身。).

17 《說文·㫃部》 游(유): 깃대 꼭지에 다는 여러 가닥의 술[旒]. 㫃(언/류)[깃발이 흩날리는 모양]를 따르고 汓(수) 소리이다. (단옥재 주) 《集韵》《類篇》에는 '旒(류)'로 되어 있다. 깃발 위쪽에 달린 여러 가닥의 술의 흩날리는 모양이 물결 모양과 같아서, '流'라 칭하게 되었다. '㫃'字는 斿(류)를 줄여 쓴 글자로, 旒(류)로도 쓴다(旌旗之流也。从㫃汓聲。(段玉裁注) 流宋刊本皆同。集韵、類篇乃作旒。俗字耳。旗之游如水之流。故得偁流也……(㫃)此字省作斿。俗作旒。); 《論語義疏》 '游'는 '하나하나 밟아보고 겪어보다[편력하다]'이다(疏: 游者, 履歷之辭也。); 《論語正義》 '游'는 그것을 游하는데 한가하니 일이 없는 것으로, 그렇다면 '游'는 급박하게 하거나 서두르지 않는다는 뜻이다(正義曰: 游謂閒暇無事於之游。然則游者, 不迫遽之意。); 《古今注》 물고기가 물속을 노니는 것과 같은 것을 '游'라 한다(如魚泳水曰游。); 《王力漢語》 游(유): 수면에 떠다니다. 한가하게 돌아다니다. 벼슬 · 학문 탐구를 목적으로 하는 여행. 交遊하다(在水面上浮行。通遊。'遊', 閒逛, 隨意旅行。引申爲有目的的旅行, 多指求仕, 求學。).

18 《禮記·學記》 藝를 애호하지 않으면, 배움에 흥취가 일어나지 못한다. 때문에, 군자가 배움에 있어서는, 그것을 마음속에 늘 간직하고, 늘 익히고, 그 속에서 쉬고, 그 속에 푹 빠져 노닌다. 이렇기 때문에, 배움에 마음을 품고 전념하고 스승에게 가까이 가고, 벗들과 우애하고, 도를 믿는다. 이 때문에 스승과 학우를 떠나 있어도 도를 위반하지 않는다(不興其藝, 不能樂學。故君子之於學也, 藏焉, 修焉, 息焉, 游焉。

예(藝) 속에서 푹 젖어 노닌다."

游者, 玩物適情[20]之謂。藝, 則禮樂之文, 射, 御, 書, 數之法, 皆至理所寓, 而日用之不可闕者也。朝夕游焉, 以博其義理之趣, 則應務[21]有餘, 而心亦無所放矣。[22]

'游(유)'라는 것은 물건을 가지고 놀면서 마음에 흡족해하는 것을 일컫는 말이다. '藝 (예)'는 곧 예악(禮樂)에 관한 글과 사(射)·어(御)·서(書)·수(數)에 관한 규정으로, 이 모두 지극한 이치가 깃들어 있는 곳이고, 일상생활에서 빠질 수 없는 것들이다. 하루 종일 예(禮) 속에서 푹 젖어 노닐면서, 이로써 그 안에 깃든 의리의 깊은 맛을 넓혀나가면, 일에 대처하는데 충분하고도 남음이 있고, 마음 또한 해이하게 풀어져 느슨해질 여지가 없다.

○此章言人之爲學當如是也。蓋學莫先於立志, 志道, 則心存於正而不他; 據德, 則道得於心而不失; 依仁, 則德性常用而物欲不行, 游藝, 則小物不遺而動息[23]有養。學者於此, 有以不失其先後之序, 輕重之倫焉, 則本末兼該[24], 內外交養, 日用之間, 無少間隙, 而涵泳從容, 忽不自知其入於聖賢之域矣。[25]

夫然, 故安其學而親其師, 樂其友而信其道。是以雖離師輔而不反也。).

19 《論語新解》이 장에 거론한 네 가지는 孔門의 교학의 조목이다(本章所举四端, 孔门教学之条目。);《論語今讀》이 장은 아마도 공자의 교학의 총강에 해당할 것이다(这大概是孔子教学总纲。).

20 '玩物適情'은 '玩物喪志[書經·周書·旅獒]'까지 가지 아니한 정도를 말한다.《書經·周書·旅獒》사람을 가지고 놀면 덕을 잃고, 물건을 가지고 놀면 뜻을 잃는다(玩人喪德, 玩物喪志。).

21 應務(응무): 일을 처리하다. 일을 응대하다(处理政务。应酬事务。).

22 《孟子·告子上 제11장》맹자가 말했다. "仁은 사람의 마음이고, 義는 사람의 길이다. 義의 길을 버리고도 따르지 않고, 仁의 마음을 놓아버리고도 찾을 줄 모르니, 슬프구나! 사람이 기르는 닭이나 개를 놓친 경우에는 찾을 줄 알면서도, 마음을 놓아버리고서는 찾을 줄 모른다. 학문의 길은 다른 것이 아니라 그가 놓아버린 마음을 찾는 것일 뿐이다"(孟子曰: 仁, 人心也; 義, 人路也。舍其路而弗由, 放其心而不知求, 哀哉! 人有雞犬放, 則知求之; 有放心, 而不知求。學問之道無他, 求其放心而已矣。).

23 動息(동식): 출사와 은퇴. 활동과 휴식. 사람의 행동거지 및 일상생활(指出仕与退隐。动与休息。引申为人的动止起居。).

24 兼該(겸해): 모두 갖추다(兼备, 包括各个方面。).

25 《論語大全》'先後之序'는 道·德·仁·藝의 순서를 말한다. '輕重之倫'은 志·據·依·游의 차례를 말한다. 앞의 것이 '重'한 것이고, 뒤의 것이 '輕'한 것이다. '本'과 '內'는 道·德·仁을 말하고, '末'과 '外'는 藝를 말한다. 저 道·德·仁·藝의 순서에 비록 先後가 있고, 나의 志·據·依·游의 차례에 비록 輕重이 있지만, 어느 것에 치우치거나 어느 것을 버리는 것이 결코 아니라, 集注에서 말한 '본과

○이 장은 사람의 배움의 자세가 마땅히 이와 같아야 한다는 것을 말씀한 것이다. 대개 배움은 뜻을 세우는 것보다 우선인 게 없으니, 도를 향해 가는 데에 뜻을 두면, 마음이 바른 데에 가 있지, 다른 데에 가 있지 않는다. 얻은 도를 꼭 붙잡아 지키면, 도가 마음에 얻어져서 잃어버리지 않는다. 인(仁)을 가까이하여 인(仁)에서 떨어져 있지 않으면, 덕성은 항상 사용되고 물욕은 행해지지 않는다. 예(藝) 속에서 푹 젖어 노닐면, 사소한 일도 빠뜨리지 않고 움직일 때든 쉴 때든 어느 때든 끊임없이 수양이 되는 바가 있다. 배우는 자는 이에 대해, 그것들의 선후의 순서와 경중의 차례를 놓치지 않는다면, 본과 말은 겸해서 갖춰지고, 내와 외는 서로를 길러서, 일상생활 하는 중에, 어느 때 어느 곳에서든 끊임없이, 조용한 가운데 푹 젖어 헤엄쳐 노닐다가, 어느새인가 자기도 모르게 성현의 영역에 들어가 있을 것이다.

말이 겸해서 갖춰지고, 내와 외가 서로를 기른다'인 것이다. 일상생활 중에 이같이 공을 들이기를, 조금의 틈새도 없이 義理와 일의 사이에서 조용한 가운데 푹 젖어 헤엄쳐 노닐다 보면, 흠뻑 놀게 되고 물리도록 먹게 되어, 어느덧 성현의 영역에 들어가 있는 것을 스스로도 알지 못한다(慶源輔氏曰: 先後之序, 謂道德仁藝之序。輕重之倫, 謂志據依游之倫。先者重, 後者輕也。本與內, 謂道德仁, 末與外, 謂藝。在彼之序, 雖有先後, 在我之倫, 雖有輕重, 而未嘗偏廢, 所謂兼該而交養也。日用之間, 如是用功, 無少間隙, 涵泳從容於義理事物之間, 則將優游饜飫, 而忽不知其入於聖賢之域矣。);《讀四書大全說》集注의 '先後之序 輕重之倫'은, 慶源輔氏 이후로, 모두 이 말을 이해하지 못했다. 주자는 예전에 말하기를, '集注에는 허투루 들어간 글자가 한 글자도 없다'고 하였으니[《朱子語類19:59》에, '語吳仁父曰:「某語孟集注, 添一字不得, 減一字不得……」 又曰:「不多一箇字, 不少一箇字。」'라고 나온다], 독자들은 어떤 글자를 쓴 것은 반드시 어떤 뜻이 있다는 것을 알아서, 한 글자도 더하거나 보태지 말아야 하니, 이렇게 하면 오류가 없을 것이다(集注"先後之序, 輕重之倫", 自慶源以下, 皆不了此語。朱子嘗自云"注文無一字虛設", 讀者當知其有字之必有義, 無字之不可增益, 斯不謬耳。);《讀四書大全說》志道가 독실하면 덕이 마음에 얻어지고, 據德이 익어지면 인이 성으로 드러난다. 덕은 도의 실질이고, 인은 덕의 전체이다(蓋志道篤則德成於心, 據德熟則仁顯於性。德爲道之實, 而仁爲德之全。).

[自行束脩章]

070701、子曰:「自¹行束脩²以上, 吾未嘗³無誨焉。⁴, ⁵」

선생님께서 말씀하셨다. "(배우고자 해서) 스스로 육포 한 묶음이라도 예(禮)를 갖춰 찾아오면, 나는 지금까지 그 사람을 가르쳐 주지 않은 적이 없다."

脩, 脯也。十脡⁶爲束。古者相見, 必執贄⁷以爲禮, 束脩其至薄者。蓋人之有生, 同具此理,

---

1 《論語譯注》자발적으로. 자원해서["자발적으로 束脩 이상을 행하면"](主動地);《論語句法》'自'는 '行'을 수식하는 부사이다["자발적으로 행하다"]('自'是限制詞, 修飾'行'的.);《論語新解》"육포 한 묶음을 지참해 예를 갖춰 청견하는 것부터"("从带着十脡干脯为礼来求见的起……");《論孟虛字》만일~하는 경우에는. 가설을 나타내는 관계사["만일 육포 한 묶음 이상의 예를 행해서 배우러 나오는 경우에는"]('自', 猶'若''苟', 爲表假設的關係詞。是說, '若或能行束脩之禮以上而來學者').

2 《論語正義》《後漢書·吳延史盧趙列傳》의 '吾自束脩已來'에 대한 李賢[655~684]의 注에, '束脩는 허리띠를 묶어서 단정하게 차림을 하는 것으로, 鄭玄의《論語注》에는 束脩는 열다섯 살 이상을 말한다고 되어 있다'고 했다(正義曰: 李賢《後漢延篤傳》注: "束脩, 謂束帶脩飾, 鄭注《論語》曰: 束脩謂年十五以上也。");《論語新解》①脩는 육포이고, 열 개 묶음이 束이다. 옛사람들은 상견례를 할 때, 반드시 예물을 지참해서 예를 갖추었는데, 束脩는 예물 중에 보잘것없는 것이다. ②束脩는 허리띠를 묶고 단정하게 차림을 하는 것이다. 옛사람들은 열다섯 살이 되면, 스스로 束帶脩飾하여 외부의 사부를 뵈었다["열다섯 살 이상이 되어 단정한 차림으로 예를 갖춰 찾아오면"]. ③스스로 몸가짐을 점검하고 행실을 닦다(一解, 脩是干脯, 十脡爲束。古人相见, 必执贽为礼, 束脩乃贽之薄者。又一解, 束脩谓束带脩饰。古人年十五, 可自束带脩饰以见外傅。又曰: 束脩, 指束身脩行言);《論語今讀》(열다섯 살이면) 나이로 볼 때, 공문의 제자들은 고등학교 대학교 수준이다. 공자는 처음 배우는 소학생은 가르치지 않은 것으로 보인다(从年岁看, 孔门是高中大学水平。看来孔子不教发蒙小学生。); 束脩(속수): 열 개 묶음의 육포. 학교에 들어갈 때 선생에게 드리는 예물[납채](十条干肉。古代入学敬师的礼物。); 脩(수): 육포. 수업료(同'修'。干肉。脩, 脯也。指学生致教师的酬金。).

3 《助字辨略》'未嘗'은 '未始'와 같다. '지금까지 ~한 적이 없다'(未嘗, 猶未始也。).

4 《論語義疏》사람들이 자발적으로 육포 한 묶음 이상의 예물을 시주하고 와서 알현하는 자라면, 나는 지금껏 그를 가르치지 않은 적이 없었다(疏: 孔子言: 人若能自施贄行束脩以上來見謁者, 則我未嘗不教誨之。);《論語句法》'無'는 '不'와 같다('無'等於'不'。);《論孟虛字》'焉'은 '之'와 같다. 自行束脩以上的人을 가리킨다('焉', 猶'之', 泛指自行束脩以上的人。).

5 《古今注》李紘父(이굉보)가 말했다. "사제지간에 폐백을 써서 예를 치르지 않는 것은, 부부간에 폐백을 써서 예를 치르지 않은 것을 野合이라 하여, 부부로 치지 않는 것과 같다"(紘父云: 師弟不以贄成禮, 如夫婦不以贄成禮, 是名野合, 非夫婦也。).

6 脡(정): 길쭉한 육포(条状的干肉).

7 《儀禮·士相見禮》선비끼리 만나보는 예절에서, 폐백으로, 겨울에는 꿩을 쓰고, 여름에는 말린 고기를 쓴다(士相見之禮。摯, 冬用雉, 夏用腒。);《禮記·曲禮下》대체로 폐백으로는, 천자는 울창주, 제후는

故聖人之於人, 無不欲其入於善[8]. 但不知來學, 則無往教之禮[9], 故苟以禮來, 則無不有以教之也。

'脩'(수)는 '말린 고기'[脯]이다. 육포 열 개 묶음이 '束'(속)이다. 옛날에 서로 만날 때는 반드시 예물을 지참하여 이로써 예(禮)를 갖추었는데, '束脩'(속수)는 그중에서 아주 보잘것없는 예물이다. 대개 사람이 세상에 태어남에 있어서, 이 선한 도리를 똑같이 다 갖추고 태어나기 때문에, 성인께서는 사람에 대해, 그가 누구든 선한 경지로 들어오기를 바라지 않은 적이 없다. 다만 스스로 찾아와서 배울 줄을 모르면, 찾아가서 가르쳐주는 예(禮)는 없기 때문에, 예(禮)를 갖춰 찾아오면, 그 사람을 가르쳐주지 않는 일이 없었다.

규옥, 경은 양, 대부는 기러기, 선비는 꿩, 서인은 집오리[鴨子]로 행하고, 부인은 도토리·개암·육포·대추·밤 등으로 행한다(凡摯, 天子鬯, 諸侯圭, 卿羔, 大夫雁, 士雉, 庶人之摯匹; ……婦人之摯, 椇, 榛, 脯脩, 棗, 栗.);《論語義疏》'贄'는 '至'이다. 내가 왔다는 것을 표시하는 것이다(疏: 贄, 至也。表己來至也。); 執贄(집지): 윗사람·친척·벗을 방문할 때 지참하는 예물(古代汉族交际礼仪。贽亦写作挚, 即礼品, 拜谒尊长及串亲访友时必携见面礼物。始于周代。); 贄(지): 처음 만나고자 할 때 가지고 가는 예물(古时初次求见人时所送的礼物, 见面礼。).

8 《韓愈·重答翊書》 군자께서는 사람을 대함에 있어, 그가 누구든 선한 경지로 들어오기를 바라지 않은 적이 없습니다. 어찌 일러주어서는 안 되는데도 일러주고, 어찌 진보할 수 있는데도 진보하지 못하게 하겠습니까? 하는 말에 응답하지 않고, 베푸는 예절에 응대하지 않는다면, 공자인들 호향에서 통할 수 없었으니[述而 제28장], 제가 그렇게 하지 않은 것은 당연한 일입니다. 만약 찾아오는 사람이 있으면, 저는 그가 진보하게 할 뿐, 어찌 그에게 분에 넘치게 예우하고 도에 넘치게 호의를 베풀겠습니까?(君子之於人, 無不欲其入於善。寧有可不告而告之, 孰有可進而不進也? 言辭之不酬, 禮貌之不答, 雖孔子不得行於互鄉, 宜乎餘之不爲也。苟來者, 吾斯進之而已矣, 烏待其禮逾而情過乎?);《論語大全》 사람이 세상에 태어남에 있어, 이 도리를 똑같이 다 지니고 태어나니, 비록 기질과 물욕이 누를 끼쳐 악으로 향하게 될지라도, 모두 돌이켜 선을 향해 갈 수 있다. 성인의 천하를 仁하게 하려는 마음은, 어찌 선을 향하는 길을 가르쳐주려 하지 않은 적이 있었는가? 다만 자포자기하는 자만큼은, 성인께서도 어찌할 수 없으셨다(胡氏曰: 人之有生, 同具此理, 雖以氣稟物欲之累, 而趨於惡, 然皆可反而之善。聖人仁天下之心, 曷嘗不欲啓其爲善之塗哉? 惟自暴自棄, 在聖人亦無如之何。).

9 《禮記·曲禮上》 품행이 닦이고 언행이 도에 맞는 것이 예의 본질이다. 예에, 스승에 의해 받아들여진다는 말은 들었어도, 스승을 받아들인다는 말은 들어보지 못했다. 예에, 스승에게 찾아와서 배운다는 말은 들었어도, 스승이 찾아가서 가르친다는 말은 들어보지 못했다(行修言道, 禮之質也。禮聞取於人, 不聞取人。禮聞來學, 不聞往教。).

[不憤不啓章]

070801、子曰:「不憤不啓[1], 不悱不發[2,3], 擧一隅不以三隅反[4, 5, 6], 則不復也。」[7]

1 [성]不憤不啓(불분불계): 속으로 알고 싶어 궁금해 하지만, 아직 뭔지 모르는 경우가 아니면 귀띔해주지 않는다(憤: 心里想弄明白而还不明白。启: 启发。指不到学生们想弄明白而还没有弄明白时, 不去启发他。);《說文·心部》'憤'(분)은 '懣'(만)[속이 끓다. 번민하다]이다(憤, 懣也。);《論語大全》'憤'에는 답답해서 속이 끓는다는 뜻이 있다. 입은 말하고 싶은데 하지 못하면, 그 모양이 답답해하는 모습인데 스스로는 해소하지 못한다(慶源輔氏曰: 憤, 有鬱懣之意。口欲言而未能言, 則其貌悱然而不能自伸。); 憤(분): 마음에 맺혀 있다. 가슴이 답답하게 막혀 있다. 번민하다. 의심덩어리가 풀리지 않다. 기가 막혀 답답하다(郁结于心; 憋闷。心里有疑团, 心情不舒畅; 由于透不过气来而心胸发闷。);《北京虛詞》不(불): ~아니면~하지 않다. 두 개의 '不'가 두 술어성분 앞에 각각 쓰여, 후자는 결과를 전자는 조건을 표시한다('不, 两个'不'分别用于两个谓语成分前, 后者与前者是结果与条件的关系。义即'不……就不……'。);《論語義疏》'啓'는 '開'이다(疏: 啓, 開也。);《說文·攴部》'啓'(계)는 '敎'이다["알지 못해서 애태우지 않으면 가르쳐주지 않는다"](啟, 教也。《論語》曰: 不憤不啟。);《論語大全》'啓'는 문을 약간 열어주는 것과 같다(雙峯饒氏曰: 啓, 如啓戶, 略開之也。); 啓(계): 손으로 한 짝 문을 열다(左边是手(又), 右边是户(单扇门); 用手开门。).

2 [성]不悱不發(불비불발): 속으로는 말하고 싶은데 말이 나오지 않는 경우가 아니면 말문을 틔워주지 않는다(悱: 心里想说而说不出来。发: 启发。指不到学生想说而说不出来时, 不去启发他。);《論語大全》'悱'는 구부러져 억눌린 모양이다(慶源輔氏曰: 悱者, 屈抑之貌。);《王力字典》悱(비): 말하고 싶은데 적당한 말을 찾지 못하는 모양(想說而不能恰當說出來的樣子。);《論語義疏》'發'은 '發明'[드러내 밝히다]이다(疏: 發, 發明也。);《論語大全》'發'은 활을 당겼다가 놓는 것과 같다(雙峯饒氏曰: 發如弩之張, 而爲之發其機。); 發(발): 당긴 화살을 놓다. 닫힌 것을 열어젖히다. 속에 숨어 있는 것을 밖으로 내보이다(本义: 放箭。打开; 开启。);《說文·弓部》'發'(발)은, '화살이 활시위를 떠나다'이다(發, 躲發也。); 悱憤(비분): 걱정이 가슴에 맺히다. 애가 타고 답답하다(忧思郁结).

3 《論語正義》《禮記·學記》에 '선생은 수시로 늘 학생의 안색을 관찰하되 아무 때고 말해주지 않는 것은 학생으로 하여금 마음을 집중해서 생각해서 스스로 찾도록 하려는 것이다'라고 했고, 정현의 주에 '학생으로 하여금 스스로 찾지 못해서 애가 타고 답답하게 한 연후에, 일깨워 준다'고 했고, 또《禮記·學記》에 '학생의 안색에 의심나는데도 능력이 안 되어 질문하지 못하는 것을 본 연후에, 알아듣게 설명해준다'고 했는데, 능력이 안 되어 질문하지 못하기 때문에, 입으로 표현하지 못해 답답해하는 것이다(正義曰:《學記》曰: "時觀而弗語, 存其心也。"注云: "使之悱悱憤憤, 然後啓發也。"《記》又云: "力不能問, 然後語之。" "力不能問", 故口悱悱也。當心憤憤, 口悱悱時, 已是用力於思, 而未得其義, 乃後啓發爲說之, 使人知思這宜深, 不敢不專心致志也。).

4 《論語集釋》蜀石經에는 '擧一隅' 아래에 '而示之' 세 글자가 더 있고,《論語義疏》本에는 '而示之' 세 글자가 더 있고, '不復' 위에 '吾'字가 있다. 생각건대, '擧一隅' 아래에 '而示之' 세 글자가 이어져야 하는데, 뒤로 오면서 전사하는 과정에서 잘못 빠진 것으로, 응당 들어가야 할 것 같다(蜀石經'擧一隅'下有'而示之'三字。皇本有'而示之'三字, '不復'上有'吾'字…… 按: '擧一隅'下應有'而示之'三字, 後來傳寫錯落, 似應加入。)["(내가) 한 모퉁이를 들어 보여주었는데……"];《論語正義》'反'은 '돌이켜 생각하다'이다(正義曰: '反'者, 反而思之也。); [성]一隅三反(일우삼반): =擧一反三. 한 가지 일로 유추해서 다른 허다한 일을 알다. 한 가지 사물에 대한 지식을 토대로 다른 비슷한 사물을 유추하여 이해하다. 유추를 잘하다. 하나를 들으면 열을 안다(反: 类推。比喻从一件事情类推而知道其他许多事情。谓善于类推, 能由此及彼。=觸類

선생님께서 말씀하셨다. "알지 못해서 애를 태우지 않으면 귀띔을 해주지 않고, 표현하지 못해서 답답해하지 않으면 말문을 틔워주지 않고, 한 귀퉁이를 들어 보여주었는데 이로써 나머지 세 귀퉁이가 더 있다는 것을 유추하지 못하면, 다시 들어 보여주지 않는다."

憤, 房粉反. 悱, 芳匪反. 復, 扶又反. ○憤者, 心求通而未得之意. 悱者, 口欲言而未能之

旁通); [성]一隅之見(일우지견): 한쪽으로 치우친 견해(見見解。偏于一方面的見解。); 隅反(우반): 유추하다(指类推: 擧一端即知其余。); 隅(우): 산모퉁이. 물굽이. 모서리. 구석(山水弯曲边角处。角, 角落。).

5 《朱子語類34: 72》물체는 네 귀퉁이가 있어, 한 귀퉁이를 들면, 그 물체의 나머지 세 귀퉁이의 이치는 유추할 수 있다. 만약 이로써 세 귀퉁이를 유추할 수 없다면, 아마도 한 귀퉁이에 대해서도 아직 이해했다고 할 수 없을 것이다(凡物有四隅, 擧一隅, 則其三隅之理可推。若不能以三隅反, 則於這一隅, 亦恐未必理會得在。); 《論語新解》물건 중 모서리가 나 있는 것은 네 귀퉁이가 있으니, 한쪽 귀퉁이를 들어 보여주면, 당연히 그 나머지 세 귀퉁이가 있다는 것을 유추해야 한다(物方者四隅, 擧一隅示之, 当思类推其三。); 《論語今讀》공자께서는 기본적인 분석능력·종합능력이 없거나 아주 간단한 유추능력이 없는 사람을 싫어하셨을까? 알 수 없다. 실용이성적인 사고는 계발·암시·깨달음과 개별적이고 구체적인 정황을 중시하지, 추상적인 논증, 상세한 설명이나 추리과정을 중시하지 않는다. 즉 교육을 받는 자가 스스로 마음을 열고, 홀로 체득하고, 생기발랄하게 참 지혜를 얻게 하고, 공식화된 기계심리에서 벗어나게 한다. 진정한 소통과 사고는, 모두 이 '不憤不啓'에 있지, 저 '推理過程'에 있는 것이 아니다(孔子是嫌人没有基本的分析能力, 综合能力还是没有最简单的直观能力呢? 不知也矣。实用理性的思维重启发, 暗示, 点悟, 极具具体情境性质, 而不重抽象论证, 详尽说明或推理过程。…… 即让受教育者自启心灵, 独得体会, 生机话泼, 得真智慧, 而免于沦为公式化之机器心理。…… 真情沟通(communication)与思考(thinking), 均在此"不愤不启", 而不在彼之"推理过程"。).

6 《論語正義》劉逢祿[1776~1829]의 《論語述何》에 말했다. "성인의 말씀은, 모두 한 귀퉁이를 들어 보여주어, 사람들이 이로써 나머지 세 귀퉁이를 유추하기를 기다리기 때문에, 글은 간략하지만 뜻은 무궁하다. 동중서가 《春秋》에 대해, '자세히 살피지 않으면, 적막하니 아무것도 없는 것 같지만, 깊이 살피면, 그 안에 들어 있지 않는 게 없다'[春秋繁露·精華]라고 했는데, 글로 쓰지 않은 것이 글로 쓰인 것보다 많다는 말이다"(劉氏逢祿《述何篇》: "聖人之言, 皆擧一隅, 而俟人以三隅反, 故文約而旨無窮。董子說《春秋》云: '不能察, 寂若無, 深察之, 無物不在。' 謂不書多於書也。").

7 《孟子·盡心上 제40장》맹자가 말했다. "군자가 가르치는 방법에 다섯 가지가 있다. 때맞추어 내리는 비가 씨를 싹트게 하는 것과 같은 방법이 있다. 덕을 이루게 하는 방법이 있다. 재능을 통달하게 하는 방법이 있다. 물음에 대답해주는 방법이 있다. 혼자서 배우는 경우도 있다. 이 다섯 가지가 군자가 가르치는 방법이다"(孟子曰: "君子之所以教者五: 有如時雨化之者, 有成德者, 有達財者, 有答問者, 有私淑艾者。此五者, 君子之所以教也。"); 《孟子·盡心上 제41장》군자는 활시위는 당겼지만, 화살은 쏘지 않아 화살이 금방이라도 튀어 나갈 듯한 모습이다. 그러한 중간에 서 있으면 능한 자는 따라온다(孟子曰: 君子引而不發 躍如也。中道而立, 能者從之。); 《禮記·學記》군자의 가르침은, 이끌어주되 끌어당기지 않고, 힘쓰게 하되 강압하지 않고, 틔워주되 모든 것을 다 가르쳐주지 않는다. 이끌어주되 끌어당기지 않으면 따라와 호응하고, 힘쓰게 하되 강압하지 않으면 즐거워하고, 틔워주되 모든 것을 다 가르쳐주지 않으면 스스로 생각한다. 스스로 따라오게 하고 즐거워하게 하고 스스로 생각하게 하는 것이, 훌륭한 가르침이다(君子之教喻也, 道而弗牽, 强而弗抑, 開而弗達。道而弗牽則和, 强而弗抑則易, 開而弗達則思; 和易以思, 可謂善喻矣。).

貌。啟, 謂開其意。發, 謂達其辭。物之有四隅者, 舉一可知其三。反者, 還以相證之義。
復, 再告也。上章[8]己言聖人誨人不倦之意, 因并記此, 欲學者勉於用力, 以爲受教之地也。
'憤'(분, fèn)은 '房'(방)과 '粉'(분)의 반절이다. '悱'(비, fěi)는 '芳'(방)과 '匪'(비)의 반절이
다. '復'(부, fòu)는 '扶'(부)와 '又'(우)의 반절이다. ○'憤'(분)이라는 것은 마음이 뚫려
깨닫기를 추구하는데 깨닫지 못한다는 뜻이다. '悱'(비)라는 것은 입으로는 말하고 싶
어 하는데 말하지 못하는 모양이다. '啟'(계)는 그의 생각을 열어주는 것을 말한다. '發'
(발)은 그의 말문을 열어주는 것을 말한다. 물건 중에 네 귀퉁이가 있는 것은 그중
한 귀퉁이를 들면 나머지 세 귀퉁이를 알 수 있다. '反'(반)이라는 것은 되돌려서 서로를
증거한다는 뜻이다. '復'(부)는 재차 말해주는 것이다.

앞 장에서 성인께서는 남을 가르치는 일에 게을리하지 않는다는 뜻을 이미 말씀했고,
이어서 이 장을 아울러 기록했으니, 배우는 자가 노력에 힘써, 이로써 가르침을 받아들
일 기반을 갖추기를 바라신 것이다.

○程子曰: 「憤悱, 誠意之見於色辭者也。待其誠至而後告之。既告之, 又必待其自得[9], 乃
復告爾。」又曰: 「不待憤悱而發, 則知之不能堅固; 待其憤悱而後發, 則沛然[10]矣。」[11]
○정자(程子·伊川)가 말했다. "분(憤)과 비(悱)는 간절한 마음이 안색과 말투로 내보여
지는 모습이다. 그 (알고 싶어 하고 표현하고 싶어 하는) 정성의 간절함이 지극하기를 기다
려서 그 뒤에 알려준다. 알려주고 나서는, 또 반드시 그가 스스로 터득하기를 기다려
서, 그뒤에 그에게 또다시 알려주는 것이다." 또 말했다. "애를 태우고 답답해하기를
기다리지 않고 말해줄 경우는, 아는 것이 견고할 수 없지만, 그가 애를 태우고 답답해

---

8 《述而 제2장》 참조.

9 《論語大全》 이로써 나머지 세 귀퉁이가 더 있다는 것을 유추하는 것이다(以三隅反。).

10 《孟子·梁惠王上 제6장》 왕께서는 저 어린싹에 대해 아십니까? 칠팔월 중에 날씨가 가물면, 싹은
바짝 말라 타들어 갑니다. 하늘이 뭉게뭉게 구름을 일으켜 세차게 비를 내리면, 싹들은 금방 벌떡
일어납니다(王知夫苗乎? 七八月之間旱, 則苗槁矣。天油然作雲, 沛然下雨, 則苗浡然興之矣。); 沛然(패
연): 아주 세찬 모양(充盛的样子; 盛大的样子); 沛(패): 물살이 세찬 모양. 성대하다. 힘차다(水势湍急的
样子, 泛指盛大。).

11 《論語大全》 정자의 이 말은 바로 이른바 '時雨之化'[《子罕 제19장》 각주 《孟子·盡心上 제40장》 참조]라
는 것이다(朱子曰: 此正所謂時雨之化。).

하기를 기다려 그 뒤에 알려줄 경우는, 물이 세차게 쏟아지는 것 같이 깨달음이 시원하게 뚫릴 것이다."

[子食於有喪者之側章]

070901、子食於有喪者之側, 未嘗飽也[1][2]

선생님께서는 상(喪)을 당한 사람 곁에서는, 배불리 드신 적이 없으셨다.

臨喪哀, 不能甘也。

상(喪)에 임해서는 슬퍼서, 음식을 달게 먹을 수가 없어서이다.

070902、子於是日[3]哭[4], 則不歌[5][6][7]。

---

1 《論語大全》‘未嘗飽’에는 (깊은 슬픔으로) 음식이 목구멍으로 넘어가지 않는다는 뜻이 있다(朱子曰: 未嘗飽, 有食不下咽之意。);《王力漢語》‘未嘗’(미상)은 ‘~한 적이 없다’는 뜻의 고정격식으로, 과거를 부정하는 데 쓴다. ‘未’는 장래 실현가능성 또는 이미 실현된 일과 대비하는데 중점이 있고, ‘未嘗’의 경우에는 단순히 과거를 부정한다(‘未嘗’是一個凝固形式, 它表示‘不曾’或‘沒有……過’的意思。‘未’著重在和將來實現的可能性對比, 或和已經實現的事情對比。‘未嘗’則是簡單地否定過去。),

2 《禮記·雜記下》상가에서 차린 음식이 비록 조악할지라도 반드시 허기를 채워야 한다. 허기 때문에 할 일을 폐하는 것은 예가 아니고, 배불러서 슬픔을 망각하는 것 역시 예가 아니다(喪食雖惡必充饑, 饑而廢事, 非禮也; 飽而忘哀, 亦非禮也。),

3 《論語義疏》本에는 ‘於是日’ 다음에 ‘也’字 붙어 있다。《詞詮》於(어): 개사. 시간을 나타낸다(‘於’, 介詞。表時間。);《文言虛詞》동작의 지점·위치·시간을 나타낸다(於: 表明動作的地點、位置或者時間, 口語可譯爲‘在’。);《古漢語語法》‘於+목적어’구가 시간을 끌어들여 동사 앞에 쓰였다(‘於+宾’引进时间常用在动词前头。);《北京虛詞》於(어): 동작의 시행시간 또는 상황의 발생시간을 끌어들인다(‘於’, 介詞。引进动作施行或情况发生的时间。义即‘在’。);《論孟虛字》‘於’는 ‘如’와 같다. 假設한다는 뜻이다[“공자께서 이날 조문하시고 곡을 하셨을 경우에는”]. 이 ‘於’字를 시간을 표시하는 ‘在’로 간주하여 풀이할 경우, 그렇게 해도 괜찮지만, 가설의 ‘於’로 간주해서, 어기가 원활해지는 것에는 미치지 못한다(‘於’, 猶‘如’, 爲設如之義。‘孔子假如那天吊喪哭了……’。若是把這個‘於’字, 看做表時間的介詞, 譯成‘在’字, 雖然可以, 祇是不及把它當做設詞‘如’字, 語氣來得靈活。),

4 《王力漢語》소리 없이 울고 눈물을 흘리는 것을 ‘泣’(읍), 소리 내어 울고 눈물을 흘리는 것을 ‘哭’(곡), 소리 내어 울고 눈물을 흘리고 소리치는 것을 ‘號’(호)라 한다(無聲有淚叫‘泣’, 有聲有淚叫‘哭’, 哭而有言叫‘號’。),

5 歌(가): 노래 부르다. 연주하다. 반주하다(本义: 唱。奏乐; 伴奏。),

6 《經典釋文》옛글에는 이 구절을 별개의 장으로 했는데, 앞 장과 합해 한 장으로 하는 것이 마땅하다(舊以爲別章, 今宜合前章。),

7 《禮記·曲禮上》무덤에 가서는 노래를 부르지 않고, 곡한 날에는 노래를 부르지 않는다(適墓不歌, 哭日不歌。);《禮記·曲禮下》居喪에서는 音樂을 입에 올리지 않고, 祭事에서는 凶事를 입에 올리지 않고, 종묘나

선생님께서는 조문 가서 곡(哭) 하신 그날에는, 노래하지 않으셨다.

哭, 謂弔哭。日之內[8], 餘哀未忘, 自不能歌也。
'哭'(곡)은 '조문 가서 하는 곡'[弔哭]을 말한다. 그날 하루 동안은, 남아 있는 슬픔이 아직 가시지 않아서, 자연히 노래를 부를 수 없으셨다.

○謝氏曰:「學者於此二者, 可見聖人情性之正也。能識聖人之情性, 然後可以學道。」
○사씨(謝氏·謝顯道)가 말했다. "배우는 자는 이 두 가지 일에서, 성인의 성정의 바른 모습을 볼 수 있다. 성인의 성정을 알 수 있게 되면, 그런 뒤에 도를 배울 수 있다."

조정에서는 婦女를 입에 올리지 않는다(居喪不言樂, 祭事不言凶, 公庭不言婦女。);《禮記·檀弓上》남을 조문한 날은 노래를 부르지 않는다. 조문한 날은 술을 마시거나 고기를 먹지 않는다(弔於人, 是日不樂……行弔之日不飮酒食肉焉。).

8 內閣本에는 '日之內'가 '一日之內'로 되어 있다.

[子謂顔淵曰章]

071001、子謂顔淵曰:「用之則¹行, 舍之則藏², 唯³我與爾有是夫⁴!」⁵

　　　선생님께서 안연(顔淵)에게 말씀하셨다. "쓰임을 받으면 나가서 행하는 것, 버림을 받으면 숨어서 지내는 것, 오직 나와 너만이 이런 도리를 지니고 있을 게다!"

舍, 上聲。夫, 音扶。○尹氏曰:「用舍無與於己, 行藏安於所遇, 命不足道也。顔子幾於聖

---

1 《王力漢語》 접속사 '則'은 조건복문의 축약문에 자주 쓰인다(連詞'則'字常常用於條件複句的緊縮。).
2 [성]用行舍藏(용행사장): =用舍行藏. 用舍. 임용되면 나가서 일하고, 임용되지 못하면 물러나 숨는다(谓被任用就行其道, 不被任用就退隐。这是早时世大夫的处世态度。);《論語集解》행할 만하면 행하고, 그만둘 만하면 그만두는 것, 나와 안연만이 같을 뿐이다(注: 孔安國曰: 言可行則行可, 止則止, 唯我與顔淵同耳。); 藏(장): 곡물을 저장해두다. 비축하다. 숨겨두다(本义: 把谷物保藏起来。储积, 收藏。隐匿。).
3 《助字辨略》'唯'는 '專'으로, '獨'과 같다(此專辭也, 猶云獨也。);《詞詮》唯(유): 부사. 오직. 다만('唯', 副詞。獨也, 但也。);《古書虛字》'惟'는 '獨[오직]'이다. '惟'는 모두 '唯'로도 쓴다('惟', '獨'也。'惟'字又通作'唯'。);《古漢語語法》부사 '唯'는 주어 앞에 쓸 수 있다(副词'唯'可用在主语前。).
4 《論語譯注》 "너와 나만이 이럴 수 있구나!"("只有我和你才能這樣吧!");《論語新解》'有是夫'의 '是'는 '此道'를 가리킨다. '此道'란 비로소 소위 行·藏의 도를 갖추고 있는 것이다(有是夫是字, 即指此道。有此道, 始有所谓行·藏。);《助字辨略》'夫'는 '哉'와 같다(夫字, 語已辭, 猶云哉。);《詞詮》夫(부): 감탄을 표시하는 어말조사('夫', 語末助詞。表感歎。);《北京虛詞》夫(부): 서술문이나 판단문에 쓰여 긍정의 어기를 표시한다('夫', 语气词。用于叙述句或判断句末, 表示肯定语气。义即'啊'。).
5 《孟子·公孫丑上 제2장》 벼슬을 해야 할 만하면 벼슬하고, 벼슬을 그만둬야 할 만하면 그만두고, 오래 머물러야 할 만하면 오래 머물고, 빨리 떠나야 할 만하면 빨리 떠난 분은 공자였다. 내가 원하는 것은 공자를 배우는 것이다(可以仕則仕, 可以止則止, 可以久則久, 可以速則速, 孔子也…… 乃所願, 則學孔子也。);《孟子·盡心上 제9장》 옛사람들은 뜻을 이루면 은택이 백성에게 가고, 뜻을 이루지 못하면 자신을 닦아서 세상에 드러냈습니다. 궁하면 홀로 자신을 선하게 지키고, 영달하면 천하를 함께 선하게 했습니다(古之人, 得志, 澤加於民, 不得志, 脩身見於世。窮則獨善其身。達則兼善天下。);《論語正義》 아래《泰伯 제13장》에, '천하에 도가 있을 때면 드러내서 지내고, 천하 도가 없을 때면 숨어서 지낸다'고 하신 말씀은 일반인의 出處의 正道를 밝히신 것이다. 이 장에서는 '有道'·'無道'를 말씀하지 않고, '用之'·'舍之'라고만 하신 것은 천하가 '有道'한지 '無道'한지를 더 이상 따지지 않은 것으로, 바로 세상을 향한 뜻으로, 無道를 有道로 바꾸고자 한 것이다. 이것은 오직 時中의 성인만이 할 수 있다. 맹자가 공자를 칭하기를 '可以仕則仕'라고 했는데, '用之'는 바로 '可以仕'이고, '可以止則止'라고 했는데, '舍之'는 바로 '可以止'이다(案: 下篇夫子言"天下有道則見, 無道則隱", 此明人出處之正法。若此云"用之則行, 舍之則藏", 但言用之, 舍之, 不復計及有道無道者, 正是維世之意, 欲易無道爲有道也。此惟時中之聖能之。孟子稱孔子"可以仕則仕", 謂用之即可以仕也。"可以止則止", 謂舍之即可以止也。).

人, 故亦能之.」[6]

'舍'(사)는 상성[shě]이다. '夫'(부)는 음이 '扶'(부, fú)이다. ○윤씨(尹氏·尹彦明)가 말했다. "쓰임을 받는 것, 버림을 받는 것은 나의 의지와는 상관이 없는 일이고, 쓰임을 받으면 나가서 행하는 것, 버림을 받으면 숨어서 지내는 것은 그때그때 맞닥뜨린 처지를 편안하게 대하는 것이니, 명(命)이라는 말은 입에 올릴 필요가 없다. 안자(顏子)는 성인에 가까웠기 때문에, 그 역시 (성인처럼) 그리할 수 있었다."

071002. 子路曰:「子行三軍[7], 則誰與[8]?」

　　자로(子路)가 말했다. "선생님께서 삼군(三軍)을 부리신다면, 누구와 함께하시겠습니까?"

萬二千五百人爲軍, 大國三軍[9]. 子路見孔子獨美顏淵, 自負[10]其勇, 意夫子若行三軍, 必與己同。

1만2천5백 명이 '軍'(군)으로, 큰 나라는 삼군을 두었다. 자로(子路)는 공자(孔子)께서

---

6 《論語大全》'命'은 단지 尹氏가 이렇게 주를 단 것일 뿐, 경문에는 이런 뜻이 없다. (尹氏의 말은) 대개 義理가 어떤지만을 살펴서 그에 맞게 할 뿐, 命 같은 것은 어떤지 전혀 묻지 않는다는 것이다. 보통 사람의 경우는, 쓰임 받아 나가 행하는 것은 바라는 것이고, 버림받아 숨어지내는 것은 바라는 것이 아니다. (보통 사람의 경우) 버림받아 숨어지내는 것은, 자기의 命이 그러해서, 어찌해볼 수 없는 것인데 어찌겠는가? 성인의 경우는, '어찌해볼 수 없는 것인데 어찌겠는가?' 하는 인식이 아예 없는데, 어찌 꼭 命을 또 말할 필요가 있겠는가?(朱子曰: 命只是尹氏添此一脚, 本文非有此意……蓋只看義理如何, 都不問那命了……常人用之則行, 乃所願, 舍之則藏, 非所欲。舍之則藏, 是自家命恁地, 不得已, 不奈何? 聖人無不得已不奈何底意, 何消更言命。). '어찌해볼 도리가 없다'는 인식이 있어야 비로소 命을 말하는 것이다. 성인께서 命을 말씀하신 경우가 있다면, 단지 中人 이하를 위해서 말씀하신 경우[憲問 제38장 및 각주 참조]뿐이다. 어떤 사람은 命이 있는지도 모르고, 어떤 사람은 命이 있다는 것을 알지만 여전히 따지고 비교하고, 中人 이상은 命을 편안히 여기지만, 聖人의 경지에 이르러서는 命을 말할 필요가 없다(到得無可奈何處, 始言命。聖人說命, 只爲中人以下說……下一等人, 不知有命, 又一等人, 知有命, 猶自去計較, 中人以上, 便安於命, 到聖人, 便不消言命矣。).

7 行軍(행군): 군사를 부리다(古代泛指用兵。);《論語詞典》行(행): 거느리다. 통솔하다(率領。).

8 《論語大全》'子行三軍則誰與'의 '與'는 마땅히 '相與'[서로 함께하다]의 '與'로 보아야지, '許與'[허락하여 인정하다]의 '與'가 아니다(朱子曰: 子行三軍則誰與, 宜作相與之與, 非許與之與。).

9 《周禮·夏官司馬》12,500명이 軍이다. 천자는 6군, 대국은 3군, 차국은 2군, 소국은 1군을 둔다(凡制軍, 萬有二千五百人爲軍。王六軍, 大國三軍, 次國二軍, 小國一軍。).

10 自負(자): 자신하다. 스스로 대단하다고 여기다(自許: 自以为了不起。).

유독 안연(顔淵)을 칭찬하시는 것을 보고는, 자기의 용맹을 자부하여, 선생님께서 만약 삼군을 부리신다면, 반드시 자기와 함께 하시리라고 생각한 것이다.

071003、子曰:「暴虎馮河, ¹¹死而無悔¹²者, 吾不與也。必也¹³臨事而懼¹⁴, 好謀而成¹⁵者也。」

> 선생님께서 말씀하셨다. "맨손으로 후려쳐서 호랑이를 잡고 맨몸으로 헤엄쳐서 강을 건너고, 죽는다고 해도 후회하지 않을 자와는 나는 함께 하지 않는다.

11 [성]暴虎馮河(포호빙하): 맨손으로 호랑이에 맞서고 배 없이 강을 건너려고 하다. 일절 아랑곳하지 않고, 무턱대고 하고 보는 모험. 용기는 있지만, 꾀가 없이, 위험을 무릅쓰고 무턱대고 하다(赤手空拳打老虎, 没有渡船要过河。比喻有勇无谋, 冒险蛮干。); [성]一虎不河(일호불하): 맨손으로 호랑이를 잡고 맨몸으로 강을 건너다. 무모한 용기로 위험을 무릅쓰고 하다(原指空手搏虎, 徒步渡河, 比喻有勇无谋, 冒险行事。);《詩經·小雅·小旻》맨손으로 범 못 잡고, 맨몸으로 강 못 건너지. 그 하나만 아는 것들, 다른 것은 알지 못해. 두려운 마음 부들부들 초조한 마음 조마조마, 깊은 연못 다가서듯, 살얼음 발로 밟듯(不敢暴虎、不敢馮河。人知其一、莫知其他。戰戰兢兢、如臨深淵、如履薄冰。).

12 [성]死而無悔(사이무회): 곧 죽어도 후회하지 않는다. 태도가 결연하다(就是死了也不懊悔。形容态度坚决。).

13 《文言語法》부사 '必'字 뒤에는 습관적으로 '也'字를 붙인다(在副词'必'字, 习惯上只用'也'字。).

14 [성]臨事而懼(임사이구): 일에 맞닥뜨려서 두려워하고 조심하다(临: 遭遇, 碰到。惧: 戒惧。遇事谨慎戒惧。); 臨事(임사): 일에 맞닥뜨리다. 일을 처리하다. 정사를 다스리다(谓遇事或处事。特指治理政事。);《大戴禮記·曾子立事》윗자리에 있으면서 무절제하지 않고, 일을 앞에 두고 두려워하는 자로서, 일을 성취하지 못한 경우는 드물다(居上位而不淫, 臨事而栗者, 鮮不濟矣。);《論語大全》'臨事而懼'는 일이 임박했을 시에, 또 반드시 세심히 검토하고 또 검토하는 것이다. 대개 일이 생기지 않았을 때 이미 자발적으로 생각해서 모두 맞게 해 놓고 모두 이해해 놓고, 일이 임박해서는 또다시 주도면밀하게 검토하고 또 검토하는 것이다(臨事而懼。是臨那事時, 又須審一審。蓋閑時已自思量都是了, 都曉得了, 到臨事時。又更審一審。).

15 [성]好謀而成(호모이성): 부지런히 생각해서, 뜻밖의 일에 맞닥뜨려서 심사숙고해서 일을 잘 처리하다(好: 喜欢, 喜爱。指勤于思考, 遇事能深思熟虑而办好事情。);《論語正義》'好謀'의 '好'는 '善'과 같다. 焦循[1763~1820]의《論語補疏》에 말했다. "'好謀而成'의 '成'은 '定'과 같고, '定'은 '決'이다.《三國志·郭嘉傳》에, '원공은 갈피가 너무 많아서 요점을 잡아낼 능력이 없고, 계획을 잘 세우지만, 결단력이 없다'고 했는데, '결단력이 없는 것'이 바로 '無成'이다. '好謀而成'은 바로 계책을 잘 세워서 결단할 수 있는 것이다"(正義曰: '好謀'者, 好猶善也…… 焦氏循《補疏》: "好謀而成, 成猶定也, 定即決也。《三國志·郭嘉傳》: '袁公多端寡要, 好謀無決。'無決即是無成。好謀而成, 即是好謀而能決也。);《論語大全》계책을 세웠으면, 반드시 과감하게 결행하여 성공시켜야지, 쓸데없이 계책만 세웠을 뿐 성공시키지 못하면, 일에 무슨 이익이겠는가?(朱子曰: 既謀了, 須是果決去做教成, 若徒謀而不成, 何益於事?);《論語平議》'成'은 '誠'으로 이해해야 맞다. '成'과 '誠'은 옛날에는 서로 바뀌었다. 군대를 부리는 일은, 본래 계획이 없으면 안 되지만, 음모와 교활한 속임수는, 성인에게 부여된 것이 아니다. 그래서 말하기를, '계획을 잘 세우고 정성스럽게 한다'라고 한 것으로, '懼'와 '誠'은 군대를 부리는 요체인 것이다(成當讀爲誠…… 成與誠, 古通用也。行軍之事, 固不可無謀, 然陰謀詭計, 又非聖人所與也, 故曰, 好謀而誠, 懼與誠, 行軍之要矣。).

(함께 할 자는) 반드시 일에 맞닥뜨리게 되면 두려워하고, 계책을 잘 세워서 성사시키는 자이다.”

馮, 皮冰反。好, 去聲。○暴虎, 徒搏[16]。馮河, 徒涉[17]。懼, 謂敬其事[18]。成, 謂成其謀。言此皆以抑其勇而敎之, 然行師[19]之要實不外此, 子路蓋不知也。

'馮'(빙, píng)은 '皮'(피)와 '冰'(빙)의 반절이다. '好'(호)는 거성[hào]이다. ○'暴虎'(포호)는 '맨손으로 때려잡다'[徒搏]이다. '馮河'(빙하)는 '맨몸으로 건너다'[徒涉]이다. '懼'(구)는 '그 일을 온 마음을 기울여 처리한다'[敬其事]라는 것을 말한다. '成'(성)은 '계책을 세운 그 일을 성사시킨다'[成其謀]라는 것을 말한다. 이 말씀을 하신 것은 모두 자로(子路)의 용맹을 억눌러서 그를 가르치시려는 것이었지만, 군대를 부리는 요체가 실은 이 말씀을 벗어나지 않는데, 자로(子路)가 대개 알지 못했다.

○謝氏曰:「聖人於行藏之間, 無意無必[20]。其行非貪位, 其藏非獨善也。若有欲心, 則不用而求行, 舍之而不藏矣, 是以惟顏子爲可以與於此。子路雖非有欲心者, 然未能無固必[21]也, 至以行三軍爲問, 則其論益卑矣。夫子之言, 蓋因其失而救之。夫不謀無成, 不懼必敗, 小事尙然, 而況於行三軍乎?」

○사씨(謝氏 · 謝顯道)가 말했다. “성인께서는 쓰임 받아 나가서 행하는 것과 버림받아 숨어서 지내는 것 사이에, 사적인 생각이 없으셨고 반드시 그래야 된다는 게 없으셨다. 선생님께서 나가서 행하는 것은 자리를 탐해서가 아니고, 선생님께서 숨어서 지내는

---

16 《爾雅 · 釋訓》 '暴虎'는 '徒搏'[맨손으로 때려잡다], '馮河'는 '徒涉'[맨몸으로 건너다]이다(暴虎, 徒搏也, 馮河, 徒涉也。); 《論語正義》 郭璞[276~324]의 《爾雅 · 釋訓》의 '馮河'에 대한 注에, '徒涉'은 '(물을 건너는 데) 배와 노가 없는 것이다'라고 했다. 《說文 · 水部》에, '淜[馮](빙)은 배가 없이 물을 건너는 것이다'라고 했다(郭注 "徒涉" 云 "無舟楫"。 《說文》: "淜, 無舟渡河也。"); 《集注考證》 '暴虎' · '馮河'는 모두 업신여기다 · 깔보다 · 얕보다의 뜻을 말하는 것으로 통상 해석한다(通釋謂暴馮皆有慢侮欺陵之意。); 徒(도): 벌거벗다. 아무것도 없다. 텅 비다(光, 裸; 空。).

17 徒涉(도섭): 강을 걸어서 건너다(从河水中走过去。涉水过河).

18 《學而 제5장》 참조.

19 行師(행사): 군대를 부리다. 출병하다(用兵; 出兵).

20 《子罕 제4장》 참조.

21 固必(고필): '毋必 毋固'[子罕 제4장]에서 나온 말. 고집부리고 끝까지 버티다. 고수하다. 반드시(本指固执坚持, 不可变通。后引申为一定, 必然。).

것은 혼자만 선하려고 해서가 아니다. 만약 욕심이 있는 자라면, 쓰이지 않는데도 나가서 행하기를 구하고, 버려지는데도 숨어서 지내지 못했을 것이니, 이 때문에 안자(顔子)만이 이런 일에 함께할 수 있다고 여기신 것이다. 자로(子路)는 비록 욕심이 있는 자는 아니었을지라도, 집착하고 반드시 그래야 된다는 생각을 없애지 못했는데, 삼군을 부리는 일로 질문하는 지경에 이르러서는, 그 논의가 더욱 저급했다. 선생님의 말씀은, 대체로 그 사람의 부족한 점에 근거해서 그 부족한 점을 바로잡으신다. 대개 계책을 세우지 않으면 성사시킬 수 없고, 두려워하지 않으면 반드시 패하는 것은, 작은 일에 있어서조차도 그러한데, 하물며 삼군을 부리는 일에 있어서이겠는가?"

[富而可求章]

071101、子曰:「富¹而²可求也³, 雖執鞭之士⁴,⁵, 吾亦爲之。如⁶不可求, 從吾所好。⁷ ⁸」

---

1 《周禮·天官冢宰·大宰》태재는 8개 권력으로 왕에게 아뢰고 군신을 제어한다. 첫째 작위로 존귀를 제어하고, 둘째 녹봉으로 부유를 제어하고, 셋째 포상으로 총애를 제어하고, 넷째 위리안치로 행실을 제어하고, 다섯째 사면으로 복을 제어하고, 여섯째 박탈로 가난을 제어하고, 일곱째 축출로 죄를 제어하고, 여덟째 주살로 과오를 제어한다(以八柄詔王馭群臣: 一曰爵, 以馭其貴。二曰祿, 以馭其富。三曰予, 以馭其幸。四曰置, 以馭其行。五曰生, 以馭其福。六曰奪, 以馭其貧。七曰廢, 以馭其罪。八曰誅, 以馭其過。).

2 《論語正義》'而'와 '如'는 뜻이 통한다(正義曰:'而'與'如'義通也。);《疑義舉例·上下文變換虛字例》같은 형식의 위아래 문장에 허사를 변환시킨 것으로, 형식이 서로 같은 문장이지만 허사를 달리 쓴 경우가 있는데, 위 구절에서는 '而'를 사용했지만, 아래 구절에서는 '如'를 사용했다(古書有疊句成文而虛字不同者。上句用'而'字, 下句用'如'字。);《論語譯注》而(이): 문장 중간에 쓰여 가설을 나타내는 접속사('而', 用法同'如', 假設連詞。但是用在句中的多。).

3 《論語義疏》'부귀가 도에 의해 구할 수 있는 것이라면'(注: 鄭玄曰: 若於道可求者……);《古今注》'可求'는 治世를 말한다. 벼슬할 만하면 벼슬을 한다. '不可求'는 난세를 말한다. 그만둘 만하면 그만둔다. '벼슬을 해도 될 세상이라면, 비록 微官末職이라도 나는 벼슬을 할 것이지만, 벼슬을 해서는 안 되는 세상이라면, 비록 나를 불러 三公을 시켜준다 해도, 도를 닦으면서 스스로 즐기는 것만 못하다'고 말하는 것과 같다['富라는 것이 구한다고 해서 얻을 수 있는 것이라면'으로 풀이하지 않고, '富를 구해도 될 治世 때라면'으로 풀이한 것이다](可求謂治世。可以仕則仕。不可求謂亂世。可以止則止……若曰若當可仕之世, 則雖卑官末職, 吾當仕焉, 若當不可仕之世, 則雖召我以三公, 不如修道而自樂也。).

4 《論語義疏》《周禮·秋官司寇》에 條狼氏(조랑씨)라는 관직이 있는데, 채찍을 들고 길가는 행인들을 내쫓아 마차를 피하게 하는 일을 관장한다고 했고, 정현의 注에 '행인들을 내쫓아 마차를 피하게 하는 것으로, 오늘날 병졸들이 수레를 피하도록 하는 것과 같다'고 했다. 袁氏가 말하기를, '執鞭은 임금의 수레를 시종하는 관리로, 역시 녹위가 있다'고 했다고 繆協(무협)이 말했다(疏: 周禮有條狼氏職掌執鞭以趨避……鄭言: 趨而避行人, 若今卒避車之爲也。; 繆協稱袁氏曰: 執鞭, 君之御士, 亦有祿位於朝也。);《論語正義》'鞭'은 형구이다.《書經·虞書·舜典》에 '채찍은 관리를 징벌하는 형벌로 만들었다'는 것이 바로 이것이다。《周禮·秋官司寇》에, '條狼氏掌執鞭以趨辟……'라고 했고, 정현의 注에, '趨辟(추피)는 행인들을 내쫓아 마차를 피하게 하는 것으로, 오늘날 병졸들이 수레를 피하도록 하는 것과 같다. 공자께서는 '富而可求, 雖執鞭之士, 吾亦爲之。'라고 하셨는데, 士 중에 신분이 낮은 직업이다'라고 했다(正義曰: 鞭是刑具。書'鞭作官刑'是也。《周官》:'條狼氏掌執鞭以趨辟……'注:'趨辟, 趨而辟行人, 若今卒辟車之爲也。孔子曰:『富而可求, 雖執鞭之士, 吾亦爲之。』言士之賤也。');《論語集釋》錢坫[1744~1806]의《論語後錄》에 말했다。"'執鞭'에는 두 가지 뜻이 있다. ①《周禮·秋官司寇》條狼氏는 下士 8인이고, 채찍을 들고 행인들을 내쫓아 마차를 피하게 하는 일을 관장한다. ②《周禮·地官司寇》司市가 시장을 열면 그 밑에 있는 胥師는 채찍과 몽둥이를 들고서 시장의 출입문을 지킨다"(論語後錄: 執鞭有二義 周禮秋官'條狼氏下士八人', 其職云:'掌執鞭以趨辟……'此一義也。地官司市'入則胥執鞭度守門', 此一義也。); [성]執鞭隨鐙(집편수등): 손에는 채찍을 들고 발로는 등자를 밟고 말 등에 오르다. 공경하여 우러러보고 좌우에서 뒤쫓아 따르기를 원하다(手里拿着马鞭, 跟在马镫旁边。比喻因敬仰而愿意追随在左右。);《百度漢語》執鞭(집편): 채찍을 잡고 수레를 몰다. 비천한 직업의 일꾼(持鞭驾车。多借以表示卑贱的差役。); 執鞭之士(집편지사): 귀인이 나다닐 때 채찍을 들고 따라다니며 길을 터서 치우던 사람.

선생님께서 말씀하셨다. "부(富)가 구한다고 해서 얻을 수 있는 것이라면야, 비록 마차 앞에서 채찍을 들고 행인들을 피하게 하는 피마꾼일지라도, 나 또한 그 노릇을 맡아 하겠다. 부(富)가 구한다고 해서 얻을 수 있는 것이 아니라면, 내가 좋아하는 바를 따르겠다."

好, 去聲。○執鞭, 賤者之事。設言富若可求, 則雖身爲賤役以求之, 亦所不辭。然有命焉, 非求之可得也, 則安於義理⁹而已矣, 何必徒取辱哉?

'好'(호)는 거성[hào]이다. ○'채찍 잡는 일'[執鞭]은 신분이 낮은 자가 하는 일이다. 가설로 말씀하시기를, '부(富)가 만약 구한다고 해서 얻을 수 있는 것이라면, 비록 몸소 비천한 일을 해서 부(富)를 구할지라도, 또한 사양하지 않을 일이다. 그렇지만 거기에 명(命)

---

5 《周禮·秋官司寇》條狼氏는 왕·제후·대부 등이 탄 마차 앞에서 도로 양쪽에 줄을 서서 걸어가면서 채찍을 들고 행인들을 내쫓아 마차를 피하게 하는 일을 관장한다(掌執鞭以趨辟。王出入, 則八人夾道, 公則六人, 侯伯則四人, 子男則二人。);《周禮·地官司寇》司市는 시장의 질서유지·도량형·형벌집행을 관장하고[掌市之治教, 政刑, 量度, 禁令], 그 밑에 있는 胥師는 채찍과 몽둥이를 들고 시장의 출입문을 지킨다[胥執鞭度守門].

6 《助字辨略》'如'는 '脫或'[만일~라면]이다(如字, 脫或之辭也。);《詞詮》如(여): 가정접속사. 만약. 가령 ('如', 假設連詞。若也。今言'假如'。).

7 [성]從吾所好(종오소오): 자기가 좋아하는 것을 따라 일하다(吾: 我; 好: 爱好, 嗜好。根据自己的爱好行事。);《論語集解》'所好'는, '古人之道'이다(注: 孔安國曰: 所好者, 古人之道也。).

8 《論語正義》宋翔鳳[1779~1860]의 《論語發微》에 말했다. "《周禮·天官冢宰·大宰》에, '녹으로 신하들의 부를 제어한다'라고 했는데, 3대 이상에서는 벼슬하지 않고서는 부유한 자가 없었다. 그래서 관직이 존귀할수록 녹은 더욱 후했고, '富를 구한다'는 것은 바로 '祿을 구한다'는 것이었다. '富而可求'는, 그때가 벼슬할 만한 시기여서, 나아가서 녹을 구했음을 말씀하신 것이다. 공자께서 委吏·乘田을 하셨는데, 그 직분의 귀천이 執鞭之士와 같았다. '不可求'는 벼슬할 수 있는 때가 아니었던 시기를 말한다.《史記·孔子世家》에, '정공5년, 양호가 계환자를 가두었고, 계씨 역시 공실을 참월했고, 노나라 대부 이하 모두가 분수를 넘어서 정도에서 벗어났으니, 이에 공사는 벼슬을 하지 않고, 물러나 詩·書·禮·樂을 편수했다. 제자들이 더욱 많아졌으니, 먼 곳에서부터 찾아와, 수업받지 않은 자 없었다'고 했는데, 여기에서 '孔子不仕'는 논어의 '不可求'를 말하고, 여기에서 '修詩書禮樂'은 논어의 '從吾所好'를 말한다. 이 장은 공자께서 出·處하셨던 시기를 스스로 술회하신 것으로, 그래서 두 '吾'를 써서 이를 밝히신 것이다["녹을 구할 수 있었을 때는, 집편지사일망정, 나 역시 그런 일을 했고, 녹을 구할 수 없었을 때는, 나는 내 좋아하는 일을 했다"](宋氏翔鳳《發微》云: "《周官太宰》: '祿, 以馭其富。'三代以上, 未有不仕而能富者。故官愈尊, 則祿愈厚, 求富卽干祿。'富而可求', 謂其時可仕, 則出而求祿。孔子爲委吏, 乘田, 其職與執鞭之士同也。'不可求', 爲時不可仕。《孔子世家》言: '定公五年, 陽虎囚季桓子, 季氏亦僭於公室, 陪臣執國政, 是以魯自大夫以下, 皆僭於正道。故孔子不仕, 退而修《詩書》禮樂, 弟子彌衆, 至自遠方, 莫不受業焉。'此'孔子不仕', 謂'不可求', '修詩書禮樂', 爲'從吾所好'。孔子自述出處之際, 故以兩'吾'字明之。").

9 義理(의리): 윤리 도덕에 부합하는 행위준칙(合于一定的伦理道德的行为准则).

이 있어서, 구한다고 해서 얻을 수 있는 것이 아니라면, 사람으로서 마땅한 도리를 편안히 지키면 그만이지, 어찌 쓸데없이 욕보는 일을 취하겠는가?'라고 하신 것이다.

○蘇氏曰:「聖人未嘗有意於求富也, 豈問其可不可哉? 爲此語者, 特以明其決不可求爾。」楊氏曰:「君子非惡富貴而不求, 以其在天[10], 無可求之道也。」

○소씨(蘇氏·蘇軾)가 말했다. "성인께서는 지금까지 부(富)를 구하는 일에 뜻을 두신 적이 없었는데, 어찌 그것이 얻을 수 있는 것인지 얻을 수 없는 것인지를 물으셨겠는가? 이 말씀을 하신 것은, 특별히 그것이 결코 구한다고 얻을 수 있는 것이 아니라는 것을 밝히려 했을 뿐이다."

양씨(楊氏·楊中立)가 말했다. "군자는 부귀를 싫어해서 구하지 않는 것이 아니라, 그것이 하늘에 달려 있어서, 구한다고 해서 얻을 수 있는 길이 없기 때문이다."

---

10 《顔淵 제5장》 참조.

[子之所愼章]

071201、子之所慎: 齊,¹戰,²疾³。

선생님께서 조심하신 것이 있었으니, 재계와 전쟁과 질병이었다.

齊⁴, 側皆反。○齊之爲言齊也, 將祭而齊其思慮之不齊者, 以交於神明⁵也。誠之至與不至, 神之饗⁶與不饗, 皆決於此。戰則衆之死生, 國之存亡繫焉, 疾又吾身之所以死生存亡者, 皆不可以不謹也。

'齊'(재, zhāi)는 '側'(측)과 '皆'(개)의 반절이다. ○'齊'(재)의 말뜻은 '가지런히 한다'[齊]로, 장차 제사를 지내려 할 때 자기의 가지런하지 못한 생각을 가지런하게 하여, 이로써 신명(神明)과 사귀려는 것이다. 정성이 지극한지 지극하지 못한지, 신이 흠향하는지 흠향하지 않는지가, 모두 이 '齊'(재)에 의해서 결정된다. '전쟁'[戰]의 경우는 많은 사람

---

1 《禮記·祭統》祭를 지낼 때가 되면 군자는 齊한다. 齊의 말뜻은 齊[마음·몸가짐을 정결하게 하다]이다. 齊는 不齊한 것들을 齊하게 하는 것이다. 祭를 지낼 때가 되면 부정한 물건을 막고, 기욕을 끊고, 음악을 듣지 않는다. 그래서 7일을 散齊[여자·오락·弔喪 등을 멀리하는 것]하여 心身을 안정시키고, 3일을 致齊[돌아가신 분의 살아계실 때의 기거생활·談笑·心意·喜愛·嗜好 등을 생각하는 것]하여 心志를 가지런히 한다. 이렇게 심신을 안정시키는 것을 齊라 한다. 齊戒는 心志의 精潔·明澄의 상태가 최고조에 이른 것이니, 이렇게 된 후에 신명과 사귈 수 있는 것이다(及時將祭, 君子乃齊。齊之爲言齊也。齊不齊以致齊者也…… 及其將齊也, 防其邪物, 訖其嗜欲, 耳不聽樂……故散齊七日以定之, 致齊三日以齊之。定之之謂齊。齊者精明之至也, 然後可以交於神明也。);《論語正義》'愼齊'의 일을 말한 것이다(言愼齊之事也。).

2 《論語正義》'愼戰'은 일에 맞닥뜨려서 두려워하고, 계책을 잘 세워 성사시키는 것[述而 제10장]을 말한다(正義曰: "愼戰", 謂臨事而懼, 好謀而成也。).

3 《論語正義》'愼疾'은 이를 써서 몸의 건강을 지키려는 것이다(正義曰: "愼疾"者, 所以守身也。).

4 齊(제/재/자): [qí] 위가 가지런하다. 편파적이지 않다(上平。無偏頗。); [zhāi] 제를 지내기 전에 기욕을 끊고, 몸과 마음을 정결하게 하다. 재계하다. 致齊。=齋(祭祀前戒绝嗜欲, 洁净身心, 以示虔诚。同「斋」。); [zī] 옷의 아랫자락. 가장자리. 상복의 가장자리를 돌아가면서 꿰매다(衣服的下摆。謂將喪服下部的邊折轉縫起來。);《經典釋文》齊(재): 側과 皆의 반절이다. 책에는 혹 齋로 되어 있는데 동일하다(側皆反。本或作齋同。).

5 神明(신명): 천지간의 모든 신령의 총칭(天地间一切神灵的总称).

6 內閣本에는 '饗'이 '享'으로 되어 있다. 享(향): 제사를 올리다. 제상을 차리다. 재물을 진상하다. 귀신이 흠향토록 바치다. 제사용 물품(祭献, 上供。用物品进献人, 供奉鬼神使其享受: 鬼神享用祭品); 饗(향): 술과 음식으로 손님을 초대하다. 쓰임 받기를 청하다. 제사를 올리다. 받아서 누리다. 음식을 받다(用酒食招待客人, 泛指请人受用。祭献; 享受。通「享」; 接受酒食).

의 생사와 국가의 존망이 거기에 달려 있는 것이고, '질병'[疾]의 경우는 또 내 한 몸의
생사와 존망의 원인이 되는 것으로, 모두 조심하지 않으면 안 된다.

○尹氏曰:「夫子無所不謹, 弟子記其大者耳。」
○윤씨(尹氏·尹彦明)가 말했다. "선생님께서는 무엇 하나 조심하지 않은 일이 없었는데,
제자가 그중에 큰일들만 기록했을 뿐이다."

[子在齊聞韶章]

071301、子在¹齊聞韶, 三月不知肉味²·³。曰:「不圖爲樂⁴之至於斯也⁵!」⁶

---

1 《詞詮》在(재): 개사. ~에서('在', 介詞。於也。);《文言語法》'在……' 개사구는 동사 앞에 놓이고, '於……' 개사구는 동사 뒤에 놓인다(介詞短語'在……'一般是置於動詞之前的; '於……'的副詞短語一般放在動詞下。);《北京虛詞》在(재): 개사. 동작의 장소를 소개한다('在', 介词。介绍动作的处所).

2 [성]三月不知肉味(삼월부지육미): =不知肉味. 3개월 동안 고기를 먹어도 맛을 알지 못하다. 어떤 일에 몰두하다 보니 다른 일을 잊고 지내다. 몇 개월 동안 고기를 먹은 적이 없을 정도로 청빈하게 지내다(谓在三个月内, 吃肉都不知味道。比喻集中注意力于某一事物而忘记了其它事情。今亦用以形容清贫, 谓三个月没有吃过肉);《王力漢語》'肉'(육)은 짐승의 고기[식용고기]이고, '肌'(기)는 사람의 근육이다('肉'是禽獸的肉(特指供食用的肉), '肌'是人的肉。);《論語正義》'不知肉味'는 '發憤忘食'[述而 제18장]이라는 말과 같다(正義曰: '不知肉味', 猶言發憤忘食也。);《論語新解》이 장은 곡해하는 견해들이 많다. ①어느 날 우연히 아름다운 음악을 들었다고, 어찌 3개월에 이르도록 고기 맛을 잊는가? ②《大學》에, '마음이 거기에 가있지 않으면, 먹어도 그 맛을 모른다'고 했는데, 어찌 성인께서도 正心하지 못했겠는가? ③성인의 마음은 응당 어떤 사물에 凝滯(응체)되어서는 안 되는데, 어찌 3개월 동안이나 음악에 응체되어 있었겠는가?(이는 정자의 견해로, '三月'字는 '音'字의 잘못이라고 했다.) 이 견해에 곡해가 많이 발생한다. 이는 바로 성인의 일종의 예술감정을 알지 못한 것이다. 공자께서는, '깨닫지 못하면 애가 타서 끼니조차 잊고, 깨닫고 나서는 즐거워서 근심조차 잊는다'[述而 제18장]고 하셨는데, 이 역시 일종의 예술감정이다. 예술감정과 도덕감정은 교류되어 하나로 합일되는데, 바로 성인의 경지이다. 책을 읽을 때는 먼저 본문에 즉해 곧이곧대로 이해하고, 다음에 천천히 본문의 깊은 뜻을 탐구해야 한다(今按: 本章多曲解。一谓一旦偶闻美乐, 何至三月不知肉味。二谓《大学》云: "心不在焉, 食而不知其味。"岂圣人亦不能正心? 三谓圣人之心应能不凝滞于物, 岂有三月常滞在乐之理。乃多生曲解。不知此乃圣人一种艺术心情。孔子曰: "发愤忘食, 乐以忘忧。"此亦一种艺术心情。艺术心情与道德心情交流合一, 乃是圣人境界之高。读书当先就本文平直解之, 再徐求其深义。不贵牵他说, 逞曲解。);《論語集釋》或說: '三月'은 '音'字가 잘못해서 두 자로 나뉜 것이다(又說曰: 「三月」乃「音」字誤分爲二也。).

3 《論語集釋》에서 인용한, 武億[1745~1799]의 《經讀考異》에서는, '子在齊, 聞韶三月, 不知肉味.'[선생님께서 제나라에 계시면서, 韶樂을 듣는 석 달 동안, 고기 맛을 잊고 지내셨다]로 끊어 읽었다;《論語新解》《史記》에는 '學之三月'로 되어 있는데, 韶樂을 배우는 3개월 동안 고기 맛을 잊었다는 것이다. 或說: '聞韶三月'을 한 구절로 붙여 읽어야 한다. 3개월 동안 늘 소악을 들었기 때문에, 고기 맛을 잊고 지내신 것이다(史记作"学之三月", 谓在学时不知肉味。或说: 当以闻韶三月为句。此三月中常闻韶乐, 故不知肉味。).

4 《論語集解》'爲'는 '作'[作奏]이다(注: 王肅曰: 爲, 作也。);《經典釋文》왕숙은 '爲'는 '作'이라고 했다. 어떤 책에는 '爲'가 '嬀'(규)로 되어 있다(王云爲作也。本或作嬀。);《論語集釋》包慎言[淸人]의 《論語溫故錄》에 말했다. "'嬀'는 陳나라 姓이다. 공자께서 제나라가 장차 陳氏의 나라가 될 줄을 미리 아셨기 때문에, 韶樂을 듣고, 제나라를 세운 태공·정공이 제사를 흠향하지 않을 것임을 심히 아파하신 것이다"["진경중이 진나라에서 훔쳐 온 韶樂을 들으시고, 嬀樂[진나라의 음악]이 제나라에 이르렀을 줄 생각지도 못했다"](包慎言溫故録: 嬀, 陳姓。夫子蓋知齊之將爲陳氏, 故聞樂而深痛太公·丁公之不血食也。);《百度漢語》爲樂(위악): 주악. 음악을 연주하다(奏乐。).

5 《論語集解》韶樂의 연주가 제나라에까지 이를 줄 생각지 못했다는 것이다. '斯'는 齊나라를 가리킨다(注:

선생님께서 제(齊)나라에서 소악(韶樂)을 들으시고는, 그 음악을 배우는 석 달 동안 고기 맛을 잊고 지내셨다. 선생님께서 말씀하셨다. "순(舜) 임금이 지으신 음악의 됨됨이가 이런 경지에까지 이르렀을 줄을 생각지 못했다."

史記三月上有「學之」二字[7]。不知肉味, 蓋心一於是而不及乎他也。曰: 不意舜之作樂至

王肅曰: 不圖作韶樂至於此。此[斯], 此齊也。);《論語義疏》昭樂은 순 임금의 진선진미한 음악이고, 제나라는 제후의 나라인데, 어찌 昭樂을 가질 수 있었는가? 진나라는 순 임금의 후예이다. 소악이 진나라에 있었는데, 진경중이 훔쳐 제나라로 달아났기 때문에, 신분에 맞지 않게 얻게 된 것이다(疏: 范甯曰: 夫韶乃大虞盡善之樂, 齊, 諸侯也, 何得有之乎? 曰: 陳, 舜之後也。樂在陳, 陳敬仲竊以奔齊, 故得僭之也。);《孔子傳》一說: 주무왕이 순 임금의 후예에게 봉한 나라인 遂國이 있었는데, 제나라에 의해 멸망당했기 때문에, 제나라가 昭樂을 갖게 되었다(一说舜后有遂国, 为齐所灭, 故齐得有韶。);《論語義疏》공자께서 제나라에 와서, 제나라 임금이 韶樂을 연주하는 소리를 들으시고, 마음이 아파서, 고기 맛을 잊으신 것이다. 공자께서 聖王의 음악을 (무도한 제나라 임금이) 연주할 것이라고는 참으로 생각지도 못하고, 제나라에 오셨다는 말씀이다(疏: 孔子至齊, 聞齊君奏於韶樂之盛, 而心爲痛傷, 故口忘肉味……孔子言實不意慮奏作聖王之韶樂, 而來至此齊侯之國也。);《論語正義》《漢書·禮樂志》에 말했다. "음악이란 성정에 뿌리를 두고, 피부에 스미고 골수에 간직되니, 천년이 지나도 그 유풍과 업적은 여전히 끊기지 않는 법이다. 춘추시기에, 陳나라 공자 田完이 齊나라로 달아났다. 陳나라는 순 임금의 후예로, 招樂[韶樂]이 거기에 보존되어 있었다. 그래서 공자께서 齊나라에 가서 (田完이 陳나라에서 가져온) 招樂을 들으시고는, 3개월 동안 고기 맛을 잊으신 것이다. '不圖爲樂之至於斯'라는 말씀은 招樂에 대한 깊은 찬미이다." '不圖'구절을 찬미로 본 것으로, 뜻이 王肅의 注보다 낫다(漢書禮樂志: "夫樂本情性, 浹肌膚而藏骨髓, 雖經乎千載, 其遺風餘烈尚猶不絕。至春秋時, 陳公子完犇齊。陳, 舜之後, 招樂存焉。故孔子適齊聞招, 三月不知肉味。曰'不圖爲樂之至於斯', 美之甚也。" 以'不圖'句爲美, 義勝此注。);《古今注》'至於斯'는 盡善盡美를 말한다(至於斯, 謂盡善盡美。);《論語語法》'斯'는 '三月不知肉味'를 가리킨다('斯'指上文'三月不知肉味'。); 圖(도): 예측하다. 기대하다(주로 부정으로 쓰인다)(预料, 料想到。多用于否定。)。

6 《說苑·脩文》공자께서 제나라 곽문 밖에 이르렀는데, 항아리를 들고 다른 아이와 함께 길을 가는 한 아이를 만났는데, 그 눈빛이 총명하고, 마음씨가 바르고, 행동이 단정해 보였다. 공자께서 마부꾼에게, '빨리 수레를 모시오'라고 했다. 韶樂이 막 연주되는데, 공자께서 그곳에 이르러 韶樂을 들으시고는 석 달 동안 고기 맛을 잊으셨다. 그래서 (말씀하시길) '음악이란 비단 연주하는 자 스스로를 즐겁게 할 뿐더러, 또 듣는 사람을 즐겁게 하고, 비단 연주하는 자 스스로를 바르게 할 뿐더러, 또 듣는 사람을 바르게 하는구나! 이 음악의 경우에, 음악의 됨됨이가 이런 경지까지 이르렀을 줄을 생각지 못했다'고 하셨다(孔子至齊郭門之外, 遇一嬰兒挈一壺, 相與俱行, 其視精, 其心正, 其行端。孔子謂御曰: '趣驅之, 趣驅之。'韶樂方作, 孔子至彼, 聞韶三月不知肉味。故樂非獨以自樂也, 又以樂人; 非獨以自正也, 又以正人矣哉!於此樂者, 不圖爲樂至於此。)。

7 《史記·孔子世家》공자가 35세 되었을 때, 계평자가 후소백과의 닭싸움으로 노소공에게 죄를 짓자, 소공이 군사를 이끌고 계평자를 공격했는데, 계평자는 맹씨·숙손씨 三家가 함께 소공을 공격하자, 소공의 군사가 패하여 제나라로 도주하고, 제나라는 소공에게 건후에 거처를 만들어 주었다. 그 후 노나라가 혼란에 빠지자, 공자는 제나라로 가서 고소자의 가신이 되어 경공에게 통하고자 했다. 제나라 태사와 음악을 토론하고, 韶樂을 듣고, 그것을 배우는 3개월 동안 고기 맛을 잊었는데, 제나라 사람들이 공자를 칭송했다(孔子年三十五, 而季平子與郈昭伯以鬪雞故得罪魯昭公, 昭公率師擊平子, 平子與孟氏,

於如此之美, 則有以極其情文[8]之備, 而不覺其歎息[9]之深也, 蓋非聖人不足以及此。[10]

《사기》(史記)에는 '三月'(삼월) 글자 위에 '學之'(학지) 두 글자가 있다. '고기 맛을 잊었다'[不知肉味]라는 것은, 대개 마음이 이 음악을 배우는 일에만 몰두하여 다른 일에는 마음이 미치지 못했다는 것이다. 선생님의 말씀인즉, '순(舜) 임금이 지으신 음악이 이 정도로 아름다운 경지에 이르렀으리라고는 생각하지 못했다'라는 것으로, 그 음악의 정감과 형식의 구비가 경지에 이르러 있어서, 그 (배우는 석 달 동안 고기 맛을 잊을) 정도로 깊이 찬탄하실 줄 깨닫지 못한 것이다. 아마도 성인이 아니었으면, 이 (고기 맛을 잊을) 정도까지 미칠 수 없었을 것이다.

○范氏曰:「韶盡美又盡善[11], 樂之無以加[12]此也。故學之三月, 不知肉味, 而歎美之如此。誠之至, 感之深也。」[13]

叔孫氏三家共攻昭公, 昭公師敗, 奔於齊, 齊處昭公乾侯。其後頒之, 魯亂。孔子適齊, 爲高昭子家臣, 欲以通乎景公。與齊太師語樂, 聞韶音, 學之三月不知肉味, 齊人稱之).

8 《禮記・樂記》禮는 다른 일을 하는 사람끼리 서로를 공경[인정]하게 하는 것이고, 樂은 다른 형식끼리 서로를 사랑하게 하는 것이다. 禮와 樂의 본질[情]은 같다. 구부리고 펴고 숙이고 우러르고, 대열을 맞춰서 모이고 흩어지고 느리게 하고 빠르게 하는 것은, 樂의 형식[文]이고, 계단을 오르고 내리고 당을 오르고 내리고 옷을 벗고 입는 것은, 禮의 형식[文]이다. 예악의 본질[情]을 아는 자는 창작할 수 있고, 예악의 형식[文]을 아는 자는 서술할 수 있다. 창작하는 자를 聖人이라 하고, 서술하는 자를 明人이라 한다(禮者殊事合敬者也; 樂者異文合愛者也。禮樂之情同……屈伸俯仰, 綴兆舒疾, 樂之文也…… 升降上下, 周還裼襲, 禮之文也。故知禮樂之情者能作, 識禮樂之文者能述。作者之謂聖, 述者之謂明。); 情文(정문): 바탕과 꾸밈。내용과 형식(质与文。犹言内容与形式。).

9 歎息(탄식): 탄미하다。찬탄하다。감탄하여 크게 칭찬하다(叹美; 赞叹。).

10 《論語大全》"정자는 ('三月'은 '音'이 옮겨 쓰는 과정에서 착오가 발생한 것이라 하여) '三月'을 '音'으로 고쳤는데, 어떻습니까?['제나라에서 韶音을 듣고 고기 맛을 잊었다']。" "정자는, 하루 음악을 들었는데 3개월이나 고기 맛을 잊었다는 것은, 성인이라면 절대 이처럼 한 가지 사물에 응체될 리 없다고 여겼기 때문에, '三月'을 '音'으로 고친 것이다. 그렇지만 史記를 살펴본즉, 韶樂을 익히면서 3개월 동안 고기 맛을 잊으신 것이다[史記에는 '聞韶音, 學之, 三月不知肉味'로 되어 있다]。이미 '音'字가 있고, 또 별도로 '三月'字가 있으니, 그렇다면 글자의 착오가 아니다"(問: 程子改三月爲音字, 如何? 曰: 彼以一日聞樂, 而三月忘味, 聖人不當固滯如此, 故爾。然以史記考之, 則習之, 三月而忘肉味也。旣有音字。又自有三月字。則非文之誤矣。).

11 《八佾 제25장》 참조.

12 加(가): 이것을 저것 위에 놓다。원래 없는 것을 더하다(謂置此於彼之上; 把原來沒有的添上去。).

13 《論語大全》論語에서 韶에 대해 모두 세 번 말씀한 순서를 살펴보면, 韶를 듣고 배우신 것이[述而 제13장] 맨 먼저일 것이고, 지극히 아름답고 지극히 선하다고 평하신 것이[八佾 제25장] 다음이고, 顏子에게 韶舞를 쓰라고 하신 것이[衛靈公 제10장] 맨 마지막에 하신 말씀일 것이다(新安陳氏曰: 按論語於韶凡三言之, 意者聞韶而學之最先, 謂盡美盡善次之, 告顏子以韶舞其最後歟。).

○범씨(范氏·范淳夫)가 말했다. "소(韶) 음악은 참으로 아름답고 또 참으로 훌륭하여, 음악 중에 이보다 위에 놓일 음악은 없다. 그래서 배우시는 3개월 동안, 고기 맛을 잊고 지내셨고, 찬탄이 이와 같으셨다. 배우시는 정성은 지극했고, 느끼신 감동은 깊었다."

[冉有曰夫子爲衛君乎章]

071401、冉有曰:「夫子爲¹衛君乎?²」子貢曰:「諾。吾將³問之。」

　　염유(冉有)가 말했다. "선생님께서는 위(衛)나라 임금을 도우실까요?" 자공(子貢)이 말했다. "그래요. 내가 선생님께 여쭈어보겠습니다."

爲, 去聲。○爲, 猶助也。衛君, 出公輒⁴也。靈公逐其世子蒯聵。公薨,⁵而國人立蒯聵之子

---

1 《論語集解》'爲'는 '助'와 같다(注: 鄭玄曰: 爲, 猶助也。);《古書虛字》'爲'는 '助'와 같다('爲', 猶'助'也。);《詞詮》타동사. 돕다('爲', 外動詞。助也。);《王力漢語》爲(위): 어떤 사람의 이익을 위해 그의 편에 서다(爲了某人的利益, 站在某人的方面。).

2 《論語集解》'衛君'(위군)은 '輒'(첩)[出公. 名 輒. BC 493~BC 481, BC 476~BC 456 재위. 영공의 손자, 衛后莊公[괴외]의 아들]을 말한다(注: 鄭玄曰: 衛君者, 謂輒也。);《論語義疏》위나라 영공이 태자 괴외를 내쫓고, 영공이 애공 2년[BC 493] 여름 4월에 죽자, 괴외의 아들 첩을 위나라 임금[出公 BC 493]으로 세웠다. 공자께서 이 당시에 위나라에 계셨는데, 임금 첩에 의해 손님 접대를 받았다. 후에 괴외가 위나라를 탈환했으니[衛后莊公 BC 482], 부자 관계가 서로 어그러졌다. 당시 사람들이 대부분 공자께서 응당 아들 첩을 돕고 아버지 괴외를 막을 것으로 생각했기 때문에, 염유가 당시 사람들의 생각을 전하여 자공에게 물은 것이다(疏: 衛靈公逐太子蒯聵, 靈公以魯哀公二年夏四月薨, 而立蒯聵之子輒爲衛君。孔子時在衛, 爲輒所賓接。後蒯聵還奪輒國, 父子相圍。時人多疑孔子應助輒拒父, 故冉有傳物之疑以問子貢也。);《論語平議》'衛君'은 괴외·첩 父子를 겸해서 말한 것이지, 아들 첩만을 가리킨 것이 아니다. 자공은 백이와 숙제를 가지고 여쭈었는데, 백이가 현명하다고 했으니 괴외는 현명하지 못한 것이 된다. 어째서인가? 백이는 (숙제를 왕으로 세우라는 아버지의 명을 지켰으니) 아버지의 명이 있음을 알았지만, 괴외는 (아버지를 쫓아내고 왕의 자리를 차지했으니) 아버지의 명이 있음을 알지 못했다. 숙제가 현명하다고 했으니 첩은 현명하지 못한 것이 된다. 어째서인가? 숙제는 (형에게 왕위를 양보했으니) 형제 있음을 알았지만, 첩은 (부자간의 의를 지키지 못했으니) 부자가 있음을 알지 못했다. 그래서 말하기를, '夫子不爲也'라고 한 것으로, 둘 다 돕지 않을 것임을 밝힌 것이다(衛君, 兼謂蒯聵父子, 非獨指輒也。子貢以伯夷叔齊問, 伯夷賢則蒯聵不賢矣。何也? 伯夷知有父命, 蒯聵不知有父命也。叔齊賢則輒不賢矣。何也? 叔齊知有兄弟, 輒並不知有父子也。故曰, 夫子不爲也, 明皆不爲也。);《古今注》'夫子爲衛君'는 공자께서 첩의 처지가 될 경우, 위나라 임금을 하실까 하고 의심스러워 물은 말이다. 염유에게 의심스러운 부분은 단지 임금 자리를 사양하는 것이 옳은 것인지 옳지 않은 것인지였지, (괴외를 들어오지 못하게) 막으실 것인지 막지 않으실 것인지를 물은 것이 아니었다(補曰: 夫子爲衛君, 謂若使夫子處蒯輒之地, 將亦立爲衛君乎, 疑而問也…… 冉有所疑者, 只是辭位當否, 拒與不拒, 非所問也。);《論語正義》공자께서 애공 6년[BC 489]에 초나라에서 위나라로 돌아오셨으니, 위나라 出公[輒] 4년으로, 이 장의 질문은 그때 있었다(正義曰: 夫子於哀公六年自楚反衛, 爲衛輒四年, 此問當在其時。).

3 《助字辨略》"장차 그것을 물어보려고 한다"(言將欲問之也。);《古書虛字》'將'은 '其'와 같다('將'猶'其'也。);《論孟虛字》곧~하려 하다('將', 爲就要之意。).

4 出公(출공): 애공 15년의 孔悝의 난으로 노나라로 달아났기 때문에 出公이라 했으며, 애공 18년 제나라에서 환국하여 복위했다. 孟子[萬章下 제4장]에는 '孝公'으로 나온다.

輒。於是晉納蒯聵而輒拒之⁶。時孔子居衛, 衛人以⁷蒯聵得罪於父, 而輒嫡孫當立, 故冉有疑而問之。諾, 應辭也。

'爲'(위)는 거성[wèi]이다. ○ '爲'(위)는 '돕다'[助]와 같다. '衛君'(위군)은 출공(出公) 첩(輒)이다. (세자 괴외(蒯聵)가, 영공(靈公)의 부인 남자(南子)와 송나라 공자 조(宋公子 朝)의 사통 사실을 알고, 남자(南子)를 죽이려다 실패했는데, 이 사실을 알고) 영공(靈公)이 그의 세자인 괴외(蒯聵)를 내쫓았다(BC 496). 영공(靈公)이 죽고 나서, 나라 사람들이 괴외(蒯聵)의 아들 첩(輒)을 왕으로 세웠다(BC 493). 이에 진(晉)나라에서 괴외(蒯聵)를 위(衛)나라로 들여보냈지만, 첩(輒)이 그를 들어오지 못하게 막았다. 이 당시에 공자(孔子)가 위(衛)나라에 계셨는데, 위(衛)나라 사람들은, 괴외(蒯聵)는 아버지 영공(靈公)에게 죄를 지었으니 첩(輒)이 적손으로서 왕위에 오르는 것을 당연하다고 생각하고 있었기 때문에, 염유(冉有)가 의심이 나서 그것에 대해 여쭌 것이다. '諾'(락)은 응답하는 말이다.

071402、入, 曰:「伯夷, 叔齊何人也?」⁸」曰:「古之賢人也。」曰:「怨乎?」⁹」曰:「求仁而得仁¹⁰,

---

5 薨(홍): 제후의 죽음을 지칭한다(古代称诸侯之死。后世有封爵的大官之死也称薨。).

6 《子路 제3장》集注 참조.

7 以(이): 인정하다. 생각하다(认为, 以为。).

8 《論語義疏》위나라 임금 첩을 도울지 안 도울지를 여쭙지 않고, 백이·숙제를 여쭌 까닭은, 위나라 임금의 일을 직접 가리켜 언급하고 싶지 않았기 때문으로, 은미한 도리를 써서 답을 구한 것이다. 백이·숙제는 형제간에 나라를 사양했고, 괴외·첩은 부자간에 임금 자리를 다투었으니, 상반된 일이기 때문에, 백이·숙제가 어떤 사람인지를 여쭌 것이다. 공자의 대답이 백이·숙제가 잘못이라고 했다면 공자께서 첩을 도우시리라는 것을 알 수 있고, 백이·숙제가 옳다고 했다면 첩을 돕지 않으실 것임을 알 수 있다(所以不問助輒不而問夷齊者, 不欲斥言衛君事, 故以微理求之也。伯夷叔齊兄弟讓國, 而輒父子爭位。其事已反, 故問夷齊何人。若孔子答以夷齊爲非, 則知助輒, 若以夷齊爲是, 則知不助輒也。).

9 《古今注》'怨乎'는, 위로는 형제가 아버지를 원망하고, 아래로는 형제가 서로를 원망하는 것이다. 仁은 인륜의 至善이다. 백이는 부자간에 자기의 본분을 다하기를 추구했고, 숙제는 형제간에 자기의 본분을 다하기를 추구했으니 이것이 '求仁'이고, 마침내 그 뜻을 성취했으니 이것이 '得仁'이다. 仁은 천하의 至善이니, 仁을 얻는 것은 나라를 얻는 것보다 좋은데, 어찌 원망했겠는가? '怨'이란 단지 '怨懟'[원한을 품다]로, 원수로 여기는 것과 같은 것을 말하는 것이지, 어찌 단지 (朱子의 풀이처럼) 회한에만 그칠 뿐이겠는가?(怨乎者, 上怨父, 下而兄弟胥怨也。仁者, 人倫之至善也。伯夷求父子之間盡其分, 叔齊求兄弟之間盡其分, 是求仁也, 卒成其志, 是得仁也。仁者, 天下之至善, 得仁, 賢於得國, 又何怨? ……怨也者, 直是怨懟, 如敵讎之謂也, 奚但悔恨而已?).

10 [성]求仁得仁(구인득인): 인덕을 추구하여 인덕을 얻다. 이상과 소원이 실현되다. 꼭 바라던 대로 되다(求仁德便得到仁德。比喻理想和愿望实现。后多用为适如其愿之意。);《論語大全》"백이는 적장자의 신분

又[11]何怨。[12]」出, 曰:「夫子不爲也。[13]」

자공(子貢)이 들어가서, 여쭈었다. "백이(伯夷)와 숙제(叔齊)는 어떤 사람이었습니까?" 선생님께서 말씀하셨다. "옛날의 현인이었다." 자공(子貢)이 물었다. "후회했을까요?" 선생님께서 말씀하셨다. "인(仁)을 구해서 인(仁)을 얻었는데, 또 무엇을 후회했겠느냐?" 자공(子貢)이 나와서 말했다. "선생님께서는 위(衛)나라 임금을 돕지 않으실 겁니다."

伯夷, 叔齊. 孤竹君之二子。其父將死, 遺命立叔齊。父卒, 叔齊遜[14]伯夷。伯夷曰:「父命也」, 遂逃去。叔齊亦不立而逃之, 國人立其中子[15]。其後武王伐紂, 夷, 齊扣馬[16]而諫。武

에 안주하여, 이로써 (적장자가 아닌 숙제를 후계자로 앉힌) 부친의 명을 감히 거역하지 않았고, 숙제는 부형의 명을 그대로 따라, 이로써 (적장자의 자리를 차지함으로써) 적장자와 나머지 아들들 간의 의리를 감히 어지럽히지 않았으니, 이것이 곧 '求仁'이고, 백이는 도망간 것을 편안히 여겼고, 숙제는 양보한 것을 편안히 여겨서, 그들 마음에는 모두 편안하게 여기지 못하는 생각이 없었으니, 이것이 곧 '得仁'이겠지요?" "그렇다. 위나라 임금은 인을 추구하지 못했다"(問'伯夷不敢安嫡長之分, 以違君父之命, 叔齊不敢從父兄之命, 以亂嫡庶之義, 這便是求仁; 伯夷安於逃, 叔齊安於讓, 而其心擧無陧杌之慮, 這便是得仁否?' 曰'然。衛君便是不能求仁耳。').

11 《論語詞典》又(유): 부사. 어기의 강화를 표시한다(副詞, 表語氣的加强。);《北京虛詞》又(유): 부사. 또. 반어문에서 쓰여, 어기를 강화시킨다('又', 副词。用于反诘句中, 加强反诘语气。).

12 《古今注》위나라 임금은 3대에 걸쳐, 자식은 아비를 원망하고, 아비는 자식을 원망했다. '得仁, 何怨'은, 백이·숙제가 부자·형제간에 서로 원망하지 않았다는 것이다(衛君三世, 子怨父, 父怨子。得仁不怨者, 不怨其父子兄弟也。).

13 《古今注》공자께서는 백이·숙제의 일을 求仁·得仁의 일로 보았으니, 그렇다면 가령 공자께서 위나라 첩의 처지에 놓였을 경우라면, 필시 나라를 사양하고 몸을 도망쳐, 이로써 부자간의 사랑을 온전히 지켜 그 仁을 이루었을 것이기 때문에, 공자로서는 위나라 첩이 한 바, 임금노릇을 하지 않으시리라는 것을 (자공이) 알았던 것이다(夫子以夷齊之事爲求仁得仁, 則設以身處衛輒之地, 必讓國逃身, 以全父子之愛而成其仁矣, 故知夫子不爲衛輒之所爲也。).

14 遜(손): 달아나 숨다. 포기하다. 사양하다(逃遁: 辞让: 退让).

15 《論語大全》"(伯·叔) 두 사람이 사양했는데, 둘째 아들[仲]이 없었다면, 두 사람이 선군의 나라를 포기해서는 안 되고, 반드시 둘 중에 임금이 될 자가 있어야 합니다." "정자는 숙제가 임금이 되어야 한다고 했는데, 숙제가 비록 아버지 명이라고는 해도, 결국은 바른 도리는 아닌 것으로 본다면, 백이를 세우는 게 맞을 것으로 보인다." "백이가 끝내 서려고 하지 않으면 어쩝니까?" "나라에 현명한 대신이 있으면, 천자에게 그를 청해 세운다. 대신의 생각은 묻지 않는다. 두 사람이 임금으로 서는 것이 모두 편치는 못하지만, 바른 도리로써 논한다면, 백이가 조금 낫다"(問: 二子之遜, 使無中子, 二子不成委先君之國而棄之, 必有當立者。朱子曰: 伊川說叔齊當立, 看來叔齊雖以父命, 終非正理, 恐只當立伯夷。曰: 伯夷終不肯立, 奈何? 曰: 國有賢大臣, 必請於天子而立之。不問其情願矣。看來二子立得都不安, 以正理論之, 伯夷稍優。); 中子(중자): =仲子。둘째 아들。백이와 숙제 사이 아들(排行居中的儿子。仲子。).

16 扣馬(구마): 말고삐를 당겨 앞으로 못 나가게 하다(拉住马不使行进).

王滅商, 夷, 齊恥食周粟, 去隱于首陽山,[17] 遂餓[18]而死。[19]

'伯夷'(백이)와 '叔齊'(숙제)는 (상(商)나라 제후인) 고죽국(孤竹國) 임금의 두 아들이다. 그들의 아버지는 죽을 때가 되자, 숙제(叔齊)를 임금으로 세우라는 명을 남겼다. 아버지가 죽자, 숙제(叔齊)는 형 백이(伯夷)에게 임금의 자리를 양보했다. 백이(伯夷)는 아버지의 명이다 말하고, 이에 도망갔다. 숙제(叔齊)도 임금의 자리에 서지 않고 도망가자, 나라 사람들이 죽은 임금의 둘째 아들을 임금으로 세웠다. 그 뒤에 무왕(武王)이 상(商)나라 주왕(紂王)을 정벌하자, 백이(伯夷)와 숙제(叔齊)가 무왕(武王)의 말고삐를 못 가게 잡고 간언했다. 무왕(武王)이 상(商)나라를 멸망시키자, 백이(伯夷)와 숙제(叔齊)는 주(周)나라의 곡식을 먹는 것을 부끄럽게 여겨, 떠나서 수양산(首陽山)에 가서 숨어지내다가, 마침내 굶어 죽었다.

---

17 《季氏 제12장》 참조.

18 餓(아): 굶다. '飢'(기)는 일반적으로 '배가 고프다'이고, '餓'(아)는 '굶주리다'이다(饥之甚。在古代, '饥'与'饿'存在着程度上的差别。'饥'指一般的肚子饿; '饿'是严重的饥饿).

19 《史記 · 伯夷列傳》 백이와 숙제는, 고죽국 임금의 두 아들이다. 그들의 아버지는 숙제를 임금으로 세우고 싶어 했는데, 아버지가 죽자, 숙제는 형 백이에게 임금의 자리를 양보했다. 백이는 아버지의 명이다 말하고, 마침내 도망갔다. 숙제도 임금의 자리에 서려고 하지 않고 도망갔다. 나라 사람들이 그 둘째 아들을 임금으로 세웠다. 이에 백이와 숙제는 주나라 문왕 서백 창이 노인을 잘 봉양한다는 말을 듣고, '어찌 그에게 가서 귀의하지 않으랴?'라고 했다. 주나라에 이르렀는데, 서백은 죽었고, 무왕은 나무로 만든 서백의 신주를 수레에 모시고, 서백을 추존하여 호를 문왕이라 칭하고, 동으로 은나라의 주왕을 정벌했다. 백이와 숙제는 무왕의 말고삐를 잡고 간언하기를, '아버지가 죽었는데 장사도 지내지 않고, 바로 전쟁을 벌이는 것이, 효라 할 수 있겠습니까? 신하로서 임금을 시해하는 것이 인이라 할 수 있겠습니까?'라고 했다. 무왕의 좌우 신하들이 그들을 찔러 죽이려고 했다. 태공이 나서서, '의인들이다'라고 하고서, 그들을 부축해 떠나보냈다(伯夷, 叔齊, 孤竹君之二子也。父欲立叔齊, 及父卒, 叔齊讓伯夷。伯夷曰: '父命也.' 遂逃去。叔齊亦不肯立而逃之。國人立其中子。於是伯夷, 叔齊聞西伯昌善養老, 盍往歸焉。及至, 西伯卒, 武王載木主, 號爲文王, 東伐紂。伯夷, 叔齊叩馬而諫曰: '父死不葬, 爰及干戈, 可謂孝乎? 以臣弑君, 可謂仁乎?' 左右欲兵之。太公曰: '此義人也.' 扶而去之。). 무왕은 은나라의 난을 평정했고, 천하는 모두 주나라를 받들었으나, 백이와 숙제는 이를 부끄럽게 여겨, 주나라 곡식을 먹지 않는 것이 의라 여기고, 수양산으로 숨어들어, 고사리를 꺾어 먹고 살았다. 굶주려서 죽을 때에 이르러서, 노래 한 곡을 지었는데, 그 가사가 이렇다. "저 서산 올라가서 서산 고사리 꺾고 있네. 포학을 포학으로 바꾸었거늘, 그것이 의가 아님을 알지 못하네. 신농 · 당우 · 우하 홀연히 사라졌으니, 나는 어느 곳에 귀의할꼬? 아! 죽을 때 되었구나. 하늘이 내려준 내 명 다했네." 그리고 마침내 수양산에서 굶어 죽었다. 이로 보건대, 백이 · 숙제는 원망했을까? (아니면 공자 말씀처럼) 원망하지 않았을까?(武王已平殷亂, 天下宗周, 而伯夷, 叔齊恥之, 義不食周粟, 隱於首陽山, 采薇而食之。及餓且死, 作歌。其辭曰: '登彼西山兮, 采其薇矣。以暴易暴兮, 不知其非矣。神農, 虞, 夏忽焉沒兮, 我安適歸矣? 于嗟徂兮, 命之衰矣!' 遂餓死於首陽山。由此觀之, 怨邪非邪?).

怨, 猶悔也。君子居是邦, 不非其大夫[20], 況其君乎? 故子貢不斥[21]衛君, 而以夷, 齊爲問[22]。夫子告之如此, 則其不爲衛君可知矣。

'怨'(원)은 '후회하다'[悔]와 같다. 군자가 그 나라에 살면서는, 그 나라의 대부에 대해서 조차 비난하지 않는 법인데, 하물며 그 나라의 임금에 대해서이겠는가? 그래서 자공(子貢)이 위(衛)나라 임금을 직접 가리켜 질문하지 않고, 백이(伯夷)와 숙제(叔齊)를 들어서 질문한 것인데, 선생님의 그에게 말해준 것이 이와 같았으니, 선생님께서 위(衛)나라 임금을 돕지 않으리라는 것을 알 수 있었던 것이다.

蓋伯夷以父命爲尊, 叔齊以天倫爲重。其遜國也, 皆求所以合乎天理之正, 而即[23]乎人心之安。既而[24]各得其志焉[25], 則視棄其國猶敝蹝[26]爾, 何怨之有? 若衛輒之據國拒父而惟恐失之, 其不可同年而語[27]明矣。

---

20 《荀子·子道》 자로가 공자께 여쭈었다. "노나라 대부가 小祥 때에 침대에서 잠을 잤는데, 禮입니까?" 공자께서 말씀하셨다. "나는 모르겠다." 자로가 나와, 자공에게 말했다. "나는 선생님께서 모르시는 게 없는 줄 알았더니, 선생님도 뜻밖에 모르시는 게 있었습니다." 자공이 말했다. "어떻게 여쭤보셨습니까?" 자로가 말했다. "'노나라 대부가 小祥 때에 침대에서 잠을 잤는데, 禮입니까?'라고 여쭈었습니다." 자공이 말했다. "제가 그대를 대신해서 여쭤보겠습니다." 자공이 공자께 여쭈었다. "小祥 때에 침대에서 자는 것이, 禮인지요?" 공자께서 말씀하셨다. "禮가 아니다." 자공이 나와서 자로에게 말했다. "그대가 선생님도 모르시는 게 있다고 했는데, 선생님께서는 여전히 모르시는 게 없으십니다. 그대의 질문이 禮가 아닙니다. 이 읍에 거주하고 있으면, 그 읍의 대부를 비난하지 않는 것이 禮입니다"(子路問於孔子曰: "魯大夫練而床, 禮邪?" 孔子曰: "吾不知也。" 子路出, 謂子貢曰: "吾以爲夫子無所不知, 夫子徒有所不知。" 子貢曰: "汝何問哉?" 子路曰: "由問: 魯大夫練而床, 禮邪?……" 子貢曰: "吾將爲女問之。" 子貢問曰: "練而床, 禮邪?" 孔子曰: "非禮也。" 子貢出, 謂子路曰: "女謂夫子爲有所不知乎! 夫子徒無所不知。女問非也。禮: 居是邑, 不非其大夫。").

21 斥(척): (방에서) 몰아내다. 책망하다. (잘못을) 지적해내다(驱逐; 责备; 指出).

22 《集注考證》 자공은 언어에 뛰어났던 제자로[先進 제2장], 그의 훌륭한 질문이 이와 같았다(子貢在言語之科, 其善問如此。).

23 即(즉): 접근하다. 가까이 다가가다. ~로 가다(接近, 靠近, 走向, 与'离'对举。).

24 既而(기이): 머지않아. 조금 지나서. 얼마 있다가. 이윽고(不久, 一会儿。指上件事情发生后不久。).

25 焉(언): 구 가운데 쓰여 잠시 멈춤을 표시한다(用于句中, 表示提顿。).

26 《孟子·盡心上 제35장》 순 임금은 천하를 버리기를, 마치 헌신짝 버리듯이 여기고는, 몰래 아버지를 업고 도망가서, 바닷가를 따라 살면서, 죽을 때까지 흔연하여, 즐거워하면서 천하를 잊었을 것이다(舜視棄天下, 猶棄敝蹝也。竊負而逃, 遵海濱而處, 終身訢然, 樂而忘天下。): 敝屐(폐사): 헤어져 너덜너덜한 신발. 헌신짝(亦作'敝蹝''敝躧'; 破烂的鞋子); 蹝(사): 짚신(草鞋。).

27 同年而語(동년이오): (성질이 다른 것을) 한데 섞어 논하다. 동렬에 놓고 함께 논하다. 간주하다(犹言相提并论。把不同的人或不同的事放在一起谈论或看待。); 賈誼[BC 200~BC 168]의 《新書·過秦上》에, '진시황에 의해 멸망 당한 산동지역의 나라들과, 농민봉기를 일으킨 일개 필부 陳涉[陳勝]이 이끈 봉기세

백이(伯夷)는 아버지의 유명(遺命)을 높이 여겼고, 숙제(叔齊)는 천륜(天倫)을 중히 여겼다. 그들이 나라를 사양한 것은, 모두 천리(天理)라는 올바른 길에 부합하고 인심(人心)이라는 편안한 길을 따르는 방법을 추구한 것이었다. 이윽고 각기 자기가 바라던 뜻을 얻었으니, 그렇다면 그들이 나라를 버리는 일을 마치 헌신짝 버리듯이 여긴 것뿐인데, 무슨 후회할 게 있었겠는가? 위(衛)나라의 첩(輒)이 나라를 차지하고서 아버지를 입국하지 못하게 막아서 행여 나라를 빼앗길까 염려한 것 같은 것, 그것은 같은 수준으로 놓고 거론할 수 없을 것이 분명하다.

○程子曰：「伯夷, 叔齊遜國而逃, 諫伐而餓, 終無怨悔[28], 夫子以爲賢, 故知其不與輒也。」[29]

력의 나라의, 크기와 권력을 비교해본다고 하면, 서로 동열에 놓고 말할 수 없을 정도였지만[試使山東之國與陳涉 度長絜大 比權量力 則不可同年而語矣], 陳勝이 봉기를 일으키자 종묘가 유린당하고 황제가 남의 손에 죽임을 당하는 천하의 웃음거리가 되고 만 것은 인의를 베풀지 않았고 천하를 통일할 때와 수성할 때의 형세가 달랐기 때문이다[一夫作難而七廟墮 身死人手 爲天下笑者 何也 仁義不施而攻守之勢異也]'라는 구절에서 인용된 것으로, 《史記·秦始皇本紀》에도 나온다.

28 怨悔(원회): 회한(猶悔恨。).

29 《論語大全》 "자공은 선생님이 위나라 임금을 도우실지를 알고 싶어 했으면서, 무슨 까닭으로 백이·숙제를 들어 여쭈었습니까?" "괴외와 첩은 부자간의 왕위 쟁탈이고, 백이와 숙제는 형제간의 왕위 양보이다. 후자가 옳다는 답을 얻으면, 전자는 옳지 못하다는 것을 알 수 있었기 때문이다." "무슨 까닭으로 또 '怨乎'[후회했을까요?]라고 여쭈었습니까?" "이는 또 선생님께서 '求仁得仁'이라 말씀하신 까닭을 좀 살펴보면, 이는 몸가짐[행동]이 발원하는 근원에 즉해서 말씀하신 것이다. 양보하지 않을 수 없어서 양보한 것이었다면, 후회하는 마음이 있었을 것이지만, 백이·숙제의 양보는 그렇게 하는 것이 마땅했고, 이는 곧 천리로서 당연한 것이었는데, 어찌 후회하는 마음이 있었겠느냐?"(問: '子貢欲知爲衛君, 何故問夷齊?' 曰: '一箇是父子爭國, 一箇是兄弟讓國。 此是則彼非可知。 問: 何故又問怨乎?' 曰: '此又審一審, 所以夫子言求仁得仁, 是就身上本原處說。 凡讓出於不得已, 便有怨, 夷齊之讓, 是合當恁地, 乃天理之當然, 又何怨?'). "백이·숙제를 현인이라고 하셨으니, 위나라 임금을 돕지 않으시리라는 뜻이 분명했습니다. 그런데 자공은 또다시 '후회했을까요?'라는 질문을 했고, '인을 구해 인을 얻었다'는 말씀을 듣고 난 연후에야, 돕지 않으리라는 것을 알았습니다. 어째서인가요?" "자공이 생각하기에, 백이·숙제가 비록 현인이지만, 그들의 양보가 혹 중화를 벗어나 격발된 감정에서 나온 행위여서, 분개·불만의 속마음이 없을 수 없었다면, 위나라 임금의 왕위분쟁은 천리를 심히 어기는 죄를 범하는 것은 아닐 것이기에, 그래서 '후회했을까요?'라는 질문을 하여, 백이·숙제의 속마음을 살핀 것이었다. 그런데 선생님이 그에게 해주신 말씀이 이와 같았으니, 자공의 마음에, 백이·숙제의 행위가 옳았다는 것, 격발된 감정에서 나온 사심이 아니었다는 것, 지푸라기만큼의 유감도 없었다는 것을 분명하게 알았다. 이 마음을 가지고, 위나라 부자간의 왕위분쟁을 비춰보면, 천리를 어기는 죄를 지은 것이어서 성인에 의해 거절당할 것이니, 더 이상 무엇이 의심스럽겠느냐? 그래서 그는 '후회했을까요?'라고 반드시 다시금 질문하고서야 도우실지 돕지 않으실지 안 것이다"(……問: '夫子以夷齊爲賢, 則其不爲衛君之意明矣。 而子貢復有怨乎之問, 至聞得仁之語, 然後知夫子之不爲, 何耶?' 曰: '子貢…… 意二子雖賢, 而其所爲, 或出於激發過中之行, 而不能無感慨不平之心, 則衛君之爭, 猶未爲甚得罪於天理也, 故問怨乎以審其趣。 而夫

○정자(程子·伊川)가 말했다. "백이(伯夷)와 숙제(叔齊)는 나라를 사양하여 도망갔고, 정벌에 반대하여 간언하다가 굶주렸지만, 끝끝내 후회가 없었고, 선생님께서 이를 어질다고 여기셨기 때문에, 선생님께서 첩(輒)을 돕지 않으시리라는 것을 안 것이다."

子告之如此, 則子貢之心, 曉然知夫二子之爲是, 非其激發之私, 而無纖芥之憾矣。持是心, 以燭乎衛君父子之間, 其得罪於天理而見絶於聖人, 尚何疑哉? 故其所以必再問而後知所決也。'); 《集注考證》자공의 훌륭한 질문은, '怨乎'에서 더 이상 예리할 수 없다. 대개 백이·숙제에 대해서는 본래 그들이 한 일이 어떠했는지를 언급하는데, '怨乎'라는 질문은 그들의 속마음이 어떠했는지를 질문한 것이다. (양보하는) 일은 힘써 노력하면 되지만 그럼에도 속마음은 숨길 수 없다. 백이·숙제를 현인이라 했으니, 위나라 임금을 돕지 않으리라는 것은 이미 알 수 있었다. 그렇지만 백이가 나라를 양보하고 도망갔어도, 그 속마음은 여전히, '내가 본래 임금이 되어야 하는데, 다만 아버지 명 때문에, 도망가지 않을 수 없었다'라고 생각했다면, 그리고 숙제가 나라를 양보하고 도망갔어도, 그 마음은 여전히, '아버지 명은 나를 임금으로 세우라는 것이었는데, 다만 형이 있기 때문에, 도망가지 않을 수 없었다'고 생각했다면, 바로 이것이 그리하지 않을 수 없었다는 마음[不得不然之心]으로, 그렇다면 속마음은 후회하고 있는 것이다. 그런 속마음과 위나라 첩이 오직 나라를 잃을까만을 걱정하는 마음과의 거리가 어찌 멀겠는가? 이것이 자공이 다시 '怨乎'라고 질문한 까닭이다(子貢善問, 莫精在怨乎一問。蓋伯夷叔齊固以事言, 而怨乎一問又以心言。事可勉而心不可掩。夫言夷齊, 則不爲衛君已可知矣。然使伯夷逃國, 而其心猶曰, 我固當立, 特以父命, 不得不逃, 叔齊逃國, 而其心猶曰, 父命立我, 特以兄在, 不得不逃, 即此不得不然之心, 則怨矣。其與衛輒惟恐失國之心, 何遠哉? 此子貢所以再有此問也。).

[飯疏食章]

071501、子曰:「飯疏食飲水¹, 曲肱而枕²之, 樂亦³在其中⁴矣。不義而⁵富且⁶貴, 於⁷我如浮雲⁸ ⁹ ¹⁰。」

---

1 [성]飯疏[蔬]飲水(반소음수): 청심과욕・안빈낙도의 생활을 형용한다(形容清心寡欲、安贫乐道的生活。); [성]疏食飲水(소식음수): 껍질만 벗겨낸 곡식으로 지은 밥과 건더기가 없는 맑은 국물. 조촐한 음식(指粗饭淡汤, 饮食简单。);《論語義疏》'飯'(반)은 '食'[(밥을) 먹다]와 같다(疏: 飯, 猶食也。);《論語集解》나물밥[《論語義疏》本에는 '疏'가 '蔬'로 되어 있다](注: 孔安國曰: 蔬食, 菜食也。);《論語正義》논어에 세 번 나오는[述而 제15장, 鄉黨 제8장, 憲問 제10장] '疏食'(소식)은 모두 껍질만 벗겨낸 현미를 말한다(正義曰: 案: 論語三言'疏食', 皆謂糲米。);《百度漢語》疏食(소식): 도정하지 않은 곡물로 지은 밥. 잡곡밥(粗粝的饭食, 糙米饭。粗粮);《論語譯注》고대에는 '湯'과 '水'가 對句로 쓰였으니, '湯'은 뜨거운 물, '水'는 차가운 물이다('水', 古代常以'湯'和'水'对言, '汤'的意义是热水, '水'就是冷水。).

2 [성]飲水曲肱(음수곡굉): 청심과욕・안빈낙도의 생활(形容清心寡欲、安贫乐道的生活。); [성]曲肱而枕(곡굉이침): =曲肱之樂. 팔을 구부려 베개로 삼다. 물욕도 없고 걱정 근심도 없이 살다(枕着弯曲的胳膊睡。形容人生活恬淡, 无忧无虑。);《論語義疏》팔꿈치 아래쪽을 臂(비), 위쪽을 肱(굉), 통틀어서도 臂(비)라고 한다(疏: 肘前曰臂, 肘後曰肱, 通亦曰臂。); 肱(굉): 팔꿈치에서 어깨까지 부분. 상박(本义: 上臂, 手臂由肘到肩的部分。);《王力字典》枕(침): 머리에 물건을 받치다. 베개를 베다(以頭枕物。).

3 《論語句法》'亦'은 '即'・'就'의 뜻이다('亦'是'即'字, '就'字的意思。);《論語詞典》부사. 또한. 마찬가지로('亦', 副詞, 也, 表示同樣和並行。).

4 [성]樂在其中(낙재기중): 어떤 일을 좋아하고, 또한 그 일을 하는 가운데 즐거움을 얻다. 일 가운데 즐거움을 발견하다(喜欢做某事, 并在其中获得乐趣。);《朱子語類34: 125》'樂亦在其中'은, '樂'과 '貧富'가 서로 아무런 상관이 없는 것으로, 별도의 즐거운 곳이 있는 것이다("樂亦在其中", 此樂與貧富自不相干, 是別有樂處。);《論語正義》'樂亦在其中'은 빈천한 처지 속에도 그런 처지와는 별도의 즐거움이 있다는 말이다(正義曰: "樂亦在其中"者, 言貧賤中自有樂也。).

5 《論孟虛字》'而'는 '之'와 같다. 개사('而', 猶'之', 爲介詞, 相當於'的'。);《論語集註》'不義'는 형용사로서 '富且貴'를 수식하고, '而'字를 써서 연결한 것이다('不義'是做限制詞來修飾'富且貴'的, 中間用'而'字來連接。).

6 《北京虛詞》且(차): 접속사. ~뿐만 아니라. 또한. 아울러. 동시에. 두 개의 형용사 사이에 쓰여 두 가지 상태나 성질을 동시에 구유한 것을 표시한다('且', 连词。连接两个形容词, 表示同时具有两种状态或性质。又即'又……又'、'而且'、'而又'、'并且'。).

7 《文言虛詞》어떤 사물에 대한 의향을 표시하는 문장에서, 그 사물을 주어로 쓴 경우에, '於'字는 의향을 표시하는 주동자를 소개하는 역할을 한다(於: 在表示一個人對一件事物的意旨的句子里, 有時把那件事物作主語, '於'字便把表意旨的主動者介紹出來。);《北京虛詞》於(어): 개사. ~에 대해. 동작과 관련된 대상을 끌어들인다('於', 介词。引进与动作有关的对象。又即'对于'。).

8 [성]富貴浮雲(부귀부운): 불의한 부귀가 내게는 뜬구름처럼 덧없다. 부귀영달을 경시하다. 부귀이록은 변화무쌍하여 중시하기에 부족하다. 변화무쌍한 세상풍파(意思是不义而富贵, 对于我就象浮云那样轻飘。比喻把金钱, 地位看得很轻。指富贵利禄变幻无常, 不足看重。谓世事沧桑, 变幻无定。);《論語義疏》浮雲은 저절로 하늘에 떠다니는 것으로, 나와 무슨 상관인가라는 말로, 불의한 부귀도 나와는 상관이 없다는 것이다. 또, 浮雲은 홀연히 모였다가 홀연히 흩어져서 무상한 것이, 마치 불의한 부귀가 모였다가

선생님께서 말씀하셨다. "거칠게 찧은 곡식으로 지은 밥을 먹고 차가운 물을
마시고, 팔을 굽혀 베개를 삼을지라도, 즐거움은 또한 그 가운데에도 있다. 의롭
지 못하게 부자가 되고 존귀해지는 것은, 나에게는 뜬구름과 같다."

飯, 符晩反。食, 音嗣。枕[11], 去聲。樂, 音洛。○飯, 食之也。疏食, 麤飯[12]也。聖人之心,
渾然天理[13], 雖處困極, 而樂亦無不在焉[14]。其視不義之富貴, 如浮雲之無有, 漠然[15]無所

흩어지는 것이 순식간인 것이 (무상한) 浮雲과 같다는 것이다(言浮雲自在天, 與我何相關, 如不義之富貴,
與我亦不相關也, 又浮雲儵聚欻散不可爲常, 如不義富貴聚散俄頃如浮雲也。); 貴(귀): 값비싸다. 지위가
높다(本义: 物价高, 与"贱"相对。社会地位高。).

9 《論語正義》 劉逢祿[1776~1829]의 《論語述何》에 말했다. "이 장은 앞장을 이어받아 같은 종류끼리
기록한 것이다. 의롭지 못한 부귀는 괴외와 첩뿐만 아니라, 석만고가 영공의 명을 받아 괴외가 있는
위읍을 포위하고 첩을 임금으로 세운 것이 모두 의롭지 못한 것이다(正義曰: 劉氏逢祿 《述何篇》: 此因上
章而類記之。不義之富貴, 不特蒯瞶與輒也, 即石曼姑之受命於靈公, 皆不義也。); 《古今注》 이 장은 백이
·숙제의 문답 뒷장에 있는 것으로 보아, 이를 이어서 하신 말씀인 듯하다(案: 此節, 恐亦在夷齊問答之後,
因以言之也。).

10 《中庸 제14장》 군자는 지금 그가 처해 있는 자리에 마주하여 그가 해야 할 바를 행하지, 자리 밖의
것을 바라지 않는다. 지금 부귀의 자리에 있으면 부귀를 따라 행동하고, 지금 빈천의 자리에 있으면
빈천을 따라 행동하고, 지금 夷狄의 자리에 있으면 夷狄을 따라 행동하고, 지금 환난의 자리에 있으면
환난을 따라 행동한다. 군자는 어떤 자리에 가서 머물러도 거기에 자득하지 않는 경우가 없다. 윗자리에
서는 아랫사람을 능멸하지 않고, 아랫자리에서는 윗사람을 잡아끌어 내리지 않고, 자기 자신을 바르게
할 뿐 남에게서 구하지 않으니[남 탓을 하지 않으니] 원망할 게 없다. 위로는 하늘을 원망하지 않으며
아래로는 사람을 탓하지 않는다. 그러므로 군자는 평온하게 거처하면서 이로써 하늘의 소리를 기다려
聽從하고, 소인은 위험한 짓을 하면서 이로써 분수에 맞지 않는 요행을 企求한다(君子素其位而行, 不願
乎其外。素富貴, 行乎富貴; 素貧賤, 行乎貧賤; 素夷狄, 行乎夷狄; 素患難, 行乎患難: 君子無入而不自得焉。
在上位不陵下, 在下位不援上, 正己而不求於人, 則無怨。上不怨天, 下不尤人。故君子居易以俟命, 小人行
險以徼幸。); 《莊子·雜篇·讓王》 옛날의 도를 터득한 자는 빈궁해도 즐거워했고 현달해도 즐거워했다.
즐거워한 것은 곤궁이나 현달 아니었으니, 도가 터득되고 보면, 곤궁이나 현달은 추운 다음에는
더위가 오고, 바람이 불면 비가 내리는 자연의 질서 같은 것이었다(古之得道者, 窮亦樂, 通亦樂。所樂非
窮通也, 道德於此, 則窮通爲寒暑風雨之序矣。).

11 枕(침): [zhèn] 베개나 다른 물건으로 머리를 괴다(用枕头或其他东西垫头。); [zhěn] 베개(睡卧时头颈
部所垫的东西。).

12 麤飯(추반): 현미밥(亦作"麤饭"。糙米饭); 麤(추): 거칠다. 도정하지 않다. 껍질만 벗긴 쌀(同'粗').

13 《論語大全》 성인께서는 안의 것이나 밖의 것이나 거친 것이나 정밀한 것이나 어느 하나 밝지 않거나
투철하지 않은 게 없으신 분이니, 그 형체는 비록 사람이지만, 그 실은 한 덩이 천리일 뿐이다. 이른바
'從心所欲不踰矩'이다. 좌로 가나 우로 가나, 도처가 천리이니, 어찌 쾌활하시지 않겠는가?(朱子曰:
聖人表裏精粗, 無不昭徹, 其形骸雖是人, 其實只是一團天理。所謂從心所欲不踰矩。左來右去, 盡是天理,
如何不快活?).

14 《論語大全》 '樂亦在其中'은 이 樂이 빈궁하거나 부유한 처지와는 전혀 상관없이, 그런 처지와는 별개로

動於其中也。

'飯'(반, fàn)은 '符'(부)와 '晩'(만)의 반절이다. '食'(사)는 음이 '嗣'(사)이다. '枕'(침)은 거성[zhèn]이다. '樂'(락)은 음이 '洛'(락)이다. ○'飯'(사)는 '~을 먹다'[食之]이다. '疏食(소사)'는 '찧어서 껍질만 벗긴 곡식으로 지은 밥'[麤飯(추반)]이다. 성인의 마음은 모나거나 이지러진 데가 없이 완전무결한 천리 그 자체여서, 비록 곤궁한 처지가 극심하지만, 즐거움이 또한 그 안에 없는 것은 아니다. 성인께서 불의한 부귀를 보기를, 마치 뜬구름이 피어났다 사라지는 것 같이 여기셨으니, (부귀에 대한) 아무런 느낌이 없어 성인의 마음속에 어떤 움직임도 일으키는 게 없었다.

○程子曰:「非樂疏食飲水也, 雖疏食飲水, 不能改其樂也[16]。不義之富貴, 視之輕如浮雲然。」又曰:「須知所樂者何事。」[17]

○정자(程子·伊川)가 말했다. "거칠게 찧은 곡식으로 지은 밥과 차가운 물을 즐거워하셨다는 것이 아니고, 비록 거칠게 찧은 곡식으로 지은 밥이나 차가운 물일지라도, 성인의 본유(本有)한 즐거움을 바꾸게 하지는 못했다는 것이다. 불의한 부귀는, 그것을 마치 뜬구름같이 가벼이 보았다는 것이다."

정자(程子·明道)가 말했다. "즐거워하신 것이 무슨 일이었는지를 반드시 알아야 한다."

즐거운 곳이 본유해 있다는 것이다(朱子曰: 樂亦在其中, 此樂與貧富自不相干, 是別自有樂處。).

15 漠然(막연): 냉담하게 대하다. 무관심하다(冷淡地对待, 不关心。); 漠(막): 담박하다. 세상 물욕이 없다. 냉담하다. 무관심하다(淡泊, 恬淡, 即不追求名利。冷淡, 不关心。).

16《雍也 제9장》참조:《論語大全》공자의 즐거움과 안자의 즐거움은, 굳이 구별할 필요가 없다. '不改[바꾸지 않는다][雍也 제9장]는 이쪽 머리에서 말해 들어온 것이고, '在其中'[그 가운데 있다]은 저쪽 머리에서 말해 나간 것이다(朱子曰: 孔顏之樂, 不必分。不改, 是從這頭說入來: 在其中, 是從那頭說出來。).

17《論語大全》성인의 마음은, 어느 때고 즐거워하지 아니할 때가 없으셨으니, 마치 元氣가 천지 사이를 유행하여, 어느 곳이든 닿지 아니한 곳이 없고, 한 시도 쉬는 때가 없는 것과 같다. 어찌 빈부·귀천이라는 서로 다른 처지 때문에, 그 즐거움에 경중이 있으셨겠는가? 선생님께서 이 말씀을 하신 것은, 대개 당시 처한 처지에 즉해서, 이로써 본유(本有)한 즐거움이 빈천 중에도 있지 아니한 적이 없었고, 부귀를 사모한 적도 없었다는 것을 밝히신 것이다. 이 말씀을 기록한 자가, 이 말씀을 위나라의 왕위계승 분쟁의 일[述而 제14장] 뒤에 배열했으니, 그 또한 뜻한 바가 없지는 않을 것이다(朱子曰: 聖人之心, 無時不樂如元氣流行天地之間, 無一處之不到, 無一時之或息也。豈以貧富貴賤之異, 而有所輕重於其間哉? 夫子言此, 蓋卽當時所處, 以明其樂之未嘗不在乎此, 而無所慕於彼耳。記此者, 列此以繼衛君之事, 其亦不無意乎。).

[加我數年章]

071601、子曰:「加¹我數年, 五十以學易², ³, ⁴, 可以無大過矣⁵.」

---

1 《論語詞典》加(이): 늘리다. 보태다["내가 몇 년을 더 살아서, 50이 되어 역경을 공부한다면"](增加: '讓我多活幾年, 到五十歲時候去學習易經……');《古今注》'加'는 '假'로 써야 맞다[史記를 따른다]. '하늘에 바라건대 나에게 몇 년 더 살 나이를 빌려준다면'이라는 말씀이다(補曰: 加, 當作假(從史記), 謂天庶幾借我以數年之壽也).

2 《說文·易部》易(역):《秘書》에 말하기를, '日과 月을 더한 字가 易으로, 陰陽을 형상화한 것이다.' [단옥재 注] 위는 日을 따르고 陽을 형상화한 것이고, 아래는 月을 따르고 陰을 형상화한 것이다(《秘書》說: 日月爲易, 象陰陽也.[段玉裁 注] 謂上從日象陽. 下從月象陰.).

3 《論語集解》'易'은 천리를 끝까지 궁구하고 본성을 투철히 깨달아 이로써 知天命의 경지에 이르는 책[易經·說卦]이다. 나이 50이 되어 천명을 아셨다 했으니[爲政 제4장], 천명을 아실 나이에 知天命에 이르는 책을 읽기 때문에, 큰 허물이 없을 수 있다(注: 易, 窮理盡性以至於命. 年五十而知天命, 以知命之年, 讀至命之書, 故可以無大過也.);《論語義疏》공자께서 이때, 연세가 이미 45, 46세였다(疏: 當孔子爾時, 年已四十五六.);《論語注疏》이 장의 말씀은 공자께서 易을 배운 나이를 말씀한 것이다. '내 나이에 몇 년을 더하면 이제 50세가 된다'고 하신 것이니, 47세 때를 말한 것이다(疏: 正義曰: 此章孔子言其學《易》年也. 加我數年, 方至五十, 謂四十七時也.);《經典釋文》'易'은 如字로, 魯나라에서는 '易'을 '亦'으로 읽는다[이 경우, '學'에서 끊어 읽어, '내 나이에 몇 살을 더해, 오십이 되어서 배운다 해도, 큰 허물이 없을 것이다'로 풀이한다](易, 如字, 魯讀易爲亦.);《古今注》'五十學易'[나이 오십에는 역을 배운다]은 아마도 옛날부터 전해오는 글일 것이다. 이전까지 공자께서 易을 공부하시지 않은 것은 아니지만, 특별히 古經에 '五十學易'이란 글이 있기에, 공자께서 오십에 가까워지자, 古經의 글을 읊으면서 이 말씀을 하신 것으로, '五十'은 틀린 글자가 아니다(五十學易, 蓋古之遺文……前此孔子非不學易, 特因古經有五十學易之語, 故孔子年近五十, 誦古語而爲此言, 五十非誤字.);《論語正義》공자께서는 50세 전에 周易을 얻어, 50세까지 (數年을) 배우면 큰 허물이 없을 것이라 기대하는 말씀을 했었는데, 周易이 광대하고 모든 것을 빠짐없이 갖추고 있음을 알고 數年 내에 다 배우지 못했다. 만년에 가서 周易을 찬하기를 다 마치고 나서, 종전에 말씀했던 (論語에 나오는) '假我數年'이라는 말을 다시 했기 때문에, (孔子世家의) '나에게 數年을 더 보태서 배웠기에, 이같이, 내가 周易에 대해 彬彬해졌다'(假我數年, 若是, 我於易則彬彬矣.)는 말씀을 한 것이다. '若是'는 일을 마쳤음을 나타내는 말로, 수년을 더 보탰기에 비로소 彬彬해졌다는 말이다. 孔子世家에 나오는 말씀과 論語에 나오는 말씀이 같은 때 하신 말씀이 아닌데, 풀이하는 자들이 대부분 이를 놓친 것이다(正義曰: 夫子五十前得易, 冀以五十時學之, 明易廣大悉備, 未可遽學之也. 及晚年贊易既竟, 復述從前'假我數年'之言, 故曰: '假我數年, 若是, 我於易則彬彬矣.' 若是者, 竟事之辭, 言惟假年乃彬彬也. 世家與論語所述不在一時, 解者多失之.);《論語平議》'五十'은 '吾'字를 잘못 쓴 것으로 보인다. 아마도 '吾'字가 더럽혀지고 닳아 흐릿해져서, 겨우 위쪽 '五'字만 남았는데, 후세 사람이 거기다가 '十'字를 덧붙여 보충한 것뿐이다["나에게 수년을 보태줘서 내가 이로써 易을 배운다면……"]. '加我數年 吾以學易'으로 하면, 앞에서는 '我'로 말하고, 뒤에서는 '吾'로 말한 것으로, 서로 호응되는 말이다.《史記·孔子世家》에는, '假我數年 若是 我於易則彬彬矣'라고 쓰여 있는데, 아래의 '我'字가 바로 이 장의 '吾'字이다(五十, 疑吾字之誤. 蓋吾字漫漶, 僅存其上半則成五字, 後人乃又加十字以補之耳. 加我數年, 吾以學易, 上言我, 下言吾, 乃互辭也…… 史記世家, 作假我數年, 若是, 我於易則彬彬矣, 下我字, 即此吾字也.);《論語新解》옛날에 養老의 예는 50에 시작했으니, 50 이전은 노년이 아니어서, 아직

배울 나이였기 때문에, 40이 되고 50이 되도록 세상에 알려질 게 없다면, 곧 두려워하기에 부족한 존재라고 말씀하셨다[子罕 제22장]. 공자께서 이 말씀을 하신 때는 아직 50이 안 되었을 때였다. 또 공자께서는 40 이후에, 양화가 공자께 벼슬할 것을 강권했지만 거절했는데[陽貨 제1장], 이에 이어서 말씀하시기를 '내 나이에 수년을 다시 더해서, 50까지 배우고, 이 이후에 벼슬에 나아가 도를 행한다면, 거의 큰 허물이 없을 것이다'고 하신 것이다. 이 장의 '亦'字는[전목의 《论语新解》에는, '加我数年, 五十以学, 亦可以无大过矣。'로 되어 있다] 古論語에는 '易'으로 되어 있고, 周易을 가리키고, 위 구절에 붙여 읽는다. 그렇지만 어째서 주역을 읽어야 허물이 없을 수 있고, 하필이면 50세가 되어서야 주역을 배운다는 것인가? 공자께서는 늘 詩書禮樂를 가르치면서, 어째서 유독 周易만은 가르치지 않으셨겠는가? 魯論語에 따라 '亦'으로 쓴다[錢穆은, '五十以學, 亦可以……'로 읽는다](古者养老之礼以五十始, 五十以前未老, 尚可学, 故曰四十五十而无闻焉, 斯亦不足畏也已…… 孔子为此语, 当在年未五十时。又孔子四十以后, 阳货欲强孔子仕, 孔子拒之, 因谓如能再假我数年, 学至于五十, 此后出仕, 庶可无大过…… 此亦字古文《论语》作易, 指《周易》, 连上句读。然何以读易始可无过, 又何必五十始学易。孔子常以诗书礼乐教, 何以独不以易教……。今从《鲁论》作亦。);《論語集釋》武億[1745~1799]의 《經讀考異》에 말했다. "이 장은 모두 세 가지 끊어 읽는 방법이 있다. 주자의 《集注》는 '五十이 卒로 되어 있다'고 했으니 '年'字에서 끊어 읽었고, 형병의 《疏》는 '내 나이에 몇 년을 더하면 이제 50세가 되니, 47세 때를 말한다'고 했으니 '五十'에서 끊어 읽었고, 《經典釋文》은 '노논어에는 '易'을 '亦'으로 읽었다'고 했으니 이는 '五十以學'에서 끊어 읽고, '易'은 또 '亦'으로 써서 풀이하여 (뒷 구절에 붙여서), '亦可以無大過矣'를 한 구절로 읽은 것이다"(經讀考異: 案此凡三讀, 朱子集注「五十作卒」, 則以「年」字絕句。邢氏疏「加我數年方至五十, 謂四十七時也」, 則又以「五十」絕句。釋文:「魯讀易爲亦。」是以「學」字斷句。「易」又作「亦」字爲訓, 當云「亦可以無大過矣」爲句。); '五十'을 名量詞 '年'이 앞에 이미 나와서 생략되고, 두 개의 수사 '五'와 '十'이 연속으로 쓰인 것으로 보고, '나에게 數年, 5년이나 혹은 10년을 보태주어 周易을 배운다면……'으로 풀이하는 견해도 있다.

4 《文史通義·易敎》六經은 모두 史이다. 옛사람들은 책을 저술하지 않았고, 옛사람들은 일과 유리되어 理致를 말한 적이 없었으니, 六經은 모두 선왕들의 政典이었다. 어떤 사람이 물었다. "詩·書·禮·樂·春秋는 史이고, 선왕들의 政典이라는 점은 이미 가르침을 받았습니다. 易은 음양을 말했는데[莊子·雜篇·天下], 易이 政典인 까닭 그리고 易이 史와 같은 과목이라는 것이 무슨 뜻인지 듣고 싶습니다"(六經皆史也。古人不著書, 古人未嘗離事而言理, 六經皆先王之政典也。或曰: 詩, 書, 禮, 樂, 春秋, 則既聞命矣。《易》以道陰陽, 願聞所以爲政典, 而與史同科之義焉。).

내가 말했다. "공자께서 하신 여러 말씀을 들었다. 《周易·繫辭上》에, '(易은) 만물로 하여금 저마다의 길을 열어주어 그가 부여받은 임무를 성취하게 하니[만물의 이치를 꿰뚫어 알아 만물이 저마다 부여받은 일을 성취시킨다], 천하의 모든 도를 포괄한다'라고 하셨고, '(易은) (신묘함으로써) 미래를 예견하고 (지혜로써) 과거를 기억해 저장해두니, 길흉을 백성과 함께 걱정한다'라고 하셨다. 易의 도는 대개 政教典章이 미치지 못한 방면을 포함하고 있었을 것이다. 하늘의 천문현상과 땅의 풍수지리를 본떠서, '이로써 신묘한 시초점괘를 만들어, 이로써 (길흉을 구별하도록) 백성들의 사용을 앞서 이끈다'고도 하셨다. 易의 가르침은 대개 政教典章이 나오기에 앞서 나왔을 것이다. 《周禮·春官宗伯》에 보면, 太卜은 세 가지 易의 법, 하나라의 역인 連山, 은나라의 역인 歸藏, 주나라의 易인 周易을 관장한다고 했는데, 대개 성인이 걸출하게 세상을 다스릴 때, 새로 보고 들은 것을 만들고, 천도변화를 본받아 가르침을 펼쳐[易經·䷓觀·象傳], 이로써 禮樂刑政이 미치지 못한 방면을 두루 다스렸을 것인데, 하나같이 천리의 자연에 근본을 둔 것이었지, 후세의 궤이·요상·참위·술수에 가탁해서 천하를 우롱한 것과 같은 것이 아니었다(曰: 聞諸夫子之言矣。'夫《易》開物成務, 冒天下之道。' '知來藏往, 吉凶與民同患。' 其道蓋包政教典章之所不及矣。象天法地, '是興神物, 以前民用。' 其教蓋出政教典章之先矣。《周官》太卜掌三《易》之法, 夏曰《連山》, 殷曰《歸藏》, 周曰《周易》…… 蓋聖人首出禦世, 作新視聽, 神道設教, 以彌綸乎禮樂刑政之所不及者, 一本天理之自然; 非如後世託之詭異妖祥, 讖緯術數, 以愚天下也。).

공자께서 말씀하시길, '내가 하나라의 도를 살펴보고 싶어, 이 때문에 기나라에 갔지만, 고증할 자료가 부족했다. 나는 거기에서 《夏時》를 얻었다. 내가 은나라의 도를 살펴보고 싶어, 이 때문에 송나라에 갔지만, 고증할 자료가 부족했다. 나는 거기에서 《坤乾》을 얻었다'[禮記·禮運]고 하셨다. 《夏時》는 하나라가 한 해의 정월을 어떻게 결정했는가에 관한 책이고, 《坤乾》은 《易》의 일종이다. 공자께서는 하나라·송나라의 문헌 중에 고증할 자료가 없는 것을 한탄했지만, 《坤乾》은 바로 《夏時》와 더불어, 하나라·상나라의 도를 살펴보고 얻은 책인데, 그 쓰임새가 백성들의 삶을 풍부하게 하고 백성들의 쓰임새에 이롭게 한 것으로, 대개 달력을 만들어 때를 알려주는[易經·☰☱革·象傳] 《夏時》와 더불어, 《坤乾》은 똑같이 하나라의 헌법이었다. 그런데 성인이 사사로이 혼자 궁리해서, 일과 유리되어 저술한 책을 가지고, 도를 밝혔다고 하지는 않는다. 하늘에 걸려 있는 천문현상을 살펴 64괘로 배열하고 이에 설명을 붙여서 길흉을 알려주는 易[周易·繫辭上]과 달력을 만들어 때를 알려주는 曆[易經·☰☱革·象傳]은 天道를 밝힌 책이고, 예·악·시·서와 형벌·정치·교화·명령은 人道를 밝힌 책이다. 천도는 인도와 나란히, 왕자가 세상을 다스리는 大權이다(夫子曰: '我觀夏道, 杞不足徵, 吾得夏時焉. 我觀殷道, 宋不足徵, 吾得坤乾焉.' 夫夏時, 夏正書也. 坤乾, 《易》類也. 夫子憾夏, 商之文獻無所徵矣, 而坤乾乃與夏正之書同爲觀於夏, 商之所得; 則其所以厚民生與利民用者, 蓋與治曆明時, 同爲一代之法憲; 而非聖人一己之心思, 離事物而特著一書, 以謂明道也. 夫懸象設教, 與治曆授時, 天道也. 禮, 樂, 詩, 書, 與刑, 政, 教, 令, 人事也. 天與人參, 王者治世之大權也).

한선자가 노나라에 와서 태사에게 가서 서책을 살피다, 《易》의 象傳과 《春秋》를 보고는, '周禮가 노나라에 그대로 다 남아 있구나'라고 했다[春秋左傳·昭公2年]. 《春秋》는 바로 주공의 옛 政典이니, 주례가 노나라에 남아 있다고 한 말은 타당하지만, 《易》의 象傳 역시 주례라고 칭한 것은 그것이 政教典章으로서, 백성의 쓰임새에 요긴했던 것이어서였지, 한선자 개인의 공리공론이 아니었다(韓宣子之聘魯也, 觀書於太史氏, 得見《易》象, 《春秋》, 以爲周禮在魯. 夫《春秋》乃周公之舊典, 謂周禮之在魯可也, 《易》象亦稱周禮, 其爲政教典章, 切於民用而非一己空言……).

상고시대의 성인께서, 天道를 열어젖혀 曆과 易을 창제하고 法을 세워 이를 써서 천하를 다스렸으니, 易을 만들고 曆을 만든 일이 똑같은 한 근원에서 나왔기에, 억지로 어느 것이 먼저고 어느 것이 뒤라고 구분할 수 없다. 그러므로 《周易·繫辭上》에, '(易은) 만물로 하여금 저마다의 길을 열어주어 그가 부여받은 임무를 성취하게 하니[만물의 이치를 꿰뚫어 알아 만물이 저마다 부여받은 일을 성취시킨다], 천하의 도를 포괄한다'라고 했고, 《書經·堯典》에, '(曆은) (해·달·별의 운행법칙을 자세히 살펴) 해가 뜨고 지는 시각과 절기를 나타내는 달력을 내려주어, 뿌리고 가꾸고 거두고 달력을 바꿀 때를 변별하게 했다'라고 했으니, 모두 한 가지 이치이다(……上古聖人, 開天創制, 立法以治天下, 作《易》之與造曆, 同出一源, 未可强分孰先孰後. 故《易》曰: '開物成務, 冒天下之道.' 《書》曰: '平秩敬授, 作訛成易.' 皆一理也.).

曆法은 점차 바뀌었지만, 공자께서는 다만 《夏時》를 취택하셨고[衛靈公 제10장], 세 가지 易의 점치는 방법은 서로 달랐지만, 공자께서는 다만 《周易》을 취택하셨다. 이것은 삼대 이후 오늘날까지 준행하는 것으로 폐기하지 못하는 것이다. 그렇지만 삼대 이후로, 曆法은 명확해져 갔지만, 易은 쇠퇴해져 갔고, 曆法은 官守에 의해 보존되어 왔지만, 易은 역술가들에 의해 유전되어 왔기 때문에, 학자들은 易을 흉내낸 책은 만들었지만, 曆法은 만들지 못했다. 曆法의 해와 달이 가까워지는 현상·일식·월식·달의 차고 이지러지는 현상은, 현상이 있어 검증할 수 있었지만, 易의 길흉[得과 失]·회린[후회와 걱정]은, 자취가 없으니 제어하지 못했다. 이 때문에 曆法을 관장하는 관리는 사적인 지혜를 써서 천착할 수 없었지만, 역술가들은 각각 자기의 설을 만들었으니, 설들이 분분하여 종잡을 수가 없게 되었다. 그러므로 易을 배우는 사람은, 하늘의 曆法을 몰라서는 안 된다"(……曆象遞變, 而夫子獨取於夏時; 筮占不同, 而夫子獨取於《周易》. 此三代以後, 至今循行而不廢者也. 然三代以後, 曆顯而《易》微; 曆存於官守, 而《易》流於師傳; 故儒者敢於擬《易》, 而不敢造曆也. 曆之薄蝕盈虧, 有象可驗, 而《易》之吉凶悔吝, 無跡可拘; 是以曆官不能穿鑿於私智, 而《易》師各自爲說, 不勝紛紛也. 故學《易》者, 不可以不知天.).

선생님께서 말씀하셨다. "나에게 몇 년 더 살 나이를 빌려주어, 이로써 주역을 공부한다면, 크게 잘못할 일을 없게 할 수 있을 것이다."

劉聘君見⁶元城劉忠定公⁷自言嘗讀他「論」, 「加」作假, 「五十」作卒。蓋加, 假聲相近而誤⁸ 讀, 卒與五十字相似而誤分也。愚按: 此章之言, 史記⁹作爲「假我數年, 若是, 我於易則彬 彬矣」。加正作假, 而無五十字。蓋是時, 孔子年已幾七十矣, 五十字誤無疑也。

유빙군(劉聘君·劉勉之)이 원성 유충정공(元城 劉忠定公·劉安世)에게서 다른《논어》(論語) 책을 읽은 적이 있다는 말을 들었는데, (그가 말하기를 거기에는) '加'(가)는 '假'(가)로 되어 있었고, '五十'(오십)은 '卒'(졸)로 되어 있었는데, 아마도 '加'(가)와 '假'(가)는 음이 서로 가까워서 '加'(가)로 잘못 읽은 것이고, '卒'(졸)과 '五十'(오십)은 글자가 서로 비슷해서 '五'(오)와 '十'(십) 두 글자로 잘못 나뉜 것 같다고 했다.

내가 생각건대, 이 장의 말씀은,《사기·공자세가》(史記 孔子世家)에는 '나에게 몇 년 더 살 나이를 빌려주어, 이처럼 공부한다면, 나는 역(易)에 대해서 문사와 의리에 다

---

5 《論語正義》'學易可以無大過'라 한 것은, 주역의 주된 도가 모두 中行이고 變通이기 때문에, 배우면 도에 적합할 수 있고 권도를 세울 수 있다는 것이다(正義曰: 案: '學易可以無大過'者, 易之道, 皆主中行, 主變通, 故學之而可與適道, 可與立權也。);《古今注》주역은 '悔'[후회하다]와 '吝'[인색하다]을 주된 내용 으로 하고 있다. '悔'는 개과천선하는 것이고, '吝'은 개과천선하지 않는 것이다. 그래서 '學易'하면, '可以無 大過'라고 한 것이다. '過'는 곧 주역에 개재된 바인 悔·吝·凶의 뜻이다(易之爲書, 主於悔吝。悔者改過也, 吝者不改過也。故曰學易則可以無大過。過者, 即易所載悔吝凶之義也。)。

6 見(견): 듣는 바로는 ~라 한다. 듣다(听说: 听见。听到)。

7 劉忠定公(유충정공): 名 安世, 字 器之, 號 元城, 시호 忠定。1048~1125. 사마광에게 배웠다《小學·外篇· 善行》유충정공(劉安世)이 사마온공(司馬光)을 만나 여쭈었다. "盡心行己의 요체로서, 죽을 때까지 행할 만한 것이 무엇인지요?" "誠이다." "誠을 행하려면 무엇부터 먼저 시작해야겠습니까?" "언·행이 서로 다른 허튼소리[妄語]를 하지 않는 것부터 시작하라." 유충정공이 처음에는 이를 아주 쉽게 여겼다. 그런데 물러 나와 하루 동안의 언·행을, 스스로 바로잡아 보려 했더니[荀子·性惡], 언·행 서로 간에 방해되고 모순되는 것이 많았다. 힘쓴 지 7년이 지난 뒤에야 이루었으니, 이로부터 언·행이 서로 일치되고, 표·리가 서로 호응하여, 일에 부딪쳐서는 태연하여 언제나 여유가 있었다(劉忠定公見溫公, 問盡心行己之要, 可以終身行 之者, 公曰, 其誠乎。劉公問行之何先, 公曰, 自不妄語始。劉公初甚易之。及退而自檃栝, 日之所行與凡所言, 自相掣肘矛盾者多矣。力行七年而後成, 自此言行一致, 表裏相應, 遇事坦然常有餘裕。)。

8 《論孟虛字》알고 하는 것을 '故', 모르고 하는 것을 '誤'라 한다(有心爲之叫'故', 無心爲之叫'誤'。)。

9 《史記·孔子世家》공자는 (68세에 노나라로 돌아온 후) 만년에 주역을 좋아하여, 단전·계사전·상전·설괘전 ·문언전을 정리했다. 그는 죽간을 꿴 가죽끈이 세 번이나 끊어질 만큼 주역을 무수히 읽었다. 공자가 말했다. "만약 나에게 몇 년의 시간을 빌려주어, 이처럼 공부한다면, 나는 易에 대해서 문사와 의리에 다 통달할 수 있을 것이다"(孔子晚而喜易, 序彖, 繫, 象, 說卦, 文言。讀易, 韋編三絶。曰: '假我數年, 若是, 我於易則彬彬矣。')。; 彬彬(빈빈): 내용과 형식을 모두 갖춘 모양(文质兼备貌)。

통달할 수 있을 것이다'라고 되어 있다. '加'(가)는 바로 '假'(가)로 되어 있고, '五十'(오십)이란 글자는 없는데, 아마 이때는 공자(孔子)께서 연세가 이미 칠십에 가까웠을 것이니, '五十'(오십)이라는 글자가 잘못된 것은 틀림없는 듯하다.

學易, 則明乎吉凶消長之理, 進退存亡之道[10], 故可以無大過[11]。蓋聖人深見易道之無窮, 而言此以教人, 使知其不可不學, 而又不可以易而學也。
《주역》(周易)을 배우면, 좋은 일, 나쁜 일, 쇠함, 성함[吉凶消長]의 이치와 나아감·물러남·보존됨·사라짐[進退存亡]의 도리에 밝아지기 때문에, 크게 잘못할 일을 없게 할 수 있다. 대개 성인께서 《주역》(周易)의 도가 무궁함을 깊이 알아보시고, 이 말씀을 하심으로써 사람들을 가르치셨으니, 《주역》(周易)은 배우지 않으면 안 되지만, 또 쉽게 배울 수 없다는 것을 알려주신 것이었다.

---

10 《易經·乾·文言》'亢'(항)의 말뜻은, 進은 알지만 退는 모르고, 存은 알지만 亡은 모르고, 得은 알지만 喪은 모른다는 뜻이다. 아마 성인뿐이시리라! 進退存亡을 알고 또 그 바름을 잃지 않는 자는 아마 성인뿐이시리라!('亢之爲言也, 知進而不知退, 知存而不知亡, 知得而不知喪。其唯聖人乎!知進退存亡而不失其正者, 其唯聖人乎!);《論語大全》'吉凶消長'은 卦體[점괘]를 가지고 말한 것이고, '進退存亡'은 人事를 가지고 말한 것이다(胡氏曰: 吉凶消長, 以卦體言, 進退存亡, 以人事言。);《周易程子[伊川]傳序》易은 變易[변하여 바꾸다]이다. 때를 따라서 變易하여 이로써 道를 따르는 것이다. 易에는 성인의 도 넷이 있으니, 易을 써서 말하는 자는 易의 辭를 숭상하고, 易을 써서 행동하는 자는 易의 變을 숭상하고, 易을 써서 기물을 만드는 자는 易의 象을 숭상하고, 易을 써서 卜筮하는 자는 易의 占을 숭상한다. 吉凶消長의 이치와 進退存亡의 道가 그 辭에 다 갖춰져 있으니, 辭를 헤아리고 卦를 고찰하여 變을 알 수 있고, 象과 占이 그 가운데 있다. 군자가 거처할 때면 그 象을 관찰하고 그 辭를 음미하고, 행동할 때는 그 變을 관찰하고 그 占을 음미한다(易, 變易也。隨時變易以從道也…… 易有聖人之道四焉, 以言者尙其辭, 以動者尙其變, 以制器者尙其象, 以卜筮者尙其占。吉凶消長之理, 進退存亡之道, 備於辭, 推辭考卦可以知變, 象與占在其中矣。君子居則觀其象而玩其辭, 動則觀其變而玩其占。).

11 《論語大全》'大過'란, 잠겨있어야 하는데 잠겨있지 않고, 나타나야 하는데 나타나지 않고, [도약해야 하는데 도약하지 않고,] 날아야 하는데 날지 않는 것, 이런 것이 모두 '過'이다. 바르지 않는 것이 '過'이고, '두려워할 줄 모르고 수신 성찰할 줄 모르는 것'[易經·震·象傳]이 '過'이다. '無大過'라는 말은, 스스로 겸손해하시는 말씀으로 이로써 배우는 자를 가르쳐, 易의 도의 무궁함을 깊이 알게 하려는 말씀이다. '無大過'는, (작은 잘못은 있다는 것이니) 성인께서 (배움에) 자족하지 않는다는 뜻이다(朱子曰: 所謂大過, 如當潛不潛, 當見不見, 當飛不飛, 皆是過…… 非正則過矣…… 不知恐懼脩省則過矣…… 無大過者, 爲此自謙之辭以教學者, 深以見易道之無窮。無大過。是聖人不自足之意。).

[子所雅言章]

071701、子所雅言[1]、詩、書、執禮[2]、皆雅言也。[3]

---

1 《論語集解》'雅言'은 '正言'[바른 음으로 말하다]이다. 선왕의 典法을 읽는 경우에, 반드시 그 음을 바르게 읽어야 뜻이 온전히 드러나기 때문에, 避諱[원래의 글자를 피해 다른 글자로 바꾸다]해서 읽는 경우가 있어서는 안 된다. 禮는 암송하는 것이 아니기 때문에 '執'[집행하다]이라 말한 것이다(注: 孔安國曰: 雅言, 正言也; 鄭玄曰: 讀先王典法, 必正言其音, 然後義全, 故不可有所諱也。禮不誦, 故言執也。);《論語正義》이 장은 제16장 '學易'을 이어받아서 같은 종류끼리 기록한 것이다. '所'는 바로 '易'을 가리킨 말이다 ["(易은) 선생님께서 雅言으로 말씀하신 바였고']. 즉 周易뿐 아니라, 詩·書를 읽을 때나 執禮 시에도 모두 雅言으로 말씀했다는 것이다. 돌아가신 숙부님 劉台拱[1751~1805]의 《論語駢枝》에 말했다. "'雅'의 말뜻은 '夏'이다. '雅'와 '夏'의 옛 글자는 서로 통했다." 공자께서는 주역·시경·서경을 읽고, 예를 집행하는 데 모두 雅音[하나라 언어]을 사용했으니, 그런 후에 글의 뜻이 명쾌하게 이해되었다(正義曰: 此承上章'學易'之言而類記之。'所'字, 即指易言。乃不獨易也, 詩、書、執禮, 皆雅言也。先從叔丹徒君《駢枝》曰: "雅之爲言夏也。雅, 夏古字通。"……夫子凡讀易及詩、書、執禮, 皆用雅音, 然後辭義明達。);《論語集釋》焦循[1763~1820]의 《論語補疏》에 말했다. "이 장과 앞 '五十學易'장은 한 장이어야 맞다. '子路無宿諾'[顔淵 제12장]의 예와 같다. 기록한 자가 공자께서 주역을 공부한다면 크게 잘못할 일을 없게 할 수 있을 것이라는 말씀을 듣고, 이 장을 가지고 덧붙여서 밝힌 것으로, '子所雅言' 네 글자는 '易'을 가리키고, 이에 '易'뿐 아니라 詩·書·執禮에 대해서도 모두 雅言으로 말씀하셨다고 한 것이다. '皆'字를 쓴 것은 바로 '易'에 뒤이어서 같은 종류의 말을 이은 것이다. '雅'는 '爾雅'의 '雅'이다(《爾雅注疏》에, '爾는 近이고, 雅는 正이다'라고 했다)"(論語補疏: 此與上「五十學易」當是一章, 如「子路無宿諾」之例。記者因孔子有學易無大過之言, 以此申明之, 子所雅言, 四字指易, 乃不獨易也, 於詩於書於執禮皆雅言也……玩「皆」字正從易連類之詞。雅即爾雅之雅。);《古今注》'雅'는 '素'[평소]이고, '常'[늘상]이다(雅也者, 素也, 常也。);《論語譯注》'雅言'은 당시에 보편적으로 사용되던 표준말을 말한다["공자께서 표준어를 사용하신 것은, 詩經을 읽고, 書經을 읽고, 禮를 집행할 때로, 모두 표준말을 사용하셨다"]('雅言', 當時中國所通行的語言; '孔子有用普通話的時候, 讀詩、讀書、行禮, 都用普通話。');《論語新解》옛 西周인들이 쓰던 언어를 '雅'라 했는데, 그래서 '雅言'은 또 '正言'이라 했으니, 지금의 '國語' 또는 표준어라 하는 것과 같다. 공자께서는 노나라 사람으로, 일상에서는 노나라 언어로 말씀하셨는데, 이 세 가지에 대해서만은 표준어로 말씀하신 것이다(古西周人語稱雅, 故雅言又稱正言, 犹今称国语, 或标准语。孔子魯人, 日常操魯語。惟于此三者必雅言。);《論語平議》이 장은 마땅히 '詩書'에서 끊어 읽어야 하니, 공자께서 시경을 낭독하시고 서경을 읽으실 때는 그 발음을 바르게 하지 않는 적이 없었다는 말이다. '執禮'는 그 자체로 구를 이루고 아래 구절에 붙여 읽는다. '執禮'는 예를 집행하는 일로, 모두 그 발음을 바르게 하여, 방언이나 속어가 섞이지 않게 하신 것이다. 그래서 '執禮皆雅言'이라 한 것이다. '詩書'는 어떤 때는 낭독하고 어떤 때는 제자들에게 가르치는 것이고, '執禮'의 경우는 그 자체로 별도의 한 가지 일로, 그래서 별도로 말한 것뿐이다(此當以詩書斷句, 言孔子誦詩讀書, 無不正言其音。執禮二字, 自爲句, 屬下讀。執禮謂執禮事也……皆正言其音, 不襍[雜]以方言俗語。故曰執禮皆雅言也。詩書或誦讀或教授弟子, 若執禮自爲一事, 故別言之耳。)。

2 《論語詞典》執(집): (일·직무를) 맡아 처리하다. 종사하다(操持, 從事於某一工作, 某一職業。); 執禮(집례): 의식 절차를 낭독하고 진행하다. 예식을 알리고 돕다(贊礼; 执守礼制。詔相禮事)。

3 《禮記·玉藻》제사에서는 避諱하지 않고, 사당 안에서는 避諱하지 않고, 가르치거나 글을 읽을 때는

선생님께서 평소에 늘 말씀하신 것은, 《시경》(詩經) · 《서경》(書經) · 예(禮)의 지킴이었으니, 모두 평소에 늘 말씀하신 것들이었다.

雅, 常也。執, 守也。詩以理情性, 書以道政事, 禮以謹節文, 皆切於日用之實, 故常言之。 禮獨言執者, 以[4]人所執守而言, 非徒誦說而已也。

'雅'(아)는 '평소'[常]이다. '執'(집)은 '지키다'[守]이다. 《시경》(詩經)은 이를 써서 성정을 다스리고, 《서경》(書經)은 이를 써서 정사를 말하고, 예(禮)는 이를 써서 규정을 조심해서 지키는 것으로, 모두 일상의 실생활에 밀접해 있는 것들이기 때문에, 이것들을 늘 말씀하신 것이다. 예(禮)에 대해서만 유독 '지킨다'[執]라고 말씀하신 것은, 사람이 붙잡고 지켜야 할 일이어서 그렇게 말씀하신 것으로, 단지 외우거나 말로 설명하는 것만으로 그치는 것이 아니기 때문이다.

○程子曰:「孔子雅素[5]之言, 止於如此。若性與天道, 則有不可得而聞者[6], 要在默而識之[7]也。」謝氏曰:「此因學易之語而類記之。」

○정자(程子 · 明道)가 말했다. "공자(孔子)께서 평소에 늘 하신 말씀은, 이 같은 정도에서 그치셨다. 성(性)과 천도(天道) 같은 경우는, 가르침을 들을 수 없는 자가 있었으니, 성(性)과 천도(天道)는 묵묵히 마음으로 깨닫는 데에 요점이 있다."

사씨(謝氏 · 謝顯道)가 말했다. "이 장은 앞 장의 《주역》(周易)을 배운다는 말씀에 이어서 같은 종류끼리 기록한 것이다."

避諱하지 않는다(凡祭不諱, 廟中不諱, 教學臨文不諱。).

4 以(이): ~로 인해. ~ 때문에. 행위 발생의 원인을 표시한다(因为, 由于。表示行为产生的原因。).

5 雅素(아소): 평소. 여태까지(平素, 平生。).

6 《公冶長 제12장》 참조.

7 《論語大全》 '識'은 음이 式(식)으로, 말없이 스스로 깨달아 아는 것을 말한다(識, 音式, 謂不言而自得之。); 《述而 제2장》 참조.

[葉公問孔子於子路章]

071801、葉公¹問孔子於²子路, 子路不對³˒⁴。

　　섭공(葉公)이 자로(子路)에게 공자(孔子)에 대해 물었는데, 자로(子路)가 대꾸하
　　지 않았다.

葉⁵, 舒涉反。○葉公, 楚葉縣尹⁶沈諸梁, 字子高, 僭稱公也⁷。葉公不知孔子, 必有非所問

1　葉公(섭공): 沈諸梁. 姓 羋(미), 沈尹氏, 名 諸梁. 楚昭王[BC 516~BC 489 재위]에게서 받은 봉지인
　　섭현의 縣長. 생몰연대가 대략 BC 550~BC 470으로 공자와 동시대인이다. 초나라 왕실에서 태어났으며,
　　증조부가 춘추 5패인 楚莊王[BC 613~BC 591 재위]이다.

2　《文言語法》이중목적어 문장에서, 사물을 가리키는 목적어[직접목적어]는 '以'를 써서 동사 앞으로 당겨
　　놓고, 사람을 가리키는 목적어[간접목적어]는 '於'字를 써서 앞의 목적어와 분리시킬 수 있다(在双宾语句,
　　指事物的宾语, 可用'以'字提前, 指人物的賓語, 可用'於'字隔開。);《北京虛詞》於(어): 개사. ~를 향해.
　　동작이 미치는 대상을 끌어들인다('於', 介词。引进动作涉及的有关对象。又即'向'。).

3　《論語集解》대답하지 않은 것은, 무어라 대답할지를 모른 것이다(注: 孔安國曰: 不對者, 未知所以答也。);
　　《論語義疏》섭공이 물은 것은, 필시 공자를 초치해 정치를 맡기려는 것이었을 텐데, 자로는 공자께서
　　머리를 숙여서는 안 된다고 알고, 섭공의 말에 대꾸하지 않은 것이다(疏: 李充曰 …… 疑葉公問之, 必將欲
　　致之爲政, 子路知夫子之不可屈, 故未許其説耳。);《論語正義》자로가 자기의 지식으로는 성인을 알기에
　　부족한 것이다(正義曰: 子路以己之知不足知聖人也。);《論語今讀》자로가 대답하지 않은 것은, 대답하기
　　가 매우 어려워서였으니, 몇 마디 말로 개괄해서 묘사하기가 매우 어려워서였을 것이다(子路沒回答,
　　很難回答, 很難概括描述了。).

4　《史記·孔子世家》가을에 제나라 경공[BC 547~BC 490 재위]이 죽고, 그 이듬해, 공자는 채나라에서
　　섭나라로 갔다. 섭공이 정치에 대해 묻자, 공자가 대답했다. "정치는 먼데 있는 사람을 찾아오게 하고,
　　가까이 있는 사람의 마음을 얻는 데 있습니다." 훗날, 섭공이 자로에게 공자에 대해 물었지만, 자로가
　　대답하지 않았다. 공자가 이를 듣고 말했다. "유야, 너는 어찌 이렇게 말하지 않았느냐? '그 위인은,
　　도를 배우는 데 게으름 피지 않고, 사람을 가르치는 데 싫증 내지 않고, 깨닫지 못하면 애가 타서 끼니를
　　잊고, 깨닫고 나서는 즐거워서 근심을 모두 잊고, 늙음이 장차 오리라는 것도 모르는 그런 사람일 뿐이다'
　　라고"(秋, 齊景公卒。明年, 孔子自蔡如葉。葉公問政, 孔子曰: "政在來遠附邇。"他日, 葉公問孔子於子路,
　　子路不對。孔子聞之, 曰: "由, 爾何不對曰'其爲人也, 學道不倦, 誨人不厭, 發憤忘食, 樂以忘憂, 不知老之將
　　至'云爾。").

5　葉(섭/엽): [shè] 초나라 읍(春秋时楚国的邑地。今河南省叶县。); [yè] 잎(植物的一部分。).

6　縣尹(현윤): 현의 장관(一县的长官).

7　《論語注疏》초나라 군주가 王이라고 참칭하자, 현윤들도 모두 公이라 참칭한 것이다(疏: 正義曰: 楚子僭
　　稱王, 故縣尹, 皆僭稱公也。);《論語正義》《儀禮·鄉飲酒禮》의 '諸公'에 대한 정현의 주에, '公은 대국의
　　九命[아홉 등급의 관작] 중 4등급에 해당하는 관작으로, 왕의 대부·공의 고아를 公이라 한다'고 했다.
　　그렇다면, 제후의 신하가 公이라 불린 것으로, 그래서 춘추좌전에 邢公·棠公·商成公·白公이 있었다.

而問者, 故子路不對。抑亦[8]以聖人之德, 實有未易名言[9]者與?[10]

'葉'(섭, shè)은 '舒'(서)와 '涉'(섭)의 반절이다. ○'葉公'(섭공)은 초(楚)나라 섭현(葉縣)의 수령인 심제량(沈諸梁)으로, 자는 자고(子高)인데, 신분에 맞지 않게 '공'(公)이라고 칭했다. 섭공(葉公)이 공자(孔子)를 알지 못했으니, 필시 물어볼 거리가 아닌데도 물어본 것이 있었기 때문에, 자로(子路)가 대꾸하지 않은 것이다. 그런 것이 아니라면 성인의 덕 가운데, (子路의 지식으로는) 말로 형용하기 쉽지 않은 것이 실제로 있었기 때문일까?

071802. 子曰:「女奚不曰, 其[11]爲人也, 發憤忘食[12], 樂以忘憂[13], 不知老[14]之將至[15]云爾[16 17]。」

이 장의 섭공 역시 4등급 관작이지, 참칭한 것이 아니다(正義曰:《鄕飮酒禮》注: "大國有孤, 四命謂之公." 《士喪禮注》: "公, 大國之孤四命也." 若然, 則諸侯臣得稱公, 故《左傳》有邢公、棠公、商成公、白公。此葉公亦是四命之孤, 非因僭稱也.).

8《北京虛詞》抑亦(억역): 접속사. 아니면. 또는. 선택복문의 뒷 구절에 쓰여, 선택을 표시한다('抑亦', 連詞。用于抉擇復句的后一分句, 表示抉擇。又即'还是'。也作'意亦'.).

9 名言(명언): 일컫다. 칭하다. 묘사하다(称说; 描述).

10《延平答問》섭공이 자로에게 공자에 대해 질문했는데 자로가 대답하지 않았다는 구절에 대해, 자로가 대답하지 않았던 것은 그가 성인의 완전무결한 덕을 형용하는 데 말하기 어려운 점이 있었기 때문입니다(葉公問孔子於子路, 子路不對一章…… 盖弟子形容聖人盛德有所難言爾.)(강신주 外, 『스승 이통과의 대화—연평답문』[이학사, 2006], 64);《論語大全》한편으로는 섭공이 성인을 알지 못해서였고, 한편으로는 자로의 지식으로는 스스로 말로 성인을 형용하기 부족해서였다(新安陳氏曰: 一則葉公不足以知聖人, 一則子路自難以言語形容聖人.);《論語集釋》李惇[1734~1784]의《羣經識小》에 말했다. "섭공은 초나라의 최고위 인물로, 평소 賢智한 사람으로 유명했으니, 그가 白公의 난을 평정한 것을 살펴보면[《憲問 제10장》각주 '白公' 참조], 이미 대범한 사람이었다. 이 장의 자로에게 공자에 대해 물은 것을 가지고, 섭공을 문외한이라고 느닷없이 말하는 것은 결코 안 된다. 集注의 뒤의 견해가 가장 옳고, 공자의 말씀을 살피면 절로 드러난다"(羣經識小: 葉公是楚國第一流人物, 賢智素著, 觀其定白公之亂, 已得大凡。此問孔子於子路, 斷不可唐突葉公爲門外漢也。集注後一說最是, 觀夫子之言自見.).

11《論語義疏》'其'는 '그 공자라는 사람'이다(疏: 其, 其孔子也.).

12 [성]發憤忘食(발분망식): 배우기를 열심히 하기를 끼니조차 잊는다(努力学习或工作, 连吃饭都忘了。形容十分勤奋.);《大戴禮記·制言中》군자는 仁義를 늘 생각하기에, 낮에는 끼니조차 잊고, 밤에는 잠자리에 드는 것조차 잊고, 해가 뜨면 일하러 나가고, 날이 저물면 혼자 반성하기를, 이로써 일생을 끝마치니, 자기의 과업을 엄수한다고 할 수 있다(君子思仁義, 晝則忘食, 夜則忘寐, 日旦就業, 夕而自省, 以歿其身, 亦可謂守業矣.);《論語注疏》발분하여 학문을 즐겨 끼니를 잊고 지낸다(疏: 正義曰: 發憤嗜學而忘食);《論語正義》好學不厭하여 거의 忘食하다(正義曰: '發憤忘食'者, 謂好學不厭, 幾忘食也.);《集注考證》'憤'은 '不憤不啓'[述而 제8장]의 '憤'이다(憤, 如不憤不啓之憤.); 發憤(발분): 부족함을 알고 열심히 할 것을 결심하다(決心努力。自觉不满足, 而奋力为之.); 憤(분): 가슴에 응어리가 맺혀 있다. 마음에 의심덩어리가 있어 시원하지 못하다. 기가 막혀 답답하다(郁结于心; 憋闷。心里有疑团, 心情不舒畅; 由于透不过气来而心胸发闷.).

(이 말을 듣고) 선생님께서 말씀하셨다. "너는 어찌하여 (이렇게) 말하지 않았느냐? 그 위인은, 깨닫지 못하면 애가 타서 끼니조차 잊고, 깨닫고 나서는 즐거워서 근심조차 잊고, 늙음이 곧 닥치리라는 것도 모르는 그런 사람일 뿐이라고"

---

13 [성]樂以忘憂(낙이망우): 즐거워서 근심을 잊다(由于快乐而忘记了忧愁。形容非常快乐。);《論語正義》도를 즐겨 가난을 근심하지 않는다(正義曰: '樂以忘憂'者, 謂樂道不憂貧也。);《文言虛詞》以(이): 접속사. 동작의 목적·결과·정도를 표시. '忘憂'는 '樂'의 결과·정도이다('以'字作連詞, 用以表示動作的目的或者結果或者程度。'忘憂'是'樂'的結果與程度。);《古漢語語法》以(이): 순승접속사. 후항이 전항의 결과임을 표시한다('以', 順承连词, 有时后项表示前项的结果。).

14 《禮記·曲禮上》사람이 태어나서 10살을 幼年(유년)이라 하고, 배우는 때이다. 20을 弱年(약년)이라 하고, 관을 쓰는 때이다. 30을 壯年(장년)이라 하고, 가정을 꾸리는 때이다. 40을 强年(강년)이라 하고, 벼슬하는 때이다. 50을 艾年(예년)이라 하고, 간부로서 일을 시키는 때이다. 60을 耆年(기년)이라 하고, 남에게 일을 넘기는 때이다. 70을 老年(노년)이라 하고, 자손에게 가사를 넘기는 때이다. 80, 90을 耄年(모년)이라 하고, 7세를 悼(도)라 하고, 悼(도)와 耄(모)는 죄가 있어도 형벌을 가하지 않는다. 100을 期年(기년)이라 하고, 보양을 받는 때이다(人生十年日幼, 學。二十日弱, 冠。三十日壯, 有室。四十日強, 而仕。五十日艾, 服官政。六十日耆, 指使。七十日老, 而傳。八十、九十日耄, 七年日悼, 悼與耄雖有罪, 不加刑焉。百年日期, 頤。);《論語正義》계산해보면 공자 63, 64세여서, '老之將至'라 칭한 것이다(正義曰: 計孔子時年六十三四歲, 故稱爲老矣。).

15 [성]不知老之將至(부지노지장지): 노년이 오리라는 것을 모르고 있다. 일에 파묻혀 있고, 마음속이 유쾌해서, 노쇠함을 잊고 지내다(不知道老年即将来临。形容人专心工作, 心怀愉快, 忘掉自己的衰老。); [성]老之將至(노지장지): 노쇠함을 자칭할 때 많이 쓰는 말(多用作自称衰老之语。);《論語正義》늙음을 잊고 自强不息한다[易經·☰乾·象傳](正義曰: '不知老之將至'者, 言忘身之老, 自强不息也。);《詞詮》將(장): 조동사. 동작의 시간을 표시하므로, 시간부사로 보기도 한다('將', 助動詞。表示動作之時間, 故或以爲時間副詞。);《論孟虛字》將至(장지): 곧 도래하다('將至', 猶言'快要到來'。).

16 《經傳釋詞》'云爾'·'云乎'는 모두 종결어사이다(云爾、云乎, 皆語已詞也。);《古書虛字》'云爾'는 '焉爾'[~일 뿐이다]와 같다('云爾'猶'焉爾'也。語已詞。);《論語譯注》'云'은 '如此'[이러하다]이고, '爾'는 '耳'[~뿐이다]과 같다["이러할 뿐이다"](云爾: '云', 如此; '爾'同'耳', 而已, 罷了: "如此罷了。");《論語新解》'爾'는 '如此'의 뜻이다. '云爾'는 '如此說'[이렇게 말하다]와 같다(尔, 如此义。云尔, 犹如此说。);《論孟虛字》'云爾'는 '如是而已'[이런 정도일 뿐이다]와 같다. '竊比'[述而 제1장]와 같은 종류로서, 내놓고 인정하지 않는다는 어기를 나타낸다('云', 猶'如', 爲'如是'意, '爾'同'耳', 爲'而已'之合音, '云爾', 猶'如是而已'。竹氏會箋說: 云爾, 猶竊比之類, 非公然自認語氣。).

17 《論語義疏》공자께서 도가 행해지지 않음에 대한 탄식으로, 애가 타서 끼니를 잊고 지내셨고, 또 차가운 물을 마시고 팔을 굽혀 베개를 삼고 지내면서, 즐거움이 그 가운데 있어, 빈천의 일을 잊고 지내셨고[述而 제15장], 나이가 예순이 넘어 노쇠해졌어도 하늘이 명을 내릴 것을 믿어, 늙음이 곧 닥치리라는 것도 모르고 지내셨다고 하신 것이다(疏: 謂孔子慨世道之不行, 故發憤而忘於飡食也, 又飲水曲肱, 樂在其中, 忘於貧賤之憂也, 又年雖耆朽而信天任命, 不知老之將至也。);《論語注疏》그 공자라는 위인은, 발분하여 배움을 즐겨 끼니조차 잊고, 도를 즐겨 근심조차 잊고, 늙음이 곧 닥치리라는 것도 모르는 그런 사람일 뿐이라고, 너는 어찌 말하지 않았느냐?(疏 正義曰: 言女何不曰, 其孔子之爲人也, 發憤嗜學而忘食, 樂道以忘憂, 不覺老之將至云爾乎。).

未得, 則發憤而忘食; 已得, 則樂之而忘憂。以是二者俛焉日有孶孶[18], 而不知年數之不足, 但自言其好學之篤耳[19]。然深味之, 則見其全體至極, 純亦不已[20]之妙[21], 有非聖人不能及者。蓋凡夫子之自言類[22]如此, 學者宜致思[23]焉。

깨닫지 못하면, 애가 타서 끼니를 잊고, 깨닫고 나면, 즐거워서 근심을 잊는다. 이 두 가지를 가지고 얼굴을 파묻고 날마다 부지런히 힘쓰다가, 남은 날수가 모자란다는 것도 몰랐다는 것은, 단지 선생님의 호학(好學)의 독실함을 당신 스스로 말씀하신 것뿐이다. 그렇지만 이 두 가지를 깊이 음미해보면, (애가 타서 끼니조차 잊고, 즐거워서 근심조차 잊을 정도로) 그렇게 완전히 몰입하는 지극한 경지와 (늙음이 곧 닥치리라는 것도 모를 정도

---

18 《公冶長 제9장》 각주 《禮記·表記》 참조: 俛(부/면): (부) 고개를 숙이다. (면) 부지런히 힘쓰다(同 '俯'。通 '勉'。勤勉。); 孶孶(자자): 나태하지 않고 열심히 하다(同 '孜孜'。孶, 通 '孜'。勤勉: 努力不懈。); 孶(자): 번식하다. 낳다. 늘어나다(本义: 繁殖, 生息。通 '滋'。增长。).

19 《論語大全》 성인께서는 꼭히 알지 못하는 일이 있는 것이 아닌데도, 이같이 말씀하셨다(朱子曰: 聖人未必有未得之事, 且如此說。).

20 《中庸 제26장》 "아! 하늘의 명하심. 아! 그 장엄함 그침이 없어라!" 이 시는 하늘이 하늘로 여겨지는 까닭을 노래한 것이다. "오호! 어찌 드러나지 않겠느냐 문왕의 순일하심이여!" 이 시는 문왕이 '文'왕으로 여겨지는 까닭인, 티 없이 순일하시고 또 순일하심을 노래한 것이다(詩云: "維天之命, 於穆不已!" 蓋曰天之所以爲天也。"於乎不顯! 王之德之純!" 蓋曰文王之所以爲文也, 純亦不已。).

21 《論語大全》 애타는 것과 즐거워하는 것은 서로 반대이다. 성인께서는 애가 타서 끼니조차 잊는 지경에 이르셨고, 즐거워서 근심조차 잊는 지경에 이르셨다. 이는 두 가지 면에서 각각 그 극에 이르신 것으로, 추위가 극에 이르고 더위가 극에 이른 것과 같다. 그래서 '全體至極'이라고 한 것이다. 이 (애가 타서 끼니조차 잊고 즐거워서 근심조차 잊는) 두 가지가 되풀이하길 그치지 아니했으니, 그래서 늙음이 장차 오리라는 것도 잊으신 것이다. 이것이 성인의 마음으로, 순수 그 자체인 천리이다. 달리 그가 좋아하는 게 없었으니, 그래서 자연히 배움에 싫증 내지 않았다. 그래서 '純亦不已'라고 한 것이다. '全體'는 애가 타는 것과 즐거워하는 것[憤·樂]을 설명한 것이고, '至極'은 끼니조차 잊은 것과 근심조차 잊은 것[忘食忘憂]을 설명한 것이다. '純亦不已'는 늙음이 장차 오리라는 것도 모른 것[不知老之將至]을 설명한 것이다(雙峯饒氏曰: 憤與樂相反。聖人發憤便至忘食, 樂便至忘憂。是兩邊各造其極, 如寒到寒之極, 暑到暑之極。故曰 全體至極。兩者循環不已, 所以不知老之將至。此是聖人之心, 純乎天理。別無他嗜好, 所以自然學之不厭。故曰 純亦不已。全體, 說憤樂, 至極, 說忘食忘憂。純亦不已, 說不知老之將至。); 《集注考證》 성인께서는 지극한 경지에 이르지 않은 경우가 없으니, 發憤忘食하면, 이치를 얻지 못하는 게 없고, 樂以忘憂는 또한 어떤 자리에 가서 머물러도 스스로 깨달아 얻지 못하는 게 없다[中庸 제14장]는 것으로, 그래서 集注에서 말하기를, '全體至極'은 성인께서 배움에 대해 추구하는 모습과 깨닫고 나서의 모습이 항상 이와 같다는 것이고, '不知老之將至'는 이것이 소위 '純亦不已'라고 한 것이다(聖人無所不致其極, 發憤忘食, 則無理之不可得, 樂以忘憂, 亦無入而不自得矣, 故集註曰, 全體至極, 聖人于學求之得之, 常常如此, 不知老之將至, 此所謂純亦不已也。).

22 공자의 '自言'類로는 爲政 제4장·里仁 제6장·公冶長 제24장·述而 제1장·제19장·제27장·제32장·제33장·憲問 제37장 등이 있다.

23 致思(치사): 한 곳에 마음을 집중하다(谓集中心思于某一方面).

로) 그렇게 티 없이 순일하시고 또 순일하신 오묘한 경지는, 성인이 아니면 도달할
수 없는 경지가 있다는 것을 알게 된다. 대개 선생님께서 당신 스스로에 대해 하신
모든 말씀의 부류들이 이와 비슷하니, 배우는 자는 의당 여기에 마음을 집중해야 한다.

[我非生而知之者章]

071901. 子曰:「我非生而知之者¹, 好古, 敏以求之²者也。」³

　　선생님께서 말씀하셨다. "나는 나면서부터 아는 자가 아니라, 옛것을 좋아하여,
　　부지런히 서둘러서 구하는 자이다."

好, 去聲。○生而知之者, 氣質淸明, 義理昭著⁴, 不待學而知也。敏, 速也, 謂汲汲⁵也。
'好'(호)는 거성[hào]이다. ○'나면서부터 아는 자'[生而知之者]는 기질이 청명하고, 의리
에 훤히 밝아서, 배우기를 기다리지 않고도 아는 것이다. '敏'(민)은 '서두르다'[速]로,
(배우려는) 마음이 급급한 것을 말한다.

○尹氏曰:「孔子以⁶生知之聖, 每云好學者, 非惟勉人也⁷, 蓋生而可知者義理爾, 若夫⁸禮

---

1 [성]生而知之(생이지지): 태어나자마자 지식과 도리를 깨치다(生下来就懂得知识和道理。这是唯心主义
　者的观点。);《論語義疏》'知之'는 사리를 아는 것을 말한다. 공자께서 겸손히 남과 다를 게 없다고 여기셨
　기 때문에, 말씀하시길, 내가 아는 것은, 나면서부터 저절로 안 것이 아니라고 하신 것이다(疏: 知之,
　謂知事理也。孔子謙以同物, 故曰我有所知, 非生而自然知之者也。);《古今注》'生而知之者'는 대개 어려서
　부터 장성해서까지 자기 몸가짐을 닦고 행실을 바로잡는 모든 행동이 예법에 맞아, 배우지 않고도 잘하는
　자를 말한다(生而知之者, 蓋謂自幼至長, 其修身飭行, 動中禮法, 不學而能者也。);《古漢語語法》之(지): 범지
　대명사('之'是泛指代词。).
2 [성]好古敏求(호고민구): 옛것을 배우기를 좋아하여 부지런히 힘써서 추구하다(好: 喜爱, 喜好。喜好古学
　而勉力追求。);《論語義疏》本에는, '敏以求之者'가 '敏而以求之者'로 되어 있고, 또 어떤 책에는 '敏而求之
　者'로 되어 있다.《論語義疏》'敏'(민)은 '疾速'[재빠르다. 신속하다]이다(疏: 敏疾速也。);《論語正義》'敏'
　은 '勉'이다. 부지런히 힘써서 구하다(正義曰: 敏, 勉也。言黽勉以求之。);《補正述疏》'好古敏以求之'는
　'困而學之'와 같다(述曰: 好古敏以求之, 是同乎困而學之也。).
3《中庸 제20장》어떤 자는 태어나면서 이미 그것을 알고 있고, 어떤 자는 배우고 나서 그것을 알게
　되고, 어떤 자는 답답해서야 그것을 알게 되지만, 알았다는 그 자체로는 한가지입니다. 어떤 자는 힘들이
　지 않고 편안히 그것을 행하고, 어떤 자는 이로우니까 그것을 행하게 되고, 어떤 자는 억지로 시켜야
　그것을 행하게 되지만, 성취했다는 그 자체로는 한가지입니다(或生而知之, 或學而知之, 或困而知之,
　及其知之一也; 或安而行之, 或利而行之, 或勉强而行之, 及其成功一也。).
4 昭著(소저): 분명하고 뚜렷하다. 분명하게 드러나 보이다(明显: 显著).
5 汲汲(급급): 다급하고 절박한 모양. 간절히 원하는 모양. 서둘러서 이루려고 하다. 한 가지 일에만
　정신을 쏟아 다른 일을 할 마음의 여유가 없다(形容急切的样子, 急于得到。引申为急切追求。).
6 以(이): 개사. ~로서. 갖추고 있는 신분이나 자격을 소개한다(介词。介绍具有的身份或资格。).
7《論語集解》이 말씀을 하신 것은, 사람들에게 배우기를 부지런히 힘쓰게 하려는 것이다(注: 鄭玄曰:

樂名物⁹, 古今事變¹⁰, 亦必待學而後有以驗其實也。¹¹

○윤씨(尹氏·尹彦明)가 말했다. "공자(孔子)는 나면서부터 이미 아는 성인으로서, 매번 배우기를 좋아한다고 말씀하신 것은, 비단 사람들에게 (배우기를) 부지런히 힘쓰게 하려는 것만이 아니고, 대개 태어나면서부터 알 수 있는 것은 의리뿐이고, 예악이나 사물의 이름, 고금의 사변에 관해서는, 그래도 필히 스스로가 배우기를 기다린 뒤에야 그 실상을 검증해 볼 수가 있기 때문이다."

言此者, 勸人學也。).

8 若夫(약부): ~에 관해서는(至于。用于句首或段落的开始, 表示另提一事。).

9 名物(명물): 사물의 명칭(事物的名称, 特征等。).

10 事變(사변): 사물의 변화. 중대한 변고(泛指事物的变化。特指突然发生的重大政治, 军事性事件。).

11 《二程集·河南程氏遺書·券第十五·伊川先生語》 나면서부터 아는 자는, 다만 그가 나면서부터 저절로 안 것은 의리로, 배우길 기다려서 안 것이 아니다. 공자께서 나면서부터 아신 분이라 할지라도, 그것이 어찌 배움을 방해했겠는가? 노담에게 예를 묻고, 담자에게 관명을 묻는 것을, 어찌 방해했겠는가? 예를 묻고 관명을 물은 것은, 옛 문물을 알고자 해서일 뿐 아니라, 또 아무런 근거도 없이 찬술할 수는 없는 노릇이니, 반드시 그보다 먼저 아는 자에게 물어야만 비로소 얻을 수 있었던 것이다(生知者, 只是他生自知義理, 不待學而知。縱使孔子是生知, 亦何害於學? 如問禮於老聃, 訪官名於郯子, 何害於孔子? 禮文官名, 既欲知舊物, 又不可鑿空撰得出, 須是問他先知者始得。);《論語大全》 성인께서 하신 이런 류의 말씀들은 모두 아래쪽으로 내려가서 이로써 사람들을 가르치시려는 것이니, 역시 성인께서 딛고 계신 地境이 넓으신 것이다. 당신 스스로 아직 만족하지 못한 부분이 있기에, 그래서 그 말씀이 이와 같았다(朱子曰: 聖人此等語, 皆是移向下以教人, 亦是聖人看得地步闊。自是猶有未滿足處, 所以其言如此).

[子不語怪力亂神章]

072001、子不語¹怪², 力, 亂, 神。³

---

1 《論語義疏》"周易의 文言傳은 공자께서 지으신 것으로, 거기에 공자 말씀으로 나오는, '臣弑其君 子弑其父'는 모두 '亂'에 해당하는 일인데, 여기에서는 공자께서 '不語'했다고 한 것은 무엇인지요?" "먼저 말을 꺼내는 것을 言, 물음에 답하는 것을 語 라 하는데, 여기에서 '不語'라 한 것은 그것들을 答述하지 않았다고 한 것이지, '不言'이라 한 것이 아니다"(疏: 或問曰: 易文言孔子所作, 云臣殺君, 子殺父, 立亂事, 而云孔子不語之, 何也? 答曰: 發端曰言, 答述曰語, 此云不語, 謂不誦答耳, 非云不言也。);《論語正義》'不語'는 입에 올리지 않는 것을 말한다。《大戴禮記·曾子立事》에, '군자는 얼토당토않은 허튼소리를 부풀리지 않고, 神奇鬼怪한 말을 남에게 전달하지 않는다'고 한 말이 바로 이 말의 뜻이다。《史記·孔子世家》《說苑·辨物》등의 책을 보면, 공자께서 木·石·水·土를 怪와 변별하셨고, 수레에 가득 찰 정도로 많은 防風氏의 유골에 관해 말씀하셨는데, 모두 사람들이 질문해서 답한 것이 아니고, 스스로 말씀하신 것이다. 일식이나 지진, 산이 무너지는 것과 같은 류는 모두 재변으로, 怪와는 다르기 때문에,《春秋》에 이에 대한 기록이 유독 상세하다. 임금을 깊이 경계시키고, 덕을 쌓고 정치에 힘쓰도록 하고자, 이것들에 대해 피휘하지 않고 말씀하신 것이다(正義曰: '不語', 謂不稱道之也。《大戴禮、曾子立事篇》: "君子亂言而弗殖, 神言弗致也。" 即此義…… 書傳言夫子辨木石水土諸怪, 及防風氏骨節專車之屬, 皆是因人問之非, 自爲語之也。至日食, 地震, 山崩之類, 皆是災變, 與怪不同, 故《春秋》紀之獨詳。欲以深戒人君, 當修德力政, 不諱言之矣。)。

2 [성]子不語怪(자불어괴): 괴이한 일에 관해서는 입에 올리지 않는다(本指孔子不談关于怪异, 勇力, 叛乱, 鬼神一类事情。指用以指不谈怪异一类的事情。); [성]怪力亂神(괴력난신): 불가사의한 힘. 신통력. 괴이·용력·반란·귀신에 관한 일(指关于怪异、勇力、叛乱、鬼神之事。);《論語集解》'怪'는 (妖孼之事와 같은) 괴이한 일이다. '力'은 奡(오)가 뭍에서 배를 끌고 다니고[憲問 제6장], 烏獲(오확)이 3천 근의 무게를 들어 올린 것[孟子·告子下 제2장] 등속을 말한다. '亂'은 신하가 임금을 죽이고 자식이 아버지를 죽이는 일을 말한다. '神'은 귀신의 일을 말한다. 혹 교화에 무익하거나, 차마 입에 올릴 수 없어서이다(注: 王肅曰: 怪, 怪異也。力, 謂若奡蕩舟烏獲舉千鈞之屬也。亂, 謂臣弑君子弑父也。神, 謂鬼神之事也。或無益於教化也, 或所不忍言也。);《論語義疏》或說: 怪力이 한 가지 일이고, 亂神이 한 가지 일로, 이 두 가지 일을 말씀하지 않은 것이다. 李充이 말했다: "도리를 따르지 않는 힘이 怪力이고, 정도를 따르지 않는 神이 亂神이다"(疏: 或通云: 怪力是一事, 亂神是一事, 都不言比二事也。故李充曰: 力不由理, 斯怪力也; 神不由正, 斯亂神也。)。

3 《荀子·天論》별이 떨어지고 고목이 소리를 내면, 사람들이 모두 두려워하여 이 무슨 일인가 한다. 아무것도 아니다. 이것은 천지·음양의 변화로, 드물게 일어나는 현상일 뿐이다. 기이하다고는 하겠지만, 두려워할 것은 아니다. 해·달에 일식·월식이 생기고, 비·바람이 아무 때나 몰아치고, 기이하게도 별들이 떼지어 보이는 것, 이런 것은 어느 시대든 늘 있었던 일이다. 위에 계신 임금이 명철해서 정치가 평탄하면, 이런 일들이 한꺼번에 일어난다고 해도 해가 될 게 없겠지만, 위에 계신 임금이 昏冥하여 정치가 험해지면 이런 일들이 한 번도 일어나지 않는다고 해도 이로울 게 없다. 별이 떨어지거나 고목이 소리를 내는 것, 이것은 천지·음양의 변화로, 드물게 일어나는 현상일 뿐이다. 기이하다고는 하겠지만, 두려워할 것은 아니다(星隊木鳴, 國人皆恐。曰: 是何也? 曰: 無何也!是天地之變, 陰陽之化, 物之罕至者也。怪之, 可也; 而畏之, 非也。夫日月之有食, 風雨之不時, 怪星之黨見, 是無世而不常有之。上明而政平, 則是雖並世起, 無傷也; 上闇而政險, 則是雖無一至者, 無益也。夫星之隊, 木之鳴, 是天地之變, 陰陽之化, 物之罕至者

선생님께서는 괴이(怪異)·용력(勇力)·패란(悖亂)·귀신(鬼神)에 관해서는 입에 올리지 않으셨다.

怪異、勇力、悖亂[4]之事, 非理之正, 固聖人所不語。鬼神, 造化之迹[5], 雖非不正, 然非窮理之至, 有未易明者, 故亦不輕以語人也。

괴이(怪異)·용력(勇力)·패란(悖亂)에 관한 일은 이(理)의 올바른 모습이 아니어서, 당연히 성인께서 말씀하지 않으신 것들이다. 귀신(鬼神)은 천지조화의 자취여서, 비록 이(理)의 올바른 모습이 아닌 것은 아니지마는, 이(理)에 대한 궁구가 지극하지 않고서는 쉽게 이해하지 못하는 점이 있기 때문에, 또한 경솔하게 사람들에게 말씀하지 않으신 것이다.

也; 怪之, 可也; 而畏之, 非也。).

4 悖亂(패란): 미혹시키다. 올바른 도리에 어긋나다. 모반을 일으키다. 하극상의 난(惑乱。犹悖逆).

5 《中庸 제16장》[朱熹注] 정이천이 말했다. "鬼와 神은, 천지가 일으키는 작용이고, 천지조화의 자취이다." 장횡거가 말했다. "鬼와 神은 陰과 陽 두 氣의 本有한 기능이다." 내가 생각건대, 두 氣로써 말하면, 鬼는 陰氣의 靈活함이고, 神은 陽氣의 靈活함이다. 한 氣로써 말하면, 와서 피어나는 氣가 神이고, 원래 있던 곳으로 되돌아가는 氣가 鬼인데, 그 실상은 一物일 뿐이다. '鬼神之爲德'의 '爲德'은 성정·효능이라는 말과 같다(程子曰:「鬼神, 天地之功用, 而造化之迹也。」張子曰:「鬼神者, 二氣之良能也。」愚謂以二氣言, 則鬼者陰之靈也, 神者陽之靈也。以一氣言, 則至而伸者爲神, 反而歸者爲鬼, 其實一物而已, 爲德, 猶言性情功效。);《朱子語類3: 11》 바람이 불고, 비가 오고, 서리와 이슬이 내리고, 해와 달이 하늘을 운행하고, 낮과 밤이 번갈아 오가는 것, (사계절의 변화) 이런 것들이 귀신(이라는 작용)의 자취이다(雨風露雷, 日月晝夜, 此鬼神之跡也。);《朱子語類3: 59》 귀신은 '주재한다'고는 말할 수 있지만, '어떤 한 가지 사물이다'라고는 말해서는 안 된다. 또 지금의 진흙으로 빚어놓은 신과 같은 물체의 종류가 아니고, 다만 氣의 屈伸往來일 뿐이다(鬼神以主宰言, 然以物言不得。又不是如今泥塑底神之類, 只是氣。);《北溪字義·鬼神》 조화의 자취란, 음과 양 두 氣의 유행을 통해, 천지간에 드러나 보이는 것을 말한다. 良能이란, 음과 양 두 氣의 왕래는 자연 본유의 능력으로 이와 같다는 것을 말한다. 대체로 귀신은 다만 음과 양 두 氣의 屈伸往來일 뿐이다. 두 氣로써 말하면, 鬼는 陰氣의 靈活함이고, 神은 陽氣의 靈活함이다. 靈이라고 한 것은, 다만 자연스러운 屈伸往來가 이렇게 영활하다는 것이다. 한 氣로써 말하면, 氣 중에 바야흐로 伸하고 來하는 氣는 陽에 속하고, 神이고, 氣 중에 그만 屈하고 往하는 氣는 陰에 속하고, 鬼이다. 봄과 여름은 氣가 바야흐로 신장되는 것으로, 陽에 속하고, 神이고, 가을과 겨울은 氣가 그만 감퇴되는 것으로, 陰에 속하고, 鬼인데, 실상은 다만 한 氣일 뿐이다(造化之跡, 以陰陽流行, 著見於天地間者言之。良能, 言二氣之往來是自然能如此。大抵鬼神只是陰陽二氣之屈伸往來。自二氣言之, 神是陽之靈, 鬼是陰之靈。靈云者, 只是自然屈伸往來恁地活爾。自一氣言之, 則氣之方伸而來者屬陽, 爲神; 氣之已屈而往者屬陰, 爲鬼。如春夏是氣之方長, 屬陽, 爲神; 秋冬是氣之已退, 屬陰, 爲鬼; 其實二氣只是一氣耳。); 無에서 有가 되는 것을 造, 有에서 無가 되는 것을 化라 한다([張伯行註]自無而有, 謂之造, 自有而無, 謂之化)(성백효 역주, 『역주 근사록집해(1)』[전통문화연구회, 2006], 91); 造化(조): 창조·변화. 우주 만물의 생성·발전·변화·소멸의 전 과정. 우주의 주재자. 조화옹(原意是創造而使之變化。用作雙音詞, 表示宇宙的主宰者。).

○謝氏曰：「聖人語常而不語怪, 語德而不語力, 語治而不語亂, 語人而不語神。」

○사씨(謝氏·謝顯道)가 말했다. "성인께서는 평상의 도리[常]를 말씀하셨지 괴이한 일
[怪]을 말씀하지 않으셨고, 덕[德]을 말씀하셨지 힘[力]을 말씀하지 않으셨고, 다스림
[治]을 말씀하셨지 어지러움[亂]을 말씀하지 않으셨고, 사람[人]을 말씀하셨지 귀신[神]
을 말씀하지 않으셨다."

[三人行章]

072101、子曰:「三人行¹, 必有我師焉². 擇其善者³而從之, 其⁴不善者而改之。⁵ ⁶」

1 《經典釋文》'我三人行'이 어떤 책에는 '我'字가 없고, '必得我師焉'이 어떤 책에는 '必有我師焉'으로 되어 있다('我三人行', 一本無'我'字; '必得我師焉', 本或作'必有'。);《論語義疏》本에는 '我三人行[우리 세 사람이……]'으로 되어 있다;《論語義疏》"어찌 두 사람이 아니고 꼭히 세 사람이라 했는지요?" "두 사람인 경우는 피차가 서로 자기가 옳다고 말하지만, 세 사람인 경우는 항상 한 사람은 두 사람 중에 어느 쪽이 옳고 어느 쪽이 그른지를 명백히 보기 때문이다"(或問曰: 何不二人必云三人也? 答曰: 二人則彼此自好各言我是, 若有三人則恆一人見二人之有是非明也。).

2 [성]三人行必有我師(삼인행필유아사): 세 사람이 함께 길을 가면 그 안에 반드시 어떤 사람은 나의 스승이 될 수 있다. 마음을 비우고 배움을 추구하면 사방 천지에 배움과 본받음을 제공할 대상이 있다(三个人同行, 其中必定有人可以做我的老师。意思是说, 只要虚心求教, 到处都有可供学习,效法的对象。); 行(행): 길을 가다(走路);《王力漢語》焉(언): 지시대명사 겸 어기사(指示代詞兼語氣詞。);《論語句法》'焉'은 '於是'의 합음이다('焉'是'於是'的合成體。).

3 《古今注》'擇其善'은, 두 사람을 모두 잡고 두 사람 중에서 선언·선행을 택한다는 것이지, 반드시 한 사람은 취하고 한 사람은 버린다는 것이 아니다(補曰: 擇其善者, 謂通執兩人, 擇其善言善事, 不必偏取一人棄其一也。).

4 《文言語法》'其' 앞에 '擇'字가 생략되었다.

5 《論語集解》우리 세 사람의 행실에는[劉寶楠은, 何晏의 注는 '我三人行'의 '行'을 '言行'의 '行'으로 본 것 같다고 했다(正義曰: 注似以'行'爲'言行'之行。)] 처음부터 賢·愚의 구분이 있는 것이 아니고[한 사람은 선한 사람이고 한 사람은 불선한 사람이라는 것이 아니다](일에 따라 선한 행실도 있고 불선한 행실도 있어 모두 일에 따라 선·불선이 나타나는데) 선한 행실은 가려 따르고 불선한 행실은 고치기 때문에, 정해진 스승이 없다[子張 제22장]는 말이다(注: 言我三人行, 本無賢愚, 擇善從之, 不善改之, 故無常師也。);《論語義疏》'善'과 '不善'은 한 사람을 두고 한 말이다. 모든 면이 다 완전무결한 사람은 없기 때문에, 선한 행실은 취하고 불선한 행실은 고쳐서, 나는 저를 돕고 저는 나를 도와서 서로 스승이 되고 서로 고친다는 뜻이다(疏: 善與不善, 即就一人上爲語也。人不圓足, 故取善改惡, 亦更相師改之義也。);《古今注》소위 '我師'는, 본래부터 완전무결한 덕을 갖춘 사람이 아니라, 어떤 사람이 한 개의 견문, 한 개의 지식, 한 개의 기예, 한 개의 재능이 있으면서, 겸해서 허물이나 하자도 있는 경우에, 그중 좋은 것은 택해서 스승으로 삼고, 그중 좋지 않은 것은 자신을 살펴 고치는 것이다(所謂我師, 本非全德之人, 或有一聞一識一技一能, 兼有愆尤疵病, 擇其善者而師之, 其不善者, 內省而改之也。);《論語譯注》"좋은 점을 골라 취해서 배우고, 못난 점을 간파해서 고친다." 노자가, '선한 사람은 불선한 사람에게 선을 가르치는 스승이고, 불선한 사람은 선한 사람의 선함의 밑천이다'[도덕경 제27장]라고 했는데, 이러한 도리가 아닐 수 없다("選取那些優點而學習, 看出那些缺點而改正。"; 老子說: '善人, 不善人之師; 不善人, 善人之資。' 未嘗不是這個道理。);《論語新解》"그중 선한 사람을 택해서는 따르고, 불선한 사람을 택해서는 고친다." 공자의 학문은 人道를 중시하는데, 그래서 반드시 남에게 배워 이것으로 도를 삼아야 한다. 도는 반드시 고금을 통해 완성되는데, 그래서 반드시 고인·금인에게 겸해서 배워 이것으로 도를 삼아야 한다. 도는 사람의 몸에 있으니, 옛사람들에게 배우지 않으면, 이 도가 유래한 먼 곳을 보지 못하고, 지금 사람들에게 배우지 않으면, 이 도가 실재하고 있는 지금 이곳을 보지 못하고, 길을 오가는 사람들에게 배우지 않으면, 이 도가 커서 품지 않는 바가 없다는 것을 보지 못한다. 자공이, '선생님께서 어느 누구에겐들 배우지 않으셨

선생님께서 말씀하셨다. "세 사람이 함께 길을 가면, 반드시 그중에 나의 스승이 있다. 그중에 선한 사람을 가려서 (그 선한 행실을 보고) 따르고, 그중에 선하지 못한 사람을 가려서 (그 선하지 못한 행실을 보고) 고친다."

三人同行, 其一我也。彼二人者, 一善一惡, 則我從其善而改其惡焉, 是二人者皆我師也。
세 사람이 함께 길을 가면, 그중 한 사람은 나다. 저 두 사람 중에, 한 사람은 선한

겠습니까마는, 그렇다고 어느 정해진 스승인들 두셨겠습니까?'[子張 제22장]라고 했는데, 道는 무소부재하지만, 學은 자기에게 달려 있음을 알 수 있다. 잘 배울 수 있으면, 스스로 스승이 될 수 있다("择其善的从之, 不善的便改。"; 孔子之学, 以人道为重, 斯必学于人以为道。道必通古今而成, 斯必兼学于古今人以为道。道在人身, 不学于古人, 不见此道之远有所自。不学于今人, 不见此道之实有所在。不学于道途之人, 则不见此道之大而无所不包。子贡曰: "夫子焉不学, 而亦何常师之有。"可知道无不在, 惟学则在己。能善学, 则能自得师。).

6 《春秋左傳·襄公31年》정나라 사람들이 향교에 모여서, 정치의 잘잘못에 대해 의론하니, 然明(연명)이 자산에게 "향교를 헐어버리는 것이 어떻겠습니까?"라고 하자, 자산이 말했다. "무엇 때문입니까? 저들이 아침저녁으로 몰려나와 향교에 모여서 의론하는 정치의 잘잘못을 써서, 저들이 잘한다고 한 것은 내가 행하고, 잘못한다고 한 것은 내가 고친다면, 이들이 바로 나의 스승인데, 무엇 때문에 향교를 헐어버리겠습니까? 나는 충심으로 선을 행해서 원한을 덜어낸다는 말은 들었지만, 위세를 부려서 원한을 틀어막는다는 말은 들어보지 못했습니다. 서둘러 틀어막으려 들면 어찌 못 막겠습니까마는, 사람들의 의론을 막는 것은 흐르는 물을 틀어막는 것과 같아서, 둑이 터져 가두어놓은 물이 쏟아져 내리는 날에는, 상하는 사람이 반드시 많을 것이니, 그러면 나로서는 구제할 수가 없습니다. 조금 터서 흐르도록 하는 것만 못하고, 소통시켜서 내가 그 의론을 듣고 나의 정치의 잘못을 치료하는 약으로 쓰느니만 못합니다." (훗날) 중니가 이 말을 듣고 말했다. "자산의 이 말을 듣고는 사람들이 자산을 불인하다 해도 나는 믿지 않았다"(鄭人游于鄉校, 以論執政, 然明謂子產曰, 毀鄉校何如, 子產曰, "何爲, 夫人朝夕退而游焉, 以議執政之善否, 其所善者, 吾則行之, 其所惡者, 吾則改之, 是吾師也, 若之何毀之, 我聞忠善以損怨, 不聞作威以防怨, 豈不遽止, 然猶防川, 大決所犯, 傷人必多, 吾不克救也, 不如小決, 使道不如, 吾聞而藥之也。"……仲尼聞是語也, 曰, 以是觀之, 人謂子產不仁, 吾不信也。);《論語正義》錢坫(전점)[1744~1806]의 《論語後錄》에 말하기를, 《春秋左傳·襄公31年》에서, 자산이 '저들이 나보고 잘한다고 한 것은 내가 행하고, 나보고 잘못한다고 한 것은 내가 고친다면, 이들이 바로 나의 스승이다'라고 했는데, 이 장의 글과 같은 뜻이다. 생각건대, 錢坫의 견해의 경우, 이 장의 '善'과 '不善'은, 사람들이 나를 善하다 또는 不善하다 여기는 것을 말한다. 나와 저들 두 사람을 합해서 세 사람인데, 저들 두 사람이 나를 善하다 여기면, 나는 그들이 善하다고 한 것을 그대로 따르고, 저들 두 사람이 나를 不善하게 여기면, 나는 그들이 不善하다고 한 것을 고친다. 저들 두 사람이 모두 나의 스승이다. 《書經·洪範》에, '세 사람이 점을 쳤으면, 두 사람의 견해를 따른다'고 했는데, 이것을 말한 것이다(錢氏坫《後錄》:《左傳》子產曰: '其所善者, 吾者行之; 其所惡者, 吾則改之。是吾師也。'與此文同義。案: 如錢說, 是善與不善, 謂人以我爲善不善也。我並彼爲三人, 若彼二人以我爲善, 我則從之; 二人以我爲不善, 我則改之。是彼二人皆爲吾師。《書、洪範》云: "三人占, 則從二人之言。"此之謂也。);《論語集釋》이 장은 세 견해가 각기 다르다. 《集解》의 견해[한 사람 안의 善·不善]를 正으로 삼고, 錢坫의 견해[다른 두 사람이 평하는 나의 善·不善]를 다음으로, 集注의 견해[나와 같이 가는 두 사람 중 善한 사람과 不善한 사람]를 다음으로 삼는다(按: 此章三說各不相同, 當以集解爲正, 錢氏解次之, 集注爲下。).

사람이고 한 사람은 악한 사람인 경우, 나는 그 선한 사람을 [보고] 따르고 그 악한 사람을 [보고] 고치니, 이 두 사람이 모두 나의 스승이다.

○尹氏曰:「見賢思齊, 見不賢而內自省[7], 則善惡皆我之師, 進善其有窮乎?」
○윤씨(尹氏·尹彦明)가 말했다. "어진 사람을 보고는 그 사람과 같아지기를 바라고, 어질지 못한 사람을 보고는 마음속으로 자기 몸가짐을 살핀다면, 선한 사람과 악한 사람이 모두 나의 스승이니, 선을 증진하는 데 어찌 끝이 있겠는가?"

---

7 《里仁 제17장》 참조.

[天生德於予章]

072201. 子曰:「天生德於予¹, 桓魋²其³如予何⁴?」

　　　선생님께서 말씀하셨다. "하늘이 내게 덕을 부여했는데, 환퇴(桓魋)가 장차
　　　나를 어쩌겠느냐?"

魋⁵, 徒雷反。○桓魋 宋司馬⁶向魋也。出於桓公, 故又稱桓氏。魋欲害孔子⁷, 孔子言天既

---

1 《論語正義》《書經·召誥》에, '지금 하늘이 그에게 명철을 주었다'고 했는데, 이는 사람의 知·愚가 모두
　하늘의 소생이라는 것으로, 공자께서 나이 50에 천명을 알았으니[爲政 제4장], 자기에게 德이 간직되어
　있음을 알고, 하늘에서 부여받은 것으로 여겼기 때문에, 이 장에서 다시 '天生德於予'라고 하신 것이다(正
　義曰:《書·召誥》云: "今天其命哲。"是人之知愚皆天所生, 夫子五十知天命, 知己有德, 爲天所命, 故此復言
　'天生德於予'也。).

2 桓魋(환퇴): 向魋라고도 한다. 송나라 景公[BC 516~BC 469 재위] 때 병권을 장악했으며, 공자 제자
　司馬牛[顏淵 제3장]의 형이다.

3 《論語詞典》其(기): 시간부사. 장차~하려 하다('其', 副詞, 表示將來, 將。);《論孟虛字》장차 그럴 것이다
　('其', 猶'將'。'其'是疑而有定之詞, 表將然之義);《論語句法》'其'는 연결동사로, 지금의 '是'와 같다["환퇴
　가 나를 어떻게 할 수 없는 자이다"]('其'是繫詞, 相當於白話的'是'字; '桓魋是不能拿我怎麼樣的。);《許世
　瑛(二)》는 '其'字를, 절을 구로 바꿔주는 관계사로서 '之'의 역할과 반문어기사 역할을 겸한 것으로 보고
　있다["환퇴가 나에 대해, 무슨 위해를 가할 수 있겠느냐?"(桓魋對於我, 他能危害些什麼?)](『釋論語'何如'
　'如……何'及'如之何'三詞彙之形成』).

4 《王力漢語》如(여)……何(하): ~을 어떻게 하다. 고대 표현방식인 '如……何'·'若……何'·'奈……何'는
　중간에 대사나 명사 또는 기타 글자를 삽입했다(古代又'如……何'·'若……何'·'奈……何'的說法, 當中插入
　代詞·名詞或其他詞語, 意思是'把(對)……怎麼樣(怎麼辦)').

5 魋(퇴/추): [tuí] 붉은 곰(狀似小熊, 短毛, 赤黃色, 俗稱为「赤熊」。); [chuí] 쇠몽둥이(椎)。

6 司馬(사마): 군사행정의 수장으로서, 군역·군수·훈련·군법 등을 총괄하는 직책으로 6경의 하나(殷商时代
　始置, 位次三公, 与六卿相当, 与司徒·司空·司士·司寇并称五官, 掌军政和军赋, 春秋·战国沿置。'司马'
　作为西周国家军事行政部门的首脑·政权机构的主要职官, 其职能可概括为如下几个方面: 国家的军赋
　(兵役和军用物资)·组织军训·执行军法。).

7 《史記·孔子世家》공자가 조나라를 떠나 송나라로 갔다. 공자가 제자들과 큰 나무 아래에서 예를 익히고
　있었다. 송나라 사마인 환퇴가 공자를 죽이려고, 그 나무를 뽑아 버렸다. 공자가 자리를 떴다. 제자가,
　'빨리 뜨시는 게 좋겠습니다'라고 하자, 공자가 말했다. "하늘이 내게 덕을 부여해 주셨는데, 환퇴가
　장차 나를 어찌하겠느냐?" 이 해에[BC 495] 노정공이 죽었다(孔子去曹適宋, 與弟子習禮大樹下。宋司馬
　桓魋欲殺孔子, 拔其樹。孔子去。弟子曰: '可以速矣。' 孔子曰: '天生德於予, 桓魋其如予何!' …… 是歲, 魯定
　公卒。);《論語大全》나무를 베어내는 사태를 당하자, 이에 미복차림으로 송나라를 떠나게 되었는데,
　제자들이 빨리 뜨고 싶어 하자 이 말씀을 제자들에게 하신 것으로 보인다(朱子曰: 疑遭伐樹, 遂微服去之,
　弟子欲其速行, 而以此語之也。);《補正述疏》《禮記·檀弓上》에 자유가 말하기를, '옛날에 선생님께서 송나

賦[8]我以如是之德, 則桓魋其奈我何? 言必不能違天害己。

'魋'(퇴, tuí)는 '徒'(도)와 '雷'(뢰)의 반절이다. ○'桓魋'(환퇴)는 송(宋)나라 사마(司馬)인 상퇴(向魋)이다. 송나라 환공(桓公, BC 681~BC 651 재위)에게서 나왔기 때문에, 환씨(桓氏)라고도 부른다. 환퇴(桓魋)가 공자(孔子)를 해치려 하자, 공자(孔子)께서 말씀하시기를, '하늘이 이미 나에게 이 같은 덕을 부여했으니, 그렇다면 환퇴(桓魋)가 장차 나를 어떻게 할 수 있겠는가?'라고 하신 것인데, 결코 하늘을 어기면서까지 자기를 해치지 못할 것이라는 말씀이다.

라에 계실 때, 환사마가 자기를 위해 석곽을 만드는데, 3년이 되도록 완성하지 못하는 것을 보시고는, '이같이 사치스럽게 만들려면, 죽어서 속히 썩는 것의 나음만 못하다'라고 하셨는데, 죽어서 속히 썩고 싶다는 말씀은, 환사마 때문에 하신 말씀이었다'라고 했다. 환퇴가 이 말을 듣고 죽이려 한 것이 아니었을까?(述曰: 今攷《禮, 檀弓》稱子游云: "昔者夫子居於宋, 見桓司馬自爲石槨, 三年而不成. 夫子曰: '若是其靡也, 死不如速朽之愈也.' 死之欲速朽, 爲桓司馬言之也." 此魋聞之而欲殺歟?); 이 일이 일어난 때가 定公 14년[공자 56세], 定公 15년[공자 57세], 哀公 3년[공자 60세][史記·宋微子世家]이라는 설이 있다.

8 賦(부): 주다. 수여하다(給予: 授予).

[二三子以我爲隱乎章]

072301、子曰:「二三子以我爲隱乎[1]？吾無隱乎爾[2]。吾無行而不與[3]二三子者, 是丘也。[4]」

선생님께서 말씀하셨다. "너희들은 내가 숨기는 것이 있다고 생각하느냐? 나는 너희에게 숨기는 게 없다. 나는 행하면서 너희에게 숨겨놓고 보여주지 않은

---

1 《論語集解》'二三子'는 여러 제자를 말한다(注: 苞氏曰: 二三子, 謂諸弟子也。);《古今注》당시 풍속에, 여러 사람을 칭할 때, 모두 '二三子'라 했다(當時之俗, 凡稱諸人, 皆云二三子。);《論語義疏》本에는 '二三子以我爲隱子乎'[너희들은 내가 너희에게 숨긴다고 생각하느냐?]로 되어 있다.

2 《論語義疏》'爾'는 '汝'이다["나는 너희에게 숨기는 게 없다"](疏: 爾, 汝也…… 云吾無所隱於汝也。);《論語詞典》상대방을 칭하는 대사. 너. 너희들. 너희들의('爾', 對稱代詞, 你, 你們; 你的, 你們的。);《論語正義》趙佑[1727~1800]의 《四書溫故錄》에 말했다. "'乎爾'와 《詩經·齊風·著》의 '俟我於著乎而', 《孟子·盡心下 제38장》의 '然而無有乎爾 則亦無有乎爾'는 모두 제나라·노나라의 의문어사이다"(趙氏佑《溫故錄》: "'乎爾'與《詩》之'俟我於著乎而', 《孟子》'然而無有乎爾', '則亦無有乎爾', 俱齊魯語辭。");《論孟虛字》乎爾(호이): 어말조사로 감탄의 어기가 약간 있다["나의 가르침에는, 다만 숨기는 게 없을 뿐이다"]('乎爾', 爲語終助詞, 略表感歎之意。言'我之教人, 惟有無隱耳'。);《論語句法》'乎爾'는 두 글자로 된 구말어기사이다('乎爾'是兩個句末語氣詞。);《百度漢語》乎爾(호이): 감탄의 어기를 나타낸다(语气助词。表感叹。).

3 《論語集解》'내가 한 일 중에 너희와 함께하지 않은 경우가 없다는 것, 이것이 나의 생각이다'(注: 苞氏曰, 我所爲無不與爾共之者, 是丘之心也。);《論語義疏》'行'은 '爲'와 같다["내가 하는 일"](疏: 行, 猶爲也。我所爲之事。);《論語平議》포함의 주에, '丘' 밑에 '心'字를 보탠 것은, 경문의 뜻이 아니다. '吾無行而不與二三子者是丘也' 13字는 한 구절로 읽도록 쓰인 것이다. '是'는 '視'로 풀어야 맞다. 《釋名·釋姿容》에, '視는 是이다'라고 했다. '是'와 '視'의 뜻은 본래 서로 통했다. 그래서 고서에서는 간혹 '是'를 빌어 '視'의 뜻으로 썼다. 공자께서 '나는 행하면서 너희에게 숨겨놓고 보여주지 않은 게 없으니 나를 보아라'라고 말씀하신 것으로, 바로 앞절의 '無隱乎爾'의 뜻을 재차 밝히신 것이다(包注於丘下增心字, 非經旨也。吾無行而不與二三子者是丘也, 十三字作一句讀。是當爲視。釋名釋姿容曰:「視, 是也。」是與視義, 本相通, 故古書或叚是爲視…… 孔子言吾無行而不與二三子者視丘也, 正申明無隱乎爾之意。);《論語正義》《禮記·學記》의 '教人不盡其材'[가르치는 데 그 사람의 재능을 다 발휘하지 못하게 한다]에 대해, 정현이 '謂師有所隱也'라고 주를 달았다. 공자께서는 身教로 가르치고, 言教로 가르치지 않았기 때문에, 제자들이 숨긴 게 있다고 의심한 것이다. '行'은 행한 일을 말한다. '與'는 '示'[보여주다]와 같다. '教'[가르치다]이다. 아래 予欲無言章[陽貨 제19장]과 뜻이 같다(正義曰:《學記》云: "教人不盡其材。" 注: 謂師有所隱也。夫子以身教, 不專以言教, 故弟子疑有所隱也。'行'者, 謂所行事也。'與'猶示也, 教也。下篇《予欲無言章》義同。);《補正述疏》《中庸 제12장》에 공자께서, '도는 사람을 떠나 있지 않다'고 하셨는데, 이는 이른바 '道라는 것은 잠깐이라도 벗어날 수 없다'[中庸 제1장]는 것으로, 그래서 공자께서 '행하면서 너희에게 숨겨놓고 보여주지 않은 게 없다'고 하신 것이다(述曰:《中庸》稱孔子云"道不遠人", 此所謂道也者, 不可須臾離也, 故孔子謂無行不與焉。).

4 《集注考證》문인들은 언어를 통해서 성인께 구했기 때문에, 성인께서 숨긴다고 의심한 것인데, 성인께서는 행실을 통해서 배우는 자에게 보여주었으니, 숨긴 적이 없었다(門人以言語求聖人, 故疑聖人爲隱, 聖人以行示學者, 蓋未嘗隱也。).

게 없으니, 이것이 바로 나다."

諸弟子以夫子之道高深不可幾及[5], 故疑其有隱, 而不知聖人作, 止, 語, 默[6]無非教也,
故夫子以此言曉之。與, 猶示也。

제자들은 선생님의 도의 경지가 높고 깊어서 따라갈 수 없다고 여겼기 때문에, 선생님
께서 뭔가 숨기는 것이 있지 않을까? 하고 의심했지만, 성인께서 움직이시거나, 가만
히 계시거나, 말씀하시거나, 말없이 계시거나, 어느 하나 가르침 아닌 게 없다는 것을
알지 못했기 때문에, 선생님께서 이 말씀을 가지고 제자들을 깨우치신 것이다. '與'(여)
는 '보여주다'[示]와 같다.

○程子曰:「聖人之道猶天然[7], 門弟子親炙而冀[8]及之, 然後知其高且遠也。使[9]誠以爲不
可及, 則趨向之心不幾於[10]怠乎? 故聖人之教, 常俯而就之[11]如此, 非獨使資質庸下[12]者
勉思企及[13], 而才氣高邁[14]者亦不敢躐易而進也。」

---

5 《孟子·盡心上 제41장》 공손추가 말했다. "도란 높고 아름다워서, 마치 하늘에 오르는 것 같아서, 도달할
수 없을 듯합니다. 어찌하여 저들로 하여금 얼마 안 있으면 도달할 수 있으리라는 기대를 갖게 하여,
날마다 부지런히 힘쓰도록 하지 않는지요?"(公孫丑曰: "道則高矣, 美矣, 宜若登天然, 似不可及也。何不使
彼爲可幾及而日孳孳也?"); 幾及(기급): 도달하다. 거의 따라잡다(达到。差点赶上: 几乎达到).
6 作止語默(작지어묵): 움직이고, 멈추고, 말하고, 침묵하다. 동정어묵, 행위언사(行动, 静止, 说话和沉默。
多泛指人的行为言谈).
7 然(연): 구절 끝에 쓰여 긍정어기를 표시한다(语气词。用于句末, 表示肯定语气, 同'焉').
8 冀(기): 바라다. 기대하다(希望, 期望).
9 使(사): 가령~면(假如; 如果。假使).
10 幾於(기어): ~에 가깝다. 거의~해지다(近于; 几乎).
11 《禮記·檀弓上》 증자가 자사에게 말했다. "급아! 내가 어버이상을 당해, 물과 미음을 입에 대지 않은
지 7일이었다." 자사가 말했다. "선왕이 예법을 만든 것은, 지나친 자는 몸을 구부려 그에 맞춰 따르게
하고, 미치지 못한 자는 발돋움해서 따라잡게 하려는 것이었습니다. 때문에, 군자의 친상에서, 물과
미음을 입에 대지 않는 기간은 3일로 제한하여, 지팡이를 짚고 일어날 수 있도록 했습니다"(曾子謂子思
曰: '汲! 吾執親之喪也, 水漿不入於口者七日。' 子思曰: '先王之制禮也, 過之者俯而就之, 不至焉者, 跂而及
之。故君子之執親之喪也, 水漿不入於口者三日, 杖而後能起。'); 俯就(부취): 자기의 격을 낮춰 나아가다
(敬辞。降格相就, 屈尊下从。指屈己就人, 讨好对方); 俯(부): 밑으로 머리를 숙이다(向下, 低头, 与仰相对).
12 庸下(용하): 평범하거나 뒤떨어지다(平庸低下).
13 勉思(면사): 부지런히 힘쓰고 깊이 생각하다(努力深思); 企及(기급): 따라잡기를 바라다. 높은 경지에
도달하기를 바라다(盼望赶上; 希望达到更高的水准).
14 高邁(고매): 품격·기개가 고아하고 탈속하여 구애받지 않다. 높고 뛰어나다(风格, 气度高雅, 脱俗,

○정자(程子·伊川)가 말했다. "성인의 도는 하늘의 모습과 같아서, 문하의 제자들이 스승에게서 직접 가르침을 받고 따라가 보려고 희망해 본 뒤에야, 성인의 도가 높고도 멀다는 것을 안다. 만일 진정 따라갈 수 없다고 여기게 되면, 도를 향해 나가려는 마음이 거의 나태해지지 않겠는가? 그래서 성인께서 가르치심에, 항상 자세를 낮추어서 제자들에게 나아가심이 이와 같았으니, 비단 자질이 평범하거나 뒤떨어지는 자라도, 힘을 다 쓰고 마음을 다 쏟아서 따라잡을 생각을 하게 할 뿐만 아니라, 재질이 고매한 자라도, 감히 등급을 건너뛰어 쉽게 나아가지 못하게 하신 것이다."

呂氏曰: 「聖人體道無隱[15], 與[16]天象[17]昭然[18], 莫非至教。常以示人, 而人自不察。」

여씨(呂氏·呂與叔)가 말했다. "성인께서는 온몸으로 도를 드러내시기에 숨기는 게 없는 것이, 천문현상이 환히 그대로 드러나 보이는 것과 부합하여, (움직이시거나, 가만히 계시거나, 말씀하시거나, 말없이 계시거나 하는 모든 것이 도의 체현으로) 어느 하나 지극한 가르침 아닌 게 없다. 항시 이를 써서 사람들에게 보여주고 있는데도, 사람들이 제 혼자서는 살피지 못한다."

不拘泥); 邁(매): 멀리 가다. 큰 걸음으로 걷다. 뛰어넘다(远行。抬起腿来跨步。超过, 跨越。).

15 《論語大全》 '體道'의 '體'는, '鬼神體物而不可遺'[귀신이 만물을 생성함에 빠뜨린 게 없다][中庸 제16장]의 '體'와 같고, '道'는 형체가 없어 볼 수가 없는 것이다. 성인의 일신의 몸가짐은, 혼연히 이 '道' 그 자체여서, 움직이시거나 가만히 계시거나, 말씀하시거나 말없이 계시거나 간에, 이 도가 드러나지 않은 경우가 없다. 형체가 없는 도가 성인의 일신상의 몸가짐으로 모습을 갖추어 드러나는 것이다. 이것이 程子가 말한[《子罕 제16장》 集注 참조] '與道爲體'[도와 함께하는(도의 가시화된) 체(體)의 모습]으로, 그래서 사람들에게 아무런 숨길 게 없는 것이다(新安陳氏曰: 體道, 與鬼神體物而不可遺之體同, 道無形體可見。聖人一身, 渾然此道, 動靜語黙之間, 無非此道之所呈露。無形體之道, 於聖人身上形, 見出來。是所謂與道爲體, 而無所隱於人也。); 體道(체도): 올바른 도를 몸소 실행하다. 도를 체현하다(躬行正道).

16 與(여): ~에 맞다. 합치하다. 부합하다(合乎).

17 天象(천상): 천문현상(天文現象).

18 昭然(소연): 명명백백하다. 똑똑하게 보이다. 두드러지게 드러나 보이다(明明白白, 显而易见).

[子以四敎章]

072401、子以四敎: 文, 行, 忠, 信。[1]

공자(孔子)께서는 네 가지를 가르치셨으니, 문(文)·행(行)·충(忠)·신(信)이었다.

行, 去聲。○程子曰: 「敎人以學文修行[2]而存忠信[3]也。忠信, 本也。」[4]

---

1 《論語義疏》 전적과 문장이 文이고, 孝·悌·恭·睦이 行이고, 신하는 忠이고, 친구는 信으로, 이 네 가지는 맨 먼저 가르쳐야 할 것들이다. 文으로 몽매함을 깨우치고, 行으로 덕을 쌓고, 忠으로 절개를 세우고, 信으로 마지막을 완성한다(疏: 李充曰: 其典籍辭義謂之文, 孝悌恭睦謂之行, 爲人臣則忠, 與朋友則信, 此四者, 敎之所先也。故以文發其蒙, 行以積其德, 忠以立其節, 信以全其終也。);《論語正義》 '文'은 詩·書·禮·樂을 말하고, '널리 배우고, 자세하게 묻고, 신중하게 생각하고, 분명하게 변별하라'[中庸 제20장]는 것이 모두 '文'에 대한 가르침이다. '行'은 궁행을 말한다. 中으로써 마음을 다하는 것이 '忠'이고, 늘 내 안에 간직하고 있는 것이 '信'이다. 사람은 반드시 忠信해야, 이후에 致知·力行할 수 있기 때문에, 그래서 '忠信한 사람이 예를 배울 수 있다'[禮記·禮器]고 한 것이다. 이 네 가지는, 성인을 가르치는 법이고, 젊은이들을 가르치는 법인 先行後學文[學而 제6장]과는 다르다(正義曰: '文謂詩、書、禮、樂, 凡博學、審問、愼思、明辨, 皆文之敎也。'行謂躬行也。中以盡心曰忠, 恒有諸己曰信。人必忠信, 而後可致知力行, 故曰忠信之人, 可以學禮。此四者, 皆敎成人之法, 與敎弟子先行後學文不同。);《論語集釋》 何焯(하작)[1661~1722]의《義門讀書記》에 말했다. "小學은 먼저 行을 가르치고 나서 文을 가르친다. 弟子章[學而 제6장]이 바로 이것이다. 大學은 먼저 文을 가르치고 나서 行을 가르친다. 이 장이 바로 이것이다." 劉敞(유창)[1019~1068]의《公是弟子記》에 말했다. "'文'은《先進 제2장》에서 말한 바 '文學'이고, '行'은 '德行'이고, '政事'는 '忠'을 중시하고 '言語'는 '信'을 중시한다"(義門讀書記: 小學先行而後文, 弟子章是也。大學先文而後行, 此章是也。劉攽公是弟子記: 文, 所謂文學也。行, 所謂德行也。政事主忠, 言語主信。).

2 修行(수행): 덕행을 닦고 기르다(谓修养德行).

3 《論語注疏》 속에 숨기는 게 없는 것이 忠이고, 말에 속이는 게 없는 것이 信이다(疏: 正義曰: 中心無隱謂之忠。人言不欺謂之信。).

4 《論語大全》 '敎'는 '文'을 쓰지 않으면 방법이 없다. 사리를 설명한 것이 '文'으로, 詩·書·六藝가 모두 '文'이다. 예컨대 어떻게 하는 것이 孝弟인지 설명하는 것은 단지 '文'이고, 孝弟를 행하는 것이 비로소 '行'이다. 또 '行'이 성실하지 못할까 하여, '忠'·'信'을 가르치셨으니, '行'이 '忠'하게 되고 '信'하게 되는 때에 도달하는 것은, 온전히 배우는 자 스스로 하기에 달려 있고, 실질적인 일이다. '行有餘力則以學文[學而 제6장]은 자제를 가르칠 때 대강을 알게 하는 것이고, '文行忠信'은 가르치는 자가 깊고 절실히 공력을 쏟는 곳이다. '文行忠信'은 밖[文·行]에서부터 안[忠·信]으로 향하는 것이고, '行有餘力則以學文'은 안[孝弟 등]에서부터 밖[學文]으로 향하는 것이다(朱子曰: 敎不以文無由入。說與事理, 便是文, 詩書六藝, 皆文也。如講說如何是孝弟, 只是文, 行所謂孝弟, 方是行。又恐行之未誠實, 故又敎以忠信, 到得爲忠爲信時, 全在學者自去做, 方是實事⋯⋯ 彼[行有餘力則以學文]將敎子弟而使之知大槩也, 此[文行忠信]則敎學者, 深切用工也⋯⋯ 文行忠信, 是從外做向內; [行有餘力]則以學文, 是從內做向外。);《論語大全》 '學文'은 致知의 일이고, '修行'은 力行의 일이고, '存忠信'은 이를 써서 力行을 성실히 하는 것으로, 忠은 그

'行'(행)은 거성[xìng]이다. ○정자(程子·伊川)가 말했다. "사람을 가르치시기를, 문(文)을 배우고, 행실[行]을 닦고, 충(忠)과 신(信)을 간직하게 했다. 충(忠)과 신(信)이, 근본이다."

體이고, 信은 그 用이다. 그래서 이 넷을 '四敎'라고 한 것이다(新安陳氏曰: 學文者, 致知之事, 脩行者, 力行之事, 存忠信, 所以誠實於力行, 而忠其體, 信其用也。所以謂之四敎。).

[聖人吾不得而見之章]

072501、子曰:「聖人, 吾不得而見之矣; 得見君子者[1], 斯[2]可矣。」

　　　　선생님께서 말씀하셨다. "성인은 내가 만나보지 못했다. 군자라도 만나볼 수 있다면야, 좋겠다."

聖人, 神明不測[3]之號。君子, 才德出衆之名。

'聖人'(성인)은 신명하기가 이루 다 헤아릴 수 없는 이의 호칭이다. '君子'(군자)는 재주와 덕행이 출중한 이의 이름이다.

072502、子曰[4]:「善人[5], 吾不得而見之矣; 得見有恆[6]者, 斯可矣。

---

1 《論語句法》 '者'는 조건절 끝에 쓰이는 어기사이다('者'是這個條件小句裡的句末停頓語氣詞。);《北京虛詞》者(자): 가정이나 인과관계 복문의 앞절의 끝에 쓰여, 잠시 멈춤을 표시한다('者', 用于假设复句或因果复句的前一分句之末, 表示提顿, 等待下句对结果或原因的叙述。).

2 斯(사): ~면. 그렇다면(则。就。表示承接上文, 得出结论。用于紧缩句中, 或用于承接复句的后一分句, 表示承接。又即'就').

3 《周易・繫辭上》陰陽不測을 일러 神이라 한다(陰陽不測之謂神);《周易・繫辭上》(易은) 하늘의 도[천문 현상]를 밝히고, 백성들의 사정을 살펴서, 이에 신묘한 시초・점괘를 만들어, 이로써 (길흉을 구별하도록) 백성들의 사용을 앞서서 이끈다. 성인은 이를 씀에 재계하여, 이로써 그 덕을 神明하게 한다(明於天之道, 而察於民之故, 是興神物以前民用。聖人以此齊戒, 以神明其德夫!).

4 《經典釋文》이 절은 옛날에는 장을 달리했는데, 앞 장과 장을 합치는 것이 맞다(此舊爲別章, 今宜與前章合。);《論語正義》두 문장에 '子曰'를 붙인 것은, 말씀한 때가 같은 때가 아닌 것이다(兩加'子曰'者, 言非一時也。).

5 《先進 제19장》《子路 제11장》《子路 제29장》참조.

6 《論語義疏》 '有恆'은 선한 일을 하지는 못해도, 상규를 지켜 악한 일을 하지 않는 것을 말한다(疏: 有恆謂雖不能作善。而守常不爲惡者也。); 有恆(유항): 항심을 지니다. 해이해지지 않다. 일정한 성품 몸가짐을 견지하다(有恒心, 坚持不懈。谓坚持一定的操守、品行。);《說文・二部》 '恆'(항)은, 常이다. '心'을 따르고 '舟'를 따른다[恆] '舟'가 위 '一'과 아래 '一' 사이를 왔다 갔다 하는 것이다. 배를 타고 오가듯이 마음이 오래되도록 변치 않는 것[歷久不變]이, 恆의 뜻이다. 古文에서 '恆'은 '月'을 따랐다.《詩經・小雅・天保》에, '如月之恆、如日之升.' [달이 왔다 갔다 하듯이, 해가 떴다 졌다 하듯이]이라는 구절이 있다(常也。从心从舟, 在二之閒上下。心以舟施, 恆也。古文恆从月。《詩》曰: 如月之恆。); 恆(항): 갑골문에는 '忄'방이 없고, 위와 아래의 '一'은 天地를, 가운데는 '月'로, 달이 늘 변함없이 천지 사이를 왔다 갔다 하는 것을 나타낸다고 한다.

선생님께서 말씀하셨다. "선인은 내가 만나보지 못했다. 항심을 지니고 있는
자라도 만나 볼 수 있다면야, 좋겠다."

恆⁷, 胡登反。○「子曰」字疑衍文。恆, 常久之意。
'恆'(항, héng)은 '胡'(호)와 '登'(등)의 반절이다. ○'子曰'(자왈)이라는 글자는 쓸데없이
들어간 글자로 보인다. '恒'(항)은 오래도록 늘상 변함이 없다[常久]의 뜻이다.

○張子曰:「有恆者, 不貳其心⁸。善人者, 志於仁而無惡⁹。」¹⁰
○장자(張子·張橫渠)가 말했다. "항심을 지니고 있는 자는 그 마음을 두 가지로 갖지
않고, 선인인 자는 인(仁)을 향해 마음이 가 있어 악한 짓을 저지르는 일이 없다."

072503、亡而爲有¹¹, 虛¹²而爲盈, 約而爲泰¹³, 難乎有恆¹⁴矣。」¹⁵

---

7 恆(항/긍): [héng] 오래 지속되다. 늘상의. =恒(持久。经常的。); [gèng] 반달의 상현(月上弦之貌。).
8 《書經·周書·康王之誥》 (옛 임금 문왕과 문왕에게는) 곰 같은 용감한 선비와 두 마음을 품지 않는
  신하가 있어서, 왕가를 잘 보살폈기에, 상제에게서 명을 받았다(有熊羆之士, 不二心之臣, 保乂王家, 用端
  命于上帝。); 內閣本에는 '不貳'가 '不二'로 되어 있다; 不貳(불이): 오로지 한 마음으로(专一, 无二心。);
  貳心(이): 두 마음. 逆心. 충실하지 않다(异心; 不忠实。).
9 《里仁 제4장》 참조.
10 《論語大全》 선인이나 항심이 있는 자나, 모두 아직 학문을 알지 못하는 자이다(朱子曰: 善人有恒。
   皆未知學問者也。).
11 《論語義疏》 '亡'은 '無'[없다]이다. 사람들이 모두 과장하여, 없는 것을 가리켜 있다고 하는 것이다(疏:
   亡, 無也。人皆誇張, 指無爲有。);《古今注》 '亡'은 형체도 없고 실질도 없는 것이다(亡者, 無形而無質也。);
   亡(망): 없다. 존재하지 않다(通"无"。没有。);《論語大全》 '爲~'는 이러이러한 모습을 지어낸다는 것이고,
   이러이러한 일을 지어낸다는 것이다(朱子曰: 爲之云者, 作爲如是之形, 作爲如是之事者也。);《論語句法》
   3개 '爲'字는 모두 준연결동사이다['~라고 생각하다'](三個爲'字都是準繫詞。);《論孟虛字》 爲(위): ~라
   고 여기다. ~인 체하다('爲', 和'以爲'同義。作'當做'或'裝成'講。).
12 《古今注》 '虛'는 그릇은 있는데 속은 비어 있는 것이다(虛者, 有器而無實也。).
13 《論語義疏》 집안이 빈곤한데도 겉으로 호사를 가장하다(疏: 家貧約而外詐奢泰。);《古今注》 '約은 지니고
   있는 것이 적은 것이다. 적게 있고 많이 없는 것이다. '泰'는, 채워져 있는 것이 알찬 것이다(約, 所持者少
   也。約者, 有少而無多也。泰, 所充者實也。);《論語譯注》 泰(태)는 지출 규모가 사치스럽고 인색하지
   않다는 뜻이다('泰'……用度豪华而不吝惜的意思。); 約(약): 빈곤하다(贫困。); 泰(태): 사치하다(奢侈。).
14 有恆(유항): 항심을 지니다. 끈기가 있다. 오래 유지하여 풀어지지 않다. 지조나 품행을 견지하다(有恒
   心, 有毅力, 毅力。谓坚持一定的操守, 品行。).

없는데도 있는 체하고, 텅 비어 있는데도 꽉 차 있는 체하고, 궁핍한데도 호사한 체하면, 항심을 지니기가 어렵다."

亡, 讀爲無。○三者皆虛夸[16]之事, 凡若此者, 必不能守其常也。[17]

'亡'(무)는, '無'(무)로 읽는다. ○세 가지 것들은 모두 허황되고 과장된 일들로, 무릇 이와 같은 것들은, 결코 오래도록 지속할 수 없다.

○張敬夫曰:「聖人, 君子以學言, 善人, 有恆者以質言。」愚謂有恆者之與聖人, 高下固懸絕[18]矣, 然未有不自有恆而能至於聖者也。故章末申言[19]有恆之義, 其示人入德之門, 可謂深切而著明矣。[20]

---

15 《論語正義》《大戴禮記 · 五義》에 '이른바 성인이란 지혜가 대도에 통달하고, 변화에 맞춰 응하여 막혀 통하지 않는 데가 없고, 만물의 성정을 헤아릴 수 있는 자이다'라고 했는데, 이는 성인이란 無所不通하고 成己成物할 수 있는 자임을 말한 것이다. 《禮記 · 哀公》에 '공자께서, 군자란 사람 중에 이름을 낸 자다'라고 했고, 《韓詩外傳 · 卷三》에 '언행은 대부분 이치에 맞지만, 아직 명료하지 못하고, 사려는 대부분 이치에 맞지만, 아직 주밀하지 못하다. 이는 독실하고 후덕한 군자이지만, 아직 성인의 경지에는 미치지 못한다'라고 했으니, 이것이 성인과 군자의 차이이다. '善人'이란, 공자께서 자장에게 답한 善人之道에, '옛사람들의 발자취를 밟지 않아도 (악을 행할 사람은 아니지만), 그렇더라도 성인이 거처하는 경지에는 들어가지 못한다'[先進 제19장]고 했는데, '入室'은 성인의 경지에 들어가는 것이다. '踐迹'하면, 그런 후에 '入室'하게 되니, 선인은 성인의 다음이다. '有恆者'는 常이 있는 자이다. 《易經 · ䷟恆 · 象傳》에 '천둥과 바람이 恆이니, 군자는 이로써 우뚝 서서 입장을 바꾸지 않는다'고 했는데, 항심이 없는 자는 군자가 될 도리가 없다는 것으로, 즉 선인이 될 길이 없기 때문에, 항심이 갖추는 것이 배우는 자가 맨 처음 갖춰야 할 초석이다(正義曰:《大戴禮記、五義篇》:"所謂聖人者, 知通乎大道, 應變而不窮, 能測萬物之情性者也。" 是言聖人無所不通, 能成己成物也。《禮記、哀公篇》:"子曰'君子者, 人之成名也。'"《韓詩外傳》:"言行多當, 未安諭也; 知慮多當, 未周密也。是篤厚君子, 未及聖人也。"此聖人君子之分也。'善人'者, 下篇夫子答子張言善人之道:"不踐迹, 亦不入於室。""入室"者, 入聖人之室。言踐迹, 然後入室, 是善人爲聖人之次也。'有恆者', 有常也。《易、象傳》:"雷風恆, 君子以立不易方。"非有恆, 無以爲君子, 即無由爲善人, 故有恆爲學者始基也。).

16 虛夸(허과): 실없이 허풍을 치며 과장하다. 실없는 칭찬((言谈)虚假夸张。指没有真实内容的夸赞).

17 《論語大全》이것들은 모두 허황되고 과장된 일들로, 오래도록 지속할 수 없기 때문에, '不能常'이라 한 것이고, 이것들이 곧 '無常'이라 한 것이 아니다 '亡'은 '有'의 對句로, 전혀 없는 것이고, '虛'는 있지만, 조금뿐이고, '約'은 씀씀이의 규모면에서 한 말이다(朱子曰: 正謂此皆虛夸之事, 不可以久, 是以不能常, 非謂此便是無常也。亡對有而言, 是全無, 虛是有, 但少, 約是就用度上說。).

18 懸絕(현절): 차이가 아주 멀다(相差极远).

19 申言(신언): 재차 설명하다. 명확히 설명하다. 선언하다(再次陈说: 重复述说。指明确地说。声言。).

20 《論語新解》성인과 군자는 그 사람의 배움의 정도를 가지고 말한 것이고, 선인과 유항자는 그 사람의 자질의 수준을 가지고 말한 것이다. 사람 중에 유항자의 경우, 세 사람이 길을 가면 반드시 나의 스승이

○장경부(張敬夫·張栻)가 말했다. "성인과 군자는 그 사람의 배움의 정도를 가지고 말한 것이고, 선인과 항심을 지닌 자는 그 사람의 자질의 수준을 가지고 말한 것이다."

내가 생각건대, 항심을 지닌 자와 성인과는 그 수준의 높고 낮음의 차이가 본래 현격하지만, 항심을 지니는 것부터 시작하지 아니하고 성인의 경지에 이를 수 있었던 자는 아직까지 없었다. 때문에, 이 장의 끝 절에 항심을 지니는 것의 의의를 밝혀, 선생님께서 사람들에게 덕으로 들어가는 문을 보여주셨으니, 깊고 절실했고 뚜렷이 드러내 보였다고 평할 수 있다.

있어[述而 제21장], 쌓기를 오래하면 선인이 되고, 선인은 앞사람들의 발자취를 밟지 않지만[先進 제19장], 博文好古하면 군자가 된다. 군자가 배우기를 멈추지 않으면 성인이 된다. 유항자와 성인 간에는 그 차이가 멀지만, 유항자가 아니면 성인이 될 길이 없다. 끝에다 無恆心의 기원을 밝혀, 이로써 사람들을 경계시키고, 그들에게 入德之門을 열어 보이신 것이다(圣人君子以学言, 善人有恒以质言…… 人若有恒, 三人行, 必可有我师, 积久为善人矣。善人不践迹, 若能博文好古, 斯即为君子。君子学之不止, 斯为圣人。有恒之与圣人, 相去若远, 然非有恒, 无以至圣。章末申言无恒之源, 所以诫人, 而开示其入德之门。).

[子釣而不網章•]

072601、子釣而不網¹, 弋不射宿²。

　　　선생님께서는 낚시질은 하셨지만, 그물질은 하지 않으셨고, 주살은 쏘았지만,
둥지에 깃들어 있는 새는 쏘아 맞히지 않으셨다.

射³, 食亦反。○綱, 以大繩屬⁴網, 絕流⁵而漁者也。弋, 以生絲繫矢而射也。宿, 宿鳥。⁶
'射'(사, shè)는 '食'(식)과 '亦'(역)의 반절이다. ○'綱'(강)은 굵은 노끈에 網(망)[그물]을
꿰매서, 흐르는 물에 가로질러 놓고 물고기를 잡는 것이다. '弋'(익)은 명주실을 화살에
매어서 쏘는 것이다. '宿'(숙)은 '둥지에 깃들어 있는 새'[宿鳥]이다.

---

1 《論語集解》'釣'(조)는 대나무에 한 개의 낚싯바늘을 단 낚시도구이다. '綱'(강)은 굵은 노끈으로, 이를
　흐르는 물에 가로질러 쳐놓고, 생사로 묶은 낚싯바늘을 굵은 노끈에 줄줄이 달아 놓은 것이다[黃侃疏:
　'繳'(격)은 繩(승)[노끈]이다. 가늘게 딴 노끈에 낚시를 달아, 굵은 노끈에 줄줄이 매달아 놓은 것이다](注:
　孔安國曰: 釣者一竿釣也。綱者, 爲大綱, 以橫絕流, 以繳繫釣, 羅屬著綱也。[黃侃疏: 繳, 繩也。以小繩係釣,
　而羅列屬著大繩也。]);《論語義疏》'釣'는 한 대의 대나무에 한 개의 낚싯바늘을 매달아 고기를 잡는
　것이다. '綱'은 굵은 노끈을 만들어, 폭이 넓은 냇물에 가로질러 쳐놓고, 낚싯바늘을 줄줄이 매달아 고기를
　잡는 것이다(釣者一竿屬一鉤而取魚也。綱者作大綱, 橫遮於廣水, 而羅列多鉤著之, 以取魚也。);《論語集釋》
　王引之[1766~1834]의 《經義述聞》에 말했다. "'綱'(강)은 '網'(망)의 와전으로, 그물을 쓰지 않은 것을
　말한 것이다"(經義述聞: '綱'乃'網'之譌, 謂不用網罟也。);《論語正義》《經典釋文》에, '綱은 音이 剛이다'라
　고 했는데, 陸德明의 생각은, 사람들이 '綱'(강)을 網(망)으로 잘못 쓰지 않을까 염려한 것이다(釋文:
　'綱音剛。' 陸氏之意, 亦恐人誤作網矣。);《論語譯注》綱(강): 그물코를 꿰는 굵은 노끈을 '綱'이라 하는데,
　굵은 노끈을 흐르는 물에 가로질러 쳐놓고, 다시 생사로 묶은 낚싯바늘을, 굵은 노끈에 매달아 고기를
　잡는데, 이것이 '綱'이다. '不綱'의 '綱'은 동사이다(網上的大繩叫綱, 用它來橫斷水流, 再用生絲繫釣, 著於
　綱上來取魚, 這也叫綱。"不綱"的"綱"是動詞。);《王力字典》不綱(불강): 큰 그물을 써서 어류를 모조리
　잡지 않다(不用大網撈盡魚蝦。).
2 [성]弋不射宿(익불사숙): 주살은 쏘지만 둥지에 깃든 새는 쏘지 않다. 무슨 일에나 정도를 넘지 않다(弋:
　射鳥器。宿: 停宿, 休息。歇宿了的鳥。射箭者不射杀已归巢的鸟。); 弋(익): 노끈을 매달아 놓은 화살로 새를
　쏘다. 주살(用带绳子的箭射鸟。系有绳子的箭, 用来射鸟。); 射宿(사숙): 밤에 깃든 새를 쏘다(夜射栖鸟);
　射(사/석): 화살을 쏘아 목표를 맞히다。 쏘다(用弓发箭使中远处目标); 宿(숙): 깃들어 자는 새(栖宿之鸟).
3 射(사/야): [shè] 활을 쏘다(放箭。); [yè] 복야。진나라 때 諸官을 관장하는 관직(僕射).
4 屬(속): 이어 붙이다。연결시키다。꿰매다。얽어매다(连接。缀辑。).
5 絕流(절류): 물을 가로질러 건너다。물을 가로막다。물의 흐름을 끊다(橫流而渡。斷流。).
6 宿鳥(숙조): 둥지로 돌아와 깃들어 있는 새(归巢栖息的鸟。孔安國曰: 宿, 宿鳥也。).

○洪氏曰:「孔子少貧賤, 爲養與祭, 或不得已而釣弋, 如獵較[7]是也。然盡物取之, 出其不意[8], 亦[9]不爲也。此可見仁人之本心矣。待物如此, 待人可知; 小者如此, 大者可知。」

○홍씨(洪氏·洪興祖)가 말했다. "공자(孔子)께서는 젊어서는 가난하고 신분이 낮아서, 부모 봉양과 제사상에 차려놓기 위해, 어떤 때는 부득이 낚시질과 주살질을 하셨을 것인데, 엽각(獵較) 같은 것이 바로 이것이다. 그렇지만 살아 있는 생물을 모조리 잡거나, 불의의 공격을 하는 것이라면은 하지 않으셨다. 여기에서 인인(仁人)의 본심을 볼 수 있다. 외물을 대하는 모습이 이와 같았으니, 사람을 대하는 모습은 어떠하셨을지 알 수 있고, 작은 일이 이와 같았으니, 큰일은 어떠하셨을지 알 수 있다."

---

7 《孟子·萬章下 제4장》공자께서 노나라에서 벼슬하실 적에는 노나라 사람들이 사냥 시합을 하자 공자께서도 또한 사냥 시합을 하셨다(孔子之仕於魯也, 魯人猎较, 孔子亦猎较。); 獵較(엽각): 사냥물을 서로 다투어 빼앗다. 사냥한 짐승의 많고 적음을 비교하여, 많이 잡은 사람이 적게 잡은 사람의 사냥물을 빼앗아 제사에 쓰다(爭夺猎物. 赵岐注: 猎较者, 田猎相较夺禽兽, 得之以祭。); 較(각): =角. 각축하다(通'角'. 竞逐.).

8 《孫子兵法·始計》적이 방비하지 못한 곳을 치고, 적이 예상치 못한 틈을 취한다. 이것이 병가의 승리의 방도로, 미리 새 나가서는 안 된다(攻其無備, 出其不意, 此兵家之勝, 不可先傳也。): 出其不意(출기불의): 상대방이 예상하지 못한 틈을 타서 갑자기 행동을 취하다. 행동이 사람들의 예상을 벗어나다(趁对方没有意料到突然采取行动。原谓出兵攻击对方不防备的地方。后多以'出其不意'指行动出乎人的意料。).

9 亦(역): ~라면은. ~인 경우에는. 동작 행위가 일정 조건을 갖춘 경우나 모종의 상황하에는 자연히 어떨 것이라는 것을 강조한다(强调动作行为具备了一定条件时或在某种情况下, 自然会怎样。又即'就'、'则'。).

[蓋有不知而作之者章]

072701、子曰:「蓋有不知而作之者¹, 我無是也。多聞, 擇其善者而從之², 多見而識之³,

---

1 《詩經・大雅・桑柔》"내 어찌 알지도 못하면서 지어내리오!"(予豈不知而作!);《論語注疏》당시 사람들 중에 천착하여 함부로 책을 짓는 자가 있었기 때문에, 이렇게 말씀하신 것이다(注: 苞氏曰: 時人有穿鑿妄作篇籍者, 故云然。);《論語正義》《春秋公羊傳・哀公14年》에 말했다. "《春秋》는 어째서 노나라 은공시대부터 시작했는가? 은공시대가 공자의 선조들이 전해 들은 가장 빠른 시대였기 때문이다. 공자가 직접 보았던 시대에 대한 말이 이미 달라지고, 공자가 직접 들었던 시대에 대한 말이 이미 서로 달라지고, 공자가 전해 들었던 시대에 대한 말이 이미 서로 달라지고 있어서, 더 오랜 시간이 지나면 정확한 사실의 기재가 이뤄질 수 없었다."《春秋繁露・楚莊王》에 말했다. "《春秋》는 12대의 역사를 3등급으로 나누었으니, 직접 본 것, 직접 들은 것, 전해 들은 것이다. 직접 본 것이 3대, 직접 들은 것이 4대, 전해 들은 것이 5대이다. 소공・정공・애공시대가 공자께서 직접 본 것이고, 문공・선공・성공・양공시대가 직접 들은 것이고, 은공・환공・장공・민공・희공시대가 전해 들은 것이다." 이 장은 공자께서 《春秋》를 편수하신 것이 보고 들은 바에 의했음을 입증하는 말씀이다. 또 공자께서는 하・은나라의 예는 모두 말할 수 있지만, 문헌이 부족해서 말한 것을 감히 고증하지 않는다고 하셨는데[八佾 제9장], 이 장에서 성인의 신중하고 세심한 생각을 볼 수 있다.《漢書・楊胡朱梅雲傳》에 쓴 반고의 賛에 말했다. "朱雲에 대해 세상에 전해지는 말은 대부분 그의 실상을 과장하고 있는데, (공자께서 하신 말로 하자면) '아마도 알지도 못하면서 지어내서 전술하는 자가 있겠지만, 나[반고]는 (朱雲에 대해) 이런 일이 없다.'" 세상 사람들이 전하는 朱雲에 관한 사실이 대부분 실상을 결여하고 있다 보니, '不知而作'이라 한 것이다. 이 장의 '作'은 '述而不作[述而 제1장]의 '作'이고, 풀이하는 자 중에, 간혹 作事[일을 지어내다]의 '作'이라 하는데, 잘못이다(正義曰: 公羊・哀公十四年傳: "《春秋》何以始乎隱? 祖之所以逮聞也。所見異辭, 所聞異辭, 所傳聞異辭。" 春秋繁露・楚莊王篇: 《春秋》分十二世, 以爲三等: 有見, 有聞, 有傳聞。有見三世, 有聞四世, 有傳聞五世。故哀・定・昭, 君子之所見也。襄・成・宜・文, 君子所聞也。僖・閔・莊・桓・隱, 君子所傳聞也……"此夫子修《春秋》, 證之於所聞・所見者也。又夫子言夏・殷之禮, 皆能言之, 但以文獻不足, 不敢徵之, 此可見聖人慎審之意。漢書・朱雲傳贊: "世傳朱雲言過其實, 蓋有不知而作之者, 我無是也。" 謂世人傳述雲事多失實, 則爲不知而作。"作", 是作述, 解者, 或爲作事, 誤也。);《古今注》'擇其善'은 간책의 잘못된 부분을 깎아내는 것이다. 이는 시경・서경을 산정한 것이다. '識'는 '記'[기록하다]이다. 역전과 書序 및 의례 등에 附記한 것이, 바로 이것이다(補曰: 擇其善者, 删也。此詩書之所以删也。識者, 記也。若易傳書序及儀禮諸篇之有附記者, 是也。);《論語集釋》《朱子語類34: 181》에 말했다. "'不知而作'의 '作'은 '述作'인가요, 아니면 '作事'인가요?" "단지 '作事'일 뿐이다"(朱子語類: 楊問: "'不知而作', 作是述作, 或是凡所作事?" 曰: "祇是作事。");《論語新解》이 장의 '作'字는 '述而不作'의 '作'과 같고, '立言'을 가리킨다(此作字当同述而不作之作, 盖指创制立说言。).

2 [성]擇善而從(택선이종): 좋은 점을 선택해 그대로 따라 하다. 다른 사람의 장점을 보고 배우다(从: 追随, 引伸为学习。指选择好的学, 按照好的做。選擇其中好的依從他。);《論語疏證》禮樂은 선진을 따르신 것[先進 제1장], 純冕은 사람들을 따르신 것[子罕 제3장], 反哭[安葬 후 돌아와 곡하는 의식]은 주나라를 따르신 것[禮記・檀弓下], 안회가 나라를 다스리는 일에 대한 물음에 공자께서 답한 내용[衛靈公 제10장] 등이 모두 '擇善而從'이다(樹達按: 禮樂從先進, 純冕從衆, 拜下從下, 反哭從周, 及答顏回爲邦之問, 皆所謂擇善而從也。);《爲政 제18장》 참조).

3 《論語義疏》'多見' 뒤에 '擇善'을 언급하지 않았는데, 위 구절과 호문으로 여기에도 '擇善'이 붙는다는

知之次⁴也。」

선생님께서 말씀하셨다. "아마도 알지도 못하면서 함부로 지어내는 자가 있겠
지만, 나는 이런 일이 없다. 많이 듣고 그중에 선한 것을 가려서 따르고, 많이
보고 이를 기억해두는 자는, 아는 자의 다음은 된다."

識, 音志。 ○ 不知而作, 不知其理而妄作也。孔子自言未嘗妄作, 蓋亦謙辭, 然亦可見其
無所不知⁵也。識, 記也。所從不可不擇, 記則善惡皆當存之, 以備參考。如此者雖未能實
知其理, 亦可以次於知之者也。

것을 알 수 있다["많이 듣고 선한 것을 택하고, 많이 보고 선한 것을 기록해 두다"](疏: 多見不云擇善者,
與上互文亦從可知也…… 多聞擇善, 多見錄善。);《論語正義》 '多見而識之' 또한 默記[묵묵히 기억하다]
[述而 제2장]를 말한다(正義曰: 多見而識之", 亦謂默記也。);《論語正義》 '擇善'은 아래 구절의 '多見'까지
꿴다. 그래서 邢昺의 疏에, '많이 보고, 선한 것을 가려서 그것을 기억한다'고 한 것이 바로 이것이다(正義
曰: "擇善"貫下"多見"。故邢疏云: "多見, 擇善而識之"是也。);《爲政 제18장》 '多見闕殆' 참조: 識(지):＝志.
기억해두다(通志'。記住。).
4《季氏 제9장》 '生而知之者, 上也; 學而知之者, 次也; 困而學之, 又其次也。' 참조;《論語集解》 이 같으면,
生而知之者의 다음 등급의 자이다(注: 孔安國曰: 如此, 次於生知之者也。);《論語正義》 공자께서는 學知
라 자처하셨기 때문에, '나는 生知[나면서부터 아는 자]가 아니라, 옛것을 좋아하여, 부지런히 서둘러서
그것을 구하는 자이다'[述而 제19장]라고 하셨는데, 이 學知가 孔安國이 말한 '次於生知'이다(正義曰:
夫子自居學知, 故言'我非生而知之這, 好古, 敏以求之者也。' 是次於生知也。);《論語集釋》 黃式三[1789~
1862]의《論語後案》에 말했다. "知之次者는 作者인 聖人의 다음을 말한다。作者는 다른 사람들이 아직
모르는 것을 지어내는 자이다。擇之識之者는 고금의 사람들이 이미 알고 있는 것을 전술하는 자이다。
不知而作者는, 많은 것을 택하고 많은 것을 기억하지 못하고, 억측으로 지어내서 이치에 해를 끼치는
자이다"(黃氏後案: 言知之次者, 次於作者之聖也。作者創人所未知, 擇之識之者述古今人之所已知。不知
而作者, 不能擇多識多, 臆創之而害於理者也。);《論語譯注》《論語》에서 '次'字는 모두 여덟 번 쓰였는데,
모두 '일등의 다음'을 말한다。《季氏 제9장》에, '태어나면서부터 아는 자가 상등이고, 배워서 아는 자가
다음이다'라고 했는데, 이 장의 '知之次也'는 바로 '배워서 아는 자의 다음이다'라는 뜻이다(論語的'次'一
共享了八次, 都是當'差一等'、'次一等'講。季氏篇云: '孔子曰: '生而知之者, 上也; 學而知之者, 次也。' '這里
的'知之次也'正是'學而知之者, 次也'的意思。);《論語新解》 作者인 성인은 새롭게 지어낸 것이 있어 고금을
통틀어 미칠 수 없는 자이지만, 多聞多見者・擇善默識者는 모두 세상에 이미 있는 것이고, 사람들이
이미 알고 있는 것이어서, 새롭게 지어내는 것은 없지만 그래도 다음 등급의 知者는 된다(作者之聖,
必有創新, 为古今人所未及。多闻多见, 择善默识, 此皆世所已有, 人所已知, 非有新创, 然亦知之次。);《論
語今讀》 이 장은 '述而不作'章과 똑같이 읽을 수 있을 것 같은데, 모두 공자께서는 과거의 경험을 중시하
고, 근거 없는 조작을 반대하고, 학습과 실천을 중시하고, 공리공담이나 현학을 반대한 것을 표현한
것이다["이것이 바로 앎의 순서이자 과정이다"](此章似可與'述而不作'等章同讀, 均表孔子重往昔經驗,
反憑空造作, 重學習實踐, 反空談玄理。"這就是知的次序、過程。").
5《述而 제14장》 각주《荀子・子道》 참조.

'識'(지)는 음이 '志'(지)이다. ○'不知而作'(부지이작)은 그 이치를 알지도 못하면서 함부로 지어내는 것이다. 공자(孔子)께서 함부로 지어낸 적이 없다고 당신 스스로 말씀하신 것은, 대개 또한 겸손의 말씀이지만, 그럼에도 당신이 모르시는 게 없다는 것을 또한 볼 수 있다. '識'(지)는 '기억하다'[記]이다. 따르는 것은 가려서 따르지 않으면 안 되지만, 기억하는 것은 선한 것이나 악한 것이나 모두 기억 속에 간직해두어서, 이로써 참고에 대비해야 한다. 이 같은 자는 비록 그 이치를 실제로 알지는 못할지라도, 그래도 아는 자의 다음은 될 수 있다.

[互鄕難與言章]

072801、互鄕難與言, 童子見[1], 門人惑。

호향(互鄕)이라는 마을의 사람들과는 함께 이야기하기를 꺼려했는데, 그 마을
의 어린아이가 선생님을 만나 뵙자, 제자들이 의아해했다.

見, 賢遍反。○互鄕, 鄕名。其人習於不善, 難與言善。惑者, 疑夫子不當見之也。
'見'(현, xiàn)은 '賢'(현)과 '遍'(편)의 반절이다。○'互鄕'(호향)은 마을 이름이다。 그 마을
의 사람들이 선하지 못한 행실에 물들어 있어서, 그들에게 선(善)에 대해 말하기를
꺼려했다。'惑'(혹)이라는 것은 선생님께서 그 어린아이를 만나주는 것이 옳지 않은데
하고 의아해한 것이다。

072802、子曰:「與其進也, 不與其退也[2], 唯何甚[3]! 人潔[4]己以進, 與其潔也, 不保其往也。[5, 6]」

---

1 《論語義疏》임공이 말했다。"이 장의 '互鄕難與言童子見' 여덟 글자는 통으로 한 구절이다。 호향 마을
  사람 중에 한 아이가 있는데 그 아이와 難與言하다는 말이지, 한 마을 사람들이 모두 악하다는 말이
  아니다"["互鄕의 難與言한 童子가 공자를 만나 뵙다"](疏: 琳公曰: 此八字通爲一句。言此鄕有一童子難與
  言耳, 非一鄕皆專惡也。);《論語新解》그 마을의 풍속을 대략으로 말한 것인데, (두 구절로 끊어 읽는
  것이) 안 될 게 무엇이겠는가! 여덟 글자를 한 구로 볼 경우, 문법에 맞지 않아서 지금 따를 수 없다(就其风
  俗而大略言之, 亦何不可。若八字连为一句, 于文法不順惬, 今不从。);《論語義疏》'童子'는 19세 이하의
  아직 관을 쓰지 않은 자이다(疏: 童子。十九以下未冠者也。)。

2 《論語正義》《春秋公羊傳·隱公元年》의 何休[129~182]의 注에, '악을 떠나서 선으로 다가오는 것을
  進이라 한다'라고 했다。 어린아이가 찾아와 뵌 것은 進을 추구한 것이기 때문에, 의당 그를 받아주어야
  한다。맹자가 말한 '찾아오는 자는 거절하지 않는다'[盡心下 제30장]라는 뜻과 같다。劉逢祿[1776~1829]
  의 《論語述何》에 말했다。"《春秋》에는, 열국들이 예의로 나아오면 그들을 받아들였고, 예의에서 물러나
  면 이로 인해 그들을 비난했는데, 역시 이 장의 뜻이다"(正義曰: 何休《公羊注》:"去惡就善曰進。" 童子來見
  是求進, 故宜與之。與孟子言"來者不拒"意同。劉氏逢祿《述何》云:"《春秋》列國進乎禮義者與之, 退則因而
  貶之, 亦此義也。");《古今注》'與其進 不與其退'는, 옛말일 것이다。'與'는 '許'[허여하다]이다。 대개 사람
  접대하는 법은 찾아오는 사람은 나가서 맞이하고 떠나가는 사람은 못 가게 만류한다。 이 말은 그 나아옴을
  허락하고, 그 물러감을 허락하지 않는다는 것이다。 이 말을 인용하여, 찾아오는 사람을 거절해서는 안
  된다는 것을 밝히신 것이다(補曰: 與其進, 不與其退, 蓋古語。與, 許也。凡接人之法, 來則迎之, 去則止之,
  是許其進, 不許其退也。引此語, 以明來者之不可拒。);《詞詮》與(여): 타동사。 허락하다('與', 外動詞。
  許也。)。

선생님께서 말씀하셨다. "그 아이가 앞으로 나아오는 것을 받아준 것이고, 그 아이가 뒤로 물러서는 것을 받아준 것이 아닌데, 어찌 심하다고 그러느냐? 사람이 자신을 깨끗이 하여 나아오면, 그가 깨끗이 한 행실은 받아주고, 그가 지난날에 한 행실은 마음에 붙잡아 기억해두어서는 안 된다."

疑此章有錯簡.「人潔」至「往也」十四字, 當在「與其進也」之前.

이 장은 죽간의 순서가 뒤바뀐 것으로 보인다. '人潔'(인결)부터 '往也'(왕야)까지 14개 글자는 마땅히 '與其進也'(여기진야) 앞에 놓여야 한다.

潔, 脩治也. 與, 許也. 往, 前日也. 言[7]人潔己而來, 但許其能自潔耳, 固不能保其前日所爲之

---

3 《論語義疏》'唯'는 어조사이다(疏: 唯, 語助也。);《論語詞典》唯(유): 어기수사로 뜻이 없다(語首詞, 無義。);《論語句法》'唯'는 독립적 감탄어기사로, 지금의 '唉'[어허]에 해당한다. '何'은 의문부사로 '甚'을 수식한다. 주어는 '絶人'이다["어허! 사람을 끊는 것이 어찌 그리 深絶한가!"](唯是獨立表感嘆的語氣詞. 相當于白話的'唉'. 何是疑問限制詞, 修飾表詞'甚'的. 主語是'絶人'。);《古今注》'惟何甚'은 악을 미워하되 너무 심하게 해서는 안 됨을 말한 것이다(惟何甚, 謂惡惡不可已甚。);《論語新解》'甚'은 지나치다는 뜻이다. 이렇게 하는 것이 무슨 지나친 것이 있느냐고 하신 것이다. 맹자가 '중니께서는 너무 심하게는 하지 않으셨다'[離婁下 제10장]고 했는데, 바로 이 말이다(甚, 过分义. 谓如此有何过分. 孟子曰: "仲尼不为已甚", 即此甚字义。).

4 《文言語法》형용사를 써서 사동용법의 동사로 쓰였다["자기를 깨끗이해서"](用形容詞作使動用法的動詞。).

5 《論語正義》'保'는 '保辜'(보고)[옛날에 상해를 입힌 사람을 다 치료해줄 때까지 처벌을 보류하던 형벌제도]의 '保'와 같다(正義曰: 保猶保辜之保。);《論語譯注》지키다. 한사코 기억해두다('保', 守也, 所以译为'死记住'。);《論語義疏》鄭玄의 注에 '往은 去와 같다. 어찌 그의 去後之行을 보증할 수 있겠느냐?'라고 했는데, '去後之行'은 '지금 이전'을 말한 것으로, 이미 지나간 뒤이다(疏: 鄭注云: '往猶去也…… 何能保其去後之行也', 去後之行亦謂今日之前, 是已去之後也。);《論語新解》'保'는 '保任'[보수하다]의 뜻으로, 지금의 '擔保'라는 말과 같다. '往'字는 두 가지 설이 있다. ①已往[과거] ②往後[이후]. ②설은 '不與其退'와 중복되어, ①설을 따른다. 혹자는 '保'字는 당연히 장래를 가리키는 것으로 보인다고 했지만, 已往을 보증한다는 말은 지금도 이런 말이 있다(保, 保任义, 犹今言担保. 往字有两解. 一说指已往. 一说指往后. 后说与不与其退重复, 当依前说. 或疑保字当指将来, 然云不保证其已往, 今亦有此语。); 保(보): 갑골문자 형은, 손을 뒤로 해서 아이를 등에 업고 있는 모습[㑉]이다. 등에 아이를 업다(甲骨文字形, 象用手抱孩子形. 本义: 背子于背。).

6 《論語新解》이 장은 공자께서 호향 마을의 아이에 대해, 그의 과거를 추궁하지 않고, 그의 장래를 예단하지 않고, 다만 그의 지금 눈앞의 뵙고자 하는 마음만을 받아서 그를 허락해 가르치는 것으로, '自行束脩以上'장[述而 제7장]과 비교해 보면, 더욱 공자의 교육정신의 위대함을 볼 수 있다(此章孔子对互乡童子, 不追问其已往, 不逆揣其将来, 只就其当前求见之心而许之以教诲, 较之自行束脩以上章, 更见孔门教育精神之伟大。); 이 장은 공자의 "誨人不倦"[述而 제1장] "有教無類"[衛靈公 제38장] "與人爲善"[孟子 · 公孫丑上 제8장] 사상이 최적으로 구체화된 모습이다(本章是孔子"诲人不倦""有教无类""与人为善"的思想的最佳体现。).

善惡也; 但許其進而來見耳, 非許其旣退而爲不善也。 蓋不追其旣往[8], 不逆其將來[9], 以是心至[10], 斯受之耳[11]。 唯字上下, 疑又有闕文[12], 大抵[13]亦不爲已甚[14]之意。

'潔'(결)은 '닦고 다스리다'[脩治]이다. '與'(여)는 '받아주다'[許]이다. '往'(왕)은 '지난날'[前日]이다. 말씀인즉, 사람이 자기를 깨끗이 해서 오면, 다만 그가 스스로를 깨끗이 할 수 있게 된 것을 받아줄 뿐이지, 그가 저지른 지난날의 선악을 굳이 마음에 보류해 두어서는 안 된다는 것이고, 다만 그가 앞으로 나아오는 것을 받아준 것뿐이지, 그가 기왕에 뒤로 물러나 있으면서 저지른 불선한 행실을 받아준 것이 아니라는 것이다. 대개 그의 기왕의 잘못을 추궁하지 않고, 그의 앞날의 모습을 예단하지 않고, 이러한 마음가짐으로 찾아오면, 받아들일 뿐이다. '唯'(유)자의 위와 아래에, 또 빠진 글자가 있는 것으로 보이는데, 대체로 역시 너무 심하게는 하지 않는다는 뜻이다.

○程子曰: 「聖人待物之洪如此。」
○정자(程子·伊川)가 말했다. "성인께서 사람을 대하는 도량의 크심이 이와 같다."

---

7 《論語大全》 착간을 고쳐 바른 순서에 따라 다섯 구절을 풀이했다(依改正次序釋五句。).

8 《論語大全》 경문의 '不保其往'을 풀이한 것이다(不保其往。).

9 《論語大全》 경문의 '不與其退'를 풀이한 것이다(不與其退。).

10 《論語大全》 경문의 '潔己以進'을 풀이한 것이다(潔己以進。).

11 《論語大全》 경문의 '與潔·與進'을 풀이한 것이다(與潔, 與進。);《孟子·盡心下 제30장》 맹자가 등나라에 가서 상급 여관에서 묵었다. (여관주인이) 삼다가 창틀 위에 놓아둔 짚신을 찾았으나 찾지 못했다. 어떤 사람이 물었다. "이와 같습니까? 선생의 종자가 숨긴 것입니다." 맹자가 말했다. "그대는 내 종자를 짚신을 훔치러 왔다고 여기는 것입니까?" 그자가 말했다. "그럴 리야 없겠지요. 선생께서는 과목을 개설해놓고는, 가는 자는 붙들지 않고, 찾아오는 자는 거절하지 않고, 다만 이 배우려는 마음을 가지고 오면, 받아줄 뿐입니다"(孟子之滕, 館於上宮。 有業屨於牖上, 館人求之弗得。 或問之曰: '若是乎從者之廋也?' 曰: '子以是爲竊屨來與?' 曰: '殆非也。 夫子之設科也, 往者不追, 來者不距。 苟以是心至, 斯受之而已矣。).

12 闕文(궐문): 의문이 있어 써넣지 않고 잠시 보류한 글자. 빠진 글자(原指有疑暫缺的字; 脫漏的字句);《衛靈公 제25장》 참조.

13 大抵(대저): 대개. 대체로(大都, 表示总括一般的情况。).

14 《孟子·離婁下 제10장》 맹자가 말했다. "공자께서는 너무 심하게는 하지 않으셨다"(孟子曰: 仲尼 不爲已甚者。).

[仁遠乎哉章]

072901、子曰:「仁遠乎哉¹? 我欲仁, 斯仁至矣²,³。」

선생님께서 말씀하셨다. "인(仁)이 (어찌 내게서) 멀리 떨어져 있겠느냐? 내가 인(仁)을 바라면, 인(仁)은 아주 가까이에 있다."

仁者, 心之德, 非在外也。放而不求⁴, 故有以爲遠者, 反而求之⁵, 則即此而在矣, 夫豈遠哉?

인(仁)이라는 것은, 내 마음의 본유(本有)한 덕으로, 내 밖에 있는 것이 아니다. 놓아 버려둔 채 찾지 않기 때문에, 멀리 떨어져 있다고 여기는 자가 있지만, 돌이켜서 찾는 다면, 여기 내 마음에 가까이 다가와 있으니, 어찌 멀리 떨어져 있겠는가?

---

1 《論語譯注》"仁이 설마 내게서 멀겠느냐?"("仁德難道離我們很遠嗎?");《論語詞典》乎哉(호재): 반문을 표시한다(表反詰。);《論孟虛字》반문·의문·추측을 겸한 어기사. 자문자답형식으로 쓰였다('乎哉', 爲表反 詰和疑問並兼商度的語氣詞, 以自問自答方式出之。).

2 《論語義疏》'내가 仁을 바라면, 이 仁은 아주 가까이 있다'라는 말이다. '斯'(사)는 '此'이다. 江熙[東晉人] 가 말했다. "禮로 돌아가길 단 하루면, 천하 사람들이 모두 그를 仁하다고 인정하니[顏淵 제1장], 이 仁은 아주 가까이 있다"(云我欲仁而斯仁至也。斯, 此也。江熙曰: 復禮一日, 天下歸仁, 是仁至近也。);《論 語句法》'斯'는 지금의 '就'字에 해당한다('斯……相當於白話的'就'字。);《文言語法》순승접속사. 이렇다 면, 지금 곧(順承連词'斯'可以译为'这就'。);《論語新解》'至'는 '日月至焉'[하루에 한 번이나 한 달에 한 번 仁에 이른다[雍也 제5장]의 '至'이다["仁은 바로 온다"](此处至字, 即日月至焉之至; "仁即來了");《詞詮》矣(의): 어말조사. 이론상으로나 사실상으로 필연적인 결과를 표시한다('矣', 語末助詞。助句, 表理論上或事實上必然之結果。).

3 《論語正義》이 장은 仁을 구해 仁을 얻는다[述而 제14장]는 뜻이다。《孟子·盡心上 제3장》에, '구하면 얻고 내버려 두면 잃어버리는 경우, 이 경우는 구하는 것이 얻는 데 유익하니, 구하려는 것이 내 안에 있기 때문이다'라고 했다(正義曰: 此求仁得仁之旨。《孟子、盡心》云:"求則得之, 舍則失之, 是求有益於得 也, 求在我者也。").

4 《孟子·告子上 제11장》맹자가 말했다. "仁은 사람의 마음이고 義는 사람의 길이다. 그 길을 버리고 따르지 않고 그 마음을 놓아버리고도 찾을 줄 모르니 슬프구나! 사람이 기르던 닭이나 개를 놓치면 찾을 줄 알면서도, 마음을 놓아버리고서는 찾을 줄을 모른다. 학문의 길은 다른 것이 아니라, 그 놓아버린 마음을 찾는 것일 뿐이다"(孟子曰: 仁, 人心也; 義, 人路也。舍其路而弗由, 放其心而不知求, 哀哉! 人有雞 犬放, 則知求之; 有放心, 而不知求。學問之道無他, 求其放心而已矣。).

5 《孟子·梁惠王上 제7장》왕이 기뻐하며 말했다. "시경에, '다른 사람 속 품은 마음, 내 헤아려 알 수 있겠네'[小雅·小旻之什·巧言]라고 했는데, 선생님을 두고 한 말입니다. 내가 이미 그렇게 하고 나서, 돌이켜서 그렇게 한 까닭을 찾아봤지만, 그렇게 한 내 마음을 알 수 없었는데, 선생께서 그렇게 말씀해주 시니, 내 마음이 뭉클해집니다"(王說曰:"《詩》云: '他人有心, 予忖度之。' 夫子之謂也。夫我乃行之, 反而求 之, 不得吾心。夫子言之, 於我心有戚戚焉……").

○程子曰:「爲仁由己[6], 欲之則至, 何遠之有?」

○정자(程子·伊川)가 말했다. "인(仁)을 행하는 것은 자신으로부터 비롯되는 것이어서, 인(仁)을 바라면 인(仁)은 아주 가까이 있는데, 무슨 멀다 할 것이 있겠는가?"

---

6 《顏淵 제1장》 참조.

[陳司敗問昭公章]

073001、陳司敗¹問昭公²知禮乎?³ 孔子曰⁴:「知禮。」⁵

---

1 司敗(사패): 사법관리(官名。即司寇。泛指司法机关。).

2 《論語譯注》'昭'는 시호로, 진사패의 질문이 소공이 죽은 후에 있었다면, 원래 "昭公知禮乎?"라고 말했을 것이다. 그의 질문이 소공이 살아 있을 때 한 질문이라면, '昭公'이라는 글자는 후대 사람의 기술로 보인다("昭"是諡號, 陳司敗之問若在昭公死後, 則"昭公知禮乎"可能是原來語言。如果他這次發問尚在昭公生時, 那"昭公"字眼當是後人的記述。);《論語集釋》공자께서는 정공 14년에 정나라에서 진나라에 도착해서 3년을 머물렀고, 애공 2년에 위나라에서 진나라로 가셨는데, 모두 진나라 임금 稠(주)일 때였고, 여러 차례 사성정자의 집에 머물렀다. 진사패의 질문은, 아마도 공자께서 진나라에 계실 때였을 것이다. 司敗라는 관직은 진나라와 초나라에만 있었으니, 진사패가 진나라 사람임에 틀림없다(孔子於定公十四年自鄭至陳, 居三歲, 復於哀二年自衛如陳, 皆在陳侯稠時, 屢主司城貞子家。司敗之問, 蓋孔子在陳時也。司敗之官惟陳楚有之, 其爲陳人無疑。); 昭公(소공): 姬姓, 名 稠(주)。 양공의 뒤를 이은 노나라 24대 임금. BC 542~BC 510 재위. BC 517년[魯昭公 25年]에 계평자와 후소백 간의 닭싸움으로 난이 일어나자, 소공이 계씨를 쳤지만 패하여, 제나라, 진나라로 망명 다니다가, BC 510년[魯昭公 32년] 51세의 나이로 진나라 건후에서 병으로 죽었다. 노나라에서 소공의 동생을 임금으로 세웠는데, 이 사람이 정공이다.

3 《論語正義》《春秋公羊傳・昭公25年》에 말했다. "소공이 제나라로 달아나서 양주에 머물렀다. 제나라 경공이 야정에서 소공을 위문하자, 소공이 '나라 잃은 사람이 무능해서, 노나라 사직을 지키지 못했습니다.……'라고 했는데, 공자께서 말씀하시기를, '그의 예와 그의 언사가 족히 볼만하다'라고 했으니, 이는 노나라 소공이 본래부터 예의를 차리는 데 익숙해서, 당시 사람들이 예를 안다고 여겼기 때문에, 진사패가 이런 질문을 한 것이다"(《公羊・昭二十五年傳》: "公孫于齊, 次于陽州。齊侯唁公于野井, 昭公曰: '喪人不佞, 失守魯國之社稷云云。孔子曰: '其禮與其辭足觀矣。'"是魯昭本習於容儀, 當時以爲知禮, 故司敗有此問。).

4 《論語義疏》本에는 '孔子對曰'로 되어 있다.

5 《春秋左傳・昭公5年》[BC 537] 소공이 진나라에 가서, 郊勞(교로)[교외까지 나와 영접하고 위로하다]부터 贈賄(증회)[재물을 선물하다]를 행하기까지, 예에 어긋남이 없었다. 진평공이 女叔齊[晉나라 三軍司馬]에게, '노나라 임금이 예에 뛰어나지 않은가?'라고 하자, 여숙제가 '노나라 임금이 어찌 예를 알겠습니까?'라고 대답했다. 평공이 물었다. "어째서 그리 말하는가? 郊勞에서 贈賄까지 예에 어긋남이 없었는데, 어째서 예를 모른다고 하는가?"(公如晉, 自郊勞至於贈賄, 無失禮。晉侯謂女叔齊曰: "魯侯不亦善於禮乎?" 對曰: "魯侯焉知禮?" 公曰: "何爲? 自郊勞至於贈賄, 禮無違者, 何故不知?"). 여숙제가 대답했다. "이는 의식이지 예라 할 수 없습니다. 예는 나라를 지키고, 정령을 행하고, 백성을 잃지 않는 데 쓰는 것입니다. 지금 노나라 정령은 三家의 수중에 있는데도, 회수하지 못하고, 子家羈(자가기)와 같은 현자가 있는데도, 등용하지 않습니다. 대국과 맺은 맹약을 어기고, 소국을 능멸하고 학대합니다. 남의 나라에 닥친 화란을 이용하면서도, 자기 나라에 닥친 화란은 모릅니다. 공실의 군대는 넷으로 쪼개지고, 백성들은 三家에 기대어 생활하고 있어, 공실을 생각하는 백성이 없는데도, 앞 닥칠 결과를 고찰하지 않고 있습니다. 나라의 임금이 되어 가지고, 화란이 닥쳐오는데도, 그러한 처지를 구제하려 하지 않습니다. 예의 본말이, 장차 여기에 달려 있는데도, 자질구레한 의식을 익히는 데 급급합니다. 예에 뛰어나다는 말씀과는 거리가 너무 멀지 않습니까?" 군자가 말했다. "여숙제가 예를 알았다"(對曰: "是儀也, 不可謂禮。禮所以守其國, 行其政令, 無失其民者也。今政令在家, 不能取也。有子家羈, 弗能用也。奸大國之盟, 陵虐小國。利人之難, 不知其私。公室四分, 民食於他。思莫在公, 不圖其終。爲國君, 難將及身, 不恤其所。禮這

진(陳)나라 사패(司敗)가 노(魯)나라 소공(昭公)이 예(禮)를 알았는지를 여쭈었다. 공자(孔子)께서 말씀하셨다. "예(禮)를 알았습니다."

陳, 國名。司敗, 官名, 即司寇也。昭公, 魯君, 名裯。習於威儀⁶之節, 當時以爲知禮。故司敗以爲問, 而孔子答之如此。

'陳'(진)은 나라 이름이다. '司敗'(사패)는 관직 이름으로, 곧 사구(司寇)이다. '昭公'(소공)은 노(魯)나라 임금으로, 이름이 裯(주)이다. 위의(威儀)에 관한 예절을 잘 익혀서, 당시 사람들이 그가 예(禮)를 잘 안다고 여겼다. 그래서 사패(司敗)가 이것으로 질문하자, 공자(孔子)께서 그에게 답해준 것이 이와 같았다.

073002. 孔子退, 揖巫馬期⁷而進之,⁸ 曰:「吾聞君子不黨⁹, 君子亦黨乎? 君取於吳¹⁰, 爲

本末, 將於此乎在, 而屑屑焉習儀以亟。言善於禮, 不亦遠乎?"君子謂: "叔侯於是乎知禮")。

6 威儀(위의): 전례 중의 동작이나 대인 간 의례. 용모와 행동거지(古代祭享等典礼中的动作仪节及待人接物的礼仪。庄重的仪容举止。).

7 巫馬期(무마기): 巫馬施. 姓 巫馬, 名 施, 字 子期. BC 521~? 공자의 제자;《論語正義》'巫馬'는 관직명으로 氏를 삼은 것으로,《周禮·夏官司馬》에, '巫馬는 병에 걸린 말의 치료를 관장하여 빨리 달리게 해서 아픈 곳을 발견하여 치료한다'고 한 것이 바로 이것이다('巫馬'者, 以官爲氏, 周官有'巫馬', 掌養疾馬而乘治之', 是也。).

8《論語義疏》옛사람들은 상견례를 하고자 앞으로 나아가, 모두 먼저 읍하는 예를 갖추었다. 공자께서 나가신 후에, (진사패가) 무마기에게 읍하고 들어오게 해서, 함께 이야기하고자 한 것이다(疏: 揖者, 古人欲相見前進, 皆先揖之也。孔子退而後, 揖孔子弟子進之, 欲與語也。);《論語正義》공자께서 진사패를 만나는데, 무마기가 주선했다. (공자께서 진사패를 만나러 방으로 들어가시고) 무마기는 밖에서 기다렸다가, 공자께서 나오시자, 무마기가 수행해야 하는데, 진사패가 여전히 함께 이야기하고 싶어 했기 때문에, 무마기에게 읍하고 그를 들어오게 한 것이다(正義曰: 夫子見陳司敗, 巫馬期爲介, 入俟於庭。及夫子退, 期當隨行, 而司敗仍欲與語, 故揖而進之也。);《論語新解》"진사패가 무마기에게 읍하고 들어오기를 청했다"("陳司敗作揖请巫马期进。");《論語句法》'進之'는 '使之進'이 변한 것이다('進之'是由'使之進'轉變而成的。); 進(진): 들어오다(入, 走入[一个地方]。跟"出"相对。).

9《論語集解》서로 도와 잘못을 숨겨주는 것을 '黨'이라 한다(注: 孔安國曰: 相助匿非曰黨。);《論語義疏》내가 이제껏 듣기로는, 군자는 義에 맞으면 이를 따르지[里仁 제10장], 개인적으로 도와서 끼리끼리 작당하지 않는다고 했는데, 공자는 군자임에도 임금의 잘못을 숨겨기 때문에, '君子亦黨乎'라 한 것이다(吾從來聞君子之人義與比, 無所私相阿黨, 孔子既是君子, 而今匿君之惡。故云君子亦黨乎。);《王力漢語》黨(당): 무리. 집단의 성원. '黨'이 집단을 가리킬 때는 폄하의 뜻으로 쓰였는데, 여기서 '두둔하다[편들다]'의 뜻이 파생되었다('黨, 集團, 集團的成員。在古代漢語中, '黨'指集團時, 一般只用於貶義, 所以引申爲偏袒。).

10《論語義疏》소공은 주공의 후예이고, 오나라는 태백의 후예이다. 태백은 주공의 큰할아버지로, 소공과

同姓, 謂之吳孟子[11]。君而[12]知禮, 孰不知禮?」

공자(孔子)께서 나가시자, 진사패(陳司敗)가 무마기(巫馬期)에게 공손히 절하고 그를 들어오게 해서 말했다. "내가 듣기로는 군자께서는 편을 들지 않으신다고 들었는데, 군자께서도 편을 드십니까? 소공(昭公)이 오(吳)나라 임금의 딸을 아내로 얻었는데, 아내가 소공(昭公)과 같은 성씨여서, 자기 아내를 오맹자(吳孟子)라 불렀습니다. 이런 임금이 예(禮)를 안다면, 어느 누구인들 예(禮)를 모르겠습니까?"

取, 七住反。○巫馬姓, 期字, 孔子弟子, 名施。司敗揖而進之也。相助匿非曰黨。禮不娶同姓[13], 而魯與吳皆姬姓[14]。謂之吳孟子者, 諱[15]之使若宋女子姓[16]者然。

오나라는 같은 姬姓이다(疏: 昭公是周公後, 吳是大伯後。大伯是周公伯祖, 昭公與吳同是姬姓。); 取(취): =娶. 장가들다. 아내를 얻다(通"娶"。娶妻.).

11 吳孟子(오맹자): 춘추시대에는 孟·仲·叔·季라는 長幼의 순서를 姓 앞에 붙여 호칭했는데, 예컨대, 송나라의 姓인 子를 가진 여자로서 타국으로 시집가는 장녀는 '宋孟子'[송나라 장녀 子씨]라고 많이 호칭했다(春秋時通行以孟仲叔季的排行加在姓名前作称呼。如宋国子姓, 其长女嫁给他国的多称'孟子'.); 《論語義疏》禮에, 부인에 대한 호칭은 모두 나라 이름 및 성으로 부른다. 예컨대 齊姜·秦嬴과 같다. 노나라가 오나라 여자를 부인으로 맞이할 경우에는 吳姬[오나라 姬씨]라고 불러야 하는데, 소공은 오나라가 동성이기 때문에, 말하기 꺼려서 吳姬라 하지 못하고 吳孟子[오나라 장녀 子씨]라 부른 것이다(疏: 禮, 稱婦人皆稱國及姓。猶如齊姜秦嬴之屬也。魯之娶吳。當謂爲吳姬。而昭公爲吳是同姓。故諱不得言吳姬。而謂吳孟子也。); 《四書人物》'吳孟子'는 吳나라 왕실의 여자이다. 魯·吳 두 나라는 똑같이 周太王의 후예인 姬姓으로, 동성동본이면 혼인하지 않았는데, 魯昭公이 吳나라 왕실의 여자를 부인으로 맞이했으니, 비록 두 나라가 세워진 지 600여 년이 흘렀지만, 여전히 동성동본이면 혼인하지 않았기에, 昭公이 물의를 피하기 위해, 핏줄이 姬姓임을 말하지 않고, 吳孟子라고 부른 것이다(吳孟子者, 吳國公室之女也。春秋時魯, 吳兩國, 均出自周太王之後, 姬姓, 古即同姓同本不婚, 而魯昭公娶吳國公室之女, 雖時隔六百年左右, 仍爲同姓同本而婚, 而昭公爲免遭物議, 不言系出姬姓, 而稱吳孟子。).

12 《論語句法》'而'字는 가설의 의미를 표출할 수 있다('而'字, 就可以表示出假設的意味。).

13 《禮記·曲禮上》아내를 얻는 데 동성을 얻지 않는다(取妻不取同姓。); 《禮記·坊記》공자께서 말씀하셨다. "아내를 얻을 때는 同姓을 취하지 않는데, 이는 혈연의 구별을 확고히 하기 위해서이다." 그래서 첩을 살 때 그 姓을 모를 때는 점을 쳐서 결정했다(子云: '取妻不取同姓, 以厚別也.' 故買妾不知其姓, 則卜之。); 內閣本에는 '娶'가 '取'로 되어 있다.

14 노나라는 주공[周太王 古公亶父의 차남인 季歷의 손자]의 아들인 伯禽이 세운 나라로 성이 姬이고, 오나라는 周太王 古公亶父의 장자인 太伯이 세운 나라로 역시 성이 姬이다.

15 諱(휘): 기피하다. 꺼려서 감히 말하지 못하다. 돌아가신 임금이나 윗사람의 이름(避忌, 有顾忌不敢说或不愿说。旧时指死去的帝王或尊长的名字。).

16 子姓(자성): '子'씨 성. 은·상 왕조의 성씨. 자손(=姓子。殷商帝王家族的姓氏。殷商帝王家族以子为姓; 泛指子孙, 后辈。).

'取'(취, qǔ)는 '七'(칠)과 '住'(주)의 반절이다. ○'巫馬'(무마)는 성이고, '期'(기)는 자인데, 공자(孔子)의 제자로, 이름이 시(施)이다. 사패(司敗)가 공손히 절하고 그를 들어오게 한 것이다. 서로 도와 나쁜 짓을 숨겨주는 것을 '黨'(당)이라 한다. 《예기》(禮記)에, '동성을 아내로 얻지 않는다'고 했는데, 노(魯)나라와 오(吳)나라는 모두 희(姬)씨 성이었다. 자기 아내를 칭하기를 (吳孟姬(오맹희)라 부르지 않고) '吳孟子'(오맹자)라 부른 것은, 동성인 것을 말하기 꺼려 해서 마치 송(宋)나라 여자인 '子'(자)씨 성을 가진 사람처럼 보이게 한 것이다.

073003. 巫馬期以告。子曰:「丘[17]也幸[18], 苟[19]有過, 人必知之。」

　　　　무마기(巫馬期)가 이 말을 선생님께 고해바쳤다. 선생님께서 말씀하셨다. "나는 참 다행이다. 잘못이 있으면, 다른 사람이 반드시 그것을 알려주는구나."

孔子不可自謂諱君之惡, 又不可以娶同姓爲知禮, 故受以爲過而不辭。
공자(孔子)는 임금의 잘못을 말하기 꺼려했다고 자진해서 말할 수도 없었고, 또 임금이 동성의 여자를 아내로 얻은 것을 가지고 임금이 예(禮)를 알았다고 여길 수도 없었기 때문에, 임금 편을 든 것을 잘못한 것으로 받아들이길 사양하지 않으신 것이다.

○吳氏曰:「魯蓋夫子父母之國, 昭公 魯之先君也。司敗又未嘗顯言其事, 而遽以知禮爲

---

17 《古漢語語法》자기가 자기 이름을 부르는 것은, 스스로를 낮추는 겸칭 형식 중의 하나이다. '丘也幸' 이하는 공자께서 무마기에게 하신 말씀이지만, 실은 진사패에게 답변하신 말씀으로, 그래서 자신을 '丘'로 칭한 것이다. 그렇지 않고 공자께서 제자에게 문답하는 경우라면, 일반적으로 자신을 '我'·'吾'로 칭했지, 이름으로 칭하지 않았다(自謙, 古代有礼貌之词, 可以叫它为谦称。这种谦称, 古代有几种形式, 一种是自己的名称自己。这是孔子对巫馬期说的, 其实是答复陳司敗的, 所以自称"丘"。不然, 孔子对学生问答, 一般自称"我"、称"吾", 不自称名。).

18 《論語義疏》진사패의 비난이 없었을 경우에는, 천년이 지나 후세 사람들이, 답습하여 받들어 내 말을 진실이라 믿어, 소공의 행위가 예를 안 것으로 여길 것이니, 그렇다면 예에 대해 오류를 범하는 일이 나로부터 시작되는 것이다. 그런데 지금 진사패의 비난을 받아서 내가 이로써 나의 잘못으로 받아들일 경우에는, 후세 사람들이 예에 대해 오류를 범하지 않을 것이니, 그래서 내가 다행이라 한 까닭이다(疏: 若使司敗無譏, 則千載之後, 承信我言, 用昭公所行爲知禮, 則亂禮之事, 從我而始。今得司敗見非而我受以爲過, 則後人不謬, 故我所以爲幸也。);《王力漢語》幸(행): 운이 좋다. 형편이 좋다(運氣好, 境遇好。).

19 《論孟虛字》만일~라면('苟', 猶'如', 是假設之意。).

問, 其對之宜如此也。及[20]司敗以爲有黨, 而夫子受以爲過, 蓋夫子之盛德, 無所不可也[21]。然其受以爲過也, 亦不正言其所以過, 初若不知孟子之事者, 可以爲萬世之法矣。」[22]

○오씨(吳氏·吳棫)가 말했다. "노(魯)나라는 대개 선생님의 부모의 나라이고, 소공(昭公)은 노(魯)나라의 선대의 임금이다. 사패(司敗) 또한 그 일을 드러내놓고 말하지 않고, 불쑥 예(禮)를 알았는가 하고 질문했으니, 그 대답은 마땅히 이와 같아야 한다. 또 사패(司敗)가 편을 드는 게 있다고 하자, 선생님께서 (부모의 나라의 임금을 편든 것을) 잘못한 것으로 받아들이셨으니, 대개 선생님의 성대한 덕은 무얼 해서는 안 된다는 것이란 없다. 그렇지만 그렇게 잘못한 책임은 수용하면서도, 그런 잘못을 하게 된 까닭은 바른대로 말씀하지 않은 채, 오맹자(吳孟子)에 관한 일을 애당초 알지 못하신 것처럼 하셨으니, 만세의 모범이 될 만하다."

---

20 及(급): 그리고. 또(表示頻率, 相当于'又'.).

21 《微子 제8장》 참조.

22 《論語大全》 섭공은 양을 훔친 아버지의 악한 행실을 고발한 것을 정직하다고 여겼고[子路 제18장], 진사패는 임금의 악한 행실을 숨기는 것을 편든다고 여겼으니, 저들은 대개 直은 公이고, 黨은 私라는 것은 알았지만, 부자간 군신 간의 義에 대해서는 경시했다(吳氏曰: 葉公以證父之惡爲直, 司敗以隱君之惡爲黨, 彼蓋知直之爲公, 黨之爲私, 而於父子君臣之義, 蔑如也。).

[子與人歌而善章]

073101、子與人歌¹而善, 必使反²之, 而後和³之。

　　선생님께서 사람들과 함께 금슬에 맞춰 노래를 부르시다가 좋으면, 반드시
그 노래를 다시 부르게 하시고, 그러고 나서 그 노래를 따라 부르셨다.

和⁴, 去聲。○反, 復也。必使復歌者, 欲得其詳而取其善也。而後和之者, 喜得其詳而與
其善也⁵。此見聖人氣象從容, 誠意懇至⁶, 而其謙遜審密⁷, 不掩人善又如此。蓋一事之
微, 而衆善之集, 有不可勝旣⁸者焉, 讀者宜詳味之。

　'和'(화)는 거성[hè]이다。○'反'(반)은 '復'(복)[다시 하다]이다。반드시 그 노래를 다시 부
르게 하신 것은 그 노래의 상세한 부분까지 알고 그 노래의 좋은 점을 취하고자 하신

---

1 《論語正義》孫奇逢[1584-1675]의 《四書近指》에 말했다。 "금슬의 연주에 맞춰 노래하는 것을 歌라
　한다。《史記·孔子世家》에, '시 305편에 대해 공자께서는 모두 금슬을 연주하면서 그에 맞춰 노래를
　불러, 이로써 韶·武·雅·頌의 음악에 부합하게 하려고 했다'고 했다。" 孫奇逢의 이 설명대로라면, '與人歌'는
　제자들에게 음악을 가르친 것이다。'子與人歌'는 공자께서 노래를 하시고, 제자들에게 그에 맞춰 따라
　부르게 한 것이고, '反之'는 노래를 잘 불러 더욱 능숙하길 바랐기 때문에, 제자들에게 (다시) 노래를
　부르게 하고, 이어서 따라 부르신 것이다(孫氏奇逢四書近指: "聲比於琴瑟謂之歌。史記云: '三百五篇孔子
　皆弦歌之, 以求合韶武雅頌之音。'" 如孫氏此說, 是與人歌爲教弟子樂也…… 子與人歌, 謂夫子倡, 使人和
　之也。反之, 冀其善益嫻熟, 故使人倡, 乃後和之。)。
2 《論語義疏》'反'은 '重'[되풀이하다]과 같다(疏: 反, 猶重也。)。
3 《論語正義》《說文·口部》에, '咊(화)는 서로 호응하는 것이다'라고 했는데, 지금은 '和'로 쓰니, 偏旁이
　뒤바뀐 것이다(正義曰: 說文: '咊, 相應也。' 今作'和', 偏旁移易。);《王力漢語》和(화): 맞춰서 노래하다。
　한 사람이 노래할 때 거들어 부르다(動詞, [聲音]相應。特指合著唱, 幫腔)。
4 和(화): [hè] 소리가 서로 응하다。호응하다。맞장구치다。노래를 주고받다。따라 부르다(声音相应。和谐地
　跟着唱); [hé] 다툼 없이 화목하게 지내다。조화가 잘 되다(相安, 谐调。) 호응하다。따라 부르다(应和;
　跟着唱。)。
5 《孟子·公孫丑上 제8장》남에게서 선행을 취해 선을 행하는 것, 이것은 남과 함께 선을 행하는 것이다。
　그러므로 군자에게 있어 남과 함께 선을 행하는 것보다 더 훌륭한 것은 없다(取諸人以爲善, 是與人爲善者
　也。故君子莫大乎與人爲善。)。
6 懇至(간지): 간절하다(懇切)。
7 《論語大全》기상이 조용하시니 겸손하셨고, 정성이 간절하시니 치밀하셨다(慶源輔氏曰: 氣象從容,
　故謙遜, 誠意懇至, 故審密。); 審密(심밀): 상세하여 빠진 게 없고 빈틈이 없다(詳盡嚴密)。
8 勝(승): (shēng) 감당해낼 수 있다。이루 다 (~할 수 없다)(能够承担或承受。尽: 完。); 旣(기): 다
　먹다。식사를 마치다。끝내다。다하다(吃罢, 吃过。完毕; 完了。)。

것이다. 그러고 나서 그 노래를 따라 부르신 것은 그 노래의 상세한 부분까지 알게 된 것을 기뻐하시고 그 노래의 좋은 점을 함께하신 것이다. 이 장은 성인께서 기상은 조용했고, 정성은 간절했고, 그분의 겸손함과 치밀함은 남의 좋은 점을 가려 두지 않았음이 또한 이와 같았음을 보여준다. 대개 일개 미미한 일에도, 온갖 선이 다 모여 있어서, 이루 다 맛보지 못하는 경우가 있으니, 읽은 자는 마땅히 상세하게 맛보아야 할 것이다.

[文莫吾猶人也章]

073201、子曰:「文, 莫¹吾猶²人也。躬行³君子, 則吾未之⁴有得。」

1 《論語集解》'莫'은 '無'이다. '文無'는 속어의 '文不['文不勝人'의 속어]과 같다. '文不吾猶人'은 대개 文이 모두 남보다 나을 게 없다는 말이다(注: 莫, 無也。文無者, 猶俗言文不也。文不吾猶人者, 凡言文皆不勝於人也。);《論語義疏》"나의 문장은 남보다 낫지 못하다"(疏: 我之文章不勝於人。);《論語集釋》왕인지의 《經義述聞》에 말했다. "'莫'은 아마도 '其'의 오자일 것이다. 文은 내가 아마 남과 같을 것이라는 말이다. 이래야 앞뒤 구절이 서로 통한다"(經義述聞: '莫'蓋'其'之誤, 言文辭吾其猶人也。上下相應。);《論語正義》 돌아가신 숙부님 劉台拱[1751~1805]의 《論語駢枝》에 말했다. "'燕나라 齊나라에서는 힘써 노력하는 것을 文莫이라고 한다'고 했고, 또 《方言・第七》에는, '侔莫(모막)은 强이다. 북쪽 燕지방 교외에서, 힘써 서로 면려하여 노력하자고 할 경우, 侔莫이라고 말한다'고 했다. 생각건대, 《說文・心部》에 따르면, '忞(민)은 强이다. 慔(모)는 勉이다'라고 했다. '文莫'은 곧 '忞慔'(민모)로, 가차자이다. 《廣雅》에도 '文은 强이다'라고 했다. 黽勉(민면)・密勿(밀물)・蠠沒(민몰)・文莫(문모)[이 네 단어는 모두 뜻이 '노력하다'이다]는 모두 같은 소리에서 轉化된 말이다. '文莫'은 仁義를 행하는 데 힘쓰는 것이고, '躬行君子'는 仁義로부터 (힘쓰지 않아도 자연스레) 행동이 나오는 것이다." 내 생각에, 《淮南子・繆稱訓》의 '猶未之莫與'에 대한 高誘[東漢人]의 注에, '莫'은 '勉之'[힘써서 하다]라고 했는데, 논어의 이 장 역시 '莫'字를 빌려 '慔[힘써서 하다]의 뜻을 나타낸 것이다. 공자께서 겸손하셔서 安而行之者로 감히 자처하지 않으시고, 勉强而行之者[中庸 제20장]로 스스로를 인정하신 것이고, 生而知之者로 감히 자처하지 않으시고, 學而知之者로 스스로를 인정하신 것이다["(仁義를) 힘써서 하는 것이야 나도 남만큼은 된다"](正義曰: 先從叔丹徒君《駢枝》曰: "…… 曰 '燕, 齊謂勉强爲文莫。' 又《方言》'侔莫, 强也。北燕之外郊, 凡劳而相勉, 若言努力者, 谓之侔莫。' 案: 《說文》: '忞, 强也。慔, 勉也。'『文莫』即'忞慔', 假借字也。廣雅亦云: '文, 强也。'黽勉, 密勿, 蠠沒, 文莫, 皆一聲之轉。文莫, 行仁義也, 躬行君子, 由仁義行也。"謹案《淮南子, 繆稱訓》: '猶未之莫與。' 高誘注: '莫, 勉之也。' 亦是借'莫'爲'慔'。夫子謙不敢居安行, 而以勉强而行自承, 猶之言學不敢居生知, 而以學知自承也。);《論語句法》주어인 '文莫'는 '黽勉'(민면)의 뜻으로, 쌍성쌍음절로 늘인 두 음절 단어이다(主語'文莫'是'黽勉'的意思, 它是雙聲雙音節衍聲複詞。);《論語新解》이 장은 공자께서 스스로에 대한 겸손의 말씀이다. 그렇지만 종신토록 힘쓴 자강불식의 정신은, 실로 군자의 경지를 넘어서 충분히 성인의 영역에 들어가 계신다["노력이라면야, 나도 남만큼 하지만, 궁행군자라면야, 나는 경지에 이른 적이 아직 없다。"](本章乃孔子自謙之辞。然其黽勉终身自强不息之精神, 实已超乎君子而优入圣域矣。; "努力, 我是能及人的。做一個躬行君子, 我还没有能到此境界。");《論語譯注》'文'이 한 단어로, 공자의 소위 '文章'을 가리키고, '莫'이 한 단어로, '大約'[대략]의 뜻이다["책에 대한 지식이야, 대략 다른 사람과 거의 차이가 없다"]("文"是一詞, 指孔子所謂的"文章", ""莫"是一詞, "大約"的意思。"書本上的學問, 大約我同別人差不多。");《古今注》'莫'은 '豈不[어찌~아니겠는가?]과 같다["어찌 내가 남만큼이 아니겠는가?"](莫者, 猶言豈不。);《古書虛字》'莫'은 '或'과 같다. '文'은 '文王既沒 文不在茲乎'[子罕 제5장]의 '文'이다(莫', 猶'或'也。爲疑詞。'文', ' 文王既沒, 文不在茲乎'之'文'。).

2 《助字辨略》'猶'는 '及[~에 미치다]이다(猶 及辭。);《詞詮》불완전 자동사. ~와 같다(猶, 不完全內動詞。若也。).

3 躬行(궁행): 몸소 실행하다(亲身实行。).

4 《論語句法》'之'는 '躬行君子'를 가리키고, '得'의 목적어이다('之'稱代'躬行君子'這件事, 是'得'的止詞。);《論孟虛字》'之'는 앞말을 받아 가리키는 것이 있으면서, 동시에 목적어의 위치가 타동사 앞으로 도치된 문장형식이다('之', 是蒙上而有所指的, 同時也是賓位提置在外動詞前面的句形。).

선생님께서 말씀하셨다. "말하는 것이라면, 어쩌면 나도 남만큼은 되지 않을까? 군자로서의 도리를 몸소 행하는 것이라면, 나는 아직까지 그것을 해낸 게 없다."

莫, 疑辭。猶人, 言不能過人, 而尚可以及人。未之有得, 則全未有得, 皆自謙之辭。而足以見言行之難易緩急[5], 欲人之勉其實也。

'莫'(막)은 의문사이다. '猶人'(유인)은 남보다 낫지는 못하지만 그래도 남에게 미칠 만큼은 된다는 말이다. '未之有得'(미지유득)은 아직까지 전혀 그것에 대한 소득이 없다는 것으로, 모두 다 당신 스스로를 낮추어서 하신 말씀이다. 그렇지만 말[言]은 하기는 쉽지만 천천히 해야 할 것이고, 행[行]은 하기는 어렵지만 빨리해야 할 것임을 내보이기에 충분했으니, 사람들로 하여금 말[言]의 실상인 행[行]에 힘쓰기를 바라신 것이다.

○謝氏曰「文雖聖人無不與人同, 故不遜; 能躬行君子, 斯可以入聖, 故不居; 猶言君子道者三我無能焉[6]。」

○사씨(謝氏·謝顯道)가 말했다. "말하는 것이라면 비록 성인일지라도 남과 다를 게 없기 때문에, 겸손하지 않으셨고, 군자의 도리를 몸소 행할 수 있는 것이라면, 이는 성인에 들어갈 수 있는 경지이기 때문에, 자처하지 않으셨으니, '군자의 길이 셋인데 나는 잘하는 게 없다'고 하신 말씀과 같다."

---

5 《論語大全》이 장의 '文'字는 가벼운 의미로, 言辭로 드러나는 것에 불과하다. '不在玆之文'[子罕 제5장]의 '文'字는 무거운 의미이고, 이 장에서는 '文'을 '躬行'에 대한 對句로 말한 것으로, '文'은 '言'이고, '躬行'은 '行'임을 알 수 있으니, 그래서 集注에서는 '言行之難易緩急'으로 풀이했다(雲峯胡氏曰: 此文字輕, 不過著於言辭者爾. 新安陳氏曰: 不在玆之文, 文字重, 此以文對躬行而言, 可見文爲言, 而躬行爲行, 故集註以言行之難易緩急釋之.).

6 《憲問 제30장》 참조.

[若聖與仁章]

073301. 子曰:「若¹聖與仁², 則吾豈敢? 抑³爲之⁴不厭, 誨人不倦,⁵ 則可謂云爾已矣。⁶,⁷」

1《論語詞典》若(약): 다른 화제로의 전환을 표시하는 접속사. ~에 관해서는. ~으로 말하면('若', 连词, 表示他转, 至于, 至若。);《論孟虛字》가령~라면. '若……則……' 형식의 가정문을 구성한다('若', 爲假如之意。是假設相連的關係詞。'若……則……'的假設句式。).

2《論語平議》'聖與仁'은 '智與仁'이라 말하는 것과 같다. '聖'과 '智'는 옛날에 통칭되었기 때문에, (《春秋左傳·襄公22年》杜預의 注에) '장무중은 지혜가 많아서, 당시 사람들이 그를 성인이라 불렀다'고 한 것이다. 그러므로 聖과 仁·義·禮를 나란히 열거한 것은, 仁·義·禮·智를 말한 것과 같다. 후세 사람들이 다만 '大而化之之謂聖'[크게 변화시키는 것을 聖이다][孟子·盡心下 제25장]만을 알면서부터, 옛 뜻이 묻혀버렸다(聖與仁, 猶言智與仁也…… 聖與智古通稱, 故臧武仲多智, 時人謂之聖人…… 故與仁義禮並列, 猶言仁義禮智也。後世但知大而化之之謂聖, 而古義湮矣。); 聖(성): 인격과 지혜가 최고 경지에 이른 사람(旧时称所谓人格最高尚的,智慧最高超的人。).

3《古書虛字》'抑'은 '然''然而'와 같다. 전어사('抑', 猶'然''然而'也。轉語詞也。);《文言虛詞》抑(억): 복문에서 접속사로서, 전환문에 쓰인다. 그렇지만('抑'字常用作連詞, 都用在複合句中。'抑'用於轉折句, 和'却''但''不過'諸詞相當。);《古漢語語法》경미한 전환을 표시하는 접속사('抑'表示较委婉的转折。连词。);《論語語法》'抑'은 전환접속사로, 지금의 '只不過'[단지~에 지나지 않다] '不過'[~에 불과하다]와 같다('抑是轉折連詞, 相當於白話的'只不過''不過'。);《論語譯注》"단지 배우고 행하는 데 언제나 싫증내지 않는 것, 남을 가르치는 데 언제나 게으리 하지 않는 것, 바로 이런 정도일 뿐이다"("不過是學習和工作總不厭倦, 教導別人總不疲勞, 就是如此如此罷了。").

4《論語義疏》'爲'는 '學'과 같다. '爲之不厭'은 仁聖之道를 배우기를 싫증내지 않는다는 말씀이다(疏: 爲, 猶學也。爲之不厭, 謂…… 學仁聖之道不厭也。);《論語正義》'爲之'는 '爲學'[배우다]이다(正義曰: '爲之'謂爲學也。);《論語新解》이 '之'字는 '聖與仁之道'을 가리키는 말이다(此之字即指圣与仁之道言。);《論孟虛字》'抑爲之不厭'의 '之'와 '學而不厭'[述而 제2장]의 '而'는 뜻이 같은 글자로, 모두 '仁聖之道'를 가리키는 지시대명사이다('抑爲之不厭'的'之', 與'學而不厭'的'而', 語意相同, 都是仁聖之道的指代詞。).

5 [성]學而不厭 誨人不倦(학이불염 회인불권): 배움에 늘 만족스럽지 못함을 느끼고, 가르치는데 싫증내거나 게으름 피우지 않다(厌: 满足; 诲: 教导。学习总感到不满足, 教育人从不厌倦。).

6《論語義疏》"그렇다고 자평할 수 있다"(疏: 乃可自謂如此耳。);《論語正義》胡紹勳[1789~1862]의《四書拾義》에는 '爾는 마땅히 尒[이]로 써야 한다'고 했고,《說文·八部》에는 '尒는 如此[이와 같다]이다'라고 했다. 경전의 '尒[이]'字는 후세 사람들이 모두 '爾'로 고쳤다.《廣雅·釋詁》에는 '云은 有로 풀이한다'고 했는데, 바로 이 경전을 정확히 풀이한 것이다. '云爾'는 '이것이 있다'는 말이다(胡氏紹勳《拾義》: "'爾', 當作尒, 《說文》云: '尒, 詞之必然也。'經傳尒字, 後人皆改作'爾'。《廣雅·釋詁》訓'云'爲'有', 正此經確詁。'云爾'即有此之詞。);《古今注》'云爾已矣' 네 글자는 모두 어사로, 그 말을 매듭지어서 하지 못하고 질질 끌어서, 네 번 전환시킨 것인데, 비록 스스로 인정은 하지만, 그러면서도 두렵고 움츠려드는 마음이 있는 것이다(云爾已矣, 皆語辭。蹉跎其語, 至於四轉, 雖自許, 而猶有恐懼, 退蹙之心也。);《助字辨略》'云爾'는 '如此'[이런 정도]와 같다(云爾, 猶言如此。);《古書虛字》'云'은 '如似'[비슷한 정도]의 뜻이다. '爾'는 '此'이다"[이와 비슷한 정도이다]('云'爲'如似'之義。'爾'은 '此'也。);《文言虛詞》云(운): 동사 '如'와 대사 '此'의 작용을 겸하는 겸사로 쓰였다. '云云'·'云爾' 형식으로 연용하기도 한다. 이러이러하다('云'作爲兼詞, 是兼有動詞'如'和代詞'此'的作用。有時也連用'云云'兩字, 有時也連用'云爾'兩字, 直譯都是'如此如此'。).

公西華曰:「正唯弟子不能學也[8]。」[9, 10]

《論孟虛字》'云爾'는 '如此'라는 말로, '爲之不厭 誨人不倦'을 가리킨다. '云爾已矣'는 '如此罷了'[이런 정도일 뿐이다]이다('云爾'猶言如此. 指'爲之不倦, 誨人不倦'之事. '云爾已矣'即'如此罷了'之意.); '可[조동사]+謂[술어①]+(之)[목적어①]+(曰)[술어②]+云[如此][목적어②]+爾[어기사]+已矣[어기사]' 형식(任永清, 《論語》'謂'字用法析論」, 「臺北市立教育大學學報」, 2013).

7 《論語新解》이 장은 앞 장과 서로 뜻을 밝혀 준다. '爲之不厭 誨人不倦'은 바로 앞 장의 '文莫'으로, 종신토록 힘쓰기를, (문왕이) 도를 바라길 아직 보지 못한 듯이 한 것[孟子·離婁下 제20장]과 같다. 공자께서 스스로를 仁·知하다고는 인정하지 않으셨지만, 종신토록 不厭·不倦했다고, 힘써 求仁·求知했다고는 스스로를 자평하셨다면, 그렇다고 말할 수 있다(本章义与上章相发. 为之不厌, 诲人不倦, 正是上章之文莫, 龟勉终身, 若望道而未至也. 孔子不自当仁与知, 然自谓终其身不厌不倦, 龟勉求仁求知, 则可谓能然矣.). 도에 끝이란 없고, 당연히 생을 마칠 때까지 가야 한다. 《易經·██乾·象傳》에, '하늘의 운행은 한결같이 꾸준하니, 군자는 이 같은 하늘을 본받아 스스로 힘써 노력하기를 쉬지 않는다'고 했다. 사람이 가는 길과 하늘의 운행하는 길의 합일은, 바로 이 不厭·不倦에 달려 있고, 이것이 바로 仁·知의 끝이다(盖道无止境, 固当毕生以之. 易言: "天行健, 君子以自强不息." 人道与天行之合一, 即在此不厌不倦上, 是即仁知之极.).

8 《論語集解》"말씀하신 바 바로 그 점을, 제자들은 그 조차도 배울 수 없는데, 하물며 仁과 聖이겠습니까?"(注: 馬融曰: 正如所言, 弟子猶不能學也, 況仁聖乎?); 《助字辨略》'唯'는 어조사이고, '正唯'는 '即如此' '便如此'라는 말과 같다["선생님께서는 내가 할 수 있는 것이라고는 學不厭·教不倦 두 가지 일에 불과할 뿐이라고 여기시지만, 바로 이 두 가지 일이야말로 제자들이 배울 수 없는 부분입니다"](唯, 語助. 正唯, 猶云即如此, 便如此也. 言夫子以爲所能不過學不厭, 教不倦兩事, 便是此二事弟子學不到也.); 《詞詮》마침. 바로('正', 表態副詞. 與今語'恰'同.); 《古書虛字》'唯'는 '是'이다('唯', '是'也.); 《論語句法》'唯'는 연결동사이다('唯'是繫詞.); 《論孟虛字》'唯'은 '是'와 같다. '正唯'는 '正是'[바로~이다]와 같다. '這卻是'[이게 바로 ~이다]의 뜻이다('唯', 猶'是'. '正唯', 猶'正是'. 意思就是'這卻是'.); 《北京虛詞》唯(유): 조사. 구 앞이나 중간에 쓰여 원망이나 강조를 표시한다('唯', 助词. 用于句首或句中, 表示愿望或强调.); 《論語新解》'正唯'는 '正在这上'[바로 이 점이]이라 말하는 것과 같고, 不厭·不倦을 가리킨다(正唯犹言正在这上, 亦指不厌不倦.); 《論語譯注》"이것이 바로 저희의 배움이 미칠 수 없는 부분입니다"("這正是我們學不到的.").

9 《論語集釋》白珽[1248~1328]의 《湛淵靜語》에 말했다. "앞 장 '子曰: 文莫吾猶人也, 躬行君子, 則吾未之有得.'은 공자의 겸사인데, 이 장 '若聖與仁, 則吾豈敢……' 역시 공자의 겸사이다. 앞 절에는 '若'字가 있고, 양쪽 장 뒷 절에는 '則吾'字가 있어, 한 개 장 같은데, 이 장에 '子曰' 더 들어갔을 뿐이다"(湛淵靜語: 子曰: 「文莫吾猶人也, 躬行君子, 則吾未之有得.」此夫子謙辭, 至「若聖與仁, 則吾豈敢」, 亦夫子謙辭. 上有「若」字, 下有兩「則吾」, 似是一章, 蓋多一「子曰」爾.).

10 《孟子·公孫丑上 제2장》공손추가 말했다. "재아·자공은 언사를 잘했습니다. 염우·민자·안연은 德行을 잘 말했습니다. 공자께서는 두 가지를 겸하셨는데도, '나는 辭命에 대해 잘하지 못한다'고 말씀하셨습니다. 그렇다면 선생님께서는 이미 성인이시겠군요?" 맹자가 말했다. "아니 이게 무슨 말이냐? 옛날에 자공이 공자께, '선생님은 성인이시지요?'라고 묻자 공자께서는 '성인이야 내 이르지 못했고, 나는 배우는데 염증 내지 않았고 가르치는 데 게으름 피지 않았을 따름이다'라고 하셨다. 자공이 '배우는 데 염증 내지 않는 것은 智입니다. 가르치는데 게으름 피지 않는 것은 仁입니다. 仁하고 또 지혜로우시니, 선생님께서는 이미 聖人이십니다!'라고 했다. 聖은 공자께서도 자처하지 않았는데, 이게 무슨 말이냐?"(公孫丑問曰: "……宰我, 子貢善爲說辭, 冉牛, 閔子, 顔淵善言德行. 孔子兼之, 曰: '我於辭命則不能也.' 然則夫子既聖矣乎?" 曰: "惡是何言也? 昔者子貢, 問於孔子曰: '夫子聖矣乎?' 孔子曰: '聖則吾不能, 我學不

선생님께서 말씀하셨다. "성(聖)하다, 인(仁)하다고 한다면, 내가 어찌 감히 당해내겠느냐? 그렇긴 해도 성(聖)과 인(仁)의 도를 행하기를 싫증 내지 않고, 사람들을 가르치기를 게을리하지 않는다고 한다면, 그렇다고 말할 수 있을 뿐이다." 공서화(公西華)가 말했다. "(싫증 내지 않고 게을리하지 않는) 바로 이 점이야말로 제자들이 배울 수 없는 부분입니다."

此亦夫子之謙辭也。聖者, 大而化之[11]。仁, 則心德之全而人道之備也。爲之, 謂爲仁聖之道。誨人, 亦謂以此教人也。然不厭不倦, 非己有之則不能, 所以弟子不能學也。
이 장 또한 선생님께서 자기를 낮춰서 하신 말씀이다. '聖'(성)이라는 것은 크게 도를 행하여 세상을 변화시키는 것이다. '仁'(인)은 마음의 덕이 완전무결하고 사람 된 도리가 다 갖추어진 것이다. '爲之'(위지)는 인(仁)과 성(聖)의 도를 행한다고 하는 말이다. '誨人'(회인)은 또한 인(仁)과 성(聖)의 도를 가지고 사람들을 가르친다고 하는 말이다. 그렇지만 '不厭'(불염) '不倦'(불권)은 자기 몸에 (이미) 인(仁)과 성(聖)의 도를 지니고 있지 않으면 할 수 없기 때문에, 그래서 제자들이 배울 수 없었다.

○晁氏曰:「當時有稱夫子聖且仁者, 以故夫子辭之。苟辭之而已焉, 則無以進天下之材, 率天下之善, 將使聖與仁爲虛器, 而人終莫能至矣。故夫子雖不居仁聖, 而必以爲之不厭, 誨人不倦自處也。」可謂云爾已矣者, 無他[12]之辭也。公西華仰而歎之, 其亦深知夫子之意矣。
○조씨(晁氏·晁說之)가 말했다. "당시에 선생님을 성(聖)하다 인(仁)하다고 일컫는 자가 있었기 때문에, 선생님께서 이를 물리치신 것이다. 만일 물리치는 것으로 말씀을 끝마쳤다면, 천하의 인재를 진취시켜 천하의 최고선(最高善)인 성(聖)과 인(仁)의 경지로

厭而教不倦也。' 子貢曰: '學不厭, 智也; 教不倦, 仁也。仁且智, 夫子既聖矣!' 夫聖, 孔子不居, 是何言也?").
11 《孟子·盡心下 제25장》 맹자가 말했다. "사람들이 바랄 만한 것이 善이다. 선을 자기 몸에 지니고 있는 것이 信이다. 선이 충만하게 채워져 있는 것이 美이다. 선이 충만하게 채워져 있으면서 광휘가 있는 것이 大[크다]이다. 크게 변화시키는 것이 聖이다. 성스러우면서 알 수 없는 것이 神이다"(日: 可欲之謂善, 有諸己之謂信。充實之謂美, 充實而有光輝之謂大, 大而化之之謂聖, 聖而不可知之之謂神。); 大而化之(대이화지): 도를 크게 행하여 천하를 변화시키다. 일을 조심해서 하지 않고 대충대충 해치우다 (化: 改变, 转变。原指大行其道, 使天下化之。后形容做事情不小心谨慎。).
12 無他(무타): 별다른 게 없다(没有别的。).

710 | 論語集注 上

이끌 방법이 없고, 장차 성(聖)과 인(仁)으로 하여금 실상이 없는 텅 빈 그릇이 되게 하고, 사람 중에 끝내 아무도 거기에 다다르는 사람이 없게 되었을 것이다. 그래서 선생님께서 비록 인(仁)과 성(聖)은 자처하지 않으셨을지라도, 반드시 인(仁)과 성(聖) 의 도를 행하기를 싫증 내지 않는다, 사람들을 가르치기를 게을리하지 않는다고는 자 처하신 것이다. '可謂云爾已矣'(가위운이이의)라는 것은 이런 것을 가지고 있을 뿐 그 외의 다른 것은 없다는 말이다. 공서화(公西華)가 우러러 탄식했는데, 그 또한 선생님의 뜻을 깊이 알았다."

[子疾病章]

073401、子疾病[1]，子路請禱。[2] 子曰：「有諸？」[3] 子路對曰：「有之。誄[4]曰：『禱爾[5]于上下神

---

1 《論語義疏》疾이 심한 것을 病이라 한다(疏: 疾甚曰病。);《王力漢語》일반적인 병은 '疾'(질), 중병은 '病'(병)이라고 한다(一般的病叫'疾'; 重病叫'病'。);《論語譯注》연면어[두 음절이 한 의미로 쓰인 단어] 중병(疾病連言, 是重病。); 疾病(질병): 질병. 위중하다(泛指病。病重, 病危。).

2 《論語義疏》'禱'(도)는 귀신에게 기도를 올려 복을 구하는 것을 말한다(疏: 禱, 謂祈禱鬼神以求福也。);《論語正義》吳嘉賓[1803-1864]의 《論語說》에, '부형이 병이 나면 자제가 기도를 올리는데, 이는 병자가 알게 해서는 안 된다. 자로가 기도하시라고 청한 것은, 성인의 致齊가 이로써 귀신에 의해 받아들여지길 바란 것이다'라고 했다(正義曰: 吳氏嘉賓論語說: 父兄病而子弟禱, 此不當使病者知也…… 子路之請禱, 欲聖人之致齊以取必於鬼神也。);《論語新解》"자로가 선생님을 위해 대신해서 기도를 올리겠다고 청했다"("子路请代先生祷告。").

3 《論語新解》①"(귀신에게 비는) 이런 일이 있느냐?" 병이 나서 귀신에게 비는 일은, 고금의 풍속이 모두 그러한데, 공자께서 어찌 이것을 물었겠는가? ②"(병자를 대신해서 비는) 이런 이치가 있느냐?" 공자께서는 또 신에게 기도하는 것이 이치에 맞는 일이 아니라고 대놓고 지적하신 것은 아닌 것으로 보인다. 이 말씀은 응당 다른 사람이 병자를 대신해서 기도하는 일이 있는지를 물으신 것이다. 무왕이 위독하자 주공이 조상들에게 무왕 대신 자신을 죽게 해달라고 축문을 지어서 빌고 나서 그 축문을 궤에 넣고 쇠줄로 묶어 봉했는데[書經·金滕], 바로 병자를 대신해서 기도한 것으로, 그렇지만 기도하기 전에 먼저 무왕에게 고하지 않았고, 또 축사에게 말하지 말라고 명했다. 지금 자로가 이를 가지고 청했기 때문에, 공자께서 물은 것이다(或说: 有此事否? 病而祷于鬼神, 古今礼俗皆然, 孔子何为问此? 或说: 有此理否? 孔子似亦不直斥祷神为非理。此语应是问有代祷之事是否。如周公金縢, 即代祷也, 然未尝先告武王, 又命祝史使不敢言。今子路以此为请, 故孔子问之。).

4 《說文·言部》'讄'(뢰)는 禱(도)이다. 그동안의 쌓은 공덕을 나열해 이로써 복을 구하는 것이다. 《論語》에, '讄曰禱爾於上下神祇'라 했다. 言을 따르고, 纍(루)의 줄임 글자이다('讄, 禱也。累功德以求福。《論語》云: '讄曰禱爾於上下神祇。' 从言, 纍省聲。);《論語義疏》誄(뢰)는 지금의 行狀(행장)[죽은 이의 생전의 쌓은 행적을 기록한 글]이라는 말과 같다. 誄의 말뜻은 累[쌓다]이다. 사람이 살아서 쌓은 덕행이 있으면, 죽어서 그의 쌓은 행적을 나열하여 시호를 내렸다(疏: 誄者, 謂如今行狀也。誄之言累也。人生有德行, 死而累列其行之跡爲諡也。);《王力漢語》誄(뢰): 죽은 자의 생전 행적을 서술하고 애도를 표하는 말을 덧붙인다. 추도문(稱述死者生前的言行而加以哀悼。引申爲一種文體。愛到死者的文字。);《論語譯注》'誄'(뢰)는 본래 '讄'(뢰)로 써야 하며, 기도문이다. 죽은 자를 애도하는 '誄'와는 다르다('誄, 本應作讄, 祈禱文。和哀悼死者的'誄'不同。);《論語新解》'誄'가 어떤 책[說文解字]에는 '讄'로 되어 있는데, 그 책을 따라 '讄'로 쓰는 것이 맞다. '讄'는 살아 있는 사람에게 하는 것으로 그동안의 쌓은 공적을 나열해 이로써 복을 구하는 것이다. '誄'는 죽은 사람에게 하는 것으로, 그의 죽음을 애도하고, 생전의 행적을 기술하여 이로써 시호를 내리는 것이다(誄一本作讄, 当从之。讄, 施于生者, 累其功德以求福。誄, 施于死者, 哀其死述行以谥之。);《禮記·檀弓上》노애공이 공자를 추도하여 말했다. "하늘이 이 노인을 내 곁에 남겨두지 않으니, 이제 누가 나를 보좌할꼬? 오호 슬프구나, 尼父여!"(魯哀公誄孔丘曰: "天不遺耆老, 莫相予位焉。嗚呼哀哉!尼父!"); 신분이 낮은 사람은 높은 사람의 誄를 짓지 못한다.

5 《論語正義》'禱爾'의 '爾'는 語辭이다(正義曰: '禱爾'者, '爾'是語辭。);《論語譯注》"그대를 대신해 천지신명께 비나이다"("替你向天神地祇祈禱。");《論語新解》'爾'는 '汝'로 풀이한다. '禱爾于' 세 글자는, 남을 대신

祇[6]。』」子曰:「丘之禱久矣。[7]」

선생님께서 병이 위독하시자, 자로(子路)가 (선생님을 위해 대신해서) 귀신에게 빌겠다고 청했다. 선생님께서 말씀하셨다. "(대신해서 비는) 그런 것이 있느냐?" 자로(子路)가 대답했다. "그런 것이 있습니다. 뢰(誄)에 이르기를, '천지신명께 누구누구를 위해 비나이다'라고 했습니다." 선생님께서 말씀하셨다. "내가 빈 지 오래되었다."

誄, 力軌反。○禱, 謂禱於鬼神。有諸, 問有此理否。誄者, 哀死而述其行之辭也。上下, 謂天地。天曰神, 地曰祇。禱者, 悔過遷善, 以祈神之佑也。無其理則不必禱, 既曰有之, 則聖人未嘗有過, 無善可遷。其素行固已合於神明[8], 故曰:「丘之禱久矣。」又士喪禮,[9] 疾病行禱五祀[10], 蓋臣子[11]迫切之至情, 有不能自已[12]者, 初不請於病者而後禱也。故孔子之於子路, 不直拒之, 而但告以無所事禱之意。[13]

해서 기도하는 말이기 때문에, 자로가 이 말을 끌어다가 대답한 것이다(尔训汝。祷尔于三字, 即别人代祷之辞, 故子路引此以答。).

6 神祇(신기): 天神과 地神. 신명(指天神和地神, 泛指神明。).

7 《論語義疏》 자로가 공자께서 하신 말씀의 뜻을 이해하지 못하고, 옛날의 천지신명께 (죽은 이를 위해) 비는 추도문을 끌어다 대자, 공자께서 내 말은 그게 아니라고 하고 싶지 않아서, 내가 빈 지 이미 오래되었으니, 지금 더 이상 빌 필요가 없다고 하신 것이다. 실제는 빌지 않았으면서 오래도록 빌었다고 하신 것으로, 성인의 덕은 신명에 합치되는데, 어찌 신명에게 병에 걸렸다고 빌겠는가?(疏: 子路既不達孔子意, 而引舊禱天地之誄, 孔子不欲非之, 故云我之禱已久, 今則不復須也。實不禱而云久禱者, 聖人德合神明, 豈爲神明所禍病而祈之乎?);《論語新解》 공자께서 나의 일상의 말과 행실이, 모두 신에게 빌어 복을 구하는 것과 같아서, 평소 행실이 신명에 부합하기 때문에, 기도한 지 오래되었다고 하신 것으로, 번거롭게 다른 사람이 대신해서 기도할 게 없다는 말씀이다(孔子谓我日常言行, 无不如祷神求福, 素行合于神明, 故曰祷久矣, 则无烦别人代祷。).

8 神明(신명): 신령. 하늘의 신과 땅의 신(神灵: 神祇).

9 《集註典據考》《儀禮·既夕禮》에, '남자는 부인의 품에서 죽음을 맞이하지 않고, 부인은 남자의 품에서 죽음을 맞이하지 않는다. 五祀의 신에게 빈다. 그리고 죽음을 맞이한다'는 글이 나온다. 集注에서 '士喪禮' 라고 한 것은 착오이다(《儀禮·既夕禮》篇云: 男子不絕於婦人之手, 婦人不絕於男子之手。乃行禱於五祀。乃卒。朱注誤云士喪禮。).

10 五祀(오사): 집 안팎에 사람이 출입하거나, 음식을 해 먹거나, 거처하는 곳으로, 門神[대문]·戶神[방문]·中霤神[집 중앙의 빛을 받는 곳]·竈神[부엌]·行神[행길] 등 사람들의 일상생활에 도움을 준 집 주변의 다섯 장소에 지내는 제사(祭祀住宅内外的五種神。郑玄: 五祀, 門、户、中霤、灶、行也。).

11 臣子(신자): 신하. 백성(君主時代的官吏, 有時亦包括百姓: 臣僚, 臣子, 臣服, 君臣。).

12 不能自已(불능자이): 자기를 억제할 방법이 없다. 북받치는 감정을 가라앉힐 수 없다(已: 停止。指无法控制自己, 使激动的情绪平静下来。).

'誄'(뢰, lěi)는 '力'(력)과 '軌'(궤)의 반절이다. ○'禱'(도)는 귀신에게 빈다고 하는 말이다. '有諸'(유저)는 (대신해서 비는) 그러한 이치가 있는지 없는지 물은 것이다. '誄'(뢰)라는 것은 죽은 이를 애도하면서 그의 생전의 행적을 기술한 글이다. '上下'(상하)는 하늘과 땅을 말한다. 하늘의 신을 '神'(신)이라고 하고, 땅의 신을 '祇'(기)라고 한다. '禱'(도)라는 것은 잘못을 뉘우치고 선으로 옮겨가도록, 신의 도움을 비는 것이다. 그런 이치가 없으면 빌 필요가 없고, '그런 이치가 있다'[有之]고 말했을지라도, 성인께서는 잘못한 적이 없었으니, 선으로 옮겨갈 만한 것도 없었다. 선생님의 평소의 행실이 본래부터 이미 신명에 합치했기 때문에, '내가 빈 지 오래되었다'고 말씀하신 것이다.

또 《예기·사상례》(禮記 士喪禮)에, '병이 위독하면 오사(五祀)의 신에게 빈다'고 했는데, 이는 대개 신하 된 자나 자식 된 자로서의 절박한 상황에 부닥쳐, 스스로 어찌해볼 도리가 없는 사정이 있어서 비는 것이지, 처음부터 병자에게 (대신해서) 빌겠다고 청하고서 그 후에 (신하나 자식이) 비는 것은 아니다. 때문에, 공자(孔子)께서 자로(子路)에게 대놓고 청을 거절하지 않으시고, 다만 '내가 그렇게 빈 지 오래되었다'는 말씀을 써서 (대신해서) 빌기를 일삼을 것까지는 없다는 뜻을 알리신 것이다.

---

13 《論語大全》병이 들었다고 비는 것은, 이는 죽는 것을 편히 여기지 못해 귀신에 아첨하여, 이로써 잠시의 생을 탐내는 것이다. 군자가 어찌 이런 짓을 하겠는가? 기도하거나 점치는 일은, 모두 성인이 지어내신 것인데, 선생님에 이르러서 그 후로는 사람들을 가르쳐 일체를 이치로 결정하게 하고, 어둡고 막연한 不可知한 세계를 달갑게 여기지 말게 했으니, 선생님께서 이룩하신바 사람으로서의 최고의 도리를 확립한 공은, 이로부터 갖추어졌다(朱子曰: 病而興聞乎禱, 則是不安其死而諂於鬼神, 以苟須臾之生。君子豈爲是哉? 祈禱卜筮之屬, 皆聖人之所作, 至於夫子, 而後敎人一決諸理, 而不屑於冥漠不可知之間, 其所以建立人極之功, 於是而備。).

[奢則不孫章]

073501、子曰:「奢則不孫, 儉則固¹。與其不孫也, 寧固。」

선생님께서 말씀하셨다. "지나치게 치장하다 보면 불손해지고, 지나치게 아끼 다 보면 누추해진다. (그렇지만) 불손하기보다는, 차라리 누추한 편이 낫다."

孫², 去聲。○孫, 順也。固, 陋也。奢儉俱失中, 而奢之害大。³
'孫'(손)은 거성[xùn]이다. ○'孫'(손)은 '순응하다'[順]이다. '固'(고)는 '누추하다'[陋]이다. 사치와 검약이 모두 중도를 잃은 것이지만, 사치의 폐해가 더 크다.

○晁氏曰:「不得已而救時之弊也。」
○조씨(晁氏·晁說之)가 말했다. "부득이해서 당시의 폐해를 바로잡으신 것이다."

---

1 《論語集解》 사치하면 분수에 맞지 않게 위를 참칭하지만, 검약하면 여유가 없어 예를 갖추지 못할 뿐이다. '固'는 '陋'[누추하다. 궁상스럽다. 초라하다]이다(注: 奢則僭上, 儉則不及禮耳。固, 陋也。);《古今注》'固'는 사방이 다 막힌 것으로 불통을 말한다(固者, 四塞也, 謂不通。).
2 孫(손): [xùn] =遜. 겸손하다. 사양하다. 달아나다(古同'遜'。辞让; 退让。逃遁); [sūn] 손자(用以称儿子的子女).
3 《論語大全》'與其奢也寧儉'[八佾 제4장]은 (사치나 검소는) 예의 폐단이 이와 같음을 말씀한 것이고, '與其不孫也寧固'는 (불손함이나 누추함은) (사치나 검소의) 폐단의 극단을 말씀한 것으로, 그 결말은 반드시 여기에 이른다. 사치는 지나치는 잘못에 빠지는 것이고, 검소는 미치지 못하는 잘못에 빠지는 것으로, 모두 중도가 아니다. 그렇지만 사치해서 분수에 지나치는 경우는, 해가 심하지만, 검소해서 누추해지는 경우의 해는, 누추해지는 것으로 그칠 뿐이라는 것이, '與其奢也寧儉'의 뜻이다(雲峯胡氏曰: 與其奢也寧儉, 是言禮之弊也如此; 與其不孫也寧固, 是言弊之極也, 其終必至於此。; 新安陳氏曰: 奢失之過, 儉失之不及, 皆非中道。然奢而僭犯, 爲害甚, 儉陋之害, 止此而已, 卽與其奢也寧儉之意。).

[君子坦蕩蕩章]

073601、子曰:「君子坦蕩蕩¹, 小人長²戚戚³。」

　　선생님께서 말씀하셨다. "군자는 마음이 늘상 평탄하니 확 트여있지만, 소인은 마음에 늘상 걱정을 안고 움츠려 산다."

坦, 平也。蕩蕩, 寬廣貌。程子曰:「君子循理⁴, 故常舒泰; 小人役於物, 故多憂戚⁵。」⁶

---

1 《論語義疏》'坦蕩蕩'은 마음과 풍모가 넓고 확 트여서 우환이 없는 것으로, 군자는 안으로 자신을 살펴보아서 거리낄 게 없기 때문이다[顏淵 제4장](疏: 坦蕩蕩, 心貌寬曠, 無所憂患也。君子內省不疚故也。); 《論語詞典》蕩蕩(탕): 흉금이 확 트여 근심・슬픔이 없는 모양(心地寬廣而無所憂戚的樣子); 坦(탄): 평평하고 넓다. 확 트이다. 편안하고 느긋하다(本乂: 平而寬广。心安, 寬舒。)。

2 《古漢語語法》長(장): 오랜 기간 또는 영구히 지속됨을 표시한다(副词'長'表示动作行为或狀況的长久或永久持续。);《北京虛詞》長(장): 부사. 오랫동안, 영원히. 늘상. 장기간 존재하거나 늘상 출현하는 것을 표시한다('長', 副詞。表示行为或状态的长期存在, 或经常出现。乂即'长期'、'永远'、'经常'。)。

3 《論語平議》'小人長戚戚'은 움츠러들어 왜소해진 모양으로, '君子坦蕩蕩'의 넓고 확 트인 모양과 정확히 對句를 이룬다(小人長戚戚, 爲縮小貌, 與君子坦蕩蕩, 爲寬廣貌, 正相對。);《論語集釋》黃式三[1789~1862]의《論語後案》에 말했다. "'戚戚'은 바로 '蹙蹙'(척척)[오그라들어 펴지지 않는 모양][詩經・小雅・節南山]으로, 줄어들어 작아진 모양이다. 무릇 경전의 '戚' '蹙'을 '憂'[걱정하다]로 풀이한 것은 모두 '慼'(척)을 正字로 본 것이고, 迫促[촉박하다]으로 풀이한 것은 '戚'을 正字로 본 것이다. 이 장의 '戚戚'은 '迫縮'[좁아지고 줄어들다]로 풀이하는 것이 맞고, '蕩蕩'과 반대이다。"(論語後案:「戚戚」即詩之「蹙蹙」, 爲縮小之貌…… 凡經典戚與蹙訓憂者, 皆以「慼」爲正字。訓迫促者, 以「戚」爲正字……此戚戚當訓迫縮, 與蕩蕩反對也。);《百度漢語》戚戚(척척): 걱정하고 두려워하는 모양. 근심으로 괴로워하는 모양. 심장이 두근대는 모양(忧惧貌; 忧伤貌。心动的样子。)。

4 《荀子・議兵》저 仁者는 사람을 사랑하고, 사람을 사랑하기 때문에 남이 사람을 해치는 것을 미워하고, 義者는 이치를 따르고, 이치를 따르기 때문에 남이 이치를 어지럽히는 것을 미워한다(彼仁者愛人, 愛人故惡人之害之也; 義者循理, 循理故惡人之亂之也。); 循(순): '彳'(척)은 두 사람으로, 길을 걸어가는 것과 관계있다. ~을 따르다. ~을 연해서. 따라서 걷다(彳, 双人旁, 与行走有关。本乂: 順着, 沿着。)。

5 憂戚(우척): 걱정하다. 근심하고 고민하다(亦作'忧慼'。忧愁烦恼。)。

6 《論語大全》'循理'・'役於物'이, 바로 '蕩蕩'・'戚戚'이 생기는 원인이다. 理는 본래 자연스러운 것으로, 理를 따라가면, 평탄하여, 창피하거나 부끄럽지 않으니, 여유가 있고 태연한 까닭이다. 외물에 의해 부림을 당하면, 명성을 추구하면서 명성에 의해 부림을 당하고, 이익을 추구하면서 이익에 의해 부림을 당하고, 위험한 짓을 하면서 분수에 맞지 않는 요행을 企求하고[中庸 제14], 얻지 못할까 봐 애가 닳고 잃어버릴까 봐 애가 닳으니, 근심 걱정이 많은 까닭이다[陽貨 제15장](胡氏曰: 理役於物, 乃蕩蕩戚戚之所由生也。理本自然, 循而行之, 則坦然而平, 不愧不怍, 所以舒泰。爲物所役, 則求名役於名, 求利役於利, 行險儌倖, 患得患失, 所以憂戚。)。

'坦'(탄)은 '평탄하다'[平]이다. '蕩蕩'(탕탕)은 확 트여 넓은 모양이다. 정자(程子·伊川)가 말했다. "군자는 이치를 따르기 때문에, 항상 여유가 있고 태연하고, 소인은 외물에 부림을 당하기 때문에, 근심 걱정이 많다."

○程子曰:「君子坦蕩蕩, 心廣體胖[7]。」
○정자(程子·明道)가 말했다. "군자는 마음이 평탄하니 확 트여있어서, 마음은 넓어지고 몸은 불어난다."

---

7 《中庸 제6장》富가 쌓이면 집에서 빛이 나고, 德이 쌓이면 몸에서 빛이 나고, 마음이 넓어지면 몸이 불어난다. 그러므로 군자는 반드시 그 발동되는 뜻을 진실하게 하는 것이다(富潤屋, 德潤身, 心廣體胖, 故君子必誠其意。).

[子溫而厲章]

073701、子¹溫而²厲³, 威而不猛⁴, 恭而安⁵﹒⁶。

　　선생님께서는 따스하면서도 엄숙하셨고, 위엄이 있으면서도 사납지 않으셨고,
　　공손하면서도 점잖으셨다.

厲, 嚴肅⁷也。人之德性本無不備, 而氣質所賦, 鮮有不偏, 惟聖人全體渾然, 陰陽合德⁸,

---

1 《經典釋文》어떤 책에는 '子'가 '子曰'로 되어 있고, 皇本에는 '子'가 '君子'로 되어 있다. 생각건대, 이
장은 공자의 덕행을 말한 것으로, 皇本을 따르는 것이 맞다["군자께서는"](一本作'子曰', 皇本作'君子'。
案此章說孔子德行, 依此文爲是也。);《論語集釋》翟灝[1736~1788]의《四書考異》에 말했다. "《經典釋
文》에 따르면, 皇本에는 '君子溫而厲'로 되어 있다고 했는데, 지금 황간의《論語義疏》本에 보이는 것은
監本과 같이, '君'字가 없이 '子溫而厲'로 되어 있다. 이는 바다 건너 일본에 전해져 베껴 쓰는 중에
'君'字가 탈루된 것으로, 뒤의 君子有三變章[子張 제9장]의 황간의 소에는, '앞 권에서『君子溫而厲』라고
한 까닭이 바로 이것이다'라고 했으니, '君'字가 탈루된 확증으로 삼을 수 있다"(翟氏考異: 依釋文, 則皇本
作『君子溫而厲』, 今所見侃義疏與監本同文, 未有「君」字, 此是海國中傳寫脫漏。後子張篇君子有三變章,
義疏曰:「所以前卷云『君子溫而厲』是也。」可爲其脫漏之確證。)。
2 《古書虛字》'而'는 '却'의 뜻이다('而'爲'却'義。反轉之詞。);《詞詮》而(이): 전환접속사. 그런데. 하지만
('而', 轉接連詞。可譯爲'然'及今語之'却', 惟意較輕耳。);《王力漢語》접속사 '而'는 형용사, 동사, 동사구를
이어주는 작용을 한다(連詞'而'字的作用是連接形容詞, 動詞或動詞性的詞組。)。
3 《論語義疏》'溫'은 부드럽고 인정미가 있는 것이다. '厲'는 단호한 것이다. 사람이 따스하고 부드러우면
단호하기가 쉽지 않다(溫, 和潤也。厲, 嚴也。人溫和者好不能嚴厲。); 厲(려): 숫돌. 갈다. 사납다. 호되다.
매섭다. 위엄이 있어 부드럽지 못하다(磨刀石。磨, 磨快。猛烈。严厉。威严不随和。)。
4 [성]威而不猛(위이불맹): 위엄이 있지만 사납지 않다(有威仪而不凶猛。);《古今注》새가 사나운 것을
鷙(지), 짐승이 사나운 것을 猛(맹)이라 한다(鳥曰鷙, 獸曰猛。)。
5 《論語正義》'恭而安'은 남과 공손한 자세로 사귀되 예를 갖추는 것으로[顏淵 제4장], 그래서 편안하다(正
義曰: 恭而安者, 恭而有禮, 故安也。);《古今注》지나칠 정도로 공손한 경우는 편안할 수 없다. 공손하면서
편안한 경우가 참다운 공손이다(足恭者, 不能安。恭而安, 則允恭也。)。
6 《論語正義》《書經·皋陶謨》에는 '九德'을 언급하기를, '관대하면서 두려워 떨게 하고, 부드러우면서
제대로 처리하고, 성실하면서 공손하고, 잘 다스리면서 신중하고, 고분고분하면서 결단성 있고, 정직하면
서 온순하고, 간략하면서 모나 있고, 강단 있으면서 착실하고, 강인하면서 의롭다'고 했고, 鄭玄은 '보통
사람의 품성은 이와 달라서, 위의 품성을 갖추고 있으면서 아래의 품성을 반드시 갖추고 있지는 않고,
아래의 품성을 갖추고 있으면서 위의 품성을 반드시 갖추고 있지는 않다. 위의 품성과 아래의 품성이
서로 어울려 있어야, 비로소 그 덕을 완성한다'고 注를 달았으니, 바로 이 장의 뜻이다(正義曰: 書皋陶謨言
'九德'之事云:'寬而栗, 柔而立, 願而恭, 亂而敬, 擾而毅, 直而溫, 簡而廉, 剛而塞, 彊而義, 鄭注:'凡人之性有
異, 有其上者, 不必有下; 有其下者, 不必有上。上下相協, 乃成其德。'即此義也。)。
7 嚴肅(엄숙): 장중하고 근엄하다. 위엄있고 정중하다(庄敬: 庄重; 谓严谨而有法度。)。

故其中和之氣見於容貌之間者如此。門人熟察[9]而詳記之, 亦可見其用心之密矣。抑非知足以知聖人[10]而善言德行者[11]不能也, 故程子以爲曾子之言。學者所宜反復而玩心也。
'厲'(려)는 '엄숙하다'[嚴肅]이다. 사람의 덕성에는 본래부터 갖춰져 있지 않은 게 없지만, 부여받은 기질에는 한쪽으로 치우쳐 있지 않은 경우가 드문데, 오직 성인의 덕성은 완전무결한 바탕[體]으로 모나거나 이지러진 데가 없고, 기질은 음의 덕과 양의 덕이 서로 치우치지 않고 합해져 있기 때문에, 그 중화(中和)의 기상이 용모에 나타나는 모습이 이와 같았다. 문하인들이 상세히 살펴보고 이를 자상하게 기록했으니, 또한 그들의 마음 씀씀이가 면밀했음을 볼 수 있다. 그렇지만 지혜가 족히 공자(孔子)께서 성인임을 알아볼 만했고 덕행을 말하는데 뛰어난 자가 아니었다면 이같이 기록할 수 없었을 것이기 때문에, 정자(程子·伊川)는 이 장의 글을 증자(曾子)의 말이라고 여겼다. 배우는 자로서 마땅히 반복해서 곰곰이 생각해야 할 글이다.

---

8 《周易·繫辭下》건과 곤은 아마 易이 나오는 門일 것이다. 건은 양이고 곤은 음이다. 음의 기운과 양의 기운이 그 덕을 합하여, 剛과 柔의 형체가 있게 되어, 이로써 천지의 모든 일을 체현하고, 이로써 신명의 덕과 통하게 된다(子曰: 乾坤其易之門邪? 乾, 陽物也; 坤, 陰物也; 陰陽合德, 而剛柔有體, 以體天地之撰, 以通神明之德……)。;《論語大全》'全體渾然'은 앞의 '德性'에 대응한 말이고, '陰陽合德'은 앞의 '氣質'에 대응한 말이다(雙峯饒氏曰: 全體渾然, 應上文德性而言; 陰陽合德, 應上文氣質而言。).

9 熟察(숙찰): 상세히 살피다(详察).

10 《子張 제24장》각주《孟子·公孫丑上 제2장》참조.

11 《述而 제33장》각주《孟子·公孫丑上 제2장》참조.

《泰伯 第八》

凡二十一章。

모두 21장이다.

[泰伯其可謂至德章]

080101、子曰:「泰伯[1], 其[2]可謂至德也已矣[3]! 三[4]以天下[5]讓[6], 民無得而稱[7]焉[8]。」

---

1 吳泰伯(오태백): 주태왕[古公亶父]의 세 아들 太伯·仲雍·季歷 중의 장자로, 古公亶父가 셋째 季歷에게 왕위를 물려주어 그의 아들 姬昌[周文王]에게 왕위가 미치게 하고 싶어 하자, 太伯이 이에 仲雍과 함께 형만으로 도망하여 吳나라를 세웠다.

2《論語義疏》태백의 천하 사양의 덕이 심원하여, 성인이라도 능가할 수 없기에, '其可謂至德也已矣'이라 한 것이다(疏: 泰伯有讓德深遠, 雖聖不能加, 故云其可謂至德也已矣。);《論語譯注》"태백, 그는……이었다고 말할 수 있다"("泰伯, 那可以說是……")[指示代詞]; 其(기): 아마. 추측을 표시하는 부사(류종목, 『논어의 문법적 이해』[문학과 지성사, 2000]);《論語句法》'其'는 연결동사로, 지금의 '是'와 같다('其'是繫詞, 相當於白話的'是'字。).

3《助字辨略·矣部》語已辭는 영탄조가 심하면, 말투가 느려지고 길어지기 때문에, 중첩해서 말한 것이다(凡語已辭, 詠歎深至, 則辭氣闌緩而長, 故重疊言之也。);《文言虛詞》'也'는 본래 긍정을 표시하는데, 긍정 어기를 강화하려고 할 경우, '也已' 두 글자를 이어 쓰거나, 심지어 '也已矣' 세 글자를 이어 쓰는 경우도 있다('也'字本表肯定, 如果要加強這種肯定, 可以連用'也已'兩字, 甚至還有'也已矣'三子的。);《論語語法》'也已矣'는 세 개가 합쳐진 어기사이다. 周及徐[1957~]의《古代漢語》에 말했다. "'也'는 확인 어기를, '已'는 제한 어기를 표시하고, '矣'은 새로운 상황을 보고하는 진술어기이고 동시에 또 어기의 중점이다"["지덕자였다라고 밖에 평할 수 있을 뿐이다"]('也已矣', 參合的語氣詞。周及徐說: "'也'表示確認語氣, '已'表示限止語氣, '矣'是報告新狀況的陳述語氣, 同時也是語氣的重點。");《論語句法》'也'는 판단문의 구말에 늘 쓰이는 결정을 표시하는 어기사이고, '已矣'는 찬탄을 표시하는 어기사로 쓰인 것이다(句末用了三個語氣詞, '也'是判斷句句末常用的表決定的語氣詞, '已矣'是用來表讚嘆的句末語氣詞。).

4《論語義疏》范寧이 말했다. '三以天下讓'에 대해 두 가지 설이 있다. (1)태왕이 병이 들자, 약초를 캐러 간다는 핑계로 오·월나라에 가서 돌아오지 않아서, 태왕이 죽자 계력이 임금이 된 것이 一讓이고, 계력이 죽자 문왕이 임금이 된 것이 二讓이고, 문왕이 죽자 무왕이 임금이 되어, 이에 드디어 천하를 소유하게 된 것이 三讓이다[계력·문왕이 임금이 되고, 무왕이 천하를 소유하게 된 것이 모두 태백의 사양에서 비롯된 것으로, 태백이 천하를 소유할만한 덕을 갖추었기 때문에 '以天下讓'이라 한 것이다]. (2)태왕이 병이 들자 약초를 캐러 간다는 핑계로, 살아 있는 태왕을 모시지 않은 것이 一讓이고, 태왕이 죽었는데 돌아오지 않아 계력에게 상주 자리를 넘기고 장례를 치르지 않은 것이 二讓이고, 머리를 짧게 깎고 몸에 문신을 해서 쓸 수 없음을 보여서, 계력에게 제주 자리를 넘겨, 제사를 지내지 않은 것이 三讓이다(疏: 范寧曰: 有二釋。一云: "因太王病, 託採藥於吳越不反, 太王薨而季歷立, 一讓也; 季歷薨而文王立, 二讓也; 文王薨而武王立, 於此遂有天下, 是爲三讓也。" 又一云: "太王病而託採藥出, 生不事之以禮, 一讓也; 太王薨而不反, 使季歷主喪, 死不葬之以禮, 二讓也; 斷髮文身示不可用, 使季歷主祭禮, 不祭之以禮, 三讓也。);《論語注疏》정현의 注에, '태왕이 병이 나자, 태백이 오·월로 약초를 캐러갔는데, 태왕이 죽자 돌아오지 않고 계력이 상주가 되었으니 一讓이고, 계력이 부고를 보냈으나, 급히 돌아와 상을 치르지 않았으니 二讓이고, 탈상한 뒤에는 드디어 머리를 짧게 깎고 몸에 문신을 했으니 三讓이다. 세 번씩 사양한 미덕이 모두 숨겨지고 덮여져서 드러나지 않았기 때문에, 사람들이 그를 칭송할 게 없었다'고 했다(疏: 正義曰: 鄭玄注云: "太王疾, 太伯因適吳, 越採藥, 太王歿而不返, 季歷爲喪主, 一讓也。季歷赴之, 不來奔喪, 二讓也。免喪之後, 遂斷髮文身, 三讓也。三讓之美, 皆隱蔽不著, 故人無得而稱焉。")。).

5《論語譯注》고공단보와 오태백 당시에, 주 왕실은 겨우 한 개의 작은 부락에 불과해서, '天下'라고

선생님께서 말씀하셨다. "태백(泰伯), 그분은 지덕자(至德者)였다고 평할 수 있겠구나! 여러 차례 천하를 받기를 사양했는데, 백성들은 그를 칭하기에 합당한 말을 찾아내지 못했다."

泰伯, 周大王之長子。 至德, 謂德之至極, 無以復加[9]者也。 三讓, 謂固遜[10]也。 無得而稱, 其遜隱微, 無跡可見也。

'泰伯'(태백)은 주(周)나라 태왕(大王)의 맏아들이다. '至德'(지덕)은 덕이 지극해서, 더 이상 보탤 게 없는 것을 말한다. '三讓'(삼양)은 고집스레 사양한 것을 말한다. '無得而稱'(무득이칭)은 그가 사양한 일이 은미하여, 흔적이 볼 만한 게 아무것도 없는 것이다.

蓋大王三子: 長泰伯, 次仲雍, 次季歷。 大王之時, 商道寢衰[11], 而周日強大。 季歷又生子昌, 有聖德。 大王因[12]有翦商[13]之志, 而泰伯不從, 大王遂欲傳位[14]季歷以及[15]昌。 泰伯知之, 即與仲雍逃之荊蠻[16]。 於是大王乃立季歷, 傳國[17]至昌, 而三分天下有其二, 是爲文

말할 정도가 못 되었다. 여기 '天下' 두 글자는 그 당시의 부락을 가리켜서 말한 것일 것이다(当古公,泰伯之时, 周室仅是一个小的部落, 谈不上'天下'。 这'天下'两字可能即指其当时的部落而言。).

6 《論語句法》 '天下'는 '讓'의 목적어인데, 관계사 '以'를 써서 '讓'字 앞으로 당겨진 것이다('天下'是'讓'的止詞, 利用關係詞'以'字把它提在'讓'之上。); 《王力漢語》讓(양): 권익과 직위를 다른 사람에게 내어주다(把權益和職位讓給別人。).

7 [성]無得而稱(무득이칭): 그에 합당한 칭찬의 말을 찾지 못하다. 완전무결해서 흠잡을 데가 없다(得: 能。 稱: 稱贊。 找不出恰当的语言来加以称赞。 形容十分完美。); 得而(득이): ~할 수 있다. 동사 앞에 쓰이는 관용형식으로, '而' 뒤에는 조동사와 동사를 연결시키는 역할을 한다.

8 《論語句法》 '焉'은 '之'와 같고, '泰伯'을 가리킨다('焉'等於'之', 稱代'泰伯'。).

9 無以復加(무이부가): 더 이상 보탤 수 없다. 최고점에 달하다(不可能再增加。 指程度达到了极点。).

10 固遜(고손): 사양을 고집하다. 고집스레 사양하다(执意客气。).

11 寢衰(침쇠): 점차 쇠락하다(漸趨衰落; 漸趨衰退).

12 因(인): 틈을 타다. 편승하다(趁着; 乘便).

13 翦商(전상): 상나라 주왕의 무리를 절멸시키다. 무도한 세력을 절멸시켜 왕업을 건립하다. 《詩經·魯頌·閟宮》에, '후직의 후손이신 주나라 태왕 기산 남쪽에 사시다가 상의 무리 토벌을 시작하셨네'라는 구절이 나온다(谓剪灭商纣。 借指剪灭无道, 建立王业。《詩·魯頌·閟宮》: "后稷之孫、 實維大王。 居岐之陽、 實始翦商。"); 翦(전): 섬멸하다. 가위질하여 다듬다(同'剪'。 殲灭。 剪整齐).

14 傳位(전위): 왕의 자리를 넘겨주다(谓传授帝王权位。).

15 以及(이급): 접속사. 병렬관계의 단어·구·단문을 이어준다(连词。 连接并列的词、 词组或短句。).

16 荊蠻(형만): 초나라를 막돼먹고 흉악하고 미개한 나라로 보는, 초나라에 대한 卑稱(上古中原人对荊楚的稱呼; 含貶义, 蛮即粗野, 凶恶, 不开化的意思。); 荊(형): 우 임금이 나눈 九州[冀州·兗州·青州·徐

王。[18] 文王崩, 子發立, 遂克商而有天下, 是爲武王。

주(周)나라 태왕(大王)에게는 세 아들이 있었는데, 맏아들은 태백(泰伯)이었고, 차남은 중옹(仲雍), 막내아들은 계력(季歷)이었다. 태왕(大王) 때에 이르러서, 상(商)나라의 다스림은 점점 쇠퇴해져 갔고, 주(周)나라는 날로 강대해져 갔다. 계력(季歷)도 아들 창(昌)을 낳았는데, 성덕을 지니고 있었다. 태왕(大王)은 이 시기를 틈타서 상(商)나라 주(紂)왕의 무리를 멸할 뜻을 품고 있었지만, 태백(泰伯)이 따르지 않자, 태왕(大王)은 이에 계력(季歷)을 거쳐 그의 아들 창(昌)에게로 왕위를 넘겨주고자 했다. 태백(泰伯)이 이를 알고, 곧바로 중옹(仲雍)과 함께 도망쳐서 형만(荊蠻)으로 갔다. 이에 태왕(太王)은 바로 계력(季歷)을 왕으로 세웠고, 왕위가 전해져서 창(昌)에 이르러서는, 천하를 삼분하여 그 둘을 차지하게 되었으니, 그가 바로 문왕(文王)이다. 문왕(文王)이 죽고, 아들 발(發)이 즉위하여, 드디어 상(商)나라를 이기고 천하를 소유했으니, 그가 바로 무왕(武王)이다.

夫以泰伯之德, 當商周之際, 固足以朝諸侯有天下矣[19], 乃[20]棄不取而又泯其跡焉, 則其德之至極爲何如[21]哉! 蓋其心即夷齊扣馬之心, 而事之難處有甚焉者[22], 宜夫子之歎息

・揚州・荊州・豫州・梁州・雍州]의 하나로, 초나라의 별칭('九州'之一, 楚国别称。).

17 傳国(전국): 왕의 자리를 넘기다. 나라를 넘기다(古谓帝王传位给子孙或让位给他人).

18 《史記・周本紀》고공단보[太王]에게는 큰아들 태백, 둘째 아들 우중이 있었다. 고공단보의 아내 태강이 막내아들 계력을 낳았고, 계력은 태임을 아내로 맞이했는데, 태강과 태임 모두 어진 부인으로, 태임이 창을 가졌을 때, 상서로운 조짐이 있었다. 고공단보가 '내 세대에 나라를 일으킬 자가 있을 것이라 했는데, 그것이 창에게서일까?'라고 했다. 태백과 우중은 고공단보가 계력을 세워 이로써 창에게 왕위를 넘기고자 한다는 것을 알고, 이에 두 사람은 형만으로 도망가서, 몸에는 문신을 하고 머리는 짧게 잘라, 이로써 계력에게 왕위를 양보했다. 고공단보가 죽고, 계력이 즉위했으니, 이 왕이 공계[王季]이다. 공계가 죽고, 아들 창이 즉위했으니, 이 사람이 서백으로, 서백은 시호가 문왕이었다(古公有長子曰太伯, 次曰虞仲. 太姜生少子季歷, 季歷娶太任, 皆賢婦人, 生昌, 有聖瑞. 古公曰: '我世當有興者, 其在昌乎?' 長子太伯, 虞仲知古公欲立季歷以傳昌, 乃二人亡如荊蠻, 文身斷髮, 以讓季歷. 古公卒, 季歷立, 是爲公季…… 公季卒, 子昌立, 是爲西伯. 西伯曰文王。).

19 《孟子・公孫丑上》에, '武丁[高宗](BC 1250~BC 1192 재위)이 제후들의 조회를 받고 천하를 소유하기가 마치 손바닥을 뒤집는 것 같았다'(武丁朝諸侯有天下 猶運之掌也)[제1장]. '사방 백 리 땅을 얻어서 임금 노릇을 한다면 세 분[백이・이윤・공자] 모두 제후에게 조회를 받고 천하를 소유할 수 있을 것이다'(得百里之地而君之 皆能以朝諸侯有天下)[제2장]라는 맹자의 말이 나온다.

20 乃(내): 그렇지만, 그럼에도(可是, 然而).

21 內閣本에는 '何如'가 '如何'로 되어 있다.

而贊美之也。泰伯不從, 事見春秋傳²³。

무릇 태백(泰伯)의 덕으로는, 상(商)나라와 주(周)나라의 교체기를 맞아, 진실로 제후들의 조회를 받고 천하를 소유하기에 충분했었는데, 그럼에도 왕위를 버리고 취하지 아니했고 또 그런 흔적마저 없앴으니, 그렇다면 그의 덕의 지극한 경지가 어떠했겠는가! 아마도 (상나라 주(紂)왕의 무리를 멸하려는 태왕의 뜻을 따르지 않은) 그의 마음은 백이(伯夷)와 숙제(叔齊)가 무왕(武王)의 말고삐를 잡고 (상나라 주(紂)왕을 정벌하지 말 것을) 간하던 바로 그 심정이었겠지만, (맏아들로서의) 일 처리의 난처함은 (신하였던) 그들 백이(伯夷)와 숙제(叔齊)보다 더 심한 것이 있었으니, 선생님께서 탄식하고 그를 찬미하신 것은 당연하다. 태백(泰伯)이 태왕(太王)의 뜻을 따르지 않은 일은, 사실이 《춘추좌전》(春秋左傳)에 보인다.

---

22 《論語大全》 백이·숙제가 처한 상황은 (무왕과) 군신 관계로, 도에 맞지 않으니 떠나면 그만이었지만, 태백은 (태왕과) 부자 관계로, 어떤 흔적도 드러낼 수 없었으니, 떠나는 이유를 분명하게 밝히지 못하고 떠날 수밖에 없었다. 어떤 책에는 태왕이 병이 나자, 태백이 약초를 캐러 갔다가 돌아오지 않았다고 했는데, 아마도 이때 떠난 것이 아닌가 한다(朱子曰: 夷齊處君臣間, 道不合則去, 泰伯處父子之際, 不可露形迹, 只得不分不明且去。某書謂大王有疾, 泰伯採藥不返, 疑此時去也。); 焉(언): 이에. 이보다(兼有介词 "于"加代词"此"的语法功能, 相当于"于是", "于此"。); 《孟子·滕文公上 제2장》 윗사람이 좋아하는 것은, 아래 사람은 반드시 윗사람이 좋아하는 것보다 더 좋아하게 됩니다(上有好者, 下必有甚焉者矣。).

23 《春秋左傳·僖公5年》 태백과 우중은 태왕의 아들이었는데, 태백이 아버지의 명을 따르지 않았으니, 이 때문에 왕위를 계승하지 못했다(大伯, 虞仲, 大王之昭也, 大伯不從, 是以不嗣。); 《論語正義》 우중은 바로 중옹이다. '不從'은 태백을 왕으로 세워 계승시키려는 태왕의 명을 따르지 않은 것을 말한다(虞仲即仲雍。不從者, 謂不從太王命立己爲嗣也。); 東漢[25~220]의 조엽(趙曄)이 쓴 《吳越春秋·吳太伯傳》에 자세히 나온다.

[恭而無禮章]

080201、子曰:「恭而無禮則勞[1], 慎而無禮則葸[2], 勇而無禮則亂, 直[3]而無禮則絞[4][5]。

선생님께서 말씀하셨다. "공손한 것도 예(禮)에 맞지 않으면 고달픈 것[勞]이 되고, 신중한 것도 예(禮)에 맞지 않으면 겁많은 것[葸]이 되고, 용감한 것도 예(禮)에 맞지 않으면 난폭한 것[亂]이 되고, 강직한 것도 예(禮)에 맞지 않으면 박절한 것[絞]이 된다.

葸, 絲里反。絞, 古卯反。○葸, 畏懼貌。絞, 急切[6]也。無禮則無節文, 故有四者之弊[7]。

'葸'(사, xǐ)는 '絲'(사)와 '里'(리)의 반절이다. '絞'(교)는 '古'(고)와 '卯'(묘)의 반절이다. ○'葸'(사)는 겁내는 모양이다. '絞'(교)는 '박절하다'[急切]이다. 예(禮)가 없다는 것은 곧 행위규범이 없다는 것으로, 그래서 네 가지의 폐단이 있다.

---

1 《論語注疏》'勞'는 '困苦'[처지가 고달프다]를 말한다(疏: 正義曰: 勞謂困苦。).

2 《論語義疏》'葸'(사)는 두려움이 지나치게 심한 것이다(疏: 葸, 畏懼過甚也。); 葸(사): 두려워 움츠러들다. 담이 좁아들다. 겁내다(本义: 畏惧的样子。胆怯。).

3 《論語注疏》굽은 것을 바로잡는 것이 '直'이다(正曲爲直。);《論語譯注》"성격이 시원스럽고 솔직하여 입바른 소리를 잘한다"("心直口快").

4 《陽貨 제8장》의 '好直不好學 其蔽也絞: 好勇不好學 其蔽也亂' 참조;《論語集解》'絞'(교)는 '쥐어짜고 찌르다'이다(注: 馬融曰: 絞, 絞刺也。);《論語大全》'絞'는 새끼줄 양쪽 끝을 팽팽하게 잡아당겨 묶은 것처럼, 전혀 느슨하지 않거나 여유가 없는 것이다(朱子曰: 絞, 如繩兩頭絞得緊, 都不寬舒。);《論語譯注》말이 가혹하고 야박하고 자극적이다('絞, 說話尖刻刺人。); 絞(교): 두 줄 이상의 가늘고 긴 것을 사용하여 새끼줄을 꼬다. 비틀다. 쥐어짜다. 각박하다. 다그치다. 몰아세우다. 다급하고 절박하다. 박절하다(用兩股以上的細長条扭结成一根绳索; 扭, 拧。: 急切).

5 《禮記·曲禮上》道德仁義는 예가 아니면 이루어지지 못한다(道德仁義, 非禮不成。);《禮記·仲尼燕居》공경하면서 예에 맞지 않은 것을 野[촌스럽다]라 하고, 공손하면서 예에 맞지 않은 것을 給[비위맞추다]이라 하고, 용감하면서 예에 맞지 않은 것을 逆[거스르다]이라 한다(子曰: 敬而不中禮, 謂之野; 恭而不中禮, 謂之給; 勇而不中禮, 謂之逆。).

6 急切(급절): 다급하고 절박하다. 안달복달하다. 박절하다. 인정 없고 쌀쌀맞다(紧急迫切).

7 《論語大全》'禮'는 단지 理일 뿐으로, 이렇게 하는 것이 理에 맞는지 이렇게 하지 않는 것이 理에 맞는지를 살필 뿐이다. 理에 맞지 않는 공손인데도, 물러서서 공손하려고 하면 반드시 고달픈 것이 된다(朱子曰: 禮只是理, 只是看合當恁地不恁地。若不合恭, 後却要去恭, 則必勞。).

080202、 **君子篤**[8]**於親**[9]**, 則民興於仁; 故舊不遺**[10]**, 則民不偸**[11]**。」**[12]

군자가 친족을 후대하면, 백성은 사랑의 기풍을 일으키고, 오래전 같이 공부하 던 벗들을 내버려 두지 않으면, 백성은 야박해지지 않는다."

君子, 謂在上之人也。興, 起也。偸, 薄也。[13]

'君子'(군자)는 윗자리에 있는 사람을 말한다. '興'(흥)은 일어나다[起]이다. '偸'(투)는 야 박하다[薄]이다.

○張子曰「人道知所先後, 則恭不勞, 愼不葸, 勇不亂, 直不絞, 民化而德厚矣。」

---

8 篤(독): 말의 걸음걸이가 머뭇거리다. 충실하다. 인정이 후하다. 후하게 대하다(本义: 马行迟顿。忠实, 不虚伪。厚。).

9 《經典釋文・爾雅音義》《說文・見部》에 '親은, 至이다'라고 했고, 《蒼頡篇》에 '親은 사랑하다[愛], 가깝다 [近]이다'라고 했고, 《禮記・喪服小記》에 '親親은 자기를 기준으로 위아래로 3代[父・自己・子], 3대를 기준으로 위아래로 5代[祖・父・自己・子・孫], 5대를 기준으로 위아래로 9代[高祖・曾祖・祖・父・自己 ・子・孫・曾孫・玄孫]가 된다'고 했고, 《書經・堯典》에 '九族을 친했다'고 했다. 親은 五服親[친소관계에 따라 복상 기간이 달라지는 것으로 복상 기간이 3개월인 總麻親은 3종간으로 8촌 관계이다]과 九族親을 통틀어 말한다(說文云: 親, 至也; 蒼頡篇云: 親, 愛也, 近也; 禮記云: 親親, 以三爲五, 以五爲九; 書經云: 以親九族。親者, 通謂五服九族之親也。); 親(친): 부모. 친족. 직계친족. 배우자(父母。引申爲親屬, 親人。).

10 [성]故舊不遺(고구불유): 오래전 친구를 내버려 두지 않는다(不遗弃自己的老朋友。);《論語義疏》故舊 (고구)는 친구를 말한다(疏: 故舊, 謂朋友也。);《論語正義》故舊'의 '故'의 말뜻은 '古'이고, '舊'의 말뜻은 '久'이다.《周禮・春官宗伯》에 '賓禮와 射禮로, 오래전 벗들을 가까이 한다'고 했고, 鄭玄의 注에 '왕의 오래전 친구는 世子 때 함께 공부하던 자들이다'라고 한 것이 바로 '故舊'이다(正義曰: 故舊'者, 故之爲言 古也, 舊之爲言久也。周官大宗伯: '以賓射之禮, 親故舊朋友。'注云: '王之故舊朋友, 爲世子時共在學者。' ……是也。);《古今注》故舊'는 선대 임금의 신하를 말한다(故舊, 謂先君之舊臣也。); 故舊(고구): 서로 알고 지내고 서로 교제한 지 오래된 사람(相識和相交多年的人。); 遺(유): 잃어버리다. 소홀하여 빠뜨리 다. 유기하다. 잊어버리다. 등한시하다(本义: 遺失。因疏忽而漏掉。遗弃。忘掉, 忽略。).

11 《古今注》'不偸(불투)는 백성들도 죽은 자에게 등을 돌리지 않는 것을 말한다. 백성들이 죽은 자에게 등을 돌리지 않고 그가 남긴 고아를 거두어 기른다는 말이다(不偸, 謂民亦不倍其死者也…… 謂民不偕死 者, 收其遺孤也。);《論語譯注》(사람 사이의 감정이) 얇다. 메마르다. 쌀쌀맞다. 냉담하고 야박하다('偸', 淡薄, 这里指人与人的感情而言。); 偸(투): 소홀하다. 등한시하다. 야박하다. 인정이 후하지 못하다. 쌀쌀 맞다(本义: 苟且; 马虎。浅薄; 不厚道。).

12 《微子 제10장》참조.

13 《論語大全》어버이를 친애하는 것이 인이다[孟子・告子下 제3장] 위에서 (어버이에게) 仁하면 아래에서 仁의 기풍을 일으킨다. 오래전 같이 공부하던 벗들을 버리지 않는 것이 厚이다. 위에서 厚하면, 아래에서 厚함으로 귀의한다. 위에서 행하면 아래에서 본받는다(新安陳氏曰: 親親, 仁也。上仁則下興仁。不遺故 舊, 厚也。上厚則下歸厚。上行下效也。).

○장자(張子·張橫渠)가 말했다. "사람 된 도리 중에 먼저 할 것과 뒤에 할 것을 알면, 공손함이 고달픈 것이 되지 않고, 신중함이 겁많은 것이 되지 않고, 용감함이 난폭한 것이 되지 않고, 강직함이 박절한 것이 되지 않아, 백성은 교화되어 후덕해진다."

○吳氏曰:「君子以下, 當自[14]爲一章, 乃曾子之言也。」愚按: 此一節與上文不相蒙[15], 而與首篇愼終追遠[16]之意相類, 吳說近是。[17]

○오씨(吳氏·吳棫)가 말했다. "'君子'(군자) 이하의 절은 마땅히 별도로 한 장이 되어야 하니, 이 절은 바로 증자(曾子)의 말이다"

내가 생각건대, 이 절은 앞 절과 내용이 서로 부합하지 않고, 《學而》편의 '愼終追遠'(신종추원)의 뜻과 서로 유사하니, 오씨(吳氏·吳棫)의 설명이 옳은 듯하다.

---

14 自(자): 각자. 별도로(別自, 另外。).

15 蒙(몽): 이어받다. 계속 이어지다(承继, 继承); 相蒙(상몽): 서로 부합하다(相关联; 相符合).

16 《學而 제9장》 참조.

17 《論語集釋》《禮記·少儀》의 '不道舊故'에 대한 정현의 주에는 '故舊不遺, 則民不偸'를 인용하면서, '孔子曰'字를 앞에 붙였다(禮記少儀注, 引下二句, 題'孔子曰'字。).

[曾子有疾謂門弟子章]

080301、曾子有疾、召¹門弟子²曰:「啟³予足! 啟予手! 詩云『戰戰兢兢⁴, 如臨深淵⁵, 如履薄冰⁶。』而今而後⁷, 吾知免夫⁸! 小子⁹!」

---

1 《論語正義》《廣雅·釋詁》에, '召는 呼이다'라고 했다(正義曰: 廣雅釋詁: '召, 呼也。'); 召(소): 외쳐 부르다. 말로 사람을 부르다(本义: 呼唤。召唤。用言语叫人来。); 《論語正義》《儀禮·既夕禮》에 '남자는 부인의 품에서 죽음을 맞이하지 않는다'고 했기 때문에, 증자가 제자들을 불러 손발을 보여주면서, 병이 위중하여 죽을 때가 다 되었기 때문에, 미리 훈계한 것이다(正義曰: 禮: "男子不絕於婦人之手。" 故曾子呼弟子, 啓其手足, 以疾重, 預戒之也。).

2 《補正述疏》증자의 門弟子로는, 《禮記》에 나오는 樂正子春[檀弓上], 公明儀[祭義], 《大戴禮記》에 나오는 單居離[曾子事父母]가 있고, 《論語》에 나오는 陽膚[子張 제19장]가 있고, 《孟子》에 나오는 子襄[公孫丑上 제2장], 沈猶行[離婁下 제31장], 公明高[萬章上 제1장]가 있고, 《史記》의 경우, 吳起는 증자에게서 배운 자로[孫子吳起列傳], 曾子의 차남 曾申을 따랐다(述曰: 曾子門弟子, 於《禮》有樂正子春, 有公明儀, 有單居離, 於《論語》有陽膚, 於《孟子》有子襄, 有沈猶行, 有公明高。若《史記》吳起學於曾子者, 則曾申也。).

3 《論語義疏》'啓'(계)는 '開'(개)이다. 증자가 위중해서 죽을 때에 이르러서, 자기 문하의 제자들을 불러놓고, 이불을 들춰서 수족의 훼상 여부를 살피게 한 것이다(疏: 啓, 開也…… 曾子疾病臨終日。召己門徒弟子。令開衾視我手足毀傷與不。); 《論語正義》《說文·言部》에, "'詠'(치)는 '離別하다'이다。《論語》의 '詠予之足'의 '詠'처럼 읽는다"고 하여, 《論語》의 '啟'字가 '詠'字로 되어 있는데, 당연히 고논어가 출처일 것이다。'詠'와 '詠'(치)는 음이 같고 뜻도 다르지 않다。段玉裁의 注에는, '詠予之足'은 '哆予之足'으로 써야 맞다는 혹자의 견해를 인용하고, '哆'(치)는 '開'와 같다고 했는데, '開'는 離別의 뜻이다。고논어의 뜻을 헤아려보면, 죽음이 닥쳐와서, 몸이 경직될 즈음에, 오그라드는 손발을 펴라고 한 것이다(正義曰: 《說文》: "詠, 離別也。讀若《論語》'詠予之足'。"作'詠', 當出《古論》。'詠'與'詠'音同, 義亦當不異。段氏玉裁注引或說'詠'與'哆'同。哆, 開也。開即是離別之義。揆《古論》之意, 當謂身將死, 恐手足有所拘攣, 令展布之也。); 《論語譯注》《說文·目部》에, '瞖'(계)는 省視[자세히 보다]이다'라고 되어 있다。王念孫[1744~1832]의 《廣雅疏證·釋詁》에는, '論語의 이 啓字는 바로 《說文·目部》의 瞖(계)이다'라고 했다["내 다리를 살펴보거라"]('啓', 說文有'瞖'字, 云: '視[省視]也'。王念孫廣雅疏證説, 論語的這"啓"字就是説文的"瞖"字。; "看看我的脚!").

4 [성]戰戰兢兢(전전긍긍): 너무 두려워서 부들부들 떠는 모양(戰戰: 恐惧的样子; 兢兢: 小心謹慎的样子。形容非常害怕而微微发抖的样子。也形容小心謹慎的样子。); 《論語義疏》'戰戰'은 두려워 떠는 것이고, '兢兢'은 조심조심하는 것이다(疏: 戰戰, 恐懼, 兢兢, 戒愼也。).

5 [성]如臨深淵(여임심연): 깊은 연못가에 있는 것과 같다。경계심을 가지고 일을 하는 데 극히 조심조심하는 모양(临: 靠近; 渊: 深水坑。如同处于深渊边缘一般。比喻存有戒心, 行事极为谨慎。也形容小心谨慎的样子。).

6 [성]如履薄冰(여리박빙): 살얼음 위를 걷는 것과 같다。경계심을 가지고 일을 하는데 극히 조심조심하는 모양(履: 踐, 踩在上面。象走在薄冰上一样。比喻行事极为谨慎, 存有戒心。也形容小心谨慎的样子。); 履(리): 밟다。디디다。신을 신다(本义: 践踏。穿鞋。).

7 [성]而今而後(이금이후): 지금부터。이후로(而: 语助词。从今以后。); 《論語義疏》'而今'은 금일이다(疏: 而今, 今日也。); 《助字辨略》'而今'은 '如今'[지금], '而後'는 '以後'와 같다(而今, 猶云如今; 而後, 猶云以

증자(曾子)가 병이 위독해지자, 문하의 제자들을 불러놓고 말했다. "내 발을 들춰 보거라! 내 손을 들춰 보거라!《시경》(詩經)에 이르기를, '두려운 마음 부들부들 초조한 마음 조마조마, 깊은 연못에 다가서듯, 살얼음을 발로 밟듯'이라고 했는데, 이제야 내가 (그런 염려에서) 벗어났음을 알겠구나, 제자들아!"

夫, 音扶。○啟, 開也。曾子平日以爲身體受於父母, 不敢毁傷[10], 故於此[11]使弟子開其

後); 《經傳釋詞》'而'는 '乃'와 같다. '바로 지금 이후로는'(而, 猶'乃'也。言乃今而後也。); 《詞詮》'上'·'下'·'往'·'來' 등의 글자를 뒤이어 쓰는 접속사('而, 陪從連詞。下接'上''下''往''來'等字。); 《古書虛字》'而'는 '于'와 같다。'而後'의 '而'는 '以'로 풀이한다('而'猶'于'也, '於'也。'而後'的'而'字訓'以'也。).

8 《論語集解》환난을 면했음을 안 것이다(注: 周生烈曰 ……知免於患難矣。); 《論語義疏》'免'은 신체의 훼상을 면한 것이다(疏: 免, 免毁傷也。); 《論語正義》'患難'은 형벌·모욕·전도·추락을 말한다(正義曰: 患難, 謂刑辱顛隕之事。); 《古今注》'吾知免'은 형륙의 벌을 면했음을 안 것이다. 군자는 형벌을 생각하기 때문에 [里仁 제11장], 죄악을 범하는 것을 중히 여겨, 깊은 연못에 다가서듯이 살얼음을 발로 밟듯이 전전긍긍했던 것이지, 어찌 樂正子春이 당을 내려가다 넘어져 다리를 다치자 부모가 온전히 준 몸을 손상시켰다 하여 근심한 일[大戴禮記·曾子大孝] 따위를 가지고 여기에 해당시키겠는가?(吾知免者, 知其得免於刑戮…… 君子懷刑, 故重於犯惡, 戰兢臨履, 豈可但以樂正子春之下堂傷足當之哉?); 《論語新解》①《大戴禮記·曾子大孝》에 악정자춘이 증자의 말을 인용하기를 '부모는 온전한 모습으로 낳으셨으니, 자식은 온전한 모습으로 돌아가는 것이 효라 할 수 있다'라고 했고, 《孝經·開宗明義》에 '우리 몸은, 부모에게서 받은 것이니, 감히 훼손시키지 않는 것이, 효의 시작이다'라고 했으니, '免'은 바로 (훼손 없이) 온전한 모습으로 돌아가는 것이다。② '免'은 刑戮을 면한 것을 말하는 것으로, 훼상 역시 형륙을 가리켜 한 말로, 옛날의 五刑[얼굴에 먹칠 새기는 墨(묵)·코 베는 劓(의)·발뒤꿈치 자르는 剕(비)·거세하는 宮(궁)·죽이는 大辟(대벽)의 다섯 형벌]은 모두 육체를 훼손시키는 형벌이었다. 공자께서 '君子懷刑[里仁 제11장]이라 하셨고, 남용을 일컬어, '邦無道 免於刑戮[公冶長 제1장]이라 하셨는데, 증자의 이 장의 말 역시 이러한 뜻이다. 樂正子春이 당을 내려가다 넘어져 다리를 다치자 부모가 온전히 준 몸을 손상시켰다 하여 근심한 일[禮記·祭義]의 경우에는, 말씀의 애초의 취지를 잘못 이해한 것이다。②설을 따른다(一说: 引《大戴礼》曾子大孝篇, 乐正子春引曾子曰: "父母全而生之, 子全而归之, 可谓孝矣。"《孝经》云: "身体发肤, 受之父母, 不敢毁伤。"将死知免, 免即全而归之。或说: 免谓免于刑戮, 毁伤亦指刑言, 古者墨, 劓, 剕, 宫, 皆肉刑。孔子曰: "君子怀刑。"其称南容, 曰: "邦无道, 免于刑戮。"曾子此章, 亦此义。乐正子春下堂伤足之所言, 则失其初旨而近迂。今从后说。).

9 《論語集解》'小子'는 '제자'이다(注: 周生烈曰: 小子, 弟子也。).

10 《孝經·開宗明義》공자께서 (증자에게) 말씀하셨다. "무릇 효란, 덕의 근본이고, 가르침이 처음 생겨난 곳이다. 다시 앉거라, 너에게 말해주마. 우리 몸은, 부모에게서 받은 것이니, 감히 훼손시키지 않는 것이, 효의 시작이다. 세상에 나아가 도를 행하고, 이름을 후세에 떨쳐, 부모를 드러나게 하는 것이, 효의 완성이다. 무릇 효란, 어버이를 섬기는 데서 시작해서, 다음으로 임금을 섬기고, 세상에 나아가 도를 행하는 것으로 마친다. 《시경·대아·문왕》에 '조상 덕 잊지 말고, 이 덕 이어받아 드높여라'라고 했다"(子曰: 夫孝, 德之本也, 教之所由生也。復坐, 吾語汝。身體髮膚, 受之父母, 不敢毁傷, 孝之始也。立身行道 揚名於後世, 以顯父母, 孝之終也。夫孝, 始於事親, 中於事君, 終於立身。《大雅》云: '無念爾祖, 聿脩厥德。').

11 《論語大全》'此'는 지금 병이 위독해진 때를 가리키는 글자로, 위의 '平日'과 대비되는 글자이다(新安陳氏曰。此字指今病時。與上平日字對。).

衾¹²而視之。詩小旻之篇¹³。戰戰, 恐懼。兢兢, 戒謹。臨淵, 恐墜: 履冰, 恐陷也。曾子以其所保之全示門人, 而言其所以保之之難如此; 至於將死, 而後知其得免於毀傷也。小子, 門人也。語畢而又呼之, 以致反復丁寧之意¹⁴, 其警之也深矣。

'夫'(부)는 음이 '扶'(부, fú)이다. ○'啓'(계)는 '열다'[開]이다. 증자(曾子)는 평소에 신체는 부모에게서 받은 것이라고 여겨, 감히 훼상하지 않았기 때문에, (병이 위독한) 이때 이르러서 제자들로 하여금 그가 덮고 있는 이불을 들추고 (훼상하지 않은) 손과 발을 보게 한 것이다. '詩'(시)는 《시경·소아·소민》[詩經 小雅 小旻] 편이다. '戰戰'(전전)은 '두려워 떨다'[恐懼]이다. '兢兢'(긍긍)은 '경계하고 조심하다'[戒謹]이다. '臨淵'(임연)은 '떨어질까 두려워하다'[恐墜]이고, '履氷'(이빙)은 '빠질까 두려워하다'[恐陷]이다. 증자(曾子)는 그가 훼상하지 않고 보전해온 바 신체의 온전한 모습을 문하인들에게 보여주고, 그가 겪어온바 신체를 보전하는 어려움이 깊은 연못에 다가서듯 살얼음을 발로 밟듯 했기에, 죽을 즈음에 이른 뒤에야, 그가 훼상(毀傷)의 염려에서 벗어났음을 알았다고 말한 것이다. '小子'(소자)는 '제자들'[門人]이다. 할 말을 마치고도 '제자들아' 하고 다시 불러서, 이로써 반복해서 간곡하게 바라는 뜻을 다 내보였으니, 그의 깨우침이 마음 깊다.

○程子曰:「君子曰終, 小人曰死¹⁵。君子保其身以沒¹⁶, 爲終其事也, 故曾子以全歸¹⁷爲免矣。」尹氏曰:「父母全而生之, 子全而歸之¹⁸。曾子臨終而啓手足, 爲是故也。非有得於

---

12 衾(금): 이불(被子); 衾枕(금침): 잠자리. 이부자리와 베개. 침구(被子和枕头。泛指卧具。).

13 《述而 제10장》각주 《詩經·小雅·小旻》참조.

14 致意(치의): 남에게 자기의 진실한 속마음을 표현하다(向人表达真实的心意。).

15 《禮記·檀弓上》자장이 병이 들자, 아들 신상을 불러 말했다. "군자의 죽음은 終이라 하고, 소인의 죽음은 死라 한다. 내 이제 죽을 때가 다된 것 같구나!" [鄭玄注] '死'란 말은 '漸'(시)[(물이)다 말라 없어지다]이다. 일을 다 마친 것이 '終'이고, 다 써버려서 뒤에 남은 게 없는 것이 '漸'이다(子張病, 召申祥而語之曰: 君子曰終, 小人曰死。吾今日其庶几乎!: [鄭玄注]死之言漸也。事卒为終, 消尽为漸。).

16 《論語大全》'終'은 시작한 일의 끝맺음을 했다는 말이고, '死'는 남김없이 다 쓰고 흔적 없이 사라진 것을 말한다(慶源輔氏曰: 終者, 成其始之辭, 死則漸盡泯沒之謂。); 沒(몰): 죽다(通'歿'。死。).

17 歸(귀): 죽다(死).

18 《禮記·祭義》악정자춘이 당을 내려가다 다리를 다쳤는데, (상처가 다 나았는데도) 몇 달을 두문불출하면서, 근심스러운 기색이 여전했다. 제자가 물었다. "선생님의 다치신 다리가 다 나았는데도, 몇 달을 두문불출하시고, 근심스러운 기색이 여전하시니, 무슨 까닭이신지요?"(樂正子春下堂而傷其足, 數月不出, 猶有憂色。門弟子曰:「夫子之足瘳矣, 數月不出, 猶有憂色, 何也?"). 악정자춘이 말했다. "너의 질문이 훌륭하다. 나는 증자께 들었고, 증자께서는 공자께 들었는데, '하늘이 낳은 것, 땅이 기른 것 중에,

道, 能如是乎?」范氏曰:「身體猶不可虧[19]也, 況虧其行以辱其親乎?」

○정자(程子·伊川)가 말했다. "군자의 죽음은 종(終)이라 하고, 소인의 죽음은 사(死)라 한다. 군자는 자기 몸을 온전히 보전해서 생을 끝마치는 것으로, 자기의 맡은 일을 다 마쳤다고 여기기 때문에, 증자(曾子)는 신체를 온전히 보전해서 돌아가는 것으로 (훼상의 염려에서) '벗어났다'[免]라고 여긴 것이다."

윤씨(尹氏·尹彦明)가 말했다. "부모께서 온전하게 이 몸을 나으셨으니, 자식은 이 몸을 온전하게 보전하여 돌아가야 한다. 증자(曾子)가 죽음에 임박해서 손과 발을 들춰 보인 것은, 이 때문이었다. 도에 대한 터득이 없었다면, 이같이 할 수 있었겠는가?"

범씨(范氏·范淳夫)가 말했다. "신체조차도 훼상해서는 안 되는데, 하물며 자기의 행실을 훼상하여 이로써 자기 어버이를 욕되게 해서야 되겠는가?"

사람보다 위대한 게 없다'라고 하셨다. 부모는 온전한 모습으로 낳으셨으니, 자식은 온전한 모습으로 돌아가는 것이, 효라 할 수 있다. 그 몸뚱이를 상하게 하지 않고, 그 몸가짐을 욕되게 하지 않는 것이, 온전한 모습이라 할 수 있다. 그러므로 군자는 반 발짝을 내딛는 중에도 효를 감히 잊지 않는다(樂正子春曰: "善如爾之問也善如爾之問也! 吾聞諸曾子, 曾子聞諸夫子曰: '天之所生, 地之所養, 無人爲大.' 父母全而生之, 子全而歸之, 可謂孝矣. 不虧其體, 不辱其身, 可謂全矣. 故君子頃步而弗敢忘孝也.). 그런데 지금 나는 효의 도리를 망각했으니, 내가 이 때문에 근심스러운 기색을 거두지 못하는 것이다. 한 발짝을 내디디면서도 감히 부모를 잊지 않고, 한마디를 내놓으면서도 감히 부모를 잊지 않는다. 한 발짝을 내디디면서도 감히 부모를 잊지 않기에, 큰길로 다니지 좁은 길로 다니지 않고, 배를 타지 헤엄치지 않음으로써, 부모에게 받은 몸뚱이를 가지고 위험을 무릅쓰지 않는다. 한마디를 내놓으면서도 감히 부모를 잊지 않기에, 악담을 입에 담지 않아, 원성이 내게 돌아오지 않는다. 자기 몸가짐을 욕되게 하지 않고, 자기 부모를 부끄럽지 않게 하면, 효라 할 수 있다"(今予忘孝之道, 予是以有憂色也. 壹擧足而不敢忘父母, 壹出言而不敢忘父母. 壹擧足而不敢忘父母, 是故道而不徑, 舟而不游, 不敢以先父母之遺體行殆. 壹出言而不敢忘父母, 是故惡言不出於口, 忿言不反於身. 不辱其身, 不羞其親, 可謂孝矣.").

19 虧(휴): 훼손하다. 부수다. 이지러지다(毁坏。与'盈'、'满'相对。月相从全月到新月的时期).

[曾子有疾孟敬子問之章]

080401、曾子有疾, 孟敬子[1]問之。

증자(曾子)가 병이 위독하자, 맹경자(孟敬子)가 증자(曾子)를 문병했다.

孟敬子, 魯大夫仲孫氏, 名捷。問之者, 問其疾也。

맹경자(孟敬子)는 노(魯)나라 대부 중손씨(仲孫氏)로, 이름이 첩(捷)이다. '問之'(문지)라 는 것은 '그의 병을 문안했다'[問其疾]이다

080402、曾子言曰[2]: 「鳥之將[3]死, 其鳴也[4]哀; 人之將死, 其言也善[5][6]。

---

1 孟敬子(맹경자): ?~BC 435. 孟献子[?~BC 554. 孟孫蔑]의 손자. 맹무백[?~BC 468이후]의 아들. '敬'은 시호. 맹자의 증조부. 曾子[BC 505~BC 435]와 동시대인;《禮記·檀弓下》도공[BC 467~BC 437 재위]이 죽자 계소자가 맹경자에게 '임금의 상중에 어떤 음식을 먹어야 할까요?'라고 묻자, 맹경자가 "미음을 먹는 것이, 통례입니다. 그렇지만 우리 세 집안이 임금을 잘 모시지 못한 것은, 사방에 모르는 사람이 없습니다. 억지로 몸을 수척하게 하는 것이야, 내가 할 수 있지만, (미음을 먹으면) 사람들에게 저자가 진정으로 몸을 수척하게 하는 것이 아니라고 의심하게 하는 것이 어찌 아니겠습니까? 저는 밥을 먹겠습니다"라고 했다(悼公之喪, 季昭子問於孟敬子曰: '爲君何食?' 敬子曰: '食粥, 天下之達禮也。吾三臣 者之不能居公室也, 四方莫不聞矣, 勉而爲瘠則吾能, 毋乃使人疑夫不以情居瘠者乎哉? 我則食食。').

2 《論語義疏》"'曾子曰'이라고 하지 않고 '曾子言曰'이라 한 것은 무엇인지요?" (기록한 자가) 증자가 죽음에 임해서 기록해둘 만한 훌륭한 말을 존중하려고 특별히 '言'을 덧붙인 것이다." 一說 혼자서 말하는 것을 言, 서로 말을 주고받는 것을 語라 한다. 증자가 죽음에 임해서 서로 말을 주고받을 힘이 없어서, 속에 품은 생각을 곧바로 표출했음을 표시한 것이다(疏: 或問曰: 不直云曾子曰, 而云言曰, 何也? 答曰: 欲重曾子臨終言善之可錄, 故特云言曰。又一通云: 出己曰言, 答述曰語。曾子臨終綿困, 不堪答述也, 示直 出己之懷而已。);《王力字典》자발적으로 타인에게 말하는 것을 '言'(언), 상대방의 질문에 대한 회답이나 일에 대해 말을 주고받는 것을 '語'(어)라 한다(主動對人說話叫'言', 回答別人的問話或談論事情叫'語'。); 《說文·言部》혼자서 말하는 것을 '言', 서로 논쟁하는 것을 '語'라 한다(直言曰言, 論難曰語。);《釋名 ·釋言語》'言'은 '宣'[펼치다]이다. 피차의 생각을 펼치는 것이다. '語'는 '敍'[진술하다]이다. 자기가 하고자 하는 말을 진술하는 것이다(言, 宣也, 宣彼此之意也; 語, 敍也, 敍己所欲說也。).

3 將(장): 장차, 머지않아 곧~하려 하다(就要: 将要).

4 鳴(명): 새가 울다(本义: 鸟叫。);《王力漢語》也(야): 어기사로, 잠시 멈춤이나 지연을 표시한다(語氣詞, 表示頓宕。).

5 [성]人之將死 其言也善(인지장사 기언야선): 사람이 죽음에 임해서 하는 말은 진실한 말이고 선의의 말이다(人到临死, 他说的话是真心话, 是善意的。).

증자(曾子)가 말했다. "새가 머지않아 곧 죽을 때에 이르러서는, 그 우는 소리가 구슬퍼지고, 사람이 머지않아 곧 죽을 때에 이르러서는, 그가 하는 말이 선량해집니다.

言, 自言[7]也。鳥畏死, 故鳴哀。人窮反本[8], 故言善。此曾子之謙辭, 欲敬子知其所言之善而識之也。

'言'(언)은 '혼자서 말하다'[自言]이다. 새는 죽는 것을 두려워하기 때문에, 우는 소리가 구슬퍼지고, 사람은 생을 마칠 때가 되면 근본을 돌아보기 때문에, 하는 말이 선량해진다. 이는 증자(曾子)가 자기를 낮춰서 한 말로, 맹경자(孟敬子)로 하여금 자기가 하는 말이 선량하다는 것을 알게 하여 기억하게 하고자 한 것이다.

080403. 君子所貴乎道者三[9]: 動容貌[10], 斯[11]遠暴慢[12]矣; 正顏色[13], 斯近信矣; 出辭氣[14],

---

6 《論語義疏》새가 죽을 때가 되면, 슬프게 울 줄만 알 뿐, 선량한 말을 할 줄 모르는데, 이것이 새의 모습이고, 사람이 죽을 때가 되면, 반드시 선량한 말을 하는데, 이것이 사람의 모습이다. 사람이 죽을 때가 되었는데, 선량한 말이 없다면, 새와 다를 게 없다. 李充이 말했다. "사람이 금수보다 귀한 까닭은, 시종을 신중히 해서 곤란한 상황에 굴하지 않는다는 데 있다. 금수는 죽을 때가 되면, 내는 소리를 고를 겨를이 없어, 궁지에 몰린 소리만 토할 뿐이다. 사람이 죽을 때가 되었는데, 끝을 마무리하는 말을 생각하지 않고, 슬픔과 두려움에 떠는 모습뿐이라면, 무엇으로 금수와 구별하겠는가?"(疏: 言鳥之臨死, 唯知哀鳴, 而不知出善言, 此則是鳥之常; 人之將死, 必宜云善言, 此則是人之常也。若人臨死而無善言, 則與鳥獸不異…… 李充曰: "人之所以貴於禽獸者, 以其愼終始在困不撓也。禽獸之將死, 不遑擇音, 唯吐窘急之聲耳。人若將死, 而不思令終之言, 唯哀懼而已者, 何以別於禽獸乎?").

7 自言(자언): 혼잣말하다. 자기가 자기에 대해 말하다(自言自語。自己說).

8 《禮記·禮器》예라는 것은, 그것이 처음 생겨난 근원으로 되돌아가서 옛 그대로의 도를 따르고, 그 처음을 잊지 않는 것이다(禮也者, 反本修古, 不忘其初者也。); 《史記·屈原賈生列傳》하늘은 사람의 시작이고, 부모는 사람의 근본이다. 사람이 생을 마칠 때가 되면[막다른데 이르면] 근본을 되돌아보게 되는데, 그래서 고생스럽고 고통스러우면 하늘을 부르짖지 않는 사람이 없었고, 몸이 병들어 아프고 마음이 아프고 슬프면 부모를 부르짖지 않는 사람이 없었다. 屈平[굴원]은 바른길을 따라 올곧게 걸었고, 충성을 다하고 지혜를 다해서 임금을 섬겼지만, 사람들이 그 사이를 이간질하여 헐뜯었으니, 궁했다고 할 수 있다(夫天者, 人之始也; 父母者, 人之本也。人窮則反本, 故勞苦倦極, 未嘗不呼天也; 疾痛慘怛, 未嘗不呼父母也。屈平正道直行, 竭忠盡智以事其君, 讒人間之, 可謂窮矣。); 窮(궁): 막다른데 다다르다. 다 쓰다. 생이 끝나다(窮盡。窮生。); 反本(반본): 근원으로 되돌아가다. 본성으로 되돌아가다(复归本源或根本。指返归本性。)

9 《論語注疏》사람이 만날 때, 맨 먼저 용모를 보고, 다음에 안색을 살피고, 다음에 대화를 나누기 때문에, 이 세 가지가 차례로 언급된 것이다(疏: 正義曰: 人之相接, 先見容貌, 次觀顏色, 次交言語, 故三者相次而

言也。);《論語集解》'道'는 禮를 말한다. (나의) 動容貌가 위엄 있고 공경되면, 남이 내게 감히 난폭하거나 거만하지 않고, (나의) 正顔色이 장엄하고 엄숙하면, 남이 나를 감히 속이지 않고, (나의) 出辭氣가 공순하고 온화하면, 남이 내게 악하고 어그러진 말을 하지 않는다(注: 鄭玄曰: 此道謂禮也。動容貌, 能濟濟蹌蹌, 則人不敢暴慢之; 正顔色, 能矜莊嚴栗, 則人不敢欺詐之; 出辭氣, 能順而說之, 則無惡戾之言入於耳。);《古今注》鄭玄의 견해는 옳지 않다. 鄭玄은 '斯遠' 두 글자가 의당 남에게 속한 것으로 보았기에, 이러한 견해를 말한 것인데, 그렇지만 鄭玄의 견해에 따르면, '斯近' 두 글자가 또 독해하기 어렵게 된다. 朱子의 뜻은 바꿔서는 안 된다(駁曰: 非也。鄭疑斯遠二字宜屬他人, 故爲此說, 然若如鄭說, 斯近二字又難讀。朱子之義, 不可易也。);《論語譯注》"군자가 사람을 대하는 태도에 세 가지 면에서 중시해야 할 것이 있다. 용모를 엄숙히 하면, 다른 사람의 거친 행동과 소홀한 대우를 피할 수 있고, 얼굴빛을 단정히 하면, 다른 사람에게 믿음을 주기가 쉽고, 말할 때 언사와 어투를 신중히 고려해서 하면, 천박하고 버릇없는 말과 말실수를 피할 수 있다"("在上位的人待人接物有三方面應該注重: 嚴肅自己的容貌, 就可以避免別人的粗暴和懈怠; 端正自己的臉色, 就容易使人相信; 說話的時候, 多考慮言辭和聲調, 就可以避免鄙陋粗野和錯誤。");《論語新解》'動容貌'는 단지 '動容'을 말한다. ①남에 대해 動容을 잘 갖추면, 남도 그를 난폭하거나 태만하게 대하지 않는다. ②늘상 용모를 주의할 수 있으면, 자기 몸가짐이 난폭하거나 태만함에서 멀어질 수 있다. 후설을 따른다(动容貌, 今只言动容。一说: 人能动容对人, 人亦不以暴慢对之。又一说: 能常注意动容貌, 己身可远离于暴慢。今从后说。).

10 《論語正義》《說文·皃部》의 '皃'(모)에 대한 段玉裁의 注에, '容은 내면을 말하고, 皃[貌]는 외면을 말한다. 나눠서 말하면 容과 貌는 해당하는 것이 각기 있다. 叔向이 '貌不道容'(외모가 내면을 말해주지 않는다)이라 말한 것이[春秋左傳·昭公11年] 바로 이것이다. 겹쳐서 말하면 容貌라고 한다. 논어에 '動容貌斯遠暴慢'이 바로 이것이다'라고 했다(正義曰: '容貌'者, 說文…… 段玉裁注: 凡容言其內。皃言其外。引伸之, 凡得其狀曰皃。析言則容皃各有當。如叔向曰貌不道容是也。絫言則曰容貌。如動容貌斯遠暴慢是也。).

11 《論語大全》'斯'字가 특히 매우 긴요하다. '斯遠暴慢'은 '便遠暴慢'이라 말한 것과 같다. '正顔色'의 경우에는 반드시 믿음직스럽게 해야 한다(朱子曰: 斯字來得甚緊。斯遠暴慢, 猶云便遠暴慢。正顔色, 便須近信。).

12 《論語正義》'暴'(포)는 '疾'[조급하다]이다. '慢'(만)은 '惰'[느릿느릿하다]이다(正義曰:《毛詩·終風傳》: "暴, 疾也。"《說文》: "慢, 惰也。");《古今注》'暴'는 느닷없고 급박한 것이다. '慢'은 게으르고 늘어진 것이다(暴, 猝急也。慢, 怠惰也。);《論語譯注》暴慢(포만): '暴'는 거칠어 무례한 것이고, '慢'은 태만해 불경한 것이다(暴是粗暴無禮, 慢是懈怠不敬。).

13 《論語平議》'正'은 '振'(진)[정돈하다. 가다듬다]으로 풀이해야 한다. '容貌'가 '動'이라 말하고, '顔色'이 '振'이라 말하고, '辭氣'가 '出'이라 말하면, 세 구절의 뜻이 한결같아진다(正當訓爲振…… 容貌言動, 顔色言振, 辭氣言出, 三句文義一律。);《論語正義》《說文·頁部》에, '顔은 눈썹과 눈의 사이를 말하고, '色'은 전체적인 얼굴표정을 말한다고 했다(正義曰: 顔色'者, 說文以'顔謂眉目之閒', 色謂凡見於面也。);《論語新解》'正顔色'은 단지 '正色'을 말한다. ①남에 대해 정색할 수 있으면, 쉽게 남의 믿음을 열 수 있다. 또는 남이 감히 속이지 않는다. ②늘상 주의해서 안색을 바르게 할 수 있으면, 자기 몸가짐이 날로 忠信에 가까워질 수 있다. 후설을 따른다(正顔色, 今只言正色。一说: 人能正色对人, 则易启人信。或说: 人不敢欺。又一说: 能常注意正顔色, 己身可以日近于忠信。今从后说。);《論語譯注》"안색을 단정히 하면, 사람들에게 쉽게 믿음을 줄 수 있다"("端正自己的脸色, 就容易使人相信。");《論孟虛字》안색이 단정하면, 비록 참으로 신실하고 거짓이 없다고 하지는 않을지라도, 그와 거리가 멀지 않다는 말이다(言'顔色端正, 雖不算真的信實不妄, 也就相距不遠了。').

14 《論語義疏》'辭氣'는 말소리이다(疏: 辭氣, 言語音聲也。);《論語正義》'辭'는 말을 말하고, '氣'는 숨을 말한다. '말소리는 조용하고, 숨소리는 고요하다'[禮記·玉藻]가 바로 이것이다(正義曰: '辭氣'者, 辭謂言

斯遠鄙倍¹⁵矣。籩豆之事¹⁶，則有司¹⁷存¹⁸。」¹⁹

군자가 도에 있어서 중하게 여길 것이 세 가지입니다. 움직이는 몸가짐은 난폭
하거나 태만한 자세를 멀리하는 것이고, 엄정한 얼굴빛은 믿음직스럽게 하는
것이고, 나오는 말투는 상스럽거나 이치에 어긋나는 말을 멀리하는 것입니다.

語, 氣謂鼻息出入, 如'聲容靜, 氣容肅'是也。);《論語新解》'出辭氣'는 말과 음성이 명확하고 또렷한 것이다.
①천박하거나 도리에 어긋나는 말을 감히 하지 않는다. ②자기 몸가짐이 천박하거나 도리에 어긋나는
것을 멀리할 수 있다. 후설을 따른다(辭, 指言语。气, 指音声。出者, 吐辞出音之爽朗明确。一说: 人不敢以
鄙陋背理之言陈其前。又一说: 己身可远于鄙倍。今从后说。);《百度漢語》辭氣(사기); 어기, 말투. 어조(语
气: 口气。).

15 《論語大全》요즘 사람들의 의론 중에, 심하게 잘못된 것은 없지만, 의론의 수준이 낮고 협소한 경우가
있는데, 이것이 '鄙'이다. 또 말의 수준은 매우 높지만, 실상은 이치에 위배되는 경우가 있는데, 이것이
'倍'이다(朱子曰: 今人議論, 有雖無甚差錯, 只是淺陋者, 此是鄙。又有說得甚高, 而實背於理者, 此是倍。);
鄙倍(비배): 식견이 얕고 좁고 사리에 맞지 않다(浅陋背理).

16 《論語義疏》'籩豆'는 禮器이다. 대로 만든 그릇을 籩, 나무로 만든 그릇을 豆라 한다[爾雅 · 釋器].
豆에는 잘게 다진 육젓을 담고, 籩에는 과실을 담는다(疏 籩豆禮器也。竹曰籩, 木曰豆。豆盛菹醢, 籩盛果
實。);《論語詞典》籩豆(변두): 籩은 대로 만든 그릇으로, 말린 음식을 담았고, 豆는 나무로 만든 그릇으로,
물기가 있는 음식을 담았다(都是古代盛食物的器皿, 籩用竹製, 盛乾東西, 豆用木製, 盛濕東西。);《論語譯
注》여기에서 '笾豆之事'는 禮儀 중의 일체의 구체적이고 세세한 부분들을 모두 묶어서 대표적으로
표현한 것이다(这里'笾豆之事'系代表礼仪中的一切具体细节。).

17 《禮記 · 樂記》당의 위와 아래에 연회 자리를 깔고, 술동이와 음식을 차려내고, 제기를 진열하는 등으로,
당을 오르내리는 일을 하는 것은 예의 말단이기 때문에, 유사가 이를 관장한다(鋪筵席, 陳尊俎, 列籩豆,
以升降爲禮者, 禮之末節也, 故有司掌之。);《論語正義》'有司'의 '有'는 語辭이다. '司'는 主[관장하다]이
다。《說文 · 司部》에, '司(사)는 臣司로 밖에서 일하는 자이다'라고 했다. '司存'으로 이어 붙여 읽어야
맞다["籩豆之事는 관장하는 자가 있다"](正義曰: '有司'者, 有, 語辭。司, 主也。說文云, 司, 臣司事於外
者……當以'司存'二字連讀。);《百度漢語》司存(사존): 관장하다. 담당하다(执掌; 职掌。); 有司(유사): 관
직을 담당하고 있는 관리(官吏。古代设官分职, 各有专司, 故称。).

18 存(존): 존재하다. 생존해있다(本义: 生存; 存在。跟'亡'相對。).

19 《禮記 · 冠義》무릇 사람이 사람인 까닭은, 예의 때문이다. 예의는, 몸가짐을 바르게 하고, 안색을
가지런히 하고, 언사를 순리롭게 하는 데서부터 시작된다. 몸가짐이 바르고, 안색이 가지런하고, 언사가
순리로운 뒤에야 예의가 갖춰진다(凡人之所以爲人者, 禮義也。禮義之始, 在於正容體, 齊顏色, 順辭令。
容體正, 顏色齊, 辭令順, 而後禮義備。);《說苑 · 脩文》증자가 병이 위독하자, 맹의[劉寶楠은, 孟儀가
孟敬子의 字로 보인다고 했다]가 가서 문병했다. 증자가 말했다. "새가 죽을 때에 이르러서는, 구슬픈
소리를 내고, 사람이 죽을 때에 이르러서는, 공순한 말을 하게 됩니다. 예에 세 가지 의칙이 있는데,
아십니까?" "모릅니다." "앉으십시오. 말씀드리겠습니다. 군자가 예를 닦아 뜻을 세우면, 탐욕의 마음이
들어오지 않고, 군자가 예를 생각해 몸가짐을 닦으면, 나태하고 거만한 태도가 생기지 않고, 군자가
예를 닦아 인의를 행하면, 분노 · 분쟁 · 난폭한 말이 멀어집니다. 樽俎(준조)[술동이와 고기그릇]를
배치하고 변두를 진열하는 일은, 이는 유사의 일이니, 군자가 할 줄 몰라도 괜찮습니다"(曾子有疾,
孟儀往問之。曾子曰: 「鳥之將死, 必有悲聲; 君子集大辟, 必有順辭。禮有三儀, 知之乎?」對曰: 「不識也。」
曾子曰: 「坐, 吾語汝。君子脩禮以立志, 則貪慾之心不來; 君子思禮以脩身, 則怠惰慢易之節不至; 君子脩禮
以仁義, 則忿爭暴亂之辭遠。若夫置樽俎、列籩豆, 此有司之事也, 君子雖勿能可也。」).

제기를 차리는 일이라면, 담당 관리가 있습니다."

遠, 近, 並去聲。○貴, 猶重也。容貌, 擧一身而言。暴, 粗厲也。慢, 放肆[20]也。信, 實也。
正顔色而近信, 則非色莊[21]也。辭, 言語。氣, 聲氣也。鄙, 凡陋也。倍, 與背同, 謂背理也。
籩, 竹豆。豆, 木豆。

'遠'(원)과 '近'(근)은 둘 다 거성[yuàn; jìn]이다. ○'貴'(귀)는 '중하다'[重]와 같다. '容貌'
(용모)는 전체 몸가짐을 들어 말한 것이다. '暴'(포)는 '거칠고 사납다'[粗厲]이다. '慢'(만)
은 '거리낌 없이 제멋대로 하다'[放肆]이다. '信'(신)은 '신실하다'[實]이다. 엄정한 얼굴빛
으로 믿음직스럽게 한다는 것은 안색만 근엄하게 꾸민다는 것이 아니다. '辭'(사)는 '말'
[言語]이다. '氣'(기)는 '말투'[聲氣]이다. '鄙'(비)는 '범상하고 누추하다'[凡陋]이다. '倍'
(배)는 '背'(배)와 같으니, '이치에 어긋나다'[背理]라는 말이다. '籩'(변)은 대나무 그릇이
다. '豆'(두)는 나무 그릇이다.

言道雖無所不在, 然君子所重者, 在此三事而已。是皆修身之要, 爲政之本, 學者所當操
存省察[22], 而不可有造次顚沛[23]之違者也。若夫籩豆之事, 器數之末[24], 道之全體固無不
該[25], 然其分則有司之守, 而非君子之所重矣。[26]

---

20 放肆(방사): 제멋대로 버려두고 아무렇게나 벌여놓다. 구속받지 않고 마음대로 하다. 언행이 신중하지
   못하고, 하고 싶은 대로 하여 거리낌 없다(任意作为, 不加拘束。[言行] 轻率任意, 毫无顾忌。).
21 色莊(색장): 얼굴빛이 엄숙하다(面色严肃);《先進 제20장》참조.
22 《集注考證》'操存'은 動容貌・正顔色・出辭氣의 이전의 일이고, '省察'은 動容貌・正顔色・出辭氣의
   즈음의 일이다(操存, 動正出之前。省察, 動正出之際。); 操存(조존): 심지를 붙잡아 지켜 잃어버리지 않도
   록 하다(执持心志, 不使丧失。);《學而 제8장》각주《孟子・告子上 제8장》참조.
23 《里仁 제5장》참조.
24 《集注考證》주자어록에 따르면, 맹경자는 평소 禮器・禮數에 관한 세세한 부분을 덧붙이고 상세히
   따르는 자였기 때문에, 증자가 그에게 敬身을 근본으로 여기도록 면려한 것으로 보인다(朱子語録, 疑孟
   敬子平日必加詳于器數之末者, 故曾子勉其以敬身爲本。); 器数(기수): 禮器나 禮數[신분에 따른 예의등
   급]에 관한 규정(指古礼中礼器, 礼数的种种规定。).
25 不該(불해): 완비되어 있지 않다. 갖춰져 있지 않다(不完备; 不兼备。).
26 《論語集釋》생각건대, 맹경자의 사람 됨됨이는《禮記・檀弓下》가 증거가 되는데, 擧動은 자기 맘대로이
   고, 出言은 상스럽고 이치에 어긋나 있었다. 증자도 그가 가르칠 수 없다는 것을 알았지만, 다만 그가
   병문안을 온 것으로 인해서, 한 가닥 현자를 좋아하는 진심이 그래도 남아 있기 때문에, 죽을 때 남기는
   말임을 먼저 밝히고 나서, 엄정한 말로써 그에게 말해주었으니, 인의가 지극했다. 말해준 것은 필시
   그의 병폐를 고치는 처방으로, 맹경자가 누대를 이어 사치하고 참례한 후예로서, 용모・안색・사기에서

말인즉, 도는 비록 없는 곳이 없지만, 군자가 중하게 여길 것은, 이 세 가지 일에 있을 뿐이라는 것이다. 이것들은 모두 수신(修身)의 요체이고, 위정(爲政)의 근본으로, 배우는 자가 마땅히 붙잡아서 보존하고 자세히 살펴야 할 것들로, 경황이 없는 중에도 엎어지고 자빠지는 중에도 어김이 있어서는 안 될 것들이다. 제기를 차리는 일의 경우에는, 예기(禮器)·예수(禮數) 등의 규정과 같은 지엽적인 것으로, (제기를 차리는 일도) 도의 총체에는 갖춰져 있지 않을 리 만무하지만, 그 일의 직분의 경우에는 곧 유사(有司)의 관할이지, 군자가 중하게 여길 바는 아니다.

○程子曰[27]:「動容貌, 擧一身而言也。周旋[28]中禮, 暴慢斯遠矣。正顏色則不妄, 斯近信矣。出辭氣, 正由中出, 斯遠鄙倍。三者正身而不外求, 故曰籩豆之事則有司存。」尹氏曰: [29]「養於中則見於外[30], 曾子蓋以修己爲爲政之本。若乃[31]器用[32]事物之細, 則有司存焉。」[33]
○정자(程子·明道)가 말했다. "'動容貌(동용모)는 모든 몸가짐을 들어 말한 것이다. 행동거지가 예에 맞으면, 난폭하거나 태만한 자세가 이에 멀어진다. 얼굴빛을 바르게 해서 거짓되지 않으면, 믿음직스럽게 된다. 말소리를 낼 때 중심에서 바르게 나오면, 상스럽고 이치에 어긋나는 말을 멀리하게 된다. 이 세 가지는 몸가짐을 바르게 하는

예에 맞지 않았고, 또 사소한 일에 지나치게 밝아서, 번잡했기 때문에, 이 말로써 그를 가르친 것인데, 말하자면 맹자가 말한 不屑之教誨이다. 후세 학자들은 그런데 이를 수신의 요체, 위정의 근본으로 인식했으니, 증자가 한 말의 취지를 잃은 것이다. 송나라 학자들은 경을 풀이하는데, 매번 지나치게 깊이 파고드는 병폐가 있는데, 이 또한 알지 않으면 안 된다(按: 敬子爲人, 證之檀弓, 其擧動任情, 出言鄙倍。曾子亦知其不可教, 特因其問疾而來, 尚有一綫好賢之誠, 故以將死之言先明己意, 而後正言以告之, 仁之至, 義之盡也。所言必係對症下藥, 蓋敬子承屢朝奢僭之後, 容貌顏色辭氣之間多不中禮, 且察察爲明, 近於苛細, 故以此教之, 即孟子所謂不屑之教誨也。後儒乃以爲修身之要, 爲政之本, 失其旨矣。宋儒解經, 每有過深之弊, 此又不可不知也。).

27 《論語大全》정자의 이 말은 集注의 구설이다(此卽集註舊說。).
28 《孟子·盡心下 제33장》행동거지가 절로 예에 맞는 것은, 성덕자의 지극한 경지이다(動容周旋中禮者, 盛德之至也。).
29 《論語大全》尹氏의 이 말 역시 集注의 구설이다(亦卽集註舊說。).
30 《子罕 제16장》각주 《大學》의 '誠於中 形於外' 참조.
31 若乃(약내): ~에 관해서는. 문장의 첫머리에 쓰여 다른 일을 일으킨다(至于。用于句子开头, 表示另起一事。).
32 器用(기용): 그릇 등의 도구(器皿用具).
33 《論語大全》증자의 뜻은, 다만 외면에서의 바르지 못한 점이 없기를 바란 것이지만, 集注의 뜻은 자기 내면을 바르게 하지 못하면서 자기 외면을 바르게 할 수 있는 자는 없었다고 여긴 것이다(勉齋黃氏曰: 曾子之意, 則但欲其在外之無不正, 而集註之意, 則以爲未有不正其內, 而能正其外者也。).

것으로 (내게 달려 있고) 내 밖에서 구하여 얻는 것이 아니기 때문에, 제기(祭器)를 차리는 일의 경우만은 (내 밖에) 유사(有司)가 있다고 말한 것이다."

윤씨(尹氏·尹彦明)가 말했다. "안으로 닦이면 밖으로 나타난다. 증자(曾子)는 대개 자기의 몸가짐을 다스리는 것을 위정의 근본으로 삼았다. 그릇 등의 용구나 사물의 세세한 부분에 관해서라면, 유사(有司)가 거기에 있다."

[曾子曰以能問於不能章]

080501、曾子曰:「以¹能問於不能, ²以多問於寡: 有若³無, 實⁴若虛⁵, 犯而不校⁶, 昔者⁷ 吾友嘗從事於斯矣⁸。」

증자(曾子)가 말했다. "능한 자로서 능하지 못한 자에게 물었고, 아는 것이 많은 자로서 아는 것이 적은 자에게 물었고, 있으면서 없는 듯했고, 꽉 차

---

1 《文言語法》주동자가 그에 근거해서 동작하는 자격이나 상황을 표시한다. ~로서(介詞'以', 表示主動者所 憑以動作的資格或者情況).

2 《集注考證》경문의 '能'字 밑에 '者'字를 덧붙이면, 별도의 설명이 필요 없이 뜻이 명확해진다(經文于能字 下添者字, 則不待辨說而明。);《論語正義》'不能'과 '寡'는 사람을 말한 것으로 평상시 나만 못한 자이다(正 義曰: '不能'與'寡', 言人, 平時莫己若者也。).

3 《古書虛字》'若'는 '如'이다. 마치~과 같다. 비슷하다('若', '如'也。爲如似之義。);《論語词典》~와 같다. ~와 같이 하다('若', 动词, 像, 如。);《論孟虛字》~인 듯하다. 비교방식을 쓴 판단문('若', 爲'如似'之意, 是動詞性, 用比擬方式代判斷。).

4 實(실): '宀'(면)은 집을, '貫'은 재물로, 돈꿰미가 집안에 꽉 차 있는 것을 표시한다. 꽉 차 있다. 풍부하다 (宀, 房屋。貫, 货物。以货物充于屋下。本义: 財物粮食充足, 富有。).

5 《大戴禮記·曾子制言上》유능한 상인은 진귀한 보물을 깊이 감춰두고 있으면서 텅 비어 없는 듯하고, 군자는 훌륭한 가르침을 꽉 채워두고 있으면서 아무것도 없는 듯하다(良賈深藏若虛, 君子有盛教如無。); 《大戴禮記·衛將軍文子》꽉 차 있으면서 덜 차 있는 듯하고, 가득 들어 있으면서 텅 비어 있는 듯하고, 통달했으면서 아직 미치지 못한 듯한 것, 이것이 증삼의 행실이었다(滿而不滿, 實如虛, 通[過]之如不 及…… 是曾參之行也。).

6 [성]犯而不校(범이불교): 다른 사람이 비위를 건드리거나 무례한 짓을 해도 따지지 않는다(犯: 触犯。校: 计较。受到别人的触犯或无礼也不计较。);《論語集解》'校'(교)는 '報'[되갚다]이다(注: 苞氏曰: 校, 報也。); 《古今注》'挍[校]'는 '角'[재다], '報'[되갚다]이다. 손으로 삿대질하며 서로 다투는 것을 형상화한 글자이 다(挍, 角也, 報也。象交手相爭。);《王力字典》校(교): 따지다. 실랑이를 벌이다. 따지고 비교하다(較量, 對抗。引申爲計較。).

7 《論語正義》증자가 이 말을 할 당시에, 안자가 이미 죽었기 때문에, '昔'(석)이라 한 것이다(正義曰: 曾子時, 顏子已卒, 故稱"昔者"。); 昔者(석자): 예전에(从前; 过去);《北京虛詞》者(자): 어기사. 時間詞 뒤에 쓰여, 음절을 맞춘다('者', 語氣詞。用于时间词语后凑足音节。).

8 《論語義疏》내 벗을 칭찬하는 것은, 자기가 벗보다 못하다고 하는 말이다(疏 江熙曰: 稱吾友, 言己所未能 也。);《論語義疏》"내 벗이 위의 일을 할 수 있었다"(疏: 吾友能爲上諸行也。);《論語大全》"'從事於斯'가 '著力'[힘을 쏟았다]입니까?" "'힘을 쏟았다'라는 것이라면, 안자 스스로 자기가 능한 자이고 아는 것이 많은 자라고 여겼으면서, 반드시 물으려고 했다는 것인데, 속이는 것에 가깝지 않겠는가? 증자는 안자가 이런 사람이라는 것을 깨우쳤다는 것이지, 그가 이런 일에 힘을 쏟았다고 말한 것이 아니다"(問從事於斯, 是著力否? 曰: 若是著力, 却是知自己能自己多, 須要去問, 不幾於詐乎? 曾子是見得顏子如此, 非謂其著力 也。);《百度漢語》從事(종사): 참여하다. ~에 힘을 쏟다(参与做某种事情; 致力于某种事情。).

있으면서 텅 비어 있는 듯했고, 무례한 짓을 당하면서도 따지지 않았다. 옛적에 나의 벗이 이렇게 했었다."

校, 計校[9]也。友, 馬氏以爲顏淵是也[10]。顏子之心, 惟知義理之無窮[11], 不見物我之有間[12], 故能如此。

'校'(교)는 '따지다'[計校]이다. '友'(우)에 대해, 마씨(馬氏·馬融)는 안연(顏淵)이라고 했는데 맞는 말이다. 안자(顏子)의 마음은 오직 의리가 무궁무진하다는 것만을 알았을 뿐, 남과 나 사이에 우열의 차이가 존재한다고 보지 않았기 때문에, 이렇게 할 수 있었다.

○謝氏曰:「不知有餘在己, 不足在人[13]; 不必得爲在己, 失爲在人[14, 15], 非幾於無我者[16] 不能也。」

○사씨(謝氏·謝顯道)가 말했다. "뛰어난 점은 자기에게 있고 부족한 점은 남에게 있다고 여기지 않는 것, 자기는 절대 옳고 잘못한 게 없고 남은 항상 틀리고 잘못했다고 여기지 않는 것은, 사사로운 자기가 없는 경지에 거의 이른 자가 아니면 할 수 없다."

---

9 計校(계교): =計較. 계산하여 비교하고 따지다. 논쟁하다. 실랑이를 벌이다(亦作'计校'。较量; 争论).

10 《論語大全》안자는 증석과 동년배이고, 아버지인 증석의 허물없는 절친한 친구였는데, 아들인 증자가 안자를 자기 친구라고 말할 수 있습니까? 같은 스승의 제자인 경우에는 모두가 친구이다(厚齋馮氏曰: 顏子與曾晳爲輩行, 父之執友也, 曾子亦可謂之吾友乎? 曰, 同師門則皆友也。).

11 《論語大全》'以能'에서 '若虛' 구절까지를 다 아울러서 설명한 것이다(該以能至若虛。).

12 《論語大全》이 구절은 '犯而不校'를 설명한 것이다(此謂犯而不校。).

13 《論語大全》理로써 말한 것으로, 앞의 네 구절을 설명한 것이다(慶源輔氏曰: 以理言也, 釋上四句。).

14 《論語大全》事로써 말한 것으로, '犯而不校'를 설명한 것이다(慶源輔氏曰: 以事言也, 釋下一句。).

15 《莊子·雜篇·則陽》옛날 남의 임금 노릇 했던 자는, 성공한 경우에는 그 공을 백성에게 돌렸고, 실패한 경우에는 그 책임을 자기에게 돌렸고, 바른 것은 백성 쪽에 있다고 여겼고, 굽은 것은 자기에게 있다고 여겼다. 그러므로 한 사람이라도 하늘에서 받은 그 형체를 보존하지 못한 경우에는, 뉘우쳐 스스로를 질책했다(古之君人者, 以得爲在民, 以失爲在己; 以正爲在民, 以枉爲在己。故一形有失其形者, 退而自責。); 得失(득실): 시비곡직. 옳고 그름(得与失。指是非曲直; 正确与错误。).

16 《子罕 제4장》'毋我' 참조.

[曾子曰可以託六尺之孤章]

080601、曾子曰:「可以託六尺之孤¹, 可以寄百里之命², 臨大節而不可奪也³, 君子人與⁴? 君子人也⁵。」

---

1 [성]六尺之孤(육척지고): 다 크지 못한 고아. 아버지가 죽은 어린아이(六尺: 古代尺短, '六尺'形容个子未长高; 孤: 死去父亲的小孩. 指没有成年的孤儿。); [성]托孤寄命(탁고기명): 임종 시 어린 자식을 남에게 부탁하고 중요한 사무를 맡기다. 유언으로 어린 임금을 맡아 거들어주라는 유명을 받다. 거상 기간에 국정을 처리하다. 중임을 맡다(寄命: 以重要事宜相委托. 临终前, 将孤儿及重要事情相托. 指受遗命托付辅助幼君; 或君主居丧时, 受命摄理朝政。);《論語義疏》'六尺之孤'는, 어린아이로서 부친을 여의고 임금이 된 자를 말한다(疏: 六尺之孤, 謂童子無父而爲國君者也。); 託(탁): 부탁하여 맡겨두다. 맡기다(寄託. 委託。);《孔子家語·王言解》손가락을 펴면 寸의 길이를 알고, 손바닥을 펴면[엄지와 중지를 벌리면] 尺의 길이를 알고, 두 팔을 벌리면 尋의 길이를 안다(夫布指知寸, 布手知尺, 舒肘知尋。);《論語注疏》정현의 注에, "六尺之孤'는 15세 이하이다'라고 했다(疏: 正義曰: 鄭玄注此云'六尺之孤, 年十五已下'。);《論語大全》《周禮·地官司徒》賈公彥의 疏에, 6척은 나이 15살이라고 했다(新安胡氏曰: 周禮疏云, 六尺年十五。);《論語正義》옛날에는 6촌을 1척으로 계산했으니, 지금의 3척6촌[약119cm]에 해당한다(正義曰: "六尺之孤", 以古六寸爲尺記之, 當今三尺六寸。); 六尺(육척): 약138cm(约合今日一百三十八厘米。)。

2 [성]百里之命(백리지명): 임금의 정령. 百里는 제후국을 가리킨다(指国君的政令。百里, 指诸侯国。);《孟子·萬章下 제2장》天子는 땅은 사방 천 리, 公과 侯는 모두 사방 백 리, 伯은 사방 칠십 리, 子와 男은 사방 오십 리로, 모두 네 등급이다. 오십 리가 못 되는 경우는 天子에게 통하지 못하고 諸侯에게 복속되었는데 이것을 附庸(부용)이라 한다(天子之制, 地方千里, 公侯皆方百里, 伯七十里, 子男五十里。凡四等. 不能五十里, 不達於天子, 附於諸侯, 曰附庸。);《論語義疏》百里는 나라를 말한 것으로 완전한 수를 들어 말한 것이다(疏 百里, 謂國也, 言百里舉全數也。);《古今注》'命'은 한 나라의 흥망이다(命, 一國之興亡也。)。

3 [성]大節不奪(대절불탈): 생사의 고비에 임해서도 처음 품었던 뜻을 굽히지 않다(大节: 临难不苟的节操; 夺: 丧失. 指面临生死关头, 仍不改变其原来志向。);《論語正義》'大節'은 국가와 사직을 안정시키는 것이다. 종묘와 사직의 안위와 존망에 관계된 일임을 밝힌 것이다(正義曰: 大節, 安國家, 定社稷. 明此'大節'所關在宗社安危存亡也。);《古今注》나라에 험난한 시기가 있는 것이 대나무에 마디가 있는 것과 같으니, 이것이 '大節'이다(國有艱險之會, 如竹之有節, 是大節也。); 大節(대절): (국가의) 존망과 안위에 관계되는 큰일(关系存亡安危的大事)。

4 《論語正義》'君子'는 경·대부 지위에 있는 자를 칭한다[이 경우 '君子人'은 '군자 자리에 있을 만한 사람'으로 풀이할 수 있다](正義曰: '君子'者, 卿大夫之稱也。);《論語注疏》'與'는 의심이 들어 아직 결정하지 못하는 말이다. 살피고 또 살펴봐서 위의 일을 할 수 있는 사람이라면 군자라 할 수 있으니, 더 이상 의심할 게 없기 때문에, 다시 '君子人也'라고 한 것이다(疏: 正義曰: 與者, 疑而未定之辭. 審而察之, 能此上事者, 可謂君子, 無復疑也, 故又云君子人也。);《助字辨略》'與'는 어말사로, 영탄의 뜻이 다수이다. 주희는 '其爲仁之本與'[學而 제2장] 및 '君子人與'를 의문문이라 했는데, 아닌 것 같다('與', 語末辭, 詠歎之意居多. 朱注以'其爲仁之本與'及'君子人與'竝作疑辭, 恐非。)。

5 《經典釋文》'君子也'가 어떤 책에는 '君子人也'로 되어 있다('君子也', 一本'君子人也'。);《疑義舉例·也邪通用例》옛사람들의 글에서는 '也'를 의문사로 쓰는 경우가 있었다. 陸德明의《經典釋文·序》에, '邪와 也는 다르지 않다'고 했는데, 맞는 말이다. 이러한 예를 알지 못하고, 의문사인데 결정사로 간주하면,

증자(曾子)가 말했다. "홀로 남겨진 나이 어린 임금을 맡길 만하고, 나라의
정령을 맡겨 처리하게 할 만하고, 생사의 갈림길에 임해서도 그 절개를 빼앗을
수 없는 사람이라면, 군자다운 사람일까? 군자다운 사람이다!"

與, 平聲。○其才可以輔幼君, 攝國政, 其節至於死生之際而不可奪, 可謂君子矣。與,
疑辭。也, 決辭。設爲問答, 所以深著其必然也。[6]

'與'(여)는 평성[yú]이다. ○그 사람의 재능은 어린 임금을 보필할 만하고 국정을 맡겨
섭정하게 할 만하고, 그 사람의 절개는 생사의 갈림길에 이르러서도 빼앗을 수 없다면,
군자라고 할 만하다. '與'(여)는 의심하는 말이다. '也'(야)는 단정하는 말이다. 묻고 답
하는 형식으로 설정한 것은, 이로써 그것이 반드시 그렇다는 것을 깊이 드러내려는
것이다.

○程子曰:「節操[7]如是, 可謂君子矣。」

○정자(程子·伊川)가 말했다. "절개와 지조가 이 정도이면, 군자라고 할 만하다."

옛글의 뜻이 크게 어긋나고 만다(古人之文則有以'也'字爲疑詞者。陸氏經典釋文序所謂'邪、也, 弗殊。',
是也。使不達此例, 則以疑詞爲決詞, 而於古人之意大謬矣。);《古書虛字》'也'는 감탄어사이다. '也'도 '歟'
도 모두 감탄어사이다('也'爲感歎之詞。'也'亦'歟'也, 皆感歎之詞也。).

6 《論語大全》'才'는 德의 쓰임이고, '節'은 德의 지킴이다. 이 둘은 어느 한쪽을 버릴 수 없다. 節은 있는데
才가 없으면, 속이려는 마음은 없지만, 맡기기에 아직 부족하니, 남의 속임을 피하지 못할까 우려되고,
도둑질하려는 마음은 없지만, 맡기기에 아직 부족하니, 남의 도둑질을 피하지 못할까 우려된다. 남의
속임을 당하고 도둑질을 당해, 헛되이 죽을 뿐 이익이 없다. 才는 있는데 節이 없으면, 큰 것이 아직
살피기에는 부족하다(新安胡氏曰: 才者德之用, 節者德之守。二者不可偏廢。有其節無其才, 雖無欺人之
心, 而未足以託, 恐不免爲他人所欺也; 雖無竊人之心, 而未足以寄, 恐不免爲他人所竊也。爲人欺竊, 而徒
死無益矣…… 有其才無其節, 則大者不足觀矣。);《論語大全》이 장의 대의는 節을 중요시하지만, 才를
써서 節를 완성시킨다는 것이다. 節은 才에 의지해서 서게 되고, 才는 節에 의지해서 완성될 것이다(新安
陳氏曰: 大意以節爲重, 而才以成之。節也者, 才之所恃以立, 才也者, 節之所賴以成者歟。).

7 節操(절): 절개와 지조(气节操守。).

[曾子曰士不可以不弘毅章]

080701、曾子曰:「士不可以不弘毅¹, 任重而道遠²﹒³。

증자(曾子)가 말했다. "선비는 뜻이 크고 굳세지 않으면 안 된다. 짊어진 짐은 무겁고 가야 할 길은 멀다.

弘, 寬廣⁴也。毅, 強忍⁵也。非弘不能勝其重, 非毅無以致其遠。

'弘'(홍)은 '크고 넓다'[寬廣]이다. '毅'(의)는 '꾹 참고 견디다'[強忍]이다. 크지 않으면 짊어진 짐의 무거움을 이겨낼 수 없고, 굳세지 않으면 가야 할 먼 곳에 이를 도리가 없다.

---

1 《古今注》'毅'(의)는 붙잡고 지키기를 굳세게 하는 것이다. 毅字는 맹수가 화가 나서 털이 곤두선 모습을 형상화한 글자이다(毅者, 執守之強也。毅字, 象猛獸發怒毛豎。); 毅(의): (입장·주장·의지가) 확고부동하다. 결연하다. 결단력이 있다. 감당해내다(本义: 意志坚强, 果断。堪义); 《論語譯注》'弘毅'는 '強毅[강하고 굳세다]이다. 章炳麟[1869~1936] 先生은 《廣論語騈枝》에서 말했다. 《說文·弓部》에, '弘은 弓聲[활이 날아가는 소리]이다'라고 했다. 후대인들이 強字를 빌어 弘字를 대신했으니, 強의 뜻으로 썼다. 弘字는 지금의 強字이다. 《說文·殳部》에, '毅(의)는 有決[결연하다]이다'라고 했다"["굴하지 않는 강인함과 오래도록 참아내는 확고한 힘을 가지고 있지 않으면 안 된다"](弘毅, 就是強毅。章太炎(炳麟)先生《廣論語騈枝》說"說文: '弘, 弓聲也。' 後人借'強'爲之, 用爲'強'義。此'弘'字卽今之'強'字也。說文: '毅, 有決也。'"; '不可以不剛強而有毅力。); 《百度漢語》弘毅(홍의): 포부가 원대하고 의지가 군세고 확고하다(谓抱负远大, 意志坚强。).
2 [성]任重道遠(임중도원): 맡은 바 책임은 무겁고 갈 길은 멀기만 하다. 오랜 기간 분투노력이 필요하다(任: 负担; 道: 路途。担子很重, 路很远。比喻责任重大, 要经历长期的奋斗。); 《古今注》'任'은 길 가는 자가 어깨에 메거나 등에 진 짐이다(任, 行者所擔負也。); 《百度漢語》'任'의 초기글자는 '壬'(임)으로, '壬'은 어깨에 메거나 등에 짊어지는 擔架(담가)의 모양으로, 본뜻은 '擔架를 어깨에 메다, '등에 짊어지다'이다(壬是任的初文。壬即担荷的担子的竖立形。本义: 挑担; 荷; 肩负。); 《王力漢語》접속사 '而'는 순접관계나 역접관계에 다 쓸 수 있는데, 순접관계에 쓰인 경우는 이어지는 두 항이 유사하거나 밀접한 관계가 있으며, '뿐만 아니라' 또는 '곧'으로 번역할 수 있다(連詞'而'字可以用於順接, 也可以用於逆接。所謂順接, 是說相連接的兩項在意思上有某種類似, 或者有密切的關係。順接的'而'字有時可以譯爲'而且', 有時可以譯爲'就''便'。).
3 《論語今讀》중국에서 이른바, '비분강개하여 죽으러 달려가기는 쉽지만, 조용히 의를 향해 나아가기는 어렵다'고 한 것이 바로 이 장에서 말한 도리이다(中国所谓"慷慨赴死易, 从容就义难。", 就是这个道理。).
4 《論語大全》寬하면 받아들이는 양이 많고, 廣하면 적재할 공간이 넓다(新安胡氏曰: 寬則容受之多, 廣則承載之闊。); 寬廣(관광): 넓다. 확 트이다. 도량이나 뜻이 크다(使开阔, 广大, 宽宏).
5 《論語大全》強하면 붙잡아 지키는 것이 견고하고, 忍하면 짐을 지고 오래 견딜 수 있다(新安陳氏曰: 強則執守之堅, 忍則負荷之久。); 強忍(강인): 완강하다. 꿋꿋하게 참아내다. 꾹 참고 견디다(顽强坚忍。).

080702、仁以爲己任[6], 不亦重乎? 死而後已[7], 不亦遠乎?」[8]

> 인(仁)을 가지고 자기가 짊어질 짐으로 삼으니, 이야말로 (짊어진 짐이) 무겁지
> 않겠는가? 죽고 나서야 짊어진 짐을 그만 내려놓으니, 이야말로 (가야 할 길이)
> 멀지 않겠는가?"

仁者, 人心之全德, 而必欲以身體而力行之, 可謂重矣。一息尚存[9], 此志不容少懈, 可謂
遠矣。

인(仁)이라는 것은 마음의 완전무결한 덕으로, 반드시 인(仁)을 몸으로 체현하려고 하
고 인(仁)을 실행하는 데 힘쓰려고 하니, 무겁다고 할 만하다. 한번 쉴 숨이 아직 남아
있는 순간까지도, 이러한 뜻이 조금이라도 해이해지는 것을 용납하지 않으니, 멀다고
할 만하다.

○程子曰:「弘而不毅, 則無規矩而難立; 毅而不弘, 則陿陋而無以居之。」又曰「弘大剛
毅[10], 然後能勝重任而遠到。」

○정자(程子·伊川)가 말했다. "크지만 굳세지 않으면, 기준 삼을 잣대가 없어 확고히

---

6 《論語句法》 '以'는 사역동사로 술어이고, '仁'은 '以'에 대해서는 목적어, 아래 준연결동사 '爲'에 대해서는
  주어이다. '仁'은 본래 '以'字 뒤에 놓여야 하지만, 중요성을 내보이기 위해서, 문장의 앞머리에 위치시킨
  것으로, 이에 결국 '以'字 앞에 놓인 것이다('以'是致使動詞做述詞, '仁'對'以'來說是止詞, 對下準繫詞'爲'
  來說, 是主語。'仁'本應該放在'以'字之下的, 爲了要顯示它的重要性, 而把它提在句首的位置, 於是它竟在
  '以'字之上。);《論語譯注》 "천하에 仁德을 실현하는 것으로써 자기의 임무를 삼다"("以實現仁德於天下爲
  己任。").

7 [성]死而後已(사이후이): 죽은 후에야 손을 놓다. 맡은 바 책임을 완성하기 위해 분투노력하다가 생을
  마치다. 고생을 마다하지 않고 자기의 모든 것을 바치다(已: 停止。死了以后才罷手。形容为完成一种责任
  而奮斗終生, 意为不辞辛苦地贡献出自己的一切, 到死为止的精神。);《公冶長 제9장》 각주《禮記·表記》
  참조;《王力漢語》已(이): 멈추다. 중지하다. '死而後已'는 하던 일을 다 못하고 멈춘다는 것이지, 하던
  일을 다 마친다는 의미가 아니다(停止。'死而後已'指的是停止工作, 没有盡的意思。).

8 《禮記·表記》 仁이라는 그릇은 무겁고, 仁이라는 길은 멀어서, 그 그릇을 들려는 자는 아무도 그 무게를
  이겨낼 수 없고, 그 길을 가려는 자는 아무도 그 끝에 다다르지 못하고, 다만 누군가 좀 무거운 것을
  들거나 좀 멀리 가면 仁이라 여길 뿐이니, 仁에 힘쓰는 것이 참으로 어렵지 않은가?(子曰: 仁之爲器重,
  其爲道遠, 擧者莫能勝也, 行者莫能致也, 取數多者仁也; 夫勉於仁者不亦難乎?).

9 一息尚存(일식상존): 한 번의 호흡이 아직 남아 있다. 숨이 아직 붙어 있다(息, 呼吸, 气息; 尚, 还。
  还有一口气。意谓还活着, 生命尚未终止。).

10 剛毅(강의): '剛'(강)은 결심 등이 단단해서 쉽게 변하지 않는 것이고, '毅'(의)는 의지나 심지가 굳세어서
   굽어지지 않고 오래 견디는 것이다.

서기가 어렵고, 굳세지만 크지 않으면, 좁고 누추해서 인(仁)을 거처하게 할 여지가 없다."

또 말했다. "넓고 크고 단단하고 굳센 뒤에야, 무거운 짐을 짊어질 수 있고 가야 할 먼 곳에 이를 수 있다.

[興於詩章]

080801、子曰:「興於[1]詩,

선생님께서 말씀하셨다. "시(詩)로 인해 감흥이 일어나고,

興, 起也。詩本性情, 有邪有正, 其爲言既易知, 而吟詠[2]之間, 抑揚反覆,[3]其感人又易入。故學者之初, 所以[4]興起其好善惡惡之心, 而不能自已者, 必於此而得之。[5]

'興'(흥)은 '일어나다'[起]이다. 시(詩)는 성정에 바탕을 두고 있어서, 사특한 성정을 표현한 시도 있고 정직한 성정을 표현한 시도 있는데, 그 시어(詩語)는 알기 쉬운 데다가, 읊조리는 소리의 높낮이와 같은 말의 반복으로 인해, 사람을 감동시키고 또 쉽게 몰입시킨다. 이 때문에 배우는 자가 배우는 처음 단계에, 자기 속의 선을 좋아하고 악을 미워하는 마음을 흥이 나도록 불러일으킬 수 있고, 스스로 그만둘 수 없게 되는 것은, 반드시 이 시(詩)로 인해 얻어진다.

080802、立於禮,

예(禮)로 인해 서고,

禮以恭敬[6]辭遜[7]爲本, 而有節文[8]度數[9]之詳, 可以固人肌膚之會, 筋骸之束[10, 11]。故學者

---

1 《論語句法》 '於'(어)는 지금의 '由於'[~로 말미암아]에 해당한다('於'字, 相當於白話的'由於'。).

2 吟詠(음영): 리듬 있게 강약을 넣어 시가를 읊조리다(有节奏有韵调地诵读(诗文)).

3 《論語大全》 '抑揚'(억양)은 소리의 높낮이를 말하고, '反覆'(반복)은 전과 후가 중복되거나 순서가 뒤바뀌는 것을 말한다(新安陳氏曰: 抑揚, 謂聲音高下, 反覆, 謂前後重復翻倒。); 反覆(반복): 반복하다. 같은 것을 여러 번 되풀이하다(反復。重复再三: 翻来覆去。).

4 所以(소이): ~할 수 있다(可以).

5 《論語集釋》《論語集注述要》 '興'의 뜻은, 사람을 감발시키는 힘이 커서, 자기도 모르는 사이에 스며들고, 스스로 그만둘 수 없게 분기시키는 것을 말한다(論語集注述要: 興之爲義, 因感發力之大, 沁入於不自知, 奮起於不自已之謂……。).

6 《北溪字義·恭敬》 恭(공)은 외모의 측면에서 말한 것이고, 敬(경)은 내심의 측면에서 말한 것이다. 恭은 용모에 중점을 둔 것이고, 敬은 일에 중점을 둔 것이다. 恭은 엄정하다는 뜻이 있고, 敬은 恭에

之中, 所以能卓然¹²自立, 而不爲事物之所搖奪¹³者, 必於此而得之。

예(禮)는 공경과 사양으로 근본을 삼고 있고, 규정과 각종 규칙이 상세하게 갖춰져 있어서, 살과 살갗의 결합과 힘줄과 뼈의 결속을 견고하게 할 수 있다. 이 때문에 배우는 자가 배우는 중간 단계에, 능히 우뚝하니 스스로 서게 될 수 있고, 외물에 의해 (선을 좋아하고 악을 미워하는 마음이) 흔들리거나 바뀌지 않는 것은, 반드시 이 예(禮)로 인해 얻어진다.

080803. 成於樂。^{14, 15}」

비해 실질적이다. 몸가짐이 엄정한 것·용모가 단정한 것, 이것이 恭의 뜻이다. 그렇지만 恭은 단지 敬이 외모로 드러나 있는 것일 뿐이고, 敬은 단지 恭이 안으로 보존되어 있는 것일 뿐이다. 恭과 敬은 두 가지 별개의 것이 아니라, 형체와 그림자의 관계와 같은 것으로, 안으로 敬이 없으면서 밖으로 恭할 수 있는 사람은 아직까지 없었고, 똑같이 밖으로 恭할 수 없으면서 안으로 敬할 수 없는 사람은 아직까지 없었다. 이는 忠과 信, 忠과 恕가 서로 관련되어 있는 것과 마찬가지이다. '앉아 있는 자세는 尸童이 제사를 받는 자세처럼 단정하게 하고, 서있는 자세는 제사 전에 재계를 하는 자세처럼 엄숙하게 한다'[禮記·曲禮上]는 것이 곧 敬의 모습이다. '군자가 그의 의관을 바르게 하고, 그의 쳐다보는 눈빛을 존엄하게 하면, 위엄이 있어서 사람들이 보기만 해도 두려워한다'[堯曰 제2장]는 것이 곧 恭의 모습이다(恭就貌上說, 敬就心上說。恭主容, 敬主事。恭有嚴底意, 敬字較實。身體嚴整, 容貌端莊, 此是恭底意。但恭只是敬之見於外者, 敬只是恭之存於中者。敬與恭不是二物, 如形影然, 未有內無敬而外能恭者, 亦未有外能恭而內無敬者。此與忠信,忠恕相關一般。'坐如屍, 立如齊', 便是敬之容。'正其衣冠, 尊其瞻視, 儼然人望而畏之。' 便是恭之容。)。

7 辭遜(사손): 언사가 겸손하다(言辭謙遜。辞谢推让。)。

8 節文(절문): 성문화된 규정(谓制定礼仪, 使行之有度。)。

9 度數(도수): 수치. 횟수. 규칙(以度为单位计量而得的数目。指用以计量的标准。标准; 规则)。

10 《禮記·禮運》예의라는 것은, 사람 됨됨이의 중요한 단서로, 이를 써서 신의를 중시하고 화목을 꾀하고, 살과 살갗의 결합과 힘줄과 뼈의 결속을 견고하게 하는 것이다. 이를 써서 산 사람을 봉양하고, 죽은 사람을 장송하고, 귀신을 섬기는데, 가장 중요한 단서로 삼고, 이를 써서 하늘의 도를 이해하고, 인정에 순응하는 가장 큰 문으로 삼는 것이다. 사람에게 있어 예는, 술을 담그는 데 누룩이 있는 것과 같다(故禮義也者, 人之大端也, 所以講信修睦而固人之肌膚之會, 筋骸之束也; 所以養生送死, 事鬼神之大端; 所以達天道, 順人情之大竇…… 禮之於人也, 猶酒之有糵也); 肌膚(기부): 살과 살갗(肌肉与皮肤); 筋骸(근해): 근육과 뼈(犹筋骨)。

11 《禮記·禮器》예라는 것은 사람의 지체와 같다. 지체가 다 갖춰져 있지 않으면, 군자는 그를 덜된 인간이라고 말한다(禮也者, 猶體也。體不備, 君子謂之不成人。)。

12 卓然(탁연): 여럿 중에 우뚝한 모양(卓越貌)。

13 搖奪(요탈): 외력의 영향을 받아 결심을 바꾸다. 흔들리고 빼앗기다(因外力影响而动摇改变决心)。

14 《論語譯注》"詩는 나를 기운차게 북돋우고, 禮는 나를 발을 딛고 확고히 서 있게 하고, 樂은 내가

음악으로 인해 완성된다.

樂有五聲[16]十二律[17], 更唱迭和, 以爲歌舞八音[18]之節, 可以養人之性情, 而蕩滌其邪穢[19], 消融[20]其査滓[21]。 故學者之終, 所以至於義精[22]仁熟[23], 而自和順於道德者[24], 必於此

배운 바를 완성하게 한다("詩篇使我振奮, 禮使我能在社會上站得住, 音樂使我的所學得以完成.").

15 《論語義疏》이 장은 爲政의 순서를 언급한 것이다. 喜懼哀樂은 백성의 자연스러운 감정으로, 사물에 응해 느껴 동하게 되면, 시를 지어 읊고 노래를 부른다. 그래서 시와 노래를 채집해 올려 이로써 백성의 생각과 풍속을 이해했다[禮記·王制]. 이해하고 나면, 덜 것을 덜고 보낼 것은 보태서 예의 기초로 삼았기 때문에, 풍속으로 인해 제도를 수립하고 이에 따라 그에 맞는 예를 완성했다. 풍속을 억지로 바로잡고 단속하고 처벌하는 것으로는, 민심은 변화하지 않기 때문에 또 소리와 음악으로 감화시키고, 정신을 화락하게 한다. 백성의 詩를 채집하지 않으면, 풍속을 살필 방법이 없고, 풍속과 괴리되면, 禮가 설 곳이 없고, 禮가 확립되지 않으면, 樂은 노래 부를 곳이 없고, 樂이 禮에 맞지 않으면 효과가 나타날 곳이 없기 때문에, 詩·禮·樂은 서로 도우면서, 그 쓰임에는 선후가 있는 것이다(疏: 王弼曰: 言有爲政之次序也。夫喜懼哀樂, 民之自然, 應感而動, 則發乎聲歌。所以陳詩採謠以知民志風。既見其風, 則損益基焉, 故因俗立制以達其禮也。矯俗檢刑, 民心未化, 故又感以聲樂, 以和神也。若不採民詩, 則無以觀風。風乖俗異, 則禮無所立, 禮若不設, 則樂無所樂, 樂非禮則功無所濟, 故三體相扶, 而用有先後也。);《論語大全》 옛날의 배우는 자는, 반드시 먼저 詩를 배웠다. 詩를 배우면, 그 선악·시비·권유와 훈계를 소리 내어 읽어 그 뜻을 계발할 수 있었기 때문에, 그래서 '興'이라 한 것이다. 사람이 잣대로 삼을 禮가 없으면, 몸가짐이 근거할 곳이 없기 때문에, 그래서 '立'이라 한 것이다. 이것이 禮라는 형식이다. 중심이 이에 잠시라도 화락해지지 않으면, 탐욕스럽고 야비하고 속이고 꾸미는 마음이 그 틈을 타서 파고든다[禮記·樂記]. 화락하지 않으면 자득하는 게 없기 때문에, 그래서 '成'이라 한 것이다(古之學者, 必先學詩。學詩, 則誦讀其善惡是非勸戒, 有以起發其意, 故曰興。人無禮以爲規矩, 則身無所處, 故曰立。此禮之文也。中心斯須不和不樂, 則鄙詐之心入之。不和樂則無所自得, 故曰成。);《論語正義》 옛날부터 전해 내려오던 교육제도가 있었는데[아래 각주《禮記·內則》참조], 공자 당시에 경·대부 자리 및 녹봉이 세습되어, 사람들이 배워서 벼슬할 길이 없어졌기 때문에, 교육제도가 모두 없어졌다. 공자 문하의 제자 중에, 먼 데서 온 자들은 대부분 배우지 못한 자들이어서, 공자께서 옛 교육 방법을 요약해서 가르쳤는데, 시를 배운 이후에 예를 배우고 계속해서 음악을 배웠으니, 대개 시는 곧 음악이고, 음악은 예에 뒤이어서 행하는 것으로, 예가 서면 음악이 쓰일 수 있었다(正義曰: 自古相傳教學之法, 夫子時, 世卿持祿, 人不由學進, 故學制盡失。聖門弟子, 自遠至者, 多是未學, 夫子因略本古法教之, 學詩之後即學禮, 繼乃學樂, 蓋詩即樂章, 而樂隨禮以行, 禮立而後樂可用也。).

16 五聲(오성): 궁·상·각·치·우의 다섯 가지 음으로(指宮、商、角、徵、羽五音。), 소리의 청탁고하를 나타낸다.

17 十二律(십이율): 12음조(古樂的十二調。陽律六[六律]: 黃鍾、太簇、姑洗、蕤賓、夷則、無射; 陰律六[六同: 六呂]: 大呂、夾鍾、仲呂、林鍾、南呂、應鍾。共爲十二律。).

18 八音(팔음): 재질별[金·石·絲·竹·匏·土·革·木]로 8종의 악기(由金、石、絲、竹、匏、土、革、木八種材質製成的樂器。如鐘屬金, 磬屬石, 琴、瑟屬絲, 簫、笛屬竹, 笙屬匏, 塤屬土, 鼓屬革, 柷、敔屬木。);《周禮·春官宗伯·大師》에, '大師: 掌六律、六同, 以合陰陽之聲。陽聲: 黃鐘、大蔟、姑洗、蕤賓、夷則、無射。陰聲: 大呂、應鐘、南呂、函鐘、小呂、夾鐘。皆文之以五聲: 宮、商、角、徵、羽。皆播之以八音: 金、石、土、革、絲、木、匏、竹。'이라고 나온다.

19 《史記·樂書》천자는 몸소 명당에 나가 음악 연주를 관람하고, 만민은 음악을 듣고 마음속 사악한

而得之, 是學之成也。

음악에는 5성과 12율이 있어서, 번갈아 가면서 노래하고 뒤이어가면서 화답하여, 이로써 가무와 8음의 가락을 만들어서, 이로써 사람의 성정을 길러, 그 속의 사악한 것, 더러운 것을 깨끗이 쓸어내고 씻어내고, 그 속의 남아 있는 찌꺼기까지 다 풀어 녹여 없앨 수 있다. 이 때문에 배우는 자가 배우는 마지막 단계에, 의(義)에 정통하고 인(仁)이 완숙하는 경지에 이르게 될 수 있고, 스스로 도(道)와 덕(德)에 화순(和順)하게 되는 것은, 반드시 이 음악으로 인해 얻어지는데, 이것이 배움의 완성이다.

○按內則²⁵, 十年學幼儀, 十三學樂誦詩, 二十而後學禮。則此三者, 非小學傳授之次, 乃大學終身所得之難易, 先後, 淺深也。²⁶

것, 더러운 것을 모두 다 깨끗이 쓸어내고 씻어내고, 서로 술을 주거니 받거니 하며 배불리 먹으면서, 그들의 성정을 닦고 길렀다(天子躬於明堂臨觀, 而萬民咸蕩滌邪穢, 斟酌飽滿, 以節厥性。); 蕩滌(탕척): 깨끗이 씻다. 제거하다(清洗: 清除。荡: 洗滌。滌: 洗); 邪穢(사예): 사악하고 더럽다(邪惡污穢);《集注考證》깨끗이 없어지지 않고 남아 있는 사람의 욕심(邪穢: 人欲之未盡淨者。).

20 消融(소융): 녹이다. 녹여 없애다. 녹아 없어지다. 용해되다. 풀리다(融化: 消失).

21 查滓(사재): 남은 찌꺼기. 앙금. 인욕. 사념(物品提出精華后剩下的東西。理學家亦以指人欲私念。).

22《周易 · 繫辭下》의리에 정통하여 신묘한 경지에 들어가, 이로써 실제에 응용하다(精義入神, 以致用也。).

23《孟子 · 告子上 제19장》맹자가 말했다. "오곡은 종자 중에 가장 좋은 품종인데 만약 여물지 않는다면 피만도 못하다. 仁 또한 여무는 데 달려 있을 따름이다"(孟子曰: 五穀者, 種之美者也, 苟爲不熟, 不如荑稗。夫仁亦在乎熟之而已矣。).

24《周易 · 說卦》도와 덕에 화순하고 의를 갈고닦고, 천리를 끝까지 궁구하고 본성을 투철히 깨달아 이로써 천명을 깨친다(和順於道德而理於義, 窮理盡性以至於命。).

25《禮記 · 內則》10살이 되면 외부의 선생에게 가서 배우고, 밖에서 기숙하면서, 글쓰기와 계산법을 배우고, 비단옷을 입지 않고, 예절은 앞서 집에서 배운 바를 따르고, 아침저녁으로 어린이의 예의를 배우고, 간략함과 신실함을 익히도록 한다. 13살이 되면 음악을 배우고, 시를 읊고, 勺舞(작무)를 배우고, 15살이 되면 象舞(상무)를 배우고, 활쏘기 · 말타기를 배운다. 20살이 되면 관을 쓰고, 비로소 예를 배우고, 털옷과 비단옷을 입을 수 있고, 大夏舞(대하무)를 배우고, 효제를 독실하게 행하고, 널리 배우기만 하고 남을 가르치지 않고, 안으로 쌓기만 하고 밖으로 드러내지 않는다. 30살이 되면 아내를 맞이하고, 비로소 남자로서의 일을 다스리고, 널리 배우되 한 분야에 국한되지 않고, 겸손히 벗을 사귀어 그 志向을 살펴 받아들인다(十年出就外傅, 居宿於外, 學書計, 衣不帛襦褲, 禮帥初, 朝夕學幼儀, 請肄簡諒。十有三年學樂, 誦詩, 舞勺, 成童舞象, 學射御。二十而冠, 始學禮, 可以衣裘帛, 舞大夏, 惇行孝弟, 博學不教, 內而不出。三十而有室, 始理男事, 博學無方, 孫友視志。).

26《論語大全》옛사람들은 어렸을 때부터 음악을 익히고 시를 읊고 춤을 배웠지, 나이가 들어서야 비로소 시를 배우고 예를 배우고 음악을 배운 것이 아니었다. '興詩' · '立禮' · '成樂'는 공부의 순서가 아니라 바로 得效의 순서인 것이다(朱子曰: 古人自少時習樂誦詩學舞, 不是到後來, 方始學詩學禮學樂。興詩立禮成樂, 不是說用工次第, 乃是得效次第。);《論語大全》詩는 禮보다 쉽고, 禮는 樂보다 쉽고, 興은 얕고,

○《예기·내칙》(禮記 內則) 편을 고찰해 보면, '10살이 되면 어린이의 의례를 배우고, 13살이 되면 음악을 배우고 시를 읊고, 20살이 된 뒤에 예를 배운다'고 했다. 그렇다면 이 장의 세 가지는, 소학(小學) 과정에서 전수하는 공부의 차례가 아니라, 바로 대학(大學) 과정에서 종신토록 터득하는 공부의 난이(難易)·선후(先後)·천심(淺深)이다.

程子曰:「天下之英才不爲少矣, 特以道學不明, 故不得有所成就。夫古人之詩, 如今之歌曲[27], 雖閭里[28]童稚[29], 皆習聞[30]之而知其說, 故能興起。今雖老師[31]宿儒[32], 尚[33]不能曉其義, 況學者乎? 是不得興於詩也。古人自洒掃應對[34], 以至冠, 昏, 喪, 祭, 莫不有禮。今皆廢壞[35] 是以人倫不明, 治家無法, 是不得立於禮也。古人之樂: 聲音[36]所以養其耳, 采色所以養其目, 歌詠[37]所以養其性情, 舞蹈所以養其血脈。今皆無之, 是不得成於樂也。是以古之成材也易, 今之成材也難。」

정자(程子·伊川)가 말했다. "천하의 영재가 적지 않지만, 다만 도학에 밝지 못하기 때문에, 무엇인가 성취하지를 못한다. 무릇 옛사람들의 시는, 지금의 가곡과 같아서, 비록

立은 깊고, 成은 더 깊기 때문에, 공부의 선후의 순서가 이와 같다(慶源輔氏曰: 詩易於禮, 禮易於樂, 興者淺, 立者深, 成則又其深者也, 故其先後之序如此。).

27 歌曲(가곡): 가사와 음악(诗歌与音乐结合, 供人歌唱的作品。).

28 閭里(여리): 향리. 마을(乡里。里巷: 平民聚居之处。).

29 童稚(동치): 아동(亦作'童穉'。儿童: 小孩。).

30 習聞(습문): 늘상 듣다(常闻).

31 老師(노사): 선생(年老辈尊的传授学术的人).

32 宿儒(숙유): 나이가 많고 학식과 덕이 높은 학자(年高而博学的读书人。修养有素的儒士。).

33 尚(상): =尚且. 점층의 의사를 표시한다. 더 심한 일을 제시·부각시키는 역할을 하여, 이 일이 이러하니 저 일은 말할 필요도 없음을 나타낸다. 뒤 문장에 '況' '何況' 등을 써서 호응시킨다(表示进一层的意思。提出程度更甚的事例作为衬托, 下文常用"况"、"何况"等词相呼应。).

34 《子張 제12장》 참조.

35 廢壞(폐괴): 못쓰게 되고 허물어지다. 파괴되다. 몰락하다(败坏; 败落。).

36 《禮記·樂記》音은 사람의 마음에서 생겨난다. 사람의 마음이 움직이는 것은, 외부의 사물이 그렇게 한 것이다. 외부의 사물에 반응하여 움직이기 때문에, 소리로 나타난다. 소리끼리 서로 응하기 때문에, 변화가 생겨나고, 변화가 일정한 방식[곡조]을 이루는 것을 音이라 한다. 이 音을 서로 어울리게 배열해 연주하고, 干戚·羽旄 등의 악기를 들고 춤추는 것을 樂[樂舞]이라 한다(凡音之起, 由人心生也。人心之動, 物使之然也。感於物而動, 故形於聲。聲相應, 故生變; 變成方, 謂之音: 比音而樂之, 及干戚羽旄, 謂之樂。);《禮記·王制》한가지 소리만 내는 것을 聲, 여러 소리가 서로 어울려서 나오는 것을 音이라 한다(集說: 單出曰聲, 雜比曰音。).

37 歌詠(가영): 시가를 읊다. 노래하다(亦作'歌咏'。歌唱; 吟咏。).

동네 어린아이들일지라도, 모두 늘상 들어서 그 시의 내용을 알고 있었기 때문에, 능히 감흥을 세차게 불러일으킬 수 있었다. 지금의 시는 비록 나이가 많은 선생이나 학식이 높은 선비들조차도, 그 뜻을 깨닫지 못하는데, 하물며 배우는 자들이겠는가? 이것이 시(詩)로 인해 감흥이 일어나지 못하는 까닭이다.

옛사람들은 물을 뿌리고 마당을 쓸고 부름에 응하고 물음에 답하는 것에서부터, 관혼 상제에 이르기까지, 모두 예를 갖추지 않는 게 없었다. 지금은 (예가) 모두 폐지되고 파괴되어, 이 때문에 인륜은 밝지 못하고, 가정을 다스림에는 법도가 없어졌으니, 이것이 예(禮)로 인해 서지 못하는 까닭이다.

옛사람들의 음악은 아름다운 소리로는 이를 써서 자기의 귀를 닦고, 고운 색으로는 이를 써서 자기의 눈을 닦고, 노랫가락으로는 이를 써서 자기의 성정을 닦고, 춤사위로 는 이를 써서 자기의 혈맥을 닦았다. 지금은 (음악이) 모두 없어졌으니, 이것이 음악으로 인해 완성되지 못하는 까닭이다. 이 때문에 옛날에는 인재를 길러내기가 쉬웠는데, 지금은 인재를 길러내기가 어려운 것이다."

[民可使由之章]

080901、子曰:「民可使由之, 不可使知之。^{1, 2 3}」

1 《論語集解》'由'은 '用'이다. 백성은 날마다 사용할 수는 있지만 알지는 못한다(注: 由, 用也。百姓能日用, 而不能知也。);《論語義疏》이 장은 천도가 심원함을 밝힌 것이다. (백성은) 날마다 사용하면서도 그렇게 하는 까닭을 알지 못한다[周易·繫辭上](疏: 此明天道深遠。雖日用而不知其所以。);《論語譯注》"백성들에게는, 우리가 가는 길을 따라 걸어가게 할 수는 있지만, 그것이 왜 그래야 하는지 알게 할 수는 없다"("老百姓, 可以使他們照着我們的道路走去, 不可以使他們知道那是爲什麽。");《論語新解》"백성을 인도하는 자는, 어떤 경우에는 인도하는 바대로 행하게 할 수 있을 뿐, 그렇게 인도하는 바의 취지를 백성들이 모두 알게 할 수 없는 경우가 있다"("在上者指導民众, 有时只可使民众由我所指導而行, 不可使民众尽知我所指導之用意所在。"); 이 장에 대해서는 여러 가지 斷句방법이 있는데, 대표적인 것은 다음과 같다: ①"民可使由: 不可使知之。" (백성은 (우매무지한 자이니) 복종하게 할 수는 있어도, 알게 할 수는 없다). ②"民可, 使由之; 不可, 使知之。" (백성 중에 가한 자는 알아서 따라오게 하고, 불가한 자는 알게 해준다). ③"民可使, 由之; 不可使, 知之。" (부릴 수 있는 자는 명령에 따르게 하고, 부릴 수 없는 자는 도리를 깨우쳐준다). ④"民可使, 由之不可, 使知之。" (부릴 수 있는 자라도, 스스로에게 맡겨놔서는 안 되고, 알게 해줘야 한다). ⑤"民可使由之?不! 可使知之。" (백성은 스스로 알아서 따라오게 놔둬도 되는가? 안 된다. 알게 해줘야 한다); 1993년 곽점촌에서 발굴된 《郭店楚墓竹簡·尊德義》에는, '民可使道之, 而不可使知之; 民可道也, 而不可强也。' (백성은 인도할 수는 있어도 알게 할 수는 없고, 인도할 수는 있어도 억지로 끌고 갈 수는 없다)라는 구절이 있다고 한다.

2 《論語正義》凌鳴喈(능명개)의 《論語解義》에, 이 장은 앞 장의 詩·禮·樂을 이어받아 말한 것으로, '詩禮樂 可使民由之 不可使知之'라고 말한 것이라 했는데, 이 견해가 맞다. 내 생각에, 앞 장은 공자의 제자교육 방법이고, 이 장의 '民'은 제자를 가리킨다고 본다. 《史記·孔子世家》에, '공자는 詩書禮樂으로 가르쳤는데, 제자가 대략 3천 명이었고, 육예를 몸에 완전히 익힌 자가 72명이었다'고 했다. 육예를 몸에 익힌 자란 能興·能立·能成者이다. 그들이 能興·能立·能成했던 것은 공자께서 그들을 가르쳤기 때문이다. 이들 제자가 '可使知之者'이다. 72명의 제자 외는 모두 육예를 몸에 완전히 익힌 자가 아니었지만, 공자께서 역시 詩書禮樂으로 제자들을 가르쳤는데, 이들이 소위 '可使由之 不可使知之'인 '民'이다. '民'이라 한 것은, 《荀子·王制》에 '왕·공·사대부의 자손일지라도 예의를 따르지 못하면, 서인으로 귀속시켰다'고 했는데, '서인'이 바로 '民'이다(正義曰: 凌氏鳴喈《論語解義》以此章承上章詩禮樂言, 謂'詩禮樂可使民由之, 不可使知之', 其說是也。愚謂上章是夫子教弟子之法, 此'民'亦指弟子。孔子世家言: '孔子以詩書禮樂教, 弟子蓋三千焉, 身通六藝者七十有二人。' 身通六藝, 則能興, 能立, 能成者也。其能興, 能立, 能成, 是由夫子教…… 此則可使知之者也。自七十二人之外, 凡未能通六藝者, 夫子亦以詩書禮樂教之, 則此所謂'可使由之 不可使知之'之民也。謂之'民'者, 《荀子·王制篇》: "雖王公士大夫之子孫, 不能屬於禮義, 則歸之庶人。" 庶人'即'民'也。);《論語集釋》《孟子·盡心上 제5장》에, '행하면서도 그것을 명확히 알지 못하고, 몸에 배어 있으면서도 그것을 자세히 살피지 못하고, 종신토록 따르면서도 그 길을 알지 못하는 자가, 보통 사람들이다'라고 했는데, '衆'은 평범한 대중을 말하는 것으로, 바로 이 장에서 말한 '民'으로, 이 장의 확실한 주해라고 할 수 있다(按: 愚謂孟子盡心篇: 「孟子曰:『行之而不著焉, 習矣而不察焉, 終身由之而不知其道者, 衆也。』」衆謂庸凡之衆, 即此所謂民也, 可謂此章確詁。).

3 《孟子·盡心上 제5장》행하면서도 그것을 명확히 알지 못하고, 몸에 배어 있으면서도 그것을 자세히 살피지 못하고, 종신토록 따르면서도 그 길을 알지 못하는 자가 보통 사람들이다(孟子曰: 行之而不著焉,

선생님께서 말씀하셨다. "백성들은 그들로 하여금 따르게 할 수는 있어도, 그들로 하여금 억지로 알게 할 수는 없다."

民可使之由於是理之當然, 而不能使之知其所以然也。[4]

백성들은 그들로 하여금 어떤 이치상 마땅히 그렇게 해야 되는 것을 (그대로) 따르게 할 수는 있어도, 그들로 하여금 마땅히 그렇게 해야 되는 까닭을 알게 할 수는 없다.

○程子曰: 「聖人設教, 非不欲人家喻而戶曉[5]也, 然不能使之知, 但能使之由之爾。若曰聖人不使民知, 則是後世朝四暮三[6]之術也, 豈聖人之心乎?」

○정자(程子·伊川)가 말했다. "성인께서 가르침을 베푸시는데, 가가호호마다 다 깨우치

習矣而不察焉, 終身由之而不知其道者, 衆也。):《周易·繫辭上》一陽一陰하게 하는 것[造化流行하여 生生不已하게 하는 근원]을 道라 하고, 이것을 계속하는 것[이 도가 유행하여 만물이 生生不已하는 것]이 善이고, 이것을 완성한 것[만사 만물이 이 선한 도를 받아들여 각각의 성을 이루는 것]이 性이다. 仁者는 이것을 보고 仁이라 하고, 知者는 이것을 보고 知라 하고, 백성은 날로 쓰면서 道인 줄 알지 못하니, 그래서 군자의 도는 깨닫는 자가 드물다(一陰一陽之謂道, 繼之者善也, 成之者性也。仁者見之謂之仁, 知者見之謂之知, 百姓日用而不知, 故君子之道鮮矣。).

4 《論語大全》백성은 단지 따르게 할 수 있을 뿐이다. 아는 것은, 반드시 스스로의 깨달음을 기다려야 하는 것이지, 억지로 알게 할 수 있는 것이 아니다. 따라야 할 것들은, 그들이 원래 가지고 있는 것들이지만, 그럼에도 성인께서 따르게 하신 것들로는, 예컨대 이끌기를 덕을 써서 하는 것, 가지런히 하기를 예를 써서 하는 것, 교화시키기를 인륜을 써서 하는 것이[爲政 제3장] 모두 따르게 하신 것들이다. 알게 할 수 없다는 것은, 우매한 검은 머리 백성이기 때문이 아니라, 알게 할 수 없기 때문이다. 여타의 해석을 좇을 이유가 없다. 알게 할 수 없다는 것은 평범한 백성을 두고 한 말이다. 배우는 자는 본디 알고자 하지만, 그럼에도 반드시 점차 아는 것이 쌓이고, 따르는 것이 익어서, 어느 날 무심결에 스르르 저절로 아는 바가 있어야 비로소 가능한 것이지, 억지로 알게 할 수는 없다(朱子曰: 民但可使由之耳。至於知之, 必待其自覺, 非可使也…… 所由雖是他自有底, 却是聖人使之由, 如道以德, 齊以禮, 教以人倫, 皆是使之由。不可使知, 不是愚黔首, 是不可得而使知之, 無緣逐箇與他解說……不可使之知, 謂凡民爾。學者固欲知之, 亦須積累涵泳, 由之而熟, 一日脫然自有知處乃可, 亦不可使之强知也。).

5 家喻戶曉(가유호효): 가가호호마다 다 알다(亦作'家諭戶曉'。每家每戶都明白; 謂人人皆知).

6 《莊子·內篇·齊物論》정신을 괴롭히고 힘들여서 하나를 추구하지만, 그것이 같은 것임을 알지 못하니, 이를 일러 朝三이라고 한다. 무엇을 朝三이라고 하는가? 원숭이 사육사가 원숭이에게 도토리를 주면서 말하기를 '아침에는 세 알 저녁에는 네 알을 주겠다'고 하자 원숭이들이 모두 화를 냈다. 그래서 말하기를 '그러면 아침에는 네 알 저녁에는 세 알을 주겠다'고 하자 원숭이들이 모두 좋아라고 했다. 명칭도 실질도 이지러진 게 없는데, 기쁨과 화가 작용하는 것은 이에 기인한다. 이런 까닭에 성인은 是와 非를 조화시켜, 是와 非를 한가지로 보는 경지에 가서 쉬니, 이것을 일컬어 兩行이라 한다(勞神明爲一, 而不知其同也, 謂之朝三。何謂朝三? 曰狙公賦芧, 曰: '朝三而莫四。'衆狙皆怒。曰: '然則朝四而莫三。'衆狙皆悅。名實未虧, 而喜怒爲用, 亦因是也。是以聖人和之以是非, 而休乎天鈞, 是之謂兩行。);《列子·黃帝》에도 이 같은 내용의 글이 있다: 朝三暮四(조삼모사): 속임수로 사람을 속이다(比喻用詐术欺骗人).

고 밝혀 주고자 하시지 않는 것은 아니지만, 그들로 하여금 알게 할 수는 없고, 다만 그들로 하여금 그것을 따르도록 할 수는 있을 뿐이다. 누군가 (이 구절을 근거로) 성인께 서 백성들로 하여금 알지 못하게 우민정책을 펼친 것이라고 말한다면, 이는 후세의 조삼모사(朝三暮四)의 사술(詐術)이지, 어찌 성인의 마음이겠는가?"

[好勇疾貧章]

081001、子曰:「好勇疾¹貧, 亂也。人而²不仁, 疾之已甚, 亂也。」³

　　　　선생님께서 말씀하셨다. "용맹을 좋아하고 가난을 싫어하면, 난을 일으킨다.
　　　　사람이 되어 가지고 불인(不仁)하다고, 그를 미워함이 너무 지나치면, 난을
　　　　일으킨다."

好, 去聲。○好勇而不安分, 則必作亂。惡不仁之人而使之無所容, 則必致⁴亂。二者之心,
善惡雖殊, 然其生亂則一也。⁵

'好'(호)는 거성[hào]이다. ○용맹을 좋아하지만 자기 분수에 편안해하지 못하는 사람
은, 반드시 난을 일으킨다. 불인(不仁)한 사람을 미워하여 그로 하여금 용납받을 곳이
없게 하면, 반드시 난을 불러들인다. 이 두 사람의 마음은, 한쪽은 선하고 한쪽은 악해
서　비록 다를지라도, 그들이 난을 일으킨다는 점에서는 한 가지이다.

---

1 疾(질): 싫어하고 미워하다. 몹시 미워하다(厌恶; 憎恨。).

2 《古書虛字》'而'는 '之'와 같다('而', 猶'之'也。爲口語之'的'。); 《論孟虛字》'而'는 개사로서 '之'와 같다.
　'的'에 해당한다('而', 猶'之', 爲介系詞, 相當於'的'。); 《論語句法》'而'의 역할은 '如'와 같고, 가설을 나타내
　는 관계사이다('而'字的作用和用'如'字相同, 是個表假設的關係詞。); 《論衡‧問孔》에는 '人而不仁'이 '人之
　不仁'으로 되어 있다.

3 《大戴禮記‧曾子立事》군자는 다른 사람의 선을 좋아하지만, 그에게 가서 빌붙지 않고, 다른 사람의
　불선을 싫어하지만, 그를 원수처럼 미워하지 않는다(君子好人之爲善, 而弗趣也, 惡人之爲不善, 而弗疾也。);
　《孟子‧離婁下 제10장》공자께서는 (일이나 사람을 대하는 데 있어) 너무 심한 것은 하지 않으셨다(孟子曰:
　仲尼不爲已甚者。).

4 致(치): 불러들이다. 초치하다. 조성하다. 야기하다(招引; 招致; 造成; 导致).

5 《論語大全》용맹을 좋아하는 경우는, 그 난을 일으키는 것이 나이고, 불인을 미워함이 지나친 경우는,
　그 난을 일으키는 것이 남이지만, 난을 불러들이는 것은 역시 나다["용맹을 좋아하고 가난을 부끄러워하
　는 사람은 스스로 난을 일으키고, 불인을 너무 미워하는 사람은 스스로 난을 불러들인다"](慶源輔氏曰:
　好勇者……此其亂在我。惡不仁……此其亂在人, 而致亂亦在我也。).

[如有周公之才之美章]

081101、子曰：「如¹有周公之才²之美, 使³驕且⁴吝⁵, 其餘不足觀也已⁶。」⁷

---

1 《論語大全》'如'·'使'는 모두 가설 접속사이다(雲峯胡氏曰: 本文如字使字, 皆假設之辭。);《古書虛字》'如'는 雖[비록~일지라도]와 같다('如', 猶雖也。);《文言虛詞》가설접속사('如'作連詞, 表示假設);《論語句法》'如'는 '설령~일지라도'의 뜻이다(如是'縱然'·'即使'的意思).

2 《說文·才部》才(재): 초목의 생겨나오는 처음 모습이다. 'ㅣ'(곤)을 따르고 'ㅣ'이 위로 '一'을 뚫고 나와 장차 枝葉이 생겨나오는 것이다. '一'은 땅을 나타낸다(艸木之初也。从ㅣ上貫一, 將生枝葉。一, 地也。); 才(재): 위 '一'획은 땅을, 아래 'ㅣ'획은 초목의 순이 이제 막 땅을 뚫고 올라오는 것을 형상화한 글자이다. 재능이 있다. 싹수가 있다. 재능(上面一橫表示土地, 下面象草木的莖(嫩芽)剛剛出土, 其枝叶尚未出土的样子。本义: 草木初生。有才能: 有本领。才力; 才能。人才).

3 《論語義疏》本에는 '使' 앞에 '設'字가 추가되어 있다;《助字辨略》'使'는 가설을 표시한다(使, 假設之辭。);《詞詮》가설접속사. 만약. 가령('使', 假設連詞。設也, 若也。今言'假使').

4 《詞詮》且(차): 등열접속사. 또한. 게다가('且', 等列連詞。又也。今語云'而且').

5 吝(린): 뒤돌아보면서 아까워하다. 미련을 버리지 못하다. 분에 넘치게 아까워하다. 써야 할 것인데 쓰지 못하고 쓰기를 아까워하다. 분수에 만족하지 못하고 탐하다(本义: 顾惜, 舍不得。爱惜过分, 当耗费的舍不得耗费, 该使用的舍不得使用; 非分贪求).

6 《古漢語語法》'주어+(不)+足'[조동사]+동사술어' 형식에서 동사는 모두 뒤에 목적어를 수반하지 못하고, 주어는 동사의 동작을 받는 受事者이다. 반면 '주어+(不)+足以'[조동사]+동사술어' 형식에서 동사는 모두 뒤에 목적어를 수반하고, 주어는 동사의 동작을 하는 施事者이다; 不足(부족): ~할 가치가 없다. ~할 필요가 없다(不值得, 不必).

7 《韓詩外傳·卷三》주공이 成王을 대신해 섭정한 7년 동안, 지위가 없는 선비 중에 예를 갖춰 스승으로 모신 자가 10명, 친구로 교류한 자가 20명, 궁벽한 마을에 사는 평민 중에 먼저 찾아가 만난 자가 49명, 수시로 좋은 의견을 올린 자가 100명, 가르침을 준 선비가 1,000명, 궁으로 찾아온 자가 10,000명이었다 (周公踐天子之位, 七年, 布衣之士所贄而師者十人, 所友見者十二人, 窮巷白屋先見者四十九人, 時進善者百人, 教士千人, 宮朝者萬人。). 성왕이 주공의 아들 백금에게 노나라를 봉하자, 주공이 백공에게 훈계했다. "가거라! 네가 노나라 임금이라고 해서 선비들에게 교만하게 굴어서는 안 된다. 나는 문왕의 아들이고, 무왕의 동생이고, 성왕의 숙부이고, 또 천하의 재상이니, 나 또한 천하가 가볍게 대할 수 있는 존재가 아니다. 그렇지만 머리를 감다가도 찾아온 선비를 만나기 위해 세 번이나 감던 머리를 틀어쥔 채로 맞으러 나갔고, 밥을 먹다가도 세 번이나 입안의 음식을 뱉고 달려 나갔으니, 오히려 천하의 선비를 놓칠까만을 걱정했다(成王封伯禽於魯, 周公誡之曰: "往矣! 子無以魯國驕士。吾, 文王之子, 武王之弟, 成王之叔父也, 又相天下, 吾於天下, 亦不輕矣。然一沐三握髮, 一飯三吐哺, 猶恐失天下之士。). 내가 들으니, 덕행이 넉넉하면서 공손함으로 이를 지키는 자는 영광을 얻고, 토지가 넓으면서 검약함으로 이를 지키는 자는 편안함을 얻고, 녹위가 높으면서 겸손함으로 이를 지키는 자는 존귀함을 얻고, 많은 백성과 강한 군대를 거느리면서 두려움으로 이를 지키는 자는 승리를 얻고, 총명예지하면서 우직함으로 이를 지키는 자는 선함을 얻고, 널리 듣고 많이 기억하면서 평이함으로 이를 지키는 자는 지혜를 얻는다고 했다. 이 여섯 가지는 모두 겸손의 덕이다. 존귀하기가 천자이고 부유하기가 사해를 소유한 자라도, 이 겸손의 덕을 따라야 한다. 겸손하지 않아서 천하를 잃고 자신을 망친 자는, 桀과 紂가 바로 이들이다. 어찌

선생님께서 말씀하셨다. "비록 주공(周公)과 같은 뛰어난 재능을 지녔을지라도, 교만한 데다가 인색하기까지 하다면, 그런 사람의 나머지 다른 면은 볼 필요도 없다."

才美, 謂智能技藝之美。驕, 矜夸[8]。吝, 鄙嗇[9]也。[10]

'才美(재미)는 지혜·재능·기예가 뛰어난 것을 말한다. '驕(교)는 '자랑하고 과시하다' [矜夸]이다. '吝(인)은 '비루하고 인색하다'[鄙嗇]이다.

○程子曰:「此甚言驕吝之不可也。蓋有周公之德, 則自無驕吝; 若但有周公之才而驕吝焉, 亦不足觀矣。」又曰:「驕, 氣盈。吝, 氣歉。[11]」

○정자(程子·伊川)가 말했다. "이 장은 교만하거나 인색해서는 안 된다는 것을 강조해서 말씀한 것이다. 대개 주공(周公)과 같은 덕을 지니고 있다면, 처음부터 교만함과 인색함이 없을 것이지만, 만일 주공(周公)과 같은 재능은 지녔는데 교만하고 인색하다면, 또한 볼 필요가 없다." 또 말했다. "'驕(교)는 기(氣)가 꽉 차 있는 것이고, '吝(인)은 기(氣)가

조심하지 않겠느냐?"(吾聞德行寬裕, 守之以恭者榮: 土地廣大, 守之以儉者安: 祿位尊盛, 守之以卑者貴; 人衆兵強, 守之以畏者勝: 聰明睿智, 守之以愚者善: 博聞強記, 守之以淺者智。夫此六者, 皆謙德也。夫貴爲天子, 富有四海, 由此德也; 不謙而失天下, 亡其身者, 桀紂是也; 可不慎歟!").

8 矜夸(긍과): 자랑하고 과시하다(指骄傲自夸).

9 鄙嗇(비색): 쩨쩨하다. 옹졸하다. 비루하고 인색하다(小气; 吝嗇).

10 《論語大全》남이 가지고 있지 않은 것을 자랑하는 것이 '驕(교)이고, 자기가 가지고 있는 것을 끼고도는 것이 '吝(인)이다(朱子曰: 誇人所無是驕, 挾已所有是吝。);《古今注》'驕'는 자기를 자랑하는 것이고, '吝'은 베푸는데 인색한 것이다. '吝'은 '改過不吝[잘못을 고치는 데 인색하지 않다][書經·仲虺之誥]의 '吝'으로 읽어야 한다고 하는 사람도 있다. '驕'는 자기의 잘난 점을 자랑하는 것이고, '吝'은 자기의 악한 점을 고치는 데 인색한 것이다(驕, 矜己也。吝, 嗇施也。或曰吝當讀之爲改過不吝之吝。驕者, 矜其善也。吝者, 不改其惡也。);《論語正義》'驕'는 자기의 재능을 스스로 내놓고 자랑하는 것이고, '吝'은 자기가 가지고 있는 것을 아까워해서 남에게 알리지 않는 것이다。《孟子·告子下 제13장》에 '잘난 체하며 떠드는 소리와 안색이, 사람들을 천리 밖에 머무르게 한다'고 했는데, 이런 사람이 바로 '驕'이다. 또 《孟子·離婁下 제7장》에 "만약 중용에 이르른 사람이 중용에 이르지 못한 사람을 버리고, 재능이 있는 사람이 재능이 없는 사람을 버린다면, 賢者·不肖者의 서로 떨어진 그 간격은 잘해야 한 치도 못 될 것이다"라고 했는데, 이런 사람이 바로 吝이다(正義曰: 驕是自矜其才, 吝是靳己所有, 不以告人。孟子謂 "訑訑之聲音顏色, 拒人於千里之外", 是即驕也。"中也棄不中, 才也棄不才, 則賢不肖之相去, 其間不能以寸。" 是即吝也。).

11 歉(겸): 배가 차지 않다. 겸연쩍다. 미안한 심정. 미안해하다. 부족하다(本义: 吃不饱。惭愧。对不住人的心情。抱歉。少: 不足).

덜 차 있는 것이다."

愚謂驕吝雖有盈歉之殊, 然其勢常相因。蓋驕者吝之枝葉, 吝者驕之本根。故嘗驗[12]之
天下之人, 未有驕而不吝, 吝而不驕者也。[13]

내가 생각건대, 교만과 인색은 비록 기운이 꽉 차 있는가 덜 차 있는가의 차이는 있지
만, 그 기세는 항상 서로 원인이 된다. 대개 교만은 인색의 지엽이고, 인색은 교만의
근본이다. 때문에, 예전에 경험해 본 천하의 많은 사람 중에는, 교만한데 인색하지 않
은 자가 없었고, 인색한데 교만하지 않은 자가 없었다.

---

12 驗(험): 검사하다. 관찰하다. 시험해보다(檢查, 察看。檢查: 檢驗。試驗).

13 《論語大全》 "부족한 것[吝]은 기가 덜 찬 것이고, 꽉 차 있는 것[驕]은 기가 부족하지 않은 것입니다.
어찌 그럼에도 '使驕且吝'하다 했는지요?" 주자가 말했다. "예컨대 이 글의 뜻을 이해했는데, 吝은 아까워
서 그 뜻을 남에게 말해주려 하지 않는 것이니, 이는 곧 남에게 驕하게 굴려는 것이다. 驕는 吝이
드러난 모습이고, 吝은 驕의 숨은 모습이다[吝이 안에 있어서 驕가 밖으로 드러나는 것이다]. 그가
가지고 있는 것을 吝하게 굴고, 그가 믿고 기대고 있는 것을 驕하게 군다. 吝이 主가 된다. 대개 吝은,
어떤 것이 내게 있는 경우, 나는 있고 너는 없다고 말하는 것으로, 이는 곧 남에게 驕하게 굴려는
것이다. 남에게 驕하게 굴려는 것 때문에, 그래서 吝하게 되는 것이다"(問氣歉則不盈, 盈則不歉。如何却
云使驕且吝? 曰: '如曉此文義, 吝惜不肯與人說, 便是要去驕人…… 驕者吝之所發, 吝者驕之所藏。吝之所
有, 驕之所恃也…… 吝爲主。蓋吝其在我。則謂我有你無, 便是要驕人。爲是要驕人, 所以吝。').

[三年學章]

081201. 子曰:「三年學, 不至¹於穀, 不易得也。²」

　　　선생님께서 말씀하셨다. "3년을 배우고도 녹봉에 뜻을 두지 않는 사람은, 얻기
　　　가 쉽지 않다."

易³, 去聲。○穀, 祿也。至, 疑當作志。爲學之久, 而不求祿, 如此之人, 不易得也。
'易'(이)는 거성[yì]이다。○'穀'(곡)은 '녹봉'[祿]이다。'至'(지)는 마땅히 '志'(지)로 써야
할 것으로 보인다。배운 지 오래되었는데도 녹봉을 추구하지 않는, 이와 같은 사람은,
얻기가 쉽지 않다。

○楊氏曰:「雖子張之賢, 猶以干祿爲問⁴, 況其下者乎? 然則三年學而不至於穀, 宜不

---

1 《論語集釋》胡寅[1098~1156]의 《論語詳說》에 말했다。"'至'를 '志'로 하면, 뜻이 더욱 정확한데, 혹
소리가 같아서 잘못 쓴 것일까?"(胡寅論語詳說: 以「至」爲「志」, 則其義益精, 或聲同而字誤也。);《論語譯
注》'至'는 생각이 가 있는 곳을 가리킨다('至', 指意念之所至。).

2 《論語集解》'穀'(곡)은 '善'이다。'사람이 3년을 배우고도, 善에 도달하지 못하는 사람은, 얻을 수 없다'는
말씀이다。결코 없다는 말이니, 이를 써서 사람들에게 배울 것을 권면하신 것이다(注: 孔安國曰: 穀,
善也。言人三歲學, 不至於善, 不可得。言必無也, 所以勸人於學也。);《論語義疏》손작이 말했다。"穀은
祿이다。3년을 배우면 족히 학업을 통달할 수 있으니, 녹을 얻을 수 있고, 비록 제때 얻지는 못할지라도,
녹에 이르는 길을 터득할 수 있다"(疏: 孫綽曰: 穀, 祿也。云三年學足以通業, 可以得祿, 雖時不祿, 得祿之道
也。);《補正述疏》《周禮·地官司徒·鄕大夫》에 '3년마다 실시하는 대비과[鄕試]에, 덕행과 학문을 심사하
여, 어진 자와 재능이 있는 자를 상신한다'고 했는데, 이 장의 '배워서 3년이 되면 녹봉에 뜻을 둔다'는
말이 나온 곳이다(述曰: 《周禮、鄕大夫》云: "三年則大比, 考其德行, 道藝, 而興賢者, 能者。" 此學以三年而
至於穀者所由也。);《論語集釋》생각건대, 호인이 '至'를 '志'로 바꾸면 뜻이 더욱 정확하다 했는데, 이는
송유들의 경전의 글자를 바꾸기 좋아하는 습성으로, 이렇게 풀이해서는 안 된다。이 장의 풀이는 李塨
[1659~1733]의 《論語傳注》가 가장 간명한 것으로 추천하는데, 다음과 같다。"'學'은 대학에 들어가는
것이다。《禮記·學記》에 '해마다 입학했다'고 했는데, 매년 모두 대학에 입학한 사람이 있었음을 말한다。
'격년으로 시험을 실시했다'고 했는데, 격년으로 그의 도예의 실력을 시험 친 것을 말한 것으로, 이것이
'三年'이다。고대의 전적을 배워 벼슬길에 들어선다[書經·周書·周官]는 생각을 늘 염두에 두고 있었다。
마음이 오로지 배움에만 있고, 결코 녹봉에 가 있지 않는 것, 이것이 그들에게 어찌 쉬울 수 있겠는가?
'至'는 到[~에 가 있다]이다"(按: 惟改「至」作「志」, 乃宋儒好竄亂古經之惡習, 不可爲訓。解釋此章當推李
塨論語傳注最爲簡明, 錄之如左:「學, 入大學。學記『比年入學』, 謂每年皆有入學之人也。『中年考校』,
謂間一年而考校其道藝也, 是三年矣。學古入官之念於茲動矣。乃心專在於學, 並不至於穀祿, 此其人豈易
得哉? 至, 猶到也。」).

3 易(이/역): [yì, 異] 용이하다。평이하다。간략하다。경시하다。개의치 않다。다스리다(容易。簡易。簡省。
輕視。含有'不以为意'的意思。治, 整治。); [yì, 亦] 주역。바꾸다。교환하다(《周易》的简称。改变, 更改。交换。).

易得也。」

○양씨(楊氏 · 楊中立)가 말했다. "자장(子張) 같은 현능한 사람조차도, 녹봉을 추구하는 것으로 질문을 삼았는데, 하물며 그보다 못한 사람에게 있어서이겠는가? 그렇다면 3년을 배웠는데도 녹봉을 염두에 두지 않는 사람은 의당 얻기가 쉽지 않다."

---

4 《爲政 제18장》 참조.

[篤信好學章]

081301、子曰：「篤信好學¹，守死善道。²

　　선생님께서 말씀하셨다. "도에 대한 믿음을 확고히 하면서 도를 배우기를 좋아해야 하고, 죽도록 변치 않고 준수하면서 도를 행하는 데 최선을 다해야 한다.

好，去聲。○篤，厚而力也。不篤信，則不能好學；然篤信而不好學，則所信或非其正。不守死，則不能以善其道；然守死而不足以善其道，則亦徒死而已。蓋守死者篤信之效，善道者好學之功³。

---

1 [성]篤信好學(독신호학): 도에 대한 확고한 믿음을 간직하고, 열심히 배우고 묻기를 좋아하다(笃信: 忠实地信仰。指对道德和事业抱有坚定的信心, 勤学好问。)。《論語正義》도에 대한 믿음이 독실하여 도를 배우기를 좋아하면, 다른 이단에 혹하지 아니하기 때문에, 공자께서도 '옛것을 신봉하고 좋아했다'[述而 제1장]고 했으니, 好學은 도를 추구하는 방법이다(正義曰: 篤信以好其學, 斯不惑於他端, 故夫子亦自言 "信而好古"也, 好學所以求道。)。《論語新解》'信'은 이 도를 믿는 것이다. 독실하게 믿지 않으면 배우기를 좋아할 수 없다. '學'은, 이 도를 배우는 것으로, 배우기를 좋아하지 않으면 또 독실하게 믿을 수 없다. 독실하게 믿을 수 있으니, 또 배우기를 좋아할 수 있고, 그런 후에 죽도록 이 도를 지킬 수 있고, 비로소 이 도를 위해 최선을 다할 수 있다(信, 信此道。非篤信則不能好学。学, 学此道, 非好学亦不能篤信。能篤信, 又能好学, 然后能守之以至于死, 始能善其道)。篤(독): 한결같이. 한마음으로. 확고부동하게. 흔들림이 없이(純一: 專一。)。
2 [성]守死善道(수사선도): 생명을 바쳐 完善한 도의 모습을 보전하다. 차라리 죽을지언정 不善으로 도를 해치지 않는다. 목숨 걸고 학설·도통을 지키다(指以生命保全道的完善; [四書或問]言寧死而不爲不善, 以害其道也。誓死維護學說或道統。)。《論語義疏》차라리 선을 위해 목숨을 바칠지언정, 악을 위해 목숨을 부지하지 않는다(疏: 守死善道者, 寧爲善而死, 不爲惡而生。)。《論語大全》'工欲善其事'[장인은 자기가 맡은 일에 최선을 다하려고 한다][衛靈公 제9장]의 '善'과 같다(朱子曰: 善道, 猶工欲善其事之善。)。《古今注》'善'은 '修'와 같다. '繕'으로도 쓰는데, '修治'[손질하다]이다(善, 猶修也。通作繕, 亦修治也。)。《論語平議》'善道'와 '好學'은 對句로, '善' 역시 '好'이다. '守死善道'는 그것을 지키다 죽음에 이를지라도 도를 좋아함에 싫증내지 않는다는 말이다["독실한 믿음으로 好學하고, 지키다 죽음에 이르도록 善道한다"](善道與好學對文, 善亦好也…… 守死善道, 言守之至死而好道不厭也。)。《論語正義》맹자가 '일찍 죽고 오래 사는 것에 마음이 흔들리지 말고, 자신을 수양하여 죽음을 기다리는 것이 천명을 세우는 방법이다'[盡心上 제1장]라고 했고, 또 '그 도를 끝까지 추구하고 나서 죽는 것이 정명이다'[盡心上 제2장]라고 했다. '修身'이 바로 '盡道'이고, 또 이 장에서 말한 '善道'[도에 최선을 다하다]이다. 군자는 (도를 향해) 날마다 부지런히 힘써 나아가다, 죽은 후에야 그치는데[禮記·表記] 도를 추구함에 있어 몸에 최선을 다하지 않음이 없고, 마음에 부끄럼이 없을 뿐이다(案:《孟子·盡心上》云: "殀壽不貳, 修身以俟之, 所以立命也。" 又云: "盡其道而死者, 正命也。" 修身即是盡道, 亦即此所謂"善道"。君子日有孳孳, 斃而後已, 凡以求道之無歉於身, 無愧於心而已。)。《論語新解》'善道'는 최선을 다해 이 도를 밝히고, 최선을 다해 이 도를 행하기를 추구하는 것이다(善道者, 求所以善明此道, 善行此道。)。
3《論語大全》篤信하면 이에 好學할 수 있지만, 쓸데없이 篤信만 할 뿐 好學하지 못하는 자가 있으니,

'好'(호)는 거성[hào]이다. ○ '篤'(독)은 '돈독하게 힘쓰다'이다. 확고하게 믿지 않으면, 배우기를 좋아할 수 없다. 그런데 확고하게 믿지만 배우기를 좋아하지 않는다면, 믿는 바가 혹 바르지 않는 것일 수 있다. 죽도록 변치 않고 준수하지 않으면, 그 도를 행하는 데 최선을 다할 수 없다. 그런데 죽도록 변치 않고 준수는 했지만, 그 도를 행하는 데 최선을 다하지 못했다면, 또한 헛된 죽음일 뿐이다. 대개 죽도록 변치 않고 준수하는 것은 믿음을 확고히 한 효과이고, 도를 행하는 데 최선을 다하는 것은 배우기를 좋아한 결과이다.

081302、危邦不入, 亂邦不居[4]。天下有道則見[5], 無道則隱[6]。

이런 자는 好學을 통해 이치를 밝히 알지 못해, 篤信하면 할수록 더욱 이치로부터 어긋나게 되어, 돌아올 수 없게 된다. 그래서 篤信하고 또 반드시 好學해야 한다. 守死하면 이에 善道할 수 있다. 守死하지 못하면, 이해관계에 맞닥뜨려서는 또 변해버리니, 善道하지 못한다. 그럼에도 守死는 있지만 善道가 부족한 자는, 荊軻(형가)·聶政(섭정)의 죽음[史記·刺客列傳]처럼 헛된 죽음일 뿐이다. 比干의 죽음이어야 비로소 善道가 될 수 있다. 善道하지 않고 단지 守死만 아는 것은 무익하다. 그래서 守死하고 또 반드시 善道해야 한다(朱子曰: 篤信乃能好學, 亦有徒篤信而不能好學者, 不好學以明理, 愈篤信而愈不正, 不可回矣。故篤信又須是好學。守死乃能善道, 不能守死, 臨利害又變了, 則不能善道。然亦有守死, 而不足以善其道者, 如荊軻聶政之死, 徒死而已。比干之死, 方能善其道。若不善道, 但知守死也無益。故守死又須是善道。). 그런데 篤信할지라도 信의 정도가 죽을지라도 변하지 않는 정도에 아직 이르지 못했으면, 그 信은 篤하지 않기 때문에, 守死할 수 있어야, 비로소 篤信의 효과가 나타난다. 好學할지라도, 善道할 수 있는 데까지 밀고가지 못하면, 그 學은 소용없기 때문에, 善道할 수 있어야, 비로소 好學의 효과가 나타난다. 篤信好學할 수 있어야, 守死善道할 수 있고, 篤信好學하고, 또 반드시 守死善道해야 한다. 이 네 가지는 상호작용하는 까닭에, 어느 하나라도 빠지는 것이 있어서는 안 된다(然雖曰篤信, 而未能至死不變, 則其信亦不篤矣, 故能守死, 方見篤信之效。雖曰好學, 而不能推以善道, 則其學, 亦無用矣, 故能善道, 方見好學之功。能篤信好學, 乃能守死善道, 而篤信好學, 又須要守死善道…… 此四者之所以更相爲用, 而不可有一闕焉者也。);《論語大全》篤信은 知가 참된 것이고, 守死는 行이 독실한 것이다. 守死는 篤信의 효과이고, 善道는 好學의 공적이다(勿軒熊氏曰: 篤信, 是知之眞, 守死, 是行之篤; 雲峯胡氏曰: 守死者篤信之效, 善道者好學之功。).

4 《大戴禮記·盛德》 관속이 공무를 다스리지 않고, 직책의 분장이 분명하지 못하고, 법과 정치가 불일치하고, 온갖 일들이 줄거리가 없는 것을 '亂'이라 한다. 토질에 맞게 작물이 자라지 않고, 재물이 불어나지 않고, 백성들이 굶주림과 추위에 시달리고, 가르침이 제 길을 잃고, 풍속이 음란·경박하고, 백성들이 떠돌고 도망치고, 흩어지고 몰락하는 것을, '危'라 한다(官屬不理, 分職不明, 法政不一, 百事失紀, 曰亂也…… 地宜不殖, 財物不蕃, 萬民飢寒; 教訓失道, 風俗淫僻, 百姓流亡, 人民散敗, 曰危也。);《論語集解》 신하가 임금을 살해하고, 자식을 아버지를 죽이는 것이 '亂'이고, '危'는 亂이 일어날 조짐이다(注: 苞氏曰: 臣弑君子弑父亂也。危者, 將亂之兆也。); 危(위): 높다. 위태하고 가파르다. 위급하고 험난하다. 불안정하다('危', 高。危險; 危难。不安定。).

5 《論語義疏》 '見'은 벼슬하러 나아가는 것을 말한다(疏: 見, 謂出仕也。);《論語新解》 '見'은 '現'과 같다.

위태로운 나라에는 들어가지 않고, 어지러운 나라에서는 살지 않고 떠난다. 천하에 도가 있을 때면 드러내서 지내고, 천하 어디에도 도가 없을 때면 숨어서 지낸다.

見[7], 賢遍反。○君子見危授命[8], 則仕危邦者無可去之義, 在外則不入可也。亂邦未危, 而刑政紀綱紊[9]矣, 故潔其身而去之[10]。天下, 舉一世[11]而言。無道, 則隱其身而不見也。此惟篤信好學, 守死善道者能之。

'見'(현, xiàn)은 '賢'(현)과 '遍'(편)의 반절이다. ○군자는 위험을 보면 목숨을 바치는 자여서, 위태로운 나라에서 벼슬하고 있는 자는 떠날 수 있는 도리가 없지만, 나라 밖에 있다면 그 나라에 들어가지 않는 것이 옳다. 어지러운 나라는 아직까지 위태롭기까지는 않아도, 형정과 기강이 문란하기 때문에, 자기 몸가짐을 깨끗이 하고 그 나라를 떠나는 것이다. '天下'(천하)는 온 세상을 들어 말한 것이다. 도가 없을 때면, 자기 몸을 숨기고 드러내지 않는다. 이것은 오직 도에 대한 믿음을 확고히 하면서 도를 배우기를

지금의 '表現'[드러내 보이다]이라 한 것과 같다. 군자가 혹은 '見'하고 혹은 '隱'하는 것은, 모두 그 도의 완선을 추구하는 방법이다(見, 猶現, 猶今云表現。君子或見或隱, 皆所以求善其道。).

6 《史記·范睢蔡澤列傳》만물은 무성한 후에는 쇠락하는 것이, 천지의 상도이다. 나아감·물러남·가득참·이지러짐이, 때에 맞게 변화하는 것은 성인의 상도이다. 그러므로 '나라에 도가 있으면 벼슬을 하고, 나라에 도가 없으면 숨어서 지낸다'고 했다(物盛則衰, 天地之常數也。進退盈縮, 與時變化, 聖人之常道也。故國有道則仕, 國無道則隱。)。《論語正義》'危邦不入'·'亂邦不居'는 모두 '善道'의 사례를 말한 것이다. 危邦에 들어갈 경우나, 亂邦에서 살 경우에는, 저 有道則見·無道則隱에 맞지 않아, 모두 '守死'할 바가 아니고 '善道'할 바가 아닌데, 기실 역시 배움이 경지에 이르지 못함으로 말미암는다. 그러므로 배우는 것은 몸을 안전하게 보전하고 목숨을 함부로 바치지 않는다.《孟子·盡心上 제42장》에 '天下有道하면 도에 몸을 따르게 하고, 天下無道하면 몸에 도를 따르게 한다. 도를 굽혀서 다른 사람을 따른다는 것은 들어보지 못했다'고 했다. 바로 이것이 '有道則見, 無道則隱'의 뜻이다(正義曰: '不入'、'不居'云云, 皆言善道之事。蓋危邦或入, 亂邦或居, 與夫隱見之不得其宜, 皆非所以守死, 非所以善道, 而其實亦由學之未至。故學者, 所以安身正命者也。《孟子、盡心上》云: "天下有道, 以道殉身, 天下無道, 以身殉道, 未聞以道殉乎人者也。"……即此"有道則見, 無道則隱"之義。)。

7 見(견/현): [jiàn] 보다. 보이다. 눈에 띄다(看到, 看见。); [xiàn] 드러나다. 나타나다. 소개하다. 천거하다. =現(显露, 显出。介绍。同「现」。)。

8 《憲問 제13장》참조.

9 紊(문): 헝클어진 실. 문란하다. 다스려지지 않다(本义: 乱。不治也。)。

10 《論語大全》아직 벼슬하지 않고 나라 밖에 있는 경우, 들어가지 않고, 이미 벼슬하여 나라 안에 있는 경우, 나라의 기강이 문란하여 나의 간언을 따르지 못함을 보이면, 나라를 떠야 한다(朱子曰: 未仕在外, 則不入。已仕在內, 見其紀綱亂, 不能從吾之諫, 則當去之。)。

11 一世(일세): 온 세상(舉世; 全天下; 一世间。)。

좋아하고, 죽도록 변치 않고 준수하면서 최선을 다해 도를 행하는 자만이 할 수 있다.

081303. 邦有道, 貧且賤焉[12], 恥也; 邦無道, 富且貴焉, 恥也。[13]」

　　　　나라에 도가 있을 때는, 가난한 처지와 미천한 신분이, 부끄럽고, 나라에 도가
　　　　없을 때는, 부유한 처지와 존귀한 신분이, 부끄럽다.”

世治而無可行之道, 世亂而無能守之節, 碌碌[14]庸人, 不足以爲士矣, 可恥之甚也。
세상이 다스려지는 때인데도 행할 만한 도가 없고, 세상이 어지러울 때인데도 지킬
만한 절개가 없다면, 보잘것없는 용렬한 사람으로, 선비가 되기에 부족하니, 심히 부끄
러워할 만하다.

晁氏曰:「有學有守, 而去就之義潔, 出處之分明, 然後爲君子之全德也。」
○조씨(晁氏·晁說之)가 말했다. “배움이 있고 지조가 있고, 벼슬에서 물러나고 벼슬에
나아가는 도리가 깨끗하고, 세상에 나아가고 세상에서 숨어지내는 분별이 분명한 뒤
에, 군자로서 완전무결한 덕이 된다.”

---

12 《論語新解》 나라에 도가 있는데도 가난한 처지와 미천한 신분 그대로 참고 지내는 것은, 스스로의
　　재능을 나타내 보이지 못하는 것으로, 이 또한 도를 잘 밝히지 못한 증표이다(邦有道而屈居貧賤, 不能自
　　表現, 亦不能善道之征。);《許世瑛(二)》 '焉'은 '於是'와 같고, '是'는 '有道之邦'을 가리킨다('焉'字等於'於
　　是', '是'字稱代'有道之邦'。).

13 《論語正義》 부끄럽다는 것은 그가 有道則見·無道則隱의 바른 모습을 잃어, 善道하지 못한 것을 부끄러
　　워하는 것이다(正義曰: 恥之者, 恥其失隱見之正, 而不能善道也。).

14 碌碌(녹록): 녹록하다. 다수를 따르다. 평범하고 보잘것없다. 만만하고 상대하기 쉽다(随众附和貌
　　平庸无能貌).

[不在其位章]

081401、子曰:「不在其位[1], 不謀其政。[2] [3]

> 선생님께서 말씀하셨다. "그 자리에 있지 않으면, 그 자리의 정사를 논의하지 않는다."

程子曰:「不在其位, 則不任其事也, 若君大夫問而告者則有矣。」

정자(程子·伊川)가 말했다. "'그 자리에 있지 않다'[不在其位]라는 것은 곧 '그 일을 맡고 있지 않다'[不任其事]는 것이다. 임금이나 대부가 물어서 보고하는 경우는 있다."

---

1 位(위): 관리가 조정에서 서 있는 위치(本义: 官吏在朝廷上站立的位置。).

2 [성]不在其位 不謀其政(부재기위 불모기정): 그 자리에 있지 아니하면 해당 자리 일에 참견하지 않는다. 남의 일에 참견하지 않는다(谓不在某个职位上, 就不过问该职位的事务。).《論語集解》각자 자기 직분에 전념하길 바란 것이다(注: 孔安國曰: 欲各專一於其職也。).

3 《孟子·萬章下 제5장》자리가 낮은데도 높은 자리의 일을 논하는 것은 죄를 짓는 일이다. 조정의 높은 자리에 있는데도 도가 행해지지 않는 것은 수치스러운 일이다(位卑而言高, 罪也。立乎人之本朝而道不行, 恥也。);《莊子·內篇·逍遙遊》부엌에서 음식을 잘 만들어 내오지 못한다고, 축문을 읽고 있는 자가 차려놓은 제사상을 뛰어넘어가, 부엌일을 대신하지는 않는다(庖人雖不治庖, 尸祝不越樽俎而代之矣: 越俎代庖, 尸祝代庖。);《述而 제15장》각주《中庸 제14장》'君子素其位而行, 不愿乎其外……' 참조:《憲問 제27장》참조.

[師摯之始章]

081501、子曰:「師摯[1]之始, 關雎之亂, [2]洋洋乎! 盈耳[3]哉。」

---

1 《論語正義》아래편의 '大師摯適齊'[微子 제9장]에 대해, 정현은 大師摯가 평왕[BC 770~BC 720] 때의 사람이라 했는데, 이 장의 '師摯'는 바로 그 사람인 것으로 추측된다. 공자 당시에 太樂署에 그가 남긴 악곡이 있었기 때문에, 본래대로 그를 칭한 것이다(正義曰: 下篇"大師摯適齊", 鄭以爲平王時人, 意此師摯卽其人也。夫子時, 樂部有其遺聲, 故因本而稱之。);《微子 제9장》참조.

2 《論語集解》'始'는 '首'이다. 주나라의 도가 쇠미해지자, 정·위나라의 음악이 일어나 정악이 없어지고 가락을 상실했는데, 노나라 태사 지가 관저의 소리를 기억해서, 처음으로 그 어지럽혀진 소리를 정리하니, 아름답고 우렁찬 게 귓가에 쟁쟁하여, 공자께서 들으시고 찬미하신 것이다["태사 지가 처음으로 관저의 어지럽혀진 가락을 바로잡으니"](注: 鄭玄曰: 始, 猶首也。周道旣衰微, 鄭衛之音作, 正樂廢而失節, 魯太師摯識關雎之聲, 而首理其亂者, 洋洋乎, 盈耳哉, 聽而美也。);《論語正義》정현의 주의 뜻에 근거하면, '師摯之始關雎之亂' 여덟 글자가 한 구절이다(正義曰: 據注義, 則"師摯之始《關雎》之亂", 八字爲一句。);《論語義疏》전편에서 공자께서 그에게 음악에 대해 '樂其可知也, 始作, 翕如⋯⋯'라 말씀하시자[八佾 제23장], 그가 공자의 말씀을 받아서 어지럽혀진 것을 정리하여 바로잡은 것이다(疏 侃謂: 卽前篇孔子語其樂曰樂其可知始作翕如之屬, 而其受孔子言而理之得正也。);《古今注》'始'는 시경의 세 편의 시작이고, '亂'은 한 편의 마지막 장이다. 옛날에 합주에서는 반드시 세 편을 노래했는데, 주남의 경우에는 관저·갈담·권이이다(始者, 三篇之始作也。亂者, 一篇之卒章也。古者合樂必歌三篇, 周南則關雎, 葛覃, 卷耳也。);《論語譯注》'師摯之始'의 '始'는 악곡의 첫 악장으로, 옛날에 악곡의 연주를 시작하는 것을 '升歌'라 했는데, 대개 태사가 연주했기 때문에, 그래서 '師摯之始'라 한 것이다. '關雎之亂'의 '亂'은 악곡의 끝 악장으로, 첫 악장부터 끝 악장까지를 '一成'이라 하는데, '亂'은 '合樂'으로, 지금의 합창과 같다. 합주할 때는 끝 악장 關雎를 연주하기 때문에, 그래서 '關雎之亂'이라 한 것이다["태사 지가 연주한 첫 악장과 (여럿이 합주한) 끝 악장 관저가, 아름답고 우렁차서 귀에 쟁쟁하구나!"]('始'是樂曲的開端, 古代奏樂, 開始叫做升歌, 一般由大師演奏, 所以說'師摯之始'; '亂'是樂的結束。由'始'到'亂', 叫做'一成'。'亂'是'合樂', 猶如今日的合唱。當合奏之時, 奏關雎的樂章, 所以說'關雎之亂'; "當太師摯開始演奏的時候, 當結尾演奏關雎之曲的時候, 滿耳朵都是音樂呀!");《論語新解》'始'는 음악의 시작이고, '亂'은 음악의 끝이다. 옛 음악은 노래가 있고 생황연주가 있고, 교대로 노래와 연주를 하고 합해서 했으니, 한 곡의 완성이었다. 당에 올라 노래로 시작하고, 瑟 연주로 짝을 맞췄다. 연례 및 대사례의 경우, 모두 태사가 당에 올라 노래했다. 升歌가 같은 곡을 세 번 노래하고 마치면, 이어서 생황연주가 들어오고, 당 아래에서는, 경쇠로써 짝을 맞췄는데, 역시 같은 곡을 세 번 연주하고, 연후에 교대로 노래와 연주를 했다. 먼저 생황을 연주했고 뒤에 노래를 불렀는데, 교대로 노래와 연주를 했기 때문에 '間'이라 했고, 역시 세 번을 했다. 마지막에는 노래와 연주를 합해서 合樂을 했다. 당의 위와 아래에서 슬과 생황이 함께 연주했는데, 역시 세 번을 연주했다. 《周南·關雎》이하 여섯 편은, 合樂으로 쓰였기 때문에, '關雎之亂'이라 했다["태사의 升歌의 시작에서부터, 관저의 合樂의 마침에 이르기까지"](始者, 乐之始。乱者, 乐之终。古乐有歌有笙, 有间有合, 为一成。始于升歌以瑟配之。如燕礼及大射礼, 皆由太师升歌⋯⋯ 升歌三终, 继以笙入, 在堂上, 以磬配之, 亦三终, 然后有间歌。先笙后歌, 歌笙相禅, 故曰间, 亦三终。最后乃合乐。堂上下歌瑟及笙并作, 亦三终。《周南—关雎》以下六篇, 乃合乐所用, 故曰关雎之乱; "由于太师挚之升歌开始, 迄于关雎之合乐终结");《百度漢語》亂(란): 악곡의 마지막 부. 辭賦의 편말에 쓰여, 편을 총괄하는 글(乐章的尾声叫做乱。辞赋里用在篇末, 总括全篇思想内容的文字也叫乱。).

3 [성]洋洋盈耳(양양영이): 우렁차고 아름다운 소리가 귓가에 쟁쟁하다. 말하는 소리나 글을 읽는 소리가 듣기에 기분이 좋다(洋洋: 众多; 盈: 充满。指宏亮而优美的声音充满双耳。形容讲话, 读书的声音悦耳动

선생님께서 말씀하셨다. "악사 지(摯)가 부임 초에 연주한 관저(關雎)의 마지막 악장이 아름답고 우렁찬 게 귓가에 쟁쟁하구나!"

摯, 音至。雎, 七余反。○師摯, 魯樂師名摯也。亂, 樂之卒章也[4]。史記曰[5]「關雎之亂以爲風始。」洋洋, 美盛意。孔子自衛反魯而正樂[6], 適[7]師摯在官之初, 故樂之美盛如此。[8]

'摯'(지)는 음이 '至'(지)이다. '雎'(저, jū)는 '七'(칠)과 '余'(여)의 반절이다. ○'師摯'(사지)는 노(魯)나라 악사로, 이름이 지(摯)이다. '亂'(난)은 악곡의 마지막 악장이다.《사기·공자세가》(史記 孔子世家)에 '관저(關雎)의 마지막 악장은 이를 가지고 국풍(國風)의 시작으로 삼는다'고 했다. '洋洋'(양양)은 '아름답고 우렁차다'[美盛]는 뜻이다. 공자(孔子)께서 위(衛)나라에서 노(魯)나라로 돌아오시어 음악을 바로 잡았는데, 때마침 악사 지(摯)가 악관에 임명된 초기였기 때문에, 음악의 아름답고 우렁찬 게 이와 같았던 것이다.

听。); 洋洋(양양): 물이 한없이 넓은 모양. 넘실넘실 충만한 모양. 소리가 쩌렁쩌렁한 모양(水大貌。充满貌。形容声音响亮。)《論語句法》'洋洋乎'는 접미사 '乎'를 붙여 소리를 길게 늘인 복음사이다"('洋洋乎'是帶詞尾'乎'的衍聲複詞。).

4《論語大全》"'關雎之亂'을 어찌 '樂之卒章'이라 풀이하셨는지요?" "'關雎편 첫 구절 '關關雎鳩'부터 마지막 구절 '鍾鼓樂之'까지가 모두 亂이다. 아마 亂의 처음 시작은 필시 연주만이고, 가사가 없이 이곳에 이르렀으니, 亂이라 한 듯하다"(或問關雎之亂, 何謂樂之卒章? 朱子曰: 自關關雎鳩, 至鍾鼓樂之, 皆是亂。想其初, 必是已作樂, 只無此詞, 到此處便是亂。).

5《子罕 제14장》각주《史記·孔子世家》참조.

6《子罕 제14장》참조.

7 適(적): 때마침. 바로. 딱 맞게(正好, 恰好).

8《論語大全》논어에 노나라 음악에 대해 말한 곳이 네 장이다. '선생님께서 노나라 태사에게 음악에 관하여 말씀해주셨다'[八佾 제23장]는 장이 맨 처음이고, '내가 위나라에서 노나라로 돌아온 뒤에 음악이 바르게 되었다'[子罕 제14장]는 장이 다음이고, '태사 지는 제나라로 갔다'[微子 제9장]는 장이 다음이고, 이 장이 아마 맨 마지막일 것이다(新安陳氏曰: 論語言魯樂者四章。語魯大師樂在先, 自衛反魯次之, 摯適齊又次之, 此章其最後歟。);《論語大全》악사 지가 제나라로 가고부터[微子 제9장], 후계자들이 모두 그에 미치지 못했으니, 그래서 그를 회상하면서 칭찬하신 것이다(新安陳氏曰: 自師摯適齊, 繼者皆不能及, 所以追思而歎美之。);《論語新解》《史記·孔子世家》에 '공자께서 위나라에서 노나라로 돌아오시어 음악을 바로 잡았다'고 했는데, 이때는 필시 악사 摯가 악관에 임명된 초기로, 함께 그 일을 완성하신 것이다. 그 후 악사 摯는 제나라로 갔고[[微子 제9장]], 노나라 음악은 쇠퇴해졌다. 이 장은 아마도 악사 摯가 노나라에 있을 때, 공자께서 그가 음악을 바르게 한 후의 아름답고 우렁찬 모습을 찬미한 것일 것이다. 아니면 악사 摯가 제나라로 간 후에, 지날 날의 우렁찬 모습을 추억하면서 찬미한 것일 것이다(《史记》云:"孔子自卫反魯而正樂", 当时必是师摯在官, 共成其事。其后师摯适齐, 鲁乐又衰。此章或是师摯在鲁时, 孔子叹美其正乐后之美盛。或师摯适齐之后, 追忆往时之盛而叹美之。不可确定矣。).

[狂而不直章]

081601、子曰:「狂而不直[1], 侗而不愿[2], 悾悾[3]而不信, 吾不知之矣。[4]」

　　　　선생님께서 말씀하셨다. "매인 데 없이 자유분방하면서 솔직하지 않고, 무지하
　　　　면서 조심성이 없고, 무능하면서 신의가 없는 사람은, 나는 그가 어떤 사람인지
　　　　모르겠다."

侗, 音通。悾, 音空。○侗, 無知貌。愿, 謹厚[5]也。悾悾, 無能貌。吾不知之者, 甚絕之之辭,
亦不屑之教誨[6]也。[7]

'侗(통)은 음이 '通(통)이다. '悾(공)은 음이 '空(공)이다. ○'侗(통)은 무지한 모양이다.

---

1 《論語集解》狂者는 진취적이어서, 의당 솔직해야 한다(注: 孔安國曰: 狂者進取, 宜直也。);《古今注》
얽매이는 게 없다[陽貨 제16장](狂, 肆也。);《論語新解》자유분방한 사람은 대개 솔직한데, 자유분방함이
그의 병폐라면, 솔직함은 취할만한 덕이다. 범인의 덕성은 순수하지 않아서, 병폐가 있지만, 동시에
취할 만한 덕이 또한 있기 마련이다(狂者多爽直, 狂是其病, 爽直是其可取。凡人德性未醇, 有其病, 但同時
亦有其可取。); 狂士(광사): 품은 뜻이 원대하고, 진취에 용감한 선비. 제멋대로인 방탕한 선비(指志向高
远, 勇于进取之士。泛指狂放(任性放荡)之士。);《論語詞典》狂(광): 분별없이 제멋대로 잘난 체하면서
예로써 자제하지 않다(狂放而不以禮自制。).
2 《論語義疏》'侗(통)은 '籠侗(농통)을 말한다. 그릇이 아직 덜 된 사람(疏: 侗謂籠侗。未成器之人也。);
《論語正義》《莊子・外篇・山木》에 '侗乎其無識[멍하니 무식한 듯하다]라고 했고,《經典釋文・莊子音義》
에 '侗은 무지한 모양이다'라고 풀이했다(正義曰:《莊子山木篇》"侗乎其無識",《釋文》"侗, 無知貌。");
《論語新解》무지한 사람은 대개 신중하다(无知者多謹愿。); 侗(통): 미숙하다. 무지하다(幼稚无知。);《論
語義疏》'愿(원)은 '신중하다'이다(疏: 愿, 謹愿也。).
3 《論語集解》'悾悾(공공)은 '慤慤(각각)[우직하다]이다(注: 苞氏曰: 悾悾, 慤慤也。);《論語新解》우직한
사람은 대개 믿을만하다(愚悫者多可信。);《百度漢語》悾悾(공공): 간절한 모양(诚恳貌。).
4 《論語今讀》후자로 인해 혹 전자의 단점을 보완할 수도 있는데, 전후가 모두 단점이면, 처리하기가
쉽지 않다(因后者或可补前者之失, 二项皆失, 不好办了。).
5 謹厚(근후): 조심성 있고 중후하다(謹慎篤厚。).
6 《孟子・告子下 제16장》맹자가 말했다. "가르침에도 여러 방법이 있으니, 내가 달갑게 여기지 않는
가르침이라는 것, 이 또한 그를 가르쳐 주는 것이 된다"(孟子曰: 教亦多術矣, 予不屑之教誨也者, 是亦教誨
之而已矣。); 屑(설): 부스러기. 할 가치가 있다고 여기다(研成碎末。认为值得做。).
7 《論語大全》'狂'은 높고 큰 것을 좋아하는 자로, 성현이 되려는 자이니, 의당 솔직해야 한다. '侗'은
우매한 모양으로, 한 가지 일도 해결하지 못하는 사람이니, 의당 조심하고 근후해야 한다. '悾悾'은 졸렬한
모양으로, 할 수 있는 게 없는 사람이니, 의당 믿음이 있어야 한다(朱子曰: 狂, 是好高大, 便要做聖賢,
宜直。侗, 是愚模樣, 不解一事底人, 宜謹愿。悾悾, 是拙模樣, 無能爲底人, 宜信。).

'愿'(원)은 '신중하고 중후하다'[謹厚]이다. '悾悾'(공공)은 무능한 모양이다. '吾不知之'
(오불지지)라는 것은 심하게 그를 거절하는 말로, 또한 가르치기를 탐탁하게 여기지
않는 가르침이다.

○蘇氏曰:「天之生物, 氣質不齊。其中材以下, 有是德則有是病, 有是病必有是德, 故馬
之蹄齧[8]者必善走, 其不善者必馴。[9] 有是病而無是德, 則天下之棄才也。」[10]
○소씨(蘇氏·蘇軾)가 말했다. "하늘이 낸 사람은 기질이 다 똑같지 않다. 그중 중간
이하의 재질은 이러이러한 품덕이 있으면 이러이러한 병폐가 있고, 이러이러한 병폐가
있으면 반드시 이러이러한 품덕이 있다. 그 때문에, 말 중에 발길질하고 물어뜯는 말은
필시 잘 달리고, 말 중에 잘 달리지 못하는 말은 필시 온순한 법이다. 이러이러한 병폐
만 있고 이러이러한 품덕이 없다면, 천하에 버림받은 재질이다."

---

8 蹄齧(제설): 발로 걷어차고 주둥이로 물어뜯다. 설치류 동물(马用蹄踢和用嘴咬: 齧齒类动物。).
9 馴(순): 온순하다(马驯服。亦指鸟兽驯服。).
10 《淮南子·主術訓》힘이 그가 짊어진 짐을 감당할 수 있는 경우, 그 짐을 드는 사람은 무겁다고 여기지
   않는다. 재능이 그가 맡은 일에 어울리는 경우, 그 일을 하는 사람은 어렵다고 여기지 않는다. (힘과
   재능이) 작든 크든 길든 짧든, 각기 그에 맞게 적절한 자리를 얻으면, 천하는 가지런해지고, 맡은 일을
   감당하지 못해서 생기는 잘못이 있을 리 없다. 성인은 그들을 전부 받아들여 쓰기 때문에, 천하에
   버림받은 재질이란 없다(力勝其任, 則舉之者不重也; 能稱其事, 則爲之者不難也。毋小大修短, 各得其宜,
   則天下一齊, 無以相過也。聖人兼而用之, 故無棄才。).

[學如不及章]

081701、子曰:「學如不及, 猶恐失之。[1]」

　　선생님께서 말씀하셨다. "배움의 자세는 아직 거기에 미치지 못한 것같이 하고, 그러고도 (거기에 미치지 못해 결국에는) 놓치고 말지는 않을까를 걱정한다."

言人之爲學, 既如有所不及矣, 而其心猶竦然[2], 惟恐其或失之, 警學者當如是也。[3, 4]

───────────────

1 [성]學如不及猶恐失之(학여불급유공실지): 배움의 자세는 무엇을 뒤쫓는데 늘 따라잡지 못할까 두려워하듯이 하고, 따라잡았으면 또 놓칠까 두려워하듯이 한다. 아직 거기에 미치지 못한 것 같이 하고, 그러고도 놓칠까 걱정한다. 배우는 데 열심이고 진취심이 강하다. 일을 하는 데 있어서 절박한 심정을 형용한다(学习好像追赶什么, 总怕赶不上, 赶上了又怕被甩掉。形容学习勤奋, 进取心强。又形容做其他事情的迫切心情。);《論語集解》배움은 내 밖에서 들어오는 것으로, 완숙의 경지에 이르러야 장구할 수 있다. 완숙한 경지에 이르지 못하면, 오히려 (배운 것을) 잃어버릴까 두려울 뿐이다(注: 學自外入, 至熟, 乃可長久。如不及, 猶恐失之耳。);《論語正義》아직 따라잡지 못할 듯이 여기니까, 날로는 내게 아직 없는 것을 배워 알고, (배운 것을) 놓칠까 봐 걱정되니까, 달로는 내가 이미 배워 알고 있는 것을 잊지 않는다[子張 제5장](正義曰: 如不及, 故日知所亡, 恐失, 故月無忘所能。);《論語集釋》이 장은 바로 '날로는 내게 아직 없는 것을 배워 알고, 달로는 내가 이미 배워 알고 있는 것을 잊지 않는다[子張 제5장]의 뜻이다. 주희의 주는 '溫故'에 편중되어 있는데, 정자의 주는 또 '知新'에 편중되어 있어, 둘 다 이 장의 뜻을 놓쳤다(按: 此章卽「日知所無, 月無亡所能」之義, 朱注既偏於溫故, 程注又偏於知新, 二者蓋兩失之。);《古今注》'如不及'은, 그 심정이 행인이 관문을 향해 달려가면서, 그 문이 닫힐까 걱정하는 마음과 같은 것이다. '惟恐失'은 그 심정이 욕심 많은 사내가 금이나 옥을 보고 탐내는 마음과 같은 것이다. 공자께서 하신 말씀의 뜻은, 이미 얻은 뒤에 얻은 것을 잃어버릴까 봐 염려한다는 것이 아니고, 도를 향해 가기를, 예컨대 귀중한 보화가 앞에 놓여있는데, 다른 사람이 나보다 먼저 보화에 미쳐서 차지해버리면, 나는 그것을 놓치고 말까 봐 염려한다는 것으로, 이것을 일러 '惟恐失之'라 한 것이다(如不及, 其情如行人趁關門, 恐其閉。惟恐失, 其情如貪夫見金玉…… 孔子之意, 非謂既得而患失也, 嚮道而行, 如有重寶在前, 爲他人所先獲, 此之謂惟恐失之。);《論語譯注》"배움의 자세는 (무언가의 뒤를 쫓듯이) 따라잡지 못할까 두려워하는 모습과 같고, (따라잡았으면) 또 놓쳐버릴까 두려워하는 모습과 같다"("做学问好像[追逐什么似的,]生怕赶不上; [赶上了,]还生怕丢掉了。");《論語新解》학문은 끝이 없으니, 종일 급급해하면서, 여전히 따라잡지 못할까 걱정한다. 或說: '如不及'는 아직 얻지 못해서 얻고자 하는 것이고, '恐失之'는 이미 얻었는데도 또 놓칠까 걱정하는 것이다(学问无穷, 汲汲终日, 犹恐不逮。或说: 如不及, 未得欲得也。恐失之, 既得又恐失也。)。

2 悚然(송연): 두려워 몸을 웅크릴 정도로 오싹 소름이 끼치는 듯하다. 놀라고 두려운 모양(惊惧貌)。

3《論語大全》비유하자면, 도적을 잡는 일과 비슷한데, 기력과 정신을 다 쏟고, 온갖 방법과 계책으로 그를 추격해 반드시 잡아야 하고, 이렇게 하고도 잡지 못하고 놓칠까 걱정한다(朱子曰: 譬如捉賊相似, 須是著氣力精神, 千方百計去趕捉他, 如此猶恐不獲。);《論語大全》①늘 미처 따라잡지 못한 것이 있는 것같이 하고, 그러면서도 이 마음은 오히려 혹 잃어버릴까 걱정한다. 이미 이르렀다고 자평한다면, 잃어버릴 것은 필연이다。②쫓아가는 모습과 같이, 아직 따라잡지 못한 것처럼 하고, 또 거기에 더해 따라잡지

말씀인즉, 사람이 배움의 자세는, 아직 거기에 미치지 못한 부분이 있는 것처럼 하고서도, 그러고도 그 마음은 모골이 송연해져서, 그가 혹시라도 (거기에 미치지 못해 결국에는) 놓치고 말지는 않을까를 걱정한다는 것으로, 배우는 자가 마땅히 이같이 해야 함을 일깨우신 것이다.

○程子曰:「學如不及, 猶恐失之, 不得放過⁵. 纔⁶說姑待明日, 便⁷不可也.」
○정자(程子·伊川)가 말했다. "배움은 아직 거기에 미치지 못한 것같이 하고, 그러고도 놓치고 말지는 않을까를 걱정해야지, 놓아두고 그냥 지나쳐서는 안 된다. 겨우 '우선 내일 보자'고 말하는 그 정도일지라도 안 된다."

___

못하면 결국은 놓치고 말까 걱정한다. ③배를 저어 앞 배를 뒤따르는 배처럼, 조금이라도 사이가 벌어져서는 안 되니, 따라가지 못해 전진하지 못할 것처럼 하고, 거기에 더해 앞 배를 놓치고 도리어 뒤로 후퇴하여 떠내려갈까 걱정한다. 배움은 날로 새로워지는 것을 귀중하게 여기니, 중도에 서는 이치는 없다. 날로 진보하지 않는 자는 반드시 퇴보한다. '如不及'은 날로 앞으로 나아가지 못하는 것과 같고, '猶恐失之'는 날로 거꾸로 퇴보할까 걱정하는 것이다(新安陳氏曰: ……常如有所不及, 然此心尙恐其或失之. 苟自謂已至, 失之也必矣, 一說也. 又一說, 如追逐然, 旣如不及矣, 尙恐果不能及而竟失之. 又一說, 如撑上水船之追前船, 不可少緩, 旣如不及, 而不能前進, 又恐失之而反退流也. 學貴日新, 無中立之理. 不日進者必日退. 如不及者, 如不能日進也, 猶恐失之者, 恐其反日退也.).

4 《讀四書大全說》주자는 상하 두 구절을 합해서 한 번에 읽어내렸는데, 의미가 새롭고 기발하다. 그렇지만 두 구절의 뜻은, 用心은 모두 같은 때에 있지만, 致力은 각각 다른 방향이 있으니, 뒤섞어서 풀이할 수 없다. '失'은 반드시 전에 얻은 적이 있었는데 다시 잃어버린 것을 말한다. 마음에 얻기를 기대하고 있었지만 얻지 못한 경우라면, 다만 '不得'이라고만 말할 수 있다. 또 기대한 것이 있었지만 얻지 못한 경우는 '不及'이라고 한다. 만약 '따라잡지 못할 듯이 한다'고 말하고서, 또 '얻지 못할까 두려운 듯이 한다'고 말한다면 문구 중복되어 의미가 없다(朱子將合上句一氣讀下, 意味新巧. 然二句之義, 用心共在一時, 而致力則各有方, 不可作夾帶解. "失"者, 必其曾得而復失之謂. 若心有所期得而不能獲, 則但可謂之不得, 而不可謂之失. 且有所期而不能獲, 即"不及"之謂爾. 若云如不及矣, 而猶恐不能得, 則文句複而無義.). 이 두 구절은 분명히 두 구절로 나뉜다. '如不及'은 아직 얻지 못한 것을 진취하는 것이고, '猶恐失'은 이미 얻은 것을 지키는 것이다. 아직 얻지 못한 것이 앞에 있는데 가까이 다가가지 못하는 것은, 예컨대 앞에 가는 사람을 뒤쫓는데 그에게 다가가지 못하는 것과 같다. 이미 얻은 것을 지키는데 견고하지 않아 놓아두고 잊어버리는 것은, 예컨대 이미 소유하고 있었는데 잃어버리는 것과 같다(……此二句, 顯分兩段. "如不及"者, 以進其所未得; "猶恐失"者, 以保其所已得也. 未得者在前而不我親, 如追前人而不之及也. 已得者執之不固則遺忘之, 如己所有而失之也.).

5 放過(방과): 그대로 지나치다. 포기하다(犹放弃).

6 纔(재): =才.

7 便(편): ~일지라도(纵使: 即使).

[巍巍乎章]

081801、 子曰:「巍巍¹乎! 舜禹²之有天下也, 而不與焉³⋅⁴⋅⁵。」

---

1 《論語集解》'巍巍(외외)는 높고 거대한 것을 칭한다(注: 巍巍者, 高大之稱也。); 巍巍(외외): 높고 거대하니 장관을 이룬 모양(高大壮观的样子).

2 《史記 · 夏本紀》禹(우)는, 부친 鯀(곤)이 요 임금의 명을 받아 치수사업을 했지만 실패하여 羽山(우산)으로 추방되어 죽은 것에 상심하여, 순 임금의 천거를 받자, 노심초사 밖에서 지내길 13년이 되도록, 자기 집 앞을 지나가면서도 감히 들르지 않았고, 의식비는 줄이면서 귀신에게는 치성을 다 했고, 사는 집은 허름하게 하면서 물길을 내는 비용은 다 들여서 九州를 통하게 했고, 변방에 사람이 살 수 있게 했고, 九山에 길을 닦았고, 九川의 물길을 막는 장애물을 제거했고, 九澤에 제방을 축조했고, 전국을 하나로 모이게 했다; 禹(우): 姓 姒(사), 名 文命. 황제의 현손. 夏왕조 개국임금. 夏禹라고도 칭한다. 치수공사에 공을 세웠으며, 순 임금으로부터 임금의 자리를 선양받았다.

3 《許世瑛(二)》'焉'은 '於是'와 같고, '是'는 '有天下之事'[천하를 소유한 일]을 가리킨다('焉'字等於'於是', '是'字稱代'有天下之事'。).

4 《論語集解》순 · 우가 천하의 소유를 추구하여 차지하는 일에 관여하지 않은 것을 찬미한 것이다(注: 美舜禹己不與求天下而得之也。);《論語正義》위나라는 한나라를 찬탈했는데, 순 · 우가 천하를 선양 받은 것에 가탁했기 때문에, 《論語集解》에서 何晏[字 平叔] 등은 이 글의 '不與'를 '不與求'로 풀이한 것이다. 《三國志 · 魏志 · 明帝紀》에서 《獻帝傳》의 다음 글을 인용했다. "공자가 요 · 순의 巍巍蕩蕩한 공을 칭찬한 것은, 천하를 선양한 것이 바로 大聖人의 아름다운 일이라고 여겼기 때문이다"(正義曰: 魏篡漢得國, 託於舜禹之受禪, 故平叔等解此文, 以"不與"爲"不與求"也。《魏志、明帝紀》注引《獻帝傳》云: "仲尼盛稱堯舜巍巍蕩蕩之功者, 以爲禪代乃大聖之懿事也。");《論語正義》毛奇齡[1623~1716]의 《論語稽求篇》에 말했다. 《論衡 · 語增》에 '순 임금은 태평성대를 이어받아 다스리면서, 현능한 사람을 임용했으니, 자기 몸가짐을 공경되게 했을 뿐 직접 나서서 한 일이 없었는데도 천하가 다스려졌다. 그래서 공자가, 巍巍乎! 舜禹之有天下, 而不與焉!'라고 한 것이다'라고 했다. 이는 현능한 사람을 임용해 다스리는 것이 無爲而治[衛靈公 제4장]의 근본임을 직접 가리킨다." 내 생각에, 모기령의 견해가 맞다["현능한 사람을 임용해 그들로 하여금 다스리게 했을 뿐, 본인이 직접 다스리는 일에 관여하지 않았다"](正義曰: 毛氏奇齡《稽求篇》云: "……王充《論衡》云: '舜承安繼治, 任賢使能, 恭己無爲而天下治。故孔子曰: "巍巍乎, 舜禹之有天下也, 而不與焉。"……此直指任賢使能, 爲無爲而治之本。" 案: 毛說是也。);《論語新解》(1)舜 · 禹가 천하를 소유하는 데 현능한 사람을 써서 했고, 본인은 그 일에 직접 관여해서 하지 않았다. (2)舜 · 禹가 천하를 소유하는 데 추구해서 획득한 게 아니고 선양 받았으니, 모두 자기 일로서 관여하지 않은 것과 같다. (3)舜 · 禹가 천하를 소유했지만, 그 자리에 태연해서, 막연한 듯 관여하지 않은 것 같았다(不与: 此有三说: 一: 舜禹有天下, 任贤使能, 不亲预其事, 所谓无为而治也。一: 舜禹之有天下, 非求而得之, 尧禅舜, 舜禅禹, 皆若不预己事然。一: 舜禹有天下, 而处之泰然, 其心邈然若无预也。);《論語譯注》'與'(여)에는 참여하다. 관련하다. '사유하다' '향유하다'의 뜻이 들어 있다('與、参与、关连。这里含着私有、享受的意思。);《論語今讀》상고시대에 씨족의 수령은 본래 선출했지만, 사실상 순 · 우는 모두 권력을 탈취한 자였을 것이다. 《竹書紀年》에 기재된 내용이 믿을 만하다. 유가에서 씨족의 민주적 제도를 미화하기 위해 이런 말을 한 것이다(远古氏族首领本应选出, 但事实上舜禹或均夺取权力者。竹书纪年所载似可信。儒家为美化氏族民主乃有此言。).

5 《孟子 · 滕文公上 제4장》대인이 하는 일이 있고, 소인이 하는 일이 있습니다. 요 임금은 순 임금을

선생님께서 말씀하셨다. "아득히 높고 한없이 크시다! 순(舜) 임금과 우(禹) 임금은 천하를 소유했는데, 그럼에도 이를 누리지 않으셨으니."

與, 去聲。○巍巍, 高大之貌[6]。不與, 猶言不相關, 言其不以位爲樂也。
'與'(여)는 거성[yù]이다. ○'巍巍'(외외)는 높고 거대한 모양이다. '不與'(불여)는 '관여하지 않는다'[不相關]는 말과 같으니, 그분들이 천자의 자리를 열락(悅樂)의 대상으로 삼지 않았다는 말이다.

신하로 얻지 못할까를 자기의 걱정거리로 여겼고, 순 임금은 우 임금과 고요를 신하로 얻지 못할까를 자기의 걱정거리로 여겼습니다. 백 무의 농토가 제대로 가꿔지지 못할까를 걱정거리로 여길 자는 농부입니다. 재물을 남에게 나누어 주는 것을 惠라 하고, 남에게 선을 가르쳐 주는 것을 忠이라 하고, 천하를 위하여 인재를 얻는 것을 仁이라 합니다. 이 때문에 천하를 남에게 주기는 쉬워도, 천하를 위하여 인재를 얻기는 어려운 것입니다. 공자께서 말씀하시기를, '위대하시다! 요 임금의 임금으로서 품덕은! 오직 하늘만이 큰데, 오직 요 임금만이 하늘과 나란히 하셨다. 한없이 넓고 아득히 머시다! 백성들이 그에 대해 무어라 이름 붙이질 못한다. 임금이시다! 순이시여. 높고 크구나! 천하를 소유하고 있었음에도, 이를 누리지 않으셨다'고 하셨습니다. 요 임금과 순 임금이 천하를 다스리는데, 어찌 그 마음 쓰는 데가 없었겠습니까? 다만 손수 농사짓는 데에만 마음 쓰지 않았을 뿐입니다(孟子曰: 有大人之事, 有小人之事…… 堯以不得舜爲己憂, 舜以不得禹, 皐陶爲己憂。夫以百畝之不易爲己憂者, 農夫也。分人以財謂之惠, 教人以善謂之忠, 爲天下得人者謂之仁。是故以天下與人易, 爲天下得人難。孔子曰: '大哉堯之爲君! 惟天爲大, 惟堯則之, 蕩蕩乎民無能名焉! 君哉舜也! 巍巍乎有天下而不與焉!' 堯舜之治天下, 豈無所用其心哉? 亦不用於耕耳。)。《論語正義》맹자가 공자의 두 말씀을 인용한 것은, 모두 이를 써서 요순의 得人을 증명한 것이다. 그래서 또 요순에 대해 말하기를 '어찌 그 마음 쓰는 데가 없었겠습니까?'라고 한 것은 요순이 得人에 마음 썼다는 것을 밝힌 것이다. 그렇다면 '不與'를 현능한 사람을 임용한 것으로 본 것은 바로 이 글의 바른 해석이다(孟子引此兩節, 皆以證堯舜得人。故又言堯舜"豈無所用其心?" 明用心於得人也。然則以"不與"爲任賢使能, 乃此文正詁。)。

6 《論語大全》'巍巍'는 至高의 의미이다. 대부분 사람은 조그만 물건을 얻게 되면, 그 마음이 거기에 얽매여있음을 느끼게 되는데, 지금 그 부가 천하를 소유할 정도인데, 마치 소유한 적이 없는 것처럼 했으니, 어찌 높은 것이 아니겠는가?(巍巍, 是至高底意思。大凡人有得些小物事, 便覺累其心, 今富有天下, 一似不曾有相似。豈不是高?)。

[大哉堯之爲君章]

081901. 子曰:「大哉堯之爲君也! 巍巍乎[1]! 唯天爲大, 唯堯則[2]之. 蕩蕩乎[3]! 民無能名焉[4][5]。

---

1 《北京虛詞》乎(호): 접미사. 형용사나 동사 뒤에 붙어 상태를 표시하는 데 쓰인다('乎', 词缀. 用于形容词、副词后, 表示状态。).

2 《論語集解》'則'은 '法'[본받다]이다. 요 임금이 능히 하늘의 도를 본받아서 교화를 펼친 것을 찬미한 것이다(注: 孔安國曰: 則, 法也. 美堯能法天而行化也。);《論語正義》사람은 하늘과 땅의 중화한 기운을 받아 태어나고, 기를 받아 형체를 이루었으니, 사람의 품성은 반드시 하늘을 본받아야 함을 말한 것이다. 하늘을 본받는다고 함은 하늘을 법칙 삼는다는 것이기 때문에, 천자부터 서인에 이르기까지, 무릇 똑같이 하늘을 이고 있고 땅에 실려 있는 자는, 위로는 하늘을 본받고 아래로는 땅을 법칙 삼았으니, 하늘의 뜻을 위배해서는 덕을 성취하고 다스림을 펼칠 수 있는 자가 없었다. 사람들은 모두 하늘을 떠받들었고 임금은 하늘이 낳은 長子로 여겼으니, 그래서 이름하여 天子라 했다. 《白虎通義·爵》에 '王者는 하늘이 아버지이고 땅이 어머니이니, 하늘의 아들이다'라고 한 것이 바로 이것이다. 《周易·繫辭下》에 '옛날 包犧氏가 천하를 다스릴 적에, 우러러 하늘의 천문현상을 살피고, 구부려 땅의 풍수지리를 살폈다'고 했고, 또, '황제·요·순이 하늘을 본받아 만든 衣와 땅을 본받아 만든 裳의 복식을 제정하자 천하가 다스려졌으니, 대개 하늘·땅에서 그것을 취한 것이다'라고 했다. 그런즉 옛 성인들이 덕을 성취하고 다스림을 편 방법은, 모두 하늘을 본받아 행한 것을 벗어나지 않는다(正義曰: 人受天地之中以生, 賦氣成形, 故言人之性必本乎天. 本乎天即當法天, 故自天子至於庶人, 凡同在覆載之內者, 崇效天, 卑法地, 未有能違天而能成德布治者也. 人皆承天而君, 爲天之元子, 故名曰天子. 白虎通爵篇: '王者, 父天母地, 爲天之子也.' 是也.《易·繫辭傳》言: "包犧氏之王天下, 仰則觀象於天, 俯則觀法於地." 又言: "黃帝, 堯, 舜垂衣裳而天下治, 蓋取諸《乾》《坤》." 然則古聖所以成德布治, 皆不外則天而行之。);《論語平議》이 장은 요 임금의 위대함을 찬미한 것이지, 요 임금이 하늘을 본받은 것을 찬미한 것이 아니다. 《說文·刀部》에, '則(즉)은 물건을 균등하게 나누는 것이다'라고 했으니, 그렇다면 '則'에는 '等'의 뜻이 있는 것이다. 이 장의 '唯天爲大 唯堯則之'는 대체로 하늘의 위대함은 그와 동등한 게 없지만, 요 임금만이 하늘과 동등하다고 말한 것이다(此美堯之大, 非美堯之能法天也. 說文刀部, 則, 等畫物也. 是則有等義…… 此云唯天爲大, 唯堯則之, 蓋謂天之大無與等者, 唯堯能與之等耳。).

3 [성]巍巍蕩蕩(외외탕탕): 아득히 높고 크고 넓고 멀다. 도덕이 숭고하고 베푼 은택이 넓고 크다(形容道德崇高, 恩澤博大。).

4 《孟虛字》無能(무능): 불가하다. ~할 수가 없다('無能, 猶'不可'。); 名(명): 이름을 알리다. 명명하다. 이름 짓다. (어떤 명칭으로) 부르다(本义: 自己报出姓名; 起名字。);《許世瑛(二)》'焉'은 '之'와 같고, '之'는 '堯'를 가리킨다('焉'字等於'之', '之'字稱代'堯'。).

5 《論衡·藝增》《논어》에 '大哉堯之爲君也, 蕩蕩乎民無能名焉.'이라 했는데, 《傳》에 말했다. "길에서 격양놀이를 하고 있는 나이 오십 줄 된 사람들이 있어, 구경꾼이 이를 보고 말하기를, '위대하구나, 요 임금의 덕이!'라고 하자, 격양놀이를 하는 사람이 '해가 뜨면 일어나고, 해가 지면 쉬고, 우물 파서 물 마시고, 밭 일궈 밥 지어 먹는데, 요 임금이 하등의 무슨 상관이란 말인가?'라고 했다. 이것이 蕩蕩無能名의 효과를 말한 것이다(《論語》曰: '大哉! 堯之爲君也, 蕩蕩乎民無能名焉.'《傳》曰: "有年五十擊壤於路者, 觀者曰: '大哉! 堯德乎!' 擊壤者曰: '吾日出而作, 日入而息, 鑿井而飲, 耕田而食, 堯何等力?'" 此言蕩蕩無

선생님께서 말씀하셨다. "위대하시다, 요(堯) 임금의 임금으로서의 품덕은! 아득히 높디높으시고 한없이 크나크시다! 오직 하늘만이 크나큰데, 오직 요(堯) 임금만이 하늘과 나란히 하셨다. 한없이 넓디넓으시고 아득히 머나머시다! 백성들이 그를 무어라 이름 붙이질 못한다.

唯, 猶獨也。則, 猶準⁶也。蕩蕩, 廣遠之稱也。言物之高大, 莫有過於天者, 而獨堯之德能與之準。故其德之廣遠, 亦如天之不可以言語形容也。

'唯'(유)는 '홀로'[獨]와 같다. '則'(칙)은 '나란하다'[準]와 같다. '蕩蕩'(탕탕)은 '넓디넓고 머나먼 것'을 일컫는 말이다. 말씀인즉, 사물 중에 높고 큰 것으로는, 하늘을 넘어서는 게 없는데, 오직 요(堯) 임금의 덕만큼은 하늘과 나란했다. 그래서 그분의 덕의 넓고 먼 정도가, 하늘을 말로 형용할 수 없는 것과 또한 같다는 것이다.

081902. 巍巍乎! 其有成功⁷也; 煥乎⁸, 其有文章⁹, ¹⁰!」

能名之效也。).

6 《論語大全》'準'(준)은 《周易·繫辭上》의 '易與天地準'['역은 천지와 나란하다]의 '準'으로, 하늘과 높이가 같다는 말이다(雙峯饒氏曰: 準, 如易與天地準, 言與天地平等也。); 《說文·水部》'準'은 '평평하다'이다. [단옥재 주] 물의 평평한 모습(準, 平也。段注: 謂水之平也。); 準(준): 평평하다. 높이가 같다. 본받다(本义: 平, 不倾斜。取义于水平, 侧重于平稳。轻重相当。均等。仿效, 效法。).

7 《論語正義》요 임금은 하늘을 본받으셨으니, 그의 덕에는 이름을 붙이기가 어렵고, 이름을 붙일 수 있는 곳이라고는, 다만 그의 成功·文章뿐이어서, 모두 '有成功' '有文章'이라 하여 이를 드러낸 것이다(堯則天, 其德難名, 所可名者, 惟成功, 文章, 故皆言有以著之。); 《補正述疏》'成功'은 《書經·堯典》에서 말한 '放勳'[위대한 공적]이다. 정현의 注에 "放'은 '大'이다'라고 했고, 《爾雅·釋詁》에 "勳'은 '功'이다'라고 했다(述曰: 謹案: 成功者, 《堯典》所稱放勳也。《書》鄭《注》'放', 大也。《釋詁》云: '勳, 功也。'); 成功(성공): 사업을 성취하다. 성취한 업적(成就功业或事业。成就的功业).

8 煥(환): 불빛. 밝다. 뚜렷하게 밝다(本义: 火光。光亮, 鲜明。).

9 《論語集解》'煥'은 '明'이다. 그가 확립한 문명과 후세에 드리운 제도가 거듭 현저히 밝게 빛난다(注: 煥, 明也。其立文垂制復著明也。); 《文言虛詞》乎(호): 형용성 표태부사 뒤에 쓰이는 소품사('乎'字當小品詞用, 一般用在形容性表態副詞之後。); 文章(문장): 예악제도. 문화유산(礼乐制度).

10 《讀四書大全說》다른 색끼리 무늬를 이룬 것을 文이라 하고, 한 가지 색이 환하게 드러나는 것을 章이라 한다. 文은 다른 색을 써서 서로 다른 무늿결을 드러내고, 章은 한 가지 색을 써서, 멀리서도 섞이지 않았음을 드러낸다. 나아가서 文끼리 서로 합해서 한 가지 색의 章을 이루는데, 서로 합해진 文이 각기 한 가지 색으로 章을 이루는 경우를 文章이라고 한다. 모든 예악·법도에서 분석·등쇄·차별·후박이 文이고, 시말이 모두 시행되고, 선후가 모두 알맞은 것이 章이다(異色成采之謂文, 一色昭

아득히 높디높으시고 한없이 크나크시다! 그가 이뤄내신 업적이. 눈부시도록
찬란하시다, 그가 갖춰내신 문물제도가!"

成功, 事業[11]也。煥, 光明之貌。文章, 禮樂法度也。堯之德不可名, 其可見者此爾。
'成功'(성공)은 '일의 업적'(事業)이다. '煥'(환)은 밝고 환한 모양이다. '文章'(문장)은 '예
악과 법도'이다. 요(堯) 임금의 덕은 이름을 붙일 수가 없고, 그중 눈으로 볼 수 있는
것은 이들(업적과 문물제도)뿐이다.

○尹氏曰:「天道之大, 無爲而成。[12] 唯堯則之以治天下, 故民無得而名焉。所可名者, 其
功業文章巍然煥然而已。」[13]
○윤씨(尹氏·尹彦明)가 말했다. "천도의 위대함은, 작위 하지 않아도 이룬다는 것이다.
오직 요(堯) 임금만이 천도를 법칙 삼아서 이로써 천하를 다스렸기 때문에, 백성들이
무어라 이름을 붙이지 못했다. 이름을 붙일 수 있는 것이라고는, 그가 이뤄낸 업적과
갖춰낸 문물제도가 '아득히 높디높으시고 한없이 크나크시다!', '눈부시도록 찬란하시
다!'라고 하는, 모습의 형용뿐이다."

著之謂章。文以異色, 顯條理之別; 章以一色, 見遠而不雜。乃合文以成章, 而所合之文各成其章, 則曰文
章…… 凡禮樂法度之分析、等殺、差別、厚薄者文; 始末具擧, 先後咸宜者章。).

11 事業(사업): 일의 성취. 공적(成就; 功業).

12 《中庸 제26장》이러한 至誠은, 내보이지 않아도 환히 드러나고, 움직이지 않아도 감응시켜 변화시키고,
작위 하지 않아도 이룬다(如此者, 不見而章, 不動而變, 無爲而成。); 無爲而成(무위이성): 외력에 기대지
않고 자연히 성취하는 것이 있다(不倚外力而自然有所成就。).

13 《論語大全》이 절의 '則'은 '法則'의 '則'과 비슷한 것 같다. 주자는 이 절의 두 구절 때문에 尹氏의
주석을 취한 것 같다(新安陳氏曰: 此似以爲法則之則。朱子想以末二句取之。).

[舜有臣五人章]

082001、舜有臣五人¹而天下治²。

　　순(舜) 임금은 신하를 다섯 사람 두었을 뿐인데도 천하가 다스려졌다.

治³, 去聲。○五人, 禹, 稷, 契, 皐陶, 伯益。

'治'(치)는 거성[zhì]이다. ○'五人'(오인)은 우(禹)·직(稷)·설(契)·고요(皐陶)·백익(伯益)
이다.

082002、武王⁴曰:「予有亂臣⁵十人。」

　　무왕(武王)은 말하기를, '나에게는 훌륭한 신하 열 사람이 있다'고 했다.

書泰誓之辭⁶。馬氏曰:「亂, 治也。」十人, 謂周公旦, 召公奭⁷, 太公望⁸, 畢公⁹, 榮公¹⁰, 太顚

---

1 《論語義疏》'五人'은 禹·稷·契·皐陶·伯益이다(疏: 五人者, 禹一稷二契三皐陶四伯益五也。); 禹(우)는
　물과 토지를 관장하여, 산을 개간하고 호수의 물길을 트고 九河를 서로 통하게 하고, 전국을 九州로
　나누었고, 后稷(후직)은 백성에게 농사를 가르치는 일을 관장했고, 契(설)은 백성의 교화를 관장했고,
　皐陶(고요)는 형법을 관장했고, 伯益(백익)은 山林·川澤을 관장했다[史記·五帝本紀];《孟子·滕文公上
　제4장》 참조.

2 《王力漢語》治(치): 잘 다스려지다. 태평하다. 물을 다스리다. 옥을 다듬다(形容詞。治理好了的。特指國
　家被治理得很好, 太平。跟'亂'相對: '治'是'治水', '理'是'治玉'。).

3 治(치): [zhì] =乿. (물을)관리하다. 다스리다. 태평하다. 태평하게 다스리다. 치료하다.(「乿」的今字。
　理。治道。平治。医疗。); [chí] 물이름(水, 出東萊曲城陽丘山, 南入海。又水, 出泰山。).

4 周武王(무왕): 姬發. 姓 姬, 名 發. 주문왕의 아들. BC 1046~BC 1043 재위. BC 1046년 商 왕조를
　멸망시키고, 西周 왕조를 건립했다.

5 《論語集解》'亂'(난)은 '理'[다스리다]이다(注: 馬融曰: 亂, 理也。);《說文·乙部》'亂'(난)은 '治'이다(亂,
　治也。);《百度漢語》베틀에 앉아서 두 손으로 헝클어진 실을 고르는 형상. 실을 고르다('亂: 象上下兩手在整
　理架子上散乱的丝。是紊的本字。本义: 理丝); 亂臣(난신): 정무를 잘 다스리는 대신(善于治理政务的大臣).

6 《堯曰 제1장 제5절》각주 《書經·周書·泰誓中》 참조.

7 《論語義疏》周公旦과 召公奭은 무왕의 동생들이다(周公旦、召公奭, 武王弟也。).

8 太公望(태공망): 呂尙. 속칭 姜太公. 문왕에게 太師로 발탁되었고, 무왕이 師尙父로 높임을 받아 주나라
　건립을 도왔다.

閎夭, 散宜生, 南宮适.[11]其一人謂文母[12]. 劉侍讀[13]以爲子無臣母之義, 蓋邑姜[14]也. 九人治外, 邑姜治內. 或曰:「亂本作乿[15], 古治字也.」

《서경·태서》(書經 泰誓) 편의 글이다. 마씨(馬氏·馬融)가 말했다. "'亂'(난)은 '다스리다' [治]이다. '十人'(십인)은, 주공단(周公旦)·소공석(召公奭)·태공망(太公望)·필공(畢公)·영공(榮公)·태전(太顚)·굉요(閎夭)·산의생(散宜生)·남궁괄(南宮适)이고, 열 사람 중 한 사람은 문모(文母)를 말한다." 유시독(劉侍讀)은 '자식이 어머니를 신하로 삼는 도리는 없기 때문에, (열 사람 중 한 사람은 문모[文母]가 아니라) 아마도 읍강(邑姜)일 것이다. 아홉 사람은 밖을 다스리고, 읍강(邑姜)은 안을 다스렸다'고 했다. 어떤 사람이 말했다. "'亂'(난)은 본래 '乿'(치)로, 옛날의 '治'(치)자이다."

082003. 孔子曰[16]:「才難[17], 不其然乎[18]? 唐虞之際[19], 於斯爲盛[20]. 有婦人焉[21], 九人而已[22].

---

9 畢公(필공): 文王의 庶子.

10 榮公(영공): 文王의 大臣.

11 太顚·閎夭·散宜生·南宮适은 文王四友로 문왕의 주나라 건국을 도운 개국공신이다. 이 장의 南宮适은 《憲問 제6장》에 나오는 공자의 제자 南宮适과는 다른 인물이다.

12 《論語義疏》'文母'는 문왕의 부인이다(疏: 文母, 文王之妻也.).

13 劉侍讀(유시독): 劉敞(유창)[1019~1068] 字 原父. 그가 지은 《七經小傳》에, '舊說婦人即文母, 予謂子無臣母之理…… 案: 武王即位已八十餘, 未知文母猶存否, 以義推之此亂臣, 蓋邑姜, 必非文母也. 武王使九人者治外, 而邑姜治內, 故得以同之亂臣.'이라는 구절이 나온다.

14 《論語大全》邑姜(읍강): 무왕의 왕후로 태공의 딸이다(武王后 太公女).

15 乿(치): 다스리다(古同'治'.).

16 《論語義疏》기록한 자가 먼저 虞舜·周 두 나라의 신하의 수를 나열해 기록한 후에, 공자의 말씀을 그 밑에 적은 것이다(疏: 記者先列虞、周二國之臣數, 而後書孔子之言於下也.); 《論語正義》李光地[1642~1718]의 《榕村語錄》에 말했다. "'舜有臣' 이하 두 절 또한 공자의 말씀으로, 《微子 제8장》 또한 그렇다"(正義曰: 李氏光地《榕村語錄》: "'舜有臣'二句, 亦是夫子語, 如微子篇逸民節亦然."); 《論語新解》이 장의 처음 두 절의 말 또한 공자의 말씀으로, 기록한 자가 '孔子曰' 세 글자를 '武王曰' 다음으로 이동해서, 이곳에는 이에 '子曰'字를 붙이지 않은 것이다(此起首兩语亦孔子之言, 记者移孔子曰三字于武王曰之后, 此处遂不加子日字.).

17 《論語義疏》훌륭한 인재를 얻기가 어려운 것이 어찌 그렇지 않은가?(疏: 良才之難得不其如此乎?); 《論語正義》'才難'은 古語이다. 옛날의 이른바 才는, 덕이 있어 정사를 다스릴 수 있는 자를 말했다. 사람의 賢否는 才·不才로 구분했다. 才는 성현의 최고의 능력이었고, 才는 얻기가 극히 어려웠다(正義曰: '才難'者, 古語…… 古之所謂才, 皆言人有德能治事者也…… 人之賢否, 以才不才別之…… 才是聖賢之極能…… 才是極難.).

18 《助字辨略》'不其然'은 '어찌 아니 그러하냐?'와 같다('不其然, 猶云豈不然乎?); 《詞詮》其(기): 부사.

공자(孔子)께서 말씀하셨다. "인재 얻기가 어렵다더니, 아니 그러하냐? 요(堯)·

거의. 아마도. 대체로. 단정할 수 없는 경우에 쓴다["아마도 그러지 않을까?"]('其', 副詞. 殆也. 於擬議不定時用之.);《論孟虛字》어찌. 설마["어찌 아니 그러한가?"]('其', 猶'豈'. 其表疑問語氣, 當白話'何'字. 若表反詰語氣, 擇當'難道'. '不其', 猶言'豈不', 當反詰詞'難道不'的語氣.);《許世瑛(二)》'其'가 반문어기로 쓰일 경우, 그 위치는 반드시 '不'字 앞이 되어, '其不然乎'가 되어야 하는데, 지금 그 위치가 '不'字 뒤에 있으니, 반문어기사가 아닌 게 틀림없다. '其'字를 관계사로 간주하여, 부사 '不'를 이어서 '然'字 앞에 쓰인 것으로 볼 수 있다["아니 그러하냐?"]('其'字作反詰語氣, 它的位置, 一定'不'字之前, 說成'其不然乎'現在, 它的位置既在'不'之後, 那就非反詰語氣詞無疑了…… 我們可以把它看做是個關係詞, 用來連接限制詞'不'在'然'字之上的.)[論語中'其'字用法深究];《論語句法》'其'는 연결동사로, 지금의 '是'와 같다('其'是繫詞, 相當於白話的'是'字.).

19 《論語正義》'唐·虞'는 모두 지명이다(正義曰: 唐虞, 皆地名.); 唐虞(당우): 당요와 우순의 병칭. 태평성대의 시대(唐堯与虞舜的并称. 亦指堯与舜的时代, 古人以为太平盛世.);《論語義疏》'際'는 요·순이 교대한 사이를 말한다(疏: 際者, 謂堯舜交代之間也.); 際(제): 두 벽이 서로 만나 이어지는 곳. 가장자리. 시기. 중간. 즈음(本义: 两墙相合之缝. 时候: 时机. 中间, 彼此之间.).

20 《論語集解》요·순 교체기를 주나라와 비교하면, 주나라가 가장 賢才가 성했다는 말이다(注: 孔安國曰: 言堯舜交會之間比於此周, 周最盛多賢才.);《論語義疏》'斯'는 '此'이다. '此'는 주나라를 말한다["唐虞之際는 신하가 합해서 다섯이었는데, 주나라와 비교해 보면, 주나라 때가 가장 성했지만, 성했다 해도 10명을 채우지 못했다"](疏, 斯, 此也. 此, 謂周也. 言唐虞二代交際共有此五臣, 若比於此周, 周最爲盛. 雖爲盛尚不滿十人.);《論語正義》'唐虞之際'의 '際'는 '下' '後'와 같다. 공자께서 당·우시기 이후 주나라 때에 이르러서야 비로소 성했다고 말씀하신 것이다. 王引之[1766~1834]의《經義述聞》에 '唐虞之際於斯爲盛'[당·우시기 이후 주나라 무왕 시기에 와서 성했다] 여덟 자는 한 구절이라 했는데, 이 견해 역시 통한다(正義曰: '唐虞之際'者, 際, 猶下也, 後也…… 夫子此言唐虞之下, 至周乃爲盛也. 王氏引之《經義述聞》…… 謂'唐虞之際於斯爲盛'八字爲一句, 此說亦通.);《論語譯注》"당·우 교체 시기 및 주무왕이 이 말을 한 시기가 인재가 가장 성했다"("唐堯和虞舜之間以及周武王說那話的時候, 人才最興盛.");《論語新解》①唐虞之際가 周初에 비해 더욱 성했다. ②唐虞之際가 周初만 못했다. ③唐虞之際와 이 周初의 인재가 성했다. '於'는 '與'로 풀이한다. ④ '際'는 '邊際' 즉 '以後' '以下'의 뜻으로, 唐虞 이후부터 周初까지 성했다. 내 생각에, 唐虞와 周初는 서로 맞닿아 있는 시기가 아니다. 이 장에서 才難을 말한 것은 우열을 비교하는 데 있지 않다. 제삼설이 맞다. 대개 唐虞之際에 인재가 성했었는데, 周初에 또다시 성했다는 말로, '盛' 한 글자를 써서 唐虞와 周初 2대를 겸한 것으로, '於'字는 '與'字로 고쳐 풀이할 필요가 없을 듯하다(此两语有四说: 一唐虞之际比周初为尤盛. 一唐虞之际不如周初. 一唐虞之际与此周初为盛. 于, 解作与. 一际, 边际义, 即以后以下义, 谓自唐虞以下, 周初为盛. 今按: 唐虞与周初不相际. 本章言才难, 不在比优劣. 惟第三说得之. 盖谓唐虞之际, 人才尝盛, 于斯复盛, 以一盛字兼统二代, 于字似不须改解作与字.);《論語句法》'爲'는 연결동사이다('爲'是繫詞.).

21 《論語新解》'婦人'에 대해, 혹은 문왕의 부인이라 하고, 혹은 무왕의 부인 읍강이라 하는데, 읍강을 가리키는 것이 맞다(或说乃文母太姒, 或说武王妻邑姜. 当以指邑姜为是.);《王力漢語》'婦'는 이미 결혼한 여자, '女'는 아직 결혼하지 않은 여자를 가리킨다('婦, 女人, 已婚的女子. '婦'是已婚的女子, '女'是未婚的女子, 古人分得很清楚. 有時候, 特別是男女對擧的時候, '女'也用作婦女的統稱, 但未婚的女子絕對不能叫做'婦'.);《許世瑛(二)》'焉'은 '於是'와 같고, '是'는 '十人之中'을 가리킨다('焉'字等於'於是', '是'字稱代'十人之中'.).

22 《論語句法》'而已'는 구말어기사이다. ~일뿐이다('而已'是句末語氣詞, 相當於白話的'罷了'.);《論孟虛字》'而已'는 '耳'와 같다. 부족하다는 의미를 띠고 있다('已', 常和'而'連用, 結合成'而已'一詞, 相當於一個'耳'字. 帶有不足的意味.).

순(舜) 교체기에는, 주(周)나라 무왕(武王) 때보다는 인재가 성했었다. (무왕(武王) 때는) 부녀자가 훌륭한 신하 열 사람 중에 끼어 있었으니, 아홉 사람뿐이었다.

稱孔子者, 上係武王君臣之際, 記者謹之。才難, 蓋古語[23], 而孔子然[24]之也。才者, 德之用也。唐虞, 堯舜有天下之號。際, 交會[25]之間。言周室人才之多, 惟唐虞之際, 乃盛於此。降自夏商, 皆不能及[26], 然猶但有此數人爾, 是才之難得也。

'孔子'(공자)라고 칭한 것은 위로 무왕(武王)이 군신 관계로 맺어져 있어서, 기록하는 자가 이것을 삼간 것이다. '才難'(재난)은 아마도 옛말일 텐데, 공자(孔子)께서 그 말에 동의하신 것이다. '才'(재)라는 것은 덕(德)의 쓰임이다. '唐虞'(당우)는 요(堯)·순(舜) 임금이 천하를 다스리던 나라의 이름이다. '際'(제)는 서로 교체되는 시기이다.

말씀인즉, '주(周)나라 왕실에 인재가 많았는데, 요(堯)·순(舜) 임금의 교체기 때만큼은 주(周)나라보다 많았다. 내려와서 하(夏)·상(商)나라부터는 모두 요(堯)·순(舜) 임금의 교체기에 미치지 못했고, (많았다는 주나라 무왕 때에도) 오히려 이 몇 사람이 있었을 뿐이니, 이것이 인재 얻기가 어렵다'는 것이다.

082004. 三分天下有其二,[27] 以[28]服事[29]殷, 周之德, 其[30]可謂至德也已矣。[31], [32] [33]」

---

23 古語(고어): 옛날부터 전해 내려오던 격언이나 경구(指古代流传下来的格言警句).

24 然(연): 맞다고 여기다. 동의하다(以为……对; 同意).

25 交會(교회): 이어져 맞닿아 있다. 주고받다. 교체하다(交接; 交替).

26 《論語大全》集注에서 '降自夏商 皆不能及' 여덟 글자를 보충해 넣음으로써, 비로소 해득할 수 있게 되었다(新安陳氏曰: 集註補此八字, 方解得去.).

27 [성]三分天下有其二(삼분천하유기이): 천하를 삼분하여 그 둘을 소유하다. 세력이 강대하다(泛指勢力強大。).

28 《論語句法》'以'는 개사로, 다음에 개사보어 '三分天下而有其二'가 생략되었다('以'是關係詞, 其下省略了憑藉補詞'三分天下而有其二'。);《論孟虛字》'以'는 '猶'·'尚'·'且'와 같다. 여전히. 그럼에도('以', 猶'猶', 猶'尚', 猶'且'。並作'还'字解。).

29 服事(복사): 천자가 거주하는 王畿지역에서부터 5백 리씩을 끊어서 각각 甸服(전복)·侯服(후복)·綏服(수복)·要服(요복)·荒服(황복)이라 하고 이를 합쳐 五服이라 하고, 五服 지역 내에 분봉 받은 제후는 복의 원근에 따라 그에 맞게 정기적으로 천자에게 조공을 바쳐, 신하로서 도리를 다했는데, 이것을 服事라 한다. 신하로서 군명에 복종하다(五服之内所封诸侯定期朝贡, 各依服数以事天子。亦泛谓

셋으로 천하를 나누어 그 둘을 차지했는데도, 그 둘을 가지고 신하의 도리로 은(殷)나라를 섬겼다. 주(周)나라 문왕(文王)의 덕은 참으로 지덕(至德)이라고 평할 수 있겠구나."

春秋傳[34]曰, 「文王率商之畔國以事紂」, 蓋天下歸文王者六州, 荊, 梁, 雍, 豫, 徐, 揚也。 惟青, 兗[35], 冀, 尚屬紂耳。

《춘추좌전》(春秋左傳)에 이르기를, '문왕(文王)이 상(商)나라를 배반한 나라를 거느리고 이로써 주왕(紂王)을 섬겼다'고 했는데, 대개 천하에서 문왕(文王)에게 귀속한 고을이 구주(九州) 중에 여섯으로, 형주(荊州)・양주(梁州)・옹주(雍州)・예주(豫州)・서주(徐州)・양주(揚州)였고, 청주(青州)・연주(兗州)・기주(冀州)만이 여전히 주왕(紂王)에게 속해 있었다.

范氏曰: 「文王之德, 足以代[36]商。 天與之, 人歸之, 乃不取而服事焉, 所以爲至德也。 孔子因

尽臣道: 臣服聽命).

30 《論語句法》 '其'는 연결동사이다('其'是繫詞。).

31 《助字辨略・矣部》語已辭는 영탄조가 심하면, 말투가 느려지고 길어지기 때문에, 중첩해서 말한 것이다 (凡語已辭, 詠歎深至, 則辭氣闡緩而長, 故重疊言之也。);《論語詞典》也已矣(야이이): 어기사의 연용으로, 긍정의 강화를 표시한다(語氣詞的連用, 表肯定的加强。).

32 《論語正義》 주나라는 여러 인재를 얻었기에, 천하를 셋으로 나누어 그 둘을 차지했지만, 기실은 천하를 얻을 세를 지녔음에도, 여전히 신하의 도리로 은나라를 섬겼으니, 태백이 천하를 사양한 것과 다르지 않기 때문에, 공자께서 문왕과 태백을 똑같이 '至德'이라 찬탄하신 것이다[泰伯 제1장]. 그런데 '文王之德'이라 하지 않고 '周之德'이라 한 것은, 服事의 정성이 무왕과 문왕이 동일했기 때문에, 묶어서 '周'라 한 것이다(正義曰: 周得羣才, 故能三分有二, 其時實有得天下之勢, 而猶以服事殷, 與泰伯之以天下讓無以異, 故夫子均歎爲至德也…… 然不曰文王之德而曰周者, 明服事之誠, 武王與文王同, 故統言周也。).

33 《論語新解》或說: "이 절은 별도로 한 장이 되어야 한다. 앞 절에서는 '才難'을 말했는데, 이 절 이하와는 상관이 없다. 또 이 절의 말 또한 공자 이전에 있던 말로, 공자께서 이를 인용하고, 다음에 칭찬의 말을 붙이신 것이다." 이 절을 분장할 경우, '孔子曰'을 앞에 붙여야 한다. 이 절을 분장할 경우, '至德'은 문왕을 드러내서 칭찬한 것이다. 분장하지 않을 경우, 무왕을 논한 뒤에 오직 문왕의 덕을 칭찬한 것으로, 무왕에 대한 유감이 언외에 있는 듯하다. 두 장을 분장해서 설명하는 것이 흠결이 없다(或说此下当另为一章, 上文言才难, 与此下不涉。 又此语亦孔子以前所有, 孔子引之, 下面自加称叹。 若另为一章, 则此下应别加孔子曰三字。 若三分天下以下另为一章, 此至德显称文王。 若连上为一章, 则于论武王下独称文王之德, 言外若于武王有不满……分两章说之则无病。).

34 《春秋左傳・襄公4年》 문왕이 나라를 배반한 나라들을 거느리고, 이로써 紂를 섬긴 것은 때를 알았기 때문이었다(文王帥殷之叛國, 以事紂, 唯知時也。).

35 兗(연): =兖(연).

武王之言而及文王之德, 且與泰伯, 皆以至德稱之[37], 其指微矣[38]。」或曰:「宜斷三分以下, 別以孔子曰起之, 而自[39]爲一章。」

범씨(范氏·范淳夫)가 말했다. "문왕(文王)의 덕은 상(商) 왕조를 교체할 만큼 충분했다. 하늘이 그에게 주고 사람들이 그에게 귀의하는데, 그럼에도 취하지 않고 신하의 도리로 그를 섬겼으니, 지덕(至德)이라 한 까닭이다. 공자(孔子)께서 무왕(武王)이 한 말에 이어서 문왕(文王)의 덕을 언급하고, 또 태백(泰伯)과 함께 모두 지덕(至德)이라 칭했으니, 그 뜻이 은미하다."

어떤 사람이 말했다. "마땅히 '三分'(삼분) 이하를 끊어, 구별해서 '孔子曰'(공자왈)로 시작하여, 별도로 한 장을 만들어야 한다."

---

36 代(대): 교대하다. 교체하다. 대체하다(本義: 更迭, 代替。).

37 《泰伯 제1장》 참조.

38 《論語大全》 공자께서 두 사람만을 至德이라 칭했는데, 두 분 모두 할 수 있었는데도 하지 않은 분이었다 (朱子曰: 孔子稱至德只二人, 皆可爲而不爲者也。);《論語大全》 태백은 상나라를 멸하려는 태왕의 뜻을 따르지 않았고, 문왕은 셋으로 천하를 나누어 그 둘을 차지하고도 상을 섬겼으니, 군신이라는 명분의 구별에 엄격한 것이었다. 선생님께서 그들을 모두 至德이라 칭하신 것은 마땅하다. 范氏가 '其指微矣'라 했는데, 은미한 뜻은 오로지 명분 때문이라고[무왕은 신하로서 은나라 紂왕을 멸했으니, 군신이라는 명분을 어겼다] 말하지 않을 수 있겠는가? 태백과 문왕은 至德이라 하시고, 무왕은 盡善하지는 못하다 [八佾 제25장]고 하셨으니, 은미한 뜻이 아니겠는가?(新安陳氏曰: 泰伯不從翦商, 文王三分有二而事商, 其於名分之際嚴矣。宜夫子皆以至德稱之。范氏謂其指微矣, 微指, 得非專爲名分言歟? 以泰伯文王爲至德, 以武爲未盡善, 非微指歟?).

39 自(자): 별도로. 따로(別自, 另外。).

[禹吾無間然章]

082101、子曰:「禹, 吾無間然¹矣。菲飲食², 而致孝乎³鬼神; 惡衣服, 而致美乎黻冕⁴; 卑宮室⁵, 而盡力乎溝洫⁶。禹, 吾無間然矣。」

---

1 《論語新解》'間'은 '罅隙'(하극)[갈라진 틈새]으로, '비난하다'의 뜻이다. '無間'은 틈이 없어 비난할 게 없다는 말이다(间, 罅隙义, 即非难义。无间, 谓无罅隙可非议。);《古今注》'間'은 달빛이 새어드는 문틈을 형상화한 글자이다(間……象月入門隙。);《經傳釋詞》'然'은 '焉'과 같다(然, 猶'焉'也。);《古書虛字》'然'은 '之'와 같다. 일을 가리킨다('然', 猶'之'也。指事之詞也。);《論孟虛字》'然'은 '焉'과 같고, 지칭사로, '之'와 통한다["그분에 대해 흠잡을 것이 전혀 없었다"]('然, 猶'焉'。'焉'可作指稱詞, 與'之'相通。);《論語句法》'然'은 '間'에 붙은 접미사이다('然'是詞尾)。

2 [성]卑宮菲食(비궁비식): 집을 초라하게 하고 음식을 조촐하게 차리게 하다. 조정이 스스로 절약하고 검소하게 지내는 모범을 보이다(谓使宫室简陋, 饮食菲薄。旧时用以称美朝廷自奉节俭的功德。); 菲(비): 엷다. 미약하다. 보잘것없다. 변변찮다. 보잘것없게 하다(微薄; 使之微薄)。

3 致(치): 극진히. 정성껏(通'至'。极, 尽。); 孝(효): 재물을 바쳐 신·조상에게 제사 지내다. 상사를 치르는 의식. 거상(祭, 祭祀。向神或祖先供財物以示感激。指办丧事仪式。居丧。);《論語詞典》乎(호): 개사. 뒤에 동작의 대상을 소개한다(介詞。介出對象。);《古漢語語法》개사 '于'와 '乎'는 모두 장소·대상·원인·목적 등을 끌어들일 수 있지만, '乎'는 일반적으로 술어 뒤에 쓰이며, 장소를 나타내는 의문대사 '惡'가 '乎'의 목적어인 경우에만, 동사 앞에 놓인다('乎', 介詞。'于'和'乎', 它們都可以引進处所, 对象, 原因或目的等, 但'乎'一般用于谓语後, 只有'乎'的宾语为疑问代词'恶'時, '恶乎'位于动词前, 如《禮記、檀弓上》'吾恶乎哭諸?')。

4 《論語大全》제사복을 '黻'이라 한다(朱子曰: 祭服謂之黻);黻(불): 무두질한 가죽으로 만든 폐슬[무릎 덮개]. 예복에 청색 실과 흑색 실로 수놓은, 두 개의 弓 자가 서로 등을 지고 있는 모양의 수(古代祭服的蔽膝, 用熟皮做成。古代礼服上青黑相间的花纹。); 黼黻文章(보불문장): 임금이 예복으로 입던 하의인 袞裳(곤상)에, 백색 실과 흑색 실로 도끼 모양의 수를 놓은 것[黼]과 청색 실과 흑색 실로 '亞字 모양의 수를 놓은 것[黻]。수놓은 화려한 무늬. 화려한 색채(古代礼服上所绣的色彩绚丽的花纹。泛指华美鲜艳的色彩。); 冕(면): 대부 이상이 쓰는 관모. 제왕의 황관(帝王及地位在大夫以上的官員们戴的礼帽, 后专指帝王的皇冠。)。

5 宮室(궁실): 집의 통칭。《爾雅·釋宮》宮이 室이고, 室이 宮이다(房屋的通称;《爾雅·釋宮》宮謂之室, 室謂之宮。);《周易·繫辭下》상고에는 동굴에서 지내고 들판에서 생활했는데, 후세에 성인이 집으로 바꾸었으니, 대들보를 올리고 서까래를 얹어서 바람과 비를 방비했다(上古穴居而野處, 後世聖人易之以宮室, 上棟下宇, 以待風雨。);《經典釋文·爾雅音義》옛날에는 귀천에 관계없이 똑같이 집을 宮이라 칭했지만, 진한 이후로는, 왕자가 사는 집만을 宮이라 칭했다(古者貴賤同稱宮, 秦漢以來, 唯王者所居稱宮焉。)。

6 《書經·虞書·益稷》禹가 말했다. "나는 塗山氏에게 장가들어, 辛·壬·癸·甲일 나흘만 집에 머물렀을 뿐, 治水를 위해 8년을 집을 떠나 있었다. 아들 啓가 태어나 응애응애 울고 있는 집 앞을 지나쳤지만, 나는 들여다보지 않았고, 오직 治水 일에만 매달렸다"(禹曰: 予……娶于塗山, 辛壬癸甲。啟呱呱而泣, 予弗子, 惟荒度土功。);《論語正義》李光地[1642~1718]의 《論語劄記》에 말했다. "홍수가 아직 다스려지지 않아, 낮은 곳에서는 나무 위에 둥지를 만들었고, 높은 곳에서는 땅굴을 만들어 살았으니, 백성들이 평탄한 땅에 내려와 살 수가 없었다. 禹가 아홉 개 강 물줄기가 통하도록 뚫어, 사해로 흐르게 하고, 도랑을 파서, 강으로 흐르게 했다. 그런 후에야 사방에 집을 짓게 되었고, 백성들이 편안히 거주할 수 있었으니, 이것이 '卑宮室而盡力乎溝洫'이다. 자기 거처의 안락을 구하지 아니하고 만백성이 거처할

선생님께서 말씀하셨다. "우(禹) 임금에 대해, 나로서는 흠잡을 만한 것이 전혀 없었다. 드시는 음식은 조촐하게 차리게 했지만, 귀신에게는 정성을 다해 차려 제사 지냈고, 입으시는 의복은 조악하게 짜게 했지만, 제례의 예복과 머리에 쓰는 관은 정성을 다해 아름답게 꾸몄고, 사시는 집은 야트막하게 했지만, 관개 치수에는 있는 힘을 다하셨다. 우(禹) 임금에 대해, 나로서는 흠잡을 만한 것이 전혀 없었다."

閒[7], 去聲。菲, 音匪。黻, 音弗。洫, 呼域反。○閒, 罅隙[8]也, 謂指其罅隙而非議[9]之也。菲, 薄也。致孝鬼神, 謂享祀[10]豐潔[11]。衣服, 常服[12]。黻, 蔽膝[13]也, 以韋[14]爲之。冕, 冠也, 皆祭服也。溝洫, 田間水道, 以正疆界[15], 備旱潦[16]者也。或豐或儉, 各適其宜, 所以無罅隙之可議[17]也, 故再言以深美之。

'閒'(간)은 거성[jiàn]이다. '菲'(비)는 음이 '匪'(비)이다. '黻'(불)은 음이 '弗'(불)이다. '洫' (혁, xù)은 '呼'(호)와 '域'(역)의 반절이다. ○'間'(간)은 '흠'[罅隙(하극)]으로, 그 흠을 지적

터를 닦는 것이 급한 일이었다"(李氏光地《論語劄記》"當洪水未平, 下巢上窟, 民不得平土而居之。禹決九川, 距四海, 乃復濬畎澮, 距川, 然後四隩既宅, 民得安居, 是則卑宮室而盡力乎溝洫者。居無求安, 而奠萬姓之居是急也。");《周禮·冬官考工記》匠人은 溝洫(구혁)을 만든다. 너비 2尺 깊이 1尺의 도랑을 畎(견)이라 한다. 아홉 농가가 井이고, 井 사이에 파놓은 너비 4尺 깊이 4尺의 도랑을 溝(구)라 한다. 사방 10里가 成이고, 成 사이에 파놓은 너비 8尺 깊이 8尺의 도랑을 洫(혁)이라 한다. 사방 100里를 同, 同 사이에 파놓은 너비 2尋 깊이 2仞의 도랑을 澮(회)라 한다(匠人爲溝洫⋯⋯廣二尺深尺謂之畎⋯⋯九夫爲井, 井間廣四尺、深四尺謂之溝。方十里爲成, 成間廣八尺、深八尺謂之洫。方百里爲同, 同間廣二尋、深二仞謂之澮。); 溝洫(구혁): 농지 사이의 수로. 도랑. 용수로(田间水道。借指農田水利。).

7 間(간/한): [jiàn] =間. 갈라진 틈. 간격. 이간시키다. 섞이다. 비난하다. 헐뜯다. 끼어들다(亦作「間」。空隙: 縫隙。間隔。離間。間雜。非難: 毁謗。參与。); [xián] =閑. 목책. 한가하다. 병이 호전되다(亦作「閑」。栅欄、木栏。空暇、不忙迫。与"忙"相对。痊愈。).

8 罅隙(하극): 옷의 터지거나 찢어진 틈새. 벌어진 틈. 흠. 하자. 결함(縫隙: 裂縫。瑕疵: 缺憾).

9 非議(비의): 책망하다. 지적하다. 비판하다(责备: 指责。批评。).

10 享祀(향사): 제사 지내다(祭祀).

11 豐潔(풍결): 제사음식이 풍성하고 정갈하다(谓俎豆饮食丰盛洁净。).

12 常服(상복): 평상복(日常穿的便服).

13 蔽膝(패슬): 의복의 앞면에 두르는 무릎을 덮는 커다란 보(围于衣服前面的大巾。用以蔽护膝盖。).

14 韋(위): 털을 제거하고 무두질한 가죽(熟皮, 去毛熟治的皮革。柔皮。).

15 疆界(강계): 국경. 땅의 경계(国界: 地界。).

16 旱潦(한료): 가뭄과 홍수(久未降雨和雨水過多兩種天災。).

17 議(의): 의론하다. 비평하다. 왈가왈부하다(议论).

하여 이를 비판하는 것을 말한다. '菲'(비)는 '보잘것없다'[薄]이다. '致孝鬼神'(치효귀신)은 제사음식을 풍성하게 하고 정결하게 제사 지내는 것을 말한다. '衣服'(의복)은 '평상복'[常服]이다. '韍'(불)은 무릎을 덮는 보로, 무두질한 부드러운 가죽으로 만든다. '冕'(면)은 '면류관'[冠]으로, 모두 제사 복장이다. '溝洫'(구혁)은 농지 사이에 낸 물길로, 이것으로 농지의 경계를 바르게 획정하고 가뭄과 홍수에 대비하는 것이다. 어떤 것은 풍성하게 하고 어떤 것은 검소하게 하여, 각각 그에 맞는 마땅함을 얻게 한 것이, 흠이라고 왈가왈부할 만한 것이 전혀 없는 까닭으로, 그래서 두 번씩 '나로서는 흠잡을 만한 것이 전혀 없었다'라고 말씀하여 깊이 찬미하신 것이다.

○楊氏曰:「薄於自奉[18], 而所勤者民之事, 所致飾者宗廟朝廷之禮, 所謂有天下而不與也[19], 夫何間然之有?」

○양씨(楊氏·楊中立)가 말했다. "자신에 대한 봉양에는 박하게 했지만, 부지런히 힘쓴 것은 백성의 일이었고, 정성스레 꾸민 것은 종묘와 조정의 예식이었으니, 이른바 '천하를 소유하고 있었음에도, 이를 누리지 않았다'라는 것인데, 도대체 무슨 흠 잡을 게 있었겠는가?"

---

18 《說苑·政理》무왕이 태공에게 물었다. "현능한 임금의 치국의 도리는 어떠한지요?" 태공이 대답했다. "현능한 임금의 치국은, 정치는 공평하고, 관리는 가혹하지 않고, 세금 징수는 줄이고, 자신에 대한 봉양은 박하고, 사적인 은혜를 베풀고자 공법을 해치지 않고, 궁실을 화려하게 꾸며서 재물을 허비하지 않으니, 이것이 현능한 임금의 치국의 도리입니다(武王問於太公曰: '賢君治國何如?' 對曰: '賢君之治國, 其政平, 其吏不苛, 其賦斂節, 其自奉薄, 不以私善害公法…… 不幸宮室以費財…… 此賢君之治國也。'); 自奉(자봉): 자기 일상생활의 봉양. 자기생활(谓自身日常生活的供养。).

19 《泰伯 제18장》참조.

《子罕 第九》

凡三十章。

모두 30장이다.

[子罕言利章]

090101、子罕¹言利與²命與仁³, ⁴ ⁵。

1 《論語集解》'罕'(한)은 '希'[드물다]이다(注: 罕者, 希也。);《古漢語語法》출현 횟수가 적다(副词'罕', 表示出现次数少。); 罕(한): 새 잡는 그물. 드물다. 적다(捕鸟用的长柄小网。稀; 少).

2 《古漢語語法》與(여): 둘 이상의 병렬성분 사이에 쓰여 연결하는 병렬접속사('與', 并列连词。可以用在两个以上的并列成分之间表示连接。);《論語新解》'與'는 '讚同'[찬동하다]의 뜻이다["평소 利를 적게 말씀하셨고, 命과 仁을 찬동하셨다"](与, 赞与义。; '平日少言利, 只赞同命与仁。');《論語句法》두 '與'字는 술어로 '稱許'[칭찬하다]의 뜻이다('與'是述詞, '稱許'的意思。).

3 《論語集解》利는 義의 조화[만물이 각각 그 마땅함을 얻어 서로 해를 끼치지 않고 조화를 이룬 상태]이다[易經・▆乾・文言]. 命은 천명이다. 仁은 행실이 지극한 것이다. 적은 수의 사람들만이 이해할 수 있었기 때문에, 드물게 말씀하셨다(注: 利者, 義之和也。命者, 天之命也。仁者, 行之盛也。寡能及之, 故希言也。);《論語義疏》'利'는 천도가 만물을 크게 이롭게 하는 것이다. '與'는 '말로 인정[칭찬]하다'이다. '命'은 천명 중의 궁통・요수[祿命]이다. '仁'은 측은지심으로 만민 구제의 행위가 성대한 것이다. 제자가 공자께서 교화를 위해 사람들에게 드물게 말씀하신 것, 드물게 인정하신 것을 기록한 것이다["利를 말씀하신 게 드물었고, 사람들에게 命이라 인정하신 게 드물었고, 仁이라 인정하신 게 드물었다"](疏: 利者, 天道元亨利萬物者也。與者, 言語許與之也。命, 天命窮通夭壽之目也。仁者, 惻隱濟衆行之盛者也。弟子記孔子爲教化所希言及所希許與人者也。);《論語正義》군자는 利가 義에서 벗어나 있지 않다는 것을 알기 때문에, 義에 밝고, 소인은 利는 알고 義는 알지 못하기 때문에, 利에 밝다. 춘추시기에 이르러, 군자의 도가 미약해져서, 공자께서 利에 대해 말씀하신 게 드물었으니, 그 이치가 정미해서, 사람들이 혹 그 설명을 잘못 익혀, 利가 있는 것만 알고, 義가 있는 것을 다시는 알지 못했기 때문이다. 利・命[祿命]・仁 셋은 모두 공자께서 드물게 말씀하신 것들이지만, 仁이 조금 많고, 命이 다음, 利가 가장 드물었다. 그래서 利를 '罕' 옆에 이어 말했고, 命・仁에 대해서는, 두 개 '與'字를 붙여 다음에 놓은 것이다. 阮元[1764~1849]의《論語論仁論》에 말했다. "공자께서 仁을 말씀하신 게 자세한데, 어찌 '罕言'이라 했는가? '罕言'이라 한 것은, 공자께서 매번 겸손히 仁을 감히 자처하지 않으셨고, 또 쉽게 사람들에게 仁을 인정하지 않으셨다는 것이다"(正義曰: 君子知利不外義, 故喻以義, 小人知利不知義, 故喻以利。時至春秋, 君子道微, 故夫子罕言利, 則以其理精微, 人或誤習其說, 而惟知有利, 不復知有義矣…… 利, 命, 仁三者, 皆子所罕言, 而言仁稍多, 言命次之, 言利最少。故以利承"罕"方之文, 而於命, 於仁, 則以兩"與"字次第之…… 阮氏《論語論仁篇》: "孔子言仁者詳矣, 曷爲曰'罕言'也? 所謂罕言者, 孔子每謙不敢自居於仁, 亦不輕以仁許人也。");《論語大全》利를 드물게 말씀하신 것은, 대개 일을 하는데 다만 도리를 따라 해나가면, 利는 저절로 그 가운데 있기 때문이다. 다만 드물게 말씀하신 까닭은, 바로 사람들이 利를 추구하면 義를 해칠까 걱정했기 때문이다(朱子曰: 罕言利者, 蓋凡做事只循這道理做去, 利自在其中矣…… 但所以罕言者, 正恐人求之, 則害義矣。);《古今注》'利'은 利民・利國의 利이다. '命'은 天命이다. '仁'은 人倫의 成德이다. 利를 자주 말하면 義를 해치고, 命을 자주 말하면 天을 폄훼하고, 仁을 자주 말하면 궁행이 그에 미치지 못한다. 이것이 선생님께서 드물게 말씀하신 까닭이다(利謂利民, 利國之利也。命天命也。仁者人倫之成德也。數言利則傷義, 數言命則褻天, 數言仁則躬行不逮。斯其所以罕言也。).

4 《論語疏證》논어에서 공자께서 직접 命을 말씀하신 것은,《雍也 제8장》《憲問 제38장》두 곳이다.《顔淵 제5장》의 자하가 한 말['死生有命 富貴在天']은 아마도 공자께 들은 말일 텐데, 그렇다면 命을 드물게 말했다는 것을 믿을 수 있다. 소위 仁에 대해서는 드물게 말씀하셨다는 것은, 바로 사람들에게

선생님께서 이(利)와 명(命)과 인(仁)에 대해서는 드물게 말씀하셨다.

罕, 少也。程子曰:「計利[6]則害義, 命之理微, 仁之道大, 皆夫子所罕言也。」
'罕'(한)은 '(횟수가) 적다'[少]이다. 정자(程子·伊川)가 말했다. "이(利)를 꾀하면 의(義)를

仁을 가볍게 인정하지 않았다는 뜻[公冶長 제4·7·18장, 憲問 제2장 참조]으로, 利와 命을 드물게 말씀하셨다는 뜻과는 다른 것 같다(樹達按: 論語一書孔子自言命者, 惟伯牛與公伯寮二事。子夏之言蓋亦聞之孔子, 然則信乎其罕言也…… 所謂罕言仁者, 乃不輕許人以仁之意, 與罕言利命之義似不同。);《古今注》논어의 기록에는 선생님께서 仁을 말한 것이 많다. 그렇지만 말한 것은 드물었지만, 빠짐없이 기록해서이지, 기실은 많지 않다(案: 論語記夫子言仁, 多矣。然言之旣罕, 記之不遺, 其實不多也。); 康有爲[1858~1927]의《論語注》는, 제2장의 '達'字는 이 장 끝머리에 붙어 있는 글자로, '子罕言, 利與? 命與仁, 達.' [선생님께서 드물게 말씀하신 것은, 利였고, 命과 仁에 대해서는, 막힘이 없으셨다]로 읽어야 맞는데, '達'字를 제2장 앞머리에 잘못 써 붙인 것으로 보았다;《論語譯注》금나라 王若虛[1174~1243]의《誤謬雜辨》이나 송나라 史繩祖[1192~1274]의《學齋佔畢》에서는 모두 '子罕言利, 與命, 與仁.'으로 떼어 읽어야 한다고 보았는데, '與'는 '許'[인정하다]로, 이 말씀의 뜻은 '공자께서는 利에 대해서는 드물게 말씀하셨지만, 命을 인정하셨고, 仁을 인정하셨다'라는 말이다. 나로서는, 논어 중에 '仁'에 대한 설명이 많다고는 하지만, 한편으로는 대부분이 다른 사람과의 문답이고, 다른 한편으로는 '仁'은 孔門의 최고의 도덕표준인데도, 마침 적게 언급했기 때문에, 공자가 어쩌다 한마디 언급하면, 빠짐없이 기록으로 남겼을 것이니, 기록이 많은 것이 곧 공자가 많이 언급한 것으로 추론할 수는 없다. 공자가 평생 한 말은, 논어에 기록된 것보다 천만 배 많을 것인데, 논어에 나오는 '仁'을 논한 곳은, 공자가 평생 한 모든 말과 비교해 본다면, 여전히 적은 양이다["功利·命運·仁德에 대해 자발적으로 말을 꺼내신 경우가 드물었다"](金人王若虛(誤謬雜辨)、宋人史繩祖(學齋佔畢)都以爲造句應如此讀: "子罕言利, 與命, 與仁." "與", 許也。意思是"孔子很少談到利, 却贊成命, 贊成仁"…… 我則以爲《論語》中講'仁'雖多, 但是一方面多半是和別人問答之詞, 另一方面, '仁'又是孔門的最高道德標准, 正因爲少談, 孔子偶一談到, 便有記載。不能以記載的多便推論孔子談得也多。孔子平生所言, 自然千萬倍於《論語》所記載的,《論語》出現孔子論'仁'之處若用來和所有孔子平生之言相比, 可能還是少的: "很少主動]談到功利, 命運和仁德。");《論語集釋》내[程樹德] 생각에, 이 장은 해석한 자들이 대부분 '言'字의 뜻을 이해하지 못한 듯하다. 대체로 '言'字는 '自言'[자발적으로 말하다]이다. 기록한 자가 공자를 곁에서 지켜본 지 이미 오래되었는데, 공자께서 이 세 가지를 자발적으로 말씀하신 경우가 드물었다는 것이지, 이 세 가지를 가지고 가르쳤다는 말이 아니다(竊謂解此章者多未了解言字之義。蓋言字, 自言也。記者旁窺已久, 知夫子於此三者罕自言, 非謂以此立敎也); '利'는 6개 장(동사 포함), '命'은 9개 장('목숨'의 뜻 포함), '仁'은 74개 장에서 언급되고 있다.

5 《史記·孟子荀卿列傳》내가 맹자를 읽다가, 양혜왕이, '어떻게 하는 것이 내 나라에 이롭겠습니까?'[梁惠王上 제1장]라고 질문하는 대목에 이르러서는 책을 덮고 탄식하지 않은 적이 없었다. "아, 利란 진정 혼란의 시작이로구나! 공자께서 利에 대해 드물게 말씀하신 것은, 그 혼란의 근원을 막으려는 것이었다. 그래서 '利에 따라서 행동하면, 원망을 많이 산다'[里仁 제12장]라고 하신 것이다. 천자부터 서인에 이르기까지, 利를 좋아하는 병폐가 어찌 다르겠는가?"(太史公曰: 余讀孟子書, 至梁惠王問'何以利吾國?', 未嘗不廢書而嘆也。曰: "嗟乎, 利誠亂之始也!夫子罕言利者, 常防其原也。故曰「放於利而行, 多怨」。自天子至於庶人, 好利之弊何以異哉!").

6 計利(계리): 이해관계를 따지다. 이익을 꾀하다. 이익을 계산하여 비교하고 따지다(计算利害。谋利: 计较利益。); 計(계): 따지다. 관심을 가지다. 꾀하다(计较: 关心于。商议: 谋划).

해치기 마련이고, 명(命)의 이치는 은미하고, 인(仁)의 도는 커서, 이 모두는 선생님께서 드물게 말씀하신 것들이었다."

[達巷黨人曰大哉孔子章*]

090201、達巷黨人¹曰:「大哉孔子! 博學而無所成名。²³」

---

1 《論語集解》'達巷'(달항)은 黨[500家]의 이름이다(注: 鄭玄曰: 達巷者, 黨名也。);《史記·孔子世家》에는 '達巷黨人童子曰: ……'(달항 마을 사람인 어린아이가 말하기를)로 되어 있다;《漢書·董仲舒傳》에 '達巷黨人不學而自知也'(達巷黨人 項橐(항탁)은 배우지 않았지만 스스로 지혜를 갖추었다)라는 구절이 있다;《論衡·實知》저 항탁은 일곱 살에 공자를 가르쳤다(夫項橐年七歲教孔子。);《論語新解》①達'은 巷의 이름인 듯한데, 그렇다면 또다시 黨을 칭해서는 안 된다. 이에 따라 '巷黨'을 붙여 읽고, '達'은 이 '巷黨'[마을]의 이름이다. ②達巷'은 黨의 이름이다. ③達巷黨人'은 項橐(항탁)[《史記·樗里子甘茂列傳》에 '大項橐生七歲爲孔子師'(일곱 살에 공자의 스승이 되었다)라는 구절이 있다]이다. 項橐은 또 大項橐으로, 大項은 '達巷'의 轉音이고, 橐은 그의 이름으로, '達巷'은 지명으로 씨를 삼은 것이다. 그가 안회처럼 총명하면서 일찍 죽었기 때문에, 옛사람들이 항상 顏·項으로 병칭했는데, 다만 項橐은 공자 문하에 들어가지 않았다. 이 장에서 그가 공자를 칭찬하는 말을 보면, 그가 범상한 黨人이 아님을 알 수 있다(或疑达是巷名, 则不应复称党。因说巷党连读, 达是此巷党之名。或说达巷是此党名。或说此达巷党人即项橐也。项橐又称大项橐, 大项即达巷之转音, 橐是其名, 达巷则以地为氏。其人聪慧不寿如颜回, 故古人常以颜项并称, 惟项橐未及孔子之门。观此章, 其赞孔子之辞, 知其非一寻常之党人矣。);《論語譯注》《禮記·雜記》에, '내가 노담을 따라 巷黨에서 장례를 도왔다'는 글이 있어, '巷黨' 두 글자가 한 단어로 볼 수 있는데, '里巷[향리]의 뜻이다(禮記雜記有"余從老聃助葬於巷黨"的話, 可見"巷黨"兩字爲一詞, "里巷"的意思。); 黨人(당인): 같은 마을 사람(同一乡里的人); 黨(당): 지방호적편제단위. 500가구(地方户籍编制单位。五百家为党)．

2 《論語集解》공자께서 학문과 기예를 두루 배워, 어느 한 분야로만 이름을 떨친 것이 아님을 찬미한 것이다(注: 鄭玄曰: 美孔子博學道藝, 不成一名而已。);《論語義疏》'大哉'는, 공자가 학문과 기예를 두루 배워 모든 방면에 박식하여, 일일이 거명할 수가 없다는 말이다. 그래서 '無所成名'이라 한 것으로, '요 임금의 덕이 한없이 넓고 아득히 멀어서 백성들이 그에 대해 무어라 이름 붙이질 못한다'[泰伯 제19장]라고 한 것과 같다(疏: 言大哉, 孔子廣學道藝周遍, 不可一一而稱。故無所成名也, 猶如堯德蕩蕩民無能名也。);《論語正義》焦循[1763~1820]의《論語補疏》에 말했다. "공자에 대해 사람들이 무어라 이름 붙이질 못하고 있었는데, (공자께서) 요 임금이 하늘을 본받았음을 찬미했기 때문에[泰伯 제19장], 문하인이 달항 마을 어떤 사람이 한 말을 끌어다가, 공자와 요 임금이 같다고 밝힌 것이다. '大哉孔子'는 바로 '大哉堯之爲君'의 對句이고, '博學無所成名'은 '蕩蕩乎民無能名'의 對句이다." 내 생각에, '博學無所成名'은 성인만이 그럴 수 있다. 일반인의 경우는 博學해도 언제나 전문으로 하는 분야가 있기 때문에, 한 가지 기예로 이름을 이루는 것이 바로 中人들의 배움의 正道이다.《大戴禮記·曾子立事》에 '군자는 폭넓게 배우고 사소한 것도 신경 써서 지킨다'라고 했고, 또 '박학하지만 일정한 방향이 없거나, 여러 가지를 좋아하지만 정해진 게 없는 것을 군자는 좋아하지 않는다'고 했고, 또 '군자는 박학하면서도 그중에 가려서 셈에 넣어둔다'고 했는데, '算'은 '選'으로, 바로 이 장에서 말씀하신 '執'이다.《禮記·內則》에, '13세부터 활쏘기와 말타기를 배우고, 20세에 가리지 않고 배우고, 30세에 가리지 않고 배우는 데 일정한 방향이 없다'고 했는데, 활쏘기와 말타기는 오래도록 공자께서 배우신 것이다(正義曰: 焦氏循《補疏》: "孔子以民無能名, 贊堯之則天, 故門人援達巷黨人之言, 以明孔子與堯同。'大哉孔子', 即大哉堯之爲君; '博學無所成名', 即蕩蕩乎民無能名也。"案: 博學無所成名, 惟聖人能然。若常人雖亦博學, 而總有所專主, 故執一藝以成名, 乃中人爲學之正法。《大戴禮記·曾子立事》云: "君子博學而孱守之。"又云: "博學而無方, 好多而無定者, 君子弗與也。"又云: "君子博學而算焉。"算, 選也, 即此所云"執"也。《禮·內則》言年十

달항(達巷) 마을 어떤 사람이 말했다. "공자(孔子)는 참으로 훌륭하다! 박학하지만 어느 하나 이름을 떨친 분야가 없다."

達巷, 黨名. 其人姓名不傳. 博學無所成名, 蓋美其學之博而惜其不成一藝⁴之名也.
'達巷'(달항)은 마을 이름이다. 그 어떤 사람의 성명은 전해지는 게 없다. '博學無所成名'(박학무소성명)은 대개 선생님의 배움의 범위가 넓은 것을 칭찬하면서도 선생님이 어느 한 분야에서도 이름을 떨치지 못한 것을 애석하게 여긴 것이다.

090202, 子聞之, 謂門弟子曰:「吾何執? 執御乎? 執射乎? 吾執御矣.⁵」

三學射御, 二十博學, 三十博學無方, 是射御久爲夫子所學).《古今注》'大哉'는 유감이 없다는 말인데, 어찌 탄식 · 애석의 뜻이 있겠는가?(案: 大哉二字, 無憾之辭, 豈有嗟惜之意乎?)《補正迹疏》《集注》는 '선생님의 배움의 범위가 넓은 것을 칭찬하면서도 선생님이 어느 한 분야에서도 이름을 떨치지 못한 것을 애석하게 여겼다'고 하고는, 아래에서는 또 이를 '자기를 칭찬하는 말'이라고 했는데, 애석하게 여긴 것이 어찌 칭찬인가? 또 '大哉'라는 말과는 서로 일관되지 않는다. 내 생각에, '博學'은 '大'이고, '無所成名'은 더욱 '大'한 것으로, '君子不器'와 같다. 그래서 '大哉孔子!'라고 한 것이다. 정현의 注에 '공자께서 학문과 기예를 두루 배워, 어느 한 분야로만 이름을 떨친 것이 아님을 찬미한 것이다'라고 한 것이 맞다(述曰:《集注》以此爲美而惜之, 而於下文又以爲譽也, 然惜之豈爲譽乎? 且與'大哉'不貫也…… 謹案: 博學, 大也. 而無所成名, 尤大也, 猶君子不器也. 故曰: '大哉孔子!' 鄭氏云: '美孔子博學道藝, 不成一名而已.' 是也.)《論語新解》어느 한 분야만을 가지고 공자를 찬미할 수 없다는 말로, 공자께서 박학하면서도 융합하여 體를 이룩한 것이, 8음이 어울려 한 곡의 음악을 만든 것과 같아서, 8음의 어느 한 음만으로 그 음악을 이름 붙이지 못한 것과 같은 것이다(言其不可以一艺称美之. 孔子博学, 而融会成体, 如八音和为一乐, 不得仍以八音之一名之.): 成名(성명): 명성을 세우다. 이름을 떨치다(樹立名声; 得名于世.).

3 《周易 · 繫辭下》선한 행실이 쌓이지 않으면 이름을 이룰 수 없고, 악한 행실이 쌓이지 않으면 몸을 망칠 수 없다. 소인은 소소한 선행을 무익하다 여겨 행하지 않고, 소소한 악행을 무해하다 하여 버리지 않는다. 그러니 악행이 쌓이면 가릴 수가 없고, 죄가 커지면 풀 수가 없다(子曰: 善不積, 不足以成名; 惡不積, 不足以滅身. 小人以小善爲無益, 而弗爲也, 以小惡爲無傷, 而弗去也, 故惡積而不可掩, 罪大而不可解.).

4 一藝(일예): 육예의 하나. 어느 한 가지 재능('六艺'之一. 指经学的一种. 谓一种才能或技艺.).

5 《論語集解》사람들의 찬미하는 말을 들으시고, 이를 받아 낮추어 말씀하신 것이다(注: 鄭玄曰: 聞人美之, 承以謙也.)《論語義疏》공자께서 달항 마을 사람이 자기를 칭찬하는 말을 들었기 때문에, 제자를 불러서 한 말로, 저 사람이 나의 박학을 칭찬하는데, 내가 도예 중에 맡아서 이름을 낼 만한 것은 무엇일까라고 하신 것이다(疏: 孔子聞達巷人美己, 故呼弟子而語之也. 彼旣美我之博學, 而我於道藝何所持執乎?)《論語正義》공자께서 겸손히 육예 중의 한 가지를 맡아 이름을 낼 정도일 뿐이라 말씀하신 것으로, 黨人의 '博學無所成名'[박학하여 일일이 다 거명할 수 없다]이라는 칭찬을 감당하지 않은 것이다. 이 당시에 마을 사람들이 칭찬하자, 제자들이 명예에 미혹되어, 박학에 전심전력했음에도 끝내 이름을 떨칠 분야가 없을까를 염려했기 때문에, 자기가 배웠던 사수와 마부 중에서, 다만 마부를 맡겠다고 함으로써, 배움은

선생님께서 이 말을 들으시고, 문하의 제자들에게 말씀하셨다. "내가 맡아서 할 만한 [이름을 떨칠 만한] 일이 무엇일까? 마부를 맡아서 할까? 사수를 맡아서 할까? 나는 마부를 맡아서 하겠다."

執, 專執也。射御皆一藝[6], 而御爲人僕, 所執尤卑[7]。言欲使我何所執以成名乎? 然則吾將執御矣。聞人譽己, 承之以謙也。

'執'(집)은 '한 가지 일을 전문으로 맡다'[專執]이다. '射'(사)와 '어'(御)는 모두 육예(六藝)의 한 분야인데, '御'(어)는 남의 마부가 되는 것으로, 맡아 하는 일이 더욱 비천하다. 말씀인즉, '나로 하여금 어느 한 가지 일을 맡아서 이름을 떨치기를 바라는가? 그렇다면 나는 장차 마부를 맡아서 하겠다'라는 것이다. 다른 사람이 자기를 칭찬하는 말을 들으시고, 이를 받아서 낮추어 말씀하신 것이다.

○尹氏曰:「聖人道全而德備, 不可以偏長[8]目[9]之也。達巷黨人見孔子之大, 意其所學者博, 而惜其不以一善[10]得名於世, 蓋慕聖人而不知者也。故孔子曰, 欲使我何所執而得爲名乎? 然則吾將執御矣。」[11]

넓히되 지킬 것은 간략할 것을 보이신 것이다(正義曰: 夫子謙言但當執一藝以成名, 不敢當黨人之譽己也…… 此時聞黨人譽己, 恐門弟子惑於美譽, 專騖爲博學而終無所成名, 故就己所學射御二者求之, 祇當執御, 以示爲學當施博而守約也。);《論語新解》옛사람들은 늘 존장을 위해 수레를 몰았는데, 그 직책은 자기를 남의 아래에 두는 것과 같다. 그래서 내가 전문으로 맡아 이름을 떨칠 수 있는 일이라면, 마부를 맡는 것이 마땅하다고 한 것이다(古人常为尊长御车, 其职若为人下……故若我能专执一艺而成名, 则宜于执御也。).

6《周禮·地官司徒》保氏는 왕에게 간언하는 일을 관장하고, 國子를 양성한다. 國子에게 六藝를 가르친다. 六藝는 五禮[吉禮·凶禮·賓禮·嘉禮·軍禮], 六樂[雲門大卷·大咸·大韶·大夏·大濩·大武], 五射[白矢·參連·剡注·襄尺·井儀], 五馭[御][鳴和鸞·逐水曲·過君表·舞交衢·逐禽左], 六書[象形·指事·會意·形聲·轉注·假借], 九數[方田·粟米·差分·少廣·商功·均輸·方程·贏不足·旁要]를 말한다(保氏: 掌諫王惡, 而養國子以道。乃教之六藝: 一曰五禮, 二曰六樂, 三曰五射, 四曰五馭, 五曰六書, 六曰九數。).

7《論語大全》六藝 중에 禮·樂이 가장 큰 일이다. 공자께서는 射·御만 말씀하셨는데, 射·御는 六藝 중에 가장 낮은 일이고, 御는 또 가장 낮은 일이다(雙峯饒氏曰: 六藝禮樂爲大。夫子只說射御, 射御藝之卑者, 御又最卑。).

8 偏長(편장): 어느 한 방면의 특장점(一方面的特长).

9 目(목): 대우하다. 취급하다. 눈여겨보다(看待).

10《中庸 제8장》"안회라는 위인은 중용을 택해 한 가지라도 善을 얻으면, 늘 가슴속 깊이 간직해두고 잃지 않았다"(子曰: 回之爲人也, 擇乎中庸, 得一善, 則拳拳服膺而弗失之矣。).

○윤씨(尹氏·尹彦明)가 말했다. "성인께서는 도는 완전무결하고 덕은 완비되어 있어서, 어느 한 방면의 뛰어난 재능으로 그를 지목할 수 없다. 달항(達巷) 마을의 어떤 사람이 공자(孔子)의 위대함을 보고, 그가 배운 것이 넓다고 생각하면서도, 그가 어느 한 방면의 뛰어난 재능으로 세상에 이름을 떨치지 못한 것을 애석하게 여겼으니, 대개 성인을 흠모했지만, 성인을 제대로 알지 못한 자였다. 그래서 공자(孔子)께서 말씀하시기를, 나로 하여금 어느 한 분야를 맡아서 이름을 떨치기를 바라는가? 그렇다면 나는 장차 마부를 맡아서 하겠다고 하신 것이다."

---

11 《論語大全》달항의 당인은 본디 공자를 몰라봤으니, 단지 공자의 博學만 칭찬했을 뿐이고, 無所成名을 애석하게 여겼으니, 한 분야를 잘해서 이름을 떨치지 못한 것을 말한 것이었다. 이 사람의 말은 지극히 평범하지만, 지극히 평범한 말을 하는 자의 처지에서 관찰해보면, 이 말에서 성인의 도는 순수하고 덕은 완비되어 있어서, 한 분야의 잘하는 것으로 이름을 붙일 수 없다는 것을 볼 수 있다(朱子曰: 達巷黨人, 本不知孔子, 但歎美其博學, 而惜其無所成名, 謂不以一善得名也。此言至爲淺近, 然自察邇言者觀之, 則於此便見聖人道德純備, 不可以一善名。). 어리석은 사람들일지라도 당인의 말을 이해할 수는 있지만, 그 말을 하게 된 내력은, 성인이지만 잘못 이해하신 부분이 있었다[中庸 제12장]. 그래서 공자께서는 당인이 칭찬한 博學에 대해서는 자부하려 하지 않으셨고, (無所成名에 대해서는 어느 한 분야를 맡아서 이름을 떨치라는 말인 줄로 잘못 이해하시고) 말씀하시기를, 나로 하여금 어느 분야를 맡아서 이름을 떨치라고 한다면, 나는 마부를 맡아서 하겠다고 하신 것이다(愚夫愚婦可以與知, 而其所以然者, 聖人有所不知。故孔子不欲以黨人所稱者自居, 而曰必欲使我有所執而成名, 則吾將執御矣。).

[麻冕禮也章]

090301、子曰:「麻冕, 禮也¹; 今也²純³, 儉。吾從衆。

　　선생님께서 말씀하셨다. "삼베로 만든 관을 쓰는 것이 예(禮)에 맞다. 지금 사람들
　　은 누에고치 실로 만든 관을 쓰는데, 간략하다. 나도 사람들을 따르겠다.

麻冕, 緇布冠也⁴。純, 絲⁵也。儉, 謂省約⁶。緇布冠, 以三十升⁷布爲之, 升八十縷⁸, 則其經
二千四百縷矣。細密難成, 不如用絲之省約。

'麻冕'(마면)은 검정색 물을 들인 삼베로 만든 관이다. '純'(순)은 누에고치 실이다. '儉'
(검)은 '간략하다'[省約]라는 말이다. 검정색 물을 들인 삼베로 만든 관은 30승의 베로
만드는데, 1승은 삼실 80올이니, 그 날실이 2,400올이다. 가늘고 총총해서 만들기 어
려워서, 누에고치 실을 사용해 간략하게 만드는 것만 못하다.

---

1 《書經·周書·顧命》王[周康王]은 麻冕을 쓰고 黼裳을 입고 빈객이 오르는 계단으로 올랐고, 공경·대부와
　제후들은 麻冕을 쓰고 검정색 하의를 입고 들어와 자리했고, 太保·太史·太宗은 모두 麻冕을 쓰고
　붉은색 하의를 입었다(王麻冕黼裳, 由賓階隮。卿士邦君麻冕蟻裳, 入即位。太保、太史、太宗皆麻冕彤裳。).

2 《經傳釋詞》'也'는 '者'[시간을 표시하는 명사 뒤에 붙어 어기를 잠시 멈추는 역할을 한다]와 같다(也,
　猶'者'也。).

3 《論語義疏》30승 삼실로 베를 짤 경우는, (삼 껍질로는 가는 실을 뽑아내기 어렵고 끊어지기 쉬워서)
　들이는 공이 엄청나고 짜기 어렵다 보니 사치스럽고 호화롭지만, (30승) 누에고치 실로 베를 짤 경우는,
　짜기 쉽다 보니 검약해서, 공자께서 '儉'이라 하신 것이다(疏: 三十升布, 用功巨多難得, 難得則爲奢華,
　而織絲易成, 易成則爲儉約, 故云儉也。);《論語譯注》純(순): 검정색으로 물들인 누에고치 실[=緇]('純',
　黑色的絲。); 純(순): 누에고치 실. 생사(蠶絲).

4 《論語大全》'麻'는 삼대에서 벗긴 껍질로 실을 잣아 베를 짠 것이다. '冕'은 冠 위의 상판인데, 이를
　緇布冠이라 한 것은 베를 검정색으로 염색해서이다. 冠은 머리에 쓰는 모자의 총칭이고, 冕은 冠 중의
　한 가지의 이름이다(胡氏曰: 麻, 績麻爲布。冕, 冠上板也, 謂之緇布冠者, 染布爲赤黑色也。冠者, 首服之總
　名, 冕者, 冠中之別號。); 緇(치): 검정색. 검은 비단(黑色。糸, 細丝, 可以染上各种颜色。本义: 帛黑色。).

5 絲(사): 누에고치가 토해낸 실. 이 실로 비단을 짠다(蚕吐出的像线的东西, 是织绸缎等的原料。).

6 省約(성약): 간략하다. 간단하게 줄이다(简约, 简省。).

7 升(승): 새[피륙의 날실을 세는 단위] 피륙의 날실[세로방향으로 놓인 실을 날실, 가로로 건너 짜는
　실을 씨실이라 한다]이 80올을 승이라 한다(古代布八十缕为升).

8 縷(루): 삼대의 껍질을 벗겨 만든 실. 누더기(麻线。褴缕。).

090302、拜下, 禮也; ⁹今拜乎¹⁰上, 泰也。雖違衆, 吾從下。」¹¹

당 아래로 내려가서 절을 하는 것이 예(禮)에 맞다. 지금 사람들은 당 위에서 (그대로) 절을 하는데, 교만하다. 비록 사람들과는 맞지 않을지라도, 나는 당 아래로 내려가서 절하는 것을 따르겠다."

臣與君行禮, 當拜於堂下。君辭之, 乃升成拜。泰, 驕慢¹²也。

신하가 임금에게 행하는 예는 마땅히 당 아래로 내려가서 절을 해야 한다. 임금이 이를 사양하면, 그제야 당 위로 올라가서 배사(拜謝)의 예를 끝마친다. '泰'(태)는 '교만하다' [驕慢]이다.

○程子曰:「君子處世, 事之無害於義者, 從俗可也; 害於義, 則不可從也。」

○정자(程子·伊川)가 말했다. "군자가 처세하는 데 있어, 일 중에서 의(義)를 해치지 않는 경우는 세속을 좇아도 괜찮지만, 의(義)를 해치는 경우는 좇아서는 안 된다."

---

9 《禮記·燕義》임금이 잔을 들어 빈객에게 술을 권하고, 宰夫를 통해 술잔을 내리면, 손님과 宰夫는 함께 당을 내려가, 두 번 절하고 머리를 조아리고, 임금이 당에 오르라고 하면, 당에 올라 다시 두 번 절하고 머리를 조아려 拜謝의 예를 마치는데, 이것이 신하로서의 예를 표하는 것이다(君擧旅於賓, 及君所賜爵, 皆降再拜稽首, 升成拜, 明臣禮也。); 《論語集解》신하가 임금에게 행하는 예법은, 당 밑에서 절한 후, 당 위로 올라와서 예를 마치는데, 당시 사람들이 교태해서, 당 위에서 절한 것이다(注: 王肅曰: 臣之與君行禮者, 下拜然後, 升成禮。時臣驕泰, 故於上拜也。); 《論語譯注》신하가 임금에게 행하는 예법은, 먼저 당 아래에서 무릎 꿇고, 바닥에 머리를 조아려 인사하고, 당에 올라서 다시 무릎 꿇고 바닥에 머리를 조아려 인사한다('拜下', 指臣子對君主的行禮, 先在堂下磕頭, 然後升堂再磕頭。); 拜(배): 경의를 표하는 예의의 일종으로, 두 손을 가슴에 모으고, 머리가 손에 닿도록 하는 절. 무릎을 꿇고 양 손을 땅에 대고 머리를 숙이는 절(本义: 古代表示敬意的一种礼节。两手合于胸前, 头低到手。后世指下跪叩头。两腿跪地, 两手扶地, 低头。).

10 《論語詞典》乎(호): 개사. 용법이 '於'와 같지만, 반드시 술어 뒤에 위치한다. 동작이 나오는 곳을 표시한다(介詞, 用法同'於', 但一定置於述說詞之下。介出動作之地。).

11 《論語新解》이 장은 禮俗이 세대를 따라 변하는데, 따를만한 것이 있고, 따라서는 안 되는 것이 있음을 보인 것이다. 공자께서 옛것을 좋아하여 부지런히 서둘러서 구하신 것은[述而 제9장], 그 의의를 구하는 데 중점이 있었지, 무조건 옛것은 따르고 지금 것은 피한 것이 아니었다. 이 장은 비록 그 일단만을 제시했지만, 검약을 가르치고 교만을 경계시키는 것으로, 그 뜻이 깊고 은미하다(本章見礼俗随世而变, 有可从, 有不可从。孔子好古敏求, 重在求其義, 非一意遵古违今。此虽举其一端, 然教俭戒骄, 其意深微矣。).

12 驕慢(교만): 자기를 뽐내고 남을 소홀히 대하다(骄傲怠慢。); 驕(교): 건장하고 튼튼한 말. 교만하다. 스스로를 치켜세우고 잘난 체하다. 뻐기다. 건방지다(六尺高的马。泛指高大雄壮。傲慢: 骄矜); 慢(만): 경시하다. 무례하다. 소홀히 대하다(本义: 轻慢: 对人无礼貌。怠慢。); 驕는 신체 언어로 외부에 드러나지 않는 내면의 마음가짐이고, 慢은 남을 대하는 있어 신체 언어로 외부로 드러난다.

[子絶四章]

090401、子絶¹四: 毋²意³, 毋必⁴, 毋固, ⁵毋我⁶。

---

1 《論語義疏》'絶'은 '無'이다. '無四'라 하지 않고 '絶四'라 한 것은, 세인들의 처지에서 말한 것이다. 네 가지 일은 세인들은 끊지 못했지만, 공자께서는 끊었기 때문에, '絶'이라 한 것이다(疏: 絶者, 無也. 不云無而曰絶者, 據世人以言之也. 四事世人未能絶, 而孔子絶之, 故云絶也.);《論語正義》"네 가지를 끊어버리셨다"(正義曰: 言子有絶去四事.); 絶(절): 사람이 칼로 실을 끊다.《說文·糸部》에, '絶은 斷絲[실을 끊다]이다'라고 했다. 뿌리를 자르다. 없다(表示人用刀斷丝. 本义: 把丝弄断;《說文》絶, 斷絲也. 斷根, 无.).

2 《論語正義》'毋'(무)는 금지사로, '毋'가 곧 '絶'이다(正義曰: '毋'者, 禁止之辭, 毋卽絶也.);《古書虛字》'無'字는 또 어떤 경우에는 '毋'로도 쓴다('無'字又或作'毋'.);《文言虛詞》'毋'는 '無'와 같은데, '不'[아니~하다]의 뜻으로도 쓸 수 있다('毋'同'無'一樣, 也可以作'不'字用.);《論語新解》'毋'는 '無'字로, 옛날에는 서로 바뀌었다. 네 '毋'字는 금지사가 아니다. 공자께서는 이 네 가지가 전혀 없었으니, 마음으로 금하여 끊기를 추구하신 게 아니었다(毋, 卽无字, 古通用. 下文四毋字非禁止辞. 孔子绝不有此四者, 非在心求禁绝.).

3 《論語集解》道로써 척도를 삼기 때문에, 원칙 없이 임의대로 생각하지 않는다(注: 以道爲度, 故不任意也.);《論語大全》"意가 어찌하면 없게 할 수 있겠습니까?" "모든 일에 理를 따르면, 意가 저절로 바르게 된다. '毋意'라는 것은, 理를 위주로 말한 것으로, 理를 따르지 않으면, 단지 자기의 사심일 뿐이다"(問意如何毋得, 朱子曰: 凡事順理, 則意自正. 毋意者, 主理而言, 不順理, 則只是自家私意.);《說文·心部》'意'는 志이다. 마음으로 말을 살펴 생각을 알아내는 것이다(意, 志也. 从心察言而知意也.);《論語集釋》王引之[1766~1834]의《經義述聞》에 말했다. "《禮記·少儀》의 '毋測未至[아직 닥치지 않은 일을 어림짐작하지 말라]에 대한 정현의 주에, '測은 意度[어림짐작하다]이다'라고 했다. '毋意'는 바로 '毋測未至'이다.《說文·心部》의 '意'字에 대한 단옥재의 주에, "'意'의 해석은 測度[어림짐작하다], 記[기억하다]이다. '測'으로 해석하는 경우, 논어의 '毋意毋必', '不逆詐, 不億不信[남이 나를 속인다고 지레짐작하지 말고, 남이 나를 믿지 않는다고 어림짐작하지 말라][憲問 제33장], '億則屢中[어림짐작하면 자주 들어맞았다][先進 제18장]의 경우이다. 그 글자는 '億'으로 쓴다. '記'로 해석하는 경우, 지금의 '記憶'이 바로 이것으로, 그 글자는 '憶'으로 쓴다'라고 했다(經義述聞: 少儀'毋測未至', 注曰:「測, 意度也.」毋意, 卽毋測未至也. 說文段注: 意之訓爲測度, 爲記. 訓測度者, 如論語'毋意, 毋必」,「不億不信」,「億則屢中」其字俗作「億」. 訓記者, 如今云記憶是也, 其字俗作「憶」.);《論語疏證》'意'字는《先進 제18장》과《憲問 제33장》의 '億'(억)과 뜻이 같다. '意度[어림짐작하다]를 말한다. 주자는 '私意[사심]로 풀이했는데, 고훈에서는 들어보지 못했는데, 맞지 않은 것 같다(樹達按: '意'字與先進·憲問二篇'億'字義同, 皆謂意度. 朱子訓爲私意, 古訓未之聞, 殆未是也.);《古書虛字》어림짐작하다. 억측하다(意', '度'也. 今言'懸揣'也.);《論語譯注》"막연한 추측을 하지 않으셨다"("不懸空揣測.");《論語新解》'意'는 억측하다이다. 일이 이르지 않았는데, 함부로 억측하는 것이다(意, 亿测义. 事未至, 而妄为亿测.);《論語今讀》"억측하지 않으셨다"("不瞎猜.").

4 《論語集解》쓰임 받으면 나가서 행하고, 버림받으면 숨어서 지내기 때문에[述而 제10장], 오로지 이래야 한다는 게 없는 것이다(注: 用之則行, 舍之則藏, 故無專必也.);《補正述疏》《論語》의 '한 말은 반드시 그대로 행하고, 하는 일은 반드시 끝장을 보고야 마는, 고집불통인 소인이지!'[子路 제20장]는 '期必'을 말한 것이다.《孟子》의 '대인인 자는 말에 대해 무턱대고 지키겠다고 하지 않고, 행동에 대해 무조건 끝장을 보겠다고 하지 않는다. 다만 의가 있는 곳을 따를 뿐이다'[離婁下 제11장]는 '毋必'을 밝힌 것이다(述曰:《經》云: '言必信, 行必果, 硜硜然小人哉!'謂期必也. 孟子云: '大人者, 言不必信, 行不必果, 惟義所在.' 明毋必也.);《論語譯注》"절대적인 단정을 하지 않으셨다."("不絶對肯定.");《論語新解》"기필하는 마음

선생님께 전혀 없으신 것이 네 가지였다. (천리가 아닌) 사심이 없으셨고, 반드시 그래야 된다는 게 없으셨고, 집착이 없으셨고, 사사로운 나가 없으셨다.

絶, 無之盡者。毋, 史記作「無」是也。意, 私意[7]也。必, 期必也。固, 執滯[8]也。我, 私己[9]也。
'絶'(절)은 '전혀 없는 것'[無之盡者]이다. '毋'(무)는 《사기·공자세가》(史記 孔子世家)에는 '毋'(무)가 '無'(무)로 되어 있는데, 옳다. '意'(의)는 (천리가 아닌) 사심'[私意]이다. '必'(필)은 '기필코 그래야 된다'[期必]이다. '固'(고)는 '집착하다'[執滯]이다. '我'(사)는 '사사로운 자기'[私己]이다.

四者相爲終始, 起於意, 遂[10]於必, 留於固, 而成於我也[11]。蓋意必常在事前, 固我常在事

이 없으셨다"("无期必心。");《論語今讀》"독단하지 않으셨다"("不独断。").

5 《論語集解》무얼 해야 된다는 것도 없고 무얼 해서는 안 된다는 것도 없기 때문에[微子 제8장], 고집스레 하려는 게 없는 것이다(注: 無可無不可, 故無固行也。);《論語平議》'毋必'은 '專必'[오로지 이래야 한다]이 없는 것을 말하는데, '毋固'도, '固行'[고집스레 하려 함]이 없는 것을 말한다면, '必'과 '固'는 뜻의 구별이 없게 된다. '固'는 마땅히 '故'로 해석해야 한다. '毋故'는 옛것에 구애되지 않는 것이다. '쓰임 받으면 나가서 행하고, 버림받으면 숨어서 지내는 것'[述而 제10장]을, '毋必'이라 하고, '그때도 한때이고 지금도 한때이다'[孟子·公孫丑下 제13장]를, '毋固'라 한 것이다(上文毋必, 言無專必也, 此文毋固, 又言無固行, 然則必之與固, 其義無別矣。固當讀爲故…… 毋故者, 不泥其故也。用之則行, 舍之則藏, 是謂毋必, 彼一時此一時, 是謂毋故。);《論語譯注》"억지로 고집부리지 않으셨다。"("不拘泥固執。");《論語新解》"고집이 없으셨다"("无固执心。");《論語今讀》"고집부리지 않으셨다"("不固执。").

6 《論語集解》옛것을 서술할 뿐 창작하지 않았고, 사람들 무리와 어울리되 남달리 행동하지 않았고, 도만을 따랐기 때문에, 자연히 사사로운 내가 없는 것이다(注: 述古而不自作, 處群萃而不自異, 唯道是從, 故不自有其身也。);《論語譯注》"나만 옳다고 하지 않으셨다"("不唯我獨是。");《論語詞典》我(아): 스스로 옳다고 여기다. 독선적이다("自以爲是"的意義。);《論語新解》"이기적인 마음이 없으셨다"("无自我心。");《論語今讀》"자기가 옳다고 여기지 않으셨다"("不自以為是。").

7 私意(사의): 사심. 맘대로 추측하다. 혼자 미루어 생각하다(犹私心。自度, 自忖。).

8 執滯(집체): 집착하다. 고집하다. 구애되다(犹执著。固执, 拘泥。); 滯(체): 물이 내려가지 않고 막히다. 장기간 처리하지 않고 묵혀두다(本义: 水流不畅。积压。長期积存, 未作处理。).

9 私己(사기): 이기적이다. 이기적인 나(自私; 利己。).

10 《論語大全》'遂'는 이루어지려고 그 형세가 멈추지 않는 것을 말한다(遂, 謂將成而勢不容已。); 遂(수): 생각한 대로 이루어지다. 순리대로 완성하다. 순조롭게 진행하다. 생장하다(称心如意。順利地完成。生长。).

11 사유의 전개 과정에 대입해보면, 意는 억측이나 짐작하는 것이고, 必은 (억측한 것이) 반드시 그럴 것이라는 판단이 형성되는 것이고, 固는 (억측이) 고정된 인식으로 고착되는 것이고, 我는 (억측이) 자기의 잘못된 견해로 형성되는 것이다(意、必、固、我, 这四种是相互影响关联的, 起于自我思维揣测, 形成了某种必然的判断, 而后执著于固定的认识, 最后形成了自我的错误见解。).

後, 至於我又生意, 則物欲牽引, 循環不窮矣。[12]

이 네 가지는 서로 시작이자 끝이 되는데, '意'(의)에 의해 시작되어, '必'(필)에 의해 자라고, '固'(고)에 의해 고착되어, '我'(아)에 의해 이루어진다. 대개 '意'(의)와 '必'(필) 은 항상 일이 생기기에 앞서서 있고, '固'(고)와 '我'(아)는 항상 일이 생긴 뒤에 있는데, '我'(아)가 또 '意'(의)를 낳는데 이르면, 물욕이 견인하여, 意(의)·必(필)·固(고)·我(아) 의 순환이 끝이 없게 된다.

○程子曰:「此毋字, 非禁止之辭。聖人絶此四者, 何用禁止。」張子曰:「四者有一焉, 則與 天地不相似[13]。」楊氏曰:「非知足以知聖人[14], 詳視而默識之, 不足以記此。」

○정자(程子·伊川)가 말했다. "여기 '毋'(무)자는, 금지사가 아니다. 성인께서는 이 넷이 전혀 없는 분이신데, 어찌 금지할 필요가 있겠는가?"

장자(張子·張橫渠)가 말했다. "네 가지 중 어느 한 가지라도 있으면, 천지와 서로 비슷하 지 않다."

양씨(楊氏·楊中立)가 말했다. "지혜가 성인을 알아보기에 족하고, 성인을 자세히 살피 고 묵묵히 알아볼 수 있는 자가 아니면, 성인의 이러한 점을 기록할 수 없다."

---

12 《論語大全》 '毋意'는 혼연히 天理여서 私意에 내맡기지 않는 것이다. '毋必'은 일에 맞게 이치를 따르고 먼저 期必하지 않은 것이다. '毋固'는 (바람처럼) 지나쳐 갈 뿐 머물러 있지 않고 굳고 엉겨 고착되어 있지 않은 것이다. '毋我'는 남과 대동 일치되어 일신의 사사로움이 없는 것이다(朱子曰: 無意者, 渾然 天理, 不任私意。無必者, 隨事順理, 不先期必也。無固者, 過而不留, 無所凝滯也。無我者, 大同於物, 不私 一身也。).

13 《先進 제11장》 각주 《周易·繫辭上》 참조.

14 《子張 제24장》 각주 《孟子·公孫丑上 제2장》 참조.

[子畏於匡章]

090501、子畏[1]於匡[2] [3]。

---

1 《論語平議》《荀子·賦》에 '비간은 심장을 도려내는 형을 당했고, 공자는 광 땅의 사람들에 의해 구금당했다'고 했고, 《史記·孔子世家》에도 '광 땅의 사람들이 이에 드디어 공자를 못 가게 붙들고, 5일을 구금했다'고 했다. 그렇다면 '畏於匡'는 광 땅의 사람들에 의해 구금당했다는 것이다. 《禮記·檀弓上》에 '죽었지만 조문하지 않는 경우는, 畏[옥사]·厭[압사]·溺[익사] 세 경우이다'라고 했는데, 鄭玄의 注에 '孔子畏於匡'을 인용한 것이 이를 증명한다. 杜佑[735~812]의 《通典》에는 '죄를 범해 옥사하는 것을 畏라 한다'는 왕숙의 말을 인용하는 주를 달았다. 이는 죄인을 구금하는 것을 '畏'라고 이름 붙인 것인데, 후세 사람들이 옛 뜻을 이해하지 못하고, 곡해해서 설명했으니, 모두 잘못 설명한 것이다"(荀子賦篇: '比干見剖, 孔子拘匡。' 史記孔子世家亦云: '匡人於是, 遂止孔子, 拘焉五日。' 然則'畏於匡'者, 拘於匡也。禮記檀弓篇: '死而不弔者, 三: 畏、厭、溺。' 鄭注即以孔子畏於匡爲證。而通典引王肅注曰: '犯法獄死謂之畏。' 是畏爲拘囚之名, 後人不達古義, 曲爲之說, 蓋皆失之。); 《洙泗考信錄》이는 필시 공자께서 광 땅의 사람들이 자신을 해치려 한다는 소문을 듣고는 경계심을 품어, 길을 바꿔서 가거나, 옷을 바꿔 입고 갔을 것이다[孟子·萬章上 제8장]. 창졸간에 환난을 피하다가, 안연과도 길이 어긋났기 때문에[先進 제22장], '구금되었다'[史記·孔子世家], '포위되었다'[莊子·外篇·秋水]고 하지 않고, '곤경에 처했다'고 한 것이다. 이미 포위되었다면, 생사가 그들 손에 달려 있을 것이고, 그런데도 오히려 '광 땅의 사람들이 이 사람을 어쩌겠느냐?'라고 했다면, 성인의 말씀치곤, 너무나 세상 물정에 어두운 것이 아니겠는가?(此必孔子聞匡人之將殺已而有戒心, 或改道而行, 或易服而去, 倉卒避難, 故與顏淵相失, 故不曰「拘於匡」、「圍於匡」, 而曰「畏於匡」。若已爲所圍, 生死係於其手, 而猶曰「其如予何」, 聖人之言, 不近迂乎?); 《論語新解》 전하는 바로는, 양호가 예전에 광 땅의 사람들에게 포악한 짓을 했는데, 공자 제자인 안극이 양호와 함께 있었다. 후에 안극이 공자의 수레를 몰고 광 땅에 이르렀는데[史記·孔子世家], 광 땅의 사람들이 그를 알아보았다. 또 공자의 외모가 양호와 비슷했는데, 이에 공자를 포위하여, 5일 동안 구금하고, 죽이려 했다. 옛날에는 私斗[개인 간의 싸움]를 畏라 했으니, 광 땅의 사람들이 공자를 구금한 것도, 社會의 私斗이지, 政府의 公斗는 아니다. 或說에 '畏는 경계심을 품다'라고 했는데, 맞지 않아서 따르지 않는다(相传阳虎尝暴匡人, 孔子弟子颜剋与虎俱。后剋为孔子御至匡, 匡人识之。又孔子貌与虎相似, 乃围孔子, 拘之五日, 欲杀之。古谓私斗为畏, 匡人之拘孔子, 亦社会之私斗, 非政府之公讨。或说畏惧有戒心, 非是, 今不从。); 《論語譯注》 '畏'는 죄인을 구금한다는 뜻이다["공자께서 광 땅의 사람들에 의해 구금당했다"]('畏是拘囚的意思; "孔子被匡地的羣衆所拘禁。"); 《王力字典》畏(외): 포위하다. 에워싸다. 겹겹이 포위하여 곤경에 빠뜨리다(通圍。圍困。).

2 匡(광): (1)위나라 땅으로, 지금의 하남성 신향시 장원현에 있다 (2)정나라 땅으로, 지금의 하남성 부구현에 있다(春秋时卫地。在今河南省新乡市长垣县; 春秋时郑地。在今河南省扶沟县); 匡은 원래 위나라 땅이었는데, 그 후 정나라가 침범해 점유했고, 정공 6년 양호가 장수가 되어, 정나라를 침범해 취했다. 《論語語法》介詞 '于'와 '於'는 술어 뒤에 쓰여, 동작 행위가 발생한 지점을 표시한다['匡에서 포위되다']('于'와 '於'用在謂語之後, 表示動作行爲發生的地點。); 《先進 제22장》 참조.

3 《史記·孔子世家》노나라를 떠나 위나라에 가서 머문 지 10개월, 위나라를 떠나, 진나라로 가려고, 광 땅을 지날 때, 안각이 수레를 몰았는데, 그가 채찍으로 가리키면서, '전에 내가 여기 올 때, 저기 무너진 곳으로 들어왔습니다'라고 했다. 광 땅의 사람들이 그 말을 듣고, 양호라고 생각했다. (앞서) 양호는 정나라를 침공하여 광 땅을 취하면서[定公 6年] 광 땅의 사람들을 폭압한 적이 있었는데, 이에 공자 일행을 못 가게 가로막았다. 공자의 외모가 양호와 비슷하여, 5일을 구금했다. 공자가 종자를 위나라

선생님께서 광(匡) 땅의 사람들에 의해 포위되어 곤경에 처해 있을 때였다.

畏者, 有戒心[4]之謂。匡, 地名。史記云:「陽虎曾暴於匡, 夫子貌似陽虎, 故匡人圍之。」
'畏'(외)라는 것은 '경계심을 품고 있다'라는 것을 일컫는 말이다. '匡'(광)은 땅이름이다.
《사기・공자세가》(史記 孔子世家)에 이르기를, '양호(陽虎)가 예전에 광(匡) 땅의 사람들
에게 포악한 짓을 했었는데, 선생님의 외모가 양호(陽虎)와 흡사하셨기 때문에, 광(匡)
땅의 사람들이 선생님을 (陽虎로 알고) 포위했다'라고 했다.

090502、曰:「文王[5]既沒[6], 文不在玆乎[7]?

영무자에게 보내 신복이 된 후에, 떠날 수 있었다. 광 땅을 떠나 포 땅을 거쳐, 한 달여 만에, 위나라에
돌아와, 거백옥의 집에 묵었다(居十月, 去衛。將適陳, 過匡, 顏刻爲僕, 以其策指之曰: '昔吾入此, 由彼缺
也。' 匡人聞之, 以爲魯之陽虎。陽虎嘗暴匡人, 匡人於是遂止孔子。孔子狀類陽虎, 拘焉五日…… 孔子使從
者爲甯武子臣於衛, 然後得去。去即過蒲。月餘, 反乎衛, 主蘧伯玉家。);《莊子・外篇・秋水》공자가 광
땅을 지나는데, 송나라 사람들이 그를 겹겹으로 포위했다가, 얼마 지나 우두머리가 나와서 말했다. "양호
인 줄로 알고, 포위했는데, 아니어서, 청컨대 용서를 고하고 물러가겠습니다"(孔子遊於匡, 宋人圍之數
匝…… 無幾何, 將甲者進, 辭曰:"以爲陽虎也, 故圍之; 今非也, 請辭而退。");《經典釋文・莊子音義》'宋'은
'衛'로 써야 맞다. '匡'은 위나라 땅이다(司馬云: 宋當作衛, 匡衛邑也。).

4 《孟子・公孫丑下 제3장》맹자가 말했다. "설나라에 있을 때는 내가 경계심을 품고 있었는데, (설나라
왕이 금 오십 鎰(일)을 보내면서) 글을 보내길, '경계심을 품고 계신다기에 호위병을 두어 戒備하는데
쓰시도록 보냅니다'라고 했는데 내 어찌 받지 않겠느냐?"(孟子曰 …… 當在薛也, 予有戒心。辭曰: 『聞戒。』
故為兵餽之, 予何為不受?).

5 周文王(문왕): 姬昌. 姓 姬, 名 昌. 西伯昌. BC 1105?~BC 1056 재위. 周太王의 손자이고, 季歷의
아들. 武王의 부친. 西伯侯의 자리를 계승했으므로, 西伯昌이라 했다.

6 《說文・水部》'沒'(몰)은 沈[가라앉다]이다. [단옥재 주] 물속으로 완전히 들어가다. 다하다(沒: 沈也。
从水从叟。段玉裁 注: 沒者全入於水。故引伸之義訓盡。).

7 《論語正義》文武之道는 모두 전적에 존재하고 있는데[中庸 제20장], 공자께서 주유하면서, 여러 나라에
서 얻은 전적을 몸에 지니고 있었기 때문에, 이를 가리켜 말씀하신 것이다. '文在玆'는 즉 '道在玆'이다(正
義曰: 文武之道, 皆存方策, 夫子周游, 以所得典籍自隨, 故此指而言之。文在玆, 即道在玆。);《論語新解》
'文'은 예악 제도를 가리키는데, 인류의 大道가 깃들어 있는 곳이다. 공자께서 주나라 초기 문왕・무왕
・주공이 전한 예악 제도에 정통하셨으니, 이것이 바로 道가 당신 몸에 있다는 것이다. 或說: 공자께서
주유하면서, 여러 나라에서 얻은 전적을 몸에 지니고 있었기 때문에, 이를 가리켜 말씀하신 것으로,
'文'은 詩・書등의 전적을 가리킨다(文指礼乐制度, 人群大道所寄。孔子深通周初文武周公相传之礼乐制
度, 是即道在己身。或说: 孔子周游, 以典籍自随, 文指诗书典册。今不从。);《論語集解》'玆'는 '此'이다.
'此'는 '여기 내 몸에'이다(注: 孔安國曰: 玆, 此也…… 此, 自此其身也。);《論語正義》'玆'는 가리키는 바가
있는 말이다. 아래 두 번의 '斯文'의 '斯'와 '玆'는 같은 뜻이다(正義曰: '玆'者, 有所指之辭。下兩言'斯文',

선생님께서 말씀하셨다. "문왕(文王)은 이미 돌아가시고 없지만, 문왕(文王)이 남긴 문(文)은 여기 내게 있지 않으냐?

道之顯者謂之文, 蓋禮樂制度之謂。不曰道而曰文, 亦謙辭也。玆, 此也, 孔子自謂。[8]
도(道)가 뚜렷하게 형체를 드러낸 것을 일컬어 '문'(文)이라 하는데, 대개 예악과 제도를 일컫는다. 도(道)라고 말씀하지 않고 문(文)이라 말씀한 것은, 또한 겸손의 말씀이다. '玆'(자)는 '여기'[此]로, 공자(孔子)께서 당신 스스로를 지칭하신 것이다.

090503、天之將[9]喪斯文也[10], 後死者[11]不得與於斯文也[12]; 天之未喪斯文也, 匡人其如予何[13]?[14]」

斯, 玆同義。);《詞詮》玆(자): 지시대명사. 이. 여기('玆', 指示代名詞. 此也.);《北京虛詞》玆(자): 근지 지시대명사. 여기에. 목적어·주어·명사수식어의 역할을 한다('玆', 指示代詞. 表示近指. 又即'这里'、'这'. 可作宾语、主语、名词修饰语.); 文(문): 예악 제도. 문화유산(禮樂制度)《子張 제22장》참조.

8 《論語大全》'道'는 예악 제도의 근본이고, 예악 제도는 道가 깃들어 있는 곳이다. 道는 형체가 없으니, 文으로 뚜렷하게 세워진 이후에 비로소 눈으로 볼 수 있다(新安陳氏曰: 道者, 禮樂制度之本, 禮樂制度者, 道之寓. 道無形體, 顯設於文, 而後乃可見爾.).

9 《論語句法》將(장): 부사('將'這個限制詞.);《論語語法》시간부사. 장차~하려하다('將'是時間副詞, 表示將要.);《論孟虛字》가설을 표시한다. 만약('將', 爲虛構的設使之詞, 是'如果要'.).

10 《論語義疏》"하늘이 만약 문왕이 남긴 문장[예악 법도]을 장차 없애버리려 했다면"(疏: 言天若將欲喪棄文王之文章.);《古今注》'斯文'은 문왕의 遺文이다(斯文者, 文王之遺文也.);《論語句法》'天將喪斯文' 문장이 구로 바뀌면서 이루어진 단어 조합이다('天將喪斯文'轉變而成的組合式詞結.);《論孟虛字》'之'는 '若'와 같다. 복문의 앞절의 주어 뒤에 쓰여, 먼저 어떤 일을 설정하고, 연후에 그에 응당한 결과를 논술한다('之', 猶'若'. 爲設詞. 當白話'假如''如果'講. 它是用在複句的首句的主詞後面, 先設定某一事項, 然後申論其應得之結果.).

11 後死(후사): 뒤에 죽는 사람. 살아 있는 자가 겸칭으로 쓴다(谓死在后, 常用作生者自谦之词。).

12 《論語集解》하늘이 장차 이 문을 없애려 했다면, 처음부터 나에게 이 문을 알게 하지 않았을 텐데, 지금 나에게 알게 했으니, 없애려는 것이 아니다(注: 孔安國曰: 言天將喪此文者, 本不當使我知之. 今使我知之, 未欲喪也.);《論語新解》"後死者에게 이 도를 알게 했을 리 없다"("不会使后死者亦得知此道。");《論語譯注》"나도 이 문화를 알지 못했을 것이다"("那我也不會掌握這些文化了。").

13 《論語集解》'如予何'는 '奈我何[나를 어쩌겠는가?]라는 말과 같다(注: 馬融曰: 如予何者, 猶言奈我何也.);《論語譯注》"저 광 땅의 사람들이 나를 어쩌겠느냐?"("那匡人將把我怎麼樣呢?");《論語句法》'其'는 연결 동사이다('其'是繫詞.);《論孟虛字》其(기): 장차 그럴 것이다('其', 猶'將'. '其'是疑而有定之詞, 表將然之義.).

14 《論語新解》공자께서는 위험이 임박할 때마다, 매번 천명을 믿는다는 말씀을 하셨다. 대개 공자께서 스스로에 대한 믿음이 매우 깊었는데, 자기의 도가, 즉 하늘이 세상에 행하려는 도라고 인식하신 것이다(孔子临危, 每发信天知命之言. 盖孔子自信极深, 认为己之道, 即天所欲行于世之道.).

하늘이 만약 문왕(文王)이 남긴 이 문(文)을 없애버리려 했다면야, 문왕(文王) 뒤에 남아 있는 이 사람이 이 문(文)에 간여할 수 없었을 텐데, (이 사람이 이 文을 알고 있는 이상) 하늘이 이 문(文)을 없애버리려는 것이 아직 아닌바, 광(匡) 땅의 사람들이 이 사람을 어쩌겠느냐?"

喪[15], 與[16], 皆去聲。○馬氏曰[17]:「文王既沒, 故孔子自謂後死者。言天若欲喪此文, 則必不使我得與於此文; 今我既[18]得與於此文, 則是天未欲喪此文也。天既未欲喪此文, 則匡人其奈我何[19]? 言必不能違天害己也。」

'喪'(상)과 '與'(여)는 모두 거성[sàng; yù]이다. ○마씨(馬氏·馬融)가 말했다. "문왕(文王)이 '기몰(既沒)했다'고 했기 때문에, 공자(孔子)께서 스스로 자신을 일러 '後死者'(후사자)라고 한 것이다. 말씀인즉, '하늘이 만약 이 문(文)을 없애버리려고 했다면, 나로 하여금 결코 이 문(文)에 간여하게 했을 리 없었을 텐데, 지금 내가 이미 이 문(文)에 간여하고 있는 이상, 그렇다면 이는 하늘이 이 문(文)을 없애버리려는 것이 아직 아니다. 하늘이 문(文)을 없애버리려는 것이 아직 아닌 이상, 그렇다면 광(匡) 땅의 사람들이 장차 나를 어쩌겠느냐?'는 것이다. 결코 하늘의 뜻을 어기면서까지 자신을 해치지 못할 것이라는 말씀이다."

---

15 喪(상): [sàng] 상실하다. 잃어버리다. 내버리다. 없애버리다. 죽다(失去、丟掉。死亡。); [sāng] 상을 치르다. 치상하다(有矣死者的事宜。).

16 與(여): [yú] 문장 끝에 쓰여, 감탄·의문·반문의 어기를 표시한다. =歟(置于句末, 表示感叹、疑问、反诘的语气。同「欤」。); [yǔ] 찬성하다. 인정하다. 주다. ~와(함께하다)(赞成、允许。给予。和、同、跟。); [yù] 참가하다. 참여하다. 간여하다(參加。参与。干涉, 干预。).

17 《論語義疏》本에는, 孔安國이 한 말로 되어 있다.

18 《北京虛詞》既⋯⋯則⋯⋯: ~인 이상, 그렇다면~. 두 절을 이어주며, '既⋯⋯'는 추론의 전제를 제기하고, '則⋯⋯'은 추론의 결과를 이끈다(凝固格式。连接两个分句, '既'用于提出推论的前提, '则'引出推论的结果。又即'既然⋯⋯那么⋯⋯'、'既然⋯⋯就⋯⋯'。).

19 奈[奈](내)⋯⋯何(하): ⋯⋯를 어찌할 수 없다(中间加代词, 如'奈我何'。怎么办。如何。).

[太宰問於子貢章]

090601、大宰問於子貢曰:「夫子聖者與¹? 何其²多能也?³」

태재(大宰)가 자공(子貢)에게 물었다. "선생님께서는 성인이시지요? 어찌 그리 다능하신지요?"

大, 音泰。與, 平聲。○孔氏曰:「大宰, 官名。或吳或宋, 未可知也。⁴」與者, 疑辭。大宰蓋以

---

1 《論語句法》'者與'는 감탄과 질문을 겸한 구말어기사이다('者與'是句末詢問語氣詞。);《論孟虛字》찬탄・의문을 겸하는 어기사('者與', 爲表感歎而兼疑問的語氣詞, 當白話'吧'。).

2 《論語句法》'其'는 찬탄을 표시하는 어기사이고["어찌 그렇게"], '也'도 감탄을 표시하는 어기사이다('其'是個表讚歎的語氣詞['怎麼那麼'], '也'字也是表感歎的語氣詞。);《論孟虛字》'何其'는 경탄사이면서 의견을 구하는 어기를 지니고 있다. 앞의 '與'字도 감탄사이면서 의문을 가지고 의견을 구하는 어기를 띠고 있다["그대의 선생님은 성인이시겠지요? 그렇지 않다면, 어찌 그리 다재다능하실 수가 있겠어요!"]('何其'爲驚歎詞, 並略帶詢問語氣。上句的'與'字, 亦是歎詞而兼懸疑的詢問語氣。意思是說, '你們的老師是位聖人吧? 不然, 他怎麼會多才多藝呢!').

3 《論語義疏》태재가 공자가 성인이라는 말을 들었는데, 또 공자가 다능하다는 말을 듣고는, 그 마음에 성인이라면 큰일에 힘쓰지, 자질구레한 여러 가지 일에 다능해서는 안 된다고 의심을 품은 것이다(疏: 太宰聞孔子聖, 又聞孔子多能, 而其心疑聖人務大不應細碎多能。);《論語注疏》태재가 생각하기에, 성인이라면 큰 것에 힘쓰고 작은 것에 소홀히 해야 한다고 여긴 것이다(疏 正義曰: 大宰之意, 以爲聖人當務大忽小。);《論語新解》'聖'字는 옛사람들에게는 가리키는 바가 아주 광범했었는데, 공자 이후로, 유가들이 비로소 성인을 최고의 덕을 지닌 자로 존숭했다. 태재의 이 물음은 대개 多能을 聖으로 본 것이다. 或說: 공자가 성인이라면, 어찌 그리 자질구레한 기예에 다능한가 하고 성인인데 대해 의심을 품은 것이다(聖字古人所指甚泛, 自孔子后, 儒家始尊圣人为德之最高者。太宰此问, 盖以多能为圣。或说: 疑孔子圣人, 何其多能于小艺。).

4 《論語大全》춘추시기에 따르면, 태재라는 관직을 쓰는 것은, 오직 오・송・노나라뿐이었다. 오나라에 태재 嚭(비)가 있었는데, 이 장의 태재가, 바로 오나라의 嚭인 듯하다. 오나라와 노나라가 繪(증)에서 만났는데, 嚭가 계강자를 부르자, 계강자가 자공에게 그곳으로 가라고 했는데[春秋左傳・哀公7년], 그렇다면 이는 당연히 오나라 태재이고, 또 당연히 이 해의 일이다(杜氏曰: 按春秋之時, 以大宰名官者, 惟吳宋與魯耳。吳有大宰嚭…… 疑此大宰, 卽吳嚭也。吳與魯會繪, 嚭召季康子, 康子使子貢往焉, 則此當是吳大宰, 而亦當在此年也。);《論語正義》자공이 처음 태재 비와 대화한 것은 애공7년, 공자 65세 때였다(正義曰: 子貢初與大宰嚭語, 在哀七年, 夫子年六十五。);《論語正義》정현의 注에, 태재는 오나라 태재 嚭라고 했다[經典釋文]。《說苑・善說》에 말했다. "자공이 태재 비를 만나 얘기를 나눴다. '공자는 어떤 사람인가요?' '신은 부족해서 그분을 알지 못합니다.' '그대는 알지도 못하면서, 어찌 그를 섬기십니까?' '알지 못하기에, 그분을 섬깁니다. 저희 선생님 그분은 크나큰 숲과 같아서, 백성들이 그 숲의 재목을 중하게 여깁니다.' '그대는 어찌 공자를 높이 올리십니까?' '저희 선생님은 높이 올릴 수 없는 분입니다. 저는 열 톨 좁쌀을 쌓아놓은 양의 흙과 같아서, 크나큰 산에 보태도, 그 높이를 더 올릴 수 없고, 게다가 그 높이를 알지도 못합니다.'" 이것은 자공과 태재 비가 성덕을 논술한 증거로, 태재가 오나라 태재

多能爲聖也。

'大'(태)는 음이 '泰'(태)이다. '與'(여)는 평성[yú]이다. ○공씨(孔氏·孔安國)가 말했다. "'大宰'(태재)는 관직명이다. 어떤 사람은 오(吳)나라 사람이라고 하고, 어떤 사람은 송(宋)나라 사람이라고 하는데, 알 수 없다." '與'(여)는 의문사다. 태재(大宰)는 아마도 '多能'(다능)을 '聖'(성)이라고 여긴 듯하다.

090602. 子貢曰:「固⁵天縱之, 將聖⁶, 又多能也⁷。」

　　　　자공(子貢)이 말했다. "본래부터 하늘이 그분의 국량을 한정시키지 않고 다 풀어놓았으니, 아마도 성인이실 텐데, 또한 다능하기까지 하신 것이지요."

비라는 것이 더욱 믿을 수 있다(正義曰: 鄭注云: "太宰是吳太宰嚭." …… 案《說苑·善說篇》: "子貢見太宰嚭, 太宰嚭問曰: '孔子何如?' 對曰: '臣不足以知之.' 太宰嚭曰: '子不知, 何以事之?' 對曰: '唯不知, 故事之. 夫子其猶大山林也, 百姓足其材焉.' 太宰曰: '子增夫子乎?' 對曰: '夫子不可增也, 夫賜其猶一累壤, 以增大山, 不益其高, 且爲不知.'" 此子貢與太宰嚭論述聖德之證, 而太宰之爲吳太宰嚭益信。);《列子·仲尼》에, '상나라 태자가 공자를 보고, '그대는 聖者인가요?'라고 묻자, 공자가 '聖이야 제가 어찌 감당하겠습니까마는, 저야 박학다식할 뿐이지요'라고 했다(商太宰見孔子曰: '丘聖者歟?' 孔子曰: '聖則丘何敢, 然則丘博學多識者也.')는 구절에 근거해, 송나라의 태재로 보는 견해도 있다.

5 《論語義疏》'固'는 '故'[원래. 일부러]이다(疏: 固, 故也.);《論語正義》'故'와 '固'는 통한다['일부러'](正義曰: 故與固通。);《論孟虛字》곧~이다. 원래부터~이다('固', 猶'乃', 當白話'是'字, 說做'乃是' '原是'也是可以的.).

6 《論衡·知實》'天縱之將聖'의 '將'은 '且'[거의]와 같다. '已聖'이라 하지 않고, '且聖'라 한 것은, 공자가 아직 聖에는 이르지 못했다고 생각한 것이다(將者, 且也. 不言已聖, 言'且聖'者, 以爲孔子聖未就也。);《論語集解》"하늘이 본래부터 그분에게 大聖의 덕을 풀어놓으셨고, 다능하게까지 하셨다"(注: 孔安國曰: 言天固縱之大聖之德, 又使多能也。);《論語義疏》'將'은 '大'이다(疏: 將, 大也。);《論語正義》'將聖'은 孔安國의 注에 따라 '大聖'으로 풀이하는 것이 맞다(正義曰: 案: 將聖, 當從此注訓大聖。);《古書虛字》'將'은 '爲'와 같다["본래부터 하늘이 국량을 한정하지 않은 성인이시다"]('將', 猶'爲'也。);《論語譯注》"이는 처음부터 하늘이 그분으로 하여금 성인이 되게 하셨고, 또 다재다예하게 하셨다"("這本是上天讓他成爲聖人, 又使他多才多藝。");《論語詞典》縱(종): 사역동사. ~하게 하다(動詞, 讓, 使。);《論語句法》'固'는 부사이고, 그 밑에 연결동사가 생략되었다. 주어는 '天'이고, '縱'은 사역동사이고, '之'[공자]는 '縱'의 목적어이고, '將聖'[大聖]의 주어이다["원래부터 하늘이 그분으로 하여금 大聖이 되도록 한 것이다"]('固是限制詞, 其下繫詞省略沒說出來. 起詞是'天', '縱'是致使動詞做述詞; '之'(稱代孔子)'對'縱'來說是止詞, 對'將聖'來說是主語。).

7 [성]天縱多能(천종다능): 하늘이 출중함을 부여한 인물(天纵: 天所放任, 意思是上天所赋予。旧指上天使之成为杰出的人物。); 天縱(천종): 하늘이 재능이나 임무를 한정하지 않고 다 풀어놓다. 제왕에게 아첨하여 찬미하는 데 쓰는 말(天所放任, 意谓上天赋予。后常用以谀美帝王。); 縱(종): 양을 제한하지 않다(不加限量义。).

縱, 猶肆也, 言不爲限量也. 將, 殆也, 謙若不敢知之辭. 聖無不通[8], 多能乃其餘事, 故言
又以兼之.

'縱'(종)은 '肆'(사)[묶지 않고 벌여놓다]와 같은데, 국량을 한정시키지 않았다는 말이다.
'將'(장)은 '殆'(태)[아마도. 거의]로, 감히 알지 못하겠다는 듯이 겸손하게 한 말이다. '聖'
(성)은 무엇이든지 환히 통하여 모르는 게 없는 것이고, '多能'(다능)은 ('聖'의 본질이 아
닌) 단지 '聖'(성)의 부수적인 일이기 때문에, '又'(우)를 써서 '多能'(다능)을 겸비했음을
말한 것이다.

090603. 子聞之, 曰:「大宰知我乎[9]! 吾少也賤, 故[10]多能鄙事[11]. 君子多乎哉[12]? 不多也.」
　　　선생님께서 이 말을 들으시고 말씀하셨다. "태재(大宰)가 나를 아는구나! 내가
　　　젊어서는 지위가 낮았었는데, 그런 까닭으로 궂은일에 다능했었다. (성인) 군자
　　　라고 해서 능한 게 많겠느냐? 많지 않다."

言由少賤故多能, 而所能者鄙事爾, 非以聖而無不通也. 且多能非所以率人, 故又言君

---

8 《書經正義》'聖'은 무엇이든지 환히 통하여 모르는 게 없는 것이고, '神'은 오묘하여 정해진 법이 없는
　것이다(《書經·大禹謨》"都, 帝德廣運, 乃聖乃神"; 孔安國傳: 聖無所不通, 神妙無方.);《通書·思》기미가
　저쪽에 움직이면, 誠이 이쪽에서 움직여서, 생각하지 않아도 환히 통하여 모르는 게 없는 사람이, 성인이
　다(幾動於彼, 誠動於此, 無思而無不通, 爲聖人.).

9 《論語義疏》공자가 태재의 (공자는 多能한 것이지 聖人이 아닐 것이라는) 의심을 들으시고 그가 나를
　안다고 말씀하신 것으로, 내가 성인이 아닐 것이라는 의심이 맞다고 인정하신 것이다(疏 孔子聞大宰之疑
　而云知我, 則許疑我非聖是也.);《補正述疏》'大宰知我乎'는, 태재가 내가 어떤지를 안다는 말씀으로,
　이는 다음 말을 일으킨 말이지, 나를 안다고 인정한 말이 아니다(述曰: 謹案: '大宰知我乎', 言大宰知我何
　如也, 此起下文之辭, 非許爲知己也.).

10 《論語詞典》故(고): 접속사. =所以(連詞, 所以.);《北京虛詞》故(고): 접속사. 그런 까닭에. ~인 까닭은.
　인과관계 복문의 뒤 절에 쓰여 결과를 표시한다. 가끔은 앞절에 '之所以' 형태로 쓰이고, 뒤 절에서
　원인을 거슬러 탐구하다('故', 連词. 用于因果复句的后一分句, 表示结果. 又即所以: 偶尔用于前一分句,
　后一分句追溯原因. 又即'之所以……'.).

11 鄙事(비사): 각종 기술이나 경작 등의 육체노동(鄙人之事. 旧多指各种技艺与耕种等体力劳动.).

12 《論語義疏》"(내가) 성인군자라면 어찌 자질구레한 일에 다능하겠는가? 성인군자라면 다능하지 않다."
　(疏 若聖人君子, 豈多能鄙事乎, 則不多能也.);《論語譯注》"진정한 군자라면 이 같은 다능한 기교를
　가질 수 있을까? 가질 수 없다"("真正的君子會有這樣多的技巧嗎? 是不會的."); 乎哉(호재): 반어문에서
　의문어기를 돕는다(语气词连用. 用于反问句末, 助反诘疑问语气.).

子不必多能以曉之。[13]

말씀인즉, 젊어서 지위가 낮았었기 때문에 다능했지만, 능한 것이라고는 궂은일이었을 뿐, (내가) 성인으로서 무엇이든지 환히 통하여 모르는 게 없는 자는 아니라는 것이다. 게다가 다능이란 것이 이것으로 사람을 이끄는 것은 아니기 때문에, 덧붙이시길 (성인) 군자라고 해서 반드시 다능할 필요는 없다고 말씀하여 이로써 그를 깨우치신 것이다.

090604. 牢[14]曰:「子云[15], 『吾不試[16], 故藝』。」[17]

　　금뇌(琴牢)가 말했다. "선생님께서 말씀하시기를, '나는 쓰임을 받지 못했기에, 그래서 육예를 익혔다'고 하셨다."

牢, 孔子弟子, 姓琴, 字子開, 一字子張。試, 用也。言由不爲世用[18], 故得以[19]習於藝而通之。

---

13 《論語大全》태재는 多能을 聖으로 여겼고, 자공은 多能을 聖의 부수적인 일로 여겼고, 선생님께서는 聖이 多能에 있는 것이 아니라 했으니, 세 견해가 같지 않다. 대개 聖은 德을 위주로 하여, 본디 多能에 있지 않지만, 성인께서는 多能하지 않으신 적이 없었다. 선생님께서 多能으로는 사람을 평가할 수 없기 때문에, 군자는 多能하지 않다고 하신 것이다. 덕을 숭상하지, 기예를 숭상하지 않는다는 뜻인데, 기실은 성인께서는 多能하지 않으신 적이 없었다(朱子…… 曰: 大宰……是以多能爲聖也。子貢……是以多能爲聖人餘事也。子……是以聖爲不在於多能也, 三者之說不同…… 蓋聖主於德, 固不在多能, 然聖人未有不多能者。夫子以多能不可以律人, 故言君子不多。尙德而不尙藝之意, 而其實聖人未嘗不多能也。);《論語大全》'大宰知我乎' 이하는 (칭찬·겸손·부정 등) 매우 복잡다단한 의미를 지니고 있다. 성인께서 '태재는 부족해서 나를 모른다'고 직설적으로 말하지 않고, 단지 '大宰知我乎'라고 하셨으니, 이것이 곧 성인께서 사람을 대하는 태도로, 이렇게 온후하시다는 것을 알 수 있다(曰: 大宰知我乎以下, 煞有曲折意思。聖人不直謂大宰不足以知我, 只說大宰也知我, 這便見聖人待人, 恁地溫厚。).

14 琴牢(금뇌): 姓 琴, 名 牢, 字 子開[子張, 琴張];《雍也 제1장》각주《莊子·內篇·大宗師》참조;《子路 제21장》각주《孟子·盡心下 제37장》참조.

15 《詞詮》타동사. '曰'과 같다('云', 外動詞。與'曰'同。).

16 《論語集解》'試'는 '用'이다. 공자께서 스스로 말씀하시길, 내가 쓰임 받지를 못했는데, 그런 까닭으로 여러 기예에 다능하게 되었다고 하신 것이다(注: 鄭玄曰: 試, 用也。言孔子自言, 我不見用, 故多能伎藝也。);《說文·言部》'試'는 用이다(試, 用也。); 試(시): 쓰다. 임용하다(本义: 用; 任用).

17 《論語注疏》本은 이 절을 별도 한 장으로 나누었다;《論語注疏》이 장은 공자께서 다재다예한 까닭을 말했지만, 앞 장과 다른 때에 한 말이기 때문에, 장을 나누었다(疏: 正義曰: 此章論孔子多技藝之由, 但與前章異時而語, 故分之。).

18 世用(세용): 세상에 의해 쓰임을 받다(为世所用。).

19 得以(득이): (~을 계기로) 할 수 있다. 의지하다. 동사 앞에 부사어로 쓰여 어떤 조건을 기반으로 어떤 목적이나 결과에 도달할 수 있었음을 나타낸다(指借某事物而能做某事; 可以, 赖以。).

'牢'(뢰)는 공자(孔子)의 제자로, 성이 금(琴)이고 자(字)가 자개(子開)인데, 또 다른 자(字)는 자장(子張)이다. '試'(시)는 '쓰다'[用]이다. 말씀인즉, 세상에 의해 쓰임을 받지 못했는데, 그래서 이 때문에 육예를 익혀 통달할 수 있었다는 것이다.

○吳氏曰:「弟子記夫子此言之時, 子牢因[20]言昔之所聞有如此者。其意相近, 故并記之。」
○오씨(吳氏·吳棫)가 말했다. "제자가 선생님의 이 장의 말씀을 기록할 때, 자뢰(子牢)가 이어서 예전에 선생님께 들은 말씀 중에 이와 같은 말씀이 있었다고 말했다. 그 말씀의 뜻이 서로 비슷했기 때문에, 아울러서 함께 기록한 것이다.

---

20 因(인): 곧바로. 이어서. 뒷 동작이나 행위가 앞의 동작이나 행위에 이어서 발생하는 것을 나타낸다(于是. 就).

[吾有知乎哉章]

090701、子曰:「吾有知乎哉?¹ 無知也². 有鄙夫³問於我 空空如也⁴, 我叩其兩端⁵而竭焉⁶·⁷·」

---

1 《論孟虛字》乎哉(호재): 반문·의문·추측을 겸한 어기사. 자문자답 형태로 쓰였다('乎哉, 爲表反詰和疑問並兼商度的語氣詞, 以自問自答方式出之。');《論語句法》'乎'는 의문어기사, '哉'는 감탄어기사('乎'是詢問語氣詞, 其下加了一個表示感歎的語氣詞'哉'字。).

2 《論語正義》공자께서는 물음에 대한 응답이 막힘이 없어, 당시 사람들이 이에 공자를 無所不知하다고 평가했기 때문에, 겸손하게 '無知'라고 말씀하신 것이다(正義曰: 夫子應問不窮, 當時之人, 遂謂夫子無所不知, 故此謙言'無知'也。).

3 鄙夫(비부): 범속하고 식견이 얕고 좁은 사람. 시골 사람. 촌무지렁이(庸俗淺陋的人。郊野之人。); 鄙(비): 소읍. 변방. 교야지역(小邑。边邑; 边境。郊野。).

4 [성]空空如也(공공여야): 진지·간절한 모양. 텅 비어 아무것도 없다. 하나도 가진 게 없다(空空: 诚恳, 虚心。原形容诚恳, 虚心的样子。现形容一无所有。);《論語集解》어느 시골 사람이 물어오는데, 그 사람의 생각이 텅 비어 아무것도 없으면, 나의 경우는 일의 시종·양단을 발동시켜 그 물음에 대해 아는 것을 다 털어 말해주기를 아껴두는 것이 있지 않다(注: 孔安國曰: 有鄙夫來問於我, 其意空空然, 我則發事之終始兩端以語之, 竭盡所知, 不爲有愛也。);《論語義疏》'空空'은 '無識'이다. '어느 시골 사람이 물어오는데, 그 사람의 마음속이 텅 비어 아는 게 없는 듯하다'는 말이다(疏: 空空, 無識也。言有鄙夫來問我而心抱空虛如也。);《論語正義》《經典釋文》에, '空空에 대해, 鄭玄은 悾悾으로 쓰는 경우가 있다'고 했는데, 이는 '悾悾而不信'[泰伯 제16장]과 같다. 鄭玄은 注에서, '悾悾은 誠慤[간절하다]이다'라고 했다. 시골 사람이 공자께 물어오는데, 아주 진지하고 간절해 보여서, '空空如'라 한 것이다. 皇疏에 '空空如'를 '虛空'이라 했는데, 아니다(正義曰: 釋文, '空空, 鄭或作悾悾', 此與前篇悾悾而不信同。鄭彼注云, '悾悾, 誠慤也。'…… 此鄙夫來問夫子, 其意甚誠慤, 故曰空空如。皇疏以爲虛空, 非也。);《論語集釋》梁章鉅[1775~1849]의 《論語集注旁證》에 말했다. "《泰伯 제16장》의 '悾悾而不信'에 대한 포함의 주에, '悾悾은, 慤慤[우직하다]이다'라고 했다. '空空'은, 모두 '悾悾'字와 서로 바꿔쓴다. 朱彬[1753~1834]이 말하기를, 《廣雅》에, '悾悾은, 誠이다'라고 했다. '空空也'는 그 사람의 가르침을 구하는 자세가 간절한 것을 말한다'라고 했다(梁氏旁證: 上篇「悾悾而不信」, 包注:「空空, 慤也。」…… 空空 …… 皆與「悾悾」字通用。朱氏彬曰:「廣雅:『悾悾, 誠也。』空空如也, 亦謂其求敎之誠云爾。);《論語集釋》焦竑[1540~1620]의 《焦氏笔乘》에 말했다. "공자께서 당신이 空空하니 아는 게 없는데, 다만 묻는 자의 是非의 양단을 두드려 남김없이 다 말해줬을 뿐이라고 하신 것이다"(焦氏筆乘: 孔子言己空空無所知, 唯叩問者是非之兩端而盡言之……。);《古今注》이 장은 공자의 겸사로, 나는 본래 무지한 사람인데, 사람들을 가르침으로 인해 아는 바를 넓혀 개척해나갈 수 있었다는 말씀이다. '空空'이라는 것은 공자 스스로가 '空空'하다는 것으로, 공자께서 앞에서 스스로에 대해 말한 '無知也'의 실상을 밝힌 것이다. '空空'했던 까닭에, (촌부가 묻는 것이 천근해도, 내가 空空해서 답하기 어려웠지만, 그 물음에 답해주기 위해) 전적을 살피고 시종을 궁구하고 본말을 다 캐내다 보니, 이러한 까닭으로 점차 아는 것이 있게 되었다는 것이다(此一節孔子謙言, 我本無知, 因誨人, 得恢拓其所知……空空者, 夫子自空空也。明上無知之實。空空之故, 稽考典籍, 究其終始, 罄其本末, 以此之故, 漸有所知。);《論語譯注》"한 촌부가 내게 물어오는 경우, 나는 본래 아는 것이 전혀 없는 무지한 사람이지만, 나는 그 물음의 처음부터 끝까지 꼬치꼬치 캐물어 알고 나서, 가능한 한 많이 일러준다"("有一個莊稼漢問我, 我本是一點也不知道的; 我從他那個問題的首尾兩頭去盤問, [才得到很多意思], 然後盡量地告訴他。");《論語新解》"그 시골 사람의 마음이 텅 비어 있어, 일자무식이지만, 간절하게

선생님께서 말씀하셨다. "나라고 아는 게 뭐 있겠느냐? 아는 게 없다. (그렇지만) 어느 시골 사람이 내게 물어올 경우, (그 시골 사람이) 텅텅 빈 듯이 아는 게 없어도, 나는 그 시골 사람이 묻는 물음의 처음과 끝 모두를 다 건드려 일으켜서 내가 아는 것을 남김없이 다 말해준다."

물어올 경우에는, 나 또한 그가 묻는 것의 양끝에서부터 하나씩 끝까지 그에게 되물어본다"("他心空空, 一无所知, 只诚悫地来问, 我亦只就他所问, 从他所疑的两端反过来叩问他, 一步步问到穷竭处.").

5 叩其两端(고기양단): 충분하고 완전히 문제를 이해하고 인식하다(能夠完全理解認識問題);《論語正義》'叩'는 되물어보는 것이다. 촌부는 물어볼 능력이 없기 때문에, 되물어보고 상세히 고하신 것이다('叩'者, 反問之也. 因鄙夫力不能問, 故反問而詳告之也.);《補正述疏》《禮記·學記》에, '질문을 잘 다루는 사람은, 종을 두드려 울리게 하는 것과 같아서, 작은 것으로 두드리면 울림이 작고, 큰 것으로 두드리면 울림이 큰데, 그 울림이 조용해지길 기다렸다, 그 후에 자기의 소리를 다한다'고 했는데, 이것이 두드려 울린다는 것이 아닐까? 그런데 촌부가 두드리지 못하니까, 성인께서 대신 두드리신 것이다(述曰:《學記》云: '善待問者, 如撞鐘, 叩之以小者則小鳴, 叩之以大者則大鳴, 待其從容, 然後盡其聲.' 此非叩而發動者歟. 今鄙夫不能叩, 故聖人反叩之也.);《論語新解》'叩'는 문을 두드리는 것과 같이, 문 안에 있는 사람이 문 두드리는 소리를 듣고 문을 열게 하는 것이다. 또 종을 두드려 종이 스스로 울리게 하는 것과 같다. 공자께서 이 촌부에게 되물어서, 그가 마음으로 스스로 깨닫도록 하신 것이다. '兩端'은, 모든 일에는 반드시 양 끝이 있는데, 공자께서 이 촌부가 묻는 일의 양 끝을 두드려 물어보는 것이다. 이 양 끝을 빠짐없이 두드려 물어서, 촌부가 그가 본래 의문을 품었던 일의 양 끝에 대해 모두 깨닫게 되면, 의문 전체가 모두 풀리게 되어, 더 이상 남은 의문이 없다(叩, 如叩门, 使门内人闻声开门. 又如叩钟使自鸣. 孔子转叩问此鄙夫, 使其心自知开悟. 两端者, 凡事必有两端, 孔子就此鄙夫所疑之事之两端叩而问之. 于此两端, 穷竭叩问, 使鄙夫来问者, 对其本所怀疑之事之两端均有开悟, 则所疑全体皆获通晓, 更无可疑.); 叩(고): 두드리다. 조아리다(击, 敲打. 叩头、拜.);《論語正義》정현의 주에, '兩端은 末이다'라고 했는데, 모든 사물의 처음은 모두 일어나는 모습이 보일 듯 말듯 미미한데, 그래서 末에는 始[처음]의 뜻이 있다.《說文·耑部》에, '耑(단)은 생물이 태어나올 때 처음으로 드러나는 이마 부분이다'라고 한 것이 바로 이것이다(正義曰: 鄭注云: "兩端, 末也." 凡事物之始, 皆起微末, 故末有始義.《說文》: '耑, 物初生之題也.' 是也.)[劉寶楠은 '兩端'을 싹이 땅속에서 밖으로 나올 때 보이는 고개 숙인 모습의 '두 장의 떡잎'으로 생각하는 것 같다];《王力漢語》兩(양): 짝을 이루는 두 개. 쌍방. 쌍을 이루는 사물(數詞. 成對的兩個, 雙方.'兩'是指自然成雙的事物, 如'兩手'、'兩端'、'兩翼'.).

6 竭(갈): 다 마르다. 다 없어지다. 다하다(干涸 枯竭。穷尽);《許世瑛(二)》'焉'은 '之'와 같고, '之'는 '我之所知'을 가리킨다('焉'字等於'之', '之'字稱代'我之所知').

7《集注考證》《朱子語類36: 61》에는, 성인의 겸사는 까닭 없이 발언하신 경우가 없었으니, 이 장 앞에 필시 발언이 있었는데, 아마도 성인의 지혜를 칭찬한 발언으로 인해 겸손히 이 말씀을 하셨을 것이라고 했다(語錄, 聖人謙辭未有無因而發者, 此章上必有說, 或因人譽己之知而謙言如此.);《論語大全》(《子罕 제2장》과 이 장은) 모두 다른 사람이 성인을 칭송한 말 때문에, 성인께서 그제서야 다른 사람의 말을 받아서 하신 겸사이다. 이 장의 경우는 필시 다른 사람이 성인에게 무엇이든 모르는 게 없고, 사람 가르치기를 게을리하지 않는다고 칭찬하는 이러한 뜻의 말을 한 것으로 생각되는데, 성인께서 그제서야 '나는 아는 게 없고, 사람 가르치기를 게을리하지 않는 것도 아니다. 다만 시골 사람이 와서 물으면, 나의 경우는 정성을 다해 그에게 설명할 뿐이다'라고 말씀하신 것이다(朱子曰: 皆是因人譽己, 聖人方承之以謙. 此處想必是人稱道聖人無所不知, 誨人不倦, 有這般意思. 聖人方道是我無知識, 亦不是誨人不倦, 但鄙夫來問, 我則盡情向他說.).

叩, 音口。○孔子謙言己無知識, 但其告人, 雖於至愚, 不敢不盡耳。叩, 發動[8]也。兩端, 猶言兩頭[9]。言終始, 本末, 上下, 精粗, 無所不盡。

'叩'(고)는 음이 '口'(구, kòu)이다. ○공자(孔子)께서 당신을 낮춰 말씀하시기를, 당신은 아는 게 없지만, 당신이 남에게 알려주는 경우는, 비록 아무리 어리석은 사람에 대해서도, 감히 최선을 다하지 않을 수 없다고 하신 것이다. '叩'(고)는, '건드려 일으키다'[發動]이다. '兩端'(양단)은 '양쪽'[兩頭]이라고 말하는 것과 같다. 처음과 끝·근본과 말엽·위와 아래·정미한 쪽과 거친 쪽, 어느 하나 말하지 않는 부분이 없다는 것을 말한다.

○程子曰:「聖人之敎人, 俯就[10]之若此, 猶恐衆人以爲高遠而不親也。聖人之道, 必降而自卑, 不如此則人不親, 賢人之言, 則引[11]而自高, 不如此則道不尊。觀於孔子, 孟子[12], 則可見矣。」

○정자(程子·伊川)가 말했다. "성인께서 사람들을 가르치는데, 몸을 구부려 그들 높이에 맞추는 모습이 이와 같았음에도, 여전히 많은 사람은 성인이 높고 멀다고 여겨 가까이 오지 않을까 염려하셨다. 성인의 말씀은, 반드시 끌어내려서 스스로를 낮추는데, 이같이 하지 않으면 사람들이 가까이 오지 않고, 현인의 말은, 끌어올려서 스스로를 높이는데, 이같이 하지 않으면 도가 높아지지 않는다. 공자(孔子)와 맹자(孟子)를 살펴보면 알 수 있다."

尹氏曰:「聖人之言, 上下兼盡。即其近, 衆人皆可與知[13]; 極其至, 則雖聖人亦無以加焉,

---

8 發動(발동): 시동을 걸다. 열다. 불러일으키다. 건들어서 움직이게 하다(发起, 启动。触动。).

9 兩頭(양두): 사물의 양쪽 끝. 양쪽(兩端。).

10 俯就(부취): 경어. 자기의 격을 낮춰 나아가다. 존귀함을 굽혀 아랫사람을 따르다(敬辞。降格相就, 屈尊下从。);《禮記·檀弓上》에 나오는 글로,《陽貨 제21장 제6절》각주 참조.

11 引(인): 들어 올리다. 세우다(举起; 竖起).

12《論語大全》(스스로를 높인 현인인) 맹자는, '하늘이 만일 천하를 평화롭게 다스리려고 한다면, 지금과 같은 세상에서, 나를 내쳐두고 그 누구이겠느냐?'[孟子·公孫丑下 제13장]라고 말했으니, 스스로를 과장되게 말한 것으로, 형세가 부득불 이럴 수밖에 없었다(孟子言, '如欲平治天下, 當今之世, 舍我其誰?' 便說得廣, 是勢不得如此。).

13《中庸 제12장》군자의 도는, 그 쓰임은 광대하고 그 실체는 은미하다. 필부필부가 비록 우매할지도, 참여하여 알 수 있지만, 그 지극한 경지에 이르러서는, 성인이라도 알 수 없는 부분이 있고, 필부필부가 비록 불초할지라도, 할 수 있지만, 그 지극한 경지에 이르러서는, 성인이라도 할 수 없는 부분이 있다(君

是之謂兩端。如答樊遲之問仁知, [14]兩端竭盡, 無餘蘊[15]矣。若夫[16]語上而遺下, 語理而遺物, 則豈聖人之言哉?」[17]

윤씨(尹氏·尹彦明)가 말했다. "성인의 말씀은 상하(上下) 양쪽을 겸하여 다 아우른다. 그중 비근한 수준 쪽 말씀의 경우는, 시골 사람일지라도 모두 거기에 참여해서 알 수 있고, 그중 지극한 경지 쪽 말씀의 경우는 성인일지라도 그보다 더 지극한 경지에 이를 수 없으니, 이것을 일컬어 '兩端(양단)이라고 한다. 번지(樊遲)가 질문한 인(仁)·지(智)에 대한 선생님의 답변처럼, '兩端(양단)을 남김없이 다하여, 더 이상 속에 남겨두거나 쌓아 둔 게 없었다. 만약 상(上)은 말했지만 하(下)는 빠뜨리고, 리(理)는 말했지만, 물(物)은 빠뜨렸다면, 어찌 성인의 말씀이겠는가?"

子之道費而隱。夫婦之愚, 可以與知焉, 及其至也, 雖聖人亦有所不知焉; 夫婦之不肖, 可以能行焉, 及其至也, 雖聖人亦有所不能焉。); 衆人(중인): 商·周시기의 농업종사자. 일반인(商周时代的农业生产者。一般人, 群众。); 與知(여지): 참여해서 그 내용을 알다(犹与闻。谓参与其事并且得知内情。).

14 《雍也 제20장》《顏淵 제22장》 참조.

15 餘蘊(여온): 일부는 속에 묻어두고 드러내놓지 않다. 남겨두고 묻어두다(谓蕴藏于中而未全部显现).

16 若夫(약부): ~에 대해서는. 문장 앞머리에 쓰여 다른 일을 제시한다(句首语气词, 用在句首或段落的开始, 表示另提一事。).

17 《論語大全》"執兩端[中庸 제6장]과 '竭兩端은 어떻게 다른지요?' "執兩端은 곧 양쪽의 中을 파악한다는 것이고, '竭兩端은 철두철미하게 양쪽 모두 다 한다는 말이다. 성인의 말씀은 위와 아래·근본과 말엽·처음과 끝·큰 것과 작은 것, 어느 하나 양쪽을 겸하여 열거하지 않은 게 없다(問: 執兩端, 與竭兩端如何? 朱子曰: 執兩端, 方識得一箇中, 竭兩端, 言徹頭徹尾都盡也…… 聖人之言, 上下本末, 始終大小, 無不兼擧。).

[鳳鳥不至章]

090801. 子曰:「鳳鳥¹不至², 河不出圖³, 吾已矣夫⁴!⁵」

선생님께서 말씀하셨다. "봉황새가 나오지 않고, 황하에서 하도(河圖)가 나오지 않으니, 나는 끝났는가 보다!"

---

1 鳳鳥(봉조): 봉황. 순 임금 때[아래 각주《書經·虞書·益稷》참조]와 주나라 문왕 때[아래 각주《周語·國語上》참조] 출현한 적이 있었는데, 봉황의 출현은 聖王이 출현할 것이라는 상서로운 표징으로 간주된다. 수컷은 鳳, 암컷은 凰이라 한다. 성인(鳳凰。古代传说中的一种神鸟。传说凤鸟在舜和周文王时代都出现过, 它的出现象征着'圣王'将要出世。雄曰鳳, 雌曰皇; 古时比喻有圣德的人。);《山海經·南山經》단혈에 새가 사는데, 그 생김새는 닭을 닮았고 오색찬란한 무늬가 있으니, 봉황이라 한다. 머리 무늬는 德을, 날개 무늬는 義를, 등의 무늬는 禮를, 가슴의 무늬는 仁을, 배의 무늬는 信을 나타낸다. 이 새는, 먹는 음식은 자연이고, 스스로 노래하고 춤추고, 나타나면 천하가 안녕함을 나타낸다(丹穴之山…… 有鳥焉 其狀如雞 五采而文 名曰鳳皇。首文曰德, 翼文曰義, 背文曰禮, 膺文曰仁, 腹文曰信。是鳥也, 飲食自然, 自歌自舞, 見則天下安寧。);《說文·鳥部》'鳳'(봉)은 神鳥이다. 황제의 신하 天老가 말했다. "봉의 생김새는, 큰기러기의 앞모습에 기린의 뒷모습이고, 뱀의 목에 물고기의 꼬리이고, 황새의 이마에 원앙의 뺨이고, 용의 무늬에 호랑이의 등이고, 제비의 턱과 닭의 부리 모양이고, 다섯 빛깔의 무늬를 다 갖추었고, 동방의 군자국에서 출발해서, 사해 밖을 날아, 곤륜산을 넘어, 지주산 샘물을 마시고, 익수에서 깃털을 씻고, 풍혈에 깃든다. 봉이 나타나면 천하가 크게 안녕하다(神鳥也。天老曰: "鳳之象也, 鴻前麐後, 蛇頸魚尾, 鸛顙鴛思, 龍文虎背, 燕頷雞喙, 五色備舉。出於東方君子之國, 翱翔四海之外, 過崑崙, 飲砥柱, 濯羽弱水, 莫宿風穴。見則天下大安寧。"); 기린·봉황·거북·용·백호를 五靈이라 하고 왕자가 나타날 상서로운 조짐[王者之嘉瑞]으로 간주한다.

2 [성]鳳鳥不至(봉조부지): 봉황이 나오지 않다. 천하는 태평하지 못하고, 정치는 깨끗하지 못하여, 희망이 없다. 성군이 나오지 않다(凤凰不来。比喻天下不太平, 政治不清明, 无希望。); 泣麟悲鳳(읍린비봉): 나라의 쇠망을 슬퍼하다(谓哀伤国家衰败。).

3 [성]河不出圖(하불출도): 황하에서 河圖가 나오지 않다. 聖哲英明之世가 아니다. 난세(河: 指黄河。黄河当中没有出现河图。古代相传每当圣明之世时, 黄河便出现河图。因此黄河不出河图时则不是圣明之世。指时当乱世。); 河(하): 황하(本义: 黄河。); 河圖(하도): 복희씨 때 황하에서 출현한 龍馬가 등에 지고 있던 그림인데, 후에 복희씨가 팔괘를 그릴 때 근거로 삼은 '河圖'로, 河圖의 출현을 聖王이 출현할 상서로운 징조로 간주했다(伏羲氏时代曾在黄河中出现一条龙马, 背上有一张图, 就是后来伏羲氏画八卦时所根据的'河图', 人们把它的出现看作是圣明君王出现的一种征兆。).

4 《論語句法》'已'는 술어이고, '矣'와 '夫'는 둘 다 감탄을 표시하는 구말어기사로, 둘을 이어 쓴 것인데, 목적은 감탄의 의미를 강화하는 데 있다('已'是謂語, '矣'跟'夫'是兩個表感歎的句末語氣詞, 把它們連用起來, 目的在加重感歎的意味。);《論孟虛字》'夫'는 '乎'와 같다. 문미에 쓰여 감탄어기를 표시한다('夫', 猶'乎', 用在句末, 表感歎語氣。); 矣夫(의부): ~하겠구나! 감탄의 어기를 나타냄과 아울러 추측의 의미를 겸한다(语气词连用。'矣'表示肯定语气, '夫'表示感叹语气。连用后, 主要表示感叹语气 同时兼有测度的意味。义即吧, '了吧'。).

5 《春秋左傳·序》'세상은 혼란스럽고 明君은 나오지 않으니, 나의 도가 아마도 행해지지 않겠구나!'라고 하신 말씀이다(朱熹注: 孔子言…… 世亂無明王, 吾道其不行已乎。).

夫, 音扶。○鳳, 靈鳥, 舜時來儀, ⁶文王時鳴於岐山⁷。河圖, 河中龍馬負圖⁸, 伏羲⁹時出, 皆聖王之瑞¹⁰也。已, 止也。

'夫'(부)는 음이 '扶'(부, fú)이다。○'鳳'(봉)은 신령스러운 새로, 순(舜) 임금 때는 나타나서 아름다운 자태로 춤을 추었고, 문왕(文王) 때는 기산(岐山)에서 울었다。'河圖(하도)'는 황하에서 용마(龍馬)가 등에 지고 나온 그림으로, 복희씨(伏羲氏) 때에 나왔는데, 모두 성왕(聖王)이 출현할 상서로운 표징이다。'已(이)'는 '끝나다'[止]이다。

---

6 《書經·虞書·益稷》[순 임금의 악관] 夔(기)가 말했다。'생황을 불고 대종을 치기를 번갈아 하니, 새와 짐승들이 아름다운 자태로 춤을 추었고, 악기를 갖춰 韶 아홉 장을 연주하니 봉황 한 쌍이 날아와 아름다운 자태로 춤을 추었습니다'(夔曰: ……笙鏞以閒。鳥獸蹌蹌; 簫韶九成, 鳳凰來儀。); 來儀(래의): 봉황이 나타나서 아름다운 자태로 춤을 추는 모습으로, 제왕이 덕을 쌓고, 시절이 태평하면, 하늘이 상서로운 표징을 내려 이에 응했는데, 이를 瑞應(서응)이라 한다(谓凤凰来舞而有容仪, 古代以为帝王修德, 时世清平, 天就降祥瑞以应之, 谓之瑞应。).

7 《國語·周語上》주나라가 일어나자, 鸑鷟(악작)[봉황의 다른 이름]이 기산에서 울었다(周之興也, 鸑鷟鳴于岐山。); 岐山(기산): 섬서성 봉산부 동쪽에 있는 산[해발 1594m]。염제가 나고 자랐으며, 주나라 왕실이 토대를 쌓은 곳으로[孟子·梁惠王下 제14·15장 참조], 주나라 문화의 발상지이고, 《황제내경》과 《주역》의 탄생지이다(岐山是中华民族的发祥地之一, 是炎帝生息, 周室肇基之地, 是周文化的发祥地, 是民族医学巨著《黄帝内经》、古代哲学宏著《周易》诞生之地。).

8 《周易·繫辭上》황하에서 河圖가 나오고 낙수에서 洛書가 나오니, 성인[包犧氏]이 이를 본떴다(河出圖, 洛出書, 聖人則之。); 《禮記·禮運》그러므로 하늘에서는 감로를 내리고, 땅에서는 예천을 분출하고, 산에서는 기거를 내고, 강에서는 용마가 등에 河圖를 지고 나온다。봉황과 기린은 모두 숲속에서 노닐고, 거북과 용은 궁소에서 헤엄치고, 그 밖의 새들과 짐승들이 알을 낳고 새끼를 낳는 것은, 모두 엎드려 엿볼 수가 있다。이것이 화순한 세상의 실제 모습이다(故天降膏露, 地出醴泉, 山出器車, 河出馬圖, 鳳凰麒麟皆在郊棷, 龜龍在宮沼, 其餘鳥獸之卵胎, 皆可俯而窺也。…… 此順之實也。); 龍馬(용마): 용의 머리와 말의 몸의 형상을 한 상서로운 동물。[周禮·夏官司馬·廋人]말 중에서 8척 이상 되는 駿馬를 龍이라 한다(中国古代神话传说中是一种兼具龙和马形态的生物, 被认为是吉祥的象征。; 《周禮·夏官司馬·廋人》馬八尺以上爲龍。); 負圖(부도): 하도를 등에 지다(背负河图).

9 伏羲氏(복희씨): 중국 고대전설상의 三皇[書經大傳: 燧人·伏羲·神農; 史記: 天皇·地皇·泰皇] 五帝[史記: 黃帝·顓頊·帝嚳·堯·舜]의 1인。太昊伏羲氏, 庖犧氏라고 하기도 한다。사람의 머리에 뱀의 몸을 가졌다고 하고, 누이동생 女媧와 혼인했으며, 八卦와 結繩文字를 만들었고, 물고기 잡는 법과 사냥하는 법을 가르쳤다고 한다(《周易·繫辭下》옛날 包犧氏[伏羲氏]가 천하를 다스릴 적에, 우러러 하늘의 천문현상을 살피고, 구부려 땅의 풍수지리를 살피고, 새와 짐승의 생김새와 땅의 형세를 살피고, 가까이서는 자기 몸[首腹足股耳目手口]에서 취하고, 멀리서는 만물[馬牛龍雞豕雉狗羊]에서 취하여, 이에 처음으로 八卦를 만들어, 이를 써서 神明의 덕에 통하고, 이를 써서 만물의 실제 상태를 유추했다。노끈을 묶어서 그물과 어망을 만들어, 산짐승을 사냥하고 물고기를 잡는 데 썼는데, 대개 ䷝離괘에서 이를 취했다(古者包犧氏之王天下也, 仰則觀象於天, 俯則觀法於地, 觀鳥獸之文, 與地之宜, 近取諸身, 遠取諸物, 於是始作八卦, 以通神明之德, 以類萬物之情。作結繩而爲罔罟, 以佃以漁, 蓋取諸離。).

10 瑞(서): 옥으로 만든 신표。상서로운 사물。징조(本义: 玉制的符信。吉祥的事物。征兆。).

○張子曰:「鳳至圖出, 文明[11]之祥[12]。伏羲, 舜, 文之瑞不至, 則夫子之文章, 知其已矣。」

○장자(張子·張橫渠)가 말했다. "봉(鳳)이 나타나는 것, 하도(河圖)가 나오는 것은, 문덕(文德)이 흥성할 상서로운 표징들이다. 복희(伏羲)·순(舜) 임금·문왕(文王) 때는 나타났던 상서로운 표징들이 (선생님 때는) 나오지 않는다면, 선생님의 문장(文章)은 그것이 끝났다는 것을 알 수 있다."

---

11 文明(문명): 문채가 나고 환하게 밝다. 문덕이 눈부시다. 문덕으로 다스리고 교화시키다. 문교가 융성하다(文采光明。谓文德辉耀。谓文治教化。文教昌明。).

12 祥(상): 길흉의 징조. 앞서서 미리 드러내 보여주는 흔적이나 표상. 길조. 흉조(本义: 凶吉的预兆, 预先显露出来的迹象。特指吉兆。特指凶兆。).

[子見齊衰者章]

090901、子見齊衰¹者, 冕衣裳者²與瞽³者, 見之⁴, 雖少⁵必作⁶; 過之, 必趨⁷。

1 齊衰(자최): 거친 삼베로 만들되, '斬衰'(참최)와 달리 옷 아랫자락을 바느질한 상복. 고대에는 복상 기간과 친소관계에 따라 斬衰(참최)[부모 3년]·齊衰(자최)[조부모, 백숙 부모 1년]·大功(대공)[종형제 9개월]·小功(소공)[조백숙부모, 재종형제 5개월]·總麻(시마)[재종백숙부모, 3종형제 3개월]의 5종 상복이 있었다(一種喪服, 次於最重的斬衰。为五服之一。以粗麻布製成, 因其縫齊, 故稱爲齊衰; 古代以亲疏为差等的五种丧服。孔穎达疏: 五服, 斬衰也, 齊衰也, 大功也, 小功也, 總麻也。);《論語譯注》이 장의 '齊衰'는 斬衰를 포함해서 한 말이다(這裏講齊衰, 自然也包括斬衰而言。); 齊(자): 밑에 입는 치마. 상복으로 입는 오복 중의 하나(衣服的下襬。古代丧服之五服[斬衰、齊衰、大功、小功、總麻]之第二等。)。

2《論語義疏》'冕衣裳'은 주례에서 大夫 이상의 복장이다(疏: 冕衣裳者, 周禮大夫以上之服也。); 冕衣裳者(면의상자): 관복을 입은 자. 의관을 정제한 자(冕, 官帽; 衣, 上衣; 裳, 下服, 这里统指官服。冕衣裳者指贵族。);《論語新解》一說: '冕'은 노논어에는 '絻'(문)으로 되어 있는데, 역시 상복으로, 齊衰에 비해 덜한 상복이다. 상례에서 관을 벗고 삼베 끈으로 머리를 묶어서 상투를 틀어 올리는 상복의 일종이 '絻'이다. '絻衣裳'이라는 말로, 이 역시 상복이다. 이 장은 공자께서 상을 당한 사람에게 슬픈 마음을 표하여 공경히 대우한 것으로, 앞을 못 보는 사람 역시 슬픈 마음을 표할 대상이다(一说: 冕,《鲁論》作絻, 亦丧服, 而较齐衰为轻。丧礼, 去冠括发……绕于髻, 是谓絻。言絻衣裳, 則此衣裳亦丧服。此章言孔子哀有丧而敬之。下及瞽者, 亦所哀。今从后说。); 裳(상): 하의. 무릎을 덮어 가리는 치마의 일종으로 바지가 아니다(本义: 下衣。古人穿的遮蔽下体的衣裙, 男女都穿, 是裙的一种, 不是裤子。)。

3 瞽(고): 맹인(盲人, 瞎子。古代以目盲者为乐官, 故为乐官的代称。)。

4《論語正義》'見'은 눈으로 마주치는 것을 말하고, 예를 갖춰 오가는 것이 아니다. 앞에서 '見'을 말하고, 뒤에서 다시 '見之'를 말한 것은, '見之'와 '過之'를 칭해 서로 對句시킨 것이다["그들을 만났을 경우, 그들이 오는 것을 보았을 때는……, 그들의 앞을 지나가실 때는……"](正義曰: '見'謂目所接遇, 非以禮往來也。前言'見', 後復言'見之'者, 稱見之'與'過之'文相儷也。);《古今注》앞의 '見'字는 눈에 보이는 것이고, 뒤의 '見'字는 예를 갖춰 만나보는 것이다(上見字謂目見也, 下見字謂禮見也。);《論語注疏》선생님께서 이 세 사람을 보시면, 비록 나이어린 사람일지라도, 앉아 있을 때는 반드시 자리에서 일어나셨고, 지나치실 때는 반드시 종종걸음 하셨다는 말이다(疏: 正義曰: 言夫子見此三種之人, 雖少, 坐則必起, 行則必趨。);《論語平議》'見之'의 '見'字는 마땅히 '從者見之'[從者가 그에게 (공자를) 만나게 해주었다][八佾 제24장]의 '見'으로 읽어야 한다. '見之'와 '過之'는 對句로서 문장을 이룬 것이다. '見之'는 그들이 공자를 만나 뵈는 것을 말하고, '過之'는 공자가 그들 앞을 지나가는 것을 말한다. 그래서 '見之'에 대해 말하기를, '자기보다 어릴지라도 반드시 자리에서 몸을 일으켰다'라고 했으니, 몸을 일으켰다면 앉아 있는 중임을 알 수 있고, 분명 공자는 앉아 있는 중이고, 그들이 와서 공자를 만나는 것이다. 앞 구절의 '子見……'의 '見'字 속에는 '그들이 공자를 만나다'와 '공자가 그들을 만나다'는 두 가지 뜻을 포함하고 있기 때문에, 뒤 구절에서 '見之'·'過之'로 앞 구절의 '見'字를 받은 것이다(此見字當讀如從者見之之見, 見之過之相對成文, 見之者謂其人見於夫子, 過之者謂夫子過其人之前也。故於見之曰, 雖少必作, 言作則坐可知。明是夫子方坐, 而其人來見也。上文曰, 子見齊衰者, 冕衣裳者與瞽者, 一見字之中, 含此兩義, 有其人見夫子, 有夫子見其人, 故以見之過之兩承之。);《論語譯注》"예로써 만날 경우에는"("相見的時候"); 見(견): 마주치다. 만나다. 접견하다(遇到, 碰见; 进见, 会见)。

5《論語義疏》本에는 '少' 다음에 '者'字가 있다.

선생님께서는 상복 입은 사람·관복 입은 사람·앞 못 보는 사람을 만났을
경우, (앉아 있다가) 그들이 오는 것을 보셨을 때는 비록 나이 어린 사람일지라도
반드시 자리에서 몸을 일으키셨고, (길을 가다가) 그들의 앞을 지나치실 때는
반드시 종종걸음을 하셨다.

齊[8], 音咨。衰[9], 七雷反。少[10], 去聲。○齊衰, 喪服。冕, 冠也。衣, 上服。裳, 下服。冕而衣裳,
貴者之盛服也。瞽, 無目者。作, 起也。趨, 疾行也。或曰:「少, 當作坐。[11]」

'齊'(자)는 음이 '咨'(자, zī)이다. '衰'(최, cuī)는 '七'(칠)과 '雷'(뢰)의 반절이다. '少'(소)는
거성[shào]이다. ○'齊衰'(자최)는 '상복'(喪服)이다. '冕'(면)은 '머리에 쓰는 관'(冠)이다.
'衣'(의)는 '상의'[上服]이고, '裳'(상)은 '하의'[下服]이다. '冕'(면)과 '衣裳'(의상)은 신분이
귀한 자가 차려입는 성장(盛裝)이다. '瞽'(고)는 '앞 못 보는 사람'[無目者]이다. '作'(작)은
'일어서다'[起]이다. '趨'(추)는 '종종걸음으로 걷다'[疾行]이다. 어떤 사람이 말하기를,
'少'(소)는 마땅히 '坐(좌)'로 써야 한다고 했다.

○范氏曰:「聖人之心, 哀有喪, 尊有爵, 矜不成人。其作與趨, 蓋有不期然而然[12]者。」尹氏
曰「此聖人之誠心, 內外一者也。」

○범씨(范氏·范淳夫)가 말했다. "성인의 마음은, 상을 당한 사람에게는 슬퍼하는 마음
을 표시하고, 벼슬이 있는 사람에게는 존대하는 마음을 표시하고, 몸이 성치 못한 사람

---

6 《史記·孔子世家》에는, '見齊衰瞽者, 雖童子必變。'으로 되어 있다. 作(작): 몸을 일으키다(起身).

7 趨(추): 예절의 일종으로 보폭을 좁게 해서 종종걸음으로 걷는 것으로, 상대방에 대한 공경을 표시한다
(古代的一种礼节, 小步快走, 表示恭敬。).

8 齊(제/재/자): [qí] 위가 가지런하다. 편파적이지 않다(上平。無偏頗。); [zhāi] 제를 지내기 전에 기욕을
끊고, 몸과 마음을 정결하게 하다. 재계하다. 致齊。=齋(祭祀前戒絶嗜欲、洁净身心, 以示虔诚。同「斋」。);
[zī] 옷의 아랫자락. 가장자리. 상복의 가장자리를 돌아가면서 꿰매다(衣服的下摆。謂將喪服下部的邊折
轉縫起來。).

9 衰(최/쇠): [cuī] 거친 삼베로 만든 가장자리를 꿰매지 않은 상복(用粗麻布做成的毛边丧服。); [shuāi]
감퇴하다. 쇠약해지다(減退, 由强盛而微弱。).

10 少(소): [shào] 나이가 어리다. 젊다. 나이 어린 사람. 보좌직(年幼的, 年轻的。年轻的人。代辅佐长官的
副职。次级的。); [shǎo] 많지 않다. 희소하다. 부족하다(不多。短缺, 不够。).

11 이 경우, '앉아 계시다가도 반드시 몸을 일으키셨다'로 풀이한다.

12 不期然而然(불기연이연): 생각지도 않았는데 뜻밖에도 이렇다(没有想到是这样而竟然是这样).

에게는 가엾은 마음을 표시한다. 선생님께서 자리에서 몸을 일으키시거나 종종걸음을 하시는 것은, 대개 그렇게 되기를 기약하지 않아도 그렇게 되는 것이다."

윤씨(尹氏 · 尹彦明)가 말했다. "이러한 성인의 정성을 다하는 마음은 안에 품고 있는 마음과 밖으로 표시되는 행실이 다르지 않고 같다."

[顏淵喟然歎章]

091001、顏淵喟然歎[1]曰:「仰之彌高[2], 鑽之彌堅[3]; 瞻之在前, 忽焉在後。[4]

안연(顏淵)이 깊이 한숨을 쉬고 탄식하면서 말했다. "(선생님의 도를 처음 배울 때는) 위로 고개를 들고 쳐다볼수록 더욱 높아 보였고, 아래로 구멍을 뚫고 들어갈수록 더욱 단단해 보였고, 쳐다볼 때는 앞에 있었는데 어느 틈엔가 뒤에 있었다.

喟[5], 苦位反。鑽, 祖官反。○喟, 歎聲。仰彌高, 不可及。鑽彌堅, 不可入。在前在後, 恍惚[6] 不可爲象。此顏淵深知夫子之道, 無窮盡, 無方體[7], 而歎之也。[8]

---

1 [성]喟然長歎(위연장탄): 감개해서 긴 한숨을 내쉬며 깊이 탄식하다(因感慨而深深地叹气。); 喟然(위연): 감탄·탄식하는 모양(感叹、叹息貌);《說文·口部》'喟'(위)는 '장탄식하다'이다(喟, 大息也。段玉裁注: 論語网云喟然歎曰, 謂大息而吟歎也。);《論語正義》안자가 성인의 도를 찬미한 것으로, 스스로 힘을 다 소진해가면서 배웠지만, 결국에는 미치지 못했기 때문에, 이런 찬탄을 한 것이다(正義曰: 顏子贊美聖道, 自以竭力學之, 終不可及, 故有此歎。).

2 [성]仰之彌高(앙지미고): 우러러보면 볼수록 더욱 숭고하다. 매우 우러러 사모한다는 뜻을 표시한다(愈仰望愈觉得其崇高。表示极其敬仰之意。);《論語譯注》之(지): 선생님의 도(老師之道);《論語新解》'之'字는 공자의 도를 가리키기도 하고, 공자 그 사람을 가리키기도 한다(之字指孔子之道, 亦指孔子其人。);《論語注疏》'彌'는 '益[더욱]이다(疏: 正義曰: 彌, 益也。);《北京虛詞》彌(미): 부사. 더욱더. 더할층. ~할수록 더욱~하다. 어떤 상황을 갖추고 있거나 어떤 상태에 접근하는 것을 표시한다('彌, 副词。表示越来越具有某种性状, 或接近某种状态。又即'更加'、'越来越'。).

3 [성]鑽堅仰高(찬견앙고): 공자의 도의 높고 깊고 단단하기가 끝이 없다. 힘써 깊이 파고들어 연구하여, 최고의 경지를 추구하다(意谓孔子之道高深坚实, 没有穷尽。后比喻努力钻研, 力求达到高水平。); 仰(앙): 머리를 들다. 고개를 들다['附'의 반대](本义: 抬头, 脸向上。); 鑽(찬): 구멍을 뚫다. 관통하다. 깊이 파고들다(穿孔。穿過。鑽研。); 堅(견): 단단하다. 굳다. 견실하다. 견고하다['脆'(취)의 반대](堅硬。結實。).

4 [성]瞻前忽後(첨전홀후): 쳐다볼 때는 앞에 있었는데 어느 틈에 뒤에 있다. 잡아보고 더듬어보고 해도 알 수 없다. 짐작하기 어렵다(形容难以捉摸。);《論語正義》'瞻之在前'은 '공자의 도가 보일 것 같다'라는 말이고, '忽焉在後'는 '결국에는 볼 수 없었다'는 말이다('瞻之在前', 謂夫子道若可見也; '忽焉在後', 謂終不可見也。); 瞻(첨): 먼 곳을 보다. 높은 곳을 보다. 우러르다(本义: 向远处或向高处看。); 忽焉(홀언): =忽然. 갑자기. 어느새(快速貌。);《論語詞典》焉(언): 소품사. 상태·태도를 표시하는 부사 뒤에 놓인다(小品词, 放在表态副词后。);《論語句法》'忽焉'은 접미사 '焉'이 붙어 소리를 길게 늘이는 복음사이다('忽焉'帶詞尾'焉'的衍聲複詞。).

5 喟(위): [kui] 크게 한숨을 쉬다. 탄식하는 모양(叹息, 叹气的样子。).

6 恍惚(황홀): 뚜렷이 보이지 않고 모호하니 흐릿한 모양. 정신이 혼란스러운 모양(＝恍忽。形貌模糊不清的样子; 神智迷乱不定的样子)。

'喟'(위, kuì)는 '苦'(고)와 '位'(위)의 반절이다. '鑽'(찬, zuān)은 '祖'(조)와 '官'(관)의 반절이다. ○'喟'(위)는 '탄식 소리'[歎聲]이다. '위로 고개를 들고 쳐다볼수록 더욱 높아 보였다'라는 것은, '거기에 도달할 수 없었다'라는 것이다. '아래로 구멍을 뚫고 들어갈수록 더욱 단단해 보였다'라는 것은 '거기에 들어갈 수 없었다'라는 것이다. '앞에 계셨는데 뒤에 계셨다'라는 것은 '황홀하여 형상할 수 없었다'는 것이다. 이 구절은 안연(顏淵)이 선생님의 도를 깊이 알고 보니, 끝남도 다함도 없고, 방향도 형체도 없어서, 이를 탄식한 것이다.

091002、夫子循循然善誘人[9], 博我以[10]文, 約[11]我以禮。[12]

---

7 《先進 제11장》 각주 《周易 · 繫辭上》 참조.

8 《論語大全》 '高' '堅'은 배우기 어렵다는 것을 말한 것이고, '前' '後'는 성인의 도가 붙잡히거나 더듬어지지 않는다는 것을 말한 것이다(朱子曰: 高堅, 是說難學。前後, 是說聖人之道捉摸不著。).

9 [성]循循善誘(순순선유): 사람을 차근차근히 인도하고 가르치는데 능하다. 가르치고 인도하는 데 일가견이 있다(循循: 有次序的样子; 善: 善于; 诱: 引导。謂善於有步驟地引導, 教育人。亦泛指教導有方。); 《論語義疏》 공자의 도가 비록 懸絶할지라도, 사람들로 하여금 바라고 따라오도록 이끄신다는 것이다. '循循'(순순)은 차례가 있는 모양이다. '誘'(유)는 '進'[나아가다]이다(疏: 又歎聖道雖懸, 而令人企慕也。循循, 次序貌。誘, 進也。); 《論語正義》 '博文' · '約禮'는 '善誘'의 방법이다. 먼저 '博文'하고 뒤에 '約禮'한 것이 '循循'으로, 안자가 고개를 들고 쳐다 본 곳이고, 구멍을 뚫고 들어간 곳이다(正義曰: 博文, 約禮, 即善誘之法。先博文, 後約禮, 所謂循循也, 顔子之所仰, 所鑽者也。); 《北京虛詞》 然(연): 형용사 · 부사 · 동사에 붙는 상태표시 접미사('然', 词缀。附于形容词、副词或动词之尾, 共同表示一种状态。).

10 《王力漢語》 '以+목적어'로써 도구 · 방식을 표시한다(介词。帶'以'字的介詞結構表示工具, 方式等。)

11 《王力字典》 約(약): 규제하다. 속박하다. 저지하다(約束, 阻止。).

12 《傳習錄 · 徐愛錄》 서애[1487~1517]가 물었다. "선생님[王陽明]께서는 博文을 約禮의 공부라고 하셨는데, 깊이 생각해도, 요점을 알지 못하겠습니다. 깨우쳐 주십시오." 선생님께서 말씀하셨다. "'禮'字는 곧 '理'字이다. 理가 드러나서 눈으로 볼 수 있는 것을 文이라 한다. 文이 숨어 눈에 보이지 않은 것을 理라 한다. 단지 똑같은 한가지일 뿐이다. 約禮는 단지 이 마음이 순일하게 한 개의 天理이고자 하는 것이다. 이 마음이 순일하게 한 개의 天理이고자 하면, 반드시 理가 드러나 보이는 곳으로 가서 공부해야 한다. 예컨대 理가 事親으로 드러났을 때는 事親으로 가서 이 天理를 보존할 것을 배우고, 事君으로 드러났을 때는 事君으로 가서 이 天理를 보존할 것을 배우고, 富貴 · 貧賤에 대한 처신으로 드러났을 때는 富貴 · 貧賤에 대한 처신으로 가서 이 천리를 배우고, 患難이나 夷狄의 나라에서의 처신으로 드러났을 때는 患難이나 夷狄의 나라에서의 처신으로 가서 이 천리를 보존할 것을 배운다. 움직이거나 가만 있거나 말하거나 침묵하거나 할 때에 관해서도, 그렇지 않은 게 없다. 理가 드러난 곳에 따라, 바로 거기로 가서 개개의 천리를 보존할 것을 배운다. 이것이 바로 文을 博學하는 것이고, 이것이 바로 約禮의 공부이다. 博文은 곧 惟精이고, 約禮는 곧 惟一이다"(愛問: '先生以博文爲約禮功夫。深思之未能得略。請開示'先生曰: '禮'字即是'理'字。理之發見可見者謂之文。文之隱微不可見者謂之理。只是一物。約

(그럼에도) 선생님께서는 (그리로) 차근차근히 잘 이끌어주셨으니, 나를 넓혀주시길 문(文)을 써서 하셨고, 나를 묶어주시길 예(禮)를 써서 하셨다.

循循, 有次序貌。誘, 引進也。博文約禮, 教之序也。言夫子道雖高妙, 而教人有序也。侯氏曰:「博我以文, 致知格物[13]也。約我以禮, 克己復禮[14]也。」程子曰:「此顏子稱聖人最切當[15]處, 聖人教人, 惟此二事而已。」

'循循'(순순)은 순서가 있는 모양이다. '誘'(유)는 '이끌고 나아가다'[引進]이다. '博文約禮'(박문약례)는 가르침의 순서이다. 말인즉, 선생님의 도는 비록 높고 오묘할지라도, 사람을 가르치는 데는 순서가 있다는 것이다.

후씨(侯氏·侯師聖)가 말했다. "'博我以文'(박아이문)은 치지격물(致知格物)이다. '約我以

禮只是要此心純是一個天理。要此心純是天理, 須就理之發見處用功。如發見於事親時, 就在事親上學存此天理。發見於事君時, 就在事看上學有此天理。發見於處富貴貧賤時, 就在處富貴貧賤上學存此天理。發見於處患難夷狄時, 就在處患難夷狄上學存此天理。至於作止語默, 無處不然。隨他發見處, 即就那上面學個存天理。這便是博學之於文, 便是約禮的功夫。博文即是惟精。約禮即是惟一。)《顏淵 제15장》참조.

13《大學》옛날에는, 하늘에서 받아 간직되어 있는 밝고 맑은 덕성을 천하에 환히 밝히고자 했던 자는, 먼저 그 나라를 잘 다스렸고, 그 나라를 잘 다스리고자 했던 자는, 먼저 그 집안을 가지런하게 했고, 그 집안을 가지런하게 하고자 했던 자는, 먼저 그 자신을 닦았고, 그 자신을 닦고자 했던 자는, 먼저 그 마음을 바르게 가졌고, 그 마음을 바르게 가지고자 했던 자는, 먼저 그 발동되는 뜻을 진실하게 했고, 그 발동되는 뜻을 진실하게 하고자 했던 자는, 먼저 그 지식을 속속들이 완전하게 했으니, 지식을 속속들이 완전하게 하는 것은, 하나하나 物에 의거하여 그 理를 궁구하는 데에 달려 있다(古之欲明明德於天下者, 先治其國; 欲治其國者, 先齊其家; 欲齊其家者, 先修其身; 欲修其身者, 先正其心; 欲正其心者, 先誠其意; 欲誠其意者, 先致其知, 致知在格物。);《大學章句·格物補傳章》經文에서 말한 바, '致知는 格物하는 데에 있다'는 것은, 나의 知(앎)를 속속들이 완전하게 하려면 구체적인 사물에 즉해서 그 理를 궁구하는 데 달려 있다는 말이다. 사람의 마음은 靈明해서 어느 누구라도 知(앎)를 간직하고 있지 않은 사람이란 없고, 천하의 모든 사물은 어느 것이라도 理를 간직하고 있지 않은 것이란 없지만, 다만 理에 관하여 아직 궁구하지 않았기 때문에 그 知(앎)가 미진한 상태로 남아 있는 것뿐이다(所謂致知在格物者, 言欲致吾之知, 在即物而窮其理也。蓋人心之靈莫不有知, 而天下之物莫不有理, 惟於理有未窮, 故其知有不盡也。是以大學始教, 必使學者即凡天下之物, 莫不因其已知之理而益窮之, 以求至乎其極。);《朱子全書(第23冊)·晦庵先生朱文公文集(卷54)·答康炳道》소위 '致知'라는 것은, 바로 사물상에 나아가서 본래의 도리를 깨우치고자 하는 것으로, 지금의 제도를 논의하고 권술을 계교하는 자들이 생각하는 공부와는, 판이하게 다릅니다(所謂致知者, 正是要就事物上見得本來道理, 即與今日討論制度、計較權術者意思功夫, 迥然不同。)(李紱 저/조남호 外 역,『주희의 후기철학』[소명출판, 2009], 255).

14《顏淵 제1장》참조.

15 切當(절당): 딱 들어맞다. 적절하고 합당하다(貼切恰當).

禮'(약아이례)는 극기복례(克己復禮)이다."

정자(程子·伊川)가 말했다. "이 구절은 안자(顏子)가 성인을 일컬어 말한 곳 중에 가장 적절하고 딱 들어맞게 표현한 곳으로, 성인께서 사람에게 가르치시는 것은, 오직 박문(博文)과 약례(約禮) 이 두 가지 일일 뿐이다."

091003、欲罷不能[16], 既竭吾才, 如有所立卓爾[17, 18]。雖欲從之, 末由也已[19]。」

16 [성]欲罷不能(욕파불능): 그만두려고 해도 그만둘 수 없다. 그만 정지하고 싶어 해도 정지할 수 없다(欲: 想: 罷: 停, 歇。要停止也不能停止。);《論語義疏》'罷'(파)는 '罷息'[그만 쉬다]와 같다(疏: 罷, 猶罷息也。); 罷(파): 정지하다. 멈추다. 그만두다(停止。).

17 《論語義疏》이는 다다를 수 없는 절대 경지로서 그에 알맞은 말이 없어 표현이 불가능한 곳을 밝힌 것이다(疏: 此明絕地不可得言之處也。);《論語正義》정현의 주에, '卓爾는, 絕望의 말이다'[經典釋文]라고 했다. '絕望'이란 시야에서 끊긴 것이다.《揚子法言·學行》에 말했다. "'안자는 공자가 아니라면, 천하를 얻는다고 해도 이를 즐거움으로 삼기에 부족했다.' '그렇다면 괴로움도 있었습니까?' '안자의 괴로움은 공자가 시야에서 끊긴 너무 높은 데 있다는 데 있었다.' 혹인이 놀라서 말하기를, '이 괴로워하는 바가, 바로 즐거워하는 바였군요!'라고 했다(正義曰: 鄭注云: "卓爾, 絕望之辭。" 絕望者, 言絕於瞻望也。此探下文"欲從"、"末由"爲義。《法言·學行篇》: "'顏不孔, 雖得天下, 不足以爲樂。' '然亦有苦乎?' 曰: 顏苦孔之卓之至也。' 或人瞿然曰: 茲苦也, 祇其所以爲樂者與!")。'卓爾'는 바로 공자의 도가 극히 정미하다는 말로, 결코 알 수 없고, 또렷하게 볼 수 없기 때문에, '如有'라는 말로써 형상화한 것이다. 黃侃·邢昺의 疏도 대략 같고, 문맥이 순하다.《揚子法言·學行》에, "안자의 괴로움은 '공자가 시야에서 끊긴 너무 높은 곳에 있다는 데 있었다'고 한 것은, 양자의 생각을 풀어낸 것으로, 역시 '卓爾'가 超絕을 칭하는 것으로 본 것이다. 集注에서 정자가 말한 '直是峻絕'을 인용했는데, 정자의 견해는 古注를 따르고 있다(是"卓爾", 乃言夫子之道極精微者, 不敢必知, 不可灼見, 故以"如有"形之。皇, 邢二疏略同, 于文爲順⋯⋯揚子法言學行篇曰: 顏苦孔之卓之至。' 繹揚子意, 亦以卓爾为殊絕之稱。注引程子曰: '直是峻絕。' 此本古注也。);《論語新解》卓爾는 깎아지른 절벽이라는 뜻이다. 이른바 '높은 산은 우러른다'는 것으로, 멀리서 바라볼 뿐 힘으로 갈 수가 없다는 것이다(卓尔, 峻绝义。所谓高山仰止, 望见之而力不能至。);《論語大全》이제는 확실하고 가깝게 와 닿을 정도로 볼 수 있으니, 여태까지처럼 손으로 잡아보거나 더듬어 볼 곳이 전혀 없는 것이 아니고, 높고 단단하고 앞에 있고 뒤에 있는 것에서 떨어져 별도로 우뚝한 것이 있는 것도 아니다(朱子曰: 今看得確定親切, 不似向來無捉摸處, 不是離高堅前後之外, 別有所謂卓爾者也。);《經傳釋詞》'爾'는 '然'[~한 모습]과 같다(爾, 猶'然'也。);《詞詮》爾(이): 형용사·부사에 붙는 어미('爾', 語末助詞。爲形容詞或副詞之語尾。)。

18 《論語集釋》武億[1745~1799]의《經讀考異》에 말했다. "근래 '如有所立卓爾' 여섯 자를 한 구로 이어 읽는데, 주자를 본받은 것이다. 集注는 '卓은 서 있는 모습이다. 이 구절은 안자가 자신의 배움의 경지를 스스로 말한 것이다'라고 했다. 하안의《論語集解》는 '그곳에 선 것이 있었으니, 더욱 우뚝하여 미칠 수 없었다'라고 했고, 황간의 소는 '공자께서 다시 또 창립하신 바가 있었으니, 더욱 우뚝하니 전혀 다른 것이었다'고 하여, '立'을 공자를 가리키는 것으로 보았으니, '立'字에서 끊어 읽고, '卓爾'를 또 끊어 읽었다"(經讀考異: 近讀連六字爲句, 本朱子。集注云:「卓, 立貌。此顏子自言其學之所至也。」據何氏

(배움에 대한 깊은 희열로) 그만 멈추고 싶어도 그만 멈출 수 없어, 나의 재능이 이미 다 소진되고 나니, (그제야) 무언가 서 있는 것이 더욱 또렷한 모습이었다. (그렇지만) 비록 뒤따르고자 했지만, (더는) 뒤따를 방법이 없었다."

卓, 立貌. 末, 無也. 此顏子自言其學之所至也. 蓋悅之深而力之盡, 所見益親, 而又無所用其力也. 吳氏曰:「所謂卓爾, 亦在乎日用行事之間, 非所謂窈冥昏默[20]者.」

'卓'(탁)은, 서 있는 모습이다. '末'(말)은, '없다'[無]이다. 이 구절은 안자(顏子)가 자신의 배움의 경지를 스스로 말한 것이다. (그 말뜻은) 대체로 (그만 멈추고 싶어도 멈출 수 없을 만큼) 깊은 희열을 느껴 힘을 다 소진하고 나니, 보이는 것이 더욱 또렷하게 보이긴 했지만, 이제 더는 자기의 힘을 어디 써볼 데가 없었다는 것이다.

오씨(吳氏·吳棫)가 말했다. "이른바 '卓爾'(탁이)란, 단지 일상사를 행하는 가운데 있는 것이지, 이른바 '아득히 깊고 멀고 텅 비어 있고 고요한 것'[窈冥昏默]은 아니다."

集解:「其有所立, 則又卓然不可及.」 疏:「其夫子更有所創立, 則又卓然絶異.」 以立指夫子, 是「立」字斷句, 「卓爾」又爲句.). 黃式三[1789~1862]의《論語後案》에 말했다. "'如有所立卓爾'를, 요즘 학자들은 集注가 '所見益親'이라고 한 것으로 인해, 드디어 '卓'을 빌려 '焯'(작)[또렷하다]을 말한 것이고, '卓爾'는 '灼見'[또렷하게 보이다]이라고 했다. 古注가 '所立卓爾' 네 글자를 이어서 읽는 것에 따르면, '卓然獨立'이라는 말과 같다. '如'는 轉語詞로 '而'이고, '若'이다. '卓爾'는 높은 모습이다. 정현의 주에 '絶望之詞'라고 했는데, '내가 박문약례에 이미 힘을 다 써버렸는데, 성인의 도는 卓然獨立한 것 같아 여전히 따르고 싶어도 따른 길이 없었다'는 말이다"(黃氏後案: 如有所立卓爾, 近儒因注云所見益親, 遂謂借「卓」爲「焯」, 卓爾者, 灼見之詞.).(依古注「所立卓爾」四字連讀, 猶言卓然獨立也. 如者, 轉語詞, 而也, 若也. 卓爾, 高貌. 鄭君注以爲絶望之詞, 言我既竭力於博約矣, 若聖道之卓然獨立者, 猶欲從末由也.).

19 《論語義疏》'末'은 '無'[없다]이다["선생님께서 서 계신 곳에 다가갈 방법이 없다"](疏: 末, 無也. 言……無由可及也.);《古書虛字》'末'은 '無'이다('末', '無'也.);《論語譯注》"어디서부터 손을 대야 할지 모르겠다"("不知怎樣着手了.");《論語新解》이른바 '마치 하늘이 사다리를 타고 오를 수 없는 것과 같다'[子張 제25장]라는 말이다(所謂犹天之不可阶而升.);《論孟虛字》'由'는 윗 구절의 '從'과 상응한다. '末由'는 '無從' '無緣'과 같다["비록 선생님을 좇고자 해도, 좇아갈 방법[우뚝 서 있는 곳까지 미칠 방법]이 없다"]('末'猶'無', 爲前附助動詞. '由'與上句的'從'字相應. '末由', 猶言'無從'或'無緣'. 是說, '我雖想追從他, 卻也無從追得上[雖欲追從夫子, 無緣能及夫子之所立].').

20 《莊子·外篇·在宥》지극한 도의 정수는, 아득히 깊어 까마득하고 아득히 멀어 망망하고, 지극한 도의 극치는, 텅 비어 있어 볼 수가 없고 말없이 고요하여 들을 수가 없다(至道之精, 窈窈冥冥; 至道之極, 昏昏默默.); 窈冥(요명): 아득히 깊고 멀어 막막한 모양. 멀고 공허하다(深远渺茫貌. 遥空; 极远处.); 昏默(혼묵): 텅 비어 있고 고요하여 알 수 없는 모양(形容虚无寂静, 不可測知.).

程子曰:「到此地位, 功夫尤難, 直[21]是峻絕, 又大段[22]著力不得[23]。」楊氏曰:「自可欲之謂善[24], 充而至於大, 力行之積也。大而化之, 則非力行所及矣, 此顏子所以未達一閒也。[25]」

정자(程子·?)가 말했다. "이러한 경지에 이르면, 공부가 더욱 어려워, 그야말로 깎아지른 절벽이어서, 더는 충분히 힘을 착 붙일 수가 없다."

양씨(楊氏·楊中立)가 말했다. "사람들이 바랄만한 것인 선(善)의 단계부터, 선(善)이 충만히 쌓인 미(美)의 단계, 선(善)이 충만히 쌓여 빛나는 대(大)의 단계에 이르는 것까지는 역행(力行)이 쌓인 결과이다. 크게 변화시키는 성(聖)의 경지로 넘어가는 단계는 역행(力行)으로 미칠 수 있는 단계가 아닌데, 이것이 안자(顏子)가 성인의 단계에서 한 칸 미달한 까닭이다."

○程子曰:「此顏子所以爲深知孔子而善學之者也。」

○정자(程子·伊川)가 말했다. "이것이 안자(顏子)가 공자(孔子)를 깊이 알고 잘 배운 자라고 여겨지는 까닭이다."

胡氏曰:「無上事而喟然歎, 此顏子學既有得, 故述其先難之故, 後得之由[26], 而歸功於聖人也。高堅前後, 語道體也[27]。仰鑽瞻忽, 未領[28]其要也。惟夫子循循善誘, 先博我以文,

---

21 直(직): 그야말로. 말 그대로. 동작이나 행위에 대한 강조를 나타낸다(简直).

22 大段(대단): 대략. 대체로. 충분히(犹大略, 大体。犹言十分。).

23 《論語大全》안자는 여기에 도달해서는 더 이상 힘을 쓰려고 해도 그 힘을 갖다 붙일 곳이 없음을 자각했다. 성인이기 때문에, 힘들이지 않아도 일은 이치에 들어맞고, 골똘히 생각하지 않아도 말은 합당하지만, 현자의 경우는 힘들이지 않으려고 하고 생각하지 않으려고 하면, 이것이 바로 생각을 하는 것이고 힘을 들이는 것이다. 이것이 '충분히 힘을 착 붙일 수 없는'(大段著力不得) 까닭이다(朱子曰: 顏子到這裏, 自覺得要著力而無所容其力。緣聖人不勉而中, 不思而得, 賢者若要著力不勉不思, 便是思勉了。所以大段著力不得。).

24 《述而 제33장》 각주 《孟子·盡心下 제25장》 참조.

25 《揚子法言·問神》揚子가 (神에 대해) 답했다. "옛날에 중니는 문왕에게 마음이 푹 빠져서, 성인의 경지에 도달했지만, 안연은 중니에게 마음이 푹 빠져서, 성인의 단계에서 한 칸 미달했을 뿐이다. 神은 마음이 푹 빠져 있는 그 가운데 있을 뿐이다"(曰: 昔乎, 仲尼潛心於文王矣, 達之; 顏淵亦潛心於仲尼矣, 未達一間耳。神在所潛而已矣。).

26 《論語大全》'先難'은 제1절의 '仰·鑽·瞻·忽'을 가리키고, '後得'은 제3절의 '如有所立卓爾'을 가리키고, '由'는 제2절의 '善誘·博·約'을 가리킨다(新安陳氏曰: 先難, 指仰鑽瞻忽; 後得, 指如有所立卓爾; 由字, 指善誘博約。).

使我知古今, 達事變²⁹; 然後約我以禮, 使我尊所聞, 行所知。如行者之赴³⁰家, 食者之求飽, 是以欲罷而不能, 盡心盡力, 不少休廢。然後見夫子所立之卓然, 雖欲從之, 末由也已³¹。是蓋不急所從, 必欲至乎卓立之地也。抑³²斯歎也, 其在請事斯語³³之後, 三月不違之時³⁴乎?」³⁵

호씨(胡氏·胡寅)가 말했다. "지난 일의 내력에 대한 언급이 없이 곧바로 '喟然歎(위연탄)'이라는 말로 시작했는데, 이는 안자(顏子)가 배워서 얻은 것이 이미 있다는 것으로, 그래서 처음 절에서는 배움이 어려웠던 까닭을 술회하고, 다음 절에서는 배움을 얻게 된 유래를 술회하여, 성인께 공을 돌린 것이다. '高(고)·堅(견)·前(전)·後(후)는 도의 본체를 말한 것이다. '仰(앙)·鑽(찬)·瞻(첨)·忽(홀)은 도의 요체를 이해하지 못한 것이다. 오직 선생님만이 차근차근히 잘 이끄시어, 처음에는 문(文)으로써 나를 넓혀주셨으니,

---

27 《論語集釋》王恕[1416~1508]의《石渠意見》에 말했다. "안자가 공자의 박문약례의 가르침을 이해하여, 얻은 것이 있고 난 뒤에, 성인의 가르침을 이해하지 못했을 때를 술회하여, 성인의 도가 높다고 한 것이다. '仰之彌高'해서 볼 수 없었고, '鑽之彌堅'해서 들어갈 수 없었고, '瞻之在前 忽焉在後'는, 대개 자기가 주견이 없었다는 말이지, (集注의 胡寅의 말처럼) 성인의 도에 高·堅·前·後가 있다는 것이 아니다"(石渠意見: 顏子領夫子博約之敎, 有得之後, 追述在前未領聖敎之時, 以聖道爲高也。仰之則彌高, 而不可見。鑽之則彌堅, 而不可入。瞻之若在前, 忽焉若在後, 蓋言己無定見, 非聖道之有高堅前後也。).

28 領(령): 이해하다. 깨닫다(理解, 懂得。).

29 事變(사변): 중대한 정치·군사적 사건. 사람의 힘으로 피할 수 없는 천재나 그 밖의 변고(突然发生的重大政治、军事性事件。).

30 赴(부): (위험한 곳으로) 달려가다. 서둘러 가다(奔向, 奔赴。多指奔向危险的地方。).

31 末由也已(말유야이): 따라갈 방법이 없다. 따를만한 규칙이 없다(无方可遵, 无章可循。).

32 抑(억): 아마. 어쩌면(表示推測, 可译为'或许'、'也许'。).

33 《顏淵 제1장》 참조.

34 《雍也 제5장》 참조.

35 《論語大全》 이 장은 안자가 처음에 성인의 도의 無窮無盡함과 無方無體함을 보았을 때는, 단지 따르지 못할 뿐만이 아니고, 아직 그 도를 분명하게 보지도 못했었는데, 공자께서 文으로 넓혀주고 禮로 단속해 줌에 이르러, 知와 行의 공력이 더욱 깊어지자, 비로소 성인의 도의 우뚝하니 서 있는 모습을 보게 되었고, 분명하게 그 모습을 보게 되었다. 처음의 仰鑽瞻忽의 모습과는 크게 달랐다. 다만 비록 그것이 우뚝하다는 것을 보았을지라도, 여전히 아직은 나아가 그 우뚝한 것을 쫓아갈 수 없었다. 비록 따라가려고 힘을 쓰려고 해도 또한 힘을 쓸 곳이 없었던 것이다. 하늘이 몇 년을 빌려주었다면, 勉行의 단계에서 安行의 단계로, 大의 단계에서 化의 경지로 나아갔고, 성인의 경지를 본 것으로 끝나는 것이 아니고, 성인의 경지로 나아가 도달했을 것이다(新安陳氏曰: 此章顏子初見聖道之無窮盡, 無方體, 非特不能從之, 亦未的於見之也。及夫子博以文約以禮, 知行功深, 方見聖道之卓然有立, 的於見之, 與初之仰鑽瞻忽, 大不同矣。但雖見其卓爾者, 猶未能進而從其卓爾者。雖欲用力, 又無所容力也。使天假之年, 則由勉而安, 由大而化, 不特見到聖人地步, 亦進到聖人地步矣。).

나로 하여금 고금(古今)의 일들을 알게 하셨고, 사변(事變)들을 통달하게 하셨고, 그런 다음에는 예(禮)로써 나를 묶어주셨으니, 나로 하여금 들은 것을 높이 받들게 하셨고, 아는 것을 행하게 하셨다. 마치 집을 떠나 있는 자가 집을 향해 달려가는 것 같고, 밥을 먹는 자가 배부르기를 구걸하는 것 같아서, 이 때문에 그만 멈추고 싶어도 그만 멈출 수 없었으니, 마음을 다하고 힘을 다하기를, 조금도 쉬거나 그만두지 않았다. 그제야 선생님께서 서 계신 우뚝한 모습을 보고는, 비록 뒤따르고자 했지만, 더는 뒤따를 방법이 없었던 것이다. 이는 대개 뒤따르기를 게을리하지 않고, 반드시 우뚝하니 서 계신 선생님의 경지에 이르기를 추구한 것이다. 아마도 안자(顏子)가 이 탄식의 말을 할 때는, 그가 '바라건대 이 말씀을 일삼겠습니다'라는 말을 한 뒤거나, '3개월을 인(仁)에서 떠나지 않았던' 때였을 것이다."

[子疾病章]

091101. 子疾病[1], 子路使門人爲臣。[2]

　　　선생님께서 병이 위독하시자, 자로(子路)가 문인들로 하여금 장례를 치를 가신 노릇을 하게 했다.

夫子時已去位, 無家臣[3]。子路欲以家臣治其喪, 其意實尊聖人, 而未知所以尊也。

선생님께서는 이때 이미 벼슬을 떠나 있어서, 가신이 없었다. 자로(子路)가 가신을 써서 선생님의 상(喪)을 치르려고 한 것인데, 그 의도가 실상은 성인을 높이려는 것이었지만, 높이는 방법을 알지 못한 것이다.

091102. 病間[4], 曰:「久矣哉[5]! 由之行詐[6]也, 無臣而爲[7]有臣。吾誰欺[8]? 欺天乎?

---

1 《論語集解》疾이 심한 것이 '病'이다(注: 苞氏曰: 疾甚曰病也。);《說文·广部》'疾'(질)은 '病'이다. [段玉裁注] 따로따로 말하면 '病'은 '疾'이 심한 것이고, 묶어서 말하면 '疾'도 '病'이다(疾, 病也。从广矢聲; 段玉裁注: 析言之則病爲疾加, 渾言之則疾亦病也。); 疾病(질병): 위독하다(病重).

2 《論語譯注》고대에는 임금의 죽음에만 '臣'[초상을 치르는 사람]를 둘 수 있었다. 그런데 공자 당시에는, 아마도 수많은 경·대부들도 신분에 맞지 않게 이 예를 행하고 있었던 것 같다. 오늘날과 달리 장례를 치르는 조직은 사람이 죽은 후에야 비로소 구성이 되고, 그제야 일이 시작된다는 것이다. '臣'은 그렇지 않아서 죽기 전에라도 일을 시작했는데, 死者의 수의·침구·수족의 준비 및 수염을 다듬는 일 등이 모두 '臣'에 의해 처리되었다. 그래서 공자가 여기에서 '死於臣之手'란 말을 한 것이다(古代, 諸侯之死才能有'臣'; 孔子當時, 可能有許多卿大夫也'僭'行此禮。不同之處是治喪處人死以後才組織, 才開始工作。'臣'卻不然, 死前便工作, 死者的衣衾手足的安排以及靧須諸事都由'臣'去處理。所以孔子這裏也說'死於臣之手'的話);《論語詞典》臣(신): 초상을 치르는 사람(治喪之人。); 臣(신): 눈이 수직으로 땅을 내려다보는 형상[⿱]으로, 머리를 숙일 때 눈은 수직으로 서 있는 위치에 있는데, 바로 머리를 숙여 굴종하는 의미를 표시한다. 남성노예(象一只竪立的眼睛形。人在低头时, 眼睛即處于竪立的位置, 字形正表示了俯首屈從之意。本义: 男性奴隶。).

3 《禮記·王制》대부가 그가 맡은 직분을 제대로 수행하지 못하고 그만두면, 종신토록 다시 벼슬을 하지 않고, 죽어서는 士의 禮를 따라 장례를 치른다(大夫廢其事, 終身不仕, 死以士禮葬之。);《論語大全》대부는 늙어서 벼슬을 그만둔 후에는 대부의 반열에 참가할 수 있다. 가신이 없는 것은 봉록이 없기 때문이다(胡氏曰: 大夫老而致仕後得從其列。無家臣者, 無祿故也。).

4 《論語集解》병이 조금 차도가 있는 것을 '間'(한)[병과 병 사이]이라 한다(注: 孔安國曰: 病少差曰間也。); 病間(병한): 병세가 이제 막 좋아지다. 차도가 있다. 호전되다(病初愈).

병세에 조금 차도가 있으시자, 말씀하셨다. "오래되었구나! 자로(子路)가 거짓을 꾸몄으니, 가신이 없는데도 가신이 있는 것으로 꾸몄다. 내가 누구를 속인 것이냐? 하늘을 속인 것이냐?

閒[9], 如字。○病閒, 少差也。病時不知, 既差乃知其事, 故言我之不當有家臣, 人皆知之, 不可欺也。而爲有臣, 則是欺天而已。人而欺天, 莫大[10]之罪。引以自歸[11], 其責子路深矣。[12]

'閒'(한)은 본래 음[xián]대로 읽는다. ○病閒'(병한)은 '병세가 조금 차도가 있다'[少差]이다. 병세가 심할 때는 알지 못하시다가, 차도가 있고 나서야 그 일을 아셨기 때문에, 말씀하시기를, '내가 가신을 두는 것이 당치 않다는 것은, 사람들이 모두 알고 있는 것으로, 속여서는 안 된다. 그런데도 가신이 있는 것으로 거짓 꾸몄으니, 곧 이는 하늘

---

5 《文言語法》이 문장의 정상적인 표현은 '由之行詐久矣'인데, 이를 '久矣, 由之行詐也'로 도치시켜 어기를 강조했고, 또 '哉'를 붙여 어기를 더욱 강조했다(这句的正常说法是'由之行詐久矣'; 倒装一下, '久矣, 由之行詐也', 便加重了语气; 又加一'哉'字, 语气更重了。)。《北京虛詞》矣哉(의재): 두 어기사 연용으로 감탄문의 끝에 쓰여 감탄의 어기를 표시한다('矣哉', 语气词连用。用于感叹句末, 表示感叹语气。又即'啊'、'呀'。)。

6 行詐(행사): 남을 속이는 못된 짓을 하다(做欺诈的坏事)。

7 《論語正義》'爲'는 '僞'이다["가신이 없는데도 가신이 있는 것으로 꾸미다"](正義曰: '爲'即是僞, 謂無臣而僞有臣也。)。《論孟虛字》꾸미다. 위장하다('爲', 猶'僞'。即僞裝之意。)。

8 《古漢語語法》의문문에서 목적어가 의문대사인 경우에는 모두 동사나 개사 앞에 가서 놓인다. '敢' '能' 등과 같은 조동사가 있는 경우에는, '의문대사+조동사+동사' 형식을 쓴다(在疑问句中, 如果宾语是疑问代词('谁、何、安、奚、孰、焉、曷、恶……'等), 一般都位于动词或介词前边。若出现助动词如'敢'、'能'等, 格式: '疑问代词+助动词+动词'。)。《文言語法》'誰'(수)의 일반적인 용법은 사람을 가리키는 대명사로, 타동사의 목적어일 경우 타동사 앞으로 도치된다('誰', 一般的用法是代人的代名词, 作及物动词的宾语时常倒裝在动词之前。)。

9 閒(간/한): [jiàn] =間. 갈라진 틈. 간격. 이간시키다. 섞이다. 비난하다. 헐뜯다. 끼어들다(亦作「間」。空隙。縫隙。間隔。離間。間雜。非難。毁謗。参与。); [xián] =閑. 목책. 한가하다. 병이 호전되다(亦作「閑」。栅栏、木栏。空暇、不忙迫。与"忙"相对。痊愈。)。

10 莫大(막대): 이보다 더 큰 게 없다(最大, 没有比这更大。)。

11 內閣本에는 '歸'가 '咎'로 되어 있다: 咎(구): 과실. 죄과(过失、罪过)。

12 《論語大全》'久矣哉'는 가신을 둔 그 일 한 가지만을 가리킨 말씀이 아니고, 이전부터 行詐를 했다는 것을 가리켜서 하신 말씀이다. 자로는 잠시 도리를 따르지 않았던 것인데, 본심 또한 그것이 거짓을 꾸미는 짓임을 알지 못했다. 그렇지만 자로는 평소에도 늘 모르는 그것을 안다고 억지를 부렸는데[爲政 제17장], 단지 한 오라기 털만큼이라도 진실하지 아니하면, 곧 거짓인 것이다(朱子曰: 久矣哉, 不特指那一事, 是指從來而言。子路一時不循道理, 本心亦不知其爲詐。然子路平日, 强其所不知以爲知, 只有一毫不誠, 便是詐也。)。

을 속인 것일 뿐이다'라고 하신 것이다. 사람으로서 하늘을 속이는 것은 막대한 죄이다. 하늘을 속인 죄를 끌어다가 자기에게 책임을 돌리셨으니, 선생님께서 자로(子路)를 꾸짖으신 정도가 심했던 것이다.

091103. 且[13]予與其[14]死於臣之手也, 無寧[15]死於二三子之手乎?[16] 且予縱[17]不得大葬[18], 予死於道路乎?[19, 20]」

---

13 《論孟虛字》'且'(차)는 '而且'[게다가] '並且'[또한]와 같다. 복문에 쓰여, 뜻이 점차 증가함을 표시한다 ('且', 猶'而且'或並且'。用在複句裡, 表示文義的遞進關係。).

14 與其(여기): ~하기 보다는. 두 건의 일의 이해득실을 비교하여 취사를 결정할 때 버리는 쪽을 표시하며, 뒤 절에는 선택을 나타내는 접속사 '寧' '不如' '不若' 등을 함께 써서 '차라리~하겠다' '~하느니만 못하다'로 풀이한다(在比較兩件事的利害得失而決定取舍時, 表示放弃或不赞成的一面。).

15 《論語集解》'無寧'은 '寧'이다(注: 馬融曰: 無寧, 寧也。);《助字辨略》'寧'은 결단적인 말인 반면, '無寧'은 확정을 짓지 못한 말로, '何如[어찌~만 못하겠는가?]와 뜻이 비슷하다. '차라리 낫지 않을까?'(寧, 決辭。無寧, 不定之義, 與何如相近也。);《古書虛字》'無寧'은 '不寧'과 같다. 차라리~만 못하다('無寧'猶'不寧'也。);《論語譯注》'無'는 발어사로 뜻이 없다('無寧', '無'爲發語詞, 無義。).

16 《禮記‧喪大記》병이 위독해지면, 안과 밖을 청소하고, 임금과 대부의 경우는 매달아 놓은 악기를 떼어내고, 선비의 경우는 금슬을 치워 소리가 나지 않게 한다. 동쪽으로 머리를 두르게 하고 북쪽 창 아래에 눕힌다. 침상을 치우고, 입던 옷을 벗기고 새 옷으로 갈아입히고, 네 사람이 수족을 하나씩 붙잡는다. 남녀 모두 옷을 갈아입힌다. 솜을 뜯어 코와 입에 대보고 숨이 끊긴 지를 살핀다. 남자는 부인의 품에서 죽음을 맞이하지 않고, 여자는 남자의 품에서 죽음을 맞이하지 않는다(疾病, 外內皆掃。君大夫徹縣, 士去琴瑟。寢東首於北牖下。廢床。徹褻衣, 加新衣, 體一人。男女改服。屬纊以俟絕氣。男子不死於婦人之手, 婦人不死於男子之手。);《古今注》禮에, 네 사람의 가신이 운명하는 자의 네 수족을 부축하고, 이어서 고운 솜을 뜯어 코와 입에 대보고 숨이 끊긴 지를 살폈기 때문에, '가신의 손에서 죽는다'고 했다(禮, 四人扶體, 因以屬纊, 故曰死於臣之手。).

17 《助字辨略》'縱'(종)은 가설하는 말로, '即'[설령~일지라도]과 같다(縱, 設辭, 猶云即也。);《詞詮》양보접속사. 설령~일지라도('縱', 推拓連詞。即也。今云"縱令"即令'。);《文言語法》윗 절에 '縱'字를 쓰는 것이, 양보의 뜻이 더 무겁고, 그래서 아래 절은 의문문 형식으로 표현하는 경우가 많다(上句用连词'縱'字的, 让步之意更重, 因之下分句以问句形式表現的多。);《古漢語語法》종속절에 '縱'을 쓰고, 주절은 왕왕 반어문 형식으로 표현된다(偏句用'縱', 正分句往往以反問句形式表現。).

18 大葬(대장): 봉건제도의 예식에 따라 거행하는 성대하고 장중한 장례. 대부의 예를 갖추어 치르는 장례(按封建礼制举行的隆重葬礼; 謂用大夫禮葬也。).

19 《論語集解》설령 내가 군신의 예를 갖춘 장례를 받지 못할지언정, 너희들이 있는데, 내가 어찌 길거리에 내다 버려질까를 걱정하겠느냐?(注: 馬融曰: 就使我不得以君臣之禮葬, 有二三子在, 我寧當憂棄於道路乎?).

20 《論語正義》宋翔鳳[1779~1860]의 《鄭注輯本》에 말했다. "생각건대, 이는 공자께서 노나라로 돌아오기 전의 일로, 그래서 '死於道路'라는 말씀이 있었을 것이다." 생각건대, 이는 노나라가 예를 갖춰 공자를 불렀을 때의 일로, 공자께서 노나라로 돌아가려고, 길을 가는 도중에 병을 얻으신 것으로 생각된다. '大葬'은 노나라가 다시 자기를 기용하면, 대부의 예를 갖춰 장례를 치를 것임을 말한다. 공자께서

게다가 내가 가신들 손에서 죽음을 맞이하는 것보다는 차라리 너희들 손에서 죽음을 맞이하는 편이 낫지 않겠느냐? 또 내가 설령 성대한 장례는 누리지 못할지언정, 내가 죽어서 길거리에 버려지기야 하겠느냐?"

無寧, 寧也。大葬, 謂君臣禮葬。死於道路, 謂棄而不葬。又曉之以不必然之故。

'無寧'(무녕)은 '차라리'[寧]이다. '大葬'(대장)은 군신의 예(禮)를 갖추어 치르는 장례를 말한다. '죽어서 길거리에 버려진다'는 것은, 주검을 내다 버리고 장례를 치르지 않는 것을 말한다. 또 꼭 그렇게 가신이 있는 것으로 거짓 꾸미지 않아도 될 이유를 들어 자로(子路)를 깨우치신 것이다.

○ 范氏曰:「曾子將死, 起而易簀[21]。曰[22]:『吾得正而斃焉, 斯已矣。』子路欲尊夫子, 而不知無臣之不可爲有臣, 是以陷於行詐, 罪至欺天。君子之於言動, 雖微不可不謹。夫子深懲[23]子路, 所以警學者也。」

말씀하시기를 자기가 비록 다시 기용되지 않아, (죽을 경우) 大葬의 예를 쓰지 않을지라도, 노나라로 돌아가게 될 것이니, 길에서 죽게 되지는 않을 것이라고 하신 것이다(正義曰: 宋氏翔鳳《鄭注輯本》云: "按此爲孔子未反魯事, 故有'死於道路'之語。" 今案: 此當是魯以幣召孔子, 孔子將反魯, 適於道路中得疾也。 "大葬", 謂魯復用己, 以大夫禮葬也。夫子言己雖未必見用, 以禮大葬, 亦當得歸魯, 不至死於道路。).

21 易簀(역책): 눕는 자리를 바꾸다. 사람이 죽음에 임박했음을 가리킨다((更換床席, 指人將死。簀, 华美的竹席。).

22 《禮記·檀弓上》증자가 와병 중이었는데, 병세가 위독했다. 악정자춘은 침상 밑에 앉아 있었고, 증원과 증신은 발치에 앉아 있었고, 어린아이는 방 모퉁이에 앉아서 촛대를 잡고 있었다. 아이가 말하기를, '화려하고 눈에 확 띄는 것이, 대부의 침상이네요?'라고 하자, 악정자춘이 말하기를, '그치거라!'라고 했는데, 증자가 그 말을 듣고는, 놀라서 '아!' 하고 탄식했다. 아이가 말하기를, '화려하고 눈에 확 띄는 것이, 대부의 침상이네요?' 하자, 증자가 말했다. "그래, 이것은 계손이 선물한 것인데, 내가 아직 바꾸지 못했구나. 원아, 나를 일으켜 침상을 바꾸어다오"(曾子寢疾, 病。樂正子春坐於床下, 曾元, 曾申坐於足, 童子隅坐而執燭。童子曰: '華而睆, 大夫之簀與?' 子春曰: '止!' 曾子聞之, 瞿然曰: '呼!' 曰: '華而睆, 大夫之簀與?' 曾子曰: '然, 斯季孫之賜也, 我未之能易也。元, 起易簀。'). 증원이 말했다. "아버님의 병세가 위급하여 바꿀 수 없습니다. 다행히도 내일 아침이 되면 바꿀 수 있을 것이오니, 그때 바꾸시길 청하나이다." 증자가 말하기를, '너의 나에 대한 사랑이 저 아이만도 못하다. 군자의 사람 사랑은 덕을 써서 하지만, 소인의 사람 사랑은 당장 편한 대로 한다. 내가 무엇을 구하겠느냐? 나로서는 바른 죽음을 맞이할 수 있으면 그만이다'라고 하고는, 몸을 부축을 받아 일어나 침상을 바꾸었다. 침상을 바꾸고 아직 편안히 눕지도 못했는데 죽었다(曾元曰: '夫子之病帮矣, 不可以變, 幸而至於旦, 請敬易之。' 曾子曰: '爾之愛我也不如彼。君子之愛人也以德, 細人之愛人也以姑息。吾何求哉? 吾得正而斃焉斯已矣。' 擧扶而易之。反席未安而沒。): 簀(책): 대자리. 침상(竹席。没铺竹席的床。泛指床。).

23 懲(징): 경계하다. 훈계하다. 혼내다(警戒; 鉴戒。).

○범씨(范氏·范淳夫)가 말했다. "증자(曾子)가 죽음을 맞이할 즈음에 이르러서도, 몸을 일으켜 누워있던 침상을 바꾸었다. (그리고) 말하기를, '나로서는 바른 죽음을 맞이할 수 있으면, 그만이다'라고 했다. 자로(子路)는 선생님을 높이려고 했지만, 가신이 없는 사람이 가신이 있는 것으로 거짓을 꾸며서는 안 된다는 것을 알지 못했고, 이 때문에 거짓을 꾸미는 데 빠졌으니, 죄가 하늘을 속이는 지경까지 이르렀다. 군자는 말과 행동에 있어, 비록 하찮은 것일지라도 조심하지 않으면 안 된다. 선생님께서 자로(子路)를 심하게 나무라신 것은, 이를 써서 배우는 자들을 깨우치려는 것이다."

楊氏曰:「非知至而意誠²⁴, 則用智自私²⁵, 不知行其所無事²⁶, 往往自陷於行詐欺天而莫之知也。其子路之謂乎?」

양씨(楊氏·楊中立)가 말했다. "앎이 완전하지 않고 뜻이 진실되지 않으면, 잔꾀를 부리고 사사로운 것을 꾀하고, (맹자가 말한) '行其所無事'[행기소무사]가 무슨 뜻인지도 모르고, 왕왕 스스로 거짓을 꾸며 하늘을 속이는 데 빠지면서도 그런 줄조차 모르는데, 아마 자로(子路)를 두고 하는 말일는지?"

---

24 《大學》物에 다가가 物理를 궁구한 후에야 지식이 완전하게 되고, 지식이 완전하게 되고 난 후에야 발동되는 뜻이 진실하게 되고, 발동되는 뜻이 진실하게 되고 난 후에야 마음이 바르게 되고, 마음이 바르게 되고 난 후에야 자신이 닦아지게 되고, 자신이 닦아지고 난 후에야 집안이 가지런하게 되고, 집안이 가지런하게 되고 난 후에야 나라가 잘 다스려지게 되고, 나라가 잘 다스려지게 되고 난 후에야 천하가 태평하게 되는 것이다(物格而后知至, 知至而后意誠, 意誠而后心正, 心正而后身脩, 身脩而后家齊, 家齊而后國治, 國治而后天下平.).

25 《近思錄·爲學類》[答橫渠先生定性書] 사람의 情[喜·怒·哀·懼·愛·惡·欲]은 각기 가려진 바가 있기 때문에, 도에 부합하지 못하는데, 대체로 병폐가 사사로움을 꾀하고 잔머리를 굴린다는 데 있다. 사사로움을 꾀하는 경우는, 有爲가 본심에 부응하는 것임을 인식하지 못하고, 잔머리를 굴리는 경우는, 明覺이 자연스레 드러나는 것임을 깨닫지 못한다(明道先生曰: 人之情, 各有所蔽, 故不能適道, 大率患在於自私而用智. 自私則不能以有爲爲應迹, 用智則不能以明覺爲自然.); 用智(용지): 잔머리를 굴리다(要小聰明); 自私(자사): 자기를 위해서만 꾀하다. 사익에 치우치다(只为自己打算; 只图个人的利益. 偏私.).

26 《孟子·離婁下 제26장》천하 사람들이 논의에 올리는 性은, 곧 性의 故[이미 드러난 性의 자취]만을 이야기하는 것이다. 故는 순리를 근본으로 삼는다. 智者를 싫어하는 것은, 그가 穿鑿(천착)[억지로 뚫고 파헤치다. 견강부회하다]하기 때문이다. 만약 智者가 우 임금의 治水처럼 한다면, 智者를 싫어할 이유가 없다. 우 임금의 治水는, 억지로 뚫고 파헤쳐서 흐르게 한 것이 아니라 자연의 형세를 따르고 물길을 따라서 자연스레 흐르게 했다. 智者도 마찬가지로 억지로 뚫고 파헤치지 않고 순리를 따라서 추구한다면, 지혜 또한 위대할 것이다(孟子曰: 天下之言性也, 則故而已矣。故者以利爲本。所惡於智者, 爲其鑿也。如智者若禹之行水也, 則無惡於智矣。禹之行水也, 行其所無事也。如智者亦行其所無事, 則智亦大矣。); 行其所無事(행기소무사): 사물에 내재되어 있는 자연스러운 운행 규칙에 따라 일을 처리하다(按事物的运行规律办事).

[子貢曰有美玉章]

091201、子貢曰:「有美玉於斯¹, 韞匵而藏諸²? 求善賈而沽³諸⁴?」子曰:「沽之哉⁵ 沽之哉 我待賈者也⁶。」⁷

1《王力漢語》옛사람들의 표현 중에, '今……於此' 또는 '……於此(斯)'라는 형식이 자주 있는데, 글자 그대로만 보면 '지금 여기에'라는 말이지만, 실제로는 가정을 표시한다(在古人的思想表達中常常有 '今……於此或'……於此(斯)'的說法, 字面上是說此時此地, 實際上是表示一種假說。);《北京虛詞》斯(사): 근지 지시대명사. 이. 이러한. 이것('斯', 指示代词。表示近指。义即'这'、'这样'、'这个'等。).

2 [성]韞匵而藏(온독이장): 옥을 함에 넣어 보관하다. 재능을 간직한 채 써주기를 기다리다. 재능을 간직한 채 벼슬을 버리고 은거하다(把玉裹在匣子里藏起来。比喻怀才待用或怀才隐退。); 韞櫝(온독): 재능을 감춰 두고 세상을 위해 쓰지 않다(隐藏其才不为世用。或指隐藏其才以待时; 也指闺阁中的才女。); 韞(온): 감추다. 품다. 포함하다(蕴藏(蓄积而未显露); 包含。); 匵(독): 목갑. 궤짝(古同'椟'。木匣; 木柜; 小棺材。);《論語義疏》'諸'(제)는 '之'이다(疏: 諸, 之也。);《文言虛詞》諸(제): 지시대명사 '之'와 의문어기사 '乎'의 합음자로, 반드시 문장 끝에 놓인다('諸'爲'之乎'兩字的合音字, 則同時兼起指代詞'之'和語氣詞'乎'的作用, 他一定在句子之末'。).

3 [성]善賈而沽(선가이고): =待賈而沽. 좋은 값을 기다려 팔다. 간직한 재능을 펼칠 기회를 얻지 못하면, 알아주는 사람을 기다려 일하다. 좋은 수입이 있어야 기꺼이 직책을 맡다(等好价钱卖出。比喻怀才不遇, 等有的赏识的人再出来做事。也比喻有了肥缺, 才肯任职。);《經典釋文》'善賈'의 '賈'는 음이 '가'이고, 음이 '고'이다(善賈, 音嫁, 音古。);《論語譯注》'賈'는 음이 '古'로 '상인'이다. 또 '價'와 같고, '값'이다. 후자를 취할 경우, '善賈'는 '좋은 값'이란 뜻이고, '待賈'는 '좋은 값을 쳐주기를 기다린다'는 뜻이 된다. 그렇지만 공자께서 좋은 값을 쳐주기를 기다린다고 말씀하셨다기보다는 물건을 알아보는 상인을 기다린다고 말씀하셨다고 하는 편만 못하다(賈: 音古, gǔ, 商人。又同'價', 價錢。如果取後一義, '善賈'便是'好價錢', '待賈'便是'等好價錢'。不過與其說孔子是等價錢的人, 不如說他是識貨者的人。); 善賈(선고/선가): 경영에 뛰어난 사람. 높은 가격(善于经商, 也指善于经营的人; 高价。好价钱。贾, 通'价'。); 善(선): ~에 뛰어나다. 유능하다(善于, 擅长。);《王力漢語》賈(고): 팔다. 사다. 상인. 가격. 행상을 '商'(상), 좌상을 '賈'(고)라 한다('賈', 賣。又爲買。做生意的人。價格; 運貨販賣的叫'商', 囤積營利的叫'賈'。); 沽(고): 사다. 술을 사다. 팔다(买。多指买酒。通'酤'。卖, 出售。通'酤'。).

4《論語正義》군자는 옥으로 그의 덕을 비유한다[《子張 제9장》 각주《禮記·聘義》참조] 당시에 공자께서 도를 품은 채 벼슬을 하지 않자, 자공이 '美玉'을 빌려서 공자의 藏·用之間을 살핀 것이다. '善賈'는 어진 임금을 비유한 말이다. 어진 임금이 있어도, 예를 갖춰야 벼슬할 수 있고, 도를 굽혀 사람을 섬길 수는 없다(正義曰: 君子於玉比德。時夫子抱道不仕, 故子貢借美玉以觀夫子藏用之間。"善賈", 喻賢君也。雖有賢君, 亦得聘乃仕, 不能枉道以事人也。).

5《論語集解》'沽之哉'는 거리에 나가 옥을 사라고 외치는 말이 아니다. 나는 앉아서 살 사람을 기다리는 자이다(注: 苞氏曰: 沽之哉, 不衒賣之辭也。我居而待賈者也。).

6《論語句法》'者'는 '之人'[~한 사람]과 같다('者'字等於'之人'。);《論語語法》'也'는 어기가 '者'보다 강렬한데, 이 때문에 '者'·'也'를 연용해서 확실한 인식의 어기를 표시한 것이다('也'的語氣比'者'强烈, 因此'者'也'連用表確認的語氣。).

7《孔子傳》공자께서 노나라를 떠나 위나라에 갔을 때, 자공의 나이가 24살이었다. 자공은 위나라 사람으

자공(子貢)이 말했다. "여기에 아름다운 옥이 있다면, 궤에 넣어 두고서 그것을 보관하실는지요? 제값을 쳐주기를 기다려서 그것을 파실는지요?" 선생님께서 말씀하셨다. "그것을 팔아야지! 팔아야 하고말고! 나는 제값 쳐줄 사람을 기다리고 있다."

韞, 紆粉反. 匵, 徒木反. 賈[8], 音嫁. ○韞, 藏也. 匵, 匱也. 沽, 賣也. 子貢以孔子有道不仕, 故設此二端[9]以問也. 孔子言固當賣之, 但當待賈, 而不當求之耳.

'韞'(온, yùn)은 '紆'(우)와 '粉'(분)의 반절이다. '匵'(독, dú)은 '徒'(도)와 '木'(목)의 반절이다. '賈'(가)는 음이 '嫁'(가)이다. ○'韞'(온)은 '간직하다'[藏]이다. '匵'(독)은 '궤'[匱]이다. '沽'(고)는 '팔다'[賣]이다. 자공(子貢)은 공자(孔子)께서 펼치고자 하는 도를 지니고 계시면서도 벼슬하지 않고 있다고 여겼기 때문에, 이 두 가지 항목을 가설하여 여쭌 것이다. 공자(孔子)의 말씀인즉, '반드시 옥을 팔아야 하는데, 다만 제값을 쳐줄 사람을 기다려야 하지, 찾아 나서서는 안 된다'는 것이다.

○范氏曰:「君子未嘗不欲仕也, 又惡不由其道.[10] 士之待禮, 猶玉之待賈也. 若伊尹之耕於野,[11] 伯夷, 太公之居於海濱[12], 世無成湯文王, 則終焉而已, 必不枉道以從人[13], 衒玉

로, 아마도 공자께서 위나라에 간 후에 비로소 제자가 되어 따라다녔을 것이다. 공자께서 벼슬하는 데 생각이 없는 것을 보고, 이런 질문은 한 것이다. 공자께서 위나라에 머문 초창기에는, 위영공을 만나지 않았다는 것을 증거할 수 있다(孔子去魯适卫, 子贡年二十四。子贡乃卫人, 殆是孔子适卫后始从游。见孔子若无意于仕进, 故有斯问。可证孔子初至卫, 未尝即获见于卫灵公。).

8 賈(가/고): [jiǎ] =價. 가격(「價」的古字。); [gǔ] 상인. 상고. 좌고. 사들이다(做生意的人, 商人。坐賣。买入。)

9 端(단): 항목. 종류(項目; 种类).

10《孟子 · 滕文公下 제3장》주소가 물었다. "(석 달 동안 섬길 임금이 없으면 조의를 표할 정도로) 벼슬을 얻는 것이 그처럼 다급한 일임에도, 군자께서 벼슬을 얻는데[제후를 만나보는데] 까다롭게 구는 것은 어째서입니까?" 맹자가 말했다. "남자아이가 태어나면 그 아이가 아내를 얻기를 바라고, 여자아이가 태어나면 그 아이가 남편을 얻기를 바라는 것이 부모의 마음입니다. 사람은 모두 그러한 마음을 지니고 있습니다. 부모의 명이나 중매쟁이의 말을 기다리지 않고, 담벼락에 구멍을 뚫고 서로 엿보거나 담을 넘어가 상종한다면, 부모나 나라 사람들이 모두 그의 행실을 천하게 여길 것입니다. 옛사람들은 벼슬을 바라지 않은 적도 없었지만, 그 벼슬을 얻는 도리를 따르지 않는 것도 싫어했습니다. 그 도리를 따르지 않고 벼슬하러 가는 것은, 담벼락에 구멍을 뚫는 짓과 같습니다"(周霄問曰: "仕如此其急也, 君子之難仕, 何也?" 曰: "丈夫生而願爲之有室, 女子生而願爲之有家。父母之心, 人皆有之。不待父母之命、媒妁之言, 鑽穴隙相窺, 踰牆相從, 則父母國人皆賤之。古之人未嘗不欲仕也, 又惡不由其道。不由其道而往者, 與鑽穴隙之類也。").

而求售[14]也。」

○범씨(范氏·范淳夫)가 말했다. "군자는 벼슬하고자 하지 않은 적도 없지만, 또한 그에 맞는 정당한 예(禮)를 따르지 않는 것도 싫어한다. 선비[士]가 자기에게 예(禮)를 갖춰 오기를 기다리는 것은, 옥(玉)이 살 사람이 오기를 기다리는 것과 같다. 만약 이윤(伊尹)이 (유신국(有莘國)의) 들판에서 농사를 짓고, 백이(伯夷)와 태공(太公)이 바닷가에서 숨어지낼 때, 당세에 성탕(成湯)과 문왕(文王)이 없었다면, 거기에서 일생을 끝마치고 말 뿐이었지, 결코 도를 굽혀가면서 다른 사람에게 빌붙거나, 거리에 나가 옥을 사라고 외쳐가면서 팔리기를 구하지 않았을 것이다."

---

11 《史記·殷本紀》이윤의 이름은 아형인데, 탕왕을 만나고 싶어 했지만 방법이 없자, 유신씨의 가신이 되어, 솥과 제기를 등에 지고 가서, 맛있는 음식으로 탕왕에게 유세하여, 왕도로 이끌었다(伊尹名阿衡。阿衡欲奸湯而無由, 乃爲有莘氏媵臣, 負鼎俎, 以滋味說湯, 致于王道。);《孟子·萬章上 제7장》만장이 물었다. "사람들이 하는 말이, '이윤은 자르고 끊고 삶고 조리하는 요리 솜씨로써 탕임금에게 등용되기를 구했다'라고 하는데, 그런 일이 있었습니까?" 맹자가 말했다. "아니다. 그렇지 않다. 이윤은 유신국의 들판에서 농사를 지으면서, 요순의 도를 즐겼다. 요순의 의가 아니고, 요순의 도에 아니라면, 천하를 복록으로 준다 해도, 뒤돌아보지 않았고, 말 사천 필을 매여 놓아도, 거들떠보지 않았다. 요순의 의가 아니고, 요순의 도에 아니라면, 지푸라기 하나도 남에게 주지 않았고, 지푸라기 하나도 남에게서 취하지 않았다"(萬章問曰: "人有言『伊尹以割烹要湯』有諸?" 孟子曰: "否, 不然。伊尹耕於有莘之野, 而樂堯舜之道焉。非其義也, 非其道也, 祿之以天下, 弗顧也; 繫馬千駟, 弗視也。非其義也, 非其道也, 一介不以與人, 一介不以取諸人。").

12 《孟子·離婁上 제13장》맹자가 말했다. "백이는 주왕을 피해 북쪽 바닷가에 살았는데, 문왕이 일어났다는 소문을 듣고 말하기를, '어찌 돌아가지 않으리오. 내가 듣기로 서백[문왕]은 늙은이를 잘 봉양한다던데'라고 했다. 태공은 주왕을 피해 동쪽 바닷가에 살았는데, 문왕이 일어났다는 소문을 듣고 말하길, '어찌 돌아가지 않으리오. 내가 듣기로 서백은 늙은이를 잘 봉양한다던데'라고 했다"(孟子曰: 伯夷辟紂, 居北海之濱, 聞文王作, 興曰: '盍歸乎來!吾聞西伯善養老者。' 太公辟紂, 居東海之濱, 聞文王作, 興曰: '盍歸乎來! 吾聞西伯善養老者。' 二老者, 天下之大老也, 而歸之, 是天下之父歸之也。天下之父歸之, 其子焉往? 諸侯有行文王之政者, 七年之內, 必爲政於天下矣。).

13 從人(종인): 다른 사람에게 빌붙다(指投靠他人);《微子 제2장》의 '枉道而事人'과 같다.

14 衒玉求售(현옥구수): =衒玉自售. 스스로 자기 재능을 과시하여 벼슬자리를 구하다(比喻自夸其才以求任用或信任); 衒(현): 이리저리 다니면서 사라고 외치다. 자랑하다. 으스대다(沿街叫卖。炫耀, 自夸; 卖弄); 售(수): 팔다(卖出去).

[子欲居九夷章]

091301、子欲居九夷。[1]

선생님께서는 구이(九夷) 땅에 가서 살고 싶어 하셨다.

東方之夷有九種[2]。欲居之者, 亦乘桴浮海[3]之意。[4]

동방 이민족에 아홉 종족이 있었다. '구이(九夷) 땅에 가서 살고 싶어 하셨다'는 것 역시 '뗏목을 타고 바다를 떠돌고 싶다'는 뜻이다.

091302、或曰:「陋[5], 如之何!」子曰:「君子居之[6], 何陋之有[7]?」[8]

1 《說文·羊部》東夷의 夷는 大를 따르고 弓을 따른다. 大는 人이다. 東夷의 풍속은 仁한데, 仁者는 장수하고, 君子之國·不死之國이 있다. 공자께서, '道不行, 欲之九夷, 乘桴浮於海.'라 하셨으니, 까닭이 있었다(唯東夷从大. 大, 人也. 夷俗仁, 仁者壽, 有君子不死之國. 孔子曰: "道不行, 欲之九夷, 乘桴浮於海." 有以也.); 《論語正義》 공자께서 九夷 땅에 가서 살고 싶어 하셨다는 것과 뗏목을 타고 바다를 떠돈다는 것은[公冶長 제6장], 모두 朝鮮을 말한 것이다. 공자께서 중국에서 쓰임을 받지 못하시자, 이에 중국 밖의 나라에서 도를 펼쳐보고자 했으니, 朝鮮에는 仁賢한 군자의 교화가 갖춰져 있었기 때문이다(正義曰: 子欲居九夷, 與乘桴浮於海, 皆謂朝鮮. 夫子不見用於中夏, 乃欲行道於外域, 則以其國有仁賢之化故也.); 《補正述疏》 공자는 노나라 사람이고, 노나라는 東海 바닷가에 있고, 東夷에 접해 있으니, 九夷 땅에 가서 살고 싶어 하셨다는 것은 뗏목을 타고 바다를 떠돌겠다[公冶長 제6장]고 하신 것과 같이, 모두 동쪽에 가탁된 것이다(述曰: 孔子魯人, 魯濱東海, 接東夷, 其欲居九夷, 猶其設浮於海, 皆自東而託之爾.)

2 《後漢書·東夷列傳》 東夷에 아홉 종족이 있는데, 견이·우이·방이·황이·백이·적이·현이·풍이·양이이다. 공자께서 九夷에 가서 살고 싶어 하셨다(夷有九種. 曰: 畎夷, 於夷, 方夷, 黃夷, 白夷, 赤夷, 玄夷, 風夷, 陽夷. 故孔子欲居九夷也.); 《論語義疏》 동방에 九夷가 있는데, 현토·낙랑·고려·만식·부경·색가·동도·왜인·천비이다(疏: 東有九夷: 一玄菟, 二樂浪, 三高麗, 四滿飾, 五凫更, 六索家, 七東屠, 八倭人, 九天鄙.); 《論語正義》 《論語義疏》의 皇侃은 지명으로 나눠 말했고, 《後漢書·東夷傳》은 종족으로 나눠 말했다(蓋皇疏以地言, 《漢傳》以類言也.)

3 《公冶長 제6장》 참조.

4 《論語大全》 九夷 땅에 가서 살고 싶다는 탄식과 뗏목을 타고 떠돌고 싶다는 탄식은 똑같은 뜻인데, 어떤 사람이 그것을 깨닫지 못하다 보니, 정말로 가서 살고 싶어 하시는 줄로 알고서, 그곳이 누추해서 살 수 없을 것이라고 한 것이다. 선생님께서 이를 써서 그 사람에게 말씀하려는 것은, 바로 이민족의 나라에서 행세할 도리였다[衛靈公 제5장]. 대개 忠信篤敬한 군자는 어느 나라에 들어간들 자득하지 않겠는가?[中庸 제14장](南軒張氏曰: 欲居九夷, 與乘桴浮海之歎同, 或人未之諭, 則以爲眞欲往也, 故疑其陋, 以爲不可居. 夫子之所以告之者, 乃行乎夷狄之道. 蓋忠信篤敬, 何入而不自得也.)

5 陋(루): 초라하다. 누추하다. 외지다. 궁벽지다(简陋。僻陋。)

6 《論語集釋》翟灝(적호)[1736~1788]의 《四書考異》에 말했다. "《山海經·海外東經》에, '바다 건너 동방

어떤 사람이 물었다. "누추하실 텐데요, 이를 어쩌실는지요?" 선생님께서 말씀하셨다. "군자가 거기에 사는데, 무슨 누추할 것이 있겠느냐?"

君子所居則化, 何⁹陋之有?¹⁰
군자가 사는 곳이라면 변화될 텐데, 무슨 누추할 것이 있겠는가?

에 군자국이 있는데, 그 나라 사람들은 의관을 갖추고 칼을 차고, (짐승을 잡아먹고, 두 마리 호랑이를 옆에 두고 부린다) 양보하기를 좋아하고 다투지 않는다. 무궁화가 아침에 피었다가 저녁에 진다'고 했는데, 공자께서는 바로 동방에 이런 군자국이 있으니 어찌 개괄해서 그곳이 누추하다고 하겠는가라고 하신 것이다. 이 또한 桴材[公冶長 제6장]·匏瓜[陽貨 제7장]와 같은 답변으로, 이민족을 교화시켜 중국으로 만든다는 변통 없는 꽉 막힌 말로 풀이할 필요가 없다"(翟氏考異: 山海經云:「海外東方有君子國, 其人皆衣冠帶劍, 好讓不爭。」子乃謂東方所居, 能有如是之國, 何可概謂其陋。此亦如桴材匏瓜之答, 不必以化夷爲夏泥言。);《論語正義》'君子居之'의 '君子'는 '箕子'를 가리킨 말이지, 공자께서 당신을 일컬어 君子라 하신 것이 아니다["九夷 땅에도 仁賢한 군자(箕子)가 거주하여 다스렸는데 무슨 누추할 것이 있겠느냐?"](正義曰: '君子居之', 指箕子言, 非孔子自稱爲君子。).

7 《古漢語語法》'목적어+之+동사' 형식의 하나인, '何+○+之+有'의 경우 의문사 '何'와 '○'가 수식구를 만들어 동사 앞에 목적어가 전치된 형식으로, 조사 '之'와 동사 '有' 사이에는 수식성분을 삽입하지 못한다('宾语+之+动词'的几种固定格式: '何+○+之+有。疑问词'何'和'○'一起组成偏正短语作前置宾语。助词一定是'之', 动词一定'有'。'之'与'有'之间不能插入修饰成分。);《論語譯注》"무슨 누추할 것이 있겠느냐?"('何陋之有', 直譯是'有什麽簡陋呢?').

8 《後漢書·東夷列傳》옛날 箕子가 쇠퇴해가는 은나라의 운수를 피해, 朝鮮 땅으로 피난했다. 처음에는 조선의 풍속에 대하여 알려진 게 없었으나, 八條禁法을 시행하여 사람들에게 금해야 할 것을 알게 하자, 이에 그 읍내에 음행과 도둑이 없어졌고, 문에는 밤에도 빗장을 걸지 않았고, 완악하고 야박한 풍속에서 돌아서서, 너그럽고 간략한 법으로 나아가기를, 수백 천년을 행했기 때문에, 東夷 전체가 부드러움과 공손함으로 풍속을 삼게 되었으니, 三方[西戎·南蠻·北狄]의 풍속과는 달랐다. 진실로 정치가 막힘없이 펼쳐지면, 道義가 거기에 존재하는 법이다. 仲尼가 분연한 마음으로, 九夷를 가서 살만한 곳으로 삼았다. 어떤 사람이 그곳이 누추할 것이라고 의심하자, 공자께서, '군자가 거기에 살고 있는데, 무슨 누추할 것이 있겠느냐?'고 말씀하신 것도, 다만 마음속에 이런 생각이 있어서였을 것이다(昔箕子違衰殷之運, 避地朝鮮。始其國俗未有聞也, 及施八條之約, 使人知禁, 遂乃邑無淫盜, 門不夜扃, 回頑薄之俗, 就寬略之法, 行數百千年, 故東夷通以柔謹爲風, 異乎三方者也。苟政之所暢, 則道義存焉。仲尼懷憤, 以爲九夷可居。或疑其陋。子曰:「君子居之, 何陋之有!」亦徒有以焉爾。);《公冶長 제6장》각주《漢書·地理志下》참조.

9 《學而 제10장 제2절》각주《孟子·盡心上 제13장》참조.

10 《論語大全》"九夷도 오히려 교화시킬 수 있는데, 어찌 중국은 교화시키지 못했는지요?" "당시 중국은 일찍이 성인의 교화를 받지 않은 적이 없었지만, 당시 임금들이 쓰지를 않았으니, 부득이 그 도를 행하지 못한 것이다"(問九夷尙可化, 何故不化中國? 曰: 當時中國, 未嘗不被聖人之化, 但時君不用, 不得行其道耳。).

[吾自衛反魯章*]

091401、子曰:「吾自¹衛反²魯, 然後樂正, 雅頌³各得其所⁴ˏ⁵ˏ⁶。」

1 《詞詮》自(자): 개사. ~로부터. ~곳에서('自', 介詞。從也。介方所。).

2 反(반): 원래 있던 곳으로 돌아오다[가다] 제자리로 돌아오다(通"返"。返回: 回归。).

3 《論語大全》'雅'[大雅·小雅]와 '頌'[周頌·魯頌]만 언급한 것은 詩 중에 큰 것만 열거한 것일 뿐이다. '風'[國風]을 언급하지 않은 것은 여러 나라의 음악은 대다수가 바르지 못한 소리여서, 조정이나 종묘에서 연주되지 않았기 때문이다. '周南' '召南'도 역시 부인들에 의해 규방에서만 쓰였을 뿐이었기 때문에, '正樂'으로는 '雅'와 '頌'만 언급한 것이다(南軒張氏曰: 獨擧雅頌, 蓋其大者耳; 陳氏曰: 不及風者, 列國多不正之聲, 廟朝所不奏。二南亦用之房中耳, 故正樂只言雅頌。);《論語正義》'頌'은 '容'[모양. 형식]으로, 춤의 형식을 가지고 말한 것이다. '風'과 '雅'는 다만 현금을 타고 노래하고 생황을 불 뿐이지만, 周頌·魯頌·商頌만큼은 처음으로 춤의 형식이 들어갔기 때문에, '頌'이라 부른 것이다. 공자께서는 風·雅·頌을 다 포함해서 음악을 바르게 하셨는데, 風을 언급하지 않은 것은 雅·頌을 거론하면 風은 저절로 포함되기 때문이다(正義曰: 頌者, 容也, 以舞容言之也。蓋風、雅但絃歌笙間, 惟三頌始有舞容, 故稱《頌》…… 孔子正樂, 兼有《風》《雅》《頌》, 此不及《風》者, 擧《雅》《頌》則《風》可知。);《王力漢語》시경의 시는 風·雅·頌 세 형식으로 나눈다. 風(풍)은 대부분이 제후국의 민요이고, 雅(아)는 본래는 악곡의 이름인데, 대부분이 주왕조 경기지역 사대부가 지은 악곡과 노래들이고, 頌(송)은 종묘제사에서 연주되는 춤곡이다('雅頌', 詩經中的一種體裁。詩經分爲風, 雅, 頌三種。這大約是音樂上的分類。風大多是各諸侯國的民歌; 雅本是樂曲名, 大多是周王朝王畿士大夫所作的樂歌; 頌是廟堂祭祀的舞曲。).

4 《周易·繫辭下》낮 동안에는 시장을 열어, 천하 백성들을 불러 모으고, 천하의 재화를 모여들게 하여, 가지고 온 재화를 서로 교환하고 집으로 돌아감으로써, 각자 그들이 필요로 하는 것을 얻게 했다(日中爲市, 致天下之民, 聚天下之貨, 交易而退, 各得其所。);《古今注》'得其所'는 그것의 선후의 순서가 올바르게 된 것을 말한다(得其所, 謂得其次序之宜也。); [성]各得其所(각기득소): 사물이나 사람이 모두 적당한 자리를 얻다. 각자 그들에 맞는 필요한 것을 스스로 얻다(谓事物或人都得到适当的安置。谓各自得到其所需要的。).

5 《論語新解》'樂正'에는 두 가지 풀이가 있다. ①樂章을 바로잡았다. ②樂音을 바로잡았다. 두 뜻 모두 채택이 가능하다. 시편은 雅·頌으로 체제를 분류하고, 음악은 雅·頌으로 음률을 분류한다. '악장을 바로잡았다'는 것은, 예컨대 '鹿鳴'은 鄕歙酒禮·鄕射禮·燕禮 때에 연주하게 하고, '淸廟'는 祀文王·大嘗禘·天子養老·兩君相見 때에 연주하게 한 것이다. '악음을 바로잡았다'는 것은, 그 음률의 착란을 바로잡은 것이다(乐正, 此有两解: 一是正其乐章, 一是正其乐音。两义可兼釆。诗篇之分雅颂以体制, 乐之分雅颂则以音律。正其乐章, 如鹿鸣奏于乡饮酒, 乡射, 燕礼。清庙奏于祀文王, 大尝禘, 天子养老, 两君相见之类。正其乐音, 正其音律之错乱。);《論語譯注》'正樂'은 시경의 편장 순서를 조정한 것이다('正樂', 調整詩經篇章的次序。);《洙泗考信錄》《八佾 제23장》의 '노나라의 태사에게 음악에 대해 말해주었다'고 하신 것은 바로 이 장의 '음악을 바로잡았다'라는 것에 관한 일을 말씀한 것이고,《泰伯 제15장》의 '악사 摯가 연주한, 관저의 가락이 귓가에 쟁쟁하구나!'라고 하신 것은 바로 이 장의 '雅와 頌이 각각 제 있어야 할 자리를 얻게 되었다'라는 것의 효험을 말씀한 것이다(按: '語樂'即'正樂'之事, '盈耳'即'得所'之驗。).

6 《史記·孔子世家》옛날에는 시가 3천여 편이었는데, 공자에 이르러서, 그중에 중복된 것은 빼고, 예의[예악]에 시행할 만한 것을 취했다. 위로는 설과 후직에 관한 시를 모았고, 중간으로는 은나라와 주나라의 성대함을 이야기한 것이고, 아래로는 유왕과 여왕의 실정에까지 이르렀고, 임석[부부관계]에서 시작했다. 그래서 '관저는 風의 시작이고, 녹명은 小雅의 시작이고, 문왕은 鹿鳴의 시작이고, 청묘는 頌의

선생님께서 말씀하셨다. "내가 위(衛)나라에서 노(魯)나라로 돌아온 뒤에, 음악을 바로잡았으니, 아(雅)와 송(頌)이 각각 제 있어야 할 자리를 얻게 되었다."

魯哀公十一年冬[7], 孔子自衛反魯。是時周禮在魯[8], 然詩樂[9]亦頗[10]殘闕失次[11]。孔子周流四方, 參互[12]考訂[13], 以知其說。晚知道終不行, 故歸而正之。

노(魯)나라 애공(哀公) 11년[BC 484] 겨울에, 공자(孔子)께서 위(衛)나라에서 노나라로 돌아오셨다. 이때 주(周)나라의 예법이 노나라에 남아 있었지만, 시악(詩樂)은 그럼에도 심하게 일부가 망가졌거나 빠져 있거나 순서가 뒤바뀌어 있는 상태였다. 공자께서는 사방 여러 나라를 두루 돌아다니시면서, 서로 참고하고 대조·정정하여, 이를 통해서 시악의 올바른 내용을 알고 계셨다. 만년에 도가 끝내 행해질 수 없다는 것을 아셨기 때문에, 노나라로 돌아와서는 시악을 바로 잡으신 것이다.

시작이다'라고 했다. 305편은 공자가 모두 악기에 맞춰 노래를 부름으로써 韶·武·雅·頌의 음에 맞추고자 했다. 예악은 이때부터 서술할 수 있게 됨으로써, 왕도의 바탕이 구비되고, 육예를 완성했다(古者詩三千餘篇, 及至孔子, 去其重, 取可施於禮義, 上采契后稷, 中述殷周之盛, 至幽厲之缺, 始於衽席, 故曰'關雎之亂以爲風始, 鹿鳴爲小雅始, 文王爲大雅始, 清廟爲頌始'. 三百五篇孔子皆弦歌之, 以求合韶武雅頌之音。禮樂自此可得而述, 以備王道, 成六藝。);《漢書·藝文志》옛날에 시를 채집하는 관리가 있었는데, 왕자는 이를 통해 풍속을 살피고, 잘잘못을 알아서, 스스로 심사하고 잘못을 바로잡았던 것이다. 공자께서는 주나라의 시를 정선해서 취했고, 위로는 은나라의 시를 채집했고, 아래로는 노나라의 시를 모았으니, 모두 305편인데, 진시황의 분서갱유를 만나서도 온전히 전해졌던 것은, 그 시들이 읊고 외워서 전해졌기 때문이고, 단지 죽백에 기재하는 것에만 의지하지 않았기 때문이다(古有采詩之官, 王者所以觀風俗, 知得失, 自考正也。孔子純取周詩, 上采殷, 下取魯, 凡三百五篇, 遭秦而全者, 以其諷誦, 不獨在竹帛故也。).

7 《公冶長 제14장》각주 《春秋左傳·哀公11年》[BC 484] 참조: 공자 68세 때이다. 공자가 14년간의 周遊列國을 끝내고 돌아왔을 때이다.

8 《春秋左傳·昭公 2年》[BC 540] 진나라 평공이 한선자를 노나라에 보내면서, 한선자가 진나라 국정을 맡게 된 것을 고하고, 노나라 임금을 알현했으니, 예에 맞았다. 한선자가 태사씨 집에 가서 서책을 살피다가, 易象과 魯春秋를 보고는, '周禮가 노나라에 그대로 다 남아 있구나. 내가 이제야 주공의 덕과 주나라가 왕이 된 까닭을 알게 되었다'고 했다(春, 晉侯使韓宣子來聘, 且告爲政, 而來見, 禮也。觀書於大史氏, 見易象與魯春秋, 曰, 周禮盡在魯矣, 吾乃今知周公之德, 與周之所以王也。).

9 詩樂(시악): 음악을 합친 시. 시경의 시가 사용된 음악(指合乐的诗歌。诗歌《诗经》所用的音乐。).

10 頗(파): 치우치다. 바르지 못하다. 기울다. 매우. 심히(偏, 倾斜, 不平正; 很; 甚); 偏頗(편파): 한쪽으로 치우치다. 불공정하다(偏于一方, 不公正。).

11 殘闕(잔궐): 일부가 망가졌거나 일부가 빠져 있다. 빠지거나 유실되다(殘缺: 缺佚); 內閣本에는 '殘缺'로 되어 있다; 失次(실차): 순서를 잃다. 무질서하다. 어수선하다(次序错乱).

12 參互(참호): 상호 참고하여 대조 증명하다(互相参杂: 相互参证).

13 考訂(고정): 대조 확인하여 정정하다(考核订正).

[出則事公卿章]

091501、子曰：「出則事公卿，入則事父兄[1]，喪事不[2]敢不勉[3]，不爲酒困[4]，何有於我哉[5][6][7]？」

---

1 《論語正義》공자께서 말씀하신 '事公卿'은, 노나라에서 벼슬했던 당시를 말씀하신 것이다(正義曰: 夫子此言"事公卿", 則已仕魯時也。)；《論語譯注》공자의 부친은 일찍 돌아가셨고, 이 말씀을 하신 때는, 혹 당신의 형님 孟皮가 아직 살아계실 때일 텐데, '父兄'이라고 말씀했지만 '兄'만을 뜻하는 것으로, 옛사람들의 상투적인 어법이었다. '父兄'은 간혹 여기에서 파생되어 어른의 뜻으로 쓰인다(孔子父親早死, 說這話時候, 或者他哥孟皮還在, '父兄'二字, 只'兄'字有義, 古人常有這用法。'父兄'或者在此引伸爲長者之義。)；公卿(공경): 삼공구경(三公九卿的簡稱)；父兄(부형): 부친과 형. 연장자. 형(父亲与兄长。泛指家中长辈，或用作偏义复词，指兄).

2 《北京虛詞》不(불): ~하지 않으면 안 된다. ~하지 않을 수 없다. 두 개의 '不'가 조동사와 동사 앞에 각각 쓰여, 부정의 부정으로 긍정과 강조를 표시한다('不, 两个'不'分别用于助动词和动词前, 以否定的否定, 表示肯定与强调。又即'不可不……'、'不能不……'等).

3 勉(면): 힘이 미치지 못하는 데도 힘을 쥐어 짜내다. 진력하다. 있는 힘을 다 쓰다(本义: 力所不及而强作。尽力, 用尽所有力量).

4 《詞詮》'爲'는 피동을 나타내며, 행위의 주동자를 중개한다('爲', 表被動, 介出主動者。)；《文言虛詞》'爲'는 개사로, 피동문에서 주동자를 소개하는 역할을 하며, '被[입다. 당하다]로 번역할 수 있다. 爲……所…… 형식으로 쓰인다('爲'字作介詞, 可以介出被動句的主動者, 口語可譯爲'被', 常和'所'字用字一块。)；《王力漢語》피동문은, 일반적으로 동사 뒤에 '於'字를 쓰고 그 뒤에 행위의 주동자를 끌어들이는 방법을 쓰는데, 어떤 경우에는 '爲'·'見'·'被'를 써서 표시한다(在先秦時代, 必要運用被動句時, 一般在動詞後面用'於'字以引進行爲的主動者。有時候用'爲''見''被'字表示被動。)；《古漢語語法》'爲+동사+목적어' 형식의 피동문('为+动词+宾语'式的被动句。介词为引进施动者。)；酒困(주곤): 과음하여 정신을 못 차리다. 술에 취해 곤죽이 되다(谓饮酒过多, 神志迷乱).

5 《論語義疏》衛瓛[220~291]은 '세 가지 일에는 술이 흥한다'고 했다. 생각건대, 위관의 생각은 조정·규문·상가에서는 결코 정신을 못 차릴 정도로 술에 취해서는 안 됨을 말한 것으로, 그래서 '세 가지 일에는 술이 흥한다'고 한 것이다(疏: 衛瓛云: '三事爲酒興也。' 侃案: 如衛意, 言朝廷閨門及有喪者並不爲酒所困, 故云'三事爲酒興'也。)；《論語注疏》다른 사람에게는 이런 행실이 없고 나에게만 있다(疏: 正義曰: 他人無是行, 於我, 我獨有之。)；《集注考證》세 가지 설이 있다. ①이것들이 나에게 모두 없다. ②이것들 외에는 나에게 없다. ③나에게 무슨 어려울 게 없다(舊有三說: 一以爲此數事我皆無有; 一謂此數事外我復何有; 一說云于我何有。)；《論語正義》'何有'는 무슨 어려울 게 없다는 말이다(正義曰: 案: '何有', 言不難有也。)

6 《論語大全》성인께서는 스스로에 대해 겸손하셨으니, 나는 아직 이것들을 가진 적이 없다는 말씀으로, 성인께서는 (다른 사람들의 이러한 칭찬에 대해) 늘 겸연쩍어하시면서 스스로 부족하다는 생각을 지니고 계셨다. 사람들은 성인의 仁의 至熟하심과 義의 至精하심을 알고 있었지만, 성인의 눈에는 다만 당신의 흠결 부분만 저절로 보였던 것이다(朱子曰: 聖人自謙, 言不曾有此數者, 常有慊然不足之意。衆人雖見他仁之至熟, 義之至精, 他只管自見得有欠缺處。).

7 《中庸 제13장》군자가 따르는 길이 넷인데, 나 丘는 어느 하나도 잘하지 못했다. 자식에게 바라는 바로써 어버이 섬김을 잘하지 못했고, 신하에게 바라는 바로써 임금 섬김을 잘하지 못했고, 아우에게 바라는 바로써 형 섬김을 잘하지 못했고, 벗에게 바라는 바로써 벗에게 먼저 베풀지 못했다(君子之道四,

선생님께서 말씀하셨다. "집을 나가서는 공경(公卿)을 섬기는 것, 집에 들어와서는 부형(父兄)을 섬기는 것, 상사(喪事)에는 감히 진력하지 않음이 없는 것, 술에 취해 정신을 못 차리는 모습을 보이지 않는 것, (이들 중에) 어느 것이 나에게 있겠느냐?"

說見第七篇[8], 然此則其事愈卑而意愈切矣[9].

이에 대한 설명은 제7편에 언급되어 있지만, 이 장의 말씀의 경우에는 가리키는 일들이 일상에 더욱 가까운 것들이어서 그 의미가 더욱 마음에 와닿는다.

丘未能一焉: 所求乎子以事父, 未能也; 所求乎臣以事君, 未能也; 所求乎弟以事兄, 未能也; 所求乎朋友先施之, 未能也。).

8 《述而 제2장》 참조.

9 《論語大全》 앞의 《述而 제2장》에 말씀한 세 가지, '보고 들은 것을 묵묵히 마음속에 간직해두고 잃지 않는 것, 배우고 또 배움에 싫증 내지 않는 것, 남을 가르치는 일에 게으름 피지 않는 것'[默而識之, 學而不厭, 誨人不倦]은 비록 성인의 지극한 경지는 아니지만, 오히려 감당하지 못한다고 했으니, 겸손하시고 또 겸손하신 말씀이다. 이 장에서 말씀한, '집을 나가서는 공경을 섬기는 것, 집에 들어와서는 부형을 섬기는 것, 상사에는 감히 예를 다하지 않는 게 없는 것, 술에 취해 정신을 못 차리는 모습을 보이지 않는 것'[出則事公卿, 入則事父兄, 喪事不敢不勉, 不爲酒困]은, 앞의 세 가지 일에 비교해 더욱 일상생활에 가까운 것들이어서, 겸손하시고 또 겸손하신 성인의 뜻이 더욱 마음에 와닿는다(新安陳氏曰: 彼三者以爲雖非聖人之極至, 猶不敢當, 謙而又謙之辭。此則視前三者事愈卑, 而其謙謙之意愈切矣。).

[子在川上章]

091601、子在川上¹、曰:「逝者如斯夫²! 不舍晝夜³。」⁴

1 上(상): 가. 가장자리. 주위(方位词。边，畔。).

2 [성]逝者如斯(서자여사): 떠나간 사람은 이와 같다. 세월이 흘러가는 물처럼 멈추지 않고 흘러가다. 한번 가면 되돌아오지 않는다. 인생이나 세상사의 변환의 빠름을 탄식하는 말로, 시간의 흐름을 애석해 하는 마음이 그 가운데 있다(形容光陰像流水一样不停地流逝，一去不复返，感慨人生世事变换之快，亦有惜时之意在其中。);《論語義疏》'逝'(서)는 '~를 향해 간다'라는 말이다. 공자께서 냇가에서, 냇물의 흘러감이 빠르고 멈춘 적이 없는 것을 보시고, 인생의 흘러감도 이와 같음을 탄식하면서, 어제의 나는 지금의 내가 아니기 때문에, '逝者如斯夫'라 하신 것이다. '斯'는 '此'이다. '夫'는 어조사이다(疏: 逝，往去之辭也。孔子在川水之上，見川流迅邁，未嘗停止，故歎人年往去亦復如此，向我非今我，故云逝者如斯夫者也。斯，此也。夫，語助也。);《論語義疏》냇물은 흘러감이 쉼이 없고, 해는 지나감이 멈춤이 없고, 때는 이미 늦었는데, 도는 아직 일어나지 않으니, 근심하고 탄식하신 까닭이다(疏: 孫綽云: 川流不舍，年逝不停，時已晏矣，而道猶不興，所以憂歎也。);《古今注》'逝者'는 인생이다. 태어나서 죽을 때까지, 흘러가지 않는 때가 없다. '斯'는 '川'이다(補曰: 逝者，人生也。自生至死，無時不逝。斯爲川也。);《王力字典》逝(서): 가다. 떠나가다. 가서는 되돌아오지 않는다(往，离去。);《經傳釋詞》'夫'는 '乎'와 같다. 감탄사이다(夫，猶'乎'也，歎辭也。).

3 [성]不舍晝夜(불사주야): 밤낮을 구분하지 않다. 밤낮없이 일하다. 밤낮없이 계속되다(舍: 放弃。不放弃白天和黑夜。比喻夜以继日。日夜不停，持續不斷。);《論語新解》'舍'는 '捨'[쉬다]와 같다. '止'[멈추다]로 풀이하는 경우, 그러면 '晝夜不止'[밤낮으로 멈추지 않는다]라고 해야, '不止晝夜'[밤낮을 멈추지 않는다]라고 말하는 것은 부당하다. '不舍晝夜'는 낮이나 밤이나 모두 그렇다는 말과 같다. 해가 가는 것이 쉼이 없으니, 냇물이 영원히 흘러가는 것과 같다["그것은 밤낮을 쉬지 않고 앞을 향해 간다[它不舍昼夜地向前]". 或説: 이 편에는 공자의 만년의 말씀이 많이 있는데, 예컨대 鳳鳥章[제8장], 美玉章[제12장], 九夷章[제13장] 및 이 장으로, 몸은 쓰임 받지 못하고 도는 행해지지 못하는데, 세월은 흘러가는 물과 같아서, 만년이 되어 흘러간 지난날을 상심해 하신 것으로, 도를 상심해하신 것이다. 或説[朱熹]: 이 장 이하는 사람들이 배움에 정진하길 권면하신 말씀이 많다. 이 두 설은 모두 타당한 견해들이다. 宋儒들은 道體說로 이 장을 풀이했는데, 이 또한 한 가지 견해이다(舍同捨。或训止，然晝夜不止，不当言不止晝夜。不舍晝夜者，犹言晝夜皆然。年逝不停，如川流之长往。或说: 本篇多有孔子晚年语，如凤鸟章，美玉章，九夷章，及此章，身不用，道不行，岁月如流，迟暮伤逝，盖伤道也。或说: 自本章以下，多勉人进学之辞。此两说皆得之。宋儒以道体之说释此章，亦一解。);《論語句法》'不舍'가 주어이고, '晝夜'가 술어이다('不舍'是主語，'晝夜'是謂語。).

4 《揚子法言·學行》어떤 사람이 '進'에 대해 묻자, 양자가 답했다. "물처럼 나아가는 것이다." "밤낮을 가리지 않고 가기를 멈추지 않기 때문입니까?" "그렇다! 가득 찬 후에 점차 흘러가는 것이 물의 본래의 모습 아니겠느냐?"(或問進，曰: "水。" 或曰: "爲其不舍晝夜與?" 曰: "有是哉滿而後漸者，其水乎?");《論語正義》군자의 進德修業[易經·▦乾·文言]의 자세가 부지런히 힘쓰다가 죽은 후에야 그치는 것이, 물과 서로 비슷함을 밝힌 것이다.《揚子法言·學行》에서 말한 '進'이 공자께서 말씀한 '逝'의 뜻과 같다. '逝'는 '往'으로 '往進'[향해서 나아가다]이다.《孟子·離婁下 제18장》의 말은[《爲政 제4장》각주《孟子·離婁下 제18장》참조], 바로 揚子가 말한 '滿而後漸'의 뜻이다. 그래서 趙岐가《孟子章句》의 章指에서, '근본이 있는 것은 마르지 않고 근본이 없는 것은 마르니, 헛된 명성과 과장된 실질을 군자는 부끄러워한다는 말이다. 이

선생님께서 냇가에서 말씀하셨다. "앞을 향해 나아가는 것이란 흐르는 이 물과 같겠지! 멈추지 않는 것이 밤낮이 없구나."

夫, 音扶。舍[5], 上聲。○天地之化, 往者過, 來者續, 無一息[6]之停, 乃道體之本然也。然其

때문에 공자께서 냇가에서 말씀하시기를, '逝者如斯'라 하신 것이다'라고 했으니, 공자의 이 장의 말씀이, 물의 쉼이 없는 모습을 찬미하셨을 뿐만 아니라, 또 그 근본이 있음을 알게 하신 것이다(正義曰: 明君子進德修業, 孳孳不已, 與水相似與⋯⋯《法言》所謂進, 與夫子言逝義同。逝者, 往也, 言往進也⋯⋯《孟子、離婁篇》⋯⋯ 此即滿而後漸之義 ⋯⋯ 故趙岐《孟子章指》云: '言有本不竭, 無本則涸, 虛聲過實, 君子恥諸。是以仲尼在川上曰: 逝者如斯。', 明夫子此語, 既是贊其不息, 且知其有本也。);《論語正義》《春秋繁露・山川頌》에 말했다. "물의 경우, 솟아나는 샘물은 용솟음치고 소용돌이치기를, 주야로 다함이 없으니, 자강불식 하는 사람인 듯[似力者]하고, 구덩이를 채운 후에 나아가니, 공평한 사람인 듯[似持平者]하고, 세미한 부분을 따라서 아래로 가면서, 조그만 틈도 남기지를 않으니, 잘 살피는 사람인 듯[似察者]하고, 계곡을 따라가면서 길을 잃지 않고, 수만 리를 가도 반드시 다다르니, 지혜 있는 사람인 듯[似知者]하고, 앞에 둑을 쌓아 가로막으면 청정할 수 있으니, 명을 아는 사람인 듯[似知命者]하고, 깨끗하지 않은 데 들어가도, 청결하게 해서 나오니, 교화를 잘하는 사람인 듯[似善化者]하고, 천길 웅덩이로 뛰어들어도 의심하지 않으니, 용감한 사람인 듯[似勇者]하고, 사물은 모두 불에 휩싸이지만, 물만큼은 불을 이겨내니, 무장한 사람인 듯[似武者]하고, 모두 물을 얻으면 살고, 잃으면 죽으니, 덕을 지닌 사람인 듯[似有德者]하다. 공자께서 냇가에서, '앞을 향해 나아가는 것이란 흐르는 이 물과 같겠지! 멈추지 않는 것이 밤낮이 없구나.'라고 했는데, 이를 말씀하신 것이다." 동중서가 논어를 인용한 것은, 이를 통해 '似力' 한 구절을 입증하려는 것이지, 물의 모든 덕을 논하려는 것이 아니다(正義曰:《春秋繁露、山川頌篇》"水則源泉混混沄沄, 晝夜不竭, 既似力者; 盈科後行, 既似持平者; 循微赴下, 不遺小閒, 既似察者; 循溪谷不迷, 或奏萬里而必至, 既似知者; 障防山而能清淨, 既似知命者; 不清而入, 潔清而出, 既似善化者; 赴千仞之壑, 入而不疑, 既似勇者; 物皆困於火, 而水獨勝之, 既似武者; 咸得之生, 失之而死, 既似有德者。孔子在川上曰: '逝者如斯夫, 不舍晝夜。' 此之謂也。" 董引《論語》, 以證"似力"一節, 非以論全德也。);《論語注》하늘은 운행하기를 멈추지 않고, 물은 흘러가기를 쉬지 않고, 만물은 낳고 또 낳기를 끝나지 않아, 밤낮으로 운행하기를 그만 멈춘 적이 없고, 지나가면 이어서 오기를 한 번의 쉼이 없다. 이 때문에 군자께서는 이 같은 하늘을 본받아서, 스스로 힘써 노력하기를 쉬지 않으시니, 그 지극한 경지에 이르러서는, 순일하시고 또 순일하시다(天運而不已, 水流而不息, 物生而不窮, 運乎晝夜未嘗已也, 往過來續無一息也。是以君子法之, 自強不息, 及其至也, 純亦不已焉。).

5 舍(사): [shě] 한쪽에 두다. 방치하다. 머물러 쉬다. 정지하다(放弃、放下。止息、停止。); [shè] 가옥. 가축우리. 주둔지. 유숙하다(房屋。饲养牲畜的地方。军营。住宿, 居住。);《論語大全》논어의 '不舍晝夜'는 아침저녁으로 쉬지 않는 것을 말한다. 요즘 어떤 사람이 '捨'[shě]로 읽는데 옳지 않다. 集注에서 '舍는 上聲[shě]이다'라고 한 것은 옛날 음을 말한 것이고, (去聲인) '敕'[shè]로 읽는 것이 정설이다(新安陳氏曰: 論語不舍晝夜, 謂曉夕不息耳。今人或音捨非是⋯⋯ 集註舍上聲者舊音, 讀如敕者, 定說也。);《論語集釋》王應麟[1223~1296]의《困學紀聞》에 말했다. "《經典釋文》에, '舍는 음이 捨이다'라고 했고, 集注도 또한 上聲이라 했다. 그런데, 주희는 그가 지은《楚辭辯證》에서, '홍흥조[1090~1155]의《楚辭補注》에 안사고의 말을 인용하기를, '舍, 止息也。'이라 했으니, 屋舍・次舍가 모두 이 뜻이다. 논어의 '不舍晝夜'는, 새벽부터 저녁까지 쉬지 않음을 말한 것이다. 지금 음을 捨로 읽는 경우가 있는데, 옳지 않다'고 했다.《楚辭辨證》은 주희가 죽기 1년 전에 지은 책으로, 이를 따라야 한다"(困學紀聞: 釋文:「舍音捨。」集注亦云上聲。而楚辭辨證云:「洪氏引顏師古:『舍, 止息也。』屋舍, 次舍皆此義。論語『不舍晝夜』, 謂曉夕不息耳。今人或音捨者非是。」辨證乃朱子晚年之書, 當從之。).

可指而易見者, 莫如[7]川流。故於此發以示人, 欲學者時時省察, 而無毫髮之間斷也。
'夫'(부)는 음이 '扶'(부, fú)이다. '舍'(사)는 상성[shě]이다. ○천지의 변화는, 갈 것은 가고 올 것은 그 뒤를 잇기를, 잠시의 멈춤도 없으니, 바로 도의 체(體)의 본모습이다. 그런데 그 도의 체(體)의 본모습 중에서 손으로 가리킬 수 있고 눈으로 쉽게 볼 수 있는 것으로는, 시냇물이 흘러가는 모습만 한 게 없다. 그래서 여기 냇가에서 말씀을 꺼내어 사람들에게 보여주셨으니, 배우는 자들이 시시때때로 성찰하기를, 잠시의 틈이나 단절도 없게 하고자 하신 것이다.

○程子曰:「此道體也。天運而不已, 日往則月來, 寒往則暑來[8], 水流而不息, 物生而不窮, 皆與道爲體, 運乎晝夜, 未嘗已也。是以君子法之, 自強不息[9]。及其至也, 純亦不已[10]焉。」[11, 12]

---

6 一息(일식): 한숨. 잠시(一呼一吸。比喻极短的时间。).

7 莫如(막여): ~하는 것만 못하다(不如: 这样选择较好).

8 《周易·繫辭下》해가 지면 달이 뜨고, 달이 지면 해가 뜨니, 해와 달이 서로 바꿔가면서 밝음[明]이 생겨난다. 추위가 가면 더위가 오고, 더위가 가면 추위가 오니, 추위와 더위가 서로 바꿔가면서 세월[歲]이 이루어진다. 지나가는 것은 움츠리고, 오는 것은 펼쳐지니, 움츠리고 펼치는 것이 서로 감응하여 이로움[利]이 생긴다(日往則月來, 月往則日來, 日月相推而明生焉。寒往則暑來, 暑往則寒來, 寒暑相推而歲成焉。往者屈也, 來者信也, 屈信相感而利生焉。);《古今注》천도는 순환하고, 한번 가면 다시 오지 않는 것이 아니니, 냇물이 한 번 가면 다시 오지 않는 것과는 다르다. 천도를 비유로 든 것은 적절하지 않다(天道循環, 無往不復, 非如川流之一逝而不反。其喩未切。).

9 《公冶長 제9장》 각주 《易經·☰乾·象傳》 참조.

10 《中庸 제26장》아! 하늘의 명하심. 아! 그 장엄함 그침 없어라. 이 시구는 하늘이 하늘로 여겨지는 까닭을 노래한 것이다. 오호! 어찌 드러나지 않겠느냐 문왕의 덕의 순일하심이여! 이 시구는 문왕이 '文'왕으로 여겨지는 까닭인 순일하고 또 순일하심[순일하심이 間斷이 없다]을 노래한 것이다(詩云: '維天之命, 於穆不已!' 蓋曰天之所以爲天也。'於乎不顯文王之德之純!' 蓋曰文王之所以爲文也, 純亦不已。).

11 《論語大全》伊川의 이 말은 도의 체현된 모습을 형용한 것이다. 伊川이 여기서 말한 '與道爲體'는 아주 오묘한 말이다. 도의 본연의 體는 볼 수 있는 것이 아니다. (日往月來·寒往暑來·水流不息·物生不窮) 이 네 가지 것들을 관찰하면 無體인 도의 체현된 모습을 볼 수 있다. 예컨대 陰陽五行이 太極이라는 도의 體가 되는 것과 같다. 日往月來 등의 현상은 도가 아니다. 그렇지만 도가 없다면, 日往月來 등의 이 같은 현상은 없었을 것이다. 이 도가 있으니, 비로소 이 같은 현상들이 있는 것이다. 이미 이것들이 있었고, 이것들에 근거해서 도가 있다는 것을 깨칠 수 있다. 이것들이 도와 더불어 도의 골격이 된 것이다. 도는 본래 體가 없다. 이 네 가지는 도의 體가 아니고, 단지 이것들로 인해 도의 체현된 모습을 볼 수 있다는 것뿐이다. 저 소리도 없고 냄새도 없는 것이 도인데[中庸 제33장], 소리도 없고 냄새도 없는 것에서 도를 추구한다면, 어떻게 도를 깨칠 수 있겠는가? (소리를 듣고 냄새를 맡을 수 있는) 이 네 가지 것들이 있으므로 인해, 비로소 저 소리도 없고 냄새도 없는 것인 도의 체현된 모습을 볼 수 있게 된 것이다. 그래서 '與道爲體'라고 한 것이다. 도는 형체가 없다. 그럼에도 여기 이 사물들은 저 도를 가득 채워 싣고 나온 것이다. 그래서 사물을 통해 도가 있음을 깨닫게 되는 것이다. 도가

○정자(程子·伊川)가 말했다. "(밤낮을 가리지 않고 유행[流行]하기를 멈추지 않는 물의) 이러한 모습은 (보이지 않는) 도의 (가시화된) 체(體)의 모습이다. 하늘은 운행(運行)하기를 그치지 않으니, 해가 지면 달이 뜨고, 추위가 가면 더위가 오고, 물은 흐르고 또 흐르기를 쉬지 않고, 만물은 태어나고 또 태어나기를 그 끝이 없으니, 이 모두가 도와 함께하는 (도의 가시화된) 체(體)의 모습으로서, 밤낮으로 운행(運行)하기를, 멈춘 적이 아직까지 없었다. 이 때문에 군자께서는 이 같은 하늘의 그치지 않는 운행을 본받아, 스스로 힘써 노력하기를 쉬신 적이 없었다. 그 지극한 경지에 이르러서는, 순일하시고 또 순일하시다."

又曰:「自漢以來, 儒者皆不識此義. 此見聖人之心, 純亦不已也. 純亦不已, 乃天德也. 有天德, 便可語王道, 其要只在謹獨[13, 14]。」

체현된 모습은 이러한 허다한 사물에서 나타나고 있지만, 다만 물[水]에서는 도의 체현된 모습이 비교적 구체적으로 가깝게 와닿아서 쉽게 볼 수 있다는 것이다(朱子曰: 此是形容道體. 伊川所謂與道爲體, 此一句最妙…… 道之本然之體不可見. 觀此則可見無體之體. 如陰陽五行, 爲大極之體; 日往月來等未是道. 然無這道, 便無這箇了. 有這道, 方有這箇. 旣有這箇, 就上面便可見得道. 是與道做箇骨子. 道本無體. 此四者非道之體也, 但因此可見道之體耳. 那無聲無臭底便是道, 只於無聲無臭上推究, 如何見得道. 因有四者, 方見得那無聲無臭底. 所以說與道爲體; 道無形體. 却是這物事盛載那道出來. 所以指物以見道. 道之體便在這許多物事上, 只是水上較親切易見.);《論語大全》하늘의 운행, 해와 달·추위와 더위의 왕래, 물의 흘러감, 만물의 태어남은 모두 自然不息하는 것들이다. 정자는 물의 흘러감을 다른 것들과 섞어서 말했는데, 물의 흘러감은 대개 그중에 하나의 단서일 뿐이다. 도는 형체로서 볼 수는 없지만, 이런 형체를 지니고 있는 몇 가지 단서들로 발현되어 나오는데, 이른바 '與道爲形體'라고 하는 것이다(新安陳氏曰: 天之運, 日月寒暑之往來, 水之流, 萬物之生, 皆自然不息者. 程子雜水流於其中言之, 水流蓋其一端耳. 道無形體之可見, 就此有形體之數端上發見出來, 所謂與道爲形體也.).

12 《古今注》 천도는 순환하여 가서 다시 오지 않음이 없어, 흐르는 물이 앞으로 갈 뿐 되돌아오지 않는 것과는 같지 않으니, 이를 비유로 든 것은 적절하지 못하다(天道循環無往不復, 非如川流之一逝而不反, 其喩未切.).

13 《近思錄集解·存養篇》주자가 말했다. "성인께서 川流의 不息을 보시고, 가는 것이 이와 같다고 감탄하셨으니, 그 까닭의 근원을 찾아보면, 바로 천명의 유행이, 不息의 본체이다. 오직 성인의 마음만이 이를 묵묵히 아시고 느끼신 바가 있었으니, 여기에서 성인의 純亦不已의 마음을 볼 수 있다." 또 말했다. "天德이 있으면 순일하게 天理이고, 私意에 의한 단절이 없어서, 王道를 행할 수 있다." 또 말했다. "배우는 자가 근독하는 것은, 이를 써서 不已하려는 것으로, 조금이라도 근독하지 않음이 있어, 人欲이 틈타게 되면, 단절이 생기게 된다"(朱子曰: 聖人見川流之不息, 歎逝者之如斯, 原其所以然, 乃天命流行, 不息之體. 惟聖人之心, 黙契乎此, 故有感焉, 於此, 可見聖人純亦不已之心. 又曰: 有天德則純是天理, 無私意間斷, 便做得王道. 又曰: 學者謹獨, 所以爲不已, 少有不謹, 則人欲乘之, 便間斷也.)(葉采 著/성백효 역주, 『譯註 近思錄集解(2)』[전통문화연구회, 2007], 182).

14 《大學》경문에서 말한, '그 발동되는 뜻을 진실하게 한다'라는 것은, 스스로를 속이지 말라는 것이다.

정자(程子·明道)가 말했다. "한(漢)나라 이래로, 학자들은 모두 이 말씀의 뜻을 알지 못했다. 이 장은 성인의 마음씨가, 순일하시고 또 순일하시다는 것을 보여 준 것이다. 순일하시고 또 순일하시다는 것은, 바로 하늘의 덕의 모습이다. 하늘의 덕을 간직하면, 왕도를 말할 수 있는데, 그 요체는 다만 근독(謹獨)에 있을 뿐이다."

愚按: 自此至篇終, 皆勉人進學不已之辭。

내가 생각건대, 이 장에서부터 이 편 마지막 장까지는, 모두 사람들에게 배움에 정진하길 그치지 말라고 권면하신 말씀이다.

악취를 싫어하는 것처럼 하고, 아름다운 여자를 좋아하는 것처럼 하는 것, 이것을 '自謙'[내심으로 편안해 하다. 자족하다]이라 하는데, 그러므로 군자는 반드시 그 홀로 있는 때를 더욱 근신하는 것이다. 소인은 혼자 있을 때는 不善한 짓을 하기를, 못하는 짓이 없다가도, 군자를 보고 난 뒤에는 슬그머니 그 不善은 가리고 그 善은 드러낸다. 그렇지만 사람들이 자기를 보는 눈이 그의 폐간 속까지 꿰뚫어 보는 듯한데, 무슨 도움이 되겠는가! 이것을 말하여, '내심에 꽉 차 있으면 밖으로 드러나 보인다'고 하는데, 그러므로 군자는 반드시 그 홀로일 때를 더욱 근신하는 것이다(所謂誠其意者, 毋自欺也, 如惡惡臭, 如好好色, 此之謂自謙, 故君子必慎其獨也! 小人閑居爲不善, 無所不至, 見君子而後厭然, 掩其不善, 而著其善. 人之視己, 如見其肺肝然, 則何益矣! 此謂誠於中, 形於外, 故君子必慎其獨也。). 증자께서 말씀하셨다. '열 눈이 보는 바이며, 열 손가락이 가리키는 바이니, 그 삼엄함이여!' 부가 쌓이면 집에서 빛이 나고, 덕이 쌓이면 몸에서 빛이 나고, 마음이 넓어지면 몸이 불어난다. 그러므로 군자는 반드시 그 발동되는 뜻을 진실하게 하는 것이다(曾子曰: '十目所視, 十手所指, 其嚴乎!' 富潤屋, 德潤身, 心廣體胖, 故君子必誠其意。); 謹獨(근독): =愼獨. 홀로 있을 때 근신에 소홀하지 않다(犹慎独. 谓在独处时谨慎不苟。).

[我未見好德如好色章]

091701、 子曰:「吾未見好德¹如²好色者³也。」⁴

선생님께서 말씀하셨다. "나는 아직까지 덕(德)을 좋아하기를 색(色)을 좋아하는 만큼 좋아하는 사람을 보지 못했다."

好, 去聲。○謝氏曰:「好好色, 惡惡臭, 誠也⁵。好德如好色, 斯誠好德矣, 然民鮮能之。」

'好'(호)는 거성[hào]이다. ○사씨(謝氏·謝顯道)가 말했다. "호색을 좋아하고, 악취를 싫어하는 것은, 사람들의 진실된 감정이다. 덕을 좋아하기를 색을 좋아하는 만큼 좋아하면, 진실로 덕을 좋아하는 것이지만, 그렇지만 사람 중에 그렇게 할 수 있는 자가 드물다."

○史記⁶:「孔子居衛, 靈公與夫人同車, 使孔子爲次乘⁷, 招搖⁸市過之。」孔子醜之, 故有是言。⁹

---

1 《論語集釋》'好德'은 바로 '好賢'의 뜻이지, 일반적이 道德을 말한 것이 아니다. 集注가 잘못 풀이했다(按: 好德卽好賢之義, 非泛言道德也。集注誤。).

2 如(여): ~하는 것같이 하다. 마치~와 같다(好像, 如同。).

3 《論語集解》당시 사람들이 덕을 박대하고 색을 후대한 것을 싫어해서, 하신 말씀이다(注: 疾時人薄於德而厚於色, 故以發此言也。);《論語新解》或說: 호색은 진실한 감정에서 나오는데, 사람들의 好德은 매양 好色의 진정성만 못하다(或说: 好色出于诚, 人之好德, 每不如好色之诚。): "나는 아직 외양을 좋아하듯 덕을 좋아하는 자를 보지 못했다"(이수태, 『새번역 논어』 [생각의 나무, 1999]);《衛靈公 제12장》에도 같은 글이 나온다: 공자 57세 때의 일이다.

4 《禮記·坊記》공자께서 말씀하셨다. "德을 좋아하기를 色을 좋아하듯이 좋아한다." 제후는 아래에서 아름다운 여인을 잡아 올리지 않는다. 그러므로 군자는 여인을 멀리하는 것으로 백성의 기강을 삼는다(子云:"好德如好色。" 諸侯不下漁色。故君子遠色以爲民紀。).

5 앞의 각주《大學》참조.

6 《史記·孔子世家》위나라에 머문 지 한 달 남짓 되었을 때, 영공이 부인과 함께 수레를 타고, 환관 雍渠(옹거)를 옆에 태우고 궁문을 나서는데, 공자에게는 수행원용 수레에 타게 하고, 드러내놓고 과시하면서 시내를 지나갔다. 공자가 말했다. "나는 아직까지 덕을 좋아하기를 색을 좋아하듯이 좋아하는 자를 보지 못했다." 이에 이런 모습을 싫어하여 위나라를 떠나서 조나라로 갔다(居衛月餘, 靈公與夫人同車, 宦者雍渠參乘, 出, 使孔子爲次乘, 招搖市過。孔子曰: '吾未見好德如好色者也。' 於是醜之, 去衛, 過曹。).

7 次乘(차승): 뒤따르는 수레. 수행차량(从车。扈从之车: 跟从的车).

8 招搖(초요): 떠벌리고 과시하다. 드러내놓고 뽐내다[朱子: 이리저리 기분 나는 대로 유람하다](张扬炫耀, 引人注意; 朱子曰: 招搖, 如翱翔。).

○《사기》(史記)에는, (정공 14년) 공자(孔子)께서 위(衛)나라에 계실 때에, 영공(靈公)이 자기 부인과 수레를 함께 타고, 공자(孔子)에게는 수행원용 수레에 타게 하고는, 이리 저리 기분껏 구경하면서 저잣거리를 지나갔는데, 공자(孔子)께서 이런 모습을 싫어하셨기 때문에, 이 말씀을 하신 것으로 기록되어 있다.

---

9 《讀四書大全說》《史記》의 글은, 南子에 대한 영공의 好色을 보면서 천하 사람들이 好德하는 것이 영공이 好色하는 것만 못함을 탄식한 말이지, 영공을 비난한 말이 아니다. 또 공자께서 '吾未見'이라 하신 것은, 뒤끝이 남아 있는 말씀이 아니다. 영공의 황음무도함은, 당시 제후들에게서도 흔히 볼 수 있는 모습이 아니었는데, 하물며 사대부 중의 현자에게서 볼 수 있는 모습이겠는가? 그런데 이 한 가지 사례로 인해, 천하의 임금과 신하를 모두 싸잡아서 '나는 아직까지 德을 좋아하기를 色을 좋아하는 만큼 좋아하는 사람을 보지 못했다'고 비난한다면, 그 어찌 천하의 자중자애하는 자들을 설복시키겠는가? 또 '德을 좋아하기를 色을 좋아하는 만큼 좋아한다'고 한 것은, 好德과 好色을 서로 비교하는 말인즉, 好德한 자를 위해 맞춤한 말이지, 好德하지 않는 자 때문에 한 말이 아니다(史記所云者, 亦謂見靈公之好色, 而因歎天下好德者之不如此, 非以譏靈公也。…… 且子曰 "吾未見"者, 盡詞也。靈公之荒淫毫悖, 當時諸侯所不多見, 而況於士大夫之賢者? 乃因此一事, 而遂槩天下之君若臣曰 "吾未見好德如好色", 其何以厭伏天下之自好者哉? 且云 "好德如好色", 兩相擬之詞, 則正爲好德者言, 而非爲不好德者。).

[譬如爲山未成一簣章*]

091801、子曰:「譬如¹爲山, 未成一簣², 止, 吾止也³; 譬如平地⁴, 雖⁵覆一簣⁶, 進⁷, 吾往也⁸。」⁹

---

1 譬如(비여): 예를 들다. 예컨대(举个例子, 打个比方; 例如。比如。).

2 [성]未成一簣(미성일궤): 한 삼태기 흙을 붓지 못하다. 마지막 남은 힘을 쏟지 못해서 완성하지 못하다. 거의 다 된 일을 그만두다. 거의 다 되다 말다(=功虧一簣。比喻做事只差最后一点力量而未能完成。比喻功敗垂成。); [성]爲山止簣(위산지궤): 성공 직전에 그만두다. 거의 다 되다 말다(比喻功敗垂成。); 簣(궤): 흙을 담는 삼태기(盛土的竹筐).

3 《論語集解》산을 쌓아 올리는 자가, 그가 이미 들인 공이 많아도, 한 삼태기의 흙을 붓지 못하고 도중에 그만둘 경우, 나는 그가 앞에 들인 공이 많다 하여 그를 훌륭하게 여기지 않고, 그의 뜻이 이루어지지 않는 것을 보았기 때문에, 그를 돕지 않을 것이다(注: 苞氏曰: 爲山者, 其功雖已多, 未成一籠而中道止者, 我不以其前功多而善之也, 見其志不遂, 故不與也。); 《論語義疏》이 구절은 그동안 쌓은 선행의 결과가 거의 이루어지려 하는데 그만 멈추는 것을 경계한 것이다(疏: 此戒人爲善垂成而止者也。).

4 《論語義疏》평지에 산을 쌓아 올리는 것으로 비유한 것이다(疏: 譬於平地作山。); 《百度漢語》平地(평지): 지면을 평평하게 고르다(平整地面。); 《論語詞典》平地(평지): 지면. 평지(地基。); 《古漢語語法》"平地" 뒤에는 앞절을 받아 "爲山" 두 글자를 생략했는데, 아마도 앞의 "爲山"과 글자 수를 일치시켜 대구를 맞추기 위해서였을 것이다. 그렇지만 文意 면에서 보자면 뜻을 알기 어렵게 했다("平地"后边承上文省略了"为山"二字, 可能是为了与"为山"取得字数上的一致, 在结构上对称。但在文意上却使人费解。); 《論語譯注》・《文言語法》에서는, '譬如平地'를 '譬如在平地爲山'의 생략으로 보아, '평지에 흙을 부어 산을 쌓아 올리는 것에 비유하다'(好比在平地上堆土成山)로 풀이한다; 도올 김용옥은 '爲山'[쌓아 올려 산을 만든다]과 '平地'[메꾸어 길을 낸다], '成'[흙을 쌓아 올린다]과 '覆'[구덩이에 흙을 붓는다], '止'[마지막 순간에 멈춘다]와 '進'[첫 시작을 내가 한다], '吾止'[내가 멈춘 것이다]와 '吾往'[내가 나아간 것이다]을 대칭되는 언어로 보고, 구덩이에 흙을 쏟아부어 평평하게 해서 길을 내는 것으로 풀이한다(김용옥, 『논어한글역주』[통나무, 2008]).

5 《疑義舉例・雖唯通用例》'雖'字는 '唯'[겨우]로 읽어야 한다. 평지에 겨우 한 삼태기의 흙을 붓는다는 말로, 적은 양을 강조했는데, 바로 앞 구절 '未成一簣'와 對句로서 뜻을 이룬다(按: 此雖字當讀爲唯, 言平地之上, 唯覆一簣, 極言其少; 正與'未成一簣'相對成義。); 《羣經平議》馬融은 '雖'를 본래자로 읽었는데, 그러면 그 뜻이 왜곡된다. 대개 '雖'는 본래 '唯' 소리를 따랐기 때문에, '唯'로 읽어야 맞다. 그래서 두 글자는 옛날에 서로 바뀌었다('唯'馬讀雖如本字, 斯其義曲矣。雖當讀爲唯…… 蓋雖本從唯聲, 故二字古得通用。); 《古書虛字》'唯'字는 또 어떤 경우에는 '雖'로 쓴다('唯'字又或作'雖'。); 《北京虛詞》雖(수): 부사. 겨우. 단지. 동작과 상황이 겨우 어떤 범위에 한함을 표시한다('雖', 副词。表示动作和情况仅限于某个范围。同'唯'。义即'只'。); 《論孟虛字》겨우. 단지('雖', 猶'唯'之借字。爲'僅'祇之義。).

6 覆簣(복궤): 한 삼태기 흙을 붓다. 작은 것이 모여서 큰 것을 이루다(倒一筐土。谓积小成大, 积少成多。); 覆(부): 뒤집다. 뒤엎다. (속에 든 것을) 기울여 쏟아붓다(本义: 翻转, 倾覆倒。).

7 篆書에서는 밑받침으로 '辵'(착)을 쓰는데, '彳'과 '止'의 합성어로, 새가 가다 서다를 반복하는 모습[㣟]을 그린 것이다.

8 《論語集解》평지에 산을 쌓아 올리는 자가, 나아가서 공을 들이려 할 경우, 이제 겨우 한 삼태기의

선생님께서 말씀하셨다. "쌓아 올리고 있는 산에 비유하자면, 마지막 한 삼태기 흙을 붓지 못하고, 그만두었다면, 나는 그만둔 것이다. (아직 흙을 쌓아 올리지 않은) 평평한 땅에 비유하자면, (산을 쌓아 올리기 위해) 이제 겨우 한 삼태기 흙을 붓고 나아갔다면, 나는 나아간 것이다."

簣, 求位反。覆, 芳服反。○簣, 土籠[10]也。畫曰[11]:「爲山九仞[12], 功虧一簣。」夫子之言, 蓋出於此。言山成而但少一簣, 其止者, 吾自止耳; 平地而方[13]覆一簣, 其進者, 吾自往耳。蓋學者自彊不息[14], 則積少成多[15]; 中道而止, 則前功盡棄[16]。其止其往, 皆在我而不在

흙을 부었어도, 나는 그가 들인 공이 적다고 하여 그를 박대하지 않고, 그의 나아가려는 뜻에 따라 그를 도와줄 것이다(注: 馬融曰: 平地者, 將進加功, 雖始覆一簣, 我不以其見功少而薄之也, 據其欲進而與之也。);《論語義疏》이는 사람들이 처음 시작한 선행이 멈추지 않고 계속되기를 권장한 것이다(疏: 此奬人始爲善而不住者也。).

9《孟子‧盡心上 제29장》맹자가 말했다. "어떤 일을 하는 사람은 비유한다면 우물을 파는 것과 같다. 우물을 여덟 자를 팠는데, 샘까지 이르지 못했으면, 우물 파기를 포기한 것과 같다"(孟子曰: 有爲者辟若掘井。掘井九軔, 而不及泉, 猶爲棄井也。);《荀子‧宥坐》공자께서는, '개미집만 한 흙더미를 쌓았어도 앞으로 나아간다면, 나는 칭찬할 것이다. 산언덕만 한 흙더미를 쌓았어도 그만 멈춘다면, 나는 칭찬을 그만둘 것이다'라고 하셨다. 지금의 배우는 자들은 배움의 수준이 아직 뽀루지 크기만도 못되면서, 다 갖추고 있는 양 남을 가르치려 든다(孔子曰: "如垤而進, 吾與之; 如丘而止, 吾已矣。" 今學曾未如肬贅, 則具然欲爲人師。);《大戴禮記‧勸學》흙을 쌓아서 산을 이루면, 風雨가 거기서 일고, 물을 모아서 내를 이루면, 蛟龍이 거기서 산다. 그런 까닭에 반걸음을 모으지 않으면, 千里에 다다를 수 없고, 작은 물줄기를 모으지 않으면, 江海를 이룰 수 없다. 천리마도 단 한걸음에 천리를 갈 수 없고, 굼뜬 말도 쉼이 없으면, 그 공이 버려지지 않는다(積土成山, 風雨興焉; 積水成川, 蛟龍生焉; 積善成德, 神明自傳, 聖心備矣。是故不積跬步, 無以致千里; 不積小流, 無以成江海; 騏驥一躍, 不能千里; 駑馬無極, 功在不舍……。).

10 土籠(토롱): 흙삼태기(盛土的竹器).

11《書經‧周書‧旅獒》아! 밤낮으로 혹시라도 덕에 힘쓰지 않는 일이 있어서는 안 되고, 소소한 일이라도 조심해서 하지 아니하면, 결국에는 큰 덕에 누를 끼칠 것입니다. 아홉 길 높이의 산을 쌓아 올리는 데 겨우 한 삼태기의 흙이 모자라도 산은 완성되지 못합니다(嗚呼! 夙夜罔或不勤, 不矜細行, 終累大德。爲山九仞, 功虧一簣。).

12 仞(인): 한 길. 사람의 키높이(古代計量單位: 一仞[周尺八尺或七尺。周尺一尺約合二十三厘米]。).

13 方(방): 단지. 겨우. 범위나 정도를 표시한다(表示范围或程度, 相当于'只'、'仅'。).

14《公冶長 제9장》각주《易經‧☰乾‧象傳》참조.

15《戰國策‧秦策四》무릇 얇은 것들이 쌓이면 두꺼워지고, 작은 것들이 모이면 많아지는 법이다(於是夫積薄而爲厚, 聚少而爲多。);《漢書‧董仲舒傳》적은 양들이 모여 많은 양을 이루고, 작은 것들이 모여 거대한 것을 이룬다(衆少成多, 積小致鉅[巨]。); 積少成多(적소성다): 티끌 모아 태산(积累少量的东西, 能成为巨大的数量。谓只要不断积累, 就会从少变多。).

16《史記‧周本紀》(지금까지 그대가 세운 공은 대단하지만) 싸워서 한 번이라도 승리하지 못한다면, 이전까지 고생해서 쌓아놓은 공로가 완전히 사라질 것이다(一舉不得, 前功盡棄。); 前功盡棄(전공진기):

人也。[17]

'簣'(궤, kuì)는 '求'(구)와 '位'(위)의 반절이다. '覆'(복, fù)은 '芳'(방)과 '服'(복)의 반절이다. ○'簣'(궤)는 '흙을 담는 삼태기'[土籠]이다. 《서경》(書經)에, '아홉 길 높이의 산을 쌓아 올리는 데 겨우 한 삼태기의 흙이 모자라도 산은 완성되지 못한다'고 했는데, 선생님의 말씀은 대개 여기에서 나온 것이다. 말씀인즉, '산이 완성되는 데 겨우 흙 한 삼태기가 모자라는데, 그 정도에서 그만둔 것은 나 스스로 그만둔 것이고, (산을 쌓아 올리기 위해) 평평한 땅에 이제 겨우 흙 한 삼태기를 부었는데, 그 정도만큼 나아간 것은 나 스스로 나아간 것이다'라는 것이다. 대개 배우는 자가 스스로 힘써 노력하기를 쉬지 않으면, 적은 양이 쌓이고 쌓여 많은 양을 이루게 되지만, 도중에 그만 멈추게 되면, 이전까지 쌓아놓은 공로가 모두 헛수고가 된다. 그 정도에서 그만두는 것이나 그 정도만큼 나아가는 것이, 모두 나에게 달려 있는 것이지 남에게 달려 있는 것이 아니다.

이전의 모든 노력이 완전 헛수고가 되다. 이미 획득한 성취가 완전히 헐어져 버리다(全部努力完全白費。亦指已获取的成就完全毁弃。).

17 《論語大全》이 장은 단지 爲山만 말씀했고, 爲學을 말씀하지 않았지만, 爲學의 뜻이 언외로 드러나 있는데, 이 장 외에 松柏章[子罕 제27장]·驥力章[憲問 제35장]·苗秀章[子罕 제21장]이 바로 이것이다(新安陳氏曰: 此止言爲山, 而未嘗言爲學, 然爲學之義見於言外, 此外松柏驥力苗秀章是也。).

[語之而不惰章]

091901、子曰:「語之而不惰者[1], [2], 其回也與[3]![4]」

1 《論語集解》안회는 이해했기에, (안회에게) 말해 주는 데 (공자께서) 게으름 피지 않았다(注: 顏淵解, 故語之而不惰。);《論語義疏》다른 제자들은 완전히 이해하지 못했기 때문에, 공자의 가르침을 듣는 데 (다른 제자들은) 피로해 하고 게으름을 피웠다(疏: 餘人不能盡解, 故聞孔子語而有疲懈。);《論語疏證》가르쳤는데 껍질이 벗겨지듯이 이해되지 못하는 경우[禮記·學記], 게으른 마음이 생겨난다. 안연의 경우 선생님의 말씀에 기뻐하지 않은 게 없었는데, 어찌 게으른 마음결이 생겨나겠는가!(樹達按: 教而不能相說[脫]以解, 則惰生焉。顏淵於夫子之言無所不說, 焉有惰之理哉!);《論語正義》안자는 선생님의 말씀에 대해 이해하지 못하는 게 없었다[先進 제3장] 선생님께서 안자와 종일토록 서로 묻고 답했으니[爲政 제9장], 이것이 '語之而不惰'[(공자께서 안회에게) 말해주는 데 게으름 피지 않으셨다]이다.《禮記·學記》에, '옛날의 가르치는 자는, 학생의 안색을 관찰하되, 학생의 안색에 의심나는데도 능력이 안 되어 질문하지 못하는 것을 본 연후에, 알아듣게 말해 준다. 말해 주었는데 알아듣지 못하면, 잠시 제쳐두는 것도 괜찮다'라고 했는데, (묻고 답하는 것을) 잠시 제쳐두는 것이 바로 '惰'이다(正義曰: 顏子於夫子言, 無所不說。說者, 解也。夫子與顏子言終日, 是語之不惰也。《學記》云: "古之教者, 時觀而勿語, 必力不能問, 然後語之。語之而不知, 雖舍之可也。"舍之, 即惰矣。);《論語新解》"강설하는데 (알아듣지 못해) 게으름 피지 않은 사람은 안회뿐이다!"("和他讲说了不怠懈的, 只是颜回了吧!");《論語新解》이 장은 앞 장[제18장]을 이어 받은 장이다. 그런데 독자들은 대부분 '不惰' 두 글자를 중시하고, '語之' 두 글자를 소홀히 하기 쉽다. 대개 문답하는 것은 대부분 의심나기 때문으로, 말해 주는 것은 아직 미치지 못한 것을 가르치는 것이다. 말해 주는 것을 들었지만 마음에 터득하지 못했기 때문에, 태만해진다. 안자 만큼은 공자께서 해주신 말에 대해, 하나를 들으면 이를 유추하여 열을 다 알고, 마음속으로 깊이 이해하고 힘써 행했으니, 자연히 태만하지 않았다. 이 장은 안자의 높은 경지를 보여준다(本章承上章。然讀者易于重視不惰二字, 而忽了語之二字。蓋答問多因其所疑, 語則教其所未至。聞所語而不得于心, 故惰。独顏子于孔子之言, 触类旁通, 心解力行, 自然不懈。此见颜子之高。); 惰(타): 공경하지 않다. 불경하다. 태만하다. 게으르다(不恭敬。不敬。懈怠; 懶惰。).

2 《論語集釋》梁章鉅[1775~1849]의《論語集注旁證》에 말했다. "하안의 注는 惰字의 풀이를 말해주는 사람 쪽에서 설명했고, 황간의 疏은 惰字의 풀이를 말을 듣는 사람 쪽에서 설명했으니, 注와 疏의 견해가 서로 갈라진다. 주희 注는 황간의 疏를 따라, '不惰'가 안자를 가리키는 것으로 설명했다. 그렇지만 말씀의 뜻을 자세히 뜯어보면, 말씀을 하는 공자 쪽에서 설명하는 것이 뜻에서 더 나으니, 古注는 버려서는 안 된다"(按: 論語集注旁證云:「何訓惰字就語之者說, 皇, 邢訓惰字就聽語者說, 注疏兩岐。朱注沿皇, 邢疏之舊, 不惰指顏子說。然細玩語意, 仍以就夫子方面說於義較長, 古注究不可廢也。」); 거의 모든 주석이, 말하는['語'] 주체를 공자로 보고 있으나, '而'를 전후하여 주체가 바뀌는 것이 자연스럽지 못한 점이 있다. 따라서 말하는[語] 주체를 안연으로 볼 수도 있겠으나 단정하기는 어렵다 할 것이다["말하면서 동시에 행함에 게으르지 않는 자는 回로구나"](이수태, 『새번역 논어』[생각의나무, 1999];『논어의 발견』[생각의나무, 1999]).

3 《文言虛詞》'與'가 추측·예상을 표시할 수 있고, '吧'字를 써서 번역한다('與'可以表示推測, 估計, 這時, 可以用'罷'字來譯它。);《北京虛詞》也與(야여): ~이겠지? ~일 것이다. 추측을 나타내는 의문문 끝에 쓰여 비교적 긍정적인 추측어기를 표시한다('也與', 語氣詞連用。用于測度疑问句末, 表示较肯定的推测语气。义即'吧'。).

선생님께서 말씀하셨다. "무언인가를 일러주었는데 (알아듣고 행하는 데) 게으름을 피우지 않은 자는 아마도 안회(顏回)일 것이다!"

語, 去聲。與, 平聲。○惰, 懈怠[5]也。范氏曰:「顏子聞夫子之言, 而心解[6]力行, 造次顛沛[7]未嘗違之。如萬物得時雨[8]之潤, 發榮滋長[9], 何有於惰, 此群弟子所不及也。」[10]

'語'(어)는 거성[yù]이다. '與'(여)는 평성[yú]이다. ○'惰'(타)는 '게으름 피우다'[懈怠]이다. 범씨(范氏·范淳夫)가 말했다. "안자(顏子)는 선생님이 해주는 말씀을 들으면, 마음속으로 깊이 이해하고 실행하는 데 힘쓰기를, 경황이 없는 중에도 자빠지고 엎어지는 중에도 그 말씀을 어긴 적이 없었다. 마치 만물이 때맞춰서 내리는 단비에 촉촉이 젖어서, 꽃봉오리를 내밀고 무성하게 자라나는데, 그 어디에도 게으름 피우는 모습이란 없는 것과 같았으니, 이것이 다른 제자들이 미치지 못한 점이었다."

---

4 《朱子語類36: 135》"'語之而不惰'는, 어디에서 볼 수 있는지요?" "(안회는) '한 가지라도 선을 얻으면, 늘 가슴속 깊이 간직해두고 잃지 않았다'[中庸 제8장]라고 했고, '(배움에 대한 깊은 희열로) 그만 멈추고 싶어도 그만 멈출 수 없었다'[子罕 제10장]고 했으니, 모두 그가 게으르지 않은 사례이다"(陳仲亨問: "'語之而不惰', 於甚處見得?" 曰: "如'得一善, 則拳拳服膺, 而不失之矣。', '欲罷不能', 皆是其不惰處。").

5 懈怠(해태): 마음과 몸이 풀어지고 늘어지다. 행동이 굼뜨고 움직이기를 싫어하다(松懈懶散).

6 心解(심해): 마음속으로 이해하다. 배움은 마음속으로 이해하지 않으면 잊어버리기 쉽다(心中领会; 学不心解, 则忘之易。).

7 《里仁 제5장》 참조.

8 《孟子·盡心上 제40장》 맹자가 말했다. "군자가 가르치는 방법은 다섯 가지가 있다. 때맞추어 내리는 단비가 씨를 싹트게 하는 것과 같은 방법이 있다. 덕을 이루게 하는 방법이 있다. 재능을 통달하게 하는 방법이 있다. 물음에 답해주는 방법이 있다. 남의 훌륭한 점을 혼자서 사숙하는 방법이 있다. 이 다섯 가지가 군자가 가르치는 방법이다"(孟子曰: 君子之所以教者五: 有如時雨化之者, 有成德者, 有達財者, 有答問者, 有私淑艾者。此五者, 君子之所以教也。); 時雨(시우): 때맞춰 내리는 단비(应时的雨水).

9 發榮滋長(발영자장): 꽃봉오리를 내밀고 무럭무럭 자라다. 초목이 무성하게 싹을 틔우고 자라다(草木繁茂地萌发生长).

10 《論語大全》 안자만이 時雨에 의해 싹을 틔울 수 있었고, 공자만이 싹을 틔울 때에 맞춰 싹을 틔울 時雨의 역할을 담당할 수 있었다. '發榮滋長'은, '苗勃然興之'[7, 8월 가뭄에 바짝 말라 타들어 가던 싹들이, 하늘이 뭉게뭉게 구름을 일으켜 주룩주룩 비를 내리면, 싹들이 금방 벌떡 일어난다][孟子·梁惠王上 제6장]라는 말이다(新安陳氏曰: 惟顏子能化於時雨, 惟孔子能當其可化之時, 而化以時雨。發榮滋長, 所謂則苗勃然興之者也。).

[子謂顔淵章]

092001、**子謂顔淵, 曰¹:「惜乎²! 吾見其進也, 未見其止也。」³**

　　선생님께서 안회(顔回)를 평하여 말씀하셨다. "(안회가 일찍 죽은 것이) 참으로 가슴 아프고 아깝구나! 나는 그가 앞으로 계속 나아가는 것은 보았지만, 그가 도중에 그만 멈추는 것은 보지 못했다."

進止二字, 說見上章。顔子既死而孔子惜之, 言其方⁴進而未已也。

'進'(진)과 '止'(지) 두 글자에 대한 설명이 앞 제18장에 언급되어 있다. 안회(顔回)가 죽고 나서 공자(孔子)께서 그의 죽음을 애석하게 여겨, 말씀하시기를 그는 다만 앞으로 계속 나아가기만 했을 뿐 도중에 그만 멈추지를 않았다고 하신 것이다.

---

1 《論語集釋》'子謂顔淵'은 두 번 나오는데, 用舍行藏章[述而 제10장]의 '子謂顔淵'의 경우는 공자께서 안연을 대면해서 말씀하신 것으로, '曰'과 합쳐서 한 구로, '子謂子夏曰'[雍也 제11장] 역시 합쳐서 한 구인 것과 같다. 이 장의 '子謂顔淵'은 공자께서 안자를 대면하지 않고 말씀하신 것으로, '淵'字에서 단구하고, '曰'字가 한 구로, '子謂仲弓'[雍也 제4장] 역시 단구하고, '曰'字 역시 한 구인 것과 같다(張師曾校張達善點本曰: '子謂顔淵'凡二見, 前用舍行藏, 乃子面命, 通爲一句, 如'子謂子夏曰', 亦通爲一句是。此非面命, '淵'字句絕, '曰'字自爲一句, 如'子謂仲弓'亦句絕, '曰'字亦自爲一句是。).
2 《北京虛詞》乎(호): 감탄어기사('乎', 语气词。用于句末, 表感叹语气。又即'啊'、'呀'。).
3 《論語集釋》胡炳文[1250~1333]의 《四書通》에 말했다. "앞 장 '語之而不惰'는, 안자의 마음이, 흐르는 물이 밤낮으로 쉬지 않는 것과 같다는 것이고, 이 장 '其進 未見其止'는, 안자의 힘씀이, 쌓아 올리는 산에 한 삼태기를 붓지 못하고 그만두는 것과 같은 짓을 결코 하지 않았다는 것이다"(四書通: 大抵上章'語之而不惰, 是顔子之心, 如川流不舍晝夜。此章'見其進, 未見其止, 是顔子之用力, 不肯如爲山之未成一簣而止也。).
4 方(방): 범위나 정도를 표시한다. 단지. 겨우(表示范围或程度, 相当于"只", "仅"。).

[苗而不秀章]

092101、子曰:「苗而不秀[1]者有矣夫[2]! 秀而不實[3]者有矣夫!」

선생님께서 말씀하셨다. "싹은 틔웠지만, 이삭이 패지 못하는 씨앗도 있을
테지! 이삭은 팼지만, 열매를 맺지 못하는 씨앗도 있을 테지!"

夫, 音扶。○穀[4]之始生曰苗, 吐華[5]曰秀, 成穀曰實。蓋學而不至於成, 有如此者, 是以君
子貴自勉也。[6]

'夫'(부)는 음이 '扶'(부, fú)이다. ○곡식이 싹이 트는 것을 '苗'(묘)라고 하고, 이삭이 패

---

1 苗而不秀(묘이불수): 싹은 나왔지만, 이삭이 패지 못하다. 자질은 있지만, 성공하지 못하다. 요절하다.
  내실은 없으면서 겉모습만 갖추다(指庄稼出了苗而没有抽穗。比喻人有好的资质, 却没有成就。喻人早死
  或虚有其表); 秀(수): 이삭이 패고 꽃이 피다. 꽃(本义: 谷物抽穗扬花。草木之花.).

2 《論語句法》'苗而不秀者'는 '有' 앞으로 당겨진 목적어이다('苗而不秀者'是提前的止詞。);《北京虛詞》
  矣夫(의부): '矣'는 긍정어기를, '夫'는 감탄어기를 표시한다. 연용 후에는, 주로 감탄어기와 아울러, 추측
  의 의미를 겸한다. ~거야. ~겠지("矣"表示肯定语气, "夫"表示感叹语气。连用后, 主要表示感叹语气, 同时
  兼有測度的意味。义即"吧"、"了吧".).

3 [성]秀而不實(수이부실): 이삭이 패고 꽃은 피었지만, 열매를 맺지 못하다. 약간의 피상적인 지식을
  배웠지만 성취하지 못하다. 총명함에 걸맞은 성적이 나오지 못하다(秀: 庄稼吐穗开花; 实: 結果实。开花不
  结果。比喻只学到一点皮毛, 实际并无成就。喻人很聪明, 却未做出实际成绩.);《論語義疏》이 장도 안연
  의 단명을 탄식하시면서 비유로 드신 것이다(疏: 又爲歎顏淵爲譬也.);《論語譯注》한·당의 많은 사람은
  공자의 이 말이 안회의 단명 때문에 한 말로 보고 있다. 禰衡(네형)[173~198]의 《顏子碑》에, '秀不實'
  글귀가 새겨져 있다(漢人唐人多以爲孔子這話是爲顏回短命而發⋯⋯禰衡《顏子碑》如此說.).

4 穀(곡): 곡식. 농작물과 양식의 총칭(庄稼和粮食的总称).

5 吐華(토화): 개화하다(开花.);《論語集釋》江永[1681~1762]의 《羣經補義》에 말했다. "《說文解字》에는
  '秀'字에 대해 풀이를 달지 않았는데, 東漢 光武帝[名 劉秀]를 피휘한 것이다.《說文·禾部》에 '穗'(수)를
  풀이하기를, '벼 이삭이 팬 것이다'라고 했다. 대개 '穗'를 '秀'로 보았으니, '吐花'를 '秀'의 뜻으로 보는
  것보다 낫다. 벼 이삭이 패는 것을 속으로 '모가지를 내밀다'라고 하고,《詩經·大雅·生民》에, '싹트고
  모가지 내밀더니, 낟 알갱이 잘 여물었네'라고 했는데, 벼가 모가지가 나온 후에 낟 알갱이가 잘 여문
  것이다"(江永羣經補義: 說文於'秀'字無釋, 避光武諱也。釋'穗'字云: '禾成秀也.' 蓋以穗爲秀, 較吐花曰秀
  之義爲長, 禾成穗俗語之出穗, 詩'實發實秀、實堅實好.', 禾出穗而後堅好也.).

6 《論語大全》이 장에 대해 어떤 자는 공자께서 안자의 죽음을 두고 애석하게 여긴 것을 말씀하신 것이라고
  하는데, 아니다. 이 장은 배움을 시작했지만 발달하지 못하고, 발달했지만 성취하지 못한 자를 두고
  말씀하신 것이다. 배우는 자는 단지 싹을 틔우고 이삭이 팬 것으로 스스로 멈춰서는 안 되고, 이삭이
  패고 또 열매가 맺도록 스스로 힘써야 한다(新安陳氏曰: 此章或謂孔子惜顏子, 非也。此以其始學而不發
  達, 發達而不成就者。學者不可以方苗而秀自止, 當以旣秀且實自勉也.).

는 것을 '秀'(수)라고 하고, 다 익은 곡식을 '實'(실)이라고 한다. 대개 배웠지만, 완성의 단계에 이르지 못한 경우에도, 이와 같은 것이 있는데, 이 때문에 군자는 스스로 힘쓰는 것을 귀중하게 여긴다.

[後生可畏章]

092201、子曰:「後生可畏¹, 焉²知來者³之不如今也?⁴ 四十、五十而無聞⁵, 斯⁶亦不足畏也已⁷。」⁸

선생님께서 말씀하셨다. "후생(後生)은 두려워하기에 충분하니, 그들의 장래가 나의 지금만 못할지 어찌 알겠는가? (그렇지만) 사십이 되고 오십이 되도록 세상에 알려질 게 없다면, 두려워하기에 부족하다."

焉知之焉, 於虔反。○孔子言後生年富力彊⁹, 足以積學而有待, 其勢可畏, 安¹⁰知其將來

---

1 [성]後生可畏(후생가외): 젊은이는 경외할 만한 존재이다. 젊은 세대가 앞 세대를 뛰어넘을 수 있다(后生: 后辈; 畏: 敬畏。年轻人是可敬畏的。形容青年人能超过前辈。);《論語義疏》'後生'은 나이가 어린, 내 뒤에 태어난 자를 말한다. '可畏'는 가지고 있는 재능과 학문이 탄복할 만한 자를 말한다(疏: 後生, 謂年少在己後生者也。可畏, 謂有才學可心服者也。);《論孟虛字》'可'는 '足'과 같다. 충분히. 앞에 나온 '可畏'와 뒤에 나온 '足畏'의 '可'와 '足'은 동의어이다('可', 猶'足'。和'足夠'相當。上言'可畏', 下言'足畏', '可'與'足', 爲互文同義。).

2 焉(언): 어찌. 어떻게(如何。表示承接上文, 得出结论。如: 焉能; 焉得; 焉敢; 焉知; 焉用。).

3 來者(래자): 장래의 일. 장래의 사람. 후배(將來的事。將來的人; 後輩。).

4 《論語正義》'不如今'은 (그들의 장래가) 지금 어렸을 때만큼 두려워할 정도가 못 된다[못 될지 어찌 알겠는가?]는 말이다. 어렸을 때는 총명해서 두려워할 만하다(正義曰: '不如今', 謂不如今日之可畏也。人少時有聰慧, 爲人所畏。);《論語新解》'來者'는 지금의 後生이고, '今'은 지금의 成人이다(来者, 今日之后生。今, 今日之成人。);《論語譯注》"그들의 미래(의 성취)가 지금 세대(의 성취)만 못할 것이라고 어찌 단정하겠는가?"("怎能斷定他的將來趕不上現在的人呢?").

5 《傳習錄 · 薛侃錄》'無聞'은 도를 듣지 못한 것이지 명성이 없는 것이 아니다. 공자께서, '그것은 聞이지, 達이 아니다'[顏淵 제20장]라고 하셨으니, 어찌 명성을 사람들에게 바라셨겠는가?('四十五十而無聞', 是不聞道, 非無聲聞也。孔子曰:『是聞也, 非達也。』安肯以此望人?');《論語譯注》"여전히 무슨 명망이랄 게 없다면"("還没有什麼名望");《百度漢語》無聞(무문): 명성이 없다. 알려지지 못하다(没有名声; 不为人知).

6 《論語句法》'斯'는 '則'과 같고, 마지막 구절의 머리에 붙는 관계사이다('斯'字等於'則', 是後果小句頭上加的關係詞。);《古漢語語法》斯(사): 이는 곧. 윗글을 이어받는 역할을 하는 접속사('斯', 順承连词。可以译为'这就'。).

7 《北京虛詞》也已(야이): ~구나! ~하겠다야! 긍정어기와 감탄어기를 동시에 표현한다('也已', 语气词连用。在表肯定语气的同时, 兼表感叹语气。义即'了'、'了啊'。).

8 《禮記 · 學記》때가 지나서 배우려고 하면, 힘만 들이고 고생만 할 뿐 성취가 없다(時過然後學, 則勤苦而難成。);《補正述疏》'長歌行'이란 시에 말하기를, '어려서 노력하지 않으면, 늙어서는 헛되이 상심과 슬픔뿐이리'라고 했다(述曰: 古詩云: '少壯不努力, 老大徒傷悲').

不如我之今日乎? 然或不能自勉, 至於老[11]而無聞, 則不足畏矣。言此以警人, 使及時勉學也。曾子曰[12]:「五十而不以善聞, 則不聞矣」, 蓋述此意。

'焉知'(언지)의 '焉'(언, yān)은 '於'(어)와 '虔'(건)의 반절이다. ○공자(孔子)께서 말씀하시기를, '후생(後生)은 앞으로 살아갈 날이 많고 기력이 왕성해서, 충분히 학문을 쌓으면 기대할 것이 있어서, 그 형세가 두려워할 만하니, 그들의 장래가 나의 지금만 못할지 어찌 알겠는가? 그렇지만 혹여 스스로 힘쓰지 않아서, 늙어갈 나이가 되도록 세상에 알려질 게 없다면, 두려워하기에 부족하다'라고 하신 것이다. 이 말씀을 가지고 사람들을 깨우쳐, 그들로 하여금 때를 놓치지 않고 배움에 힘쓰라고 하신 것이다. 증자(曾子)가, '50세가 되도록 훌륭하다고 알려지지 않으면, 끝내 알려지지 못한다'라고 했는데 대개 이 장의 뜻을 서술한 것이다.

○尹氏曰:「少而不勉, 老而無聞, 則亦已矣。自少而進者, 安知其不至於極乎? 是可畏也」

○윤씨(尹氏·尹彦明)가 말했다. "어린데도 배우기를 힘쓰지 않아서, 늙어서도 알려질 게 없다면, 또한 끝이다. 어려서부터 정진하는 자라면, 그가 지극한 경지에 이르지 못할지 어찌 알겠는가? 이것이 두려워하기에 충분하다는 것이다."

---

9 年富力彊(연부역강): =年富力强. 나이가 적어 앞으로 살아갈 날이 많고 기력이 왕성하다(年富: 未来的年岁多。形容年纪轻, 精力旺盛。).

10 安(안): 어찌. 어떻게(表示疑问, 相当于'岂'、'怎么'。).

11 《禮記·王制》養老: 오십 노인은 향학에서 봉양의 연회를 열고, 육십 노인은 국학에서, 칠십 노인은 대학에서 봉양하는 연회를 여는데, 제후국에서도 이와 같다. 팔십 노인은 군명을 받을 때 한 번 꿇어앉아 재배하고, 소경도 이와 같다. 구십 노인은 다른 사람을 시켜서 받는다(凡養老 ……五十養於鄉, 六十養於國, 七十養於學, 達於諸侯。八十拜君命, 一坐再至, 瞽亦如之。九十使人受。).

12 《大戴禮記·曾子立事》 삼사십 세가 되도록 하는 사업이 없으면 영영 사업이 없고, 오십이 되도록 훌륭하다고 알려질 게 없으면 영영 알려지지 못한다. 칠십 세가 되도록 쌓은 덕이 없으면, 비록 미미한 허물이라도, 직에서 물러나게 하여 일을 맡기지 않는다(三十, 四十之間而無藝, 即無藝矣: 五十而不以善聞矣, [則無聞]; 七十而無德, 雖有微過, 亦可以勉[免]矣。).

[法語之言章]

092301、子曰:「法語之言¹, 能無²從乎? 改之爲貴。巽與之言³, 能無說乎? 繹⁴之爲貴。
說而不繹, 從而不改, 吾末⁵如之何也已矣⁶。」

---

1 法語之言(법어지언): 도리에 맞도록 직언하거나 권고하는 말(法, 指礼仪规则。这里指以礼法规则正言规劝。)。《論語正義》'法'은 灋(법)이다.《說文·廌部》에, 灋은 刑과 같다. 공평하게 하기를 水平하게 한다고 하여, 水를 따른다. 廌(치)[解廌]는 정직하지 않는 자를 解廌(해치)의 뿔로 들이받아 쫓아낸 까닭에, 去를 따른다'고 했다. 여기에서 파생되어 전장과 도량형제도를 칭하게 되었다. 그래서 '法'은 正道이다. 正道를 그에게 가르쳐 주는 것이다(正義曰: '法者, 灋之借字。《說文》: 灋, 刑也。平之如水, 從水, 廌, 所以觸不直者去之, 從去。' 引申爲典則銓度之稱, 故此注'法'爲正道也。);《論語平議》'法語之言'의 '語'와 '言'은 중첩해서 쓰여, 심히 말이 되지 않는데, 경학자들이 끊어 읽기를 잘못한 것으로 보인다. 이 구절은 '法語之'를 한 구절로 삼고, '巽與之'를 한 구절로 삼아야 한다. 두 '言'字는 모두 아래 구절에 붙여서 읽고, 모두 語辭이다. 이 글은, '(이에) 아니 따를 수 있겠는가?' '(이에) 아니 기뻐할 수 있겠는가?'라고 말한 것으로, '法度로써 그에게 말해 주면 반드시 따르고, 공손하게 그를 인정해주면 반드시 기뻐한다'라는 말이다(法語之言一句中, 語字言字疊用, 甚爲不辭, 殆經師失其讀也。此當以法語之爲句, 巽與之爲句…… 兩言字竝屬下讀, 皆語辭也…… 此文曰'言能無從乎'、'言能無說乎', 謂以法度語之則必從, 以巽順與之則必說也。);《論語新解》'法'은 法則, '語'는 告誡의 뜻으로, 법칙과 훈계의 말을 써서 엄정하게 서로 권고하는 것을 말한다(法, 法則義。语, 告诫义。谓人以法则告诫之辞正言相规。);《論語句法》'法語之言'은 목적어로, 앞으로 당겨진 것은, 그 지위를 가중하기 위해서이다(止詞'法語之言'提在句首的位置, 是爲了要加重它的地位。)。

2《助字辨略》'能無'는 '豈能不[어찌 아니~할 수 있는가?]과 같다. 생략문(能無, 猶云豈能不, 省文也。);《古書虛字》'能'은 '寧'과 같다('能'猶'寧'也。爲'豈'字之義。);《論孟虛字》'能'은 '寧'와 같고, '寧'은 또 '豈'와 서로 바꿔쓸 수 있다. 상의하는 말로, 반어의 어기를 표시한다. '어찌~않을 수 있겠느냐?'('能', 猶'寧', '寧'與'豈'又可通用。爲商榷之詞, 並表反詰語氣。'能無', 猶言'豈能不'。);《古漢語語法》의문문에서 조동사는 항상 부정부사 앞에 놓인다. '받아들이지 않을 수 있겠느냐?'(在问话中, 助动词常出现在否定副词前。'能够不接受吗?');《詞詮》부사. 아니('無', 否定副詞。不也。);《許世瑛(二)》'無'는 부정부사로, '不'字의 용법과 같다('無', 否定限制詞, 和'不'字的作用相同。)。

3《論語集解》'巽'(손)은 '恭'이다. 공손하고 조심스레 하는 말을 말한다(注: 馬融曰: 巽, 恭也。謂恭巽謹敬之言也。);《論語句法》'巽與'는 접미사 '與'를 붙여 소리를 길게 늘인 복음사이다('巽與'可以說是帶詞尾'與'的衍聲複詞。);《論語新解》'巽'은 恭順, '與'는 許與의 뜻으로, 공순하고 칭찬하는 말을 써서 완곡하게 타이르는 것을 말한다(巽, 恭顺义。与, 许与义。谓人以恭顺许与之辞婉言相劝。);《百度漢語》巽與(손여): 순순히 따르다(顺从, 附和。); 巽言(손언): 공순하고 완곡한 말(谓恭顺委婉的言词); 巽(손): 겸손하다. 고분고분하다(古同'逊', 谦让恭顺。)。

4 繹(역): 누에고치에서 실을 뽑아내다. 단서·사리를 찾아내다. (실을)가지런히 하다(《說文·糸部》繹, 抽丝也。引出头绪, 寻求事理。)。

5《詞詮》末(말): 무지지시대명사('末', 無指指示代名詞。);《論語詞典》末(말): 무지대명사["이런 사람은 나로서는 다룰 아무런 방법이 없다"](無指代詞: '這種人我是沒有辦法對付他的了。');《論語語法》부정부사. 王熙元[1935~]의《論語通釋》에, '末如之何'는 '無可奈何[어쩔 도리 없다]의 뜻이고, '末'은 '無'

선생님께서 말씀하셨다. "에두르지 않고 직언해주는 말인데, 어찌 아니 따를 수 있겠는가마는, 그 말을 따라 잘못을 고치는 것이 중요하다. 부드럽고 에둘러서 타일러주는 말인데, 어찌 아니 기뻐할 수 있겠는가마는, 그 말속에 숨은 뜻을 찾아내는 것이 중요하다. 기뻐하기는 하면서도 그 말속에 숨은 뜻을 찾아내지 않고, 따르기는 하면서도 잘못을 고치지 않는다면, 나로서도 그를 어찌해 볼 도리가 없다."

法語者, 正言[7]之也。巽言者, 婉而導[8]之也。繹, 尋其緖也[9]。法言人所敬憚[10], 故必從: 然不改, 則面從[11]而已。巽言無所乖忤[12], 故必說: 然不繹, 則又不足以知其微意之所在也。

'法語(법어)'라는 것은 '에두르지 않고 직언하다'이다. '巽言'(손언)이라는 것은 '에둘러서 일깨워주다'이다. '繹'(역)은 '그 실마리를 찾다'이다. 법언(法言)은 사람들이 공경하고 두려워하는 말이기 때문에, 반드시 따르지만, 잘못을 고치지 않으면, 그 사람의 면전에서만 따르는 것일 뿐이다. 손언(巽言)은 말이 마음에 들지 않아서 부딪히거나 귀에 거슬리는 게 없기 때문에, 반드시 기뻐하지만, 그 말속에 숨은 뜻을 찾지 않으면, 또한 그 말속에 은미한 뜻이 어디에 있는지 알기에 부족하다.

○楊氏曰:「法言, 若孟子論行王政之類[13]是也。巽言, 若其論好貨好色之類[14]是也。語之

와 같다고 했는데, 취할 만한 견해이다('末'是否定副詞。王熙元說: '末如之何', 無可奈何的意思。'末', 猶無。可探。).

6 《論語語法》'也已矣'는 '也'·'已'·'矣' 세 개의 어기사를 연용하여, 긍정·확인의 어기를 증강시킨 것으로, 고도의 긍정을 표시하는 데 쓴다('也已矣'即是將'也''已''矣'三個語氣詞連用, 讓肯定, 確認的語氣增强, 用來表示高度的肯定。).

7 正言(정언): 도리에 어긋나지 않는 말. 기탄없이 솔직하게 하는 말(直言).

8 導(도): 일깨우다. 계도하다. 지도하다(启发, 开导。教导。).

9 《論語大全》 실에 실마리가 있는 것처럼, 그 실마리를 찾아서, 생각의 실을 풀어나가는 것이다(新安陳氏曰: 如絲有端緒, 尋求其端緒, 而思慮紬繹之也。).

10 敬憚(경탄): 공경하고 두려워하다(犹敬畏).

11 《書經·虞書·益稷》 내가 도에 어긋나거든, 그대들이 보필해서 바로잡아야 하니, 그대들은 면전에서만 따르고, 물러가서는 뒷말이 있어서는 아니됩니다(帝曰: ……予違, 汝弼, 汝無面從, 退有後言。); 面從(면종): 그 사람이 자리에 있을 때만 따르다(谓当面(当某人在场时)顺从).

12 乖忤(괴오): 부딪치고 거슬리다. 삐뚤어지고 거스르다. 어긋나고 거역하다(抵触: 违逆).

13 《孟子·梁惠王下 제5장》 참조.

而未達, 拒之而不受, 猶之可也。其或喻焉, 則尚¹⁵庶幾¹⁶其能改繹矣。從且說矣, 而不改繹焉, 則是終不改繹也已, 雖聖人其如之何哉?」

○양씨(楊氏·楊中立)가 말했다. "법언(法言)은 맹자(孟子)가 왕도정치의 시행을 논한 것과 같은 류가 바로 이것이다. 손언(巽言)은 맹자(孟子)가 재물을 좋아하고 색을 좋아함을 논한 것과 같은 류가 바로 이것이다. (부드럽고 에둘러서 타일러서) 말해주어도 깨닫지 못하거나, (에두르지 않고 직언으로) 말해주어도 거절하고 받아들이지 않는 것은, 그래도 괜찮다. 그들 중에 누군가 그 말을 깨달았으면, 그래도 어쩌면 잘못을 고치거나 숨은 뜻을 찾아내길 바랄 수 있을 것이다. 따르기만 하고 기뻐하기만 할 뿐, 잘못을 고치거나 숨은 뜻을 찾아내지 않는다면, 이는 끝내 고치거나 찾아내지 못하고 말 뿐이니, 비록 성인이실지라도 장차 그런 사람을 어쩌겠는가?"

14 《孟子·梁惠王下 제5장》 참조.
15 尙(상): 여전히. 아직도. 아마도.
16 庶幾(서기): 거의. 어쩌면. 행여나. 바라다(差不多; 近似。或许, 也许。有幸。希望; 但愿。).

[主忠信章*]

092401、子曰:「主忠信, 毋[1]友不如己者[2], 過則勿[3]憚改。」

　　　선생님께서 말씀하셨다. "충(忠)과 신(信)으로 주관하게 하고, 나만 못한 사람을 벗으로 삼지 말고, 잘못이 있으면 고치기를 꺼리지 말거라."

重出[4]而逸其半。[5]

거듭 나왔는데 그중 절반이 빠져 있다.

---

1 《王力漢語》'毋'·'勿' 뒤에 나오는 명사는 동사처럼 쓰인다('毋' '勿'後面的名詞用如動詞。).

2 《論語集釋》黃式三[1789~1862]의 《論語後案》에, '主·友는 모두 사람들과의 교제에 대해 말한 것이다'라고 했다(按: 黃氏後案云:「主, 友俱以交際言……。」).

3 《古書虛字》'勿'은 '毋'이다. 금지사('勿', '毋'也。禁止之詞也。).

4 《學而 제8장》은 '君子不重則不威, 學則不固。主忠信, 無友不如己者, 過則勿憚改。'로 되어 있다.

5 《論語義疏》이 말씀을 하신 게 두 번 나오는데, 그 까닭을 범녕은, '성인께서는 만나는 사람에 따라 그에 응해 가르침을 펴시다 보니, 똑같은 말씀을 어떤 때는 또다시 말씀하셨는데, 제자가 스승의 말씀을 중시해서, 또다시 기록하여 존치시킨 것이다'라고 했다(疏: 此事再出也, 所以然者, 范寧云: 聖人應於物作教, 一事時或再言, 弟子重師之訓, 故又書而存焉。);《論語注疏》《學而》편에 이미 이 글이 나왔는데, 기록한 자가 다른 사람이어서, 두 번 나오게 된 것이다(疏: 正義曰: 學而篇已有此文, 記者異人, 故重出之。);《論語大全》제자들이 각자 자기가 들은 것을 기록했기 때문에, 어떤 것은 상세하고 어떤 것은 소략하다(新安陳氏曰: 弟子各記所聞, 有詳有略。);《論語集釋》논어는 한 사람의 손에서 나온 게 아니어서, 글이 거듭 나오는 경우, 앞뒤 문체가 서로 비슷하지 않는 것으로 그치지 않는다(按: 論語之書非出一手, 故文有重出, 不止前後文體不類已也。).

[三軍可奪帥章]

092501、子曰:「三軍可奪帥[1]也, 匹夫不可奪志也[2]。」[3, 4]

　　　선생님께서 말씀하셨다. "삼군의 병력일지라도 그 장수는 빼앗을 수 있지만, 한 사람 필부(匹夫)일지라도 그 지조는 빼앗을 수 없다."

侯氏曰:「三軍之勇在人, 匹夫之志在己。故帥可奪而志不可奪, 如可奪, 則亦不足謂之志矣。」
후씨(侯氏·侯師聖)가 말했다. "삼군의 용맹은 남에게 있는 것이고, 필부필부의 지조는 나에게 있는 것이다. 그 때문에 남의 장수는 빼앗을 수 있지만, 나의 지조는 빼앗을 수 없으니, 빼앗을 수 있을 것 같으면 지조라고 말할 만한 것도 못 된다."

---

1 三軍(삼군): 큰 제후국의 군대 규모. 12,500명이 1군이다. 천자는 6군을 거느리고, 대국은 3군을 거느린다(周制, 諸侯大國三軍。中軍最尊, 上軍次之, 下軍又次之。一軍一万二千五百人, 三軍合三万七千五百人;《周禮·夏官司馬》凡制軍, 萬有二千五百人爲軍。王六軍, 大國三軍, 次國二軍, 小國一軍。); 帥(수): 통솔하다. 앞장서 이끌다. 선도하다. 지휘관. 장수(統率; 率領。引導; 带头。军队中的主将, 统帅。).

2 [성]匹夫不可奪志(필부불가탈지): 평민일지라도 강압적으로 주장을 포기하게 할 수 없다(谓虽是平民也不可强迫他放弃主张。);《古今注》'匹夫匹婦'는 '一夫一婦'란 말과 같다(匹夫匹婦, 猶言一夫一婦也。); 匹夫(필부): 평민 남자. 평민 백성(古代指平民中的男子。亦泛指平民百姓。);《王力漢語》화자가 말한 일의 진실성에 대해 믿어 의심치 않음을 표시하는데, '也'字 마침구를 쓴다(說話人對所說的事情的真實性表示深信不疑, 也用'也'字煞句。).

3 《論語集釋》맹자가 '志는 氣의 장수이다'[公孫丑上 제2장]라고 한 말은, 아마도 이 장에 근본을 둔 말일 것이다(案: 孟子曰: 志氣之帥也。蓋本於此經。).

4 《論語集釋》胡炳文[1250~1333]의《四書通》에 말했다. "'逝川'章부터 이 장까지 10개 장은 모두 사람들에게 배우기를 힘쓰라는 글이다. 그런데 배움은 무엇보다 먼저 뜻을 세워야 하고, 뜻이 서면 나아가길, 흘러가는 물이 그침이 없는 것처럼 해야 한다. 뜻이 없으면 그치는데, 산을 쌓는데 다 쌓지 못하고 마는 것과 같기 때문에, 배우다가 끝내 외물에 뜻을 빼앗긴 자는, 뜻이 없는 자이다"(四書通: 自「逝川」而下, 至此凡十章, 皆勉人爲學。然學莫先於立志, 有志則進, 必如川流之不已; 無志則止, 必如爲山而弗成, 故凡學而卒爲外物所奪者, 無志者也。).

[衣敝縕袍章]

092601、子曰:「衣敝縕袍[1], 與衣狐貉[2]者立, 而不恥者, 其由也與?

　　　　선생님께서 말씀하셨다. "다 해진, 삼 북데기로 솜을 놓은 두루마기를 입고서,
　　　　여우나 담비의 털옷을 입은 자와 마주 서 있어도, 부끄러워하지 않을 사람은,
　　　　아마도 유(由)가 아닐까?

衣[3], 去聲。縕, 紆粉反。貉, 胡各反。與, 平聲。○敝, 壞也。縕, 枲著[4]也。袍[5], 衣有著者也,
蓋衣之賤者。狐貉, 以狐貉之皮爲裘[6], 衣之貴者。子路之志如此, 則能不以貧富動其心,
而可以進於道矣, 故夫子稱之。

　　'衣'(의)는 거성[yì]이다. '縕'(온, yùn)은 '紆'(우)와 '粉'(분)의 반절이다. '貉'(학, hé)은 '胡'
(호)와 '各'(각)의 반절이다. '與'(여)는 평성[yú]이다. ○'敝'(폐)는 '낡아서 해어지다'[壞]

---

1 [성]縕袍敝衣(온포폐의): 묵은 솜옷과 누더기 옷을 입다(穿着旧袄破衣。名词做动词用。缊, 旧絮。敝,
破);《論語義疏》'衣'는 '着'[착용하다. 입다]이다(疏: 衣, 猶著也。); 縕袍(온포): 삼대 껍질에서 실을 뽑아내
고 남은 북데기를 넣어 만든 두루마기. 가난한 사람들이 입는 옷(以亂麻爲絮的袍子, 古爲貧者所服。);
敝(폐): 닳아서 해지다. 누더기 옷(敗衣); [성]縕袍不恥(온포불치): 헤진 옷을 입어도 부끄럽게 생각하지
않다. 가난해도 포부가 변하지 않다(縕袍: 以乱麻, 乱棉絮制成的袍子, 指穷人穿的衣服。耻: 丢脸。虽穿得
破, 而不认为可耻。比喻人穷志不穷。).

2 狐貉(호학): 여우와 담비. 여우 또는 담비의 털로 만든 털옷을 가리킨다(狐与貉。指狐,貉的毛皮制成的
皮衣。);《論語正義》이 장의 '狐貉'과 '縕袍'는 집에서 입는 옷이다(正義曰: 此文'狐貉'與'縕袍'並爲燕居
之服矣。).

3 衣(의): [yī] 입다. 덮어 가리다. 씌우다(穿。覆盖。); [yī] 의복. 씌우개(人身上所穿, 用来蔽体御寒的东西。
包在物体外的东西。).

4 枲著(시착): 삼대 껍질을 솜으로 해서 두루마기 안에 놓은 것(以麻衬於袍內。); 枲(시): 삼 북데기로
만든 솜(麻类植物的纤维);《儀禮 · 死喪禮》著(착)은 묵은 솜으로 채운 것이다(鄭玄注: 著, 充之以絮也。);
《古今注》옷 속에 묵은 솜을 집어넣은 것을 '著'(착)이라고 한다(衣夾絮曰著).

5 《王力漢語》'裘'(구)와 '袍'(포)는 추울 때 입는 옷이다。'袍'는 道袍(도포)로, 설에 의하면 삼대 껍질을
벗겨 실을 뽑아내고 남은 북데기를 속에 깔아 만든 옷으로, 일반적으로 가난해서 '裘'를 입을 형편이
못 되는 사람들이 겨우 '袍'를 입었다。'裘' 위로는 '裼衣'[鄕黨 제6장]라고 하는 가리는 옷을 걸쳤는데,
가리는 옷을 입지 않으면 무례한 것으로 여겼다(裘和袍是禦寒的衣服; 袍是長襖, 據說裡面鋪的是亂麻。
一般說來, 窮到穿不起裘的人才穿袍。裘上加一件單衣, 叫做裼衣, 否則被認爲不敬。); 袍(포): 도포. 솜을
놓은 겹두루마기(有夹层、中着棉絮的长衣。).

6 裘(구): 털옷. 모피코트(皮衣).

이다. '縕'(온)은 삼대 껍질을 벗겨 실을 뽑아내고 남은 북데기로 옷에 솜을 놓은 것이다. '袍'(포)는 옷에 솜을 놓은 것인데, 대개 옷 중에 값싼 옷이다. '狐貉'(호학)은 여우나 담비의 가죽으로 만든 털옷인데, 옷 중에 값비싼 옷이다. 자로(子路)의 지조가 이와 같다 보니, 빈부로 인해 그의 마음이 흔들리지 않을 수 있고, 도에 나아갈 수 있기 때문에, 선생님께서 그를 칭찬하신 것이다.

092602、『不忮不求[7], 何用[8]不臧[9]?』[10]」

(시경(詩經)에) '아니꼬워하지도 않고 남부러워하지도 않으니, 어찌 훌륭하지 않겠느냐?'라고 했다."

忮, 之豉反。○忮, 害[11]也。求, 貪也。臧, 善也。言能不忮不求, 則何爲不善乎? 此衛風雄

---

7 [성]不忮不求(불기불구): 아니꼬워하지 않고 끝없이 욕심부리지 않다(忮: 嫉妒; 求: 貪求。指不妒忌, 不貪得无厌。)。忮(기): 해를 끼치다. 질투하다. 아니꼬워하다. 시샘하다. 모질다(害, 嫉妒, 狠)。《論語大全》'忮'(기)는 남에게 있는 것을 아니꼬워하는 것이고, '求'(구)는 자기에게 없는 것을 부끄러워하는 것이다(朱子曰: 李閎祖云, 忮是疾人之有, 求是恥己之無。)。

8 《論語詞典》何用(하용): 무엇 때문에. 어찌(何以。);《論孟虛字》무엇 때문에. 어째서('何用', 猶言'何爲' '何以'。)。

9 臧(장): 좋은. 아름다운. 훌륭한[사람에 대한 평가](好的, 美好的, 善良的。)。

10 《論語句法》이 구는 공자께서 시경을 인용해서 자로를 칭찬한 말이다(此句是孔引詩經讚美子路的話。);《論語集釋》孔廣森[1752~1786]의 《經學巵言》에 말했다. "'不忮不求'부터 '何足以臧'까지가 별도 한 장이 되어야 한다. 자로가 시종해서 '不忮不求 何用不臧' 두 구절을 읊조렸다고 한 것은, 남용이 '白圭之玷' 구절을 반복해서 읊조린 것[先進 제5장]과 같다. 만약 공자께서 시를 인용함으로써 자로를 칭찬한 것이고, 또 자로가 그 시를 읊조림으로써 칭찬받은 것을 자족한 것이라면, 자로를 중복해서 칭찬한 것이 되고, 게다가 공자께서 자로를 칭찬하고자 '何用不臧' 싯구를 취하고서는, 또다시 갑자기 자로를 억눌러, '何足以臧'이라 말씀하셨다면, 이는 서로 다르기가 네모난 말뚝을 둥근 구멍에 박으려는 것 같아, 통할 수 없다." 유보남의 《論語正義》에 말했다. "《史記·仲尼弟子列傳》에는 '衣敝縕袍' 한 절만 실려 있고 '不忮不求' 두 구절은 없으니, 이 또한 한 가지 증거이다"(經學巵言:「不忮不求」兩節, 當別爲一章, 言子路終身常誦「不忮不求, 何用不臧」二言, 亦猶南容一日三復白圭之玷…… 若以引詩爲美子路, 又以終身誦之爲聞譽自足, 旣重誣賢者, 且夫子旣取詩辭「何用不臧」, 而復頓抑之, 謂「何足以臧」, 是自異其枘鑿, 不可通也。劉氏正義: 仲尼弟子列傳載「衣敝縕袍」一節, 無「不忮不求」二句, 亦一證。);《論語集釋》宦懋庸[1842~1892]의 《論語稽》에 말했다. "'不忮不求' 여섯 구는, 대개 기록한 자가 자로의 일로 인해 같은 종류별로 기록한 것으로, 예컨대 子華와 原思의 일을 한 장으로 기록한 것[雍也 제3장], 子曰聽訟章[顏淵 제12장] 아래에다 '子路無宿諾'을 (한 장으로) 기록한 것이, 모두 이러한 예이다"(論語稽: '不忮不求'六句, 蓋記者因子路之事而類記之, 如子華, 原思一章, 及子曰聽訟章下記'子路無宿諾', 皆此例也。)。

雉之詩[12], 孔子引之, 以美子路也。呂氏曰:「貧與富交, 彊[13]者必忮, 弱者必求。」[14]
'忮'(기, zhi)는 '之'(지)와 '豉'(시)의 반절이다. ○'忮'(기)는 '아니꼬워하다'[害]이다. '求'
(구)는 '부러워하다'[貪]이다. '臧'(장)은 '훌륭하다'[善]이다. 말씀인즉, '아니꼬워하지도
않고 남부러워하지도 않으니, 어찌 훌륭하지 않겠는가?'라는 것이다. 이 구절은 《시경 ·
위풍 · 웅치》(詩經 衞風 雄雉) 편의 시구인데, 공자(孔子)께서 이 시구를 인용해서, 자로(子
路)를 칭찬하신 것이다.

여씨(呂氏 · 呂與叔)가 말했다. "가난한 자가 부유한 자와 교제하면, 성정이 강한 자는
반드시 부유한 자를 아니꼬워하고, 성정이 약한 자는 반드시 부유한 자를 부러워한다."

092603、子路終身誦之[15]。子曰:「是道也[16], 何足以臧[17]?」
　　　　자로(子路)가 시종해서 이 시구를 읊조렸다. 선생님께서 말씀하셨다. "(아니꼬워
　　　하지 않고 남부러워하지 않는) 이런 정도의 도인데, 어찌 족히 훌륭하다 하겠느냐?"

---

11 害(해): 시샘하다. 질투하다(妒忌).
12 《詩經 · 邶風 · 雄雉》장끼 날아오르네, 푸드덕푸드덕 날갯짓. 사무치는 이 그리움 내가 사서 하는
　시름. 장끼 날아오르네, 꾸르륵꾸르룩 울음소리. 참으로 임이시어 사무치는 이 괴로움. 저 높이 해와
　달 올려다보네. 까마득까마득 이 그리움. 길은 멀다는데 언제나 오시려나. 여러분 군자님네 덕행 베풀
　줄 모르실까. 아니꼬워하지 않고 남부러워하지 않으니, 어찌 훌륭타 않으리까(雄雉于飛、泄泄其羽。
　我之懷矣、自詒伊阻。雄雉于飛、下上其音。展矣君子、實勞我心。瞻彼日月、悠悠我思。道之云遠、曷云能
　來。百爾君子、不知德行。不忮不求、何用不臧。).
13 彊(강): 강하다(同'强').
14 《論語大全》李閎祖[南宋人]가 말하기를, '忮'(기)는 남이 가진 것을 질투하는 것이고, '求'(구)는 자기가
　가지지 못한 것을 부끄러워하는 것이라 했는데, 呂氏의 설을 명확히 잘 밝혀냈다. '彊必忮 弱必求'에
　대해 묻자, 주자가 답했다. "세상 사람들은 부귀한 사람을 보면 마음속으로 그를 질투하거나 그를 부러워
　한다"(朱子曰: 李閎祖云, 忮, 是疾人之有, 求, 是恥己之無, 推明得呂氏說好: 問彊必忮 弱必求, 曰: 世人見富
　貴底, 不是心裏妬嫉他, 便羨慕他。).
15 《古今注》'終身'은 '恒'[항시]과 같다(終身, 猶恆也。); 誦(송): 암송하다. 소리 내어 읽다(本义: 背诵, 朗读。).
16 《論語句法》'是道'가 주어이고, 그 밑에 말을 잠시 멈추는 어기사 '也'가 붙었고, 술어가 '何足以臧'이다
　["이런 정도의 도가, 어찌 족히 훌륭하다 하겠느냐?"]('是道'是主語, 其下加了停頓語氣次'也'字, 謂語是'何
　足以臧'。).
17 《論語大全》'是道'는 '不忮不求'한 일을 말한다. '何足以臧'[어찌 훌륭하다 하겠느냐]은 '何用不臧'[어찌
　훌륭하지 않겠느냐]을 받아 뒤집어서 말한 것이다(新安陳氏曰: 是道, 謂不忮不求之事。何足以臧, 承何用
　不臧之語而反之。).

終身誦之, 則自喜其能, 而不復求進於道矣, 故夫子復言此以警之。[18]

'終身誦之'(종신송지) 하는 경우는, 스스로 자기의 능력을 기뻐하기만 하고, 더 이상 도를 향한 정진을 추구하지 않기 때문에, 선생님께서 다시 이 말씀을 하시어 그를 일깨우신 것이다.

○謝氏曰:「恥惡衣惡食, 學者之大病。善心不存, 蓋由於此。子路之志如此, 其過人[19]遠矣。然以衆人而能此, 則可以爲善矣; 子路之賢, 宜不止此。而終身誦之, 則非所以進於日新[20]也, 故激[21]而進之。」

○사씨(謝氏·謝顯道)가 말했다. "해진 옷과 거친 음식을 부끄러워하는 것은 배우는 자의 크나큰 병폐이다. 선한 마음이 보존되지 못하는 것은, 대개 이러한 병폐에서 말미암는다. 자로(子路)의 지조가 이와 같았으니, 그의 지조가 남을 훨씬 뛰어넘었다. 그렇지만 보통 사람으로서 이 정도일 수 있다면, 훌륭하다 할 수 있지만, 자로(子路) 정도의 현인이라면, 마땅히 이 정도에서 그쳐서는 안 된다. 그런데도 시종해서 그 시구만 읊조리고 있었으니, 도리어 일신(日新)으로 향해 정진하는 방법이 아니었기 때문에, 자극하여 그를 정진하게 하신 것이다."

---

18 《論語大全》'終身誦之'는 자로가 자랑하고 내세웠다는 것은 아니고, 단지 이 잘한 일을 시종해서 읊조리고 늘상 이렇게만 하려고 했다는 것으로, 그러면 더 이상 배움의 진전이 없다(朱子曰: 所謂終身誦之, 亦不是他矜伐, 只是將這箇做好底事, 終身誦之要常如此, 便別無長進矣。).

19 過人(과인): 다른 사람을 초과하다. 뛰어넘다(超过别的人: 超越一般人。).

20 《大學》탕왕의 세숫대야에 새긴 글에 이르기를, '진실로 하루면 새롭거든, 나날이 새롭게 하고, 또 날로 새롭게 하라'라고 했다(湯之盤銘曰: 苟日新, 日日新, 又日新。).

21 激(격): 흐르는 물이 장애물을 만나 솟구쳐 오르거나 사방으로 튀는 모양. 격동시켜 분발하게 하다(本义: 水势受阻遏后腾涌或飞溅。鼓动人心, 使有所感发。).

[歲寒然後章*]

092701、子曰:「歲寒¹, 然後²知松柏³之後彫⁴也。」⁵

---

1 [성]歲寒松柏(세한송백): 한겨울의 송백과 같은 사람. 역경이나 간난고초에도 절조를 지키는 사람(比喻在逆境艰难中能保持节操的人。); 歲寒知松柏(세한지송백): 엄혹한 시련의 과정을 거쳐야만 그제야 한 개인의 품덕을 알아볼 수 있다(比喻只有经过严峻的考验, 才能看出一个人的品质。); 歲寒(세한): 1년 중 가장 추운 계절. 한겨울. 설 전후의 추위(一年的严寒时节); 寒(한): 차다. 춥고 차갑다(本义: 冷, 寒冷。).

2 《論語語法》'然後'는 '而後'와 용법이 같다. 어떤 일이 다른 일에 이어서 일어나는 것을 표시하고, 동시에 앞일이 없으면 뒷일이 없다는 뜻이 들어 있다('然後'的用法和'而後'相同, 表示一事繼另一事而起, 同時又含有無前事就沒有後事的意思。[許世瑛, 『常用虛字用法淺釋』, 復興書局, 1978]).

3 松柏(송백): 소나무와 측백나무(亦作'松栢'。松樹和柏樹。);《百度百科》柏(백): 크게 자라는 상록수로, 잎이 고기비늘 모양이고, 둥근 열매가 맺힌다. 편백·측백·원백[전나무]·나한백 등이 있다. 나뭇결이 단단하고 치밀하여 건축용·그릇용으로 쓰인다.《春秋緯》에, '제후의 무덤에는 측백나무를 심는다'고 했고,《漢書·東方朔傳》에, '측백나무는 무덤가에 심는 나무'라고 했다(常绿乔木, 叶鳞片状, 结球果, 有扁柏, 侧柏, 圆柏, 罗汉柏等多种。木质坚硬, 纹理致密, 可供建筑及制造器物之用。又《春秋纬》诸侯墓树柏。《前汉、东方朔传》柏者, 鬼之廷也。);《李德懋·青莊館全書·盎葉記一》五鬣松(오엽송)[잣나무]: 우리나라에서는 海松子[잣]를 柏子[측백나무 씨앗]라고 하는데, 대체로 잘못이다. 方以智[1611~1671]의《通雅》에 말했다. "당나라의 蕭炳이 말하기를, '다섯 개 잎이 한 다발로, 다섯 개 잎이 비녀처럼 나 있다'고 했는데, 이것의 열매가 바로 新羅의 海松子[잣]로, 크기가 작은 밤톨만 하고 3각 모양이고, 그 씨앗은 향미가 있다. 粒(립)은 鬣(엽: 잎)의 잘못이다." 周密[1232~1298]의《癸辛雜識》에 말했다. "(무릇 소나무는 잎이 두 개인데) 栝松(괄송) 만큼은 잎다발마다 세 개의 가느다란 잎이 나 있고, 고려에서 나는 것은 잎다발마다 다섯 개의 가느다란 잎이 나 있다."《新羅國記》에 말했다. "松의 굵직한 줄기에, 다섯 개의 열매가 달려 있는데, 모양은 복숭아씨처럼 생겼는데 조금 작고, 껍질은 단단하고, 맛은 호도와 같다." 陶穀[903~970]의《清異錄》에 말했다. "신라에서 사신이 올 때마다 松子를 팔았는데, 이름을 屋角香(옥각향)이라고 하고 또 龍牙子(용아자)라고도 했는데, 이것으로 공·경·대부의 집에 뇌물로 바쳤다." 생각건대, 중국에서는 海松子를 油松·果松이라 한다(我東以海松子爲柏子, 盖誤也。《通雅》【方以智著】: "蕭炳言, 五粒一叢, 五葉如釵。即新羅海松子。如小栗三角。其仁香美。粒是鬣誤。"《癸辛雜識》【周密著】: "栝松每穗三鬚, 而高麗所産, 每穗五鬣。"《新羅國記》【撰人俟考】: "松樹大連抱, 有五粒子, 形如桃仁, 而稍小, 皮硬, 味如胡桃。"《清異錄》【陶穀著】: "新羅使每來多鬻松子, 名玉角香, 又名龍牙子, 以此賂公卿家。"案: 中國以海松子爲油松果松。);《雅言覺非》柏(백): '柏'은 측백나무이다. 陸佃[1042~1102]의《埤雅》(비아)에, '柏에는 여러 종이 있는데, 그 잎이 납작하고 옆으로 나는 것을 측백나무라 한다'고 했는데, 李時珍[1518~1593]의《本草綱目》에서 말한, '側葉子'(측엽자)가 바로 이것이다. 그 씨앗을 柏子仁[측백나무 씨앗]이라 한다. 이 나무는 일상에서 쓰이는 널리 알려진 것이다. '海松[잣나무]'은 '油松' '果松' '五鬣松[五粒松]'이라고도 하는데, 우리나라의《輿地志》에 나오는 산간마을 토산물에는 모두 '海松子'로 기재되어 있는데, 이 나무 역시 일상에서 쓰이는 널리 알려진 것이다(柏: 柏者, 側柏也。汁柏也。《埤雅》云: "柏有數種, 其葉扁而側生者, 謂之側柏。"《本草》所稱側葉子, 是也。其仁曰柏子仁。此日用易知之物也; 海松者, 油松也, 果松也, 五鬣松也。【亦名五粒松】吾東《輿地志山郡土産》, 咸載海松子, 亦日用易知之物也。). 그런데 요즘 사람들은 느닷없이 果松[잣나무]을 호칭하기를 柏[측백나무]이라 하고, 산간마을에서 果松子[잣]를 선물로 보내면서, 번번이 '柏子[측백나무 씨앗]가 몇 말이다'라고 한다. 아마《訓蒙釋》(훈몽치)

선생님께서 말씀하셨다. "날이 추워지고, 그런 뒤에야 비로소 소나무와 측백나

에서, 柏을 果松으로 풀이한 탓일 것이다(사투리로 즟(잔) 자는 摺(절, 접) 소리와 같다). 어찌 오류가 아니겠는가? 《漢書·東方朔傳》에, '측백나무는 무덤가에 심는 나무'라고 했고, 우리나라 속담에 측백나무는 귀신을 물리친다는 말이 있는데, 측백나무로 짠 관은 송장이 두려워한다고 여겼고, 이에 잣나무 널빤지를 측백나무 널빤지로 알고, 관을 짜는 데 잣나무를 쓰지 않았으니, 심히 어리석은 짓이다. 잣나무는 재질이 치밀하고 기름져서, 관으로 쓰기에는 상품인데, 잣나무에 측백나무라는 거짓된 이름을 덮어씌워 실용에서 버려지고 있으니 될 말인가?(今俗忽以果松呼之爲柏, 山郡以果松子饋人, 輒云柏子幾斗. 其訓蒙稗, 訓柏曰果松.【方言如爰字摺聲】豈不誤哉? 《東方朔傳》云: "柏者, 鬼之廷." 東俗謂柏辟鬼, 恐體魄不安, 遂以果松板爲柏子板, 不用爲棺, 尤大愚矣. 果松筋理細膩, 乃棺材之上品, 冒僞名而廢實用可乎?); 《朱子家禮·喪禮·治棺》관을 만드는 데는, 油杉(유삼)[측백나무과]이 상등이고, 측백나무가 다음이고, 土杉이 하등이다(油杉爲上, 柏次之, 土杉爲下.); 《詩名多識》李時珍[1518~1593]의 《本草綱目》에 말했다. "柏은 일명 측백나무라 한다." 魏校[1483~1543]의 《六書精蘊》에 말했다. "모든 나무는 양지를 향하지만, 柏만은 홀로 음지를 향하는데, 대개 陰木(음목)이지만 곧은 덕이 있기 때문에, 글자가 白을 따른다. 白은 서쪽이다"(本艸曰: 柏, 一名側柏. 六書精蘊云: 萬木皆向陽, 而柏獨西指, 皆陰木, 而有貞德者, 故從白. 白者, 西方也.); 중국에서는 잣나무가 잘 자라지 않기 때문에 굳이 잣나무에 해당하는 단어를 만들지 않고 잣나무를 소나무의 일종으로 생각했다. 5개의 잎이 모여 한 다발을 만들기 때문에 五葉松 또는 五鬣松이라 하는 잣나무는 열매에서 기름이 나오기 때문에 油松 또는 果松이라 하고, 재질이 좋으며 연한 홍색을 띠므로 紅松이라 하기도 하며, 바다 건너 신라의 것이 우수하기 때문에, 중국에서는 海松子 또는 新羅松子라 했다(김종덕 外, "松栢에 관한 문헌연구: 소나무 잣나무 측백나무를 중심으로", 사상체질의학회지, 2003); 백(柏)의 사전적인 의미는 측백나무나 잣나무다. 우리 문헌에서는 어느 쪽인지 앞뒤 관계로 잘 가려내야 하지만, 중국문헌에 나오는 백(柏)은 잣나무로 해석하면 큰 오류다. 잣나무는 공자님의 활동무대가 된 사천성은 물론 중국문화의 발상지 황하나 양자강 유역 등 중국 본토에는 아예 자라지 않아서. 우리나라와 두만강의 북쪽과 러시아로 이어지는 동북부 아시아에만 잣나무가 자라니, 공자님은 물론 중국의 문인들이 잣나무를 평생 본 적이 없다.……측백나무는 중국의 서북부 및 남부지역을 제외한 거의 중국 전역에 걸쳐 자라는 늘 푸른 바늘잎나무로 분류된다. 그러나 소나무처럼 바늘 모양의 잎은 아니고 비늘로 덮인 형태이며 예부터 중국인들에게 친숙한 나무다. 중국 사람들은 바늘잎[針葉]을 가진 종류는 '松'으로 표기하고, 비늘잎[鱗葉]을 가진 종류는 거의 '柏'을 붙였다. 측백(側柏)을 비롯하여 백목(柏木), 분백(粉柏), 향백(香柏), 자백(刺柏), 원백(圓柏)이라 했다. 측백은 백류(柏類)의 대표로서 중국의 시가에 단골로 등장한다. 중국 주나라 때 왕의 능에는 소나무, 왕족의 묘지에는 측백나무를 둘레나무로 심도록 했다. 그러나 후대로 내려오면서 황제의 능에 소나무보다 측백나무가 더 널리 심겨진 것으로 보인다. 북경의 명13릉에는 주변이 온통 측백나무로 둘러싸여 있다.……측백나무는 중국의 사원이나 귀족의 묘지에는 반드시 심는 나무였다. 관청은 백부(柏府)라 하여 권위의 상징으로 측백나무를 심었으며, 산동성 곡부(曲阜)에 있는 공자 묘소에는 향나무와 함께 측백나무가 나란히 심겨져 있다(박상진, "새한도의 松栢과 측백나무", 문화유산뉴스칼럼, 2011.12.29).

4 [성]松柏後彫(송백후조): 송백은 뒤늦게 시든다. 지조 있는 선비는 험난한 환경에서도 마지막까지 분투 노력한다(比喩有志之士在艰险的环境中奋斗到最后.); 《古今注》마르다. 떨어지다(彫, 瘁也, 零也.); 彫(조): =凋. 시들어 떨어지다. 시들다(通'凋'. 本义: 草木衰落. 零落.); 《論語今讀》'後凋'의 '後'는 '不'로 풀이해야 한다. 옛사람들은 '後'를 써서 '不'를 대신했으니, 문맥에 따라 표현을 달리하여 완곡하고 간략하게 표현했다('後凋'之'後'應訓解爲'不', 古人用'後'代'不', 措辭婉約也.).

5 《莊子·雜篇·讓王》공자가 陳蔡之間에서 곤경에 빠져, 7일간 익힌 음식을 먹지 못하고, 명아주 국에 쌀가루를 넣지도 못해서, 안색이 몹시 고달팠는데도, 방안에서 슬을 타고 노래를 부르고 있었다. 안회가 나물을 캐고 있는데, 옆에서 자로와 자공이 이야기를 나누었다. "선생님은 노나라에서는 두 번이나 쫓겨

무가 (다른 나무보다) 뒤늦게 시든다는 것을 안다."

范氏曰:「小人之在治世, 或與君子無異。惟臨利害, 遇事變, 然後君子之所守可見也。」
범씨(范氏·范淳夫)가 말했다. "소인은 치세(治世)에서는, 아마도 군자와 다를 게 없을 것이다. 오직 이해에 직면하고, 사변에 부닥치고, 그런 뒤에야 군자가 지키고 있는 것이 드러나 보일 수 있다."

○謝氏曰:「士窮見節義[6], 世亂識忠臣[7]。欲學者必周於德[8]。」

났고, 위나라에서는 벼슬을 거절당했고, 송나라에서는 잘린 큰 나무 밑에 깔릴 뻔했고, 옛 상나라 지역과 주나라에서도 곤경에 빠진 적이 있는데, 지금은 陳蔡之間에서 포위된 상태로, 선생님을 죽여도 죄가 안 되고, 선생님을 능멸해도 금령에 위반되지 않는다. 그럼에도 선생님은 노래를 부르고 슬을 타면서, 여전히 음악을 멈추질 않으니, 군자로서 부끄러움을 모르기가 이 정도인가?"(孔子窮於陳, 蔡之間, 七日不火食, 藜羹不糝, 顏色甚憊, 而弦歌於室。顏回擇菜, 子路, 子貢相與言曰: '夫子再逐於魯, 削迹於衛, 伐樹於宋, 窮於商, 周, 圍於陳, 蔡, 殺夫子者無罪, 藉夫子者無禁。弦歌鼓琴, 未嘗絶音, 君子之無恥也若此乎?'). 안회가 할 말이 없어, 공자에게 들어가 고해바쳤다. 공자가 슬을 밀어놓고 크게 한숨을 쉬고 탄식하면서 말했다. "자로와 자공은 생각이 얕은 자들이구나! 오라고 해라 내 할 말이 있다." 자로와 자공이 들어왔다. 자로가 말했다. "이 정도 같으면 궁하다 할 만하지요." 공자가 말했다. "이게 무슨 말이냐! 군자에게는 도가 통하는 것이 通이고 도가 막힌 것이 窮이다. 나는 지금 仁義의 도를 품고 난세의 환란을 만난 것이지, 그 무슨 窮이냐? 그래서 속으로 살펴 도에 窮하지 않고, 환난에 임해서도 그 덕을 잃지 않고, 추운 계절이 왔고, 서리와 눈이 이미 내렸으니, 나는 이로 인해 송백의 무성함을 알겠다. 陳蔡之間에서 당하는 곤경이, 내게는 다행이다." 공자가 다시 슬을 당겨놓고 노래를 부르자, 자로가 기뻐 흥분해서 방패를 들고 춤을 추었다. 자공이 말했다. "나는 하늘이 높은 줄을, 땅이 낮은 줄을 몰랐다." 옛날의 도를 터득한 자는, 곤궁해도 즐거워했고 현달해도 즐거워했다. 즐거워한 것은 곤궁이나 현달이 아니었으니, 도가 터득되고 보면, 곤궁이나 현달은, 추운 다음에는 더위가 오고 바람이 불면 비가 내리는, 자연의 질서 같은 것이었다(顏回無以應, 入告孔子。孔子推琴喟然而歎曰:"由與賜, 細人也。召而來! 吾語之。" 子路, 子貢入。子路曰:"如此者可謂窮矣。" 孔子曰:"是何言也! 君子通於道之謂通, 窮於道之謂窮。今丘抱仁義之道, 以遭亂世之患, 其何窮之爲? 故內省而不窮於道, 臨難而不失其德, 天寒既至, 霜雪既降, 吾是以知松柏之茂也。陳, 蔡之隘, 於丘其幸乎!" 孔子削然反琴而弦歌, 子路扢然執干而舞。子貢曰:"吾不知天之高也, 地之下也。" 古之得道者, 窮亦樂, 通亦樂。所樂非窮通也, 道德於此, 則窮通爲寒暑風雨之序矣。);《荀子·大略》날이 추워지지 않으면 송백의 변하지 않는 절개를 알 도리가 없고, 어려운 일을 당해보지 않으면 군자가 단 하루도 올바른 처신에서 벗어나는 일이 없다는 것을 알 도리가 없다(歲不寒無以知松柏, 事不難無以知君子無日不在是。).

6 韓愈[768~824]의《柳子厚墓志銘》아아! 선비는 곤궁할 때야 절의가 드러나는 법이다. 평소에는 서로 떠받들고 알랑대고, 먹고 마시고 놀고 즐기고 서로의 집을 내 집처럼 드나들고, 큰소리치고 억지웃음 지으면서 상대 발밑이 내 자리인 양하고, 손 꽉 붙잡고 간 꺼내 보이고 쓸개 파내 보이면서, 하늘의 해를 가리켜 눈물 뚝뚝 흘리면서, 생사 불문 서로 배신 말자 맹세하길, 그야말로 진정인 듯이 한다. 어느 날 갑자기 사소한 이해라도 부딪치면, 겨우 터럭만큼 가느다란 일인데도, 안면을 확 바꿔 생면부지인 사람처럼 대한다. 함정에 빠져 있는데, 한 손 내밀어 구해 주기는커녕, 도리어 떠밀어버리고, 돌까지

○사씨(謝氏·謝顯道)가 말했다. "선비는 궁할 때 절의(節義)를 드러내고, 세상은 어지러울 때 충신(忠臣)을 알아본다. 배우는 자가 반드시 덕을 넉넉하게 쌓기를 바라신 것이다."

던지는데, 도처에 이런 사람뿐이다. 이는 짐승이나 오랑캐조차 차마 하지 못하는 짓거리인데, 사람이라는 그들은 오히려 자기 꾀대로 되었다고 여긴다. 그들이 柳子厚[柳宗元[773~819]의 字]의 풍격을 듣는다면, 그래도 조금이나마 부끄러운 생각은 들 것이다(……嗚呼! 士窮乃見節義. 今夫平居里巷相慕悅, 酒食遊戲相徵逐, 詡詡強笑語以相取下, 握手出肺肝相示, 指天日涕泣, 誓生死不相背負, 眞若可信; 一旦臨小利害, 僅如毛髮比, 反眼若不相識. 落陷穽, 不一引手救, 反擠之, 又下石焉者, 皆是也. 此宜禽獸夷狄所不忍爲, 而其人自視以爲得計. 聞子厚之風, 亦可以少愧矣…….).

7 唐太宗 이세민이 쓴《賜蕭瑀[소우에게 바친다]》에, '疾風知勁草 板蕩識忠臣'[모진 바람이 불어야 억센 풀을 알 수 있고, 板·蕩[주나라 厲王의 무도하고 혼란스러운 정사를 풍자한,《詩經·大雅》에 나오는 두 편의 시]같이 나라가 혼란스러워야 충성된 신하를 알아본다]이라는 구절이 나온다.

8 《孟子·盡心下 제10장》맹자가 말했다. "利를 넉넉히 쌓은 사람은, 흉년도 그를 죽이지 못하고, 德을 넉넉히 쌓은 사람은, 사악한 세상도 그를 어지럽히지 못한다"(孟子曰: 周于利者, 凶年不能殺; 周于德者, 邪世不能亂。).

[知者不惑章]

092801、子曰:「知者不惑¹, 仁者不憂², 勇者不懼³。」⁴

　　선생님께서 말씀하셨다. "지자(知者)는 미혹되지 않고, 인자(仁者)는 근심하지
　　않고, 용자(勇者)는 두려워하지 않는다."

明足以燭⁵理, 故不惑; 理足以勝私, 故不憂; 氣足以配道義⁶, 故不懼。此學之序也。⁷

지자(知者)는 총명[明]이 족히 리(理)를 밝힐 만하기 때문에 미혹되지 않고, 인자(仁者)는
리(理)가 족히 사(私)를 이길 만하기 때문에 근심하지 않고, 용자(勇者)는 기(氣)가 족히
도(道)와 의(義)를 배필로 삼을 만하기 때문에 두려워하지 않는다. 이것이 배움의 순서다.

---

1 《論語新解》知者는 道에 밝고 義에 통달하기 때문에, 사물에 의해 미혹 당하지 않을 수 있다(知者明道达
　义, 故能不为事物所惑。).
2 《朱子語類37: 20》仁者에게는 理가 곧 心이고, 心이 곧 理이다. 어떤 일이 오면, 그에 맞는 理가 있어
　이로써 그 일에 맞게 응하니, 근심이 없는 까닭이다(仁者理卽是心, 心卽是理。有一事來, 便有一理以應之,
　所以無憂。);《論語新解》仁者는 세상을 슬퍼하고 사람을 불쌍히 여겨, 그 마음이 혼연히 사람들과 일체가
　되고, 늘 천하가 걱정하기에 앞서 걱정하지만, 그 걱정은 광대한 것으로, 개인적인 염려나 걱정거리라면
　없다(仁者悲天悯人, 其心浑然与物同体, 常能先天下之忧而忧, 然其为忧, 恻怛广大, 无私虑私忧。).
3 [성]勇者不懼(용자불구): 담대한 자는 무서울 게 없다(懼: 害怕。有胆量的人无所畏惧。);《論語新解》
　勇者는 의를 보고 용감히 행하고, 도를 뜻 품고 곧바로 나아간다(勇者见义勇为, 志道直前。).
4 《憲問 제30장》에도 같은 글이 나온다;《中庸 제20장》知·仁·勇 이 셋은, 천하 어디에서나 통하는
　덕이다(知仁勇三者, 天下之達德也。).
5 燭(촉): 조명용 횃불. 비추다. 밝혀주다(本义: 古代照明用的火炬。照: 照亮。).
6 《孟子·公孫丑上 제2장》공손추가 물었다. "감이 여쭙겠습니다. 무엇을 호연지기라 합니까?" 맹자가
　말했다. "말로 설명하기가 어렵다. 호연지기의 기의 됨됨이는, 한량없이 크고 한량없이 강하다. 곧게
　기르고 해치지 않으면, 천지 사이를 꽉 채우게 된다. 호연지기의 기의 됨됨이는, 義와 道에 배필처럼
　잘 맞는다. 義와 道가 없으면 그 기는 말라붙고 만다"(敢問何謂浩然之氣? 曰: 難言也。其爲氣也, 至大至
　剛, 以直養而無害, 則塞于天地之閒。其爲氣也, 配義與道; 無是, 餒也。).
7 《論語大全》최후까지 공부하기를 물러서거나 돌아서지 않는 것, 이것이 바로 勇이다(朱子曰: 末後做工夫
　不退轉, 此方是勇。);《論語大全》대개 배움의 순서는, '不惑' 후에 '不憂'하고, '不憂' 후에 '不懼'한다.
　德의 순서는 '不憂' 후에 '不惑'하고, '不惑'하면 자연히 '不懼'하게 된다(慶源輔氏曰: 蓋學之序, 不惑而後不
　憂, 不憂而後不懼。德之序, 不憂則自然不惑, 不惑則自然不懼。);《論語集釋》《朱子文集·答石子重》에
　말했다. "知로써 밝히고, 仁으로써 지키고, 勇으로써 행하는데, 그 요점은 致知에 있습니다. 知의 明은
　仁으로써 지키지 않으면 안 되고, 仁으로써 지키는 것은 勇으로 행하지 않으면 역시 안 됩니다. 三者는
　하나라도 빠지면 안 되지만, 그중에 知가 우선입니다"(朱子文集(答石子重): 知以明之, 仁以守之, 勇以行
　之, 其要在致知。知之明, 非仁以守之, 則不可; 以仁守之, 非勇而行之, 亦不可。三者不可闕一, 而知爲先。).

[可與共學章]

092901、子曰:「可與共學¹, 未可與適道²; 可與適道, 未可與立³; 可與立, 未可與權⁴⁵。」

---

1 《論語義疏》붕우들과 배움을 함께 할 수 있을 뿐이다(言凡人乃可與同處師門共學而已。);《論語正義》 '與'는 '以'와 같다.《淮南子・氾論訓》에는, '孔子曰: 可以共學矣, 而未可以適道也; 可與適道, 未可以立也; 可以立, 未可與權。'으로 되어 있으니, '與'와 '以'가 뒤섞여 나오는데, '與'는 바로 '以'이다. '學'은 배우는 내용이 같고, 함께 토론하고 연구하여, 피차 이익을 주기 때문에, '共學'이라 한 것이고, '適道'・'立權'에 이르러서는, 각자 사람에 따라 자득하는 것이기 때문에, '共'을 말하지 않은 것이다(正義曰: "與"者, 以也。《淮南子、氾論訓》: "孔子曰: '可以共學矣, 而未可以適道也; 可與適道, 未可以立也; 可以立, 未可與權。'"與以錯出, 與即以也。"學"者, 業之所同, 講習切磋, 彼此資益, 故曰"共學"。至適道立權, 各由人所自得, 故不曰共也。);《論孟虛字》'與'는 '以'와 같다. 연락관계사. ~와('與', 猶'以'也。用作連絡關係詞。當白話'和' '跟'字。);《論語句法》주어 '人'이 생략되었고, '共'은 부사, '與'는 관계사로, 그 밑에 교류보어 '之'가 생략되었는데, 대신 칭하는 것은 주어인 '人'이다["사람들은 그와 함께 배울 수 있다"](主語'人'概括性省略…… '共'是限制詞, '與'是關係詞, 其下省略了交與補詞'之'字, 所稱代的就是那主語'人'。); '與' 뒤에 목적어가 생략되었다(류종목, 『논어의 문법적 이해』); 共(공): 같이(副詞, 一同, 一起。);《論語譯注》"그와 함께 배울 수 있는 사람이라도"("可以同他一道學習的人……")。
2 《論語集解》'適'(적)은 '之'[~를 향해 가다]이다. 배운다 해도, 혹 이단을 얻었다면, 반드시 도를 향해 가지는 못한다(注: 適, 之也。雖學或得異端, 未必能之道者也。);《論語新解》어떤 사람은 지향점이, 배워서 녹봉을 구하는 류와 같이, 도에 있지 않다(或志不在道, 如学以求禄之类。)。
3 《古今注》몸을 확고하게 세워 흔들리지 않는 것을 '立'이라 한다(植身不動曰立。)。
4 《春秋公羊傳・桓公11年》權이란 무엇인가? 權이란 (지금은) 經에는 반하지만, 나중에 가서는 좋은 결과를 가져오는 것이다(權者何? 權反於經, 然後有善者也。);《論語集解》權道는 常道에는 반하지만, 도리어 뒤에 가서는 大順에 이른다(注: 權道, 反而後至於大順。);《論語義疏》權이란 常에는 반하지만, 道에는 부합하는 것이다(疏: 權者, 反常而合於道者也。);《古今注》저울을 달아 中을 얻어 평형을 이룬 상태를 '權'이라 한다. '權'은 저울추이다. 中庸은 道의 극치이기 때문에, '可與立 未可與權'이라 한 것이다. '權'의 소기의 목적은 中庸에 있다. 성인께서 말씀하신 '擇乎中庸'[中庸 제7장]은, 바로 저울질을 하는 사람이 저울의 눈금을 택해서 거기에다 저울추를 위치시키는 것이다. 후세에 도를 논한 자들은, 모두가 中庸은 經, 反中庸은 權이라 여겨, 이에 탐욕과 방종으로 불법을 행하는 것을 權이라 하고, 찬탈과 모반으로 인륜을 무시하는 것을 權이라 했으니, 무릇 천하의 패란과 부정한 행위를 하나같이 權이라 믿었지만, 程子가 논한 바가 엄밀했다(衡稱得中曰權。權者, 稱錘也。中庸者, 道之極致, 故曰可與立未可與權…… 權之所期, 在乎中庸。聖人所謂擇乎中庸, 正是衡人之擇星以安錘也。後世論道者, 率以中庸爲經, 以反中庸爲權, 於是…… 貪縱不法曰權, 篡逆無倫曰權, 凡天下悖亂不正之行, 一以權爲依, 斯盖世道之大禍, 程子所論嚴矣。);《王力漢語》'權'(권)・'衡'(형)은 경중을, '度'(도)는 길이를, '量'(량)은 부피를 재는 것이다('權' '衡'是關於輕重的, '度'是關於長度的, '量'是關於容量的。);《論語詞典》權(권): 기회에 따라 그에 응하여 변한다. 당장 앞에 닥친 현실에 딱 맞는 것을 구하기 위해 하는 평상의 법규에 반하는 조치(權變, 爲着更求切合當前現實而違反平常的法規的措施。)。
5 《論語義疏》이 장은 학자가 점진적으로 밟아나갈 단계와 등급의 차례를 말한 것이다(疏: 張憑云: 此言學者漸進階級之次耳。);《孟子字義疏證・權》배우는 바는 똑같은데, 무엇 때문에 배우느냐고 물어보면, 그 뜻이 도에서 벗어나 아주 멀리 떨어진 자가 있으니, 이록과 명성을 추구하는 자가 바로 이것이다.

선생님께서 말씀하셨다. "그와 배움을 함께 할 수는 있어도, 그와 도를 향해 함께 갈 수는 없고, 그와 도를 향해 함께 갈 수는 있어도, 그와 함께 설 수는 없고, 그와 함께 설 수는 있어도, 그와 (경중을 헤아려 의에 부합하게) 권(權)을 함께 행할 수는 없다."

可與者, 言其可與共爲此事也。程子曰:「可與共學, 知所以求之也。可與適道, 知所往也。可與立者, 篤志固執而不變也。權, 稱錘[6]也, 所以稱物而知輕重者也。可與權, 謂能權輕重, 使合義也。」[7]

'可與'(가여)라는 것은 그가 (나와) 같이 이 일을 함께할 수 있다는 것을 말한다. 정자(程子 · 伊川)가 말했다. "'可與共學'(가여공학)은 이를 써서 추구해야 할 것을 아는 것이다. '可與適道'(가여적도)는 향해 가야 할 곳을 아는 것이다. '可與立'(가여립)은 뜻을 확고히

그래서 '未可與適道'라고 한 것이다. 도는 자기 자신에게 책임을 물어, 과오를 범하지 않게 하는데, 도를 지키는 것을 보면, 빼앗기지 않을 수 있는 자가 드물다. 그래서 '未可與立'이라고 한 것이다. 도를 지키는 것이 탁월해도, 常道만 알고 變을 모르는 것은, 정밀한 의리에 깊지 못함으로 말미암는데, 심지능력을 향상시켜 聖智를 완전하게 한 데까지는 다다르지 못한다. 그래서 '未可與權'이라고 한 것이다(蓋同一所學之事, 試問何爲而學, 其志有去道甚遠者矣, 求利祿聲名者是也, 故"未可與適道"; 道責於身, 不使差謬, 而觀其守道, 能不見奪者寡矣, 故"未可與立"; 雖守道卓然, 知常而不知變, 由精義未深, 所以增益其心知之明, 使全乎聖智者, 未之盡也, 故"未可與權。");《論語新解》의리에 정밀하지 못하고 인에 정통하지 못한 자는, 권도를 행할 수 없다. 시세에 맞춰 이리저리 변통에 능한 것을 빙자해서 권도에 능하다고 여기지만, 이는 혹 아무런 거리낌 없이 무슨 짓이든 하는 소인배에 가까울 수 있기 때문에, 반드시 도에 확고히 서고 의에 반하지 않아야[强立不反義] 비로소 권도를 행할 수 있다. 이 장은 학문의 성취 과정을 말한 것으로, 학문에 뜻을 둔 자는 이 장의 말씀에 의거해서 스스로를 성찰하고, 이 장의 말씀에 의거해서 이익이 되는 친구를 가려 사귀어야 한다(非义精仁熟者, 亦不能权。借口适时达变, 自谓能权, 而或近于小人之无忌惮, 故必能立乃始能权。本章告人以进学之阶程, 志学者可本此自省, 亦当本此择友取益。).

6 稱錘(칭추): 저울추. 저울을 평형하게 하는 데 쓰는 금속 추(称物时, 用来使秤平衡的金属锤。).

7 《論語大全》'可與共學'은 배움에 뜻을 두고 있는 것이다. '可與適道'는 나아갈 길의 맥을 이미 알고 있는 것이다. '可與立'은 능히 확고히 세운 것이 있는 것이다. '可與權'은 사변에 맞닥뜨려 그 사변에 맞는 마땅한 방법을 알고 있는 것이다(朱子曰: 可與共學, 有志於此。可與適道, 已看見路脉。可與立, 能有所立。可與權, 遭事變而知其宜。);《論語大全》義는 經과 權을 포함한다. 經은 그 자체로서 義이고, 權 역시 義이다. 義는 經을 지켜야 한다면 經을 지키고, 義는 權을 써야 한다면 權을 쓴다. 經은 만세의 변함없는 도이고, 權은 부득이해서 쓰는 것으로, 반드시 義에 부합해야 한다. 때때로 權을 쓴다면 더 나은 세계를 이룬다(朱子曰: 義字包得經與權。經自是義, 權亦是義。義當守經則守經, 義當用權則用權。經是萬世常道, 權是不得已而用之, 須是合義…… 若時時用之, 成甚世界。);《論語大全》權의 위치는 도리의 위쪽으로, 한 층의 도리가 더 있는 것이다(朱子曰: …… 權處是道理上面, 更有一重道理。);《論語大全》정자는 오로지 '權'만으로 義를 설명했고, 주자는 '經'과 '權'으로 나누어서 義를 설명했다(雲峯胡氏曰: 程子是專就權上說義, 朱子只分經與權說義。).

하고 굳게 버티어 변하지 않는 것이다. '權(권)은 '저울추'[稱錘]로, 이것을 써서 물건을 저울질하여 경중을 재는 것이다. '可與權(가여권)은 경중을 저울질하여 의(義)에 부합하게 할 수 있는 것을 말한다.'

○楊氏曰:「知爲己, 則可與共學矣。學足以明善, 然後可與適道。信道篤, 然後可與立。知時措之宜[8], 然後可與權。」

○양씨(楊氏·楊中立)가 말했다. "배움이 자신을 위한 것임을 아는 자라면, 그와 배움을 함께 할 수 있다. 배움의 수준이 족히 본성이 선하다는 것을 분명하게 알고 난 뒤에야, 도를 향해 함께 갈 수 있다. 도에 대한 믿음이 확고한 뒤에야, 함께 설 수 있다. '時措之宜'[때에 맞춰 그에 맞는 적절한 조치를 취하다]를 알아야, 그런 뒤에 권도(權道)를 함께 행할 수 있다."

洪氏曰:「易九卦[9], 終於巽以行權[10]。權者, 聖人之大用。未能立而言權, 猶人未能立而欲行, 鮮不仆[11]矣。」

홍씨(洪氏·洪興祖)가 말했다. "《주역·계사하전》(周易 繫辭下傳) 아홉 괘는 '손(巽)으로써 권(權)을 행한다'[巽以行權]는 말로 끝마쳤다. 권(權)이라는 것은 성인의 대용(大用)이다.

---

8 《中庸 제25장》誠은 스스로 자기의 본모습을 온전히 구현해내고, 道는 스스로 자기의 길을 이끌어간다. 誠은 物의 처음부터 끝이니, 不誠하면 物은 없다. 이 때문에 군자는 誠하는 것을 귀중히 여긴다. 誠者는 스스로 자기의 본모습을 온전히 구현해 낼 뿐 아니라, 이로써 物의 본모습을 온전히 구현해낸다. 자기의 性을 온전히 구현해내는 것은 仁이고, 物의 性을 온전히 구현해내는 것은 知이다. 仁과 知는 性의 본연의 품덕으로, 자기 자신과 저 物을 융합하는 도이기 때문에, 어느 때든 써도 마땅하지 않은 데가 없다(誠者自成也, 而道自道也。誠者物之終始, 不誠無物。是故君子誠之爲貴。誠者非自成己而已也, 所以成物也。成己, 仁也; 成物, 知也。性之德也, 合外內之道也, 故時措之宜也。); 時措(시조): 제때를 만나 쓰다. 제때를 만나 쓰면 어디든 마땅하지 않은 데가 없다. 때에 맞게 그에 맞는 조치를 취하다(鄭玄注: 時措, 言得其時而用也; 孔穎達疏: 措猶用也。得時而用之, 則無往而不宜。後以'時措'謂因時制宜。).

9 《周易·繫辭下》履(이) 괘로써 和를 행하고, 謙(겸) 괘로써 禮를 제정하고, 復(복) 괘로써 스스로 알고, 恆(항) 괘로써 한결같이 德을 쌓고, 損(손) 괘로써 害를 멀리하고, 益(익) 괘로써 利를 일으키고, 困(곤) 괘로써 원망을 적게 하고, 井(정) 괘로써 義를 분별하고, 巽(손) 괘로써 權道를 행한다(履以和行, 謙以制禮, 復以自知, 恆以一德, 損以遠害, 益以興利, 困以寡怨, 井以辯義, 巽以行權。).

10 《周易正義》巽은 順이다. 이미 때에 순하고 의에 부합할 수 있기 때문에, 權道를 행사할 수 있다. 때에 순하게 응해서 변할 수 없는 경우에는, 權道를 행사해서는 안 된다(孔穎達疏: 巽順以。旣能順時合宜, 故可以權行也。若不順時制變, 不可以行權也。).

11 仆(부): 엎어지다(向前跌倒).

아직 서지도 못하면서 권(權)을 말하는 것은 마치 사람이 아직 서지도 못하면서 걸으려
고 하는 것과 같아서, 넘어지지 않을 사람이 드물다."

程子曰:「漢儒以反經合道[12]爲權, 故有權變權術[13]之論, 皆非也。權只是經也。自漢以下,
無人識權字。[14]」

정자(程子·伊川)가 말했다. "한(漢)나라 학자들은, 경(經)에는 반하지만 도(道)에는 부
합하는 것을 권(權)이라 여겼기 때문에, 권변(權變)·권술(權術)의 논의가 있었는데, 모
두 권(權)이 아니다. 권(權)은 다만 경(經)일 뿐이다. 한(漢)나라 이래로, 권(權) 자의
뜻을 아는 사람이 없었다."

愚按: 先儒誤以此章連下文偏其反而爲一章, 故有反經合道之說。[15] 程子非之, 是矣。然
以孟子嫂溺援之以手[16]之義推之, 則權與經亦當有辨。[17]

---

12 反經合道(반경합도): 經[常道]에는 반하지만, 여전히 道[義理]에는 부합하다(＝反經合義。雖違背常道,
但仍合于義理。);《春秋公羊傳·桓公11年》權이란 무엇인가? 權이란 (지금은) 經에는 반하지만, 나중에
가서는 좋은 결과를 가져오는 것이다. 權을 쓰는 것은, 죽거나 망하는 경우가 아니면 쓰지 않는다.
權을 행함에는 그에 맞는 도리가 있으니, 자기를 깎아내리고 손상시키는 방법으로 權을 행하고, 남에게
해를 끼치지 않는 방법으로 權을 행하는 것이다. 남을 죽여서 이로써 자기 목숨을 지키고, 남을 없애서
이로써 자기 목숨을 유지하려는 목적으로는, 군자는 權을 쓰지 않는다(權者何? 權者反於經, 然後有善者
也。權之所設, 舍死亡無所設。行權有道, 自貶損以行權, 不害人以行權。殺人以自生, 亡人以自存, 君子不爲也。).
13 權變(권변): 때에 따라 융통성 있게 그에 맞게 응하여 변화하다. 기회를 따르고 대응하고 변화하다(灵活
应付随时变化的情况。随机应变。); 權術(권술): 권력 운용 수완. 권모술수(运用权力的手腕。权谋: 手段。).
14《二程集·河南程氏遺書·券第十八》고금을 통틀어 다들 權字를 잘못 사용하는데, 權을 말하기를 變詐·
權術이라고들 한다. 權은 다만 經이 미치지 못한 영역임을 모를 경우, 경중의 무게를 재서, 義(가 더
무거운 쪽)에 부합하게 하는 것이고, 義에 부합하면[義가 더 무거운 쪽이] 곧 經이다. 요즘 사람들은
權은 經이 아니라고들 하는데, 權은 곧 經이다. 權은 다만 저울추로, 경중의 무게를 저울로 달아 재는
것이다(古今多錯用權字, 才說權, 便是變詐或權術。不知權只是經所不及者, 權量輕重, 使之合義, 纔合義,
便是經也。今人說權不是經, 便是經也。權只是稱錘, 稱量輕重。孔子曰:"可與立, 未可與權。").
15《論語集釋》《朱子語類37: 55》에 말했다. "'唐棣' 이하는, 애초에는 앞의 權을 설명한 장과 합해져 있지
않았는데, 한나라 학자들이 합해서 한 장으로 함에 따라 '偏其反而'를 '反經合道'로 오인해서, 이 때문에
착오가 생긴 것이다"(朱子語錄:「唐棣」以下, 初不與上面說權處合, 緣漢儒合上文爲一章, 誤認「偏其反而」
爲反經合道, 所以錯了。).
16《孟子·離婁上 제17장》순우곤이 물었다. "남녀가 주고받는 것을 직접 하지 않는 것이 예입니까?"
맹자가 말했다. "예입니다." 순우곤이 물었다. "형수가 물에 빠졌으면 그를 손으로 잡아 구해 줍니까?"
맹자가 말했다. "형수가 물에 빠졌는데도 손으로 잡아 구해 주지 않는다면 이는 승냥이나 이리입니다.
남녀가 주고받는 것을 직접 하지 않는 것은 禮道이지만, 형수가 물에 빠져 손으로 잡아 구해 주는

내가 생각건대, 선배 학자들이 잘못 알고 이 장을 다음 장의 글인 '偏其反而'(편기반이)에 이어붙여서 한 장으로 만들었기 때문에, '반경합도'(反經合道)의 설이 있게 되었다. 정자(程子·伊川)가 반경합도(反經合道)의 설을 비판한 것은 옳다. 그렇지만 맹자(孟子)가 말한, '형수가 물에 빠져 손을 잡아 구해 준다'는 의리를 가지고 헤아려 본다면, 권(權)과 경(經)은 역시 마땅히 분별이 있어야 한다.

것은 權道입니다"(淳于髡曰: 男女授受不親, 禮與? 孟子曰: 禮也。曰: 嫂溺則援之以手乎? 曰: 嫂溺不援, 是豺狼也。男女授受不親, 禮也; 嫂溺援之以手者, 權也。).

17 《論語大全》공자께서 말씀하신 '可與立 未可與權'과 맹자가 말한 '嫂溺援之以手 權也'를 살펴보면, 權과 經은 분명 다른 점이 있다. 비록 다른 점이 있지만, 權은 실제로는 經을 벗어나지 않고, 여기에서 말한 다른 점은 단지 저울 한 눈금 정도일 뿐이다. 伊川은 權은 단지 經일 뿐이라고 했는데, 아직 미진한 점이 있는 것 같다. 예전에 龜山 楊時[1053~1135]가, '權은 經이 미치지 못한 영역이다'라고 했는데, 이 설이 오히려 좋다. 대개 經은 大經·大法를 간직한 정당한 도리일 뿐이다. 精微·曲折한 부분의 경우에는, 본디 經이 미칠 수 있는 부분이 아니다. 소위 權은, 精微·曲折한 부분에 대해, 세세한 부분까지 빠뜨린 곳 없이 알맞게 잘 처리하여, 經이 미치지 못하는 영역을 구제할 뿐이다. 그래서 (道에서 귀한 것은 中이고) 中에서 귀한 것은 權이다[孟子·盡心上 제26장 朱熹集注]라고 한 것이다. 權은 바로 經의 정밀·미묘한 부분이다(朱子曰: 觀孔子曰, 可與立, 未可與權, 孟子曰, 嫂溺援之以手, 則權與經, 須有異處。雖有異, 而權實不離乎經也, 這裏所爭只毫釐。伊川說權只是經, 恐也未盡。嘗記龜山云, 權者經之所不及, 這說却好。蓋經者, 只是存得箇大經大法, 正當底道理而已。若精微曲折處, 固非經之所能盡也。所謂權者, 於精微曲折處, 曲盡其宜, 以濟經之所不及耳。所以說中之爲貴者權。權者, 卽是經之要妙處也。);《論語大全》'可與立'할 수 있는 자는 통상적인 일을 처리할 수 있는 자이고, '可與權'할 수 있는 자는 임기응변의 사태를 맞아 처리할 수 있는 자이다. 천하의 일에는 통상적인 일이 있고 임기응변의 일이 있고, 일의 처리방식에는 經이 있고 權이 있다. 일 중에 통상적인 일에 당면해서 經의 방식을 지키는 것은, 聖賢도 예외는 아니고, 衆人들도 할 수 있지만, 일 중에 임기응변의 일을 당해서 權을 써서 처리하는 것은, 大賢만이 올바른 처리를 잃지 않을 수 있다. '可與立 未可與權'은 대개 그것이 이렇게 어렵다는 말이다(朱子曰: 可與立者, 能處置得常事, 可與權者, 能處置得變事。天下之事, 有常有變, 而處事之方, 有經有權。當事之常而守其經, 雖聖賢不外乎此, 而衆人亦可能; 至於遭事之變而處以權, 則惟大賢能不失其正。可與立未可與權, 蓋言其難如此。).

[唐棣之華章]

093001、「唐棣之華[1], 偏其反而[2]。豈不爾思[3]? 室是[4]遠而。」

"산앵두 꽃잎 난분분하네. 어찌 그대 생각 안 하랴만, 집이 이리도 멀구려."

棣, 大計反。○唐棣, 郁李[5]也。偏, 晉書[6]作翩[7]。然則反亦當與翻[8]同, 言華之搖動也。而,

---

1 唐棣(당체): 산이스랏나무. 산앵두나무(枎栘; 郁李); 華(화): 꽃. 꽃피다(本义: 花。开花。);《論語義疏》 풀이나 나무의 꽃들은 모두 먼저 다물어져 있다가 뒤에 활짝 피는데, 산앵두꽃은 먼저 활짝 펴졌다가 뒤에 다물어진다(疏: 夫樹木之花, 皆先合而後開, 唐棣之花, 則先開而後合。);《詩名多識》주자의《詩集傳》에 말했다. "당체는, 산앵두나무로, 은사시나무와 비슷하다." 李時珍[1518~1593]의《本草綱目》에 말했다. "당체는 잎이 둥글고 꼭지가 약해서, 미풍에도 크게 흔들린다. 꽃잎은 서로 등졌다가 다물어진다" (朱子曰: 唐棣, 栘也, 似白楊。本草曰: 唐棣, 圓葉弱蒂, 微風大搖。花反而後合。);《論語新解》산앵두꽃은 하얀 꽃과 붉은 꽃 두 종이 있는데, 처음에는 서로 반대 방향으로 펴졌다가, 마지막에는 다물어진다(棣花 有赤白两种, 树高七八尺, 其花初开相反, 终乃合并。);《爾雅 · 釋草》나무에 피는 꽃을 華, 풀에 피는 꽃을 榮이라 한다(木謂之華, 草謂之榮。).
2 《論語新解》'偏'(편)은 '翩'으로도 쓴다. '反'은 어떤 학자는 '翻'과 같다고 했다. 翩翩(편편)[나풀거리다]은 꽃이 바람에 나풀대는 모습이다(偏亦作翩, 反或说当与翻同。翩翩, 花摇动貌。);《論語詞典》偏其(편기): 훨훨. 펄펄. 나풀나풀(翩翩地);《論語句法》'偏其'·'反而'·'遠而'는 각각 접미사 '其'·'而'를 붙여 소리를 길게 늘인 복음사이다('偏其'反而'是兩個帶詞尾'其''而'的衍聲複詞…… '遠而'是帶詞尾'而'的衍聲複詞。); 《助字辨略》而(이): 어말조사(而, 語已辭。);《經傳釋詞》'而'는 구절을 끝내는 어조사이다(而者, 句絕之 辭。);《北京虛詞》而(이): 어기사. 진술 · 감탄 · 명령문의 끝에 쓰여 종결 · 감탄 · 명령어기를 표시한다('而', 语气词。用于陈述句、感叹句或祈使句后, 表示终结或感叹、祈使语气。作用相当于'呀'、'吧'。).
3 《古漢語語法》부정문에서 목적어가 대사'爾'인 경우, 항상 동사[思] 앞에 위치한다(否定句中宾语的位 置: 在否定句中[句中必须有表示否定副词或否定代词], 如果宾语是代词, 常有位于动词前面的。).
4 《古漢語語法》대사 "是"가 목적어로 쓰인 경우, 반드시 동사나 개사 앞에 위치한다(代词"是"用作宾语时, 必定置于动词或介词之前。);《論語句法》'是'는 주어와 술어 사이에 놓여 4자구를 만들어주는 어기사로, 시경의 4자구의 요구에 부합한다('是'字是語氣詞, 放在主語謂語之間, 便變成了四字句, 合乎詩經四字句 的要求了。); 是(시): 조사로 뜻이 없고, 단지 목적어를 전치시켰다는 표지의 역할만 한다('是'作助词, 没有实在意义, 仅仅作为宾语前置的标志。)[王力, "論語'是'用法深析"]; 是(시): 실로. 정말로. 어세를 강조 하는 작용을 한다. 實과 같다[류종목, 『논어의 문법적 이해』]; 지시대명사 '是'가 부사로 쓰인 것으로 보아, '這樣地'[이렇게]의 뜻으로 풀이하는 견해도 있다.
5 郁李(욱리): 산앵두나무. 고대에는 唐棣라고 했다(薔薇科落叶小灌木。春季开花, 花淡红色。果实小球形, 暗红色。供观赏。其材可为器具, 仁入药。古代又称唐棣。).
6 晉書(진서): 晉代의 正史. 중국 24史의 하나. 唐太宗 때 房玄齡, 李延壽 등 21명이 칙명으로 史實을 기록한 책;《晉書 · 列傳 제31》에 나온다.
7 翩(편): 펄펄 날리다. 나부끼다. 나풀거리다(很快地飞); 翩翩(편편): 펄럭펄럭 날리는 모양. 하늘거리다. 종잡을 수 없이 나부끼다(上下飞动貌。飄忽摇曳貌。).

語助也。此逸詩也[9], 於六義屬興[10]。上兩句無意義, 但以起下兩句之辭耳。其所謂爾, 亦不知其何所指也。

'棣'(체, dì)는 '大'(대)와 '計'(계)의 반절이다. ○'唐棣'(당체)는 '산앵두'[郁李]이다. '偏'(편)은《진서》(晉書)에는 '翩'(편)으로 되어 있다. 그렇다면 '反'(반)은 또한 당연히 '翻'(번)과 같아야 하는데, 꽃잎이 (바람에) 어지럽게 흩날리는 것을 말한다. '而'(이)는 어조사이다. 이 시는《시경》(詩經)에는 빠져 있어 나오지 않는 시로, 육의(六義) 가운데 흥(興)에 속한다. 앞의 두 구절은 뜻이 없고, 다만 이 구절을 써서 뒤의 두 구절을 일으키는 역할을 할 뿐이다. 뒤 구절에서 말한 '爾'(이)는 또한 그것이 누구를 가리키는 것인지 알 수 없다.

093002、子曰:「未之思[11]也, 夫[12]何遠之有[13]?」[14]

---

8 翻(번): 날다. 나풀나풀하다. 나부끼다. 뒤집다. 위치를 바꾸다(鸟飞。反转, 倾倒, 变动位置。).

9《朱子語類37: 55》이는 별개의 한 편의 시로,《詩經·小雅》의《常棣》란 시와는 다른 시이다(此自是一篇詩, 與今常棣之詩別。).

10 六義(육의): 시경의 六體로, 風·雅·頌은 시의 표현내용이고, 賦·比·興은 시의 표현형식이다. 風은 각국의 가요, 雅는 주나라 도읍 및 경기지방의 가곡, 頌은 종묘 제사의 노래로, 시경의 세 종류 체제이다. 賦는 그 일에 대해 부연해서 늘어놓은 것이고, 比는 물건을 비유해서 가리키는 것이고, 興은 물건을 빌어서 흥을 일으키는 것으로, 시경의 내용을 표현하는 세 방법이다(《毛詩、大序》詩有六義焉: 一曰風, 二曰賦, 三曰比, 四曰興, 五曰雅, 六曰頌。; 近人认为: 风是各国的歌谣, 雅是周王畿的歌曲, 颂是庙堂祭祀的乐歌, 是《诗经》的三种体制; 赋是敷陈其事, 比是指物譬喻, 兴是借物起兴, 是《诗经》的三种表现内容的方法。);《詩集傳·周南》興은 먼저 다른 사물을 이야기하여 이로써 노래하고자 하는 가사에 대한 흥을 불러일으키는 것이다. 賦는 어떤 사실을 상세하게 나열하고 곧이곧대로 말하는 것이다. 比는 저 사물을 가지고 이 사물을 비유하는 것이다(興者, 先言他物以引起所詠之詞也…… 賦者, 敷陳其事而直言之者也…… 比者, 以彼者比此物也。).

11《論語句法》'之'는 '豈不爾思'의 '爾'를 가리키고, '思'의 목적어인데, 술어 '思' 앞으로 당겨진 것이다('之'字稱代'豈不爾思'句裏的'爾'字, 是'思'的止詞, 卻提在述詞'思'字之上了。);《論孟虛字》부정문에서 지시대명사 '之'가 동사 '思' 앞으로 도치된 형식(變次的否定句式, 把指代詞'之'倒置在外動詞'思'前。).

12《經典釋詞》'夫'는 앞 구에 붙여 읽는다[이 경우 '也夫'는 감탄을 나타내는 어기사가 된다](夫字屬上句。);《論語集釋》武億[1745~1799]의《經讀考異》에 말했다. "근래 '未之思也'를 끊어 읽는데,《經典釋文》에는 '어떤 책에서는 '夫'를 '未之思也' 뒤에 붙여 읽는다'라고 했다. 옛사람들의 詩의 詞의 풀이에 의하면, '夫'字를 구말에 종속시키는 경우가 많았다"(經讀考異: 近讀『未之思也』句絕, 釋文: '一讀以『夫』字屬上句.' 據古人釋詩之詞, 多以『夫』字屬句末。);《論孟虛字》'夫'는 '而'와 같다. '还[또. 게다가]'에 해당한다["생각하지 않은 것이고, 게다가 어찌 먼 것이 있겠느냐?"]('夫', 猶而. 當白話還字。承接連詞。'那还有什么远的呢?'); 夫(부): 대저. 도대체(都大體). 대체. 문장의 발어사. 말의 처음에 쓰여, 다음에 할 말에 대해 의론할 것임을 표시한다. 말의 말미나 중간에 잠시 멈추는 곳에 쓰여, 감탄·의론을 표시한다(文言发语词。用在一句话的开始, 表(下句)议论。用在一句话的末尾或句中停顿的地方表示感叹, 议论。).

(이 시를 읽고) 선생님께서 말씀하셨다. "내 생각 안 했구려, 집이 어찌 멀리 있으리오."

夫, 音扶。○夫子借其言而反之, 蓋前篇「仁遠乎哉[15]」之意。

'夫'(부)는 음이 '扶(부, fú)이다. ○선생님께서 시구를 빌려 그것을 뒤집어 말씀하신 것인데, 대개 앞 편의 '인(仁)이 멀리 있겠느냐?'는 뜻이다.

○程子曰:「聖人未嘗言易以驕人之志, 亦未嘗言難以阻人之進。但曰未之思也, 夫何遠之有? 此言極有涵蓄[16], 意思深遠。[17] [18]」

---

13 《古漢語語法》'목적어+之+동사' 형식인, '何+○+之+有'의 경우 의문사 '何'와 '○'가 수식구를 만들어 동사 앞으로 전치된 것으로, 조사 '之'와 동사 '有' 사이에는 수식성분을 삽입하지 못한다["무슨 먼 것이 있겠는가?"]('宾语+之+动词'的几种固定格式: '何+○+之+有'。疑问词'何'和'○'一起组成偏正短语作前置宾语。助词一定是'之', 动词一定'有'。'之'与'有'之间不能插入修饰成分: '有什麽遙遠呢?').

14 《論語義疏》이 장[黃侃은 제29·30장을 한 장으로 보았다]은 權道의 어려움을 밝힌 것이다. '權'은, 常에는 반하지만, 道에는 부합한다. 수목의 꽃들은, 모두 먼저 망울져 있다가 뒤에 활짝 피는데, 산앵두 꽃은 먼저 활짝 핀 다음에 망울진다. 正道의 경우는, 행동에 고정된 순서가 있지만, 權道의 쓰임은, 먼저 고정된 순서와 반대로 한 후에 大順에 이르기 때문에, 이를 비유하여 '偏其反而'라 한 것이다. '偏'이라 한 것은, 그 도가 '偏'하여, '常'과 반대임을 밝힌 것이다. 사람들은 어찌 權道를 생각하지 않는가? 權道는 심오하고 요원하여, 마치 방의 奧처럼 멀기 때문인데, 공자께서 말씀하시기를, 權道는 쉽게 생각할 수 있는데, 다만 생각하지 않는 것뿐이지, 도를 반대로 해서 생각하면, 반드시 얻을 수 있기에, '夫何遠之有'라 하신 것이다(疏: 此章明權道之難也…… 權者, 反常而合於道者也…… 夫樹木之花, 皆先合而後開, 唐棣之花, 則先開而後合。譬如正道, 則行之有次, 而權之爲用, 先反後至於大順, 故云偏其反而。言偏者, 明唯其道偏, 與常反也。人豈不思權? 權道玄邈, 如其室奧遠故也。孔子……言權道易思, 但未有思之者耳; 若反道而思之, 則必可得, 故云'夫何遠之有'也。).

15 《述而 제29장》 참조.

16 涵蓄(함축): 담겨 있다. 드러내지 않고 속으로 간직하다. 많은 뜻을 담고 있다. 물을 잔뜩 머금고 있지만 물이 드러나 보이지 않는 상태(意思或感情含而不露。指言语、诗文意思含而不露, 耐人寻味。); 涵(함): 물을 많이 머금다. 적시다. 담그다. 잠기다. 포함하다(水泽众多。浸润 滋润。包含, 包容。); 蓄(축): 저장하다. 간직하다(储藏。存于心中。).

17 《論語大全》이 理는 사람에게 있으니, 이 때문에 알기 쉬운가 하고 보면, 정심·미묘해서, 쉽게 알 수가 없고, 이 때문에 알기 어려운가 하고 보면, 그 사람에게 있는 理는 본래 숨어 있지 않다. 알기 쉽다고 하면, 사람의 뜻을 교만하게 해서, 힘든 고통을 꾹 참고 이겨내는 공부를 즐겨 하려 하지 않고, 알기 어렵다고 하면, 사람의 정진을 가로막아, 결국 회의감이 들게 하고 주눅이 들게 한다. 공자께서는 단지 '내 생각 안 했구려, 대체 집이 어찌 멀리 있으리오'라고, 꾸밈없이 곧이곧대로 서술하셨을 뿐, 조금이라도 벼 모가지를 억지로 잡아 빼 올려서 더 빨리 크게 하려는 의도가 없으니, '極有涵蓄 意思深遠'한 까닭이다. '極有涵蓄'은 응당 도체의 은미함과 현저함이고, '意思深遠'은 다만 의미가 심원하기가 끝이 없다는 것을 깨달을 뿐이라는 것이다(慶源輔氏曰: 是理之在人, 以爲易知乎, 則精深微妙, 未易可知

○정자(程子·伊川)가 말했다. "성인께서는 (도가) 쉽다고 말씀하여 사람의 생각을 교만하게 한 적이 없으셨고, 어렵다고 말씀하여 사람이 나아가는 것을 가로막은 적도 없으셨다. 단지 '내 생각 안 했구려, 집이 어찌 멀리 있으리오'라고만 하셨으니, 이 말씀에는 겉으로 드러나 있지 않은, 머금고 있는 뜻이 지극해서, 의미가 심장하다."

也, 以爲難知乎, 則其在人之理, 本自不隱也。若言其易, 則驕人之志, 而不肯下堅苦之功。若言其難, 則阻人之進, 而遂生疑畏之意。但曰未之思也, 夫何遠之有, 則只是平鋪地道著, 無一毫助長益生之意, 所以極有涵蓄, 意思深遠。極有涵蓄者, 該道體之微顯……意思深遠者……但覺意味淵永, 無有窮盡也。).

18 《孟子·告子下 제2장》 맹자가 말했다. "道란 큰길과 같습니다. 어찌 알기 어려운 것이겠습니까? 사람들의 병폐는 구하지 않는 데 있을 뿐입니다. 당신이 돌아가서 그것을 구하려고 한다면, 많은 스승이 있을 것입니다"(曰: 夫道, 若大路然, 豈難知哉? 人病不求耳。子歸而求之, 有餘師。).

《鄕黨 第十》

楊氏曰:「聖人之所謂道者, 不離乎日用之間也。故夫子之平日[1], 一動一靜, 門人皆審視[2]而詳記之。」尹氏曰:「甚矣孔門諸子之嗜學[3]也! 於聖人之容色[4]言動, 無不謹書[5]而備錄[6]之, 以貽[7]後世。今讀其書, 即[8]其事, 宛然[9]如聖人之在目也。雖然, 聖人豈拘拘[10]而爲之者哉? 蓋盛德之至, 動容[11]周旋, 自中乎禮耳[12]。學者欲潛心[13]於聖人, 宜於此求焉。」舊說凡一章[14], 今分爲十七節[15]。

---

1 平日(평일): 평소. 평상시(平时; 平常的日子[区别于特殊的日子, 如: 节日、假日]).

2 審視(심시): 자세히 살피다(仔細察看); 審(심): 상세하다. 꼼꼼하다(详细. 周密.).

3 嗜(기): 마음에 들어 하다. 즐거워하다. 좋아하다(喜欢, 爱好; 嗜学。嗜酒。嗜好.).

4 容色(용색): 용모. 안색. 표정(容貌神色。脸上出现受感动的表情.).

5 書(서): 쓰다. 기록하다(书写, 记录, 记载.).

6 備錄(비록): 상세히 기록하다. 전부 기재하다(详细记录; 全部记载.).

7 貽(이): 증정하다. 증여하다. 남겨놓다. 남겨두다. 전해주다(赠送. 遺留, 留下.).

8 即(즉): 가까이 가다(基本义是接近、靠近、走向, 与'离'对举.).

9 宛然(완연): 꼭 닮다. 아주 비슷해 보이다. 아주 또렷하다. 분명하다(真像; 非常像。仿佛; 很象。真切, 清楚.).

10 拘拘(구구): 마음이 쓰이고 걸려 변통할 줄 모르는 모양. 몸이 오그라져서 펴지지 않는 모양(拘泥貌; 拘挛不伸貌).

11 動容(동용): 거동과 용모 등의 차림새. 내심으로 감동하여 얼굴 모습으로 나타나다(脸上显露出受了感动的表情。举止仪容; 内心有所感动而表现于面容.).

12 《孟子·盡心下 제33장》 행동거지가 절로 예에 맞는 것은, 성덕자의 지극한 경지이다(動容周旋中禮者, 盛德之至也.).

13 潛心(잠심): 깊이 생각에 잠기다. 생각에 몰두하다. 골몰하다. 전념하다(专心。用心专一、深沉.).

14 《經典釋文》鄕黨편은 앞부터 끝까지가 한 장이다(鄕黨, 凡一章.);《論語注疏》이 편은 비록 한 장으로 되어 있지만, 그 속의 내용은 그래도 비슷한 종류끼리 모아놓았다(疏 正義曰: 此篇雖曰一章, 其間事義亦以類相從.).

15 中華書局本注: 鄕黨篇은 실제로는 18개 장으로 되어 있는데, 그중 '入太廟 沒事問'장[이 책에서는 제13장 제5절로 표기했다]에 대해, 주희가 제3편 八佾篇(제15장)과 거듭나온 것으로 보았기 때문에, 17개 장이라고 했다(按本篇實有十八節(章), 其中'入太廟, 沒事問'一節, 朱熹認爲與八佾篇重出, 故稱十七節.).

양씨(楊氏·楊中立)가 말했다. "성인께서 말씀하신 도(道)라는 것은, 일상생활에서 벗어나 있는 것이 아니다. 그래서 선생님의 평소의 모습과 일동일정(一動一靜)을, 문인들이 모두 세심히 살펴보고 이를 상세히 기록한 것이다."

윤씨(尹氏·尹彦明)가 말했다. "대단하구나, 공자(孔子) 문하 제자들의 배움을 좋아하고 즐기는 모습이! 성인의 안색과 말씀과 거동에 대해, 꼼꼼하게 살피고 하나하나 빠짐없이 기록해 놓았으니, 후세에 전하지 않은 게 없다. 지금 그들이 써 놓은 글을 읽고, 그들이 기록해 놓은 일을 가까이 마주하니, 성인께서 눈앞에 계신 듯이 아주 또렷하다. 그렇다 해도, 성인께서 어찌 이런 일에 구애되어 마음을 써서 그리하셨을 분이었겠는가? 대개 성덕자(盛德者)의 지극한 경지로서, 행동거지가 저절로 예(禮)에 들어맞았을 뿐이다. 배우는 자가 성인에게 마음이 푹 빠져들어 가고자 한다면, 마땅히 이편에서 그것을 찾아야 할 것이다."

옛글에서는 모두 1장이었는데, 지금 이 글에서는 나누어 17절로 만들었다.

[鄉黨宗廟朝廷言貌不同節]

100101、孔子於¹鄉黨², 恂恂如³也, 似不能言者⁴·⁵。

1 《許世瑛(二)》 '於'는 동사로서, '在'[~에 있다]와 뜻이 같다('於'是動詞, 它的意義跟'在'字相同。).

2 《論語正義》 江永[1681~1762]의 《鄉黨圖考》에 말했다. "공자께서는 도읍에서 지내셨는데도, '鄉黨'이라 말한 것은 제2절의 '朝廷'의 對句로 한 말이다"(正義曰: 江氏永《鄉黨圖考》: "孔子雖居國都, 亦曰鄉黨, 對朝廷言之也。"); 《古今注》 '鄉黨'은 향당에서 가진 회합으로, 鄉飲·鄉射와 같은 류이다. 옛날 제도에 도성 안을 아홉 지역으로 구분했는데[周禮·冬官考工記·匠人], 중앙에는 왕궁을, 앞쪽에는 조정을, 뒤쪽에는 저자를, 왕궁의 좌우 쪽에는 각각 세 개씩의 鄉을 두어 서로 향하게 해서, 모두 6鄉이 있었다. '鄉'은 '향하다'이다. '黨'은 鄉 안을 나누어서 500家씩을 黨으로 한 것이다(補曰: 鄉黨者, 鄉黨之會也。鄉飲、鄉射類。古制國城之內九分之, 中爲王宮面朝後市, 左右各三鄉相嚮, 共六鄉, 鄉者, 嚮也。黨者, 於鄉之中別以五百家爲黨。); 《論語新解》 공자는 陬邑의 昌平鄉에서 태어나서, 曲阜의 闕里[闕黨]로 이사했다. 여기에서 鄉黨은 昌平鄉과 闕黨 두 지역을 겸한 말이다(孔子生陬邑之昌平乡, 后迁曲阜之阙里, 亦称阙党。此称乡党, 应兼两地言。); 鄉黨(향당): 고향. 12,500가구가 鄉, 500가구가 黨이다(泛称家乡; 周制, 一万二千五百家为乡, 五百家为党。)

3 《論語集解》 '恂恂'은 온화하고 공손한 모습이다(注: 王肅曰: 恂恂, 溫恭貌也。); 《說文·心部》 '恂'(순)은, 信心[신실한 마음]이다. 성실하다(恂: 信心也。); 《論語大全》 옛사람들은 말로 형용할 수 없는 것에 대해, 언제나 같은 음의 글자를 중복해 써서 그것을 묘사했다(厚齋馮氏曰: 古人於言語所不能形容, 輒以連綿字狀之。); 《論語大全》 '恂恂'에 대해 묻자 주자가 답했다. "詩書의 훈고에 근거해 고찰해보면, 마땅히 '信實'[믿음직하고 듬직하다]이 된다. 그렇지만 온화하고 공손하다는 뜻도 있다"(或問恂恂, 曰: 以詩書訓詁考之, 宜爲信實。然亦有溫恭之意。); 《古今注》 향당에서의 예는, 나이를 높이니, 노인이 모인 곳에서는 그 모습이 공손해야 한다(案: 鄉黨之禮, 尙齒, 著舊所集, 其貌宜恭。); 《論語集釋》 洪頤煊[1765~1837]의 《讀書叢錄》에 말했다. "《史記·孔子世家》의 '其於鄉黨 恂恂似不能言者'에 대해 《史記索隱》에는 '어떤 책에는 '恂恂'이 '逡逡'(준준)으로 되어 있다'라고 했는데, 《隸釋·祝睦後碑》에 '鄉黨逡逡 朝廷便便'으로 되어 있으니, 《史記索隱》이 본 책과 동일하다. 《史記·李將軍列傳》에 '이장군[李廣]은 진실되고 순박하기가 시골 사람 같았다'고 되어 있고, 《劉修碑》에는 '其於鄉黨, 遜遜如也'라고 되어 있고, 《漢書·李廣傳》에는 '李將軍恂恂如鄙人'으로 되어 있으니, '恂恂'·'逡逡'·'遜遜' 모두 글자는 다르지만, 뜻은 같다"(洪頤煊讀書叢錄: 史記孔子世家:「其於鄉黨, 恂恂似不能言者。」索隱:「有本作『逡逡』。」隸釋祝睦後碑:「鄉黨逡逡, 朝廷便便。」與索隱所見本同。劉修碑:「其於鄉黨, 遜遜如也。」史記李將軍列傳:「李將軍悛悛如鄙人。」漢書作「恂恂」, 並字異而義同。); 恂(순): 믿다. 믿고 맡기다. 성실하다. 두려워하다(相信, 信任。诚信。恐惧。); 《古書虛字》 '如'는 '然'과 같다. 사물의 형상을 묘사한다('如', '然'也。狀事之詞也。); 《經傳釋詞》 '如'는 '然'과 같다(如, 猶'然'也。); 《古漢語語法》 '형용사/동사+如' 형식으로 형용사술어로 쓰여 모종의 상태를 표시한다('形容词、动词+如(后缀助词)', 用作形容词谓语, 表示某种状态。).

4 《論語大全》 '似不能言者'는 이를 써서 '信實'의 뜻을 형용한 것이다. 대개 사람이 信實하면 말이 저절로 짧아지고 적어진다(慶源輔氏曰: 似不能言者, 所以形容信實之意。大凡人纔信實, 則言自簡默。); 《助字辨略》 '似'는 '類' '象'이다. ~와 같다(《廣韻》似: 類也, 象也。); 《北京虛詞》 似⋯⋯者: 마치 ~인듯하다. 동작이나 상황의 비슷함을 표시한다. 비유를 표시하는 데 쓴다('似⋯⋯者'用来表示比喻, 义即'好像⋯⋯似的'。); 《古書虛字》 '者'는 '然'과 같다('者'猶'然'也。); 《詞詮》 者(자): 의문·추측을 표시하는 어말조사('者', 語末助詞。表疑度。); 《文言語法》 '者'는 소품사이고, 또 문장 끝에 놓일 수 있고, '若'·'如'·'似' 등과 서로 호응하여,

공자(孔子)께서 향리(鄕里)에 계실 때는 신실하니, 마치 말씀을 잘하지 못하는 듯이 보이셨다.

恂, 相倫反。○恂恂, 信實[6]之貌。似不能言者, 謙卑遜順[7]。不以賢知先人也。鄕黨, 父兄宗族之所在, 故孔子居之, 其容貌辭氣如此。

'恂(순, xún)은 '相(상)과 '倫(륜)의 반절이다. ○'恂恂(순순)은 믿음직하고 듬직한 모양이다. '마치 말씀을 잘하지 못하는 사람인 듯이 보이셨다'는 것은, 겸손히 자기를 낮추고 공손히 윗사람에게 순종했다는 것이다. 현명과 지혜를 내세워 남의 앞에 서려고 하지 않은 것이다. '鄕黨(향당)은 부형(父兄)과 종족(宗族)이 계신 곳이기 때문에, 공자(孔子)께서 이곳에 계실 때는, 그 용모와 어조가 이와 같으셨던 것이다.

100102、其[8]在宗廟[9]朝廷, [10]便便[11]言, 唯謹爾[12] [13]。

'~같은 모습'으로 번역할 수 있다('者, 小品词, 它还可以放在句末, 和'若' '如' '似'诸字相应, 可译为'……的样子'); 《論孟虛字》'者'는 '然'과 같다. 본뜬 모양을 표시하는 어조사로 겸손한 어투이다. 마치~인 듯하다. ~한 모습('者', 猶'然'。 爲摹擬之語助詞, 表類似之義, 並表謙抑之容態。 當白話'像……似得'或'的样儿').

5 《論語集釋》張椿의《四書辨證》에 말했다. "여대림이 말하기를, "孔子於鄕黨'에서부터 '闇闇如也'까지는 공자의 언어의 변모에 대해 말했다'고 했다"(四書辨證: 呂大臨曰:「『孔子於鄕黨』至『闇闇如也』, 言孔子言語之變……。).

6 信實(신실): 성실하다. 진실해서 믿음직하다(诚实。真实可靠).

7 謙卑(겸비): 겸손하다. 스스로를 치켜세우거나 잘난 체하지 않다(谦虚, 不自高自大。); 遜順(손순): 순종하다. 공순하다. 고분고분하다(順从; 恭顺。).

8 《助字辨略》'其'는 말머리를 돌리는 어사로, 다른 말을 하려고, '其'라 한 것이다('其'字, 是更端之辭, 欲別異言之, 故云'其'也。); 《論語句法》'其'는 주어이다('其'是起詞。); 《論孟虛字》말을 바꾸는 어사. 지칭사의 의미도 가지고 있다('其', 猶'夫'。 爲更端語詞, 並帶指稱詞的意味。); 《論語譯注》"공자께서 종묘나 조정에 계실 때는"("他在宗廟裏, 朝廷上").

9 宗廟(종묘): 천자나 제후가 조상에게 제사 지내는 집(天子或諸侯祭祀祖先的专用房屋); 《論語正義》《白虎通義・宗廟》에 말했다. "'宗'은 '尊'이다. '廟'는 '貌'이다. 선조의 존엄한 모습을 형상한 것이다. 室이 있는 까닭은 무엇인가? 이를 써서 살던 거처를 형상한 것이다"(正義曰: 白虎通宗廟云: "宗者, 尊也; 廟者, 貌也, 象先祖之尊貌也。所以有室何? 所以象生之居也。"); 《王力漢語》宗(종): 조묘. (조부 이상의) 조상(本义: 宗庙, 祖庙。祖先(常指祖父辈以上的)); 《王力漢語》廟(묘): 조상에게 제사 지내는 곳. '宗'과 '廟'가 나뉘어 쓰일 때는, '宗'(종)은 신주를 받들어 모신 곳이고, '廟'(묘)는 규모가 큰 곳이다(祭祀祖先的地方。'宗廟'二字連用等於一個單詞。分用時, '宗'指供奉神主的地方, 而'廟'則規模較大。後代於'宗廟'的意義單用時, 稱'廟'不稱'宗'。).

10 《論語集釋》江永[1681~1762]의《鄕黨圖考》에 말했다. "治朝・外朝는 모두 평지로, 계단이나 당이 없기 때문에 조정이라 했다. '廷'은 평지이다"(鄕黨圖考: 治朝、外朝皆是平地, 無堂階, 故謂之朝廷。廷者,

공자(孔子)께서 종묘나 조정에 계실 때는, 분명하고 조리가 있게 말씀하시되,
오직 조심해서 말씀하시고 함부로 말씀하지 않을 뿐이었다.

朝[14], 直遙反, 下同。便[15], 旁連反。○便便, 辯也[16]。宗廟, 禮法之所在; 朝廷, 政事之所出;
言不可以不明辨。故必詳問而極言[17]之, 但謹而不放爾。

'朝'(조, cháo)는 '直'(직)과 '遙'(요)의 반절로, 뒷절에서도 이와 같다. '便'(변, pián)은
'旁'(방)과 '連'(련)의 반절이다. ○'便便'(변변)은 '말을 분명하고 조리 있게 하다'[辯]이
다. '宗廟'(종묘)는 예법이 있는 곳이고, '朝廷'(조정)은 정사가 나오는 곳이니, 말이 분명
하고 조리가 있지 않으면 안 된다. 그래서 반드시 상세하게 묻고 하고자 하는 말씀을
다 하시되, 오직 조심해서 말씀하시고 함부로 말씀하시지 않았을 뿐이다.

平地也。); 朝廷(조정): 왕이 신하의 알현을 받고 정무를 처리하는 곳(君王接受朝見和處理政务的地方).

11 《論語集解》便便(변변): 말을 분명하고 조리 있게 하는 모양(注: 鄭玄曰: 便便, 辨貌也。); 便便(변변):
어조가 분명하고 유창한 모양. 언사가 뛰어나다(形容言语明白流畅; 形容巧言利口, 擅长辞令。).

12 《王力字典》謹(근): 말이 많지 않다. 말을 조심하다(說話不多, 言語小心。);《經傳釋詞》'爾'는 '而已'[~뿐
이다]와 같다(爾, 猶'而已'也。);《古書虛字》'爾'는 '耳'와 같다('爾'猶'耳'也。詞之終也。);《論語語法》'爾'는
어기사로, 제시를 나타내고, '如是而已'[이와 같을 뿐이다]라는 뜻을 띠는 어조이다('爾'是語氣詞, 表提
示, 帶有'如是而已'的口吻。).

13 《論語集釋》王若虛[1174~1243]의 《繆誤雜辨》에 말했다. "論語에서 夫子가 '言唯謹爾'이라 칭했다.
唯는 語辭이다"(繆誤雜辨: 論語稱夫子'言唯謹爾'。唯, 語辭也。);《論語平議》'其在宗廟朝廷便便, 言唯謹
爾'로 끊어서 읽는다. '便便'은 조용하고 단아한 모습으로, 바로 앞의 '恂恂如也'[온화하고 공손한 모양]와
그 뜻이 일률적인데, 다만 뒤에 '如也'가 생략되었다. '言唯謹爾'[말씀은 조심조심하셨다]는 네 글자가
한 구절로, 말하는 것이 조심하고 신중하지 않은 경우가 없기 때문에, '言唯謹爾'라 한 것이다. 이 구절은
앞 구절 '似不能言者'[마치 말씀을 잘하지 못하는 사람인 듯이 보이셨다]와 對句로서, 대체로 '便便'은
공자의 용모를, '言唯謹爾'은 공자의 말씀 태도를 설명한 것이다["종묘나 조정에 계실 때, 모습은 조용하
고 단아한 모양이셨고, 말씀은 조심조심하셨다"](此當以便便爲句……便便, 閒雅之貌……正與上文恂恂
如也…… 其義一律, 但省如也兩字耳。言唯謹爾四字爲句, 凡有所言無不謹慎, 故曰, 言唯謹爾, 此與上文似
不能言者, 相對, 蓋此兩節皆上一句說孔子之容, 下一句說孔子之言。).

14 朝(조): [zhāo] 아침. 동틀 무렵(早晨。); [cháo] 조현하다. 신하·제후가 임금·천자를 찾아뵙다. ~를
향하다. 임금이 정무를 처리하는 곳. 조정(古代见人皆称「朝」。多用于卑见尊、下见上。如臣下进见君长、
晚辈问候长辈。诸侯相拜见也称为「朝」。对、向。旧时君王听政、办事的地方。).

15 便(변/편): [pián] 말을 분명하고 조리 있게 잘하다(善辩。); [biàn] 편하다. 간편하다(顺利, 没有困难或阻
碍。简单的, 礼节上非正式的。).

16 《經典釋文》便便(변변): 婢(비)와 緜(면)의 반절이다. 말을 분명하고 조리 있게 잘하다(婢緜反。辯也。).

17 極言(극언): 하고자 하는 말을 다하다(竭力陈说).

○此一節, 記孔子在鄉黨, 宗廟, 朝廷言貌之不同。

○이 절은 공자(孔子)께서 마을에 계실 때와 종묘·조정에 계실 때 말씀하시는 모습이 서로 같지 않았음을 기록한 것이다.

[在朝廷事上, 接下不同節]

100201、朝, 與下大夫言, 侃侃如[1]也; 與上大夫言, 誾誾如[2]也。[3]

> 조회에 참석해서 (임금이 아직 조정에 나와 계시지 않을 때) 하대부와 말씀하실 때는, 당당하고 솔직하신 듯이 보이셨고, 상대부와 말씀하실 때는, 화기애애하신 듯이 보이셨다.

侃, 苦旦反。誾, 魚巾反。○此君未視朝[4]時也。王制[5], 諸侯上大夫卿, 下大夫五人。許氏說

---

1 [성]侃侃而言(간간이언): 이유가 충분해서 하는 말이 떳떳하면서, 조용하고 차분하게 말하다(理直气壮, 从容不迫地说话。);《論語集解》侃侃(간간)은 화락한 모양이다(注: 孔安國曰: 侃侃, 和樂之貌也。);《論語 譯注》온화하고 쾌락한 모양('侃侃', 溫和而快樂的樣子);《百度漢語》侃侃(간간): 강직한 모양. 화락한 모양(刚直貌。和乐貌。); 侃(간): 강직하다. 당당 솔직하다. 화락하다(刚直。刚毅梗直。和乐貌。).

2 [성]侃侃誾誾(간간은은): 화락하면서 조용하고 차분하게 담소하는 모양(形容和悦而从容不迫地谈话。);《論語集解》'誾誾'은 중정한 모양이다(注: 孔安國曰: 誾誾, 中正之貌也。);《論語譯注》정직하고 공경스러운 모양('誾誾', 正直而恭敬的样子);《王力字典》誾誾(은은): 공손하고 정직한 모양. 향기가 그윽한 모양(恭敬 而正直的樣子。香氣濃烈的樣子。); 誾誾(은은): 말하는 태도가 화기애애하면서도 시비를 분명히 가리는 모양(说话和悦而又能辩明是非之貌); 誾(은): 말이 화기애애하면서도 정의를 지키고 영합하지 않다(說話和 悦而持正不阿。).

3《論語大全》선생님께서는 노나라에서 벼슬하셨고, 하대부에서 시작하여 상대부가 되셨는데, 이 기록은 하대부로 벼슬하실 때의 기록에 해당한다(厚齋馮氏曰: 夫子仕魯, 自下大夫爲上大夫, 此當記爲下大夫之 時。);《論語大全》하대부는, 지위가 그다지 높지 않기에, 말을 단도직입적으로 표현할 수 있다. 상대부 앞에서는, 간쟁거리가 있더라도 반드시 할 말을 머금고 다하지 않으려는 생각이 있어야 하니, (하대부와 말씀하실 때의 모습인) 侃侃이 할 말을 다 할 수 있는 것과는 같지 않다. 和悅은 윗사람을 섬기는 공손함을 잃지 않은 모습이고, 諍은 그러면서도 자기의 의리의 올바름을 잃지 않는 태도이다(朱子曰: 下大夫, 位不甚尊, 故言可得而直遂。上大夫前, 雖有所諍, 須有含蓄不盡底意, 不如侃侃之發露得盡也。和悅, 則不 失事上之恭。諍, 則又不失在己義理之正。); 和悅(화열): 화기애애하다. 남의 비위를 맞추다. 상냥하고 웃음 띤 얼굴(指和乐, 喜悦。另也指奉承, 取悦; 和颜悦色, 和蔼的意思。); 諍(쟁): 諫諍하다. 잘못을 單刀直 入으로 지적해, 옳게 고치게 하다(諫, 照直说出人的过错, 叫人改正。).

4 視朝(시조): 입조해서 정사를 보다(臨朝听政。);《禮記 · 玉藻》조정에 들어가는데, 하늘이 밝아지기 시작해 사물을 변별할 수 있을 즈음에 입조한다. 임금은 해가 뜨면 입조해서 정사를 본다(朝, 辨色始入。 君日出而視之。).

5《禮記 · 王制》왕자의 녹작의 관직으로는, 공 · 후 · 백 · 자 · 남, 다섯 등급이 있고, 제후의 관직으로는, 상대부인 경 · 하대부 · 상사 · 중사 · 하사, 다섯 등급이 있다. 천자는 3공[太師 · 太傅 · 太保] · 9경[少師 · 少傅 · 少保 · 塚宰 · 宗伯 · 司徒 · 司馬 · 司寇 · 司空] · 27대부 · 81원사가 있고, 대국은 3경[司徒 · 司馬 · 司空](천자가 임명한다) · 하대부 5인 · 상사 27인이 있다(王者之制: 祿爵, 公、侯、伯、子、男, 凡五等。諸侯之上大夫卿、下大夫、 上士、中士、下士, 凡五等⋯⋯ 天子: 三公, 九卿, 二十七大夫, 八十一元士。大國: 三卿; 皆命於天子; 下大夫

文[6]:「侃侃, 剛直也。誾誾, 和悅而諍也。」[7]

'侃'(간, kǎn)은 '苦'(고)와 '旦'(단)의 반절이다. '誾'(은, yín)은 '魚'(어)와 '巾'(건)의 반절이다. ○이것은 임금이 아직 조정에 나와 있지 않을 때이다.《예기·왕제》(禮記 王制)에 '제후국에는 상대부(上大夫) 경(卿)과, 하대부(下大夫) 다섯 사람이 있다'고 했다. 허신(許慎)이 쓴《설문해자》(說文解字)에, '侃侃(간간)은 剛直[당당하고 솔직하다]이다. 誾誾(은은)은 和悅而諍[화기애애하게 간쟁하다]이다'라고 되어 있다.

100202、君在, 踧踖如[8]也。與與如[9]也。

임금이 조정에 나와 계실 때는, 조심조심하는 듯이 보이셨다. 위의가 알맞게 갖춰진 듯이 보이셨다.

踧, 子六反。踖, 子亦反。與, 平聲, 或如字。○君在, 視朝也。踧踖, 恭敬不寧[10]之貌。與與, 威儀中適[11]之貌。張子曰:「與與, 不忘向君也。」亦通。[12]

五人, 上士二十七人。): 五大夫(오대부): 하대부인 소재·소사도·소사공·소사구·소사마의 합칭(周代下大夫小宰、小司徒、小司空、小司寇、小司馬的合稱。).

6 說文(설문): 한나라 허신[약58~약147]이 쓴《說文解字》약칭(汉许慎所著《说文解字》的简称。).

7《論語集釋》陳天祥[1230~1316]의《四書辨疑》에 말했다. "侃·誾 두 자는 각기 두 개 훈이 있다. '侃'字는 한 개 훈은 和樂貌이고, 한 개 훈은 彊直이다. '誾'字는 한 개 훈은 中正之貌이고, 한 개 훈은 和이다."(四書辨疑: 侃、誾二字各有兩訓, 玉篇諸韻皆同。「侃」字一訓和樂貌, 又訓彊直。「誾」字一訓中正之貌, 又訓和。).

8《王力字典》踧踖(축적): 쌍성연면어. (걸음걸이가) 공손하고 조심하여 마음 놓지 못하는 모양('踧踖', 雙聲連緜字。恭謹居促的樣子。).

9《古今注》'與與'는 공경하고 조심하여 머뭇거리는 모습이다. 머뭇거리는 듯, 두려워하는 듯, 돌아보는 듯하여, 감히 함부로 행동하지 않는다는 뜻이다(與與, 敬慎猶豫之貌…… 與與者, 若疑焉, 若懼焉, 若顧焉, 不敢專斷之意也.);《論語譯注》與與(여여): (걸음걸이가) 차분하고 위엄있는 풍모를 지니다(安祥);《百度漢語》與與(여여): 몸가짐이 알맞은 모양. 결단을 내리지 못하고 망설이다. 주저주저하는 모양(威仪合度貌; 犹豫决貌).

10 不寧(불령): 불안정하다. 마음 편하지 않다(不安定: 不安宁。).

11 中適(중적): 적당하다. 알맞다(中正适当).

12《論語大全》'與與'는 平聲으로 읽으면, 몸가짐이 정도에 알맞은 모양이다. 원래의 음 그대로 읽으면, '그를 뒤따르고 또 뒤따른다'인데, 임금을 향한 마음을 잊지 않는다는 뜻이다. '踧踖'은 임금을 공경하는 마음이 지극한 것이고, '與與'는 임금을 사랑하는 마음이 지극한 것이다(雙峯饒氏曰: 與與, 作平聲讀者, 威儀中適之貌…… 作如字讀者, 與之又與, 不忘向君之意。踧踖, 敬君之至也; 與與, 愛君之至也。).

'踧'(축, cù)은 '子'(자)와 '六'(육)의 반절이다. '踖'(적, jí)은 '子'(자)와 '亦'(역)의 반절이다. '與'(여)는 평성[yú]인데, 본래 음[yǔ]대로 읽는 경우도 있다. ○'君在'(군재)는 임금이 조정에 나와 정사를 청취하고 있는 때이다. '踧踖'(축적)은 공경하여 마음 편히 서 있지 않은 모습이다. '與與'(여여)는 위의가 알맞게 갖춰진 모습이다. 장자(張子·張橫渠)가 말하길, '與與(여여)는 임금을 향한 마음을 잊지 않는 것이다'라고 했는데 역시 통하는 말이다.

○此一節, 記孔子在朝廷事上接下之不同也。
○이 절은 공자(孔子)께서 조정에 계실 때에 윗사람을 섬기는 태도와 아랫사람을 대하는 태도가 서로 같지 않았음을 기록한 것이다.

[爲君擯相節]

100301、君召[1]使擯[2, 3]、色勃如[4]也、足躩如[5]也。

> 임금이 공자(孔子)를 불러 손님을 영접하게 할 때는, 얼굴빛은 정색한 듯이 보이셨고, 발걸음은 서성이는 듯이 보이셨다.

擯、必刃反。躩、驅若反。○擯、主國[6]之君所使出接賓者。勃、變色貌。躩、盤辟[7]貌。皆敬君

---

1 《論語正義》王逸[東漢人]의《楚辞章句·招魂》序에, '손짓으로 부르는 것을 招(초), 말로 부르는 것을 召(소)라 한다'고 했다(正義曰: 王逸招魂序: "以手曰招, 以言曰召。").

2 《論語正義》《經典釋文》에 말했다. "'擯'이, 어떤 책에는 '儐'으로도 되어 있고, '賓'으로도 되어 있다." 《史記·孔子世家》에는 '君召使儐'으로 되어 있다. 《說文·人部》에 말했다. "'儐'은 '導[안내하다]이다. '人'을 따르고, '賓' 소리이다. '擯'은 '手'를 따른다[손으로 손님을 안내하다]." '擯'·'儐'은 같은 글자이고, 어떤 때는 생략해서 '賓'으로 쓴다(正義曰: 案: 釋文: "擯, 本又作儐, 亦作賓, 皆同。" 孔子世家正作"儐"。 說文: "儐, 導也。從人, 賓聲。擯, 儐或從手。" 是"擯", "儐"一字, 或省作"賓"。);《論語集釋》江永[1681~1762]의《群經補義》에 말했다. "《史記·孔子世家》에서 말한 '孔子爲魯司寇, 攝行相事'는 (재상의 일을 대행한 것이 아니고) 임금을 도와 예의 진행을 대행한 것으로, '夾谷之會, 孔子相'[史記·十二諸侯年表]이 바로 이것이다. '君召使擯'도, 손님이 오자, 공자가 예법을 알고 있는 점을 중히 여겨서, 특별히 承擯이면서 겸해서 예의 진행을 돕게 한 것이다. 대부는 의당 承擯이 되는데, 어찌 임금이 부르기를 기다렸을까? 특별히 공자를 부른 까닭은, 承擯의 일을 하면서 겸해서 上擯의 일을 대행케 한 것이다. '揖所與立'은 承擯의 일이고, '趨進' 및 '賓退復命'은, 예의 진행을 대행한 일로, 모두 上擯의 일이다. 上擯은 의당 계손이 해야 하지만, 공자를 시켰기 때문에, '攝'이라 한 것이다(群經補義: 史記…… 所謂'攝行相事'者, 攝相禮之事, 若'夾谷之會, 孔子相'是也。君召使擯, 亦是有賓客來, 重孔子知禮, 特使爲擯而兼相。大夫當爲承擯, 何待於召? 所以特召者, 承擯而兼攝上擯事也。'揖所與立', 擯事也;'趨進'及'賓退復命', 攝相事, 皆上擯事也。上擯當季孫爲之, 而使孔子, 故曰攝也。); 擯(빈): =儐。손님을 안내하다. 손님의 안내를 맡은 자(通儐。导引賓客。).

3 《儀禮·聘禮》卿은 上擯, 大夫는 承擯, 士는 紹擯[上擯에게 손님을 인계하다]의 역할을 맡는다. 擯이 대문 밖으로 나와 손님에게 무슨 일로 오셨는지 묻는다. 임금은 피변을 쓰고, 대문 안에서 손님을 맞는다. 대부는 손님을 대문 안으로 맞아들인다(卿爲上擯, 大夫爲承擯, 士爲紹擯。擯者出請事。公皮弁, 迎賓於大門內。大夫納賓。).

4 勃如(발여): 낯빛이 정중하게 변한 모양(脸色变成庄重的样子); 勃(발): 얼굴빛을 고친 모양(变容、变色的样子);《王力字典》勃與(발여): 엄숙하고 정중하고 공손한 모양(矜莊的樣子。).

5 《論語義疏》躩(곽): 부름을 받고 몸 둘 바를 몰라 속히 움직여 발이 서성댄다. 한가롭게 거닐 겨를이 없이 빨리 걷는 모양(疏: 躩, 盤辟貌也。既被召, 不敢自容, 故速行而足盤辟也。故江熙云, 不暇閑步, 躩速貌也。); 躩(곽): 빠른 걸음으로 걷는 모양. 배가 나아가지 못하고 제자리에서 빙빙 돌듯이 머뭇거리고 주저하는 모양. 머뭇대는 모양. (나아가지 못하고) 멈칫멈칫하는 모양(疾行貌。逡巡貌。).

6 主國(주국): 초빙국. 주인국(古代诸侯国互相聘问, 受聘国称为'主国'。).

7 《論語義疏》발 바꿈질이 빠르다(疏: 盤辟, 即足轉速也。);《論語大全》'盤辟'은 빙 돌아서고 앞으로 나가고

命故也。⁸

'擯'(빈, bìn)은 '必'(필)과 '刃'(인)의 반절이다. '躩'(곽, jué)은 '驅'(구)와 '若'(약)의 반절이다. ○'擯'(빈)은 손님을 맞이하는 나라의 임금이 시켜서 나가서 손님을 영접하는 자이다. '勃'(발)은 얼굴빛을 고쳐 정색한 모습이다. '躩'(곽)은 빙 돌아서고 나아가고 물러나는 세세한 동작의 모양이다. 모두 임금의 명을 공경해서이다.

100302、揖所與立⁹, 左右手。衣前後¹⁰, 襜如¹¹也。¹²

　　함께 서 있는 빈(擯)에게 읍(揖)할 때, 왼쪽에 있는 빈(擯)에게는 손을 왼쪽으로 하고 오른쪽에 있는 빈(擯)에게는 손을 오른쪽으로 하셨다. 옷의 앞뒤가, 단정해 보이셨다.

襜, 亦占反。○所與立, 謂同爲擯者¹³也。擯用命數¹⁴之半, 如上公九命¹⁵, 則用五人, 以次

　　뒤로 물러나는 세세한 동작이라는 뜻이다(盤辟, 乃盤旋曲折之意。); 盤辟(반벽): 행례 시의 빙 돌아서고 앞으로 나가고 뒤로 물러나는 등의 몸동작(盘旋进退。古代行礼时的动作仪态。).

8《論語大全》'勃如'(발여)는 안색을 고치는 것이고, '躩如'(곽여)는 몸가짐을 고치는 것이다(慶源輔氏曰: 勃如, 顏色之變; 躩如, 容止之變。).

9《論語句法》'所與立'은 '所與立之人'의 줄임말이다('所與立'是'所與立之人'的省說).

10《論語譯注》"치맛자락이 한번 굽혀지고 한번 들어 올려지다"("衣裳一俯一仰。"); 《百度漢語》前後(전후): 앞으로 향하고 뒤로 향하면서, 굽히고 올리다(向前与向后, 俯仰。).

11《論語新解》치맛자락이 펄럭이면서 흐트러지지 않고 가지런한 모양(襜如, 整貌。衣裳摆动而不乱。); 《百度漢語》襜如(첨여): 치맛자락이 가지런하니, 펄럭이면서 운치 있는 모양(衣服整齐, 飘动有致的样子。); 襜(첨): 앞을 가리는 앞치마. 폐슬[무릎덮개](系在身前的围裙。即蔽膝。).

12《論語集解》왼쪽 擯에게 읍할 때는, 손을 왼쪽으로 하고, 오른쪽 擯에게 읍할 때는 손을 오른쪽으로 하여, 한번은 숙이고 한번은 올리기 때문에, 치마의 앞뒤 자락이, 치렁치렁 흔들린 것이다(注: 鄭玄曰: 揖左人, 左其手, 揖右人, 右其手, 一俛一仰, 故衣前後, 則襜如也。); 《論語正義》공자는 이때 대부로서 承擯이고, 왼쪽에 서 있는 자는 선비로서 紹擯이고, 오른쪽에 있는 자는 경으로서 上擯으로, 매번 말을 전달할 때마다 읍을 해야 한다. 擯이 읍할 때는 몸을 숙이고, 읍을 마치고는 몸을 들어 올리기 때문에, '한 번은 숙이고 한 번은 들어 올린다'고 한 것이다. 왼쪽 오른쪽 擯에게 읍하기 때문에, 옷의 앞뒤 자락도, 따라 움직이게 된다. '襜襜'(첨첨)은 흔들리는 모양이다. 그래서 黃侃의 疏에서, 江熙의 '왼쪽 오른쪽으로 읍하니, 치맛자락이 치렁치렁 흔들거린다'를 인용한 것이다(正義曰: 夫子時爲承擯, 左立者是紹擯, 右立者是上擯, 每一傳辭則宜揖也……當擯者揖時, 必俛其首, 及揖畢, 而仍仰立, 故曰"一俯一仰"。揖分左右, 故衣之前後, 亦與爲轉移也……"襜襜", 動搖之貌。故皇疏引江熙曰: "揖兩手, 衣裳襜如動也。").

13《周禮·秋官司寇·大行人》9종의 예의[桓圭·繅藉·冕服·建常·樊纓·貳車·介·牢禮·擯者]로써 제후의 명을 판별한다. 上公인 제후는 介[賓의 말을 主에게 전달하는 중개인]가 9인, 擯이 5인이고,

傳命[16]。揖左人, 則左其手; 揖右人, 則右其手。襜, 整貌。[17]

'襜'(첨, chān)은 '赤'(적)과 '占'(점)의 반절이다. ○'所與立'(소여립)은 함께 서서 손님을 영접하는 자인 빈(擯)을 말한다. 손님을 영접하는 자의 인원수는 임금의 품급 수의 절반을 써서, 예를 들면 상공(上公)인 임금의 품급 수는 아홉이니, (그 절반인) 다섯 사람의 빈(擯)을 써서, 차례로 임금과 손님 사이의 명을 전달한다. 왼쪽 빈(擯)에게 읍할 때는 손을 왼쪽으로 하고, 오른쪽 빈(擯)에게 읍할 때는 손을 오른쪽으로 한다. '襜'(첨)은 단정한 모습이다.

100303、趨進[18], 翼如[19]也。

후작인 제후는 介가 7인, 擯이 4인이고, 백작인 제후는 후작인 제후와 같고, 자작인 제후는 介가 5인, 擯이 3인이다(以九儀辨諸侯之命…… 上公之禮: 介九人…… 擯者五人…… 諸侯之禮: ……介七人…… 擯者四人…… 諸伯…… 皆如諸侯之禮。諸子: ……介五人…… 擯者三人。).

14 命數(명수): 작위나 관직의 품급(爵位或官職的品級).

15 上公(상공): 최고관직인 三公에 있다가 봉지를 받아 제후로 나가는 사람(三公(太師、太傅、太保), 出封時, 稱為上公。); 九命(구명): 諸侯 5등급[上公・侯・伯・子・男]과 諸臣 4등급[三公・卿・大夫・士]의 총 9개 등급의 관작;《周禮・春官宗伯・典命》上公은 九命, 侯伯은 七命, 子男은 五命, 王의 三公은 八命, 그 卿은 六命, 그 大夫는 四命, 그 士는 壹命이다. 봉지를 받는 경우 1등급을 더한다(上公九命……侯伯七命……子男五命……王之三公八命, 其卿六命, 其大夫四命……其士壹命……及其出封, 皆加一等。其宮室、車旗、衣服、禮儀各視其命之數。).

16《論語大全》옛날의 상견례에는, 主人 쪽 사람으로는 擯이 있고, 賓客 쪽 사람으로는 介가 있어서, 賓客이 명을 上介에게 전하면, 빈객 쪽의 上介는 次介에게, 次介는 末介에게 전하고, 末介는 주인 쪽의 末擯에게, 末擯은 次擯에게 次擯은 上擯에게 上擯은 主人에게 전하고, 그런 후에 비로소 主人과 賓客이 相見했다(朱子曰: 古者相見之禮。主人有擯, 賓有介, 賓傳命於上介, 上介傳之次介, 次介傳之末介, 末介傳之末擯, 末擯傳之次擯, 次擯傳之上擯, 上擯傳之主人, 然後賓主方相見。).

17《論語大全》왼쪽 사람에게 읍하여, 명을 전달하고, 오른쪽 사람에게 읍하여, 명을 전해 받는다. '襜如'(첨여)는, 옷의 앞뒤가 휘장처럼 가지런히 퍼져서 정리되는 모양을 말한다(朱子曰: 揖左人, 傳命出; 揖右人, 傳命入也。慶源輔氏曰: 襜如, 言其衣之前後襜如其齊整也。).

18《論語正義》江永[1681~1762]의《鄉黨圖考》에 말했다. "擯은 (손님을 맞이하러 가는데) 중정에서 서쪽 계단까지는 수십 보가 되어, 천천히 가는 것이 맞지 않아서, 빨리 가야 하는데, 황급한 모습이거나, 손을 내려뜨리고 활개를 치는 모습으로, 형용하기 어렵기 때문에, 특별히 기록한 것이다"(正義曰: 江氏永鄉黨圖考云: "擯者從中庭進至阼階西, 有數十步, 不宜紆緩, 故必當趨。趨則急遽, 或至垂手掉臂, 難其容, 故特記容。"); 趨進(추진): (두 손을 잡고 허리를 굽히고) 종종걸음으로 나아가다. 알현할 때 취하는 경의를 표시하는 동작(小步疾行而前, 表示敬意的一种动作).

19《論語平議》《爾雅・釋詁》에는 '翼, 敬也'라고 했고,《爾雅・釋訓》에는 '翼翼, 恭也'라고 했으니, '翼如'의 '翼' 또한 대체로 이 '敬'[공경하다]의 뜻일 뿐이다.《說文・走部》에는 '趨進趨如也'라 했는데, 글자가

종종걸음으로 손님을 맞이하러 나아가실 때는, 날개를 펼친 듯이 보이셨다.

疾趨而進, 張拱[20]端好, 如鳥舒翼。

종종걸음으로 손님을 맞이하러 나아갈 때는, 팔을 펴고 손을 맞잡은 모습이 단정하고 아름다워서, 마치 새가 날개를 펼친 것과 같았다는 것이다.

100304. 賓退[21], 必復命[22]曰:「賓不顧矣。[23] [24]」

손님이 물러갔을 때는 반드시 복명하시기를, '손님이 뒤돌아보지 않았습니다' 라고 하셨다.

紓[25]君敬也。

임금이 손님에 대해 갖추고 있는 공경의 예를 풀게 하는 것이다.

○此一節, 記孔子爲君擯相[26]之容。

○이 절은, 공자(孔子)께서 임금을 위하여 손님을 영접하실 때의 모습을 기록한 것이다.

또 '趨'을 썼으니, 새가 날개를 펼친 모습이 아님을 밝힌 것이다(爾雅釋詁曰, 翼, 敬也。釋訓曰, 翼翼, 恭也。翼如之翼, 蓋亦此義耳。說文走部趨進趨如也, 字又作趨, 明非鳥翼矣。).

20 張拱(장공): 팔을 펴고 손을 맞잡아 예를 행하다(張臂拱手以爲禮。).

21 《論語義疏》'賓退'는 임금이 손님을 전송하라 명한 때를 말하는 것이다(謂君使己送賓時也。).

22 《論語集解》'復命'은 손님이 떠났음을 알리는 것이다(注: 孔安國曰: 復命, 白賓已去也。); 復命(복명): 명령을 완성한 후에 결과를 보고하다(完成使命, 后回报情况。).

23 《儀禮·聘禮》賓이 擯에게 일이 끝났음을 알리면, 擯은 들어가 임금에게 알리고, 임금은 문 밖으로 나가 賓을 전송한다. 賓이 문을 나오면, 임금은 두 번 절하여 전송하는데, 賓은 뒤를 돌아보지 않는다(賓告事畢。擯者入告, 公出送賓…… 賓出, 公再拜送, 賓不顧。);《論語今讀》'賓不顧矣'는, 손님이 멀리 가서 더는 뒤돌아보고 작별 인사를 하지 않을 때까지 줄곧 기다리다가, 비로소 자기가 돌아왔다는 말로, 이로써 신중함과 예모를 보인 것이다(最后一句是说, 一直等宾客走远不再回头作别时, 自己才回来, 以示慎重和礼貌。).

24 《論語大全》옛날에 賓이 물러갈 때면, 주인은 문 밖으로 나와서 배웅하면서 두 번 절하고, 賓은 다시 뒤돌아보지 않고 떠났다(朱子曰: 古者賓退, 主人送出門外, 設兩拜, 賓更不顧而去。).

25 紓(서): 늦추다. 해소하다. 풀다. 없애다(本義: 延缓。解除; 排除。).

26 擯相(빈상): 임금을 도와서 빈객을 영접하고 빈례를 돕다(擯, 在外接待賓客。相, 在內贊禮。儐相指輔助主人迎賓行禮的人。);《周禮·秋官司寇·司儀》九儀의 빈객의 擯相之禮[빈객을 영접하고 빈례를 돕는 의식]를 관장하고, 儀容·辭令·揖讓의 예절을 지도한다(掌九儀之賓客擯相之禮, 以詔儀容、辭令、揖讓之節).

[在朝之容節]

100401、入公門[1], 鞠躬如[2]也, 如不容[3]。

조빙국의 군문(君門)을 들어가실 때는 몸을 숙이시는 듯이 보였는데, 마치 발을 군문(君門) 안으로 들여놓지 못할 듯이 하셨다.

鞠躬, 曲身也。公門高大而若不容, 敬之至也。

'鞠躬'(국궁)은 '몸을 굽히다'[曲身]이다. 궁궐 문이 높고 큰데도 마치 발을 들여놓지 못할 듯이 하셨다는 것은, 조심스러운 태도가 지극했다는 것이다.

---

1 《論語正義》 4절 및 5절은 공자께서 방문한 나라에서 사신으로서의 일을 언급한 것이다. '公門'은 제후의 外門・中門, 즉 庫門・雉門이다. 戴震[1724~1777]의 《三朝三門考》에 말했다. "천자의 궁에는 皋門・應門・路門이 있고, 제후의 궁에는 庫門・雉門・路門이 있다……皋門과 庫門은 각각 천자와 제후의 外門이고, 應門과 雉門은 각각 천자와 제후의 中門이다. 생각건대, 《儀禮・聘禮》에, '사신은 피변복을 입고 주인국의 임금을 조빙하여, 朝에 도착한다'고 했는데, 朝는 應門 밖에 있다. 또 '公[임금]이 피변복을 입고 대문 안에서 사신을 맞이하고, 대부가 사신을 안으로 안내하고, 사신은 대문의 좌측으로 들어온다'고 했는데, 사신이 外朝를 경유하여 庫門 안으로 들어온 뒤에 다시 雉門으로 들어오는 것이다. 두 문은 모두 公門이다. 公은 君이다. 《禮記・曲禮上》에, '대부는 公門으로 출입한다'고 했는데, 禮記의 경우는 자기 나라의 公門의 출입을 말한 것이고, 儀禮의 경우는 방문국의 公門의 출입을 말한 것이다"(正義曰: 此及下節言孔子爲聘賓事也。"公門"者, 諸侯之外門, 中門, 即庫門, 雉門也。戴氏震三朝三門考云: "天子之室, 有皋門, 有應門, 有路門; 諸侯之室, 有庫門, 有雉門, 有路門。皋門, 天子外門; 庫門, 諸侯外門; 應門, 天子中門; 雉門, 諸侯中門。異其名, 殊其制, 辨等威也。案: 聘禮云: '賓皮弁聘, 至於朝。' 朝在應門外。又云: '公皮弁迎賓於大門內, 大夫納賓, 賓入門左。'則賓由外朝至庫門內, 復入雉門也。二者皆爲公門。公者, 君也。曲禮'大夫士出入公[君]門', 彼據己國, 此稱所聘之國, 辭亦同也。")。

2 《論語集解》 '鞠躬'은 공경하고 조심스러워하는 모습이다(注: 鞠躬者, 敬慎之之也。); 《論語譯注》 '鞠躬' 두 글자는 '曲身'[몸을 굽히다]으로 풀이하면 맞지 않는다. 이 두 글자는 쌍성자로, 근신・공경한 모습을 형용하는 데 쓰인 글자이다. 논어의 모든 'ㅁㅁ如'의 구별사[형용사+부사의 합칭]는 모두 동사구조로 쓰이지 않았다["두렵고 공경스러운 자세로, 마치 몸 둘 바를 모르는 듯하셨다"](這'鞠躬'兩字不能當'曲身'講。這是雙聲字, 用以形容謹慎恭敬的樣子。《論語》所有'ㅁㅁ如'的區別詞(區別詞是形容詞, 副詞的合稱), 都不用動詞結構: "害怕而謹慎的樣子, 好像沒有容身之地。"); 鞠躬(국궁): 문안하거나 머리를 숙이거나 허리를 굽히거나 무릎을 꿇어, 존경이나 굴복이나 부끄러워하는 모습을 표시한다. 공경하고 조심스러워하는 모습(请安、低头, 弯腰或屈膝以表示尊敬、屈从或羞愧。恭敬謹慎貌。)。

3 《論語正義》 '如不容'은 경외하는 모습으로, 발걸음을 문 안으로 들여놓지 못할 듯이 한 것이다(正義曰: "如不容"者, 言謹畏之形, 若無所容廁足也。); 《論語新解》 "마치 그 公門이 자기 몸을 용납하여 받아들이지 못하는 듯이 하셨다"(像那公門容不下他身子般。); 不容(불용): 용납하지 못하다. 너그럽게 받아들이지 못하다(不能容纳; 不能宽容。)。

100402、立不中門⁴, 行不履閾⁵。

　　군문(君門)에 서실 때는 문 가운데에는 서지 않으셨고, 다니실 때는 문지방을
　　밟지 않으셨다.

閾, 于逼反。○中門, 中於門也。謂當棖闑之間⁶, 君出入處也。閾, 門限也。禮⁷: 士大夫出
入君門, 由闑右, 不踐閾。謝氏曰：「立中門則當尊, 行履⁸閾則不恪⁹。」

───────────────

4　《禮記·曲禮上》자식 된 자는, 방에서는 아랫목에 앉지 않고, 자리에서는 가운데 자리에 앉지 않고,
　　길에서는 한가운데로 가지 않고, 서있을 때는 門의 중간에 서 있지 않는다(爲人子者, 居不主奧, 坐不中席,
　　行不中道, 立不中門。)；《禮記·玉藻》빈객은, 中門으로 들어가지 않고, 문지방을 밟지 않고, 공적인 일에는
　　문말뚝의 서쪽[闑西]으로 들어가고, 사적인 일에는 문말뚝의 동쪽[闑東]으로 들어간다(賓入不中門, 不
　　履閾, 公事自闑西, 私事自闑東。)；《說文·門部》闑(얼): 옛날에 문에는 두 개의 闑이 있었다. 두 闑의
　　사이를 中門이라 했고, 임금만 中門으로 다녔고, 신하는 闑 밖으로 다녔다(闑: 古者門有二闑。二闑之間謂
　　之中門, 惟君行中門, 臣由闑外。)；《論語正義》'立'은 '位'이다. 아래 '復其位'는 이를 받아 말한 것이다.
　　《儀禮·聘禮》에, '사신이 廟門에 도착하면, 임금은 읍하고 안으로 들어가, 中庭에 서 있고, 사신은 西塾
　　가까이에 서 있는다'고 했는데, 西塾은 廟門 밖에 있는데, 이른바 廟門의 옆에 붙은 집을 塾이라 한다.
　　사신과 임금이 함께 廟門에 도착해서는, 임금이 먼저 들어가 안을 살피기 때문에, 사신은 廟門 밖의
　　문말뚝 서쪽의 西塾 가까이에서, 잠시 서서 기다리는 것이다(正義曰："立"即位也。下文"復其位", 承此言
　　之。聘禮言"賓及廟門, 公揖入, 立於中庭, 賓立接西塾。"注云："接, 近也。"西塾, 在廟門之外, 所謂"門側之堂
　　謂之塾"也。賓與主人同至廟門, 而君先入以省內事, 故賓在門外闑西, 近西塾之地, 立少俟。)；《論語詞典》
　　中(중): 동사["서는 것은, 문의 중간에 서지 않으셨다"](動詞；'站, 不站在門的中間。')；《論語新解》문의
　　중앙에 박아놓은 짧은 말뚝을 闑(얼)[문말뚝]이라 한다. 문에서 堂을 향해 봤을 때, 문의 동쪽이 闑右,
　　문의 서쪽이 闑左로, 문의 동쪽과 서쪽에 각각의 中이 있다. 주인은 闑右로, 손님은 闑左로 출입한다.
　　《禮記·曲禮上》에, 大夫·士가 君門을 드나들 때는, 문말뚝의 오른쪽으로 다닌다. 서쪽 문은 늘 닫아놓는
　　데, 서쪽 문을 賓門이라 한다. 신하는 임금을 모시기 때문에, 동쪽 문으로 출입한다. 임금은 동쪽 문의
　　중앙으로 출입하고, 존자가 아니면 모두 闑 쪽으로 바짝 붙어서 출입하여, 이로써 존자를 피한다. '立不中
　　門'은 '行不履閾'과 호문으로 중복을 피한 것으로, 실제는 '行不中門'을 말한다. 여기에서 中門은 동쪽
　　편의 문의 중앙을 말한다(門中央竪短木, 谓之闑。門以向堂为正, 东为闑右, 西为闑左。东西各有中。出入
　　之法, 主由闑右, 宾由闑左。礼, 士大夫出入君門由闑右。诸侯西一门常掩, 谓之宾门。臣统于君, 故出入亦
　　由东门。君行出入始中門, 非尊者皆偏近闑而行, 以避尊者。立不中門, 与下行不履閾互文避复, 实亦谓行
　　不中門。此中谓闑右之中。)。

5　閾(역): 문지방. 문턱. 집의 안과 밖을 구분하는 경계(門坎。門檻; 门框下部贴近地面的横木。)。

6　《論語義疏》문 중앙에는 闑이 있고, 闑은 양쪽 문짝이 만나는 곳이다. 闑의 동쪽은 임금이 행차하는
　　길이고, 闑의 서쪽은 손님이 행차하는 길이다. 신하는 임금이 행차하는 길로 다니는데, 임금에게 속해있
　　음을 보이는 것이다(疏: 門中央有闑, 闑以門兩扇之交處也…… 闑東是君行之道, 闑西是賓行之道也。而
　　臣行君道, 示係屬於君也。)；棖闑(정얼): 문설주와 문말뚝(門兩旁的長木和門中間的豎木)；棖(정): 문짝
　　의 양옆 기둥. 문설주(門楔柱)(古時門兩旁所豎的木柱, 用以防車過觸門。亦稱棖臬)；闑(얼): 각각의 양쪽
　　문짝 가운데에 박은 말뚝. 문말뚝(古代豎在大門中央的短木。門橜)。

7　《禮記·曲禮上》大夫·士가 君門을 드나들 때는, 문말뚝의 오른쪽으로 다니고, 문지방을 밟지 않는다(大夫
　　士出入君門, 由闑右, 不踐閾。)。

'閾'(역, yù)은 '于'(우)와 '逼'('핍)의 반절이다. ○中門(중문)은 문에서 가운데 부분이다. 문설주와[門限] (양쪽) 문말뚝 사이의 공간을 말하는데, 임금이 출입하는 곳이다. '閾'(역)은 '문지방'이다. 《예기·곡례상》(禮記 曲禮上)에, '사대부가 조정의 문을 출입할 때는, 문말뚝의 오른쪽으로 다니고, 문지방을 밟지 않는다'라고 되어 있다.

사씨(謝氏·謝顯道)가 말했다. "중문(中門)에 서는 것은 스스로를 높은 사람이라 여기는 것이고, 문지방을 밟는 것은 조심하지 않은 것이다."

100403. 過位[10], 色勃如也, 足躩如也, 其言似不足者[11]。

　　　임금이 서는 자리를 지나실 때는 얼굴빛은 정색한 듯이 보이셨고, 발걸음은 서성이는 듯이 보이셨고, 그 말씀은 충분히 다 하지 못한 듯이 보이셨다.

位, 君之虛位[12]。謂門屛之間, 人君宁立[13]之處[14], 所謂宁也。君雖不在, 過之必敬, 不敢以

---

8 行履(행리): 왕래하다(犹往来, 交往。).

9 恪(각): 삼가다. 조심하다(谨慎, 恭敬。).

10 《論語集解》임금이 서는 자리를 지나가는 것이다(注: 苞氏曰: 過君之空位也。):《論語正義》돌아가신 숙부님 劉台拱[1751~1805]의 《論語駢枝》에 말했다. "'過位'는 주인국의 임금의 서는 자리를 지나가는 것으로, 廟門 안, 中庭에 있는 자리를 말한다. 임금이 먼저 문의 오른쪽으로 들어가, 中庭에 있는 자리에 가서 사신을 기다리고, 사신은 그 뒤에 문의 왼쪽으로 들어가, 中庭에 도착해서는, 임금과 나란히 걷기 때문에, 過位하는 데 조심하는 것이다"(正義曰: 從叔丹徒君駢枝曰: "過位者, 過主君之位, 廟門之內, 中庭之位也。主君先入門右, 即中庭之位俟賓, 賓後入門左, 及中庭, 乃與主君並行, 故以過位爲節……"):《論語新解》임금은 매일 조정에 나와 여러 신하들을 보는데, 여기에서의 '位'는 바로 임금이 조정에서 서 있는 자리이다(君每日在治朝与群臣揖见, 此位即君在治朝所立之位。):《古今注》'位'는 대부·사의 정해진 자리로, 조정의 좌우에 있다(補曰: 位, 大夫, 士所位之定也, 在公庭之左右。).

11 《論語譯注》"말씀도 기운이 부족한 듯이 보이셨다"("言語也好像中氣不足。"):《論語新解》함께 조정에 있는 자가 혹 말을 걸 경우, 응대하지 않을 수 없어 대답하지만, 대답이 분명치 않아서, 부족한 것 같이 보인 것을 말한다(谓同朝者或与语, 不得不应, 然答而不详, 如不足。既过位, 渐近君, 故然。):《論孟虛字》'者'는 '然'과 같다. 추측을 돕는 어조사로, 비슷하다는 뜻을 표시하고, 아울러 겸손한 자세를 표시한다. '마치 ~와 같다' '~한 외양이다'는 말로, 형식상 어기사이지만 실제로는 여전히 대사로, '~한 외양이다'로 대체할 수 있다(者, 猶然。爲摹擬之語助詞, 表類似之義, 並表謙抑之容態。當白話像……似的'或的樣兒'的語氣。在形式上雖是語氣詞, 而在實際上依舊是代詞, 代替的樣兒'。).

12 虛位(허위): 비어 있는 자리(空的坐位).

13 宁(저): 궁전의 문과 병풍 사이를 말하며, 임금이 조회를 볼 때 서 있는 자리(古代宮殿的门与屛之间。

虛位而慢之也。言似不足, 不敢肆也。

'位(위)는 임금의 빈자리이다. 문과 병풍 사이의 공간을 말하는데, 임금이 오래 서 있는 자리로, 이른바 宁(저)라는 곳이다. 임금이 비록 서 있지 않은 빈자리일지라도, 그 자리를 지날 때는 반드시 조심하셨으니, 감히 빈자리라고 태만히 대하지 않으신 것이다. '말씀은 충분히 다 하지 못한 듯이 보이셨다'는 것은 감히 말을 함부로 늘어놓지 않았다는 것이다.

100404、攝齊[15]升堂[16], 鞠躬如也, 屛氣[17]似不息[18]者。

옷자락을 들어 올리고 당에 오르실 때는, 몸을 숙이는 듯이 보이셨고, 숨을 참아서 마치 숨이 멎은 듯이 보이셨다.

齊, 音咨。○攝,[19]摳[20]也。齊, 衣下縫也。禮[21]: 將升堂, 兩手摳衣, 使去地尺, 恐躡[22]之而傾

門內屛外君視朝所宁立處也。); 宁[佇]立: 오랫동안 우두커니 서 있다(长时间地站立, 没有动作久立。后作 "佇, 竚", 简化为"伫").

14 《論語大全》천자는 지존인데, 어찌 서 있고 앉지 않았는가? 옛날에는 앉아서 신하를 접견하는 법이 없었다. 秦나라 때에 이르러서 임금을 높이고 신하를 낮추었으니, 이때 처음으로 임금은 앉고 신하는 서 있는 제도가 생겼다(雙峯饒氏曰: 天子至尊, 何以立而不坐? 曰, 古無坐見臣下之禮。至秦尊君卑臣, 始有君坐臣立之制.).

15 《論語集解》옷자락을 '齊'(자)라 한다. '攝齊(섭자)'는 옷자락을 들어 올리는 것이다(注: 孔安國曰: 衣下曰齊。攝齊者, 摳衣也。); 攝齊(섭자): 앞자락을 들어 올리다。당에 오를 때 앞자락을 밟아 걸려 넘어지지 않게 하기 위한 예방책으로, 공경되게 예를 갖춘 모습이기도 하다(提起衣摆。古时官员升堂时谨防踩着衣摆, 跌倒失态。表示恭敬有礼.).

16 《論語正義》사신으로서 명규를 들고 당을 오르는데, 이때 아랫자락이 펄럭이지 않도록 여미어 가지런히 했기 때문에, '攝齊'라 한 것이다(正義曰: 謹案: 賓執圭升堂, 此時衣之下齊整齊, 故曰'攝齊'.); 《禮記·禮器》천자의 당의 높이는 9척, 제후는 7척, 대부는 5척이다(天子之堂九尺, 諸侯七尺, 大夫五尺.).

17 [성]鞠躬屛氣(국궁병기): 허리를 숙이고 숨을 죽이다。공손하고 조심하고 두려워하고 겁내는 모양(指弯腰曲体, 屛住呼吸, 一副恭謹畏葸的样子。); [성]屛氣不息(병기불식): 숨을 죽이고 공손하고 조심하고 두려워하고 겁내는 모양(閉住氣不呼吸, 形容敬謹畏懼的樣子。); [성]屛氣斂息(병기렴식): 숨을 멈추고 억누르다。긴장·집중으로 잠시 숨을 멈추다(屛, 闭住; 斂, 收住。闭住气, 收住呼吸。指因心情紧张或注意力集中, 暂时止住了呼吸。); 屛氣(병기): 숨을 죽이다。조심하고 두려워하는 모양(暫时抑制呼吸。形容謹慎畏惧的样子。); 屛(병): 억제하다。누르다。숨이 나가는 것을 막다(抑制。抑止不出气。).

18 息(식): 숨。숨 쉴 때 들고 나는 氣。한 번 내쉬고 한 번 들이쉬는 것이 '息'이다(气息, 呼吸时出入的气。一呼一吸爲息.).

19 攝(섭): 계단을 오를 때에 장옷을 걷어 올리다(上台阶时提起长衣).

跌[23]失容也。屛, 藏也。息, 鼻息[24]出入者也。近至尊[25], 氣容肅[26]也。

'齊'(자)는 음이 '咨'(자, zī)이다. ○'攝'(섭)은 '들어 올리다'[摳]이다. '齊'(자)는 옷 아랫자락의 꿰맨 부분이다.《예기·곡례상》(禮記曲禮上)에, '당에 오를 때는 두 손으로 옷자락을 들어 올려서, 땅에서 한 자 떨어지게 한다'고 되어 있는데, 옷자락을 밟아 넘어져서 갖춰야 할 몸가짐이 흐트러질까 염려해서이다. '屛'(병)은 '감추다'[藏]이다. '息'(식)은 호흡이 드나드는 것이다. 지존을 가까이하니, 숨소리가 멎은 듯이 조용한 모습이다.

100405、出, 降[27]一等, 逞[28]顏色, 怡怡如[29]也[30]。沒階[31]趨[32], 翼如也。復其位[33], 踧踖如也。[34]

---

20 摳(구): 쥐다. 들어 올리다(抓, 提。); 摳衣(구의): 앞자락을 들어 올려 상대방에게 공경을 표시하다(提起衣服前襟。表示对人恭敬。).

21《禮記·曲禮上》자리로 가려고 할 때는, 두 손으로 옷을 들어 올려서, 옷자락이 땅에서 한 자 떨어지게 한다. (앉아 있을 때는) 옷의 앞자락이 삐져나오지 않게 하고, 무릎 꿇은 다리가 무너지지 않게 한다(將即席…… 兩手摳衣, 去齊尺。衣毋撥, 足毋蹶。).

22 躡(섭): 밟다(踩踏).

23 傾跌(경질): 넘어지다(跌倒).

24 鼻息(비식): 호흡. 숨결(鼻腔呼吸时的气息).

25 至尊(지존): 최고로 존귀하다. 최고로 존엄하다. 지고무상의 지위(最尊贵, 最崇高。至高无上的地位。多指君, 后之位。).

26《禮記·玉藻》군자의 모습은 여유 있지만, 존자를 뵐 때는 겸손하고 공경되어야 한다. 다리는 무거운 모습이고, 손은 공손한 모습이고, 눈은 곁눈질하지 않고 똑바른 모습이고, 입은 움찔거리지 않고, 목소리는 평정을 잃지 않고, 머리는 갸웃거리지 않고, 숨소리는 멎은 듯이 조용히 하고, 선 자세는 물건을 받는 것처럼 앞으로 약간 굽힌 모습이고, 얼굴표정은 위엄있고, 앉은 자세는 尸童같이 하고, 평상시나 가르치거나 시킬 때는 온화해야 한다(君子之容舒遲, 見所尊者齊遬。足容重, 手容恭, 目容端, 口容止, 聲容靜, 頭容直, 氣容肅, 立容德, 色容莊, 坐如尸, 燕居告溫溫。); 이율곡은《擊蒙要訣》에서, 몸과 마음을 단속하는 방법으로, '九容' 즉 足容重·手容恭·目容端·口容止·聲容靜·頭容直·氣容肅·立容德·色容莊을 제시하고 있다.

27 降(강): 높은 데서 낮은 데로 내려오다(從高處走下來, 与"陟"相对。).

28《論語詞典》逞(령): 자기 뜻대로 표현해내다. (긴장)풀다(快意地表現出來, 放鬆(不緊張)); 《王力字典》逞(령): 만족하다. 내보이다. 펼치다(满, 满足。显示, 施展。).

29 怡(이): 화기애애하다. 상냥하고 사근사근한 모습('本义: 和悦的样子。); 怡怡(이이): 기뻐하고 즐거워하는 모습. 편안·만족한 모양. 형제간에 화목한 모습(形容喜悦欢乐的样子。安适自得貌。特指兄弟和睦的样子。); 《論語詞典》怡怡(이이): 마음에 걸려 있는 상념이나 염려에서 풀려나 스스로 흡족한 상태(心中無顧慮拘束而自得的樣子。).

30《儀禮·聘禮》(손님으로서) 당을 내려와서는, 숨을 내쉬고, 화기애애한 표정을 짓는다(下階, 發氣, 怡焉。).

당을 내려오면서, 한 층계를 내려서서는 정색한 얼굴빛을 펴시고, 화기애애하신 듯이 보이셨다. 층계를 다 내려와서는 종종걸음 하시는 모습이 날개를 펼친 듯이 보이셨다. 자리로 돌아와서는 조심조심하시는 듯이 보이셨다.

陸氏曰[35]: 「趨下本無進字, 俗本有之, 誤也。」 等, 階之級[36]也。逞, 放也。漸遠所尊, 舒氣解顔。怡怡, 和悅也。沒階, 下盡階也。趨, 走就位也。復位踧踖, 敬之餘也。

육씨(陸氏·陸德明)의 《경전석문》(經典釋文)에 말했다. "'趨'(추)자 다음에 본래 '進'(진)자가 없었는데, 속본(俗本)에는 있으니, 잘못이다." '等'(등)은 계단의 층계이다. '逞'(령)은 '펴다'[放]이다. 지존이 있는 곳에서 점점 멀어지면서, 기운을 편안히 하고 정색한 얼굴빛을 펴는 것이다. '怡怡'(이이)는 '화기애애하다'[和悅]이다. '沒階'(몰계)는 '계단을 다 내려오다'이다. '趨'(추)는 종종걸음으로 제자리로 가까이 가는 것이다. '자리에 다시 돌아와서 조심조심하셨다'라는 것은, 공경스러운 마음이 아직 남아 있는 것이다.

○此一節, 記孔子在朝之容。
○이 절은, 공자(孔子)께서 조정에서의 모습을 기록한 것이다.

---

31 《論語集解》'沒'은 '盡'과 같다. 계단을 다 내려오다(注: 孔安國曰: 沒, 盡也。下盡階也。).

32 內閣本에는 '沒階趨進'으로 되어 있다.

33 《論語義疏》'位'는 처음 들어갈 때 지나갔던, 임금이 서는 자리를 말하는 것으로, 지금은 나가면서 이 자리에 이르러서 다시 조심조심하신 것이다(疏: 位謂初入時所過君之空位也。今出至此位, 而更踧踖爲敬也。);《論語正義》'復其位'는 《論語駢枝》에, '사신이 서는 자리인, 廟門 밖의 西塾 가까운 자리로 다시 돌아온 것이다'라고 했다('復其位'者, 駢枝云: "復聘賓之位, 廟門之外, 接西塾之位也。");《論語譯注》자기 자리로 돌아오다(回到自己的位置);《論語新解》復位(복위): 다시 처음 들어갈 때 지나갔던, 임금이 서는 빈자리를 말한다(谓又过初入时所过君之空位。);《論語譯注》"자기자리로 돌아오다"(回到自己的位置);《王力漢語》復(복): 되돌아오다(回來, 回去。'往'之反面。).

34 《論語正義》생각건대, 이 절 '入公門'부터 '私覿'까지는 모두 사신으로서 조빙의 일을 설명한 것으로, 나누어서, 하나는 門·位·堂·階에서의 용모를 하나씩 기록한 것이고, 하나는 명규를 잡을 때의 용모를 기록한 것이다(謹案: 此節自"入公門"至"私覿", 皆說聘問之事。而分言者, 一記所歷門位堂階之容, 一記執圭之容也。).

35 《經典釋文》'沒階趨'가 어떤 책에는 '沒階趨進'으로 되어 있는데 잘못이다(沒階趨, 一本作沒階趨進, 誤也。);《論語大全》"'進'字가 衍文임을 어찌 알 수 있습니까?" "계단을 다 내려오면 종종걸음으로 뒤로 물러나는 것이니, 다시 '進'字가 들어가서는 안 된다"(問何以知進字爲衍文。曰: 降而盡階, 則爲趨而退, 不得復有進字。).

36 級(급): 돌층계. 계단(石阶).

[爲君聘節]

100501、執圭, 鞠躬如也, 如不勝。上如揖, 下如授[1]。勃如戰色[2], 足縮縮[3], 如有循[4][5]

　　　명규(命圭)를 드실 때는 몸을 숙이는 듯이 보이셨는데, 명규(命圭)의 무게를
　　　이기지 못하는 듯이 보이셨다. (명규를 든 손이) 위로는 읍하는 정도 높이 위로
　　　넘어가지 않고, 아래로는 물건을 건네주는 정도 높이 밑으로 내려가지 않게
　　　하셨다. 얼굴빛은 변해 두려워하는 듯하셨고, 발길음은 종종걸음을 하여, 한
　　　줄을 따라서 발꿈치를 끄는 듯하셨다.

---

1 《論語義疏》'上如揖'은 처음 命圭를 주고받을 때의 자세를 말한 것이다. '上如揖'은 몸을 낮춰 命圭를
위로 건네줄 때를 말한다. 몸을 굽혀 공경하기 때문에, 읍할 때의 모습과 같다고 한 것이다. '下如授'는
命圭를 지면에 안치해 둘 때를 말한 것이다. 지면에 안치해 둘지라도, 천천히 머리를 숙이고 허리를
숙여, 건네줄 때와 같이하는 것이다(疏: 云上如揖者, 謂初授受圭之容儀也。上如揖, 謂就下取玉上授與人
時也。俯身爲敬, 故如揖時也。云下如授者, 謂奠玉置地時也。雖奠置地亦徐徐俯僂, 如授與人時也。); 授
(수): 주다. 건네다. 교부하다(本义: 给予; 交给。).
2 《論語義疏》전쟁터에 나가 전투할 경우, 얼굴이 두려움과 공포의 표정을 띠기 때문에, 임금의 옥을
중히 여겨, 자기 안색을 戰時처럼 하는 것이다(疏: 臨陣戰鬪, 則色必懼怖, 故今重君之玉, 使己顏色恆如戰
時也。); 戰色(전색): 조심하고 두려워하는 표정(敬畏的神色).
3 中華書局本에는, 經文은 '縮縮'으로 되어 있고 集注는 '蹜蹜'으로 되어 있고, 內閣本, 黃侃·邢昺本,
經典釋文에는 모두 '蹜蹜'으로 되어 있다:《說文·糸部》'縮'(축)은 亂(난)[물건이 펴지지 않다]이다.
또 蹴(축)이다. [단옥재 주] 蹴(축)은 躡(섭)[살금살금 걷다]이다.《論語》에 '足縮縮如有循'이라 했는데,
정현의 주에 '발 앞축을 들고 발뒤꿈치를 끌어 발이 땅에서 떨어지지 않게 해서 걷는 것이다'라고 했다.
발뒤꿈치를 끌어 발이 땅에서 떨어지지 않게 해서 걷기 때문에, '縮縮'이라고 한 것이다. 俗本에는 '蹜蹜'으
로 되어 있는데, 잘못이다(縮, 亂也。一曰蹴也; 段玉裁注: 蹴者, 躡也…… 論語, 足縮縮如有循, 鄭注曰,
舉前曳踵行也。曳踵行不遽起, 故曰縮縮。俗作蹜蹜, 非。); 蹜蹜(축축): 종종걸음 하는 모양(小步快走的樣
子。);《論語譯注》발걸음을 촘촘히 떼어 걷는 모양('蹜蹜', 舉腳密而狹的樣子。).
4 循(순): ~를 따르다. 따라서 걷다(本义: 順着。沿着。順着走。).
5 《禮記·曲禮下》무릇 받들어 올리는 물건은 가슴 높이에 나란히 맞추고, 드는 물건은 허리띠 높이에 나란히
맞춘다. 손으로 천자의 기물을 들어 올릴 경우는 가슴 높이보다 위쪽으로 하고, 제후의 기물을 들어 올릴
경우는 가슴 높이에 나란히 맞춘다. 주군의 기물을 들어 올릴 경우, 가벼운 물건이라도 무거워서 이기지
못할 듯이 한다. 주군의 기물을 들거나 폐백이나 규벽을 들 때는 왼손으로 위를 하고, 걸을 때는 양발을
들어서는 안 되고, 수레바퀴가 땅에서 구르듯이 발꿈치를 끌면서 걷는다(凡奉者當心, 提者當帶。執天子之器
則上衡, 國君則平衡…… 凡執主器, 執輕如不克。執主器, 操幣圭璧, 則尚左手, 行不舉足, 車輪曳踵。);《儀禮·
聘禮》규를 들고 문으로 들어가는데, 몸을 숙여, 행여 떨어트릴까 두려운 듯이 한다(執圭, 入門, 鞠躬焉,
如恐失之。).

勝,⁶平聲. 縮, 色六反. ○圭, 諸侯命圭⁷. 聘問⁸鄰國, 則使大夫執以通信. 如不勝, 執主器, 執輕如不克⁹, 敬謹之至也. 上如揖, 下如授, 謂執圭平衡¹⁰, 手與心齊, 高不過揖, 卑不過授也. 戰色, 戰而色懼也. 蹜蹜¹¹, 擧足促狹¹²也. 如有循, 記所謂擧前曳踵¹³. 言行不離地, 如緣¹⁴物也.

'勝'(승)은 평성[shēng]이다. '縮'(축, sù)은 '色'(색)과 '六'(육)의 반절이다. ○'圭'(규)는 제후의 명규(命圭)이다. 이웃 나라를 방문하면, 대부로 하여금 간직하게 하여 이를 써서 신임을 알린다. '이기지 못하시는 듯이 하셨다'는 것은, 주군(主君)의 기물을 드는데, 가벼워도 이기지 못하는 듯이 들어, 공경하고 조심하는 마음을 다하는 것이다. '上如揖

---

6 勝(승): [shēng] 이겨낼 수 있다. 감당하다. 다 없애다. 이루다(禁得起, 承受得了. 尽; 完.); [shèng] 우세하다. 이기다. 억제하다. 명승지(占优势. 勝利. 克制. 特指優美的山水或古跡.).

7 命圭(명규): 천자가 왕·공·대신에게 하사한 옥으로 된 길쭉한 형태의 기물로, 위는 삼각형, 아래는 정사각형으로 되어 있으며, 조빙·제사·상사에 사용한 기물이다. '珪'(규)라고도 한다(天子賜給王公大臣的玉圭; 圭: 古代帝王或諸侯在舉行典礼时拿的一种玉器, 長条形, 上端作三角形, 下端正方. 中国古代贵族朝聘, 祭祀, 丧葬时以为礼器. 依其大小, 以别尊卑. 又作'珪'.); 《儀禮·冬官考工記》에 玉人이 命圭를 만드는 일을 관장하며, 왕이 공에게 내리는 命圭를 桓圭라 하는데, 그 길이가 9寸이라 했다.《禮記·郊特性》대부가 임금이 내린 命圭를 지니고 사신으로 가는 것은, 이를 써서 신임을 밝히기 위한 것이다(大夫執圭而使, 所以申信也.).

8 聘問(빙문): 제후 간에 서로 사신을 보내 안부를 묻는 것을 '聘', 소규모의 '聘'을 '問'[儀禮·聘禮], 통칭해서 聘問이라 한다(古代诸侯之间遣使互相通问叫聘, 小规模的聘叫问, 通称聘问.).

9 《禮記·曲禮下》주군의 기물을 들 때는, 가벼워도 이기지 못하는 듯이 든다. 주군의 기물을 들거나, 폐백이나 규벽을 잡을 때는, 왼손을 위로 오른손을 아래로 하고, 걸을 때는 발을 들어 올리지 않고, 수레바퀴가 굴러가듯이 발뒤꿈치가 땅에서 떨어지지 않고 끌면서 걷는다(凡執主器, 執輕如不克. 執主器, 操幣圭璧, 則尚左手, 行不擧足, 車輪曳踵.); 《儀禮·聘禮》명규를 들고 문 안에 들어설 때는, 몸을 숙이는 듯이 하여, 놓칠까 두려운 듯이 한다(執圭, 入門, 鞠躬焉, 如恐失之.).

10 《禮記·曲禮下》천자의 기물은 가슴 높이보다 더 높이 들고, 임금의 기물은 가슴 높이와 나란하게 들고, 대부의 기물은 가슴 높이보다 아래로 들고, 士의 기물은 허리띠 높이로 든다(執天子之器則上衡, 國君則平衡, 大夫則綏之, 士則提之.).

11 《論語大全》'蹜蹜'은 한 줄을 따라서 발꿈치를 끄는 듯이 발걸음을 옮기는 것으로, 손에 명규를 잡고 있어, 옷자락을 들어 올릴 수가 없어, 옷자락에 걸려 넘어지는 것을 예방하는 것이다(朱子曰: 蹜蹜如有循, 緣手中有圭, 不得攝齊, 亦防顚仆.).

12 擧足(거족): 발을 들다. 보폭을 크게 하다. 보폭(提脚; 跨步); 促狹(촉협): 폭이 좁다(窄小; 狹隘).

13 《禮記·玉藻》손으로 귀중한 보물인 龜甲이나 寶玉을 들고 걸을 때는 발 앞축을 들고 발뒤꿈치를 끌어 발이 땅에서 떨어지지 않게 하여, 발걸음을 촘촘히 떼듯이 한다(執龜玉, 擧前曳踵, 蹜蹜如也.); 擧前曳踵(거전예종): 발뒤꿈치를 끌어 발이 땅에서 떨어지지 않고 보폭을 짧게 하여 걷다(谓拖着脚后跟, 使足不离地, 小步行走.).

14 緣(연): ~를 따라서 하다. 따르다. ~을 좇다(沿着; 顺着).

下如授(상여읍 하여수)는, 명규(命圭)를 가슴 높이와 나란하게 드는데, 손과 가슴의 높이가 같게 하고, 위는 읍하는 높이 위로 넘어가지 않고, 아래는 물건을 건네주는 높이 밑으로 내려가지 않는 것이다. '戰色'(전색)은 전율하여 두려운 얼굴빛을 띠는 것이다. '蹜蹜'(축축)은 발걸음을 촘촘하게 좁게 떼는 것이다. '발뒤꿈치를 끄는 듯하셨다'는 것은,《예기》(禮記)에서 말한, '발 앞축을 들고 발뒤꿈치를 끌어 발이 땅에서 떨어지지 않게 한다'는 것이다. 말하자면, 발이 땅에서 떨어지지 않고 걷는 것이 한 줄을 이어 따르는 것과 같다는 것이다.

100502、享禮[15], 有容色。

　　예물을 바치는 예(禮)를 거행할 때는, 화기애애한 얼굴색이셨다.

享, 獻也。旣聘而享, 用圭璧[16], 有庭實[17]。有容色, 和也。儀禮曰[18]:「發氣滿容。」

'享'(향)은 '예물을 바치다'[獻]이다. 聘禮(빙례)를 마치고 나서 예물을 바치는 향례(享禮)를 행할 때는 규벽(圭璧)을 써서 하고, 바칠 예물을 뜰에 진열한다. '有容色'(유용색)은 '화기애애하다'[和]이다.《의례》(儀禮)에, '멈추었던 숨을 내쉬고 얼굴에 화기애애한 기운이 가득하게 한다'고 했다.

100503、私覿[19], 愉愉如[20]也。

---

15 享禮(향례): 사신이 조빙국 임금에게 예물을 바치는 의식(使臣向朝聘国君主进献礼物的仪式); 享(향): 제사를 드리다. 윗사람에게 바치다. 귀신에게 음식을 바쳐 흠향하게 하다(本义: 祭献, 上供。用物品进献人, 供奉鬼神使其享受。);《論語譯注》'執圭' 이하에서 묘사한 것은 바로 빙례를 행하는 공자의 모습이다. 빙례가 끝난 후, 享獻禮(향헌례)를 행한다. '享禮'는 곧 享獻禮로서, 사신이 가지고 온 각종 예물을 마당에 가득 진열해 놓는 것이다('執圭'一段所寫的正是行聘問禮時孔子的情貌。聘問之後, 便行享獻之禮。'享禮'就是享獻禮, 使臣把所帶來的各種禮物羅列滿庭。).

16 圭璧(규벽): 제사나 조빙 시에 쓰는 옥그릇(古代帝王, 诸侯祭祀或朝聘时所用的一种玉器。).

17《論語義疏》진헌할 예물을 마당에 가득히 벌여놓는 것을 '庭實'이라 한다(疏: 羅列滿庭。謂之庭實。); 庭實(정실): 뜰 가운데 진열해 놓은 진상품(陈列于朝堂的贡献物品).

18《儀禮·聘禮》명규를 들고, 문을 들어설 때는, 몸을 숙여서, 명규를 놓칠까 두려워하는 듯이 한다. 享禮에 이르러서는, 멈추었던 숨을 내쉬고 얼굴에 화기애애한 기운이 가득하게 한다(執圭, 入門, 鞠躬焉, 如恐失之。及享, 發氣焉, 盈容。); 發氣(발기): (참았던) 숨을 내쉬다(舍息).

19《儀禮·聘禮》私覿(사적)은 화기애애한 모습으로 한다(私覿, 愉愉焉。);《論語集解》'覿'(적)은 '見'이다

(향례가 끝나고) 사사로이 만나보실 때는, 더욱 화기애애한 듯 보이셨다.

私覿, 以私禮見也。愉愉, 則又和矣。

'私覿'(사적)은, 사인(私人)으로서 예(禮)를 갖추어 만나보는 것이다. '愉愉'(유유)는 더욱 화기애애한 것이다.

○此一節, 記孔子爲君聘於鄰國之禮也。晁氏曰:「孔子, 定公九年[21]仕魯, 至十三年適齊, 其間絶無朝聘往來之事。疑使擯執圭兩條, 但孔子嘗言其禮當如此爾。」[22]

○이 절은, 공자(孔子)께서 임금을 대신하여 이웃 나라를 방문했을 때의 예(禮)를 갖춘 모습을 기록한 것이다.

조씨(晁氏·晁說之)가 말했다. "공자(孔子)께서 정공(定公) 9년에 노(魯)나라에서 벼슬하셨고, 13년에 이르러 제(齊)나라로 가셨는데, 그 기간에 조빙(朝聘)으로 왕래하신 일이 전혀 없었다. 제3장의 사빈(使擯)과 제5장의 집규(執圭) 두 조항은, 다만 공자(孔子)께서 예전에 그 예법이 마땅히 이와 같아야 한다는 것을 말씀하신 적이 있었던 것으로 보인다."

(注: 鄭玄曰: 覿, 見也。);《論語大全》파견 간 대부가 군명에 따라 聘禮·享禮를 마친 후에, 개인적으로 행하는 예로, 타국의 임금을 알현하는 것이다(朱子曰: 私覿, 是所遣之大夫, 旣以君命行聘享之禮畢, 却行私禮, 參見他國之君也。): 私覿(사적): 개인적으로 예물을 지참하여 사신으로 간 나라의 임금을 예방하다 (謂私以禮物拜會出使之國君。): 覿(적): 만나보다(見; 相見。).

20 愉愉(유유): 온화하고 양순한 모양. 화기애애한 모양. 유쾌한 모양(和順貌; 和悅貌。).

21 BC 501년 공자 51세 때이다.

22 《讀四書大全說》晁氏의 견해는, 《春秋》에 쓰인 기록에 근거를 두었을 뿐이다. 그런데 《春秋》가 국가 간의 외교를 기록할 때는, 임금과 지위 높은 대부가 아니면, 기록에 올리지 않았다. 당시 공자의 지위로 볼 때, 《春秋》에 근거해서 증거로 제시하면 안 된다(晁氏所據, 春秋之所書耳。乃春秋之紀邦交, 非君與貴大夫, 不登於史冊。以孔子之位言之, 固不可據春秋爲證。).

[衣服之制節]

100601、君子[1]不以紺緅[2]飾[3]。

　　군자(君子)께서는 감(紺)색이나 추(緅)색 옷감으로는 옷 가장자리에 테를 두르지
　　않으셨다.

紺, 古暗反。緅, 側由反。○君子, 謂孔子。紺, 深靑揚赤色, 齊服[4]也。緅, 絳色[5]。三年之喪,
以飾練服[6]也。飾, 領緣[7]也。

'紺'(감, gàn)은 '古'(고)와 '暗'(암)의 반절이다. '緅'(추, zōu)는 '側'(측)과 '由'(유)의 반절이
다. ○'君子'(군자)는 공자(孔子)를 말한다. '紺'(감)은 짙푸른 색에 붉은빛이 드러나는 색으
로, 재계할 때 입는 옷이다. '緅'(추)는 붉은색이다. 삼년상의 소상(小祥) 때는 이 색을
써서 입는 상복의 가장자리에 테를 두른다. '飾'(식)은 옷의 깃이나 가장자리를 가늘게
싸서 테를 두르는 장식이다.

---

1 《論語正義》'君子'는 공자를 말한 것으로, 바꿔 말한 것은, 무릇 군자라면 마땅히 그래야 함을 보인
　 것이다(正義曰: 君子謂孔子, 變言之者, 見凡君子宜然也.).

2 紺(감): 감청색. 天靑色. 짙푸른 색에 붉은빛이 드러나는 색(红青, 微带红的黑色。紺, 帛深青扬赤色。);
　 緅(추): 검붉은색. 검정색 바탕에 홍색을 띤 색(黑中带红的颜色。青赤色。);《論語譯注》고대에, 흑색은
　 정식 예복의 색이었고, 이 두 紺·緅색은 모두 흑색에 가까웠기 때문에, 그래서 테를 두르는 데 사용하지
　 않고, 다른 색을 써서 테를 두르는 데 사용했다(古代, 黑色是正式禮服的顔色, 而這兩種顔色都近於黑色,
　 所以不用來鑲邊, 爲別的顔色作裝飾。).

3 《論語集解》감색은 재계 때 갖춰 입는 옷 색깔로, 이 색으로 옷 가장자리에 테를 두르면 재계 때 입는
　 옷같이 보이고, 추색은 소상 때 입는 상복에 이 색으로 옷 가장자리에 테를 두르는데, 마치 상복을
　 입은 것처럼 보이기 때문에, 모두 이 색으로는 옷 가장자리에 테를 두르지 않으신 것이다(注: 孔安國曰:
　 紺者, 齋服盛色, 以爲飾, 似衣齋服也。緅者, 三年練, 以緅飾衣, 爲其似衣喪服, 故皆不以飾衣也。);《論語義
　 疏》'飾'은 옷의 목깃이나 소매 가장자리에 테를 두르는 장식이다(疏: 飾者, 衣之領袖緣也。);《論語譯注》
　 옷의 가장자리를 봉합하거나 덧대거나 테를 두르는 것이다('飾'是滚邊, 鑲邊, 緣邊。); 飾(식): 꾸미다.
　 의복의 가장자리를 다른 색의 헝겊으로 가늘게 싸서 테를 두르다(裝飾: 修饰).

4 齊服(제복): 재계 시에 입는 옷(斋戒时穿的衣服).

5 絳(강): 붉은 색(赤色。火红).

6 練衣(련의): 삶고 표백을 거친 포를 써서 만든 옷. 小祥 때 입는 상복(用经过煮练加工的布所制之衣。
　 古礼, 亲丧小祥可著练布衣冠。).

7 領(령): 목깃. 옷깃. 칼라(领子, 衣领); 緣(련): 옷의 가장자리. 옷의 테두리에 가선을 두르다. 테를
　 두르다(本义: 古时衣服的边饰。給衣履等物鑲邊或緄邊。).

100602、紅紫[8]不以爲褻服[9,10]。

홍(紅)색이나 자(紫)색 옷감으로는 평상복을 해 입지 않으셨다.

紅紫, 間色[11]不正, 且近於婦人女子之服也。褻服, 私居服也。言此則不以爲朝祭之服可知。

홍(紅)색과 자(紫)색은 중간색으로 정색이 아니고, 또 부인이나 여자의 옷에 가깝다. '褻服'(설복)은 집에 있을 때 입는 옷이다. 이렇게 말했으니 이러한 색의 옷감으로는 조회복이나 제사복을 해 입지 않으셨다는 것을 알 수 있다.

100603、當暑[12], 袗絺綌[13], 必表而出之[14,15]。

---

8 紅紫(홍자): 홍색과 자색. 靑·赤·白·黑·黃은 正色이고, 紅紫는 中間色이다(红色与紫色。古代以青, 赤, 白, 黑, 黃为正色, 红紫则是正色以外的间色)。《論語譯注》고대에 대홍색을 '朱'라 불렀고, 매우 귀중한 색이었다. '紅'과 '紫'는 모두 '朱' 계열의 색으로서 함께 묶어서 중시되어서, 평상시 집에서 입는 옷의 색으로 쓰이지 않았다(古代大红色叫'朱', 這是很貴重的顏色。'紅'和'紫'都屬此類, 也連帶地被重視, 不用爲平常家居衣服的顏色。)。

9 褻服(설복): 속옷. 집에서 입는 평상복(贴身的内衣。也指家居所穿的便服。)。

10 《論語集釋》江永[1681~1762]의 《鄕黨圖考》에 말했다. "공자께서는 자주색이 붉은색의 자리를 차지하는 것을 미워하셨는데[陽貨 제18장] 당시 자주색을 숭상하는 풍조가 점차 확산되고 있었다. 검정색 관모에 자주색 끈을 단 것이 노환공[BC 711~BC 694 재위]부터 시작되었고[禮記·玉藻], 《戰國策·燕策·齊伐宋宋急》에는 '제나라 사람들이, 거칠게 짠, 물들이지 않은 비단을, 자주색으로 물을 들여 팔자, 가격이 열 배가 되었다'고 했다. 《春秋左傳·哀公 17年》에 보면, 위나라 혼량부가 자주색 옷에 여우가죽 옷을 걸치고 칼을 차고 모임에 갔는데, 혼량부를 초치한 태자가 그에게 세 가지 죄를 물어 죽였으니, 자주색 옷을 입은 것이 그 하나였다. 杜預의 注에, '자주색 옷은 임금을 참칭한 복장이다'라고 했으니, 당시 임금들의 복장이 자주색이었음을 알 수 있다"(鄕黨圖考: 孔子言惡紫之奪朱, 當時尙紫亦有漸。玄冠紫緌自魯桓公始, 戰國策曰:「齊紫, 敗素也, 而賈十倍。」蓋齊桓公有敗素, 染以爲紫, 下令貴紫, 人爭買之, 賈十倍。其貴紫有由來矣。哀十七年, 衛渾良夫紫衣狐裘, 太子數其三罪殺之, 紫衣居一。杜注:「紫衣, 僭君服。」可見當時君服紫。)。

11 間色(간색): 정색 이외의 색. 혼합색(蓝黄赤白黑五种正色之外的颜色; 杂色。)。

12 當暑(당서): 한창 무더운 시기에('當', 猶'方'。'當暑', 謂正當盛暑之時。); 暑(서): 무덥다. 찌는 듯이 덥다(本义: 炎热。)。

13 袗(진): 한 겹으로 된 홑옷(單衣); 絺綌(치격): 갈포로 만든 옷(葛布衣服); 絺(치): 가는 갈포. 가는 갈포로 만든 옷(細葛布。細葛布做的衣服。); 綌(격): 거친 갈포(粗葛布)。

14 《論語新解》古本[論語義疏本]에는 '必表而出'로 되어 있고, '之'字가 없다. 어떤 학자[黃式三]가 말했다. "'之'는 '而' 앞에 놓여야 맞다['表之而出'](갈포옷을 겉옷을 입고 외출하셨다)"(古本或作必表而出, 无之字。或曰: 之字当在而字上。);《論語義疏》'表'는 겉옷을 덧입는 것을 말한다. 옛사람들은 겨울에는 털옷을 입었고, 여름에는 갈포옷을 입었다. 집에서는 털옷이나 갈포옷 위에 별도의 겉옷을 덧입지 않았다.

더운 여름이 되면, 홑겹 옷은 가늘거나 굵은 갈포옷을 입으시되, 반드시 안에다 속옷을 받쳐 입고 갈포옷을 겉으로 드러나도록 입으셨다.

袗, 單也。葛之精者曰絺, 麤[16]者曰綌。表而出之, 謂先著裏衣, 表絺綌而出之於外, 欲其不見體也。詩所謂[17]「蒙彼縐絺」[18]是也。

'袗'(진)은 '홑겹 옷'[單]이다. 갈포 중의 가는 베를 '絺'(치)라 하고, 굵은 베를 '綌'(격)이라 한다. '表而出之'(표이출지)는, 먼저 속옷을 입고, 그 위에 가늘거나 거친 갈포옷을 덧입어 밖으로 나오게 한다는 말로, 속살이 드러나 보이지 않게 하기 위해서이다. 《시경·용풍·군자해로》(詩經 鄘風 君子偕老)에서 말한, '주름잡은 가는 갈포옷 몸에 걸쳤네'

외출하거나 손님을 맞이할 때는 모두 겉옷을 덧입었다. 여름이 되어 더울지라도 絺綌은 홑겹으로 입을 수 있지만, 외출 시에는 홑겹으로 입을 수 없었으니, 반드시 겉옷을 덧입어야 했다. 그래서 '必表而出'[반드시 겉옷을 (絺綌 위에) 덧입고 외출하셨다]이라 한 것이다(疏: 表, 謂加上衣也。古人多則衣裘, 夏則衣葛也。若在家則裘葛之上, 亦無別加衣。若出行接賓, 皆加上衣。當暑雖熱, 絺綌可單, 若出不可單, 則必加工衣也。故云必表而出也。); 《論語正義》《說文·衣部》에, '表는 上衣이다'라고 했다. 上衣는 옷 중에 밖으로 드러나게 위에 입는 옷을 말하는 것으로, 바로 褙衣(석의)이다(正義曰: 說文 "表, 上衣也。" 上衣謂衣之在外加於上者, 即褙衣也。); 《論語平議》'表而出之'의 '出' 두 자는 連動文으로, '之'는 '往'이다. '出之'는 타지에 출행하는 것이다. 집에 있을 때는, 홑겹으로 된, 가늘거나 굵은 갈포옷을 입고 있지만, 출행할 때는 반드시 겉옷을 덧입었기 때문에, '表而出之'[겉옷을 (絺綌 위에) 덧입고 출행하셨다]라고 한 것이다(出之二字連文, 之, 往也。出之者, 出往他所也。居家單衣絺綌, 若其出而他往, 必加表衣, 古月表而出之。); 《論語譯注》"반드시 속옷을 안에 입고, 갈포로 만든 옷이 밖으로 드러나게 하셨다"(一定裏着衬衫, 使它露在外面。); 《古書虛字》'之'는 '焉'으로 종결사이다. '表'는 겉옷을 입은 것을 말한다. '出'은 외출을 말한다. '表而出之'는 '겉옷을 입고 출행하셨다'를 말한다('之'猶'焉'也。語已詞也。'表'謂加上衣。'出'謂出行。); 《論語新解》"여름철에, 집에 있을 때는 갈포로 만든 홑옷만 입으셨고, 외출하실 때는 겉옷을 걸치셨다."("当暑天时, 在室内穿葛单衣, 但出外必加上衣。"); 表(표): 겉옷. 외피. '衣'字 사이에 '毛'字가 들어가 이루어진 글자[裘]로, 털옷을 입을 때, 털이 밖으로 나오게 입었다(从毛, 从衣。小篆字形, 衣字中间加个毛字。古人穿皮衣, 毛朝外面, 所以"表"从"毛"。本义: 外衣。).

15 《禮記·玉藻》정복을 입지 않고서는 군문에 들지 않고, 갈포옷을 흩날리면서는 군문에 들지 않고, 털옷을 겉으로 드러내고서는 군문에 들지 않고, 털옷 위에 덧입지 않고서는 군문에 들지 않는다(非列采不入公門, 振絺綌不入公門, 表裘不入公門, 襲裘不入公門。).

16 麤(추): 거칠다. 조잡하다(同'粗').

17 《詩經·鄘風·君子偕老》편을 말한다.

18 《論語大全》주희의 《詩集傳》에 말했다. "'蒙'(몽)은 '덮다'이다. '縐絺'(추치)는 가는 갈포옷 중에 주름잡은 옷이다. (어떤 사람은 말하기를) '蒙'은, 속옷 위에 가는 갈포옷을 덧입는 것을 말하는 것으로, 《論語》에서 말한 '表而出之'라고 했다"(新安陳氏曰: 詩傳: 蒙, 覆也。縐, 絺之蹙蹙者。蒙, 謂加絺綌於褻衣之上, 所謂表而出之也。); 蒙(몽): 가리다. 덮다. 속옷 위에 가는 갈포옷을 걸치다(遮蔽。覆盖。加絺綌於褻衣之上。); 縐(추): 주름지게 짠 직물(一种皱纹的丝织品); 縐絺(추치): 가는 갈포(细葛布).

라고 한 것이 바로 이것이다.

100604、緇衣羔裘[19], 素衣麑裘[20], 黃衣狐裘[21]。

　　검정색 덧옷에는 검정색 양털가죽 옷을 속에 입으셨고, 하얀색 덧옷에는 하얀색 사슴털가죽 옷을 속에 입으셨고, 누런색 덧옷에는 누런색 여우털가죽 옷을 속에 입으셨다.

麑, 研奚反。○緇, 黑色。羔裘, 用黑羊皮。麑, 鹿子, 色白。狐, 色黃。衣以裼[22]裘, 欲其相稱。 '麑'(예, ní)는 '研'(연)과 '奚'(해)의 반절이다。 ○'緇'(치)는 '검정색'[黑色]이다. '羔裘'(양구)는 검정색 양털가죽을 사용한다. '麑'(예)는 '사슴 새끼'[鹿子]로, 털색이 하얗다. 여우는 털색이 누렇다. 가죽옷의 어깨가 드러나도록 덧옷을 입어서, 그 속옷과 겉옷의 색깔이 서로 어울리게 하기 위해서이다.

100605、褻裘[23]長。短右袂[24]。

---

19 《古漢語語法》명사술어구["검정색 옷을 (겉에) 입고, 검정색 양털가죽 옷을 (속에) 입다"](名词谓语句: 几个名词或名词短语并列作谓语。); 緇衣(치의): 검정색 포백으로 만든 조회복. 검정색 의복. 승려와 여승이 입는 청흑색 의복(本为古代用黑色的布帛做的朝服, 后借以泛称黑色衣服: 僧尼所穿青黑色的衣服。);《論語義疏》'羔'(고)는 검정색 털을 가진 양이다(疏: 羔者, 烏羊也。).

20 《經典釋文》麑(예)는 사슴 새끼이다(麑, 鹿子也。);《論語義疏》새끼 사슴의 털색은 흰색에 가깝다(疏: 鹿子色近白。). 素衣(소의): 백색의 비단으로 만든 속옷(白色丝绢中衣。); 麑裘(예구): 어린 사슴가죽으로 만든 옷(用小鹿皮做的皮衣); 麑(예): 어린 사슴(幼鹿); 裘(구): 털가죽을 사용해 만든 방한용 의복(用毛皮制成的御寒衣服。).

21 《論語義疏》에 따르면, 이 구절의 옷들은 공자께서 노나라 대부로 있는 동안 조회나 제사에 참여할 때 입던 옷이라고 한다.

22 《論語大全》가죽옷 위에 입는 홑겹 겉옷으로, 겉옷을 벗어 가죽옷의 아름다움을 드러내는 것을 裼(석)이라 한다(新安陳氏曰: 裘之上加單衣, 以袒裼見裘之美, 曰裼。);《論語譯注》고대에는 가죽옷의 털이 밖으로 나오게 입었는데, 이 때문에 외면은 반드시 가리는 옷을 입어야 했으니, 이 가리는 옷이 바로 '裼衣(석의)라고 불렀다. 여기에서 말한 緇衣 · 素衣 · 黃衣의 '衣'가 바로 '裼衣'이다(古代穿皮衣, 毛向外, 因之外面一定要用單衣, 這單衣就叫做裼衣。這裏緇衣'、'素衣'、'黃衣'的'衣'指的正是裼衣。);《王力字典》裼(석): 겉옷을 벗겨 속옷이나 신체를 드러내다. 행례 시 가죽옷 위에 덮어 입는 포대기 덧옷(袒開, 脫去外衣露出內衣或身體: 裼衣, 指行禮時覆加在裘外之衣。).

23 《論語義疏》'褻裘'(설구)는 집에 계실 때 입는 가죽옷으로, 위에 덧입는 옷이 없다(疏: 褻裘, 謂家中常著之裘也, 上無加衣。).

집에서 입으신 가죽옷은 길이를 길게 하셨다. 오른쪽 소매를 짧게 하셨다.

長, 欲其溫. 短右袂, 所以便作事.[25]

길이를 길게 한 것은 따뜻하게 하기 위해서이다. 오른쪽 소매를 짧게 한 것은 이를 써서 일하는 데 편리하게 하려는 것이다.

100606. 必有寢衣[26], 長一身有半[27].

---

24 《論語平議》좌우 옷소매가 한쪽은 길게 한쪽은 짧게 만들 이유가 없다. '短右袂'는 소매를 걷어 짧게 한 것이다. 오른쪽 소매를 걷어 짧게 했는데, 이것을 '短右袂(단우몌)라 한 것이다(左右兩袂必無一長一短之理. 短右袂者, 卷之使短也…… 卷右袂使短, 是謂短右袂.);《論語正義》孔安國의 注에, 오른쪽 소매를 짧게 자른 것은 일하는 데 편하기 위해서라고 했다. 무릇 사람이 일하는 데 두 손이 모두 편하기를 원하지, 어찌 오른쪽 손만 쓰는 이치가 있겠는가? 어떤 사람은 또 오른쪽 소매를 걷어서 짧게 한 것이라고 했다.《管子 · 弟子職》에, '소제하는 법은 먼저 소반에 물을 담고, 팔꿈치까지 소매를 걷어 올린다'고 했는데, 바로 소매를 걷어 올려 짧게 한 것을 말한 것이다. 그리고 일이 없을 때는 예전대로 소매를 내린다. 사람들이 일하는 것이 모두 이와 같으니, 논어의 기록과는 내용이 부합하지 않는다(孔注以短右袂爲便作事. 夫人之作事, 兩手皆欲其便, 豈有單用右手之理? 或又謂卷右袂使短. 案: 弟子職: '凡拚之道, 實水于盤, 攘臂袂及肘'卽謂卷袂使短. 然無事時, 必仍舒之, 人作事皆是如此, 論語不應記之.);《論語集釋》胡紹勳[1789~1862]의《四書拾義》에 말했다. "《說文 · 又部》에 '右'字가 있다. 右手의 右는 옛날에는 단지 '又'로 썼고, 左手의 左는 단지 'ナ'로 썼다.《說文》에 말하기를, '又는 手로, 손의 모습을 형상화한 것이다'라고 했다. 단지 手를 말했을 뿐 右手를 말하지 않은 것은, 又가 양손을 통괄하는 단어임을 분명히 한 것으로, 왼손 오른손을 구분하지 않은 것이다. 내 생각에, '右袂'의 '右'는 '又'로 읽어야 맞다고 본다. '右'는 본래 '又' 소리를 따른다. 소매만 짧게 한 것은, 예복인 가죽옷에 비해 길이가 짧거나, 褻裘는 길이가 길기 때문에 소매는 적당히 짧게 했다는 것일 것이다"(胡紹勳四書拾義: 說文又部有'右'字…… 右手之右, 古止作又, 猶左手之左, 古止作ナ也. 說文: '又, 手也, 象形.' 單言手不言右手者, 明又爲兩手之統詞, 不分ナ又…… 竊意右袂之右, 當讀爲又, 右本從又聲. 右袂之右, 卽又之同音借字. 袂獨短者, 或較禮服之裘稍短, 或因褻裘之長而適形其短.); 袂(몌): 옷소매. 소맷부리(衣袖, 袖口.).

25 作事(작사): 일을 처리하다. 일하다(處事).

26 《論語集解》寢衣(침의)는 오늘날의 이불이다(注: 孔安国曰: 今被也.);《說文 · 衣部》'被'(피)는 寢衣로 한 키 반 길이다. 衾(금)은 큰 이불이다(被, 寢衣, 長一身有半; 衾, 大被.);《論語譯注》이불. 큰 이불을 '衾', 작은 이불을 '被'라 했다(寢衣, 卽被. 古代大被叫'衾', 小被叫'被'.).

27 《王力漢語》身(신): 몸통. '躬'(궁)은 사람의 몸뚱이를 가리킬 때만 쓰고, '身'(신)은 사물의 몸통을 가리킬 때도 쓴다. '身'은 추상적인 뜻으로 쓸 수 있는데, 예컨대 修身 · 守身 · 潔身 등 몸가짐을 가리킨다('身', 軀幹. 又指身軀的全體; '躬'專指人身, '身'又可指物身. '身'字可以用於抽象意義, 指品節, 如'修身''守身''潔身'.); 一身(일신): 몸뚱이. 몸통. 정수리에서 발꿈치까지. 한 길(一个躯干; 人体除头, 颈和四肢外的躯体部分. 人自頂以下, 踵以上, 總謂一身. 一身之長度.);《詞詮》접속사. ~와. ~하고. 整數와 餘數와의 사이에 쓴다('有', 連詞. 與'又'同, 專用於正數與餘數之間.).

반드시 잠옷이 있었는데, 길이가 한 키 반이었다.

長[28], 去聲。○齊主於敬, 不可解衣而寢, 又不可著明衣[29]而寢, 故別有寢衣, 其半蓋以覆足[30]。
'長'(장)은 거성[zhàng]이다. ○재계는 공경이 주가 되므로, 옷을 벗고 자서는 안 되고, 또 명의를 입고 자도 안 되기 때문에, 따로 잠옷이 있었다. 그 반은 아마도 이를 써서 발을 덮었을 것이다.

程子曰:「此錯簡[31], 當在齊必有明衣布之下。」愚謂如此, 則此條與明衣變食, 既得以[32]類相從; 而褻裘狐貉, 亦得以類相從矣。
정자(程子·伊川)가 말했다. "이 절은 죽간의 차례가 뒤바뀐 것으로, 마땅히 제7장의 '齊必有明衣布'(재필유명의포) 다음에 와야 한다."

내가 생각건대, 정자(程子)의 말대로 죽간의 차례를 바꾸면, 이 절과 제7장의 명의(明衣)·변식(變食)이 같은 종류끼리 서로 모이게 되고, 제7장의 설구(褻裘)·호학(狐貉)도 또한 같은 종류끼리 서로 모이게 된다.

100607、狐貉之厚以居[33]。

---

28 長(장): [zhàng] 길이. 여분의. 남아돌다(度長短曰長。多余的。); [cháng] 거리. 장점. 길다(兩端点之间的距离。优点、长处。空间、距离大。与「短」相对。); [zhǎng] 연장자. 나이를 먹다. 나이가 많다. 생장하다(年纪大、辈分高的人。年龄稍大。生长、发育。).

29 明衣(명의): 재계 기간에 목욕 후에 입는 깨끗한 속옷. 죽은 사람을 염습할 때 맨 먼저 입히는 옷(古人在斋戒期间沐浴后所穿的干净内衣。古代死者洁身后所穿的干净内衣。);《古今注》'明衣'라 한 것은 神明과 사귀는 데 입는 옷이라는 의미이다(謂之明者, 所以交神明也。).

30《論語大全》재계 중에 잠자리에서는 이불을 덮지 않는데, 숙연함을 다하는 것으로, 남는 반은 잠자리에서 이를 써서 발을 덮었다(新安陳氏曰: 齊寢不以衾, 致嚴也, 半以覆足。).

31 錯簡(착간): 순서가 잘못 꿰진 죽간. 글자의 순서가 잘못되다(古书以竹简按次串联编成, 竹简前后次序错乱谓'错简'。后用以指古书中文字次序错乱。).

32 得以(득이): ~할 수 있다(指借某事物而能做某事; 能够, 可以。).

33《論語集解》집에서 손님을 맞이할 때 입는다(평소에는 개나 양의 털가죽으로 만든 옷을 입는다) 손님을 맞이할 경우, 그 위에 옷을 덧입어야 한다(注: 鄭玄曰: 在家以接賓客也。既接賓客, 則其上亦應有衣也。);《論語正義》鳳韶[清人]의《鳳氏經說》에 말했다. "論語에는, '居, 吾語女'[陽貨 제8장]라 했고, 孝經에는

여우나 담비의 두툼한 털가죽으로 자리를 만들어 깔고 지내셨다.

狐貉, 毛深[34]溫厚, 私居取其適體[35]。

여우나 담비는 털이 무성하고 촘촘하여 따뜻하고 폭신하니, 집에 계실 때에 몸에 맞게
취하신 것이다.

100608、去喪[36], 無所不佩[37]。

　　상복을 벗으시고 나서는 차지 않는 패물이 없으셨다.

去[38], 上聲。○君子無故, 玉不去身[39]。觿礪[40]之屬, 亦皆佩也。

'坐, 吾詔汝'[孝經 · 開宗明義]라고 했고, 孟子에는 '坐, 吾明語子'[公孫丑下 제11장]라고 하여, '居'와
'坐'가 번갈아 나오는데, '居'에는 '坐'[자리]의 뜻이 있다." 鳳氏의 견해가 옳다. 옛사람들은 땅에 자리를
깔고, 그 위에 앉았는데, 대부의 자리는 두 겹이었다[禮記 · 禮器]. 겨울이 오면 날씨가 춥기 때문에,
공자께서 앉는 곳에, 여우나 담비의 두툼한 털가죽을 써서 깔개로 하신 것이다(鳳氏詔經說: '論語: 居,
吾語女, 孝經: 坐, 吾詔女, 孟子, 坐, 吾明語子, 居坐互出, 則居字有坐義.' ……案: 鳳說是也. 古人加席於地,
而坐其上, 大夫再重. 至冬時氣寒, 故夫子所居處, 用狐貉之厚者爲之藉也"); 《古今注》'狐貉之厚'[厚는 溫
이다]는 방석이나 보료 등속이다. '居'는 '坐'[앉다]이다(補曰: 狐貉之厚[厚則溫], 謂茵褥之屬 居坐也。);
《論語新解》'居'는 '坐'[자리]의 뜻이다. 여우나 담비의 털가죽을 보료로 쓰신 것이다(居, 坐义。以狐貉之
皮为坐褥。).

34 深(심): 무성하고 촘촘하다(茂密).

35 適體(적체): 신체의 필요에 알맞다. 몸에 맞다(謂適應身體的需求。).

36 《論語集解》'去'는 '除'[벗다]이다(注: 孔安國曰: 去, 除也。);《論語義疏》삼년상이 끝나고, 상복을 벗는
　것이다(疏: 去喪, 謂三年喪畢, 喪服已除也。).

37 佩(패): 옷에 차는 패물. 패용하다. 차다(系在衣带上的装饰品。佩带, 把徽章、符号、手枪等戴在或挂在胸
　前、臂上、肩上或腰间。佩带。).

38 去(거): [qǔ] 버리다. 없애다(去掉。除去。); [qù] 떠나다(往, 到。与「来」相对。离开。).

39 《禮記 · 玉藻》옛날 군자는 반드시 몸에 옥을 찼으니, 오른쪽에는 치성 · 각성이 나는 옥을 차고, 왼쪽에는
　궁성 · 우성이 나는 옥을 찼다. 모두가 허리에는 반드시 옥을 찼는데, 상복을 입은 경우만은 차지 않았다.
　몸에 찬 옥에는 걸을 때 부딪치는 소리로 걸음걸이를 바르게 잡아주는 충아가 달려 있다. 군자는 변고가
　있을 때가 아니고서는, 옥이 몸에서 떠나지 않으니, 군자는 옥이 지닌 품덕[단단함 · 순수함 · 온화함]으로
　군자의 덕을 비교하기 때문이다. 공자께서는 상아로 만든 직경이 5촌인 환을 차셨는데, 명주 끈으로
　매셨다(古之君子必佩玉, 右徵角, 左宮羽…… 凡帶必有佩玉, 唯喪否。佩玉有沖牙; 君子無故, 玉不去身,
　君子於玉比德焉…… 孔子佩象環五寸, 而綦組綬。).

40 觿礪(휴려): 뿔이나 관상용 돌을 줄로 엮어 만든 패물(解结锥与砺石。泛指古代童子所佩饰物。).

'去'(거)는 상성[jǔ]이다. ○군자는 변고가 있을 때가 아니고서는 옥이 몸에서 떠나지 않는다. 뿔이나 관상용 돌을 엮어 만든 것도 모두 패물로 찬다.

100609、非帷裳, [41] 必殺之[42]。

　　　　조회복이나 제사복으로 입는 치마가 아니면, 반드시 허리 폭을 줄이셨다.

殺[43], 去聲。○朝祭之服, 裳用正幅[44]如帷, 要有襞積[45], 而旁無殺縫[46]。其餘[47]若深衣[48], 要半下, 齊倍要, 則無襞積而有殺縫矣。[49]

'殺'(쇄)는 거성[shài]이다. ○조회복이나 제사복은, 치마는 쇄봉하지 않은 베의 온 폭을 휘장처럼 사용하는데, 허리 부분에는 겹쳐서 접은 주름이 있지만, 다른 부분에는 자르고 꿰맨 쇄봉선이 없다. 그 나머지 두루마기 같은 옷은, 허리 폭은 아랫단의 반절이고, 아랫단은 허리 폭의 배가 되니, 곧 겹쳐서 접은 주름은 없지만 자르고 꿰맨 쇄봉선은 있다.

100610、羔裘玄冠不以弔。[50]

---

41 帷裳(유상): 조복이나 제복으로 입는 옷으로, 한 폭 전체를 써서 자르거나 꿰맨 자국이 없이 만든 치마(古代朝祭的衣服。用整片布製成, 沒有裁剪車縫。): 帷(유): 장막. 휘장(圍在四周的布幕)。

42 《論語義疏》'殺'(쇄)는 꿰매는 것을 말한다(疏: 殺, 謂縫之也。);《古今注》밑은 넓고 위는 좁은 것을 '殺'라 한다(凡下廣上銳曰殺。);《論語正義》'殺之'는 (深衣의) 폭을 줄이는데, 꿰매서 허리둘레의 두 배로 하는 것이다(正義曰: 鄭玄注云: 殺之者, 削其幅, 使縫齊倍要者。)。

43 殺(쇄): [shài] 차등을 두다. 감쇄하다. 덜어내다. 남는 부분을 잘라내다(等差。減削。裁去多餘的。); [shā] 살육하다(殺戮)。

44 幅(폭): 포백의 폭의 너비(布帛的寬度。制一幅为二尺二寸。); 正幅(정폭): 한 폭 전체.

45 襞積(벽적): 의복의 여러 겹 접은 주름(衣服上的褶襉; 衣服上经折叠而缝成的纹。)。

46 殺縫(쇄봉): 자르고 서로 맞춰서 꿰매고 합친 솔기(剪裁縫合之縫)。

47 其餘(기여): 기타. 남은 것(其他, 剩下的。)。

48 深衣(심의): 상하가 衣와 裳으로 구분되지 않고 하나로 연결되어 무릎까지 내려오는 장옷. 두루마기(一種古代服裝。上下衣裳相連, 長及腳踝, 男女皆可穿。有些婦女的深衣衣襟接得很長, 穿時可纏繞數次。)。

49 《春秋左傳‧昭公元年》[공영달 疏]《論語‧鄕黨》의 '非帷裳 必殺之'에 대한 정현의 주에, '帷裳은 조복‧제복을 말한다. 휘장처럼 온 폭을 써서 만든다. 帷裳이 아닌 것은, 深衣를 말하는데, 그 폭을 줄여, 아랫단의 꿰맨 부분은 허리 폭의 배가 된다'고 했다(疏《論語、鄕黨》: "非帷裳, 必殺之。" 鄭康成云: "帷裳, 謂朝祭之服。其制正幅如帷。非帷裳者, 謂深衣削其幅, 縫齊倍要。")。

검정색 양가죽 옷을 입고 검정색 관을 쓴 조회복 차림으로는 조문하지 않으셨다.

喪主素, 吉主玄。弔必變服, 所以哀死。

상사(喪事)의 주된 색은 흰색이고, 길사(吉事)의 주된 색은 검정색이다. 조문 시에 반드시 옷을 바꿔 입는 것은, 이를 써서 죽음을 슬퍼하려는 것이다.

100611、吉月[51], 必朝服而朝。

　　매월 초하룻날에는, 반드시 조회복으로 차림 하시고 조회에 나가셨다.

吉月, 月朔也。孔子在魯致仕時如此。

'吉月'(길월)은, 매월 초하루이다. 공자(孔子)께서 노(魯)나라에서 벼슬을 그만두었을 때 이같이 하셨다.

50　弔(조): =吊. 사람이 주살을 들고 쏘려는 자세를 형상화한 글자로, 옛사람들은 사람이 죽으면 묻지 않고, 풀이 무성한 들에 내놓고 덤불로 덮어놓았는데, 새나 짐승이 와서 먹을까 봐, 죽은 자를 운송한 친구들이 모두 활을 매고 짐승을 오지 못하게 쫓았다. 죽은 자를 애도하다. (등을) 매달다(=吊。象人持弋射矰繳之形。古人死而不葬, 只是放在荒野里用柴薪盖着, 但怕禽兽要来吃, 连送丧的亲友都带着弓箭前来帮助驱除。本义: 悼念死者。悬挂。).

51　《論語集釋》이 절에 대해서는 여러 학설이 분분한데, 夏心伯[淸人]의 학설이 타당하다. 이른바 '吉月'은 '正月'을 말한다. 종전에는 '吉月'을 '月朔'[매월 초하루]으로 풀이했는데, 벼슬을 그만두었음에도 매월 초하루에 임금의 조회에 참석하는 禮는 절대 있을 수 없다고 한 毛西河[毛奇齡]의 반박이 옳다. 毛奇齡의 반박인즉, 공자께서 벼슬하실 당시에는 문공 4년부터 視朔을 하지 않았으며, 정공·애공 연간에 이르러서는 이미 폐지된 지 오래되었으니, 공자께서 그럼에도 여전히 매월 초하루에 조복을 입고 조회에 참석했다는 것은 사리에 맞지 않는다는 것이다. 지금은 벼슬을 그만두었어도, 정월 초하루에는 여전히 관직의 고하에 따라 조회에 만나 경축하는데, 옛날에도 이러했다. 이렇게 보면 '吉月에는 반드시 조회에 참석했다'라는 뜻은 비로소 얼음 녹듯이 의문이 환히 해소된다(按: 此節異說紛紛, 惟夏心伯之說爲允。所謂吉月者, 謂正月也。從前解吉月爲月朔, 斷無致仕官每月月朔朝君之禮, 毛西河駁之是也。卽曰爲孔子仕魯時事, 而魯自文公四不視朔, 至定, 哀間, 此禮之廢已久, 夫子猶必每月月朔朝服而朝, 亦與事理不合。今人雖致仕官, 元旦尚可隨班朝賀, 古猶是也。至此而吉月必朝之義乃始渙然冰釋矣。);《論語譯注》吉月(길월): ①매월 초하루. ②'吉'字는 잘못 쓴 글자로, '告'로 써야 한다. '告月'은 매월 말로, 이날 달력을 담당하는 관리가 다음 달 초하루를 임금에게 초하루임을 고한다. 두 설이 모두 믿을 만하지 못하다. 지금 程樹德의《論語集釋》의 ('大年初一[음력 정월 초하루]이라는) 견해를 따른다(這兩個字有各種解釋: (甲)每月初一(舊注都如此); (乙)"吉"字誤, 應該作"告"。"告月"就是每月月底, 司曆者以下月初一告之於君(俞樾、羣經平議); 兩說都不可信。今從程樹德 論語集釋之説。).

○此一節, 記孔子衣服之制。蘇氏曰:「此孔氏遺書, 雜記[52]曲禮, 非特孔子事也。」[53]

○이 절은, 공자(孔子)께서 의복을 입으실 때의 차림새를 기록한 것이다.

소씨(蘇氏·蘇軾)가 말했다. "이것은 공씨(孔氏) 집안에서 전해 내려온 책으로, 상세한 예절을 이것저것 기록한 것인데, 비단 공자(孔子)에 관한 일만 기록되어 있는 것은 아니다."

---

52 雜記(잡기): 자질구레한 것을 기재한 기록(记载杂项的笔记: 零碎的笔记).

53 《論語大全》이 절의 처음에 나오는 '君子'를 '謂孔子'라고 注를 달았는데, 여기에서 蘇氏는 '非特孔子事'라고 했으니, 두 가지 다른 뜻을 같이 존치해놓고, 이로써 학자들 스스로의 선택을 기다린다(朱子曰: 前註君子, 謂孔子, 此謂非特孔子事, 二義兼存, 以待學者之自擇。).

[謹齋事節]

100701. 齊, 必有明衣[1], 布[2].

　　　　목욕재계하시고는, 반드시 밝고 깨끗한 옷을 입으셨는데, 삼베로 만들었다.

齊[3], 側皆反。○齊, 必沐浴, 浴竟, 即著明衣, 所以明潔[4]其體也, 以布爲之。此下脫前章寢衣一簡。

'齊'(재, zhāi)는 '側'(측)과 '皆'(개)의 반절이다. ○재계할 때는 반드시 목욕을 하고, 목욕이 끝나면 바로 밝고 깨끗한 옷을 입는데, 이를 써서 그 몸을 청결하게 유지하려는 것으로, 삼베로 만들었다. 이 절 다음에 제6장의 '必有寢衣 長一身有半'이라고 적힌 죽간 하나가 탈락되었다.

---

1 《論語義疏》목욕재계 후에 입는 옷을 말한다. 목욕이 끝나고는 몸이 젖어서 곧바로 옷을 입을 수 없고 그렇다고 속살을 드러내고 있을 수도 없기 때문에, 몸 전체만 한 크기의 천을 옷 용도로 해서, 몸에 덮어서 몸이 마르기를 기다린 것이다. 《禮記 · 玉藻》에, '임금이 베옷으로 몸을 말린다'고 한 것이, 바로 이것이다(疏謂齋浴時所著之衣也。浴竟身未燥, 未堪著好衣, 又不可露肉, 故用布爲衣, 如衫而長身也, 著之以待身燥。故玉藻云, 君衣布晞身, 是也。);《論語注疏》제사복은, 베옷인 明衣를 먼저 입고, 다음에 중의를 입고, 조회복은, 베옷인 明衣를 속옷으로 먼저 입고, 다음에 중의를 입는다. 제사를 지내려고 제계를 하게 되면, 반드시 목욕해야 하고, 목욕이 끝나면, 明衣를 입는데, 몸을 청결하게 하려는 것이다(正義曰: 凡祭服, 先加明衣, 次加中衣…… 若朝服, 布衣亦先以明衣親身, 次加中衣……。將祭而齊, 則必沐浴, 浴竟而著明衣, 所以明潔其體也。);《論語新解》①내의. 그렇지만 반드시 재계할 때만 비로소 내의를 입는 것은 아니다. ②재계하려고 목욕을 마치고 젖은 몸을 말리기 위해 입는 옷(或说: 明衣, 衬身内衣。然不必斋时始衣。又说: 明衣, 浴衣。斋必沐浴, 明衣浴竟所服。浴方竟, 身未燥, 故有浴衣, 用布为之, 着之以待身燥。);《百度漢語》明衣(명의): 재계 기간에 목욕 후에 입는 속옷. 죽은 사람을 씻긴 후에 입히는 속옷. 땀받이. 신명과 사귀기 위한 옷(古人在斋戒期间沐浴后所穿的干净内衣。古代死者洁身后所穿的干净内衣。親身衣。神明之衣。).

2 《論語詞典》布(포): 누에고치 · 삼 · 모시 · 칡의 실로 짠 베(古代的生絲和麻, 枲, 葛的織品。).

3 齊(제/재/자): [qí] 위가 가지런하다. 편파적이지 않다(上平。無偏頗。); [zhāi] 제를 지내기 전에 嗜欲을 끊고, 몸과 마음을 정결하게 하다. 재계하다. 致齊. =齋(祭祀前戒绝嗜欲, 洁净身心, 以示虔诚。同「斋」。); [zī] 옷의 아랫자락. 가장자리. 상복의 가장자리를 돌아가면서 꿰매다(衣服的下摆。謂將喪服下部的邊折轉縫起來。);《經典釋文》齊(재): 側과 皆의 반절이다. 책에는 혹 齋로 되어 있는데 동일하다(側皆反。本或作齋同。).

4 明潔: 청결하다. 정결하다. 깨끗하다. 맑고 깨끗하다(明净, 洁净。).

100702、齊⁵、必變食⁶、居必遷坐⁷。

    재계하실 때는, 평소 드시던 음식을 반드시 바꾸시고, 평상시의 거처는 반드시 옮기셨다.

變食、謂不飲酒、不茹葷⁸。遷坐、易常處也。

'變食'(변식)은 술을 마시지 않고 자극성 있는 채소를 먹지 않는다고 하는 말이다. '遷坐'(천좌)는 '평상시의 거처를 바꾸다'이다.

○此一節、記孔子謹齊之事。楊氏曰:「齊所以交神、故致潔變常以盡敬。」

○이 절은 공자(孔子)께서 재계하실 때의 조심하신 일들을 기록한 것이다.

양씨(楊氏 · 楊中立)가 말했다. "재계는 이를 써서 신명과 사귀려는 것이기 때문에, 정결을 다하고 평소의 것을 바꾸어서 극진히 공경되게 한다."

---

5 《王力字典》齊(재): 재계하다. 제사 전에 몸과 마음을 정결하게 해서 경건하게 보이게 하다(齋戒。祭祀前潔淨身心以示虔敬。); 齊(제): 散齊와 致齊(齊, 謂散齊, 致齊)。

6 變食(변식): 평소에 먹던 음식을 바꾸다(改变平时饮食的内容。改常饌。)。

7 《論語義疏》'居必遷坐'는, 제사 전에 먼저 정침(正寢) 밖에서 7일을 散齊[여자·오락·弔喪 등을 멀리하는 것]하고, 정침에서 3일을 致齊[돌아가신 분의 살아계실 때의 기거생활·談笑·心意·嗜愛·嗜好 등을 생각하는 것]한다. 范寧[約339~約401]은 齊室[正寢]로 옮겨 거주하는 것이라고 했다(疏: 居必遷坐者, 於祭前先散齊於路寢門外七日, 又致齊於路寢中三日也。范寧云: ……遷居齊室也。);《論語譯注》遷坐(천좌): 침실을 바꾼다는 말과 같다. 고대 상층부 사람들은 평상시에는 처와 '燕寢'에서 기거했고, 재계 시에는 '外寢'['正寢'이라고도 한다]에서 기거했으니, 아내와 한방을 쓰지 않았다(等於説改變卧室。古代的上層人物平常和妻室居於'燕寢'; 齋戒之時則居於'外寢'(也叫'正寢'), 和妻室不同房。)。

8 《莊子·內篇·人間世》에, 공자가 衛君[衛后莊公; BC 480~BC 478 재위]의 폭정을 고치러 가겠다는 안회를, 안회의 여러 부족함을 들어 말렸지만, 계속 고집부리며 가르침을 청하자, 그러면 齋戒를 하라고 했다. 그러자 안회가 '저는 집은 가난해서, 술도 마시지도 않고 고기도 먹지 못한 지 여러 달입니다. 이 정도면 재개했다 하겠습니까?'(回之家貧, 唯不飮酒、不茹葷者數月矣。若此, 則可以爲齋乎?)라고 하니, 공자가 그것은 제사 지낼 때의 齋[祭祀之齋]이지 心齋가 아니라고 하면서, 心齋에 대해 가르치는 장면이 나온다;《論語大全》'不茹葷'(불여훈)은 五辛[파, 염교, 부추, 마늘, 달래]을 먹지 않는 것을 말한다(朱子曰: 不茹葷, 謂不食五辛。); 飮酒茹葷(음주여훈): 술을 마시고 고기를 먹다(茹: 吃。泛指喝酒吃肉。); 茹葷(여훈): 파나 부추 등의 매운 채소를 먹다. 생선이나 육류를 먹다(本指吃葱韭等辛辣的蔬菜。后指吃鱼肉等。); 葷(훈): 부추·파·마늘·겨자 등의 자극성 있는 五葷菜를 말하거나 닭·오리·거위·돼지 등의 육류를 말한다。

[飮食之制節]

100801、食不厭精[1], 膾不厭細。

　　밥은 곱게 찧어 지은 밥을 싫어하지 않으셨고, 회는 가늘게 썬 회를 싫어하지
않으셨다.

食[2], 音嗣。○食, 飯也。精, 鑿[3]也。牛羊與魚之腥, 聶[4]而切之爲膾[5]。食精則能養人, 膾麤[6]
則能害人。不厭, 言以是爲善, 非謂必欲如是也[7]。

'食'(사)는 음이 '嗣'(사, si)이다。○'食'(사)는 '밥'[飯]이다。'精'(정)은 '도정하다'[鑿]이다。
소나 양이나 생선의 날 것을 얇게 저미며 썰어놓은 것이 '膾'(회)이다。밥은 곱게 찧으면
사람을 보양할 수 있고, 회는 굵게 썰면 사람을 해칠 수 있다。'不厭'(불염)은 이런 음식
을 좋은 음식이라 여기셨다는 말이지, 꼭 이런 음식을 먹었으면 하고 바라셨다는 말이
아니다。

---

1 [성]食不厭精 膾不厭細(사불염정 회불염세): 밥은 곱게 찧어 지은 밥을 싫어하지 않고, 회는 가늘게
　썬 회를 싫어하지 않다。음식을 아주 중시하다(粮食不嫌舂得精, 鱼和肉不嫌切得细。后用以形容飮食極其
　講究。);《論語正義》 "밥이나 회를 드시는데 곱게 찧은 쌀로 지은 밥, 가늘게 썬 회라고 해서 배부르도록
　드시지 않았다"(正義曰: 於食膾皆不厭精細也。);《論語集釋》 孫奕[宋人]의《示兒編》에 말했다。"'厭飫'의
　'厭'으로 읽고, 밥과 회가 비록 精·細해도, 물리도록 배불리 드시지 않았다는 말이다。공자께서는 일찍이,
　'음식에 대해서는 배부르기를 구하지 아니하고'[學而 제14장] '도를 도모하지, 먹을 것을 도모하지 않는다'
　[衛靈公 제31장]라고 하셨다(孫奕示兒編: 讀如厭飫之厭, 言食與膾雖精細, 亦不厭飫而食之。蓋夫子嘗言
　「食不求飽」, 又曰「謀道不謀食」。); 厭(염): 犬·肉·甘이 합해져서, '배불리 먹다' '만족하다'를 표시한다。
　싫어하다(由"犬、肉、甘"三部分合起来, 会意, 表示"吃饱"、"满足"。本义: 吃饱。嫌弃。); 精(정): 곱게 찧은
　쌀['粗'의 반대] 방아로 찧어 곱게 하다(本义: 挑选过的好米, 上等细米。跟粗相对。舂捣使精。)。
2 食(사/식): [si] 밥。식사。음식。식량。사육하다(飯。飯屬。糧。拿东西给人吃。后作"饲"。); [shí] 먹다(吃、
　吃饭。)。
3 鑿(착): 벼를 도정하다。절구로 찧고 빻아서 껍질을 벗기다(舂[把东西放在石臼或钵里捣去皮壳或捣碎]
　米使之精白)。
4 聶(접): 저미다。여러 개의 작은 조각으로 얇게 베어내다。속삭이다(聶切; 薄切成片。附耳小语。)。
5 《禮記·少儀》 소·양·생선의 날 것을 저미며 썰어놓은 것이 회이다(牛與羊魚之腥, 聶而切之爲膾。);
　腥(성): 생고기(通胜。生肉。)。
6 麤(추): 거칠다。굵다(=粗)。
7 《論語大全》'以是爲善'은 理이지만, '必欲如是'은 욕심이다。욕심이 흐르다 보면 口腹의 욕심은 한이
　없게 된다(慶源輔氏曰: 以是爲善, 理也。必欲如是, 欲也。其流則爲窮口腹之欲矣。)。

100802、食饐而餲[8], 魚餒而肉敗[9], 不食。色惡[10], 不食。臭[11]惡, 不食。失飪[12], 不食。不時[13], 不食。

밥이 상했거나 쉬었거나, 생선이 문드러졌거나 고기가 부패한 것은, 드시지 않았다. 빛깔이 좋지 않은 것은 드시지 않았고, 냄새가 좋지 않은 것은 드시지 않았다. 설익었거나 곰삭은 것은 드시지 않았고, 아직 여물지 않은 풋것은 드시지 않았다.

食饐之食, 音嗣。饐, 於冀反。餲, 烏邁反。飪, 而甚反。○饐 飯傷熱濕也[14]。餲, 味變也。魚爛曰餒, 肉腐曰敗[15]。色惡臭惡, 未敗而色臭變也。飪, 烹調生熟之節也[16]。不時[17], 五穀不成, 果實未熟之類。此數者皆足以傷人, 故不食。

---

8 《爾雅·釋器》밥이 쉬어 냄새가 나는 것을 餲(애)라 한다(食饐, 謂之餲)。《論語義疏》'饐'(의)는 오래되어서 썩은 것이고, '餲'(애)은 오래 지나서 쉰 것으로, 건어물이나 육포가 맛이 상한 것과 같다(疏: 饐謂飮食經久而腐也, 餲謂經久而味惡也, 如乾魚乾肉久而味惡也。)。

9 [성]魚餒肉敗(어뇌육패): 생선이 썩어 문드러지고 고기가 썩어 부패하다. 변질된 음식물(餒: 魚臭爛; 敗: 肉腐爛。魚爛肉腐。泛指變質的食物)。

10 《論語義疏》음식이 본래의 색을 잃다(疏: 食失常色。)。

11 臭(취): 犬, 鼻를 따른다. 개 코가 냄새를 잘 맡기 때문에 뜻을 모아 만들어진 글자이다. 냄새를 맡다. 냄새. 악취['香'의 반대](从犬, 从自(鼻)。狗鼻特別灵敏, 故从二字会意。本义: 闻气味。气味之总名。难闻的气味。)。

12 《論語義疏》失飪(실임)은, 날 음식이나 익힌 음식이 알맞은 정도를 잃을 것을 말한다. 삶은 음식이 설익었거나 곰삭은 것이다(疏: 失飪, 謂失生熟節也。煮食或未熟或已過熟。); 飪(임): 밥을 짓고 요리를 하다. 푹 삶다. 곰국(做饭做菜。飪, 大熟也)。

13 《論語義疏》①끼니 아닌 때 ②제철 아닌 때(疏: 鄭玄曰: 不時, 非朝, 夕、日中時也; 江熙云: 不時, 謂生非其時。); [성]不時不食(불시불식): 제철 음식을 먹다(吃东西要应时令、按季节, 到什么时候吃什么东西。);《論孟虛字》'不'은 '非'와 같다('不, 猶'非'。'不'爲'除非'之意。)。

14 《經典釋文》饐(의)는, 《字林》에, '飯傷熱濕'이라 했다(饐, 字林云: 飯傷熱濕也。)。

15 《爾雅·釋器》고기가 부패한 것을 '敗'(패)라 한다. 생선이 문드러진 것을 '餒'(뇌)라 한다(肉, 謂之敗。魚, 謂之餒。); 爛(란): 흐물흐물해지다. 썩다(因过熟而变得松软。东西腐坏。); 敗(패): 썩어 문드러져 변질되다(腐烂变质)。

16 烹調(팽조): 삶고 볶고 조리하다(烹炒调制[菜肴]); 生熟(생숙): 조리법 용어. 生은, 살짝 굽고 약한 불로 하는 조리법이고, 熟은, 푹 굽고 센 불로 하는 조리법이다. 또 小熟·大熟으로 구분하기도 한다(生熟灸法用语。生, 指少灸和火力较小; 熟, 指多灸和火力较旺, 又分小熟和大熟。)。

17 《禮記·王制》오곡이 아직 여물지 않았거나, 과일이 아직 영글지 않은 것은, 시장에 내다 팔지 못한다(五穀不時, 果實未熟, 不粥於市。);《論語大全》'不時不食'은, 《後漢書·皇后紀上》에서 조서에서 말한, 막 올라온 싹을 후벼 캔 것·온실에서 웃자라게 키운 것·인공으로 억지로 익힌 것 등이다(朱子曰: 不時不食, 漢詔所謂穿掘萌芽、鬱養、强熟之類。)。

'食饐'(사의)의 '食'(사)는 음이 '嗣'(사, sì)이다. '饐'(의, yì)는 '於'(어)와 '冀'(기)의 반절이다. '餲'(애, ài)는 '烏'(오)와 '邁'(매)의 반절이다. '飪'(임, rèn)은 '而'(이)와 '甚'(심)의 반절이다. ○'饐'(의)는 밥이 열기나 습기에 상한 것이다. '餲'(애)는 맛이 변한 것이다. 생선이 문드러진 것을 '餒'(뇌)라 하고, 고기가 부패한 것을 '敗'(패)라 한다. 빛깔이 좋지 않고 냄새가 좋지 않은 것은, 아직 부패하지는 않았지만, 빛깔과 냄새가 변한 것이다. '飪'(임)은 삶거나 볶거나 살짝 익히거나 푹 익히는 등의 조리를 알맞게 한 것이다. '不時'(불시)는 오곡이 아직 여물지 않았거나, 과일이 아직 영글지 않은 것과 같은 류이다. 이런 몇 가지 음식들은 모두 사람을 상하게 할 수 있기 때문에, 드시지 않은 것이다.

100803、割不正[18]、不食。不得其醬[19]、不食。

---

18 《論語義疏》 一說: 옛사람들은 고기를 썰 때 반드시 네모나게 썰었다. 네모나게 썰지 않은 경우는 먹지 않은 것이다. 江熙: 도에 맞지 않게 도살한 것이 '不正'이다(一云: 古人割肉必方正。若不方正割之、 故不食也。江熙云: 殺不以道爲不正也。);《論語集釋》王夫之의《四書稗疏》에 말했다." 集注에서는 '割不正'을 '切肉必方正'이라 풀이했는데, '割'은 '切'이 아니고 '方'은 '正'이 아님을 모른 것이다. 옛날에는 부위별로 큰 덩어리로 해체한 희생의 고기를 도마에 차려 올리면, 먹을 때 스스로 썰었는데, 그래서 《禮記 · 曲禮》에, '삶은 고기는 입으로 베어 물고, 말린 고기는 입으로 베어 물지 않는다'고 한 것이다. 후세에 와서 부위별로 큰 덩어리로 해체하고 다시 그것을 잘게 썰어, 크기가 입에 넣기 알맞게 하여, 예컨대 陸續의 어머니가 썰어놓은 고기가 네모반듯했다는 것과 같은 것이 아니다. 이것이 '割'과 '切'의 다른 점이다. 옛날에 해체한 희생의 고기는, 모두 큰 덩어리였고, 도마에 나누어 내놓는 이치가 있었다. 뼈는 부위별로 귀천이 있어서, 뒷다리는 도마에 올리지 않았고, 군자는 내장을 먹지 않았다. (신분에 따라) 도마에 올리는 부위로는, 어깨뼈, 앞다리 윗부분, 앞다리 정강이 부분, 넓적다리, 앞 등뼈, 갈비뼈, 갈비살, 뒷다리 좌우 족 부위가 있었고, 폐는 떼어낸 덩어리로 올리거나, 저며서 올렸다. 심장과 혀는 뿌리 부분과 끝부분을 잘라냈는데, 모두 이른바 '割之正'[도마에 올리는 부위]이었다. 도마에 올리지 않는 부위, 이것이 '不正'한 부위였다. '不正'한 부위는, 모두 예를 잃는 것으로 먹지 않았다. 集注는 漢代 이후의 切肉之法을 가지고 三代의 割肉之制로 여겼으니, 예를 추구한 게 아니어서 타당하지 않다"(集注以爲切肉必方正、不知割非切、切非割、方非正、正非方也。古者大臠載俎、食則自斷、故曲禮曰:「濡內齒決、乾肉不齒決。」非若後世旣割之復切之、令大小稱所容、如陸續之母、能必其方也。此割切之別也、方者對圓長橢斜纖曲而言也。正者、正當其處也。古之割肉、旣皆大臠、而各有分理。骨有貴賤、髀不登於俎、君子不食圜腴。在殺、則有上殺中殺下殺。在登之俎、則有肩、有臂、有臑、有肫、有胳、有正脊、有橫脊、有長脅、有短脅、有倫膚、有觳折、或左或右。肺則有離肺、有刌肺。心舌則去本末、皆所謂割之正也……非體之正、是曰不正…… 則皆以失禮而不食矣…… 集注以漢後切肉之法、三代割肉之制、而未求之禮、其失宜矣。……非體之正、是曰不正…… 集註以漢後偶余人切肉之法、爲三代割肉之制、而未求之禮、其失宜矣。);《論語譯注》'割'과 '切'은 같지 않다. '割'은 돼지 · 소 · 양을 도살할 때 사지와 몸체의 해체를 가리킨다. 옛사람들에게는 일정한 해체 방법이 있었는데, 이러한 방법을 따르지 않고 해체한 것을 '割不正'이라 한다('割'和'切'不同。'割'指宰殺豬牛羊時肢體的分解。古人有一定的分解方法、不按那方法分

썰어놓은 음식이 반듯하지 않으면 드시지 않았다. 그 음식에 맞는 간장을 얻지
못했으면 드시지 않았다.

割肉不方正者不食, 造次不離於正也。漢陸續之母, ²⁰切肉未嘗不方, 斷蔥²¹以寸爲度, 蓋
其質美, 與此暗合²²也。食肉用醬, 各有所宜²³, 不得則不食, 惡其不備也。此二者, 無害
於人, 但不以嗜味而苟食耳。

썰어놓은 고기가 반듯하지 않은 것을 드시지 않은 것은 경황이 없는 중에도 바른 것에
서 떠나지 않으신 것이다. 한(漢)나라 육속(陸續)의 어머니는 썰어놓은 고기는 네모나
게 반듯하지 않은 게 없었고, 썰어놓은 파는 한 치수 단위로 규격을 맞췄으니, 대개
그녀의 성품의 훌륭함이, 우연히 이 구절과 부합한다. 고기를 먹을 때에 쓰는 간장은
각각 그 고기에 잘 맞는 것이 있는데, 그것을 얻지 못했으면 드시지 않은 것은 그것을
장만하지 못한 것을 싫어하신 것이다. 이 두 가지는, 사람에게 해는 없지만, 단지 좋아
하는 음식이라고 해서 제대로 갖추지 않은 채로는 드시지 않았다는 것이다.

100804、肉雖多, 不使勝²⁴食氣²⁵。惟²⁶酒無量²⁷, 不及亂^{28、29}。

解的, 便叫'割不正'。).

19《論語集解》생선회는 겨자장이 아니면 드시지 않았다(注: 馬融曰: 魚膾非芥醬不食。); 醬(장): 소금 식초
등의 조미료를 써서 절여 만든 고기 젓갈. 된장·간장 등 곡류를 발효시켜 만든 조미품(本义: 用盐醋等调
料腌制而成的肉酱。用麦、面、豆等发酵制成的调味品。).

20《後漢書·獨行列傳》에 나오는 육속에 관한 글에, 옥에 갇혀 있던 육속이 누군가 넣어준 음식을 보고
바로 어머니가 낙양에 오신 것을 알았는데, 어찌 알았는지를 캐묻자, '母嘗截肉未嘗不方 斷蔥以寸爲度'
[어머니께서 썰어놓은 고기는 네모나게 반듯하지 않은 게 없었고, 썰어놓은 파는 한 치수 단위로 규격을
맞췄다]라고 답하여, 알아보니 정말 그의 어머니가 올라와 묵고 있음을 알고, 이 사실을 위에 고하니
황제가 그를 사면해 고향으로 돌려보냈다는 일화가 나온다.

21 蔥(총): 파.

22 暗合(암합): 서로 협의하지도 않았는데 의견이 일치하다. 뜻·마음이 통하다. 우연히 서로 일치하다(未
经商讨而意思契合。並非有意, 而偶然符合。).

23《禮記·內則》생선회를 먹을 때는 겨자 장을 곁들이고, 육회를 먹을 때는 육젓이나 간장을 곁들인다(膾,
芥醬, 麋腥, 醢醬。).

24 勝(승): 감당해내다. 견뎌내다. 억제하다. 참아내다(本义: 胜任, 禁得起。克制。).

25《論語正義》'氣'는 '性'과 같다。《周禮·天官冢宰·瘍醫》에, '종양의 치료는 五毒으로 다스리고, 五氣로
보양하고, 五藥으로 치료하고, 五味로 조절한다'(凡療瘍, 以五毒攻之, 以五氣養之, 以五藥療之, 以五味節

고기가 많을지라도, 밥 생각을 누를 지경까지는 드시지 않았다. 비록 드시는 술은 정해둔 양이 없으셨지만, 취해서 몸가짐이 흐트러지는 지경까지는 드시지 않았다.

食, 音嗣. 量[30], 去聲. ○食以穀爲主, 故不使肉勝食氣. 酒以爲人合歡,[31] 故不爲量, 但以醉[32]爲節而不及亂耳. 程子曰:「不及亂者, 非惟不使亂志, 雖血氣亦不可使亂, 但浹洽[33]而

之.)고 했는데, '五氣'는 곧 '오곡의 기'를 말한다(正義曰: 氣, 猶性也. 周官瘍醫: "以五氣養之." "五氣", 即五穀之氣.); 食氣(사기): 밥. 주식. '氣'는 '餼'(희)의 古字. 穀氣(곡기)를 먹다(饭料, 主食. 气, '饩'的古字.).

26 《疑義擧例 · 雖唯通用例》'雖'와 '唯'가 서로 바뀌쓴 사례로, '唯[惟]'字는 '雖'로 읽어야 한다(雖 · 唯通用例 按: 此唯[惟]字當讀爲雖, 與上'肉雖多'一例.);《古書虛字》'唯'字는 또 어떤 경우에는 '雖'로 쓴다('唯'字又或作'雖'.): 惟(유): 비록~일지라도(表示让步关系, 相当于'即使'、'虽然'.).

27 《疑義擧例 · 雖唯通用例》'無量'은《儀禮 · 鄕飮酒禮》에서 말한 '無算爵'[마시는 술의 잔 수를 한정하지 않는다]으로, 술을 마시는데, 마시는 술의 잔 수를 한정하지 않는 때일지라도, 취해서 몸가짐이 흐트러지는 지경까지는 드시지 않았다는 말이다('無量', 即儀禮所謂'無算爵', 言雖飮酒至無算爵之時, 不及於亂也.);《古今注》'量'은 槩(개)[평미레: 곡식의 양을 재는 기구인 되나 말에, 곡식을 수북이 담은 다음, 수북한 부분을 반듯하게 밀어 평평하게 깎아내는 데 쓰이는 원통형의 방망이]이다. '惟酒無量'은 주량을 한 잔 두 잔 등으로 재지 않는다는 말이다. 술마다 도수가 다르고, 술잔마다 용량이 각기 달라서, 군이 한 잔 두 잔으로 그 양을 재어서, 이로써 주량을 재는 단위로 삼을 수 없다. 다만 혈기가 화평하고 맥락이 조화롭게 잘 통하기만 하면, 그만 마시면 되는 것이다. 혹 이 한도를 넘으면 대취해서 곤드레만드레 되는 것이기 때문에, 공자께서는 술잔으로 주량을 재지 않고, '不及亂'으로 한계를 잡으신 것이니, 이것이 성인의 음주의 예이다(量, 槩也…… 惟酒無量, 言不爲槩也. 盎醴, 澄醴, 淡烈不同, 爵, 觶, 角, 散, 函受各殊, 不必以一盞二盞爲之槩量, 以之爲限節也. 惟血氣和平, 脈絡調暢, 斯可以止, 一或踰此, 則酪酊而酕醄矣, 故孔子不以觚觴爲槩, 而以不及亂爲節, 此聖人之飮酒也.); 量(량): 斗(두)나 斛(곡)과 같은 계량용구. 분량. 수용한도(量器, 計算物體容积的器具, 如斗斛一类的容器. 容量, 容受事物的限度.).

28 《王力字典》亂(란): 머리가 어지럽다. 정신이 혼미하다(神志昏亂.).

29 《荀子 · 解蔽》술에 취한 자는 백 보 너비의 큰 도랑을 넘으면서 반 보 너비의 봇도랑이라 생각하고, 몸을 굽혀 높다란 성문을 나오면서, 나지막한 규방 출입문이라 생각한다. 술은 그 사람의 정신을 어지럽힌다(醉者越百步之溝, 以爲蹞步之澮也; 俯而出城門, 以爲小之閨也; 酒亂其神也.).

30 量(량): [liáng] 공구로 장단 · 대소를 재다. 헤아리다(以工具来計算物体的长短, 大小或其他性质. 估计, 揣測.); [liàng] 수량을 재는 용구. 도량형. 수용 한도(주량. 도량)(計算物体数量的器具. 如斗, 斛等. 能容纳事物的限度.).

31 《禮記 · 樂記》술과 음식은, 이를 써서 서로 어울려 즐겁게 하려는 것이고, 음악은, 이를 써서 덕을 본받게 하려는 것이고, 예는, 이를 써서 음란으로 흐르는 것을 방지하려는 것이다(酒食者, 所以合歡也; 樂者, 所以象德也; 禮者, 所以綴淫也.); 合歡(합환): 함께 모여 즐기다(联欢; 和合欢乐).

32 《百度漢語》醉(취): 술에 취하다. '酉'는 술을 표시하고, '卒'은 끝마침을 표시한다. 술이 더 이상 마시면 안 되는 정도까지 마셨을 때가 바로 취한 것이다('酉'表示酒, '卒'表示终结. 酒喝到不能再喝的时候, 就醉了. 本义: 醉酒.).

33 浹洽(협흡): 무젓다. 몸에 배다. 두루두루 젖지 않은 곳이 없고 깊숙한 곳까지 푹 젖다(普遍沾润).

己可也。」

'食'(사)는 음이 '嗣'(사, sì)이다. '量'(량)은 거성[liàng]이다. ○밥은 곡류의 섭취가 주가 되기 때문에, 고기가 밥 생각을 누르지 않게 하신 것이다. 술은 이를 써서 사람들이 서로 어울려 즐겁게 하기 때문에, 드시는 양을 정해두지 않되, 다만 취하는 정도를 드시는 양의 한계로 삼아, 몸가짐이 흐트러지는 지경에 이르기까지는 드시지 않은 것이다.

정자(程子·伊川)가 말했다. "'몸가짐이 흐트러지는 지경까지는 드시지 않았다'는 것은, 비단 정신을 흐트러지게 하지 않을 뿐 아니라, 비록 혈기일지라도 흐트러지게 해서는 안 되고, 다만 흡족히 젖을 정도에서 그친다면 괜찮다는 것이다."

100805、沽酒市脯³⁴不食³⁵。

　　　　시장에서 사 온 술은 마시지 않았고 시중에서 사 온 말린 고기는 드시지 않았다.

沽, 市, 皆買也。恐不精潔, 或傷人也。與不嘗康子之藥³⁶同意。

'沽'(고)와 '市'(시)는 모두 '사다'[買]이다. 정결하지 않아서, 혹시라도 사람을 상하게 할까 염려하신 것이다. 계강자(季康子)가 보내온 약을 맛보지 않으신 것과 같은 생각이다.

100806、不撤薑食³⁷。

---

34 沽酒市脯(고주시포): 술과 요리를 사다(买酒买荣); 沽(고): 사다. 술을 사다(买。多指买酒。通'酤'。); 沽酒(고주): 시장에서 사 온 술(从市场上买来的酒; 买酒); 市脯(시포): 사 온 육고기(买来的肉食品。); 市(시): 구입하다(购买); 脯(포): 말린 고기. 말린 과일(干肉; 干燥脱水的瓜果)。

35 《論語注疏》'酒'에 대해서는 '飮'[마신다]이라고 해야 하는데, '不食'[먹지 않는다]이라고 한 것은, '脯'에 이어서 '酒'를 같이 말한 것뿐이다. 경전에는 이런 유형의 문장이 많다(疏 正義曰: 酒當言飮, 而亦云不食者, 因脯而并言之耳。經傳之文, 此類多矣。)。

36 《鄕黨 제11장》참조.

37 《古今注》'撤'은 '徹'과 같고, 먹고 남은 음식을 치우는 것을 '徹'이라 한다. 공자께서 먹고 남은 음식을 치울 때, 薑食(강식)은 그대로 놔두고 치우지 말라고 하신 것인데, 맛이 맵기 때문에, 많이 드시지 않은 것이다. 薑食은 오늘날 조청이나 꿀에 잰 생강 절편과 같은 것이다(撤, 徹同, 去饌曰徹。孔子當徹饌

(밥상을 치우실 때) 생강은 치우지 않고 놔두고 드셨다.

薑, 通神明, 去穢惡[38], 故不撤。[39]

생강은 신명을 통하게 하고 더럽고 혼탁한 기(氣)를 제거하기 때문에, 치우지 않고 놔두신 것이다.

100807、不多食[40]。

너무 많이 드시지는 않았다.

適可而止[41], 無貪心也。

之時, 留薑食不令徹去也, 然其味辛辣, 故不多食也。薑食如今之飴薑蜜薑。);《論語新解》식사가 끝나면, 다른 음식은 모두 상을 치우지만, 생강 절편이 들어 있는 종지는 치우지 않고 따로 남겨두었는데, 생강에는 매운맛이 있지만, 냄새를 피우지 않고, 피곤을 물리칠 수 있기 때문에, 치우지 않으신 것이다. 지금은 식사 후에 차나 커피를 마시지만, 옛날에는 그런 게 없었기 때문에, 생강을 따로 남겨두신 것이다(食事既畢, 諸食皆撤, 而薑之在豆者独留, 因薑有辛味而不熏, 可以却倦, 故不撤。今饭后进茶或咖啡, 古昔无之, 故独留薑。); 撤(철): 치우다(除去。); 薑(姜)(강): 생강(根莖肥大, 呈不規則塊狀, 有辛辣味, 可作蔬荣、調料、並供藥用。); 고대 중국 三皇 중 한 명인 神農[본명은 姜石年으로 姜氏의 시조라고 한다]은 한의학의 창시자로서 온갖 약초의 맛을 보고(神農嘗百草) 그 藥性을 파악해서 365종의 약물의 약효를 기재한《神農本草經》의 저술자로 알려졌는데, 잘못해서 독초를 맛보고는 머리가 어지럽고 가슴이 답답해 쓰러졌다 깨어나 보니, 쓰러진 곳 바로 옆에 향기 나는 한 무더기 푸른 풀잎이 나 있는 것을 보고는, 그 향기를 계속 맡자 머리가 어지럽던 증상과 가슴이 답답한 증상이 사라졌다. 그 뿌리 덩어리를 캐내 입으로 씹자, 얼마 안 되어 뱃속이 꼬르륵대더니 설사를 하고는 몸이 완전히 호전되었다. 神農은 성이 薑['姜'의 옛 글자]인데, 그 풀이 자기를 기사회생시켰다는 뜻으로, 이 풀의 이름을 生薑(생강)이라 지었다고 한다.

38 穢惡(예악): 더럽다. 불결하고 탁하다(邪惡; 污浊); 穢(예): 더럽다(不净也).

39 《論語大全》《神農本草經》에, '생강은 맛이 맵고 약간 따뜻하다. 오래 복용하면 냄새를 제거하고 신명을 통하게 한다'라고 했다(本草云: 薑, 味辛, 微溫。久服, 去臭氣, 通神明。).

40 《論語正義》閻若璩[1638~1704]의《四書釋地》에 말했다. "'不多食'은 위 구절을 받아서 말한 것으로, 앞에 나온 '惟酒無量, 不及亂'의 예와 같다"[생강 드시는 것을 그만두지 않으셨지만, 많이 드시지는 않았다](正義曰: 閻氏若璩釋地: "不多食, 承上薑說, 與'惟酒無量, 不及亂'一例。");《古今注》그 맛이 맵기 때문에, 많이 드시지 않은 것이다. '不多食'은 바로 생강을 받아서 한 말로, 생강은 많이 먹으면 기를 손상시키고, 체한 음식을 내려가게 할 뿐이기 때문에, 드시고 남은 것을 치우지는 않았지만, 많이 드시지는 않은 것이다(其味辛辣, 故不多食也⋯⋯ 不多食正承上薑說, 薑之爲物, 多食則損氣, 惟有時通滯而已, 故不撤去亦不多食。);《論語譯注》"식사를 다하고 나서, 생강은 치우지 않았는데, 많이 드시지는 않았다"("吃完了, 姜不撤除, 但喫得不多。").

적당할 만하면 그만 드시고, 음식을 탐하는 마음이 없으셨다.

100808、祭於公⁴², 不宿肉⁴³。祭肉不出⁴⁴三日。出三日, 不食之矣⁴⁵。

　　나라에서 지내는 제사를 돕고 받으신 고기는, 하룻밤을 묵히지 않으셨다. 집에
서 제사 지낸 고기는 사흘 밤을 넘기지 않으셨다. (집에서 제사 지낸 고기는) 묵힌
지 사흘 밤이 넘으면, 드시지 않았다.

助祭於公, 所得胙肉⁴⁶, 歸即頒賜。⁴⁷ 不俟經宿者, 不留神惠也。家之祭肉⁴⁸, 則不過三日,
皆以分賜。蓋過三日, 則肉必敗, 而人不食之, 是褻⁴⁹鬼神之餘也。但比君所賜胙, 可少
緩⁵⁰耳。

　　나라에서 지내는 제사를 돕고 받은 제사 지낸 고기는, 가지고 돌아와서는 곧바로 나누

---

41 適可而止(적가이지): 딱 맞는 정도가 되면 그만두어 도를 넘지 않다(適可: 恰好可以。到适当的程度就停
　　下来, 不要过头。); 適可(적가): 딱 좋다. 적합하다. 알맞다(适合; 适宜).

42 公(공): 조정. 국가(朝廷; 国家).

43 《論語譯注》 대부나 선비의 도움을 받아 지내는 천자나 제후의 제사는, 당일 첫째 날에 이른 아침에
　　희생을 잡고 나서 제사를 지내고, 다음 둘째 날에 또 제사를 지내는데 이 제사를 繹祭(역제)라 한다.
　　繹祭가 끝나고 나서 각자 자기가 가져온 제사용 고기를 가져가게 하거나, 신분의 등급에 따라 제사용
　　고기를 각자에게 나누어 준다. 이렇게 나라에서 제사 지낸 고기는, 나눠주기 전에 적어도 이틀 밤을
　　묵히기 때문에, 하룻밤을 더 묵힐 수가 없다(古代的大夫, 士都有助君祭祀之禮。天子諸侯的祭禮, 當天淸
　　早宰殺牲畜, 然後舉行祭典。第二天又祭, 叫做'繹祭'。繹祭之後才令各人拿自己帶來助祭的肉回去, 或者又
　　依貴賤等級分別頒賜祭肉。這樣, 祭於公的肉, 在未頒下來以前, 至少是放了一兩宵了, 因之不能再存放一
　　夜。); 宿肉(숙육): 하룻밤이 지나도록 고기를 묵혀놓다(留肉过夜).

44 祭肉(제육): 제사에 바친 고기(古代祭祀时供奉之肉。);《王力字典》出(출): 초과하다. 넘다. 벗어나다(超
　　出, 超過。).

45 《古今注》 '不食'은 공자께서 드시지 않았다는 것이지, 다른 사람이 먹지 않았다는 것이 아니다. 육포
　　종류는 3일이 지나도 상하지 않고[겨울철에는 제사 지낸 고기도 10일까지도 괜찮다], 3일이 지나면
　　드시지 않은 것은, 가속들에게 기한을 엄격히 정해두어, 오랫동안 나눠주지 않고 묵혀두지 못하도록
　　하기 위해서였다(案: 不食, 是孔子不食, 非他人不食也。殷脩之屬雖過三日未必敗懷[多月則俎肉亦可至十
　　日], 過三日不食者, 嚴示限節使家人, 不敢久留而不頒也。).

46 胙肉(육): 제사 지낼 때 쓴 고기(祭祀时供神的肉); 胙(작): 제사용 고기(祭祀用的肉).

47 頒賜(반사): 상으로 내리다(赏赐; 分赏。旧时多指帝王将财物分赏给臣下。).

48 祭肉(제육): 제사용 고기(古代祭祀时供奉之肉。).

49 褻(설): 속옷. 평상복. 버릇없이 굴다(贴身的内衣。也指家居所穿的便服; 轻慢, 轻佻地亲近。).

50 緩(완): 연기하다. 지체하다(延期, 延迟。).

어 주셨다. 하룻밤을 묵혀두지 않으신 것은 귀신의 은혜를 묵혀두지 않으신 것이다. 집에서 제사 지낸 고기는 사흘 밤을 넘기기 전에 모두 나누어 주셨다. 대개 사흘 밤을 넘기면 고기가 필시 부패하여 사람들이 먹지 못하게 되니, 이는 귀신이 흠향하고 남긴 음식을 소홀히 대하는 것이다. 다만 임금이 내린 제사 지낸 고기에 비해서는 묵혀두는 기간을 조금 늦출 수 있을 뿐이다.

100809、食不語, 寢不言[51]。

　　음식을 드시면서는 말씀을 나누지 않으셨고, 잠자리에 들어서는 말씀을 하지 않으셨다.

答述曰語。自言曰言[52]。范氏曰：「聖人存心[53]不他, 當食而食, 當寢而寢, 言語非其時也。」楊氏曰：「肺爲氣主而聲出焉, 寢食則氣窒而不通, 語言恐傷之也。」亦通。

물음에 답하는 것을 '語(어)'라고 한다. 스스로 말하는 것을 '言(언)'이라고 한다. 범씨(范氏·范淳夫)가 말했다. "성인께서 품고 계시는 생각은 별다른 것이 아니고, 드셔야 할 때는 드시고, 주무셔야 할 때는 주무시는 것으로, 이런 때는 말씀해야 할 때가 아닌 것이다."

양씨(楊氏·楊中立)가 말했다. "폐는 호흡작용이 주가 되어 소리가 거기에서 나오는데, 잠을 잘 때나 먹을 때는 기도가 막혀 있어 통하지 않기 때문에, 말을 하면 폐를 상할까 염려해서이다." 역시 통하는 말이다.

---

51 《王力字典》'言'(언)은 주동적으로 말하는 것이고, '語'(어)는 물음에 대답하거나 일에 관해 서로 말을 주고받는 것이다(主動對人說話叫'言', 回答別人的问话或談論事情叫'語'。)。《禮記·雜記下》삼년상에는, 한두 마디는 말해도 주동적으로 남과 말하지 않고, 짤막한 대답은 하되 앞장서서 남에게 묻지는 않는다(三年之喪, 言而不語, 對而不問)。

52 《周禮·春官宗伯·大司樂》의 鄭玄의 注에, "먼저 말을 꺼내는 것을 '言', 남의 말에 답하는 것을 '어'라고 한다'고 했다(鄭玄注：發端曰言, 答述曰語。)。

53 《孟子·離婁下 제28장》맹자가 말했다. "군자가 일반 사람들과 다른 까닭은, 그의 存心 때문이다. 군자는 仁을 마음에 품고, 禮를 마음에 품는다"(孟子曰：君子所以異於人者, 以其存心也。君子以仁存心, 以禮存心。); 存心(존심): 속마음. 속에 품고 있는 생각(犹居心。谓心里怀有的意念。)。

100810、 雖疏食菜羹[54]、 瓜祭[55]、 必齊如也。

비록 거칠게 찧은 곡식으로 지은 밥과 나물국일지라도, (드시기 전에) 반드시 제[고수레]를 드렸는데, 반드시 재계하는 모습이셨다.

食、音嗣。○陸氏曰:「魯論瓜作必。」古人飲食、 每種各出少許[56]、 置之豆閒之地、 以祭先代始爲飲食之人、不忘本也。齊、嚴敬貌。孔子雖薄物必祭、其祭必敬、聖人之誠也。

'食'(사)는 음이 '嗣'(사, si)이다. ○육씨(陸氏·陸德明)의 《經典釋文》에 말했다. "《노논어》(魯論語)에는 '瓜'(과)자가 '必'(필)자로 되어 있다." 옛사람들이 음식을 먹을 때는 차려놓은 각각의 음식에서 조금씩 덜어내어 음식 그릇 사이에 놓아두어, 이로써 선대에 맨 처음으로 그 음식을 만든 사람에게 제(祭)[고수레]를 드렸으니, 근본을 잊지 않았던 것이다. '齊'(재)는 엄숙하고 공경스러운 모양이다. 공자(孔子)께서는 비록 하찮은 음식일지라도 반드시 제(祭)를 드렸고, 그 제는 반드시 공경스럽게 드렸으니, 성인의 정성이다.

○此一節、記孔子飲食之節。謝氏曰:「聖人飲食如此、非極口腹之欲[57]、蓋養氣體、不以傷生、當如此。然聖人之所不食、窮口腹者或反食之、欲心勝而不暇擇也。」

○이 절은, 공자(孔子)께서 음식을 드실 때 갖춘 예(禮)를 기록한 것이다.

---

54 菜羹(채갱): 야채나 나물을 끓여 만든 국(用蔬菜煮的羹)。羹(갱): 국. 스프. 양고기를 찌거나 삶거나 하여 만든 죽이나 응고된 형태의 음식물(用蒸煮等方法做成的糊狀, 凍狀食物。古人的主要肉食是羊肉, 所以用"羔"美会意, 表示肉的味道鮮美。用肉或菜調和五味做成的带汁的食物)。

55 《春秋公羊傳·襄公29年》 음식을 먹을 때는 반드시 기도를 드린다(飲食必祝。)。《論語集解》(거친 밥·나물국·오이) 이 세 음식은 비록 하찮긴 하지만, 祭는 반드시 공경스럽게 드렸다(注: 孔安國曰: 三物雖薄, 祭之必敬也。)。《論語譯注》 '瓜祭'(과제)는 몇몇 책에는 '必祭'로 되어 있는데, '瓜'字는 잘못 쓰인 글자인 것 같다. 이 구절에서는 음식을 먹기 전에 상에 오른 각각의 음식에서 조금씩 덜어내, 음식 그릇 사이에 놓아두어 처음 그 음식을 만든 사람에게 감사의 제를 올리는 것인데, 左傳에서는 氾祭(범제)라 불렸다('瓜祭', 有些本子作'必祭', '瓜'恐怕是錯字。這是食前將席上各種食品拿出少許, 放在食器之間, 祭最初發明飲食的人, 《左傳》叫氾祭。)。瓜祭(과제)를 '철 따라 나는 농산물을 먹기 전에 먼저 조상에게 올리는 햇과실[오이] 제사인 薦新(천신)(古人於瓜熟將食時, 吃之前, 必先祭祖, 稱謂食瓜薦新, 表示不忘本。)'으로 풀이하는 견해도 있다.《禮記·玉藻》 오이를 먹기 전에 위 꼭지는 조금 베어 물어 제를 드리고, 중간 부분을 먹고, 손잡이 부분은 버린다(瓜祭上環, 食中棄所操。)。

56 少許(소허): 소량. 아주 약간(少量; 一点点)。

57 《禮記·樂記》 선왕이 예악을 제정하신 것은, 이를 써서 입과 배·눈과 귀의 욕심을 다 채우려는 것이 아니고, 好惡의 마음을 바로잡아 正道로 돌아오게 교화시키려는 것이었다(先王之制禮樂也, 非以極口腹耳目之欲也, 將以敎民平好惡而反人道之正也。)。

사씨(謝氏 · 謝顯道)가 말했다. "성인께서 음식을 드실 때 이같이 하신 것은, 입과 배의 욕심을 다 채우려는 것이 아니고, 대개 기력과 체력을 길러서 이로써 생명을 상하지 않게 하려는 것으로, 마땅히 이와 같아야 한다. 그렇지만 성인께서는 드시지 않은 음식을, 입과 배의 욕심을 다 채우려는 자는 혹 도리어 그것을 먹는데, 이는 음식을 먹으려는 욕심이 앞서서 음식을 가려 먹을 겨를이 없기 때문이다."

[席不正不坐節]

100901、 席¹不正², 不坐³。

　　자리가 제자리에 펴 있지 않으면, 앉지 않으셨다.

謝氏曰: 「聖人心安於正, 故於位之不正者, 雖小不處。」

사씨(謝氏·謝顯道)가 말했다. "성인의 마음은 바른 것을 편안히 여기시기 때문에, 제자리에 펴있지 않은 자리에는, 비록 사소할지라도 앉지 않으셨다."

---

1 《論語正義》《說文·巾部》에, '席은, 藉(자)[깔개. 자리]이다'라고 했다. 席을 써서 땅에 자리로 까는 것을 말한다. 먼저 땅에다 까는 것이 筵[대자리]이고, 그 위에 더 까는 것이 席[자리]이다(正義曰: 說文云: '席, 藉也.' 謂以席藉之於地也。凡先設迫地者爲筵, 後加者爲席。);《王力漢語》옛사람들은 땅에 자리를 깔고 앉았는데, 긴 것은 여러 사람이 앉을 수 있었지만, 짧은 것은 한 사람이 겨우 앉았다(古人席地而坐…… 席長短不一, 長的可坐數人, 短的僅坐一人。);《論語譯注》옛날에는 등받이 의자나 걸터앉는 의자가 없었고, 모두 땅에 자리를 깔고 자리 위에 앉았다(古代没有椅和櫈, 都是在地面上鋪席子, 坐在席子上。); 筵席(연석): 땅을 덮어 깔고 앉는 깔개. 筵은 맨 밑에 까는 것이고, 席은 筵 위에 더 까는 것이다(鋪地藉坐的墊子。古時制度, 筵鋪在下面, 席加在上面。鄭玄注: 鋪陳曰筵, 藉之曰席。).

2 《論語義疏》舊說: 깔아놓은 자리가 두루 바르지 않으면 그 자리에 앉지 않았다。或說: 禮에서 말한 바대로, 제후는 세 겹, 대부는 두 겹으로 자리를 까는 것이, 각기 그에 맞는 바른 모습이다(舊說云: 鋪之不周正則不坐之也。或云: 如禮所言, 諸侯之席三重, 大夫再重, 是各有其正者也。);《論語注疏》席을 까는 禮는, 천자는 다섯 겹의 席을 깔고, 제후는 세 겹의 席을 깔고, 대부는 두 겹의 席을 깐다[禮記·禮器]。席이 남북으로 깔려 있는 경우는 서쪽을 상석으로 하고, 동서로 깔려 있는 경우는 남쪽을 상석으로 한다[禮記·曲禮上]。이것이 바른 예절인데, 바르지 않은 경우, 공자께서 앉지 않으신 것이다(疏 正義曰: 凡爲席之禮, 天子之席五重, 諸侯之席三重, 大夫再重。席南鄕北鄕, 以西方爲上; 東鄕西鄕, 以南方爲上。如此之類, 是禮之正也。若不正, 則孔子不坐也。);《論語正義》 '不正'은 깔아놓은 자리가 제자리를 벗어나 한쪽으로 쏠려 있거나 방향이 어긋나 있는 것이다(正義曰: '不正'者, 謂設席有所移動偏斜也。);《論語譯注》"좌석의 깔아놓은 방향이 예에 어긋나면"("坐席擺的方向不合禮……");《北京虛詞》不(불): ~아니면~하지 않다。두 개의 '不'가 술어 성분 앞에 쓰여, 결과와 조건 관계를 표시한다('不', 兩个'不'分別用于兩个謂語成分前, 后者與前者是結果与條件的矢系。义即'不……就不……'。);《王力漢語》正(정): 한쪽으로 기울지 않다(不偏, 跟'偏'相對: 不斜, 跟'斜'、'邪'相對。).

3 《論語大全》무릎을 꿇고 앉는 것[危坐]이 '跪'(궤)이고, 편히 앉는 것[安坐]이 '居'(거)이다。禮坐의 자세는 모두 '跪'라 한다(吳氏曰: 危坐爲跪, 安坐爲居。凡禮坐皆謂跪也。); 坐(좌): 옛사람들은 땅에 자리를 깔고, 양 무릎을 꿇고, 엉덩이를 발뒤꿈치로 받친 자세가 '坐'의 본뜻인데, 뒤에는 엉덩이를 물건에 대고 멈춰 있는 자세를 가리킨다(古人双膝跪地, 把臀部靠在脚后跟上, 這是其本义, 后泛指以臀部着物而止息: 古人鋪席於地, 兩膝著席, 臀部壓在脚上, 叫做'坐'。).

[居鄉節]

101001、 鄕人飮酒¹, 杖者²出, 斯³出矣。

　　　　마을 사람들과 술을 드실 때는 지팡이 짚은 노인이 나가면 바로 뒤따라 나가셨다.

杖者, 老人也。六十杖於鄉⁴, 未出不敢先, 既出不敢後。

'杖者'(장자)는 '노인'(老人)이다. 예순이 되면 마을에서 지팡이를 짚는데, 노인이 나가기 전에는 감히 먼저 나가지 못하고, 나가고 나면 감히 뒤에 남아 있지 못한다.

101002、 鄕人儺, ⁵朝服而立於阼階⁶˒⁷。

　　　　마을 사람들이 역귀를 쫓는 굿을 할 때는, 조회복으로 차림 하시고 동쪽 돌계단
　　　　에 서 계셨다.

---

1 《論語譯注》'鄕人飮酒'는 곧 '鄕飮酒禮'를 말하는 것으로,《禮記·鄕飮酒義》에 따르면, '少長以齒'[나이의 많고 적음을 따진다]라고 했다.《禮記·王制》에서도, '習鄕尙齒'[향음주례를 익혀 연장자를 높인다]라고 했다. 나이의 많고 적음을 따졌으니, 그래서 공자는 반드시 연장자로 하여금 먼저 나가게 한 것이다('鄕人飮酒', 卽行鄕飮酒禮, 據《禮記·鄕飮酒義》'少長以齒'。《王制》也說: '習鄕尙齒'。既論年齡大小, 所以孔子必須讓杖者先出。).

2 《論語義疏》《禮記·王制》에, '50이면 집안에서 지팡이를 짚고, 60이면 마을에서 지팡이를 짚는다'고 했는데, 그래서 노인을 호칭하기를 杖者라 한 것이다(疏: 禮, 五十杖於家, 六十杖於鄉, 故呼老人爲杖者也。).

3 《助字辨略》'斯'는 '乃'[이에. 곧]로, 느린 어기이다(斯字, 乃辭, 辭之緩也。);《詞詮》순승접속사. ~면. 이에. 곧('斯', 承接連詞。則也, 乃也。);《論語句法》'斯'는 본래 부사인데, 다만 이러한 시간 관계로 구성된 복문 안에서는, 관계사로 간주할 수 있으며, 지금의 '就'에 해당한다('斯'本是限制詞, 但在這種時間關係構成的複句裡, 可以看做關係詞, 相當於白話的'就'字。).

4 《禮記·王制》50이 되면 집에서 지팡이를 짚고, 60이 되면 마을에서 지팡이를 짚고, 70이 되면 나라 안에서 지팡이를 짚고, 80이 되면 조정에서 지팡이를 짚는다(五十杖於家, 六十杖於鄉, 七十杖於國, 八十杖於朝。).

5 儺(나): 음력 섣달, 집 안에 숨어 있는 역병을 일으키는 귀신을 쫓아내기 위해, 집 안 구석구석을 돌면서 행하는 푸닥거리로 세시풍속의 하나(古代臘月驱逐疫鬼的仪式。迎神賽會以樂舞驅逐疫鬼。).

6 阼階(조계): 동쪽 계단으로, 주인은 이곳에 서서 손님을 영접한다(東階, 主人立此接待賓客。); 阼(조): 동쪽 계단(古指东面的台阶).

7 《禮記·郊特性》마을 사람들이 역귀를 쫓는 굿을 할 때, 공자께서는 조복을 입고 동쪽 계단에 서서, 묘실에 있는 신이 놀라지 않게 하셨다(鄉人裼, 孔子朝服立于阼, 存室神也。).

儺, 乃多反。○儺, 所以逐疫[8], 周禮方相氏[9]掌之。阼階, 東階也。儺雖古禮而近於戱, 亦[10]
必朝服而臨之者, 無所不用其誠敬也。或曰:「恐其驚先祖五祀[11]之神, 欲其依己而安也。」

'儺'(나, nuó)는, '乃'(내)와 '多'(다)의 반절이다. ○儺(나)는, 역귀(疫鬼)를 쫓는 굿으로, 《주례·하관사마》(周禮 夏官司馬)에 보면 방상씨(方相氏)가 이를 관장했다. '阼階'(조계)는 동쪽 돌계단이다. 역귀를 쫓는 굿은 비록 옛날의 의식이지만 놀이에 가까운데, 그럼에도 반드시 조회복 차림으로 임하셨으니, 어느 곳이나 그에 맞는 정성과 공경을 다 하지 않는 곳이 없으셨던 것이다. 어떤 사람이 말했다. "굿이 선조와 오사(五祀)의 신들을 놀라게 할까 염려해서, 그 신들이 자기에게 의지하여 안도하게 하려 하신 것이다."

此一節, 記孔子居鄕之事。

○이 절은 공자(孔子)께서 마을에 계실 때의 일을 기록한 것이다.

---

8 疫(역): 염병(染病). 돌림병. 급성전염병. 염병을 퍼뜨리는 역귀(本义: 瘟役。急性传染病流行的通称。疫鬼, 古代迷信称施瘟疫的鬼。).

9 方相氏(방상씨): 《周禮·夏官司馬》의 관속으로, 곰 가죽을 쓰고, 황금으로 된 4개의 눈을 달고, 검정 상의에 붉은 치마를 입고, 양손에 창과 방패를 들고, 국가의 역귀를 쫓는 일을 관장한다. 喪禮에서는 도깨비를 쫓아낸다. 궁정에서 역귀를 쫓는 의식을 大儺(대나)라고 하는데, 매년 봄·가을·겨울 3회를 실시한다(周禮規定的司馬的下屬。掌蒙熊皮、黃金四目、玄衣朱裳、執戈揚盾爲國家驅疫。葬禮時, 方相氏則驅方良。宮廷裏, 方相氏驅疫的儀式叫大儺, 大儺每年有三次, 分別於季春畢春氣、仲秋禦秋氣、季冬送寒氣。).

10 《北京虛詞》亦(역): 부사. 그럼에도. 양보 복문이나 긴축복문의 뒤 절에 쓰여, 어떤 상황의 출현과 관계없이, 모두 모종의 결과를 가져올 수 있다. 앞 절에는 항상 양보를 표시하는 접속사 '雖' 또는 부사 '自'·'唯' 등이 '亦'과 짝을 이룬다('亦, 副詞。用于让步复句的后一分句或紧缩句的后一部分, 表示无论出现什么情况, 都会导致某种结局或结果。前一分句或紧缩句的前一部分常有表示让步的连词'雖'或副词'自'、'唯'等与'亦'相配合。义即'(即使)……也……'、'(就是)……也……'。).

11 五祀(오사): 집 안팎에 사람이 출입하거나, 음식을 해 먹거나, 거처하는 곳으로, 門神[대문]·戶神[방문]·中霤神[집 중앙의 빛을 받는 곳]·竈神[부엌]·行神[행길] 등 사람들의 일상생활에 도움을 준 집주변의 다섯 장소에 지내는 제사(祭祀住宅內外的五种神)(祭祀住宅內外的五种神。郑玄: 五祀, 门、户、中霤、灶、行也。).

[與人交之誠意節]

101101、 問人於他邦[1], 再拜[2]而送之。

　　　사자를 보내서 다른 나라에 있는 사람에게 (예물을 보내면서) 안부를 물으실 때는, 사자에게 두 번 절하고 보내셨다.

拜送使者, 如親見之, 敬也。

'사자에게 절하고 보냈다'는 것은, 친히 그를 만나는 것처럼 예(禮)를 갖추신 것이니, 공경하신 것이다.

101102、 康子饋[3]藥, 拜而受之[4]。 曰:「丘未達[5], 不敢嘗[6]。」

---

1 《論語義疏》'問'은 상호 주고받는 聘問을 말한다. '他邦'은 외교 관계를 맺고 있는 나라의 임금을 말한다 (問者, 謂更相聘問也。他邦, 謂鄰國之君也。);《論語正義》'人'은 벗을 가리키는 말이다. 황간이 '問'은 聘問이고, '他邦'은 외교 관계를 맺고 있는 나라의 임금이라 했는데, 아니다(正義曰: "人"指朋友言。皇疏以 "問"爲聘問, "人"爲鄰國之君, 非也。);《論語注疏》'問'은 '遺'와 같다. 문안하면서 예물을 보내는 것을 말한다. 내게 일이 있어 저 사람에게 예물을 보내는 경우와, 저 사람에게 일이 있다는 것을 듣고 예물을 보내는 경우가 있는데, 모두 예물을 가지고 성의를 표한다(問, 猶遺也。謂因問有物遺之也。問者, 或自有 事問人, 或聞彼有事而問之, 悉有物表其意。);《集注考證》饋問(궤문)으로, 먹을 음식을 보내 그의 안부를 묻는 것이다(饋問也, 蓋饋送而問其安否。);《論語譯注》'問'은 안부를 묻는 것이다. 고대에 안부를 묻는 때에도, 예물을 보내서 정성을 다하는 마음을 표시했다('問', 問訊, 問好。古代問好, 也致送禮物以表示情 意。); 問(문): 일이 있을 때, 사람을 보내 문안하다(時聘: 指天子有事時, 諸侯派遣使臣来聘问。).

2 《論語正義》'再拜'는 《周禮·春官宗伯·大祝》의 '空首'[九拜 중의 하나로, 무릎을 꿇고 손을 가슴높이로 모으고 머리를 손의 위치까지 숙이는 절로, 손으로 땅을 짚고 머리를 땅에 대는 稽首(계수)와 다르다]이 다(正義曰: '再拜', 即禮之'空首'。);《論語正義》절에는 홀수로 하는 절이 있고 짝수로 하는 절이 있는데, 짝수로 하는 절은 매우 공경하는 것이다(正義曰: 凡拜有奇有耦, 耦者尤爲敬也。); 再拜(재배): 두 번 절하다. 고대에 윗사람을 정중히 받든다는 뜻을 표시한다. 서신 따위의 서두나 끝에 사용하여 공경함을 나타내는 말(古代一种隆重的礼节, 先后拜两次, 表示郑重奉上的意思; 書信中用爲對尊長或朋友的敬語。).

3 《古今注》'饋'(궤)는 사람을 시켜 보내주는 것이다(饋者, 使人遺之也。); 饋(궤): 먹을 것을 보내다(以食物 送人。贈送。).

4 《論語正義》'拜而受之'는 空首로 한 번 절한 것이다(正義曰: '拜而受之', 謂空首奇拜也。);《禮記·玉藻》 하사받은 물품이 고기나 술인 경우는, 집에서 한 번 절한다(酒肉之賜, 弗再拜。).

5 《論語正義》'達'은 '曉(효)와 같다. 이 약이 무슨 질환을 치료하는지 몰라서, 먹으면 도리어 해가 있을까 염려된다는 말이다(正義曰: '達', 猶'曉'也。言不曉此藥治何疾, 恐飮之反有害。).

계강자(季康子)가 약을 보내오자, 절을 하고 받으셨다. (약을 들고 온 사람에게) 선생님께서 말씀하셨다. "내가 이 약에 대해 잘 알지 못하니, 감히 맛보지 못하겠습니다."

范氏曰:「凡賜食, 必嘗以⁷拜。藥未達則不敢嘗。受而不飲, 則虛人之賜, 故告之如此。然則可飲而飲, 不可飲而不飲, 皆在其中矣。楊氏曰:「大夫有賜, 拜而受之, 禮也。未達不敢嘗, 謹疾也。必告之, 直也。」

범씨(范氏·范淳夫)가 말했다. "대개 윗사람이 하사한 음식물의 경우에는, 반드시 맛을 보고 절을 한다. 약에 대해 잘 알지 못할 경우, 감히 맛을 보지 못한다. 받았지만 먹지 않을 경우, 남이 하사한 선물을 허비하는 것이기 때문에, (약을 들고 온 사람에게) 이같이 말씀하신 것이다. 그런즉 마실 수 있는 것이면 마시고, 마실 수 없는 것이면 마시지 않는다는 뜻이, 모두 그 말씀 가운데 들어 있다."

양씨(楊氏·楊中立)가 말했다. "대부가 하사한 물건이 있으면, 절하고 받는 것이 예이다. 잘 알지 못할 경우는 감히 맛보지 않는 것은, 병을 조심하는 것이다. 반드시 이렇게 말하는 것이 정직이다."

○此一節, 記孔子與人交之誠意。
○이 절은 공자(孔子)께서 사람들과 교제하실 때의 정성을 다하는 마음가짐을 기록한 것이다.

6《詞詮》타동사. 입으로 맛을 보다('嘗', 外動詞。《說文·旨部》云: 嘗, 口味之也。).
7 以(이): ~와. 병렬관계를 표시한다(和, 而。表示并列矢系。).

[廐焚節*]

101201. 廐焚[1]。子退朝[2], 曰:「傷人乎[3]?」不問馬[4]。

　　　마구간이 불에 탔다. 선생님께서 조정에서 돌아오셔서 말씀하시길, '다친 사람이 있느냐?' 하시고는 말에 대해서는 묻지 않으셨다.

非不愛馬, 然恐傷人之意多[5], 故未暇問。蓋貴人賤畜[6], 理當如此。

말을 아끼지 않으신 것은 아니지만, 사람이 다쳤을까 염려하는 마음이 더 컸기 때문에, 물으실 겨를이 없었던 것이다. 대개 사람을 중하게 여기시고 가축을 중하지 않게 여기셨으니, 도리가 마땅히 이와 같아야 한다.

---

1 廐(구): 마구간. 가축우리. 막사(=廏. 马棚, 泛指牲口棚。廄, 马舍也。馬廄間。); 焚(분): 사냥에서 야생짐승을 숲에서 몰기 위해 숲에 불을 지르다. 향을 사르다(甲骨文字形, 象火烧丛木。古人田猎, 为了把野兽从树林里赶出来, 就采用焚林的办法。本义: 烧山。用火烧山林宿草。烧。焚香。).

2 《論語義疏》공자께서 아침에 조회에 참석했다가 조회가 끝나고 집으로 돌아오신 것이다(疏: 孔子早上朝, 朝竟而退還家也。);《禮記·少儀》조정에서 끝나고 나오는 것을 '退', 연회나 유람에서 끝나고 오는 것을 '歸', 군대나 노역에서 끝나고 나오는 것을 '罷'라 한다(朝廷曰退, 燕游曰歸, 師役曰罷。).

3 《古今注》사람이 말을 구하려다 다쳤을까 걱정되었기 때문에, 사람에 대해 물은 것이다(吳曰: 恐人救馬而傷, 故問人。); 傷(상): 손상시키다. 해를 입히다. 해를 입다. 다치다. 부상을 입다(损伤: 伤害。受伤: 负伤。).

4 《論語正義》《經傳釋文》에는, "'傷人乎'에서 끊어 읽는데, 어떤 구두법은 '不'字에서 끊는다"[이 경우, '사람이 다쳤느냐, 다치지 않았느냐? (그리고 나서) 말에 대해 물으셨다'로 풀이한다]고 했다. 이는 '不'字를 '否'로 잘못 읽은 것이다(正義曰: 釋文: "'傷人乎'絕句, 一讀至'不'字絕句。" 此誤讀'不'爲'否'也。);《古今注》王陽明은, "'不'字는 위 구절에 붙여 읽어야 한다. 사람이 다쳤느냐? 다치지 않았느냐? 물으시고, 그 후에 말이 다쳤는지까지 물으셨다는 말로, 성인께서 사람을 사랑하시고 말을 아끼신 것이다"라고 했는데, 옳은 견해가 아니다(王陽明云: 不字當連上句讀, 謂傷人乎否, 然後問及于馬, 以聖人仁民而愛物也。駁曰非也。);《論語集釋》李顒[1627~1705]의《四書反身錄》에 말했다. "'傷人乎? 不問馬'는, 창졸간이라 사람을 응급하게 여겨서, 말에 대해서는 물을 겨를이 없었을 뿐으로, 참으로 가축을 천시해서, 말을 置之度外하여, 불쌍히 여길만하지 않다고 여겨 묻지 않은 것이 아니다"(反身錄:「傷人乎? 不問馬」, 蓋倉卒之間, 以人爲急, 偶未遑問馬耳, 非眞賤畜, 置馬於度外, 以爲不足恤而不問也。); "傷人乎?" "不。" 問馬。['사람이 다쳤느냐?' '다친 사람이 없습니다.' (그러자) 말에 대해 물으셨다]로 구독하는 견해도 있다.

5 多(다): 차이 나는 정도가 크다([相差]程度大。).

6 《論語集解》사람을 중시하고 가축을 천시하신 것이다(注: 鄭玄曰: 重人賤畜也。).

[事君之禮節]

101301. 君賜食[1], 必正席[2]先嘗之; 君賜腥[3], 必熟而薦[4]之; 君賜生, 必畜之[5]。

　　임금이 (익힌) 음식을 하사하시면, 반드시 자리를 바르게 펴놓고 앉아서 먼저 맛을 보셨다. 임금이 날고기를 하사하시면, 반드시 익혀서 조상께 올리셨다. 임금이 살아 있는 짐승을 하사하시면, 반드시 집에서 기르셨다.

食恐或餕餘[6], 故不以薦。正席先嘗, 如對君也。言先嘗, 則餘當以頒賜矣。腥, 生肉。熟而薦之祖考[7], 榮君賜也。畜之者, 仁君之惠, 無故不敢殺也[8]。

　　(익힌) 음식은 혹여 먹다 남긴 것일 수 있기 때문에, 조상께는 올리지 않으신 것이다. '자리를 바르게 펴놓고 먼저 맛을 보셨다'는 것은 임금을 앞에 대하듯이 하셨다는 것이다. '먼저 맛을 보셨다'고 했으니, 나머지는 마땅히 이를 나누어 주신 것이다. '腥'(성)은 '날고기'[生肉]이다. '익혀서 조상께 올리셨다'는 것은 임금이 하사하신 것을 영광스럽게 여겼다는 것이다. '집에서 길렀다'는 것은, 임금이 내리신 은혜를 사랑하여, 까닭 없이는 감히 죽이지 않았다는 것이다.

---

1 《論語正義》'食'은 익힌 음식이다. 임금이 하사했어도, 밖에서 들어와서, 불결한 것이 묻어 있거나, 아니면 먹다 남긴 음식이 들어 있을까 해서, 조상께는 올리지 않는다(正義曰: "食"是熟食, 雖爲君賜, 然來自外間, 恐有不潔, 或兼有餕餘, 故不敢以薦。).

2 正席(정석): 자리를 바르게 펴놓다(解释是摆正坐席, 使合规定。).

3 腥(성): 날고기(通'胜'。生肉。).

4 《論語正義》제사를 드릴 때, 익힌 음식을 바치는 것을 薦(천)이라 한다(正義曰: 凡祭, 進熟食曰薦。); 薦(천): 나아가 바치다. 진헌하다. 제물을 바치다. 술과 고기가 없는 제사. 검소한 제사(进: 进献。无酒肉作贡品的祭祀, 素祭。).

5 《論語義疏》제사 지낼 때가 오기를 기다려, 제사용으로 충당해서 쓴다(疏: 待至祭祀時, 充牲用也。);《王力漢語》'養'(양)은 사람을 기르는 것을, '畜'(축)은 짐승을 기르는 것을 가리킨다('養'指養人, '畜'指養禽獸。).

6 《禮記·曲禮上》먹다 남긴 음식으로는 제사 지내지 않고, 자식을 제사 지내지 않고, 처를 제사 지내지 않는다(餕餘不祭, 父不祭子, 夫不祭妻。); 餕餘(준여): 남이 먹다 남긴 음식(吃他人剩下的饭菜); 餕(준): 남은 국이나 반찬. 잔반. 대궁밥(吃后剩下的残羹剩肴。吃别人剩下的食物。).

7 祖考(조고): 작고한 할아버지. 조상(已故的祖父。祖先).

8 《禮記·王制》임금은 까닭 없이 소를 잡지 않고, 대부는 까닭 없이 양을 잡지 않고, 士는 까닭 없이 돼지를 잡지 않고, 서인은 까닭 없이 진기한 음식을 먹지 않는다(諸侯無故不殺牛, 大夫無故不殺羊, 士無故不殺犬豕, 庶人無故不食珍。).

101302. 侍食[9]於君, 君祭[10], 先飯[11]。

　　　임금을 모시고 식사할 때는, 임금이 (식사에 앞서) 제를 드리는 동안에, 식사를
　　　먼저 하셨다.

飯[12], 扶晩反。○周禮[13], 「王日一舉[14], 膳夫[15]授祭, 品嘗[16]食, 王乃食」。故侍食者, 君祭,
則己不祭而先飯。若爲君嘗食然, 不敢當客禮也[17]。

　　　'飯'(반, fàn)은 '扶'(부)와 '晩'(만)의 반절이다. ○《주례 · 천관총재》(周禮 天官冢宰)에, '왕

---

9 侍食(시식): 윗사람을 모시고 식사하다. 음식 시중을 들다(陪侍尊长进食。).

10 《論語義疏》禮에, 음식은 반드시 취식에 앞서, 음식마다 조금씩 덜어 그릇 옆에 두는데, 이름하여
　　祭[고수레]라 한다. 祭는 옛날에 처음 그 음식을 만든 자에게 보은하는 것이다. 군자는 은혜를 입으면
　　보답할 것을 잊지 않기 때문에, 음식을 먹기 전에 먼저 보답을 한다(疏 夫禮, 食必先取食, 種種出片子置
　　俎豆邊地, 名爲祭。祭者, 報昔初造此食者也。君子得惠不忘報, 故將食而先出報也。).

11 《論語集解》임금이 제를 지내는 동안 먼저 식사한 것으로, 임금을 위해 미리 맛을 보신 것처럼 하신
　　것이다(注: 鄭玄曰: 於君祭則先飯矣, 若爲君嘗食然。);《論語義疏》임금이 祭를 드릴 때, 신하가 미리
　　맛보기 때문에, '先飯'이라 했다. '飯'은 '食'이다. 미리 맛보는 까닭은, 임금을 위해 미리 음식을 맛보고,
　　음식에 이상이 없는지 미리 알아보는 것이다(疏: 當君政祭食之時, 而臣先取飯食之, 故云先飯。飯, 食也。
　　所以然者, 示爲君先嘗食, 先知調和之是非者也。);《論語正義》'先飯'은 먼저 맛보는 것으로, 서직[밥]을
　　말한다. '두루 맛보고 두루 마셔본 후, 임금이 먹기를 기다린다'[禮記 · 玉藻]고 하지 않은 것은, '飯'을
　　말하면 나머지 음식은 말하지 않아도 알 수 있기 때문이다. '君祭 先飯'은 바로 선부가 곁에 없기 때문에,
　　임금이 제를 지낼 때, 공자께서 임금이 식사하기 전에 맛보는 것으로, 그래서 '先飯'이라 한 것이다(正義
　　曰: "先飯", 先嘗食之, 謂黍稷也。不言 "徧嘗羞飲而俟"者, 以言"飯", 則餘可知。論語 "君祭, 先飯", 正以無膳
　　夫在旁, 君祭之時, 夫子先取君前之食嘗之, 故曰 "先飯"。).

12 飯(반): [fàn](扶晩反) 밥을 먹다. 식사하다(吃飯。); [fàn](符万反) 익힌 음식. 밥(煮熟的穀類食品。多指
　　大米乾飯。).

13 《周禮 · 天官冢宰 · 膳夫》왕은 하루 한 번 성찬을 먹는데, 소 · 양 · 돼지고기 등 12가지 음식을 차리고,
　　음식마다 각각의 그릇이 있다. 음악을 연주하여 음식을 권유한다. 선부가 제를 지낼 음식을 왕에게
　　올리고, 아울러 음식 별로 먼저 맛을 보고 나면, 왕이 뒤이어 먹는다(王日一舉, 鼎十有二, 物皆有俎。
　　以樂侑食。膳夫授祭, 品嘗食, 王乃食。).

14 舉(거): 성찬을 먹다(吃丰盛的饮食).

15 《周禮 · 天官冢宰 · 膳夫》선부는 왕의 밥 · 술 · 고기 · 음료를 관장하고, 왕 · 왕후 · 세자를 봉양한다(膳夫:
　　掌王之食飲膳羞, 以養王及後、世子。); 膳夫(선부): 周禮의 천관총재의 관속으로 궁중의 음식을 관장한
　　다(古官名。掌宫廷的饮食。); 膳(선): 음식. 고기요리. 음식을 올리다(饭食, 一般指肉食。进献食物。).

16 品嘗(품상): 왕에게 음식을 진상하기 전에 먼저 두루 맛보다(谓帝王进膳前先由人遍尝各种食物)

17 《禮記 · 玉藻》임금을 모시고 식사하는데 손님의 예로서 대우하는 경우, 임금이 제를 지내라고 하면,
　　제를 지낸다. (膳夫가 없는 경우) 먼저 먹어 두루 맛보고 마셔본 후, 임금이 먹기를 기다린다. 膳夫가
　　있어 맛보는 경우, 임금이 먹기를 기다려 먹고, 마시기를 기다려 마신다(若賜之食而君客之, 則命之祭,
　　然後祭; 先飯辯嘗羞飲而俟。若有嘗羞者, 則俟君之食, 然後食, 飯, 飲而俟。).

은 하루 한 차례 성찬을 드는데, 선부(膳夫)가 제를 지낼 음식을 왕에게 올리고, 음식별로 먼저 맛을 보고 나면, 왕이 뒤이어 먹는다'고 했다. 그러므로 임금을 모시고 식사하는 자는 임금이 제를 지내는 동안 자기는 제를 지내지 않고 먼저 식사한다. 마치 임금을 위하여 먼저 맛보는 것처럼 하는 것이지만, 감히 임금의 손님으로서 임금의 접대를 받는다는 예의를 감당하지 못해서이다.

101303. 疾, 君視[18]之, 東首[19], 加朝服[20], 拖紳[21]。

　　　　병환 중에, 임금께서 친히 문병을 오셨는데, 머리를 동쪽을 향해 두시고, 조회복으로 몸을 덮으시고, 허리띠를 조회복 위에 걸쳐놓으셨다.

首[22], 去聲。拖, 徒我反。○東首, 以受生氣也。病臥不能著衣束帶, 又不可以褻服見君, 故加朝服於身, 又引大帶於上也。

'首'(수)는 거성[shòu]이다. '拖'(타, tuō)는 '徒'(도)와 '我'(아)의 반절이다. ○머리를 동쪽을 향해 두신 것은, 생명의 기운을 받기 위해서이다. 병으로 누워있는 사람은 옷을 입거나 허리띠를 맬 수가 없고, 그렇다고 평상복으로 임금을 뵐 수도 없기 때문에, 조회복으로 몸을 덮고, 또 큰 허리띠를 그 위에 걸쳐놓는 것이다.

---

18 《論語義疏》이 임금은 노나라 애공이다(疏: 此君, 是哀公也。); 視(시): 그 일을 직접 가서 대하다(亲临某事).

19 《子罕 제11장》 각주 《禮記 · 喪大記》 참조: 《禮記 · 玉藻》 군자가 앉아 있을 때는 항상 문을 향하고, 잘 때는 항상 동쪽으로 머리를 두른다(君子之居恒當戶, 寢恒東首。); 《論語注疏》 병자는 북쪽 창가에 자리를 잡는데, 임금이 보러오면, 잠시 남쪽 창가로 자리를 옮기고, 동쪽으로 머리를 두르고 누워서, 임금이 남면하게 하여 그를 보게 한다(疏: 正義曰: 病者, 常居北牖下, 爲君來視, 則暫時遷鄉南牖下。東首, 令君得南面而視之。); 東首(동수): 머리가 동쪽으로 향하다(头朝东).

20 《論語義疏》'加'(가)는 '覆'[덮다]이다. 朝服은 건강하실 때 임금을 좇아서 매일 視朝 때 입는 의복이다(疏: 加, 覆也。朝服, 謂健時從君日視朝之服也。); 《古今注》'朝服'은 검정 상의에 흰색 치마이다(朝服者, 緇衣素裳。).

21 拖紳(타신): 요대를 조복 위에 끌어당겨 놓다. 대신이 병이 나다(引大带于朝服之上。拖, 加也。紳, 大带也。借指大臣生病。); 拖(타): 예인하다. 끌어당기다. 동여매다. 묶어두다(曳引。牽累, 牽制。); 紳(신): 사대부들이 허리를 묶는 띠. 허리띠를 한 사람(古代士大夫束腰的大带子, 引申为束绅的人。).

22 首(수): [shòu] 지은 죄를 자복하다. 머리를 숙이다. 머리를 향하다(自首前罪。又頭向也。); [shǒu] 머리. 우두머리. 앞장서다(头, 脑袋。领导的人, 带头的。).

101304、君命召, 不俟駕[23]行矣。[24]

　　임금이 부르셨는데, 수레가 채비를 다 차릴 때까지 기다리지 않고 먼저 길을 나섰다.

急趨君命, 行出而駕車隨之。

임금의 명령에 급히 잰걸음으로 달려 나가, 길을 나서고 나서 채비를 다 차린 수레가 뒤따라왔다.

○此一節, 記孔子事君之禮。

○이 절은 공자(孔子)께서 임금을 섬기실 때의 예(禮)를 기록한 것이다.

101305、入太廟, 每[25]事問。

　　태묘에 들어가서는, 매사마다 일일이 물으셨다.

重出[26]。

거듭 나왔다.

---

23 俟(사): 기다리다(等待。); 駕(가): 말에 멍에를 씌우다. 말 등에 안장을 얹다(以軶加於馬上。把鞍加在馬背上。).

24 《禮記・玉藻》임금이 신하를 부를 때는, 세 개의 부절을 쓴다. 두 개의 부절을 써서 부르면 뛰어가고, 한 개의 부절을 써서 부르면 종종걸음으로 간다. 조정 안에 있을 때는 신발을 다 신기를 기다리지 않고, 조정 밖에 있을 때는 수레가 오기를 기다리지 않는다(凡君召, 以三節: 二節以走, 一節以趨。在官不俟屨, 在外不俟車。).

25 《古漢語語法》하나씩 차례대로 가리키다('每'是逐指, 表示同類事物中的每一个, 多作定语。);《北京虛詞》每(매): 지시대명사. 전체 국면 중에서 매 하나하나 항목을 가리킨다('每', 指示代词。用于名词前, 指示全局中的每一个或每一项。可指示人、事物、时间等。).

26 《八佾 제15장》참조;《論語義疏》앞에 나온 것은 공자께서 或人을 대면했을 때를 기록한 것이고, 여기 나온 것은 평소 늘상 행하시던 모습을 기록한 것으로, 그래서 두 번 나온 것이다(疏 舊通云: 前是記孔子對或人之時, 此是録平生常行之事, 故两出也。);《論語正義》이는 제자가 종류별로 행사를 기록한 것으로, 전편과 별도로 나온 것이다(正義曰: 此弟子類記行事, 與前篇別出。).

[交朋友之義節]

101401、朋友死, 無所歸[1]。曰:「於我殯[2]。」[3]

　　　벗이 죽었는데, 돌아갈 곳이 없었다. 선생님께서 말씀하셨다. "내 집에 빈소를 차리도록 해라."

朋友以義合, 死無所歸, 不得不殯。

벗은 의(義)로써 하나로 합해진 관계이니, 죽어서 돌아갈 곳이 없으면, 빈소를 차리지 않을 수 없다.

101402、朋友之饋, 雖車馬, 非祭肉, 不拜。

　　　벗이 보내온 선물은, 비록 수레나 말일지라도, 제사 지낸 고기가 아니면, 받을 때 절을 하지 않으셨다.

朋友有通財之義[4], 故雖車馬之重不拜。祭肉則拜者, 敬其祖考, 同於己親也。

벗 사이에는 서로 재물을 변통해 주는 도리가 있기 때문에, 비록 수레나 말과 같은 귀중한 물건일지라도 절을 하지 않으셨다. 제사 지낸 고기를 받은 경우 절을 하신 것은, 벗의 돌아가신 조상을 공경하여, 자기 어버이와 똑같이 대하신 것이다.

---

1 《論語集解》'無所歸'는 친척이나 측근 등 가까운 주변 사람이 없는 것을 말한다(注: 孔安國曰: 無所歸, 言無親昵也。);《論語譯注》"염습해 줄 사람이 없다"("没有負責收斂的人。").

2 《論語義疏》'殯(빈)은 주검을 침실에 잠시 안치해놓고 葬事를 기다리는 것을 말한다(疏: 殯, 謂停喪於寢, 以待葬也。);《論語注疏》'於我殯'이라 한 것은 그를 위해 상주 노릇을 한 것이다(疏: 正義曰: '於我殯', 與之爲喪主也。); 殯宮(빈궁): 빈소(古代称下葬前临时安置灵柩的地方); 殯(빈): 장례 전에 柩[주검을 넣은 관]를 안치하다. 빈소를 차리다(停柩待葬).

3 《禮記·檀弓上》손님이 와서 머물 곳이 없었다. 공자께서 말씀하셨다. "살아서는 내 집에 머물 곳을 마련하고, 죽어서는 내 집에 빈소를 차리도록 해라"(賓客至, 無所館。夫子曰: "生於我乎館, 死於我乎殯。").

4 通財(통재): 친구 간에 재물을 변통해 주다(谓朋友间互通财物);《白虎通義·文質》에, '朋友之際, 五常之道, 有通財之義……'라는 구절이 나온다.

○此一節, 記孔子交朋友之義。

○이 절은, 공자(孔子)께서 벗과 교제하실 때의 도리를 기록한 것이다.

[容貌之變節]

101501、寢不尸[1]、居不容[2]。

주무실 때는 죽은 사람처럼 반듯하게 드러눕지 않으셨고, 집에 계실 때는 매무새를 꾸미지 않으셨다.

尸, 謂偃臥[3]似死人也。居, 居家。容, 容儀[4]。范氏曰:「寢不尸, 非惡其類[5]於死也。惰慢之氣不設於身體, 雖舒布其四體, 而亦未嘗肆耳。居不容, 非惰也。但不若奉祭祀, 見賓客而已, 申申夭夭[6]是也。」

'尸'(시)는 반드시 드러누운 모습이 죽은 사람의 누운 모습과 비슷한 것을 말한다. '居'(거)는 '집에 있다'[居家]이다. '容'(용)은 '차림새'[容儀]이다.

---

1 《論語集解》사지를 드러눕히고, 수족을 반듯이 편 모습으로, 주검처럼 보인다(注: 范氏曰: 不偃臥四體, 布展手足, 似死人也。);《論語詞典》尸(시): 사체의 일반적인 자세가 뻣뻣한 채로 있는 것을 형상한다(用如動詞, 像死屍一般直挺着。); 尸(시): 주검(死人的身體).

2 《論語正義》《經傳釋文》에, '居不客이, 어떤 책에는 居不容으로 되어 있다'고 했다. 唐石經에도 '居不客'으로 되어 있다. 臧淋[1650~1713]의 《經義雜記》에, '邢昺의 疏에는 不爲容儀라고 했는데, 공자께서는 하시는 일마다 각기 예의를 차리셨는데, 어찌 집에서라고 폐지했겠는가?'라고 했다. 이들은 劉德明이 쓴 '客'을 따랐다(正義曰: 釋文云: '居不客, 本或作容.' 唐石經亦作'客'。臧氏淋經義雜記: '刑疏云不爲容儀, 夫夫子物各有儀, 豈以私居廢乎?' 是當從陸氏作'客'。);《論語譯注》에서는 '居不容'의 '容'을 《經傳釋文》의 '居不客'을 따라, '客'字로 교정하여, '평소에 앉아 계실 때는, 손님을 맞이하거나 손님인 것처럼 무릎을 꿇은 자세로, 지내지 않으셨다'고 풀이하고 있다('居不客'之'客'本作'容', 今從《釋文》和《唐石經》校訂作'客'。居, 坐: 客, 賓客。平日坐著, 也不像接見客人或者自己做客人一樣, 跪著兩膝在席上。);《說文·宀部·客》[단옥재 주] 논어의 '寢不尸 居不客'은, 살아 있는 자가 죽은 자처럼 보여서는 안 되고, 주인이 손님처럼 보여서는 안 됨을 말한 것이다. 지금 논어에는 잘못되어 '不容'으로 되어 있다(段玉裁注: 論語寢不尸 居不客', 謂生不可似死, 主不可似客也。今本誤作不容。); 容(용): 화장하다. 꾸미다. 장식하다(打扮; 裝飾).

3 偃臥(언와): 반듯하게 드러눕다. 자빠져 자다. 쓰러져 잠이 들다(仰臥: 睡臥); 偃(언): 드러눕다. 뒤로 자빠지다(仰面倒下. 仰臥; 仰. 伏而覆曰仆, 仰而倒曰偃。); 臥(와): 궤 안 위에 엎드려 자다. 드러눕거나 엎드려 자다(人伏在几案上休息, 眼睛呈豎立形. 睡倒, 躺或趴。).

4 《論語大全》'容儀'는 제사를 지내거나 손님을 접대할 때의 용모와 몸가짐을 말한다(慶源輔氏曰: 容儀, 謂奉祭祀見賓客之容貌威儀也。); 容儀(용의): 용모. 차림새. 몸가짐(容貌和仪表).

5 類(류): 비슷하다. 마치~같다(相似; 像).

6 《述而 제4장》참조

범씨(范氏·范淳夫)가 말했다. "'죽은 사람처럼 반듯하게 드러눕지 않으셨다'는 것은, 주무시는 자세가 죽은 사람의 눕혀 있는 모습과 비슷한 것을 싫어하셨다는 것이 아니고, 태만한 기운이 몸에 퍼지지 않게 하시길, 비록 그 사지를 편하게 펴는 때일지라도, 역시 함부로 드러누운 적이 없으셨다는 것이다. '매무새를 꾸미지 않으셨다'는 것은 태만해서가 아니었다. 다만 제사를 지내거나 손님을 접대하거나 할 때처럼 옷을 갖춰 입고 지내지는 않았다는 것일 뿐이니, '(집에 한가로이 계실 때는) 용모가 편안한 듯이 안색이 밝은 듯이 보이셨다'[申申天天]는 것이 바로 이것이다."

101502、 見齊衰者, 雖狎[7], 必變。見冕者[8]與瞽者, 雖褻[9], 必以貌[10]。

　　　　상복을 입은 사람을 보시면은, 비록 허물없이 가까운 사이일지라도, 반드시 얼굴빛을 고치셨다. 관모를 쓴 관리나 앞 못 보는 소경을 보시면은, 비록 집으로 불러 만나는 자리일지라도, 반드시 예모를 갖추셨다.

狎, 謂素親狎[11]。褻, 謂燕見[12]。貌, 謂禮貌。餘見前篇[13]。

'狎'(압)은 평소 허물없이 가깝게 지내는 것을 말한다. '褻'(설)은 집에서 사사로이 만나는 것을 말한다. '貌'(모)는 예의를 갖춘 모습을 말한다. 나머지는 전편에 보인다.

---

7 《論語集解》'狎'(압)은 평소에 서로 예의를 차리지 않고 허물없이 지내는 것이다(注: 孔安國曰: 狎, 素相親狎也。); 狎(압): 개가 친해져서 사람과 장난치며 놀다. 순치된 개. 친밀해져서 품위가 없다. 허물없이 지내다(犬善与人玩耍。本义: 馴犬。亲昵, 亲近而不庄重。亲近; 接近。);《說文·犬部》'狎'(압)은 '개가 낯익어하다'이다. 서로 낯익다(狎, 犬可習也。段注: 引伸爲凡相習之偁。).

8 《論語正義》'冕'과 '絻'(문)[弔喪 시 관을 벗고 삼베 끈으로 머리를 묶어서 상투를 틀어 올리는 상복의 일종]은 같고, 역시 상복이다(正義曰: '冕'與'絻'同, 亦是喪服。).

9 《論語集解》'褻'(설)은 자주 만나는 것을 말한다(注: 周生烈曰: 褻, 謂數相見也。);《論語正義》'褻'과 '狎'은 같기 때문에, 周生烈이 '數相見'이라 풀이한 것이다. '褻은 私居이다'라고 하는 견해가 있는데, 옳은 견해가 아니다(正義曰: 褻與狎同, 故解爲數相見。或謂'褻爲私居', 非也。);《論語譯注》"늘상 만나는 사이일지라도"("卽使常相見……").

10 《古今注》얼굴빛을 고치는 것을 '變', 예를 갖추는 것을 '貌'라고 한다(改容曰變, 致禮曰貌。).

11 親狎(친압): 너무 허물없이 굴다. 허물없이 버릇이 없다(亲近而不庄重; 狎昵).

12 燕見(연견): 退朝 후, 한가로이 집으로 불러서 만나거나 접견하다(古代帝王退朝闲居时召见或接见臣子).

13 《子罕 제9장》 참조.

101503、凶服[14]者式[15]之[16]。式負版[17]者。

> (수레에서) 상복을 입은 사람을 보시면은 (수레 손잡이에) 몸을 숙이셨다. 나라의
> 지도와 호적을 지고 가는 사람에게 몸을 숙이셨다.

式, 車前橫木。有所敬, 則俯而憑之。負版, 持邦國圖籍[18]者。式此二者, 哀有喪, 重民數
也。人惟萬物之靈[19], 而王者之所天也, 故周禮[20]「獻民數於王, 王拜受之」。況其下者, 敢不
敬乎?

---

14 《論語集解》'凶服'(흉복)은 죽은 자를 장송할 때 입는 의복과 기물이다(注: 孔安國曰: 凶服者, 送死之衣物
也。);《古今注》'凶服'은 상복으로 입는 五服[斬衰·齊衰·大功·小功·緦麻]을 가리킨다(補曰: 凶服通指五
服。); 凶服(흉복): 상복. 상중에 입는 옷(喪服. 孝衣).

15 《王力漢語》'式'(식): 수레에 서서 타고 있는 경우에는, 수레의 객실 앞의 손잡이용 횡목을 잡고 몸을
굽혀서 공경을 표시하는데, 이런 경의를 표시하는 동작도 '式'이라 한다(通'軾', 用如動詞, 古人乘(立乘)
車時, 伏身馮扶車前的橫木(軾)以表示恭敬: 這種致敬的動作也叫做式。); 式(식): =軾. 수레 앞부분의 손
잡이용 횡목. 손으로 式(횡목)을 잡고 기대는 것으로 존경을 표시한다(通軾。以手俯而凭軾, 为古人表示
尊敬的礼节。).

16 《論語句法》'凶服者 式之'는, 시간 관계로 구성된 복문으로, 시간관계구 안의 술어인 '見'字가 생략된
것에 불과하고, 단지 목적어인 '凶服者'를 남겨놓은 것뿐이다('凶服者, 式之', 應該把它也看做時間關係構
成的複句, 不過時間小句裏的述詞'見'字卻省略了, 只剩下做止詞的'凶服者'。).

17 《論語義疏》'負'(부)는 등에 지거나 어깨에 메는 것을 말한다(疏: 負, 謂擔揭也。);《論語注疏》《周禮·
天官冢宰·小宰》에, '향리의 송사에는 호적과 지도를 쓴다'고 했다(疏: 正義曰: 案周禮小宰職曰: "聽閭里
以版圖。");《論語平議》'負版'은 '負販'[등짐장수]의 잘못인 것으로 보인다. '式負版者'는 앞 구절의 '凶服
者式之'와 한 가지 일로서, 공자께서는 '상복을 입은 사람에게는 몸을 숙이셨는데, 비록 등짐장수일지라
도 그에게 몸을 숙이셨다'는 말이다.《禮記·曲禮上》에, '무릇 예란 자기는 낮추고 남을 높이는 것이니,
등짐장수일지라도 그에게 몸을 숙이는 것이 있거늘, 황차 부유하고 존귀한 사람에게야 그렇지 않겠는
가?'라고 했는데, 이로써 이 장의 '負版'을 설명할 수 있다(負版疑負販之誤…… 式負版者與上句凶服者式
之, 其爲一事, 言子見凶服者必式, 雖負販者以式之也。禮記曲禮篇, 夫禮者自卑而尊人, 雖負販者必有尊也,
而況富貴乎, 即可以說此經矣。);《論語正義》鄭玄의《論語注》에 말했다. "版은 나라의 圖籍을 말한다.
圖籍을 짊어진 자는 관노들이다." 圖籍은, 惠士奇[1671~1741]의《禮說》에 말하기를, '옛날에 나라의
토지·인민·호구·수레와 예복·예기는 모두 圖籍이 있었다'고 했다(正義曰: 鄭此注云: "版謂邦國圖籍也。
負之者, 賤隸人也。" 圖籍者, 惠氏士奇禮說: "古者邦國土地、人民、戶口、車服、禮器, 皆有圖……"); 負版
(부판): 지도와 호적을 몸에 지니다. 지도와 호적. 강토와 백성(手持国家图籍; 图籍: 地图和户籍。常以指
疆土人民。).

18 圖籍(도적): '圖'는 토지 모양을 모사한 것을 말하고, '籍'은 호구의 수를 적은 장부를 말한다. 지도와
호적. 강토와 국(图谓模写土地之形, 籍谓书其户口之数也。地圖和戶籍。常以指疆土人民。).

19 《書經·泰誓上》천지는 만물의 부모이고, 사람은 만물의 영이다(惟天地萬物父母, 惟人萬物之靈。).

20 《周禮·秋官司寇》초겨울에 司民[백성을 관장하는 별의 이름]에게 제사를 올리고, 백성의 수를 기록한
장부를 왕에게 올리면, 왕은 절하고 이를 받아서, 백성의 수에 따라 나라의 재용을 늘리거나 줄일
계획을 세우는 데 쓴다(小司寇: 孟冬祀司民, 獻民數於王, 王拜受之, 以圖國用而進退之。).

'式'(식)은 수레 객실 앞쪽에 설치한 손잡이용 횡목이다. 공경할 일이 있으면, 몸을 굽혀 그것에 기댄다. '負版者'(부판자)는, 나라의 지도와 호적을 소지한 사람이다. 이 두 사람에게 몸을 숙이신 것은, 상을 당한 사람을 애도하고, 백성의 숫자를 중하게 여기신 것이다. 사람은 만물의 영(靈)이고, 왕자가 하늘로 삼는 바이기 때문에,《주례·추관사구》(周禮 秋官司寇)에, '인구의 수를 기록한 장부를 왕에게 올리면, 왕은 절하고 받는다'고 했으니, 하물며 그 아랫사람들이야, 감히 공경하지 않을 수 있겠는가?

101504. 有盛饌²¹, 必變色而作²²。

　　풍성하게 차린 음식이 나오면, 반드시 얼굴빛을 고치고 일어나셨다.

敬主人之禮, 非以其饌也。

주인에 대한 공경을 표시하는 예이지, 그 풍성하게 차린 음식 때문에 그러신 것은 아니다.

101505. 迅雷風烈²³, 必變。

　　갑자기 천둥이 치고 바람이 사납게 불면, 반드시 얼굴빛을 고치셨다.

迅, 疾也。烈, 猛也。必變者, 所以敬天之怒²⁴。記曰²⁵:「若有疾風, 迅雷, 甚雨則必變, 雖夜必興,

---

21 盛饌(성찬): 풍성하게 차린 음식(丰盛的饭食。); 盛(성): 제기에 담은 서직. 풍성하다. 그릇에 가득 담다 (本义: 盛在祭器中的黍稷。放在祭器里的谷物。丰盛。盛物入器中。).

22 《禮記·曲禮上》음식이 나오면 자리에서 일어난다(食至, 起。); 作(작): 몸을 일으키다(人起身).

23 [성]迅雷風烈(신뢰풍렬): =迅雷烈風. 갑작스럽게 치는 사나운 천둥소리와 세찬 바람. 갑자기 들이닥치는 거대한 변동(急猛的雷和狂烈的风。形容突如其来的巨大变动。);《論語注疏》바람과 갑작스러운 천둥이 맹렬하다(注: 鄭玄曰: 風疾雷為烈。);《論語譯注》=迅雷烈風(迅雷風烈, 就是'迅雷烈風'的意思。); 迅(신): 매우 빠르다. 쏜살같다(快速。); 烈(열): 불이 걷잡을 수 없이 거다. 맹렬하다. 거세다(本义: 火势猛。).

24 《詩經·大雅·板》에 나오는 詩句: "조심조심 하늘 노하실까 행여 제멋대로 놀지 말고 조심조심 하늘 변심할까 행여 방자하니 굴지 말고"(敬天之怒、無敢戲豫。敬天之渝、無敢馳驅。).

25 《禮記·玉藻》군자가 앉아 있을 때는 항상 문을 향하고, 잘 때는 항상 동쪽으로 머리를 두른다. 바람이 사납게 불고 갑자기 천둥이 치고 비가 세차게 내리칠 때면, 반드시 얼굴빛을 고치고, 비록 밤중일지라도 반드시 일어나서, 의관을 바로 하고 앉는다(君子之居恒當戶, 寢恒東首。若有疾風迅雷甚雨, 則必變, 雖夜必興, 衣服冠而坐。).

衣服冠而坐。」

'迅'(신)은 '빠르다'[疾]이다. '烈'(열)은 '사납다'[猛]이다. '얼굴빛을 반드시 고치셨다'는 것은, 이로써 하늘이 노한 것을 조심하려는 것이다. 《예기·옥조》(禮記 玉藻)에 이르기를, '만일 사납게 바람이 불고, 갑자기 천둥이 치고, 세차게 비가 내리칠 때면, 반드시 얼굴빛을 고치고, 비록 밤중일지라도 반드시 일어나, 의관을 바로 하고 앉는다'라고 했다.

○此一節, 記孔子容貌之變。
○이 절은 공자(孔子)께서 용모를 고치신 때를 기록한 것이다.

[升車之容節]

101601. 升車, 必正立[1]執綏[2]。

　　　　수레에 오르실 때는, 반드시 바른 자세로 서서 손잡이 끈을 잡고 오르셨다.

綏, 挽[3]以上車之索也。范氏曰「正立執綏, 則心體無不正, 而誠意肅恭矣。蓋君子莊敬無所不在, 升車則見於此也。」

'綏'(수)는 손으로 잡고 끌어당겨서 수레에 오를 때 쓰는 끈이다. 범씨(范氏·范淳夫)가 말했다. "바른 자세로 서서 손잡이 끈을 잡으면, 마음과 몸이 바르지 않음이 없으니, 마음가짐은 성의가 있고 겉모습은 엄숙하고 공손하다. 대개 군자의 위엄있고 정중한 모습은 어디서나 나타나지 않는 데가 없는데, 수레에 오르는 경우에는 그 모습에서 나타난 것이다."

101602. 車中, 不內顧,[4] 不疾言[5], 不親指[6]。

　　　　수레를 타고 계실 때는, 두리번거리지 않으셨고, 조급한 말투로 말씀하지 않으

---

1 正立(정립): 단정하게 서 있다(端正地站立); 《北京虛詞》正(정): 부사. 단정하게. 꼿꼿하게. 동작의 위치나 자세가 단정함을 표시한다('正', 副词。表示动作位置或姿势端正。义即'端正'、'不偏不倚'。).

2 《王力漢語》수레는 객차 뒤로 올라탄다. '綏'(수)는 수레에 오를 때 쓰이는 수레에 붙어 있는 손잡이다. 수레에 올라서서는 객차 안에 서 있는데, 이를 '立乘'이라 한다(乘車的人從輿的後面上車。'綏'是車上的繩子, 供人上車時拉手用的。古人乘車是站在車輿裡的, 叫做'立乘'。); 綏(수): 마차에 오를 때 잡는 손잡이 끈(借以登车的绳索).

3 挽(만): 견인하다. 끌어당기다. 죽은 이를 추념하다. 만가(牽引; 拉。悼念死者。挽章: 挽歌).

4 《論語義疏》'內'는 '後'와 같다. '顧'는 '回頭'[머리를 돌리다]이다. '고개를 돌려 뒤돌아보지 않는다'(疏: 內, 猶後也。顧, 迴頭也。不迴頭後顧也); 內顧(내고): 고개를 돌리다. 두리번거리다(回头看).

5 《論語義疏》'疾'은 '高急'[크고 조급한 (소리)]이다(疏: 疾, 高急也。); 《論語新解》'疾言'은 큰 소리로 말하는 것이다('疾言', 乃高聲。); 《百度漢語》疾言(질언): 조급하게 말하다(急遽地说话); 疾(질): 재빠르다. 급속하다(快速; 急速).

6 《論語新解》或說: '親'字는 뜻이 없다. 《禮記·曲禮上》에, '수레 위에서는 함부로 손가락질하지 않는다'고 되어 있으니, '親'字는 '妄'字를 잘못 쓴 것으로 보인다(或说: 亲字无解。曲礼: 车上不妄指, 亲疑妄字误。); 親指(친지): 손을 들어 이것저것 가리키다(谓用手指指点点).

셨고, 이것저것 손으로 가리키지 않으셨다.

內顧, 回視[7]也。禮曰[8]:「顧不過轂。」三者皆失容, 且惑人。

'內顧(내고)는 '두리번거리다'[回視]이다. 《예기·곡례상》(禮記 曲禮上)에 이르기를, '돌아보는 것은 시선이 수레바퀴 통을 넘어가지 않는다'고 했다. 이 세 가지는 모두 바른 몸가짐이 흐트러진 모습이고, 또 무슨 일인가 하고 다른 사람을 어리둥절하게 하는 것들이다.

○此一節, 記孔子升車之容。
○이 절은 공자(孔子)께서 수레에 오르실 때의 모습을 기록한 것이다.

---

7 回視(회시): 뒤돌아보다. 두리번거리다(回顧, 回头看。).

8 《禮記·曲禮上》임금은 규정에 어긋난 수레를 타지 않고, 수레 위에서는 큰기침하지 않고, 함부로 손가락질하지 않는다. 서서는 五巂(오휴)[16보 반] 앞을 보고, 허리를 굽혀서는 말꼬리 쪽을 보고, 돌아 보는 것은 수레바퀴 통을 넘지 않는다(國君不乘奇車, 車上不廣咳[欬], 不妄指。立視五巂, 式視馬尾, 顧不過轂。).

[色斯擧矣節*]

101701、色斯擧矣[1]、翔而後集[2,3]

1 《論語集解》낌새가 이상한 것을 보면 떠난다(注: 馬融曰: 見顏色不善則去之.);《論語義疏》공자께서 계시는 곳에서 사람들의 안색을 보고 거동하신 것을 말한 것이다(疏: 謂孔子在處觀人顏色而擧動也.);《古今注》'色'은 놀라는 모양이다(色, 駭貌.).;《經傳釋詞》'斯'는 '然'[~한 모습]와 같다. '色斯'는 새가 푸드덕 날아오르는 모습을 묘사한 것으로, 뒤에 나오는 '翔而後集'과 정반대의 뜻이다. '色斯'는 '色然'과 같고, 놀라서 날아오르는 모양이다.《呂氏春秋·審應》에는 '듣자 하니 군자는 새와 같아서, 놀라면 날아오른 다고 합니다'라고 했고,《春秋公羊傳·哀公 6년》에는 '여러 대부가 그것을 보고, 놀란 표정으로 두려워했다'고 했고, 하휴의 주에 '色然은, 놀라서 두려워하는 모습이다'라고 했는데, 뜻이 이장과 서로 가깝다. 한인들은 대부분 '色斯' 두 자를 이어붙여 읽었다(斯, 猶'然'也…… 今案, 色斯者, 狀鳥擧之疾也, 與'翔而後集'意正 相反. 色斯, 猶色然, 驚飛貌也.《呂氏春秋-審應》篇曰: '益聞君子猶鳥也, 駭則擧.' 哀六年《公羊傳》曰: '諸大夫見之, 皆色然而駭.' 何注曰: '色然, 驚駭貌.' 義與此相近也. 漢人多以'色斯'二字連讀.);《論語句 法》'色斯'는 접미사 '斯'가 붙어 소리를 길게 늘인 복음사이다('色斯'可以說是帶詞尾'斯'的衍聲複詞。);馬融과 朱熹는 '斯'를 '則'으로 풀이했다:《論語詞典》擧(거): 움직이다. 일으키다(動, 揚起).

2 《論語義疏》공자께서 이르신 곳은, 반드시 빙빙 돌면서 자세히 살핀 후에야 내려앉은 것을 말한 것이다(疏: 謂孔子所至之處也, 必廻翔審觀之後乃下集也.);《論語正義》王塽[1786~1843]의《鄕黨正義》에서 陳德秀[1178~1235]의 다음 글을 인용했다. "'色斯擧矣'는 떠나는 것이 재빠른 것이다. '翔而後集'은 나아가는 것이 더딘 것이다. 옛사람들은 '세 번을 사양한 후에야 나아갔고, 한 번에 사양하고는 물러났다'[禮記·表記]라고 했다." 생각건대, 진덕수의 견해는 바로 군자는 難進易退[禮記·表記]해야 한다는 뜻이다(正義曰: 王氏塽正義引真德秀說: "色斯擧矣, 去之速也. 翔而後集, 就之遲也. 古人所謂'三揖而進, 一辭而退'……"案: 真說即君子難進易退之義.);翔(상): 날개를 편 채 움직이지 않고 빙빙 돌면서 날다(翅膀平直不动盘旋地飞);《說文·雥部》'雧'[集](집)은 새가 떼지어 나뭇가지 위에 앉아 있는 모양이다. 雥(잡)[새가 떼지어 모이다]를 따르고 木을 따른다(羣鳥在木上也。从雥从木.);《論語新解》'集'은 새가 나뭇가지에 내려앉는다는 뜻이다(集, 鸟止于木之义.);《論語新解》이 두 구절은 아마도 逸詩일 것이다. 이 아래에서 공자께서 까투리를 찬양하면서, 이 구절을 인용하여 '時哉'["저 새들이 때를 아는구나!"(它也 懂得时宜呀!)"]의 뜻을 밝히신 것이다. 까투리는 날개를 웅크리고 곧장 앞으로 뛰쳐나가다가, 금방 풀섶에 처박힐 뿐, 훨훨 날아올라 공중에서 빙빙 돌 수 없지만, 위급한 상황에서 이상한 낌새를 눈치채면, 시에서 노래하는 모습과 다를 게 없다(此两句殆亦逸诗. 此下孔子赞雉, 引此以明时哉之义. 雉飞仅能竦翅直前, 径落草中, 不能运翅回翔, 然其警觉见几, 则与诗辞所咏无殊.).

3 《韓詩外傳·卷二》초나라 광인 접여가 손수 농사를 지어 먹고 살고 있었다. 그의 처가 시장에 갔다가, 아직 돌아오지 않았는데, 초나라 왕이 사자를 시켜 금 100 鎰을 보내와서, 문 앞에 와서 말했다. "왕께서 저를 시켜 금 백 鎰을 갖다 드리라고 하시면서, 선생께 하남 땅을 다스려 주십사 청하라고 하셨습니다." 접여가 웃으면서 답하지 않자, 사자가 끝내 답을 듣지 못하고 떠났다(楚狂接輿躬耕以食. 其妻之市, 未返, 楚王使使者賚金百鎰, 造門曰: "大王使臣奉金百鎰, 願請先生治河南." 接輿笑而不應, 使者遂不得辭 而去.). 처가 돌아와서 말했다. "당신은 젊어서는 의를 행하시더니, 어찌 늙어서는 의를 버리십니까? 문 밖에 난 수레바퀴 자국이 어찌 그리 깊이 패었습니까?" "지금 왕이 사자를 시켜 금 백 鎰를 주면서, 나보고 하남 땅을 다스려 달라고 합다." "설마 허락하셨습니까?" "안 했습니다." 처가 말했다. "임금이 시킨 일을 따르지 않는 것은 不忠이고, 따르는 것은 義를 버리는 것입니다. 여기를 떠나느니만 못합니다."

새들이 이상한 낌새를 눈치채고는 푸드덕 날아올라, 빙빙 돌며 날다가 내려와
다시 내려앉았다.

言鳥見人之顏色不善, 則飛去, 回翔[4]審視而後下止。人之見幾而作[5], 審擇所處, 亦當如
此。然此上下, 必有闕文矣。

말인즉, '새는 사람의 낌새가 이상한 것을 눈치채면, 푸드덕 날아올라, 빙빙 날면서
자세히 살펴보고 난 뒤에 내려앉는다. 사람이 기미를 알아채면 일어나, 다른 거처를
세심히 살펴 선택하는 것이 또한 마땅히 이와 같아야 한다'라는 것이다. 그렇지만 이
글의 위나 아래쪽에, 틀림없이 빠진 글이 있다.

101702、曰:「山梁[6]雌雉[7], 時哉!時哉[8]!」子路共[9]之, 三嗅而作[10][11]。

이에 접여는 솥과 시루를 지고, 처는 베틀을 이고, 성과 이름을 바꾸고 떠났는데, 그들이 간 곳을 아무도
알지 못했다. 《論語》에, '色斯擧矣, 翔而後集。'이라 했는데, 접여의 처의 경우가 바로 이것이다(妻從市而
來曰:"先生少而爲義, 豈將老而遺之哉!門外車軼, 何其深也!"接輿曰:"今者, 王使使者賫金百鎰, 欲使我治
河南。"其妻曰:"豈許之乎?"曰:"未也。"妻曰:"君使不從, 非忠也; 從之, 是遺義也。不如去之。"乃夫負釜甑,
妻戴經器, 變易姓字, 莫知其所之。《論語》曰:'色斯擧矣, 翔而後集。'接輿之妻是也);《論衡·定賢》大賢의
처세방식은, 빙빙 돌며 살피다가 내려앉고, 이상한 낌새가 있으면 곧바로 일어선다. 무도한 임금의 환난
이 그 몸에 누를 끼치지 않고, 위험한 나라의 재앙이 그 집안에 미치지 않으니, 어찌 그 재앙을 만나겠으며
어찌 그 환난에 죽을 수 있겠는가?(大賢之涉世也, 翔而有集, 色斯而擧。亂君之患不累其身, 危國之禍不及
其家, 安得逢其禍而死其患乎)

4 回翔(회상): 선회하다. 빙빙 돌며 날다(盤旋地飞); 回(회): 빙빙 돌다(＝廻。旋轉)。

5 見機而作(견기이작): 싹이 보이면 곧바로 조치를 취하다(機: 苗头; 作: 行动。指发现一点苗头就立刻采取
措施);《周易·繫辭下》군자는 조짐이 보이면 일어서기를, 하루가 다 가기를 기다리지 않는다(君子見幾
而作, 不俟終日)。

6 《論語義疏》'梁'(량)은 나무를 물 위에 걸쳐놓아 물을 건너는 곳이다(疏: 梁者, 以木架水上, 可踐渡水之處
也);《論語正義》《經典釋文》에 말했다。"山梁(산량)의 梁은 음이 良이다。정현이 말하기를, '공자께서
산에 가서, 꿩이 기장과 조를 쪼아먹고 있는 것을 본 것이다'라고 했다。"이는 정현이 '梁'을 '粱'으로
본 것이다(正義曰: 釋文:"山梁, 音良。鄭云:'孔子山行, 見雉食粱粟也。'"是鄭以"梁"爲"粱"); 山梁(산량):
산 개울 사이에 걸쳐 만든 나무다리(山涧上的桥)。

7 雌(자): 새의 암컷(母鸟。引申为母的。母鸟, 能产卵的鸟。与'雄'相对); 雉(치): 꿩(鸟, 雄的羽毛很美, 尾长;
雌的淡黄褐色, 尾较短。善走, 不能久飞。肉可食, 羽毛可做装饰品。通称'野鸡')。

8 《論語正義》劉逢祿[1776~1829]의《論語述何》에 말했다。"맹자가 말하기를, '벼슬을 해야 할 만하면
하고, 그만둬야 할 만하면 그만두고, 오래 머물러야 할 만하면 오래 머물고, 빨리 떠나야 할 만하면
빨리 떠났으니, 성인 공자의 時中이었다'[公孫丑上 제2장]고 했다。향당 편의 공자의 언행은 모두 예에

선생님께서 말씀하셨다. "산골짝 개울에 걸쳐놓은 나무다리 위 까투리가, 좋은 시절을 만났구나! 좋은 시절을 만났구나!" 자로(子路)가 잡아서 드렸더니, 몇 번 냄새를 맡으시고는 일어나셨다.

준했고, 時中에 귀착시켰으니, 예는 때를 가장 중요하게 여긴다"(正義曰: 劉氏逢祿述何篇: "孟子曰: '可以仕則仕, 可以止則止, 可以久則久, 可以速則速, 聖之時者也.' 鄉黨篇孔子言行皆准乎禮, 而歸之時中, 禮以時爲大也.");《論語新解》까투리 같은 미물조차도, 때를 알아, 이런 벽지에서, 유유자적하고 있는데, 사람들은 그러지 못함을 탄식하신 것이다(雖雉之微, 尚能知時, 在此僻所, 逍遥自得, 叹人或不能然也.).

9 《論語義疏》本에는 '共'이 '供'으로 되어 있다["꿩고기를 갖춰서 바치다[供具之]"];《補正述疏》'共'은 '向'이다. '衆星共之'[爲政 제1장]의 예와 같다(述曰: 共, 向也, 與'衆星共之'例同.);《論語新解》'共'字가 어떤 책에는 '拱[두 손을 모으다]'으로 되어 있다["꿩에게 두 손을 모아 인사하다"]. 或說: '方向'(방향)["꿩을 향하다"]. 或說: '供[바치다]'["꿩을 잡아서 바치다"](共字或作拱. 子路闻孔子赞叹此雉, 竦手上拱作敬意. 或说: 共, 同众星共之, 方向义. 或说: 共作供. 子路闻孔子美之, 投粮以供.).

10 《論語正義》《呂氏春秋‧審己》에, '자로가 꿩을 덮쳐 잡았다가 다시 풀어주었다'라고 했는데, '揜'(엄)은 바로 '拱'이다.《爾雅‧釋詁》에, '拱은 執[잡다]이다'라고 했다. 뜻은 꿩이 날 생각 없이 풀섶에 웅크리고 있어서, 자로가 덮쳐 잡았는데, 이 또한 재미 삼아 한 것으로, 곧바로 풀어주자, 이에 꿩들이 허둥대며 두리번거리다가, 드디어 푸드덕하고 날아오른 것이다(正義曰: 案: 作'拱'是也.《呂氏春秋、審己》篇: '故子路揜雉而復釋之……'揜'即是'拱'. 爾雅釋詁: '拱, 執也.' 意者雉正倦飛, 子路揜而執之, 此亦隨意之樂趣, 而旋即釋之, 於是雌雉駭然驚顧, 遂振迅而起也.);《論語正義》'狊'字는 目‧犬을 따르고,《說文‧犬部》에, '개가 본다'고 풀이하고 있는데, 놀라서 돌아본다는 뜻이다. '狊'字가 '臭'字와 비슷해서, 답습하다가 와전되어 '臭'字로 된 것이다("狊"字從目從犬, 說文訓"犬視", 亦驚顧之意. 其字與"臭"相似, 故相沿訛爲"臭".);《論語譯注》'嗅'(후)는 '狊'(격)으로 쓰는 것이 맞다. 양 날개를 펼친 모양이다["자로가 꿩들을 향해 두 손을 모으자 꿩들이 몇 번 날갯짓하더니 날아올랐다"]('嗅', 當作'狊', 張兩翅之貌: '子路向它們拱拱手, 它們又振一振翅膀飛去了.');《論語新解》'嗅'(후)은 본래 글자가 '臭'(취)인데, '狊'(격)자가 맞다. '目'과 '犬'으로 구성된 글자로, 개가 쳐다보는 모양이다. 여기에서 새가 놀라 쳐다본다는 뜻으로 빌려 쓴 것이다. 꿩이 자로가 위로 두 손을 모으는 것을 보고, 자기를 붙잡으려고 한다고 의심하여, 이에 놀라서 날아간 것이다. '三狊'은 놀라는 정도가 심한 것으로, 이것이 곧 '見幾而作'[周易‧繫辭下]이다(嗅, 本作臭, 当是狊字, 从目从犬, 乃犬视貌. 借作鸟之惊视. 雉见子路上拱其手, 疑将篡己, 遂三狊而起飞. 言三狊者, 惊疑之甚, 此即所谓见几而作.); 嗅(후): '臭'와 '犬'의 뜻을 모아 만들어진 글자. 코로 냄새를 맡다. 판별하다(字本作"臭", 由"犬, 自(鼻)"会意, 狗的鼻子灵敏, 善于闻嗅. 本义: 用鼻子辨别气味.).

11 《論語新解》이 장은 실로 천고의 뛰어난 명문으로, 논어의 편자가 이 장을 향당 편의 마지막 장으로 배치함으로써, 더욱 깊은 의미를 드러낸다. 공자는 한평생, 수레바퀴 자국과 말발굽 자국이 미치지 않는 곳이 없이 중국을 돌아다니셨는데, 行止久速이, 언제나 時中에 맞지 않은 때가 없었다. 그리고 늙어서 闕里에서 생을 마쳤다. 그가 향당에 거처하면서, 言行‧臥起‧飲食‧衣着 등 일체를 예로써 스스로 지켰으니, 가히 勤愼의 지극한 경지였고, 구차하지 않음, 경솔하지 않음의 지극한 경지였다고 할 수 있다. 학자들은 장자의《逍遙遊》《人間世》를 시험 삼아 취해서 이 장과 대비해 읽으면, 성인의 학문‧수양의 경지는, 지극히 평실했고 지극히 섬세했으니, 장자의 초월적 거대담론의 상상력의 세계와 비교하면, 얼마나 현격히 차이가 나는지를 알 수 있다(此章实千古妙文, 而《论语》编者置此于《乡党》篇末, 更见深义. 孔子一生, 车辙马迹环于中国, 行止久速, 无不得乎时中. 而终老死于阙里. 其处乡党, 言行卧起, 饮食衣着, 一切以礼自守, 可谓谨慎之至, 不苟且, 不卤莽之至. 学者试取庄子《逍遥游》《人间世》与此对读, 可见圣人之学养意境, 至平实, 至深细, 较之庄生想像, 逐乎远矣.).

共[12], 九用反, 又居勇反。嗅, 許又反。○邢氏曰：「梁, 橋也。時哉, 言雉之飮啄[13]得其時。子路不達, 以爲時物[14]而共[15]具之。孔子不食, 三嗅其氣而起。」[16]

'共'(공, gòng/gǒng)은 '九'(구, jiǔ)와 '用'(용, yòng)의 반절이고, 또 '居'(거, jū)와 '勇'(용, yǒng)의 반절이다. '嗅'(후, xiù)는 '許'(허)와 '又'(우)의 반절이다. ○형씨(邢氏·邢昺)가 말했다. "량(梁)은 '橋'[다리]이다. '時哉'(시재)는, 꿩이 물을 마시고 모이를 쪼아 먹으며 살아가기에 좋은 시절을 만났다는 말이다. 자로(子路)가 공자(孔子)의 말씀을 알아듣지 못하고, 제철 음식이라 하신 줄 알고는 꿩을 잡아 음식을 마련해 올렸다. 공자(孔子)께서는 잡수지 않으시고, 몇 번 그 냄새를 맡으시고 일어나신 것이다."

晁氏曰：「石經[17]『嗅』作戛[18], 謂雉鳴也。」劉聘君曰「嗅, 當作臭[19], 古闃反。張兩翅也。見爾雅[20]。」

---

12 共: [gòng] =供. 공급하다. 바치다. 공양하다(供給。共養。通「供」); [gǒng] =拱. 향하다. 두 손을 모으다. 두 손으로 부둥켜안다. 읍하다(向也。拱手, 打拱。通「拱」).

13 飮啄(음탁): (새가) 물을 마시고 모이를 쪼아 먹다(饮水啄食); 啄(탁): 쪼아 먹다(鸟用嘴取食).

14 時物(시물): 제철 음식. 제철 농작물(应时的食物。应时的作物).

15 共具(공구): 음식 그릇을 차려놓다(摆设酒食用具。); 共(공): 바치다. 공양하다. =供(供奉。供给; 供应。通「供」); 具(구): 음식이나 술자리를 준비하다(准备饭食或酒席。具备).

16 《讀四書大全說》'時哉'는 꿩을 칭찬한 말이 아니고, 꿩에게 경계시킨 말이다. 새 중에 때를 아는 새는, '이상한 낌새를 눈치채고는 푸드덕 날아올라, 빙빙 돌며 날다가 다시 내려앉는다.' 그런데 공자와 자로가 꿩 앞으로 다가가는데도, 그대로 산골짝 나무다리에 있으니, 날아오를 시간이 이미 촉박한데, 이 시기를 지나치면 잡히고 만다. 옛말에 꿩을 정직하고 절개가 있는 짐승으로, 죽더라도 떠나지 않고, 상도를 알 뿐 권도를 알지 못한다고 칭찬했는데, 그래서 공자께서 자리를 떠나 날아오르는 새를 가지고 꿩에게 경계시키기를, 쓸데없이 절개만 내세우고 기미를 모르면, 잡히는 화를 면하기 어렵다고 한 것이다. 자로가 덮치자 그때서야 푸드덕거리다가 날아오르니, 어찌 그리 둔한가!("時哉"云者, 非贊雉也, 以警雉也。鳥之知時者, "色斯舉矣, 翔而後集"。今兩人至乎其前, 而猶立乎山梁, 時已迫矣, 過此則成禽矣。古稱雉爲耿介之禽, 守死不移, 知常而不知變, 故夫子以翔鳥之義警之, 徒然介立而不知幾, 難乎免矣。人之拱己而始三嗅以作, 何其鈍也!)

17 石經(석경): 돌에 새긴 경전 문구로, 한나라 평제[BC 1~AD 6 재위] 때 왕망[BC 46~AD 23]이 甄豐(견풍, ?~AD 10)에게 명해 경전을 돌에다 본뜨게 했는데, 이것이 石經의 처음이다(刻在石上的儒家经典。汉平帝元始元年, 王莽命甄丰, 摹古文易、书、诗、左传于石, 此为石经之始。).

18 戛(알): 삼지창. 두드리다. 튕기다. 의성어(戟, 一种兵器。长矛。敲击, 弹奏。象声词。).

19 臭(격): 개다 쳐다보는 모양. 새가 양 날개를 펼치다(犬视的样子。鸟展双翅).

20 《爾雅·釋獸》짐승은 釁(흔)[혼자서 이리저리 뛰어 다니는 모습]이라고 하고, 사람은 撟(교)[자주 기지개를 켜고 허리를 굽혔다 폈다 하는 모습]라고 하고, 물고기는 須(수)[양 볼을 오물거리면서 사람처럼 호흡하는 모습]라고 하고, 새는 臭(격)[양 날개를 펴서 퍼덕거리면서 흔드는 모습]이라고 한다.

조씨(晁氏·晁公武)가 말했다. "《石經》에는 '嗅'(취)자가 '戛'(알)자로 되어 있는데, '꿩이 운다'는 말이다." 유빙군(劉聘君·劉勉之)이 말했다. "'嗅'(취)자는 마땅히 '狊'(격)자가 되어야 하고, 음은 古(고)와 闃(격)의 반절이다. '양 날개를 펴다'[張兩翅]이다. 《爾雅》(이아)에 보인다."

愚按: 如後兩說, 則共字當爲拱執[21]之義[22]. 然此必有闕文, 不可強爲之說. 姑記所聞, 以俟知者。

내가 생각건대, 뒤의 두 가지 설과 같다면, '共'(공)자는 마땅히 '두 손으로 덮쳐 잡는다'[拱執]는 뜻이 되어야 한다. 그런데 여기에는 틀림없이 빠진 글이 있으니, 억지로 그렇게 해석할 수 없다. 우선은 알고 있는 바를 기록해 놓고, 이로써 아는 사람을 기다린다.

권태롭고 피곤해서 하는 행동들이다(獸曰齅, 人曰撟, 魚曰須, 鳥曰狊。須屬).

21 《說文·手部》'拱'(공)은 '두 손을 모으다'이다. [단옥재 주] 두 손을 포개는 것이다. 오른손은 안으로 왼손은 밖으로 한다(拱, 斂手也。段注: 凡沓手。右手在內, 左手在外。); 拱(공): 한 손을 다른 손으로 감싸서 가슴 앞까지 끌어올려 절하다. 두 손을 포개다. 맞잡다. 모으다(抱拳, 斂手。两手在胸前相合, 表示恭敬。).

22 '嗅'[냄새 맡다]를 '戛'[울다] 또는 '狊'[날갯짓하다]의 뜻으로 보고, '共之'을 '供具之'[꿩(고기)를 마련하여 올리다]의 뜻으로 보지 않고 '拱執之'[두 손으로 덮쳐 잡다]의 뜻으로 풀이할 경우, '자로가 두 손으로 까투리를 덮쳐 잡으려 하자, 몇 번 울더니(또는 푸드덕 날갯짓하더니) 훌쩍 날아가 버렸다'는 뜻이 된다.